KB272930

# 明文 컴퓨터 節氣 萬歲曆

공학박사 **權 甲 鉉** 編

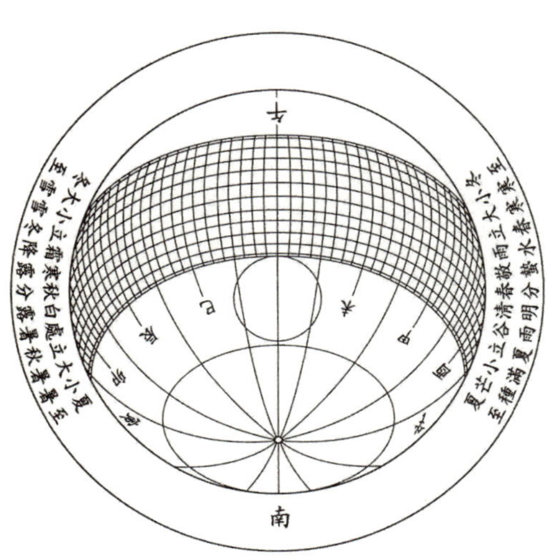


明文堂

# 序 文

이 책은 서기 1900년부터 서기 2100년까지 총 201년 동안의 연력(年曆)을 수록한 것이다. 이 연력에는 양력 날짜에 대한 음력 날짜는 물론 그날의 일진(日辰)과 남녀 대운(大運), 그리고 24절기의 시간까지 포함되어 있다.

이 만세력은 일반적인 만세력과 달리 절기(節氣) 만세력(萬歲曆)이라 부르는 것으로서 한 달이 그 달의 절기가 시작하는 날부터 다음 절기 전날까지로 되어 있다. 이런 절기 만세력은 특히 사주(四柱)를 보는 경우 보통의 만세력보다 훨씬 편리하다.

이런 책력(冊曆)을 오류없이 정확하게 수작업으로 만든다는 것은 거의 불가능하며, 만든다 해도 시간이 많이 걸리게 된다. 이에 편자(編者)는 컴퓨터 프로그램을 개발하여 자동으로 연력을 만들었다.

음력은 양력과 달리 간단한 규칙이 없으므로 컴퓨터 프로그램을 작성하려면 각 달의 대소(大小), 그리고 윤달[閏月]이 어느 달인지에 대한 자료가 필요하다. 그래서 한국천문연구원이 편찬하여 한국학술정보㈜에서 펴낸『한국표준 연력표』와 명문당(明文堂)에서 펴낸『한국천문대 만세력』을 참조하여 음력 관련 자료를 구하였다.

이 컴퓨터 절기 만세력을 출판함에 있어서 여러 가지 어려운 상황에서도 쾌히 출판을 승낙해준 명문당 김동구 사장님과 관련 자료를 구해준 배인준 전무님께 감사드리며, 편집하느라 고생한 편집부 관계자께도 감사드린다.

2015년 8월 30일 **權甲鉉**

# 차 례

## ◆ 일러두기

1. 이 책은 서기 1900년부터 2100년까지 총 201년에 대한 절기 만세력으로 **입춘절**부터 **소한절**까지 1년을 두 페이지에 배치하였다.

2. 절기 명칭 아래에 절기가 드는 시간을 명시하고 "양력 날짜, 요일, 음력 날짜, 일진(日辰)"을 나타내었다. 예로서[서기 1941년 2월 4일] **"2/4 火 9 癸未"** 라는 내용은 "양력 2월 4일, 화요일, 음력 9일, 일진은 癸未"라는 것이다.

3. 음력 윤달[閏月]의 경우는 음력 달의 이름을 '윤'으로 나타내었다. 예로서[서기 1941년 7월 24일] **"24 木 윤1 癸酉"**는 "양력 24일, 목요일, 음력 윤달 1일, 일진은 癸酉"라는 것이다. 그리고 하단에 "▶윤달-6월"로 표기하였다.

## 양력과 음력

양력(陽曆, solar calendar)은 지구가 태양을 한 바퀴 도는 주기를 기준으로 만든 달력이다. 율리우스 케사르(Julius Caesar)는 로마력(Roman calendar)을 개정하여 평년(平年)을 365일로 하고 4년에 1회씩 윤년(閏年)을 두어 366일로 하였는데, 이것이 BC 46년 1월 1일에 실시된 태양력(太陽曆)의 시초인 율리우스력(Julian calendar)이다. 이 율리우스력의 평균 1년은 365.25일이므로 춘분에서 다음 춘분까지의 시간인 태양년(solar year)과 매년 365.25일-365.2422일=0.0078일=11분 14초만큼 차이가 생겨 128년이 지나면 하루의 차이가 생긴다. 그래서 1582년에 그레고리우스 13세(Gregorius XIII)가 율리우스력을 개정하여 서기 연도가 100으로 나누어지지 않으면서 4로 나누어지는 해와, 100으로 나누어지면서 400으로 나누어지는 해를 윤년으로 하는 그레고리오력(Gregorian calendar)을 만들었다. 그레고리오력은 따라서 400년에 대해 1년의 평균 길이가 365.2425일이 되어, 태양년과의 차이는 365.2425일-365.2422일=0.0003일=26초로서 3300년 후에야 하루의 차이가 생기게 된다.

한편, 음력(陰曆, lunar calendar)에서는 1개월을 합삭(合朔)으로부터 다음 합삭까지로 하고 합삭일을 초하루로 한다. 합삭은 달이 전혀 보이지 않는 상태를 말한다. 달의 합삭 주기는 약 29.53088일이므로 음력 1개월은 대체로 29일과 30일이 반복된다. 한 달의 길이가 29일인 달을 '작은달'이라 하고, 30일인 달을 '큰달'이라 한다. 따라서 음력 12개월은 354.3671일이 되며, 12개의 태음월(太陰月)을 1년으로 한 것이 태음력(太陰曆)이다. 태음력 1년의 길이는 태양력 1년의 길이인 365.2422일에 비해 10.8751일이 짧아서 3년이 지나면 음력 날짜는 양력 날짜와 약 33일 즉 한 달 이상의 차이가 나게 되고, 이렇게 되면 날짜와 계절 사이에 차이가 나게 된다. 그래서 음력에서는 이 차이를 없애기 위해 19년마다 7회씩 윤달을 두어 윤년인 경우는 1년을 13개월로 하고 있다. 이러한 음력을 태음태양력(太陰太陽曆)이라 하며 현재 우리가 사용하고 있는 음력이 바로 태음태양력이다.

## 24절기

| 계절 | 절기 | 황경 | 태양 고도 | 현상 |
|---|---|---|---|---|
| 봄 | 입춘(立春) 2월 4일경 | 315° | 40.75° | 봄 시작 |
| | 우수(雨水) 2월 19일경 | 330° | 44.667° | 봄비 내리고 싹 틈 |
| | 경칩(驚蟄) 3월 6일경 | 345° | 48.583° | 개구리가 잠에서 깸 |
| | 춘분(春分) 3월 21일경 | 0° | 52.5° | 낮이 길어지기 시작 |
| | 청명(淸明) 4월 5, 6일 | 15° | 56.417° | 봄 농사 준비 |
| | 곡우(穀雨) 4월 20일경 | 30° | 60.33° | 농사비 내림 |
| 여름 | 입하(立夏) 5월 5·6일경 | 45° | 64.25° | 여름 시작 |
| | 소만(小滿) 5월 21일경 | 60° | 68.16° | 농사 본격화 |
| | 망종(芒種) 6월 6·7일경 | 75° | 72.083° | 씨뿌리기 |
| | 하지(夏至) 6월 21일경 | 90° | 76° | 낮이 가장 길다 |
| | 소서(小暑) 7월 7·8일경 | 105° | 72.083° | 더위 시작 |
| | 대서(大暑) 7월 23일경 | 120° | 68.16° | 더위 최고 |
| 가을 | 입추(立秋) 8월 6~9일경 | 135° | 64.25° | 가을 시작 |
| | 처서(處暑) 8월 23일경 | 150° | 60.33° | 더위 가고, 일교차 커짐 |
| | 백로(白露) 9월 9일경 | 165° | 56.417° | 이슬 내리는 시작 |
| | 추분(秋分) 9월 23일경 | 180° | 52.5° | 밤이 길어지는 시작 |
| | 한로(寒露) 10월 8일경 | 195° | 48.583° | 찬이슬 내리기 시작 |
| | 상강(霜降) 10월 23일경 | 210° | 44.667° | 서리 내리기 시작 |
| 겨울 | 입동(立冬) 11월 7·8일경 | 225° | 40.75° | 겨울 시작 |
| | 소설(小雪) 11월 23·24일경 | 240° | 36.834° | 얼음 얼기 시작 |
| | 대설(大雪) 12월 7·8일경 | 255° | 32.917° | 큰 눈이 옴 |
| | 동지(冬至) 12월 22일경 | 270° | 29° | 밤이 가장 길다 |
| | 소한(小寒) 1월 5일경 | 285° | 32.917° | 가장 춥다 |
| | 대한(大寒) 1월 20일경 | 300° | 36.834° | 큰 추위 |

- 농부(農夫)는 태양을 보고 들에 나가고,
어부(漁夫)는 달을 보고 바다에 나간다 -

달의 운행과 변화를 보고 만든 달력, 즉 순태음력(純太陰曆)은 태양의 운행과 무관하기 때문에 계절의 주기와 맞지 않아 불편하다. 즉, 태양의 움직임에 따른 일조량, 강수량, 기온 등을 보고 농사를 짓는 데는 순태음력이 그다지 유용하지 않다. 그래서 태양의 운행, 즉 지구가 태양의 둘레를 도는 길, 즉 황도(黃道)를 15° 돌 때마다 황하(黃河) 유역의 기상과 동식물의 변화 등을 나타내는 명칭을 붙인 것이 24절기이다.

천상과 역학상의 계절 구분 - 춘분, 하지, 추분, 동지
역학상의 계절 구분 - 입춘, 입하, 입추, 입동
기온 - 소서, 대서, 처서, 소한, 대한
기후 - 우수, 백로, 한로, 상강, 소설, 대설
자연 - 경칩, 청명, 소만
농사 - 곡우, 망종

한 달에서 5일을 1후(候), 3후인 15일을 1기(氣)라 하여 이것이 기후를 나타내는 기초가 된다. 1년을 12절기(節氣)와 12중기(中氣)로 나누고 이를 보통 24절기라고 하는데, 절기는 한 달 중 월초(月初)에 해당하며, 중기는 월중(月中)에 해당한다.

태양력에 의하면 절기는 매월 4~8일 사이에 오고, 중기는 19~23일 사이에 온다. 천문학적으로는 태양의 황경이 0°인 날을 춘분으로 하여 15° 이동했을 때를 청명 등으로 구분해 15° 간격으로 24절기를 나누었다. 따라서 90°인 날이 하지, 180°인 날이 추분, 270°인 날이 동지이며, 춘분에서 하지 사이를 봄, 하지에서 추분 사이를 여름, 추분에서 동지 사이를 가을, 동지에서 춘분 사이를 겨울이라 하여 4계절의 기본으로 삼는다.

# 서기 1900년 [단기 4233년]

| 절기후날수 | 입춘절(戊寅月)<br>立春 2월4일 14시52분<br>雨水 2월19일 11시1분 | | | | | 경칩절(己卯月)<br>驚蟄 3월6일 9시22분<br>春分 3월21일 10시39분 | | | | | 청명절(庚辰月)<br>淸明 4월5일 14시53분<br>穀雨 4월20일 22시27분 | | | | |
|---|---|---|---|---|---|---|---|---|---|---|---|---|---|---|---|
| | 양력 | 요일 | 음력 | 일진 | 大運 남·여 | 양력 | 요일 | 음력 | 일진 | 大運 남·여 | 양력 | 요일 | 음력 | 일진 | 大運 남·여 |
| 0 | 2/4 | 日 | 5 | 戊申 | 입춘 | 3/6 | 火 | 6 | 戊寅 | 경칩 | 4/5 | 木 | 6 | 戊申 | 청명 |
| 1 | 5 | 月 | 6 | 己酉 | 10·1 | 7 | 水 | 7 | 己卯 | 10·1 | 6 | 金 | 7 | 己酉 | 10·1 |
| 2 | 6 | 火 | 7 | 庚戌 | 9·1 | 8 | 木 | 8 | 庚辰 | 9·1 | 7 | 土 | 8 | 庚戌 | 10·1 |
| 3 | 7 | 水 | 8 | 辛亥 | 9·1 | 9 | 金 | 9 | 辛巳 | 9·1 | 8 | 日 | 9 | 辛亥 | 9·1 |
| 4 | 8 | 木 | 9 | 壬子 | 9·1 | 10 | 土 | 10 | 壬午 | 9·1 | 9 | 月 | 10 | 壬子 | 9·1 |
| 5 | 9 | 金 | 10 | 癸丑 | 8·2 | 11 | 日 | 11 | 癸未 | 8·2 | 10 | 火 | 11 | 癸丑 | 9·2 |
| 6 | 10 | 土 | 11 | 甲寅 | 8·2 | 12 | 月 | 12 | 甲申 | 8·2 | 11 | 水 | 12 | 甲寅 | 8·2 |
| 7 | 11 | 日 | 12 | 乙卯 | 8·2 | 13 | 火 | 13 | 乙酉 | 8·2 | 12 | 木 | 13 | 乙卯 | 8·2 |
| 8 | 12 | 月 | 13 | 丙辰 | 7·3 | 14 | 水 | 14 | 丙戌 | 7·3 | 13 | 金 | 14 | 丙辰 | 8·3 |
| 9 | 13 | 火 | 14 | 丁巳 | 7·3 | 15 | 木 | 15 | 丁亥 | 7·3 | 14 | 土 | 15 | 丁巳 | 7·3 |
| 10 | 14 | 水 | 15 | 戊午 | 7·3 | 16 | 金 | 16 | 戊子 | 7·3 | 15 | 日 | 16 | 戊午 | 7·3 |
| 11 | 15 | 木 | 16 | 己未 | 6·4 | 17 | 土 | 17 | 己丑 | 6·4 | 16 | 月 | 17 | 己未 | 7·4 |
| 12 | 16 | 金 | 17 | 庚申 | 6·4 | 18 | 日 | 18 | 庚寅 | 6·4 | 17 | 火 | 18 | 庚申 | 6·4 |
| 13 | 17 | 土 | 18 | 辛酉 | 6·4 | 19 | 月 | 19 | 辛卯 | 6·4 | 18 | 水 | 19 | 辛酉 | 6·4 |
| 14 | 18 | 日 | 19 | 壬戌 | 5·5 | 20 | 火 | 20 | 壬辰 | 5·5 | 19 | 木 | 20 | 壬戌 | 6·5 |
| 15 | 19 | 月 | 20 | 癸亥 | 우수 | 21 | 水 | 21 | 癸巳 | 춘분 | 20 | 金 | 21 | 癸亥 | 곡우 |
| 16 | 20 | 火 | 21 | 甲子 | 5·5 | 22 | 木 | 22 | 甲午 | 5·5 | 21 | 土 | 22 | 甲子 | 5·5 |
| 17 | 21 | 水 | 22 | 乙丑 | 4·6 | 23 | 金 | 23 | 乙未 | 4·6 | 22 | 日 | 23 | 乙丑 | 5·6 |
| 18 | 22 | 木 | 23 | 丙寅 | 4·6 | 24 | 土 | 24 | 丙申 | 4·6 | 23 | 月 | 24 | 丙寅 | 4·6 |
| 19 | 23 | 金 | 24 | 丁卯 | 4·6 | 25 | 日 | 25 | 丁酉 | 4·6 | 24 | 火 | 25 | 丁卯 | 4·6 |
| 20 | 24 | 土 | 25 | 戊辰 | 3·7 | 26 | 月 | 26 | 戊戌 | 3·7 | 25 | 水 | 26 | 戊辰 | 4·7 |
| 21 | 25 | 日 | 26 | 己巳 | 3·7 | 27 | 火 | 27 | 己亥 | 3·7 | 26 | 木 | 27 | 己巳 | 3·7 |
| 22 | 26 | 月 | 27 | 庚午 | 3·7 | 28 | 水 | 28 | 庚子 | 3·7 | 27 | 金 | 28 | 庚午 | 3·7 |
| 23 | 27 | 火 | 28 | 辛未 | 2·8 | 29 | 木 | 29 | 辛丑 | 2·8 | 28 | 土 | 29 | 辛未 | 3·8 |
| 24 | 28 | 水 | 29 | 壬申 | 2·8 | 30 | 金 | 30 | 壬寅 | 2·8 | 29 | 日 | 4/1 | 壬申 | 2·8 |
| 25 | 3/1 | 木 | 2/1 | 癸酉 | 2·8 | 31 | 土 | 3/1 | 癸卯 | 2·8 | 30 | 月 | 2 | 癸酉 | 2·8 |
| 26 | 2 | 金 | 2 | 甲戌 | 1·9 | 4/1 | 日 | 2 | 甲辰 | 1·9 | 5/1 | 火 | 3 | 甲戌 | 2·9 |
| 27 | 3 | 土 | 3 | 乙亥 | 1·9 | 2 | 月 | 3 | 乙巳 | 1·9 | 2 | 水 | 4 | 乙亥 | 1·9 |
| 28 | 4 | 日 | 4 | 丙子 | 1·9 | 3 | 火 | 4 | 丙午 | 1·9 | 3 | 木 | 5 | 丙子 | 1·9 |
| 29 | 5 | 月 | 5 | 丁丑 | 1·10 | 4 | 水 | 5 | 丁未 | 1·10 | 4 | 金 | 6 | 丁丑 | 1·10 |
| 30 | | | | | | | | | | | 5 | 土 | 7 | 戊寅 | 1·10 |
| 31 | | | | | | | | | | | | | | | |

| 절기후날수 | 입하절(辛巳月)<br>立夏 5월6일 8시55분<br>小滿 5월21일 22시17분 | | | | | 망종절(壬午月)<br>芒種 6월6일 13시39분<br>夏至 6월22일 6시40분 | | | | | 소서절(癸未月)<br>小暑 7월8일 0시10분<br>大暑 7월23일 17시36분 | | | | |
|---|---|---|---|---|---|---|---|---|---|---|---|---|---|---|---|
| | 양력 | 요일 | 음력 | 일진 | 大運 남·여 | 양력 | 요일 | 음력 | 일진 | 大運 남·여 | 양력 | 요일 | 음력 | 일진 | 大運 남·여 |
| 0 | 5/6 | 日 | 8 | 己卯 | 입하 | 6/6 | 水 | 10 | 庚戌 | 망종 | 7/8 | 日 | 12 | 壬午 | 소서 |
| 1 | 7 | 月 | 9 | 庚辰 | 10·1 | 7 | 木 | 11 | 辛亥 | 10·1 | 9 | 月 | 13 | 癸未 | 10·1 |
| 2 | 8 | 火 | 10 | 辛巳 | 10·1 | 8 | 金 | 12 | 壬子 | 10·1 | 10 | 火 | 14 | 甲申 | 10·1 |
| 3 | 9 | 水 | 11 | 壬午 | 9·1 | 9 | 土 | 13 | 癸丑 | 10·1 | 11 | 水 | 15 | 乙酉 | 9·1 |
| 4 | 10 | 木 | 12 | 癸未 | 9·1 | 10 | 日 | 14 | 甲寅 | 9·1 | 12 | 木 | 16 | 丙戌 | 9·1 |
| 5 | 11 | 金 | 13 | 甲申 | 9·2 | 11 | 月 | 15 | 乙卯 | 9·2 | 13 | 金 | 17 | 丁亥 | 9·2 |
| 6 | 12 | 土 | 14 | 乙酉 | 8·2 | 12 | 火 | 16 | 丙辰 | 9·2 | 14 | 土 | 18 | 戊子 | 8·2 |
| 7 | 13 | 日 | 15 | 丙戌 | 8·2 | 13 | 水 | 17 | 丁巳 | 8·2 | 15 | 日 | 19 | 己丑 | 8·2 |
| 8 | 14 | 月 | 16 | 丁亥 | 8·3 | 14 | 木 | 18 | 戊午 | 8·3 | 16 | 月 | 20 | 庚寅 | 8·3 |
| 9 | 15 | 火 | 17 | 戊子 | 7·3 | 15 | 金 | 19 | 己未 | 8·3 | 17 | 火 | 21 | 辛卯 | 7·3 |
| 10 | 16 | 水 | 18 | 己丑 | 7·3 | 16 | 土 | 20 | 庚申 | 7·3 | 18 | 水 | 22 | 壬辰 | 7·3 |
| 11 | 17 | 木 | 19 | 庚寅 | 7·4 | 17 | 日 | 21 | 辛酉 | 7·4 | 19 | 木 | 23 | 癸巳 | 7·4 |
| 12 | 18 | 金 | 20 | 辛卯 | 6·4 | 18 | 月 | 22 | 壬戌 | 7·4 | 20 | 金 | 24 | 甲午 | 6·4 |
| 13 | 19 | 土 | 21 | 壬辰 | 6·4 | 19 | 火 | 23 | 癸亥 | 6·4 | 21 | 土 | 25 | 乙未 | 6·4 |
| 14 | 20 | 日 | 22 | 癸巳 | 6·5 | 20 | 水 | 24 | 甲子 | 6·5 | 22 | 日 | 26 | 丙申 | 6·5 |
| 15 | 21 | 月 | 23 | 甲午 | 소만 | 21 | 木 | 25 | 乙丑 | 6·5 | 23 | 月 | 27 | 丁酉 | 대서 |
| 16 | 22 | 火 | 24 | 乙未 | 5·5 | 22 | 金 | 26 | 丙寅 | 하지 | 24 | 火 | 28 | 戊戌 | 5·5 |
| 17 | 23 | 水 | 25 | 丙申 | 5·6 | 23 | 土 | 27 | 丁卯 | 5·6 | 25 | 水 | 29 | 己亥 | 5·6 |
| 18 | 24 | 木 | 26 | 丁酉 | 4·6 | 24 | 日 | 28 | 戊辰 | 5·6 | 26 | 木 | 7/1 | 庚子 | 4·6 |
| 19 | 25 | 金 | 27 | 戊戌 | 4·6 | 25 | 月 | 29 | 己巳 | 4·6 | 27 | 金 | 2 | 辛丑 | 4·6 |
| 20 | 26 | 土 | 28 | 己亥 | 4·7 | 26 | 火 | 30 | 庚午 | 4·7 | 28 | 土 | 3 | 壬寅 | 4·7 |
| 21 | 27 | 日 | 29 | 庚子 | 3·7 | 27 | 水 | 6/1 | 辛未 | 4·7 | 29 | 日 | 4 | 癸卯 | 3·7 |
| 22 | 28 | 月 | 5/1 | 辛丑 | 3·7 | 28 | 木 | 2 | 壬申 | 3·7 | 30 | 月 | 5 | 甲辰 | 3·7 |
| 23 | 29 | 火 | 2 | 壬寅 | 3·8 | 29 | 金 | 3 | 癸酉 | 3·8 | 31 | 火 | 6 | 乙巳 | 3·8 |
| 24 | 30 | 水 | 3 | 癸卯 | 2·8 | 30 | 土 | 4 | 甲戌 | 3·8 | 8/1 | 水 | 7 | 丙午 | 2·8 |
| 25 | 31 | 木 | 4 | 甲辰 | 2·8 | 7/1 | 日 | 5 | 乙亥 | 2·8 | 2 | 木 | 8 | 丁未 | 2·8 |
| 26 | 6/1 | 金 | 5 | 乙巳 | 2·9 | 2 | 月 | 6 | 丙子 | 2·9 | 3 | 金 | 9 | 戊申 | 2·9 |
| 27 | 2 | 土 | 6 | 丙午 | 1·9 | 3 | 火 | 7 | 丁丑 | 2·9 | 4 | 土 | 10 | 己酉 | 1·9 |
| 28 | 3 | 日 | 7 | 丁未 | ·9 | 4 | 水 | 8 | 戊寅 | 1·9 | 5 | 日 | 11 | 庚戌 | 1·9 |
| 29 | 4 | 月 | 8 | 戊申 | 1·10 | 5 | 木 | 9 | 己卯 | 1·10 | 6 | 月 | 12 | 辛亥 | 1·10 |
| 30 | 5 | 火 | 9 | 己酉 | 1·10 | 6 | 金 | 10 | 庚辰 | 1·10 | 7 | 火 | 13 | 壬子 | 1·10 |
| 31 | | | | | | 7 | 土 | 11 | 辛巳 | 1·10 | | | | | |

# 庚子年

| 절기후날수 | 입추절(甲申月)<br>立秋 8월8일 9시51분<br>處暑 8월24일 0시20분 | | | | | 백로절(乙酉月)<br>白露 9월 8일 12시17분<br>秋分 9월23일 21시20분 | | | | |
|---|---|---|---|---|---|---|---|---|---|---|
| | 양력 | 요일 | 음력 | 일진 | 大運 남·여 | 양력 | 요일 | 음력 | 일진 | 大運 남·여 |
| 0 | 8/8 | 水 | 14 | 癸丑 | 입추 | 9/8 | 土 | 15 | 甲申 | 백로 |
| 1 | 9 | 木 | 15 | 甲寅 | 10·1 | 9 | 日 | 16 | 乙酉 | 10·1 |
| 2 | 10 | 金 | 16 | 乙卯 | 10·1 | 10 | 月 | 17 | 丙戌 | 10·1 |
| 3 | 11 | 土 | 17 | 丙辰 | 9·1 | 11 | 火 | 18 | 丁亥 | 9·1 |
| 4 | 12 | 日 | 18 | 丁巳 | 9·1 | 12 | 水 | 19 | 戊子 | 9·1 |
| 5 | 13 | 月 | 19 | 戊午 | 9·2 | 13 | 木 | 20 | 己丑 | 9·2 |
| 6 | 14 | 火 | 20 | 己未 | 8·2 | 14 | 金 | 21 | 庚寅 | 8·2 |
| 7 | 15 | 水 | 21 | 庚申 | 8·2 | 15 | 土 | 22 | 辛卯 | 8·2 |
| 8 | 16 | 木 | 22 | 辛酉 | 8·3 | 16 | 日 | 23 | 壬辰 | 8·3 |
| 9 | 17 | 金 | 23 | 壬戌 | 7·3 | 17 | 月 | 24 | 癸巳 | 7·3 |
| 10 | 18 | 土 | 24 | 癸亥 | 7·3 | 18 | 火 | 25 | 甲午 | 7·3 |
| 11 | 19 | 日 | 25 | 甲子 | 7·4 | 19 | 水 | 26 | 乙未 | 7·4 |
| 12 | 20 | 月 | 26 | 乙丑 | 6·4 | 20 | 木 | 27 | 丙申 | 6·4 |
| 13 | 21 | 火 | 27 | 丙寅 | 6·4 | 21 | 金 | 28 | 丁酉 | 6·4 |
| 14 | 22 | 水 | 28 | 丁卯 | 6·5 | 22 | 土 | 29 | 戊戌 | 6·5 |
| 15 | 23 | 木 | 29 | 戊辰 | 5·5 | 23 | 日 | 30 | 己亥 | 추분 |
| 16 | 24 | 金 | 30 | 己巳 | 처서 | 24 | 月 | 윤1 | 庚子 | 5·5 |
| 17 | 25 | 土 | 8/1 | 庚午 | 5·6 | 25 | 火 | 윤2 | 辛丑 | 5·6 |
| 18 | 26 | 日 | 2 | 辛未 | 4·6 | 26 | 水 | 윤3 | 壬寅 | 4·6 |
| 19 | 27 | 月 | 3 | 壬申 | 4·6 | 27 | 木 | 윤4 | 癸卯 | 4·6 |
| 20 | 28 | 火 | 4 | 癸酉 | 4·7 | 28 | 金 | 윤5 | 甲辰 | 4·7 |
| 21 | 29 | 水 | 5 | 甲戌 | 3·7 | 29 | 土 | 윤6 | 乙巳 | 3·7 |
| 22 | 30 | 木 | 6 | 乙亥 | 3·7 | 30 | 日 | 윤7 | 丙午 | 3·7 |
| 23 | 31 | 金 | 7 | 丙子 | 3·8 | 10/1 | 月 | 윤8 | 丁未 | 3·8 |
| 24 | 9/1 | 土 | 8 | 丁丑 | 2·8 | 2 | 火 | 윤9 | 戊申 | 2·8 |
| 25 | 2 | 日 | 9 | 戊寅 | 2·8 | 3 | 水 | 윤10 | 己酉 | 2·8 |
| 26 | 3 | 月 | 10 | 己卯 | 2·9 | 4 | 木 | 윤11 | 庚戌 | 2·9 |
| 27 | 4 | 火 | 11 | 庚辰 | 1·9 | 5 | 金 | 윤12 | 辛亥 | 1·9 |
| 28 | 5 | 水 | 12 | 辛巳 | 1·9 | 6 | 土 | 윤13 | 壬子 | 1·9 |
| 29 | 6 | 木 | 13 | 壬午 | 1·10 | 7 | 日 | 윤14 | 癸丑 | 1·10 |
| 30 | 7 | 金 | 14 | 癸未 | 1·10 | 8 | 月 | 윤15 | 甲寅 | 1·10 |
| 31 | | | | | | | | | | |

| 절기후날수 | 한로절(丙戌月)<br>寒露 10월9일 3시13분<br>霜降 10월24일 5시55분 | | | | | 입동절(丁亥月)<br>立冬 11월8일 5시40분<br>小雪 11월23일 2시48분 | | | | |
|---|---|---|---|---|---|---|---|---|---|---|
| | 양력 | 요일 | 음력 | 일진 | 大運 남·여 | 양력 | 요일 | 음력 | 일진 | 大運 남·여 |
| 0 | 10/9 | 火 | 윤16 | 乙卯 | 한로 | 11/8 | 木 | 17 | 乙酉 | 입동 |
| 1 | 10 | 水 | 윤17 | 丙辰 | 10·1 | 9 | 金 | 18 | 丙戌 | 9·1 |
| 2 | 11 | 木 | 윤18 | 丁巳 | 9·1 | 10 | 土 | 19 | 丁亥 | 9·1 |
| 3 | 12 | 金 | 윤19 | 戊午 | 9·1 | 11 | 日 | 20 | 戊子 | 9·1 |
| 4 | 13 | 土 | 윤20 | 己未 | 9·1 | 12 | 月 | 21 | 己丑 | 8·1 |
| 5 | 14 | 日 | 윤21 | 庚申 | 8·2 | 13 | 火 | 22 | 庚寅 | 8·2 |
| 6 | 15 | 月 | 윤22 | 辛酉 | 8·2 | 14 | 水 | 23 | 辛卯 | 8·2 |
| 7 | 16 | 火 | 윤23 | 壬戌 | 8·2 | 15 | 木 | 24 | 壬辰 | 7·2 |
| 8 | 17 | 水 | 윤24 | 癸亥 | 7·3 | 16 | 金 | 25 | 癸巳 | 7·3 |
| 9 | 18 | 木 | 윤25 | 甲子 | 7·3 | 17 | 土 | 26 | 甲午 | 7·3 |
| 10 | 19 | 金 | 윤26 | 乙丑 | 7·3 | 18 | 日 | 27 | 乙未 | 6·3 |
| 11 | 20 | 土 | 윤27 | 丙寅 | 6·4 | 19 | 月 | 28 | 丙申 | 6·4 |
| 12 | 21 | 日 | 윤28 | 丁卯 | 6·4 | 20 | 火 | 29 | 丁酉 | 6·4 |
| 13 | 22 | 月 | 윤29 | 戊辰 | 6·4 | 21 | 水 | 30 | 戊戌 | 5·4 |
| 14 | 23 | 火 | 9/1 | 己巳 | 5·5 | 22 | 木 | 10/1 | 己亥 | 5·5 |
| 15 | 24 | 水 | 2 | 庚午 | 상강 | 23 | 金 | 2 | 庚子 | 소설 |
| 16 | 25 | 木 | 3 | 辛未 | 5·5 | 24 | 土 | 3 | 辛丑 | 4·5 |
| 17 | 26 | 金 | 4 | 壬申 | 4·6 | 25 | 日 | 4 | 壬寅 | 4·6 |
| 18 | 27 | 土 | 5 | 癸酉 | 4·6 | 26 | 月 | 5 | 癸卯 | 4·6 |
| 19 | 28 | 日 | 6 | 甲戌 | 4·6 | 27 | 火 | 6 | 甲辰 | 3·6 |
| 20 | 29 | 月 | 7 | 乙亥 | 3·7 | 28 | 水 | 7 | 乙巳 | 3·7 |
| 21 | 30 | 火 | 8 | 丙子 | 3·7 | 29 | 木 | 8 | 丙午 | 3·7 |
| 22 | 31 | 水 | 9 | 丁丑 | 3·7 | 30 | 金 | 9 | 丁未 | 2·7 |
| 23 | 11/1 | 木 | 10 | 戊寅 | 2·8 | 12/1 | 土 | 10 | 戊申 | 2·8 |
| 24 | 2 | 金 | 11 | 己卯 | 2·8 | 2 | 日 | 11 | 己酉 | 2·8 |
| 25 | 3 | 土 | 12 | 庚辰 | 2·8 | 3 | 月 | 12 | 庚戌 | 1·8 |
| 26 | 4 | 日 | 13 | 辛巳 | 1·9 | 4 | 火 | 13 | 辛亥 | 1·9 |
| 27 | 5 | 月 | 14 | 壬午 | 1·9 | 5 | 水 | 14 | 壬子 | 1·9 |
| 28 | 6 | 火 | 15 | 癸未 | 1·9 | 6 | 木 | 15 | 癸丑 | 1·9 |
| 29 | 7 | 水 | 16 | 甲申 | 1·10 | | | | | |
| 30 | | | | | | | | | | |
| 31 | | | | | | | | | | |

| 절기후날수 | 대설절(戊子月)<br>大雪 12월7일 21시56분<br>冬至 12월22일 15시42분 | | | | | 소한절(己丑月)<br>小寒 1월6일 8시53분<br>大寒 1월21일 2시17분 | | | | |
|---|---|---|---|---|---|---|---|---|---|---|
| | 양력 | 요일 | 음력 | 일진 | 大運 남·여 | 양력 | 요일 | 음력 | 일진 | 大運 남·여 |
| 0 | 12/7 | 金 | 16 | 甲寅 | 대설 | 1/6 | 日 | 16 | 甲申 | 소한 |
| 1 | 8 | 土 | 17 | 乙卯 | 10·1 | 7 | 月 | 17 | 乙酉 | 9·1 |
| 2 | 9 | 日 | 18 | 丙辰 | 9·1 | 8 | 火 | 18 | 丙戌 | 9·1 |
| 3 | 10 | 月 | 19 | 丁巳 | 9·1 | 9 | 水 | 19 | 丁亥 | 9·1 |
| 4 | 11 | 火 | 20 | 戊午 | 9·1 | 10 | 木 | 20 | 戊子 | 8·1 |
| 5 | 12 | 水 | 21 | 己未 | 8·2 | 11 | 金 | 21 | 己丑 | 8·2 |
| 6 | 13 | 木 | 22 | 庚申 | 8·2 | 12 | 土 | 22 | 庚寅 | 8·2 |
| 7 | 14 | 金 | 23 | 辛酉 | 8·2 | 13 | 日 | 23 | 辛卯 | 7·2 |
| 8 | 15 | 土 | 24 | 壬戌 | 7·3 | 14 | 月 | 24 | 壬辰 | 7·3 |
| 9 | 16 | 日 | 25 | 癸亥 | 7·3 | 15 | 火 | 25 | 癸巳 | 7·3 |
| 10 | 17 | 月 | 26 | 甲子 | 7·3 | 16 | 水 | 26 | 甲午 | 6·3 |
| 11 | 18 | 火 | 27 | 乙丑 | 6·4 | 17 | 木 | 27 | 乙未 | 6·4 |
| 12 | 19 | 水 | 28 | 丙寅 | 6·4 | 18 | 金 | 28 | 丙申 | 6·4 |
| 13 | 20 | 木 | 29 | 丁卯 | 6·4 | 19 | 土 | 29 | 丁酉 | 5·4 |
| 14 | 21 | 金 | 30 | 戊辰 | 5·5 | 20 | 日 | 12/1 | 戊戌 | 5·5 |
| 15 | 22 | 土 | 11/1 | 己巳 | 동지 | 21 | 月 | 2 | 己亥 | 대한 |
| 16 | 23 | 日 | 2 | 庚午 | 5·5 | 22 | 火 | 3 | 庚子 | 4·5 |
| 17 | 24 | 月 | 3 | 辛未 | 4·6 | 23 | 水 | 4 | 辛丑 | 4·6 |
| 18 | 25 | 火 | 4 | 壬申 | 4·6 | 24 | 木 | 5 | 壬寅 | 4·6 |
| 19 | 26 | 水 | 5 | 癸酉 | 4·6 | 25 | 金 | 6 | 癸卯 | 3·6 |
| 20 | 27 | 木 | 6 | 甲戌 | 3·7 | 26 | 土 | 7 | 甲辰 | 3·7 |
| 21 | 28 | 金 | 7 | 乙亥 | 3·7 | 27 | 日 | 8 | 乙巳 | 3·7 |
| 22 | 29 | 土 | 8 | 丙子 | 3·7 | 28 | 月 | 9 | 丙午 | 2·7 |
| 23 | 30 | 日 | 9 | 丁丑 | 2·8 | 29 | 火 | 10 | 丁未 | 2·8 |
| 24 | 31 | 月 | 10 | 戊寅 | 2·8 | 30 | 水 | 11 | 戊申 | 2·8 |
| 25 | 1/1 | 火 | 11 | 己卯 | 2·8 | 31 | 木 | 12 | 己酉 | 1·8 |
| 26 | 2 | 水 | 12 | 庚辰 | 1·9 | 2/1 | 金 | 13 | 庚戌 | 1·9 |
| 27 | 3 | 木 | 13 | 辛巳 | 1·9 | 2 | 土 | 14 | 辛亥 | 1·9 |
| 28 | 4 | 金 | 14 | 壬午 | 1·9 | 3 | 日 | 15 | 壬子 | 1·9 |
| 29 | 5 | 土 | 15 | 癸未 | 1·10 | | | | | |
| 30 | | | | | | | | | | |
| 31 | | | | | | | | | | |

▶윤달-8월

# 서기 1901년 [단기 4234년]

| 절기후날수 | 입춘절(庚寅月) 立春 2월4일 20시40분 雨水 2월19일 16시45분 | | | | | 경칩절(辛卯月) 驚蟄 3월6일 15시11분 春分 3월21일 16시24분 | | | | |
|---|---|---|---|---|---|---|---|---|---|---|
| | 양력 | 요일 | 음력 | 일진 | 大運 남·여 | 양력 | 요일 | 음력 | 일진 | 大運 남·여 |
| 0 | 2/4 | 月 | 16 | 癸丑 | 입춘 | 3/6 | 水 | 16 | 癸未 | 경칩 |
| 1 | 5 | 火 | 17 | 甲寅 | 1·10 | 7 | 木 | 17 | 甲申 | 1·10 |
| 2 | 6 | 水 | 18 | 乙卯 | 1·9 | 8 | 金 | 18 | 乙酉 | 1·9 |
| 3 | 7 | 木 | 19 | 丙辰 | 1·9 | 9 | 土 | 19 | 丙戌 | 1·9 |
| 4 | 8 | 金 | 20 | 丁巳 | 1·9 | 10 | 日 | 20 | 丁亥 | 1·9 |
| 5 | 9 | 土 | 21 | 戊午 | 2·8 | 11 | 月 | 21 | 戊子 | 2·8 |
| 6 | 10 | 日 | 22 | 己未 | 2·8 | 12 | 火 | 22 | 己丑 | 2·8 |
| 7 | 11 | 月 | 23 | 庚申 | 2·8 | 13 | 水 | 23 | 庚寅 | 2·8 |
| 8 | 12 | 火 | 24 | 辛酉 | 3·7 | 14 | 木 | 24 | 辛卯 | 3·7 |
| 9 | 13 | 水 | 25 | 壬戌 | 3·7 | 15 | 金 | 25 | 壬辰 | 3·7 |
| 10 | 14 | 木 | 26 | 癸亥 | 3·7 | 16 | 土 | 26 | 癸巳 | 3·7 |
| 11 | 15 | 金 | 27 | 甲子 | 4·6 | 17 | 日 | 27 | 甲午 | 4·6 |
| 12 | 16 | 土 | 28 | 乙丑 | 4·6 | 18 | 月 | 28 | 乙未 | 4·6 |
| 13 | 17 | 日 | 29 | 丙寅 | 4·6 | 19 | 火 | 29 | 丙申 | 4·6 |
| 14 | 18 | 月 | 30 | 丁卯 | 5·5 | 20 | 水 | 2/1 | 丁酉 | 5·5 |
| 15 | 19 | 火 | 1/1 | 戊辰 | 우수 | 21 | 木 | 2 | 戊戌 | 춘분 |
| 16 | 20 | 水 | 2 | 己巳 | 5·5 | 22 | 金 | 3 | 己亥 | 5·5 |
| 17 | 21 | 木 | 3 | 庚午 | 6·4 | 23 | 土 | 4 | 庚子 | 6·4 |
| 18 | 22 | 金 | 4 | 辛未 | 6·4 | 24 | 日 | 5 | 辛丑 | 6·4 |
| 19 | 23 | 土 | 5 | 壬申 | 6·4 | 25 | 月 | 6 | 壬寅 | 6·4 |
| 20 | 24 | 日 | 6 | 癸酉 | 7·3 | 26 | 火 | 7 | 癸卯 | 7·3 |
| 21 | 25 | 月 | 7 | 甲戌 | 7·3 | 27 | 水 | 8 | 甲辰 | 7·3 |
| 22 | 26 | 火 | 8 | 乙亥 | 7·3 | 28 | 木 | 9 | 乙巳 | 7·3 |
| 23 | 27 | 水 | 9 | 丙子 | 8·2 | 29 | 金 | 10 | 丙午 | 8·2 |
| 24 | 28 | 木 | 10 | 丁丑 | 8·2 | 30 | 土 | 11 | 丁未 | 8·2 |
| 25 | 3/1 | 金 | 11 | 戊寅 | 8·2 | 31 | 日 | 12 | 戊申 | 8·2 |
| 26 | 2 | 土 | 12 | 己卯 | 9·1 | 4/1 | 月 | 13 | 己酉 | 9·1 |
| 27 | 3 | 日 | 13 | 庚辰 | 9·1 | 2 | 火 | 14 | 庚戌 | 9·1 |
| 28 | 4 | 月 | 14 | 辛巳 | 9·1 | 3 | 水 | 15 | 辛亥 | 9·1 |
| 29 | 5 | 火 | 15 | 壬午 | 10·1 | 4 | 木 | 16 | 壬子 | 10·1 |
| 30 | | | | | | | | | | |
| 31 | | | | | | | | | | |

| 절기후날수 | 청명절(壬辰月) 清明 4월5일 20시44분 穀雨 4월21일 4시14분 | | | | | 입하절(癸巳月) 立夏 5월6일 14시50분 小滿 5월22일 4시5분 | | | | |
|---|---|---|---|---|---|---|---|---|---|---|
| | 양력 | 요일 | 음력 | 일진 | 大運 남·여 | 양력 | 요일 | 음력 | 일진 | 大運 남·여 |
| 0 | 4/5 | 金 | 17 | 癸丑 | 청명 | 5/6 | 月 | 18 | 甲申 | 입하 |
| 1 | 6 | 土 | 18 | 甲寅 | 1·10 | 7 | 火 | 19 | 乙酉 | 1·10 |
| 2 | 7 | 日 | 19 | 乙卯 | 1·10 | 8 | 水 | 20 | 丙戌 | 1·10 |
| 3 | 8 | 月 | 20 | 丙辰 | 1·9 | 9 | 木 | 21 | 丁亥 | 1·9 |
| 4 | 9 | 火 | 21 | 丁巳 | 1·9 | 10 | 金 | 22 | 戊子 | 1·9 |
| 5 | 10 | 水 | 22 | 戊午 | 2·9 | 11 | 土 | 23 | 己丑 | 2·9 |
| 6 | 11 | 木 | 23 | 己未 | 2·8 | 12 | 日 | 24 | 庚寅 | 2·8 |
| 7 | 12 | 金 | 24 | 庚申 | 2·8 | 13 | 月 | 25 | 辛卯 | 2·8 |
| 8 | 13 | 土 | 25 | 辛酉 | 3·8 | 14 | 火 | 26 | 壬辰 | 3·8 |
| 9 | 14 | 日 | 26 | 壬戌 | 3·7 | 15 | 水 | 27 | 癸巳 | 3·7 |
| 10 | 15 | 月 | 27 | 癸亥 | 3·7 | 16 | 木 | 28 | 甲午 | 3·7 |
| 11 | 16 | 火 | 28 | 甲子 | 4·7 | 17 | 金 | 29 | 乙未 | 4·7 |
| 12 | 17 | 水 | 29 | 乙丑 | 4·6 | 18 | 土 | 4/1 | 丙申 | 4·6 |
| 13 | 18 | 木 | 30 | 丙寅 | 4·6 | 19 | 日 | 2 | 丁酉 | 4·6 |
| 14 | 19 | 金 | 3/1 | 丁卯 | 5·6 | 20 | 月 | 3 | 戊戌 | 5·6 |
| 15 | 20 | 土 | 2 | 戊辰 | 5·5 | 21 | 火 | 4 | 己亥 | 5·5 |
| 16 | 21 | 日 | 3 | 己巳 | 곡우 | 22 | 水 | 5 | 庚子 | 소만 |
| 17 | 22 | 月 | 4 | 庚午 | 6·5 | 23 | 木 | 6 | 辛丑 | 6·5 |
| 18 | 23 | 火 | 5 | 辛未 | 6·4 | 24 | 金 | 7 | 壬寅 | 6·4 |
| 19 | 24 | 水 | 6 | 壬申 | 6·4 | 25 | 土 | 8 | 癸卯 | 6·4 |
| 20 | 25 | 木 | 7 | 癸酉 | 7·4 | 26 | 日 | 9 | 甲辰 | 7·4 |
| 21 | 26 | 金 | 8 | 甲戌 | 7·3 | 27 | 月 | 10 | 乙巳 | 7·3 |
| 22 | 27 | 土 | 9 | 乙亥 | 7·3 | 28 | 火 | 11 | 丙午 | 7·3 |
| 23 | 28 | 日 | 10 | 丙子 | 8·3 | 29 | 水 | 12 | 丁未 | 8·3 |
| 24 | 29 | 月 | 11 | 丁丑 | 8·2 | 30 | 木 | 13 | 戊申 | 8·2 |
| 25 | 30 | 火 | 12 | 戊寅 | 8·2 | 31 | 金 | 14 | 己酉 | 8·2 |
| 26 | 5/1 | 水 | 13 | 己卯 | 9·2 | 6/1 | 土 | 15 | 庚戌 | 9·2 |
| 27 | 2 | 木 | 14 | 庚辰 | 9·1 | 2 | 日 | 16 | 辛亥 | 9·1 |
| 28 | 3 | 金 | 15 | 辛巳 | 9·1 | 3 | 月 | 17 | 壬子 | 9·1 |
| 29 | 4 | 土 | 16 | 壬午 | 10·1 | 4 | 火 | 18 | 癸丑 | 10·1 |
| 30 | 5 | 日 | 17 | 癸未 | 10·1 | 5 | 水 | 19 | 甲寅 | 10·1 |
| 31 | | | | | | | | | | |

| 절기후날수 | 망종절(甲午月) 芒種 6월6일 19시37분 夏至 6월22일 12시28분 | | | | | 소서절(乙未月) 小暑 7월8일 6시8분 大暑 7월23일 23시24분 | | | | |
|---|---|---|---|---|---|---|---|---|---|---|
| | 양력 | 요일 | 음력 | 일진 | 大運 남·여 | 양력 | 요일 | 음력 | 일진 | 大運 남·여 |
| 0 | 6/6 | 木 | 20 | 乙卯 | 망종 | 7/8 | 月 | 23 | 丁亥 | 소서 |
| 1 | 7 | 金 | 21 | 丙辰 | 1·10 | 9 | 火 | 24 | 戊子 | 1·10 |
| 2 | 8 | 土 | 22 | 丁巳 | 1·10 | 10 | 水 | 25 | 己丑 | 1·10 |
| 3 | 9 | 日 | 23 | 戊午 | 1·10 | 11 | 木 | 26 | 庚寅 | 1·9 |
| 4 | 10 | 月 | 24 | 己未 | 1·9 | 12 | 金 | 27 | 辛卯 | 1·9 |
| 5 | 11 | 火 | 25 | 庚申 | 2·9 | 13 | 土 | 28 | 壬辰 | 2·9 |
| 6 | 12 | 水 | 26 | 辛酉 | 2·9 | 14 | 日 | 29 | 癸巳 | 2·8 |
| 7 | 13 | 木 | 27 | 壬戌 | 2·8 | 15 | 月 | 30 | 甲午 | 2·8 |
| 8 | 14 | 金 | 28 | 癸亥 | 3·8 | 16 | 火 | 6/1 | 乙未 | 3·8 |
| 9 | 15 | 土 | 29 | 甲子 | 3·8 | 17 | 水 | 2 | 丙申 | 3·7 |
| 10 | 16 | 日 | 5/1 | 乙丑 | 3·7 | 18 | 木 | 3 | 丁酉 | 3·7 |
| 11 | 17 | 月 | 2 | 丙寅 | 4·7 | 19 | 金 | 4 | 戊戌 | 4·7 |
| 12 | 18 | 火 | 3 | 丁卯 | 4·7 | 20 | 土 | 5 | 己亥 | 4·6 |
| 13 | 19 | 水 | 4 | 戊辰 | 4·6 | 21 | 日 | 6 | 庚子 | 4·6 |
| 14 | 20 | 木 | 5 | 己巳 | 5·6 | 22 | 月 | 7 | 辛丑 | 5·6 |
| 15 | 21 | 金 | 6 | 庚午 | 5·6 | 23 | 火 | 8 | 壬寅 | 대서 |
| 16 | 22 | 土 | 7 | 辛未 | 하지 | 24 | 水 | 9 | 癸卯 | 5·5 |
| 17 | 23 | 日 | 8 | 壬申 | 6·5 | 25 | 木 | 10 | 甲辰 | 6·5 |
| 18 | 24 | 月 | 9 | 癸酉 | 6·5 | 26 | 金 | 11 | 乙巳 | 6·4 |
| 19 | 25 | 火 | 10 | 甲戌 | 6·4 | 27 | 土 | 12 | 丙午 | 6·4 |
| 20 | 26 | 水 | 11 | 乙亥 | 7·4 | 28 | 日 | 13 | 丁未 | 7·4 |
| 21 | 27 | 木 | 12 | 丙子 | 7·4 | 29 | 月 | 14 | 戊申 | 7·3 |
| 22 | 28 | 金 | 13 | 丁丑 | 7·3 | 30 | 火 | 15 | 己酉 | 7·3 |
| 23 | 29 | 土 | 14 | 戊寅 | 8·3 | 31 | 水 | 16 | 庚戌 | 8·3 |
| 24 | 30 | 日 | 15 | 己卯 | 8·3 | 8/1 | 木 | 17 | 辛亥 | 8·2 |
| 25 | 7/1 | 月 | 16 | 庚辰 | 8·2 | 2 | 金 | 18 | 壬子 | 8·2 |
| 26 | 2 | 火 | 17 | 辛巳 | 9·2 | 3 | 土 | 19 | 癸丑 | 9·2 |
| 27 | 3 | 水 | 18 | 壬午 | 9·2 | 4 | 日 | 20 | 甲寅 | 9·1 |
| 28 | 4 | 木 | 19 | 癸未 | 9·1 | 5 | 月 | 21 | 乙卯 | 9·1 |
| 29 | 5 | 金 | 20 | 甲申 | 10·1 | 6 | 火 | 22 | 丙辰 | 10·1 |
| 30 | 6 | 土 | 21 | 乙酉 | 10·1 | 7 | 水 | 23 | 丁巳 | 10·1 |
| 31 | 7 | 日 | 22 | 丙戌 | 10·1 | | | | | |

# 辛丑年

| 절기후날수 | 입추절(丙申月) | | | | | 백로절(丁酉月) | | | | | 한로절(戊戌月) | | | | |
|---|---|---|---|---|---|---|---|---|---|---|---|---|---|---|---|
| | 立秋 8월8일 15시46분<br>處暑 8월24일 6시8분 | | | | | 白露 9월8일 18시10분<br>秋分 9월24일 3시9분 | | | | | 寒露 10월9일 9시7분<br>霜降 10월24일 11시46분 | | | | |
| | 양력 | 요일 | 음력 | 일진 | 大運 남·여 | 양력 | 요일 | 음력 | 일진 | 大運 남·여 | 양력 | 요일 | 음력 | 일진 | 大運 남·여 |
| 0 | 8/8 | 木 | 24 | 戊午 | 입추 | 9/8 | 日 | 26 | 己丑 | 백로 | 10/9 | 水 | 27 | 庚申 | 한로 |
| 1 | 9 | 金 | 25 | 己未 | 1·10 | 9 | 月 | 27 | 庚寅 | 1·10 | 10 | 木 | 28 | 辛酉 | 1·10 |
| 2 | 10 | 土 | 26 | 庚申 | 1·10 | 10 | 火 | 28 | 辛卯 | 1·10 | 11 | 金 | 29 | 壬戌 | 1·9 |
| 3 | 11 | 日 | 27 | 辛酉 | 1·9 | 11 | 水 | 29 | 壬辰 | 1·9 | 12 | 土 | 9/1 | 癸亥 | 1·9 |
| 4 | 12 | 月 | 28 | 壬戌 | 1·9 | 12 | 木 | 30 | 癸巳 | 1·9 | 13 | 日 | 2 | 甲子 | 1·9 |
| 5 | 13 | 火 | 29 | 癸亥 | 2·9 | 13 | 金 | 8/1 | 甲午 | 2·9 | 14 | 月 | 3 | 乙丑 | 2·8 |
| 6 | 14 | 水 | 7/1 | 甲子 | 2·8 | 14 | 土 | 2 | 乙未 | 2·8 | 15 | 火 | 4 | 丙寅 | 2·8 |
| 7 | 15 | 木 | 2 | 乙丑 | 2·8 | 15 | 日 | 3 | 丙申 | 2·8 | 16 | 水 | 5 | 丁卯 | 2·8 |
| 8 | 16 | 金 | 3 | 丙寅 | 3·8 | 16 | 月 | 4 | 丁酉 | 3·8 | 17 | 木 | 6 | 戊辰 | 3·7 |
| 9 | 17 | 土 | 4 | 丁卯 | 3·7 | 17 | 火 | 5 | 戊戌 | 3·7 | 18 | 金 | 7 | 己巳 | 3·7 |
| 10 | 18 | 日 | 5 | 戊辰 | 3·7 | 18 | 水 | 6 | 己亥 | 3·7 | 19 | 土 | 8 | 庚午 | 3·7 |
| 11 | 19 | 月 | 6 | 己巳 | 4·7 | 19 | 木 | 7 | 庚子 | 4·7 | 20 | 日 | 9 | 辛未 | 4·6 |
| 12 | 20 | 火 | 7 | 庚午 | 4·6 | 20 | 金 | 8 | 辛丑 | 4·6 | 21 | 月 | 10 | 壬申 | 4·6 |
| 13 | 21 | 水 | 8 | 辛未 | 4·6 | 21 | 土 | 9 | 壬寅 | 4·6 | 22 | 火 | 11 | 癸酉 | 4·6 |
| 14 | 22 | 木 | 9 | 壬申 | 5·6 | 22 | 日 | 10 | 癸卯 | 5·6 | 23 | 水 | 12 | 甲戌 | 5·5 |
| 15 | 23 | 金 | 10 | 癸酉 | 5·5 | 23 | 月 | 11 | 甲辰 | 5·5 | 24 | 木 | 13 | 乙亥 | 상강 |
| 16 | 24 | 土 | 11 | 甲戌 | 처서 | 24 | 火 | 12 | 乙巳 | 추분 | 25 | 金 | 14 | 丙子 | 5·5 |
| 17 | 25 | 日 | 12 | 乙亥 | 6·5 | 25 | 水 | 13 | 丙午 | 6·5 | 26 | 土 | 15 | 丁丑 | 6·4 |
| 18 | 26 | 月 | 13 | 丙子 | 6·4 | 26 | 木 | 14 | 丁未 | 6·4 | 27 | 日 | 16 | 戊寅 | 6·4 |
| 19 | 27 | 火 | 14 | 丁丑 | 6·4 | 27 | 金 | 15 | 戊申 | 6·4 | 28 | 月 | 17 | 己卯 | 6·4 |
| 20 | 28 | 水 | 15 | 戊寅 | 7·4 | 28 | 土 | 16 | 己酉 | 7·4 | 29 | 火 | 18 | 庚辰 | 7·3 |
| 21 | 29 | 木 | 16 | 己卯 | 7·3 | 29 | 日 | 17 | 庚戌 | 7·3 | 30 | 水 | 19 | 辛巳 | 7·3 |
| 22 | 30 | 金 | 17 | 庚辰 | 7·3 | 30 | 月 | 18 | 辛亥 | 7·3 | 31 | 木 | 20 | 壬午 | 7·3 |
| 23 | 31 | 土 | 18 | 辛巳 | 8·3 | 10/1 | 火 | 19 | 壬子 | 8·3 | 11/1 | 金 | 21 | 癸未 | 8·2 |
| 24 | 9/1 | 日 | 19 | 壬午 | 8·2 | 2 | 水 | 20 | 癸丑 | 8·2 | 2 | 土 | 22 | 甲申 | 8·2 |
| 25 | 2 | 月 | 20 | 癸未 | 8·2 | 3 | 木 | 21 | 甲寅 | 8·2 | 3 | 日 | 23 | 乙酉 | 8·2 |
| 26 | 3 | 火 | 21 | 甲申 | 9·2 | 4 | 金 | 22 | 乙卯 | 9·2 | 4 | 月 | 24 | 丙戌 | 9·1 |
| 27 | 4 | 水 | 22 | 乙酉 | 9·1 | 5 | 土 | 23 | 丙辰 | 9·1 | 5 | 火 | 25 | 丁亥 | 9·1 |
| 28 | 5 | 木 | 23 | 丙戌 | 9·1 | 6 | 日 | 24 | 丁巳 | 9·1 | 6 | 水 | 26 | 戊子 | 9·1 |
| 29 | 6 | 金 | 24 | 丁亥 | 10·1 | 7 | 月 | 25 | 戊午 | 10·1 | 7 | 木 | 27 | 己丑 | 10·1 |
| 30 | 7 | 土 | 25 | 戊子 | 10·1 | 8 | 火 | 26 | 己未 | 10·1 | | | | | |
| 31 | | | | | | | | | | | | | | | |

| 절기후날수 | 입동절(己亥月) | | | | | 대설절(庚子月) | | | | | 소한절(辛丑月) | | | | |
|---|---|---|---|---|---|---|---|---|---|---|---|---|---|---|---|
| | 立冬 11월8일 11시35분<br>小雪 11월23일 8시41분 | | | | | 大雪 12월8일 3시53분<br>冬至 12월22일 21시37분 | | | | | 小寒 1월6일 14시52분<br>大寒 1월21일 8시12분 | | | | |
| | 양력 | 요일 | 음력 | 일진 | 大運 남·여 | 양력 | 요일 | 음력 | 일진 | 大運 남·여 | 양력 | 요일 | 음력 | 일진 | 大運 남·여 |
| 0 | 11/8 | 金 | 28 | 庚寅 | 입동 | 12/8 | 日 | 28 | 庚申 | 대설 | 1/6 | 月 | 27 | 己丑 | 소한 |
| 1 | 9 | 土 | 29 | 辛卯 | 1·10 | 9 | 月 | 29 | 辛酉 | 1·9 | 7 | 火 | 28 | 庚寅 | 1·10 |
| 2 | 10 | 日 | 30 | 壬辰 | 1·9 | 10 | 火 | 30 | 壬戌 | 1·9 | 8 | 水 | 29 | 辛卯 | 1·9 |
| 3 | 11 | 月 | 10/1 | 癸巳 | 1·9 | 11 | 水 | 11/1 | 癸亥 | 1·9 | 9 | 木 | 30 | 壬辰 | 1·9 |
| 4 | 12 | 火 | 2 | 甲午 | 1·9 | 12 | 木 | 2 | 甲子 | 1·8 | 10 | 金 | 12/1 | 癸巳 | 1·9 |
| 5 | 13 | 水 | 3 | 乙未 | 2·8 | 13 | 金 | 3 | 乙丑 | 2·8 | 11 | 土 | 2 | 甲午 | 2·8 |
| 6 | 14 | 木 | 4 | 丙申 | 2·8 | 14 | 土 | 4 | 丙寅 | 2·8 | 12 | 日 | 3 | 乙未 | 2·8 |
| 7 | 15 | 金 | 5 | 丁酉 | 2·8 | 15 | 日 | 5 | 丁卯 | 2·7 | 13 | 月 | 4 | 丙申 | 2·8 |
| 8 | 16 | 土 | 6 | 戊戌 | 3·7 | 16 | 月 | 6 | 戊辰 | 3·7 | 14 | 火 | 5 | 丁酉 | 3·7 |
| 9 | 17 | 日 | 7 | 己亥 | 3·7 | 17 | 火 | 7 | 己巳 | 3·7 | 15 | 水 | 6 | 戊戌 | 3·7 |
| 10 | 18 | 月 | 8 | 庚子 | 3·7 | 18 | 水 | 8 | 庚午 | 3·6 | 16 | 木 | 7 | 己亥 | 3·7 |
| 11 | 19 | 火 | 9 | 辛丑 | 4·6 | 19 | 木 | 9 | 辛未 | 4·6 | 17 | 金 | 8 | 庚子 | 4·6 |
| 12 | 20 | 水 | 10 | 壬寅 | 4·6 | 20 | 金 | 10 | 壬申 | 4·6 | 18 | 土 | 9 | 辛丑 | 4·6 |
| 13 | 21 | 木 | 11 | 癸卯 | 4·6 | 21 | 土 | 11 | 癸酉 | 4·5 | 19 | 日 | 10 | 壬寅 | 4·6 |
| 14 | 22 | 金 | 12 | 甲辰 | 5·5 | 22 | 日 | 12 | 甲戌 | 동지 | 20 | 月 | 11 | 癸卯 | 5·5 |
| 15 | 23 | 土 | 13 | 乙巳 | 소설 | 23 | 月 | 13 | 乙亥 | 5·5 | 21 | 火 | 12 | 甲辰 | 대한 |
| 16 | 24 | 日 | 14 | 丙午 | 5·5 | 24 | 火 | 14 | 丙子 | 5·4 | 22 | 水 | 13 | 乙巳 | 5·5 |
| 17 | 25 | 月 | 15 | 丁未 | 6·4 | 25 | 水 | 15 | 丁丑 | 6·4 | 23 | 木 | 14 | 丙午 | 6·4 |
| 18 | 26 | 火 | 16 | 戊申 | 6·4 | 26 | 木 | 16 | 戊寅 | 6·4 | 24 | 金 | 15 | 丁未 | 6·4 |
| 19 | 27 | 水 | 17 | 己酉 | 6·4 | 27 | 金 | 17 | 己卯 | 6·3 | 25 | 土 | 16 | 戊申 | 6·4 |
| 20 | 28 | 木 | 18 | 庚戌 | 7·3 | 28 | 土 | 18 | 庚辰 | 7·3 | 26 | 日 | 17 | 己酉 | 7·3 |
| 21 | 29 | 金 | 19 | 辛亥 | 7·3 | 29 | 日 | 19 | 辛巳 | 7·3 | 27 | 月 | 18 | 庚戌 | 7·3 |
| 22 | 30 | 土 | 20 | 壬子 | 7·3 | 30 | 月 | 20 | 壬午 | 7·2 | 28 | 火 | 19 | 辛亥 | 7·3 |
| 23 | 12/1 | 日 | 21 | 癸丑 | 8·2 | 31 | 火 | 21 | 癸未 | 8·2 | 29 | 水 | 20 | 壬子 | 8·2 |
| 24 | 2 | 月 | 22 | 甲寅 | 8·2 | 1/1 | 水 | 22 | 甲申 | 8·2 | 30 | 木 | 21 | 癸丑 | 8·2 |
| 25 | 3 | 火 | 23 | 乙卯 | 8·2 | 2 | 木 | 23 | 乙酉 | 8·1 | 31 | 金 | 22 | 甲寅 | 8·2 |
| 26 | 4 | 水 | 24 | 丙辰 | 9·1 | 3 | 金 | 24 | 丙戌 | 9·1 | 2/1 | 土 | 23 | 乙卯 | 9·1 |
| 27 | 5 | 木 | 25 | 丁巳 | 9·1 | 4 | 土 | 25 | 丁亥 | 9·1 | 2 | 日 | 24 | 丙辰 | 9·1 |
| 28 | 6 | 金 | 26 | 戊午 | 9·1 | 5 | 日 | 26 | 戊子 | 9·1 | 3 | 月 | 25 | 丁巳 | 9·1 |
| 29 | 7 | 土 | 27 | 己未 | 10·1 | | | | | | 4 | 火 | 26 | 戊午 | 10·1 |
| 30 | | | | | | | | | | | | | | | |
| 31 | | | | | | | | | | | | | | | |

# 서기 1902년 [단기 4235년]

| 절기후날수 | 입춘절(壬寅月) 立春 2월5일 2시38분 雨水 2월19일 22시40분 | | | | | 경칩절(癸卯月) 驚蟄 3월6일 21시8분 春分 3월21일 22시17분 | | | | | 청명절(甲辰月) 淸明 4월6일 2시38분 穀雨 4월21일 10시4분 | | | | |
|---|---|---|---|---|---|---|---|---|---|---|---|---|---|---|---|
| | 양력 | 요일 | 음력 | 일진 | 大運 남·여 | 양력 | 요일 | 음력 | 일진 | 大運 남·여 | 양력 | 요일 | 음력 | 일진 | 大運 남·여 |
| 0 | 2/5 | 水 | 27 | 己未 | 입춘 | 3/6 | 木 | 27 | 戊子 | 경칩 | 4/6 | 日 | 28 | 己未 | 청명 |
| 1 | 6 | 木 | 28 | 庚申 | 9·1 | 7 | 金 | 28 | 己丑 | 10·1 | 7 | 月 | 29 | 庚申 | 10·1 |
| 2 | 7 | 金 | 29 | 辛酉 | 9·1 | 8 | 土 | 29 | 庚寅 | 10·1 | 8 | 火 | 3/1 | 辛酉 | 9·1 |
| 3 | 8 | 土 | 1/1 | 壬戌 | 9·1 | 9 | 日 | 30 | 辛卯 | 9·1 | 9 | 水 | 2 | 壬戌 | 9·1 |
| 4 | 9 | 日 | 2 | 癸亥 | 8·1 | 10 | 月 | 2/1 | 壬辰 | 9·1 | 10 | 木 | 3 | 癸亥 | 9·1 |
| 5 | 10 | 月 | 3 | 甲子 | 8·2 | 11 | 火 | 2 | 癸巳 | 9·2 | 11 | 金 | 4 | 甲子 | 8·2 |
| 6 | 11 | 火 | 4 | 乙丑 | 8·2 | 12 | 水 | 3 | 甲午 | 8·2 | 12 | 土 | 5 | 乙丑 | 8·2 |
| 7 | 12 | 水 | 5 | 丙寅 | 7·2 | 13 | 木 | 4 | 乙未 | 8·2 | 13 | 日 | 6 | 丙寅 | 8·2 |
| 8 | 13 | 木 | 6 | 丁卯 | 7·3 | 14 | 金 | 5 | 丙申 | 8·3 | 14 | 月 | 7 | 丁卯 | 7·3 |
| 9 | 14 | 金 | 7 | 戊辰 | 7·3 | 15 | 土 | 6 | 丁酉 | 7·3 | 15 | 火 | 8 | 戊辰 | 7·3 |
| 10 | 15 | 土 | 8 | 己巳 | 6·3 | 16 | 日 | 7 | 戊戌 | 7·3 | 16 | 水 | 9 | 己巳 | 7·3 |
| 11 | 16 | 日 | 9 | 庚午 | 6·4 | 17 | 月 | 8 | 己亥 | 7·4 | 17 | 木 | 10 | 庚午 | 6·4 |
| 12 | 17 | 月 | 10 | 辛未 | 6·4 | 18 | 火 | 9 | 庚子 | 6·4 | 18 | 金 | 11 | 辛未 | 6·4 |
| 13 | 18 | 火 | 11 | 壬申 | 5·4 | 19 | 水 | 10 | 辛丑 | 6·4 | 19 | 土 | 12 | 壬申 | 6·4 |
| 14 | 19 | 水 | 12 | 癸酉 | 우수 | 20 | 木 | 11 | 壬寅 | 6·5 | 20 | 日 | 13 | 癸酉 | 5·5 |
| 15 | 20 | 木 | 13 | 甲戌 | 5·5 | 21 | 金 | 12 | 癸卯 | 춘분 | 21 | 月 | 14 | 甲戌 | 곡우 |
| 16 | 21 | 金 | 14 | 乙亥 | 4·5 | 22 | 土 | 13 | 甲辰 | 5·5 | 22 | 火 | 15 | 乙亥 | 5·5 |
| 17 | 22 | 土 | 15 | 丙子 | 4·6 | 23 | 日 | 14 | 乙巳 | 5·6 | 23 | 水 | 16 | 丙子 | 4·6 |
| 18 | 23 | 日 | 16 | 丁丑 | 4·6 | 24 | 月 | 15 | 丙午 | 4·6 | 24 | 木 | 17 | 丁丑 | 4·6 |
| 19 | 24 | 月 | 17 | 戊寅 | 3·6 | 25 | 火 | 16 | 丁未 | 4·6 | 25 | 金 | 18 | 戊寅 | 4·6 |
| 20 | 25 | 火 | 18 | 己卯 | 3·7 | 26 | 水 | 17 | 戊申 | 4·7 | 26 | 土 | 19 | 己卯 | 3·7 |
| 21 | 26 | 水 | 19 | 庚辰 | 3·7 | 27 | 木 | 18 | 己酉 | 3·7 | 27 | 日 | 20 | 庚辰 | 3·7 |
| 22 | 27 | 木 | 20 | 辛巳 | 2·7 | 28 | 金 | 19 | 庚戌 | 3·7 | 28 | 月 | 21 | 辛巳 | 3·7 |
| 23 | 28 | 金 | 21 | 壬午 | 2·8 | 29 | 土 | 20 | 辛亥 | 3·8 | 29 | 火 | 22 | 壬午 | 2·8 |
| 24 | 3/1 | 土 | 22 | 癸未 | 2·8 | 30 | 日 | 21 | 壬子 | 2·8 | 30 | 水 | 23 | 癸未 | 2·8 |
| 25 | 2 | 日 | 23 | 甲申 | 1·8 | 31 | 月 | 22 | 癸丑 | 2·8 | 5/1 | 木 | 24 | 甲申 | 2·8 |
| 26 | 3 | 月 | 24 | 乙酉 | 1·9 | 4/1 | 火 | 23 | 甲寅 | 2·9 | 2 | 金 | 25 | 乙酉 | 1·9 |
| 27 | 4 | 火 | 25 | 丙戌 | 1·9 | 2 | 水 | 24 | 乙卯 | 1·9 | 3 | 土 | 26 | 丙戌 | 1·9 |
| 28 | 5 | 水 | 26 | 丁亥 | 1·9 | 3 | 木 | 25 | 丙辰 | 1·9 | 4 | 日 | 27 | 丁亥 | 1·9 |
| 29 | | | | | | 4 | 金 | 26 | 丁巳 | 1·10 | 5 | 月 | 28 | 戊子 | 1·10 |
| 30 | | | | | | 5 | 土 | 27 | 戊午 | 1·10 | | | | | |
| 31 | | | | | | | | | | | | | | | |

| 절기후날수 | 입하절(乙巳月) 立夏 5월6일 20시39분 小滿 5월22일 9시54분 | | | | | 망종절(丙午月) 芒種 6월7일 1시20분 夏至 6월22일 18시15분 | | | | | 소서절(丁未月) 小暑 7월8일 11시46분 大暑 7월24일 5시10분 | | | | |
|---|---|---|---|---|---|---|---|---|---|---|---|---|---|---|---|
| | 양력 | 요일 | 음력 | 일진 | 大運 남·여 | 양력 | 요일 | 음력 | 일진 | 大運 남·여 | 양력 | 요일 | 음력 | 일진 | 大運 남·여 |
| 0 | 5/6 | 火 | 29 | 己丑 | 입하 | 6/7 | 土 | 2 | 辛酉 | 망종 | 7/8 | 火 | 4 | 壬辰 | 소서 |
| 1 | 7 | 水 | 30 | 庚寅 | 10·1 | 8 | 日 | 3 | 壬戌 | 10·1 | 9 | 水 | 5 | 癸巳 | 10·1 |
| 2 | 8 | 木 | 4/1 | 辛卯 | 10·1 | 9 | 月 | 4 | 癸亥 | 10·1 | 10 | 木 | 6 | 甲午 | 10·1 |
| 3 | 9 | 金 | 2 | 壬辰 | 10·1 | 10 | 火 | 5 | 甲子 | 9·1 | 11 | 金 | 7 | 乙未 | 9·1 |
| 4 | 10 | 土 | 3 | 癸巳 | 9·1 | 11 | 水 | 6 | 乙丑 | 9·1 | 12 | 土 | 8 | 丙申 | 9·1 |
| 5 | 11 | 日 | 4 | 甲午 | 9·2 | 12 | 木 | 7 | 丙寅 | 9·2 | 13 | 日 | 9 | 丁酉 | 9·2 |
| 6 | 12 | 月 | 5 | 乙未 | 9·2 | 13 | 金 | 8 | 丁卯 | 8·2 | 14 | 月 | 10 | 戊戌 | 8·2 |
| 7 | 13 | 火 | 6 | 丙申 | 8·2 | 14 | 土 | 9 | 戊辰 | 8·2 | 15 | 火 | 11 | 己亥 | 8·2 |
| 8 | 14 | 水 | 7 | 丁酉 | 8·3 | 15 | 日 | 10 | 己巳 | 8·3 | 16 | 水 | 12 | 庚子 | 8·3 |
| 9 | 15 | 木 | 8 | 戊戌 | 8·3 | 16 | 月 | 11 | 庚午 | 7·3 | 17 | 木 | 13 | 辛丑 | 7·3 |
| 10 | 16 | 金 | 9 | 己亥 | 7·3 | 17 | 火 | 12 | 辛未 | 7·3 | 18 | 金 | 14 | 壬寅 | 7·3 |
| 11 | 17 | 土 | 10 | 庚子 | 7·4 | 18 | 水 | 13 | 壬申 | 7·4 | 19 | 土 | 15 | 癸卯 | 7·4 |
| 12 | 18 | 日 | 11 | 辛丑 | 7·4 | 19 | 木 | 14 | 癸酉 | 6·4 | 20 | 日 | 16 | 甲辰 | 6·4 |
| 13 | 19 | 月 | 12 | 壬寅 | 6·4 | 20 | 金 | 15 | 甲戌 | 6·4 | 21 | 月 | 17 | 乙巳 | 6·4 |
| 14 | 20 | 火 | 13 | 癸卯 | 6·5 | 21 | 土 | 16 | 乙亥 | 6·5 | 22 | 火 | 18 | 丙午 | 6·5 |
| 15 | 21 | 水 | 14 | 甲辰 | 6·5 | 22 | 日 | 17 | 丙子 | 하지 | 23 | 水 | 19 | 丁未 | 5·5 |
| 16 | 22 | 木 | 15 | 乙巳 | 소만 | 23 | 月 | 18 | 丁丑 | 5·5 | 24 | 木 | 20 | 戊申 | 대서 |
| 17 | 23 | 金 | 16 | 丙午 | 5·6 | 24 | 火 | 19 | 戊寅 | 5·6 | 25 | 金 | 21 | 己酉 | 5·6 |
| 18 | 24 | 土 | 17 | 丁未 | 5·6 | 25 | 水 | 20 | 己卯 | 4·6 | 26 | 土 | 22 | 庚戌 | 4·6 |
| 19 | 25 | 日 | 18 | 戊申 | 4·6 | 26 | 木 | 21 | 庚辰 | 4·6 | 27 | 日 | 23 | 辛亥 | 4·6 |
| 20 | 26 | 月 | 19 | 己酉 | 4·7 | 27 | 金 | 22 | 辛巳 | 4·7 | 28 | 月 | 24 | 壬子 | 4·7 |
| 21 | 27 | 火 | 20 | 庚戌 | 4·7 | 28 | 土 | 23 | 壬午 | 3·7 | 29 | 火 | 25 | 癸丑 | 3·7 |
| 22 | 28 | 水 | 21 | 辛亥 | 3·7 | 29 | 日 | 24 | 癸未 | 3·7 | 30 | 水 | 26 | 甲寅 | 3·7 |
| 23 | 29 | 木 | 22 | 壬子 | 3·8 | 30 | 月 | 25 | 甲申 | 3·8 | 31 | 木 | 27 | 乙卯 | 3·8 |
| 24 | 30 | 金 | 23 | 癸丑 | 3·8 | 7/1 | 火 | 26 | 乙酉 | 2·8 | 8/1 | 金 | 28 | 丙辰 | 2·8 |
| 25 | 31 | 土 | 24 | 甲寅 | 2·8 | 2 | 水 | 27 | 丙戌 | 2·8 | 2 | 土 | 29 | 丁巳 | 2·8 |
| 26 | 6/1 | 日 | 25 | 乙卯 | 2·9 | 3 | 木 | 28 | 丁亥 | 2·9 | 3 | 日 | 30 | 戊午 | 2·9 |
| 27 | 2 | 月 | 26 | 丙辰 | 2·9 | 4 | 金 | 29 | 戊子 | 1·9 | 4 | 月 | 7/1 | 己未 | 1·9 |
| 28 | 3 | 火 | 27 | 丁巳 | 1·9 | 5 | 土 | 6/1 | 己丑 | 1·9 | 5 | 火 | 2 | 庚申 | 1·9 |
| 29 | 4 | 水 | 28 | 戊午 | 1·10 | 6 | 日 | 2 | 庚寅 | 1·10 | 6 | 水 | 3 | 辛酉 | 1·10 |
| 30 | 5 | 木 | 29 | 己未 | 1·10 | 7 | 月 | 3 | 辛卯 | 1·10 | 7 | 木 | 4 | 壬戌 | 1·10 |
| 31 | 6 | 金 | 5/1 | 庚申 | 1·10 | | | | | | | | | | |

# 壬寅年

| 절기후날수 | 입추절(戊申月) | | | | | 백로절(己酉月) | | | | | 한로절(庚戌月) | | | | | 입동절(辛亥月) | | | | | 대설절(壬子月) | | | | | 소한절(癸丑月) | | | | |
|---|---|---|---|---|---|---|---|---|---|---|---|---|---|---|---|---|---|---|---|---|---|---|---|---|---|---|---|---|---|---|
| | 立秋 8월8일 21시22분 處暑 8월24일 11시53분 | | | | | 白露 9월8일 23시47분 秋分 9월24일 8시55분 | | | | | 寒露 10월9일 14시45분 霜降 10월24일 17시36분 | | | | | 立冬 11월8일 17시18분 小雪 11월23일 14시36분 | | | | | 大雪 12월8일 9시41분 冬至 12월23일 3시36분 | | | | | 小寒 1월6일 20시44분 大寒 1월21일 14시14분 | | | | |
| | 양력 | 요일 | 음력 | 일진 | 大運 남·여 | 양력 | 요일 | 음력 | 일진 | 大運 남·여 | 양력 | 요일 | 음력 | 일진 | 大運 남·여 | 양력 | 요일 | 음력 | 일진 | 大運 남·여 | 양력 | 요일 | 음력 | 일진 | 大運 남·여 | 양력 | 요일 | 음력 | 일진 | 大運 남·여 |
| 0 | 8/8 | 金 | 5 | 癸亥 | 입추 | 9/8 | 月 | 7 | 甲午 | 백로 | 10/9 | 木 | 8 | 乙丑 | 한로 | 11/8 | 土 | 9 | 乙未 | 입동 | 12/8 | 月 | 9 | 乙丑 | 대설 | 1/6 | 火 | 8 | 甲午 | 소한 |
| 1 | 9 | 土 | 6 | 甲子 | 10·1 | 9 | 火 | 8 | 乙未 | 10·1 | 10 | 金 | 9 | 丙寅 | 10·1 | 9 | 日 | 10 | 丙申 | 10·1 | 9 | 火 | 10 | 丙寅 | 9·1 | 7 | 水 | 9 | 乙未 | 10·1 |
| 2 | 10 | 日 | 7 | 乙丑 | 10·1 | 10 | 水 | 9 | 丙申 | 10·1 | 11 | 土 | 10 | 丁卯 | 9·1 | 10 | 月 | 11 | 丁酉 | 9·1 | 10 | 水 | 11 | 丁卯 | 9·1 | 8 | 木 | 10 | 丙申 | 9·1 |
| 3 | 11 | 月 | 8 | 丙寅 | 9·1 | 11 | 木 | 10 | 丁酉 | 9·1 | 12 | 日 | 11 | 戊辰 | 9·1 | 11 | 火 | 12 | 戊戌 | 9·1 | 11 | 木 | 12 | 戊辰 | 9·1 | 9 | 金 | 11 | 丁酉 | 9·1 |
| 4 | 12 | 火 | 9 | 丁卯 | 9·1 | 12 | 金 | 11 | 戊戌 | 9·1 | 13 | 月 | 12 | 己巳 | 9·1 | 12 | 水 | 13 | 己亥 | 9·1 | 12 | 金 | 13 | 己巳 | 8·1 | 10 | 土 | 12 | 戊戌 | 9·1 |
| 5 | 13 | 水 | 10 | 戊辰 | 9·2 | 13 | 土 | 12 | 己亥 | 9·2 | 14 | 火 | 13 | 庚午 | 8·2 | 13 | 木 | 14 | 庚子 | 8·2 | 13 | 土 | 14 | 庚午 | 8·2 | 11 | 日 | 13 | 己亥 | 8·2 |
| 6 | 14 | 木 | 11 | 己巳 | 8·2 | 14 | 日 | 13 | 庚子 | 8·2 | 15 | 水 | 14 | 辛未 | 8·2 | 14 | 金 | 15 | 辛丑 | 8·2 | 14 | 日 | 15 | 辛未 | 8·2 | 12 | 月 | 14 | 庚子 | 8·2 |
| 7 | 15 | 金 | 12 | 庚午 | 8·2 | 15 | 月 | 14 | 辛丑 | 8·2 | 16 | 木 | 15 | 壬申 | 8·2 | 15 | 土 | 16 | 壬寅 | 8·2 | 15 | 月 | 16 | 壬申 | 7·2 | 13 | 火 | 15 | 辛丑 | 8·2 |
| 8 | 16 | 土 | 13 | 辛未 | 8·3 | 16 | 火 | 15 | 壬寅 | 8·3 | 17 | 金 | 16 | 癸酉 | 7·3 | 16 | 日 | 17 | 癸卯 | 7·3 | 16 | 火 | 17 | 癸酉 | 7·3 | 14 | 水 | 16 | 壬寅 | 7·3 |
| 9 | 17 | 日 | 14 | 壬申 | 7·3 | 17 | 水 | 16 | 癸卯 | 7·3 | 18 | 土 | 17 | 甲戌 | 7·3 | 17 | 月 | 18 | 甲辰 | 7·3 | 17 | 水 | 18 | 甲戌 | 7·3 | 15 | 木 | 17 | 癸卯 | 7·3 |
| 10 | 18 | 月 | 15 | 癸酉 | 7·3 | 18 | 木 | 17 | 甲辰 | 7·3 | 19 | 日 | 18 | 乙亥 | 7·3 | 18 | 火 | 19 | 乙巳 | 7·3 | 18 | 木 | 19 | 乙亥 | 6·3 | 16 | 金 | 18 | 甲辰 | 7·3 |
| 11 | 19 | 火 | 16 | 甲戌 | 7·4 | 19 | 金 | 18 | 乙巳 | 7·4 | 20 | 月 | 19 | 丙子 | 6·4 | 19 | 水 | 20 | 丙午 | 6·4 | 19 | 金 | 20 | 丙子 | 6·4 | 17 | 土 | 19 | 乙巳 | 6·4 |
| 12 | 20 | 水 | 17 | 乙亥 | 6·4 | 20 | 土 | 19 | 丙午 | 6·4 | 21 | 火 | 20 | 丁丑 | 6·4 | 20 | 木 | 21 | 丁未 | 6·4 | 20 | 土 | 21 | 丁丑 | 6·4 | 18 | 日 | 20 | 丙午 | 6·4 |
| 13 | 21 | 木 | 18 | 丙子 | 6·4 | 21 | 日 | 20 | 丁未 | 6·4 | 22 | 水 | 21 | 戊寅 | 6·4 | 21 | 金 | 22 | 戊申 | 6·4 | 21 | 日 | 22 | 戊寅 | 5·4 | 19 | 月 | 21 | 丁未 | 6·4 |
| 14 | 22 | 金 | 19 | 丁丑 | 6·5 | 22 | 月 | 21 | 戊申 | 6·5 | 23 | 木 | 22 | 己卯 | 5·5 | 22 | 土 | 23 | 己酉 | 5·5 | 22 | 月 | 23 | 己卯 | 5·5 | 20 | 火 | 22 | 戊申 | 5·5 |
| 15 | 23 | 土 | 20 | 戊寅 | 5·5 | 23 | 火 | 22 | 己酉 | 5·5 | 24 | 金 | 23 | 庚辰 | 상강 | 23 | 日 | 24 | 庚戌 | 소설 | 23 | 火 | 24 | 庚辰 | 동지 | 21 | 水 | 23 | 己酉 | 대한 |
| 16 | 24 | 日 | 21 | 己卯 | 처서 | 24 | 水 | 23 | 庚戌 | 추분 | 25 | 土 | 24 | 辛巳 | 5·5 | 24 | 月 | 25 | 辛亥 | 5·5 | 24 | 水 | 25 | 辛巳 | 4·5 | 22 | 木 | 24 | 庚戌 | 5·5 |
| 17 | 25 | 月 | 22 | 庚辰 | 5·6 | 25 | 木 | 24 | 辛亥 | 5·6 | 26 | 日 | 25 | 壬午 | 4·6 | 25 | 火 | 26 | 壬子 | 4·6 | 25 | 木 | 26 | 壬午 | 4·6 | 23 | 金 | 25 | 辛亥 | 4·6 |
| 18 | 26 | 火 | 23 | 辛巳 | 4·6 | 26 | 金 | 25 | 壬子 | 4·6 | 27 | 月 | 26 | 癸未 | 4·6 | 26 | 水 | 27 | 癸丑 | 4·6 | 26 | 金 | 27 | 癸未 | 4·6 | 24 | 土 | 26 | 壬子 | 4·6 |
| 19 | 27 | 水 | 24 | 壬午 | 4·6 | 27 | 土 | 26 | 癸丑 | 4·6 | 28 | 火 | 27 | 甲申 | 4·6 | 27 | 木 | 28 | 甲寅 | 4·6 | 27 | 土 | 28 | 甲申 | 3·6 | 25 | 日 | 27 | 癸丑 | 4·6 |
| 20 | 28 | 木 | 25 | 癸未 | 4·7 | 28 | 日 | 27 | 甲寅 | 4·7 | 29 | 水 | 28 | 乙酉 | 3·7 | 28 | 金 | 29 | 乙卯 | 3·7 | 28 | 日 | 29 | 乙酉 | 3·7 | 26 | 月 | 28 | 甲寅 | 3·7 |
| 21 | 29 | 金 | 26 | 甲申 | 3·7 | 29 | 月 | 28 | 乙卯 | 3·7 | 30 | 木 | 29 | 丙戌 | 3·7 | 29 | 土 | 30 | 丙辰 | 3·7 | 29 | 月 | 30 | 丙戌 | 3·7 | 27 | 火 | 29 | 乙卯 | 3·7 |
| 22 | 30 | 土 | 27 | 乙酉 | 3·7 | 30 | 火 | 29 | 丙辰 | 3·7 | 31 | 金 | 10/1 | 丁亥 | 3·7 | 30 | 日 | 11/1 | 丁巳 | 3·7 | 30 | 火 | 12/1 | 丁亥 | 2·7 | 28 | 水 | 30 | 丙辰 | 3·7 |
| 23 | 31 | 日 | 28 | 丙戌 | 3·8 | 10/1 | 水 | 30 | 丁巳 | 3·8 | 11/1 | 土 | 2 | 戊子 | 2·8 | 12/1 | 月 | 2 | 戊午 | 2·8 | 31 | 水 | 2 | 戊子 | 2·8 | 29 | 木 | 1/1 | 丁巳 | 2·8 |
| 24 | 9/1 | 月 | 29 | 丁亥 | 2·8 | 2 | 木 | 9/1 | 戊午 | 2·8 | 2 | 日 | 3 | 己丑 | 2·8 | 2 | 火 | 3 | 己未 | 2·8 | 1/1 | 木 | 3 | 己丑 | 2·8 | 30 | 金 | 2 | 戊午 | 2·8 |
| 25 | 2 | 火 | 8/1 | 戊子 | 2·8 | 3 | 金 | 2 | 己未 | 2·8 | 3 | 月 | 4 | 庚寅 | 2·8 | 3 | 水 | 4 | 庚申 | 2·8 | 2 | 金 | 4 | 庚寅 | 1·8 | 31 | 土 | 3 | 己未 | 2·8 |
| 26 | 3 | 水 | 2 | 己丑 | 2·9 | 4 | 土 | 3 | 庚申 | 2·9 | 4 | 火 | 5 | 辛卯 | 1·9 | 4 | 木 | 5 | 辛酉 | 1·9 | 3 | 土 | 5 | 辛卯 | 1·9 | 2/1 | 日 | 4 | 庚申 | 1·9 |
| 27 | 4 | 木 | 3 | 庚寅 | 1·9 | 5 | 日 | 4 | 辛酉 | 1·9 | 5 | 水 | 6 | 壬辰 | 1·9 | 5 | 金 | 6 | 壬戌 | 1·9 | 4 | 日 | 6 | 壬辰 | 1·9 | 2 | 月 | 5 | 辛酉 | 1·9 |
| 28 | 5 | 金 | 4 | 辛卯 | 1·9 | 6 | 月 | 5 | 壬戌 | 1·9 | 6 | 木 | 7 | 癸巳 | 1·9 | 6 | 土 | 7 | 癸亥 | 1·9 | 5 | 月 | 7 | 癸巳 | 1·9 | 3 | 火 | 6 | 壬戌 | 1·9 |
| 29 | 6 | 土 | 5 | 壬辰 | 1·10 | 7 | 火 | 6 | 癸亥 | 1·10 | 7 | 金 | 8 | 甲午 | 1·10 | 7 | 日 | 8 | 甲子 | 1·10 | | | | | | 4 | 水 | 7 | 癸亥 | 1·10 |
| 30 | 7 | 日 | 6 | 癸巳 | 1·10 | 8 | 水 | 7 | 甲子 | 1·10 | | | | | | | | | | | | | | | | | | | | |
| 31 | | | | | | | | | | | | | | | | | | | | | | | | | | | | | | |

# 서기 1903년 [단기 4236년]

| 절기후날수 | 입춘절(甲寅月) 立春 2월5일 8시31분 雨水 2월20일 4시41분 | | | | | 경칩절(乙卯月) 驚蟄 3월7일 2시59분 春分 3월22일 4시15분 | | | | |
|---|---|---|---|---|---|---|---|---|---|---|
| | 양력 | 요일 | 음력 | 일진 | 大運 남·여 | 양력 | 요일 | 음력 | 일진 | 大運 남·여 |
| 0 | 2/5 | 木 | 8 | 甲子 | 입춘 | 3/7 | 土 | 9 | 甲午 | 경칩 |
| 1 | 6 | 金 | 9 | 乙丑 | 1·10 | 8 | 日 | 10 | 乙未 | 1·10 |
| 2 | 7 | 土 | 10 | 丙寅 | 1·9 | 9 | 月 | 11 | 丙申 | 1·9 |
| 3 | 8 | 日 | 11 | 丁卯 | 1·9 | 10 | 火 | 12 | 丁酉 | 1·9 |
| 4 | 9 | 月 | 12 | 戊辰 | 1·9 | 11 | 水 | 13 | 戊戌 | 1·9 |
| 5 | 10 | 火 | 13 | 己巳 | 2·8 | 12 | 木 | 14 | 己亥 | 2·8 |
| 6 | 11 | 水 | 14 | 庚午 | 2·8 | 13 | 金 | 15 | 庚子 | 2·8 |
| 7 | 12 | 木 | 15 | 辛未 | 2·8 | 14 | 土 | 16 | 辛丑 | 2·8 |
| 8 | 13 | 金 | 16 | 壬申 | 3·7 | 15 | 日 | 17 | 壬寅 | 3·7 |
| 9 | 14 | 土 | 17 | 癸酉 | 3·7 | 16 | 月 | 18 | 癸卯 | 3·7 |
| 10 | 15 | 日 | 18 | 甲戌 | 3·7 | 17 | 火 | 19 | 甲辰 | 3·7 |
| 11 | 16 | 月 | 19 | 乙亥 | 4·6 | 18 | 水 | 20 | 乙巳 | 4·6 |
| 12 | 17 | 火 | 20 | 丙子 | 4·6 | 19 | 木 | 21 | 丙午 | 4·6 |
| 13 | 18 | 水 | 21 | 丁丑 | 4·6 | 20 | 金 | 22 | 丁未 | 4·6 |
| 14 | 19 | 木 | 22 | 戊寅 | 5·5 | 21 | 土 | 23 | 戊申 | 5·5 |
| 15 | 20 | 金 | 23 | 己卯 | 우수 | 22 | 日 | 24 | 己酉 | 춘분 |
| 16 | 21 | 土 | 24 | 庚辰 | 5·5 | 23 | 月 | 25 | 庚戌 | 5·5 |
| 17 | 22 | 日 | 25 | 辛巳 | 6·4 | 24 | 火 | 26 | 辛亥 | 6·4 |
| 18 | 23 | 月 | 26 | 壬午 | 6·4 | 25 | 水 | 27 | 壬子 | 6·4 |
| 19 | 24 | 火 | 27 | 癸未 | 6·4 | 26 | 木 | 28 | 癸丑 | 6·4 |
| 20 | 25 | 水 | 28 | 甲申 | 7·3 | 27 | 金 | 29 | 甲寅 | 7·3 |
| 21 | 26 | 木 | 29 | 乙酉 | 7·3 | 28 | 土 | 30 | 乙卯 | 7·3 |
| 22 | 27 | 金 | 2/1 | 丙戌 | 7·3 | 29 | 日 | 3/1 | 丙辰 | 7·3 |
| 23 | 28 | 土 | 2 | 丁亥 | 8·2 | 30 | 月 | 2 | 丁巳 | 8·2 |
| 24 | 3/1 | 日 | 3 | 戊子 | 8·2 | 31 | 火 | 3 | 戊午 | 8·2 |
| 25 | 2 | 月 | 4 | 己丑 | 8·2 | 4/1 | 水 | 4 | 己未 | 8·2 |
| 26 | 3 | 火 | 5 | 庚寅 | 9·1 | 2 | 木 | 5 | 庚申 | 9·1 |
| 27 | 4 | 水 | 6 | 辛卯 | 9·1 | 3 | 金 | 6 | 辛酉 | 9·1 |
| 28 | 5 | 木 | 7 | 壬辰 | 9·1 | 4 | 土 | 7 | 壬戌 | 9·1 |
| 29 | 6 | 金 | 8 | 癸巳 | 10·1 | 5 | 日 | 8 | 癸亥 | 10·1 |
| 30 | | | | | | | | | | |
| 31 | | | | | | | | | | |

| 절기후날수 | 청명절(丙辰月) 淸明 4월6일 8시26분 穀雨 4월21일 15시59분 | | | | | 입하절(丁巳月) 立夏 5월7일 2시25분 小滿 5월22일 15시45분 | | | | |
|---|---|---|---|---|---|---|---|---|---|---|
| | 양력 | 요일 | 음력 | 일진 | 大運 남·여 | 양력 | 요일 | 음력 | 일진 | 大運 남·여 |
| 0 | 4/6 | 月 | 9 | 甲子 | 청명 | 5/7 | 木 | 11 | 乙未 | 입하 |
| 1 | 7 | 火 | 10 | 乙丑 | 1·10 | 8 | 金 | 12 | 丙申 | 1·10 |
| 2 | 8 | 水 | 11 | 丙寅 | 1·10 | 9 | 土 | 13 | 丁酉 | 1·10 |
| 3 | 9 | 木 | 12 | 丁卯 | 1·9 | 10 | 日 | 14 | 戊戌 | 1·9 |
| 4 | 10 | 金 | 13 | 戊辰 | 1·9 | 11 | 月 | 15 | 己亥 | 1·9 |
| 5 | 11 | 土 | 14 | 己巳 | 2·9 | 12 | 火 | 16 | 庚子 | 2·9 |
| 6 | 12 | 日 | 15 | 庚午 | 2·8 | 13 | 水 | 17 | 辛丑 | 2·8 |
| 7 | 13 | 月 | 16 | 辛未 | 2·8 | 14 | 木 | 18 | 壬寅 | 2·8 |
| 8 | 14 | 火 | 17 | 壬申 | 3·8 | 15 | 金 | 19 | 癸卯 | 3·8 |
| 9 | 15 | 水 | 18 | 癸酉 | 3·7 | 16 | 土 | 20 | 甲辰 | 3·7 |
| 10 | 16 | 木 | 19 | 甲戌 | 3·7 | 17 | 日 | 21 | 乙巳 | 3·7 |
| 11 | 17 | 金 | 20 | 乙亥 | 4·7 | 18 | 月 | 22 | 丙午 | 4·7 |
| 12 | 18 | 土 | 21 | 丙子 | 4·6 | 19 | 火 | 23 | 丁未 | 4·6 |
| 13 | 19 | 日 | 22 | 丁丑 | 4·6 | 20 | 水 | 24 | 戊申 | 4·6 |
| 14 | 20 | 月 | 23 | 戊寅 | 5·6 | 21 | 木 | 25 | 己酉 | 5·6 |
| 15 | 21 | 火 | 24 | 己卯 | 곡우 | 22 | 金 | 26 | 庚戌 | 소만 |
| 16 | 22 | 水 | 25 | 庚辰 | 5·5 | 23 | 土 | 27 | 辛亥 | 5·5 |
| 17 | 23 | 木 | 26 | 辛巳 | 6·5 | 24 | 日 | 28 | 壬子 | 6·5 |
| 18 | 24 | 金 | 27 | 壬午 | 6·4 | 25 | 月 | 29 | 癸丑 | 6·4 |
| 19 | 25 | 土 | 28 | 癸未 | 6·4 | 26 | 火 | 30 | 甲寅 | 6·4 |
| 20 | 26 | 日 | 29 | 甲申 | 7·4 | 27 | 水 | 5/1 | 乙卯 | 7·4 |
| 21 | 27 | 月 | 4/1 | 乙酉 | 7·3 | 28 | 木 | 2 | 丙辰 | 7·3 |
| 22 | 28 | 火 | 2 | 丙戌 | 7·3 | 29 | 金 | 3 | 丁巳 | 7·3 |
| 23 | 29 | 水 | 3 | 丁亥 | 8·3 | 30 | 土 | 4 | 戊午 | 8·3 |
| 24 | 30 | 木 | 4 | 戊子 | 8·2 | 31 | 日 | 5 | 己未 | 8·2 |
| 25 | 5/1 | 金 | 5 | 己丑 | 8·2 | 6/1 | 月 | 6 | 庚申 | 8·2 |
| 26 | 2 | 土 | 6 | 庚寅 | 9·2 | 2 | 火 | 7 | 辛酉 | 9·2 |
| 27 | 3 | 日 | 7 | 辛卯 | 9·1 | 3 | 水 | 8 | 壬戌 | 9·1 |
| 28 | 4 | 月 | 8 | 壬辰 | 9·1 | 4 | 木 | 9 | 癸亥 | 9·1 |
| 29 | 5 | 火 | 9 | 癸巳 | 10·1 | 5 | 金 | 10 | 甲子 | 10·1 |
| 30 | 6 | 水 | 10 | 甲午 | 10·1 | 6 | 土 | 11 | 乙丑 | 10·1 |
| 31 | | | | | | | | | | |

| 절기후날수 | 망종절(戊午月) 芒種 6월7일 7시7분 夏至 6월23일 0시5분 | | | | | 소서절(己未月) 小暑 7월8일 17시37분 大暑 7월24일 10시59분 | | | | |
|---|---|---|---|---|---|---|---|---|---|---|
| | 양력 | 요일 | 음력 | 일진 | 大運 남·여 | 양력 | 요일 | 음력 | 일진 | 大運 남·여 |
| 0 | 6/7 | 日 | 12 | 丙寅 | 망종 | 7/8 | 水 | 윤14 | 丁酉 | 소서 |
| 1 | 8 | 月 | 13 | 丁卯 | 1·10 | 9 | 木 | 윤15 | 戊戌 | 1·10 |
| 2 | 9 | 火 | 14 | 戊辰 | 1·10 | 10 | 金 | 윤16 | 己亥 | 1·10 |
| 3 | 10 | 水 | 15 | 己巳 | 1·9 | 11 | 土 | 윤17 | 庚子 | 1·10 |
| 4 | 11 | 木 | 16 | 庚午 | 1·9 | 12 | 日 | 윤18 | 辛丑 | 1·9 |
| 5 | 12 | 金 | 17 | 辛未 | 2·9 | 13 | 月 | 윤19 | 壬寅 | 2·9 |
| 6 | 13 | 土 | 18 | 壬申 | 2·8 | 14 | 火 | 윤20 | 癸卯 | 2·9 |
| 7 | 14 | 日 | 19 | 癸酉 | 2·8 | 15 | 水 | 윤21 | 甲辰 | 2·8 |
| 8 | 15 | 月 | 20 | 甲戌 | 3·8 | 16 | 木 | 윤22 | 乙巳 | 3·8 |
| 9 | 16 | 火 | 21 | 乙亥 | 3·7 | 17 | 金 | 윤23 | 丙午 | 3·8 |
| 10 | 17 | 水 | 22 | 丙子 | 3·7 | 18 | 土 | 윤24 | 丁未 | 3·7 |
| 11 | 18 | 木 | 23 | 丁丑 | 4·7 | 19 | 日 | 윤25 | 戊申 | 4·7 |
| 12 | 19 | 金 | 24 | 戊寅 | 4·6 | 20 | 月 | 윤26 | 己酉 | 4·7 |
| 13 | 20 | 土 | 25 | 己卯 | 4·6 | 21 | 火 | 윤27 | 庚戌 | 4·6 |
| 14 | 21 | 日 | 26 | 庚辰 | 5·6 | 22 | 水 | 윤28 | 辛亥 | 5·6 |
| 15 | 22 | 月 | 27 | 辛巳 | 5·5 | 23 | 木 | 윤29 | 壬子 | 5·6 |
| 16 | 23 | 火 | 28 | 壬午 | 하지 | 24 | 金 | 6/1 | 癸丑 | 대서 |
| 17 | 24 | 水 | 29 | 癸未 | 6·5 | 25 | 土 | 2 | 甲寅 | 6·5 |
| 18 | 25 | 木 | 윤1 | 甲申 | 6·4 | 26 | 日 | 3 | 乙卯 | 6·5 |
| 19 | 26 | 金 | 윤2 | 乙酉 | 6·4 | 27 | 月 | 4 | 丙辰 | 6·4 |
| 20 | 27 | 土 | 윤3 | 丙戌 | 7·4 | 28 | 火 | 5 | 丁巳 | 7·4 |
| 21 | 28 | 日 | 윤4 | 丁亥 | 7·3 | 29 | 水 | 6 | 戊午 | 7·4 |
| 22 | 29 | 月 | 윤5 | 戊子 | 7·3 | 30 | 木 | 7 | 己未 | 7·3 |
| 23 | 30 | 火 | 윤6 | 己丑 | 8·3 | 31 | 金 | 8 | 庚申 | 8·3 |
| 24 | 7/1 | 水 | 윤7 | 庚寅 | 8·2 | 8/1 | 土 | 9 | 辛酉 | 8·3 |
| 25 | 2 | 木 | 윤8 | 辛卯 | 8·2 | 2 | 日 | 10 | 壬戌 | 8·2 |
| 26 | 3 | 金 | 윤9 | 壬辰 | 9·2 | 3 | 月 | 11 | 癸亥 | 9·2 |
| 27 | 4 | 土 | 윤10 | 癸巳 | 9·1 | 4 | 火 | 12 | 甲子 | 9·2 |
| 28 | 5 | 日 | 윤11 | 甲午 | 9·1 | 5 | 水 | 13 | 乙丑 | 9·1 |
| 29 | 6 | 月 | 윤12 | 乙未 | 10·1 | 6 | 木 | 14 | 丙寅 | 10·1 |
| 30 | 7 | 火 | 윤13 | 丙申 | 10·1 | 7 | 金 | 15 | 丁卯 | 10·1 |
| 31 | | | | | | 8 | 土 | 16 | 戊辰 | 10·1 |

▶윤달-5월

# 癸卯年

| 절기후날수 | 입추절(庚申月) 立秋 8월9일 3시16분 處暑 8월24일 17시42분 | | | | | | 백로절(辛酉月) 白露 9월9일 5시42분 秋分 9월24일 14시44분 | | | | | |
|---|---|---|---|---|---|---|---|---|---|---|---|---|
| | 양력 | 요일 | 음력 | 일진 | 大運 남 | 大運 여 | 양력 | 요일 | 음력 | 일진 | 大運 남 | 大運 여 |
| 0 | 8/9 | 日 | 17 | 己巳 | 입추 | | 9/9 | 水 | 18 | 庚子 | 백로 | |
| 1 | 10 | 月 | 18 | 庚午 | 1 | 10 | 10 | 木 | 19 | 辛丑 | 1 | 10 |
| 2 | 11 | 火 | 19 | 辛未 | 1 | 10 | 11 | 金 | 20 | 壬寅 | 1 | 9 |
| 3 | 12 | 水 | 20 | 壬申 | 1 | 9 | 12 | 土 | 21 | 癸卯 | 1 | 9 |
| 4 | 13 | 木 | 21 | 癸酉 | 1 | 9 | 13 | 日 | 22 | 甲辰 | 1 | 9 |
| 5 | 14 | 金 | 22 | 甲戌 | 2 | 9 | 14 | 月 | 23 | 乙巳 | 2 | 8 |
| 6 | 15 | 土 | 23 | 乙亥 | 2 | 8 | 15 | 火 | 24 | 丙午 | 2 | 8 |
| 7 | 16 | 日 | 24 | 丙子 | 2 | 8 | 16 | 水 | 25 | 丁未 | 2 | 8 |
| 8 | 17 | 月 | 25 | 丁丑 | 3 | 8 | 17 | 木 | 26 | 戊申 | 3 | 7 |
| 9 | 18 | 火 | 26 | 戊寅 | 3 | 7 | 18 | 金 | 27 | 己酉 | 3 | 7 |
| 10 | 19 | 水 | 27 | 己卯 | 3 | 7 | 19 | 土 | 28 | 庚戌 | 3 | 7 |
| 11 | 20 | 木 | 28 | 庚辰 | 4 | 7 | 20 | 日 | 29 | 辛亥 | 4 | 6 |
| 12 | 21 | 金 | 29 | 辛巳 | 4 | 6 | 21 | 月 | 8/1 | 壬子 | 4 | 6 |
| 13 | 22 | 土 | 30 | 壬午 | 4 | 6 | 22 | 火 | 2 | 癸丑 | 4 | 6 |
| 14 | 23 | 日 | 7/1 | 癸未 | 5 | 6 | 23 | 水 | 3 | 甲寅 | 5 | 5 |
| 15 | 24 | 月 | 2 | 甲申 | 처서 | | 24 | 木 | 4 | 乙卯 | 추분 | |
| 16 | 25 | 火 | 3 | 乙酉 | 5 | 5 | 25 | 金 | 5 | 丙辰 | 5 | 5 |
| 17 | 26 | 水 | 4 | 丙戌 | 6 | 5 | 26 | 土 | 6 | 丁巳 | 6 | 4 |
| 18 | 27 | 木 | 5 | 丁亥 | 6 | 4 | 27 | 日 | 7 | 戊午 | 6 | 4 |
| 19 | 28 | 金 | 6 | 戊子 | 6 | 4 | 28 | 月 | 8 | 己未 | 6 | 4 |
| 20 | 29 | 土 | 7 | 己丑 | 7 | 4 | 29 | 火 | 9 | 庚申 | 7 | 3 |
| 21 | 30 | 日 | 8 | 庚寅 | 7 | 3 | 30 | 水 | 10 | 辛酉 | 7 | 3 |
| 22 | 31 | 月 | 9 | 辛卯 | 7 | 3 | 10/1 | 木 | 11 | 壬戌 | 7 | 3 |
| 23 | 9/1 | 火 | 10 | 壬辰 | 8 | 3 | 2 | 金 | 12 | 癸亥 | 8 | 2 |
| 24 | 2 | 水 | 11 | 癸巳 | 8 | 2 | 3 | 土 | 13 | 甲子 | 8 | 2 |
| 25 | 3 | 木 | 12 | 甲午 | 8 | 2 | 4 | 日 | 14 | 乙丑 | 8 | 2 |
| 26 | 4 | 金 | 13 | 乙未 | 9 | 2 | 5 | 月 | 15 | 丙寅 | 9 | 1 |
| 27 | 5 | 土 | 14 | 丙申 | 9 | 1 | 6 | 火 | 16 | 丁卯 | 9 | 1 |
| 28 | 6 | 日 | 15 | 丁酉 | 9 | 1 | 7 | 水 | 17 | 戊辰 | 9 | 1 |
| 29 | 7 | 月 | 16 | 戊戌 | 10 | 1 | 8 | 木 | 18 | 己巳 | 10 | 1 |
| 30 | 8 | 火 | 17 | 己亥 | 10 | 1 | | | | | | |
| 31 | | | | | | | | | | | | |

| 절기후날수 | 한로절(壬戌月) 寒露 10월9일 20시42분 霜降 10월24일 23시23분 | | | | | | 입동절(癸亥月) 立冬 11월8일 23시13분 小雪 11월23일 20시22분 | | | | | |
|---|---|---|---|---|---|---|---|---|---|---|---|---|
| | 양력 | 요일 | 음력 | 일진 | 大運 남 | 大運 여 | 양력 | 요일 | 음력 | 일진 | 大運 남 | 大運 여 |
| 0 | 10/9 | 金 | 19 | 庚午 | 한로 | | 11/8 | 日 | 20 | 庚子 | 입동 | |
| 1 | 10 | 土 | 20 | 辛未 | 1 | 10 | 9 | 月 | 21 | 辛丑 | 1 | 10 |
| 2 | 11 | 日 | 21 | 壬申 | 1 | 9 | 10 | 火 | 22 | 壬寅 | 1 | 9 |
| 3 | 12 | 月 | 22 | 癸酉 | 1 | 9 | 11 | 水 | 23 | 癸卯 | 1 | 9 |
| 4 | 13 | 火 | 23 | 甲戌 | 1 | 9 | 12 | 木 | 24 | 甲辰 | 1 | 9 |
| 5 | 14 | 水 | 24 | 乙亥 | 2 | 8 | 13 | 金 | 25 | 乙巳 | 2 | 8 |
| 6 | 15 | 木 | 25 | 丙子 | 2 | 8 | 14 | 土 | 26 | 丙午 | 2 | 8 |
| 7 | 16 | 金 | 26 | 丁丑 | 2 | 8 | 15 | 日 | 27 | 丁未 | 2 | 8 |
| 8 | 17 | 土 | 27 | 戊寅 | 3 | 7 | 16 | 月 | 28 | 戊申 | 3 | 7 |
| 9 | 18 | 日 | 28 | 己卯 | 3 | 7 | 17 | 火 | 29 | 己酉 | 3 | 7 |
| 10 | 19 | 月 | 29 | 庚辰 | 3 | 7 | 18 | 水 | 30 | 庚戌 | 3 | 7 |
| 11 | 20 | 火 | 9/1 | 辛巳 | 4 | 6 | 19 | 木 | 10/1 | 辛亥 | 4 | 6 |
| 12 | 21 | 水 | 2 | 壬午 | 4 | 6 | 20 | 金 | 2 | 壬子 | 4 | 6 |
| 13 | 22 | 木 | 3 | 癸未 | 4 | 6 | 21 | 土 | 3 | 癸丑 | 4 | 6 |
| 14 | 23 | 金 | 4 | 甲申 | 5 | 5 | 22 | 日 | 4 | 甲寅 | 5 | 5 |
| 15 | 24 | 土 | 5 | 乙酉 | 상강 | | 23 | 月 | 5 | 乙卯 | 소설 | |
| 16 | 25 | 日 | 6 | 丙戌 | 5 | 5 | 24 | 火 | 6 | 丙辰 | 5 | 5 |
| 17 | 26 | 月 | 7 | 丁亥 | 6 | 4 | 25 | 水 | 7 | 丁巳 | 6 | 4 |
| 18 | 27 | 火 | 8 | 戊子 | 6 | 4 | 26 | 木 | 8 | 戊午 | 6 | 4 |
| 19 | 28 | 水 | 9 | 己丑 | 6 | 4 | 27 | 金 | 9 | 己未 | 6 | 4 |
| 20 | 29 | 木 | 10 | 庚寅 | 7 | 3 | 28 | 土 | 10 | 庚申 | 7 | 3 |
| 21 | 30 | 金 | 11 | 辛卯 | 7 | 3 | 29 | 日 | 11 | 辛酉 | 7 | 3 |
| 22 | 31 | 土 | 12 | 壬辰 | 7 | 3 | 30 | 月 | 12 | 壬戌 | 7 | 3 |
| 23 | 11/1 | 日 | 13 | 癸巳 | 8 | 2 | 12/1 | 火 | 13 | 癸亥 | 8 | 2 |
| 24 | 2 | 月 | 14 | 甲午 | 8 | 2 | 2 | 水 | 14 | 甲子 | 8 | 2 |
| 25 | 3 | 火 | 15 | 乙未 | 8 | 2 | 3 | 木 | 15 | 乙丑 | 8 | 2 |
| 26 | 4 | 水 | 16 | 丙申 | 9 | 1 | 4 | 金 | 16 | 丙寅 | 9 | 1 |
| 27 | 5 | 木 | 17 | 丁酉 | 9 | 1 | 5 | 土 | 17 | 丁卯 | 9 | 1 |
| 28 | 6 | 金 | 18 | 戊戌 | 9 | 1 | 6 | 日 | 18 | 戊辰 | 9 | 1 |
| 29 | 7 | 土 | 19 | 己亥 | 10 | 1 | 7 | 月 | 19 | 己巳 | 10 | 1 |
| 30 | | | | | | | | | | | | |
| 31 | | | | | | | | | | | | |

| 절기후날수 | 대설절(甲子月) 大雪 12월8일 15시35분 冬至 12월23일 9시21분 | | | | | | 소한절(乙丑月) 小寒 1월7일 2시37분 大寒 1월21일 19시58분 | | | | | |
|---|---|---|---|---|---|---|---|---|---|---|---|---|
| | 양력 | 요일 | 음력 | 일진 | 大運 남 | 大運 여 | 양력 | 요일 | 음력 | 일진 | 大運 남 | 大運 여 |
| 0 | 12/8 | 火 | 20 | 庚午 | 대설 | | 1/7 | 木 | 20 | 庚子 | 소한 | |
| 1 | 9 | 水 | 21 | 辛未 | 1 | 10 | 8 | 金 | 21 | 辛丑 | 1 | 9 |
| 2 | 10 | 木 | 22 | 壬申 | 1 | 9 | 9 | 土 | 22 | 壬寅 | 1 | 9 |
| 3 | 11 | 金 | 23 | 癸酉 | 1 | 9 | 10 | 日 | 23 | 癸卯 | 1 | 9 |
| 4 | 12 | 土 | 24 | 甲戌 | 1 | 9 | 11 | 月 | 24 | 甲辰 | 1 | 8 |
| 5 | 13 | 日 | 25 | 乙亥 | 2 | 8 | 12 | 火 | 25 | 乙巳 | 2 | 8 |
| 6 | 14 | 月 | 26 | 丙子 | 2 | 8 | 13 | 水 | 26 | 丙午 | 2 | 8 |
| 7 | 15 | 火 | 27 | 丁丑 | 2 | 8 | 14 | 木 | 27 | 丁未 | 2 | 7 |
| 8 | 16 | 水 | 28 | 戊寅 | 3 | 7 | 15 | 金 | 28 | 戊申 | 3 | 7 |
| 9 | 17 | 木 | 29 | 己卯 | 3 | 7 | 16 | 土 | 29 | 己酉 | 3 | 7 |
| 10 | 18 | 金 | 30 | 庚辰 | 3 | 7 | 17 | 日 | 12/1 | 庚戌 | 3 | 6 |
| 11 | 19 | 土 | 11/1 | 辛巳 | 4 | 6 | 18 | 月 | 2 | 辛亥 | 4 | 6 |
| 12 | 20 | 日 | 2 | 壬午 | 4 | 6 | 19 | 火 | 3 | 壬子 | 4 | 6 |
| 13 | 21 | 月 | 3 | 癸未 | 4 | 6 | 20 | 水 | 4 | 癸丑 | 4 | 5 |
| 14 | 22 | 火 | 4 | 甲申 | 5 | 5 | 21 | 木 | 5 | 甲寅 | 대한 | |
| 15 | 23 | 水 | 5 | 乙酉 | 동지 | | 22 | 金 | 6 | 乙卯 | 5 | 5 |
| 16 | 24 | 木 | 6 | 丙戌 | 5 | 5 | 23 | 土 | 7 | 丙辰 | 5 | 4 |
| 17 | 25 | 金 | 7 | 丁亥 | 6 | 4 | 24 | 日 | 8 | 丁巳 | 6 | 4 |
| 18 | 26 | 土 | 8 | 戊子 | 6 | 4 | 25 | 月 | 9 | 戊午 | 6 | 4 |
| 19 | 27 | 日 | 9 | 己丑 | 6 | 4 | 26 | 火 | 10 | 己未 | 6 | 3 |
| 20 | 28 | 月 | 10 | 庚寅 | 7 | 3 | 27 | 水 | 11 | 庚申 | 7 | 3 |
| 21 | 29 | 火 | 11 | 辛卯 | 7 | 3 | 28 | 木 | 12 | 辛酉 | 7 | 3 |
| 22 | 30 | 水 | 12 | 壬辰 | 7 | 3 | 29 | 金 | 13 | 壬戌 | 7 | 2 |
| 23 | 31 | 木 | 13 | 癸巳 | 8 | 2 | 30 | 土 | 14 | 癸亥 | 8 | 2 |
| 24 | 1/1 | 金 | 14 | 甲午 | 8 | 2 | 31 | 日 | 15 | 甲子 | 8 | 2 |
| 25 | 2 | 土 | 15 | 乙未 | 8 | 2 | 2/1 | 月 | 16 | 乙丑 | 8 | 1 |
| 26 | 3 | 日 | 16 | 丙申 | 9 | 1 | 2 | 火 | 17 | 丙寅 | 9 | 1 |
| 27 | 4 | 月 | 17 | 丁酉 | 9 | 1 | 3 | 水 | 18 | 丁卯 | 9 | 1 |
| 28 | 5 | 火 | 18 | 戊戌 | 9 | 1 | 4 | 木 | 19 | 戊辰 | 9 | 1 |
| 29 | 6 | 水 | 19 | 己亥 | 10 | 1 | | | | | | |
| 30 | | | | | | | | | | | | |
| 31 | | | | | | | | | | | | |

# 서기 1904년 [단기 4237년]

| 절기후날수 | 입춘절(丙寅月) 立春 2월5일 14시24분 雨水 2월20일 10시25분 | | | | | | 경칩절(丁卯月) 驚蟄 3월6일 8시52분 春分 3월21일 9시59분 | | | | | | 청명절(戊辰月) 淸明 4월5일 14시19분 穀雨 4월20일 21시42분 | | | | | |
|---|---|---|---|---|---|---|---|---|---|---|---|---|---|---|---|---|---|---|
| | 양력 | 요일 | 음력 | 일진 | 大運 남 | 大運 여 | 양력 | 요일 | 음력 | 일진 | 大運 남 | 大運 여 | 양력 | 요일 | 음력 | 일진 | 大運 남 | 大運 여 |
| 0 | 2/5 | 金 | 20 | 己巳 | 입춘 | | 3/6 | 日 | 20 | 己亥 | 경칩 | | 4/5 | 火 | 20 | 己巳 | 청명 | |
| 1 | 6 | 土 | 21 | 庚午 | 10 | 1 | 7 | 月 | 21 | 庚子 | 10 | 1 | 6 | 水 | 21 | 庚午 | 10 | 1 |
| 2 | 7 | 日 | 22 | 辛未 | 9 | 1 | 8 | 火 | 22 | 辛丑 | 9 | 1 | 7 | 木 | 22 | 辛未 | 10 | 1 |
| 3 | 8 | 月 | 23 | 壬申 | 9 | 1 | 9 | 水 | 23 | 壬寅 | 9 | 1 | 8 | 金 | 23 | 壬申 | 9 | 1 |
| 4 | 9 | 火 | 24 | 癸酉 | 9 | 1 | 10 | 木 | 24 | 癸卯 | 9 | 1 | 9 | 土 | 24 | 癸酉 | 9 | 1 |
| 5 | 10 | 水 | 25 | 甲戌 | 8 | 2 | 11 | 金 | 25 | 甲辰 | 8 | 2 | 10 | 日 | 25 | 甲戌 | 9 | 2 |
| 6 | 11 | 木 | 26 | 乙亥 | 8 | 2 | 12 | 土 | 26 | 乙巳 | 8 | 2 | 11 | 月 | 26 | 乙亥 | 8 | 2 |
| 7 | 12 | 金 | 27 | 丙子 | 8 | 2 | 13 | 日 | 27 | 丙午 | 8 | 2 | 12 | 火 | 27 | 丙子 | 8 | 2 |
| 8 | 13 | 土 | 28 | 丁丑 | 7 | 3 | 14 | 月 | 28 | 丁未 | 7 | 3 | 13 | 水 | 28 | 丁丑 | 8 | 3 |
| 9 | 14 | 日 | 29 | 戊寅 | 7 | 3 | 15 | 火 | 29 | 戊申 | 7 | 3 | 14 | 木 | 29 | 戊寅 | 7 | 3 |
| 10 | 15 | 月 | 30 | 己卯 | 7 | 3 | 16 | 水 | 30 | 己酉 | 7 | 3 | 15 | 金 | 30 | 己卯 | 7 | 3 |
| 11 | 16 | 火 | 1/1 | 庚辰 | 6 | 4 | 17 | 木 | 2/1 | 庚戌 | 6 | 4 | 16 | 土 | 3/1 | 庚辰 | 7 | 4 |
| 12 | 17 | 水 | 2 | 辛巳 | 6 | 4 | 18 | 金 | 2 | 辛亥 | 6 | 4 | 17 | 日 | 2 | 辛巳 | 6 | 4 |
| 13 | 18 | 木 | 3 | 壬午 | 6 | 4 | 19 | 土 | 3 | 壬子 | 6 | 4 | 18 | 月 | 3 | 壬午 | 6 | 4 |
| 14 | 19 | 金 | 4 | 癸未 | 5 | 5 | 20 | 日 | 4 | 癸丑 | 5 | 5 | 19 | 火 | 4 | 癸未 | 6 | 5 |
| 15 | 20 | 土 | 5 | 甲申 | 우수 | | 21 | 月 | 5 | 甲寅 | 춘분 | | 20 | 水 | 5 | 甲申 | 곡우 | |
| 16 | 21 | 日 | 6 | 乙酉 | 5 | 5 | 22 | 火 | 6 | 乙卯 | 5 | 5 | 21 | 木 | 6 | 乙酉 | 5 | 5 |
| 17 | 22 | 月 | 7 | 丙戌 | 4 | 6 | 23 | 水 | 7 | 丙辰 | 4 | 6 | 22 | 金 | 7 | 丙戌 | 5 | 6 |
| 18 | 23 | 火 | 8 | 丁亥 | 4 | 6 | 24 | 木 | 8 | 丁巳 | 4 | 6 | 23 | 土 | 8 | 丁亥 | 4 | 6 |
| 19 | 24 | 水 | 9 | 戊子 | 4 | 6 | 25 | 金 | 9 | 戊午 | 4 | 6 | 24 | 日 | 9 | 戊子 | 4 | 6 |
| 20 | 25 | 木 | 10 | 己丑 | 3 | 7 | 26 | 土 | 10 | 己未 | 3 | 7 | 25 | 月 | 10 | 己丑 | 4 | 7 |
| 21 | 26 | 金 | 11 | 庚寅 | 3 | 7 | 27 | 日 | 11 | 庚申 | 3 | 7 | 26 | 火 | 11 | 庚寅 | 3 | 7 |
| 22 | 27 | 土 | 12 | 辛卯 | 3 | 7 | 28 | 月 | 12 | 辛酉 | 3 | 7 | 27 | 水 | 12 | 辛卯 | 3 | 7 |
| 23 | 28 | 日 | 13 | 壬辰 | 2 | 8 | 29 | 火 | 13 | 壬戌 | 2 | 8 | 28 | 木 | 13 | 壬辰 | 3 | 8 |
| 24 | 29 | 月 | 14 | 癸巳 | 2 | 8 | 30 | 水 | 14 | 癸亥 | 2 | 8 | 29 | 金 | 14 | 癸巳 | 2 | 8 |
| 25 | 3/1 | 火 | 15 | 甲午 | 2 | 8 | 31 | 木 | 15 | 甲子 | 2 | 8 | 30 | 土 | 15 | 甲午 | 2 | 8 |
| 26 | 2 | 水 | 16 | 乙未 | 1 | 9 | 4/1 | 金 | 16 | 乙丑 | 1 | 9 | 5/1 | 日 | 16 | 乙未 | 2 | 9 |
| 27 | 3 | 木 | 17 | 丙申 | 1 | 9 | 2 | 土 | 17 | 丙寅 | 1 | 9 | 2 | 月 | 17 | 丙申 | 1 | 9 |
| 28 | 4 | 金 | 18 | 丁酉 | 1 | 9 | 3 | 日 | 18 | 丁卯 | 1 | 9 | 3 | 火 | 18 | 丁酉 | 1 | 9 |
| 29 | 5 | 土 | 19 | 戊戌 | 1 | 10 | 4 | 月 | 19 | 戊辰 | 1 | 10 | 4 | 水 | 19 | 戊戌 | 1 | 10 |
| 30 | | | | | | | | | | | | | 5 | 木 | 20 | 己亥 | 1 | 10 |
| 31 | | | | | | | | | | | | | | | | | | |

| 절기후날수 | 입하절(己巳月) 立夏 5월6일 8시19분 小滿 5월21일 21시29분 | | | | | | 망종절(庚午月) 芒種 6월6일 13시1분 夏至 6월22일 5시51분 | | | | | | 소서절(辛未月) 小暑 7월7일 23시32분 大暑 7월23일 16시50분 | | | | | |
|---|---|---|---|---|---|---|---|---|---|---|---|---|---|---|---|---|---|---|
| | 양력 | 요일 | 음력 | 일진 | 大運 남 | 大運 여 | 양력 | 요일 | 음력 | 일진 | 大運 남 | 大運 여 | 양력 | 요일 | 음력 | 일진 | 大運 남 | 大運 여 |
| 0 | 5/6 | 金 | 21 | 庚子 | 입하 | | 6/6 | 月 | 23 | 辛未 | 망종 | | 7/7 | 木 | 24 | 壬寅 | 소서 | |
| 1 | 7 | 土 | 22 | 辛丑 | 10 | 1 | 7 | 火 | 24 | 壬申 | 10 | 1 | 8 | 金 | 25 | 癸卯 | 10 | 1 |
| 2 | 8 | 日 | 23 | 壬寅 | 10 | 1 | 8 | 水 | 25 | 癸酉 | 10 | 1 | 9 | 土 | 26 | 甲辰 | 10 | 1 |
| 3 | 9 | 月 | 24 | 癸卯 | 9 | 1 | 9 | 木 | 26 | 甲戌 | 9 | 1 | 10 | 日 | 27 | 乙巳 | 10 | 1 |
| 4 | 10 | 火 | 25 | 甲辰 | 9 | 1 | 10 | 金 | 27 | 乙亥 | 9 | 1 | 11 | 月 | 28 | 丙午 | 9 | 1 |
| 5 | 11 | 水 | 26 | 乙巳 | 9 | 2 | 11 | 土 | 28 | 丙子 | 9 | 2 | 12 | 火 | 29 | 丁未 | 9 | 2 |
| 6 | 12 | 木 | 27 | 丙午 | 8 | 2 | 12 | 日 | 29 | 丁丑 | 8 | 2 | 13 | 水 | 6/1 | 戊申 | 9 | 2 |
| 7 | 13 | 金 | 28 | 丁未 | 8 | 2 | 13 | 月 | 30 | 戊寅 | 8 | 2 | 14 | 木 | 2 | 己酉 | 8 | 2 |
| 8 | 14 | 土 | 29 | 戊申 | 8 | 3 | 14 | 火 | 5/1 | 己卯 | 8 | 3 | 15 | 金 | 3 | 庚戌 | 8 | 3 |
| 9 | 15 | 日 | 4/1 | 己酉 | 7 | 3 | 15 | 水 | 2 | 庚辰 | 7 | 3 | 16 | 土 | 4 | 辛亥 | 8 | 3 |
| 10 | 16 | 月 | 2 | 庚戌 | 7 | 3 | 16 | 木 | 3 | 辛巳 | 7 | 3 | 17 | 日 | 5 | 壬子 | 7 | 3 |
| 11 | 17 | 火 | 3 | 辛亥 | 7 | 4 | 17 | 金 | 4 | 壬午 | 7 | 4 | 18 | 月 | 6 | 癸丑 | 7 | 4 |
| 12 | 18 | 水 | 4 | 壬子 | 6 | 4 | 18 | 土 | 5 | 癸未 | 6 | 4 | 19 | 火 | 7 | 甲寅 | 7 | 4 |
| 13 | 19 | 木 | 5 | 癸丑 | 6 | 4 | 19 | 日 | 6 | 甲申 | 6 | 4 | 20 | 水 | 8 | 乙卯 | 6 | 4 |
| 14 | 20 | 金 | 6 | 甲寅 | 6 | 5 | 20 | 月 | 7 | 乙酉 | 6 | 5 | 21 | 木 | 9 | 丙辰 | 6 | 5 |
| 15 | 21 | 土 | 7 | 乙卯 | 소만 | | 21 | 火 | 8 | 丙戌 | 5 | 5 | 22 | 金 | 10 | 丁巳 | 6 | 5 |
| 16 | 22 | 日 | 8 | 丙辰 | 5 | 5 | 22 | 水 | 9 | 丁亥 | 하지 | | 23 | 土 | 11 | 戊午 | 대서 | |
| 17 | 23 | 月 | 9 | 丁巳 | 5 | 6 | 23 | 木 | 10 | 戊子 | 5 | 6 | 24 | 日 | 12 | 己未 | 5 | 6 |
| 18 | 24 | 火 | 10 | 戊午 | 4 | 6 | 24 | 金 | 11 | 己丑 | 4 | 6 | 25 | 月 | 13 | 庚申 | 5 | 6 |
| 19 | 25 | 水 | 11 | 己未 | 4 | 6 | 25 | 土 | 12 | 庚寅 | 4 | 6 | 26 | 火 | 14 | 辛酉 | 4 | 6 |
| 20 | 26 | 木 | 12 | 庚申 | 4 | 7 | 26 | 日 | 13 | 辛卯 | 4 | 7 | 27 | 水 | 15 | 壬戌 | 4 | 7 |
| 21 | 27 | 金 | 13 | 辛酉 | 3 | 7 | 27 | 月 | 14 | 壬辰 | 3 | 7 | 28 | 木 | 16 | 癸亥 | 4 | 7 |
| 22 | 28 | 土 | 14 | 壬戌 | 3 | 7 | 28 | 火 | 15 | 癸巳 | 3 | 7 | 29 | 金 | 17 | 甲子 | 3 | 7 |
| 23 | 29 | 日 | 15 | 癸亥 | 3 | 8 | 29 | 水 | 16 | 甲午 | 3 | 8 | 30 | 土 | 18 | 乙丑 | 3 | 8 |
| 24 | 30 | 月 | 16 | 甲子 | 2 | 8 | 30 | 木 | 17 | 乙未 | 2 | 8 | 31 | 日 | 19 | 丙寅 | 3 | 8 |
| 25 | 31 | 火 | 17 | 乙丑 | 2 | 8 | 7/1 | 金 | 18 | 丙申 | 2 | 8 | 8/1 | 月 | 20 | 丁卯 | 2 | 8 |
| 26 | 6/1 | 水 | 18 | 丙寅 | 2 | 9 | 2 | 土 | 19 | 丁酉 | 2 | 9 | 2 | 火 | 21 | 戊辰 | 2 | 9 |
| 27 | 2 | 木 | 19 | 丁卯 | 1 | 9 | 3 | 日 | 20 | 戊戌 | 1 | 9 | 3 | 水 | 22 | 己巳 | 2 | 9 |
| 28 | 3 | 金 | 20 | 戊辰 | 1 | 9 | 4 | 月 | 21 | 己亥 | 1 | 9 | 4 | 木 | 23 | 庚午 | 1 | 9 |
| 29 | 4 | 土 | 21 | 己巳 | 1 | 10 | 5 | 火 | 22 | 庚子 | 1 | 10 | 5 | 金 | 24 | 辛未 | 1 | 10 |
| 30 | 5 | 日 | 22 | 庚午 | 1 | 10 | 6 | 水 | 23 | 辛丑 | 1 | 10 | 6 | 土 | 25 | 壬申 | 1 | 10 |
| 31 | | | | | | | | | | | | | 7 | 日 | 26 | 癸酉 | 1 | 10 |

# 甲辰年

| 절기후날수 | 입추절(壬申月) 立秋 8월8일 9시12분 處暑 8월23일 23시36분 | | | | | 백로절(癸酉月) 白露 9월8일 11시38분 秋分 9월23일 20시40분 | | | | | 한로절(甲戌月) 寒露 10월9일 2시36분 霜降 10월24일 5시19분 | | | | | 입동절(乙亥月) 立冬 11월8일 5시5분 小雪 11월23일 2시16분 | | | | | 대설절(丙子月) 大雪 12월7일 21시25분 冬至 12월22일 15시14분 | | | | | 소한절(丁丑月) 小寒 1월6일 8시27분 大寒 1월21일 1시52분 | | | | |
|---|---|---|---|---|---|---|---|---|---|---|---|---|---|---|---|---|---|---|---|---|---|---|---|---|---|---|---|---|---|---|
| | 양력 | 요일 | 음력 | 일진 | 大運 남·여 | 양력 | 요일 | 음력 | 일진 | 大運 남·여 | 양력 | 요일 | 음력 | 일진 | 大運 남·여 | 양력 | 요일 | 음력 | 일진 | 大運 남·여 | 양력 | 요일 | 음력 | 일진 | 大運 남·여 | 양력 | 요일 | 음력 | 일진 | 大運 남·여 |
| 0 | 8/8 | 月 | 27 | 甲戌 | 입추 | 9/8 | 木 | 29 | 乙巳 | 백로 | 10/9 | 日 | 9/1 | 丙子 | 한로 | 11/8 | 火 | 2 | 丙午 | 입동 | 12/7 | 水 | 11/1 | 乙亥 | 대설 | 1/6 | 金 | 12/1 | 乙巳 | 소한 |
| 1 | 9 | 火 | 28 | 乙亥 | 10·1 | 9 | 金 | 30 | 丙午 | 10·1 | 10 | 月 | 2 | 丁丑 | 10·1 | 9 | 水 | 3 | 丁未 | 9·1 | 8 | 木 | 2 | 丙子 | 10·1 | 7 | 土 | 2 | 丙午 | 9·1 |
| 2 | 10 | 水 | 29 | 丙子 | 10·1 | 10 | 土 | 8/1 | 丁未 | 10·1 | 11 | 火 | 3 | 戊寅 | 9·1 | 10 | 木 | 4 | 戊申 | 9·1 | 9 | 金 | 3 | 丁丑 | 9·1 | 8 | 日 | 3 | 丁未 | 9·1 |
| 3 | 11 | 木 | 7/1 | 丁丑 | 9·1 | 11 | 日 | 2 | 戊申 | 9·1 | 12 | 水 | 4 | 己卯 | 9·1 | 11 | 金 | 5 | 己酉 | 9·1 | 10 | 土 | 4 | 戊寅 | 9·1 | 9 | 月 | 4 | 戊申 | 9·1 |
| 4 | 12 | 金 | 2 | 戊寅 | 9·1 | 12 | 月 | 3 | 己酉 | 9·1 | 13 | 木 | 5 | 庚辰 | 9·1 | 12 | 土 | 6 | 庚戌 | 8·1 | 11 | 日 | 5 | 己卯 | 9·1 | 10 | 火 | 5 | 己酉 | 8·1 |
| 5 | 13 | 土 | 3 | 己卯 | 9·2 | 13 | 火 | 4 | 庚戌 | 9·2 | 14 | 金 | 6 | 辛巳 | 8·2 | 13 | 日 | 7 | 辛亥 | 8·2 | 12 | 月 | 6 | 庚辰 | 8·2 | 11 | 水 | 6 | 庚戌 | 8·2 |
| 6 | 14 | 日 | 4 | 庚辰 | 8·2 | 14 | 水 | 5 | 辛亥 | 8·2 | 15 | 土 | 7 | 壬午 | 8·2 | 14 | 月 | 8 | 壬子 | 8·2 | 13 | 火 | 7 | 辛巳 | 8·2 | 12 | 木 | 7 | 辛亥 | 8·2 |
| 7 | 15 | 月 | 5 | 辛巳 | 8·2 | 15 | 木 | 6 | 壬子 | 8·2 | 16 | 日 | 8 | 癸未 | 8·2 | 15 | 火 | 9 | 癸丑 | 7·2 | 14 | 水 | 8 | 壬午 | 8·2 | 13 | 金 | 8 | 壬子 | 7·2 |
| 8 | 16 | 火 | 6 | 壬午 | 8·3 | 16 | 金 | 7 | 癸丑 | 8·3 | 17 | 月 | 9 | 甲申 | 7·3 | 16 | 水 | 10 | 甲寅 | 7·3 | 15 | 木 | 9 | 癸未 | 7·3 | 14 | 土 | 9 | 癸丑 | 7·3 |
| 9 | 17 | 水 | 7 | 癸未 | 7·3 | 17 | 土 | 8 | 甲寅 | 7·3 | 18 | 火 | 10 | 乙酉 | 7·3 | 17 | 木 | 11 | 乙卯 | 7·3 | 16 | 金 | 10 | 甲申 | 7·3 | 15 | 日 | 10 | 甲寅 | 7·3 |
| 10 | 18 | 木 | 8 | 甲申 | 7·3 | 18 | 日 | 9 | 乙卯 | 7·3 | 19 | 水 | 11 | 丙戌 | 7·3 | 18 | 金 | 12 | 丙辰 | 6·3 | 17 | 土 | 11 | 乙酉 | 7·3 | 16 | 月 | 11 | 乙卯 | 6·3 |
| 11 | 19 | 金 | 9 | 乙酉 | 7·4 | 19 | 月 | 10 | 丙辰 | 7·4 | 20 | 木 | 12 | 丁亥 | 6·4 | 19 | 土 | 13 | 丁巳 | 6·4 | 18 | 日 | 12 | 丙戌 | 6·4 | 17 | 火 | 12 | 丙辰 | 6·4 |
| 12 | 20 | 土 | 10 | 丙戌 | 6·4 | 20 | 火 | 11 | 丁巳 | 6·4 | 21 | 金 | 13 | 戊子 | 6·4 | 20 | 日 | 14 | 戊午 | 6·4 | 19 | 月 | 13 | 丁亥 | 6·4 | 18 | 水 | 13 | 丁巳 | 6·4 |
| 13 | 21 | 日 | 11 | 丁亥 | 6·4 | 21 | 水 | 12 | 戊午 | 6·4 | 22 | 土 | 14 | 己丑 | 6·4 | 21 | 月 | 15 | 己未 | 5·4 | 20 | 火 | 14 | 戊子 | 6·4 | 19 | 木 | 14 | 戊午 | 5·4 |
| 14 | 22 | 月 | 12 | 戊子 | 6·5 | 22 | 木 | 13 | 己未 | 6·5 | 23 | 日 | 15 | 庚寅 | 5·5 | 22 | 火 | 16 | 庚申 | 5·5 | 21 | 水 | 15 | 己丑 | 5·5 | 20 | 金 | 15 | 己未 | 5·5 |
| 15 | 23 | 火 | 13 | 己丑 | 처서 | 23 | 金 | 14 | 庚申 | 추분 | 24 | 月 | 16 | 辛卯 | 상강 | 23 | 水 | 17 | 辛酉 | 소설 | 22 | 木 | 16 | 庚寅 | 동지 | 21 | 土 | 16 | 庚申 | 대한 |
| 16 | 24 | 水 | 14 | 庚寅 | 5·5 | 24 | 土 | 15 | 辛酉 | 5·5 | 25 | 火 | 17 | 壬辰 | 5·5 | 24 | 木 | 18 | 壬戌 | 4·5 | 23 | 金 | 17 | 辛卯 | 5·5 | 22 | 日 | 17 | 辛酉 | 4·5 |
| 17 | 25 | 木 | 15 | 辛卯 | 5·6 | 25 | 日 | 16 | 壬戌 | 5·6 | 26 | 水 | 18 | 癸巳 | 4·6 | 25 | 金 | 19 | 癸亥 | 4·6 | 24 | 土 | 18 | 壬辰 | 4·6 | 23 | 月 | 18 | 壬戌 | 4·6 |
| 18 | 26 | 金 | 16 | 壬辰 | 4·6 | 26 | 月 | 17 | 癸亥 | 4·6 | 27 | 木 | 19 | 甲午 | 4·6 | 26 | 土 | 20 | 甲子 | 4·6 | 25 | 日 | 19 | 癸巳 | 4·6 | 24 | 火 | 19 | 癸亥 | 4·6 |
| 19 | 27 | 土 | 17 | 癸巳 | 4·6 | 27 | 火 | 18 | 甲子 | 4·6 | 28 | 金 | 20 | 乙未 | 4·6 | 27 | 日 | 21 | 乙丑 | 3·6 | 26 | 月 | 20 | 甲午 | 4·6 | 25 | 水 | 20 | 甲子 | 3·6 |
| 20 | 28 | 日 | 18 | 甲午 | 4·7 | 28 | 水 | 19 | 乙丑 | 4·7 | 29 | 土 | 21 | 丙申 | 3·7 | 28 | 月 | 22 | 丙寅 | 3·7 | 27 | 火 | 21 | 乙未 | 3·7 | 26 | 木 | 21 | 乙丑 | 3·7 |
| 21 | 29 | 月 | 19 | 乙未 | 3·7 | 29 | 木 | 20 | 丙寅 | 3·7 | 30 | 日 | 22 | 丁酉 | 3·7 | 29 | 火 | 23 | 丁卯 | 3·7 | 28 | 水 | 22 | 丙申 | 3·7 | 27 | 金 | 22 | 丙寅 | 3·7 |
| 22 | 30 | 火 | 20 | 丙申 | 3·7 | 30 | 金 | 21 | 丁卯 | 3·7 | 31 | 月 | 23 | 戊戌 | 3·7 | 30 | 水 | 24 | 戊辰 | 2·7 | 29 | 木 | 23 | 丁酉 | 3·7 | 28 | 土 | 23 | 丁卯 | 2·7 |
| 23 | 31 | 水 | 21 | 丁酉 | 3·8 | 10/1 | 土 | 22 | 戊辰 | 3·8 | 11/1 | 火 | 24 | 己亥 | 2·8 | 12/1 | 木 | 25 | 己巳 | 2·8 | 30 | 金 | 24 | 戊戌 | 2·8 | 29 | 日 | 24 | 戊辰 | 2·8 |
| 24 | 9/1 | 木 | 22 | 戊戌 | 2·8 | 2 | 日 | 23 | 己巳 | 2·8 | 2 | 水 | 25 | 庚子 | 2·8 | 2 | 金 | 26 | 庚午 | 2·8 | 31 | 土 | 25 | 己亥 | 2·8 | 30 | 月 | 25 | 己巳 | 2·8 |
| 25 | 2 | 金 | 23 | 己亥 | 2·8 | 3 | 月 | 24 | 庚午 | 2·8 | 3 | 木 | 26 | 辛丑 | 2·8 | 3 | 土 | 27 | 辛未 | 1·8 | 1/1 | 日 | 26 | 庚子 | 2·8 | 31 | 火 | 26 | 庚午 | 1·8 |
| 26 | 3 | 土 | 24 | 庚子 | 2·9 | 4 | 火 | 25 | 辛未 | 2·9 | 4 | 金 | 27 | 壬寅 | 1·9 | 4 | 日 | 28 | 壬申 | 1·9 | 2 | 月 | 27 | 辛丑 | 1·9 | 2/1 | 水 | 27 | 辛未 | 1·9 |
| 27 | 4 | 日 | 25 | 辛丑 | 1·9 | 5 | 水 | 26 | 壬申 | 1·9 | 5 | 土 | 28 | 癸卯 | 1·9 | 5 | 月 | 29 | 癸酉 | 1·9 | 3 | 火 | 28 | 壬寅 | 1·9 | 2 | 木 | 28 | 壬申 | 1·9 |
| 28 | 5 | 月 | 26 | 壬寅 | 1·9 | 6 | 木 | 27 | 癸酉 | 1·9 | 6 | 日 | 29 | 甲辰 | 1·9 | 6 | 火 | 30 | 甲戌 | 1·9 | 4 | 水 | 29 | 癸卯 | 1·9 | 3 | 金 | 29 | 癸酉 | 1·9 |
| 29 | 6 | 火 | 27 | 癸卯 | 1·10 | 7 | 金 | 28 | 甲戌 | 1·10 | 7 | 月 | 10/1 | 乙巳 | 1·10 | | | | | | 5 | 木 | 30 | 甲辰 | 1·10 | | | | | |
| 30 | 7 | 水 | 28 | 甲辰 | 1·10 | 8 | 土 | 29 | 乙亥 | 1·10 | | | | | | | | | | | | | | | | | | | | |
| 31 | | | | | | | | | | | | | | | | | | | | | | | | | | | | | | |

# 서기 1905년 [단기 4238년]

| 절기후날수 | 입춘절(戊寅月) 立春 2월4일 20시16분 雨水 2월19일 16시21분 | | | | | 경칩절(己卯月) 驚蟄 3월6일 14시46분 春分 3월21일 15시58분 | | | | | 청명절(庚辰月) 淸明 4월5일 20시15분 穀雨 4월21일 3시44분 | | | | |
|---|---|---|---|---|---|---|---|---|---|---|---|---|---|---|---|
| | 양력 | 요일 | 음력 | 일진 | 大運 남·여 | 양력 | 요일 | 음력 | 일진 | 大運 남·여 | 양력 | 요일 | 음력 | 일진 | 大運 남·여 |
| 0 | 2/4 | 土 | 1/1 | 甲戌 | 입춘 | 3/6 | 月 | 2/1 | 甲辰 | 경칩 | 4/5 | 水 | 3/1 | 甲戌 | 청명 |
| 1 | 5 | 日 | 2 | 乙亥 | 1·10 | 7 | 火 | 2 | 乙巳 | 1·10 | 6 | 木 | 2 | 乙亥 | 1·10 |
| 2 | 6 | 月 | 3 | 丙子 | 1·9 | 8 | 水 | 3 | 丙午 | 1·9 | 7 | 金 | 3 | 丙子 | 1·10 |
| 3 | 7 | 火 | 4 | 丁丑 | 1·9 | 9 | 木 | 4 | 丁未 | 1·9 | 8 | 土 | 4 | 丁丑 | 1·9 |
| 4 | 8 | 水 | 5 | 戊寅 | 1·9 | 10 | 金 | 5 | 戊申 | 1·9 | 9 | 日 | 5 | 戊寅 | 1·9 |
| 5 | 9 | 木 | 6 | 己卯 | 2·8 | 11 | 土 | 6 | 己酉 | 2·8 | 10 | 月 | 6 | 己卯 | 2·9 |
| 6 | 10 | 金 | 7 | 庚辰 | 2·8 | 12 | 日 | 7 | 庚戌 | 2·8 | 11 | 火 | 7 | 庚辰 | 2·8 |
| 7 | 11 | 土 | 8 | 辛巳 | 2·8 | 13 | 月 | 8 | 辛亥 | 2·8 | 12 | 水 | 8 | 辛巳 | 2·8 |
| 8 | 12 | 日 | 9 | 壬午 | 3·7 | 14 | 火 | 9 | 壬子 | 3·7 | 13 | 木 | 9 | 壬午 | 3·8 |
| 9 | 13 | 月 | 10 | 癸未 | 3·7 | 15 | 水 | 10 | 癸丑 | 3·7 | 14 | 金 | 10 | 癸未 | 3·7 |
| 10 | 14 | 火 | 11 | 甲申 | 3·7 | 16 | 木 | 11 | 甲寅 | 3·7 | 15 | 土 | 11 | 甲申 | 3·7 |
| 11 | 15 | 水 | 12 | 乙酉 | 4·6 | 17 | 金 | 12 | 乙卯 | 4·6 | 16 | 日 | 12 | 乙酉 | 4·7 |
| 12 | 16 | 木 | 13 | 丙戌 | 4·6 | 18 | 土 | 13 | 丙辰 | 4·6 | 17 | 月 | 13 | 丙戌 | 4·6 |
| 13 | 17 | 金 | 14 | 丁亥 | 4·6 | 19 | 日 | 14 | 丁巳 | 4·6 | 18 | 火 | 14 | 丁亥 | 4·6 |
| 14 | 18 | 土 | 15 | 戊子 | 5·5 | 20 | 月 | 15 | 戊午 | 5·5 | 19 | 水 | 15 | 戊子 | 5·6 |
| 15 | 19 | 日 | 16 | 己丑 | 우수 | 21 | 火 | 16 | 己未 | 춘분 | 20 | 木 | 16 | 己丑 | 5·5 |
| 16 | 20 | 月 | 17 | 庚寅 | 5·5 | 22 | 水 | 17 | 庚申 | 5·5 | 21 | 金 | 17 | 庚寅 | 곡우 |
| 17 | 21 | 火 | 18 | 辛卯 | 6·4 | 23 | 木 | 18 | 辛酉 | 6·4 | 22 | 土 | 18 | 辛卯 | 6·5 |
| 18 | 22 | 水 | 19 | 壬辰 | 6·4 | 24 | 金 | 19 | 壬戌 | 6·4 | 23 | 日 | 19 | 壬辰 | 6·4 |
| 19 | 23 | 木 | 20 | 癸巳 | 6·4 | 25 | 土 | 20 | 癸亥 | 6·4 | 24 | 月 | 20 | 癸巳 | 6·4 |
| 20 | 24 | 金 | 21 | 甲午 | 7·3 | 26 | 日 | 21 | 甲子 | 7·3 | 25 | 火 | 21 | 甲午 | 7·4 |
| 21 | 25 | 土 | 22 | 乙未 | 7·3 | 27 | 月 | 22 | 乙丑 | 7·3 | 26 | 水 | 22 | 乙未 | 7·3 |
| 22 | 26 | 日 | 23 | 丙申 | 7·3 | 28 | 火 | 23 | 丙寅 | 7·3 | 27 | 木 | 23 | 丙申 | 7·3 |
| 23 | 27 | 月 | 24 | 丁酉 | 8·2 | 29 | 水 | 24 | 丁卯 | 8·2 | 28 | 金 | 24 | 丁酉 | 8·3 |
| 24 | 28 | 火 | 25 | 戊戌 | 8·2 | 30 | 木 | 25 | 戊辰 | 8·2 | 29 | 土 | 25 | 戊戌 | 8·2 |
| 25 | 3/1 | 水 | 26 | 己亥 | 8·2 | 31 | 金 | 26 | 己巳 | 8·2 | 30 | 日 | 26 | 己亥 | 8·2 |
| 26 | 2 | 木 | 27 | 庚子 | 9·1 | 4/1 | 土 | 27 | 庚午 | 9·1 | 5/1 | 月 | 27 | 庚子 | 9·2 |
| 27 | 3 | 金 | 28 | 辛丑 | 9·1 | 2 | 日 | 28 | 辛未 | 9·1 | 2 | 火 | 28 | 辛丑 | 9·1 |
| 28 | 4 | 土 | 29 | 壬寅 | 9·1 | 3 | 月 | 29 | 壬申 | 9·1 | 3 | 水 | 29 | 壬寅 | 9·1 |
| 29 | 5 | 日 | 30 | 癸卯 | 10·1 | 4 | 火 | 30 | 癸酉 | 10·1 | 4 | 木 | 4/1 | 癸卯 | 10·1 |
| 30 | | | | | | | | | | | 5 | 金 | 2 | 甲辰 | 10·1 |
| 31 | | | | | | | | | | | | | | | |

| 절기후날수 | 입하절(辛巳月) 立夏 5월6일 14시14분 小滿 5월22일 3시31분 | | | | | 망종절(壬午月) 芒種 6월6일 18시54분 夏至 6월22일 11시51분 | | | | | 소서절(癸未月) 小暑 7월8일 5시20분 大暑 7월23일 22시46분 | | | | |
|---|---|---|---|---|---|---|---|---|---|---|---|---|---|---|---|
| | 양력 | 요일 | 음력 | 일진 | 大運 남·여 | 양력 | 요일 | 음력 | 일진 | 大運 남·여 | 양력 | 요일 | 음력 | 일진 | 大運 남·여 |
| 0 | 5/6 | 土 | 3 | 乙巳 | 입하 | 6/6 | 火 | 4 | 丙子 | 망종 | 7/8 | 土 | 6 | 戊申 | 소서 |
| 1 | 7 | 日 | 4 | 丙午 | 1·10 | 7 | 水 | 5 | 丁丑 | 1·10 | 9 | 日 | 7 | 己酉 | 1·10 |
| 2 | 8 | 月 | 5 | 丁未 | 1·10 | 8 | 木 | 6 | 戊寅 | 1·10 | 10 | 月 | 8 | 庚戌 | 1·10 |
| 3 | 9 | 火 | 6 | 戊申 | 1·9 | 9 | 金 | 7 | 己卯 | 1·10 | 11 | 火 | 9 | 辛亥 | 1·9 |
| 4 | 10 | 水 | 7 | 己酉 | 1·9 | 10 | 土 | 8 | 庚辰 | 1·9 | 12 | 水 | 10 | 壬子 | 1·9 |
| 5 | 11 | 木 | 8 | 庚戌 | 2·9 | 11 | 日 | 9 | 辛巳 | 2·9 | 13 | 木 | 11 | 癸丑 | 2·9 |
| 6 | 12 | 金 | 9 | 辛亥 | 2·8 | 12 | 月 | 10 | 壬午 | 2·9 | 14 | 金 | 12 | 甲寅 | 2·8 |
| 7 | 13 | 土 | 10 | 壬子 | 2·8 | 13 | 火 | 11 | 癸未 | 2·8 | 15 | 土 | 13 | 乙卯 | 2·8 |
| 8 | 14 | 日 | 11 | 癸丑 | 3·8 | 14 | 水 | 12 | 甲申 | 3·8 | 16 | 日 | 14 | 丙辰 | 3·8 |
| 9 | 15 | 月 | 12 | 甲寅 | 3·7 | 15 | 木 | 13 | 乙酉 | 3·8 | 17 | 月 | 15 | 丁巳 | 3·7 |
| 10 | 16 | 火 | 13 | 乙卯 | 3·7 | 16 | 金 | 14 | 丙戌 | 3·7 | 18 | 火 | 16 | 戊午 | 3·7 |
| 11 | 17 | 水 | 14 | 丙辰 | 4·7 | 17 | 土 | 15 | 丁亥 | 4·7 | 19 | 水 | 17 | 己未 | 4·7 |
| 12 | 18 | 木 | 15 | 丁巳 | 4·6 | 18 | 日 | 16 | 戊子 | 4·7 | 20 | 木 | 18 | 庚申 | 4·6 |
| 13 | 19 | 金 | 16 | 戊午 | 4·6 | 19 | 月 | 17 | 己丑 | 4·6 | 21 | 金 | 19 | 辛酉 | 4·6 |
| 14 | 20 | 土 | 17 | 己未 | 5·6 | 20 | 火 | 18 | 庚寅 | 5·6 | 22 | 土 | 20 | 壬戌 | 5·6 |
| 15 | 21 | 日 | 18 | 庚申 | 5·5 | 21 | 水 | 19 | 辛卯 | 5·6 | 23 | 日 | 21 | 癸亥 | 대서 |
| 16 | 22 | 月 | 19 | 辛酉 | 소만 | 22 | 木 | 20 | 壬辰 | 하지 | 24 | 月 | 22 | 甲子 | 5·5 |
| 17 | 23 | 火 | 20 | 壬戌 | 6·5 | 23 | 金 | 21 | 癸巳 | 6·5 | 25 | 火 | 23 | 乙丑 | 6·5 |
| 18 | 24 | 水 | 21 | 癸亥 | 6·4 | 24 | 土 | 22 | 甲午 | 6·5 | 26 | 水 | 24 | 丙寅 | 6·4 |
| 19 | 25 | 木 | 22 | 甲子 | 6·4 | 25 | 日 | 23 | 乙未 | 6·4 | 27 | 木 | 25 | 丁卯 | 6·4 |
| 20 | 26 | 金 | 23 | 乙丑 | 7·4 | 26 | 月 | 24 | 丙申 | 7·4 | 28 | 金 | 26 | 戊辰 | 7·4 |
| 21 | 27 | 土 | 24 | 丙寅 | 7·3 | 27 | 火 | 25 | 丁酉 | 7·4 | 29 | 土 | 27 | 己巳 | 7·3 |
| 22 | 28 | 日 | 25 | 丁卯 | 7·3 | 28 | 水 | 26 | 戊戌 | 7·3 | 30 | 日 | 28 | 庚午 | 7·3 |
| 23 | 29 | 月 | 26 | 戊辰 | 8·3 | 29 | 木 | 27 | 己亥 | 8·3 | 31 | 月 | 29 | 辛未 | 8·3 |
| 24 | 30 | 火 | 27 | 己巳 | 8·2 | 30 | 金 | 28 | 庚子 | 8·3 | 8/1 | 火 | 7/1 | 壬申 | 8·2 |
| 25 | 31 | 水 | 28 | 庚午 | 8·2 | 7/1 | 土 | 29 | 辛丑 | 8·2 | 2 | 水 | 2 | 癸酉 | 8·2 |
| 26 | 6/1 | 木 | 29 | 辛未 | 9·2 | 2 | 日 | 30 | 壬寅 | 9·2 | 3 | 木 | 3 | 甲戌 | 9·2 |
| 27 | 2 | 金 | 30 | 壬申 | 9·1 | 3 | 月 | 6/1 | 癸卯 | 9·2 | 4 | 金 | 4 | 乙亥 | 9·1 |
| 28 | 3 | 土 | 5/1 | 癸酉 | 9·1 | 4 | 火 | 2 | 甲辰 | 9·1 | 5 | 土 | 5 | 丙子 | 9·1 |
| 29 | 4 | 日 | 2 | 甲戌 | 10·1 | 5 | 水 | 3 | 乙巳 | 10·1 | 6 | 日 | 6 | 丁丑 | 10·1 |
| 30 | 5 | 月 | 3 | 乙亥 | 10·1 | 6 | 木 | 4 | 丙午 | 10·1 | 7 | 月 | 7 | 戊寅 | 10·1 |
| 31 | | | | | | 7 | 金 | 5 | 丁未 | 10·1 | | | | | |

# 乙巳年

| 절기후날수 | 입추절(甲申月) 立秋 8월8일 14시57분 處暑 8월24일 5시29분 | | | | | 백로절(乙酉月) 白露 9월8일 17시22분 秋分 9월24일 2시30분 | | | | | 한로절(丙戌月) 寒露 10월9일 8시20분 霜降 10월24일 11시8분 | | | | |
|---|---|---|---|---|---|---|---|---|---|---|---|---|---|---|---|
| | 양력 | 요일 | 음력 | 일진 | 大運 남·여 | 양력 | 요일 | 음력 | 일진 | 大運 남·여 | 양력 | 요일 | 음력 | 일진 | 大運 남·여 |
| 0 | 8/8 | 火 | 8 | 己卯 | 입추 | 9/8 | 金 | 10 | 庚戌 | 백로 | 10/9 | 月 | 11 | 辛巳 | 한로 |
| 1 | 9 | 水 | 9 | 庚辰 | 1·10 | 9 | 土 | 11 | 辛亥 | 1·10 | 10 | 火 | 12 | 壬午 | 1·10 |
| 2 | 10 | 木 | 10 | 辛巳 | 1·10 | 10 | 日 | 12 | 壬子 | 1·10 | 11 | 水 | 13 | 癸未 | 1·9 |
| 3 | 11 | 金 | 11 | 壬午 | 1·9 | 11 | 月 | 13 | 癸丑 | 1·9 | 12 | 木 | 14 | 甲申 | 1·9 |
| 4 | 12 | 土 | 12 | 癸未 | 1·9 | 12 | 火 | 14 | 甲寅 | 1·9 | 13 | 金 | 15 | 乙酉 | 1·9 |
| 5 | 13 | 日 | 13 | 甲申 | 2·9 | 13 | 水 | 15 | 乙卯 | 2·9 | 14 | 土 | 16 | 丙戌 | 2·8 |
| 6 | 14 | 月 | 14 | 乙酉 | 2·8 | 14 | 木 | 16 | 丙辰 | 2·8 | 15 | 日 | 17 | 丁亥 | 2·8 |
| 7 | 15 | 火 | 15 | 丙戌 | 2·8 | 15 | 金 | 17 | 丁巳 | 2·8 | 16 | 月 | 18 | 戊子 | 2·8 |
| 8 | 16 | 水 | 16 | 丁亥 | 3·8 | 16 | 土 | 18 | 戊午 | 3·8 | 17 | 火 | 19 | 己丑 | 3·7 |
| 9 | 17 | 木 | 17 | 戊子 | 3·7 | 17 | 日 | 19 | 己未 | 3·7 | 18 | 水 | 20 | 庚寅 | 3·7 |
| 10 | 18 | 金 | 18 | 己丑 | 3·7 | 18 | 月 | 20 | 庚申 | 3·7 | 19 | 木 | 21 | 辛卯 | 3·7 |
| 11 | 19 | 土 | 19 | 庚寅 | 4·7 | 19 | 火 | 21 | 辛酉 | 4·7 | 20 | 金 | 22 | 壬辰 | 4·6 |
| 12 | 20 | 日 | 20 | 辛卯 | 4·6 | 20 | 水 | 22 | 壬戌 | 4·6 | 21 | 土 | 23 | 癸巳 | 4·6 |
| 13 | 21 | 月 | 21 | 壬辰 | 4·6 | 21 | 木 | 23 | 癸亥 | 4·6 | 22 | 日 | 24 | 甲午 | 4·6 |
| 14 | 22 | 火 | 22 | 癸巳 | 5·6 | 22 | 金 | 24 | 甲子 | 5·6 | 23 | 月 | 25 | 乙未 | 5·5 |
| 15 | 23 | 水 | 23 | 甲午 | 5·5 | 23 | 土 | 25 | 乙丑 | 5·5 | 24 | 火 | 26 | 丙申 | 상강 |
| 16 | 24 | 木 | 24 | 乙未 | 처서 | 24 | 日 | 26 | 丙寅 | 추분 | 25 | 水 | 27 | 丁酉 | 5·5 |
| 17 | 25 | 金 | 25 | 丙申 | 6·5 | 25 | 月 | 27 | 丁卯 | 6·5 | 26 | 木 | 28 | 戊戌 | 6·4 |
| 18 | 26 | 土 | 26 | 丁酉 | 6·4 | 26 | 火 | 28 | 戊辰 | 6·4 | 27 | 金 | 29 | 己亥 | 6·4 |
| 19 | 27 | 日 | 27 | 戊戌 | 6·4 | 27 | 水 | 29 | 己巳 | 6·4 | 28 | 土 | 10/1 | 庚子 | 6·4 |
| 20 | 28 | 月 | 28 | 己亥 | 7·4 | 28 | 木 | 30 | 庚午 | 7·4 | 29 | 日 | 2 | 辛丑 | 7·3 |
| 21 | 29 | 火 | 29 | 庚子 | 7·3 | 29 | 金 | 9/1 | 辛未 | 7·3 | 30 | 月 | 3 | 壬寅 | 7·3 |
| 22 | 30 | 水 | 8/1 | 辛丑 | 7·3 | 30 | 土 | 2 | 壬申 | 7·3 | 31 | 火 | 4 | 癸卯 | 7·3 |
| 23 | 31 | 木 | 2 | 壬寅 | 8·3 | 10/1 | 日 | 3 | 癸酉 | 8·3 | 11/1 | 水 | 5 | 甲辰 | 8·2 |
| 24 | 9/1 | 金 | 3 | 癸卯 | 8·2 | 2 | 月 | 4 | 甲戌 | 8·2 | 2 | 木 | 6 | 乙巳 | 8·2 |
| 25 | 2 | 土 | 4 | 甲辰 | 8·2 | 3 | 火 | 5 | 乙亥 | 8·2 | 3 | 金 | 7 | 丙午 | 8·2 |
| 26 | 3 | 日 | 5 | 乙巳 | 9·2 | 4 | 水 | 6 | 丙子 | 9·2 | 4 | 土 | 8 | 丁未 | 9·1 |
| 27 | 4 | 月 | 6 | 丙午 | 9·1 | 5 | 木 | 7 | 丁丑 | 9·1 | 5 | 日 | 9 | 戊申 | 9·1 |
| 28 | 5 | 火 | 7 | 丁未 | 9·1 | 6 | 金 | 8 | 戊寅 | 9·1 | 6 | 月 | 10 | 己酉 | 9·1 |
| 29 | 6 | 水 | 8 | 戊申 | 10·1 | 7 | 土 | 9 | 己卯 | 10·1 | 7 | 火 | 11 | 庚戌 | 10·1 |
| 30 | 7 | 木 | 9 | 己酉 | 10·1 | 8 | 日 | 10 | 庚辰 | 10·1 | | | | | |
| 31 | | | | | | | | | | | | | | | |

| 절기후날수 | 입동절(丁亥月) 立冬 11월8일 10시50분 小雪 11월23일 8시5분 | | | | | 대설절(戊子月) 大雪 12월8일 3시11분 冬至 12월22일 21시4분 | | | | | 소한절(己丑月) 小寒 1월6일 14시14분 大寒 1월21일 7시43분 | | | | |
|---|---|---|---|---|---|---|---|---|---|---|---|---|---|---|---|
| | 양력 | 요일 | 음력 | 일진 | 大運 남·여 | 양력 | 요일 | 음력 | 일진 | 大運 남·여 | 양력 | 요일 | 음력 | 일진 | 大運 남·여 |
| 0 | 11/8 | 水 | 12 | 辛亥 | 입동 | 12/8 | 金 | 12 | 辛巳 | 대설 | 1/6 | 土 | 12 | 庚戌 | 소한 |
| 1 | 9 | 木 | 13 | 壬子 | 1·10 | 9 | 土 | 13 | 壬午 | 1·9 | 7 | 日 | 13 | 辛亥 | 1·10 |
| 2 | 10 | 金 | 14 | 癸丑 | 1·9 | 10 | 日 | 14 | 癸未 | 1·9 | 8 | 月 | 14 | 壬子 | 1·9 |
| 3 | 11 | 土 | 15 | 甲寅 | 1·9 | 11 | 月 | 15 | 甲申 | 1·9 | 9 | 火 | 15 | 癸丑 | 1·9 |
| 4 | 12 | 日 | 16 | 乙卯 | 1·9 | 12 | 火 | 16 | 乙酉 | 1·8 | 10 | 水 | 16 | 甲寅 | 1·9 |
| 5 | 13 | 月 | 17 | 丙辰 | 2·8 | 13 | 水 | 17 | 丙戌 | 2·8 | 11 | 木 | 17 | 乙卯 | 2·8 |
| 6 | 14 | 火 | 18 | 丁巳 | 2·8 | 14 | 木 | 18 | 丁亥 | 2·8 | 12 | 金 | 18 | 丙辰 | 2·8 |
| 7 | 15 | 水 | 19 | 戊午 | 2·8 | 15 | 金 | 19 | 戊子 | 2·7 | 13 | 土 | 19 | 丁巳 | 2·8 |
| 8 | 16 | 木 | 20 | 己未 | 3·7 | 16 | 土 | 20 | 己丑 | 3·7 | 14 | 日 | 20 | 戊午 | 3·7 |
| 9 | 17 | 金 | 21 | 庚申 | 3·7 | 17 | 日 | 21 | 庚寅 | 3·7 | 15 | 月 | 21 | 己未 | 3·7 |
| 10 | 18 | 土 | 22 | 辛酉 | 3·7 | 18 | 月 | 22 | 辛卯 | 3·6 | 16 | 火 | 22 | 庚申 | 3·7 |
| 11 | 19 | 日 | 23 | 壬戌 | 4·6 | 19 | 火 | 23 | 壬辰 | 4·6 | 17 | 水 | 23 | 辛酉 | 4·6 |
| 12 | 20 | 月 | 24 | 癸亥 | 4·6 | 20 | 水 | 24 | 癸巳 | 4·6 | 18 | 木 | 24 | 壬戌 | 4·6 |
| 13 | 21 | 火 | 25 | 甲子 | 4·6 | 21 | 木 | 25 | 甲午 | 4·5 | 19 | 金 | 25 | 癸亥 | 4·6 |
| 14 | 22 | 水 | 26 | 乙丑 | 5·5 | 22 | 金 | 26 | 乙未 | 동지 | 20 | 土 | 26 | 甲子 | 5·5 |
| 15 | 23 | 木 | 27 | 丙寅 | 소설 | 23 | 土 | 27 | 丙申 | 5·5 | 21 | 日 | 27 | 乙丑 | 대한 |
| 16 | 24 | 金 | 28 | 丁卯 | 5·5 | 24 | 日 | 28 | 丁酉 | 5·4 | 22 | 月 | 28 | 丙寅 | 5·5 |
| 17 | 25 | 土 | 29 | 戊辰 | 6·4 | 25 | 月 | 29 | 戊戌 | 6·4 | 23 | 火 | 29 | 丁卯 | 6·4 |
| 18 | 26 | 日 | 30 | 己巳 | 6·4 | 26 | 火 | 12/1 | 己亥 | 6·4 | 24 | 水 | 30 | 戊辰 | 6·4 |
| 19 | 27 | 月 | 11/1 | 庚午 | 6·4 | 27 | 水 | 2 | 庚子 | 6·3 | 25 | 木 | 1/1 | 己巳 | 6·4 |
| 20 | 28 | 火 | 2 | 辛未 | 7·3 | 28 | 木 | 3 | 辛丑 | 7·3 | 26 | 金 | 2 | 庚午 | 7·3 |
| 21 | 29 | 水 | 3 | 壬申 | 7·3 | 29 | 金 | 4 | 壬寅 | 7·3 | 27 | 土 | 3 | 辛未 | 7·3 |
| 22 | 30 | 木 | 4 | 癸酉 | 7·3 | 30 | 土 | 5 | 癸卯 | 7·2 | 28 | 日 | 4 | 壬申 | 7·3 |
| 23 | 12/1 | 金 | 5 | 甲戌 | 8·2 | 31 | 日 | 6 | 甲辰 | 8·2 | 29 | 月 | 5 | 癸酉 | 8·2 |
| 24 | 2 | 土 | 6 | 乙亥 | 8·2 | 1/1 | 月 | 7 | 乙巳 | 8·2 | 30 | 火 | 6 | 甲戌 | 8·2 |
| 25 | 3 | 日 | 7 | 丙子 | 8·2 | 2 | 火 | 8 | 丙午 | 8·1 | 31 | 水 | 7 | 乙亥 | 8·2 |
| 26 | 4 | 月 | 8 | 丁丑 | 9·1 | 3 | 水 | 9 | 丁未 | 9·1 | 2/1 | 木 | 8 | 丙子 | 9·1 |
| 27 | 5 | 火 | 9 | 戊寅 | 9·1 | 4 | 木 | 10 | 戊申 | 9·1 | 2 | 金 | 9 | 丁丑 | 9·1 |
| 28 | 6 | 水 | 10 | 己卯 | 9·1 | 5 | 金 | 11 | 己酉 | 9·1 | 3 | 土 | 10 | 戊寅 | 9·1 |
| 29 | 7 | 木 | 11 | 庚辰 | 10·1 | | | | | | 4 | 日 | 11 | 己卯 | 10·1 |
| 30 | | | | | | | | | | | | | | | |
| 31 | | | | | | | | | | | | | | | |

# 서기 1906년 [단기 4239년]

| 절기후날수 | 입춘절(庚寅月) 立春 2월5일 2시4분 雨水 2월19일 22시15분 | | | | | 경칩절(辛卯月) 驚蟄 3월6일 20시36분 春分 3월21일 21시53분 | | | | |
|---|---|---|---|---|---|---|---|---|---|---|
| | 양력 | 요일 | 음력 | 일진 | 大運 남·여 | 양력 | 요일 | 음력 | 일진 | 大運 남·여 |
| 0 | 2/5 | 月 | 12 | 庚辰 | 입춘 | 3/6 | 火 | 12 | 己酉 | 경칩 |
| 1 | 6 | 火 | 13 | 辛巳 | 9·1 | 7 | 水 | 13 | 庚戌 | 10·1 |
| 2 | 7 | 水 | 14 | 壬午 | 9·1 | 8 | 木 | 14 | 辛亥 | 10·1 |
| 3 | 8 | 木 | 15 | 癸未 | 9·1 | 9 | 金 | 15 | 壬子 | 9·1 |
| 4 | 9 | 金 | 16 | 甲申 | 8·1 | 10 | 土 | 16 | 癸丑 | 9·1 |
| 5 | 10 | 土 | 17 | 乙酉 | 8·2 | 11 | 日 | 17 | 甲寅 | 9·2 |
| 6 | 11 | 日 | 18 | 丙戌 | 8·2 | 12 | 月 | 18 | 乙卯 | 8·2 |
| 7 | 12 | 月 | 19 | 丁亥 | 7·2 | 13 | 火 | 19 | 丙辰 | 8·2 |
| 8 | 13 | 火 | 20 | 戊子 | 7·3 | 14 | 水 | 20 | 丁巳 | 8·3 |
| 9 | 14 | 水 | 21 | 己丑 | 7·3 | 15 | 木 | 21 | 戊午 | 7·3 |
| 10 | 15 | 木 | 22 | 庚寅 | 6·3 | 16 | 金 | 22 | 己未 | 7·3 |
| 11 | 16 | 金 | 23 | 辛卯 | 6·4 | 17 | 土 | 23 | 庚申 | 7·4 |
| 12 | 17 | 土 | 24 | 壬辰 | 6·4 | 18 | 日 | 24 | 辛酉 | 6·4 |
| 13 | 18 | 日 | 25 | 癸巳 | 5·4 | 19 | 月 | 25 | 壬戌 | 6·4 |
| 14 | 19 | 月 | 26 | 甲午 | 우수 | 20 | 火 | 26 | 癸亥 | 6·5 |
| 15 | 20 | 火 | 27 | 乙未 | 5·5 | 21 | 水 | 27 | 甲子 | 춘분 |
| 16 | 21 | 水 | 28 | 丙申 | 4·5 | 22 | 木 | 28 | 乙丑 | 5·5 |
| 17 | 22 | 木 | 29 | 丁酉 | 4·6 | 23 | 金 | 29 | 丙寅 | 5·6 |
| 18 | 23 | 金 | 2/1 | 戊戌 | 4·6 | 24 | 土 | 30 | 丁卯 | 4·6 |
| 19 | 24 | 土 | 2 | 己亥 | 3·6 | 25 | 日 | 3/1 | 戊辰 | 4·6 |
| 20 | 25 | 日 | 3 | 庚子 | 3·7 | 26 | 月 | 2 | 己巳 | 4·7 |
| 21 | 26 | 月 | 4 | 辛丑 | 3·7 | 27 | 火 | 3 | 庚午 | 3·7 |
| 22 | 27 | 火 | 5 | 壬寅 | 2·7 | 28 | 水 | 4 | 辛未 | 3·7 |
| 23 | 28 | 水 | 6 | 癸卯 | 2·8 | 29 | 木 | 5 | 壬申 | 3·8 |
| 24 | 3/1 | 木 | 7 | 甲辰 | 2·8 | 30 | 金 | 6 | 癸酉 | 2·8 |
| 25 | 2 | 金 | 8 | 乙巳 | 1·8 | 31 | 土 | 7 | 甲戌 | 2·8 |
| 26 | 3 | 土 | 9 | 丙午 | 1·9 | 4/1 | 日 | 8 | 乙亥 | 2·9 |
| 27 | 4 | 日 | 10 | 丁未 | 1·9 | 2 | 月 | 9 | 丙子 | 1·9 |
| 28 | 5 | 月 | 11 | 戊申 | 1·9 | 3 | 火 | 10 | 丁丑 | 1·9 |
| 29 | | | | | | 4 | 水 | 11 | 戊寅 | 1·10 |
| 30 | | | | | | 5 | 木 | 12 | 己卯 | 1·10 |
| 31 | | | | | | | | | | |

| 절기후날수 | 청명절(壬辰月) 清明 4월6일 2시7분 穀雨 4월21일 9시39분 | | | | | 입하절(癸巳月) 立夏 5월6일 20시9분 小滿 5월22일 9시25분 | | | | |
|---|---|---|---|---|---|---|---|---|---|---|
| | 양력 | 요일 | 음력 | 일진 | 大運 남·여 | 양력 | 요일 | 음력 | 일진 | 大運 남·여 |
| 0 | 4/6 | 金 | 13 | 庚辰 | 청명 | 5/6 | 日 | 13 | 庚戌 | 입하 |
| 1 | 7 | 土 | 14 | 辛巳 | 10·1 | 7 | 月 | 14 | 辛亥 | 10·1 |
| 2 | 8 | 日 | 15 | 壬午 | 9·1 | 8 | 火 | 15 | 壬子 | 10·1 |
| 3 | 9 | 月 | 16 | 癸未 | 9·1 | 9 | 水 | 16 | 癸丑 | 10·1 |
| 4 | 10 | 火 | 17 | 甲申 | 9·1 | 10 | 木 | 17 | 甲寅 | 9·1 |
| 5 | 11 | 水 | 18 | 乙酉 | 8·2 | 11 | 金 | 18 | 乙卯 | 9·2 |
| 6 | 12 | 木 | 19 | 丙戌 | 8·2 | 12 | 土 | 19 | 丙辰 | 9·2 |
| 7 | 13 | 金 | 20 | 丁亥 | 8·2 | 13 | 日 | 20 | 丁巳 | 8·2 |
| 8 | 14 | 土 | 21 | 戊子 | 7·3 | 14 | 月 | 21 | 戊午 | 8·3 |
| 9 | 15 | 日 | 22 | 己丑 | 7·3 | 15 | 火 | 22 | 己未 | 8·3 |
| 10 | 16 | 月 | 23 | 庚寅 | 7·3 | 16 | 水 | 23 | 庚申 | 7·3 |
| 11 | 17 | 火 | 24 | 辛卯 | 6·4 | 17 | 木 | 24 | 辛酉 | 7·4 |
| 12 | 18 | 水 | 25 | 壬辰 | 6·4 | 18 | 金 | 25 | 壬戌 | 7·4 |
| 13 | 19 | 木 | 26 | 癸巳 | 6·4 | 19 | 土 | 26 | 癸亥 | 6·4 |
| 14 | 20 | 金 | 27 | 甲午 | 5·5 | 20 | 日 | 27 | 甲子 | 6·5 |
| 15 | 21 | 土 | 28 | 乙未 | 곡우 | 21 | 月 | 28 | 乙丑 | 6·5 |
| 16 | 22 | 日 | 29 | 丙申 | 5·5 | 22 | 火 | 29 | 丙寅 | 소만 |
| 17 | 23 | 月 | 30 | 丁酉 | 4·6 | 23 | 水 | 윤1 | 丁卯 | 5·6 |
| 18 | 24 | 火 | 4/1 | 戊戌 | 4·6 | 24 | 木 | 윤2 | 戊辰 | 5·6 |
| 19 | 25 | 水 | 2 | 己亥 | 4·6 | 25 | 金 | 윤3 | 己巳 | 4·6 |
| 20 | 26 | 木 | 3 | 庚子 | 3·7 | 26 | 土 | 윤4 | 庚午 | 4·7 |
| 21 | 27 | 金 | 4 | 辛丑 | 3·7 | 27 | 日 | 윤5 | 辛未 | 4·7 |
| 22 | 28 | 土 | 5 | 壬寅 | 3·7 | 28 | 月 | 윤6 | 壬申 | 3·7 |
| 23 | 29 | 日 | 6 | 癸卯 | 2·8 | 29 | 火 | 윤7 | 癸酉 | 3·8 |
| 24 | 30 | 月 | 7 | 甲辰 | 2·8 | 30 | 水 | 윤8 | 甲戌 | 3·8 |
| 25 | 5/1 | 火 | 8 | 乙巳 | 2·8 | 31 | 木 | 윤9 | 乙亥 | 2·8 |
| 26 | 2 | 水 | 9 | 丙午 | 1·9 | 6/1 | 金 | 윤10 | 丙子 | 2·9 |
| 27 | 3 | 木 | 10 | 丁未 | 1·9 | 2 | 土 | 윤11 | 丁丑 | 2·9 |
| 28 | 4 | 金 | 11 | 戊申 | 1·9 | 3 | 日 | 윤12 | 戊寅 | 1·9 |
| 29 | 5 | 土 | 12 | 己酉 | 1·10 | 4 | 月 | 윤13 | 己卯 | 1·10 |
| 30 | | | | | | 5 | 火 | 윤14 | 庚辰 | 1·10 |
| 31 | | | | | | 6 | 水 | 윤15 | 辛巳 | 1·10 |

| 절기후날수 | 망종절(甲午月) 芒種 6월7일 0시49분 夏至 6월22일 17시42분 | | | | | 소서절(乙未月) 小暑 7월8일 11시15분 大暑 7월24일 4시33분 | | | | |
|---|---|---|---|---|---|---|---|---|---|---|
| | 양력 | 요일 | 음력 | 일진 | 大運 남·여 | 양력 | 요일 | 음력 | 일진 | 大運 남·여 |
| 0 | 6/7 | 木 | 윤16 | 壬午 | 망종 | 7/8 | 日 | 17 | 癸丑 | 소서 |
| 1 | 8 | 金 | 윤17 | 癸未 | 10·1 | 9 | 月 | 18 | 甲寅 | 10·1 |
| 2 | 9 | 土 | 윤18 | 甲申 | 10·1 | 10 | 火 | 19 | 乙卯 | 10·1 |
| 3 | 10 | 日 | 윤19 | 乙酉 | 9·1 | 11 | 水 | 20 | 丙辰 | 9·1 |
| 4 | 11 | 月 | 윤20 | 丙戌 | 9·1 | 12 | 木 | 21 | 丁巳 | 9·1 |
| 5 | 12 | 火 | 윤21 | 丁亥 | 9·2 | 13 | 金 | 22 | 戊午 | 9·2 |
| 6 | 13 | 水 | 윤22 | 戊子 | 8·2 | 14 | 土 | 23 | 己未 | 8·2 |
| 7 | 14 | 木 | 윤23 | 己丑 | 8·2 | 15 | 日 | 24 | 庚申 | 8·2 |
| 8 | 15 | 金 | 윤24 | 庚寅 | 8·3 | 16 | 月 | 25 | 辛酉 | 8·3 |
| 9 | 16 | 土 | 윤25 | 辛卯 | 7·3 | 17 | 火 | 26 | 壬戌 | 7·3 |
| 10 | 17 | 日 | 윤26 | 壬辰 | 7·3 | 18 | 水 | 27 | 癸亥 | 7·3 |
| 11 | 18 | 月 | 윤27 | 癸巳 | 7·4 | 19 | 木 | 28 | 甲子 | 7·4 |
| 12 | 19 | 火 | 윤28 | 甲午 | 6·4 | 20 | 金 | 29 | 乙丑 | 6·4 |
| 13 | 20 | 水 | 윤29 | 乙未 | 6·4 | 21 | 土 | 6/1 | 丙寅 | 6·4 |
| 14 | 21 | 木 | 윤30 | 丙申 | 6·5 | 22 | 日 | 2 | 丁卯 | 6·5 |
| 15 | 22 | 金 | 5/1 | 丁酉 | 하지 | 23 | 月 | 3 | 戊辰 | 5·5 |
| 16 | 23 | 土 | 2 | 戊戌 | 5·5 | 24 | 火 | 4 | 己巳 | 대서 |
| 17 | 24 | 日 | 3 | 己亥 | 5·6 | 25 | 水 | 5 | 庚午 | 5·6 |
| 18 | 25 | 月 | 4 | 庚子 | 4·6 | 26 | 木 | 6 | 辛未 | 4·6 |
| 19 | 26 | 火 | 5 | 辛丑 | 4·6 | 27 | 金 | 7 | 壬申 | 4·6 |
| 20 | 27 | 水 | 6 | 壬寅 | 4·7 | 28 | 土 | 8 | 癸酉 | 4·7 |
| 21 | 28 | 木 | 7 | 癸卯 | 3·7 | 29 | 日 | 9 | 甲戌 | 3·7 |
| 22 | 29 | 金 | 8 | 甲辰 | 3·7 | 30 | 月 | 10 | 乙亥 | 3·7 |
| 23 | 30 | 土 | 9 | 乙巳 | 3·8 | 31 | 火 | 11 | 丙子 | 3·8 |
| 24 | 7/1 | 日 | 10 | 丙午 | 2·8 | 8/1 | 水 | 12 | 丁丑 | 2·8 |
| 25 | 2 | 月 | 11 | 丁未 | 2·8 | 2 | 木 | 13 | 戊寅 | 2·8 |
| 26 | 3 | 火 | 12 | 戊申 | 2·9 | 3 | 金 | 14 | 己卯 | 2·9 |
| 27 | 4 | 水 | 13 | 己酉 | 1·9 | 4 | 土 | 15 | 庚辰 | 1·9 |
| 28 | 5 | 木 | 14 | 庚戌 | 1·9 | 5 | 日 | 16 | 辛巳 | 1·9 |
| 29 | 6 | 金 | 15 | 辛亥 | 1·10 | 6 | 月 | 17 | 壬午 | 1·10 |
| 30 | 7 | 土 | 16 | 壬子 | 1·10 | 7 | 火 | 18 | 癸未 | 1·10 |
| 31 | | | | | | | | | | |

▶윤달-4월

# 丙午年

| 절기후날수 | 입추절(丙申月)<br>立秋 8월8일 20시52분<br>處暑 8월24일 11시14분 | | | | | 백로절(丁酉月)<br>白露 9월8일 23시16분<br>秋分 9월24일 8시15분 | | | | | 한로절(戊戌月)<br>寒露 10월9일 14시15분<br>霜降 10월24일 16시55분 | | | | | 입동절(己亥月)<br>立冬 11월8일 16시47분<br>小雪 11월23일 13시54분 | | | | | 대설절(庚子月)<br>大雪 12월8일 9시10분<br>冬至 12월23일 2시53분 | | | | | 소한절(辛丑月)<br>小寒 1월6일 20시11분<br>大寒 1월21일 13시31분 | | | | |
|---|---|---|---|---|---|---|---|---|---|---|---|---|---|---|---|---|---|---|---|---|---|---|---|---|---|---|---|---|---|---|
| | 양력 | 요일 | 음력 | 일진 | 大運 남·여 | 양력 | 요일 | 음력 | 일진 | 大運 남·여 | 양력 | 요일 | 음력 | 일진 | 大運 남·여 | 양력 | 요일 | 음력 | 일진 | 大運 남·여 | 양력 | 요일 | 음력 | 일진 | 大運 남·여 | 양력 | 요일 | 음력 | 일진 | 大運 남·여 |
| 0 | 8/8 | 水 | 19 | 甲申 | 입추 | 9/8 | 土 | 20 | 乙卯 | 백로 | 10/9 | 火 | 22 | 丙戌 | 한로 | 11/8 | 木 | 22 | 丙辰 | 입동 | 12/8 | 土 | 23 | 丙戌 | 대설 | 1/6 | 日 | 22 | 乙卯 | 소한 |
| 1 | 9 | 木 | 20 | 乙酉 | 10·1 | 9 | 日 | 21 | 丙辰 | 10·1 | 10 | 水 | 23 | 丁亥 | 10·1 | 9 | 金 | 23 | 丁巳 | 10·1 | 9 | 日 | 24 | 丁亥 | 9·1 | 7 | 月 | 23 | 丙辰 | 10·1 |
| 2 | 10 | 金 | 21 | 丙戌 | 10·1 | 10 | 月 | 22 | 丁巳 | 10·1 | 11 | 木 | 24 | 戊子 | 9·1 | 10 | 土 | 24 | 戊午 | 9·1 | 10 | 月 | 25 | 戊子 | 9·1 | 8 | 火 | 24 | 丁巳 | 9·1 |
| 3 | 11 | 土 | 22 | 丁亥 | 9·1 | 11 | 火 | 23 | 戊午 | 9·1 | 12 | 金 | 25 | 己丑 | 9·1 | 11 | 日 | 25 | 己未 | 9·1 | 11 | 火 | 26 | 己丑 | 9·1 | 9 | 水 | 25 | 戊午 | 9·1 |
| 4 | 12 | 日 | 23 | 戊子 | 9·1 | 12 | 水 | 24 | 己未 | 9·1 | 13 | 土 | 26 | 庚寅 | 9·1 | 12 | 月 | 26 | 庚申 | 9·1 | 12 | 水 | 27 | 庚寅 | 8·1 | 10 | 木 | 26 | 己未 | 9·1 |
| 5 | 13 | 月 | 24 | 己丑 | 9·2 | 13 | 木 | 25 | 庚申 | 9·2 | 14 | 日 | 27 | 辛卯 | 8·2 | 13 | 火 | 27 | 辛酉 | 8·2 | 13 | 木 | 28 | 辛卯 | 8·2 | 11 | 金 | 27 | 庚申 | 8·2 |
| 6 | 14 | 火 | 25 | 庚寅 | 8·2 | 14 | 金 | 26 | 辛酉 | 8·2 | 15 | 月 | 28 | 壬辰 | 8·2 | 14 | 水 | 28 | 壬戌 | 8·2 | 14 | 金 | 29 | 壬辰 | 8·2 | 12 | 土 | 28 | 辛酉 | 8·2 |
| 7 | 15 | 水 | 26 | 辛卯 | 8·2 | 15 | 土 | 27 | 壬戌 | 8·2 | 16 | 火 | 29 | 癸巳 | 8·2 | 15 | 木 | 29 | 癸亥 | 8·2 | 15 | 土 | 30 | 癸巳 | 7·2 | 13 | 日 | 29 | 壬戌 | 8·2 |
| 8 | 16 | 木 | 27 | 壬辰 | 8·3 | 16 | 日 | 28 | 癸亥 | 8·3 | 17 | 水 | 30 | 甲午 | 7·3 | 16 | 金 | 10/1 | 甲子 | 7·3 | 16 | 日 | 11/1 | 甲午 | 7·3 | 14 | 月 | 12/1 | 癸亥 | 7·3 |
| 9 | 17 | 金 | 28 | 癸巳 | 7·3 | 17 | 月 | 29 | 甲子 | 7·3 | 18 | 木 | 9/1 | 乙未 | 7·3 | 17 | 土 | 2 | 乙丑 | 7·3 | 17 | 月 | 2 | 乙未 | 7·3 | 15 | 火 | 2 | 甲子 | 7·3 |
| 10 | 18 | 土 | 29 | 甲午 | 7·3 | 18 | 火 | 8/1 | 乙丑 | 7·3 | 19 | 金 | 2 | 丙申 | 7·3 | 18 | 日 | 3 | 丙寅 | 7·3 | 18 | 火 | 3 | 丙申 | 6·3 | 16 | 水 | 3 | 乙丑 | 7·3 |
| 11 | 19 | 日 | 30 | 乙未 | 7·4 | 19 | 水 | 2 | 丙寅 | 7·4 | 20 | 土 | 3 | 丁酉 | 6·4 | 19 | 月 | 4 | 丁卯 | 6·4 | 19 | 水 | 4 | 丁酉 | 6·4 | 17 | 木 | 4 | 丙寅 | 6·4 |
| 12 | 20 | 月 | 7/1 | 丙申 | 6·4 | 20 | 木 | 3 | 丁卯 | 6·4 | 21 | 日 | 4 | 戊戌 | 6·4 | 20 | 火 | 5 | 戊辰 | 6·4 | 20 | 木 | 5 | 戊戌 | 6·4 | 18 | 金 | 5 | 丁卯 | 6·4 |
| 13 | 21 | 火 | 2 | 丁酉 | 6·4 | 21 | 金 | 4 | 戊辰 | 6·4 | 22 | 月 | 5 | 己亥 | 6·4 | 21 | 水 | 6 | 己巳 | 6·4 | 21 | 金 | 6 | 己亥 | 5·4 | 19 | 土 | 6 | 戊辰 | 6·4 |
| 14 | 22 | 水 | 3 | 戊戌 | 6·5 | 22 | 土 | 5 | 己巳 | 6·5 | 23 | 火 | 6 | 庚子 | 5·5 | 22 | 木 | 7 | 庚午 | 5·5 | 22 | 土 | 7 | 庚子 | 5·5 | 20 | 日 | 7 | 己巳 | 5·5 |
| 15 | 23 | 木 | 4 | 己亥 | 5·5 | 23 | 日 | 6 | 庚午 | 5·5 | 24 | 水 | 7 | 辛丑 | 상강 | 23 | 金 | 8 | 辛未 | 소설 | 23 | 日 | 8 | 辛丑 | 동지 | 21 | 月 | 8 | 庚午 | 대한 |
| 16 | 24 | 金 | 5 | 庚子 | 처서 | 24 | 月 | 7 | 辛未 | 추분 | 25 | 木 | 8 | 壬寅 | 5·5 | 24 | 土 | 9 | 壬申 | 5·5 | 24 | 月 | 9 | 壬寅 | 4·5 | 22 | 火 | 9 | 辛未 | 5·5 |
| 17 | 25 | 土 | 6 | 辛丑 | 5·6 | 25 | 火 | 8 | 壬申 | 5·6 | 26 | 金 | 9 | 癸卯 | 4·6 | 25 | 日 | 10 | 癸酉 | 4·6 | 25 | 火 | 10 | 癸卯 | 4·6 | 23 | 水 | 10 | 壬申 | 4·6 |
| 18 | 26 | 日 | 7 | 壬寅 | 4·6 | 26 | 水 | 9 | 癸酉 | 4·6 | 27 | 土 | 10 | 甲辰 | 4·6 | 26 | 月 | 11 | 甲戌 | 4·6 | 26 | 水 | 11 | 甲辰 | 4·6 | 24 | 木 | 11 | 癸酉 | 4·6 |
| 19 | 27 | 月 | 8 | 癸卯 | 4·6 | 27 | 木 | 10 | 甲戌 | 4·6 | 28 | 日 | 11 | 乙巳 | 4·6 | 27 | 火 | 12 | 乙亥 | 4·6 | 27 | 木 | 12 | 乙巳 | 3·6 | 25 | 金 | 12 | 甲戌 | 4·6 |
| 20 | 28 | 火 | 9 | 甲辰 | 4·7 | 28 | 金 | 11 | 乙亥 | 4·7 | 29 | 月 | 12 | 丙午 | 3·7 | 28 | 水 | 13 | 丙子 | 3·7 | 28 | 金 | 13 | 丙午 | 3·7 | 26 | 土 | 13 | 乙亥 | 3·7 |
| 21 | 29 | 水 | 10 | 乙巳 | 3·7 | 29 | 土 | 12 | 丙子 | 3·7 | 30 | 火 | 13 | 丁未 | 3·7 | 29 | 木 | 14 | 丁丑 | 3·7 | 29 | 土 | 14 | 丁未 | 3·7 | 27 | 日 | 14 | 丙子 | 3·7 |
| 22 | 30 | 木 | 11 | 丙午 | 3·7 | 30 | 日 | 13 | 丁丑 | 3·7 | 31 | 水 | 14 | 戊申 | 3·7 | 30 | 金 | 15 | 戊寅 | 3·7 | 30 | 日 | 15 | 戊申 | 2·7 | 28 | 月 | 15 | 丁丑 | 3·7 |
| 23 | 31 | 金 | 12 | 丁未 | 3·8 | 10/1 | 月 | 14 | 戊寅 | 3·8 | 11/1 | 木 | 15 | 己酉 | 2·8 | 12/1 | 土 | 16 | 己卯 | 2·8 | 31 | 月 | 16 | 己酉 | 2·8 | 29 | 火 | 16 | 戊寅 | 2·8 |
| 24 | 9/1 | 土 | 13 | 戊申 | 2·8 | 2 | 火 | 15 | 己卯 | 2·8 | 2 | 金 | 16 | 庚戌 | 2·8 | 2 | 日 | 17 | 庚辰 | 2·8 | 1/1 | 火 | 17 | 庚戌 | 2·8 | 30 | 水 | 17 | 己卯 | 2·8 |
| 25 | 2 | 日 | 14 | 己酉 | 2·8 | 3 | 水 | 16 | 庚辰 | 2·8 | 3 | 土 | 17 | 辛亥 | 2·8 | 3 | 月 | 18 | 辛巳 | 2·8 | 2 | 水 | 18 | 辛亥 | 1·8 | 31 | 木 | 18 | 庚辰 | 2·8 |
| 26 | 3 | 月 | 15 | 庚戌 | 2·9 | 4 | 木 | 17 | 辛巳 | 2·9 | 4 | 日 | 18 | 壬子 | 1·9 | 4 | 火 | 19 | 壬午 | 1·9 | 3 | 木 | 19 | 壬子 | 1·9 | 2/1 | 金 | 19 | 辛巳 | 1·9 |
| 27 | 4 | 火 | 16 | 辛亥 | 1·9 | 5 | 金 | 18 | 壬午 | 1·9 | 5 | 月 | 19 | 癸丑 | 1·9 | 5 | 水 | 20 | 癸未 | 1·9 | 4 | 金 | 20 | 癸丑 | 1·9 | 2 | 土 | 20 | 壬午 | 1·9 |
| 28 | 5 | 水 | 17 | 壬子 | 1·9 | 6 | 土 | 19 | 癸未 | 1·9 | 6 | 火 | 20 | 甲寅 | 1·9 | 6 | 木 | 21 | 甲申 | 1·9 | 5 | 土 | 21 | 甲寅 | 1·9 | 3 | 日 | 21 | 癸未 | 1·9 |
| 29 | 6 | 木 | 18 | 癸丑 | 1·10 | 7 | 日 | 20 | 甲申 | 1·10 | 7 | 水 | 21 | 乙卯 | 1·10 | 7 | 金 | 22 | 乙酉 | 1·10 | | | | | | 4 | 月 | 22 | 甲申 | 1·10 |
| 30 | 7 | 金 | 19 | 甲寅 | 1·10 | 8 | 月 | 21 | 乙酉 | 1·10 | | | | | | | | | | | | | | | | | | | | |
| 31 | | | | | | | | | | | | | | | | | | | | | | | | | | | | | | |

# 서기 1907년 [단기 4240년]

| 절기후날수 | 입춘절(壬寅月) 立春 2월5일 7시59분 雨水 2월20일 3시58분 | | | | | 경칩절(癸卯月) 驚蟄 3월7일 2시27분 春分 3월22일 3시33분 | | | | | 청명절(甲辰月) 淸明 4월6일 7시55분 穀雨 4월21일 15시17분 | | | | | 입하절(乙巳月) 立夏 5월7일 1시54분 小滿 5월22일 15시3분 | | | | | 망종절(丙午月) 芒種 6월7일 6시33분 夏至 6월22일 23시23분 | | | | | 소서절(丁未月) 小暑 7월8일 16시59분 大暑 7월24일 10시18분 | | | | |
|---|---|---|---|---|---|---|---|---|---|---|---|---|---|---|---|---|---|---|---|---|---|---|---|---|---|---|---|---|---|---|
| | 양력 | 요일 | 음력 | 일진 | 大運 남여 | 양력 | 요일 | 음력 | 일진 | 大運 남여 | 양력 | 요일 | 음력 | 일진 | 大運 남여 | 양력 | 요일 | 음력 | 일진 | 大運 남여 | 양력 | 요일 | 음력 | 일진 | 大運 남여 | 양력 | 요일 | 음력 | 일진 | 大運 남여 |
| 0 | 2/5 | 火 | 23 | 乙酉 | 입춘 | 3/7 | 木 | 23 | 乙卯 | 경칩 | 4/6 | 土 | 24 | 乙酉 | 청명 | 5/7 | 火 | 25 | 丙辰 | 입하 | 6/7 | 金 | 27 | 丁亥 | 망종 | 7/8 | 月 | 28 | 戊午 | 소서 |
| 1 | 6 | 水 | 24 | 丙戌 | 1·10 | 8 | 金 | 24 | 丙辰 | 1·10 | 7 | 日 | 25 | 丙戌 | 1·10 | 8 | 水 | 26 | 丁巳 | 1·10 | 8 | 土 | 28 | 戊子 | 1·10 | 9 | 火 | 29 | 己未 | 1·10 |
| 2 | 7 | 木 | 25 | 丁亥 | 1·9 | 9 | 土 | 25 | 丁巳 | 1·9 | 8 | 月 | 26 | 丁亥 | 1·10 | 9 | 木 | 27 | 戊午 | 1·10 | 9 | 日 | 29 | 己丑 | 1·10 | 10 | 水 | 6/1 | 庚申 | 1·10 |
| 3 | 8 | 金 | 26 | 戊子 | 1·9 | 10 | 日 | 26 | 戊午 | 1·9 | 9 | 火 | 27 | 戊子 | 1·9 | 10 | 金 | 28 | 己未 | 1·9 | 10 | 月 | 30 | 庚寅 | 1·9 | 11 | 木 | 2 | 辛酉 | 1·10 |
| 4 | 9 | 土 | 27 | 己丑 | 1·9 | 11 | 月 | 27 | 己未 | 1·9 | 10 | 水 | 28 | 己丑 | 1·9 | 11 | 土 | 29 | 庚申 | 1·9 | 11 | 火 | 5/1 | 辛卯 | 1·9 | 12 | 金 | 3 | 壬戌 | 1·9 |
| 5 | 10 | 日 | 28 | 庚寅 | 2·8 | 12 | 火 | 28 | 庚申 | 2·8 | 11 | 木 | 29 | 庚寅 | 2·9 | 12 | 日 | 4/1 | 辛酉 | 2·9 | 12 | 水 | 2 | 壬辰 | 2·9 | 13 | 土 | 4 | 癸亥 | 2·9 |
| 6 | 11 | 月 | 29 | 辛卯 | 2·8 | 13 | 水 | 29 | 辛酉 | 2·8 | 12 | 金 | 30 | 辛卯 | 2·8 | 13 | 月 | 2 | 壬戌 | 2·8 | 13 | 木 | 3 | 癸巳 | 2·8 | 14 | 日 | 5 | 甲子 | 2·9 |
| 7 | 12 | 火 | 30 | 壬辰 | 2·8 | 14 | 木 | 2/1 | 壬戌 | 2·8 | 13 | 土 | 3/1 | 壬辰 | 2·8 | 14 | 火 | 3 | 癸亥 | 2·8 | 14 | 金 | 4 | 甲午 | 2·8 | 15 | 月 | 6 | 乙丑 | 2·8 |
| 8 | 13 | 水 | 1/1 | 癸巳 | 3·7 | 15 | 金 | 2 | 癸亥 | 3·7 | 14 | 日 | 2 | 癸巳 | 3·8 | 15 | 水 | 4 | 甲子 | 3·8 | 15 | 土 | 5 | 乙未 | 3·8 | 16 | 火 | 7 | 丙寅 | 3·8 |
| 9 | 14 | 木 | 2 | 甲午 | 3·7 | 16 | 土 | 3 | 甲子 | 3·7 | 15 | 月 | 3 | 甲午 | 3·7 | 16 | 木 | 5 | 乙丑 | 3·7 | 16 | 日 | 6 | 丙申 | 3·7 | 17 | 水 | 8 | 丁卯 | 3·8 |
| 10 | 15 | 金 | 3 | 乙未 | 3·7 | 17 | 日 | 4 | 乙丑 | 3·7 | 16 | 火 | 4 | 乙未 | 3·7 | 17 | 金 | 6 | 丙寅 | 3·7 | 17 | 月 | 7 | 丁酉 | 3·7 | 18 | 木 | 9 | 戊辰 | 3·7 |
| 11 | 16 | 土 | 4 | 丙申 | 4·6 | 18 | 月 | 5 | 丙寅 | 4·6 | 17 | 水 | 5 | 丙申 | 4·7 | 18 | 土 | 7 | 丁卯 | 4·7 | 18 | 火 | 8 | 戊戌 | 4·7 | 19 | 金 | 10 | 己巳 | 4·7 |
| 12 | 17 | 日 | 5 | 丁酉 | 4·6 | 19 | 火 | 6 | 丁卯 | 4·6 | 18 | 木 | 6 | 丁酉 | 4·6 | 19 | 日 | 8 | 戊辰 | 4·6 | 19 | 水 | 9 | 己亥 | 4·6 | 20 | 土 | 11 | 庚午 | 4·7 |
| 13 | 18 | 月 | 6 | 戊戌 | 4·6 | 20 | 水 | 7 | 戊辰 | 4·6 | 19 | 金 | 7 | 戊戌 | 4·6 | 20 | 月 | 9 | 己巳 | 4·6 | 20 | 木 | 10 | 庚子 | 4·6 | 21 | 日 | 12 | 辛未 | 4·6 |
| 14 | 19 | 火 | 7 | 己亥 | 5·5 | 21 | 木 | 8 | 己巳 | 5·5 | 20 | 土 | 8 | 己亥 | 5·6 | 21 | 火 | 10 | 庚午 | 5·6 | 21 | 金 | 11 | 辛丑 | 5·6 | 22 | 月 | 13 | 壬申 | 5·6 |
| 15 | 20 | 水 | 8 | 庚子 | 우수 | 22 | 金 | 9 | 庚午 | 춘분 | 21 | 日 | 9 | 庚子 | 곡우 | 22 | 水 | 11 | 辛未 | 소만 | 22 | 土 | 12 | 壬寅 | 하지 | 23 | 火 | 14 | 癸酉 | 5·6 |
| 16 | 21 | 木 | 9 | 辛丑 | 5·5 | 23 | 土 | 10 | 辛未 | 5·5 | 22 | 月 | 10 | 辛丑 | 5·5 | 23 | 木 | 12 | 壬申 | 5·5 | 23 | 日 | 13 | 癸卯 | 5·5 | 24 | 水 | 15 | 甲戌 | 대서 |
| 17 | 22 | 金 | 10 | 壬寅 | 6·4 | 24 | 日 | 11 | 壬申 | 6·4 | 23 | 火 | 11 | 壬寅 | 6·5 | 24 | 金 | 13 | 癸酉 | 6·5 | 24 | 月 | 14 | 甲辰 | 6·5 | 25 | 木 | 16 | 乙亥 | 6·5 |
| 18 | 23 | 土 | 11 | 癸卯 | 6·4 | 25 | 月 | 12 | 癸酉 | 6·4 | 24 | 水 | 12 | 癸卯 | 6·4 | 25 | 土 | 14 | 甲戌 | 6·4 | 25 | 火 | 15 | 乙巳 | 6·4 | 26 | 金 | 17 | 丙子 | 6·5 |
| 19 | 24 | 日 | 12 | 甲辰 | 6·4 | 26 | 火 | 13 | 甲戌 | 6·4 | 25 | 木 | 13 | 甲辰 | 6·4 | 26 | 日 | 15 | 乙亥 | 6·4 | 26 | 水 | 16 | 丙午 | 6·4 | 27 | 土 | 18 | 丁丑 | 6·4 |
| 20 | 25 | 月 | 13 | 乙巳 | 7·3 | 27 | 水 | 14 | 乙亥 | 7·3 | 26 | 金 | 14 | 乙巳 | 7·4 | 27 | 月 | 16 | 丙子 | 7·4 | 27 | 木 | 17 | 丁未 | 7·4 | 28 | 日 | 19 | 戊寅 | 7·4 |
| 21 | 26 | 火 | 14 | 丙午 | 7·3 | 28 | 木 | 15 | 丙子 | 7·3 | 27 | 土 | 15 | 丙午 | 7·3 | 28 | 火 | 17 | 丁丑 | 7·3 | 28 | 金 | 18 | 戊申 | 7·3 | 29 | 月 | 20 | 己卯 | 7·4 |
| 22 | 27 | 水 | 15 | 丁未 | 7·3 | 29 | 金 | 16 | 丁丑 | 7·3 | 28 | 日 | 16 | 丁未 | 7·3 | 29 | 水 | 18 | 戊寅 | 7·3 | 29 | 土 | 19 | 己酉 | 7·3 | 30 | 火 | 21 | 庚辰 | 7·3 |
| 23 | 28 | 木 | 16 | 戊申 | 8·2 | 30 | 土 | 17 | 戊寅 | 8·2 | 29 | 月 | 17 | 戊申 | 8·3 | 30 | 木 | 19 | 己卯 | 8·3 | 30 | 日 | 20 | 庚戌 | 8·3 | 31 | 水 | 22 | 辛巳 | 8·3 |
| 24 | 3/1 | 金 | 17 | 己酉 | 8·2 | 31 | 日 | 18 | 己卯 | 8·2 | 30 | 火 | 18 | 己酉 | 8·2 | 31 | 金 | 20 | 庚辰 | 8·2 | 7/1 | 月 | 21 | 辛亥 | 8·2 | 8/1 | 木 | 23 | 壬午 | 8·3 |
| 25 | 2 | 土 | 18 | 庚戌 | 8·2 | 4/1 | 月 | 19 | 庚辰 | 8·2 | 5/1 | 水 | 19 | 庚戌 | 8·2 | 6/1 | 土 | 21 | 辛巳 | 8·2 | 2 | 火 | 22 | 壬子 | 8·2 | 2 | 金 | 24 | 癸未 | 8·2 |
| 26 | 3 | 日 | 19 | 辛亥 | 9·1 | 2 | 火 | 20 | 辛巳 | 9·1 | 2 | 木 | 20 | 辛亥 | 9·2 | 2 | 日 | 22 | 壬午 | 9·2 | 3 | 水 | 23 | 癸丑 | 9·2 | 3 | 土 | 25 | 甲申 | 9·2 |
| 27 | 4 | 月 | 20 | 壬子 | 9·1 | 3 | 水 | 21 | 壬午 | 9·1 | 3 | 金 | 21 | 壬子 | 9·1 | 3 | 月 | 23 | 癸未 | 9·1 | 4 | 木 | 24 | 甲寅 | 9·1 | 4 | 日 | 26 | 乙酉 | 9·2 |
| 28 | 5 | 火 | 21 | 癸丑 | 9·1 | 4 | 木 | 22 | 癸未 | 9·1 | 4 | 土 | 22 | 癸丑 | 9·1 | 4 | 火 | 24 | 甲申 | 9·1 | 5 | 金 | 25 | 乙卯 | 9·1 | 5 | 月 | 27 | 丙戌 | 9·1 |
| 29 | 6 | 水 | 22 | 甲寅 | 10·1 | 5 | 金 | 23 | 甲申 | 10·1 | 5 | 日 | 23 | 甲寅 | 10·1 | 5 | 水 | 25 | 乙酉 | 10·1 | 6 | 土 | 26 | 丙辰 | 10·1 | 6 | 火 | 28 | 丁亥 | 10·1 |
| 30 | | | | | | | | | | | 6 | 月 | 24 | 乙卯 | 10·1 | 6 | 木 | 26 | 丙戌 | 10·1 | 7 | 日 | 27 | 丁巳 | 10·1 | 7 | 水 | 29 | 戊子 | 10·1 |
| 31 | | | | | | | | | | | | | | | | | | | | | | | | | | 8 | 木 | 30 | 己丑 | 10·1 |

# 丁未年

| 절기후날수 | 입추절(戊申月) 立秋 8월9일 2시36분 處暑 8월24일 17시3분 | | | | | 백로절(己酉月) 白露 9월9일 5시2분 秋分 9월24일 14시9분 | | | | |
|---|---|---|---|---|---|---|---|---|---|---|
| | 양력 | 요일 | 음력 | 일진 | 大運 남·여 | 양력 | 요일 | 음력 | 일진 | 大運 남·여 |
| 0 | 8/9 | 金 | 7/1 | 庚寅 | 입추 | 9/9 | 月 | 2 | 辛酉 | 백로 |
| 1 | 10 | 土 | 2 | 辛卯 | 1·10 | 10 | 火 | 3 | 壬戌 | 1·10 |
| 2 | 11 | 日 | 3 | 壬辰 | 1·10 | 11 | 水 | 4 | 癸亥 | 1·9 |
| 3 | 12 | 月 | 4 | 癸巳 | 1·9 | 12 | 木 | 5 | 甲子 | 1·9 |
| 4 | 13 | 火 | 5 | 甲午 | 1·9 | 13 | 金 | 6 | 乙丑 | 1·9 |
| 5 | 14 | 水 | 6 | 乙未 | 2·9 | 14 | 土 | 7 | 丙寅 | 2·8 |
| 6 | 15 | 木 | 7 | 丙申 | 2·8 | 15 | 日 | 8 | 丁卯 | 2·8 |
| 7 | 16 | 金 | 8 | 丁酉 | 2·8 | 16 | 月 | 9 | 戊辰 | 2·8 |
| 8 | 17 | 土 | 9 | 戊戌 | 3·8 | 17 | 火 | 10 | 己巳 | 3·7 |
| 9 | 18 | 日 | 10 | 己亥 | 3·7 | 18 | 水 | 11 | 庚午 | 3·7 |
| 10 | 19 | 月 | 11 | 庚子 | 3·7 | 19 | 木 | 12 | 辛未 | 3·7 |
| 11 | 20 | 火 | 12 | 辛丑 | 4·7 | 20 | 金 | 13 | 壬申 | 4·6 |
| 12 | 21 | 水 | 13 | 壬寅 | 4·6 | 21 | 土 | 14 | 癸酉 | 4·6 |
| 13 | 22 | 木 | 14 | 癸卯 | 4·6 | 22 | 日 | 15 | 甲戌 | 4·6 |
| 14 | 23 | 金 | 15 | 甲辰 | 5·6 | 23 | 月 | 16 | 乙亥 | 5·5 |
| 15 | 24 | 土 | 16 | 乙巳 | 처서 | 24 | 火 | 17 | 丙子 | 추분 |
| 16 | 25 | 日 | 17 | 丙午 | 5·5 | 25 | 水 | 18 | 丁丑 | 5·5 |
| 17 | 26 | 月 | 18 | 丁未 | 6·5 | 26 | 木 | 19 | 戊寅 | 6·4 |
| 18 | 27 | 火 | 19 | 戊申 | 6·4 | 27 | 金 | 20 | 己卯 | 6·4 |
| 19 | 28 | 水 | 20 | 己酉 | 6·4 | 28 | 土 | 21 | 庚辰 | 6·4 |
| 20 | 29 | 木 | 21 | 庚戌 | 7·4 | 29 | 日 | 22 | 辛巳 | 7·3 |
| 21 | 30 | 金 | 22 | 辛亥 | 7·3 | 30 | 月 | 23 | 壬午 | 7·3 |
| 22 | 31 | 土 | 23 | 壬子 | 7·3 | 10/1 | 火 | 24 | 癸未 | 7·3 |
| 23 | 9/1 | 日 | 24 | 癸丑 | 8·3 | 2 | 水 | 25 | 甲申 | 8·2 |
| 24 | 2 | 月 | 25 | 甲寅 | 8·2 | 3 | 木 | 26 | 乙酉 | 8·2 |
| 25 | 3 | 火 | 26 | 乙卯 | 8·2 | 4 | 金 | 27 | 丙戌 | 8·2 |
| 26 | 4 | 水 | 27 | 丙辰 | 9·2 | 5 | 土 | 28 | 丁亥 | 9·1 |
| 27 | 5 | 木 | 28 | 丁巳 | 9·1 | 6 | 日 | 29 | 戊子 | 9·1 |
| 28 | 6 | 金 | 29 | 戊午 | 9·1 | 7 | 月 | 9/1 | 己丑 | 9·1 |
| 29 | 7 | 土 | 30 | 己未 | 10·1 | 8 | 火 | 2 | 庚寅 | 10·1 |
| 30 | 8 | 日 | 8/1 | 庚申 | 10·1 | | | | | |
| 31 | | | | | | | | | | |

| 절기후날수 | 한로절(庚戌月) 寒露 10월9일 20시3분 霜降 10월24일 22시52분 | | | | | 입동절(辛亥月) 立冬 11월8일 22시36분 小雪 11월23일 19시52분 | | | | |
|---|---|---|---|---|---|---|---|---|---|---|
| | 양력 | 요일 | 음력 | 일진 | 大運 남·여 | 양력 | 요일 | 음력 | 일진 | 大運 남·여 |
| 0 | 10/9 | 水 | 3 | 辛卯 | 한로 | 11/8 | 金 | 3 | 辛酉 | 입동 |
| 1 | 10 | 木 | 4 | 壬辰 | 1·10 | 9 | 土 | 4 | 壬戌 | 1·10 |
| 2 | 11 | 金 | 5 | 癸巳 | 1·9 | 10 | 日 | 5 | 癸亥 | 1·9 |
| 3 | 12 | 土 | 6 | 甲午 | 1·9 | 11 | 月 | 6 | 甲子 | 1·9 |
| 4 | 13 | 日 | 7 | 乙未 | 1·9 | 12 | 火 | 7 | 乙丑 | 1·9 |
| 5 | 14 | 月 | 8 | 丙申 | 2·8 | 13 | 水 | 8 | 丙寅 | 2·8 |
| 6 | 15 | 火 | 9 | 丁酉 | 2·8 | 14 | 木 | 9 | 丁卯 | 2·8 |
| 7 | 16 | 水 | 10 | 戊戌 | 2·8 | 15 | 金 | 10 | 戊辰 | 2·8 |
| 8 | 17 | 木 | 11 | 己亥 | 3·7 | 16 | 土 | 11 | 己巳 | 3·7 |
| 9 | 18 | 金 | 12 | 庚子 | 3·7 | 17 | 日 | 12 | 庚午 | 3·7 |
| 10 | 19 | 土 | 13 | 辛丑 | 3·7 | 18 | 月 | 13 | 辛未 | 3·7 |
| 11 | 20 | 日 | 14 | 壬寅 | 4·6 | 19 | 火 | 14 | 壬申 | 4·6 |
| 12 | 21 | 月 | 15 | 癸卯 | 4·6 | 20 | 水 | 15 | 癸酉 | 4·6 |
| 13 | 22 | 火 | 16 | 甲辰 | 4·6 | 21 | 木 | 16 | 甲戌 | 4·6 |
| 14 | 23 | 水 | 17 | 乙巳 | 5·5 | 22 | 金 | 17 | 乙亥 | 5·5 |
| 15 | 24 | 木 | 18 | 丙午 | 상강 | 23 | 土 | 18 | 丙子 | 소설 |
| 16 | 25 | 金 | 19 | 丁未 | 5·5 | 24 | 日 | 19 | 丁丑 | 5·5 |
| 17 | 26 | 土 | 20 | 戊申 | 6·4 | 25 | 月 | 20 | 戊寅 | 6·4 |
| 18 | 27 | 日 | 21 | 己酉 | 6·4 | 26 | 火 | 21 | 己卯 | 6·4 |
| 19 | 28 | 月 | 22 | 庚戌 | 6·4 | 27 | 水 | 22 | 庚辰 | 6·4 |
| 20 | 29 | 火 | 23 | 辛亥 | 7·3 | 28 | 木 | 23 | 辛巳 | 7·3 |
| 21 | 30 | 水 | 24 | 壬子 | 7·3 | 29 | 金 | 24 | 壬午 | 7·3 |
| 22 | 31 | 木 | 25 | 癸丑 | 7·3 | 30 | 土 | 25 | 癸未 | 7·3 |
| 23 | 11/1 | 金 | 26 | 甲寅 | 8·2 | 12/1 | 日 | 26 | 甲申 | 8·2 |
| 24 | 2 | 土 | 27 | 乙卯 | 8·2 | 2 | 月 | 27 | 乙酉 | 8·2 |
| 25 | 3 | 日 | 28 | 丙辰 | 8·2 | 3 | 火 | 28 | 丙戌 | 8·2 |
| 26 | 4 | 月 | 29 | 丁巳 | 9·1 | 4 | 水 | 29 | 丁亥 | 9·1 |
| 27 | 5 | 火 | 30 | 戊午 | 9·1 | 5 | 木 | 11/1 | 戊子 | 9·1 |
| 28 | 6 | 水 | 10/1 | 己未 | 9·1 | 6 | 金 | 2 | 己丑 | 9·1 |
| 29 | 7 | 木 | 2 | 庚申 | 10·1 | 7 | 土 | 3 | 庚寅 | 10·1 |
| 30 | | | | | | | | | | |
| 31 | | | | | | | | | | |

| 절기후날수 | 대설절(壬子月) 大雪 12월8일 15시0분 冬至 12월23일 8시52분 | | | | | 소한절(癸丑月) 小寒 1월7일 2시1분 大寒 1월21일 19시28분 | | | | |
|---|---|---|---|---|---|---|---|---|---|---|
| | 양력 | 요일 | 음력 | 일진 | 大運 남·여 | 양력 | 요일 | 음력 | 일진 | 大運 남·여 |
| 0 | 12/8 | 日 | 4 | 辛卯 | 대설 | 1/7 | 火 | 4 | 辛酉 | 소한 |
| 1 | 9 | 月 | 5 | 壬辰 | 1·10 | 8 | 水 | 5 | 壬戌 | 1·9 |
| 2 | 10 | 火 | 6 | 癸巳 | 1·9 | 9 | 木 | 6 | 癸亥 | 1·9 |
| 3 | 11 | 水 | 7 | 甲午 | 1·9 | 10 | 金 | 7 | 甲子 | 1·9 |
| 4 | 12 | 木 | 8 | 乙未 | 1·9 | 11 | 土 | 8 | 乙丑 | 1·8 |
| 5 | 13 | 金 | 9 | 丙申 | 2·8 | 12 | 日 | 9 | 丙寅 | 2·8 |
| 6 | 14 | 土 | 10 | 丁酉 | 2·8 | 13 | 月 | 10 | 丁卯 | 2·8 |
| 7 | 15 | 日 | 11 | 戊戌 | 2·8 | 14 | 火 | 11 | 戊辰 | 2·7 |
| 8 | 16 | 月 | 12 | 己亥 | 3·7 | 15 | 水 | 12 | 己巳 | 3·7 |
| 9 | 17 | 火 | 13 | 庚子 | 3·7 | 16 | 木 | 13 | 庚午 | 3·7 |
| 10 | 18 | 水 | 14 | 辛丑 | 3·7 | 17 | 金 | 14 | 辛未 | 3·6 |
| 11 | 19 | 木 | 15 | 壬寅 | 4·6 | 18 | 土 | 15 | 壬申 | 4·6 |
| 12 | 20 | 金 | 16 | 癸卯 | 4·6 | 19 | 日 | 16 | 癸酉 | 4·6 |
| 13 | 21 | 土 | 17 | 甲辰 | 4·6 | 20 | 月 | 17 | 甲戌 | 4·5 |
| 14 | 22 | 日 | 18 | 乙巳 | 5·5 | 21 | 火 | 18 | 乙亥 | 대한 |
| 15 | 23 | 月 | 19 | 丙午 | 동지 | 22 | 水 | 19 | 丙子 | 5·5 |
| 16 | 24 | 火 | 20 | 丁未 | 5·5 | 23 | 木 | 20 | 丁丑 | 5·4 |
| 17 | 25 | 水 | 21 | 戊申 | 6·4 | 24 | 金 | 21 | 戊寅 | 6·4 |
| 18 | 26 | 木 | 22 | 己酉 | 6·4 | 25 | 土 | 22 | 己卯 | 6·4 |
| 19 | 27 | 金 | 23 | 庚戌 | 6·4 | 26 | 日 | 23 | 庚辰 | 6·3 |
| 20 | 28 | 土 | 24 | 辛亥 | 7·3 | 27 | 月 | 24 | 辛巳 | 7·3 |
| 21 | 29 | 日 | 25 | 壬子 | 7·3 | 28 | 火 | 25 | 壬午 | 7·3 |
| 22 | 30 | 月 | 26 | 癸丑 | 7·3 | 29 | 水 | 26 | 癸未 | 7·2 |
| 23 | 31 | 火 | 27 | 甲寅 | 8·2 | 30 | 木 | 27 | 甲申 | 8·2 |
| 24 | 1/1 | 水 | 28 | 乙卯 | 8·2 | 31 | 金 | 28 | 乙酉 | 8·2 |
| 25 | 2 | 木 | 29 | 丙辰 | 8·2 | 2/1 | 土 | 29 | 丙戌 | 8·1 |
| 26 | 3 | 金 | 30 | 丁巳 | 9·1 | 2 | 日 | 1/1 | 丁亥 | 9·1 |
| 27 | 4 | 土 | 12/1 | 戊午 | 9·1 | 3 | 月 | 2 | 戊子 | 9·1 |
| 28 | 5 | 日 | 2 | 己未 | 9·1 | 4 | 火 | 3 | 己丑 | 9·1 |
| 29 | 6 | 月 | 3 | 庚申 | 10·1 | | | | | |
| 30 | | | | | | | | | | |
| 31 | | | | | | | | | | |

# 서기 1908년 [단기 4241년]

| 절기후날수 | 입춘절(甲寅月) 立春 2월5일 13시47분 雨水 2월20일 9시54분 | | | | | 경칩절(乙卯月) 驚蟄 3월6일 8시14분 春分 3월21일 9시27분 | | | | |
|---|---|---|---|---|---|---|---|---|---|---|
| | 양력 | 요일 | 음력 | 일진 | 大運 남·여 | 양력 | 요일 | 음력 | 일진 | 大運 남·여 |
| 0 | 2/5 | 水 | 4 | 庚寅 | 입춘 | 3/6 | 金 | 4 | 庚申 | 경칩 |
| 1 | 6 | 木 | 5 | 辛卯 | 10·1 | 7 | 土 | 5 | 辛酉 | 10·1 |
| 2 | 7 | 金 | 6 | 壬辰 | 9·1 | 8 | 日 | 6 | 壬戌 | 9·1 |
| 3 | 8 | 土 | 7 | 癸巳 | 9·1 | 9 | 月 | 7 | 癸亥 | 9·1 |
| 4 | 9 | 日 | 8 | 甲午 | 9·1 | 10 | 火 | 8 | 甲子 | 9·1 |
| 5 | 10 | 月 | 9 | 乙未 | 8·2 | 11 | 水 | 9 | 乙丑 | 8·2 |
| 6 | 11 | 火 | 10 | 丙申 | 8·2 | 12 | 木 | 10 | 丙寅 | 8·2 |
| 7 | 12 | 水 | 11 | 丁酉 | 8·2 | 13 | 金 | 11 | 丁卯 | 8·2 |
| 8 | 13 | 木 | 12 | 戊戌 | 7·3 | 14 | 土 | 12 | 戊辰 | 7·3 |
| 9 | 14 | 金 | 13 | 己亥 | 7·3 | 15 | 日 | 13 | 己巳 | 7·3 |
| 10 | 15 | 土 | 14 | 庚子 | 7·3 | 16 | 月 | 14 | 庚午 | 7·3 |
| 11 | 16 | 日 | 15 | 辛丑 | 6·4 | 17 | 火 | 15 | 辛未 | 6·4 |
| 12 | 17 | 月 | 16 | 壬寅 | 6·4 | 18 | 水 | 16 | 壬申 | 6·4 |
| 13 | 18 | 火 | 17 | 癸卯 | 6·4 | 19 | 木 | 17 | 癸酉 | 6·4 |
| 14 | 19 | 水 | 18 | 甲辰 | 5·5 | 20 | 金 | 18 | 甲戌 | 5·5 |
| 15 | 20 | 木 | 19 | 乙巳 | 우수 | 21 | 土 | 19 | 乙亥 | 춘분 |
| 16 | 21 | 金 | 20 | 丙午 | 5·5 | 22 | 日 | 20 | 丙子 | 5·5 |
| 17 | 22 | 土 | 21 | 丁未 | 4·6 | 23 | 月 | 21 | 丁丑 | 4·6 |
| 18 | 23 | 日 | 22 | 戊申 | 4·6 | 24 | 火 | 22 | 戊寅 | 4·6 |
| 19 | 24 | 月 | 23 | 己酉 | 4·6 | 25 | 水 | 23 | 己卯 | 4·6 |
| 20 | 25 | 火 | 24 | 庚戌 | 3·7 | 26 | 木 | 24 | 庚辰 | 3·7 |
| 21 | 26 | 水 | 25 | 辛亥 | 3·7 | 27 | 金 | 25 | 辛巳 | 3·7 |
| 22 | 27 | 木 | 26 | 壬子 | 3·7 | 28 | 土 | 26 | 壬午 | 3·7 |
| 23 | 28 | 金 | 27 | 癸丑 | 2·8 | 29 | 日 | 27 | 癸未 | 2·8 |
| 24 | 29 | 土 | 28 | 甲寅 | 2·8 | 30 | 月 | 28 | 甲申 | 2·8 |
| 25 | 3/1 | 日 | 29 | 乙卯 | 2·8 | 31 | 火 | 29 | 乙酉 | 2·8 |
| 26 | 2 | 月 | 30 | 丙辰 | 1·9 | 4/1 | 水 | 3/1 | 丙戌 | 1·9 |
| 27 | 3 | 火 | 2/1 | 丁巳 | 1·9 | 2 | 木 | 2 | 丁亥 | 1·9 |
| 28 | 4 | 水 | 2 | 戊午 | 1·9 | 3 | 金 | 3 | 戊子 | 1·9 |
| 29 | 5 | 木 | 3 | 己未 | 1·10 | 4 | 土 | 4 | 己丑 | 1·10 |
| 30 | | | | | | | | | | |
| 31 | | | | | | | | | | |

| 절기후날수 | 청명절(丙辰月) 清明 4월5일 13시40분 穀雨 4월20일 21시11분 | | | | | 입하절(丁巳月) 立夏 5월6일 7시38분 小滿 5월21일 20시58분 | | | | |
|---|---|---|---|---|---|---|---|---|---|---|
| | 양력 | 요일 | 음력 | 일진 | 大運 남·여 | 양력 | 요일 | 음력 | 일진 | 大運 남·여 |
| 0 | 4/5 | 日 | 5 | 庚寅 | 청명 | 5/6 | 水 | 7 | 辛酉 | 입하 |
| 1 | 6 | 月 | 6 | 辛卯 | 10·1 | 7 | 木 | 8 | 壬戌 | 10·1 |
| 2 | 7 | 火 | 7 | 壬辰 | 10·1 | 8 | 金 | 9 | 癸亥 | 10·1 |
| 3 | 8 | 水 | 8 | 癸巳 | 9·1 | 9 | 土 | 10 | 甲子 | 9·1 |
| 4 | 9 | 木 | 9 | 甲午 | 9·1 | 10 | 日 | 11 | 乙丑 | 9·1 |
| 5 | 10 | 金 | 10 | 乙未 | 9·2 | 11 | 月 | 12 | 丙寅 | 9·2 |
| 6 | 11 | 土 | 11 | 丙申 | 8·2 | 12 | 火 | 13 | 丁卯 | 8·2 |
| 7 | 12 | 日 | 12 | 丁酉 | 8·2 | 13 | 水 | 14 | 戊辰 | 8·2 |
| 8 | 13 | 月 | 13 | 戊戌 | 8·3 | 14 | 木 | 15 | 己巳 | 8·3 |
| 9 | 14 | 火 | 14 | 己亥 | 7·3 | 15 | 金 | 16 | 庚午 | 7·3 |
| 10 | 15 | 水 | 15 | 庚子 | 7·3 | 16 | 土 | 17 | 辛未 | 7·3 |
| 11 | 16 | 木 | 16 | 辛丑 | 7·4 | 17 | 日 | 18 | 壬申 | 7·4 |
| 12 | 17 | 金 | 17 | 壬寅 | 6·4 | 18 | 月 | 19 | 癸酉 | 6·4 |
| 13 | 18 | 土 | 18 | 癸卯 | 6·4 | 19 | 火 | 20 | 甲戌 | 6·4 |
| 14 | 19 | 日 | 19 | 甲辰 | 6·5 | 20 | 水 | 21 | 乙亥 | 6·5 |
| 15 | 20 | 月 | 20 | 乙巳 | 곡우 | 21 | 木 | 22 | 丙子 | 소만 |
| 16 | 21 | 火 | 21 | 丙午 | 5·5 | 22 | 金 | 23 | 丁丑 | 5·5 |
| 17 | 22 | 水 | 22 | 丁未 | 5·6 | 23 | 土 | 24 | 戊寅 | 5·6 |
| 18 | 23 | 木 | 23 | 戊申 | 4·6 | 24 | 日 | 25 | 己卯 | 4·6 |
| 19 | 24 | 金 | 24 | 己酉 | 4·6 | 25 | 月 | 26 | 庚辰 | 4·6 |
| 20 | 25 | 土 | 25 | 庚戌 | 4·7 | 26 | 火 | 27 | 辛巳 | 4·7 |
| 21 | 26 | 日 | 26 | 辛亥 | 3·7 | 27 | 水 | 28 | 壬午 | 3·7 |
| 22 | 27 | 月 | 27 | 壬子 | 3·7 | 28 | 木 | 29 | 癸未 | 3·7 |
| 23 | 28 | 火 | 28 | 癸丑 | 3·8 | 29 | 金 | 30 | 甲申 | 3·8 |
| 24 | 29 | 水 | 29 | 甲寅 | 2·8 | 30 | 土 | 5/1 | 乙酉 | 2·8 |
| 25 | 30 | 木 | 4/1 | 乙卯 | 2·8 | 31 | 日 | 2 | 丙戌 | 2·8 |
| 26 | 5/1 | 金 | 2 | 丙辰 | 2·9 | 6/1 | 月 | 3 | 丁亥 | 2·9 |
| 27 | 2 | 土 | 3 | 丁巳 | 1·9 | 2 | 火 | 4 | 戊子 | 1·9 |
| 28 | 3 | 日 | 4 | 戊午 | 1·9 | 3 | 水 | 5 | 己丑 | 1·9 |
| 29 | 4 | 月 | 5 | 己未 | 1·10 | 4 | 木 | 6 | 庚寅 | 1·10 |
| 30 | 5 | 火 | 6 | 庚申 | 1·10 | 5 | 金 | 7 | 辛卯 | 1·10 |
| 31 | | | | | | | | | | |

| 절기후날수 | 망종절(戊午月) 芒種 6월6일 12시19분 夏至 6월22일 5시19분 | | | | | 소서절(己未月) 小暑 7월7일 22시48분 大暑 7월23일 16시14분 | | | | |
|---|---|---|---|---|---|---|---|---|---|---|
| | 양력 | 요일 | 음력 | 일진 | 大運 남·여 | 양력 | 요일 | 음력 | 일진 | 大運 남·여 |
| 0 | 6/6 | 土 | 8 | 壬辰 | 망종 | 7/7 | 火 | 9 | 癸亥 | 소서 |
| 1 | 7 | 日 | 9 | 癸巳 | 10·1 | 8 | 水 | 10 | 甲子 | 10·1 |
| 2 | 8 | 月 | 10 | 甲午 | 10·1 | 9 | 木 | 11 | 乙丑 | 10·1 |
| 3 | 9 | 火 | 11 | 乙未 | 9·1 | 10 | 金 | 12 | 丙寅 | 10·1 |
| 4 | 10 | 水 | 12 | 丙申 | 9·1 | 11 | 土 | 13 | 丁卯 | 9·1 |
| 5 | 11 | 木 | 13 | 丁酉 | 9·2 | 12 | 日 | 14 | 戊辰 | 9·2 |
| 6 | 12 | 金 | 14 | 戊戌 | 8·2 | 13 | 月 | 15 | 己巳 | 9·2 |
| 7 | 13 | 土 | 15 | 己亥 | 8·2 | 14 | 火 | 16 | 庚午 | 8·2 |
| 8 | 14 | 日 | 16 | 庚子 | 8·3 | 15 | 水 | 17 | 辛未 | 8·3 |
| 9 | 15 | 月 | 17 | 辛丑 | 7·3 | 16 | 木 | 18 | 壬申 | 8·3 |
| 10 | 16 | 火 | 18 | 壬寅 | 7·3 | 17 | 金 | 19 | 癸酉 | 7·3 |
| 11 | 17 | 水 | 19 | 癸卯 | 7·4 | 18 | 土 | 20 | 甲戌 | 7·4 |
| 12 | 18 | 木 | 20 | 甲辰 | 6·4 | 19 | 日 | 21 | 乙亥 | 7·4 |
| 13 | 19 | 金 | 21 | 乙巳 | 6·4 | 20 | 月 | 22 | 丙子 | 6·4 |
| 14 | 20 | 土 | 22 | 丙午 | 6·5 | 21 | 火 | 23 | 丁丑 | 6·5 |
| 15 | 21 | 日 | 23 | 丁未 | 5·5 | 22 | 水 | 24 | 戊寅 | 6·5 |
| 16 | 22 | 月 | 24 | 戊申 | 하지 | 23 | 木 | 25 | 己卯 | 대서 |
| 17 | 23 | 火 | 25 | 己酉 | 5·6 | 24 | 金 | 26 | 庚辰 | 5·6 |
| 18 | 24 | 水 | 26 | 庚戌 | 4·6 | 25 | 土 | 27 | 辛巳 | 5·6 |
| 19 | 25 | 木 | 27 | 辛亥 | 4·6 | 26 | 日 | 28 | 壬午 | 4·6 |
| 20 | 26 | 金 | 28 | 壬子 | 4·7 | 27 | 月 | 29 | 癸未 | 4·7 |
| 21 | 27 | 土 | 29 | 癸丑 | 3·7 | 28 | 火 | 7/1 | 甲申 | 4·7 |
| 22 | 28 | 日 | 30 | 甲寅 | 3·7 | 29 | 水 | 2 | 乙酉 | 3·7 |
| 23 | 29 | 月 | 6/1 | 乙卯 | 3·8 | 30 | 木 | 3 | 丙戌 | 3·8 |
| 24 | 30 | 火 | 2 | 丙辰 | 2·8 | 31 | 金 | 4 | 丁亥 | 3·8 |
| 25 | 7/1 | 水 | 3 | 丁巳 | 2·8 | 8/1 | 土 | 5 | 戊子 | 2·8 |
| 26 | 2 | 木 | 4 | 戊午 | 2·9 | 2 | 日 | 6 | 己丑 | 2·9 |
| 27 | 3 | 金 | 5 | 己未 | 1·9 | 3 | 月 | 7 | 庚寅 | 2·9 |
| 28 | 4 | 土 | 6 | 庚申 | 1·9 | 4 | 火 | 8 | 辛卯 | 1·9 |
| 29 | 5 | 日 | 7 | 辛酉 | 1·10 | 5 | 水 | 9 | 壬辰 | 1·10 |
| 30 | 6 | 月 | 8 | 壬戌 | 1·10 | 6 | 木 | 10 | 癸巳 | 1·10 |
| 31 | | | | | | 7 | 金 | 11 | 甲午 | 1·10 |

# 戊申年

| 절기후날수 | 입추절(庚申月)<br>立秋 8월8일 8시27분<br>處暑 8월23일 22시57분 | | | | | 백로절(辛酉月)<br>白露 9월8일 10시52분<br>秋分 9월23일 19시58분 | | | | | 한로절(壬戌月)<br>寒露 10월9일 1시51분<br>霜降 10월24일 4시37분 | | | | | 입동절(癸亥月)<br>立冬 11월8일 4시22분<br>小雪 11월23일 1시35분 | | | | | 대설절(甲子月)<br>大雪 12월7일 20시44분<br>冬至 12월22일 14시34분 | | | | | 소한절(乙丑月)<br>小寒 1월6일 7시45분<br>大寒 1월21일 1시11분 | | | | |
|---|---|---|---|---|---|---|---|---|---|---|---|---|---|---|---|---|---|---|---|---|---|---|---|---|---|---|---|---|---|---|
| | 양력 | 요일 | 음력 | 일진 | 大運 남·여 | 양력 | 요일 | 음력 | 일진 | 大運 남·여 | 양력 | 요일 | 음력 | 일진 | 大運 남·여 | 양력 | 요일 | 음력 | 일진 | 大運 남·여 | 양력 | 요일 | 음력 | 일진 | 大運 남·여 | 양력 | 요일 | 음력 | 일진 | 大運 남·여 |
| 0 | 8/8 | 土 | 12 | 乙未 | 입추 | 9/8 | 火 | 13 | 丙寅 | 백로 | 10/9 | 金 | 15 | 丁酉 | 한로 | 11/8 | 日 | 15 | 丁卯 | 입동 | 12/7 | 月 | 14 | 丙申 | 대설 | 1/6 | 水 | 15 | 丙寅 | 소한 |
| 1 | 9 | 日 | 13 | 丙申 | 10·1 | 9 | 水 | 14 | 丁卯 | 10·1 | 10 | 土 | 16 | 戊戌 | 10·1 | 9 | 月 | 16 | 戊辰 | 9·1 | 8 | 火 | 15 | 丁酉 | 10·1 | 7 | 木 | 16 | 丁卯 | 9·1 |
| 2 | 10 | 月 | 14 | 丁酉 | 10·1 | 10 | 木 | 15 | 戊辰 | 10·1 | 11 | 日 | 17 | 己亥 | 9·1 | 10 | 火 | 17 | 己巳 | 9·1 | 9 | 水 | 16 | 戊戌 | 9·1 | 8 | 金 | 17 | 戊辰 | 9·1 |
| 3 | 11 | 火 | 15 | 戊戌 | 9·1 | 11 | 金 | 16 | 己巳 | 9·1 | 12 | 月 | 18 | 庚子 | 9·1 | 11 | 水 | 18 | 庚午 | 9·1 | 10 | 木 | 17 | 己亥 | 9·1 | 9 | 土 | 18 | 己巳 | 9·1 |
| 4 | 12 | 水 | 16 | 己亥 | 9·1 | 12 | 土 | 17 | 庚午 | 9·1 | 13 | 火 | 19 | 辛丑 | 9·1 | 12 | 木 | 19 | 辛未 | 8·1 | 11 | 金 | 18 | 庚子 | 9·1 | 10 | 日 | 19 | 庚午 | 8·1 |
| 5 | 13 | 木 | 17 | 庚子 | 9·2 | 13 | 日 | 18 | 辛未 | 9·2 | 14 | 水 | 20 | 壬寅 | 8·2 | 13 | 金 | 20 | 壬申 | 8·2 | 12 | 土 | 19 | 辛丑 | 8·2 | 11 | 月 | 20 | 辛未 | 8·2 |
| 6 | 14 | 金 | 18 | 辛丑 | 8·2 | 14 | 月 | 19 | 壬申 | 8·2 | 15 | 木 | 21 | 癸卯 | 8·2 | 14 | 土 | 21 | 癸酉 | 8·2 | 13 | 日 | 20 | 壬寅 | 8·2 | 12 | 火 | 21 | 壬申 | 8·2 |
| 7 | 15 | 土 | 19 | 壬寅 | 8·2 | 15 | 火 | 20 | 癸酉 | 8·2 | 16 | 金 | 22 | 甲辰 | 8·2 | 15 | 日 | 22 | 甲戌 | 7·2 | 14 | 月 | 21 | 癸卯 | 8·2 | 13 | 水 | 22 | 癸酉 | 7·2 |
| 8 | 16 | 日 | 20 | 癸卯 | 8·3 | 16 | 水 | 21 | 甲戌 | 8·3 | 17 | 土 | 23 | 乙巳 | 7·3 | 16 | 月 | 23 | 乙亥 | 7·3 | 15 | 火 | 22 | 甲辰 | 7·3 | 14 | 木 | 23 | 甲戌 | 7·3 |
| 9 | 17 | 月 | 21 | 甲辰 | 7·3 | 17 | 木 | 22 | 乙亥 | 7·3 | 18 | 日 | 24 | 丙午 | 7·3 | 17 | 火 | 24 | 丙子 | 7·3 | 16 | 水 | 23 | 乙巳 | 7·3 | 15 | 金 | 24 | 乙亥 | 7·3 |
| 10 | 18 | 火 | 22 | 乙巳 | 7·3 | 18 | 金 | 23 | 丙子 | 7·3 | 19 | 月 | 25 | 丁未 | 7·3 | 18 | 水 | 25 | 丁丑 | 6·3 | 17 | 木 | 24 | 丙午 | 7·3 | 16 | 土 | 25 | 丙子 | 6·3 |
| 11 | 19 | 水 | 23 | 丙午 | 7·4 | 19 | 土 | 24 | 丁丑 | 7·4 | 20 | 火 | 26 | 戊申 | 6·4 | 19 | 木 | 26 | 戊寅 | 6·4 | 18 | 金 | 25 | 丁未 | 6·4 | 17 | 日 | 26 | 丁丑 | 6·4 |
| 12 | 20 | 木 | 24 | 丁未 | 6·4 | 20 | 日 | 25 | 戊寅 | 6·4 | 21 | 水 | 27 | 己酉 | 6·4 | 20 | 金 | 27 | 己卯 | 6·4 | 19 | 土 | 26 | 戊申 | 6·4 | 18 | 月 | 27 | 戊寅 | 6·4 |
| 13 | 21 | 金 | 25 | 戊申 | 6·4 | 21 | 月 | 26 | 己卯 | 6·4 | 22 | 木 | 28 | 庚戌 | 6·4 | 21 | 土 | 28 | 庚辰 | 5·4 | 20 | 日 | 27 | 己酉 | 6·4 | 19 | 火 | 28 | 己卯 | 5·4 |
| 14 | 22 | 土 | 26 | 己酉 | 6·5 | 22 | 火 | 27 | 庚辰 | 6·5 | 23 | 金 | 29 | 辛亥 | 5·5 | 22 | 日 | 29 | 辛巳 | 5·5 | 21 | 月 | 28 | 庚戌 | 5·5 | 20 | 水 | 29 | 庚辰 | 5·5 |
| 15 | 23 | 日 | 27 | 庚戌 | 처서 | 23 | 水 | 28 | 辛巳 | 추분 | 24 | 土 | 30 | 壬子 | 상강 | 23 | 月 | 30 | 壬午 | 소설 | 22 | 火 | 29 | 辛亥 | 동지 | 21 | 木 | 30 | 辛巳 | 대한 |
| 16 | 24 | 月 | 28 | 辛亥 | 5·5 | 24 | 木 | 29 | 壬午 | 5·5 | 25 | 日 | 10/1 | 癸丑 | 5·5 | 24 | 火 | 11/1 | 癸未 | 4·5 | 23 | 水 | 12/1 | 壬子 | 5·5 | 22 | 金 | 1/1 | 壬午 | 4·5 |
| 17 | 25 | 火 | 29 | 壬子 | 5·6 | 25 | 金 | 9/1 | 癸未 | 5·6 | 26 | 月 | 2 | 甲寅 | 4·6 | 25 | 水 | 2 | 甲申 | 4·6 | 24 | 木 | 2 | 癸丑 | 4·6 | 23 | 土 | 2 | 癸未 | 4·6 |
| 18 | 26 | 水 | 30 | 癸丑 | 4·6 | 26 | 土 | 2 | 甲申 | 4·6 | 27 | 火 | 3 | 乙卯 | 4·6 | 26 | 木 | 3 | 乙酉 | 4·6 | 25 | 金 | 3 | 甲寅 | 4·6 | 24 | 日 | 3 | 甲申 | 4·6 |
| 19 | 27 | 木 | 8/1 | 甲寅 | 4·6 | 27 | 日 | 3 | 乙酉 | 4·6 | 28 | 水 | 4 | 丙辰 | 4·6 | 27 | 金 | 4 | 丙戌 | 3·6 | 26 | 土 | 4 | 乙卯 | 4·6 | 25 | 月 | 4 | 乙酉 | 3·6 |
| 20 | 28 | 金 | 2 | 乙卯 | 4·7 | 28 | 月 | 4 | 丙戌 | 4·7 | 29 | 木 | 5 | 丁巳 | 3·7 | 28 | 土 | 5 | 丁亥 | 3·7 | 27 | 日 | 5 | 丙辰 | 3·7 | 26 | 火 | 5 | 丙戌 | 3·7 |
| 21 | 29 | 土 | 3 | 丙辰 | 3·7 | 29 | 火 | 5 | 丁亥 | 3·7 | 30 | 金 | 6 | 戊午 | 3·7 | 29 | 日 | 6 | 戊子 | 3·7 | 28 | 月 | 6 | 丁巳 | 3·7 | 27 | 水 | 6 | 丁亥 | 3·7 |
| 22 | 30 | 日 | 4 | 丁巳 | 3·7 | 30 | 水 | 6 | 戊子 | 3·7 | 31 | 土 | 7 | 己未 | 3·7 | 30 | 月 | 7 | 己丑 | 2·7 | 29 | 火 | 7 | 戊午 | 3·7 | 28 | 木 | 7 | 戊子 | 2·7 |
| 23 | 31 | 月 | 5 | 戊午 | 3·8 | 10/1 | 木 | 7 | 己丑 | 3·8 | 11/1 | 日 | 8 | 庚申 | 2·8 | 12/1 | 火 | 8 | 庚寅 | 2·8 | 30 | 水 | 8 | 己未 | 2·8 | 29 | 金 | 8 | 己丑 | 2·8 |
| 24 | 9/1 | 火 | 6 | 己未 | 2·8 | 2 | 金 | 8 | 庚寅 | 2·8 | 2 | 月 | 9 | 辛酉 | 2·8 | 2 | 水 | 9 | 辛卯 | 2·8 | 31 | 木 | 9 | 庚申 | 2·8 | 30 | 土 | 9 | 庚寅 | 2·8 |
| 25 | 2 | 水 | 7 | 庚申 | 2·8 | 3 | 土 | 9 | 辛卯 | 2·8 | 3 | 火 | 10 | 壬戌 | 2·8 | 3 | 木 | 10 | 壬辰 | 1·8 | 1/1 | 金 | 10 | 辛酉 | 2·8 | 31 | 日 | 10 | 辛卯 | 1·8 |
| 26 | 3 | 木 | 8 | 辛酉 | 2·9 | 4 | 日 | 10 | 壬辰 | 2·9 | 4 | 水 | 11 | 癸亥 | 1·9 | 4 | 金 | 11 | 癸巳 | 1·9 | 2 | 土 | 11 | 壬戌 | 1·9 | 2/1 | 月 | 11 | 壬辰 | 1·9 |
| 27 | 4 | 金 | 9 | 壬戌 | 1·9 | 5 | 月 | 11 | 癸巳 | 1·9 | 5 | 木 | 12 | 甲子 | 1·9 | 5 | 土 | 12 | 甲午 | 1·9 | 3 | 日 | 12 | 癸亥 | 1·9 | 2 | 火 | 12 | 癸巳 | 1·9 |
| 28 | 5 | 土 | 10 | 癸亥 | 1·9 | 6 | 火 | 12 | 甲午 | 1·9 | 6 | 金 | 13 | 乙丑 | 1·9 | 6 | 日 | 13 | 乙未 | 1·9 | 4 | 月 | 13 | 甲子 | 1·9 | 3 | 水 | 13 | 甲午 | 1·9 |
| 29 | 6 | 日 | 11 | 甲子 | 1·10 | 7 | 水 | 13 | 乙未 | 1·10 | 7 | 土 | 14 | 丙寅 | 1·10 | | | | | | 5 | 火 | 14 | 乙丑 | 1·10 | | | | | |
| 30 | 7 | 月 | 12 | 乙丑 | 1·10 | 8 | 木 | 14 | 丙申 | 1·10 | | | | | | | | | | | | | | | | | | | | |
| 31 | | | | | | | | | | | | | | | | | | | | | | | | | | | | | | |

# 서기 1909년 [단기 4242년]

| 절기후날수 | 입춘절(丙寅月) 立春 2월4일 19시33분 雨水 2월19일 15시38분 | | | | | 경칩절(丁卯月) 驚蟄 3월6일 14시1분 春分 3월21일 15시13분 | | | | | 청명절(戊辰月) 淸明 4월5일 19시30분 穀雨 4월21일 2시58분 | | | | |
|---|---|---|---|---|---|---|---|---|---|---|---|---|---|---|---|
| | 양력 | 요일 | 음력 | 일진 | 大運 남·여 | 양력 | 요일 | 음력 | 일진 | 大運 남·여 | 양력 | 요일 | 음력 | 일진 | 大運 남·여 |
| 0 | 2/4 | 木 | 14 | 乙未 | 입춘 | 3/6 | 土 | 15 | 乙丑 | 경칩 | 4/5 | 月 | 윤15 | 乙未 | 청명 |
| 1 | 5 | 金 | 15 | 丙申 | 1·10 | 7 | 日 | 16 | 丙寅 | 1·10 | 6 | 火 | 윤16 | 丙申 | 1·10 |
| 2 | 6 | 土 | 16 | 丁酉 | 1·9 | 8 | 月 | 17 | 丁卯 | 1·9 | 7 | 水 | 윤17 | 丁酉 | 1·10 |
| 3 | 7 | 日 | 17 | 戊戌 | 1·9 | 9 | 火 | 18 | 戊辰 | 1·9 | 8 | 木 | 윤18 | 戊戌 | 1·9 |
| 4 | 8 | 月 | 18 | 己亥 | 1·9 | 10 | 水 | 19 | 己巳 | 1·9 | 9 | 金 | 윤19 | 己亥 | 1·9 |
| 5 | 9 | 火 | 19 | 庚子 | 2·8 | 11 | 木 | 20 | 庚午 | 2·8 | 10 | 土 | 윤20 | 庚子 | 2·9 |
| 6 | 10 | 水 | 20 | 辛丑 | 2·8 | 12 | 金 | 21 | 辛未 | 2·8 | 11 | 日 | 윤21 | 辛丑 | 2·8 |
| 7 | 11 | 木 | 21 | 壬寅 | 2·8 | 13 | 土 | 22 | 壬申 | 2·8 | 12 | 月 | 윤22 | 壬寅 | 2·8 |
| 8 | 12 | 金 | 22 | 癸卯 | 3·7 | 14 | 日 | 23 | 癸酉 | 3·7 | 13 | 火 | 윤23 | 癸卯 | 3·8 |
| 9 | 13 | 土 | 23 | 甲辰 | 3·7 | 15 | 月 | 24 | 甲戌 | 3·7 | 14 | 水 | 윤24 | 甲辰 | 3·7 |
| 10 | 14 | 日 | 24 | 乙巳 | 3·7 | 16 | 火 | 25 | 乙亥 | 3·7 | 15 | 木 | 윤25 | 乙巳 | 3·7 |
| 11 | 15 | 月 | 25 | 丙午 | 4·6 | 17 | 水 | 26 | 丙子 | 4·6 | 16 | 金 | 윤26 | 丙午 | 4·7 |
| 12 | 16 | 火 | 26 | 丁未 | 4·6 | 18 | 木 | 27 | 丁丑 | 4·6 | 17 | 土 | 윤27 | 丁未 | 4·6 |
| 13 | 17 | 水 | 27 | 戊申 | 4·6 | 19 | 金 | 28 | 戊寅 | 4·6 | 18 | 日 | 윤28 | 戊申 | 4·6 |
| 14 | 18 | 木 | 28 | 己酉 | 5·5 | 20 | 土 | 29 | 己卯 | 5·5 | 19 | 月 | 윤29 | 己酉 | 5·6 |
| 15 | 19 | 金 | 29 | 庚戌 | 우수 | 21 | 日 | 30 | 庚辰 | 춘분 | 20 | 火 | 3/1 | 庚戌 | 5·5 |
| 16 | 20 | 土 | 2/1 | 辛亥 | 5·5 | 22 | 月 | 윤1 | 辛巳 | 5·5 | 21 | 水 | 2 | 辛亥 | 곡우 |
| 17 | 21 | 日 | 2 | 壬子 | 6·4 | 23 | 火 | 윤2 | 壬午 | 6·4 | 22 | 木 | 3 | 壬子 | 6·5 |
| 18 | 22 | 月 | 3 | 癸丑 | 6·4 | 24 | 水 | 윤3 | 癸未 | 6·4 | 23 | 金 | 4 | 癸丑 | 6·4 |
| 19 | 23 | 火 | 4 | 甲寅 | 6·4 | 25 | 木 | 윤4 | 甲申 | 6·4 | 24 | 土 | 5 | 甲寅 | 6·4 |
| 20 | 24 | 水 | 5 | 乙卯 | 7·3 | 26 | 金 | 윤5 | 乙酉 | 7·3 | 25 | 日 | 6 | 乙卯 | 7·4 |
| 21 | 25 | 木 | 6 | 丙辰 | 7·3 | 27 | 土 | 윤6 | 丙戌 | 7·3 | 26 | 月 | 7 | 丙辰 | 7·3 |
| 22 | 26 | 金 | 7 | 丁巳 | 7·3 | 28 | 日 | 윤7 | 丁亥 | 7·3 | 27 | 火 | 8 | 丁巳 | 7·3 |
| 23 | 27 | 土 | 8 | 戊午 | 8·2 | 29 | 月 | 윤8 | 戊子 | 8·2 | 28 | 水 | 9 | 戊午 | 8·3 |
| 24 | 28 | 日 | 9 | 己未 | 8·2 | 30 | 火 | 윤9 | 己丑 | 8·2 | 29 | 木 | 10 | 己未 | 8·2 |
| 25 | 3/1 | 月 | 10 | 庚申 | 8·2 | 31 | 水 | 윤10 | 庚寅 | 8·2 | 30 | 金 | 11 | 庚申 | 8·2 |
| 26 | 2 | 火 | 11 | 辛酉 | 9·1 | 4/1 | 木 | 윤11 | 辛卯 | 9·1 | 5/1 | 土 | 12 | 辛酉 | 9·2 |
| 27 | 3 | 水 | 12 | 壬戌 | 9·1 | 2 | 金 | 윤12 | 壬辰 | 9·1 | 2 | 日 | 13 | 壬戌 | 9·1 |
| 28 | 4 | 木 | 13 | 癸亥 | 9·1 | 3 | 土 | 윤13 | 癸巳 | 9·1 | 3 | 月 | 14 | 癸亥 | 9·1 |
| 29 | 5 | 金 | 14 | 甲子 | 10·1 | 4 | 日 | 윤14 | 甲午 | 10·1 | 4 | 火 | 15 | 甲子 | 10·1 |
| 30 | | | | | | | | | | | 5 | 水 | 16 | 乙丑 | 10·1 |
| 31 | | | | | | | | | | | | | | | |

| 절기후날수 | 입하절(己巳月) 立夏 5월6일 13시31분 小滿 5월22일 2시45분 | | | | | 망종절(庚午月) 芒種 6월6일 18시14분 夏至 6월22일 11시6분 | | | | | 소서절(辛未月) 小暑 7월8일 4시44분 大暑 7월23일 22시1분 | | | | |
|---|---|---|---|---|---|---|---|---|---|---|---|---|---|---|---|
| | 양력 | 요일 | 음력 | 일진 | 大運 남·여 | 양력 | 요일 | 음력 | 일진 | 大運 남·여 | 양력 | 요일 | 음력 | 일진 | 大運 남·여 |
| 0 | 5/6 | 木 | 17 | 丙寅 | 입하 | 6/6 | 日 | 19 | 丁酉 | 망종 | 7/8 | 木 | 21 | 己巳 | 소서 |
| 1 | 7 | 金 | 18 | 丁卯 | 1·10 | 7 | 月 | 20 | 戊戌 | 1·10 | 9 | 金 | 22 | 庚午 | 1·10 |
| 2 | 8 | 土 | 19 | 戊辰 | 1·10 | 8 | 火 | 21 | 己亥 | 1·10 | 10 | 土 | 23 | 辛未 | 1·10 |
| 3 | 9 | 日 | 20 | 己巳 | 1·9 | 9 | 水 | 22 | 庚子 | 1·10 | 11 | 日 | 24 | 壬申 | 1·9 |
| 4 | 10 | 月 | 21 | 庚午 | 1·9 | 10 | 木 | 23 | 辛丑 | 1·9 | 12 | 月 | 25 | 癸酉 | 1·9 |
| 5 | 11 | 火 | 22 | 辛未 | 2·9 | 11 | 金 | 24 | 壬寅 | 2·9 | 13 | 火 | 26 | 甲戌 | 2·9 |
| 6 | 12 | 水 | 23 | 壬申 | 2·8 | 12 | 土 | 25 | 癸卯 | 2·9 | 14 | 水 | 27 | 乙亥 | 2·8 |
| 7 | 13 | 木 | 24 | 癸酉 | 2·8 | 13 | 日 | 26 | 甲辰 | 2·8 | 15 | 木 | 28 | 丙子 | 2·8 |
| 8 | 14 | 金 | 25 | 甲戌 | 3·8 | 14 | 月 | 27 | 乙巳 | 3·8 | 16 | 金 | 29 | 丁丑 | 3·8 |
| 9 | 15 | 土 | 26 | 乙亥 | 3·7 | 15 | 火 | 28 | 丙午 | 3·8 | 17 | 土 | 6/1 | 戊寅 | 3·7 |
| 10 | 16 | 日 | 27 | 丙子 | 3·7 | 16 | 水 | 29 | 丁未 | 3·7 | 18 | 日 | 2 | 己卯 | 3·7 |
| 11 | 17 | 月 | 28 | 丁丑 | 4·7 | 17 | 木 | 30 | 戊申 | 4·7 | 19 | 月 | 3 | 庚辰 | 4·7 |
| 12 | 18 | 火 | 29 | 戊寅 | 4·6 | 18 | 金 | 5/1 | 己酉 | 4·7 | 20 | 火 | 4 | 辛巳 | 4·6 |
| 13 | 19 | 水 | 4/1 | 己卯 | 4·6 | 19 | 土 | 2 | 庚戌 | 4·6 | 21 | 水 | 5 | 壬午 | 4·6 |
| 14 | 20 | 木 | 2 | 庚辰 | 5·6 | 20 | 日 | 3 | 辛亥 | 5·6 | 22 | 木 | 6 | 癸未 | 5·6 |
| 15 | 21 | 金 | 3 | 辛巳 | 5·5 | 21 | 月 | 4 | 壬子 | 5·6 | 23 | 金 | 7 | 甲申 | 대서 |
| 16 | 22 | 土 | 4 | 壬午 | 소만 | 22 | 火 | 5 | 癸丑 | 하지 | 24 | 土 | 8 | 乙酉 | 5·5 |
| 17 | 23 | 日 | 5 | 癸未 | 6·5 | 23 | 水 | 6 | 甲寅 | 6·5 | 25 | 日 | 9 | 丙戌 | 6·5 |
| 18 | 24 | 月 | 6 | 甲申 | 6·4 | 24 | 木 | 7 | 乙卯 | 6·5 | 26 | 月 | 10 | 丁亥 | 6·4 |
| 19 | 25 | 火 | 7 | 乙酉 | 6·4 | 25 | 金 | 8 | 丙辰 | 6·4 | 27 | 火 | 11 | 戊子 | 6·4 |
| 20 | 26 | 水 | 8 | 丙戌 | 7·4 | 26 | 土 | 9 | 丁巳 | 7·4 | 28 | 水 | 12 | 己丑 | 7·4 |
| 21 | 27 | 木 | 9 | 丁亥 | 7·3 | 27 | 日 | 10 | 戊午 | 7·4 | 29 | 木 | 13 | 庚寅 | 7·3 |
| 22 | 28 | 金 | 10 | 戊子 | 7·3 | 28 | 月 | 11 | 己未 | 7·3 | 30 | 金 | 14 | 辛卯 | 7·3 |
| 23 | 29 | 土 | 11 | 己丑 | 8·3 | 29 | 火 | 12 | 庚申 | 8·3 | 31 | 土 | 15 | 壬辰 | 8·3 |
| 24 | 30 | 日 | 12 | 庚寅 | 8·2 | 30 | 水 | 13 | 辛酉 | 8·3 | 8/1 | 日 | 16 | 癸巳 | 8·2 |
| 25 | 31 | 月 | 13 | 辛卯 | 8·2 | 7/1 | 木 | 14 | 壬戌 | 8·2 | 2 | 月 | 17 | 甲午 | 8·2 |
| 26 | 6/1 | 火 | 14 | 壬辰 | 9·2 | 2 | 金 | 15 | 癸亥 | 9·2 | 3 | 火 | 18 | 乙未 | 9·2 |
| 27 | 2 | 水 | 15 | 癸巳 | 9·1 | 3 | 土 | 16 | 甲子 | 9·2 | 4 | 水 | 19 | 丙申 | 9·1 |
| 28 | 3 | 木 | 16 | 甲午 | 9·1 | 4 | 日 | 17 | 乙丑 | 9·1 | 5 | 木 | 20 | 丁酉 | 9·1 |
| 29 | 4 | 金 | 17 | 乙未 | 10·1 | 5 | 月 | 18 | 丙寅 | 10·1 | 6 | 金 | 21 | 戊戌 | 10·1 |
| 30 | 5 | 土 | 18 | 丙申 | 10·1 | 6 | 火 | 19 | 丁卯 | 10·1 | 7 | 土 | 22 | 己亥 | 10·1 |
| 31 | | | | | | 7 | 水 | 20 | 戊辰 | 10·1 | | | | | |

▶윤달-2월

# 己酉年

| 절기후날수 | 입추절(壬申月) 立秋 8월8일 14시23분 處暑 8월24일 4시44분 | | | | | | 백로절(癸酉月) 白露 9월8일 16시47분 秋分 9월24일 1시45분 | | | | | | 한로절(甲戌月) 寒露 10월9일 7시43분 霜降 10월24일 10시23분 | | | | | |
|---|---|---|---|---|---|---|---|---|---|---|---|---|---|---|---|---|---|---|
| | 양력 | 요일 | 음력 | 일진 | 大運 남 | 大運 여 | 양력 | 요일 | 음력 | 일진 | 大運 남 | 大運 여 | 양력 | 요일 | 음력 | 일진 | 大運 남 | 大運 여 |
| 0 | 8/8 | 日 | 23 | 庚子 | 입추 | | 9/8 | 水 | 24 | 辛未 | 백로 | | 10/9 | 土 | 26 | 壬寅 | 한로 | |
| 1 | 9 | 月 | 24 | 辛丑 | 1 | 10 | 9 | 木 | 25 | 壬申 | 1 | 10 | 10 | 日 | 27 | 癸卯 | 1 | 10 |
| 2 | 10 | 火 | 25 | 壬寅 | 1 | 10 | 10 | 金 | 26 | 癸酉 | 1 | 10 | 11 | 月 | 28 | 甲辰 | 1 | 9 |
| 3 | 11 | 水 | 26 | 癸卯 | 1 | 9 | 11 | 土 | 27 | 甲戌 | 1 | 9 | 12 | 火 | 29 | 乙巳 | 1 | 9 |
| 4 | 12 | 木 | 27 | 甲辰 | 1 | 9 | 12 | 日 | 28 | 乙亥 | 1 | 9 | 13 | 水 | 30 | 丙午 | 1 | 9 |
| 5 | 13 | 金 | 28 | 乙巳 | 2 | 9 | 13 | 月 | 29 | 丙子 | 2 | 9 | 14 | 木 | 9/1 | 丁未 | 2 | 8 |
| 6 | 14 | 土 | 29 | 丙午 | 2 | 8 | 14 | 火 | 8/1 | 丁丑 | 2 | 8 | 15 | 金 | 2 | 戊申 | 2 | 8 |
| 7 | 15 | 日 | 30 | 丁未 | 2 | 8 | 15 | 水 | 2 | 戊寅 | 2 | 8 | 16 | 土 | 3 | 己酉 | 2 | 8 |
| 8 | 16 | 月 | 7/1 | 戊申 | 3 | 8 | 16 | 木 | 3 | 己卯 | 3 | 8 | 17 | 日 | 4 | 庚戌 | 3 | 7 |
| 9 | 17 | 火 | 2 | 己酉 | 3 | 7 | 17 | 金 | 4 | 庚辰 | 3 | 7 | 18 | 月 | 5 | 辛亥 | 3 | 7 |
| 10 | 18 | 水 | 3 | 庚戌 | 3 | 7 | 18 | 土 | 5 | 辛巳 | 3 | 7 | 19 | 火 | 6 | 壬子 | 3 | 7 |
| 11 | 19 | 木 | 4 | 辛亥 | 4 | 7 | 19 | 日 | 6 | 壬午 | 4 | 7 | 20 | 水 | 7 | 癸丑 | 4 | 6 |
| 12 | 20 | 金 | 5 | 壬子 | 4 | 6 | 20 | 月 | 7 | 癸未 | 4 | 6 | 21 | 木 | 8 | 甲寅 | 4 | 6 |
| 13 | 21 | 土 | 6 | 癸丑 | 4 | 6 | 21 | 火 | 8 | 甲申 | 4 | 6 | 22 | 金 | 9 | 乙卯 | 4 | 6 |
| 14 | 22 | 日 | 7 | 甲寅 | 5 | 6 | 22 | 水 | 9 | 乙酉 | 5 | 6 | 23 | 土 | 10 | 丙辰 | 5 | 5 |
| 15 | 23 | 月 | 8 | 乙卯 | 5 | 5 | 23 | 木 | 10 | 丙戌 | 5 | 5 | 24 | 日 | 11 | 丁巳 | 상강 | |
| 16 | 24 | 火 | 9 | 丙辰 | 처서 | | 24 | 金 | 11 | 丁亥 | 추분 | | 25 | 月 | 12 | 戊午 | 5 | 5 |
| 17 | 25 | 水 | 10 | 丁巳 | 6 | 5 | 25 | 土 | 12 | 戊子 | 6 | 5 | 26 | 火 | 13 | 己未 | 6 | 4 |
| 18 | 26 | 木 | 11 | 戊午 | 6 | 4 | 26 | 日 | 13 | 己丑 | 6 | 4 | 27 | 水 | 14 | 庚申 | 6 | 4 |
| 19 | 27 | 金 | 12 | 己未 | 6 | 4 | 27 | 月 | 14 | 庚寅 | 6 | 4 | 28 | 木 | 15 | 辛酉 | 6 | 4 |
| 20 | 28 | 土 | 13 | 庚申 | 7 | 4 | 28 | 火 | 15 | 辛卯 | 7 | 4 | 29 | 金 | 16 | 壬戌 | 7 | 3 |
| 21 | 29 | 日 | 14 | 辛酉 | 7 | 3 | 29 | 水 | 16 | 壬辰 | 7 | 3 | 30 | 土 | 17 | 癸亥 | 7 | 3 |
| 22 | 30 | 月 | 15 | 壬戌 | 7 | 3 | 30 | 木 | 17 | 癸巳 | 7 | 3 | 31 | 日 | 18 | 甲子 | 7 | 3 |
| 23 | 31 | 火 | 16 | 癸亥 | 8 | 3 | 10/1 | 金 | 18 | 甲午 | 8 | 3 | 11/1 | 月 | 19 | 乙丑 | 8 | 2 |
| 24 | 9/1 | 水 | 17 | 甲子 | 8 | 2 | 2 | 土 | 19 | 乙未 | 8 | 2 | 2 | 火 | 20 | 丙寅 | 8 | 2 |
| 25 | 2 | 木 | 18 | 乙丑 | 8 | 2 | 3 | 日 | 20 | 丙申 | 8 | 2 | 3 | 水 | 21 | 丁卯 | 8 | 2 |
| 26 | 3 | 金 | 19 | 丙寅 | 9 | 2 | 4 | 月 | 21 | 丁酉 | 9 | 2 | 4 | 木 | 22 | 戊辰 | 9 | 1 |
| 27 | 4 | 土 | 20 | 丁卯 | 9 | 1 | 5 | 火 | 22 | 戊戌 | 9 | 1 | 5 | 金 | 23 | 己巳 | 9 | 1 |
| 28 | 5 | 日 | 21 | 戊辰 | 9 | 1 | 6 | 水 | 23 | 己亥 | 9 | 1 | 6 | 土 | 24 | 庚午 | 9 | 1 |
| 29 | 6 | 月 | 22 | 己巳 | 10 | 1 | 7 | 木 | 24 | 庚子 | 10 | 1 | 7 | 日 | 25 | 辛未 | 10 | 1 |
| 30 | 7 | 火 | 23 | 庚午 | 10 | 1 | 8 | 金 | 25 | 辛丑 | 10 | 1 | | | | | | |
| 31 | | | | | | | | | | | | | | | | | | |

| 절기후날수 | 입동절(乙亥月) 立冬 11월8일 10시13분 小雪 11월23일 7시20분 | | | | | | 대설절(丙子月) 大雪 12월8일 2시35분 冬至 12월22일 20시20분 | | | | | | 소한절(丁丑月) 小寒 1월6일 13시38분 大寒 1월21일 6시59분 | | | | | |
|---|---|---|---|---|---|---|---|---|---|---|---|---|---|---|---|---|---|---|
| | 양력 | 요일 | 음력 | 일진 | 大運 남 | 大運 여 | 양력 | 요일 | 음력 | 일진 | 大運 남 | 大運 여 | 양력 | 요일 | 음력 | 일진 | 大運 남 | 大運 여 |
| 0 | 11/8 | 月 | 26 | 壬申 | 입동 | | 12/8 | 水 | 26 | 壬寅 | 대설 | | 1/6 | 木 | 25 | 辛未 | 소한 | |
| 1 | 9 | 火 | 27 | 癸酉 | 1 | 10 | 9 | 木 | 27 | 癸卯 | 1 | 9 | 7 | 金 | 26 | 壬申 | 1 | 10 |
| 2 | 10 | 水 | 28 | 甲戌 | 1 | 9 | 10 | 金 | 28 | 甲辰 | 1 | 9 | 8 | 土 | 27 | 癸酉 | 1 | 9 |
| 3 | 11 | 木 | 29 | 乙亥 | 1 | 9 | 11 | 土 | 29 | 乙巳 | 1 | 9 | 9 | 日 | 28 | 甲戌 | 1 | 9 |
| 4 | 12 | 金 | 30 | 丙子 | 1 | 9 | 12 | 日 | 30 | 丙午 | 1 | 8 | 10 | 月 | 29 | 乙亥 | 1 | 9 |
| 5 | 13 | 土 | 10/1 | 丁丑 | 2 | 8 | 13 | 月 | 11/1 | 丁未 | 2 | 8 | 11 | 火 | 12/1 | 丙子 | 2 | 8 |
| 6 | 14 | 日 | 2 | 戊寅 | 2 | 8 | 14 | 火 | 2 | 戊申 | 2 | 8 | 12 | 水 | 2 | 丁丑 | 2 | 8 |
| 7 | 15 | 月 | 3 | 己卯 | 2 | 8 | 15 | 水 | 3 | 己酉 | 2 | 7 | 13 | 木 | 3 | 戊寅 | 2 | 8 |
| 8 | 16 | 火 | 4 | 庚辰 | 3 | 7 | 16 | 木 | 4 | 庚戌 | 3 | 7 | 14 | 金 | 4 | 己卯 | 3 | 7 |
| 9 | 17 | 水 | 5 | 辛巳 | 3 | 7 | 17 | 金 | 5 | 辛亥 | 3 | 7 | 15 | 土 | 5 | 庚辰 | 3 | 7 |
| 10 | 18 | 木 | 6 | 壬午 | 3 | 7 | 18 | 土 | 6 | 壬子 | 3 | 6 | 16 | 日 | 6 | 辛巳 | 3 | 7 |
| 11 | 19 | 金 | 7 | 癸未 | 4 | 6 | 19 | 日 | 7 | 癸丑 | 4 | 6 | 17 | 月 | 7 | 壬午 | 4 | 6 |
| 12 | 20 | 土 | 8 | 甲申 | 4 | 6 | 20 | 月 | 8 | 甲寅 | 4 | 6 | 18 | 火 | 8 | 癸未 | 4 | 6 |
| 13 | 21 | 日 | 9 | 乙酉 | 4 | 6 | 21 | 火 | 9 | 乙卯 | 4 | 5 | 19 | 水 | 9 | 甲申 | 4 | 6 |
| 14 | 22 | 月 | 10 | 丙戌 | 5 | 5 | 22 | 水 | 10 | 丙辰 | 동지 | | 20 | 木 | 10 | 乙酉 | 5 | 5 |
| 15 | 23 | 火 | 11 | 丁亥 | 소설 | | 23 | 木 | 11 | 丁巳 | 5 | 5 | 21 | 金 | 11 | 丙戌 | 대한 | |
| 16 | 24 | 水 | 12 | 戊子 | 5 | 5 | 24 | 金 | 12 | 戊午 | 5 | 4 | 22 | 土 | 12 | 丁亥 | 5 | 5 |
| 17 | 25 | 木 | 13 | 己丑 | 6 | 4 | 25 | 土 | 13 | 己未 | 6 | 4 | 23 | 日 | 13 | 戊子 | 6 | 4 |
| 18 | 26 | 金 | 14 | 庚寅 | 6 | 4 | 26 | 日 | 14 | 庚申 | 6 | 4 | 24 | 月 | 14 | 己丑 | 6 | 4 |
| 19 | 27 | 土 | 15 | 辛卯 | 6 | 4 | 27 | 月 | 15 | 辛酉 | 6 | 3 | 25 | 火 | 15 | 庚寅 | 6 | 4 |
| 20 | 28 | 日 | 16 | 壬辰 | 7 | 3 | 28 | 火 | 16 | 壬戌 | 7 | 3 | 26 | 水 | 16 | 辛卯 | 7 | 3 |
| 21 | 29 | 月 | 17 | 癸巳 | 7 | 3 | 29 | 水 | 17 | 癸亥 | 7 | 3 | 27 | 木 | 17 | 壬辰 | 7 | 3 |
| 22 | 30 | 火 | 18 | 甲午 | 7 | 3 | 30 | 木 | 18 | 甲子 | 7 | 2 | 28 | 金 | 18 | 癸巳 | 7 | 3 |
| 23 | 12/1 | 水 | 19 | 乙未 | 8 | 2 | 31 | 金 | 19 | 乙丑 | 8 | 2 | 29 | 土 | 19 | 甲午 | 8 | 2 |
| 24 | 2 | 木 | 20 | 丙申 | 8 | 2 | 1/1 | 土 | 20 | 丙寅 | 8 | 2 | 30 | 日 | 20 | 乙未 | 8 | 2 |
| 25 | 3 | 金 | 21 | 丁酉 | 8 | 2 | 2 | 日 | 21 | 丁卯 | 8 | 1 | 31 | 月 | 21 | 丙申 | 8 | 2 |
| 26 | 4 | 土 | 22 | 戊戌 | 9 | 1 | 3 | 月 | 22 | 戊辰 | 9 | 1 | 2/1 | 火 | 22 | 丁酉 | 9 | 1 |
| 27 | 5 | 日 | 23 | 己亥 | 9 | 1 | 4 | 火 | 23 | 己巳 | 9 | 1 | 2 | 水 | 23 | 戊戌 | 9 | 1 |
| 28 | 6 | 月 | 24 | 庚子 | 9 | 1 | 5 | 水 | 24 | 庚午 | 9 | 1 | 3 | 木 | 24 | 己亥 | 9 | 1 |
| 29 | 7 | 火 | 25 | 辛丑 | 10 | 1 | | | | | | | 4 | 金 | 25 | 庚子 | 10 | 1 |
| 30 | | | | | | | | | | | | | | | | | | |
| 31 | | | | | | | | | | | | | | | | | | |

# 서기 1910년 [단기 4243년]

| 절기후날수 | 입춘절(戊寅月) 立春 2월5일 1시27분 雨水 2월19일 21시28분 | | | | | 경칩절(己卯月) 驚蟄 3월6일 19시57분 春分 3월21일 21시3분 | | | | | 청명절(庚辰月) 淸明 4월6일 1시23분 穀雨 4월21일 8시46분 | | | | |
|---|---|---|---|---|---|---|---|---|---|---|---|---|---|---|---|
| | 양력 | 요일 | 음력 | 일진 | 大運 남·여 | 양력 | 요일 | 음력 | 일진 | 大運 남·여 | 양력 | 요일 | 음력 | 일진 | 大運 남·여 |
| 0 | 2/5 | 土 | 26 | 辛丑 | 입춘 | 3/6 | 日 | 25 | 庚午 | 경칩 | 4/6 | 水 | 27 | 辛丑 | 청명 |
| 1 | 6 | 日 | 27 | 壬寅 | 9·1 | 7 | 月 | 26 | 辛未 | 10·1 | 7 | 木 | 28 | 壬寅 | 10·1 |
| 2 | 7 | 月 | 28 | 癸卯 | 9·1 | 8 | 火 | 27 | 壬申 | 10·1 | 8 | 金 | 29 | 癸卯 | 9·1 |
| 3 | 8 | 火 | 29 | 甲辰 | 9·1 | 9 | 水 | 28 | 癸酉 | 9·1 | 9 | 土 | 30 | 甲辰 | 9·1 |
| 4 | 9 | 水 | 30 | 乙巳 | 8·1 | 10 | 木 | 29 | 甲戌 | 9·1 | 10 | 日 | 3/1 | 乙巳 | 9·1 |
| 5 | 10 | 木 | 1/1 | 丙午 | 8·2 | 11 | 金 | 2/1 | 乙亥 | 9·2 | 11 | 月 | 2 | 丙午 | 8·2 |
| 6 | 11 | 金 | 2 | 丁未 | 8·2 | 12 | 土 | 2 | 丙子 | 8·2 | 12 | 火 | 3 | 丁未 | 8·2 |
| 7 | 12 | 土 | 3 | 戊申 | 7·2 | 13 | 日 | 3 | 丁丑 | 8·2 | 13 | 水 | 4 | 戊申 | 8·2 |
| 8 | 13 | 日 | 4 | 己酉 | 7·3 | 14 | 月 | 4 | 戊寅 | 8·3 | 14 | 木 | 5 | 己酉 | 7·3 |
| 9 | 14 | 月 | 5 | 庚戌 | 7·3 | 15 | 火 | 5 | 己卯 | 7·3 | 15 | 金 | 6 | 庚戌 | 7·3 |
| 10 | 15 | 火 | 6 | 辛亥 | 6·3 | 16 | 水 | 6 | 庚辰 | 7·3 | 16 | 土 | 7 | 辛亥 | 7·3 |
| 11 | 16 | 水 | 7 | 壬子 | 6·4 | 17 | 木 | 7 | 辛巳 | 7·4 | 17 | 日 | 8 | 壬子 | 6·4 |
| 12 | 17 | 木 | 8 | 癸丑 | 6·4 | 18 | 金 | 8 | 壬午 | 6·4 | 18 | 月 | 9 | 癸丑 | 6·4 |
| 13 | 18 | 金 | 9 | 甲寅 | 5·4 | 19 | 土 | 9 | 癸未 | 6·4 | 19 | 火 | 10 | 甲寅 | 6·4 |
| 14 | 19 | 土 | 10 | 乙卯 | 우수 | 20 | 日 | 10 | 甲申 | 6·5 | 20 | 水 | 11 | 乙卯 | 5·5 |
| 15 | 20 | 日 | 11 | 丙辰 | 5·5 | 21 | 月 | 11 | 乙酉 | 춘분 | 21 | 木 | 12 | 丙辰 | 곡우 |
| 16 | 21 | 月 | 12 | 丁巳 | 4·5 | 22 | 火 | 12 | 丙戌 | 5·5 | 22 | 金 | 13 | 丁巳 | 5·5 |
| 17 | 22 | 火 | 13 | 戊午 | 4·6 | 23 | 水 | 13 | 丁亥 | 5·6 | 23 | 土 | 14 | 戊午 | 4·6 |
| 18 | 23 | 水 | 14 | 己未 | 4·6 | 24 | 木 | 14 | 戊子 | 4·6 | 24 | 日 | 15 | 己未 | 4·6 |
| 19 | 24 | 木 | 15 | 庚申 | 3·6 | 25 | 金 | 15 | 己丑 | 4·6 | 25 | 月 | 16 | 庚申 | 4·6 |
| 20 | 25 | 金 | 16 | 辛酉 | 3·7 | 26 | 土 | 16 | 庚寅 | 4·7 | 26 | 火 | 17 | 辛酉 | 3·7 |
| 21 | 26 | 土 | 17 | 壬戌 | 3·7 | 27 | 日 | 17 | 辛卯 | 3·7 | 27 | 水 | 18 | 壬戌 | 3·7 |
| 22 | 27 | 日 | 18 | 癸亥 | 2·7 | 28 | 月 | 18 | 壬辰 | 3·7 | 28 | 木 | 19 | 癸亥 | 3·7 |
| 23 | 28 | 月 | 19 | 甲子 | 2·8 | 29 | 火 | 19 | 癸巳 | 3·8 | 29 | 金 | 20 | 甲子 | 2·8 |
| 24 | 3/1 | 火 | 20 | 乙丑 | 2·8 | 30 | 水 | 20 | 甲午 | 2·8 | 30 | 土 | 21 | 乙丑 | 2·8 |
| 25 | 2 | 水 | 21 | 丙寅 | 1·8 | 31 | 木 | 21 | 乙未 | 2·8 | 5/1 | 日 | 22 | 丙寅 | 2·8 |
| 26 | 3 | 木 | 22 | 丁卯 | 1·9 | 4/1 | 金 | 22 | 丙申 | 2·9 | 2 | 月 | 23 | 丁卯 | 1·9 |
| 27 | 4 | 金 | 23 | 戊辰 | 1·9 | 2 | 土 | 23 | 丁酉 | 1·9 | 3 | 火 | 24 | 戊辰 | 1·9 |
| 28 | 5 | 土 | 24 | 己巳 | 1·9 | 3 | 日 | 24 | 戊戌 | 1·9 | 4 | 水 | 25 | 己巳 | 1·9 |
| 29 | | | | | | 4 | 月 | 25 | 己亥 | 1·10 | 5 | 木 | 26 | 庚午 | 1·10 |
| 30 | | | | | | 5 | 火 | 26 | 庚子 | 1·10 | | | | | |
| 31 | | | | | | | | | | | | | | | |

| 절기후날수 | 입하절(辛巳月) 立夏 5월6일 19시19분 小滿 5월22일 8시30분 | | | | | 망종절(壬午月) 芒種 6월6일 23시56분 夏至 6월22일 16시49분 | | | | | 소서절(癸未月) 小暑 7월8일 10시21분 大暑 7월24일 3시43분 | | | | |
|---|---|---|---|---|---|---|---|---|---|---|---|---|---|---|---|
| | 양력 | 요일 | 음력 | 일진 | 大運 남·여 | 양력 | 요일 | 음력 | 일진 | 大運 남·여 | 양력 | 요일 | 음력 | 일진 | 大運 남·여 |
| 0 | 5/6 | 金 | 27 | 辛未 | 입하 | 6/6 | 月 | 29 | 壬寅 | 망종 | 7/8 | 金 | 2 | 甲戌 | 소서 |
| 1 | 7 | 土 | 28 | 壬申 | 10·1 | 7 | 火 | 5/1 | 癸卯 | 10·1 | 9 | 土 | 3 | 乙亥 | 10·1 |
| 2 | 8 | 日 | 29 | 癸酉 | 10·1 | 8 | 水 | 2 | 甲辰 | 10·1 | 10 | 日 | 4 | 丙子 | 10·1 |
| 3 | 9 | 月 | 4/1 | 甲戌 | 9·1 | 9 | 木 | 3 | 乙巳 | 10·1 | 11 | 月 | 5 | 丁丑 | 9·1 |
| 4 | 10 | 火 | 2 | 乙亥 | 9·1 | 10 | 金 | 4 | 丙午 | 9·1 | 12 | 火 | 6 | 戊寅 | 9·1 |
| 5 | 11 | 水 | 3 | 丙子 | 9·2 | 11 | 土 | 5 | 丁未 | 9·2 | 13 | 水 | 7 | 己卯 | 9·2 |
| 6 | 12 | 木 | 4 | 丁丑 | 8·2 | 12 | 日 | 6 | 戊申 | 9·2 | 14 | 木 | 8 | 庚辰 | 8·2 |
| 7 | 13 | 金 | 5 | 戊寅 | 8·2 | 13 | 月 | 7 | 己酉 | 8·2 | 15 | 金 | 9 | 辛巳 | 8·2 |
| 8 | 14 | 土 | 6 | 己卯 | 8·3 | 14 | 火 | 8 | 庚戌 | 8·3 | 16 | 土 | 10 | 壬午 | 8·3 |
| 9 | 15 | 日 | 7 | 庚辰 | 7·3 | 15 | 水 | 9 | 辛亥 | 8·3 | 17 | 日 | 11 | 癸未 | 7·3 |
| 10 | 16 | 月 | 8 | 辛巳 | 7·3 | 16 | 木 | 10 | 壬子 | 7·3 | 18 | 月 | 12 | 甲申 | 7·3 |
| 11 | 17 | 火 | 9 | 壬午 | 7·4 | 17 | 金 | 11 | 癸丑 | 7·4 | 19 | 火 | 13 | 乙酉 | 7·4 |
| 12 | 18 | 水 | 10 | 癸未 | 6·4 | 18 | 土 | 12 | 甲寅 | 7·4 | 20 | 水 | 14 | 丙戌 | 6·4 |
| 13 | 19 | 木 | 11 | 甲申 | 6·4 | 19 | 日 | 13 | 乙卯 | 6·4 | 21 | 木 | 15 | 丁亥 | 6·4 |
| 14 | 20 | 金 | 12 | 乙酉 | 6·5 | 20 | 月 | 14 | 丙辰 | 6·5 | 22 | 金 | 16 | 戊子 | 6·5 |
| 15 | 21 | 土 | 13 | 丙戌 | 5·5 | 21 | 火 | 15 | 丁巳 | 6·5 | 23 | 土 | 17 | 己丑 | 5·5 |
| 16 | 22 | 日 | 14 | 丁亥 | 소만 | 22 | 水 | 16 | 戊午 | 하지 | 24 | 日 | 18 | 庚寅 | 대서 |
| 17 | 23 | 月 | 15 | 戊子 | 5·6 | 23 | 木 | 17 | 己未 | 5·6 | 25 | 月 | 19 | 辛卯 | 5·6 |
| 18 | 24 | 火 | 16 | 己丑 | 4·6 | 24 | 金 | 18 | 庚申 | 5·6 | 26 | 火 | 20 | 壬辰 | 4·6 |
| 19 | 25 | 水 | 17 | 庚寅 | 4·6 | 25 | 土 | 19 | 辛酉 | 4·6 | 27 | 水 | 21 | 癸巳 | 4·6 |
| 20 | 26 | 木 | 18 | 辛卯 | 4·7 | 26 | 日 | 20 | 壬戌 | 4·7 | 28 | 木 | 22 | 甲午 | 4·7 |
| 21 | 27 | 金 | 19 | 壬辰 | 3·7 | 27 | 月 | 21 | 癸亥 | 4·7 | 29 | 金 | 23 | 乙未 | 3·7 |
| 22 | 28 | 土 | 20 | 癸巳 | 3·7 | 28 | 火 | 22 | 甲子 | 3·7 | 30 | 土 | 24 | 丙申 | 3·7 |
| 23 | 29 | 日 | 21 | 甲午 | 3·8 | 29 | 水 | 23 | 乙丑 | 3·8 | 31 | 日 | 25 | 丁酉 | 3·8 |
| 24 | 30 | 月 | 22 | 乙未 | 2·8 | 30 | 木 | 24 | 丙寅 | 3·8 | 8/1 | 月 | 26 | 戊戌 | 2·8 |
| 25 | 31 | 火 | 23 | 丙申 | 2·8 | 7/1 | 金 | 25 | 丁卯 | 2·8 | 2 | 火 | 27 | 己亥 | 2·8 |
| 26 | 6/1 | 水 | 24 | 丁酉 | 2·9 | 2 | 土 | 26 | 戊辰 | 2·9 | 3 | 水 | 28 | 庚子 | 2·9 |
| 27 | 2 | 木 | 25 | 戊戌 | 1·9 | 3 | 日 | 27 | 己巳 | 2·9 | 4 | 木 | 29 | 辛丑 | 1·9 |
| 28 | 3 | 金 | 26 | 己亥 | 1·9 | 4 | 月 | 28 | 庚午 | 1·9 | 5 | 金 | 7/1 | 壬寅 | 1·9 |
| 29 | 4 | 土 | 27 | 庚子 | 1·10 | 5 | 火 | 29 | 辛未 | 1·10 | 6 | 土 | 2 | 癸卯 | 1·10 |
| 30 | 5 | 日 | 28 | 辛丑 | 1·10 | 6 | 水 | 30 | 壬申 | 1·10 | 7 | 日 | 3 | 甲辰 | 1·10 |
| 31 | | | | | | 7 | 木 | 6/1 | 癸酉 | 1·10 | | | | | |

# 庚戌年

| 절기후날수 | 입추절(甲申月) 立秋 8월8일 19시57분 處暑 8월24일 10시27분 | | | | | 백로절(乙酉月) 白露 9월8일 22시22분 秋分 9월24일 7시31분 | | | | | 한로절(丙戌月) 寒露 10월9일 13시21분 霜降 10월24일 16시11분 | | | | |
|---|---|---|---|---|---|---|---|---|---|---|---|---|---|---|---|
| | 양력 | 요일 | 음력 | 일진 | 大運 남·여 | 양력 | 요일 | 음력 | 일진 | 大運 남·여 | 양력 | 요일 | 음력 | 일진 | 大運 남·여 |
| 0 | 8/8 | 月 | 4 | 乙巳 | 입추 | 9/8 | 木 | 5 | 丙子 | 백로 | 10/9 | 日 | 7 | 丁未 | 한로 |
| 1 | 9 | 火 | 5 | 丙午 | 10·1 | 9 | 金 | 6 | 丁丑 | 10·1 | 10 | 月 | 8 | 戊申 | 10·1 |
| 2 | 10 | 水 | 6 | 丁未 | 10·1 | 10 | 土 | 7 | 戊寅 | 10·1 | 11 | 火 | 9 | 己酉 | 9·1 |
| 3 | 11 | 木 | 7 | 戊申 | 9·1 | 11 | 日 | 8 | 己卯 | 9·1 | 12 | 水 | 10 | 庚戌 | 9·1 |
| 4 | 12 | 金 | 8 | 己酉 | 9·1 | 12 | 月 | 9 | 庚辰 | 9·1 | 13 | 木 | 11 | 辛亥 | 9·1 |
| 5 | 13 | 土 | 9 | 庚戌 | 9·2 | 13 | 火 | 10 | 辛巳 | 9·2 | 14 | 金 | 12 | 壬子 | 8·2 |
| 6 | 14 | 日 | 10 | 辛亥 | 8·2 | 14 | 水 | 11 | 壬午 | 8·2 | 15 | 土 | 13 | 癸丑 | 8·2 |
| 7 | 15 | 月 | 11 | 壬子 | 8·2 | 15 | 木 | 12 | 癸未 | 8·2 | 16 | 日 | 14 | 甲寅 | 8·2 |
| 8 | 16 | 火 | 12 | 癸丑 | 8·3 | 16 | 金 | 13 | 甲申 | 8·3 | 17 | 月 | 15 | 乙卯 | 7·3 |
| 9 | 17 | 水 | 13 | 甲寅 | 7·3 | 17 | 土 | 14 | 乙酉 | 7·3 | 18 | 火 | 16 | 丙辰 | 7·3 |
| 10 | 18 | 木 | 14 | 乙卯 | 7·3 | 18 | 日 | 15 | 丙戌 | 7·3 | 19 | 水 | 17 | 丁巳 | 7·3 |
| 11 | 19 | 金 | 15 | 丙辰 | 7·4 | 19 | 月 | 16 | 丁亥 | 7·4 | 20 | 木 | 18 | 戊午 | 6·4 |
| 12 | 20 | 土 | 16 | 丁巳 | 6·4 | 20 | 火 | 17 | 戊子 | 6·4 | 21 | 金 | 19 | 己未 | 6·4 |
| 13 | 21 | 日 | 17 | 戊午 | 6·4 | 21 | 水 | 18 | 己丑 | 6·4 | 22 | 土 | 20 | 庚申 | 6·4 |
| 14 | 22 | 月 | 18 | 己未 | 6·5 | 22 | 木 | 19 | 庚寅 | 6·5 | 23 | 日 | 21 | 辛酉 | 5·5 |
| 15 | 23 | 火 | 19 | 庚申 | 5·5 | 23 | 金 | 20 | 辛卯 | 5·5 | 24 | 月 | 22 | 壬戌 | 상강 |
| 16 | 24 | 水 | 20 | 辛酉 | 처서 | 24 | 土 | 21 | 壬辰 | 추분 | 25 | 火 | 23 | 癸亥 | 5·5 |
| 17 | 25 | 木 | 21 | 壬戌 | 5·6 | 25 | 日 | 22 | 癸巳 | 5·6 | 26 | 水 | 24 | 甲子 | 4·6 |
| 18 | 26 | 金 | 22 | 癸亥 | 4·6 | 26 | 月 | 23 | 甲午 | 4·6 | 27 | 木 | 25 | 乙丑 | 4·6 |
| 19 | 27 | 土 | 23 | 甲子 | 4·6 | 27 | 火 | 24 | 乙未 | 4·6 | 28 | 金 | 26 | 丙寅 | 4·6 |
| 20 | 28 | 日 | 24 | 乙丑 | 4·7 | 28 | 水 | 25 | 丙申 | 4·7 | 29 | 土 | 27 | 丁卯 | 3·7 |
| 21 | 29 | 月 | 25 | 丙寅 | 3·7 | 29 | 木 | 26 | 丁酉 | 3·7 | 30 | 日 | 28 | 戊辰 | 3·7 |
| 22 | 30 | 火 | 26 | 丁卯 | 3·7 | 30 | 金 | 27 | 戊戌 | 3·7 | 31 | 月 | 29 | 己巳 | 3·7 |
| 23 | 31 | 水 | 27 | 戊辰 | 3·8 | 10/1 | 土 | 28 | 己亥 | 3·8 | 11/1 | 火 | 30 | 庚午 | 2·8 |
| 24 | 9/1 | 木 | 28 | 己巳 | 2·8 | 2 | 日 | 29 | 庚子 | 2·8 | 2 | 水 | 10/1 | 辛未 | 2·8 |
| 25 | 2 | 金 | 29 | 庚午 | 2·8 | 3 | 月 | 9/1 | 辛丑 | 2·8 | 3 | 木 | 2 | 壬申 | 2·8 |
| 26 | 3 | 土 | 30 | 辛未 | 2·9 | 4 | 火 | 2 | 壬寅 | 2·9 | 4 | 金 | 3 | 癸酉 | 1·9 |
| 27 | 4 | 日 | 8/1 | 壬申 | 1·9 | 5 | 水 | 3 | 癸卯 | 1·9 | 5 | 土 | 4 | 甲戌 | 1·9 |
| 28 | 5 | 月 | 2 | 癸酉 | 1·9 | 6 | 木 | 4 | 甲辰 | 1·9 | 6 | 日 | 5 | 乙亥 | 1·9 |
| 29 | 6 | 火 | 3 | 甲戌 | 1·10 | 7 | 金 | 5 | 乙巳 | 1·10 | 7 | 月 | 6 | 丙子 | 1·10 |
| 30 | 7 | 水 | 4 | 乙亥 | 1·10 | 8 | 土 | 6 | 丙午 | 1·10 | | | | | |
| 31 | | | | | | | | | | | | | | | |

| 절기후날수 | 입동절(丁亥月) 立冬 11월8일 15시54분 小雪 11월23일 13시11분 | | | | | 대설절(戊子月) 大雪 12월8일 8시17분 冬至 12월23일 2시12분 | | | | | 소한절(己丑月) 小寒 1월6일 19시21분 大寒 1월21일 12시51분 | | | | |
|---|---|---|---|---|---|---|---|---|---|---|---|---|---|---|---|
| | 양력 | 요일 | 음력 | 일진 | 大運 남·여 | 양력 | 요일 | 음력 | 일진 | 大運 남·여 | 양력 | 요일 | 음력 | 일진 | 大運 남·여 |
| 0 | 11/8 | 火 | 7 | 丁丑 | 입동 | 12/8 | 木 | 7 | 丁未 | 대설 | 1/6 | 金 | 6 | 丙子 | 소한 |
| 1 | 9 | 水 | 8 | 戊寅 | 10·1 | 9 | 金 | 8 | 戊申 | 9·1 | 7 | 土 | 7 | 丁丑 | 10·1 |
| 2 | 10 | 木 | 9 | 己卯 | 9·1 | 10 | 土 | 9 | 己酉 | 9·1 | 8 | 日 | 8 | 戊寅 | 9·1 |
| 3 | 11 | 金 | 10 | 庚辰 | 9·1 | 11 | 日 | 10 | 庚戌 | 9·1 | 9 | 月 | 9 | 己卯 | 9·1 |
| 4 | 12 | 土 | 11 | 辛巳 | 9·1 | 12 | 月 | 11 | 辛亥 | 8·1 | 10 | 火 | 10 | 庚辰 | 9·1 |
| 5 | 13 | 日 | 12 | 壬午 | 8·2 | 13 | 火 | 12 | 壬子 | 8·2 | 11 | 水 | 11 | 辛巳 | 8·2 |
| 6 | 14 | 月 | 13 | 癸未 | 8·2 | 14 | 水 | 13 | 癸丑 | 8·2 | 12 | 木 | 12 | 壬午 | 8·2 |
| 7 | 15 | 火 | 14 | 甲申 | 8·2 | 15 | 木 | 14 | 甲寅 | 7·2 | 13 | 金 | 13 | 癸未 | 8·2 |
| 8 | 16 | 水 | 15 | 乙酉 | 7·3 | 16 | 金 | 15 | 乙卯 | 7·3 | 14 | 土 | 14 | 甲申 | 7·3 |
| 9 | 17 | 木 | 16 | 丙戌 | 7·3 | 17 | 土 | 16 | 丙辰 | 7·3 | 15 | 日 | 15 | 乙酉 | 7·3 |
| 10 | 18 | 金 | 17 | 丁亥 | 7·3 | 18 | 日 | 17 | 丁巳 | 6·3 | 16 | 月 | 16 | 丙戌 | 7·3 |
| 11 | 19 | 土 | 18 | 戊子 | 6·4 | 19 | 月 | 18 | 戊午 | 6·4 | 17 | 火 | 17 | 丁亥 | 6·4 |
| 12 | 20 | 日 | 19 | 己丑 | 6·4 | 20 | 火 | 19 | 己未 | 6·4 | 18 | 水 | 18 | 戊子 | 6·4 |
| 13 | 21 | 月 | 20 | 庚寅 | 6·4 | 21 | 水 | 20 | 庚申 | 5·4 | 19 | 木 | 19 | 己丑 | 6·4 |
| 14 | 22 | 火 | 21 | 辛卯 | 5·5 | 22 | 木 | 21 | 辛酉 | 5·5 | 20 | 金 | 20 | 庚寅 | 5·5 |
| 15 | 23 | 水 | 22 | 壬辰 | 소설 | 23 | 金 | 22 | 壬戌 | 동지 | 21 | 土 | 21 | 辛卯 | 대한 |
| 16 | 24 | 木 | 23 | 癸巳 | 5·5 | 24 | 土 | 23 | 癸亥 | 4·5 | 22 | 日 | 22 | 壬辰 | 5·5 |
| 17 | 25 | 金 | 24 | 甲午 | 4·6 | 25 | 日 | 24 | 甲子 | 4·6 | 23 | 月 | 23 | 癸巳 | 4·6 |
| 18 | 26 | 土 | 25 | 乙未 | 4·6 | 26 | 月 | 25 | 乙丑 | 4·6 | 24 | 火 | 24 | 甲午 | 4·6 |
| 19 | 27 | 日 | 26 | 丙申 | 4·6 | 27 | 火 | 26 | 丙寅 | 3·6 | 25 | 水 | 25 | 乙未 | 4·6 |
| 20 | 28 | 月 | 27 | 丁酉 | 3·7 | 28 | 水 | 27 | 丁卯 | 3·7 | 26 | 木 | 26 | 丙申 | 3·7 |
| 21 | 29 | 火 | 28 | 戊戌 | 3·7 | 29 | 木 | 28 | 戊辰 | 3·7 | 27 | 金 | 27 | 丁酉 | 3·7 |
| 22 | 30 | 水 | 29 | 己亥 | 3·7 | 30 | 金 | 29 | 己巳 | 2·7 | 28 | 土 | 28 | 戊戌 | 3·7 |
| 23 | 12/1 | 木 | 30 | 庚子 | 2·8 | 31 | 土 | 30 | 庚午 | 2·8 | 29 | 日 | 29 | 己亥 | 2·8 |
| 24 | 2 | 金 | 11/1 | 辛丑 | 2·8 | 1/1 | 日 | 12/1 | 辛未 | 2·8 | 30 | 月 | 1/1 | 庚子 | 2·8 |
| 25 | 3 | 土 | 2 | 壬寅 | 2·8 | 2 | 月 | 2 | 壬申 | 1·8 | 31 | 火 | 2 | 辛丑 | 2·8 |
| 26 | 4 | 日 | 3 | 癸卯 | 1·9 | 3 | 火 | 3 | 癸酉 | 1·9 | 2/1 | 水 | 3 | 壬寅 | 1·9 |
| 27 | 5 | 月 | 4 | 甲辰 | 1·9 | 4 | 水 | 4 | 甲戌 | 1·9 | 2 | 木 | 4 | 癸卯 | 1·9 |
| 28 | 6 | 火 | 5 | 乙巳 | 1·9 | 5 | 木 | 5 | 乙亥 | 1·9 | 3 | 金 | 5 | 甲辰 | 1·9 |
| 29 | 7 | 水 | 6 | 丙午 | 1·10 | | | | | | 4 | 土 | 6 | 乙巳 | 1·10 |
| 30 | | | | | | | | | | | | | | | |
| 31 | | | | | | | | | | | | | | | |

# 서기 1911년 [단기 4244년]

| 절기후날수 | 입춘절(庚寅月) | | | | | 경칩절(辛卯月) | | | | | 청명절(壬辰月) | | | | |
|---|---|---|---|---|---|---|---|---|---|---|---|---|---|---|---|
| | 立春 2월5일 7시10분 / 雨水 2월20일 3시20분 | | | | | 驚蟄 3월7일 1시39분 / 春分 3월22일 2시54분 | | | | | 清明 4월6일 7시5분 / 穀雨 4월21일 14시36분 | | | | |
| | 양력 | 요일 | 음력 | 일진 | 大運 남·여 | 양력 | 요일 | 음력 | 일진 | 大運 남·여 | 양력 | 요일 | 음력 | 일진 | 大運 남·여 |
| 0 | 2/5 | 日 | 7 | 丙午 | 입춘 | 3/7 | 火 | 7 | 丙子 | 경칩 | 4/6 | 木 | 8 | 丙午 | 청명 |
| 1 | 6 | 月 | 8 | 丁未 | 1·10 | 8 | 水 | 8 | 丁丑 | 1·10 | 7 | 金 | 9 | 丁未 | 1·10 |
| 2 | 7 | 火 | 9 | 戊申 | 1·9 | 9 | 木 | 9 | 戊寅 | 1·9 | 8 | 土 | 10 | 戊申 | 1·10 |
| 3 | 8 | 水 | 10 | 己酉 | 1·9 | 10 | 金 | 10 | 己卯 | 1·9 | 9 | 日 | 11 | 己酉 | 1·9 |
| 4 | 9 | 木 | 11 | 庚戌 | 1·9 | 11 | 土 | 11 | 庚辰 | 1·9 | 10 | 月 | 12 | 庚戌 | 1·9 |
| 5 | 10 | 金 | 12 | 辛亥 | 2·8 | 12 | 日 | 12 | 辛巳 | 2·8 | 11 | 火 | 13 | 辛亥 | 2·9 |
| 6 | 11 | 土 | 13 | 壬子 | 2·8 | 13 | 月 | 13 | 壬午 | 2·8 | 12 | 水 | 14 | 壬子 | 2·8 |
| 7 | 12 | 日 | 14 | 癸丑 | 2·8 | 14 | 火 | 14 | 癸未 | 2·8 | 13 | 木 | 15 | 癸丑 | 2·8 |
| 8 | 13 | 月 | 15 | 甲寅 | 3·7 | 15 | 水 | 15 | 甲申 | 3·7 | 14 | 金 | 16 | 甲寅 | 3·8 |
| 9 | 14 | 火 | 16 | 乙卯 | 3·7 | 16 | 木 | 16 | 乙酉 | 3·7 | 15 | 土 | 17 | 乙卯 | 3·7 |
| 10 | 15 | 水 | 17 | 丙辰 | 3·7 | 17 | 金 | 17 | 丙戌 | 3·7 | 16 | 日 | 18 | 丙辰 | 3·7 |
| 11 | 16 | 木 | 18 | 丁巳 | 4·6 | 18 | 土 | 18 | 丁亥 | 4·6 | 17 | 月 | 19 | 丁巳 | 4·7 |
| 12 | 17 | 金 | 19 | 戊午 | 4·6 | 19 | 日 | 19 | 戊子 | 4·6 | 18 | 火 | 20 | 戊午 | 4·6 |
| 13 | 18 | 土 | 20 | 己未 | 4·6 | 20 | 月 | 20 | 己丑 | 4·6 | 19 | 水 | 21 | 己未 | 4·6 |
| 14 | 19 | 日 | 21 | 庚申 | 5·5 | 21 | 火 | 21 | 庚寅 | 5·5 | 20 | 木 | 22 | 庚申 | 5·6 |
| 15 | 20 | 月 | 22 | 辛酉 | 우수 | 22 | 水 | 22 | 辛卯 | 춘분 | 21 | 金 | 23 | 辛酉 | 곡우 |
| 16 | 21 | 火 | 23 | 壬戌 | 5·5 | 23 | 木 | 23 | 壬辰 | 5·5 | 22 | 土 | 24 | 壬戌 | 5·5 |
| 17 | 22 | 水 | 24 | 癸亥 | 6·4 | 24 | 金 | 24 | 癸巳 | 6·4 | 23 | 日 | 25 | 癸亥 | 6·5 |
| 18 | 23 | 木 | 25 | 甲子 | 6·4 | 25 | 土 | 25 | 甲午 | 6·4 | 24 | 月 | 26 | 甲子 | 6·4 |
| 19 | 24 | 金 | 26 | 乙丑 | 6·4 | 26 | 日 | 26 | 乙未 | 6·4 | 25 | 火 | 27 | 乙丑 | 6·4 |
| 20 | 25 | 土 | 27 | 丙寅 | 7·3 | 27 | 月 | 27 | 丙申 | 7·3 | 26 | 水 | 28 | 丙寅 | 7·4 |
| 21 | 26 | 日 | 28 | 丁卯 | 7·3 | 28 | 火 | 28 | 丁酉 | 7·3 | 27 | 木 | 29 | 丁卯 | 7·3 |
| 22 | 27 | 月 | 29 | 戊辰 | 7·3 | 29 | 水 | 29 | 戊戌 | 7·3 | 28 | 金 | 30 | 戊辰 | 7·3 |
| 23 | 28 | 火 | 30 | 己巳 | 8·2 | 30 | 木 | 3/1 | 己亥 | 8·2 | 29 | 土 | 4/1 | 己巳 | 8·3 |
| 24 | 3/1 | 水 | 2/1 | 庚午 | 8·2 | 31 | 金 | 2 | 庚子 | 8·2 | 30 | 日 | 2 | 庚午 | 8·2 |
| 25 | 2 | 木 | 2 | 辛未 | 8·2 | 4/1 | 土 | 3 | 辛丑 | 8·2 | 5/1 | 月 | 3 | 辛未 | 8·2 |
| 26 | 3 | 金 | 3 | 壬申 | 9·1 | 2 | 日 | 4 | 壬寅 | 9·1 | 2 | 火 | 4 | 壬申 | 9·2 |
| 27 | 4 | 土 | 4 | 癸酉 | 9·1 | 3 | 月 | 5 | 癸卯 | 9·1 | 3 | 水 | 5 | 癸酉 | 9·1 |
| 28 | 5 | 日 | 5 | 甲戌 | 9·1 | 4 | 火 | 6 | 甲辰 | 9·1 | 4 | 木 | 6 | 甲戌 | 9·1 |
| 29 | 6 | 月 | 6 | 乙亥 | 10·1 | 5 | 水 | 7 | 乙巳 | 10·1 | 5 | 金 | 7 | 乙亥 | 10·1 |
| 30 | | | | | | | | | | | 6 | 土 | 8 | 丙子 | 10·1 |
| 31 | | | | | | | | | | | | | | | |

| 절기후날수 | 입하절(癸巳月) | | | | | 망종절(甲午月) | | | | | 소서절(乙未月) | | | | |
|---|---|---|---|---|---|---|---|---|---|---|---|---|---|---|---|
| | 立夏 5월7일 1시0분 / 小滿 5월22일 14시19분 | | | | | 芒種 6월7일 5시38분 / 夏至 6월22일 22시36분 | | | | | 小暑 7월8일 16시5분 / 大暑 7월24일 9시29분 | | | | |
| | 양력 | 요일 | 음력 | 일진 | 大運 남·여 | 양력 | 요일 | 음력 | 일진 | 大運 남·여 | 양력 | 요일 | 음력 | 일진 | 大運 남·여 |
| 0 | 5/7 | 日 | 9 | 丁丑 | 입하 | 6/7 | 水 | 11 | 戊申 | 망종 | 7/8 | 土 | 13 | 己卯 | 소서 |
| 1 | 8 | 月 | 10 | 戊寅 | 1·10 | 8 | 木 | 12 | 己酉 | 1·10 | 9 | 日 | 14 | 庚辰 | 1·10 |
| 2 | 9 | 火 | 11 | 己卯 | 1·10 | 9 | 金 | 13 | 庚戌 | 1·10 | 10 | 月 | 15 | 辛巳 | 1·10 |
| 3 | 10 | 水 | 12 | 庚辰 | 1·9 | 10 | 土 | 14 | 辛亥 | 1·9 | 11 | 火 | 16 | 壬午 | 1·10 |
| 4 | 11 | 木 | 13 | 辛巳 | 1·9 | 11 | 日 | 15 | 壬子 | 1·9 | 12 | 水 | 17 | 癸未 | 1·9 |
| 5 | 12 | 金 | 14 | 壬午 | 2·9 | 12 | 月 | 16 | 癸丑 | 2·9 | 13 | 木 | 18 | 甲申 | 2·9 |
| 6 | 13 | 土 | 15 | 癸未 | 2·8 | 13 | 火 | 17 | 甲寅 | 2·8 | 14 | 金 | 19 | 乙酉 | 2·9 |
| 7 | 14 | 日 | 16 | 甲申 | 2·8 | 14 | 水 | 18 | 乙卯 | 2·8 | 15 | 土 | 20 | 丙戌 | 2·8 |
| 8 | 15 | 月 | 17 | 乙酉 | 3·8 | 15 | 木 | 19 | 丙辰 | 3·8 | 16 | 日 | 21 | 丁亥 | 3·8 |
| 9 | 16 | 火 | 18 | 丙戌 | 3·7 | 16 | 金 | 20 | 丁巳 | 3·7 | 17 | 月 | 22 | 戊子 | 3·8 |
| 10 | 17 | 水 | 19 | 丁亥 | 3·7 | 17 | 土 | 21 | 戊午 | 3·7 | 18 | 火 | 23 | 己丑 | 3·7 |
| 11 | 18 | 木 | 20 | 戊子 | 4·7 | 18 | 日 | 22 | 己未 | 4·7 | 19 | 水 | 24 | 庚寅 | 4·7 |
| 12 | 19 | 金 | 21 | 己丑 | 4·6 | 19 | 月 | 23 | 庚申 | 4·6 | 20 | 木 | 25 | 辛卯 | 4·7 |
| 13 | 20 | 土 | 22 | 庚寅 | 4·6 | 20 | 火 | 24 | 辛酉 | 4·6 | 21 | 金 | 26 | 壬辰 | 4·6 |
| 14 | 21 | 日 | 23 | 辛卯 | 5·6 | 21 | 水 | 25 | 壬戌 | 5·6 | 22 | 土 | 27 | 癸巳 | 5·6 |
| 15 | 22 | 月 | 24 | 壬辰 | 소만 | 22 | 木 | 26 | 癸亥 | 하지 | 23 | 日 | 28 | 甲午 | 5·6 |
| 16 | 23 | 火 | 25 | 癸巳 | 5·5 | 23 | 金 | 27 | 甲子 | 5·5 | 24 | 月 | 29 | 乙未 | 대서 |
| 17 | 24 | 水 | 26 | 甲午 | 6·5 | 24 | 土 | 28 | 乙丑 | 6·5 | 25 | 火 | 30 | 丙申 | 6·5 |
| 18 | 25 | 木 | 27 | 乙未 | 6·4 | 25 | 日 | 29 | 丙寅 | 6·4 | 26 | 水 | 윤1 | 丁酉 | 6·5 |
| 19 | 26 | 金 | 28 | 丙申 | 6·4 | 26 | 月 | 6/1 | 丁卯 | 6·4 | 27 | 木 | 윤2 | 戊戌 | 6·4 |
| 20 | 27 | 土 | 29 | 丁酉 | 7·4 | 27 | 火 | 2 | 戊辰 | 7·4 | 28 | 金 | 윤3 | 己亥 | 7·4 |
| 21 | 28 | 日 | 5/1 | 戊戌 | 7·3 | 28 | 水 | 3 | 己巳 | 7·3 | 29 | 土 | 윤4 | 庚子 | 7·4 |
| 22 | 29 | 月 | 2 | 己亥 | 7·3 | 29 | 木 | 4 | 庚午 | 7·3 | 30 | 日 | 윤5 | 辛丑 | 7·3 |
| 23 | 30 | 火 | 3 | 庚子 | 8·3 | 30 | 金 | 5 | 辛未 | 8·3 | 31 | 月 | 윤6 | 壬寅 | 8·3 |
| 24 | 31 | 水 | 4 | 辛丑 | 8·2 | 7/1 | 土 | 6 | 壬申 | 8·2 | 8/1 | 火 | 윤7 | 癸卯 | 8·3 |
| 25 | 6/1 | 木 | 5 | 壬寅 | 8·2 | 2 | 日 | 7 | 癸酉 | 8·2 | 2 | 水 | 윤8 | 甲辰 | 8·2 |
| 26 | 2 | 金 | 6 | 癸卯 | 9·2 | 3 | 月 | 8 | 甲戌 | 9·2 | 3 | 木 | 윤9 | 乙巳 | 9·2 |
| 27 | 3 | 土 | 7 | 甲辰 | 9·1 | 4 | 火 | 9 | 乙亥 | 9·1 | 4 | 金 | 윤10 | 丙午 | 9·2 |
| 28 | 4 | 日 | 8 | 乙巳 | 9·1 | 5 | 水 | 10 | 丙子 | 9·1 | 5 | 土 | 윤11 | 丁未 | 9·1 |
| 29 | 5 | 月 | 9 | 丙午 | 10·1 | 6 | 木 | 11 | 丁丑 | 10·1 | 6 | 日 | 윤12 | 戊申 | 10·1 |
| 30 | 6 | 火 | 10 | 丁未 | 10·1 | 7 | 金 | 12 | 戊寅 | 10·1 | 7 | 月 | 윤13 | 己酉 | 10·1 |
| 31 | | | | | | | | | | | 8 | 火 | 윤14 | 庚戌 | 10·1 |

▶윤달-6월

# 辛亥年

| 절기후날수 | 입추절(丙申月) 立秋 8월9일 1시44분 處暑 8월24일 16시13분 | | | | | 백로절(丁酉月) 白露 9월9일 4시13분 秋分 9월24일 13시18분 | | | | | 한로절(戊戌月) 寒露 10월9일 19시15분 霜降 10월24일 21시58분 | | | | | 입동절(己亥月) 立冬 11월8일 21시47분 小雪 11월23일 18시56분 | | | | | 대설절(庚子月) 大雪 12월8일 14시8분 冬至 12월23일 7시53분 | | | | | 소한절(辛丑月) 小寒 1월7일 1시8분 大寒 1월21일 18시29분 | | | | |
|---|---|---|---|---|---|---|---|---|---|---|---|---|---|---|---|---|---|---|---|---|---|---|---|---|---|---|---|---|---|---|
| | 양력 | 요일 | 음력 | 일진 | 大運 남·여 | 양력 | 요일 | 음력 | 일진 | 大運 남·여 | 양력 | 요일 | 음력 | 일진 | 大運 남·여 | 양력 | 요일 | 음력 | 일진 | 大運 남·여 | 양력 | 요일 | 음력 | 일진 | 大運 남·여 | 양력 | 요일 | 음력 | 일진 | 大運 남·여 |
| 0 | 8/9 | 水 | 윤15 | 辛亥 | 입추 | 9/9 | 土 | 17 | 壬午 | 백로 | 10/9 | 月 | 18 | 壬子 | 한로 | 11/8 | 水 | 18 | 壬午 | 입동 | 12/8 | 金 | 18 | 壬子 | 대설 | 1/7 | 日 | 19 | 壬午 | 소한 |
| 1 | 10 | 木 | 윤16 | 壬子 | 1·10 | 10 | 日 | 18 | 癸未 | 1·10 | 10 | 火 | 19 | 癸丑 | 1·10 | 9 | 木 | 19 | 癸未 | 1·10 | 9 | 土 | 19 | 癸丑 | 1·10 | 8 | 月 | 20 | 癸未 | 1·9 |
| 2 | 11 | 金 | 윤17 | 癸丑 | 1·10 | 11 | 月 | 19 | 甲申 | 1·9 | 11 | 水 | 20 | 甲寅 | 1·9 | 10 | 金 | 20 | 甲申 | 1·9 | 10 | 日 | 20 | 甲寅 | 1·9 | 9 | 火 | 21 | 甲申 | 1·9 |
| 3 | 12 | 土 | 윤18 | 甲寅 | 1·9 | 12 | 火 | 20 | 乙酉 | 1·9 | 12 | 木 | 21 | 乙卯 | 1·9 | 11 | 土 | 21 | 乙酉 | 1·9 | 11 | 月 | 21 | 乙卯 | 1·9 | 10 | 水 | 22 | 乙酉 | 1·9 |
| 4 | 13 | 日 | 윤19 | 乙卯 | 1·9 | 13 | 水 | 21 | 丙戌 | 1·9 | 13 | 金 | 22 | 丙辰 | 1·9 | 12 | 日 | 22 | 丙戌 | 1·9 | 12 | 火 | 22 | 丙辰 | 1·9 | 11 | 木 | 23 | 丙戌 | 1·8 |
| 5 | 14 | 月 | 윤20 | 丙辰 | 2·9 | 14 | 木 | 22 | 丁亥 | 2·8 | 14 | 土 | 23 | 丁巳 | 2·8 | 13 | 月 | 23 | 丁亥 | 2·8 | 13 | 水 | 23 | 丁巳 | 2·8 | 12 | 金 | 24 | 丁亥 | 2·8 |
| 6 | 15 | 火 | 윤21 | 丁巳 | 2·8 | 15 | 金 | 23 | 戊子 | 2·8 | 15 | 日 | 24 | 戊午 | 2·8 | 14 | 火 | 24 | 戊子 | 2·8 | 14 | 木 | 24 | 戊午 | 2·8 | 13 | 土 | 25 | 戊子 | 2·8 |
| 7 | 16 | 水 | 윤22 | 戊午 | 2·8 | 16 | 土 | 24 | 己丑 | 2·8 | 16 | 月 | 25 | 己未 | 2·8 | 15 | 水 | 25 | 己丑 | 2·8 | 15 | 金 | 25 | 己未 | 2·8 | 14 | 日 | 26 | 己丑 | 2·7 |
| 8 | 17 | 木 | 윤23 | 己未 | 3·8 | 17 | 日 | 25 | 庚寅 | 3·7 | 17 | 火 | 26 | 庚申 | 3·7 | 16 | 木 | 26 | 庚寅 | 3·7 | 16 | 土 | 26 | 庚申 | 3·7 | 15 | 月 | 27 | 庚寅 | 3·7 |
| 9 | 18 | 金 | 윤24 | 庚申 | 3·7 | 18 | 月 | 26 | 辛卯 | 3·7 | 18 | 水 | 27 | 辛酉 | 3·7 | 17 | 金 | 27 | 辛卯 | 3·7 | 17 | 日 | 27 | 辛酉 | 3·7 | 16 | 火 | 28 | 辛卯 | 3·7 |
| 10 | 19 | 土 | 윤25 | 辛酉 | 3·7 | 19 | 火 | 27 | 壬辰 | 3·7 | 19 | 木 | 28 | 壬戌 | 3·7 | 18 | 土 | 28 | 壬辰 | 3·7 | 18 | 月 | 28 | 壬戌 | 3·7 | 17 | 水 | 29 | 壬辰 | 3·6 |
| 11 | 20 | 日 | 윤26 | 壬戌 | 4·7 | 20 | 水 | 28 | 癸巳 | 4·6 | 20 | 金 | 29 | 癸亥 | 4·6 | 19 | 日 | 29 | 癸巳 | 4·6 | 19 | 火 | 29 | 癸亥 | 4·6 | 18 | 木 | 30 | 癸巳 | 4·6 |
| 12 | 21 | 月 | 윤27 | 癸亥 | 4·6 | 21 | 木 | 29 | 甲午 | 4·6 | 21 | 土 | 30 | 甲子 | 4·6 | 20 | 月 | 30 | 甲午 | 4·6 | 20 | 水 | 11/1 | 甲子 | 4·6 | 19 | 金 | 12/1 | 甲午 | 4·6 |
| 13 | 22 | 火 | 윤28 | 甲子 | 4·6 | 22 | 金 | 8/1 | 乙未 | 4·6 | 22 | 日 | 9/1 | 乙丑 | 4·6 | 21 | 火 | 10/1 | 乙未 | 4·6 | 21 | 木 | 2 | 乙丑 | 4·6 | 20 | 土 | 2 | 乙未 | 4·5 |
| 14 | 23 | 水 | 윤29 | 乙丑 | 5·6 | 23 | 土 | 2 | 丙申 | 5·5 | 23 | 月 | 2 | 丙寅 | 5·5 | 22 | 水 | 2 | 丙申 | 5·5 | 22 | 金 | 3 | 丙寅 | 5·5 | 21 | 日 | 3 | 丙申 | 대한 |
| 15 | 24 | 木 | 7/1 | 丙寅 | 처서 | 24 | 日 | 3 | 丁酉 | 추분 | 24 | 火 | 3 | 丁卯 | 상강 | 23 | 木 | 3 | 丁酉 | 소설 | 23 | 土 | 4 | 丁卯 | 동지 | 22 | 月 | 4 | 丁酉 | 5·5 |
| 16 | 25 | 金 | 2 | 丁卯 | 5·5 | 25 | 月 | 4 | 戊戌 | 5·5 | 25 | 水 | 4 | 戊辰 | 5·5 | 24 | 金 | 4 | 戊戌 | 5·5 | 24 | 日 | 5 | 戊辰 | 5·5 | 23 | 火 | 5 | 戊戌 | 5·4 |
| 17 | 26 | 土 | 3 | 戊辰 | 6·5 | 26 | 火 | 5 | 己亥 | 6·4 | 26 | 木 | 5 | 己巳 | 6·4 | 25 | 土 | 5 | 己亥 | 6·4 | 25 | 月 | 6 | 己巳 | 6·4 | 24 | 水 | 6 | 己亥 | 6·4 |
| 18 | 27 | 日 | 4 | 己巳 | 6·4 | 27 | 水 | 6 | 庚子 | 6·4 | 27 | 金 | 6 | 庚午 | 6·4 | 26 | 日 | 6 | 庚子 | 6·4 | 26 | 火 | 7 | 庚午 | 6·4 | 25 | 木 | 7 | 庚子 | 6·4 |
| 19 | 28 | 月 | 5 | 庚午 | 6·4 | 28 | 木 | 7 | 辛丑 | 6·4 | 28 | 土 | 7 | 辛未 | 6·4 | 27 | 月 | 7 | 辛丑 | 6·4 | 27 | 水 | 8 | 辛未 | 6·4 | 26 | 金 | 8 | 辛丑 | 6·3 |
| 20 | 29 | 火 | 6 | 辛未 | 7·4 | 29 | 金 | 8 | 壬寅 | 7·3 | 29 | 日 | 8 | 壬申 | 7·3 | 28 | 火 | 8 | 壬寅 | 7·3 | 28 | 木 | 9 | 壬申 | 7·3 | 27 | 土 | 9 | 壬寅 | 7·3 |
| 21 | 30 | 水 | 7 | 壬申 | 7·3 | 30 | 土 | 9 | 癸卯 | 7·3 | 30 | 月 | 9 | 癸酉 | 7·3 | 29 | 水 | 9 | 癸卯 | 7·3 | 29 | 金 | 10 | 癸酉 | 7·3 | 28 | 日 | 10 | 癸卯 | 7·3 |
| 22 | 31 | 木 | 8 | 癸酉 | 7·3 | 10/1 | 日 | 10 | 甲辰 | 7·3 | 31 | 火 | 10 | 甲戌 | 7·3 | 30 | 木 | 10 | 甲辰 | 7·3 | 30 | 土 | 11 | 甲戌 | 7·3 | 29 | 月 | 11 | 甲辰 | 7·2 |
| 23 | 9/1 | 金 | 9 | 甲戌 | 8·3 | 2 | 月 | 11 | 乙巳 | 8·2 | 11/1 | 水 | 11 | 乙亥 | 8·2 | 12/1 | 金 | 11 | 乙巳 | 8·2 | 31 | 日 | 12 | 乙亥 | 8·2 | 30 | 火 | 12 | 乙巳 | 8·2 |
| 24 | 2 | 土 | 10 | 乙亥 | 8·2 | 3 | 火 | 12 | 丙午 | 8·2 | 2 | 木 | 12 | 丙子 | 8·2 | 2 | 土 | 12 | 丙午 | 8·2 | 1/1 | 月 | 13 | 丙子 | 8·2 | 31 | 水 | 13 | 丙午 | 8·2 |
| 25 | 3 | 日 | 11 | 丙子 | 8·2 | 4 | 水 | 13 | 丁未 | 8·2 | 3 | 金 | 13 | 丁丑 | 8·2 | 3 | 日 | 13 | 丁未 | 8·2 | 2 | 火 | 14 | 丁丑 | 8·2 | 2/1 | 木 | 14 | 丁未 | 8·1 |
| 26 | 4 | 月 | 12 | 丁丑 | 9·2 | 5 | 木 | 14 | 戊申 | 9·1 | 4 | 土 | 14 | 戊寅 | 9·1 | 4 | 月 | 14 | 戊申 | 9·1 | 3 | 水 | 15 | 戊寅 | 9·1 | 2 | 金 | 15 | 戊申 | 9·1 |
| 27 | 5 | 火 | 13 | 戊寅 | 9·1 | 6 | 金 | 15 | 己酉 | 9·1 | 5 | 日 | 15 | 己卯 | 9·1 | 5 | 火 | 15 | 己酉 | 9·1 | 4 | 木 | 16 | 己卯 | 9·1 | 3 | 土 | 16 | 己酉 | 9·1 |
| 28 | 6 | 水 | 14 | 己卯 | 9·1 | 7 | 土 | 16 | 庚戌 | 9·1 | 6 | 月 | 16 | 庚辰 | 9·1 | 6 | 水 | 16 | 庚戌 | 9·1 | 5 | 金 | 17 | 庚辰 | 9·1 | 4 | 日 | 17 | 庚戌 | 9·1 |
| 29 | 7 | 木 | 15 | 庚辰 | 10·1 | 8 | 日 | 17 | 辛亥 | 10·1 | 7 | 火 | 17 | 辛巳 | 10·1 | 7 | 木 | 17 | 辛亥 | 10·1 | 6 | 土 | 18 | 辛巳 | 10·1 | | | | | |
| 30 | 8 | 金 | 16 | 辛巳 | 10·1 | | | | | | | | | | | | | | | | | | | | | | | | | |
| 31 | | | | | | | | | | | | | | | | | | | | | | | | | | | | | | |

# 서기 1912년 [단기 4245년]

| 절기후날수 | 입춘절(壬寅月) 立春 2월5일 12시54분 雨水 2월20일 8시56분 | | | | | 경칩절(癸卯月) 驚蟄 3월6일 7시21분 春分 3월21일 8시29분 | | | | | 청명절(甲辰月) 淸明 4월5일 12시48분 穀雨 4월20일 20시12분 | | | | | 입하절(乙巳月) 立夏 5월6일 6시47분 小滿 5월21일 19시57분 | | | | | 망종절(丙午月) 芒種 6월6일 11시28분 夏至 6월22일 4시17분 | | | | | 소서절(丁未月) 小暑 7월7일 21시57분 大暑 7월23일 15시14분 | | | | |
|---|---|---|---|---|---|---|---|---|---|---|---|---|---|---|---|---|---|---|---|---|---|---|---|---|---|---|---|---|---|---|
| | 양력 | 요일 | 음력 | 일진 | 大運 남·여 | 양력 | 요일 | 음력 | 일진 | 大運 남·여 | 양력 | 요일 | 음력 | 일진 | 大運 남·여 | 양력 | 요일 | 음력 | 일진 | 大運 남·여 | 양력 | 요일 | 음력 | 일진 | 大運 남·여 | 양력 | 요일 | 음력 | 일진 | 大運 남·여 |
| 0 | 2/5 | 月 | 18 | 辛亥 | 입춘 | 3/6 | 水 | 18 | 辛巳 | 경칩 | 4/5 | 金 | 18 | 辛亥 | 청명 | 5/6 | 月 | 20 | 壬午 | 입하 | 6/6 | 木 | 21 | 癸丑 | 망종 | 7/7 | 日 | 23 | 甲申 | 소서 |
| 1 | 6 | 火 | 19 | 壬子 | 10·1 | 7 | 木 | 19 | 壬午 | 10·1 | 6 | 土 | 19 | 壬子 | 10·1 | 7 | 火 | 21 | 癸未 | 10·1 | 7 | 金 | 22 | 甲寅 | 10·1 | 8 | 月 | 24 | 乙酉 | 10·1 |
| 2 | 7 | 水 | 20 | 癸丑 | 9·1 | 8 | 金 | 20 | 癸未 | 9·1 | 7 | 日 | 20 | 癸丑 | 10·1 | 8 | 水 | 22 | 甲申 | 10·1 | 8 | 土 | 23 | 乙卯 | 10·1 | 9 | 火 | 25 | 丙戌 | 10·1 |
| 3 | 8 | 木 | 21 | 甲寅 | 9·1 | 9 | 土 | 21 | 甲申 | 9·1 | 8 | 月 | 21 | 甲寅 | 9·1 | 9 | 木 | 23 | 乙酉 | 9·1 | 9 | 日 | 24 | 丙辰 | 9·1 | 10 | 水 | 26 | 丁亥 | 10·1 |
| 4 | 9 | 金 | 22 | 乙卯 | 9·1 | 10 | 日 | 22 | 乙酉 | 9·1 | 9 | 火 | 22 | 乙卯 | 9·1 | 10 | 金 | 24 | 丙戌 | 9·1 | 10 | 月 | 25 | 丁巳 | 9·1 | 11 | 木 | 27 | 戊子 | 9·1 |
| 5 | 10 | 土 | 23 | 丙辰 | 8·2 | 11 | 月 | 23 | 丙戌 | 8·2 | 10 | 水 | 23 | 丙辰 | 9·2 | 11 | 土 | 25 | 丁亥 | 9·2 | 11 | 火 | 26 | 戊午 | 9·2 | 12 | 金 | 28 | 己丑 | 9·2 |
| 6 | 11 | 日 | 24 | 丁巳 | 8·2 | 12 | 火 | 24 | 丁亥 | 8·2 | 11 | 木 | 24 | 丁巳 | 8·2 | 12 | 日 | 26 | 戊子 | 8·2 | 12 | 水 | 27 | 己未 | 8·2 | 13 | 土 | 29 | 庚寅 | 9·2 |
| 7 | 12 | 月 | 25 | 戊午 | 8·2 | 13 | 水 | 25 | 戊子 | 8·2 | 12 | 金 | 25 | 戊午 | 8·2 | 13 | 月 | 27 | 己丑 | 8·2 | 13 | 木 | 28 | 庚申 | 8·2 | 14 | 日 | 6/1 | 辛卯 | 8·2 |
| 8 | 13 | 火 | 26 | 己未 | 7·3 | 14 | 木 | 26 | 己丑 | 7·3 | 13 | 土 | 26 | 己未 | 8·3 | 14 | 火 | 28 | 庚寅 | 8·3 | 14 | 金 | 29 | 辛酉 | 8·3 | 15 | 月 | 2 | 壬辰 | 8·3 |
| 9 | 14 | 水 | 27 | 庚申 | 7·3 | 15 | 金 | 27 | 庚寅 | 7·3 | 14 | 日 | 27 | 庚申 | 7·3 | 15 | 水 | 29 | 辛卯 | 7·3 | 15 | 土 | 5/1 | 壬戌 | 7·3 | 16 | 火 | 3 | 癸巳 | 8·3 |
| 10 | 15 | 木 | 28 | 辛酉 | 7·3 | 16 | 土 | 28 | 辛卯 | 7·3 | 15 | 月 | 28 | 辛酉 | 7·3 | 16 | 木 | 30 | 壬辰 | 7·3 | 16 | 日 | 2 | 癸亥 | 7·3 | 17 | 水 | 4 | 甲午 | 7·3 |
| 11 | 16 | 金 | 29 | 壬戌 | 6·4 | 17 | 日 | 29 | 壬辰 | 6·4 | 16 | 火 | 29 | 壬戌 | 7·4 | 17 | 金 | 4/1 | 癸巳 | 7·4 | 17 | 月 | 3 | 甲子 | 7·4 | 18 | 木 | 5 | 乙未 | 7·4 |
| 12 | 17 | 土 | 30 | 癸亥 | 6·4 | 18 | 月 | 30 | 癸巳 | 6·4 | 17 | 水 | 3/1 | 癸亥 | 6·4 | 18 | 土 | 2 | 甲午 | 6·4 | 18 | 火 | 4 | 乙丑 | 6·4 | 19 | 金 | 6 | 丙申 | 7·4 |
| 13 | 18 | 日 | 1/1 | 甲子 | 6·4 | 19 | 火 | 2/1 | 甲午 | 6·4 | 18 | 木 | 2 | 甲子 | 6·4 | 19 | 日 | 3 | 乙未 | 6·4 | 19 | 水 | 5 | 丙寅 | 6·4 | 20 | 土 | 7 | 丁酉 | 6·4 |
| 14 | 19 | 月 | 2 | 乙丑 | 5·5 | 20 | 水 | 2 | 乙未 | 5·5 | 19 | 金 | 3 | 乙丑 | 6·5 | 20 | 月 | 4 | 丙申 | 6·5 | 20 | 木 | 6 | 丁卯 | 6·5 | 21 | 日 | 8 | 戊戌 | 6·5 |
| 15 | 20 | 火 | 3 | 丙寅 | 우수 | 21 | 木 | 3 | 丙申 | 춘분 | 20 | 土 | 4 | 丙寅 | 곡우 | 21 | 火 | 5 | 丁酉 | 소만 | 21 | 金 | 7 | 戊辰 | 5·5 | 22 | 月 | 9 | 己亥 | 6·5 |
| 16 | 21 | 水 | 4 | 丁卯 | 5·5 | 22 | 金 | 4 | 丁酉 | 5·5 | 21 | 日 | 5 | 丁卯 | 5·5 | 22 | 水 | 6 | 戊戌 | 5·5 | 22 | 土 | 8 | 己巳 | 하지 | 23 | 火 | 10 | 庚子 | 대서 |
| 17 | 22 | 木 | 5 | 戊辰 | 4·6 | 23 | 土 | 5 | 戊戌 | 4·6 | 22 | 月 | 6 | 戊辰 | 5·6 | 23 | 木 | 7 | 己亥 | 5·6 | 23 | 日 | 9 | 庚午 | 5·6 | 24 | 水 | 11 | 辛丑 | 5·6 |
| 18 | 23 | 金 | 6 | 己巳 | 4·6 | 24 | 日 | 6 | 己亥 | 4·6 | 23 | 火 | 7 | 己巳 | 4·6 | 24 | 金 | 8 | 庚子 | 4·6 | 24 | 月 | 10 | 辛未 | 4·6 | 25 | 木 | 12 | 壬寅 | 5·6 |
| 19 | 24 | 土 | 7 | 庚午 | 4·6 | 25 | 月 | 7 | 庚子 | 4·6 | 24 | 水 | 8 | 庚午 | 4·6 | 25 | 土 | 9 | 辛丑 | 4·6 | 25 | 火 | 11 | 壬申 | 4·6 | 26 | 金 | 13 | 癸卯 | 4·6 |
| 20 | 25 | 日 | 8 | 辛未 | 3·7 | 26 | 火 | 8 | 辛丑 | 3·7 | 25 | 木 | 9 | 辛未 | 4·7 | 26 | 日 | 10 | 壬寅 | 4·7 | 26 | 水 | 12 | 癸酉 | 4·7 | 27 | 土 | 14 | 甲辰 | 4·7 |
| 21 | 26 | 月 | 9 | 壬申 | 3·7 | 27 | 水 | 9 | 壬寅 | 3·7 | 26 | 金 | 10 | 壬申 | 3·7 | 27 | 月 | 11 | 癸卯 | 3·7 | 27 | 木 | 13 | 甲戌 | 3·7 | 28 | 日 | 15 | 乙巳 | 4·7 |
| 22 | 27 | 火 | 10 | 癸酉 | 3·7 | 28 | 木 | 10 | 癸卯 | 3·7 | 27 | 土 | 11 | 癸酉 | 3·7 | 28 | 火 | 12 | 甲辰 | 3·7 | 28 | 金 | 14 | 乙亥 | 3·7 | 29 | 月 | 16 | 丙午 | 3·7 |
| 23 | 28 | 水 | 11 | 甲戌 | 2·8 | 29 | 金 | 11 | 甲辰 | 2·8 | 28 | 日 | 12 | 甲戌 | 3·8 | 29 | 水 | 13 | 乙巳 | 3·8 | 29 | 土 | 15 | 丙子 | 3·8 | 30 | 火 | 17 | 丁未 | 3·8 |
| 24 | 29 | 木 | 12 | 乙亥 | 2·8 | 30 | 土 | 12 | 乙巳 | 2·8 | 29 | 月 | 13 | 乙亥 | 2·8 | 30 | 木 | 14 | 丙午 | 2·8 | 30 | 日 | 16 | 丁丑 | 2·8 | 31 | 水 | 18 | 戊申 | 3·8 |
| 25 | 3/1 | 金 | 13 | 丙子 | 2·8 | 31 | 日 | 13 | 丙午 | 2·8 | 30 | 火 | 14 | 丙子 | 2·8 | 31 | 金 | 15 | 丁未 | 2·8 | 7/1 | 月 | 17 | 戊寅 | 2·8 | 8/1 | 木 | 19 | 己酉 | 2·8 |
| 26 | 2 | 土 | 14 | 丁丑 | 1·9 | 4/1 | 月 | 14 | 丁未 | 1·9 | 5/1 | 水 | 15 | 丁丑 | 2·9 | 6/1 | 土 | 16 | 戊申 | 2·9 | 2 | 火 | 18 | 己卯 | 2·9 | 2 | 金 | 20 | 庚戌 | 2·9 |
| 27 | 3 | 日 | 15 | 戊寅 | 1·9 | 2 | 火 | 15 | 戊申 | 1·9 | 2 | 木 | 16 | 戊寅 | 1·9 | 2 | 日 | 17 | 己酉 | 1·9 | 3 | 水 | 19 | 庚辰 | 1·9 | 3 | 土 | 21 | 辛亥 | 2·9 |
| 28 | 4 | 月 | 16 | 己卯 | 1·9 | 3 | 水 | 16 | 己酉 | 1·9 | 3 | 金 | 17 | 己卯 | 1·9 | 3 | 月 | 18 | 庚戌 | 1·9 | 4 | 木 | 20 | 辛巳 | 1·9 | 4 | 日 | 22 | 壬子 | 1·9 |
| 29 | 5 | 火 | 17 | 庚辰 | 1·10 | 4 | 木 | 17 | 庚戌 | 1·10 | 4 | 土 | 18 | 庚辰 | 1·10 | 4 | 火 | 19 | 辛亥 | 1·10 | 5 | 金 | 21 | 壬午 | 1·10 | 5 | 月 | 23 | 癸丑 | 1·10 |
| 30 | | | | | | | | | | | 5 | 日 | 19 | 辛巳 | 1·10 | 5 | 水 | 20 | 壬子 | 1·10 | 6 | 土 | 22 | 癸未 | 1·10 | 6 | 火 | 24 | 甲寅 | 1·10 |
| 31 | | | | | | | | | | | | | | | | | | | | | | | | | | 7 | 水 | 25 | 乙卯 | 1·10 |

# 壬子年

| 절기후날수 | 입추절(戊申月)<br>立秋 8월8일 7시37분<br>處暑 8월23일 22시1분 | | | | | 백로절(己酉月)<br>白露 9월8일 10시6분<br>秋分 9월23일 19시8분 | | | | | 한로절(庚戌月)<br>寒露 10월9일 1시7분<br>霜降 10월24일 3시50분 | | | | | 입동절(辛亥月)<br>立冬 11월8일 3시39분<br>小雪 11월23일 0시48분 | | | | | 대설절(壬子月)<br>大雪 12월7일 19시59분<br>冬至 12월22일 13시45분 | | | | | 소한절(癸丑月)<br>小寒 1월6일 6시58분<br>大寒 1월21일 0시19분 | | | | |
|---|---|---|---|---|---|---|---|---|---|---|---|---|---|---|---|---|---|---|---|---|---|---|---|---|---|---|---|---|---|---|
| | 양력 | 요일 | 음력 | 일진 | 大運 남·여 | 양력 | 요일 | 음력 | 일진 | 大運 남·여 | 양력 | 요일 | 음력 | 일진 | 大運 남·여 | 양력 | 요일 | 음력 | 일진 | 大運 남·여 | 양력 | 요일 | 음력 | 일진 | 大運 남·여 | 양력 | 요일 | 음력 | 일진 | 大運 남·여 |
| 0 | 8/8 | 木 | 26 | 丙辰 | 입추 | 9/8 | 日 | 27 | 丁亥 | 백로 | 10/9 | 水 | 29 | 戊午 | 한로 | 11/8 | 金 | 30 | 戊子 | 입동 | 12/7 | 土 | 29 | 丁巳 | 대설 | 1/6 | 月 | 29 | 丁亥 | 소한 |
| 1 | 9 | 金 | 27 | 丁巳 | 10·1 | 9 | 月 | 28 | 戊子 | 10·1 | 10 | 木 | 9/1 | 己未 | 10·1 | 9 | 土 | 10/1 | 己丑 | 9·1 | 8 | 日 | 30 | 戊午 | 10·1 | 7 | 火 | 12/1 | 戊子 | 9·1 |
| 2 | 10 | 土 | 28 | 戊午 | 10·1 | 10 | 火 | 29 | 己丑 | 10·1 | 11 | 金 | 2 | 庚申 | 9·1 | 10 | 日 | 2 | 庚寅 | 9·1 | 9 | 月 | 11/1 | 己未 | 9·1 | 8 | 水 | 2 | 己丑 | 9·1 |
| 3 | 11 | 日 | 29 | 己未 | 9·1 | 11 | 水 | 8/1 | 庚寅 | 9·1 | 12 | 土 | 3 | 辛酉 | 9·1 | 11 | 月 | 3 | 辛卯 | 9·1 | 10 | 火 | 2 | 庚申 | 9·1 | 9 | 木 | 3 | 庚寅 | 9·1 |
| 4 | 12 | 月 | 30 | 庚申 | 9·1 | 12 | 木 | 2 | 辛卯 | 9·1 | 13 | 日 | 4 | 壬戌 | 9·1 | 12 | 火 | 4 | 壬辰 | 8·1 | 11 | 水 | 3 | 辛酉 | 9·1 | 10 | 金 | 4 | 辛卯 | 8·1 |
| 5 | 13 | 火 | 7/1 | 辛酉 | 9·2 | 13 | 金 | 3 | 壬辰 | 9·2 | 14 | 月 | 5 | 癸亥 | 8·2 | 13 | 水 | 5 | 癸巳 | 8·2 | 12 | 木 | 4 | 壬戌 | 8·2 | 11 | 土 | 5 | 壬辰 | 8·2 |
| 6 | 14 | 水 | 2 | 壬戌 | 8·2 | 14 | 土 | 4 | 癸巳 | 8·2 | 15 | 火 | 6 | 甲子 | 8·2 | 14 | 木 | 6 | 甲午 | 8·2 | 13 | 金 | 5 | 癸亥 | 8·2 | 12 | 日 | 6 | 癸巳 | 8·2 |
| 7 | 15 | 木 | 3 | 癸亥 | 8·2 | 15 | 日 | 5 | 甲午 | 8·2 | 16 | 水 | 7 | 乙丑 | 8·2 | 15 | 金 | 7 | 乙未 | 7·2 | 14 | 土 | 6 | 甲子 | 8·2 | 13 | 月 | 7 | 甲午 | 7·2 |
| 8 | 16 | 金 | 4 | 甲子 | 8·3 | 16 | 月 | 6 | 乙未 | 8·3 | 17 | 木 | 8 | 丙寅 | 7·3 | 16 | 土 | 8 | 丙申 | 7·3 | 15 | 日 | 7 | 乙丑 | 7·3 | 14 | 火 | 8 | 乙未 | 7·3 |
| 9 | 17 | 土 | 5 | 乙丑 | 7·3 | 17 | 火 | 7 | 丙申 | 7·3 | 18 | 金 | 9 | 丁卯 | 7·3 | 17 | 日 | 9 | 丁酉 | 7·3 | 16 | 月 | 8 | 丙寅 | 7·3 | 15 | 水 | 9 | 丙申 | 7·3 |
| 10 | 18 | 日 | 6 | 丙寅 | 7·3 | 18 | 水 | 8 | 丁酉 | 7·3 | 19 | 土 | 10 | 戊辰 | 7·3 | 18 | 月 | 10 | 戊戌 | 6·3 | 17 | 火 | 9 | 丁卯 | 7·3 | 16 | 木 | 10 | 丁酉 | 6·3 |
| 11 | 19 | 月 | 7 | 丁卯 | 7·4 | 19 | 木 | 9 | 戊戌 | 7·4 | 20 | 日 | 11 | 己巳 | 6·4 | 19 | 火 | 11 | 己亥 | 6·4 | 18 | 水 | 10 | 戊辰 | 6·4 | 17 | 金 | 11 | 戊戌 | 6·4 |
| 12 | 20 | 火 | 8 | 戊辰 | 6·4 | 20 | 金 | 10 | 己亥 | 6·4 | 21 | 月 | 12 | 庚午 | 6·4 | 20 | 水 | 12 | 庚子 | 6·4 | 19 | 木 | 11 | 己巳 | 6·4 | 18 | 土 | 12 | 己亥 | 6·4 |
| 13 | 21 | 水 | 9 | 己巳 | 6·4 | 21 | 土 | 11 | 庚子 | 6·4 | 22 | 火 | 13 | 辛未 | 6·4 | 21 | 木 | 13 | 辛丑 | 5·4 | 20 | 金 | 12 | 庚午 | 6·4 | 19 | 日 | 13 | 庚子 | 5·4 |
| 14 | 22 | 木 | 10 | 庚午 | 6·5 | 22 | 日 | 12 | 辛丑 | 6·5 | 23 | 水 | 14 | 壬申 | 5·5 | 22 | 金 | 14 | 壬寅 | 5·5 | 21 | 土 | 13 | 辛未 | 5·5 | 20 | 月 | 14 | 辛丑 | 5·5 |
| 15 | 23 | 金 | 11 | 辛未 | 처서 | 23 | 月 | 13 | 壬寅 | 추분 | 24 | 木 | 15 | 癸酉 | 상강 | 23 | 土 | 15 | 癸卯 | 소설 | 22 | 日 | 14 | 壬申 | 동지 | 21 | 火 | 15 | 壬寅 | 대한 |
| 16 | 24 | 土 | 12 | 壬申 | 5·5 | 24 | 火 | 14 | 癸卯 | 5·5 | 25 | 金 | 16 | 甲戌 | 5·5 | 24 | 日 | 16 | 甲辰 | 4·5 | 23 | 月 | 15 | 癸酉 | 5·5 | 22 | 水 | 16 | 癸卯 | 4·5 |
| 17 | 25 | 日 | 13 | 癸酉 | 5·6 | 25 | 水 | 15 | 甲辰 | 5·6 | 26 | 土 | 17 | 乙亥 | 4·6 | 25 | 月 | 17 | 乙巳 | 4·6 | 24 | 火 | 16 | 甲戌 | 4·6 | 23 | 木 | 17 | 甲辰 | 4·6 |
| 18 | 26 | 月 | 14 | 甲戌 | 4·6 | 26 | 木 | 16 | 乙巳 | 4·6 | 27 | 日 | 18 | 丙子 | 4·6 | 26 | 火 | 18 | 丙午 | 4·6 | 25 | 水 | 17 | 乙亥 | 4·6 | 24 | 金 | 18 | 乙巳 | 4·6 |
| 19 | 27 | 火 | 15 | 乙亥 | 4·6 | 27 | 金 | 17 | 丙午 | 4·6 | 28 | 月 | 19 | 丁丑 | 4·6 | 27 | 水 | 19 | 丁未 | 3·6 | 26 | 木 | 18 | 丙子 | 4·6 | 25 | 土 | 19 | 丙午 | 3·6 |
| 20 | 28 | 水 | 16 | 丙子 | 4·7 | 28 | 土 | 18 | 丁未 | 4·7 | 29 | 火 | 20 | 戊寅 | 3·7 | 28 | 木 | 20 | 戊申 | 3·7 | 27 | 金 | 19 | 丁丑 | 3·7 | 26 | 日 | 20 | 丁未 | 3·7 |
| 21 | 29 | 木 | 17 | 丁丑 | 3·7 | 29 | 日 | 19 | 戊申 | 3·7 | 30 | 水 | 21 | 己卯 | 3·7 | 29 | 金 | 21 | 己酉 | 3·7 | 28 | 土 | 20 | 戊寅 | 3·7 | 27 | 月 | 21 | 戊申 | 3·7 |
| 22 | 30 | 金 | 18 | 戊寅 | 3·7 | 30 | 月 | 20 | 己酉 | 3·7 | 31 | 木 | 22 | 庚辰 | 3·7 | 30 | 土 | 22 | 庚戌 | 2·7 | 29 | 日 | 21 | 己卯 | 3·7 | 28 | 火 | 22 | 己酉 | 2·7 |
| 23 | 31 | 土 | 19 | 己卯 | 3·8 | 10/1 | 火 | 21 | 庚戌 | 3·8 | 11/1 | 金 | 23 | 辛巳 | 2·8 | 12/1 | 日 | 23 | 辛亥 | 2·8 | 30 | 月 | 22 | 庚辰 | 2·8 | 29 | 水 | 23 | 庚戌 | 2·8 |
| 24 | 9/1 | 日 | 20 | 庚辰 | 2·8 | 2 | 水 | 22 | 辛亥 | 2·8 | 2 | 土 | 24 | 壬午 | 2·8 | 2 | 月 | 24 | 壬子 | 2·8 | 31 | 火 | 23 | 辛巳 | 2·8 | 30 | 木 | 24 | 辛亥 | 2·8 |
| 25 | 2 | 月 | 21 | 辛巳 | 2·8 | 3 | 木 | 23 | 壬子 | 2·8 | 3 | 日 | 25 | 癸未 | 2·8 | 3 | 火 | 25 | 癸丑 | 1·8 | 1/1 | 水 | 24 | 壬午 | 2·8 | 31 | 金 | 25 | 壬子 | 1·8 |
| 26 | 3 | 火 | 22 | 壬午 | 2·9 | 4 | 金 | 24 | 癸丑 | 2·9 | 4 | 月 | 26 | 甲申 | 1·9 | 4 | 水 | 26 | 甲寅 | 1·9 | 2 | 木 | 25 | 癸未 | 1·9 | 2/1 | 土 | 26 | 癸丑 | 1·9 |
| 27 | 4 | 水 | 23 | 癸未 | 1·9 | 5 | 土 | 25 | 甲寅 | 1·9 | 5 | 火 | 27 | 乙酉 | 1·9 | 5 | 木 | 27 | 乙卯 | 1·9 | 3 | 金 | 26 | 甲申 | 1·9 | 2 | 日 | 27 | 甲寅 | 1·9 |
| 28 | 5 | 木 | 24 | 甲申 | 1·9 | 6 | 日 | 26 | 乙卯 | 1·9 | 6 | 水 | 28 | 丙戌 | 1·9 | 6 | 金 | 28 | 丙辰 | 1·9 | 4 | 土 | 27 | 乙酉 | 1·9 | 3 | 月 | 28 | 乙卯 | 1·9 |
| 29 | 6 | 金 | 25 | 乙酉 | 1·10 | 7 | 月 | 27 | 丙辰 | 1·10 | 7 | 木 | 29 | 丁亥 | 1·10 | | | | | | 5 | 日 | 28 | 丙戌 | 1·10 | | | | | |
| 30 | 7 | 土 | 26 | 丙戌 | 1·10 | 8 | 火 | 28 | 丁巳 | 1·10 | | | | | | | | | | | | | | | | | | | | |
| 31 | | | | | | | | | | | | | | | | | | | | | | | | | | | | | | |

# 서기 1913년 [단기 4246년]

| 절기후날수 | 입춘절(甲寅月) 立春 2월4일 18시43분 雨水 2월19일 14시44분 | | | | | 경칩절(乙卯月) 驚蟄 3월6일 13시9분 春分 3월21일 14시18분 | | | | | 청명절(丙辰月) 淸明 4월5일 18시36분 穀雨 4월21일 2시3분 | | | | |
|---|---|---|---|---|---|---|---|---|---|---|---|---|---|---|---|
| | 양력 | 요일 | 음력 | 일진 | 大運 남·여 | 양력 | 요일 | 음력 | 일진 | 大運 남·여 | 양력 | 요일 | 음력 | 일진 | 大運 남·여 |
| 0 | 2/4 | 火 | 29 | 丙辰 | 입춘 | 3/6 | 木 | 29 | 丙戌 | 경칩 | 4/5 | 土 | 29 | 丙辰 | 청명 |
| 1 | 5 | 水 | 30 | 丁巳 | 1·10 | 7 | 金 | 30 | 丁亥 | 1·10 | 6 | 日 | 30 | 丁巳 | 1·10 |
| 2 | 6 | 木 | 1/1 | 戊午 | 1·9 | 8 | 土 | 2/1 | 戊子 | 1·9 | 7 | 月 | 3/1 | 戊午 | 1·10 |
| 3 | 7 | 金 | 2 | 己未 | 1·9 | 9 | 日 | 2 | 己丑 | 1·9 | 8 | 火 | 2 | 己未 | 1·9 |
| 4 | 8 | 土 | 3 | 庚申 | 1·9 | 10 | 月 | 3 | 庚寅 | 1·9 | 9 | 水 | 3 | 庚申 | 1·9 |
| 5 | 9 | 日 | 4 | 辛酉 | 2·8 | 11 | 火 | 4 | 辛卯 | 2·8 | 10 | 木 | 4 | 辛酉 | 2·9 |
| 6 | 10 | 月 | 5 | 壬戌 | 2·8 | 12 | 水 | 5 | 壬辰 | 2·8 | 11 | 金 | 5 | 壬戌 | 2·8 |
| 7 | 11 | 火 | 6 | 癸亥 | 2·8 | 13 | 木 | 6 | 癸巳 | 2·8 | 12 | 土 | 6 | 癸亥 | 2·8 |
| 8 | 12 | 水 | 7 | 甲子 | 3·7 | 14 | 金 | 7 | 甲午 | 3·7 | 13 | 日 | 7 | 甲子 | 3·8 |
| 9 | 13 | 木 | 8 | 乙丑 | 3·7 | 15 | 土 | 8 | 乙未 | 3·7 | 14 | 月 | 8 | 乙丑 | 3·7 |
| 10 | 14 | 金 | 9 | 丙寅 | 3·7 | 16 | 日 | 9 | 丙申 | 3·7 | 15 | 火 | 9 | 丙寅 | 3·7 |
| 11 | 15 | 土 | 10 | 丁卯 | 4·6 | 17 | 月 | 10 | 丁酉 | 4·6 | 16 | 水 | 10 | 丁卯 | 4·7 |
| 12 | 16 | 日 | 11 | 戊辰 | 4·6 | 18 | 火 | 11 | 戊戌 | 4·6 | 17 | 木 | 11 | 戊辰 | 4·6 |
| 13 | 17 | 月 | 12 | 己巳 | 4·6 | 19 | 水 | 12 | 己亥 | 4·6 | 18 | 金 | 12 | 己巳 | 4·6 |
| 14 | 18 | 火 | 13 | 庚午 | 5·5 | 20 | 木 | 13 | 庚子 | 5·5 | 19 | 土 | 13 | 庚午 | 5·6 |
| 15 | 19 | 水 | 14 | 辛未 | 우수 | 21 | 金 | 14 | 辛丑 | 춘분 | 20 | 日 | 14 | 辛未 | 5·5 |
| 16 | 20 | 木 | 15 | 壬申 | 5·5 | 22 | 土 | 15 | 壬寅 | 5·5 | 21 | 月 | 15 | 壬申 | 곡우 |
| 17 | 21 | 金 | 16 | 癸酉 | 6·4 | 23 | 日 | 16 | 癸卯 | 6·4 | 22 | 火 | 16 | 癸酉 | 6·5 |
| 18 | 22 | 土 | 17 | 甲戌 | 6·4 | 24 | 月 | 17 | 甲辰 | 6·4 | 23 | 水 | 17 | 甲戌 | 6·4 |
| 19 | 23 | 日 | 18 | 乙亥 | 6·4 | 25 | 火 | 18 | 乙巳 | 6·4 | 24 | 木 | 18 | 乙亥 | 6·4 |
| 20 | 24 | 月 | 19 | 丙子 | 7·3 | 26 | 水 | 19 | 丙午 | 7·3 | 25 | 金 | 19 | 丙子 | 7·4 |
| 21 | 25 | 火 | 20 | 丁丑 | 7·3 | 27 | 木 | 20 | 丁未 | 7·3 | 26 | 土 | 20 | 丁丑 | 7·3 |
| 22 | 26 | 水 | 21 | 戊寅 | 7·3 | 28 | 金 | 21 | 戊申 | 7·3 | 27 | 日 | 21 | 戊寅 | 7·3 |
| 23 | 27 | 木 | 22 | 己卯 | 8·2 | 29 | 土 | 22 | 己酉 | 8·2 | 28 | 月 | 22 | 己卯 | 8·3 |
| 24 | 28 | 金 | 23 | 庚辰 | 8·2 | 30 | 日 | 23 | 庚戌 | 8·2 | 29 | 火 | 23 | 庚辰 | 8·2 |
| 25 | 3/1 | 土 | 24 | 辛巳 | 8·2 | 31 | 月 | 24 | 辛亥 | 8·2 | 30 | 水 | 24 | 辛巳 | 8·2 |
| 26 | 2 | 日 | 25 | 壬午 | 9·1 | 4/1 | 火 | 25 | 壬子 | 9·1 | 5/1 | 木 | 25 | 壬午 | 9·2 |
| 27 | 3 | 月 | 26 | 癸未 | 9·1 | 2 | 水 | 26 | 癸丑 | 9·1 | 2 | 金 | 26 | 癸未 | 9·1 |
| 28 | 4 | 火 | 27 | 甲申 | 9·1 | 3 | 木 | 27 | 甲寅 | 9·1 | 3 | 土 | 27 | 甲申 | 9·1 |
| 29 | 5 | 水 | 28 | 乙酉 | 10·1 | 4 | 金 | 28 | 乙卯 | 10·1 | 4 | 日 | 28 | 乙酉 | 10·1 |
| 30 | | | | | | | | | | | 5 | 月 | 29 | 丙戌 | 10·1 |
| 31 | | | | | | | | | | | | | | | |

| 절기후날수 | 입하절(丁巳月) 立夏 5월6일 12시35분 小滿 5월22일 1시50분 | | | | | 망종절(戊午月) 芒種 6월6일 17시14분 夏至 6월22일 10시10분 | | | | | 소서절(己未月) 小暑 7월8일 3시39분 大暑 7월23일 21시4분 | | | | |
|---|---|---|---|---|---|---|---|---|---|---|---|---|---|---|---|
| | 양력 | 요일 | 음력 | 일진 | 大運 남·여 | 양력 | 요일 | 음력 | 일진 | 大運 남·여 | 양력 | 요일 | 음력 | 일진 | 大運 남·여 |
| 0 | 5/6 | 火 | 4/1 | 丁亥 | 입하 | 6/6 | 金 | 2 | 戊午 | 망종 | 7/8 | 火 | 5 | 庚寅 | 소서 |
| 1 | 7 | 水 | 2 | 戊子 | 1·10 | 7 | 土 | 3 | 己未 | 1·10 | 9 | 水 | 6 | 辛卯 | 1·10 |
| 2 | 8 | 木 | 3 | 己丑 | 1·10 | 8 | 日 | 4 | 庚申 | 1·10 | 10 | 木 | 7 | 壬辰 | 1·10 |
| 3 | 9 | 金 | 4 | 庚寅 | 1·9 | 9 | 月 | 5 | 辛酉 | 1·10 | 11 | 金 | 8 | 癸巳 | 1·9 |
| 4 | 10 | 土 | 5 | 辛卯 | 1·9 | 10 | 火 | 6 | 壬戌 | 1·9 | 12 | 土 | 9 | 甲午 | 1·9 |
| 5 | 11 | 日 | 6 | 壬辰 | 2·9 | 11 | 水 | 7 | 癸亥 | 2·9 | 13 | 日 | 10 | 乙未 | 2·9 |
| 6 | 12 | 月 | 7 | 癸巳 | 2·8 | 12 | 木 | 8 | 甲子 | 2·9 | 14 | 月 | 11 | 丙申 | 2·8 |
| 7 | 13 | 火 | 8 | 甲午 | 2·8 | 13 | 金 | 9 | 乙丑 | 2·8 | 15 | 火 | 12 | 丁酉 | 2·8 |
| 8 | 14 | 水 | 9 | 乙未 | 3·8 | 14 | 土 | 10 | 丙寅 | 3·8 | 16 | 水 | 13 | 戊戌 | 3·8 |
| 9 | 15 | 木 | 10 | 丙申 | 3·7 | 15 | 日 | 11 | 丁卯 | 3·8 | 17 | 木 | 14 | 己亥 | 3·7 |
| 10 | 16 | 金 | 11 | 丁酉 | 3·7 | 16 | 月 | 12 | 戊辰 | 3·7 | 18 | 金 | 15 | 庚子 | 3·7 |
| 11 | 17 | 土 | 12 | 戊戌 | 4·7 | 17 | 火 | 13 | 己巳 | 4·7 | 19 | 土 | 16 | 辛丑 | 4·7 |
| 12 | 18 | 日 | 13 | 己亥 | 4·6 | 18 | 水 | 14 | 庚午 | 4·7 | 20 | 日 | 17 | 壬寅 | 4·6 |
| 13 | 19 | 月 | 14 | 庚子 | 4·6 | 19 | 木 | 15 | 辛未 | 4·6 | 21 | 月 | 18 | 癸卯 | 4·6 |
| 14 | 20 | 火 | 15 | 辛丑 | 5·6 | 20 | 金 | 16 | 壬申 | 5·6 | 22 | 火 | 19 | 甲辰 | 5·6 |
| 15 | 21 | 水 | 16 | 壬寅 | 5·5 | 21 | 土 | 17 | 癸酉 | 5·6 | 23 | 水 | 20 | 乙巳 | 대서 |
| 16 | 22 | 木 | 17 | 癸卯 | 소만 | 22 | 日 | 18 | 甲戌 | 하지 | 24 | 木 | 21 | 丙午 | 5·5 |
| 17 | 23 | 金 | 18 | 甲辰 | 6·5 | 23 | 月 | 19 | 乙亥 | 6·5 | 25 | 金 | 22 | 丁未 | 6·5 |
| 18 | 24 | 土 | 19 | 乙巳 | 6·4 | 24 | 火 | 20 | 丙子 | 6·5 | 26 | 土 | 23 | 戊申 | 6·4 |
| 19 | 25 | 日 | 20 | 丙午 | 6·4 | 25 | 水 | 21 | 丁丑 | 6·4 | 27 | 日 | 24 | 己酉 | 6·4 |
| 20 | 26 | 月 | 21 | 丁未 | 7·4 | 26 | 木 | 22 | 戊寅 | 7·4 | 28 | 月 | 25 | 庚戌 | 7·4 |
| 21 | 27 | 火 | 22 | 戊申 | 7·3 | 27 | 金 | 23 | 己卯 | 7·4 | 29 | 火 | 26 | 辛亥 | 7·3 |
| 22 | 28 | 水 | 23 | 己酉 | 7·3 | 28 | 土 | 24 | 庚辰 | 7·3 | 30 | 水 | 27 | 壬子 | 7·3 |
| 23 | 29 | 木 | 24 | 庚戌 | 8·3 | 29 | 日 | 25 | 辛巳 | 8·3 | 31 | 木 | 28 | 癸丑 | 8·3 |
| 24 | 30 | 金 | 25 | 辛亥 | 8·2 | 30 | 月 | 26 | 壬午 | 8·3 | 8/1 | 金 | 29 | 甲寅 | 8·2 |
| 25 | 31 | 土 | 26 | 壬子 | 8·2 | 7/1 | 火 | 27 | 癸未 | 8·2 | 2 | 土 | 7/1 | 乙卯 | 8·2 |
| 26 | 6/1 | 日 | 27 | 癸丑 | 9·2 | 2 | 水 | 28 | 甲申 | 9·2 | 3 | 日 | 2 | 丙辰 | 9·2 |
| 27 | 2 | 月 | 28 | 甲寅 | 9·1 | 3 | 木 | 29 | 乙酉 | 9·2 | 4 | 月 | 3 | 丁巳 | 9·1 |
| 28 | 3 | 火 | 29 | 乙卯 | 9·1 | 4 | 金 | 6/1 | 丙戌 | 9·1 | 5 | 火 | 4 | 戊午 | 9·1 |
| 29 | 4 | 水 | 30 | 丙辰 | 10·1 | 5 | 土 | 2 | 丁亥 | 10·1 | 6 | 水 | 5 | 己未 | 10·1 |
| 30 | 5 | 木 | 5/1 | 丁巳 | 10·1 | 6 | 日 | 3 | 戊子 | 10·1 | 7 | 木 | 6 | 庚申 | 10·1 |
| 31 | | | | | | 7 | 月 | 4 | 己丑 | 10·1 | | | | | |

# 癸丑年

| 절기후날수 | 입추절(庚申月) 立秋 8월8일 13시16분 處暑 8월24일 3시48분 | | | | | 백로절(辛酉月) 白露 9월8일 15시42분 秋分 9월24일 0시53분 | | | | |
|---|---|---|---|---|---|---|---|---|---|---|
| | 양력 | 요일 | 음력 | 일진 | 大運 남·여 | 양력 | 요일 | 음력 | 일진 | 大運 남·여 |
| 0 | 8/8 | 金 | 7 | 辛酉 | 입추 | 9/8 | 月 | 8 | 壬辰 | 백로 |
| 1 | 9 | 土 | 8 | 壬戌 | 1·10 | 9 | 火 | 9 | 癸巳 | 1·10 |
| 2 | 10 | 日 | 9 | 癸亥 | 1·10 | 10 | 水 | 10 | 甲午 | 1·10 |
| 3 | 11 | 月 | 10 | 甲子 | 1·9 | 11 | 木 | 11 | 乙未 | 1·9 |
| 4 | 12 | 火 | 11 | 乙丑 | 1·9 | 12 | 金 | 12 | 丙申 | 1·9 |
| 5 | 13 | 水 | 12 | 丙寅 | 2·9 | 13 | 土 | 13 | 丁酉 | 2·9 |
| 6 | 14 | 木 | 13 | 丁卯 | 2·8 | 14 | 日 | 14 | 戊戌 | 2·8 |
| 7 | 15 | 金 | 14 | 戊辰 | 2·8 | 15 | 月 | 15 | 己亥 | 2·8 |
| 8 | 16 | 土 | 15 | 己巳 | 3·8 | 16 | 火 | 16 | 庚子 | 3·8 |
| 9 | 17 | 日 | 16 | 庚午 | 3·7 | 17 | 水 | 17 | 辛丑 | 3·7 |
| 10 | 18 | 月 | 17 | 辛未 | 3·7 | 18 | 木 | 18 | 壬寅 | 3·7 |
| 11 | 19 | 火 | 18 | 壬申 | 4·7 | 19 | 金 | 19 | 癸卯 | 4·7 |
| 12 | 20 | 水 | 19 | 癸酉 | 4·6 | 20 | 土 | 20 | 甲辰 | 4·6 |
| 13 | 21 | 木 | 20 | 甲戌 | 4·6 | 21 | 日 | 21 | 乙巳 | 4·6 |
| 14 | 22 | 金 | 21 | 乙亥 | 5·6 | 22 | 月 | 22 | 丙午 | 5·6 |
| 15 | 23 | 土 | 22 | 丙子 | 5·5 | 23 | 火 | 23 | 丁未 | 5·5 |
| 16 | 24 | 日 | 23 | 丁丑 | 처서 | 24 | 水 | 24 | 戊申 | 추분 |
| 17 | 25 | 月 | 24 | 戊寅 | 6·5 | 25 | 木 | 25 | 己酉 | 6·5 |
| 18 | 26 | 火 | 25 | 己卯 | 6·4 | 26 | 金 | 26 | 庚戌 | 6·4 |
| 19 | 27 | 水 | 26 | 庚辰 | 6·4 | 27 | 土 | 27 | 辛亥 | 6·4 |
| 20 | 28 | 木 | 27 | 辛巳 | 7·4 | 28 | 日 | 28 | 壬子 | 7·4 |
| 21 | 29 | 金 | 28 | 壬午 | 7·3 | 29 | 月 | 29 | 癸丑 | 7·3 |
| 22 | 30 | 土 | 29 | 癸未 | 7·3 | 30 | 火 | 9/1 | 甲寅 | 7·3 |
| 23 | 31 | 日 | 30 | 甲申 | 8·3 | 10/1 | 水 | 2 | 乙卯 | 8·3 |
| 24 | 9/1 | 月 | 8/1 | 乙酉 | 8·2 | 2 | 木 | 3 | 丙辰 | 8·2 |
| 25 | 2 | 火 | 2 | 丙戌 | 8·2 | 3 | 金 | 4 | 丁巳 | 8·2 |
| 26 | 3 | 水 | 3 | 丁亥 | 9·2 | 4 | 土 | 5 | 戊午 | 9·2 |
| 27 | 4 | 木 | 4 | 戊子 | 9·1 | 5 | 日 | 6 | 己未 | 9·1 |
| 28 | 5 | 金 | 5 | 己丑 | 9·1 | 6 | 月 | 7 | 庚申 | 9·1 |
| 29 | 6 | 土 | 6 | 庚寅 | 10·1 | 7 | 火 | 8 | 辛酉 | 10·1 |
| 30 | 7 | 日 | 7 | 辛卯 | 10·1 | 8 | 水 | 9 | 壬戌 | 10·1 |
| 31 | | | | | | | | | | |

| 절기후날수 | 한로절(壬戌月) 寒露 10월9일 6시44분 霜降 10월24일 9시35분 | | | | | 입동절(癸亥月) 立冬 11월8일 9시18분 小雪 11월23일 6시35분 | | | | |
|---|---|---|---|---|---|---|---|---|---|---|
| | 양력 | 요일 | 음력 | 일진 | 大運 남·여 | 양력 | 요일 | 음력 | 일진 | 大運 남·여 |
| 0 | 10/9 | 木 | 10 | 癸亥 | 한로 | 11/8 | 土 | 11 | 癸巳 | 입동 |
| 1 | 10 | 金 | 11 | 甲子 | 1·10 | 9 | 日 | 12 | 甲午 | 1·10 |
| 2 | 11 | 土 | 12 | 乙丑 | 1·9 | 10 | 月 | 13 | 乙未 | 1·9 |
| 3 | 12 | 日 | 13 | 丙寅 | 1·9 | 11 | 火 | 14 | 丙申 | 1·9 |
| 4 | 13 | 月 | 14 | 丁卯 | 1·9 | 12 | 水 | 15 | 丁酉 | 1·9 |
| 5 | 14 | 火 | 15 | 戊辰 | 2·8 | 13 | 木 | 16 | 戊戌 | 2·8 |
| 6 | 15 | 水 | 16 | 己巳 | 2·8 | 14 | 金 | 17 | 己亥 | 2·8 |
| 7 | 16 | 木 | 17 | 庚午 | 2·8 | 15 | 土 | 18 | 庚子 | 2·8 |
| 8 | 17 | 金 | 18 | 辛未 | 3·7 | 16 | 日 | 19 | 辛丑 | 3·7 |
| 9 | 18 | 土 | 19 | 壬申 | 3·7 | 17 | 月 | 20 | 壬寅 | 3·7 |
| 10 | 19 | 日 | 20 | 癸酉 | 3·7 | 18 | 火 | 21 | 癸卯 | 3·7 |
| 11 | 20 | 月 | 21 | 甲戌 | 4·6 | 19 | 水 | 22 | 甲辰 | 4·6 |
| 12 | 21 | 火 | 22 | 乙亥 | 4·6 | 20 | 木 | 23 | 乙巳 | 4·6 |
| 13 | 22 | 水 | 23 | 丙子 | 4·6 | 21 | 金 | 24 | 丙午 | 4·6 |
| 14 | 23 | 木 | 24 | 丁丑 | 5·5 | 22 | 土 | 25 | 丁未 | 5·5 |
| 15 | 24 | 金 | 25 | 戊寅 | 상강 | 23 | 日 | 26 | 戊申 | 소설 |
| 16 | 25 | 土 | 26 | 己卯 | 5·5 | 24 | 月 | 27 | 己酉 | 5·5 |
| 17 | 26 | 日 | 27 | 庚辰 | 6·4 | 25 | 火 | 28 | 庚戌 | 6·4 |
| 18 | 27 | 月 | 28 | 辛巳 | 6·4 | 26 | 水 | 29 | 辛亥 | 6·4 |
| 19 | 28 | 火 | 29 | 壬午 | 6·4 | 27 | 木 | 30 | 壬子 | 6·4 |
| 20 | 29 | 水 | 10/1 | 癸未 | 7·3 | 28 | 金 | 11/1 | 癸丑 | 7·3 |
| 21 | 30 | 木 | 2 | 甲申 | 7·3 | 29 | 土 | 2 | 甲寅 | 7·3 |
| 22 | 31 | 金 | 3 | 乙酉 | 7·3 | 30 | 日 | 3 | 乙卯 | 7·3 |
| 23 | 11/1 | 土 | 4 | 丙戌 | 8·2 | 12/1 | 月 | 4 | 丙辰 | 8·2 |
| 24 | 2 | 日 | 5 | 丁亥 | 8·2 | 2 | 火 | 5 | 丁巳 | 8·2 |
| 25 | 3 | 月 | 6 | 戊子 | 8·2 | 3 | 水 | 6 | 戊午 | 8·2 |
| 26 | 4 | 火 | 7 | 己丑 | 9·1 | 4 | 木 | 7 | 己未 | 9·1 |
| 27 | 5 | 水 | 8 | 庚寅 | 9·1 | 5 | 金 | 8 | 庚申 | 9·1 |
| 28 | 6 | 木 | 9 | 辛卯 | 9·1 | 6 | 土 | 9 | 辛酉 | 9·1 |
| 29 | 7 | 金 | 10 | 壬辰 | 10·1 | 7 | 日 | 10 | 壬戌 | 10·1 |
| 30 | | | | | | | | | | |
| 31 | | | | | | | | | | |

| 절기후날수 | 대설절(甲子月) 大雪 12월8일 1시41분 冬至 12월22일 19시35분 | | | | | 소한절(乙丑月) 小寒 1월6일 12시43분 大寒 1월21일 6시12분 | | | | |
|---|---|---|---|---|---|---|---|---|---|---|
| | 양력 | 요일 | 음력 | 일진 | 大運 남·여 | 양력 | 요일 | 음력 | 일진 | 大運 남·여 |
| 0 | 12/8 | 月 | 11 | 癸亥 | 대설 | 1/6 | 火 | 11 | 壬辰 | 소한 |
| 1 | 9 | 火 | 12 | 甲子 | 1·9 | 7 | 水 | 12 | 癸巳 | 1·10 |
| 2 | 10 | 水 | 13 | 乙丑 | 1·9 | 8 | 木 | 13 | 甲午 | 1·9 |
| 3 | 11 | 木 | 14 | 丙寅 | 1·9 | 9 | 金 | 14 | 乙未 | 1·9 |
| 4 | 12 | 金 | 15 | 丁卯 | 1·8 | 10 | 土 | 15 | 丙申 | 1·9 |
| 5 | 13 | 土 | 16 | 戊辰 | 2·8 | 11 | 日 | 16 | 丁酉 | 2·8 |
| 6 | 14 | 日 | 17 | 己巳 | 2·8 | 12 | 月 | 17 | 戊戌 | 2·8 |
| 7 | 15 | 月 | 18 | 庚午 | 2·7 | 13 | 火 | 18 | 己亥 | 2·8 |
| 8 | 16 | 火 | 19 | 辛未 | 3·7 | 14 | 水 | 19 | 庚子 | 3·7 |
| 9 | 17 | 水 | 20 | 壬申 | 3·7 | 15 | 木 | 20 | 辛丑 | 3·7 |
| 10 | 18 | 木 | 21 | 癸酉 | 3·6 | 16 | 金 | 21 | 壬寅 | 3·7 |
| 11 | 19 | 金 | 22 | 甲戌 | 4·6 | 17 | 土 | 22 | 癸卯 | 4·6 |
| 12 | 20 | 土 | 23 | 乙亥 | 4·6 | 18 | 日 | 23 | 甲辰 | 4·6 |
| 13 | 21 | 日 | 24 | 丙子 | 4·5 | 19 | 月 | 24 | 乙巳 | 4·6 |
| 14 | 22 | 月 | 25 | 丁丑 | 동지 | 20 | 火 | 25 | 丙午 | 5·5 |
| 15 | 23 | 火 | 26 | 戊寅 | 5·5 | 21 | 水 | 26 | 丁未 | 대한 |
| 16 | 24 | 水 | 27 | 己卯 | 5·4 | 22 | 木 | 27 | 戊申 | 5·5 |
| 17 | 25 | 木 | 28 | 庚辰 | 6·4 | 23 | 金 | 28 | 己酉 | 6·4 |
| 18 | 26 | 金 | 29 | 辛巳 | 6·4 | 24 | 土 | 29 | 庚戌 | 6·4 |
| 19 | 27 | 土 | 12/1 | 壬午 | 6·3 | 25 | 日 | 30 | 辛亥 | 6·4 |
| 20 | 28 | 日 | 2 | 癸未 | 7·3 | 26 | 月 | 1/1 | 壬子 | 7·3 |
| 21 | 29 | 月 | 3 | 甲申 | 7·3 | 27 | 火 | 2 | 癸丑 | 7·3 |
| 22 | 30 | 火 | 4 | 乙酉 | 7·2 | 28 | 水 | 3 | 甲寅 | 7·3 |
| 23 | 31 | 水 | 5 | 丙戌 | 8·2 | 29 | 木 | 4 | 乙卯 | 8·2 |
| 24 | 1/1 | 木 | 6 | 丁亥 | 8·2 | 30 | 金 | 5 | 丙辰 | 8·2 |
| 25 | 2 | 金 | 7 | 戊子 | 8·1 | 31 | 土 | 6 | 丁巳 | 8·2 |
| 26 | 3 | 土 | 8 | 己丑 | 9·1 | 2/1 | 日 | 7 | 戊午 | 9·1 |
| 27 | 4 | 日 | 9 | 庚寅 | 9·1 | 2 | 月 | 8 | 己未 | 9·1 |
| 28 | 5 | 月 | 10 | 辛卯 | 9·1 | 3 | 火 | 9 | 庚申 | 9·1 |
| 29 | | | | | | 4 | 水 | 10 | 辛酉 | 10·1 |
| 30 | | | | | | | | | | |
| 31 | | | | | | | | | | |

# 서기 1914년 [단기 4247년]

| 절기후날수 | 입춘절(丙寅月) 立春 2월5일 0시29분 雨水 2월19일 20시38분 | | | | | | 경칩절(丁卯月) 驚蟄 3월6일 18시56분 春分 3월21일 20시11분 | | | | | | 청명절(戊辰月) 清明 4월6일 0시22분 穀雨 4월21일 7시53분 | | | | | |
|---|---|---|---|---|---|---|---|---|---|---|---|---|---|---|---|---|---|---|
| | 양력 | 요일 | 음력 | 일진 | 大運 남 | 여 | 양력 | 요일 | 음력 | 일진 | 大運 남 | 여 | 양력 | 요일 | 음력 | 일진 | 大運 남 | 여 |
| 0 | 2/5 | 木 | 11 | 壬戌 | 입춘 | | 3/6 | 金 | 10 | 辛卯 | 경칩 | | 4/6 | 月 | 11 | 壬戌 | 청명 | |
| 1 | 6 | 金 | 12 | 癸亥 | 9 | 1 | 7 | 土 | 11 | 壬辰 | 10 | 1 | 7 | 火 | 12 | 癸亥 | 10 | 1 |
| 2 | 7 | 土 | 13 | 甲子 | 9 | 1 | 8 | 日 | 12 | 癸巳 | 10 | 1 | 8 | 水 | 13 | 甲子 | 9 | 1 |
| 3 | 8 | 日 | 14 | 乙丑 | 9 | 1 | 9 | 月 | 13 | 甲午 | 9 | 1 | 9 | 木 | 14 | 乙丑 | 9 | 1 |
| 4 | 9 | 月 | 15 | 丙寅 | 8 | 1 | 10 | 火 | 14 | 乙未 | 9 | 1 | 10 | 金 | 15 | 丙寅 | 9 | 1 |
| 5 | 10 | 火 | 16 | 丁卯 | 8 | 2 | 11 | 水 | 15 | 丙申 | 9 | 2 | 11 | 土 | 16 | 丁卯 | 8 | 2 |
| 6 | 11 | 水 | 17 | 戊辰 | 8 | 2 | 12 | 木 | 16 | 丁酉 | 8 | 2 | 12 | 日 | 17 | 戊辰 | 8 | 2 |
| 7 | 12 | 木 | 18 | 己巳 | 7 | 2 | 13 | 金 | 17 | 戊戌 | 8 | 2 | 13 | 月 | 18 | 己巳 | 8 | 2 |
| 8 | 13 | 金 | 19 | 庚午 | 7 | 3 | 14 | 土 | 18 | 己亥 | 8 | 3 | 14 | 火 | 19 | 庚午 | 7 | 3 |
| 9 | 14 | 土 | 20 | 辛未 | 7 | 3 | 15 | 日 | 19 | 庚子 | 7 | 3 | 15 | 水 | 20 | 辛未 | 7 | 3 |
| 10 | 15 | 日 | 21 | 壬申 | 6 | 3 | 16 | 月 | 20 | 辛丑 | 7 | 3 | 16 | 木 | 21 | 壬申 | 7 | 3 |
| 11 | 16 | 月 | 22 | 癸酉 | 6 | 4 | 17 | 火 | 21 | 壬寅 | 7 | 4 | 17 | 金 | 22 | 癸酉 | 6 | 4 |
| 12 | 17 | 火 | 23 | 甲戌 | 6 | 4 | 18 | 水 | 22 | 癸卯 | 6 | 4 | 18 | 土 | 23 | 甲戌 | 6 | 4 |
| 13 | 18 | 水 | 24 | 乙亥 | 5 | 4 | 19 | 木 | 23 | 甲辰 | 6 | 4 | 19 | 日 | 24 | 乙亥 | 6 | 4 |
| 14 | 19 | 木 | 25 | 丙子 | 우수 | | 20 | 金 | 24 | 乙巳 | 6 | 5 | 20 | 月 | 25 | 丙子 | 5 | 5 |
| 15 | 20 | 金 | 26 | 丁丑 | 5 | 5 | 21 | 土 | 25 | 丙午 | 춘분 | | 21 | 火 | 26 | 丁丑 | 곡우 | |
| 16 | 21 | 土 | 27 | 戊寅 | 4 | 5 | 22 | 日 | 26 | 丁未 | 5 | 5 | 22 | 水 | 27 | 戊寅 | 5 | 5 |
| 17 | 22 | 日 | 28 | 己卯 | 4 | 6 | 23 | 月 | 27 | 戊申 | 5 | 6 | 23 | 木 | 28 | 己卯 | 4 | 6 |
| 18 | 23 | 月 | 29 | 庚辰 | 4 | 6 | 24 | 火 | 28 | 己酉 | 4 | 6 | 24 | 金 | 29 | 庚辰 | 4 | 6 |
| 19 | 24 | 火 | 30 | 辛巳 | 3 | 6 | 25 | 水 | 29 | 庚戌 | 4 | 6 | 25 | 土 | 4/1 | 辛巳 | 4 | 6 |
| 20 | 25 | 水 | 2/1 | 壬午 | 3 | 7 | 26 | 木 | 30 | 辛亥 | 4 | 7 | 26 | 日 | 2 | 壬午 | 3 | 7 |
| 21 | 26 | 木 | 2 | 癸未 | 3 | 7 | 27 | 金 | 3/1 | 壬子 | 3 | 7 | 27 | 月 | 3 | 癸未 | 3 | 7 |
| 22 | 27 | 金 | 3 | 甲申 | 2 | 7 | 28 | 土 | 2 | 癸丑 | 3 | 7 | 28 | 火 | 4 | 甲申 | 3 | 7 |
| 23 | 28 | 土 | 4 | 乙酉 | 2 | 8 | 29 | 日 | 3 | 甲寅 | 3 | 8 | 29 | 水 | 5 | 乙酉 | 2 | 8 |
| 24 | 3/1 | 日 | 5 | 丙戌 | 2 | 8 | 30 | 月 | 4 | 乙卯 | 2 | 8 | 30 | 木 | 6 | 丙戌 | 2 | 8 |
| 25 | 2 | 月 | 6 | 丁亥 | 1 | 8 | 31 | 火 | 5 | 丙辰 | 2 | 8 | 5/1 | 金 | 7 | 丁亥 | 2 | 8 |
| 26 | 3 | 火 | 7 | 戊子 | 1 | 9 | 4/1 | 水 | 6 | 丁巳 | 2 | 9 | 2 | 土 | 8 | 戊子 | 1 | 9 |
| 27 | 4 | 水 | 8 | 己丑 | 1 | 9 | 2 | 木 | 7 | 戊午 | 1 | 9 | 3 | 日 | 9 | 己丑 | 1 | 9 |
| 28 | 5 | 木 | 9 | 庚寅 | 1 | 9 | 3 | 金 | 8 | 己未 | 1 | 9 | 4 | 月 | 10 | 庚寅 | 1 | 9 |
| 29 | | | | | | | 4 | 土 | 9 | 庚申 | 1 | 10 | 5 | 火 | 11 | 辛卯 | 1 | 10 |
| 30 | | | | | | | 5 | 日 | 10 | 辛酉 | 1 | 10 | | | | | | |
| 31 | | | | | | | | | | | | | | | | | | |

| 절기후날수 | 입하절(己巳月) 立夏 5월6일 18시20분 小滿 5월22일 7시38분 | | | | | | 망종절(庚午月) 芒種 6월6일 23시0분 夏至 6월22일 15시55분 | | | | | | 소서절(辛未月) 小暑 7월8일 9시27분 大暑 7월24일 2시47분 | | | | | |
|---|---|---|---|---|---|---|---|---|---|---|---|---|---|---|---|---|---|---|
| | 양력 | 요일 | 음력 | 일진 | 大運 남 | 여 | 양력 | 요일 | 음력 | 일진 | 大運 남 | 여 | 양력 | 요일 | 음력 | 일진 | 大運 남 | 여 |
| 0 | 5/6 | 水 | 12 | 壬辰 | 입하 | | 6/6 | 土 | 13 | 癸亥 | 망종 | | 7/8 | 水 | 윤15 | 乙未 | 소서 | |
| 1 | 7 | 木 | 13 | 癸巳 | 10 | 1 | 7 | 日 | 14 | 甲子 | 10 | 1 | 9 | 木 | 윤16 | 丙申 | 10 | 1 |
| 2 | 8 | 金 | 14 | 甲午 | 10 | 1 | 8 | 月 | 15 | 乙丑 | 10 | 1 | 10 | 金 | 윤17 | 丁酉 | 10 | 1 |
| 3 | 9 | 土 | 15 | 乙未 | 9 | 1 | 9 | 火 | 16 | 丙寅 | 10 | 1 | 11 | 土 | 윤18 | 戊戌 | 9 | 1 |
| 4 | 10 | 日 | 16 | 丙申 | 9 | 1 | 10 | 水 | 17 | 丁卯 | 9 | 1 | 12 | 日 | 윤19 | 己亥 | 9 | 1 |
| 5 | 11 | 月 | 17 | 丁酉 | 9 | 2 | 11 | 木 | 18 | 戊辰 | 9 | 2 | 13 | 月 | 윤20 | 庚子 | 9 | 2 |
| 6 | 12 | 火 | 18 | 戊戌 | 8 | 2 | 12 | 金 | 19 | 己巳 | 9 | 2 | 14 | 火 | 윤21 | 辛丑 | 8 | 2 |
| 7 | 13 | 水 | 19 | 己亥 | 8 | 2 | 13 | 土 | 20 | 庚午 | 8 | 2 | 15 | 水 | 윤22 | 壬寅 | 8 | 2 |
| 8 | 14 | 木 | 20 | 庚子 | 8 | 3 | 14 | 日 | 21 | 辛未 | 8 | 3 | 16 | 木 | 윤23 | 癸卯 | 8 | 3 |
| 9 | 15 | 金 | 21 | 辛丑 | 7 | 3 | 15 | 月 | 22 | 壬申 | 8 | 3 | 17 | 金 | 윤24 | 甲辰 | 7 | 3 |
| 10 | 16 | 土 | 22 | 壬寅 | 7 | 3 | 16 | 火 | 23 | 癸酉 | 7 | 3 | 18 | 土 | 윤25 | 乙巳 | 7 | 3 |
| 11 | 17 | 日 | 23 | 癸卯 | 7 | 4 | 17 | 水 | 24 | 甲戌 | 7 | 4 | 19 | 日 | 윤26 | 丙午 | 7 | 4 |
| 12 | 18 | 月 | 24 | 甲辰 | 6 | 4 | 18 | 木 | 25 | 乙亥 | 7 | 4 | 20 | 月 | 윤27 | 丁未 | 6 | 4 |
| 13 | 19 | 火 | 25 | 乙巳 | 6 | 4 | 19 | 金 | 26 | 丙子 | 6 | 4 | 21 | 火 | 윤28 | 戊申 | 6 | 4 |
| 14 | 20 | 水 | 26 | 丙午 | 6 | 5 | 20 | 土 | 27 | 丁丑 | 6 | 5 | 22 | 水 | 윤29 | 己酉 | 6 | 5 |
| 15 | 21 | 木 | 27 | 丁未 | 5 | 5 | 21 | 日 | 28 | 戊寅 | 6 | 5 | 23 | 木 | 6/1 | 庚戌 | 5 | 5 |
| 16 | 22 | 金 | 28 | 戊申 | 소만 | | 22 | 月 | 29 | 己卯 | 하지 | | 24 | 金 | 2 | 辛亥 | 대서 | |
| 17 | 23 | 土 | 29 | 己酉 | 5 | 6 | 23 | 火 | 30 | 庚辰 | 5 | 6 | 25 | 土 | 3 | 壬子 | 5 | 6 |
| 18 | 24 | 日 | 30 | 庚戌 | 4 | 6 | 24 | 水 | 윤1 | 辛巳 | 5 | 6 | 26 | 日 | 4 | 癸丑 | 4 | 6 |
| 19 | 25 | 月 | 5/1 | 辛亥 | 4 | 6 | 25 | 木 | 윤2 | 壬午 | 4 | 6 | 27 | 月 | 5 | 甲寅 | 4 | 6 |
| 20 | 26 | 火 | 2 | 壬子 | 4 | 7 | 26 | 金 | 윤3 | 癸未 | 4 | 7 | 28 | 火 | 6 | 乙卯 | 4 | 7 |
| 21 | 27 | 水 | 3 | 癸丑 | 3 | 7 | 27 | 土 | 윤4 | 甲申 | 4 | 7 | 29 | 水 | 7 | 丙辰 | 3 | 7 |
| 22 | 28 | 木 | 4 | 甲寅 | 3 | 7 | 28 | 日 | 윤5 | 乙酉 | 3 | 7 | 30 | 木 | 8 | 丁巳 | 3 | 7 |
| 23 | 29 | 金 | 5 | 乙卯 | 3 | 8 | 29 | 月 | 윤6 | 丙戌 | 3 | 8 | 31 | 金 | 9 | 戊午 | 3 | 8 |
| 24 | 30 | 土 | 6 | 丙辰 | 2 | 8 | 30 | 火 | 윤7 | 丁亥 | 3 | 8 | 8/1 | 土 | 10 | 己未 | 2 | 8 |
| 25 | 31 | 日 | 7 | 丁巳 | 2 | 8 | 7/1 | 水 | 윤8 | 戊子 | 2 | 8 | 2 | 日 | 11 | 庚申 | 2 | 8 |
| 26 | 6/1 | 月 | 8 | 戊午 | 2 | 9 | 2 | 木 | 윤9 | 己丑 | 2 | 9 | 3 | 月 | 12 | 辛酉 | 2 | 9 |
| 27 | 2 | 火 | 9 | 己未 | 1 | 9 | 3 | 金 | 윤10 | 庚寅 | 2 | 9 | 4 | 火 | 13 | 壬戌 | 1 | 9 |
| 28 | 3 | 水 | 10 | 庚申 | 1 | 9 | 4 | 土 | 윤11 | 辛卯 | 1 | 9 | 5 | 水 | 14 | 癸亥 | 1 | 9 |
| 29 | 4 | 木 | 11 | 辛酉 | 1 | 10 | 5 | 日 | 윤12 | 壬辰 | 1 | 10 | 6 | 木 | 15 | 甲子 | 1 | 10 |
| 30 | 5 | 金 | 12 | 壬戌 | 1 | 10 | 6 | 月 | 윤13 | 癸巳 | 1 | 10 | 7 | 金 | 16 | 乙丑 | 1 | 10 |
| 31 | | | | | | | 7 | 火 | 윤14 | 甲午 | 1 | 10 | | | | | | |

▶ 윤달-5월

# 甲寅年

| 절기후날수 | 입추절(壬申月) 立秋 8월8일 19시5분 處暑 8월24일 9시30분 | | | | | 백로절(癸酉月) 白露 9월8일 21시33분 秋分 9월24일 6시34분 | | | | | 한로절(甲戌月) 寒露 10월9일 12시35분 霜降 10월24일 15시17분 | | | | |
|---|---|---|---|---|---|---|---|---|---|---|---|---|---|---|---|
| | 양력 | 요일 | 음력 | 일진 | 大運 남·여 | 양력 | 요일 | 음력 | 일진 | 大運 남·여 | 양력 | 요일 | 음력 | 일진 | 大運 남·여 |
| 0 | 8/8 | 土 | 17 | 丙寅 | 입추 | 9/8 | 火 | 19 | 丁酉 | 백로 | 10/9 | 金 | 20 | 戊辰 | 한로 |
| 1 | 9 | 日 | 18 | 丁卯 | 10·1 | 9 | 水 | 20 | 戊戌 | 10·1 | 10 | 土 | 21 | 己巳 | 10·1 |
| 2 | 10 | 月 | 19 | 戊辰 | 10·1 | 10 | 木 | 21 | 己亥 | 10·1 | 11 | 日 | 22 | 庚午 | 9·1 |
| 3 | 11 | 火 | 20 | 己巳 | 9·1 | 11 | 金 | 22 | 庚子 | 9·1 | 12 | 月 | 23 | 辛未 | 9·1 |
| 4 | 12 | 水 | 21 | 庚午 | 9·1 | 12 | 土 | 23 | 辛丑 | 9·1 | 13 | 火 | 24 | 壬申 | 9·1 |
| 5 | 13 | 木 | 22 | 辛未 | 9·2 | 13 | 日 | 24 | 壬寅 | 9·2 | 14 | 水 | 25 | 癸酉 | 8·2 |
| 6 | 14 | 金 | 23 | 壬申 | 8·2 | 14 | 月 | 25 | 癸卯 | 8·2 | 15 | 木 | 26 | 甲戌 | 8·2 |
| 7 | 15 | 土 | 24 | 癸酉 | 8·2 | 15 | 火 | 26 | 甲辰 | 8·2 | 16 | 金 | 27 | 乙亥 | 8·2 |
| 8 | 16 | 日 | 25 | 甲戌 | 8·3 | 16 | 水 | 27 | 乙巳 | 8·3 | 17 | 土 | 28 | 丙子 | 7·3 |
| 9 | 17 | 月 | 26 | 乙亥 | 7·3 | 17 | 木 | 28 | 丙午 | 7·3 | 18 | 日 | 29 | 丁丑 | 7·3 |
| 10 | 18 | 火 | 27 | 丙子 | 7·3 | 18 | 金 | 29 | 丁未 | 7·3 | 19 | 月 | 9/1 | 戊寅 | 7·3 |
| 11 | 19 | 水 | 28 | 丁丑 | 7·4 | 19 | 土 | 30 | 戊申 | 7·4 | 20 | 火 | 2 | 己卯 | 6·4 |
| 12 | 20 | 木 | 29 | 戊寅 | 6·4 | 20 | 日 | 8/1 | 己酉 | 6·4 | 21 | 水 | 3 | 庚辰 | 6·4 |
| 13 | 21 | 金 | 7/1 | 己卯 | 6·4 | 21 | 月 | 2 | 庚戌 | 6·4 | 22 | 木 | 4 | 辛巳 | 6·4 |
| 14 | 22 | 土 | 2 | 庚辰 | 6·5 | 22 | 火 | 3 | 辛亥 | 6·5 | 23 | 金 | 5 | 壬午 | 5·5 |
| 15 | 23 | 日 | 3 | 辛巳 | 5·5 | 23 | 水 | 4 | 壬子 | 5·5 | 24 | 土 | 6 | 癸未 | 상강 |
| 16 | 24 | 月 | 4 | 壬午 | 처서 | 24 | 木 | 5 | 癸丑 | 추분 | 25 | 日 | 7 | 甲申 | 5·5 |
| 17 | 25 | 火 | 5 | 癸未 | 5·6 | 25 | 金 | 6 | 甲寅 | 5·6 | 26 | 月 | 8 | 乙酉 | 4·6 |
| 18 | 26 | 水 | 6 | 甲申 | 4·6 | 26 | 土 | 7 | 乙卯 | 4·6 | 27 | 火 | 9 | 丙戌 | 4·6 |
| 19 | 27 | 木 | 7 | 乙酉 | 4·6 | 27 | 日 | 8 | 丙辰 | 4·6 | 28 | 水 | 10 | 丁亥 | 4·6 |
| 20 | 28 | 金 | 8 | 丙戌 | 4·7 | 28 | 月 | 9 | 丁巳 | 4·7 | 29 | 木 | 11 | 戊子 | 3·7 |
| 21 | 29 | 土 | 9 | 丁亥 | 3·7 | 29 | 火 | 10 | 戊午 | 3·7 | 30 | 金 | 12 | 己丑 | 3·7 |
| 22 | 30 | 日 | 10 | 戊子 | 3·7 | 30 | 水 | 11 | 己未 | 3·7 | 31 | 土 | 13 | 庚寅 | 3·7 |
| 23 | 31 | 月 | 11 | 己丑 | 3·8 | 10/1 | 木 | 12 | 庚申 | 3·8 | 11/1 | 日 | 14 | 辛卯 | 2·8 |
| 24 | 9/1 | 火 | 12 | 庚寅 | 2·8 | 2 | 金 | 13 | 辛酉 | 2·8 | 2 | 月 | 15 | 壬辰 | 2·8 |
| 25 | 2 | 水 | 13 | 辛卯 | 2·8 | 3 | 土 | 14 | 壬戌 | 2·8 | 3 | 火 | 16 | 癸巳 | 2·8 |
| 26 | 3 | 木 | 14 | 壬辰 | 2·9 | 4 | 日 | 15 | 癸亥 | 2·9 | 4 | 水 | 17 | 甲午 | 1·9 |
| 27 | 4 | 金 | 15 | 癸巳 | 1·9 | 5 | 月 | 16 | 甲子 | 1·9 | 5 | 木 | 18 | 乙未 | 1·9 |
| 28 | 5 | 土 | 16 | 甲午 | 1·9 | 6 | 火 | 17 | 乙丑 | 1·9 | 6 | 金 | 19 | 丙申 | 1·9 |
| 29 | 6 | 日 | 17 | 乙未 | 1·10 | 7 | 水 | 18 | 丙寅 | 1·10 | 7 | 土 | 20 | 丁酉 | 1·10 |
| 30 | 7 | 月 | 18 | 丙申 | 1·10 | 8 | 木 | 19 | 丁卯 | 1·10 | | | | | |
| 31 | | | | | | | | | | | | | | | |

| 절기후날수 | 입동절(乙亥月) 立冬 11월8일 15시11분 小雪 11월23일 12시20분 | | | | | 대설절(丙子月) 大雪 12월8일 7시37분 冬至 12월23일 1시22분 | | | | | 소한절(丁丑月) 小寒 1월6일 18시40분 大寒 1월21일 12시0분 | | | | |
|---|---|---|---|---|---|---|---|---|---|---|---|---|---|---|---|
| | 양력 | 요일 | 음력 | 일진 | 大運 남·여 | 양력 | 요일 | 음력 | 일진 | 大運 남·여 | 양력 | 요일 | 음력 | 일진 | 大運 남·여 |
| 0 | 11/8 | 日 | 21 | 戊戌 | 입동 | 12/8 | 火 | 21 | 戊辰 | 대설 | 1/6 | 水 | 21 | 丁酉 | 소한 |
| 1 | 9 | 月 | 22 | 己亥 | 10·1 | 9 | 水 | 22 | 己巳 | 9·1 | 7 | 木 | 22 | 戊戌 | 10·1 |
| 2 | 10 | 火 | 23 | 庚子 | 9·1 | 10 | 木 | 23 | 庚午 | 9·1 | 8 | 金 | 23 | 己亥 | 9·1 |
| 3 | 11 | 水 | 24 | 辛丑 | 9·1 | 11 | 金 | 24 | 辛未 | 9·1 | 9 | 土 | 24 | 庚子 | 9·1 |
| 4 | 12 | 木 | 25 | 壬寅 | 9·1 | 12 | 土 | 25 | 壬申 | 8·1 | 10 | 日 | 25 | 辛丑 | 9·1 |
| 5 | 13 | 金 | 26 | 癸卯 | 8·2 | 13 | 日 | 26 | 癸酉 | 8·2 | 11 | 月 | 26 | 壬寅 | 8·2 |
| 6 | 14 | 土 | 27 | 甲辰 | 8·2 | 14 | 月 | 27 | 甲戌 | 8·2 | 12 | 火 | 27 | 癸卯 | 8·2 |
| 7 | 15 | 日 | 28 | 乙巳 | 8·2 | 15 | 火 | 28 | 乙亥 | 7·2 | 13 | 水 | 28 | 甲辰 | 8·2 |
| 8 | 16 | 月 | 29 | 丙午 | 7·3 | 16 | 水 | 29 | 丙子 | 7·3 | 14 | 木 | 29 | 乙巳 | 7·3 |
| 9 | 17 | 火 | 30 | 丁未 | 7·3 | 17 | 木 | 11/1 | 丁丑 | 7·3 | 15 | 金 | 12/1 | 丙午 | 7·3 |
| 10 | 18 | 水 | 10/1 | 戊申 | 7·3 | 18 | 金 | 2 | 戊寅 | 6·3 | 16 | 土 | 2 | 丁未 | 7·3 |
| 11 | 19 | 木 | 2 | 己酉 | 6·4 | 19 | 土 | 3 | 己卯 | 6·4 | 17 | 日 | 3 | 戊申 | 6·4 |
| 12 | 20 | 金 | 3 | 庚戌 | 6·4 | 20 | 日 | 4 | 庚辰 | 6·4 | 18 | 月 | 4 | 己酉 | 6·4 |
| 13 | 21 | 土 | 4 | 辛亥 | 6·4 | 21 | 月 | 5 | 辛巳 | 5·4 | 19 | 火 | 5 | 庚戌 | 6·4 |
| 14 | 22 | 日 | 5 | 壬子 | 5·5 | 22 | 火 | 6 | 壬午 | 5·5 | 20 | 水 | 6 | 辛亥 | 5·5 |
| 15 | 23 | 月 | 6 | 癸丑 | 소설 | 23 | 水 | 7 | 癸未 | 동지 | 21 | 木 | 7 | 壬子 | 대한 |
| 16 | 24 | 火 | 7 | 甲寅 | 5·5 | 24 | 木 | 8 | 甲申 | 4·5 | 22 | 金 | 8 | 癸丑 | 5·5 |
| 17 | 25 | 水 | 8 | 乙卯 | 4·6 | 25 | 金 | 9 | 乙酉 | 4·6 | 23 | 土 | 9 | 甲寅 | 4·6 |
| 18 | 26 | 木 | 9 | 丙辰 | 4·6 | 26 | 土 | 10 | 丙戌 | 4·6 | 24 | 日 | 10 | 乙卯 | 4·6 |
| 19 | 27 | 金 | 10 | 丁巳 | 4·6 | 27 | 日 | 11 | 丁亥 | 3·6 | 25 | 月 | 11 | 丙辰 | 4·6 |
| 20 | 28 | 土 | 11 | 戊午 | 3·7 | 28 | 月 | 12 | 戊子 | 3·7 | 26 | 火 | 12 | 丁巳 | 3·7 |
| 21 | 29 | 日 | 12 | 己未 | 3·7 | 29 | 火 | 13 | 己丑 | 3·7 | 27 | 水 | 13 | 戊午 | 3·7 |
| 22 | 30 | 月 | 13 | 庚申 | 3·7 | 30 | 水 | 14 | 庚寅 | 2·7 | 28 | 木 | 14 | 己未 | 3·7 |
| 23 | 12/1 | 火 | 14 | 辛酉 | 2·8 | 31 | 木 | 15 | 辛卯 | 2·8 | 29 | 金 | 15 | 庚申 | 2·8 |
| 24 | 2 | 水 | 15 | 壬戌 | 2·8 | 1/1 | 金 | 16 | 壬辰 | 2·8 | 30 | 土 | 16 | 辛酉 | 2·8 |
| 25 | 3 | 木 | 16 | 癸亥 | 2·8 | 2 | 土 | 17 | 癸巳 | 1·8 | 31 | 日 | 17 | 壬戌 | 2·8 |
| 26 | 4 | 金 | 17 | 甲子 | 1·9 | 3 | 日 | 18 | 甲午 | 1·9 | 2/1 | 月 | 18 | 癸亥 | 1·9 |
| 27 | 5 | 土 | 18 | 乙丑 | 1·9 | 4 | 月 | 19 | 乙未 | 1·9 | 2 | 火 | 19 | 甲子 | 1·9 |
| 28 | 6 | 日 | 19 | 丙寅 | 1·9 | 5 | 火 | 20 | 丙申 | 1·9 | 3 | 水 | 20 | 乙丑 | 1·9 |
| 29 | 7 | 月 | 20 | 丁卯 | 1·10 | | | | | | 4 | 木 | 21 | 丙寅 | 1·10 |
| 30 | | | | | | | | | | | | | | | |
| 31 | | | | | | | | | | | | | | | |

# 서기 1915년 [단기 4248년]

| 절기후날수 | 입춘절(戊寅月) | | | | | 경칩절(己卯月) | | | | |
|---|---|---|---|---|---|---|---|---|---|---|
| | 立春 2월5일 6시25분 / 雨水 2월20일 2시23분 | | | | | 驚蟄 3월7일 0시48분 / 春分 3월22일 1시51분 | | | | |
| | 양력 | 요일 | 음력 | 일진 | 大運 남·여 | 양력 | 요일 | 음력 | 일진 | 大運 남·여 |
| 0 | 2/5 | 金 | 22 | 丁卯 | 입춘 | 3/7 | 日 | 22 | 丁酉 | 경칩 |
| 1 | 6 | 土 | 23 | 戊辰 | 1·10 | 8 | 月 | 23 | 戊戌 | 1·10 |
| 2 | 7 | 日 | 24 | 己巳 | 1·9 | 9 | 火 | 24 | 己亥 | 1·9 |
| 3 | 8 | 月 | 25 | 庚午 | 1·9 | 10 | 水 | 25 | 庚子 | 1·9 |
| 4 | 9 | 火 | 26 | 辛未 | 1·9 | 11 | 木 | 26 | 辛丑 | 1·9 |
| 5 | 10 | 水 | 27 | 壬申 | 2·8 | 12 | 金 | 27 | 壬寅 | 2·8 |
| 6 | 11 | 木 | 28 | 癸酉 | 2·8 | 13 | 土 | 28 | 癸卯 | 2·8 |
| 7 | 12 | 金 | 29 | 甲戌 | 2·8 | 14 | 日 | 29 | 甲辰 | 2·8 |
| 8 | 13 | 土 | 30 | 乙亥 | 3·7 | 15 | 月 | 30 | 乙巳 | 3·7 |
| 9 | 14 | 日 | 1/1 | 丙子 | 3·7 | 16 | 火 | 2/1 | 丙午 | 3·7 |
| 10 | 15 | 月 | 2 | 丁丑 | 3·7 | 17 | 水 | 2 | 丁未 | 3·7 |
| 11 | 16 | 火 | 3 | 戊寅 | 4·6 | 18 | 木 | 3 | 戊申 | 4·6 |
| 12 | 17 | 水 | 4 | 己卯 | 4·6 | 19 | 金 | 4 | 己酉 | 4·6 |
| 13 | 18 | 木 | 5 | 庚辰 | 4·6 | 20 | 土 | 5 | 庚戌 | 4·6 |
| 14 | 19 | 金 | 6 | 辛巳 | 5·5 | 21 | 日 | 6 | 辛亥 | 5·5 |
| 15 | 20 | 土 | 7 | 壬午 | 우수 | 22 | 月 | 7 | 壬子 | 춘분 |
| 16 | 21 | 日 | 8 | 癸未 | 5·5 | 23 | 火 | 8 | 癸丑 | 5·5 |
| 17 | 22 | 月 | 9 | 甲申 | 6·4 | 24 | 水 | 9 | 甲寅 | 6·4 |
| 18 | 23 | 火 | 10 | 乙酉 | 6·4 | 25 | 木 | 10 | 乙卯 | 6·4 |
| 19 | 24 | 水 | 11 | 丙戌 | 6·4 | 26 | 金 | 11 | 丙辰 | 6·4 |
| 20 | 25 | 木 | 12 | 丁亥 | 7·3 | 27 | 土 | 12 | 丁巳 | 7·3 |
| 21 | 26 | 金 | 13 | 戊子 | 7·3 | 28 | 日 | 13 | 戊午 | 7·3 |
| 22 | 27 | 土 | 14 | 己丑 | 7·3 | 29 | 月 | 14 | 己未 | 7·3 |
| 23 | 28 | 日 | 15 | 庚寅 | 8·2 | 30 | 火 | 15 | 庚申 | 8·2 |
| 24 | 3/1 | 月 | 16 | 辛卯 | 8·2 | 31 | 水 | 16 | 辛酉 | 8·2 |
| 25 | 2 | 火 | 17 | 壬辰 | 8·2 | 4/1 | 木 | 17 | 壬戌 | 8·2 |
| 26 | 3 | 水 | 18 | 癸巳 | 9·1 | 2 | 金 | 18 | 癸亥 | 9·1 |
| 27 | 4 | 木 | 19 | 甲午 | 9·1 | 3 | 土 | 19 | 甲子 | 9·1 |
| 28 | 5 | 金 | 20 | 乙未 | 9·1 | 4 | 日 | 20 | 乙丑 | 9·1 |
| 29 | 6 | 土 | 21 | 丙申 | 10·1 | 5 | 月 | 21 | 丙寅 | 10·1 |
| 30 | | | | | | | | | | |
| 31 | | | | | | | | | | |

| 절기후날수 | 청명절(庚辰月) | | | | | 입하절(辛巳月) | | | | |
|---|---|---|---|---|---|---|---|---|---|---|
| | 清明 4월6일 6시9분 / 穀雨 4월21일 13시29분 | | | | | 立夏 5월7일 0시3분 / 小滿 5월22일 13시10분 | | | | |
| | 양력 | 요일 | 음력 | 일진 | 大運 남·여 | 양력 | 요일 | 음력 | 일진 | 大運 남·여 |
| 0 | 4/6 | 火 | 22 | 丁卯 | 청명 | 5/7 | 金 | 24 | 戊戌 | 입하 |
| 1 | 7 | 水 | 23 | 戊辰 | 1·10 | 8 | 土 | 25 | 己亥 | 1·10 |
| 2 | 8 | 木 | 24 | 己巳 | 1·10 | 9 | 日 | 26 | 庚子 | 1·10 |
| 3 | 9 | 金 | 25 | 庚午 | 1·9 | 10 | 月 | 27 | 辛丑 | 1·9 |
| 4 | 10 | 土 | 26 | 辛未 | 1·9 | 11 | 火 | 28 | 壬寅 | 1·9 |
| 5 | 11 | 日 | 27 | 壬申 | 2·9 | 12 | 水 | 29 | 癸卯 | 2·9 |
| 6 | 12 | 月 | 28 | 癸酉 | 2·8 | 13 | 木 | 30 | 甲辰 | 2·8 |
| 7 | 13 | 火 | 29 | 甲戌 | 2·8 | 14 | 金 | 4/1 | 乙巳 | 2·8 |
| 8 | 14 | 水 | 3/1 | 乙亥 | 3·8 | 15 | 土 | 2 | 丙午 | 3·8 |
| 9 | 15 | 木 | 2 | 丙子 | 3·7 | 16 | 日 | 3 | 丁未 | 3·7 |
| 10 | 16 | 金 | 3 | 丁丑 | 3·7 | 17 | 月 | 4 | 戊申 | 3·7 |
| 11 | 17 | 土 | 4 | 戊寅 | 4·7 | 18 | 火 | 5 | 己酉 | 4·7 |
| 12 | 18 | 日 | 5 | 己卯 | 4·6 | 19 | 水 | 6 | 庚戌 | 4·6 |
| 13 | 19 | 月 | 6 | 庚辰 | 4·6 | 20 | 木 | 7 | 辛亥 | 4·6 |
| 14 | 20 | 火 | 7 | 辛巳 | 5·6 | 21 | 金 | 8 | 壬子 | 5·6 |
| 15 | 21 | 水 | 8 | 壬午 | 곡우 | 22 | 土 | 9 | 癸丑 | 소만 |
| 16 | 22 | 木 | 9 | 癸未 | 5·5 | 23 | 日 | 10 | 甲寅 | 5·5 |
| 17 | 23 | 金 | 10 | 甲申 | 6·5 | 24 | 月 | 11 | 乙卯 | 6·5 |
| 18 | 24 | 土 | 11 | 乙酉 | 6·4 | 25 | 火 | 12 | 丙辰 | 6·4 |
| 19 | 25 | 日 | 12 | 丙戌 | 6·4 | 26 | 水 | 13 | 丁巳 | 6·4 |
| 20 | 26 | 月 | 13 | 丁亥 | 7·4 | 27 | 木 | 14 | 戊午 | 7·4 |
| 21 | 27 | 火 | 14 | 戊子 | 7·3 | 28 | 金 | 15 | 己未 | 7·3 |
| 22 | 28 | 水 | 15 | 己丑 | 7·3 | 29 | 土 | 16 | 庚申 | 7·3 |
| 23 | 29 | 木 | 16 | 庚寅 | 8·3 | 30 | 日 | 17 | 辛酉 | 8·3 |
| 24 | 30 | 金 | 17 | 辛卯 | 8·2 | 31 | 月 | 18 | 壬戌 | 8·2 |
| 25 | 5/1 | 土 | 18 | 壬辰 | 8·2 | 6/1 | 火 | 19 | 癸亥 | 8·2 |
| 26 | 2 | 日 | 19 | 癸巳 | 9·2 | 2 | 水 | 20 | 甲子 | 9·2 |
| 27 | 3 | 月 | 20 | 甲午 | 9·1 | 3 | 木 | 21 | 乙丑 | 9·1 |
| 28 | 4 | 火 | 21 | 乙未 | 9·1 | 4 | 金 | 22 | 丙寅 | 9·1 |
| 29 | 5 | 水 | 22 | 丙申 | 10·1 | 5 | 土 | 23 | 丁卯 | 10·1 |
| 30 | 6 | 木 | 23 | 丁酉 | 10·1 | 6 | 日 | 24 | 戊辰 | 10·1 |
| 31 | | | | | | | | | | |

| 절기후날수 | 망종절(壬午月) | | | | | 소서절(癸未月) | | | | |
|---|---|---|---|---|---|---|---|---|---|---|
| | 芒種 6월7일 4시40분 / 夏至 6월22일 21시29분 | | | | | 小暑 7월8일 15시8분 / 大暑 7월24일 8시26분 | | | | |
| | 양력 | 요일 | 음력 | 일진 | 大運 남·여 | 양력 | 요일 | 음력 | 일진 | 大運 남·여 |
| 0 | 6/7 | 月 | 25 | 己巳 | 망종 | 7/8 | 木 | 26 | 庚子 | 소서 |
| 1 | 8 | 火 | 26 | 庚午 | 1·10 | 9 | 金 | 27 | 辛丑 | 1·10 |
| 2 | 9 | 水 | 27 | 辛未 | 1·10 | 10 | 土 | 28 | 壬寅 | 1·10 |
| 3 | 10 | 木 | 28 | 壬申 | 1·9 | 11 | 日 | 29 | 癸卯 | 1·10 |
| 4 | 11 | 金 | 29 | 癸酉 | 1·9 | 12 | 月 | 6/1 | 甲辰 | 1·9 |
| 5 | 12 | 土 | 30 | 甲戌 | 2·9 | 13 | 火 | 2 | 乙巳 | 2·9 |
| 6 | 13 | 日 | 5/1 | 乙亥 | 2·8 | 14 | 水 | 3 | 丙午 | 2·9 |
| 7 | 14 | 月 | 2 | 丙子 | 2·8 | 15 | 木 | 4 | 丁未 | 2·8 |
| 8 | 15 | 火 | 3 | 丁丑 | 3·8 | 16 | 金 | 5 | 戊申 | 3·8 |
| 9 | 16 | 水 | 4 | 戊寅 | 3·7 | 17 | 土 | 6 | 己酉 | 3·8 |
| 10 | 17 | 木 | 5 | 己卯 | 3·7 | 18 | 日 | 7 | 庚戌 | 3·7 |
| 11 | 18 | 金 | 6 | 庚辰 | 4·7 | 19 | 月 | 8 | 辛亥 | 4·7 |
| 12 | 19 | 土 | 7 | 辛巳 | 4·6 | 20 | 火 | 9 | 壬子 | 4·7 |
| 13 | 20 | 日 | 8 | 壬午 | 4·6 | 21 | 水 | 10 | 癸丑 | 4·6 |
| 14 | 21 | 月 | 9 | 癸未 | 5·6 | 22 | 木 | 11 | 甲寅 | 5·6 |
| 15 | 22 | 火 | 10 | 甲申 | 하지 | 23 | 金 | 12 | 乙卯 | 5·6 |
| 16 | 23 | 水 | 11 | 乙酉 | 5·5 | 24 | 土 | 13 | 丙辰 | 대서 |
| 17 | 24 | 木 | 12 | 丙戌 | 6·5 | 25 | 日 | 14 | 丁巳 | 6·5 |
| 18 | 25 | 金 | 13 | 丁亥 | 6·4 | 26 | 月 | 15 | 戊午 | 6·5 |
| 19 | 26 | 土 | 14 | 戊子 | 6·4 | 27 | 火 | 16 | 己未 | 6·4 |
| 20 | 27 | 日 | 15 | 己丑 | 7·4 | 28 | 水 | 17 | 庚申 | 7·4 |
| 21 | 28 | 月 | 16 | 庚寅 | 7·3 | 29 | 木 | 18 | 辛酉 | 7·4 |
| 22 | 29 | 火 | 17 | 辛卯 | 7·3 | 30 | 金 | 19 | 壬戌 | 7·3 |
| 23 | 30 | 水 | 18 | 壬辰 | 8·3 | 31 | 土 | 20 | 癸亥 | 8·3 |
| 24 | 7/1 | 木 | 19 | 癸巳 | 8·2 | 8/1 | 日 | 21 | 甲子 | 8·3 |
| 25 | 2 | 金 | 20 | 甲午 | 8·2 | 2 | 月 | 22 | 乙丑 | 8·2 |
| 26 | 3 | 土 | 21 | 乙未 | 9·2 | 3 | 火 | 23 | 丙寅 | 9·2 |
| 27 | 4 | 日 | 22 | 丙申 | 9·1 | 4 | 水 | 24 | 丁卯 | 9·2 |
| 28 | 5 | 月 | 23 | 丁酉 | 9·1 | 5 | 木 | 25 | 戊辰 | 9·1 |
| 29 | 6 | 火 | 24 | 戊戌 | 10·1 | 6 | 金 | 26 | 己巳 | 10·1 |
| 30 | 7 | 水 | 25 | 己亥 | 10·1 | 7 | 土 | 27 | 庚午 | 10·1 |
| 31 | | | | | | 8 | 日 | 28 | 辛未 | 10·1 |

# 乙卯年

| 절기후날수 | 입추절(甲申月) 立秋 8월9일 0시48분 處暑 8월24일 15시15분 | | | | | 백로절(乙酉月) 白露 9월9일 3시17분 秋分 9월24일 12시24분 | | | | | 한로절(丙戌月) 寒露 10월9일 18시21분 霜降 10월24일 21시10분 | | | | |
|---|---|---|---|---|---|---|---|---|---|---|---|---|---|---|---|
| | 양력 | 요일 | 음력 | 일진 | 大運 남·여 | 양력 | 요일 | 음력 | 일진 | 大運 남·여 | 양력 | 요일 | 음력 | 일진 | 大運 남·여 |
| 0 | 8/9 | 月 | 29 | 壬申 | 입추 | 9/9 | 木 | 8/1 | 癸卯 | 백로 | 10/9 | 土 | 9/1 | 癸酉 | 한로 |
| 1 | 10 | 火 | 30 | 癸酉 | 1·10 | 10 | 金 | 2 | 甲辰 | 1·10 | 10 | 日 | 2 | 甲戌 | 1·10 |
| 2 | 11 | 水 | 7/1 | 甲戌 | 1·10 | 11 | 土 | 3 | 乙巳 | 1·9 | 11 | 月 | 3 | 乙亥 | 1·9 |
| 3 | 12 | 木 | 2 | 乙亥 | 1·9 | 12 | 日 | 4 | 丙午 | 1·9 | 12 | 火 | 4 | 丙子 | 1·9 |
| 4 | 13 | 金 | 3 | 丙子 | 1·9 | 13 | 月 | 5 | 丁未 | 1·9 | 13 | 水 | 5 | 丁丑 | 1·9 |
| 5 | 14 | 土 | 4 | 丁丑 | 2·9 | 14 | 火 | 6 | 戊申 | 2·8 | 14 | 木 | 6 | 戊寅 | 2·8 |
| 6 | 15 | 日 | 5 | 戊寅 | 2·8 | 15 | 水 | 7 | 己酉 | 2·8 | 15 | 金 | 7 | 己卯 | 2·8 |
| 7 | 16 | 月 | 6 | 己卯 | 2·8 | 16 | 木 | 8 | 庚戌 | 2·8 | 16 | 土 | 8 | 庚辰 | 2·8 |
| 8 | 17 | 火 | 7 | 庚辰 | 3·8 | 17 | 金 | 9 | 辛亥 | 3·7 | 17 | 日 | 9 | 辛巳 | 3·7 |
| 9 | 18 | 水 | 8 | 辛巳 | 3·7 | 18 | 土 | 10 | 壬子 | 3·7 | 18 | 月 | 10 | 壬午 | 3·7 |
| 10 | 19 | 木 | 9 | 壬午 | 3·7 | 19 | 日 | 11 | 癸丑 | 3·7 | 19 | 火 | 11 | 癸未 | 3·7 |
| 11 | 20 | 金 | 10 | 癸未 | 4·7 | 20 | 月 | 12 | 甲寅 | 4·6 | 20 | 水 | 12 | 甲申 | 4·6 |
| 12 | 21 | 土 | 11 | 甲申 | 4·6 | 21 | 火 | 13 | 乙卯 | 4·6 | 21 | 木 | 13 | 乙酉 | 4·6 |
| 13 | 22 | 日 | 12 | 乙酉 | 4·6 | 22 | 水 | 14 | 丙辰 | 4·6 | 22 | 金 | 14 | 丙戌 | 4·6 |
| 14 | 23 | 月 | 13 | 丙戌 | 5·6 | 23 | 木 | 15 | 丁巳 | 5·5 | 23 | 土 | 15 | 丁亥 | 5·5 |
| 15 | 24 | 火 | 14 | 丁亥 | 처서 | 24 | 金 | 16 | 戊午 | 추분 | 24 | 日 | 16 | 戊子 | 상강 |
| 16 | 25 | 水 | 15 | 戊子 | 5·5 | 25 | 土 | 17 | 己未 | 5·5 | 25 | 月 | 17 | 己丑 | 5·5 |
| 17 | 26 | 木 | 16 | 己丑 | 6·5 | 26 | 日 | 18 | 庚申 | 6·4 | 26 | 火 | 18 | 庚寅 | 6·4 |
| 18 | 27 | 金 | 17 | 庚寅 | 6·4 | 27 | 月 | 19 | 辛酉 | 6·4 | 27 | 水 | 19 | 辛卯 | 6·4 |
| 19 | 28 | 土 | 18 | 辛卯 | 6·4 | 28 | 火 | 20 | 壬戌 | 6·4 | 28 | 木 | 20 | 壬辰 | 6·4 |
| 20 | 29 | 日 | 19 | 壬辰 | 7·4 | 29 | 水 | 21 | 癸亥 | 7·3 | 29 | 金 | 21 | 癸巳 | 7·3 |
| 21 | 30 | 月 | 20 | 癸巳 | 7·3 | 30 | 木 | 22 | 甲子 | 7·3 | 30 | 土 | 22 | 甲午 | 7·3 |
| 22 | 31 | 火 | 21 | 甲午 | 7·3 | 10/1 | 金 | 23 | 乙丑 | 7·3 | 31 | 日 | 23 | 乙未 | 7·3 |
| 23 | 9/1 | 水 | 22 | 乙未 | 8·3 | 2 | 土 | 24 | 丙寅 | 8·2 | 11/1 | 月 | 24 | 丙申 | 8·2 |
| 24 | 2 | 木 | 23 | 丙申 | 8·2 | 3 | 日 | 25 | 丁卯 | 8·2 | 2 | 火 | 25 | 丁酉 | 8·2 |
| 25 | 3 | 金 | 24 | 丁酉 | 8·2 | 4 | 月 | 26 | 戊辰 | 8·2 | 3 | 水 | 26 | 戊戌 | 8·2 |
| 26 | 4 | 土 | 25 | 戊戌 | 9·2 | 5 | 火 | 27 | 己巳 | 9·1 | 4 | 木 | 27 | 己亥 | 9·1 |
| 27 | 5 | 日 | 26 | 己亥 | 9·1 | 6 | 水 | 28 | 庚午 | 9·1 | 5 | 金 | 28 | 庚子 | 9·1 |
| 28 | 6 | 月 | 27 | 庚子 | 9·1 | 7 | 木 | 29 | 辛未 | 9·1 | 6 | 土 | 29 | 辛丑 | 9·1 |
| 29 | 7 | 火 | 28 | 辛丑 | 10·1 | 8 | 金 | 30 | 壬申 | 10·1 | 7 | 日 | 10/1 | 壬寅 | 10·1 |
| 30 | 8 | 水 | 29 | 壬寅 | 10·1 | | | | | | | | | | |
| 31 | | | | | | | | | | | | | | | |

| 절기후날수 | 입동절(丁亥月) 立冬 11월8일 20시58분 小雪 11월23일 18시14분 | | | | | 대설절(戊子月) 大雪 12월8일 13시24분 冬至 12월23일 7시16분 | | | | | 소한절(己丑月) 小寒 1월7일 0시28분 大寒 1월21일 17시54분 | | | | |
|---|---|---|---|---|---|---|---|---|---|---|---|---|---|---|---|
| | 양력 | 요일 | 음력 | 일진 | 大運 남·여 | 양력 | 요일 | 음력 | 일진 | 大運 남·여 | 양력 | 요일 | 음력 | 일진 | 大運 남·여 |
| 0 | 11/8 | 月 | 2 | 癸卯 | 입동 | 12/8 | 水 | 2 | 癸酉 | 대설 | 1/7 | 金 | 3 | 癸卯 | 소한 |
| 1 | 9 | 火 | 3 | 甲辰 | 1·10 | 9 | 木 | 3 | 甲戌 | 1·10 | 8 | 土 | 4 | 甲辰 | 1·9 |
| 2 | 10 | 水 | 4 | 乙巳 | 1·9 | 10 | 金 | 4 | 乙亥 | 1·9 | 9 | 日 | 5 | 乙巳 | 1·9 |
| 3 | 11 | 木 | 5 | 丙午 | 1·9 | 11 | 土 | 5 | 丙子 | 1·9 | 10 | 月 | 6 | 丙午 | 1·9 |
| 4 | 12 | 金 | 6 | 丁未 | 1·9 | 12 | 日 | 6 | 丁丑 | 1·9 | 11 | 火 | 7 | 丁未 | 1·8 |
| 5 | 13 | 土 | 7 | 戊申 | 2·8 | 13 | 月 | 7 | 戊寅 | 2·8 | 12 | 水 | 8 | 戊申 | 2·8 |
| 6 | 14 | 日 | 8 | 己酉 | 2·8 | 14 | 火 | 8 | 己卯 | 2·8 | 13 | 木 | 9 | 己酉 | 2·8 |
| 7 | 15 | 月 | 9 | 庚戌 | 2·8 | 15 | 水 | 9 | 庚辰 | 2·8 | 14 | 金 | 10 | 庚戌 | 2·7 |
| 8 | 16 | 火 | 10 | 辛亥 | 3·7 | 16 | 木 | 10 | 辛巳 | 3·7 | 15 | 土 | 11 | 辛亥 | 3·7 |
| 9 | 17 | 水 | 11 | 壬子 | 3·7 | 17 | 金 | 11 | 壬午 | 3·7 | 16 | 日 | 12 | 壬子 | 3·7 |
| 10 | 18 | 木 | 12 | 癸丑 | 3·7 | 18 | 土 | 12 | 癸未 | 3·7 | 17 | 月 | 13 | 癸丑 | 3·6 |
| 11 | 19 | 金 | 13 | 甲寅 | 4·6 | 19 | 日 | 13 | 甲申 | 4·6 | 18 | 火 | 14 | 甲寅 | 4·6 |
| 12 | 20 | 土 | 14 | 乙卯 | 4·6 | 20 | 月 | 14 | 乙酉 | 4·6 | 19 | 水 | 15 | 乙卯 | 4·6 |
| 13 | 21 | 日 | 15 | 丙辰 | 4·6 | 21 | 火 | 15 | 丙戌 | 4·6 | 20 | 木 | 16 | 丙辰 | 4·5 |
| 14 | 22 | 月 | 16 | 丁巳 | 5·5 | 22 | 水 | 16 | 丁亥 | 5·5 | 21 | 金 | 17 | 丁巳 | 대한 |
| 15 | 23 | 火 | 17 | 戊午 | 소설 | 23 | 木 | 17 | 戊子 | 동지 | 22 | 土 | 18 | 戊午 | 5·5 |
| 16 | 24 | 水 | 18 | 己未 | 5·5 | 24 | 金 | 18 | 己丑 | 5·5 | 23 | 日 | 19 | 己未 | 5·4 |
| 17 | 25 | 木 | 19 | 庚申 | 6·4 | 25 | 土 | 19 | 庚寅 | 6·4 | 24 | 月 | 20 | 庚申 | 6·4 |
| 18 | 26 | 金 | 20 | 辛酉 | 6·4 | 26 | 日 | 20 | 辛卯 | 6·4 | 25 | 火 | 21 | 辛酉 | 6·4 |
| 19 | 27 | 土 | 21 | 壬戌 | 6·4 | 27 | 月 | 21 | 壬辰 | 6·4 | 26 | 水 | 22 | 壬戌 | 6·3 |
| 20 | 28 | 日 | 22 | 癸亥 | 7·3 | 28 | 火 | 22 | 癸巳 | 7·3 | 27 | 木 | 23 | 癸亥 | 7·3 |
| 21 | 29 | 月 | 23 | 甲子 | 7·3 | 29 | 水 | 23 | 甲午 | 7·3 | 28 | 金 | 24 | 甲子 | 7·3 |
| 22 | 30 | 火 | 24 | 乙丑 | 7·3 | 30 | 木 | 24 | 乙未 | 7·3 | 29 | 土 | 25 | 乙丑 | 7·2 |
| 23 | 12/1 | 水 | 25 | 丙寅 | 8·2 | 31 | 金 | 25 | 丙申 | 8·2 | 30 | 日 | 26 | 丙寅 | 8·2 |
| 24 | 2 | 木 | 26 | 丁卯 | 8·2 | 1/1 | 土 | 26 | 丁酉 | 8·2 | 31 | 月 | 27 | 丁卯 | 8·2 |
| 25 | 3 | 金 | 27 | 戊辰 | 8·2 | 2 | 日 | 27 | 戊戌 | 8·2 | 2/1 | 火 | 28 | 戊辰 | 8·1 |
| 26 | 4 | 土 | 28 | 己巳 | 9·1 | 3 | 月 | 28 | 己亥 | 9·1 | 2 | 水 | 29 | 己巳 | 9·1 |
| 27 | 5 | 日 | 29 | 庚午 | 9·1 | 4 | 火 | 29 | 庚子 | 9·1 | 3 | 木 | 30 | 庚午 | 9·1 |
| 28 | 6 | 月 | 30 | 辛未 | 9·1 | 5 | 水 | 12/1 | 辛丑 | 9·1 | 4 | 金 | 1/1 | 辛未 | 9·1 |
| 29 | 7 | 火 | 11/1 | 壬申 | 10·1 | 6 | 木 | 2 | 壬寅 | 10·1 | | | | | |
| 30 | | | | | | | | | | | | | | | |
| 31 | | | | | | | | | | | | | | | |

# 서기 1916년 [단기 4249년]

## 입춘절(庚寅月)

立春 2월5일 12시14분
雨水 2월20일 8시18분

| 절기후날수 | 양력 | 요일 | 음력 | 일진 | 大運 남·여 |
|---|---|---|---|---|---|
| 0 | 2/5 | 土 | 2 | 壬申 | 입춘 |
| 1 | 6 | 日 | 3 | 癸酉 | 10·1 |
| 2 | 7 | 月 | 4 | 甲戌 | 9·1 |
| 3 | 8 | 火 | 5 | 乙亥 | 9·1 |
| 4 | 9 | 水 | 6 | 丙子 | 9·1 |
| 5 | 10 | 木 | 7 | 丁丑 | 8·2 |
| 6 | 11 | 金 | 8 | 戊寅 | 8·2 |
| 7 | 12 | 土 | 9 | 己卯 | 8·2 |
| 8 | 13 | 日 | 10 | 庚辰 | 7·3 |
| 9 | 14 | 月 | 11 | 辛巳 | 7·3 |
| 10 | 15 | 火 | 12 | 壬午 | 7·3 |
| 11 | 16 | 水 | 13 | 癸未 | 6·4 |
| 12 | 17 | 木 | 14 | 甲申 | 6·4 |
| 13 | 18 | 金 | 15 | 乙酉 | 6·4 |
| 14 | 19 | 土 | 16 | 丙戌 | 5·5 |
| 15 | 20 | 日 | 17 | 丁亥 | 우수 |
| 16 | 21 | 月 | 18 | 戊子 | 5·5 |
| 17 | 22 | 火 | 19 | 己丑 | 4·6 |
| 18 | 23 | 水 | 20 | 庚寅 | 4·6 |
| 19 | 24 | 木 | 21 | 辛卯 | 4·6 |
| 20 | 25 | 金 | 22 | 壬辰 | 3·7 |
| 21 | 26 | 土 | 23 | 癸巳 | 3·7 |
| 22 | 27 | 日 | 24 | 甲午 | 3·7 |
| 23 | 28 | 月 | 25 | 乙未 | 2·8 |
| 24 | 29 | 火 | 26 | 丙申 | 2·8 |
| 25 | 3/1 | 水 | 27 | 丁酉 | 2·8 |
| 26 | 2 | 木 | 28 | 戊戌 | 1·9 |
| 27 | 3 | 金 | 29 | 己亥 | 1·9 |
| 28 | 4 | 土 | 2/1 | 庚子 | 1·9 |
| 29 | 5 | 日 | 2 | 辛丑 | 1·10 |
| 30 | | | | | |
| 31 | | | | | |

## 경칩절(辛卯月)

驚蟄 3월6일 6시37분
春分 3월21일 7시47분

| 절기후날수 | 양력 | 요일 | 음력 | 일진 | 大運 남·여 |
|---|---|---|---|---|---|
| 0 | 3/6 | 月 | 3 | 壬寅 | 경칩 |
| 1 | 7 | 火 | 4 | 癸卯 | 10·1 |
| 2 | 8 | 水 | 5 | 甲辰 | 9·1 |
| 3 | 9 | 木 | 6 | 乙巳 | 9·1 |
| 4 | 10 | 金 | 7 | 丙午 | 9·1 |
| 5 | 11 | 土 | 8 | 丁未 | 8·2 |
| 6 | 12 | 日 | 9 | 戊申 | 8·2 |
| 7 | 13 | 月 | 10 | 己酉 | 8·2 |
| 8 | 14 | 火 | 11 | 庚戌 | 7·3 |
| 9 | 15 | 水 | 12 | 辛亥 | 7·3 |
| 10 | 16 | 木 | 13 | 壬子 | 7·3 |
| 11 | 17 | 金 | 14 | 癸丑 | 6·4 |
| 12 | 18 | 土 | 15 | 甲寅 | 6·4 |
| 13 | 19 | 日 | 16 | 乙卯 | 6·4 |
| 14 | 20 | 月 | 17 | 丙辰 | 5·5 |
| 15 | 21 | 火 | 18 | 丁巳 | 춘분 |
| 16 | 22 | 水 | 19 | 戊午 | 5·5 |
| 17 | 23 | 木 | 20 | 己未 | 4·6 |
| 18 | 24 | 金 | 21 | 庚申 | 4·6 |
| 19 | 25 | 土 | 22 | 辛酉 | 4·6 |
| 20 | 26 | 日 | 23 | 壬戌 | 3·7 |
| 21 | 27 | 月 | 24 | 癸亥 | 3·7 |
| 22 | 28 | 火 | 25 | 甲子 | 3·7 |
| 23 | 29 | 水 | 26 | 乙丑 | 2·8 |
| 24 | 30 | 木 | 27 | 丙寅 | 2·8 |
| 25 | 31 | 金 | 28 | 丁卯 | 2·8 |
| 26 | 4/1 | 土 | 29 | 戊辰 | 1·9 |
| 27 | 2 | 日 | 30 | 己巳 | 1·9 |
| 28 | 3 | 月 | 3/1 | 庚午 | 1·9 |
| 29 | 4 | 火 | 2 | 辛未 | 1·10 |
| 30 | | | | | |
| 31 | | | | | |

## 청명절(壬辰月)

淸明 4월5일 11시58분
穀雨 4월20일 19시25분

| 절기후날수 | 양력 | 요일 | 음력 | 일진 | 大運 남·여 |
|---|---|---|---|---|---|
| 0 | 4/5 | 水 | 3 | 壬申 | 청명 |
| 1 | 6 | 木 | 4 | 癸酉 | 10·1 |
| 2 | 7 | 金 | 5 | 甲戌 | 10·1 |
| 3 | 8 | 土 | 6 | 乙亥 | 9·1 |
| 4 | 9 | 日 | 7 | 丙子 | 9·1 |
| 5 | 10 | 月 | 8 | 丁丑 | 9·2 |
| 6 | 11 | 火 | 9 | 戊寅 | 8·2 |
| 7 | 12 | 水 | 10 | 己卯 | 8·2 |
| 8 | 13 | 木 | 11 | 庚辰 | 8·3 |
| 9 | 14 | 金 | 12 | 辛巳 | 7·3 |
| 10 | 15 | 土 | 13 | 壬午 | 7·3 |
| 11 | 16 | 日 | 14 | 癸未 | 7·4 |
| 12 | 17 | 月 | 15 | 甲申 | 6·4 |
| 13 | 18 | 火 | 16 | 乙酉 | 6·4 |
| 14 | 19 | 水 | 17 | 丙戌 | 6·5 |
| 15 | 20 | 木 | 18 | 丁亥 | 곡우 |
| 16 | 21 | 金 | 19 | 戊子 | 5·5 |
| 17 | 22 | 土 | 20 | 己丑 | 5·6 |
| 18 | 23 | 日 | 21 | 庚寅 | 4·6 |
| 19 | 24 | 月 | 22 | 辛卯 | 4·6 |
| 20 | 25 | 火 | 23 | 壬辰 | 4·7 |
| 21 | 26 | 水 | 24 | 癸巳 | 3·7 |
| 22 | 27 | 木 | 25 | 甲午 | 3·7 |
| 23 | 28 | 金 | 26 | 乙未 | 3·8 |
| 24 | 29 | 土 | 27 | 丙申 | 2·8 |
| 25 | 30 | 日 | 28 | 丁酉 | 2·8 |
| 26 | 5/1 | 月 | 29 | 戊戌 | 2·9 |
| 27 | 2 | 火 | 4/1 | 己亥 | 1·9 |
| 28 | 3 | 水 | 2 | 庚子 | 1·9 |
| 29 | 4 | 木 | 3 | 辛丑 | 1·10 |
| 30 | 5 | 金 | 4 | 壬寅 | 1·10 |
| 31 | | | | | |

## 입하절(癸巳月)

立夏 5월6일 5시50분
小滿 5월21일 19시6분

| 절기후날수 | 양력 | 요일 | 음력 | 일진 | 大運 남·여 |
|---|---|---|---|---|---|
| 0 | 5/6 | 土 | 5 | 癸卯 | 입하 |
| 1 | 7 | 日 | 6 | 甲辰 | 10·1 |
| 2 | 8 | 月 | 7 | 乙巳 | 10·1 |
| 3 | 9 | 火 | 8 | 丙午 | 9·1 |
| 4 | 10 | 水 | 9 | 丁未 | 9·1 |
| 5 | 11 | 木 | 10 | 戊申 | 9·2 |
| 6 | 12 | 金 | 11 | 己酉 | 8·2 |
| 7 | 13 | 土 | 12 | 庚戌 | 8·2 |
| 8 | 14 | 日 | 13 | 辛亥 | 8·3 |
| 9 | 15 | 月 | 14 | 壬子 | 7·3 |
| 10 | 16 | 火 | 15 | 癸丑 | 7·3 |
| 11 | 17 | 水 | 16 | 甲寅 | 7·4 |
| 12 | 18 | 木 | 17 | 乙卯 | 6·4 |
| 13 | 19 | 金 | 18 | 丙辰 | 6·4 |
| 14 | 20 | 土 | 19 | 丁巳 | 6·5 |
| 15 | 21 | 日 | 20 | 戊午 | 소만 |
| 16 | 22 | 月 | 21 | 己未 | 5·5 |
| 17 | 23 | 火 | 22 | 庚申 | 5·6 |
| 18 | 24 | 水 | 23 | 辛酉 | 4·6 |
| 19 | 25 | 木 | 24 | 壬戌 | 4·6 |
| 20 | 26 | 金 | 25 | 癸亥 | 4·7 |
| 21 | 27 | 土 | 26 | 甲子 | 3·7 |
| 22 | 28 | 日 | 27 | 乙丑 | 3·7 |
| 23 | 29 | 月 | 28 | 丙寅 | 3·8 |
| 24 | 30 | 火 | 29 | 丁卯 | 2·8 |
| 25 | 31 | 水 | 30 | 戊辰 | 2·8 |
| 26 | 6/1 | 木 | 5/1 | 己巳 | 2·9 |
| 27 | 2 | 金 | 2 | 庚午 | 1·9 |
| 28 | 3 | 土 | 3 | 辛未 | 1·9 |
| 29 | 4 | 日 | 4 | 壬申 | 1·10 |
| 30 | 5 | 月 | 5 | 癸酉 | 1·10 |
| 31 | | | | | |

## 망종절(甲午月)

芒種 6월6일 10시26분
夏至 6월22일 3시24분

| 절기후날수 | 양력 | 요일 | 음력 | 일진 | 大運 남·여 |
|---|---|---|---|---|---|
| 0 | 6/6 | 火 | 6 | 甲戌 | 망종 |
| 1 | 7 | 水 | 7 | 乙亥 | 10·1 |
| 2 | 8 | 木 | 8 | 丙子 | 10·1 |
| 3 | 9 | 金 | 9 | 丁丑 | 9·1 |
| 4 | 10 | 土 | 10 | 戊寅 | 9·1 |
| 5 | 11 | 日 | 11 | 己卯 | 9·2 |
| 6 | 12 | 月 | 12 | 庚辰 | 8·2 |
| 7 | 13 | 火 | 13 | 辛巳 | 8·2 |
| 8 | 14 | 水 | 14 | 壬午 | 8·3 |
| 9 | 15 | 木 | 15 | 癸未 | 7·3 |
| 10 | 16 | 金 | 16 | 甲申 | 7·3 |
| 11 | 17 | 土 | 17 | 乙酉 | 7·4 |
| 12 | 18 | 日 | 18 | 丙戌 | 6·4 |
| 13 | 19 | 月 | 19 | 丁亥 | 6·4 |
| 14 | 20 | 火 | 20 | 戊子 | 6·5 |
| 15 | 21 | 水 | 21 | 己丑 | 5·5 |
| 16 | 22 | 木 | 22 | 庚寅 | 하지 |
| 17 | 23 | 金 | 23 | 辛卯 | 5·6 |
| 18 | 24 | 土 | 24 | 壬辰 | 4·6 |
| 19 | 25 | 日 | 25 | 癸巳 | 4·6 |
| 20 | 26 | 月 | 26 | 甲午 | 4·7 |
| 21 | 27 | 火 | 27 | 乙未 | 3·7 |
| 22 | 28 | 水 | 28 | 丙申 | 3·7 |
| 23 | 29 | 木 | 29 | 丁酉 | 3·8 |
| 24 | 30 | 金 | 6/1 | 戊戌 | 2·8 |
| 25 | 7/1 | 土 | 2 | 己亥 | 2·8 |
| 26 | 2 | 日 | 3 | 庚子 | 2·9 |
| 27 | 3 | 月 | 4 | 辛丑 | 1·9 |
| 28 | 4 | 火 | 5 | 壬寅 | 1·9 |
| 29 | 5 | 水 | 6 | 癸卯 | 1·10 |
| 30 | 6 | 木 | 7 | 甲辰 | 1·10 |
| 31 | | | | | |

## 소서절(乙未月)

小暑 7월7일 20시54분
大暑 7월23일 14시21분

| 절기후날수 | 양력 | 요일 | 음력 | 일진 | 大運 남·여 |
|---|---|---|---|---|---|
| 0 | 7/7 | 金 | 8 | 乙巳 | 소서 |
| 1 | 8 | 土 | 9 | 丙午 | 10·1 |
| 2 | 9 | 日 | 10 | 丁未 | 10·1 |
| 3 | 10 | 月 | 11 | 戊申 | 10·1 |
| 4 | 11 | 火 | 12 | 己酉 | 9·1 |
| 5 | 12 | 水 | 13 | 庚戌 | 9·2 |
| 6 | 13 | 木 | 14 | 辛亥 | 9·2 |
| 7 | 14 | 金 | 15 | 壬子 | 8·2 |
| 8 | 15 | 土 | 16 | 癸丑 | 8·3 |
| 9 | 16 | 日 | 17 | 甲寅 | 8·3 |
| 10 | 17 | 月 | 18 | 乙卯 | 7·3 |
| 11 | 18 | 火 | 19 | 丙辰 | 7·4 |
| 12 | 19 | 水 | 20 | 丁巳 | 7·4 |
| 13 | 20 | 木 | 21 | 戊午 | 6·4 |
| 14 | 21 | 金 | 22 | 己未 | 6·5 |
| 15 | 22 | 土 | 23 | 庚申 | 6·5 |
| 16 | 23 | 日 | 24 | 辛酉 | 대서 |
| 17 | 24 | 月 | 25 | 壬戌 | 5·6 |
| 18 | 25 | 火 | 26 | 癸亥 | 5·6 |
| 19 | 26 | 水 | 27 | 甲子 | 4·6 |
| 20 | 27 | 木 | 28 | 乙丑 | 4·7 |
| 21 | 28 | 金 | 29 | 丙寅 | 4·7 |
| 22 | 29 | 土 | 30 | 丁卯 | 3·7 |
| 23 | 30 | 日 | 7/1 | 戊辰 | 3·8 |
| 24 | 31 | 月 | 2 | 己巳 | 3·8 |
| 25 | 8/1 | 火 | 3 | 庚午 | 2·8 |
| 26 | 2 | 水 | 4 | 辛未 | 2·9 |
| 27 | 3 | 木 | 5 | 壬申 | 2·9 |
| 28 | 4 | 金 | 6 | 癸酉 | 1·9 |
| 29 | 5 | 土 | 7 | 甲戌 | 1·10 |
| 30 | 6 | 日 | 8 | 乙亥 | 1·10 |
| 31 | 7 | 月 | 9 | 丙子 | 1·10 |

# 丙辰年

| 절기후날수 | 입추절(丙申月)<br>立秋 8월8일 6시35분<br>處暑 8월23일 21시9분 | | | | | 백로절(丁酉月)<br>白露 9월8일 9시5분<br>秋分 9월23일 18시15분 | | | | | 한로절(戊戌月)<br>寒露 10월9일 0시8분<br>霜降 10월24일 2시57분 | | | | |
|---|---|---|---|---|---|---|---|---|---|---|---|---|---|---|---|
| | 양력 | 요일 | 음력 | 일진 | 大運 남·여 | 양력 | 요일 | 음력 | 일진 | 大運 남·여 | 양력 | 요일 | 음력 | 일진 | 大運 남·여 |
| 0 | 8/8 | 火 | 10 | 丁丑 | 입추 | 9/8 | 金 | 11 | 戊申 | 백로 | 10/9 | 月 | 13 | 己卯 | 한로 |
| 1 | 9 | 水 | 11 | 戊寅 | 10·1 | 9 | 土 | 12 | 己酉 | 10·1 | 10 | 火 | 14 | 庚辰 | 10·1 |
| 2 | 10 | 木 | 12 | 己卯 | 10·1 | 10 | 日 | 13 | 庚戌 | 10·1 | 11 | 水 | 15 | 辛巳 | 9·1 |
| 3 | 11 | 金 | 13 | 庚辰 | 9·1 | 11 | 月 | 14 | 辛亥 | 9·1 | 12 | 木 | 16 | 壬午 | 9·1 |
| 4 | 12 | 土 | 14 | 辛巳 | 9·1 | 12 | 火 | 15 | 壬子 | 9·1 | 13 | 金 | 17 | 癸未 | 9·1 |
| 5 | 13 | 日 | 15 | 壬午 | 9·2 | 13 | 水 | 16 | 癸丑 | 9·2 | 14 | 土 | 18 | 甲申 | 8·2 |
| 6 | 14 | 月 | 16 | 癸未 | 8·2 | 14 | 木 | 17 | 甲寅 | 8·2 | 15 | 日 | 19 | 乙酉 | 8·2 |
| 7 | 15 | 火 | 17 | 甲申 | 8·2 | 15 | 金 | 18 | 乙卯 | 8·2 | 16 | 月 | 20 | 丙戌 | 8·2 |
| 8 | 16 | 水 | 18 | 乙酉 | 8·3 | 16 | 土 | 19 | 丙辰 | 8·3 | 17 | 火 | 21 | 丁亥 | 7·3 |
| 9 | 17 | 木 | 19 | 丙戌 | 7·3 | 17 | 日 | 20 | 丁巳 | 7·3 | 18 | 水 | 22 | 戊子 | 7·3 |
| 10 | 18 | 金 | 20 | 丁亥 | 7·3 | 18 | 月 | 21 | 戊午 | 7·3 | 19 | 木 | 23 | 己丑 | 7·3 |
| 11 | 19 | 土 | 21 | 戊子 | 7·4 | 19 | 火 | 22 | 己未 | 7·4 | 20 | 金 | 24 | 庚寅 | 6·4 |
| 12 | 20 | 日 | 22 | 己丑 | 6·4 | 20 | 水 | 23 | 庚申 | 6·4 | 21 | 土 | 25 | 辛卯 | 6·4 |
| 13 | 21 | 月 | 23 | 庚寅 | 6·4 | 21 | 木 | 24 | 辛酉 | 6·4 | 22 | 日 | 26 | 壬辰 | 6·4 |
| 14 | 22 | 火 | 24 | 辛卯 | 6·5 | 22 | 金 | 25 | 壬戌 | 6·5 | 23 | 月 | 27 | 癸巳 | 5·5 |
| 15 | 23 | 水 | 25 | 壬辰 | 처서 | 23 | 土 | 26 | 癸亥 | 추분 | 24 | 火 | 28 | 甲午 | 상강 |
| 16 | 24 | 木 | 26 | 癸巳 | 5·5 | 24 | 日 | 27 | 甲子 | 5·5 | 25 | 水 | 29 | 乙未 | 5·5 |
| 17 | 25 | 金 | 27 | 甲午 | 5·6 | 25 | 月 | 28 | 乙丑 | 5·6 | 26 | 木 | 30 | 丙申 | 4·6 |
| 18 | 26 | 土 | 28 | 乙未 | 4·6 | 26 | 火 | 29 | 丙寅 | 4·6 | 27 | 金 | 10/1 | 丁酉 | 4·6 |
| 19 | 27 | 日 | 29 | 丙申 | 4·6 | 27 | 水 | 9/1 | 丁卯 | 4·6 | 28 | 土 | 2 | 戊戌 | 4·6 |
| 20 | 28 | 月 | 30 | 丁酉 | 4·7 | 28 | 木 | 2 | 戊辰 | 4·7 | 29 | 日 | 3 | 己亥 | 3·7 |
| 21 | 29 | 火 | 8/1 | 戊戌 | 3·7 | 29 | 金 | 3 | 己巳 | 3·7 | 30 | 月 | 4 | 庚子 | 3·7 |
| 22 | 30 | 水 | 2 | 己亥 | 3·7 | 30 | 土 | 4 | 庚午 | 3·7 | 31 | 火 | 5 | 辛丑 | 3·7 |
| 23 | 31 | 木 | 3 | 庚子 | 3·8 | 10/1 | 日 | 5 | 辛未 | 3·8 | 11/1 | 水 | 6 | 壬寅 | 2·8 |
| 24 | 9/1 | 金 | 4 | 辛丑 | 2·8 | 2 | 月 | 6 | 壬申 | 2·8 | 2 | 木 | 7 | 癸卯 | 2·8 |
| 25 | 2 | 土 | 5 | 壬寅 | 2·8 | 3 | 火 | 7 | 癸酉 | 2·8 | 3 | 金 | 8 | 甲辰 | 2·8 |
| 26 | 3 | 日 | 6 | 癸卯 | 2·9 | 4 | 水 | 8 | 甲戌 | 2·9 | 4 | 土 | 9 | 乙巳 | 1·9 |
| 27 | 4 | 月 | 7 | 甲辰 | 1·9 | 5 | 木 | 9 | 乙亥 | 1·9 | 5 | 日 | 10 | 丙午 | 1·9 |
| 28 | 5 | 火 | 8 | 乙巳 | 1·9 | 6 | 金 | 10 | 丙子 | 1·9 | 6 | 月 | 11 | 丁未 | 1·9 |
| 29 | 6 | 水 | 9 | 丙午 | 1·10 | 7 | 土 | 11 | 丁丑 | 1·10 | 7 | 火 | 12 | 戊申 | 1·10 |
| 30 | 7 | 木 | 10 | 丁未 | 1·10 | 8 | 日 | 12 | 戊寅 | 1·10 | | | | | |
| 31 | | | | | | | | | | | | | | | |

| 절기후날수 | 입동절(己亥月)<br>立冬 11월8일 2시42분<br>小雪 11월22일 23시58분 | | | | | 대설절(庚子月)<br>大雪 12월7일 19시6분<br>冬至 12월22일 12시59분 | | | | | 소한절(辛丑月)<br>小寒 1월6일 6시10분<br>大寒 1월20일 23시37분 | | | | |
|---|---|---|---|---|---|---|---|---|---|---|---|---|---|---|---|
| | 양력 | 요일 | 음력 | 일진 | 大運 남·여 | 양력 | 요일 | 음력 | 일진 | 大運 남·여 | 양력 | 요일 | 음력 | 일진 | 大運 남·여 |
| 0 | 11/8 | 水 | 13 | 己酉 | 입동 | 12/7 | 木 | 13 | 戊寅 | 대설 | 1/6 | 土 | 13 | 戊申 | 소한 |
| 1 | 9 | 木 | 14 | 庚戌 | 9·1 | 8 | 金 | 14 | 己卯 | 10·1 | 7 | 日 | 14 | 己酉 | 9·1 |
| 2 | 10 | 金 | 15 | 辛亥 | 9·1 | 9 | 土 | 15 | 庚辰 | 9·1 | 8 | 月 | 15 | 庚戌 | 9·1 |
| 3 | 11 | 土 | 16 | 壬子 | 9·1 | 10 | 日 | 16 | 辛巳 | 9·1 | 9 | 火 | 16 | 辛亥 | 9·1 |
| 4 | 12 | 日 | 17 | 癸丑 | 8·1 | 11 | 月 | 17 | 壬午 | 9·1 | 10 | 水 | 17 | 壬子 | 8·1 |
| 5 | 13 | 月 | 18 | 甲寅 | 8·2 | 12 | 火 | 18 | 癸未 | 8·2 | 11 | 木 | 18 | 癸丑 | 8·2 |
| 6 | 14 | 火 | 19 | 乙卯 | 8·2 | 13 | 水 | 19 | 甲申 | 8·2 | 12 | 金 | 19 | 甲寅 | 8·2 |
| 7 | 15 | 水 | 20 | 丙辰 | 7·2 | 14 | 木 | 20 | 乙酉 | 8·2 | 13 | 土 | 20 | 乙卯 | 7·2 |
| 8 | 16 | 木 | 21 | 丁巳 | 7·3 | 15 | 金 | 21 | 丙戌 | 7·3 | 14 | 日 | 21 | 丙辰 | 7·3 |
| 9 | 17 | 金 | 22 | 戊午 | 7·3 | 16 | 土 | 22 | 丁亥 | 7·3 | 15 | 月 | 22 | 丁巳 | 7·3 |
| 10 | 18 | 土 | 23 | 己未 | 6·3 | 17 | 日 | 23 | 戊子 | 7·3 | 16 | 火 | 23 | 戊午 | 6·3 |
| 11 | 19 | 日 | 24 | 庚申 | 6·4 | 18 | 月 | 24 | 己丑 | 6·4 | 17 | 水 | 24 | 己未 | 6·4 |
| 12 | 20 | 月 | 25 | 辛酉 | 6·4 | 19 | 火 | 25 | 庚寅 | 6·4 | 18 | 木 | 25 | 庚申 | 6·4 |
| 13 | 21 | 火 | 26 | 壬戌 | 5·4 | 20 | 水 | 26 | 辛卯 | 6·4 | 19 | 金 | 26 | 辛酉 | 5·4 |
| 14 | 22 | 水 | 27 | 癸亥 | 소설 | 21 | 木 | 27 | 壬辰 | 5·5 | 20 | 土 | 27 | 壬戌 | 대한 |
| 15 | 23 | 木 | 28 | 甲子 | 5·5 | 22 | 金 | 28 | 癸巳 | 동지 | 21 | 日 | 28 | 癸亥 | 5·5 |
| 16 | 24 | 金 | 29 | 乙丑 | 4·5 | 23 | 土 | 29 | 甲午 | 5·5 | 22 | 月 | 29 | 甲子 | 4·5 |
| 17 | 25 | 土 | 11/1 | 丙寅 | 4·6 | 24 | 日 | 30 | 乙未 | 4·6 | 23 | 火 | 1/1 | 乙丑 | 4·6 |
| 18 | 26 | 日 | 2 | 丁卯 | 4·6 | 25 | 月 | 12/1 | 丙申 | 4·6 | 24 | 水 | 2 | 丙寅 | 4·6 |
| 19 | 27 | 月 | 3 | 戊辰 | 3·6 | 26 | 火 | 2 | 丁酉 | 4·6 | 25 | 木 | 3 | 丁卯 | 3·6 |
| 20 | 28 | 火 | 4 | 己巳 | 3·7 | 27 | 水 | 3 | 戊戌 | 3·7 | 26 | 金 | 4 | 戊辰 | 3·7 |
| 21 | 29 | 水 | 5 | 庚午 | 3·7 | 28 | 木 | 4 | 己亥 | 3·7 | 27 | 土 | 5 | 己巳 | 3·7 |
| 22 | 30 | 木 | 6 | 辛未 | 2·7 | 29 | 金 | 5 | 庚子 | 3·7 | 28 | 日 | 6 | 庚午 | 2·7 |
| 23 | 12/1 | 金 | 7 | 壬申 | 2·8 | 30 | 土 | 6 | 辛丑 | 2·8 | 29 | 月 | 7 | 辛未 | 2·8 |
| 24 | 2 | 土 | 8 | 癸酉 | 2·8 | 31 | 日 | 7 | 壬寅 | 2·8 | 30 | 火 | 8 | 壬申 | 2·8 |
| 25 | 3 | 日 | 9 | 甲戌 | 1·8 | 1/1 | 月 | 8 | 癸卯 | 2·8 | 31 | 水 | 9 | 癸酉 | 1·8 |
| 26 | 4 | 月 | 10 | 乙亥 | 1·9 | 2 | 火 | 9 | 甲辰 | 1·9 | 2/1 | 木 | 10 | 甲戌 | 1·9 |
| 27 | 5 | 火 | 11 | 丙子 | 1·9 | 3 | 水 | 10 | 乙巳 | 1·9 | 2 | 金 | 11 | 乙亥 | 1·9 |
| 28 | 6 | 水 | 12 | 丁丑 | 1·9 | 4 | 木 | 11 | 丙午 | 1·9 | 3 | 土 | 12 | 丙子 | 1·9 |
| 29 | | | | | | 5 | 金 | 12 | 丁未 | 1·10 | | | | | |
| 30 | | | | | | | | | | | | | | | |
| 31 | | | | | | | | | | | | | | | |

# 서기 1917년 [단기 4250년]

| 절기후날수 | 입춘절(壬寅月) 立春 2월4일 17시58분 雨水 2월19일 14시5분 | | | | | 경칩절(癸卯月) 驚蟄 3월6일 12시25분 春分 3월21일 13시37분 | | | | |
|---|---|---|---|---|---|---|---|---|---|---|
| | 양력 | 요일 | 음력 | 일진 | 大運 남·여 | 양력 | 요일 | 음력 | 일진 | 大運 남·여 |
| 0 | 2/4 | 日 | 13 | 丁丑 | 입춘 | 3/6 | 火 | 13 | 丁未 | 경칩 |
| 1 | 5 | 月 | 14 | 戊寅 | 1·10 | 7 | 水 | 14 | 戊申 | 1·10 |
| 2 | 6 | 火 | 15 | 己卯 | 1·9 | 8 | 木 | 15 | 己酉 | 1·9 |
| 3 | 7 | 水 | 16 | 庚辰 | 1·9 | 9 | 金 | 16 | 庚戌 | 1·9 |
| 4 | 8 | 木 | 17 | 辛巳 | 1·9 | 10 | 土 | 17 | 辛亥 | 1·9 |
| 5 | 9 | 金 | 18 | 壬午 | 2·8 | 11 | 日 | 18 | 壬子 | 2·8 |
| 6 | 10 | 土 | 19 | 癸未 | 2·8 | 12 | 月 | 19 | 癸丑 | 2·8 |
| 7 | 11 | 日 | 20 | 甲申 | 2·8 | 13 | 火 | 20 | 甲寅 | 2·8 |
| 8 | 12 | 月 | 21 | 乙酉 | 3·7 | 14 | 水 | 21 | 乙卯 | 3·7 |
| 9 | 13 | 火 | 22 | 丙戌 | 3·7 | 15 | 木 | 22 | 丙辰 | 3·7 |
| 10 | 14 | 水 | 23 | 丁亥 | 3·7 | 16 | 金 | 23 | 丁巳 | 3·7 |
| 11 | 15 | 木 | 24 | 戊子 | 4·6 | 17 | 土 | 24 | 戊午 | 4·6 |
| 12 | 16 | 金 | 25 | 己丑 | 4·6 | 18 | 日 | 25 | 己未 | 4·6 |
| 13 | 17 | 土 | 26 | 庚寅 | 4·6 | 19 | 月 | 26 | 庚申 | 4·6 |
| 14 | 18 | 日 | 27 | 辛卯 | 5·5 | 20 | 火 | 27 | 辛酉 | 5·5 |
| 15 | 19 | 月 | 28 | 壬辰 | 우수 | 21 | 水 | 28 | 壬戌 | 춘분 |
| 16 | 20 | 火 | 29 | 癸巳 | 5·5 | 22 | 木 | 29 | 癸亥 | 5·5 |
| 17 | 21 | 水 | 30 | 甲午 | 6·4 | 23 | 金 | 윤1 | 甲子 | 6·4 |
| 18 | 22 | 木 | 2/1 | 乙未 | 6·4 | 24 | 土 | 윤2 | 乙丑 | 6·4 |
| 19 | 23 | 金 | 2 | 丙申 | 6·4 | 25 | 日 | 윤3 | 丙寅 | 6·4 |
| 20 | 24 | 土 | 3 | 丁酉 | 7·3 | 26 | 月 | 윤4 | 丁卯 | 7·3 |
| 21 | 25 | 日 | 4 | 戊戌 | 7·3 | 27 | 火 | 윤5 | 戊辰 | 7·3 |
| 22 | 26 | 月 | 5 | 己亥 | 7·3 | 28 | 水 | 윤6 | 己巳 | 7·3 |
| 23 | 27 | 火 | 6 | 庚子 | 8·2 | 29 | 木 | 윤7 | 庚午 | 8·2 |
| 24 | 28 | 水 | 7 | 辛丑 | 8·2 | 30 | 金 | 윤8 | 辛未 | 8·2 |
| 25 | 3/1 | 木 | 8 | 壬寅 | 8·2 | 31 | 土 | 윤9 | 壬申 | 8·2 |
| 26 | 2 | 金 | 9 | 癸卯 | 9·1 | 4/1 | 日 | 윤10 | 癸酉 | 9·1 |
| 27 | 3 | 土 | 10 | 甲辰 | 9·1 | 2 | 月 | 윤11 | 甲戌 | 9·1 |
| 28 | 4 | 日 | 11 | 乙巳 | 9·1 | 3 | 火 | 윤12 | 乙亥 | 9·1 |
| 29 | 5 | 月 | 12 | 丙午 | 10·1 | 4 | 水 | 윤13 | 丙子 | 10·1 |
| 30 | | | | | | | | | | |
| 31 | | | | | | | | | | |

| 절기후날수 | 청명절(甲辰月) 淸明 4월5일 17시50분 穀雨 4월21일 1시17분 | | | | | 입하절(乙巳月) 立夏 5월6일 11시46분 小滿 5월22일 0시59분 | | | | |
|---|---|---|---|---|---|---|---|---|---|---|
| | 양력 | 요일 | 음력 | 일진 | 大運 남·여 | 양력 | 요일 | 음력 | 일진 | 大運 남·여 |
| 0 | 4/5 | 木 | 윤14 | 丁丑 | 청명 | 5/6 | 日 | 16 | 戊申 | 입하 |
| 1 | 6 | 金 | 윤15 | 戊寅 | 1·10 | 7 | 月 | 17 | 己酉 | 1·10 |
| 2 | 7 | 土 | 윤16 | 己卯 | 1·10 | 8 | 火 | 18 | 庚戌 | 1·10 |
| 3 | 8 | 日 | 윤17 | 庚辰 | 1·9 | 9 | 水 | 19 | 辛亥 | 1·9 |
| 4 | 9 | 月 | 윤18 | 辛巳 | 1·9 | 10 | 木 | 20 | 壬子 | 1·9 |
| 5 | 10 | 火 | 윤19 | 壬午 | 2·9 | 11 | 金 | 21 | 癸丑 | 2·9 |
| 6 | 11 | 水 | 윤20 | 癸未 | 2·8 | 12 | 土 | 22 | 甲寅 | 2·8 |
| 7 | 12 | 木 | 윤21 | 甲申 | 2·8 | 13 | 日 | 23 | 乙卯 | 2·8 |
| 8 | 13 | 金 | 윤22 | 乙酉 | 3·8 | 14 | 月 | 24 | 丙辰 | 3·8 |
| 9 | 14 | 土 | 윤23 | 丙戌 | 3·7 | 15 | 火 | 25 | 丁巳 | 3·7 |
| 10 | 15 | 日 | 윤24 | 丁亥 | 3·7 | 16 | 水 | 26 | 戊午 | 3·7 |
| 11 | 16 | 月 | 윤25 | 戊子 | 4·7 | 17 | 木 | 27 | 己未 | 4·7 |
| 12 | 17 | 火 | 윤26 | 己丑 | 4·6 | 18 | 金 | 28 | 庚申 | 4·6 |
| 13 | 18 | 水 | 윤27 | 庚寅 | 4·6 | 19 | 土 | 29 | 辛酉 | 4·6 |
| 14 | 19 | 木 | 윤28 | 辛卯 | 5·6 | 20 | 日 | 30 | 壬戌 | 5·6 |
| 15 | 20 | 金 | 윤29 | 壬辰 | 5·5 | 21 | 月 | 4/1 | 癸亥 | 5·5 |
| 16 | 21 | 土 | 3/1 | 癸巳 | 곡우 | 22 | 火 | 2 | 甲子 | 소만 |
| 17 | 22 | 日 | 2 | 甲午 | 6·5 | 23 | 水 | 3 | 乙丑 | 6·5 |
| 18 | 23 | 月 | 3 | 乙未 | 6·4 | 24 | 木 | 4 | 丙寅 | 6·4 |
| 19 | 24 | 火 | 4 | 丙申 | 6·4 | 25 | 金 | 5 | 丁卯 | 6·4 |
| 20 | 25 | 水 | 5 | 丁酉 | 7·4 | 26 | 土 | 6 | 戊辰 | 7·4 |
| 21 | 26 | 木 | 6 | 戊戌 | 7·3 | 27 | 日 | 7 | 己巳 | 7·3 |
| 22 | 27 | 金 | 7 | 己亥 | 7·3 | 28 | 月 | 8 | 庚午 | 7·3 |
| 23 | 28 | 土 | 8 | 庚子 | 8·3 | 29 | 火 | 9 | 辛未 | 8·3 |
| 24 | 29 | 日 | 9 | 辛丑 | 8·2 | 30 | 水 | 10 | 壬申 | 8·2 |
| 25 | 30 | 月 | 10 | 壬寅 | 8·2 | 31 | 木 | 11 | 癸酉 | 8·2 |
| 26 | 5/1 | 火 | 11 | 癸卯 | 9·2 | 6/1 | 金 | 12 | 甲戌 | 9·2 |
| 27 | 2 | 水 | 12 | 甲辰 | 9·1 | 2 | 土 | 13 | 乙亥 | 9·1 |
| 28 | 3 | 木 | 13 | 乙巳 | 9·1 | 3 | 日 | 14 | 丙子 | 9·1 |
| 29 | 4 | 金 | 14 | 丙午 | 10·1 | 4 | 月 | 15 | 丁丑 | 10·1 |
| 30 | 5 | 土 | 15 | 丁未 | 10·1 | 5 | 火 | 16 | 戊寅 | 10·1 |
| 31 | | | | | | | | | | |

| 절기후날수 | 망종절(丙午月) 芒種 6월6일 16시23분 夏至 6월22일 9시14분 | | | | | 소서절(丁未月) 小暑 7월8일 2시50분 大暑 7월23일 20시8분 | | | | |
|---|---|---|---|---|---|---|---|---|---|---|
| | 양력 | 요일 | 음력 | 일진 | 大運 남·여 | 양력 | 요일 | 음력 | 일진 | 大運 남·여 |
| 0 | 6/6 | 水 | 17 | 己卯 | 망종 | 7/8 | 日 | 20 | 辛亥 | 소서 |
| 1 | 7 | 木 | 18 | 庚辰 | 1·10 | 9 | 月 | 21 | 壬子 | 1·10 |
| 2 | 8 | 金 | 19 | 辛巳 | 1·10 | 10 | 火 | 22 | 癸丑 | 1·10 |
| 3 | 9 | 土 | 20 | 壬午 | 1·10 | 11 | 水 | 23 | 甲寅 | 1·9 |
| 4 | 10 | 日 | 21 | 癸未 | 1·9 | 12 | 木 | 24 | 乙卯 | 1·9 |
| 5 | 11 | 月 | 22 | 甲申 | 2·9 | 13 | 金 | 25 | 丙辰 | 2·9 |
| 6 | 12 | 火 | 23 | 乙酉 | 2·9 | 14 | 土 | 26 | 丁巳 | 2·8 |
| 7 | 13 | 水 | 24 | 丙戌 | 2·8 | 15 | 日 | 27 | 戊午 | 2·8 |
| 8 | 14 | 木 | 25 | 丁亥 | 3·8 | 16 | 月 | 28 | 己未 | 3·8 |
| 9 | 15 | 金 | 26 | 戊子 | 3·8 | 17 | 火 | 29 | 庚申 | 3·7 |
| 10 | 16 | 土 | 27 | 己丑 | 3·7 | 18 | 水 | 30 | 辛酉 | 3·7 |
| 11 | 17 | 日 | 28 | 庚寅 | 4·7 | 19 | 木 | 6/1 | 壬戌 | 4·7 |
| 12 | 18 | 月 | 29 | 辛卯 | 4·7 | 20 | 金 | 2 | 癸亥 | 4·6 |
| 13 | 19 | 火 | 5/1 | 壬辰 | 4·6 | 21 | 土 | 3 | 甲子 | 4·6 |
| 14 | 20 | 水 | 2 | 癸巳 | 5·6 | 22 | 日 | 4 | 乙丑 | 5·6 |
| 15 | 21 | 木 | 3 | 甲午 | 5·6 | 23 | 月 | 5 | 丙寅 | 대서 |
| 16 | 22 | 金 | 4 | 乙未 | 하지 | 24 | 火 | 6 | 丁卯 | 5·5 |
| 17 | 23 | 土 | 5 | 丙申 | 6·5 | 25 | 水 | 7 | 戊辰 | 6·5 |
| 18 | 24 | 日 | 6 | 丁酉 | 6·5 | 26 | 木 | 8 | 己巳 | 6·4 |
| 19 | 25 | 月 | 7 | 戊戌 | 6·4 | 27 | 金 | 9 | 庚午 | 6·4 |
| 20 | 26 | 火 | 8 | 己亥 | 7·4 | 28 | 土 | 10 | 辛未 | 7·4 |
| 21 | 27 | 水 | 9 | 庚子 | 7·4 | 29 | 日 | 11 | 壬申 | 7·3 |
| 22 | 28 | 木 | 10 | 辛丑 | 7·3 | 30 | 月 | 12 | 癸酉 | 7·3 |
| 23 | 29 | 金 | 11 | 壬寅 | 8·3 | 31 | 火 | 13 | 甲戌 | 8·3 |
| 24 | 30 | 土 | 12 | 癸卯 | 8·3 | 8/1 | 水 | 14 | 乙亥 | 8·2 |
| 25 | 7/1 | 日 | 13 | 甲辰 | 8·2 | 2 | 木 | 15 | 丙子 | 8·2 |
| 26 | 2 | 月 | 14 | 乙巳 | 9·2 | 3 | 金 | 16 | 丁丑 | 9·2 |
| 27 | 3 | 火 | 15 | 丙午 | 9·2 | 4 | 土 | 17 | 戊寅 | 9·1 |
| 28 | 4 | 水 | 16 | 丁未 | 9·1 | 5 | 日 | 18 | 己卯 | 9·1 |
| 29 | 5 | 木 | 17 | 戊申 | 10·1 | 6 | 月 | 19 | 庚辰 | 10·1 |
| 30 | 6 | 金 | 18 | 己酉 | 10·1 | 7 | 火 | 20 | 辛巳 | 10·1 |
| 31 | 7 | 土 | 19 | 庚戌 | 10·1 | | | | | |

▶윤달–2월

# 丁巳年

| 절기후날수 | 입추절(戊申月) | | | | | 백로절(己酉月) | | | | | 한로절(庚戌月) | | | | |
|---|---|---|---|---|---|---|---|---|---|---|---|---|---|---|---|
| | 立秋 8월8일 12시30분 處暑 8월24일 2시54분 | | | | | 白露 9월8일 14시59분 秋分 9월24일 0시0분 | | | | | 寒露 10월9일 6시2분 霜降 10월24일 8시44분 | | | | |
| | 양력 | 요일 | 음력 | 일진 | 大運 남·여 | 양력 | 요일 | 음력 | 일진 | 大運 남·여 | 양력 | 요일 | 음력 | 일진 | 大運 남·여 |
| 0 | 8/8 | 水 | 21 | 壬午 | 입추 | 9/8 | 土 | 22 | 癸丑 | 백로 | 10/9 | 火 | 24 | 甲申 | 한로 |
| 1 | 9 | 木 | 22 | 癸未 | 1·10 | 9 | 日 | 23 | 甲寅 | 1·10 | 10 | 水 | 25 | 乙酉 | 1·10 |
| 2 | 10 | 金 | 23 | 甲申 | 1·10 | 10 | 月 | 24 | 乙卯 | 1·10 | 11 | 木 | 26 | 丙戌 | 1·9 |
| 3 | 11 | 土 | 24 | 乙酉 | 1·9 | 11 | 火 | 25 | 丙辰 | 1·9 | 12 | 金 | 27 | 丁亥 | 1·9 |
| 4 | 12 | 日 | 25 | 丙戌 | 1·9 | 12 | 水 | 26 | 丁巳 | 1·9 | 13 | 土 | 28 | 戊子 | 1·9 |
| 5 | 13 | 月 | 26 | 丁亥 | 2·9 | 13 | 木 | 27 | 戊午 | 2·9 | 14 | 日 | 29 | 己丑 | 2·8 |
| 6 | 14 | 火 | 27 | 戊子 | 2·8 | 14 | 金 | 28 | 己未 | 2·8 | 15 | 月 | 30 | 庚寅 | 2·8 |
| 7 | 15 | 水 | 28 | 己丑 | 2·8 | 15 | 土 | 29 | 庚申 | 2·8 | 16 | 火 | 9/1 | 辛卯 | 2·8 |
| 8 | 16 | 木 | 29 | 庚寅 | 3·8 | 16 | 日 | 8/1 | 辛酉 | 3·8 | 17 | 水 | 2 | 壬辰 | 3·7 |
| 9 | 17 | 金 | 30 | 辛卯 | 3·7 | 17 | 月 | 2 | 壬戌 | 3·7 | 18 | 木 | 3 | 癸巳 | 3·7 |
| 10 | 18 | 土 | 7/1 | 壬辰 | 3·7 | 18 | 火 | 3 | 癸亥 | 3·7 | 19 | 金 | 4 | 甲午 | 3·7 |
| 11 | 19 | 日 | 2 | 癸巳 | 4·7 | 19 | 水 | 4 | 甲子 | 4·7 | 20 | 土 | 5 | 乙未 | 4·6 |
| 12 | 20 | 月 | 3 | 甲午 | 4·6 | 20 | 木 | 5 | 乙丑 | 4·6 | 21 | 日 | 6 | 丙申 | 4·6 |
| 13 | 21 | 火 | 4 | 乙未 | 4·6 | 21 | 金 | 6 | 丙寅 | 4·6 | 22 | 月 | 7 | 丁酉 | 4·6 |
| 14 | 22 | 水 | 5 | 丙申 | 5·6 | 22 | 土 | 7 | 丁卯 | 5·6 | 23 | 火 | 8 | 戊戌 | 5·5 |
| 15 | 23 | 木 | 6 | 丁酉 | 5·5 | 23 | 日 | 8 | 戊辰 | 5·5 | 24 | 水 | 9 | 己亥 | 상강 |
| 16 | 24 | 金 | 7 | 戊戌 | 처서 | 24 | 月 | 9 | 己巳 | 추분 | 25 | 木 | 10 | 庚子 | 5·5 |
| 17 | 25 | 土 | 8 | 己亥 | 6·5 | 25 | 火 | 10 | 庚午 | 6·5 | 26 | 金 | 11 | 辛丑 | 6·4 |
| 18 | 26 | 日 | 9 | 庚子 | 6·4 | 26 | 水 | 11 | 辛未 | 6·4 | 27 | 土 | 12 | 壬寅 | 6·4 |
| 19 | 27 | 月 | 10 | 辛丑 | 6·4 | 27 | 木 | 12 | 壬申 | 6·4 | 28 | 日 | 13 | 癸卯 | 6·4 |
| 20 | 28 | 火 | 11 | 壬寅 | 7·4 | 28 | 金 | 13 | 癸酉 | 7·4 | 29 | 月 | 14 | 甲辰 | 7·3 |
| 21 | 29 | 水 | 12 | 癸卯 | 7·3 | 29 | 土 | 14 | 甲戌 | 7·3 | 30 | 火 | 15 | 乙巳 | 7·3 |
| 22 | 30 | 木 | 13 | 甲辰 | 7·3 | 30 | 日 | 15 | 乙亥 | 7·3 | 31 | 水 | 16 | 丙午 | 7·3 |
| 23 | 31 | 金 | 14 | 乙巳 | 8·3 | 10/1 | 月 | 16 | 丙子 | 8·3 | 11/1 | 木 | 17 | 丁未 | 8·2 |
| 24 | 9/1 | 土 | 15 | 丙午 | 8·2 | 2 | 火 | 17 | 丁丑 | 8·2 | 2 | 金 | 18 | 戊申 | 8·2 |
| 25 | 2 | 日 | 16 | 丁未 | 8·2 | 3 | 水 | 18 | 戊寅 | 8·2 | 3 | 土 | 19 | 己酉 | 8·2 |
| 26 | 3 | 月 | 17 | 戊申 | 9·2 | 4 | 木 | 19 | 己卯 | 9·2 | 4 | 日 | 20 | 庚戌 | 9·1 |
| 27 | 4 | 火 | 18 | 己酉 | 9·1 | 5 | 金 | 20 | 庚辰 | 9·1 | 5 | 月 | 21 | 辛亥 | 9·1 |
| 28 | 5 | 水 | 19 | 庚戌 | 9·1 | 6 | 土 | 21 | 辛巳 | 9·1 | 6 | 火 | 22 | 壬子 | 9·1 |
| 29 | 6 | 木 | 20 | 辛亥 | 10·1 | 7 | 日 | 22 | 壬午 | 10·1 | 7 | 水 | 23 | 癸丑 | 10·1 |
| 30 | 7 | 金 | 21 | 壬子 | 10·1 | 8 | 月 | 23 | 癸未 | 10·1 | | | | | |
| 31 | | | | | | | | | | | | | | | |

| 절기후날수 | 입동절(辛亥月) | | | | | 대설절(壬子月) | | | | | 소한절(癸丑月) | | | | |
|---|---|---|---|---|---|---|---|---|---|---|---|---|---|---|---|
| | 立冬 11월8일 8시37분 小雪 11월23일 5시45분 | | | | | 大雪 12월8일 1시1분 冬至 12월22일 18시46분 | | | | | 小寒 1월6일 12시4분 大寒 1월21일 5시25분 | | | | |
| | 양력 | 요일 | 음력 | 일진 | 大運 남·여 | 양력 | 요일 | 음력 | 일진 | 大運 남·여 | 양력 | 요일 | 음력 | 일진 | 大運 남·여 |
| 0 | 11/8 | 木 | 24 | 甲寅 | 입동 | 12/8 | 土 | 24 | 甲申 | 대설 | 1/6 | 日 | 24 | 癸丑 | 소한 |
| 1 | 9 | 金 | 25 | 乙卯 | 1·10 | 9 | 日 | 25 | 乙酉 | 1·9 | 7 | 月 | 25 | 甲寅 | 1·9 |
| 2 | 10 | 土 | 26 | 丙辰 | 1·9 | 10 | 月 | 26 | 丙戌 | 1·9 | 8 | 火 | 26 | 乙卯 | 1·9 |
| 3 | 11 | 日 | 27 | 丁巳 | 1·9 | 11 | 火 | 27 | 丁亥 | 1·9 | 9 | 水 | 27 | 丙辰 | 1·9 |
| 4 | 12 | 月 | 28 | 戊午 | 1·9 | 12 | 水 | 28 | 戊子 | 1·8 | 10 | 木 | 28 | 丁巳 | 1·8 |
| 5 | 13 | 火 | 29 | 己未 | 2·8 | 13 | 木 | 29 | 己丑 | 2·8 | 11 | 金 | 29 | 戊午 | 2·8 |
| 6 | 14 | 水 | 30 | 庚申 | 2·8 | 14 | 金 | 11/1 | 庚寅 | 2·8 | 12 | 土 | 30 | 己未 | 2·8 |
| 7 | 15 | 木 | 10/1 | 辛酉 | 2·8 | 15 | 土 | 2 | 辛卯 | 2·7 | 13 | 日 | 12/1 | 庚申 | 2·7 |
| 8 | 16 | 金 | 2 | 壬戌 | 3·7 | 16 | 日 | 3 | 壬辰 | 3·7 | 14 | 月 | 2 | 辛酉 | 3·7 |
| 9 | 17 | 土 | 3 | 癸亥 | 3·7 | 17 | 月 | 4 | 癸巳 | 3·7 | 15 | 火 | 3 | 壬戌 | 3·7 |
| 10 | 18 | 日 | 4 | 甲子 | 3·7 | 18 | 火 | 5 | 甲午 | 3·6 | 16 | 水 | 4 | 癸亥 | 3·6 |
| 11 | 19 | 月 | 5 | 乙丑 | 4·6 | 19 | 水 | 6 | 乙未 | 4·6 | 17 | 木 | 5 | 甲子 | 4·6 |
| 12 | 20 | 火 | 6 | 丙寅 | 4·6 | 20 | 木 | 7 | 丙申 | 4·6 | 18 | 金 | 6 | 乙丑 | 4·6 |
| 13 | 21 | 水 | 7 | 丁卯 | 4·6 | 21 | 金 | 8 | 丁酉 | 4·5 | 19 | 土 | 7 | 丙寅 | 4·5 |
| 14 | 22 | 木 | 8 | 戊辰 | 5·5 | 22 | 土 | 9 | 戊戌 | 동지 | 20 | 日 | 8 | 丁卯 | 5·5 |
| 15 | 23 | 金 | 9 | 己巳 | 소설 | 23 | 日 | 10 | 己亥 | 5·5 | 21 | 月 | 9 | 戊辰 | 대한 |
| 16 | 24 | 土 | 10 | 庚午 | 5·5 | 24 | 月 | 11 | 庚子 | 5·4 | 22 | 火 | 10 | 己巳 | 5·4 |
| 17 | 25 | 日 | 11 | 辛未 | 6·4 | 25 | 火 | 12 | 辛丑 | 6·4 | 23 | 水 | 11 | 庚午 | 6·4 |
| 18 | 26 | 月 | 12 | 壬申 | 6·4 | 26 | 水 | 13 | 壬寅 | 6·4 | 24 | 木 | 12 | 辛未 | 6·4 |
| 19 | 27 | 火 | 13 | 癸酉 | 6·4 | 27 | 木 | 14 | 癸卯 | 6·3 | 25 | 金 | 13 | 壬申 | 6·3 |
| 20 | 28 | 水 | 14 | 甲戌 | 7·3 | 28 | 金 | 15 | 甲辰 | 7·3 | 26 | 土 | 14 | 癸酉 | 7·3 |
| 21 | 29 | 木 | 15 | 乙亥 | 7·3 | 29 | 土 | 16 | 乙巳 | 7·3 | 27 | 日 | 15 | 甲戌 | 7·3 |
| 22 | 30 | 金 | 16 | 丙子 | 7·3 | 30 | 日 | 17 | 丙午 | 7·2 | 28 | 月 | 16 | 乙亥 | 7·2 |
| 23 | 12/1 | 土 | 17 | 丁丑 | 8·2 | 31 | 月 | 18 | 丁未 | 8·2 | 29 | 火 | 17 | 丙子 | 8·2 |
| 24 | 2 | 日 | 18 | 戊寅 | 8·2 | 1/1 | 火 | 19 | 戊申 | 8·2 | 30 | 水 | 18 | 丁丑 | 8·2 |
| 25 | 3 | 月 | 19 | 己卯 | 8·2 | 2 | 水 | 20 | 己酉 | 8·1 | 31 | 木 | 19 | 戊寅 | 8·1 |
| 26 | 4 | 火 | 20 | 庚辰 | 9·1 | 3 | 木 | 21 | 庚戌 | 9·1 | 2/1 | 金 | 20 | 己卯 | 9·1 |
| 27 | 5 | 水 | 21 | 辛巳 | 9·1 | 4 | 金 | 22 | 辛亥 | 9·1 | 2 | 土 | 21 | 庚辰 | 9·1 |
| 28 | 6 | 木 | 22 | 壬午 | 9·1 | 5 | 土 | 23 | 壬子 | 9·1 | 3 | 日 | 22 | 辛巳 | 9·1 |
| 29 | 7 | 金 | 23 | 癸未 | 10·1 | | | | | | | | | | |
| 30 | | | | | | | | | | | | | | | |
| 31 | | | | | | | | | | | | | | | |

# 서기 1918년 [단기 4251년]

| 절기후날수 | 입춘절(甲寅月) 立春 2월4일 23시53분 雨水 2월19일 19시53분 | | | | |
|---|---|---|---|---|---|
| | 양력 | 요일 | 음력 | 일진 | 大運 남·여 |
| 0 | 2/4 | 月 | 23 | 壬午 | 입춘 |
| 1 | 5 | 火 | 24 | 癸未 | 10·1 |
| 2 | 6 | 水 | 25 | 甲申 | 9·1 |
| 3 | 7 | 木 | 26 | 乙酉 | 9·1 |
| 4 | 8 | 金 | 27 | 丙戌 | 9·1 |
| 5 | 9 | 土 | 28 | 丁亥 | 8·2 |
| 6 | 10 | 日 | 29 | 戊子 | 8·2 |
| 7 | 11 | 月 | 1/1 | 己丑 | 8·2 |
| 8 | 12 | 火 | 2 | 庚寅 | 7·3 |
| 9 | 13 | 水 | 3 | 辛卯 | 7·3 |
| 10 | 14 | 木 | 4 | 壬辰 | 7·3 |
| 11 | 15 | 金 | 5 | 癸巳 | 6·4 |
| 12 | 16 | 土 | 6 | 甲午 | 6·4 |
| 13 | 17 | 日 | 7 | 乙未 | 6·4 |
| 14 | 18 | 月 | 8 | 丙申 | 5·5 |
| 15 | 19 | 火 | 9 | 丁酉 | 우수 |
| 16 | 20 | 水 | 10 | 戊戌 | 5·5 |
| 17 | 21 | 木 | 11 | 己亥 | 4·6 |
| 18 | 22 | 金 | 12 | 庚子 | 4·6 |
| 19 | 23 | 土 | 13 | 辛丑 | 4·6 |
| 20 | 24 | 日 | 14 | 壬寅 | 3·7 |
| 21 | 25 | 月 | 15 | 癸卯 | 3·7 |
| 22 | 26 | 火 | 16 | 甲辰 | 3·7 |
| 23 | 27 | 水 | 17 | 乙巳 | 2·8 |
| 24 | 28 | 木 | 18 | 丙午 | 2·8 |
| 25 | 3/1 | 金 | 19 | 丁未 | 2·8 |
| 26 | 2 | 土 | 20 | 戊申 | 1·9 |
| 27 | 3 | 日 | 21 | 己酉 | 1·9 |
| 28 | 4 | 月 | 22 | 庚戌 | 1·9 |
| 29 | 5 | 火 | 23 | 辛亥 | 1·10 |
| 30 | | | | | |
| 31 | | | | | |

| 절기후날수 | 경칩절(乙卯月) 驚蟄 3월6일 18시21분 春分 3월21일 19시26분 | | | | |
|---|---|---|---|---|---|
| | 양력 | 요일 | 음력 | 일진 | 大運 남·여 |
| 0 | 3/6 | 水 | 24 | 壬子 | 경칩 |
| 1 | 7 | 木 | 25 | 癸丑 | 10·1 |
| 2 | 8 | 金 | 26 | 甲寅 | 9·1 |
| 3 | 9 | 土 | 27 | 乙卯 | 9·1 |
| 4 | 10 | 日 | 28 | 丙辰 | 9·1 |
| 5 | 11 | 月 | 29 | 丁巳 | 8·2 |
| 6 | 12 | 火 | 30 | 戊午 | 8·2 |
| 7 | 13 | 水 | 2/1 | 己未 | 8·2 |
| 8 | 14 | 木 | 2 | 庚申 | 7·3 |
| 9 | 15 | 金 | 3 | 辛酉 | 7·3 |
| 10 | 16 | 土 | 4 | 壬戌 | 7·3 |
| 11 | 17 | 日 | 5 | 癸亥 | 6·4 |
| 12 | 18 | 月 | 6 | 甲子 | 6·4 |
| 13 | 19 | 火 | 7 | 乙丑 | 6·4 |
| 14 | 20 | 水 | 8 | 丙寅 | 5·5 |
| 15 | 21 | 木 | 9 | 丁卯 | 춘분 |
| 16 | 22 | 金 | 10 | 戊辰 | 5·5 |
| 17 | 23 | 土 | 11 | 己巳 | 4·6 |
| 18 | 24 | 日 | 12 | 庚午 | 4·6 |
| 19 | 25 | 月 | 13 | 辛未 | 4·6 |
| 20 | 26 | 火 | 14 | 壬申 | 3·7 |
| 21 | 27 | 水 | 15 | 癸酉 | 3·7 |
| 22 | 28 | 木 | 16 | 甲戌 | 3·7 |
| 23 | 29 | 金 | 17 | 乙亥 | 2·8 |
| 24 | 30 | 土 | 18 | 丙子 | 2·8 |
| 25 | 31 | 日 | 19 | 丁丑 | 2·8 |
| 26 | 4/1 | 月 | 20 | 戊寅 | 1·9 |
| 27 | 2 | 火 | 21 | 己卯 | 1·9 |
| 28 | 3 | 水 | 22 | 庚辰 | 1·9 |
| 29 | 4 | 木 | 23 | 辛巳 | 1·10 |
| 30 | | | | | |
| 31 | | | | | |

| 절기후날수 | 청명절(丙辰月) 淸明 4월5일 23시45분 穀雨 4월21일 7시5분 | | | | |
|---|---|---|---|---|---|
| | 양력 | 요일 | 음력 | 일진 | 大運 남·여 |
| 0 | 4/5 | 金 | 24 | 壬午 | 청명 |
| 1 | 6 | 土 | 25 | 癸未 | 10·1 |
| 2 | 7 | 日 | 26 | 甲申 | 10·1 |
| 3 | 8 | 月 | 27 | 乙酉 | 9·1 |
| 4 | 9 | 火 | 28 | 丙戌 | 9·1 |
| 5 | 10 | 水 | 29 | 丁亥 | 9·2 |
| 6 | 11 | 木 | 3/1 | 戊子 | 8·2 |
| 7 | 12 | 金 | 2 | 己丑 | 8·2 |
| 8 | 13 | 土 | 3 | 庚寅 | 8·3 |
| 9 | 14 | 日 | 4 | 辛卯 | 7·3 |
| 10 | 15 | 月 | 5 | 壬辰 | 7·3 |
| 11 | 16 | 火 | 6 | 癸巳 | 7·4 |
| 12 | 17 | 水 | 7 | 甲午 | 6·4 |
| 13 | 18 | 木 | 8 | 乙未 | 6·4 |
| 14 | 19 | 金 | 9 | 丙申 | 6·5 |
| 15 | 20 | 土 | 10 | 丁酉 | 5·5 |
| 16 | 21 | 日 | 11 | 戊戌 | 곡우 |
| 17 | 22 | 月 | 12 | 己亥 | 5·6 |
| 18 | 23 | 火 | 13 | 庚子 | 4·6 |
| 19 | 24 | 水 | 14 | 辛丑 | 4·6 |
| 20 | 25 | 木 | 15 | 壬寅 | 4·7 |
| 21 | 26 | 金 | 16 | 癸卯 | 3·7 |
| 22 | 27 | 土 | 17 | 甲辰 | 3·7 |
| 23 | 28 | 日 | 18 | 乙巳 | 3·8 |
| 24 | 29 | 月 | 19 | 丙午 | 2·8 |
| 25 | 30 | 火 | 20 | 丁未 | 2·8 |
| 26 | 5/1 | 水 | 21 | 戊申 | 2·9 |
| 27 | 2 | 木 | 22 | 己酉 | 1·9 |
| 28 | 3 | 金 | 23 | 庚戌 | 1·9 |
| 29 | 4 | 土 | 24 | 辛亥 | 1·10 |
| 30 | 5 | 日 | 25 | 壬子 | 1·10 |
| 31 | | | | | |

| 절기후날수 | 입하절(丁巳月) 立夏 5월6일 17시38분 小滿 5월22일 6시46분 | | | | |
|---|---|---|---|---|---|
| | 양력 | 요일 | 음력 | 일진 | 大運 남·여 |
| 0 | 5/6 | 月 | 26 | 癸丑 | 입하 |
| 1 | 7 | 火 | 27 | 甲寅 | 10·1 |
| 2 | 8 | 水 | 28 | 乙卯 | 10·1 |
| 3 | 9 | 木 | 29 | 丙辰 | 9·1 |
| 4 | 10 | 金 | 4/1 | 丁巳 | 9·1 |
| 5 | 11 | 土 | 2 | 戊午 | 9·2 |
| 6 | 12 | 日 | 3 | 己未 | 8·2 |
| 7 | 13 | 月 | 4 | 庚申 | 8·2 |
| 8 | 14 | 火 | 5 | 辛酉 | 8·3 |
| 9 | 15 | 水 | 6 | 壬戌 | 7·3 |
| 10 | 16 | 木 | 7 | 癸亥 | 7·3 |
| 11 | 17 | 金 | 8 | 甲子 | 7·4 |
| 12 | 18 | 土 | 9 | 乙丑 | 6·4 |
| 13 | 19 | 日 | 10 | 丙寅 | 6·4 |
| 14 | 20 | 月 | 11 | 丁卯 | 6·5 |
| 15 | 21 | 火 | 12 | 戊辰 | 5·5 |
| 16 | 22 | 水 | 13 | 己巳 | 소만 |
| 17 | 23 | 木 | 14 | 庚午 | 5·6 |
| 18 | 24 | 金 | 15 | 辛未 | 4·6 |
| 19 | 25 | 土 | 16 | 壬申 | 4·6 |
| 20 | 26 | 日 | 17 | 癸酉 | 4·7 |
| 21 | 27 | 月 | 18 | 甲戌 | 3·7 |
| 22 | 28 | 火 | 19 | 乙亥 | 3·7 |
| 23 | 29 | 水 | 20 | 丙子 | 3·8 |
| 24 | 30 | 木 | 21 | 丁丑 | 2·8 |
| 25 | 31 | 金 | 22 | 戊寅 | 2·8 |
| 26 | 6/1 | 土 | 23 | 己卯 | 2·9 |
| 27 | 2 | 日 | 24 | 庚辰 | 1·9 |
| 28 | 3 | 月 | 25 | 辛巳 | 1·9 |
| 29 | 4 | 火 | 26 | 壬午 | 1·10 |
| 30 | 5 | 水 | 27 | 癸未 | 1·10 |
| 31 | | | | | |

| 절기후날수 | 망종절(戊午月) 芒種 6월6일 22시11분 夏至 6월22일 15시0분 | | | | |
|---|---|---|---|---|---|
| | 양력 | 요일 | 음력 | 일진 | 大運 남·여 |
| 0 | 6/6 | 木 | 28 | 甲申 | 망종 |
| 1 | 7 | 金 | 29 | 乙酉 | 10·1 |
| 2 | 8 | 土 | 30 | 丙戌 | 10·1 |
| 3 | 9 | 日 | 5/1 | 丁亥 | 10·1 |
| 4 | 10 | 月 | 2 | 戊子 | 9·1 |
| 5 | 11 | 火 | 3 | 己丑 | 9·2 |
| 6 | 12 | 水 | 4 | 庚寅 | 9·2 |
| 7 | 13 | 木 | 5 | 辛卯 | 8·2 |
| 8 | 14 | 金 | 6 | 壬辰 | 8·3 |
| 9 | 15 | 土 | 7 | 癸巳 | 8·3 |
| 10 | 16 | 日 | 8 | 甲午 | 7·3 |
| 11 | 17 | 月 | 9 | 乙未 | 7·4 |
| 12 | 18 | 火 | 10 | 丙申 | 7·4 |
| 13 | 19 | 水 | 11 | 丁酉 | 6·4 |
| 14 | 20 | 木 | 12 | 戊戌 | 6·5 |
| 15 | 21 | 金 | 13 | 己亥 | 6·5 |
| 16 | 22 | 土 | 14 | 庚子 | 하지 |
| 17 | 23 | 日 | 15 | 辛丑 | 5·6 |
| 18 | 24 | 月 | 16 | 壬寅 | 5·6 |
| 19 | 25 | 火 | 17 | 癸卯 | 4·6 |
| 20 | 26 | 水 | 18 | 甲辰 | 4·7 |
| 21 | 27 | 木 | 19 | 乙巳 | 4·7 |
| 22 | 28 | 金 | 20 | 丙午 | 3·7 |
| 23 | 29 | 土 | 21 | 丁未 | 3·8 |
| 24 | 30 | 日 | 22 | 戊申 | 3·8 |
| 25 | 7/1 | 月 | 23 | 己酉 | 2·8 |
| 26 | 2 | 火 | 24 | 庚戌 | 2·9 |
| 27 | 3 | 水 | 25 | 辛亥 | 2·9 |
| 28 | 4 | 木 | 26 | 壬子 | 1·9 |
| 29 | 5 | 金 | 27 | 癸丑 | 1·10 |
| 30 | 6 | 土 | 28 | 甲寅 | 1·10 |
| 31 | 7 | 日 | 29 | 乙卯 | 1·10 |

| 절기후날수 | 소서절(己未月) 小暑 7월8일 8시32분 大暑 7월24일 1시51분 | | | | |
|---|---|---|---|---|---|
| | 양력 | 요일 | 음력 | 일진 | 大運 남·여 |
| 0 | 7/8 | 月 | 6/1 | 丙辰 | 소서 |
| 1 | 9 | 火 | 2 | 丁巳 | 10·1 |
| 2 | 10 | 水 | 3 | 戊午 | 10·1 |
| 3 | 11 | 木 | 4 | 己未 | 9·1 |
| 4 | 12 | 金 | 5 | 庚申 | 9·1 |
| 5 | 13 | 土 | 6 | 辛酉 | 9·2 |
| 6 | 14 | 日 | 7 | 壬戌 | 8·2 |
| 7 | 15 | 月 | 8 | 癸亥 | 8·2 |
| 8 | 16 | 火 | 9 | 甲子 | 8·3 |
| 9 | 17 | 水 | 10 | 乙丑 | 7·3 |
| 10 | 18 | 木 | 11 | 丙寅 | 7·3 |
| 11 | 19 | 金 | 12 | 丁卯 | 7·4 |
| 12 | 20 | 土 | 13 | 戊辰 | 6·4 |
| 13 | 21 | 日 | 14 | 己巳 | 6·4 |
| 14 | 22 | 月 | 15 | 庚午 | 6·5 |
| 15 | 23 | 火 | 16 | 辛未 | 5·5 |
| 16 | 24 | 水 | 17 | 壬申 | 대서 |
| 17 | 25 | 木 | 18 | 癸酉 | 5·6 |
| 18 | 26 | 金 | 19 | 甲戌 | 4·6 |
| 19 | 27 | 土 | 20 | 乙亥 | 4·6 |
| 20 | 28 | 日 | 21 | 丙子 | 4·7 |
| 21 | 29 | 月 | 22 | 丁丑 | 3·7 |
| 22 | 30 | 火 | 23 | 戊寅 | 3·7 |
| 23 | 31 | 水 | 24 | 己卯 | 3·8 |
| 24 | 8/1 | 木 | 25 | 庚辰 | 2·8 |
| 25 | 2 | 金 | 26 | 辛巳 | 2·8 |
| 26 | 3 | 土 | 27 | 壬午 | 2·9 |
| 27 | 4 | 日 | 28 | 癸未 | 1·9 |
| 28 | 5 | 月 | 29 | 甲申 | 1·9 |
| 29 | 6 | 火 | 30 | 乙酉 | 1·10 |
| 30 | 7 | 水 | 7/1 | 丙戌 | 1·10 |
| 31 | | | | | |

# 戊午年

| 절기후날수 | 입추절(庚申月) 立秋 8월8일 18시8분 處暑 8월24일 8시37분 | | | | | 백로절(辛酉月) 白露 9월8일 20시36분 秋分 9월24일 5시46분 | | | | | 한로절(壬戌月) 寒露 10월9일 11시40분 霜降 10월24일 14시33분 | | | | |
|---|---|---|---|---|---|---|---|---|---|---|---|---|---|---|---|
| | 양력 | 요일 | 음력 | 일진 | 大運 남·여 | 양력 | 요일 | 음력 | 일진 | 大運 남·여 | 양력 | 요일 | 음력 | 일진 | 大運 남·여 |
| 0 | 8/8 | 木 | 2 | 丁亥 | 입추 | 9/8 | 日 | 4 | 戊午 | 백로 | 10/9 | 水 | 5 | 己丑 | 한로 |
| 1 | 9 | 金 | 3 | 戊子 | 10·1 | 9 | 月 | 5 | 己未 | 10·1 | 10 | 木 | 6 | 庚寅 | 10·1 |
| 2 | 10 | 土 | 4 | 己丑 | 10·1 | 10 | 火 | 6 | 庚申 | 10·1 | 11 | 金 | 7 | 辛卯 | 9·1 |
| 3 | 11 | 日 | 5 | 庚寅 | 9·1 | 11 | 水 | 7 | 辛酉 | 9·1 | 12 | 土 | 8 | 壬辰 | 9·1 |
| 4 | 12 | 月 | 6 | 辛卯 | 9·1 | 12 | 木 | 8 | 壬戌 | 9·1 | 13 | 日 | 9 | 癸巳 | 9·1 |
| 5 | 13 | 火 | 7 | 壬辰 | 9·2 | 13 | 金 | 9 | 癸亥 | 9·2 | 14 | 月 | 10 | 甲午 | 8·2 |
| 6 | 14 | 水 | 8 | 癸巳 | 8·2 | 14 | 土 | 10 | 甲子 | 8·2 | 15 | 火 | 11 | 乙未 | 8·2 |
| 7 | 15 | 木 | 9 | 甲午 | 8·2 | 15 | 日 | 11 | 乙丑 | 8·2 | 16 | 水 | 12 | 丙申 | 8·2 |
| 8 | 16 | 金 | 10 | 乙未 | 8·3 | 16 | 月 | 12 | 丙寅 | 8·3 | 17 | 木 | 13 | 丁酉 | 7·3 |
| 9 | 17 | 土 | 11 | 丙申 | 7·3 | 17 | 火 | 13 | 丁卯 | 7·3 | 18 | 金 | 14 | 戊戌 | 7·3 |
| 10 | 18 | 日 | 12 | 丁酉 | 7·3 | 18 | 水 | 14 | 戊辰 | 7·3 | 19 | 土 | 15 | 己亥 | 7·3 |
| 11 | 19 | 月 | 13 | 戊戌 | 7·4 | 19 | 木 | 15 | 己巳 | 7·4 | 20 | 日 | 16 | 庚子 | 6·4 |
| 12 | 20 | 火 | 14 | 己亥 | 6·4 | 20 | 金 | 16 | 庚午 | 6·4 | 21 | 月 | 17 | 辛丑 | 6·4 |
| 13 | 21 | 水 | 15 | 庚子 | 6·4 | 21 | 土 | 17 | 辛未 | 6·4 | 22 | 火 | 18 | 壬寅 | 6·4 |
| 14 | 22 | 木 | 16 | 辛丑 | 6·5 | 22 | 日 | 18 | 壬申 | 6·5 | 23 | 水 | 19 | 癸卯 | 5·5 |
| 15 | 23 | 金 | 17 | 壬寅 | 5·5 | 23 | 月 | 19 | 癸酉 | 5·5 | 24 | 木 | 20 | 甲辰 | 상강 |
| 16 | 24 | 土 | 18 | 癸卯 | 처서 | 24 | 火 | 20 | 甲戌 | 추분 | 25 | 金 | 21 | 乙巳 | 5·5 |
| 17 | 25 | 日 | 19 | 甲辰 | 5·6 | 25 | 水 | 21 | 乙亥 | 5·6 | 26 | 土 | 22 | 丙午 | 4·6 |
| 18 | 26 | 月 | 20 | 乙巳 | 4·6 | 26 | 木 | 22 | 丙子 | 4·6 | 27 | 日 | 23 | 丁未 | 4·6 |
| 19 | 27 | 火 | 21 | 丙午 | 4·6 | 27 | 金 | 23 | 丁丑 | 4·6 | 28 | 月 | 24 | 戊申 | 4·6 |
| 20 | 28 | 水 | 22 | 丁未 | 4·7 | 28 | 土 | 24 | 戊寅 | 4·7 | 29 | 火 | 25 | 己酉 | 3·7 |
| 21 | 29 | 木 | 23 | 戊申 | 3·7 | 29 | 日 | 25 | 己卯 | 3·7 | 30 | 水 | 26 | 庚戌 | 3·7 |
| 22 | 30 | 金 | 24 | 己酉 | 3·7 | 30 | 月 | 26 | 庚辰 | 3·7 | 31 | 木 | 27 | 辛亥 | 3·7 |
| 23 | 31 | 土 | 25 | 庚戌 | 3·8 | 10/1 | 火 | 27 | 辛巳 | 3·8 | 11/1 | 金 | 28 | 壬子 | 2·8 |
| 24 | 9/1 | 日 | 26 | 辛亥 | 2·8 | 2 | 水 | 28 | 壬午 | 2·8 | 2 | 土 | 29 | 癸丑 | 2·8 |
| 25 | 2 | 月 | 27 | 壬子 | 2·8 | 3 | 木 | 29 | 癸未 | 2·8 | 3 | 日 | 30 | 甲寅 | 2·8 |
| 26 | 3 | 火 | 28 | 癸丑 | 2·9 | 4 | 金 | 30 | 甲申 | 2·9 | 4 | 月 | 10/1 | 乙卯 | 1·9 |
| 27 | 4 | 水 | 29 | 甲寅 | 1·9 | 5 | 土 | 9/1 | 乙酉 | 1·9 | 5 | 火 | 2 | 丙辰 | 1·9 |
| 28 | 5 | 木 | 8/1 | 乙卯 | 1·9 | 6 | 日 | 2 | 丙戌 | 1·9 | 6 | 水 | 3 | 丁巳 | 1·9 |
| 29 | 6 | 金 | 2 | 丙辰 | 1·10 | 7 | 月 | 3 | 丁亥 | 1·10 | 7 | 木 | 4 | 戊午 | 1·10 |
| 30 | 7 | 土 | 3 | 丁巳 | 1·10 | 8 | 火 | 4 | 戊子 | 1·10 | | | | | |
| 31 | | | | | | | | | | | | | | | |

| 절기후날수 | 입동절(癸亥月) 立冬 11월8일 14시19분 小雪 11월23일 11시38분 | | | | | 대설절(甲子月) 大雪 12월8일 6시47분 冬至 12월23일 0시42분 | | | | | 소한절(乙丑月) 小寒 1월6일 17시52분 大寒 1월21일 11시21분 | | | | |
|---|---|---|---|---|---|---|---|---|---|---|---|---|---|---|---|
| | 양력 | 요일 | 음력 | 일진 | 大運 남·여 | 양력 | 요일 | 음력 | 일진 | 大運 남·여 | 양력 | 요일 | 음력 | 일진 | 大運 남·여 |
| 0 | 11/8 | 金 | 5 | 己未 | 입동 | 12/8 | 日 | 5 | 己丑 | 대설 | 1/6 | 月 | 5 | 戊午 | 소한 |
| 1 | 9 | 土 | 6 | 庚申 | 10·1 | 9 | 月 | 6 | 庚寅 | 9·1 | 7 | 火 | 6 | 己未 | 10·1 |
| 2 | 10 | 日 | 7 | 辛酉 | 9·1 | 10 | 火 | 7 | 辛卯 | 9·1 | 8 | 水 | 7 | 庚申 | 9·1 |
| 3 | 11 | 月 | 8 | 壬戌 | 9·1 | 11 | 水 | 8 | 壬辰 | 9·1 | 9 | 木 | 8 | 辛酉 | 9·1 |
| 4 | 12 | 火 | 9 | 癸亥 | 9·1 | 12 | 木 | 9 | 癸巳 | 8·1 | 10 | 金 | 9 | 壬戌 | 9·1 |
| 5 | 13 | 水 | 10 | 甲子 | 8·2 | 13 | 金 | 10 | 甲午 | 8·2 | 11 | 土 | 10 | 癸亥 | 8·2 |
| 6 | 14 | 木 | 11 | 乙丑 | 8·2 | 14 | 土 | 11 | 乙未 | 8·2 | 12 | 日 | 11 | 甲子 | 8·2 |
| 7 | 15 | 金 | 12 | 丙寅 | 8·2 | 15 | 日 | 12 | 丙申 | 7·2 | 13 | 月 | 12 | 乙丑 | 8·2 |
| 8 | 16 | 土 | 13 | 丁卯 | 7·3 | 16 | 月 | 13 | 丁酉 | 7·3 | 14 | 火 | 13 | 丙寅 | 7·3 |
| 9 | 17 | 日 | 14 | 戊辰 | 7·3 | 17 | 火 | 14 | 戊戌 | 7·3 | 15 | 水 | 14 | 丁卯 | 7·3 |
| 10 | 18 | 月 | 15 | 己巳 | 7·3 | 18 | 水 | 15 | 己亥 | 6·3 | 16 | 木 | 15 | 戊辰 | 7·3 |
| 11 | 19 | 火 | 16 | 庚午 | 6·4 | 19 | 木 | 16 | 庚子 | 6·4 | 17 | 金 | 16 | 己巳 | 6·4 |
| 12 | 20 | 水 | 17 | 辛未 | 6·4 | 20 | 金 | 17 | 辛丑 | 6·4 | 18 | 土 | 17 | 庚午 | 6·4 |
| 13 | 21 | 木 | 18 | 壬申 | 6·4 | 21 | 土 | 18 | 壬寅 | 5·4 | 19 | 日 | 18 | 辛未 | 6·4 |
| 14 | 22 | 金 | 19 | 癸酉 | 5·5 | 22 | 日 | 19 | 癸卯 | 5·5 | 20 | 月 | 19 | 壬申 | 5·5 |
| 15 | 23 | 土 | 20 | 甲戌 | 소설 | 23 | 月 | 20 | 甲辰 | 동지 | 21 | 火 | 20 | 癸酉 | 대한 |
| 16 | 24 | 日 | 21 | 乙亥 | 5·5 | 24 | 火 | 21 | 乙巳 | 4·5 | 22 | 水 | 21 | 甲戌 | 5·5 |
| 17 | 25 | 月 | 22 | 丙子 | 4·6 | 25 | 水 | 22 | 丙午 | 4·6 | 23 | 木 | 22 | 乙亥 | 4·6 |
| 18 | 26 | 火 | 23 | 丁丑 | 4·6 | 26 | 木 | 23 | 丁未 | 4·6 | 24 | 金 | 23 | 丙子 | 4·6 |
| 19 | 27 | 水 | 24 | 戊寅 | 4·6 | 27 | 金 | 24 | 戊申 | 3·6 | 25 | 土 | 24 | 丁丑 | 4·6 |
| 20 | 28 | 木 | 25 | 己卯 | 3·7 | 28 | 土 | 25 | 己酉 | 3·7 | 26 | 日 | 25 | 戊寅 | 3·7 |
| 21 | 29 | 金 | 26 | 庚辰 | 3·7 | 29 | 日 | 26 | 庚戌 | 3·7 | 27 | 月 | 26 | 己卯 | 3·7 |
| 22 | 30 | 土 | 27 | 辛巳 | 3·7 | 30 | 月 | 27 | 辛亥 | 2·7 | 28 | 火 | 27 | 庚辰 | 3·7 |
| 23 | 12/1 | 日 | 28 | 壬午 | 2·8 | 31 | 火 | 28 | 壬子 | 2·8 | 29 | 水 | 28 | 辛巳 | 2·8 |
| 24 | 2 | 月 | 29 | 癸未 | 2·8 | 1/1 | 水 | 29 | 癸丑 | 2·8 | 30 | 木 | 29 | 壬午 | 2·8 |
| 25 | 3 | 火 | 30 | 甲申 | 2·8 | 2 | 木 | 12/1 | 甲寅 | 1·8 | 31 | 金 | 30 | 癸未 | 2·8 |
| 26 | 4 | 水 | 11/1 | 乙酉 | 1·9 | 3 | 金 | 2 | 乙卯 | 1·9 | 2/1 | 土 | 1/1 | 甲申 | 1·9 |
| 27 | 5 | 木 | 2 | 丙戌 | 1·9 | 4 | 土 | 3 | 丙辰 | 1·9 | 2 | 日 | 2 | 乙酉 | 1·9 |
| 28 | 6 | 金 | 3 | 丁亥 | 1·9 | 5 | 日 | 4 | 丁巳 | 1·9 | 3 | 月 | 3 | 丙戌 | 1·9 |
| 29 | 7 | 土 | 4 | 戊子 | 1·10 | | | | | | 4 | 火 | 4 | 丁亥 | 1·10 |
| 30 | | | | | | | | | | | | | | | |
| 31 | | | | | | | | | | | | | | | |

# 서기 1919년 [단기 4252년]

| 절기후날수 | 입춘절(丙寅月) 立春 2월5일 5시39분 雨水 2월20일 1시48분 | | | | | 경칩절(丁卯月) 驚蟄 3월7일 0시6분 春分 3월22일 1시19분 | | | | | 청명절(戊辰月) 清明 4월6일 5시29분 穀雨 4월21일 12시59분 | | | | |
|---|---|---|---|---|---|---|---|---|---|---|---|---|---|---|---|
| | 양력 | 요일 | 음력 | 일진 | 大運 남·여 | 양력 | 요일 | 음력 | 일진 | 大運 남·여 | 양력 | 요일 | 음력 | 일진 | 大運 남·여 |
| 0 | 2/5 | 水 | 5 | 戊子 | 입춘 | 3/7 | 金 | 6 | 戊午 | 경칩 | 4/6 | 日 | 6 | 戊子 | 청명 |
| 1 | 6 | 木 | 6 | 己丑 | 1·10 | 8 | 土 | 7 | 己未 | 1·10 | 7 | 月 | 7 | 己丑 | 1·10 |
| 2 | 7 | 金 | 7 | 庚寅 | 1·9 | 9 | 日 | 8 | 庚申 | 1·9 | 8 | 火 | 8 | 庚寅 | 1·9 |
| 3 | 8 | 土 | 8 | 辛卯 | 1·9 | 10 | 月 | 9 | 辛酉 | 1·9 | 9 | 水 | 9 | 辛卯 | 1·9 |
| 4 | 9 | 日 | 9 | 壬辰 | 1·9 | 11 | 火 | 10 | 壬戌 | 1·9 | 10 | 木 | 10 | 壬辰 | 1·9 |
| 5 | 10 | 月 | 10 | 癸巳 | 2·8 | 12 | 水 | 11 | 癸亥 | 2·8 | 11 | 金 | 11 | 癸巳 | 2·8 |
| 6 | 11 | 火 | 11 | 甲午 | 2·8 | 13 | 木 | 12 | 甲子 | 2·8 | 12 | 土 | 12 | 甲午 | 2·8 |
| 7 | 12 | 水 | 12 | 乙未 | 2·8 | 14 | 金 | 13 | 乙丑 | 2·8 | 13 | 日 | 13 | 乙未 | 2·8 |
| 8 | 13 | 木 | 13 | 丙申 | 3·7 | 15 | 土 | 14 | 丙寅 | 3·7 | 14 | 月 | 14 | 丙申 | 3·7 |
| 9 | 14 | 金 | 14 | 丁酉 | 3·7 | 16 | 日 | 15 | 丁卯 | 3·7 | 15 | 火 | 15 | 丁酉 | 3·7 |
| 10 | 15 | 土 | 15 | 戊戌 | 3·7 | 17 | 月 | 16 | 戊辰 | 3·7 | 16 | 水 | 16 | 戊戌 | 3·7 |
| 11 | 16 | 日 | 16 | 己亥 | 4·6 | 18 | 火 | 17 | 己巳 | 4·6 | 17 | 木 | 17 | 己亥 | 4·6 |
| 12 | 17 | 月 | 17 | 庚子 | 4·6 | 19 | 水 | 18 | 庚午 | 4·6 | 18 | 金 | 18 | 庚子 | 4·6 |
| 13 | 18 | 火 | 18 | 辛丑 | 4·6 | 20 | 木 | 19 | 辛未 | 4·6 | 19 | 土 | 19 | 辛丑 | 4·6 |
| 14 | 19 | 水 | 19 | 壬寅 | 5·5 | 21 | 金 | 20 | 壬申 | 5·5 | 20 | 日 | 20 | 壬寅 | 5·5 |
| 15 | 20 | 木 | 20 | 癸卯 | 우수 | 22 | 土 | 21 | 癸酉 | 춘분 | 21 | 月 | 21 | 癸卯 | 곡우 |
| 16 | 21 | 金 | 21 | 甲辰 | 5·5 | 23 | 日 | 22 | 甲戌 | 5·5 | 22 | 火 | 22 | 甲辰 | 5·5 |
| 17 | 22 | 土 | 22 | 乙巳 | 6·4 | 24 | 月 | 23 | 乙亥 | 6·4 | 23 | 水 | 23 | 乙巳 | 6·4 |
| 18 | 23 | 日 | 23 | 丙午 | 6·4 | 25 | 火 | 24 | 丙子 | 6·4 | 24 | 木 | 24 | 丙午 | 6·4 |
| 19 | 24 | 月 | 24 | 丁未 | 6·4 | 26 | 水 | 25 | 丁丑 | 6·4 | 25 | 金 | 25 | 丁未 | 6·4 |
| 20 | 25 | 火 | 25 | 戊申 | 7·3 | 27 | 木 | 26 | 戊寅 | 7·3 | 26 | 土 | 26 | 戊申 | 7·3 |
| 21 | 26 | 水 | 26 | 己酉 | 7·3 | 28 | 金 | 27 | 己卯 | 7·3 | 27 | 日 | 27 | 己酉 | 7·3 |
| 22 | 27 | 木 | 27 | 庚戌 | 7·3 | 29 | 土 | 28 | 庚辰 | 7·3 | 28 | 月 | 28 | 庚戌 | 7·3 |
| 23 | 28 | 金 | 28 | 辛亥 | 8·2 | 30 | 日 | 29 | 辛巳 | 8·2 | 29 | 火 | 29 | 辛亥 | 8·2 |
| 24 | 3/1 | 土 | 29 | 壬子 | 8·2 | 31 | 月 | 30 | 壬午 | 8·2 | 30 | 水 | 4/1 | 壬子 | 8·2 |
| 25 | 2 | 日 | 2/1 | 癸丑 | 8·2 | 4/1 | 火 | 3/1 | 癸未 | 8·2 | 5/1 | 木 | 2 | 癸丑 | 8·2 |
| 26 | 3 | 月 | 2 | 甲寅 | 9·1 | 2 | 水 | 2 | 甲申 | 9·1 | 2 | 金 | 3 | 甲寅 | 9·1 |
| 27 | 4 | 火 | 3 | 乙卯 | 9·1 | 3 | 木 | 3 | 乙酉 | 9·1 | 3 | 土 | 4 | 乙卯 | 9·1 |
| 28 | 5 | 水 | 4 | 丙辰 | 9·1 | 4 | 金 | 4 | 丙戌 | 9·1 | 4 | 日 | 5 | 丙辰 | 9·1 |
| 29 | 6 | 木 | 5 | 丁巳 | 10·1 | 5 | 土 | 5 | 丁亥 | 10·1 | 5 | 月 | 6 | 丁巳 | 10·1 |
| 30 | | | | | | | | | | | | | | | |
| 31 | | | | | | | | | | | | | | | |

| 절기후날수 | 입하절(己巳月) 立夏 5월6일 23시22분 小滿 5월22일 12시39분 | | | | | 망종절(庚午月) 芒種 6월7일 3시57분 夏至 6월22일 20시54분 | | | | | 소서절(辛未月) 小暑 7월8일 14시21분 大暑 7월24일 7시45분 | | | | |
|---|---|---|---|---|---|---|---|---|---|---|---|---|---|---|---|
| | 양력 | 요일 | 음력 | 일진 | 大運 남·여 | 양력 | 요일 | 음력 | 일진 | 大運 남·여 | 양력 | 요일 | 음력 | 일진 | 大運 남·여 |
| 0 | 5/6 | 火 | 7 | 戊午 | 입하 | 6/7 | 土 | 10 | 庚寅 | 망종 | 7/8 | 火 | 11 | 辛酉 | 소서 |
| 1 | 7 | 水 | 8 | 己未 | 1·10 | 8 | 日 | 11 | 辛卯 | 1·10 | 9 | 水 | 12 | 壬戌 | 1·10 |
| 2 | 8 | 木 | 9 | 庚申 | 1·10 | 9 | 月 | 12 | 壬辰 | 1·10 | 10 | 木 | 13 | 癸亥 | 1·10 |
| 3 | 9 | 金 | 10 | 辛酉 | 1·10 | 10 | 火 | 13 | 癸巳 | 1·9 | 11 | 金 | 14 | 甲子 | 1·9 |
| 4 | 10 | 土 | 11 | 壬戌 | 1·9 | 11 | 水 | 14 | 甲午 | 1·9 | 12 | 土 | 15 | 乙丑 | 1·9 |
| 5 | 11 | 日 | 12 | 癸亥 | 2·9 | 12 | 木 | 15 | 乙未 | 2·9 | 13 | 日 | 16 | 丙寅 | 2·9 |
| 6 | 12 | 月 | 13 | 甲子 | 2·9 | 13 | 金 | 16 | 丙申 | 2·8 | 14 | 月 | 17 | 丁卯 | 2·8 |
| 7 | 13 | 火 | 14 | 乙丑 | 2·8 | 14 | 土 | 17 | 丁酉 | 2·8 | 15 | 火 | 18 | 戊辰 | 2·8 |
| 8 | 14 | 水 | 15 | 丙寅 | 3·8 | 15 | 日 | 18 | 戊戌 | 3·8 | 16 | 水 | 19 | 己巳 | 3·8 |
| 9 | 15 | 木 | 16 | 丁卯 | 3·8 | 16 | 月 | 19 | 己亥 | 3·7 | 17 | 木 | 20 | 庚午 | 3·7 |
| 10 | 16 | 金 | 17 | 戊辰 | 3·7 | 17 | 火 | 20 | 庚子 | 3·7 | 18 | 金 | 21 | 辛未 | 3·7 |
| 11 | 17 | 土 | 18 | 己巳 | 4·7 | 18 | 水 | 21 | 辛丑 | 4·7 | 19 | 土 | 22 | 壬申 | 4·7 |
| 12 | 18 | 日 | 19 | 庚午 | 4·7 | 19 | 木 | 22 | 壬寅 | 4·6 | 20 | 日 | 23 | 癸酉 | 4·6 |
| 13 | 19 | 月 | 20 | 辛未 | 4·6 | 20 | 金 | 23 | 癸卯 | 4·6 | 21 | 月 | 24 | 甲戌 | 4·6 |
| 14 | 20 | 火 | 21 | 壬申 | 5·6 | 21 | 土 | 24 | 甲辰 | 5·6 | 22 | 火 | 25 | 乙亥 | 5·6 |
| 15 | 21 | 水 | 22 | 癸酉 | 5·6 | 22 | 日 | 25 | 乙巳 | 하지 | 23 | 水 | 26 | 丙子 | 5·5 |
| 16 | 22 | 木 | 23 | 甲戌 | 소만 | 23 | 月 | 26 | 丙午 | 5·5 | 24 | 木 | 27 | 丁丑 | 대서 |
| 17 | 23 | 金 | 24 | 乙亥 | 6·5 | 24 | 火 | 27 | 丁未 | 6·5 | 25 | 金 | 28 | 戊寅 | 6·5 |
| 18 | 24 | 土 | 25 | 丙子 | 6·5 | 25 | 水 | 28 | 戊申 | 6·4 | 26 | 土 | 29 | 己卯 | 6·4 |
| 19 | 25 | 日 | 26 | 丁丑 | 6·4 | 26 | 木 | 29 | 己酉 | 6·4 | 27 | 日 | 7/1 | 庚辰 | 6·4 |
| 20 | 26 | 月 | 27 | 戊寅 | 7·4 | 27 | 金 | 30 | 庚戌 | 7·4 | 28 | 月 | 2 | 辛巳 | 7·4 |
| 21 | 27 | 火 | 28 | 己卯 | 7·4 | 28 | 土 | 6/1 | 辛亥 | 7·3 | 29 | 火 | 3 | 壬午 | 7·3 |
| 22 | 28 | 水 | 29 | 庚辰 | 7·3 | 29 | 日 | 2 | 壬子 | 7·3 | 30 | 水 | 4 | 癸未 | 7·3 |
| 23 | 29 | 木 | 5/1 | 辛巳 | 8·3 | 30 | 月 | 3 | 癸丑 | 8·3 | 31 | 木 | 5 | 甲申 | 8·3 |
| 24 | 30 | 金 | 2 | 壬午 | 8·3 | 7/1 | 火 | 4 | 甲寅 | 8·2 | 8/1 | 金 | 6 | 乙酉 | 8·2 |
| 25 | 31 | 土 | 3 | 癸未 | 8·2 | 2 | 水 | 5 | 乙卯 | 8·2 | 2 | 土 | 7 | 丙戌 | 8·2 |
| 26 | 6/1 | 日 | 4 | 甲申 | 9·2 | 3 | 木 | 6 | 丙辰 | 9·2 | 3 | 日 | 8 | 丁亥 | 9·2 |
| 27 | 2 | 月 | 5 | 乙酉 | 9·2 | 4 | 金 | 7 | 丁巳 | 9·1 | 4 | 月 | 9 | 戊子 | 9·1 |
| 28 | 3 | 火 | 6 | 丙戌 | 9·1 | 5 | 土 | 8 | 戊午 | 9·1 | 5 | 火 | 10 | 己丑 | 9·1 |
| 29 | 4 | 水 | 7 | 丁亥 | 10·1 | 6 | 日 | 9 | 己未 | 10·1 | 6 | 水 | 11 | 庚寅 | 10·1 |
| 30 | 5 | 木 | 8 | 戊子 | 10·1 | 7 | 月 | 10 | 庚申 | 10·1 | 7 | 木 | 12 | 辛卯 | 10·1 |
| 31 | 6 | 金 | 9 | 己丑 | 10·1 | | | | | | | | | | |

# 己未年

| 절기후날수 | 입추절(壬申月) 立秋 8월8일 23시58분 處暑 8월24일 14시28분 | | | | | | 백로절(癸酉月) 白露 9월9일 2시28분 秋分 9월24일 11시35분 | | | | | | 한로절(甲戌月) 寒露 10월9일 17시33분 霜降 10월24일 20시21분 | | | | | |
|---|---|---|---|---|---|---|---|---|---|---|---|---|---|---|---|---|---|---|
| | 양력 | 요일 | 음력 | 일진 | 大運 남 | 大運 여 | 양력 | 요일 | 음력 | 일진 | 大運 남 | 大運 여 | 양력 | 요일 | 음력 | 일진 | 大運 남 | 大運 여 |
| 0 | 8/8 | 金 | 13 | 壬辰 | 입추 | | 9/9 | 火 | 윤15 | 甲子 | 백로 | | 10/9 | 木 | 16 | 甲午 | 한로 | |
| 1 | 9 | 土 | 14 | 癸巳 | 1 | 10 | 10 | 水 | 윤16 | 乙丑 | 1 | 10 | 10 | 金 | 17 | 乙未 | 1 | 10 |
| 2 | 10 | 日 | 15 | 甲午 | 1 | 10 | 11 | 木 | 윤17 | 丙寅 | 1 | 9 | 11 | 土 | 18 | 丙申 | 1 | 9 |
| 3 | 11 | 月 | 16 | 乙未 | 1 | 10 | 12 | 金 | 윤18 | 丁卯 | 1 | 9 | 12 | 日 | 19 | 丁酉 | 1 | 9 |
| 4 | 12 | 火 | 17 | 丙申 | 1 | 9 | 13 | 土 | 윤19 | 戊辰 | 1 | 9 | 13 | 月 | 20 | 戊戌 | 1 | 9 |
| 5 | 13 | 水 | 18 | 丁酉 | 2 | 9 | 14 | 日 | 윤20 | 己巳 | 2 | 8 | 14 | 火 | 21 | 己亥 | 2 | 8 |
| 6 | 14 | 木 | 19 | 戊戌 | 2 | 9 | 15 | 月 | 윤21 | 庚午 | 2 | 8 | 15 | 水 | 22 | 庚子 | 2 | 8 |
| 7 | 15 | 金 | 20 | 己亥 | 2 | 8 | 16 | 火 | 윤22 | 辛未 | 2 | 8 | 16 | 木 | 23 | 辛丑 | 2 | 8 |
| 8 | 16 | 土 | 21 | 庚子 | 3 | 8 | 17 | 水 | 윤23 | 壬申 | 3 | 7 | 17 | 金 | 24 | 壬寅 | 3 | 7 |
| 9 | 17 | 日 | 22 | 辛丑 | 3 | 8 | 18 | 木 | 윤24 | 癸酉 | 3 | 7 | 18 | 土 | 25 | 癸卯 | 3 | 7 |
| 10 | 18 | 月 | 23 | 壬寅 | 3 | 7 | 19 | 金 | 윤25 | 甲戌 | 3 | 7 | 19 | 日 | 26 | 甲辰 | 3 | 7 |
| 11 | 19 | 火 | 24 | 癸卯 | 4 | 7 | 20 | 土 | 윤26 | 乙亥 | 4 | 6 | 20 | 月 | 27 | 乙巳 | 4 | 6 |
| 12 | 20 | 水 | 25 | 甲辰 | 4 | 7 | 21 | 日 | 윤27 | 丙子 | 4 | 6 | 21 | 火 | 28 | 丙午 | 4 | 6 |
| 13 | 21 | 木 | 26 | 乙巳 | 4 | 6 | 22 | 月 | 윤28 | 丁丑 | 4 | 6 | 22 | 水 | 29 | 丁未 | 4 | 6 |
| 14 | 22 | 金 | 27 | 丙午 | 5 | 6 | 23 | 火 | 윤29 | 戊寅 | 5 | 5 | 23 | 木 | 30 | 戊申 | 5 | 5 |
| 15 | 23 | 土 | 28 | 丁未 | 5 | 6 | 24 | 水 | 8/1 | 己卯 | 추분 | | 24 | 金 | 9/1 | 己酉 | 상강 | |
| 16 | 24 | 日 | 29 | 戊申 | 처서 | | 25 | 木 | 2 | 庚辰 | 5 | 5 | 25 | 土 | 2 | 庚戌 | 5 | 5 |
| 17 | 25 | 月 | 30 | 己酉 | 6 | 5 | 26 | 金 | 3 | 辛巳 | 6 | 4 | 26 | 日 | 3 | 辛亥 | 6 | 4 |
| 18 | 26 | 火 | 윤1 | 庚戌 | 6 | 5 | 27 | 土 | 4 | 壬午 | 6 | 4 | 27 | 月 | 4 | 壬子 | 6 | 4 |
| 19 | 27 | 水 | 윤2 | 辛亥 | 6 | 4 | 28 | 日 | 5 | 癸未 | 6 | 4 | 28 | 火 | 5 | 癸丑 | 6 | 4 |
| 20 | 28 | 木 | 윤3 | 壬子 | 7 | 4 | 29 | 月 | 6 | 甲申 | 7 | 3 | 29 | 水 | 6 | 甲寅 | 7 | 3 |
| 21 | 29 | 金 | 윤4 | 癸丑 | 7 | 4 | 30 | 火 | 7 | 乙酉 | 7 | 3 | 30 | 木 | 7 | 乙卯 | 7 | 3 |
| 22 | 30 | 土 | 윤5 | 甲寅 | 7 | 3 | 10/1 | 水 | 8 | 丙戌 | 7 | 3 | 31 | 金 | 8 | 丙辰 | 7 | 3 |
| 23 | 31 | 日 | 윤6 | 乙卯 | 8 | 3 | 2 | 木 | 9 | 丁亥 | 8 | 2 | 11/1 | 土 | 9 | 丁巳 | 8 | 2 |
| 24 | 9/1 | 月 | 윤7 | 丙辰 | 8 | 3 | 3 | 金 | 10 | 戊子 | 8 | 2 | 2 | 日 | 10 | 戊午 | 8 | 2 |
| 25 | 2 | 火 | 윤8 | 丁巳 | 8 | 2 | 4 | 土 | 11 | 己丑 | 8 | 2 | 3 | 月 | 11 | 己未 | 8 | 2 |
| 26 | 3 | 水 | 윤9 | 戊午 | 9 | 2 | 5 | 日 | 12 | 庚寅 | 9 | 1 | 4 | 火 | 12 | 庚申 | 9 | 1 |
| 27 | 4 | 木 | 윤10 | 己未 | 9 | 2 | 6 | 月 | 13 | 辛卯 | 9 | 1 | 5 | 水 | 13 | 辛酉 | 9 | 1 |
| 28 | 5 | 金 | 윤11 | 庚申 | 9 | 1 | 7 | 火 | 14 | 壬辰 | 9 | 1 | 6 | 木 | 14 | 壬戌 | 9 | 1 |
| 29 | 6 | 土 | 윤12 | 辛酉 | 10 | 1 | 8 | 水 | 15 | 癸巳 | 10 | 1 | 7 | 金 | 15 | 癸亥 | 10 | 1 |
| 30 | 7 | 日 | 윤13 | 壬戌 | 10 | 1 | | | | | | | | | | | | |
| 31 | 8 | 月 | 윤14 | 癸亥 | 10 | 1 | | | | | | | | | | | | |

| 절기후날수 | 입동절(乙亥月) 立冬 11월8일 20시12분 小雪 11월23일 17시25분 | | | | | | 대설절(丙子月) 大雪 12월8일 12시38분 冬至 12월23일 6시27분 | | | | | | 소한절(丁丑月) 小寒 1월6일 23시41분 大寒 1월21일 17시4분 | | | | | |
|---|---|---|---|---|---|---|---|---|---|---|---|---|---|---|---|---|---|---|
| | 양력 | 요일 | 음력 | 일진 | 大運 남 | 大運 여 | 양력 | 요일 | 음력 | 일진 | 大運 남 | 大運 여 | 양력 | 요일 | 음력 | 일진 | 大運 남 | 大運 여 |
| 0 | 11/8 | 土 | 16 | 甲子 | 입동 | | 12/8 | 月 | 16 | 甲午 | 대설 | | 1/6 | 火 | 16 | 癸亥 | 소한 | |
| 1 | 9 | 日 | 17 | 乙丑 | 1 | 10 | 9 | 火 | 17 | 乙未 | 1 | 9 | 7 | 水 | 17 | 甲子 | 1 | 10 |
| 2 | 10 | 月 | 18 | 丙寅 | 1 | 9 | 10 | 水 | 18 | 丙申 | 1 | 9 | 8 | 木 | 18 | 乙丑 | 1 | 9 |
| 3 | 11 | 火 | 19 | 丁卯 | 1 | 9 | 11 | 木 | 19 | 丁酉 | 1 | 9 | 9 | 金 | 19 | 丙寅 | 1 | 9 |
| 4 | 12 | 水 | 20 | 戊辰 | 1 | 9 | 12 | 金 | 20 | 戊戌 | 1 | 8 | 10 | 土 | 20 | 丁卯 | 1 | 9 |
| 5 | 13 | 木 | 21 | 己巳 | 2 | 8 | 13 | 土 | 21 | 己亥 | 2 | 8 | 11 | 日 | 21 | 戊辰 | 2 | 8 |
| 6 | 14 | 金 | 22 | 庚午 | 2 | 8 | 14 | 日 | 22 | 庚子 | 2 | 8 | 12 | 月 | 22 | 己巳 | 2 | 8 |
| 7 | 15 | 土 | 23 | 辛未 | 2 | 8 | 15 | 月 | 23 | 辛丑 | 2 | 7 | 13 | 火 | 23 | 庚午 | 2 | 8 |
| 8 | 16 | 日 | 24 | 壬申 | 3 | 7 | 16 | 火 | 24 | 壬寅 | 3 | 7 | 14 | 水 | 24 | 辛未 | 3 | 7 |
| 9 | 17 | 月 | 25 | 癸酉 | 3 | 7 | 17 | 水 | 25 | 癸卯 | 3 | 7 | 15 | 木 | 25 | 壬申 | 3 | 7 |
| 10 | 18 | 火 | 26 | 甲戌 | 3 | 7 | 18 | 木 | 26 | 甲辰 | 3 | 6 | 16 | 金 | 26 | 癸酉 | 3 | 7 |
| 11 | 19 | 水 | 27 | 乙亥 | 4 | 6 | 19 | 金 | 27 | 乙巳 | 4 | 6 | 17 | 土 | 27 | 甲戌 | 4 | 6 |
| 12 | 20 | 木 | 28 | 丙子 | 4 | 6 | 20 | 土 | 28 | 丙午 | 4 | 6 | 18 | 日 | 28 | 乙亥 | 4 | 6 |
| 13 | 21 | 金 | 29 | 丁丑 | 4 | 6 | 21 | 日 | 29 | 丁未 | 4 | 5 | 19 | 月 | 29 | 丙子 | 4 | 6 |
| 14 | 22 | 土 | 30 | 戊寅 | 5 | 5 | 22 | 月 | 11/1 | 戊申 | 5 | 5 | 20 | 火 | 30 | 丁丑 | 5 | 5 |
| 15 | 23 | 日 | 10/1 | 己卯 | 소설 | | 23 | 火 | 2 | 己酉 | 동지 | | 21 | 水 | 12/1 | 戊寅 | 대한 | |
| 16 | 24 | 月 | 2 | 庚辰 | 5 | 5 | 24 | 水 | 3 | 庚戌 | 5 | 4 | 22 | 木 | 2 | 己卯 | 5 | 5 |
| 17 | 25 | 火 | 3 | 辛巳 | 6 | 4 | 25 | 木 | 4 | 辛亥 | 6 | 4 | 23 | 金 | 3 | 庚辰 | 6 | 4 |
| 18 | 26 | 水 | 4 | 壬午 | 6 | 4 | 26 | 金 | 5 | 壬子 | 6 | 4 | 24 | 土 | 4 | 辛巳 | 6 | 4 |
| 19 | 27 | 木 | 5 | 癸未 | 6 | 4 | 27 | 土 | 6 | 癸丑 | 6 | 3 | 25 | 日 | 5 | 壬午 | 6 | 4 |
| 20 | 28 | 金 | 6 | 甲申 | 7 | 3 | 28 | 日 | 7 | 甲寅 | 7 | 3 | 26 | 月 | 6 | 癸未 | 7 | 3 |
| 21 | 29 | 土 | 7 | 乙酉 | 7 | 3 | 29 | 月 | 8 | 乙卯 | 7 | 3 | 27 | 火 | 7 | 甲申 | 7 | 3 |
| 22 | 30 | 日 | 8 | 丙戌 | 7 | 3 | 30 | 火 | 9 | 丙辰 | 7 | 2 | 28 | 水 | 8 | 乙酉 | 7 | 3 |
| 23 | 12/1 | 月 | 9 | 丁亥 | 8 | 2 | 31 | 水 | 10 | 丁巳 | 8 | 2 | 29 | 木 | 9 | 丙戌 | 8 | 2 |
| 24 | 2 | 火 | 10 | 戊子 | 8 | 2 | 1/1 | 木 | 11 | 戊午 | 8 | 2 | 30 | 金 | 10 | 丁亥 | 8 | 2 |
| 25 | 3 | 水 | 11 | 己丑 | 8 | 2 | 2 | 金 | 12 | 己未 | 8 | 1 | 31 | 土 | 11 | 戊子 | 8 | 2 |
| 26 | 4 | 木 | 12 | 庚寅 | 9 | 1 | 3 | 土 | 13 | 庚申 | 9 | 1 | 2/1 | 日 | 12 | 己丑 | 9 | 1 |
| 27 | 5 | 金 | 13 | 辛卯 | 9 | 1 | 4 | 日 | 14 | 辛酉 | 9 | 1 | 2 | 月 | 13 | 庚寅 | 9 | 1 |
| 28 | 6 | 土 | 14 | 壬辰 | 9 | 1 | 5 | 月 | 15 | 壬戌 | 9 | 1 | 3 | 火 | 14 | 辛卯 | 9 | 1 |
| 29 | 7 | 日 | 15 | 癸巳 | 10 | 1 | | | | | | | 4 | 水 | 15 | 壬辰 | 10 | 1 |
| 30 | | | | | | | | | | | | | | | | | | |
| 31 | | | | | | | | | | | | | | | | | | |

▶ 윤달-7월

# 서기 1920년 [단기 4253년]

| 절기후날수 | 입춘절(戊寅月) 立春 2월5일 11시27분 雨水 2월20일 7시29분 | | | | | | 경칩절(己卯月) 驚蟄 3월6일 5시51분 春分 3월21일 6시59분 | | | | | | 청명절(庚辰月) 淸明 4월5일 11시15분 穀雨 4월20일 18시39분 | | | | | |
|---|---|---|---|---|---|---|---|---|---|---|---|---|---|---|---|---|---|---|
| | 양력 | 요일 | 음력 | 일진 | 大運 남 | 大運 여 | 양력 | 요일 | 음력 | 일진 | 大運 남 | 大運 여 | 양력 | 요일 | 음력 | 일진 | 大運 남 | 大運 여 |
| 0 | 2/5 | 木 | 16 | 癸巳 | 입춘 | | 3/6 | 土 | 16 | 癸亥 | 경칩 | | 4/5 | 月 | 17 | 癸巳 | 청명 | |
| 1 | 6 | 金 | 17 | 甲午 | 10 | 1 | 7 | 日 | 17 | 甲子 | 10 | 1 | 6 | 火 | 18 | 甲午 | 10 | 1 |
| 2 | 7 | 土 | 18 | 乙未 | 9 | 1 | 8 | 月 | 18 | 乙丑 | 9 | 1 | 7 | 水 | 19 | 乙未 | 10 | 1 |
| 3 | 8 | 日 | 19 | 丙申 | 9 | 1 | 9 | 火 | 19 | 丙寅 | 9 | 1 | 8 | 木 | 20 | 丙申 | 9 | 1 |
| 4 | 9 | 月 | 20 | 丁酉 | 9 | 1 | 10 | 水 | 20 | 丁卯 | 9 | 1 | 9 | 金 | 21 | 丁酉 | 9 | 1 |
| 5 | 10 | 火 | 21 | 戊戌 | 8 | 2 | 11 | 木 | 21 | 戊辰 | 8 | 2 | 10 | 土 | 22 | 戊戌 | 9 | 2 |
| 6 | 11 | 水 | 22 | 己亥 | 8 | 2 | 12 | 金 | 22 | 己巳 | 8 | 2 | 11 | 日 | 23 | 己亥 | 8 | 2 |
| 7 | 12 | 木 | 23 | 庚子 | 8 | 2 | 13 | 土 | 23 | 庚午 | 8 | 2 | 12 | 月 | 24 | 庚子 | 8 | 2 |
| 8 | 13 | 金 | 24 | 辛丑 | 7 | 3 | 14 | 日 | 24 | 辛未 | 7 | 3 | 13 | 火 | 25 | 辛丑 | 8 | 3 |
| 9 | 14 | 土 | 25 | 壬寅 | 7 | 3 | 15 | 月 | 25 | 壬申 | 7 | 3 | 14 | 水 | 26 | 壬寅 | 7 | 3 |
| 10 | 15 | 日 | 26 | 癸卯 | 7 | 3 | 16 | 火 | 26 | 癸酉 | 7 | 3 | 15 | 木 | 27 | 癸卯 | 7 | 3 |
| 11 | 16 | 月 | 27 | 甲辰 | 6 | 4 | 17 | 水 | 27 | 甲戌 | 6 | 4 | 16 | 金 | 28 | 甲辰 | 7 | 4 |
| 12 | 17 | 火 | 28 | 乙巳 | 6 | 4 | 18 | 木 | 28 | 乙亥 | 6 | 4 | 17 | 土 | 29 | 乙巳 | 6 | 4 |
| 13 | 18 | 水 | 29 | 丙午 | 6 | 4 | 19 | 金 | 29 | 丙子 | 6 | 4 | 18 | 日 | 30 | 丙午 | 6 | 4 |
| 14 | 19 | 木 | 30 | 丁未 | 5 | 5 | 20 | 土 | 2/1 | 丁丑 | 5 | 5 | 19 | 月 | 3/1 | 丁未 | 6 | 5 |
| 15 | 20 | 金 | 1/1 | 戊申 | 우수 | | 21 | 日 | 2 | 戊寅 | 춘분 | | 20 | 火 | 2 | 戊申 | 곡우 | |
| 16 | 21 | 土 | 2 | 己酉 | 5 | 5 | 22 | 月 | 3 | 己卯 | 5 | 5 | 21 | 水 | 3 | 己酉 | 5 | 5 |
| 17 | 22 | 日 | 3 | 庚戌 | 4 | 6 | 23 | 火 | 4 | 庚辰 | 4 | 6 | 22 | 木 | 4 | 庚戌 | 5 | 6 |
| 18 | 23 | 月 | 4 | 辛亥 | 4 | 6 | 24 | 水 | 5 | 辛巳 | 4 | 6 | 23 | 金 | 5 | 辛亥 | 4 | 6 |
| 19 | 24 | 火 | 5 | 壬子 | 4 | 6 | 25 | 木 | 6 | 壬午 | 4 | 6 | 24 | 土 | 6 | 壬子 | 4 | 6 |
| 20 | 25 | 水 | 6 | 癸丑 | 3 | 7 | 26 | 金 | 7 | 癸未 | 3 | 7 | 25 | 日 | 7 | 癸丑 | 4 | 7 |
| 21 | 26 | 木 | 7 | 甲寅 | 3 | 7 | 27 | 土 | 8 | 甲申 | 3 | 7 | 26 | 月 | 8 | 甲寅 | 3 | 7 |
| 22 | 27 | 金 | 8 | 乙卯 | 3 | 7 | 28 | 日 | 9 | 乙酉 | 3 | 7 | 27 | 火 | 9 | 乙卯 | 3 | 7 |
| 23 | 28 | 土 | 9 | 丙辰 | 2 | 8 | 29 | 月 | 10 | 丙戌 | 2 | 8 | 28 | 水 | 10 | 丙辰 | 3 | 8 |
| 24 | 29 | 日 | 10 | 丁巳 | 2 | 8 | 30 | 火 | 11 | 丁亥 | 2 | 8 | 29 | 木 | 11 | 丁巳 | 2 | 8 |
| 25 | 3/1 | 月 | 11 | 戊午 | 2 | 8 | 31 | 水 | 12 | 戊子 | 2 | 8 | 30 | 金 | 12 | 戊午 | 2 | 8 |
| 26 | 2 | 火 | 12 | 己未 | 1 | 9 | 4/1 | 木 | 13 | 己丑 | 1 | 9 | 5/1 | 土 | 13 | 己未 | 2 | 9 |
| 27 | 3 | 水 | 13 | 庚申 | 1 | 9 | 2 | 金 | 14 | 庚寅 | 1 | 9 | 2 | 日 | 14 | 庚申 | 1 | 9 |
| 28 | 4 | 木 | 14 | 辛酉 | 1 | 9 | 3 | 土 | 15 | 辛卯 | 1 | 9 | 3 | 月 | 15 | 辛酉 | 1 | 9 |
| 29 | 5 | 金 | 15 | 壬戌 | 1 | 10 | 4 | 日 | 16 | 壬辰 | 1 | 10 | 4 | 火 | 16 | 壬戌 | 1 | 10 |
| 30 | | | | | | | | | | | | | 5 | 水 | 17 | 癸亥 | 1 | 10 |
| 31 | | | | | | | | | | | | | | | | | | |

| 절기후날수 | 입하절(辛巳月) 立夏 5월6일 5시11분 小滿 5월21일 18시22분 | | | | | | 망종절(壬午月) 芒種 6월6일 9시50분 夏至 6월22일 2시40분 | | | | | | 소서절(癸未月) 小暑 7월7일 20시19분 大暑 7월23일 13시35분 | | | | | |
|---|---|---|---|---|---|---|---|---|---|---|---|---|---|---|---|---|---|---|
| | 양력 | 요일 | 음력 | 일진 | 大運 남 | 大運 여 | 양력 | 요일 | 음력 | 일진 | 大運 남 | 大運 여 | 양력 | 요일 | 음력 | 일진 | 大運 남 | 大運 여 |
| 0 | 5/6 | 木 | 18 | 甲子 | 입하 | | 6/6 | 日 | 20 | 乙未 | 망종 | | 7/7 | 水 | 22 | 丙寅 | 소서 | |
| 1 | 7 | 金 | 19 | 乙丑 | 10 | 1 | 7 | 月 | 21 | 丙申 | 10 | 1 | 8 | 木 | 23 | 丁卯 | 10 | 1 |
| 2 | 8 | 土 | 20 | 丙寅 | 10 | 1 | 8 | 火 | 22 | 丁酉 | 10 | 1 | 9 | 金 | 24 | 戊辰 | 10 | 1 |
| 3 | 9 | 日 | 21 | 丁卯 | 9 | 1 | 9 | 水 | 23 | 戊戌 | 9 | 1 | 10 | 土 | 25 | 己巳 | 10 | 1 |
| 4 | 10 | 月 | 22 | 戊辰 | 9 | 1 | 10 | 木 | 24 | 己亥 | 9 | 1 | 11 | 日 | 26 | 庚午 | 9 | 1 |
| 5 | 11 | 火 | 23 | 己巳 | 9 | 2 | 11 | 金 | 25 | 庚子 | 9 | 2 | 12 | 月 | 27 | 辛未 | 9 | 2 |
| 6 | 12 | 水 | 24 | 庚午 | 8 | 2 | 12 | 土 | 26 | 辛丑 | 8 | 2 | 13 | 火 | 28 | 壬申 | 9 | 2 |
| 7 | 13 | 木 | 25 | 辛未 | 8 | 2 | 13 | 日 | 27 | 壬寅 | 8 | 2 | 14 | 水 | 29 | 癸酉 | 8 | 2 |
| 8 | 14 | 金 | 26 | 壬申 | 8 | 3 | 14 | 月 | 28 | 癸卯 | 8 | 3 | 15 | 木 | 30 | 甲戌 | 8 | 3 |
| 9 | 15 | 土 | 27 | 癸酉 | 7 | 3 | 15 | 火 | 29 | 甲辰 | 7 | 3 | 16 | 金 | 6/1 | 乙亥 | 8 | 3 |
| 10 | 16 | 日 | 28 | 甲戌 | 7 | 3 | 16 | 水 | 5/1 | 乙巳 | 7 | 3 | 17 | 土 | 2 | 丙子 | 7 | 3 |
| 11 | 17 | 月 | 29 | 乙亥 | 7 | 4 | 17 | 木 | 2 | 丙午 | 7 | 4 | 18 | 日 | 3 | 丁丑 | 7 | 4 |
| 12 | 18 | 火 | 4/1 | 丙子 | 6 | 4 | 18 | 金 | 3 | 丁未 | 6 | 4 | 19 | 月 | 4 | 戊寅 | 7 | 4 |
| 13 | 19 | 水 | 2 | 丁丑 | 6 | 4 | 19 | 土 | 4 | 戊申 | 6 | 4 | 20 | 火 | 5 | 己卯 | 6 | 4 |
| 14 | 20 | 木 | 3 | 戊寅 | 6 | 5 | 20 | 日 | 5 | 己酉 | 6 | 5 | 21 | 水 | 6 | 庚辰 | 6 | 5 |
| 15 | 21 | 金 | 4 | 己卯 | 소만 | | 21 | 月 | 6 | 庚戌 | 5 | 5 | 22 | 木 | 7 | 辛巳 | 6 | 5 |
| 16 | 22 | 土 | 5 | 庚辰 | 5 | 5 | 22 | 火 | 7 | 辛亥 | 하지 | | 23 | 金 | 8 | 壬午 | 대서 | |
| 17 | 23 | 日 | 6 | 辛巳 | 5 | 6 | 23 | 水 | 8 | 壬子 | 5 | 6 | 24 | 土 | 9 | 癸未 | 5 | 6 |
| 18 | 24 | 月 | 7 | 壬午 | 4 | 6 | 24 | 木 | 9 | 癸丑 | 4 | 6 | 25 | 日 | 10 | 甲申 | 5 | 6 |
| 19 | 25 | 火 | 8 | 癸未 | 4 | 6 | 25 | 金 | 10 | 甲寅 | 4 | 6 | 26 | 月 | 11 | 乙酉 | 4 | 6 |
| 20 | 26 | 水 | 9 | 甲申 | 4 | 7 | 26 | 土 | 11 | 乙卯 | 4 | 7 | 27 | 火 | 12 | 丙戌 | 4 | 7 |
| 21 | 27 | 木 | 10 | 乙酉 | 3 | 7 | 27 | 日 | 12 | 丙辰 | 3 | 7 | 28 | 水 | 13 | 丁亥 | 4 | 7 |
| 22 | 28 | 金 | 11 | 丙戌 | 3 | 7 | 28 | 月 | 13 | 丁巳 | 3 | 7 | 29 | 木 | 14 | 戊子 | 3 | 7 |
| 23 | 29 | 土 | 12 | 丁亥 | 3 | 8 | 29 | 火 | 14 | 戊午 | 3 | 8 | 30 | 金 | 15 | 己丑 | 3 | 8 |
| 24 | 30 | 日 | 13 | 戊子 | 2 | 8 | 30 | 水 | 15 | 己未 | 2 | 8 | 31 | 土 | 16 | 庚寅 | 3 | 8 |
| 25 | 31 | 月 | 14 | 己丑 | 2 | 8 | 7/1 | 木 | 16 | 庚申 | 2 | 8 | 8/1 | 日 | 17 | 辛卯 | 2 | 8 |
| 26 | 6/1 | 火 | 15 | 庚寅 | 2 | 9 | 2 | 金 | 17 | 辛酉 | 2 | 9 | 2 | 月 | 18 | 壬辰 | 2 | 9 |
| 27 | 2 | 水 | 16 | 辛卯 | 1 | 9 | 3 | 土 | 18 | 壬戌 | 1 | 9 | 3 | 火 | 19 | 癸巳 | 2 | 9 |
| 28 | 3 | 木 | 17 | 壬辰 | 1 | 9 | 4 | 日 | 19 | 癸亥 | 1 | 9 | 4 | 水 | 20 | 甲午 | 1 | 9 |
| 29 | 4 | 金 | 18 | 癸巳 | 1 | 10 | 5 | 月 | 20 | 甲子 | 1 | 10 | 5 | 木 | 21 | 乙未 | 1 | 10 |
| 30 | 5 | 土 | 19 | 甲午 | 1 | 10 | 6 | 火 | 21 | 乙丑 | 1 | 10 | 6 | 金 | 22 | 丙申 | 1 | 10 |
| 31 | | | | | | | | | | | | | 7 | 土 | 23 | 丁酉 | 1 | 10 |

# 庚申年

| 절기후날수 | 입추절(甲申月) | | | | | 백로절(乙酉月) | | | | | 한로절(丙戌月) | | | | |
|---|---|---|---|---|---|---|---|---|---|---|---|---|---|---|---|
| | 立秋 8월8일 5시58분<br>處暑 8월23일 20시21분 | | | | | 白露 9월8일 8시27분<br>秋分 9월23일 17시28분 | | | | | 寒露 10월8일 23시29분<br>霜降 10월24일 2시13분 | | | | |
| | 양력 | 요일 | 음력 | 일진 | 大運 남·여 | 양력 | 요일 | 음력 | 일진 | 大運 남·여 | 양력 | 요일 | 음력 | 일진 | 大運 남·여 |
| 0 | 8/8 | 日 | 24 | 戊戌 | 입추 | 9/8 | 水 | 26 | 己巳 | 백로 | 10/8 | 金 | 27 | 己亥 | 한로 |
| 1 | 9 | 月 | 25 | 己亥 | 10·1 | 9 | 木 | 27 | 庚午 | 10·1 | 9 | 土 | 28 | 庚子 | 10·1 |
| 2 | 10 | 火 | 26 | 庚子 | 10·1 | 10 | 金 | 28 | 辛未 | 9·1 | 10 | 日 | 29 | 辛丑 | 10·1 |
| 3 | 11 | 水 | 27 | 辛丑 | 9·1 | 11 | 土 | 29 | 壬申 | 9·1 | 11 | 月 | 30 | 壬寅 | 9·1 |
| 4 | 12 | 木 | 28 | 壬寅 | 9·1 | 12 | 日 | 8/1 | 癸酉 | 9·1 | 12 | 火 | 9/1 | 癸卯 | 9·1 |
| 5 | 13 | 金 | 29 | 癸卯 | 9·2 | 13 | 月 | 2 | 甲戌 | 8·2 | 13 | 水 | 2 | 甲辰 | 9·2 |
| 6 | 14 | 土 | 7/1 | 甲辰 | 8·2 | 14 | 火 | 3 | 乙亥 | 8·2 | 14 | 木 | 3 | 乙巳 | 8·2 |
| 7 | 15 | 日 | 2 | 乙巳 | 8·2 | 15 | 水 | 4 | 丙子 | 8·2 | 15 | 金 | 4 | 丙午 | 8·2 |
| 8 | 16 | 月 | 3 | 丙午 | 8·3 | 16 | 木 | 5 | 丁丑 | 7·3 | 16 | 土 | 5 | 丁未 | 8·3 |
| 9 | 17 | 火 | 4 | 丁未 | 7·3 | 17 | 金 | 6 | 戊寅 | 7·3 | 17 | 日 | 6 | 戊申 | 7·3 |
| 10 | 18 | 水 | 5 | 戊申 | 7·3 | 18 | 土 | 7 | 己卯 | 7·3 | 18 | 月 | 7 | 己酉 | 7·3 |
| 11 | 19 | 木 | 6 | 己酉 | 7·4 | 19 | 日 | 8 | 庚辰 | 6·4 | 19 | 火 | 8 | 庚戌 | 7·4 |
| 12 | 20 | 金 | 7 | 庚戌 | 6·4 | 20 | 月 | 9 | 辛巳 | 6·4 | 20 | 水 | 9 | 辛亥 | 6·4 |
| 13 | 21 | 土 | 8 | 辛亥 | 6·4 | 21 | 火 | 10 | 壬午 | 6·4 | 21 | 木 | 10 | 壬子 | 6·4 |
| 14 | 22 | 日 | 9 | 壬子 | 6·5 | 22 | 水 | 11 | 癸未 | 5·5 | 22 | 金 | 11 | 癸丑 | 6·5 |
| 15 | 23 | 月 | 10 | 癸丑 | 처서 | 23 | 木 | 12 | 甲申 | 추분 | 23 | 土 | 12 | 甲寅 | 5·5 |
| 16 | 24 | 火 | 11 | 甲寅 | 5·5 | 24 | 金 | 13 | 乙酉 | 5·5 | 24 | 日 | 13 | 乙卯 | 상강 |
| 17 | 25 | 水 | 12 | 乙卯 | 5·6 | 25 | 土 | 14 | 丙戌 | 4·6 | 25 | 月 | 14 | 丙辰 | 5·6 |
| 18 | 26 | 木 | 13 | 丙辰 | 4·6 | 26 | 日 | 15 | 丁亥 | 4·6 | 26 | 火 | 15 | 丁巳 | 4·6 |
| 19 | 27 | 金 | 14 | 丁巳 | 4·6 | 27 | 月 | 16 | 戊子 | 4·6 | 27 | 水 | 16 | 戊午 | 4·6 |
| 20 | 28 | 土 | 15 | 戊午 | 4·7 | 28 | 火 | 17 | 己丑 | 3·7 | 28 | 木 | 17 | 己未 | 4·7 |
| 21 | 29 | 日 | 16 | 己未 | 3·7 | 29 | 水 | 18 | 庚寅 | 3·7 | 29 | 金 | 18 | 庚申 | 3·7 |
| 22 | 30 | 月 | 17 | 庚申 | 3·7 | 30 | 木 | 19 | 辛卯 | 3·7 | 30 | 土 | 19 | 辛酉 | 3·7 |
| 23 | 31 | 火 | 18 | 辛酉 | 3·8 | 10/1 | 金 | 20 | 壬辰 | 2·8 | 31 | 日 | 20 | 壬戌 | 3·8 |
| 24 | 9/1 | 水 | 19 | 壬戌 | 2·8 | 2 | 土 | 21 | 癸巳 | 2·8 | 11/1 | 月 | 21 | 癸亥 | 2·8 |
| 25 | 2 | 木 | 20 | 癸亥 | 2·8 | 3 | 日 | 22 | 甲午 | 2·8 | 2 | 火 | 22 | 甲子 | 2·8 |
| 26 | 3 | 金 | 21 | 甲子 | 2·9 | 4 | 月 | 23 | 乙未 | 1·9 | 3 | 水 | 23 | 乙丑 | 2·9 |
| 27 | 4 | 土 | 22 | 乙丑 | 1·9 | 5 | 火 | 24 | 丙申 | 1·9 | 4 | 木 | 24 | 丙寅 | 1·9 |
| 28 | 5 | 日 | 23 | 丙寅 | 1·9 | 6 | 水 | 25 | 丁酉 | 1·9 | 5 | 金 | 25 | 丁卯 | 1·9 |
| 29 | 6 | 月 | 24 | 丁卯 | 1·10 | 7 | 木 | 26 | 戊戌 | 1·10 | 6 | 土 | 26 | 戊辰 | 1·10 |
| 30 | 7 | 火 | 25 | 戊辰 | 1·10 | | | | | | 7 | 日 | 27 | 己巳 | 1·10 |
| 31 | | | | | | | | | | | | | | | |

| 절기후날수 | 입동절(丁亥月) | | | | | 대설절(戊子月) | | | | | 소한절(己丑月) | | | | |
|---|---|---|---|---|---|---|---|---|---|---|---|---|---|---|---|
| | 立冬 11월8일 2시5분<br>小雪 11월22일 23시15분 | | | | | 大雪 12월7일 18시30분<br>冬至 12월22일 12시17분 | | | | | 小寒 1월6일 5시34분<br>大寒 1월20일 22시55분 | | | | |
| | 양력 | 요일 | 음력 | 일진 | 大運 남·여 | 양력 | 요일 | 음력 | 일진 | 大運 남·여 | 양력 | 요일 | 음력 | 일진 | 大運 남·여 |
| 0 | 11/8 | 月 | 28 | 庚午 | 입동 | 12/7 | 火 | 27 | 己亥 | 대설 | 1/6 | 木 | 28 | 己巳 | 소한 |
| 1 | 9 | 火 | 29 | 辛未 | 9·1 | 8 | 水 | 28 | 庚子 | 10·1 | 7 | 金 | 29 | 庚午 | 9·1 |
| 2 | 10 | 水 | 30 | 壬申 | 9·1 | 9 | 木 | 29 | 辛丑 | 9·1 | 8 | 土 | 30 | 辛未 | 9·1 |
| 3 | 11 | 木 | 10/1 | 癸酉 | 9·1 | 10 | 金 | 11/1 | 壬寅 | 9·1 | 9 | 日 | 12/1 | 壬申 | 9·1 |
| 4 | 12 | 金 | 2 | 甲戌 | 8·1 | 11 | 土 | 2 | 癸卯 | 9·1 | 10 | 月 | 2 | 癸酉 | 8·1 |
| 5 | 13 | 土 | 3 | 乙亥 | 8·2 | 12 | 日 | 3 | 甲辰 | 8·2 | 11 | 火 | 3 | 甲戌 | 8·2 |
| 6 | 14 | 日 | 4 | 丙子 | 8·2 | 13 | 月 | 4 | 乙巳 | 8·2 | 12 | 水 | 4 | 乙亥 | 8·2 |
| 7 | 15 | 月 | 5 | 丁丑 | 7·2 | 14 | 火 | 5 | 丙午 | 8·2 | 13 | 木 | 5 | 丙子 | 7·2 |
| 8 | 16 | 火 | 6 | 戊寅 | 7·3 | 15 | 水 | 6 | 丁未 | 7·3 | 14 | 金 | 6 | 丁丑 | 7·3 |
| 9 | 17 | 水 | 7 | 己卯 | 7·3 | 16 | 木 | 7 | 戊申 | 7·3 | 15 | 土 | 7 | 戊寅 | 7·3 |
| 10 | 18 | 木 | 8 | 庚辰 | 6·3 | 17 | 金 | 8 | 己酉 | 7·3 | 16 | 日 | 8 | 己卯 | 6·3 |
| 11 | 19 | 金 | 9 | 辛巳 | 6·4 | 18 | 土 | 9 | 庚戌 | 6·4 | 17 | 月 | 9 | 庚辰 | 6·4 |
| 12 | 20 | 土 | 10 | 壬午 | 6·4 | 19 | 日 | 10 | 辛亥 | 6·4 | 18 | 火 | 10 | 辛巳 | 6·4 |
| 13 | 21 | 日 | 11 | 癸未 | 5·4 | 20 | 月 | 11 | 壬子 | 6·4 | 19 | 水 | 11 | 壬午 | 5·4 |
| 14 | 22 | 月 | 12 | 甲申 | 소설 | 21 | 火 | 12 | 癸丑 | 5·5 | 20 | 木 | 12 | 癸未 | 대한 |
| 15 | 23 | 火 | 13 | 乙酉 | 5·5 | 22 | 水 | 13 | 甲寅 | 동지 | 21 | 金 | 13 | 甲申 | 5·5 |
| 16 | 24 | 水 | 14 | 丙戌 | 4·5 | 23 | 木 | 14 | 乙卯 | 5·5 | 22 | 土 | 14 | 乙酉 | 4·5 |
| 17 | 25 | 木 | 15 | 丁亥 | 4·6 | 24 | 金 | 15 | 丙辰 | 4·6 | 23 | 日 | 15 | 丙戌 | 4·6 |
| 18 | 26 | 金 | 16 | 戊子 | 4·6 | 25 | 土 | 16 | 丁巳 | 4·6 | 24 | 月 | 16 | 丁亥 | 4·6 |
| 19 | 27 | 土 | 17 | 己丑 | 3·6 | 26 | 日 | 17 | 戊午 | 4·6 | 25 | 火 | 17 | 戊子 | 3·6 |
| 20 | 28 | 日 | 18 | 庚寅 | 3·7 | 27 | 月 | 18 | 己未 | 3·7 | 26 | 水 | 18 | 己丑 | 3·7 |
| 21 | 29 | 月 | 19 | 辛卯 | 3·7 | 28 | 火 | 19 | 庚申 | 3·7 | 27 | 木 | 19 | 庚寅 | 3·7 |
| 22 | 30 | 火 | 20 | 壬辰 | 2·7 | 29 | 水 | 20 | 辛酉 | 3·7 | 28 | 金 | 20 | 辛卯 | 2·7 |
| 23 | 12/1 | 水 | 21 | 癸巳 | 2·8 | 30 | 木 | 21 | 壬戌 | 2·8 | 29 | 土 | 21 | 壬辰 | 2·8 |
| 24 | 2 | 木 | 22 | 甲午 | 2·8 | 31 | 金 | 22 | 癸亥 | 2·8 | 30 | 日 | 22 | 癸巳 | 2·8 |
| 25 | 3 | 金 | 23 | 乙未 | 1·8 | 1/1 | 土 | 23 | 甲子 | 2·8 | 31 | 月 | 23 | 甲午 | 1·8 |
| 26 | 4 | 土 | 24 | 丙申 | 1·9 | 2 | 日 | 24 | 乙丑 | 1·9 | 2/1 | 火 | 24 | 乙未 | 1·9 |
| 27 | 5 | 日 | 25 | 丁酉 | 1·9 | 3 | 月 | 25 | 丙寅 | 1·9 | 2 | 水 | 25 | 丙申 | 1·9 |
| 28 | 6 | 月 | 26 | 戊戌 | 1·9 | 4 | 火 | 26 | 丁卯 | 1·9 | 3 | 木 | 26 | 丁酉 | 1·9 |
| 29 | | | | | | 5 | 水 | 27 | 戊辰 | 1·10 | | | | | |
| 30 | | | | | | | | | | | | | | | |
| 31 | | | | | | | | | | | | | | | |

# 서기 1921년 [단기 4254년]

| 절기후날수 | 입춘절(庚寅月) 立春 2월4일 17시20분 雨水 2월19일 13시20분 | | | | | 경칩절(辛卯月) 驚蟄 3월6일 11시45분 春分 3월21일 12시51분 | | | | | 청명절(壬辰月) 淸明 4월5일 17시9분 穀雨 4월21일 0시32분 | | | | |
|---|---|---|---|---|---|---|---|---|---|---|---|---|---|---|---|
| | 양력 | 요일 | 음력 | 일진 | 大運 남·여 | 양력 | 요일 | 음력 | 일진 | 大運 남·여 | 양력 | 요일 | 음력 | 일진 | 大運 남·여 |
| 0 | 2/4 | 金 | 27 | 戊戌 | 입춘 | 3/6 | 日 | 27 | 戊辰 | 경칩 | 4/5 | 火 | 27 | 戊戌 | 청명 |
| 1 | 5 | 土 | 28 | 己亥 | 1·10 | 7 | 月 | 28 | 己巳 | 1·10 | 6 | 水 | 28 | 己亥 | 1·10 |
| 2 | 6 | 日 | 29 | 庚子 | 1·9 | 8 | 火 | 29 | 庚午 | 1·9 | 7 | 木 | 29 | 庚子 | 1·10 |
| 3 | 7 | 月 | 30 | 辛丑 | 1·9 | 9 | 水 | 30 | 辛未 | 1·9 | 8 | 金 | 3/1 | 辛丑 | 1·9 |
| 4 | 8 | 火 | 1/1 | 壬寅 | 1·9 | 10 | 木 | 2/1 | 壬申 | 1·9 | 9 | 土 | 2 | 壬寅 | 1·9 |
| 5 | 9 | 水 | 2 | 癸卯 | 2·8 | 11 | 金 | 2 | 癸酉 | 2·8 | 10 | 日 | 3 | 癸卯 | 2·9 |
| 6 | 10 | 木 | 3 | 甲辰 | 2·8 | 12 | 土 | 3 | 甲戌 | 2·8 | 11 | 月 | 4 | 甲辰 | 2·8 |
| 7 | 11 | 金 | 4 | 乙巳 | 2·8 | 13 | 日 | 4 | 乙亥 | 2·8 | 12 | 火 | 5 | 乙巳 | 2·8 |
| 8 | 12 | 土 | 5 | 丙午 | 3·7 | 14 | 月 | 5 | 丙子 | 3·7 | 13 | 水 | 6 | 丙午 | 3·8 |
| 9 | 13 | 日 | 6 | 丁未 | 3·7 | 15 | 火 | 6 | 丁丑 | 3·7 | 14 | 木 | 7 | 丁未 | 3·7 |
| 10 | 14 | 月 | 7 | 戊申 | 3·7 | 16 | 水 | 7 | 戊寅 | 3·7 | 15 | 金 | 8 | 戊申 | 3·7 |
| 11 | 15 | 火 | 8 | 己酉 | 4·6 | 17 | 木 | 8 | 己卯 | 4·6 | 16 | 土 | 9 | 己酉 | 4·7 |
| 12 | 16 | 水 | 9 | 庚戌 | 4·6 | 18 | 金 | 9 | 庚辰 | 4·6 | 17 | 日 | 10 | 庚戌 | 4·6 |
| 13 | 17 | 木 | 10 | 辛亥 | 4·6 | 19 | 土 | 10 | 辛巳 | 4·6 | 18 | 月 | 11 | 辛亥 | 4·6 |
| 14 | 18 | 金 | 11 | 壬子 | 5·5 | 20 | 日 | 11 | 壬午 | 5·5 | 19 | 火 | 12 | 壬子 | 5·6 |
| 15 | 19 | 土 | 12 | 癸丑 | 우수 | 21 | 月 | 12 | 癸未 | 춘분 | 20 | 水 | 13 | 癸丑 | 5·5 |
| 16 | 20 | 日 | 13 | 甲寅 | 5·5 | 22 | 火 | 13 | 甲申 | 5·5 | 21 | 木 | 14 | 甲寅 | 곡우 |
| 17 | 21 | 月 | 14 | 乙卯 | 6·4 | 23 | 水 | 14 | 乙酉 | 6·4 | 22 | 金 | 15 | 乙卯 | 6·5 |
| 18 | 22 | 火 | 15 | 丙辰 | 6·4 | 24 | 木 | 15 | 丙戌 | 6·4 | 23 | 土 | 16 | 丙辰 | 6·4 |
| 19 | 23 | 水 | 16 | 丁巳 | 6·4 | 25 | 金 | 16 | 丁亥 | 6·4 | 24 | 日 | 17 | 丁巳 | 6·4 |
| 20 | 24 | 木 | 17 | 戊午 | 7·3 | 26 | 土 | 17 | 戊子 | 7·3 | 25 | 月 | 18 | 戊午 | 7·4 |
| 21 | 25 | 金 | 18 | 己未 | 7·3 | 27 | 日 | 18 | 己丑 | 7·3 | 26 | 火 | 19 | 己未 | 7·3 |
| 22 | 26 | 土 | 19 | 庚申 | 7·3 | 28 | 月 | 19 | 庚寅 | 7·3 | 27 | 水 | 20 | 庚申 | 7·3 |
| 23 | 27 | 日 | 20 | 辛酉 | 8·2 | 29 | 火 | 20 | 辛卯 | 8·2 | 28 | 木 | 21 | 辛酉 | 8·3 |
| 24 | 28 | 月 | 21 | 壬戌 | 8·2 | 30 | 水 | 21 | 壬辰 | 8·2 | 29 | 金 | 22 | 壬戌 | 8·2 |
| 25 | 3/1 | 火 | 22 | 癸亥 | 8·2 | 31 | 木 | 22 | 癸巳 | 8·2 | 30 | 土 | 23 | 癸亥 | 8·2 |
| 26 | 2 | 水 | 23 | 甲子 | 9·1 | 4/1 | 金 | 23 | 甲午 | 9·1 | 5/1 | 日 | 24 | 甲子 | 9·2 |
| 27 | 3 | 木 | 24 | 乙丑 | 9·1 | 2 | 土 | 24 | 乙未 | 9·1 | 2 | 月 | 25 | 乙丑 | 9·1 |
| 28 | 4 | 金 | 25 | 丙寅 | 9·1 | 3 | 日 | 25 | 丙申 | 9·1 | 3 | 火 | 26 | 丙寅 | 9·1 |
| 29 | 5 | 土 | 26 | 丁卯 | 10·1 | 4 | 月 | 26 | 丁酉 | 10·1 | 4 | 水 | 27 | 丁卯 | 10·1 |
| 30 | | | | | | | | | | | 5 | 木 | 28 | 戊辰 | 10·1 |
| 31 | | | | | | | | | | | | | | | |

| 절기후날수 | 입하절(癸巳月) 立夏 5월6일 11시4분 小滿 5월22일 0시17분 | | | | | 망종절(甲午月) 芒種 6월6일 15시42분 夏至 6월22일 8시36분 | | | | | 소서절(乙未月) 小暑 7월8일 2시7분 大暑 7월23일 19시30분 | | | | |
|---|---|---|---|---|---|---|---|---|---|---|---|---|---|---|---|
| | 양력 | 요일 | 음력 | 일진 | 大運 남·여 | 양력 | 요일 | 음력 | 일진 | 大運 남·여 | 양력 | 요일 | 음력 | 일진 | 大運 남·여 |
| 0 | 5/6 | 金 | 29 | 己巳 | 입하 | 6/6 | 月 | 5/1 | 庚子 | 망종 | 7/8 | 金 | 4 | 壬申 | 소서 |
| 1 | 7 | 土 | 30 | 庚午 | 1·10 | 7 | 火 | 2 | 辛丑 | 1·10 | 9 | 土 | 5 | 癸酉 | 1·10 |
| 2 | 8 | 日 | 4/1 | 辛未 | 1·10 | 8 | 水 | 3 | 壬寅 | 1·10 | 10 | 日 | 6 | 甲戌 | 1·10 |
| 3 | 9 | 月 | 2 | 壬申 | 1·9 | 9 | 木 | 4 | 癸卯 | 1·10 | 11 | 月 | 7 | 乙亥 | 1·9 |
| 4 | 10 | 火 | 3 | 癸酉 | 1·9 | 10 | 金 | 5 | 甲辰 | 1·9 | 12 | 火 | 8 | 丙子 | 1·9 |
| 5 | 11 | 水 | 4 | 甲戌 | 2·9 | 11 | 土 | 6 | 乙巳 | 2·9 | 13 | 水 | 9 | 丁丑 | 2·9 |
| 6 | 12 | 木 | 5 | 乙亥 | 2·8 | 12 | 日 | 7 | 丙午 | 2·9 | 14 | 木 | 10 | 戊寅 | 2·8 |
| 7 | 13 | 金 | 6 | 丙子 | 2·8 | 13 | 月 | 8 | 丁未 | 2·8 | 15 | 金 | 11 | 己卯 | 2·8 |
| 8 | 14 | 土 | 7 | 丁丑 | 3·8 | 14 | 火 | 9 | 戊申 | 3·8 | 16 | 土 | 12 | 庚辰 | 3·8 |
| 9 | 15 | 日 | 8 | 戊寅 | 3·7 | 15 | 水 | 10 | 己酉 | 3·8 | 17 | 日 | 13 | 辛巳 | 3·7 |
| 10 | 16 | 月 | 9 | 己卯 | 3·7 | 16 | 木 | 11 | 庚戌 | 3·7 | 18 | 月 | 14 | 壬午 | 3·7 |
| 11 | 17 | 火 | 10 | 庚辰 | 4·7 | 17 | 金 | 12 | 辛亥 | 4·7 | 19 | 火 | 15 | 癸未 | 4·7 |
| 12 | 18 | 水 | 11 | 辛巳 | 4·6 | 18 | 土 | 13 | 壬子 | 4·7 | 20 | 水 | 16 | 甲申 | 4·6 |
| 13 | 19 | 木 | 12 | 壬午 | 4·6 | 19 | 日 | 14 | 癸丑 | 4·6 | 21 | 木 | 17 | 乙酉 | 4·6 |
| 14 | 20 | 金 | 13 | 癸未 | 5·6 | 20 | 月 | 15 | 甲寅 | 5·6 | 22 | 金 | 18 | 丙戌 | 5·6 |
| 15 | 21 | 土 | 14 | 甲申 | 5·5 | 21 | 火 | 16 | 乙卯 | 5·6 | 23 | 土 | 19 | 丁亥 | 대서 |
| 16 | 22 | 日 | 15 | 乙酉 | 소만 | 22 | 水 | 17 | 丙辰 | 하지 | 24 | 日 | 20 | 戊子 | 5·5 |
| 17 | 23 | 月 | 16 | 丙戌 | 6·5 | 23 | 木 | 18 | 丁巳 | 6·5 | 25 | 月 | 21 | 己丑 | 6·5 |
| 18 | 24 | 火 | 17 | 丁亥 | 6·4 | 24 | 金 | 19 | 戊午 | 6·5 | 26 | 火 | 22 | 庚寅 | 6·4 |
| 19 | 25 | 水 | 18 | 戊子 | 6·4 | 25 | 土 | 20 | 己未 | 6·4 | 27 | 水 | 23 | 辛卯 | 6·4 |
| 20 | 26 | 木 | 19 | 己丑 | 7·4 | 26 | 日 | 21 | 庚申 | 7·4 | 28 | 木 | 24 | 壬辰 | 7·4 |
| 21 | 27 | 金 | 20 | 庚寅 | 7·3 | 27 | 月 | 22 | 辛酉 | 7·4 | 29 | 金 | 25 | 癸巳 | 7·3 |
| 22 | 28 | 土 | 21 | 辛卯 | 7·3 | 28 | 火 | 23 | 壬戌 | 7·3 | 30 | 土 | 26 | 甲午 | 7·3 |
| 23 | 29 | 日 | 22 | 壬辰 | 8·3 | 29 | 水 | 24 | 癸亥 | 8·3 | 31 | 日 | 27 | 乙未 | 8·3 |
| 24 | 30 | 月 | 23 | 癸巳 | 8·2 | 30 | 木 | 25 | 甲子 | 8·3 | 8/1 | 月 | 28 | 丙申 | 8·2 |
| 25 | 31 | 火 | 24 | 甲午 | 8·2 | 7/1 | 金 | 26 | 乙丑 | 8·2 | 2 | 火 | 29 | 丁酉 | 8·2 |
| 26 | 6/1 | 水 | 25 | 乙未 | 9·2 | 2 | 土 | 27 | 丙寅 | 9·2 | 3 | 水 | 30 | 戊戌 | 9·2 |
| 27 | 2 | 木 | 26 | 丙申 | 9·1 | 3 | 日 | 28 | 丁卯 | 9·2 | 4 | 木 | 7/1 | 己亥 | 9·1 |
| 28 | 3 | 金 | 27 | 丁酉 | 9·1 | 4 | 月 | 29 | 戊辰 | 9·1 | 5 | 金 | 2 | 庚子 | 9·1 |
| 29 | 4 | 土 | 28 | 戊戌 | 10·1 | 5 | 火 | 6/1 | 己巳 | 10·1 | 6 | 土 | 3 | 辛丑 | 10·1 |
| 30 | 5 | 日 | 29 | 己亥 | 10·1 | 6 | 水 | 2 | 庚午 | 10·1 | 7 | 日 | 4 | 壬寅 | 10·1 |
| 31 | | | | | | 7 | 木 | 3 | 辛未 | 10·1 | | | | | |

# 辛酉年

| 절기후날수 | 입추절(丙申月) 立秋 8월8일 11시44분 處暑 8월24일 2시15분 | | | | | 백로절(丁酉月) 白露 9월8일 14시10분 秋分 9월23일 23시20분 | | | | |
|---|---|---|---|---|---|---|---|---|---|---|
| | 양력 | 요일 | 음력 | 일진 | 大運 남·여 | 양력 | 요일 | 음력 | 일진 | 大運 남·여 |
| 0 | 8/8 | 月 | 5 | 癸卯 | 입추 | 9/8 | 木 | 7 | 甲戌 | 백로 |
| 1 | 9 | 火 | 6 | 甲辰 | 1·10 | 9 | 金 | 8 | 乙亥 | 1·10 |
| 2 | 10 | 水 | 7 | 乙巳 | 1·10 | 10 | 土 | 9 | 丙子 | 1·10 |
| 3 | 11 | 木 | 8 | 丙午 | 1·9 | 11 | 日 | 10 | 丁丑 | 1·9 |
| 4 | 12 | 金 | 9 | 丁未 | 1·9 | 12 | 月 | 11 | 戊寅 | 1·9 |
| 5 | 13 | 土 | 10 | 戊申 | 2·9 | 13 | 火 | 12 | 己卯 | 2·9 |
| 6 | 14 | 日 | 11 | 己酉 | 2·8 | 14 | 水 | 13 | 庚辰 | 2·8 |
| 7 | 15 | 月 | 12 | 庚戌 | 2·8 | 15 | 木 | 14 | 辛巳 | 2·8 |
| 8 | 16 | 火 | 13 | 辛亥 | 3·8 | 16 | 金 | 15 | 壬午 | 3·8 |
| 9 | 17 | 水 | 14 | 壬子 | 3·7 | 17 | 土 | 16 | 癸未 | 3·7 |
| 10 | 18 | 木 | 15 | 癸丑 | 3·7 | 18 | 日 | 17 | 甲申 | 3·7 |
| 11 | 19 | 金 | 16 | 甲寅 | 4·7 | 19 | 月 | 18 | 乙酉 | 4·7 |
| 12 | 20 | 土 | 17 | 乙卯 | 4·6 | 20 | 火 | 19 | 丙戌 | 4·6 |
| 13 | 21 | 日 | 18 | 丙辰 | 4·6 | 21 | 水 | 20 | 丁亥 | 4·6 |
| 14 | 22 | 月 | 19 | 丁巳 | 5·6 | 22 | 木 | 21 | 戊子 | 5·6 |
| 15 | 23 | 火 | 20 | 戊午 | 5·5 | 23 | 金 | 22 | 己丑 | 추분 |
| 16 | 24 | 水 | 21 | 己未 | 처서 | 24 | 土 | 23 | 庚寅 | 5·5 |
| 17 | 25 | 木 | 22 | 庚申 | 6·5 | 25 | 日 | 24 | 辛卯 | 6·5 |
| 18 | 26 | 金 | 23 | 辛酉 | 6·4 | 26 | 月 | 25 | 壬辰 | 6·4 |
| 19 | 27 | 土 | 24 | 壬戌 | 6·4 | 27 | 火 | 26 | 癸巳 | 6·4 |
| 20 | 28 | 日 | 25 | 癸亥 | 7·4 | 28 | 水 | 27 | 甲午 | 7·4 |
| 21 | 29 | 月 | 26 | 甲子 | 7·3 | 29 | 木 | 28 | 乙未 | 7·3 |
| 22 | 30 | 火 | 27 | 乙丑 | 7·3 | 30 | 金 | 29 | 丙申 | 7·3 |
| 23 | 31 | 水 | 28 | 丙寅 | 8·3 | 10/1 | 土 | 9/1 | 丁酉 | 8·3 |
| 24 | 9/1 | 木 | 29 | 丁卯 | 8·2 | 2 | 日 | 2 | 戊戌 | 8·2 |
| 25 | 2 | 金 | 8/1 | 戊辰 | 8·2 | 3 | 月 | 3 | 己亥 | 8·2 |
| 26 | 3 | 土 | 2 | 己巳 | 9·2 | 4 | 火 | 4 | 庚子 | 9·2 |
| 27 | 4 | 日 | 3 | 庚午 | 9·1 | 5 | 水 | 5 | 辛丑 | 9·1 |
| 28 | 5 | 月 | 4 | 辛未 | 9·1 | 6 | 木 | 6 | 壬寅 | 9·1 |
| 29 | 6 | 火 | 5 | 壬申 | 10·1 | 7 | 金 | 7 | 癸卯 | 10·1 |
| 30 | 7 | 水 | 6 | 癸酉 | 10·1 | 8 | 土 | 8 | 甲辰 | 10·1 |
| 31 | | | | | | | | | | |

| 절기후날수 | 한로절(戊戌月) 寒露 10월9일 5시11분 霜降 10월24일 8시2분 | | | | | 입동절(己亥月) 立冬 11월8일 7시46분 小雪 11월23일 5시5분 | | | | |
|---|---|---|---|---|---|---|---|---|---|---|
| | 양력 | 요일 | 음력 | 일진 | 大運 남·여 | 양력 | 요일 | 음력 | 일진 | 大運 남·여 |
| 0 | 10/9 | 日 | 9 | 乙巳 | 한로 | 11/8 | 火 | 9 | 乙亥 | 입동 |
| 1 | 10 | 月 | 10 | 丙午 | 1·10 | 9 | 水 | 10 | 丙子 | 1·10 |
| 2 | 11 | 火 | 11 | 丁未 | 1·9 | 10 | 木 | 11 | 丁丑 | 1·9 |
| 3 | 12 | 水 | 12 | 戊申 | 1·9 | 11 | 金 | 12 | 戊寅 | 1·9 |
| 4 | 13 | 木 | 13 | 己酉 | 1·9 | 12 | 土 | 13 | 己卯 | 1·9 |
| 5 | 14 | 金 | 14 | 庚戌 | 2·8 | 13 | 日 | 14 | 庚辰 | 2·8 |
| 6 | 15 | 土 | 15 | 辛亥 | 2·8 | 14 | 月 | 15 | 辛巳 | 2·8 |
| 7 | 16 | 日 | 16 | 壬子 | 2·8 | 15 | 火 | 16 | 壬午 | 2·8 |
| 8 | 17 | 月 | 17 | 癸丑 | 3·7 | 16 | 水 | 17 | 癸未 | 3·7 |
| 9 | 18 | 火 | 18 | 甲寅 | 3·7 | 17 | 木 | 18 | 甲申 | 3·7 |
| 10 | 19 | 水 | 19 | 乙卯 | 3·7 | 18 | 金 | 19 | 乙酉 | 3·7 |
| 11 | 20 | 木 | 20 | 丙辰 | 4·6 | 19 | 土 | 20 | 丙戌 | 4·6 |
| 12 | 21 | 金 | 21 | 丁巳 | 4·6 | 20 | 日 | 21 | 丁亥 | 4·6 |
| 13 | 22 | 土 | 22 | 戊午 | 4·6 | 21 | 月 | 22 | 戊子 | 4·6 |
| 14 | 23 | 日 | 23 | 己未 | 5·5 | 22 | 火 | 23 | 己丑 | 5·5 |
| 15 | 24 | 月 | 24 | 庚申 | 상강 | 23 | 水 | 24 | 庚寅 | 소설 |
| 16 | 25 | 火 | 25 | 辛酉 | 5·5 | 24 | 木 | 25 | 辛卯 | 5·5 |
| 17 | 26 | 水 | 26 | 壬戌 | 6·4 | 25 | 金 | 26 | 壬辰 | 6·4 |
| 18 | 27 | 木 | 27 | 癸亥 | 6·4 | 26 | 土 | 27 | 癸巳 | 6·4 |
| 19 | 28 | 金 | 28 | 甲子 | 6·4 | 27 | 日 | 28 | 甲午 | 6·4 |
| 20 | 29 | 土 | 29 | 乙丑 | 7·3 | 28 | 月 | 29 | 乙未 | 7·3 |
| 21 | 30 | 日 | 30 | 丙寅 | 7·3 | 29 | 火 | 11/1 | 丙申 | 7·3 |
| 22 | 31 | 月 | 10/1 | 丁卯 | 7·3 | 30 | 水 | 2 | 丁酉 | 7·3 |
| 23 | 11/1 | 火 | 2 | 戊辰 | 8·2 | 12/1 | 木 | 3 | 戊戌 | 8·2 |
| 24 | 2 | 水 | 3 | 己巳 | 8·2 | 2 | 金 | 4 | 己亥 | 8·2 |
| 25 | 3 | 木 | 4 | 庚午 | 8·2 | 3 | 土 | 5 | 庚子 | 8·2 |
| 26 | 4 | 金 | 5 | 辛未 | 9·1 | 4 | 日 | 6 | 辛丑 | 9·1 |
| 27 | 5 | 土 | 6 | 壬申 | 9·1 | 5 | 月 | 7 | 壬寅 | 9·1 |
| 28 | 6 | 日 | 7 | 癸酉 | 9·1 | 6 | 火 | 8 | 癸卯 | 9·1 |
| 29 | 7 | 月 | 8 | 甲戌 | 10·1 | 7 | 水 | 9 | 甲辰 | 10·1 |
| 30 | | | | | | | | | | |
| 31 | | | | | | | | | | |

| 절기후날수 | 대설절(庚子月) 大雪 12월8일 0시12분 冬至 12월22일 18시7분 | | | | | 소한절(辛丑月) 小寒 1월6일 11시17분 大寒 1월21일 4시48분 | | | | |
|---|---|---|---|---|---|---|---|---|---|---|
| | 양력 | 요일 | 음력 | 일진 | 大運 남·여 | 양력 | 요일 | 음력 | 일진 | 大運 남·여 |
| 0 | 12/8 | 木 | 10 | 乙巳 | 대설 | 1/6 | 金 | 9 | 甲戌 | 소한 |
| 1 | 9 | 金 | 11 | 丙午 | 1·9 | 7 | 土 | 10 | 乙亥 | 1·9 |
| 2 | 10 | 土 | 12 | 丁未 | 1·9 | 8 | 日 | 11 | 丙子 | 1·9 |
| 3 | 11 | 日 | 13 | 戊申 | 1·9 | 9 | 月 | 12 | 丁丑 | 1·9 |
| 4 | 12 | 月 | 14 | 己酉 | 1·8 | 10 | 火 | 13 | 戊寅 | 1·8 |
| 5 | 13 | 火 | 15 | 庚戌 | 2·8 | 11 | 水 | 14 | 己卯 | 2·8 |
| 6 | 14 | 水 | 16 | 辛亥 | 2·8 | 12 | 木 | 15 | 庚辰 | 2·8 |
| 7 | 15 | 木 | 17 | 壬子 | 2·7 | 13 | 金 | 16 | 辛巳 | 2·7 |
| 8 | 16 | 金 | 18 | 癸丑 | 3·7 | 14 | 土 | 17 | 壬午 | 3·7 |
| 9 | 17 | 土 | 19 | 甲寅 | 3·7 | 15 | 日 | 18 | 癸未 | 3·7 |
| 10 | 18 | 日 | 20 | 乙卯 | 3·6 | 16 | 月 | 19 | 甲申 | 3·6 |
| 11 | 19 | 月 | 21 | 丙辰 | 4·6 | 17 | 火 | 20 | 乙酉 | 4·6 |
| 12 | 20 | 火 | 22 | 丁巳 | 4·6 | 18 | 水 | 21 | 丙戌 | 4·6 |
| 13 | 21 | 水 | 23 | 戊午 | 4·5 | 19 | 木 | 22 | 丁亥 | 4·5 |
| 14 | 22 | 木 | 24 | 己未 | 동지 | 20 | 金 | 23 | 戊子 | 5·5 |
| 15 | 23 | 金 | 25 | 庚申 | 5·5 | 21 | 土 | 24 | 己丑 | 대한 |
| 16 | 24 | 土 | 26 | 辛酉 | 5·4 | 22 | 日 | 25 | 庚寅 | 5·4 |
| 17 | 25 | 日 | 27 | 壬戌 | 6·4 | 23 | 月 | 26 | 辛卯 | 6·4 |
| 18 | 26 | 月 | 28 | 癸亥 | 6·4 | 24 | 火 | 27 | 壬辰 | 6·4 |
| 19 | 27 | 火 | 29 | 甲子 | 6·3 | 25 | 水 | 28 | 癸巳 | 6·3 |
| 20 | 28 | 水 | 30 | 乙丑 | 7·3 | 26 | 木 | 29 | 甲午 | 7·3 |
| 21 | 29 | 木 | 12/1 | 丙寅 | 7·3 | 27 | 金 | 30 | 乙未 | 7·3 |
| 22 | 30 | 金 | 2 | 丁卯 | 7·2 | 28 | 土 | 1/1 | 丙申 | 7·2 |
| 23 | 31 | 土 | 3 | 戊辰 | 8·2 | 29 | 日 | 2 | 丁酉 | 8·2 |
| 24 | 1/1 | 日 | 4 | 己巳 | 8·2 | 30 | 月 | 3 | 戊戌 | 8·2 |
| 25 | 2 | 月 | 5 | 庚午 | 8·1 | 31 | 火 | 4 | 己亥 | 8·1 |
| 26 | 3 | 火 | 6 | 辛未 | 9·1 | 2/1 | 水 | 5 | 庚子 | 9·1 |
| 27 | 4 | 水 | 7 | 壬申 | 9·1 | 2 | 木 | 6 | 辛丑 | 9·1 |
| 28 | 5 | 木 | 8 | 癸酉 | 9·1 | 3 | 金 | 7 | 壬寅 | 9·1 |
| 29 | | | | | | | | | | |
| 30 | | | | | | | | | | |
| 31 | | | | | | | | | | |

# 서기 1922년 [단기 4255년]

| 절기후날수 | 입춘절(壬寅月) 立春 2월4일 23시6분 雨水 2월19일 19시16분 | | | | | 경칩절(癸卯月) 驚蟄 3월6일 17시34분 春分 3월21일 18시49분 | | | | | 청명절(甲辰月) 淸明 4월5일 22시58분 穀雨 4월21일 6시29분 | | | | |
|---|---|---|---|---|---|---|---|---|---|---|---|---|---|---|---|
| | 양력 | 요일 | 음력 | 일진 | 大運 남·여 | 양력 | 요일 | 음력 | 일진 | 大運 남·여 | 양력 | 요일 | 음력 | 일진 | 大運 남·여 |
| 0 | 2/4 | 土 | 8 | 癸卯 | 입춘 | 3/6 | 月 | 8 | 癸酉 | 경칩 | 4/5 | 水 | 9 | 癸卯 | 청명 |
| 1 | 5 | 日 | 9 | 甲辰 | 10·1 | 7 | 火 | 9 | 甲戌 | 10·1 | 6 | 木 | 10 | 甲辰 | 10·1 |
| 2 | 6 | 月 | 10 | 乙巳 | 9·1 | 8 | 水 | 10 | 乙亥 | 9·1 | 7 | 金 | 11 | 乙巳 | 10·1 |
| 3 | 7 | 火 | 11 | 丙午 | 9·1 | 9 | 木 | 11 | 丙子 | 9·1 | 8 | 土 | 12 | 丙午 | 9·1 |
| 4 | 8 | 水 | 12 | 丁未 | 9·1 | 10 | 金 | 12 | 丁丑 | 9·1 | 9 | 日 | 13 | 丁未 | 9·1 |
| 5 | 9 | 木 | 13 | 戊申 | 8·2 | 11 | 土 | 13 | 戊寅 | 8·2 | 10 | 月 | 14 | 戊申 | 9·2 |
| 6 | 10 | 金 | 14 | 己酉 | 8·2 | 12 | 日 | 14 | 己卯 | 8·2 | 11 | 火 | 15 | 己酉 | 8·2 |
| 7 | 11 | 土 | 15 | 庚戌 | 8·2 | 13 | 月 | 15 | 庚辰 | 8·2 | 12 | 水 | 16 | 庚戌 | 8·2 |
| 8 | 12 | 日 | 16 | 辛亥 | 7·3 | 14 | 火 | 16 | 辛巳 | 7·3 | 13 | 木 | 17 | 辛亥 | 8·3 |
| 9 | 13 | 月 | 17 | 壬子 | 7·3 | 15 | 水 | 17 | 壬午 | 7·3 | 14 | 金 | 18 | 壬子 | 7·3 |
| 10 | 14 | 火 | 18 | 癸丑 | 7·3 | 16 | 木 | 18 | 癸未 | 7·3 | 15 | 土 | 19 | 癸丑 | 7·3 |
| 11 | 15 | 水 | 19 | 甲寅 | 6·4 | 17 | 金 | 19 | 甲申 | 6·4 | 16 | 日 | 20 | 甲寅 | 7·4 |
| 12 | 16 | 木 | 20 | 乙卯 | 6·4 | 18 | 土 | 20 | 乙酉 | 6·4 | 17 | 月 | 21 | 乙卯 | 6·4 |
| 13 | 17 | 金 | 21 | 丙辰 | 6·4 | 19 | 日 | 21 | 丙戌 | 6·4 | 18 | 火 | 22 | 丙辰 | 6·4 |
| 14 | 18 | 土 | 22 | 丁巳 | 5·5 | 20 | 月 | 22 | 丁亥 | 5·5 | 19 | 水 | 23 | 丁巳 | 6·5 |
| 15 | 19 | 日 | 23 | 戊午 | 우수 | 21 | 火 | 23 | 戊子 | 춘분 | 20 | 木 | 24 | 戊午 | 5·5 |
| 16 | 20 | 月 | 24 | 己未 | 5·5 | 22 | 水 | 24 | 己丑 | 5·5 | 21 | 金 | 25 | 己未 | 곡우 |
| 17 | 21 | 火 | 25 | 庚申 | 4·6 | 23 | 木 | 25 | 庚寅 | 4·6 | 22 | 土 | 26 | 庚申 | 5·6 |
| 18 | 22 | 水 | 26 | 辛酉 | 4·6 | 24 | 金 | 26 | 辛卯 | 4·6 | 23 | 日 | 27 | 辛酉 | 4·6 |
| 19 | 23 | 木 | 27 | 壬戌 | 4·6 | 25 | 土 | 27 | 壬辰 | 4·6 | 24 | 月 | 28 | 壬戌 | 4·6 |
| 20 | 24 | 金 | 28 | 癸亥 | 3·7 | 26 | 日 | 28 | 癸巳 | 3·7 | 25 | 火 | 29 | 癸亥 | 4·7 |
| 21 | 25 | 土 | 29 | 甲子 | 3·7 | 27 | 月 | 29 | 甲午 | 3·7 | 26 | 水 | 30 | 甲子 | 3·7 |
| 22 | 26 | 日 | 30 | 乙丑 | 3·7 | 28 | 火 | 3/1 | 乙未 | 3·7 | 27 | 木 | 4/1 | 乙丑 | 3·7 |
| 23 | 27 | 月 | 2/1 | 丙寅 | 2·8 | 29 | 水 | 2 | 丙申 | 2·8 | 28 | 金 | 2 | 丙寅 | 3·8 |
| 24 | 28 | 火 | 2 | 丁卯 | 2·8 | 30 | 木 | 3 | 丁酉 | 2·8 | 29 | 土 | 3 | 丁卯 | 2·8 |
| 25 | 3/1 | 水 | 3 | 戊辰 | 2·8 | 31 | 金 | 4 | 戊戌 | 2·8 | 30 | 日 | 4 | 戊辰 | 2·8 |
| 26 | 2 | 木 | 4 | 己巳 | 1·9 | 4/1 | 土 | 5 | 己亥 | 1·9 | 5/1 | 月 | 5 | 己巳 | 2·9 |
| 27 | 3 | 金 | 5 | 庚午 | 1·9 | 2 | 日 | 6 | 庚子 | 1·9 | 2 | 火 | 6 | 庚午 | 1·9 |
| 28 | 4 | 土 | 6 | 辛未 | 1·9 | 3 | 月 | 7 | 辛丑 | 1·9 | 3 | 水 | 7 | 辛未 | 1·9 |
| 29 | 5 | 日 | 7 | 壬申 | 1·10 | 4 | 火 | 8 | 壬寅 | 1·10 | 4 | 木 | 8 | 壬申 | 1·10 |
| 30 | | | | | | | | | | | 5 | 金 | 9 | 癸酉 | 1·10 |
| 31 | | | | | | | | | | | | | | | |

| 절기후날수 | 입하절(乙巳月) 立夏 5월6일 16시53분 小滿 5월22일 6시10분 | | | | | 망종절(丙午月) 芒種 6월6일 21시30분 夏至 6월22일 14시27분 | | | | | 소서절(丁未月) 小暑 7월8일 7시58분 大暑 7월24일 1시20분 | | | | |
|---|---|---|---|---|---|---|---|---|---|---|---|---|---|---|---|
| | 양력 | 요일 | 음력 | 일진 | 大運 남·여 | 양력 | 요일 | 음력 | 일진 | 大運 남·여 | 양력 | 요일 | 음력 | 일진 | 大運 남·여 |
| 0 | 5/6 | 土 | 10 | 甲戌 | 입하 | 6/6 | 火 | 11 | 乙巳 | 망종 | 7/8 | 土 | 윤14 | 丁丑 | 소서 |
| 1 | 7 | 日 | 11 | 乙亥 | 10·1 | 7 | 水 | 12 | 丙午 | 10·1 | 9 | 日 | 윤15 | 戊寅 | 10·1 |
| 2 | 8 | 月 | 12 | 丙子 | 10·1 | 8 | 木 | 13 | 丁未 | 10·1 | 10 | 月 | 윤16 | 己卯 | 10·1 |
| 3 | 9 | 火 | 13 | 丁丑 | 9·1 | 9 | 金 | 14 | 戊申 | 10·1 | 11 | 火 | 윤17 | 庚辰 | 9·1 |
| 4 | 10 | 水 | 14 | 戊寅 | 9·1 | 10 | 土 | 15 | 己酉 | 9·1 | 12 | 水 | 윤18 | 辛巳 | 9·1 |
| 5 | 11 | 木 | 15 | 己卯 | 9·2 | 11 | 日 | 16 | 庚戌 | 9·2 | 13 | 木 | 윤19 | 壬午 | 9·2 |
| 6 | 12 | 金 | 16 | 庚辰 | 8·2 | 12 | 月 | 17 | 辛亥 | 9·2 | 14 | 金 | 윤20 | 癸未 | 8·2 |
| 7 | 13 | 土 | 17 | 辛巳 | 8·2 | 13 | 火 | 18 | 壬子 | 8·2 | 15 | 土 | 윤21 | 甲申 | 8·2 |
| 8 | 14 | 日 | 18 | 壬午 | 8·3 | 14 | 水 | 19 | 癸丑 | 8·3 | 16 | 日 | 윤22 | 乙酉 | 8·3 |
| 9 | 15 | 月 | 19 | 癸未 | 7·3 | 15 | 木 | 20 | 甲寅 | 8·3 | 17 | 月 | 윤23 | 丙戌 | 7·3 |
| 10 | 16 | 火 | 20 | 甲申 | 7·3 | 16 | 金 | 21 | 乙卯 | 7·3 | 18 | 火 | 윤24 | 丁亥 | 7·3 |
| 11 | 17 | 水 | 21 | 乙酉 | 7·4 | 17 | 土 | 22 | 丙辰 | 7·4 | 19 | 水 | 윤25 | 戊子 | 7·4 |
| 12 | 18 | 木 | 22 | 丙戌 | 6·4 | 18 | 日 | 23 | 丁巳 | 7·4 | 20 | 木 | 윤26 | 己丑 | 6·4 |
| 13 | 19 | 金 | 23 | 丁亥 | 6·4 | 19 | 月 | 24 | 戊午 | 6·4 | 21 | 金 | 윤27 | 庚寅 | 6·4 |
| 14 | 20 | 土 | 24 | 戊子 | 6·5 | 20 | 火 | 25 | 己未 | 6·5 | 22 | 土 | 윤28 | 辛卯 | 6·5 |
| 15 | 21 | 日 | 25 | 己丑 | 5·5 | 21 | 水 | 26 | 庚申 | 6·5 | 23 | 日 | 윤29 | 壬辰 | 5·5 |
| 16 | 22 | 月 | 26 | 庚寅 | 소만 | 22 | 木 | 27 | 辛酉 | 하지 | 24 | 月 | 6/1 | 癸巳 | 대서 |
| 17 | 23 | 火 | 27 | 辛卯 | 5·6 | 23 | 金 | 28 | 壬戌 | 5·6 | 25 | 火 | 2 | 甲午 | 5·6 |
| 18 | 24 | 水 | 28 | 壬辰 | 4·6 | 24 | 土 | 29 | 癸亥 | 5·6 | 26 | 水 | 3 | 乙未 | 4·6 |
| 19 | 25 | 木 | 29 | 癸巳 | 4·6 | 25 | 日 | 윤1 | 甲子 | 4·6 | 27 | 木 | 4 | 丙申 | 4·6 |
| 20 | 26 | 金 | 30 | 甲午 | 4·7 | 26 | 月 | 윤2 | 乙丑 | 4·7 | 28 | 金 | 5 | 丁酉 | 4·7 |
| 21 | 27 | 土 | 5/1 | 乙未 | 3·7 | 27 | 火 | 윤3 | 丙寅 | 4·7 | 29 | 土 | 6 | 戊戌 | 3·7 |
| 22 | 28 | 日 | 2 | 丙申 | 3·7 | 28 | 水 | 윤4 | 丁卯 | 3·7 | 30 | 日 | 7 | 己亥 | 3·7 |
| 23 | 29 | 月 | 3 | 丁酉 | 3·8 | 29 | 木 | 윤5 | 戊辰 | 3·8 | 31 | 月 | 8 | 庚子 | 3·8 |
| 24 | 30 | 火 | 4 | 戊戌 | 2·8 | 30 | 金 | 윤6 | 己巳 | 3·8 | 8/1 | 火 | 9 | 辛丑 | 2·8 |
| 25 | 31 | 水 | 5 | 己亥 | 2·8 | 7/1 | 土 | 윤7 | 庚午 | 2·8 | 2 | 水 | 10 | 壬寅 | 2·8 |
| 26 | 6/1 | 木 | 6 | 庚子 | 2·9 | 2 | 日 | 윤8 | 辛未 | 2·9 | 3 | 木 | 11 | 癸卯 | 2·9 |
| 27 | 2 | 金 | 7 | 辛丑 | 1·9 | 3 | 月 | 윤9 | 壬申 | 2·9 | 4 | 金 | 12 | 甲辰 | 1·9 |
| 28 | 3 | 土 | 8 | 壬寅 | 1·9 | 4 | 火 | 윤10 | 癸酉 | 1·9 | 5 | 土 | 13 | 乙巳 | 1·9 |
| 29 | 4 | 日 | 9 | 癸卯 | 1·10 | 5 | 水 | 윤11 | 甲戌 | 1·10 | 6 | 日 | 14 | 丙午 | 1·10 |
| 30 | 5 | 月 | 10 | 甲辰 | 1·10 | 6 | 木 | 윤12 | 乙亥 | 1·10 | 7 | 月 | 15 | 丁未 | 1·10 |
| 31 | | | | | | 7 | 金 | 윤13 | 丙子 | 1·10 | | | | | |

▶윤달-5월

# 壬戌年

| 절기후날수 | 입추절(戊申月) 立秋 8월8일 17시37분 處暑 8월24일 8시4분 | | | | | 백로절(己酉月) 白露 9월8일 20시6분 秋分 9월24일 5시10분 | | | | | 한로절(庚戌月) 寒露 10월9일 11시9분 霜降 10월24일 13시53분 | | | | | 입동절(辛亥月) 立冬 11월8일 13시45분 小雪 11월23일 10시55분 | | | | | 대설절(壬子月) 大雪 12월8일 6시11분 冬至 12월22일 23시57분 | | | | | 소한절(癸丑月) 小寒 1월6일 17시14분 大寒 1월21일 10시35분 | | | | |
|---|---|---|---|---|---|---|---|---|---|---|---|---|---|---|---|---|---|---|---|---|---|---|---|---|---|---|---|---|---|---|
| | 양력 | 요일 | 음력 | 일진 | 大運 남·여 | 양력 | 요일 | 음력 | 일진 | 大運 남·여 | 양력 | 요일 | 음력 | 일진 | 大運 남·여 | 양력 | 요일 | 음력 | 일진 | 大運 남·여 | 양력 | 요일 | 음력 | 일진 | 大運 남·여 | 양력 | 요일 | 음력 | 일진 | 大運 남·여 |
| 0 | 8/8 | 火 | 16 | 戊申 | 입추 | 9/8 | 金 | 17 | 己卯 | 백로 | 10/9 | 月 | 19 | 庚戌 | 한로 | 11/8 | 水 | 20 | 庚辰 | 입동 | 12/8 | 金 | 20 | 庚戌 | 대설 | 1/6 | 土 | 20 | 己卯 | 소한 |
| 1 | 9 | 水 | 17 | 己酉 | 10·1 | 9 | 土 | 18 | 庚辰 | 10·1 | 10 | 火 | 20 | 辛亥 | 10·1 | 9 | 木 | 21 | 辛巳 | 10·1 | 9 | 土 | 21 | 辛亥 | 9·1 | 7 | 日 | 21 | 庚辰 | 10·1 |
| 2 | 10 | 木 | 18 | 庚戌 | 10·1 | 10 | 日 | 19 | 辛巳 | 10·1 | 11 | 水 | 21 | 壬子 | 9·1 | 10 | 金 | 22 | 壬午 | 9·1 | 10 | 日 | 22 | 壬子 | 9·1 | 8 | 月 | 22 | 辛巳 | 9·1 |
| 3 | 11 | 金 | 19 | 辛亥 | 9·1 | 11 | 月 | 20 | 壬午 | 9·1 | 12 | 木 | 22 | 癸丑 | 9·1 | 11 | 土 | 23 | 癸未 | 9·1 | 11 | 月 | 23 | 癸丑 | 9·1 | 9 | 火 | 23 | 壬午 | 9·1 |
| 4 | 12 | 土 | 20 | 壬子 | 9·1 | 12 | 火 | 21 | 癸未 | 9·1 | 13 | 金 | 23 | 甲寅 | 9·1 | 12 | 日 | 24 | 甲申 | 9·1 | 12 | 火 | 24 | 甲寅 | 8·1 | 10 | 水 | 24 | 癸未 | 9·1 |
| 5 | 13 | 日 | 21 | 癸丑 | 9·2 | 13 | 水 | 22 | 甲申 | 9·2 | 14 | 土 | 24 | 乙卯 | 8·2 | 13 | 月 | 25 | 乙酉 | 8·2 | 13 | 水 | 25 | 乙卯 | 8·2 | 11 | 木 | 25 | 甲申 | 8·2 |
| 6 | 14 | 月 | 22 | 甲寅 | 8·2 | 14 | 木 | 23 | 乙酉 | 8·2 | 15 | 日 | 25 | 丙辰 | 8·2 | 14 | 火 | 26 | 丙戌 | 8·2 | 14 | 木 | 26 | 丙辰 | 8·2 | 12 | 金 | 26 | 乙酉 | 8·2 |
| 7 | 15 | 火 | 23 | 乙卯 | 8·2 | 15 | 金 | 24 | 丙戌 | 8·2 | 16 | 月 | 26 | 丁巳 | 8·2 | 15 | 水 | 27 | 丁亥 | 8·2 | 15 | 金 | 27 | 丁巳 | 7·2 | 13 | 土 | 27 | 丙戌 | 8·2 |
| 8 | 16 | 水 | 24 | 丙辰 | 8·3 | 16 | 土 | 25 | 丁亥 | 8·3 | 17 | 火 | 27 | 戊午 | 7·3 | 16 | 木 | 28 | 戊子 | 7·3 | 16 | 土 | 28 | 戊午 | 7·3 | 14 | 日 | 28 | 丁亥 | 7·3 |
| 9 | 17 | 木 | 25 | 丁巳 | 7·3 | 17 | 日 | 26 | 戊子 | 7·3 | 18 | 水 | 28 | 己未 | 7·3 | 17 | 金 | 29 | 己丑 | 7·3 | 17 | 日 | 29 | 己未 | 7·3 | 15 | 月 | 29 | 戊子 | 7·3 |
| 10 | 18 | 金 | 26 | 戊午 | 7·3 | 18 | 月 | 27 | 己丑 | 7·3 | 19 | 木 | 29 | 庚申 | 7·3 | 18 | 土 | 30 | 庚寅 | 7·3 | 18 | 月 | 11/1 | 庚申 | 6·3 | 16 | 火 | 30 | 己丑 | 7·3 |
| 11 | 19 | 土 | 27 | 己未 | 7·4 | 19 | 火 | 28 | 庚寅 | 7·4 | 20 | 金 | 9/1 | 辛酉 | 6·4 | 19 | 日 | 10/1 | 辛卯 | 6·4 | 19 | 火 | 2 | 辛酉 | 6·4 | 17 | 水 | 12/1 | 庚寅 | 6·4 |
| 12 | 20 | 日 | 28 | 庚申 | 6·4 | 20 | 水 | 29 | 辛卯 | 6·4 | 21 | 土 | 2 | 壬戌 | 6·4 | 20 | 月 | 2 | 壬辰 | 6·4 | 20 | 水 | 3 | 壬戌 | 6·4 | 18 | 木 | 2 | 辛卯 | 6·4 |
| 13 | 21 | 月 | 29 | 辛酉 | 6·4 | 21 | 木 | 8/1 | 壬辰 | 6·4 | 22 | 日 | 3 | 癸亥 | 6·4 | 21 | 火 | 3 | 癸巳 | 6·4 | 21 | 木 | 4 | 癸亥 | 5·4 | 19 | 金 | 3 | 壬辰 | 6·4 |
| 14 | 22 | 火 | 30 | 壬戌 | 6·5 | 22 | 金 | 2 | 癸巳 | 6·5 | 23 | 月 | 4 | 甲子 | 5·5 | 22 | 水 | 4 | 甲午 | 5·5 | 22 | 金 | 5 | 甲子 | 동지 | 20 | 土 | 4 | 癸巳 | 5·5 |
| 15 | 23 | 水 | 7/1 | 癸亥 | 5·5 | 23 | 土 | 3 | 甲午 | 5·5 | 24 | 火 | 5 | 乙丑 | 상강 | 23 | 木 | 5 | 乙未 | 소설 | 23 | 土 | 6 | 乙丑 | 5·5 | 21 | 日 | 5 | 甲午 | 대한 |
| 16 | 24 | 木 | 2 | 甲子 | 처서 | 24 | 日 | 4 | 乙未 | 추분 | 25 | 水 | 6 | 丙寅 | 5·5 | 24 | 金 | 6 | 丙申 | 5·5 | 24 | 日 | 7 | 丙寅 | 4·5 | 22 | 月 | 6 | 乙未 | 5·5 |
| 17 | 25 | 金 | 3 | 乙丑 | 5·6 | 25 | 月 | 5 | 丙申 | 5·6 | 26 | 木 | 7 | 丁卯 | 4·6 | 25 | 土 | 7 | 丁酉 | 4·6 | 25 | 月 | 8 | 丁卯 | 4·6 | 23 | 火 | 7 | 丙申 | 4·6 |
| 18 | 26 | 土 | 4 | 丙寅 | 4·6 | 26 | 火 | 6 | 丁酉 | 4·6 | 27 | 金 | 8 | 戊辰 | 4·6 | 26 | 日 | 8 | 戊戌 | 4·6 | 26 | 火 | 9 | 戊辰 | 4·6 | 24 | 水 | 8 | 丁酉 | 4·6 |
| 19 | 27 | 日 | 5 | 丁卯 | 4·6 | 27 | 水 | 7 | 戊戌 | 4·6 | 28 | 土 | 9 | 己巳 | 4·6 | 27 | 月 | 9 | 己亥 | 4·6 | 27 | 水 | 10 | 己巳 | 3·6 | 25 | 木 | 9 | 戊戌 | 4·6 |
| 20 | 28 | 月 | 6 | 戊辰 | 4·7 | 28 | 木 | 8 | 己亥 | 4·7 | 29 | 日 | 10 | 庚午 | 3·7 | 28 | 火 | 10 | 庚子 | 3·7 | 28 | 木 | 11 | 庚午 | 3·7 | 26 | 金 | 10 | 己亥 | 3·7 |
| 21 | 29 | 火 | 7 | 己巳 | 3·7 | 29 | 金 | 9 | 庚子 | 3·7 | 30 | 月 | 11 | 辛未 | 3·7 | 29 | 水 | 11 | 辛丑 | 3·7 | 29 | 金 | 12 | 辛未 | 3·7 | 27 | 土 | 11 | 庚子 | 3·7 |
| 22 | 30 | 水 | 8 | 庚午 | 3·7 | 30 | 土 | 10 | 辛丑 | 3·7 | 31 | 火 | 12 | 壬申 | 3·7 | 30 | 木 | 12 | 壬寅 | 3·7 | 30 | 土 | 13 | 壬申 | 2·7 | 28 | 日 | 12 | 辛丑 | 3·7 |
| 23 | 31 | 木 | 9 | 辛未 | 3·8 | 10/1 | 日 | 11 | 壬寅 | 3·8 | 11/1 | 水 | 13 | 癸酉 | 2·8 | 12/1 | 金 | 13 | 癸卯 | 2·8 | 31 | 日 | 14 | 癸酉 | 2·8 | 29 | 月 | 13 | 壬寅 | 2·8 |
| 24 | 9/1 | 金 | 10 | 壬申 | 2·8 | 2 | 月 | 12 | 癸卯 | 2·8 | 2 | 木 | 14 | 甲戌 | 2·8 | 2 | 土 | 14 | 甲辰 | 2·8 | 1/1 | 月 | 15 | 甲戌 | 2·8 | 30 | 火 | 14 | 癸卯 | 2·8 |
| 25 | 2 | 土 | 11 | 癸酉 | 2·8 | 3 | 火 | 13 | 甲辰 | 2·8 | 3 | 金 | 15 | 乙亥 | 2·8 | 3 | 日 | 15 | 乙巳 | 2·8 | 2 | 火 | 16 | 乙亥 | 1·8 | 31 | 水 | 15 | 甲辰 | 2·8 |
| 26 | 3 | 日 | 12 | 甲戌 | 2·9 | 4 | 水 | 14 | 乙巳 | 2·9 | 4 | 土 | 16 | 丙子 | 1·9 | 4 | 月 | 16 | 丙午 | 1·9 | 3 | 水 | 17 | 丙子 | 1·9 | 2/1 | 木 | 16 | 乙巳 | 1·9 |
| 27 | 4 | 月 | 13 | 乙亥 | 1·9 | 5 | 木 | 15 | 丙午 | 1·9 | 5 | 日 | 17 | 丁丑 | 1·9 | 5 | 火 | 17 | 丁未 | 1·9 | 4 | 木 | 18 | 丁丑 | 1·9 | 2 | 金 | 17 | 丙午 | 1·9 |
| 28 | 5 | 火 | 14 | 丙子 | 1·9 | 6 | 金 | 16 | 丁未 | 1·9 | 6 | 月 | 18 | 戊寅 | 1·9 | 6 | 水 | 18 | 戊申 | 1·9 | 5 | 金 | 19 | 戊寅 | 1·9 | 3 | 土 | 18 | 丁未 | 1·9 |
| 29 | 6 | 水 | 15 | 丁丑 | 1·10 | 7 | 土 | 17 | 戊申 | 1·10 | 7 | 火 | 19 | 己卯 | 1·10 | 7 | 木 | 19 | 己酉 | 1·10 | | | | | | 4 | 日 | 19 | 戊申 | 1·10 |
| 30 | 7 | 木 | 16 | 戊寅 | 1·10 | 8 | 日 | 18 | 己酉 | 1·10 | | | | | | | | | | | | | | | | | | | | |
| 31 | | | | | | | | | | | | | | | | | | | | | | | | | | | | | | |

# 서기 1923년 [단기 4256년]

| 절기후날수 | 입춘절(甲寅月)<br>立春 2월5일 5시0분<br>雨水 2월20일 1시0분 | | | | | 경칩절(乙卯月)<br>驚蟄 3월6일 23시25분<br>春分 3월22일 0시29분 | | | | | 청명절(丙辰月)<br>清明 4월6일 4시46분<br>穀雨 4월21일 12시6분 | | | | |
|---|---|---|---|---|---|---|---|---|---|---|---|---|---|---|---|
| | 양력 | 요일 | 음력 | 일진 | 大運 남·여 | 양력 | 요일 | 음력 | 일진 | 大運 남·여 | 양력 | 요일 | 음력 | 일진 | 大運 남·여 |
| 0 | 2/5 | 月 | 20 | 己酉 | 입춘 | 3/6 | 火 | 19 | 戊寅 | 경칩 | 4/6 | 金 | 21 | 己酉 | 청명 |
| 1 | 6 | 火 | 21 | 庚戌 | 1·9 | 7 | 水 | 20 | 己卯 | 1·10 | 7 | 土 | 22 | 庚戌 | 1·10 |
| 2 | 7 | 水 | 22 | 辛亥 | 1·9 | 8 | 木 | 21 | 庚辰 | 1·10 | 8 | 日 | 23 | 辛亥 | 1·9 |
| 3 | 8 | 木 | 23 | 壬子 | 1·9 | 9 | 金 | 22 | 辛巳 | 1·9 | 9 | 月 | 24 | 壬子 | 1·9 |
| 4 | 9 | 金 | 24 | 癸丑 | 1·8 | 10 | 土 | 23 | 壬午 | 1·9 | 10 | 火 | 25 | 癸丑 | 1·9 |
| 5 | 10 | 土 | 25 | 甲寅 | 2·8 | 11 | 日 | 24 | 癸未 | 2·9 | 11 | 水 | 26 | 甲寅 | 2·8 |
| 6 | 11 | 日 | 26 | 乙卯 | 2·8 | 12 | 月 | 25 | 甲申 | 2·8 | 12 | 木 | 27 | 乙卯 | 2·8 |
| 7 | 12 | 月 | 27 | 丙辰 | 2·7 | 13 | 火 | 26 | 乙酉 | 2·8 | 13 | 金 | 28 | 丙辰 | 2·8 |
| 8 | 13 | 火 | 28 | 丁巳 | 3·7 | 14 | 水 | 27 | 丙戌 | 3·8 | 14 | 土 | 29 | 丁巳 | 3·7 |
| 9 | 14 | 水 | 29 | 戊午 | 3·7 | 15 | 木 | 28 | 丁亥 | 3·7 | 15 | 日 | 30 | 戊午 | 3·7 |
| 10 | 15 | 木 | 30 | 己未 | 3·6 | 16 | 金 | 29 | 戊子 | 3·7 | 16 | 月 | 3/1 | 己未 | 3·7 |
| 11 | 16 | 金 | 1/1 | 庚申 | 4·6 | 17 | 土 | 2/1 | 己丑 | 4·7 | 17 | 火 | 2 | 庚申 | 4·6 |
| 12 | 17 | 土 | 2 | 辛酉 | 4·6 | 18 | 日 | 2 | 庚寅 | 4·6 | 18 | 水 | 3 | 辛酉 | 4·6 |
| 13 | 18 | 日 | 3 | 壬戌 | 4·5 | 19 | 月 | 3 | 辛卯 | 4·6 | 19 | 木 | 4 | 壬戌 | 4·6 |
| 14 | 19 | 月 | 4 | 癸亥 | 5·5 | 20 | 火 | 4 | 壬辰 | 5·6 | 20 | 金 | 5 | 癸亥 | 5·5 |
| 15 | 20 | 火 | 5 | 甲子 | 우수 | 21 | 水 | 5 | 癸巳 | 5·5 | 21 | 土 | 6 | 甲子 | 곡우 |
| 16 | 21 | 水 | 6 | 乙丑 | 5·4 | 22 | 木 | 6 | 甲午 | 춘분 | 22 | 日 | 7 | 乙丑 | 5·5 |
| 17 | 22 | 木 | 7 | 丙寅 | 6·4 | 23 | 金 | 7 | 乙未 | 6·5 | 23 | 月 | 8 | 丙寅 | 6·4 |
| 18 | 23 | 金 | 8 | 丁卯 | 6·4 | 24 | 土 | 8 | 丙申 | 6·4 | 24 | 火 | 9 | 丁卯 | 6·4 |
| 19 | 24 | 土 | 9 | 戊辰 | 6·3 | 25 | 日 | 9 | 丁酉 | 6·4 | 25 | 水 | 10 | 戊辰 | 6·4 |
| 20 | 25 | 日 | 10 | 己巳 | 7·3 | 26 | 月 | 10 | 戊戌 | 7·4 | 26 | 木 | 11 | 己巳 | 7·3 |
| 21 | 26 | 月 | 11 | 庚午 | 7·3 | 27 | 火 | 11 | 己亥 | 7·3 | 27 | 金 | 12 | 庚午 | 7·3 |
| 22 | 27 | 火 | 12 | 辛未 | 7·2 | 28 | 水 | 12 | 庚子 | 7·3 | 28 | 土 | 13 | 辛未 | 7·3 |
| 23 | 28 | 水 | 13 | 壬申 | 8·2 | 29 | 木 | 13 | 辛丑 | 8·3 | 29 | 日 | 14 | 壬申 | 8·2 |
| 24 | 3/1 | 木 | 14 | 癸酉 | 8·2 | 30 | 金 | 14 | 壬寅 | 8·2 | 30 | 月 | 15 | 癸酉 | 8·2 |
| 25 | 2 | 金 | 15 | 甲戌 | 8·1 | 31 | 土 | 15 | 癸卯 | 8·2 | 5/1 | 火 | 16 | 甲戌 | 8·2 |
| 26 | 3 | 土 | 16 | 乙亥 | 9·1 | 4/1 | 日 | 16 | 甲辰 | 9·2 | 2 | 水 | 17 | 乙亥 | 9·1 |
| 27 | 4 | 日 | 17 | 丙子 | 9·1 | 2 | 月 | 17 | 乙巳 | 9·1 | 3 | 木 | 18 | 丙子 | 9·1 |
| 28 | 5 | 月 | 18 | 丁丑 | 9·1 | 3 | 火 | 18 | 丙午 | 9·1 | 4 | 金 | 19 | 丁丑 | 9·1 |
| 29 | | | | | | 4 | 水 | 19 | 丁未 | 10·1 | 5 | 土 | 20 | 戊寅 | 10·1 |
| 30 | | | | | | 5 | 木 | 20 | 戊申 | 10·1 | | | | | |
| 31 | | | | | | | | | | | | | | | |

| 절기후날수 | 입하절(丁巳月)<br>立夏 5월6일 22시38분<br>小滿 5월22일 11시45분 | | | | | 망종절(戊午月)<br>芒種 6월7일 3시14분<br>夏至 6월22일 20시3분 | | | | | 소서절(己未月)<br>小暑 7월8일 13시42분<br>大暑 7월24일 7시1분 | | | | |
|---|---|---|---|---|---|---|---|---|---|---|---|---|---|---|---|
| | 양력 | 요일 | 음력 | 일진 | 大運 남·여 | 양력 | 요일 | 음력 | 일진 | 大運 남·여 | 양력 | 요일 | 음력 | 일진 | 大運 남·여 |
| 0 | 5/6 | 日 | 21 | 己卯 | 입하 | 6/7 | 木 | 23 | 辛亥 | 망종 | 7/8 | 日 | 25 | 壬午 | 소서 |
| 1 | 7 | 月 | 22 | 庚辰 | 1·10 | 8 | 金 | 24 | 壬子 | 1·10 | 9 | 月 | 26 | 癸未 | 1·10 |
| 2 | 8 | 火 | 23 | 辛巳 | 1·10 | 9 | 土 | 25 | 癸丑 | 1·10 | 10 | 火 | 27 | 甲申 | 1·10 |
| 3 | 9 | 水 | 24 | 壬午 | 1·10 | 10 | 日 | 26 | 甲寅 | 1·9 | 11 | 水 | 28 | 乙酉 | 1·9 |
| 4 | 10 | 木 | 25 | 癸未 | 1·9 | 11 | 月 | 27 | 乙卯 | 1·9 | 12 | 木 | 29 | 丙戌 | 1·9 |
| 5 | 11 | 金 | 26 | 甲申 | 2·9 | 12 | 火 | 28 | 丙辰 | 2·9 | 13 | 金 | 30 | 丁亥 | 2·9 |
| 6 | 12 | 土 | 27 | 乙酉 | 2·9 | 13 | 水 | 29 | 丁巳 | 2·8 | 14 | 土 | 6/1 | 戊子 | 2·8 |
| 7 | 13 | 日 | 28 | 丙戌 | 2·8 | 14 | 木 | 5/1 | 戊午 | 2·8 | 15 | 日 | 2 | 己丑 | 2·8 |
| 8 | 14 | 月 | 29 | 丁亥 | 3·8 | 15 | 金 | 2 | 己未 | 3·8 | 16 | 月 | 3 | 庚寅 | 3·8 |
| 9 | 15 | 火 | 30 | 戊子 | 3·8 | 16 | 土 | 3 | 庚申 | 3·7 | 17 | 火 | 4 | 辛卯 | 3·7 |
| 10 | 16 | 水 | 4/1 | 己丑 | 3·7 | 17 | 日 | 4 | 辛酉 | 3·7 | 18 | 水 | 5 | 壬辰 | 3·7 |
| 11 | 17 | 木 | 2 | 庚寅 | 4·7 | 18 | 月 | 5 | 壬戌 | 4·7 | 19 | 木 | 6 | 癸巳 | 4·7 |
| 12 | 18 | 金 | 3 | 辛卯 | 4·7 | 19 | 火 | 6 | 癸亥 | 4·6 | 20 | 金 | 7 | 甲午 | 4·6 |
| 13 | 19 | 土 | 4 | 壬辰 | 4·6 | 20 | 水 | 7 | 甲子 | 4·6 | 21 | 土 | 8 | 乙未 | 4·6 |
| 14 | 20 | 日 | 5 | 癸巳 | 5·6 | 21 | 木 | 8 | 乙丑 | 5·6 | 22 | 日 | 9 | 丙申 | 5·6 |
| 15 | 21 | 月 | 6 | 甲午 | 5·6 | 22 | 金 | 9 | 丙寅 | 하지 | 23 | 月 | 10 | 丁酉 | 5·5 |
| 16 | 22 | 火 | 7 | 乙未 | 소만 | 23 | 土 | 10 | 丁卯 | 5·5 | 24 | 火 | 11 | 戊戌 | 대서 |
| 17 | 23 | 水 | 8 | 丙申 | 6·5 | 24 | 日 | 11 | 戊辰 | 6·5 | 25 | 水 | 12 | 己亥 | 6·5 |
| 18 | 24 | 木 | 9 | 丁酉 | 6·5 | 25 | 月 | 12 | 己巳 | 6·4 | 26 | 木 | 13 | 庚子 | 6·4 |
| 19 | 25 | 金 | 10 | 戊戌 | 6·4 | 26 | 火 | 13 | 庚午 | 6·4 | 27 | 金 | 14 | 辛丑 | 6·4 |
| 20 | 26 | 土 | 11 | 己亥 | 7·4 | 27 | 水 | 14 | 辛未 | 7·4 | 28 | 土 | 15 | 壬寅 | 7·4 |
| 21 | 27 | 日 | 12 | 庚子 | 7·4 | 28 | 木 | 15 | 壬申 | 7·3 | 29 | 日 | 16 | 癸卯 | 7·3 |
| 22 | 28 | 月 | 13 | 辛丑 | 7·3 | 29 | 金 | 16 | 癸酉 | 7·3 | 30 | 月 | 17 | 甲辰 | 7·3 |
| 23 | 29 | 火 | 14 | 壬寅 | 8·3 | 30 | 土 | 17 | 甲戌 | 8·3 | 31 | 火 | 18 | 乙巳 | 8·3 |
| 24 | 30 | 水 | 15 | 癸卯 | 8·3 | 7/1 | 日 | 18 | 乙亥 | 8·2 | 8/1 | 水 | 19 | 丙午 | 8·2 |
| 25 | 31 | 木 | 16 | 甲辰 | 8·2 | 2 | 月 | 19 | 丙子 | 8·2 | 2 | 木 | 20 | 丁未 | 8·2 |
| 26 | 6/1 | 金 | 17 | 乙巳 | 9·2 | 3 | 火 | 20 | 丁丑 | 9·2 | 3 | 金 | 21 | 戊申 | 9·2 |
| 27 | 2 | 土 | 18 | 丙午 | 9·2 | 4 | 水 | 21 | 戊寅 | 9·1 | 4 | 土 | 22 | 己酉 | 9·1 |
| 28 | 3 | 日 | 19 | 丁未 | 9·1 | 5 | 木 | 22 | 己卯 | 9·1 | 5 | 日 | 23 | 庚戌 | 9·1 |
| 29 | 4 | 月 | 20 | 戊申 | 10·1 | 6 | 金 | 23 | 庚辰 | 10·1 | 6 | 月 | 24 | 辛亥 | 10·1 |
| 30 | 5 | 火 | 21 | 己酉 | 10·1 | 7 | 土 | 24 | 辛巳 | 10·1 | 7 | 火 | 25 | 壬子 | 10·1 |
| 31 | 6 | 水 | 22 | 庚戌 | 10·1 | | | | | | | | | | |

# 癸亥年

| 절기후날수 | 입추절(庚申月) 立秋 8월8일 23시25분 處暑 8월24일 13시52분 | | | | | 백로절(辛酉月) 白露 9월9일 1시57분 秋分 9월24일 11시4분 | | | | | 한로절(壬戌月) 寒露 10월9일 17시3분 霜降 10월24일 19시51분 | | | | |
|---|---|---|---|---|---|---|---|---|---|---|---|---|---|---|---|
| | 양력 | 요일 | 음력 | 일진 | 大運 남·여 | 양력 | 요일 | 음력 | 일진 | 大運 남·여 | 양력 | 요일 | 음력 | 일진 | 大運 남·여 |
| 0 | 8/8 | 水 | 26 | 癸丑 | 입추 | 9/9 | 日 | 29 | 乙酉 | 백로 | 10/9 | 火 | 29 | 乙卯 | 한로 |
| 1 | 9 | 木 | 27 | 甲寅 | 1·10 | 10 | 月 | 30 | 丙戌 | 1·10 | 10 | 水 | 9/1 | 丙辰 | 1·10 |
| 2 | 10 | 金 | 28 | 乙卯 | 1·10 | 11 | 火 | 8/1 | 丁亥 | 1·9 | 11 | 木 | 2 | 丁巳 | 1·9 |
| 3 | 11 | 土 | 29 | 丙辰 | 1·10 | 12 | 水 | 2 | 戊子 | 1·9 | 12 | 金 | 3 | 戊午 | 1·9 |
| 4 | 12 | 日 | 7/1 | 丁巳 | 1·9 | 13 | 木 | 3 | 己丑 | 1·9 | 13 | 土 | 4 | 己未 | 1·9 |
| 5 | 13 | 月 | 2 | 戊午 | 2·9 | 14 | 金 | 4 | 庚寅 | 2·8 | 14 | 日 | 5 | 庚申 | 2·8 |
| 6 | 14 | 火 | 3 | 己未 | 2·9 | 15 | 土 | 5 | 辛卯 | 2·8 | 15 | 月 | 6 | 辛酉 | 2·8 |
| 7 | 15 | 水 | 4 | 庚申 | 2·8 | 16 | 日 | 6 | 壬辰 | 2·8 | 16 | 火 | 7 | 壬戌 | 2·8 |
| 8 | 16 | 木 | 5 | 辛酉 | 3·8 | 17 | 月 | 7 | 癸巳 | 3·7 | 17 | 水 | 8 | 癸亥 | 3·7 |
| 9 | 17 | 金 | 6 | 壬戌 | 3·8 | 18 | 火 | 8 | 甲午 | 3·7 | 18 | 木 | 9 | 甲子 | 3·7 |
| 10 | 18 | 土 | 7 | 癸亥 | 3·7 | 19 | 水 | 9 | 乙未 | 3·7 | 19 | 金 | 10 | 乙丑 | 3·7 |
| 11 | 19 | 日 | 8 | 甲子 | 4·7 | 20 | 木 | 10 | 丙申 | 4·6 | 20 | 土 | 11 | 丙寅 | 4·6 |
| 12 | 20 | 月 | 9 | 乙丑 | 4·7 | 21 | 金 | 11 | 丁酉 | 4·6 | 21 | 日 | 12 | 丁卯 | 4·6 |
| 13 | 21 | 火 | 10 | 丙寅 | 4·6 | 22 | 土 | 12 | 戊戌 | 4·6 | 22 | 月 | 13 | 戊辰 | 4·6 |
| 14 | 22 | 水 | 11 | 丁卯 | 5·6 | 23 | 日 | 13 | 己亥 | 5·5 | 23 | 火 | 14 | 己巳 | 5·5 |
| 15 | 23 | 木 | 12 | 戊辰 | 5·6 | 24 | 月 | 14 | 庚子 | 추분 | 24 | 水 | 15 | 庚午 | 상강 |
| 16 | 24 | 金 | 13 | 己巳 | 처서 | 25 | 火 | 15 | 辛丑 | 5·5 | 25 | 木 | 16 | 辛未 | 5·5 |
| 17 | 25 | 土 | 14 | 庚午 | 6·5 | 26 | 水 | 16 | 壬寅 | 6·4 | 26 | 金 | 17 | 壬申 | 6·4 |
| 18 | 26 | 日 | 15 | 辛未 | 6·5 | 27 | 木 | 17 | 癸卯 | 6·4 | 27 | 土 | 18 | 癸酉 | 6·4 |
| 19 | 27 | 月 | 16 | 壬申 | 6·4 | 28 | 金 | 18 | 甲辰 | 6·4 | 28 | 日 | 19 | 甲戌 | 6·4 |
| 20 | 28 | 火 | 17 | 癸酉 | 7·4 | 29 | 土 | 19 | 乙巳 | 7·3 | 29 | 月 | 20 | 乙亥 | 7·3 |
| 21 | 29 | 水 | 18 | 甲戌 | 7·4 | 30 | 日 | 20 | 丙午 | 7·3 | 30 | 火 | 21 | 丙子 | 7·3 |
| 22 | 30 | 木 | 19 | 乙亥 | 7·3 | 10/1 | 月 | 21 | 丁未 | 7·3 | 31 | 水 | 22 | 丁丑 | 7·3 |
| 23 | 31 | 金 | 20 | 丙子 | 8·3 | 2 | 火 | 22 | 戊申 | 8·2 | 11/1 | 木 | 23 | 戊寅 | 8·2 |
| 24 | 9/1 | 土 | 21 | 丁丑 | 8·3 | 3 | 水 | 23 | 己酉 | 8·2 | 2 | 金 | 24 | 己卯 | 8·2 |
| 25 | 2 | 日 | 22 | 戊寅 | 8·2 | 4 | 木 | 24 | 庚戌 | 8·2 | 3 | 土 | 25 | 庚辰 | 8·2 |
| 26 | 3 | 月 | 23 | 己卯 | 9·2 | 5 | 金 | 25 | 辛亥 | 9·1 | 4 | 日 | 26 | 辛巳 | 9·1 |
| 27 | 4 | 火 | 24 | 庚辰 | 9·2 | 6 | 土 | 26 | 壬子 | 9·1 | 5 | 月 | 27 | 壬午 | 9·1 |
| 28 | 5 | 水 | 25 | 辛巳 | 9·1 | 7 | 日 | 27 | 癸丑 | 9·1 | 6 | 火 | 28 | 癸未 | 9·1 |
| 29 | 6 | 木 | 26 | 壬午 | 10·1 | 8 | 月 | 28 | 甲寅 | 10·1 | 7 | 水 | 29 | 甲申 | 10·1 |
| 30 | 7 | 金 | 27 | 癸未 | 10·1 | | | | | | | | | | |
| 31 | 8 | 土 | 28 | 甲申 | 10·1 | | | | | | | | | | |

| 절기후날수 | 입동절(癸亥月) 立冬 11월8일 19시40분 小雪 11월23일 16시54분 | | | | | 대설절(甲子月) 大雪 12월8일 12시5분 冬至 12월23일 5시53분 | | | | | 소한절(乙丑月) 小寒 1월6일 23시6분 大寒 1월21일 16시28분 | | | | |
|---|---|---|---|---|---|---|---|---|---|---|---|---|---|---|---|
| | 양력 | 요일 | 음력 | 일진 | 大運 남·여 | 양력 | 요일 | 음력 | 일진 | 大運 남·여 | 양력 | 요일 | 음력 | 일진 | 大運 남·여 |
| 0 | 11/8 | 木 | 30 | 乙酉 | 입동 | 12/8 | 土 | 11/1 | 乙卯 | 대설 | 1/6 | 日 | 12/1 | 甲申 | 소한 |
| 1 | 9 | 金 | 10/1 | 丙戌 | 1·10 | 9 | 日 | 2 | 丙辰 | 1·9 | 7 | 月 | 2 | 乙酉 | 1·10 |
| 2 | 10 | 土 | 2 | 丁亥 | 1·9 | 10 | 月 | 3 | 丁巳 | 1·9 | 8 | 火 | 3 | 丙戌 | 1·9 |
| 3 | 11 | 日 | 3 | 戊子 | 1·9 | 11 | 火 | 4 | 戊午 | 1·9 | 9 | 水 | 4 | 丁亥 | 1·9 |
| 4 | 12 | 月 | 4 | 己丑 | 1·9 | 12 | 水 | 5 | 己未 | 1·8 | 10 | 木 | 5 | 戊子 | 1·9 |
| 5 | 13 | 火 | 5 | 庚寅 | 2·8 | 13 | 木 | 6 | 庚申 | 2·8 | 11 | 金 | 6 | 己丑 | 2·8 |
| 6 | 14 | 水 | 6 | 辛卯 | 2·8 | 14 | 金 | 7 | 辛酉 | 2·8 | 12 | 土 | 7 | 庚寅 | 2·8 |
| 7 | 15 | 木 | 7 | 壬辰 | 2·8 | 15 | 土 | 8 | 壬戌 | 2·7 | 13 | 日 | 8 | 辛卯 | 2·8 |
| 8 | 16 | 金 | 8 | 癸巳 | 3·7 | 16 | 日 | 9 | 癸亥 | 3·7 | 14 | 月 | 9 | 壬辰 | 3·7 |
| 9 | 17 | 土 | 9 | 甲午 | 3·7 | 17 | 月 | 10 | 甲子 | 3·7 | 15 | 火 | 10 | 癸巳 | 3·7 |
| 10 | 18 | 日 | 10 | 乙未 | 3·7 | 18 | 火 | 11 | 乙丑 | 3·6 | 16 | 水 | 11 | 甲午 | 3·7 |
| 11 | 19 | 月 | 11 | 丙申 | 4·6 | 19 | 水 | 12 | 丙寅 | 4·6 | 17 | 木 | 12 | 乙未 | 4·6 |
| 12 | 20 | 火 | 12 | 丁酉 | 4·6 | 20 | 木 | 13 | 丁卯 | 4·6 | 18 | 金 | 13 | 丙申 | 4·6 |
| 13 | 21 | 水 | 13 | 戊戌 | 4·6 | 21 | 金 | 14 | 戊辰 | 4·5 | 19 | 土 | 14 | 丁酉 | 4·6 |
| 14 | 22 | 木 | 14 | 己亥 | 5·5 | 22 | 土 | 15 | 己巳 | 5·5 | 20 | 日 | 15 | 戊戌 | 5·5 |
| 15 | 23 | 金 | 15 | 庚子 | 소설 | 23 | 日 | 16 | 庚午 | 동지 | 21 | 月 | 16 | 己亥 | 대한 |
| 16 | 24 | 土 | 16 | 辛丑 | 5·5 | 24 | 月 | 17 | 辛未 | 5·4 | 22 | 火 | 17 | 庚子 | 5·5 |
| 17 | 25 | 日 | 17 | 壬寅 | 6·4 | 25 | 火 | 18 | 壬申 | 6·4 | 23 | 水 | 18 | 辛丑 | 6·4 |
| 18 | 26 | 月 | 18 | 癸卯 | 6·4 | 26 | 水 | 19 | 癸酉 | 6·4 | 24 | 木 | 19 | 壬寅 | 6·4 |
| 19 | 27 | 火 | 19 | 甲辰 | 6·4 | 27 | 木 | 20 | 甲戌 | 6·3 | 25 | 金 | 20 | 癸卯 | 6·4 |
| 20 | 28 | 水 | 20 | 乙巳 | 7·3 | 28 | 金 | 21 | 乙亥 | 7·3 | 26 | 土 | 21 | 甲辰 | 7·3 |
| 21 | 29 | 木 | 21 | 丙午 | 7·3 | 29 | 土 | 22 | 丙子 | 7·3 | 27 | 日 | 22 | 乙巳 | 7·3 |
| 22 | 30 | 金 | 22 | 丁未 | 7·3 | 30 | 日 | 23 | 丁丑 | 7·2 | 28 | 月 | 23 | 丙午 | 7·3 |
| 23 | 12/1 | 土 | 23 | 戊申 | 8·2 | 31 | 月 | 24 | 戊寅 | 8·2 | 29 | 火 | 24 | 丁未 | 8·2 |
| 24 | 2 | 日 | 24 | 己酉 | 8·2 | 1/1 | 火 | 25 | 己卯 | 8·2 | 30 | 水 | 25 | 戊申 | 8·2 |
| 25 | 3 | 月 | 25 | 庚戌 | 8·2 | 2 | 水 | 26 | 庚辰 | 8·1 | 31 | 木 | 26 | 己酉 | 8·2 |
| 26 | 4 | 火 | 26 | 辛亥 | 9·1 | 3 | 木 | 27 | 辛巳 | 9·1 | 2/1 | 金 | 27 | 庚戌 | 9·1 |
| 27 | 5 | 水 | 27 | 壬子 | 9·1 | 4 | 金 | 28 | 壬午 | 9·1 | 2 | 土 | 28 | 辛亥 | 9·1 |
| 28 | 6 | 木 | 28 | 癸丑 | 9·1 | 5 | 土 | 29 | 癸未 | 9·1 | 3 | 日 | 29 | 壬子 | 9·1 |
| 29 | 7 | 金 | 29 | 甲寅 | 10·1 | | | | | | 4 | 月 | 30 | 癸丑 | 10·1 |
| 30 | | | | | | | | | | | | | | | |
| 31 | | | | | | | | | | | | | | | |

# 서기 1924년 [단기 4257년]

| 절기후 날수 | 입춘절(丙寅月)<br>立春 2월5일 10시50분<br>雨水 2월20일 6시51분 | | | | | 경칩절(丁卯月)<br>驚蟄 3월6일 5시12분<br>春分 3월21일 6시20분 | | | | | 청명절(戊辰月)<br>清明 4월5일 10시33분<br>穀雨 4월20일 17시59분 | | | | |
|---|---|---|---|---|---|---|---|---|---|---|---|---|---|---|---|
| | 양력 | 요일 | 음력 | 일진 | 大運 남·여 | 양력 | 요일 | 음력 | 일진 | 大運 남·여 | 양력 | 요일 | 음력 | 일진 | 大運 남·여 |
| 0 | 2/5 | 火 | 1/1 | 甲寅 | 입춘 | 3/6 | 木 | 2/1 | 甲申 | 경칩 | 4/5 | 土 | 2 | 甲寅 | 청명 |
| 1 | 6 | 水 | 2 | 乙卯 | 10·1 | 7 | 金 | 2 | 乙酉 | 10·1 | 6 | 日 | 3 | 乙卯 | 10·1 |
| 2 | 7 | 木 | 3 | 丙辰 | 9·1 | 8 | 土 | 3 | 丙戌 | 9·1 | 7 | 月 | 4 | 丙辰 | 10·1 |
| 3 | 8 | 金 | 4 | 丁巳 | 9·1 | 9 | 日 | 4 | 丁亥 | 9·1 | 8 | 火 | 5 | 丁巳 | 9·1 |
| 4 | 9 | 土 | 5 | 戊午 | 9·1 | 10 | 月 | 5 | 戊子 | 9·1 | 9 | 水 | 6 | 戊午 | 9·1 |
| 5 | 10 | 日 | 6 | 己未 | 8·2 | 11 | 火 | 6 | 己丑 | 8·2 | 10 | 木 | 7 | 己未 | 9·2 |
| 6 | 11 | 月 | 7 | 庚申 | 8·2 | 12 | 水 | 7 | 庚寅 | 8·2 | 11 | 金 | 8 | 庚申 | 8·2 |
| 7 | 12 | 火 | 8 | 辛酉 | 8·2 | 13 | 木 | 8 | 辛卯 | 8·2 | 12 | 土 | 9 | 辛酉 | 8·2 |
| 8 | 13 | 水 | 9 | 壬戌 | 7·3 | 14 | 金 | 9 | 壬辰 | 7·3 | 13 | 日 | 10 | 壬戌 | 8·3 |
| 9 | 14 | 木 | 10 | 癸亥 | 7·3 | 15 | 土 | 10 | 癸巳 | 7·3 | 14 | 月 | 11 | 癸亥 | 7·3 |
| 10 | 15 | 金 | 11 | 甲子 | 7·3 | 16 | 日 | 11 | 甲午 | 7·3 | 15 | 火 | 12 | 甲子 | 7·3 |
| 11 | 16 | 土 | 12 | 乙丑 | 6·4 | 17 | 月 | 12 | 乙未 | 6·4 | 16 | 水 | 13 | 乙丑 | 7·4 |
| 12 | 17 | 日 | 13 | 丙寅 | 6·4 | 18 | 火 | 13 | 丙申 | 6·4 | 17 | 木 | 14 | 丙寅 | 6·4 |
| 13 | 18 | 月 | 14 | 丁卯 | 6·4 | 19 | 水 | 14 | 丁酉 | 6·4 | 18 | 金 | 15 | 丁卯 | 6·4 |
| 14 | 19 | 火 | 15 | 戊辰 | 5·5 | 20 | 木 | 15 | 戊戌 | 5·5 | 19 | 土 | 16 | 戊辰 | 6·5 |
| 15 | 20 | 水 | 16 | 己巳 | 우수 | 21 | 金 | 16 | 己亥 | 춘분 | 20 | 日 | 17 | 己巳 | 곡우 |
| 16 | 21 | 木 | 17 | 庚午 | 5·5 | 22 | 土 | 17 | 庚子 | 5·5 | 21 | 月 | 18 | 庚午 | 5·5 |
| 17 | 22 | 金 | 18 | 辛未 | 4·6 | 23 | 日 | 18 | 辛丑 | 4·6 | 22 | 火 | 19 | 辛未 | 5·6 |
| 18 | 23 | 土 | 19 | 壬申 | 4·6 | 24 | 月 | 19 | 壬寅 | 4·6 | 23 | 水 | 20 | 壬申 | 4·6 |
| 19 | 24 | 日 | 20 | 癸酉 | 4·6 | 25 | 火 | 20 | 癸卯 | 4·6 | 24 | 木 | 21 | 癸酉 | 4·6 |
| 20 | 25 | 月 | 21 | 甲戌 | 3·7 | 26 | 水 | 21 | 甲辰 | 3·7 | 25 | 金 | 22 | 甲戌 | 4·7 |
| 21 | 26 | 火 | 22 | 乙亥 | 3·7 | 27 | 木 | 22 | 乙巳 | 3·7 | 26 | 土 | 23 | 乙亥 | 3·7 |
| 22 | 27 | 水 | 23 | 丙子 | 3·7 | 28 | 金 | 23 | 丙午 | 3·7 | 27 | 日 | 24 | 丙子 | 3·7 |
| 23 | 28 | 木 | 24 | 丁丑 | 2·8 | 29 | 土 | 24 | 丁未 | 2·8 | 28 | 月 | 25 | 丁丑 | 3·8 |
| 24 | 29 | 金 | 25 | 戊寅 | 2·8 | 30 | 日 | 25 | 戊申 | 2·8 | 29 | 火 | 26 | 戊寅 | 2·8 |
| 25 | 3/1 | 土 | 26 | 己卯 | 2·8 | 31 | 月 | 26 | 己酉 | 2·8 | 30 | 水 | 27 | 己卯 | 2·8 |
| 26 | 2 | 日 | 27 | 庚辰 | 1·9 | 4/1 | 火 | 27 | 庚戌 | 1·9 | 5/1 | 木 | 28 | 庚辰 | 2·9 |
| 27 | 3 | 月 | 28 | 辛巳 | 1·9 | 2 | 水 | 28 | 辛亥 | 1·9 | 2 | 金 | 29 | 辛巳 | 1·9 |
| 28 | 4 | 火 | 29 | 壬午 | 1·9 | 3 | 木 | 29 | 壬子 | 1·9 | 3 | 土 | 30 | 壬午 | 1·9 |
| 29 | 5 | 水 | 30 | 癸未 | 1·10 | 4 | 金 | 3/1 | 癸丑 | 1·10 | 4 | 日 | 4/1 | 癸未 | 1·10 |
| 30 | | | | | | | | | | | 5 | 月 | 2 | 甲申 | 1·10 |
| 31 | | | | | | | | | | | | | | | |

| 절기후 날수 | 입하절(己巳月)<br>立夏 5월6일 4시26분<br>小滿 5월21일 17시40분 | | | | | 망종절(庚午月)<br>芒種 6월6일 9시2분<br>夏至 6월22일 1시59분 | | | | | 소서절(辛未月)<br>小暑 7월7일 19시30분<br>大暑 7월23일 12시58분 | | | | |
|---|---|---|---|---|---|---|---|---|---|---|---|---|---|---|---|
| | 양력 | 요일 | 음력 | 일진 | 大運 남·여 | 양력 | 요일 | 음력 | 일진 | 大運 남·여 | 양력 | 요일 | 음력 | 일진 | 大運 남·여 |
| 0 | 5/6 | 火 | 3 | 乙酉 | 입하 | 6/6 | 金 | 5 | 丙辰 | 망종 | 7/7 | 月 | 6 | 丁亥 | 소서 |
| 1 | 7 | 水 | 4 | 丙戌 | 10·1 | 7 | 土 | 6 | 丁巳 | 10·1 | 8 | 火 | 7 | 戊子 | 10·1 |
| 2 | 8 | 木 | 5 | 丁亥 | 10·1 | 8 | 日 | 7 | 戊午 | 10·1 | 9 | 水 | 8 | 己丑 | 10·1 |
| 3 | 9 | 金 | 6 | 戊子 | 9·1 | 9 | 月 | 8 | 己未 | 9·1 | 10 | 木 | 9 | 庚寅 | 10·1 |
| 4 | 10 | 土 | 7 | 己丑 | 9·1 | 10 | 火 | 9 | 庚申 | 9·1 | 11 | 金 | 10 | 辛卯 | 9·1 |
| 5 | 11 | 日 | 8 | 庚寅 | 9·2 | 11 | 水 | 10 | 辛酉 | 9·2 | 12 | 土 | 11 | 壬辰 | 9·2 |
| 6 | 12 | 月 | 9 | 辛卯 | 8·2 | 12 | 木 | 11 | 壬戌 | 8·2 | 13 | 日 | 12 | 癸巳 | 9·2 |
| 7 | 13 | 火 | 10 | 壬辰 | 8·2 | 13 | 金 | 12 | 癸亥 | 8·2 | 14 | 月 | 13 | 甲午 | 8·2 |
| 8 | 14 | 水 | 11 | 癸巳 | 8·3 | 14 | 土 | 13 | 甲子 | 8·3 | 15 | 火 | 14 | 乙未 | 8·3 |
| 9 | 15 | 木 | 12 | 甲午 | 7·3 | 15 | 日 | 14 | 乙丑 | 7·3 | 16 | 水 | 15 | 丙申 | 8·3 |
| 10 | 16 | 金 | 13 | 乙未 | 7·3 | 16 | 月 | 15 | 丙寅 | 7·3 | 17 | 木 | 16 | 丁酉 | 7·3 |
| 11 | 17 | 土 | 14 | 丙申 | 7·4 | 17 | 火 | 16 | 丁卯 | 7·4 | 18 | 金 | 17 | 戊戌 | 7·4 |
| 12 | 18 | 日 | 15 | 丁酉 | 6·4 | 18 | 水 | 17 | 戊辰 | 6·4 | 19 | 土 | 18 | 己亥 | 7·4 |
| 13 | 19 | 月 | 16 | 戊戌 | 6·4 | 19 | 木 | 18 | 己巳 | 6·4 | 20 | 日 | 19 | 庚子 | 6·4 |
| 14 | 20 | 火 | 17 | 己亥 | 6·5 | 20 | 金 | 19 | 庚午 | 6·5 | 21 | 月 | 20 | 辛丑 | 6·5 |
| 15 | 21 | 水 | 18 | 庚子 | 소만 | 21 | 土 | 20 | 辛未 | 5·5 | 22 | 火 | 21 | 壬寅 | 6·5 |
| 16 | 22 | 木 | 19 | 辛丑 | 5·5 | 22 | 日 | 21 | 壬申 | 하지 | 23 | 水 | 22 | 癸卯 | 대서 |
| 17 | 23 | 金 | 20 | 壬寅 | 5·6 | 23 | 月 | 22 | 癸酉 | 5·6 | 24 | 木 | 23 | 甲辰 | 5·6 |
| 18 | 24 | 土 | 21 | 癸卯 | 4·6 | 24 | 火 | 23 | 甲戌 | 4·6 | 25 | 金 | 24 | 乙巳 | 5·6 |
| 19 | 25 | 日 | 22 | 甲辰 | 4·6 | 25 | 水 | 24 | 乙亥 | 4·6 | 26 | 土 | 25 | 丙午 | 4·6 |
| 20 | 26 | 月 | 23 | 乙巳 | 4·7 | 26 | 木 | 25 | 丙子 | 4·7 | 27 | 日 | 26 | 丁未 | 4·7 |
| 21 | 27 | 火 | 24 | 丙午 | 3·7 | 27 | 金 | 26 | 丁丑 | 3·7 | 28 | 月 | 27 | 戊申 | 4·7 |
| 22 | 28 | 水 | 25 | 丁未 | 3·7 | 28 | 土 | 27 | 戊寅 | 3·7 | 29 | 火 | 28 | 己酉 | 3·7 |
| 23 | 29 | 木 | 26 | 戊申 | 3·8 | 29 | 日 | 28 | 己卯 | 3·8 | 30 | 水 | 29 | 庚戌 | 3·8 |
| 24 | 30 | 金 | 27 | 己酉 | 2·8 | 30 | 月 | 29 | 庚辰 | 2·8 | 31 | 木 | 30 | 辛亥 | 3·8 |
| 25 | 31 | 土 | 28 | 庚戌 | 2·8 | 7/1 | 火 | 30 | 辛巳 | 2·8 | 8/1 | 金 | 7/1 | 壬子 | 2·8 |
| 26 | 6/1 | 日 | 29 | 辛亥 | 2·9 | 2 | 水 | 6/1 | 壬午 | 2·9 | 2 | 土 | 2 | 癸丑 | 2·9 |
| 27 | 2 | 月 | 5/1 | 壬子 | 1·9 | 3 | 木 | 2 | 癸未 | 1·9 | 3 | 日 | 3 | 甲寅 | 2·9 |
| 28 | 3 | 火 | 2 | 癸丑 | 1·9 | 4 | 金 | 3 | 甲申 | 1·9 | 4 | 月 | 4 | 乙卯 | 1·9 |
| 29 | 4 | 水 | 3 | 甲寅 | 1·10 | 5 | 土 | 4 | 乙酉 | 1·10 | 5 | 火 | 5 | 丙辰 | 1·10 |
| 30 | 5 | 木 | 4 | 乙卯 | 1·10 | 6 | 日 | 5 | 丙戌 | 1·10 | 6 | 水 | 6 | 丁巳 | 1·10 |
| 31 | | | | | | | | | | | 7 | 木 | 7 | 戊午 | 1·10 |

# 甲子年

| 절기후날수 | 입추절(壬申月) 立秋 8월8일 5시12분 / 處暑 8월23일 19시48분 | | | | | | 백로절(癸酉月) 白露 9월8일 7시46분 / 秋分 9월23일 16시58분 | | | | | |
|---|---|---|---|---|---|---|---|---|---|---|---|---|
| | 양력 | 요일 | 음력 | 일진 | 大運 남 | 大運 여 | 양력 | 요일 | 음력 | 일진 | 大運 남 | 大運 여 |
| 0 | 8/8 | 金 | 8 | 己未 | 입추 | | 9/8 | 月 | 10 | 庚寅 | 백로 | |
| 1 | 9 | 土 | 9 | 庚申 | 10 | 1 | 9 | 火 | 11 | 辛卯 | 10 | 1 |
| 2 | 10 | 日 | 10 | 辛酉 | 10 | 1 | 10 | 水 | 12 | 壬辰 | 9 | 1 |
| 3 | 11 | 月 | 11 | 壬戌 | 9 | 1 | 11 | 木 | 13 | 癸巳 | 9 | 1 |
| 4 | 12 | 火 | 12 | 癸亥 | 9 | 1 | 12 | 金 | 14 | 甲午 | 9 | 1 |
| 5 | 13 | 水 | 13 | 甲子 | 9 | 2 | 13 | 土 | 15 | 乙未 | 8 | 2 |
| 6 | 14 | 木 | 14 | 乙丑 | 8 | 2 | 14 | 日 | 16 | 丙申 | 8 | 2 |
| 7 | 15 | 金 | 15 | 丙寅 | 8 | 2 | 15 | 月 | 17 | 丁酉 | 8 | 2 |
| 8 | 16 | 土 | 16 | 丁卯 | 8 | 3 | 16 | 火 | 18 | 戊戌 | 7 | 3 |
| 9 | 17 | 日 | 17 | 戊辰 | 7 | 3 | 17 | 水 | 19 | 己亥 | 7 | 3 |
| 10 | 18 | 月 | 18 | 己巳 | 7 | 3 | 18 | 木 | 20 | 庚子 | 7 | 3 |
| 11 | 19 | 火 | 19 | 庚午 | 7 | 4 | 19 | 金 | 21 | 辛丑 | 6 | 4 |
| 12 | 20 | 水 | 20 | 辛未 | 6 | 4 | 20 | 土 | 22 | 壬寅 | 6 | 4 |
| 13 | 21 | 木 | 21 | 壬申 | 6 | 4 | 21 | 日 | 23 | 癸卯 | 6 | 4 |
| 14 | 22 | 金 | 22 | 癸酉 | 6 | 5 | 22 | 月 | 24 | 甲辰 | 5 | 5 |
| 15 | 23 | 土 | 23 | 甲戌 | 처서 | | 23 | 火 | 25 | 乙巳 | 추분 | |
| 16 | 24 | 日 | 24 | 乙亥 | 5 | 5 | 24 | 水 | 26 | 丙午 | 5 | 5 |
| 17 | 25 | 月 | 25 | 丙子 | 5 | 6 | 25 | 木 | 27 | 丁未 | 4 | 6 |
| 18 | 26 | 火 | 26 | 丁丑 | 4 | 6 | 26 | 金 | 28 | 戊申 | 4 | 6 |
| 19 | 27 | 水 | 27 | 戊寅 | 4 | 6 | 27 | 土 | 29 | 己酉 | 4 | 6 |
| 20 | 28 | 木 | 28 | 己卯 | 4 | 7 | 28 | 日 | 30 | 庚戌 | 3 | 7 |
| 21 | 29 | 金 | 29 | 庚辰 | 3 | 7 | 29 | 月 | 9/1 | 辛亥 | 3 | 7 |
| 22 | 30 | 土 | 8/1 | 辛巳 | 3 | 7 | 30 | 火 | 2 | 壬子 | 3 | 7 |
| 23 | 31 | 日 | 2 | 壬午 | 3 | 8 | 10/1 | 水 | 3 | 癸丑 | 2 | 8 |
| 24 | 9/1 | 月 | 3 | 癸未 | 2 | 8 | 2 | 木 | 4 | 甲寅 | 2 | 8 |
| 25 | 2 | 火 | 4 | 甲申 | 2 | 8 | 3 | 金 | 5 | 乙卯 | 2 | 8 |
| 26 | 3 | 水 | 5 | 乙酉 | 2 | 9 | 4 | 土 | 6 | 丙辰 | 1 | 9 |
| 27 | 4 | 木 | 6 | 丙戌 | 1 | 9 | 5 | 日 | 7 | 丁巳 | 1 | 9 |
| 28 | 5 | 金 | 7 | 丁亥 | 1 | 9 | 6 | 月 | 8 | 戊午 | 1 | 9 |
| 29 | 6 | 土 | 8 | 戊子 | 1 | 10 | 7 | 火 | 9 | 己未 | 1 | 10 |
| 30 | 7 | 日 | 9 | 己丑 | 1 | 10 | | | | | | |
| 31 | | | | | | | | | | | | |

| 절기후날수 | 한로절(甲戌月) 寒露 10월8일 22시52분 / 霜降 10월24일 1시44분 | | | | | | 입동절(乙亥月) 立冬 11월8일 1시29분 / 小雪 11월22일 22시46분 | | | | | |
|---|---|---|---|---|---|---|---|---|---|---|---|---|
| | 양력 | 요일 | 음력 | 일진 | 大運 남 | 大運 여 | 양력 | 요일 | 음력 | 일진 | 大運 남 | 大運 여 |
| 0 | 10/8 | 水 | 10 | 庚申 | 한로 | | 11/8 | 土 | 12 | 辛卯 | 입동 | |
| 1 | 9 | 木 | 11 | 辛酉 | 10 | 1 | 9 | 日 | 13 | 壬辰 | 9 | 1 |
| 2 | 10 | 金 | 12 | 壬戌 | 10 | 1 | 10 | 月 | 14 | 癸巳 | 9 | 1 |
| 3 | 11 | 土 | 13 | 癸亥 | 9 | 1 | 11 | 火 | 15 | 甲午 | 9 | 1 |
| 4 | 12 | 日 | 14 | 甲子 | 9 | 1 | 12 | 水 | 16 | 乙未 | 8 | 1 |
| 5 | 13 | 月 | 15 | 乙丑 | 9 | 2 | 13 | 木 | 17 | 丙申 | 8 | 2 |
| 6 | 14 | 火 | 16 | 丙寅 | 8 | 2 | 14 | 金 | 18 | 丁酉 | 8 | 2 |
| 7 | 15 | 水 | 17 | 丁卯 | 8 | 2 | 15 | 土 | 19 | 戊戌 | 7 | 2 |
| 8 | 16 | 木 | 18 | 戊辰 | 8 | 3 | 16 | 日 | 20 | 己亥 | 7 | 3 |
| 9 | 17 | 金 | 19 | 己巳 | 7 | 3 | 17 | 月 | 21 | 庚子 | 7 | 3 |
| 10 | 18 | 土 | 20 | 庚午 | 7 | 3 | 18 | 火 | 22 | 辛丑 | 6 | 3 |
| 11 | 19 | 日 | 21 | 辛未 | 7 | 4 | 19 | 水 | 23 | 壬寅 | 6 | 4 |
| 12 | 20 | 月 | 22 | 壬申 | 6 | 4 | 20 | 木 | 24 | 癸卯 | 6 | 4 |
| 13 | 21 | 火 | 23 | 癸酉 | 6 | 4 | 21 | 金 | 25 | 甲辰 | 5 | 4 |
| 14 | 22 | 水 | 24 | 甲戌 | 6 | 5 | 22 | 土 | 26 | 乙巳 | 소설 | |
| 15 | 23 | 木 | 25 | 乙亥 | 5 | 5 | 23 | 日 | 27 | 丙午 | 5 | 5 |
| 16 | 24 | 金 | 26 | 丙子 | 상강 | | 24 | 月 | 28 | 丁未 | 4 | 5 |
| 17 | 25 | 土 | 27 | 丁丑 | 5 | 6 | 25 | 火 | 29 | 戊申 | 4 | 6 |
| 18 | 26 | 日 | 28 | 戊寅 | 4 | 6 | 26 | 水 | 30 | 己酉 | 4 | 6 |
| 19 | 27 | 月 | 29 | 己卯 | 4 | 6 | 27 | 木 | 11/1 | 庚戌 | 3 | 6 |
| 20 | 28 | 火 | 10/1 | 庚辰 | 4 | 7 | 28 | 金 | 2 | 辛亥 | 3 | 7 |
| 21 | 29 | 水 | 2 | 辛巳 | 3 | 7 | 29 | 土 | 3 | 壬子 | 3 | 7 |
| 22 | 30 | 木 | 3 | 壬午 | 3 | 7 | 30 | 日 | 4 | 癸丑 | 2 | 7 |
| 23 | 31 | 金 | 4 | 癸未 | 3 | 8 | 12/1 | 月 | 5 | 甲寅 | 2 | 8 |
| 24 | 11/1 | 土 | 5 | 甲申 | 2 | 8 | 2 | 火 | 6 | 乙卯 | 2 | 8 |
| 25 | 2 | 日 | 6 | 乙酉 | 2 | 8 | 3 | 水 | 7 | 丙辰 | 1 | 8 |
| 26 | 3 | 月 | 7 | 丙戌 | 2 | 9 | 4 | 木 | 8 | 丁巳 | 1 | 9 |
| 27 | 4 | 火 | 8 | 丁亥 | 1 | 9 | 5 | 金 | 9 | 戊午 | 1 | 9 |
| 28 | 5 | 水 | 9 | 戊子 | 1 | 9 | 6 | 土 | 10 | 己未 | 1 | 9 |
| 29 | 6 | 木 | 10 | 己丑 | 1 | 10 | | | | | | |
| 30 | 7 | 金 | 11 | 庚寅 | 1 | 10 | | | | | | |
| 31 | | | | | | | | | | | | |

| 절기후날수 | 대설절(丙子月) 大雪 12월7일 17시53분 / 冬至 12월22일 11시46분 | | | | | | 소한절(丁丑月) 小寒 1월6일 4시53분 / 大寒 1월20일 22시20분 | | | | | |
|---|---|---|---|---|---|---|---|---|---|---|---|---|
| | 양력 | 요일 | 음력 | 일진 | 大運 남 | 大運 여 | 양력 | 요일 | 음력 | 일진 | 大運 남 | 大運 여 |
| 0 | 12/7 | 日 | 11 | 庚申 | 대설 | | 1/6 | 火 | 12 | 庚寅 | 소한 | |
| 1 | 8 | 月 | 12 | 辛酉 | 10 | 1 | 7 | 水 | 13 | 辛卯 | 9 | 1 |
| 2 | 9 | 火 | 13 | 壬戌 | 9 | 1 | 8 | 木 | 14 | 壬辰 | 9 | 1 |
| 3 | 10 | 水 | 14 | 癸亥 | 9 | 1 | 9 | 金 | 15 | 癸巳 | 9 | 1 |
| 4 | 11 | 木 | 15 | 甲子 | 9 | 1 | 10 | 土 | 16 | 甲午 | 8 | 1 |
| 5 | 12 | 金 | 16 | 乙丑 | 8 | 2 | 11 | 日 | 17 | 乙未 | 8 | 2 |
| 6 | 13 | 土 | 17 | 丙寅 | 8 | 2 | 12 | 月 | 18 | 丙申 | 8 | 2 |
| 7 | 14 | 日 | 18 | 丁卯 | 8 | 2 | 13 | 火 | 19 | 丁酉 | 7 | 2 |
| 8 | 15 | 月 | 19 | 戊辰 | 7 | 3 | 14 | 水 | 20 | 戊戌 | 7 | 3 |
| 9 | 16 | 火 | 20 | 己巳 | 7 | 3 | 15 | 木 | 21 | 己亥 | 7 | 3 |
| 10 | 17 | 水 | 21 | 庚午 | 7 | 3 | 16 | 金 | 22 | 庚子 | 6 | 3 |
| 11 | 18 | 木 | 22 | 辛未 | 6 | 4 | 17 | 土 | 23 | 辛丑 | 6 | 4 |
| 12 | 19 | 金 | 23 | 壬申 | 6 | 4 | 18 | 日 | 24 | 壬寅 | 6 | 4 |
| 13 | 20 | 土 | 24 | 癸酉 | 6 | 4 | 19 | 月 | 25 | 癸卯 | 5 | 4 |
| 14 | 21 | 日 | 25 | 甲戌 | 5 | 5 | 20 | 火 | 26 | 甲辰 | 대한 | |
| 15 | 22 | 月 | 26 | 乙亥 | 동지 | | 21 | 水 | 27 | 乙巳 | 5 | 5 |
| 16 | 23 | 火 | 27 | 丙子 | 5 | 5 | 22 | 木 | 28 | 丙午 | 4 | 5 |
| 17 | 24 | 水 | 28 | 丁丑 | 4 | 6 | 23 | 金 | 29 | 丁未 | 4 | 6 |
| 18 | 25 | 木 | 29 | 戊寅 | 4 | 6 | 24 | 土 | 1/1 | 戊申 | 4 | 6 |
| 19 | 26 | 金 | 12/1 | 己卯 | 4 | 6 | 25 | 日 | 2 | 己酉 | 3 | 6 |
| 20 | 27 | 土 | 2 | 庚辰 | 3 | 7 | 26 | 月 | 3 | 庚戌 | 3 | 7 |
| 21 | 28 | 日 | 3 | 辛巳 | 3 | 7 | 27 | 火 | 4 | 辛亥 | 3 | 7 |
| 22 | 29 | 月 | 4 | 壬午 | 3 | 7 | 28 | 水 | 5 | 壬子 | 2 | 7 |
| 23 | 30 | 火 | 5 | 癸未 | 2 | 8 | 29 | 木 | 6 | 癸丑 | 2 | 8 |
| 24 | 31 | 水 | 6 | 甲申 | 2 | 8 | 30 | 金 | 7 | 甲寅 | 2 | 8 |
| 25 | 1/1 | 木 | 7 | 乙酉 | 2 | 8 | 31 | 土 | 8 | 乙卯 | 1 | 8 |
| 26 | 2 | 金 | 8 | 丙戌 | 1 | 9 | 2/1 | 日 | 9 | 丙辰 | 1 | 9 |
| 27 | 3 | 土 | 9 | 丁亥 | 1 | 9 | 2 | 月 | 10 | 丁巳 | 1 | 9 |
| 28 | 4 | 日 | 10 | 戊子 | 1 | 9 | 3 | 火 | 11 | 戊午 | 1 | 9 |
| 29 | 5 | 月 | 11 | 己丑 | 1 | 10 | | | | | | |
| 30 | | | | | | | | | | | | |
| 31 | | | | | | | | | | | | |

# 서기 1925년 [단기 4258년]

| 절기후날수 | 입춘절(戊寅月) 立春 2월4일 16시37분 雨水 2월19일 12시43분 | | | | | 경칩절(己卯月) 驚蟄 3월6일 11시0분 春分 3월21일 12시12분 | | | | |
|---|---|---|---|---|---|---|---|---|---|---|
| | 양력 | 요일 | 음력 | 일진 | 大運 남·여 | 양력 | 요일 | 음력 | 일진 | 大運 남·여 |
| 0 | 2/4 | 水 | 12 | 己未 | 입춘 | 3/6 | 金 | 12 | 己丑 | 경칩 |
| 1 | 5 | 木 | 13 | 庚申 | 1·10 | 7 | 土 | 13 | 庚寅 | 1·10 |
| 2 | 6 | 金 | 14 | 辛酉 | 1·9 | 8 | 日 | 14 | 辛卯 | 1·9 |
| 3 | 7 | 土 | 15 | 壬戌 | 1·9 | 9 | 月 | 15 | 壬辰 | 1·9 |
| 4 | 8 | 日 | 16 | 癸亥 | 1·9 | 10 | 火 | 16 | 癸巳 | 1·9 |
| 5 | 9 | 月 | 17 | 甲子 | 2·8 | 11 | 水 | 17 | 甲午 | 2·8 |
| 6 | 10 | 火 | 18 | 乙丑 | 2·8 | 12 | 木 | 18 | 乙未 | 2·8 |
| 7 | 11 | 水 | 19 | 丙寅 | 2·8 | 13 | 金 | 19 | 丙申 | 2·8 |
| 8 | 12 | 木 | 20 | 丁卯 | 3·7 | 14 | 土 | 20 | 丁酉 | 3·7 |
| 9 | 13 | 金 | 21 | 戊辰 | 3·7 | 15 | 日 | 21 | 戊戌 | 3·7 |
| 10 | 14 | 土 | 22 | 己巳 | 3·7 | 16 | 月 | 22 | 己亥 | 3·7 |
| 11 | 15 | 日 | 23 | 庚午 | 4·6 | 17 | 火 | 23 | 庚子 | 4·6 |
| 12 | 16 | 月 | 24 | 辛未 | 4·6 | 18 | 水 | 24 | 辛丑 | 4·6 |
| 13 | 17 | 火 | 25 | 壬申 | 4·6 | 19 | 木 | 25 | 壬寅 | 4·6 |
| 14 | 18 | 水 | 26 | 癸酉 | 5·5 | 20 | 金 | 26 | 癸卯 | 5·5 |
| 15 | 19 | 木 | 27 | 甲戌 | 우수 | 21 | 土 | 27 | 甲辰 | 춘분 |
| 16 | 20 | 金 | 28 | 乙亥 | 5·5 | 22 | 日 | 28 | 乙巳 | 5·5 |
| 17 | 21 | 土 | 29 | 丙子 | 6·4 | 23 | 月 | 29 | 丙午 | 6·4 |
| 18 | 22 | 日 | 30 | 丁丑 | 6·4 | 24 | 火 | 3/1 | 丁未 | 6·4 |
| 19 | 23 | 月 | 2/1 | 戊寅 | 6·4 | 25 | 水 | 2 | 戊申 | 6·4 |
| 20 | 24 | 火 | 2 | 己卯 | 7·3 | 26 | 木 | 3 | 己酉 | 7·3 |
| 21 | 25 | 水 | 3 | 庚辰 | 7·3 | 27 | 金 | 4 | 庚戌 | 7·3 |
| 22 | 26 | 木 | 4 | 辛巳 | 7·3 | 28 | 土 | 5 | 辛亥 | 7·3 |
| 23 | 27 | 金 | 5 | 壬午 | 8·2 | 29 | 日 | 6 | 壬子 | 8·2 |
| 24 | 28 | 土 | 6 | 癸未 | 8·2 | 30 | 月 | 7 | 癸丑 | 8·2 |
| 25 | 3/1 | 日 | 7 | 甲申 | 8·2 | 31 | 火 | 8 | 甲寅 | 8·2 |
| 26 | 2 | 月 | 8 | 乙酉 | 9·1 | 4/1 | 水 | 9 | 乙卯 | 9·1 |
| 27 | 3 | 火 | 9 | 丙戌 | 9·1 | 2 | 木 | 10 | 丙辰 | 9·1 |
| 28 | 4 | 水 | 10 | 丁亥 | 9·1 | 3 | 金 | 11 | 丁巳 | 9·1 |
| 29 | 5 | 木 | 11 | 戊子 | 10·1 | 4 | 土 | 12 | 戊午 | 10·1 |
| 30 | | | | | | | | | | |
| 31 | | | | | | | | | | |

| 절기후날수 | 청명절(庚辰月) 清明 4월5일 16시23분 穀雨 4월20일 23시51분 | | | | | 입하절(辛巳月) 立夏 5월6일 10시18분 小滿 5월21일 23시33분 | | | | |
|---|---|---|---|---|---|---|---|---|---|---|
| | 양력 | 요일 | 음력 | 일진 | 大運 남·여 | 양력 | 요일 | 음력 | 일진 | 大運 남·여 |
| 0 | 4/5 | 日 | 13 | 己未 | 청명 | 5/6 | 水 | 14 | 庚寅 | 입하 |
| 1 | 6 | 月 | 14 | 庚申 | 1·10 | 7 | 木 | 15 | 辛卯 | 1·10 |
| 2 | 7 | 火 | 15 | 辛酉 | 1·10 | 8 | 金 | 16 | 壬辰 | 1·10 |
| 3 | 8 | 水 | 16 | 壬戌 | 1·9 | 9 | 土 | 17 | 癸巳 | 1·9 |
| 4 | 9 | 木 | 17 | 癸亥 | 1·9 | 10 | 日 | 18 | 甲午 | 1·9 |
| 5 | 10 | 金 | 18 | 甲子 | 2·9 | 11 | 月 | 19 | 乙未 | 2·9 |
| 6 | 11 | 土 | 19 | 乙丑 | 2·8 | 12 | 火 | 20 | 丙申 | 2·8 |
| 7 | 12 | 日 | 20 | 丙寅 | 2·8 | 13 | 水 | 21 | 丁酉 | 2·8 |
| 8 | 13 | 月 | 21 | 丁卯 | 3·8 | 14 | 木 | 22 | 戊戌 | 3·8 |
| 9 | 14 | 火 | 22 | 戊辰 | 3·7 | 15 | 金 | 23 | 己亥 | 3·7 |
| 10 | 15 | 水 | 23 | 己巳 | 3·7 | 16 | 土 | 24 | 庚子 | 3·7 |
| 11 | 16 | 木 | 24 | 庚午 | 4·7 | 17 | 日 | 25 | 辛丑 | 4·7 |
| 12 | 17 | 金 | 25 | 辛未 | 4·6 | 18 | 月 | 26 | 壬寅 | 4·6 |
| 13 | 18 | 土 | 26 | 壬申 | 4·6 | 19 | 火 | 27 | 癸卯 | 4·6 |
| 14 | 19 | 日 | 27 | 癸酉 | 5·6 | 20 | 水 | 28 | 甲辰 | 5·6 |
| 15 | 20 | 月 | 28 | 甲戌 | 곡우 | 21 | 木 | 29 | 乙巳 | 소만 |
| 16 | 21 | 火 | 29 | 乙亥 | 5·5 | 22 | 金 | 30 | 丙午 | 5·5 |
| 17 | 22 | 水 | 30 | 丙子 | 6·5 | 23 | 土 | 윤1 | 丁未 | 6·5 |
| 18 | 23 | 木 | 4/1 | 丁丑 | 6·4 | 24 | 日 | 윤2 | 戊申 | 6·4 |
| 19 | 24 | 金 | 2 | 戊寅 | 6·4 | 25 | 月 | 윤3 | 己酉 | 6·4 |
| 20 | 25 | 土 | 3 | 己卯 | 7·4 | 26 | 火 | 윤4 | 庚戌 | 7·4 |
| 21 | 26 | 日 | 4 | 庚辰 | 7·3 | 27 | 水 | 윤5 | 辛亥 | 7·3 |
| 22 | 27 | 月 | 5 | 辛巳 | 7·3 | 28 | 木 | 윤6 | 壬子 | 7·3 |
| 23 | 28 | 火 | 6 | 壬午 | 8·3 | 29 | 金 | 윤7 | 癸丑 | 8·3 |
| 24 | 29 | 水 | 7 | 癸未 | 8·2 | 30 | 土 | 윤8 | 甲寅 | 8·2 |
| 25 | 30 | 木 | 8 | 甲申 | 8·2 | 31 | 日 | 윤9 | 乙卯 | 8·2 |
| 26 | 5/1 | 金 | 9 | 乙酉 | 9·2 | 6/1 | 月 | 윤10 | 丙辰 | 9·2 |
| 27 | 2 | 土 | 10 | 丙戌 | 9·1 | 2 | 火 | 윤11 | 丁巳 | 9·1 |
| 28 | 3 | 日 | 11 | 丁亥 | 9·1 | 3 | 水 | 윤12 | 戊午 | 9·1 |
| 29 | 4 | 月 | 12 | 戊子 | 10·1 | 4 | 木 | 윤13 | 己未 | 10·1 |
| 30 | 5 | 火 | 13 | 己丑 | 10·1 | 5 | 金 | 윤14 | 庚申 | 10·1 |
| 31 | | | | | | | | | | |

| 절기후날수 | 망종절(壬午月) 芒種 6월6일 14시56분 夏至 6월22일 7시50분 | | | | | 소서절(癸未月) 小暑 7월8일 1시25분 大暑 7월23일 18시45분 | | | | |
|---|---|---|---|---|---|---|---|---|---|---|
| | 양력 | 요일 | 음력 | 일진 | 大運 남·여 | 양력 | 요일 | 음력 | 일진 | 大運 남·여 |
| 0 | 6/6 | 土 | 윤15 | 辛酉 | 망종 | 7/8 | 水 | 18 | 癸巳 | 소서 |
| 1 | 7 | 日 | 윤16 | 壬戌 | 1·10 | 9 | 木 | 19 | 甲午 | 1·10 |
| 2 | 8 | 月 | 윤17 | 癸亥 | 1·10 | 10 | 金 | 20 | 乙未 | 1·10 |
| 3 | 9 | 火 | 윤18 | 甲子 | 1·10 | 11 | 土 | 21 | 丙申 | 1·9 |
| 4 | 10 | 水 | 윤19 | 乙丑 | 1·9 | 12 | 日 | 22 | 丁酉 | 1·9 |
| 5 | 11 | 木 | 윤20 | 丙寅 | 2·9 | 13 | 月 | 23 | 戊戌 | 2·9 |
| 6 | 12 | 金 | 윤21 | 丁卯 | 2·9 | 14 | 火 | 24 | 己亥 | 2·8 |
| 7 | 13 | 土 | 윤22 | 戊辰 | 2·8 | 15 | 水 | 25 | 庚子 | 2·8 |
| 8 | 14 | 日 | 윤23 | 己巳 | 3·8 | 16 | 木 | 26 | 辛丑 | 3·8 |
| 9 | 15 | 月 | 윤24 | 庚午 | 3·8 | 17 | 金 | 27 | 壬寅 | 3·7 |
| 10 | 16 | 火 | 윤25 | 辛未 | 3·7 | 18 | 土 | 28 | 癸卯 | 3·7 |
| 11 | 17 | 水 | 윤26 | 壬申 | 4·7 | 19 | 日 | 29 | 甲辰 | 4·7 |
| 12 | 18 | 木 | 윤27 | 癸酉 | 4·7 | 20 | 月 | 30 | 乙巳 | 4·6 |
| 13 | 19 | 金 | 윤28 | 甲戌 | 4·6 | 21 | 火 | 6/1 | 丙午 | 4·6 |
| 14 | 20 | 土 | 윤29 | 乙亥 | 5·6 | 22 | 水 | 2 | 丁未 | 5·6 |
| 15 | 21 | 日 | 5/1 | 丙子 | 5·6 | 23 | 木 | 3 | 戊申 | 대서 |
| 16 | 22 | 月 | 2 | 丁丑 | 하지 | 24 | 金 | 4 | 己酉 | 5·5 |
| 17 | 23 | 火 | 3 | 戊寅 | 6·5 | 25 | 土 | 5 | 庚戌 | 6·5 |
| 18 | 24 | 水 | 4 | 己卯 | 6·5 | 26 | 日 | 6 | 辛亥 | 6·4 |
| 19 | 25 | 木 | 5 | 庚辰 | 6·4 | 27 | 月 | 7 | 壬子 | 6·4 |
| 20 | 26 | 金 | 6 | 辛巳 | 7·4 | 28 | 火 | 8 | 癸丑 | 7·4 |
| 21 | 27 | 土 | 7 | 壬午 | 7·4 | 29 | 水 | 9 | 甲寅 | 7·3 |
| 22 | 28 | 日 | 8 | 癸未 | 7·3 | 30 | 木 | 10 | 乙卯 | 7·3 |
| 23 | 29 | 月 | 9 | 甲申 | 8·3 | 31 | 金 | 11 | 丙辰 | 8·3 |
| 24 | 30 | 火 | 10 | 乙酉 | 8·3 | 8/1 | 土 | 12 | 丁巳 | 8·2 |
| 25 | 7/1 | 水 | 11 | 丙戌 | 8·2 | 2 | 日 | 13 | 戊午 | 8·2 |
| 26 | 2 | 木 | 12 | 丁亥 | 9·2 | 3 | 月 | 14 | 己未 | 9·2 |
| 27 | 3 | 金 | 13 | 戊子 | 9·2 | 4 | 火 | 15 | 庚申 | 9·1 |
| 28 | 4 | 土 | 14 | 己丑 | 9·1 | 5 | 水 | 16 | 辛酉 | 9·1 |
| 29 | 5 | 日 | 15 | 庚寅 | 10·1 | 6 | 木 | 17 | 壬戌 | 10·1 |
| 30 | 6 | 月 | 16 | 辛卯 | 10·1 | 7 | 金 | 18 | 癸亥 | 10·1 |
| 31 | 7 | 火 | 17 | 壬辰 | 10·1 | | | | | |

▶윤달-4월

# 乙丑年

| 절기후날수 | 입추절(甲申月) 立秋 8월8일 11시7분 處暑 8월24일 1시33분 | | | | | 백로절(乙酉月) 白露 9월8일 13시40분 秋分 9월23일 22시43분 | | | | | 한로절(丙戌月) 寒露 10월9일 4시47분 霜降 10월24일 7시31분 | | | | |
|---|---|---|---|---|---|---|---|---|---|---|---|---|---|---|---|
| | 양력 | 요일 | 음력 | 일진 | 大運 남·여 | 양력 | 요일 | 음력 | 일진 | 大運 남·여 | 양력 | 요일 | 음력 | 일진 | 大運 남·여 |
| 0 | 8/8 | 土 | 19 | 甲子 | 입추 | 9/8 | 火 | 21 | 乙未 | 백로 | 10/9 | 金 | 22 | 丙寅 | 한로 |
| 1 | 9 | 日 | 20 | 乙丑 | 1·10 | 9 | 水 | 22 | 丙申 | 1·10 | 10 | 土 | 23 | 丁卯 | 1·10 |
| 2 | 10 | 月 | 21 | 丙寅 | 1·10 | 10 | 木 | 23 | 丁酉 | 1·10 | 11 | 日 | 24 | 戊辰 | 1·9 |
| 3 | 11 | 火 | 22 | 丁卯 | 1·9 | 11 | 金 | 24 | 戊戌 | 1·9 | 12 | 月 | 25 | 己巳 | 1·9 |
| 4 | 12 | 水 | 23 | 戊辰 | 1·9 | 12 | 土 | 25 | 己亥 | 1·9 | 13 | 火 | 26 | 庚午 | 1·9 |
| 5 | 13 | 木 | 24 | 己巳 | 2·9 | 13 | 日 | 26 | 庚子 | 2·9 | 14 | 水 | 27 | 辛未 | 2·8 |
| 6 | 14 | 金 | 25 | 庚午 | 2·8 | 14 | 月 | 27 | 辛丑 | 2·8 | 15 | 木 | 28 | 壬申 | 2·8 |
| 7 | 15 | 土 | 26 | 辛未 | 2·8 | 15 | 火 | 28 | 壬寅 | 2·8 | 16 | 金 | 29 | 癸酉 | 2·8 |
| 8 | 16 | 日 | 27 | 壬申 | 3·8 | 16 | 水 | 29 | 癸卯 | 3·8 | 17 | 土 | 30 | 甲戌 | 3·7 |
| 9 | 17 | 月 | 28 | 癸酉 | 3·7 | 17 | 木 | 30 | 甲辰 | 3·7 | 18 | 日 | 9/1 | 乙亥 | 3·7 |
| 10 | 18 | 火 | 29 | 甲戌 | 3·7 | 18 | 金 | 8/1 | 乙巳 | 3·7 | 19 | 月 | 2 | 丙子 | 3·7 |
| 11 | 19 | 水 | 7/1 | 乙亥 | 4·7 | 19 | 土 | 2 | 丙午 | 4·7 | 20 | 火 | 3 | 丁丑 | 4·6 |
| 12 | 20 | 木 | 2 | 丙子 | 4·6 | 20 | 日 | 3 | 丁未 | 4·6 | 21 | 水 | 4 | 戊寅 | 4·6 |
| 13 | 21 | 金 | 3 | 丁丑 | 4·6 | 21 | 月 | 4 | 戊申 | 4·6 | 22 | 木 | 5 | 己卯 | 4·6 |
| 14 | 22 | 土 | 4 | 戊寅 | 5·6 | 22 | 火 | 5 | 己酉 | 5·6 | 23 | 金 | 6 | 庚辰 | 5·5 |
| 15 | 23 | 日 | 5 | 己卯 | 5·5 | 23 | 水 | 6 | 庚戌 | 추분 | 24 | 土 | 7 | 辛巳 | 상강 |
| 16 | 24 | 月 | 6 | 庚辰 | 처서 | 24 | 木 | 7 | 辛亥 | 5·5 | 25 | 日 | 8 | 壬午 | 5·5 |
| 17 | 25 | 火 | 7 | 辛巳 | 6·5 | 25 | 金 | 8 | 壬子 | 6·5 | 26 | 月 | 9 | 癸未 | 6·4 |
| 18 | 26 | 水 | 8 | 壬午 | 6·4 | 26 | 土 | 9 | 癸丑 | 6·4 | 27 | 火 | 10 | 甲申 | 6·4 |
| 19 | 27 | 木 | 9 | 癸未 | 6·4 | 27 | 日 | 10 | 甲寅 | 6·4 | 28 | 水 | 11 | 乙酉 | 6·4 |
| 20 | 28 | 金 | 10 | 甲申 | 7·4 | 28 | 月 | 11 | 乙卯 | 7·4 | 29 | 木 | 12 | 丙戌 | 7·3 |
| 21 | 29 | 土 | 11 | 乙酉 | 7·3 | 29 | 火 | 12 | 丙辰 | 7·3 | 30 | 金 | 13 | 丁亥 | 7·3 |
| 22 | 30 | 日 | 12 | 丙戌 | 7·3 | 30 | 水 | 13 | 丁巳 | 7·3 | 31 | 土 | 14 | 戊子 | 7·3 |
| 23 | 31 | 月 | 13 | 丁亥 | 8·3 | 10/1 | 木 | 14 | 戊午 | 8·3 | 11/1 | 日 | 15 | 己丑 | 8·2 |
| 24 | 9/1 | 火 | 14 | 戊子 | 8·2 | 2 | 金 | 15 | 己未 | 8·2 | 2 | 月 | 16 | 庚寅 | 8·2 |
| 25 | 2 | 水 | 15 | 己丑 | 8·2 | 3 | 土 | 16 | 庚申 | 8·2 | 3 | 火 | 17 | 辛卯 | 8·2 |
| 26 | 3 | 木 | 16 | 庚寅 | 9·2 | 4 | 日 | 17 | 辛酉 | 9·2 | 4 | 水 | 18 | 壬辰 | 9·1 |
| 27 | 4 | 金 | 17 | 辛卯 | 9·1 | 5 | 月 | 18 | 壬戌 | 9·1 | 5 | 木 | 19 | 癸巳 | 9·1 |
| 28 | 5 | 土 | 18 | 壬辰 | 9·1 | 6 | 火 | 19 | 癸亥 | 9·1 | 6 | 金 | 20 | 甲午 | 9·1 |
| 29 | 6 | 日 | 19 | 癸巳 | 10·1 | 7 | 水 | 20 | 甲子 | 10·1 | 7 | 土 | 21 | 乙未 | 10·1 |
| 30 | 7 | 月 | 20 | 甲午 | 10·1 | 8 | 木 | 21 | 乙丑 | 10·1 | | | | | |
| 31 | | | | | | | | | | | | | | | |

| 절기후날수 | 입동절(丁亥月) 立冬 11월8일 7시26분 小雪 11월23일 4시35분 | | | | | 대설절(戊子月) 大雪 12월7일 23시52분 冬至 12월22일 17시37분 | | | | | 소한절(己丑月) 小寒 1월6일 10시54분 大寒 1월21일 4시12분 | | | | |
|---|---|---|---|---|---|---|---|---|---|---|---|---|---|---|---|
| | 양력 | 요일 | 음력 | 일진 | 大運 남·여 | 양력 | 요일 | 음력 | 일진 | 大運 남·여 | 양력 | 요일 | 음력 | 일진 | 大運 남·여 |
| 0 | 11/8 | 日 | 22 | 丙申 | 입동 | 12/7 | 月 | 22 | 乙丑 | 대설 | 1/6 | 水 | 22 | 乙未 | 소한 |
| 1 | 9 | 月 | 23 | 丁酉 | 1·9 | 8 | 火 | 23 | 丙寅 | 1·10 | 7 | 木 | 23 | 丙申 | 1·9 |
| 2 | 10 | 火 | 24 | 戊戌 | 1·9 | 9 | 水 | 24 | 丁卯 | 1·9 | 8 | 金 | 24 | 丁酉 | 1·9 |
| 3 | 11 | 水 | 25 | 己亥 | 1·9 | 10 | 木 | 25 | 戊辰 | 1·9 | 9 | 土 | 25 | 戊戌 | 1·9 |
| 4 | 12 | 木 | 26 | 庚子 | 1·8 | 11 | 金 | 26 | 己巳 | 1·9 | 10 | 日 | 26 | 己亥 | 1·8 |
| 5 | 13 | 金 | 27 | 辛丑 | 2·8 | 12 | 土 | 27 | 庚午 | 2·8 | 11 | 月 | 27 | 庚子 | 2·8 |
| 6 | 14 | 土 | 28 | 壬寅 | 2·8 | 13 | 日 | 28 | 辛未 | 2·8 | 12 | 火 | 28 | 辛丑 | 2·8 |
| 7 | 15 | 日 | 29 | 癸卯 | 2·7 | 14 | 月 | 29 | 壬申 | 2·8 | 13 | 水 | 29 | 壬寅 | 2·7 |
| 8 | 16 | 月 | 10/1 | 甲辰 | 3·7 | 15 | 火 | 30 | 癸酉 | 3·7 | 14 | 木 | 12/1 | 癸卯 | 3·7 |
| 9 | 17 | 火 | 2 | 乙巳 | 3·7 | 16 | 水 | 11/1 | 甲戌 | 3·7 | 15 | 金 | 2 | 甲辰 | 3·7 |
| 10 | 18 | 水 | 3 | 丙午 | 3·6 | 17 | 木 | 2 | 乙亥 | 3·7 | 16 | 土 | 3 | 乙巳 | 3·6 |
| 11 | 19 | 木 | 4 | 丁未 | 4·6 | 18 | 金 | 3 | 丙子 | 4·6 | 17 | 日 | 4 | 丙午 | 4·6 |
| 12 | 20 | 金 | 5 | 戊申 | 4·6 | 19 | 土 | 4 | 丁丑 | 4·6 | 18 | 月 | 5 | 丁未 | 4·6 |
| 13 | 21 | 土 | 6 | 己酉 | 4·5 | 20 | 日 | 5 | 戊寅 | 4·6 | 19 | 火 | 6 | 戊申 | 4·5 |
| 14 | 22 | 日 | 7 | 庚戌 | 5·5 | 21 | 月 | 6 | 己卯 | 5·5 | 20 | 水 | 7 | 己酉 | 5·5 |
| 15 | 23 | 月 | 8 | 辛亥 | 소설 | 22 | 火 | 7 | 庚辰 | 동지 | 21 | 木 | 8 | 庚戌 | 대한 |
| 16 | 24 | 火 | 9 | 壬子 | 5·4 | 23 | 水 | 8 | 辛巳 | 5·5 | 22 | 金 | 9 | 辛亥 | 5·4 |
| 17 | 25 | 水 | 10 | 癸丑 | 6·4 | 24 | 木 | 9 | 壬午 | 6·4 | 23 | 土 | 10 | 壬子 | 6·4 |
| 18 | 26 | 木 | 11 | 甲寅 | 6·4 | 25 | 金 | 10 | 癸未 | 6·4 | 24 | 日 | 11 | 癸丑 | 6·4 |
| 19 | 27 | 金 | 12 | 乙卯 | 6·3 | 26 | 土 | 11 | 甲申 | 6·4 | 25 | 月 | 12 | 甲寅 | 6·3 |
| 20 | 28 | 土 | 13 | 丙辰 | 7·3 | 27 | 日 | 12 | 乙酉 | 7·3 | 26 | 火 | 13 | 乙卯 | 7·3 |
| 21 | 29 | 日 | 14 | 丁巳 | 7·3 | 28 | 月 | 13 | 丙戌 | 7·3 | 27 | 水 | 14 | 丙辰 | 7·3 |
| 22 | 30 | 月 | 15 | 戊午 | 7·2 | 29 | 火 | 14 | 丁亥 | 7·3 | 28 | 木 | 15 | 丁巳 | 7·2 |
| 23 | 12/1 | 火 | 16 | 己未 | 8·2 | 30 | 水 | 15 | 戊子 | 8·2 | 29 | 金 | 16 | 戊午 | 8·2 |
| 24 | 2 | 水 | 17 | 庚申 | 8·2 | 31 | 木 | 16 | 己丑 | 8·2 | 30 | 土 | 17 | 己未 | 8·2 |
| 25 | 3 | 木 | 18 | 辛酉 | 8·1 | 1/1 | 金 | 17 | 庚寅 | 8·2 | 31 | 日 | 18 | 庚申 | 8·1 |
| 26 | 4 | 金 | 19 | 壬戌 | 9·1 | 2 | 土 | 18 | 辛卯 | 9·1 | 2/1 | 月 | 19 | 辛酉 | 9·1 |
| 27 | 5 | 土 | 20 | 癸亥 | 9·1 | 3 | 日 | 19 | 壬辰 | 9·1 | 2 | 火 | 20 | 壬戌 | 9·1 |
| 28 | 6 | 日 | 21 | 甲子 | 9·1 | 4 | 月 | 20 | 癸巳 | 9·1 | 3 | 水 | 21 | 癸亥 | 9·1 |
| 29 | | | | | | 5 | 火 | 21 | 甲午 | 10·1 | | | | | |
| 30 | | | | | | | | | | | | | | | |
| 31 | | | | | | | | | | | | | | | |

# 서기 1926년 [단기 4259년]

| 절기후날수 | 입춘절(庚寅月) | | | | | 경칩절(辛卯月) | | | | | 청명절(壬辰月) | | | | |
|---|---|---|---|---|---|---|---|---|---|---|---|---|---|---|---|
| | 立春 2월4일 22시38분<br>雨水 2월19일 18시35분 | | | | | 驚蟄 3월6일 17시0분<br>春分 3월21일 18시1분 | | | | | 淸明 4월5일 22시18분<br>穀雨 4월21일 5시36분 | | | | |
| | 양력 | 요일 | 음력 | 일진 | 大運 남·여 | 양력 | 요일 | 음력 | 일진 | 大運 남·여 | 양력 | 요일 | 음력 | 일진 | 大運 남·여 |
| 0 | 2/4 | 木 | 22 | 甲子 | 입춘 | 3/6 | 土 | 22 | 甲午 | 경칩 | 4/5 | 月 | 23 | 甲子 | 청명 |
| 1 | 5 | 金 | 23 | 乙丑 | 10·1 | 7 | 日 | 23 | 乙未 | 10·1 | 6 | 火 | 24 | 乙丑 | 10·1 |
| 2 | 6 | 土 | 24 | 丙寅 | 9·1 | 8 | 月 | 24 | 丙申 | 9·1 | 7 | 水 | 25 | 丙寅 | 10·1 |
| 3 | 7 | 日 | 25 | 丁卯 | 9·1 | 9 | 火 | 25 | 丁酉 | 9·1 | 8 | 木 | 26 | 丁卯 | 9·1 |
| 4 | 8 | 月 | 26 | 戊辰 | 9·1 | 10 | 水 | 26 | 戊戌 | 9·1 | 9 | 金 | 27 | 戊辰 | 9·1 |
| 5 | 9 | 火 | 27 | 己巳 | 8·2 | 11 | 木 | 27 | 己亥 | 8·2 | 10 | 土 | 28 | 己巳 | 9·2 |
| 6 | 10 | 水 | 28 | 庚午 | 8·2 | 12 | 金 | 28 | 庚子 | 8·2 | 11 | 日 | 29 | 庚午 | 8·2 |
| 7 | 11 | 木 | 29 | 辛未 | 8·2 | 13 | 土 | 29 | 辛丑 | 8·2 | 12 | 月 | 3/1 | 辛未 | 8·2 |
| 8 | 12 | 金 | 30 | 壬申 | 7·3 | 14 | 日 | 2/1 | 壬寅 | 7·3 | 13 | 火 | 2 | 壬申 | 8·3 |
| 9 | 13 | 土 | 1/1 | 癸酉 | 7·3 | 15 | 月 | 2 | 癸卯 | 7·3 | 14 | 水 | 3 | 癸酉 | 7·3 |
| 10 | 14 | 日 | 2 | 甲戌 | 7·3 | 16 | 火 | 3 | 甲辰 | 7·3 | 15 | 木 | 4 | 甲戌 | 7·3 |
| 11 | 15 | 月 | 3 | 乙亥 | 6·4 | 17 | 水 | 4 | 乙巳 | 6·4 | 16 | 金 | 5 | 乙亥 | 7·4 |
| 12 | 16 | 火 | 4 | 丙子 | 6·4 | 18 | 木 | 5 | 丙午 | 6·4 | 17 | 土 | 6 | 丙子 | 6·4 |
| 13 | 17 | 水 | 5 | 丁丑 | 6·4 | 19 | 金 | 6 | 丁未 | 6·4 | 18 | 日 | 7 | 丁丑 | 6·4 |
| 14 | 18 | 木 | 6 | 戊寅 | 5·5 | 20 | 土 | 7 | 戊申 | 5·5 | 19 | 月 | 8 | 戊寅 | 6·5 |
| 15 | 19 | 金 | 7 | 己卯 | 우수 | 21 | 日 | 8 | 己酉 | 춘분 | 20 | 火 | 9 | 己卯 | 5·5 |
| 16 | 20 | 土 | 8 | 庚辰 | 5·5 | 22 | 月 | 9 | 庚戌 | 5·5 | 21 | 水 | 10 | 庚辰 | 곡우 |
| 17 | 21 | 日 | 9 | 辛巳 | 4·6 | 23 | 火 | 10 | 辛亥 | 4·6 | 22 | 木 | 11 | 辛巳 | 5·6 |
| 18 | 22 | 月 | 10 | 壬午 | 4·6 | 24 | 水 | 11 | 壬子 | 4·6 | 23 | 金 | 12 | 壬午 | 4·6 |
| 19 | 23 | 火 | 11 | 癸未 | 4·6 | 25 | 木 | 12 | 癸丑 | 4·6 | 24 | 土 | 13 | 癸未 | 4·6 |
| 20 | 24 | 水 | 12 | 甲申 | 3·7 | 26 | 金 | 13 | 甲寅 | 3·7 | 25 | 日 | 14 | 甲申 | 4·7 |
| 21 | 25 | 木 | 13 | 乙酉 | 3·7 | 27 | 土 | 14 | 乙卯 | 3·7 | 26 | 月 | 15 | 乙酉 | 3·7 |
| 22 | 26 | 金 | 14 | 丙戌 | 3·7 | 28 | 日 | 15 | 丙辰 | 3·7 | 27 | 火 | 16 | 丙戌 | 3·7 |
| 23 | 27 | 土 | 15 | 丁亥 | 2·8 | 29 | 月 | 16 | 丁巳 | 2·8 | 28 | 水 | 17 | 丁亥 | 3·8 |
| 24 | 28 | 日 | 16 | 戊子 | 2·8 | 30 | 火 | 17 | 戊午 | 2·8 | 29 | 木 | 18 | 戊子 | 2·8 |
| 25 | 3/1 | 月 | 17 | 己丑 | 2·8 | 31 | 水 | 18 | 己未 | 2·8 | 30 | 金 | 19 | 己丑 | 2·8 |
| 26 | 2 | 火 | 18 | 庚寅 | 1·9 | 4/1 | 木 | 19 | 庚申 | 1·9 | 5/1 | 土 | 20 | 庚寅 | 2·9 |
| 27 | 3 | 水 | 19 | 辛卯 | 1·9 | 2 | 金 | 20 | 辛酉 | 1·9 | 2 | 日 | 21 | 辛卯 | 1·9 |
| 28 | 4 | 木 | 20 | 壬辰 | 1·9 | 3 | 土 | 21 | 壬戌 | 1·9 | 3 | 月 | 22 | 壬辰 | 1·9 |
| 29 | 5 | 金 | 21 | 癸巳 | 1·10 | 4 | 日 | 22 | 癸亥 | 1·10 | 4 | 火 | 23 | 癸巳 | 1·10 |
| 30 | | | | | | | | | | | 5 | 水 | 24 | 甲午 | 1·10 |
| 31 | | | | | | | | | | | | | | | |

| 절기후날수 | 입하절(癸巳月) | | | | | 망종절(甲午月) | | | | | 소서절(乙未月) | | | | |
|---|---|---|---|---|---|---|---|---|---|---|---|---|---|---|---|
| | 立夏 5월6일 16시8분<br>小滿 5월22일 5시15분 | | | | | 芒種 6월6일 20시42분<br>夏至 6월22일 13시30분 | | | | | 小暑 7월8일 7시6분<br>大暑 7월24일 0시25분 | | | | |
| | 양력 | 요일 | 음력 | 일진 | 大運 남·여 | 양력 | 요일 | 음력 | 일진 | 大運 남·여 | 양력 | 요일 | 음력 | 일진 | 大運 남·여 |
| 0 | 5/6 | 木 | 25 | 乙未 | 입하 | 6/6 | 日 | 26 | 丙寅 | 망종 | 7/8 | 木 | 29 | 戊戌 | 소서 |
| 1 | 7 | 金 | 26 | 丙申 | 10·1 | 7 | 月 | 27 | 丁卯 | 10·1 | 9 | 金 | 30 | 己亥 | 10·1 |
| 2 | 8 | 土 | 27 | 丁酉 | 10·1 | 8 | 火 | 28 | 戊辰 | 10·1 | 10 | 土 | 6/1 | 庚子 | 10·1 |
| 3 | 9 | 日 | 28 | 戊戌 | 9·1 | 9 | 水 | 29 | 己巳 | 10·1 | 11 | 日 | 2 | 辛丑 | 9·1 |
| 4 | 10 | 月 | 29 | 己亥 | 9·1 | 10 | 木 | 5/1 | 庚午 | 9·1 | 12 | 月 | 3 | 壬寅 | 9·1 |
| 5 | 11 | 火 | 30 | 庚子 | 9·2 | 11 | 金 | 2 | 辛未 | 9·2 | 13 | 火 | 4 | 癸卯 | 9·2 |
| 6 | 12 | 水 | 4/1 | 辛丑 | 8·2 | 12 | 土 | 3 | 壬申 | 9·2 | 14 | 水 | 5 | 甲辰 | 8·2 |
| 7 | 13 | 木 | 2 | 壬寅 | 8·2 | 13 | 日 | 4 | 癸酉 | 8·2 | 15 | 木 | 6 | 乙巳 | 8·2 |
| 8 | 14 | 金 | 3 | 癸卯 | 8·3 | 14 | 月 | 5 | 甲戌 | 8·3 | 16 | 金 | 7 | 丙午 | 8·3 |
| 9 | 15 | 土 | 4 | 甲辰 | 7·3 | 15 | 火 | 6 | 乙亥 | 8·3 | 17 | 土 | 8 | 丁未 | 7·3 |
| 10 | 16 | 日 | 5 | 乙巳 | 7·3 | 16 | 水 | 7 | 丙子 | 7·3 | 18 | 日 | 9 | 戊申 | 7·3 |
| 11 | 17 | 月 | 6 | 丙午 | 7·4 | 17 | 木 | 8 | 丁丑 | 7·4 | 19 | 月 | 10 | 己酉 | 7·4 |
| 12 | 18 | 火 | 7 | 丁未 | 6·4 | 18 | 金 | 9 | 戊寅 | 7·4 | 20 | 火 | 11 | 庚戌 | 6·4 |
| 13 | 19 | 水 | 8 | 戊申 | 6·4 | 19 | 土 | 10 | 己卯 | 6·4 | 21 | 水 | 12 | 辛亥 | 6·4 |
| 14 | 20 | 木 | 9 | 己酉 | 6·5 | 20 | 日 | 11 | 庚辰 | 6·5 | 22 | 木 | 13 | 壬子 | 6·5 |
| 15 | 21 | 金 | 10 | 庚戌 | 5·5 | 21 | 月 | 12 | 辛巳 | 6·5 | 23 | 金 | 14 | 癸丑 | 5·5 |
| 16 | 22 | 土 | 11 | 辛亥 | 소만 | 22 | 火 | 13 | 壬午 | 하지 | 24 | 土 | 15 | 甲寅 | 대서 |
| 17 | 23 | 日 | 12 | 壬子 | 5·6 | 23 | 水 | 14 | 癸未 | 5·6 | 25 | 日 | 16 | 乙卯 | 5·6 |
| 18 | 24 | 月 | 13 | 癸丑 | 4·6 | 24 | 木 | 15 | 甲申 | 5·6 | 26 | 月 | 17 | 丙辰 | 4·6 |
| 19 | 25 | 火 | 14 | 甲寅 | 4·6 | 25 | 金 | 16 | 乙酉 | 4·6 | 27 | 火 | 18 | 丁巳 | 4·6 |
| 20 | 26 | 水 | 15 | 乙卯 | 4·7 | 26 | 土 | 17 | 丙戌 | 4·7 | 28 | 水 | 19 | 戊午 | 4·7 |
| 21 | 27 | 木 | 16 | 丙辰 | 3·7 | 27 | 日 | 18 | 丁亥 | 4·7 | 29 | 木 | 20 | 己未 | 3·7 |
| 22 | 28 | 金 | 17 | 丁巳 | 3·7 | 28 | 月 | 19 | 戊子 | 3·7 | 30 | 金 | 21 | 庚申 | 3·7 |
| 23 | 29 | 土 | 18 | 戊午 | 3·8 | 29 | 火 | 20 | 己丑 | 3·8 | 31 | 土 | 22 | 辛酉 | 3·8 |
| 24 | 30 | 日 | 19 | 己未 | 2·8 | 30 | 水 | 21 | 庚寅 | 3·8 | 8/1 | 日 | 23 | 壬戌 | 2·8 |
| 25 | 31 | 月 | 20 | 庚申 | 2·8 | 7/1 | 木 | 22 | 辛卯 | 2·8 | 2 | 月 | 24 | 癸亥 | 2·8 |
| 26 | 6/1 | 火 | 21 | 辛酉 | 2·9 | 2 | 金 | 23 | 壬辰 | 2·9 | 3 | 火 | 25 | 甲子 | 2·9 |
| 27 | 2 | 水 | 22 | 壬戌 | 1·9 | 3 | 土 | 24 | 癸巳 | 2·9 | 4 | 水 | 26 | 乙丑 | 1·9 |
| 28 | 3 | 木 | 23 | 癸亥 | 1·9 | 4 | 日 | 25 | 甲午 | 1·9 | 5 | 木 | 27 | 丙寅 | 1·9 |
| 29 | 4 | 金 | 24 | 甲子 | 1·10 | 5 | 月 | 26 | 乙未 | 1·10 | 6 | 金 | 28 | 丁卯 | 1·10 |
| 30 | 5 | 土 | 25 | 乙丑 | 1·10 | 6 | 火 | 27 | 丙申 | 1·10 | 7 | 土 | 29 | 戊辰 | 1·10 |
| 31 | | | | | | 7 | 水 | 28 | 丁酉 | 1·10 | | | | | |

# 丙寅年

| 절기후날수 | 입추절(丙申月) 立秋 8월8일 16시44분 處暑 8월24일 7시14분 | | | | | 백로절(丁酉月) 白露 9월8일 19시16분 秋分 9월24일 4시27분 | | | | | 한로절(戊戌月) 寒露 10월9일 10시25분 霜降 10월24일 13시18분 | | | | |
|---|---|---|---|---|---|---|---|---|---|---|---|---|---|---|---|
| | 양력 | 요일 | 음력 | 일진 | 大運 남·여 | 양력 | 요일 | 음력 | 일진 | 大運 남·여 | 양력 | 요일 | 음력 | 일진 | 大運 남·여 |
| 0 | 8/8 | 日 | 7/1 | 己巳 | 입추 | 9/8 | 水 | 2 | 庚子 | 백로 | 10/9 | 土 | 3 | 辛未 | 한로 |
| 1 | 9 | 月 | 2 | 庚午 | 10·1 | 9 | 木 | 3 | 辛丑 | 10·1 | 10 | 日 | 4 | 壬申 | 10·1 |
| 2 | 10 | 火 | 3 | 辛未 | 10·1 | 10 | 金 | 4 | 壬寅 | 10·1 | 11 | 月 | 5 | 癸酉 | 9·1 |
| 3 | 11 | 水 | 4 | 壬申 | 9·1 | 11 | 土 | 5 | 癸卯 | 9·1 | 12 | 火 | 6 | 甲戌 | 9·1 |
| 4 | 12 | 木 | 5 | 癸酉 | 9·1 | 12 | 日 | 6 | 甲辰 | 9·1 | 13 | 水 | 7 | 乙亥 | 9·1 |
| 5 | 13 | 金 | 6 | 甲戌 | 9·2 | 13 | 月 | 7 | 乙巳 | 9·2 | 14 | 木 | 8 | 丙子 | 8·2 |
| 6 | 14 | 土 | 7 | 乙亥 | 8·2 | 14 | 火 | 8 | 丙午 | 8·2 | 15 | 金 | 9 | 丁丑 | 8·2 |
| 7 | 15 | 日 | 8 | 丙子 | 8·2 | 15 | 水 | 9 | 丁未 | 8·2 | 16 | 土 | 10 | 戊寅 | 8·2 |
| 8 | 16 | 月 | 9 | 丁丑 | 8·3 | 16 | 木 | 10 | 戊申 | 8·3 | 17 | 日 | 11 | 己卯 | 7·3 |
| 9 | 17 | 火 | 10 | 戊寅 | 7·3 | 17 | 金 | 11 | 己酉 | 7·3 | 18 | 月 | 12 | 庚辰 | 7·3 |
| 10 | 18 | 水 | 11 | 己卯 | 7·3 | 18 | 土 | 12 | 庚戌 | 7·3 | 19 | 火 | 13 | 辛巳 | 7·3 |
| 11 | 19 | 木 | 12 | 庚辰 | 7·4 | 19 | 日 | 13 | 辛亥 | 7·4 | 20 | 水 | 14 | 壬午 | 6·4 |
| 12 | 20 | 金 | 13 | 辛巳 | 6·4 | 20 | 月 | 14 | 壬子 | 6·4 | 21 | 木 | 15 | 癸未 | 6·4 |
| 13 | 21 | 土 | 14 | 壬午 | 6·4 | 21 | 火 | 15 | 癸丑 | 6·4 | 22 | 金 | 16 | 甲申 | 6·4 |
| 14 | 22 | 日 | 15 | 癸未 | 6·5 | 22 | 水 | 16 | 甲寅 | 6·5 | 23 | 土 | 17 | 乙酉 | 5·5 |
| 15 | 23 | 月 | 16 | 甲申 | 5·5 | 23 | 木 | 17 | 乙卯 | 5·5 | 24 | 日 | 18 | 丙戌 | 상강 |
| 16 | 24 | 火 | 17 | 乙酉 | 처서 | 24 | 金 | 18 | 丙辰 | 추분 | 25 | 月 | 19 | 丁亥 | 5·5 |
| 17 | 25 | 水 | 18 | 丙戌 | 5·6 | 25 | 土 | 19 | 丁巳 | 5·6 | 26 | 火 | 20 | 戊子 | 4·6 |
| 18 | 26 | 木 | 19 | 丁亥 | 4·6 | 26 | 日 | 20 | 戊午 | 4·6 | 27 | 水 | 21 | 己丑 | 4·6 |
| 19 | 27 | 金 | 20 | 戊子 | 4·6 | 27 | 月 | 21 | 己未 | 4·6 | 28 | 木 | 22 | 庚寅 | 4·6 |
| 20 | 28 | 土 | 21 | 己丑 | 4·7 | 28 | 火 | 22 | 庚申 | 4·7 | 29 | 金 | 23 | 辛卯 | 3·7 |
| 21 | 29 | 日 | 22 | 庚寅 | 3·7 | 29 | 水 | 23 | 辛酉 | 3·7 | 30 | 土 | 24 | 壬辰 | 3·7 |
| 22 | 30 | 月 | 23 | 辛卯 | 3·7 | 30 | 木 | 24 | 壬戌 | 3·7 | 31 | 日 | 25 | 癸巳 | 3·7 |
| 23 | 31 | 火 | 24 | 壬辰 | 3·8 | 10/1 | 金 | 25 | 癸亥 | 3·8 | 11/1 | 月 | 26 | 甲午 | 2·8 |
| 24 | 9/1 | 水 | 25 | 癸巳 | 2·8 | 2 | 土 | 26 | 甲子 | 2·8 | 2 | 火 | 27 | 乙未 | 2·8 |
| 25 | 2 | 木 | 26 | 甲午 | 2·8 | 3 | 日 | 27 | 乙丑 | 2·8 | 3 | 水 | 28 | 丙申 | 2·8 |
| 26 | 3 | 金 | 27 | 乙未 | 2·9 | 4 | 月 | 28 | 丙寅 | 2·9 | 4 | 木 | 29 | 丁酉 | 1·9 |
| 27 | 4 | 土 | 28 | 丙申 | 1·9 | 5 | 火 | 29 | 丁卯 | 1·9 | 5 | 金 | 10/1 | 戊戌 | 1·9 |
| 28 | 5 | 日 | 29 | 丁酉 | 1·9 | 6 | 水 | 30 | 戊辰 | 1·9 | 6 | 土 | 2 | 己亥 | 1·9 |
| 29 | 6 | 月 | 30 | 戊戌 | 1·10 | 7 | 木 | 9/1 | 己巳 | 1·10 | 7 | 日 | 3 | 庚子 | 1·10 |
| 30 | 7 | 火 | 8/1 | 己亥 | 1·10 | 8 | 金 | 2 | 庚午 | 1·10 | | | | | |
| 31 | | | | | | | | | | | | | | | |

| 절기후날수 | 입동절(己亥月) 立冬 11월8일 13시8분 小雪 11월23일 10시28분 | | | | | 대설절(庚子月) 大雪 12월8일 5시39분 冬至 12월22일 23시33분 | | | | | 소한절(辛丑月) 小寒 1월6일 16시45분 大寒 1월21일 10시12분 | | | | |
|---|---|---|---|---|---|---|---|---|---|---|---|---|---|---|---|
| | 양력 | 요일 | 음력 | 일진 | 大運 남·여 | 양력 | 요일 | 음력 | 일진 | 大運 남·여 | 양력 | 요일 | 음력 | 일진 | 大運 남·여 |
| 0 | 11/8 | 月 | 4 | 辛丑 | 입동 | 12/8 | 水 | 4 | 辛未 | 대설 | 1/6 | 木 | 3 | 庚子 | 소한 |
| 1 | 9 | 火 | 5 | 壬寅 | 10·1 | 9 | 木 | 5 | 壬申 | 9·1 | 7 | 金 | 4 | 辛丑 | 10·1 |
| 2 | 10 | 水 | 6 | 癸卯 | 9·1 | 10 | 金 | 6 | 癸酉 | 9·1 | 8 | 土 | 5 | 壬寅 | 9·1 |
| 3 | 11 | 木 | 7 | 甲辰 | 9·1 | 11 | 土 | 7 | 甲戌 | 9·1 | 9 | 日 | 6 | 癸卯 | 9·1 |
| 4 | 12 | 金 | 8 | 乙巳 | 9·1 | 12 | 日 | 8 | 乙亥 | 8·1 | 10 | 月 | 7 | 甲辰 | 9·1 |
| 5 | 13 | 土 | 9 | 丙午 | 8·2 | 13 | 月 | 9 | 丙子 | 8·2 | 11 | 火 | 8 | 乙巳 | 8·2 |
| 6 | 14 | 日 | 10 | 丁未 | 8·2 | 14 | 火 | 10 | 丁丑 | 8·2 | 12 | 水 | 9 | 丙午 | 8·2 |
| 7 | 15 | 月 | 11 | 戊申 | 8·2 | 15 | 水 | 11 | 戊寅 | 7·2 | 13 | 木 | 10 | 丁未 | 8·2 |
| 8 | 16 | 火 | 12 | 己酉 | 7·3 | 16 | 木 | 12 | 己卯 | 7·3 | 14 | 金 | 11 | 戊申 | 7·3 |
| 9 | 17 | 水 | 13 | 庚戌 | 7·3 | 17 | 金 | 13 | 庚辰 | 7·3 | 15 | 土 | 12 | 己酉 | 7·3 |
| 10 | 18 | 木 | 14 | 辛亥 | 7·3 | 18 | 土 | 14 | 辛巳 | 6·3 | 16 | 日 | 13 | 庚戌 | 7·3 |
| 11 | 19 | 金 | 15 | 壬子 | 6·4 | 19 | 日 | 15 | 壬午 | 6·4 | 17 | 月 | 14 | 辛亥 | 6·4 |
| 12 | 20 | 土 | 16 | 癸丑 | 6·4 | 20 | 月 | 16 | 癸未 | 6·4 | 18 | 火 | 15 | 壬子 | 6·4 |
| 13 | 21 | 日 | 17 | 甲寅 | 6·4 | 21 | 火 | 17 | 甲申 | 5·4 | 19 | 水 | 16 | 癸丑 | 6·4 |
| 14 | 22 | 月 | 18 | 乙卯 | 5·5 | 22 | 水 | 18 | 乙酉 | 동지 | 20 | 木 | 17 | 甲寅 | 5·5 |
| 15 | 23 | 火 | 19 | 丙辰 | 소설 | 23 | 木 | 19 | 丙戌 | 5·5 | 21 | 金 | 18 | 乙卯 | 대한 |
| 16 | 24 | 水 | 20 | 丁巳 | 5·5 | 24 | 金 | 20 | 丁亥 | 4·5 | 22 | 土 | 19 | 丙辰 | 5·5 |
| 17 | 25 | 木 | 21 | 戊午 | 4·6 | 25 | 土 | 21 | 戊子 | 4·6 | 23 | 日 | 20 | 丁巳 | 4·6 |
| 18 | 26 | 金 | 22 | 己未 | 4·6 | 26 | 日 | 22 | 己丑 | 4·6 | 24 | 月 | 21 | 戊午 | 4·6 |
| 19 | 27 | 土 | 23 | 庚申 | 4·6 | 27 | 月 | 23 | 庚寅 | 3·6 | 25 | 火 | 22 | 己未 | 4·6 |
| 20 | 28 | 日 | 24 | 辛酉 | 3·7 | 28 | 火 | 24 | 辛卯 | 3·7 | 26 | 水 | 23 | 庚申 | 3·7 |
| 21 | 29 | 月 | 25 | 壬戌 | 3·7 | 29 | 水 | 25 | 壬辰 | 3·7 | 27 | 木 | 24 | 辛酉 | 3·7 |
| 22 | 30 | 火 | 26 | 癸亥 | 3·7 | 30 | 木 | 26 | 癸巳 | 2·7 | 28 | 金 | 25 | 壬戌 | 3·7 |
| 23 | 12/1 | 水 | 27 | 甲子 | 2·8 | 31 | 金 | 27 | 甲午 | 2·8 | 29 | 土 | 26 | 癸亥 | 2·8 |
| 24 | 2 | 木 | 28 | 乙丑 | 2·8 | 1/1 | 土 | 28 | 乙未 | 2·8 | 30 | 日 | 27 | 甲子 | 2·8 |
| 25 | 3 | 金 | 29 | 丙寅 | 2·8 | 2 | 日 | 29 | 丙申 | 1·8 | 31 | 月 | 28 | 乙丑 | 2·8 |
| 26 | 4 | 土 | 30 | 丁卯 | 1·9 | 3 | 月 | 30 | 丁酉 | 1·9 | 2/1 | 火 | 29 | 丙寅 | 1·9 |
| 27 | 5 | 日 | 11/1 | 戊辰 | 1·9 | 4 | 火 | 12/1 | 戊戌 | 1·9 | 2 | 水 | 1/1 | 丁卯 | 1·9 |
| 28 | 6 | 月 | 2 | 己巳 | 1·9 | 5 | 水 | 2 | 己亥 | 1·9 | 3 | 木 | 2 | 戊辰 | 1·9 |
| 29 | 7 | 火 | 3 | 庚午 | 1·10 | | | | | | 4 | 金 | 3 | 己巳 | 1·10 |
| 30 | | | | | | | | | | | | | | | |
| 31 | | | | | | | | | | | | | | | |

# 서기 1927년 [단기 4260년]

| 절기후날수 | 입춘절(壬寅月) 立春 2월5일 4시30분 雨水 2월20일 0시34분 | | | | | 경칩절(癸卯月) 驚蟄 3월6일 22시50분 春分 3월21일 23시59분 | | | | | 청명절(甲辰月) 清明 4월6일 4시6분 穀雨 4월21일 11시32분 | | | | |
|---|---|---|---|---|---|---|---|---|---|---|---|---|---|---|---|
| | 양력 | 요일 | 음력 | 일진 | 大運 남·여 | 양력 | 요일 | 음력 | 일진 | 大運 남·여 | 양력 | 요일 | 음력 | 일진 | 大運 남·여 |
| 0 | 2/5 | 土 | 4 | 庚午 | 입춘 | 3/6 | 日 | 3 | 己亥 | 경칩 | 4/6 | 水 | 5 | 庚午 | 청명 |
| 1 | 6 | 日 | 5 | 辛未 | 1·9 | 7 | 月 | 4 | 庚子 | 1·10 | 7 | 木 | 6 | 辛未 | 1·10 |
| 2 | 7 | 月 | 6 | 壬申 | 1·9 | 8 | 火 | 5 | 辛丑 | 1·10 | 8 | 金 | 7 | 壬申 | 1·9 |
| 3 | 8 | 火 | 7 | 癸酉 | 1·9 | 9 | 水 | 6 | 壬寅 | 1·9 | 9 | 土 | 8 | 癸酉 | 1·9 |
| 4 | 9 | 水 | 8 | 甲戌 | 1·8 | 10 | 木 | 7 | 癸卯 | 1·9 | 10 | 日 | 9 | 甲戌 | 1·9 |
| 5 | 10 | 木 | 9 | 乙亥 | 2·8 | 11 | 金 | 8 | 甲辰 | 2·9 | 11 | 月 | 10 | 乙亥 | 2·8 |
| 6 | 11 | 金 | 10 | 丙子 | 2·8 | 12 | 土 | 9 | 乙巳 | 2·8 | 12 | 火 | 11 | 丙子 | 2·8 |
| 7 | 12 | 土 | 11 | 丁丑 | 2·7 | 13 | 日 | 10 | 丙午 | 2·8 | 13 | 水 | 12 | 丁丑 | 2·8 |
| 8 | 13 | 日 | 12 | 戊寅 | 3·7 | 14 | 月 | 11 | 丁未 | 3·8 | 14 | 木 | 13 | 戊寅 | 3·7 |
| 9 | 14 | 月 | 13 | 己卯 | 3·7 | 15 | 火 | 12 | 戊申 | 3·7 | 15 | 金 | 14 | 己卯 | 3·7 |
| 10 | 15 | 火 | 14 | 庚辰 | 3·6 | 16 | 水 | 13 | 己酉 | 3·7 | 16 | 土 | 15 | 庚辰 | 3·7 |
| 11 | 16 | 水 | 15 | 辛巳 | 4·6 | 17 | 木 | 14 | 庚戌 | 4·7 | 17 | 日 | 16 | 辛巳 | 4·6 |
| 12 | 17 | 木 | 16 | 壬午 | 4·6 | 18 | 金 | 15 | 辛亥 | 4·6 | 18 | 月 | 17 | 壬午 | 4·6 |
| 13 | 18 | 金 | 17 | 癸未 | 4·5 | 19 | 土 | 16 | 壬子 | 4·6 | 19 | 火 | 18 | 癸未 | 4·6 |
| 14 | 19 | 土 | 18 | 甲申 | 5·5 | 20 | 日 | 17 | 癸丑 | 5·6 | 20 | 水 | 19 | 甲申 | 5·5 |
| 15 | 20 | 日 | 19 | 乙酉 | 우수 | 21 | 月 | 18 | 甲寅 | 춘분 | 21 | 木 | 20 | 乙酉 | 곡우 |
| 16 | 21 | 月 | 20 | 丙戌 | 5·4 | 22 | 火 | 19 | 乙卯 | 5·5 | 22 | 金 | 21 | 丙戌 | 5·5 |
| 17 | 22 | 火 | 21 | 丁亥 | 6·4 | 23 | 水 | 20 | 丙辰 | 6·5 | 23 | 土 | 22 | 丁亥 | 6·4 |
| 18 | 23 | 水 | 22 | 戊子 | 6·4 | 24 | 木 | 21 | 丁巳 | 6·4 | 24 | 日 | 23 | 戊子 | 6·4 |
| 19 | 24 | 木 | 23 | 己丑 | 6·3 | 25 | 金 | 22 | 戊午 | 6·4 | 25 | 月 | 24 | 己丑 | 6·4 |
| 20 | 25 | 金 | 24 | 庚寅 | 7·3 | 26 | 土 | 23 | 己未 | 7·4 | 26 | 火 | 25 | 庚寅 | 7·3 |
| 21 | 26 | 土 | 25 | 辛卯 | 7·3 | 27 | 日 | 24 | 庚申 | 7·3 | 27 | 水 | 26 | 辛卯 | 7·3 |
| 22 | 27 | 日 | 26 | 壬辰 | 7·2 | 28 | 月 | 25 | 辛酉 | 7·3 | 28 | 木 | 27 | 壬辰 | 7·3 |
| 23 | 28 | 月 | 27 | 癸巳 | 8·2 | 29 | 火 | 26 | 壬戌 | 8·3 | 29 | 金 | 28 | 癸巳 | 8·2 |
| 24 | 3/1 | 火 | 28 | 甲午 | 8·2 | 30 | 水 | 27 | 癸亥 | 8·2 | 30 | 土 | 29 | 甲午 | 8·2 |
| 25 | 2 | 水 | 29 | 乙未 | 8·1 | 31 | 木 | 28 | 甲子 | 8·2 | 5/1 | 日 | 4/1 | 乙未 | 8·2 |
| 26 | 3 | 木 | 30 | 丙申 | 9·1 | 4/1 | 金 | 29 | 乙丑 | 9·2 | 2 | 月 | 2 | 丙申 | 9·1 |
| 27 | 4 | 金 | 2/1 | 丁酉 | 9·1 | 2 | 土 | 3/1 | 丙寅 | 9·1 | 3 | 火 | 3 | 丁酉 | 9·1 |
| 28 | 5 | 土 | 2 | 戊戌 | 9·1 | 3 | 日 | 2 | 丁卯 | 9·1 | 4 | 水 | 4 | 戊戌 | 9·1 |
| 29 | | | | | | 4 | 月 | 3 | 戊辰 | 10·1 | 5 | 木 | 5 | 己亥 | 10·1 |
| 30 | | | | | | 5 | 火 | 4 | 己巳 | 10·1 | | | | | |
| 31 | | | | | | | | | | | | | | | |

| 절기후날수 | 입하절(乙巳月) 立夏 5월6일 21시53분 小滿 5월22일 11시8분 | | | | | 망종절(丙午月) 芒種 6월7일 2시25분 夏至 6월22일 19시22분 | | | | | 소서절(丁未月) 小暑 7월8일 12시50분 大暑 7월24일 6시17분 | | | | |
|---|---|---|---|---|---|---|---|---|---|---|---|---|---|---|---|
| | 양력 | 요일 | 음력 | 일진 | 大運 남·여 | 양력 | 요일 | 음력 | 일진 | 大運 남·여 | 양력 | 요일 | 음력 | 일진 | 大運 남·여 |
| 0 | 5/6 | 金 | 6 | 庚子 | 입하 | 6/7 | 火 | 8 | 壬申 | 망종 | 7/8 | 金 | 10 | 癸卯 | 소서 |
| 1 | 7 | 土 | 7 | 辛丑 | 1·10 | 8 | 水 | 9 | 癸酉 | 1·10 | 9 | 土 | 11 | 甲辰 | 1·10 |
| 2 | 8 | 日 | 8 | 壬寅 | 1·10 | 9 | 木 | 10 | 甲戌 | 1·10 | 10 | 日 | 12 | 乙巳 | 1·10 |
| 3 | 9 | 月 | 9 | 癸卯 | 1·10 | 10 | 金 | 11 | 乙亥 | 1·9 | 11 | 月 | 13 | 丙午 | 1·9 |
| 4 | 10 | 火 | 10 | 甲辰 | 1·9 | 11 | 土 | 12 | 丙子 | 1·9 | 12 | 火 | 14 | 丁未 | 1·9 |
| 5 | 11 | 水 | 11 | 乙巳 | 2·9 | 12 | 日 | 13 | 丁丑 | 2·9 | 13 | 水 | 15 | 戊申 | 2·9 |
| 6 | 12 | 木 | 12 | 丙午 | 2·9 | 13 | 月 | 14 | 戊寅 | 2·8 | 14 | 木 | 16 | 己酉 | 2·8 |
| 7 | 13 | 金 | 13 | 丁未 | 2·8 | 14 | 火 | 15 | 己卯 | 2·8 | 15 | 金 | 17 | 庚戌 | 2·8 |
| 8 | 14 | 土 | 14 | 戊申 | 3·8 | 15 | 水 | 16 | 庚辰 | 3·8 | 16 | 土 | 18 | 辛亥 | 3·8 |
| 9 | 15 | 日 | 15 | 己酉 | 3·8 | 16 | 木 | 17 | 辛巳 | 3·7 | 17 | 日 | 19 | 壬子 | 3·7 |
| 10 | 16 | 月 | 16 | 庚戌 | 3·7 | 17 | 金 | 18 | 壬午 | 3·7 | 18 | 月 | 20 | 癸丑 | 3·7 |
| 11 | 17 | 火 | 17 | 辛亥 | 4·7 | 18 | 土 | 19 | 癸未 | 4·7 | 19 | 火 | 21 | 甲寅 | 4·7 |
| 12 | 18 | 水 | 18 | 壬子 | 4·7 | 19 | 日 | 20 | 甲申 | 4·6 | 20 | 水 | 22 | 乙卯 | 4·6 |
| 13 | 19 | 木 | 19 | 癸丑 | 4·6 | 20 | 月 | 21 | 乙酉 | 4·6 | 21 | 木 | 23 | 丙辰 | 4·6 |
| 14 | 20 | 金 | 20 | 甲寅 | 5·6 | 21 | 火 | 22 | 丙戌 | 5·6 | 22 | 金 | 24 | 丁巳 | 5·6 |
| 15 | 21 | 土 | 21 | 乙卯 | 5·6 | 22 | 水 | 23 | 丁亥 | 하지 | 23 | 土 | 25 | 戊午 | 5·5 |
| 16 | 22 | 日 | 22 | 丙辰 | 소만 | 23 | 木 | 24 | 戊子 | 5·5 | 24 | 日 | 26 | 己未 | 대서 |
| 17 | 23 | 月 | 23 | 丁巳 | 6·5 | 24 | 金 | 25 | 己丑 | 6·5 | 25 | 月 | 27 | 庚申 | 6·5 |
| 18 | 24 | 火 | 24 | 戊午 | 6·5 | 25 | 土 | 26 | 庚寅 | 6·4 | 26 | 火 | 28 | 辛酉 | 6·4 |
| 19 | 25 | 水 | 25 | 己未 | 6·4 | 26 | 日 | 27 | 辛卯 | 6·4 | 27 | 水 | 29 | 壬戌 | 6·4 |
| 20 | 26 | 木 | 26 | 庚申 | 7·4 | 27 | 月 | 28 | 壬辰 | 7·4 | 28 | 木 | 30 | 癸亥 | 7·4 |
| 21 | 27 | 金 | 27 | 辛酉 | 7·4 | 28 | 火 | 29 | 癸巳 | 7·3 | 29 | 金 | 7/1 | 甲子 | 7·3 |
| 22 | 28 | 土 | 28 | 壬戌 | 7·3 | 29 | 水 | 6/1 | 甲午 | 7·3 | 30 | 土 | 2 | 乙丑 | 7·3 |
| 23 | 29 | 日 | 29 | 癸亥 | 8·3 | 30 | 木 | 2 | 乙未 | 8·3 | 31 | 日 | 3 | 丙寅 | 8·3 |
| 24 | 30 | 月 | 30 | 甲子 | 8·3 | 7/1 | 金 | 3 | 丙申 | 8·2 | 8/1 | 月 | 4 | 丁卯 | 8·2 |
| 25 | 31 | 火 | 5/1 | 乙丑 | 8·2 | 2 | 土 | 4 | 丁酉 | 8·2 | 2 | 火 | 5 | 戊辰 | 8·2 |
| 26 | 6/1 | 水 | 2 | 丙寅 | 9·2 | 3 | 日 | 5 | 戊戌 | 9·2 | 3 | 水 | 6 | 己巳 | 9·2 |
| 27 | 2 | 木 | 3 | 丁卯 | 9·2 | 4 | 月 | 6 | 己亥 | 9·1 | 4 | 木 | 7 | 庚午 | 9·1 |
| 28 | 3 | 金 | 4 | 戊辰 | 9·1 | 5 | 火 | 7 | 庚子 | 9·1 | 5 | 金 | 8 | 辛未 | 9·1 |
| 29 | 4 | 土 | 5 | 己巳 | 10·1 | 6 | 水 | 8 | 辛丑 | 10·1 | 6 | 土 | 9 | 壬申 | 10·1 |
| 30 | 5 | 日 | 6 | 庚午 | 10·1 | 7 | 木 | 9 | 壬寅 | 10·1 | 7 | 日 | 10 | 癸酉 | 10·1 |
| 31 | 6 | 月 | 7 | 辛未 | 10·1 | | | | | | | | | | |

# 丁卯年

| 절기후날수 | 입추절(戊申月)<br>立秋 8월8일 22시31분<br>處暑 8월24일 13시5분 | | | | | 백로절(己酉月)<br>白露 9월9일 1시6분<br>秋分 9월24일 10시17분 | | | | | 한로절(庚戌月)<br>寒露 10월9일 16시15분<br>霜降 10월24일 19시7분 | | | | |
|---|---|---|---|---|---|---|---|---|---|---|---|---|---|---|---|
| | 양력 | 요일 | 음력 | 일진 | 大運 남·여 | 양력 | 요일 | 음력 | 일진 | 大運 남·여 | 양력 | 요일 | 음력 | 일진 | 大運 남·여 |
| 0 | 8/8 | 月 | 11 | 甲戌 | 입추 | 9/9 | 金 | 14 | 丙午 | 백로 | 10/9 | 日 | 14 | 丙子 | 한로 |
| 1 | 9 | 火 | 12 | 乙亥 | 1·10 | 10 | 土 | 15 | 丁未 | 1·10 | 10 | 月 | 15 | 丁丑 | 1·10 |
| 2 | 10 | 水 | 13 | 丙子 | 1·10 | 11 | 日 | 16 | 戊申 | 1·9 | 11 | 火 | 16 | 戊寅 | 1·9 |
| 3 | 11 | 木 | 14 | 丁丑 | 1·10 | 12 | 月 | 17 | 己酉 | 1·9 | 12 | 水 | 17 | 己卯 | 1·9 |
| 4 | 12 | 金 | 15 | 戊寅 | 1·9 | 13 | 火 | 18 | 庚戌 | 1·9 | 13 | 木 | 18 | 庚辰 | 1·9 |
| 5 | 13 | 土 | 16 | 己卯 | 2·9 | 14 | 水 | 19 | 辛亥 | 2·8 | 14 | 金 | 19 | 辛巳 | 2·8 |
| 6 | 14 | 日 | 17 | 庚辰 | 2·9 | 15 | 木 | 20 | 壬子 | 2·8 | 15 | 土 | 20 | 壬午 | 2·8 |
| 7 | 15 | 月 | 18 | 辛巳 | 2·8 | 16 | 金 | 21 | 癸丑 | 2·8 | 16 | 日 | 21 | 癸未 | 2·8 |
| 8 | 16 | 火 | 19 | 壬午 | 3·8 | 17 | 土 | 22 | 甲寅 | 3·7 | 17 | 月 | 22 | 甲申 | 3·7 |
| 9 | 17 | 水 | 20 | 癸未 | 3·8 | 18 | 日 | 23 | 乙卯 | 3·7 | 18 | 火 | 23 | 乙酉 | 3·7 |
| 10 | 18 | 木 | 21 | 甲申 | 3·7 | 19 | 月 | 24 | 丙辰 | 3·7 | 19 | 水 | 24 | 丙戌 | 3·7 |
| 11 | 19 | 金 | 22 | 乙酉 | 4·7 | 20 | 火 | 25 | 丁巳 | 4·6 | 20 | 木 | 25 | 丁亥 | 4·6 |
| 12 | 20 | 土 | 23 | 丙戌 | 4·7 | 21 | 水 | 26 | 戊午 | 4·6 | 21 | 金 | 26 | 戊子 | 4·6 |
| 13 | 21 | 日 | 24 | 丁亥 | 4·6 | 22 | 木 | 27 | 己未 | 4·6 | 22 | 土 | 27 | 己丑 | 4·6 |
| 14 | 22 | 月 | 25 | 戊子 | 5·6 | 23 | 金 | 28 | 庚申 | 5·5 | 23 | 日 | 28 | 庚寅 | 5·5 |
| 15 | 23 | 火 | 26 | 己丑 | 5·6 | 24 | 土 | 29 | 辛酉 | 추분 | 24 | 月 | 29 | 辛卯 | 상강 |
| 16 | 24 | 水 | 27 | 庚寅 | 처서 | 25 | 日 | 30 | 壬戌 | 5·5 | 25 | 火 | 30 | 壬辰 | 5·5 |
| 17 | 25 | 木 | 28 | 辛卯 | 6·5 | 26 | 月 | 9/1 | 癸亥 | 6·4 | 26 | 水 | 10/1 | 癸巳 | 6·4 |
| 18 | 26 | 金 | 29 | 壬辰 | 6·5 | 27 | 火 | 2 | 甲子 | 6·4 | 27 | 木 | 2 | 甲午 | 6·4 |
| 19 | 27 | 土 | 8/1 | 癸巳 | 6·4 | 28 | 水 | 3 | 乙丑 | 6·4 | 28 | 金 | 3 | 乙未 | 6·4 |
| 20 | 28 | 日 | 2 | 甲午 | 7·4 | 29 | 木 | 4 | 丙寅 | 7·3 | 29 | 土 | 4 | 丙申 | 7·3 |
| 21 | 29 | 月 | 3 | 乙未 | 7·4 | 30 | 金 | 5 | 丁卯 | 7·3 | 30 | 日 | 5 | 丁酉 | 7·3 |
| 22 | 30 | 火 | 4 | 丙申 | 7·3 | 10/1 | 土 | 6 | 戊辰 | 7·3 | 31 | 月 | 6 | 戊戌 | 7·3 |
| 23 | 31 | 水 | 5 | 丁酉 | 8·3 | 2 | 日 | 7 | 己巳 | 8·2 | 11/1 | 火 | 7 | 己亥 | 8·2 |
| 24 | 9/1 | 木 | 6 | 戊戌 | 8·3 | 3 | 月 | 8 | 庚午 | 8·2 | 2 | 水 | 8 | 庚子 | 8·2 |
| 25 | 2 | 金 | 7 | 己亥 | 8·2 | 4 | 火 | 9 | 辛未 | 8·2 | 3 | 木 | 9 | 辛丑 | 8·2 |
| 26 | 3 | 土 | 8 | 庚子 | 9·2 | 5 | 水 | 10 | 壬申 | 9·1 | 4 | 金 | 10 | 壬寅 | 9·1 |
| 27 | 4 | 日 | 9 | 辛丑 | 9·2 | 6 | 木 | 11 | 癸酉 | 9·1 | 5 | 土 | 11 | 癸卯 | 9·1 |
| 28 | 5 | 月 | 10 | 壬寅 | 9·1 | 7 | 金 | 12 | 甲戌 | 9·1 | 6 | 日 | 12 | 甲辰 | 9·1 |
| 29 | 6 | 火 | 11 | 癸卯 | 10·1 | 8 | 土 | 13 | 乙亥 | 10·1 | 7 | 月 | 13 | 乙巳 | 10·1 |
| 30 | 7 | 水 | 12 | 甲辰 | 10·1 | | | | | | | | | | |
| 31 | 8 | 木 | 13 | 乙巳 | 10·1 | | | | | | | | | | |

| 절기후날수 | 입동절(辛亥月)<br>立冬 11월8일 18시57분<br>小雪 11월23일 16시14분 | | | | | 대설절(壬子月)<br>大雪 12월8일 11시26분<br>冬至 12월23일 5시19분 | | | | | 소한절(癸丑月)<br>小寒 1월6일 22시31분<br>大寒 1월21일 15시57분 | | | | |
|---|---|---|---|---|---|---|---|---|---|---|---|---|---|---|---|
| | 양력 | 요일 | 음력 | 일진 | 大運 남·여 | 양력 | 요일 | 음력 | 일진 | 大運 남·여 | 양력 | 요일 | 음력 | 일진 | 大運 남·여 |
| 0 | 11/8 | 火 | 14 | 丙午 | 입동 | 12/8 | 木 | 15 | 丙子 | 대설 | 1/6 | 金 | 14 | 乙巳 | 소한 |
| 1 | 9 | 水 | 15 | 丁未 | 1·10 | 9 | 金 | 16 | 丁丑 | 1·9 | 7 | 土 | 15 | 丙午 | 1·10 |
| 2 | 10 | 木 | 16 | 戊申 | 1·9 | 10 | 土 | 17 | 戊寅 | 1·9 | 8 | 日 | 16 | 丁未 | 1·9 |
| 3 | 11 | 金 | 17 | 己酉 | 1·9 | 11 | 日 | 18 | 己卯 | 1·9 | 9 | 月 | 17 | 戊申 | 1·9 |
| 4 | 12 | 土 | 18 | 庚戌 | 1·9 | 12 | 月 | 19 | 庚辰 | 1·8 | 10 | 火 | 18 | 己酉 | 1·9 |
| 5 | 13 | 日 | 19 | 辛亥 | 2·8 | 13 | 火 | 20 | 辛巳 | 2·8 | 11 | 水 | 19 | 庚戌 | 2·8 |
| 6 | 14 | 月 | 20 | 壬子 | 2·8 | 14 | 水 | 21 | 壬午 | 2·8 | 12 | 木 | 20 | 辛亥 | 2·8 |
| 7 | 15 | 火 | 21 | 癸丑 | 2·8 | 15 | 木 | 22 | 癸未 | 2·7 | 13 | 金 | 21 | 壬子 | 2·8 |
| 8 | 16 | 水 | 22 | 甲寅 | 3·7 | 16 | 金 | 23 | 甲申 | 3·7 | 14 | 土 | 22 | 癸丑 | 3·7 |
| 9 | 17 | 木 | 23 | 乙卯 | 3·7 | 17 | 土 | 24 | 乙酉 | 3·7 | 15 | 日 | 23 | 甲寅 | 3·7 |
| 10 | 18 | 金 | 24 | 丙辰 | 3·7 | 18 | 日 | 25 | 丙戌 | 3·6 | 16 | 月 | 24 | 乙卯 | 3·7 |
| 11 | 19 | 土 | 25 | 丁巳 | 4·6 | 19 | 月 | 26 | 丁亥 | 4·6 | 17 | 火 | 25 | 丙辰 | 4·6 |
| 12 | 20 | 日 | 26 | 戊午 | 4·6 | 20 | 火 | 27 | 戊子 | 4·6 | 18 | 水 | 26 | 丁巳 | 4·6 |
| 13 | 21 | 月 | 27 | 己未 | 4·6 | 21 | 水 | 28 | 己丑 | 4·5 | 19 | 木 | 27 | 戊午 | 4·6 |
| 14 | 22 | 火 | 28 | 庚申 | 5·5 | 22 | 木 | 29 | 庚寅 | 5·5 | 20 | 金 | 28 | 己未 | 5·5 |
| 15 | 23 | 水 | 29 | 辛酉 | 소설 | 23 | 金 | 30 | 辛卯 | 동지 | 21 | 土 | 29 | 庚申 | 대한 |
| 16 | 24 | 木 | 11/1 | 壬戌 | 5·5 | 24 | 土 | 12/1 | 壬辰 | 5·4 | 22 | 日 | 30 | 辛酉 | 5·5 |
| 17 | 25 | 金 | 2 | 癸亥 | 6·4 | 25 | 日 | 2 | 癸巳 | 6·4 | 23 | 月 | 1/1 | 壬戌 | 6·4 |
| 18 | 26 | 土 | 3 | 甲子 | 6·4 | 26 | 月 | 3 | 甲午 | 6·4 | 24 | 火 | 2 | 癸亥 | 6·4 |
| 19 | 27 | 日 | 4 | 乙丑 | 6·4 | 27 | 火 | 4 | 乙未 | 6·3 | 25 | 水 | 3 | 甲子 | 6·4 |
| 20 | 28 | 月 | 5 | 丙寅 | 7·3 | 28 | 水 | 5 | 丙申 | 7·3 | 26 | 木 | 4 | 乙丑 | 7·3 |
| 21 | 29 | 火 | 6 | 丁卯 | 7·3 | 29 | 木 | 6 | 丁酉 | 7·3 | 27 | 金 | 5 | 丙寅 | 7·3 |
| 22 | 30 | 水 | 7 | 戊辰 | 7·3 | 30 | 金 | 7 | 戊戌 | 7·2 | 28 | 土 | 6 | 丁卯 | 7·3 |
| 23 | 12/1 | 木 | 8 | 己巳 | 8·2 | 31 | 土 | 8 | 己亥 | 8·2 | 29 | 日 | 7 | 戊辰 | 8·2 |
| 24 | 2 | 金 | 9 | 庚午 | 8·2 | 1/1 | 日 | 9 | 庚子 | 8·2 | 30 | 月 | 8 | 己巳 | 8·2 |
| 25 | 3 | 土 | 10 | 辛未 | 8·2 | 2 | 月 | 10 | 辛丑 | 8·1 | 31 | 火 | 9 | 庚午 | 8·2 |
| 26 | 4 | 日 | 11 | 壬申 | 9·1 | 3 | 火 | 11 | 壬寅 | 9·1 | 2/1 | 水 | 10 | 辛未 | 9·1 |
| 27 | 5 | 月 | 12 | 癸酉 | 9·1 | 4 | 水 | 12 | 癸卯 | 9·1 | 2 | 木 | 11 | 壬申 | 9·1 |
| 28 | 6 | 火 | 13 | 甲戌 | 9·1 | 5 | 木 | 13 | 甲辰 | 9·1 | 3 | 金 | 12 | 癸酉 | 9·1 |
| 29 | 7 | 水 | 14 | 乙亥 | 10·1 | | | | | | 4 | 土 | 13 | 甲戌 | 10·1 |
| 30 | | | | | | | | | | | | | | | |
| 31 | | | | | | | | | | | | | | | |

# 서기 1928년 [단기 4261년]

| 절기후날수 | 입춘절(甲寅月) 立春 2월5일 10시16분 雨水 2월20일 6시19분 | | | | | 경칩절(乙卯月) 驚蟄 3월6일 4시37분 春分 3월21일 5시44분 | | | | | 청명절(丙辰月) 淸明 4월5일 9시55분 穀雨 4월20일 17시17분 | | | | |
|---|---|---|---|---|---|---|---|---|---|---|---|---|---|---|---|
| | 양력 | 요일 | 음력 | 일진 | 大運 남·여 | 양력 | 요일 | 음력 | 일진 | 大運 남·여 | 양력 | 요일 | 음력 | 일진 | 大運 남·여 |
| 0 | 2/5 | 日 | 14 | 乙亥 | 입춘 | 3/6 | 火 | 15 | 乙巳 | 경칩 | 4/5 | 木 | 윤15 | 乙亥 | 청명 |
| 1 | 6 | 月 | 15 | 丙子 | 10·1 | 7 | 水 | 16 | 丙午 | 10·1 | 6 | 金 | 윤16 | 丙子 | 10·1 |
| 2 | 7 | 火 | 16 | 丁丑 | 9·1 | 8 | 木 | 17 | 丁未 | 9·1 | 7 | 土 | 윤17 | 丁丑 | 10·1 |
| 3 | 8 | 水 | 17 | 戊寅 | 9·1 | 9 | 金 | 18 | 戊申 | 9·1 | 8 | 日 | 윤18 | 戊寅 | 9·1 |
| 4 | 9 | 木 | 18 | 己卯 | 9·1 | 10 | 土 | 19 | 己酉 | 9·1 | 9 | 月 | 윤19 | 己卯 | 9·1 |
| 5 | 10 | 金 | 19 | 庚辰 | 8·2 | 11 | 日 | 20 | 庚戌 | 8·2 | 10 | 火 | 윤20 | 庚辰 | 9·2 |
| 6 | 11 | 土 | 20 | 辛巳 | 8·2 | 12 | 月 | 21 | 辛亥 | 8·2 | 11 | 水 | 윤21 | 辛巳 | 8·2 |
| 7 | 12 | 日 | 21 | 壬午 | 8·2 | 13 | 火 | 22 | 壬子 | 8·2 | 12 | 木 | 윤22 | 壬午 | 8·2 |
| 8 | 13 | 月 | 22 | 癸未 | 7·3 | 14 | 水 | 23 | 癸丑 | 7·3 | 13 | 金 | 윤23 | 癸未 | 8·3 |
| 9 | 14 | 火 | 23 | 甲申 | 7·3 | 15 | 木 | 24 | 甲寅 | 7·3 | 14 | 土 | 윤24 | 甲申 | 7·3 |
| 10 | 15 | 水 | 24 | 乙酉 | 7·3 | 16 | 金 | 25 | 乙卯 | 7·3 | 15 | 日 | 윤25 | 乙酉 | 7·3 |
| 11 | 16 | 木 | 25 | 丙戌 | 6·4 | 17 | 土 | 26 | 丙辰 | 6·4 | 16 | 月 | 윤26 | 丙戌 | 7·4 |
| 12 | 17 | 金 | 26 | 丁亥 | 6·4 | 18 | 日 | 27 | 丁巳 | 6·4 | 17 | 火 | 윤27 | 丁亥 | 6·4 |
| 13 | 18 | 土 | 27 | 戊子 | 6·4 | 19 | 月 | 28 | 戊午 | 6·4 | 18 | 水 | 윤28 | 戊子 | 6·4 |
| 14 | 19 | 日 | 28 | 己丑 | 5·5 | 20 | 火 | 29 | 己未 | 5·5 | 19 | 木 | 윤29 | 己丑 | 6·5 |
| 15 | 20 | 月 | 29 | 庚寅 | 우수 | 21 | 水 | 30 | 庚申 | 춘분 | 20 | 金 | 3/1 | 庚寅 | 곡우 |
| 16 | 21 | 火 | 2/1 | 辛卯 | 5·5 | 22 | 木 | 윤1 | 辛酉 | 5·5 | 21 | 土 | 2 | 辛卯 | 5·5 |
| 17 | 22 | 水 | 2 | 壬辰 | 4·6 | 23 | 金 | 윤2 | 壬戌 | 4·6 | 22 | 日 | 3 | 壬辰 | 5·6 |
| 18 | 23 | 木 | 3 | 癸巳 | 4·6 | 24 | 土 | 윤3 | 癸亥 | 4·6 | 23 | 月 | 4 | 癸巳 | 4·6 |
| 19 | 24 | 金 | 4 | 甲午 | 4·6 | 25 | 日 | 윤4 | 甲子 | 4·6 | 24 | 火 | 5 | 甲午 | 4·6 |
| 20 | 25 | 土 | 5 | 乙未 | 3·7 | 26 | 月 | 윤5 | 乙丑 | 3·7 | 25 | 水 | 6 | 乙未 | 4·7 |
| 21 | 26 | 日 | 6 | 丙申 | 3·7 | 27 | 火 | 윤6 | 丙寅 | 3·7 | 26 | 木 | 7 | 丙申 | 3·7 |
| 22 | 27 | 月 | 7 | 丁酉 | 3·7 | 28 | 水 | 윤7 | 丁卯 | 3·7 | 27 | 金 | 8 | 丁酉 | 3·7 |
| 23 | 28 | 火 | 8 | 戊戌 | 2·8 | 29 | 木 | 윤8 | 戊辰 | 2·8 | 28 | 土 | 9 | 戊戌 | 3·8 |
| 24 | 29 | 水 | 9 | 己亥 | 2·8 | 30 | 金 | 윤9 | 己巳 | 2·8 | 29 | 日 | 10 | 己亥 | 2·8 |
| 25 | 3/1 | 木 | 10 | 庚子 | 2·8 | 31 | 土 | 윤10 | 庚午 | 2·8 | 30 | 月 | 11 | 庚子 | 2·8 |
| 26 | 2 | 金 | 11 | 辛丑 | 1·9 | 4/1 | 日 | 윤11 | 辛未 | 1·9 | 5/1 | 火 | 12 | 辛丑 | 2·9 |
| 27 | 3 | 土 | 12 | 壬寅 | 1·9 | 2 | 月 | 윤12 | 壬申 | 1·9 | 2 | 水 | 13 | 壬寅 | 1·9 |
| 28 | 4 | 日 | 13 | 癸卯 | 1·9 | 3 | 火 | 윤13 | 癸酉 | 1·9 | 3 | 木 | 14 | 癸卯 | 1·9 |
| 29 | 5 | 月 | 14 | 甲辰 | 1·10 | 4 | 水 | 윤14 | 甲戌 | 1·10 | 4 | 金 | 15 | 甲辰 | 1·10 |
| 30 | | | | | | | | | | | 5 | 土 | 16 | 乙巳 | 1·10 |
| 31 | | | | | | | | | | | | | | | |

| 절기후날수 | 입하절(丁巳月) 立夏 5월6일 3시44분 小滿 5월21일 16시52분 | | | | | 망종절(戊午月) 芒種 6월6일 8시17분 夏至 6월22일 1시6분 | | | | | 소서절(己未月) 小暑 7월7일 18시44분 大暑 7월23일 12시2분 | | | | |
|---|---|---|---|---|---|---|---|---|---|---|---|---|---|---|---|
| | 양력 | 요일 | 음력 | 일진 | 大運 남·여 | 양력 | 요일 | 음력 | 일진 | 大運 남·여 | 양력 | 요일 | 음력 | 일진 | 大運 남·여 |
| 0 | 5/6 | 日 | 17 | 丙午 | 입하 | 6/6 | 水 | 19 | 丁丑 | 망종 | 7/7 | 土 | 20 | 戊申 | 소서 |
| 1 | 7 | 月 | 18 | 丁未 | 10·1 | 7 | 木 | 20 | 戊寅 | 10·1 | 8 | 日 | 21 | 己酉 | 10·1 |
| 2 | 8 | 火 | 19 | 戊申 | 10·1 | 8 | 金 | 21 | 己卯 | 10·1 | 9 | 月 | 22 | 庚戌 | 10·1 |
| 3 | 9 | 水 | 20 | 己酉 | 9·1 | 9 | 土 | 22 | 庚辰 | 9·1 | 10 | 火 | 23 | 辛亥 | 10·1 |
| 4 | 10 | 木 | 21 | 庚戌 | 9·1 | 10 | 日 | 23 | 辛巳 | 9·1 | 11 | 水 | 24 | 壬子 | 9·1 |
| 5 | 11 | 金 | 22 | 辛亥 | 9·2 | 11 | 月 | 24 | 壬午 | 9·2 | 12 | 木 | 25 | 癸丑 | 9·2 |
| 6 | 12 | 土 | 23 | 壬子 | 8·2 | 12 | 火 | 25 | 癸未 | 8·2 | 13 | 金 | 26 | 甲寅 | 9·2 |
| 7 | 13 | 日 | 24 | 癸丑 | 8·2 | 13 | 水 | 26 | 甲申 | 8·2 | 14 | 土 | 27 | 乙卯 | 8·2 |
| 8 | 14 | 月 | 25 | 甲寅 | 8·3 | 14 | 木 | 27 | 乙酉 | 8·3 | 15 | 日 | 28 | 丙辰 | 8·3 |
| 9 | 15 | 火 | 26 | 乙卯 | 7·3 | 15 | 金 | 28 | 丙戌 | 7·3 | 16 | 月 | 29 | 丁巳 | 8·3 |
| 10 | 16 | 水 | 27 | 丙辰 | 7·3 | 16 | 土 | 29 | 丁亥 | 7·3 | 17 | 火 | 6/1 | 戊午 | 7·3 |
| 11 | 17 | 木 | 28 | 丁巳 | 7·4 | 17 | 日 | 30 | 戊子 | 7·4 | 18 | 水 | 2 | 己未 | 7·4 |
| 12 | 18 | 金 | 29 | 戊午 | 6·4 | 18 | 月 | 5/1 | 己丑 | 6·4 | 19 | 木 | 3 | 庚申 | 7·4 |
| 13 | 19 | 土 | 4/1 | 己未 | 6·4 | 19 | 火 | 2 | 庚寅 | 6·4 | 20 | 金 | 4 | 辛酉 | 6·4 |
| 14 | 20 | 日 | 2 | 庚申 | 6·5 | 20 | 水 | 3 | 辛卯 | 6·5 | 21 | 土 | 5 | 壬戌 | 6·5 |
| 15 | 21 | 月 | 3 | 辛酉 | 소만 | 21 | 木 | 4 | 壬辰 | 5·5 | 22 | 日 | 6 | 癸亥 | 6·5 |
| 16 | 22 | 火 | 4 | 壬戌 | 5·5 | 22 | 金 | 5 | 癸巳 | 하지 | 23 | 月 | 7 | 甲子 | 대서 |
| 17 | 23 | 水 | 5 | 癸亥 | 5·6 | 23 | 土 | 6 | 甲午 | 5·6 | 24 | 火 | 8 | 乙丑 | 5·6 |
| 18 | 24 | 木 | 6 | 甲子 | 4·6 | 24 | 日 | 7 | 乙未 | 4·6 | 25 | 水 | 9 | 丙寅 | 5·6 |
| 19 | 25 | 金 | 7 | 乙丑 | 4·6 | 25 | 月 | 8 | 丙申 | 4·6 | 26 | 木 | 10 | 丁卯 | 4·6 |
| 20 | 26 | 土 | 8 | 丙寅 | 4·7 | 26 | 火 | 9 | 丁酉 | 4·7 | 27 | 金 | 11 | 戊辰 | 4·7 |
| 21 | 27 | 日 | 9 | 丁卯 | 3·7 | 27 | 水 | 10 | 戊戌 | 3·7 | 28 | 土 | 12 | 己巳 | 4·7 |
| 22 | 28 | 月 | 10 | 戊辰 | 3·7 | 28 | 木 | 11 | 己亥 | 3·7 | 29 | 日 | 13 | 庚午 | 3·7 |
| 23 | 29 | 火 | 11 | 己巳 | 3·8 | 29 | 金 | 12 | 庚子 | 3·8 | 30 | 月 | 14 | 辛未 | 3·8 |
| 24 | 30 | 水 | 12 | 庚午 | 2·8 | 30 | 土 | 13 | 辛丑 | 2·8 | 31 | 火 | 15 | 壬申 | 3·8 |
| 25 | 31 | 木 | 13 | 辛未 | 2·8 | 7/1 | 日 | 14 | 壬寅 | 2·8 | 8/1 | 水 | 16 | 癸酉 | 2·8 |
| 26 | 6/1 | 金 | 14 | 壬申 | 2·9 | 2 | 月 | 15 | 癸卯 | 2·9 | 2 | 木 | 17 | 甲戌 | 2·9 |
| 27 | 2 | 土 | 15 | 癸酉 | 1·9 | 3 | 火 | 16 | 甲辰 | 1·9 | 3 | 金 | 18 | 乙亥 | 2·9 |
| 28 | 3 | 日 | 16 | 甲戌 | 1·9 | 4 | 水 | 17 | 乙巳 | 1·9 | 4 | 土 | 19 | 丙子 | 1·9 |
| 29 | 4 | 月 | 17 | 乙亥 | 1·10 | 5 | 木 | 18 | 丙午 | 1·10 | 5 | 日 | 20 | 丁丑 | 1·10 |
| 30 | 5 | 火 | 18 | 丙子 | 1·10 | 6 | 金 | 19 | 丁未 | 1·10 | 6 | 月 | 21 | 戊寅 | 1·10 |
| 31 | | | | | | | | | | | 7 | 火 | 22 | 己卯 | 1·10 |

▶윤달-2월

# 戊辰年

| 절기후날수 | 입추절(庚申月) 立秋 8월8일 4시28분 處暑 8월23일 18시53분 | | | | | 백로절(辛酉月) 白露 9월8일 7시2분 秋分 9월23일 16시6분 | | | | | 한로절(壬戌月) 寒露 10월8일 22시10분 霜降 10월24일 0시55분 | | | | |
|---|---|---|---|---|---|---|---|---|---|---|---|---|---|---|---|
| | 양력 | 요일 | 음력 | 일진 | 大運 남·여 | 양력 | 요일 | 음력 | 일진 | 大運 남·여 | 양력 | 요일 | 음력 | 일진 | 大運 남·여 |
| 0 | 8/8 | 水 | 23 | 庚辰 | 입추 | 9/8 | 土 | 25 | 辛亥 | 백로 | 10/8 | 月 | 25 | 辛巳 | 한로 |
| 1 | 9 | 木 | 24 | 辛巳 | 10·1 | 9 | 日 | 26 | 壬子 | 10·1 | 9 | 火 | 26 | 壬午 | 10·1 |
| 2 | 10 | 金 | 25 | 壬午 | 10·1 | 10 | 月 | 27 | 癸丑 | 9·1 | 10 | 水 | 27 | 癸未 | 10·1 |
| 3 | 11 | 土 | 26 | 癸未 | 9·1 | 11 | 火 | 28 | 甲寅 | 9·1 | 11 | 木 | 28 | 甲申 | 9·1 |
| 4 | 12 | 日 | 27 | 甲申 | 9·1 | 12 | 水 | 29 | 乙卯 | 9·1 | 12 | 金 | 29 | 乙酉 | 9·1 |
| 5 | 13 | 月 | 28 | 乙酉 | 9·2 | 13 | 木 | 30 | 丙辰 | 8·2 | 13 | 土 | 30 | 丙戌 | 9·2 |
| 6 | 14 | 火 | 29 | 丙戌 | 8·2 | 14 | 金 | 8/1 | 丁巳 | 8·2 | 14 | 日 | 9/1 | 丁亥 | 8·2 |
| 7 | 15 | 水 | 7/1 | 丁亥 | 8·2 | 15 | 土 | 2 | 戊午 | 8·2 | 15 | 月 | 2 | 戊子 | 8·2 |
| 8 | 16 | 木 | 2 | 戊子 | 8·3 | 16 | 日 | 3 | 己未 | 7·3 | 16 | 火 | 3 | 己丑 | 8·3 |
| 9 | 17 | 金 | 3 | 己丑 | 7·3 | 17 | 月 | 4 | 庚申 | 7·3 | 17 | 水 | 4 | 庚寅 | 7·3 |
| 10 | 18 | 土 | 4 | 庚寅 | 7·3 | 18 | 火 | 5 | 辛酉 | 7·3 | 18 | 木 | 5 | 辛卯 | 7·3 |
| 11 | 19 | 日 | 5 | 辛卯 | 7·4 | 19 | 水 | 6 | 壬戌 | 6·4 | 19 | 金 | 6 | 壬辰 | 7·4 |
| 12 | 20 | 月 | 6 | 壬辰 | 6·4 | 20 | 木 | 7 | 癸亥 | 6·4 | 20 | 土 | 7 | 癸巳 | 6·4 |
| 13 | 21 | 火 | 7 | 癸巳 | 6·4 | 21 | 金 | 8 | 甲子 | 6·4 | 21 | 日 | 8 | 甲午 | 6·4 |
| 14 | 22 | 水 | 8 | 甲午 | 6·5 | 22 | 土 | 9 | 乙丑 | 5·5 | 22 | 月 | 9 | 乙未 | 6·5 |
| 15 | 23 | 木 | 9 | 乙未 | 처서 | 23 | 日 | 10 | 丙寅 | 추분 | 23 | 火 | 10 | 丙申 | 5·5 |
| 16 | 24 | 金 | 10 | 丙申 | 5·5 | 24 | 月 | 11 | 丁卯 | 5·5 | 24 | 水 | 11 | 丁酉 | 상강 |
| 17 | 25 | 土 | 11 | 丁酉 | 5·6 | 25 | 火 | 12 | 戊辰 | 4·6 | 25 | 木 | 12 | 戊戌 | 5·6 |
| 18 | 26 | 日 | 12 | 戊戌 | 4·6 | 26 | 水 | 13 | 己巳 | 4·6 | 26 | 金 | 13 | 己亥 | 4·6 |
| 19 | 27 | 月 | 13 | 己亥 | 4·6 | 27 | 木 | 14 | 庚午 | 4·6 | 27 | 土 | 14 | 庚子 | 4·6 |
| 20 | 28 | 火 | 14 | 庚子 | 4·7 | 28 | 金 | 15 | 辛未 | 3·7 | 28 | 日 | 15 | 辛丑 | 4·7 |
| 21 | 29 | 水 | 15 | 辛丑 | 3·7 | 29 | 土 | 16 | 壬申 | 3·7 | 29 | 月 | 16 | 壬寅 | 3·7 |
| 22 | 30 | 木 | 16 | 壬寅 | 3·7 | 30 | 日 | 17 | 癸酉 | 3·7 | 30 | 火 | 17 | 癸卯 | 3·7 |
| 23 | 31 | 金 | 17 | 癸卯 | 3·8 | 10/1 | 月 | 18 | 甲戌 | 2·8 | 31 | 水 | 18 | 甲辰 | 3·8 |
| 24 | 9/1 | 土 | 18 | 甲辰 | 2·8 | 2 | 火 | 19 | 乙亥 | 2·8 | 11/1 | 木 | 19 | 乙巳 | 2·8 |
| 25 | 2 | 日 | 19 | 乙巳 | 2·8 | 3 | 水 | 20 | 丙子 | 2·8 | 2 | 金 | 20 | 丙午 | 2·8 |
| 26 | 3 | 月 | 20 | 丙午 | 2·9 | 4 | 木 | 21 | 丁丑 | 1·9 | 3 | 土 | 21 | 丁未 | 2·9 |
| 27 | 4 | 火 | 21 | 丁未 | 1·9 | 5 | 金 | 22 | 戊寅 | 1·9 | 4 | 日 | 22 | 戊申 | 1·9 |
| 28 | 5 | 水 | 22 | 戊申 | 1·9 | 6 | 土 | 23 | 己卯 | 1·9 | 5 | 月 | 23 | 己酉 | 1·9 |
| 29 | 6 | 木 | 23 | 己酉 | 1·10 | 7 | 日 | 24 | 庚辰 | 1·10 | 6 | 火 | 24 | 庚戌 | 1·10 |
| 30 | 7 | 金 | 24 | 庚戌 | 1·10 | | | | | | 7 | 水 | 25 | 辛亥 | 1·10 |
| 31 | | | | | | | | | | | | | | | |

| 절기후날수 | 입동절(癸亥月) 立冬 11월8일 0시50분 小雪 11월22일 22시0분 | | | | | 대설절(甲子月) 大雪 12월7일 17시17분 冬至 12월22일 11시4분 | | | | | 소한절(乙丑月) 小寒 1월6일 4시22분 大寒 1월20일 21시42분 | | | | |
|---|---|---|---|---|---|---|---|---|---|---|---|---|---|---|---|
| | 양력 | 요일 | 음력 | 일진 | 大運 남·여 | 양력 | 요일 | 음력 | 일진 | 大運 남·여 | 양력 | 요일 | 음력 | 일진 | 大運 남·여 |
| 0 | 11/8 | 木 | 26 | 壬子 | 입동 | 12/7 | 金 | 26 | 辛巳 | 대설 | 1/6 | 日 | 26 | 辛亥 | 소한 |
| 1 | 9 | 金 | 27 | 癸丑 | 9·1 | 8 | 土 | 27 | 壬午 | 10·1 | 7 | 月 | 27 | 壬子 | 9·1 |
| 2 | 10 | 土 | 28 | 甲寅 | 9·1 | 9 | 日 | 28 | 癸未 | 9·1 | 8 | 火 | 28 | 癸丑 | 9·1 |
| 3 | 11 | 日 | 29 | 乙卯 | 9·1 | 10 | 月 | 29 | 甲申 | 9·1 | 9 | 水 | 29 | 甲寅 | 9·1 |
| 4 | 12 | 月 | 10/1 | 丙辰 | 8·1 | 11 | 火 | 30 | 乙酉 | 9·1 | 10 | 木 | 30 | 乙卯 | 8·1 |
| 5 | 13 | 火 | 2 | 丁巳 | 8·2 | 12 | 水 | 11/1 | 丙戌 | 8·2 | 11 | 金 | 12/1 | 丙辰 | 8·2 |
| 6 | 14 | 水 | 3 | 戊午 | 8·2 | 13 | 木 | 2 | 丁亥 | 8·2 | 12 | 土 | 2 | 丁巳 | 8·2 |
| 7 | 15 | 木 | 4 | 己未 | 7·2 | 14 | 金 | 3 | 戊子 | 8·2 | 13 | 日 | 3 | 戊午 | 7·2 |
| 8 | 16 | 金 | 5 | 庚申 | 7·3 | 15 | 土 | 4 | 己丑 | 7·3 | 14 | 月 | 4 | 己未 | 7·3 |
| 9 | 17 | 土 | 6 | 辛酉 | 7·3 | 16 | 日 | 5 | 庚寅 | 7·3 | 15 | 火 | 5 | 庚申 | 7·3 |
| 10 | 18 | 日 | 7 | 壬戌 | 6·3 | 17 | 月 | 6 | 辛卯 | 7·3 | 16 | 水 | 6 | 辛酉 | 6·3 |
| 11 | 19 | 月 | 8 | 癸亥 | 6·4 | 18 | 火 | 7 | 壬辰 | 6·4 | 17 | 木 | 7 | 壬戌 | 6·4 |
| 12 | 20 | 火 | 9 | 甲子 | 6·4 | 19 | 水 | 8 | 癸巳 | 6·4 | 18 | 金 | 8 | 癸亥 | 6·4 |
| 13 | 21 | 水 | 10 | 乙丑 | 5·4 | 20 | 木 | 9 | 甲午 | 6·4 | 19 | 土 | 9 | 甲子 | 5·4 |
| 14 | 22 | 木 | 11 | 丙寅 | 소설 | 21 | 金 | 10 | 乙未 | 5·5 | 20 | 日 | 10 | 乙丑 | 대한 |
| 15 | 23 | 金 | 12 | 丁卯 | 5·5 | 22 | 土 | 11 | 丙申 | 동지 | 21 | 月 | 11 | 丙寅 | 5·5 |
| 16 | 24 | 土 | 13 | 戊辰 | 4·5 | 23 | 日 | 12 | 丁酉 | 5·5 | 22 | 火 | 12 | 丁卯 | 4·5 |
| 17 | 25 | 日 | 14 | 己巳 | 4·6 | 24 | 月 | 13 | 戊戌 | 4·6 | 23 | 水 | 13 | 戊辰 | 4·6 |
| 18 | 26 | 月 | 15 | 庚午 | 4·6 | 25 | 火 | 14 | 己亥 | 4·6 | 24 | 木 | 14 | 己巳 | 4·6 |
| 19 | 27 | 火 | 16 | 辛未 | 3·6 | 26 | 水 | 15 | 庚子 | 4·6 | 25 | 金 | 15 | 庚午 | 3·6 |
| 20 | 28 | 水 | 17 | 壬申 | 3·7 | 27 | 木 | 16 | 辛丑 | 3·7 | 26 | 土 | 16 | 辛未 | 3·7 |
| 21 | 29 | 木 | 18 | 癸酉 | 3·7 | 28 | 金 | 17 | 壬寅 | 3·7 | 27 | 日 | 17 | 壬申 | 3·7 |
| 22 | 30 | 金 | 19 | 甲戌 | 2·7 | 29 | 土 | 18 | 癸卯 | 3·7 | 28 | 月 | 18 | 癸酉 | 2·7 |
| 23 | 12/1 | 土 | 20 | 乙亥 | 2·8 | 30 | 日 | 19 | 甲辰 | 2·8 | 29 | 火 | 19 | 甲戌 | 2·8 |
| 24 | 2 | 日 | 21 | 丙子 | 2·8 | 31 | 月 | 20 | 乙巳 | 2·8 | 30 | 水 | 20 | 乙亥 | 2·8 |
| 25 | 3 | 月 | 22 | 丁丑 | 1·8 | 1/1 | 火 | 21 | 丙午 | 2·8 | 31 | 木 | 21 | 丙子 | 1·8 |
| 26 | 4 | 火 | 23 | 戊寅 | 1·9 | 2 | 水 | 22 | 丁未 | 1·9 | 2/1 | 金 | 22 | 丁丑 | 1·9 |
| 27 | 5 | 水 | 24 | 己卯 | 1·9 | 3 | 木 | 23 | 戊申 | 1·9 | 2 | 土 | 23 | 戊寅 | 1·9 |
| 28 | 6 | 木 | 25 | 庚辰 | 1·9 | 4 | 金 | 24 | 己酉 | 1·9 | 3 | 日 | 24 | 己卯 | 1·9 |
| 29 | | | | | | 5 | 土 | 25 | 庚戌 | 1·10 | | | | | |
| 30 | | | | | | | | | | | | | | | |
| 31 | | | | | | | | | | | | | | | |

# 서기 1929년 [단기 4262년]

| 절기후날수 | 입춘절(丙寅月) | | | | | 경칩절(丁卯月) | | | | | 청명절(戊辰月) | | | | | 입하절(己巳月) | | | | | 망종절(庚午月) | | | | | 소서절(辛未月) | | | | |
|---|---|---|---|---|---|---|---|---|---|---|---|---|---|---|---|---|---|---|---|---|---|---|---|---|---|---|---|---|---|---|
| | 立春 2월4일 16시9분<br>雨水 2월19일 12시7분 | | | | | 驚蟄 3월6일 10시32분<br>春分 3월21일 11시35분 | | | | | 清明 4월5일 15시51분<br>穀雨 4월20일 23시10분 | | | | | 立夏 5월6일 9시40분<br>小滿 5월21일 22시48분 | | | | | 芒種 6월6일 14시11분<br>夏至 6월22일 7시1분 | | | | | 小暑 7월8일 0시32분<br>大暑 7월23일 17시53분 | | | | |
| | 양력 | 요일 | 음력 | 일진 | 大運 남·여 | 양력 | 요일 | 음력 | 일진 | 大運 남·여 | 양력 | 요일 | 음력 | 일진 | 大運 남·여 | 양력 | 요일 | 음력 | 일진 | 大運 남·여 | 양력 | 요일 | 음력 | 일진 | 大運 남·여 | 양력 | 요일 | 음력 | 일진 | 大運 남·여 |
| 0 | 2/4 | 月 | 25 | 庚辰 | 입춘 | 3/6 | 水 | 25 | 庚戌 | 경칩 | 4/5 | 金 | 26 | 庚辰 | 청명 | 5/6 | 月 | 27 | 辛亥 | 입하 | 6/6 | 木 | 29 | 壬午 | 망종 | 7/8 | 月 | 2 | 甲寅 | 소서 |
| 1 | 5 | 火 | 26 | 辛巳 | 1·10 | 7 | 木 | 26 | 辛亥 | 1·10 | 6 | 土 | 27 | 辛巳 | 1·10 | 7 | 火 | 28 | 壬子 | 1·10 | 7 | 金 | 5/1 | 癸未 | 1·10 | 9 | 火 | 3 | 乙卯 | 1·10 |
| 2 | 6 | 水 | 27 | 壬午 | 1·9 | 8 | 金 | 27 | 壬子 | 1·9 | 7 | 日 | 28 | 壬午 | 1·10 | 8 | 水 | 29 | 癸丑 | 1·10 | 8 | 土 | 2 | 甲申 | 1·10 | 10 | 水 | 4 | 丙辰 | 1·10 |
| 3 | 7 | 木 | 28 | 癸未 | 1·9 | 9 | 土 | 28 | 癸丑 | 1·9 | 8 | 月 | 29 | 癸未 | 1·9 | 9 | 木 | 4/1 | 甲寅 | 1·9 | 9 | 日 | 3 | 乙酉 | 1·10 | 11 | 木 | 5 | 丁巳 | 1·9 |
| 4 | 8 | 金 | 29 | 甲申 | 1·9 | 10 | 日 | 29 | 甲寅 | 1·9 | 9 | 火 | 30 | 甲申 | 1·9 | 10 | 金 | 2 | 乙卯 | 1·9 | 10 | 月 | 4 | 丙戌 | 1·9 | 12 | 金 | 6 | 戊午 | 1·9 |
| 5 | 9 | 土 | 30 | 乙酉 | 2·8 | 11 | 月 | 2/1 | 乙卯 | 2·8 | 10 | 水 | 3/1 | 乙酉 | 2·9 | 11 | 土 | 3 | 丙辰 | 2·9 | 11 | 火 | 5 | 丁亥 | 2·9 | 13 | 土 | 7 | 己未 | 2·9 |
| 6 | 10 | 日 | 1/1 | 丙戌 | 2·8 | 12 | 火 | 2 | 丙辰 | 2·8 | 11 | 木 | 2 | 丙戌 | 2·8 | 12 | 日 | 4 | 丁巳 | 2·8 | 12 | 水 | 6 | 戊子 | 2·9 | 14 | 日 | 8 | 庚申 | 2·8 |
| 7 | 11 | 月 | 2 | 丁亥 | 2·8 | 13 | 水 | 3 | 丁巳 | 2·8 | 12 | 金 | 3 | 丁亥 | 2·8 | 13 | 月 | 5 | 戊午 | 2·8 | 13 | 木 | 7 | 己丑 | 2·8 | 15 | 月 | 9 | 辛酉 | 2·8 |
| 8 | 12 | 火 | 3 | 戊子 | 3·7 | 14 | 木 | 4 | 戊午 | 3·7 | 13 | 土 | 4 | 戊子 | 3·8 | 14 | 火 | 6 | 己未 | 3·8 | 14 | 金 | 8 | 庚寅 | 3·8 | 16 | 火 | 10 | 壬戌 | 3·8 |
| 9 | 13 | 水 | 4 | 己丑 | 3·7 | 15 | 金 | 5 | 己未 | 3·7 | 14 | 日 | 5 | 己丑 | 3·7 | 15 | 水 | 7 | 庚申 | 3·7 | 15 | 土 | 9 | 辛卯 | 3·8 | 17 | 水 | 11 | 癸亥 | 3·7 |
| 10 | 14 | 木 | 5 | 庚寅 | 3·7 | 16 | 土 | 6 | 庚申 | 3·7 | 15 | 月 | 6 | 庚寅 | 3·7 | 16 | 木 | 8 | 辛酉 | 3·7 | 16 | 日 | 10 | 壬辰 | 3·7 | 18 | 木 | 12 | 甲子 | 3·7 |
| 11 | 15 | 金 | 6 | 辛卯 | 4·6 | 17 | 日 | 7 | 辛酉 | 4·6 | 16 | 火 | 7 | 辛卯 | 4·7 | 17 | 金 | 9 | 壬戌 | 4·7 | 17 | 月 | 11 | 癸巳 | 4·7 | 19 | 金 | 13 | 乙丑 | 4·7 |
| 12 | 16 | 土 | 7 | 壬辰 | 4·6 | 18 | 月 | 8 | 壬戌 | 4·6 | 17 | 水 | 8 | 壬辰 | 4·6 | 18 | 土 | 10 | 癸亥 | 4·6 | 18 | 火 | 12 | 甲午 | 4·7 | 20 | 土 | 14 | 丙寅 | 4·6 |
| 13 | 17 | 日 | 8 | 癸巳 | 4·6 | 19 | 火 | 9 | 癸亥 | 4·6 | 18 | 木 | 9 | 癸巳 | 4·6 | 19 | 日 | 11 | 甲子 | 4·6 | 19 | 水 | 13 | 乙未 | 4·6 | 21 | 日 | 15 | 丁卯 | 4·6 |
| 14 | 18 | 月 | 9 | 甲午 | 5·5 | 20 | 水 | 10 | 甲子 | 5·5 | 19 | 金 | 10 | 甲午 | 5·6 | 20 | 月 | 12 | 乙丑 | 5·6 | 20 | 木 | 14 | 丙申 | 5·6 | 22 | 月 | 16 | 戊辰 | 5·6 |
| 15 | 19 | 火 | 10 | 乙未 | 우수 | 21 | 木 | 11 | 乙丑 | 춘분 | 20 | 土 | 11 | 乙未 | 곡우 | 21 | 火 | 13 | 丙寅 | 소만 | 21 | 金 | 15 | 丁酉 | 5·6 | 23 | 火 | 17 | 己巳 | 대서 |
| 16 | 20 | 水 | 11 | 丙申 | 5·5 | 22 | 金 | 12 | 丙寅 | 5·5 | 21 | 日 | 12 | 丙申 | 5·5 | 22 | 水 | 14 | 丁卯 | 5·5 | 22 | 土 | 16 | 戊戌 | 하지 | 24 | 水 | 18 | 庚午 | 5·5 |
| 17 | 21 | 木 | 12 | 丁酉 | 6·4 | 23 | 土 | 13 | 丁卯 | 6·4 | 22 | 月 | 13 | 丁酉 | 6·5 | 23 | 木 | 15 | 戊辰 | 6·5 | 23 | 日 | 17 | 己亥 | 6·5 | 25 | 木 | 19 | 辛未 | 6·5 |
| 18 | 22 | 金 | 13 | 戊戌 | 6·4 | 24 | 日 | 14 | 戊辰 | 6·4 | 23 | 火 | 14 | 戊戌 | 6·4 | 24 | 金 | 16 | 己巳 | 6·4 | 24 | 月 | 18 | 庚子 | 6·5 | 26 | 金 | 20 | 壬申 | 6·4 |
| 19 | 23 | 土 | 14 | 己亥 | 6·4 | 25 | 月 | 15 | 己巳 | 6·4 | 24 | 水 | 15 | 己亥 | 6·4 | 25 | 土 | 17 | 庚午 | 6·4 | 25 | 火 | 19 | 辛丑 | 6·4 | 27 | 土 | 21 | 癸酉 | 6·4 |
| 20 | 24 | 日 | 15 | 庚子 | 7·3 | 26 | 火 | 16 | 庚午 | 7·3 | 25 | 木 | 16 | 庚子 | 7·4 | 26 | 日 | 18 | 辛未 | 7·4 | 26 | 水 | 20 | 壬寅 | 7·4 | 28 | 日 | 22 | 甲戌 | 7·4 |
| 21 | 25 | 月 | 16 | 辛丑 | 7·3 | 27 | 水 | 17 | 辛未 | 7·3 | 26 | 金 | 17 | 辛丑 | 7·3 | 27 | 月 | 19 | 壬申 | 7·3 | 27 | 木 | 21 | 癸卯 | 7·4 | 29 | 月 | 23 | 乙亥 | 7·3 |
| 22 | 26 | 火 | 17 | 壬寅 | 7·3 | 28 | 木 | 18 | 壬申 | 7·3 | 27 | 土 | 18 | 壬寅 | 7·3 | 28 | 火 | 20 | 癸酉 | 7·3 | 28 | 金 | 22 | 甲辰 | 7·3 | 30 | 火 | 24 | 丙子 | 7·3 |
| 23 | 27 | 水 | 18 | 癸卯 | 8·2 | 29 | 金 | 19 | 癸酉 | 8·2 | 28 | 日 | 19 | 癸卯 | 8·3 | 29 | 水 | 21 | 甲戌 | 8·3 | 29 | 土 | 23 | 乙巳 | 8·3 | 31 | 水 | 25 | 丁丑 | 8·3 |
| 24 | 28 | 木 | 19 | 甲辰 | 8·2 | 30 | 土 | 20 | 甲戌 | 8·2 | 29 | 月 | 20 | 甲辰 | 8·2 | 30 | 木 | 22 | 乙亥 | 8·2 | 30 | 日 | 24 | 丙午 | 8·3 | 8/1 | 木 | 26 | 戊寅 | 8·2 |
| 25 | 3/1 | 金 | 20 | 乙巳 | 8·2 | 31 | 日 | 21 | 乙亥 | 8·2 | 30 | 火 | 21 | 乙巳 | 8·2 | 31 | 金 | 23 | 丙子 | 8·2 | 7/1 | 月 | 25 | 丁未 | 8·2 | 2 | 金 | 27 | 己卯 | 8·2 |
| 26 | 2 | 土 | 21 | 丙午 | 9·1 | 4/1 | 月 | 22 | 丙子 | 9·1 | 5/1 | 水 | 22 | 丙午 | 9·2 | 6/1 | 土 | 24 | 丁丑 | 9·2 | 2 | 火 | 26 | 戊申 | 9·2 | 3 | 土 | 28 | 庚辰 | 9·2 |
| 27 | 3 | 日 | 22 | 丁未 | 9·1 | 2 | 火 | 23 | 丁丑 | 9·1 | 2 | 木 | 23 | 丁未 | 9·1 | 2 | 日 | 25 | 戊寅 | 9·1 | 3 | 水 | 27 | 己酉 | 9·2 | 4 | 日 | 29 | 辛巳 | 9·1 |
| 28 | 4 | 月 | 23 | 戊申 | 9·1 | 3 | 水 | 24 | 戊寅 | 9·1 | 3 | 金 | 24 | 戊申 | 9·1 | 3 | 月 | 26 | 己卯 | 9·1 | 4 | 木 | 28 | 庚戌 | 9·1 | 5 | 月 | 7/1 | 壬午 | 9·1 |
| 29 | 5 | 火 | 24 | 己酉 | 10·1 | 4 | 木 | 25 | 己卯 | 10·1 | 4 | 土 | 25 | 己酉 | 10·1 | 4 | 火 | 27 | 庚辰 | 10·1 | 5 | 金 | 29 | 辛亥 | 10·1 | 6 | 火 | 2 | 癸未 | 10·1 |
| 30 | | | | | | | | | | | 5 | 日 | 26 | 庚戌 | 10·1 | 5 | 水 | 28 | 辛巳 | 10·1 | 6 | 土 | 30 | 壬子 | 10·1 | 7 | 水 | 3 | 甲申 | 10·1 |
| 31 | | | | | | | | | | | | | | | | | | | | | 7 | 日 | 6/1 | 癸丑 | 10·1 | | | | | |

# 己巳年

| 절기후날수 | 입추절(壬申月) | | | | | | 백로절(癸酉月) | | | | | |
|---|---|---|---|---|---|---|---|---|---|---|---|---|
| | 立秋 8월8일 10시9분<br>處暑 8월24일 0시41분 | | | | | | 白露 9월8일 12시40분<br>秋分 9월23일 21시52분 | | | | | |
| | 양력 | 요일 | 음력 | 일진 | 大運 남 | 大運 여 | 양력 | 요일 | 음력 | 일진 | 大運 남 | 大運 여 |
| 0 | 8/8 | 木 | 4 | 乙酉 | 입추 | | 9/8 | 日 | 6 | 丙辰 | 백로 | |
| 1 | 9 | 金 | 5 | 丙戌 | 1 | 10 | 9 | 月 | 7 | 丁巳 | 1 | 10 |
| 2 | 10 | 土 | 6 | 丁亥 | 1 | 10 | 10 | 火 | 8 | 戊午 | 1 | 10 |
| 3 | 11 | 日 | 7 | 戊子 | 1 | 9 | 11 | 水 | 9 | 己未 | 1 | 9 |
| 4 | 12 | 月 | 8 | 己丑 | 1 | 9 | 12 | 木 | 10 | 庚申 | 1 | 9 |
| 5 | 13 | 火 | 9 | 庚寅 | 2 | 9 | 13 | 金 | 11 | 辛酉 | 2 | 9 |
| 6 | 14 | 水 | 10 | 辛卯 | 2 | 8 | 14 | 土 | 12 | 壬戌 | 2 | 8 |
| 7 | 15 | 木 | 11 | 壬辰 | 2 | 8 | 15 | 日 | 13 | 癸亥 | 2 | 8 |
| 8 | 16 | 金 | 12 | 癸巳 | 3 | 8 | 16 | 月 | 14 | 甲子 | 3 | 8 |
| 9 | 17 | 土 | 13 | 甲午 | 3 | 7 | 17 | 火 | 15 | 乙丑 | 3 | 7 |
| 10 | 18 | 日 | 14 | 乙未 | 3 | 7 | 18 | 水 | 16 | 丙寅 | 3 | 7 |
| 11 | 19 | 月 | 15 | 丙申 | 4 | 7 | 19 | 木 | 17 | 丁卯 | 4 | 7 |
| 12 | 20 | 火 | 16 | 丁酉 | 4 | 6 | 20 | 金 | 18 | 戊辰 | 4 | 6 |
| 13 | 21 | 水 | 17 | 戊戌 | 4 | 6 | 21 | 土 | 19 | 己巳 | 4 | 6 |
| 14 | 22 | 木 | 18 | 己亥 | 5 | 6 | 22 | 日 | 20 | 庚午 | 5 | 6 |
| 15 | 23 | 金 | 19 | 庚子 | 5 | 5 | 23 | 月 | 21 | 辛未 | 추분 | |
| 16 | 24 | 土 | 20 | 辛丑 | 처서 | | 24 | 火 | 22 | 壬申 | 5 | 5 |
| 17 | 25 | 日 | 21 | 壬寅 | 6 | 5 | 25 | 水 | 23 | 癸酉 | 6 | 5 |
| 18 | 26 | 月 | 22 | 癸卯 | 6 | 4 | 26 | 木 | 24 | 甲戌 | 6 | 4 |
| 19 | 27 | 火 | 23 | 甲辰 | 6 | 4 | 27 | 金 | 25 | 乙亥 | 6 | 4 |
| 20 | 28 | 水 | 24 | 乙巳 | 7 | 4 | 28 | 土 | 26 | 丙子 | 7 | 4 |
| 21 | 29 | 木 | 25 | 丙午 | 7 | 3 | 29 | 日 | 27 | 丁丑 | 7 | 3 |
| 22 | 30 | 金 | 26 | 丁未 | 7 | 3 | 30 | 月 | 28 | 戊寅 | 7 | 3 |
| 23 | 31 | 土 | 27 | 戊申 | 8 | 3 | 10/1 | 火 | 29 | 己卯 | 8 | 3 |
| 24 | 9/1 | 日 | 28 | 己酉 | 8 | 2 | 2 | 水 | 30 | 庚辰 | 8 | 2 |
| 25 | 2 | 月 | 29 | 庚戌 | 8 | 2 | 3 | 木 | 9/1 | 辛巳 | 8 | 2 |
| 26 | 3 | 火 | 8/1 | 辛亥 | 9 | 2 | 4 | 金 | 2 | 壬午 | 9 | 2 |
| 27 | 4 | 水 | 2 | 壬子 | 9 | 1 | 5 | 土 | 3 | 癸未 | 9 | 1 |
| 28 | 5 | 木 | 3 | 癸丑 | 9 | 1 | 6 | 日 | 4 | 甲申 | 9 | 1 |
| 29 | 6 | 金 | 4 | 甲寅 | 10 | 1 | 7 | 月 | 5 | 乙酉 | 10 | 1 |
| 30 | 7 | 土 | 5 | 乙卯 | 10 | 1 | 8 | 火 | 6 | 丙戌 | 10 | 1 |
| 31 | | | | | | | | | | | | |

| 절기후날수 | 한로절(甲戌月) | | | | | | 입동절(乙亥月) | | | | | |
|---|---|---|---|---|---|---|---|---|---|---|---|---|
| | 寒露 10월9일 3시47분<br>霜降 10월24일 6시41분 | | | | | | 立冬 11월8일 6시28분<br>小雪 11월23일 3시48분 | | | | | |
| | 양력 | 요일 | 음력 | 일진 | 大運 남 | 大運 여 | 양력 | 요일 | 음력 | 일진 | 大運 남 | 大運 여 |
| 0 | 10/9 | 水 | 7 | 丁亥 | 한로 | | 11/8 | 金 | 8 | 丁巳 | 입동 | |
| 1 | 10 | 木 | 8 | 戊子 | 1 | 10 | 9 | 土 | 9 | 戊午 | 1 | 9 |
| 2 | 11 | 金 | 9 | 己丑 | 1 | 9 | 10 | 日 | 10 | 己未 | 1 | 9 |
| 3 | 12 | 土 | 10 | 庚寅 | 1 | 9 | 11 | 月 | 11 | 庚申 | 1 | 9 |
| 4 | 13 | 日 | 11 | 辛卯 | 1 | 9 | 12 | 火 | 12 | 辛酉 | 1 | 8 |
| 5 | 14 | 月 | 12 | 壬辰 | 2 | 8 | 13 | 水 | 13 | 壬戌 | 2 | 8 |
| 6 | 15 | 火 | 13 | 癸巳 | 2 | 8 | 14 | 木 | 14 | 癸亥 | 2 | 8 |
| 7 | 16 | 水 | 14 | 甲午 | 2 | 8 | 15 | 金 | 15 | 甲子 | 2 | 7 |
| 8 | 17 | 木 | 15 | 乙未 | 3 | 7 | 16 | 土 | 16 | 乙丑 | 3 | 7 |
| 9 | 18 | 金 | 16 | 丙申 | 3 | 7 | 17 | 日 | 17 | 丙寅 | 3 | 7 |
| 10 | 19 | 土 | 17 | 丁酉 | 3 | 7 | 18 | 月 | 18 | 丁卯 | 3 | 6 |
| 11 | 20 | 日 | 18 | 戊戌 | 4 | 6 | 19 | 火 | 19 | 戊辰 | 4 | 6 |
| 12 | 21 | 月 | 19 | 己亥 | 4 | 6 | 20 | 水 | 20 | 己巳 | 4 | 6 |
| 13 | 22 | 火 | 20 | 庚子 | 4 | 6 | 21 | 木 | 21 | 庚午 | 4 | 5 |
| 14 | 23 | 水 | 21 | 辛丑 | 5 | 5 | 22 | 金 | 22 | 辛未 | 5 | 5 |
| 15 | 24 | 木 | 22 | 壬寅 | 상강 | | 23 | 土 | 23 | 壬申 | 소설 | |
| 16 | 25 | 金 | 23 | 癸卯 | 5 | 5 | 24 | 日 | 24 | 癸酉 | 5 | 4 |
| 17 | 26 | 土 | 24 | 甲辰 | 6 | 4 | 25 | 月 | 25 | 甲戌 | 6 | 4 |
| 18 | 27 | 日 | 25 | 乙巳 | 6 | 4 | 26 | 火 | 26 | 乙亥 | 6 | 4 |
| 19 | 28 | 月 | 26 | 丙午 | 6 | 4 | 27 | 水 | 27 | 丙子 | 6 | 3 |
| 20 | 29 | 火 | 27 | 丁未 | 7 | 3 | 28 | 木 | 28 | 丁丑 | 7 | 3 |
| 21 | 30 | 水 | 28 | 戊申 | 7 | 3 | 29 | 金 | 29 | 戊寅 | 7 | 3 |
| 22 | 31 | 木 | 29 | 己酉 | 7 | 3 | 30 | 土 | 30 | 己卯 | 7 | 2 |
| 23 | 11/1 | 金 | 10/1 | 庚戌 | 8 | 2 | 12/1 | 日 | 11/1 | 庚辰 | 8 | 2 |
| 24 | 2 | 土 | 2 | 辛亥 | 8 | 2 | 2 | 月 | 2 | 辛巳 | 8 | 2 |
| 25 | 3 | 日 | 3 | 壬子 | 8 | 2 | 3 | 火 | 3 | 壬午 | 8 | 1 |
| 26 | 4 | 月 | 4 | 癸丑 | 9 | 1 | 4 | 水 | 4 | 癸未 | 9 | 1 |
| 27 | 5 | 火 | 5 | 甲寅 | 9 | 1 | 5 | 木 | 5 | 甲申 | 9 | 1 |
| 28 | 6 | 水 | 6 | 乙卯 | 9 | 1 | 6 | 金 | 6 | 乙酉 | 9 | 1 |
| 29 | 7 | 木 | 7 | 丙辰 | 10 | 1 | | | | | | |
| 30 | | | | | | | | | | | | |
| 31 | | | | | | | | | | | | |

| 절기후날수 | 대설절(丙子月) | | | | | | 소한절(丁丑月) | | | | | |
|---|---|---|---|---|---|---|---|---|---|---|---|---|
| | 大雪 12월7일 22시56분<br>冬至 12월22일 16시53분 | | | | | | 小寒 1월6일 10시3분<br>大寒 1월21일 3시33분 | | | | | |
| | 양력 | 요일 | 음력 | 일진 | 大運 남 | 大運 여 | 양력 | 요일 | 음력 | 일진 | 大運 남 | 大運 여 |
| 0 | 12/7 | 土 | 7 | 丙戌 | 대설 | | 1/6 | 月 | 7 | 丙辰 | 소한 | |
| 1 | 8 | 日 | 8 | 丁亥 | 1 | 10 | 7 | 火 | 8 | 丁巳 | 1 | 9 |
| 2 | 9 | 月 | 9 | 戊子 | 1 | 9 | 8 | 水 | 9 | 戊午 | 1 | 9 |
| 3 | 10 | 火 | 10 | 己丑 | 1 | 9 | 9 | 木 | 10 | 己未 | 1 | 9 |
| 4 | 11 | 水 | 11 | 庚寅 | 1 | 9 | 10 | 金 | 11 | 庚申 | 1 | 8 |
| 5 | 12 | 木 | 12 | 辛卯 | 2 | 8 | 11 | 土 | 12 | 辛酉 | 2 | 8 |
| 6 | 13 | 金 | 13 | 壬辰 | 2 | 8 | 12 | 日 | 13 | 壬戌 | 2 | 8 |
| 7 | 14 | 土 | 14 | 癸巳 | 2 | 8 | 13 | 月 | 14 | 癸亥 | 2 | 7 |
| 8 | 15 | 日 | 15 | 甲午 | 3 | 7 | 14 | 火 | 15 | 甲子 | 3 | 7 |
| 9 | 16 | 月 | 16 | 乙未 | 3 | 7 | 15 | 水 | 16 | 乙丑 | 3 | 7 |
| 10 | 17 | 火 | 17 | 丙申 | 3 | 7 | 16 | 木 | 17 | 丙寅 | 3 | 6 |
| 11 | 18 | 水 | 18 | 丁酉 | 4 | 6 | 17 | 金 | 18 | 丁卯 | 4 | 6 |
| 12 | 19 | 木 | 19 | 戊戌 | 4 | 6 | 18 | 土 | 19 | 戊辰 | 4 | 6 |
| 13 | 20 | 金 | 20 | 己亥 | 4 | 6 | 19 | 日 | 20 | 己巳 | 4 | 5 |
| 14 | 21 | 土 | 21 | 庚子 | 5 | 5 | 20 | 月 | 21 | 庚午 | 5 | 5 |
| 15 | 22 | 日 | 22 | 辛丑 | 동지 | | 21 | 火 | 22 | 辛未 | 대한 | |
| 16 | 23 | 月 | 23 | 壬寅 | 5 | 5 | 22 | 水 | 23 | 壬申 | 5 | 4 |
| 17 | 24 | 火 | 24 | 癸卯 | 6 | 4 | 23 | 木 | 24 | 癸酉 | 6 | 4 |
| 18 | 25 | 水 | 25 | 甲辰 | 6 | 4 | 24 | 金 | 25 | 甲戌 | 6 | 4 |
| 19 | 26 | 木 | 26 | 乙巳 | 6 | 4 | 25 | 土 | 26 | 乙亥 | 6 | 3 |
| 20 | 27 | 金 | 27 | 丙午 | 7 | 3 | 26 | 日 | 27 | 丙子 | 7 | 3 |
| 21 | 28 | 土 | 28 | 丁未 | 7 | 3 | 27 | 月 | 28 | 丁丑 | 7 | 3 |
| 22 | 29 | 日 | 29 | 戊申 | 7 | 3 | 28 | 火 | 29 | 戊寅 | 7 | 2 |
| 23 | 30 | 月 | 30 | 己酉 | 8 | 2 | 29 | 水 | 30 | 己卯 | 8 | 2 |
| 24 | 31 | 火 | 12/1 | 庚戌 | 8 | 2 | 30 | 木 | 1/1 | 庚辰 | 8 | 2 |
| 25 | 1/1 | 水 | 2 | 辛亥 | 8 | 2 | 31 | 金 | 2 | 辛巳 | 8 | 1 |
| 26 | 2 | 木 | 3 | 壬子 | 9 | 1 | 2/1 | 土 | 3 | 壬午 | 9 | 1 |
| 27 | 3 | 金 | 4 | 癸丑 | 9 | 1 | 2 | 日 | 4 | 癸未 | 9 | 1 |
| 28 | 4 | 土 | 5 | 甲寅 | 9 | 1 | 3 | 月 | 5 | 甲申 | 9 | 1 |
| 29 | 5 | 日 | 6 | 乙卯 | 10 | 1 | | | | | | |
| 30 | | | | | | | | | | | | |
| 31 | | | | | | | | | | | | |

# 서기 1930년 [단기 4263년]

| 절기후날수 | 입춘절(戊寅月) 立春 2월4일 21시51분 雨水 2월19일 18시0분 | | | | | 경칩절(己卯月) 驚蟄 3월6일 16시17분 春分 3월21일 17시30분 | | | | |
|---|---|---|---|---|---|---|---|---|---|---|
| | 양력 | 요일 | 음력 | 일진 | 大運 남·여 | 양력 | 요일 | 음력 | 일진 | 大運 남·여 |
| 0 | 2/4 | 火 | 6 | 乙酉 | 입춘 | 3/6 | 木 | 7 | 乙卯 | 경칩 |
| 1 | 5 | 水 | 7 | 丙戌 | 10·1 | 7 | 金 | 8 | 丙辰 | 10·1 |
| 2 | 6 | 木 | 8 | 丁亥 | 9·1 | 8 | 土 | 9 | 丁巳 | 9·1 |
| 3 | 7 | 金 | 9 | 戊子 | 9·1 | 9 | 日 | 10 | 戊午 | 9·1 |
| 4 | 8 | 土 | 10 | 己丑 | 9·1 | 10 | 月 | 11 | 己未 | 9·1 |
| 5 | 9 | 日 | 11 | 庚寅 | 8·2 | 11 | 火 | 12 | 庚申 | 8·2 |
| 6 | 10 | 月 | 12 | 辛卯 | 8·2 | 12 | 水 | 13 | 辛酉 | 8·2 |
| 7 | 11 | 火 | 13 | 壬辰 | 8·2 | 13 | 木 | 14 | 壬戌 | 8·2 |
| 8 | 12 | 水 | 14 | 癸巳 | 7·3 | 14 | 金 | 15 | 癸亥 | 7·3 |
| 9 | 13 | 木 | 15 | 甲午 | 7·3 | 15 | 土 | 16 | 甲子 | 7·3 |
| 10 | 14 | 金 | 16 | 乙未 | 7·3 | 16 | 日 | 17 | 乙丑 | 7·3 |
| 11 | 15 | 土 | 17 | 丙申 | 6·4 | 17 | 月 | 18 | 丙寅 | 6·4 |
| 12 | 16 | 日 | 18 | 丁酉 | 6·4 | 18 | 火 | 19 | 丁卯 | 6·4 |
| 13 | 17 | 月 | 19 | 戊戌 | 6·4 | 19 | 水 | 20 | 戊辰 | 6·4 |
| 14 | 18 | 火 | 20 | 己亥 | 5·5 | 20 | 木 | 21 | 己巳 | 5·5 |
| 15 | 19 | 水 | 21 | 庚子 | 우수 | 21 | 金 | 22 | 庚午 | 춘분 |
| 16 | 20 | 木 | 22 | 辛丑 | 5·5 | 22 | 土 | 23 | 辛未 | 5·5 |
| 17 | 21 | 金 | 23 | 壬寅 | 4·6 | 23 | 日 | 24 | 壬申 | 4·6 |
| 18 | 22 | 土 | 24 | 癸卯 | 4·6 | 24 | 月 | 25 | 癸酉 | 4·6 |
| 19 | 23 | 日 | 25 | 甲辰 | 4·6 | 25 | 火 | 26 | 甲戌 | 4·6 |
| 20 | 24 | 月 | 26 | 乙巳 | 3·7 | 26 | 水 | 27 | 乙亥 | 3·7 |
| 21 | 25 | 火 | 27 | 丙午 | 3·7 | 27 | 木 | 28 | 丙子 | 3·7 |
| 22 | 26 | 水 | 28 | 丁未 | 3·7 | 28 | 金 | 29 | 丁丑 | 3·7 |
| 23 | 27 | 木 | 29 | 戊申 | 2·8 | 29 | 土 | 30 | 戊寅 | 2·8 |
| 24 | 28 | 金 | 2/1 | 己酉 | 2·8 | 30 | 日 | 3/1 | 己卯 | 2·8 |
| 25 | 3/1 | 土 | 2 | 庚戌 | 2·8 | 31 | 月 | 2 | 庚辰 | 2·8 |
| 26 | 2 | 日 | 3 | 辛亥 | 1·9 | 4/1 | 火 | 3 | 辛巳 | 1·9 |
| 27 | 3 | 月 | 4 | 壬子 | 1·9 | 2 | 水 | 4 | 壬午 | 1·9 |
| 28 | 4 | 火 | 5 | 癸丑 | 1·9 | 3 | 木 | 5 | 癸未 | 1·9 |
| 29 | 5 | 水 | 6 | 甲寅 | 1·10 | 4 | 金 | 6 | 甲申 | 1·10 |
| 30 | | | | | | | | | | |
| 31 | | | | | | | | | | |

| 절기후날수 | 청명절(庚辰月) 清明 4월5일 21시37분 穀雨 4월21일 5시6분 | | | | | 입하절(辛巳月) 立夏 5월6일 15시27분 小滿 5월22일 4시42분 | | | | |
|---|---|---|---|---|---|---|---|---|---|---|
| | 양력 | 요일 | 음력 | 일진 | 大運 남·여 | 양력 | 요일 | 음력 | 일진 | 大運 남·여 |
| 0 | 4/5 | 土 | 7 | 乙酉 | 청명 | 5/6 | 火 | 8 | 丙辰 | 입하 |
| 1 | 6 | 日 | 8 | 丙戌 | 10·1 | 7 | 水 | 9 | 丁巳 | 10·1 |
| 2 | 7 | 月 | 9 | 丁亥 | 10·1 | 8 | 木 | 10 | 戊午 | 10·1 |
| 3 | 8 | 火 | 10 | 戊子 | 9·1 | 9 | 金 | 11 | 己未 | 9·1 |
| 4 | 9 | 水 | 11 | 己丑 | 9·1 | 10 | 土 | 12 | 庚申 | 9·1 |
| 5 | 10 | 木 | 12 | 庚寅 | 9·2 | 11 | 日 | 13 | 辛酉 | 9·2 |
| 6 | 11 | 金 | 13 | 辛卯 | 8·2 | 12 | 月 | 14 | 壬戌 | 8·2 |
| 7 | 12 | 土 | 14 | 壬辰 | 8·2 | 13 | 火 | 15 | 癸亥 | 8·2 |
| 8 | 13 | 日 | 15 | 癸巳 | 8·3 | 14 | 水 | 16 | 甲子 | 8·3 |
| 9 | 14 | 月 | 16 | 甲午 | 7·3 | 15 | 木 | 17 | 乙丑 | 7·3 |
| 10 | 15 | 火 | 17 | 乙未 | 7·3 | 16 | 金 | 18 | 丙寅 | 7·3 |
| 11 | 16 | 水 | 18 | 丙申 | 7·4 | 17 | 土 | 19 | 丁卯 | 7·4 |
| 12 | 17 | 木 | 19 | 丁酉 | 6·4 | 18 | 日 | 20 | 戊辰 | 6·4 |
| 13 | 18 | 金 | 20 | 戊戌 | 6·4 | 19 | 月 | 21 | 己巳 | 6·4 |
| 14 | 19 | 土 | 21 | 己亥 | 6·5 | 20 | 火 | 22 | 庚午 | 6·5 |
| 15 | 20 | 日 | 22 | 庚子 | 5·5 | 21 | 水 | 23 | 辛未 | 5·5 |
| 16 | 21 | 月 | 23 | 辛丑 | 곡우 | 22 | 木 | 24 | 壬申 | 소만 |
| 17 | 22 | 火 | 24 | 壬寅 | 5·6 | 23 | 金 | 25 | 癸酉 | 5·6 |
| 18 | 23 | 水 | 25 | 癸卯 | 4·6 | 24 | 土 | 26 | 甲戌 | 4·6 |
| 19 | 24 | 木 | 26 | 甲辰 | 4·6 | 25 | 日 | 27 | 乙亥 | 4·6 |
| 20 | 25 | 金 | 27 | 乙巳 | 4·7 | 26 | 月 | 28 | 丙子 | 4·7 |
| 21 | 26 | 土 | 28 | 丙午 | 3·7 | 27 | 火 | 29 | 丁丑 | 3·7 |
| 22 | 27 | 日 | 29 | 丁未 | 3·7 | 28 | 水 | 5/1 | 戊寅 | 3·7 |
| 23 | 28 | 月 | 30 | 戊申 | 3·8 | 29 | 木 | 2 | 己卯 | 3·8 |
| 24 | 29 | 火 | 4/1 | 己酉 | 2·8 | 30 | 金 | 3 | 庚辰 | 2·8 |
| 25 | 30 | 水 | 2 | 庚戌 | 2·8 | 31 | 土 | 4 | 辛巳 | 2·8 |
| 26 | 5/1 | 木 | 3 | 辛亥 | 2·9 | 6/1 | 日 | 5 | 壬午 | 2·9 |
| 27 | 2 | 金 | 4 | 壬子 | 1·9 | 2 | 月 | 6 | 癸未 | 1·9 |
| 28 | 3 | 土 | 5 | 癸丑 | 1·9 | 3 | 火 | 7 | 甲申 | 1·9 |
| 29 | 4 | 日 | 6 | 甲寅 | 1·10 | 4 | 水 | 8 | 乙酉 | 1·10 |
| 30 | 5 | 月 | 7 | 乙卯 | 1·10 | 5 | 木 | 9 | 丙戌 | 1·10 |
| 31 | | | | | | | | | | |

| 절기후날수 | 망종절(壬午月) 芒種 6월6일 19시58분 夏至 6월22일 12시53분 | | | | | 소서절(癸未月) 小暑 7월8일 6시20분 大暑 7월23일 23시42분 | | | | |
|---|---|---|---|---|---|---|---|---|---|---|
| | 양력 | 요일 | 음력 | 일진 | 大運 남·여 | 양력 | 요일 | 음력 | 일진 | 大運 남·여 |
| 0 | 6/6 | 金 | 10 | 丁亥 | 망종 | 7/8 | 火 | 13 | 己未 | 소서 |
| 1 | 7 | 土 | 11 | 戊子 | 10·1 | 9 | 水 | 14 | 庚申 | 10·1 |
| 2 | 8 | 日 | 12 | 己丑 | 10·1 | 10 | 木 | 15 | 辛酉 | 10·1 |
| 3 | 9 | 月 | 13 | 庚寅 | 10·1 | 11 | 金 | 16 | 壬戌 | 9·1 |
| 4 | 10 | 火 | 14 | 辛卯 | 9·1 | 12 | 土 | 17 | 癸亥 | 9·1 |
| 5 | 11 | 水 | 15 | 壬辰 | 9·2 | 13 | 日 | 18 | 甲子 | 9·2 |
| 6 | 12 | 木 | 16 | 癸巳 | 9·2 | 14 | 月 | 19 | 乙丑 | 8·2 |
| 7 | 13 | 金 | 17 | 甲午 | 8·2 | 15 | 火 | 20 | 丙寅 | 8·2 |
| 8 | 14 | 土 | 18 | 乙未 | 8·3 | 16 | 水 | 21 | 丁卯 | 8·3 |
| 9 | 15 | 日 | 19 | 丙申 | 8·3 | 17 | 木 | 22 | 戊辰 | 7·3 |
| 10 | 16 | 月 | 20 | 丁酉 | 7·3 | 18 | 金 | 23 | 己巳 | 7·3 |
| 11 | 17 | 火 | 21 | 戊戌 | 7·4 | 19 | 土 | 24 | 庚午 | 7·4 |
| 12 | 18 | 水 | 22 | 己亥 | 7·4 | 20 | 日 | 25 | 辛未 | 6·4 |
| 13 | 19 | 木 | 23 | 庚子 | 6·4 | 21 | 月 | 26 | 壬申 | 6·4 |
| 14 | 20 | 金 | 24 | 辛丑 | 6·5 | 22 | 火 | 27 | 癸酉 | 6·5 |
| 15 | 21 | 土 | 25 | 壬寅 | 6·5 | 23 | 水 | 28 | 甲戌 | 대서 |
| 16 | 22 | 日 | 26 | 癸卯 | 하지 | 24 | 木 | 29 | 乙亥 | 5·5 |
| 17 | 23 | 月 | 27 | 甲辰 | 5·6 | 25 | 金 | 30 | 丙子 | 5·6 |
| 18 | 24 | 火 | 28 | 乙巳 | 5·6 | 26 | 土 | 윤1 | 丁丑 | 4·6 |
| 19 | 25 | 水 | 29 | 丙午 | 4·6 | 27 | 日 | 윤2 | 戊寅 | 4·6 |
| 20 | 26 | 木 | 6/1 | 丁未 | 4·7 | 28 | 月 | 윤3 | 己卯 | 4·7 |
| 21 | 27 | 金 | 2 | 戊申 | 4·7 | 29 | 火 | 윤4 | 庚辰 | 3·7 |
| 22 | 28 | 土 | 3 | 己酉 | 3·7 | 30 | 水 | 윤5 | 辛巳 | 3·7 |
| 23 | 29 | 日 | 4 | 庚戌 | 3·8 | 31 | 木 | 윤6 | 壬午 | 3·8 |
| 24 | 30 | 月 | 5 | 辛亥 | 3·8 | 8/1 | 金 | 윤7 | 癸未 | 2·8 |
| 25 | 7/1 | 火 | 6 | 壬子 | 2·8 | 2 | 土 | 윤8 | 甲申 | 2·8 |
| 26 | 2 | 水 | 7 | 癸丑 | 2·9 | 3 | 日 | 윤9 | 乙酉 | 2·9 |
| 27 | 3 | 木 | 8 | 甲寅 | 2·9 | 4 | 月 | 윤10 | 丙戌 | 1·9 |
| 28 | 4 | 金 | 9 | 乙卯 | 1·9 | 5 | 火 | 윤11 | 丁亥 | 1·9 |
| 29 | 5 | 土 | 10 | 丙辰 | 1·10 | 6 | 水 | 윤12 | 戊子 | 1·10 |
| 30 | 6 | 日 | 11 | 丁巳 | 1·10 | 7 | 木 | 윤13 | 己丑 | 1·10 |
| 31 | 7 | 月 | 12 | 戊午 | 1·10 | | | | | |

▶윤달–6월

# 庚午年

| 절기후날수 | 입추절(甲申月) 立秋 8월8일 15시57분 處暑 8월24일 6시26분 | | | | | 백로절(乙酉月) 白露 9월8일 18시28분 秋分 9월24일 3시36분 | | | | | 한로절(丙戌月) 寒露 10월9일 9시38분 霜降 10월24일 12시26분 | | | | | 입동절(丁亥月) 立冬 11월8일 12시20분 小雪 11월23일 9시34분 | | | | | 대설절(戊子月) 大雪 12월8일 4시51분 冬至 12월22일 22시40분 | | | | | 소한절(己丑月) 小寒 1월6일 15시56분 大寒 1월21일 9시18분 | | | | |
|---|---|---|---|---|---|---|---|---|---|---|---|---|---|---|---|---|---|---|---|---|---|---|---|---|---|---|---|---|---|---|
| | 양력 | 요일 | 음력 | 일진 | 大運 남·여 | 양력 | 요일 | 음력 | 일진 | 大運 남·여 | 양력 | 요일 | 음력 | 일진 | 大運 남·여 | 양력 | 요일 | 음력 | 일진 | 大運 남·여 | 양력 | 요일 | 음력 | 일진 | 大運 남·여 | 양력 | 요일 | 음력 | 일진 | 大運 남·여 |
| 0 | 8/8 | 金 | 윤14 | 庚寅 | 입추 | 9/8 | 月 | 16 | 辛酉 | 백로 | 10/9 | 木 | 18 | 壬辰 | 한로 | 11/8 | 土 | 18 | 壬戌 | 입동 | 12/8 | 月 | 19 | 壬辰 | 대설 | 1/6 | 火 | 18 | 辛酉 | 소한 |
| 1 | 9 | 土 | 윤15 | 辛卯 | 10·1 | 9 | 火 | 17 | 壬戌 | 10·1 | 10 | 金 | 19 | 癸巳 | 10·1 | 9 | 日 | 19 | 癸亥 | 10·1 | 9 | 火 | 20 | 癸巳 | 9·1 | 7 | 水 | 19 | 壬戌 | 10·1 |
| 2 | 10 | 日 | 윤16 | 壬辰 | 10·1 | 10 | 水 | 18 | 癸亥 | 10·1 | 11 | 土 | 20 | 甲午 | 9·1 | 10 | 月 | 20 | 甲子 | 9·1 | 10 | 水 | 21 | 甲午 | 9·1 | 8 | 木 | 20 | 癸亥 | 9·1 |
| 3 | 11 | 月 | 윤17 | 癸巳 | 9·1 | 11 | 木 | 19 | 甲子 | 9·1 | 12 | 日 | 21 | 乙未 | 9·1 | 11 | 火 | 21 | 乙丑 | 9·1 | 11 | 木 | 22 | 乙未 | 9·1 | 9 | 金 | 21 | 甲子 | 9·1 |
| 4 | 12 | 火 | 윤18 | 甲午 | 9·1 | 12 | 金 | 20 | 乙丑 | 9·1 | 13 | 月 | 22 | 丙申 | 9·1 | 12 | 水 | 22 | 丙寅 | 9·1 | 12 | 金 | 23 | 丙申 | 8·1 | 10 | 土 | 22 | 乙丑 | 9·1 |
| 5 | 13 | 水 | 윤19 | 乙未 | 9·2 | 13 | 土 | 21 | 丙寅 | 9·2 | 14 | 火 | 23 | 丁酉 | 8·2 | 13 | 木 | 23 | 丁卯 | 8·2 | 13 | 土 | 24 | 丁酉 | 8·2 | 11 | 日 | 23 | 丙寅 | 8·2 |
| 6 | 14 | 木 | 윤20 | 丙申 | 8·2 | 14 | 日 | 22 | 丁卯 | 8·2 | 15 | 水 | 24 | 戊戌 | 8·2 | 14 | 金 | 24 | 戊辰 | 8·2 | 14 | 日 | 25 | 戊戌 | 8·2 | 12 | 月 | 24 | 丁卯 | 8·2 |
| 7 | 15 | 金 | 윤21 | 丁酉 | 8·2 | 15 | 月 | 23 | 戊辰 | 8·2 | 16 | 木 | 25 | 己亥 | 8·2 | 15 | 土 | 25 | 己巳 | 8·2 | 15 | 月 | 26 | 己亥 | 7·2 | 13 | 火 | 25 | 戊辰 | 8·2 |
| 8 | 16 | 土 | 윤22 | 戊戌 | 8·3 | 16 | 火 | 24 | 己巳 | 8·3 | 17 | 金 | 26 | 庚子 | 7·3 | 16 | 日 | 26 | 庚午 | 7·3 | 16 | 火 | 27 | 庚子 | 7·3 | 14 | 水 | 26 | 己巳 | 7·3 |
| 9 | 17 | 日 | 윤23 | 己亥 | 7·3 | 17 | 水 | 25 | 庚午 | 7·3 | 18 | 土 | 27 | 辛丑 | 7·3 | 17 | 月 | 27 | 辛未 | 7·3 | 17 | 水 | 28 | 辛丑 | 7·3 | 15 | 木 | 27 | 庚午 | 7·3 |
| 10 | 18 | 月 | 윤24 | 庚子 | 7·3 | 18 | 木 | 26 | 辛未 | 7·3 | 19 | 日 | 28 | 壬寅 | 7·3 | 18 | 火 | 28 | 壬申 | 7·3 | 18 | 木 | 29 | 壬寅 | 6·3 | 16 | 金 | 28 | 辛未 | 7·3 |
| 11 | 19 | 火 | 윤25 | 辛丑 | 7·4 | 19 | 金 | 27 | 壬申 | 7·4 | 20 | 月 | 29 | 癸卯 | 6·4 | 19 | 水 | 29 | 癸酉 | 6·4 | 19 | 金 | 30 | 癸卯 | 6·4 | 17 | 土 | 29 | 壬申 | 6·4 |
| 12 | 20 | 水 | 윤26 | 壬寅 | 6·4 | 20 | 土 | 28 | 癸酉 | 6·4 | 21 | 火 | 30 | 甲辰 | 6·4 | 20 | 木 | 10/1 | 甲戌 | 6·4 | 20 | 土 | 11/1 | 甲辰 | 6·4 | 18 | 日 | 30 | 癸酉 | 6·4 |
| 13 | 21 | 木 | 윤27 | 癸卯 | 6·4 | 21 | 日 | 29 | 甲戌 | 6·4 | 22 | 水 | 9/1 | 乙巳 | 6·4 | 21 | 金 | 2 | 乙亥 | 6·4 | 21 | 日 | 2 | 乙巳 | 5·4 | 19 | 月 | 12/1 | 甲戌 | 6·4 |
| 14 | 22 | 金 | 윤28 | 甲辰 | 6·5 | 22 | 月 | 8/1 | 乙亥 | 6·5 | 23 | 木 | 2 | 丙午 | 5·5 | 22 | 土 | 3 | 丙子 | 5·5 | 22 | 月 | 3 | 丙午 | 동지 | 20 | 火 | 2 | 乙亥 | 5·5 |
| 15 | 23 | 土 | 윤29 | 乙巳 | 5·5 | 23 | 火 | 2 | 丙子 | 5·5 | 24 | 金 | 3 | 丁未 | 상강 | 23 | 日 | 4 | 丁丑 | 소설 | 23 | 火 | 4 | 丁未 | 5·5 | 21 | 水 | 3 | 丙子 | 대한 |
| 16 | 24 | 日 | 7/1 | 丙午 | 처서 | 24 | 水 | 3 | 丁丑 | 추분 | 25 | 土 | 4 | 戊申 | 5·5 | 24 | 月 | 5 | 戊寅 | 5·5 | 24 | 水 | 5 | 戊申 | 4·5 | 22 | 木 | 4 | 丁丑 | 5·5 |
| 17 | 25 | 月 | 2 | 丁未 | 5·6 | 25 | 木 | 4 | 戊寅 | 5·6 | 26 | 日 | 5 | 己酉 | 4·6 | 25 | 火 | 6 | 己卯 | 4·6 | 25 | 木 | 6 | 己酉 | 4·6 | 23 | 金 | 5 | 戊寅 | 4·6 |
| 18 | 26 | 火 | 3 | 戊申 | 4·6 | 26 | 金 | 5 | 己卯 | 4·6 | 27 | 月 | 6 | 庚戌 | 4·6 | 26 | 水 | 7 | 庚辰 | 4·6 | 26 | 金 | 7 | 庚戌 | 4·6 | 24 | 土 | 6 | 己卯 | 4·6 |
| 19 | 27 | 水 | 4 | 己酉 | 4·6 | 27 | 土 | 6 | 庚辰 | 4·6 | 28 | 火 | 7 | 辛亥 | 4·6 | 27 | 木 | 8 | 辛巳 | 4·6 | 27 | 土 | 8 | 辛亥 | 3·6 | 25 | 日 | 7 | 庚辰 | 4·6 |
| 20 | 28 | 木 | 5 | 庚戌 | 4·7 | 28 | 日 | 7 | 辛巳 | 4·7 | 29 | 水 | 8 | 壬子 | 3·7 | 28 | 金 | 9 | 壬午 | 3·7 | 28 | 日 | 9 | 壬子 | 3·7 | 26 | 月 | 8 | 辛巳 | 3·7 |
| 21 | 29 | 金 | 6 | 辛亥 | 3·7 | 29 | 月 | 8 | 壬午 | 3·7 | 30 | 木 | 9 | 癸丑 | 3·7 | 29 | 土 | 10 | 癸未 | 3·7 | 29 | 月 | 10 | 癸丑 | 3·7 | 27 | 火 | 9 | 壬午 | 3·7 |
| 22 | 30 | 土 | 7 | 壬子 | 3·7 | 30 | 火 | 9 | 癸未 | 3·7 | 31 | 金 | 10 | 甲寅 | 3·7 | 30 | 日 | 11 | 甲申 | 3·7 | 30 | 火 | 11 | 甲寅 | 2·7 | 28 | 水 | 10 | 癸未 | 3·7 |
| 23 | 31 | 日 | 8 | 癸丑 | 3·8 | 10/1 | 水 | 10 | 甲申 | 3·8 | 11/1 | 土 | 11 | 乙卯 | 2·8 | 12/1 | 月 | 12 | 乙酉 | 2·8 | 31 | 水 | 12 | 乙卯 | 2·8 | 29 | 木 | 11 | 甲申 | 2·8 |
| 24 | 9/1 | 月 | 9 | 甲寅 | 2·8 | 2 | 木 | 11 | 乙酉 | 2·8 | 2 | 日 | 12 | 丙辰 | 2·8 | 2 | 火 | 13 | 丙戌 | 2·8 | 1/1 | 木 | 13 | 丙辰 | 2·8 | 30 | 金 | 12 | 乙酉 | 2·8 |
| 25 | 2 | 火 | 10 | 乙卯 | 2·8 | 3 | 金 | 12 | 丙戌 | 2·8 | 3 | 月 | 13 | 丁巳 | 2·8 | 3 | 水 | 14 | 丁亥 | 2·8 | 2 | 金 | 14 | 丁巳 | 1·8 | 31 | 土 | 13 | 丙戌 | 2·8 |
| 26 | 3 | 水 | 11 | 丙辰 | 2·9 | 4 | 土 | 13 | 丁亥 | 2·9 | 4 | 火 | 14 | 戊午 | 1·9 | 4 | 木 | 15 | 戊子 | 1·9 | 3 | 土 | 15 | 戊午 | 1·9 | 2/1 | 日 | 14 | 丁亥 | 1·9 |
| 27 | 4 | 木 | 12 | 丁巳 | 1·9 | 5 | 日 | 14 | 戊子 | 1·9 | 5 | 水 | 15 | 己未 | 1·9 | 5 | 金 | 16 | 己丑 | 1·9 | 4 | 日 | 16 | 己未 | 1·9 | 2 | 月 | 15 | 戊子 | 1·9 |
| 28 | 5 | 金 | 13 | 戊午 | 1·9 | 6 | 月 | 15 | 己丑 | 1·9 | 6 | 木 | 16 | 庚申 | 1·9 | 6 | 土 | 17 | 庚寅 | 1·9 | 5 | 月 | 17 | 庚申 | 1·9 | 3 | 火 | 16 | 己丑 | 1·9 |
| 29 | 6 | 土 | 14 | 己未 | 1·10 | 7 | 火 | 16 | 庚寅 | 1·10 | 7 | 金 | 17 | 辛酉 | 1·10 | 7 | 日 | 18 | 辛卯 | 1·10 | | | | | | 4 | 水 | 17 | 庚寅 | 1·10 |
| 30 | 7 | 日 | 15 | 庚申 | 1·10 | 8 | 水 | 17 | 辛卯 | 1·10 | | | | | | | | | | | | | | | | | | | | |
| 31 | | | | | | | | | | | | | | | | | | | | | | | | | | | | | | |

# 서기 1931년 [단기 4264년]

| 절기후날수 | 입춘절(庚寅月)<br>立春 2월5일 3시41분<br>雨水 2월19일 23시40분 | | | | | 경칩절(辛卯月)<br>驚蟄 3월6일 22시2분<br>春分 3월21일 23시6분 | | | | | 청명절(壬辰月)<br>清明 4월6일 3시20분<br>穀雨 4월21일 10시40분 | | | | |
|---|---|---|---|---|---|---|---|---|---|---|---|---|---|---|---|
| | 양력 | 요일 | 음력 | 일진 | 大運 남·여 | 양력 | 요일 | 음력 | 일진 | 大運 남·여 | 양력 | 요일 | 음력 | 일진 | 大運 남·여 |
| 0 | 2/5 | 木 | 18 | 辛卯 | 입춘 | 3/6 | 金 | 18 | 庚申 | 경칩 | 4/6 | 月 | 19 | 辛卯 | 청명 |
| 1 | 6 | 金 | 19 | 壬辰 | 1·9 | 7 | 土 | 19 | 辛酉 | 1·10 | 7 | 火 | 20 | 壬辰 | 1·10 |
| 2 | 7 | 土 | 20 | 癸巳 | 1·9 | 8 | 日 | 20 | 壬戌 | 1·10 | 8 | 水 | 21 | 癸巳 | 1·9 |
| 3 | 8 | 日 | 21 | 甲午 | 1·9 | 9 | 月 | 21 | 癸亥 | 1·9 | 9 | 木 | 22 | 甲午 | 1·9 |
| 4 | 9 | 月 | 22 | 乙未 | 1·8 | 10 | 火 | 22 | 甲子 | 1·9 | 10 | 金 | 23 | 乙未 | 1·9 |
| 5 | 10 | 火 | 23 | 丙申 | 2·8 | 11 | 水 | 23 | 乙丑 | 2·9 | 11 | 土 | 24 | 丙申 | 2·8 |
| 6 | 11 | 水 | 24 | 丁酉 | 2·8 | 12 | 木 | 24 | 丙寅 | 2·8 | 12 | 日 | 25 | 丁酉 | 2·8 |
| 7 | 12 | 木 | 25 | 戊戌 | 2·7 | 13 | 金 | 25 | 丁卯 | 2·8 | 13 | 月 | 26 | 戊戌 | 2·8 |
| 8 | 13 | 金 | 26 | 己亥 | 3·7 | 14 | 土 | 26 | 戊辰 | 3·8 | 14 | 火 | 27 | 己亥 | 3·7 |
| 9 | 14 | 土 | 27 | 庚子 | 3·7 | 15 | 日 | 27 | 己巳 | 3·7 | 15 | 水 | 28 | 庚子 | 3·7 |
| 10 | 15 | 日 | 28 | 辛丑 | 3·6 | 16 | 月 | 28 | 庚午 | 3·7 | 16 | 木 | 29 | 辛丑 | 3·7 |
| 11 | 16 | 月 | 29 | 壬寅 | 4·6 | 17 | 火 | 29 | 辛未 | 4·7 | 17 | 金 | 30 | 壬寅 | 4·6 |
| 12 | 17 | 火 | 1/1 | 癸卯 | 4·6 | 18 | 水 | 30 | 壬申 | 4·6 | 18 | 土 | 3/1 | 癸卯 | 4·6 |
| 13 | 18 | 水 | 2 | 甲辰 | 4·5 | 19 | 木 | 2/1 | 癸酉 | 4·6 | 19 | 日 | 2 | 甲辰 | 4·6 |
| 14 | 19 | 木 | 3 | 乙巳 | 우수 | 20 | 金 | 2 | 甲戌 | 5·6 | 20 | 月 | 3 | 乙巳 | 5·5 |
| 15 | 20 | 金 | 4 | 丙午 | 5·5 | 21 | 土 | 3 | 乙亥 | 춘분 | 21 | 火 | 4 | 丙午 | 곡우 |
| 16 | 21 | 土 | 5 | 丁未 | 5·4 | 22 | 日 | 4 | 丙子 | 5·5 | 22 | 水 | 5 | 丁未 | 5·5 |
| 17 | 22 | 日 | 6 | 戊申 | 6·4 | 23 | 月 | 5 | 丁丑 | 6·5 | 23 | 木 | 6 | 戊申 | 6·4 |
| 18 | 23 | 月 | 7 | 己酉 | 6·4 | 24 | 火 | 6 | 戊寅 | 6·4 | 24 | 金 | 7 | 己酉 | 6·4 |
| 19 | 24 | 火 | 8 | 庚戌 | 6·3 | 25 | 水 | 7 | 己卯 | 6·4 | 25 | 土 | 8 | 庚戌 | 6·4 |
| 20 | 25 | 水 | 9 | 辛亥 | 7·3 | 26 | 木 | 8 | 庚辰 | 7·4 | 26 | 日 | 9 | 辛亥 | 7·3 |
| 21 | 26 | 木 | 10 | 壬子 | 7·3 | 27 | 金 | 9 | 辛巳 | 7·3 | 27 | 月 | 10 | 壬子 | 7·3 |
| 22 | 27 | 金 | 11 | 癸丑 | 7·2 | 28 | 土 | 10 | 壬午 | 7·3 | 28 | 火 | 11 | 癸丑 | 7·3 |
| 23 | 28 | 土 | 12 | 甲寅 | 8·2 | 29 | 日 | 11 | 癸未 | 8·3 | 29 | 水 | 12 | 甲寅 | 8·2 |
| 24 | 3/1 | 日 | 13 | 乙卯 | 8·2 | 30 | 月 | 12 | 甲申 | 8·2 | 30 | 木 | 13 | 乙卯 | 8·2 |
| 25 | 2 | 月 | 14 | 丙辰 | 8·1 | 31 | 火 | 13 | 乙酉 | 8·2 | 5/1 | 金 | 14 | 丙辰 | 8·2 |
| 26 | 3 | 火 | 15 | 丁巳 | 9·1 | 4/1 | 水 | 14 | 丙戌 | 9·2 | 2 | 土 | 15 | 丁巳 | 9·1 |
| 27 | 4 | 水 | 16 | 戊午 | 9·1 | 2 | 木 | 15 | 丁亥 | 9·1 | 3 | 日 | 16 | 戊午 | 9·1 |
| 28 | 5 | 木 | 17 | 己未 | 9·1 | 3 | 金 | 16 | 戊子 | 9·1 | 4 | 月 | 17 | 己未 | 9·1 |
| 29 | | | | | | 4 | 土 | 17 | 己丑 | 10·1 | 5 | 火 | 18 | 庚申 | 10·1 |
| 30 | | | | | | 5 | 日 | 18 | 庚寅 | 10·1 | | | | | |
| 31 | | | | | | | | | | | | | | | |

| 절기후날수 | 입하절(癸巳月)<br>立夏 5월6일 21시10분<br>小滿 5월22일 10시15분 | | | | | 망종절(甲午月)<br>芒種 6월7일 1시42분<br>夏至 6월22일 18시28분 | | | | | 소서절(乙未月)<br>小暑 7월8일 12시6분<br>大暑 7월24일 5시21분 | | | | |
|---|---|---|---|---|---|---|---|---|---|---|---|---|---|---|---|
| | 양력 | 요일 | 음력 | 일진 | 大運 남·여 | 양력 | 요일 | 음력 | 일진 | 大運 남·여 | 양력 | 요일 | 음력 | 일진 | 大運 남·여 |
| 0 | 5/6 | 水 | 19 | 辛酉 | 입하 | 6/7 | 日 | 21 | 癸巳 | 망종 | 7/8 | 水 | 23 | 甲子 | 소서 |
| 1 | 7 | 木 | 20 | 壬戌 | 1·10 | 8 | 月 | 22 | 甲午 | 1·10 | 9 | 木 | 24 | 乙丑 | 1·10 |
| 2 | 8 | 金 | 21 | 癸亥 | 1·10 | 9 | 火 | 23 | 乙未 | 1·10 | 10 | 金 | 25 | 丙寅 | 1·10 |
| 3 | 9 | 土 | 22 | 甲子 | 1·10 | 10 | 水 | 24 | 丙申 | 1·9 | 11 | 土 | 26 | 丁卯 | 1·9 |
| 4 | 10 | 日 | 23 | 乙丑 | 1·9 | 11 | 木 | 25 | 丁酉 | 1·9 | 12 | 日 | 27 | 戊辰 | 1·9 |
| 5 | 11 | 月 | 24 | 丙寅 | 2·9 | 12 | 金 | 26 | 戊戌 | 2·9 | 13 | 月 | 28 | 己巳 | 2·9 |
| 6 | 12 | 火 | 25 | 丁卯 | 2·9 | 13 | 土 | 27 | 己亥 | 2·8 | 14 | 火 | 29 | 庚午 | 2·8 |
| 7 | 13 | 水 | 26 | 戊辰 | 2·8 | 14 | 日 | 28 | 庚子 | 2·8 | 15 | 水 | 6/1 | 辛未 | 2·8 |
| 8 | 14 | 木 | 27 | 己巳 | 3·8 | 15 | 月 | 29 | 辛丑 | 3·8 | 16 | 木 | 2 | 壬申 | 3·8 |
| 9 | 15 | 金 | 28 | 庚午 | 3·8 | 16 | 火 | 5/1 | 壬寅 | 3·7 | 17 | 金 | 3 | 癸酉 | 3·7 |
| 10 | 16 | 土 | 29 | 辛未 | 3·7 | 17 | 水 | 2 | 癸卯 | 3·7 | 18 | 土 | 4 | 甲戌 | 3·7 |
| 11 | 17 | 日 | 30 | 壬申 | 4·7 | 18 | 木 | 3 | 甲辰 | 4·7 | 19 | 日 | 5 | 乙亥 | 4·7 |
| 12 | 18 | 月 | 4/1 | 癸酉 | 4·7 | 19 | 金 | 4 | 乙巳 | 4·6 | 20 | 月 | 6 | 丙子 | 4·6 |
| 13 | 19 | 火 | 2 | 甲戌 | 4·6 | 20 | 土 | 5 | 丙午 | 4·6 | 21 | 火 | 7 | 丁丑 | 4·6 |
| 14 | 20 | 水 | 3 | 乙亥 | 5·6 | 21 | 日 | 6 | 丁未 | 5·6 | 22 | 水 | 8 | 戊寅 | 5·6 |
| 15 | 21 | 木 | 4 | 丙子 | 5·6 | 22 | 月 | 7 | 戊申 | 하지 | 23 | 木 | 9 | 己卯 | 5·5 |
| 16 | 22 | 金 | 5 | 丁丑 | 소만 | 23 | 火 | 8 | 己酉 | 5·5 | 24 | 金 | 10 | 庚辰 | 대서 |
| 17 | 23 | 土 | 6 | 戊寅 | 6·5 | 24 | 水 | 9 | 庚戌 | 6·5 | 25 | 土 | 11 | 辛巳 | 6·5 |
| 18 | 24 | 日 | 7 | 己卯 | 6·5 | 25 | 木 | 10 | 辛亥 | 6·4 | 26 | 日 | 12 | 壬午 | 6·4 |
| 19 | 25 | 月 | 8 | 庚辰 | 6·4 | 26 | 金 | 11 | 壬子 | 6·4 | 27 | 月 | 13 | 癸未 | 6·4 |
| 20 | 26 | 火 | 9 | 辛巳 | 7·4 | 27 | 土 | 12 | 癸丑 | 7·4 | 28 | 火 | 14 | 甲申 | 7·4 |
| 21 | 27 | 水 | 10 | 壬午 | 7·4 | 28 | 日 | 13 | 甲寅 | 7·3 | 29 | 水 | 15 | 乙酉 | 7·3 |
| 22 | 28 | 木 | 11 | 癸未 | 7·3 | 29 | 月 | 14 | 乙卯 | 7·3 | 30 | 木 | 16 | 丙戌 | 7·3 |
| 23 | 29 | 金 | 12 | 甲申 | 8·3 | 30 | 火 | 15 | 丙辰 | 8·3 | 31 | 金 | 17 | 丁亥 | 8·3 |
| 24 | 30 | 土 | 13 | 乙酉 | 8·3 | 7/1 | 水 | 16 | 丁巳 | 8·2 | 8/1 | 土 | 18 | 戊子 | 8·2 |
| 25 | 31 | 日 | 14 | 丙戌 | 8·2 | 2 | 木 | 17 | 戊午 | 8·2 | 2 | 日 | 19 | 己丑 | 8·2 |
| 26 | 6/1 | 月 | 15 | 丁亥 | 9·2 | 3 | 金 | 18 | 己未 | 9·2 | 3 | 月 | 20 | 庚寅 | 9·2 |
| 27 | 2 | 火 | 16 | 戊子 | 9·2 | 4 | 土 | 19 | 庚申 | 9·1 | 4 | 火 | 21 | 辛卯 | 9·1 |
| 28 | 3 | 水 | 17 | 己丑 | 9·1 | 5 | 日 | 20 | 辛酉 | 9·1 | 5 | 水 | 22 | 壬辰 | 9·1 |
| 29 | 4 | 木 | 18 | 庚寅 | 10·1 | 6 | 月 | 21 | 壬戌 | 10·1 | 6 | 木 | 23 | 癸巳 | 10·1 |
| 30 | 5 | 金 | 19 | 辛卯 | 10·1 | 7 | 火 | 22 | 癸亥 | 10·1 | 7 | 金 | 24 | 甲午 | 10·1 |
| 31 | 6 | 土 | 20 | 壬辰 | 10·1 | | | | | | | | | | |

# 辛未年

| 절기후날수 | 입추절(丙申月) 立秋 8월8일 21시45분 處暑 8월24일 12시10분 | | | | | 백로절(丁酉月) 白露 9월9일 0시17분 秋分 9월24일 9시23분 | | | | | 한로절(戊戌月) 寒露 10월9일 15시27분 霜降 10월24일 18시16분 | | | | | 입동절(己亥月) 立冬 11월8일 18시10분 小雪 11월23일 15시25분 | | | | | 대설절(庚子月) 大雪 12월8일 10시40분 冬至 12월23일 4시30분 | | | | | 소한절(辛丑月) 小寒 1월6일 21시45분 大寒 1월21일 15시7분 | | | | |
|---|---|---|---|---|---|---|---|---|---|---|---|---|---|---|---|---|---|---|---|---|---|---|---|---|---|---|---|---|---|---|
| | 양력 | 요일 | 음력 | 일진 | 大運 남·여 | 양력 | 요일 | 음력 | 일진 | 大運 남·여 | 양력 | 요일 | 음력 | 일진 | 大運 남·여 | 양력 | 요일 | 음력 | 일진 | 大運 남·여 | 양력 | 요일 | 음력 | 일진 | 大運 남·여 | 양력 | 요일 | 음력 | 일진 | 大運 남·여 |
| 0 | 8/8 | 土 | 25 | 乙未 | 입추 | 9/9 | 水 | 27 | 丁卯 | 백로 | 10/9 | 金 | 28 | 丁酉 | 한로 | 11/8 | 日 | 29 | 丁卯 | 입동 | 12/8 | 火 | 29 | 丁酉 | 대설 | 1/6 | 水 | 29 | 丙寅 | 소한 |
| 1 | 9 | 日 | 26 | 丙申 | 1·10 | 10 | 木 | 28 | 戊辰 | 1·10 | 10 | 土 | 29 | 戊戌 | 1·10 | 9 | 月 | 30 | 戊辰 | 1·10 | 9 | 水 | 11/1 | 戊戌 | 1·9 | 7 | 木 | 30 | 丁卯 | 1·10 |
| 2 | 10 | 月 | 27 | 丁酉 | 1·10 | 11 | 金 | 29 | 己巳 | 1·9 | 11 | 日 | 9/1 | 己亥 | 1·9 | 10 | 火 | 10/1 | 己巳 | 1·9 | 10 | 木 | 2 | 己亥 | 1·9 | 8 | 金 | 12/1 | 戊辰 | 1·9 |
| 3 | 11 | 火 | 28 | 戊戌 | 1·10 | 12 | 土 | 8/1 | 庚午 | 1·9 | 12 | 月 | 2 | 庚子 | 1·9 | 11 | 水 | 2 | 庚午 | 1·9 | 11 | 金 | 3 | 庚子 | 1·9 | 9 | 土 | 2 | 己巳 | 1·9 |
| 4 | 12 | 水 | 29 | 己亥 | 1·9 | 13 | 日 | 2 | 辛未 | 1·9 | 13 | 火 | 3 | 辛丑 | 1·9 | 12 | 木 | 3 | 辛未 | 1·9 | 12 | 土 | 4 | 辛丑 | 1·8 | 10 | 日 | 3 | 庚午 | 1·9 |
| 5 | 13 | 木 | 30 | 庚子 | 2·9 | 14 | 月 | 3 | 壬申 | 2·8 | 14 | 水 | 4 | 壬寅 | 2·8 | 13 | 金 | 4 | 壬申 | 2·8 | 13 | 日 | 5 | 壬寅 | 2·8 | 11 | 月 | 4 | 辛未 | 2·8 |
| 6 | 14 | 金 | 7/1 | 辛丑 | 2·9 | 15 | 火 | 4 | 癸酉 | 2·8 | 15 | 木 | 5 | 癸卯 | 2·8 | 14 | 土 | 5 | 癸酉 | 2·8 | 14 | 月 | 6 | 癸卯 | 2·8 | 12 | 火 | 5 | 壬申 | 2·8 |
| 7 | 15 | 土 | 2 | 壬寅 | 2·8 | 16 | 水 | 5 | 甲戌 | 2·8 | 16 | 金 | 6 | 甲辰 | 2·8 | 15 | 日 | 6 | 甲戌 | 2·8 | 15 | 火 | 7 | 甲辰 | 2·7 | 13 | 水 | 6 | 癸酉 | 2·8 |
| 8 | 16 | 日 | 3 | 癸卯 | 3·8 | 17 | 木 | 6 | 乙亥 | 3·7 | 17 | 土 | 7 | 乙巳 | 3·7 | 16 | 月 | 7 | 乙亥 | 3·7 | 16 | 水 | 8 | 乙巳 | 3·7 | 14 | 木 | 7 | 甲戌 | 3·7 |
| 9 | 17 | 月 | 4 | 甲辰 | 3·8 | 18 | 金 | 7 | 丙子 | 3·7 | 18 | 日 | 8 | 丙午 | 3·7 | 17 | 火 | 8 | 丙子 | 3·7 | 17 | 木 | 9 | 丙午 | 3·7 | 15 | 金 | 8 | 乙亥 | 3·7 |
| 10 | 18 | 火 | 5 | 乙巳 | 3·7 | 19 | 土 | 8 | 丁丑 | 3·7 | 19 | 月 | 9 | 丁未 | 3·7 | 18 | 水 | 9 | 丁丑 | 3·7 | 18 | 金 | 10 | 丁未 | 3·6 | 16 | 土 | 9 | 丙子 | 3·7 |
| 11 | 19 | 水 | 6 | 丙午 | 4·7 | 20 | 日 | 9 | 戊寅 | 4·6 | 20 | 火 | 10 | 戊申 | 4·6 | 19 | 木 | 10 | 戊寅 | 4·6 | 19 | 土 | 11 | 戊申 | 4·6 | 17 | 日 | 10 | 丁丑 | 4·6 |
| 12 | 20 | 木 | 7 | 丁未 | 4·7 | 21 | 月 | 10 | 己卯 | 4·6 | 21 | 水 | 11 | 己酉 | 4·6 | 20 | 金 | 11 | 己卯 | 4·6 | 20 | 日 | 12 | 己酉 | 4·6 | 18 | 月 | 11 | 戊寅 | 4·6 |
| 13 | 21 | 金 | 8 | 戊申 | 4·6 | 22 | 火 | 11 | 庚辰 | 4·6 | 22 | 木 | 12 | 庚戌 | 4·6 | 21 | 土 | 12 | 庚辰 | 4·6 | 21 | 月 | 13 | 庚戌 | 4·5 | 19 | 火 | 12 | 己卯 | 4·6 |
| 14 | 22 | 土 | 9 | 己酉 | 5·6 | 23 | 水 | 12 | 辛巳 | 5·5 | 23 | 金 | 13 | 辛亥 | 5·5 | 22 | 日 | 13 | 辛巳 | 5·5 | 22 | 火 | 14 | 辛亥 | 5·5 | 20 | 水 | 13 | 庚辰 | 5·5 |
| 15 | 23 | 日 | 10 | 庚戌 | 5·6 | 24 | 木 | 13 | 壬午 | 추분 | 24 | 土 | 14 | 壬子 | 상강 | 23 | 月 | 14 | 壬午 | 소설 | 23 | 水 | 15 | 壬子 | 동지 | 21 | 木 | 14 | 辛巳 | 대한 |
| 16 | 24 | 月 | 11 | 辛亥 | 처서 | 25 | 金 | 14 | 癸未 | 5·5 | 25 | 日 | 15 | 癸丑 | 5·5 | 24 | 火 | 15 | 癸未 | 5·5 | 24 | 木 | 16 | 癸丑 | 5·4 | 22 | 金 | 15 | 壬午 | 5·5 |
| 17 | 25 | 火 | 12 | 壬子 | 6·5 | 26 | 土 | 15 | 甲申 | 6·4 | 26 | 月 | 16 | 甲寅 | 6·4 | 25 | 水 | 16 | 甲申 | 6·4 | 25 | 金 | 17 | 甲寅 | 6·4 | 23 | 土 | 16 | 癸未 | 6·4 |
| 18 | 26 | 水 | 13 | 癸丑 | 6·5 | 27 | 日 | 16 | 乙酉 | 6·4 | 27 | 火 | 17 | 乙卯 | 6·4 | 26 | 木 | 17 | 乙酉 | 6·4 | 26 | 土 | 18 | 乙卯 | 6·4 | 24 | 日 | 17 | 甲申 | 6·4 |
| 19 | 27 | 木 | 14 | 甲寅 | 6·4 | 28 | 月 | 17 | 丙戌 | 6·4 | 28 | 水 | 18 | 丙辰 | 6·4 | 27 | 金 | 18 | 丙戌 | 6·4 | 27 | 日 | 19 | 丙辰 | 6·3 | 25 | 月 | 18 | 乙酉 | 6·4 |
| 20 | 28 | 金 | 15 | 乙卯 | 7·4 | 29 | 火 | 18 | 丁亥 | 7·3 | 29 | 木 | 19 | 丁巳 | 7·3 | 28 | 土 | 19 | 丁亥 | 7·3 | 28 | 月 | 20 | 丁巳 | 7·3 | 26 | 火 | 19 | 丙戌 | 7·3 |
| 21 | 29 | 土 | 16 | 丙辰 | 7·4 | 30 | 水 | 19 | 戊子 | 7·3 | 30 | 金 | 20 | 戊午 | 7·3 | 29 | 日 | 20 | 戊子 | 7·3 | 29 | 火 | 21 | 戊午 | 7·3 | 27 | 水 | 20 | 丁亥 | 7·3 |
| 22 | 30 | 日 | 17 | 丁巳 | 7·3 | 10/1 | 木 | 20 | 己丑 | 7·3 | 31 | 土 | 21 | 己未 | 7·3 | 30 | 月 | 21 | 己丑 | 7·3 | 30 | 水 | 22 | 己未 | 7·2 | 28 | 木 | 21 | 戊子 | 7·3 |
| 23 | 31 | 月 | 18 | 戊午 | 8·3 | 2 | 金 | 21 | 庚寅 | 8·2 | 11/1 | 日 | 22 | 庚申 | 8·2 | 12/1 | 火 | 22 | 庚寅 | 8·2 | 31 | 木 | 23 | 庚申 | 8·2 | 29 | 金 | 22 | 己丑 | 8·2 |
| 24 | 9/1 | 火 | 19 | 己未 | 8·3 | 3 | 土 | 22 | 辛卯 | 8·2 | 2 | 月 | 23 | 辛酉 | 8·2 | 2 | 水 | 23 | 辛卯 | 8·2 | 1/1 | 金 | 24 | 辛酉 | 8·2 | 30 | 土 | 23 | 庚寅 | 8·2 |
| 25 | 2 | 水 | 20 | 庚申 | 8·2 | 4 | 日 | 23 | 壬辰 | 8·2 | 3 | 火 | 24 | 壬戌 | 8·2 | 3 | 木 | 24 | 壬辰 | 8·2 | 2 | 土 | 25 | 壬戌 | 8·1 | 31 | 日 | 24 | 辛卯 | 8·2 |
| 26 | 3 | 木 | 21 | 辛酉 | 9·2 | 5 | 月 | 24 | 癸巳 | 9·1 | 4 | 水 | 25 | 癸亥 | 9·1 | 4 | 金 | 25 | 癸巳 | 9·1 | 3 | 日 | 26 | 癸亥 | 9·1 | 2/1 | 月 | 25 | 壬辰 | 9·1 |
| 27 | 4 | 金 | 22 | 壬戌 | 9·2 | 6 | 火 | 25 | 甲午 | 9·1 | 5 | 木 | 26 | 甲子 | 9·1 | 5 | 土 | 26 | 甲午 | 9·1 | 4 | 月 | 27 | 甲子 | 9·1 | 2 | 火 | 26 | 癸巳 | 9·1 |
| 28 | 5 | 土 | 23 | 癸亥 | 9·1 | 7 | 水 | 26 | 乙未 | 9·1 | 6 | 金 | 27 | 乙丑 | 9·1 | 6 | 日 | 27 | 乙未 | 9·1 | 5 | 火 | 28 | 乙丑 | 9·1 | 3 | 水 | 27 | 甲午 | 9·1 |
| 29 | 6 | 日 | 24 | 甲子 | 10·1 | 8 | 木 | 27 | 丙申 | 10·1 | 7 | 土 | 28 | 丙寅 | 10·1 | 7 | 月 | 28 | 丙申 | 10·1 | | | | | | 4 | 木 | 28 | 乙未 | 10·1 |
| 30 | 7 | 月 | 25 | 乙丑 | 10·1 | | | | | | | | | | | | | | | | | | | | | | | | | |
| 31 | 8 | 火 | 26 | 丙寅 | 10·1 | | | | | | | | | | | | | | | | | | | | | | | | | |

# 서기 1932년 [단기 4265년]

| 절기후날수 | 입춘절(壬寅月) 立春 2월5일 9시29분 雨水 2월20일 5시28분 | | | | | 경칩절(癸卯月) 驚蟄 3월6일 3시49분 春分 3월21일 4시54분 | | | | |
|---|---|---|---|---|---|---|---|---|---|---|
| | 양력 | 요일 | 음력 | 일진 | 大運 남·여 | 양력 | 요일 | 음력 | 일진 | 大運 남·여 |
| 0 | 2/5 | 金 | 29 | 丙申 | 입춘 | 3/6 | 日 | 30 | 丙寅 | 경칩 |
| 1 | 6 | 土 | 1/1 | 丁酉 | 10·1 | 7 | 月 | 2/1 | 丁卯 | 10·1 |
| 2 | 7 | 日 | 2 | 戊戌 | 9·1 | 8 | 火 | 2 | 戊辰 | 9·1 |
| 3 | 8 | 月 | 3 | 己亥 | 9·1 | 9 | 水 | 3 | 己巳 | 9·1 |
| 4 | 9 | 火 | 4 | 庚子 | 9·1 | 10 | 木 | 4 | 庚午 | 9·1 |
| 5 | 10 | 水 | 5 | 辛丑 | 8·2 | 11 | 金 | 5 | 辛未 | 8·2 |
| 6 | 11 | 木 | 6 | 壬寅 | 8·2 | 12 | 土 | 6 | 壬申 | 8·2 |
| 7 | 12 | 金 | 7 | 癸卯 | 8·2 | 13 | 日 | 7 | 癸酉 | 8·2 |
| 8 | 13 | 土 | 8 | 甲辰 | 7·3 | 14 | 月 | 8 | 甲戌 | 7·3 |
| 9 | 14 | 日 | 9 | 乙巳 | 7·3 | 15 | 火 | 9 | 乙亥 | 7·3 |
| 10 | 15 | 月 | 10 | 丙午 | 7·3 | 16 | 水 | 10 | 丙子 | 7·3 |
| 11 | 16 | 火 | 11 | 丁未 | 6·4 | 17 | 木 | 11 | 丁丑 | 6·4 |
| 12 | 17 | 水 | 12 | 戊申 | 6·4 | 18 | 金 | 12 | 戊寅 | 6·4 |
| 13 | 18 | 木 | 13 | 己酉 | 6·4 | 19 | 土 | 13 | 己卯 | 6·4 |
| 14 | 19 | 金 | 14 | 庚戌 | 5·5 | 20 | 日 | 14 | 庚辰 | 5·5 |
| 15 | 20 | 土 | 15 | 辛亥 | 우수 | 21 | 月 | 15 | 辛巳 | 춘분 |
| 16 | 21 | 日 | 16 | 壬子 | 5·5 | 22 | 火 | 16 | 壬午 | 5·5 |
| 17 | 22 | 月 | 17 | 癸丑 | 4·6 | 23 | 水 | 17 | 癸未 | 4·6 |
| 18 | 23 | 火 | 18 | 甲寅 | 4·6 | 24 | 木 | 18 | 甲申 | 4·6 |
| 19 | 24 | 水 | 19 | 乙卯 | 4·6 | 25 | 金 | 19 | 乙酉 | 4·6 |
| 20 | 25 | 木 | 20 | 丙辰 | 3·7 | 26 | 土 | 20 | 丙戌 | 3·7 |
| 21 | 26 | 金 | 21 | 丁巳 | 3·7 | 27 | 日 | 21 | 丁亥 | 3·7 |
| 22 | 27 | 土 | 22 | 戊午 | 3·7 | 28 | 月 | 22 | 戊子 | 3·7 |
| 23 | 28 | 日 | 23 | 己未 | 2·8 | 29 | 火 | 23 | 己丑 | 2·8 |
| 24 | 29 | 月 | 24 | 庚申 | 2·8 | 30 | 水 | 24 | 庚寅 | 2·8 |
| 25 | 3/1 | 火 | 25 | 辛酉 | 2·8 | 31 | 木 | 25 | 辛卯 | 2·8 |
| 26 | 2 | 水 | 26 | 壬戌 | 1·9 | 4/1 | 金 | 26 | 壬辰 | 1·9 |
| 27 | 3 | 木 | 27 | 癸亥 | 1·9 | 2 | 土 | 27 | 癸巳 | 1·9 |
| 28 | 4 | 金 | 28 | 甲子 | 1·9 | 3 | 日 | 28 | 甲午 | 1·9 |
| 29 | 5 | 土 | 29 | 乙丑 | 1·10 | 4 | 月 | 29 | 乙未 | 1·10 |
| 30 | | | | | | | | | | |
| 31 | | | | | | | | | | |

| 절기후날수 | 청명절(甲辰月) 清明 4월5일 9시6분 穀雨 4월20일 16시28분 | | | | | 입하절(乙巳月) 立夏 5월6일 2시55분 小滿 5월21일 16시7분 | | | | |
|---|---|---|---|---|---|---|---|---|---|---|
| | 양력 | 요일 | 음력 | 일진 | 大運 남·여 | 양력 | 요일 | 음력 | 일진 | 大運 남·여 |
| 0 | 4/5 | 火 | 30 | 丙申 | 청명 | 5/6 | 金 | 4/1 | 丁卯 | 입하 |
| 1 | 6 | 水 | 3/1 | 丁酉 | 10·1 | 7 | 土 | 2 | 戊辰 | 10·1 |
| 2 | 7 | 木 | 2 | 戊戌 | 10·1 | 8 | 日 | 3 | 己巳 | 10·1 |
| 3 | 8 | 金 | 3 | 己亥 | 9·1 | 9 | 月 | 4 | 庚午 | 9·1 |
| 4 | 9 | 土 | 4 | 庚子 | 9·1 | 10 | 火 | 5 | 辛未 | 9·1 |
| 5 | 10 | 日 | 5 | 辛丑 | 9·2 | 11 | 水 | 6 | 壬申 | 9·2 |
| 6 | 11 | 月 | 6 | 壬寅 | 8·2 | 12 | 木 | 7 | 癸酉 | 8·2 |
| 7 | 12 | 火 | 7 | 癸卯 | 8·2 | 13 | 金 | 8 | 甲戌 | 8·2 |
| 8 | 13 | 水 | 8 | 甲辰 | 8·3 | 14 | 土 | 9 | 乙亥 | 8·3 |
| 9 | 14 | 木 | 9 | 乙巳 | 7·3 | 15 | 日 | 10 | 丙子 | 7·3 |
| 10 | 15 | 金 | 10 | 丙午 | 7·3 | 16 | 月 | 11 | 丁丑 | 7·3 |
| 11 | 16 | 土 | 11 | 丁未 | 7·4 | 17 | 火 | 12 | 戊寅 | 7·4 |
| 12 | 17 | 日 | 12 | 戊申 | 6·4 | 18 | 水 | 13 | 己卯 | 6·4 |
| 13 | 18 | 月 | 13 | 己酉 | 6·4 | 19 | 木 | 14 | 庚辰 | 6·4 |
| 14 | 19 | 火 | 14 | 庚戌 | 6·5 | 20 | 金 | 15 | 辛巳 | 6·5 |
| 15 | 20 | 水 | 15 | 辛亥 | 곡우 | 21 | 土 | 16 | 壬午 | 소만 |
| 16 | 21 | 木 | 16 | 壬子 | 5·5 | 22 | 日 | 17 | 癸未 | 5·5 |
| 17 | 22 | 金 | 17 | 癸丑 | 5·6 | 23 | 月 | 18 | 甲申 | 5·6 |
| 18 | 23 | 土 | 18 | 甲寅 | 4·6 | 24 | 火 | 19 | 乙酉 | 4·6 |
| 19 | 24 | 日 | 19 | 乙卯 | 4·6 | 25 | 水 | 20 | 丙戌 | 4·6 |
| 20 | 25 | 月 | 20 | 丙辰 | 4·7 | 26 | 木 | 21 | 丁亥 | 4·7 |
| 21 | 26 | 火 | 21 | 丁巳 | 3·7 | 27 | 金 | 22 | 戊子 | 3·7 |
| 22 | 27 | 水 | 22 | 戊午 | 3·7 | 28 | 土 | 23 | 己丑 | 3·7 |
| 23 | 28 | 木 | 23 | 己未 | 3·8 | 29 | 日 | 24 | 庚寅 | 3·8 |
| 24 | 29 | 金 | 24 | 庚申 | 2·8 | 30 | 月 | 25 | 辛卯 | 2·8 |
| 25 | 30 | 土 | 25 | 辛酉 | 2·8 | 31 | 火 | 26 | 壬辰 | 2·8 |
| 26 | 5/1 | 日 | 26 | 壬戌 | 2·9 | 6/1 | 水 | 27 | 癸巳 | 2·9 |
| 27 | 2 | 月 | 27 | 癸亥 | 1·9 | 2 | 木 | 28 | 甲午 | 1·9 |
| 28 | 3 | 火 | 28 | 甲子 | 1·9 | 3 | 金 | 29 | 乙未 | 1·9 |
| 29 | 4 | 水 | 29 | 乙丑 | 1·10 | 4 | 土 | 5/1 | 丙申 | 1·10 |
| 30 | 5 | 木 | 30 | 丙寅 | 1·10 | 5 | 日 | 2 | 丁酉 | 1·10 |
| 31 | | | | | | | | | | |

| 절기후날수 | 망종절(丙午月) 芒種 6월6일 7시28분 夏至 6월22일 0시23분 | | | | | 소서절(丁未月) 小暑 7월7일 17시52분 大暑 7월23일 11시18분 | | | | |
|---|---|---|---|---|---|---|---|---|---|---|
| | 양력 | 요일 | 음력 | 일진 | 大運 남·여 | 양력 | 요일 | 음력 | 일진 | 大運 남·여 |
| 0 | 6/6 | 月 | 3 | 戊戌 | 망종 | 7/7 | 木 | 4 | 己巳 | 소서 |
| 1 | 7 | 火 | 4 | 己亥 | 10·1 | 8 | 金 | 5 | 庚午 | 10·1 |
| 2 | 8 | 水 | 5 | 庚子 | 10·1 | 9 | 土 | 6 | 辛未 | 10·1 |
| 3 | 9 | 木 | 6 | 辛丑 | 9·1 | 10 | 日 | 7 | 壬申 | 10·1 |
| 4 | 10 | 金 | 7 | 壬寅 | 9·1 | 11 | 月 | 8 | 癸酉 | 9·1 |
| 5 | 11 | 土 | 8 | 癸卯 | 9·2 | 12 | 火 | 9 | 甲戌 | 9·2 |
| 6 | 12 | 日 | 9 | 甲辰 | 8·2 | 13 | 水 | 10 | 乙亥 | 9·2 |
| 7 | 13 | 月 | 10 | 乙巳 | 8·2 | 14 | 木 | 11 | 丙子 | 8·2 |
| 8 | 14 | 火 | 11 | 丙午 | 8·3 | 15 | 金 | 12 | 丁丑 | 8·3 |
| 9 | 15 | 水 | 12 | 丁未 | 7·3 | 16 | 土 | 13 | 戊寅 | 8·3 |
| 10 | 16 | 木 | 13 | 戊申 | 7·3 | 17 | 日 | 14 | 己卯 | 7·3 |
| 11 | 17 | 金 | 14 | 己酉 | 7·4 | 18 | 月 | 15 | 庚辰 | 7·4 |
| 12 | 18 | 土 | 15 | 庚戌 | 6·4 | 19 | 火 | 16 | 辛巳 | 7·4 |
| 13 | 19 | 日 | 16 | 辛亥 | 6·4 | 20 | 水 | 17 | 壬午 | 6·4 |
| 14 | 20 | 月 | 17 | 壬子 | 6·5 | 21 | 木 | 18 | 癸未 | 6·5 |
| 15 | 21 | 火 | 18 | 癸丑 | 5·5 | 22 | 金 | 19 | 甲申 | 6·5 |
| 16 | 22 | 水 | 19 | 甲寅 | 하지 | 23 | 土 | 20 | 乙酉 | 대서 |
| 17 | 23 | 木 | 20 | 乙卯 | 5·6 | 24 | 日 | 21 | 丙戌 | 5·6 |
| 18 | 24 | 金 | 21 | 丙辰 | 4·6 | 25 | 月 | 22 | 丁亥 | 5·6 |
| 19 | 25 | 土 | 22 | 丁巳 | 4·6 | 26 | 火 | 23 | 戊子 | 4·6 |
| 20 | 26 | 日 | 23 | 戊午 | 4·7 | 27 | 水 | 24 | 己丑 | 4·7 |
| 21 | 27 | 月 | 24 | 己未 | 3·7 | 28 | 木 | 25 | 庚寅 | 4·7 |
| 22 | 28 | 火 | 25 | 庚申 | 3·7 | 29 | 金 | 26 | 辛卯 | 3·7 |
| 23 | 29 | 水 | 26 | 辛酉 | 3·8 | 30 | 土 | 27 | 壬辰 | 3·8 |
| 24 | 30 | 木 | 27 | 壬戌 | 2·8 | 31 | 日 | 28 | 癸巳 | 3·8 |
| 25 | 7/1 | 金 | 28 | 癸亥 | 2·8 | 8/1 | 月 | 29 | 甲午 | 2·8 |
| 26 | 2 | 土 | 29 | 甲子 | 2·9 | 2 | 火 | 7/1 | 乙未 | 2·9 |
| 27 | 3 | 日 | 30 | 乙丑 | 1·9 | 3 | 水 | 2 | 丙申 | 2·9 |
| 28 | 4 | 月 | 6/1 | 丙寅 | 1·9 | 4 | 木 | 3 | 丁酉 | 1·9 |
| 29 | 5 | 火 | 2 | 丁卯 | 1·10 | 5 | 金 | 4 | 戊戌 | 1·10 |
| 30 | 6 | 水 | 3 | 戊辰 | 1·10 | 6 | 土 | 5 | 己亥 | 1·10 |
| 31 | | | | | | 7 | 日 | 6 | 庚子 | 1·10 |

# 壬申年

| 절기후날수 | 입추절(戊申月) 立秋 8월8일 3시32분 處暑 8월23일 18시6분 | | | | | | 백로절(己酉月) 白露 9월8일 6시3분 秋分 9월23일 15시16분 | | | | | |
|---|---|---|---|---|---|---|---|---|---|---|---|---|
| | 양력 | 요일 | 음력 | 일진 | 大運 남 | 大運 여 | 양력 | 요일 | 음력 | 일진 | 大運 남 | 大運 여 |
| 0 | 8/8 | 月 | 7 | 辛丑 | 입추 | | 9/8 | 木 | 8 | 壬申 | 백로 | |
| 1 | 9 | 火 | 8 | 壬寅 | 10 | 1 | 9 | 金 | 9 | 癸酉 | 10 | 1 |
| 2 | 10 | 水 | 9 | 癸卯 | 10 | 1 | 10 | 土 | 10 | 甲戌 | 9 | 1 |
| 3 | 11 | 木 | 10 | 甲辰 | 9 | 1 | 11 | 日 | 11 | 乙亥 | 9 | 1 |
| 4 | 12 | 金 | 11 | 乙巳 | 9 | 1 | 12 | 月 | 12 | 丙子 | 9 | 1 |
| 5 | 13 | 土 | 12 | 丙午 | 9 | 2 | 13 | 火 | 13 | 丁丑 | 8 | 2 |
| 6 | 14 | 日 | 13 | 丁未 | 8 | 2 | 14 | 水 | 14 | 戊寅 | 8 | 2 |
| 7 | 15 | 月 | 14 | 戊申 | 8 | 2 | 15 | 木 | 15 | 己卯 | 8 | 2 |
| 8 | 16 | 火 | 15 | 己酉 | 8 | 3 | 16 | 金 | 16 | 庚辰 | 7 | 3 |
| 9 | 17 | 水 | 16 | 庚戌 | 7 | 3 | 17 | 土 | 17 | 辛巳 | 7 | 3 |
| 10 | 18 | 木 | 17 | 辛亥 | 7 | 3 | 18 | 日 | 18 | 壬午 | 7 | 3 |
| 11 | 19 | 金 | 18 | 壬子 | 7 | 4 | 19 | 月 | 19 | 癸未 | 6 | 4 |
| 12 | 20 | 土 | 19 | 癸丑 | 6 | 4 | 20 | 火 | 20 | 甲申 | 6 | 4 |
| 13 | 21 | 日 | 20 | 甲寅 | 6 | 4 | 21 | 水 | 21 | 乙酉 | 6 | 4 |
| 14 | 22 | 月 | 21 | 乙卯 | 6 | 5 | 22 | 木 | 22 | 丙戌 | 5 | 5 |
| 15 | 23 | 火 | 22 | 丙辰 | 처서 | | 23 | 金 | 23 | 丁亥 | 추분 | |
| 16 | 24 | 水 | 23 | 丁巳 | 5 | 5 | 24 | 土 | 24 | 戊子 | 5 | 5 |
| 17 | 25 | 木 | 24 | 戊午 | 5 | 6 | 25 | 日 | 25 | 己丑 | 4 | 6 |
| 18 | 26 | 金 | 25 | 己未 | 4 | 6 | 26 | 月 | 26 | 庚寅 | 4 | 6 |
| 19 | 27 | 土 | 26 | 庚申 | 4 | 6 | 27 | 火 | 27 | 辛卯 | 4 | 6 |
| 20 | 28 | 日 | 27 | 辛酉 | 4 | 7 | 28 | 水 | 28 | 壬辰 | 3 | 7 |
| 21 | 29 | 月 | 28 | 壬戌 | 3 | 7 | 29 | 木 | 29 | 癸巳 | 3 | 7 |
| 22 | 30 | 火 | 29 | 癸亥 | 3 | 7 | 30 | 金 | 9/1 | 甲午 | 3 | 7 |
| 23 | 31 | 水 | 30 | 甲子 | 3 | 8 | 10/1 | 土 | 2 | 乙未 | 2 | 8 |
| 24 | 9/1 | 木 | 8/1 | 乙丑 | 2 | 8 | 2 | 日 | 3 | 丙申 | 2 | 8 |
| 25 | 2 | 金 | 2 | 丙寅 | 2 | 8 | 3 | 月 | 4 | 丁酉 | 2 | 8 |
| 26 | 3 | 土 | 3 | 丁卯 | 2 | 9 | 4 | 火 | 5 | 戊戌 | 1 | 9 |
| 27 | 4 | 日 | 4 | 戊辰 | 1 | 9 | 5 | 水 | 6 | 己亥 | 1 | 9 |
| 28 | 5 | 月 | 5 | 己巳 | 1 | 9 | 6 | 木 | 7 | 庚子 | 1 | 9 |
| 29 | 6 | 火 | 6 | 庚午 | 1 | 10 | 7 | 金 | 8 | 辛丑 | 1 | 10 |
| 30 | 7 | 水 | 7 | 辛未 | 1 | 10 | | | | | | |
| 31 | | | | | | | | | | | | |

| 절기후날수 | 한로절(庚戌月) 寒露 10월8일 21시10분 霜降 10월24일 0시4분 | | | | | | 입동절(辛亥月) 立冬 11월7일 23시50분 小雪 11월22일 21시10분 | | | | | |
|---|---|---|---|---|---|---|---|---|---|---|---|---|
| | 양력 | 요일 | 음력 | 일진 | 大運 남 | 大運 여 | 양력 | 요일 | 음력 | 일진 | 大運 남 | 大運 여 |
| 0 | 10/8 | 土 | 9 | 壬寅 | 한로 | | 11/7 | 月 | 10 | 壬申 | 입동 | |
| 1 | 9 | 日 | 10 | 癸卯 | 10 | 1 | 8 | 火 | 11 | 癸酉 | 10 | 1 |
| 2 | 10 | 月 | 11 | 甲辰 | 9 | 1 | 9 | 水 | 12 | 甲戌 | 9 | 1 |
| 3 | 11 | 火 | 12 | 乙巳 | 9 | 1 | 10 | 木 | 13 | 乙亥 | 9 | 1 |
| 4 | 12 | 水 | 13 | 丙午 | 9 | 1 | 11 | 金 | 14 | 丙子 | 9 | 1 |
| 5 | 13 | 木 | 14 | 丁未 | 8 | 2 | 12 | 土 | 15 | 丁丑 | 8 | 2 |
| 6 | 14 | 金 | 15 | 戊申 | 8 | 2 | 13 | 日 | 16 | 戊寅 | 8 | 2 |
| 7 | 15 | 土 | 16 | 己酉 | 8 | 2 | 14 | 月 | 17 | 己卯 | 8 | 2 |
| 8 | 16 | 日 | 17 | 庚戌 | 7 | 3 | 15 | 火 | 18 | 庚辰 | 7 | 3 |
| 9 | 17 | 月 | 18 | 辛亥 | 7 | 3 | 16 | 水 | 19 | 辛巳 | 7 | 3 |
| 10 | 18 | 火 | 19 | 壬子 | 7 | 3 | 17 | 木 | 20 | 壬午 | 7 | 3 |
| 11 | 19 | 水 | 20 | 癸丑 | 6 | 4 | 18 | 金 | 21 | 癸未 | 6 | 4 |
| 12 | 20 | 木 | 21 | 甲寅 | 6 | 4 | 19 | 土 | 22 | 甲申 | 6 | 4 |
| 13 | 21 | 金 | 22 | 乙卯 | 6 | 4 | 20 | 日 | 23 | 乙酉 | 6 | 4 |
| 14 | 22 | 土 | 23 | 丙辰 | 5 | 5 | 21 | 月 | 24 | 丙戌 | 5 | 5 |
| 15 | 23 | 日 | 24 | 丁巳 | 5 | 5 | 22 | 火 | 25 | 丁亥 | 소설 | |
| 16 | 24 | 月 | 25 | 戊午 | 상강 | | 23 | 水 | 26 | 戊子 | 5 | 5 |
| 17 | 25 | 火 | 26 | 己未 | 4 | 6 | 24 | 木 | 27 | 己丑 | 4 | 6 |
| 18 | 26 | 水 | 27 | 庚申 | 4 | 6 | 25 | 金 | 28 | 庚寅 | 4 | 6 |
| 19 | 27 | 木 | 28 | 辛酉 | 4 | 6 | 26 | 土 | 29 | 辛卯 | 4 | 6 |
| 20 | 28 | 金 | 29 | 壬戌 | 3 | 7 | 27 | 日 | 30 | 壬辰 | 3 | 7 |
| 21 | 29 | 土 | 10/1 | 癸亥 | 3 | 7 | 28 | 月 | 11/1 | 癸巳 | 3 | 7 |
| 22 | 30 | 日 | 2 | 甲子 | 3 | 7 | 29 | 火 | 2 | 甲午 | 3 | 7 |
| 23 | 31 | 月 | 3 | 乙丑 | 2 | 8 | 30 | 水 | 3 | 乙未 | 2 | 8 |
| 24 | 11/1 | 火 | 4 | 丙寅 | 2 | 8 | 12/1 | 木 | 4 | 丙申 | 2 | 8 |
| 25 | 2 | 水 | 5 | 丁卯 | 2 | 8 | 2 | 金 | 5 | 丁酉 | 2 | 8 |
| 26 | 3 | 木 | 6 | 戊辰 | 1 | 9 | 3 | 土 | 6 | 戊戌 | 1 | 9 |
| 27 | 4 | 金 | 7 | 己巳 | 1 | 9 | 4 | 日 | 7 | 己亥 | 1 | 9 |
| 28 | 5 | 土 | 8 | 庚午 | 1 | 9 | 5 | 月 | 8 | 庚子 | 1 | 9 |
| 29 | 6 | 日 | 9 | 辛未 | 1 | 10 | 6 | 火 | 9 | 辛丑 | 1 | 10 |
| 30 | | | | | | | | | | | | |
| 31 | | | | | | | | | | | | |

| 절기후날수 | 대설절(壬子月) 大雪 12월7일 16시18분 冬至 12월22일 10시14분 | | | | | | 소한절(癸丑月) 小寒 1월6일 3시23분 大寒 1월20일 20시53분 | | | | | |
|---|---|---|---|---|---|---|---|---|---|---|---|---|
| | 양력 | 요일 | 음력 | 일진 | 大運 남 | 大運 여 | 양력 | 요일 | 음력 | 일진 | 大運 남 | 大運 여 |
| 0 | 12/7 | 水 | 10 | 壬寅 | 대설 | | 1/6 | 金 | 11 | 壬申 | 소한 | |
| 1 | 8 | 木 | 11 | 癸卯 | 10 | 1 | 7 | 土 | 12 | 癸酉 | 9 | 1 |
| 2 | 9 | 金 | 12 | 甲辰 | 9 | 1 | 8 | 日 | 13 | 甲戌 | 9 | 1 |
| 3 | 10 | 土 | 13 | 乙巳 | 9 | 1 | 9 | 月 | 14 | 乙亥 | 9 | 1 |
| 4 | 11 | 日 | 14 | 丙午 | 9 | 1 | 10 | 火 | 15 | 丙子 | 8 | 1 |
| 5 | 12 | 月 | 15 | 丁未 | 8 | 2 | 11 | 水 | 16 | 丁丑 | 8 | 2 |
| 6 | 13 | 火 | 16 | 戊申 | 8 | 2 | 12 | 木 | 17 | 戊寅 | 8 | 2 |
| 7 | 14 | 水 | 17 | 己酉 | 8 | 2 | 13 | 金 | 18 | 己卯 | 7 | 2 |
| 8 | 15 | 木 | 18 | 庚戌 | 7 | 3 | 14 | 土 | 19 | 庚辰 | 7 | 3 |
| 9 | 16 | 金 | 19 | 辛亥 | 7 | 3 | 15 | 日 | 20 | 辛巳 | 7 | 3 |
| 10 | 17 | 土 | 20 | 壬子 | 7 | 3 | 16 | 月 | 21 | 壬午 | 6 | 3 |
| 11 | 18 | 日 | 21 | 癸丑 | 6 | 4 | 17 | 火 | 22 | 癸未 | 6 | 4 |
| 12 | 19 | 月 | 22 | 甲寅 | 6 | 4 | 18 | 水 | 23 | 甲申 | 6 | 4 |
| 13 | 20 | 火 | 23 | 乙卯 | 6 | 4 | 19 | 木 | 24 | 乙酉 | 5 | 4 |
| 14 | 21 | 水 | 24 | 丙辰 | 5 | 5 | 20 | 金 | 25 | 丙戌 | 대한 | |
| 15 | 22 | 木 | 25 | 丁巳 | 동지 | | 21 | 土 | 26 | 丁亥 | 5 | 5 |
| 16 | 23 | 金 | 26 | 戊午 | 5 | 5 | 22 | 日 | 27 | 戊子 | 4 | 5 |
| 17 | 24 | 土 | 27 | 己未 | 4 | 6 | 23 | 月 | 28 | 己丑 | 4 | 6 |
| 18 | 25 | 日 | 28 | 庚申 | 4 | 6 | 24 | 火 | 29 | 庚寅 | 4 | 6 |
| 19 | 26 | 月 | 29 | 辛酉 | 4 | 6 | 25 | 水 | 30 | 辛卯 | 3 | 6 |
| 20 | 27 | 火 | 12/1 | 壬戌 | 3 | 7 | 26 | 木 | 1/1 | 壬辰 | 3 | 7 |
| 21 | 28 | 水 | 2 | 癸亥 | 3 | 7 | 27 | 金 | 2 | 癸巳 | 3 | 7 |
| 22 | 29 | 木 | 3 | 甲子 | 3 | 7 | 28 | 土 | 3 | 甲午 | 2 | 7 |
| 23 | 30 | 金 | 4 | 乙丑 | 2 | 8 | 29 | 日 | 4 | 乙未 | 2 | 8 |
| 24 | 31 | 土 | 5 | 丙寅 | 2 | 8 | 30 | 月 | 5 | 丙申 | 2 | 8 |
| 25 | 1/1 | 日 | 6 | 丁卯 | 2 | 8 | 31 | 火 | 6 | 丁酉 | 1 | 8 |
| 26 | 2 | 月 | 7 | 戊辰 | 1 | 9 | 2/1 | 水 | 7 | 戊戌 | 1 | 9 |
| 27 | 3 | 火 | 8 | 己巳 | 1 | 9 | 2 | 木 | 8 | 己亥 | 1 | 9 |
| 28 | 4 | 水 | 9 | 庚午 | 1 | 9 | 3 | 金 | 9 | 庚子 | 1 | 9 |
| 29 | 5 | 木 | 10 | 辛未 | 1 | 10 | | | | | | |
| 30 | | | | | | | | | | | | |
| 31 | | | | | | | | | | | | |

# 서기 1933년 [단기 4266년]

| 절기후날수 | 입춘절(甲寅月) 立春 2월4일 15시9분 雨水 2월19일 11시16분 | | | | | 경칩절(乙卯月) 驚蟄 3월6일 9시31분 春分 3월21일 10시43분 | | | | | 청명절(丙辰月) 淸明 4월5일 14시51분 穀雨 4월20일 22시18분 | | | | | 입하절(丁巳月) 立夏 5월6일 8시42분 小滿 5월21일 21시57분 | | | | | 망종절(戊午月) 芒種 6월6일 13시17분 夏至 6월22일 6시12분 | | | | | 소서절(己未月) 小暑 7월7일 23시44분 大暑 7월23일 17시5분 | | | | |
|---|---|---|---|---|---|---|---|---|---|---|---|---|---|---|---|---|---|---|---|---|---|---|---|---|---|---|---|---|---|---|
| | 양력 | 요일 | 음력 | 일진 | 大運 남·여 | 양력 | 요일 | 음력 | 일진 | 大運 남·여 | 양력 | 요일 | 음력 | 일진 | 大運 남·여 | 양력 | 요일 | 음력 | 일진 | 大運 남·여 | 양력 | 요일 | 음력 | 일진 | 大運 남·여 | 양력 | 요일 | 음력 | 일진 | 大運 남·여 |
| 0 | 2/4 | 土 | 10 | 辛丑 | 입춘 | 3/6 | 月 | 11 | 辛未 | 경칩 | 4/5 | 水 | 11 | 辛丑 | 청명 | 5/6 | 土 | 12 | 壬申 | 입하 | 6/6 | 火 | 14 | 癸卯 | 망종 | 7/7 | 金 | 윤15 | 甲戌 | 소서 |
| 1 | 5 | 日 | 11 | 壬寅 | 1·10 | 7 | 火 | 12 | 壬申 | 1·10 | 6 | 木 | 12 | 壬寅 | 1·10 | 7 | 日 | 13 | 癸酉 | 1·10 | 7 | 水 | 15 | 甲辰 | 1·10 | 8 | 土 | 윤16 | 乙亥 | 1·10 |
| 2 | 6 | 月 | 12 | 癸卯 | 1·9 | 8 | 水 | 13 | 癸酉 | 1·9 | 7 | 金 | 13 | 癸卯 | 1·10 | 8 | 月 | 14 | 甲戌 | 1·10 | 8 | 木 | 16 | 乙巳 | 1·10 | 9 | 日 | 윤17 | 丙子 | 1·10 |
| 3 | 7 | 火 | 13 | 甲辰 | 1·9 | 9 | 木 | 14 | 甲戌 | 1·9 | 8 | 土 | 14 | 甲辰 | 1·9 | 9 | 火 | 15 | 乙亥 | 1·9 | 9 | 金 | 17 | 丙午 | 1·9 | 10 | 月 | 윤18 | 丁丑 | 1·10 |
| 4 | 8 | 水 | 14 | 乙巳 | 1·9 | 10 | 金 | 15 | 乙亥 | 1·9 | 9 | 日 | 15 | 乙巳 | 1·9 | 10 | 水 | 16 | 丙子 | 1·9 | 10 | 土 | 18 | 丁未 | 1·9 | 11 | 火 | 윤19 | 戊寅 | 1·9 |
| 5 | 9 | 木 | 15 | 丙午 | 2·8 | 11 | 土 | 16 | 丙子 | 2·8 | 10 | 月 | 16 | 丙午 | 2·9 | 11 | 木 | 17 | 丁丑 | 2·9 | 11 | 日 | 19 | 戊申 | 2·9 | 12 | 水 | 윤20 | 己卯 | 2·9 |
| 6 | 10 | 金 | 16 | 丁未 | 2·8 | 12 | 日 | 17 | 丁丑 | 2·8 | 11 | 火 | 17 | 丁未 | 2·8 | 12 | 金 | 18 | 戊寅 | 2·8 | 12 | 月 | 20 | 己酉 | 2·8 | 13 | 木 | 윤21 | 庚辰 | 2·9 |
| 7 | 11 | 土 | 17 | 戊申 | 2·8 | 13 | 月 | 18 | 戊寅 | 2·8 | 12 | 水 | 18 | 戊申 | 2·8 | 13 | 土 | 19 | 己卯 | 2·8 | 13 | 火 | 21 | 庚戌 | 2·8 | 14 | 金 | 윤22 | 辛巳 | 2·8 |
| 8 | 12 | 日 | 18 | 己酉 | 3·7 | 14 | 火 | 19 | 己卯 | 3·7 | 13 | 木 | 19 | 己酉 | 3·8 | 14 | 日 | 20 | 庚辰 | 3·8 | 14 | 水 | 22 | 辛亥 | 3·8 | 15 | 土 | 윤23 | 壬午 | 3·8 |
| 9 | 13 | 月 | 19 | 庚戌 | 3·7 | 15 | 水 | 20 | 庚辰 | 3·7 | 14 | 金 | 20 | 庚戌 | 3·7 | 15 | 月 | 21 | 辛巳 | 3·7 | 15 | 木 | 23 | 壬子 | 3·7 | 16 | 日 | 윤24 | 癸未 | 3·8 |
| 10 | 14 | 火 | 20 | 辛亥 | 3·7 | 16 | 木 | 21 | 辛巳 | 3·7 | 15 | 土 | 21 | 辛亥 | 3·7 | 16 | 火 | 22 | 壬午 | 3·7 | 16 | 金 | 24 | 癸丑 | 3·7 | 17 | 月 | 윤25 | 甲申 | 3·7 |
| 11 | 15 | 水 | 21 | 壬子 | 4·6 | 17 | 金 | 22 | 壬午 | 4·6 | 16 | 日 | 22 | 壬子 | 4·7 | 17 | 水 | 23 | 癸未 | 4·7 | 17 | 土 | 25 | 甲寅 | 4·7 | 18 | 火 | 윤26 | 乙酉 | 4·7 |
| 12 | 16 | 木 | 22 | 癸丑 | 4·6 | 18 | 土 | 23 | 癸未 | 4·6 | 17 | 月 | 23 | 癸丑 | 4·6 | 18 | 木 | 24 | 甲申 | 4·6 | 18 | 日 | 26 | 乙卯 | 4·6 | 19 | 水 | 윤27 | 丙戌 | 4·7 |
| 13 | 17 | 金 | 23 | 甲寅 | 4·6 | 19 | 日 | 24 | 甲申 | 4·6 | 18 | 火 | 24 | 甲寅 | 4·6 | 19 | 金 | 25 | 乙酉 | 4·6 | 19 | 月 | 27 | 丙辰 | 4·6 | 20 | 木 | 윤28 | 丁亥 | 4·6 |
| 14 | 18 | 土 | 24 | 乙卯 | 5·5 | 20 | 月 | 25 | 乙酉 | 5·5 | 19 | 水 | 25 | 乙卯 | 5·6 | 20 | 土 | 26 | 丙戌 | 5·6 | 20 | 火 | 28 | 丁巳 | 5·6 | 21 | 金 | 윤29 | 戊子 | 5·6 |
| 15 | 19 | 日 | 25 | 丙辰 | 우수 | 21 | 火 | 26 | 丙戌 | 춘분 | 20 | 木 | 26 | 丙辰 | 곡우 | 21 | 日 | 27 | 丁亥 | 소만 | 21 | 水 | 29 | 戊午 | 5·5 | 22 | 土 | 윤30 | 己丑 | 5·6 |
| 16 | 20 | 月 | 26 | 丁巳 | 5·5 | 22 | 水 | 27 | 丁亥 | 5·5 | 21 | 金 | 27 | 丁巳 | 5·5 | 22 | 月 | 28 | 戊子 | 5·5 | 22 | 木 | 30 | 己未 | 하지 | 23 | 日 | 6/1 | 庚寅 | 대서 |
| 17 | 21 | 火 | 27 | 戊午 | 6·4 | 23 | 木 | 28 | 戊子 | 6·4 | 22 | 土 | 28 | 戊午 | 6·5 | 23 | 火 | 29 | 己丑 | 6·5 | 23 | 金 | 윤1 | 庚申 | 6·5 | 24 | 月 | 2 | 辛卯 | 6·5 |
| 18 | 22 | 水 | 28 | 己未 | 6·4 | 24 | 金 | 29 | 己丑 | 6·4 | 23 | 日 | 29 | 己未 | 6·4 | 24 | 水 | 5/1 | 庚寅 | 6·4 | 24 | 土 | 윤2 | 辛酉 | 6·4 | 25 | 火 | 3 | 壬辰 | 6·5 |
| 19 | 23 | 木 | 29 | 庚申 | 6·4 | 25 | 土 | 30 | 庚寅 | 6·4 | 24 | 月 | 30 | 庚申 | 6·4 | 25 | 木 | 2 | 辛卯 | 6·4 | 25 | 日 | 윤3 | 壬戌 | 6·4 | 26 | 水 | 4 | 癸巳 | 6·4 |
| 20 | 24 | 金 | 2/1 | 辛酉 | 7·3 | 26 | 日 | 3/1 | 辛卯 | 7·3 | 25 | 火 | 4/1 | 辛酉 | 7·4 | 26 | 金 | 3 | 壬辰 | 7·4 | 26 | 月 | 윤4 | 癸亥 | 7·4 | 27 | 木 | 5 | 甲午 | 7·4 |
| 21 | 25 | 土 | 2 | 壬戌 | 7·3 | 27 | 月 | 2 | 壬辰 | 7·3 | 26 | 水 | 2 | 壬戌 | 7·3 | 27 | 土 | 4 | 癸巳 | 7·3 | 27 | 火 | 윤5 | 甲子 | 7·3 | 28 | 金 | 6 | 乙未 | 7·4 |
| 22 | 26 | 日 | 3 | 癸亥 | 7·3 | 28 | 火 | 3 | 癸巳 | 7·3 | 27 | 木 | 3 | 癸亥 | 7·3 | 28 | 日 | 5 | 甲午 | 7·3 | 28 | 水 | 윤6 | 乙丑 | 7·3 | 29 | 土 | 7 | 丙申 | 7·3 |
| 23 | 27 | 月 | 4 | 甲子 | 8·2 | 29 | 水 | 4 | 甲午 | 8·2 | 28 | 金 | 4 | 甲子 | 8·3 | 29 | 月 | 6 | 乙未 | 8·3 | 29 | 木 | 윤7 | 丙寅 | 8·3 | 30 | 日 | 8 | 丁酉 | 8·3 |
| 24 | 28 | 火 | 5 | 乙丑 | 8·2 | 30 | 木 | 5 | 乙未 | 8·2 | 29 | 土 | 5 | 乙丑 | 8·2 | 30 | 火 | 7 | 丙申 | 8·2 | 30 | 金 | 윤8 | 丁卯 | 8·2 | 31 | 月 | 9 | 戊戌 | 8·3 |
| 25 | 3/1 | 水 | 6 | 丙寅 | 8·2 | 31 | 金 | 6 | 丙申 | 8·2 | 30 | 日 | 6 | 丙寅 | 8·2 | 31 | 水 | 8 | 丁酉 | 8·2 | 7/1 | 土 | 윤9 | 戊辰 | 8·2 | 8/1 | 火 | 10 | 己亥 | 8·2 |
| 26 | 2 | 木 | 7 | 丁卯 | 9·1 | 4/1 | 土 | 7 | 丁酉 | 9·1 | 5/1 | 月 | 7 | 丁卯 | 9·2 | 6/1 | 木 | 9 | 戊戌 | 9·2 | 2 | 日 | 윤10 | 己巳 | 9·2 | 2 | 水 | 11 | 庚子 | 9·2 |
| 27 | 3 | 金 | 8 | 戊辰 | 9·1 | 2 | 日 | 8 | 戊戌 | 9·1 | 2 | 火 | 8 | 戊辰 | 9·1 | 2 | 金 | 10 | 己亥 | 9·1 | 3 | 月 | 윤11 | 庚午 | 9·1 | 3 | 木 | 12 | 辛丑 | 9·2 |
| 28 | 4 | 土 | 9 | 己巳 | 9·1 | 3 | 月 | 9 | 己亥 | 9·1 | 3 | 水 | 9 | 己巳 | 9·1 | 3 | 土 | 11 | 庚子 | 9·1 | 4 | 火 | 윤12 | 辛未 | 9·1 | 4 | 金 | 13 | 壬寅 | 9·1 |
| 29 | 5 | 日 | 10 | 庚午 | 10·1 | 4 | 火 | 10 | 庚子 | 10·1 | 4 | 木 | 10 | 庚午 | 10·1 | 4 | 日 | 12 | 辛丑 | 10·1 | 5 | 水 | 윤13 | 壬申 | 10·1 | 5 | 土 | 14 | 癸卯 | 10·1 |
| 30 | | | | | | | | | | | 5 | 金 | 11 | 辛未 | 10·1 | 5 | 月 | 13 | 壬寅 | 10·1 | 6 | 木 | 윤14 | 癸酉 | 10·1 | 6 | 日 | 15 | 甲辰 | 10·1 |
| 31 | | | | | | | | | | | | | | | | | | | | | | | | | | 7 | 月 | 16 | 乙巳 | 10·1 |

▶윤달-5월

# 癸酉年

| 절기후 날수 | 입추절(庚申月) 立秋 8월8일 9시26분 處暑 8월23일 23시52분 | | | | | | 백로절(辛酉月) 白露 9월8일 11시58분 秋分 9월23일 21시1분 | | | | | |
|---|---|---|---|---|---|---|---|---|---|---|---|---|
| | 양력 | 요일 | 음력 | 일진 | 大運 남 | 大運 여 | 양력 | 요일 | 음력 | 일진 | 大運 남 | 大運 여 |
| 0 | 8/8 | 火 | 17 | 丙午 | 입추 | | 9/8 | 金 | 19 | 丁丑 | 백로 | |
| 1 | 9 | 水 | 18 | 丁未 | 1 | 10 | 9 | 土 | 20 | 戊寅 | 1 | 10 |
| 2 | 10 | 木 | 19 | 戊申 | 1 | 10 | 10 | 日 | 21 | 己卯 | 1 | 10 |
| 3 | 11 | 金 | 20 | 己酉 | 1 | 9 | 11 | 月 | 22 | 庚辰 | 1 | 9 |
| 4 | 12 | 土 | 21 | 庚戌 | 1 | 9 | 12 | 火 | 23 | 辛巳 | 1 | 9 |
| 5 | 13 | 日 | 22 | 辛亥 | 2 | 9 | 13 | 水 | 24 | 壬午 | 2 | 9 |
| 6 | 14 | 月 | 23 | 壬子 | 2 | 8 | 14 | 木 | 25 | 癸未 | 2 | 8 |
| 7 | 15 | 火 | 24 | 癸丑 | 2 | 8 | 15 | 金 | 26 | 甲申 | 2 | 8 |
| 8 | 16 | 水 | 25 | 甲寅 | 3 | 8 | 16 | 土 | 27 | 乙酉 | 3 | 8 |
| 9 | 17 | 木 | 26 | 乙卯 | 3 | 7 | 17 | 日 | 28 | 丙戌 | 3 | 7 |
| 10 | 18 | 金 | 27 | 丙辰 | 3 | 7 | 18 | 月 | 29 | 丁亥 | 3 | 7 |
| 11 | 19 | 土 | 28 | 丁巳 | 4 | 7 | 19 | 火 | 30 | 戊子 | 4 | 7 |
| 12 | 20 | 日 | 29 | 戊午 | 4 | 6 | 20 | 水 | 8/1 | 己丑 | 4 | 6 |
| 13 | 21 | 月 | 7/1 | 己未 | 4 | 6 | 21 | 木 | 2 | 庚寅 | 4 | 6 |
| 14 | 22 | 火 | 2 | 庚申 | 5 | 6 | 22 | 金 | 3 | 辛卯 | 5 | 6 |
| 15 | 23 | 水 | 3 | 辛酉 | 처서 | | 23 | 土 | 4 | 壬辰 | 추분 | |
| 16 | 24 | 木 | 4 | 壬戌 | 5 | 5 | 24 | 日 | 5 | 癸巳 | 5 | 5 |
| 17 | 25 | 金 | 5 | 癸亥 | 6 | 5 | 25 | 月 | 6 | 甲午 | 6 | 5 |
| 18 | 26 | 土 | 6 | 甲子 | 6 | 4 | 26 | 火 | 7 | 乙未 | 6 | 4 |
| 19 | 27 | 日 | 7 | 乙丑 | 6 | 4 | 27 | 水 | 8 | 丙申 | 6 | 4 |
| 20 | 28 | 月 | 8 | 丙寅 | 7 | 4 | 28 | 木 | 9 | 丁酉 | 7 | 4 |
| 21 | 29 | 火 | 9 | 丁卯 | 7 | 3 | 29 | 金 | 10 | 戊戌 | 7 | 3 |
| 22 | 30 | 水 | 10 | 戊辰 | 7 | 3 | 30 | 土 | 11 | 己亥 | 7 | 3 |
| 23 | 31 | 木 | 11 | 己巳 | 8 | 3 | 10/1 | 日 | 12 | 庚子 | 8 | 3 |
| 24 | 9/1 | 金 | 12 | 庚午 | 8 | 2 | 2 | 月 | 13 | 辛丑 | 8 | 2 |
| 25 | 2 | 土 | 13 | 辛未 | 8 | 2 | 3 | 火 | 14 | 壬寅 | 8 | 2 |
| 26 | 3 | 日 | 14 | 壬申 | 9 | 2 | 4 | 水 | 15 | 癸卯 | 9 | 2 |
| 27 | 4 | 月 | 15 | 癸酉 | 9 | 1 | 5 | 木 | 16 | 甲辰 | 9 | 1 |
| 28 | 5 | 火 | 16 | 甲戌 | 9 | 1 | 6 | 金 | 17 | 乙巳 | 9 | 1 |
| 29 | 6 | 水 | 17 | 乙亥 | 10 | 1 | 7 | 土 | 18 | 丙午 | 10 | 1 |
| 30 | 7 | 木 | 18 | 丙子 | 10 | 1 | 8 | 日 | 19 | 丁未 | 10 | 1 |
| 31 | | | | | | | | | | | | |

| 절기후 날수 | 한로절(壬戌月) 寒露 10월9일 3시4분 霜降 10월24일 5시48분 | | | | | | 입동절(癸亥月) 立冬 11월8일 5시43분 小雪 11월23일 2시53분 | | | | | |
|---|---|---|---|---|---|---|---|---|---|---|---|---|
| | 양력 | 요일 | 음력 | 일진 | 大運 남 | 大運 여 | 양력 | 요일 | 음력 | 일진 | 大運 남 | 大運 여 |
| 0 | 10/9 | 月 | 20 | 戊申 | 한로 | | 11/8 | 水 | 21 | 戊寅 | 입동 | |
| 1 | 10 | 火 | 21 | 己酉 | 1 | 10 | 9 | 木 | 22 | 己卯 | 1 | 9 |
| 2 | 11 | 水 | 22 | 庚戌 | 1 | 9 | 10 | 金 | 23 | 庚辰 | 1 | 9 |
| 3 | 12 | 木 | 23 | 辛亥 | 1 | 9 | 11 | 土 | 24 | 辛巳 | 1 | 9 |
| 4 | 13 | 金 | 24 | 壬子 | 1 | 9 | 12 | 日 | 25 | 壬午 | 1 | 8 |
| 5 | 14 | 土 | 25 | 癸丑 | 2 | 8 | 13 | 月 | 26 | 癸未 | 2 | 8 |
| 6 | 15 | 日 | 26 | 甲寅 | 2 | 8 | 14 | 火 | 27 | 甲申 | 2 | 8 |
| 7 | 16 | 月 | 27 | 乙卯 | 2 | 8 | 15 | 水 | 28 | 乙酉 | 2 | 7 |
| 8 | 17 | 火 | 28 | 丙辰 | 3 | 7 | 16 | 木 | 29 | 丙戌 | 3 | 7 |
| 9 | 18 | 水 | 29 | 丁巳 | 3 | 7 | 17 | 金 | 30 | 丁亥 | 3 | 7 |
| 10 | 19 | 木 | 9/1 | 戊午 | 3 | 7 | 18 | 土 | 10/1 | 戊子 | 3 | 6 |
| 11 | 20 | 金 | 2 | 己未 | 4 | 6 | 19 | 日 | 2 | 己丑 | 4 | 6 |
| 12 | 21 | 土 | 3 | 庚申 | 4 | 6 | 20 | 月 | 3 | 庚寅 | 4 | 6 |
| 13 | 22 | 日 | 4 | 辛酉 | 4 | 6 | 21 | 火 | 4 | 辛卯 | 4 | 5 |
| 14 | 23 | 月 | 5 | 壬戌 | 5 | 5 | 22 | 水 | 5 | 壬辰 | 5 | 5 |
| 15 | 24 | 火 | 6 | 癸亥 | 상강 | | 23 | 木 | 6 | 癸巳 | 소설 | |
| 16 | 25 | 水 | 7 | 甲子 | 5 | 5 | 24 | 金 | 7 | 甲午 | 5 | 4 |
| 17 | 26 | 木 | 8 | 乙丑 | 6 | 4 | 25 | 土 | 8 | 乙未 | 6 | 4 |
| 18 | 27 | 金 | 9 | 丙寅 | 6 | 4 | 26 | 日 | 9 | 丙申 | 6 | 4 |
| 19 | 28 | 土 | 10 | 丁卯 | 6 | 4 | 27 | 月 | 10 | 丁酉 | 6 | 3 |
| 20 | 29 | 日 | 11 | 戊辰 | 7 | 3 | 28 | 火 | 11 | 戊戌 | 7 | 3 |
| 21 | 30 | 月 | 12 | 己巳 | 7 | 3 | 29 | 水 | 12 | 己亥 | 7 | 3 |
| 22 | 31 | 火 | 13 | 庚午 | 7 | 3 | 30 | 木 | 13 | 庚子 | 7 | 2 |
| 23 | 11/1 | 水 | 14 | 辛未 | 8 | 2 | 12/1 | 金 | 14 | 辛丑 | 8 | 2 |
| 24 | 2 | 木 | 15 | 壬申 | 8 | 2 | 2 | 土 | 15 | 壬寅 | 8 | 2 |
| 25 | 3 | 金 | 16 | 癸酉 | 8 | 2 | 3 | 日 | 16 | 癸卯 | 8 | 1 |
| 26 | 4 | 土 | 17 | 甲戌 | 9 | 1 | 4 | 月 | 17 | 甲辰 | 9 | 1 |
| 27 | 5 | 日 | 18 | 乙亥 | 9 | 1 | 5 | 火 | 18 | 乙巳 | 9 | 1 |
| 28 | 6 | 月 | 19 | 丙子 | 9 | 1 | 6 | 水 | 19 | 丙午 | 9 | 1 |
| 29 | 7 | 火 | 20 | 丁丑 | 10 | 1 | | | | | | |
| 30 | | | | | | | | | | | | |
| 31 | | | | | | | | | | | | |

| 절기후 날수 | 대설절(甲子月) 大雪 12월7일 22시11분 冬至 12월22일 15시58분 | | | | | | 소한절(乙丑月) 小寒 1월6일 9시17분 大寒 1월21일 2시37분 | | | | | |
|---|---|---|---|---|---|---|---|---|---|---|---|---|
| | 양력 | 요일 | 음력 | 일진 | 大運 남 | 大運 여 | 양력 | 요일 | 음력 | 일진 | 大運 남 | 大運 여 |
| 0 | 12/7 | 木 | 20 | 丁未 | 대설 | | 1/6 | 土 | 21 | 丁丑 | 소한 | |
| 1 | 8 | 金 | 21 | 戊申 | 1 | 10 | 7 | 日 | 22 | 戊寅 | 1 | 9 |
| 2 | 9 | 土 | 22 | 己酉 | 1 | 9 | 8 | 月 | 23 | 己卯 | 1 | 9 |
| 3 | 10 | 日 | 23 | 庚戌 | 1 | 9 | 9 | 火 | 24 | 庚辰 | 1 | 9 |
| 4 | 11 | 月 | 24 | 辛亥 | 1 | 9 | 10 | 水 | 25 | 辛巳 | 1 | 8 |
| 5 | 12 | 火 | 25 | 壬子 | 2 | 8 | 11 | 木 | 26 | 壬午 | 2 | 8 |
| 6 | 13 | 水 | 26 | 癸丑 | 2 | 8 | 12 | 金 | 27 | 癸未 | 2 | 8 |
| 7 | 14 | 木 | 27 | 甲寅 | 2 | 8 | 13 | 土 | 28 | 甲申 | 2 | 7 |
| 8 | 15 | 金 | 28 | 乙卯 | 3 | 7 | 14 | 日 | 29 | 乙酉 | 3 | 7 |
| 9 | 16 | 土 | 29 | 丙辰 | 3 | 7 | 15 | 月 | 12/1 | 丙戌 | 3 | 7 |
| 10 | 17 | 日 | 11/1 | 丁巳 | 3 | 7 | 16 | 火 | 2 | 丁亥 | 3 | 6 |
| 11 | 18 | 月 | 2 | 戊午 | 4 | 6 | 17 | 水 | 3 | 戊子 | 4 | 6 |
| 12 | 19 | 火 | 3 | 己未 | 4 | 6 | 18 | 木 | 4 | 己丑 | 4 | 6 |
| 13 | 20 | 水 | 4 | 庚申 | 4 | 6 | 19 | 金 | 5 | 庚寅 | 4 | 5 |
| 14 | 21 | 木 | 5 | 辛酉 | 5 | 5 | 20 | 土 | 6 | 辛卯 | 5 | 5 |
| 15 | 22 | 金 | 6 | 壬戌 | 동지 | | 21 | 日 | 7 | 壬辰 | 대한 | |
| 16 | 23 | 土 | 7 | 癸亥 | 5 | 5 | 22 | 月 | 8 | 癸巳 | 5 | 4 |
| 17 | 24 | 日 | 8 | 甲子 | 6 | 4 | 23 | 火 | 9 | 甲午 | 6 | 4 |
| 18 | 25 | 月 | 9 | 乙丑 | 6 | 4 | 24 | 水 | 10 | 乙未 | 6 | 4 |
| 19 | 26 | 火 | 10 | 丙寅 | 6 | 4 | 25 | 木 | 11 | 丙申 | 6 | 3 |
| 20 | 27 | 水 | 11 | 丁卯 | 7 | 3 | 26 | 金 | 12 | 丁酉 | 7 | 3 |
| 21 | 28 | 木 | 12 | 戊辰 | 7 | 3 | 27 | 土 | 13 | 戊戌 | 7 | 3 |
| 22 | 29 | 金 | 13 | 己巳 | 7 | 3 | 28 | 日 | 14 | 己亥 | 7 | 2 |
| 23 | 30 | 土 | 14 | 庚午 | 8 | 2 | 29 | 月 | 15 | 庚子 | 8 | 2 |
| 24 | 31 | 日 | 15 | 辛未 | 8 | 2 | 30 | 火 | 16 | 辛丑 | 8 | 2 |
| 25 | 1/1 | 月 | 16 | 壬申 | 8 | 2 | 31 | 水 | 17 | 壬寅 | 8 | 1 |
| 26 | 2 | 火 | 17 | 癸酉 | 9 | 1 | 2/1 | 木 | 18 | 癸卯 | 9 | 1 |
| 27 | 3 | 水 | 18 | 甲戌 | 9 | 1 | 2 | 金 | 19 | 甲辰 | 9 | 1 |
| 28 | 4 | 木 | 19 | 乙亥 | 9 | 1 | 3 | 土 | 20 | 乙巳 | 9 | 1 |
| 29 | 5 | 金 | 20 | 丙子 | 10 | 1 | | | | | | |
| 30 | | | | | | | | | | | | |
| 31 | | | | | | | | | | | | |

# 서기 1934년 [단기 4267년]

| 절기후날수 | 입춘절(丙寅月) 立春 2월4일 21시4분 雨水 2월19일 17시2분 | | | | | 경칩절(丁卯月) 驚蟄 3월6일 15시26분 春分 3월21일 16시28분 | | | | | 청명절(戊辰月) 淸明 4월5일 20시44분 穀雨 4월21일 4시0분 | | | | |
|---|---|---|---|---|---|---|---|---|---|---|---|---|---|---|---|
| | 양력 | 요일 | 음력 | 일진 | 大運 남·여 | 양력 | 요일 | 음력 | 일진 | 大運 남·여 | 양력 | 요일 | 음력 | 일진 | 大運 남·여 |
| 0 | 2/4 | 日 | 21 | 丙午 | 입춘 | 3/6 | 火 | 21 | 丙子 | 경칩 | 4/5 | 木 | 22 | 丙午 | 청명 |
| 1 | 5 | 月 | 22 | 丁未 | 10·1 | 7 | 水 | 22 | 丁丑 | 10·1 | 6 | 金 | 23 | 丁未 | 10·1 |
| 2 | 6 | 火 | 23 | 戊申 | 9·1 | 8 | 木 | 23 | 戊寅 | 9·1 | 7 | 土 | 24 | 戊申 | 10·1 |
| 3 | 7 | 水 | 24 | 己酉 | 9·1 | 9 | 金 | 24 | 己卯 | 9·1 | 8 | 日 | 25 | 己酉 | 9·1 |
| 4 | 8 | 木 | 25 | 庚戌 | 9·1 | 10 | 土 | 25 | 庚辰 | 9·1 | 9 | 月 | 26 | 庚戌 | 9·1 |
| 5 | 9 | 金 | 26 | 辛亥 | 8·2 | 11 | 日 | 26 | 辛巳 | 8·2 | 10 | 火 | 27 | 辛亥 | 9·2 |
| 6 | 10 | 土 | 27 | 壬子 | 8·2 | 12 | 月 | 27 | 壬午 | 8·2 | 11 | 水 | 28 | 壬子 | 8·2 |
| 7 | 11 | 日 | 28 | 癸丑 | 8·2 | 13 | 火 | 28 | 癸未 | 8·2 | 12 | 木 | 29 | 癸丑 | 8·2 |
| 8 | 12 | 月 | 29 | 甲寅 | 7·3 | 14 | 水 | 29 | 甲申 | 7·3 | 13 | 金 | 30 | 甲寅 | 8·3 |
| 9 | 13 | 火 | 30 | 乙卯 | 7·3 | 15 | 木 | 2/1 | 乙酉 | 7·3 | 14 | 土 | 3/1 | 乙卯 | 7·3 |
| 10 | 14 | 水 | 1/1 | 丙辰 | 7·3 | 16 | 金 | 2 | 丙戌 | 7·3 | 15 | 日 | 2 | 丙辰 | 7·3 |
| 11 | 15 | 木 | 2 | 丁巳 | 6·4 | 17 | 土 | 3 | 丁亥 | 6·4 | 16 | 月 | 3 | 丁巳 | 7·4 |
| 12 | 16 | 金 | 3 | 戊午 | 6·4 | 18 | 日 | 4 | 戊子 | 6·4 | 17 | 火 | 4 | 戊午 | 6·4 |
| 13 | 17 | 土 | 4 | 己未 | 6·4 | 19 | 月 | 5 | 己丑 | 6·4 | 18 | 水 | 5 | 己未 | 6·4 |
| 14 | 18 | 日 | 5 | 庚申 | 5·5 | 20 | 火 | 6 | 庚寅 | 5·5 | 19 | 木 | 6 | 庚申 | 6·5 |
| 15 | 19 | 月 | 6 | 辛酉 | 우수 | 21 | 水 | 7 | 辛卯 | 춘분 | 20 | 金 | 7 | 辛酉 | 5·5 |
| 16 | 20 | 火 | 7 | 壬戌 | 5·5 | 22 | 木 | 8 | 壬辰 | 5·5 | 21 | 土 | 8 | 壬戌 | 곡우 |
| 17 | 21 | 水 | 8 | 癸亥 | 4·6 | 23 | 金 | 9 | 癸巳 | 4·6 | 22 | 日 | 9 | 癸亥 | 5·6 |
| 18 | 22 | 木 | 9 | 甲子 | 4·6 | 24 | 土 | 10 | 甲午 | 4·6 | 23 | 月 | 10 | 甲子 | 4·6 |
| 19 | 23 | 金 | 10 | 乙丑 | 4·6 | 25 | 日 | 11 | 乙未 | 4·6 | 24 | 火 | 11 | 乙丑 | 4·6 |
| 20 | 24 | 土 | 11 | 丙寅 | 3·7 | 26 | 月 | 12 | 丙申 | 3·7 | 25 | 水 | 12 | 丙寅 | 4·7 |
| 21 | 25 | 日 | 12 | 丁卯 | 3·7 | 27 | 火 | 13 | 丁酉 | 3·7 | 26 | 木 | 13 | 丁卯 | 3·7 |
| 22 | 26 | 月 | 13 | 戊辰 | 3·7 | 28 | 水 | 14 | 戊戌 | 3·7 | 27 | 金 | 14 | 戊辰 | 3·7 |
| 23 | 27 | 火 | 14 | 己巳 | 2·8 | 29 | 木 | 15 | 己亥 | 2·8 | 28 | 土 | 15 | 己巳 | 3·8 |
| 24 | 28 | 水 | 15 | 庚午 | 2·8 | 30 | 金 | 16 | 庚子 | 2·8 | 29 | 日 | 16 | 庚午 | 2·8 |
| 25 | 3/1 | 木 | 16 | 辛未 | 2·8 | 31 | 土 | 17 | 辛丑 | 2·8 | 30 | 月 | 17 | 辛未 | 2·8 |
| 26 | 2 | 金 | 17 | 壬申 | 1·9 | 4/1 | 日 | 18 | 壬寅 | 1·9 | 5/1 | 火 | 18 | 壬申 | 2·9 |
| 27 | 3 | 土 | 18 | 癸酉 | 1·9 | 2 | 月 | 19 | 癸卯 | 1·9 | 2 | 水 | 19 | 癸酉 | 1·9 |
| 28 | 4 | 日 | 19 | 甲戌 | 1·9 | 3 | 火 | 20 | 甲辰 | 1·9 | 3 | 木 | 20 | 甲戌 | 1·9 |
| 29 | 5 | 月 | 20 | 乙亥 | 1·10 | 4 | 水 | 21 | 乙巳 | 1·10 | 4 | 金 | 21 | 乙亥 | 1·10 |
| 30 | | | | | | | | | | | 5 | 土 | 22 | 丙子 | 1·10 |
| 31 | | | | | | | | | | | | | | | |

| 절기후날수 | 입하절(己巳月) 立夏 5월6일 14시31분 小滿 5월22일 3시35분 | | | | | 망종절(庚午月) 芒種 6월6일 19시1분 夏至 6월22일 11시48분 | | | | | 소서절(辛未月) 小暑 7월8일 5시24분 大暑 7월23일 22시42분 | | | | |
|---|---|---|---|---|---|---|---|---|---|---|---|---|---|---|---|
| | 양력 | 요일 | 음력 | 일진 | 大運 남·여 | 양력 | 요일 | 음력 | 일진 | 大運 남·여 | 양력 | 요일 | 음력 | 일진 | 大運 남·여 |
| 0 | 5/6 | 日 | 23 | 丁丑 | 입하 | 6/6 | 水 | 25 | 戊申 | 망종 | 7/8 | 日 | 27 | 庚辰 | 소서 |
| 1 | 7 | 月 | 24 | 戊寅 | 10·1 | 7 | 木 | 26 | 己酉 | 10·1 | 9 | 月 | 28 | 辛巳 | 10·1 |
| 2 | 8 | 火 | 25 | 己卯 | 10·1 | 8 | 金 | 27 | 庚戌 | 10·1 | 10 | 火 | 29 | 壬午 | 10·1 |
| 3 | 9 | 水 | 26 | 庚辰 | 9·1 | 9 | 土 | 28 | 辛亥 | 10·1 | 11 | 水 | 30 | 癸未 | 9·1 |
| 4 | 10 | 木 | 27 | 辛巳 | 9·1 | 10 | 日 | 29 | 壬子 | 9·1 | 12 | 木 | 6/1 | 甲申 | 9·1 |
| 5 | 11 | 金 | 28 | 壬午 | 9·2 | 11 | 月 | 30 | 癸丑 | 9·2 | 13 | 金 | 2 | 乙酉 | 9·2 |
| 6 | 12 | 土 | 29 | 癸未 | 8·2 | 12 | 火 | 5/1 | 甲寅 | 9·2 | 14 | 土 | 3 | 丙戌 | 8·2 |
| 7 | 13 | 日 | 4/1 | 甲申 | 8·2 | 13 | 水 | 2 | 乙卯 | 8·2 | 15 | 日 | 4 | 丁亥 | 8·2 |
| 8 | 14 | 月 | 2 | 乙酉 | 8·3 | 14 | 木 | 3 | 丙辰 | 8·3 | 16 | 月 | 5 | 戊子 | 8·3 |
| 9 | 15 | 火 | 3 | 丙戌 | 7·3 | 15 | 金 | 4 | 丁巳 | 8·3 | 17 | 火 | 6 | 己丑 | 7·3 |
| 10 | 16 | 水 | 4 | 丁亥 | 7·3 | 16 | 土 | 5 | 戊午 | 7·3 | 18 | 水 | 7 | 庚寅 | 7·3 |
| 11 | 17 | 木 | 5 | 戊子 | 7·4 | 17 | 日 | 6 | 己未 | 7·4 | 19 | 木 | 8 | 辛卯 | 7·4 |
| 12 | 18 | 金 | 6 | 己丑 | 6·4 | 18 | 月 | 7 | 庚申 | 7·4 | 20 | 金 | 9 | 壬辰 | 6·4 |
| 13 | 19 | 土 | 7 | 庚寅 | 6·4 | 19 | 火 | 8 | 辛酉 | 6·4 | 21 | 土 | 10 | 癸巳 | 6·4 |
| 14 | 20 | 日 | 8 | 辛卯 | 6·5 | 20 | 水 | 9 | 壬戌 | 6·5 | 22 | 日 | 11 | 甲午 | 6·5 |
| 15 | 21 | 月 | 9 | 壬辰 | 5·5 | 21 | 木 | 10 | 癸亥 | 6·5 | 23 | 月 | 12 | 乙未 | 대서 |
| 16 | 22 | 火 | 10 | 癸巳 | 소만 | 22 | 金 | 11 | 甲子 | 하지 | 24 | 火 | 13 | 丙申 | 5·5 |
| 17 | 23 | 水 | 11 | 甲午 | 5·6 | 23 | 土 | 12 | 乙丑 | 5·6 | 25 | 水 | 14 | 丁酉 | 5·6 |
| 18 | 24 | 木 | 12 | 乙未 | 4·6 | 24 | 日 | 13 | 丙寅 | 5·6 | 26 | 木 | 15 | 戊戌 | 4·6 |
| 19 | 25 | 金 | 13 | 丙申 | 4·6 | 25 | 月 | 14 | 丁卯 | 4·6 | 27 | 金 | 16 | 己亥 | 4·6 |
| 20 | 26 | 土 | 14 | 丁酉 | 4·7 | 26 | 火 | 15 | 戊辰 | 4·7 | 28 | 土 | 17 | 庚子 | 4·7 |
| 21 | 27 | 日 | 15 | 戊戌 | 3·7 | 27 | 水 | 16 | 己巳 | 4·7 | 29 | 日 | 18 | 辛丑 | 3·7 |
| 22 | 28 | 月 | 16 | 己亥 | 3·7 | 28 | 木 | 17 | 庚午 | 3·7 | 30 | 月 | 19 | 壬寅 | 3·7 |
| 23 | 29 | 火 | 17 | 庚子 | 3·8 | 29 | 金 | 18 | 辛未 | 3·8 | 31 | 火 | 20 | 癸卯 | 3·8 |
| 24 | 30 | 水 | 18 | 辛丑 | 2·8 | 30 | 土 | 19 | 壬申 | 3·8 | 8/1 | 水 | 21 | 甲辰 | 2·8 |
| 25 | 31 | 木 | 19 | 壬寅 | 2·8 | 7/1 | 日 | 20 | 癸酉 | 2·8 | 2 | 木 | 22 | 乙巳 | 2·8 |
| 26 | 6/1 | 金 | 20 | 癸卯 | 2·9 | 2 | 月 | 21 | 甲戌 | 2·9 | 3 | 金 | 23 | 丙午 | 2·9 |
| 27 | 2 | 土 | 21 | 甲辰 | 1·9 | 3 | 火 | 22 | 乙亥 | 2·9 | 4 | 土 | 24 | 丁未 | 1·9 |
| 28 | 3 | 日 | 22 | 乙巳 | 1·9 | 4 | 水 | 23 | 丙子 | 1·9 | 5 | 日 | 25 | 戊申 | 1·9 |
| 29 | 4 | 月 | 23 | 丙午 | 1·10 | 5 | 木 | 24 | 丁丑 | 1·10 | 6 | 月 | 26 | 己酉 | 1·10 |
| 30 | 5 | 火 | 24 | 丁未 | 1·10 | 6 | 金 | 25 | 戊寅 | 1·10 | 7 | 火 | 27 | 庚戌 | 1·10 |
| 31 | | | | | | 7 | 土 | 26 | 己卯 | 1·10 | | | | | |

# 甲戌年

| 절기후날수 | 입추절(壬申月) 立秋 8월8일 15시4분 處暑 8월24일 5시32분 | | | | | 백로절(癸酉月) 白露 9월8일 17시36분 秋分 9월24일 2시45분 | | | | | 한로절(甲戌月) 寒露 10월9일 8시45분 霜降 10월24일 11시36분 | | | | | 입동절(乙亥月) 立冬 11월8일 11시27분 小雪 11월23일 8시44분 | | | | | 대설절(丙子月) 大雪 12월8일 3시57분 冬至 12월22일 21시49분 | | | | | 소한절(丁丑月) 小寒 1월6일 15시2분 大寒 1월21일 8시28분 | | | | |
|---|---|---|---|---|---|---|---|---|---|---|---|---|---|---|---|---|---|---|---|---|---|---|---|---|---|---|---|---|---|---|
| | 양력 | 요일 | 음력 | 일진 | 大運 남·여 | 양력 | 요일 | 음력 | 일진 | 大運 남·여 | 양력 | 요일 | 음력 | 일진 | 大運 남·여 | 양력 | 요일 | 음력 | 일진 | 大運 남·여 | 양력 | 요일 | 음력 | 일진 | 大運 남·여 | 양력 | 요일 | 음력 | 일진 | 大運 남·여 |
| 0 | 8/8 | 水 | 28 | 辛亥 | 입추 | 9/8 | 土 | 30 | 壬午 | 백로 | 10/9 | 火 | 9/1 | 癸丑 | 한로 | 11/8 | 木 | 2 | 癸未 | 입동 | 12/8 | 土 | 2 | 癸丑 | 대설 | 1/6 | 日 | 2 | 壬午 | 소한 |
| 1 | 9 | 木 | 29 | 壬子 | 10·1 | 9 | 日 | 8/1 | 癸未 | 10·1 | 10 | 水 | 2 | 甲寅 | 10·1 | 9 | 金 | 3 | 甲申 | 10·1 | 9 | 日 | 3 | 甲寅 | 9·1 | 7 | 月 | 3 | 癸未 | 10·1 |
| 2 | 10 | 金 | 7/1 | 癸丑 | 10·1 | 10 | 月 | 2 | 甲申 | 10·1 | 11 | 木 | 3 | 乙卯 | 9·1 | 10 | 土 | 4 | 乙酉 | 9·1 | 10 | 月 | 4 | 乙卯 | 9·1 | 8 | 火 | 4 | 甲申 | 9·1 |
| 3 | 11 | 土 | 2 | 甲寅 | 9·1 | 11 | 火 | 3 | 乙酉 | 9·1 | 12 | 金 | 4 | 丙辰 | 9·1 | 11 | 日 | 5 | 丙戌 | 9·1 | 11 | 火 | 5 | 丙辰 | 9·1 | 9 | 水 | 5 | 乙酉 | 9·1 |
| 4 | 12 | 日 | 3 | 乙卯 | 9·1 | 12 | 水 | 4 | 丙戌 | 9·1 | 13 | 土 | 5 | 丁巳 | 9·1 | 12 | 月 | 6 | 丁亥 | 9·1 | 12 | 水 | 6 | 丁巳 | 8·1 | 10 | 木 | 6 | 丙戌 | 9·1 |
| 5 | 13 | 月 | 4 | 丙辰 | 9·2 | 13 | 木 | 5 | 丁亥 | 9·2 | 14 | 日 | 6 | 戊午 | 8·2 | 13 | 火 | 7 | 戊子 | 8·2 | 13 | 木 | 7 | 戊午 | 8·2 | 11 | 金 | 7 | 丁亥 | 8·2 |
| 6 | 14 | 火 | 5 | 丁巳 | 8·2 | 14 | 金 | 6 | 戊子 | 8·2 | 15 | 月 | 7 | 己未 | 8·2 | 14 | 水 | 8 | 己丑 | 8·2 | 14 | 金 | 8 | 己未 | 8·2 | 12 | 土 | 8 | 戊子 | 8·2 |
| 7 | 15 | 水 | 6 | 戊午 | 8·2 | 15 | 土 | 7 | 己丑 | 8·2 | 16 | 火 | 8 | 庚申 | 8·2 | 15 | 木 | 9 | 庚寅 | 8·2 | 15 | 土 | 9 | 庚申 | 7·2 | 13 | 日 | 9 | 己丑 | 8·2 |
| 8 | 16 | 木 | 7 | 己未 | 8·3 | 16 | 日 | 8 | 庚寅 | 8·3 | 17 | 水 | 9 | 辛酉 | 7·3 | 16 | 金 | 10 | 辛卯 | 7·3 | 16 | 日 | 10 | 辛酉 | 7·3 | 14 | 月 | 10 | 庚寅 | 7·3 |
| 9 | 17 | 金 | 8 | 庚申 | 7·3 | 17 | 月 | 9 | 辛卯 | 7·3 | 18 | 木 | 10 | 壬戌 | 7·3 | 17 | 土 | 11 | 壬辰 | 7·3 | 17 | 月 | 11 | 壬戌 | 7·3 | 15 | 火 | 11 | 辛卯 | 7·3 |
| 10 | 18 | 土 | 9 | 辛酉 | 7·3 | 18 | 火 | 10 | 壬辰 | 7·3 | 19 | 金 | 11 | 癸亥 | 7·3 | 18 | 日 | 12 | 癸巳 | 7·3 | 18 | 火 | 12 | 癸亥 | 6·3 | 16 | 水 | 12 | 壬辰 | 7·3 |
| 11 | 19 | 日 | 10 | 壬戌 | 7·4 | 19 | 水 | 11 | 癸巳 | 7·4 | 20 | 土 | 12 | 甲子 | 6·4 | 19 | 月 | 13 | 甲午 | 6·4 | 19 | 水 | 13 | 甲子 | 6·4 | 17 | 木 | 13 | 癸巳 | 6·4 |
| 12 | 20 | 月 | 11 | 癸亥 | 6·4 | 20 | 木 | 12 | 甲午 | 6·4 | 21 | 日 | 13 | 乙丑 | 6·4 | 20 | 火 | 14 | 乙未 | 6·4 | 20 | 木 | 14 | 乙丑 | 6·4 | 18 | 金 | 14 | 甲午 | 6·4 |
| 13 | 21 | 火 | 12 | 甲子 | 6·4 | 21 | 金 | 13 | 乙未 | 6·4 | 22 | 月 | 14 | 丙寅 | 6·4 | 21 | 水 | 15 | 丙申 | 6·4 | 21 | 金 | 15 | 丙寅 | 5·4 | 19 | 土 | 15 | 乙未 | 6·4 |
| 14 | 22 | 水 | 13 | 乙丑 | 6·5 | 22 | 土 | 14 | 丙申 | 6·5 | 23 | 火 | 15 | 丁卯 | 5·5 | 22 | 木 | 16 | 丁酉 | 5·5 | 22 | 土 | 16 | 丁卯 | 동지 | 20 | 日 | 16 | 丙申 | 5·5 |
| 15 | 23 | 木 | 14 | 丙寅 | 5·5 | 23 | 日 | 15 | 丁酉 | 5·5 | 24 | 水 | 16 | 戊辰 | 상강 | 23 | 金 | 17 | 戊戌 | 소설 | 23 | 日 | 17 | 戊辰 | 5·5 | 21 | 月 | 17 | 丁酉 | 대한 |
| 16 | 24 | 金 | 15 | 丁卯 | 처서 | 24 | 月 | 16 | 戊戌 | 추분 | 25 | 木 | 17 | 己巳 | 5·5 | 24 | 土 | 18 | 己亥 | 5·5 | 24 | 月 | 18 | 己巳 | 4·5 | 22 | 火 | 18 | 戊戌 | 5·5 |
| 17 | 25 | 土 | 16 | 戊辰 | 5·6 | 25 | 火 | 17 | 己亥 | 5·6 | 26 | 金 | 18 | 庚午 | 4·6 | 25 | 日 | 19 | 庚子 | 4·6 | 25 | 火 | 19 | 庚午 | 4·6 | 23 | 水 | 19 | 己亥 | 4·6 |
| 18 | 26 | 日 | 17 | 己巳 | 4·6 | 26 | 水 | 18 | 庚子 | 4·6 | 27 | 土 | 19 | 辛未 | 4·6 | 26 | 月 | 20 | 辛丑 | 4·6 | 26 | 水 | 20 | 辛未 | 4·6 | 24 | 木 | 20 | 庚子 | 4·6 |
| 19 | 27 | 月 | 18 | 庚午 | 4·6 | 27 | 木 | 19 | 辛丑 | 4·6 | 28 | 日 | 20 | 壬申 | 4·6 | 27 | 火 | 21 | 壬寅 | 4·6 | 27 | 木 | 21 | 壬申 | 3·6 | 25 | 金 | 21 | 辛丑 | 4·6 |
| 20 | 28 | 火 | 19 | 辛未 | 4·7 | 28 | 金 | 20 | 壬寅 | 4·7 | 29 | 月 | 21 | 癸酉 | 3·7 | 28 | 水 | 22 | 癸卯 | 3·7 | 28 | 金 | 22 | 癸酉 | 3·7 | 26 | 土 | 22 | 壬寅 | 3·7 |
| 21 | 29 | 水 | 20 | 壬申 | 3·7 | 29 | 土 | 21 | 癸卯 | 3·7 | 30 | 火 | 22 | 甲戌 | 3·7 | 29 | 木 | 23 | 甲辰 | 3·7 | 29 | 土 | 23 | 甲戌 | 3·7 | 27 | 日 | 23 | 癸卯 | 3·7 |
| 22 | 30 | 木 | 21 | 癸酉 | 3·7 | 30 | 日 | 22 | 甲辰 | 3·7 | 31 | 水 | 23 | 乙亥 | 3·7 | 30 | 金 | 24 | 乙巳 | 3·7 | 30 | 日 | 24 | 乙亥 | 2·7 | 28 | 月 | 24 | 甲辰 | 3·7 |
| 23 | 31 | 金 | 22 | 甲戌 | 3·8 | 10/1 | 月 | 23 | 乙巳 | 3·8 | 11/1 | 木 | 24 | 丙子 | 2·8 | 12/1 | 土 | 25 | 丙午 | 2·8 | 31 | 月 | 25 | 丙子 | 2·8 | 29 | 火 | 25 | 乙巳 | 2·8 |
| 24 | 9/1 | 土 | 23 | 乙亥 | 2·8 | 2 | 火 | 24 | 丙午 | 2·8 | 2 | 金 | 25 | 丁丑 | 2·8 | 2 | 日 | 26 | 丁未 | 2·8 | 1/1 | 火 | 26 | 丁丑 | 2·8 | 30 | 水 | 26 | 丙午 | 2·8 |
| 25 | 2 | 日 | 24 | 丙子 | 2·8 | 3 | 水 | 25 | 丁未 | 2·8 | 3 | 土 | 26 | 戊寅 | 2·8 | 3 | 月 | 27 | 戊申 | 2·8 | 2 | 水 | 27 | 戊寅 | 1·8 | 31 | 木 | 27 | 丁未 | 2·8 |
| 26 | 3 | 月 | 25 | 丁丑 | 2·9 | 4 | 木 | 26 | 戊申 | 2·9 | 4 | 日 | 27 | 己卯 | 1·9 | 4 | 火 | 28 | 己酉 | 1·9 | 3 | 木 | 28 | 己卯 | 1·9 | 2/1 | 金 | 28 | 戊申 | 1·9 |
| 27 | 4 | 火 | 26 | 戊寅 | 1·9 | 5 | 金 | 27 | 己酉 | 1·9 | 5 | 月 | 28 | 庚辰 | 1·9 | 5 | 水 | 29 | 庚戌 | 1·9 | 4 | 金 | 29 | 庚辰 | 1·9 | 2 | 土 | 29 | 己酉 | 1·9 |
| 28 | 5 | 水 | 27 | 己卯 | 1·9 | 6 | 土 | 28 | 庚戌 | 1·9 | 6 | 火 | 29 | 辛巳 | 1·9 | 6 | 木 | 30 | 辛亥 | 1·9 | 5 | 土 | 12/1 | 辛巳 | 1·9 | 3 | 日 | 30 | 庚戌 | 1·9 |
| 29 | 6 | 木 | 28 | 庚辰 | 1·10 | 7 | 日 | 29 | 辛亥 | 1·10 | 7 | 水 | 10/1 | 壬午 | 1·10 | 7 | 金 | 11/1 | 壬子 | 1·10 | | | | | | 4 | 月 | 1/1 | 辛亥 | 1·10 |
| 30 | 7 | 金 | 29 | 辛巳 | 1·10 | 8 | 月 | 30 | 壬子 | 1·10 | | | | | | | | | | | | | | | | | | | | |
| 31 | | | | | | | | | | | | | | | | | | | | | | | | | | | | | | |

# 서기 1935년 [단기 4268년]

| 절기후날수 | 입춘절(戊寅月) 立春 2월5일 2시49분 雨水 2월19일 22시52분 | | | | | 경칩절(己卯月) 驚蟄 3월6일 21시10분 春分 3월21일 22시18분 | | | | | 청명절(庚辰月) 淸明 4월6일 2시26분 穀雨 4월21일 9시50분 | | | | |
|---|---|---|---|---|---|---|---|---|---|---|---|---|---|---|---|
| | 양력 | 요일 | 음력 | 일진 | 大運 남·여 | 양력 | 요일 | 음력 | 일진 | 大運 남·여 | 양력 | 요일 | 음력 | 일진 | 大運 남·여 |
| 0 | 2/5 | 火 | 2 | 壬子 | 입춘 | 3/6 | 水 | 2 | 辛巳 | 경칩 | 4/6 | 土 | 4 | 壬子 | 청명 |
| 1 | 6 | 水 | 3 | 癸丑 | 1·9 | 7 | 木 | 3 | 壬午 | 1·10 | 7 | 日 | 5 | 癸丑 | 1·10 |
| 2 | 7 | 木 | 4 | 甲寅 | 1·9 | 8 | 金 | 4 | 癸未 | 1·10 | 8 | 月 | 6 | 甲寅 | 1·9 |
| 3 | 8 | 金 | 5 | 乙卯 | 1·9 | 9 | 土 | 5 | 甲申 | 1·9 | 9 | 火 | 7 | 乙卯 | 1·9 |
| 4 | 9 | 土 | 6 | 丙辰 | 1·8 | 10 | 日 | 6 | 乙酉 | 1·9 | 10 | 水 | 8 | 丙辰 | 1·9 |
| 5 | 10 | 日 | 7 | 丁巳 | 2·8 | 11 | 月 | 7 | 丙戌 | 2·9 | 11 | 木 | 9 | 丁巳 | 2·8 |
| 6 | 11 | 月 | 8 | 戊午 | 2·8 | 12 | 火 | 8 | 丁亥 | 2·8 | 12 | 金 | 10 | 戊午 | 2·8 |
| 7 | 12 | 火 | 9 | 己未 | 2·7 | 13 | 水 | 9 | 戊子 | 2·8 | 13 | 土 | 11 | 己未 | 2·8 |
| 8 | 13 | 水 | 10 | 庚申 | 3·7 | 14 | 木 | 10 | 己丑 | 3·8 | 14 | 日 | 12 | 庚申 | 3·7 |
| 9 | 14 | 木 | 11 | 辛酉 | 3·7 | 15 | 金 | 11 | 庚寅 | 3·7 | 15 | 月 | 13 | 辛酉 | 3·7 |
| 10 | 15 | 金 | 12 | 壬戌 | 3·6 | 16 | 土 | 12 | 辛卯 | 3·7 | 16 | 火 | 14 | 壬戌 | 3·7 |
| 11 | 16 | 土 | 13 | 癸亥 | 4·6 | 17 | 日 | 13 | 壬辰 | 4·7 | 17 | 水 | 15 | 癸亥 | 4·6 |
| 12 | 17 | 日 | 14 | 甲子 | 4·6 | 18 | 月 | 14 | 癸巳 | 4·6 | 18 | 木 | 16 | 甲子 | 4·6 |
| 13 | 18 | 月 | 15 | 乙丑 | 4·5 | 19 | 火 | 15 | 甲午 | 4·6 | 19 | 金 | 17 | 乙丑 | 4·6 |
| 14 | 19 | 火 | 16 | 丙寅 | 우수 | 20 | 水 | 16 | 乙未 | 5·6 | 20 | 土 | 18 | 丙寅 | 5·5 |
| 15 | 20 | 水 | 17 | 丁卯 | 5·5 | 21 | 木 | 17 | 丙申 | 춘분 | 21 | 日 | 19 | 丁卯 | 곡우 |
| 16 | 21 | 木 | 18 | 戊辰 | 5·4 | 22 | 金 | 18 | 丁酉 | 5·5 | 22 | 月 | 20 | 戊辰 | 5·5 |
| 17 | 22 | 金 | 19 | 己巳 | 6·4 | 23 | 土 | 19 | 戊戌 | 6·5 | 23 | 火 | 21 | 己巳 | 6·4 |
| 18 | 23 | 土 | 20 | 庚午 | 6·4 | 24 | 日 | 20 | 己亥 | 6·4 | 24 | 水 | 22 | 庚午 | 6·4 |
| 19 | 24 | 日 | 21 | 辛未 | 6·3 | 25 | 月 | 21 | 庚子 | 6·4 | 25 | 木 | 23 | 辛未 | 6·4 |
| 20 | 25 | 月 | 22 | 壬申 | 7·3 | 26 | 火 | 22 | 辛丑 | 7·4 | 26 | 金 | 24 | 壬申 | 7·3 |
| 21 | 26 | 火 | 23 | 癸酉 | 7·3 | 27 | 水 | 23 | 壬寅 | 7·3 | 27 | 土 | 25 | 癸酉 | 7·3 |
| 22 | 27 | 水 | 24 | 甲戌 | 7·2 | 28 | 木 | 24 | 癸卯 | 7·3 | 28 | 日 | 26 | 甲戌 | 7·3 |
| 23 | 28 | 木 | 25 | 乙亥 | 8·2 | 29 | 金 | 25 | 甲辰 | 8·3 | 29 | 月 | 27 | 乙亥 | 8·2 |
| 24 | 3/1 | 金 | 26 | 丙子 | 8·2 | 30 | 土 | 26 | 乙巳 | 8·2 | 30 | 火 | 28 | 丙子 | 8·2 |
| 25 | 2 | 土 | 27 | 丁丑 | 8·1 | 31 | 日 | 27 | 丙午 | 8·2 | 5/1 | 水 | 29 | 丁丑 | 8·2 |
| 26 | 3 | 日 | 28 | 戊寅 | 9·1 | 4/1 | 月 | 28 | 丁未 | 9·2 | 2 | 木 | 30 | 戊寅 | 9·1 |
| 27 | 4 | 月 | 29 | 己卯 | 9·1 | 2 | 火 | 29 | 戊申 | 9·1 | 3 | 金 | 4/1 | 己卯 | 9·1 |
| 28 | 5 | 火 | 2/1 | 庚辰 | 9·1 | 3 | 水 | 3/1 | 己酉 | 9·1 | 4 | 土 | 2 | 庚辰 | 9·1 |
| 29 | | | | | | 4 | 木 | 2 | 庚戌 | 10·1 | 5 | 日 | 3 | 辛巳 | 10·1 |
| 30 | | | | | | 5 | 金 | 3 | 辛亥 | 10·1 | | | | | |
| 31 | | | | | | | | | | | | | | | |

| 절기후날수 | 입하절(辛巳月) 立夏 5월6일 20시12분 小滿 5월22일 9시25분 | | | | | 망종절(壬午月) 芒種 6월7일 0시42분 夏至 6월22일 17시38분 | | | | | 소서절(癸未月) 小暑 7월8일 11시6분 大暑 7월24일 4시33분 | | | | |
|---|---|---|---|---|---|---|---|---|---|---|---|---|---|---|---|
| | 양력 | 요일 | 음력 | 일진 | 大運 남·여 | 양력 | 요일 | 음력 | 일진 | 大運 남·여 | 양력 | 요일 | 음력 | 일진 | 大運 남·여 |
| 0 | 5/6 | 月 | 4 | 壬午 | 입하 | 6/7 | 金 | 7 | 甲寅 | 망종 | 7/8 | 月 | 8 | 乙酉 | 소서 |
| 1 | 7 | 火 | 5 | 癸未 | 1·10 | 8 | 土 | 8 | 乙卯 | 1·10 | 9 | 火 | 9 | 丙戌 | 1·10 |
| 2 | 8 | 水 | 6 | 甲申 | 1·10 | 9 | 日 | 9 | 丙辰 | 1·10 | 10 | 水 | 10 | 丁亥 | 1·10 |
| 3 | 9 | 木 | 7 | 乙酉 | 1·10 | 10 | 月 | 10 | 丁巳 | 1·9 | 11 | 木 | 11 | 戊子 | 1·9 |
| 4 | 10 | 金 | 8 | 丙戌 | 1·9 | 11 | 火 | 11 | 戊午 | 1·9 | 12 | 金 | 12 | 己丑 | 1·9 |
| 5 | 11 | 土 | 9 | 丁亥 | 2·9 | 12 | 水 | 12 | 己未 | 2·9 | 13 | 土 | 13 | 庚寅 | 2·9 |
| 6 | 12 | 日 | 10 | 戊子 | 2·9 | 13 | 木 | 13 | 庚申 | 2·8 | 14 | 日 | 14 | 辛卯 | 2·8 |
| 7 | 13 | 月 | 11 | 己丑 | 2·8 | 14 | 金 | 14 | 辛酉 | 2·8 | 15 | 月 | 15 | 壬辰 | 2·8 |
| 8 | 14 | 火 | 12 | 庚寅 | 3·8 | 15 | 土 | 15 | 壬戌 | 3·8 | 16 | 火 | 16 | 癸巳 | 3·8 |
| 9 | 15 | 水 | 13 | 辛卯 | 3·8 | 16 | 日 | 16 | 癸亥 | 3·7 | 17 | 水 | 17 | 甲午 | 3·7 |
| 10 | 16 | 木 | 14 | 壬辰 | 3·7 | 17 | 月 | 17 | 甲子 | 3·7 | 18 | 木 | 18 | 乙未 | 3·7 |
| 11 | 17 | 金 | 15 | 癸巳 | 4·7 | 18 | 火 | 18 | 乙丑 | 4·7 | 19 | 金 | 19 | 丙申 | 4·7 |
| 12 | 18 | 土 | 16 | 甲午 | 4·7 | 19 | 水 | 19 | 丙寅 | 4·6 | 20 | 土 | 20 | 丁酉 | 4·6 |
| 13 | 19 | 日 | 17 | 乙未 | 4·6 | 20 | 木 | 20 | 丁卯 | 4·6 | 21 | 日 | 21 | 戊戌 | 4·6 |
| 14 | 20 | 月 | 18 | 丙申 | 5·6 | 21 | 金 | 21 | 戊辰 | 5·6 | 22 | 月 | 22 | 己亥 | 5·6 |
| 15 | 21 | 火 | 19 | 丁酉 | 5·6 | 22 | 土 | 22 | 己巳 | 하지 | 23 | 火 | 23 | 庚子 | 5·5 |
| 16 | 22 | 水 | 20 | 戊戌 | 소만 | 23 | 日 | 23 | 庚午 | 5·5 | 24 | 水 | 24 | 辛丑 | 대서 |
| 17 | 23 | 木 | 21 | 己亥 | 6·5 | 24 | 月 | 24 | 辛未 | 6·5 | 25 | 木 | 25 | 壬寅 | 6·5 |
| 18 | 24 | 金 | 22 | 庚子 | 6·5 | 25 | 火 | 25 | 壬申 | 6·4 | 26 | 金 | 26 | 癸卯 | 6·4 |
| 19 | 25 | 土 | 23 | 辛丑 | 6·4 | 26 | 水 | 26 | 癸酉 | 6·4 | 27 | 土 | 27 | 甲辰 | 6·4 |
| 20 | 26 | 日 | 24 | 壬寅 | 7·4 | 27 | 木 | 27 | 甲戌 | 7·4 | 28 | 日 | 28 | 乙巳 | 7·4 |
| 21 | 27 | 月 | 25 | 癸卯 | 7·4 | 28 | 金 | 28 | 乙亥 | 7·3 | 29 | 月 | 29 | 丙午 | 7·3 |
| 22 | 28 | 火 | 26 | 甲辰 | 7·3 | 29 | 土 | 29 | 丙子 | 7·3 | 30 | 火 | 7/1 | 丁未 | 7·3 |
| 23 | 29 | 水 | 27 | 乙巳 | 8·3 | 30 | 日 | 30 | 丁丑 | 8·3 | 31 | 水 | 2 | 戊申 | 8·3 |
| 24 | 30 | 木 | 28 | 丙午 | 8·3 | 7/1 | 月 | 6/1 | 戊寅 | 8·2 | 8/1 | 木 | 3 | 己酉 | 8·2 |
| 25 | 31 | 金 | 29 | 丁未 | 8·2 | 2 | 火 | 2 | 己卯 | 8·2 | 2 | 金 | 4 | 庚戌 | 8·2 |
| 26 | 6/1 | 土 | 5/1 | 戊申 | 9·2 | 3 | 水 | 3 | 庚辰 | 9·2 | 3 | 土 | 5 | 辛亥 | 9·2 |
| 27 | 2 | 日 | 2 | 己酉 | 9·2 | 4 | 木 | 4 | 辛巳 | 9·1 | 4 | 日 | 6 | 壬子 | 9·1 |
| 28 | 3 | 月 | 3 | 庚戌 | 9·1 | 5 | 金 | 5 | 壬午 | 9·1 | 5 | 月 | 7 | 癸丑 | 9·1 |
| 29 | 4 | 火 | 4 | 辛亥 | 10·1 | 6 | 土 | 6 | 癸未 | 10·1 | 6 | 火 | 8 | 甲寅 | 10·1 |
| 30 | 5 | 水 | 5 | 壬子 | 10·1 | 7 | 日 | 7 | 甲申 | 10·1 | 7 | 水 | 9 | 乙卯 | 10·1 |
| 31 | 6 | 木 | 6 | 癸丑 | 10·1 | | | | | | | | | | |

# 乙亥年

| 절기후날수 | 입추절(甲申月) 立秋 8월8일 20시48분 處暑 8월24일 11시24분 | | | | | 백로절(乙酉月) 白露 9월8일 23시24분 秋分 9월24일 8시38분 | | | | | 한로절(丙戌月) 寒露 10월9일 14시36분 霜降 10월24일 17시29분 | | | | | 입동절(丁亥月) 立冬 11월8일 17시18분 小雪 11월23일 14시35분 | | | | | 대설절(戊子月) 大雪 12월8일 9시45분 冬至 12월23일 3시37분 | | | | | 소한절(己丑月) 小寒 1월6일 20시47분 大寒 1월21일 14시12분 | | | | |
|---|---|---|---|---|---|---|---|---|---|---|---|---|---|---|---|---|---|---|---|---|---|---|---|---|---|---|---|---|---|---|
| | 양력 | 요일 | 음력 | 일진 | 大運 남·여 | 양력 | 요일 | 음력 | 일진 | 大運 남·여 | 양력 | 요일 | 음력 | 일진 | 大運 남·여 | 양력 | 요일 | 음력 | 일진 | 大運 남·여 | 양력 | 요일 | 음력 | 일진 | 大運 남·여 | 양력 | 요일 | 음력 | 일진 | 大運 남·여 |
| 0 | 8/8 | 木 | 10 | 丙辰 | 입추 | 9/8 | 日 | 11 | 丁亥 | 백로 | 10/9 | 水 | 12 | 戊午 | 한로 | 11/8 | 金 | 13 | 戊子 | 입동 | 12/8 | 日 | 13 | 戊午 | 대설 | 1/6 | 月 | 12 | 丁亥 | 소한 |
| 1 | 9 | 金 | 11 | 丁巳 | 1·10 | 9 | 月 | 12 | 戊子 | 1·10 | 10 | 木 | 13 | 己未 | 1·10 | 9 | 土 | 14 | 己丑 | 1·10 | 9 | 月 | 14 | 己未 | 1·9 | 7 | 火 | 13 | 戊子 | 1·10 |
| 2 | 10 | 土 | 12 | 戊午 | 1·10 | 10 | 火 | 13 | 己丑 | 1·10 | 11 | 金 | 14 | 庚申 | 1·9 | 10 | 日 | 15 | 庚寅 | 1·9 | 10 | 火 | 15 | 庚申 | 1·9 | 8 | 水 | 14 | 己丑 | 1·9 |
| 3 | 11 | 日 | 13 | 己未 | 1·9 | 11 | 水 | 14 | 庚寅 | 1·9 | 12 | 土 | 15 | 辛酉 | 1·9 | 11 | 月 | 16 | 辛卯 | 1·9 | 11 | 水 | 16 | 辛酉 | 1·9 | 9 | 木 | 15 | 庚寅 | 1·9 |
| 4 | 12 | 月 | 14 | 庚申 | 1·9 | 12 | 木 | 15 | 辛卯 | 1·9 | 13 | 日 | 16 | 壬戌 | 1·9 | 12 | 火 | 17 | 壬辰 | 1·9 | 12 | 木 | 17 | 壬戌 | 1·8 | 10 | 金 | 16 | 辛卯 | 1·9 |
| 5 | 13 | 火 | 15 | 辛酉 | 2·9 | 13 | 金 | 16 | 壬辰 | 2·9 | 14 | 月 | 17 | 癸亥 | 2·8 | 13 | 水 | 18 | 癸巳 | 2·8 | 13 | 金 | 18 | 癸亥 | 2·8 | 11 | 土 | 17 | 壬辰 | 2·8 |
| 6 | 14 | 水 | 16 | 壬戌 | 2·8 | 14 | 土 | 17 | 癸巳 | 2·8 | 15 | 火 | 18 | 甲子 | 2·8 | 14 | 木 | 19 | 甲午 | 2·8 | 14 | 土 | 19 | 甲子 | 2·8 | 12 | 日 | 18 | 癸巳 | 2·8 |
| 7 | 15 | 木 | 17 | 癸亥 | 2·8 | 15 | 日 | 18 | 甲午 | 2·8 | 16 | 水 | 19 | 乙丑 | 2·8 | 15 | 金 | 20 | 乙未 | 2·8 | 15 | 日 | 20 | 乙丑 | 2·7 | 13 | 月 | 19 | 甲午 | 2·8 |
| 8 | 16 | 金 | 18 | 甲子 | 3·8 | 16 | 月 | 19 | 乙未 | 3·8 | 17 | 木 | 20 | 丙寅 | 3·7 | 16 | 土 | 21 | 丙申 | 3·7 | 16 | 月 | 21 | 丙寅 | 3·7 | 14 | 火 | 20 | 乙未 | 3·7 |
| 9 | 17 | 土 | 19 | 乙丑 | 3·7 | 17 | 火 | 20 | 丙申 | 3·7 | 18 | 金 | 21 | 丁卯 | 3·7 | 17 | 日 | 22 | 丁酉 | 3·7 | 17 | 火 | 22 | 丁卯 | 3·7 | 15 | 水 | 21 | 丙申 | 3·7 |
| 10 | 18 | 日 | 20 | 丙寅 | 3·7 | 18 | 水 | 21 | 丁酉 | 3·7 | 19 | 土 | 22 | 戊辰 | 3·7 | 18 | 月 | 23 | 戊戌 | 3·7 | 18 | 水 | 23 | 戊辰 | 3·6 | 16 | 木 | 22 | 丁酉 | 3·7 |
| 11 | 19 | 月 | 21 | 丁卯 | 4·7 | 19 | 木 | 22 | 戊戌 | 4·7 | 20 | 日 | 23 | 己巳 | 4·6 | 19 | 火 | 24 | 己亥 | 4·6 | 19 | 木 | 24 | 己巳 | 4·6 | 17 | 金 | 23 | 戊戌 | 4·6 |
| 12 | 20 | 火 | 22 | 戊辰 | 4·6 | 20 | 金 | 23 | 己亥 | 4·6 | 21 | 月 | 24 | 庚午 | 4·6 | 20 | 水 | 25 | 庚子 | 4·6 | 20 | 金 | 25 | 庚午 | 4·6 | 18 | 土 | 24 | 己亥 | 4·6 |
| 13 | 21 | 水 | 23 | 己巳 | 4·6 | 21 | 土 | 24 | 庚子 | 4·6 | 22 | 火 | 25 | 辛未 | 4·6 | 21 | 木 | 26 | 辛丑 | 4·6 | 21 | 土 | 26 | 辛未 | 4·5 | 19 | 日 | 25 | 庚子 | 4·6 |
| 14 | 22 | 木 | 24 | 庚午 | 5·6 | 22 | 日 | 25 | 辛丑 | 5·6 | 23 | 水 | 26 | 壬申 | 5·5 | 22 | 金 | 27 | 壬寅 | 5·5 | 22 | 日 | 27 | 壬申 | 5·5 | 20 | 月 | 26 | 辛丑 | 5·5 |
| 15 | 23 | 金 | 25 | 辛未 | 5·5 | 23 | 月 | 26 | 壬寅 | 5·5 | 24 | 木 | 27 | 癸酉 | 상강 | 23 | 土 | 28 | 癸卯 | 소설 | 23 | 月 | 28 | 癸酉 | 동지 | 21 | 火 | 27 | 壬寅 | 대한 |
| 16 | 24 | 土 | 26 | 壬申 | 처서 | 24 | 火 | 27 | 癸卯 | 추분 | 25 | 金 | 28 | 甲戌 | 5·5 | 24 | 日 | 29 | 甲辰 | 5·5 | 24 | 火 | 29 | 甲戌 | 5·4 | 22 | 水 | 28 | 癸卯 | 5·5 |
| 17 | 25 | 日 | 27 | 癸酉 | 6·5 | 25 | 水 | 28 | 甲辰 | 6·5 | 26 | 土 | 29 | 乙亥 | 6·4 | 25 | 月 | 30 | 乙巳 | 6·4 | 25 | 水 | 30 | 乙亥 | 6·4 | 23 | 木 | 29 | 甲辰 | 6·4 |
| 18 | 26 | 月 | 28 | 甲戌 | 6·4 | 26 | 木 | 29 | 乙巳 | 6·4 | 27 | 日 | 10/1 | 丙子 | 6·4 | 26 | 火 | 11/1 | 丙午 | 6·4 | 26 | 木 | 12/1 | 丙子 | 6·4 | 24 | 金 | 1/1 | 乙巳 | 6·4 |
| 19 | 27 | 火 | 29 | 乙亥 | 6·4 | 27 | 金 | 30 | 丙午 | 6·4 | 28 | 月 | 2 | 丁丑 | 6·4 | 27 | 水 | 2 | 丁未 | 6·4 | 27 | 金 | 2 | 丁丑 | 6·3 | 25 | 土 | 2 | 丙午 | 6·4 |
| 20 | 28 | 水 | 30 | 丙子 | 7·4 | 28 | 土 | 9/1 | 丁未 | 7·4 | 29 | 火 | 3 | 戊寅 | 7·3 | 28 | 木 | 3 | 戊申 | 7·3 | 28 | 土 | 3 | 戊寅 | 7·3 | 26 | 日 | 3 | 丁未 | 7·3 |
| 21 | 29 | 木 | 8/1 | 丁丑 | 7·3 | 29 | 日 | 2 | 戊申 | 7·3 | 30 | 水 | 4 | 己卯 | 7·3 | 29 | 金 | 4 | 己酉 | 7·3 | 29 | 日 | 4 | 己卯 | 7·3 | 27 | 月 | 4 | 戊申 | 7·3 |
| 22 | 30 | 金 | 2 | 戊寅 | 7·3 | 30 | 月 | 3 | 己酉 | 7·3 | 31 | 木 | 5 | 庚辰 | 7·3 | 30 | 土 | 5 | 庚戌 | 7·3 | 30 | 月 | 5 | 庚辰 | 7·2 | 28 | 火 | 5 | 己酉 | 7·3 |
| 23 | 31 | 土 | 3 | 己卯 | 8·3 | 10/1 | 火 | 4 | 庚戌 | 8·3 | 11/1 | 金 | 6 | 辛巳 | 8·2 | 12/1 | 日 | 6 | 辛亥 | 8·2 | 31 | 火 | 6 | 辛巳 | 8·2 | 29 | 水 | 6 | 庚戌 | 8·2 |
| 24 | 9/1 | 日 | 4 | 庚辰 | 8·2 | 2 | 水 | 5 | 辛亥 | 8·2 | 2 | 土 | 7 | 壬午 | 8·2 | 2 | 月 | 7 | 壬子 | 8·2 | 1/1 | 水 | 7 | 壬午 | 8·2 | 30 | 木 | 7 | 辛亥 | 8·2 |
| 25 | 2 | 月 | 5 | 辛巳 | 8·2 | 3 | 木 | 6 | 壬子 | 8·2 | 3 | 日 | 8 | 癸未 | 8·2 | 3 | 火 | 8 | 癸丑 | 8·2 | 2 | 木 | 8 | 癸未 | 8·1 | 31 | 金 | 8 | 壬子 | 8·2 |
| 26 | 3 | 火 | 6 | 壬午 | 9·2 | 4 | 金 | 7 | 癸丑 | 9·2 | 4 | 月 | 9 | 甲申 | 9·1 | 4 | 水 | 9 | 甲寅 | 9·1 | 3 | 金 | 9 | 甲申 | 9·1 | 2/1 | 土 | 9 | 癸丑 | 9·1 |
| 27 | 4 | 水 | 7 | 癸未 | 9·1 | 5 | 土 | 8 | 甲寅 | 9·1 | 5 | 火 | 10 | 乙酉 | 9·1 | 5 | 木 | 10 | 乙卯 | 9·1 | 4 | 土 | 10 | 乙酉 | 9·1 | 2 | 日 | 10 | 甲寅 | 9·1 |
| 28 | 5 | 木 | 8 | 甲申 | 9·1 | 6 | 日 | 9 | 乙卯 | 9·1 | 6 | 水 | 11 | 丙戌 | 9·1 | 6 | 金 | 11 | 丙辰 | 9·1 | 5 | 日 | 11 | 丙戌 | 9·1 | 3 | 月 | 11 | 乙卯 | 9·1 |
| 29 | 6 | 金 | 9 | 乙酉 | 10·1 | 7 | 月 | 10 | 丙辰 | 10·1 | 7 | 木 | 12 | 丁亥 | 10·1 | 7 | 土 | 12 | 丁巳 | 10·1 | | | | | | 4 | 火 | 12 | 丙辰 | 10·1 |
| 30 | 7 | 土 | 10 | 丙戌 | 10·1 | 8 | 火 | 11 | 丁巳 | 10·1 | | | | | | | | | | | | | | | | | | | | |
| 31 | | | | | | | | | | | | | | | | | | | | | | | | | | | | | | |

# 서기 1936년 [단기 4269년]

| 절기후날수 | 입춘절(庚寅月) 立春 2월5일 8시29분 雨水 2월20일 4시33분 | | | | | 경칩절(辛卯月) 驚蟄 3월6일 2시49분 春分 3월21일 3시58분 | | | | | 청명절(壬辰月) 淸明 4월5일 8시7분 穀雨 4월20일 15시31분 | | | | | 입하절(癸巳月) 立夏 5월6일 1시57분 小滿 5월21일 15시7분 | | | | | 망종절(甲午月) 芒種 6월6일 6시31분 夏至 6월21일 23시22분 | | | | | 소서절(乙未月) 小暑 7월7일 16시58분 大暑 7월23일 10시18분 | | | | |
|---|---|---|---|---|---|---|---|---|---|---|---|---|---|---|---|---|---|---|---|---|---|---|---|---|---|---|---|---|---|---|
| | 양력 | 요일 | 음력 | 일진 | 大運 남·여 | 양력 | 요일 | 음력 | 일진 | 大運 남·여 | 양력 | 요일 | 음력 | 일진 | 大運 남·여 | 양력 | 요일 | 음력 | 일진 | 大運 남·여 | 양력 | 요일 | 음력 | 일진 | 大運 남·여 | 양력 | 요일 | 음력 | 일진 | 大運 남·여 |
| 0 | 2/5 | 水 | 13 | 丁巳 | 입춘 | 3/6 | 金 | 13 | 丁亥 | 경칩 | 4/5 | 日 | 14 | 丁巳 | 청명 | 5/6 | 水 | 윤16 | 戊子 | 입하 | 6/6 | 土 | 17 | 己未 | 망종 | 7/7 | 火 | 19 | 庚寅 | 소서 |
| 1 | 6 | 木 | 14 | 戊午 | 10·1 | 7 | 土 | 14 | 戊子 | 10·1 | 6 | 月 | 15 | 戊午 | 10·1 | 7 | 木 | 윤17 | 己丑 | 10·1 | 7 | 日 | 18 | 庚申 | 10·1 | 8 | 水 | 20 | 辛卯 | 10·1 |
| 2 | 7 | 金 | 15 | 己未 | 9·1 | 8 | 日 | 15 | 己丑 | 9·1 | 7 | 火 | 16 | 己未 | 10·1 | 8 | 金 | 윤18 | 庚寅 | 10·1 | 8 | 月 | 19 | 辛酉 | 10·1 | 9 | 木 | 21 | 壬辰 | 10·1 |
| 3 | 8 | 土 | 16 | 庚申 | 9·1 | 9 | 月 | 16 | 庚寅 | 9·1 | 8 | 水 | 17 | 庚申 | 9·1 | 9 | 土 | 윤19 | 辛卯 | 9·1 | 9 | 火 | 20 | 壬戌 | 9·1 | 10 | 金 | 22 | 癸巳 | 10·1 |
| 4 | 9 | 日 | 17 | 辛酉 | 9·1 | 10 | 火 | 17 | 辛卯 | 9·1 | 9 | 木 | 18 | 辛酉 | 9·1 | 10 | 日 | 윤20 | 壬辰 | 9·1 | 10 | 水 | 21 | 癸亥 | 9·1 | 11 | 土 | 23 | 甲午 | 9·1 |
| 5 | 10 | 月 | 18 | 壬戌 | 8·2 | 11 | 水 | 18 | 壬辰 | 8·2 | 10 | 金 | 19 | 壬戌 | 9·2 | 11 | 月 | 윤21 | 癸巳 | 9·2 | 11 | 木 | 22 | 甲子 | 9·2 | 12 | 日 | 24 | 乙未 | 9·2 |
| 6 | 11 | 火 | 19 | 癸亥 | 8·2 | 12 | 木 | 19 | 癸巳 | 8·2 | 11 | 土 | 20 | 癸亥 | 8·2 | 12 | 火 | 윤22 | 甲午 | 8·2 | 12 | 金 | 23 | 乙丑 | 8·2 | 13 | 月 | 25 | 丙申 | 9·2 |
| 7 | 12 | 水 | 20 | 甲子 | 8·2 | 13 | 金 | 20 | 甲午 | 8·2 | 12 | 日 | 21 | 甲子 | 8·2 | 13 | 水 | 윤23 | 乙未 | 8·2 | 13 | 土 | 24 | 丙寅 | 8·2 | 14 | 火 | 26 | 丁酉 | 8·2 |
| 8 | 13 | 木 | 21 | 乙丑 | 7·3 | 14 | 土 | 21 | 乙未 | 7·3 | 13 | 月 | 22 | 乙丑 | 8·3 | 14 | 木 | 윤24 | 丙申 | 8·3 | 14 | 日 | 25 | 丁卯 | 8·3 | 15 | 水 | 27 | 戊戌 | 8·3 |
| 9 | 14 | 金 | 22 | 丙寅 | 7·3 | 15 | 日 | 22 | 丙申 | 7·3 | 14 | 火 | 23 | 丙寅 | 7·3 | 15 | 金 | 윤25 | 丁酉 | 7·3 | 15 | 月 | 26 | 戊辰 | 7·3 | 16 | 木 | 28 | 己亥 | 8·3 |
| 10 | 15 | 土 | 23 | 丁卯 | 7·3 | 16 | 月 | 23 | 丁酉 | 7·3 | 15 | 水 | 24 | 丁卯 | 7·3 | 16 | 土 | 윤26 | 戊戌 | 7·3 | 16 | 火 | 27 | 己巳 | 7·3 | 17 | 金 | 29 | 庚子 | 7·3 |
| 11 | 16 | 日 | 24 | 戊辰 | 6·4 | 17 | 火 | 24 | 戊戌 | 6·4 | 16 | 木 | 25 | 戊辰 | 7·4 | 17 | 日 | 윤27 | 己亥 | 7·4 | 17 | 水 | 28 | 庚午 | 7·4 | 18 | 土 | 30 | 辛丑 | 7·4 |
| 12 | 17 | 月 | 25 | 己巳 | 6·4 | 18 | 水 | 25 | 己亥 | 6·4 | 17 | 金 | 26 | 己巳 | 6·4 | 18 | 月 | 윤28 | 庚子 | 6·4 | 18 | 木 | 29 | 辛未 | 6·4 | 19 | 日 | 6/1 | 壬寅 | 7·4 |
| 13 | 18 | 火 | 26 | 庚午 | 6·4 | 19 | 木 | 26 | 庚子 | 6·4 | 18 | 土 | 27 | 庚午 | 6·4 | 19 | 火 | 윤29 | 辛丑 | 6·4 | 19 | 金 | 5/1 | 壬申 | 6·4 | 20 | 月 | 2 | 癸卯 | 6·4 |
| 14 | 19 | 水 | 27 | 辛未 | 5·5 | 20 | 金 | 27 | 辛丑 | 5·5 | 19 | 日 | 28 | 辛未 | 6·5 | 20 | 水 | 윤30 | 壬寅 | 6·5 | 20 | 土 | 2 | 癸酉 | 6·5 | 21 | 火 | 3 | 甲辰 | 6·5 |
| 15 | 20 | 木 | 28 | 壬申 | 우수 | 21 | 土 | 28 | 壬寅 | 춘분 | 20 | 月 | 29 | 壬申 | 곡우 | 21 | 木 | 4/1 | 癸卯 | 소만 | 21 | 日 | 3 | 甲戌 | 하지 | 22 | 水 | 4 | 乙巳 | 6·5 |
| 16 | 21 | 金 | 29 | 癸酉 | 5·5 | 22 | 日 | 29 | 癸卯 | 5·5 | 21 | 火 | 윤1 | 癸酉 | 5·5 | 22 | 金 | 2 | 甲辰 | 5·5 | 22 | 月 | 4 | 乙亥 | 5·5 | 23 | 木 | 5 | 丙午 | 대서 |
| 17 | 22 | 土 | 30 | 甲戌 | 4·6 | 23 | 月 | 3/1 | 甲辰 | 4·6 | 22 | 水 | 윤2 | 甲戌 | 5·6 | 23 | 土 | 3 | 乙巳 | 5·6 | 23 | 火 | 5 | 丙子 | 5·6 | 24 | 金 | 6 | 丁未 | 5·6 |
| 18 | 23 | 日 | 2/1 | 乙亥 | 4·6 | 24 | 火 | 2 | 乙巳 | 4·6 | 23 | 木 | 윤3 | 乙亥 | 4·6 | 24 | 日 | 4 | 丙午 | 4·6 | 24 | 水 | 6 | 丁丑 | 4·6 | 25 | 土 | 7 | 戊申 | 5·6 |
| 19 | 24 | 月 | 2 | 丙子 | 4·6 | 25 | 水 | 3 | 丙午 | 4·6 | 24 | 金 | 윤4 | 丙子 | 4·6 | 25 | 月 | 5 | 丁未 | 4·6 | 25 | 木 | 7 | 戊寅 | 4·6 | 26 | 日 | 8 | 己酉 | 4·6 |
| 20 | 25 | 火 | 3 | 丁丑 | 3·7 | 26 | 木 | 4 | 丁未 | 3·7 | 25 | 土 | 윤5 | 丁丑 | 4·7 | 26 | 火 | 6 | 戊申 | 4·7 | 26 | 金 | 8 | 己卯 | 4·7 | 27 | 月 | 9 | 庚戌 | 4·7 |
| 21 | 26 | 水 | 4 | 戊寅 | 3·7 | 27 | 金 | 5 | 戊申 | 3·7 | 26 | 日 | 윤6 | 戊寅 | 3·7 | 27 | 水 | 7 | 己酉 | 3·7 | 27 | 土 | 9 | 庚辰 | 3·7 | 28 | 火 | 10 | 辛亥 | 4·7 |
| 22 | 27 | 木 | 5 | 己卯 | 3·7 | 28 | 土 | 6 | 己酉 | 3·7 | 27 | 月 | 윤7 | 己卯 | 3·7 | 28 | 木 | 8 | 庚戌 | 3·7 | 28 | 日 | 10 | 辛巳 | 3·7 | 29 | 水 | 11 | 壬子 | 3·7 |
| 23 | 28 | 金 | 6 | 庚辰 | 2·8 | 29 | 日 | 7 | 庚戌 | 2·8 | 28 | 火 | 윤8 | 庚辰 | 3·8 | 29 | 金 | 9 | 辛亥 | 3·8 | 29 | 月 | 11 | 壬午 | 3·8 | 30 | 木 | 12 | 癸丑 | 3·8 |
| 24 | 29 | 土 | 7 | 辛巳 | 2·8 | 30 | 月 | 8 | 辛亥 | 2·8 | 29 | 水 | 윤9 | 辛巳 | 2·8 | 30 | 土 | 10 | 壬子 | 2·8 | 30 | 火 | 12 | 癸未 | 2·8 | 31 | 金 | 13 | 甲寅 | 3·8 |
| 25 | 3/1 | 日 | 8 | 壬午 | 2·8 | 31 | 火 | 9 | 壬子 | 2·8 | 30 | 木 | 윤10 | 壬午 | 2·8 | 31 | 日 | 11 | 癸丑 | 2·8 | 7/1 | 水 | 13 | 甲申 | 2·8 | 8/1 | 土 | 14 | 乙卯 | 2·8 |
| 26 | 2 | 月 | 9 | 癸未 | 1·9 | 4/1 | 水 | 10 | 癸丑 | 1·9 | 5/1 | 金 | 윤11 | 癸未 | 2·9 | 6/1 | 月 | 12 | 甲寅 | 2·9 | 2 | 木 | 14 | 乙酉 | 2·9 | 2 | 日 | 15 | 丙辰 | 2·9 |
| 27 | 3 | 火 | 10 | 甲申 | 1·9 | 2 | 木 | 11 | 甲寅 | 1·9 | 2 | 土 | 윤12 | 甲申 | 1·9 | 2 | 火 | 13 | 乙卯 | 1·9 | 3 | 金 | 15 | 丙戌 | 1·9 | 3 | 月 | 16 | 丁巳 | 2·9 |
| 28 | 4 | 水 | 11 | 乙酉 | 1·9 | 3 | 金 | 12 | 乙卯 | 1·9 | 3 | 日 | 윤13 | 乙酉 | 1·9 | 3 | 水 | 14 | 丙辰 | 1·9 | 4 | 土 | 16 | 丁亥 | 1·9 | 4 | 火 | 17 | 戊午 | 1·9 |
| 29 | 5 | 木 | 12 | 丙戌 | 1·10 | 4 | 土 | 13 | 丙辰 | 1·10 | 4 | 月 | 윤14 | 丙戌 | 1·10 | 4 | 木 | 15 | 丁巳 | 1·10 | 5 | 日 | 17 | 戊子 | 1·10 | 5 | 水 | 18 | 己未 | 1·10 |
| 30 | | | | | | | | | | | 5 | 火 | 윤15 | 丁亥 | 1·10 | 5 | 金 | 16 | 戊午 | 1·10 | 6 | 月 | 18 | 己丑 | 1·10 | 6 | 木 | 19 | 庚申 | 1·10 |
| 31 | | | | | | | | | | | | | | | | | | | | | | | | | | 7 | 金 | 20 | 辛酉 | 1·10 |

▶윤달-3월

# 丙子年

| 절기후날수 | 입추절(丙申月) | | | | | 백로절(丁酉月) | | | | | 한로절(戊戌月) | | | | |
|---|---|---|---|---|---|---|---|---|---|---|---|---|---|---|---|
| | 立秋 8월8일 2시43분<br>處暑 8월23일 17시11분 | | | | | 白露 9월8일 5시21분<br>秋分 9월23일 14시26분 | | | | | 寒露 10월8일 20시32분<br>霜降 10월23일 23시18분 | | | | |
| | 양력 | 요일 | 음력 | 일진 | 大運 남·여 | 양력 | 요일 | 음력 | 일진 | 大運 남·여 | 양력 | 요일 | 음력 | 일진 | 大運 남·여 |
| 0 | 8/8 | 土 | 21 | 壬戌 | 입추 | 9/8 | 火 | 23 | 癸巳 | 백로 | 10/8 | 木 | 23 | 癸亥 | 한로 |
| 1 | 9 | 日 | 22 | 癸亥 | 10·1 | 9 | 水 | 24 | 甲午 | 10·1 | 9 | 金 | 24 | 甲子 | 10·1 |
| 2 | 10 | 月 | 23 | 甲子 | 10·1 | 10 | 木 | 25 | 乙未 | 9·1 | 10 | 土 | 25 | 乙丑 | 9·1 |
| 3 | 11 | 火 | 24 | 乙丑 | 9·1 | 11 | 金 | 26 | 丙申 | 9·1 | 11 | 日 | 26 | 丙寅 | 9·1 |
| 4 | 12 | 水 | 25 | 丙寅 | 9·1 | 12 | 土 | 27 | 丁酉 | 9·1 | 12 | 月 | 27 | 丁卯 | 9·1 |
| 5 | 13 | 木 | 26 | 丁卯 | 9·2 | 13 | 日 | 28 | 戊戌 | 8·2 | 13 | 火 | 28 | 戊辰 | 8·2 |
| 6 | 14 | 金 | 27 | 戊辰 | 8·2 | 14 | 月 | 29 | 己亥 | 8·2 | 14 | 水 | 29 | 己巳 | 8·2 |
| 7 | 15 | 土 | 28 | 己巳 | 8·2 | 15 | 火 | 30 | 庚子 | 8·2 | 15 | 木 | 9/1 | 庚午 | 8·2 |
| 8 | 16 | 日 | 29 | 庚午 | 8·3 | 16 | 水 | 8/1 | 辛丑 | 7·3 | 16 | 金 | 2 | 辛未 | 7·3 |
| 9 | 17 | 月 | 7/1 | 辛未 | 7·3 | 17 | 木 | 2 | 壬寅 | 7·3 | 17 | 土 | 3 | 壬申 | 7·3 |
| 10 | 18 | 火 | 2 | 壬申 | 7·3 | 18 | 金 | 3 | 癸卯 | 7·3 | 18 | 日 | 4 | 癸酉 | 7·3 |
| 11 | 19 | 水 | 3 | 癸酉 | 7·4 | 19 | 土 | 4 | 甲辰 | 6·4 | 19 | 月 | 5 | 甲戌 | 6·4 |
| 12 | 20 | 木 | 4 | 甲戌 | 6·4 | 20 | 日 | 5 | 乙巳 | 6·4 | 20 | 火 | 6 | 乙亥 | 6·4 |
| 13 | 21 | 金 | 5 | 乙亥 | 6·4 | 21 | 月 | 6 | 丙午 | 6·4 | 21 | 水 | 7 | 丙子 | 6·4 |
| 14 | 22 | 土 | 6 | 丙子 | 6·5 | 22 | 火 | 7 | 丁未 | 5·5 | 22 | 木 | 8 | 丁丑 | 5·5 |
| 15 | 23 | 日 | 7 | 丁丑 | 처서 | 23 | 水 | 8 | 戊申 | 추분 | 23 | 金 | 9 | 戊寅 | 상강 |
| 16 | 24 | 月 | 8 | 戊寅 | 5·5 | 24 | 木 | 9 | 己酉 | 5·5 | 24 | 土 | 10 | 己卯 | 5·5 |
| 17 | 25 | 火 | 9 | 己卯 | 5·6 | 25 | 金 | 10 | 庚戌 | 4·6 | 25 | 日 | 11 | 庚辰 | 4·6 |
| 18 | 26 | 水 | 10 | 庚辰 | 4·6 | 26 | 土 | 11 | 辛亥 | 4·6 | 26 | 月 | 12 | 辛巳 | 4·6 |
| 19 | 27 | 木 | 11 | 辛巳 | 4·6 | 27 | 日 | 12 | 壬子 | 4·6 | 27 | 火 | 13 | 壬午 | 4·6 |
| 20 | 28 | 金 | 12 | 壬午 | 4·7 | 28 | 月 | 13 | 癸丑 | 3·7 | 28 | 水 | 14 | 癸未 | 3·7 |
| 21 | 29 | 土 | 13 | 癸未 | 3·7 | 29 | 火 | 14 | 甲寅 | 3·7 | 29 | 木 | 15 | 甲申 | 3·7 |
| 22 | 30 | 日 | 14 | 甲申 | 3·7 | 30 | 水 | 15 | 乙卯 | 3·7 | 30 | 金 | 16 | 乙酉 | 3·7 |
| 23 | 31 | 月 | 15 | 乙酉 | 3·8 | 10/1 | 木 | 16 | 丙辰 | 2·8 | 31 | 土 | 17 | 丙戌 | 2·8 |
| 24 | 9/1 | 火 | 16 | 丙戌 | 2·8 | 2 | 金 | 17 | 丁巳 | 2·8 | 11/1 | 日 | 18 | 丁亥 | 2·8 |
| 25 | 2 | 水 | 17 | 丁亥 | 2·8 | 3 | 土 | 18 | 戊午 | 2·8 | 2 | 月 | 19 | 戊子 | 2·8 |
| 26 | 3 | 木 | 18 | 戊子 | 2·9 | 4 | 日 | 19 | 己未 | 1·9 | 3 | 火 | 20 | 己丑 | 1·9 |
| 27 | 4 | 金 | 19 | 己丑 | 1·9 | 5 | 月 | 20 | 庚申 | 1·9 | 4 | 水 | 21 | 庚寅 | 1·9 |
| 28 | 5 | 土 | 20 | 庚寅 | 1·9 | 6 | 火 | 21 | 辛酉 | 1·9 | 5 | 木 | 22 | 辛卯 | 1·9 |
| 29 | 6 | 日 | 21 | 辛卯 | 1·10 | 7 | 水 | 22 | 壬戌 | 1·10 | 6 | 金 | 23 | 壬辰 | 1·10 |
| 30 | 7 | 月 | 22 | 壬辰 | 1·10 | | | | | | | | | | |
| 31 | | | | | | | | | | | | | | | |

| 절기후날수 | 입동절(己亥月) | | | | | 대설절(庚子月) | | | | | 소한절(辛丑月) | | | | |
|---|---|---|---|---|---|---|---|---|---|---|---|---|---|---|---|
| | 立冬 11월7일 23시15분<br>小雪 11월22일 20시25분 | | | | | 大雪 12월7일 15시42분<br>冬至 12월22일 9시27분 | | | | | 小寒 1월6일 2시44분<br>大寒 1월20일 20시1분 | | | | |
| | 양력 | 요일 | 음력 | 일진 | 大運 남·여 | 양력 | 요일 | 음력 | 일진 | 大運 남·여 | 양력 | 요일 | 음력 | 일진 | 大運 남·여 |
| 0 | 11/7 | 土 | 24 | 癸巳 | 입동 | 12/7 | 月 | 24 | 癸亥 | 대설 | 1/6 | 水 | 24 | 癸巳 | 소한 |
| 1 | 8 | 日 | 25 | 甲午 | 10·1 | 8 | 火 | 25 | 甲子 | 10·1 | 7 | 木 | 25 | 甲午 | 9·1 |
| 2 | 9 | 月 | 26 | 乙未 | 9·1 | 9 | 水 | 26 | 乙丑 | 9·1 | 8 | 金 | 26 | 乙未 | 9·1 |
| 3 | 10 | 火 | 27 | 丙申 | 9·1 | 10 | 木 | 27 | 丙寅 | 9·1 | 9 | 土 | 27 | 丙申 | 9·1 |
| 4 | 11 | 水 | 28 | 丁酉 | 9·1 | 11 | 金 | 28 | 丁卯 | 9·1 | 10 | 日 | 28 | 丁酉 | 8·1 |
| 5 | 12 | 木 | 29 | 戊戌 | 8·2 | 12 | 土 | 29 | 戊辰 | 8·2 | 11 | 月 | 29 | 戊戌 | 8·2 |
| 6 | 13 | 金 | 30 | 己亥 | 8·2 | 13 | 日 | 30 | 己巳 | 8·2 | 12 | 火 | 30 | 己亥 | 8·2 |
| 7 | 14 | 土 | 10/1 | 庚子 | 8·2 | 14 | 月 | 11/1 | 庚午 | 8·2 | 13 | 水 | 12/1 | 庚子 | 7·2 |
| 8 | 15 | 日 | 2 | 辛丑 | 7·3 | 15 | 火 | 2 | 辛未 | 7·3 | 14 | 木 | 2 | 辛丑 | 7·3 |
| 9 | 16 | 月 | 3 | 壬寅 | 7·3 | 16 | 水 | 3 | 壬申 | 7·3 | 15 | 金 | 3 | 壬寅 | 7·3 |
| 10 | 17 | 火 | 4 | 癸卯 | 7·3 | 17 | 木 | 4 | 癸酉 | 7·3 | 16 | 土 | 4 | 癸卯 | 6·3 |
| 11 | 18 | 水 | 5 | 甲辰 | 6·4 | 18 | 金 | 5 | 甲戌 | 6·4 | 17 | 日 | 5 | 甲辰 | 6·4 |
| 12 | 19 | 木 | 6 | 乙巳 | 6·4 | 19 | 土 | 6 | 乙亥 | 6·4 | 18 | 月 | 6 | 乙巳 | 6·4 |
| 13 | 20 | 金 | 7 | 丙午 | 6·4 | 20 | 日 | 7 | 丙子 | 6·4 | 19 | 火 | 7 | 丙午 | 5·4 |
| 14 | 21 | 土 | 8 | 丁未 | 5·5 | 21 | 月 | 8 | 丁丑 | 5·5 | 20 | 水 | 8 | 丁未 | 대한 |
| 15 | 22 | 日 | 9 | 戊申 | 소설 | 22 | 火 | 9 | 戊寅 | 동지 | 21 | 木 | 9 | 戊申 | 5·5 |
| 16 | 23 | 月 | 10 | 己酉 | 5·5 | 23 | 水 | 10 | 己卯 | 5·5 | 22 | 金 | 10 | 己酉 | 4·5 |
| 17 | 24 | 火 | 11 | 庚戌 | 4·6 | 24 | 木 | 11 | 庚辰 | 4·6 | 23 | 土 | 11 | 庚戌 | 4·6 |
| 18 | 25 | 水 | 12 | 辛亥 | 4·6 | 25 | 金 | 12 | 辛巳 | 4·6 | 24 | 日 | 12 | 辛亥 | 4·6 |
| 19 | 26 | 木 | 13 | 壬子 | 4·6 | 26 | 土 | 13 | 壬午 | 4·6 | 25 | 月 | 13 | 壬子 | 3·6 |
| 20 | 27 | 金 | 14 | 癸丑 | 3·7 | 27 | 日 | 14 | 癸未 | 3·7 | 26 | 火 | 14 | 癸丑 | 3·7 |
| 21 | 28 | 土 | 15 | 甲寅 | 3·7 | 28 | 月 | 15 | 甲申 | 3·7 | 27 | 水 | 15 | 甲寅 | 3·7 |
| 22 | 29 | 日 | 16 | 乙卯 | 3·7 | 29 | 火 | 16 | 乙酉 | 3·7 | 28 | 木 | 16 | 乙卯 | 2·7 |
| 23 | 30 | 月 | 17 | 丙辰 | 2·8 | 30 | 水 | 17 | 丙戌 | 2·8 | 29 | 金 | 17 | 丙辰 | 2·8 |
| 24 | 12/1 | 火 | 18 | 丁巳 | 2·8 | 31 | 木 | 18 | 丁亥 | 2·8 | 30 | 土 | 18 | 丁巳 | 2·8 |
| 25 | 2 | 水 | 19 | 戊午 | 2·8 | 1/1 | 金 | 19 | 戊子 | 2·8 | 31 | 日 | 19 | 戊午 | 1·8 |
| 26 | 3 | 木 | 20 | 己未 | 1·9 | 2 | 土 | 20 | 己丑 | 1·9 | 2/1 | 月 | 20 | 己未 | 1·9 |
| 27 | 4 | 金 | 21 | 庚申 | 1·9 | 3 | 日 | 21 | 庚寅 | 1·9 | 2 | 火 | 21 | 庚申 | 1·9 |
| 28 | 5 | 土 | 22 | 辛酉 | 1·9 | 4 | 月 | 22 | 辛卯 | 1·9 | 3 | 水 | 22 | 辛酉 | 1·9 |
| 29 | 6 | 日 | 23 | 壬戌 | 1·10 | 5 | 火 | 23 | 壬辰 | 1·10 | | | | | |
| 30 | | | | | | | | | | | | | | | |
| 31 | | | | | | | | | | | | | | | |

# 서기 1937년 [단기 4270년]

| 절기후날수 | 입춘절(壬寅月) | | | | | 경칩절(癸卯月) | | | | |
|---|---|---|---|---|---|---|---|---|---|---|
| | 立春 2월4일 14시26분<br>雨水 2월19일 10시21분 | | | | | 驚蟄 3월6일 8시44분<br>春分 3월21일 9시45분 | | | | |
| | 양력 | 요일 | 음력 | 일진 | 大運 남·여 | 양력 | 요일 | 음력 | 일진 | 大運 남·여 |
| 0 | 2/4 | 木 | 23 | 壬戌 | 입춘 | 3/6 | 土 | 24 | 壬辰 | 경칩 |
| 1 | 5 | 金 | 24 | 癸亥 | 1·10 | 7 | 日 | 25 | 癸巳 | 1·10 |
| 2 | 6 | 土 | 25 | 甲子 | 1·9 | 8 | 月 | 26 | 甲午 | 1·9 |
| 3 | 7 | 日 | 26 | 乙丑 | 1·9 | 9 | 火 | 27 | 乙未 | 1·9 |
| 4 | 8 | 月 | 27 | 丙寅 | 1·9 | 10 | 水 | 28 | 丙申 | 1·9 |
| 5 | 9 | 火 | 28 | 丁卯 | 2·8 | 11 | 木 | 29 | 丁酉 | 2·8 |
| 6 | 10 | 水 | 29 | 戊辰 | 2·8 | 12 | 金 | 30 | 戊戌 | 2·8 |
| 7 | 11 | 木 | 1/1 | 己巳 | 2·8 | 13 | 土 | 2/1 | 己亥 | 2·8 |
| 8 | 12 | 金 | 2 | 庚午 | 3·7 | 14 | 日 | 2 | 庚子 | 3·7 |
| 9 | 13 | 土 | 3 | 辛未 | 3·7 | 15 | 月 | 3 | 辛丑 | 3·7 |
| 10 | 14 | 日 | 4 | 壬申 | 3·7 | 16 | 火 | 4 | 壬寅 | 3·7 |
| 11 | 15 | 月 | 5 | 癸酉 | 4·6 | 17 | 水 | 5 | 癸卯 | 4·6 |
| 12 | 16 | 火 | 6 | 甲戌 | 4·6 | 18 | 木 | 6 | 甲辰 | 4·6 |
| 13 | 17 | 水 | 7 | 乙亥 | 4·6 | 19 | 金 | 7 | 乙巳 | 4·6 |
| 14 | 18 | 木 | 8 | 丙子 | 5·5 | 20 | 土 | 8 | 丙午 | 5·5 |
| 15 | 19 | 金 | 9 | 丁丑 | 우수 | 21 | 日 | 9 | 丁未 | 춘분 |
| 16 | 20 | 土 | 10 | 戊寅 | 5·5 | 22 | 月 | 10 | 戊申 | 5·5 |
| 17 | 21 | 日 | 11 | 己卯 | 6·4 | 23 | 火 | 11 | 己酉 | 6·4 |
| 18 | 22 | 月 | 12 | 庚辰 | 6·4 | 24 | 水 | 12 | 庚戌 | 6·4 |
| 19 | 23 | 火 | 13 | 辛巳 | 6·4 | 25 | 木 | 13 | 辛亥 | 6·4 |
| 20 | 24 | 水 | 14 | 壬午 | 7·3 | 26 | 金 | 14 | 壬子 | 7·3 |
| 21 | 25 | 木 | 15 | 癸未 | 7·3 | 27 | 土 | 15 | 癸丑 | 7·3 |
| 22 | 26 | 金 | 16 | 甲申 | 7·3 | 28 | 日 | 16 | 甲寅 | 7·3 |
| 23 | 27 | 土 | 17 | 乙酉 | 8·2 | 29 | 月 | 17 | 乙卯 | 8·2 |
| 24 | 28 | 日 | 18 | 丙戌 | 8·2 | 30 | 火 | 18 | 丙辰 | 8·2 |
| 25 | 3/1 | 月 | 19 | 丁亥 | 8·2 | 31 | 水 | 19 | 丁巳 | 8·2 |
| 26 | 2 | 火 | 20 | 戊子 | 9·1 | 4/1 | 木 | 20 | 戊午 | 9·1 |
| 27 | 3 | 水 | 21 | 己丑 | 9·1 | 2 | 金 | 21 | 己未 | 9·1 |
| 28 | 4 | 木 | 22 | 庚寅 | 9·1 | 3 | 土 | 22 | 庚申 | 9·1 |
| 29 | 5 | 金 | 23 | 辛卯 | 10·1 | 4 | 日 | 23 | 辛酉 | 10·1 |
| 30 | | | | | | | | | | |
| 31 | | | | | | | | | | |

| 절기후날수 | 청명절(甲辰月) | | | | | 입하절(乙巳月) | | | | |
|---|---|---|---|---|---|---|---|---|---|---|
| | 清明 4월5일 14시1분<br>穀雨 4월20일 21시19분 | | | | | 立夏 5월6일 7시51분<br>小滿 5월21일 20시57분 | | | | |
| | 양력 | 요일 | 음력 | 일진 | 大運 남·여 | 양력 | 요일 | 음력 | 일진 | 大運 남·여 |
| 0 | 4/5 | 月 | 24 | 壬戌 | 청명 | 5/6 | 木 | 26 | 癸巳 | 입하 |
| 1 | 6 | 火 | 25 | 癸亥 | 1·10 | 7 | 金 | 27 | 甲午 | 1·10 |
| 2 | 7 | 水 | 26 | 甲子 | 1·10 | 8 | 土 | 28 | 乙未 | 1·10 |
| 3 | 8 | 木 | 27 | 乙丑 | 1·9 | 9 | 日 | 29 | 丙申 | 1·9 |
| 4 | 9 | 金 | 28 | 丙寅 | 1·9 | 10 | 月 | 4/1 | 丁酉 | 1·9 |
| 5 | 10 | 土 | 29 | 丁卯 | 2·9 | 11 | 火 | 2 | 戊戌 | 2·9 |
| 6 | 11 | 日 | 3/1 | 戊辰 | 2·8 | 12 | 水 | 3 | 己亥 | 2·8 |
| 7 | 12 | 月 | 2 | 己巳 | 2·8 | 13 | 木 | 4 | 庚子 | 2·8 |
| 8 | 13 | 火 | 3 | 庚午 | 3·8 | 14 | 金 | 5 | 辛丑 | 3·8 |
| 9 | 14 | 水 | 4 | 辛未 | 3·7 | 15 | 土 | 6 | 壬寅 | 3·7 |
| 10 | 15 | 木 | 5 | 壬申 | 3·7 | 16 | 日 | 7 | 癸卯 | 3·7 |
| 11 | 16 | 金 | 6 | 癸酉 | 4·7 | 17 | 月 | 8 | 甲辰 | 4·7 |
| 12 | 17 | 土 | 7 | 甲戌 | 4·6 | 18 | 火 | 9 | 乙巳 | 4·6 |
| 13 | 18 | 日 | 8 | 乙亥 | 4·6 | 19 | 水 | 10 | 丙午 | 4·6 |
| 14 | 19 | 月 | 9 | 丙子 | 5·6 | 20 | 木 | 11 | 丁未 | 5·6 |
| 15 | 20 | 火 | 10 | 丁丑 | 곡우 | 21 | 金 | 12 | 戊申 | 소만 |
| 16 | 21 | 水 | 11 | 戊寅 | 5·5 | 22 | 土 | 13 | 己酉 | 5·5 |
| 17 | 22 | 木 | 12 | 己卯 | 6·5 | 23 | 日 | 14 | 庚戌 | 6·5 |
| 18 | 23 | 金 | 13 | 庚辰 | 6·4 | 24 | 月 | 15 | 辛亥 | 6·4 |
| 19 | 24 | 土 | 14 | 辛巳 | 6·4 | 25 | 火 | 16 | 壬子 | 6·4 |
| 20 | 25 | 日 | 15 | 壬午 | 7·4 | 26 | 水 | 17 | 癸丑 | 7·4 |
| 21 | 26 | 月 | 16 | 癸未 | 7·3 | 27 | 木 | 18 | 甲寅 | 7·3 |
| 22 | 27 | 火 | 17 | 甲申 | 7·3 | 28 | 金 | 19 | 乙卯 | 7·3 |
| 23 | 28 | 水 | 18 | 乙酉 | 8·3 | 29 | 土 | 20 | 丙辰 | 8·3 |
| 24 | 29 | 木 | 19 | 丙戌 | 8·2 | 30 | 日 | 21 | 丁巳 | 8·2 |
| 25 | 30 | 金 | 20 | 丁亥 | 8·2 | 31 | 月 | 22 | 戊午 | 8·2 |
| 26 | 5/1 | 土 | 21 | 戊子 | 9·2 | 6/1 | 火 | 23 | 己未 | 9·2 |
| 27 | 2 | 日 | 22 | 己丑 | 9·1 | 2 | 水 | 24 | 庚申 | 9·1 |
| 28 | 3 | 月 | 23 | 庚寅 | 9·1 | 3 | 木 | 25 | 辛酉 | 9·1 |
| 29 | 4 | 火 | 24 | 辛卯 | 10·1 | 4 | 金 | 26 | 壬戌 | 10·1 |
| 30 | 5 | 水 | 25 | 壬辰 | 10·1 | 5 | 土 | 27 | 癸亥 | 10·1 |
| 31 | | | | | | | | | | |

| 절기후날수 | 망종절(丙午月) | | | | | 소서절(丁未月) | | | | |
|---|---|---|---|---|---|---|---|---|---|---|
| | 芒種 6월6일 12시23분<br>夏至 6월22일 5시12분 | | | | | 小暑 7월7일 22시46분<br>大暑 7월23일 16시7분 | | | | |
| | 양력 | 요일 | 음력 | 일진 | 大運 남·여 | 양력 | 요일 | 음력 | 일진 | 大運 남·여 |
| 0 | 6/6 | 日 | 28 | 甲子 | 망종 | 7/7 | 水 | 29 | 乙未 | 소서 |
| 1 | 7 | 月 | 29 | 乙丑 | 1·10 | 8 | 木 | 6/1 | 丙申 | 1·10 |
| 2 | 8 | 火 | 30 | 丙寅 | 1·10 | 9 | 金 | 2 | 丁酉 | 1·10 |
| 3 | 9 | 水 | 5/1 | 丁卯 | 1·9 | 10 | 土 | 3 | 戊戌 | 1·10 |
| 4 | 10 | 木 | 2 | 戊辰 | 1·9 | 11 | 日 | 4 | 己亥 | 1·9 |
| 5 | 11 | 金 | 3 | 己巳 | 2·9 | 12 | 月 | 5 | 庚子 | 2·9 |
| 6 | 12 | 土 | 4 | 庚午 | 2·8 | 13 | 火 | 6 | 辛丑 | 2·9 |
| 7 | 13 | 日 | 5 | 辛未 | 2·8 | 14 | 水 | 7 | 壬寅 | 2·8 |
| 8 | 14 | 月 | 6 | 壬申 | 3·8 | 15 | 木 | 8 | 癸卯 | 3·8 |
| 9 | 15 | 火 | 7 | 癸酉 | 3·7 | 16 | 金 | 9 | 甲辰 | 3·8 |
| 10 | 16 | 水 | 8 | 甲戌 | 3·7 | 17 | 土 | 10 | 乙巳 | 3·7 |
| 11 | 17 | 木 | 9 | 乙亥 | 4·7 | 18 | 日 | 11 | 丙午 | 4·7 |
| 12 | 18 | 金 | 10 | 丙子 | 4·6 | 19 | 月 | 12 | 丁未 | 4·7 |
| 13 | 19 | 土 | 11 | 丁丑 | 4·6 | 20 | 火 | 13 | 戊申 | 4·6 |
| 14 | 20 | 日 | 12 | 戊寅 | 5·6 | 21 | 水 | 14 | 己酉 | 5·6 |
| 15 | 21 | 月 | 13 | 己卯 | 5·5 | 22 | 木 | 15 | 庚戌 | 5·6 |
| 16 | 22 | 火 | 14 | 庚辰 | 하지 | 23 | 金 | 16 | 辛亥 | 대서 |
| 17 | 23 | 水 | 15 | 辛巳 | 6·5 | 24 | 土 | 17 | 壬子 | 6·5 |
| 18 | 24 | 木 | 16 | 壬午 | 6·4 | 25 | 日 | 18 | 癸丑 | 6·5 |
| 19 | 25 | 金 | 17 | 癸未 | 6·4 | 26 | 月 | 19 | 甲寅 | 6·4 |
| 20 | 26 | 土 | 18 | 甲申 | 7·4 | 27 | 火 | 20 | 乙卯 | 7·4 |
| 21 | 27 | 日 | 19 | 乙酉 | 7·3 | 28 | 水 | 21 | 丙辰 | 7·4 |
| 22 | 28 | 月 | 20 | 丙戌 | 7·3 | 29 | 木 | 22 | 丁巳 | 7·3 |
| 23 | 29 | 火 | 21 | 丁亥 | 8·3 | 30 | 金 | 23 | 戊午 | 8·3 |
| 24 | 30 | 水 | 22 | 戊子 | 8·2 | 31 | 土 | 24 | 己未 | 8·3 |
| 25 | 7/1 | 木 | 23 | 己丑 | 8·2 | 8/1 | 日 | 25 | 庚申 | 8·2 |
| 26 | 2 | 金 | 24 | 庚寅 | 9·2 | 2 | 月 | 26 | 辛酉 | 9·2 |
| 27 | 3 | 土 | 25 | 辛卯 | 9·1 | 3 | 火 | 27 | 壬戌 | 9·2 |
| 28 | 4 | 日 | 26 | 壬辰 | 9·1 | 4 | 水 | 28 | 癸亥 | 9·1 |
| 29 | 5 | 月 | 27 | 癸巳 | 10·1 | 5 | 木 | 29 | 甲子 | 10·1 |
| 30 | 6 | 火 | 28 | 甲午 | 10·1 | 6 | 金 | 7/1 | 乙丑 | 10·1 |
| 31 | | | | | | 7 | 土 | 2 | 丙寅 | 10·1 |

# 丁丑年

| 절기후날수 | 입추절(戊申月) 立秋 8월8일 8시25분 處暑 8월23일 22시58분 | | | | | 백로절(己酉月) 白露 9월8일 10시59분 秋分 9월23일 20시13분 | | | | | 한로절(庚戌月) 寒露 10월9일 2시11분 霜降 10월24일 5시7분 | | | | |
|---|---|---|---|---|---|---|---|---|---|---|---|---|---|---|---|
| | 양력 | 요일 | 음력 | 일진 | 大運 남·여 | 양력 | 요일 | 음력 | 일진 | 大運 남·여 | 양력 | 요일 | 음력 | 일진 | 大運 남·여 |
| 0 | 8/8 | 日 | 3 | 丁卯 | 입추 | 9/8 | 水 | 4 | 戊戌 | 백로 | 10/9 | 土 | 6 | 己巳 | 한로 |
| 1 | 9 | 月 | 4 | 戊辰 | 1·10 | 9 | 木 | 5 | 己亥 | 1·10 | 10 | 日 | 7 | 庚午 | 1·10 |
| 2 | 10 | 火 | 5 | 己巳 | 1·10 | 10 | 金 | 6 | 庚子 | 1·10 | 11 | 月 | 8 | 辛未 | 1·9 |
| 3 | 11 | 水 | 6 | 庚午 | 1·9 | 11 | 土 | 7 | 辛丑 | 1·9 | 12 | 火 | 9 | 壬申 | 1·9 |
| 4 | 12 | 木 | 7 | 辛未 | 1·9 | 12 | 日 | 8 | 壬寅 | 1·9 | 13 | 水 | 10 | 癸酉 | 1·9 |
| 5 | 13 | 金 | 8 | 壬申 | 2·9 | 13 | 月 | 9 | 癸卯 | 2·9 | 14 | 木 | 11 | 甲戌 | 2·8 |
| 6 | 14 | 土 | 9 | 癸酉 | 2·8 | 14 | 火 | 10 | 甲辰 | 2·8 | 15 | 金 | 12 | 乙亥 | 2·8 |
| 7 | 15 | 日 | 10 | 甲戌 | 2·8 | 15 | 水 | 11 | 乙巳 | 2·8 | 16 | 土 | 13 | 丙子 | 2·8 |
| 8 | 16 | 月 | 11 | 乙亥 | 3·8 | 16 | 木 | 12 | 丙午 | 3·8 | 17 | 日 | 14 | 丁丑 | 3·7 |
| 9 | 17 | 火 | 12 | 丙子 | 3·7 | 17 | 金 | 13 | 丁未 | 3·7 | 18 | 月 | 15 | 戊寅 | 3·7 |
| 10 | 18 | 水 | 13 | 丁丑 | 3·7 | 18 | 土 | 14 | 戊申 | 3·7 | 19 | 火 | 16 | 己卯 | 3·7 |
| 11 | 19 | 木 | 14 | 戊寅 | 4·7 | 19 | 日 | 15 | 己酉 | 4·7 | 20 | 水 | 17 | 庚辰 | 4·6 |
| 12 | 20 | 金 | 15 | 己卯 | 4·6 | 20 | 月 | 16 | 庚戌 | 4·6 | 21 | 木 | 18 | 辛巳 | 4·6 |
| 13 | 21 | 土 | 16 | 庚辰 | 4·6 | 21 | 火 | 17 | 辛亥 | 4·6 | 22 | 金 | 19 | 壬午 | 4·6 |
| 14 | 22 | 日 | 17 | 辛巳 | 5·6 | 22 | 水 | 18 | 壬子 | 5·6 | 23 | 土 | 20 | 癸未 | 5·5 |
| 15 | 23 | 月 | 18 | 壬午 | 처서 | 23 | 木 | 19 | 癸丑 | 추분 | 24 | 日 | 21 | 甲申 | 상강 |
| 16 | 24 | 火 | 19 | 癸未 | 5·5 | 24 | 金 | 20 | 甲寅 | 5·5 | 25 | 月 | 22 | 乙酉 | 5·5 |
| 17 | 25 | 水 | 20 | 甲申 | 6·5 | 25 | 土 | 21 | 乙卯 | 6·5 | 26 | 火 | 23 | 丙戌 | 6·4 |
| 18 | 26 | 木 | 21 | 乙酉 | 6·4 | 26 | 日 | 22 | 丙辰 | 6·4 | 27 | 水 | 24 | 丁亥 | 6·4 |
| 19 | 27 | 金 | 22 | 丙戌 | 6·4 | 27 | 月 | 23 | 丁巳 | 6·4 | 28 | 木 | 25 | 戊子 | 6·4 |
| 20 | 28 | 土 | 23 | 丁亥 | 7·4 | 28 | 火 | 24 | 戊午 | 7·4 | 29 | 金 | 26 | 己丑 | 7·3 |
| 21 | 29 | 日 | 24 | 戊子 | 7·3 | 29 | 水 | 25 | 己未 | 7·3 | 30 | 土 | 27 | 庚寅 | 7·3 |
| 22 | 30 | 月 | 25 | 己丑 | 7·3 | 30 | 木 | 26 | 庚申 | 7·3 | 31 | 日 | 28 | 辛卯 | 7·3 |
| 23 | 31 | 火 | 26 | 庚寅 | 8·3 | 10/1 | 金 | 27 | 辛酉 | 8·3 | 11/1 | 月 | 29 | 壬辰 | 8·2 |
| 24 | 9/1 | 水 | 27 | 辛卯 | 8·2 | 2 | 土 | 28 | 壬戌 | 8·2 | 2 | 火 | 30 | 癸巳 | 8·2 |
| 25 | 2 | 木 | 28 | 壬辰 | 8·2 | 3 | 日 | 29 | 癸亥 | 8·2 | 3 | 水 | 10/1 | 甲午 | 8·2 |
| 26 | 3 | 金 | 29 | 癸巳 | 9·2 | 4 | 月 | 9/1 | 甲子 | 9·2 | 4 | 木 | 2 | 乙未 | 9·1 |
| 27 | 4 | 土 | 30 | 甲午 | 9·1 | 5 | 火 | 2 | 乙丑 | 9·1 | 5 | 金 | 3 | 丙申 | 9·1 |
| 28 | 5 | 日 | 8/1 | 乙未 | 9·1 | 6 | 水 | 3 | 丙寅 | 9·1 | 6 | 土 | 4 | 丁酉 | 9·1 |
| 29 | 6 | 月 | 2 | 丙申 | 10·1 | 7 | 木 | 4 | 丁卯 | 10·1 | 7 | 日 | 5 | 戊戌 | 10·1 |
| 30 | 7 | 火 | 3 | 丁酉 | 10·1 | 8 | 金 | 5 | 戊辰 | 10·1 | | | | | |
| 31 | | | | | | | | | | | | | | | |

| 절기후날수 | 입동절(辛亥月) 立冬 11월8일 4시55분 小雪 11월23일 2시17분 | | | | | 대설절(壬子月) 大雪 12월7일 21시26분 冬至 12월22일 15시22분 | | | | | 소한절(癸丑月) 小寒 1월6일 8시31분 大寒 1월21일 1시59분 | | | | |
|---|---|---|---|---|---|---|---|---|---|---|---|---|---|---|---|
| | 양력 | 요일 | 음력 | 일진 | 大運 남·여 | 양력 | 요일 | 음력 | 일진 | 大運 남·여 | 양력 | 요일 | 음력 | 일진 | 大運 남·여 |
| 0 | 11/8 | 月 | 6 | 己亥 | 입동 | 12/7 | 火 | 5 | 戊辰 | 대설 | 1/6 | 木 | 5 | 戊戌 | 소한 |
| 1 | 9 | 火 | 7 | 庚子 | 1·9 | 8 | 水 | 6 | 己巳 | 1·10 | 7 | 金 | 6 | 己亥 | 1·9 |
| 2 | 10 | 水 | 8 | 辛丑 | 1·9 | 9 | 木 | 7 | 庚午 | 1·9 | 8 | 土 | 7 | 庚子 | 1·9 |
| 3 | 11 | 木 | 9 | 壬寅 | 1·9 | 10 | 金 | 8 | 辛未 | 1·9 | 9 | 日 | 8 | 辛丑 | 1·9 |
| 4 | 12 | 金 | 10 | 癸卯 | 1·8 | 11 | 土 | 9 | 壬申 | 1·9 | 10 | 月 | 9 | 壬寅 | 1·8 |
| 5 | 13 | 土 | 11 | 甲辰 | 2·8 | 12 | 日 | 10 | 癸酉 | 2·8 | 11 | 火 | 10 | 癸卯 | 2·8 |
| 6 | 14 | 日 | 12 | 乙巳 | 2·8 | 13 | 月 | 11 | 甲戌 | 2·8 | 12 | 水 | 11 | 甲辰 | 2·8 |
| 7 | 15 | 月 | 13 | 丙午 | 2·7 | 14 | 火 | 12 | 乙亥 | 2·8 | 13 | 木 | 12 | 乙巳 | 2·7 |
| 8 | 16 | 火 | 14 | 丁未 | 3·7 | 15 | 水 | 13 | 丙子 | 3·7 | 14 | 金 | 13 | 丙午 | 3·7 |
| 9 | 17 | 水 | 15 | 戊申 | 3·7 | 16 | 木 | 14 | 丁丑 | 3·7 | 15 | 土 | 14 | 丁未 | 3·7 |
| 10 | 18 | 木 | 16 | 己酉 | 3·6 | 17 | 金 | 15 | 戊寅 | 3·7 | 16 | 日 | 15 | 戊申 | 3·6 |
| 11 | 19 | 金 | 17 | 庚戌 | 4·6 | 18 | 土 | 16 | 己卯 | 4·6 | 17 | 月 | 16 | 己酉 | 4·6 |
| 12 | 20 | 土 | 18 | 辛亥 | 4·6 | 19 | 日 | 17 | 庚辰 | 4·6 | 18 | 火 | 17 | 庚戌 | 4·6 |
| 13 | 21 | 日 | 19 | 壬子 | 4·5 | 20 | 月 | 18 | 辛巳 | 4·6 | 19 | 水 | 18 | 辛亥 | 4·5 |
| 14 | 22 | 月 | 20 | 癸丑 | 5·5 | 21 | 火 | 19 | 壬午 | 5·5 | 20 | 木 | 19 | 壬子 | 5·5 |
| 15 | 23 | 火 | 21 | 甲寅 | 소설 | 22 | 水 | 20 | 癸未 | 동지 | 21 | 金 | 20 | 癸丑 | 대한 |
| 16 | 24 | 水 | 22 | 乙卯 | 5·4 | 23 | 木 | 21 | 甲申 | 5·5 | 22 | 土 | 21 | 甲寅 | 5·4 |
| 17 | 25 | 木 | 23 | 丙辰 | 6·4 | 24 | 金 | 22 | 乙酉 | 6·4 | 23 | 日 | 22 | 乙卯 | 6·4 |
| 18 | 26 | 金 | 24 | 丁巳 | 6·4 | 25 | 土 | 23 | 丙戌 | 6·4 | 24 | 月 | 23 | 丙辰 | 6·4 |
| 19 | 27 | 土 | 25 | 戊午 | 6·3 | 26 | 日 | 24 | 丁亥 | 6·4 | 25 | 火 | 24 | 丁巳 | 6·3 |
| 20 | 28 | 日 | 26 | 己未 | 7·3 | 27 | 月 | 25 | 戊子 | 7·3 | 26 | 水 | 25 | 戊午 | 7·3 |
| 21 | 29 | 月 | 27 | 庚申 | 7·3 | 28 | 火 | 26 | 己丑 | 7·3 | 27 | 木 | 26 | 己未 | 7·3 |
| 22 | 30 | 火 | 28 | 辛酉 | 7·2 | 29 | 水 | 27 | 庚寅 | 7·3 | 28 | 金 | 27 | 庚申 | 7·2 |
| 23 | 12/1 | 水 | 29 | 壬戌 | 8·2 | 30 | 木 | 28 | 辛卯 | 8·2 | 29 | 土 | 28 | 辛酉 | 8·2 |
| 24 | 2 | 木 | 30 | 癸亥 | 8·2 | 31 | 金 | 29 | 壬辰 | 8·2 | 30 | 日 | 29 | 壬戌 | 8·2 |
| 25 | 3 | 金 | 11/1 | 甲子 | 8·1 | 1/1 | 土 | 30 | 癸巳 | 8·2 | 31 | 月 | 1/1 | 癸亥 | 8·1 |
| 26 | 4 | 土 | 2 | 乙丑 | 9·1 | 2 | 日 | 12/1 | 甲午 | 9·1 | 2/1 | 火 | 2 | 甲子 | 9·1 |
| 27 | 5 | 日 | 3 | 丙寅 | 9·1 | 3 | 月 | 2 | 乙未 | 9·1 | 2 | 水 | 3 | 乙丑 | 9·1 |
| 28 | 6 | 月 | 4 | 丁卯 | 9·1 | 4 | 火 | 3 | 丙申 | 9·1 | 3 | 木 | 4 | 丙寅 | 9·1 |
| 29 | | | | | | 5 | 水 | 4 | 丁酉 | 10·1 | | | | | |
| 30 | | | | | | | | | | | | | | | |
| 31 | | | | | | | | | | | | | | | |

# 서기 1938년 [단기 4271년]

| 절기후날수 | 입춘절(甲寅月) | | | | | | 경칩절(乙卯月) | | | | | | 청명절(丙辰月) | | | | | |
|---|---|---|---|---|---|---|---|---|---|---|---|---|---|---|---|---|---|---|
| | 立春 2월4일 20시15분<br>雨水 2월19일 16시20분 | | | | | | 驚蟄 3월6일 14시34분<br>春分 3월21일 15시43분 | | | | | | 淸明 4월5일 19시49분<br>穀雨 4월21일 3시15분 | | | | | |
| | 양력 | 요일 | 음력 | 일진 | 大運 남 | 大運 여 | 양력 | 요일 | 음력 | 일진 | 大運 남 | 大運 여 | 양력 | 요일 | 음력 | 일진 | 大運 남 | 大運 여 |
| 0 | 2/4 | 金 | 5 | 丁卯 | 입춘 | | 3/6 | 日 | 5 | 丁酉 | 경칩 | | 4/5 | 火 | 5 | 丁卯 | 청명 | |
| 1 | 5 | 土 | 6 | 戊辰 | 10 | 1 | 7 | 月 | 6 | 戊戌 | 10 | 1 | 6 | 水 | 6 | 戊辰 | 10 | 1 |
| 2 | 6 | 日 | 7 | 己巳 | 9 | 1 | 8 | 火 | 7 | 己亥 | 9 | 1 | 7 | 木 | 7 | 己巳 | 10 | 1 |
| 3 | 7 | 月 | 8 | 庚午 | 9 | 1 | 9 | 水 | 8 | 庚子 | 9 | 1 | 8 | 金 | 8 | 庚午 | 9 | 1 |
| 4 | 8 | 火 | 9 | 辛未 | 9 | 1 | 10 | 木 | 9 | 辛丑 | 9 | 1 | 9 | 土 | 9 | 辛未 | 9 | 1 |
| 5 | 9 | 水 | 10 | 壬申 | 8 | 2 | 11 | 金 | 10 | 壬寅 | 8 | 2 | 10 | 日 | 10 | 壬申 | 9 | 2 |
| 6 | 10 | 木 | 11 | 癸酉 | 8 | 2 | 12 | 土 | 11 | 癸卯 | 8 | 2 | 11 | 月 | 11 | 癸酉 | 8 | 2 |
| 7 | 11 | 金 | 12 | 甲戌 | 8 | 2 | 13 | 日 | 12 | 甲辰 | 8 | 2 | 12 | 火 | 12 | 甲戌 | 8 | 2 |
| 8 | 12 | 土 | 13 | 乙亥 | 7 | 3 | 14 | 月 | 13 | 乙巳 | 7 | 3 | 13 | 水 | 13 | 乙亥 | 8 | 3 |
| 9 | 13 | 日 | 14 | 丙子 | 7 | 3 | 15 | 火 | 14 | 丙午 | 7 | 3 | 14 | 木 | 14 | 丙子 | 7 | 3 |
| 10 | 14 | 月 | 15 | 丁丑 | 7 | 3 | 16 | 水 | 15 | 丁未 | 7 | 3 | 15 | 金 | 15 | 丁丑 | 7 | 3 |
| 11 | 15 | 火 | 16 | 戊寅 | 6 | 4 | 17 | 木 | 16 | 戊申 | 6 | 4 | 16 | 土 | 16 | 戊寅 | 7 | 4 |
| 12 | 16 | 水 | 17 | 己卯 | 6 | 4 | 18 | 金 | 17 | 己酉 | 6 | 4 | 17 | 日 | 17 | 己卯 | 6 | 4 |
| 13 | 17 | 木 | 18 | 庚辰 | 6 | 4 | 19 | 土 | 18 | 庚戌 | 6 | 4 | 18 | 月 | 18 | 庚辰 | 6 | 4 |
| 14 | 18 | 金 | 19 | 辛巳 | 5 | 5 | 20 | 日 | 19 | 辛亥 | 5 | 5 | 19 | 火 | 19 | 辛巳 | 6 | 5 |
| 15 | 19 | 土 | 20 | 壬午 | 우수 | | 21 | 月 | 20 | 壬子 | 춘분 | | 20 | 水 | 20 | 壬午 | 5 | 5 |
| 16 | 20 | 日 | 21 | 癸未 | 5 | 5 | 22 | 火 | 21 | 癸丑 | 5 | 5 | 21 | 木 | 21 | 癸未 | 곡우 | |
| 17 | 21 | 月 | 22 | 甲申 | 4 | 6 | 23 | 水 | 22 | 甲寅 | 4 | 6 | 22 | 金 | 22 | 甲申 | 5 | 6 |
| 18 | 22 | 火 | 23 | 乙酉 | 4 | 6 | 24 | 木 | 23 | 乙卯 | 4 | 6 | 23 | 土 | 23 | 乙酉 | 4 | 6 |
| 19 | 23 | 水 | 24 | 丙戌 | 4 | 6 | 25 | 金 | 24 | 丙辰 | 4 | 6 | 24 | 日 | 24 | 丙戌 | 4 | 6 |
| 20 | 24 | 木 | 25 | 丁亥 | 3 | 7 | 26 | 土 | 25 | 丁巳 | 3 | 7 | 25 | 月 | 25 | 丁亥 | 4 | 7 |
| 21 | 25 | 金 | 26 | 戊子 | 3 | 7 | 27 | 日 | 26 | 戊午 | 3 | 7 | 26 | 火 | 26 | 戊子 | 3 | 7 |
| 22 | 26 | 土 | 27 | 己丑 | 3 | 7 | 28 | 月 | 27 | 己未 | 3 | 7 | 27 | 水 | 27 | 己丑 | 3 | 7 |
| 23 | 27 | 日 | 28 | 庚寅 | 2 | 8 | 29 | 火 | 28 | 庚申 | 2 | 8 | 28 | 木 | 28 | 庚寅 | 3 | 8 |
| 24 | 28 | 月 | 29 | 辛卯 | 2 | 8 | 30 | 水 | 29 | 辛酉 | 2 | 8 | 29 | 金 | 29 | 辛卯 | 2 | 8 |
| 25 | 3/1 | 火 | 30 | 壬辰 | 2 | 8 | 31 | 木 | 30 | 壬戌 | 2 | 8 | 30 | 土 | 4/1 | 壬辰 | 2 | 8 |
| 26 | 2 | 水 | 2/1 | 癸巳 | 1 | 9 | 4/1 | 金 | 3/1 | 癸亥 | 1 | 9 | 5/1 | 日 | 2 | 癸巳 | 2 | 9 |
| 27 | 3 | 木 | 2 | 甲午 | 1 | 9 | 2 | 土 | 2 | 甲子 | 1 | 9 | 2 | 月 | 3 | 甲午 | 1 | 9 |
| 28 | 4 | 金 | 3 | 乙未 | 1 | 9 | 3 | 日 | 3 | 乙丑 | 1 | 9 | 3 | 火 | 4 | 乙未 | 1 | 9 |
| 29 | 5 | 土 | 4 | 丙申 | 1 | 10 | 4 | 月 | 4 | 丙寅 | 1 | 10 | 4 | 水 | 5 | 丙申 | 1 | 10 |
| 30 | | | | | | | | | | | | | 5 | 木 | 6 | 丁酉 | 1 | 10 |
| 31 | | | | | | | | | | | | | | | | | | |

| 절기후날수 | 입하절(丁巳月) | | | | | | 망종절(戊午月) | | | | | | 소서절(己未月) | | | | | |
|---|---|---|---|---|---|---|---|---|---|---|---|---|---|---|---|---|---|---|
| | 立夏 5월6일 13시35분<br>小滿 5월22일 2시50분 | | | | | | 芒種 6월6일 18시7분<br>夏至 6월22일 11시4분 | | | | | | 小暑 7월8일 4시31분<br>大暑 7월23일 21시57분 | | | | | |
| | 양력 | 요일 | 음력 | 일진 | 大運 남 | 大運 여 | 양력 | 요일 | 음력 | 일진 | 大運 남 | 大運 여 | 양력 | 요일 | 음력 | 일진 | 大運 남 | 大運 여 |
| 0 | 5/6 | 金 | 7 | 戊戌 | 입하 | | 6/6 | 月 | 9 | 己巳 | 망종 | | 7/8 | 金 | 11 | 辛丑 | 소서 | |
| 1 | 7 | 土 | 8 | 己亥 | 10 | 1 | 7 | 火 | 10 | 庚午 | 10 | 1 | 9 | 土 | 12 | 壬寅 | 10 | 1 |
| 2 | 8 | 日 | 9 | 庚子 | 10 | 1 | 8 | 水 | 11 | 辛未 | 10 | 1 | 10 | 日 | 13 | 癸卯 | 10 | 1 |
| 3 | 9 | 月 | 10 | 辛丑 | 9 | 1 | 9 | 木 | 12 | 壬申 | 10 | 1 | 11 | 月 | 14 | 甲辰 | 9 | 1 |
| 4 | 10 | 火 | 11 | 壬寅 | 9 | 1 | 10 | 金 | 13 | 癸酉 | 9 | 1 | 12 | 火 | 15 | 乙巳 | 9 | 1 |
| 5 | 11 | 水 | 12 | 癸卯 | 9 | 2 | 11 | 土 | 14 | 甲戌 | 9 | 2 | 13 | 水 | 16 | 丙午 | 9 | 2 |
| 6 | 12 | 木 | 13 | 甲辰 | 8 | 2 | 12 | 日 | 15 | 乙亥 | 9 | 2 | 14 | 木 | 17 | 丁未 | 8 | 2 |
| 7 | 13 | 金 | 14 | 乙巳 | 8 | 2 | 13 | 月 | 16 | 丙子 | 8 | 2 | 15 | 金 | 18 | 戊申 | 8 | 2 |
| 8 | 14 | 土 | 15 | 丙午 | 8 | 3 | 14 | 火 | 17 | 丁丑 | 8 | 3 | 16 | 土 | 19 | 己酉 | 8 | 3 |
| 9 | 15 | 日 | 16 | 丁未 | 7 | 3 | 15 | 水 | 18 | 戊寅 | 8 | 3 | 17 | 日 | 20 | 庚戌 | 7 | 3 |
| 10 | 16 | 月 | 17 | 戊申 | 7 | 3 | 16 | 木 | 19 | 己卯 | 7 | 3 | 18 | 月 | 21 | 辛亥 | 7 | 3 |
| 11 | 17 | 火 | 18 | 己酉 | 7 | 4 | 17 | 金 | 20 | 庚辰 | 7 | 4 | 19 | 火 | 22 | 壬子 | 7 | 4 |
| 12 | 18 | 水 | 19 | 庚戌 | 6 | 4 | 18 | 土 | 21 | 辛巳 | 7 | 4 | 20 | 水 | 23 | 癸丑 | 6 | 4 |
| 13 | 19 | 木 | 20 | 辛亥 | 6 | 4 | 19 | 日 | 22 | 壬午 | 6 | 4 | 21 | 木 | 24 | 甲寅 | 6 | 4 |
| 14 | 20 | 金 | 21 | 壬子 | 6 | 5 | 20 | 月 | 23 | 癸未 | 6 | 5 | 22 | 金 | 25 | 乙卯 | 6 | 5 |
| 15 | 21 | 土 | 22 | 癸丑 | 5 | 5 | 21 | 火 | 24 | 甲申 | 6 | 5 | 23 | 土 | 26 | 丙辰 | 대서 | |
| 16 | 22 | 日 | 23 | 甲寅 | 소만 | | 22 | 水 | 25 | 乙酉 | 하지 | | 24 | 日 | 27 | 丁巳 | 5 | 5 |
| 17 | 23 | 月 | 24 | 乙卯 | 5 | 6 | 23 | 木 | 26 | 丙戌 | 5 | 6 | 25 | 月 | 28 | 戊午 | 5 | 6 |
| 18 | 24 | 火 | 25 | 丙辰 | 4 | 6 | 24 | 金 | 27 | 丁亥 | 5 | 6 | 26 | 火 | 29 | 己未 | 4 | 6 |
| 19 | 25 | 水 | 26 | 丁巳 | 4 | 6 | 25 | 土 | 28 | 戊子 | 4 | 6 | 27 | 水 | 7/1 | 庚申 | 4 | 6 |
| 20 | 26 | 木 | 27 | 戊午 | 4 | 7 | 26 | 日 | 29 | 己丑 | 4 | 7 | 28 | 木 | 2 | 辛酉 | 4 | 7 |
| 21 | 27 | 金 | 28 | 己未 | 3 | 7 | 27 | 月 | 30 | 庚寅 | 4 | 7 | 29 | 金 | 3 | 壬戌 | 3 | 7 |
| 22 | 28 | 土 | 29 | 庚申 | 3 | 7 | 28 | 火 | 6/1 | 辛卯 | 3 | 7 | 30 | 土 | 4 | 癸亥 | 3 | 7 |
| 23 | 29 | 日 | 5/1 | 辛酉 | 3 | 8 | 29 | 水 | 2 | 壬辰 | 3 | 8 | 31 | 日 | 5 | 甲子 | 3 | 8 |
| 24 | 30 | 月 | 2 | 壬戌 | 2 | 8 | 30 | 木 | 3 | 癸巳 | 3 | 8 | 8/1 | 月 | 6 | 乙丑 | 2 | 8 |
| 25 | 31 | 火 | 3 | 癸亥 | 2 | 8 | 7/1 | 金 | 4 | 甲午 | 2 | 8 | 2 | 火 | 7 | 丙寅 | 2 | 8 |
| 26 | 6/1 | 水 | 4 | 甲子 | 2 | 9 | 2 | 土 | 5 | 乙未 | 2 | 9 | 3 | 水 | 8 | 丁卯 | 2 | 9 |
| 27 | 2 | 木 | 5 | 乙丑 | 1 | 9 | 3 | 日 | 6 | 丙申 | 2 | 9 | 4 | 木 | 9 | 戊辰 | 1 | 9 |
| 28 | 3 | 金 | 6 | 丙寅 | 1 | 9 | 4 | 月 | 7 | 丁酉 | 1 | 9 | 5 | 金 | 10 | 己巳 | 1 | 9 |
| 29 | 4 | 土 | 7 | 丁卯 | 1 | 10 | 5 | 火 | 8 | 戊戌 | 1 | 10 | 6 | 土 | 11 | 庚午 | 1 | 10 |
| 30 | 5 | 日 | 8 | 戊辰 | 1 | 10 | 6 | 水 | 9 | 己亥 | 1 | 10 | 7 | 日 | 12 | 辛未 | 1 | 10 |
| 31 | | | | | | | 7 | 木 | 10 | 庚子 | 1 | 10 | | | | | | |

# 戊寅年

## 입추절(庚申月)

立秋 8월8일 14시13분
處暑 8월24일 4시46분

| 절기후날수 | 양력 | 요일 | 음력 | 일진 | 大運 남 | 大運 여 |
|---|---|---|---|---|---|---|
| 0 | 8/8 | 月 | 13 | 壬申 | 입추 | |
| 1 | 9 | 火 | 14 | 癸酉 | 10 | 1 |
| 2 | 10 | 水 | 15 | 甲戌 | 10 | 1 |
| 3 | 11 | 木 | 16 | 乙亥 | 9 | 1 |
| 4 | 12 | 金 | 17 | 丙子 | 9 | 1 |
| 5 | 13 | 土 | 18 | 丁丑 | 9 | 2 |
| 6 | 14 | 日 | 19 | 戊寅 | 8 | 2 |
| 7 | 15 | 月 | 20 | 己卯 | 8 | 2 |
| 8 | 16 | 火 | 21 | 庚辰 | 8 | 3 |
| 9 | 17 | 水 | 22 | 辛巳 | 7 | 3 |
| 10 | 18 | 木 | 23 | 壬午 | 7 | 3 |
| 11 | 19 | 金 | 24 | 癸未 | 7 | 4 |
| 12 | 20 | 土 | 25 | 甲申 | 6 | 4 |
| 13 | 21 | 日 | 26 | 乙酉 | 6 | 4 |
| 14 | 22 | 月 | 27 | 丙戌 | 6 | 5 |
| 15 | 23 | 火 | 28 | 丁亥 | 5 | 5 |
| 16 | 24 | 水 | 29 | 戊子 | 처서 | |
| 17 | 25 | 木 | 윤1 | 己丑 | 5 | 6 |
| 18 | 26 | 金 | 윤2 | 庚寅 | 4 | 6 |
| 19 | 27 | 土 | 윤3 | 辛卯 | 4 | 6 |
| 20 | 28 | 日 | 윤4 | 壬辰 | 4 | 7 |
| 21 | 29 | 月 | 윤5 | 癸巳 | 3 | 7 |
| 22 | 30 | 火 | 윤6 | 甲午 | 3 | 7 |
| 23 | 31 | 水 | 윤7 | 乙未 | 3 | 8 |
| 24 | 9/1 | 木 | 윤8 | 丙申 | 2 | 8 |
| 25 | 2 | 金 | 윤9 | 丁酉 | 2 | 8 |
| 26 | 3 | 土 | 윤10 | 戊戌 | 2 | 9 |
| 27 | 4 | 日 | 윤11 | 己亥 | 1 | 9 |
| 28 | 5 | 月 | 윤12 | 庚子 | 1 | 9 |
| 29 | 6 | 火 | 윤13 | 辛丑 | 1 | 10 |
| 30 | 7 | 水 | 윤14 | 壬寅 | 1 | 10 |
| 31 | | | | | | |

## 백로절(辛酉月)

白露 9월8일 16시48분
秋分 9월24일 2시0분

| 절기후날수 | 양력 | 요일 | 음력 | 일진 | 大運 남 | 大運 여 |
|---|---|---|---|---|---|---|
| 0 | 9/8 | 木 | 윤15 | 癸卯 | 백로 | |
| 1 | 9 | 金 | 윤16 | 甲辰 | 10 | 1 |
| 2 | 10 | 土 | 윤17 | 乙巳 | 10 | 1 |
| 3 | 11 | 日 | 윤18 | 丙午 | 9 | 1 |
| 4 | 12 | 月 | 윤19 | 丁未 | 9 | 1 |
| 5 | 13 | 火 | 윤20 | 戊申 | 9 | 2 |
| 6 | 14 | 水 | 윤21 | 己酉 | 8 | 2 |
| 7 | 15 | 木 | 윤22 | 庚戌 | 8 | 2 |
| 8 | 16 | 金 | 윤23 | 辛亥 | 8 | 3 |
| 9 | 17 | 土 | 윤24 | 壬子 | 7 | 3 |
| 10 | 18 | 日 | 윤25 | 癸丑 | 7 | 3 |
| 11 | 19 | 月 | 윤26 | 甲寅 | 7 | 4 |
| 12 | 20 | 火 | 윤27 | 乙卯 | 6 | 4 |
| 13 | 21 | 水 | 윤28 | 丙辰 | 6 | 4 |
| 14 | 22 | 木 | 윤29 | 丁巳 | 6 | 5 |
| 15 | 23 | 金 | 윤30 | 戊午 | 5 | 5 |
| 16 | 24 | 土 | 8/1 | 己未 | 추분 | |
| 17 | 25 | 日 | 2 | 庚申 | 5 | 6 |
| 18 | 26 | 月 | 3 | 辛酉 | 4 | 6 |
| 19 | 27 | 火 | 4 | 壬戌 | 4 | 6 |
| 20 | 28 | 水 | 5 | 癸亥 | 4 | 7 |
| 21 | 29 | 木 | 6 | 甲子 | 3 | 7 |
| 22 | 30 | 金 | 7 | 乙丑 | 3 | 7 |
| 23 | 10/1 | 土 | 8 | 丙寅 | 3 | 8 |
| 24 | 2 | 日 | 9 | 丁卯 | 2 | 8 |
| 25 | 3 | 月 | 10 | 戊辰 | 2 | 8 |
| 26 | 4 | 火 | 11 | 己巳 | 2 | 9 |
| 27 | 5 | 水 | 12 | 庚午 | 1 | 9 |
| 28 | 6 | 木 | 13 | 辛未 | 1 | 9 |
| 29 | 7 | 金 | 14 | 壬申 | 1 | 10 |
| 30 | 8 | 土 | 15 | 癸酉 | 1 | 10 |
| 31 | | | | | | |

## 한로절(壬戌月)

寒露 10월9일 8시1분
霜降 10월24일 10시54분

| 절기후날수 | 양력 | 요일 | 음력 | 일진 | 大運 남 | 大運 여 |
|---|---|---|---|---|---|---|
| 0 | 10/9 | 日 | 16 | 甲戌 | 한로 | |
| 1 | 10 | 月 | 17 | 乙亥 | 10 | 1 |
| 2 | 11 | 火 | 18 | 丙子 | 9 | 1 |
| 3 | 12 | 水 | 19 | 丁丑 | 9 | 1 |
| 4 | 13 | 木 | 20 | 戊寅 | 9 | 1 |
| 5 | 14 | 金 | 21 | 己卯 | 8 | 2 |
| 6 | 15 | 土 | 22 | 庚辰 | 8 | 2 |
| 7 | 16 | 日 | 23 | 辛巳 | 8 | 2 |
| 8 | 17 | 月 | 24 | 壬午 | 7 | 3 |
| 9 | 18 | 火 | 25 | 癸未 | 7 | 3 |
| 10 | 19 | 水 | 26 | 甲申 | 7 | 3 |
| 11 | 20 | 木 | 27 | 乙酉 | 6 | 4 |
| 12 | 21 | 金 | 28 | 丙戌 | 6 | 4 |
| 13 | 22 | 土 | 29 | 丁亥 | 6 | 4 |
| 14 | 23 | 日 | 9/1 | 戊子 | 5 | 5 |
| 15 | 24 | 月 | 2 | 己丑 | 상강 | |
| 16 | 25 | 火 | 3 | 庚寅 | 5 | 5 |
| 17 | 26 | 水 | 4 | 辛卯 | 4 | 6 |
| 18 | 27 | 木 | 5 | 壬辰 | 4 | 6 |
| 19 | 28 | 金 | 6 | 癸巳 | 4 | 6 |
| 20 | 29 | 土 | 7 | 甲午 | 3 | 7 |
| 21 | 30 | 日 | 8 | 乙未 | 3 | 7 |
| 22 | 31 | 月 | 9 | 丙申 | 3 | 7 |
| 23 | 11/1 | 火 | 10 | 丁酉 | 2 | 8 |
| 24 | 2 | 水 | 11 | 戊戌 | 2 | 8 |
| 25 | 3 | 木 | 12 | 己亥 | 2 | 8 |
| 26 | 4 | 金 | 13 | 庚子 | 1 | 9 |
| 27 | 5 | 土 | 14 | 辛丑 | 1 | 9 |
| 28 | 6 | 日 | 15 | 壬寅 | 1 | 9 |
| 29 | 7 | 月 | 16 | 癸卯 | 1 | 10 |
| 30 | | | | | | |
| 31 | | | | | | |

## 입동절(癸亥月)

立冬 11월8일 10시48분
小雪 11월23일 8시6분

| 절기후날수 | 양력 | 요일 | 음력 | 일진 | 大運 남 | 大運 여 |
|---|---|---|---|---|---|---|
| 0 | 11/8 | 火 | 17 | 甲辰 | 입동 | |
| 1 | 9 | 水 | 18 | 乙巳 | 10 | 1 |
| 2 | 10 | 木 | 19 | 丙午 | 9 | 1 |
| 3 | 11 | 金 | 20 | 丁未 | 9 | 1 |
| 4 | 12 | 土 | 21 | 戊申 | 9 | 1 |
| 5 | 13 | 日 | 22 | 己酉 | 8 | 2 |
| 6 | 14 | 月 | 23 | 庚戌 | 8 | 2 |
| 7 | 15 | 火 | 24 | 辛亥 | 8 | 2 |
| 8 | 16 | 水 | 25 | 壬子 | 7 | 3 |
| 9 | 17 | 木 | 26 | 癸丑 | 7 | 3 |
| 10 | 18 | 金 | 27 | 甲寅 | 7 | 3 |
| 11 | 19 | 土 | 28 | 乙卯 | 6 | 4 |
| 12 | 20 | 日 | 29 | 丙辰 | 6 | 4 |
| 13 | 21 | 月 | 30 | 丁巳 | 6 | 4 |
| 14 | 22 | 火 | 10/1 | 戊午 | 5 | 5 |
| 15 | 23 | 水 | 2 | 己未 | 소설 | |
| 16 | 24 | 木 | 3 | 庚申 | 5 | 5 |
| 17 | 25 | 金 | 4 | 辛酉 | 4 | 6 |
| 18 | 26 | 土 | 5 | 壬戌 | 4 | 6 |
| 19 | 27 | 日 | 6 | 癸亥 | 4 | 6 |
| 20 | 28 | 月 | 7 | 甲子 | 3 | 7 |
| 21 | 29 | 火 | 8 | 乙丑 | 3 | 7 |
| 22 | 30 | 水 | 9 | 丙寅 | 3 | 7 |
| 23 | 12/1 | 木 | 10 | 丁卯 | 2 | 8 |
| 24 | 2 | 金 | 11 | 戊辰 | 2 | 8 |
| 25 | 3 | 土 | 12 | 己巳 | 2 | 8 |
| 26 | 4 | 日 | 13 | 庚午 | 1 | 9 |
| 27 | 5 | 月 | 14 | 辛未 | 1 | 9 |
| 28 | 6 | 火 | 15 | 壬申 | 1 | 9 |
| 29 | 7 | 水 | 16 | 癸酉 | 1 | 10 |
| 30 | | | | | | |
| 31 | | | | | | |

## 대설절(甲子月)

大雪 12월8일 3시22분
冬至 12월22일 21시13분

| 절기후날수 | 양력 | 요일 | 음력 | 일진 | 大運 남 | 大運 여 |
|---|---|---|---|---|---|---|
| 0 | 12/8 | 木 | 17 | 甲戌 | 대설 | |
| 1 | 9 | 金 | 18 | 乙亥 | 9 | 1 |
| 2 | 10 | 土 | 19 | 丙子 | 9 | 1 |
| 3 | 11 | 日 | 20 | 丁丑 | 9 | 1 |
| 4 | 12 | 月 | 21 | 戊寅 | 8 | 1 |
| 5 | 13 | 火 | 22 | 己卯 | 8 | 2 |
| 6 | 14 | 水 | 23 | 庚辰 | 8 | 2 |
| 7 | 15 | 木 | 24 | 辛巳 | 7 | 2 |
| 8 | 16 | 金 | 25 | 壬午 | 7 | 3 |
| 9 | 17 | 土 | 26 | 癸未 | 7 | 3 |
| 10 | 18 | 日 | 27 | 甲申 | 6 | 3 |
| 11 | 19 | 月 | 28 | 乙酉 | 6 | 4 |
| 12 | 20 | 火 | 29 | 丙戌 | 6 | 4 |
| 13 | 21 | 水 | 30 | 丁亥 | 5 | 4 |
| 14 | 22 | 木 | 11/1 | 戊子 | 동지 | |
| 15 | 23 | 金 | 2 | 己丑 | 5 | 5 |
| 16 | 24 | 土 | 3 | 庚寅 | 4 | 5 |
| 17 | 25 | 日 | 4 | 辛卯 | 4 | 6 |
| 18 | 26 | 月 | 5 | 壬辰 | 4 | 6 |
| 19 | 27 | 火 | 6 | 癸巳 | 3 | 6 |
| 20 | 28 | 水 | 7 | 甲午 | 3 | 7 |
| 21 | 29 | 木 | 8 | 乙未 | 3 | 7 |
| 22 | 30 | 金 | 9 | 丙申 | 2 | 7 |
| 23 | 31 | 土 | 10 | 丁酉 | 2 | 8 |
| 24 | 1/1 | 日 | 11 | 戊戌 | 2 | 8 |
| 25 | 2 | 月 | 12 | 己亥 | 1 | 8 |
| 26 | 3 | 火 | 13 | 庚子 | 1 | 9 |
| 27 | 4 | 水 | 14 | 辛丑 | 1 | 9 |
| 28 | 5 | 木 | 15 | 壬寅 | 1 | 9 |
| 29 | | | | | | |
| 30 | | | | | | |
| 31 | | | | | | |

## 소한절(乙丑月)

小寒 1월6일 14시28분
大寒 1월21일 7시51분

| 절기후날수 | 양력 | 요일 | 음력 | 일진 | 大運 남 | 大運 여 |
|---|---|---|---|---|---|---|
| 0 | 1/6 | 金 | 16 | 癸卯 | 소한 | |
| 1 | 7 | 土 | 17 | 甲辰 | 10 | 1 |
| 2 | 8 | 日 | 18 | 乙巳 | 9 | 1 |
| 3 | 9 | 月 | 19 | 丙午 | 9 | 1 |
| 4 | 10 | 火 | 20 | 丁未 | 9 | 1 |
| 5 | 11 | 水 | 21 | 戊申 | 8 | 2 |
| 6 | 12 | 木 | 22 | 己酉 | 8 | 2 |
| 7 | 13 | 金 | 23 | 庚戌 | 8 | 2 |
| 8 | 14 | 土 | 24 | 辛亥 | 7 | 3 |
| 9 | 15 | 日 | 25 | 壬子 | 7 | 3 |
| 10 | 16 | 月 | 26 | 癸丑 | 7 | 3 |
| 11 | 17 | 火 | 27 | 甲寅 | 6 | 4 |
| 12 | 18 | 水 | 28 | 乙卯 | 6 | 4 |
| 13 | 19 | 木 | 29 | 丙辰 | 6 | 4 |
| 14 | 20 | 金 | 12/1 | 丁巳 | 5 | 5 |
| 15 | 21 | 土 | 2 | 戊午 | 대한 | |
| 16 | 22 | 日 | 3 | 己未 | 5 | 5 |
| 17 | 23 | 月 | 4 | 庚申 | 4 | 6 |
| 18 | 24 | 火 | 5 | 辛酉 | 4 | 6 |
| 19 | 25 | 水 | 6 | 壬戌 | 4 | 6 |
| 20 | 26 | 木 | 7 | 癸亥 | 3 | 7 |
| 21 | 27 | 金 | 8 | 甲子 | 3 | 7 |
| 22 | 28 | 土 | 9 | 乙丑 | 3 | 7 |
| 23 | 29 | 日 | 10 | 丙寅 | 2 | 8 |
| 24 | 30 | 月 | 11 | 丁卯 | 2 | 8 |
| 25 | 31 | 火 | 12 | 戊辰 | 2 | 8 |
| 26 | 2/1 | 水 | 13 | 己巳 | 1 | 9 |
| 27 | 2 | 木 | 14 | 庚午 | 1 | 9 |
| 28 | 3 | 金 | 15 | 辛未 | 1 | 9 |
| 29 | 4 | 土 | 16 | 壬申 | 1 | 10 |
| 30 | | | | | | |
| 31 | | | | | | |

▶ 윤달－7월

# 서기 1939년 [단기 4272년]

| 절기후날수 | 입춘절(丙寅月) 立春 2월5일 2시10분 雨水 2월19일 22시9분 | | | | | 경칩절(丁卯月) 驚蟄 3월6일 20시26분 春分 3월21일 21시28분 | | | | | 청명절(戊辰月) 清明 4월6일 1시37분 穀雨 4월21일 8시55분 | | | | |
|---|---|---|---|---|---|---|---|---|---|---|---|---|---|---|---|
| | 양력 | 요일 | 음력 | 일진 | 大運 남·여 | 양력 | 요일 | 음력 | 일진 | 大運 남·여 | 양력 | 요일 | 음력 | 일진 | 大運 남·여 |
| 0 | 2/5 | 日 | 17 | 癸酉 | 입춘 | 3/6 | 月 | 16 | 壬寅 | 경칩 | 4/6 | 木 | 17 | 癸酉 | 청명 |
| 1 | 6 | 月 | 18 | 甲戌 | 1·9 | 7 | 火 | 17 | 癸卯 | 1·10 | 7 | 金 | 18 | 甲戌 | 1·10 |
| 2 | 7 | 火 | 19 | 乙亥 | 1·9 | 8 | 水 | 18 | 甲辰 | 1·10 | 8 | 土 | 19 | 乙亥 | 1·9 |
| 3 | 8 | 水 | 20 | 丙子 | 1·9 | 9 | 木 | 19 | 乙巳 | 1·9 | 9 | 日 | 20 | 丙子 | 1·9 |
| 4 | 9 | 木 | 21 | 丁丑 | 1·8 | 10 | 金 | 20 | 丙午 | 1·9 | 10 | 月 | 21 | 丁丑 | 1·9 |
| 5 | 10 | 金 | 22 | 戊寅 | 2·8 | 11 | 土 | 21 | 丁未 | 2·9 | 11 | 火 | 22 | 戊寅 | 2·8 |
| 6 | 11 | 土 | 23 | 己卯 | 2·8 | 12 | 日 | 22 | 戊申 | 2·8 | 12 | 水 | 23 | 己卯 | 2·8 |
| 7 | 12 | 日 | 24 | 庚辰 | 2·7 | 13 | 月 | 23 | 己酉 | 2·8 | 13 | 木 | 24 | 庚辰 | 2·8 |
| 8 | 13 | 月 | 25 | 辛巳 | 3·7 | 14 | 火 | 24 | 庚戌 | 3·8 | 14 | 金 | 25 | 辛巳 | 3·7 |
| 9 | 14 | 火 | 26 | 壬午 | 3·7 | 15 | 水 | 25 | 辛亥 | 3·7 | 15 | 土 | 26 | 壬午 | 3·7 |
| 10 | 15 | 水 | 27 | 癸未 | 3·6 | 16 | 木 | 26 | 壬子 | 3·7 | 16 | 日 | 27 | 癸未 | 3·7 |
| 11 | 16 | 木 | 28 | 甲申 | 4·6 | 17 | 金 | 27 | 癸丑 | 4·7 | 17 | 月 | 28 | 甲申 | 4·6 |
| 12 | 17 | 金 | 29 | 乙酉 | 4·6 | 18 | 土 | 28 | 甲寅 | 4·6 | 18 | 火 | 29 | 乙酉 | 4·6 |
| 13 | 18 | 土 | 30 | 丙戌 | 4·5 | 19 | 日 | 29 | 乙卯 | 4·6 | 19 | 水 | 30 | 丙戌 | 4·6 |
| 14 | 19 | 日 | 1/1 | 丁亥 | 우수 | 20 | 月 | 30 | 丙辰 | 5·6 | 20 | 木 | 3/1 | 丁亥 | 5·5 |
| 15 | 20 | 月 | 2 | 戊子 | 5·5 | 21 | 火 | 2/1 | 丁巳 | 춘분 | 21 | 金 | 2 | 戊子 | 곡우 |
| 16 | 21 | 火 | 3 | 己丑 | 5·4 | 22 | 水 | 2 | 戊午 | 5·5 | 22 | 土 | 3 | 己丑 | 5·5 |
| 17 | 22 | 水 | 4 | 庚寅 | 6·4 | 23 | 木 | 3 | 己未 | 6·5 | 23 | 日 | 4 | 庚寅 | 6·4 |
| 18 | 23 | 木 | 5 | 辛卯 | 6·4 | 24 | 金 | 4 | 庚申 | 6·4 | 24 | 月 | 5 | 辛卯 | 6·4 |
| 19 | 24 | 金 | 6 | 壬辰 | 6·3 | 25 | 土 | 5 | 辛酉 | 6·4 | 25 | 火 | 6 | 壬辰 | 6·4 |
| 20 | 25 | 土 | 7 | 癸巳 | 7·3 | 26 | 日 | 6 | 壬戌 | 7·4 | 26 | 水 | 7 | 癸巳 | 7·3 |
| 21 | 26 | 日 | 8 | 甲午 | 7·3 | 27 | 月 | 7 | 癸亥 | 7·3 | 27 | 木 | 8 | 甲午 | 7·3 |
| 22 | 27 | 月 | 9 | 乙未 | 7·2 | 28 | 火 | 8 | 甲子 | 7·3 | 28 | 金 | 9 | 乙未 | 7·3 |
| 23 | 28 | 火 | 10 | 丙申 | 8·2 | 29 | 水 | 9 | 乙丑 | 8·3 | 29 | 土 | 10 | 丙申 | 8·2 |
| 24 | 3/1 | 水 | 11 | 丁酉 | 8·2 | 30 | 木 | 10 | 丙寅 | 8·2 | 30 | 日 | 11 | 丁酉 | 8·2 |
| 25 | 2 | 木 | 12 | 戊戌 | 8·1 | 31 | 金 | 11 | 丁卯 | 8·2 | 5/1 | 月 | 12 | 戊戌 | 8·2 |
| 26 | 3 | 金 | 13 | 己亥 | 9·1 | 4/1 | 土 | 12 | 戊辰 | 9·2 | 2 | 火 | 13 | 己亥 | 9·1 |
| 27 | 4 | 土 | 14 | 庚子 | 9·1 | 2 | 日 | 13 | 己巳 | 9·1 | 3 | 水 | 14 | 庚子 | 9·1 |
| 28 | 5 | 日 | 15 | 辛丑 | 9·1 | 3 | 月 | 14 | 庚午 | 9·1 | 4 | 木 | 15 | 辛丑 | 9·1 |
| 29 | | | | | | 4 | 火 | 15 | 辛未 | 10·1 | 5 | 金 | 16 | 壬寅 | 10·1 |
| 30 | | | | | | 5 | 水 | 16 | 壬申 | 10·1 | | | | | |
| 31 | | | | | | | | | | | | | | | |

| 절기후날수 | 입하절(己巳月) 立夏 5월6일 19시21분 小滿 5월22일 8시27분 | | | | | 망종절(庚午月) 芒種 6월6일 23시52분 夏至 6월22일 16시39분 | | | | | 소서절(辛未月) 小暑 7월8일 10시18분 大暑 7월24일 3시37분 | | | | |
|---|---|---|---|---|---|---|---|---|---|---|---|---|---|---|---|
| | 양력 | 요일 | 음력 | 일진 | 大運 남·여 | 양력 | 요일 | 음력 | 일진 | 大運 남·여 | 양력 | 요일 | 음력 | 일진 | 大運 남·여 |
| 0 | 5/6 | 土 | 17 | 癸卯 | 입하 | 6/6 | 火 | 19 | 甲戌 | 망종 | 7/8 | 土 | 22 | 丙午 | 소서 |
| 1 | 7 | 日 | 18 | 甲辰 | 1·10 | 7 | 水 | 20 | 乙亥 | 1·10 | 9 | 日 | 23 | 丁未 | 1·10 |
| 2 | 8 | 月 | 19 | 乙巳 | 1·10 | 8 | 木 | 21 | 丙子 | 1·10 | 10 | 月 | 24 | 戊申 | 1·10 |
| 3 | 9 | 火 | 20 | 丙午 | 1·9 | 9 | 金 | 22 | 丁丑 | 1·10 | 11 | 火 | 25 | 己酉 | 1·9 |
| 4 | 10 | 水 | 21 | 丁未 | 1·9 | 10 | 土 | 23 | 戊寅 | 1·9 | 12 | 水 | 26 | 庚戌 | 1·9 |
| 5 | 11 | 木 | 22 | 戊申 | 2·9 | 11 | 日 | 24 | 己卯 | 2·9 | 13 | 木 | 27 | 辛亥 | 2·9 |
| 6 | 12 | 金 | 23 | 己酉 | 2·8 | 12 | 月 | 25 | 庚辰 | 2·9 | 14 | 金 | 28 | 壬子 | 2·8 |
| 7 | 13 | 土 | 24 | 庚戌 | 2·8 | 13 | 火 | 26 | 辛巳 | 2·8 | 15 | 土 | 29 | 癸丑 | 2·8 |
| 8 | 14 | 日 | 25 | 辛亥 | 3·8 | 14 | 水 | 27 | 壬午 | 3·8 | 16 | 日 | 30 | 甲寅 | 3·8 |
| 9 | 15 | 月 | 26 | 壬子 | 3·7 | 15 | 木 | 28 | 癸未 | 3·8 | 17 | 月 | 6/1 | 乙卯 | 3·7 |
| 10 | 16 | 火 | 27 | 癸丑 | 3·7 | 16 | 金 | 29 | 甲申 | 3·7 | 18 | 火 | 2 | 丙辰 | 3·7 |
| 11 | 17 | 水 | 28 | 甲寅 | 4·7 | 17 | 土 | 5/1 | 乙酉 | 4·7 | 19 | 水 | 3 | 丁巳 | 4·7 |
| 12 | 18 | 木 | 29 | 乙卯 | 4·6 | 18 | 日 | 2 | 丙戌 | 4·7 | 20 | 木 | 4 | 戊午 | 4·6 |
| 13 | 19 | 金 | 4/1 | 丙辰 | 4·6 | 19 | 月 | 3 | 丁亥 | 4·6 | 21 | 金 | 5 | 己未 | 4·6 |
| 14 | 20 | 土 | 2 | 丁巳 | 5·6 | 20 | 火 | 4 | 戊子 | 5·6 | 22 | 土 | 6 | 庚申 | 5·6 |
| 15 | 21 | 日 | 3 | 戊午 | 5·5 | 21 | 水 | 5 | 己丑 | 5·6 | 23 | 日 | 7 | 辛酉 | 5·5 |
| 16 | 22 | 月 | 4 | 己未 | 소만 | 22 | 木 | 6 | 庚寅 | 하지 | 24 | 月 | 8 | 壬戌 | 대서 |
| 17 | 23 | 火 | 5 | 庚申 | 6·5 | 23 | 金 | 7 | 辛卯 | 6·5 | 25 | 火 | 9 | 癸亥 | 6·5 |
| 18 | 24 | 水 | 6 | 辛酉 | 6·4 | 24 | 土 | 8 | 壬辰 | 6·5 | 26 | 水 | 10 | 甲子 | 6·4 |
| 19 | 25 | 木 | 7 | 壬戌 | 6·4 | 25 | 日 | 9 | 癸巳 | 6·4 | 27 | 木 | 11 | 乙丑 | 6·4 |
| 20 | 26 | 金 | 8 | 癸亥 | 7·4 | 26 | 月 | 10 | 甲午 | 7·4 | 28 | 金 | 12 | 丙寅 | 7·4 |
| 21 | 27 | 土 | 9 | 甲子 | 7·3 | 27 | 火 | 11 | 乙未 | 7·4 | 29 | 土 | 13 | 丁卯 | 7·3 |
| 22 | 28 | 日 | 10 | 乙丑 | 7·3 | 28 | 水 | 12 | 丙申 | 7·3 | 30 | 日 | 14 | 戊辰 | 7·3 |
| 23 | 29 | 月 | 11 | 丙寅 | 8·3 | 29 | 木 | 13 | 丁酉 | 8·3 | 31 | 月 | 15 | 己巳 | 8·3 |
| 24 | 30 | 火 | 12 | 丁卯 | 8·2 | 30 | 金 | 14 | 戊戌 | 8·3 | 8/1 | 火 | 16 | 庚午 | 8·2 |
| 25 | 31 | 水 | 13 | 戊辰 | 8·2 | 7/1 | 土 | 15 | 己亥 | 8·2 | 2 | 水 | 17 | 辛未 | 8·2 |
| 26 | 6/1 | 木 | 14 | 己巳 | 9·2 | 2 | 日 | 16 | 庚子 | 9·2 | 3 | 木 | 18 | 壬申 | 9·2 |
| 27 | 2 | 金 | 15 | 庚午 | 9·1 | 3 | 月 | 17 | 辛丑 | 9·2 | 4 | 金 | 19 | 癸酉 | 9·1 |
| 28 | 3 | 土 | 16 | 辛未 | 9·1 | 4 | 火 | 18 | 壬寅 | 9·1 | 5 | 土 | 20 | 甲戌 | 9·1 |
| 29 | 4 | 日 | 17 | 壬申 | 10·1 | 5 | 水 | 19 | 癸卯 | 10·1 | 6 | 日 | 21 | 乙亥 | 10·1 |
| 30 | 5 | 月 | 18 | 癸酉 | 10·1 | 6 | 木 | 20 | 甲辰 | 10·1 | 7 | 月 | 22 | 丙子 | 10·1 |
| 31 | | | | | | 7 | 金 | 21 | 乙巳 | 10·1 | | | | | |

# 己卯年

| 절기후날수 | 입추절(壬申月) 立秋 8월8일 20시4분 處暑 8월24일 10시31분 | | | | | 백로절(癸酉月) 白露 9월8일 22시42분 秋分 9월24일 7시49분 | | | | | 한로절(甲戌月) 寒露 10월9일 13시57분 霜降 10월24일 16시46분 | | | | |
|---|---|---|---|---|---|---|---|---|---|---|---|---|---|---|---|
| | 양력 | 요일 | 음력 | 일진 | 大運 남·여 | 양력 | 요일 | 음력 | 일진 | 大運 남·여 | 양력 | 요일 | 음력 | 일진 | 大運 남·여 |
| 0 | 8/8 | 火 | 23 | 丁丑 | 입추 | 9/8 | 金 | 25 | 戊申 | 백로 | 10/9 | 月 | 27 | 己卯 | 한로 |
| 1 | 9 | 水 | 24 | 戊寅 | 1·10 | 9 | 土 | 26 | 己酉 | 1·10 | 10 | 火 | 28 | 庚辰 | 1·10 |
| 2 | 10 | 木 | 25 | 己卯 | 1·10 | 10 | 日 | 27 | 庚戌 | 1·10 | 11 | 水 | 29 | 辛巳 | 1·9 |
| 3 | 11 | 金 | 26 | 庚辰 | 1·9 | 11 | 月 | 28 | 辛亥 | 1·9 | 12 | 木 | 30 | 壬午 | 1·9 |
| 4 | 12 | 土 | 27 | 辛巳 | 1·9 | 12 | 火 | 29 | 壬子 | 1·9 | 13 | 金 | 9/1 | 癸未 | 1·9 |
| 5 | 13 | 日 | 28 | 壬午 | 2·9 | 13 | 水 | 8/1 | 癸丑 | 2·9 | 14 | 土 | 2 | 甲申 | 2·8 |
| 6 | 14 | 月 | 29 | 癸未 | 2·8 | 14 | 木 | 2 | 甲寅 | 2·8 | 15 | 日 | 3 | 乙酉 | 2·8 |
| 7 | 15 | 火 | 7/1 | 甲申 | 2·8 | 15 | 金 | 3 | 乙卯 | 2·8 | 16 | 月 | 4 | 丙戌 | 2·8 |
| 8 | 16 | 水 | 2 | 乙酉 | 3·8 | 16 | 土 | 4 | 丙辰 | 3·8 | 17 | 火 | 5 | 丁亥 | 3·7 |
| 9 | 17 | 木 | 3 | 丙戌 | 3·7 | 17 | 日 | 5 | 丁巳 | 3·7 | 18 | 水 | 6 | 戊子 | 3·7 |
| 10 | 18 | 金 | 4 | 丁亥 | 3·7 | 18 | 月 | 6 | 戊午 | 3·7 | 19 | 木 | 7 | 己丑 | 3·7 |
| 11 | 19 | 土 | 5 | 戊子 | 4·7 | 19 | 火 | 7 | 己未 | 4·7 | 20 | 金 | 8 | 庚寅 | 4·6 |
| 12 | 20 | 日 | 6 | 己丑 | 4·6 | 20 | 水 | 8 | 庚申 | 4·6 | 21 | 土 | 9 | 辛卯 | 4·6 |
| 13 | 21 | 月 | 7 | 庚寅 | 4·6 | 21 | 木 | 9 | 辛酉 | 4·6 | 22 | 日 | 10 | 壬辰 | 4·6 |
| 14 | 22 | 火 | 8 | 辛卯 | 5·6 | 22 | 金 | 10 | 壬戌 | 5·6 | 23 | 月 | 11 | 癸巳 | 5·5 |
| 15 | 23 | 水 | 9 | 壬辰 | 5·5 | 23 | 土 | 11 | 癸亥 | 5·5 | 24 | 火 | 12 | 甲午 | 상강 |
| 16 | 24 | 木 | 10 | 癸巳 | 처서 | 24 | 日 | 12 | 甲子 | 추분 | 25 | 水 | 13 | 乙未 | 5·5 |
| 17 | 25 | 金 | 11 | 甲午 | 6·5 | 25 | 月 | 13 | 乙丑 | 6·5 | 26 | 木 | 14 | 丙申 | 6·4 |
| 18 | 26 | 土 | 12 | 乙未 | 6·4 | 26 | 火 | 14 | 丙寅 | 6·4 | 27 | 金 | 15 | 丁酉 | 6·4 |
| 19 | 27 | 日 | 13 | 丙申 | 6·4 | 27 | 水 | 15 | 丁卯 | 6·4 | 28 | 土 | 16 | 戊戌 | 6·4 |
| 20 | 28 | 月 | 14 | 丁酉 | 7·4 | 28 | 木 | 16 | 戊辰 | 7·4 | 29 | 日 | 17 | 己亥 | 7·3 |
| 21 | 29 | 火 | 15 | 戊戌 | 7·3 | 29 | 金 | 17 | 己巳 | 7·3 | 30 | 月 | 18 | 庚子 | 7·3 |
| 22 | 30 | 水 | 16 | 己亥 | 7·3 | 30 | 土 | 18 | 庚午 | 7·3 | 31 | 火 | 19 | 辛丑 | 7·3 |
| 23 | 31 | 木 | 17 | 庚子 | 8·3 | 10/1 | 日 | 19 | 辛未 | 8·3 | 11/1 | 水 | 20 | 壬寅 | 8·2 |
| 24 | 9/1 | 金 | 18 | 辛丑 | 8·2 | 2 | 月 | 20 | 壬申 | 8·2 | 2 | 木 | 21 | 癸卯 | 8·2 |
| 25 | 2 | 土 | 19 | 壬寅 | 8·2 | 3 | 火 | 21 | 癸酉 | 8·2 | 3 | 金 | 22 | 甲辰 | 8·2 |
| 26 | 3 | 日 | 20 | 癸卯 | 9·2 | 4 | 水 | 22 | 甲戌 | 9·2 | 4 | 土 | 23 | 乙巳 | 9·1 |
| 27 | 4 | 月 | 21 | 甲辰 | 9·1 | 5 | 木 | 23 | 乙亥 | 9·1 | 5 | 日 | 24 | 丙午 | 9·1 |
| 28 | 5 | 火 | 22 | 乙巳 | 9·1 | 6 | 金 | 24 | 丙子 | 9·1 | 6 | 月 | 25 | 丁未 | 9·1 |
| 29 | 6 | 水 | 23 | 丙午 | 10·1 | 7 | 土 | 25 | 丁丑 | 10·1 | 7 | 火 | 26 | 戊申 | 10·1 |
| 30 | 7 | 木 | 24 | 丁未 | 10·1 | 8 | 日 | 26 | 戊寅 | 10·1 | | | | | |
| 31 | | | | | | | | | | | | | | | |

| 절기후날수 | 입동절(乙亥月) 立冬 11월8일 16시44분 小雪 11월23일 13시59분 | | | | | 대설절(丙子月) 大雪 12월8일 9시17분 冬至 12월23일 3시6분 | | | | | 소한절(丁丑月) 小寒 1월6일 20시24분 大寒 1월21일 13시44분 | | | | |
|---|---|---|---|---|---|---|---|---|---|---|---|---|---|---|---|
| | 양력 | 요일 | 음력 | 일진 | 大運 남·여 | 양력 | 요일 | 음력 | 일진 | 大運 남·여 | 양력 | 요일 | 음력 | 일진 | 大運 남·여 |
| 0 | 11/8 | 水 | 27 | 己酉 | 입동 | 12/8 | 金 | 28 | 己卯 | 대설 | 1/6 | 土 | 27 | 戊申 | 소한 |
| 1 | 9 | 木 | 28 | 庚戌 | 1·10 | 9 | 土 | 29 | 庚辰 | 1·9 | 7 | 日 | 28 | 己酉 | 1·10 |
| 2 | 10 | 金 | 29 | 辛亥 | 1·9 | 10 | 日 | 30 | 辛巳 | 1·9 | 8 | 月 | 29 | 庚戌 | 1·9 |
| 3 | 11 | 土 | 10/1 | 壬子 | 1·9 | 11 | 月 | 11/1 | 壬午 | 1·9 | 9 | 火 | 12/1 | 辛亥 | 1·9 |
| 4 | 12 | 日 | 2 | 癸丑 | 1·9 | 12 | 火 | 2 | 癸未 | 1·8 | 10 | 水 | 2 | 壬子 | 1·9 |
| 5 | 13 | 月 | 3 | 甲寅 | 2·8 | 13 | 水 | 3 | 甲申 | 2·8 | 11 | 木 | 3 | 癸丑 | 2·8 |
| 6 | 14 | 火 | 4 | 乙卯 | 2·8 | 14 | 木 | 4 | 乙酉 | 2·8 | 12 | 金 | 4 | 甲寅 | 2·8 |
| 7 | 15 | 水 | 5 | 丙辰 | 2·8 | 15 | 金 | 5 | 丙戌 | 2·7 | 13 | 土 | 5 | 乙卯 | 2·8 |
| 8 | 16 | 木 | 6 | 丁巳 | 3·7 | 16 | 土 | 6 | 丁亥 | 3·7 | 14 | 日 | 6 | 丙辰 | 3·7 |
| 9 | 17 | 金 | 7 | 戊午 | 3·7 | 17 | 日 | 7 | 戊子 | 3·7 | 15 | 月 | 7 | 丁巳 | 3·7 |
| 10 | 18 | 土 | 8 | 己未 | 3·7 | 18 | 月 | 8 | 己丑 | 3·6 | 16 | 火 | 8 | 戊午 | 3·7 |
| 11 | 19 | 日 | 9 | 庚申 | 4·6 | 19 | 火 | 9 | 庚寅 | 4·6 | 17 | 水 | 9 | 己未 | 4·6 |
| 12 | 20 | 月 | 10 | 辛酉 | 4·6 | 20 | 水 | 10 | 辛卯 | 4·6 | 18 | 木 | 10 | 庚申 | 4·6 |
| 13 | 21 | 火 | 11 | 壬戌 | 4·6 | 21 | 木 | 11 | 壬辰 | 4·5 | 19 | 金 | 11 | 辛酉 | 4·6 |
| 14 | 22 | 水 | 12 | 癸亥 | 5·5 | 22 | 金 | 12 | 癸巳 | 5·5 | 20 | 土 | 12 | 壬戌 | 5·5 |
| 15 | 23 | 木 | 13 | 甲子 | 소설 | 23 | 土 | 13 | 甲午 | 동지 | 21 | 日 | 13 | 癸亥 | 대한 |
| 16 | 24 | 金 | 14 | 乙丑 | 5·5 | 24 | 日 | 14 | 乙未 | 5·4 | 22 | 月 | 14 | 甲子 | 5·5 |
| 17 | 25 | 土 | 15 | 丙寅 | 6·4 | 25 | 月 | 15 | 丙申 | 6·4 | 23 | 火 | 15 | 乙丑 | 6·4 |
| 18 | 26 | 日 | 16 | 丁卯 | 6·4 | 26 | 火 | 16 | 丁酉 | 6·4 | 24 | 水 | 16 | 丙寅 | 6·4 |
| 19 | 27 | 月 | 17 | 戊辰 | 6·4 | 27 | 水 | 17 | 戊戌 | 6·3 | 25 | 木 | 17 | 丁卯 | 6·4 |
| 20 | 28 | 火 | 18 | 己巳 | 7·3 | 28 | 木 | 18 | 己亥 | 7·3 | 26 | 金 | 18 | 戊辰 | 7·3 |
| 21 | 29 | 水 | 19 | 庚午 | 7·3 | 29 | 金 | 19 | 庚子 | 7·3 | 27 | 土 | 19 | 己巳 | 7·3 |
| 22 | 30 | 木 | 20 | 辛未 | 7·3 | 30 | 土 | 20 | 辛丑 | 7·2 | 28 | 日 | 20 | 庚午 | 7·3 |
| 23 | 12/1 | 金 | 21 | 壬申 | 8·2 | 31 | 日 | 21 | 壬寅 | 8·2 | 29 | 月 | 21 | 辛未 | 8·2 |
| 24 | 2 | 土 | 22 | 癸酉 | 8·2 | 1/1 | 月 | 22 | 癸卯 | 8·2 | 30 | 火 | 22 | 壬申 | 8·2 |
| 25 | 3 | 日 | 23 | 甲戌 | 8·2 | 2 | 火 | 23 | 甲辰 | 8·1 | 31 | 水 | 23 | 癸酉 | 8·2 |
| 26 | 4 | 月 | 24 | 乙亥 | 9·1 | 3 | 水 | 24 | 乙巳 | 9·1 | 2/1 | 木 | 24 | 甲戌 | 9·1 |
| 27 | 5 | 火 | 25 | 丙子 | 9·1 | 4 | 木 | 25 | 丙午 | 9·1 | 2 | 金 | 25 | 乙亥 | 9·1 |
| 28 | 6 | 水 | 26 | 丁丑 | 9·1 | 5 | 金 | 26 | 丁未 | 9·1 | 3 | 土 | 26 | 丙子 | 9·1 |
| 29 | 7 | 木 | 27 | 戊寅 | 10·1 | | | | | | 4 | 日 | 27 | 丁丑 | 10·1 |
| 30 | | | | | | | | | | | | | | | |
| 31 | | | | | | | | | | | | | | | |

# 서기 1940년 [단기 4273년]

| 절기후날수 | 입춘절(戊寅月) 立春 2월5일 8시8분 雨水 2월20일 4시4분 | | | | | 경칩절(己卯月) 驚蟄 3월6일 2시24분 春分 3월21일 3시24분 | | | | | 청명절(庚辰月) 淸明 4월5일 7시35분 穀雨 4월20일 14시51분 | | | | | 입하절(辛巳月) 立夏 5월6일 1시16분 小滿 5월21일 14시23분 | | | | | 망종절(壬午月) 芒種 6월6일 5시44분 夏至 6월21일 22시36분 | | | | | 소서절(癸未月) 小暑 7월7일 16시8분 大暑 7월23일 9시34분 | | | | |
|---|---|---|---|---|---|---|---|---|---|---|---|---|---|---|---|---|---|---|---|---|---|---|---|---|---|---|---|---|---|---|
| | 양력 | 요일 | 음력 | 일진 | 大運 남·여 | 양력 | 요일 | 음력 | 일진 | 大運 남·여 | 양력 | 요일 | 음력 | 일진 | 大運 남·여 | 양력 | 요일 | 음력 | 일진 | 大運 남·여 | 양력 | 요일 | 음력 | 일진 | 大運 남·여 | 양력 | 요일 | 음력 | 일진 | 大運 남·여 |
| 0 | 2/5 | 月 | 28 | 戊寅 | 입춘 | 3/6 | 水 | 28 | 戊申 | 경칩 | 4/5 | 金 | 28 | 戊寅 | 청명 | 5/6 | 月 | 29 | 己酉 | 입하 | 6/6 | 木 | 5/1 | 庚辰 | 망종 | 7/7 | 日 | 3 | 辛亥 | 소서 |
| 1 | 6 | 火 | 29 | 己卯 | 10·1 | 7 | 木 | 29 | 己酉 | 10·1 | 6 | 土 | 29 | 己卯 | 10·1 | 7 | 火 | 4/1 | 庚戌 | 10·1 | 7 | 金 | 2 | 辛巳 | 10·1 | 8 | 月 | 4 | 壬子 | 10·1 |
| 2 | 7 | 水 | 30 | 庚辰 | 9·1 | 8 | 金 | 30 | 庚戌 | 9·1 | 7 | 日 | 30 | 庚辰 | 10·1 | 8 | 水 | 2 | 辛亥 | 10·1 | 8 | 土 | 3 | 壬午 | 10·1 | 9 | 火 | 5 | 癸丑 | 10·1 |
| 3 | 8 | 木 | 1/1 | 辛巳 | 9·1 | 9 | 土 | 2/1 | 辛亥 | 9·1 | 8 | 月 | 3/1 | 辛巳 | 9·1 | 9 | 木 | 3 | 壬子 | 9·1 | 9 | 日 | 4 | 癸未 | 9·1 | 10 | 水 | 6 | 甲寅 | 10·1 |
| 4 | 9 | 金 | 2 | 壬午 | 9·1 | 10 | 日 | 2 | 壬子 | 9·1 | 9 | 火 | 2 | 壬午 | 9·1 | 10 | 金 | 4 | 癸丑 | 9·1 | 10 | 月 | 5 | 甲申 | 9·1 | 11 | 木 | 7 | 乙卯 | 9·1 |
| 5 | 10 | 土 | 3 | 癸未 | 8·2 | 11 | 月 | 3 | 癸丑 | 8·2 | 10 | 水 | 3 | 癸未 | 9·2 | 11 | 土 | 5 | 甲寅 | 9·2 | 11 | 火 | 6 | 乙酉 | 9·2 | 12 | 金 | 8 | 丙辰 | 9·2 |
| 6 | 11 | 日 | 4 | 甲申 | 8·2 | 12 | 火 | 4 | 甲寅 | 8·2 | 11 | 木 | 4 | 甲申 | 8·2 | 12 | 日 | 6 | 乙卯 | 8·2 | 12 | 水 | 7 | 丙戌 | 8·2 | 13 | 土 | 9 | 丁巳 | 9·2 |
| 7 | 12 | 月 | 5 | 乙酉 | 8·2 | 13 | 水 | 5 | 乙卯 | 8·2 | 12 | 金 | 5 | 乙酉 | 8·2 | 13 | 月 | 7 | 丙辰 | 8·2 | 13 | 木 | 8 | 丁亥 | 8·2 | 14 | 日 | 10 | 戊午 | 8·2 |
| 8 | 13 | 火 | 6 | 丙戌 | 7·3 | 14 | 木 | 6 | 丙辰 | 7·3 | 13 | 土 | 6 | 丙戌 | 8·3 | 14 | 火 | 8 | 丁巳 | 8·3 | 14 | 金 | 9 | 戊子 | 8·3 | 15 | 月 | 11 | 己未 | 8·3 |
| 9 | 14 | 水 | 7 | 丁亥 | 7·3 | 15 | 金 | 7 | 丁巳 | 7·3 | 14 | 日 | 7 | 丁亥 | 7·3 | 15 | 水 | 9 | 戊午 | 7·3 | 15 | 土 | 10 | 己丑 | 7·3 | 16 | 火 | 12 | 庚申 | 8·3 |
| 10 | 15 | 木 | 8 | 戊子 | 7·3 | 16 | 土 | 8 | 戊午 | 7·3 | 15 | 月 | 8 | 戊子 | 7·3 | 16 | 木 | 10 | 己未 | 7·3 | 16 | 日 | 11 | 庚寅 | 7·3 | 17 | 水 | 13 | 辛酉 | 7·3 |
| 11 | 16 | 金 | 9 | 己丑 | 6·4 | 17 | 日 | 9 | 己未 | 6·4 | 16 | 火 | 9 | 己丑 | 7·4 | 17 | 金 | 11 | 庚申 | 7·4 | 17 | 月 | 12 | 辛卯 | 7·4 | 18 | 木 | 14 | 壬戌 | 7·4 |
| 12 | 17 | 土 | 10 | 庚寅 | 6·4 | 18 | 月 | 10 | 庚申 | 6·4 | 17 | 水 | 10 | 庚寅 | 6·4 | 18 | 土 | 12 | 辛酉 | 6·4 | 18 | 火 | 13 | 壬辰 | 6·4 | 19 | 金 | 15 | 癸亥 | 7·4 |
| 13 | 18 | 日 | 11 | 辛卯 | 6·4 | 19 | 火 | 11 | 辛酉 | 6·4 | 18 | 木 | 11 | 辛卯 | 6·4 | 19 | 日 | 13 | 壬戌 | 6·4 | 19 | 水 | 14 | 癸巳 | 6·4 | 20 | 土 | 16 | 甲子 | 6·4 |
| 14 | 19 | 月 | 12 | 壬辰 | 5·5 | 20 | 水 | 12 | 壬戌 | 5·5 | 19 | 金 | 12 | 壬辰 | 6·5 | 20 | 月 | 14 | 癸亥 | 6·5 | 20 | 木 | 15 | 甲午 | 6·5 | 21 | 日 | 17 | 乙丑 | 6·5 |
| 15 | 20 | 火 | 13 | 癸巳 | 우수 | 21 | 木 | 13 | 癸亥 | 춘분 | 20 | 土 | 13 | 癸巳 | 곡우 | 21 | 火 | 15 | 甲子 | 소만 | 21 | 金 | 16 | 乙未 | 하지 | 22 | 月 | 18 | 丙寅 | 6·5 |
| 16 | 21 | 水 | 14 | 甲午 | 5·5 | 22 | 金 | 14 | 甲子 | 5·5 | 21 | 日 | 14 | 甲午 | 5·5 | 22 | 水 | 16 | 乙丑 | 5·5 | 22 | 土 | 17 | 丙申 | 5·5 | 23 | 火 | 19 | 丁卯 | 대서 |
| 17 | 22 | 木 | 15 | 乙未 | 4·6 | 23 | 土 | 15 | 乙丑 | 4·6 | 22 | 月 | 15 | 乙未 | 5·6 | 23 | 木 | 17 | 丙寅 | 5·6 | 23 | 日 | 18 | 丁酉 | 5·6 | 24 | 水 | 20 | 戊辰 | 5·6 |
| 18 | 23 | 金 | 16 | 丙申 | 4·6 | 24 | 日 | 16 | 丙寅 | 4·6 | 23 | 火 | 16 | 丙申 | 4·6 | 24 | 金 | 18 | 丁卯 | 4·6 | 24 | 月 | 19 | 戊戌 | 4·6 | 25 | 木 | 21 | 己巳 | 5·6 |
| 19 | 24 | 土 | 17 | 丁酉 | 4·6 | 25 | 月 | 17 | 丁卯 | 4·6 | 24 | 水 | 17 | 丁酉 | 4·6 | 25 | 土 | 19 | 戊辰 | 4·6 | 25 | 火 | 20 | 己亥 | 4·6 | 26 | 金 | 22 | 庚午 | 4·6 |
| 20 | 25 | 日 | 18 | 戊戌 | 3·7 | 26 | 火 | 18 | 戊辰 | 3·7 | 25 | 木 | 18 | 戊戌 | 4·7 | 26 | 日 | 20 | 己巳 | 4·7 | 26 | 水 | 21 | 庚子 | 4·7 | 27 | 土 | 23 | 辛未 | 4·7 |
| 21 | 26 | 月 | 19 | 己亥 | 3·7 | 27 | 水 | 19 | 己巳 | 3·7 | 26 | 金 | 19 | 己亥 | 3·7 | 27 | 月 | 21 | 庚午 | 3·7 | 27 | 木 | 22 | 辛丑 | 3·7 | 28 | 日 | 24 | 壬申 | 4·7 |
| 22 | 27 | 火 | 20 | 庚子 | 3·7 | 28 | 木 | 20 | 庚午 | 3·7 | 27 | 土 | 20 | 庚子 | 3·7 | 28 | 火 | 22 | 辛未 | 3·7 | 28 | 金 | 23 | 壬寅 | 3·7 | 29 | 月 | 25 | 癸酉 | 3·7 |
| 23 | 28 | 水 | 21 | 辛丑 | 2·8 | 29 | 金 | 21 | 辛未 | 2·8 | 28 | 日 | 21 | 辛丑 | 3·8 | 29 | 水 | 23 | 壬申 | 3·8 | 29 | 土 | 24 | 癸卯 | 3·8 | 30 | 火 | 26 | 甲戌 | 3·8 |
| 24 | 29 | 木 | 22 | 壬寅 | 2·8 | 30 | 土 | 22 | 壬申 | 2·8 | 29 | 月 | 22 | 壬寅 | 2·8 | 30 | 木 | 24 | 癸酉 | 2·8 | 30 | 日 | 25 | 甲辰 | 2·8 | 31 | 水 | 27 | 乙亥 | 3·8 |
| 25 | 3/1 | 金 | 23 | 癸卯 | 2·8 | 31 | 日 | 23 | 癸酉 | 2·8 | 30 | 火 | 23 | 癸卯 | 2·8 | 31 | 金 | 25 | 甲戌 | 2·8 | 7/1 | 月 | 26 | 乙巳 | 2·8 | 8/1 | 木 | 28 | 丙子 | 2·8 |
| 26 | 2 | 土 | 24 | 甲辰 | 1·9 | 4/1 | 月 | 24 | 甲戌 | 1·9 | 5/1 | 水 | 24 | 甲辰 | 2·9 | 6/1 | 土 | 26 | 乙亥 | 2·9 | 2 | 火 | 27 | 丙午 | 2·9 | 2 | 金 | 29 | 丁丑 | 2·9 |
| 27 | 3 | 日 | 25 | 乙巳 | 1·9 | 2 | 火 | 25 | 乙亥 | 1·9 | 2 | 木 | 25 | 乙巳 | 1·9 | 2 | 日 | 27 | 丙子 | 1·9 | 3 | 水 | 28 | 丁未 | 1·9 | 3 | 土 | 30 | 戊寅 | 2·9 |
| 28 | 4 | 月 | 26 | 丙午 | 1·9 | 3 | 水 | 26 | 丙子 | 1·9 | 3 | 金 | 26 | 丙午 | 1·9 | 3 | 月 | 28 | 丁丑 | 1·9 | 4 | 木 | 29 | 戊申 | 1·9 | 4 | 日 | 7/1 | 己卯 | 1·9 |
| 29 | 5 | 火 | 27 | 丁未 | 1·10 | 4 | 木 | 27 | 丁丑 | 1·10 | 4 | 土 | 27 | 丁未 | 1·10 | 4 | 火 | 29 | 戊寅 | 1·10 | 5 | 金 | 6/1 | 己酉 | 1·10 | 5 | 月 | 2 | 庚辰 | 1·10 |
| 30 | | | | | | | | | | | 5 | 日 | 28 | 戊申 | 1·10 | 5 | 水 | 30 | 己卯 | 1·10 | 6 | 土 | 2 | 庚戌 | 1·10 | 6 | 火 | 3 | 辛巳 | 1·10 |
| 31 | | | | | | | | | | | | | | | | | | | | | | | | | | 7 | 水 | 4 | 壬午 | 1·10 |

# 庚辰年

## 입추절(甲申月)

立秋 8월8일 1시52분
處暑 8월23일 16시29분

| 절기후날수 | 양력 | 요일 | 음력 | 일진 | 大運 남·여 |
|---|---|---|---|---|---|
| 0 | 8/8 | 木 | 5 | 癸未 | 입추 |
| 1 | 9 | 金 | 6 | 甲申 | 10·1 |
| 2 | 10 | 土 | 7 | 乙酉 | 10·1 |
| 3 | 11 | 日 | 8 | 丙戌 | 9·1 |
| 4 | 12 | 月 | 9 | 丁亥 | 9·1 |
| 5 | 13 | 火 | 10 | 戊子 | 9·2 |
| 6 | 14 | 水 | 11 | 己丑 | 8·2 |
| 7 | 15 | 木 | 12 | 庚寅 | 8·2 |
| 8 | 16 | 金 | 13 | 辛卯 | 8·3 |
| 9 | 17 | 土 | 14 | 壬辰 | 7·3 |
| 10 | 18 | 日 | 15 | 癸巳 | 7·3 |
| 11 | 19 | 月 | 16 | 甲午 | 7·4 |
| 12 | 20 | 火 | 17 | 乙未 | 6·4 |
| 13 | 21 | 水 | 18 | 丙申 | 6·4 |
| 14 | 22 | 木 | 19 | 丁酉 | 6·5 |
| 15 | 23 | 金 | 20 | 戊戌 | 처서 |
| 16 | 24 | 土 | 21 | 己亥 | 5·5 |
| 17 | 25 | 日 | 22 | 庚子 | 5·6 |
| 18 | 26 | 月 | 23 | 辛丑 | 4·6 |
| 19 | 27 | 火 | 24 | 壬寅 | 4·6 |
| 20 | 28 | 水 | 25 | 癸卯 | 4·7 |
| 21 | 29 | 木 | 26 | 甲辰 | 3·7 |
| 22 | 30 | 金 | 27 | 乙巳 | 3·7 |
| 23 | 31 | 土 | 28 | 丙午 | 3·8 |
| 24 | 9/1 | 日 | 29 | 丁未 | 2·8 |
| 25 | 2 | 月 | 8/1 | 戊申 | 2·8 |
| 26 | 3 | 火 | 2 | 己酉 | 2·9 |
| 27 | 4 | 水 | 3 | 庚戌 | 1·9 |
| 28 | 5 | 木 | 4 | 辛亥 | 1·9 |
| 29 | 6 | 金 | 5 | 壬子 | 1·10 |
| 30 | 7 | 土 | 6 | 癸丑 | 1·10 |
| 31 | | | | | |

## 백로절(乙酉月)

白露 9월8일 4시29분
秋分 9월23일 13시46분

| 절기후날수 | 양력 | 요일 | 음력 | 일진 | 大運 남·여 |
|---|---|---|---|---|---|
| 0 | 9/8 | 日 | 7 | 甲寅 | 백로 |
| 1 | 9 | 月 | 8 | 乙卯 | 10·1 |
| 2 | 10 | 火 | 9 | 丙辰 | 9·1 |
| 3 | 11 | 水 | 10 | 丁巳 | 9·1 |
| 4 | 12 | 木 | 11 | 戊午 | 9·1 |
| 5 | 13 | 金 | 12 | 己未 | 8·2 |
| 6 | 14 | 土 | 13 | 庚申 | 8·2 |
| 7 | 15 | 日 | 14 | 辛酉 | 8·2 |
| 8 | 16 | 月 | 15 | 壬戌 | 7·3 |
| 9 | 17 | 火 | 16 | 癸亥 | 7·3 |
| 10 | 18 | 水 | 17 | 甲子 | 7·3 |
| 11 | 19 | 木 | 18 | 乙丑 | 6·4 |
| 12 | 20 | 金 | 19 | 丙寅 | 6·4 |
| 13 | 21 | 土 | 20 | 丁卯 | 6·4 |
| 14 | 22 | 日 | 21 | 戊辰 | 5·5 |
| 15 | 23 | 月 | 22 | 己巳 | 추분 |
| 16 | 24 | 火 | 23 | 庚午 | 5·5 |
| 17 | 25 | 水 | 24 | 辛未 | 4·6 |
| 18 | 26 | 木 | 25 | 壬申 | 4·6 |
| 19 | 27 | 金 | 26 | 癸酉 | 4·6 |
| 20 | 28 | 土 | 27 | 甲戌 | 3·7 |
| 21 | 29 | 日 | 28 | 乙亥 | 3·7 |
| 22 | 30 | 月 | 29 | 丙子 | 3·7 |
| 23 | 10/1 | 火 | 9/1 | 丁丑 | 2·8 |
| 24 | 2 | 水 | 2 | 戊寅 | 2·8 |
| 25 | 3 | 木 | 3 | 己卯 | 2·8 |
| 26 | 4 | 金 | 4 | 庚辰 | 1·9 |
| 27 | 5 | 土 | 5 | 辛巳 | 1·9 |
| 28 | 6 | 日 | 6 | 壬午 | 1·9 |
| 29 | 7 | 月 | 7 | 癸未 | 1·10 |
| 30 | | | | | |
| 31 | | | | | |

## 한로절(丙戌月)

寒露 10월8일 19시42분
霜降 10월23일 22시39분

| 절기후날수 | 양력 | 요일 | 음력 | 일진 | 大運 남·여 |
|---|---|---|---|---|---|
| 0 | 10/8 | 火 | 8 | 甲申 | 한로 |
| 1 | 9 | 水 | 9 | 乙酉 | 10·1 |
| 2 | 10 | 木 | 10 | 丙戌 | 9·1 |
| 3 | 11 | 金 | 11 | 丁亥 | 9·1 |
| 4 | 12 | 土 | 12 | 戊子 | 9·1 |
| 5 | 13 | 日 | 13 | 己丑 | 8·2 |
| 6 | 14 | 月 | 14 | 庚寅 | 8·2 |
| 7 | 15 | 火 | 15 | 辛卯 | 8·2 |
| 8 | 16 | 水 | 16 | 壬辰 | 7·3 |
| 9 | 17 | 木 | 17 | 癸巳 | 7·3 |
| 10 | 18 | 金 | 18 | 甲午 | 7·3 |
| 11 | 19 | 土 | 19 | 乙未 | 6·4 |
| 12 | 20 | 日 | 20 | 丙申 | 6·4 |
| 13 | 21 | 月 | 21 | 丁酉 | 6·4 |
| 14 | 22 | 火 | 22 | 戊戌 | 5·5 |
| 15 | 23 | 水 | 23 | 己亥 | 상강 |
| 16 | 24 | 木 | 24 | 庚子 | 5·5 |
| 17 | 25 | 金 | 25 | 辛丑 | 4·6 |
| 18 | 26 | 土 | 26 | 壬寅 | 4·6 |
| 19 | 27 | 日 | 27 | 癸卯 | 4·6 |
| 20 | 28 | 月 | 28 | 甲辰 | 3·7 |
| 21 | 29 | 火 | 29 | 乙巳 | 3·7 |
| 22 | 30 | 水 | 30 | 丙午 | 3·7 |
| 23 | 31 | 木 | 10/1 | 丁未 | 2·8 |
| 24 | 11/1 | 金 | 2 | 戊申 | 2·8 |
| 25 | 2 | 土 | 3 | 己酉 | 2·8 |
| 26 | 3 | 日 | 4 | 庚戌 | 1·9 |
| 27 | 4 | 月 | 5 | 辛亥 | 1·9 |
| 28 | 5 | 火 | 6 | 壬子 | 1·9 |
| 29 | 6 | 水 | 7 | 癸丑 | 1·10 |
| 30 | | | | | |
| 31 | | | | | |

## 입동절(丁亥月)

立冬 11월7일 22시27분
小雪 11월22일 19시49분

| 절기후날수 | 양력 | 요일 | 음력 | 일진 | 大運 남·여 |
|---|---|---|---|---|---|
| 0 | 11/7 | 木 | 8 | 甲寅 | 입동 |
| 1 | 8 | 金 | 9 | 乙卯 | 10·1 |
| 2 | 9 | 土 | 10 | 丙辰 | 9·1 |
| 3 | 10 | 日 | 11 | 丁巳 | 9·1 |
| 4 | 11 | 月 | 12 | 戊午 | 9·1 |
| 5 | 12 | 火 | 13 | 己未 | 8·2 |
| 6 | 13 | 水 | 14 | 庚申 | 8·2 |
| 7 | 14 | 木 | 15 | 辛酉 | 8·2 |
| 8 | 15 | 金 | 16 | 壬戌 | 7·3 |
| 9 | 16 | 土 | 17 | 癸亥 | 7·3 |
| 10 | 17 | 日 | 18 | 甲子 | 7·3 |
| 11 | 18 | 月 | 19 | 乙丑 | 6·4 |
| 12 | 19 | 火 | 20 | 丙寅 | 6·4 |
| 13 | 20 | 水 | 21 | 丁卯 | 6·4 |
| 14 | 21 | 木 | 22 | 戊辰 | 5·5 |
| 15 | 22 | 金 | 23 | 己巳 | 소설 |
| 16 | 23 | 土 | 24 | 庚午 | 5·5 |
| 17 | 24 | 日 | 25 | 辛未 | 4·6 |
| 18 | 25 | 月 | 26 | 壬申 | 4·6 |
| 19 | 26 | 火 | 27 | 癸酉 | 4·6 |
| 20 | 27 | 水 | 28 | 甲戌 | 3·7 |
| 21 | 28 | 木 | 29 | 乙亥 | 3·7 |
| 22 | 29 | 金 | 11/1 | 丙子 | 3·7 |
| 23 | 30 | 土 | 2 | 丁丑 | 2·8 |
| 24 | 12/1 | 日 | 3 | 戊寅 | 2·8 |
| 25 | 2 | 月 | 4 | 己卯 | 2·8 |
| 26 | 3 | 火 | 5 | 庚辰 | 1·9 |
| 27 | 4 | 水 | 6 | 辛巳 | 1·9 |
| 28 | 5 | 木 | 7 | 壬午 | 1·9 |
| 29 | 6 | 金 | 8 | 癸未 | 1·10 |
| 30 | | | | | |
| 31 | | | | | |

## 대설절(戊子月)

大雪 12월7일 14시58분
冬至 12월22일 8시55분

| 절기후날수 | 양력 | 요일 | 음력 | 일진 | 大運 남·여 |
|---|---|---|---|---|---|
| 0 | 12/7 | 土 | 9 | 甲申 | 대설 |
| 1 | 8 | 日 | 10 | 乙酉 | 10·1 |
| 2 | 9 | 月 | 11 | 丙戌 | 9·1 |
| 3 | 10 | 火 | 12 | 丁亥 | 9·1 |
| 4 | 11 | 水 | 13 | 戊子 | 9·1 |
| 5 | 12 | 木 | 14 | 己丑 | 8·2 |
| 6 | 13 | 金 | 15 | 庚寅 | 8·2 |
| 7 | 14 | 土 | 16 | 辛卯 | 8·2 |
| 8 | 15 | 日 | 17 | 壬辰 | 7·3 |
| 9 | 16 | 月 | 18 | 癸巳 | 7·3 |
| 10 | 17 | 火 | 19 | 甲午 | 7·3 |
| 11 | 18 | 水 | 20 | 乙未 | 6·4 |
| 12 | 19 | 木 | 21 | 丙申 | 6·4 |
| 13 | 20 | 金 | 22 | 丁酉 | 6·4 |
| 14 | 21 | 土 | 23 | 戊戌 | 5·5 |
| 15 | 22 | 日 | 24 | 己亥 | 동지 |
| 16 | 23 | 月 | 25 | 庚子 | 5·5 |
| 17 | 24 | 火 | 26 | 辛丑 | 4·6 |
| 18 | 25 | 水 | 27 | 壬寅 | 4·6 |
| 19 | 26 | 木 | 28 | 癸卯 | 4·6 |
| 20 | 27 | 金 | 29 | 甲辰 | 3·7 |
| 21 | 28 | 土 | 30 | 乙巳 | 3·7 |
| 22 | 29 | 日 | 12/1 | 丙午 | 3·7 |
| 23 | 30 | 月 | 2 | 丁未 | 2·8 |
| 24 | 31 | 火 | 3 | 戊申 | 2·8 |
| 25 | 1/1 | 水 | 4 | 己酉 | 2·8 |
| 26 | 2 | 木 | 5 | 庚戌 | 1·9 |
| 27 | 3 | 金 | 6 | 辛亥 | 1·9 |
| 28 | 4 | 土 | 7 | 壬子 | 1·9 |
| 29 | 5 | 日 | 8 | 癸丑 | 1·10 |
| 30 | | | | | |
| 31 | | | | | |

## 소한절(己丑月)

小寒 1월6일 2시4분
大寒 1월20일 19시34분

| 절기후날수 | 양력 | 요일 | 음력 | 일진 | 大運 남·여 |
|---|---|---|---|---|---|
| 0 | 1/6 | 月 | 9 | 甲寅 | 소한 |
| 1 | 7 | 火 | 10 | 乙卯 | 9·1 |
| 2 | 8 | 水 | 11 | 丙辰 | 9·1 |
| 3 | 9 | 木 | 12 | 丁巳 | 9·1 |
| 4 | 10 | 金 | 13 | 戊午 | 8·1 |
| 5 | 11 | 土 | 14 | 己未 | 8·2 |
| 6 | 12 | 日 | 15 | 庚申 | 8·2 |
| 7 | 13 | 月 | 16 | 辛酉 | 7·2 |
| 8 | 14 | 火 | 17 | 壬戌 | 7·3 |
| 9 | 15 | 水 | 18 | 癸亥 | 7·3 |
| 10 | 16 | 木 | 19 | 甲子 | 6·3 |
| 11 | 17 | 金 | 20 | 乙丑 | 6·4 |
| 12 | 18 | 土 | 21 | 丙寅 | 6·4 |
| 13 | 19 | 日 | 22 | 丁卯 | 5·4 |
| 14 | 20 | 月 | 23 | 戊辰 | 대한 |
| 15 | 21 | 火 | 24 | 己巳 | 5·5 |
| 16 | 22 | 水 | 25 | 庚午 | 4·5 |
| 17 | 23 | 木 | 26 | 辛未 | 4·6 |
| 18 | 24 | 金 | 27 | 壬申 | 4·6 |
| 19 | 25 | 土 | 28 | 癸酉 | 3·6 |
| 20 | 26 | 日 | 29 | 甲戌 | 3·7 |
| 21 | 27 | 月 | 1/1 | 乙亥 | 3·7 |
| 22 | 28 | 火 | 2 | 丙子 | 2·7 |
| 23 | 29 | 水 | 3 | 丁丑 | 2·8 |
| 24 | 30 | 木 | 4 | 戊寅 | 2·8 |
| 25 | 31 | 金 | 5 | 己卯 | 1·8 |
| 26 | 2/1 | 土 | 6 | 庚辰 | 1·9 |
| 27 | 2 | 日 | 7 | 辛巳 | 1·9 |
| 28 | 3 | 月 | 8 | 壬午 | 1·9 |
| 29 | | | | | |
| 30 | | | | | |
| 31 | | | | | |

# 서기 1941년 [단기 4274년]

| 절기후날수 | 입춘절(庚寅月) 立春 2월4일 13시50분 雨水 2월19일 9시56분 | | | | | 경칩절(辛卯月) 驚蟄 3월6일 8시10분 春分 3월21일 9시20분 | | | | | 청명절(壬辰月) 淸明 4월5일 13시25분 穀雨 4월20일 20시50분 | | | | |
|---|---|---|---|---|---|---|---|---|---|---|---|---|---|---|---|
| | 양력 | 요일 | 음력 | 일진 | 大運 남·여 | 양력 | 요일 | 음력 | 일진 | 大運 남·여 | 양력 | 요일 | 음력 | 일진 | 大運 남·여 |
| 0 | 2/4 | 火 | 9 | 癸未 | 입춘 | 3/6 | 木 | 9 | 癸丑 | 경칩 | 4/5 | 土 | 9 | 癸未 | 청명 |
| 1 | 5 | 水 | 10 | 甲申 | 1·10 | 7 | 金 | 10 | 甲寅 | 1·10 | 6 | 日 | 10 | 甲申 | 1·10 |
| 2 | 6 | 木 | 11 | 乙酉 | 1·9 | 8 | 土 | 11 | 乙卯 | 1·9 | 7 | 月 | 11 | 乙酉 | 1·10 |
| 3 | 7 | 金 | 12 | 丙戌 | 1·9 | 9 | 日 | 12 | 丙辰 | 1·9 | 8 | 火 | 12 | 丙戌 | 1·9 |
| 4 | 8 | 土 | 13 | 丁亥 | 1·9 | 10 | 月 | 13 | 丁巳 | 1·9 | 9 | 水 | 13 | 丁亥 | 1·9 |
| 5 | 9 | 日 | 14 | 戊子 | 2·8 | 11 | 火 | 14 | 戊午 | 2·8 | 10 | 木 | 14 | 戊子 | 2·9 |
| 6 | 10 | 月 | 15 | 己丑 | 2·8 | 12 | 水 | 15 | 己未 | 2·8 | 11 | 金 | 15 | 己丑 | 2·8 |
| 7 | 11 | 火 | 16 | 庚寅 | 2·8 | 13 | 木 | 16 | 庚申 | 2·8 | 12 | 土 | 16 | 庚寅 | 2·8 |
| 8 | 12 | 水 | 17 | 辛卯 | 3·7 | 14 | 金 | 17 | 辛酉 | 3·7 | 13 | 日 | 17 | 辛卯 | 3·8 |
| 9 | 13 | 木 | 18 | 壬辰 | 3·7 | 15 | 土 | 18 | 壬戌 | 3·7 | 14 | 月 | 18 | 壬辰 | 3·7 |
| 10 | 14 | 金 | 19 | 癸巳 | 3·7 | 16 | 日 | 19 | 癸亥 | 3·7 | 15 | 火 | 19 | 癸巳 | 3·7 |
| 11 | 15 | 土 | 20 | 甲午 | 4·6 | 17 | 月 | 20 | 甲子 | 4·6 | 16 | 水 | 20 | 甲午 | 4·7 |
| 12 | 16 | 日 | 21 | 乙未 | 4·6 | 18 | 火 | 21 | 乙丑 | 4·6 | 17 | 木 | 21 | 乙未 | 4·6 |
| 13 | 17 | 月 | 22 | 丙申 | 4·6 | 19 | 水 | 22 | 丙寅 | 4·6 | 18 | 金 | 22 | 丙申 | 4·6 |
| 14 | 18 | 火 | 23 | 丁酉 | 5·5 | 20 | 木 | 23 | 丁卯 | 5·5 | 19 | 土 | 23 | 丁酉 | 5·6 |
| 15 | 19 | 水 | 24 | 戊戌 | 우수 | 21 | 金 | 24 | 戊辰 | 춘분 | 20 | 日 | 24 | 戊戌 | 곡우 |
| 16 | 20 | 木 | 25 | 己亥 | 5·5 | 22 | 土 | 25 | 己巳 | 5·5 | 21 | 月 | 25 | 己亥 | 5·5 |
| 17 | 21 | 金 | 26 | 庚子 | 6·4 | 23 | 日 | 26 | 庚午 | 6·4 | 22 | 火 | 26 | 庚子 | 6·5 |
| 18 | 22 | 土 | 27 | 辛丑 | 6·4 | 24 | 月 | 27 | 辛未 | 6·4 | 23 | 水 | 27 | 辛丑 | 6·4 |
| 19 | 23 | 日 | 28 | 壬寅 | 6·4 | 25 | 火 | 28 | 壬申 | 6·4 | 24 | 木 | 28 | 壬寅 | 6·4 |
| 20 | 24 | 月 | 29 | 癸卯 | 7·3 | 26 | 水 | 29 | 癸酉 | 7·3 | 25 | 金 | 29 | 癸卯 | 7·4 |
| 21 | 25 | 火 | 30 | 甲辰 | 7·3 | 27 | 木 | 30 | 甲戌 | 7·3 | 26 | 土 | 4/1 | 甲辰 | 7·3 |
| 22 | 26 | 水 | 2/1 | 乙巳 | 7·3 | 28 | 金 | 3/1 | 乙亥 | 7·3 | 27 | 日 | 2 | 乙巳 | 7·3 |
| 23 | 27 | 木 | 2 | 丙午 | 8·2 | 29 | 土 | 2 | 丙子 | 8·2 | 28 | 月 | 3 | 丙午 | 8·3 |
| 24 | 28 | 金 | 3 | 丁未 | 8·2 | 30 | 日 | 3 | 丁丑 | 8·2 | 29 | 火 | 4 | 丁未 | 8·2 |
| 25 | 3/1 | 土 | 4 | 戊申 | 8·2 | 31 | 月 | 4 | 戊寅 | 8·2 | 30 | 水 | 5 | 戊申 | 8·2 |
| 26 | 2 | 日 | 5 | 己酉 | 9·1 | 4/1 | 火 | 5 | 己卯 | 9·1 | 5/1 | 木 | 6 | 己酉 | 9·2 |
| 27 | 3 | 月 | 6 | 庚戌 | 9·1 | 2 | 水 | 6 | 庚辰 | 9·1 | 2 | 金 | 7 | 庚戌 | 9·1 |
| 28 | 4 | 火 | 7 | 辛亥 | 9·1 | 3 | 木 | 7 | 辛巳 | 9·1 | 3 | 土 | 8 | 辛亥 | 9·1 |
| 29 | 5 | 水 | 8 | 壬子 | 10·1 | 4 | 金 | 8 | 壬午 | 10·1 | 4 | 日 | 9 | 壬子 | 10·1 |
| 30 | | | | | | | | | | | 5 | 月 | 10 | 癸丑 | 10·1 |
| 31 | | | | | | | | | | | | | | | |

| 절기후날수 | 입하절(癸巳月) 立夏 5월6일 7시10분 小滿 5월21일 20시23분 | | | | | 망종절(甲午月) 芒種 6월6일 11시39분 夏至 6월22일 4시33분 | | | | | 소서절(乙未月) 小暑 7월7일 22시3분 大暑 7월23일 15시26분 | | | | |
|---|---|---|---|---|---|---|---|---|---|---|---|---|---|---|---|
| | 양력 | 요일 | 음력 | 일진 | 大運 남·여 | 양력 | 요일 | 음력 | 일진 | 大運 남·여 | 양력 | 요일 | 음력 | 일진 | 大運 남·여 |
| 0 | 5/6 | 火 | 11 | 甲寅 | 입하 | 6/6 | 金 | 12 | 乙酉 | 망종 | 7/7 | 月 | 13 | 丙辰 | 소서 |
| 1 | 7 | 水 | 12 | 乙卯 | 1·10 | 7 | 土 | 13 | 丙戌 | 1·10 | 8 | 火 | 14 | 丁巳 | 1·10 |
| 2 | 8 | 木 | 13 | 丙辰 | 1·10 | 8 | 日 | 14 | 丁亥 | 1·10 | 9 | 水 | 15 | 戊午 | 1·10 |
| 3 | 9 | 金 | 14 | 丁巳 | 1·9 | 9 | 月 | 15 | 戊子 | 1·9 | 10 | 木 | 16 | 己未 | 1·10 |
| 4 | 10 | 土 | 15 | 戊午 | 1·9 | 10 | 火 | 16 | 己丑 | 1·9 | 11 | 金 | 17 | 庚申 | 1·9 |
| 5 | 11 | 日 | 16 | 己未 | 2·9 | 11 | 水 | 17 | 庚寅 | 2·9 | 12 | 土 | 18 | 辛酉 | 2·9 |
| 6 | 12 | 月 | 17 | 庚申 | 2·8 | 12 | 木 | 18 | 辛卯 | 2·8 | 13 | 日 | 19 | 壬戌 | 2·9 |
| 7 | 13 | 火 | 18 | 辛酉 | 2·8 | 13 | 金 | 19 | 壬辰 | 2·8 | 14 | 月 | 20 | 癸亥 | 2·8 |
| 8 | 14 | 水 | 19 | 壬戌 | 3·8 | 14 | 土 | 20 | 癸巳 | 3·8 | 15 | 火 | 21 | 甲子 | 3·8 |
| 9 | 15 | 木 | 20 | 癸亥 | 3·7 | 15 | 日 | 21 | 甲午 | 3·7 | 16 | 水 | 22 | 乙丑 | 3·8 |
| 10 | 16 | 金 | 21 | 甲子 | 3·7 | 16 | 月 | 22 | 乙未 | 3·7 | 17 | 木 | 23 | 丙寅 | 3·7 |
| 11 | 17 | 土 | 22 | 乙丑 | 4·7 | 17 | 火 | 23 | 丙申 | 4·7 | 18 | 金 | 24 | 丁卯 | 4·7 |
| 12 | 18 | 日 | 23 | 丙寅 | 4·6 | 18 | 水 | 24 | 丁酉 | 4·6 | 19 | 土 | 25 | 戊辰 | 4·7 |
| 13 | 19 | 月 | 24 | 丁卯 | 4·6 | 19 | 木 | 25 | 戊戌 | 4·6 | 20 | 日 | 26 | 己巳 | 4·6 |
| 14 | 20 | 火 | 25 | 戊辰 | 5·6 | 20 | 金 | 26 | 己亥 | 5·6 | 21 | 月 | 27 | 庚午 | 5·6 |
| 15 | 21 | 水 | 26 | 己巳 | 소만 | 21 | 土 | 27 | 庚子 | 5·5 | 22 | 火 | 28 | 辛未 | 5·6 |
| 16 | 22 | 木 | 27 | 庚午 | 5·5 | 22 | 日 | 28 | 辛丑 | 하지 | 23 | 水 | 29 | 壬申 | 대서 |
| 17 | 23 | 金 | 28 | 辛未 | 6·5 | 23 | 月 | 29 | 壬寅 | 6·5 | 24 | 木 | 윤1 | 癸酉 | 6·5 |
| 18 | 24 | 土 | 29 | 壬申 | 6·4 | 24 | 火 | 30 | 癸卯 | 6·4 | 25 | 金 | 윤2 | 甲戌 | 6·5 |
| 19 | 25 | 日 | 30 | 癸酉 | 6·4 | 25 | 水 | 6/1 | 甲辰 | 6·4 | 26 | 土 | 윤3 | 乙亥 | 6·4 |
| 20 | 26 | 月 | 5/1 | 甲戌 | 7·4 | 26 | 木 | 2 | 乙巳 | 7·4 | 27 | 日 | 윤4 | 丙子 | 7·4 |
| 21 | 27 | 火 | 2 | 乙亥 | 7·3 | 27 | 金 | 3 | 丙午 | 7·3 | 28 | 月 | 윤5 | 丁丑 | 7·4 |
| 22 | 28 | 水 | 3 | 丙子 | 7·3 | 28 | 土 | 4 | 丁未 | 7·3 | 29 | 火 | 윤6 | 戊寅 | 7·3 |
| 23 | 29 | 木 | 4 | 丁丑 | 8·3 | 29 | 日 | 5 | 戊申 | 8·3 | 30 | 水 | 윤7 | 己卯 | 8·3 |
| 24 | 30 | 金 | 5 | 戊寅 | 8·2 | 30 | 月 | 6 | 己酉 | 8·2 | 31 | 木 | 윤8 | 庚辰 | 8·3 |
| 25 | 31 | 土 | 6 | 己卯 | 8·2 | 7/1 | 火 | 7 | 庚戌 | 8·2 | 8/1 | 金 | 윤9 | 辛巳 | 8·2 |
| 26 | 6/1 | 日 | 7 | 庚辰 | 9·2 | 2 | 水 | 8 | 辛亥 | 9·2 | 2 | 土 | 윤10 | 壬午 | 9·2 |
| 27 | 2 | 月 | 8 | 辛巳 | 9·1 | 3 | 木 | 9 | 壬子 | 9·1 | 3 | 日 | 윤11 | 癸未 | 9·2 |
| 28 | 3 | 火 | 9 | 壬午 | 9·1 | 4 | 金 | 10 | 癸丑 | 9·1 | 4 | 月 | 윤12 | 甲申 | 9·1 |
| 29 | 4 | 水 | 10 | 癸未 | 10·1 | 5 | 土 | 11 | 甲寅 | 10·1 | 5 | 火 | 윤13 | 乙酉 | 10·1 |
| 30 | 5 | 木 | 11 | 甲申 | 10·1 | 6 | 日 | 12 | 乙卯 | 10·1 | 6 | 水 | 윤14 | 丙戌 | 10·1 |
| 31 | | | | | | | | | | | 7 | 木 | 윤15 | 丁亥 | 10·1 |

▶윤달–6월

# 辛巳年

| 절기후날수 | 입추절(丙申月) | | | | | 백로절(丁酉月) | | | | | 한로절(戊戌月) | | | | | 입동절(己亥月) | | | | | 대설절(庚子月) | | | | | 소한절(辛丑月) | | | | |
|---|---|---|---|---|---|---|---|---|---|---|---|---|---|---|---|---|---|---|---|---|---|---|---|---|---|---|---|---|---|---|
| | 立秋 8월8일 7시46분<br>處暑 8월23일 22시17분 | | | | | 白露 9월8일 10시24분<br>秋分 9월23일 19시33분 | | | | | 寒露 10월9일 1시38분<br>霜降 10월24일 4시27분 | | | | | 立冬 11월8일 4시24분<br>小雪 11월23일 1시38분 | | | | | 大雪 12월7일 20시56분<br>冬至 12월22일 14시44분 | | | | | 小寒 1월6일 8시2분<br>大寒 1월21일 1시24분 | | | | |
| | 양력 | 요일 | 음력 | 일진 | 大運 남·여 | 양력 | 요일 | 음력 | 일진 | 大運 남·여 | 양력 | 요일 | 음력 | 일진 | 大運 남·여 | 양력 | 요일 | 음력 | 일진 | 大運 남·여 | 양력 | 요일 | 음력 | 일진 | 大運 남·여 | 양력 | 요일 | 음력 | 일진 | 大運 남·여 |
| 0 | 8/8 | 金 | 윤16 | 戊子 | 입추 | 9/8 | 月 | 17 | 己未 | 백로 | 10/9 | 木 | 19 | 庚寅 | 한로 | 11/8 | 土 | 20 | 庚申 | 입동 | 12/7 | 日 | 19 | 己丑 | 대설 | 1/6 | 火 | 20 | 己未 | 소한 |
| 1 | 9 | 土 | 윤17 | 己丑 | 1·10 | 9 | 火 | 18 | 庚申 | 1·10 | 10 | 金 | 20 | 辛卯 | 1·10 | 9 | 日 | 21 | 辛酉 | 1·9 | 8 | 月 | 20 | 庚寅 | 1·10 | 7 | 水 | 21 | 庚申 | 1·9 |
| 2 | 10 | 日 | 윤18 | 庚寅 | 1·10 | 10 | 水 | 19 | 辛酉 | 1·10 | 11 | 土 | 21 | 壬辰 | 1·9 | 10 | 月 | 22 | 壬戌 | 1·9 | 9 | 火 | 21 | 辛卯 | 1·9 | 8 | 木 | 22 | 辛酉 | 1·9 |
| 3 | 11 | 月 | 윤19 | 辛卯 | 1·9 | 11 | 木 | 20 | 壬戌 | 1·9 | 12 | 日 | 22 | 癸巳 | 1·9 | 11 | 火 | 23 | 癸亥 | 1·9 | 10 | 水 | 22 | 壬辰 | 1·9 | 9 | 金 | 23 | 壬戌 | 1·9 |
| 4 | 12 | 火 | 윤20 | 壬辰 | 1·9 | 12 | 金 | 21 | 癸亥 | 1·9 | 13 | 月 | 23 | 甲午 | 1·9 | 12 | 水 | 24 | 甲子 | 1·8 | 11 | 木 | 23 | 癸巳 | 1·9 | 10 | 土 | 24 | 癸亥 | 1·8 |
| 5 | 13 | 水 | 윤21 | 癸巳 | 2·9 | 13 | 土 | 22 | 甲子 | 2·9 | 14 | 火 | 24 | 乙未 | 2·8 | 13 | 木 | 25 | 乙丑 | 2·8 | 12 | 金 | 24 | 甲午 | 2·8 | 11 | 日 | 25 | 甲子 | 2·8 |
| 6 | 14 | 木 | 윤22 | 甲午 | 2·8 | 14 | 日 | 23 | 乙丑 | 2·8 | 15 | 水 | 25 | 丙申 | 2·8 | 14 | 金 | 26 | 丙寅 | 2·8 | 13 | 土 | 25 | 乙未 | 2·8 | 12 | 月 | 26 | 乙丑 | 2·8 |
| 7 | 15 | 金 | 윤23 | 乙未 | 2·8 | 15 | 月 | 24 | 丙寅 | 2·8 | 16 | 木 | 26 | 丁酉 | 2·8 | 15 | 土 | 27 | 丁卯 | 2·7 | 14 | 日 | 26 | 丙申 | 2·8 | 13 | 火 | 27 | 丙寅 | 2·7 |
| 8 | 16 | 土 | 윤24 | 丙申 | 3·8 | 16 | 火 | 25 | 丁卯 | 3·8 | 17 | 金 | 27 | 戊戌 | 3·7 | 16 | 日 | 28 | 戊辰 | 3·7 | 15 | 月 | 27 | 丁酉 | 3·7 | 14 | 水 | 28 | 丁卯 | 3·7 |
| 9 | 17 | 日 | 윤25 | 丁酉 | 3·7 | 17 | 水 | 26 | 戊辰 | 3·7 | 18 | 土 | 28 | 己亥 | 3·7 | 17 | 月 | 29 | 己巳 | 3·7 | 16 | 火 | 28 | 戊戌 | 3·7 | 15 | 木 | 29 | 戊辰 | 3·7 |
| 10 | 18 | 月 | 윤26 | 戊戌 | 3·7 | 18 | 木 | 27 | 己巳 | 3·7 | 19 | 日 | 29 | 庚子 | 3·7 | 18 | 火 | 30 | 庚午 | 3·6 | 17 | 水 | 29 | 己亥 | 3·7 | 16 | 金 | 30 | 己巳 | 3·6 |
| 11 | 19 | 火 | 윤27 | 己亥 | 4·7 | 19 | 金 | 28 | 庚午 | 4·7 | 20 | 月 | 9/1 | 辛丑 | 4·6 | 19 | 水 | 10/1 | 辛未 | 4·6 | 18 | 木 | 11/1 | 庚子 | 4·6 | 17 | 土 | 12/1 | 庚午 | 4·6 |
| 12 | 20 | 水 | 윤28 | 庚子 | 4·6 | 20 | 土 | 29 | 辛未 | 4·6 | 21 | 火 | 2 | 壬寅 | 4·6 | 20 | 木 | 2 | 壬申 | 4·6 | 19 | 金 | 2 | 辛丑 | 4·6 | 18 | 日 | 2 | 辛未 | 4·6 |
| 13 | 21 | 木 | 윤29 | 辛丑 | 4·6 | 21 | 日 | 8/1 | 壬申 | 4·6 | 22 | 水 | 3 | 癸卯 | 4·6 | 21 | 金 | 3 | 癸酉 | 4·5 | 20 | 土 | 3 | 壬寅 | 4·6 | 19 | 月 | 3 | 壬申 | 4·5 |
| 14 | 22 | 金 | 윤30 | 壬寅 | 5·6 | 22 | 月 | 2 | 癸酉 | 5·6 | 23 | 木 | 4 | 甲辰 | 5·5 | 22 | 土 | 4 | 甲戌 | 5·5 | 21 | 日 | 4 | 癸卯 | 5·5 | 20 | 火 | 4 | 癸酉 | 5·5 |
| 15 | 23 | 土 | 7/1 | 癸卯 | 처서 | 23 | 火 | 3 | 甲戌 | 추분 | 24 | 金 | 5 | 乙巳 | 상강 | 23 | 日 | 5 | 乙亥 | 소설 | 22 | 月 | 5 | 甲辰 | 동지 | 21 | 水 | 5 | 甲戌 | 대한 |
| 16 | 24 | 日 | 2 | 甲辰 | 5·5 | 24 | 水 | 4 | 乙亥 | 5·5 | 25 | 土 | 6 | 丙午 | 5·5 | 24 | 月 | 6 | 丙子 | 5·4 | 23 | 火 | 6 | 乙巳 | 5·5 | 22 | 木 | 6 | 乙亥 | 5·4 |
| 17 | 25 | 月 | 3 | 乙巳 | 6·5 | 25 | 木 | 5 | 丙子 | 6·5 | 26 | 日 | 7 | 丁未 | 6·4 | 25 | 火 | 7 | 丁丑 | 6·4 | 24 | 水 | 7 | 丙午 | 6·4 | 23 | 金 | 7 | 丙子 | 6·4 |
| 18 | 26 | 火 | 4 | 丙午 | 6·4 | 26 | 金 | 6 | 丁丑 | 6·4 | 27 | 月 | 8 | 戊申 | 6·4 | 26 | 水 | 8 | 戊寅 | 6·4 | 25 | 木 | 8 | 丁未 | 6·4 | 24 | 土 | 8 | 丁丑 | 6·4 |
| 19 | 27 | 水 | 5 | 丁未 | 6·4 | 27 | 土 | 7 | 戊寅 | 6·4 | 28 | 火 | 9 | 己酉 | 6·4 | 27 | 木 | 9 | 己卯 | 6·3 | 26 | 金 | 9 | 戊申 | 6·4 | 25 | 日 | 9 | 戊寅 | 6·3 |
| 20 | 28 | 木 | 6 | 戊申 | 7·4 | 28 | 日 | 8 | 己卯 | 7·4 | 29 | 水 | 10 | 庚戌 | 7·3 | 28 | 金 | 10 | 庚辰 | 7·3 | 27 | 土 | 10 | 己酉 | 7·3 | 26 | 月 | 10 | 己卯 | 7·3 |
| 21 | 29 | 金 | 7 | 己酉 | 7·3 | 29 | 月 | 9 | 庚辰 | 7·3 | 30 | 木 | 11 | 辛亥 | 7·3 | 29 | 土 | 11 | 辛巳 | 7·3 | 28 | 日 | 11 | 庚戌 | 7·3 | 27 | 火 | 11 | 庚辰 | 7·3 |
| 22 | 30 | 土 | 8 | 庚戌 | 7·3 | 30 | 火 | 10 | 辛巳 | 7·3 | 31 | 金 | 12 | 壬子 | 7·3 | 30 | 日 | 12 | 壬午 | 7·2 | 29 | 月 | 12 | 辛亥 | 7·3 | 28 | 水 | 12 | 辛巳 | 7·2 |
| 23 | 31 | 日 | 9 | 辛亥 | 8·3 | 10/1 | 水 | 11 | 壬午 | 8·3 | 11/1 | 土 | 13 | 癸丑 | 8·2 | 12/1 | 月 | 13 | 癸未 | 8·2 | 30 | 火 | 13 | 壬子 | 8·2 | 29 | 木 | 13 | 壬午 | 8·2 |
| 24 | 9/1 | 月 | 10 | 壬子 | 8·2 | 2 | 木 | 12 | 癸未 | 8·2 | 2 | 日 | 14 | 甲寅 | 8·2 | 2 | 火 | 14 | 甲申 | 8·2 | 31 | 水 | 14 | 癸丑 | 8·2 | 30 | 金 | 14 | 癸未 | 8·2 |
| 25 | 2 | 火 | 11 | 癸丑 | 8·2 | 3 | 金 | 13 | 甲申 | 8·2 | 3 | 月 | 15 | 乙卯 | 8·2 | 3 | 水 | 15 | 乙酉 | 8·1 | 1/1 | 木 | 15 | 甲寅 | 8·2 | 31 | 土 | 15 | 甲申 | 8·1 |
| 26 | 3 | 水 | 12 | 甲寅 | 9·2 | 4 | 土 | 14 | 乙酉 | 9·2 | 4 | 火 | 16 | 丙辰 | 9·1 | 4 | 木 | 16 | 丙戌 | 9·1 | 2 | 金 | 16 | 乙卯 | 9·1 | 2/1 | 日 | 16 | 乙酉 | 9·1 |
| 27 | 4 | 木 | 13 | 乙卯 | 9·1 | 5 | 日 | 15 | 丙戌 | 9·1 | 5 | 水 | 17 | 丁巳 | 9·1 | 5 | 金 | 17 | 丁亥 | 9·1 | 3 | 土 | 17 | 丙辰 | 9·1 | 2 | 月 | 17 | 丙戌 | 9·1 |
| 28 | 5 | 金 | 14 | 丙辰 | 9·1 | 6 | 月 | 16 | 丁亥 | 9·1 | 6 | 木 | 18 | 戊午 | 9·1 | 6 | 土 | 18 | 戊子 | 9·1 | 4 | 日 | 18 | 丁巳 | 9·1 | 3 | 火 | 18 | 丁亥 | 9·1 |
| 29 | 6 | 土 | 15 | 丁巳 | 10·1 | 7 | 火 | 17 | 戊子 | 10·1 | 7 | 金 | 19 | 己未 | 10·1 | | | | | | 5 | 月 | 19 | 戊午 | 10·1 | | | | | |
| 30 | 7 | 日 | 16 | 戊午 | 10·1 | 8 | 水 | 18 | 己丑 | 10·1 | | | | | | | | | | | | | | | | | | | | |
| 31 | | | | | | | | | | | | | | | | | | | | | | | | | | | | | | |

# 서기 1942년 [단기 4275년]

| 절기후날수 | 입춘절(壬寅月) 立春 2월4일 19시49분 雨水 2월19일 15시47분 | | | | | 경칩절(癸卯月) 驚蟄 3월6일 14시9분 春分 3월21일 15시11분 | | | | | 청명절(甲辰月) 清明 4월5일 19시24분 穀雨 4월21일 2시39분 | | | | |
|---|---|---|---|---|---|---|---|---|---|---|---|---|---|---|---|
| | 양력 | 요일 | 음력 | 일진 | 大運 남·여 | 양력 | 요일 | 음력 | 일진 | 大運 남·여 | 양력 | 요일 | 음력 | 일진 | 大運 남·여 |
| 0 | 2/4 | 水 | 19 | 戊子 | 입춘 | 3/6 | 金 | 20 | 戊午 | 경칩 | 4/5 | 日 | 20 | 戊子 | 청명 |
| 1 | 5 | 木 | 20 | 己丑 | 10·1 | 7 | 土 | 21 | 己未 | 10·1 | 6 | 月 | 21 | 己丑 | 10·1 |
| 2 | 6 | 金 | 21 | 庚寅 | 9·1 | 8 | 日 | 22 | 庚申 | 9·1 | 7 | 火 | 22 | 庚寅 | 10·1 |
| 3 | 7 | 土 | 22 | 辛卯 | 9·1 | 9 | 月 | 23 | 辛酉 | 9·1 | 8 | 水 | 23 | 辛卯 | 9·1 |
| 4 | 8 | 日 | 23 | 壬辰 | 9·1 | 10 | 火 | 24 | 壬戌 | 9·1 | 9 | 木 | 24 | 壬辰 | 9·1 |
| 5 | 9 | 月 | 24 | 癸巳 | 8·2 | 11 | 水 | 25 | 癸亥 | 8·2 | 10 | 金 | 25 | 癸巳 | 9·2 |
| 6 | 10 | 火 | 25 | 甲午 | 8·2 | 12 | 木 | 26 | 甲子 | 8·2 | 11 | 土 | 26 | 甲午 | 8·2 |
| 7 | 11 | 水 | 26 | 乙未 | 8·2 | 13 | 金 | 27 | 乙丑 | 8·2 | 12 | 日 | 27 | 乙未 | 8·2 |
| 8 | 12 | 木 | 27 | 丙申 | 7·3 | 14 | 土 | 28 | 丙寅 | 7·3 | 13 | 月 | 28 | 丙申 | 8·3 |
| 9 | 13 | 金 | 28 | 丁酉 | 7·3 | 15 | 日 | 29 | 丁卯 | 7·3 | 14 | 火 | 29 | 丁酉 | 7·3 |
| 10 | 14 | 土 | 29 | 戊戌 | 7·3 | 16 | 月 | 30 | 戊辰 | 7·3 | 15 | 水 | 3/1 | 戊戌 | 7·3 |
| 11 | 15 | 日 | 1/1 | 己亥 | 6·4 | 17 | 火 | 2/1 | 己巳 | 6·4 | 16 | 木 | 2 | 己亥 | 7·4 |
| 12 | 16 | 月 | 2 | 庚子 | 6·4 | 18 | 水 | 2 | 庚午 | 6·4 | 17 | 金 | 3 | 庚子 | 6·4 |
| 13 | 17 | 火 | 3 | 辛丑 | 6·4 | 19 | 木 | 3 | 辛未 | 6·4 | 18 | 土 | 4 | 辛丑 | 6·4 |
| 14 | 18 | 水 | 4 | 壬寅 | 5·5 | 20 | 金 | 4 | 壬申 | 5·5 | 19 | 日 | 5 | 壬寅 | 6·5 |
| 15 | 19 | 木 | 5 | 癸卯 | 우수 | 21 | 土 | 5 | 癸酉 | 춘분 | 20 | 月 | 6 | 癸卯 | 5·5 |
| 16 | 20 | 金 | 6 | 甲辰 | 5·5 | 22 | 日 | 6 | 甲戌 | 5·5 | 21 | 火 | 7 | 甲辰 | 곡우 |
| 17 | 21 | 土 | 7 | 乙巳 | 4·6 | 23 | 月 | 7 | 乙亥 | 4·6 | 22 | 水 | 8 | 乙巳 | 5·6 |
| 18 | 22 | 日 | 8 | 丙午 | 4·6 | 24 | 火 | 8 | 丙子 | 4·6 | 23 | 木 | 9 | 丙午 | 4·6 |
| 19 | 23 | 月 | 9 | 丁未 | 4·6 | 25 | 水 | 9 | 丁丑 | 4·6 | 24 | 金 | 10 | 丁未 | 4·6 |
| 20 | 24 | 火 | 10 | 戊申 | 3·7 | 26 | 木 | 10 | 戊寅 | 3·7 | 25 | 土 | 11 | 戊申 | 4·7 |
| 21 | 25 | 水 | 11 | 己酉 | 3·7 | 27 | 金 | 11 | 己卯 | 3·7 | 26 | 日 | 12 | 己酉 | 3·7 |
| 22 | 26 | 木 | 12 | 庚戌 | 3·7 | 28 | 土 | 12 | 庚辰 | 3·7 | 27 | 月 | 13 | 庚戌 | 3·7 |
| 23 | 27 | 金 | 13 | 辛亥 | 2·8 | 29 | 日 | 13 | 辛巳 | 2·8 | 28 | 火 | 14 | 辛亥 | 3·8 |
| 24 | 28 | 土 | 14 | 壬子 | 2·8 | 30 | 月 | 14 | 壬午 | 2·8 | 29 | 水 | 15 | 壬子 | 2·8 |
| 25 | 3/1 | 日 | 15 | 癸丑 | 2·8 | 31 | 火 | 15 | 癸未 | 2·8 | 30 | 木 | 16 | 癸丑 | 2·8 |
| 26 | 2 | 月 | 16 | 甲寅 | 1·9 | 4/1 | 水 | 16 | 甲申 | 1·9 | 5/1 | 金 | 17 | 甲寅 | 2·9 |
| 27 | 3 | 火 | 17 | 乙卯 | 1·9 | 2 | 木 | 17 | 乙酉 | 1·9 | 2 | 土 | 18 | 乙卯 | 1·9 |
| 28 | 4 | 水 | 18 | 丙辰 | 1·9 | 3 | 金 | 18 | 丙戌 | 1·9 | 3 | 日 | 19 | 丙辰 | 1·9 |
| 29 | 5 | 木 | 19 | 丁巳 | 1·10 | 4 | 土 | 19 | 丁亥 | 1·10 | 4 | 月 | 20 | 丁巳 | 1·10 |
| 30 | | | | | | | | | | | 5 | 火 | 21 | 戊午 | 1·10 |
| 31 | | | | | | | | | | | | | | | |

| 절기후날수 | 입하절(乙巳月) 立夏 5월6일 13시7분 小滿 5월22일 2시9분 | | | | | 망종절(丙午月) 芒種 6월6일 17시33분 夏至 6월22일 10시16분 | | | | | 소서절(丁未月) 小暑 7월8일 3시52분 大暑 7월23일 21시7분 | | | | |
|---|---|---|---|---|---|---|---|---|---|---|---|---|---|---|---|
| | 양력 | 요일 | 음력 | 일진 | 大運 남·여 | 양력 | 요일 | 음력 | 일진 | 大運 남·여 | 양력 | 요일 | 음력 | 일진 | 大運 남·여 |
| 0 | 5/6 | 水 | 22 | 己未 | 입하 | 6/6 | 土 | 23 | 庚寅 | 망종 | 7/8 | 水 | 25 | 壬戌 | 소서 |
| 1 | 7 | 木 | 23 | 庚申 | 10·1 | 7 | 日 | 24 | 辛卯 | 10·1 | 9 | 木 | 26 | 癸亥 | 10·1 |
| 2 | 8 | 金 | 24 | 辛酉 | 10·1 | 8 | 月 | 25 | 壬辰 | 10·1 | 10 | 金 | 27 | 甲子 | 10·1 |
| 3 | 9 | 土 | 25 | 壬戌 | 9·1 | 9 | 火 | 26 | 癸巳 | 10·1 | 11 | 土 | 28 | 乙丑 | 9·1 |
| 4 | 10 | 日 | 26 | 癸亥 | 9·1 | 10 | 水 | 27 | 甲午 | 9·1 | 12 | 日 | 29 | 丙寅 | 9·1 |
| 5 | 11 | 月 | 27 | 甲子 | 9·2 | 11 | 木 | 28 | 乙未 | 9·2 | 13 | 月 | 6/1 | 丁卯 | 9·2 |
| 6 | 12 | 火 | 28 | 乙丑 | 8·2 | 12 | 金 | 29 | 丙申 | 9·2 | 14 | 火 | 2 | 戊辰 | 8·2 |
| 7 | 13 | 水 | 29 | 丙寅 | 8·2 | 13 | 土 | 30 | 丁酉 | 8·2 | 15 | 水 | 3 | 己巳 | 8·2 |
| 8 | 14 | 木 | 30 | 丁卯 | 8·3 | 14 | 日 | 5/1 | 戊戌 | 8·3 | 16 | 木 | 4 | 庚午 | 8·3 |
| 9 | 15 | 金 | 4/1 | 戊辰 | 7·3 | 15 | 月 | 2 | 己亥 | 8·3 | 17 | 金 | 5 | 辛未 | 7·3 |
| 10 | 16 | 土 | 2 | 己巳 | 7·3 | 16 | 火 | 3 | 庚子 | 7·3 | 18 | 土 | 6 | 壬申 | 7·3 |
| 11 | 17 | 日 | 3 | 庚午 | 7·4 | 17 | 水 | 4 | 辛丑 | 7·4 | 19 | 日 | 7 | 癸酉 | 7·4 |
| 12 | 18 | 月 | 4 | 辛未 | 6·4 | 18 | 木 | 5 | 壬寅 | 7·4 | 20 | 月 | 8 | 甲戌 | 6·4 |
| 13 | 19 | 火 | 5 | 壬申 | 6·4 | 19 | 金 | 6 | 癸卯 | 6·4 | 21 | 火 | 9 | 乙亥 | 6·4 |
| 14 | 20 | 水 | 6 | 癸酉 | 6·5 | 20 | 土 | 7 | 甲辰 | 6·5 | 22 | 水 | 10 | 丙子 | 6·5 |
| 15 | 21 | 木 | 7 | 甲戌 | 5·5 | 21 | 日 | 8 | 乙巳 | 6·5 | 23 | 木 | 11 | 丁丑 | 대서 |
| 16 | 22 | 金 | 8 | 乙亥 | 소만 | 22 | 月 | 9 | 丙午 | 하지 | 24 | 金 | 12 | 戊寅 | 5·5 |
| 17 | 23 | 土 | 9 | 丙子 | 5·6 | 23 | 火 | 10 | 丁未 | 5·6 | 25 | 土 | 13 | 己卯 | 5·6 |
| 18 | 24 | 日 | 10 | 丁丑 | 4·6 | 24 | 水 | 11 | 戊申 | 5·6 | 26 | 日 | 14 | 庚辰 | 4·6 |
| 19 | 25 | 月 | 11 | 戊寅 | 4·6 | 25 | 木 | 12 | 己酉 | 4·6 | 27 | 月 | 15 | 辛巳 | 4·6 |
| 20 | 26 | 火 | 12 | 己卯 | 4·7 | 26 | 金 | 13 | 庚戌 | 4·7 | 28 | 火 | 16 | 壬午 | 4·7 |
| 21 | 27 | 水 | 13 | 庚辰 | 3·7 | 27 | 土 | 14 | 辛亥 | 4·7 | 29 | 水 | 17 | 癸未 | 3·7 |
| 22 | 28 | 木 | 14 | 辛巳 | 3·7 | 28 | 日 | 15 | 壬子 | 3·7 | 30 | 木 | 18 | 甲申 | 3·7 |
| 23 | 29 | 金 | 15 | 壬午 | 3·8 | 29 | 月 | 16 | 癸丑 | 3·8 | 31 | 金 | 19 | 乙酉 | 3·8 |
| 24 | 30 | 土 | 16 | 癸未 | 2·8 | 30 | 火 | 17 | 甲寅 | 3·8 | 8/1 | 土 | 20 | 丙戌 | 2·8 |
| 25 | 31 | 日 | 17 | 甲申 | 2·8 | 7/1 | 水 | 18 | 乙卯 | 2·8 | 2 | 日 | 21 | 丁亥 | 2·8 |
| 26 | 6/1 | 月 | 18 | 乙酉 | 2·9 | 2 | 木 | 19 | 丙辰 | 2·9 | 3 | 月 | 22 | 戊子 | 2·9 |
| 27 | 2 | 火 | 19 | 丙戌 | 1·9 | 3 | 金 | 20 | 丁巳 | 2·9 | 4 | 火 | 23 | 己丑 | 1·9 |
| 28 | 3 | 水 | 20 | 丁亥 | 1·9 | 4 | 土 | 21 | 戊午 | 1·9 | 5 | 水 | 24 | 庚寅 | 1·9 |
| 29 | 4 | 木 | 21 | 戊子 | 1·10 | 5 | 日 | 22 | 己未 | 1·10 | 6 | 木 | 25 | 辛卯 | 1·10 |
| 30 | 5 | 金 | 22 | 己丑 | 1·10 | 6 | 月 | 23 | 庚申 | 1·10 | 7 | 金 | 26 | 壬辰 | 1·10 |
| 31 | | | | | | 7 | 火 | 24 | 辛酉 | 1·10 | | | | | |

# 壬午年

| 절기후날수 | 입추절(戊申月) | | | | | | 백로절(己酉月) | | | | | | 한로절(庚戌月) | | | | | |
|---|---|---|---|---|---|---|---|---|---|---|---|---|---|---|---|---|---|---|
| | 立秋 8월8일 13시30분<br>處暑 8월24일 3시58분 | | | | | | 白露 9월8일 16시6분<br>秋分 9월24일 1시16분 | | | | | | 寒露 10월9일 7시22분<br>霜降 10월24일 10시15분 | | | | | |
| | 양력 | 요일 | 음력 | 일진 | 大運 남 | 大運 여 | 양력 | 요일 | 음력 | 일진 | 大運 남 | 大運 여 | 양력 | 요일 | 음력 | 일진 | 大運 남 | 大運 여 |
| 0 | 8/8 | 土 | 27 | 癸巳 | 입추 | | 9/8 | 火 | 28 | 甲子 | 백로 | | 10/9 | 金 | 29 | 乙未 | 한로 | |
| 1 | 9 | 日 | 28 | 甲午 | 10 | 1 | 9 | 水 | 29 | 乙丑 | 10 | 1 | 10 | 土 | 9/1 | 丙申 | 10 | 1 |
| 2 | 10 | 月 | 29 | 乙未 | 10 | 1 | 10 | 木 | 30 | 丙寅 | 10 | 1 | 11 | 日 | 2 | 丁酉 | 9 | 1 |
| 3 | 11 | 火 | 30 | 丙申 | 9 | 1 | 11 | 金 | 8/1 | 丁卯 | 9 | 1 | 12 | 月 | 3 | 戊戌 | 9 | 1 |
| 4 | 12 | 水 | 7/1 | 丁酉 | 9 | 1 | 12 | 土 | 2 | 戊辰 | 9 | 1 | 13 | 火 | 4 | 己亥 | 9 | 1 |
| 5 | 13 | 木 | 2 | 戊戌 | 9 | 2 | 13 | 日 | 3 | 己巳 | 9 | 2 | 14 | 水 | 5 | 庚子 | 8 | 2 |
| 6 | 14 | 金 | 3 | 己亥 | 8 | 2 | 14 | 月 | 4 | 庚午 | 8 | 2 | 15 | 木 | 6 | 辛丑 | 8 | 2 |
| 7 | 15 | 土 | 4 | 庚子 | 8 | 2 | 15 | 火 | 5 | 辛未 | 8 | 2 | 16 | 金 | 7 | 壬寅 | 8 | 2 |
| 8 | 16 | 日 | 5 | 辛丑 | 8 | 3 | 16 | 水 | 6 | 壬申 | 8 | 3 | 17 | 土 | 8 | 癸卯 | 7 | 3 |
| 9 | 17 | 月 | 6 | 壬寅 | 7 | 3 | 17 | 木 | 7 | 癸酉 | 7 | 3 | 18 | 日 | 9 | 甲辰 | 7 | 3 |
| 10 | 18 | 火 | 7 | 癸卯 | 7 | 3 | 18 | 金 | 8 | 甲戌 | 7 | 3 | 19 | 月 | 10 | 乙巳 | 7 | 3 |
| 11 | 19 | 水 | 8 | 甲辰 | 7 | 4 | 19 | 土 | 9 | 乙亥 | 7 | 4 | 20 | 火 | 11 | 丙午 | 6 | 4 |
| 12 | 20 | 木 | 9 | 乙巳 | 6 | 4 | 20 | 日 | 10 | 丙子 | 6 | 4 | 21 | 水 | 12 | 丁未 | 6 | 4 |
| 13 | 21 | 金 | 10 | 丙午 | 6 | 4 | 21 | 月 | 11 | 丁丑 | 6 | 4 | 22 | 木 | 13 | 戊申 | 6 | 4 |
| 14 | 22 | 土 | 11 | 丁未 | 6 | 5 | 22 | 火 | 12 | 戊寅 | 6 | 5 | 23 | 金 | 14 | 己酉 | 5 | 5 |
| 15 | 23 | 日 | 12 | 戊申 | 5 | 5 | 23 | 水 | 13 | 己卯 | 5 | 5 | 24 | 土 | 15 | 庚戌 | 상강 | |
| 16 | 24 | 月 | 13 | 己酉 | 처서 | | 24 | 木 | 14 | 庚辰 | 추분 | | 25 | 日 | 16 | 辛亥 | 5 | 5 |
| 17 | 25 | 火 | 14 | 庚戌 | 5 | 6 | 25 | 金 | 15 | 辛巳 | 5 | 6 | 26 | 月 | 17 | 壬子 | 4 | 6 |
| 18 | 26 | 水 | 15 | 辛亥 | 4 | 6 | 26 | 土 | 16 | 壬午 | 4 | 6 | 27 | 火 | 18 | 癸丑 | 4 | 6 |
| 19 | 27 | 木 | 16 | 壬子 | 4 | 6 | 27 | 日 | 17 | 癸未 | 4 | 6 | 28 | 水 | 19 | 甲寅 | 4 | 6 |
| 20 | 28 | 金 | 17 | 癸丑 | 4 | 7 | 28 | 月 | 18 | 甲申 | 4 | 7 | 29 | 木 | 20 | 乙卯 | 3 | 7 |
| 21 | 29 | 土 | 18 | 甲寅 | 3 | 7 | 29 | 火 | 19 | 乙酉 | 3 | 7 | 30 | 金 | 21 | 丙辰 | 3 | 7 |
| 22 | 30 | 日 | 19 | 乙卯 | 3 | 7 | 30 | 水 | 20 | 丙戌 | 3 | 7 | 31 | 土 | 22 | 丁巳 | 3 | 7 |
| 23 | 31 | 月 | 20 | 丙辰 | 3 | 8 | 10/1 | 木 | 21 | 丁亥 | 3 | 8 | 11/1 | 日 | 23 | 戊午 | 2 | 8 |
| 24 | 9/1 | 火 | 21 | 丁巳 | 2 | 8 | 2 | 金 | 22 | 戊子 | 2 | 8 | 2 | 月 | 24 | 己未 | 2 | 8 |
| 25 | 2 | 水 | 22 | 戊午 | 2 | 8 | 3 | 土 | 23 | 己丑 | 2 | 8 | 3 | 火 | 25 | 庚申 | 2 | 8 |
| 26 | 3 | 木 | 23 | 己未 | 2 | 9 | 4 | 日 | 24 | 庚寅 | 2 | 9 | 4 | 水 | 26 | 辛酉 | 1 | 9 |
| 27 | 4 | 金 | 24 | 庚申 | 1 | 9 | 5 | 月 | 25 | 辛卯 | 1 | 9 | 5 | 木 | 27 | 壬戌 | 1 | 9 |
| 28 | 5 | 土 | 25 | 辛酉 | 1 | 9 | 6 | 火 | 26 | 壬辰 | 1 | 9 | 6 | 金 | 28 | 癸亥 | 1 | 9 |
| 29 | 6 | 日 | 26 | 壬戌 | 1 | 10 | 7 | 水 | 27 | 癸巳 | 1 | 10 | 7 | 土 | 29 | 甲子 | 1 | 10 |
| 30 | 7 | 月 | 27 | 癸亥 | 1 | 10 | 8 | 木 | 28 | 甲午 | 1 | 10 | | | | | | |
| 31 | | | | | | | | | | | | | | | | | | |

| 절기후날수 | 입동절(辛亥月) | | | | | | 대설절(壬子月) | | | | | | 소한절(癸丑月) | | | | | |
|---|---|---|---|---|---|---|---|---|---|---|---|---|---|---|---|---|---|---|
| | 立冬 11월8일 10시11분<br>小雪 11월23일 7시30분 | | | | | | 大雪 12월8일 2시47분<br>冬至 12월22일 20시40분 | | | | | | 小寒 1월6일 13시55분<br>大寒 1월21일 7시19분 | | | | | |
| | 양력 | 요일 | 음력 | 일진 | 大運 남 | 大運 여 | 양력 | 요일 | 음력 | 일진 | 大運 남 | 大運 여 | 양력 | 요일 | 음력 | 일진 | 大運 남 | 大運 여 |
| 0 | 11/8 | 日 | 30 | 乙丑 | 입동 | | 12/8 | 火 | 11/1 | 乙未 | 대설 | | 1/6 | 水 | 12/1 | 甲子 | 소한 | |
| 1 | 9 | 月 | 10/1 | 丙寅 | 10 | 1 | 9 | 水 | 2 | 丙申 | 9 | 1 | 7 | 木 | 2 | 乙丑 | 10 | 1 |
| 2 | 10 | 火 | 2 | 丁卯 | 9 | 1 | 10 | 木 | 3 | 丁酉 | 9 | 1 | 8 | 金 | 3 | 丙寅 | 9 | 1 |
| 3 | 11 | 水 | 3 | 戊辰 | 9 | 1 | 11 | 金 | 4 | 戊戌 | 9 | 1 | 9 | 土 | 4 | 丁卯 | 9 | 1 |
| 4 | 12 | 木 | 4 | 己巳 | 9 | 1 | 12 | 土 | 5 | 己亥 | 8 | 1 | 10 | 日 | 5 | 戊辰 | 9 | 1 |
| 5 | 13 | 金 | 5 | 庚午 | 8 | 2 | 13 | 日 | 6 | 庚子 | 8 | 2 | 11 | 月 | 6 | 己巳 | 8 | 2 |
| 6 | 14 | 土 | 6 | 辛未 | 8 | 2 | 14 | 月 | 7 | 辛丑 | 8 | 2 | 12 | 火 | 7 | 庚午 | 8 | 2 |
| 7 | 15 | 日 | 7 | 壬申 | 8 | 2 | 15 | 火 | 8 | 壬寅 | 7 | 2 | 13 | 水 | 8 | 辛未 | 8 | 2 |
| 8 | 16 | 月 | 8 | 癸酉 | 7 | 3 | 16 | 水 | 9 | 癸卯 | 7 | 3 | 14 | 木 | 9 | 壬申 | 7 | 3 |
| 9 | 17 | 火 | 9 | 甲戌 | 7 | 3 | 17 | 木 | 10 | 甲辰 | 7 | 3 | 15 | 金 | 10 | 癸酉 | 7 | 3 |
| 10 | 18 | 水 | 10 | 乙亥 | 7 | 3 | 18 | 金 | 11 | 乙巳 | 6 | 3 | 16 | 土 | 11 | 甲戌 | 7 | 3 |
| 11 | 19 | 木 | 11 | 丙子 | 6 | 4 | 19 | 土 | 12 | 丙午 | 6 | 4 | 17 | 日 | 12 | 乙亥 | 6 | 4 |
| 12 | 20 | 金 | 12 | 丁丑 | 6 | 4 | 20 | 日 | 13 | 丁未 | 6 | 4 | 18 | 月 | 13 | 丙子 | 6 | 4 |
| 13 | 21 | 土 | 13 | 戊寅 | 6 | 4 | 21 | 月 | 14 | 戊申 | 5 | 4 | 19 | 火 | 14 | 丁丑 | 6 | 4 |
| 14 | 22 | 日 | 14 | 己卯 | 5 | 5 | 22 | 火 | 15 | 己酉 | 동지 | | 20 | 水 | 15 | 戊寅 | 5 | 5 |
| 15 | 23 | 月 | 15 | 庚辰 | 소설 | | 23 | 水 | 16 | 庚戌 | 5 | 5 | 21 | 木 | 16 | 己卯 | 대한 | |
| 16 | 24 | 火 | 16 | 辛巳 | 5 | 5 | 24 | 木 | 17 | 辛亥 | 4 | 5 | 22 | 金 | 17 | 庚辰 | 5 | 5 |
| 17 | 25 | 水 | 17 | 壬午 | 4 | 6 | 25 | 金 | 18 | 壬子 | 4 | 6 | 23 | 土 | 18 | 辛巳 | 4 | 6 |
| 18 | 26 | 木 | 18 | 癸未 | 4 | 6 | 26 | 土 | 19 | 癸丑 | 4 | 6 | 24 | 日 | 19 | 壬午 | 4 | 6 |
| 19 | 27 | 金 | 19 | 甲申 | 4 | 6 | 27 | 日 | 20 | 甲寅 | 3 | 6 | 25 | 月 | 20 | 癸未 | 4 | 6 |
| 20 | 28 | 土 | 20 | 乙酉 | 3 | 7 | 28 | 月 | 21 | 乙卯 | 3 | 7 | 26 | 火 | 21 | 甲申 | 3 | 7 |
| 21 | 29 | 日 | 21 | 丙戌 | 3 | 7 | 29 | 火 | 22 | 丙辰 | 3 | 7 | 27 | 水 | 22 | 乙酉 | 3 | 7 |
| 22 | 30 | 月 | 22 | 丁亥 | 3 | 7 | 30 | 水 | 23 | 丁巳 | 2 | 7 | 28 | 木 | 23 | 丙戌 | 3 | 7 |
| 23 | 12/1 | 火 | 23 | 戊子 | 2 | 8 | 31 | 木 | 24 | 戊午 | 2 | 8 | 29 | 金 | 24 | 丁亥 | 2 | 8 |
| 24 | 2 | 水 | 24 | 己丑 | 2 | 8 | 1/1 | 金 | 25 | 己未 | 2 | 8 | 30 | 土 | 25 | 戊子 | 2 | 8 |
| 25 | 3 | 木 | 25 | 庚寅 | 2 | 8 | 2 | 土 | 26 | 庚申 | 1 | 8 | 31 | 日 | 26 | 己丑 | 2 | 8 |
| 26 | 4 | 金 | 26 | 辛卯 | 1 | 9 | 3 | 日 | 27 | 辛酉 | 1 | 9 | 2/1 | 月 | 27 | 庚寅 | 1 | 9 |
| 27 | 5 | 土 | 27 | 壬辰 | 1 | 9 | 4 | 月 | 28 | 壬戌 | 1 | 9 | 2 | 火 | 28 | 辛卯 | 1 | 9 |
| 28 | 6 | 日 | 28 | 癸巳 | 1 | 9 | 5 | 火 | 29 | 癸亥 | 1 | 9 | 3 | 水 | 29 | 壬辰 | 1 | 9 |
| 29 | 7 | 月 | 29 | 甲午 | 1 | 10 | | | | | | | 4 | 木 | 30 | 癸巳 | 1 | 10 |
| 30 | | | | | | | | | | | | | | | | | | |
| 31 | | | | | | | | | | | | | | | | | | |

# 서기 1943년 [단기 4276년]

| 절기후날수 | 입춘절(甲寅月) | | | | | 경칩절(乙卯月) | | | | | 청명절(丙辰月) | | | | | 입하절(丁巳月) | | | | | 망종절(戊午月) | | | | | 소서절(己未月) | | | | |
|---|---|---|---|---|---|---|---|---|---|---|---|---|---|---|---|---|---|---|---|---|---|---|---|---|---|---|---|---|---|---|
| | 立春 2월5일 1시40분<br>雨水 2월19일 21시40분 | | | | | 驚蟄 3월6일 19시59분<br>春分 3월21일 21시3분 | | | | | 淸明 4월6일 1시11분<br>穀雨 4월21일 8시32분 | | | | | 立夏 5월6일 18시53분<br>小滿 5월22일 8시3분 | | | | | 芒種 6월6일 23시19분<br>夏至 6월22일 16시12분 | | | | | 小暑 7월8일 9시39분<br>大暑 7월24일 3시5분 | | | | |
| | 양력 | 요일 | 음력 | 일진 | 大運 남·여 | 양력 | 요일 | 음력 | 일진 | 大運 남·여 | 양력 | 요일 | 음력 | 일진 | 大運 남·여 | 양력 | 요일 | 음력 | 일진 | 大運 남·여 | 양력 | 요일 | 음력 | 일진 | 大運 남·여 | 양력 | 요일 | 음력 | 일진 | 大運 남·여 |
| 0 | 2/5 | 金 | 1/1 | 甲午 | 입춘 | 3/6 | 土 | 2/1 | 癸亥 | 경칩 | 4/6 | 火 | 2 | 甲午 | 청명 | 5/6 | 木 | 3 | 甲子 | 입하 | 6/6 | 日 | 4 | 乙未 | 망종 | 7/8 | 木 | 7 | 丁卯 | 소서 |
| 1 | 6 | 土 | 2 | 乙未 | 1·9 | 7 | 日 | 2 | 甲子 | 1·10 | 7 | 水 | 3 | 乙未 | 1·10 | 7 | 金 | 4 | 乙丑 | 1·10 | 7 | 月 | 5 | 丙申 | 1·10 | 9 | 金 | 8 | 戊辰 | 1·10 |
| 2 | 7 | 日 | 3 | 丙申 | 1·9 | 8 | 月 | 3 | 乙丑 | 1·10 | 8 | 木 | 4 | 丙申 | 1·9 | 8 | 土 | 5 | 丙寅 | 1·10 | 8 | 火 | 6 | 丁酉 | 1·10 | 10 | 土 | 9 | 己巳 | 1·10 |
| 3 | 8 | 月 | 4 | 丁酉 | 1·9 | 9 | 火 | 4 | 丙寅 | 1·9 | 9 | 金 | 5 | 丁酉 | 1·9 | 9 | 日 | 6 | 丁卯 | 1·9 | 9 | 水 | 7 | 戊戌 | 1·10 | 11 | 日 | 10 | 庚午 | 1·9 |
| 4 | 9 | 火 | 5 | 戊戌 | 1·8 | 10 | 水 | 5 | 丁卯 | 1·9 | 10 | 土 | 6 | 戊戌 | 1·9 | 10 | 月 | 7 | 戊辰 | 1·9 | 10 | 木 | 8 | 己亥 | 1·9 | 12 | 月 | 11 | 辛未 | 1·9 |
| 5 | 10 | 水 | 6 | 己亥 | 2·8 | 11 | 木 | 6 | 戊辰 | 2·9 | 11 | 日 | 7 | 己亥 | 2·8 | 11 | 火 | 8 | 己巳 | 2·9 | 11 | 金 | 9 | 庚子 | 2·9 | 13 | 火 | 12 | 壬申 | 2·9 |
| 6 | 11 | 木 | 7 | 庚子 | 2·8 | 12 | 金 | 7 | 己巳 | 2·8 | 12 | 月 | 8 | 庚子 | 2·8 | 12 | 水 | 9 | 庚午 | 2·8 | 12 | 土 | 10 | 辛丑 | 2·9 | 14 | 水 | 13 | 癸酉 | 2·8 |
| 7 | 12 | 金 | 8 | 辛丑 | 2·7 | 13 | 土 | 8 | 庚午 | 2·8 | 13 | 火 | 9 | 辛丑 | 2·8 | 13 | 木 | 10 | 辛未 | 2·8 | 13 | 日 | 11 | 壬寅 | 2·8 | 15 | 木 | 14 | 甲戌 | 2·8 |
| 8 | 13 | 土 | 9 | 壬寅 | 3·7 | 14 | 日 | 9 | 辛未 | 3·8 | 14 | 水 | 10 | 壬寅 | 3·7 | 14 | 金 | 11 | 壬申 | 3·8 | 14 | 月 | 12 | 癸卯 | 3·8 | 16 | 金 | 15 | 乙亥 | 3·8 |
| 9 | 14 | 日 | 10 | 癸卯 | 3·7 | 15 | 月 | 10 | 壬申 | 3·7 | 15 | 木 | 11 | 癸卯 | 3·7 | 15 | 土 | 12 | 癸酉 | 3·7 | 15 | 火 | 13 | 甲辰 | 3·8 | 17 | 土 | 16 | 丙子 | 3·7 |
| 10 | 15 | 月 | 11 | 甲辰 | 3·6 | 16 | 火 | 11 | 癸酉 | 3·7 | 16 | 金 | 12 | 甲辰 | 3·7 | 16 | 日 | 13 | 甲戌 | 3·7 | 16 | 水 | 14 | 乙巳 | 3·7 | 18 | 日 | 17 | 丁丑 | 3·7 |
| 11 | 16 | 火 | 12 | 乙巳 | 4·6 | 17 | 水 | 12 | 甲戌 | 4·7 | 17 | 土 | 13 | 乙巳 | 4·6 | 17 | 月 | 14 | 乙亥 | 4·7 | 17 | 木 | 15 | 丙午 | 4·7 | 19 | 月 | 18 | 戊寅 | 4·7 |
| 12 | 17 | 水 | 13 | 丙午 | 4·6 | 18 | 木 | 13 | 乙亥 | 4·6 | 18 | 日 | 14 | 丙午 | 4·6 | 18 | 火 | 15 | 丙子 | 4·6 | 18 | 金 | 16 | 丁未 | 4·7 | 20 | 火 | 19 | 己卯 | 4·6 |
| 13 | 18 | 木 | 14 | 丁未 | 4·5 | 19 | 金 | 14 | 丙子 | 4·6 | 19 | 月 | 15 | 丁未 | 4·6 | 19 | 水 | 16 | 丁丑 | 4·6 | 19 | 土 | 17 | 戊申 | 4·6 | 21 | 水 | 20 | 庚辰 | 4·6 |
| 14 | 19 | 金 | 15 | 戊申 | 우수 | 20 | 土 | 15 | 丁丑 | 5·6 | 20 | 火 | 16 | 戊申 | 5·5 | 20 | 木 | 17 | 戊寅 | 5·6 | 20 | 日 | 18 | 己酉 | 5·6 | 22 | 木 | 21 | 辛巳 | 5·6 |
| 15 | 20 | 土 | 16 | 己酉 | 5·5 | 21 | 日 | 16 | 戊寅 | 춘분 | 21 | 水 | 17 | 己酉 | 곡우 | 21 | 金 | 18 | 己卯 | 5·5 | 21 | 月 | 19 | 庚戌 | 5·6 | 23 | 金 | 22 | 壬午 | 5·5 |
| 16 | 21 | 日 | 17 | 庚戌 | 5·4 | 22 | 月 | 17 | 己卯 | 5·5 | 22 | 木 | 18 | 庚戌 | 5·5 | 22 | 土 | 19 | 庚辰 | 소만 | 22 | 火 | 20 | 辛亥 | 하지 | 24 | 土 | 23 | 癸未 | 대서 |
| 17 | 22 | 月 | 18 | 辛亥 | 6·4 | 23 | 火 | 18 | 庚辰 | 6·5 | 23 | 金 | 19 | 辛亥 | 6·4 | 23 | 日 | 20 | 辛巳 | 6·5 | 23 | 水 | 21 | 壬子 | 6·5 | 25 | 日 | 24 | 甲申 | 6·5 |
| 18 | 23 | 火 | 19 | 壬子 | 6·4 | 24 | 水 | 19 | 辛巳 | 6·4 | 24 | 土 | 20 | 壬子 | 6·4 | 24 | 月 | 21 | 壬午 | 6·4 | 24 | 木 | 22 | 癸丑 | 6·5 | 26 | 月 | 25 | 乙酉 | 6·4 |
| 19 | 24 | 水 | 20 | 癸丑 | 6·3 | 25 | 木 | 20 | 壬午 | 6·4 | 25 | 日 | 21 | 癸丑 | 6·4 | 25 | 火 | 22 | 癸未 | 6·4 | 25 | 金 | 23 | 甲寅 | 6·4 | 27 | 火 | 26 | 丙戌 | 6·4 |
| 20 | 25 | 木 | 21 | 甲寅 | 7·3 | 26 | 金 | 21 | 癸未 | 7·4 | 26 | 月 | 22 | 甲寅 | 7·3 | 26 | 水 | 23 | 甲申 | 7·4 | 26 | 土 | 24 | 乙卯 | 7·4 | 28 | 水 | 27 | 丁亥 | 7·4 |
| 21 | 26 | 金 | 22 | 乙卯 | 7·3 | 27 | 土 | 22 | 甲申 | 7·3 | 27 | 火 | 23 | 乙卯 | 7·3 | 27 | 木 | 24 | 乙酉 | 7·3 | 27 | 日 | 25 | 丙辰 | 7·4 | 29 | 木 | 28 | 戊子 | 7·3 |
| 22 | 27 | 土 | 23 | 丙辰 | 7·2 | 28 | 日 | 23 | 乙酉 | 7·3 | 28 | 水 | 24 | 丙辰 | 7·3 | 28 | 金 | 25 | 丙戌 | 7·3 | 28 | 月 | 26 | 丁巳 | 7·3 | 30 | 金 | 29 | 己丑 | 7·3 |
| 23 | 28 | 日 | 24 | 丁巳 | 8·2 | 29 | 月 | 24 | 丙戌 | 8·3 | 29 | 木 | 25 | 丁巳 | 8·2 | 29 | 土 | 26 | 丁亥 | 8·3 | 29 | 火 | 27 | 戊午 | 8·3 | 31 | 土 | 30 | 庚寅 | 8·3 |
| 24 | 3/1 | 月 | 25 | 戊午 | 8·2 | 30 | 火 | 25 | 丁亥 | 8·2 | 30 | 金 | 26 | 戊午 | 8·2 | 30 | 日 | 27 | 戊子 | 8·2 | 30 | 水 | 28 | 己未 | 8·3 | 8/1 | 日 | 7/1 | 辛卯 | 8·2 |
| 25 | 2 | 火 | 26 | 己未 | 8·1 | 31 | 水 | 26 | 戊子 | 8·2 | 5/1 | 土 | 27 | 己未 | 8·2 | 31 | 月 | 28 | 己丑 | 8·2 | 7/1 | 木 | 29 | 庚申 | 8·2 | 2 | 月 | 2 | 壬辰 | 8·2 |
| 26 | 3 | 水 | 27 | 庚申 | 9·1 | 4/1 | 木 | 27 | 己丑 | 9·2 | 2 | 日 | 28 | 庚申 | 9·1 | 6/1 | 火 | 29 | 庚寅 | 9·2 | 2 | 金 | 6/1 | 辛酉 | 9·2 | 3 | 火 | 3 | 癸巳 | 9·2 |
| 27 | 4 | 木 | 28 | 辛酉 | 9·1 | 2 | 金 | 28 | 庚寅 | 9·1 | 3 | 月 | 29 | 辛酉 | 9·1 | 2 | 水 | 30 | 辛卯 | 9·1 | 3 | 土 | 2 | 壬戌 | 9·2 | 4 | 水 | 4 | 甲午 | 9·1 |
| 28 | 5 | 金 | 29 | 壬戌 | 9·1 | 3 | 土 | 29 | 辛卯 | 9·1 | 4 | 火 | 4/1 | 壬戌 | 9·1 | 3 | 木 | 5/1 | 壬辰 | 9·1 | 4 | 日 | 3 | 癸亥 | 9·1 | 5 | 木 | 5 | 乙未 | 9·1 |
| 29 | | | | | | 4 | 日 | 30 | 壬辰 | 10·1 | 5 | 水 | 2 | 癸亥 | 10·1 | 4 | 金 | 2 | 癸巳 | 10·1 | 5 | 月 | 4 | 甲子 | 10·1 | 6 | 金 | 6 | 丙申 | 10·1 |
| 30 | | | | | | 5 | 月 | 3/1 | 癸巳 | 10·1 | | | | | | 5 | 土 | 3 | 甲午 | 10·1 | 6 | 火 | 5 | 乙丑 | 10·1 | 7 | 土 | 7 | 丁酉 | 10·1 |
| 31 | | | | | | | | | | | | | | | | | | | | | 7 | 水 | 6 | 丙寅 | 10·1 | | | | | |

# 癸未年

| 절기후날수 | 입추절(庚申月) | | | | | 백로절(辛酉月) | | | | | 한로절(壬戌月) | | | | |
|---|---|---|---|---|---|---|---|---|---|---|---|---|---|---|---|
| | 立秋 8월8일 19시19분 處暑 8월24일 9시55분 | | | | | 白露 9월8일 21시55분 秋分 9월24일 7시12분 | | | | | 寒露 10월9일 13시11분 霜降 10월24일 16시8분 | | | | |
| | 양력 | 요일 | 음력 | 일진 | 大運 남·여 | 양력 | 요일 | 음력 | 일진 | 大運 남·여 | 양력 | 요일 | 음력 | 일진 | 大運 남·여 |
| 0 | 8/8 | 日 | 8 | 戊戌 | 입추 | 9/8 | 水 | 9 | 己巳 | 백로 | 10/9 | 土 | 11 | 庚子 | 한로 |
| 1 | 9 | 月 | 9 | 己亥 | 1·10 | 9 | 木 | 10 | 庚午 | 1·10 | 10 | 日 | 12 | 辛丑 | 1·10 |
| 2 | 10 | 火 | 10 | 庚子 | 1·10 | 10 | 金 | 11 | 辛未 | 1·10 | 11 | 月 | 13 | 壬寅 | 1·9 |
| 3 | 11 | 水 | 11 | 辛丑 | 1·9 | 11 | 土 | 12 | 壬申 | 1·9 | 12 | 火 | 14 | 癸卯 | 1·9 |
| 4 | 12 | 木 | 12 | 壬寅 | 1·9 | 12 | 日 | 13 | 癸酉 | 1·9 | 13 | 水 | 15 | 甲辰 | 1·9 |
| 5 | 13 | 金 | 13 | 癸卯 | 2·9 | 13 | 月 | 14 | 甲戌 | 2·9 | 14 | 木 | 16 | 乙巳 | 2·8 |
| 6 | 14 | 土 | 14 | 甲辰 | 2·8 | 14 | 火 | 15 | 乙亥 | 2·8 | 15 | 金 | 17 | 丙午 | 2·8 |
| 7 | 15 | 日 | 15 | 乙巳 | 2·8 | 15 | 水 | 16 | 丙子 | 2·8 | 16 | 土 | 18 | 丁未 | 2·8 |
| 8 | 16 | 月 | 16 | 丙午 | 3·8 | 16 | 木 | 17 | 丁丑 | 3·8 | 17 | 日 | 19 | 戊申 | 3·7 |
| 9 | 17 | 火 | 17 | 丁未 | 3·7 | 17 | 金 | 18 | 戊寅 | 3·7 | 18 | 月 | 20 | 己酉 | 3·7 |
| 10 | 18 | 水 | 18 | 戊申 | 3·7 | 18 | 土 | 19 | 己卯 | 3·7 | 19 | 火 | 21 | 庚戌 | 3·7 |
| 11 | 19 | 木 | 19 | 己酉 | 4·7 | 19 | 日 | 20 | 庚辰 | 4·7 | 20 | 水 | 22 | 辛亥 | 4·6 |
| 12 | 20 | 金 | 20 | 庚戌 | 4·6 | 20 | 月 | 21 | 辛巳 | 4·6 | 21 | 木 | 23 | 壬子 | 4·6 |
| 13 | 21 | 土 | 21 | 辛亥 | 4·6 | 21 | 火 | 22 | 壬午 | 4·6 | 22 | 金 | 24 | 癸丑 | 4·6 |
| 14 | 22 | 日 | 22 | 壬子 | 5·6 | 22 | 水 | 23 | 癸未 | 5·6 | 23 | 土 | 25 | 甲寅 | 5·5 |
| 15 | 23 | 月 | 23 | 癸丑 | 5·5 | 23 | 木 | 24 | 甲申 | 5·5 | 24 | 日 | 26 | 乙卯 | 상강 |
| 16 | 24 | 火 | 24 | 甲寅 | 처서 | 24 | 金 | 25 | 乙酉 | 추분 | 25 | 月 | 27 | 丙辰 | 5·5 |
| 17 | 25 | 水 | 25 | 乙卯 | 6·5 | 25 | 土 | 26 | 丙戌 | 6·5 | 26 | 火 | 28 | 丁巳 | 6·4 |
| 18 | 26 | 木 | 26 | 丙辰 | 6·4 | 26 | 日 | 27 | 丁亥 | 6·4 | 27 | 水 | 29 | 戊午 | 6·4 |
| 19 | 27 | 金 | 27 | 丁巳 | 6·4 | 27 | 月 | 28 | 戊子 | 6·4 | 28 | 木 | 30 | 己未 | 6·4 |
| 20 | 28 | 土 | 28 | 戊午 | 7·4 | 28 | 火 | 29 | 己丑 | 7·4 | 29 | 金 | 10/1 | 庚申 | 7·3 |
| 21 | 29 | 日 | 29 | 己未 | 7·3 | 29 | 水 | 9/1 | 庚寅 | 7·3 | 30 | 土 | 2 | 辛酉 | 7·3 |
| 22 | 30 | 月 | 30 | 庚申 | 7·3 | 30 | 木 | 2 | 辛卯 | 7·3 | 31 | 日 | 3 | 壬戌 | 7·3 |
| 23 | 31 | 火 | 8/1 | 辛酉 | 8·3 | 10/1 | 金 | 3 | 壬辰 | 8·3 | 11/1 | 月 | 4 | 癸亥 | 8·2 |
| 24 | 9/1 | 水 | 2 | 壬戌 | 8·2 | 2 | 土 | 4 | 癸巳 | 8·2 | 2 | 火 | 5 | 甲子 | 8·2 |
| 25 | 2 | 木 | 3 | 癸亥 | 8·2 | 3 | 日 | 5 | 甲午 | 8·2 | 3 | 水 | 6 | 乙丑 | 8·2 |
| 26 | 3 | 金 | 4 | 甲子 | 9·2 | 4 | 月 | 6 | 乙未 | 9·2 | 4 | 木 | 7 | 丙寅 | 9·1 |
| 27 | 4 | 土 | 5 | 乙丑 | 9·1 | 5 | 火 | 7 | 丙申 | 9·1 | 5 | 金 | 8 | 丁卯 | 9·1 |
| 28 | 5 | 日 | 6 | 丙寅 | 9·1 | 6 | 水 | 8 | 丁酉 | 9·1 | 6 | 土 | 9 | 戊辰 | 9·1 |
| 29 | 6 | 月 | 7 | 丁卯 | 10·1 | 7 | 木 | 9 | 戊戌 | 10·1 | 7 | 日 | 10 | 己巳 | 10·1 |
| 30 | 7 | 火 | 8 | 戊辰 | 10·1 | 8 | 金 | 10 | 己亥 | 10·1 | | | | | |
| 31 | | | | | | | | | | | | | | | |

| 절기후날수 | 입동절(癸亥月) | | | | | 대설절(甲子月) | | | | | 소한절(乙丑月) | | | | |
|---|---|---|---|---|---|---|---|---|---|---|---|---|---|---|---|
| | 立冬 11월8일 15시59분 小雪 11월23일 13시22분 | | | | | 大雪 12월8일 8시33분 冬至 12월23일 2시29분 | | | | | 小寒 1월6일 19시39분 大寒 1월21일 13시7분 | | | | |
| | 양력 | 요일 | 음력 | 일진 | 大運 남·여 | 양력 | 요일 | 음력 | 일진 | 大運 남·여 | 양력 | 요일 | 음력 | 일진 | 大運 남·여 |
| 0 | 11/8 | 月 | 11 | 庚午 | 입동 | 12/8 | 水 | 11 | 庚子 | 대설 | 1/6 | 木 | 11 | 己巳 | 소한 |
| 1 | 9 | 火 | 12 | 辛未 | 1·10 | 9 | 木 | 12 | 辛丑 | 1·9 | 7 | 金 | 12 | 庚午 | 1·10 |
| 2 | 10 | 水 | 13 | 壬申 | 1·9 | 10 | 金 | 13 | 壬寅 | 1·9 | 8 | 土 | 13 | 辛未 | 1·9 |
| 3 | 11 | 木 | 14 | 癸酉 | 1·9 | 11 | 土 | 14 | 癸卯 | 1·9 | 9 | 日 | 14 | 壬申 | 1·9 |
| 4 | 12 | 金 | 15 | 甲戌 | 1·9 | 12 | 日 | 15 | 甲辰 | 1·8 | 10 | 月 | 15 | 癸酉 | 1·9 |
| 5 | 13 | 土 | 16 | 乙亥 | 2·8 | 13 | 月 | 16 | 乙巳 | 2·8 | 11 | 火 | 16 | 甲戌 | 2·8 |
| 6 | 14 | 日 | 17 | 丙子 | 2·8 | 14 | 火 | 17 | 丙午 | 2·8 | 12 | 水 | 17 | 乙亥 | 2·8 |
| 7 | 15 | 月 | 18 | 丁丑 | 2·8 | 15 | 水 | 18 | 丁未 | 2·7 | 13 | 木 | 18 | 丙子 | 2·8 |
| 8 | 16 | 火 | 19 | 戊寅 | 3·7 | 16 | 木 | 19 | 戊申 | 3·7 | 14 | 金 | 19 | 丁丑 | 3·7 |
| 9 | 17 | 水 | 20 | 己卯 | 3·7 | 17 | 金 | 20 | 己酉 | 3·7 | 15 | 土 | 20 | 戊寅 | 3·7 |
| 10 | 18 | 木 | 21 | 庚辰 | 3·7 | 18 | 土 | 21 | 庚戌 | 3·6 | 16 | 日 | 21 | 己卯 | 3·7 |
| 11 | 19 | 金 | 22 | 辛巳 | 4·6 | 19 | 日 | 22 | 辛亥 | 4·6 | 17 | 月 | 22 | 庚辰 | 4·6 |
| 12 | 20 | 土 | 23 | 壬午 | 4·6 | 20 | 月 | 23 | 壬子 | 4·6 | 18 | 火 | 23 | 辛巳 | 4·6 |
| 13 | 21 | 日 | 24 | 癸未 | 4·6 | 21 | 火 | 24 | 癸丑 | 4·5 | 19 | 水 | 24 | 壬午 | 4·6 |
| 14 | 22 | 月 | 25 | 甲申 | 5·5 | 22 | 水 | 25 | 甲寅 | 5·5 | 20 | 木 | 25 | 癸未 | 5·5 |
| 15 | 23 | 火 | 26 | 乙酉 | 소설 | 23 | 木 | 26 | 乙卯 | 동지 | 21 | 金 | 26 | 甲申 | 대한 |
| 16 | 24 | 水 | 27 | 丙戌 | 5·5 | 24 | 金 | 27 | 丙辰 | 5·4 | 22 | 土 | 27 | 乙酉 | 5·5 |
| 17 | 25 | 木 | 28 | 丁亥 | 6·4 | 25 | 土 | 28 | 丁巳 | 6·4 | 23 | 日 | 28 | 丙戌 | 6·4 |
| 18 | 26 | 金 | 29 | 戊子 | 6·4 | 26 | 日 | 29 | 戊午 | 6·4 | 24 | 月 | 29 | 丁亥 | 6·4 |
| 19 | 27 | 土 | 30 | 己丑 | 6·4 | 27 | 月 | 12/1 | 己未 | 6·3 | 25 | 火 | 30 | 戊子 | 6·4 |
| 20 | 28 | 日 | 11/1 | 庚寅 | 7·3 | 28 | 火 | 2 | 庚申 | 7·3 | 26 | 水 | 1/1 | 己丑 | 7·3 |
| 21 | 29 | 月 | 2 | 辛卯 | 7·3 | 29 | 水 | 3 | 辛酉 | 7·3 | 27 | 木 | 2 | 庚寅 | 7·3 |
| 22 | 30 | 火 | 3 | 壬辰 | 7·3 | 30 | 木 | 4 | 壬戌 | 7·2 | 28 | 金 | 3 | 辛卯 | 7·3 |
| 23 | 12/1 | 水 | 4 | 癸巳 | 8·2 | 31 | 金 | 5 | 癸亥 | 8·2 | 29 | 土 | 4 | 壬辰 | 8·2 |
| 24 | 2 | 木 | 5 | 甲午 | 8·2 | 1/1 | 土 | 6 | 甲子 | 8·2 | 30 | 日 | 5 | 癸巳 | 8·2 |
| 25 | 3 | 金 | 6 | 乙未 | 8·2 | 2 | 日 | 7 | 乙丑 | 8·1 | 31 | 月 | 6 | 甲午 | 8·2 |
| 26 | 4 | 土 | 7 | 丙申 | 9·1 | 3 | 月 | 8 | 丙寅 | 9·1 | 2/1 | 火 | 7 | 乙未 | 9·1 |
| 27 | 5 | 日 | 8 | 丁酉 | 9·1 | 4 | 火 | 9 | 丁卯 | 9·1 | 2 | 水 | 8 | 丙申 | 9·1 |
| 28 | 6 | 月 | 9 | 戊戌 | 9·1 | 5 | 水 | 10 | 戊辰 | 9·1 | 3 | 木 | 9 | 丁酉 | 9·1 |
| 29 | 7 | 火 | 10 | 己亥 | 10·1 | | | | | | 4 | 金 | 10 | 戊戌 | 10·1 |
| 30 | | | | | | | | | | | | | | | |
| 31 | | | | | | | | | | | | | | | |

# 서기 1944년 [단기 4277년]

| 절기후날수 | 입춘절(丙寅月) 立春 2월5일 7시23분 雨水 2월20일 3시27분 | | | | | |
|---|---|---|---|---|---|---|
| | 양력 | 요일 | 음력 | 일진 | 大運 남 | 大運 여 |
| 0 | 2/5 | 土 | 11 | 己亥 | 입춘 | |
| 1 | 6 | 日 | 12 | 庚子 | 10 | 1 |
| 2 | 7 | 月 | 13 | 辛丑 | 9 | 1 |
| 3 | 8 | 火 | 14 | 壬寅 | 9 | 1 |
| 4 | 9 | 水 | 15 | 癸卯 | 9 | 1 |
| 5 | 10 | 木 | 16 | 甲辰 | 8 | 2 |
| 6 | 11 | 金 | 17 | 乙巳 | 8 | 2 |
| 7 | 12 | 土 | 18 | 丙午 | 8 | 2 |
| 8 | 13 | 日 | 19 | 丁未 | 7 | 3 |
| 9 | 14 | 月 | 20 | 戊申 | 7 | 3 |
| 10 | 15 | 火 | 21 | 己酉 | 7 | 3 |
| 11 | 16 | 水 | 22 | 庚戌 | 6 | 4 |
| 12 | 17 | 木 | 23 | 辛亥 | 6 | 4 |
| 13 | 18 | 金 | 24 | 壬子 | 6 | 4 |
| 14 | 19 | 土 | 25 | 癸丑 | 5 | 5 |
| 15 | 20 | 日 | 26 | 甲寅 | 우수 | |
| 16 | 21 | 月 | 27 | 乙卯 | 5 | 5 |
| 17 | 22 | 火 | 28 | 丙辰 | 4 | 6 |
| 18 | 23 | 水 | 29 | 丁巳 | 4 | 6 |
| 19 | 24 | 木 | 2/1 | 戊午 | 4 | 6 |
| 20 | 25 | 金 | 2 | 己未 | 3 | 7 |
| 21 | 26 | 土 | 3 | 庚申 | 3 | 7 |
| 22 | 27 | 日 | 4 | 辛酉 | 3 | 7 |
| 23 | 28 | 月 | 5 | 壬戌 | 2 | 8 |
| 24 | 29 | 火 | 6 | 癸亥 | 2 | 8 |
| 25 | 3/1 | 水 | 7 | 甲子 | 2 | 8 |
| 26 | 2 | 木 | 8 | 乙丑 | 1 | 9 |
| 27 | 3 | 金 | 9 | 丙寅 | 1 | 9 |
| 28 | 4 | 土 | 10 | 丁卯 | 1 | 9 |
| 29 | 5 | 日 | 11 | 戊辰 | 1 | 10 |
| 30 | | | | | | |
| 31 | | | | | | |

| 절기후날수 | 경칩절(丁卯月) 驚蟄 3월6일 1시40분 春分 3월21일 2시49분 | | | | | |
|---|---|---|---|---|---|---|
| | 양력 | 요일 | 음력 | 일진 | 大運 남 | 大運 여 |
| 0 | 3/6 | 月 | 12 | 己巳 | 경칩 | |
| 1 | 7 | 火 | 13 | 庚午 | 10 | 1 |
| 2 | 8 | 水 | 14 | 辛未 | 9 | 1 |
| 3 | 9 | 木 | 15 | 壬申 | 9 | 1 |
| 4 | 10 | 金 | 16 | 癸酉 | 9 | 1 |
| 5 | 11 | 土 | 17 | 甲戌 | 8 | 2 |
| 6 | 12 | 日 | 18 | 乙亥 | 8 | 2 |
| 7 | 13 | 月 | 19 | 丙子 | 8 | 2 |
| 8 | 14 | 火 | 20 | 丁丑 | 7 | 3 |
| 9 | 15 | 水 | 21 | 戊寅 | 7 | 3 |
| 10 | 16 | 木 | 22 | 己卯 | 7 | 3 |
| 11 | 17 | 金 | 23 | 庚辰 | 6 | 4 |
| 12 | 18 | 土 | 24 | 辛巳 | 6 | 4 |
| 13 | 19 | 日 | 25 | 壬午 | 6 | 4 |
| 14 | 20 | 月 | 26 | 癸未 | 5 | 5 |
| 15 | 21 | 火 | 27 | 甲申 | 춘분 | |
| 16 | 22 | 水 | 28 | 乙酉 | 5 | 5 |
| 17 | 23 | 木 | 29 | 丙戌 | 4 | 6 |
| 18 | 24 | 金 | 3/1 | 丁亥 | 4 | 6 |
| 19 | 25 | 土 | 2 | 戊子 | 4 | 6 |
| 20 | 26 | 日 | 3 | 己丑 | 3 | 7 |
| 21 | 27 | 月 | 4 | 庚寅 | 3 | 7 |
| 22 | 28 | 火 | 5 | 辛卯 | 3 | 7 |
| 23 | 29 | 水 | 6 | 壬辰 | 2 | 8 |
| 24 | 30 | 木 | 7 | 癸巳 | 2 | 8 |
| 25 | 31 | 金 | 8 | 甲午 | 2 | 8 |
| 26 | 4/1 | 土 | 9 | 乙未 | 1 | 9 |
| 27 | 2 | 日 | 10 | 丙申 | 1 | 9 |
| 28 | 3 | 月 | 11 | 丁酉 | 1 | 9 |
| 29 | 4 | 火 | 12 | 戊戌 | 1 | 10 |
| 30 | | | | | | |
| 31 | | | | | | |

| 절기후날수 | 청명절(戊辰月) 淸明 4월5일 6시54분 穀雨 4월20일 14시18분 | | | | | |
|---|---|---|---|---|---|---|
| | 양력 | 요일 | 음력 | 일진 | 大運 남 | 大運 여 |
| 0 | 4/5 | 水 | 13 | 己亥 | 청명 | |
| 1 | 6 | 木 | 14 | 庚子 | 10 | 1 |
| 2 | 7 | 金 | 15 | 辛丑 | 10 | 1 |
| 3 | 8 | 土 | 16 | 壬寅 | 9 | 1 |
| 4 | 9 | 日 | 17 | 癸卯 | 9 | 1 |
| 5 | 10 | 月 | 18 | 甲辰 | 9 | 2 |
| 6 | 11 | 火 | 19 | 乙巳 | 8 | 2 |
| 7 | 12 | 水 | 20 | 丙午 | 8 | 2 |
| 8 | 13 | 木 | 21 | 丁未 | 8 | 3 |
| 9 | 14 | 金 | 22 | 戊申 | 7 | 3 |
| 10 | 15 | 土 | 23 | 己酉 | 7 | 3 |
| 11 | 16 | 日 | 24 | 庚戌 | 7 | 4 |
| 12 | 17 | 月 | 25 | 辛亥 | 6 | 4 |
| 13 | 18 | 火 | 26 | 壬子 | 6 | 4 |
| 14 | 19 | 水 | 27 | 癸丑 | 6 | 5 |
| 15 | 20 | 木 | 28 | 甲寅 | 곡우 | |
| 16 | 21 | 金 | 29 | 乙卯 | 5 | 5 |
| 17 | 22 | 土 | 30 | 丙辰 | 5 | 6 |
| 18 | 23 | 日 | 4/1 | 丁巳 | 4 | 6 |
| 19 | 24 | 月 | 2 | 戊午 | 4 | 6 |
| 20 | 25 | 火 | 3 | 己未 | 4 | 7 |
| 21 | 26 | 水 | 4 | 庚申 | 3 | 7 |
| 22 | 27 | 木 | 5 | 辛酉 | 3 | 7 |
| 23 | 28 | 金 | 6 | 壬戌 | 3 | 8 |
| 24 | 29 | 土 | 7 | 癸亥 | 2 | 8 |
| 25 | 30 | 日 | 8 | 甲子 | 2 | 8 |
| 26 | 5/1 | 月 | 9 | 乙丑 | 2 | 9 |
| 27 | 2 | 火 | 10 | 丙寅 | 1 | 9 |
| 28 | 3 | 水 | 11 | 丁卯 | 1 | 9 |
| 29 | 4 | 木 | 12 | 戊辰 | 1 | 10 |
| 30 | 5 | 金 | 13 | 己巳 | 1 | 10 |
| 31 | | | | | | |

| 절기후날수 | 입하절(己巳月) 立夏 5월6일 0시40분 小滿 5월21일 13시51분 | | | | | |
|---|---|---|---|---|---|---|
| | 양력 | 요일 | 음력 | 일진 | 大運 남 | 大運 여 |
| 0 | 5/6 | 土 | 14 | 庚午 | 입하 | |
| 1 | 7 | 日 | 15 | 辛未 | 10 | 1 |
| 2 | 8 | 月 | 16 | 壬申 | 10 | 1 |
| 3 | 9 | 火 | 17 | 癸酉 | 9 | 1 |
| 4 | 10 | 水 | 18 | 甲戌 | 9 | 1 |
| 5 | 11 | 木 | 19 | 乙亥 | 9 | 2 |
| 6 | 12 | 金 | 20 | 丙子 | 8 | 2 |
| 7 | 13 | 土 | 21 | 丁丑 | 8 | 2 |
| 8 | 14 | 日 | 22 | 戊寅 | 8 | 3 |
| 9 | 15 | 月 | 23 | 己卯 | 7 | 3 |
| 10 | 16 | 火 | 24 | 庚辰 | 7 | 3 |
| 11 | 17 | 水 | 25 | 辛巳 | 7 | 4 |
| 12 | 18 | 木 | 26 | 壬午 | 6 | 4 |
| 13 | 19 | 金 | 27 | 癸未 | 6 | 4 |
| 14 | 20 | 土 | 28 | 甲申 | 6 | 5 |
| 15 | 21 | 日 | 29 | 乙酉 | 소만 | |
| 16 | 22 | 月 | 윤1 | 丙戌 | 5 | 5 |
| 17 | 23 | 火 | 윤2 | 丁亥 | 5 | 6 |
| 18 | 24 | 水 | 윤3 | 戊子 | 4 | 6 |
| 19 | 25 | 木 | 윤4 | 己丑 | 4 | 6 |
| 20 | 26 | 金 | 윤5 | 庚寅 | 4 | 7 |
| 21 | 27 | 土 | 윤6 | 辛卯 | 3 | 7 |
| 22 | 28 | 日 | 윤7 | 壬辰 | 3 | 7 |
| 23 | 29 | 月 | 윤8 | 癸巳 | 3 | 8 |
| 24 | 30 | 火 | 윤9 | 甲午 | 2 | 8 |
| 25 | 31 | 水 | 윤10 | 乙未 | 2 | 8 |
| 26 | 6/1 | 木 | 윤11 | 丙申 | 2 | 9 |
| 27 | 2 | 金 | 윤12 | 丁酉 | 1 | 9 |
| 28 | 3 | 土 | 윤13 | 戊戌 | 1 | 9 |
| 29 | 4 | 日 | 윤14 | 己亥 | 1 | 10 |
| 30 | 5 | 月 | 윤15 | 庚子 | 1 | 10 |
| 31 | | | | | | |

| 절기후날수 | 망종절(庚午月) 芒種 6월6일 5시11분 夏至 6월21일 22시2분 | | | | | |
|---|---|---|---|---|---|---|
| | 양력 | 요일 | 음력 | 일진 | 大運 남 | 大運 여 |
| 0 | 6/6 | 火 | 윤16 | 辛丑 | 망종 | |
| 1 | 7 | 水 | 윤17 | 壬寅 | 10 | 1 |
| 2 | 8 | 木 | 윤18 | 癸卯 | 10 | 1 |
| 3 | 9 | 金 | 윤19 | 甲辰 | 9 | 1 |
| 4 | 10 | 土 | 윤20 | 乙巳 | 9 | 1 |
| 5 | 11 | 日 | 윤21 | 丙午 | 9 | 2 |
| 6 | 12 | 月 | 윤22 | 丁未 | 8 | 2 |
| 7 | 13 | 火 | 윤23 | 戊申 | 8 | 2 |
| 8 | 14 | 水 | 윤24 | 己酉 | 8 | 3 |
| 9 | 15 | 木 | 윤25 | 庚戌 | 7 | 3 |
| 10 | 16 | 金 | 윤26 | 辛亥 | 7 | 3 |
| 11 | 17 | 土 | 윤27 | 壬子 | 7 | 4 |
| 12 | 18 | 日 | 윤28 | 癸丑 | 6 | 4 |
| 13 | 19 | 月 | 윤29 | 甲寅 | 6 | 4 |
| 14 | 20 | 火 | 윤30 | 乙卯 | 6 | 5 |
| 15 | 21 | 水 | 5/1 | 丙辰 | 하지 | |
| 16 | 22 | 木 | 2 | 丁巳 | 5 | 5 |
| 17 | 23 | 金 | 3 | 戊午 | 5 | 6 |
| 18 | 24 | 土 | 4 | 己未 | 4 | 6 |
| 19 | 25 | 日 | 5 | 庚申 | 4 | 6 |
| 20 | 26 | 月 | 6 | 辛酉 | 4 | 7 |
| 21 | 27 | 火 | 7 | 壬戌 | 3 | 7 |
| 22 | 28 | 水 | 8 | 癸亥 | 3 | 7 |
| 23 | 29 | 木 | 9 | 甲子 | 3 | 8 |
| 24 | 30 | 金 | 10 | 乙丑 | 2 | 8 |
| 25 | 7/1 | 土 | 11 | 丙寅 | 2 | 8 |
| 26 | 2 | 日 | 12 | 丁卯 | 2 | 9 |
| 27 | 3 | 月 | 13 | 戊辰 | 1 | 9 |
| 28 | 4 | 火 | 14 | 己巳 | 1 | 9 |
| 29 | 5 | 水 | 15 | 庚午 | 1 | 10 |
| 30 | 6 | 木 | 16 | 辛未 | 1 | 10 |
| 31 | | | | | | |

| 절기후날수 | 소서절(辛未月) 小暑 7월7일 15시36분 大暑 7월23일 8시56분 | | | | | |
|---|---|---|---|---|---|---|
| | 양력 | 요일 | 음력 | 일진 | 大運 남 | 大運 여 |
| 0 | 7/7 | 金 | 17 | 壬申 | 소서 | |
| 1 | 8 | 土 | 18 | 癸酉 | 10 | 1 |
| 2 | 9 | 日 | 19 | 甲戌 | 10 | 1 |
| 3 | 10 | 月 | 20 | 乙亥 | 10 | 1 |
| 4 | 11 | 火 | 21 | 丙子 | 9 | 1 |
| 5 | 12 | 水 | 22 | 丁丑 | 9 | 2 |
| 6 | 13 | 木 | 23 | 戊寅 | 9 | 2 |
| 7 | 14 | 金 | 24 | 己卯 | 8 | 2 |
| 8 | 15 | 土 | 25 | 庚辰 | 8 | 3 |
| 9 | 16 | 日 | 26 | 辛巳 | 8 | 3 |
| 10 | 17 | 月 | 27 | 壬午 | 7 | 3 |
| 11 | 18 | 火 | 28 | 癸未 | 7 | 4 |
| 12 | 19 | 水 | 29 | 甲申 | 7 | 4 |
| 13 | 20 | 木 | 6/1 | 乙酉 | 6 | 4 |
| 14 | 21 | 金 | 2 | 丙戌 | 6 | 5 |
| 15 | 22 | 土 | 3 | 丁亥 | 6 | 5 |
| 16 | 23 | 日 | 4 | 戊子 | 대서 | |
| 17 | 24 | 月 | 5 | 己丑 | 5 | 6 |
| 18 | 25 | 火 | 6 | 庚寅 | 5 | 6 |
| 19 | 26 | 水 | 7 | 辛卯 | 4 | 6 |
| 20 | 27 | 木 | 8 | 壬辰 | 4 | 7 |
| 21 | 28 | 金 | 9 | 癸巳 | 4 | 7 |
| 22 | 29 | 土 | 10 | 甲午 | 3 | 7 |
| 23 | 30 | 日 | 11 | 乙未 | 3 | 8 |
| 24 | 31 | 月 | 12 | 丙申 | 3 | 8 |
| 25 | 8/1 | 火 | 13 | 丁酉 | 2 | 8 |
| 26 | 2 | 水 | 14 | 戊戌 | 2 | 9 |
| 27 | 3 | 木 | 15 | 己亥 | 2 | 9 |
| 28 | 4 | 金 | 16 | 庚子 | 1 | 9 |
| 29 | 5 | 土 | 17 | 辛丑 | 1 | 10 |
| 30 | 6 | 日 | 18 | 壬寅 | 1 | 10 |
| 31 | 7 | 月 | 19 | 癸卯 | 1 | 10 |

▶윤달-4월

# 甲申年

| 절기후날수 | 입추절(壬申月) 立秋 8월8일 1시19분 處暑 8월23일 15시46분 | | | | | 백로절(癸酉月) 白露 9월8일 3시56분 秋分 9월23일 13시2분 | | | | |
|---|---|---|---|---|---|---|---|---|---|---|
| | 양력 | 요일 | 음력 | 일진 | 大運 남·여 | 양력 | 요일 | 음력 | 일진 | 大運 남·여 |
| 0 | 8/8 | 火 | 20 | 甲辰 | 입추 | 9/8 | 金 | 21 | 乙亥 | 백로 |
| 1 | 9 | 水 | 21 | 乙巳 | 10·1 | 9 | 土 | 22 | 丙子 | 10·1 |
| 2 | 10 | 木 | 22 | 丙午 | 10·1 | 10 | 日 | 23 | 丁丑 | 9·1 |
| 3 | 11 | 金 | 23 | 丁未 | 9·1 | 11 | 月 | 24 | 戊寅 | 9·1 |
| 4 | 12 | 土 | 24 | 戊申 | 9·1 | 12 | 火 | 25 | 己卯 | 9·1 |
| 5 | 13 | 日 | 25 | 己酉 | 9·2 | 13 | 水 | 26 | 庚辰 | 8·2 |
| 6 | 14 | 月 | 26 | 庚戌 | 8·2 | 14 | 木 | 27 | 辛巳 | 8·2 |
| 7 | 15 | 火 | 27 | 辛亥 | 8·2 | 15 | 金 | 28 | 壬午 | 8·2 |
| 8 | 16 | 水 | 28 | 壬子 | 8·3 | 16 | 土 | 29 | 癸未 | 7·3 |
| 9 | 17 | 木 | 29 | 癸丑 | 7·3 | 17 | 日 | 8/1 | 甲申 | 7·3 |
| 10 | 18 | 金 | 30 | 甲寅 | 7·3 | 18 | 月 | 2 | 乙酉 | 7·3 |
| 11 | 19 | 土 | 7/1 | 乙卯 | 7·4 | 19 | 火 | 3 | 丙戌 | 6·4 |
| 12 | 20 | 日 | 2 | 丙辰 | 6·4 | 20 | 水 | 4 | 丁亥 | 6·4 |
| 13 | 21 | 月 | 3 | 丁巳 | 6·4 | 21 | 木 | 5 | 戊子 | 6·4 |
| 14 | 22 | 火 | 4 | 戊午 | 6·5 | 22 | 金 | 6 | 己丑 | 5·5 |
| 15 | 23 | 水 | 5 | 己未 | 처서 | 23 | 土 | 7 | 庚寅 | 추분 |
| 16 | 24 | 木 | 6 | 庚申 | 5·5 | 24 | 日 | 8 | 辛卯 | 5·5 |
| 17 | 25 | 金 | 7 | 辛酉 | 5·6 | 25 | 月 | 9 | 壬辰 | 4·6 |
| 18 | 26 | 土 | 8 | 壬戌 | 4·6 | 26 | 火 | 10 | 癸巳 | 4·6 |
| 19 | 27 | 日 | 9 | 癸亥 | 4·6 | 27 | 水 | 11 | 甲午 | 4·6 |
| 20 | 28 | 月 | 10 | 甲子 | 4·7 | 28 | 木 | 12 | 乙未 | 3·7 |
| 21 | 29 | 火 | 11 | 乙丑 | 3·7 | 29 | 金 | 13 | 丙申 | 3·7 |
| 22 | 30 | 水 | 12 | 丙寅 | 3·7 | 30 | 土 | 14 | 丁酉 | 3·7 |
| 23 | 31 | 木 | 13 | 丁卯 | 3·8 | 10/1 | 日 | 15 | 戊戌 | 2·8 |
| 24 | 9/1 | 金 | 14 | 戊辰 | 2·8 | 2 | 月 | 16 | 己亥 | 2·8 |
| 25 | 2 | 土 | 15 | 己巳 | 2·8 | 3 | 火 | 17 | 庚子 | 2·8 |
| 26 | 3 | 日 | 16 | 庚午 | 2·9 | 4 | 水 | 18 | 辛丑 | 1·9 |
| 27 | 4 | 月 | 17 | 辛未 | 1·9 | 5 | 木 | 19 | 壬寅 | 1·9 |
| 28 | 5 | 火 | 18 | 壬申 | 1·9 | 6 | 金 | 20 | 癸卯 | 1·9 |
| 29 | 6 | 水 | 19 | 癸酉 | 1·10 | 7 | 土 | 21 | 甲辰 | 1·10 |
| 30 | 7 | 木 | 20 | 甲戌 | 1·10 | | | | | |
| 31 | | | | | | | | | | |

| 절기후날수 | 한로절(甲戌月) 寒露 10월8일 19시9분 霜降 10월23일 21시56분 | | | | | 입동절(乙亥月) 立冬 11월7일 21시55분 小雪 11월22일 19시8분 | | | | |
|---|---|---|---|---|---|---|---|---|---|---|
| | 양력 | 요일 | 음력 | 일진 | 大運 남·여 | 양력 | 요일 | 음력 | 일진 | 大運 남·여 |
| 0 | 10/8 | 日 | 22 | 乙巳 | 한로 | 11/7 | 火 | 22 | 乙亥 | 입동 |
| 1 | 9 | 月 | 23 | 丙午 | 10·1 | 8 | 水 | 23 | 丙子 | 10·1 |
| 2 | 10 | 火 | 24 | 丁未 | 9·1 | 9 | 木 | 24 | 丁丑 | 9·1 |
| 3 | 11 | 水 | 25 | 戊申 | 9·1 | 10 | 金 | 25 | 戊寅 | 9·1 |
| 4 | 12 | 木 | 26 | 己酉 | 9·1 | 11 | 土 | 26 | 己卯 | 9·1 |
| 5 | 13 | 金 | 27 | 庚戌 | 8·2 | 12 | 日 | 27 | 庚辰 | 8·2 |
| 6 | 14 | 土 | 28 | 辛亥 | 8·2 | 13 | 月 | 28 | 辛巳 | 8·2 |
| 7 | 15 | 日 | 29 | 壬子 | 8·2 | 14 | 火 | 29 | 壬午 | 8·2 |
| 8 | 16 | 月 | 30 | 癸丑 | 7·3 | 15 | 水 | 30 | 癸未 | 7·3 |
| 9 | 17 | 火 | 9/1 | 甲寅 | 7·3 | 16 | 木 | 10/1 | 甲申 | 7·3 |
| 10 | 18 | 水 | 2 | 乙卯 | 7·3 | 17 | 金 | 2 | 乙酉 | 7·3 |
| 11 | 19 | 木 | 3 | 丙辰 | 6·4 | 18 | 土 | 3 | 丙戌 | 6·4 |
| 12 | 20 | 金 | 4 | 丁巳 | 6·4 | 19 | 日 | 4 | 丁亥 | 6·4 |
| 13 | 21 | 土 | 5 | 戊午 | 6·4 | 20 | 月 | 5 | 戊子 | 6·4 |
| 14 | 22 | 日 | 6 | 己未 | 5·5 | 21 | 火 | 6 | 己丑 | 5·5 |
| 15 | 23 | 月 | 7 | 庚申 | 상강 | 22 | 水 | 7 | 庚寅 | 소설 |
| 16 | 24 | 火 | 8 | 辛酉 | 5·5 | 23 | 木 | 8 | 辛卯 | 5·5 |
| 17 | 25 | 水 | 9 | 壬戌 | 4·6 | 24 | 金 | 9 | 壬辰 | 4·6 |
| 18 | 26 | 木 | 10 | 癸亥 | 4·6 | 25 | 土 | 10 | 癸巳 | 4·6 |
| 19 | 27 | 金 | 11 | 甲子 | 4·6 | 26 | 日 | 11 | 甲午 | 4·6 |
| 20 | 28 | 土 | 12 | 乙丑 | 3·7 | 27 | 月 | 12 | 乙未 | 3·7 |
| 21 | 29 | 日 | 13 | 丙寅 | 3·7 | 28 | 火 | 13 | 丙申 | 3·7 |
| 22 | 30 | 月 | 14 | 丁卯 | 3·7 | 29 | 水 | 14 | 丁酉 | 3·7 |
| 23 | 31 | 火 | 15 | 戊辰 | 2·8 | 30 | 木 | 15 | 戊戌 | 2·8 |
| 24 | 11/1 | 水 | 16 | 己巳 | 2·8 | 12/1 | 金 | 16 | 己亥 | 2·8 |
| 25 | 2 | 木 | 17 | 庚午 | 2·8 | 2 | 土 | 17 | 庚子 | 2·8 |
| 26 | 3 | 金 | 18 | 辛未 | 1·9 | 3 | 日 | 18 | 辛丑 | 1·9 |
| 27 | 4 | 土 | 19 | 壬申 | 1·9 | 4 | 月 | 19 | 壬寅 | 1·9 |
| 28 | 5 | 日 | 20 | 癸酉 | 1·9 | 5 | 火 | 20 | 癸卯 | 1·9 |
| 29 | 6 | 月 | 21 | 甲戌 | 1·10 | 6 | 水 | 21 | 甲辰 | 1·10 |
| 30 | | | | | | | | | | |
| 31 | | | | | | | | | | |

| 절기후날수 | 대설절(丙子月) 大雪 12월7일 14시28분 冬至 12월22일 8시15분 | | | | | 소한절(丁丑月) 小寒 1월6일 1시34분 大寒 1월20일 18시54분 | | | | |
|---|---|---|---|---|---|---|---|---|---|---|
| | 양력 | 요일 | 음력 | 일진 | 大運 남·여 | 양력 | 요일 | 음력 | 일진 | 大運 남·여 |
| 0 | 12/7 | 木 | 22 | 乙巳 | 대설 | 1/6 | 土 | 23 | 乙亥 | 소한 |
| 1 | 8 | 金 | 23 | 丙午 | 10·1 | 7 | 日 | 24 | 丙子 | 9·1 |
| 2 | 9 | 土 | 24 | 丁未 | 9·1 | 8 | 月 | 25 | 丁丑 | 9·1 |
| 3 | 10 | 日 | 25 | 戊申 | 9·1 | 9 | 火 | 26 | 戊寅 | 9·1 |
| 4 | 11 | 月 | 26 | 己酉 | 9·1 | 10 | 水 | 27 | 己卯 | 8·1 |
| 5 | 12 | 火 | 27 | 庚戌 | 8·2 | 11 | 木 | 28 | 庚辰 | 8·2 |
| 6 | 13 | 水 | 28 | 辛亥 | 8·2 | 12 | 金 | 29 | 辛巳 | 8·2 |
| 7 | 14 | 木 | 29 | 壬子 | 8·2 | 13 | 土 | 30 | 壬午 | 7·2 |
| 8 | 15 | 金 | 11/1 | 癸丑 | 7·3 | 14 | 日 | 12/1 | 癸未 | 7·3 |
| 9 | 16 | 土 | 2 | 甲寅 | 7·3 | 15 | 月 | 2 | 甲申 | 7·3 |
| 10 | 17 | 日 | 3 | 乙卯 | 7·3 | 16 | 火 | 3 | 乙酉 | 6·3 |
| 11 | 18 | 月 | 4 | 丙辰 | 6·4 | 17 | 水 | 4 | 丙戌 | 6·4 |
| 12 | 19 | 火 | 5 | 丁巳 | 6·4 | 18 | 木 | 5 | 丁亥 | 6·4 |
| 13 | 20 | 水 | 6 | 戊午 | 6·4 | 19 | 金 | 6 | 戊子 | 5·4 |
| 14 | 21 | 木 | 7 | 己未 | 5·5 | 20 | 土 | 7 | 己丑 | 대한 |
| 15 | 22 | 金 | 8 | 庚申 | 동지 | 21 | 日 | 8 | 庚寅 | 5·5 |
| 16 | 23 | 土 | 9 | 辛酉 | 5·5 | 22 | 月 | 9 | 辛卯 | 4·5 |
| 17 | 24 | 日 | 10 | 壬戌 | 4·6 | 23 | 火 | 10 | 壬辰 | 4·6 |
| 18 | 25 | 月 | 11 | 癸亥 | 4·6 | 24 | 水 | 11 | 癸巳 | 4·6 |
| 19 | 26 | 火 | 12 | 甲子 | 4·6 | 25 | 木 | 12 | 甲午 | 3·6 |
| 20 | 27 | 水 | 13 | 乙丑 | 3·7 | 26 | 金 | 13 | 乙未 | 3·7 |
| 21 | 28 | 木 | 14 | 丙寅 | 3·7 | 27 | 土 | 14 | 丙申 | 3·7 |
| 22 | 29 | 金 | 15 | 丁卯 | 3·7 | 28 | 日 | 15 | 丁酉 | 2·7 |
| 23 | 30 | 土 | 16 | 戊辰 | 2·8 | 29 | 月 | 16 | 戊戌 | 2·8 |
| 24 | 31 | 日 | 17 | 己巳 | 2·8 | 30 | 火 | 17 | 己亥 | 2·8 |
| 25 | 1/1 | 月 | 18 | 庚午 | 2·8 | 31 | 水 | 18 | 庚子 | 1·8 |
| 26 | 2 | 火 | 19 | 辛未 | 1·9 | 2/1 | 木 | 19 | 辛丑 | 1·9 |
| 27 | 3 | 水 | 20 | 壬申 | 1·9 | 2 | 金 | 20 | 壬寅 | 1·9 |
| 28 | 4 | 木 | 21 | 癸酉 | 1·9 | 3 | 土 | 21 | 癸卯 | 1·9 |
| 29 | 5 | 金 | 22 | 甲戌 | 1·10 | | | | | |
| 30 | | | | | | | | | | |
| 31 | | | | | | | | | | |

# 서기 1945년 [단기 4278년]

| 절기후날수 | 입춘절(戊寅月) 立春 2월4일 13시19분 雨水 2월19일 9시15분 | | | | | 경칩절(己卯月) 驚蟄 3월6일 7시38분 春分 3월21일 8시37분 | | | | | 청명절(庚辰月) 清明 4월5일 12시52분 穀雨 4월20일 20시7분 | | | | |
|---|---|---|---|---|---|---|---|---|---|---|---|---|---|---|---|
| | 양력 | 요일 | 음력 | 일진 | 大運 남·여 | 양력 | 요일 | 음력 | 일진 | 大運 남·여 | 양력 | 요일 | 음력 | 일진 | 大運 남·여 |
| 0 | 2/4 | 日 | 22 | 甲辰 | 입춘 | 3/6 | 火 | 22 | 甲戌 | 경칩 | 4/5 | 木 | 23 | 甲辰 | 청명 |
| 1 | 5 | 月 | 23 | 乙巳 | 1·10 | 7 | 水 | 23 | 乙亥 | 1·10 | 6 | 金 | 24 | 乙巳 | 1·10 |
| 2 | 6 | 火 | 24 | 丙午 | 1·9 | 8 | 木 | 24 | 丙子 | 1·9 | 7 | 土 | 25 | 丙午 | 1·10 |
| 3 | 7 | 水 | 25 | 丁未 | 1·9 | 9 | 金 | 25 | 丁丑 | 1·9 | 8 | 日 | 26 | 丁未 | 1·9 |
| 4 | 8 | 木 | 26 | 戊申 | 1·9 | 10 | 土 | 26 | 戊寅 | 1·9 | 9 | 月 | 27 | 戊申 | 1·9 |
| 5 | 9 | 金 | 27 | 己酉 | 2·8 | 11 | 日 | 27 | 己卯 | 2·8 | 10 | 火 | 28 | 己酉 | 2·9 |
| 6 | 10 | 土 | 28 | 庚戌 | 2·8 | 12 | 月 | 28 | 庚辰 | 2·8 | 11 | 水 | 29 | 庚戌 | 2·8 |
| 7 | 11 | 日 | 29 | 辛亥 | 2·8 | 13 | 火 | 29 | 辛巳 | 2·8 | 12 | 木 | 3/1 | 辛亥 | 2·8 |
| 8 | 12 | 月 | 30 | 壬子 | 3·7 | 14 | 水 | 2/1 | 壬午 | 3·7 | 13 | 金 | 2 | 壬子 | 3·8 |
| 9 | 13 | 火 | 1/1 | 癸丑 | 3·7 | 15 | 木 | 2 | 癸未 | 3·7 | 14 | 土 | 3 | 癸丑 | 3·7 |
| 10 | 14 | 水 | 2 | 甲寅 | 3·7 | 16 | 金 | 3 | 甲申 | 3·7 | 15 | 日 | 4 | 甲寅 | 3·7 |
| 11 | 15 | 木 | 3 | 乙卯 | 4·6 | 17 | 土 | 4 | 乙酉 | 4·6 | 16 | 月 | 5 | 乙卯 | 4·7 |
| 12 | 16 | 金 | 4 | 丙辰 | 4·6 | 18 | 日 | 5 | 丙戌 | 4·6 | 17 | 火 | 6 | 丙辰 | 4·6 |
| 13 | 17 | 土 | 5 | 丁巳 | 4·6 | 19 | 月 | 6 | 丁亥 | 4·6 | 18 | 水 | 7 | 丁巳 | 4·6 |
| 14 | 18 | 日 | 6 | 戊午 | 5·5 | 20 | 火 | 7 | 戊子 | 5·5 | 19 | 木 | 8 | 戊午 | 5·6 |
| 15 | 19 | 月 | 7 | 己未 | 우수 | 21 | 水 | 8 | 己丑 | 춘분 | 20 | 金 | 9 | 己未 | 곡우 |
| 16 | 20 | 火 | 8 | 庚申 | 5·5 | 22 | 木 | 9 | 庚寅 | 5·5 | 21 | 土 | 10 | 庚申 | 5·5 |
| 17 | 21 | 水 | 9 | 辛酉 | 6·4 | 23 | 金 | 10 | 辛卯 | 6·4 | 22 | 日 | 11 | 辛酉 | 6·5 |
| 18 | 22 | 木 | 10 | 壬戌 | 6·4 | 24 | 土 | 11 | 壬辰 | 6·4 | 23 | 月 | 12 | 壬戌 | 6·4 |
| 19 | 23 | 金 | 11 | 癸亥 | 6·4 | 25 | 日 | 12 | 癸巳 | 6·4 | 24 | 火 | 13 | 癸亥 | 6·4 |
| 20 | 24 | 土 | 12 | 甲子 | 7·3 | 26 | 月 | 13 | 甲午 | 7·3 | 25 | 水 | 14 | 甲子 | 7·4 |
| 21 | 25 | 日 | 13 | 乙丑 | 7·3 | 27 | 火 | 14 | 乙未 | 7·3 | 26 | 木 | 15 | 乙丑 | 7·3 |
| 22 | 26 | 月 | 14 | 丙寅 | 7·3 | 28 | 水 | 15 | 丙申 | 7·3 | 27 | 金 | 16 | 丙寅 | 7·3 |
| 23 | 27 | 火 | 15 | 丁卯 | 8·2 | 29 | 木 | 16 | 丁酉 | 8·2 | 28 | 土 | 17 | 丁卯 | 8·3 |
| 24 | 28 | 水 | 16 | 戊辰 | 8·2 | 30 | 金 | 17 | 戊戌 | 8·2 | 29 | 日 | 18 | 戊辰 | 8·2 |
| 25 | 3/1 | 木 | 17 | 己巳 | 8·2 | 31 | 土 | 18 | 己亥 | 8·2 | 30 | 月 | 19 | 己巳 | 8·2 |
| 26 | 2 | 金 | 18 | 庚午 | 9·1 | 4/1 | 日 | 19 | 庚子 | 9·1 | 5/1 | 火 | 20 | 庚午 | 9·2 |
| 27 | 3 | 土 | 19 | 辛未 | 9·1 | 2 | 月 | 20 | 辛丑 | 9·1 | 2 | 水 | 21 | 辛未 | 9·1 |
| 28 | 4 | 日 | 20 | 壬申 | 9·1 | 3 | 火 | 21 | 壬寅 | 9·1 | 3 | 木 | 22 | 壬申 | 9·1 |
| 29 | 5 | 月 | 21 | 癸酉 | 10·1 | 4 | 水 | 22 | 癸卯 | 10·1 | 4 | 金 | 23 | 癸酉 | 10·1 |
| 30 | | | | | | | | | | | 5 | 土 | 24 | 甲戌 | 10·1 |
| 31 | | | | | | | | | | | | | | | |

| 절기후날수 | 입하절(辛巳月) 立夏 5월6일 6시37분 小滿 5월21일 19시40분 | | | | | 망종절(壬午月) 芒種 6월6일 11시5분 夏至 6월22일 3시52분 | | | | | 소서절(癸未月) 小暑 7월7일 21시27분 大暑 7월23일 14시45분 | | | | |
|---|---|---|---|---|---|---|---|---|---|---|---|---|---|---|---|
| | 양력 | 요일 | 음력 | 일진 | 大運 남·여 | 양력 | 요일 | 음력 | 일진 | 大運 남·여 | 양력 | 요일 | 음력 | 일진 | 大運 남·여 |
| 0 | 5/6 | 日 | 25 | 乙亥 | 입하 | 6/6 | 水 | 26 | 丙午 | 망종 | 7/7 | 土 | 28 | 丁丑 | 소서 |
| 1 | 7 | 月 | 26 | 丙子 | 1·10 | 7 | 木 | 27 | 丁未 | 1·10 | 8 | 日 | 29 | 戊寅 | 1·10 |
| 2 | 8 | 火 | 27 | 丁丑 | 1·10 | 8 | 金 | 28 | 戊申 | 1·10 | 9 | 月 | 6/1 | 己卯 | 1·10 |
| 3 | 9 | 水 | 28 | 戊寅 | 1·9 | 9 | 土 | 29 | 己酉 | 1·9 | 10 | 火 | 2 | 庚辰 | 1·10 |
| 4 | 10 | 木 | 29 | 己卯 | 1·9 | 10 | 日 | 5/1 | 庚戌 | 1·9 | 11 | 水 | 3 | 辛巳 | 1·9 |
| 5 | 11 | 金 | 30 | 庚辰 | 2·9 | 11 | 月 | 2 | 辛亥 | 2·9 | 12 | 木 | 4 | 壬午 | 2·9 |
| 6 | 12 | 土 | 4/1 | 辛巳 | 2·8 | 12 | 火 | 3 | 壬子 | 2·8 | 13 | 金 | 5 | 癸未 | 2·9 |
| 7 | 13 | 日 | 2 | 壬午 | 2·8 | 13 | 水 | 4 | 癸丑 | 2·8 | 14 | 土 | 6 | 甲申 | 2·8 |
| 8 | 14 | 月 | 3 | 癸未 | 3·8 | 14 | 木 | 5 | 甲寅 | 3·8 | 15 | 日 | 7 | 乙酉 | 3·8 |
| 9 | 15 | 火 | 4 | 甲申 | 3·7 | 15 | 金 | 6 | 乙卯 | 3·7 | 16 | 月 | 8 | 丙戌 | 3·8 |
| 10 | 16 | 水 | 5 | 乙酉 | 3·7 | 16 | 土 | 7 | 丙辰 | 3·7 | 17 | 火 | 9 | 丁亥 | 3·7 |
| 11 | 17 | 木 | 6 | 丙戌 | 4·7 | 17 | 日 | 8 | 丁巳 | 4·7 | 18 | 水 | 10 | 戊子 | 4·7 |
| 12 | 18 | 金 | 7 | 丁亥 | 4·6 | 18 | 月 | 9 | 戊午 | 4·6 | 19 | 木 | 11 | 己丑 | 4·7 |
| 13 | 19 | 土 | 8 | 戊子 | 4·6 | 19 | 火 | 10 | 己未 | 4·6 | 20 | 金 | 12 | 庚寅 | 4·6 |
| 14 | 20 | 日 | 9 | 己丑 | 5·6 | 20 | 水 | 11 | 庚申 | 5·6 | 21 | 土 | 13 | 辛卯 | 5·6 |
| 15 | 21 | 月 | 10 | 庚寅 | 소만 | 21 | 木 | 12 | 辛酉 | 5·5 | 22 | 日 | 14 | 壬辰 | 5·6 |
| 16 | 22 | 火 | 11 | 辛卯 | 5·5 | 22 | 金 | 13 | 壬戌 | 하지 | 23 | 月 | 15 | 癸巳 | 대서 |
| 17 | 23 | 水 | 12 | 壬辰 | 6·5 | 23 | 土 | 14 | 癸亥 | 6·5 | 24 | 火 | 16 | 甲午 | 6·5 |
| 18 | 24 | 木 | 13 | 癸巳 | 6·4 | 24 | 日 | 15 | 甲子 | 6·4 | 25 | 水 | 17 | 乙未 | 6·5 |
| 19 | 25 | 金 | 14 | 甲午 | 6·4 | 25 | 月 | 16 | 乙丑 | 6·4 | 26 | 木 | 18 | 丙申 | 6·4 |
| 20 | 26 | 土 | 15 | 乙未 | 7·4 | 26 | 火 | 17 | 丙寅 | 7·4 | 27 | 金 | 19 | 丁酉 | 7·4 |
| 21 | 27 | 日 | 16 | 丙申 | 7·3 | 27 | 水 | 18 | 丁卯 | 7·3 | 28 | 土 | 20 | 戊戌 | 7·4 |
| 22 | 28 | 月 | 17 | 丁酉 | 7·3 | 28 | 木 | 19 | 戊辰 | 7·3 | 29 | 日 | 21 | 己亥 | 7·3 |
| 23 | 29 | 火 | 18 | 戊戌 | 8·3 | 29 | 金 | 20 | 己巳 | 8·3 | 30 | 月 | 22 | 庚子 | 8·3 |
| 24 | 30 | 水 | 19 | 己亥 | 8·2 | 30 | 土 | 21 | 庚午 | 8·2 | 31 | 火 | 23 | 辛丑 | 8·3 |
| 25 | 31 | 木 | 20 | 庚子 | 8·2 | 7/1 | 日 | 22 | 辛未 | 8·2 | 8/1 | 水 | 24 | 壬寅 | 8·2 |
| 26 | 6/1 | 金 | 21 | 辛丑 | 9·2 | 2 | 月 | 23 | 壬申 | 9·2 | 2 | 木 | 25 | 癸卯 | 9·2 |
| 27 | 2 | 土 | 22 | 壬寅 | 9·1 | 3 | 火 | 24 | 癸酉 | 9·1 | 3 | 金 | 26 | 甲辰 | 9·2 |
| 28 | 3 | 日 | 23 | 癸卯 | 9·1 | 4 | 水 | 25 | 甲戌 | 9·1 | 4 | 土 | 27 | 乙巳 | 9·1 |
| 29 | 4 | 月 | 24 | 甲辰 | 10·1 | 5 | 木 | 26 | 乙亥 | 10·1 | 5 | 日 | 28 | 丙午 | 10·1 |
| 30 | 5 | 火 | 25 | 乙巳 | 10·1 | 6 | 金 | 27 | 丙子 | 10·1 | 6 | 月 | 29 | 丁未 | 10·1 |
| 31 | | | | | | | | | | | 7 | 火 | 30 | 戊申 | 10·1 |

# 乙酉年

| 절기후날수 | 입추절(甲申月) 立秋 8월8일 7시5분 處暑 8월23일 21시35분 | | | | | 백로절(乙酉月) 白露 9월8일 9시38분 秋分 9월23일 18시50분 | | | | | 한로절(丙戌月) 寒露 10월9일 0시49분 霜降 10월24일 3시44분 | | | | |
|---|---|---|---|---|---|---|---|---|---|---|---|---|---|---|---|
| | 양력 | 요일 | 음력 | 일진 | 大運 남·여 | 양력 | 요일 | 음력 | 일진 | 大運 남·여 | 양력 | 요일 | 음력 | 일진 | 大運 남·여 |
| 0 | 8/8 | 水 | 7/1 | 己酉 | 입추 | 9/8 | 土 | 3 | 庚辰 | 백로 | 10/9 | 火 | 4 | 辛亥 | 한로 |
| 1 | 9 | 木 | 2 | 庚戌 | 1·10 | 9 | 日 | 4 | 辛巳 | 1·10 | 10 | 水 | 5 | 壬子 | 1·10 |
| 2 | 10 | 金 | 3 | 辛亥 | 1·10 | 10 | 月 | 5 | 壬午 | 1·10 | 11 | 木 | 6 | 癸丑 | 1·9 |
| 3 | 11 | 土 | 4 | 壬子 | 1·9 | 11 | 火 | 6 | 癸未 | 1·9 | 12 | 金 | 7 | 甲寅 | 1·9 |
| 4 | 12 | 日 | 5 | 癸丑 | 1·9 | 12 | 水 | 7 | 甲申 | 1·9 | 13 | 土 | 8 | 乙卯 | 1·9 |
| 5 | 13 | 月 | 6 | 甲寅 | 2·9 | 13 | 木 | 8 | 乙酉 | 2·9 | 14 | 日 | 9 | 丙辰 | 2·8 |
| 6 | 14 | 火 | 7 | 乙卯 | 2·8 | 14 | 金 | 9 | 丙戌 | 2·8 | 15 | 月 | 10 | 丁巳 | 2·8 |
| 7 | 15 | 水 | 8 | 丙辰 | 2·8 | 15 | 土 | 10 | 丁亥 | 2·8 | 16 | 火 | 11 | 戊午 | 2·8 |
| 8 | 16 | 木 | 9 | 丁巳 | 3·8 | 16 | 日 | 11 | 戊子 | 3·8 | 17 | 水 | 12 | 己未 | 3·7 |
| 9 | 17 | 金 | 10 | 戊午 | 3·7 | 17 | 月 | 12 | 己丑 | 3·7 | 18 | 木 | 13 | 庚申 | 3·7 |
| 10 | 18 | 土 | 11 | 己未 | 3·7 | 18 | 火 | 13 | 庚寅 | 3·7 | 19 | 金 | 14 | 辛酉 | 3·7 |
| 11 | 19 | 日 | 12 | 庚申 | 4·7 | 19 | 水 | 14 | 辛卯 | 4·7 | 20 | 土 | 15 | 壬戌 | 4·6 |
| 12 | 20 | 月 | 13 | 辛酉 | 4·6 | 20 | 木 | 15 | 壬辰 | 4·6 | 21 | 日 | 16 | 癸亥 | 4·6 |
| 13 | 21 | 火 | 14 | 壬戌 | 4·6 | 21 | 金 | 16 | 癸巳 | 4·6 | 22 | 月 | 17 | 甲子 | 4·6 |
| 14 | 22 | 水 | 15 | 癸亥 | 5·6 | 22 | 土 | 17 | 甲午 | 5·6 | 23 | 火 | 18 | 乙丑 | 5·5 |
| 15 | 23 | 木 | 16 | 甲子 | 처서 | 23 | 日 | 18 | 乙未 | 추분 | 24 | 水 | 19 | 丙寅 | 상강 |
| 16 | 24 | 金 | 17 | 乙丑 | 5·5 | 24 | 月 | 19 | 丙申 | 5·5 | 25 | 木 | 20 | 丁卯 | 5·5 |
| 17 | 25 | 土 | 18 | 丙寅 | 6·5 | 25 | 火 | 20 | 丁酉 | 6·5 | 26 | 金 | 21 | 戊辰 | 6·4 |
| 18 | 26 | 日 | 19 | 丁卯 | 6·4 | 26 | 水 | 21 | 戊戌 | 6·4 | 27 | 土 | 22 | 己巳 | 6·4 |
| 19 | 27 | 月 | 20 | 戊辰 | 6·4 | 27 | 木 | 22 | 己亥 | 6·4 | 28 | 日 | 23 | 庚午 | 6·4 |
| 20 | 28 | 火 | 21 | 己巳 | 7·4 | 28 | 金 | 23 | 庚子 | 7·4 | 29 | 月 | 24 | 辛未 | 7·3 |
| 21 | 29 | 水 | 22 | 庚午 | 7·3 | 29 | 土 | 24 | 辛丑 | 7·3 | 30 | 火 | 25 | 壬申 | 7·3 |
| 22 | 30 | 木 | 23 | 辛未 | 7·3 | 30 | 日 | 25 | 壬寅 | 7·3 | 31 | 水 | 26 | 癸酉 | 7·3 |
| 23 | 31 | 金 | 24 | 壬申 | 8·3 | 10/1 | 月 | 26 | 癸卯 | 8·3 | 11/1 | 木 | 27 | 甲戌 | 8·2 |
| 24 | 9/1 | 土 | 25 | 癸酉 | 8·2 | 2 | 火 | 27 | 甲辰 | 8·2 | 2 | 金 | 28 | 乙亥 | 8·2 |
| 25 | 2 | 日 | 26 | 甲戌 | 8·2 | 3 | 水 | 28 | 乙巳 | 8·2 | 3 | 土 | 29 | 丙子 | 8·2 |
| 26 | 3 | 月 | 27 | 乙亥 | 9·2 | 4 | 木 | 29 | 丙午 | 9·2 | 4 | 日 | 30 | 丁丑 | 9·1 |
| 27 | 4 | 火 | 28 | 丙子 | 9·1 | 5 | 金 | 30 | 丁未 | 9·1 | 5 | 月 | 10/1 | 戊寅 | 9·1 |
| 28 | 5 | 水 | 29 | 丁丑 | 9·1 | 6 | 土 | 9/1 | 戊申 | 9·1 | 6 | 火 | 2 | 己卯 | 9·1 |
| 29 | 6 | 木 | 8/1 | 戊寅 | 10·1 | 7 | 日 | 2 | 己酉 | 10·1 | 7 | 水 | 3 | 庚辰 | 10·1 |
| 30 | 7 | 金 | 2 | 己卯 | 10·1 | 8 | 月 | 3 | 庚戌 | 10·1 | | | | | |
| 31 | | | | | | | | | | | | | | | |

| 절기후날수 | 입동절(丁亥月) 立冬 11월8일 3시34분 小雪 11월23일 0시55분 | | | | | 대설절(戊子月) 大雪 12월7일 20시8분 冬至 12월22일 14시4분 | | | | | 소한절(己丑月) 小寒 1월6일 7시16분 大寒 1월21일 0시45분 | | | | |
|---|---|---|---|---|---|---|---|---|---|---|---|---|---|---|---|
| | 양력 | 요일 | 음력 | 일진 | 大運 남·여 | 양력 | 요일 | 음력 | 일진 | 大運 남·여 | 양력 | 요일 | 음력 | 일진 | 大運 남·여 |
| 0 | 11/8 | 木 | 4 | 辛巳 | 입동 | 12/7 | 金 | 3 | 庚戌 | 대설 | 1/6 | 日 | 4 | 庚辰 | 소한 |
| 1 | 9 | 金 | 5 | 壬午 | 1·9 | 8 | 土 | 4 | 辛亥 | 1·10 | 7 | 月 | 5 | 辛巳 | 1·9 |
| 2 | 10 | 土 | 6 | 癸未 | 1·9 | 9 | 日 | 5 | 壬子 | 1·9 | 8 | 火 | 6 | 壬午 | 1·9 |
| 3 | 11 | 日 | 7 | 甲申 | 1·9 | 10 | 月 | 6 | 癸丑 | 1·9 | 9 | 水 | 7 | 癸未 | 1·9 |
| 4 | 12 | 月 | 8 | 乙酉 | 1·8 | 11 | 火 | 7 | 甲寅 | 1·9 | 10 | 木 | 8 | 甲申 | 1·8 |
| 5 | 13 | 火 | 9 | 丙戌 | 2·8 | 12 | 水 | 8 | 乙卯 | 2·8 | 11 | 金 | 9 | 乙酉 | 2·8 |
| 6 | 14 | 水 | 10 | 丁亥 | 2·8 | 13 | 木 | 9 | 丙辰 | 2·8 | 12 | 土 | 10 | 丙戌 | 2·8 |
| 7 | 15 | 木 | 11 | 戊子 | 2·7 | 14 | 金 | 10 | 丁巳 | 2·8 | 13 | 日 | 11 | 丁亥 | 2·7 |
| 8 | 16 | 金 | 12 | 己丑 | 3·7 | 15 | 土 | 11 | 戊午 | 3·7 | 14 | 月 | 12 | 戊子 | 3·7 |
| 9 | 17 | 土 | 13 | 庚寅 | 3·7 | 16 | 日 | 12 | 己未 | 3·7 | 15 | 火 | 13 | 己丑 | 3·7 |
| 10 | 18 | 日 | 14 | 辛卯 | 3·6 | 17 | 月 | 13 | 庚申 | 3·7 | 16 | 水 | 14 | 庚寅 | 3·6 |
| 11 | 19 | 月 | 15 | 壬辰 | 4·6 | 18 | 火 | 14 | 辛酉 | 4·6 | 17 | 木 | 15 | 辛卯 | 4·6 |
| 12 | 20 | 火 | 16 | 癸巳 | 4·6 | 19 | 水 | 15 | 壬戌 | 4·6 | 18 | 金 | 16 | 壬辰 | 4·6 |
| 13 | 21 | 水 | 17 | 甲午 | 4·5 | 20 | 木 | 16 | 癸亥 | 4·6 | 19 | 土 | 17 | 癸巳 | 4·5 |
| 14 | 22 | 木 | 18 | 乙未 | 5·5 | 21 | 金 | 17 | 甲子 | 5·5 | 20 | 日 | 18 | 甲午 | 5·5 |
| 15 | 23 | 金 | 19 | 丙申 | 소설 | 22 | 土 | 18 | 乙丑 | 동지 | 21 | 月 | 19 | 乙未 | 대한 |
| 16 | 24 | 土 | 20 | 丁酉 | 5·4 | 23 | 日 | 19 | 丙寅 | 5·5 | 22 | 火 | 20 | 丙申 | 5·4 |
| 17 | 25 | 日 | 21 | 戊戌 | 6·4 | 24 | 月 | 20 | 丁卯 | 6·4 | 23 | 水 | 21 | 丁酉 | 6·4 |
| 18 | 26 | 月 | 22 | 己亥 | 6·4 | 25 | 火 | 21 | 戊辰 | 6·4 | 24 | 木 | 22 | 戊戌 | 6·4 |
| 19 | 27 | 火 | 23 | 庚子 | 6·3 | 26 | 水 | 22 | 己巳 | 6·4 | 25 | 金 | 23 | 己亥 | 6·3 |
| 20 | 28 | 水 | 24 | 辛丑 | 7·3 | 27 | 木 | 23 | 庚午 | 7·3 | 26 | 土 | 24 | 庚子 | 7·3 |
| 21 | 29 | 木 | 25 | 壬寅 | 7·3 | 28 | 金 | 24 | 辛未 | 7·3 | 27 | 日 | 25 | 辛丑 | 7·3 |
| 22 | 30 | 金 | 26 | 癸卯 | 7·2 | 29 | 土 | 25 | 壬申 | 7·3 | 28 | 月 | 26 | 壬寅 | 7·2 |
| 23 | 12/1 | 土 | 27 | 甲辰 | 8·2 | 30 | 日 | 26 | 癸酉 | 8·2 | 29 | 火 | 27 | 癸卯 | 8·2 |
| 24 | 2 | 日 | 28 | 乙巳 | 8·2 | 31 | 月 | 27 | 甲戌 | 8·2 | 30 | 水 | 28 | 甲辰 | 8·2 |
| 25 | 3 | 月 | 29 | 丙午 | 8·1 | 1/1 | 火 | 28 | 乙亥 | 8·2 | 31 | 木 | 29 | 乙巳 | 8·1 |
| 26 | 4 | 火 | 30 | 丁未 | 9·1 | 2 | 水 | 29 | 丙子 | 9·1 | 2/1 | 金 | 30 | 丙午 | 9·1 |
| 27 | 5 | 水 | 11/1 | 戊申 | 9·1 | 3 | 木 | 12/1 | 丁丑 | 9·1 | 2 | 土 | 1/1 | 丁未 | 9·1 |
| 28 | 6 | 木 | 2 | 己酉 | 9·1 | 4 | 金 | 2 | 戊寅 | 9·1 | 3 | 日 | 2 | 戊申 | 9·1 |
| 29 | | | | | | 5 | 土 | 3 | 己卯 | 10·1 | | | | | |
| 30 | | | | | | | | | | | | | | | |
| 31 | | | | | | | | | | | | | | | |

# 서기 1946년 [단기 4279년]

| 절기후날수 | 입춘절(庚寅月) 立春 2월4일 19시4분 雨水 2월19일 15시9분 | | | | | 경칩절(辛卯月) 驚蟄 3월6일 13시25분 春分 3월21일 14시33분 | | | | | 청명절(壬辰月) 清明 4월5일 18시39분 穀雨 4월21일 2시2분 | | | | |
|---|---|---|---|---|---|---|---|---|---|---|---|---|---|---|---|
| | 양력 | 요일 | 음력 | 일진 | 大運 남·여 | 양력 | 요일 | 음력 | 일진 | 大運 남·여 | 양력 | 요일 | 음력 | 일진 | 大運 남·여 |
| 0 | 2/4 | 月 | 3 | 己酉 | 입춘 | 3/6 | 水 | 3 | 己卯 | 경칩 | 4/5 | 金 | 4 | 己酉 | 청명 |
| 1 | 5 | 火 | 4 | 庚戌 | 10·1 | 7 | 木 | 4 | 庚辰 | 10·1 | 6 | 土 | 5 | 庚戌 | 10·1 |
| 2 | 6 | 水 | 5 | 辛亥 | 9·1 | 8 | 金 | 5 | 辛巳 | 9·1 | 7 | 日 | 6 | 辛亥 | 10·1 |
| 3 | 7 | 木 | 6 | 壬子 | 9·1 | 9 | 土 | 6 | 壬午 | 9·1 | 8 | 月 | 7 | 壬子 | 9·1 |
| 4 | 8 | 金 | 7 | 癸丑 | 9·1 | 10 | 日 | 7 | 癸未 | 9·1 | 9 | 火 | 8 | 癸丑 | 9·1 |
| 5 | 9 | 土 | 8 | 甲寅 | 8·2 | 11 | 月 | 8 | 甲申 | 8·2 | 10 | 水 | 9 | 甲寅 | 9·2 |
| 6 | 10 | 日 | 9 | 乙卯 | 8·2 | 12 | 火 | 9 | 乙酉 | 8·2 | 11 | 木 | 10 | 乙卯 | 8·2 |
| 7 | 11 | 月 | 10 | 丙辰 | 8·2 | 13 | 水 | 10 | 丙戌 | 8·2 | 12 | 金 | 11 | 丙辰 | 8·2 |
| 8 | 12 | 火 | 11 | 丁巳 | 7·3 | 14 | 木 | 11 | 丁亥 | 7·3 | 13 | 土 | 12 | 丁巳 | 8·3 |
| 9 | 13 | 水 | 12 | 戊午 | 7·3 | 15 | 金 | 12 | 戊子 | 7·3 | 14 | 日 | 13 | 戊午 | 7·3 |
| 10 | 14 | 木 | 13 | 己未 | 7·3 | 16 | 土 | 13 | 己丑 | 7·3 | 15 | 月 | 14 | 己未 | 7·3 |
| 11 | 15 | 金 | 14 | 庚申 | 6·4 | 17 | 日 | 14 | 庚寅 | 6·4 | 16 | 火 | 15 | 庚申 | 7·4 |
| 12 | 16 | 土 | 15 | 辛酉 | 6·4 | 18 | 月 | 15 | 辛卯 | 6·4 | 17 | 水 | 16 | 辛酉 | 6·4 |
| 13 | 17 | 日 | 16 | 壬戌 | 6·4 | 19 | 火 | 16 | 壬辰 | 6·4 | 18 | 木 | 17 | 壬戌 | 6·4 |
| 14 | 18 | 月 | 17 | 癸亥 | 5·5 | 20 | 水 | 17 | 癸巳 | 5·5 | 19 | 金 | 18 | 癸亥 | 6·5 |
| 15 | 19 | 火 | 18 | 甲子 | 우수 | 21 | 木 | 18 | 甲午 | 춘분 | 20 | 土 | 19 | 甲子 | 5·5 |
| 16 | 20 | 水 | 19 | 乙丑 | 5·5 | 22 | 金 | 19 | 乙未 | 5·5 | 21 | 日 | 20 | 乙丑 | 곡우 |
| 17 | 21 | 木 | 20 | 丙寅 | 4·6 | 23 | 土 | 20 | 丙申 | 4·6 | 22 | 月 | 21 | 丙寅 | 5·6 |
| 18 | 22 | 金 | 21 | 丁卯 | 4·6 | 24 | 日 | 21 | 丁酉 | 4·6 | 23 | 火 | 22 | 丁卯 | 4·6 |
| 19 | 23 | 土 | 22 | 戊辰 | 4·6 | 25 | 月 | 22 | 戊戌 | 4·6 | 24 | 水 | 23 | 戊辰 | 4·6 |
| 20 | 24 | 日 | 23 | 己巳 | 3·7 | 26 | 火 | 23 | 己亥 | 3·7 | 25 | 木 | 24 | 己巳 | 4·7 |
| 21 | 25 | 月 | 24 | 庚午 | 3·7 | 27 | 水 | 24 | 庚子 | 3·7 | 26 | 金 | 25 | 庚午 | 3·7 |
| 22 | 26 | 火 | 25 | 辛未 | 3·7 | 28 | 木 | 25 | 辛丑 | 3·7 | 27 | 土 | 26 | 辛未 | 3·7 |
| 23 | 27 | 水 | 26 | 壬申 | 2·8 | 29 | 金 | 26 | 壬寅 | 2·8 | 28 | 日 | 27 | 壬申 | 3·8 |
| 24 | 28 | 木 | 27 | 癸酉 | 2·8 | 30 | 土 | 27 | 癸卯 | 2·8 | 29 | 月 | 28 | 癸酉 | 2·8 |
| 25 | 3/1 | 金 | 28 | 甲戌 | 2·8 | 31 | 日 | 28 | 甲辰 | 2·8 | 30 | 火 | 29 | 甲戌 | 2·8 |
| 26 | 2 | 土 | 29 | 乙亥 | 1·9 | 4/1 | 月 | 29 | 乙巳 | 1·9 | 5/1 | 水 | 4/1 | 乙亥 | 2·9 |
| 27 | 3 | 日 | 30 | 丙子 | 1·9 | 2 | 火 | 3/1 | 丙午 | 1·9 | 2 | 木 | 2 | 丙子 | 1·9 |
| 28 | 4 | 月 | 2/1 | 丁丑 | 1·9 | 3 | 水 | 2 | 丁未 | 1·9 | 3 | 金 | 3 | 丁丑 | 1·9 |
| 29 | 5 | 火 | 2 | 戊寅 | 1·10 | 4 | 木 | 3 | 戊申 | 1·10 | 4 | 土 | 4 | 戊寅 | 1·10 |
| 30 | | | | | | | | | | | 5 | 日 | 5 | 己卯 | 1·10 |
| 31 | | | | | | | | | | | | | | | |

| 절기후날수 | 입하절(癸巳月) 立夏 5월6일 12시22분 小滿 5월22일 1시34분 | | | | | 망종절(甲午月) 芒種 6월6일 16시49분 夏至 6월22일 9시44분 | | | | | 소서절(乙未月) 小暑 7월8일 3시11분 大暑 7월23일 20시37분 | | | | |
|---|---|---|---|---|---|---|---|---|---|---|---|---|---|---|---|
| | 양력 | 요일 | 음력 | 일진 | 大運 남·여 | 양력 | 요일 | 음력 | 일진 | 大運 남·여 | 양력 | 요일 | 음력 | 일진 | 大運 남·여 |
| 0 | 5/6 | 月 | 6 | 庚辰 | 입하 | 6/6 | 木 | 7 | 辛亥 | 망종 | 7/8 | 月 | 10 | 癸未 | 소서 |
| 1 | 7 | 火 | 7 | 辛巳 | 10·1 | 7 | 金 | 8 | 壬子 | 10·1 | 9 | 火 | 11 | 甲申 | 10·1 |
| 2 | 8 | 水 | 8 | 壬午 | 10·1 | 8 | 土 | 9 | 癸丑 | 10·1 | 10 | 水 | 12 | 乙酉 | 10·1 |
| 3 | 9 | 木 | 9 | 癸未 | 9·1 | 9 | 日 | 10 | 甲寅 | 10·1 | 11 | 木 | 13 | 丙戌 | 9·1 |
| 4 | 10 | 金 | 10 | 甲申 | 9·1 | 10 | 月 | 11 | 乙卯 | 9·1 | 12 | 金 | 14 | 丁亥 | 9·1 |
| 5 | 11 | 土 | 11 | 乙酉 | 9·2 | 11 | 火 | 12 | 丙辰 | 9·2 | 13 | 土 | 15 | 戊子 | 9·2 |
| 6 | 12 | 日 | 12 | 丙戌 | 8·2 | 12 | 水 | 13 | 丁巳 | 9·2 | 14 | 日 | 16 | 己丑 | 8·2 |
| 7 | 13 | 月 | 13 | 丁亥 | 8·2 | 13 | 木 | 14 | 戊午 | 8·2 | 15 | 月 | 17 | 庚寅 | 8·2 |
| 8 | 14 | 火 | 14 | 戊子 | 8·3 | 14 | 金 | 15 | 己未 | 8·3 | 16 | 火 | 18 | 辛卯 | 8·3 |
| 9 | 15 | 水 | 15 | 己丑 | 7·3 | 15 | 土 | 16 | 庚申 | 8·3 | 17 | 水 | 19 | 壬辰 | 7·3 |
| 10 | 16 | 木 | 16 | 庚寅 | 7·3 | 16 | 日 | 17 | 辛酉 | 7·3 | 18 | 木 | 20 | 癸巳 | 7·3 |
| 11 | 17 | 金 | 17 | 辛卯 | 7·4 | 17 | 月 | 18 | 壬戌 | 7·4 | 19 | 金 | 21 | 甲午 | 7·4 |
| 12 | 18 | 土 | 18 | 壬辰 | 6·4 | 18 | 火 | 19 | 癸亥 | 7·4 | 20 | 土 | 22 | 乙未 | 6·4 |
| 13 | 19 | 日 | 19 | 癸巳 | 6·4 | 19 | 水 | 20 | 甲子 | 6·4 | 21 | 日 | 23 | 丙申 | 6·4 |
| 14 | 20 | 月 | 20 | 甲午 | 6·5 | 20 | 木 | 21 | 乙丑 | 6·5 | 22 | 月 | 24 | 丁酉 | 6·5 |
| 15 | 21 | 火 | 21 | 乙未 | 5·5 | 21 | 金 | 22 | 丙寅 | 6·5 | 23 | 火 | 25 | 戊戌 | 대서 |
| 16 | 22 | 水 | 22 | 丙申 | 소만 | 22 | 土 | 23 | 丁卯 | 하지 | 24 | 水 | 26 | 己亥 | 5·5 |
| 17 | 23 | 木 | 23 | 丁酉 | 5·6 | 23 | 日 | 24 | 戊辰 | 5·6 | 25 | 木 | 27 | 庚子 | 5·6 |
| 18 | 24 | 金 | 24 | 戊戌 | 4·6 | 24 | 月 | 25 | 己巳 | 5·6 | 26 | 金 | 28 | 辛丑 | 4·6 |
| 19 | 25 | 土 | 25 | 己亥 | 4·6 | 25 | 火 | 26 | 庚午 | 4·6 | 27 | 土 | 29 | 壬寅 | 4·6 |
| 20 | 26 | 日 | 26 | 庚子 | 4·7 | 26 | 水 | 27 | 辛未 | 4·7 | 28 | 日 | 7/1 | 癸卯 | 4·7 |
| 21 | 27 | 月 | 27 | 辛丑 | 3·7 | 27 | 木 | 28 | 壬申 | 4·7 | 29 | 月 | 2 | 甲辰 | 3·7 |
| 22 | 28 | 火 | 28 | 壬寅 | 3·7 | 28 | 金 | 29 | 癸酉 | 3·7 | 30 | 火 | 3 | 乙巳 | 3·7 |
| 23 | 29 | 水 | 29 | 癸卯 | 3·8 | 29 | 土 | 6/1 | 甲戌 | 3·8 | 31 | 水 | 4 | 丙午 | 3·8 |
| 24 | 30 | 木 | 30 | 甲辰 | 2·8 | 30 | 日 | 2 | 乙亥 | 3·8 | 8/1 | 木 | 5 | 丁未 | 2·8 |
| 25 | 31 | 金 | 5/1 | 乙巳 | 2·8 | 7/1 | 月 | 3 | 丙子 | 2·8 | 2 | 金 | 6 | 戊申 | 2·8 |
| 26 | 6/1 | 土 | 2 | 丙午 | 2·9 | 2 | 火 | 4 | 丁丑 | 2·9 | 3 | 土 | 7 | 己酉 | 2·9 |
| 27 | 2 | 日 | 3 | 丁未 | 1·9 | 3 | 水 | 5 | 戊寅 | 2·9 | 4 | 日 | 8 | 庚戌 | 1·9 |
| 28 | 3 | 月 | 4 | 戊申 | 1·9 | 4 | 木 | 6 | 己卯 | 1·9 | 5 | 月 | 9 | 辛亥 | 1·9 |
| 29 | 4 | 火 | 5 | 己酉 | 1·10 | 5 | 金 | 7 | 庚辰 | 1·10 | 6 | 火 | 10 | 壬子 | 1·10 |
| 30 | 5 | 水 | 6 | 庚戌 | 1·10 | 6 | 土 | 8 | 辛巳 | 1·10 | 7 | 水 | 11 | 癸丑 | 1·10 |
| 31 | | | | | | 7 | 日 | 9 | 壬午 | 1·10 | | | | | |

# 丙戌年

| 절기후날수 | 입추절(丙申月) 立秋 8월8일 12시52분 處暑 8월24일 3시26분 | | | | | 백로절(丁酉月) 白露 9월8일 15시27분 秋分 9월24일 0시41분 | | | | | 한로절(戊戌月) 寒露 10월9일 6시41분 霜降 10월24일 9시35분 | | | | |
|---|---|---|---|---|---|---|---|---|---|---|---|---|---|---|---|
| | 양력 | 요일 | 음력 | 일진 | 大運 남·여 | 양력 | 요일 | 음력 | 일진 | 大運 남·여 | 양력 | 요일 | 음력 | 일진 | 大運 남·여 |
| 0 | 8/8 | 木 | 12 | 甲寅 | 입추 | 9/8 | 日 | 13 | 乙酉 | 백로 | 10/9 | 水 | 15 | 丙辰 | 한로 |
| 1 | 9 | 金 | 13 | 乙卯 | 10·1 | 9 | 月 | 14 | 丙戌 | 10·1 | 10 | 木 | 16 | 丁巳 | 10·1 |
| 2 | 10 | 土 | 14 | 丙辰 | 10·1 | 10 | 火 | 15 | 丁亥 | 10·1 | 11 | 金 | 17 | 戊午 | 9·1 |
| 3 | 11 | 日 | 15 | 丁巳 | 9·1 | 11 | 水 | 16 | 戊子 | 9·1 | 12 | 土 | 18 | 己未 | 9·1 |
| 4 | 12 | 月 | 16 | 戊午 | 9·1 | 12 | 木 | 17 | 己丑 | 9·1 | 13 | 日 | 19 | 庚申 | 9·1 |
| 5 | 13 | 火 | 17 | 己未 | 9·2 | 13 | 金 | 18 | 庚寅 | 9·2 | 14 | 月 | 20 | 辛酉 | 8·2 |
| 6 | 14 | 水 | 18 | 庚申 | 8·2 | 14 | 土 | 19 | 辛卯 | 8·2 | 15 | 火 | 21 | 壬戌 | 8·2 |
| 7 | 15 | 木 | 19 | 辛酉 | 8·2 | 15 | 日 | 20 | 壬辰 | 8·2 | 16 | 水 | 22 | 癸亥 | 8·2 |
| 8 | 16 | 金 | 20 | 壬戌 | 8·3 | 16 | 月 | 21 | 癸巳 | 8·3 | 17 | 木 | 23 | 甲子 | 7·3 |
| 9 | 17 | 土 | 21 | 癸亥 | 7·3 | 17 | 火 | 22 | 甲午 | 7·3 | 18 | 金 | 24 | 乙丑 | 7·3 |
| 10 | 18 | 日 | 22 | 甲子 | 7·3 | 18 | 水 | 23 | 乙未 | 7·3 | 19 | 土 | 25 | 丙寅 | 7·3 |
| 11 | 19 | 月 | 23 | 乙丑 | 7·4 | 19 | 木 | 24 | 丙申 | 7·4 | 20 | 日 | 26 | 丁卯 | 6·4 |
| 12 | 20 | 火 | 24 | 丙寅 | 6·4 | 20 | 金 | 25 | 丁酉 | 6·4 | 21 | 月 | 27 | 戊辰 | 6·4 |
| 13 | 21 | 水 | 25 | 丁卯 | 6·4 | 21 | 土 | 26 | 戊戌 | 6·4 | 22 | 火 | 28 | 己巳 | 6·4 |
| 14 | 22 | 木 | 26 | 戊辰 | 6·5 | 22 | 日 | 27 | 己亥 | 6·5 | 23 | 水 | 29 | 庚午 | 5·5 |
| 15 | 23 | 金 | 27 | 己巳 | 5·5 | 23 | 月 | 28 | 庚子 | 5·5 | 24 | 木 | 30 | 辛未 | 상강 |
| 16 | 24 | 土 | 28 | 庚午 | 처서 | 24 | 火 | 29 | 辛丑 | 추분 | 25 | 金 | 10/1 | 壬申 | 5·5 |
| 17 | 25 | 日 | 29 | 辛未 | 5·6 | 25 | 水 | 9/1 | 壬寅 | 5·6 | 26 | 土 | 2 | 癸酉 | 4·6 |
| 18 | 26 | 月 | 30 | 壬申 | 4·6 | 26 | 木 | 2 | 癸卯 | 4·6 | 27 | 日 | 3 | 甲戌 | 4·6 |
| 19 | 27 | 火 | 8/1 | 癸酉 | 4·6 | 27 | 金 | 3 | 甲辰 | 4·6 | 28 | 月 | 4 | 乙亥 | 4·6 |
| 20 | 28 | 水 | 2 | 甲戌 | 4·7 | 28 | 土 | 4 | 乙巳 | 4·7 | 29 | 火 | 5 | 丙子 | 3·7 |
| 21 | 29 | 木 | 3 | 乙亥 | 3·7 | 29 | 日 | 5 | 丙午 | 3·7 | 30 | 水 | 6 | 丁丑 | 3·7 |
| 22 | 30 | 金 | 4 | 丙子 | 3·7 | 30 | 月 | 6 | 丁未 | 3·7 | 31 | 木 | 7 | 戊寅 | 3·7 |
| 23 | 31 | 土 | 5 | 丁丑 | 3·8 | 10/1 | 火 | 7 | 戊申 | 3·8 | 11/1 | 金 | 8 | 己卯 | 2·8 |
| 24 | 9/1 | 日 | 6 | 戊寅 | 2·8 | 2 | 水 | 8 | 己酉 | 2·8 | 2 | 土 | 9 | 庚辰 | 2·8 |
| 25 | 2 | 月 | 7 | 己卯 | 2·8 | 3 | 木 | 9 | 庚戌 | 2·8 | 3 | 日 | 10 | 辛巳 | 2·8 |
| 26 | 3 | 火 | 8 | 庚辰 | 2·9 | 4 | 金 | 10 | 辛亥 | 2·9 | 4 | 月 | 11 | 壬午 | 1·9 |
| 27 | 4 | 水 | 9 | 辛巳 | 1·9 | 5 | 土 | 11 | 壬子 | 1·9 | 5 | 火 | 12 | 癸未 | 1·9 |
| 28 | 5 | 木 | 10 | 壬午 | 1·9 | 6 | 日 | 12 | 癸丑 | 1·9 | 6 | 水 | 13 | 甲申 | 1·9 |
| 29 | 6 | 金 | 11 | 癸未 | 1·10 | 7 | 月 | 13 | 甲寅 | 1·10 | 7 | 木 | 14 | 乙酉 | 1·10 |
| 30 | 7 | 土 | 12 | 甲申 | 1·10 | 8 | 火 | 14 | 乙卯 | 1·10 | | | | | |
| 31 | | | | | | | | | | | | | | | |

| 절기후날수 | 입동절(己亥月) 立冬 11월8일 9시27분 小雪 11월23일 6시46분 | | | | | 대설절(庚子月) 大雪 12월8일 2시0분 冬至 12월22일 19시53분 | | | | | 소한절(辛丑月) 小寒 1월6일 13시6분 大寒 1월21일 6시32분 | | | | |
|---|---|---|---|---|---|---|---|---|---|---|---|---|---|---|---|
| | 양력 | 요일 | 음력 | 일진 | 大運 남·여 | 양력 | 요일 | 음력 | 일진 | 大運 남·여 | 양력 | 요일 | 음력 | 일진 | 大運 남·여 |
| 0 | 11/8 | 金 | 15 | 丙戌 | 입동 | 12/8 | 日 | 15 | 丙辰 | 대설 | 1/6 | 月 | 15 | 乙酉 | 소한 |
| 1 | 9 | 土 | 16 | 丁亥 | 10·1 | 9 | 月 | 16 | 丁巳 | 9·1 | 7 | 火 | 16 | 丙戌 | 10·1 |
| 2 | 10 | 日 | 17 | 戊子 | 9·1 | 10 | 火 | 17 | 戊午 | 9·1 | 8 | 水 | 17 | 丁亥 | 9·1 |
| 3 | 11 | 月 | 18 | 己丑 | 9·1 | 11 | 水 | 18 | 己未 | 9·1 | 9 | 木 | 18 | 戊子 | 9·1 |
| 4 | 12 | 火 | 19 | 庚寅 | 9·1 | 12 | 木 | 19 | 庚申 | 8·1 | 10 | 金 | 19 | 己丑 | 9·1 |
| 5 | 13 | 水 | 20 | 辛卯 | 8·2 | 13 | 金 | 20 | 辛酉 | 8·2 | 11 | 土 | 20 | 庚寅 | 8·2 |
| 6 | 14 | 木 | 21 | 壬辰 | 8·2 | 14 | 土 | 21 | 壬戌 | 8·2 | 12 | 日 | 21 | 辛卯 | 8·2 |
| 7 | 15 | 金 | 22 | 癸巳 | 8·2 | 15 | 日 | 22 | 癸亥 | 7·2 | 13 | 月 | 22 | 壬辰 | 8·2 |
| 8 | 16 | 土 | 23 | 甲午 | 7·3 | 16 | 月 | 23 | 甲子 | 7·3 | 14 | 火 | 23 | 癸巳 | 7·3 |
| 9 | 17 | 日 | 24 | 乙未 | 7·3 | 17 | 火 | 24 | 乙丑 | 7·3 | 15 | 水 | 24 | 甲午 | 7·3 |
| 10 | 18 | 月 | 25 | 丙申 | 7·3 | 18 | 水 | 25 | 丙寅 | 6·3 | 16 | 木 | 25 | 乙未 | 7·3 |
| 11 | 19 | 火 | 26 | 丁酉 | 6·4 | 19 | 木 | 26 | 丁卯 | 6·4 | 17 | 金 | 26 | 丙申 | 6·4 |
| 12 | 20 | 水 | 27 | 戊戌 | 6·4 | 20 | 金 | 27 | 戊辰 | 6·4 | 18 | 土 | 27 | 丁酉 | 6·4 |
| 13 | 21 | 木 | 28 | 己亥 | 6·4 | 21 | 土 | 28 | 己巳 | 5·4 | 19 | 日 | 28 | 戊戌 | 6·4 |
| 14 | 22 | 金 | 29 | 庚子 | 5·5 | 22 | 日 | 29 | 庚午 | 동지 | 20 | 月 | 29 | 己亥 | 5·5 |
| 15 | 23 | 土 | 30 | 辛丑 | 소설 | 23 | 月 | 12/1 | 辛未 | 5·5 | 21 | 火 | 30 | 庚子 | 대한 |
| 16 | 24 | 日 | 11/1 | 壬寅 | 5·5 | 24 | 火 | 2 | 壬申 | 4·5 | 22 | 水 | 1/1 | 辛丑 | 5·5 |
| 17 | 25 | 月 | 2 | 癸卯 | 4·6 | 25 | 水 | 3 | 癸酉 | 4·6 | 23 | 木 | 2 | 壬寅 | 4·6 |
| 18 | 26 | 火 | 3 | 甲辰 | 4·6 | 26 | 木 | 4 | 甲戌 | 4·6 | 24 | 金 | 3 | 癸卯 | 4·6 |
| 19 | 27 | 水 | 4 | 乙巳 | 4·6 | 27 | 金 | 5 | 乙亥 | 3·6 | 25 | 土 | 4 | 甲辰 | 4·6 |
| 20 | 28 | 木 | 5 | 丙午 | 3·7 | 28 | 土 | 6 | 丙子 | 3·7 | 26 | 日 | 5 | 乙巳 | 3·7 |
| 21 | 29 | 金 | 6 | 丁未 | 3·7 | 29 | 日 | 7 | 丁丑 | 3·7 | 27 | 月 | 6 | 丙午 | 3·7 |
| 22 | 30 | 土 | 7 | 戊申 | 3·7 | 30 | 月 | 8 | 戊寅 | 2·7 | 28 | 火 | 7 | 丁未 | 3·7 |
| 23 | 12/1 | 日 | 8 | 己酉 | 2·8 | 31 | 火 | 9 | 己卯 | 2·8 | 29 | 水 | 8 | 戊申 | 2·8 |
| 24 | 2 | 月 | 9 | 庚戌 | 2·8 | 1/1 | 水 | 10 | 庚辰 | 2·8 | 30 | 木 | 9 | 己酉 | 2·8 |
| 25 | 3 | 火 | 10 | 辛亥 | 2·8 | 2 | 木 | 11 | 辛巳 | 1·8 | 31 | 金 | 10 | 庚戌 | 2·8 |
| 26 | 4 | 水 | 11 | 壬子 | 1·9 | 3 | 金 | 12 | 壬午 | 1·9 | 2/1 | 土 | 11 | 辛亥 | 1·9 |
| 27 | 5 | 木 | 12 | 癸丑 | 1·9 | 4 | 土 | 13 | 癸未 | 1·9 | 2 | 日 | 12 | 壬子 | 1·9 |
| 28 | 6 | 金 | 13 | 甲寅 | 1·9 | 5 | 日 | 14 | 甲申 | 1·9 | 3 | 月 | 13 | 癸丑 | 1·9 |
| 29 | 7 | 土 | 14 | 乙卯 | 1·10 | | | | | | 4 | 火 | 14 | 甲寅 | 1·10 |
| 30 | | | | | | | | | | | | | | | |
| 31 | | | | | | | | | | | | | | | |

# 서기 1947년 [단기 4280년]

| 절기후날수 | 입춘절(壬寅月) 立春 2월5일 0시50분 雨水 2월19일 20시52분 | | | | | | 경칩절(癸卯月) 驚蟄 3월6일 19시8분 春分 3월21일 20시13분 | | | | | |
|---|---|---|---|---|---|---|---|---|---|---|---|---|
| | 양력 | 요일 | 음력 | 일진 | 大運 남 | 大運 여 | 양력 | 요일 | 음력 | 일진 | 大運 남 | 大運 여 |
| 0 | 2/5 | 水 | 15 | 乙卯 | 입춘 | | 3/6 | 木 | 14 | 甲申 | 경칩 | |
| 1 | 6 | 木 | 16 | 丙辰 | 1 | 9 | 7 | 金 | 15 | 乙酉 | 1 | 10 |
| 2 | 7 | 金 | 17 | 丁巳 | 1 | 9 | 8 | 土 | 16 | 丙戌 | 1 | 10 |
| 3 | 8 | 土 | 18 | 戊午 | 1 | 9 | 9 | 日 | 17 | 丁亥 | 1 | 9 |
| 4 | 9 | 日 | 19 | 己未 | 1 | 8 | 10 | 月 | 18 | 戊子 | 1 | 9 |
| 5 | 10 | 月 | 20 | 庚申 | 2 | 8 | 11 | 火 | 19 | 己丑 | 2 | 9 |
| 6 | 11 | 火 | 21 | 辛酉 | 2 | 8 | 12 | 水 | 20 | 庚寅 | 2 | 8 |
| 7 | 12 | 水 | 22 | 壬戌 | 2 | 7 | 13 | 木 | 21 | 辛卯 | 2 | 8 |
| 8 | 13 | 木 | 23 | 癸亥 | 3 | 7 | 14 | 金 | 22 | 壬辰 | 3 | 8 |
| 9 | 14 | 金 | 24 | 甲子 | 3 | 7 | 15 | 土 | 23 | 癸巳 | 3 | 7 |
| 10 | 15 | 土 | 25 | 乙丑 | 3 | 6 | 16 | 日 | 24 | 甲午 | 3 | 7 |
| 11 | 16 | 日 | 26 | 丙寅 | 4 | 6 | 17 | 月 | 25 | 乙未 | 4 | 7 |
| 12 | 17 | 月 | 27 | 丁卯 | 4 | 6 | 18 | 火 | 26 | 丙申 | 4 | 6 |
| 13 | 18 | 火 | 28 | 戊辰 | 4 | 5 | 19 | 水 | 27 | 丁酉 | 4 | 6 |
| 14 | 19 | 水 | 29 | 己巳 | 우수 | | 20 | 木 | 28 | 戊戌 | 5 | 6 |
| 15 | 20 | 木 | 30 | 庚午 | 5 | 5 | 21 | 金 | 29 | 己亥 | 춘분 | |
| 16 | 21 | 金 | 2/1 | 辛未 | 5 | 4 | 22 | 土 | 30 | 庚子 | 5 | 5 |
| 17 | 22 | 土 | 2 | 壬申 | 6 | 4 | 23 | 日 | 윤1 | 辛丑 | 6 | 5 |
| 18 | 23 | 日 | 3 | 癸酉 | 6 | 4 | 24 | 月 | 윤2 | 壬寅 | 6 | 4 |
| 19 | 24 | 月 | 4 | 甲戌 | 6 | 3 | 25 | 火 | 윤3 | 癸卯 | 6 | 4 |
| 20 | 25 | 火 | 5 | 乙亥 | 7 | 3 | 26 | 水 | 윤4 | 甲辰 | 7 | 4 |
| 21 | 26 | 水 | 6 | 丙子 | 7 | 3 | 27 | 木 | 윤5 | 乙巳 | 7 | 3 |
| 22 | 27 | 木 | 7 | 丁丑 | 7 | 2 | 28 | 金 | 윤6 | 丙午 | 7 | 3 |
| 23 | 28 | 金 | 8 | 戊寅 | 8 | 2 | 29 | 土 | 윤7 | 丁未 | 8 | 3 |
| 24 | 3/1 | 土 | 9 | 己卯 | 8 | 2 | 30 | 日 | 윤8 | 戊申 | 8 | 2 |
| 25 | 2 | 日 | 10 | 庚辰 | 8 | 1 | 31 | 月 | 윤9 | 己酉 | 8 | 2 |
| 26 | 3 | 月 | 11 | 辛巳 | 9 | 1 | 4/1 | 火 | 윤10 | 庚戌 | 9 | 2 |
| 27 | 4 | 火 | 12 | 壬午 | 9 | 1 | 2 | 水 | 윤11 | 辛亥 | 9 | 1 |
| 28 | 5 | 水 | 13 | 癸未 | 9 | 1 | 3 | 木 | 윤12 | 壬子 | 9 | 1 |
| 29 | | | | | | | 4 | 金 | 윤13 | 癸丑 | 10 | 1 |
| 30 | | | | | | | 5 | 土 | 윤14 | 甲寅 | 10 | 1 |
| 31 | | | | | | | | | | | | |

| 절기후날수 | 청명절(甲辰月) 淸明 4월6일 0시20분 穀雨 4월21일 7시39분 | | | | | | 입하절(乙巳月) 立夏 5월6일 18시3분 小滿 5월22일 7시9분 | | | | | |
|---|---|---|---|---|---|---|---|---|---|---|---|---|
| | 양력 | 요일 | 음력 | 일진 | 大運 남 | 大運 여 | 양력 | 요일 | 음력 | 일진 | 大運 남 | 大運 여 |
| 0 | 4/6 | 日 | 윤15 | 乙卯 | 청명 | | 5/6 | 火 | 16 | 乙酉 | 입하 | |
| 1 | 7 | 月 | 윤16 | 丙辰 | 1 | 10 | 7 | 水 | 17 | 丙戌 | 1 | 10 |
| 2 | 8 | 火 | 윤17 | 丁巳 | 1 | 9 | 8 | 木 | 18 | 丁亥 | 1 | 10 |
| 3 | 9 | 水 | 윤18 | 戊午 | 1 | 9 | 9 | 金 | 19 | 戊子 | 1 | 9 |
| 4 | 10 | 木 | 윤19 | 己未 | 1 | 9 | 10 | 土 | 20 | 己丑 | 1 | 9 |
| 5 | 11 | 金 | 윤20 | 庚申 | 2 | 8 | 11 | 日 | 21 | 庚寅 | 2 | 9 |
| 6 | 12 | 土 | 윤21 | 辛酉 | 2 | 8 | 12 | 月 | 22 | 辛卯 | 2 | 8 |
| 7 | 13 | 日 | 윤22 | 壬戌 | 2 | 8 | 13 | 火 | 23 | 壬辰 | 2 | 8 |
| 8 | 14 | 月 | 윤23 | 癸亥 | 3 | 7 | 14 | 水 | 24 | 癸巳 | 3 | 8 |
| 9 | 15 | 火 | 윤24 | 甲子 | 3 | 7 | 15 | 木 | 25 | 甲午 | 3 | 7 |
| 10 | 16 | 水 | 윤25 | 乙丑 | 3 | 7 | 16 | 金 | 26 | 乙未 | 3 | 7 |
| 11 | 17 | 木 | 윤26 | 丙寅 | 4 | 6 | 17 | 土 | 27 | 丙申 | 4 | 7 |
| 12 | 18 | 金 | 윤27 | 丁卯 | 4 | 6 | 18 | 日 | 28 | 丁酉 | 4 | 6 |
| 13 | 19 | 土 | 윤28 | 戊辰 | 4 | 6 | 19 | 月 | 29 | 戊戌 | 4 | 6 |
| 14 | 20 | 日 | 윤29 | 己巳 | 5 | 5 | 20 | 火 | 4/1 | 己亥 | 5 | 6 |
| 15 | 21 | 月 | 3/1 | 庚午 | 곡우 | | 21 | 水 | 2 | 庚子 | 5 | 5 |
| 16 | 22 | 火 | 2 | 辛未 | 5 | 5 | 22 | 木 | 3 | 辛丑 | 소만 | |
| 17 | 23 | 水 | 3 | 壬申 | 6 | 4 | 23 | 金 | 4 | 壬寅 | 6 | 5 |
| 18 | 24 | 木 | 4 | 癸酉 | 6 | 4 | 24 | 土 | 5 | 癸卯 | 6 | 4 |
| 19 | 25 | 金 | 5 | 甲戌 | 6 | 4 | 25 | 日 | 6 | 甲辰 | 6 | 4 |
| 20 | 26 | 土 | 6 | 乙亥 | 7 | 3 | 26 | 月 | 7 | 乙巳 | 7 | 4 |
| 21 | 27 | 日 | 7 | 丙子 | 7 | 3 | 27 | 火 | 8 | 丙午 | 7 | 3 |
| 22 | 28 | 月 | 8 | 丁丑 | 7 | 3 | 28 | 水 | 9 | 丁未 | 7 | 3 |
| 23 | 29 | 火 | 9 | 戊寅 | 8 | 2 | 29 | 木 | 10 | 戊申 | 8 | 3 |
| 24 | 30 | 水 | 10 | 己卯 | 8 | 2 | 30 | 金 | 11 | 己酉 | 8 | 2 |
| 25 | 5/1 | 木 | 11 | 庚辰 | 8 | 2 | 31 | 土 | 12 | 庚戌 | 8 | 2 |
| 26 | 2 | 金 | 12 | 辛巳 | 9 | 1 | 6/1 | 日 | 13 | 辛亥 | 9 | 2 |
| 27 | 3 | 土 | 13 | 壬午 | 9 | 1 | 2 | 月 | 14 | 壬子 | 9 | 1 |
| 28 | 4 | 日 | 14 | 癸未 | 9 | 1 | 3 | 火 | 15 | 癸丑 | 9 | 1 |
| 29 | 5 | 月 | 15 | 甲申 | 10 | 1 | 4 | 水 | 16 | 甲寅 | 10 | 1 |
| 30 | | | | | | | 5 | 木 | 17 | 乙卯 | 10 | 1 |
| 31 | | | | | | | | | | | | |

| 절기후날수 | 망종절(丙午月) 芒種 6월6일 22시31분 夏至 6월22일 15시19분 | | | | | | 소서절(丁未月) 小暑 7월8일 8시56분 大暑 7월24일 2시14분 | | | | | |
|---|---|---|---|---|---|---|---|---|---|---|---|---|
| | 양력 | 요일 | 음력 | 일진 | 大運 남 | 大運 여 | 양력 | 요일 | 음력 | 일진 | 大運 남 | 大運 여 |
| 0 | 6/6 | 金 | 18 | 丙辰 | 망종 | | 7/8 | 火 | 20 | 戊子 | 소서 | |
| 1 | 7 | 土 | 19 | 丁巳 | 1 | 10 | 9 | 水 | 21 | 己丑 | 1 | 10 |
| 2 | 8 | 日 | 20 | 戊午 | 1 | 10 | 10 | 木 | 22 | 庚寅 | 1 | 10 |
| 3 | 9 | 月 | 21 | 己未 | 1 | 10 | 11 | 金 | 23 | 辛卯 | 1 | 9 |
| 4 | 10 | 火 | 22 | 庚申 | 1 | 9 | 12 | 土 | 24 | 壬辰 | 1 | 9 |
| 5 | 11 | 水 | 23 | 辛酉 | 2 | 9 | 13 | 日 | 25 | 癸巳 | 2 | 9 |
| 6 | 12 | 木 | 24 | 壬戌 | 2 | 9 | 14 | 月 | 26 | 甲午 | 2 | 8 |
| 7 | 13 | 金 | 25 | 癸亥 | 2 | 8 | 15 | 火 | 27 | 乙未 | 2 | 8 |
| 8 | 14 | 土 | 26 | 甲子 | 3 | 8 | 16 | 水 | 28 | 丙申 | 3 | 8 |
| 9 | 15 | 日 | 27 | 乙丑 | 3 | 8 | 17 | 木 | 29 | 丁酉 | 3 | 7 |
| 10 | 16 | 月 | 28 | 丙寅 | 3 | 7 | 18 | 金 | 6/1 | 戊戌 | 3 | 7 |
| 11 | 17 | 火 | 29 | 丁卯 | 4 | 7 | 19 | 土 | 2 | 己亥 | 4 | 7 |
| 12 | 18 | 水 | 30 | 戊辰 | 4 | 7 | 20 | 日 | 3 | 庚子 | 4 | 6 |
| 13 | 19 | 木 | 5/1 | 己巳 | 4 | 6 | 21 | 月 | 4 | 辛丑 | 4 | 6 |
| 14 | 20 | 金 | 2 | 庚午 | 5 | 6 | 22 | 火 | 5 | 壬寅 | 5 | 6 |
| 15 | 21 | 土 | 3 | 辛未 | 5 | 6 | 23 | 水 | 6 | 癸卯 | 5 | 5 |
| 16 | 22 | 日 | 4 | 壬申 | 하지 | | 24 | 木 | 7 | 甲辰 | 대서 | |
| 17 | 23 | 月 | 5 | 癸酉 | 6 | 5 | 25 | 金 | 8 | 乙巳 | 6 | 5 |
| 18 | 24 | 火 | 6 | 甲戌 | 6 | 5 | 26 | 土 | 9 | 丙午 | 6 | 4 |
| 19 | 25 | 水 | 7 | 乙亥 | 6 | 4 | 27 | 日 | 10 | 丁未 | 6 | 4 |
| 20 | 26 | 木 | 8 | 丙子 | 7 | 4 | 28 | 月 | 11 | 戊申 | 7 | 4 |
| 21 | 27 | 金 | 9 | 丁丑 | 7 | 4 | 29 | 火 | 12 | 己酉 | 7 | 3 |
| 22 | 28 | 土 | 10 | 戊寅 | 7 | 3 | 30 | 水 | 13 | 庚戌 | 7 | 3 |
| 23 | 29 | 日 | 11 | 己卯 | 8 | 3 | 31 | 木 | 14 | 辛亥 | 8 | 3 |
| 24 | 30 | 月 | 12 | 庚辰 | 8 | 3 | 8/1 | 金 | 15 | 壬子 | 8 | 2 |
| 25 | 7/1 | 火 | 13 | 辛巳 | 8 | 2 | 2 | 土 | 16 | 癸丑 | 8 | 2 |
| 26 | 2 | 水 | 14 | 壬午 | 9 | 2 | 3 | 日 | 17 | 甲寅 | 9 | 2 |
| 27 | 3 | 木 | 15 | 癸未 | 9 | 2 | 4 | 月 | 18 | 乙卯 | 9 | 1 |
| 28 | 4 | 金 | 16 | 甲申 | 9 | 1 | 5 | 火 | 19 | 丙辰 | 9 | 1 |
| 29 | 5 | 土 | 17 | 乙酉 | 10 | 1 | 6 | 水 | 20 | 丁巳 | 10 | 1 |
| 30 | 6 | 日 | 18 | 丙戌 | 10 | 1 | 7 | 木 | 21 | 戊午 | 10 | 1 |
| 31 | 7 | 月 | 19 | 丁亥 | 10 | 1 | | | | | | |

▶윤달-2월

# 丁亥年

| 절기후날수 | 입추절(戊申月) 立秋 8월8일 18시41분 處暑 8월24일 9시9분 | | | | | 백로절(己酉月) 白露 9월8일 21시21분 秋分 9월24일 6시29분 | | | | | 한로절(庚戌月) 寒露 10월9일 12시37분 霜降 10월24일 15시26분 | | | | |
|---|---|---|---|---|---|---|---|---|---|---|---|---|---|---|---|
| | 양력 | 요일 | 음력 | 일진 | 大運 남·여 | 양력 | 요일 | 음력 | 일진 | 大運 남·여 | 양력 | 요일 | 음력 | 일진 | 大運 남·여 |
| 0 | 8/8 | 金 | 22 | 己未 | 입추 | 9/8 | 月 | 24 | 庚寅 | 백로 | 10/9 | 木 | 25 | 辛酉 | 한로 |
| 1 | 9 | 土 | 23 | 庚申 | 1·10 | 9 | 火 | 25 | 辛卯 | 1·10 | 10 | 金 | 26 | 壬戌 | 1·10 |
| 2 | 10 | 日 | 24 | 辛酉 | 1·10 | 10 | 水 | 26 | 壬辰 | 1·10 | 11 | 土 | 27 | 癸亥 | 1·9 |
| 3 | 11 | 月 | 25 | 壬戌 | 1·9 | 11 | 木 | 27 | 癸巳 | 1·9 | 12 | 日 | 28 | 甲子 | 1·9 |
| 4 | 12 | 火 | 26 | 癸亥 | 1·9 | 12 | 金 | 28 | 甲午 | 1·9 | 13 | 月 | 29 | 乙丑 | 1·9 |
| 5 | 13 | 水 | 27 | 甲子 | 2·9 | 13 | 土 | 29 | 乙未 | 2·9 | 14 | 火 | 9/1 | 丙寅 | 2·8 |
| 6 | 14 | 木 | 28 | 乙丑 | 2·8 | 14 | 日 | 30 | 丙申 | 2·8 | 15 | 水 | 2 | 丁卯 | 2·8 |
| 7 | 15 | 金 | 29 | 丙寅 | 2·8 | 15 | 月 | 8/1 | 丁酉 | 2·8 | 16 | 木 | 3 | 戊辰 | 2·8 |
| 8 | 16 | 土 | 7/1 | 丁卯 | 3·8 | 16 | 火 | 2 | 戊戌 | 3·8 | 17 | 金 | 4 | 己巳 | 3·7 |
| 9 | 17 | 日 | 2 | 戊辰 | 3·7 | 17 | 水 | 3 | 己亥 | 3·7 | 18 | 土 | 5 | 庚午 | 3·7 |
| 10 | 18 | 月 | 3 | 己巳 | 3·7 | 18 | 木 | 4 | 庚子 | 3·7 | 19 | 日 | 6 | 辛未 | 3·7 |
| 11 | 19 | 火 | 4 | 庚午 | 4·7 | 19 | 金 | 5 | 辛丑 | 4·7 | 20 | 月 | 7 | 壬申 | 4·6 |
| 12 | 20 | 水 | 5 | 辛未 | 4·6 | 20 | 土 | 6 | 壬寅 | 4·6 | 21 | 火 | 8 | 癸酉 | 4·6 |
| 13 | 21 | 木 | 6 | 壬申 | 4·6 | 21 | 日 | 7 | 癸卯 | 4·6 | 22 | 水 | 9 | 甲戌 | 4·6 |
| 14 | 22 | 金 | 7 | 癸酉 | 5·6 | 22 | 月 | 8 | 甲辰 | 5·6 | 23 | 木 | 10 | 乙亥 | 5·5 |
| 15 | 23 | 土 | 8 | 甲戌 | 5·5 | 23 | 火 | 9 | 乙巳 | 5·5 | 24 | 金 | 11 | 丙子 | 상강 |
| 16 | 24 | 日 | 9 | 乙亥 | 처서 | 24 | 水 | 10 | 丙午 | 추분 | 25 | 土 | 12 | 丁丑 | 5·5 |
| 17 | 25 | 月 | 10 | 丙子 | 6·5 | 25 | 木 | 11 | 丁未 | 6·5 | 26 | 日 | 13 | 戊寅 | 6·4 |
| 18 | 26 | 火 | 11 | 丁丑 | 6·4 | 26 | 金 | 12 | 戊申 | 6·4 | 27 | 月 | 14 | 己卯 | 6·4 |
| 19 | 27 | 水 | 12 | 戊寅 | 6·4 | 27 | 土 | 13 | 己酉 | 6·4 | 28 | 火 | 15 | 庚辰 | 6·4 |
| 20 | 28 | 木 | 13 | 己卯 | 7·4 | 28 | 日 | 14 | 庚戌 | 7·4 | 29 | 水 | 16 | 辛巳 | 7·3 |
| 21 | 29 | 金 | 14 | 庚辰 | 7·3 | 29 | 月 | 15 | 辛亥 | 7·3 | 30 | 木 | 17 | 壬午 | 7·3 |
| 22 | 30 | 土 | 15 | 辛巳 | 7·3 | 30 | 火 | 16 | 壬子 | 7·3 | 31 | 金 | 18 | 癸未 | 7·3 |
| 23 | 31 | 日 | 16 | 壬午 | 8·3 | 10/1 | 水 | 17 | 癸丑 | 8·3 | 11/1 | 土 | 19 | 甲申 | 8·2 |
| 24 | 9/1 | 月 | 17 | 癸未 | 8·2 | 2 | 木 | 18 | 甲寅 | 8·2 | 2 | 日 | 20 | 乙酉 | 8·2 |
| 25 | 2 | 火 | 18 | 甲申 | 8·2 | 3 | 金 | 19 | 乙卯 | 8·2 | 3 | 月 | 21 | 丙戌 | 8·2 |
| 26 | 3 | 水 | 19 | 乙酉 | 9·2 | 4 | 土 | 20 | 丙辰 | 9·2 | 4 | 火 | 22 | 丁亥 | 9·1 |
| 27 | 4 | 木 | 20 | 丙戌 | 9·1 | 5 | 日 | 21 | 丁巳 | 9·1 | 5 | 水 | 23 | 戊子 | 9·1 |
| 28 | 5 | 金 | 21 | 丁亥 | 9·1 | 6 | 月 | 22 | 戊午 | 9·1 | 6 | 木 | 24 | 己丑 | 9·1 |
| 29 | 6 | 土 | 22 | 戊子 | 10·1 | 7 | 火 | 23 | 己未 | 10·1 | 7 | 金 | 25 | 庚寅 | 10·1 |
| 30 | 7 | 日 | 23 | 己丑 | 10·1 | 8 | 水 | 24 | 庚申 | 10·1 | | | | | |
| 31 | | | | | | | | | | | | | | | |

| 절기후날수 | 입동절(辛亥月) 立冬 11월8일 15시24분 小雪 11월23일 12시38분 | | | | | 대설절(壬子月) 大雪 12월8일 7시56분 冬至 12월23일 1시43분 | | | | | 소한절(癸丑月) 小寒 1월6일 19시0분 大寒 1월21일 12시18분 | | | | |
|---|---|---|---|---|---|---|---|---|---|---|---|---|---|---|---|
| | 양력 | 요일 | 음력 | 일진 | 大運 남·여 | 양력 | 요일 | 음력 | 일진 | 大運 남·여 | 양력 | 요일 | 음력 | 일진 | 大運 남·여 |
| 0 | 11/8 | 土 | 26 | 辛卯 | 입동 | 12/8 | 月 | 26 | 辛酉 | 대설 | 1/6 | 火 | 26 | 庚寅 | 소한 |
| 1 | 9 | 日 | 27 | 壬辰 | 1·10 | 9 | 火 | 27 | 壬戌 | 1·9 | 7 | 水 | 27 | 辛卯 | 1·10 |
| 2 | 10 | 月 | 28 | 癸巳 | 1·9 | 10 | 水 | 28 | 癸亥 | 1·9 | 8 | 木 | 28 | 壬辰 | 1·9 |
| 3 | 11 | 火 | 29 | 甲午 | 1·9 | 11 | 木 | 29 | 甲子 | 1·9 | 9 | 金 | 29 | 癸巳 | 1·9 |
| 4 | 12 | 水 | 30 | 乙未 | 1·9 | 12 | 金 | 11/1 | 乙丑 | 1·8 | 10 | 土 | 30 | 甲午 | 1·9 |
| 5 | 13 | 木 | 10/1 | 丙申 | 2·8 | 13 | 土 | 2 | 丙寅 | 2·8 | 11 | 日 | 12/1 | 乙未 | 2·8 |
| 6 | 14 | 金 | 2 | 丁酉 | 2·8 | 14 | 日 | 3 | 丁卯 | 2·8 | 12 | 月 | 2 | 丙申 | 2·8 |
| 7 | 15 | 土 | 3 | 戊戌 | 2·8 | 15 | 月 | 4 | 戊辰 | 2·7 | 13 | 火 | 3 | 丁酉 | 2·8 |
| 8 | 16 | 日 | 4 | 己亥 | 3·7 | 16 | 火 | 5 | 己巳 | 3·7 | 14 | 水 | 4 | 戊戌 | 3·7 |
| 9 | 17 | 月 | 5 | 庚子 | 3·7 | 17 | 水 | 6 | 庚午 | 3·7 | 15 | 木 | 5 | 己亥 | 3·7 |
| 10 | 18 | 火 | 6 | 辛丑 | 3·7 | 18 | 木 | 7 | 辛未 | 3·6 | 16 | 金 | 6 | 庚子 | 3·7 |
| 11 | 19 | 水 | 7 | 壬寅 | 4·6 | 19 | 金 | 8 | 壬申 | 4·6 | 17 | 土 | 7 | 辛丑 | 4·6 |
| 12 | 20 | 木 | 8 | 癸卯 | 4·6 | 20 | 土 | 9 | 癸酉 | 4·6 | 18 | 日 | 8 | 壬寅 | 4·6 |
| 13 | 21 | 金 | 9 | 甲辰 | 4·6 | 21 | 日 | 10 | 甲戌 | 4·5 | 19 | 月 | 9 | 癸卯 | 4·6 |
| 14 | 22 | 土 | 10 | 乙巳 | 5·5 | 22 | 月 | 11 | 乙亥 | 5·5 | 20 | 火 | 10 | 甲辰 | 5·5 |
| 15 | 23 | 日 | 11 | 丙午 | 소설 | 23 | 火 | 12 | 丙子 | 동지 | 21 | 水 | 11 | 乙巳 | 대한 |
| 16 | 24 | 月 | 12 | 丁未 | 5·5 | 24 | 水 | 13 | 丁丑 | 5·4 | 22 | 木 | 12 | 丙午 | 5·5 |
| 17 | 25 | 火 | 13 | 戊申 | 6·4 | 25 | 木 | 14 | 戊寅 | 6·4 | 23 | 金 | 13 | 丁未 | 6·4 |
| 18 | 26 | 水 | 14 | 己酉 | 6·4 | 26 | 金 | 15 | 己卯 | 6·4 | 24 | 土 | 14 | 戊申 | 6·4 |
| 19 | 27 | 木 | 15 | 庚戌 | 6·4 | 27 | 土 | 16 | 庚辰 | 6·3 | 25 | 日 | 15 | 己酉 | 6·4 |
| 20 | 28 | 金 | 16 | 辛亥 | 7·3 | 28 | 日 | 17 | 辛巳 | 7·3 | 26 | 月 | 16 | 庚戌 | 7·3 |
| 21 | 29 | 土 | 17 | 壬子 | 7·3 | 29 | 月 | 18 | 壬午 | 7·3 | 27 | 火 | 17 | 辛亥 | 7·3 |
| 22 | 30 | 日 | 18 | 癸丑 | 7·3 | 30 | 火 | 19 | 癸未 | 7·2 | 28 | 水 | 18 | 壬子 | 7·3 |
| 23 | 12/1 | 月 | 19 | 甲寅 | 8·2 | 31 | 水 | 20 | 甲申 | 8·2 | 29 | 木 | 19 | 癸丑 | 8·2 |
| 24 | 2 | 火 | 20 | 乙卯 | 8·2 | 1/1 | 木 | 21 | 乙酉 | 8·2 | 30 | 金 | 20 | 甲寅 | 8·2 |
| 25 | 3 | 水 | 21 | 丙辰 | 8·2 | 2 | 金 | 22 | 丙戌 | 8·1 | 31 | 土 | 21 | 乙卯 | 8·2 |
| 26 | 4 | 木 | 22 | 丁巳 | 9·1 | 3 | 土 | 23 | 丁亥 | 9·1 | 2/1 | 日 | 22 | 丙辰 | 9·1 |
| 27 | 5 | 金 | 23 | 戊午 | 9·1 | 4 | 日 | 24 | 戊子 | 9·1 | 2 | 月 | 23 | 丁巳 | 9·1 |
| 28 | 6 | 土 | 24 | 己未 | 9·1 | 5 | 月 | 25 | 己丑 | 9·1 | 3 | 火 | 24 | 戊午 | 9·1 |
| 29 | 7 | 日 | 25 | 庚申 | 10·1 | | | | | | 4 | 水 | 25 | 己未 | 10·1 |
| 30 | | | | | | | | | | | | | | | |
| 31 | | | | | | | | | | | | | | | |

# 서기 1948년 [단기 4281년]

| 절기후날수 | 입춘절(甲寅月) | | | | | 경칩절(乙卯月) | | | | |
|---|---|---|---|---|---|---|---|---|---|---|
| | 立春 2월5일 6시42분 雨水 2월20일 2시37분 | | | | | 驚蟄 3월6일 0시58분 春分 3월21일 1시57분 | | | | |
| | 양력 | 요일 | 음력 | 일진 | 大運 남·여 | 양력 | 요일 | 음력 | 일진 | 大運 남·여 |
| 0 | 2/5 | 木 | 26 | 庚申 | 입춘 | 3/6 | 土 | 26 | 庚寅 | 경칩 |
| 1 | 6 | 金 | 27 | 辛酉 | 10·1 | 7 | 日 | 27 | 辛卯 | 10·1 |
| 2 | 7 | 土 | 28 | 壬戌 | 9·1 | 8 | 月 | 28 | 壬辰 | 9·1 |
| 3 | 8 | 日 | 29 | 癸亥 | 9·1 | 9 | 火 | 29 | 癸巳 | 9·1 |
| 4 | 9 | 月 | 30 | 甲子 | 9·1 | 10 | 水 | 30 | 甲午 | 9·1 |
| 5 | 10 | 火 | 1/1 | 乙丑 | 8·2 | 11 | 木 | 2/1 | 乙未 | 8·2 |
| 6 | 11 | 水 | 2 | 丙寅 | 8·2 | 12 | 金 | 2 | 丙申 | 8·2 |
| 7 | 12 | 木 | 3 | 丁卯 | 8·2 | 13 | 土 | 3 | 丁酉 | 8·2 |
| 8 | 13 | 金 | 4 | 戊辰 | 7·3 | 14 | 日 | 4 | 戊戌 | 7·3 |
| 9 | 14 | 土 | 5 | 己巳 | 7·3 | 15 | 月 | 5 | 己亥 | 7·3 |
| 10 | 15 | 日 | 6 | 庚午 | 7·3 | 16 | 火 | 6 | 庚子 | 7·3 |
| 11 | 16 | 月 | 7 | 辛未 | 6·4 | 17 | 水 | 7 | 辛丑 | 6·4 |
| 12 | 17 | 火 | 8 | 壬申 | 6·4 | 18 | 木 | 8 | 壬寅 | 6·4 |
| 13 | 18 | 水 | 9 | 癸酉 | 6·4 | 19 | 金 | 9 | 癸卯 | 6·4 |
| 14 | 19 | 木 | 10 | 甲戌 | 5·5 | 20 | 土 | 10 | 甲辰 | 5·5 |
| 15 | 20 | 金 | 11 | 乙亥 | 우수 | 21 | 日 | 11 | 乙巳 | 춘분 |
| 16 | 21 | 土 | 12 | 丙子 | 5·5 | 22 | 月 | 12 | 丙午 | 5·5 |
| 17 | 22 | 日 | 13 | 丁丑 | 4·6 | 23 | 火 | 13 | 丁未 | 4·6 |
| 18 | 23 | 月 | 14 | 戊寅 | 4·6 | 24 | 水 | 14 | 戊申 | 4·6 |
| 19 | 24 | 火 | 15 | 己卯 | 4·6 | 25 | 木 | 15 | 己酉 | 4·6 |
| 20 | 25 | 水 | 16 | 庚辰 | 3·7 | 26 | 金 | 16 | 庚戌 | 3·7 |
| 21 | 26 | 木 | 17 | 辛巳 | 3·7 | 27 | 土 | 17 | 辛亥 | 3·7 |
| 22 | 27 | 金 | 18 | 壬午 | 3·7 | 28 | 日 | 18 | 壬子 | 3·7 |
| 23 | 28 | 土 | 19 | 癸未 | 2·8 | 29 | 月 | 19 | 癸丑 | 2·8 |
| 24 | 29 | 日 | 20 | 甲申 | 2·8 | 30 | 火 | 20 | 甲寅 | 2·8 |
| 25 | 3/1 | 月 | 21 | 乙酉 | 2·8 | 31 | 水 | 21 | 乙卯 | 2·8 |
| 26 | 2 | 火 | 22 | 丙戌 | 1·9 | 4/1 | 木 | 22 | 丙辰 | 1·9 |
| 27 | 3 | 水 | 23 | 丁亥 | 1·9 | 2 | 金 | 23 | 丁巳 | 1·9 |
| 28 | 4 | 木 | 24 | 戊子 | 1·9 | 3 | 土 | 24 | 戊午 | 1·9 |
| 29 | 5 | 金 | 25 | 己丑 | 1·10 | 4 | 日 | 25 | 己未 | 1·10 |
| 30 | | | | | | | | | | |
| 31 | | | | | | | | | | |

| 절기후날수 | 청명절(丙辰月) | | | | | 입하절(丁巳月) | | | | |
|---|---|---|---|---|---|---|---|---|---|---|
| | 淸明 4월5일 6시9분 穀雨 4월20일 13시25분 | | | | | 立夏 5월5일 23시52분 小滿 5월21일 12시58분 | | | | |
| | 양력 | 요일 | 음력 | 일진 | 大運 남·여 | 양력 | 요일 | 음력 | 일진 | 大運 남·여 |
| 0 | 4/5 | 月 | 26 | 庚申 | 청명 | 5/5 | 水 | 27 | 庚寅 | 입하 |
| 1 | 6 | 火 | 27 | 辛酉 | 10·1 | 6 | 木 | 28 | 辛卯 | 10·1 |
| 2 | 7 | 水 | 28 | 壬戌 | 9·1 | 7 | 金 | 29 | 壬辰 | 10·1 |
| 3 | 8 | 木 | 29 | 癸亥 | 9·1 | 8 | 土 | 30 | 癸巳 | 10·1 |
| 4 | 9 | 金 | 3/1 | 甲子 | 9·1 | 9 | 日 | 4/1 | 甲午 | 9·1 |
| 5 | 10 | 土 | 2 | 乙丑 | 8·2 | 10 | 月 | 2 | 乙未 | 9·2 |
| 6 | 11 | 日 | 3 | 丙寅 | 8·2 | 11 | 火 | 3 | 丙申 | 9·2 |
| 7 | 12 | 月 | 4 | 丁卯 | 8·2 | 12 | 水 | 4 | 丁酉 | 8·2 |
| 8 | 13 | 火 | 5 | 戊辰 | 7·3 | 13 | 木 | 5 | 戊戌 | 8·3 |
| 9 | 14 | 水 | 6 | 己巳 | 7·3 | 14 | 金 | 6 | 己亥 | 8·3 |
| 10 | 15 | 木 | 7 | 庚午 | 7·3 | 15 | 土 | 7 | 庚子 | 7·3 |
| 11 | 16 | 金 | 8 | 辛未 | 6·4 | 16 | 日 | 8 | 辛丑 | 7·4 |
| 12 | 17 | 土 | 9 | 壬申 | 6·4 | 17 | 月 | 9 | 壬寅 | 7·4 |
| 13 | 18 | 日 | 10 | 癸酉 | 6·4 | 18 | 火 | 10 | 癸卯 | 6·4 |
| 14 | 19 | 月 | 11 | 甲戌 | 5·5 | 19 | 水 | 11 | 甲辰 | 6·5 |
| 15 | 20 | 火 | 12 | 乙亥 | 곡우 | 20 | 木 | 12 | 乙巳 | 6·5 |
| 16 | 21 | 水 | 13 | 丙子 | 5·5 | 21 | 金 | 13 | 丙午 | 소만 |
| 17 | 22 | 木 | 14 | 丁丑 | 4·6 | 22 | 土 | 14 | 丁未 | 5·6 |
| 18 | 23 | 金 | 15 | 戊寅 | 4·6 | 23 | 日 | 15 | 戊申 | 5·6 |
| 19 | 24 | 土 | 16 | 己卯 | 4·6 | 24 | 月 | 16 | 己酉 | 4·6 |
| 20 | 25 | 日 | 17 | 庚辰 | 3·7 | 25 | 火 | 17 | 庚戌 | 4·7 |
| 21 | 26 | 月 | 18 | 辛巳 | 3·7 | 26 | 水 | 18 | 辛亥 | 4·7 |
| 22 | 27 | 火 | 19 | 壬午 | 3·7 | 27 | 木 | 19 | 壬子 | 3·7 |
| 23 | 28 | 水 | 20 | 癸未 | 2·8 | 28 | 金 | 20 | 癸丑 | 3·8 |
| 24 | 29 | 木 | 21 | 甲申 | 2·8 | 29 | 土 | 21 | 甲寅 | 3·8 |
| 25 | 30 | 金 | 22 | 乙酉 | 2·8 | 30 | 日 | 22 | 乙卯 | 2·8 |
| 26 | 5/1 | 土 | 23 | 丙戌 | 1·9 | 31 | 月 | 23 | 丙辰 | 2·9 |
| 27 | 2 | 日 | 24 | 丁亥 | 1·9 | 6/1 | 火 | 24 | 丁巳 | 2·9 |
| 28 | 3 | 月 | 25 | 戊子 | 1·9 | 2 | 水 | 25 | 戊午 | 1·9 |
| 29 | 4 | 火 | 26 | 己丑 | 1·10 | 3 | 木 | 26 | 己未 | 1·10 |
| 30 | | | | | | 4 | 金 | 27 | 庚申 | 1·10 |
| 31 | | | | | | 5 | 土 | 28 | 辛酉 | 1·10 |

| 절기후날수 | 망종절(戊午月) | | | | | 소서절(己未月) | | | | |
|---|---|---|---|---|---|---|---|---|---|---|
| | 芒種 6월6일 4시20분 夏至 6월21일 21시11분 | | | | | 小暑 7월7일 14시44분 大暑 7월23일 8시8분 | | | | |
| | 양력 | 요일 | 음력 | 일진 | 大運 남·여 | 양력 | 요일 | 음력 | 일진 | 大運 남·여 |
| 0 | 6/6 | 日 | 29 | 壬戌 | 망종 | 7/7 | 水 | 6/1 | 癸巳 | 소서 |
| 1 | 7 | 月 | 5/1 | 癸亥 | 10·1 | 8 | 木 | 2 | 甲午 | 10·1 |
| 2 | 8 | 火 | 2 | 甲子 | 10·1 | 9 | 金 | 3 | 乙未 | 10·1 |
| 3 | 9 | 水 | 3 | 乙丑 | 9·1 | 10 | 土 | 4 | 丙申 | 10·1 |
| 4 | 10 | 木 | 4 | 丙寅 | 9·1 | 11 | 日 | 5 | 丁酉 | 9·1 |
| 5 | 11 | 金 | 5 | 丁卯 | 9·2 | 12 | 月 | 6 | 戊戌 | 9·2 |
| 6 | 12 | 土 | 6 | 戊辰 | 8·2 | 13 | 火 | 7 | 己亥 | 9·2 |
| 7 | 13 | 日 | 7 | 己巳 | 8·2 | 14 | 水 | 8 | 庚子 | 8·2 |
| 8 | 14 | 月 | 8 | 庚午 | 8·3 | 15 | 木 | 9 | 辛丑 | 8·3 |
| 9 | 15 | 火 | 9 | 辛未 | 7·3 | 16 | 金 | 10 | 壬寅 | 8·3 |
| 10 | 16 | 水 | 10 | 壬申 | 7·3 | 17 | 土 | 11 | 癸卯 | 7·3 |
| 11 | 17 | 木 | 11 | 癸酉 | 7·4 | 18 | 日 | 12 | 甲辰 | 7·4 |
| 12 | 18 | 金 | 12 | 甲戌 | 6·4 | 19 | 月 | 13 | 乙巳 | 7·4 |
| 13 | 19 | 土 | 13 | 乙亥 | 6·4 | 20 | 火 | 14 | 丙午 | 6·4 |
| 14 | 20 | 日 | 14 | 丙子 | 6·5 | 21 | 水 | 15 | 丁未 | 6·5 |
| 15 | 21 | 月 | 15 | 丁丑 | 하지 | 22 | 木 | 16 | 戊申 | 6·5 |
| 16 | 22 | 火 | 16 | 戊寅 | 5·5 | 23 | 金 | 17 | 己酉 | 대서 |
| 17 | 23 | 水 | 17 | 己卯 | 5·6 | 24 | 土 | 18 | 庚戌 | 5·6 |
| 18 | 24 | 木 | 18 | 庚辰 | 4·6 | 25 | 日 | 19 | 辛亥 | 5·6 |
| 19 | 25 | 金 | 19 | 辛巳 | 4·6 | 26 | 月 | 20 | 壬子 | 4·6 |
| 20 | 26 | 土 | 20 | 壬午 | 4·7 | 27 | 火 | 21 | 癸丑 | 4·7 |
| 21 | 27 | 日 | 21 | 癸未 | 3·7 | 28 | 水 | 22 | 甲寅 | 4·7 |
| 22 | 28 | 月 | 22 | 甲申 | 3·7 | 29 | 木 | 23 | 乙卯 | 3·7 |
| 23 | 29 | 火 | 23 | 乙酉 | 3·8 | 30 | 金 | 24 | 丙辰 | 3·8 |
| 24 | 30 | 水 | 24 | 丙戌 | 2·8 | 31 | 土 | 25 | 丁巳 | 3·8 |
| 25 | 7/1 | 木 | 25 | 丁亥 | 2·8 | 8/1 | 日 | 26 | 戊午 | 2·8 |
| 26 | 2 | 金 | 26 | 戊子 | 2·9 | 2 | 月 | 27 | 己未 | 2·9 |
| 27 | 3 | 土 | 27 | 己丑 | 1·9 | 3 | 火 | 28 | 庚申 | 2·9 |
| 28 | 4 | 日 | 28 | 庚寅 | 1·9 | 4 | 水 | 29 | 辛酉 | 1·9 |
| 29 | 5 | 月 | 29 | 辛卯 | 1·10 | 5 | 木 | 7/1 | 壬戌 | 1·10 |
| 30 | 6 | 火 | 30 | 壬辰 | 1·10 | 6 | 金 | 2 | 癸亥 | 1·10 |
| 31 | | | | | | 7 | 土 | 3 | 甲子 | 1·10 |

# 戊子年

| 절기후날수 | 입추절(庚申月) 立秋 8월8일 0시26분 處暑 8월23일 15시3분 | | | | | 백로절(辛酉月) 白露 9월8일 3시5분 秋分 9월23일 12시22분 | | | | | 한로절(壬戌月) 寒露 10월8일 18시20분 霜降 10월23일 21시18분 | | | | | 입동절(癸亥月) 立冬 11월7일 21시7분 小雪 11월22일 18시29분 | | | | | 대설절(甲子月) 大雪 12월7일 13시38분 冬至 12월22일 7시33분 | | | | | 소한절(乙丑月) 小寒 1월6일 0시41분 大寒 1월20일 18시9분 | | | | |
|---|---|---|---|---|---|---|---|---|---|---|---|---|---|---|---|---|---|---|---|---|---|---|---|---|---|---|---|---|---|---|
| | 양력 | 요일 | 음력 | 일진 | 大運 남·여 | 양력 | 요일 | 음력 | 일진 | 大運 남·여 | 양력 | 요일 | 음력 | 일진 | 大運 남·여 | 양력 | 요일 | 음력 | 일진 | 大運 남·여 | 양력 | 요일 | 음력 | 일진 | 大運 남·여 | 양력 | 요일 | 음력 | 일진 | 大運 남·여 |
| 0 | 8/8 | 日 | 4 | 乙丑 | 입추 | 9/8 | 水 | 6 | 丙申 | 백로 | 10/8 | 金 | 6 | 丙寅 | 한로 | 11/7 | 日 | 7 | 丙申 | 입동 | 12/7 | 火 | 7 | 丙寅 | 대설 | 1/6 | 木 | 8 | 丙申 | 소한 |
| 1 | 9 | 月 | 5 | 丙寅 | 10·1 | 9 | 木 | 7 | 丁酉 | 10·1 | 9 | 土 | 7 | 丁卯 | 10·1 | 8 | 月 | 8 | 丁酉 | 10·1 | 8 | 水 | 8 | 丁卯 | 10·1 | 7 | 金 | 9 | 丁酉 | 9·1 |
| 2 | 10 | 火 | 6 | 丁卯 | 10·1 | 10 | 金 | 8 | 戊戌 | 9·1 | 10 | 日 | 8 | 戊辰 | 9·1 | 9 | 火 | 9 | 戊戌 | 9·1 | 9 | 木 | 9 | 戊辰 | 9·1 | 8 | 土 | 10 | 戊戌 | 9·1 |
| 3 | 11 | 水 | 7 | 戊辰 | 9·1 | 11 | 土 | 9 | 己亥 | 9·1 | 11 | 月 | 9 | 己巳 | 9·1 | 10 | 水 | 10 | 己亥 | 9·1 | 10 | 金 | 10 | 己巳 | 9·1 | 9 | 日 | 11 | 己亥 | 9·1 |
| 4 | 12 | 木 | 8 | 己巳 | 9·1 | 12 | 日 | 10 | 庚子 | 9·1 | 12 | 火 | 10 | 庚午 | 9·1 | 11 | 木 | 11 | 庚子 | 9·1 | 11 | 土 | 11 | 庚午 | 9·1 | 10 | 月 | 12 | 庚子 | 8·1 |
| 5 | 13 | 金 | 9 | 庚午 | 9·2 | 13 | 月 | 11 | 辛丑 | 8·2 | 13 | 水 | 11 | 辛未 | 8·2 | 12 | 金 | 12 | 辛丑 | 8·2 | 12 | 日 | 12 | 辛未 | 8·2 | 11 | 火 | 13 | 辛丑 | 8·2 |
| 6 | 14 | 土 | 10 | 辛未 | 8·2 | 14 | 火 | 12 | 壬寅 | 8·2 | 14 | 木 | 12 | 壬申 | 8·2 | 13 | 土 | 13 | 壬寅 | 8·2 | 13 | 月 | 13 | 壬申 | 8·2 | 12 | 水 | 14 | 壬寅 | 8·2 |
| 7 | 15 | 日 | 11 | 壬申 | 8·2 | 15 | 水 | 13 | 癸卯 | 8·2 | 15 | 金 | 13 | 癸酉 | 8·2 | 14 | 日 | 14 | 癸卯 | 8·2 | 14 | 火 | 14 | 癸酉 | 8·2 | 13 | 木 | 15 | 癸卯 | 7·2 |
| 8 | 16 | 月 | 12 | 癸酉 | 8·3 | 16 | 木 | 14 | 甲辰 | 7·3 | 16 | 土 | 14 | 甲戌 | 7·3 | 15 | 月 | 15 | 甲辰 | 7·3 | 15 | 水 | 15 | 甲戌 | 7·3 | 14 | 金 | 16 | 甲辰 | 7·3 |
| 9 | 17 | 火 | 13 | 甲戌 | 7·3 | 17 | 金 | 15 | 乙巳 | 7·3 | 17 | 日 | 15 | 乙亥 | 7·3 | 16 | 火 | 16 | 乙巳 | 7·3 | 16 | 木 | 16 | 乙亥 | 7·3 | 15 | 土 | 17 | 乙巳 | 7·3 |
| 10 | 18 | 水 | 14 | 乙亥 | 7·3 | 18 | 土 | 16 | 丙午 | 7·3 | 18 | 月 | 16 | 丙子 | 7·3 | 17 | 水 | 17 | 丙午 | 7·3 | 17 | 金 | 17 | 丙子 | 7·3 | 16 | 日 | 18 | 丙午 | 6·3 |
| 11 | 19 | 木 | 15 | 丙子 | 7·4 | 19 | 日 | 17 | 丁未 | 6·4 | 19 | 火 | 17 | 丁丑 | 6·4 | 18 | 木 | 18 | 丁未 | 6·4 | 18 | 土 | 18 | 丁丑 | 6·4 | 17 | 月 | 19 | 丁未 | 6·4 |
| 12 | 20 | 金 | 16 | 丁丑 | 6·4 | 20 | 月 | 18 | 戊申 | 6·4 | 20 | 水 | 18 | 戊寅 | 6·4 | 19 | 金 | 19 | 戊申 | 6·4 | 19 | 日 | 19 | 戊寅 | 6·4 | 18 | 火 | 20 | 戊申 | 6·4 |
| 13 | 21 | 土 | 17 | 戊寅 | 6·4 | 21 | 火 | 19 | 己酉 | 6·4 | 21 | 木 | 19 | 己卯 | 6·4 | 20 | 土 | 20 | 己酉 | 6·4 | 20 | 月 | 20 | 己卯 | 6·4 | 19 | 水 | 21 | 己酉 | 5·4 |
| 14 | 22 | 日 | 18 | 己卯 | 6·5 | 22 | 水 | 20 | 庚戌 | 5·5 | 22 | 金 | 20 | 庚辰 | 5·5 | 21 | 日 | 21 | 庚戌 | 5·5 | 21 | 火 | 21 | 庚辰 | 5·5 | 20 | 木 | 22 | 庚戌 | 대한 |
| 15 | 23 | 月 | 19 | 庚辰 | 처서 | 23 | 木 | 21 | 辛亥 | 추분 | 23 | 土 | 21 | 辛巳 | 상강 | 22 | 月 | 22 | 辛亥 | 소설 | 22 | 水 | 22 | 辛巳 | 동지 | 21 | 金 | 23 | 辛亥 | 5·5 |
| 16 | 24 | 火 | 20 | 辛巳 | 5·5 | 24 | 金 | 22 | 壬子 | 5·5 | 24 | 日 | 22 | 壬午 | 5·5 | 23 | 火 | 23 | 壬子 | 5·5 | 23 | 木 | 23 | 壬午 | 5·5 | 22 | 土 | 24 | 壬子 | 4·5 |
| 17 | 25 | 水 | 21 | 壬午 | 5·6 | 25 | 土 | 23 | 癸丑 | 4·6 | 25 | 月 | 23 | 癸未 | 4·6 | 24 | 水 | 24 | 癸丑 | 4·6 | 24 | 金 | 24 | 癸未 | 4·6 | 23 | 日 | 25 | 癸丑 | 4·6 |
| 18 | 26 | 木 | 22 | 癸未 | 4·6 | 26 | 日 | 24 | 甲寅 | 4·6 | 26 | 火 | 24 | 甲申 | 4·6 | 25 | 木 | 25 | 甲寅 | 4·6 | 25 | 土 | 25 | 甲申 | 4·6 | 24 | 月 | 26 | 甲寅 | 4·6 |
| 19 | 27 | 金 | 23 | 甲申 | 4·6 | 27 | 月 | 25 | 乙卯 | 4·6 | 27 | 水 | 25 | 乙酉 | 4·6 | 26 | 金 | 26 | 乙卯 | 4·6 | 26 | 日 | 26 | 乙酉 | 4·6 | 25 | 火 | 27 | 乙卯 | 3·6 |
| 20 | 28 | 土 | 24 | 乙酉 | 4·7 | 28 | 火 | 26 | 丙辰 | 3·7 | 28 | 木 | 26 | 丙戌 | 3·7 | 27 | 土 | 27 | 丙辰 | 3·7 | 27 | 月 | 27 | 丙戌 | 3·7 | 26 | 水 | 28 | 丙辰 | 3·7 |
| 21 | 29 | 日 | 25 | 丙戌 | 3·7 | 29 | 水 | 27 | 丁巳 | 3·7 | 29 | 金 | 27 | 丁亥 | 3·7 | 28 | 日 | 28 | 丁巳 | 3·7 | 28 | 火 | 28 | 丁亥 | 3·7 | 27 | 木 | 29 | 丁巳 | 3·7 |
| 22 | 30 | 月 | 26 | 丁亥 | 3·7 | 30 | 木 | 28 | 戊午 | 3·7 | 30 | 土 | 28 | 戊子 | 3·7 | 29 | 月 | 29 | 戊午 | 3·7 | 29 | 水 | 29 | 戊子 | 3·7 | 28 | 金 | 30 | 戊午 | 2·7 |
| 23 | 31 | 火 | 27 | 戊子 | 3·8 | 10/1 | 金 | 29 | 己未 | 2·8 | 31 | 日 | 29 | 己丑 | 2·8 | 30 | 火 | 30 | 己未 | 2·8 | 30 | 木 | 12/1 | 己丑 | 2·8 | 29 | 土 | 1/1 | 己未 | 2·8 |
| 24 | 9/1 | 水 | 28 | 己丑 | 2·8 | 2 | 土 | 30 | 庚申 | 2·8 | 11/1 | 月 | 10/1 | 庚寅 | 2·8 | 12/1 | 水 | 11/1 | 庚申 | 2·8 | 31 | 金 | 2 | 庚寅 | 2·8 | 30 | 日 | 2 | 庚申 | 2·8 |
| 25 | 2 | 木 | 29 | 庚寅 | 2·8 | 3 | 日 | 9/1 | 辛酉 | 2·8 | 2 | 火 | 2 | 辛卯 | 2·8 | 2 | 木 | 2 | 辛酉 | 2·8 | 1/1 | 土 | 3 | 辛卯 | 2·8 | 31 | 月 | 3 | 辛酉 | 1·8 |
| 26 | 3 | 金 | 8/1 | 辛卯 | 2·9 | 4 | 月 | 2 | 壬戌 | 1·9 | 3 | 水 | 3 | 壬辰 | 1·9 | 3 | 金 | 3 | 壬戌 | 1·9 | 2 | 日 | 4 | 壬辰 | 1·9 | 2/1 | 火 | 4 | 壬戌 | 1·9 |
| 27 | 4 | 土 | 2 | 壬辰 | 1·9 | 5 | 火 | 3 | 癸亥 | 1·9 | 4 | 木 | 4 | 癸巳 | 1·9 | 4 | 土 | 4 | 癸亥 | 1·9 | 3 | 月 | 5 | 癸巳 | 1·9 | 2 | 水 | 5 | 癸亥 | 1·9 |
| 28 | 5 | 日 | 3 | 癸巳 | 1·9 | 6 | 水 | 4 | 甲子 | 1·9 | 5 | 金 | 5 | 甲午 | 1·9 | 5 | 日 | 5 | 甲子 | 1·9 | 4 | 火 | 6 | 甲午 | 1·9 | 3 | 木 | 6 | 甲子 | 1·9 |
| 29 | 6 | 月 | 4 | 甲午 | 1·10 | 7 | 木 | 5 | 乙丑 | 1·10 | 6 | 土 | 6 | 乙未 | 1·10 | 6 | 月 | 6 | 乙丑 | 1·10 | 5 | 水 | 7 | 乙未 | 1·10 | | | | | |
| 30 | 7 | 火 | 5 | 乙未 | 1·10 | | | | | | | | | | | | | | | | | | | | | | | | | |
| 31 | | | | | | | | | | | | | | | | | | | | | | | | | | | | | | |

# 서기 1949년 [단기 4282년]

## 입춘절(丙寅月)

立春 2월4일 12시23분
雨水 2월19일 8시27분

| 절기후날수 | 양력 | 요일 | 음력 | 일진 | 大運 남·여 |
|---|---|---|---|---|---|
| 0 | 2/4 | 金 | 7 | 乙丑 | 입춘 |
| 1 | 5 | 土 | 8 | 丙寅 | 1·10 |
| 2 | 6 | 日 | 9 | 丁卯 | 1·9 |
| 3 | 7 | 月 | 10 | 戊辰 | 1·9 |
| 4 | 8 | 火 | 11 | 己巳 | 1·9 |
| 5 | 9 | 水 | 12 | 庚午 | 2·8 |
| 6 | 10 | 木 | 13 | 辛未 | 2·8 |
| 7 | 11 | 金 | 14 | 壬申 | 2·8 |
| 8 | 12 | 土 | 15 | 癸酉 | 3·7 |
| 9 | 13 | 日 | 16 | 甲戌 | 3·7 |
| 10 | 14 | 月 | 17 | 乙亥 | 3·7 |
| 11 | 15 | 火 | 18 | 丙子 | 4·6 |
| 12 | 16 | 水 | 19 | 丁丑 | 4·6 |
| 13 | 17 | 木 | 20 | 戊寅 | 4·6 |
| 14 | 18 | 金 | 21 | 己卯 | 5·5 |
| 15 | 19 | 土 | 22 | 庚辰 | 우수 |
| 16 | 20 | 日 | 23 | 辛巳 | 5·5 |
| 17 | 21 | 月 | 24 | 壬午 | 6·4 |
| 18 | 22 | 火 | 25 | 癸未 | 6·4 |
| 19 | 23 | 水 | 26 | 甲申 | 6·4 |
| 20 | 24 | 木 | 27 | 乙酉 | 7·3 |
| 21 | 25 | 金 | 28 | 丙戌 | 7·3 |
| 22 | 26 | 土 | 29 | 丁亥 | 7·3 |
| 23 | 27 | 日 | 30 | 戊子 | 8·2 |
| 24 | 28 | 月 | 2/1 | 己丑 | 8·2 |
| 25 | 3/1 | 火 | 2 | 庚寅 | 8·2 |
| 26 | 2 | 水 | 3 | 辛卯 | 9·1 |
| 27 | 3 | 木 | 4 | 壬辰 | 9·1 |
| 28 | 4 | 金 | 5 | 癸巳 | 9·1 |
| 29 | 5 | 土 | 6 | 甲午 | 10·1 |
| 30 | | | | | |
| 31 | | | | | |

## 경칩절(丁卯月)

驚蟄 3월6일 6시39분
春分 3월21일 7시48분

| 절기후날수 | 양력 | 요일 | 음력 | 일진 | 大運 남·여 |
|---|---|---|---|---|---|
| 0 | 3/6 | 日 | 7 | 乙未 | 경칩 |
| 1 | 7 | 月 | 8 | 丙申 | 1·10 |
| 2 | 8 | 火 | 9 | 丁酉 | 1·9 |
| 3 | 9 | 水 | 10 | 戊戌 | 1·9 |
| 4 | 10 | 木 | 11 | 己亥 | 1·9 |
| 5 | 11 | 金 | 12 | 庚子 | 2·8 |
| 6 | 12 | 土 | 13 | 辛丑 | 2·8 |
| 7 | 13 | 日 | 14 | 壬寅 | 2·8 |
| 8 | 14 | 月 | 15 | 癸卯 | 3·7 |
| 9 | 15 | 火 | 16 | 甲辰 | 3·7 |
| 10 | 16 | 水 | 17 | 乙巳 | 3·7 |
| 11 | 17 | 木 | 18 | 丙午 | 4·6 |
| 12 | 18 | 金 | 19 | 丁未 | 4·6 |
| 13 | 19 | 土 | 20 | 戊申 | 4·6 |
| 14 | 20 | 日 | 21 | 己酉 | 5·5 |
| 15 | 21 | 月 | 22 | 庚戌 | 춘분 |
| 16 | 22 | 火 | 23 | 辛亥 | 5·5 |
| 17 | 23 | 水 | 24 | 壬子 | 6·4 |
| 18 | 24 | 木 | 25 | 癸丑 | 6·4 |
| 19 | 25 | 金 | 26 | 甲寅 | 6·4 |
| 20 | 26 | 土 | 27 | 乙卯 | 7·3 |
| 21 | 27 | 日 | 28 | 丙辰 | 7·3 |
| 22 | 28 | 月 | 29 | 丁巳 | 7·3 |
| 23 | 29 | 火 | 30 | 戊午 | 8·2 |
| 24 | 30 | 水 | 3/1 | 己未 | 8·2 |
| 25 | 31 | 木 | 2 | 庚申 | 8·2 |
| 26 | 4/1 | 金 | 3 | 辛酉 | 9·1 |
| 27 | 2 | 土 | 4 | 壬戌 | 9·1 |
| 28 | 3 | 日 | 5 | 癸亥 | 9·1 |
| 29 | 4 | 月 | 6 | 甲子 | 10·1 |
| 30 | | | | | |
| 31 | | | | | |

## 청명절(戊辰月)

淸明 4월5일 11시52분
穀雨 4월20일 19시17분

| 절기후날수 | 양력 | 요일 | 음력 | 일진 | 大運 남·여 |
|---|---|---|---|---|---|
| 0 | 4/5 | 火 | 7 | 乙丑 | 청명 |
| 1 | 6 | 水 | 8 | 丙寅 | 1·10 |
| 2 | 7 | 木 | 9 | 丁卯 | 1·10 |
| 3 | 8 | 金 | 10 | 戊辰 | 1·9 |
| 4 | 9 | 土 | 11 | 己巳 | 1·9 |
| 5 | 10 | 日 | 12 | 庚午 | 2·9 |
| 6 | 11 | 月 | 13 | 辛未 | 2·8 |
| 7 | 12 | 火 | 14 | 壬申 | 2·8 |
| 8 | 13 | 水 | 15 | 癸酉 | 3·8 |
| 9 | 14 | 木 | 16 | 甲戌 | 3·7 |
| 10 | 15 | 金 | 17 | 乙亥 | 3·7 |
| 11 | 16 | 土 | 18 | 丙子 | 4·7 |
| 12 | 17 | 日 | 19 | 丁丑 | 4·6 |
| 13 | 18 | 月 | 20 | 戊寅 | 4·6 |
| 14 | 19 | 火 | 21 | 己卯 | 5·6 |
| 15 | 20 | 水 | 22 | 庚辰 | 곡우 |
| 16 | 21 | 木 | 23 | 辛巳 | 5·5 |
| 17 | 22 | 金 | 24 | 壬午 | 6·5 |
| 18 | 23 | 土 | 25 | 癸未 | 6·4 |
| 19 | 24 | 日 | 26 | 甲申 | 6·4 |
| 20 | 25 | 月 | 27 | 乙酉 | 7·4 |
| 21 | 26 | 火 | 28 | 丙戌 | 7·3 |
| 22 | 27 | 水 | 29 | 丁亥 | 7·3 |
| 23 | 28 | 木 | 4/1 | 戊子 | 8·3 |
| 24 | 29 | 金 | 2 | 己丑 | 8·2 |
| 25 | 30 | 土 | 3 | 庚寅 | 8·2 |
| 26 | 5/1 | 日 | 4 | 辛卯 | 9·2 |
| 27 | 2 | 月 | 5 | 壬辰 | 9·1 |
| 28 | 3 | 火 | 6 | 癸巳 | 9·1 |
| 29 | 4 | 水 | 7 | 甲午 | 10·1 |
| 30 | 5 | 木 | 8 | 乙未 | 10·1 |
| 31 | | | | | |

## 입하절(己巳月)

立夏 5월6일 5시37분
小滿 5월21일 18시51분

| 절기후날수 | 양력 | 요일 | 음력 | 일진 | 大運 남·여 |
|---|---|---|---|---|---|
| 0 | 5/6 | 金 | 9 | 丙申 | 입하 |
| 1 | 7 | 土 | 10 | 丁酉 | 1·10 |
| 2 | 8 | 日 | 11 | 戊戌 | 1·10 |
| 3 | 9 | 月 | 12 | 己亥 | 1·9 |
| 4 | 10 | 火 | 13 | 庚子 | 1·9 |
| 5 | 11 | 水 | 14 | 辛丑 | 2·9 |
| 6 | 12 | 木 | 15 | 壬寅 | 2·8 |
| 7 | 13 | 金 | 16 | 癸卯 | 2·8 |
| 8 | 14 | 土 | 17 | 甲辰 | 3·8 |
| 9 | 15 | 日 | 18 | 乙巳 | 3·7 |
| 10 | 16 | 月 | 19 | 丙午 | 3·7 |
| 11 | 17 | 火 | 20 | 丁未 | 4·7 |
| 12 | 18 | 水 | 21 | 戊申 | 4·6 |
| 13 | 19 | 木 | 22 | 己酉 | 4·6 |
| 14 | 20 | 金 | 23 | 庚戌 | 5·6 |
| 15 | 21 | 土 | 24 | 辛亥 | 소만 |
| 16 | 22 | 日 | 25 | 壬子 | 5·5 |
| 17 | 23 | 月 | 26 | 癸丑 | 6·5 |
| 18 | 24 | 火 | 27 | 甲寅 | 6·4 |
| 19 | 25 | 水 | 28 | 乙卯 | 6·4 |
| 20 | 26 | 木 | 29 | 丙辰 | 7·4 |
| 21 | 27 | 金 | 30 | 丁巳 | 7·3 |
| 22 | 28 | 土 | 5/1 | 戊午 | 7·3 |
| 23 | 29 | 日 | 2 | 己未 | 8·3 |
| 24 | 30 | 月 | 3 | 庚申 | 8·2 |
| 25 | 31 | 火 | 4 | 辛酉 | 8·2 |
| 26 | 6/1 | 水 | 5 | 壬戌 | 9·2 |
| 27 | 2 | 木 | 6 | 癸亥 | 9·1 |
| 28 | 3 | 金 | 7 | 甲子 | 9·1 |
| 29 | 4 | 土 | 8 | 乙丑 | 10·1 |
| 30 | 5 | 日 | 9 | 丙寅 | 10·1 |
| 31 | | | | | |

## 망종절(庚午月)

芒種 6월6일 10시7분
夏至 6월22일 3시3분

| 절기후날수 | 양력 | 요일 | 음력 | 일진 | 大運 남·여 |
|---|---|---|---|---|---|
| 0 | 6/6 | 月 | 10 | 丁卯 | 망종 |
| 1 | 7 | 火 | 11 | 戊辰 | 1·10 |
| 2 | 8 | 水 | 12 | 己巳 | 1·10 |
| 3 | 9 | 木 | 13 | 庚午 | 1·9 |
| 4 | 10 | 金 | 14 | 辛未 | 1·9 |
| 5 | 11 | 土 | 15 | 壬申 | 2·9 |
| 6 | 12 | 日 | 16 | 癸酉 | 2·8 |
| 7 | 13 | 月 | 17 | 甲戌 | 2·8 |
| 8 | 14 | 火 | 18 | 乙亥 | 3·8 |
| 9 | 15 | 水 | 19 | 丙子 | 3·7 |
| 10 | 16 | 木 | 20 | 丁丑 | 3·7 |
| 11 | 17 | 金 | 21 | 戊寅 | 4·7 |
| 12 | 18 | 土 | 22 | 己卯 | 4·6 |
| 13 | 19 | 日 | 23 | 庚辰 | 4·6 |
| 14 | 20 | 月 | 24 | 辛巳 | 5·6 |
| 15 | 21 | 火 | 25 | 壬午 | 5·5 |
| 16 | 22 | 水 | 26 | 癸未 | 하지 |
| 17 | 23 | 木 | 27 | 甲申 | 6·5 |
| 18 | 24 | 金 | 28 | 乙酉 | 6·4 |
| 19 | 25 | 土 | 29 | 丙戌 | 6·4 |
| 20 | 26 | 日 | 6/1 | 丁亥 | 7·4 |
| 21 | 27 | 月 | 2 | 戊子 | 7·3 |
| 22 | 28 | 火 | 3 | 己丑 | 7·3 |
| 23 | 29 | 水 | 4 | 庚寅 | 8·3 |
| 24 | 30 | 木 | 5 | 辛卯 | 8·2 |
| 25 | 7/1 | 金 | 6 | 壬辰 | 8·2 |
| 26 | 2 | 土 | 7 | 癸巳 | 9·2 |
| 27 | 3 | 日 | 8 | 甲午 | 9·1 |
| 28 | 4 | 月 | 9 | 乙未 | 9·1 |
| 29 | 5 | 火 | 10 | 丙申 | 10·1 |
| 30 | 6 | 水 | 11 | 丁酉 | 10·1 |
| 31 | | | | | |

## 소서절(辛未月)

小暑 7월7일 20시32분
大暑 7월23일 13시57분

| 절기후날수 | 양력 | 요일 | 음력 | 일진 | 大運 남·여 |
|---|---|---|---|---|---|
| 0 | 7/7 | 木 | 12 | 戊戌 | 소서 |
| 1 | 8 | 金 | 13 | 己亥 | 1·10 |
| 2 | 9 | 土 | 14 | 庚子 | 1·10 |
| 3 | 10 | 日 | 15 | 辛丑 | 1·10 |
| 4 | 11 | 月 | 16 | 壬寅 | 1·9 |
| 5 | 12 | 火 | 17 | 癸卯 | 2·9 |
| 6 | 13 | 水 | 18 | 甲辰 | 2·9 |
| 7 | 14 | 木 | 19 | 乙巳 | 2·8 |
| 8 | 15 | 金 | 20 | 丙午 | 3·8 |
| 9 | 16 | 土 | 21 | 丁未 | 3·8 |
| 10 | 17 | 日 | 22 | 戊申 | 3·7 |
| 11 | 18 | 月 | 23 | 己酉 | 4·7 |
| 12 | 19 | 火 | 24 | 庚戌 | 4·7 |
| 13 | 20 | 水 | 25 | 辛亥 | 4·6 |
| 14 | 21 | 木 | 26 | 壬子 | 5·6 |
| 15 | 22 | 金 | 27 | 癸丑 | 5·6 |
| 16 | 23 | 土 | 28 | 甲寅 | 대서 |
| 17 | 24 | 日 | 29 | 乙卯 | 6·5 |
| 18 | 25 | 月 | 30 | 丙辰 | 6·5 |
| 19 | 26 | 火 | 7/1 | 丁巳 | 6·4 |
| 20 | 27 | 水 | 2 | 戊午 | 7·4 |
| 21 | 28 | 木 | 3 | 己未 | 7·4 |
| 22 | 29 | 金 | 4 | 庚申 | 7·3 |
| 23 | 30 | 土 | 5 | 辛酉 | 8·3 |
| 24 | 31 | 日 | 6 | 壬戌 | 8·3 |
| 25 | 8/1 | 月 | 7 | 癸亥 | 8·2 |
| 26 | 2 | 火 | 8 | 甲子 | 9·2 |
| 27 | 3 | 水 | 9 | 乙丑 | 9·2 |
| 28 | 4 | 木 | 10 | 丙寅 | 9·1 |
| 29 | 5 | 金 | 11 | 丁卯 | 10·1 |
| 30 | 6 | 土 | 12 | 戊辰 | 10·1 |
| 31 | 7 | 日 | 13 | 己巳 | 10·1 |

# 己丑年

| 절기후날수 | 입추절(壬申月) | | | | | 백로절(癸酉月) | | | | | 한로절(甲戌月) | | | | |
|---|---|---|---|---|---|---|---|---|---|---|---|---|---|---|---|
| | 立秋 8월8일 6시15분<br>處暑 8월23일 20시48분 | | | | | 白露 9월8일 8시54분<br>秋分 9월23일 18시6분 | | | | | 寒露 10월9일 0시11분<br>霜降 10월24일 3시3분 | | | | |
| | 양력 | 요일 | 음력 | 일진 | 大運 남·여 | 양력 | 요일 | 음력 | 일진 | 大運 남·여 | 양력 | 요일 | 음력 | 일진 | 大運 남·여 |
| 0 | 8/8 | 月 | 14 | 庚午 | 입추 | 9/8 | 木 | 윤16 | 辛丑 | 백로 | 10/9 | 日 | 18 | 壬申 | 한로 |
| 1 | 9 | 火 | 15 | 辛未 | 1·10 | 9 | 金 | 윤17 | 壬寅 | 1·10 | 10 | 月 | 19 | 癸酉 | 1·10 |
| 2 | 10 | 水 | 16 | 壬申 | 1·10 | 10 | 土 | 윤18 | 癸卯 | 1·10 | 11 | 火 | 20 | 甲戌 | 1·9 |
| 3 | 11 | 木 | 17 | 癸酉 | 1·9 | 11 | 日 | 윤19 | 甲辰 | 1·9 | 12 | 水 | 21 | 乙亥 | 1·9 |
| 4 | 12 | 金 | 18 | 甲戌 | 1·9 | 12 | 月 | 윤20 | 乙巳 | 1·9 | 13 | 木 | 22 | 丙子 | 1·9 |
| 5 | 13 | 土 | 19 | 乙亥 | 2·9 | 13 | 火 | 윤21 | 丙午 | 2·9 | 14 | 金 | 23 | 丁丑 | 2·8 |
| 6 | 14 | 日 | 20 | 丙子 | 2·8 | 14 | 水 | 윤22 | 丁未 | 2·8 | 15 | 土 | 24 | 戊寅 | 2·8 |
| 7 | 15 | 月 | 21 | 丁丑 | 2·8 | 15 | 木 | 윤23 | 戊申 | 2·8 | 16 | 日 | 25 | 己卯 | 2·8 |
| 8 | 16 | 火 | 22 | 戊寅 | 3·8 | 16 | 金 | 윤24 | 己酉 | 3·8 | 17 | 月 | 26 | 庚辰 | 3·7 |
| 9 | 17 | 水 | 23 | 己卯 | 3·7 | 17 | 土 | 윤25 | 庚戌 | 3·7 | 18 | 火 | 27 | 辛巳 | 3·7 |
| 10 | 18 | 木 | 24 | 庚辰 | 3·7 | 18 | 日 | 윤26 | 辛亥 | 3·7 | 19 | 水 | 28 | 壬午 | 3·7 |
| 11 | 19 | 金 | 25 | 辛巳 | 4·7 | 19 | 月 | 윤27 | 壬子 | 4·7 | 20 | 木 | 29 | 癸未 | 4·6 |
| 12 | 20 | 土 | 26 | 壬午 | 4·6 | 20 | 火 | 윤28 | 癸丑 | 4·6 | 21 | 金 | 30 | 甲申 | 4·6 |
| 13 | 21 | 日 | 27 | 癸未 | 4·6 | 21 | 水 | 윤29 | 甲寅 | 4·6 | 22 | 土 | 9/1 | 乙酉 | 4·6 |
| 14 | 22 | 月 | 28 | 甲申 | 5·6 | 22 | 木 | 8/1 | 乙卯 | 5·6 | 23 | 日 | 2 | 丙戌 | 5·5 |
| 15 | 23 | 火 | 29 | 乙酉 | 처서 | 23 | 金 | 2 | 丙辰 | 추분 | 24 | 月 | 3 | 丁亥 | 상강 |
| 16 | 24 | 水 | 윤1 | 丙戌 | 5·5 | 24 | 土 | 3 | 丁巳 | 5·5 | 25 | 火 | 4 | 戊子 | 5·5 |
| 17 | 25 | 木 | 윤2 | 丁亥 | 6·5 | 25 | 日 | 4 | 戊午 | 6·5 | 26 | 水 | 5 | 己丑 | 6·4 |
| 18 | 26 | 金 | 윤3 | 戊子 | 6·4 | 26 | 月 | 5 | 己未 | 6·4 | 27 | 木 | 6 | 庚寅 | 6·4 |
| 19 | 27 | 土 | 윤4 | 己丑 | 6·4 | 27 | 火 | 6 | 庚申 | 6·4 | 28 | 金 | 7 | 辛卯 | 6·4 |
| 20 | 28 | 日 | 윤5 | 庚寅 | 7·4 | 28 | 水 | 7 | 辛酉 | 7·4 | 29 | 土 | 8 | 壬辰 | 7·3 |
| 21 | 29 | 月 | 윤6 | 辛卯 | 7·3 | 29 | 木 | 8 | 壬戌 | 7·3 | 30 | 日 | 9 | 癸巳 | 7·3 |
| 22 | 30 | 火 | 윤7 | 壬辰 | 7·3 | 30 | 金 | 9 | 癸亥 | 7·3 | 31 | 月 | 10 | 甲午 | 7·3 |
| 23 | 31 | 水 | 윤8 | 癸巳 | 8·3 | 10/1 | 土 | 10 | 甲子 | 8·3 | 11/1 | 火 | 11 | 乙未 | 8·2 |
| 24 | 9/1 | 木 | 윤9 | 甲午 | 8·2 | 2 | 日 | 11 | 乙丑 | 8·2 | 2 | 水 | 12 | 丙申 | 8·2 |
| 25 | 2 | 金 | 윤10 | 乙未 | 8·2 | 3 | 月 | 12 | 丙寅 | 8·2 | 3 | 木 | 13 | 丁酉 | 8·2 |
| 26 | 3 | 土 | 윤11 | 丙申 | 9·2 | 4 | 火 | 13 | 丁卯 | 9·2 | 4 | 金 | 14 | 戊戌 | 9·1 |
| 27 | 4 | 日 | 윤12 | 丁酉 | 9·1 | 5 | 水 | 14 | 戊辰 | 9·1 | 5 | 土 | 15 | 己亥 | 9·1 |
| 28 | 5 | 月 | 윤13 | 戊戌 | 9·1 | 6 | 木 | 15 | 己巳 | 9·1 | 6 | 日 | 16 | 庚子 | 9·1 |
| 29 | 6 | 火 | 윤14 | 己亥 | 10·1 | 7 | 金 | 16 | 庚午 | 10·1 | 7 | 月 | 17 | 辛丑 | 10·1 |
| 30 | 7 | 水 | 윤15 | 庚子 | 10·1 | 8 | 土 | 17 | 辛未 | 10·1 | | | | | |
| 31 | | | | | | | | | | | | | | | |

| 절기후날수 | 입동절(乙亥月) | | | | | 대설절(丙子月) | | | | | 소한절(丁丑月) | | | | |
|---|---|---|---|---|---|---|---|---|---|---|---|---|---|---|---|
| | 立冬 11월8일 3시0분<br>小雪 11월23일 0시16분 | | | | | 大雪 12월7일 19시33분<br>冬至 12월22일 13시23분 | | | | | 小寒 1월6일 6시39분<br>大寒 1월20일 24시0분 | | | | |
| | 양력 | 요일 | 음력 | 일진 | 大運 남·여 | 양력 | 요일 | 음력 | 일진 | 大運 남·여 | 양력 | 요일 | 음력 | 일진 | 大運 남·여 |
| 0 | 11/8 | 火 | 18 | 壬寅 | 입동 | 12/7 | 水 | 18 | 辛未 | 대설 | 1/6 | 金 | 18 | 辛丑 | 소한 |
| 1 | 9 | 水 | 19 | 癸卯 | 1·9 | 8 | 木 | 19 | 壬申 | 1·10 | 7 | 土 | 19 | 壬寅 | 1·9 |
| 2 | 10 | 木 | 20 | 甲辰 | 1·9 | 9 | 金 | 20 | 癸酉 | 1·9 | 8 | 日 | 20 | 癸卯 | 1·9 |
| 3 | 11 | 金 | 21 | 乙巳 | 1·9 | 10 | 土 | 21 | 甲戌 | 1·9 | 9 | 月 | 21 | 甲辰 | 1·9 |
| 4 | 12 | 土 | 22 | 丙午 | 1·8 | 11 | 日 | 22 | 乙亥 | 1·9 | 10 | 火 | 22 | 乙巳 | 1·8 |
| 5 | 13 | 日 | 23 | 丁未 | 2·8 | 12 | 月 | 23 | 丙子 | 2·8 | 11 | 水 | 23 | 丙午 | 2·8 |
| 6 | 14 | 月 | 24 | 戊申 | 2·8 | 13 | 火 | 24 | 丁丑 | 2·8 | 12 | 木 | 24 | 丁未 | 2·8 |
| 7 | 15 | 火 | 25 | 己酉 | 2·7 | 14 | 水 | 25 | 戊寅 | 2·8 | 13 | 金 | 25 | 戊申 | 2·7 |
| 8 | 16 | 水 | 26 | 庚戌 | 3·7 | 15 | 木 | 26 | 己卯 | 3·7 | 14 | 土 | 26 | 己酉 | 3·7 |
| 9 | 17 | 木 | 27 | 辛亥 | 3·7 | 16 | 金 | 27 | 庚辰 | 3·7 | 15 | 日 | 27 | 庚戌 | 3·7 |
| 10 | 18 | 金 | 28 | 壬子 | 3·6 | 17 | 土 | 28 | 辛巳 | 3·7 | 16 | 月 | 28 | 辛亥 | 3·6 |
| 11 | 19 | 土 | 29 | 癸丑 | 4·6 | 18 | 日 | 29 | 壬午 | 4·6 | 17 | 火 | 29 | 壬子 | 4·6 |
| 12 | 20 | 日 | 10/1 | 甲寅 | 4·6 | 19 | 月 | 30 | 癸未 | 4·6 | 18 | 水 | 12/1 | 癸丑 | 4·6 |
| 13 | 21 | 月 | 2 | 乙卯 | 4·5 | 20 | 火 | 11/1 | 甲申 | 4·6 | 19 | 木 | 2 | 甲寅 | 4·5 |
| 14 | 22 | 火 | 3 | 丙辰 | 5·5 | 21 | 水 | 2 | 乙酉 | 5·5 | 20 | 金 | 3 | 乙卯 | 대한 |
| 15 | 23 | 水 | 4 | 丁巳 | 소설 | 22 | 木 | 3 | 丙戌 | 동지 | 21 | 土 | 4 | 丙辰 | 5·5 |
| 16 | 24 | 木 | 5 | 戊午 | 5·4 | 23 | 金 | 4 | 丁亥 | 5·5 | 22 | 日 | 5 | 丁巳 | 5·4 |
| 17 | 25 | 金 | 6 | 己未 | 6·4 | 24 | 土 | 5 | 戊子 | 6·4 | 23 | 月 | 6 | 戊午 | 6·4 |
| 18 | 26 | 土 | 7 | 庚申 | 6·4 | 25 | 日 | 6 | 己丑 | 6·4 | 24 | 火 | 7 | 己未 | 6·4 |
| 19 | 27 | 日 | 8 | 辛酉 | 6·3 | 26 | 月 | 7 | 庚寅 | 6·4 | 25 | 水 | 8 | 庚申 | 6·3 |
| 20 | 28 | 月 | 9 | 壬戌 | 7·3 | 27 | 火 | 8 | 辛卯 | 7·3 | 26 | 木 | 9 | 辛酉 | 7·3 |
| 21 | 29 | 火 | 10 | 癸亥 | 7·3 | 28 | 水 | 9 | 壬辰 | 7·3 | 27 | 金 | 10 | 壬戌 | 7·3 |
| 22 | 30 | 水 | 11 | 甲子 | 7·2 | 29 | 木 | 10 | 癸巳 | 7·3 | 28 | 土 | 11 | 癸亥 | 7·2 |
| 23 | 12/1 | 木 | 12 | 乙丑 | 8·2 | 30 | 金 | 11 | 甲午 | 8·2 | 29 | 日 | 12 | 甲子 | 8·2 |
| 24 | 2 | 金 | 13 | 丙寅 | 8·2 | 31 | 土 | 12 | 乙未 | 8·2 | 30 | 月 | 13 | 乙丑 | 8·2 |
| 25 | 3 | 土 | 14 | 丁卯 | 8·1 | 1/1 | 日 | 13 | 丙申 | 8·2 | 31 | 火 | 14 | 丙寅 | 8·1 |
| 26 | 4 | 日 | 15 | 戊辰 | 9·1 | 2 | 月 | 14 | 丁酉 | 9·1 | 2/1 | 水 | 15 | 丁卯 | 9·1 |
| 27 | 5 | 月 | 16 | 己巳 | 9·1 | 3 | 火 | 15 | 戊戌 | 9·1 | 2 | 木 | 16 | 戊辰 | 9·1 |
| 28 | 6 | 火 | 17 | 庚午 | 9·1 | 4 | 水 | 16 | 己亥 | 9·1 | 3 | 金 | 17 | 己巳 | 9·1 |
| 29 | | | | | | 5 | 木 | 17 | 庚子 | 10·1 | | | | | |
| 30 | | | | | | | | | | | | | | | |
| 31 | | | | | | | | | | | | | | | |

▶윤달-7월

# 서기 1950년 [단기 4283년]

| 절기후날수 | 입춘절(戊寅月) 立春 2월4일 18시21분 雨水 2월19일 14시18분 | | | | | 경칩절(己卯月) 驚蟄 3월6일 12시35분 春分 3월21일 13시35분 | | | | |
|---|---|---|---|---|---|---|---|---|---|---|
| | 양력 | 요일 | 음력 | 일진 | 大運 남·여 | 양력 | 요일 | 음력 | 일진 | 大運 남·여 |
| 0 | 2/4 | 土 | 18 | 庚午 | 입춘 | 3/6 | 月 | 18 | 庚子 | 경칩 |
| 1 | 5 | 日 | 19 | 辛未 | 10·1 | 7 | 火 | 19 | 辛丑 | 10·1 |
| 2 | 6 | 月 | 20 | 壬申 | 9·1 | 8 | 水 | 20 | 壬寅 | 9·1 |
| 3 | 7 | 火 | 21 | 癸酉 | 9·1 | 9 | 木 | 21 | 癸卯 | 9·1 |
| 4 | 8 | 水 | 22 | 甲戌 | 9·1 | 10 | 金 | 22 | 甲辰 | 9·1 |
| 5 | 9 | 木 | 23 | 乙亥 | 8·2 | 11 | 土 | 23 | 乙巳 | 8·2 |
| 6 | 10 | 金 | 24 | 丙子 | 8·2 | 12 | 日 | 24 | 丙午 | 8·2 |
| 7 | 11 | 土 | 25 | 丁丑 | 8·2 | 13 | 月 | 25 | 丁未 | 8·2 |
| 8 | 12 | 日 | 26 | 戊寅 | 7·3 | 14 | 火 | 26 | 戊申 | 7·3 |
| 9 | 13 | 月 | 27 | 己卯 | 7·3 | 15 | 水 | 27 | 己酉 | 7·3 |
| 10 | 14 | 火 | 28 | 庚辰 | 7·3 | 16 | 木 | 28 | 庚戌 | 7·3 |
| 11 | 15 | 水 | 29 | 辛巳 | 6·4 | 17 | 金 | 29 | 辛亥 | 6·4 |
| 12 | 16 | 木 | 30 | 壬午 | 6·4 | 18 | 土 | 30 | 壬子 | 6·4 |
| 13 | 17 | 金 | 1/1 | 癸未 | 6·4 | 19 | 日 | 2/1 | 癸丑 | 6·4 |
| 14 | 18 | 土 | 2 | 甲申 | 5·5 | 20 | 月 | 2 | 甲寅 | 5·5 |
| 15 | 19 | 日 | 3 | 乙酉 | 우수 | 21 | 火 | 3 | 乙卯 | 춘분 |
| 16 | 20 | 月 | 4 | 丙戌 | 5·5 | 22 | 水 | 4 | 丙辰 | 5·5 |
| 17 | 21 | 火 | 5 | 丁亥 | 4·6 | 23 | 木 | 5 | 丁巳 | 4·6 |
| 18 | 22 | 水 | 6 | 戊子 | 4·6 | 24 | 金 | 6 | 戊午 | 4·6 |
| 19 | 23 | 木 | 7 | 己丑 | 4·6 | 25 | 土 | 7 | 己未 | 4·6 |
| 20 | 24 | 金 | 8 | 庚寅 | 3·7 | 26 | 日 | 8 | 庚申 | 3·7 |
| 21 | 25 | 土 | 9 | 辛卯 | 3·7 | 27 | 月 | 9 | 辛酉 | 3·7 |
| 22 | 26 | 日 | 10 | 壬辰 | 3·7 | 28 | 火 | 10 | 壬戌 | 3·7 |
| 23 | 27 | 月 | 11 | 癸巳 | 2·8 | 29 | 水 | 11 | 癸亥 | 2·8 |
| 24 | 28 | 火 | 12 | 甲午 | 2·8 | 30 | 木 | 12 | 甲子 | 2·8 |
| 25 | 3/1 | 水 | 13 | 乙未 | 2·8 | 31 | 金 | 13 | 乙丑 | 2·8 |
| 26 | 2 | 木 | 14 | 丙申 | 1·9 | 4/1 | 土 | 14 | 丙寅 | 1·9 |
| 27 | 3 | 金 | 15 | 丁酉 | 1·9 | 2 | 日 | 15 | 丁卯 | 1·9 |
| 28 | 4 | 土 | 16 | 戊戌 | 1·9 | 3 | 月 | 16 | 戊辰 | 1·9 |
| 29 | 5 | 日 | 17 | 己亥 | 1·10 | 4 | 火 | 17 | 己巳 | 1·10 |
| 30 | | | | | | | | | | |
| 31 | | | | | | | | | | |

| 절기후날수 | 청명절(庚辰月) 清明 4월5일 17시44분 穀雨 4월21일 0시59분 | | | | | 입하절(辛巳月) 立夏 5월6일 11시25분 小滿 5월22일 0시27분 | | | | |
|---|---|---|---|---|---|---|---|---|---|---|
| | 양력 | 요일 | 음력 | 일진 | 大運 남·여 | 양력 | 요일 | 음력 | 일진 | 大運 남·여 |
| 0 | 4/5 | 水 | 18 | 庚午 | 청명 | 5/6 | 土 | 20 | 辛丑 | 입하 |
| 1 | 6 | 木 | 19 | 辛未 | 10·1 | 7 | 日 | 21 | 壬寅 | 10·1 |
| 2 | 7 | 金 | 20 | 壬申 | 10·1 | 8 | 月 | 22 | 癸卯 | 10·1 |
| 3 | 8 | 土 | 21 | 癸酉 | 9·1 | 9 | 火 | 23 | 甲辰 | 9·1 |
| 4 | 9 | 日 | 22 | 甲戌 | 9·1 | 10 | 水 | 24 | 乙巳 | 9·1 |
| 5 | 10 | 月 | 23 | 乙亥 | 9·2 | 11 | 木 | 25 | 丙午 | 9·2 |
| 6 | 11 | 火 | 24 | 丙子 | 8·2 | 12 | 金 | 26 | 丁未 | 8·2 |
| 7 | 12 | 水 | 25 | 丁丑 | 8·2 | 13 | 土 | 27 | 戊申 | 8·2 |
| 8 | 13 | 木 | 26 | 戊寅 | 8·3 | 14 | 日 | 28 | 己酉 | 8·3 |
| 9 | 14 | 金 | 27 | 己卯 | 7·3 | 15 | 月 | 29 | 庚戌 | 7·3 |
| 10 | 15 | 土 | 28 | 庚辰 | 7·3 | 16 | 火 | 30 | 辛亥 | 7·3 |
| 11 | 16 | 日 | 29 | 辛巳 | 7·4 | 17 | 水 | 4/1 | 壬子 | 7·4 |
| 12 | 17 | 月 | 3/1 | 壬午 | 6·4 | 18 | 木 | 2 | 癸丑 | 6·4 |
| 13 | 18 | 火 | 2 | 癸未 | 6·4 | 19 | 金 | 3 | 甲寅 | 6·4 |
| 14 | 19 | 水 | 3 | 甲申 | 6·5 | 20 | 土 | 4 | 乙卯 | 6·5 |
| 15 | 20 | 木 | 4 | 乙酉 | 5·5 | 21 | 日 | 5 | 丙辰 | 5·5 |
| 16 | 21 | 金 | 5 | 丙戌 | 곡우 | 22 | 月 | 6 | 丁巳 | 소만 |
| 17 | 22 | 土 | 6 | 丁亥 | 5·6 | 23 | 火 | 7 | 戊午 | 5·6 |
| 18 | 23 | 日 | 7 | 戊子 | 4·6 | 24 | 水 | 8 | 己未 | 4·6 |
| 19 | 24 | 月 | 8 | 己丑 | 4·6 | 25 | 木 | 9 | 庚申 | 4·6 |
| 20 | 25 | 火 | 9 | 庚寅 | 4·7 | 26 | 金 | 10 | 辛酉 | 4·7 |
| 21 | 26 | 水 | 10 | 辛卯 | 3·7 | 27 | 土 | 11 | 壬戌 | 3·7 |
| 22 | 27 | 木 | 11 | 壬辰 | 3·7 | 28 | 日 | 12 | 癸亥 | 3·7 |
| 23 | 28 | 金 | 12 | 癸巳 | 3·8 | 29 | 月 | 13 | 甲子 | 3·8 |
| 24 | 29 | 土 | 13 | 甲午 | 2·8 | 30 | 火 | 14 | 乙丑 | 2·8 |
| 25 | 30 | 日 | 14 | 乙未 | 2·8 | 31 | 水 | 15 | 丙寅 | 2·8 |
| 26 | 5/1 | 月 | 15 | 丙申 | 2·9 | 6/1 | 木 | 16 | 丁卯 | 2·9 |
| 27 | 2 | 火 | 16 | 丁酉 | 1·9 | 2 | 金 | 17 | 戊辰 | 1·9 |
| 28 | 3 | 水 | 17 | 戊戌 | 1·9 | 3 | 土 | 18 | 己巳 | 1·9 |
| 29 | 4 | 木 | 18 | 己亥 | 1·10 | 4 | 日 | 19 | 庚午 | 1·10 |
| 30 | 5 | 金 | 19 | 庚子 | 1·10 | 5 | 月 | 20 | 辛未 | 1·10 |
| 31 | | | | | | | | | | |

| 절기후날수 | 망종절(壬午月) 芒種 6월6일 15시51분 夏至 6월22일 8시36분 | | | | | 소서절(癸未月) 小暑 7월8일 2시13분 大暑 7월23일 19시30분 | | | | |
|---|---|---|---|---|---|---|---|---|---|---|
| | 양력 | 요일 | 음력 | 일진 | 大運 남·여 | 양력 | 요일 | 음력 | 일진 | 大運 남·여 |
| 0 | 6/6 | 火 | 21 | 壬申 | 망종 | 7/8 | 土 | 23 | 甲辰 | 소서 |
| 1 | 7 | 水 | 22 | 癸酉 | 10·1 | 9 | 日 | 24 | 乙巳 | 10·1 |
| 2 | 8 | 木 | 23 | 甲戌 | 10·1 | 10 | 月 | 25 | 丙午 | 10·1 |
| 3 | 9 | 金 | 24 | 乙亥 | 10·1 | 11 | 火 | 26 | 丁未 | 9·1 |
| 4 | 10 | 土 | 25 | 丙子 | 9·1 | 12 | 水 | 27 | 戊申 | 9·1 |
| 5 | 11 | 日 | 26 | 丁丑 | 9·2 | 13 | 木 | 28 | 己酉 | 9·2 |
| 6 | 12 | 月 | 27 | 戊寅 | 9·2 | 14 | 金 | 29 | 庚戌 | 8·2 |
| 7 | 13 | 火 | 28 | 己卯 | 8·2 | 15 | 土 | 6/1 | 辛亥 | 8·2 |
| 8 | 14 | 水 | 29 | 庚辰 | 8·3 | 16 | 日 | 2 | 壬子 | 8·3 |
| 9 | 15 | 木 | 30 | 辛巳 | 8·3 | 17 | 月 | 3 | 癸丑 | 7·3 |
| 10 | 16 | 金 | 5/1 | 壬午 | 7·3 | 18 | 火 | 4 | 甲寅 | 7·3 |
| 11 | 17 | 土 | 2 | 癸未 | 7·4 | 19 | 水 | 5 | 乙卯 | 7·4 |
| 12 | 18 | 日 | 3 | 甲申 | 7·4 | 20 | 木 | 6 | 丙辰 | 6·4 |
| 13 | 19 | 月 | 4 | 乙酉 | 6·4 | 21 | 金 | 7 | 丁巳 | 6·4 |
| 14 | 20 | 火 | 5 | 丙戌 | 6·5 | 22 | 土 | 8 | 戊午 | 6·5 |
| 15 | 21 | 水 | 6 | 丁亥 | 6·5 | 23 | 日 | 9 | 己未 | 대서 |
| 16 | 22 | 木 | 7 | 戊子 | 하지 | 24 | 月 | 10 | 庚申 | 5·5 |
| 17 | 23 | 金 | 8 | 己丑 | 5·6 | 25 | 火 | 11 | 辛酉 | 5·6 |
| 18 | 24 | 土 | 9 | 庚寅 | 5·6 | 26 | 水 | 12 | 壬戌 | 4·6 |
| 19 | 25 | 日 | 10 | 辛卯 | 4·6 | 27 | 木 | 13 | 癸亥 | 4·6 |
| 20 | 26 | 月 | 11 | 壬辰 | 4·7 | 28 | 金 | 14 | 甲子 | 4·7 |
| 21 | 27 | 火 | 12 | 癸巳 | 4·7 | 29 | 土 | 15 | 乙丑 | 3·7 |
| 22 | 28 | 水 | 13 | 甲午 | 3·7 | 30 | 日 | 16 | 丙寅 | 3·7 |
| 23 | 29 | 木 | 14 | 乙未 | 3·8 | 31 | 月 | 17 | 丁卯 | 3·8 |
| 24 | 30 | 金 | 15 | 丙申 | 3·8 | 8/1 | 火 | 18 | 戊辰 | 2·8 |
| 25 | 7/1 | 土 | 16 | 丁酉 | 2·8 | 2 | 水 | 19 | 己巳 | 2·8 |
| 26 | 2 | 日 | 17 | 戊戌 | 2·9 | 3 | 木 | 20 | 庚午 | 2·9 |
| 27 | 3 | 月 | 18 | 己亥 | 2·9 | 4 | 金 | 21 | 辛未 | 1·9 |
| 28 | 4 | 火 | 19 | 庚子 | 1·9 | 5 | 土 | 22 | 壬申 | 1·9 |
| 29 | 5 | 水 | 20 | 辛丑 | 1·10 | 6 | 日 | 23 | 癸酉 | 1·10 |
| 30 | 6 | 木 | 21 | 壬寅 | 1·10 | 7 | 月 | 24 | 甲戌 | 1·10 |
| 31 | 7 | 金 | 22 | 癸卯 | 1·10 | | | | | |

# 庚寅年

| 절기후날수 | 입추절(甲申月) | | | | | | 백로절(乙酉月) | | | | | | 한로절(丙戌月) | | | | | |
|---|---|---|---|---|---|---|---|---|---|---|---|---|---|---|---|---|---|---|
| | 立秋 8월8일 11시55분<br>處暑 8월24일 2시23분 | | | | | | 白露 9월8일 14시34분<br>秋分 9월23일 23시44분 | | | | | | 寒露 10월9일 5시52분<br>霜降 10월24일 8시45분 | | | | | |
| | 양력 | 요일 | 음력 | 일진 | 大運 남 | 大運 여 | 양력 | 요일 | 음력 | 일진 | 大運 남 | 大運 여 | 양력 | 요일 | 음력 | 일진 | 大運 남 | 大運 여 |
| 0 | 8/8 | 火 | 25 | 乙亥 | 입추 | | 9/8 | 金 | 26 | 丙午 | 백로 | | 10/9 | 月 | 28 | 丁丑 | 한로 | |
| 1 | 9 | 水 | 26 | 丙子 | 10 | 1 | 9 | 土 | 27 | 丁未 | 10 | 1 | 10 | 火 | 29 | 戊寅 | 10 | 1 |
| 2 | 10 | 木 | 27 | 丁丑 | 10 | 1 | 10 | 日 | 28 | 戊申 | 10 | 1 | 11 | 水 | 9/1 | 己卯 | 9 | 1 |
| 3 | 11 | 金 | 28 | 戊寅 | 9 | 1 | 11 | 月 | 29 | 己酉 | 9 | 1 | 12 | 木 | 2 | 庚辰 | 9 | 1 |
| 4 | 12 | 土 | 29 | 己卯 | 9 | 1 | 12 | 火 | 8/1 | 庚戌 | 9 | 1 | 13 | 金 | 3 | 辛巳 | 9 | 1 |
| 5 | 13 | 日 | 30 | 庚辰 | 9 | 2 | 13 | 水 | 2 | 辛亥 | 9 | 2 | 14 | 土 | 4 | 壬午 | 8 | 2 |
| 6 | 14 | 月 | 7/1 | 辛巳 | 8 | 2 | 14 | 木 | 3 | 壬子 | 8 | 2 | 15 | 日 | 5 | 癸未 | 8 | 2 |
| 7 | 15 | 火 | 2 | 壬午 | 8 | 2 | 15 | 金 | 4 | 癸丑 | 8 | 2 | 16 | 月 | 6 | 甲申 | 8 | 2 |
| 8 | 16 | 水 | 3 | 癸未 | 8 | 3 | 16 | 土 | 5 | 甲寅 | 8 | 3 | 17 | 火 | 7 | 乙酉 | 7 | 3 |
| 9 | 17 | 木 | 4 | 甲申 | 7 | 3 | 17 | 日 | 6 | 乙卯 | 7 | 3 | 18 | 水 | 8 | 丙戌 | 7 | 3 |
| 10 | 18 | 金 | 5 | 乙酉 | 7 | 3 | 18 | 月 | 7 | 丙辰 | 7 | 3 | 19 | 木 | 9 | 丁亥 | 7 | 3 |
| 11 | 19 | 土 | 6 | 丙戌 | 7 | 4 | 19 | 火 | 8 | 丁巳 | 7 | 4 | 20 | 金 | 10 | 戊子 | 6 | 4 |
| 12 | 20 | 日 | 7 | 丁亥 | 6 | 4 | 20 | 水 | 9 | 戊午 | 6 | 4 | 21 | 土 | 11 | 己丑 | 6 | 4 |
| 13 | 21 | 月 | 8 | 戊子 | 6 | 4 | 21 | 木 | 10 | 己未 | 6 | 4 | 22 | 日 | 12 | 庚寅 | 6 | 4 |
| 14 | 22 | 火 | 9 | 己丑 | 6 | 5 | 22 | 金 | 11 | 庚申 | 6 | 5 | 23 | 月 | 13 | 辛卯 | 5 | 5 |
| 15 | 23 | 水 | 10 | 庚寅 | 5 | 5 | 23 | 土 | 12 | 辛酉 | 추분 | | 24 | 火 | 14 | 壬辰 | 상강 | |
| 16 | 24 | 木 | 11 | 辛卯 | 처서 | | 24 | 日 | 13 | 壬戌 | 5 | 5 | 25 | 水 | 15 | 癸巳 | 5 | 5 |
| 17 | 25 | 金 | 12 | 壬辰 | 5 | 6 | 25 | 月 | 14 | 癸亥 | 5 | 6 | 26 | 木 | 16 | 甲午 | 4 | 6 |
| 18 | 26 | 土 | 13 | 癸巳 | 4 | 6 | 26 | 火 | 15 | 甲子 | 4 | 6 | 27 | 金 | 17 | 乙未 | 4 | 6 |
| 19 | 27 | 日 | 14 | 甲午 | 4 | 6 | 27 | 水 | 16 | 乙丑 | 4 | 6 | 28 | 土 | 18 | 丙申 | 4 | 6 |
| 20 | 28 | 月 | 15 | 乙未 | 4 | 7 | 28 | 木 | 17 | 丙寅 | 4 | 7 | 29 | 日 | 19 | 丁酉 | 3 | 7 |
| 21 | 29 | 火 | 16 | 丙申 | 3 | 7 | 29 | 金 | 18 | 丁卯 | 3 | 7 | 30 | 月 | 20 | 戊戌 | 3 | 7 |
| 22 | 30 | 水 | 17 | 丁酉 | 3 | 7 | 30 | 土 | 19 | 戊辰 | 3 | 7 | 31 | 火 | 21 | 己亥 | 3 | 7 |
| 23 | 31 | 木 | 18 | 戊戌 | 3 | 8 | 10/1 | 日 | 20 | 己巳 | 3 | 8 | 11/1 | 水 | 22 | 庚子 | 2 | 8 |
| 24 | 9/1 | 金 | 19 | 己亥 | 2 | 8 | 2 | 月 | 21 | 庚午 | 2 | 8 | 2 | 木 | 23 | 辛丑 | 2 | 8 |
| 25 | 2 | 土 | 20 | 庚子 | 2 | 8 | 3 | 火 | 22 | 辛未 | 2 | 8 | 3 | 金 | 24 | 壬寅 | 2 | 8 |
| 26 | 3 | 日 | 21 | 辛丑 | 2 | 9 | 4 | 水 | 23 | 壬申 | 2 | 9 | 4 | 土 | 25 | 癸卯 | 1 | 9 |
| 27 | 4 | 月 | 22 | 壬寅 | 1 | 9 | 5 | 木 | 24 | 癸酉 | 1 | 9 | 5 | 日 | 26 | 甲辰 | 1 | 9 |
| 28 | 5 | 火 | 23 | 癸卯 | 1 | 9 | 6 | 金 | 25 | 甲戌 | 1 | 9 | 6 | 月 | 27 | 乙巳 | 1 | 9 |
| 29 | 6 | 水 | 24 | 甲辰 | 1 | 10 | 7 | 土 | 26 | 乙亥 | 1 | 10 | 7 | 火 | 28 | 丙午 | 1 | 10 |
| 30 | 7 | 木 | 25 | 乙巳 | 1 | 10 | 8 | 日 | 27 | 丙子 | 1 | 10 | | | | | | |
| 31 | | | | | | | | | | | | | | | | | | |

| 절기후날수 | 입동절(丁亥月) | | | | | | 대설절(戊子月) | | | | | | 소한절(己丑月) | | | | | |
|---|---|---|---|---|---|---|---|---|---|---|---|---|---|---|---|---|---|---|
| | 立冬 11월8일 8시44분<br>小雪 11월23일 6시3분 | | | | | | 大雪 12월8일 1시22분<br>冬至 12월22일 19시13분 | | | | | | 小寒 1월6일 12시30분<br>大寒 1월21일 5시52분 | | | | | |
| | 양력 | 요일 | 음력 | 일진 | 大運 남 | 大運 여 | 양력 | 요일 | 음력 | 일진 | 大運 남 | 大運 여 | 양력 | 요일 | 음력 | 일진 | 大運 남 | 大運 여 |
| 0 | 11/8 | 水 | 29 | 丁未 | 입동 | | 12/8 | 金 | 29 | 丁丑 | 대설 | | 1/6 | 土 | 29 | 丙午 | 소한 | |
| 1 | 9 | 木 | 30 | 戊申 | 10 | 1 | 9 | 土 | 11/1 | 戊寅 | 9 | 1 | 7 | 日 | 30 | 丁未 | 10 | 1 |
| 2 | 10 | 金 | 10/1 | 己酉 | 9 | 1 | 10 | 日 | 2 | 己卯 | 9 | 1 | 8 | 月 | 12/1 | 戊申 | 9 | 1 |
| 3 | 11 | 土 | 2 | 庚戌 | 9 | 1 | 11 | 月 | 3 | 庚辰 | 9 | 1 | 9 | 火 | 2 | 己酉 | 9 | 1 |
| 4 | 12 | 日 | 3 | 辛亥 | 9 | 1 | 12 | 火 | 4 | 辛巳 | 8 | 1 | 10 | 水 | 3 | 庚戌 | 9 | 1 |
| 5 | 13 | 月 | 4 | 壬子 | 8 | 2 | 13 | 水 | 5 | 壬午 | 8 | 2 | 11 | 木 | 4 | 辛亥 | 8 | 2 |
| 6 | 14 | 火 | 5 | 癸丑 | 8 | 2 | 14 | 木 | 6 | 癸未 | 8 | 2 | 12 | 金 | 5 | 壬子 | 8 | 2 |
| 7 | 15 | 水 | 6 | 甲寅 | 8 | 2 | 15 | 金 | 7 | 甲申 | 7 | 2 | 13 | 土 | 6 | 癸丑 | 8 | 2 |
| 8 | 16 | 木 | 7 | 乙卯 | 7 | 3 | 16 | 土 | 8 | 乙酉 | 7 | 3 | 14 | 日 | 7 | 甲寅 | 7 | 3 |
| 9 | 17 | 金 | 8 | 丙辰 | 7 | 3 | 17 | 日 | 9 | 丙戌 | 7 | 3 | 15 | 月 | 8 | 乙卯 | 7 | 3 |
| 10 | 18 | 土 | 9 | 丁巳 | 7 | 3 | 18 | 月 | 10 | 丁亥 | 6 | 3 | 16 | 火 | 9 | 丙辰 | 7 | 3 |
| 11 | 19 | 日 | 10 | 戊午 | 6 | 4 | 19 | 火 | 11 | 戊子 | 6 | 4 | 17 | 水 | 10 | 丁巳 | 6 | 4 |
| 12 | 20 | 月 | 11 | 己未 | 6 | 4 | 20 | 水 | 12 | 己丑 | 6 | 4 | 18 | 木 | 11 | 戊午 | 6 | 4 |
| 13 | 21 | 火 | 12 | 庚申 | 6 | 4 | 21 | 木 | 13 | 庚寅 | 5 | 4 | 19 | 金 | 12 | 己未 | 6 | 4 |
| 14 | 22 | 水 | 13 | 辛酉 | 5 | 5 | 22 | 金 | 14 | 辛卯 | 동지 | | 20 | 土 | 13 | 庚申 | 5 | 5 |
| 15 | 23 | 木 | 14 | 壬戌 | 소설 | | 23 | 土 | 15 | 壬辰 | 5 | 5 | 21 | 日 | 14 | 辛酉 | 대한 | |
| 16 | 24 | 金 | 15 | 癸亥 | 5 | 5 | 24 | 日 | 16 | 癸巳 | 4 | 5 | 22 | 月 | 15 | 壬戌 | 5 | 5 |
| 17 | 25 | 土 | 16 | 甲子 | 4 | 6 | 25 | 月 | 17 | 甲午 | 4 | 6 | 23 | 火 | 16 | 癸亥 | 4 | 6 |
| 18 | 26 | 日 | 17 | 乙丑 | 4 | 6 | 26 | 火 | 18 | 乙未 | 4 | 6 | 24 | 水 | 17 | 甲子 | 4 | 6 |
| 19 | 27 | 月 | 18 | 丙寅 | 4 | 6 | 27 | 水 | 19 | 丙申 | 3 | 6 | 25 | 木 | 18 | 乙丑 | 4 | 6 |
| 20 | 28 | 火 | 19 | 丁卯 | 3 | 7 | 28 | 木 | 20 | 丁酉 | 3 | 7 | 26 | 金 | 19 | 丙寅 | 3 | 7 |
| 21 | 29 | 水 | 20 | 戊辰 | 3 | 7 | 29 | 金 | 21 | 戊戌 | 3 | 7 | 27 | 土 | 20 | 丁卯 | 3 | 7 |
| 22 | 30 | 木 | 21 | 己巳 | 3 | 7 | 30 | 土 | 22 | 己亥 | 2 | 7 | 28 | 日 | 21 | 戊辰 | 3 | 7 |
| 23 | 12/1 | 金 | 22 | 庚午 | 2 | 8 | 31 | 日 | 23 | 庚子 | 2 | 8 | 29 | 月 | 22 | 己巳 | 2 | 8 |
| 24 | 2 | 土 | 23 | 辛未 | 2 | 8 | 1/1 | 月 | 24 | 辛丑 | 2 | 8 | 30 | 火 | 23 | 庚午 | 2 | 8 |
| 25 | 3 | 日 | 24 | 壬申 | 2 | 8 | 2 | 火 | 25 | 壬寅 | 1 | 8 | 31 | 水 | 24 | 辛未 | 2 | 8 |
| 26 | 4 | 月 | 25 | 癸酉 | 1 | 9 | 3 | 水 | 26 | 癸卯 | 1 | 9 | 2/1 | 木 | 25 | 壬申 | 1 | 9 |
| 27 | 5 | 火 | 26 | 甲戌 | 1 | 9 | 4 | 木 | 27 | 甲辰 | 1 | 9 | 2 | 金 | 26 | 癸酉 | 1 | 9 |
| 28 | 6 | 水 | 27 | 乙亥 | 1 | 9 | 5 | 金 | 28 | 乙巳 | 1 | 9 | 3 | 土 | 27 | 甲戌 | 1 | 9 |
| 29 | 7 | 木 | 28 | 丙子 | 1 | 10 | | | | | | | 4 | 日 | 28 | 乙亥 | 1 | 10 |
| 30 | | | | | | | | | | | | | | | | | | |
| 31 | | | | | | | | | | | | | | | | | | |

# 서기 1951년 [단기 4284년]

| 절기후날수 | 입춘절(庚寅月) 立春 2월 5일 0시13분 雨水 2월19일 20시10분 | | | | | 경칩절(辛卯月) 驚蟄 3월6일 18시27분 春分 3월21일 19시26분 | | | | | 청명절(壬辰月) 淸明 4월5일 23시33분 穀雨 4월21일 6시48분 | | | | |
|---|---|---|---|---|---|---|---|---|---|---|---|---|---|---|---|
| | 양력 | 요일 | 음력 | 일진 | 大運 남·여 | 양력 | 요일 | 음력 | 일진 | 大運 남·여 | 양력 | 요일 | 음력 | 일진 | 大運 남·여 |
| 0 | 2/5 | 月 | 29 | 丙子 | 입춘 | 3/6 | 火 | 29 | 乙巳 | 경칩 | 4/5 | 木 | 29 | 乙亥 | 청명 |
| 1 | 6 | 火 | 1/1 | 丁丑 | 1·9 | 7 | 水 | 30 | 丙午 | 1·10 | 6 | 金 | 3/1 | 丙子 | 1·10 |
| 2 | 7 | 水 | 2 | 戊寅 | 1·9 | 8 | 木 | 2/1 | 丁未 | 1·9 | 7 | 土 | 2 | 丁丑 | 1·10 |
| 3 | 8 | 木 | 3 | 己卯 | 1·9 | 9 | 金 | 2 | 戊申 | 1·9 | 8 | 日 | 3 | 戊寅 | 1·9 |
| 4 | 9 | 金 | 4 | 庚辰 | 1·8 | 10 | 土 | 3 | 己酉 | 1·9 | 9 | 月 | 4 | 己卯 | 1·9 |
| 5 | 10 | 土 | 5 | 辛巳 | 2·8 | 11 | 日 | 4 | 庚戌 | 2·8 | 10 | 火 | 5 | 庚辰 | 2·9 |
| 6 | 11 | 日 | 6 | 壬午 | 2·8 | 12 | 月 | 5 | 辛亥 | 2·8 | 11 | 水 | 6 | 辛巳 | 2·8 |
| 7 | 12 | 月 | 7 | 癸未 | 2·7 | 13 | 火 | 6 | 壬子 | 2·8 | 12 | 木 | 7 | 壬午 | 2·8 |
| 8 | 13 | 火 | 8 | 甲申 | 3·7 | 14 | 水 | 7 | 癸丑 | 3·7 | 13 | 金 | 8 | 癸未 | 3·8 |
| 9 | 14 | 水 | 9 | 乙酉 | 3·7 | 15 | 木 | 8 | 甲寅 | 3·7 | 14 | 土 | 9 | 甲申 | 3·7 |
| 10 | 15 | 木 | 10 | 丙戌 | 3·6 | 16 | 金 | 9 | 乙卯 | 3·7 | 15 | 日 | 10 | 乙酉 | 3·7 |
| 11 | 16 | 金 | 11 | 丁亥 | 4·6 | 17 | 土 | 10 | 丙辰 | 4·6 | 16 | 月 | 11 | 丙戌 | 4·7 |
| 12 | 17 | 土 | 12 | 戊子 | 4·6 | 18 | 日 | 11 | 丁巳 | 4·6 | 17 | 火 | 12 | 丁亥 | 4·6 |
| 13 | 18 | 日 | 13 | 己丑 | 4·5 | 19 | 月 | 12 | 戊午 | 4·6 | 18 | 水 | 13 | 戊子 | 4·6 |
| 14 | 19 | 月 | 14 | 庚寅 | 우수 | 20 | 火 | 13 | 己未 | 5·5 | 19 | 木 | 14 | 己丑 | 5·6 |
| 15 | 20 | 火 | 15 | 辛卯 | 5·5 | 21 | 水 | 14 | 庚申 | 춘분 | 20 | 金 | 15 | 庚寅 | 5·5 |
| 16 | 21 | 水 | 16 | 壬辰 | 5·4 | 22 | 木 | 15 | 辛酉 | 5·5 | 21 | 土 | 16 | 辛卯 | 곡우 |
| 17 | 22 | 木 | 17 | 癸巳 | 6·4 | 23 | 金 | 16 | 壬戌 | 6·4 | 22 | 日 | 17 | 壬辰 | 6·5 |
| 18 | 23 | 金 | 18 | 甲午 | 6·4 | 24 | 土 | 17 | 癸亥 | 6·4 | 23 | 月 | 18 | 癸巳 | 6·4 |
| 19 | 24 | 土 | 19 | 乙未 | 6·3 | 25 | 日 | 18 | 甲子 | 6·4 | 24 | 火 | 19 | 甲午 | 6·4 |
| 20 | 25 | 日 | 20 | 丙申 | 7·3 | 26 | 月 | 19 | 乙丑 | 7·3 | 25 | 水 | 20 | 乙未 | 7·4 |
| 21 | 26 | 月 | 21 | 丁酉 | 7·3 | 27 | 火 | 20 | 丙寅 | 7·3 | 26 | 木 | 21 | 丙申 | 7·3 |
| 22 | 27 | 火 | 22 | 戊戌 | 7·2 | 28 | 水 | 21 | 丁卯 | 7·3 | 27 | 金 | 22 | 丁酉 | 7·3 |
| 23 | 28 | 水 | 23 | 己亥 | 8·2 | 29 | 木 | 22 | 戊辰 | 8·2 | 28 | 土 | 23 | 戊戌 | 8·3 |
| 24 | 3/1 | 木 | 24 | 庚子 | 8·2 | 30 | 金 | 23 | 己巳 | 8·2 | 29 | 日 | 24 | 己亥 | 8·2 |
| 25 | 2 | 金 | 25 | 辛丑 | 8·1 | 31 | 土 | 24 | 庚午 | 8·2 | 30 | 月 | 25 | 庚子 | 8·2 |
| 26 | 3 | 土 | 26 | 壬寅 | 9·1 | 4/1 | 日 | 25 | 辛未 | 9·1 | 5/1 | 火 | 26 | 辛丑 | 9·2 |
| 27 | 4 | 日 | 27 | 癸卯 | 9·1 | 2 | 月 | 26 | 壬申 | 9·1 | 2 | 水 | 27 | 壬寅 | 9·1 |
| 28 | 5 | 月 | 28 | 甲辰 | 9·1 | 3 | 火 | 27 | 癸酉 | 9·1 | 3 | 木 | 28 | 癸卯 | 9·1 |
| 29 | | | | | | 4 | 水 | 28 | 甲戌 | 10·1 | 4 | 金 | 29 | 甲辰 | 10·1 |
| 30 | | | | | | | | | | | 5 | 土 | 30 | 乙巳 | 10·1 |
| 31 | | | | | | | | | | | | | | | |

| 절기후날수 | 입하절(癸巳月) 立夏 5월6일 17시9분 小滿 5월22일 6시15분 | | | | | 망종절(甲午月) 芒種 6월6일 21시33분 夏至 6월22일 14시25분 | | | | | 소서절(乙未月) 小暑 7월8일 7시54분 大暑 7월24일 1시21분 | | | | |
|---|---|---|---|---|---|---|---|---|---|---|---|---|---|---|---|
| | 양력 | 요일 | 음력 | 일진 | 大運 남·여 | 양력 | 요일 | 음력 | 일진 | 大運 남·여 | 양력 | 요일 | 음력 | 일진 | 大運 남·여 |
| 0 | 5/6 | 日 | 4/1 | 丙午 | 입하 | 6/6 | 水 | 2 | 丁丑 | 망종 | 7/8 | 日 | 5 | 己酉 | 소서 |
| 1 | 7 | 月 | 2 | 丁未 | 1·10 | 7 | 木 | 3 | 戊寅 | 1·10 | 9 | 月 | 6 | 庚戌 | 1·10 |
| 2 | 8 | 火 | 3 | 戊申 | 1·10 | 8 | 金 | 4 | 己卯 | 1·10 | 10 | 火 | 7 | 辛亥 | 1·10 |
| 3 | 9 | 水 | 4 | 己酉 | 1·9 | 9 | 土 | 5 | 庚辰 | 1·10 | 11 | 水 | 8 | 壬子 | 1·9 |
| 4 | 10 | 木 | 5 | 庚戌 | 1·9 | 10 | 日 | 6 | 辛巳 | 1·9 | 12 | 木 | 9 | 癸丑 | 1·9 |
| 5 | 11 | 金 | 6 | 辛亥 | 2·9 | 11 | 月 | 7 | 壬午 | 2·9 | 13 | 金 | 10 | 甲寅 | 2·9 |
| 6 | 12 | 土 | 7 | 壬子 | 2·8 | 12 | 火 | 8 | 癸未 | 2·9 | 14 | 土 | 11 | 乙卯 | 2·8 |
| 7 | 13 | 日 | 8 | 癸丑 | 2·8 | 13 | 水 | 9 | 甲申 | 2·8 | 15 | 日 | 12 | 丙辰 | 2·8 |
| 8 | 14 | 月 | 9 | 甲寅 | 3·8 | 14 | 木 | 10 | 乙酉 | 3·8 | 16 | 月 | 13 | 丁巳 | 3·8 |
| 9 | 15 | 火 | 10 | 乙卯 | 3·7 | 15 | 金 | 11 | 丙戌 | 3·8 | 17 | 火 | 14 | 戊午 | 3·7 |
| 10 | 16 | 水 | 11 | 丙辰 | 3·7 | 16 | 土 | 12 | 丁亥 | 3·7 | 18 | 水 | 15 | 己未 | 3·7 |
| 11 | 17 | 木 | 12 | 丁巳 | 4·7 | 17 | 日 | 13 | 戊子 | 4·7 | 19 | 木 | 16 | 庚申 | 4·7 |
| 12 | 18 | 金 | 13 | 戊午 | 4·6 | 18 | 月 | 14 | 己丑 | 4·7 | 20 | 金 | 17 | 辛酉 | 4·6 |
| 13 | 19 | 土 | 14 | 己未 | 4·6 | 19 | 火 | 15 | 庚寅 | 4·6 | 21 | 土 | 18 | 壬戌 | 4·6 |
| 14 | 20 | 日 | 15 | 庚申 | 5·6 | 20 | 水 | 16 | 辛卯 | 5·6 | 22 | 日 | 19 | 癸亥 | 5·6 |
| 15 | 21 | 月 | 16 | 辛酉 | 5·5 | 21 | 木 | 17 | 壬辰 | 5·6 | 23 | 月 | 20 | 甲子 | 5·5 |
| 16 | 22 | 火 | 17 | 壬戌 | 소만 | 22 | 金 | 18 | 癸巳 | 하지 | 24 | 火 | 21 | 乙丑 | 대서 |
| 17 | 23 | 水 | 18 | 癸亥 | 6·5 | 23 | 土 | 19 | 甲午 | 6·5 | 25 | 水 | 22 | 丙寅 | 6·5 |
| 18 | 24 | 木 | 19 | 甲子 | 6·4 | 24 | 日 | 20 | 乙未 | 6·5 | 26 | 木 | 23 | 丁卯 | 6·4 |
| 19 | 25 | 金 | 20 | 乙丑 | 6·4 | 25 | 月 | 21 | 丙申 | 6·4 | 27 | 金 | 24 | 戊辰 | 6·4 |
| 20 | 26 | 土 | 21 | 丙寅 | 7·4 | 26 | 火 | 22 | 丁酉 | 7·4 | 28 | 土 | 25 | 己巳 | 7·4 |
| 21 | 27 | 日 | 22 | 丁卯 | 7·3 | 27 | 水 | 23 | 戊戌 | 7·4 | 29 | 日 | 26 | 庚午 | 7·3 |
| 22 | 28 | 月 | 23 | 戊辰 | 7·3 | 28 | 木 | 24 | 己亥 | 7·3 | 30 | 月 | 27 | 辛未 | 7·3 |
| 23 | 29 | 火 | 24 | 己巳 | 8·3 | 29 | 金 | 25 | 庚子 | 8·3 | 31 | 火 | 28 | 壬申 | 8·3 |
| 24 | 30 | 水 | 25 | 庚午 | 8·2 | 30 | 土 | 26 | 辛丑 | 8·3 | 8/1 | 水 | 29 | 癸酉 | 8·2 |
| 25 | 31 | 木 | 26 | 辛未 | 8·2 | 7/1 | 日 | 27 | 壬寅 | 8·2 | 2 | 木 | 30 | 甲戌 | 8·2 |
| 26 | 6/1 | 金 | 27 | 壬申 | 9·2 | 2 | 月 | 28 | 癸卯 | 9·2 | 3 | 金 | 7/1 | 乙亥 | 9·2 |
| 27 | 2 | 土 | 28 | 癸酉 | 9·1 | 3 | 火 | 29 | 甲辰 | 9·2 | 4 | 土 | 2 | 丙子 | 9·1 |
| 28 | 3 | 日 | 29 | 甲戌 | 9·1 | 4 | 水 | 6/1 | 乙巳 | 9·1 | 5 | 日 | 3 | 丁丑 | 9·1 |
| 29 | 4 | 月 | 30 | 乙亥 | 10·1 | 5 | 木 | 2 | 丙午 | 10·1 | 6 | 月 | 4 | 戊寅 | 10·1 |
| 30 | 5 | 火 | 5/1 | 丙子 | 10·1 | 6 | 金 | 3 | 丁未 | 10·1 | 7 | 火 | 5 | 己卯 | 10·1 |
| 31 | | | | | | 7 | 土 | 4 | 戊申 | 10·1 | | | | | |

# 辛卯年

| 절기후날수 | 입추절(丙申月) 立秋 8월8일 17시37분 處暑 8월24일 8시16분 | | | | | 백로절(丁酉月) 白露 9월8일 20시18분 秋分 9월24일 5시37분 | | | | | 한로절(戊戌月) 寒露 10월9일 11시36분 霜降 10월24일 14시36분 | | | | |
|---|---|---|---|---|---|---|---|---|---|---|---|---|---|---|---|
| | 양력 | 요일 | 음력 | 일진 | 大運 남·여 | 양력 | 요일 | 음력 | 일진 | 大運 남·여 | 양력 | 요일 | 음력 | 일진 | 大運 남·여 |
| 0 | 8/8 | 水 | 6 | 庚辰 | 입추 | 9/8 | 土 | 8 | 辛亥 | 백로 | 10/9 | 火 | 9 | 壬午 | 한로 |
| 1 | 9 | 木 | 7 | 辛巳 | 1·10 | 9 | 日 | 9 | 壬子 | 1·10 | 10 | 水 | 10 | 癸未 | 1·10 |
| 2 | 10 | 金 | 8 | 壬午 | 1·10 | 10 | 月 | 10 | 癸丑 | 1·10 | 11 | 木 | 11 | 甲申 | 1·9 |
| 3 | 11 | 土 | 9 | 癸未 | 1·9 | 11 | 火 | 11 | 甲寅 | 1·9 | 12 | 金 | 12 | 乙酉 | 1·9 |
| 4 | 12 | 日 | 10 | 甲申 | 1·9 | 12 | 水 | 12 | 乙卯 | 1·9 | 13 | 土 | 13 | 丙戌 | 1·9 |
| 5 | 13 | 月 | 11 | 乙酉 | 2·9 | 13 | 木 | 13 | 丙辰 | 2·9 | 14 | 日 | 14 | 丁亥 | 2·8 |
| 6 | 14 | 火 | 12 | 丙戌 | 2·8 | 14 | 金 | 14 | 丁巳 | 2·8 | 15 | 月 | 15 | 戊子 | 2·8 |
| 7 | 15 | 水 | 13 | 丁亥 | 2·8 | 15 | 土 | 15 | 戊午 | 2·8 | 16 | 火 | 16 | 己丑 | 2·8 |
| 8 | 16 | 木 | 14 | 戊子 | 3·8 | 16 | 日 | 16 | 己未 | 3·8 | 17 | 水 | 17 | 庚寅 | 3·7 |
| 9 | 17 | 金 | 15 | 己丑 | 3·7 | 17 | 月 | 17 | 庚申 | 3·7 | 18 | 木 | 18 | 辛卯 | 3·7 |
| 10 | 18 | 土 | 16 | 庚寅 | 3·7 | 18 | 火 | 18 | 辛酉 | 3·7 | 19 | 金 | 19 | 壬辰 | 3·7 |
| 11 | 19 | 日 | 17 | 辛卯 | 4·7 | 19 | 水 | 19 | 壬戌 | 4·7 | 20 | 土 | 20 | 癸巳 | 4·6 |
| 12 | 20 | 月 | 18 | 壬辰 | 4·6 | 20 | 木 | 20 | 癸亥 | 4·6 | 21 | 日 | 21 | 甲午 | 4·6 |
| 13 | 21 | 火 | 19 | 癸巳 | 4·6 | 21 | 金 | 21 | 甲子 | 4·6 | 22 | 月 | 22 | 乙未 | 4·6 |
| 14 | 22 | 水 | 20 | 甲午 | 5·6 | 22 | 土 | 22 | 乙丑 | 5·6 | 23 | 火 | 23 | 丙申 | 5·5 |
| 15 | 23 | 木 | 21 | 乙未 | 5·5 | 23 | 日 | 23 | 丙寅 | 5·5 | 24 | 水 | 24 | 丁酉 | 상강 |
| 16 | 24 | 金 | 22 | 丙申 | 처서 | 24 | 月 | 24 | 丁卯 | 추분 | 25 | 木 | 25 | 戊戌 | 5·5 |
| 17 | 25 | 土 | 23 | 丁酉 | 6·5 | 25 | 火 | 25 | 戊辰 | 6·5 | 26 | 金 | 26 | 己亥 | 6·4 |
| 18 | 26 | 日 | 24 | 戊戌 | 6·4 | 26 | 水 | 26 | 己巳 | 6·4 | 27 | 土 | 27 | 庚子 | 6·4 |
| 19 | 27 | 月 | 25 | 己亥 | 6·4 | 27 | 木 | 27 | 庚午 | 6·4 | 28 | 日 | 28 | 辛丑 | 6·4 |
| 20 | 28 | 火 | 26 | 庚子 | 7·4 | 28 | 金 | 28 | 辛未 | 7·4 | 29 | 月 | 29 | 壬寅 | 7·3 |
| 21 | 29 | 水 | 27 | 辛丑 | 7·3 | 29 | 土 | 29 | 壬申 | 7·3 | 30 | 火 | 10/1 | 癸卯 | 7·3 |
| 22 | 30 | 木 | 28 | 壬寅 | 7·3 | 30 | 日 | 30 | 癸酉 | 7·3 | 31 | 水 | 2 | 甲辰 | 7·3 |
| 23 | 31 | 金 | 29 | 癸卯 | 8·3 | 10/1 | 月 | 9/1 | 甲戌 | 8·3 | 11/1 | 木 | 3 | 乙巳 | 8·2 |
| 24 | 9/1 | 土 | 8/1 | 甲辰 | 8·2 | 2 | 火 | 2 | 乙亥 | 8·2 | 2 | 金 | 4 | 丙午 | 8·2 |
| 25 | 2 | 日 | 2 | 乙巳 | 8·2 | 3 | 水 | 3 | 丙子 | 8·2 | 3 | 土 | 5 | 丁未 | 8·2 |
| 26 | 3 | 月 | 3 | 丙午 | 9·2 | 4 | 木 | 4 | 丁丑 | 9·2 | 4 | 日 | 6 | 戊申 | 9·1 |
| 27 | 4 | 火 | 4 | 丁未 | 9·1 | 5 | 金 | 5 | 戊寅 | 9·1 | 5 | 月 | 7 | 己酉 | 9·1 |
| 28 | 5 | 水 | 5 | 戊申 | 9·1 | 6 | 土 | 6 | 己卯 | 9·1 | 6 | 火 | 8 | 庚戌 | 9·1 |
| 29 | 6 | 木 | 6 | 己酉 | 10·1 | 7 | 日 | 7 | 庚辰 | 10·1 | 7 | 水 | 9 | 辛亥 | 10·1 |
| 30 | 7 | 金 | 7 | 庚戌 | 10·1 | 8 | 月 | 8 | 辛巳 | 10·1 | | | | | |
| 31 | | | | | | | | | | | | | | | |

| 절기후날수 | 입동절(己亥月) 立冬 11월8일 14시27분 小雪 11월23일 11시51분 | | | | | 대설절(庚子月) 大雪 12월8일 7시2분 冬至 12월23일 1시0분 | | | | | 소한절(辛丑月) 小寒 1월6일 18시10분 大寒 1월21일 11시38분 | | | | |
|---|---|---|---|---|---|---|---|---|---|---|---|---|---|---|---|
| | 양력 | 요일 | 음력 | 일진 | 大運 남·여 | 양력 | 요일 | 음력 | 일진 | 大運 남·여 | 양력 | 요일 | 음력 | 일진 | 大運 남·여 |
| 0 | 11/8 | 木 | 10 | 壬子 | 입동 | 12/8 | 土 | 10 | 壬午 | 대설 | 1/6 | 日 | 10 | 辛亥 | 소한 |
| 1 | 9 | 金 | 11 | 癸丑 | 1·10 | 9 | 日 | 11 | 癸未 | 1·9 | 7 | 月 | 11 | 壬子 | 1·10 |
| 2 | 10 | 土 | 12 | 甲寅 | 1·9 | 10 | 月 | 12 | 甲申 | 1·9 | 8 | 火 | 12 | 癸丑 | 1·9 |
| 3 | 11 | 日 | 13 | 乙卯 | 1·9 | 11 | 火 | 13 | 乙酉 | 1·9 | 9 | 水 | 13 | 甲寅 | 1·9 |
| 4 | 12 | 月 | 14 | 丙辰 | 1·9 | 12 | 水 | 14 | 丙戌 | 1·8 | 10 | 木 | 14 | 乙卯 | 1·9 |
| 5 | 13 | 火 | 15 | 丁巳 | 2·8 | 13 | 木 | 15 | 丁亥 | 2·8 | 11 | 金 | 15 | 丙辰 | 2·8 |
| 6 | 14 | 水 | 16 | 戊午 | 2·8 | 14 | 金 | 16 | 戊子 | 2·8 | 12 | 土 | 16 | 丁巳 | 2·8 |
| 7 | 15 | 木 | 17 | 己未 | 2·8 | 15 | 土 | 17 | 己丑 | 2·7 | 13 | 日 | 17 | 戊午 | 2·8 |
| 8 | 16 | 金 | 18 | 庚申 | 3·7 | 16 | 日 | 18 | 庚寅 | 3·7 | 14 | 月 | 18 | 己未 | 3·7 |
| 9 | 17 | 土 | 19 | 辛酉 | 3·7 | 17 | 月 | 19 | 辛卯 | 3·7 | 15 | 火 | 19 | 庚申 | 3·7 |
| 10 | 18 | 日 | 20 | 壬戌 | 3·7 | 18 | 火 | 20 | 壬辰 | 3·6 | 16 | 水 | 20 | 辛酉 | 3·7 |
| 11 | 19 | 月 | 21 | 癸亥 | 4·6 | 19 | 水 | 21 | 癸巳 | 4·6 | 17 | 木 | 21 | 壬戌 | 4·6 |
| 12 | 20 | 火 | 22 | 甲子 | 4·6 | 20 | 木 | 22 | 甲午 | 4·6 | 18 | 金 | 22 | 癸亥 | 4·6 |
| 13 | 21 | 水 | 23 | 乙丑 | 4·6 | 21 | 金 | 23 | 乙未 | 4·5 | 19 | 土 | 23 | 甲子 | 4·6 |
| 14 | 22 | 木 | 24 | 丙寅 | 5·5 | 22 | 土 | 24 | 丙申 | 5·5 | 20 | 日 | 24 | 乙丑 | 5·5 |
| 15 | 23 | 金 | 25 | 丁卯 | 소설 | 23 | 日 | 25 | 丁酉 | 동지 | 21 | 月 | 25 | 丙寅 | 대한 |
| 16 | 24 | 土 | 26 | 戊辰 | 5·5 | 24 | 月 | 26 | 戊戌 | 5·4 | 22 | 火 | 26 | 丁卯 | 5·5 |
| 17 | 25 | 日 | 27 | 己巳 | 6·4 | 25 | 火 | 27 | 己亥 | 6·4 | 23 | 水 | 27 | 戊辰 | 6·4 |
| 18 | 26 | 月 | 28 | 庚午 | 6·4 | 26 | 水 | 28 | 庚子 | 6·4 | 24 | 木 | 28 | 己巳 | 6·4 |
| 19 | 27 | 火 | 29 | 辛未 | 6·4 | 27 | 木 | 29 | 辛丑 | 6·3 | 25 | 金 | 29 | 庚午 | 6·4 |
| 20 | 28 | 水 | 30 | 壬申 | 7·3 | 28 | 金 | 12/1 | 壬寅 | 7·3 | 26 | 土 | 30 | 辛未 | 7·3 |
| 21 | 29 | 木 | 11/1 | 癸酉 | 7·3 | 29 | 土 | 2 | 癸卯 | 7·3 | 27 | 日 | 1/1 | 壬申 | 7·3 |
| 22 | 30 | 金 | 2 | 甲戌 | 7·3 | 30 | 日 | 3 | 甲辰 | 7·2 | 28 | 月 | 2 | 癸酉 | 7·3 |
| 23 | 12/1 | 土 | 3 | 乙亥 | 8·2 | 31 | 月 | 4 | 乙巳 | 8·2 | 29 | 火 | 3 | 甲戌 | 8·2 |
| 24 | 2 | 日 | 4 | 丙子 | 8·2 | 1/1 | 火 | 5 | 丙午 | 8·2 | 30 | 水 | 4 | 乙亥 | 8·2 |
| 25 | 3 | 月 | 5 | 丁丑 | 8·2 | 2 | 水 | 6 | 丁未 | 8·1 | 31 | 木 | 5 | 丙子 | 8·2 |
| 26 | 4 | 火 | 6 | 戊寅 | 9·1 | 3 | 木 | 7 | 戊申 | 9·1 | 2/1 | 金 | 6 | 丁丑 | 9·1 |
| 27 | 5 | 水 | 7 | 己卯 | 9·1 | 4 | 金 | 8 | 己酉 | 9·1 | 2 | 土 | 7 | 戊寅 | 9·1 |
| 28 | 6 | 木 | 8 | 庚辰 | 9·1 | 5 | 土 | 9 | 庚戌 | 9·1 | 3 | 日 | 8 | 己卯 | 9·1 |
| 29 | 7 | 金 | 9 | 辛巳 | 10·1 | | | | | | 4 | 月 | 9 | 庚辰 | 10·1 |
| 30 | | | | | | | | | | | | | | | |
| 31 | | | | | | | | | | | | | | | |

# 서기 1952년 [단기 4285년]

| 절기후날수 | 입춘절(壬寅月) | | | | | | 경칩절(癸卯月) | | | | | | 청명절(甲辰月) | | | | | | 입하절(乙巳月) | | | | | | 망종절(丙午月) | | | | | | 소서절(丁未月) | | | | | |
|---|---|---|---|---|---|---|---|---|---|---|---|---|---|---|---|---|---|---|---|---|---|---|---|---|---|---|---|---|---|---|---|---|---|---|---|---|
| | 立春 2월5일 5시53분 雨水 2월20일 1시57분 | | | | | | 驚蟄 3월6일 0시7분 春分 3월21일 1시14분 | | | | | | 淸明 4월5일 5시15분 穀雨 4월20일 12시37분 | | | | | | 立夏 5월5일 22시54분 小滿 5월21일 12시4분 | | | | | | 芒種 6월6일 3시20분 夏至 6월21일 20시13분 | | | | | | 小暑 7월7일 13시45분 大暑 7월23일 7시7분 | | | | | |
| | 양력 | 요일 | 음력 | 일진 | 大運 남 | 大運 여 | 양력 | 요일 | 음력 | 일진 | 大運 남 | 大運 여 | 양력 | 요일 | 음력 | 일진 | 大運 남 | 大運 여 | 양력 | 요일 | 음력 | 일진 | 大運 남 | 大運 여 | 양력 | 요일 | 음력 | 일진 | 大運 남 | 大運 여 | 양력 | 요일 | 음력 | 일진 | 大運 남 | 大運 여 |
| 0 | 2/5 | 火 | 10 | 辛巳 | 입춘 | | 3/6 | 木 | 11 | 辛亥 | 경칩 | | 4/5 | 土 | 11 | 辛巳 | 청명 | | 5/5 | 月 | 12 | 辛亥 | 입하 | | 6/6 | 金 | 14 | 癸未 | 망종 | | 7/7 | 月 | 윤16 | 甲寅 | 소서 | |
| 1 | 6 | 水 | 11 | 壬午 | 10 | 1 | 7 | 金 | 12 | 壬子 | 10 | 1 | 6 | 日 | 12 | 壬午 | 10 | 1 | 6 | 火 | 13 | 壬子 | 10 | 1 | 7 | 土 | 15 | 甲申 | 10 | 1 | 8 | 火 | 윤17 | 乙卯 | 10 | 1 |
| 2 | 7 | 木 | 12 | 癸未 | 9 | 1 | 8 | 土 | 13 | 癸丑 | 9 | 1 | 7 | 月 | 13 | 癸未 | 9 | 1 | 7 | 水 | 14 | 癸丑 | 10 | 1 | 8 | 日 | 16 | 乙酉 | 10 | 1 | 9 | 水 | 윤18 | 丙辰 | 10 | 1 |
| 3 | 8 | 金 | 13 | 甲申 | 9 | 1 | 9 | 日 | 14 | 甲寅 | 9 | 1 | 8 | 火 | 14 | 甲申 | 9 | 1 | 8 | 木 | 15 | 甲寅 | 10 | 1 | 9 | 月 | 17 | 丙戌 | 9 | 1 | 10 | 木 | 윤19 | 丁巳 | 9 | 1 |
| 4 | 9 | 土 | 14 | 乙酉 | 9 | 1 | 10 | 月 | 15 | 乙卯 | 9 | 1 | 9 | 水 | 15 | 乙酉 | 9 | 1 | 9 | 金 | 16 | 乙卯 | 9 | 1 | 10 | 火 | 18 | 丁亥 | 9 | 1 | 11 | 金 | 윤20 | 戊午 | 9 | 1 |
| 5 | 10 | 日 | 15 | 丙戌 | 8 | 2 | 11 | 火 | 16 | 丙辰 | 8 | 2 | 10 | 木 | 16 | 丙戌 | 8 | 2 | 10 | 土 | 17 | 丙辰 | 9 | 2 | 11 | 水 | 19 | 戊子 | 9 | 2 | 12 | 土 | 윤21 | 己未 | 9 | 2 |
| 6 | 11 | 月 | 16 | 丁亥 | 8 | 2 | 12 | 水 | 17 | 丁巳 | 8 | 2 | 11 | 金 | 17 | 丁亥 | 8 | 2 | 11 | 日 | 18 | 丁巳 | 9 | 2 | 12 | 木 | 20 | 己丑 | 8 | 2 | 13 | 日 | 윤22 | 庚申 | 8 | 2 |
| 7 | 12 | 火 | 17 | 戊子 | 8 | 2 | 13 | 木 | 18 | 戊午 | 8 | 2 | 12 | 土 | 18 | 戊子 | 8 | 2 | 12 | 月 | 19 | 戊午 | 8 | 2 | 13 | 金 | 21 | 庚寅 | 8 | 2 | 14 | 月 | 윤23 | 辛酉 | 8 | 2 |
| 8 | 13 | 水 | 18 | 己丑 | 7 | 3 | 14 | 金 | 19 | 己未 | 7 | 3 | 13 | 日 | 19 | 己丑 | 7 | 3 | 13 | 火 | 20 | 己未 | 8 | 3 | 14 | 土 | 22 | 辛卯 | 8 | 3 | 15 | 火 | 윤24 | 壬戌 | 8 | 3 |
| 9 | 14 | 木 | 19 | 庚寅 | 7 | 3 | 15 | 土 | 20 | 庚申 | 7 | 3 | 14 | 月 | 20 | 庚寅 | 7 | 3 | 14 | 水 | 21 | 庚申 | 8 | 3 | 15 | 日 | 23 | 壬辰 | 7 | 3 | 16 | 水 | 윤25 | 癸亥 | 7 | 3 |
| 10 | 15 | 金 | 20 | 辛卯 | 7 | 3 | 16 | 日 | 21 | 辛酉 | 7 | 3 | 15 | 火 | 21 | 辛卯 | 7 | 3 | 15 | 木 | 22 | 辛酉 | 7 | 3 | 16 | 月 | 24 | 癸巳 | 7 | 3 | 17 | 木 | 윤26 | 甲子 | 7 | 3 |
| 11 | 16 | 土 | 21 | 壬辰 | 6 | 4 | 17 | 月 | 22 | 壬戌 | 6 | 4 | 16 | 水 | 22 | 壬辰 | 6 | 4 | 16 | 金 | 23 | 壬戌 | 7 | 4 | 17 | 火 | 25 | 甲午 | 7 | 4 | 18 | 金 | 윤27 | 乙丑 | 7 | 4 |
| 12 | 17 | 日 | 22 | 癸巳 | 6 | 4 | 18 | 火 | 23 | 癸亥 | 6 | 4 | 17 | 木 | 23 | 癸巳 | 6 | 4 | 17 | 土 | 24 | 癸亥 | 7 | 4 | 18 | 水 | 26 | 乙未 | 6 | 4 | 19 | 土 | 윤28 | 丙寅 | 6 | 4 |
| 13 | 18 | 月 | 23 | 甲午 | 6 | 4 | 19 | 水 | 24 | 甲子 | 6 | 4 | 18 | 金 | 24 | 甲午 | 6 | 4 | 18 | 日 | 25 | 甲子 | 6 | 4 | 19 | 木 | 27 | 丙申 | 6 | 4 | 20 | 日 | 윤29 | 丁卯 | 6 | 4 |
| 14 | 19 | 火 | 24 | 乙未 | 5 | 5 | 20 | 木 | 25 | 乙丑 | 5 | 5 | 19 | 土 | 25 | 乙未 | 5 | 5 | 19 | 月 | 26 | 乙丑 | 6 | 5 | 20 | 金 | 28 | 丁酉 | 6 | 5 | 21 | 月 | 윤30 | 戊辰 | 6 | 5 |
| 15 | 20 | 水 | 25 | 丙申 | 우수 | | 21 | 金 | 26 | 丙寅 | 춘분 | | 20 | 日 | 26 | 丙申 | 곡우 | | 20 | 火 | 27 | 丙寅 | 6 | 5 | 21 | 土 | 29 | 戊戌 | 하지 | | 22 | 火 | 6/1 | 己巳 | 5 | 5 |
| 16 | 21 | 木 | 26 | 丁酉 | 5 | 5 | 22 | 土 | 27 | 丁卯 | 5 | 5 | 21 | 月 | 27 | 丁酉 | 5 | 5 | 21 | 水 | 28 | 丁卯 | 소만 | | 22 | 日 | 윤1 | 己亥 | 5 | 5 | 23 | 水 | 2 | 庚午 | 대서 | |
| 17 | 22 | 金 | 27 | 戊戌 | 4 | 6 | 23 | 日 | 28 | 戊辰 | 4 | 6 | 22 | 火 | 28 | 戊戌 | 4 | 6 | 22 | 木 | 29 | 戊辰 | 5 | 6 | 23 | 月 | 윤2 | 庚子 | 5 | 6 | 24 | 木 | 3 | 辛未 | 5 | 6 |
| 18 | 23 | 土 | 28 | 己亥 | 4 | 6 | 24 | 月 | 29 | 己巳 | 4 | 6 | 23 | 水 | 29 | 己亥 | 4 | 6 | 23 | 金 | 30 | 己巳 | 5 | 6 | 24 | 火 | 윤3 | 辛丑 | 4 | 6 | 25 | 金 | 4 | 壬申 | 4 | 6 |
| 19 | 24 | 日 | 29 | 庚子 | 4 | 6 | 25 | 火 | 30 | 庚午 | 4 | 6 | 24 | 木 | 4/1 | 庚子 | 4 | 6 | 24 | 土 | 5/1 | 庚午 | 4 | 6 | 25 | 水 | 윤4 | 壬寅 | 4 | 6 | 26 | 土 | 5 | 癸酉 | 4 | 6 |
| 20 | 25 | 月 | 2/1 | 辛丑 | 3 | 7 | 26 | 水 | 3/1 | 辛未 | 3 | 7 | 25 | 金 | 2 | 辛丑 | 3 | 7 | 25 | 日 | 2 | 辛未 | 4 | 7 | 26 | 木 | 윤5 | 癸卯 | 4 | 7 | 27 | 日 | 6 | 甲戌 | 4 | 7 |
| 21 | 26 | 火 | 2 | 壬寅 | 3 | 7 | 27 | 木 | 2 | 壬申 | 3 | 7 | 26 | 土 | 3 | 壬寅 | 3 | 7 | 26 | 月 | 3 | 壬申 | 4 | 7 | 27 | 金 | 윤6 | 甲辰 | 3 | 7 | 28 | 月 | 7 | 乙亥 | 3 | 7 |
| 22 | 27 | 水 | 3 | 癸卯 | 3 | 7 | 28 | 金 | 3 | 癸酉 | 3 | 7 | 27 | 日 | 4 | 癸卯 | 3 | 7 | 27 | 火 | 4 | 癸酉 | 3 | 7 | 28 | 土 | 윤7 | 乙巳 | 3 | 7 | 29 | 火 | 8 | 丙子 | 3 | 7 |
| 23 | 28 | 木 | 4 | 甲辰 | 2 | 8 | 29 | 土 | 4 | 甲戌 | 2 | 8 | 28 | 月 | 5 | 甲辰 | 2 | 8 | 28 | 水 | 5 | 甲戌 | 3 | 8 | 29 | 日 | 윤8 | 丙午 | 3 | 8 | 30 | 水 | 9 | 丁丑 | 3 | 8 |
| 24 | 29 | 金 | 5 | 乙巳 | 2 | 8 | 30 | 日 | 5 | 乙亥 | 2 | 8 | 29 | 火 | 6 | 乙巳 | 2 | 8 | 29 | 木 | 6 | 乙亥 | 3 | 8 | 30 | 月 | 윤9 | 丁未 | 2 | 8 | 31 | 木 | 10 | 戊寅 | 2 | 8 |
| 25 | 3/1 | 土 | 6 | 丙午 | 2 | 8 | 31 | 月 | 6 | 丙子 | 2 | 8 | 30 | 水 | 7 | 丙午 | 2 | 8 | 30 | 金 | 7 | 丙子 | 2 | 8 | 7/1 | 火 | 윤10 | 戊申 | 2 | 8 | 8/1 | 金 | 11 | 己卯 | 2 | 8 |
| 26 | 2 | 日 | 7 | 丁未 | 1 | 9 | 4/1 | 火 | 7 | 丁丑 | 1 | 9 | 5/1 | 木 | 8 | 丁未 | 1 | 9 | 31 | 土 | 8 | 丁丑 | 2 | 9 | 2 | 水 | 윤11 | 己酉 | 2 | 9 | 2 | 土 | 12 | 庚辰 | 2 | 9 |
| 27 | 3 | 月 | 8 | 戊申 | 1 | 9 | 2 | 水 | 8 | 戊寅 | 1 | 9 | 2 | 金 | 9 | 戊申 | 1 | 9 | 6/1 | 日 | 9 | 戊寅 | 2 | 9 | 3 | 木 | 윤12 | 庚戌 | 1 | 9 | 3 | 日 | 13 | 辛巳 | 1 | 9 |
| 28 | 4 | 火 | 9 | 己酉 | 1 | 9 | 3 | 木 | 9 | 己卯 | 1 | 9 | 3 | 土 | 10 | 己酉 | 1 | 9 | 2 | 月 | 10 | 己卯 | 1 | 9 | 4 | 金 | 윤13 | 辛亥 | 1 | 9 | 4 | 月 | 14 | 壬午 | 1 | 9 |
| 29 | 5 | 水 | 10 | 庚戌 | 1 | 10 | 4 | 金 | 10 | 庚辰 | 1 | 10 | 4 | 日 | 11 | 庚戌 | 1 | 10 | 3 | 火 | 11 | 庚辰 | 1 | 10 | 5 | 土 | 윤14 | 壬子 | 1 | 10 | 5 | 火 | 15 | 癸未 | 1 | 10 |
| 30 | | | | | | | | | | | | | | | | | | | 4 | 水 | 12 | 辛巳 | 1 | 10 | 6 | 日 | 윤15 | 癸丑 | 1 | 10 | 6 | 水 | 16 | 甲申 | 1 | 10 |
| 31 | | | | | | | | | | | | | | | | | | | 5 | 木 | 13 | 壬午 | 1 | 10 | | | | | | | | | | | | |

▶윤달-5월

# 壬辰年

| 절기후날수 | 입추절(戊申月) 立秋 8월7일 23시31분 處暑 8월23일 14시3분 | | | | | 백로절(己酉月) 白露 9월8일 2시14분 秋分 9월23일 11시24분 | | | | | 한로절(庚戌月) 寒露 10월8일 17시32분 霜降 10월23일 20시22분 | | | | |
|---|---|---|---|---|---|---|---|---|---|---|---|---|---|---|---|
| | 양력 | 요일 | 음력 | 일진 | 大運 남·여 | 양력 | 요일 | 음력 | 일진 | 大運 남·여 | 양력 | 요일 | 음력 | 일진 | 大運 남·여 |
| 0 | 8/7 | 木 | 17 | 乙酉 | 입추 | 9/8 | 月 | 19 | 丁巳 | 백로 | 10/8 | 水 | 20 | 丁亥 | 한로 |
| 1 | 8 | 金 | 18 | 丙戌 | 10·1 | 9 | 火 | 20 | 戊午 | 10·1 | 9 | 木 | 21 | 戊子 | 10·1 |
| 2 | 9 | 土 | 19 | 丁亥 | 10·1 | 10 | 水 | 21 | 己未 | 9·1 | 10 | 金 | 22 | 己丑 | 9·1 |
| 3 | 10 | 日 | 20 | 戊子 | 10·1 | 11 | 木 | 22 | 庚申 | 9·1 | 11 | 土 | 23 | 庚寅 | 9·1 |
| 4 | 11 | 月 | 21 | 己丑 | 9·1 | 12 | 金 | 23 | 辛酉 | 9·1 | 12 | 日 | 24 | 辛卯 | 9·1 |
| 5 | 12 | 火 | 22 | 庚寅 | 9·2 | 13 | 土 | 24 | 壬戌 | 8·2 | 13 | 月 | 25 | 壬辰 | 8·2 |
| 6 | 13 | 水 | 23 | 辛卯 | 9·2 | 14 | 日 | 25 | 癸亥 | 8·2 | 14 | 火 | 26 | 癸巳 | 8·2 |
| 7 | 14 | 木 | 24 | 壬辰 | 8·2 | 15 | 月 | 26 | 甲子 | 8·2 | 15 | 水 | 27 | 甲午 | 8·2 |
| 8 | 15 | 金 | 25 | 癸巳 | 8·3 | 16 | 火 | 27 | 乙丑 | 7·3 | 16 | 木 | 28 | 乙未 | 7·3 |
| 9 | 16 | 土 | 26 | 甲午 | 8·3 | 17 | 水 | 28 | 丙寅 | 7·3 | 17 | 金 | 29 | 丙申 | 7·3 |
| 10 | 17 | 日 | 27 | 乙未 | 7·3 | 18 | 木 | 29 | 丁卯 | 7·3 | 18 | 土 | 30 | 丁酉 | 7·3 |
| 11 | 18 | 月 | 28 | 丙申 | 7·4 | 19 | 金 | 8/1 | 戊辰 | 6·4 | 19 | 日 | 9/1 | 戊戌 | 6·4 |
| 12 | 19 | 火 | 29 | 丁酉 | 7·4 | 20 | 土 | 2 | 己巳 | 6·4 | 20 | 月 | 2 | 己亥 | 6·4 |
| 13 | 20 | 水 | 30 | 戊戌 | 6·4 | 21 | 日 | 3 | 庚午 | 6·4 | 21 | 火 | 3 | 庚子 | 6·4 |
| 14 | 21 | 木 | 7/1 | 己亥 | 6·5 | 22 | 月 | 4 | 辛未 | 5·5 | 22 | 水 | 4 | 辛丑 | 5·5 |
| 15 | 22 | 金 | 2 | 庚子 | 6·5 | 23 | 火 | 5 | 壬申 | 추분 | 23 | 木 | 5 | 壬寅 | 상강 |
| 16 | 23 | 土 | 3 | 辛丑 | 처서 | 24 | 水 | 6 | 癸酉 | 5·5 | 24 | 金 | 6 | 癸卯 | 5·5 |
| 17 | 24 | 日 | 4 | 壬寅 | 5·6 | 25 | 木 | 7 | 甲戌 | 4·6 | 25 | 土 | 7 | 甲辰 | 4·6 |
| 18 | 25 | 月 | 5 | 癸卯 | 5·6 | 26 | 金 | 8 | 乙亥 | 4·6 | 26 | 日 | 8 | 乙巳 | 4·6 |
| 19 | 26 | 火 | 6 | 甲辰 | 4·6 | 27 | 土 | 9 | 丙子 | 4·6 | 27 | 月 | 9 | 丙午 | 4·6 |
| 20 | 27 | 水 | 7 | 乙巳 | 4·7 | 28 | 日 | 10 | 丁丑 | 3·7 | 28 | 火 | 10 | 丁未 | 3·7 |
| 21 | 28 | 木 | 8 | 丙午 | 4·7 | 29 | 月 | 11 | 戊寅 | 3·7 | 29 | 水 | 11 | 戊申 | 3·7 |
| 22 | 29 | 金 | 9 | 丁未 | 3·7 | 30 | 火 | 12 | 己卯 | 3·7 | 30 | 木 | 12 | 己酉 | 3·7 |
| 23 | 30 | 土 | 10 | 戊申 | 3·8 | 10/1 | 水 | 13 | 庚辰 | 2·8 | 31 | 金 | 13 | 庚戌 | 2·8 |
| 24 | 31 | 日 | 11 | 己酉 | 3·8 | 2 | 木 | 14 | 辛巳 | 2·8 | 11/1 | 土 | 14 | 辛亥 | 2·8 |
| 25 | 9/1 | 月 | 12 | 庚戌 | 2·8 | 3 | 金 | 15 | 壬午 | 2·8 | 2 | 日 | 15 | 壬子 | 2·8 |
| 26 | 2 | 火 | 13 | 辛亥 | 2·9 | 4 | 土 | 16 | 癸未 | 1·9 | 3 | 月 | 16 | 癸丑 | 1·9 |
| 27 | 3 | 水 | 14 | 壬子 | 2·9 | 5 | 日 | 17 | 甲申 | 1·9 | 4 | 火 | 17 | 甲寅 | 1·9 |
| 28 | 4 | 木 | 15 | 癸丑 | 1·9 | 6 | 月 | 18 | 乙酉 | 1·9 | 5 | 水 | 18 | 乙卯 | 1·9 |
| 29 | 5 | 金 | 16 | 甲寅 | 1·10 | 7 | 火 | 19 | 丙戌 | 1·10 | 6 | 木 | 19 | 丙辰 | 1·10 |
| 30 | 6 | 土 | 17 | 乙卯 | 1·10 | | | | | | | | | | |
| 31 | 7 | 日 | 18 | 丙辰 | 1·10 | | | | | | | | | | |

| 절기후날수 | 입동절(辛亥月) 立冬 11월7일 20시22분 小雪 11월22일 17시36분 | | | | | 대설절(壬子月) 大雪 12월7일 12시56분 冬至 12월22일 6시43분 | | | | | 소한절(癸丑月) 小寒 1월6일 0시2분 大寒 1월20일 17시21분 | | | | |
|---|---|---|---|---|---|---|---|---|---|---|---|---|---|---|---|
| | 양력 | 요일 | 음력 | 일진 | 大運 남·여 | 양력 | 요일 | 음력 | 일진 | 大運 남·여 | 양력 | 요일 | 음력 | 일진 | 大運 남·여 |
| 0 | 11/7 | 金 | 20 | 丁巳 | 입동 | 12/7 | 日 | 21 | 丁亥 | 대설 | 1/6 | 火 | 21 | 丁巳 | 소한 |
| 1 | 8 | 土 | 21 | 戊午 | 10·1 | 8 | 月 | 22 | 戊子 | 10·1 | 7 | 水 | 22 | 戊午 | 9·1 |
| 2 | 9 | 日 | 22 | 己未 | 9·1 | 9 | 火 | 23 | 己丑 | 9·1 | 8 | 木 | 23 | 己未 | 9·1 |
| 3 | 10 | 月 | 23 | 庚申 | 9·1 | 10 | 水 | 24 | 庚寅 | 9·1 | 9 | 金 | 24 | 庚申 | 9·1 |
| 4 | 11 | 火 | 24 | 辛酉 | 9·1 | 11 | 木 | 25 | 辛卯 | 9·1 | 10 | 土 | 25 | 辛酉 | 8·1 |
| 5 | 12 | 水 | 25 | 壬戌 | 8·2 | 12 | 金 | 26 | 壬辰 | 8·2 | 11 | 日 | 26 | 壬戌 | 8·2 |
| 6 | 13 | 木 | 26 | 癸亥 | 8·2 | 13 | 土 | 27 | 癸巳 | 8·2 | 12 | 月 | 27 | 癸亥 | 8·2 |
| 7 | 14 | 金 | 27 | 甲子 | 8·2 | 14 | 日 | 28 | 甲午 | 8·2 | 13 | 火 | 28 | 甲子 | 7·2 |
| 8 | 15 | 土 | 28 | 乙丑 | 7·3 | 15 | 月 | 29 | 乙未 | 7·3 | 14 | 水 | 29 | 乙丑 | 7·3 |
| 9 | 16 | 日 | 29 | 丙寅 | 7·3 | 16 | 火 | 30 | 丙申 | 7·3 | 15 | 木 | 12/1 | 丙寅 | 7·3 |
| 10 | 17 | 月 | 10/1 | 丁卯 | 7·3 | 17 | 水 | 11/1 | 丁酉 | 7·3 | 16 | 金 | 2 | 丁卯 | 6·3 |
| 11 | 18 | 火 | 2 | 戊辰 | 6·4 | 18 | 木 | 2 | 戊戌 | 6·4 | 17 | 土 | 3 | 戊辰 | 6·4 |
| 12 | 19 | 水 | 3 | 己巳 | 6·4 | 19 | 金 | 3 | 己亥 | 6·4 | 18 | 日 | 4 | 己巳 | 6·4 |
| 13 | 20 | 木 | 4 | 庚午 | 6·4 | 20 | 土 | 4 | 庚子 | 6·4 | 19 | 月 | 5 | 庚午 | 5·4 |
| 14 | 21 | 金 | 5 | 辛未 | 5·5 | 21 | 日 | 5 | 辛丑 | 5·5 | 20 | 火 | 6 | 辛未 | 대한 |
| 15 | 22 | 土 | 6 | 壬申 | 소설 | 22 | 月 | 6 | 壬寅 | 동지 | 21 | 水 | 7 | 壬申 | 5·5 |
| 16 | 23 | 日 | 7 | 癸酉 | 5·5 | 23 | 火 | 7 | 癸卯 | 5·5 | 22 | 木 | 8 | 癸酉 | 4·5 |
| 17 | 24 | 月 | 8 | 甲戌 | 4·6 | 24 | 水 | 8 | 甲辰 | 4·6 | 23 | 金 | 9 | 甲戌 | 4·6 |
| 18 | 25 | 火 | 9 | 乙亥 | 4·6 | 25 | 木 | 9 | 乙巳 | 4·6 | 24 | 土 | 10 | 乙亥 | 4·6 |
| 19 | 26 | 水 | 10 | 丙子 | 4·6 | 26 | 金 | 10 | 丙午 | 4·6 | 25 | 日 | 11 | 丙子 | 3·6 |
| 20 | 27 | 木 | 11 | 丁丑 | 3·7 | 27 | 土 | 11 | 丁未 | 3·7 | 26 | 月 | 12 | 丁丑 | 3·7 |
| 21 | 28 | 金 | 12 | 戊寅 | 3·7 | 28 | 日 | 12 | 戊申 | 3·7 | 27 | 火 | 13 | 戊寅 | 3·7 |
| 22 | 29 | 土 | 13 | 己卯 | 3·7 | 29 | 月 | 13 | 己酉 | 3·7 | 28 | 水 | 14 | 己卯 | 2·7 |
| 23 | 30 | 日 | 14 | 庚辰 | 2·8 | 30 | 火 | 14 | 庚戌 | 2·8 | 29 | 木 | 15 | 庚辰 | 2·8 |
| 24 | 12/1 | 月 | 15 | 辛巳 | 2·8 | 31 | 水 | 15 | 辛亥 | 2·8 | 30 | 金 | 16 | 辛巳 | 2·8 |
| 25 | 2 | 火 | 16 | 壬午 | 2·8 | 1/1 | 木 | 16 | 壬子 | 2·8 | 31 | 土 | 17 | 壬午 | 1·8 |
| 26 | 3 | 水 | 17 | 癸未 | 1·9 | 2 | 金 | 17 | 癸丑 | 1·9 | 2/1 | 日 | 18 | 癸未 | 1·9 |
| 27 | 4 | 木 | 18 | 甲申 | 1·9 | 3 | 土 | 18 | 甲寅 | 1·9 | 2 | 月 | 19 | 甲申 | 1·9 |
| 28 | 5 | 金 | 19 | 乙酉 | 1·9 | 4 | 日 | 19 | 乙卯 | 1·9 | 3 | 火 | 20 | 乙酉 | 1·9 |
| 29 | 6 | 土 | 20 | 丙戌 | 1·10 | 5 | 月 | 20 | 丙辰 | 1·10 | | | | | |
| 30 | | | | | | | | | | | | | | | |
| 31 | | | | | | | | | | | | | | | |

# 서기 1953년 [단기 4286년]

| 절기후날수 | 입춘절(甲寅月) 立春 2월4일 11시46분 雨水 2월19일 7시41분 | | | | | 경칩절(乙卯月) 驚蟄 3월6일 6시2분 春分 3월21일 7시1분 | | | | |
|---|---|---|---|---|---|---|---|---|---|---|
| | 양력 | 요일 | 음력 | 일진 | 大運 남·여 | 양력 | 요일 | 음력 | 일진 | 大運 남·여 |
| 0 | 2/4 | 水 | 21 | 丙戌 | 입춘 | 3/6 | 金 | 21 | 丙辰 | 경칩 |
| 1 | 5 | 木 | 22 | 丁亥 | 1·10 | 7 | 土 | 22 | 丁巳 | 1·10 |
| 2 | 6 | 金 | 23 | 戊子 | 1·9 | 8 | 日 | 23 | 戊午 | 1·9 |
| 3 | 7 | 土 | 24 | 己丑 | 1·9 | 9 | 月 | 24 | 己未 | 1·9 |
| 4 | 8 | 日 | 25 | 庚寅 | 1·9 | 10 | 火 | 25 | 庚申 | 1·9 |
| 5 | 9 | 月 | 26 | 辛卯 | 2·8 | 11 | 水 | 26 | 辛酉 | 2·8 |
| 6 | 10 | 火 | 27 | 壬辰 | 2·8 | 12 | 木 | 27 | 壬戌 | 2·8 |
| 7 | 11 | 水 | 28 | 癸巳 | 2·8 | 13 | 金 | 28 | 癸亥 | 2·8 |
| 8 | 12 | 木 | 29 | 甲午 | 3·7 | 14 | 土 | 29 | 甲子 | 3·7 |
| 9 | 13 | 金 | 30 | 乙未 | 3·7 | 15 | 日 | 2/1 | 乙丑 | 3·7 |
| 10 | 14 | 土 | 1/1 | 丙申 | 3·7 | 16 | 月 | 2 | 丙寅 | 3·7 |
| 11 | 15 | 日 | 2 | 丁酉 | 4·6 | 17 | 火 | 3 | 丁卯 | 4·6 |
| 12 | 16 | 月 | 3 | 戊戌 | 4·6 | 18 | 水 | 4 | 戊辰 | 4·6 |
| 13 | 17 | 火 | 4 | 己亥 | 4·6 | 19 | 木 | 5 | 己巳 | 4·6 |
| 14 | 18 | 水 | 5 | 庚子 | 5·5 | 20 | 金 | 6 | 庚午 | 5·5 |
| 15 | 19 | 木 | 6 | 辛丑 | 우수 | 21 | 土 | 7 | 辛未 | 춘분 |
| 16 | 20 | 金 | 7 | 壬寅 | 5·5 | 22 | 日 | 8 | 壬申 | 5·5 |
| 17 | 21 | 土 | 8 | 癸卯 | 6·4 | 23 | 月 | 9 | 癸酉 | 6·4 |
| 18 | 22 | 日 | 9 | 甲辰 | 6·4 | 24 | 火 | 10 | 甲戌 | 6·4 |
| 19 | 23 | 月 | 10 | 乙巳 | 6·4 | 25 | 水 | 11 | 乙亥 | 6·4 |
| 20 | 24 | 火 | 11 | 丙午 | 7·3 | 26 | 木 | 12 | 丙子 | 7·3 |
| 21 | 25 | 水 | 12 | 丁未 | 7·3 | 27 | 金 | 13 | 丁丑 | 7·3 |
| 22 | 26 | 木 | 13 | 戊申 | 7·3 | 28 | 土 | 14 | 戊寅 | 7·3 |
| 23 | 27 | 金 | 14 | 己酉 | 8·2 | 29 | 日 | 15 | 己卯 | 8·2 |
| 24 | 28 | 土 | 15 | 庚戌 | 8·2 | 30 | 月 | 16 | 庚辰 | 8·2 |
| 25 | 3/1 | 日 | 16 | 辛亥 | 8·2 | 31 | 火 | 17 | 辛巳 | 8·2 |
| 26 | 2 | 月 | 17 | 壬子 | 9·1 | 4/1 | 水 | 18 | 壬午 | 9·1 |
| 27 | 3 | 火 | 18 | 癸丑 | 9·1 | 2 | 木 | 19 | 癸未 | 9·1 |
| 28 | 4 | 水 | 19 | 甲寅 | 9·1 | 3 | 金 | 20 | 甲申 | 9·1 |
| 29 | 5 | 木 | 20 | 乙卯 | 10·1 | 4 | 土 | 21 | 乙酉 | 10·1 |
| 30 | | | | | | | | | | |
| 31 | | | | | | | | | | |

| 절기후날수 | 청명절(丙辰月) 淸明 4월5일 11시13분 穀雨 4월20일 18시25분 | | | | | 입하절(丁巳月) 立夏 5월6일 4시52분 小滿 5월21일 17시53분 | | | | |
|---|---|---|---|---|---|---|---|---|---|---|
| | 양력 | 요일 | 음력 | 일진 | 大運 남·여 | 양력 | 요일 | 음력 | 일진 | 大運 남·여 |
| 0 | 4/5 | 日 | 22 | 丙戌 | 청명 | 5/6 | 水 | 23 | 丁巳 | 입하 |
| 1 | 6 | 月 | 23 | 丁亥 | 1·10 | 7 | 木 | 24 | 戊午 | 1·10 |
| 2 | 7 | 火 | 24 | 戊子 | 1·10 | 8 | 金 | 25 | 己未 | 1·10 |
| 3 | 8 | 水 | 25 | 己丑 | 1·9 | 9 | 土 | 26 | 庚申 | 1·9 |
| 4 | 9 | 木 | 26 | 庚寅 | 1·9 | 10 | 日 | 27 | 辛酉 | 1·9 |
| 5 | 10 | 金 | 27 | 辛卯 | 2·9 | 11 | 月 | 28 | 壬戌 | 2·9 |
| 6 | 11 | 土 | 28 | 壬辰 | 2·8 | 12 | 火 | 29 | 癸亥 | 2·8 |
| 7 | 12 | 日 | 29 | 癸巳 | 2·8 | 13 | 水 | 4/1 | 甲子 | 2·8 |
| 8 | 13 | 月 | 30 | 甲午 | 3·8 | 14 | 木 | 2 | 乙丑 | 3·8 |
| 9 | 14 | 火 | 3/1 | 乙未 | 3·7 | 15 | 金 | 3 | 丙寅 | 3·7 |
| 10 | 15 | 水 | 2 | 丙申 | 3·7 | 16 | 土 | 4 | 丁卯 | 3·7 |
| 11 | 16 | 木 | 3 | 丁酉 | 4·7 | 17 | 日 | 5 | 戊辰 | 4·7 |
| 12 | 17 | 金 | 4 | 戊戌 | 4·6 | 18 | 月 | 6 | 己巳 | 4·6 |
| 13 | 18 | 土 | 5 | 己亥 | 4·6 | 19 | 火 | 7 | 庚午 | 4·6 |
| 14 | 19 | 日 | 6 | 庚子 | 5·6 | 20 | 水 | 8 | 辛未 | 5·6 |
| 15 | 20 | 月 | 7 | 辛丑 | 곡우 | 21 | 木 | 9 | 壬申 | 소만 |
| 16 | 21 | 火 | 8 | 壬寅 | 5·5 | 22 | 金 | 10 | 癸酉 | 5·5 |
| 17 | 22 | 水 | 9 | 癸卯 | 6·5 | 23 | 土 | 11 | 甲戌 | 6·5 |
| 18 | 23 | 木 | 10 | 甲辰 | 6·4 | 24 | 日 | 12 | 乙亥 | 6·4 |
| 19 | 24 | 金 | 11 | 乙巳 | 6·4 | 25 | 月 | 13 | 丙子 | 6·4 |
| 20 | 25 | 土 | 12 | 丙午 | 7·4 | 26 | 火 | 14 | 丁丑 | 7·4 |
| 21 | 26 | 日 | 13 | 丁未 | 7·3 | 27 | 水 | 15 | 戊寅 | 7·3 |
| 22 | 27 | 月 | 14 | 戊申 | 7·3 | 28 | 木 | 16 | 己卯 | 7·3 |
| 23 | 28 | 火 | 15 | 己酉 | 8·3 | 29 | 金 | 17 | 庚辰 | 8·3 |
| 24 | 29 | 水 | 16 | 庚戌 | 8·2 | 30 | 土 | 18 | 辛巳 | 8·2 |
| 25 | 30 | 木 | 17 | 辛亥 | 8·2 | 31 | 日 | 19 | 壬午 | 8·2 |
| 26 | 5/1 | 金 | 18 | 壬子 | 9·2 | 6/1 | 月 | 20 | 癸未 | 9·2 |
| 27 | 2 | 土 | 19 | 癸丑 | 9·1 | 2 | 火 | 21 | 甲申 | 9·1 |
| 28 | 3 | 日 | 20 | 甲寅 | 9·1 | 3 | 水 | 22 | 乙酉 | 9·1 |
| 29 | 4 | 月 | 21 | 乙卯 | 10·1 | 4 | 木 | 23 | 丙戌 | 10·1 |
| 30 | 5 | 火 | 22 | 丙辰 | 10·1 | 5 | 金 | 24 | 丁亥 | 10·1 |
| 31 | | | | | | | | | | |

| 절기후날수 | 망종절(戊午月) 芒種 6월6일 9시16분 夏至 6월22일 2시0분 | | | | | 소서절(己未月) 小暑 7월7일 19시35분 大暑 7월23일 12시52분 | | | | |
|---|---|---|---|---|---|---|---|---|---|---|
| | 양력 | 요일 | 음력 | 일진 | 大運 남·여 | 양력 | 요일 | 음력 | 일진 | 大運 남·여 |
| 0 | 6/6 | 土 | 25 | 戊子 | 망종 | 7/7 | 火 | 27 | 己未 | 소서 |
| 1 | 7 | 日 | 26 | 己丑 | 1·10 | 8 | 水 | 28 | 庚申 | 1·10 |
| 2 | 8 | 月 | 27 | 庚寅 | 1·10 | 9 | 木 | 29 | 辛酉 | 1·10 |
| 3 | 9 | 火 | 28 | 辛卯 | 1·9 | 10 | 金 | 30 | 壬戌 | 1·10 |
| 4 | 10 | 水 | 29 | 壬辰 | 1·9 | 11 | 土 | 6/1 | 癸亥 | 1·9 |
| 5 | 11 | 木 | 5/1 | 癸巳 | 2·9 | 12 | 日 | 2 | 甲子 | 2·9 |
| 6 | 12 | 金 | 2 | 甲午 | 2·8 | 13 | 月 | 3 | 乙丑 | 2·9 |
| 7 | 13 | 土 | 3 | 乙未 | 2·8 | 14 | 火 | 4 | 丙寅 | 2·8 |
| 8 | 14 | 日 | 4 | 丙申 | 3·8 | 15 | 水 | 5 | 丁卯 | 3·8 |
| 9 | 15 | 月 | 5 | 丁酉 | 3·7 | 16 | 木 | 6 | 戊辰 | 3·8 |
| 10 | 16 | 火 | 6 | 戊戌 | 3·7 | 17 | 金 | 7 | 己巳 | 3·7 |
| 11 | 17 | 水 | 7 | 己亥 | 4·7 | 18 | 土 | 8 | 庚午 | 4·7 |
| 12 | 18 | 木 | 8 | 庚子 | 4·6 | 19 | 日 | 9 | 辛未 | 4·7 |
| 13 | 19 | 金 | 9 | 辛丑 | 4·6 | 20 | 月 | 10 | 壬申 | 4·6 |
| 14 | 20 | 土 | 10 | 壬寅 | 5·6 | 21 | 火 | 11 | 癸酉 | 5·6 |
| 15 | 21 | 日 | 11 | 癸卯 | 5·5 | 22 | 水 | 12 | 甲戌 | 5·6 |
| 16 | 22 | 月 | 12 | 甲辰 | 하지 | 23 | 木 | 13 | 乙亥 | 대서 |
| 17 | 23 | 火 | 13 | 乙巳 | 6·5 | 24 | 金 | 14 | 丙子 | 6·5 |
| 18 | 24 | 水 | 14 | 丙午 | 6·4 | 25 | 土 | 15 | 丁丑 | 6·5 |
| 19 | 25 | 木 | 15 | 丁未 | 6·4 | 26 | 日 | 16 | 戊寅 | 6·4 |
| 20 | 26 | 金 | 16 | 戊申 | 7·4 | 27 | 月 | 17 | 己卯 | 7·4 |
| 21 | 27 | 土 | 17 | 己酉 | 7·3 | 28 | 火 | 18 | 庚辰 | 7·4 |
| 22 | 28 | 日 | 18 | 庚戌 | 7·3 | 29 | 水 | 19 | 辛巳 | 7·3 |
| 23 | 29 | 月 | 19 | 辛亥 | 8·3 | 30 | 木 | 20 | 壬午 | 8·3 |
| 24 | 30 | 火 | 20 | 壬子 | 8·2 | 31 | 金 | 21 | 癸未 | 8·3 |
| 25 | 7/1 | 水 | 21 | 癸丑 | 8·2 | 8/1 | 土 | 22 | 甲申 | 8·2 |
| 26 | 2 | 木 | 22 | 甲寅 | 9·2 | 2 | 日 | 23 | 乙酉 | 9·2 |
| 27 | 3 | 金 | 23 | 乙卯 | 9·1 | 3 | 月 | 24 | 丙戌 | 9·2 |
| 28 | 4 | 土 | 24 | 丙辰 | 9·1 | 4 | 火 | 25 | 丁亥 | 9·1 |
| 29 | 5 | 日 | 25 | 丁巳 | 10·1 | 5 | 水 | 26 | 戊子 | 10·1 |
| 30 | 6 | 月 | 26 | 戊午 | 10·1 | 6 | 木 | 27 | 己丑 | 10·1 |
| 31 | | | | | | 7 | 金 | 28 | 庚寅 | 10·1 |

# 癸巳年

| 절기후날수 | 입추절(庚申月) 立秋 8월8일 5시15분 處暑 8월23일 19시45분 | | | | | 백로절(辛酉月) 白露 9월8일 7시53분 秋分 9월23일 17시6분 | | | | | 한로절(壬戌月) 寒露 10월8일 23시10분 霜降 10월24일 2시6분 | | | | |
|---|---|---|---|---|---|---|---|---|---|---|---|---|---|---|---|
| | 양력 | 요일 | 음력 | 일진 | 大運 남·여 | 양력 | 요일 | 음력 | 일진 | 大運 남·여 | 양력 | 요일 | 음력 | 일진 | 大運 남·여 |
| 0 | 8/8 | 土 | 29 | 辛卯 | 입추 | 9/8 | 火 | 8/1 | 壬戌 | 백로 | 10/8 | 木 | 9/1 | 壬辰 | 한로 |
| 1 | 9 | 日 | 30 | 壬辰 | 1·10 | 9 | 水 | 2 | 癸亥 | 1·10 | 9 | 金 | 2 | 癸巳 | 1·10 |
| 2 | 10 | 月 | 7/1 | 癸巳 | 1·10 | 10 | 木 | 3 | 甲子 | 1·9 | 10 | 土 | 3 | 甲午 | 1·10 |
| 3 | 11 | 火 | 2 | 甲午 | 1·9 | 11 | 金 | 4 | 乙丑 | 1·9 | 11 | 日 | 4 | 乙未 | 1·9 |
| 4 | 12 | 水 | 3 | 乙未 | 1·9 | 12 | 土 | 5 | 丙寅 | 1·9 | 12 | 月 | 5 | 丙申 | 1·9 |
| 5 | 13 | 木 | 4 | 丙申 | 2·9 | 13 | 日 | 6 | 丁卯 | 2·8 | 13 | 火 | 6 | 丁酉 | 2·9 |
| 6 | 14 | 金 | 5 | 丁酉 | 2·8 | 14 | 月 | 7 | 戊辰 | 2·8 | 14 | 水 | 7 | 戊戌 | 2·8 |
| 7 | 15 | 土 | 6 | 戊戌 | 2·8 | 15 | 火 | 8 | 己巳 | 2·8 | 15 | 木 | 8 | 己亥 | 2·8 |
| 8 | 16 | 日 | 7 | 己亥 | 3·8 | 16 | 水 | 9 | 庚午 | 3·7 | 16 | 金 | 9 | 庚子 | 3·8 |
| 9 | 17 | 月 | 8 | 庚子 | 3·7 | 17 | 木 | 10 | 辛未 | 3·7 | 17 | 土 | 10 | 辛丑 | 3·7 |
| 10 | 18 | 火 | 9 | 辛丑 | 3·7 | 18 | 金 | 11 | 壬申 | 3·7 | 18 | 日 | 11 | 壬寅 | 3·7 |
| 11 | 19 | 水 | 10 | 壬寅 | 4·7 | 19 | 土 | 12 | 癸酉 | 4·6 | 19 | 月 | 12 | 癸卯 | 4·7 |
| 12 | 20 | 木 | 11 | 癸卯 | 4·6 | 20 | 日 | 13 | 甲戌 | 4·6 | 20 | 火 | 13 | 甲辰 | 4·6 |
| 13 | 21 | 金 | 12 | 甲辰 | 4·6 | 21 | 月 | 14 | 乙亥 | 4·6 | 21 | 水 | 14 | 乙巳 | 4·6 |
| 14 | 22 | 土 | 13 | 乙巳 | 5·6 | 22 | 火 | 15 | 丙子 | 5·5 | 22 | 木 | 15 | 丙午 | 5·6 |
| 15 | 23 | 日 | 14 | 丙午 | 처서 | 23 | 水 | 16 | 丁丑 | 추분 | 23 | 金 | 16 | 丁未 | 5·5 |
| 16 | 24 | 月 | 15 | 丁未 | 5·5 | 24 | 木 | 17 | 戊寅 | 5·5 | 24 | 土 | 17 | 戊申 | 상강 |
| 17 | 25 | 火 | 16 | 戊申 | 6·5 | 25 | 金 | 18 | 己卯 | 6·4 | 25 | 日 | 18 | 己酉 | 6·5 |
| 18 | 26 | 水 | 17 | 己酉 | 6·4 | 26 | 土 | 19 | 庚辰 | 6·4 | 26 | 月 | 19 | 庚戌 | 6·4 |
| 19 | 27 | 木 | 18 | 庚戌 | 6·4 | 27 | 日 | 20 | 辛巳 | 6·4 | 27 | 火 | 20 | 辛亥 | 6·4 |
| 20 | 28 | 金 | 19 | 辛亥 | 7·4 | 28 | 月 | 21 | 壬午 | 7·3 | 28 | 水 | 21 | 壬子 | 7·4 |
| 21 | 29 | 土 | 20 | 壬子 | 7·3 | 29 | 火 | 22 | 癸未 | 7·3 | 29 | 木 | 22 | 癸丑 | 7·3 |
| 22 | 30 | 日 | 21 | 癸丑 | 7·3 | 30 | 水 | 23 | 甲申 | 7·3 | 30 | 金 | 23 | 甲寅 | 7·3 |
| 23 | 31 | 月 | 22 | 甲寅 | 8·3 | 10/1 | 木 | 24 | 乙酉 | 8·2 | 31 | 土 | 24 | 乙卯 | 8·3 |
| 24 | 9/1 | 火 | 23 | 乙卯 | 8·2 | 2 | 金 | 25 | 丙戌 | 8·2 | 11/1 | 日 | 25 | 丙辰 | 8·2 |
| 25 | 2 | 水 | 24 | 丙辰 | 8·2 | 3 | 土 | 26 | 丁亥 | 8·2 | 2 | 月 | 26 | 丁巳 | 8·2 |
| 26 | 3 | 木 | 25 | 丁巳 | 9·2 | 4 | 日 | 27 | 戊子 | 9·1 | 3 | 火 | 27 | 戊午 | 9·2 |
| 27 | 4 | 金 | 26 | 戊午 | 9·1 | 5 | 月 | 28 | 己丑 | 9·1 | 4 | 水 | 28 | 己未 | 9·1 |
| 28 | 5 | 土 | 27 | 己未 | 9·1 | 6 | 火 | 29 | 庚寅 | 9·1 | 5 | 木 | 29 | 庚申 | 9·1 |
| 29 | 6 | 日 | 28 | 庚申 | 10·1 | 7 | 水 | 30 | 辛卯 | 10·1 | 6 | 金 | 30 | 辛酉 | 10·1 |
| 30 | 7 | 月 | 29 | 辛酉 | 10·1 | | | | | | 7 | 土 | 10/1 | 壬戌 | 10·1 |
| 31 | | | | | | | | | | | | | | | |

| 절기후날수 | 입동절(癸亥月) 立冬 11월8일 2시1분 小雪 11월22일 23시22분 | | | | | 대설절(甲子月) 大雪 12월7일 18시37분 冬至 12월22일 12시31분 | | | | | 소한절(乙丑月) 小寒 1월6일 5시45분 大寒 1월20일 23시11분 | | | | |
|---|---|---|---|---|---|---|---|---|---|---|---|---|---|---|---|
| | 양력 | 요일 | 음력 | 일진 | 大運 남·여 | 양력 | 요일 | 음력 | 일진 | 大運 남·여 | 양력 | 요일 | 음력 | 일진 | 大運 남·여 |
| 0 | 11/8 | 日 | 2 | 癸亥 | 입동 | 12/7 | 月 | 2 | 壬辰 | 대설 | 1/6 | 水 | 2 | 壬戌 | 소한 |
| 1 | 9 | 月 | 3 | 甲子 | 1·9 | 8 | 火 | 3 | 癸巳 | 1·10 | 7 | 木 | 3 | 癸亥 | 1·9 |
| 2 | 10 | 火 | 4 | 乙丑 | 1·9 | 9 | 水 | 4 | 甲午 | 1·9 | 8 | 金 | 4 | 甲子 | 1·9 |
| 3 | 11 | 水 | 5 | 丙寅 | 1·9 | 10 | 木 | 5 | 乙未 | 1·9 | 9 | 土 | 5 | 乙丑 | 1·9 |
| 4 | 12 | 木 | 6 | 丁卯 | 1·8 | 11 | 金 | 6 | 丙申 | 1·9 | 10 | 日 | 6 | 丙寅 | 1·8 |
| 5 | 13 | 金 | 7 | 戊辰 | 2·8 | 12 | 土 | 7 | 丁酉 | 2·8 | 11 | 月 | 7 | 丁卯 | 2·8 |
| 6 | 14 | 土 | 8 | 己巳 | 2·8 | 13 | 日 | 8 | 戊戌 | 2·8 | 12 | 火 | 8 | 戊辰 | 2·8 |
| 7 | 15 | 日 | 9 | 庚午 | 2·7 | 14 | 月 | 9 | 己亥 | 2·8 | 13 | 水 | 9 | 己巳 | 2·7 |
| 8 | 16 | 月 | 10 | 辛未 | 3·7 | 15 | 火 | 10 | 庚子 | 3·7 | 14 | 木 | 10 | 庚午 | 3·7 |
| 9 | 17 | 火 | 11 | 壬申 | 3·7 | 16 | 水 | 11 | 辛丑 | 3·7 | 15 | 金 | 11 | 辛未 | 3·7 |
| 10 | 18 | 水 | 12 | 癸酉 | 3·6 | 17 | 木 | 12 | 壬寅 | 3·7 | 16 | 土 | 12 | 壬申 | 3·6 |
| 11 | 19 | 木 | 13 | 甲戌 | 4·6 | 18 | 金 | 13 | 癸卯 | 4·6 | 17 | 日 | 13 | 癸酉 | 4·6 |
| 12 | 20 | 金 | 14 | 乙亥 | 4·6 | 19 | 土 | 14 | 甲辰 | 4·6 | 18 | 月 | 14 | 甲戌 | 4·6 |
| 13 | 21 | 土 | 15 | 丙子 | 4·5 | 20 | 日 | 15 | 乙巳 | 4·6 | 19 | 火 | 15 | 乙亥 | 4·5 |
| 14 | 22 | 日 | 16 | 丁丑 | 소설 | 21 | 月 | 16 | 丙午 | 5·5 | 20 | 水 | 16 | 丙子 | 대한 |
| 15 | 23 | 月 | 17 | 戊寅 | 5·5 | 22 | 火 | 17 | 丁未 | 동지 | 21 | 木 | 17 | 丁丑 | 5·5 |
| 16 | 24 | 火 | 18 | 己卯 | 5·4 | 23 | 水 | 18 | 戊申 | 5·5 | 22 | 金 | 18 | 戊寅 | 5·4 |
| 17 | 25 | 水 | 19 | 庚辰 | 6·4 | 24 | 木 | 19 | 己酉 | 6·4 | 23 | 土 | 19 | 己卯 | 6·4 |
| 18 | 26 | 木 | 20 | 辛巳 | 6·4 | 25 | 金 | 20 | 庚戌 | 6·4 | 24 | 日 | 20 | 庚辰 | 6·4 |
| 19 | 27 | 金 | 21 | 壬午 | 6·3 | 26 | 土 | 21 | 辛亥 | 6·4 | 25 | 月 | 21 | 辛巳 | 6·3 |
| 20 | 28 | 土 | 22 | 癸未 | 7·3 | 27 | 日 | 22 | 壬子 | 7·3 | 26 | 火 | 22 | 壬午 | 7·3 |
| 21 | 29 | 日 | 23 | 甲申 | 7·3 | 28 | 月 | 23 | 癸丑 | 7·3 | 27 | 水 | 23 | 癸未 | 7·3 |
| 22 | 30 | 月 | 24 | 乙酉 | 7·2 | 29 | 火 | 24 | 甲寅 | 7·3 | 28 | 木 | 24 | 甲申 | 7·2 |
| 23 | 12/1 | 火 | 25 | 丙戌 | 8·2 | 30 | 水 | 25 | 乙卯 | 8·2 | 29 | 金 | 25 | 乙酉 | 8·2 |
| 24 | 2 | 水 | 26 | 丁亥 | 8·2 | 31 | 木 | 26 | 丙辰 | 8·2 | 30 | 土 | 26 | 丙戌 | 8·2 |
| 25 | 3 | 木 | 27 | 戊子 | 8·1 | 1/1 | 金 | 27 | 丁巳 | 8·2 | 31 | 日 | 27 | 丁亥 | 8·1 |
| 26 | 4 | 金 | 28 | 己丑 | 9·1 | 2 | 土 | 28 | 戊午 | 9·1 | 2/1 | 月 | 28 | 戊子 | 9·1 |
| 27 | 5 | 土 | 29 | 庚寅 | 9·1 | 3 | 日 | 29 | 己未 | 9·1 | 2 | 火 | 29 | 己丑 | 9·1 |
| 28 | 6 | 日 | 11/1 | 辛卯 | 9·1 | 4 | 月 | 30 | 庚申 | 9·1 | 3 | 水 | 30 | 庚寅 | 9·1 |
| 29 | | | | | | 5 | 火 | 12/1 | 辛酉 | 10·1 | | | | | |
| 30 | | | | | | | | | | | | | | | |
| 31 | | | | | | | | | | | | | | | |

# 서기 1954년 [단기 4287년]

| 절기후날수 | 입춘절(丙寅月) 立春 2월4일 17시31분 雨水 2월19일 13시32분 | | | | | 경칩절(丁卯月) 驚蟄 3월6일 11시49분 春分 3월21일 12시53분 | | | | | 청명절(戊辰月) 淸明 4월5일 16시59분 穀雨 4월21일 0시20분 | | | | | 입하절(己巳月) 立夏 5월6일 10시38분 小滿 5월21일 23시47분 | | | | | 망종절(庚午月) 芒種 6월6일 15시1분 夏至 6월22일 7시54분 | | | | | 소서절(辛未月) 小暑 7월8일 1시19분 大暑 7월23일 18시45분 | | | | |
|---|---|---|---|---|---|---|---|---|---|---|---|---|---|---|---|---|---|---|---|---|---|---|---|---|---|---|---|---|---|---|
| | 양력 | 요일 | 음력 | 일진 | 大運 남·여 | 양력 | 요일 | 음력 | 일진 | 大運 남·여 | 양력 | 요일 | 음력 | 일진 | 大運 남·여 | 양력 | 요일 | 음력 | 일진 | 大運 남·여 | 양력 | 요일 | 음력 | 일진 | 大運 남·여 | 양력 | 요일 | 음력 | 일진 | 大運 남·여 |
| 0 | 2/4 | 木 | 1/1 | 辛卯 | 입춘 | 3/6 | 土 | 2 | 辛酉 | 경칩 | 4/5 | 月 | 3 | 辛卯 | 청명 | 5/6 | 木 | 4 | 壬戌 | 입하 | 6/6 | 日 | 6 | 癸巳 | 망종 | 7/8 | 木 | 9 | 乙丑 | 소서 |
| 1 | 5 | 金 | 2 | 壬辰 | 10·1 | 7 | 日 | 3 | 壬戌 | 10·1 | 6 | 火 | 4 | 壬辰 | 10·1 | 7 | 金 | 5 | 癸亥 | 10·1 | 7 | 月 | 7 | 甲午 | 10·1 | 9 | 金 | 10 | 丙寅 | 10·1 |
| 2 | 6 | 土 | 3 | 癸巳 | 9·1 | 8 | 月 | 4 | 癸亥 | 9·1 | 7 | 水 | 5 | 癸巳 | 10·1 | 8 | 土 | 6 | 甲子 | 10·1 | 8 | 火 | 8 | 乙未 | 10·1 | 10 | 土 | 11 | 丁卯 | 10·1 |
| 3 | 7 | 日 | 4 | 甲午 | 9·1 | 9 | 火 | 5 | 甲子 | 9·1 | 8 | 木 | 6 | 甲午 | 9·1 | 9 | 日 | 7 | 乙丑 | 9·1 | 9 | 水 | 9 | 丙申 | 10·1 | 11 | 日 | 12 | 戊辰 | 9·1 |
| 4 | 8 | 月 | 5 | 乙未 | 9·1 | 10 | 水 | 6 | 乙丑 | 9·1 | 9 | 金 | 7 | 乙未 | 9·1 | 10 | 月 | 8 | 丙寅 | 9·1 | 10 | 木 | 10 | 丁酉 | 9·1 | 12 | 月 | 13 | 己巳 | 9·1 |
| 5 | 9 | 火 | 6 | 丙申 | 8·2 | 11 | 木 | 7 | 丙寅 | 8·2 | 10 | 土 | 8 | 丙申 | 9·2 | 11 | 火 | 9 | 丁卯 | 9·2 | 11 | 金 | 11 | 戊戌 | 9·2 | 13 | 火 | 14 | 庚午 | 9·2 |
| 6 | 10 | 水 | 7 | 丁酉 | 8·2 | 12 | 金 | 8 | 丁卯 | 8·2 | 11 | 日 | 9 | 丁酉 | 8·2 | 12 | 水 | 10 | 戊辰 | 8·2 | 12 | 土 | 12 | 己亥 | 9·2 | 14 | 水 | 15 | 辛未 | 8·2 |
| 7 | 11 | 木 | 8 | 戊戌 | 8·2 | 13 | 土 | 9 | 戊辰 | 8·2 | 12 | 月 | 10 | 戊戌 | 8·2 | 13 | 木 | 11 | 己巳 | 8·2 | 13 | 日 | 13 | 庚子 | 8·2 | 15 | 木 | 16 | 壬申 | 8·2 |
| 8 | 12 | 金 | 9 | 己亥 | 7·3 | 14 | 日 | 10 | 己巳 | 7·3 | 13 | 火 | 11 | 己亥 | 8·3 | 14 | 金 | 12 | 庚午 | 8·3 | 14 | 月 | 14 | 辛丑 | 8·3 | 16 | 金 | 17 | 癸酉 | 8·3 |
| 9 | 13 | 土 | 10 | 庚子 | 7·3 | 15 | 月 | 11 | 庚午 | 7·3 | 14 | 水 | 12 | 庚子 | 7·3 | 15 | 土 | 13 | 辛未 | 7·3 | 15 | 火 | 15 | 壬寅 | 8·3 | 17 | 土 | 18 | 甲戌 | 7·3 |
| 10 | 14 | 日 | 11 | 辛丑 | 7·3 | 16 | 火 | 12 | 辛未 | 7·3 | 15 | 木 | 13 | 辛丑 | 7·3 | 16 | 日 | 14 | 壬申 | 7·3 | 16 | 水 | 16 | 癸卯 | 7·3 | 18 | 日 | 19 | 乙亥 | 7·3 |
| 11 | 15 | 月 | 12 | 壬寅 | 6·4 | 17 | 水 | 13 | 壬申 | 6·4 | 16 | 金 | 14 | 壬寅 | 7·4 | 17 | 月 | 15 | 癸酉 | 7·4 | 17 | 木 | 17 | 甲辰 | 7·4 | 19 | 月 | 20 | 丙子 | 7·4 |
| 12 | 16 | 火 | 13 | 癸卯 | 6·4 | 18 | 木 | 14 | 癸酉 | 6·4 | 17 | 土 | 15 | 癸卯 | 6·4 | 18 | 火 | 16 | 甲戌 | 6·4 | 18 | 金 | 18 | 乙巳 | 7·4 | 20 | 火 | 21 | 丁丑 | 6·4 |
| 13 | 17 | 水 | 14 | 甲辰 | 6·4 | 19 | 金 | 15 | 甲戌 | 6·4 | 18 | 日 | 16 | 甲辰 | 6·4 | 19 | 水 | 17 | 乙亥 | 6·4 | 19 | 土 | 19 | 丙午 | 6·4 | 21 | 水 | 22 | 戊寅 | 6·4 |
| 14 | 18 | 木 | 15 | 乙巳 | 5·5 | 20 | 土 | 16 | 乙亥 | 5·5 | 19 | 月 | 17 | 乙巳 | 6·5 | 20 | 木 | 18 | 丙子 | 6·5 | 20 | 日 | 20 | 丁未 | 6·5 | 22 | 木 | 23 | 己卯 | 6·5 |
| 15 | 19 | 金 | 16 | 丙午 | 우수 | 21 | 日 | 17 | 丙子 | 춘분 | 20 | 火 | 18 | 丙午 | 5·5 | 21 | 金 | 19 | 丁丑 | 소만 | 21 | 月 | 21 | 戊申 | 6·5 | 23 | 金 | 24 | 庚辰 | 대서 |
| 16 | 20 | 土 | 17 | 丁未 | 5·5 | 22 | 月 | 18 | 丁丑 | 5·5 | 21 | 水 | 19 | 丁未 | 곡우 | 22 | 土 | 20 | 戊寅 | 5·5 | 22 | 火 | 22 | 己酉 | 하지 | 24 | 土 | 25 | 辛巳 | 5·5 |
| 17 | 21 | 日 | 18 | 戊申 | 4·6 | 23 | 火 | 19 | 戊寅 | 4·6 | 22 | 木 | 20 | 戊申 | 5·6 | 23 | 日 | 21 | 己卯 | 5·6 | 23 | 水 | 23 | 庚戌 | 5·6 | 25 | 日 | 26 | 壬午 | 5·6 |
| 18 | 22 | 月 | 19 | 己酉 | 4·6 | 24 | 水 | 20 | 己卯 | 4·6 | 23 | 金 | 21 | 己酉 | 4·6 | 24 | 月 | 22 | 庚辰 | 4·6 | 24 | 木 | 24 | 辛亥 | 5·6 | 26 | 月 | 27 | 癸未 | 4·6 |
| 19 | 23 | 火 | 20 | 庚戌 | 4·6 | 25 | 木 | 21 | 庚辰 | 4·6 | 24 | 土 | 22 | 庚戌 | 4·6 | 25 | 火 | 23 | 辛巳 | 4·6 | 25 | 金 | 25 | 壬子 | 4·6 | 27 | 火 | 28 | 甲申 | 4·6 |
| 20 | 24 | 水 | 21 | 辛亥 | 3·7 | 26 | 金 | 22 | 辛巳 | 3·7 | 25 | 日 | 23 | 辛亥 | 4·7 | 26 | 水 | 24 | 壬午 | 4·7 | 26 | 土 | 26 | 癸丑 | 4·7 | 28 | 水 | 29 | 乙酉 | 4·7 |
| 21 | 25 | 木 | 22 | 壬子 | 3·7 | 27 | 土 | 23 | 壬午 | 3·7 | 26 | 月 | 24 | 壬子 | 3·7 | 27 | 木 | 25 | 癸未 | 3·7 | 27 | 日 | 27 | 甲寅 | 4·7 | 29 | 木 | 30 | 丙戌 | 3·7 |
| 22 | 26 | 金 | 23 | 癸丑 | 3·7 | 28 | 日 | 24 | 癸未 | 3·7 | 27 | 火 | 25 | 癸丑 | 3·7 | 28 | 金 | 26 | 甲申 | 3·7 | 28 | 月 | 28 | 乙卯 | 3·7 | 30 | 金 | 7/1 | 丁亥 | 3·7 |
| 23 | 27 | 土 | 24 | 甲寅 | 2·8 | 29 | 月 | 25 | 甲申 | 2·8 | 28 | 水 | 26 | 甲寅 | 3·8 | 29 | 土 | 27 | 乙酉 | 3·8 | 29 | 火 | 29 | 丙辰 | 3·8 | 31 | 土 | 2 | 戊子 | 3·8 |
| 24 | 28 | 日 | 25 | 乙卯 | 2·8 | 30 | 火 | 26 | 乙酉 | 2·8 | 29 | 木 | 27 | 乙卯 | 2·8 | 30 | 日 | 28 | 丙戌 | 2·8 | 30 | 水 | 6/1 | 丁巳 | 3·8 | 8/1 | 日 | 3 | 己丑 | 2·8 |
| 25 | 3/1 | 月 | 26 | 丙辰 | 2·8 | 31 | 水 | 27 | 丙戌 | 2·8 | 30 | 金 | 28 | 丙辰 | 2·8 | 31 | 月 | 29 | 丁亥 | 2·8 | 7/1 | 木 | 2 | 戊午 | 2·8 | 2 | 月 | 4 | 庚寅 | 2·8 |
| 26 | 2 | 火 | 27 | 丁巳 | 1·9 | 4/1 | 木 | 28 | 丁亥 | 1·9 | 5/1 | 土 | 29 | 丁巳 | 2·9 | 6/1 | 火 | 5/1 | 戊子 | 2·9 | 2 | 金 | 3 | 己未 | 2·9 | 3 | 火 | 5 | 辛卯 | 2·9 |
| 27 | 3 | 水 | 28 | 戊午 | 1·9 | 2 | 金 | 29 | 戊子 | 1·9 | 2 | 日 | 30 | 戊午 | 1·9 | 2 | 水 | 2 | 己丑 | 1·9 | 3 | 土 | 4 | 庚申 | 2·9 | 4 | 水 | 6 | 壬辰 | 1·9 |
| 28 | 4 | 木 | 29 | 己未 | 1·9 | 3 | 土 | 3/1 | 己丑 | 1·9 | 3 | 月 | 4/1 | 己未 | 1·9 | 3 | 木 | 3 | 庚寅 | 1·9 | 4 | 日 | 5 | 辛酉 | 1·9 | 5 | 木 | 7 | 癸巳 | 1·9 |
| 29 | 5 | 金 | 2/1 | 庚申 | 1·10 | 4 | 日 | 2 | 庚寅 | 1·10 | 4 | 火 | 2 | 庚申 | 1·10 | 4 | 金 | 4 | 辛卯 | 1·10 | 5 | 月 | 6 | 壬戌 | 1·10 | 6 | 金 | 8 | 甲午 | 1·10 |
| 30 | | | | | | | | | | | 5 | 水 | 3 | 辛酉 | 1·10 | 5 | 土 | 5 | 壬辰 | 1·10 | 6 | 火 | 7 | 癸亥 | 1·10 | 7 | 土 | 9 | 乙未 | 1·10 |
| 31 | | | | | | | | | | | | | | | | | | | | | 7 | 水 | 8 | 甲子 | 1·10 | | | | | |

# 甲午年

| 절기후날수 | 입추절(壬申月)<br>立秋 8월8일 10시59분<br>處暑 8월24일 1시36분 | | | | | 백로절(癸酉月)<br>白露 9월8일 13시38분<br>秋分 9월23일 22시55분 | | | | | 한로절(甲戌月)<br>寒露 10월9일 4시57분<br>霜降 10월24일 7시56분 | | | | |
|---|---|---|---|---|---|---|---|---|---|---|---|---|---|---|---|
| | 양력 | 요일 | 음력 | 일진 | 大運 남·여 | 양력 | 요일 | 음력 | 일진 | 大運 남·여 | 양력 | 요일 | 음력 | 일진 | 大運 남·여 |
| 0 | 8/8 | 日 | 10 | 丙申 | 입추 | 9/8 | 水 | 12 | 丁卯 | 백로 | 10/9 | 土 | 13 | 戊戌 | 한로 |
| 1 | 9 | 月 | 11 | 丁酉 | 10·1 | 9 | 木 | 13 | 戊辰 | 10·1 | 10 | 日 | 14 | 己亥 | 10·1 |
| 2 | 10 | 火 | 12 | 戊戌 | 10·1 | 10 | 金 | 14 | 己巳 | 10·1 | 11 | 月 | 15 | 庚子 | 9·1 |
| 3 | 11 | 水 | 13 | 己亥 | 9·1 | 11 | 土 | 15 | 庚午 | 9·1 | 12 | 火 | 16 | 辛丑 | 9·1 |
| 4 | 12 | 木 | 14 | 庚子 | 9·1 | 12 | 日 | 16 | 辛未 | 9·1 | 13 | 水 | 17 | 壬寅 | 9·1 |
| 5 | 13 | 金 | 15 | 辛丑 | 9·2 | 13 | 月 | 17 | 壬申 | 9·2 | 14 | 木 | 18 | 癸卯 | 8·2 |
| 6 | 14 | 土 | 16 | 壬寅 | 8·2 | 14 | 火 | 18 | 癸酉 | 8·2 | 15 | 金 | 19 | 甲辰 | 8·2 |
| 7 | 15 | 日 | 17 | 癸卯 | 8·2 | 15 | 水 | 19 | 甲戌 | 8·2 | 16 | 土 | 20 | 乙巳 | 8·2 |
| 8 | 16 | 月 | 18 | 甲辰 | 8·3 | 16 | 木 | 20 | 乙亥 | 8·3 | 17 | 日 | 21 | 丙午 | 7·3 |
| 9 | 17 | 火 | 19 | 乙巳 | 7·3 | 17 | 金 | 21 | 丙子 | 7·3 | 18 | 月 | 22 | 丁未 | 7·3 |
| 10 | 18 | 水 | 20 | 丙午 | 7·3 | 18 | 土 | 22 | 丁丑 | 7·3 | 19 | 火 | 23 | 戊申 | 7·3 |
| 11 | 19 | 木 | 21 | 丁未 | 7·4 | 19 | 日 | 23 | 戊寅 | 7·4 | 20 | 水 | 24 | 己酉 | 6·4 |
| 12 | 20 | 金 | 22 | 戊申 | 6·4 | 20 | 月 | 24 | 己卯 | 6·4 | 21 | 木 | 25 | 庚戌 | 6·4 |
| 13 | 21 | 土 | 23 | 己酉 | 6·4 | 21 | 火 | 25 | 庚辰 | 6·4 | 22 | 金 | 26 | 辛亥 | 6·4 |
| 14 | 22 | 日 | 24 | 庚戌 | 6·5 | 22 | 水 | 26 | 辛巳 | 6·5 | 23 | 土 | 27 | 壬子 | 5·5 |
| 15 | 23 | 月 | 25 | 辛亥 | 5·5 | 23 | 木 | 27 | 壬午 | 추분 | 24 | 日 | 28 | 癸丑 | 상강 |
| 16 | 24 | 火 | 26 | 壬子 | 처서 | 24 | 金 | 28 | 癸未 | 5·5 | 25 | 月 | 29 | 甲寅 | 5·5 |
| 17 | 25 | 水 | 27 | 癸丑 | 5·6 | 25 | 土 | 29 | 甲申 | 5·6 | 26 | 火 | 30 | 乙卯 | 4·6 |
| 18 | 26 | 木 | 28 | 甲寅 | 4·6 | 26 | 日 | 30 | 乙酉 | 4·6 | 27 | 水 | 10/1 | 丙辰 | 4·6 |
| 19 | 27 | 金 | 29 | 乙卯 | 4·6 | 27 | 月 | 9/1 | 丙戌 | 4·6 | 28 | 木 | 2 | 丁巳 | 4·6 |
| 20 | 28 | 土 | 8/1 | 丙辰 | 4·7 | 28 | 火 | 2 | 丁亥 | 4·7 | 29 | 金 | 3 | 戊午 | 3·7 |
| 21 | 29 | 日 | 2 | 丁巳 | 3·7 | 29 | 水 | 3 | 戊子 | 3·7 | 30 | 土 | 4 | 己未 | 3·7 |
| 22 | 30 | 月 | 3 | 戊午 | 3·7 | 30 | 木 | 4 | 己丑 | 3·7 | 31 | 日 | 5 | 庚申 | 3·7 |
| 23 | 31 | 火 | 4 | 己未 | 3·8 | 10/1 | 金 | 5 | 庚寅 | 3·8 | 11/1 | 月 | 6 | 辛酉 | 2·8 |
| 24 | 9/1 | 水 | 5 | 庚申 | 2·8 | 2 | 土 | 6 | 辛卯 | 2·8 | 2 | 火 | 7 | 壬戌 | 2·8 |
| 25 | 2 | 木 | 6 | 辛酉 | 2·8 | 3 | 日 | 7 | 壬辰 | 2·8 | 3 | 水 | 8 | 癸亥 | 2·8 |
| 26 | 3 | 金 | 7 | 壬戌 | 2·9 | 4 | 月 | 8 | 癸巳 | 2·9 | 4 | 木 | 9 | 甲子 | 1·9 |
| 27 | 4 | 土 | 8 | 癸亥 | 1·9 | 5 | 火 | 9 | 甲午 | 1·9 | 5 | 金 | 10 | 乙丑 | 1·9 |
| 28 | 5 | 日 | 9 | 甲子 | 1·9 | 6 | 水 | 10 | 乙未 | 1·9 | 6 | 土 | 11 | 丙寅 | 1·9 |
| 29 | 6 | 月 | 10 | 乙丑 | 1·10 | 7 | 木 | 11 | 丙申 | 1·10 | 7 | 日 | 12 | 丁卯 | 1·10 |
| 30 | 7 | 火 | 11 | 丙寅 | 1·10 | 8 | 金 | 12 | 丁酉 | 1·10 | | | | | |
| 31 | | | | | | | | | | | | | | | |

| 절기후날수 | 입동절(乙亥月)<br>立冬 11월8일 7시51분<br>小雪 11월23일 5시14분 | | | | | 대설절(丙子月)<br>大雪 12월8일 0시29분<br>冬至 12월22일 18시24분 | | | | | 소한절(丁丑月)<br>小寒 1월6일 11시36분<br>大寒 1월21일 5시2분 | | | | |
|---|---|---|---|---|---|---|---|---|---|---|---|---|---|---|---|
| | 양력 | 요일 | 음력 | 일진 | 大運 남·여 | 양력 | 요일 | 음력 | 일진 | 大運 남·여 | 양력 | 요일 | 음력 | 일진 | 大運 남·여 |
| 0 | 11/8 | 月 | 13 | 戊辰 | 입동 | 12/8 | 水 | 14 | 戊戌 | 대설 | 1/6 | 木 | 13 | 丁卯 | 소한 |
| 1 | 9 | 火 | 14 | 己巳 | 10·1 | 9 | 木 | 15 | 己亥 | 9·1 | 7 | 金 | 14 | 戊辰 | 9·1 |
| 2 | 10 | 水 | 15 | 庚午 | 9·1 | 10 | 金 | 16 | 庚子 | 9·1 | 8 | 土 | 15 | 己巳 | 9·1 |
| 3 | 11 | 木 | 16 | 辛未 | 9·1 | 11 | 土 | 17 | 辛丑 | 9·1 | 9 | 日 | 16 | 庚午 | 9·1 |
| 4 | 12 | 金 | 17 | 壬申 | 9·1 | 12 | 日 | 18 | 壬寅 | 8·1 | 10 | 月 | 17 | 辛未 | 8·1 |
| 5 | 13 | 土 | 18 | 癸酉 | 8·2 | 13 | 月 | 19 | 癸卯 | 8·2 | 11 | 火 | 18 | 壬申 | 8·2 |
| 6 | 14 | 日 | 19 | 甲戌 | 8·2 | 14 | 火 | 20 | 甲辰 | 8·2 | 12 | 水 | 19 | 癸酉 | 8·2 |
| 7 | 15 | 月 | 20 | 乙亥 | 8·2 | 15 | 水 | 21 | 乙巳 | 7·2 | 13 | 木 | 20 | 甲戌 | 7·2 |
| 8 | 16 | 火 | 21 | 丙子 | 7·3 | 16 | 木 | 22 | 丙午 | 7·3 | 14 | 金 | 21 | 乙亥 | 7·3 |
| 9 | 17 | 水 | 22 | 丁丑 | 7·3 | 17 | 金 | 23 | 丁未 | 7·3 | 15 | 土 | 22 | 丙子 | 7·3 |
| 10 | 18 | 木 | 23 | 戊寅 | 7·3 | 18 | 土 | 24 | 戊申 | 6·3 | 16 | 日 | 23 | 丁丑 | 6·3 |
| 11 | 19 | 金 | 24 | 己卯 | 6·4 | 19 | 日 | 25 | 己酉 | 6·4 | 17 | 月 | 24 | 戊寅 | 6·4 |
| 12 | 20 | 土 | 25 | 庚辰 | 6·4 | 20 | 月 | 26 | 庚戌 | 6·4 | 18 | 火 | 25 | 己卯 | 6·4 |
| 13 | 21 | 日 | 26 | 辛巳 | 6·4 | 21 | 火 | 27 | 辛亥 | 5·4 | 19 | 水 | 26 | 庚辰 | 5·4 |
| 14 | 22 | 月 | 27 | 壬午 | 5·5 | 22 | 水 | 28 | 壬子 | 동지 | 20 | 木 | 27 | 辛巳 | 5·5 |
| 15 | 23 | 火 | 28 | 癸未 | 소설 | 23 | 木 | 29 | 癸丑 | 5·5 | 21 | 金 | 28 | 壬午 | 대한 |
| 16 | 24 | 水 | 29 | 甲申 | 5·5 | 24 | 金 | 30 | 甲寅 | 4·5 | 22 | 土 | 29 | 癸未 | 4·5 |
| 17 | 25 | 木 | 11/1 | 乙酉 | 4·6 | 25 | 土 | 12/1 | 乙卯 | 4·6 | 23 | 日 | 30 | 甲申 | 4·6 |
| 18 | 26 | 金 | 2 | 丙戌 | 4·6 | 26 | 日 | 2 | 丙辰 | 4·6 | 24 | 月 | 1/1 | 乙酉 | 4·6 |
| 19 | 27 | 土 | 3 | 丁亥 | 4·6 | 27 | 月 | 3 | 丁巳 | 3·6 | 25 | 火 | 2 | 丙戌 | 3·6 |
| 20 | 28 | 日 | 4 | 戊子 | 3·7 | 28 | 火 | 4 | 戊午 | 3·7 | 26 | 水 | 3 | 丁亥 | 3·7 |
| 21 | 29 | 月 | 5 | 己丑 | 3·7 | 29 | 水 | 5 | 己未 | 3·7 | 27 | 木 | 4 | 戊子 | 3·7 |
| 22 | 30 | 火 | 6 | 庚寅 | 3·7 | 30 | 木 | 6 | 庚申 | 2·7 | 28 | 金 | 5 | 己丑 | 2·7 |
| 23 | 12/1 | 水 | 7 | 辛卯 | 2·8 | 31 | 金 | 7 | 辛酉 | 2·8 | 29 | 土 | 6 | 庚寅 | 2·8 |
| 24 | 2 | 木 | 8 | 壬辰 | 2·8 | 1/1 | 土 | 8 | 壬戌 | 2·8 | 30 | 日 | 7 | 辛卯 | 2·8 |
| 25 | 3 | 金 | 9 | 癸巳 | 2·8 | 2 | 日 | 9 | 癸亥 | 1·8 | 31 | 月 | 8 | 壬辰 | 1·8 |
| 26 | 4 | 土 | 10 | 甲午 | 1·9 | 3 | 月 | 10 | 甲子 | 1·9 | 2/1 | 火 | 9 | 癸巳 | 1·9 |
| 27 | 5 | 日 | 11 | 乙未 | 1·9 | 4 | 火 | 11 | 乙丑 | 1·9 | 2 | 水 | 10 | 甲午 | 1·9 |
| 28 | 6 | 月 | 12 | 丙申 | 1·9 | 5 | 水 | 12 | 丙寅 | 1·9 | 3 | 木 | 11 | 乙未 | 1·9 |
| 29 | 7 | 火 | 13 | 丁酉 | 1·10 | | | | | | | | | | |
| 30 | | | | | | | | | | | | | | | |
| 31 | | | | | | | | | | | | | | | |

# 서기 1955년 [단기 4288년]

| 절기후날수 | 입춘절(戊寅月) | | | | | 경칩절(己卯月) | | | | | 청명절(庚辰月) | | | | | 입하절(辛巳月) | | | | | 망종절(壬午月) | | | | | 소서절(癸未月) | | | | |
|---|---|---|---|---|---|---|---|---|---|---|---|---|---|---|---|---|---|---|---|---|---|---|---|---|---|---|---|---|---|---|
| | 立春 2월4일 23시18분<br>雨水 2월19일 19시19분 | | | | | 驚蟄 3월6일 17시31분<br>春分 3월21일 18시35분 | | | | | 淸明 4월5일 22시39분<br>穀雨 4월21일 5시58분 | | | | | 立夏 5월6일 16시18분<br>小滿 5월22일 5시24분 | | | | | 芒種 6월6일 20시43분<br>夏至 6월22일 13시31분 | | | | | 小暑 7월8일 7시6분<br>大暑 7월24일 0시25분 | | | | |
| | 양력 | 요일 | 음력 | 일진 | 大運 남·여 | 양력 | 요일 | 음력 | 일진 | 大運 남·여 | 양력 | 요일 | 음력 | 일진 | 大運 남·여 | 양력 | 요일 | 음력 | 일진 | 大運 남·여 | 양력 | 요일 | 음력 | 일진 | 大運 남·여 | 양력 | 요일 | 음력 | 일진 | 大運 남·여 |
| 0 | 2/4 | 金 | 12 | 丙申 | 입춘 | 3/6 | 日 | 12 | 丙寅 | 경칩 | 4/5 | 火 | 13 | 丙申 | 청명 | 5/6 | 金 | 윤15 | 丁卯 | 입하 | 6/6 | 月 | 16 | 戊戌 | 망종 | 7/8 | 金 | 19 | 庚午 | 소서 |
| 1 | 5 | 土 | 13 | 丁酉 | 1·10 | 7 | 月 | 13 | 丁卯 | 1·10 | 6 | 水 | 14 | 丁酉 | 1·10 | 7 | 土 | 윤16 | 戊辰 | 1·10 | 7 | 火 | 17 | 己亥 | 1·10 | 9 | 土 | 20 | 辛未 | 1·10 |
| 2 | 6 | 日 | 14 | 戊戌 | 1·9 | 8 | 火 | 14 | 戊辰 | 1·9 | 7 | 木 | 15 | 戊戌 | 1·10 | 8 | 日 | 윤17 | 己巳 | 1·10 | 8 | 水 | 18 | 庚子 | 1·10 | 10 | 日 | 21 | 壬申 | 1·10 |
| 3 | 7 | 月 | 15 | 己亥 | 1·9 | 9 | 水 | 15 | 己巳 | 1·9 | 8 | 金 | 16 | 己亥 | 1·9 | 9 | 月 | 윤18 | 庚午 | 1·9 | 9 | 木 | 19 | 辛丑 | 1·10 | 11 | 月 | 22 | 癸酉 | 1·9 |
| 4 | 8 | 火 | 16 | 庚子 | 1·9 | 10 | 木 | 16 | 庚午 | 1·9 | 9 | 土 | 17 | 庚子 | 1·9 | 10 | 火 | 윤19 | 辛未 | 1·9 | 10 | 金 | 20 | 壬寅 | 1·9 | 12 | 火 | 23 | 甲戌 | 1·9 |
| 5 | 9 | 水 | 17 | 辛丑 | 2·8 | 11 | 金 | 17 | 辛未 | 2·8 | 10 | 日 | 18 | 辛丑 | 2·9 | 11 | 水 | 윤20 | 壬申 | 2·9 | 11 | 土 | 21 | 癸卯 | 2·9 | 13 | 水 | 24 | 乙亥 | 2·9 |
| 6 | 10 | 木 | 18 | 壬寅 | 2·8 | 12 | 土 | 18 | 壬申 | 2·8 | 11 | 月 | 19 | 壬寅 | 2·8 | 12 | 木 | 윤21 | 癸酉 | 2·8 | 12 | 日 | 22 | 甲辰 | 2·9 | 14 | 木 | 25 | 丙子 | 2·8 |
| 7 | 11 | 金 | 19 | 癸卯 | 2·8 | 13 | 日 | 19 | 癸酉 | 2·8 | 12 | 火 | 20 | 癸卯 | 2·8 | 13 | 金 | 윤22 | 甲戌 | 2·8 | 13 | 月 | 23 | 乙巳 | 2·8 | 15 | 金 | 26 | 丁丑 | 2·8 |
| 8 | 12 | 土 | 20 | 甲辰 | 3·7 | 14 | 月 | 20 | 甲戌 | 3·7 | 13 | 水 | 21 | 甲辰 | 3·8 | 14 | 土 | 윤23 | 乙亥 | 3·8 | 14 | 火 | 24 | 丙午 | 3·8 | 16 | 土 | 27 | 戊寅 | 3·8 |
| 9 | 13 | 日 | 21 | 乙巳 | 3·7 | 15 | 火 | 21 | 乙亥 | 3·7 | 14 | 木 | 22 | 乙巳 | 3·7 | 15 | 日 | 윤24 | 丙子 | 3·7 | 15 | 水 | 25 | 丁未 | 3·8 | 17 | 日 | 28 | 己卯 | 3·7 |
| 10 | 14 | 月 | 22 | 丙午 | 3·7 | 16 | 水 | 22 | 丙子 | 3·7 | 15 | 金 | 23 | 丙午 | 3·7 | 16 | 月 | 윤25 | 丁丑 | 3·7 | 16 | 木 | 26 | 戊申 | 3·7 | 18 | 月 | 29 | 庚辰 | 3·7 |
| 11 | 15 | 火 | 23 | 丁未 | 4·6 | 17 | 木 | 23 | 丁丑 | 4·6 | 16 | 土 | 24 | 丁未 | 4·7 | 17 | 火 | 윤26 | 戊寅 | 4·7 | 17 | 金 | 27 | 己酉 | 4·7 | 19 | 火 | 6/1 | 辛巳 | 4·7 |
| 12 | 16 | 水 | 24 | 戊申 | 4·6 | 18 | 金 | 24 | 戊寅 | 4·6 | 17 | 日 | 25 | 戊申 | 4·6 | 18 | 水 | 윤27 | 己卯 | 4·6 | 18 | 土 | 28 | 庚戌 | 4·7 | 20 | 水 | 2 | 壬午 | 4·6 |
| 13 | 17 | 木 | 25 | 己酉 | 4·6 | 19 | 土 | 25 | 己卯 | 4·6 | 18 | 月 | 26 | 己酉 | 4·6 | 19 | 木 | 윤28 | 庚辰 | 4·6 | 19 | 日 | 29 | 辛亥 | 4·6 | 21 | 木 | 3 | 癸未 | 4·6 |
| 14 | 18 | 金 | 26 | 庚戌 | 5·5 | 20 | 日 | 26 | 庚辰 | 5·5 | 19 | 火 | 27 | 庚戌 | 5·6 | 20 | 金 | 윤29 | 辛巳 | 5·6 | 20 | 月 | 5/1 | 壬子 | 5·6 | 22 | 金 | 4 | 甲申 | 5·6 |
| 15 | 19 | 土 | 27 | 辛亥 | 우수 | 21 | 月 | 27 | 辛巳 | 춘분 | 20 | 水 | 28 | 辛亥 | 5·5 | 21 | 土 | 윤30 | 壬午 | 5·5 | 21 | 火 | 2 | 癸丑 | 5·6 | 23 | 土 | 5 | 乙酉 | 5·5 |
| 16 | 20 | 日 | 28 | 壬子 | 5·5 | 22 | 火 | 28 | 壬午 | 5·5 | 21 | 木 | 29 | 壬子 | 곡우 | 22 | 日 | 4/1 | 癸未 | 소만 | 22 | 水 | 3 | 甲寅 | 하지 | 24 | 日 | 6 | 丙戌 | 대서 |
| 17 | 21 | 月 | 29 | 癸丑 | 6·4 | 23 | 水 | 29 | 癸未 | 6·4 | 22 | 金 | 윤1 | 癸丑 | 6·5 | 23 | 月 | 2 | 甲申 | 6·5 | 23 | 木 | 4 | 乙卯 | 6·5 | 25 | 月 | 7 | 丁亥 | 6·5 |
| 18 | 22 | 火 | 30 | 甲寅 | 6·4 | 24 | 木 | 3/1 | 甲申 | 6·4 | 23 | 土 | 윤2 | 甲寅 | 6·4 | 24 | 火 | 3 | 乙酉 | 6·4 | 24 | 金 | 5 | 丙辰 | 6·5 | 26 | 火 | 8 | 戊子 | 6·4 |
| 19 | 23 | 水 | 2/1 | 乙卯 | 6·4 | 25 | 金 | 2 | 乙酉 | 6·4 | 24 | 日 | 윤3 | 乙卯 | 6·4 | 25 | 水 | 4 | 丙戌 | 6·4 | 25 | 土 | 6 | 丁巳 | 6·4 | 27 | 水 | 9 | 己丑 | 6·4 |
| 20 | 24 | 木 | 2 | 丙辰 | 7·3 | 26 | 土 | 3 | 丙戌 | 7·3 | 25 | 月 | 윤4 | 丙辰 | 7·4 | 26 | 木 | 5 | 丁亥 | 7·4 | 26 | 日 | 7 | 戊午 | 7·4 | 28 | 木 | 10 | 庚寅 | 7·4 |
| 21 | 25 | 金 | 3 | 丁巳 | 7·3 | 27 | 日 | 4 | 丁亥 | 7·3 | 26 | 火 | 윤5 | 丁巳 | 7·3 | 27 | 金 | 6 | 戊子 | 7·3 | 27 | 月 | 8 | 己未 | 7·4 | 29 | 金 | 11 | 辛卯 | 7·3 |
| 22 | 26 | 土 | 4 | 戊午 | 7·3 | 28 | 月 | 5 | 戊子 | 7·3 | 27 | 水 | 윤6 | 戊午 | 7·3 | 28 | 土 | 7 | 己丑 | 7·3 | 28 | 火 | 9 | 庚申 | 7·3 | 30 | 土 | 12 | 壬辰 | 7·3 |
| 23 | 27 | 日 | 5 | 己未 | 8·2 | 29 | 火 | 6 | 己丑 | 8·2 | 28 | 木 | 윤7 | 己未 | 8·3 | 29 | 日 | 8 | 庚寅 | 8·3 | 29 | 水 | 10 | 辛酉 | 8·3 | 31 | 日 | 13 | 癸巳 | 8·3 |
| 24 | 28 | 月 | 6 | 庚申 | 8·2 | 30 | 水 | 7 | 庚寅 | 8·2 | 29 | 金 | 윤8 | 庚申 | 8·2 | 30 | 月 | 9 | 辛卯 | 8·2 | 30 | 木 | 11 | 壬戌 | 8·3 | 8/1 | 月 | 14 | 甲午 | 8·2 |
| 25 | 3/1 | 火 | 7 | 辛酉 | 8·2 | 31 | 木 | 8 | 辛卯 | 8·2 | 30 | 土 | 윤9 | 辛酉 | 8·2 | 31 | 火 | 10 | 壬辰 | 8·2 | 7/1 | 金 | 12 | 癸亥 | 8·2 | 2 | 火 | 15 | 乙未 | 8·2 |
| 26 | 2 | 水 | 8 | 壬戌 | 9·1 | 4/1 | 金 | 9 | 壬辰 | 9·1 | 5/1 | 日 | 윤10 | 壬戌 | 9·2 | 6/1 | 水 | 11 | 癸巳 | 9·2 | 2 | 土 | 13 | 甲子 | 9·2 | 3 | 水 | 16 | 丙申 | 9·2 |
| 27 | 3 | 木 | 9 | 癸亥 | 9·1 | 2 | 土 | 10 | 癸巳 | 9·1 | 2 | 月 | 윤11 | 癸亥 | 9·1 | 2 | 木 | 12 | 甲午 | 9·1 | 3 | 日 | 14 | 乙丑 | 9·2 | 4 | 木 | 17 | 丁酉 | 9·1 |
| 28 | 4 | 金 | 10 | 甲子 | 9·1 | 3 | 日 | 11 | 甲午 | 9·1 | 3 | 火 | 윤12 | 甲子 | 9·1 | 3 | 金 | 13 | 乙未 | 9·1 | 4 | 月 | 15 | 丙寅 | 9·1 | 5 | 金 | 18 | 戊戌 | 9·1 |
| 29 | 5 | 土 | 11 | 乙丑 | 10·1 | 4 | 月 | 12 | 乙未 | 10·1 | 4 | 水 | 윤13 | 乙丑 | 10·1 | 4 | 土 | 14 | 丙申 | 10·1 | 5 | 火 | 16 | 丁卯 | 10·1 | 6 | 土 | 19 | 己亥 | 10·1 |
| 30 | | | | | | | | | | | 5 | 木 | 윤14 | 丙寅 | 10·1 | 5 | 日 | 15 | 丁酉 | 10·1 | 6 | 水 | 17 | 戊辰 | 10·1 | 7 | 日 | 20 | 庚子 | 10·1 |
| 31 | | | | | | | | | | | | | | | | | | | | | 7 | 木 | 18 | 己巳 | 10·1 | | | | | |

▶윤달-3월

# 乙未年

| 절기후날수 | 입추절(甲申月) 立秋 8월8일 16시50분 處暑 8월24일 7시19분 | | | | | 백로절(乙酉月) 白露 9월8일 19시32분 秋分 9월24일 4시41분 | | | | | 한로절(丙戌月) 寒露 10월9일 10시52분 霜降 10월24일 13시43분 | | | | |
|---|---|---|---|---|---|---|---|---|---|---|---|---|---|---|---|
| | 양력 | 요일 | 음력 | 일진 | 大運 남·여 | 양력 | 요일 | 음력 | 일진 | 大運 남·여 | 양력 | 요일 | 음력 | 일진 | 大運 남·여 |
| 0 | 8/8 | 月 | 21 | 辛丑 | 입추 | 9/8 | 木 | 22 | 壬申 | 백로 | 10/9 | 日 | 24 | 癸卯 | 한로 |
| 1 | 9 | 火 | 22 | 壬寅 | 1·10 | 9 | 金 | 23 | 癸酉 | 1·10 | 10 | 月 | 25 | 甲辰 | 1·10 |
| 2 | 10 | 水 | 23 | 癸卯 | 1·10 | 10 | 土 | 24 | 甲戌 | 1·10 | 11 | 火 | 26 | 乙巳 | 1·9 |
| 3 | 11 | 木 | 24 | 甲辰 | 1·9 | 11 | 日 | 25 | 乙亥 | 1·9 | 12 | 水 | 27 | 丙午 | 1·9 |
| 4 | 12 | 金 | 25 | 乙巳 | 1·9 | 12 | 月 | 26 | 丙子 | 1·9 | 13 | 木 | 28 | 丁未 | 1·9 |
| 5 | 13 | 土 | 26 | 丙午 | 2·9 | 13 | 火 | 27 | 丁丑 | 2·9 | 14 | 金 | 29 | 戊申 | 2·8 |
| 6 | 14 | 日 | 27 | 丁未 | 2·8 | 14 | 水 | 28 | 戊寅 | 2·8 | 15 | 土 | 30 | 己酉 | 2·8 |
| 7 | 15 | 月 | 28 | 戊申 | 2·8 | 15 | 木 | 29 | 己卯 | 2·8 | 16 | 日 | 9/1 | 庚戌 | 2·8 |
| 8 | 16 | 火 | 29 | 己酉 | 3·8 | 16 | 金 | 8/1 | 庚辰 | 3·8 | 17 | 月 | 2 | 辛亥 | 3·7 |
| 9 | 17 | 水 | 30 | 庚戌 | 3·7 | 17 | 土 | 2 | 辛巳 | 3·7 | 18 | 火 | 3 | 壬子 | 3·7 |
| 10 | 18 | 木 | 7/1 | 辛亥 | 3·7 | 18 | 日 | 3 | 壬午 | 3·7 | 19 | 水 | 4 | 癸丑 | 3·7 |
| 11 | 19 | 金 | 2 | 壬子 | 4·7 | 19 | 月 | 4 | 癸未 | 4·7 | 20 | 木 | 5 | 甲寅 | 4·6 |
| 12 | 20 | 土 | 3 | 癸丑 | 4·6 | 20 | 火 | 5 | 甲申 | 4·6 | 21 | 金 | 6 | 乙卯 | 4·6 |
| 13 | 21 | 日 | 4 | 甲寅 | 4·6 | 21 | 水 | 6 | 乙酉 | 4·6 | 22 | 土 | 7 | 丙辰 | 4·6 |
| 14 | 22 | 月 | 5 | 乙卯 | 5·6 | 22 | 木 | 7 | 丙戌 | 5·6 | 23 | 日 | 8 | 丁巳 | 5·5 |
| 15 | 23 | 火 | 6 | 丙辰 | 5·5 | 23 | 金 | 8 | 丁亥 | 5·5 | 24 | 月 | 9 | 戊午 | 상강 |
| 16 | 24 | 水 | 7 | 丁巳 | 처서 | 24 | 土 | 9 | 戊子 | 추분 | 25 | 火 | 10 | 己未 | 5·5 |
| 17 | 25 | 木 | 8 | 戊午 | 6·5 | 25 | 日 | 10 | 己丑 | 6·5 | 26 | 水 | 11 | 庚申 | 6·4 |
| 18 | 26 | 金 | 9 | 己未 | 6·4 | 26 | 月 | 11 | 庚寅 | 6·4 | 27 | 木 | 12 | 辛酉 | 6·4 |
| 19 | 27 | 土 | 10 | 庚申 | 6·4 | 27 | 火 | 12 | 辛卯 | 6·4 | 28 | 金 | 13 | 壬戌 | 6·4 |
| 20 | 28 | 日 | 11 | 辛酉 | 7·4 | 28 | 水 | 13 | 壬辰 | 7·4 | 29 | 土 | 14 | 癸亥 | 7·3 |
| 21 | 29 | 月 | 12 | 壬戌 | 7·3 | 29 | 木 | 14 | 癸巳 | 7·3 | 30 | 日 | 15 | 甲子 | 7·3 |
| 22 | 30 | 火 | 13 | 癸亥 | 7·3 | 30 | 金 | 15 | 甲午 | 7·3 | 31 | 月 | 16 | 乙丑 | 7·3 |
| 23 | 31 | 水 | 14 | 甲子 | 8·3 | 10/1 | 土 | 16 | 乙未 | 8·3 | 11/1 | 火 | 17 | 丙寅 | 8·2 |
| 24 | 9/1 | 木 | 15 | 乙丑 | 8·2 | 2 | 日 | 17 | 丙申 | 8·2 | 2 | 水 | 18 | 丁卯 | 8·2 |
| 25 | 2 | 金 | 16 | 丙寅 | 8·2 | 3 | 月 | 18 | 丁酉 | 8·2 | 3 | 木 | 19 | 戊辰 | 8·2 |
| 26 | 3 | 土 | 17 | 丁卯 | 9·2 | 4 | 火 | 19 | 戊戌 | 9·2 | 4 | 金 | 20 | 己巳 | 9·1 |
| 27 | 4 | 日 | 18 | 戊辰 | 9·1 | 5 | 水 | 20 | 己亥 | 9·1 | 5 | 土 | 21 | 庚午 | 9·1 |
| 28 | 5 | 月 | 19 | 己巳 | 9·1 | 6 | 木 | 21 | 庚子 | 9·1 | 6 | 日 | 22 | 辛未 | 9·1 |
| 29 | 6 | 火 | 20 | 庚午 | 10·1 | 7 | 金 | 22 | 辛丑 | 10·1 | 7 | 月 | 23 | 壬申 | 10·1 |
| 30 | 7 | 水 | 21 | 辛未 | 10·1 | 8 | 土 | 23 | 壬寅 | 10·1 | | | | | |
| 31 | | | | | | | | | | | | | | | |

| 절기후날수 | 입동절(丁亥月) 立冬 11월8일 13시45분 小雪 11월23일 11시1분 | | | | | 대설절(戊子月) 大雪 12월8일 6시23분 冬至 12월23일 0시11분 | | | | | 소한절(己丑月) 小寒 1월6일 17시30분 大寒 1월21일 10시48분 | | | | |
|---|---|---|---|---|---|---|---|---|---|---|---|---|---|---|---|
| | 양력 | 요일 | 음력 | 일진 | 大運 남·여 | 양력 | 요일 | 음력 | 일진 | 大運 남·여 | 양력 | 요일 | 음력 | 일진 | 大運 남·여 |
| 0 | 11/8 | 火 | 24 | 癸酉 | 입동 | 12/8 | 木 | 25 | 癸卯 | 대설 | 1/6 | 金 | 24 | 壬申 | 소한 |
| 1 | 9 | 水 | 25 | 甲戌 | 1·10 | 9 | 金 | 26 | 甲辰 | 1·9 | 7 | 土 | 25 | 癸酉 | 1·10 |
| 2 | 10 | 木 | 26 | 乙亥 | 1·9 | 10 | 土 | 27 | 乙巳 | 1·9 | 8 | 日 | 26 | 甲戌 | 1·9 |
| 3 | 11 | 金 | 27 | 丙子 | 1·9 | 11 | 日 | 28 | 丙午 | 1·9 | 9 | 月 | 27 | 乙亥 | 1·9 |
| 4 | 12 | 土 | 28 | 丁丑 | 1·9 | 12 | 月 | 29 | 丁未 | 1·8 | 10 | 火 | 28 | 丙子 | 1·9 |
| 5 | 13 | 日 | 29 | 戊寅 | 2·8 | 13 | 火 | 30 | 戊申 | 2·8 | 11 | 水 | 29 | 丁丑 | 2·8 |
| 6 | 14 | 月 | 10/1 | 己卯 | 2·8 | 14 | 水 | 11/1 | 己酉 | 2·8 | 12 | 木 | 30 | 戊寅 | 2·8 |
| 7 | 15 | 火 | 2 | 庚辰 | 2·8 | 15 | 木 | 2 | 庚戌 | 2·7 | 13 | 金 | 12/1 | 己卯 | 2·8 |
| 8 | 16 | 水 | 3 | 辛巳 | 3·7 | 16 | 金 | 3 | 辛亥 | 3·7 | 14 | 土 | 2 | 庚辰 | 3·7 |
| 9 | 17 | 木 | 4 | 壬午 | 3·7 | 17 | 土 | 4 | 壬子 | 3·7 | 15 | 日 | 3 | 辛巳 | 3·7 |
| 10 | 18 | 金 | 5 | 癸未 | 3·7 | 18 | 日 | 5 | 癸丑 | 3·6 | 16 | 月 | 4 | 壬午 | 3·7 |
| 11 | 19 | 土 | 6 | 甲申 | 4·6 | 19 | 月 | 6 | 甲寅 | 4·6 | 17 | 火 | 5 | 癸未 | 4·6 |
| 12 | 20 | 日 | 7 | 乙酉 | 4·6 | 20 | 火 | 7 | 乙卯 | 4·6 | 18 | 水 | 6 | 甲申 | 4·6 |
| 13 | 21 | 月 | 8 | 丙戌 | 4·6 | 21 | 水 | 8 | 丙辰 | 4·5 | 19 | 木 | 7 | 乙酉 | 4·6 |
| 14 | 22 | 火 | 9 | 丁亥 | 5·5 | 22 | 木 | 9 | 丁巳 | 5·5 | 20 | 金 | 8 | 丙戌 | 5·5 |
| 15 | 23 | 水 | 10 | 戊子 | 소설 | 23 | 金 | 10 | 戊午 | 동지 | 21 | 土 | 9 | 丁亥 | 대한 |
| 16 | 24 | 木 | 11 | 己丑 | 5·5 | 24 | 土 | 11 | 己未 | 5·4 | 22 | 日 | 10 | 戊子 | 5·5 |
| 17 | 25 | 金 | 12 | 庚寅 | 6·4 | 25 | 日 | 12 | 庚申 | 6·4 | 23 | 月 | 11 | 己丑 | 6·4 |
| 18 | 26 | 土 | 13 | 辛卯 | 6·4 | 26 | 月 | 13 | 辛酉 | 6·4 | 24 | 火 | 12 | 庚寅 | 6·4 |
| 19 | 27 | 日 | 14 | 壬辰 | 6·4 | 27 | 火 | 14 | 壬戌 | 6·3 | 25 | 水 | 13 | 辛卯 | 6·4 |
| 20 | 28 | 月 | 15 | 癸巳 | 7·3 | 28 | 水 | 15 | 癸亥 | 7·3 | 26 | 木 | 14 | 壬辰 | 7·3 |
| 21 | 29 | 火 | 16 | 甲午 | 7·3 | 29 | 木 | 16 | 甲子 | 7·3 | 27 | 金 | 15 | 癸巳 | 7·3 |
| 22 | 30 | 水 | 17 | 乙未 | 7·3 | 30 | 金 | 17 | 乙丑 | 7·2 | 28 | 土 | 16 | 甲午 | 7·3 |
| 23 | 12/1 | 木 | 18 | 丙申 | 8·2 | 31 | 土 | 18 | 丙寅 | 8·2 | 29 | 日 | 17 | 乙未 | 8·2 |
| 24 | 2 | 金 | 19 | 丁酉 | 8·2 | 1/1 | 日 | 19 | 丁卯 | 8·2 | 30 | 月 | 18 | 丙申 | 8·2 |
| 25 | 3 | 土 | 20 | 戊戌 | 8·2 | 2 | 月 | 20 | 戊辰 | 8·1 | 31 | 火 | 19 | 丁酉 | 8·2 |
| 26 | 4 | 日 | 21 | 己亥 | 9·1 | 3 | 火 | 21 | 己巳 | 9·1 | 2/1 | 水 | 20 | 戊戌 | 9·1 |
| 27 | 5 | 月 | 22 | 庚子 | 9·1 | 4 | 水 | 22 | 庚午 | 9·1 | 2 | 木 | 21 | 己亥 | 9·1 |
| 28 | 6 | 火 | 23 | 辛丑 | 9·1 | 5 | 木 | 23 | 辛未 | 9·1 | 3 | 金 | 22 | 庚子 | 9·1 |
| 29 | 7 | 水 | 24 | 壬寅 | 10·1 | | | | | | 4 | 土 | 23 | 辛丑 | 10·1 |
| 30 | | | | | | | | | | | | | | | |
| 31 | | | | | | | | | | | | | | | |

# 서기 1956년 [단기 4289년]

| 절기후날수 | 입춘절(庚寅月) 立春 2월5일 5시12분 雨水 2월20일 1시5분 | | | | | 경칩절(辛卯月) 驚蟄 3월5일 23시24분 春分 3월21일 0시20분 | | | | | 청명절(壬辰月) 淸明 4월5일 4시31분 穀雨 4월20일 11시43분 | | | | |
|---|---|---|---|---|---|---|---|---|---|---|---|---|---|---|---|
| | 양력 | 요일 | 음력 | 일진 | 大運 남·여 | 양력 | 요일 | 음력 | 일진 | 大運 남·여 | 양력 | 요일 | 음력 | 일진 | 大運 남·여 |
| 0 | 2/5 | 日 | 24 | 壬寅 | 입춘 | 3/5 | 月 | 23 | 辛未 | 경칩 | 4/5 | 木 | 25 | 壬寅 | 청명 |
| 1 | 6 | 月 | 25 | 癸卯 | 9·1 | 6 | 火 | 24 | 壬申 | 10·1 | 6 | 金 | 26 | 癸卯 | 10·1 |
| 2 | 7 | 火 | 26 | 甲辰 | 9·1 | 7 | 水 | 25 | 癸酉 | 10·1 | 7 | 土 | 27 | 甲辰 | 9·1 |
| 3 | 8 | 水 | 27 | 乙巳 | 9·1 | 8 | 木 | 26 | 甲戌 | 9·1 | 8 | 日 | 28 | 乙巳 | 9·1 |
| 4 | 9 | 木 | 28 | 丙午 | 8·1 | 9 | 金 | 27 | 乙亥 | 9·1 | 9 | 月 | 29 | 丙午 | 9·1 |
| 5 | 10 | 金 | 29 | 丁未 | 8·2 | 10 | 土 | 28 | 丙子 | 9·2 | 10 | 火 | 30 | 丁未 | 8·2 |
| 6 | 11 | 土 | 30 | 戊申 | 8·2 | 11 | 日 | 29 | 丁丑 | 8·2 | 11 | 水 | 3/1 | 戊申 | 8·2 |
| 7 | 12 | 日 | 1/1 | 己酉 | 7·2 | 12 | 月 | 2/1 | 戊寅 | 8·2 | 12 | 木 | 2 | 己酉 | 8·2 |
| 8 | 13 | 月 | 2 | 庚戌 | 7·3 | 13 | 火 | 2 | 己卯 | 8·3 | 13 | 金 | 3 | 庚戌 | 7·3 |
| 9 | 14 | 火 | 3 | 辛亥 | 7·3 | 14 | 水 | 3 | 庚辰 | 7·3 | 14 | 土 | 4 | 辛亥 | 7·3 |
| 10 | 15 | 水 | 4 | 壬子 | 6·3 | 15 | 木 | 4 | 辛巳 | 7·3 | 15 | 日 | 5 | 壬子 | 7·3 |
| 11 | 16 | 木 | 5 | 癸丑 | 6·4 | 16 | 金 | 5 | 壬午 | 7·4 | 16 | 月 | 6 | 癸丑 | 6·4 |
| 12 | 17 | 金 | 6 | 甲寅 | 6·4 | 17 | 土 | 6 | 癸未 | 6·4 | 17 | 火 | 7 | 甲寅 | 6·4 |
| 13 | 18 | 土 | 7 | 乙卯 | 5·4 | 18 | 日 | 7 | 甲申 | 6·4 | 18 | 水 | 8 | 乙卯 | 6·4 |
| 14 | 19 | 日 | 8 | 丙辰 | 5·5 | 19 | 月 | 8 | 乙酉 | 6·5 | 19 | 木 | 9 | 丙辰 | 5·5 |
| 15 | 20 | 月 | 9 | 丁巳 | 우수 | 20 | 火 | 9 | 丙戌 | 5·5 | 20 | 金 | 10 | 丁巳 | 곡우 |
| 16 | 21 | 火 | 10 | 戊午 | 4·5 | 21 | 水 | 10 | 丁亥 | 춘분 | 21 | 土 | 11 | 戊午 | 5·5 |
| 17 | 22 | 水 | 11 | 己未 | 4·6 | 22 | 木 | 11 | 戊子 | 5·6 | 22 | 日 | 12 | 己未 | 4·6 |
| 18 | 23 | 木 | 12 | 庚申 | 4·6 | 23 | 金 | 12 | 己丑 | 4·6 | 23 | 月 | 13 | 庚申 | 4·6 |
| 19 | 24 | 金 | 13 | 辛酉 | 3·6 | 24 | 土 | 13 | 庚寅 | 4·6 | 24 | 火 | 14 | 辛酉 | 4·6 |
| 20 | 25 | 土 | 14 | 壬戌 | 3·7 | 25 | 日 | 14 | 辛卯 | 4·7 | 25 | 水 | 15 | 壬戌 | 3·7 |
| 21 | 26 | 日 | 15 | 癸亥 | 3·7 | 26 | 月 | 15 | 壬辰 | 3·7 | 26 | 木 | 16 | 癸亥 | 3·7 |
| 22 | 27 | 月 | 16 | 甲子 | 2·7 | 27 | 火 | 16 | 癸巳 | 3·7 | 27 | 金 | 17 | 甲子 | 3·7 |
| 23 | 28 | 火 | 17 | 乙丑 | 2·8 | 28 | 水 | 17 | 甲午 | 3·8 | 28 | 土 | 18 | 乙丑 | 2·8 |
| 24 | 29 | 水 | 18 | 丙寅 | 2·8 | 29 | 木 | 18 | 乙未 | 2·8 | 29 | 日 | 19 | 丙寅 | 2·8 |
| 25 | 3/1 | 木 | 19 | 丁卯 | 1·8 | 30 | 金 | 19 | 丙申 | 2·8 | 30 | 月 | 20 | 丁卯 | 2·8 |
| 26 | 2 | 金 | 20 | 戊辰 | 1·9 | 31 | 土 | 20 | 丁酉 | 2·9 | 5/1 | 火 | 21 | 戊辰 | 1·9 |
| 27 | 3 | 土 | 21 | 己巳 | 1·9 | 4/1 | 日 | 21 | 戊戌 | 1·9 | 2 | 水 | 22 | 己巳 | 1·9 |
| 28 | 4 | 日 | 22 | 庚午 | 1·9 | 2 | 月 | 22 | 己亥 | 1·9 | 3 | 木 | 23 | 庚午 | 1·9 |
| 29 | | | | | | 3 | 火 | 23 | 庚子 | 1·10 | 4 | 金 | 24 | 辛未 | 1·10 |
| 30 | | | | | | 4 | 水 | 24 | 辛丑 | 1·10 | | | | | |
| 31 | | | | | | | | | | | | | | | |

| 절기후날수 | 입하절(癸巳月) 立夏 5월5일 22시10분 小滿 5월21일 11시13분 | | | | | 망종절(甲午月) 芒種 6월6일 2시36분 夏至 6월21일 19시24분 | | | | | 소서절(乙未月) 小暑 7월7일 12시58분 大暑 7월23일 6시20분 | | | | |
|---|---|---|---|---|---|---|---|---|---|---|---|---|---|---|---|
| | 양력 | 요일 | 음력 | 일진 | 大運 남·여 | 양력 | 요일 | 음력 | 일진 | 大運 남·여 | 양력 | 요일 | 음력 | 일진 | 大運 남·여 |
| 0 | 5/5 | 土 | 25 | 壬申 | 입하 | 6/6 | 水 | 28 | 甲辰 | 망종 | 7/7 | 土 | 29 | 乙亥 | 소서 |
| 1 | 6 | 日 | 26 | 癸酉 | 10·1 | 7 | 木 | 29 | 乙巳 | 10·1 | 8 | 日 | 6/1 | 丙子 | 10·1 |
| 2 | 7 | 月 | 27 | 甲戌 | 10·1 | 8 | 金 | 30 | 丙午 | 10·1 | 9 | 月 | 2 | 丁丑 | 10·1 |
| 3 | 8 | 火 | 28 | 乙亥 | 10·1 | 9 | 土 | 5/1 | 丁未 | 9·1 | 10 | 火 | 3 | 戊寅 | 9·1 |
| 4 | 9 | 水 | 29 | 丙子 | 9·1 | 10 | 日 | 2 | 戊申 | 9·1 | 11 | 水 | 4 | 己卯 | 9·1 |
| 5 | 10 | 木 | 4/1 | 丁丑 | 9·2 | 11 | 月 | 3 | 己酉 | 9·2 | 12 | 木 | 5 | 庚辰 | 9·2 |
| 6 | 11 | 金 | 2 | 戊寅 | 9·2 | 12 | 火 | 4 | 庚戌 | 8·2 | 13 | 金 | 6 | 辛巳 | 8·2 |
| 7 | 12 | 土 | 3 | 己卯 | 8·2 | 13 | 水 | 5 | 辛亥 | 8·2 | 14 | 土 | 7 | 壬午 | 8·2 |
| 8 | 13 | 日 | 4 | 庚辰 | 8·3 | 14 | 木 | 6 | 壬子 | 8·3 | 15 | 日 | 8 | 癸未 | 8·3 |
| 9 | 14 | 月 | 5 | 辛巳 | 8·3 | 15 | 金 | 7 | 癸丑 | 7·3 | 16 | 月 | 9 | 甲申 | 7·3 |
| 10 | 15 | 火 | 6 | 壬午 | 7·3 | 16 | 土 | 8 | 甲寅 | 7·3 | 17 | 火 | 10 | 乙酉 | 7·3 |
| 11 | 16 | 水 | 7 | 癸未 | 7·4 | 17 | 日 | 9 | 乙卯 | 7·4 | 18 | 水 | 11 | 丙戌 | 7·4 |
| 12 | 17 | 木 | 8 | 甲申 | 7·4 | 18 | 月 | 10 | 丙辰 | 6·4 | 19 | 木 | 12 | 丁亥 | 6·4 |
| 13 | 18 | 金 | 9 | 乙酉 | 6·4 | 19 | 火 | 11 | 丁巳 | 6·4 | 20 | 金 | 13 | 戊子 | 6·4 |
| 14 | 19 | 土 | 10 | 丙戌 | 6·5 | 20 | 水 | 12 | 戊午 | 6·5 | 21 | 土 | 14 | 己丑 | 6·5 |
| 15 | 20 | 日 | 11 | 丁亥 | 6·5 | 21 | 木 | 13 | 己未 | 하지 | 22 | 日 | 15 | 庚寅 | 5·5 |
| 16 | 21 | 月 | 12 | 戊子 | 소만 | 22 | 金 | 14 | 庚申 | 5·5 | 23 | 月 | 16 | 辛卯 | 대서 |
| 17 | 22 | 火 | 13 | 己丑 | 5·6 | 23 | 土 | 15 | 辛酉 | 5·6 | 24 | 火 | 17 | 壬辰 | 5·6 |
| 18 | 23 | 水 | 14 | 庚寅 | 5·6 | 24 | 日 | 16 | 壬戌 | 4·6 | 25 | 水 | 18 | 癸巳 | 4·6 |
| 19 | 24 | 木 | 15 | 辛卯 | 4·6 | 25 | 月 | 17 | 癸亥 | 4·6 | 26 | 木 | 19 | 甲午 | 4·6 |
| 20 | 25 | 金 | 16 | 壬辰 | 4·7 | 26 | 火 | 18 | 甲子 | 4·7 | 27 | 金 | 20 | 乙未 | 4·7 |
| 21 | 26 | 土 | 17 | 癸巳 | 4·7 | 27 | 水 | 19 | 乙丑 | 3·7 | 28 | 土 | 21 | 丙申 | 3·7 |
| 22 | 27 | 日 | 18 | 甲午 | 3·7 | 28 | 木 | 20 | 丙寅 | 3·7 | 29 | 日 | 22 | 丁酉 | 3·7 |
| 23 | 28 | 月 | 19 | 乙未 | 3·8 | 29 | 金 | 21 | 丁卯 | 3·8 | 30 | 月 | 23 | 戊戌 | 3·8 |
| 24 | 29 | 火 | 20 | 丙申 | 3·8 | 30 | 土 | 22 | 戊辰 | 2·8 | 31 | 火 | 24 | 己亥 | 2·8 |
| 25 | 30 | 水 | 21 | 丁酉 | 2·8 | 7/1 | 日 | 23 | 己巳 | 2·8 | 8/1 | 水 | 25 | 庚子 | 2·8 |
| 26 | 31 | 木 | 22 | 戊戌 | 2·9 | 2 | 月 | 24 | 庚午 | 2·9 | 2 | 木 | 26 | 辛丑 | 2·9 |
| 27 | 6/1 | 金 | 23 | 己亥 | 2·9 | 3 | 火 | 25 | 辛未 | 1·9 | 3 | 金 | 27 | 壬寅 | 1·9 |
| 28 | 2 | 土 | 24 | 庚子 | 1·9 | 4 | 水 | 26 | 壬申 | 1·9 | 4 | 土 | 28 | 癸卯 | 1·9 |
| 29 | 3 | 日 | 25 | 辛丑 | 1·10 | 5 | 木 | 27 | 癸酉 | 1·10 | 5 | 日 | 29 | 甲辰 | 1·10 |
| 30 | 4 | 月 | 26 | 壬寅 | 1·10 | 6 | 金 | 28 | 甲戌 | 1·10 | 6 | 月 | 7/1 | 乙巳 | 1·10 |
| 31 | 5 | 火 | 27 | 癸卯 | 1·10 | | | | | | | | | | |

# 丙申年

| 절기후날수 | 입추절(丙申月) 立秋 8월7일 22시40분 / 處暑 8월23일 13시15분 | | | | | 백로절(丁酉月) 白露 9월8일 1시19분 / 秋分 9월23일 10시35분 | | | | |
|---|---|---|---|---|---|---|---|---|---|---|
| | 양력 | 요일 | 음력 | 일진 | 大運 남·여 | 양력 | 요일 | 음력 | 일진 | 大運 남·여 |
| 0 | 8/7 | 火 | 2 | 丙午 | 입추 | 9/8 | 土 | 4 | 戊寅 | 백로 |
| 1 | 8 | 水 | 3 | 丁未 | 10·1 | 9 | 日 | 5 | 己卯 | 10·1 |
| 2 | 9 | 木 | 4 | 戊申 | 10·1 | 10 | 月 | 6 | 庚辰 | 9·1 |
| 3 | 10 | 金 | 5 | 己酉 | 10·1 | 11 | 火 | 7 | 辛巳 | 9·1 |
| 4 | 11 | 土 | 6 | 庚戌 | 9·1 | 12 | 水 | 8 | 壬午 | 9·1 |
| 5 | 12 | 日 | 7 | 辛亥 | 9·2 | 13 | 木 | 9 | 癸未 | 8·2 |
| 6 | 13 | 月 | 8 | 壬子 | 9·2 | 14 | 金 | 10 | 甲申 | 8·2 |
| 7 | 14 | 火 | 9 | 癸丑 | 8·2 | 15 | 土 | 11 | 乙酉 | 8·2 |
| 8 | 15 | 水 | 10 | 甲寅 | 8·3 | 16 | 日 | 12 | 丙戌 | 7·3 |
| 9 | 16 | 木 | 11 | 乙卯 | 8·3 | 17 | 月 | 13 | 丁亥 | 7·3 |
| 10 | 17 | 金 | 12 | 丙辰 | 7·3 | 18 | 火 | 14 | 戊子 | 7·3 |
| 11 | 18 | 土 | 13 | 丁巳 | 7·4 | 19 | 水 | 15 | 己丑 | 6·4 |
| 12 | 19 | 日 | 14 | 戊午 | 7·4 | 20 | 木 | 16 | 庚寅 | 6·4 |
| 13 | 20 | 月 | 15 | 己未 | 6·4 | 21 | 金 | 17 | 辛卯 | 6·4 |
| 14 | 21 | 火 | 16 | 庚申 | 6·5 | 22 | 土 | 18 | 壬辰 | 5·5 |
| 15 | 22 | 水 | 17 | 辛酉 | 6·5 | 23 | 日 | 19 | 癸巳 | 추분 |
| 16 | 23 | 木 | 18 | 壬戌 | 처서 | 24 | 月 | 20 | 甲午 | 5·5 |
| 17 | 24 | 金 | 19 | 癸亥 | 5·6 | 25 | 火 | 21 | 乙未 | 4·6 |
| 18 | 25 | 土 | 20 | 甲子 | 5·6 | 26 | 水 | 22 | 丙申 | 4·6 |
| 19 | 26 | 日 | 21 | 乙丑 | 4·6 | 27 | 木 | 23 | 丁酉 | 4·6 |
| 20 | 27 | 月 | 22 | 丙寅 | 4·7 | 28 | 金 | 24 | 戊戌 | 3·7 |
| 21 | 28 | 火 | 23 | 丁卯 | 4·7 | 29 | 土 | 25 | 己亥 | 3·7 |
| 22 | 29 | 水 | 24 | 戊辰 | 3·7 | 30 | 日 | 26 | 庚子 | 3·7 |
| 23 | 30 | 木 | 25 | 己巳 | 3·8 | 10/1 | 月 | 27 | 辛丑 | 2·8 |
| 24 | 31 | 金 | 26 | 庚午 | 3·8 | 2 | 火 | 28 | 壬寅 | 2·8 |
| 25 | 9/1 | 土 | 27 | 辛未 | 2·8 | 3 | 水 | 29 | 癸卯 | 2·8 |
| 26 | 2 | 日 | 28 | 壬申 | 2·9 | 4 | 木 | 9/1 | 甲辰 | 1·9 |
| 27 | 3 | 月 | 29 | 癸酉 | 2·9 | 5 | 金 | 2 | 乙巳 | 1·9 |
| 28 | 4 | 火 | 30 | 甲戌 | 1·9 | 6 | 土 | 3 | 丙午 | 1·9 |
| 29 | 5 | 水 | 8/1 | 乙亥 | 1·10 | 7 | 日 | 4 | 丁未 | 1·10 |
| 30 | 6 | 木 | 2 | 丙子 | 1·10 | | | | | |
| 31 | 7 | 金 | 3 | 丁丑 | 1·10 | | | | | |

| 절기후날수 | 한로절(戊戌月) 寒露 10월8일 16시36분 / 霜降 10월23일 19시34분 | | | | | 입동절(己亥月) 立冬 11월7일 19시26분 / 小雪 11월22일 16시50분 | | | | |
|---|---|---|---|---|---|---|---|---|---|---|
| | 양력 | 요일 | 음력 | 일진 | 大運 남·여 | 양력 | 요일 | 음력 | 일진 | 大運 남·여 |
| 0 | 10/8 | 月 | 5 | 戊申 | 한로 | 11/7 | 水 | 5 | 戊寅 | 입동 |
| 1 | 9 | 火 | 6 | 己酉 | 10·1 | 8 | 木 | 6 | 己卯 | 10·1 |
| 2 | 10 | 水 | 7 | 庚戌 | 9·1 | 9 | 金 | 7 | 庚辰 | 9·1 |
| 3 | 11 | 木 | 8 | 辛亥 | 9·1 | 10 | 土 | 8 | 辛巳 | 9·1 |
| 4 | 12 | 金 | 9 | 壬子 | 9·1 | 11 | 日 | 9 | 壬午 | 9·1 |
| 5 | 13 | 土 | 10 | 癸丑 | 8·2 | 12 | 月 | 10 | 癸未 | 8·2 |
| 6 | 14 | 日 | 11 | 甲寅 | 8·2 | 13 | 火 | 11 | 甲申 | 8·2 |
| 7 | 15 | 月 | 12 | 乙卯 | 8·2 | 14 | 水 | 12 | 乙酉 | 8·2 |
| 8 | 16 | 火 | 13 | 丙辰 | 7·3 | 15 | 木 | 13 | 丙戌 | 7·3 |
| 9 | 17 | 水 | 14 | 丁巳 | 7·3 | 16 | 金 | 14 | 丁亥 | 7·3 |
| 10 | 18 | 木 | 15 | 戊午 | 7·3 | 17 | 土 | 15 | 戊子 | 7·3 |
| 11 | 19 | 金 | 16 | 己未 | 6·4 | 18 | 日 | 16 | 己丑 | 6·4 |
| 12 | 20 | 土 | 17 | 庚申 | 6·4 | 19 | 月 | 17 | 庚寅 | 6·4 |
| 13 | 21 | 日 | 18 | 辛酉 | 6·4 | 20 | 火 | 18 | 辛卯 | 6·4 |
| 14 | 22 | 月 | 19 | 壬戌 | 5·5 | 21 | 水 | 19 | 壬辰 | 5·5 |
| 15 | 23 | 火 | 20 | 癸亥 | 상강 | 22 | 木 | 20 | 癸巳 | 소설 |
| 16 | 24 | 水 | 21 | 甲子 | 5·5 | 23 | 金 | 21 | 甲午 | 5·5 |
| 17 | 25 | 木 | 22 | 乙丑 | 4·6 | 24 | 土 | 22 | 乙未 | 4·6 |
| 18 | 26 | 金 | 23 | 丙寅 | 4·6 | 25 | 日 | 23 | 丙申 | 4·6 |
| 19 | 27 | 土 | 24 | 丁卯 | 4·6 | 26 | 月 | 24 | 丁酉 | 4·6 |
| 20 | 28 | 日 | 25 | 戊辰 | 3·7 | 27 | 火 | 25 | 戊戌 | 3·7 |
| 21 | 29 | 月 | 26 | 己巳 | 3·7 | 28 | 水 | 26 | 己亥 | 3·7 |
| 22 | 30 | 火 | 27 | 庚午 | 3·7 | 29 | 木 | 27 | 庚子 | 3·7 |
| 23 | 31 | 水 | 28 | 辛未 | 2·8 | 30 | 金 | 28 | 辛丑 | 2·8 |
| 24 | 11/1 | 木 | 29 | 壬申 | 2·8 | 12/1 | 土 | 29 | 壬寅 | 2·8 |
| 25 | 2 | 金 | 30 | 癸酉 | 2·8 | 2 | 日 | 11/1 | 癸卯 | 2·8 |
| 26 | 3 | 土 | 10/1 | 甲戌 | 1·9 | 3 | 月 | 2 | 甲辰 | 1·9 |
| 27 | 4 | 日 | 2 | 乙亥 | 1·9 | 4 | 火 | 3 | 乙巳 | 1·9 |
| 28 | 5 | 月 | 3 | 丙子 | 1·9 | 5 | 水 | 4 | 丙午 | 1·9 |
| 29 | 6 | 火 | 4 | 丁丑 | 1·10 | 6 | 木 | 5 | 丁未 | 1·10 |
| 30 | | | | | | | | | | |
| 31 | | | | | | | | | | |

| 절기후날수 | 대설절(庚子月) 大雪 12월7일 12시2분 / 冬至 12월22일 5시59분 | | | | | 소한절(辛丑月) 小寒 1월5일 23시10분 / 大寒 1월20일 16시39분 | | | | |
|---|---|---|---|---|---|---|---|---|---|---|
| | 양력 | 요일 | 음력 | 일진 | 大運 남·여 | 양력 | 요일 | 음력 | 일진 | 大運 남·여 |
| 0 | 12/7 | 金 | 6 | 戊申 | 대설 | 1/5 | 土 | 5 | 丁丑 | 소한 |
| 1 | 8 | 土 | 7 | 己酉 | 9·1 | 6 | 日 | 6 | 戊寅 | 10·1 |
| 2 | 9 | 日 | 8 | 庚戌 | 9·1 | 7 | 月 | 7 | 己卯 | 9·1 |
| 3 | 10 | 月 | 9 | 辛亥 | 9·1 | 8 | 火 | 8 | 庚辰 | 9·1 |
| 4 | 11 | 火 | 10 | 壬子 | 8·1 | 9 | 水 | 9 | 辛巳 | 9·1 |
| 5 | 12 | 水 | 11 | 癸丑 | 8·2 | 10 | 木 | 10 | 壬午 | 8·2 |
| 6 | 13 | 木 | 12 | 甲寅 | 8·2 | 11 | 金 | 11 | 癸未 | 8·2 |
| 7 | 14 | 金 | 13 | 乙卯 | 7·2 | 12 | 土 | 12 | 甲申 | 8·2 |
| 8 | 15 | 土 | 14 | 丙辰 | 7·3 | 13 | 日 | 13 | 乙酉 | 7·3 |
| 9 | 16 | 日 | 15 | 丁巳 | 7·3 | 14 | 月 | 14 | 丙戌 | 7·3 |
| 10 | 17 | 月 | 16 | 戊午 | 6·3 | 15 | 火 | 15 | 丁亥 | 7·3 |
| 11 | 18 | 火 | 17 | 己未 | 6·4 | 16 | 水 | 16 | 戊子 | 6·4 |
| 12 | 19 | 水 | 18 | 庚申 | 6·4 | 17 | 木 | 17 | 己丑 | 6·4 |
| 13 | 20 | 木 | 19 | 辛酉 | 5·4 | 18 | 金 | 18 | 庚寅 | 6·4 |
| 14 | 21 | 金 | 20 | 壬戌 | 5·5 | 19 | 土 | 19 | 辛卯 | 5·5 |
| 15 | 22 | 土 | 21 | 癸亥 | 동지 | 20 | 日 | 20 | 壬辰 | 대한 |
| 16 | 23 | 日 | 22 | 甲子 | 4·5 | 21 | 月 | 21 | 癸巳 | 5·5 |
| 17 | 24 | 月 | 23 | 乙丑 | 4·6 | 22 | 火 | 22 | 甲午 | 4·6 |
| 18 | 25 | 火 | 24 | 丙寅 | 4·6 | 23 | 水 | 23 | 乙未 | 4·6 |
| 19 | 26 | 水 | 25 | 丁卯 | 3·6 | 24 | 木 | 24 | 丙申 | 4·6 |
| 20 | 27 | 木 | 26 | 戊辰 | 3·7 | 25 | 金 | 25 | 丁酉 | 3·7 |
| 21 | 28 | 金 | 27 | 己巳 | 3·7 | 26 | 土 | 26 | 戊戌 | 3·7 |
| 22 | 29 | 土 | 28 | 庚午 | 2·7 | 27 | 日 | 27 | 己亥 | 3·7 |
| 23 | 30 | 日 | 29 | 辛未 | 2·8 | 28 | 月 | 28 | 庚子 | 2·8 |
| 24 | 31 | 月 | 30 | 壬申 | 2·8 | 29 | 火 | 29 | 辛丑 | 2·8 |
| 25 | 1/1 | 火 | 12/1 | 癸酉 | 1·8 | 30 | 水 | 30 | 壬寅 | 2·8 |
| 26 | 2 | 水 | 2 | 甲戌 | 1·9 | 31 | 木 | 1/1 | 癸卯 | 1·9 |
| 27 | 3 | 木 | 3 | 乙亥 | 1·9 | 2/1 | 金 | 2 | 甲辰 | 1·9 |
| 28 | 4 | 金 | 4 | 丙子 | 1·9 | 2 | 土 | 3 | 乙巳 | 1·9 |
| 29 | | | | | | 3 | 日 | 4 | 丙午 | 1·10 |
| 30 | | | | | | | | | | |
| 31 | | | | | | | | | | |

# 서기 1957년 [단기 4290년]

| 절기 후 날수 | 입춘절(壬寅月) | | | | | 경칩절(癸卯月) | | | | | 청명절(甲辰月) | | | | | 입하절(乙巳月) | | | | | 망종절(丙午月) | | | | | 소서절(丁未月) | | | | |
|---|---|---|---|---|---|---|---|---|---|---|---|---|---|---|---|---|---|---|---|---|---|---|---|---|---|---|---|---|---|---|
| | 立春 2월4일 10시55분<br>雨水 2월19일 6시58분 | | | | | 驚蟄 3월6일 5시10분<br>春分 3월21일 6시16분 | | | | | 淸明 4월5일 10시19분<br>穀雨 4월20일 17시41분 | | | | | 立夏 5월6일 3시58분<br>小滿 5월21일 17시10분 | | | | | 芒種 6월6일 8시25분<br>夏至 6월22일 1시21분 | | | | | 小暑 7월7일 18시48분<br>大暑 7월23일 12시15분 | | | | |
| | 양력 | 요일 | 음력 | 일진 | 大運 남·여 | 양력 | 요일 | 음력 | 일진 | 大運 남·여 | 양력 | 요일 | 음력 | 일진 | 大運 남·여 | 양력 | 요일 | 음력 | 일진 | 大運 남·여 | 양력 | 요일 | 음력 | 일진 | 大運 남·여 | 양력 | 요일 | 음력 | 일진 | 大運 남·여 |
| 0 | 2/4 | 月 | 5 | 丁未 | 입춘 | 3/6 | 水 | 5 | 丁丑 | 경칩 | 4/5 | 金 | 6 | 丁未 | 청명 | 5/6 | 月 | 7 | 戊寅 | 입하 | 6/6 | 木 | 9 | 己酉 | 망종 | 7/7 | 日 | 10 | 庚辰 | 소서 |
| 1 | 5 | 火 | 6 | 戊申 | 1·10 | 7 | 木 | 6 | 戊寅 | 1·10 | 6 | 土 | 7 | 戊申 | 1·10 | 7 | 火 | 8 | 己卯 | 1·10 | 7 | 金 | 10 | 庚戌 | 1·10 | 8 | 月 | 11 | 辛巳 | 1·10 |
| 2 | 6 | 水 | 7 | 己酉 | 1·9 | 8 | 金 | 7 | 己卯 | 1·9 | 7 | 日 | 8 | 己酉 | 1·10 | 8 | 水 | 9 | 庚辰 | 1·10 | 8 | 土 | 11 | 辛亥 | 1·10 | 9 | 火 | 12 | 壬午 | 1·10 |
| 3 | 7 | 木 | 8 | 庚戌 | 1·9 | 9 | 土 | 8 | 庚辰 | 1·9 | 8 | 月 | 9 | 庚戌 | 1·9 | 9 | 木 | 10 | 辛巳 | 1·9 | 9 | 日 | 12 | 壬子 | 1·9 | 10 | 水 | 13 | 癸未 | 1·10 |
| 4 | 8 | 金 | 9 | 辛亥 | 1·9 | 10 | 日 | 9 | 辛巳 | 1·9 | 9 | 火 | 10 | 辛亥 | 1·9 | 10 | 金 | 11 | 壬午 | 1·9 | 10 | 月 | 13 | 癸丑 | 1·9 | 11 | 木 | 14 | 甲申 | 1·9 |
| 5 | 9 | 土 | 10 | 壬子 | 2·8 | 11 | 月 | 10 | 壬午 | 2·8 | 10 | 水 | 11 | 壬子 | 2·9 | 11 | 土 | 12 | 癸未 | 2·9 | 11 | 火 | 14 | 甲寅 | 2·9 | 12 | 金 | 15 | 乙酉 | 2·9 |
| 6 | 10 | 日 | 11 | 癸丑 | 2·8 | 12 | 火 | 11 | 癸未 | 2·8 | 11 | 木 | 12 | 癸丑 | 2·8 | 12 | 日 | 13 | 甲申 | 2·8 | 12 | 水 | 15 | 乙卯 | 2·8 | 13 | 土 | 16 | 丙戌 | 2·9 |
| 7 | 11 | 月 | 12 | 甲寅 | 2·8 | 13 | 水 | 12 | 甲申 | 2·8 | 12 | 金 | 13 | 甲寅 | 2·8 | 13 | 月 | 14 | 乙酉 | 2·8 | 13 | 木 | 16 | 丙辰 | 2·8 | 14 | 日 | 17 | 丁亥 | 2·8 |
| 8 | 12 | 火 | 13 | 乙卯 | 3·7 | 14 | 木 | 13 | 乙酉 | 3·7 | 13 | 土 | 14 | 乙卯 | 3·8 | 14 | 火 | 15 | 丙戌 | 3·8 | 14 | 金 | 17 | 丁巳 | 3·8 | 15 | 月 | 18 | 戊子 | 3·8 |
| 9 | 13 | 水 | 14 | 丙辰 | 3·7 | 15 | 金 | 14 | 丙戌 | 3·7 | 14 | 日 | 15 | 丙辰 | 3·7 | 15 | 水 | 16 | 丁亥 | 3·7 | 15 | 土 | 18 | 戊午 | 3·7 | 16 | 火 | 19 | 己丑 | 3·8 |
| 10 | 14 | 木 | 15 | 丁巳 | 3·7 | 16 | 土 | 15 | 丁亥 | 3·7 | 15 | 月 | 16 | 丁巳 | 3·7 | 16 | 木 | 17 | 戊子 | 3·7 | 16 | 日 | 19 | 己未 | 3·7 | 17 | 水 | 20 | 庚寅 | 3·7 |
| 11 | 15 | 金 | 16 | 戊午 | 4·6 | 17 | 日 | 16 | 戊子 | 4·6 | 16 | 火 | 17 | 戊午 | 4·7 | 17 | 金 | 18 | 己丑 | 4·7 | 17 | 月 | 20 | 庚申 | 4·7 | 18 | 木 | 21 | 辛卯 | 4·7 |
| 12 | 16 | 土 | 17 | 己未 | 4·6 | 18 | 月 | 17 | 己丑 | 4·6 | 17 | 水 | 18 | 己未 | 4·6 | 18 | 土 | 19 | 庚寅 | 4·6 | 18 | 火 | 21 | 辛酉 | 4·6 | 19 | 金 | 22 | 壬辰 | 4·7 |
| 13 | 17 | 日 | 18 | 庚申 | 4·6 | 19 | 火 | 18 | 庚寅 | 4·6 | 18 | 木 | 19 | 庚申 | 4·6 | 19 | 日 | 20 | 辛卯 | 4·6 | 19 | 水 | 22 | 壬戌 | 4·6 | 20 | 土 | 23 | 癸巳 | 4·6 |
| 14 | 18 | 月 | 19 | 辛酉 | 5·5 | 20 | 水 | 19 | 辛卯 | 5·5 | 19 | 金 | 20 | 辛酉 | 5·6 | 20 | 月 | 21 | 壬辰 | 5·6 | 20 | 木 | 23 | 癸亥 | 5·6 | 21 | 日 | 24 | 甲午 | 5·6 |
| 15 | 19 | 火 | 20 | 壬戌 | 우수 | 21 | 木 | 20 | 壬辰 | 춘분 | 20 | 土 | 21 | 壬戌 | 곡우 | 21 | 火 | 22 | 癸巳 | 소만 | 21 | 金 | 24 | 甲子 | 5·5 | 22 | 月 | 25 | 乙未 | 5·6 |
| 16 | 20 | 水 | 21 | 癸亥 | 5·5 | 22 | 金 | 21 | 癸巳 | 5·5 | 21 | 日 | 22 | 癸亥 | 5·5 | 22 | 水 | 23 | 甲午 | 5·5 | 22 | 土 | 25 | 乙丑 | 하지 | 23 | 火 | 26 | 丙申 | 대서 |
| 17 | 21 | 木 | 22 | 甲子 | 6·4 | 23 | 土 | 22 | 甲午 | 6·4 | 22 | 月 | 23 | 甲子 | 6·5 | 23 | 木 | 24 | 乙未 | 6·5 | 23 | 日 | 26 | 丙寅 | 6·5 | 24 | 水 | 27 | 丁酉 | 6·5 |
| 18 | 22 | 金 | 23 | 乙丑 | 6·4 | 24 | 日 | 23 | 乙未 | 6·4 | 23 | 火 | 24 | 乙丑 | 6·4 | 24 | 金 | 25 | 丙申 | 6·4 | 24 | 月 | 27 | 丁卯 | 6·4 | 25 | 木 | 28 | 戊戌 | 6·5 |
| 19 | 23 | 土 | 24 | 丙寅 | 6·4 | 25 | 月 | 24 | 丙申 | 6·4 | 24 | 水 | 25 | 丙寅 | 6·4 | 25 | 土 | 26 | 丁酉 | 6·4 | 25 | 火 | 28 | 戊辰 | 6·4 | 26 | 金 | 29 | 己亥 | 6·4 |
| 20 | 24 | 日 | 25 | 丁卯 | 7·3 | 26 | 火 | 25 | 丁酉 | 7·3 | 25 | 木 | 26 | 丁卯 | 7·4 | 26 | 日 | 27 | 戊戌 | 7·4 | 26 | 水 | 29 | 己巳 | 7·4 | 27 | 土 | 7/1 | 庚子 | 7·4 |
| 21 | 25 | 月 | 26 | 戊辰 | 7·3 | 27 | 水 | 26 | 戊戌 | 7·3 | 26 | 金 | 27 | 戊辰 | 7·3 | 27 | 月 | 28 | 己亥 | 7·3 | 27 | 木 | 30 | 庚午 | 7·3 | 28 | 日 | 2 | 辛丑 | 7·4 |
| 22 | 26 | 火 | 27 | 己巳 | 7·3 | 28 | 木 | 27 | 己亥 | 7·3 | 27 | 土 | 28 | 己巳 | 7·3 | 28 | 火 | 29 | 庚子 | 7·3 | 28 | 金 | 6/1 | 辛未 | 7·3 | 29 | 月 | 3 | 壬寅 | 7·3 |
| 23 | 27 | 水 | 28 | 庚午 | 8·2 | 29 | 金 | 28 | 庚子 | 8·2 | 28 | 日 | 29 | 庚午 | 8·3 | 29 | 水 | 5/1 | 辛丑 | 8·3 | 29 | 土 | 2 | 壬申 | 8·3 | 30 | 火 | 4 | 癸卯 | 8·3 |
| 24 | 28 | 木 | 29 | 辛未 | 8·2 | 30 | 土 | 29 | 辛丑 | 8·2 | 29 | 月 | 30 | 辛未 | 8·2 | 30 | 木 | 2 | 壬寅 | 8·2 | 30 | 日 | 3 | 癸酉 | 8·2 | 31 | 水 | 5 | 甲辰 | 8·3 |
| 25 | 3/1 | 金 | 30 | 壬申 | 8·2 | 31 | 日 | 3/1 | 壬寅 | 8·2 | 30 | 火 | 4/1 | 壬申 | 8·2 | 31 | 金 | 3 | 癸卯 | 8·2 | 7/1 | 月 | 4 | 甲戌 | 8·2 | 8/1 | 木 | 6 | 乙巳 | 8·2 |
| 26 | 2 | 土 | 2/1 | 癸酉 | 9·1 | 4/1 | 月 | 2 | 癸卯 | 9·1 | 5/1 | 水 | 2 | 癸酉 | 9·2 | 6/1 | 土 | 4 | 甲辰 | 9·2 | 2 | 火 | 5 | 乙亥 | 9·2 | 2 | 金 | 7 | 丙午 | 9·2 |
| 27 | 3 | 日 | 2 | 甲戌 | 9·1 | 2 | 火 | 3 | 甲辰 | 9·1 | 2 | 木 | 3 | 甲戌 | 9·1 | 2 | 日 | 5 | 乙巳 | 9·1 | 3 | 水 | 6 | 丙子 | 9·1 | 3 | 土 | 8 | 丁未 | 9·2 |
| 28 | 4 | 月 | 3 | 乙亥 | 9·1 | 3 | 水 | 4 | 乙巳 | 9·1 | 3 | 金 | 4 | 乙亥 | 9·1 | 3 | 月 | 6 | 丙午 | 9·1 | 4 | 木 | 7 | 丁丑 | 9·1 | 4 | 日 | 9 | 戊申 | 9·1 |
| 29 | 5 | 火 | 4 | 丙子 | 10·1 | 4 | 木 | 5 | 丙午 | 10·1 | 4 | 土 | 5 | 丙子 | 10·1 | 4 | 火 | 7 | 丁未 | 10·1 | 5 | 金 | 8 | 戊寅 | 10·1 | 5 | 月 | 10 | 己酉 | 10·1 |
| 30 | | | | | | | | | | | 5 | 日 | 6 | 丁丑 | 10·1 | 5 | 水 | 8 | 戊申 | 10·1 | 6 | 土 | 9 | 己卯 | 10·1 | 6 | 火 | 11 | 庚戌 | 10·1 |
| 31 | | | | | | | | | | | | | | | | | | | | | | | | | | 7 | 水 | 12 | 辛亥 | 10·1 |

# 丁酉年

| 절기후날수 | 입추절(戊申月) 立秋 8월8일 4시32분 處暑 8월23일 19시8분 | | | | | 백로절(己酉月) 白露 9월8일 7시12분 秋分 9월23일 16시26분 | | | | | 한로절(庚戌月) 寒露 10월8일 22시30분 霜降 10월24일 1시24분 | | | | | 입동절(辛亥月) 立冬 11월8일 1시20분 小雪 11월22일 22시39분 | | | | | 대설절(壬子月) 大雪 12월7일 17시56분 冬至 12월22일 11시49분 | | | | | 소한절(癸丑月) 小寒 1월6일 5시4분 大寒 1월20일 22시28분 | | | | |
|---|---|---|---|---|---|---|---|---|---|---|---|---|---|---|---|---|---|---|---|---|---|---|---|---|---|---|---|---|---|---|
| | 양력 | 요일 | 음력 | 일진 | 大運 남·여 | 양력 | 요일 | 음력 | 일진 | 大運 남·여 | 양력 | 요일 | 음력 | 일진 | 大運 남·여 | 양력 | 요일 | 음력 | 일진 | 大運 남·여 | 양력 | 요일 | 음력 | 일진 | 大運 남·여 | 양력 | 요일 | 음력 | 일진 | 大運 남·여 |
| 0 | 8/8 | 木 | 13 | 壬子 | 입추 | 9/8 | 日 | 15 | 癸未 | 백로 | 10/8 | 火 | 윤15 | 癸丑 | 한로 | 11/8 | 金 | 17 | 甲申 | 입동 | 12/7 | 土 | 16 | 癸丑 | 대설 | 1/6 | 月 | 17 | 癸未 | 소한 |
| 1 | 9 | 金 | 14 | 癸丑 | 1·10 | 9 | 月 | 16 | 甲申 | 1·10 | 9 | 水 | 윤16 | 甲寅 | 1·10 | 9 | 土 | 18 | 乙酉 | 1·9 | 8 | 日 | 17 | 甲寅 | 1·10 | 7 | 火 | 18 | 甲申 | 1·9 |
| 2 | 10 | 土 | 15 | 甲寅 | 1·10 | 10 | 火 | 17 | 乙酉 | 1·9 | 10 | 木 | 윤17 | 乙卯 | 1·10 | 10 | 日 | 19 | 丙戌 | 1·9 | 9 | 月 | 18 | 乙卯 | 1·9 | 8 | 水 | 19 | 乙酉 | 1·9 |
| 3 | 11 | 日 | 16 | 乙卯 | 1·9 | 11 | 水 | 18 | 丙戌 | 1·9 | 11 | 金 | 윤18 | 丙辰 | 1·9 | 11 | 月 | 20 | 丁亥 | 1·9 | 10 | 火 | 19 | 丙辰 | 1·9 | 9 | 木 | 20 | 丙戌 | 1·9 |
| 4 | 12 | 月 | 17 | 丙辰 | 1·9 | 12 | 木 | 19 | 丁亥 | 1·9 | 12 | 土 | 윤19 | 丁巳 | 1·9 | 12 | 火 | 21 | 戊子 | 1·8 | 11 | 水 | 20 | 丁巳 | 1·9 | 10 | 金 | 21 | 丁亥 | 1·8 |
| 5 | 13 | 火 | 18 | 丁巳 | 2·9 | 13 | 金 | 20 | 戊子 | 2·8 | 13 | 日 | 윤20 | 戊午 | 2·9 | 13 | 水 | 22 | 己丑 | 2·8 | 12 | 木 | 21 | 戊午 | 2·8 | 11 | 土 | 22 | 戊子 | 2·8 |
| 6 | 14 | 水 | 19 | 戊午 | 2·8 | 14 | 土 | 21 | 己丑 | 2·8 | 14 | 月 | 윤21 | 己未 | 2·8 | 14 | 木 | 23 | 庚寅 | 2·8 | 13 | 金 | 22 | 己未 | 2·8 | 12 | 日 | 23 | 己丑 | 2·8 |
| 7 | 15 | 木 | 20 | 己未 | 2·8 | 15 | 日 | 22 | 庚寅 | 2·8 | 15 | 火 | 윤22 | 庚申 | 2·8 | 15 | 金 | 24 | 辛卯 | 2·7 | 14 | 土 | 23 | 庚申 | 2·8 | 13 | 月 | 24 | 庚寅 | 2·7 |
| 8 | 16 | 金 | 21 | 庚申 | 3·8 | 16 | 月 | 23 | 辛卯 | 3·7 | 16 | 水 | 윤23 | 辛酉 | 3·8 | 16 | 土 | 25 | 壬辰 | 3·7 | 15 | 日 | 24 | 辛酉 | 3·7 | 14 | 火 | 25 | 辛卯 | 3·7 |
| 9 | 17 | 土 | 22 | 辛酉 | 3·7 | 17 | 火 | 24 | 壬辰 | 3·7 | 17 | 木 | 윤24 | 壬戌 | 3·7 | 17 | 日 | 26 | 癸巳 | 3·7 | 16 | 月 | 25 | 壬戌 | 3·7 | 15 | 水 | 26 | 壬辰 | 3·7 |
| 10 | 18 | 日 | 23 | 壬戌 | 3·7 | 18 | 水 | 25 | 癸巳 | 3·7 | 18 | 金 | 윤25 | 癸亥 | 3·7 | 18 | 月 | 27 | 甲午 | 3·6 | 17 | 火 | 26 | 癸亥 | 3·7 | 16 | 木 | 27 | 癸巳 | 3·6 |
| 11 | 19 | 月 | 24 | 癸亥 | 4·7 | 19 | 木 | 26 | 甲午 | 4·6 | 19 | 土 | 윤26 | 甲子 | 4·7 | 19 | 火 | 28 | 乙未 | 4·6 | 18 | 水 | 27 | 甲子 | 4·6 | 17 | 金 | 28 | 甲午 | 4·6 |
| 12 | 20 | 火 | 25 | 甲子 | 4·6 | 20 | 金 | 27 | 乙未 | 4·6 | 20 | 日 | 윤27 | 乙丑 | 4·6 | 20 | 水 | 29 | 丙申 | 4·6 | 19 | 木 | 28 | 乙丑 | 4·6 | 18 | 土 | 29 | 乙未 | 4·6 |
| 13 | 21 | 水 | 26 | 乙丑 | 4·6 | 21 | 土 | 28 | 丙申 | 4·6 | 21 | 月 | 윤28 | 丙寅 | 4·6 | 21 | 木 | 30 | 丁酉 | 4·5 | 20 | 金 | 29 | 丙寅 | 4·6 | 19 | 日 | 30 | 丙申 | 4·5 |
| 14 | 22 | 木 | 27 | 丙寅 | 5·6 | 22 | 日 | 29 | 丁酉 | 5·5 | 22 | 火 | 윤29 | 丁卯 | 5·6 | 22 | 金 | 10/1 | 戊戌 | 소설 | 21 | 土 | 11/1 | 丁卯 | 5·5 | 20 | 月 | 12/1 | 丁酉 | 대한 |
| 15 | 23 | 金 | 28 | 丁卯 | 처서 | 23 | 月 | 30 | 戊戌 | 추분 | 23 | 水 | 9/1 | 戊辰 | 5·5 | 23 | 土 | 2 | 己亥 | 5·5 | 22 | 日 | 2 | 戊辰 | 동지 | 21 | 火 | 2 | 戊戌 | 5·5 |
| 16 | 24 | 土 | 29 | 戊辰 | 5·5 | 24 | 火 | 윤1 | 己亥 | 5·5 | 24 | 木 | 2 | 己巳 | 상강 | 24 | 日 | 3 | 庚子 | 5·4 | 23 | 月 | 3 | 己巳 | 5·5 | 22 | 水 | 3 | 己亥 | 5·4 |
| 17 | 25 | 日 | 8/1 | 己巳 | 6·5 | 25 | 水 | 윤2 | 庚子 | 6·4 | 25 | 金 | 3 | 庚午 | 6·5 | 25 | 月 | 4 | 辛丑 | 6·4 | 24 | 火 | 4 | 庚午 | 6·4 | 23 | 木 | 4 | 庚子 | 6·4 |
| 18 | 26 | 月 | 2 | 庚午 | 6·4 | 26 | 木 | 윤3 | 辛丑 | 6·4 | 26 | 土 | 4 | 辛未 | 6·4 | 26 | 火 | 5 | 壬寅 | 6·4 | 25 | 水 | 5 | 辛未 | 6·4 | 24 | 金 | 5 | 辛丑 | 6·4 |
| 19 | 27 | 火 | 3 | 辛未 | 6·4 | 27 | 金 | 윤4 | 壬寅 | 6·4 | 27 | 日 | 5 | 壬申 | 6·4 | 27 | 水 | 6 | 癸卯 | 6·3 | 26 | 木 | 6 | 壬申 | 6·4 | 25 | 土 | 6 | 壬寅 | 6·3 |
| 20 | 28 | 水 | 4 | 壬申 | 7·4 | 28 | 土 | 윤5 | 癸卯 | 7·3 | 28 | 月 | 6 | 癸酉 | 7·4 | 28 | 木 | 7 | 甲辰 | 7·3 | 27 | 金 | 7 | 癸酉 | 7·3 | 26 | 日 | 7 | 癸卯 | 7·3 |
| 21 | 29 | 木 | 5 | 癸酉 | 7·3 | 29 | 日 | 윤6 | 甲辰 | 7·3 | 29 | 火 | 7 | 甲戌 | 7·3 | 29 | 金 | 8 | 乙巳 | 7·3 | 28 | 土 | 8 | 甲戌 | 7·3 | 27 | 月 | 8 | 甲辰 | 7·3 |
| 22 | 30 | 金 | 6 | 甲戌 | 7·3 | 30 | 月 | 윤7 | 乙巳 | 7·3 | 30 | 水 | 8 | 乙亥 | 7·3 | 30 | 土 | 9 | 丙午 | 7·2 | 29 | 日 | 9 | 乙亥 | 7·3 | 28 | 火 | 9 | 乙巳 | 7·2 |
| 23 | 31 | 土 | 7 | 乙亥 | 8·3 | 10/1 | 火 | 윤8 | 丙午 | 8·2 | 31 | 木 | 9 | 丙子 | 8·3 | 12/1 | 日 | 10 | 丁未 | 8·2 | 30 | 月 | 10 | 丙子 | 8·2 | 29 | 水 | 10 | 丙午 | 8·2 |
| 24 | 9/1 | 日 | 8 | 丙子 | 8·2 | 2 | 水 | 윤9 | 丁未 | 8·2 | 11/1 | 金 | 10 | 丁丑 | 8·2 | 2 | 月 | 11 | 戊申 | 8·2 | 31 | 火 | 11 | 丁丑 | 8·2 | 30 | 木 | 11 | 丁未 | 8·2 |
| 25 | 2 | 月 | 9 | 丁丑 | 8·2 | 3 | 木 | 윤10 | 戊申 | 8·2 | 2 | 土 | 11 | 戊寅 | 8·2 | 3 | 火 | 12 | 己酉 | 8·1 | 1/1 | 水 | 12 | 戊寅 | 8·2 | 31 | 金 | 12 | 戊申 | 8·1 |
| 26 | 3 | 火 | 10 | 戊寅 | 9·2 | 4 | 金 | 윤11 | 己酉 | 9·1 | 3 | 日 | 12 | 己卯 | 9·2 | 4 | 水 | 13 | 庚戌 | 9·1 | 2 | 木 | 13 | 己卯 | 9·1 | 2/1 | 土 | 13 | 己酉 | 9·1 |
| 27 | 4 | 水 | 11 | 己卯 | 9·1 | 5 | 土 | 윤12 | 庚戌 | 9·1 | 4 | 月 | 13 | 庚辰 | 9·1 | 5 | 木 | 14 | 辛亥 | 9·1 | 3 | 金 | 14 | 庚辰 | 9·1 | 2 | 日 | 14 | 庚戌 | 9·1 |
| 28 | 5 | 木 | 12 | 庚辰 | 9·1 | 6 | 日 | 윤13 | 辛亥 | 9·1 | 5 | 火 | 14 | 辛巳 | 9·1 | 6 | 金 | 15 | 壬子 | 9·1 | 4 | 土 | 15 | 辛巳 | 9·1 | 3 | 月 | 15 | 辛亥 | 9·1 |
| 29 | 6 | 金 | 13 | 辛巳 | 10·1 | 7 | 月 | 윤14 | 壬子 | 10·1 | 6 | 水 | 15 | 壬午 | 10·1 | | | | | | 5 | 日 | 16 | 壬午 | 10·1 | | | | | |
| 30 | 7 | 土 | 14 | 壬午 | 10·1 | | | | | | 7 | 木 | 16 | 癸未 | 10·1 | | | | | | | | | | | | | | | |
| 31 | | | | | | | | | | | | | | | | | | | | | | | | | | | | | | |

▶ 윤달-8월

# 서기 1958년 [단기 4291년]

| 절기후날수 | 입춘절(甲寅月) 立春 2월4일 16시49분 雨水 2월19일 12시48분 | | | | | 경칩절(乙卯月) 驚蟄 3월6일 11시5분 春分 3월21일 12시6분 | | | | | 청명절(丙辰月) 淸明 4월5일 16시12분 穀雨 4월20일 23시27분 | | | | |
|---|---|---|---|---|---|---|---|---|---|---|---|---|---|---|---|
| | 양력 | 요일 | 음력 | 일진 | 大運 남·여 | 양력 | 요일 | 음력 | 일진 | 大運 남·여 | 양력 | 요일 | 음력 | 일진 | 大運 남·여 |
| 0 | 2/4 | 火 | 16 | 壬子 | 입춘 | 3/6 | 木 | 16 | 壬午 | 경칩 | 4/5 | 土 | 17 | 壬子 | 청명 |
| 1 | 5 | 水 | 17 | 癸丑 | 10·1 | 7 | 金 | 17 | 癸未 | 10·1 | 6 | 日 | 18 | 癸丑 | 10·1 |
| 2 | 6 | 木 | 18 | 甲寅 | 9·1 | 8 | 土 | 18 | 甲申 | 9·1 | 7 | 月 | 19 | 甲寅 | 10·1 |
| 3 | 7 | 金 | 19 | 乙卯 | 9·1 | 9 | 日 | 19 | 乙酉 | 9·1 | 8 | 火 | 20 | 乙卯 | 9·1 |
| 4 | 8 | 土 | 20 | 丙辰 | 9·1 | 10 | 月 | 20 | 丙戌 | 9·1 | 9 | 水 | 21 | 丙辰 | 9·1 |
| 5 | 9 | 日 | 21 | 丁巳 | 8·2 | 11 | 火 | 21 | 丁亥 | 8·2 | 10 | 木 | 22 | 丁巳 | 9·2 |
| 6 | 10 | 月 | 22 | 戊午 | 8·2 | 12 | 水 | 22 | 戊子 | 8·2 | 11 | 金 | 23 | 戊午 | 8·2 |
| 7 | 11 | 火 | 23 | 己未 | 8·2 | 13 | 木 | 23 | 己丑 | 8·2 | 12 | 土 | 24 | 己未 | 8·2 |
| 8 | 12 | 水 | 24 | 庚申 | 7·3 | 14 | 金 | 24 | 庚寅 | 7·3 | 13 | 日 | 25 | 庚申 | 8·3 |
| 9 | 13 | 木 | 25 | 辛酉 | 7·3 | 15 | 土 | 25 | 辛卯 | 7·3 | 14 | 月 | 26 | 辛酉 | 7·3 |
| 10 | 14 | 金 | 26 | 壬戌 | 7·3 | 16 | 日 | 26 | 壬辰 | 7·3 | 15 | 火 | 27 | 壬戌 | 7·3 |
| 11 | 15 | 土 | 27 | 癸亥 | 6·4 | 17 | 月 | 27 | 癸巳 | 6·4 | 16 | 水 | 28 | 癸亥 | 7·4 |
| 12 | 16 | 日 | 28 | 甲子 | 6·4 | 18 | 火 | 28 | 甲午 | 6·4 | 17 | 木 | 29 | 甲子 | 6·4 |
| 13 | 17 | 月 | 29 | 乙丑 | 6·4 | 19 | 水 | 29 | 乙未 | 6·4 | 18 | 金 | 30 | 乙丑 | 6·4 |
| 14 | 18 | 火 | 30 | 丙寅 | 5·5 | 20 | 木 | 2/1 | 丙申 | 5·5 | 19 | 土 | 3/1 | 丙寅 | 6·5 |
| 15 | 19 | 水 | 1/1 | 丁卯 | 우수 | 21 | 金 | 2 | 丁酉 | 춘분 | 20 | 日 | 2 | 丁卯 | 곡우 |
| 16 | 20 | 木 | 2 | 戊辰 | 5·5 | 22 | 土 | 3 | 戊戌 | 5·5 | 21 | 月 | 3 | 戊辰 | 5·5 |
| 17 | 21 | 金 | 3 | 己巳 | 4·6 | 23 | 日 | 4 | 己亥 | 4·6 | 22 | 火 | 4 | 己巳 | 5·6 |
| 18 | 22 | 土 | 4 | 庚午 | 4·6 | 24 | 月 | 5 | 庚子 | 4·6 | 23 | 水 | 5 | 庚午 | 4·6 |
| 19 | 23 | 日 | 5 | 辛未 | 4·6 | 25 | 火 | 6 | 辛丑 | 4·6 | 24 | 木 | 6 | 辛未 | 4·6 |
| 20 | 24 | 月 | 6 | 壬申 | 3·7 | 26 | 水 | 7 | 壬寅 | 3·7 | 25 | 金 | 7 | 壬申 | 4·7 |
| 21 | 25 | 火 | 7 | 癸酉 | 3·7 | 27 | 木 | 8 | 癸卯 | 3·7 | 26 | 土 | 8 | 癸酉 | 3·7 |
| 22 | 26 | 水 | 8 | 甲戌 | 3·7 | 28 | 金 | 9 | 甲辰 | 3·7 | 27 | 日 | 9 | 甲戌 | 3·7 |
| 23 | 27 | 木 | 9 | 乙亥 | 2·8 | 29 | 土 | 10 | 乙巳 | 2·8 | 28 | 月 | 10 | 乙亥 | 3·8 |
| 24 | 28 | 金 | 10 | 丙子 | 2·8 | 30 | 日 | 11 | 丙午 | 2·8 | 29 | 火 | 11 | 丙子 | 2·8 |
| 25 | 3/1 | 土 | 11 | 丁丑 | 2·8 | 31 | 月 | 12 | 丁未 | 2·8 | 30 | 水 | 12 | 丁丑 | 2·8 |
| 26 | 2 | 日 | 12 | 戊寅 | 1·9 | 4/1 | 火 | 13 | 戊申 | 1·9 | 5/1 | 木 | 13 | 戊寅 | 2·9 |
| 27 | 3 | 月 | 13 | 己卯 | 1·9 | 2 | 水 | 14 | 己酉 | 1·9 | 2 | 金 | 14 | 己卯 | 1·9 |
| 28 | 4 | 火 | 14 | 庚辰 | 1·9 | 3 | 木 | 15 | 庚戌 | 1·9 | 3 | 土 | 15 | 庚辰 | 1·9 |
| 29 | 5 | 水 | 15 | 辛巳 | 1·10 | 4 | 金 | 16 | 辛亥 | 1·10 | 4 | 日 | 16 | 辛巳 | 1·10 |
| 30 | | | | | | | | | | | 5 | 月 | 17 | 壬午 | 1·10 |
| 31 | | | | | | | | | | | | | | | |

| 절기후날수 | 입하절(丁巳月) 立夏 5월6일 9시49분 小滿 5월21일 22시51분 | | | | | 망종절(戊午月) 芒種 6월6일 14시12분 夏至 6월22일 6시57분 | | | | | 소서절(己未月) 小暑 7월8일 0시33분 大暑 7월23일 17시50분 | | | | |
|---|---|---|---|---|---|---|---|---|---|---|---|---|---|---|---|
| | 양력 | 요일 | 음력 | 일진 | 大運 남·여 | 양력 | 요일 | 음력 | 일진 | 大運 남·여 | 양력 | 요일 | 음력 | 일진 | 大運 남·여 |
| 0 | 5/6 | 火 | 18 | 癸未 | 입하 | 6/6 | 金 | 19 | 甲寅 | 망종 | 7/8 | 火 | 22 | 丙戌 | 소서 |
| 1 | 7 | 水 | 19 | 甲申 | 10·1 | 7 | 土 | 20 | 乙卯 | 10·1 | 9 | 水 | 23 | 丁亥 | 10·1 |
| 2 | 8 | 木 | 20 | 乙酉 | 10·1 | 8 | 日 | 21 | 丙辰 | 10·1 | 10 | 木 | 24 | 戊子 | 10·1 |
| 3 | 9 | 金 | 21 | 丙戌 | 9·1 | 9 | 月 | 22 | 丁巳 | 10·1 | 11 | 金 | 25 | 己丑 | 9·1 |
| 4 | 10 | 土 | 22 | 丁亥 | 9·1 | 10 | 火 | 23 | 戊午 | 9·1 | 12 | 土 | 26 | 庚寅 | 9·1 |
| 5 | 11 | 日 | 23 | 戊子 | 9·2 | 11 | 水 | 24 | 己未 | 9·2 | 13 | 日 | 27 | 辛卯 | 9·2 |
| 6 | 12 | 月 | 24 | 己丑 | 8·2 | 12 | 木 | 25 | 庚申 | 9·2 | 14 | 月 | 28 | 壬辰 | 8·2 |
| 7 | 13 | 火 | 25 | 庚寅 | 8·2 | 13 | 金 | 26 | 辛酉 | 8·2 | 15 | 火 | 29 | 癸巳 | 8·2 |
| 8 | 14 | 水 | 26 | 辛卯 | 8·3 | 14 | 土 | 27 | 壬戌 | 8·3 | 16 | 水 | 30 | 甲午 | 8·3 |
| 9 | 15 | 木 | 27 | 壬辰 | 7·3 | 15 | 日 | 28 | 癸亥 | 8·3 | 17 | 木 | 6/1 | 乙未 | 7·3 |
| 10 | 16 | 金 | 28 | 癸巳 | 7·3 | 16 | 月 | 29 | 甲子 | 7·3 | 18 | 金 | 2 | 丙申 | 7·3 |
| 11 | 17 | 土 | 29 | 甲午 | 7·4 | 17 | 火 | 5/1 | 乙丑 | 7·4 | 19 | 土 | 3 | 丁酉 | 7·4 |
| 12 | 18 | 日 | 30 | 乙未 | 6·4 | 18 | 水 | 2 | 丙寅 | 7·4 | 20 | 日 | 4 | 戊戌 | 6·4 |
| 13 | 19 | 月 | 4/1 | 丙申 | 6·4 | 19 | 木 | 3 | 丁卯 | 6·4 | 21 | 月 | 5 | 己亥 | 6·4 |
| 14 | 20 | 火 | 2 | 丁酉 | 6·5 | 20 | 金 | 4 | 戊辰 | 6·5 | 22 | 火 | 6 | 庚子 | 6·5 |
| 15 | 21 | 水 | 3 | 戊戌 | 소만 | 21 | 土 | 5 | 己巳 | 6·5 | 23 | 水 | 7 | 辛丑 | 대서 |
| 16 | 22 | 木 | 4 | 己亥 | 5·5 | 22 | 日 | 6 | 庚午 | 하지 | 24 | 木 | 8 | 壬寅 | 5·5 |
| 17 | 23 | 金 | 5 | 庚子 | 5·6 | 23 | 月 | 7 | 辛未 | 5·6 | 25 | 金 | 9 | 癸卯 | 5·6 |
| 18 | 24 | 土 | 6 | 辛丑 | 4·6 | 24 | 火 | 8 | 壬申 | 5·6 | 26 | 土 | 10 | 甲辰 | 4·6 |
| 19 | 25 | 日 | 7 | 壬寅 | 4·6 | 25 | 水 | 9 | 癸酉 | 4·6 | 27 | 日 | 11 | 乙巳 | 4·6 |
| 20 | 26 | 月 | 8 | 癸卯 | 4·7 | 26 | 木 | 10 | 甲戌 | 4·7 | 28 | 月 | 12 | 丙午 | 4·7 |
| 21 | 27 | 火 | 9 | 甲辰 | 3·7 | 27 | 金 | 11 | 乙亥 | 4·7 | 29 | 火 | 13 | 丁未 | 3·7 |
| 22 | 28 | 水 | 10 | 乙巳 | 3·7 | 28 | 土 | 12 | 丙子 | 3·7 | 30 | 水 | 14 | 戊申 | 3·7 |
| 23 | 29 | 木 | 11 | 丙午 | 3·8 | 29 | 日 | 13 | 丁丑 | 3·8 | 31 | 木 | 15 | 己酉 | 3·8 |
| 24 | 30 | 金 | 12 | 丁未 | 2·8 | 30 | 月 | 14 | 戊寅 | 3·8 | 8/1 | 金 | 16 | 庚戌 | 2·8 |
| 25 | 31 | 土 | 13 | 戊申 | 2·8 | 7/1 | 火 | 15 | 己卯 | 2·8 | 2 | 土 | 17 | 辛亥 | 2·8 |
| 26 | 6/1 | 日 | 14 | 己酉 | 2·9 | 2 | 水 | 16 | 庚辰 | 2·9 | 3 | 日 | 18 | 壬子 | 2·9 |
| 27 | 2 | 月 | 15 | 庚戌 | 1·9 | 3 | 木 | 17 | 辛巳 | 2·9 | 4 | 月 | 19 | 癸丑 | 1·9 |
| 28 | 3 | 火 | 16 | 辛亥 | 1·9 | 4 | 金 | 18 | 壬午 | 1·9 | 5 | 火 | 20 | 甲寅 | 1·9 |
| 29 | 4 | 水 | 17 | 壬子 | 1·10 | 5 | 土 | 19 | 癸未 | 1·10 | 6 | 水 | 21 | 乙卯 | 1·10 |
| 30 | 5 | 木 | 18 | 癸丑 | 1·10 | 6 | 日 | 20 | 甲申 | 1·10 | 7 | 木 | 22 | 丙辰 | 1·10 |
| 31 | | | | | | 7 | 月 | 21 | 乙酉 | 1·10 | | | | | |

# 戊戌年

| 절기후날수 | 입추절(庚申月) | | | | | | 백로절(辛酉月) | | | | | | 한로절(壬戌月) | | | | | |
|---|---|---|---|---|---|---|---|---|---|---|---|---|---|---|---|---|---|---|
| | 立秋 8월8일 10시17분<br>處暑 8월24일 0시46분 | | | | | | 白露 9월8일 12시59분<br>秋分 9월23일 22시9분 | | | | | | 寒露 10월9일 4시19분<br>霜降 10월24일 7시11분 | | | | | |
| | 양력 | 요일 | 음력 | 일진 | 大運 남 | 大運 여 | 양력 | 요일 | 음력 | 일진 | 大運 남 | 大運 여 | 양력 | 요일 | 음력 | 일진 | 大運 남 | 大運 여 |
| 0 | 8/8 | 金 | 23 | 丁巳 | 입추 | | 9/8 | 月 | 25 | 戊子 | 백로 | | 10/9 | 木 | 27 | 己未 | 한로 | |
| 1 | 9 | 土 | 24 | 戊午 | 10 | 1 | 9 | 火 | 26 | 己丑 | 10 | 1 | 10 | 金 | 28 | 庚申 | 10 | 1 |
| 2 | 10 | 日 | 25 | 己未 | 10 | 1 | 10 | 水 | 27 | 庚寅 | 10 | 1 | 11 | 土 | 29 | 辛酉 | 9 | 1 |
| 3 | 11 | 月 | 26 | 庚申 | 9 | 1 | 11 | 木 | 28 | 辛卯 | 9 | 1 | 12 | 日 | 30 | 壬戌 | 9 | 1 |
| 4 | 12 | 火 | 27 | 辛酉 | 9 | 1 | 12 | 金 | 29 | 壬辰 | 9 | 1 | 13 | 月 | 9/1 | 癸亥 | 9 | 1 |
| 5 | 13 | 水 | 28 | 壬戌 | 9 | 2 | 13 | 土 | 8/1 | 癸巳 | 9 | 2 | 14 | 火 | 2 | 甲子 | 8 | 2 |
| 6 | 14 | 木 | 29 | 癸亥 | 8 | 2 | 14 | 日 | 2 | 甲午 | 8 | 2 | 15 | 水 | 3 | 乙丑 | 8 | 2 |
| 7 | 15 | 金 | 7/1 | 甲子 | 8 | 2 | 15 | 月 | 3 | 乙未 | 8 | 2 | 16 | 木 | 4 | 丙寅 | 8 | 2 |
| 8 | 16 | 土 | 2 | 乙丑 | 8 | 3 | 16 | 火 | 4 | 丙申 | 8 | 3 | 17 | 金 | 5 | 丁卯 | 7 | 3 |
| 9 | 17 | 日 | 3 | 丙寅 | 7 | 3 | 17 | 水 | 5 | 丁酉 | 7 | 3 | 18 | 土 | 6 | 戊辰 | 7 | 3 |
| 10 | 18 | 月 | 4 | 丁卯 | 7 | 3 | 18 | 木 | 6 | 戊戌 | 7 | 3 | 19 | 日 | 7 | 己巳 | 7 | 3 |
| 11 | 19 | 火 | 5 | 戊辰 | 7 | 4 | 19 | 金 | 7 | 己亥 | 7 | 4 | 20 | 月 | 8 | 庚午 | 6 | 4 |
| 12 | 20 | 水 | 6 | 己巳 | 6 | 4 | 20 | 土 | 8 | 庚子 | 6 | 4 | 21 | 火 | 9 | 辛未 | 6 | 4 |
| 13 | 21 | 木 | 7 | 庚午 | 6 | 4 | 21 | 日 | 9 | 辛丑 | 6 | 4 | 22 | 水 | 10 | 壬申 | 6 | 4 |
| 14 | 22 | 金 | 8 | 辛未 | 6 | 5 | 22 | 月 | 10 | 壬寅 | 6 | 5 | 23 | 木 | 11 | 癸酉 | 5 | 5 |
| 15 | 23 | 土 | 9 | 壬申 | 5 | 5 | 23 | 火 | 11 | 癸卯 | 추분 | | 24 | 金 | 12 | 甲戌 | 상강 | |
| 16 | 24 | 日 | 10 | 癸酉 | 처서 | | 24 | 水 | 12 | 甲辰 | 5 | 5 | 25 | 土 | 13 | 乙亥 | 5 | 5 |
| 17 | 25 | 月 | 11 | 甲戌 | 5 | 6 | 25 | 木 | 13 | 乙巳 | 5 | 6 | 26 | 日 | 14 | 丙子 | 4 | 6 |
| 18 | 26 | 火 | 12 | 乙亥 | 4 | 6 | 26 | 金 | 14 | 丙午 | 4 | 6 | 27 | 月 | 15 | 丁丑 | 4 | 6 |
| 19 | 27 | 水 | 13 | 丙子 | 4 | 6 | 27 | 土 | 15 | 丁未 | 4 | 6 | 28 | 火 | 16 | 戊寅 | 4 | 6 |
| 20 | 28 | 木 | 14 | 丁丑 | 4 | 7 | 28 | 日 | 16 | 戊申 | 4 | 7 | 29 | 水 | 17 | 己卯 | 3 | 7 |
| 21 | 29 | 金 | 15 | 戊寅 | 3 | 7 | 29 | 月 | 17 | 己酉 | 3 | 7 | 30 | 木 | 18 | 庚辰 | 3 | 7 |
| 22 | 30 | 土 | 16 | 己卯 | 3 | 7 | 30 | 火 | 18 | 庚戌 | 3 | 7 | 31 | 金 | 19 | 辛巳 | 3 | 7 |
| 23 | 31 | 日 | 17 | 庚辰 | 3 | 8 | 10/1 | 水 | 19 | 辛亥 | 3 | 8 | 11/1 | 土 | 20 | 壬午 | 2 | 8 |
| 24 | 9/1 | 月 | 18 | 辛巳 | 2 | 8 | 2 | 木 | 20 | 壬子 | 2 | 8 | 2 | 日 | 21 | 癸未 | 2 | 8 |
| 25 | 2 | 火 | 19 | 壬午 | 2 | 8 | 3 | 金 | 21 | 癸丑 | 2 | 8 | 3 | 月 | 22 | 甲申 | 2 | 8 |
| 26 | 3 | 水 | 20 | 癸未 | 2 | 9 | 4 | 土 | 22 | 甲寅 | 2 | 9 | 4 | 火 | 23 | 乙酉 | 1 | 9 |
| 27 | 4 | 木 | 21 | 甲申 | 1 | 9 | 5 | 日 | 23 | 乙卯 | 1 | 9 | 5 | 水 | 24 | 丙戌 | 1 | 9 |
| 28 | 5 | 金 | 22 | 乙酉 | 1 | 9 | 6 | 月 | 24 | 丙辰 | 1 | 9 | 6 | 木 | 25 | 丁亥 | 1 | 9 |
| 29 | 6 | 土 | 23 | 丙戌 | 1 | 10 | 7 | 火 | 25 | 丁巳 | 1 | 10 | 7 | 金 | 26 | 戊子 | 1 | 10 |
| 30 | 7 | 日 | 24 | 丁亥 | 1 | 10 | 8 | 水 | 26 | 戊午 | 1 | 10 | | | | | | |
| 31 | | | | | | | | | | | | | | | | | | |

| 절기후날수 | 입동절(癸亥月) | | | | | | 대설절(甲子月) | | | | | | 소한절(乙丑月) | | | | | |
|---|---|---|---|---|---|---|---|---|---|---|---|---|---|---|---|---|---|---|
| | 立冬 11월8일 7시12분<br>小雪 11월23일 4시29분 | | | | | | 大雪 12월7일 23시50분<br>冬至 12월22일 17시40분 | | | | | | 小寒 1월6일 10시58분<br>大寒 1월21일 4시19분 | | | | | |
| | 양력 | 요일 | 음력 | 일진 | 大運 남 | 大運 여 | 양력 | 요일 | 음력 | 일진 | 大運 남 | 大運 여 | 양력 | 요일 | 음력 | 일진 | 大運 남 | 大運 여 |
| 0 | 11/8 | 土 | 27 | 己丑 | 입동 | | 12/7 | 日 | 27 | 戊午 | 대설 | | 1/6 | 火 | 27 | 戊子 | 소한 | |
| 1 | 9 | 日 | 28 | 庚寅 | 9 | 1 | 8 | 月 | 28 | 己未 | 10 | 1 | 7 | 水 | 28 | 己丑 | 9 | 1 |
| 2 | 10 | 月 | 29 | 辛卯 | 9 | 1 | 9 | 火 | 29 | 庚申 | 9 | 1 | 8 | 木 | 29 | 庚寅 | 9 | 1 |
| 3 | 11 | 火 | 10/1 | 壬辰 | 9 | 1 | 10 | 水 | 30 | 辛酉 | 9 | 1 | 9 | 金 | 12/1 | 辛卯 | 9 | 1 |
| 4 | 12 | 水 | 2 | 癸巳 | 8 | 1 | 11 | 木 | 11/1 | 壬戌 | 9 | 1 | 10 | 土 | 2 | 壬辰 | 8 | 1 |
| 5 | 13 | 木 | 3 | 甲午 | 8 | 2 | 12 | 金 | 2 | 癸亥 | 8 | 2 | 11 | 日 | 3 | 癸巳 | 8 | 2 |
| 6 | 14 | 金 | 4 | 乙未 | 8 | 2 | 13 | 土 | 3 | 甲子 | 8 | 2 | 12 | 月 | 4 | 甲午 | 8 | 2 |
| 7 | 15 | 土 | 5 | 丙申 | 7 | 2 | 14 | 日 | 4 | 乙丑 | 8 | 2 | 13 | 火 | 5 | 乙未 | 7 | 2 |
| 8 | 16 | 日 | 6 | 丁酉 | 7 | 3 | 15 | 月 | 5 | 丙寅 | 7 | 3 | 14 | 水 | 6 | 丙申 | 7 | 3 |
| 9 | 17 | 月 | 7 | 戊戌 | 7 | 3 | 16 | 火 | 6 | 丁卯 | 7 | 3 | 15 | 木 | 7 | 丁酉 | 7 | 3 |
| 10 | 18 | 火 | 8 | 己亥 | 6 | 3 | 17 | 水 | 7 | 戊辰 | 7 | 3 | 16 | 金 | 8 | 戊戌 | 6 | 3 |
| 11 | 19 | 水 | 9 | 庚子 | 6 | 4 | 18 | 木 | 8 | 己巳 | 6 | 4 | 17 | 土 | 9 | 己亥 | 6 | 4 |
| 12 | 20 | 木 | 10 | 辛丑 | 6 | 4 | 19 | 金 | 9 | 庚午 | 6 | 4 | 18 | 日 | 10 | 庚子 | 6 | 4 |
| 13 | 21 | 金 | 11 | 壬寅 | 5 | 4 | 20 | 土 | 10 | 辛未 | 6 | 4 | 19 | 月 | 11 | 辛丑 | 5 | 4 |
| 14 | 22 | 土 | 12 | 癸卯 | 5 | 5 | 21 | 日 | 11 | 壬申 | 5 | 5 | 20 | 火 | 12 | 壬寅 | 5 | 5 |
| 15 | 23 | 日 | 13 | 甲辰 | 소설 | | 22 | 月 | 12 | 癸酉 | 동지 | | 21 | 水 | 13 | 癸卯 | 대한 | |
| 16 | 24 | 月 | 14 | 乙巳 | 4 | 5 | 23 | 火 | 13 | 甲戌 | 5 | 5 | 22 | 木 | 14 | 甲辰 | 4 | 5 |
| 17 | 25 | 火 | 15 | 丙午 | 4 | 6 | 24 | 水 | 14 | 乙亥 | 4 | 6 | 23 | 金 | 15 | 乙巳 | 4 | 6 |
| 18 | 26 | 水 | 16 | 丁未 | 4 | 6 | 25 | 木 | 15 | 丙子 | 4 | 6 | 24 | 土 | 16 | 丙午 | 4 | 6 |
| 19 | 27 | 木 | 17 | 戊申 | 3 | 6 | 26 | 金 | 16 | 丁丑 | 4 | 6 | 25 | 日 | 17 | 丁未 | 3 | 6 |
| 20 | 28 | 金 | 18 | 己酉 | 3 | 7 | 27 | 土 | 17 | 戊寅 | 3 | 7 | 26 | 月 | 18 | 戊申 | 3 | 7 |
| 21 | 29 | 土 | 19 | 庚戌 | 3 | 7 | 28 | 日 | 18 | 己卯 | 3 | 7 | 27 | 火 | 19 | 己酉 | 3 | 7 |
| 22 | 30 | 日 | 20 | 辛亥 | 2 | 7 | 29 | 月 | 19 | 庚辰 | 3 | 7 | 28 | 水 | 20 | 庚戌 | 2 | 7 |
| 23 | 12/1 | 月 | 21 | 壬子 | 2 | 8 | 30 | 火 | 20 | 辛巳 | 2 | 8 | 29 | 木 | 21 | 辛亥 | 2 | 8 |
| 24 | 2 | 火 | 22 | 癸丑 | 2 | 8 | 31 | 水 | 21 | 壬午 | 2 | 8 | 30 | 金 | 22 | 壬子 | 2 | 8 |
| 25 | 3 | 水 | 23 | 甲寅 | 1 | 8 | 1/1 | 木 | 22 | 癸未 | 2 | 8 | 31 | 土 | 23 | 癸丑 | 1 | 8 |
| 26 | 4 | 木 | 24 | 乙卯 | 1 | 9 | 2 | 金 | 23 | 甲申 | 1 | 9 | 2/1 | 日 | 24 | 甲寅 | 1 | 9 |
| 27 | 5 | 金 | 25 | 丙辰 | 1 | 9 | 3 | 土 | 24 | 乙酉 | 1 | 9 | 2 | 月 | 25 | 乙卯 | 1 | 9 |
| 28 | 6 | 土 | 26 | 丁巳 | 1 | 9 | 4 | 日 | 25 | 丙戌 | 1 | 9 | 3 | 火 | 26 | 丙辰 | 1 | 9 |
| 29 | | | | | | | 5 | 月 | 26 | 丁亥 | 1 | 10 | | | | | | |
| 30 | | | | | | | | | | | | | | | | | | |
| 31 | | | | | | | | | | | | | | | | | | |

# 서기 1959년 [단기 4292년]

| 절기후날수 | 입춘절(丙寅月) 立春 2월4일 22시42분 雨水 2월19일 18시38분 | | | | | |
|---|---|---|---|---|---|---|
| | 양력 | 요일 | 음력 | 일진 | 大運 남 | 大運 여 |
| 0 | 2/4 | 水 | 27 | 丁巳 | 입춘 | |
| 1 | 5 | 木 | 28 | 戊午 | 1 | 10 |
| 2 | 6 | 金 | 29 | 己未 | 1 | 9 |
| 3 | 7 | 土 | 30 | 庚申 | 1 | 9 |
| 4 | 8 | 日 | 1/1 | 辛酉 | 1 | 9 |
| 5 | 9 | 月 | 2 | 壬戌 | 2 | 8 |
| 6 | 10 | 火 | 3 | 癸亥 | 2 | 8 |
| 7 | 11 | 水 | 4 | 甲子 | 2 | 8 |
| 8 | 12 | 木 | 5 | 乙丑 | 3 | 7 |
| 9 | 13 | 金 | 6 | 丙寅 | 3 | 7 |
| 10 | 14 | 土 | 7 | 丁卯 | 3 | 7 |
| 11 | 15 | 日 | 8 | 戊辰 | 4 | 6 |
| 12 | 16 | 月 | 9 | 己巳 | 4 | 6 |
| 13 | 17 | 火 | 10 | 庚午 | 4 | 6 |
| 14 | 18 | 水 | 11 | 辛未 | 5 | 5 |
| 15 | 19 | 木 | 12 | 壬申 | 우수 | |
| 16 | 20 | 金 | 13 | 癸酉 | 5 | 5 |
| 17 | 21 | 土 | 14 | 甲戌 | 6 | 4 |
| 18 | 22 | 日 | 15 | 乙亥 | 6 | 4 |
| 19 | 23 | 月 | 16 | 丙子 | 6 | 4 |
| 20 | 24 | 火 | 17 | 丁丑 | 7 | 3 |
| 21 | 25 | 水 | 18 | 戊寅 | 7 | 3 |
| 22 | 26 | 木 | 19 | 己卯 | 7 | 3 |
| 23 | 27 | 金 | 20 | 庚辰 | 8 | 2 |
| 24 | 28 | 土 | 21 | 辛巳 | 8 | 2 |
| 25 | 3/1 | 日 | 22 | 壬午 | 8 | 2 |
| 26 | 2 | 月 | 23 | 癸未 | 9 | 1 |
| 27 | 3 | 火 | 24 | 甲申 | 9 | 1 |
| 28 | 4 | 水 | 25 | 乙酉 | 9 | 1 |
| 29 | 5 | 木 | 26 | 丙戌 | 10 | 1 |
| 30 | | | | | | |
| 31 | | | | | | |

| 절기후날수 | 경칩절(丁卯月) 驚蟄 3월6일 16시57분 春分 3월21일 17시55분 | | | | | |
|---|---|---|---|---|---|---|
| | 양력 | 요일 | 음력 | 일진 | 大運 남 | 大運 여 |
| 0 | 3/6 | 金 | 27 | 丁亥 | 경칩 | |
| 1 | 7 | 土 | 28 | 戊子 | 1 | 10 |
| 2 | 8 | 日 | 29 | 己丑 | 1 | 9 |
| 3 | 9 | 月 | 2/1 | 庚寅 | 1 | 9 |
| 4 | 10 | 火 | 2 | 辛卯 | 1 | 9 |
| 5 | 11 | 水 | 3 | 壬辰 | 2 | 8 |
| 6 | 12 | 木 | 4 | 癸巳 | 2 | 8 |
| 7 | 13 | 金 | 5 | 甲午 | 2 | 8 |
| 8 | 14 | 土 | 6 | 乙未 | 3 | 7 |
| 9 | 15 | 日 | 7 | 丙申 | 3 | 7 |
| 10 | 16 | 月 | 8 | 丁酉 | 3 | 7 |
| 11 | 17 | 火 | 9 | 戊戌 | 4 | 6 |
| 12 | 18 | 水 | 10 | 己亥 | 4 | 6 |
| 13 | 19 | 木 | 11 | 庚子 | 4 | 6 |
| 14 | 20 | 金 | 12 | 辛丑 | 5 | 5 |
| 15 | 21 | 土 | 13 | 壬寅 | 춘분 | |
| 16 | 22 | 日 | 14 | 癸卯 | 5 | 5 |
| 17 | 23 | 月 | 15 | 甲辰 | 6 | 4 |
| 18 | 24 | 火 | 16 | 乙巳 | 6 | 4 |
| 19 | 25 | 水 | 17 | 丙午 | 6 | 4 |
| 20 | 26 | 木 | 18 | 丁未 | 7 | 3 |
| 21 | 27 | 金 | 19 | 戊申 | 7 | 3 |
| 22 | 28 | 土 | 20 | 己酉 | 7 | 3 |
| 23 | 29 | 日 | 21 | 庚戌 | 8 | 2 |
| 24 | 30 | 月 | 22 | 辛亥 | 8 | 2 |
| 25 | 31 | 火 | 23 | 壬子 | 8 | 2 |
| 26 | 4/1 | 水 | 24 | 癸丑 | 9 | 1 |
| 27 | 2 | 木 | 25 | 甲寅 | 9 | 1 |
| 28 | 3 | 金 | 26 | 乙卯 | 9 | 1 |
| 29 | 4 | 土 | 27 | 丙辰 | 10 | 1 |
| 30 | | | | | | |
| 31 | | | | | | |

| 절기후날수 | 청명절(戊辰月) 清明 4월5일 22시3분 穀雨 4월21일 5시16분 | | | | | |
|---|---|---|---|---|---|---|
| | 양력 | 요일 | 음력 | 일진 | 大運 남 | 大運 여 |
| 0 | 4/5 | 日 | 28 | 丁巳 | 청명 | |
| 1 | 6 | 月 | 29 | 戊午 | 1 | 10 |
| 2 | 7 | 火 | 30 | 己未 | 1 | 10 |
| 3 | 8 | 水 | 3/1 | 庚申 | 1 | 9 |
| 4 | 9 | 木 | 2 | 辛酉 | 1 | 9 |
| 5 | 10 | 金 | 3 | 壬戌 | 2 | 9 |
| 6 | 11 | 土 | 4 | 癸亥 | 2 | 8 |
| 7 | 12 | 日 | 5 | 甲子 | 2 | 8 |
| 8 | 13 | 月 | 6 | 乙丑 | 3 | 8 |
| 9 | 14 | 火 | 7 | 丙寅 | 3 | 7 |
| 10 | 15 | 水 | 8 | 丁卯 | 3 | 7 |
| 11 | 16 | 木 | 9 | 戊辰 | 4 | 7 |
| 12 | 17 | 金 | 10 | 己巳 | 4 | 6 |
| 13 | 18 | 土 | 11 | 庚午 | 4 | 6 |
| 14 | 19 | 日 | 12 | 辛未 | 5 | 6 |
| 15 | 20 | 月 | 13 | 壬申 | 5 | 5 |
| 16 | 21 | 火 | 14 | 癸酉 | 곡우 | |
| 17 | 22 | 水 | 15 | 甲戌 | 6 | 5 |
| 18 | 23 | 木 | 16 | 乙亥 | 6 | 4 |
| 19 | 24 | 金 | 17 | 丙子 | 6 | 4 |
| 20 | 25 | 土 | 18 | 丁丑 | 7 | 4 |
| 21 | 26 | 日 | 19 | 戊寅 | 7 | 3 |
| 22 | 27 | 月 | 20 | 己卯 | 7 | 3 |
| 23 | 28 | 火 | 21 | 庚辰 | 8 | 3 |
| 24 | 29 | 水 | 22 | 辛巳 | 8 | 2 |
| 25 | 30 | 木 | 23 | 壬午 | 8 | 2 |
| 26 | 5/1 | 金 | 24 | 癸未 | 9 | 2 |
| 27 | 2 | 土 | 25 | 甲申 | 9 | 1 |
| 28 | 3 | 日 | 26 | 乙酉 | 9 | 1 |
| 29 | 4 | 月 | 27 | 丙戌 | 10 | 1 |
| 30 | 5 | 火 | 28 | 丁亥 | 10 | 1 |
| 31 | | | | | | |

| 절기후날수 | 입하절(己巳月) 立夏 5월6일 15시39분 小滿 5월22일 4시42분 | | | | | |
|---|---|---|---|---|---|---|
| | 양력 | 요일 | 음력 | 일진 | 大運 남 | 大運 여 |
| 0 | 5/6 | 水 | 29 | 戊子 | 입하 | |
| 1 | 7 | 木 | 30 | 己丑 | 1 | 10 |
| 2 | 8 | 金 | 4/1 | 庚寅 | 1 | 10 |
| 3 | 9 | 土 | 2 | 辛卯 | 1 | 9 |
| 4 | 10 | 日 | 3 | 壬辰 | 1 | 9 |
| 5 | 11 | 月 | 4 | 癸巳 | 2 | 9 |
| 6 | 12 | 火 | 5 | 甲午 | 2 | 8 |
| 7 | 13 | 水 | 6 | 乙未 | 2 | 8 |
| 8 | 14 | 木 | 7 | 丙申 | 3 | 8 |
| 9 | 15 | 金 | 8 | 丁酉 | 3 | 7 |
| 10 | 16 | 土 | 9 | 戊戌 | 3 | 7 |
| 11 | 17 | 日 | 10 | 己亥 | 4 | 7 |
| 12 | 18 | 月 | 11 | 庚子 | 4 | 6 |
| 13 | 19 | 火 | 12 | 辛丑 | 4 | 6 |
| 14 | 20 | 水 | 13 | 壬寅 | 5 | 6 |
| 15 | 21 | 木 | 14 | 癸卯 | 5 | 5 |
| 16 | 22 | 金 | 15 | 甲辰 | 소만 | |
| 17 | 23 | 土 | 16 | 乙巳 | 6 | 5 |
| 18 | 24 | 日 | 17 | 丙午 | 6 | 4 |
| 19 | 25 | 月 | 18 | 丁未 | 6 | 4 |
| 20 | 26 | 火 | 19 | 戊申 | 7 | 4 |
| 21 | 27 | 水 | 20 | 己酉 | 7 | 3 |
| 22 | 28 | 木 | 21 | 庚戌 | 7 | 3 |
| 23 | 29 | 金 | 22 | 辛亥 | 8 | 3 |
| 24 | 30 | 土 | 23 | 壬子 | 8 | 2 |
| 25 | 31 | 日 | 24 | 癸丑 | 8 | 2 |
| 26 | 6/1 | 月 | 25 | 甲寅 | 9 | 2 |
| 27 | 2 | 火 | 26 | 乙卯 | 9 | 1 |
| 28 | 3 | 水 | 27 | 丙辰 | 9 | 1 |
| 29 | 4 | 木 | 28 | 丁巳 | 10 | 1 |
| 30 | 5 | 金 | 29 | 戊午 | 10 | 1 |
| 31 | | | | | | |

| 절기후날수 | 망종절(庚午月) 芒種 6월6일 20시0분 夏至 6월22일 12시50분 | | | | | |
|---|---|---|---|---|---|---|
| | 양력 | 요일 | 음력 | 일진 | 大運 남 | 大運 여 |
| 0 | 6/6 | 土 | 5/1 | 己未 | 망종 | |
| 1 | 7 | 日 | 2 | 庚申 | 1 | 10 |
| 2 | 8 | 月 | 3 | 辛酉 | 1 | 10 |
| 3 | 9 | 火 | 4 | 壬戌 | 1 | 10 |
| 4 | 10 | 水 | 5 | 癸亥 | 1 | 9 |
| 5 | 11 | 木 | 6 | 甲子 | 2 | 9 |
| 6 | 12 | 金 | 7 | 乙丑 | 2 | 9 |
| 7 | 13 | 土 | 8 | 丙寅 | 2 | 8 |
| 8 | 14 | 日 | 9 | 丁卯 | 3 | 8 |
| 9 | 15 | 月 | 10 | 戊辰 | 3 | 8 |
| 10 | 16 | 火 | 11 | 己巳 | 3 | 7 |
| 11 | 17 | 水 | 12 | 庚午 | 4 | 7 |
| 12 | 18 | 木 | 13 | 辛未 | 4 | 7 |
| 13 | 19 | 金 | 14 | 壬申 | 4 | 6 |
| 14 | 20 | 土 | 15 | 癸酉 | 5 | 6 |
| 15 | 21 | 日 | 16 | 甲戌 | 5 | 6 |
| 16 | 22 | 月 | 17 | 乙亥 | 하지 | |
| 17 | 23 | 火 | 18 | 丙子 | 6 | 5 |
| 18 | 24 | 水 | 19 | 丁丑 | 6 | 5 |
| 19 | 25 | 木 | 20 | 戊寅 | 6 | 4 |
| 20 | 26 | 金 | 21 | 己卯 | 7 | 4 |
| 21 | 27 | 土 | 22 | 庚辰 | 7 | 4 |
| 22 | 28 | 日 | 23 | 辛巳 | 7 | 3 |
| 23 | 29 | 月 | 24 | 壬午 | 8 | 3 |
| 24 | 30 | 火 | 25 | 癸未 | 8 | 3 |
| 25 | 7/1 | 水 | 26 | 甲申 | 8 | 2 |
| 26 | 2 | 木 | 27 | 乙酉 | 9 | 2 |
| 27 | 3 | 金 | 28 | 丙戌 | 9 | 2 |
| 28 | 4 | 土 | 29 | 丁亥 | 9 | 1 |
| 29 | 5 | 日 | 30 | 戊子 | 10 | 1 |
| 30 | 6 | 月 | 6/1 | 己丑 | 10 | 1 |
| 31 | 7 | 火 | 2 | 庚寅 | 10 | 1 |

| 절기후날수 | 소서절(辛未月) 小暑 7월8일 6시20분 大暑 7월23일 23시45분 | | | | | |
|---|---|---|---|---|---|---|
| | 양력 | 요일 | 음력 | 일진 | 大運 남 | 大運 여 |
| 0 | 7/8 | 水 | 3 | 辛卯 | 소서 | |
| 1 | 9 | 木 | 4 | 壬辰 | 1 | 10 |
| 2 | 10 | 金 | 5 | 癸巳 | 1 | 10 |
| 3 | 11 | 土 | 6 | 甲午 | 1 | 9 |
| 4 | 12 | 日 | 7 | 乙未 | 1 | 9 |
| 5 | 13 | 月 | 8 | 丙申 | 2 | 9 |
| 6 | 14 | 火 | 9 | 丁酉 | 2 | 8 |
| 7 | 15 | 水 | 10 | 戊戌 | 2 | 8 |
| 8 | 16 | 木 | 11 | 己亥 | 3 | 8 |
| 9 | 17 | 金 | 12 | 庚子 | 3 | 7 |
| 10 | 18 | 土 | 13 | 辛丑 | 3 | 7 |
| 11 | 19 | 日 | 14 | 壬寅 | 4 | 7 |
| 12 | 20 | 月 | 15 | 癸卯 | 4 | 6 |
| 13 | 21 | 火 | 16 | 甲辰 | 4 | 6 |
| 14 | 22 | 水 | 17 | 乙巳 | 5 | 6 |
| 15 | 23 | 木 | 18 | 丙午 | 대서 | |
| 16 | 24 | 金 | 19 | 丁未 | 5 | 5 |
| 17 | 25 | 土 | 20 | 戊申 | 6 | 5 |
| 18 | 26 | 日 | 21 | 己酉 | 6 | 4 |
| 19 | 27 | 月 | 22 | 庚戌 | 6 | 4 |
| 20 | 28 | 火 | 23 | 辛亥 | 7 | 4 |
| 21 | 29 | 水 | 24 | 壬子 | 7 | 3 |
| 22 | 30 | 木 | 25 | 癸丑 | 7 | 3 |
| 23 | 31 | 金 | 26 | 甲寅 | 8 | 3 |
| 24 | 8/1 | 土 | 27 | 乙卯 | 8 | 2 |
| 25 | 2 | 日 | 28 | 丙辰 | 8 | 2 |
| 26 | 3 | 月 | 29 | 丁巳 | 9 | 2 |
| 27 | 4 | 火 | 7/1 | 戊午 | 9 | 1 |
| 28 | 5 | 水 | 2 | 己未 | 9 | 1 |
| 29 | 6 | 木 | 3 | 庚申 | 10 | 1 |
| 30 | 7 | 金 | 4 | 辛酉 | 10 | 1 |
| 31 | | | | | | |

# 己亥年

| 절기후날수 | 입추절(壬申月) | | | | | 백로절(癸酉月) | | | | | 한로절(甲戌月) | | | | | 입동절(乙亥月) | | | | | 대설절(丙子月) | | | | | 소한절(丁丑月) | | | | |
|---|---|---|---|---|---|---|---|---|---|---|---|---|---|---|---|---|---|---|---|---|---|---|---|---|---|---|---|---|---|---|
| | 立秋 8월8일 16시4분<br>處暑 8월24일 6시44분 | | | | | 白露 9월8일 18시48분<br>秋分 9월24일 4시8분 | | | | | 寒露 10월9일 10시10분<br>霜降 10월24일 13시11분 | | | | | 立冬 11월8일 13시2분<br>小雪 11월23일 10시27분 | | | | | 大雪 12월8일 5시37분<br>冬至 12월22일 23시34분 | | | | | 小寒 1월6일 16시42분<br>大寒 1월21일 10시10분 | | | | |
| | 양력 | 요일 | 음력 | 일진 | 大運 남여 | 양력 | 요일 | 음력 | 일진 | 大運 남여 | 양력 | 요일 | 음력 | 일진 | 大運 남여 | 양력 | 요일 | 음력 | 일진 | 大運 남여 | 양력 | 요일 | 음력 | 일진 | 大運 남여 | 양력 | 요일 | 음력 | 일진 | 大運 남여 |
| 0 | 8/8 | 土 | 5 | 壬戌 | 입추 | 9/8 | 火 | 6 | 癸巳 | 백로 | 10/9 | 金 | 8 | 甲子 | 한로 | 11/8 | 日 | 8 | 甲午 | 입동 | 12/8 | 火 | 9 | 甲子 | 대설 | 1/6 | 水 | 8 | 癸巳 | 소한 |
| 1 | 9 | 日 | 6 | 癸亥 | 1·10 | 9 | 水 | 7 | 甲午 | 1·10 | 10 | 土 | 9 | 乙丑 | 1·10 | 9 | 月 | 9 | 乙未 | 1·10 | 9 | 水 | 10 | 乙丑 | 1·9 | 7 | 木 | 9 | 甲午 | 1·10 |
| 2 | 10 | 月 | 7 | 甲子 | 1·10 | 10 | 木 | 8 | 乙未 | 1·10 | 11 | 日 | 10 | 丙寅 | 1·9 | 10 | 火 | 10 | 丙申 | 1·9 | 10 | 木 | 11 | 丙寅 | 1·9 | 8 | 金 | 10 | 乙未 | 1·9 |
| 3 | 11 | 火 | 8 | 乙丑 | 1·9 | 11 | 金 | 9 | 丙申 | 1·9 | 12 | 月 | 11 | 丁卯 | 1·9 | 11 | 水 | 11 | 丁酉 | 1·9 | 11 | 金 | 12 | 丁卯 | 1·9 | 9 | 土 | 11 | 丙申 | 1·9 |
| 4 | 12 | 水 | 9 | 丙寅 | 1·9 | 12 | 土 | 10 | 丁酉 | 1·9 | 13 | 火 | 12 | 戊辰 | 1·9 | 12 | 木 | 12 | 戊戌 | 1·9 | 12 | 土 | 13 | 戊辰 | 1·8 | 10 | 日 | 12 | 丁酉 | 1·9 |
| 5 | 13 | 木 | 10 | 丁卯 | 2·9 | 13 | 日 | 11 | 戊戌 | 2·9 | 14 | 水 | 13 | 己巳 | 2·8 | 13 | 金 | 13 | 己亥 | 2·8 | 13 | 日 | 14 | 己巳 | 2·8 | 11 | 月 | 13 | 戊戌 | 2·8 |
| 6 | 14 | 金 | 11 | 戊辰 | 2·8 | 14 | 月 | 12 | 己亥 | 2·8 | 15 | 木 | 14 | 庚午 | 2·8 | 14 | 土 | 14 | 庚子 | 2·8 | 14 | 月 | 15 | 庚午 | 2·8 | 12 | 火 | 14 | 己亥 | 2·8 |
| 7 | 15 | 土 | 12 | 己巳 | 2·8 | 15 | 火 | 13 | 庚子 | 2·8 | 16 | 金 | 15 | 辛未 | 2·8 | 15 | 日 | 15 | 辛丑 | 2·8 | 15 | 火 | 16 | 辛未 | 2·7 | 13 | 水 | 15 | 庚子 | 2·8 |
| 8 | 16 | 日 | 13 | 庚午 | 3·8 | 16 | 水 | 14 | 辛丑 | 3·8 | 17 | 土 | 16 | 壬申 | 3·7 | 16 | 月 | 16 | 壬寅 | 3·7 | 16 | 水 | 17 | 壬申 | 3·7 | 14 | 木 | 16 | 辛丑 | 3·7 |
| 9 | 17 | 月 | 14 | 辛未 | 3·7 | 17 | 木 | 15 | 壬寅 | 3·7 | 18 | 日 | 17 | 癸酉 | 3·7 | 17 | 火 | 17 | 癸卯 | 3·7 | 17 | 木 | 18 | 癸酉 | 3·7 | 15 | 金 | 17 | 壬寅 | 3·7 |
| 10 | 18 | 火 | 15 | 壬申 | 3·7 | 18 | 金 | 16 | 癸卯 | 3·7 | 19 | 月 | 18 | 甲戌 | 3·7 | 18 | 水 | 18 | 甲辰 | 3·7 | 18 | 金 | 19 | 甲戌 | 3·6 | 16 | 土 | 18 | 癸卯 | 3·7 |
| 11 | 19 | 水 | 16 | 癸酉 | 4·7 | 19 | 土 | 17 | 甲辰 | 4·7 | 20 | 火 | 19 | 乙亥 | 4·6 | 19 | 木 | 19 | 乙巳 | 4·6 | 19 | 土 | 20 | 乙亥 | 4·6 | 17 | 日 | 19 | 甲辰 | 4·6 |
| 12 | 20 | 木 | 17 | 甲戌 | 4·6 | 20 | 日 | 18 | 乙巳 | 4·6 | 21 | 水 | 20 | 丙子 | 4·6 | 20 | 金 | 20 | 丙午 | 4·6 | 20 | 日 | 21 | 丙子 | 4·6 | 18 | 月 | 20 | 乙巳 | 4·6 |
| 13 | 21 | 金 | 18 | 乙亥 | 4·6 | 21 | 月 | 19 | 丙午 | 4·6 | 22 | 木 | 21 | 丁丑 | 4·6 | 21 | 土 | 21 | 丁未 | 4·6 | 21 | 月 | 22 | 丁丑 | 4·5 | 19 | 火 | 21 | 丙午 | 4·6 |
| 14 | 22 | 土 | 19 | 丙子 | 5·6 | 22 | 火 | 20 | 丁未 | 5·6 | 23 | 金 | 22 | 戊寅 | 5·5 | 22 | 日 | 22 | 戊申 | 5·5 | 22 | 火 | 23 | 戊寅 | 동지 | 20 | 水 | 22 | 丁未 | 5·5 |
| 15 | 23 | 日 | 20 | 丁丑 | 5·5 | 23 | 水 | 21 | 戊申 | 5·5 | 24 | 土 | 23 | 己卯 | 상강 | 23 | 月 | 23 | 己酉 | 소설 | 23 | 水 | 24 | 己卯 | 5·5 | 21 | 木 | 23 | 戊申 | 대한 |
| 16 | 24 | 月 | 21 | 戊寅 | 처서 | 24 | 木 | 22 | 己酉 | 추분 | 25 | 日 | 24 | 庚辰 | 5·5 | 24 | 火 | 24 | 庚戌 | 5·5 | 24 | 木 | 25 | 庚辰 | 5·4 | 22 | 金 | 24 | 己酉 | 5·5 |
| 17 | 25 | 火 | 22 | 己卯 | 6·5 | 25 | 金 | 23 | 庚戌 | 6·5 | 26 | 月 | 25 | 辛巳 | 6·4 | 25 | 水 | 25 | 辛亥 | 6·4 | 25 | 金 | 26 | 辛巳 | 6·4 | 23 | 土 | 25 | 庚戌 | 6·4 |
| 18 | 26 | 水 | 23 | 庚辰 | 6·4 | 26 | 土 | 24 | 辛亥 | 6·4 | 27 | 火 | 26 | 壬午 | 6·4 | 26 | 木 | 26 | 壬子 | 6·4 | 26 | 土 | 27 | 壬午 | 6·4 | 24 | 日 | 26 | 辛亥 | 6·4 |
| 19 | 27 | 木 | 24 | 辛巳 | 6·4 | 27 | 日 | 25 | 壬子 | 6·4 | 28 | 水 | 27 | 癸未 | 6·4 | 27 | 金 | 27 | 癸丑 | 6·4 | 27 | 日 | 28 | 癸未 | 6·3 | 25 | 月 | 27 | 壬子 | 6·4 |
| 20 | 28 | 金 | 25 | 壬午 | 7·4 | 28 | 月 | 26 | 癸丑 | 7·4 | 29 | 木 | 28 | 甲申 | 7·3 | 28 | 土 | 28 | 甲寅 | 7·3 | 28 | 月 | 29 | 甲申 | 7·3 | 26 | 火 | 28 | 癸丑 | 7·3 |
| 21 | 29 | 土 | 26 | 癸未 | 7·3 | 29 | 火 | 27 | 甲寅 | 7·3 | 30 | 金 | 29 | 乙酉 | 7·3 | 29 | 日 | 29 | 乙卯 | 7·3 | 29 | 火 | 30 | 乙酉 | 7·3 | 27 | 水 | 29 | 甲寅 | 7·3 |
| 22 | 30 | 日 | 27 | 甲申 | 7·3 | 30 | 水 | 28 | 乙卯 | 7·3 | 31 | 土 | 30 | 丙戌 | 7·3 | 30 | 月 | 11/1 | 丙辰 | 7·3 | 30 | 水 | 12/1 | 丙戌 | 7·2 | 28 | 木 | 1/1 | 乙卯 | 7·3 |
| 23 | 31 | 月 | 28 | 乙酉 | 8·3 | 10/1 | 木 | 29 | 丙辰 | 8·3 | 11/1 | 日 | 10/1 | 丁亥 | 8·2 | 12/1 | 火 | 2 | 丁巳 | 8·2 | 31 | 木 | 2 | 丁亥 | 8·2 | 29 | 金 | 2 | 丙辰 | 8·2 |
| 24 | 9/1 | 火 | 29 | 丙戌 | 8·2 | 2 | 金 | 9/1 | 丁巳 | 8·2 | 2 | 月 | 2 | 戊子 | 8·2 | 2 | 水 | 3 | 戊午 | 8·2 | 1/1 | 金 | 3 | 戊子 | 8·2 | 30 | 土 | 3 | 丁巳 | 8·2 |
| 25 | 2 | 水 | 30 | 丁亥 | 8·2 | 3 | 土 | 2 | 戊午 | 8·2 | 3 | 火 | 3 | 己丑 | 8·2 | 3 | 木 | 4 | 己未 | 8·2 | 2 | 土 | 4 | 己丑 | 8·1 | 31 | 日 | 4 | 戊午 | 8·2 |
| 26 | 3 | 木 | 8/1 | 戊子 | 9·2 | 4 | 日 | 3 | 己未 | 9·2 | 4 | 水 | 4 | 庚寅 | 9·1 | 4 | 金 | 5 | 庚申 | 9·1 | 3 | 日 | 5 | 庚寅 | 9·1 | 2/1 | 月 | 5 | 己未 | 9·1 |
| 27 | 4 | 金 | 2 | 己丑 | 9·1 | 5 | 月 | 4 | 庚申 | 9·1 | 5 | 木 | 5 | 辛卯 | 9·1 | 5 | 土 | 6 | 辛酉 | 9·1 | 4 | 月 | 6 | 辛卯 | 9·1 | 2 | 火 | 6 | 庚申 | 9·1 |
| 28 | 5 | 土 | 3 | 庚寅 | 9·1 | 6 | 火 | 5 | 辛酉 | 9·1 | 6 | 金 | 6 | 壬辰 | 9·1 | 6 | 日 | 7 | 壬戌 | 9·1 | 5 | 火 | 7 | 壬辰 | 9·1 | 3 | 水 | 7 | 辛酉 | 9·1 |
| 29 | 6 | 日 | 4 | 辛卯 | 10·1 | 7 | 水 | 6 | 壬戌 | 10·1 | 7 | 土 | 7 | 癸巳 | 10·1 | 7 | 月 | 8 | 癸亥 | 10·1 | | | | | | 4 | 木 | 8 | 壬戌 | 10·1 |
| 30 | 7 | 月 | 5 | 壬辰 | 10·1 | 8 | 木 | 7 | 癸亥 | 10·1 | | | | | | | | | | | | | | | | | | | | |
| 31 | | | | | | | | | | | | | | | | | | | | | | | | | | | | | | |

# 서기 1960년 [단기 4293년]

| 절기후 날수 | 입춘절(戊寅月) 立春 2월5일 4시23분 雨水 2월20일 0시26분 | | | | | |
|---|---|---|---|---|---|---|
| | 양력 | 요일 | 음력 | 일진 | 大運 남 | 大運 여 |
| 0 | 2/5 | 金 | 9 | 癸亥 | 입춘 | |
| 1 | 6 | 土 | 10 | 甲子 | 9 | 1 |
| 2 | 7 | 日 | 11 | 乙丑 | 9 | 1 |
| 3 | 8 | 月 | 12 | 丙寅 | 9 | 1 |
| 4 | 9 | 火 | 13 | 丁卯 | 8 | 1 |
| 5 | 10 | 水 | 14 | 戊辰 | 8 | 2 |
| 6 | 11 | 木 | 15 | 己巳 | 8 | 2 |
| 7 | 12 | 金 | 16 | 庚午 | 7 | 2 |
| 8 | 13 | 土 | 17 | 辛未 | 7 | 3 |
| 9 | 14 | 日 | 18 | 壬申 | 7 | 3 |
| 10 | 15 | 月 | 19 | 癸酉 | 6 | 3 |
| 11 | 16 | 火 | 20 | 甲戌 | 6 | 4 |
| 12 | 17 | 水 | 21 | 乙亥 | 6 | 4 |
| 13 | 18 | 木 | 22 | 丙子 | 5 | 4 |
| 14 | 19 | 金 | 23 | 丁丑 | 5 | 5 |
| 15 | 20 | 土 | 24 | 戊寅 | 우수 | |
| 16 | 21 | 日 | 25 | 己卯 | 4 | 5 |
| 17 | 22 | 月 | 26 | 庚辰 | 4 | 6 |
| 18 | 23 | 火 | 27 | 辛巳 | 4 | 6 |
| 19 | 24 | 水 | 28 | 壬午 | 3 | 6 |
| 20 | 25 | 木 | 29 | 癸未 | 3 | 7 |
| 21 | 26 | 金 | 30 | 甲申 | 3 | 7 |
| 22 | 27 | 土 | 2/1 | 乙酉 | 2 | 7 |
| 23 | 28 | 日 | 2 | 丙戌 | 2 | 8 |
| 24 | 29 | 月 | 3 | 丁亥 | 2 | 8 |
| 25 | 3/1 | 火 | 4 | 戊子 | 1 | 8 |
| 26 | 2 | 水 | 5 | 己丑 | 1 | 9 |
| 27 | 3 | 木 | 6 | 庚寅 | 1 | 9 |
| 28 | 4 | 金 | 7 | 辛卯 | 1 | 9 |
| 29 | | | | | | |
| 30 | | | | | | |
| 31 | | | | | | |

| 절기후 날수 | 경칩절(己卯月) 驚蟄 3월5일 22시36분 春分 3월20일 23시43분 | | | | | |
|---|---|---|---|---|---|---|
| | 양력 | 요일 | 음력 | 일진 | 大運 남 | 大運 여 |
| 0 | 3/5 | 土 | 8 | 壬辰 | 경칩 | |
| 1 | 6 | 日 | 9 | 癸巳 | 10 | 1 |
| 2 | 7 | 月 | 10 | 甲午 | 10 | 1 |
| 3 | 8 | 火 | 11 | 乙未 | 9 | 1 |
| 4 | 9 | 水 | 12 | 丙申 | 9 | 1 |
| 5 | 10 | 木 | 13 | 丁酉 | 9 | 2 |
| 6 | 11 | 金 | 14 | 戊戌 | 8 | 2 |
| 7 | 12 | 土 | 15 | 己亥 | 8 | 2 |
| 8 | 13 | 日 | 16 | 庚子 | 8 | 3 |
| 9 | 14 | 月 | 17 | 辛丑 | 7 | 3 |
| 10 | 15 | 火 | 18 | 壬寅 | 7 | 3 |
| 11 | 16 | 水 | 19 | 癸卯 | 7 | 4 |
| 12 | 17 | 木 | 20 | 甲辰 | 6 | 4 |
| 13 | 18 | 金 | 21 | 乙巳 | 6 | 4 |
| 14 | 19 | 土 | 22 | 丙午 | 6 | 5 |
| 15 | 20 | 日 | 23 | 丁未 | 춘분 | |
| 16 | 21 | 月 | 24 | 戊申 | 5 | 5 |
| 17 | 22 | 火 | 25 | 己酉 | 5 | 6 |
| 18 | 23 | 水 | 26 | 庚戌 | 4 | 6 |
| 19 | 24 | 木 | 27 | 辛亥 | 4 | 6 |
| 20 | 25 | 金 | 28 | 壬子 | 4 | 7 |
| 21 | 26 | 土 | 29 | 癸丑 | 3 | 7 |
| 22 | 27 | 日 | 3/1 | 甲寅 | 3 | 7 |
| 23 | 28 | 月 | 2 | 乙卯 | 3 | 8 |
| 24 | 29 | 火 | 3 | 丙辰 | 2 | 8 |
| 25 | 30 | 水 | 4 | 丁巳 | 2 | 8 |
| 26 | 31 | 木 | 5 | 戊午 | 2 | 9 |
| 27 | 4/1 | 金 | 6 | 己未 | 1 | 9 |
| 28 | 2 | 土 | 7 | 庚申 | 1 | 9 |
| 29 | 3 | 日 | 8 | 辛酉 | 1 | 10 |
| 30 | 4 | 月 | 9 | 壬戌 | 1 | 10 |
| 31 | | | | | | |

| 절기후 날수 | 청명절(庚辰月) 清明 4월5일 3시44분 穀雨 4월20일 11시6분 | | | | | |
|---|---|---|---|---|---|---|
| | 양력 | 요일 | 음력 | 일진 | 大運 남 | 大運 여 |
| 0 | 4/5 | 火 | 10 | 癸亥 | 청명 | |
| 1 | 6 | 水 | 11 | 甲子 | 10 | 1 |
| 2 | 7 | 木 | 12 | 乙丑 | 9 | 1 |
| 3 | 8 | 金 | 13 | 丙寅 | 9 | 1 |
| 4 | 9 | 土 | 14 | 丁卯 | 9 | 1 |
| 5 | 10 | 日 | 15 | 戊辰 | 8 | 2 |
| 6 | 11 | 月 | 16 | 己巳 | 8 | 2 |
| 7 | 12 | 火 | 17 | 庚午 | 8 | 2 |
| 8 | 13 | 水 | 18 | 辛未 | 7 | 3 |
| 9 | 14 | 木 | 19 | 壬申 | 7 | 3 |
| 10 | 15 | 金 | 20 | 癸酉 | 7 | 3 |
| 11 | 16 | 土 | 21 | 甲戌 | 6 | 4 |
| 12 | 17 | 日 | 22 | 乙亥 | 6 | 4 |
| 13 | 18 | 月 | 23 | 丙子 | 6 | 4 |
| 14 | 19 | 火 | 24 | 丁丑 | 5 | 5 |
| 15 | 20 | 水 | 25 | 戊寅 | 곡우 | |
| 16 | 21 | 木 | 26 | 己卯 | 5 | 5 |
| 17 | 22 | 金 | 27 | 庚辰 | 4 | 6 |
| 18 | 23 | 土 | 28 | 辛巳 | 4 | 6 |
| 19 | 24 | 日 | 29 | 壬午 | 4 | 6 |
| 20 | 25 | 月 | 30 | 癸未 | 3 | 7 |
| 21 | 26 | 火 | 4/1 | 甲申 | 3 | 7 |
| 22 | 27 | 水 | 2 | 乙酉 | 3 | 7 |
| 23 | 28 | 木 | 3 | 丙戌 | 2 | 8 |
| 24 | 29 | 金 | 4 | 丁亥 | 2 | 8 |
| 25 | 30 | 土 | 5 | 戊子 | 2 | 8 |
| 26 | 5/1 | 日 | 6 | 己丑 | 1 | 9 |
| 27 | 2 | 月 | 7 | 庚寅 | 1 | 9 |
| 28 | 3 | 火 | 8 | 辛卯 | 1 | 9 |
| 29 | 4 | 水 | 9 | 壬辰 | 1 | 10 |
| 30 | | | | | | |
| 31 | | | | | | |

| 절기후 날수 | 입하절(辛巳月) 立夏 5월5일 21시23분 小滿 5월21일 10시34분 | | | | | |
|---|---|---|---|---|---|---|
| | 양력 | 요일 | 음력 | 일진 | 大運 남 | 大運 여 |
| 0 | 5/5 | 木 | 10 | 癸巳 | 입하 | |
| 1 | 6 | 金 | 11 | 甲午 | 10 | 1 |
| 2 | 7 | 土 | 12 | 乙未 | 10 | 1 |
| 3 | 8 | 日 | 13 | 丙申 | 10 | 1 |
| 4 | 9 | 月 | 14 | 丁酉 | 9 | 1 |
| 5 | 10 | 火 | 15 | 戊戌 | 9 | 2 |
| 6 | 11 | 水 | 16 | 己亥 | 9 | 2 |
| 7 | 12 | 木 | 17 | 庚子 | 8 | 2 |
| 8 | 13 | 金 | 18 | 辛丑 | 8 | 3 |
| 9 | 14 | 土 | 19 | 壬寅 | 8 | 3 |
| 10 | 15 | 日 | 20 | 癸卯 | 7 | 3 |
| 11 | 16 | 月 | 21 | 甲辰 | 7 | 4 |
| 12 | 17 | 火 | 22 | 乙巳 | 7 | 4 |
| 13 | 18 | 水 | 23 | 丙午 | 6 | 4 |
| 14 | 19 | 木 | 24 | 丁未 | 6 | 5 |
| 15 | 20 | 金 | 25 | 戊申 | 6 | 5 |
| 16 | 21 | 土 | 26 | 己酉 | 소만 | |
| 17 | 22 | 日 | 27 | 庚戌 | 5 | 6 |
| 18 | 23 | 月 | 28 | 辛亥 | 5 | 6 |
| 19 | 24 | 火 | 29 | 壬子 | 4 | 6 |
| 20 | 25 | 水 | 5/1 | 癸丑 | 4 | 7 |
| 21 | 26 | 木 | 2 | 甲寅 | 4 | 7 |
| 22 | 27 | 金 | 3 | 乙卯 | 3 | 7 |
| 23 | 28 | 土 | 4 | 丙辰 | 3 | 8 |
| 24 | 29 | 日 | 5 | 丁巳 | 3 | 8 |
| 25 | 30 | 月 | 6 | 戊午 | 2 | 8 |
| 26 | 31 | 火 | 7 | 己未 | 2 | 9 |
| 27 | 6/1 | 水 | 8 | 庚申 | 2 | 9 |
| 28 | 2 | 木 | 9 | 辛酉 | 1 | 9 |
| 29 | 3 | 金 | 10 | 壬戌 | 1 | 10 |
| 30 | 4 | 土 | 11 | 癸亥 | 1 | 10 |
| 31 | 5 | 日 | 12 | 甲子 | 1 | 10 |

| 절기후 날수 | 망종절(壬午月) 芒種 6월6일 1시49분 夏至 6월21일 18시42분 | | | | | |
|---|---|---|---|---|---|---|
| | 양력 | 요일 | 음력 | 일진 | 大運 남 | 大運 여 |
| 0 | 6/6 | 月 | 13 | 乙丑 | 망종 | |
| 1 | 7 | 火 | 14 | 丙寅 | 10 | 1 |
| 2 | 8 | 水 | 15 | 丁卯 | 10 | 1 |
| 3 | 9 | 木 | 16 | 戊辰 | 9 | 1 |
| 4 | 10 | 金 | 17 | 己巳 | 9 | 1 |
| 5 | 11 | 土 | 18 | 庚午 | 9 | 2 |
| 6 | 12 | 日 | 19 | 辛未 | 8 | 2 |
| 7 | 13 | 月 | 20 | 壬申 | 8 | 2 |
| 8 | 14 | 火 | 21 | 癸酉 | 8 | 3 |
| 9 | 15 | 水 | 22 | 甲戌 | 7 | 3 |
| 10 | 16 | 木 | 23 | 乙亥 | 7 | 3 |
| 11 | 17 | 金 | 24 | 丙子 | 7 | 4 |
| 12 | 18 | 土 | 25 | 丁丑 | 6 | 4 |
| 13 | 19 | 日 | 26 | 戊寅 | 6 | 4 |
| 14 | 20 | 月 | 27 | 己卯 | 6 | 5 |
| 15 | 21 | 火 | 28 | 庚辰 | 하지 | |
| 16 | 22 | 水 | 29 | 辛巳 | 5 | 5 |
| 17 | 23 | 木 | 30 | 壬午 | 5 | 6 |
| 18 | 24 | 金 | 6/1 | 癸未 | 4 | 6 |
| 19 | 25 | 土 | 2 | 甲申 | 4 | 6 |
| 20 | 26 | 日 | 3 | 乙酉 | 4 | 7 |
| 21 | 27 | 月 | 4 | 丙戌 | 3 | 7 |
| 22 | 28 | 火 | 5 | 丁亥 | 3 | 7 |
| 23 | 29 | 水 | 6 | 戊子 | 3 | 8 |
| 24 | 30 | 木 | 7 | 己丑 | 2 | 8 |
| 25 | 7/1 | 金 | 8 | 庚寅 | 2 | 8 |
| 26 | 2 | 土 | 9 | 辛卯 | 2 | 9 |
| 27 | 3 | 日 | 10 | 壬辰 | 1 | 9 |
| 28 | 4 | 月 | 11 | 癸巳 | 1 | 9 |
| 29 | 5 | 火 | 12 | 甲午 | 1 | 10 |
| 30 | 6 | 水 | 13 | 乙未 | 1 | 10 |
| 31 | | | | | | |

| 절기후 날수 | 소서절(癸未月) 小暑 7월7일 12시13분 大暑 7월23일 5시37분 | | | | | |
|---|---|---|---|---|---|---|
| | 양력 | 요일 | 음력 | 일진 | 大運 남 | 大運 여 |
| 0 | 7/7 | 木 | 14 | 丙申 | 소서 | |
| 1 | 8 | 金 | 15 | 丁酉 | 10 | 1 |
| 2 | 9 | 土 | 16 | 戊戌 | 10 | 1 |
| 3 | 10 | 日 | 17 | 己亥 | 9 | 1 |
| 4 | 11 | 月 | 18 | 庚子 | 9 | 1 |
| 5 | 12 | 火 | 19 | 辛丑 | 9 | 2 |
| 6 | 13 | 水 | 20 | 壬寅 | 8 | 2 |
| 7 | 14 | 木 | 21 | 癸卯 | 8 | 2 |
| 8 | 15 | 金 | 22 | 甲辰 | 8 | 3 |
| 9 | 16 | 土 | 23 | 乙巳 | 7 | 3 |
| 10 | 17 | 日 | 24 | 丙午 | 7 | 3 |
| 11 | 18 | 月 | 25 | 丁未 | 7 | 4 |
| 12 | 19 | 火 | 26 | 戊申 | 6 | 4 |
| 13 | 20 | 水 | 27 | 己酉 | 6 | 4 |
| 14 | 21 | 木 | 28 | 庚戌 | 6 | 5 |
| 15 | 22 | 金 | 29 | 辛亥 | 5 | 5 |
| 16 | 23 | 土 | 30 | 壬子 | 대서 | |
| 17 | 24 | 日 | 윤1 | 癸丑 | 5 | 6 |
| 18 | 25 | 月 | 윤2 | 甲寅 | 4 | 6 |
| 19 | 26 | 火 | 윤3 | 乙卯 | 4 | 6 |
| 20 | 27 | 水 | 윤4 | 丙辰 | 4 | 7 |
| 21 | 28 | 木 | 윤5 | 丁巳 | 3 | 7 |
| 22 | 29 | 金 | 윤6 | 戊午 | 3 | 7 |
| 23 | 30 | 土 | 윤7 | 己未 | 3 | 8 |
| 24 | 31 | 日 | 윤8 | 庚申 | 2 | 8 |
| 25 | 8/1 | 月 | 윤9 | 辛酉 | 2 | 8 |
| 26 | 2 | 火 | 윤10 | 壬戌 | 2 | 9 |
| 27 | 3 | 水 | 윤11 | 癸亥 | 1 | 9 |
| 28 | 4 | 木 | 윤12 | 甲子 | 1 | 9 |
| 29 | 5 | 金 | 윤13 | 乙丑 | 1 | 10 |
| 30 | 6 | 土 | 윤14 | 丙寅 | 1 | 10 |
| 31 | | | | | | |

▶윤달-6월

# 庚子年

| 절기후날수 | 입추절(甲申月) 立秋 8월7일 22시0분 處暑 8월23일 12시34분 | | | | | 백로절(乙酉月) 白露 9월8일 0시45분 秋分 9월23일 9시59분 | | | | | 한로절(丙戌月) 寒露 10월8일 16시9분 霜降 10월23일 19시2분 | | | | | 입동절(丁亥月) 立冬 11월7일 19시2분 小雪 11월22일 16시18분 | | | | | 대설절(戊子月) 大雪 12월7일 11시38분 冬至 12월22일 5시26분 | | | | | 소한절(己丑月) 小寒 1월5일 22시43분 大寒 1월20일 16시1분 | | | | |
|---|---|---|---|---|---|---|---|---|---|---|---|---|---|---|---|---|---|---|---|---|---|---|---|---|---|---|---|---|---|---|
| | 양력 | 요일 | 음력 | 일진 | 大運 남·여 | 양력 | 요일 | 음력 | 일진 | 大運 남·여 | 양력 | 요일 | 음력 | 일진 | 大運 남·여 | 양력 | 요일 | 음력 | 일진 | 大運 남·여 | 양력 | 요일 | 음력 | 일진 | 大運 남·여 | 양력 | 요일 | 음력 | 일진 | 大運 남·여 |
| 0 | 8/7 | 日 | 윤15 | 丁卯 | 입추 | 9/8 | 木 | 18 | 己亥 | 백로 | 10/8 | 土 | 18 | 己巳 | 한로 | 11/7 | 月 | 19 | 己亥 | 입동 | 12/7 | 水 | 19 | 己巳 | 대설 | 1/5 | 木 | 19 | 戊戌 | 소한 |
| 1 | 8 | 月 | 윤16 | 戊辰 | 10·1 | 9 | 金 | 19 | 庚子 | 10·1 | 9 | 日 | 19 | 庚午 | 10·1 | 8 | 火 | 20 | 庚子 | 10·1 | 8 | 木 | 20 | 庚午 | 9·1 | 6 | 金 | 20 | 己亥 | 10·1 |
| 2 | 9 | 火 | 윤17 | 己巳 | 10·1 | 10 | 土 | 20 | 辛丑 | 9·1 | 10 | 月 | 20 | 辛未 | 9·1 | 9 | 水 | 21 | 辛丑 | 9·1 | 9 | 金 | 21 | 辛未 | 9·1 | 7 | 土 | 21 | 庚子 | 9·1 |
| 3 | 10 | 水 | 윤18 | 庚午 | 10·1 | 11 | 日 | 21 | 壬寅 | 9·1 | 11 | 火 | 21 | 壬申 | 9·1 | 10 | 木 | 22 | 壬寅 | 9·1 | 10 | 土 | 22 | 壬申 | 9·1 | 8 | 日 | 22 | 辛丑 | 9·1 |
| 4 | 11 | 木 | 윤19 | 辛未 | 9·1 | 12 | 月 | 22 | 癸卯 | 9·1 | 12 | 水 | 22 | 癸酉 | 9·1 | 11 | 金 | 23 | 癸卯 | 9·1 | 11 | 日 | 23 | 癸酉 | 8·1 | 9 | 月 | 23 | 壬寅 | 9·1 |
| 5 | 12 | 金 | 윤20 | 壬申 | 9·2 | 13 | 火 | 23 | 甲辰 | 8·2 | 13 | 木 | 23 | 甲戌 | 8·2 | 12 | 土 | 24 | 甲辰 | 8·2 | 12 | 月 | 24 | 甲戌 | 8·2 | 10 | 火 | 24 | 癸卯 | 8·2 |
| 6 | 13 | 土 | 윤21 | 癸酉 | 9·2 | 14 | 水 | 24 | 乙巳 | 8·2 | 14 | 金 | 24 | 乙亥 | 8·2 | 13 | 日 | 25 | 乙巳 | 8·2 | 13 | 火 | 25 | 乙亥 | 8·2 | 11 | 水 | 25 | 甲辰 | 8·2 |
| 7 | 14 | 日 | 윤22 | 甲戌 | 8·2 | 15 | 木 | 25 | 丙午 | 8·2 | 15 | 土 | 25 | 丙子 | 8·2 | 14 | 月 | 26 | 丙午 | 8·2 | 14 | 水 | 26 | 丙子 | 7·2 | 12 | 木 | 26 | 乙巳 | 8·2 |
| 8 | 15 | 月 | 윤23 | 乙亥 | 8·3 | 16 | 金 | 26 | 丁未 | 7·3 | 16 | 日 | 26 | 丁丑 | 7·3 | 15 | 火 | 27 | 丁未 | 7·3 | 15 | 木 | 27 | 丁丑 | 7·3 | 13 | 金 | 27 | 丙午 | 7·3 |
| 9 | 16 | 火 | 윤24 | 丙子 | 8·3 | 17 | 土 | 27 | 戊申 | 7·3 | 17 | 月 | 27 | 戊寅 | 7·3 | 16 | 水 | 28 | 戊申 | 7·3 | 16 | 金 | 28 | 戊寅 | 7·3 | 14 | 土 | 28 | 丁未 | 7·3 |
| 10 | 17 | 水 | 윤25 | 丁丑 | 7·3 | 18 | 日 | 28 | 己酉 | 7·3 | 18 | 火 | 28 | 己卯 | 7·3 | 17 | 木 | 29 | 己酉 | 7·3 | 17 | 土 | 29 | 己卯 | 6·3 | 15 | 日 | 29 | 戊申 | 7·3 |
| 11 | 18 | 木 | 윤26 | 戊寅 | 7·4 | 19 | 月 | 29 | 庚戌 | 6·4 | 19 | 水 | 29 | 庚辰 | 6·4 | 18 | 金 | 30 | 庚戌 | 6·4 | 18 | 日 | 11/1 | 庚辰 | 6·4 | 16 | 月 | 30 | 己酉 | 6·4 |
| 12 | 19 | 金 | 윤27 | 己卯 | 7·4 | 20 | 火 | 30 | 辛亥 | 6·4 | 20 | 木 | 9/1 | 辛巳 | 6·4 | 19 | 土 | 10/1 | 辛亥 | 6·4 | 19 | 月 | 2 | 辛巳 | 6·4 | 17 | 火 | 12/1 | 庚戌 | 6·4 |
| 13 | 20 | 土 | 윤28 | 庚辰 | 6·4 | 21 | 水 | 8/1 | 壬子 | 6·4 | 21 | 金 | 2 | 壬午 | 6·4 | 20 | 日 | 2 | 壬子 | 6·4 | 20 | 火 | 3 | 壬午 | 5·4 | 18 | 水 | 2 | 辛亥 | 6·4 |
| 14 | 21 | 日 | 윤29 | 辛巳 | 6·5 | 22 | 木 | 2 | 癸丑 | 5·5 | 22 | 土 | 3 | 癸未 | 5·5 | 21 | 月 | 3 | 癸丑 | 5·5 | 21 | 水 | 4 | 癸未 | 5·5 | 19 | 木 | 3 | 壬子 | 5·5 |
| 15 | 22 | 月 | 7/1 | 壬午 | 6·5 | 23 | 金 | 3 | 甲寅 | 추분 | 23 | 日 | 4 | 甲申 | 상강 | 22 | 火 | 4 | 甲寅 | 소설 | 22 | 木 | 5 | 甲申 | 동지 | 20 | 金 | 4 | 癸丑 | 대한 |
| 16 | 23 | 火 | 2 | 癸未 | 처서 | 24 | 土 | 4 | 乙卯 | 5·5 | 24 | 月 | 5 | 乙酉 | 5·5 | 23 | 水 | 5 | 乙卯 | 5·5 | 23 | 金 | 6 | 乙酉 | 4·5 | 21 | 土 | 5 | 甲寅 | 5·5 |
| 17 | 24 | 水 | 3 | 甲申 | 5·6 | 25 | 日 | 5 | 丙辰 | 4·6 | 25 | 火 | 6 | 丙戌 | 4·6 | 24 | 木 | 6 | 丙辰 | 4·6 | 24 | 土 | 7 | 丙戌 | 4·6 | 22 | 日 | 6 | 乙卯 | 4·6 |
| 18 | 25 | 木 | 4 | 乙酉 | 5·6 | 26 | 月 | 6 | 丁巳 | 4·6 | 26 | 水 | 7 | 丁亥 | 4·6 | 25 | 金 | 7 | 丁巳 | 4·6 | 25 | 日 | 8 | 丁亥 | 4·6 | 23 | 月 | 7 | 丙辰 | 4·6 |
| 19 | 26 | 金 | 5 | 丙戌 | 4·6 | 27 | 火 | 7 | 戊午 | 4·6 | 27 | 木 | 8 | 戊子 | 4·6 | 26 | 土 | 8 | 戊午 | 4·6 | 26 | 月 | 9 | 戊子 | 3·6 | 24 | 火 | 8 | 丁巳 | 4·6 |
| 20 | 27 | 土 | 6 | 丁亥 | 4·7 | 28 | 水 | 8 | 己未 | 3·7 | 28 | 金 | 9 | 己丑 | 3·7 | 27 | 日 | 9 | 己未 | 3·7 | 27 | 火 | 10 | 己丑 | 3·7 | 25 | 水 | 9 | 戊午 | 3·7 |
| 21 | 28 | 日 | 7 | 戊子 | 4·7 | 29 | 木 | 9 | 庚申 | 3·7 | 29 | 土 | 10 | 庚寅 | 3·7 | 28 | 月 | 10 | 庚申 | 3·7 | 28 | 水 | 11 | 庚寅 | 3·7 | 26 | 木 | 10 | 己未 | 3·7 |
| 22 | 29 | 月 | 8 | 己丑 | 3·7 | 30 | 金 | 10 | 辛酉 | 3·7 | 30 | 日 | 11 | 辛卯 | 3·7 | 29 | 火 | 11 | 辛酉 | 3·7 | 29 | 木 | 12 | 辛卯 | 2·7 | 27 | 金 | 11 | 庚申 | 3·7 |
| 23 | 30 | 火 | 9 | 庚寅 | 3·8 | 10/1 | 土 | 11 | 壬戌 | 2·8 | 31 | 月 | 12 | 壬辰 | 2·8 | 30 | 水 | 12 | 壬戌 | 2·8 | 30 | 金 | 13 | 壬辰 | 2·8 | 28 | 土 | 12 | 辛酉 | 2·8 |
| 24 | 31 | 水 | 10 | 辛卯 | 3·8 | 2 | 日 | 12 | 癸亥 | 2·8 | 11/1 | 火 | 13 | 癸巳 | 2·8 | 12/1 | 木 | 13 | 癸亥 | 2·8 | 31 | 土 | 14 | 癸巳 | 2·8 | 29 | 日 | 13 | 壬戌 | 2·8 |
| 25 | 9/1 | 木 | 11 | 壬辰 | 2·8 | 3 | 月 | 13 | 甲子 | 2·8 | 2 | 水 | 14 | 甲午 | 2·8 | 2 | 金 | 14 | 甲子 | 2·8 | 1/1 | 日 | 15 | 甲午 | 1·8 | 30 | 月 | 14 | 癸亥 | 2·8 |
| 26 | 2 | 金 | 12 | 癸巳 | 2·9 | 4 | 火 | 14 | 乙丑 | 1·9 | 3 | 木 | 15 | 乙未 | 1·9 | 3 | 土 | 15 | 乙丑 | 1·9 | 2 | 月 | 16 | 乙未 | 1·9 | 31 | 火 | 15 | 甲子 | 1·9 |
| 27 | 3 | 土 | 13 | 甲午 | 2·9 | 5 | 水 | 15 | 丙寅 | 1·9 | 4 | 金 | 16 | 丙申 | 1·9 | 4 | 日 | 16 | 丙寅 | 1·9 | 3 | 火 | 17 | 丙申 | 1·9 | 2/1 | 水 | 16 | 乙丑 | 1·9 |
| 28 | 4 | 日 | 14 | 乙未 | 1·9 | 6 | 木 | 16 | 丁卯 | 1·9 | 5 | 土 | 17 | 丁酉 | 1·9 | 5 | 月 | 17 | 丁卯 | 1·9 | 4 | 水 | 18 | 丁酉 | 1·9 | 2 | 木 | 17 | 丙寅 | 1·9 |
| 29 | 5 | 月 | 15 | 丙申 | 1·10 | 7 | 金 | 17 | 戊辰 | 1·10 | 6 | 日 | 18 | 戊戌 | 1·10 | 6 | 火 | 18 | 戊辰 | 1·10 | | | | | | 3 | 金 | 18 | 丁卯 | 1·10 |
| 30 | 6 | 火 | 16 | 丁酉 | 1·10 | | | | | | | | | | | | | | | | | | | | | | | | | |
| 31 | 7 | 水 | 17 | 戊戌 | 1·10 | | | | | | | | | | | | | | | | | | | | | | | | | |

# 서기 1961년 [단기 4294년]

| 절기후날수 | 입춘절(庚寅月) | | | | | 경칩절(辛卯月) | | | | | 청명절(壬辰月) | | | | |
|---|---|---|---|---|---|---|---|---|---|---|---|---|---|---|---|
| | 立春 2월4일 10시22분<br>雨水 2월19일 6시16분 | | | | | 驚蟄 3월6일 4시35분<br>春分 3월21일 5시32분 | | | | | 淸明 4월5일 9시42분<br>穀雨 4월20일 16시55분 | | | | |
| | 양력 | 요일 | 음력 | 일진 | 大運 남·여 | 양력 | 요일 | 음력 | 일진 | 大運 남·여 | 양력 | 요일 | 음력 | 일진 | 大運 남·여 |
| 0 | 2/4 | 土 | 19 | 戊辰 | 입춘 | 3/6 | 月 | 20 | 戊戌 | 경칩 | 4/5 | 水 | 20 | 戊辰 | 청명 |
| 1 | 5 | 日 | 20 | 己巳 | 1·10 | 7 | 火 | 21 | 己亥 | 1·10 | 6 | 木 | 21 | 己巳 | 1·10 |
| 2 | 6 | 月 | 21 | 庚午 | 1·9 | 8 | 水 | 22 | 庚子 | 1·9 | 7 | 金 | 22 | 庚午 | 1·10 |
| 3 | 7 | 火 | 22 | 辛未 | 1·9 | 9 | 木 | 23 | 辛丑 | 1·9 | 8 | 土 | 23 | 辛未 | 1·9 |
| 4 | 8 | 水 | 23 | 壬申 | 1·9 | 10 | 金 | 24 | 壬寅 | 1·9 | 9 | 日 | 24 | 壬申 | 1·9 |
| 5 | 9 | 木 | 24 | 癸酉 | 2·8 | 11 | 土 | 25 | 癸卯 | 2·8 | 10 | 月 | 25 | 癸酉 | 2·9 |
| 6 | 10 | 金 | 25 | 甲戌 | 2·8 | 12 | 日 | 26 | 甲辰 | 2·8 | 11 | 火 | 26 | 甲戌 | 2·8 |
| 7 | 11 | 土 | 26 | 乙亥 | 2·8 | 13 | 月 | 27 | 乙巳 | 2·8 | 12 | 水 | 27 | 乙亥 | 2·8 |
| 8 | 12 | 日 | 27 | 丙子 | 3·7 | 14 | 火 | 28 | 丙午 | 3·7 | 13 | 木 | 28 | 丙子 | 3·8 |
| 9 | 13 | 月 | 28 | 丁丑 | 3·7 | 15 | 水 | 29 | 丁未 | 3·7 | 14 | 金 | 29 | 丁丑 | 3·7 |
| 10 | 14 | 火 | 29 | 戊寅 | 3·7 | 16 | 木 | 30 | 戊申 | 3·7 | 15 | 土 | 3/1 | 戊寅 | 3·7 |
| 11 | 15 | 水 | 1/1 | 己卯 | 4·6 | 17 | 金 | 2/1 | 己酉 | 4·6 | 16 | 日 | 2 | 己卯 | 4·7 |
| 12 | 16 | 木 | 2 | 庚辰 | 4·6 | 18 | 土 | 2 | 庚戌 | 4·6 | 17 | 月 | 3 | 庚辰 | 4·6 |
| 13 | 17 | 金 | 3 | 辛巳 | 4·6 | 19 | 日 | 3 | 辛亥 | 4·6 | 18 | 火 | 4 | 辛巳 | 4·6 |
| 14 | 18 | 土 | 4 | 壬午 | 5·5 | 20 | 月 | 4 | 壬子 | 5·5 | 19 | 水 | 5 | 壬午 | 5·6 |
| 15 | 19 | 日 | 5 | 癸未 | 우수 | 21 | 火 | 5 | 癸丑 | 춘분 | 20 | 木 | 6 | 癸未 | 곡우 |
| 16 | 20 | 月 | 6 | 甲申 | 5·5 | 22 | 水 | 6 | 甲寅 | 5·5 | 21 | 金 | 7 | 甲申 | 5·5 |
| 17 | 21 | 火 | 7 | 乙酉 | 6·4 | 23 | 木 | 7 | 乙卯 | 6·4 | 22 | 土 | 8 | 乙酉 | 6·5 |
| 18 | 22 | 水 | 8 | 丙戌 | 6·4 | 24 | 金 | 8 | 丙辰 | 6·4 | 23 | 日 | 9 | 丙戌 | 6·4 |
| 19 | 23 | 木 | 9 | 丁亥 | 6·4 | 25 | 土 | 9 | 丁巳 | 6·4 | 24 | 月 | 10 | 丁亥 | 6·4 |
| 20 | 24 | 金 | 10 | 戊子 | 7·3 | 26 | 日 | 10 | 戊午 | 7·3 | 25 | 火 | 11 | 戊子 | 7·4 |
| 21 | 25 | 土 | 11 | 己丑 | 7·3 | 27 | 月 | 11 | 己未 | 7·3 | 26 | 水 | 12 | 己丑 | 7·3 |
| 22 | 26 | 日 | 12 | 庚寅 | 7·3 | 28 | 火 | 12 | 庚申 | 7·3 | 27 | 木 | 13 | 庚寅 | 7·3 |
| 23 | 27 | 月 | 13 | 辛卯 | 8·2 | 29 | 水 | 13 | 辛酉 | 8·2 | 28 | 金 | 14 | 辛卯 | 8·3 |
| 24 | 28 | 火 | 14 | 壬辰 | 8·2 | 30 | 木 | 14 | 壬戌 | 8·2 | 29 | 土 | 15 | 壬辰 | 8·2 |
| 25 | 3/1 | 水 | 15 | 癸巳 | 8·2 | 31 | 金 | 15 | 癸亥 | 8·2 | 30 | 日 | 16 | 癸巳 | 8·2 |
| 26 | 2 | 木 | 16 | 甲午 | 9·1 | 4/1 | 土 | 16 | 甲子 | 9·1 | 5/1 | 月 | 17 | 甲午 | 9·2 |
| 27 | 3 | 金 | 17 | 乙未 | 9·1 | 2 | 日 | 17 | 乙丑 | 9·1 | 2 | 火 | 18 | 乙未 | 9·1 |
| 28 | 4 | 土 | 18 | 丙申 | 9·1 | 3 | 月 | 18 | 丙寅 | 9·1 | 3 | 水 | 19 | 丙申 | 9·1 |
| 29 | 5 | 日 | 19 | 丁酉 | 10·1 | 4 | 火 | 19 | 丁卯 | 10·1 | 4 | 木 | 20 | 丁酉 | 10·1 |
| 30 | | | | | | | | | | | 5 | 金 | 21 | 戊戌 | 10·1 |
| 31 | | | | | | | | | | | | | | | |

| 절기후날수 | 입하절(癸巳月) | | | | | 망종절(甲午月) | | | | | 소서절(乙未月) | | | | |
|---|---|---|---|---|---|---|---|---|---|---|---|---|---|---|---|
| | 立夏 5월6일 3시21분<br>小滿 5월21일 16시22분 | | | | | 芒種 6월6일 7시46분<br>夏至 6월22일 0시30분 | | | | | 小暑 7월7일 18시7분<br>大暑 7월23일 11시24분 | | | | |
| | 양력 | 요일 | 음력 | 일진 | 大運 남·여 | 양력 | 요일 | 음력 | 일진 | 大運 남·여 | 양력 | 요일 | 음력 | 일진 | 大運 남·여 |
| 0 | 5/6 | 土 | 22 | 己亥 | 입하 | 6/6 | 火 | 23 | 庚午 | 망종 | 7/7 | 金 | 25 | 辛丑 | 소서 |
| 1 | 7 | 日 | 23 | 庚子 | 1·10 | 7 | 水 | 24 | 辛未 | 1·10 | 8 | 土 | 26 | 壬寅 | 1·10 |
| 2 | 8 | 月 | 24 | 辛丑 | 1·10 | 8 | 木 | 25 | 壬申 | 1·10 | 9 | 日 | 27 | 癸卯 | 1·10 |
| 3 | 9 | 火 | 25 | 壬寅 | 1·9 | 9 | 金 | 26 | 癸酉 | 1·9 | 10 | 月 | 28 | 甲辰 | 1·10 |
| 4 | 10 | 水 | 26 | 癸卯 | 1·9 | 10 | 土 | 27 | 甲戌 | 1·9 | 11 | 火 | 29 | 乙巳 | 1·9 |
| 5 | 11 | 木 | 27 | 甲辰 | 2·9 | 11 | 日 | 28 | 乙亥 | 2·9 | 12 | 水 | 30 | 丙午 | 2·9 |
| 6 | 12 | 金 | 28 | 乙巳 | 2·8 | 12 | 月 | 29 | 丙子 | 2·8 | 13 | 木 | 6/1 | 丁未 | 2·9 |
| 7 | 13 | 土 | 29 | 丙午 | 2·8 | 13 | 火 | 5/1 | 丁丑 | 2·8 | 14 | 金 | 2 | 戊申 | 2·8 |
| 8 | 14 | 日 | 30 | 丁未 | 3·8 | 14 | 水 | 2 | 戊寅 | 3·8 | 15 | 土 | 3 | 己酉 | 3·8 |
| 9 | 15 | 月 | 4/1 | 戊申 | 3·7 | 15 | 木 | 3 | 己卯 | 3·7 | 16 | 日 | 4 | 庚戌 | 3·8 |
| 10 | 16 | 火 | 2 | 己酉 | 3·7 | 16 | 金 | 4 | 庚辰 | 3·7 | 17 | 月 | 5 | 辛亥 | 3·7 |
| 11 | 17 | 水 | 3 | 庚戌 | 4·7 | 17 | 土 | 5 | 辛巳 | 4·7 | 18 | 火 | 6 | 壬子 | 4·7 |
| 12 | 18 | 木 | 4 | 辛亥 | 4·6 | 18 | 日 | 6 | 壬午 | 4·6 | 19 | 水 | 7 | 癸丑 | 4·7 |
| 13 | 19 | 金 | 5 | 壬子 | 4·6 | 19 | 月 | 7 | 癸未 | 4·6 | 20 | 木 | 8 | 甲寅 | 4·6 |
| 14 | 20 | 土 | 6 | 癸丑 | 5·6 | 20 | 火 | 8 | 甲申 | 5·6 | 21 | 金 | 9 | 乙卯 | 5·6 |
| 15 | 21 | 日 | 7 | 甲寅 | 소만 | 21 | 水 | 9 | 乙酉 | 5·5 | 22 | 土 | 10 | 丙辰 | 5·6 |
| 16 | 22 | 月 | 8 | 乙卯 | 5·5 | 22 | 木 | 10 | 丙戌 | 하지 | 23 | 日 | 11 | 丁巳 | 대서 |
| 17 | 23 | 火 | 9 | 丙辰 | 6·5 | 23 | 金 | 11 | 丁亥 | 6·5 | 24 | 月 | 12 | 戊午 | 6·5 |
| 18 | 24 | 水 | 10 | 丁巳 | 6·4 | 24 | 土 | 12 | 戊子 | 6·4 | 25 | 火 | 13 | 己未 | 6·5 |
| 19 | 25 | 木 | 11 | 戊午 | 6·4 | 25 | 日 | 13 | 己丑 | 6·4 | 26 | 水 | 14 | 庚申 | 6·4 |
| 20 | 26 | 金 | 12 | 己未 | 7·4 | 26 | 月 | 14 | 庚寅 | 7·4 | 27 | 木 | 15 | 辛酉 | 7·4 |
| 21 | 27 | 土 | 13 | 庚申 | 7·3 | 27 | 火 | 15 | 辛卯 | 7·3 | 28 | 金 | 16 | 壬戌 | 7·4 |
| 22 | 28 | 日 | 14 | 辛酉 | 7·3 | 28 | 水 | 16 | 壬辰 | 7·3 | 29 | 土 | 17 | 癸亥 | 7·3 |
| 23 | 29 | 月 | 15 | 壬戌 | 8·3 | 29 | 木 | 17 | 癸巳 | 8·3 | 30 | 日 | 18 | 甲子 | 8·3 |
| 24 | 30 | 火 | 16 | 癸亥 | 8·2 | 30 | 金 | 18 | 甲午 | 8·2 | 31 | 月 | 19 | 乙丑 | 8·3 |
| 25 | 31 | 水 | 17 | 甲子 | 8·2 | 7/1 | 土 | 19 | 乙未 | 8·2 | 8/1 | 火 | 20 | 丙寅 | 8·2 |
| 26 | 6/1 | 木 | 18 | 乙丑 | 9·2 | 2 | 日 | 20 | 丙申 | 9·2 | 2 | 水 | 21 | 丁卯 | 9·2 |
| 27 | 2 | 金 | 19 | 丙寅 | 9·1 | 3 | 月 | 21 | 丁酉 | 9·1 | 3 | 木 | 22 | 戊辰 | 9·2 |
| 28 | 3 | 土 | 20 | 丁卯 | 9·1 | 4 | 火 | 22 | 戊戌 | 9·1 | 4 | 金 | 23 | 己巳 | 9·1 |
| 29 | 4 | 日 | 21 | 戊辰 | 10·1 | 5 | 水 | 23 | 己亥 | 10·1 | 5 | 土 | 24 | 庚午 | 10·1 |
| 30 | 5 | 月 | 22 | 己巳 | 10·1 | 6 | 木 | 24 | 庚子 | 10·1 | 6 | 日 | 25 | 辛未 | 10·1 |
| 31 | | | | | | | | | | | 7 | 月 | 26 | 壬申 | 10·1 |

# 辛丑年

| 절기후날수 | 입추절(丙申月) 立秋 8월8일 3시48분 處暑 8월23일 18시19분 | | | | | 백로절(丁酉月) 白露 9월8일 6시29분 秋分 9월23일 15시42분 | | | | | 한로절(戊戌月) 寒露 10월8일 21시51분 霜降 10월24일 0시47분 | | | | |
|---|---|---|---|---|---|---|---|---|---|---|---|---|---|---|---|
| | 양력 | 요일 | 음력 | 일진 | 大運 남·여 | 양력 | 요일 | 음력 | 일진 | 大運 남·여 | 양력 | 요일 | 음력 | 일진 | 大運 남·여 |
| 0 | 8/8 | 火 | 27 | 癸酉 | 입추 | 9/8 | 金 | 29 | 甲辰 | 백로 | 10/8 | 日 | 29 | 甲戌 | 한로 |
| 1 | 9 | 水 | 28 | 甲戌 | 1·10 | 9 | 土 | 30 | 乙巳 | 1·10 | 9 | 月 | 30 | 乙亥 | 1·10 |
| 2 | 10 | 木 | 29 | 乙亥 | 1·10 | 10 | 日 | 8/1 | 丙午 | 1·9 | 10 | 火 | 9/1 | 丙子 | 1·10 |
| 3 | 11 | 金 | 7/1 | 丙子 | 1·9 | 11 | 月 | 2 | 丁未 | 1·9 | 11 | 水 | 2 | 丁丑 | 1·9 |
| 4 | 12 | 土 | 2 | 丁丑 | 1·9 | 12 | 火 | 3 | 戊申 | 1·9 | 12 | 木 | 3 | 戊寅 | 1·9 |
| 5 | 13 | 日 | 3 | 戊寅 | 2·9 | 13 | 水 | 4 | 己酉 | 2·8 | 13 | 金 | 4 | 己卯 | 2·9 |
| 6 | 14 | 月 | 4 | 己卯 | 2·8 | 14 | 木 | 5 | 庚戌 | 2·8 | 14 | 土 | 5 | 庚辰 | 2·8 |
| 7 | 15 | 火 | 5 | 庚辰 | 2·8 | 15 | 金 | 6 | 辛亥 | 2·8 | 15 | 日 | 6 | 辛巳 | 2·8 |
| 8 | 16 | 水 | 6 | 辛巳 | 3·8 | 16 | 土 | 7 | 壬子 | 3·7 | 16 | 月 | 7 | 壬午 | 3·8 |
| 9 | 17 | 木 | 7 | 壬午 | 3·7 | 17 | 日 | 8 | 癸丑 | 3·7 | 17 | 火 | 8 | 癸未 | 3·7 |
| 10 | 18 | 金 | 8 | 癸未 | 3·7 | 18 | 月 | 9 | 甲寅 | 3·7 | 18 | 水 | 9 | 甲申 | 3·7 |
| 11 | 19 | 土 | 9 | 甲申 | 4·7 | 19 | 火 | 10 | 乙卯 | 4·6 | 19 | 木 | 10 | 乙酉 | 4·7 |
| 12 | 20 | 日 | 10 | 乙酉 | 4·6 | 20 | 水 | 11 | 丙辰 | 4·6 | 20 | 金 | 11 | 丙戌 | 4·6 |
| 13 | 21 | 月 | 11 | 丙戌 | 4·6 | 21 | 木 | 12 | 丁巳 | 4·6 | 21 | 土 | 12 | 丁亥 | 4·6 |
| 14 | 22 | 火 | 12 | 丁亥 | 5·6 | 22 | 金 | 13 | 戊午 | 5·5 | 22 | 日 | 13 | 戊子 | 5·6 |
| 15 | 23 | 水 | 13 | 戊子 | 처서 | 23 | 土 | 14 | 己未 | 추분 | 23 | 月 | 14 | 己丑 | 5·5 |
| 16 | 24 | 木 | 14 | 己丑 | 5·5 | 24 | 日 | 15 | 庚申 | 5·5 | 24 | 火 | 15 | 庚寅 | 상강 |
| 17 | 25 | 金 | 15 | 庚寅 | 6·5 | 25 | 月 | 16 | 辛酉 | 6·4 | 25 | 水 | 16 | 辛卯 | 6·5 |
| 18 | 26 | 土 | 16 | 辛卯 | 6·4 | 26 | 火 | 17 | 壬戌 | 6·4 | 26 | 木 | 17 | 壬辰 | 6·4 |
| 19 | 27 | 日 | 17 | 壬辰 | 6·4 | 27 | 水 | 18 | 癸亥 | 6·4 | 27 | 金 | 18 | 癸巳 | 6·4 |
| 20 | 28 | 月 | 18 | 癸巳 | 7·4 | 28 | 木 | 19 | 甲子 | 7·3 | 28 | 土 | 19 | 甲午 | 7·4 |
| 21 | 29 | 火 | 19 | 甲午 | 7·3 | 29 | 金 | 20 | 乙丑 | 7·3 | 29 | 日 | 20 | 乙未 | 7·3 |
| 22 | 30 | 水 | 20 | 乙未 | 7·3 | 30 | 土 | 21 | 丙寅 | 7·3 | 30 | 月 | 21 | 丙申 | 7·3 |
| 23 | 31 | 木 | 21 | 丙申 | 8·3 | 10/1 | 日 | 22 | 丁卯 | 8·2 | 31 | 火 | 22 | 丁酉 | 8·3 |
| 24 | 9/1 | 金 | 22 | 丁酉 | 8·2 | 2 | 月 | 23 | 戊辰 | 8·2 | 11/1 | 水 | 23 | 戊戌 | 8·2 |
| 25 | 2 | 土 | 23 | 戊戌 | 8·2 | 3 | 火 | 24 | 己巳 | 8·2 | 2 | 木 | 24 | 己亥 | 8·2 |
| 26 | 3 | 日 | 24 | 己亥 | 9·2 | 4 | 水 | 25 | 庚午 | 9·1 | 3 | 金 | 25 | 庚子 | 9·2 |
| 27 | 4 | 月 | 25 | 庚子 | 9·1 | 5 | 木 | 26 | 辛未 | 9·1 | 4 | 土 | 26 | 辛丑 | 9·1 |
| 28 | 5 | 火 | 26 | 辛丑 | 9·1 | 6 | 金 | 27 | 壬申 | 9·1 | 5 | 日 | 27 | 壬寅 | 9·1 |
| 29 | 6 | 水 | 27 | 壬寅 | 10·1 | 7 | 土 | 28 | 癸酉 | 10·1 | 6 | 月 | 28 | 癸卯 | 10·1 |
| 30 | 7 | 木 | 28 | 癸卯 | 10·1 | | | | | | 7 | 火 | 29 | 甲辰 | 10·1 |
| 31 | | | | | | | | | | | | | | | |

| 절기후날수 | 입동절(己亥月) 立冬 11월8일 0시46분 小雪 11월22일 22시8분 | | | | | 대설절(庚子月) 大雪 12월7일 17시26분 冬至 12월22일 11시19분 | | | | | 소한절(辛丑月) 小寒 1월6일 4시35분 大寒 1월20일 21시58분 | | | | |
|---|---|---|---|---|---|---|---|---|---|---|---|---|---|---|---|
| | 양력 | 요일 | 음력 | 일진 | 大運 남·여 | 양력 | 요일 | 음력 | 일진 | 大運 남·여 | 양력 | 요일 | 음력 | 일진 | 大運 남·여 |
| 0 | 11/8 | 水 | 10/1 | 乙巳 | 입동 | 12/7 | 木 | 30 | 甲戌 | 대설 | 1/6 | 土 | 12/1 | 甲辰 | 소한 |
| 1 | 9 | 木 | 2 | 丙午 | 1·9 | 8 | 金 | 11/1 | 乙亥 | 1·10 | 7 | 日 | 2 | 乙巳 | 1·9 |
| 2 | 10 | 金 | 3 | 丁未 | 1·9 | 9 | 土 | 2 | 丙子 | 1·9 | 8 | 月 | 3 | 丙午 | 1·9 |
| 3 | 11 | 土 | 4 | 戊申 | 1·9 | 10 | 日 | 3 | 丁丑 | 1·9 | 9 | 火 | 4 | 丁未 | 1·9 |
| 4 | 12 | 日 | 5 | 己酉 | 1·8 | 11 | 月 | 4 | 戊寅 | 1·9 | 10 | 水 | 5 | 戊申 | 1·8 |
| 5 | 13 | 月 | 6 | 庚戌 | 2·8 | 12 | 火 | 5 | 己卯 | 2·8 | 11 | 木 | 6 | 己酉 | 2·8 |
| 6 | 14 | 火 | 7 | 辛亥 | 2·8 | 13 | 水 | 6 | 庚辰 | 2·8 | 12 | 金 | 7 | 庚戌 | 2·8 |
| 7 | 15 | 水 | 8 | 壬子 | 2·7 | 14 | 木 | 7 | 辛巳 | 2·8 | 13 | 土 | 8 | 辛亥 | 2·7 |
| 8 | 16 | 木 | 9 | 癸丑 | 3·7 | 15 | 金 | 8 | 壬午 | 3·7 | 14 | 日 | 9 | 壬子 | 3·7 |
| 9 | 17 | 金 | 10 | 甲寅 | 3·7 | 16 | 土 | 9 | 癸未 | 3·7 | 15 | 月 | 10 | 癸丑 | 3·7 |
| 10 | 18 | 土 | 11 | 乙卯 | 3·6 | 17 | 日 | 10 | 甲申 | 3·7 | 16 | 火 | 11 | 甲寅 | 3·6 |
| 11 | 19 | 日 | 12 | 丙辰 | 4·6 | 18 | 月 | 11 | 乙酉 | 4·6 | 17 | 水 | 12 | 乙卯 | 4·6 |
| 12 | 20 | 月 | 13 | 丁巳 | 4·6 | 19 | 火 | 12 | 丙戌 | 4·6 | 18 | 木 | 13 | 丙辰 | 4·6 |
| 13 | 21 | 火 | 14 | 戊午 | 4·5 | 20 | 水 | 13 | 丁亥 | 4·6 | 19 | 金 | 14 | 丁巳 | 4·5 |
| 14 | 22 | 水 | 15 | 己未 | 소설 | 21 | 木 | 14 | 戊子 | 5·5 | 20 | 土 | 15 | 戊午 | 대한 |
| 15 | 23 | 木 | 16 | 庚申 | 5·5 | 22 | 金 | 15 | 己丑 | 동지 | 21 | 日 | 16 | 己未 | 5·5 |
| 16 | 24 | 金 | 17 | 辛酉 | 5·4 | 23 | 土 | 16 | 庚寅 | 5·5 | 22 | 月 | 17 | 庚申 | 5·4 |
| 17 | 25 | 土 | 18 | 壬戌 | 6·4 | 24 | 日 | 17 | 辛卯 | 6·4 | 23 | 火 | 18 | 辛酉 | 6·4 |
| 18 | 26 | 日 | 19 | 癸亥 | 6·4 | 25 | 月 | 18 | 壬辰 | 6·4 | 24 | 水 | 19 | 壬戌 | 6·4 |
| 19 | 27 | 月 | 20 | 甲子 | 6·3 | 26 | 火 | 19 | 癸巳 | 6·4 | 25 | 木 | 20 | 癸亥 | 6·3 |
| 20 | 28 | 火 | 21 | 乙丑 | 7·3 | 27 | 水 | 20 | 甲午 | 7·3 | 26 | 金 | 21 | 甲子 | 7·3 |
| 21 | 29 | 水 | 22 | 丙寅 | 7·3 | 28 | 木 | 21 | 乙未 | 7·3 | 27 | 土 | 22 | 乙丑 | 7·3 |
| 22 | 30 | 木 | 23 | 丁卯 | 7·2 | 29 | 金 | 22 | 丙申 | 7·3 | 28 | 日 | 23 | 丙寅 | 7·2 |
| 23 | 12/1 | 金 | 24 | 戊辰 | 8·2 | 30 | 土 | 23 | 丁酉 | 8·2 | 29 | 月 | 24 | 丁卯 | 8·2 |
| 24 | 2 | 土 | 25 | 己巳 | 8·2 | 31 | 日 | 24 | 戊戌 | 8·2 | 30 | 火 | 25 | 戊辰 | 8·2 |
| 25 | 3 | 日 | 26 | 庚午 | 8·1 | 1/1 | 月 | 25 | 己亥 | 8·2 | 31 | 水 | 26 | 己巳 | 8·1 |
| 26 | 4 | 月 | 27 | 辛未 | 9·1 | 2 | 火 | 26 | 庚子 | 9·1 | 2/1 | 木 | 27 | 庚午 | 9·1 |
| 27 | 5 | 火 | 28 | 壬申 | 9·1 | 3 | 水 | 27 | 辛丑 | 9·1 | 2 | 金 | 28 | 辛未 | 9·1 |
| 28 | 6 | 水 | 29 | 癸酉 | 9·1 | 4 | 木 | 28 | 壬寅 | 9·1 | 3 | 土 | 29 | 壬申 | 9·1 |
| 29 | | | | | | 5 | 金 | 29 | 癸卯 | 10·1 | | | | | |
| 30 | | | | | | | | | | | | | | | |
| 31 | | | | | | | | | | | | | | | |

# 서기 1962년 [단기 4295년]

| 절기후날수 | 입춘절(壬寅月) 立春 2월4일 16시17분 雨水 2월19일 12시15분 | | | | | | 경칩절(癸卯月) 驚蟄 3월6일 10시30분 春分 3월21일 11시30분 | | | | | | 청명절(甲辰月) 淸明 4월5일 15시34분 穀雨 4월20일 22시51분 | | | | | |
|---|---|---|---|---|---|---|---|---|---|---|---|---|---|---|---|---|---|---|
| | 양력 | 요일 | 음력 | 일진 | 大運 남 | 大運 여 | 양력 | 요일 | 음력 | 일진 | 大運 남 | 大運 여 | 양력 | 요일 | 음력 | 일진 | 大運 남 | 大運 여 |
| 0 | 2/4 | 日 | 30 | 癸酉 | 입춘 | | 3/6 | 火 | 2/1 | 癸卯 | 경칩 | | 4/5 | 木 | 3/1 | 癸酉 | 청명 | |
| 1 | 5 | 月 | 1/1 | 甲戌 | 10 | 1 | 7 | 水 | 2 | 甲辰 | 10 | 1 | 6 | 金 | 2 | 甲戌 | 10 | 1 |
| 2 | 6 | 火 | 2 | 乙亥 | 9 | 1 | 8 | 木 | 3 | 乙巳 | 9 | 1 | 7 | 土 | 3 | 乙亥 | 10 | 1 |
| 3 | 7 | 水 | 3 | 丙子 | 9 | 1 | 9 | 金 | 4 | 丙午 | 9 | 1 | 8 | 日 | 4 | 丙子 | 9 | 1 |
| 4 | 8 | 木 | 4 | 丁丑 | 9 | 1 | 10 | 土 | 5 | 丁未 | 9 | 1 | 9 | 月 | 5 | 丁丑 | 9 | 1 |
| 5 | 9 | 金 | 5 | 戊寅 | 8 | 2 | 11 | 日 | 6 | 戊申 | 8 | 2 | 10 | 火 | 6 | 戊寅 | 9 | 2 |
| 6 | 10 | 土 | 6 | 己卯 | 8 | 2 | 12 | 月 | 7 | 己酉 | 8 | 2 | 11 | 水 | 7 | 己卯 | 8 | 2 |
| 7 | 11 | 日 | 7 | 庚辰 | 8 | 2 | 13 | 火 | 8 | 庚戌 | 8 | 2 | 12 | 木 | 8 | 庚辰 | 8 | 2 |
| 8 | 12 | 月 | 8 | 辛巳 | 7 | 3 | 14 | 水 | 9 | 辛亥 | 7 | 3 | 13 | 金 | 9 | 辛巳 | 8 | 3 |
| 9 | 13 | 火 | 9 | 壬午 | 7 | 3 | 15 | 木 | 10 | 壬子 | 7 | 3 | 14 | 土 | 10 | 壬午 | 7 | 3 |
| 10 | 14 | 水 | 10 | 癸未 | 7 | 3 | 16 | 金 | 11 | 癸丑 | 7 | 3 | 15 | 日 | 11 | 癸未 | 7 | 3 |
| 11 | 15 | 木 | 11 | 甲申 | 6 | 4 | 17 | 土 | 12 | 甲寅 | 6 | 4 | 16 | 月 | 12 | 甲申 | 7 | 4 |
| 12 | 16 | 金 | 12 | 乙酉 | 6 | 4 | 18 | 日 | 13 | 乙卯 | 6 | 4 | 17 | 火 | 13 | 乙酉 | 6 | 4 |
| 13 | 17 | 土 | 13 | 丙戌 | 6 | 4 | 19 | 月 | 14 | 丙辰 | 6 | 4 | 18 | 水 | 14 | 丙戌 | 6 | 4 |
| 14 | 18 | 日 | 14 | 丁亥 | 5 | 5 | 20 | 火 | 15 | 丁巳 | 5 | 5 | 19 | 木 | 15 | 丁亥 | 6 | 5 |
| 15 | 19 | 月 | 15 | 戊子 | 우수 | | 21 | 水 | 16 | 戊午 | 춘분 | | 20 | 金 | 16 | 戊子 | 곡우 | |
| 16 | 20 | 火 | 16 | 己丑 | 5 | 5 | 22 | 木 | 17 | 己未 | 5 | 5 | 21 | 土 | 17 | 己丑 | 5 | 5 |
| 17 | 21 | 水 | 17 | 庚寅 | 4 | 6 | 23 | 金 | 18 | 庚申 | 4 | 6 | 22 | 日 | 18 | 庚寅 | 5 | 6 |
| 18 | 22 | 木 | 18 | 辛卯 | 4 | 6 | 24 | 土 | 19 | 辛酉 | 4 | 6 | 23 | 月 | 19 | 辛卯 | 4 | 6 |
| 19 | 23 | 金 | 19 | 壬辰 | 4 | 6 | 25 | 日 | 20 | 壬戌 | 4 | 6 | 24 | 火 | 20 | 壬辰 | 4 | 6 |
| 20 | 24 | 土 | 20 | 癸巳 | 3 | 7 | 26 | 月 | 21 | 癸亥 | 3 | 7 | 25 | 水 | 21 | 癸巳 | 4 | 7 |
| 21 | 25 | 日 | 21 | 甲午 | 3 | 7 | 27 | 火 | 22 | 甲子 | 3 | 7 | 26 | 木 | 22 | 甲午 | 3 | 7 |
| 22 | 26 | 月 | 22 | 乙未 | 3 | 7 | 28 | 水 | 23 | 乙丑 | 3 | 7 | 27 | 金 | 23 | 乙未 | 3 | 7 |
| 23 | 27 | 火 | 23 | 丙申 | 2 | 8 | 29 | 木 | 24 | 丙寅 | 2 | 8 | 28 | 土 | 24 | 丙申 | 3 | 8 |
| 24 | 28 | 水 | 24 | 丁酉 | 2 | 8 | 30 | 金 | 25 | 丁卯 | 2 | 8 | 29 | 日 | 25 | 丁酉 | 2 | 8 |
| 25 | 3/1 | 木 | 25 | 戊戌 | 2 | 8 | 31 | 土 | 26 | 戊辰 | 2 | 8 | 30 | 月 | 26 | 戊戌 | 2 | 8 |
| 26 | 2 | 金 | 26 | 己亥 | 1 | 9 | 4/1 | 日 | 27 | 己巳 | 1 | 9 | 5/1 | 火 | 27 | 己亥 | 2 | 9 |
| 27 | 3 | 土 | 27 | 庚子 | 1 | 9 | 2 | 月 | 28 | 庚午 | 1 | 9 | 2 | 水 | 28 | 庚子 | 1 | 9 |
| 28 | 4 | 日 | 28 | 辛丑 | 1 | 9 | 3 | 火 | 29 | 辛未 | 1 | 9 | 3 | 木 | 29 | 辛丑 | 1 | 9 |
| 29 | 5 | 月 | 29 | 壬寅 | 1 | 10 | 4 | 水 | 30 | 壬申 | 1 | 10 | 4 | 金 | 4/1 | 壬寅 | 1 | 10 |
| 30 | | | | | | | | | | | | | 5 | 土 | 2 | 癸卯 | 1 | 10 |
| 31 | | | | | | | | | | | | | | | | | | |

| 절기후날수 | 입하절(乙巳月) 立夏 5월6일 9시10분 小滿 5월21일 22시17분 | | | | | | 망종절(丙午月) 芒種 6월6일 13시31분 夏至 6월22일 6시24분 | | | | | | 소서절(丁未月) 小暑 7월7일 23시51분 大暑 7월23일 17시18분 | | | | | |
|---|---|---|---|---|---|---|---|---|---|---|---|---|---|---|---|---|---|---|
| | 양력 | 요일 | 음력 | 일진 | 大運 남 | 大運 여 | 양력 | 요일 | 음력 | 일진 | 大運 남 | 大運 여 | 양력 | 요일 | 음력 | 일진 | 大運 남 | 大運 여 |
| 0 | 5/6 | 日 | 3 | 甲辰 | 입하 | | 6/6 | 水 | 5 | 乙亥 | 망종 | | 7/7 | 土 | 6 | 丙午 | 소서 | |
| 1 | 7 | 月 | 4 | 乙巳 | 10 | 1 | 7 | 木 | 6 | 丙子 | 10 | 1 | 8 | 日 | 7 | 丁未 | 10 | 1 |
| 2 | 8 | 火 | 5 | 丙午 | 10 | 1 | 8 | 金 | 7 | 丁丑 | 10 | 1 | 9 | 月 | 8 | 戊申 | 10 | 1 |
| 3 | 9 | 水 | 6 | 丁未 | 9 | 1 | 9 | 土 | 8 | 戊寅 | 9 | 1 | 10 | 火 | 9 | 己酉 | 10 | 1 |
| 4 | 10 | 木 | 7 | 戊申 | 9 | 1 | 10 | 日 | 9 | 己卯 | 9 | 1 | 11 | 水 | 10 | 庚戌 | 9 | 1 |
| 5 | 11 | 金 | 8 | 己酉 | 9 | 2 | 11 | 月 | 10 | 庚辰 | 9 | 2 | 12 | 木 | 11 | 辛亥 | 9 | 2 |
| 6 | 12 | 土 | 9 | 庚戌 | 8 | 2 | 12 | 火 | 11 | 辛巳 | 8 | 2 | 13 | 金 | 12 | 壬子 | 9 | 2 |
| 7 | 13 | 日 | 10 | 辛亥 | 8 | 2 | 13 | 水 | 12 | 壬午 | 8 | 2 | 14 | 土 | 13 | 癸丑 | 8 | 2 |
| 8 | 14 | 月 | 11 | 壬子 | 8 | 3 | 14 | 木 | 13 | 癸未 | 8 | 3 | 15 | 日 | 14 | 甲寅 | 8 | 3 |
| 9 | 15 | 火 | 12 | 癸丑 | 7 | 3 | 15 | 金 | 14 | 甲申 | 7 | 3 | 16 | 月 | 15 | 乙卯 | 8 | 3 |
| 10 | 16 | 水 | 13 | 甲寅 | 7 | 3 | 16 | 土 | 15 | 乙酉 | 7 | 3 | 17 | 火 | 16 | 丙辰 | 7 | 3 |
| 11 | 17 | 木 | 14 | 乙卯 | 7 | 4 | 17 | 日 | 16 | 丙戌 | 7 | 4 | 18 | 水 | 17 | 丁巳 | 7 | 4 |
| 12 | 18 | 金 | 15 | 丙辰 | 6 | 4 | 18 | 月 | 17 | 丁亥 | 6 | 4 | 19 | 木 | 18 | 戊午 | 7 | 4 |
| 13 | 19 | 土 | 16 | 丁巳 | 6 | 4 | 19 | 火 | 18 | 戊子 | 6 | 4 | 20 | 金 | 19 | 己未 | 6 | 4 |
| 14 | 20 | 日 | 17 | 戊午 | 6 | 5 | 20 | 水 | 19 | 己丑 | 6 | 5 | 21 | 土 | 20 | 庚申 | 6 | 5 |
| 15 | 21 | 月 | 18 | 己未 | 소만 | | 21 | 木 | 20 | 庚寅 | 5 | 5 | 22 | 日 | 21 | 辛酉 | 6 | 5 |
| 16 | 22 | 火 | 19 | 庚申 | 5 | 5 | 22 | 金 | 21 | 辛卯 | 하지 | | 23 | 月 | 22 | 壬戌 | 대서 | |
| 17 | 23 | 水 | 20 | 辛酉 | 5 | 6 | 23 | 土 | 22 | 壬辰 | 5 | 6 | 24 | 火 | 23 | 癸亥 | 5 | 6 |
| 18 | 24 | 木 | 21 | 壬戌 | 4 | 6 | 24 | 日 | 23 | 癸巳 | 4 | 6 | 25 | 水 | 24 | 甲子 | 5 | 6 |
| 19 | 25 | 金 | 22 | 癸亥 | 4 | 6 | 25 | 月 | 24 | 甲午 | 4 | 6 | 26 | 木 | 25 | 乙丑 | 4 | 6 |
| 20 | 26 | 土 | 23 | 甲子 | 4 | 7 | 26 | 火 | 25 | 乙未 | 4 | 7 | 27 | 金 | 26 | 丙寅 | 4 | 7 |
| 21 | 27 | 日 | 24 | 乙丑 | 3 | 7 | 27 | 水 | 26 | 丙申 | 3 | 7 | 28 | 土 | 27 | 丁卯 | 4 | 7 |
| 22 | 28 | 月 | 25 | 丙寅 | 3 | 7 | 28 | 木 | 27 | 丁酉 | 3 | 7 | 29 | 日 | 28 | 戊辰 | 3 | 7 |
| 23 | 29 | 火 | 26 | 丁卯 | 3 | 8 | 29 | 金 | 28 | 戊戌 | 3 | 8 | 30 | 月 | 29 | 己巳 | 3 | 8 |
| 24 | 30 | 水 | 27 | 戊辰 | 2 | 8 | 30 | 土 | 29 | 己亥 | 2 | 8 | 31 | 火 | 7/1 | 庚午 | 3 | 8 |
| 25 | 31 | 木 | 28 | 己巳 | 2 | 8 | 7/1 | 日 | 30 | 庚子 | 2 | 8 | 8/1 | 水 | 2 | 辛未 | 2 | 8 |
| 26 | 6/1 | 金 | 29 | 庚午 | 2 | 9 | 2 | 月 | 6/1 | 辛丑 | 2 | 9 | 2 | 木 | 3 | 壬申 | 2 | 9 |
| 27 | 2 | 土 | 5/1 | 辛未 | 1 | 9 | 3 | 火 | 2 | 壬寅 | 1 | 9 | 3 | 金 | 4 | 癸酉 | 2 | 9 |
| 28 | 3 | 日 | 2 | 壬申 | 1 | 9 | 4 | 水 | 3 | 癸卯 | 1 | 9 | 4 | 土 | 5 | 甲戌 | 1 | 9 |
| 29 | 4 | 月 | 3 | 癸酉 | 1 | 10 | 5 | 木 | 4 | 甲辰 | 1 | 10 | 5 | 日 | 6 | 乙亥 | 1 | 10 |
| 30 | 5 | 火 | 4 | 甲戌 | 1 | 10 | 6 | 金 | 5 | 乙巳 | 1 | 10 | 6 | 月 | 7 | 丙子 | 1 | 10 |
| 31 | | | | | | | | | | | | | 7 | 火 | 8 | 丁丑 | 1 | 10 |

# 壬寅年

| 절기후날수 | 입추절(戊申月) 立秋 8월8일 9시34분 處暑 8월24일 0시12분 | | | | | 백로절(己酉月) 白露 9월8일 12시15분 秋分 9월23일 21시35분 | | | | | 한로절(庚戌月) 寒露 10월9일 3시38분 霜降 10월24일 6시40분 | | | | |
|---|---|---|---|---|---|---|---|---|---|---|---|---|---|---|---|
| | 양력 | 요일 | 음력 | 일진 | 大運 남·여 | 양력 | 요일 | 음력 | 일진 | 大運 남·여 | 양력 | 요일 | 음력 | 일진 | 大運 남·여 |
| 0 | 8/8 | 水 | 9 | 戊寅 | 입추 | 9/8 | 土 | 10 | 己酉 | 백로 | 10/9 | 火 | 11 | 庚辰 | 한로 |
| 1 | 9 | 木 | 10 | 己卯 | 10·1 | 9 | 日 | 11 | 庚戌 | 10·1 | 10 | 水 | 12 | 辛巳 | 10·1 |
| 2 | 10 | 金 | 11 | 庚辰 | 10·1 | 10 | 月 | 12 | 辛亥 | 10·1 | 11 | 木 | 13 | 壬午 | 9·1 |
| 3 | 11 | 土 | 12 | 辛巳 | 9·1 | 11 | 火 | 13 | 壬子 | 9·1 | 12 | 金 | 14 | 癸未 | 9·1 |
| 4 | 12 | 日 | 13 | 壬午 | 9·1 | 12 | 水 | 14 | 癸丑 | 9·1 | 13 | 土 | 15 | 甲申 | 9·1 |
| 5 | 13 | 月 | 14 | 癸未 | 9·2 | 13 | 木 | 15 | 甲寅 | 9·2 | 14 | 日 | 16 | 乙酉 | 8·2 |
| 6 | 14 | 火 | 15 | 甲申 | 8·2 | 14 | 金 | 16 | 乙卯 | 8·2 | 15 | 月 | 17 | 丙戌 | 8·2 |
| 7 | 15 | 水 | 16 | 乙酉 | 8·2 | 15 | 土 | 17 | 丙辰 | 8·2 | 16 | 火 | 18 | 丁亥 | 8·2 |
| 8 | 16 | 木 | 17 | 丙戌 | 8·3 | 16 | 日 | 18 | 丁巳 | 8·3 | 17 | 水 | 19 | 戊子 | 7·3 |
| 9 | 17 | 金 | 18 | 丁亥 | 7·3 | 17 | 月 | 19 | 戊午 | 7·3 | 18 | 木 | 20 | 己丑 | 7·3 |
| 10 | 18 | 土 | 19 | 戊子 | 7·3 | 18 | 火 | 20 | 己未 | 7·3 | 19 | 金 | 21 | 庚寅 | 7·3 |
| 11 | 19 | 日 | 20 | 己丑 | 7·4 | 19 | 水 | 21 | 庚申 | 7·4 | 20 | 土 | 22 | 辛卯 | 6·4 |
| 12 | 20 | 月 | 21 | 庚寅 | 6·4 | 20 | 木 | 22 | 辛酉 | 6·4 | 21 | 日 | 23 | 壬辰 | 6·4 |
| 13 | 21 | 火 | 22 | 辛卯 | 6·4 | 21 | 金 | 23 | 壬戌 | 6·4 | 22 | 月 | 24 | 癸巳 | 6·4 |
| 14 | 22 | 水 | 23 | 壬辰 | 6·5 | 22 | 土 | 24 | 癸亥 | 6·5 | 23 | 火 | 25 | 甲午 | 5·5 |
| 15 | 23 | 木 | 24 | 癸巳 | 5·5 | 23 | 日 | 25 | 甲子 | 추분 | 24 | 水 | 26 | 乙未 | 상강 |
| 16 | 24 | 金 | 25 | 甲午 | 처서 | 24 | 月 | 26 | 乙丑 | 5·5 | 25 | 木 | 27 | 丙申 | 5·5 |
| 17 | 25 | 土 | 26 | 乙未 | 5·6 | 25 | 火 | 27 | 丙寅 | 5·6 | 26 | 金 | 28 | 丁酉 | 4·6 |
| 18 | 26 | 日 | 27 | 丙申 | 4·6 | 26 | 水 | 28 | 丁卯 | 4·6 | 27 | 土 | 29 | 戊戌 | 4·6 |
| 19 | 27 | 月 | 28 | 丁酉 | 4·6 | 27 | 木 | 29 | 戊辰 | 4·6 | 28 | 日 | 10/1 | 己亥 | 4·6 |
| 20 | 28 | 火 | 29 | 戊戌 | 4·7 | 28 | 金 | 30 | 己巳 | 4·7 | 29 | 月 | 2 | 庚子 | 3·7 |
| 21 | 29 | 水 | 30 | 己亥 | 3·7 | 29 | 土 | 9/1 | 庚午 | 3·7 | 30 | 火 | 3 | 辛丑 | 3·7 |
| 22 | 30 | 木 | 8/1 | 庚子 | 3·7 | 30 | 日 | 2 | 辛未 | 3·7 | 31 | 水 | 4 | 壬寅 | 3·7 |
| 23 | 31 | 金 | 2 | 辛丑 | 3·8 | 10/1 | 月 | 3 | 壬申 | 3·8 | 11/1 | 木 | 5 | 癸卯 | 2·8 |
| 24 | 9/1 | 土 | 3 | 壬寅 | 2·8 | 2 | 火 | 4 | 癸酉 | 2·8 | 2 | 金 | 6 | 甲辰 | 2·8 |
| 25 | 2 | 日 | 4 | 癸卯 | 2·8 | 3 | 水 | 5 | 甲戌 | 2·8 | 3 | 土 | 7 | 乙巳 | 2·8 |
| 26 | 3 | 月 | 5 | 甲辰 | 2·9 | 4 | 木 | 6 | 乙亥 | 2·9 | 4 | 日 | 8 | 丙午 | 1·9 |
| 27 | 4 | 火 | 6 | 乙巳 | 1·9 | 5 | 金 | 7 | 丙子 | 1·9 | 5 | 月 | 9 | 丁未 | 1·9 |
| 28 | 5 | 水 | 7 | 丙午 | 1·9 | 6 | 土 | 8 | 丁丑 | 1·9 | 6 | 火 | 10 | 戊申 | 1·9 |
| 29 | 6 | 木 | 8 | 丁未 | 1·10 | 7 | 日 | 9 | 戊寅 | 1·10 | 7 | 水 | 11 | 己酉 | 1·10 |
| 30 | 7 | 金 | 9 | 戊申 | 1·10 | 8 | 月 | 10 | 己卯 | 1·10 | | | | | |
| 31 | | | | | | | | | | | | | | | |

| 절기후날수 | 입동절(辛亥月) 立冬 11월8일 6시35분 小雪 11월23일 4시2분 | | | | | 대설절(壬子月) 大雪 12월7일 23시17분 冬至 12월22일 17시15분 | | | | | 소한절(癸丑月) 小寒 1월6일 10시26분 大寒 1월21일 3시54분 | | | | |
|---|---|---|---|---|---|---|---|---|---|---|---|---|---|---|---|
| | 양력 | 요일 | 음력 | 일진 | 大運 남·여 | 양력 | 요일 | 음력 | 일진 | 大運 남·여 | 양력 | 요일 | 음력 | 일진 | 大運 남·여 |
| 0 | 11/8 | 木 | 12 | 庚戌 | 입동 | 12/7 | 金 | 11 | 己卯 | 대설 | 1/6 | 日 | 11 | 己酉 | 소한 |
| 1 | 9 | 金 | 13 | 辛亥 | 9·1 | 8 | 土 | 12 | 庚辰 | 10·1 | 7 | 月 | 12 | 庚戌 | 9·1 |
| 2 | 10 | 土 | 14 | 壬子 | 9·1 | 9 | 日 | 13 | 辛巳 | 9·1 | 8 | 火 | 13 | 辛亥 | 9·1 |
| 3 | 11 | 日 | 15 | 癸丑 | 9·1 | 10 | 月 | 14 | 壬午 | 9·1 | 9 | 水 | 14 | 壬子 | 9·1 |
| 4 | 12 | 月 | 16 | 甲寅 | 8·1 | 11 | 火 | 15 | 癸未 | 9·1 | 10 | 木 | 15 | 癸丑 | 8·1 |
| 5 | 13 | 火 | 17 | 乙卯 | 8·2 | 12 | 水 | 16 | 甲申 | 8·2 | 11 | 金 | 16 | 甲寅 | 8·2 |
| 6 | 14 | 水 | 18 | 丙辰 | 8·2 | 13 | 木 | 17 | 乙酉 | 8·2 | 12 | 土 | 17 | 乙卯 | 8·2 |
| 7 | 15 | 木 | 19 | 丁巳 | 7·2 | 14 | 金 | 18 | 丙戌 | 8·2 | 13 | 日 | 18 | 丙辰 | 7·2 |
| 8 | 16 | 金 | 20 | 戊午 | 7·3 | 15 | 土 | 19 | 丁亥 | 7·3 | 14 | 月 | 19 | 丁巳 | 7·3 |
| 9 | 17 | 土 | 21 | 己未 | 7·3 | 16 | 日 | 20 | 戊子 | 7·3 | 15 | 火 | 20 | 戊午 | 7·3 |
| 10 | 18 | 日 | 22 | 庚申 | 6·3 | 17 | 月 | 21 | 己丑 | 7·3 | 16 | 水 | 21 | 己未 | 6·3 |
| 11 | 19 | 月 | 23 | 辛酉 | 6·4 | 18 | 火 | 22 | 庚寅 | 6·4 | 17 | 木 | 22 | 庚申 | 6·4 |
| 12 | 20 | 火 | 24 | 壬戌 | 6·4 | 19 | 水 | 23 | 辛卯 | 6·4 | 18 | 金 | 23 | 辛酉 | 6·4 |
| 13 | 21 | 水 | 25 | 癸亥 | 5·4 | 20 | 木 | 24 | 壬辰 | 6·4 | 19 | 土 | 24 | 壬戌 | 5·4 |
| 14 | 22 | 木 | 26 | 甲子 | 5·5 | 21 | 金 | 25 | 癸巳 | 5·5 | 20 | 日 | 25 | 癸亥 | 5·5 |
| 15 | 23 | 金 | 27 | 乙丑 | 소설 | 22 | 土 | 26 | 甲午 | 동지 | 21 | 月 | 26 | 甲子 | 대한 |
| 16 | 24 | 土 | 28 | 丙寅 | 4·5 | 23 | 日 | 27 | 乙未 | 5·5 | 22 | 火 | 27 | 乙丑 | 4·5 |
| 17 | 25 | 日 | 29 | 丁卯 | 4·6 | 24 | 月 | 28 | 丙申 | 4·6 | 23 | 水 | 28 | 丙寅 | 4·6 |
| 18 | 26 | 月 | 30 | 戊辰 | 4·6 | 25 | 火 | 29 | 丁酉 | 4·6 | 24 | 木 | 29 | 丁卯 | 4·6 |
| 19 | 27 | 火 | 11/1 | 己巳 | 3·6 | 26 | 水 | 30 | 戊戌 | 4·6 | 25 | 金 | 1/1 | 戊辰 | 3·6 |
| 20 | 28 | 水 | 2 | 庚午 | 3·7 | 27 | 木 | 12/1 | 己亥 | 3·7 | 26 | 土 | 2 | 己巳 | 3·7 |
| 21 | 29 | 木 | 3 | 辛未 | 3·7 | 28 | 金 | 2 | 庚子 | 3·7 | 27 | 日 | 3 | 庚午 | 3·7 |
| 22 | 30 | 金 | 4 | 壬申 | 2·7 | 29 | 土 | 3 | 辛丑 | 3·7 | 28 | 月 | 4 | 辛未 | 2·7 |
| 23 | 12/1 | 土 | 5 | 癸酉 | 2·8 | 30 | 日 | 4 | 壬寅 | 2·8 | 29 | 火 | 5 | 壬申 | 2·8 |
| 24 | 2 | 日 | 6 | 甲戌 | 2·8 | 31 | 月 | 5 | 癸卯 | 2·8 | 30 | 水 | 6 | 癸酉 | 2·8 |
| 25 | 3 | 月 | 7 | 乙亥 | 1·8 | 1/1 | 火 | 6 | 甲辰 | 2·8 | 31 | 木 | 7 | 甲戌 | 1·8 |
| 26 | 4 | 火 | 8 | 丙子 | 1·9 | 2 | 水 | 7 | 乙巳 | 1·9 | 2/1 | 金 | 8 | 乙亥 | 1·9 |
| 27 | 5 | 水 | 9 | 丁丑 | 1·9 | 3 | 木 | 8 | 丙午 | 1·9 | 2 | 土 | 9 | 丙子 | 1·9 |
| 28 | 6 | 木 | 10 | 戊寅 | 1·9 | 4 | 金 | 9 | 丁未 | 1·9 | 3 | 日 | 10 | 丁丑 | 1·9 |
| 29 | | | | | | 5 | 土 | 10 | 戊申 | 1·10 | | | | | |
| 30 | | | | | | | | | | | | | | | |
| 31 | | | | | | | | | | | | | | | |

# 서기 1963년 [단기 4296년]

| 절기후날수 | 입춘절(甲寅月)<br>立春 2월4일 22시8분<br>雨水 2월19일 18시9분 | | | | | 경칩절(乙卯月)<br>驚蟄 3월6일 16시17분<br>春分 3월21일 17시20분 | | | | | 청명절(丙辰月)<br>淸明 4월5일 21시19분<br>穀雨 4월21일 4시36분 | | | | |
|---|---|---|---|---|---|---|---|---|---|---|---|---|---|---|---|
| | 양력 | 요일 | 음력 | 일진 | 大運 남·여 | 양력 | 요일 | 음력 | 일진 | 大運 남·여 | 양력 | 요일 | 음력 | 일진 | 大運 남·여 |
| 0 | 2/4 | 月 | 11 | 戊寅 | 입춘 | 3/6 | 水 | 11 | 戊申 | 경칩 | 4/5 | 金 | 12 | 戊寅 | 청명 |
| 1 | 5 | 火 | 12 | 己卯 | 1·10 | 7 | 木 | 12 | 己酉 | 1·10 | 6 | 土 | 13 | 己卯 | 1·10 |
| 2 | 6 | 水 | 13 | 庚辰 | 1·9 | 8 | 金 | 13 | 庚戌 | 1·9 | 7 | 日 | 14 | 庚辰 | 1·10 |
| 3 | 7 | 木 | 14 | 辛巳 | 1·9 | 9 | 土 | 14 | 辛亥 | 1·9 | 8 | 月 | 15 | 辛巳 | 1·9 |
| 4 | 8 | 金 | 15 | 壬午 | 1·9 | 10 | 日 | 15 | 壬子 | 1·9 | 9 | 火 | 16 | 壬午 | 1·9 |
| 5 | 9 | 土 | 16 | 癸未 | 2·8 | 11 | 月 | 16 | 癸丑 | 2·8 | 10 | 水 | 17 | 癸未 | 2·9 |
| 6 | 10 | 日 | 17 | 甲申 | 2·8 | 12 | 火 | 17 | 甲寅 | 2·8 | 11 | 木 | 18 | 甲申 | 2·8 |
| 7 | 11 | 月 | 18 | 乙酉 | 2·8 | 13 | 水 | 18 | 乙卯 | 2·8 | 12 | 金 | 19 | 乙酉 | 2·8 |
| 8 | 12 | 火 | 19 | 丙戌 | 3·7 | 14 | 木 | 19 | 丙辰 | 3·7 | 13 | 土 | 20 | 丙戌 | 3·8 |
| 9 | 13 | 水 | 20 | 丁亥 | 3·7 | 15 | 金 | 20 | 丁巳 | 3·7 | 14 | 日 | 21 | 丁亥 | 3·7 |
| 10 | 14 | 木 | 21 | 戊子 | 3·7 | 16 | 土 | 21 | 戊午 | 3·7 | 15 | 月 | 22 | 戊子 | 3·7 |
| 11 | 15 | 金 | 22 | 己丑 | 4·6 | 17 | 日 | 22 | 己未 | 4·6 | 16 | 火 | 23 | 己丑 | 4·7 |
| 12 | 16 | 土 | 23 | 庚寅 | 4·6 | 18 | 月 | 23 | 庚申 | 4·6 | 17 | 水 | 24 | 庚寅 | 4·6 |
| 13 | 17 | 日 | 24 | 辛卯 | 4·6 | 19 | 火 | 24 | 辛酉 | 4·6 | 18 | 木 | 25 | 辛卯 | 4·6 |
| 14 | 18 | 月 | 25 | 壬辰 | 5·5 | 20 | 水 | 25 | 壬戌 | 5·5 | 19 | 金 | 26 | 壬辰 | 5·6 |
| 15 | 19 | 火 | 26 | 癸巳 | 우수 | 21 | 木 | 26 | 癸亥 | 춘분 | 20 | 土 | 27 | 癸巳 | 5·5 |
| 16 | 20 | 水 | 27 | 甲午 | 5·5 | 22 | 金 | 27 | 甲子 | 5·5 | 21 | 日 | 28 | 甲午 | 곡우 |
| 17 | 21 | 木 | 28 | 乙未 | 6·4 | 23 | 土 | 28 | 乙丑 | 6·4 | 22 | 月 | 29 | 乙未 | 6·5 |
| 18 | 22 | 金 | 29 | 丙申 | 6·4 | 24 | 日 | 29 | 丙寅 | 6·4 | 23 | 火 | 30 | 丙申 | 6·4 |
| 19 | 23 | 土 | 30 | 丁酉 | 6·4 | 25 | 月 | 3/1 | 丁卯 | 6·4 | 24 | 水 | 4/1 | 丁酉 | 6·4 |
| 20 | 24 | 日 | 12/1 | 戊戌 | 7·3 | 26 | 火 | 2 | 戊辰 | 7·3 | 25 | 木 | 2 | 戊戌 | 7·4 |
| 21 | 25 | 月 | 2 | 己亥 | 7·3 | 27 | 水 | 3 | 己巳 | 7·3 | 26 | 金 | 3 | 己亥 | 7·3 |
| 22 | 26 | 火 | 3 | 庚子 | 7·3 | 28 | 木 | 4 | 庚午 | 7·3 | 27 | 土 | 4 | 庚子 | 7·3 |
| 23 | 27 | 水 | 4 | 辛丑 | 8·2 | 29 | 金 | 5 | 辛未 | 8·2 | 28 | 日 | 5 | 辛丑 | 8·3 |
| 24 | 28 | 木 | 5 | 壬寅 | 8·2 | 30 | 土 | 6 | 壬申 | 8·2 | 29 | 月 | 6 | 壬寅 | 8·2 |
| 25 | 3/1 | 金 | 6 | 癸卯 | 8·2 | 31 | 日 | 7 | 癸酉 | 8·2 | 30 | 火 | 7 | 癸卯 | 8·2 |
| 26 | 2 | 土 | 7 | 甲辰 | 9·1 | 4/1 | 月 | 8 | 甲戌 | 9·1 | 5/1 | 水 | 8 | 甲辰 | 9·2 |
| 27 | 3 | 日 | 8 | 乙巳 | 9·1 | 2 | 火 | 9 | 乙亥 | 9·1 | 2 | 木 | 9 | 乙巳 | 9·1 |
| 28 | 4 | 月 | 9 | 丙午 | 9·1 | 3 | 水 | 10 | 丙子 | 9·1 | 3 | 金 | 10 | 丙午 | 9·1 |
| 29 | 5 | 火 | 10 | 丁未 | 10·1 | 4 | 木 | 11 | 丁丑 | 10·1 | 4 | 土 | 11 | 丁未 | 10·1 |
| 30 | | | | | | | | | | | 5 | 日 | 12 | 戊申 | 10·1 |
| 31 | | | | | | | | | | | | | | | |

| 절기후날수 | 입하절(丁巳月)<br>立夏 5월6일 14시52분<br>小滿 5월22일 3시58분 | | | | | 망종절(戊午月)<br>芒種 6월6일 19시14분<br>夏至 6월22일 12시4분 | | | | | 소서절(己未月)<br>小暑 7월8일 5시38분<br>大暑 7월23일 22시59분 | | | | |
|---|---|---|---|---|---|---|---|---|---|---|---|---|---|---|---|
| | 양력 | 요일 | 음력 | 일진 | 大運 남·여 | 양력 | 요일 | 음력 | 일진 | 大運 남·여 | 양력 | 요일 | 음력 | 일진 | 大運 남·여 |
| 0 | 5/6 | 月 | 13 | 己酉 | 입하 | 6/6 | 木 | 윤15 | 庚辰 | 망종 | 7/8 | 月 | 18 | 壬子 | 소서 |
| 1 | 7 | 火 | 14 | 庚戌 | 1·10 | 7 | 金 | 윤16 | 辛巳 | 1·10 | 9 | 火 | 19 | 癸丑 | 1·10 |
| 2 | 8 | 水 | 15 | 辛亥 | 1·10 | 8 | 土 | 윤17 | 壬午 | 1·10 | 10 | 水 | 20 | 甲寅 | 1·10 |
| 3 | 9 | 木 | 16 | 壬子 | 1·9 | 9 | 日 | 윤18 | 癸未 | 1·10 | 11 | 木 | 21 | 乙卯 | 1·9 |
| 4 | 10 | 金 | 17 | 癸丑 | 1·9 | 10 | 月 | 윤19 | 甲申 | 1·9 | 12 | 金 | 22 | 丙辰 | 1·9 |
| 5 | 11 | 土 | 18 | 甲寅 | 2·9 | 11 | 火 | 윤20 | 乙酉 | 2·9 | 13 | 土 | 23 | 丁巳 | 2·9 |
| 6 | 12 | 日 | 19 | 乙卯 | 2·8 | 12 | 水 | 윤21 | 丙戌 | 2·9 | 14 | 日 | 24 | 戊午 | 2·8 |
| 7 | 13 | 月 | 20 | 丙辰 | 2·8 | 13 | 木 | 윤22 | 丁亥 | 2·8 | 15 | 月 | 25 | 己未 | 2·8 |
| 8 | 14 | 火 | 21 | 丁巳 | 3·8 | 14 | 金 | 윤23 | 戊子 | 3·8 | 16 | 火 | 26 | 庚申 | 3·8 |
| 9 | 15 | 水 | 22 | 戊午 | 3·7 | 15 | 土 | 윤24 | 己丑 | 3·8 | 17 | 水 | 27 | 辛酉 | 3·7 |
| 10 | 16 | 木 | 23 | 己未 | 3·7 | 16 | 日 | 윤25 | 庚寅 | 3·7 | 18 | 木 | 28 | 壬戌 | 3·7 |
| 11 | 17 | 金 | 24 | 庚申 | 4·7 | 17 | 月 | 윤26 | 辛卯 | 4·7 | 19 | 金 | 29 | 癸亥 | 4·7 |
| 12 | 18 | 土 | 25 | 辛酉 | 4·6 | 18 | 火 | 윤27 | 壬辰 | 4·7 | 20 | 土 | 30 | 甲子 | 4·6 |
| 13 | 19 | 日 | 26 | 壬戌 | 4·6 | 19 | 水 | 윤28 | 癸巳 | 4·6 | 21 | 日 | 6/1 | 乙丑 | 4·6 |
| 14 | 20 | 月 | 27 | 癸亥 | 5·6 | 20 | 木 | 윤29 | 甲午 | 5·6 | 22 | 月 | 2 | 丙寅 | 5·6 |
| 15 | 21 | 火 | 28 | 甲子 | 5·5 | 21 | 金 | 5/1 | 乙未 | 5·6 | 23 | 火 | 3 | 丁卯 | 대서 |
| 16 | 22 | 水 | 29 | 乙丑 | 소만 | 22 | 土 | 2 | 丙申 | 하지 | 24 | 水 | 4 | 戊辰 | 5·5 |
| 17 | 23 | 木 | 윤1 | 丙寅 | 6·5 | 23 | 日 | 3 | 丁酉 | 6·5 | 25 | 木 | 5 | 己巳 | 6·5 |
| 18 | 24 | 金 | 윤2 | 丁卯 | 6·4 | 24 | 月 | 4 | 戊戌 | 6·5 | 26 | 金 | 6 | 庚午 | 6·4 |
| 19 | 25 | 土 | 윤3 | 戊辰 | 6·4 | 25 | 火 | 5 | 己亥 | 6·4 | 27 | 土 | 7 | 辛未 | 6·4 |
| 20 | 26 | 日 | 윤4 | 己巳 | 7·4 | 26 | 水 | 6 | 庚子 | 7·4 | 28 | 日 | 8 | 壬申 | 7·4 |
| 21 | 27 | 月 | 윤5 | 庚午 | 7·3 | 27 | 木 | 7 | 辛丑 | 7·4 | 29 | 月 | 9 | 癸酉 | 7·3 |
| 22 | 28 | 火 | 윤6 | 辛未 | 7·3 | 28 | 金 | 8 | 壬寅 | 7·3 | 30 | 火 | 10 | 甲戌 | 7·3 |
| 23 | 29 | 水 | 윤7 | 壬申 | 8·3 | 29 | 土 | 9 | 癸卯 | 8·3 | 31 | 水 | 11 | 乙亥 | 8·3 |
| 24 | 30 | 木 | 윤8 | 癸酉 | 8·2 | 30 | 日 | 10 | 甲辰 | 8·3 | 8/1 | 木 | 12 | 丙子 | 8·2 |
| 25 | 31 | 金 | 윤9 | 甲戌 | 8·2 | 7/1 | 月 | 11 | 乙巳 | 8·2 | 2 | 金 | 13 | 丁丑 | 8·2 |
| 26 | 6/1 | 土 | 윤10 | 乙亥 | 9·2 | 2 | 火 | 12 | 丙午 | 9·2 | 3 | 土 | 14 | 戊寅 | 9·2 |
| 27 | 2 | 日 | 윤11 | 丙子 | 9·1 | 3 | 水 | 13 | 丁未 | 9·2 | 4 | 日 | 15 | 己卯 | 9·1 |
| 28 | 3 | 月 | 윤12 | 丁丑 | 9·1 | 4 | 木 | 14 | 戊申 | 9·1 | 5 | 月 | 16 | 庚辰 | 9·1 |
| 29 | 4 | 火 | 윤13 | 戊寅 | 10·1 | 5 | 金 | 15 | 己酉 | 10·1 | 6 | 火 | 17 | 辛巳 | 10·1 |
| 30 | 5 | 水 | 윤14 | 己卯 | 10·1 | 6 | 土 | 16 | 庚戌 | 10·1 | 7 | 水 | 18 | 壬午 | 10·1 |
| 31 | | | | | | 7 | 日 | 17 | 辛亥 | 10·1 | | | | | |

▶윤달-4월

# 癸卯年

| 절기후날수 | 입추절(庚申月) | | | | | | 백로절(辛酉月) | | | | | |
|---|---|---|---|---|---|---|---|---|---|---|---|---|
| | 立秋 8월8일 15시25분 處暑 8월24일 5시58분 | | | | | | 白露 9월8일 18시12분 秋分 9월24일 3시24분 | | | | | |
| | 양력 | 요일 | 음력 | 일진 | 大運 남 | 大運 여 | 양력 | 요일 | 음력 | 일진 | 大運 남 | 大運 여 |
| 0 | 8/8 | 木 | 19 | 癸未 | 입추 | | 9/8 | 日 | 21 | 甲寅 | 백로 | |
| 1 | 9 | 金 | 20 | 甲申 | 1 | 10 | 9 | 月 | 22 | 乙卯 | 1 | 10 |
| 2 | 10 | 土 | 21 | 乙酉 | 1 | 10 | 10 | 火 | 23 | 丙辰 | 1 | 10 |
| 3 | 11 | 日 | 22 | 丙戌 | 1 | 9 | 11 | 水 | 24 | 丁巳 | 1 | 9 |
| 4 | 12 | 月 | 23 | 丁亥 | 1 | 9 | 12 | 木 | 25 | 戊午 | 1 | 9 |
| 5 | 13 | 火 | 24 | 戊子 | 2 | 9 | 13 | 金 | 26 | 己未 | 2 | 9 |
| 6 | 14 | 水 | 25 | 己丑 | 2 | 8 | 14 | 土 | 27 | 庚申 | 2 | 8 |
| 7 | 15 | 木 | 26 | 庚寅 | 2 | 8 | 15 | 日 | 28 | 辛酉 | 2 | 8 |
| 8 | 16 | 金 | 27 | 辛卯 | 3 | 8 | 16 | 月 | 29 | 壬戌 | 3 | 8 |
| 9 | 17 | 土 | 28 | 壬辰 | 3 | 7 | 17 | 火 | 30 | 癸亥 | 3 | 7 |
| 10 | 18 | 日 | 29 | 癸巳 | 3 | 7 | 18 | 水 | 8/1 | 甲子 | 3 | 7 |
| 11 | 19 | 月 | 7/1 | 甲午 | 4 | 7 | 19 | 木 | 2 | 乙丑 | 4 | 7 |
| 12 | 20 | 火 | 2 | 乙未 | 4 | 6 | 20 | 金 | 3 | 丙寅 | 4 | 6 |
| 13 | 21 | 水 | 3 | 丙申 | 4 | 6 | 21 | 土 | 4 | 丁卯 | 4 | 6 |
| 14 | 22 | 木 | 4 | 丁酉 | 5 | 6 | 22 | 日 | 5 | 戊辰 | 5 | 6 |
| 15 | 23 | 金 | 5 | 戊戌 | 5 | 5 | 23 | 月 | 6 | 己巳 | 5 | 5 |
| 16 | 24 | 土 | 6 | 己亥 | 처서 | | 24 | 火 | 7 | 庚午 | 추분 | |
| 17 | 25 | 日 | 7 | 庚子 | 6 | 5 | 25 | 水 | 8 | 辛未 | 6 | 5 |
| 18 | 26 | 月 | 8 | 辛丑 | 6 | 4 | 26 | 木 | 9 | 壬申 | 6 | 4 |
| 19 | 27 | 火 | 9 | 壬寅 | 6 | 4 | 27 | 金 | 10 | 癸酉 | 6 | 4 |
| 20 | 28 | 水 | 10 | 癸卯 | 7 | 4 | 28 | 土 | 11 | 甲戌 | 7 | 4 |
| 21 | 29 | 木 | 11 | 甲辰 | 7 | 3 | 29 | 日 | 12 | 乙亥 | 7 | 3 |
| 22 | 30 | 金 | 12 | 乙巳 | 7 | 3 | 30 | 月 | 13 | 丙子 | 7 | 3 |
| 23 | 31 | 土 | 13 | 丙午 | 8 | 3 | 10/1 | 火 | 14 | 丁丑 | 8 | 3 |
| 24 | 9/1 | 日 | 14 | 丁未 | 8 | 2 | 2 | 水 | 15 | 戊寅 | 8 | 2 |
| 25 | 2 | 月 | 15 | 戊申 | 8 | 2 | 3 | 木 | 16 | 己卯 | 8 | 2 |
| 26 | 3 | 火 | 16 | 己酉 | 9 | 2 | 4 | 金 | 17 | 庚辰 | 9 | 2 |
| 27 | 4 | 水 | 17 | 庚戌 | 9 | 1 | 5 | 土 | 18 | 辛巳 | 9 | 1 |
| 28 | 5 | 木 | 18 | 辛亥 | 9 | 1 | 6 | 日 | 19 | 壬午 | 9 | 1 |
| 29 | 6 | 金 | 19 | 壬子 | 10 | 1 | 7 | 月 | 20 | 癸未 | 10 | 1 |
| 30 | 7 | 土 | 20 | 癸丑 | 10 | 1 | 8 | 火 | 21 | 甲申 | 10 | 1 |
| 31 | | | | | | | | | | | | |

| 절기후날수 | 한로절(壬戌月) | | | | | | 입동절(癸亥月) | | | | | |
|---|---|---|---|---|---|---|---|---|---|---|---|---|
| | 寒露 10월9일 9시36분 霜降 10월24일 12시29분 | | | | | | 立冬 11월8일 12시32분 小雪 11월23일 9시49분 | | | | | |
| | 양력 | 요일 | 음력 | 일진 | 大運 남 | 大運 여 | 양력 | 요일 | 음력 | 일진 | 大運 남 | 大運 여 |
| 0 | 10/9 | 水 | 22 | 乙酉 | 한로 | | 11/8 | 金 | 23 | 乙卯 | 입동 | |
| 1 | 10 | 木 | 23 | 丙戌 | 1 | 10 | 9 | 土 | 24 | 丙辰 | 1 | 10 |
| 2 | 11 | 金 | 24 | 丁亥 | 1 | 9 | 10 | 日 | 25 | 丁巳 | 1 | 9 |
| 3 | 12 | 土 | 25 | 戊子 | 1 | 9 | 11 | 月 | 26 | 戊午 | 1 | 9 |
| 4 | 13 | 日 | 26 | 己丑 | 1 | 9 | 12 | 火 | 27 | 己未 | 1 | 9 |
| 5 | 14 | 月 | 27 | 庚寅 | 2 | 8 | 13 | 水 | 28 | 庚申 | 2 | 8 |
| 6 | 15 | 火 | 28 | 辛卯 | 2 | 8 | 14 | 木 | 29 | 辛酉 | 2 | 8 |
| 7 | 16 | 水 | 29 | 壬辰 | 2 | 8 | 15 | 金 | 30 | 壬戌 | 2 | 8 |
| 8 | 17 | 木 | 9/1 | 癸巳 | 3 | 7 | 16 | 土 | 10/1 | 癸亥 | 3 | 7 |
| 9 | 18 | 金 | 2 | 甲午 | 3 | 7 | 17 | 日 | 2 | 甲子 | 3 | 7 |
| 10 | 19 | 土 | 3 | 乙未 | 3 | 7 | 18 | 月 | 3 | 乙丑 | 3 | 7 |
| 11 | 20 | 日 | 4 | 丙申 | 4 | 6 | 19 | 火 | 4 | 丙寅 | 4 | 6 |
| 12 | 21 | 月 | 5 | 丁酉 | 4 | 6 | 20 | 水 | 5 | 丁卯 | 4 | 6 |
| 13 | 22 | 火 | 6 | 戊戌 | 4 | 6 | 21 | 木 | 6 | 戊辰 | 4 | 6 |
| 14 | 23 | 水 | 7 | 己亥 | 5 | 5 | 22 | 金 | 7 | 己巳 | 5 | 5 |
| 15 | 24 | 木 | 8 | 庚子 | 상강 | | 23 | 土 | 8 | 庚午 | 소설 | |
| 16 | 25 | 金 | 9 | 辛丑 | 5 | 5 | 24 | 日 | 9 | 辛未 | 5 | 5 |
| 17 | 26 | 土 | 10 | 壬寅 | 6 | 4 | 25 | 月 | 10 | 壬申 | 6 | 4 |
| 18 | 27 | 日 | 11 | 癸卯 | 6 | 4 | 26 | 火 | 11 | 癸酉 | 6 | 4 |
| 19 | 28 | 月 | 12 | 甲辰 | 6 | 4 | 27 | 水 | 12 | 甲戌 | 6 | 4 |
| 20 | 29 | 火 | 13 | 乙巳 | 7 | 3 | 28 | 木 | 13 | 乙亥 | 7 | 3 |
| 21 | 30 | 水 | 14 | 丙午 | 7 | 3 | 29 | 金 | 14 | 丙子 | 7 | 3 |
| 22 | 31 | 木 | 15 | 丁未 | 7 | 3 | 30 | 土 | 15 | 丁丑 | 7 | 3 |
| 23 | 11/1 | 金 | 16 | 戊申 | 8 | 2 | 12/1 | 日 | 16 | 戊寅 | 8 | 2 |
| 24 | 2 | 土 | 17 | 己酉 | 8 | 2 | 2 | 月 | 17 | 己卯 | 8 | 2 |
| 25 | 3 | 日 | 18 | 庚戌 | 8 | 2 | 3 | 火 | 18 | 庚辰 | 8 | 2 |
| 26 | 4 | 月 | 19 | 辛亥 | 9 | 1 | 4 | 水 | 19 | 辛巳 | 9 | 1 |
| 27 | 5 | 火 | 20 | 壬子 | 9 | 1 | 5 | 木 | 20 | 壬午 | 9 | 1 |
| 28 | 6 | 水 | 21 | 癸丑 | 9 | 1 | 6 | 金 | 21 | 癸未 | 9 | 1 |
| 29 | 7 | 木 | 22 | 甲寅 | 10 | 1 | 7 | 土 | 22 | 甲申 | 10 | 1 |
| 30 | | | | | | | | | | | | |
| 31 | | | | | | | | | | | | |

| 절기후날수 | 대설절(甲子月) | | | | | | 소한절(乙丑月) | | | | | |
|---|---|---|---|---|---|---|---|---|---|---|---|---|
| | 大雪 12월8일 5시13분 冬至 12월22일 23시2분 | | | | | | 小寒 1월6일 16시22분 大寒 1월21일 9시41분 | | | | | |
| | 양력 | 요일 | 음력 | 일진 | 大運 남 | 大運 여 | 양력 | 요일 | 음력 | 일진 | 大運 남 | 大運 여 |
| 0 | 12/8 | 日 | 23 | 乙酉 | 대설 | | 1/6 | 月 | 22 | 甲寅 | 소한 | |
| 1 | 9 | 月 | 24 | 丙戌 | 1 | 9 | 7 | 火 | 23 | 乙卯 | 1 | 10 |
| 2 | 10 | 火 | 25 | 丁亥 | 1 | 9 | 8 | 水 | 24 | 丙辰 | 1 | 9 |
| 3 | 11 | 水 | 26 | 戊子 | 1 | 9 | 9 | 木 | 25 | 丁巳 | 1 | 9 |
| 4 | 12 | 木 | 27 | 己丑 | 1 | 8 | 10 | 金 | 26 | 戊午 | 1 | 9 |
| 5 | 13 | 金 | 28 | 庚寅 | 2 | 8 | 11 | 土 | 27 | 己未 | 2 | 8 |
| 6 | 14 | 土 | 29 | 辛卯 | 2 | 8 | 12 | 日 | 28 | 庚申 | 2 | 8 |
| 7 | 15 | 日 | 30 | 壬辰 | 2 | 7 | 13 | 月 | 29 | 辛酉 | 2 | 8 |
| 8 | 16 | 月 | 11/1 | 癸巳 | 3 | 7 | 14 | 火 | 30 | 壬戌 | 3 | 7 |
| 9 | 17 | 火 | 2 | 甲午 | 3 | 7 | 15 | 水 | 12/1 | 癸亥 | 3 | 7 |
| 10 | 18 | 水 | 3 | 乙未 | 3 | 6 | 16 | 木 | 2 | 甲子 | 3 | 7 |
| 11 | 19 | 木 | 4 | 丙申 | 4 | 6 | 17 | 金 | 3 | 乙丑 | 4 | 6 |
| 12 | 20 | 金 | 5 | 丁酉 | 4 | 6 | 18 | 土 | 4 | 丙寅 | 4 | 6 |
| 13 | 21 | 土 | 6 | 戊戌 | 4 | 5 | 19 | 日 | 5 | 丁卯 | 4 | 6 |
| 14 | 22 | 日 | 7 | 己亥 | 동지 | | 20 | 月 | 6 | 戊辰 | 5 | 5 |
| 15 | 23 | 月 | 8 | 庚子 | 5 | 5 | 21 | 火 | 7 | 己巳 | 대한 | |
| 16 | 24 | 火 | 9 | 辛丑 | 5 | 4 | 22 | 水 | 8 | 庚午 | 5 | 5 |
| 17 | 25 | 水 | 10 | 壬寅 | 6 | 4 | 23 | 木 | 9 | 辛未 | 6 | 4 |
| 18 | 26 | 木 | 11 | 癸卯 | 6 | 4 | 24 | 金 | 10 | 壬申 | 6 | 4 |
| 19 | 27 | 金 | 12 | 甲辰 | 6 | 3 | 25 | 土 | 11 | 癸酉 | 6 | 4 |
| 20 | 28 | 土 | 13 | 乙巳 | 7 | 3 | 26 | 日 | 12 | 甲戌 | 7 | 3 |
| 21 | 29 | 日 | 14 | 丙午 | 7 | 3 | 27 | 月 | 13 | 乙亥 | 7 | 3 |
| 22 | 30 | 月 | 15 | 丁未 | 7 | 2 | 28 | 火 | 14 | 丙子 | 7 | 3 |
| 23 | 31 | 火 | 16 | 戊申 | 8 | 2 | 29 | 水 | 15 | 丁丑 | 8 | 2 |
| 24 | 1/1 | 水 | 17 | 己酉 | 8 | 2 | 30 | 木 | 16 | 戊寅 | 8 | 2 |
| 25 | 2 | 木 | 18 | 庚戌 | 8 | 1 | 31 | 金 | 17 | 己卯 | 8 | 2 |
| 26 | 3 | 金 | 19 | 辛亥 | 9 | 1 | 2/1 | 土 | 18 | 庚辰 | 9 | 1 |
| 27 | 4 | 土 | 20 | 壬子 | 9 | 1 | 2 | 日 | 19 | 辛巳 | 9 | 1 |
| 28 | 5 | 日 | 21 | 癸丑 | 9 | 1 | 3 | 月 | 20 | 壬午 | 9 | 1 |
| 29 | | | | | | | 4 | 火 | 21 | 癸未 | 10 | 1 |
| 30 | | | | | | | | | | | | |
| 31 | | | | | | | | | | | | |

# 서기 1964년 [단기 4297년]

| 절기후날수 | 입춘절(丙寅月) 立春 2월5일 4시5분 雨水 2월19일 23시57분 | | | | | 경칩절(丁卯月) 驚蟄 3월5일 22시16분 春分 3월20일 23시10분 | | | | | 청명절(戊辰月) 淸明 4월5일 3시18분 穀雨 4월20일 10시27분 | | | | |
|---|---|---|---|---|---|---|---|---|---|---|---|---|---|---|---|
| | 양력 | 요일 | 음력 | 일진 | 大運 남여 | 양력 | 요일 | 음력 | 일진 | 大運 남여 | 양력 | 요일 | 음력 | 일진 | 大運 남여 |
| 0 | 2/5 | 水 | 22 | 甲申 | 입춘 | 3/5 | 木 | 22 | 癸丑 | 경칩 | 4/5 | 日 | 23 | 甲申 | 청명 |
| 1 | 6 | 木 | 23 | 乙酉 | 9·1 | 6 | 金 | 23 | 甲寅 | 10·1 | 6 | 月 | 24 | 乙酉 | 10·1 |
| 2 | 7 | 金 | 24 | 丙戌 | 9·1 | 7 | 土 | 24 | 乙卯 | 10·1 | 7 | 火 | 25 | 丙戌 | 9·1 |
| 3 | 8 | 土 | 25 | 丁亥 | 9·1 | 8 | 日 | 25 | 丙辰 | 9·1 | 8 | 水 | 26 | 丁亥 | 9·1 |
| 4 | 9 | 日 | 26 | 戊子 | 8·1 | 9 | 月 | 26 | 丁巳 | 9·1 | 9 | 木 | 27 | 戊子 | 9·1 |
| 5 | 10 | 月 | 27 | 己丑 | 8·2 | 10 | 火 | 27 | 戊午 | 9·2 | 10 | 金 | 28 | 己丑 | 8·2 |
| 6 | 11 | 火 | 28 | 庚寅 | 8·2 | 11 | 水 | 28 | 己未 | 8·2 | 11 | 土 | 29 | 庚寅 | 8·2 |
| 7 | 12 | 水 | 29 | 辛卯 | 7·2 | 12 | 木 | 29 | 庚申 | 8·2 | 12 | 日 | 3/1 | 辛卯 | 8·2 |
| 8 | 13 | 木 | 1/1 | 壬辰 | 7·3 | 13 | 金 | 30 | 辛酉 | 8·3 | 13 | 月 | 2 | 壬辰 | 7·3 |
| 9 | 14 | 金 | 2 | 癸巳 | 7·3 | 14 | 土 | 2/1 | 壬戌 | 7·3 | 14 | 火 | 3 | 癸巳 | 7·3 |
| 10 | 15 | 土 | 3 | 甲午 | 6·3 | 15 | 日 | 2 | 癸亥 | 7·3 | 15 | 水 | 4 | 甲午 | 7·3 |
| 11 | 16 | 日 | 4 | 乙未 | 6·4 | 16 | 月 | 3 | 甲子 | 7·4 | 16 | 木 | 5 | 乙未 | 6·4 |
| 12 | 17 | 月 | 5 | 丙申 | 6·4 | 17 | 火 | 4 | 乙丑 | 6·4 | 17 | 金 | 6 | 丙申 | 6·4 |
| 13 | 18 | 火 | 6 | 丁酉 | 5·4 | 18 | 水 | 5 | 丙寅 | 6·4 | 18 | 土 | 7 | 丁酉 | 6·4 |
| 14 | 19 | 水 | 7 | 戊戌 | 우수 | 19 | 木 | 6 | 丁卯 | 6·5 | 19 | 日 | 8 | 戊戌 | 5·5 |
| 15 | 20 | 木 | 8 | 己亥 | 5·5 | 20 | 金 | 7 | 戊辰 | 춘분 | 20 | 月 | 9 | 己亥 | 곡우 |
| 16 | 21 | 金 | 9 | 庚子 | 4·5 | 21 | 土 | 8 | 己巳 | 5·5 | 21 | 火 | 10 | 庚子 | 5·5 |
| 17 | 22 | 土 | 10 | 辛丑 | 4·6 | 22 | 日 | 9 | 庚午 | 5·6 | 22 | 水 | 11 | 辛丑 | 4·6 |
| 18 | 23 | 日 | 11 | 壬寅 | 4·6 | 23 | 月 | 10 | 辛未 | 4·6 | 23 | 木 | 12 | 壬寅 | 4·6 |
| 19 | 24 | 月 | 12 | 癸卯 | 3·6 | 24 | 火 | 11 | 壬申 | 4·6 | 24 | 金 | 13 | 癸卯 | 4·6 |
| 20 | 25 | 火 | 13 | 甲辰 | 3·7 | 25 | 水 | 12 | 癸酉 | 4·7 | 25 | 土 | 14 | 甲辰 | 3·7 |
| 21 | 26 | 水 | 14 | 乙巳 | 3·7 | 26 | 木 | 13 | 甲戌 | 3·7 | 26 | 日 | 15 | 乙巳 | 3·7 |
| 22 | 27 | 木 | 15 | 丙午 | 2·7 | 27 | 金 | 14 | 乙亥 | 3·7 | 27 | 月 | 16 | 丙午 | 3·7 |
| 23 | 28 | 金 | 16 | 丁未 | 2·8 | 28 | 土 | 15 | 丙子 | 3·8 | 28 | 火 | 17 | 丁未 | 2·8 |
| 24 | 29 | 土 | 17 | 戊申 | 2·8 | 29 | 日 | 16 | 丁丑 | 2·8 | 29 | 水 | 18 | 戊申 | 2·8 |
| 25 | 3/1 | 日 | 18 | 己酉 | 1·8 | 30 | 月 | 17 | 戊寅 | 2·8 | 30 | 木 | 19 | 己酉 | 2·8 |
| 26 | 2 | 月 | 19 | 庚戌 | 1·9 | 31 | 火 | 18 | 己卯 | 2·9 | 5/1 | 金 | 20 | 庚戌 | 1·9 |
| 27 | 3 | 火 | 20 | 辛亥 | 1·9 | 4/1 | 水 | 19 | 庚辰 | 1·9 | 2 | 土 | 21 | 辛亥 | 1·9 |
| 28 | 4 | 水 | 21 | 壬子 | 1·9 | 2 | 木 | 20 | 辛巳 | 1·9 | 3 | 日 | 22 | 壬子 | 1·9 |
| 29 | | | | | | 3 | 金 | 21 | 壬午 | 1·10 | 4 | 月 | 23 | 癸丑 | 1·10 |
| 30 | | | | | | 4 | 土 | 22 | 癸未 | 1·10 | | | | | |
| 31 | | | | | | | | | | | | | | | |

| 절기후날수 | 입하절(己巳月) 立夏 5월5일 20시51분 小滿 5월21일 9시50분 | | | | | 망종절(庚午月) 芒種 6월6일 1시12분 夏至 6월21일 17시57분 | | | | | 소서절(辛未月) 小暑 7월7일 11시32분 大暑 7월23일 4시53분 | | | | |
|---|---|---|---|---|---|---|---|---|---|---|---|---|---|---|---|
| | 양력 | 요일 | 음력 | 일진 | 大運 남여 | 양력 | 요일 | 음력 | 일진 | 大運 남여 | 양력 | 요일 | 음력 | 일진 | 大運 남여 |
| 0 | 5/5 | 火 | 24 | 甲寅 | 입하 | 6/6 | 土 | 26 | 丙戌 | 망종 | 7/7 | 火 | 28 | 丁巳 | 소서 |
| 1 | 6 | 水 | 25 | 乙卯 | 10·1 | 7 | 日 | 27 | 丁亥 | 10·1 | 8 | 水 | 29 | 戊午 | 10·1 |
| 2 | 7 | 木 | 26 | 丙辰 | 10·1 | 8 | 月 | 28 | 戊子 | 10·1 | 9 | 木 | 6/1 | 己未 | 10·1 |
| 3 | 8 | 金 | 27 | 丁巳 | 10·1 | 9 | 火 | 29 | 己丑 | 9·1 | 10 | 金 | 2 | 庚申 | 9·1 |
| 4 | 9 | 土 | 28 | 戊午 | 9·1 | 10 | 水 | 5/1 | 庚寅 | 9·1 | 11 | 土 | 3 | 辛酉 | 9·1 |
| 5 | 10 | 日 | 29 | 己未 | 9·2 | 11 | 木 | 2 | 辛卯 | 9·2 | 12 | 日 | 4 | 壬戌 | 9·2 |
| 6 | 11 | 月 | 30 | 庚申 | 9·2 | 12 | 金 | 3 | 壬辰 | 8·2 | 13 | 月 | 5 | 癸亥 | 8·2 |
| 7 | 12 | 火 | 4/1 | 辛酉 | 8·2 | 13 | 土 | 4 | 癸巳 | 8·2 | 14 | 火 | 6 | 甲子 | 8·2 |
| 8 | 13 | 水 | 2 | 壬戌 | 8·3 | 14 | 日 | 5 | 甲午 | 8·3 | 15 | 水 | 7 | 乙丑 | 8·3 |
| 9 | 14 | 木 | 3 | 癸亥 | 8·3 | 15 | 月 | 6 | 乙未 | 7·3 | 16 | 木 | 8 | 丙寅 | 7·3 |
| 10 | 15 | 金 | 4 | 甲子 | 7·3 | 16 | 火 | 7 | 丙申 | 7·3 | 17 | 金 | 9 | 丁卯 | 7·3 |
| 11 | 16 | 土 | 5 | 乙丑 | 7·4 | 17 | 水 | 8 | 丁酉 | 7·4 | 18 | 土 | 10 | 戊辰 | 7·4 |
| 12 | 17 | 日 | 6 | 丙寅 | 7·4 | 18 | 木 | 9 | 戊戌 | 6·4 | 19 | 日 | 11 | 己巳 | 6·4 |
| 13 | 18 | 月 | 7 | 丁卯 | 6·4 | 19 | 金 | 10 | 己亥 | 6·4 | 20 | 月 | 12 | 庚午 | 6·4 |
| 14 | 19 | 火 | 8 | 戊辰 | 6·5 | 20 | 土 | 11 | 庚子 | 6·5 | 21 | 火 | 13 | 辛未 | 6·5 |
| 15 | 20 | 水 | 9 | 己巳 | 6·5 | 21 | 日 | 12 | 辛丑 | 하지 | 22 | 水 | 14 | 壬申 | 5·5 |
| 16 | 21 | 木 | 10 | 庚午 | 소만 | 22 | 月 | 13 | 壬寅 | 5·5 | 23 | 木 | 15 | 癸酉 | 대서 |
| 17 | 22 | 金 | 11 | 辛未 | 5·6 | 23 | 火 | 14 | 癸卯 | 5·6 | 24 | 金 | 16 | 甲戌 | 5·6 |
| 18 | 23 | 土 | 12 | 壬申 | 5·6 | 24 | 水 | 15 | 甲辰 | 4·6 | 25 | 土 | 17 | 乙亥 | 4·6 |
| 19 | 24 | 日 | 13 | 癸酉 | 4·6 | 25 | 木 | 16 | 乙巳 | 4·6 | 26 | 日 | 18 | 丙子 | 4·6 |
| 20 | 25 | 月 | 14 | 甲戌 | 4·7 | 26 | 金 | 17 | 丙午 | 4·7 | 27 | 月 | 19 | 丁丑 | 4·7 |
| 21 | 26 | 火 | 15 | 乙亥 | 4·7 | 27 | 土 | 18 | 丁未 | 3·7 | 28 | 火 | 20 | 戊寅 | 3·7 |
| 22 | 27 | 水 | 16 | 丙子 | 3·7 | 28 | 日 | 19 | 戊申 | 3·7 | 29 | 水 | 21 | 己卯 | 3·7 |
| 23 | 28 | 木 | 17 | 丁丑 | 3·8 | 29 | 月 | 20 | 己酉 | 3·8 | 30 | 木 | 22 | 庚辰 | 3·8 |
| 24 | 29 | 金 | 18 | 戊寅 | 3·8 | 30 | 火 | 21 | 庚戌 | 2·8 | 31 | 金 | 23 | 辛巳 | 2·8 |
| 25 | 30 | 土 | 19 | 己卯 | 2·8 | 7/1 | 水 | 22 | 辛亥 | 2·8 | 8/1 | 土 | 24 | 壬午 | 2·8 |
| 26 | 31 | 日 | 20 | 庚辰 | 2·9 | 2 | 木 | 23 | 壬子 | 2·9 | 2 | 日 | 25 | 癸未 | 2·9 |
| 27 | 6/1 | 月 | 21 | 辛巳 | 2·9 | 3 | 金 | 24 | 癸丑 | 1·9 | 3 | 月 | 26 | 甲申 | 1·9 |
| 28 | 2 | 火 | 22 | 壬午 | 1·9 | 4 | 土 | 25 | 甲寅 | 1·9 | 4 | 火 | 27 | 乙酉 | 1·9 |
| 29 | 3 | 水 | 23 | 癸未 | 1·10 | 5 | 日 | 26 | 乙卯 | 1·10 | 5 | 水 | 28 | 丙戌 | 1·10 |
| 30 | 4 | 木 | 24 | 甲申 | 1·10 | 6 | 月 | 27 | 丙辰 | 1·10 | 6 | 木 | 29 | 丁亥 | 1·10 |
| 31 | 5 | 金 | 25 | 乙酉 | 1·10 | | | | | | | | | | |

# 甲辰年

| 절기후날수 | 입추절(壬申月) 立秋 8월7일 21시16분 處暑 8월23일 11시51분 | | | | | 백로절(癸酉月) 白露 9월7일 23시59분 秋分 9월23일 9시17분 | | | | |
|---|---|---|---|---|---|---|---|---|---|---|
| | 양력 | 요일 | 음력 | 일진 | 大運 남·여 | 양력 | 요일 | 음력 | 일진 | 大運 남·여 |
| 0 | 8/7 | 金 | 30 | 戊子 | 입추 | 9/7 | 月 | 2 | 己未 | 백로 |
| 1 | 8 | 土 | 7/1 | 己丑 | 10·1 | 8 | 火 | 3 | 庚申 | 10·1 |
| 2 | 9 | 日 | 2 | 庚寅 | 10·1 | 9 | 水 | 4 | 辛酉 | 10·1 |
| 3 | 10 | 月 | 3 | 辛卯 | 9·1 | 10 | 木 | 5 | 壬戌 | 9·1 |
| 4 | 11 | 火 | 4 | 壬辰 | 9·1 | 11 | 金 | 6 | 癸亥 | 9·1 |
| 5 | 12 | 水 | 5 | 癸巳 | 9·2 | 12 | 土 | 7 | 甲子 | 9·2 |
| 6 | 13 | 木 | 6 | 甲午 | 8·2 | 13 | 日 | 8 | 乙丑 | 8·2 |
| 7 | 14 | 金 | 7 | 乙未 | 8·2 | 14 | 月 | 9 | 丙寅 | 8·2 |
| 8 | 15 | 土 | 8 | 丙申 | 8·3 | 15 | 火 | 10 | 丁卯 | 8·3 |
| 9 | 16 | 日 | 9 | 丁酉 | 7·3 | 16 | 水 | 11 | 戊辰 | 7·3 |
| 10 | 17 | 月 | 10 | 戊戌 | 7·3 | 17 | 木 | 12 | 己巳 | 7·3 |
| 11 | 18 | 火 | 11 | 己亥 | 7·4 | 18 | 金 | 13 | 庚午 | 7·4 |
| 12 | 19 | 水 | 12 | 庚子 | 6·4 | 19 | 土 | 14 | 辛未 | 6·4 |
| 13 | 20 | 木 | 13 | 辛丑 | 6·4 | 20 | 日 | 15 | 壬申 | 6·4 |
| 14 | 21 | 金 | 14 | 壬寅 | 6·5 | 21 | 月 | 16 | 癸酉 | 6·5 |
| 15 | 22 | 土 | 15 | 癸卯 | 5·5 | 22 | 火 | 17 | 甲戌 | 5·5 |
| 16 | 23 | 日 | 16 | 甲辰 | 처서 | 23 | 水 | 18 | 乙亥 | 추분 |
| 17 | 24 | 月 | 17 | 乙巳 | 5·6 | 24 | 木 | 19 | 丙子 | 5·6 |
| 18 | 25 | 火 | 18 | 丙午 | 4·6 | 25 | 金 | 20 | 丁丑 | 4·6 |
| 19 | 26 | 水 | 19 | 丁未 | 4·6 | 26 | 土 | 21 | 戊寅 | 4·6 |
| 20 | 27 | 木 | 20 | 戊申 | 4·7 | 27 | 日 | 22 | 己卯 | 4·7 |
| 21 | 28 | 金 | 21 | 己酉 | 3·7 | 28 | 月 | 23 | 庚辰 | 3·7 |
| 22 | 29 | 土 | 22 | 庚戌 | 3·7 | 29 | 火 | 24 | 辛巳 | 3·7 |
| 23 | 30 | 日 | 23 | 辛亥 | 3·8 | 30 | 水 | 25 | 壬午 | 3·8 |
| 24 | 31 | 月 | 24 | 壬子 | 2·8 | 10/1 | 木 | 26 | 癸未 | 2·8 |
| 25 | 9/1 | 火 | 25 | 癸丑 | 2·8 | 2 | 金 | 27 | 甲申 | 2·8 |
| 26 | 2 | 水 | 26 | 甲寅 | 2·9 | 3 | 土 | 28 | 乙酉 | 2·9 |
| 27 | 3 | 木 | 27 | 乙卯 | 1·9 | 4 | 日 | 29 | 丙戌 | 1·9 |
| 28 | 4 | 金 | 28 | 丙辰 | 1·9 | 5 | 月 | 30 | 丁亥 | 1·9 |
| 29 | 5 | 土 | 29 | 丁巳 | 1·10 | 6 | 火 | 9/1 | 戊子 | 1·10 |
| 30 | 6 | 日 | 8/1 | 戊午 | 1·10 | 7 | 水 | 2 | 己丑 | 1·10 |
| 31 | | | | | | | | | | |

| 절기후날수 | 한로절(甲戌月) 寒露 10월8일 15시22분 霜降 10월23일 18시21분 | | | | | 입동절(乙亥月) 立冬 11월7일 18시15분 小雪 11월22일 15시39분 | | | | |
|---|---|---|---|---|---|---|---|---|---|---|
| | 양력 | 요일 | 음력 | 일진 | 大運 남·여 | 양력 | 요일 | 음력 | 일진 | 大運 남·여 |
| 0 | 10/8 | 木 | 3 | 庚寅 | 한로 | 11/7 | 土 | 4 | 庚申 | 입동 |
| 1 | 9 | 金 | 4 | 辛卯 | 10·1 | 8 | 日 | 5 | 辛酉 | 10·1 |
| 2 | 10 | 土 | 5 | 壬辰 | 9·1 | 9 | 月 | 6 | 壬戌 | 9·1 |
| 3 | 11 | 日 | 6 | 癸巳 | 9·1 | 10 | 火 | 7 | 癸亥 | 9·1 |
| 4 | 12 | 月 | 7 | 甲午 | 9·1 | 11 | 水 | 8 | 甲子 | 9·1 |
| 5 | 13 | 火 | 8 | 乙未 | 8·2 | 12 | 木 | 9 | 乙丑 | 8·2 |
| 6 | 14 | 水 | 9 | 丙申 | 8·2 | 13 | 金 | 10 | 丙寅 | 8·2 |
| 7 | 15 | 木 | 10 | 丁酉 | 8·2 | 14 | 土 | 11 | 丁卯 | 8·2 |
| 8 | 16 | 金 | 11 | 戊戌 | 7·3 | 15 | 日 | 12 | 戊辰 | 7·3 |
| 9 | 17 | 土 | 12 | 己亥 | 7·3 | 16 | 月 | 13 | 己巳 | 7·3 |
| 10 | 18 | 日 | 13 | 庚子 | 7·3 | 17 | 火 | 14 | 庚午 | 7·3 |
| 11 | 19 | 月 | 14 | 辛丑 | 6·4 | 18 | 水 | 15 | 辛未 | 6·4 |
| 12 | 20 | 火 | 15 | 壬寅 | 6·4 | 19 | 木 | 16 | 壬申 | 6·4 |
| 13 | 21 | 水 | 16 | 癸卯 | 6·4 | 20 | 金 | 17 | 癸酉 | 6·4 |
| 14 | 22 | 木 | 17 | 甲辰 | 5·5 | 21 | 土 | 18 | 甲戌 | 5·5 |
| 15 | 23 | 金 | 18 | 乙巳 | 상강 | 22 | 日 | 19 | 乙亥 | 소설 |
| 16 | 24 | 土 | 19 | 丙午 | 5·5 | 23 | 月 | 20 | 丙子 | 5·5 |
| 17 | 25 | 日 | 20 | 丁未 | 4·6 | 24 | 火 | 21 | 丁丑 | 4·6 |
| 18 | 26 | 月 | 21 | 戊申 | 4·6 | 25 | 水 | 22 | 戊寅 | 4·6 |
| 19 | 27 | 火 | 22 | 己酉 | 4·6 | 26 | 木 | 23 | 己卯 | 4·6 |
| 20 | 28 | 水 | 23 | 庚戌 | 3·7 | 27 | 金 | 24 | 庚辰 | 3·7 |
| 21 | 29 | 木 | 24 | 辛亥 | 3·7 | 28 | 土 | 25 | 辛巳 | 3·7 |
| 22 | 30 | 金 | 25 | 壬子 | 3·7 | 29 | 日 | 26 | 壬午 | 3·7 |
| 23 | 31 | 土 | 26 | 癸丑 | 2·8 | 30 | 月 | 27 | 癸未 | 2·8 |
| 24 | 11/1 | 日 | 27 | 甲寅 | 2·8 | 12/1 | 火 | 28 | 甲申 | 2·8 |
| 25 | 2 | 月 | 28 | 乙卯 | 2·8 | 2 | 水 | 29 | 乙酉 | 2·8 |
| 26 | 3 | 火 | 29 | 丙辰 | 1·9 | 3 | 木 | 30 | 丙戌 | 1·9 |
| 27 | 4 | 水 | 10/1 | 丁巳 | 1·9 | 4 | 金 | 11/1 | 丁亥 | 1·9 |
| 28 | 5 | 木 | 2 | 戊午 | 1·9 | 5 | 土 | 2 | 戊子 | 1·9 |
| 29 | 6 | 金 | 3 | 己未 | 1·10 | 6 | 日 | 3 | 己丑 | 1·10 |
| 30 | | | | | | | | | | |
| 31 | | | | | | | | | | |

| 절기후날수 | 대설절(丙子月) 大雪 12월7일 10시53분 冬至 12월22일 4시50분 | | | | | 소한절(丁丑月) 小寒 1월5일 22시2분 大寒 1월20일 15시29분 | | | | |
|---|---|---|---|---|---|---|---|---|---|---|
| | 양력 | 요일 | 음력 | 일진 | 大運 남·여 | 양력 | 요일 | 음력 | 일진 | 大運 남·여 |
| 0 | 12/7 | 月 | 4 | 庚寅 | 대설 | 1/5 | 火 | 3 | 己未 | 소한 |
| 1 | 8 | 火 | 5 | 辛卯 | 9·1 | 6 | 水 | 4 | 庚申 | 10·1 |
| 2 | 9 | 水 | 6 | 壬辰 | 9·1 | 7 | 木 | 5 | 辛酉 | 9·1 |
| 3 | 10 | 木 | 7 | 癸巳 | 9·1 | 8 | 金 | 6 | 壬戌 | 9·1 |
| 4 | 11 | 金 | 8 | 甲午 | 8·1 | 9 | 土 | 7 | 癸亥 | 9·1 |
| 5 | 12 | 土 | 9 | 乙未 | 8·2 | 10 | 日 | 8 | 甲子 | 8·2 |
| 6 | 13 | 日 | 10 | 丙申 | 8·2 | 11 | 月 | 9 | 乙丑 | 8·2 |
| 7 | 14 | 月 | 11 | 丁酉 | 7·2 | 12 | 火 | 10 | 丙寅 | 8·2 |
| 8 | 15 | 火 | 12 | 戊戌 | 7·3 | 13 | 水 | 11 | 丁卯 | 7·3 |
| 9 | 16 | 水 | 13 | 己亥 | 7·3 | 14 | 木 | 12 | 戊辰 | 7·3 |
| 10 | 17 | 木 | 14 | 庚子 | 6·3 | 15 | 金 | 13 | 己巳 | 7·3 |
| 11 | 18 | 金 | 15 | 辛丑 | 6·4 | 16 | 土 | 14 | 庚午 | 6·4 |
| 12 | 19 | 土 | 16 | 壬寅 | 6·4 | 17 | 日 | 15 | 辛未 | 6·4 |
| 13 | 20 | 日 | 17 | 癸卯 | 5·4 | 18 | 月 | 16 | 壬申 | 6·4 |
| 14 | 21 | 月 | 18 | 甲辰 | 5·5 | 19 | 火 | 17 | 癸酉 | 5·5 |
| 15 | 22 | 火 | 19 | 乙巳 | 동지 | 20 | 水 | 18 | 甲戌 | 대한 |
| 16 | 23 | 水 | 20 | 丙午 | 4·5 | 21 | 木 | 19 | 乙亥 | 5·5 |
| 17 | 24 | 木 | 21 | 丁未 | 4·6 | 22 | 金 | 20 | 丙子 | 4·6 |
| 18 | 25 | 金 | 22 | 戊申 | 4·6 | 23 | 土 | 21 | 丁丑 | 4·6 |
| 19 | 26 | 土 | 23 | 己酉 | 3·6 | 24 | 日 | 22 | 戊寅 | 4·6 |
| 20 | 27 | 日 | 24 | 庚戌 | 3·7 | 25 | 月 | 23 | 己卯 | 3·7 |
| 21 | 28 | 月 | 25 | 辛亥 | 3·7 | 26 | 火 | 24 | 庚辰 | 3·7 |
| 22 | 29 | 火 | 26 | 壬子 | 2·7 | 27 | 水 | 25 | 辛巳 | 3·7 |
| 23 | 30 | 水 | 27 | 癸丑 | 2·8 | 28 | 木 | 26 | 壬午 | 2·8 |
| 24 | 31 | 木 | 28 | 甲寅 | 2·8 | 29 | 金 | 27 | 癸未 | 2·8 |
| 25 | 1/1 | 金 | 29 | 乙卯 | 1·8 | 30 | 土 | 28 | 甲申 | 2·8 |
| 26 | 2 | 土 | 30 | 丙辰 | 1·9 | 31 | 日 | 29 | 乙酉 | 1·9 |
| 27 | 3 | 日 | 12/1 | 丁巳 | 1·9 | 2/1 | 月 | 30 | 丙戌 | 1·9 |
| 28 | 4 | 月 | 2 | 戊午 | 1·9 | 2 | 火 | 1/1 | 丁亥 | 1·9 |
| 29 | | | | | | 3 | 水 | 2 | 戊子 | 1·10 |
| 30 | | | | | | | | | | |
| 31 | | | | | | | | | | |

# 서기 1965년 [단기 4298년]

| 절기후날수 | 입춘절(戊寅月) 立春 2월4일 9시46분 雨水 2월19일 5시48분 | | | | | 경칩절(己卯月) 驚蟄 3월6일 4시1분 春分 3월21일 5시5분 | | | | | 청명절(庚辰月) 淸明 4월5일 9시7분 穀雨 4월20일 16시26분 | | | | |
|---|---|---|---|---|---|---|---|---|---|---|---|---|---|---|---|
| | 양력 | 요일 | 음력 | 일진 | 大運 남·여 | 양력 | 요일 | 음력 | 일진 | 大運 남·여 | 양력 | 요일 | 음력 | 일진 | 大運 남·여 |
| 0 | 2/4 | 木 | 3 | 己丑 | 입춘 | 3/6 | 土 | 4 | 己未 | 경칩 | 4/5 | 月 | 4 | 己丑 | 청명 |
| 1 | 5 | 金 | 4 | 庚寅 | 1·10 | 7 | 日 | 5 | 庚申 | 1·10 | 6 | 火 | 5 | 庚寅 | 1·10 |
| 2 | 6 | 土 | 5 | 辛卯 | 1·9 | 8 | 月 | 6 | 辛酉 | 1·9 | 7 | 水 | 6 | 辛卯 | 1·10 |
| 3 | 7 | 日 | 6 | 壬辰 | 1·9 | 9 | 火 | 7 | 壬戌 | 1·9 | 8 | 木 | 7 | 壬辰 | 1·9 |
| 4 | 8 | 月 | 7 | 癸巳 | 1·9 | 10 | 水 | 8 | 癸亥 | 1·9 | 9 | 金 | 8 | 癸巳 | 1·9 |
| 5 | 9 | 火 | 8 | 甲午 | 2·8 | 11 | 木 | 9 | 甲子 | 2·8 | 10 | 土 | 9 | 甲午 | 2·9 |
| 6 | 10 | 水 | 9 | 乙未 | 2·8 | 12 | 金 | 10 | 乙丑 | 2·8 | 11 | 日 | 10 | 乙未 | 2·8 |
| 7 | 11 | 木 | 10 | 丙申 | 2·8 | 13 | 土 | 11 | 丙寅 | 2·8 | 12 | 月 | 11 | 丙申 | 2·8 |
| 8 | 12 | 金 | 11 | 丁酉 | 3·7 | 14 | 日 | 12 | 丁卯 | 3·7 | 13 | 火 | 12 | 丁酉 | 3·8 |
| 9 | 13 | 土 | 12 | 戊戌 | 3·7 | 15 | 月 | 13 | 戊辰 | 3·7 | 14 | 水 | 13 | 戊戌 | 3·7 |
| 10 | 14 | 日 | 13 | 己亥 | 3·7 | 16 | 火 | 14 | 己巳 | 3·7 | 15 | 木 | 14 | 己亥 | 3·7 |
| 11 | 15 | 月 | 14 | 庚子 | 4·6 | 17 | 水 | 15 | 庚午 | 4·6 | 16 | 金 | 15 | 庚子 | 4·7 |
| 12 | 16 | 火 | 15 | 辛丑 | 4·6 | 18 | 木 | 16 | 辛未 | 4·6 | 17 | 土 | 16 | 辛丑 | 4·6 |
| 13 | 17 | 水 | 16 | 壬寅 | 4·6 | 19 | 金 | 17 | 壬申 | 4·6 | 18 | 日 | 17 | 壬寅 | 4·6 |
| 14 | 18 | 木 | 17 | 癸卯 | 5·5 | 20 | 土 | 18 | 癸酉 | 5·5 | 19 | 月 | 18 | 癸卯 | 5·6 |
| 15 | 19 | 金 | 18 | 甲辰 | 우수 | 21 | 日 | 19 | 甲戌 | 춘분 | 20 | 火 | 19 | 甲辰 | 곡우 |
| 16 | 20 | 土 | 19 | 乙巳 | 5·5 | 22 | 月 | 20 | 乙亥 | 5·5 | 21 | 水 | 20 | 乙巳 | 5·5 |
| 17 | 21 | 日 | 20 | 丙午 | 6·4 | 23 | 火 | 21 | 丙子 | 6·4 | 22 | 木 | 21 | 丙午 | 6·5 |
| 18 | 22 | 月 | 21 | 丁未 | 6·4 | 24 | 水 | 22 | 丁丑 | 6·4 | 23 | 金 | 22 | 丁未 | 6·4 |
| 19 | 23 | 火 | 22 | 戊申 | 6·4 | 25 | 木 | 23 | 戊寅 | 6·4 | 24 | 土 | 23 | 戊申 | 6·4 |
| 20 | 24 | 水 | 23 | 己酉 | 7·3 | 26 | 金 | 24 | 己卯 | 7·3 | 25 | 日 | 24 | 己酉 | 7·4 |
| 21 | 25 | 木 | 24 | 庚戌 | 7·3 | 27 | 土 | 25 | 庚辰 | 7·3 | 26 | 月 | 25 | 庚戌 | 7·3 |
| 22 | 26 | 金 | 25 | 辛亥 | 7·3 | 28 | 日 | 26 | 辛巳 | 7·3 | 27 | 火 | 26 | 辛亥 | 7·3 |
| 23 | 27 | 土 | 26 | 壬子 | 8·2 | 29 | 月 | 27 | 壬午 | 8·2 | 28 | 水 | 27 | 壬子 | 8·3 |
| 24 | 28 | 日 | 27 | 癸丑 | 8·2 | 30 | 火 | 28 | 癸未 | 8·2 | 29 | 木 | 28 | 癸丑 | 8·2 |
| 25 | 3/1 | 月 | 28 | 甲寅 | 8·2 | 31 | 水 | 29 | 甲申 | 8·2 | 30 | 金 | 29 | 甲寅 | 8·2 |
| 26 | 2 | 火 | 29 | 乙卯 | 9·1 | 4/1 | 木 | 30 | 乙酉 | 9·1 | 5/1 | 土 | 4/1 | 乙卯 | 9·2 |
| 27 | 3 | 水 | 2/1 | 丙辰 | 9·1 | 2 | 金 | 3/1 | 丙戌 | 9·1 | 2 | 日 | 2 | 丙辰 | 9·1 |
| 28 | 4 | 木 | 2 | 丁巳 | 9·1 | 3 | 土 | 2 | 丁亥 | 9·1 | 3 | 月 | 3 | 丁巳 | 9·1 |
| 29 | 5 | 金 | 3 | 戊午 | 10·1 | 4 | 日 | 3 | 戊子 | 10·1 | 4 | 火 | 4 | 戊午 | 10·1 |
| 30 | | | | | | | | | | | 5 | 水 | 5 | 己未 | 10·1 |
| 31 | | | | | | | | | | | | | | | |

| 절기후날수 | 입하절(辛巳月) 立夏 5월6일 2시42분 小滿 5월21일 15시50분 | | | | | 망종절(壬午月) 芒種 6월6일 7시2분 夏至 6월21일 23시56분 | | | | | 소서절(癸未月) 小暑 7월7일 17시21분 大暑 7월23일 10시48분 | | | | |
|---|---|---|---|---|---|---|---|---|---|---|---|---|---|---|---|
| | 양력 | 요일 | 음력 | 일진 | 大運 남·여 | 양력 | 요일 | 음력 | 일진 | 大運 남·여 | 양력 | 요일 | 음력 | 일진 | 大運 남·여 |
| 0 | 5/6 | 木 | 6 | 庚申 | 입하 | 6/6 | 日 | 7 | 辛卯 | 망종 | 7/7 | 水 | 9 | 壬戌 | 소서 |
| 1 | 7 | 金 | 7 | 辛酉 | 1·10 | 7 | 月 | 8 | 壬辰 | 1·10 | 8 | 木 | 10 | 癸亥 | 1·10 |
| 2 | 8 | 土 | 8 | 壬戌 | 1·10 | 8 | 火 | 9 | 癸巳 | 1·10 | 9 | 金 | 11 | 甲子 | 1·10 |
| 3 | 9 | 日 | 9 | 癸亥 | 1·9 | 9 | 水 | 10 | 甲午 | 1·9 | 10 | 土 | 12 | 乙丑 | 1·10 |
| 4 | 10 | 月 | 10 | 甲子 | 1·9 | 10 | 木 | 11 | 乙未 | 1·9 | 11 | 日 | 13 | 丙寅 | 1·9 |
| 5 | 11 | 火 | 11 | 乙丑 | 2·9 | 11 | 金 | 12 | 丙申 | 2·9 | 12 | 月 | 14 | 丁卯 | 2·9 |
| 6 | 12 | 水 | 12 | 丙寅 | 2·8 | 12 | 土 | 13 | 丁酉 | 2·8 | 13 | 火 | 15 | 戊辰 | 2·9 |
| 7 | 13 | 木 | 13 | 丁卯 | 2·8 | 13 | 日 | 14 | 戊戌 | 2·8 | 14 | 水 | 16 | 己巳 | 2·8 |
| 8 | 14 | 金 | 14 | 戊辰 | 3·8 | 14 | 月 | 15 | 己亥 | 3·8 | 15 | 木 | 17 | 庚午 | 3·8 |
| 9 | 15 | 土 | 15 | 己巳 | 3·7 | 15 | 火 | 16 | 庚子 | 3·7 | 16 | 金 | 18 | 辛未 | 3·8 |
| 10 | 16 | 日 | 16 | 庚午 | 3·7 | 16 | 水 | 17 | 辛丑 | 3·7 | 17 | 土 | 19 | 壬申 | 3·7 |
| 11 | 17 | 月 | 17 | 辛未 | 4·7 | 17 | 木 | 18 | 壬寅 | 4·7 | 18 | 日 | 20 | 癸酉 | 4·7 |
| 12 | 18 | 火 | 18 | 壬申 | 4·6 | 18 | 金 | 19 | 癸卯 | 4·6 | 19 | 月 | 21 | 甲戌 | 4·7 |
| 13 | 19 | 水 | 19 | 癸酉 | 4·6 | 19 | 土 | 20 | 甲辰 | 4·6 | 20 | 火 | 22 | 乙亥 | 4·6 |
| 14 | 20 | 木 | 20 | 甲戌 | 5·6 | 20 | 日 | 21 | 乙巳 | 5·6 | 21 | 水 | 23 | 丙子 | 5·6 |
| 15 | 21 | 金 | 21 | 乙亥 | 소만 | 21 | 月 | 22 | 丙午 | 하지 | 22 | 木 | 24 | 丁丑 | 5·6 |
| 16 | 22 | 土 | 22 | 丙子 | 5·5 | 22 | 火 | 23 | 丁未 | 5·5 | 23 | 金 | 25 | 戊寅 | 대서 |
| 17 | 23 | 日 | 23 | 丁丑 | 6·5 | 23 | 水 | 24 | 戊申 | 6·5 | 24 | 土 | 26 | 己卯 | 6·5 |
| 18 | 24 | 月 | 24 | 戊寅 | 6·4 | 24 | 木 | 25 | 己酉 | 6·4 | 25 | 日 | 27 | 庚辰 | 6·5 |
| 19 | 25 | 火 | 25 | 己卯 | 6·4 | 25 | 金 | 26 | 庚戌 | 6·4 | 26 | 月 | 28 | 辛巳 | 6·4 |
| 20 | 26 | 水 | 26 | 庚辰 | 7·4 | 26 | 土 | 27 | 辛亥 | 7·4 | 27 | 火 | 29 | 壬午 | 7·4 |
| 21 | 27 | 木 | 27 | 辛巳 | 7·3 | 27 | 日 | 28 | 壬子 | 7·3 | 28 | 水 | 7/1 | 癸未 | 7·4 |
| 22 | 28 | 金 | 28 | 壬午 | 7·3 | 28 | 月 | 29 | 癸丑 | 7·3 | 29 | 木 | 2 | 甲申 | 7·3 |
| 23 | 29 | 土 | 29 | 癸未 | 8·3 | 29 | 火 | 6/1 | 甲寅 | 8·3 | 30 | 金 | 3 | 乙酉 | 8·3 |
| 24 | 30 | 日 | 30 | 甲申 | 8·2 | 30 | 水 | 2 | 乙卯 | 8·2 | 31 | 土 | 4 | 丙戌 | 8·3 |
| 25 | 31 | 月 | 5/1 | 乙酉 | 8·2 | 7/1 | 木 | 3 | 丙辰 | 8·2 | 8/1 | 日 | 5 | 丁亥 | 8·2 |
| 26 | 6/1 | 火 | 2 | 丙戌 | 9·2 | 2 | 金 | 4 | 丁巳 | 9·2 | 2 | 月 | 6 | 戊子 | 9·2 |
| 27 | 2 | 水 | 3 | 丁亥 | 9·1 | 3 | 土 | 5 | 戊午 | 9·1 | 3 | 火 | 7 | 己丑 | 9·2 |
| 28 | 3 | 木 | 4 | 戊子 | 9·1 | 4 | 日 | 6 | 己未 | 9·1 | 4 | 水 | 8 | 庚寅 | 9·1 |
| 29 | 4 | 金 | 5 | 己丑 | 10·1 | 5 | 月 | 7 | 庚申 | 10·1 | 5 | 木 | 9 | 辛卯 | 10·1 |
| 30 | 5 | 土 | 6 | 庚寅 | 10·1 | 6 | 火 | 8 | 辛酉 | 10·1 | 6 | 金 | 10 | 壬辰 | 10·1 |
| 31 | | | | | | | | | | | 7 | 土 | 11 | 癸巳 | 10·1 |

# 乙巳年

| 절기후날수 | 입추절(甲申月) 立秋 8월8일 3시5분 處暑 8월23일 17시43분 | | | | | 백로절(乙酉月) 白露 9월8일 5시48분 秋分 9월23일 15시6분 | | | | | 한로절(丙戌月) 寒露 10월8일 21시11분 霜降 10월24일 0시10분 | | | | |
|---|---|---|---|---|---|---|---|---|---|---|---|---|---|---|---|
| | 양력 | 요일 | 음력 | 일진 | 大運 남·여 | 양력 | 요일 | 음력 | 일진 | 大運 남·여 | 양력 | 요일 | 음력 | 일진 | 大運 남·여 |
| 0 | 8/8 | 日 | 12 | 甲午 | 입추 | 9/8 | 水 | 13 | 乙丑 | 백로 | 10/8 | 金 | 14 | 乙未 | 한로 |
| 1 | 9 | 月 | 13 | 乙未 | 1·10 | 9 | 木 | 14 | 丙寅 | 1·10 | 9 | 土 | 15 | 丙申 | 1·10 |
| 2 | 10 | 火 | 14 | 丙申 | 1·10 | 10 | 金 | 15 | 丁卯 | 1·9 | 10 | 日 | 16 | 丁酉 | 1·10 |
| 3 | 11 | 水 | 15 | 丁酉 | 1·9 | 11 | 土 | 16 | 戊辰 | 1·9 | 11 | 月 | 17 | 戊戌 | 1·9 |
| 4 | 12 | 木 | 16 | 戊戌 | 1·9 | 12 | 日 | 17 | 己巳 | 1·9 | 12 | 火 | 18 | 己亥 | 1·9 |
| 5 | 13 | 金 | 17 | 己亥 | 2·9 | 13 | 月 | 18 | 庚午 | 2·8 | 13 | 水 | 19 | 庚子 | 2·9 |
| 6 | 14 | 土 | 18 | 庚子 | 2·8 | 14 | 火 | 19 | 辛未 | 2·8 | 14 | 木 | 20 | 辛丑 | 2·8 |
| 7 | 15 | 日 | 19 | 辛丑 | 2·8 | 15 | 水 | 20 | 壬申 | 2·8 | 15 | 金 | 21 | 壬寅 | 2·8 |
| 8 | 16 | 月 | 20 | 壬寅 | 3·8 | 16 | 木 | 21 | 癸酉 | 3·7 | 16 | 土 | 22 | 癸卯 | 3·8 |
| 9 | 17 | 火 | 21 | 癸卯 | 3·7 | 17 | 金 | 22 | 甲戌 | 3·7 | 17 | 日 | 23 | 甲辰 | 3·7 |
| 10 | 18 | 水 | 22 | 甲辰 | 3·7 | 18 | 土 | 23 | 乙亥 | 3·7 | 18 | 月 | 24 | 乙巳 | 3·7 |
| 11 | 19 | 木 | 23 | 乙巳 | 4·7 | 19 | 日 | 24 | 丙子 | 4·6 | 19 | 火 | 25 | 丙午 | 4·7 |
| 12 | 20 | 金 | 24 | 丙午 | 4·6 | 20 | 月 | 25 | 丁丑 | 4·6 | 20 | 水 | 26 | 丁未 | 4·6 |
| 13 | 21 | 土 | 25 | 丁未 | 4·6 | 21 | 火 | 26 | 戊寅 | 4·6 | 21 | 木 | 27 | 戊申 | 4·6 |
| 14 | 22 | 日 | 26 | 戊申 | 5·6 | 22 | 水 | 27 | 己卯 | 5·5 | 22 | 金 | 28 | 己酉 | 5·6 |
| 15 | 23 | 月 | 27 | 己酉 | 처서 | 23 | 木 | 28 | 庚辰 | 추분 | 23 | 土 | 29 | 庚戌 | 5·5 |
| 16 | 24 | 火 | 28 | 庚戌 | 5·5 | 24 | 金 | 29 | 辛巳 | 5·5 | 24 | 日 | 10/1 | 辛亥 | 상강 |
| 17 | 25 | 水 | 29 | 辛亥 | 6·5 | 25 | 土 | 9/1 | 壬午 | 6·4 | 25 | 月 | 2 | 壬子 | 6·5 |
| 18 | 26 | 木 | 30 | 壬子 | 6·4 | 26 | 日 | 2 | 癸未 | 6·4 | 26 | 火 | 3 | 癸丑 | 6·4 |
| 19 | 27 | 金 | 8/1 | 癸丑 | 6·4 | 27 | 月 | 3 | 甲申 | 6·4 | 27 | 水 | 4 | 甲寅 | 6·4 |
| 20 | 28 | 土 | 2 | 甲寅 | 7·4 | 28 | 火 | 4 | 乙酉 | 7·3 | 28 | 木 | 5 | 乙卯 | 7·4 |
| 21 | 29 | 日 | 3 | 乙卯 | 7·3 | 29 | 水 | 5 | 丙戌 | 7·3 | 29 | 金 | 6 | 丙辰 | 7·3 |
| 22 | 30 | 月 | 4 | 丙辰 | 7·3 | 30 | 木 | 6 | 丁亥 | 7·3 | 30 | 土 | 7 | 丁巳 | 7·3 |
| 23 | 31 | 火 | 5 | 丁巳 | 8·3 | 10/1 | 金 | 7 | 戊子 | 8·2 | 31 | 日 | 8 | 戊午 | 8·3 |
| 24 | 9/1 | 水 | 6 | 戊午 | 8·2 | 2 | 土 | 8 | 己丑 | 8·2 | 11/1 | 月 | 9 | 己未 | 8·2 |
| 25 | 2 | 木 | 7 | 己未 | 8·2 | 3 | 日 | 9 | 庚寅 | 8·2 | 2 | 火 | 10 | 庚申 | 8·2 |
| 26 | 3 | 金 | 8 | 庚申 | 9·2 | 4 | 月 | 10 | 辛卯 | 9·1 | 3 | 水 | 11 | 辛酉 | 9·2 |
| 27 | 4 | 土 | 9 | 辛酉 | 9·1 | 5 | 火 | 11 | 壬辰 | 9·1 | 4 | 木 | 12 | 壬戌 | 9·1 |
| 28 | 5 | 日 | 10 | 壬戌 | 9·1 | 6 | 水 | 12 | 癸巳 | 9·1 | 5 | 金 | 13 | 癸亥 | 9·1 |
| 29 | 6 | 月 | 11 | 癸亥 | 10·1 | 7 | 木 | 13 | 甲午 | 10·1 | 6 | 土 | 14 | 甲子 | 10·1 |
| 30 | 7 | 火 | 12 | 甲子 | 10·1 | | | | | | 7 | 日 | 15 | 乙丑 | 10·1 |
| 31 | | | | | | | | | | | | | | | |

| 절기후날수 | 입동절(丁亥月) 立冬 11월8일 0시7분 小雪 11월22일 21시29분 | | | | | 대설절(戊子月) 大雪 12월7일 16시46분 冬至 12월22일 10시40분 | | | | | 소한절(己丑月) 小寒 1월6일 3시54분 大寒 1월20일 21시20분 | | | | |
|---|---|---|---|---|---|---|---|---|---|---|---|---|---|---|---|
| | 양력 | 요일 | 음력 | 일진 | 大運 남·여 | 양력 | 요일 | 음력 | 일진 | 大運 남·여 | 양력 | 요일 | 음력 | 일진 | 大運 남·여 |
| 0 | 11/8 | 月 | 16 | 丙寅 | 입동 | 12/7 | 火 | 15 | 乙未 | 대설 | 1/6 | 木 | 15 | 乙丑 | 소한 |
| 1 | 9 | 火 | 17 | 丁卯 | 1·9 | 8 | 水 | 16 | 丙申 | 1·10 | 7 | 金 | 16 | 丙寅 | 1·9 |
| 2 | 10 | 水 | 18 | 戊辰 | 1·9 | 9 | 木 | 17 | 丁酉 | 1·9 | 8 | 土 | 17 | 丁卯 | 1·9 |
| 3 | 11 | 木 | 19 | 己巳 | 1·9 | 10 | 金 | 18 | 戊戌 | 1·9 | 9 | 日 | 18 | 戊辰 | 1·9 |
| 4 | 12 | 金 | 20 | 庚午 | 1·8 | 11 | 土 | 19 | 己亥 | 1·9 | 10 | 月 | 19 | 己巳 | 1·8 |
| 5 | 13 | 土 | 21 | 辛未 | 2·8 | 12 | 日 | 20 | 庚子 | 2·8 | 11 | 火 | 20 | 庚午 | 2·8 |
| 6 | 14 | 日 | 22 | 壬申 | 2·8 | 13 | 月 | 21 | 辛丑 | 2·8 | 12 | 水 | 21 | 辛未 | 2·8 |
| 7 | 15 | 月 | 23 | 癸酉 | 2·7 | 14 | 火 | 22 | 壬寅 | 2·8 | 13 | 木 | 22 | 壬申 | 2·7 |
| 8 | 16 | 火 | 24 | 甲戌 | 3·7 | 15 | 水 | 23 | 癸卯 | 3·7 | 14 | 金 | 23 | 癸酉 | 3·7 |
| 9 | 17 | 水 | 25 | 乙亥 | 3·7 | 16 | 木 | 24 | 甲辰 | 3·7 | 15 | 土 | 24 | 甲戌 | 3·7 |
| 10 | 18 | 木 | 26 | 丙子 | 3·6 | 17 | 金 | 25 | 乙巳 | 3·7 | 16 | 日 | 25 | 乙亥 | 3·6 |
| 11 | 19 | 金 | 27 | 丁丑 | 4·6 | 18 | 土 | 26 | 丙午 | 4·6 | 17 | 月 | 26 | 丙子 | 4·6 |
| 12 | 20 | 土 | 28 | 戊寅 | 4·6 | 19 | 日 | 27 | 丁未 | 4·6 | 18 | 火 | 27 | 丁丑 | 4·6 |
| 13 | 21 | 日 | 29 | 己卯 | 4·5 | 20 | 月 | 28 | 戊申 | 4·6 | 19 | 水 | 28 | 戊寅 | 4·5 |
| 14 | 22 | 月 | 30 | 庚辰 | 소설 | 21 | 火 | 29 | 己酉 | 5·5 | 20 | 木 | 29 | 己卯 | 대한 |
| 15 | 23 | 火 | 11/1 | 辛巳 | 5·5 | 22 | 水 | 30 | 庚戌 | 동지 | 21 | 金 | 30 | 庚辰 | 5·5 |
| 16 | 24 | 水 | 2 | 壬午 | 5·4 | 23 | 木 | 12/1 | 辛亥 | 5·5 | 22 | 土 | 1/1 | 辛巳 | 5·4 |
| 17 | 25 | 木 | 3 | 癸未 | 6·4 | 24 | 金 | 2 | 壬子 | 6·4 | 23 | 日 | 2 | 壬午 | 6·4 |
| 18 | 26 | 金 | 4 | 甲申 | 6·4 | 25 | 土 | 3 | 癸丑 | 6·4 | 24 | 月 | 3 | 癸未 | 6·4 |
| 19 | 27 | 土 | 5 | 乙酉 | 6·3 | 26 | 日 | 4 | 甲寅 | 6·4 | 25 | 火 | 4 | 甲申 | 6·3 |
| 20 | 28 | 日 | 6 | 丙戌 | 7·3 | 27 | 月 | 5 | 乙卯 | 7·3 | 26 | 水 | 5 | 乙酉 | 7·3 |
| 21 | 29 | 月 | 7 | 丁亥 | 7·3 | 28 | 火 | 6 | 丙辰 | 7·3 | 27 | 木 | 6 | 丙戌 | 7·3 |
| 22 | 30 | 火 | 8 | 戊子 | 7·2 | 29 | 水 | 7 | 丁巳 | 7·3 | 28 | 金 | 7 | 丁亥 | 7·2 |
| 23 | 12/1 | 水 | 9 | 己丑 | 8·2 | 30 | 木 | 8 | 戊午 | 8·2 | 29 | 土 | 8 | 戊子 | 8·2 |
| 24 | 2 | 木 | 10 | 庚寅 | 8·2 | 31 | 金 | 9 | 己未 | 8·2 | 30 | 日 | 9 | 己丑 | 8·2 |
| 25 | 3 | 金 | 11 | 辛卯 | 8·1 | 1/1 | 土 | 10 | 庚申 | 8·2 | 31 | 月 | 10 | 庚寅 | 8·1 |
| 26 | 4 | 土 | 12 | 壬辰 | 9·1 | 2 | 日 | 11 | 辛酉 | 9·1 | 2/1 | 火 | 11 | 辛卯 | 9·1 |
| 27 | 5 | 日 | 13 | 癸巳 | 9·1 | 3 | 月 | 12 | 壬戌 | 9·1 | 2 | 水 | 12 | 壬辰 | 9·1 |
| 28 | 6 | 月 | 14 | 甲午 | 9·1 | 4 | 火 | 13 | 癸亥 | 9·1 | 3 | 木 | 13 | 癸巳 | 9·1 |
| 29 | | | | | | 5 | 水 | 14 | 甲子 | 10·1 | | | | | |
| 30 | | | | | | | | | | | | | | | |
| 31 | | | | | | | | | | | | | | | |

# 서기 1966년 [단기 4299년]

| 절기후날수 | 입춘절(庚寅月) 立春 2월4일 15시38분 雨水 2월19일 11시38분 | | | | | 경칩절(辛卯月) 驚蟄 3월6일 9시51분 春分 3월21일 10시53분 | | | | | 청명절(壬辰月) 淸明 4월5일 14시57분 穀雨 4월20일 22시12분 | | | | |
|---|---|---|---|---|---|---|---|---|---|---|---|---|---|---|---|
| | 양력 | 요일 | 음력 | 일진 | 大運 남·여 | 양력 | 요일 | 음력 | 일진 | 大運 남·여 | 양력 | 요일 | 음력 | 일진 | 大運 남·여 |
| 0 | 2/4 | 金 | 14 | 甲午 | 입춘 | 3/6 | 日 | 15 | 甲子 | 경칩 | 4/5 | 火 | 15 | 甲午 | 청명 |
| 1 | 5 | 土 | 15 | 乙未 | 10·1 | 7 | 月 | 16 | 乙丑 | 10·1 | 6 | 水 | 16 | 乙未 | 10·1 |
| 2 | 6 | 日 | 16 | 丙申 | 9·1 | 8 | 火 | 17 | 丙寅 | 9·1 | 7 | 木 | 17 | 丙申 | 10·1 |
| 3 | 7 | 月 | 17 | 丁酉 | 9·1 | 9 | 水 | 18 | 丁卯 | 9·1 | 8 | 金 | 18 | 丁酉 | 9·1 |
| 4 | 8 | 火 | 18 | 戊戌 | 9·1 | 10 | 木 | 19 | 戊辰 | 9·1 | 9 | 土 | 19 | 戊戌 | 9·1 |
| 5 | 9 | 水 | 19 | 己亥 | 8·2 | 11 | 金 | 20 | 己巳 | 8·2 | 10 | 日 | 20 | 己亥 | 9·2 |
| 6 | 10 | 木 | 20 | 庚子 | 8·2 | 12 | 土 | 21 | 庚午 | 8·2 | 11 | 月 | 21 | 庚子 | 8·2 |
| 7 | 11 | 金 | 21 | 辛丑 | 8·2 | 13 | 日 | 22 | 辛未 | 8·2 | 12 | 火 | 22 | 辛丑 | 8·2 |
| 8 | 12 | 土 | 22 | 壬寅 | 7·3 | 14 | 月 | 23 | 壬申 | 7·3 | 13 | 水 | 23 | 壬寅 | 8·3 |
| 9 | 13 | 日 | 23 | 癸卯 | 7·3 | 15 | 火 | 24 | 癸酉 | 7·3 | 14 | 木 | 24 | 癸卯 | 7·3 |
| 10 | 14 | 月 | 24 | 甲辰 | 7·3 | 16 | 水 | 25 | 甲戌 | 7·3 | 15 | 金 | 25 | 甲辰 | 7·3 |
| 11 | 15 | 火 | 25 | 乙巳 | 6·4 | 17 | 木 | 26 | 乙亥 | 6·4 | 16 | 土 | 26 | 乙巳 | 7·4 |
| 12 | 16 | 水 | 26 | 丙午 | 6·4 | 18 | 金 | 27 | 丙子 | 6·4 | 17 | 日 | 27 | 丙午 | 6·4 |
| 13 | 17 | 木 | 27 | 丁未 | 6·4 | 19 | 土 | 28 | 丁丑 | 6·4 | 18 | 月 | 28 | 丁未 | 6·4 |
| 14 | 18 | 金 | 28 | 戊申 | 5·5 | 20 | 日 | 29 | 戊寅 | 5·5 | 19 | 火 | 29 | 戊申 | 6·5 |
| 15 | 19 | 土 | 29 | 己酉 | 우수 | 21 | 月 | 30 | 己卯 | 춘분 | 20 | 水 | 30 | 己酉 | 곡우 |
| 16 | 20 | 日 | 2/1 | 庚戌 | 5·5 | 22 | 火 | 3/1 | 庚辰 | 5·5 | 21 | 木 | 윤1 | 庚戌 | 5·5 |
| 17 | 21 | 月 | 2 | 辛亥 | 4·6 | 23 | 水 | 2 | 辛巳 | 4·6 | 22 | 金 | 윤2 | 辛亥 | 5·6 |
| 18 | 22 | 火 | 3 | 壬子 | 4·6 | 24 | 木 | 3 | 壬午 | 4·6 | 23 | 土 | 윤3 | 壬子 | 4·6 |
| 19 | 23 | 水 | 4 | 癸丑 | 4·6 | 25 | 金 | 4 | 癸未 | 4·6 | 24 | 日 | 윤4 | 癸丑 | 4·6 |
| 20 | 24 | 木 | 5 | 甲寅 | 3·7 | 26 | 土 | 5 | 甲申 | 3·7 | 25 | 月 | 윤5 | 甲寅 | 4·7 |
| 21 | 25 | 金 | 6 | 乙卯 | 3·7 | 27 | 日 | 6 | 乙酉 | 3·7 | 26 | 火 | 윤6 | 乙卯 | 3·7 |
| 22 | 26 | 土 | 7 | 丙辰 | 3·7 | 28 | 月 | 7 | 丙戌 | 3·7 | 27 | 水 | 윤7 | 丙辰 | 3·7 |
| 23 | 27 | 日 | 8 | 丁巳 | 2·8 | 29 | 火 | 8 | 丁亥 | 2·8 | 28 | 木 | 윤8 | 丁巳 | 3·8 |
| 24 | 28 | 月 | 9 | 戊午 | 2·8 | 30 | 水 | 9 | 戊子 | 2·8 | 29 | 金 | 윤9 | 戊午 | 2·8 |
| 25 | 3/1 | 火 | 10 | 己未 | 2·8 | 31 | 木 | 10 | 己丑 | 2·8 | 30 | 土 | 윤10 | 己未 | 2·8 |
| 26 | 2 | 水 | 11 | 庚申 | 1·9 | 4/1 | 金 | 11 | 庚寅 | 1·9 | 5/1 | 日 | 윤11 | 庚申 | 2·9 |
| 27 | 3 | 木 | 12 | 辛酉 | 1·9 | 2 | 土 | 12 | 辛卯 | 1·9 | 2 | 月 | 윤12 | 辛酉 | 1·9 |
| 28 | 4 | 金 | 13 | 壬戌 | 1·9 | 3 | 日 | 13 | 壬辰 | 1·9 | 3 | 火 | 윤13 | 壬戌 | 1·9 |
| 29 | 5 | 土 | 14 | 癸亥 | 1·10 | 4 | 月 | 14 | 癸巳 | 1·10 | 4 | 水 | 윤14 | 癸亥 | 1·10 |
| 30 | | | | | | | | | | | 5 | 木 | 윤15 | 甲子 | 1·10 |
| 31 | | | | | | | | | | | | | | | |

| 절기후날수 | 입하절(癸巳月) 立夏 5월6일 8시30분 小滿 5월21일 21시32분 | | | | | 망종절(甲午月) 芒種 6월6일 12시50분 夏至 6월22일 5시33분 | | | | | 소서절(乙未月) 小暑 7월7일 23시7분 大暑 7월23일 16시23분 | | | | |
|---|---|---|---|---|---|---|---|---|---|---|---|---|---|---|---|
| | 양력 | 요일 | 음력 | 일진 | 大運 남·여 | 양력 | 요일 | 음력 | 일진 | 大運 남·여 | 양력 | 요일 | 음력 | 일진 | 大運 남·여 |
| 0 | 5/6 | 金 | 윤16 | 乙丑 | 입하 | 6/6 | 月 | 18 | 丙申 | 망종 | 7/7 | 木 | 19 | 丁卯 | 소서 |
| 1 | 7 | 土 | 윤17 | 丙寅 | 10·1 | 7 | 火 | 19 | 丁酉 | 10·1 | 8 | 金 | 20 | 戊辰 | 10·1 |
| 2 | 8 | 日 | 윤18 | 丁卯 | 10·1 | 8 | 水 | 20 | 戊戌 | 10·1 | 9 | 土 | 21 | 己巳 | 10·1 |
| 3 | 9 | 月 | 윤19 | 戊辰 | 9·1 | 9 | 木 | 21 | 己亥 | 9·1 | 10 | 日 | 22 | 庚午 | 10·1 |
| 4 | 10 | 火 | 윤20 | 己巳 | 9·1 | 10 | 金 | 22 | 庚子 | 9·1 | 11 | 月 | 23 | 辛未 | 9·1 |
| 5 | 11 | 水 | 윤21 | 庚午 | 9·2 | 11 | 土 | 23 | 辛丑 | 9·2 | 12 | 火 | 24 | 壬申 | 9·2 |
| 6 | 12 | 木 | 윤22 | 辛未 | 8·2 | 12 | 日 | 24 | 壬寅 | 8·2 | 13 | 水 | 25 | 癸酉 | 9·2 |
| 7 | 13 | 金 | 윤23 | 壬申 | 8·2 | 13 | 月 | 25 | 癸卯 | 8·2 | 14 | 木 | 26 | 甲戌 | 8·2 |
| 8 | 14 | 土 | 윤24 | 癸酉 | 8·3 | 14 | 火 | 26 | 甲辰 | 8·3 | 15 | 金 | 27 | 乙亥 | 8·3 |
| 9 | 15 | 日 | 윤25 | 甲戌 | 7·3 | 15 | 水 | 27 | 乙巳 | 7·3 | 16 | 土 | 28 | 丙子 | 8·3 |
| 10 | 16 | 月 | 윤26 | 乙亥 | 7·3 | 16 | 木 | 28 | 丙午 | 7·3 | 17 | 日 | 29 | 丁丑 | 7·3 |
| 11 | 17 | 火 | 윤27 | 丙子 | 7·4 | 17 | 金 | 29 | 丁未 | 7·4 | 18 | 月 | 6/1 | 戊寅 | 7·4 |
| 12 | 18 | 水 | 윤28 | 丁丑 | 6·4 | 18 | 土 | 30 | 戊申 | 6·4 | 19 | 火 | 2 | 己卯 | 7·4 |
| 13 | 19 | 木 | 윤29 | 戊寅 | 6·4 | 19 | 日 | 5/1 | 己酉 | 6·4 | 20 | 水 | 3 | 庚辰 | 6·4 |
| 14 | 20 | 金 | 4/1 | 己卯 | 6·5 | 20 | 月 | 2 | 庚戌 | 6·5 | 21 | 木 | 4 | 辛巳 | 6·5 |
| 15 | 21 | 土 | 2 | 庚辰 | 소만 | 21 | 火 | 3 | 辛亥 | 5·5 | 22 | 金 | 5 | 壬午 | 6·5 |
| 16 | 22 | 日 | 3 | 辛巳 | 5·5 | 22 | 水 | 4 | 壬子 | 하지 | 23 | 土 | 6 | 癸未 | 대서 |
| 17 | 23 | 月 | 4 | 壬午 | 5·6 | 23 | 木 | 5 | 癸丑 | 5·6 | 24 | 日 | 7 | 甲申 | 5·6 |
| 18 | 24 | 火 | 5 | 癸未 | 4·6 | 24 | 金 | 6 | 甲寅 | 4·6 | 25 | 月 | 8 | 乙酉 | 5·6 |
| 19 | 25 | 水 | 6 | 甲申 | 4·6 | 25 | 土 | 7 | 乙卯 | 4·6 | 26 | 火 | 9 | 丙戌 | 4·6 |
| 20 | 26 | 木 | 7 | 乙酉 | 4·7 | 26 | 日 | 8 | 丙辰 | 4·7 | 27 | 水 | 10 | 丁亥 | 4·7 |
| 21 | 27 | 金 | 8 | 丙戌 | 3·7 | 27 | 月 | 9 | 丁巳 | 3·7 | 28 | 木 | 11 | 戊子 | 4·7 |
| 22 | 28 | 土 | 9 | 丁亥 | 3·7 | 28 | 火 | 10 | 戊午 | 3·7 | 29 | 金 | 12 | 己丑 | 3·7 |
| 23 | 29 | 日 | 10 | 戊子 | 3·8 | 29 | 水 | 11 | 己未 | 3·8 | 30 | 土 | 13 | 庚寅 | 3·8 |
| 24 | 30 | 月 | 11 | 己丑 | 2·8 | 30 | 木 | 12 | 庚申 | 2·8 | 31 | 日 | 14 | 辛卯 | 3·8 |
| 25 | 31 | 火 | 12 | 庚寅 | 2·8 | 7/1 | 金 | 13 | 辛酉 | 2·8 | 8/1 | 月 | 15 | 壬辰 | 2·8 |
| 26 | 6/1 | 水 | 13 | 辛卯 | 2·9 | 2 | 土 | 14 | 壬戌 | 2·9 | 2 | 火 | 16 | 癸巳 | 2·9 |
| 27 | 2 | 木 | 14 | 壬辰 | 1·9 | 3 | 日 | 15 | 癸亥 | 1·9 | 3 | 水 | 17 | 甲午 | 2·9 |
| 28 | 3 | 金 | 15 | 癸巳 | 1·9 | 4 | 月 | 16 | 甲子 | 1·9 | 4 | 木 | 18 | 乙未 | 1·9 |
| 29 | 4 | 土 | 16 | 甲午 | 1·10 | 5 | 火 | 17 | 乙丑 | 1·10 | 5 | 金 | 19 | 丙申 | 1·10 |
| 30 | 5 | 日 | 17 | 乙未 | 1·10 | 6 | 水 | 18 | 丙寅 | 1·10 | 6 | 土 | 20 | 丁酉 | 1·10 |
| 31 | | | | | | | | | | | 7 | 日 | 21 | 戊戌 | 1·10 |

▶ 윤달-3월

# 丙午年

| 절기후날수 | 입추절(丙申月) 立秋 8월8일 8시49분 處暑 8월23일 23시18분 | | | | | 백로절(丁酉月) 白露 9월8일 11시32분 秋分 9월23일 20시43분 | | | | | 한로절(戊戌月) 寒露 10월9일 2시57분 霜降 10월24일 5시51분 | | | | | 입동절(己亥月) 立冬 11월8일 5시55분 小雪 11월23일 3시14분 | | | | | 대설절(庚子月) 大雪 12월7일 22시38분 冬至 12월22일 16시28분 | | | | | 소한절(辛丑月) 小寒 1월6일 9시48분 大寒 1월21일 3시8분 | | | | |
|---|---|---|---|---|---|---|---|---|---|---|---|---|---|---|---|---|---|---|---|---|---|---|---|---|---|---|---|---|---|---|
| | 양력 | 요일 | 음력 | 일진 | 大運 남·여 | 양력 | 요일 | 음력 | 일진 | 大運 남·여 | 양력 | 요일 | 음력 | 일진 | 大運 남·여 | 양력 | 요일 | 음력 | 일진 | 大運 남·여 | 양력 | 요일 | 음력 | 일진 | 大運 남·여 | 양력 | 요일 | 음력 | 일진 | 大運 남·여 |
| 0 | 8/8 | 月 | 22 | 己亥 | 입추 | 9/8 | 木 | 24 | 庚午 | 백로 | 10/9 | 日 | 25 | 辛丑 | 한로 | 11/8 | 火 | 26 | 辛未 | 입동 | 12/7 | 水 | 26 | 庚子 | 대설 | 1/6 | 金 | 26 | 庚午 | 소한 |
| 1 | 9 | 火 | 23 | 庚子 | 10·1 | 9 | 金 | 25 | 辛未 | 10·1 | 10 | 月 | 26 | 壬寅 | 10·1 | 9 | 水 | 27 | 壬申 | 9·1 | 8 | 木 | 27 | 辛丑 | 10·1 | 7 | 土 | 27 | 辛未 | 9·1 |
| 2 | 10 | 水 | 24 | 辛丑 | 10·1 | 10 | 土 | 26 | 壬申 | 10·1 | 11 | 火 | 27 | 癸卯 | 9·1 | 10 | 木 | 28 | 癸酉 | 9·1 | 9 | 金 | 28 | 壬寅 | 9·1 | 8 | 日 | 28 | 壬申 | 9·1 |
| 3 | 11 | 木 | 25 | 壬寅 | 9·1 | 11 | 日 | 27 | 癸酉 | 9·1 | 12 | 水 | 28 | 甲辰 | 9·1 | 11 | 金 | 29 | 甲戌 | 9·1 | 10 | 土 | 29 | 癸卯 | 9·1 | 9 | 月 | 29 | 癸酉 | 9·1 |
| 4 | 12 | 金 | 26 | 癸卯 | 9·1 | 12 | 月 | 28 | 甲戌 | 9·1 | 13 | 木 | 29 | 乙巳 | 9·1 | 12 | 土 | 10/1 | 乙亥 | 8·1 | 11 | 日 | 30 | 甲辰 | 9·1 | 10 | 火 | 30 | 甲戌 | 8·1 |
| 5 | 13 | 土 | 27 | 甲辰 | 9·2 | 13 | 火 | 29 | 乙亥 | 9·2 | 14 | 金 | 9/1 | 丙午 | 8·2 | 13 | 日 | 2 | 丙子 | 8·2 | 12 | 月 | 11/1 | 乙巳 | 8·2 | 11 | 水 | 12/1 | 乙亥 | 8·2 |
| 6 | 14 | 日 | 28 | 乙巳 | 8·2 | 14 | 水 | 30 | 丙子 | 8·2 | 15 | 土 | 2 | 丁未 | 8·2 | 14 | 月 | 3 | 丁丑 | 8·2 | 13 | 火 | 2 | 丙午 | 8·2 | 12 | 木 | 2 | 丙子 | 8·2 |
| 7 | 15 | 月 | 29 | 丙午 | 8·2 | 15 | 木 | 8/1 | 丁丑 | 8·2 | 16 | 日 | 3 | 戊申 | 8·2 | 15 | 火 | 4 | 戊寅 | 7·2 | 14 | 水 | 3 | 丁未 | 8·2 | 13 | 金 | 3 | 丁丑 | 7·2 |
| 8 | 16 | 火 | 7/1 | 丁未 | 8·3 | 16 | 金 | 2 | 戊寅 | 8·3 | 17 | 月 | 4 | 己酉 | 7·3 | 16 | 水 | 5 | 己卯 | 7·3 | 15 | 木 | 4 | 戊申 | 7·3 | 14 | 土 | 4 | 戊寅 | 7·3 |
| 9 | 17 | 水 | 2 | 戊申 | 7·3 | 17 | 土 | 3 | 己卯 | 7·3 | 18 | 火 | 5 | 庚戌 | 7·3 | 17 | 木 | 6 | 庚辰 | 7·3 | 16 | 金 | 5 | 己酉 | 7·3 | 15 | 日 | 5 | 己卯 | 7·3 |
| 10 | 18 | 木 | 3 | 己酉 | 7·3 | 18 | 日 | 4 | 庚辰 | 7·3 | 19 | 水 | 6 | 辛亥 | 7·3 | 18 | 金 | 7 | 辛巳 | 6·3 | 17 | 土 | 6 | 庚戌 | 7·3 | 16 | 月 | 6 | 庚辰 | 6·3 |
| 11 | 19 | 金 | 4 | 庚戌 | 7·4 | 19 | 月 | 5 | 辛巳 | 7·4 | 20 | 木 | 7 | 壬子 | 6·4 | 19 | 土 | 8 | 壬午 | 6·4 | 18 | 日 | 7 | 辛亥 | 6·4 | 17 | 火 | 7 | 辛巳 | 6·4 |
| 12 | 20 | 土 | 5 | 辛亥 | 6·4 | 20 | 火 | 6 | 壬午 | 6·4 | 21 | 金 | 8 | 癸丑 | 6·4 | 20 | 日 | 9 | 癸未 | 6·4 | 19 | 月 | 8 | 壬子 | 6·4 | 18 | 水 | 8 | 壬午 | 6·4 |
| 13 | 21 | 日 | 6 | 壬子 | 6·4 | 21 | 水 | 7 | 癸未 | 6·4 | 22 | 土 | 9 | 甲寅 | 6·4 | 21 | 月 | 10 | 甲申 | 5·4 | 20 | 火 | 9 | 癸丑 | 6·4 | 19 | 木 | 9 | 癸未 | 5·4 |
| 14 | 22 | 月 | 7 | 癸丑 | 6·5 | 22 | 木 | 8 | 甲申 | 6·5 | 23 | 日 | 10 | 乙卯 | 5·5 | 22 | 火 | 11 | 乙酉 | 5·5 | 21 | 水 | 10 | 甲寅 | 5·5 | 20 | 金 | 10 | 甲申 | 5·5 |
| 15 | 23 | 火 | 8 | 甲寅 | 처서 | 23 | 金 | 9 | 乙酉 | 추분 | 24 | 月 | 11 | 丙辰 | 상강 | 23 | 水 | 12 | 丙戌 | 소설 | 22 | 木 | 11 | 乙卯 | 동지 | 21 | 土 | 11 | 乙酉 | 대한 |
| 16 | 24 | 水 | 9 | 乙卯 | 5·5 | 24 | 土 | 10 | 丙戌 | 5·5 | 25 | 火 | 12 | 丁巳 | 5·5 | 24 | 木 | 13 | 丁亥 | 4·5 | 23 | 金 | 12 | 丙辰 | 5·5 | 22 | 日 | 12 | 丙戌 | 4·5 |
| 17 | 25 | 木 | 10 | 丙辰 | 5·6 | 25 | 日 | 11 | 丁亥 | 5·6 | 26 | 水 | 13 | 戊午 | 4·6 | 25 | 金 | 14 | 戊子 | 4·6 | 24 | 土 | 13 | 丁巳 | 4·6 | 23 | 月 | 13 | 丁亥 | 4·6 |
| 18 | 26 | 金 | 11 | 丁巳 | 4·6 | 26 | 月 | 12 | 戊子 | 4·6 | 27 | 木 | 14 | 己未 | 4·6 | 26 | 土 | 15 | 己丑 | 4·6 | 25 | 日 | 14 | 戊午 | 4·6 | 24 | 火 | 14 | 戊子 | 4·6 |
| 19 | 27 | 土 | 12 | 戊午 | 4·6 | 27 | 火 | 13 | 己丑 | 4·6 | 28 | 金 | 15 | 庚申 | 4·6 | 27 | 日 | 16 | 庚寅 | 3·6 | 26 | 月 | 15 | 己未 | 4·6 | 25 | 水 | 15 | 己丑 | 3·6 |
| 20 | 28 | 日 | 13 | 己未 | 4·7 | 28 | 水 | 14 | 庚寅 | 4·7 | 29 | 土 | 16 | 辛酉 | 3·7 | 28 | 月 | 17 | 辛卯 | 3·7 | 27 | 火 | 16 | 庚申 | 3·7 | 26 | 木 | 16 | 庚寅 | 3·7 |
| 21 | 29 | 月 | 14 | 庚申 | 3·7 | 29 | 木 | 15 | 辛卯 | 3·7 | 30 | 日 | 17 | 壬戌 | 3·7 | 29 | 火 | 18 | 壬辰 | 3·7 | 28 | 水 | 17 | 辛酉 | 3·7 | 27 | 金 | 17 | 辛卯 | 3·7 |
| 22 | 30 | 火 | 15 | 辛酉 | 3·7 | 30 | 金 | 16 | 壬辰 | 3·7 | 31 | 月 | 18 | 癸亥 | 3·7 | 30 | 水 | 19 | 癸巳 | 2·7 | 29 | 木 | 18 | 壬戌 | 3·7 | 28 | 土 | 18 | 壬辰 | 2·7 |
| 23 | 31 | 水 | 16 | 壬戌 | 3·8 | 10/1 | 土 | 17 | 癸巳 | 3·8 | 11/1 | 火 | 19 | 甲子 | 2·8 | 12/1 | 木 | 20 | 甲午 | 2·8 | 30 | 金 | 19 | 癸亥 | 2·8 | 29 | 日 | 19 | 癸巳 | 2·8 |
| 24 | 9/1 | 木 | 17 | 癸亥 | 2·8 | 2 | 日 | 18 | 甲午 | 2·8 | 2 | 水 | 20 | 乙丑 | 2·8 | 2 | 金 | 21 | 乙未 | 2·8 | 31 | 土 | 20 | 甲子 | 2·8 | 30 | 月 | 20 | 甲午 | 2·8 |
| 25 | 2 | 金 | 18 | 甲子 | 2·8 | 3 | 月 | 19 | 乙未 | 2·8 | 3 | 木 | 21 | 丙寅 | 2·8 | 3 | 土 | 22 | 丙申 | 1·8 | 1/1 | 日 | 21 | 乙丑 | 2·8 | 31 | 火 | 21 | 乙未 | 1·8 |
| 26 | 3 | 土 | 19 | 乙丑 | 2·9 | 4 | 火 | 20 | 丙申 | 2·9 | 4 | 金 | 22 | 丁卯 | 1·9 | 4 | 日 | 23 | 丁酉 | 1·9 | 2 | 月 | 22 | 丙寅 | 1·9 | 2/1 | 水 | 22 | 丙申 | 1·9 |
| 27 | 4 | 日 | 20 | 丙寅 | 1·9 | 5 | 水 | 21 | 丁酉 | 1·9 | 5 | 土 | 23 | 戊辰 | 1·9 | 5 | 月 | 24 | 戊戌 | 1·9 | 3 | 火 | 23 | 丁卯 | 1·9 | 2 | 木 | 23 | 丁酉 | 1·9 |
| 28 | 5 | 月 | 21 | 丁卯 | 1·9 | 6 | 木 | 22 | 戊戌 | 1·9 | 6 | 日 | 24 | 己巳 | 1·9 | 6 | 火 | 25 | 己亥 | 1·9 | 4 | 水 | 24 | 戊辰 | 1·9 | 3 | 金 | 24 | 戊戌 | 1·9 |
| 29 | 6 | 火 | 22 | 戊辰 | 1·10 | 7 | 金 | 23 | 己亥 | 1·10 | 7 | 月 | 25 | 庚午 | 1·10 | | | | | | 5 | 木 | 25 | 己巳 | 1·10 | | | | | |
| 30 | 7 | 水 | 23 | 己巳 | 1·10 | 8 | 土 | 24 | 庚子 | 1·10 | | | | | | | | | | | | | | | | | | | | |
| 31 | | | | | | | | | | | | | | | | | | | | | | | | | | | | | | |

# 서기 1967년 [단기 4300년]

| 절기후날수 | 입춘절(壬寅月)<br>立春 2월4일 21시31분<br>雨水 2월19일 17시24분 | | | | | 경칩절(癸卯月)<br>驚蟄 3월6일 15시42분<br>春分 3월21일 16시37분 | | | | | 청명절(甲辰月)<br>淸明 4월5일 20시45분<br>穀雨 4월21일 3시55분 | | | | |
|---|---|---|---|---|---|---|---|---|---|---|---|---|---|---|---|
| | 양력 | 요일 | 음력 | 일진 | 大運 남·여 | 양력 | 요일 | 음력 | 일진 | 大運 남·여 | 양력 | 요일 | 음력 | 일진 | 大運 남·여 |
| 0 | 2/4 | 土 | 25 | 己亥 | 입춘 | 3/6 | 月 | 26 | 己巳 | 경칩 | 4/5 | 水 | 26 | 己亥 | 청명 |
| 1 | 5 | 日 | 26 | 庚子 | 1·10 | 7 | 火 | 27 | 庚午 | 1·10 | 6 | 木 | 27 | 庚子 | 1·10 |
| 2 | 6 | 月 | 27 | 辛丑 | 1·9 | 8 | 水 | 28 | 辛未 | 1·9 | 7 | 金 | 28 | 辛丑 | 1·10 |
| 3 | 7 | 火 | 28 | 壬寅 | 1·9 | 9 | 木 | 29 | 壬申 | 1·9 | 8 | 土 | 29 | 壬寅 | 1·9 |
| 4 | 8 | 水 | 29 | 癸卯 | 1·9 | 10 | 金 | 30 | 癸酉 | 1·9 | 9 | 日 | 30 | 癸卯 | 1·9 |
| 5 | 9 | 木 | 1/1 | 甲辰 | 2·8 | 11 | 土 | 2/1 | 甲戌 | 2·8 | 10 | 月 | 3/1 | 甲辰 | 2·9 |
| 6 | 10 | 金 | 2 | 乙巳 | 2·8 | 12 | 日 | 2 | 乙亥 | 2·8 | 11 | 火 | 2 | 乙巳 | 2·8 |
| 7 | 11 | 土 | 3 | 丙午 | 2·8 | 13 | 月 | 3 | 丙子 | 2·8 | 12 | 水 | 3 | 丙午 | 2·8 |
| 8 | 12 | 日 | 4 | 丁未 | 3·7 | 14 | 火 | 4 | 丁丑 | 3·7 | 13 | 木 | 4 | 丁未 | 3·8 |
| 9 | 13 | 月 | 5 | 戊申 | 3·7 | 15 | 水 | 5 | 戊寅 | 3·7 | 14 | 金 | 5 | 戊申 | 3·7 |
| 10 | 14 | 火 | 6 | 己酉 | 3·7 | 16 | 木 | 6 | 己卯 | 3·7 | 15 | 土 | 6 | 己酉 | 3·7 |
| 11 | 15 | 水 | 7 | 庚戌 | 4·6 | 17 | 金 | 7 | 庚辰 | 4·6 | 16 | 日 | 7 | 庚戌 | 4·7 |
| 12 | 16 | 木 | 8 | 辛亥 | 4·6 | 18 | 土 | 8 | 辛巳 | 4·6 | 17 | 月 | 8 | 辛亥 | 4·6 |
| 13 | 17 | 金 | 9 | 壬子 | 4·6 | 19 | 日 | 9 | 壬午 | 4·6 | 18 | 火 | 9 | 壬子 | 4·6 |
| 14 | 18 | 土 | 10 | 癸丑 | 5·5 | 20 | 月 | 10 | 癸未 | 5·5 | 19 | 水 | 10 | 癸丑 | 5·6 |
| 15 | 19 | 日 | 11 | 甲寅 | 우수 | 21 | 火 | 11 | 甲申 | 춘분 | 20 | 木 | 11 | 甲寅 | 5·5 |
| 16 | 20 | 月 | 12 | 乙卯 | 5·5 | 22 | 水 | 12 | 乙酉 | 5·5 | 21 | 金 | 12 | 乙卯 | 곡우 |
| 17 | 21 | 火 | 13 | 丙辰 | 6·4 | 23 | 木 | 13 | 丙戌 | 6·4 | 22 | 土 | 13 | 丙辰 | 6·5 |
| 18 | 22 | 水 | 14 | 丁巳 | 6·4 | 24 | 金 | 14 | 丁亥 | 6·4 | 23 | 日 | 14 | 丁巳 | 6·4 |
| 19 | 23 | 木 | 15 | 戊午 | 6·4 | 25 | 土 | 15 | 戊子 | 6·4 | 24 | 月 | 15 | 戊午 | 6·4 |
| 20 | 24 | 金 | 16 | 己未 | 7·3 | 26 | 日 | 16 | 己丑 | 7·3 | 25 | 火 | 16 | 己未 | 7·4 |
| 21 | 25 | 土 | 17 | 庚申 | 7·3 | 27 | 月 | 17 | 庚寅 | 7·3 | 26 | 水 | 17 | 庚申 | 7·3 |
| 22 | 26 | 日 | 18 | 辛酉 | 7·3 | 28 | 火 | 18 | 辛卯 | 7·3 | 27 | 木 | 18 | 辛酉 | 7·3 |
| 23 | 27 | 月 | 19 | 壬戌 | 8·2 | 29 | 水 | 19 | 壬辰 | 8·2 | 28 | 金 | 19 | 壬戌 | 8·3 |
| 24 | 28 | 火 | 20 | 癸亥 | 8·2 | 30 | 木 | 20 | 癸巳 | 8·2 | 29 | 土 | 20 | 癸亥 | 8·2 |
| 25 | 3/1 | 水 | 21 | 甲子 | 8·2 | 31 | 金 | 21 | 甲午 | 8·2 | 30 | 日 | 21 | 甲子 | 8·2 |
| 26 | 2 | 木 | 22 | 乙丑 | 9·1 | 4/1 | 土 | 22 | 乙未 | 9·1 | 5/1 | 月 | 22 | 乙丑 | 9·2 |
| 27 | 3 | 金 | 23 | 丙寅 | 9·1 | 2 | 日 | 23 | 丙申 | 9·1 | 2 | 火 | 23 | 丙寅 | 9·1 |
| 28 | 4 | 土 | 24 | 丁卯 | 9·1 | 3 | 月 | 24 | 丁酉 | 9·1 | 3 | 水 | 24 | 丁卯 | 9·1 |
| 29 | 5 | 日 | 25 | 戊辰 | 10·1 | 4 | 火 | 25 | 戊戌 | 10·1 | 4 | 木 | 25 | 戊辰 | 10·1 |
| 30 | | | | | | | | | | | 5 | 金 | 26 | 己巳 | 10·1 |
| 31 | | | | | | | | | | | | | | | |

| 절기후날수 | 입하절(乙巳月)<br>立夏 5월6일 14시17분<br>小滿 5월22일 3시18분 | | | | | 망종절(丙午月)<br>芒種 6월6일 18시36분<br>夏至 6월22일 11시23분 | | | | | 소서절(丁未月)<br>小暑 7월8일 4시53분<br>大暑 7월23일 22시16분 | | | | |
|---|---|---|---|---|---|---|---|---|---|---|---|---|---|---|---|
| | 양력 | 요일 | 음력 | 일진 | 大運 남·여 | 양력 | 요일 | 음력 | 일진 | 大運 남·여 | 양력 | 요일 | 음력 | 일진 | 大運 남·여 |
| 0 | 5/6 | 土 | 27 | 庚午 | 입하 | 6/6 | 火 | 29 | 辛丑 | 망종 | 7/8 | 土 | 6/1 | 癸酉 | 소서 |
| 1 | 7 | 日 | 28 | 辛未 | 1·10 | 7 | 水 | 30 | 壬寅 | 1·10 | 9 | 日 | 2 | 甲戌 | 1·10 |
| 2 | 8 | 月 | 29 | 壬申 | 1·10 | 8 | 木 | 5/1 | 癸卯 | 1·10 | 10 | 月 | 3 | 乙亥 | 1·10 |
| 3 | 9 | 火 | 4/1 | 癸酉 | 1·9 | 9 | 金 | 2 | 甲辰 | 1·10 | 11 | 火 | 4 | 丙子 | 1·9 |
| 4 | 10 | 水 | 2 | 甲戌 | 1·9 | 10 | 土 | 3 | 乙巳 | 1·9 | 12 | 水 | 5 | 丁丑 | 1·9 |
| 5 | 11 | 木 | 3 | 乙亥 | 2·9 | 11 | 日 | 4 | 丙午 | 2·9 | 13 | 木 | 6 | 戊寅 | 2·9 |
| 6 | 12 | 金 | 4 | 丙子 | 2·8 | 12 | 月 | 5 | 丁未 | 2·9 | 14 | 金 | 7 | 己卯 | 2·8 |
| 7 | 13 | 土 | 5 | 丁丑 | 2·8 | 13 | 火 | 6 | 戊申 | 2·8 | 15 | 土 | 8 | 庚辰 | 2·8 |
| 8 | 14 | 日 | 6 | 戊寅 | 3·8 | 14 | 水 | 7 | 己酉 | 3·8 | 16 | 日 | 9 | 辛巳 | 3·8 |
| 9 | 15 | 月 | 7 | 己卯 | 3·7 | 15 | 木 | 8 | 庚戌 | 3·8 | 17 | 月 | 10 | 壬午 | 3·7 |
| 10 | 16 | 火 | 8 | 庚辰 | 3·7 | 16 | 金 | 9 | 辛亥 | 3·7 | 18 | 火 | 11 | 癸未 | 3·7 |
| 11 | 17 | 水 | 9 | 辛巳 | 4·7 | 17 | 土 | 10 | 壬子 | 4·7 | 19 | 水 | 12 | 甲申 | 4·7 |
| 12 | 18 | 木 | 10 | 壬午 | 4·6 | 18 | 日 | 11 | 癸丑 | 4·7 | 20 | 木 | 13 | 乙酉 | 4·6 |
| 13 | 19 | 金 | 11 | 癸未 | 4·6 | 19 | 月 | 12 | 甲寅 | 4·6 | 21 | 金 | 14 | 丙戌 | 4·6 |
| 14 | 20 | 土 | 12 | 甲申 | 5·6 | 20 | 火 | 13 | 乙卯 | 5·6 | 22 | 土 | 15 | 丁亥 | 5·6 |
| 15 | 21 | 日 | 13 | 乙酉 | 5·5 | 21 | 水 | 14 | 丙辰 | 5·6 | 23 | 日 | 16 | 戊子 | 대서 |
| 16 | 22 | 月 | 14 | 丙戌 | 소만 | 22 | 木 | 15 | 丁巳 | 하지 | 24 | 月 | 17 | 己丑 | 5·5 |
| 17 | 23 | 火 | 15 | 丁亥 | 6·5 | 23 | 金 | 16 | 戊午 | 6·5 | 25 | 火 | 18 | 庚寅 | 6·5 |
| 18 | 24 | 水 | 16 | 戊子 | 6·4 | 24 | 土 | 17 | 己未 | 6·5 | 26 | 水 | 19 | 辛卯 | 6·4 |
| 19 | 25 | 木 | 17 | 己丑 | 6·4 | 25 | 日 | 18 | 庚申 | 6·4 | 27 | 木 | 20 | 壬辰 | 6·4 |
| 20 | 26 | 金 | 18 | 庚寅 | 7·4 | 26 | 月 | 19 | 辛酉 | 7·4 | 28 | 金 | 21 | 癸巳 | 7·4 |
| 21 | 27 | 土 | 19 | 辛卯 | 7·3 | 27 | 火 | 20 | 壬戌 | 7·4 | 29 | 土 | 22 | 甲午 | 7·3 |
| 22 | 28 | 日 | 20 | 壬辰 | 7·3 | 28 | 水 | 21 | 癸亥 | 7·3 | 30 | 日 | 23 | 乙未 | 7·3 |
| 23 | 29 | 月 | 21 | 癸巳 | 8·3 | 29 | 木 | 22 | 甲子 | 8·3 | 31 | 月 | 24 | 丙申 | 8·3 |
| 24 | 30 | 火 | 22 | 甲午 | 8·2 | 30 | 金 | 23 | 乙丑 | 8·3 | 8/1 | 火 | 25 | 丁酉 | 8·2 |
| 25 | 31 | 水 | 23 | 乙未 | 8·2 | 7/1 | 土 | 24 | 丙寅 | 8·2 | 2 | 水 | 26 | 戊戌 | 8·2 |
| 26 | 6/1 | 木 | 24 | 丙申 | 9·2 | 2 | 日 | 25 | 丁卯 | 9·2 | 3 | 木 | 27 | 己亥 | 9·2 |
| 27 | 2 | 金 | 25 | 丁酉 | 9·1 | 3 | 月 | 26 | 戊辰 | 9·2 | 4 | 金 | 28 | 庚子 | 9·1 |
| 28 | 3 | 土 | 26 | 戊戌 | 9·1 | 4 | 火 | 27 | 己巳 | 9·1 | 5 | 土 | 29 | 辛丑 | 9·1 |
| 29 | 4 | 日 | 27 | 己亥 | 10·1 | 5 | 水 | 28 | 庚午 | 10·1 | 6 | 日 | 7/1 | 壬寅 | 10·1 |
| 30 | 5 | 月 | 28 | 庚子 | 10·1 | 6 | 木 | 29 | 辛未 | 10·1 | 7 | 月 | 2 | 癸卯 | 10·1 |
| 31 | | | | | | 7 | 金 | 30 | 壬申 | 10·1 | | | | | |

# 丁未年

| 절기후날수 | 입추절(戊申月) | | | | | 백로절(己酉月) | | | | | 한로절(庚戌月) | | | | | 입동절(辛亥月) | | | | | 대설절(壬子月) | | | | | 소한절(癸丑月) | | | | |
|---|---|---|---|---|---|---|---|---|---|---|---|---|---|---|---|---|---|---|---|---|---|---|---|---|---|---|---|---|---|---|
| | 立秋 8월8일 14시35분<br>處暑 8월24일 5시12분 | | | | | 白露 9월8일 17시18분<br>秋分 9월24일 2시38분 | | | | | 寒露 10월9일 8시41분<br>霜降 10월24일 11시44분 | | | | | 立冬 11월8일 11시37분<br>小雪 11월23일 9시4분 | | | | | 大雪 12월8일 4시18분<br>冬至 12월22일 22시16분 | | | | | 小寒 1월6일 15시26분<br>大寒 1월21일 8시54분 | | | | |
| | 양력 | 요일 | 음력 | 일진 | 大運 남·여 | 양력 | 요일 | 음력 | 일진 | 大運 남·여 | 양력 | 요일 | 음력 | 일진 | 大運 남·여 | 양력 | 요일 | 음력 | 일진 | 大運 남·여 | 양력 | 요일 | 음력 | 일진 | 大運 남·여 | 양력 | 요일 | 음력 | 일진 | 大運 남·여 |
| 0 | 8/8 | 火 | 3 | 甲辰 | 입추 | 9/8 | 金 | 5 | 乙亥 | 백로 | 10/9 | 月 | 6 | 丙午 | 한로 | 11/8 | 水 | 7 | 丙子 | 입동 | 12/8 | 金 | 7 | 丙午 | 대설 | 1/6 | 土 | 7 | 乙亥 | 소한 |
| 1 | 9 | 水 | 4 | 乙巳 | 1·10 | 9 | 土 | 6 | 丙子 | 1·10 | 10 | 火 | 7 | 丁未 | 1·10 | 9 | 木 | 8 | 丁丑 | 1·10 | 9 | 土 | 8 | 丁未 | 1·9 | 7 | 日 | 8 | 丙子 | 1·10 |
| 2 | 10 | 木 | 5 | 丙午 | 1·10 | 10 | 日 | 7 | 丁丑 | 1·10 | 11 | 水 | 8 | 戊申 | 1·9 | 10 | 金 | 9 | 戊寅 | 1·9 | 10 | 日 | 9 | 戊申 | 1·9 | 8 | 月 | 9 | 丁丑 | 1·9 |
| 3 | 11 | 金 | 6 | 丁未 | 1·9 | 11 | 月 | 8 | 戊寅 | 1·9 | 12 | 木 | 9 | 己酉 | 1·9 | 11 | 土 | 10 | 己卯 | 1·9 | 11 | 月 | 10 | 己酉 | 1·9 | 9 | 火 | 10 | 戊寅 | 1·9 |
| 4 | 12 | 土 | 7 | 戊申 | 1·9 | 12 | 火 | 9 | 己卯 | 1·9 | 13 | 金 | 10 | 庚戌 | 1·9 | 12 | 日 | 11 | 庚辰 | 1·9 | 12 | 火 | 11 | 庚戌 | 1·8 | 10 | 水 | 11 | 己卯 | 1·9 |
| 5 | 13 | 日 | 8 | 己酉 | 2·9 | 13 | 水 | 10 | 庚辰 | 2·9 | 14 | 土 | 11 | 辛亥 | 2·8 | 13 | 月 | 12 | 辛巳 | 2·8 | 13 | 水 | 12 | 辛亥 | 2·8 | 11 | 木 | 12 | 庚辰 | 2·8 |
| 6 | 14 | 月 | 9 | 庚戌 | 2·8 | 14 | 木 | 11 | 辛巳 | 2·8 | 15 | 日 | 12 | 壬子 | 2·8 | 14 | 火 | 13 | 壬午 | 2·8 | 14 | 木 | 13 | 壬子 | 2·8 | 12 | 金 | 13 | 辛巳 | 2·8 |
| 7 | 15 | 火 | 10 | 辛亥 | 2·8 | 15 | 金 | 12 | 壬午 | 2·8 | 16 | 月 | 13 | 癸丑 | 2·8 | 15 | 水 | 14 | 癸未 | 2·8 | 15 | 金 | 14 | 癸丑 | 2·7 | 13 | 土 | 14 | 壬午 | 2·8 |
| 8 | 16 | 水 | 11 | 壬子 | 3·8 | 16 | 土 | 13 | 癸未 | 3·8 | 17 | 火 | 14 | 甲寅 | 3·7 | 16 | 木 | 15 | 甲申 | 3·7 | 16 | 土 | 15 | 甲寅 | 3·7 | 14 | 日 | 15 | 癸未 | 3·7 |
| 9 | 17 | 木 | 12 | 癸丑 | 3·7 | 17 | 日 | 14 | 甲申 | 3·7 | 18 | 水 | 15 | 乙卯 | 3·7 | 17 | 金 | 16 | 乙酉 | 3·7 | 17 | 日 | 16 | 乙卯 | 3·7 | 15 | 月 | 16 | 甲申 | 3·7 |
| 10 | 18 | 金 | 13 | 甲寅 | 3·7 | 18 | 月 | 15 | 乙酉 | 3·7 | 19 | 木 | 16 | 丙辰 | 3·7 | 18 | 土 | 17 | 丙戌 | 3·7 | 18 | 月 | 17 | 丙辰 | 3·6 | 16 | 火 | 17 | 乙酉 | 3·7 |
| 11 | 19 | 土 | 14 | 乙卯 | 4·7 | 19 | 火 | 16 | 丙戌 | 4·7 | 20 | 金 | 17 | 丁巳 | 4·6 | 19 | 日 | 18 | 丁亥 | 4·6 | 19 | 火 | 18 | 丁巳 | 4·6 | 17 | 水 | 18 | 丙戌 | 4·6 |
| 12 | 20 | 日 | 15 | 丙辰 | 4·6 | 20 | 水 | 17 | 丁亥 | 4·6 | 21 | 土 | 18 | 戊午 | 4·6 | 20 | 月 | 19 | 戊子 | 4·6 | 20 | 水 | 19 | 戊午 | 4·6 | 18 | 木 | 19 | 丁亥 | 4·6 |
| 13 | 21 | 月 | 16 | 丁巳 | 4·6 | 21 | 木 | 18 | 戊子 | 4·6 | 22 | 日 | 19 | 己未 | 4·6 | 21 | 火 | 20 | 己丑 | 4·6 | 21 | 木 | 20 | 己未 | 4·5 | 19 | 金 | 20 | 戊子 | 4·6 |
| 14 | 22 | 火 | 17 | 戊午 | 5·6 | 22 | 金 | 19 | 己丑 | 5·6 | 23 | 月 | 20 | 庚申 | 5·5 | 22 | 水 | 21 | 庚寅 | 5·5 | 22 | 金 | 21 | 庚申 | 동지 | 20 | 土 | 21 | 己丑 | 5·5 |
| 15 | 23 | 水 | 18 | 己未 | 5·5 | 23 | 土 | 20 | 庚寅 | 5·5 | 24 | 火 | 21 | 辛酉 | 상강 | 23 | 木 | 22 | 辛卯 | 소설 | 23 | 土 | 22 | 辛酉 | 5·5 | 21 | 日 | 22 | 庚寅 | 대한 |
| 16 | 24 | 木 | 19 | 庚申 | 처서 | 24 | 日 | 21 | 辛卯 | 추분 | 25 | 水 | 22 | 壬戌 | 5·5 | 24 | 金 | 23 | 壬辰 | 5·5 | 24 | 日 | 23 | 壬戌 | 5·4 | 22 | 月 | 23 | 辛卯 | 5·5 |
| 17 | 25 | 金 | 20 | 辛酉 | 6·5 | 25 | 月 | 22 | 壬辰 | 6·5 | 26 | 木 | 23 | 癸亥 | 6·4 | 25 | 土 | 24 | 癸巳 | 6·4 | 25 | 月 | 24 | 癸亥 | 6·4 | 23 | 火 | 24 | 壬辰 | 6·4 |
| 18 | 26 | 土 | 21 | 壬戌 | 6·4 | 26 | 火 | 23 | 癸巳 | 6·4 | 27 | 金 | 24 | 甲子 | 6·4 | 26 | 日 | 25 | 甲午 | 6·4 | 26 | 火 | 25 | 甲子 | 6·4 | 24 | 水 | 25 | 癸巳 | 6·4 |
| 19 | 27 | 日 | 22 | 癸亥 | 6·4 | 27 | 水 | 24 | 甲午 | 6·4 | 28 | 土 | 25 | 乙丑 | 6·4 | 27 | 月 | 26 | 乙未 | 6·4 | 27 | 水 | 26 | 乙丑 | 6·3 | 25 | 木 | 26 | 甲午 | 6·4 |
| 20 | 28 | 月 | 23 | 甲子 | 7·4 | 28 | 木 | 25 | 乙未 | 7·4 | 29 | 日 | 26 | 丙寅 | 7·3 | 28 | 火 | 27 | 丙申 | 7·3 | 28 | 木 | 27 | 丙寅 | 7·3 | 26 | 金 | 27 | 乙未 | 7·3 |
| 21 | 29 | 火 | 24 | 乙丑 | 7·3 | 29 | 金 | 26 | 丙申 | 7·3 | 30 | 月 | 27 | 丁卯 | 7·3 | 29 | 水 | 28 | 丁酉 | 7·3 | 29 | 金 | 28 | 丁卯 | 7·3 | 27 | 土 | 28 | 丙申 | 7·3 |
| 22 | 30 | 水 | 25 | 丙寅 | 7·3 | 30 | 土 | 27 | 丁酉 | 7·3 | 31 | 火 | 28 | 戊辰 | 7·3 | 30 | 木 | 29 | 戊戌 | 7·3 | 30 | 土 | 29 | 戊辰 | 7·2 | 28 | 日 | 29 | 丁酉 | 7·3 |
| 23 | 31 | 木 | 26 | 丁卯 | 8·3 | 10/1 | 日 | 28 | 戊戌 | 8·3 | 11/1 | 水 | 29 | 己巳 | 8·2 | 12/1 | 金 | 30 | 己亥 | 8·2 | 31 | 日 | 12/1 | 己巳 | 8·2 | 29 | 月 | 30 | 戊戌 | 8·2 |
| 24 | 9/1 | 金 | 27 | 戊辰 | 8·2 | 2 | 月 | 29 | 己亥 | 8·2 | 2 | 木 | 10/1 | 庚午 | 8·2 | 2 | 土 | 11/1 | 庚子 | 8·2 | 1/1 | 月 | 2 | 庚午 | 8·2 | 30 | 火 | 1/1 | 己亥 | 8·2 |
| 25 | 2 | 土 | 28 | 己巳 | 8·2 | 3 | 火 | 30 | 庚子 | 8·2 | 3 | 金 | 2 | 辛未 | 8·2 | 3 | 日 | 2 | 辛丑 | 8·2 | 2 | 火 | 3 | 辛未 | 8·1 | 31 | 水 | 2 | 庚子 | 8·2 |
| 26 | 3 | 日 | 29 | 庚午 | 9·2 | 4 | 水 | 9/1 | 辛丑 | 9·2 | 4 | 土 | 3 | 壬申 | 9·1 | 4 | 月 | 3 | 壬寅 | 9·1 | 3 | 水 | 4 | 壬申 | 9·1 | 2/1 | 木 | 3 | 辛丑 | 9·1 |
| 27 | 4 | 月 | 8/1 | 辛未 | 9·1 | 5 | 木 | 2 | 壬寅 | 9·1 | 5 | 日 | 4 | 癸酉 | 9·1 | 5 | 火 | 4 | 癸卯 | 9·1 | 4 | 木 | 5 | 癸酉 | 9·1 | 2 | 金 | 4 | 壬寅 | 9·1 |
| 28 | 5 | 火 | 2 | 壬申 | 9·1 | 6 | 金 | 3 | 癸卯 | 9·1 | 6 | 月 | 5 | 甲戌 | 9·1 | 6 | 水 | 5 | 甲辰 | 9·1 | 5 | 金 | 6 | 甲戌 | 9·1 | 3 | 土 | 5 | 癸卯 | 9·1 |
| 29 | 6 | 水 | 3 | 癸酉 | 10·1 | 7 | 土 | 4 | 甲辰 | 10·1 | 7 | 火 | 6 | 乙亥 | 10·1 | 7 | 木 | 6 | 乙巳 | 10·1 | | | | | | 4 | 日 | 6 | 甲辰 | 10·1 |
| 30 | 7 | 木 | 4 | 甲戌 | 10·1 | 8 | 日 | 5 | 乙巳 | 10·1 | | | | | | | | | | | | | | | | | | | | |
| 31 | | | | | | | | | | | | | | | | | | | | | | | | | | | | | | |

# 서기 1968년 [단기 4301년]

| 절기후날수 | 입춘절(甲寅月) 立春 2월5일 3시7분 雨水 2월19일 23시9분 | | | | | 경칩절(乙卯月) 驚蟄 3월5일 21시18분 春分 3월20일 22시22분 | | | | | 청명절(丙辰月) 淸明 4월5일 2시21분 穀雨 4월20일 9시41분 | | | | |
|---|---|---|---|---|---|---|---|---|---|---|---|---|---|---|---|
| | 양력 | 요일 | 음력 | 일진 | 大運 남·여 | 양력 | 요일 | 음력 | 일진 | 大運 남·여 | 양력 | 요일 | 음력 | 일진 | 大運 남·여 |
| 0 | 2/5 | 月 | 7 | 乙巳 | 입춘 | 3/5 | 火 | 7 | 甲戌 | 경칩 | 4/5 | 金 | 8 | 乙巳 | 청명 |
| 1 | 6 | 火 | 8 | 丙午 | 9·1 | 6 | 水 | 8 | 乙亥 | 10·1 | 6 | 土 | 9 | 丙午 | 10·1 |
| 2 | 7 | 水 | 9 | 丁未 | 9·1 | 7 | 木 | 9 | 丙子 | 10·1 | 7 | 日 | 10 | 丁未 | 9·1 |
| 3 | 8 | 木 | 10 | 戊申 | 9·1 | 8 | 金 | 10 | 丁丑 | 9·1 | 8 | 月 | 11 | 戊申 | 9·1 |
| 4 | 9 | 金 | 11 | 己酉 | 8·1 | 9 | 土 | 11 | 戊寅 | 9·1 | 9 | 火 | 12 | 己酉 | 9·1 |
| 5 | 10 | 土 | 12 | 庚戌 | 8·2 | 10 | 日 | 12 | 己卯 | 9·2 | 10 | 水 | 13 | 庚戌 | 8·2 |
| 6 | 11 | 日 | 13 | 辛亥 | 8·2 | 11 | 月 | 13 | 庚辰 | 8·2 | 11 | 木 | 14 | 辛亥 | 8·2 |
| 7 | 12 | 月 | 14 | 壬子 | 7·2 | 12 | 火 | 14 | 辛巳 | 8·2 | 12 | 金 | 15 | 壬子 | 8·2 |
| 8 | 13 | 火 | 15 | 癸丑 | 7·3 | 13 | 水 | 15 | 壬午 | 8·3 | 13 | 土 | 16 | 癸丑 | 7·3 |
| 9 | 14 | 水 | 16 | 甲寅 | 7·3 | 14 | 木 | 16 | 癸未 | 7·3 | 14 | 日 | 17 | 甲寅 | 7·3 |
| 10 | 15 | 木 | 17 | 乙卯 | 6·3 | 15 | 金 | 17 | 甲申 | 7·3 | 15 | 月 | 18 | 乙卯 | 7·3 |
| 11 | 16 | 金 | 18 | 丙辰 | 6·4 | 16 | 土 | 18 | 乙酉 | 7·4 | 16 | 火 | 19 | 丙辰 | 6·4 |
| 12 | 17 | 土 | 19 | 丁巳 | 6·4 | 17 | 日 | 19 | 丙戌 | 6·4 | 17 | 水 | 20 | 丁巳 | 6·4 |
| 13 | 18 | 日 | 20 | 戊午 | 5·4 | 18 | 月 | 20 | 丁亥 | 6·4 | 18 | 木 | 21 | 戊午 | 6·4 |
| 14 | 19 | 月 | 21 | 己未 | 우수 | 19 | 火 | 21 | 戊子 | 6·5 | 19 | 金 | 22 | 己未 | 5·5 |
| 15 | 20 | 火 | 22 | 庚申 | 5·5 | 20 | 水 | 22 | 己丑 | 춘분 | 20 | 土 | 23 | 庚申 | 곡우 |
| 16 | 21 | 水 | 23 | 辛酉 | 4·5 | 21 | 木 | 23 | 庚寅 | 5·5 | 21 | 日 | 24 | 辛酉 | 5·5 |
| 17 | 22 | 木 | 24 | 壬戌 | 4·6 | 22 | 金 | 24 | 辛卯 | 5·6 | 22 | 月 | 25 | 壬戌 | 4·6 |
| 18 | 23 | 金 | 25 | 癸亥 | 4·6 | 23 | 土 | 25 | 壬辰 | 4·6 | 23 | 火 | 26 | 癸亥 | 4·6 |
| 19 | 24 | 土 | 26 | 甲子 | 3·6 | 24 | 日 | 26 | 癸巳 | 4·6 | 24 | 水 | 27 | 甲子 | 4·6 |
| 20 | 25 | 日 | 27 | 乙丑 | 3·7 | 25 | 月 | 27 | 甲午 | 4·7 | 25 | 木 | 28 | 乙丑 | 3·7 |
| 21 | 26 | 月 | 28 | 丙寅 | 3·7 | 26 | 火 | 28 | 乙未 | 3·7 | 26 | 金 | 29 | 丙寅 | 3·7 |
| 22 | 27 | 火 | 29 | 丁卯 | 2·7 | 27 | 水 | 29 | 丙申 | 3·7 | 27 | 土 | 30 | 丁卯 | 3·7 |
| 23 | 28 | 水 | 2/1 | 戊辰 | 2·8 | 28 | 木 | 30 | 丁酉 | 3·8 | 28 | 日 | 4/1 | 戊辰 | 2·8 |
| 24 | 29 | 木 | 2 | 己巳 | 2·8 | 29 | 金 | 3/1 | 戊戌 | 2·8 | 29 | 月 | 2 | 己巳 | 2·8 |
| 25 | 3/1 | 金 | 3 | 庚午 | 1·8 | 30 | 土 | 2 | 己亥 | 2·8 | 30 | 火 | 3 | 庚午 | 2·8 |
| 26 | 2 | 土 | 4 | 辛未 | 1·9 | 31 | 日 | 3 | 庚子 | 2·9 | 5/1 | 水 | 4 | 辛未 | 1·9 |
| 27 | 3 | 日 | 5 | 壬申 | 1·9 | 4/1 | 月 | 4 | 辛丑 | 1·9 | 2 | 木 | 5 | 壬申 | 1·9 |
| 28 | 4 | 月 | 6 | 癸酉 | 1·9 | 2 | 火 | 5 | 壬寅 | 1·9 | 3 | 金 | 6 | 癸酉 | 1·9 |
| 29 | | | | | | 3 | 水 | 6 | 癸卯 | 1·10 | 4 | 土 | 7 | 甲戌 | 1·10 |
| 30 | | | | | | 4 | 木 | 7 | 甲辰 | 1·10 | | | | | |
| 31 | | | | | | | | | | | | | | | |

| 절기후날수 | 입하절(丁巳月) 立夏 5월5일 19시56분 小滿 5월21일 9시6분 | | | | | 망종절(戊午月) 芒種 6월6일 0시19분 夏至 6월21일 17시13분 | | | | | 소서절(己未月) 小暑 7월7일 10시42분 大暑 7월23일 4시7분 | | | | |
|---|---|---|---|---|---|---|---|---|---|---|---|---|---|---|---|
| | 양력 | 요일 | 음력 | 일진 | 大運 남·여 | 양력 | 요일 | 음력 | 일진 | 大運 남·여 | 양력 | 요일 | 음력 | 일진 | 大運 남·여 |
| 0 | 5/5 | 日 | 8 | 乙亥 | 입하 | 6/6 | 木 | 11 | 丁未 | 망종 | 7/7 | 日 | 12 | 戊寅 | 소서 |
| 1 | 6 | 月 | 9 | 丙子 | 10·1 | 7 | 金 | 12 | 戊申 | 10·1 | 8 | 月 | 13 | 己卯 | 10·1 |
| 2 | 7 | 火 | 10 | 丁丑 | 10·1 | 8 | 土 | 13 | 己酉 | 10·1 | 9 | 火 | 14 | 庚辰 | 10·1 |
| 3 | 8 | 水 | 11 | 戊寅 | 10·1 | 9 | 日 | 14 | 庚戌 | 9·1 | 10 | 水 | 15 | 辛巳 | 9·1 |
| 4 | 9 | 木 | 12 | 己卯 | 9·1 | 10 | 月 | 15 | 辛亥 | 9·1 | 11 | 木 | 16 | 壬午 | 9·1 |
| 5 | 10 | 金 | 13 | 庚辰 | 9·2 | 11 | 火 | 16 | 壬子 | 9·2 | 12 | 金 | 17 | 癸未 | 9·2 |
| 6 | 11 | 土 | 14 | 辛巳 | 9·2 | 12 | 水 | 17 | 癸丑 | 8·2 | 13 | 土 | 18 | 甲申 | 8·2 |
| 7 | 12 | 日 | 15 | 壬午 | 8·2 | 13 | 木 | 18 | 甲寅 | 8·2 | 14 | 日 | 19 | 乙酉 | 8·2 |
| 8 | 13 | 月 | 16 | 癸未 | 8·3 | 14 | 金 | 19 | 乙卯 | 8·3 | 15 | 月 | 20 | 丙戌 | 8·3 |
| 9 | 14 | 火 | 17 | 甲申 | 8·3 | 15 | 土 | 20 | 丙辰 | 7·3 | 16 | 火 | 21 | 丁亥 | 7·3 |
| 10 | 15 | 水 | 18 | 乙酉 | 7·3 | 16 | 日 | 21 | 丁巳 | 7·3 | 17 | 水 | 22 | 戊子 | 7·3 |
| 11 | 16 | 木 | 19 | 丙戌 | 7·4 | 17 | 月 | 22 | 戊午 | 7·4 | 18 | 木 | 23 | 己丑 | 7·4 |
| 12 | 17 | 金 | 20 | 丁亥 | 7·4 | 18 | 火 | 23 | 己未 | 6·4 | 19 | 金 | 24 | 庚寅 | 6·4 |
| 13 | 18 | 土 | 21 | 戊子 | 6·4 | 19 | 水 | 24 | 庚申 | 6·4 | 20 | 土 | 25 | 辛卯 | 6·4 |
| 14 | 19 | 日 | 22 | 己丑 | 6·5 | 20 | 木 | 25 | 辛酉 | 6·5 | 21 | 日 | 26 | 壬辰 | 6·5 |
| 15 | 20 | 月 | 23 | 庚寅 | 6·5 | 21 | 金 | 26 | 壬戌 | 하지 | 22 | 月 | 27 | 癸巳 | 5·5 |
| 16 | 21 | 火 | 24 | 辛卯 | 소만 | 22 | 土 | 27 | 癸亥 | 5·5 | 23 | 火 | 28 | 甲午 | 대서 |
| 17 | 22 | 水 | 25 | 壬辰 | 5·6 | 23 | 日 | 28 | 甲子 | 5·6 | 24 | 水 | 29 | 乙未 | 5·6 |
| 18 | 23 | 木 | 26 | 癸巳 | 5·6 | 24 | 月 | 29 | 乙丑 | 4·6 | 25 | 木 | 7/1 | 丙申 | 4·6 |
| 19 | 24 | 金 | 27 | 甲午 | 4·6 | 25 | 火 | 30 | 丙寅 | 4·6 | 26 | 金 | 2 | 丁酉 | 4·6 |
| 20 | 25 | 土 | 28 | 乙未 | 4·7 | 26 | 水 | 6/1 | 丁卯 | 4·7 | 27 | 土 | 3 | 戊戌 | 4·7 |
| 21 | 26 | 日 | 29 | 丙申 | 4·7 | 27 | 木 | 2 | 戊辰 | 3·7 | 28 | 日 | 4 | 己亥 | 3·7 |
| 22 | 27 | 月 | 5/1 | 丁酉 | 3·7 | 28 | 金 | 3 | 己巳 | 3·7 | 29 | 月 | 5 | 庚子 | 3·7 |
| 23 | 28 | 火 | 2 | 戊戌 | 3·8 | 29 | 土 | 4 | 庚午 | 3·8 | 30 | 火 | 6 | 辛丑 | 3·8 |
| 24 | 29 | 水 | 3 | 己亥 | 3·8 | 30 | 日 | 5 | 辛未 | 2·8 | 31 | 水 | 7 | 壬寅 | 2·8 |
| 25 | 30 | 木 | 4 | 庚子 | 2·8 | 7/1 | 月 | 6 | 壬申 | 2·8 | 8/1 | 木 | 8 | 癸卯 | 2·8 |
| 26 | 31 | 金 | 5 | 辛丑 | 2·9 | 2 | 火 | 7 | 癸酉 | 2·9 | 2 | 金 | 9 | 甲辰 | 2·9 |
| 27 | 6/1 | 土 | 6 | 壬寅 | 2·9 | 3 | 水 | 8 | 甲戌 | 1·9 | 3 | 土 | 10 | 乙巳 | 1·9 |
| 28 | 2 | 日 | 7 | 癸卯 | 1·9 | 4 | 木 | 9 | 乙亥 | 1·9 | 4 | 日 | 11 | 丙午 | 1·9 |
| 29 | 3 | 月 | 8 | 甲辰 | 1·10 | 5 | 金 | 10 | 丙子 | 1·10 | 5 | 月 | 12 | 丁未 | 1·10 |
| 30 | 4 | 火 | 9 | 乙巳 | 1·10 | 6 | 土 | 11 | 丁丑 | 1·10 | 6 | 火 | 13 | 戊申 | 1·10 |
| 31 | 5 | 水 | 10 | 丙午 | 1·10 | | | | | | | | | | |

# 戊申年

| 절기후날수 | 입추절(庚申月) 立秋 8월7일 20시27분 處暑 8월23일 11시3분 | | | | | 백로절(辛酉月) 白露 9월7일 23시11분 秋分 9월23일 8시26분 | | | | | 한로절(壬戌月) 寒露 10월8일 14시34분 霜降 10월23일 17시30분 | | | | |
|---|---|---|---|---|---|---|---|---|---|---|---|---|---|---|---|
| | 양력 | 요일 | 음력 | 일진 | 大運 남·여 | 양력 | 요일 | 음력 | 일진 | 大運 남·여 | 양력 | 요일 | 음력 | 일진 | 大運 남·여 |
| 0 | 8/7 | 水 | 14 | 己酉 | 입추 | 9/7 | 土 | 윤15 | 庚辰 | 백로 | 10/8 | 火 | 17 | 辛亥 | 한로 |
| 1 | 8 | 木 | 15 | 庚戌 | 10·1 | 8 | 日 | 윤16 | 辛巳 | 10·1 | 9 | 水 | 18 | 壬子 | 10·1 |
| 2 | 9 | 金 | 16 | 辛亥 | 10·1 | 9 | 月 | 윤17 | 壬午 | 10·1 | 10 | 木 | 19 | 癸丑 | 9·1 |
| 3 | 10 | 土 | 17 | 壬子 | 9·1 | 10 | 火 | 윤18 | 癸未 | 9·1 | 11 | 金 | 20 | 甲寅 | 9·1 |
| 4 | 11 | 日 | 18 | 癸丑 | 9·1 | 11 | 水 | 윤19 | 甲申 | 9·1 | 12 | 土 | 21 | 乙卯 | 9·1 |
| 5 | 12 | 月 | 19 | 甲寅 | 9·2 | 12 | 木 | 윤20 | 乙酉 | 9·2 | 13 | 日 | 22 | 丙辰 | 8·2 |
| 6 | 13 | 火 | 20 | 乙卯 | 8·2 | 13 | 金 | 윤21 | 丙戌 | 8·2 | 14 | 月 | 23 | 丁巳 | 8·2 |
| 7 | 14 | 水 | 21 | 丙辰 | 8·2 | 14 | 土 | 윤22 | 丁亥 | 8·2 | 15 | 火 | 24 | 戊午 | 8·2 |
| 8 | 15 | 木 | 22 | 丁巳 | 8·3 | 15 | 日 | 윤23 | 戊子 | 8·3 | 16 | 水 | 25 | 己未 | 7·3 |
| 9 | 16 | 金 | 23 | 戊午 | 7·3 | 16 | 月 | 윤24 | 己丑 | 7·3 | 17 | 木 | 26 | 庚申 | 7·3 |
| 10 | 17 | 土 | 24 | 己未 | 7·3 | 17 | 火 | 윤25 | 庚寅 | 7·3 | 18 | 金 | 27 | 辛酉 | 7·3 |
| 11 | 18 | 日 | 25 | 庚申 | 7·4 | 18 | 水 | 윤26 | 辛卯 | 7·4 | 19 | 土 | 28 | 壬戌 | 6·4 |
| 12 | 19 | 月 | 26 | 辛酉 | 6·4 | 19 | 木 | 윤27 | 壬辰 | 6·4 | 20 | 日 | 29 | 癸亥 | 6·4 |
| 13 | 20 | 火 | 27 | 壬戌 | 6·4 | 20 | 金 | 윤28 | 癸巳 | 6·4 | 21 | 月 | 30 | 甲子 | 6·4 |
| 14 | 21 | 水 | 28 | 癸亥 | 6·5 | 21 | 土 | 윤29 | 甲午 | 6·5 | 22 | 火 | 9/1 | 乙丑 | 5·5 |
| 15 | 22 | 木 | 29 | 甲子 | 5·5 | 22 | 日 | 8/1 | 乙未 | 5·5 | 23 | 水 | 2 | 丙寅 | 상강 |
| 16 | 23 | 金 | 30 | 乙丑 | 처서 | 23 | 月 | 2 | 丙申 | 추분 | 24 | 木 | 3 | 丁卯 | 5·5 |
| 17 | 24 | 土 | 윤1 | 丙寅 | 5·6 | 24 | 火 | 3 | 丁酉 | 5·6 | 25 | 金 | 4 | 戊辰 | 4·6 |
| 18 | 25 | 日 | 윤2 | 丁卯 | 4·6 | 25 | 水 | 4 | 戊戌 | 4·6 | 26 | 土 | 5 | 己巳 | 4·6 |
| 19 | 26 | 月 | 윤3 | 戊辰 | 4·6 | 26 | 木 | 5 | 己亥 | 4·6 | 27 | 日 | 6 | 庚午 | 4·6 |
| 20 | 27 | 火 | 윤4 | 己巳 | 4·7 | 27 | 金 | 6 | 庚子 | 4·7 | 28 | 月 | 7 | 辛未 | 3·7 |
| 21 | 28 | 水 | 윤5 | 庚午 | 3·7 | 28 | 土 | 7 | 辛丑 | 3·7 | 29 | 火 | 8 | 壬申 | 3·7 |
| 22 | 29 | 木 | 윤6 | 辛未 | 3·7 | 29 | 日 | 8 | 壬寅 | 3·7 | 30 | 水 | 9 | 癸酉 | 3·7 |
| 23 | 30 | 金 | 윤7 | 壬申 | 3·8 | 30 | 月 | 9 | 癸卯 | 3·8 | 31 | 木 | 10 | 甲戌 | 2·8 |
| 24 | 31 | 土 | 윤8 | 癸酉 | 2·8 | 10/1 | 火 | 10 | 甲辰 | 2·8 | 11/1 | 金 | 11 | 乙亥 | 2·8 |
| 25 | 9/1 | 日 | 윤9 | 甲戌 | 2·8 | 2 | 水 | 11 | 乙巳 | 2·8 | 2 | 土 | 12 | 丙子 | 2·8 |
| 26 | 2 | 月 | 윤10 | 乙亥 | 2·9 | 3 | 木 | 12 | 丙午 | 2·9 | 3 | 日 | 13 | 丁丑 | 1·9 |
| 27 | 3 | 火 | 윤11 | 丙子 | 1·9 | 4 | 金 | 13 | 丁未 | 1·9 | 4 | 月 | 14 | 戊寅 | 1·9 |
| 28 | 4 | 水 | 윤12 | 丁丑 | 1·9 | 5 | 土 | 14 | 戊申 | 1·9 | 5 | 火 | 15 | 己卯 | 1·9 |
| 29 | 5 | 木 | 윤13 | 戊寅 | 1·10 | 6 | 日 | 15 | 己酉 | 1·10 | 6 | 水 | 16 | 庚辰 | 1·10 |
| 30 | 6 | 金 | 윤14 | 己卯 | 1·10 | 7 | 月 | 16 | 庚戌 | 1·10 | | | | | |
| 31 | | | | | | | | | | | | | | | |

| 절기후날수 | 입동절(癸亥月) 立冬 11월7일 17시29분 小雪 11월22일 14시49분 | | | | | 대설절(甲子月) 大雪 12월7일 10시8분 冬至 12월22일 4시0분 | | | | | 소한절(乙丑月) 小寒 1월5일 21시17분 大寒 1월20일 14시38분 | | | | |
|---|---|---|---|---|---|---|---|---|---|---|---|---|---|---|---|
| | 양력 | 요일 | 음력 | 일진 | 大運 남·여 | 양력 | 요일 | 음력 | 일진 | 大運 남·여 | 양력 | 요일 | 음력 | 일진 | 大運 남·여 |
| 0 | 11/7 | 木 | 17 | 辛巳 | 입동 | 12/7 | 土 | 18 | 辛亥 | 대설 | 1/5 | 日 | 17 | 庚辰 | 소한 |
| 1 | 8 | 金 | 18 | 壬午 | 10·1 | 8 | 日 | 19 | 壬子 | 9·1 | 6 | 月 | 18 | 辛巳 | 10·1 |
| 2 | 9 | 土 | 19 | 癸未 | 9·1 | 9 | 月 | 20 | 癸丑 | 9·1 | 7 | 火 | 19 | 壬午 | 9·1 |
| 3 | 10 | 日 | 20 | 甲申 | 9·1 | 10 | 火 | 21 | 甲寅 | 9·1 | 8 | 水 | 20 | 癸未 | 9·1 |
| 4 | 11 | 月 | 21 | 乙酉 | 9·1 | 11 | 水 | 22 | 乙卯 | 8·1 | 9 | 木 | 21 | 甲申 | 9·1 |
| 5 | 12 | 火 | 22 | 丙戌 | 8·2 | 12 | 木 | 23 | 丙辰 | 8·2 | 10 | 金 | 22 | 乙酉 | 8·2 |
| 6 | 13 | 水 | 23 | 丁亥 | 8·2 | 13 | 金 | 24 | 丁巳 | 8·2 | 11 | 土 | 23 | 丙戌 | 8·2 |
| 7 | 14 | 木 | 24 | 戊子 | 8·2 | 14 | 土 | 25 | 戊午 | 7·2 | 12 | 日 | 24 | 丁亥 | 8·2 |
| 8 | 15 | 金 | 25 | 己丑 | 7·3 | 15 | 日 | 26 | 己未 | 7·3 | 13 | 月 | 25 | 戊子 | 7·3 |
| 9 | 16 | 土 | 26 | 庚寅 | 7·3 | 16 | 月 | 27 | 庚申 | 7·3 | 14 | 火 | 26 | 己丑 | 7·3 |
| 10 | 17 | 日 | 27 | 辛卯 | 7·3 | 17 | 火 | 28 | 辛酉 | 6·3 | 15 | 水 | 27 | 庚寅 | 7·3 |
| 11 | 18 | 月 | 28 | 壬辰 | 6·4 | 18 | 水 | 29 | 壬戌 | 6·4 | 16 | 木 | 28 | 辛卯 | 6·4 |
| 12 | 19 | 火 | 29 | 癸巳 | 6·4 | 19 | 木 | 30 | 癸亥 | 6·4 | 17 | 金 | 29 | 壬辰 | 6·4 |
| 13 | 20 | 水 | 10/1 | 甲午 | 6·4 | 20 | 金 | 11/1 | 甲子 | 5·4 | 18 | 土 | 12/1 | 癸巳 | 6·4 |
| 14 | 21 | 木 | 2 | 乙未 | 5·5 | 21 | 土 | 2 | 乙丑 | 5·5 | 19 | 日 | 2 | 甲午 | 5·5 |
| 15 | 22 | 金 | 3 | 丙申 | 소설 | 22 | 日 | 3 | 丙寅 | 동지 | 20 | 月 | 3 | 乙未 | 대한 |
| 16 | 23 | 土 | 4 | 丁酉 | 5·5 | 23 | 月 | 4 | 丁卯 | 4·5 | 21 | 火 | 4 | 丙申 | 5·5 |
| 17 | 24 | 日 | 5 | 戊戌 | 4·6 | 24 | 火 | 5 | 戊辰 | 4·6 | 22 | 水 | 5 | 丁酉 | 4·6 |
| 18 | 25 | 月 | 6 | 己亥 | 4·6 | 25 | 水 | 6 | 己巳 | 4·6 | 23 | 木 | 6 | 戊戌 | 4·6 |
| 19 | 26 | 火 | 7 | 庚子 | 4·6 | 26 | 木 | 7 | 庚午 | 3·6 | 24 | 金 | 7 | 己亥 | 4·6 |
| 20 | 27 | 水 | 8 | 辛丑 | 3·7 | 27 | 金 | 8 | 辛未 | 3·7 | 25 | 土 | 8 | 庚子 | 3·7 |
| 21 | 28 | 木 | 9 | 壬寅 | 3·7 | 28 | 土 | 9 | 壬申 | 3·7 | 26 | 日 | 9 | 辛丑 | 3·7 |
| 22 | 29 | 金 | 10 | 癸卯 | 3·7 | 29 | 日 | 10 | 癸酉 | 2·7 | 27 | 月 | 10 | 壬寅 | 3·7 |
| 23 | 30 | 土 | 11 | 甲辰 | 2·8 | 30 | 月 | 11 | 甲戌 | 2·8 | 28 | 火 | 11 | 癸卯 | 2·8 |
| 24 | 12/1 | 日 | 12 | 乙巳 | 2·8 | 31 | 火 | 12 | 乙亥 | 2·8 | 29 | 水 | 12 | 甲辰 | 2·8 |
| 25 | 2 | 月 | 13 | 丙午 | 2·8 | 1/1 | 水 | 13 | 丙子 | 1·8 | 30 | 木 | 13 | 乙巳 | 2·8 |
| 26 | 3 | 火 | 14 | 丁未 | 1·9 | 2 | 木 | 14 | 丁丑 | 1·9 | 31 | 金 | 14 | 丙午 | 1·9 |
| 27 | 4 | 水 | 15 | 戊申 | 1·9 | 3 | 金 | 15 | 戊寅 | 1·9 | 2/1 | 土 | 15 | 丁未 | 1·9 |
| 28 | 5 | 木 | 16 | 己酉 | 1·9 | 4 | 土 | 16 | 己卯 | 1·9 | 2 | 日 | 16 | 戊申 | 1·9 |
| 29 | 6 | 金 | 17 | 庚戌 | 1·10 | | | | | | 3 | 月 | 17 | 己酉 | 1·10 |
| 30 | | | | | | | | | | | | | | | |
| 31 | | | | | | | | | | | | | | | |

▶ 윤달-7월

# 서기 1969년 [단기 4302년]

| 절기후날수 | 입춘절(丙寅月) 立春 2월4일 8시59분 雨水 2월19일 4시55분 | | | | | 경칩절(丁卯月) 驚蟄 3월6일 3시11분 春分 3월21일 4시8분 | | | | |
|---|---|---|---|---|---|---|---|---|---|---|
| | 양력 | 요일 | 음력 | 일진 | 大運 남·여 | 양력 | 요일 | 음력 | 일진 | 大運 남·여 |
| 0 | 2/4 | 火 | 18 | 庚戌 | 입춘 | 3/6 | 木 | 18 | 庚辰 | 경칩 |
| 1 | 5 | 水 | 19 | 辛亥 | 1·10 | 7 | 金 | 19 | 辛巳 | 1·10 |
| 2 | 6 | 木 | 20 | 壬子 | 1·9 | 8 | 土 | 20 | 壬午 | 1·9 |
| 3 | 7 | 金 | 21 | 癸丑 | 1·9 | 9 | 日 | 21 | 癸未 | 1·9 |
| 4 | 8 | 土 | 22 | 甲寅 | 1·9 | 10 | 月 | 22 | 甲申 | 1·9 |
| 5 | 9 | 日 | 23 | 乙卯 | 2·8 | 11 | 火 | 23 | 乙酉 | 2·8 |
| 6 | 10 | 月 | 24 | 丙辰 | 2·8 | 12 | 水 | 24 | 丙戌 | 2·8 |
| 7 | 11 | 火 | 25 | 丁巳 | 2·8 | 13 | 木 | 25 | 丁亥 | 2·8 |
| 8 | 12 | 水 | 26 | 戊午 | 3·7 | 14 | 金 | 26 | 戊子 | 3·7 |
| 9 | 13 | 木 | 27 | 己未 | 3·7 | 15 | 土 | 27 | 己丑 | 3·7 |
| 10 | 14 | 金 | 28 | 庚申 | 3·7 | 16 | 日 | 28 | 庚寅 | 3·7 |
| 11 | 15 | 土 | 29 | 辛酉 | 4·6 | 17 | 月 | 29 | 辛卯 | 4·6 |
| 12 | 16 | 日 | 30 | 壬戌 | 4·6 | 18 | 火 | 2/1 | 壬辰 | 4·6 |
| 13 | 17 | 月 | 1/1 | 癸亥 | 4·6 | 19 | 水 | 2 | 癸巳 | 4·6 |
| 14 | 18 | 火 | 2 | 甲子 | 5·5 | 20 | 木 | 3 | 甲午 | 5·5 |
| 15 | 19 | 水 | 3 | 乙丑 | 우수 | 21 | 金 | 4 | 乙未 | 춘분 |
| 16 | 20 | 木 | 4 | 丙寅 | 5·5 | 22 | 土 | 5 | 丙申 | 5·5 |
| 17 | 21 | 金 | 5 | 丁卯 | 6·4 | 23 | 日 | 6 | 丁酉 | 6·4 |
| 18 | 22 | 土 | 6 | 戊辰 | 6·4 | 24 | 月 | 7 | 戊戌 | 6·4 |
| 19 | 23 | 日 | 7 | 己巳 | 6·4 | 25 | 火 | 8 | 己亥 | 6·4 |
| 20 | 24 | 月 | 8 | 庚午 | 7·3 | 26 | 水 | 9 | 庚子 | 7·3 |
| 21 | 25 | 火 | 9 | 辛未 | 7·3 | 27 | 木 | 10 | 辛丑 | 7·3 |
| 22 | 26 | 水 | 10 | 壬申 | 7·3 | 28 | 金 | 11 | 壬寅 | 7·3 |
| 23 | 27 | 木 | 11 | 癸酉 | 8·2 | 29 | 土 | 12 | 癸卯 | 8·2 |
| 24 | 28 | 金 | 12 | 甲戌 | 8·2 | 30 | 日 | 13 | 甲辰 | 8·2 |
| 25 | 3/1 | 土 | 13 | 乙亥 | 8·2 | 31 | 月 | 14 | 乙巳 | 8·2 |
| 26 | 2 | 日 | 14 | 丙子 | 9·1 | 4/1 | 火 | 15 | 丙午 | 9·1 |
| 27 | 3 | 月 | 15 | 丁丑 | 9·1 | 2 | 水 | 16 | 丁未 | 9·1 |
| 28 | 4 | 火 | 16 | 戊寅 | 9·1 | 3 | 木 | 17 | 戊申 | 9·1 |
| 29 | 5 | 水 | 17 | 己卯 | 10·1 | 4 | 金 | 18 | 己酉 | 10·1 |
| 30 | | | | | | | | | | |
| 31 | | | | | | | | | | |

| 절기후날수 | 청명절(戊辰月) 淸明 4월5일 8시15분 穀雨 4월20일 15시27분 | | | | | 입하절(己巳月) 立夏 5월6일 1시50분 小滿 5월21일 14시50분 | | | | |
|---|---|---|---|---|---|---|---|---|---|---|
| | 양력 | 요일 | 음력 | 일진 | 大運 남·여 | 양력 | 요일 | 음력 | 일진 | 大運 남·여 |
| 0 | 4/5 | 土 | 19 | 庚戌 | 청명 | 5/6 | 火 | 20 | 辛巳 | 입하 |
| 1 | 6 | 日 | 20 | 辛亥 | 1·10 | 7 | 水 | 21 | 壬午 | 1·10 |
| 2 | 7 | 月 | 21 | 壬子 | 1·10 | 8 | 木 | 22 | 癸未 | 1·10 |
| 3 | 8 | 火 | 22 | 癸丑 | 1·9 | 9 | 金 | 23 | 甲申 | 1·9 |
| 4 | 9 | 水 | 23 | 甲寅 | 1·9 | 10 | 土 | 24 | 乙酉 | 1·9 |
| 5 | 10 | 木 | 24 | 乙卯 | 2·9 | 11 | 日 | 25 | 丙戌 | 2·9 |
| 6 | 11 | 金 | 25 | 丙辰 | 2·8 | 12 | 月 | 26 | 丁亥 | 2·8 |
| 7 | 12 | 土 | 26 | 丁巳 | 2·8 | 13 | 火 | 27 | 戊子 | 2·8 |
| 8 | 13 | 日 | 27 | 戊午 | 3·8 | 14 | 水 | 28 | 己丑 | 3·8 |
| 9 | 14 | 月 | 28 | 己未 | 3·7 | 15 | 木 | 29 | 庚寅 | 3·7 |
| 10 | 15 | 火 | 29 | 庚申 | 3·7 | 16 | 金 | 4/1 | 辛卯 | 3·7 |
| 11 | 16 | 水 | 30 | 辛酉 | 4·7 | 17 | 土 | 2 | 壬辰 | 4·7 |
| 12 | 17 | 木 | 3/1 | 壬戌 | 4·6 | 18 | 日 | 3 | 癸巳 | 4·6 |
| 13 | 18 | 金 | 2 | 癸亥 | 4·6 | 19 | 月 | 4 | 甲午 | 4·6 |
| 14 | 19 | 土 | 3 | 甲子 | 5·6 | 20 | 火 | 5 | 乙未 | 5·6 |
| 15 | 20 | 日 | 4 | 乙丑 | 곡우 | 21 | 水 | 6 | 丙申 | 소만 |
| 16 | 21 | 月 | 5 | 丙寅 | 5·5 | 22 | 木 | 7 | 丁酉 | 5·5 |
| 17 | 22 | 火 | 6 | 丁卯 | 6·5 | 23 | 金 | 8 | 戊戌 | 6·5 |
| 18 | 23 | 水 | 7 | 戊辰 | 6·4 | 24 | 土 | 9 | 己亥 | 6·4 |
| 19 | 24 | 木 | 8 | 己巳 | 6·4 | 25 | 日 | 10 | 庚子 | 6·4 |
| 20 | 25 | 金 | 9 | 庚午 | 7·4 | 26 | 月 | 11 | 辛丑 | 7·4 |
| 21 | 26 | 土 | 10 | 辛未 | 7·3 | 27 | 火 | 12 | 壬寅 | 7·3 |
| 22 | 27 | 日 | 11 | 壬申 | 7·3 | 28 | 水 | 13 | 癸卯 | 7·3 |
| 23 | 28 | 月 | 12 | 癸酉 | 8·3 | 29 | 木 | 14 | 甲辰 | 8·3 |
| 24 | 29 | 火 | 13 | 甲戌 | 8·2 | 30 | 金 | 15 | 乙巳 | 8·2 |
| 25 | 30 | 水 | 14 | 乙亥 | 8·2 | 31 | 土 | 16 | 丙午 | 8·2 |
| 26 | 5/1 | 木 | 15 | 丙子 | 9·2 | 6/1 | 日 | 17 | 丁未 | 9·2 |
| 27 | 2 | 金 | 16 | 丁丑 | 9·1 | 2 | 月 | 18 | 戊申 | 9·1 |
| 28 | 3 | 土 | 17 | 戊寅 | 9·1 | 3 | 火 | 19 | 己酉 | 9·1 |
| 29 | 4 | 日 | 18 | 己卯 | 10·1 | 4 | 水 | 20 | 庚戌 | 10·1 |
| 30 | 5 | 月 | 19 | 庚辰 | 10·1 | 5 | 木 | 21 | 辛亥 | 10·1 |
| 31 | | | | | | | | | | |

| 절기후날수 | 망종절(庚午月) 芒種 6월6일 6시12분 夏至 6월21일 22시55분 | | | | | 소서절(辛未月) 小暑 7월7일 16시32분 大暑 7월23일 9시48분 | | | | |
|---|---|---|---|---|---|---|---|---|---|---|
| | 양력 | 요일 | 음력 | 일진 | 大運 남·여 | 양력 | 요일 | 음력 | 일진 | 大運 남·여 |
| 0 | 6/6 | 金 | 22 | 壬子 | 망종 | 7/7 | 月 | 23 | 癸未 | 소서 |
| 1 | 7 | 土 | 23 | 癸丑 | 1·10 | 8 | 火 | 24 | 甲申 | 1·10 |
| 2 | 8 | 日 | 24 | 甲寅 | 1·10 | 9 | 水 | 25 | 乙酉 | 1·10 |
| 3 | 9 | 月 | 25 | 乙卯 | 1·9 | 10 | 木 | 26 | 丙戌 | 1·10 |
| 4 | 10 | 火 | 26 | 丙辰 | 1·9 | 11 | 金 | 27 | 丁亥 | 1·9 |
| 5 | 11 | 水 | 27 | 丁巳 | 2·9 | 12 | 土 | 28 | 戊子 | 2·9 |
| 6 | 12 | 木 | 28 | 戊午 | 2·8 | 13 | 日 | 29 | 己丑 | 2·9 |
| 7 | 13 | 金 | 29 | 己未 | 2·8 | 14 | 月 | 6/1 | 庚寅 | 2·8 |
| 8 | 14 | 土 | 30 | 庚申 | 3·8 | 15 | 火 | 2 | 辛卯 | 3·8 |
| 9 | 15 | 日 | 5/1 | 辛酉 | 3·7 | 16 | 水 | 3 | 壬辰 | 3·8 |
| 10 | 16 | 月 | 2 | 壬戌 | 3·7 | 17 | 木 | 4 | 癸巳 | 3·7 |
| 11 | 17 | 火 | 3 | 癸亥 | 4·7 | 18 | 金 | 5 | 甲午 | 4·7 |
| 12 | 18 | 水 | 4 | 甲子 | 4·6 | 19 | 土 | 6 | 乙未 | 4·7 |
| 13 | 19 | 木 | 5 | 乙丑 | 4·6 | 20 | 日 | 7 | 丙申 | 4·6 |
| 14 | 20 | 金 | 6 | 丙寅 | 5·6 | 21 | 月 | 8 | 丁酉 | 5·6 |
| 15 | 21 | 土 | 7 | 丁卯 | 하지 | 22 | 火 | 9 | 戊戌 | 5·6 |
| 16 | 22 | 日 | 8 | 戊辰 | 5·5 | 23 | 水 | 10 | 己亥 | 대서 |
| 17 | 23 | 月 | 9 | 己巳 | 6·5 | 24 | 木 | 11 | 庚子 | 6·5 |
| 18 | 24 | 火 | 10 | 庚午 | 6·4 | 25 | 金 | 12 | 辛丑 | 6·5 |
| 19 | 25 | 水 | 11 | 辛未 | 6·4 | 26 | 土 | 13 | 壬寅 | 6·4 |
| 20 | 26 | 木 | 12 | 壬申 | 7·4 | 27 | 日 | 14 | 癸卯 | 7·4 |
| 21 | 27 | 金 | 13 | 癸酉 | 7·3 | 28 | 月 | 15 | 甲辰 | 7·4 |
| 22 | 28 | 土 | 14 | 甲戌 | 7·3 | 29 | 火 | 16 | 乙巳 | 7·3 |
| 23 | 29 | 日 | 15 | 乙亥 | 8·3 | 30 | 水 | 17 | 丙午 | 8·3 |
| 24 | 30 | 月 | 16 | 丙子 | 8·2 | 31 | 木 | 18 | 丁未 | 8·3 |
| 25 | 7/1 | 火 | 17 | 丁丑 | 8·2 | 8/1 | 金 | 19 | 戊申 | 8·2 |
| 26 | 2 | 水 | 18 | 戊寅 | 9·2 | 2 | 土 | 20 | 己酉 | 9·2 |
| 27 | 3 | 木 | 19 | 己卯 | 9·1 | 3 | 日 | 21 | 庚戌 | 9·2 |
| 28 | 4 | 金 | 20 | 庚辰 | 9·1 | 4 | 月 | 22 | 辛亥 | 9·1 |
| 29 | 5 | 土 | 21 | 辛巳 | 10·1 | 5 | 火 | 23 | 壬子 | 10·1 |
| 30 | 6 | 日 | 22 | 壬午 | 10·1 | 6 | 水 | 24 | 癸丑 | 10·1 |
| 31 | | | | | | 7 | 木 | 25 | 甲寅 | 10·1 |

# 己酉年

| 절기후날수 | 입추절(壬申月) | | | | | 백로절(癸酉月) | | | | | 한로절(甲戌月) | | | | | 입동절(乙亥月) | | | | | 대설절(丙子月) | | | | | 소한절(丁丑月) | | | | |
|---|---|---|---|---|---|---|---|---|---|---|---|---|---|---|---|---|---|---|---|---|---|---|---|---|---|---|---|---|---|---|
| | 立秋 8월8일 2시14분<br>處暑 8월23일 16시43분 | | | | | 白露 9월8일 4시55분<br>秋分 9월23일 14시7분 | | | | | 寒露 10월8일 20시17분<br>霜降 10월23일 23시11분 | | | | | 立冬 11월7일 23시11분<br>小雪 11월22일 20시31분 | | | | | 大雪 12월7일 15시51분<br>冬至 12월22일 9시44분 | | | | | 小寒 1월6일 3시2분<br>大寒 1월20일 20시24분 | | | | |
| | 양력 | 요일 | 음력 | 일진 | 大運 남 여 | 양력 | 요일 | 음력 | 일진 | 大運 남 여 | 양력 | 요일 | 음력 | 일진 | 大運 남 여 | 양력 | 요일 | 음력 | 일진 | 大運 남 여 | 양력 | 요일 | 음력 | 일진 | 大運 남 여 | 양력 | 요일 | 음력 | 일진 | 大運 남 여 |
| 0 | 8/8 | 金 | 26 | 乙卯 | 입추 | 9/8 | 月 | 27 | 丙戌 | 백로 | 10/8 | 水 | 27 | 丙辰 | 한로 | 11/7 | 金 | 28 | 丙戌 | 입동 | 12/7 | 日 | 28 | 丙辰 | 대설 | 1/6 | 火 | 29 | 丙戌 | 소한 |
| 1 | 9 | 土 | 27 | 丙辰 | 1·10 | 9 | 火 | 28 | 丁亥 | 1·10 | 9 | 木 | 28 | 丁巳 | 1·10 | 8 | 土 | 29 | 丁亥 | 1·10 | 8 | 月 | 29 | 丁巳 | 1·10 | 7 | 水 | 30 | 丁亥 | 1·9 |
| 2 | 10 | 日 | 28 | 丁巳 | 1·10 | 10 | 水 | 29 | 戊子 | 1·9 | 10 | 金 | 29 | 戊午 | 1·9 | 9 | 日 | 30 | 戊子 | 1·9 | 9 | 火 | 11/1 | 戊午 | 1·9 | 8 | 木 | 12/1 | 戊子 | 1·9 |
| 3 | 11 | 月 | 29 | 戊午 | 1·9 | 11 | 木 | 30 | 己丑 | 1·9 | 11 | 土 | 9/1 | 己未 | 1·9 | 10 | 月 | 10/1 | 己丑 | 1·9 | 10 | 水 | 2 | 己未 | 1·9 | 9 | 金 | 2 | 己丑 | 1·9 |
| 4 | 12 | 火 | 30 | 己未 | 1·9 | 12 | 金 | 8/1 | 庚寅 | 1·9 | 12 | 日 | 2 | 庚申 | 1·9 | 11 | 火 | 2 | 庚寅 | 1·9 | 11 | 木 | 3 | 庚申 | 1·9 | 10 | 土 | 3 | 庚寅 | 1·8 |
| 5 | 13 | 水 | 7/1 | 庚申 | 2·9 | 13 | 土 | 2 | 辛卯 | 2·8 | 13 | 月 | 3 | 辛酉 | 2·8 | 12 | 水 | 3 | 辛卯 | 2·8 | 12 | 金 | 4 | 辛酉 | 2·8 | 11 | 日 | 4 | 辛卯 | 2·8 |
| 6 | 14 | 木 | 2 | 辛酉 | 2·8 | 14 | 日 | 3 | 壬辰 | 2·8 | 14 | 火 | 4 | 壬戌 | 2·8 | 13 | 木 | 4 | 壬辰 | 2·8 | 13 | 土 | 5 | 壬戌 | 2·8 | 12 | 月 | 5 | 壬辰 | 2·8 |
| 7 | 15 | 金 | 3 | 壬戌 | 2·8 | 15 | 月 | 4 | 癸巳 | 2·8 | 15 | 水 | 5 | 癸亥 | 2·8 | 14 | 金 | 5 | 癸巳 | 2·8 | 14 | 日 | 6 | 癸亥 | 2·8 | 13 | 火 | 6 | 癸巳 | 2·7 |
| 8 | 16 | 土 | 4 | 癸亥 | 3·8 | 16 | 火 | 5 | 甲午 | 3·7 | 16 | 木 | 6 | 甲子 | 3·7 | 15 | 土 | 6 | 甲午 | 3·7 | 15 | 月 | 7 | 甲子 | 3·7 | 14 | 水 | 7 | 甲午 | 3·7 |
| 9 | 17 | 日 | 5 | 甲子 | 3·7 | 17 | 水 | 6 | 乙未 | 3·7 | 17 | 金 | 7 | 乙丑 | 3·7 | 16 | 日 | 7 | 乙未 | 3·7 | 16 | 火 | 8 | 乙丑 | 3·7 | 15 | 木 | 8 | 乙未 | 3·7 |
| 10 | 18 | 月 | 6 | 乙丑 | 3·7 | 18 | 木 | 7 | 丙申 | 3·7 | 18 | 土 | 8 | 丙寅 | 3·7 | 17 | 月 | 8 | 丙申 | 3·7 | 17 | 水 | 9 | 丙寅 | 3·7 | 16 | 金 | 9 | 丙申 | 3·6 |
| 11 | 19 | 火 | 7 | 丙寅 | 4·7 | 19 | 金 | 8 | 丁酉 | 4·6 | 19 | 日 | 9 | 丁卯 | 4·6 | 18 | 火 | 9 | 丁酉 | 4·6 | 18 | 木 | 10 | 丁卯 | 4·6 | 17 | 土 | 10 | 丁酉 | 4·6 |
| 12 | 20 | 水 | 8 | 丁卯 | 4·6 | 20 | 土 | 9 | 戊戌 | 4·6 | 20 | 月 | 10 | 戊辰 | 4·6 | 19 | 水 | 10 | 戊戌 | 4·6 | 19 | 金 | 11 | 戊辰 | 4·6 | 18 | 日 | 11 | 戊戌 | 4·6 |
| 13 | 21 | 木 | 9 | 戊辰 | 4·6 | 21 | 日 | 10 | 己亥 | 4·6 | 21 | 火 | 11 | 己巳 | 4·6 | 20 | 木 | 11 | 己亥 | 4·6 | 20 | 土 | 12 | 己巳 | 4·6 | 19 | 月 | 12 | 己亥 | 4·5 |
| 14 | 22 | 金 | 10 | 己巳 | 5·6 | 22 | 月 | 11 | 庚子 | 5·5 | 22 | 水 | 12 | 庚午 | 5·5 | 21 | 金 | 12 | 庚子 | 5·5 | 21 | 日 | 13 | 庚午 | 5·5 | 20 | 火 | 13 | 庚子 | 대한 |
| 15 | 23 | 土 | 11 | 庚午 | 처서 | 23 | 火 | 12 | 辛丑 | 추분 | 23 | 木 | 13 | 辛未 | 상강 | 22 | 土 | 13 | 辛丑 | 소설 | 22 | 月 | 14 | 辛未 | 동지 | 21 | 水 | 14 | 辛丑 | 5·5 |
| 16 | 24 | 日 | 12 | 辛未 | 5·5 | 24 | 水 | 13 | 壬寅 | 5·5 | 24 | 金 | 14 | 壬申 | 5·5 | 23 | 日 | 14 | 壬寅 | 5·5 | 23 | 火 | 15 | 壬申 | 5·5 | 22 | 木 | 15 | 壬寅 | 5·4 |
| 17 | 25 | 月 | 13 | 壬申 | 6·5 | 25 | 木 | 14 | 癸卯 | 6·4 | 25 | 土 | 15 | 癸酉 | 6·4 | 24 | 月 | 15 | 癸卯 | 6·4 | 24 | 水 | 16 | 癸酉 | 6·4 | 23 | 金 | 16 | 癸卯 | 6·4 |
| 18 | 26 | 火 | 14 | 癸酉 | 6·4 | 26 | 金 | 15 | 甲辰 | 6·4 | 26 | 日 | 16 | 甲戌 | 6·4 | 25 | 火 | 16 | 甲辰 | 6·4 | 25 | 木 | 17 | 甲戌 | 6·4 | 24 | 土 | 17 | 甲辰 | 6·4 |
| 19 | 27 | 水 | 15 | 甲戌 | 6·4 | 27 | 土 | 16 | 乙巳 | 6·4 | 27 | 月 | 17 | 乙亥 | 6·4 | 26 | 水 | 17 | 乙巳 | 6·4 | 26 | 金 | 18 | 乙亥 | 6·4 | 25 | 日 | 18 | 乙巳 | 6·3 |
| 20 | 28 | 木 | 16 | 乙亥 | 7·4 | 28 | 日 | 17 | 丙午 | 7·3 | 28 | 火 | 18 | 丙子 | 7·3 | 27 | 木 | 18 | 丙午 | 7·3 | 27 | 土 | 19 | 丙子 | 7·3 | 26 | 月 | 19 | 丙午 | 7·3 |
| 21 | 29 | 金 | 17 | 丙子 | 7·3 | 29 | 月 | 18 | 丁未 | 7·3 | 29 | 水 | 19 | 丁丑 | 7·3 | 28 | 金 | 19 | 丁未 | 7·3 | 28 | 日 | 20 | 丁丑 | 7·3 | 27 | 火 | 20 | 丁未 | 7·3 |
| 22 | 30 | 土 | 18 | 丁丑 | 7·3 | 30 | 火 | 19 | 戊申 | 7·3 | 30 | 木 | 20 | 戊寅 | 7·3 | 29 | 土 | 20 | 戊申 | 7·3 | 29 | 月 | 21 | 戊寅 | 7·3 | 28 | 水 | 21 | 戊申 | 7·2 |
| 23 | 31 | 日 | 19 | 戊寅 | 8·3 | 10/1 | 水 | 20 | 己酉 | 8·2 | 31 | 金 | 21 | 己卯 | 8·2 | 30 | 日 | 21 | 己酉 | 8·2 | 30 | 火 | 22 | 己卯 | 8·2 | 29 | 木 | 22 | 己酉 | 8·2 |
| 24 | 9/1 | 月 | 20 | 己卯 | 8·2 | 2 | 木 | 21 | 庚戌 | 8·2 | 11/1 | 土 | 22 | 庚辰 | 8·2 | 12/1 | 月 | 22 | 庚戌 | 8·2 | 31 | 水 | 23 | 庚辰 | 8·2 | 30 | 金 | 23 | 庚戌 | 8·2 |
| 25 | 2 | 火 | 21 | 庚辰 | 8·2 | 3 | 金 | 22 | 辛亥 | 8·2 | 2 | 日 | 23 | 辛巳 | 8·2 | 2 | 火 | 23 | 辛亥 | 8·2 | 1/1 | 木 | 24 | 辛巳 | 8·2 | 31 | 土 | 24 | 辛亥 | 8·1 |
| 26 | 3 | 水 | 22 | 辛巳 | 9·2 | 4 | 土 | 23 | 壬子 | 9·1 | 3 | 月 | 24 | 壬午 | 9·1 | 3 | 水 | 24 | 壬子 | 9·1 | 2 | 金 | 25 | 壬午 | 9·1 | 2/1 | 日 | 25 | 壬子 | 9·1 |
| 27 | 4 | 木 | 23 | 壬午 | 9·1 | 5 | 日 | 24 | 癸丑 | 9·1 | 4 | 火 | 25 | 癸未 | 9·1 | 4 | 木 | 25 | 癸丑 | 9·1 | 3 | 土 | 26 | 癸未 | 9·1 | 2 | 月 | 26 | 癸丑 | 9·1 |
| 28 | 5 | 金 | 24 | 癸未 | 9·1 | 6 | 月 | 25 | 甲寅 | 9·1 | 5 | 水 | 26 | 甲申 | 9·1 | 5 | 金 | 26 | 甲寅 | 9·1 | 4 | 日 | 27 | 甲申 | 9·1 | 3 | 火 | 27 | 甲寅 | 9·1 |
| 29 | 6 | 土 | 25 | 甲申 | 10·1 | 7 | 火 | 26 | 乙卯 | 10·1 | 6 | 木 | 27 | 乙酉 | 10·1 | 6 | 土 | 27 | 乙卯 | 10·1 | 5 | 月 | 28 | 乙酉 | 10·1 | | | | | |
| 30 | 7 | 日 | 26 | 乙酉 | 10·1 | | | | | | | | | | | | | | | | | | | | | | | | | |
| 31 | | | | | | | | | | | | | | | | | | | | | | | | | | | | | | |

# 서기 1970년 [단기 4303년]

| 절기후날수 | 입춘절(戊寅月)<br>立春 2월4일 14시46분<br>雨水 2월19일 10시42분 | | | | | 경칩절(己卯月)<br>驚蟄 3월6일 8시58분<br>春分 3월21일 9시56분 | | | | | 청명절(庚辰月)<br>淸明 4월5일 14시2분<br>穀雨 4월20일 21시15분 | | | | |
|---|---|---|---|---|---|---|---|---|---|---|---|---|---|---|---|
| | 양력 | 요일 | 음력 | 일진 | 大運 남·여 | 양력 | 요일 | 음력 | 일진 | 大運 남·여 | 양력 | 요일 | 음력 | 일진 | 大運 남·여 |
| 0 | 2/4 | 水 | 28 | 乙卯 | 입춘 | 3/6 | 金 | 29 | 乙酉 | 경칩 | 4/5 | 日 | 29 | 乙卯 | 청명 |
| 1 | 5 | 木 | 29 | 丙辰 | 10·1 | 7 | 土 | 30 | 丙戌 | 10·1 | 6 | 月 | 3/1 | 丙辰 | 10·1 |
| 2 | 6 | 金 | 1/1 | 丁巳 | 9·1 | 8 | 日 | 2/1 | 丁亥 | 9·1 | 7 | 火 | 2 | 丁巳 | 10·1 |
| 3 | 7 | 土 | 2 | 戊午 | 9·1 | 9 | 月 | 2 | 戊子 | 9·1 | 8 | 水 | 3 | 戊午 | 9·1 |
| 4 | 8 | 日 | 3 | 己未 | 9·1 | 10 | 火 | 3 | 己丑 | 9·1 | 9 | 木 | 4 | 己未 | 9·1 |
| 5 | 9 | 月 | 4 | 庚申 | 8·2 | 11 | 水 | 4 | 庚寅 | 8·2 | 10 | 金 | 5 | 庚申 | 9·2 |
| 6 | 10 | 火 | 5 | 辛酉 | 8·2 | 12 | 木 | 5 | 辛卯 | 8·2 | 11 | 土 | 6 | 辛酉 | 8·2 |
| 7 | 11 | 水 | 6 | 壬戌 | 8·2 | 13 | 金 | 6 | 壬辰 | 8·2 | 12 | 日 | 7 | 壬戌 | 8·2 |
| 8 | 12 | 木 | 7 | 癸亥 | 7·3 | 14 | 土 | 7 | 癸巳 | 7·3 | 13 | 月 | 8 | 癸亥 | 8·3 |
| 9 | 13 | 金 | 8 | 甲子 | 7·3 | 15 | 日 | 8 | 甲午 | 7·3 | 14 | 火 | 9 | 甲子 | 7·3 |
| 10 | 14 | 土 | 9 | 乙丑 | 7·3 | 16 | 月 | 9 | 乙未 | 7·3 | 15 | 水 | 10 | 乙丑 | 7·3 |
| 11 | 15 | 日 | 10 | 丙寅 | 6·4 | 17 | 火 | 10 | 丙申 | 6·4 | 16 | 木 | 11 | 丙寅 | 7·4 |
| 12 | 16 | 月 | 11 | 丁卯 | 6·4 | 18 | 水 | 11 | 丁酉 | 6·4 | 17 | 金 | 12 | 丁卯 | 6·4 |
| 13 | 17 | 火 | 12 | 戊辰 | 6·4 | 19 | 木 | 12 | 戊戌 | 6·4 | 18 | 土 | 13 | 戊辰 | 6·4 |
| 14 | 18 | 水 | 13 | 己巳 | 5·5 | 20 | 金 | 13 | 己亥 | 5·5 | 19 | 日 | 14 | 己巳 | 6·5 |
| 15 | 19 | 木 | 14 | 庚午 | 우수 | 21 | 土 | 14 | 庚子 | 춘분 | 20 | 月 | 15 | 庚午 | 곡우 |
| 16 | 20 | 金 | 15 | 辛未 | 5·5 | 22 | 日 | 15 | 辛丑 | 5·5 | 21 | 火 | 16 | 辛未 | 5·5 |
| 17 | 21 | 土 | 16 | 壬申 | 4·6 | 23 | 月 | 16 | 壬寅 | 4·6 | 22 | 水 | 17 | 壬申 | 5·6 |
| 18 | 22 | 日 | 17 | 癸酉 | 4·6 | 24 | 火 | 17 | 癸卯 | 4·6 | 23 | 木 | 18 | 癸酉 | 4·6 |
| 19 | 23 | 月 | 18 | 甲戌 | 4·6 | 25 | 水 | 18 | 甲辰 | 4·6 | 24 | 金 | 19 | 甲戌 | 4·6 |
| 20 | 24 | 火 | 19 | 乙亥 | 3·7 | 26 | 木 | 19 | 乙巳 | 3·7 | 25 | 土 | 20 | 乙亥 | 4·7 |
| 21 | 25 | 水 | 20 | 丙子 | 3·7 | 27 | 金 | 20 | 丙午 | 3·7 | 26 | 日 | 21 | 丙子 | 3·7 |
| 22 | 26 | 木 | 21 | 丁丑 | 3·7 | 28 | 土 | 21 | 丁未 | 3·7 | 27 | 月 | 22 | 丁丑 | 3·7 |
| 23 | 27 | 金 | 22 | 戊寅 | 2·8 | 29 | 日 | 22 | 戊申 | 2·8 | 28 | 火 | 23 | 戊寅 | 3·8 |
| 24 | 28 | 土 | 23 | 己卯 | 2·8 | 30 | 月 | 23 | 己酉 | 2·8 | 29 | 水 | 24 | 己卯 | 2·8 |
| 25 | 3/1 | 日 | 24 | 庚辰 | 2·8 | 31 | 火 | 24 | 庚戌 | 2·8 | 30 | 木 | 25 | 庚辰 | 2·8 |
| 26 | 2 | 月 | 25 | 辛巳 | 1·9 | 4/1 | 水 | 25 | 辛亥 | 1·9 | 5/1 | 金 | 26 | 辛巳 | 2·9 |
| 27 | 3 | 火 | 26 | 壬午 | 1·9 | 2 | 木 | 26 | 壬子 | 1·9 | 2 | 土 | 27 | 壬午 | 1·9 |
| 28 | 4 | 水 | 27 | 癸未 | 1·9 | 3 | 金 | 27 | 癸丑 | 1·9 | 3 | 日 | 28 | 癸未 | 1·9 |
| 29 | 5 | 木 | 28 | 甲申 | 1·10 | 4 | 土 | 28 | 甲寅 | 1·10 | 4 | 月 | 29 | 甲申 | 1·10 |
| 30 | | | | | | | | | | | 5 | 火 | 4/1 | 乙酉 | 1·10 |
| 31 | | | | | | | | | | | | | | | |

| 절기후날수 | 입하절(辛巳月)<br>立夏 5월6일 7시34분<br>小滿 5월21일 20시37분 | | | | | 망종절(壬午月)<br>芒種 6월6일 11시52분<br>夏至 6월22일 4시43분 | | | | | 소서절(癸未月)<br>小暑 7월7일 22시11분<br>大暑 7월23일 15시37분 | | | | |
|---|---|---|---|---|---|---|---|---|---|---|---|---|---|---|---|
| | 양력 | 요일 | 음력 | 일진 | 大運 남·여 | 양력 | 요일 | 음력 | 일진 | 大運 남·여 | 양력 | 요일 | 음력 | 일진 | 大運 남·여 |
| 0 | 5/6 | 水 | 2 | 丙戌 | 입하 | 6/6 | 土 | 3 | 丁巳 | 망종 | 7/7 | 火 | 4 | 戊子 | 소서 |
| 1 | 7 | 木 | 3 | 丁亥 | 10·1 | 7 | 日 | 4 | 戊午 | 10·1 | 8 | 水 | 5 | 己丑 | 10·1 |
| 2 | 8 | 金 | 4 | 戊子 | 10·1 | 8 | 月 | 5 | 己未 | 10·1 | 9 | 木 | 6 | 庚寅 | 10·1 |
| 3 | 9 | 土 | 5 | 己丑 | 9·1 | 9 | 火 | 6 | 庚申 | 9·1 | 10 | 金 | 7 | 辛卯 | 10·1 |
| 4 | 10 | 日 | 6 | 庚寅 | 9·1 | 10 | 水 | 7 | 辛酉 | 9·1 | 11 | 土 | 8 | 壬辰 | 9·1 |
| 5 | 11 | 月 | 7 | 辛卯 | 9·2 | 11 | 木 | 8 | 壬戌 | 9·2 | 12 | 日 | 9 | 癸巳 | 9·2 |
| 6 | 12 | 火 | 8 | 壬辰 | 8·2 | 12 | 金 | 9 | 癸亥 | 8·2 | 13 | 月 | 10 | 甲午 | 9·2 |
| 7 | 13 | 水 | 9 | 癸巳 | 8·2 | 13 | 土 | 10 | 甲子 | 8·2 | 14 | 火 | 11 | 乙未 | 8·2 |
| 8 | 14 | 木 | 10 | 甲午 | 8·3 | 14 | 日 | 11 | 乙丑 | 8·3 | 15 | 水 | 12 | 丙申 | 8·3 |
| 9 | 15 | 金 | 11 | 乙未 | 7·3 | 15 | 月 | 12 | 丙寅 | 7·3 | 16 | 木 | 13 | 丁酉 | 8·3 |
| 10 | 16 | 土 | 12 | 丙申 | 7·3 | 16 | 火 | 13 | 丁卯 | 7·3 | 17 | 金 | 14 | 戊戌 | 7·3 |
| 11 | 17 | 日 | 13 | 丁酉 | 7·4 | 17 | 水 | 14 | 戊辰 | 7·4 | 18 | 土 | 15 | 己亥 | 7·4 |
| 12 | 18 | 月 | 14 | 戊戌 | 6·4 | 18 | 木 | 15 | 己巳 | 6·4 | 19 | 日 | 16 | 庚子 | 7·4 |
| 13 | 19 | 火 | 15 | 己亥 | 6·4 | 19 | 金 | 16 | 庚午 | 6·4 | 20 | 月 | 17 | 辛丑 | 6·4 |
| 14 | 20 | 水 | 16 | 庚子 | 6·5 | 20 | 土 | 17 | 辛未 | 6·5 | 21 | 火 | 18 | 壬寅 | 6·5 |
| 15 | 21 | 木 | 17 | 辛丑 | 소만 | 21 | 日 | 18 | 壬申 | 5·5 | 22 | 水 | 19 | 癸卯 | 6·5 |
| 16 | 22 | 金 | 18 | 壬寅 | 5·5 | 22 | 月 | 19 | 癸酉 | 하지 | 23 | 木 | 20 | 甲辰 | 대서 |
| 17 | 23 | 土 | 19 | 癸卯 | 5·6 | 23 | 火 | 20 | 甲戌 | 5·6 | 24 | 金 | 21 | 乙巳 | 5·6 |
| 18 | 24 | 日 | 20 | 甲辰 | 4·6 | 24 | 水 | 21 | 乙亥 | 4·6 | 25 | 土 | 22 | 丙午 | 5·6 |
| 19 | 25 | 月 | 21 | 乙巳 | 4·6 | 25 | 木 | 22 | 丙子 | 4·6 | 26 | 日 | 23 | 丁未 | 4·6 |
| 20 | 26 | 火 | 22 | 丙午 | 4·7 | 26 | 金 | 23 | 丁丑 | 4·7 | 27 | 月 | 24 | 戊申 | 4·7 |
| 21 | 27 | 水 | 23 | 丁未 | 3·7 | 27 | 土 | 24 | 戊寅 | 3·7 | 28 | 火 | 25 | 己酉 | 4·7 |
| 22 | 28 | 木 | 24 | 戊申 | 3·7 | 28 | 日 | 25 | 己卯 | 3·7 | 29 | 水 | 26 | 庚戌 | 3·7 |
| 23 | 29 | 金 | 25 | 己酉 | 3·8 | 29 | 月 | 26 | 庚辰 | 3·8 | 30 | 木 | 27 | 辛亥 | 3·8 |
| 24 | 30 | 土 | 26 | 庚戌 | 2·8 | 30 | 火 | 27 | 辛巳 | 2·8 | 31 | 金 | 28 | 壬子 | 3·8 |
| 25 | 31 | 日 | 27 | 辛亥 | 2·8 | 7/1 | 水 | 28 | 壬午 | 2·8 | 8/1 | 土 | 29 | 癸丑 | 2·8 |
| 26 | 6/1 | 月 | 28 | 壬子 | 2·9 | 2 | 木 | 29 | 癸未 | 2·9 | 2 | 日 | 7/1 | 甲寅 | 2·9 |
| 27 | 2 | 火 | 29 | 癸丑 | 1·9 | 3 | 金 | 30 | 甲申 | 1·9 | 3 | 月 | 2 | 乙卯 | 2·9 |
| 28 | 3 | 水 | 30 | 甲寅 | 1·9 | 4 | 土 | 6/1 | 乙酉 | 1·9 | 4 | 火 | 3 | 丙辰 | 1·9 |
| 29 | 4 | 木 | 5/1 | 乙卯 | 1·10 | 5 | 日 | 2 | 丙戌 | 1·10 | 5 | 水 | 4 | 丁巳 | 1·10 |
| 30 | 5 | 金 | 2 | 丙辰 | 1·10 | 6 | 月 | 3 | 丁亥 | 1·10 | 6 | 木 | 5 | 戊午 | 1·10 |
| 31 | | | | | | | | | | | 7 | 金 | 6 | 己未 | 1·10 |

# 庚戌年

| 절기 후 날수 | 입추절(甲申月) 立秋 8월8일 7시54분 處暑 8월23일 22시34분 | | | | | | 백로절(乙酉月) 白露 9월8일 10시38분 秋分 9월23일 19시59분 | | | | | |
|---|---|---|---|---|---|---|---|---|---|---|---|---|
| | 양력 | 요일 | 음력 | 일진 | 大運 남 | 大運 여 | 양력 | 요일 | 음력 | 일진 | 大運 남 | 大運 여 |
| 0 | 8/8 | 土 | 7 | 庚申 | 입추 | | 9/8 | 火 | 8 | 辛卯 | 백로 | |
| 1 | 9 | 日 | 8 | 辛酉 | 10 | 1 | 9 | 水 | 9 | 壬辰 | 10 | 1 |
| 2 | 10 | 月 | 9 | 壬戌 | 10 | 1 | 10 | 木 | 10 | 癸巳 | 10 | 1 |
| 3 | 11 | 火 | 10 | 癸亥 | 9 | 1 | 11 | 金 | 11 | 甲午 | 9 | 1 |
| 4 | 12 | 水 | 11 | 甲子 | 9 | 1 | 12 | 土 | 12 | 乙未 | 9 | 1 |
| 5 | 13 | 木 | 12 | 乙丑 | 9 | 2 | 13 | 日 | 13 | 丙申 | 9 | 2 |
| 6 | 14 | 金 | 13 | 丙寅 | 8 | 2 | 14 | 月 | 14 | 丁酉 | 8 | 2 |
| 7 | 15 | 土 | 14 | 丁卯 | 8 | 2 | 15 | 火 | 15 | 戊戌 | 8 | 2 |
| 8 | 16 | 日 | 15 | 戊辰 | 8 | 3 | 16 | 水 | 16 | 己亥 | 8 | 3 |
| 9 | 17 | 月 | 16 | 己巳 | 7 | 3 | 17 | 木 | 17 | 庚子 | 7 | 3 |
| 10 | 18 | 火 | 17 | 庚午 | 7 | 3 | 18 | 金 | 18 | 辛丑 | 7 | 3 |
| 11 | 19 | 水 | 18 | 辛未 | 7 | 4 | 19 | 土 | 19 | 壬寅 | 7 | 4 |
| 12 | 20 | 木 | 19 | 壬申 | 6 | 4 | 20 | 日 | 20 | 癸卯 | 6 | 4 |
| 13 | 21 | 金 | 20 | 癸酉 | 6 | 4 | 21 | 月 | 21 | 甲辰 | 6 | 4 |
| 14 | 22 | 土 | 21 | 甲戌 | 6 | 5 | 22 | 火 | 22 | 乙巳 | 6 | 5 |
| 15 | 23 | 日 | 22 | 乙亥 | 처서 | | 23 | 水 | 23 | 丙午 | 추분 | |
| 16 | 24 | 月 | 23 | 丙子 | 5 | 5 | 24 | 木 | 24 | 丁未 | 5 | 5 |
| 17 | 25 | 火 | 24 | 丁丑 | 5 | 6 | 25 | 金 | 25 | 戊申 | 5 | 6 |
| 18 | 26 | 水 | 25 | 戊寅 | 4 | 6 | 26 | 土 | 26 | 己酉 | 4 | 6 |
| 19 | 27 | 木 | 26 | 己卯 | 4 | 6 | 27 | 日 | 27 | 庚戌 | 4 | 6 |
| 20 | 28 | 金 | 27 | 庚辰 | 4 | 7 | 28 | 月 | 28 | 辛亥 | 4 | 7 |
| 21 | 29 | 土 | 28 | 辛巳 | 3 | 7 | 29 | 火 | 29 | 壬子 | 3 | 7 |
| 22 | 30 | 日 | 29 | 壬午 | 3 | 7 | 30 | 水 | 9/1 | 癸丑 | 3 | 7 |
| 23 | 31 | 月 | 30 | 癸未 | 3 | 8 | 10/1 | 木 | 2 | 甲寅 | 3 | 8 |
| 24 | 9/1 | 火 | 8/1 | 甲申 | 2 | 8 | 2 | 金 | 3 | 乙卯 | 2 | 8 |
| 25 | 2 | 水 | 2 | 乙酉 | 2 | 8 | 3 | 土 | 4 | 丙辰 | 2 | 8 |
| 26 | 3 | 木 | 3 | 丙戌 | 2 | 9 | 4 | 日 | 5 | 丁巳 | 2 | 9 |
| 27 | 4 | 金 | 4 | 丁亥 | 1 | 9 | 5 | 月 | 6 | 戊午 | 1 | 9 |
| 28 | 5 | 土 | 5 | 戊子 | 1 | 9 | 6 | 火 | 7 | 己未 | 1 | 9 |
| 29 | 6 | 日 | 6 | 己丑 | 1 | 10 | 7 | 水 | 8 | 庚申 | 1 | 10 |
| 30 | 7 | 月 | 7 | 庚寅 | 1 | 10 | 8 | 木 | 9 | 辛酉 | 1 | 10 |
| 31 | | | | | | | | | | | | |

| 절기 후 날수 | 한로절(丙戌月) 寒露 10월9일 2시2분 霜降 10월24일 5시4분 | | | | | | 입동절(丁亥月) 立冬 11월8일 4시58분 小雪 11월23일 2시25분 | | | | | |
|---|---|---|---|---|---|---|---|---|---|---|---|---|
| | 양력 | 요일 | 음력 | 일진 | 大運 남 | 大運 여 | 양력 | 요일 | 음력 | 일진 | 大運 남 | 大運 여 |
| 0 | 10/9 | 金 | 10 | 壬戌 | 한로 | | 11/8 | 日 | 10 | 壬辰 | 입동 | |
| 1 | 10 | 土 | 11 | 癸亥 | 10 | 1 | 9 | 月 | 11 | 癸巳 | 9 | 1 |
| 2 | 11 | 日 | 12 | 甲子 | 9 | 1 | 10 | 火 | 12 | 甲午 | 9 | 1 |
| 3 | 12 | 月 | 13 | 乙丑 | 9 | 1 | 11 | 水 | 13 | 乙未 | 9 | 1 |
| 4 | 13 | 火 | 14 | 丙寅 | 9 | 1 | 12 | 木 | 14 | 丙申 | 8 | 1 |
| 5 | 14 | 水 | 15 | 丁卯 | 8 | 2 | 13 | 金 | 15 | 丁酉 | 8 | 2 |
| 6 | 15 | 木 | 16 | 戊辰 | 8 | 2 | 14 | 土 | 16 | 戊戌 | 8 | 2 |
| 7 | 16 | 金 | 17 | 己巳 | 8 | 2 | 15 | 日 | 17 | 己亥 | 7 | 2 |
| 8 | 17 | 土 | 18 | 庚午 | 7 | 3 | 16 | 月 | 18 | 庚子 | 7 | 3 |
| 9 | 18 | 日 | 19 | 辛未 | 7 | 3 | 17 | 火 | 19 | 辛丑 | 7 | 3 |
| 10 | 19 | 月 | 20 | 壬申 | 7 | 3 | 18 | 水 | 20 | 壬寅 | 6 | 3 |
| 11 | 20 | 火 | 21 | 癸酉 | 6 | 4 | 19 | 木 | 21 | 癸卯 | 6 | 4 |
| 12 | 21 | 水 | 22 | 甲戌 | 6 | 4 | 20 | 金 | 22 | 甲辰 | 6 | 4 |
| 13 | 22 | 木 | 23 | 乙亥 | 6 | 4 | 21 | 土 | 23 | 乙巳 | 5 | 4 |
| 14 | 23 | 金 | 24 | 丙子 | 5 | 5 | 22 | 日 | 24 | 丙午 | 5 | 5 |
| 15 | 24 | 土 | 25 | 丁丑 | 상강 | | 23 | 月 | 25 | 丁未 | 소설 | |
| 16 | 25 | 日 | 26 | 戊寅 | 5 | 5 | 24 | 火 | 26 | 戊申 | 4 | 5 |
| 17 | 26 | 月 | 27 | 己卯 | 4 | 6 | 25 | 水 | 27 | 己酉 | 4 | 6 |
| 18 | 27 | 火 | 28 | 庚辰 | 4 | 6 | 26 | 木 | 28 | 庚戌 | 4 | 6 |
| 19 | 28 | 水 | 29 | 辛巳 | 4 | 6 | 27 | 金 | 29 | 辛亥 | 3 | 6 |
| 20 | 29 | 木 | 30 | 壬午 | 3 | 7 | 28 | 土 | 30 | 壬子 | 3 | 7 |
| 21 | 30 | 金 | 10/1 | 癸未 | 3 | 7 | 29 | 日 | 11/1 | 癸丑 | 3 | 7 |
| 22 | 31 | 土 | 2 | 甲申 | 3 | 7 | 30 | 月 | 2 | 甲寅 | 2 | 7 |
| 23 | 11/1 | 日 | 3 | 乙酉 | 2 | 8 | 12/1 | 火 | 3 | 乙卯 | 2 | 8 |
| 24 | 2 | 月 | 4 | 丙戌 | 2 | 8 | 2 | 水 | 4 | 丙辰 | 2 | 8 |
| 25 | 3 | 火 | 5 | 丁亥 | 2 | 8 | 3 | 木 | 5 | 丁巳 | 1 | 8 |
| 26 | 4 | 水 | 6 | 戊子 | 1 | 9 | 4 | 金 | 6 | 戊午 | 1 | 9 |
| 27 | 5 | 木 | 7 | 己丑 | 1 | 9 | 5 | 土 | 7 | 己未 | 1 | 9 |
| 28 | 6 | 金 | 8 | 庚寅 | 1 | 9 | 6 | 日 | 8 | 庚申 | 1 | 9 |
| 29 | 7 | 土 | 9 | 辛卯 | 1 | 10 | | | | | | |
| 30 | | | | | | | | | | | | |
| 31 | | | | | | | | | | | | |

| 절기 후 날수 | 대설절(戊子月) 大雪 12월7일 21시37분 冬至 12월22일 15시36분 | | | | | | 소한절(己丑月) 小寒 1월6일 8시45분 大寒 1월21일 2시13분 | | | | | |
|---|---|---|---|---|---|---|---|---|---|---|---|---|
| | 양력 | 요일 | 음력 | 일진 | 大運 남 | 大運 여 | 양력 | 요일 | 음력 | 일진 | 大運 남 | 大運 여 |
| 0 | 12/7 | 月 | 9 | 辛酉 | 대설 | | 1/6 | 水 | 10 | 辛卯 | 소한 | |
| 1 | 8 | 火 | 10 | 壬戌 | 10 | 1 | 7 | 木 | 11 | 壬辰 | 9 | 1 |
| 2 | 9 | 水 | 11 | 癸亥 | 9 | 1 | 8 | 金 | 12 | 癸巳 | 9 | 1 |
| 3 | 10 | 木 | 12 | 甲子 | 9 | 1 | 9 | 土 | 13 | 甲午 | 9 | 1 |
| 4 | 11 | 金 | 13 | 乙丑 | 9 | 1 | 10 | 日 | 14 | 乙未 | 8 | 1 |
| 5 | 12 | 土 | 14 | 丙寅 | 8 | 2 | 11 | 月 | 15 | 丙申 | 8 | 2 |
| 6 | 13 | 日 | 15 | 丁卯 | 8 | 2 | 12 | 火 | 16 | 丁酉 | 8 | 2 |
| 7 | 14 | 月 | 16 | 戊辰 | 8 | 2 | 13 | 水 | 17 | 戊戌 | 7 | 2 |
| 8 | 15 | 火 | 17 | 己巳 | 7 | 3 | 14 | 木 | 18 | 己亥 | 7 | 3 |
| 9 | 16 | 水 | 18 | 庚午 | 7 | 3 | 15 | 金 | 19 | 庚子 | 7 | 3 |
| 10 | 17 | 木 | 19 | 辛未 | 7 | 3 | 16 | 土 | 20 | 辛丑 | 6 | 3 |
| 11 | 18 | 金 | 20 | 壬申 | 6 | 4 | 17 | 日 | 21 | 壬寅 | 6 | 4 |
| 12 | 19 | 土 | 21 | 癸酉 | 6 | 4 | 18 | 月 | 22 | 癸卯 | 6 | 4 |
| 13 | 20 | 日 | 22 | 甲戌 | 6 | 4 | 19 | 火 | 23 | 甲辰 | 5 | 4 |
| 14 | 21 | 月 | 23 | 乙亥 | 5 | 5 | 20 | 水 | 24 | 乙巳 | 5 | 5 |
| 15 | 22 | 火 | 24 | 丙子 | 동지 | | 21 | 木 | 25 | 丙午 | 대한 | |
| 16 | 23 | 水 | 25 | 丁丑 | 5 | 5 | 22 | 金 | 26 | 丁未 | 4 | 5 |
| 17 | 24 | 木 | 26 | 戊寅 | 4 | 6 | 23 | 土 | 27 | 戊申 | 4 | 6 |
| 18 | 25 | 金 | 27 | 己卯 | 4 | 6 | 24 | 日 | 28 | 己酉 | 4 | 6 |
| 19 | 26 | 土 | 28 | 庚辰 | 4 | 6 | 25 | 月 | 29 | 庚戌 | 3 | 6 |
| 20 | 27 | 日 | 29 | 辛巳 | 3 | 7 | 26 | 火 | 30 | 辛亥 | 3 | 7 |
| 21 | 28 | 月 | 12/1 | 壬午 | 3 | 7 | 27 | 水 | 1/1 | 壬子 | 3 | 7 |
| 22 | 29 | 火 | 2 | 癸未 | 3 | 7 | 28 | 木 | 2 | 癸丑 | 2 | 7 |
| 23 | 30 | 水 | 3 | 甲申 | 2 | 8 | 29 | 金 | 3 | 甲寅 | 2 | 8 |
| 24 | 31 | 木 | 4 | 乙酉 | 2 | 8 | 30 | 土 | 4 | 乙卯 | 2 | 8 |
| 25 | 1/1 | 金 | 5 | 丙戌 | 2 | 8 | 31 | 日 | 5 | 丙辰 | 1 | 8 |
| 26 | 2 | 土 | 6 | 丁亥 | 1 | 9 | 2/1 | 月 | 6 | 丁巳 | 1 | 9 |
| 27 | 3 | 日 | 7 | 戊子 | 1 | 9 | 2 | 火 | 7 | 戊午 | 1 | 9 |
| 28 | 4 | 月 | 8 | 己丑 | 1 | 9 | 3 | 水 | 8 | 己未 | 1 | 9 |
| 29 | 5 | 火 | 9 | 庚寅 | 1 | 10 | | | | | | |
| 30 | | | | | | | | | | | | |
| 31 | | | | | | | | | | | | |

# 서기 1971년 [단기 4304년]

| 절기후날수 | 입춘절(庚寅月) 立春 2월4일 20시25분 雨水 2월19일 16시27분 | | | | | 경칩절(辛卯月) 驚蟄 3월6일 14시35분 春分 3월21일 15시38분 | | | | |
|---|---|---|---|---|---|---|---|---|---|---|
| | 양력 | 요일 | 음력 | 일진 | 大運 남·여 | 양력 | 요일 | 음력 | 일진 | 大運 남·여 |
| 0 | 2/4 | 木 | 9 | 庚申 | 입춘 | 3/6 | 土 | 10 | 庚寅 | 경칩 |
| 1 | 5 | 金 | 10 | 辛酉 | 1·10 | 7 | 日 | 11 | 辛卯 | 1·10 |
| 2 | 6 | 土 | 11 | 壬戌 | 1·9 | 8 | 月 | 12 | 壬辰 | 1·9 |
| 3 | 7 | 日 | 12 | 癸亥 | 1·9 | 9 | 火 | 13 | 癸巳 | 1·9 |
| 4 | 8 | 月 | 13 | 甲子 | 1·9 | 10 | 水 | 14 | 甲午 | 1·9 |
| 5 | 9 | 火 | 14 | 乙丑 | 2·8 | 11 | 木 | 15 | 乙未 | 2·8 |
| 6 | 10 | 水 | 15 | 丙寅 | 2·8 | 12 | 金 | 16 | 丙申 | 2·8 |
| 7 | 11 | 木 | 16 | 丁卯 | 2·8 | 13 | 土 | 17 | 丁酉 | 2·8 |
| 8 | 12 | 金 | 17 | 戊辰 | 3·7 | 14 | 日 | 18 | 戊戌 | 3·7 |
| 9 | 13 | 土 | 18 | 己巳 | 3·7 | 15 | 月 | 19 | 己亥 | 3·7 |
| 10 | 14 | 日 | 19 | 庚午 | 3·7 | 16 | 火 | 20 | 庚子 | 3·7 |
| 11 | 15 | 月 | 20 | 辛未 | 4·6 | 17 | 水 | 21 | 辛丑 | 4·6 |
| 12 | 16 | 火 | 21 | 壬申 | 4·6 | 18 | 木 | 22 | 壬寅 | 4·6 |
| 13 | 17 | 水 | 22 | 癸酉 | 4·6 | 19 | 金 | 23 | 癸卯 | 4·6 |
| 14 | 18 | 木 | 23 | 甲戌 | 5·5 | 20 | 土 | 24 | 甲辰 | 5·5 |
| 15 | 19 | 金 | 24 | 乙亥 | 우수 | 21 | 日 | 25 | 乙巳 | 춘분 |
| 16 | 20 | 土 | 25 | 丙子 | 5·5 | 22 | 月 | 26 | 丙午 | 5·5 |
| 17 | 21 | 日 | 26 | 丁丑 | 6·4 | 23 | 火 | 27 | 丁未 | 6·4 |
| 18 | 22 | 月 | 27 | 戊寅 | 6·4 | 24 | 水 | 28 | 戊申 | 6·4 |
| 19 | 23 | 火 | 28 | 己卯 | 6·4 | 25 | 木 | 29 | 己酉 | 6·4 |
| 20 | 24 | 水 | 29 | 庚辰 | 7·3 | 26 | 金 | 30 | 庚戌 | 7·3 |
| 21 | 25 | 木 | 2/1 | 辛巳 | 7·3 | 27 | 土 | 3/1 | 辛亥 | 7·3 |
| 22 | 26 | 金 | 2 | 壬午 | 7·3 | 28 | 日 | 2 | 壬子 | 7·3 |
| 23 | 27 | 土 | 3 | 癸未 | 8·2 | 29 | 月 | 3 | 癸丑 | 8·2 |
| 24 | 28 | 日 | 4 | 甲申 | 8·2 | 30 | 火 | 4 | 甲寅 | 8·2 |
| 25 | 3/1 | 月 | 5 | 乙酉 | 8·2 | 31 | 水 | 5 | 乙卯 | 8·2 |
| 26 | 2 | 火 | 6 | 丙戌 | 9·1 | 4/1 | 木 | 6 | 丙辰 | 9·1 |
| 27 | 3 | 水 | 7 | 丁亥 | 9·1 | 2 | 金 | 7 | 丁巳 | 9·1 |
| 28 | 4 | 木 | 8 | 戊子 | 9·1 | 3 | 土 | 8 | 戊午 | 9·1 |
| 29 | 5 | 金 | 9 | 己丑 | 10·1 | 4 | 日 | 9 | 己未 | 10·1 |
| 30 | | | | | | | | | | |
| 31 | | | | | | | | | | |

| 절기후날수 | 청명절(壬辰月) 淸明 4월5일 19시36분 穀雨 4월21일 2시54분 | | | | | 입하절(癸巳月) 立夏 5월6일 13시8분 小滿 5월22일 2시15분 | | | | |
|---|---|---|---|---|---|---|---|---|---|---|
| | 양력 | 요일 | 음력 | 일진 | 大運 남·여 | 양력 | 요일 | 음력 | 일진 | 大運 남·여 |
| 0 | 4/5 | 月 | 10 | 庚申 | 청명 | 5/6 | 木 | 12 | 辛卯 | 입하 |
| 1 | 6 | 火 | 11 | 辛酉 | 1·10 | 7 | 金 | 13 | 壬辰 | 1·10 |
| 2 | 7 | 水 | 12 | 壬戌 | 1·10 | 8 | 土 | 14 | 癸巳 | 1·10 |
| 3 | 8 | 木 | 13 | 癸亥 | 1·9 | 9 | 日 | 15 | 甲午 | 1·9 |
| 4 | 9 | 金 | 14 | 甲子 | 1·9 | 10 | 月 | 16 | 乙未 | 1·9 |
| 5 | 10 | 土 | 15 | 乙丑 | 2·9 | 11 | 火 | 17 | 丙申 | 2·9 |
| 6 | 11 | 日 | 16 | 丙寅 | 2·8 | 12 | 水 | 18 | 丁酉 | 2·8 |
| 7 | 12 | 月 | 17 | 丁卯 | 2·8 | 13 | 木 | 19 | 戊戌 | 2·8 |
| 8 | 13 | 火 | 18 | 戊辰 | 3·8 | 14 | 金 | 20 | 己亥 | 3·8 |
| 9 | 14 | 水 | 19 | 己巳 | 3·7 | 15 | 土 | 21 | 庚子 | 3·7 |
| 10 | 15 | 木 | 20 | 庚午 | 3·7 | 16 | 日 | 22 | 辛丑 | 3·7 |
| 11 | 16 | 金 | 21 | 辛未 | 4·7 | 17 | 月 | 23 | 壬寅 | 4·7 |
| 12 | 17 | 土 | 22 | 壬申 | 4·6 | 18 | 火 | 24 | 癸卯 | 4·6 |
| 13 | 18 | 日 | 23 | 癸酉 | 4·6 | 19 | 水 | 25 | 甲辰 | 4·6 |
| 14 | 19 | 月 | 24 | 甲戌 | 5·6 | 20 | 木 | 26 | 乙巳 | 5·6 |
| 15 | 20 | 火 | 25 | 乙亥 | 5·5 | 21 | 金 | 27 | 丙午 | 5·5 |
| 16 | 21 | 水 | 26 | 丙子 | 곡우 | 22 | 土 | 28 | 丁未 | 소만 |
| 17 | 22 | 木 | 27 | 丁丑 | 6·5 | 23 | 日 | 29 | 戊申 | 6·5 |
| 18 | 23 | 金 | 28 | 戊寅 | 6·4 | 24 | 月 | 5/1 | 己酉 | 6·4 |
| 19 | 24 | 土 | 29 | 己卯 | 6·4 | 25 | 火 | 2 | 庚戌 | 6·4 |
| 20 | 25 | 日 | 4/1 | 庚辰 | 7·4 | 26 | 水 | 3 | 辛亥 | 7·4 |
| 21 | 26 | 月 | 2 | 辛巳 | 7·3 | 27 | 木 | 4 | 壬子 | 7·3 |
| 22 | 27 | 火 | 3 | 壬午 | 7·3 | 28 | 金 | 5 | 癸丑 | 7·3 |
| 23 | 28 | 水 | 4 | 癸未 | 8·3 | 29 | 土 | 6 | 甲寅 | 8·3 |
| 24 | 29 | 木 | 5 | 甲申 | 8·2 | 30 | 日 | 7 | 乙卯 | 8·2 |
| 25 | 30 | 金 | 6 | 乙酉 | 8·2 | 31 | 月 | 8 | 丙辰 | 8·2 |
| 26 | 5/1 | 土 | 7 | 丙戌 | 9·2 | 6/1 | 火 | 9 | 丁巳 | 9·2 |
| 27 | 2 | 日 | 8 | 丁亥 | 9·1 | 2 | 水 | 10 | 戊午 | 9·1 |
| 28 | 3 | 月 | 9 | 戊子 | 9·1 | 3 | 木 | 11 | 己未 | 9·1 |
| 29 | 4 | 火 | 10 | 己丑 | 10·1 | 4 | 金 | 12 | 庚申 | 10·1 |
| 30 | 5 | 水 | 11 | 庚寅 | 10·1 | 5 | 土 | 13 | 辛酉 | 10·1 |
| 31 | | | | | | | | | | |

| 절기후날수 | 망종절(甲午月) 芒種 6월6일 17시29분 夏至 6월22일 10시20분 | | | | | 소서절(乙未月) 小暑 7월8일 3시51분 大暑 7월23일 21시15분 | | | | |
|---|---|---|---|---|---|---|---|---|---|---|
| | 양력 | 요일 | 음력 | 일진 | 大運 남·여 | 양력 | 요일 | 음력 | 일진 | 大運 남·여 |
| 0 | 6/6 | 日 | 14 | 壬戌 | 망종 | 7/8 | 木 | 윤16 | 甲午 | 소서 |
| 1 | 7 | 月 | 15 | 癸亥 | 1·10 | 9 | 金 | 윤17 | 乙未 | 1·10 |
| 2 | 8 | 火 | 16 | 甲子 | 1·10 | 10 | 土 | 윤18 | 丙申 | 1·10 |
| 3 | 9 | 水 | 17 | 乙丑 | 1·10 | 11 | 日 | 윤19 | 丁酉 | 1·9 |
| 4 | 10 | 木 | 18 | 丙寅 | 1·9 | 12 | 月 | 윤20 | 戊戌 | 1·9 |
| 5 | 11 | 金 | 19 | 丁卯 | 2·9 | 13 | 火 | 윤21 | 己亥 | 2·9 |
| 6 | 12 | 土 | 20 | 戊辰 | 2·9 | 14 | 水 | 윤22 | 庚子 | 2·8 |
| 7 | 13 | 日 | 21 | 己巳 | 2·8 | 15 | 木 | 윤23 | 辛丑 | 2·8 |
| 8 | 14 | 月 | 22 | 庚午 | 3·8 | 16 | 金 | 윤24 | 壬寅 | 3·8 |
| 9 | 15 | 火 | 23 | 辛未 | 3·8 | 17 | 土 | 윤25 | 癸卯 | 3·7 |
| 10 | 16 | 水 | 24 | 壬申 | 3·7 | 18 | 日 | 윤26 | 甲辰 | 3·7 |
| 11 | 17 | 木 | 25 | 癸酉 | 4·7 | 19 | 月 | 윤27 | 乙巳 | 4·7 |
| 12 | 18 | 金 | 26 | 甲戌 | 4·7 | 20 | 火 | 윤28 | 丙午 | 4·6 |
| 13 | 19 | 土 | 27 | 乙亥 | 4·6 | 21 | 水 | 윤29 | 丁未 | 4·6 |
| 14 | 20 | 日 | 28 | 丙子 | 5·6 | 22 | 木 | 6/1 | 戊申 | 5·6 |
| 15 | 21 | 月 | 29 | 丁丑 | 5·6 | 23 | 金 | 2 | 己酉 | 대서 |
| 16 | 22 | 火 | 30 | 戊寅 | 하지 | 24 | 土 | 3 | 庚戌 | 5·5 |
| 17 | 23 | 水 | 윤1 | 己卯 | 6·5 | 25 | 日 | 4 | 辛亥 | 6·5 |
| 18 | 24 | 木 | 윤2 | 庚辰 | 6·5 | 26 | 月 | 5 | 壬子 | 6·4 |
| 19 | 25 | 金 | 윤3 | 辛巳 | 6·4 | 27 | 火 | 6 | 癸丑 | 6·4 |
| 20 | 26 | 土 | 윤4 | 壬午 | 7·4 | 28 | 水 | 7 | 甲寅 | 7·4 |
| 21 | 27 | 日 | 윤5 | 癸未 | 7·4 | 29 | 木 | 8 | 乙卯 | 7·3 |
| 22 | 28 | 月 | 윤6 | 甲申 | 7·3 | 30 | 金 | 9 | 丙辰 | 7·3 |
| 23 | 29 | 火 | 윤7 | 乙酉 | 8·3 | 31 | 土 | 10 | 丁巳 | 8·3 |
| 24 | 30 | 水 | 윤8 | 丙戌 | 8·3 | 8/1 | 日 | 11 | 戊午 | 8·2 |
| 25 | 7/1 | 木 | 윤9 | 丁亥 | 8·2 | 2 | 月 | 12 | 己未 | 8·2 |
| 26 | 2 | 金 | 윤10 | 戊子 | 9·2 | 3 | 火 | 13 | 庚申 | 9·2 |
| 27 | 3 | 土 | 윤11 | 己丑 | 9·2 | 4 | 水 | 14 | 辛酉 | 9·1 |
| 28 | 4 | 日 | 윤12 | 庚寅 | 9·1 | 5 | 木 | 15 | 壬戌 | 9·1 |
| 29 | 5 | 月 | 윤13 | 辛卯 | 10·1 | 6 | 金 | 16 | 癸亥 | 10·1 |
| 30 | 6 | 火 | 윤14 | 壬辰 | 10·1 | 7 | 土 | 17 | 甲子 | 10·1 |
| 31 | 7 | 水 | 윤15 | 癸巳 | 10·1 | | | | | |

▶윤달-5월

# 辛亥年

| 절기후날수 | 입추절(丙申月) 立秋 8월8일 13시40분 處暑 8월24일 4시15분 | | | | | 백로절(丁酉月) 白露 9월8일 16시30분 秋分 9월24일 1시45분 | | | | |
|---|---|---|---|---|---|---|---|---|---|---|
| | 양력 | 요일 | 음력 | 일진 | 大運 남·여 | 양력 | 요일 | 음력 | 일진 | 大運 남·여 |
| 0 | 8/8 | 日 | 18 | 乙丑 | 입추 | 9/8 | 水 | 19 | 丙申 | 백로 |
| 1 | 9 | 月 | 19 | 丙寅 | 1·10 | 9 | 木 | 20 | 丁酉 | 1·10 |
| 2 | 10 | 火 | 20 | 丁卯 | 1·10 | 10 | 金 | 21 | 戊戌 | 1·10 |
| 3 | 11 | 水 | 21 | 戊辰 | 1·9 | 11 | 土 | 22 | 己亥 | 1·9 |
| 4 | 12 | 木 | 22 | 己巳 | 1·9 | 12 | 日 | 23 | 庚子 | 1·9 |
| 5 | 13 | 金 | 23 | 庚午 | 2·9 | 13 | 月 | 24 | 辛丑 | 2·9 |
| 6 | 14 | 土 | 24 | 辛未 | 2·8 | 14 | 火 | 25 | 壬寅 | 2·8 |
| 7 | 15 | 日 | 25 | 壬申 | 2·8 | 15 | 水 | 26 | 癸卯 | 2·8 |
| 8 | 16 | 月 | 26 | 癸酉 | 3·8 | 16 | 木 | 27 | 甲辰 | 3·8 |
| 9 | 17 | 火 | 27 | 甲戌 | 3·7 | 17 | 金 | 28 | 乙巳 | 3·7 |
| 10 | 18 | 水 | 28 | 乙亥 | 3·7 | 18 | 土 | 29 | 丙午 | 3·7 |
| 11 | 19 | 木 | 29 | 丙子 | 4·7 | 19 | 日 | 8/1 | 丁未 | 4·7 |
| 12 | 20 | 金 | 30 | 丁丑 | 4·6 | 20 | 月 | 2 | 戊申 | 4·6 |
| 13 | 21 | 土 | 7/1 | 戊寅 | 4·6 | 21 | 火 | 3 | 己酉 | 4·6 |
| 14 | 22 | 日 | 2 | 己卯 | 5·6 | 22 | 水 | 4 | 庚戌 | 5·6 |
| 15 | 23 | 月 | 3 | 庚辰 | 5·5 | 23 | 木 | 5 | 辛亥 | 5·5 |
| 16 | 24 | 火 | 4 | 辛巳 | 처서 | 24 | 金 | 6 | 壬子 | 추분 |
| 17 | 25 | 水 | 5 | 壬午 | 6·5 | 25 | 土 | 7 | 癸丑 | 6·5 |
| 18 | 26 | 木 | 6 | 癸未 | 6·4 | 26 | 日 | 8 | 甲寅 | 6·4 |
| 19 | 27 | 金 | 7 | 甲申 | 6·4 | 27 | 月 | 9 | 乙卯 | 6·4 |
| 20 | 28 | 土 | 8 | 乙酉 | 7·4 | 28 | 火 | 10 | 丙辰 | 7·4 |
| 21 | 29 | 日 | 9 | 丙戌 | 7·3 | 29 | 水 | 11 | 丁巳 | 7·3 |
| 22 | 30 | 月 | 10 | 丁亥 | 7·3 | 30 | 木 | 12 | 戊午 | 7·3 |
| 23 | 31 | 火 | 11 | 戊子 | 8·3 | 10/1 | 金 | 13 | 己未 | 8·3 |
| 24 | 9/1 | 水 | 12 | 己丑 | 8·2 | 2 | 土 | 14 | 庚申 | 8·2 |
| 25 | 2 | 木 | 13 | 庚寅 | 8·2 | 3 | 日 | 15 | 辛酉 | 8·2 |
| 26 | 3 | 金 | 14 | 辛卯 | 9·2 | 4 | 月 | 16 | 壬戌 | 9·2 |
| 27 | 4 | 土 | 15 | 壬辰 | 9·1 | 5 | 火 | 17 | 癸亥 | 9·1 |
| 28 | 5 | 日 | 16 | 癸巳 | 9·1 | 6 | 水 | 18 | 甲子 | 9·1 |
| 29 | 6 | 月 | 17 | 甲午 | 10·1 | 7 | 木 | 19 | 乙丑 | 10·1 |
| 30 | 7 | 火 | 18 | 乙未 | 10·1 | 8 | 金 | 20 | 丙寅 | 10·1 |
| 31 | | | | | | | | | | |

| 절기후날수 | 한로절(戊戌月) 寒露 10월9일 7시59분 霜降 10월24일 10시53분 | | | | | 입동절(己亥月) 立冬 11월8일 10시57분 小雪 11월23일 8시14분 | | | | |
|---|---|---|---|---|---|---|---|---|---|---|
| | 양력 | 요일 | 음력 | 일진 | 大運 남·여 | 양력 | 요일 | 음력 | 일진 | 大運 남·여 |
| 0 | 10/9 | 土 | 21 | 丁卯 | 한로 | 11/8 | 月 | 21 | 丁酉 | 입동 |
| 1 | 10 | 日 | 22 | 戊辰 | 1·10 | 9 | 火 | 22 | 戊戌 | 1·10 |
| 2 | 11 | 月 | 23 | 己巳 | 1·9 | 10 | 水 | 23 | 己亥 | 1·9 |
| 3 | 12 | 火 | 24 | 庚午 | 1·9 | 11 | 木 | 24 | 庚子 | 1·9 |
| 4 | 13 | 水 | 25 | 辛未 | 1·9 | 12 | 金 | 25 | 辛丑 | 1·9 |
| 5 | 14 | 木 | 26 | 壬申 | 2·8 | 13 | 土 | 26 | 壬寅 | 2·8 |
| 6 | 15 | 金 | 27 | 癸酉 | 2·8 | 14 | 日 | 27 | 癸卯 | 2·8 |
| 7 | 16 | 土 | 28 | 甲戌 | 2·8 | 15 | 月 | 28 | 甲辰 | 2·8 |
| 8 | 17 | 日 | 29 | 乙亥 | 3·7 | 16 | 火 | 29 | 乙巳 | 3·7 |
| 9 | 18 | 月 | 30 | 丙子 | 3·7 | 17 | 水 | 30 | 丙午 | 3·7 |
| 10 | 19 | 火 | 9/1 | 丁丑 | 3·7 | 18 | 木 | 10/1 | 丁未 | 3·7 |
| 11 | 20 | 水 | 2 | 戊寅 | 4·6 | 19 | 金 | 2 | 戊申 | 4·6 |
| 12 | 21 | 木 | 3 | 己卯 | 4·6 | 20 | 土 | 3 | 己酉 | 4·6 |
| 13 | 22 | 金 | 4 | 庚辰 | 4·6 | 21 | 日 | 4 | 庚戌 | 4·6 |
| 14 | 23 | 土 | 5 | 辛巳 | 5·5 | 22 | 月 | 5 | 辛亥 | 5·5 |
| 15 | 24 | 日 | 6 | 壬午 | 상강 | 23 | 火 | 6 | 壬子 | 소설 |
| 16 | 25 | 月 | 7 | 癸未 | 5·5 | 24 | 水 | 7 | 癸丑 | 5·5 |
| 17 | 26 | 火 | 8 | 甲申 | 6·4 | 25 | 木 | 8 | 甲寅 | 6·4 |
| 18 | 27 | 水 | 9 | 乙酉 | 6·4 | 26 | 金 | 9 | 乙卯 | 6·4 |
| 19 | 28 | 木 | 10 | 丙戌 | 6·4 | 27 | 土 | 10 | 丙辰 | 6·4 |
| 20 | 29 | 金 | 11 | 丁亥 | 7·3 | 28 | 日 | 11 | 丁巳 | 7·3 |
| 21 | 30 | 土 | 12 | 戊子 | 7·3 | 29 | 月 | 12 | 戊午 | 7·3 |
| 22 | 31 | 日 | 13 | 己丑 | 7·3 | 30 | 火 | 13 | 己未 | 7·3 |
| 23 | 11/1 | 月 | 14 | 庚寅 | 8·2 | 12/1 | 水 | 14 | 庚申 | 8·2 |
| 24 | 2 | 火 | 15 | 辛卯 | 8·2 | 2 | 木 | 15 | 辛酉 | 8·2 |
| 25 | 3 | 水 | 16 | 壬辰 | 8·2 | 3 | 金 | 16 | 壬戌 | 8·2 |
| 26 | 4 | 木 | 17 | 癸巳 | 9·1 | 4 | 土 | 17 | 癸亥 | 9·1 |
| 27 | 5 | 金 | 18 | 甲午 | 9·1 | 5 | 日 | 18 | 甲子 | 9·1 |
| 28 | 6 | 土 | 19 | 乙未 | 9·1 | 6 | 月 | 19 | 乙丑 | 9·1 |
| 29 | 7 | 日 | 20 | 丙申 | 10·1 | 7 | 火 | 20 | 丙寅 | 10·1 |
| 30 | | | | | | | | | | |
| 31 | | | | | | | | | | |

| 절기후날수 | 대설절(庚子月) 大雪 12월8일 3시36분 冬至 12월22일 21시24분 | | | | | 소한절(辛丑月) 小寒 1월6일 14시42분 大寒 1월21일 7시59분 | | | | |
|---|---|---|---|---|---|---|---|---|---|---|
| | 양력 | 요일 | 음력 | 일진 | 大運 남·여 | 양력 | 요일 | 음력 | 일진 | 大運 남·여 |
| 0 | 12/8 | 水 | 21 | 丁卯 | 대설 | 1/6 | 木 | 20 | 丙申 | 소한 |
| 1 | 9 | 木 | 22 | 戊辰 | 1·9 | 7 | 金 | 21 | 丁酉 | 1·10 |
| 2 | 10 | 金 | 23 | 己巳 | 1·9 | 8 | 土 | 22 | 戊戌 | 1·9 |
| 3 | 11 | 土 | 24 | 庚午 | 1·9 | 9 | 日 | 23 | 己亥 | 1·9 |
| 4 | 12 | 日 | 25 | 辛未 | 1·8 | 10 | 月 | 24 | 庚子 | 1·9 |
| 5 | 13 | 月 | 26 | 壬申 | 2·8 | 11 | 火 | 25 | 辛丑 | 2·8 |
| 6 | 14 | 火 | 27 | 癸酉 | 2·8 | 12 | 水 | 26 | 壬寅 | 2·8 |
| 7 | 15 | 水 | 28 | 甲戌 | 2·7 | 13 | 木 | 27 | 癸卯 | 2·8 |
| 8 | 16 | 木 | 29 | 乙亥 | 3·7 | 14 | 金 | 28 | 甲辰 | 3·7 |
| 9 | 17 | 金 | 30 | 丙子 | 3·7 | 15 | 土 | 29 | 乙巳 | 3·7 |
| 10 | 18 | 土 | 11/1 | 丁丑 | 3·6 | 16 | 日 | 12/1 | 丙午 | 3·7 |
| 11 | 19 | 日 | 2 | 戊寅 | 4·6 | 17 | 月 | 2 | 丁未 | 4·6 |
| 12 | 20 | 月 | 3 | 己卯 | 4·6 | 18 | 火 | 3 | 戊申 | 4·6 |
| 13 | 21 | 火 | 4 | 庚辰 | 4·5 | 19 | 水 | 4 | 己酉 | 4·6 |
| 14 | 22 | 水 | 5 | 辛巳 | 동지 | 20 | 木 | 5 | 庚戌 | 5·5 |
| 15 | 23 | 木 | 6 | 壬午 | 5·5 | 21 | 金 | 6 | 辛亥 | 대한 |
| 16 | 24 | 金 | 7 | 癸未 | 5·4 | 22 | 土 | 7 | 壬子 | 5·5 |
| 17 | 25 | 土 | 8 | 甲申 | 6·4 | 23 | 日 | 8 | 癸丑 | 6·4 |
| 18 | 26 | 日 | 9 | 乙酉 | 6·4 | 24 | 月 | 9 | 甲寅 | 6·4 |
| 19 | 27 | 月 | 10 | 丙戌 | 6·3 | 25 | 火 | 10 | 乙卯 | 6·4 |
| 20 | 28 | 火 | 11 | 丁亥 | 7·3 | 26 | 水 | 11 | 丙辰 | 7·3 |
| 21 | 29 | 水 | 12 | 戊子 | 7·3 | 27 | 木 | 12 | 丁巳 | 7·3 |
| 22 | 30 | 木 | 13 | 己丑 | 7·2 | 28 | 金 | 13 | 戊午 | 7·3 |
| 23 | 31 | 金 | 14 | 庚寅 | 8·2 | 29 | 土 | 14 | 己未 | 8·2 |
| 24 | 1/1 | 土 | 15 | 辛卯 | 8·2 | 30 | 日 | 15 | 庚申 | 8·2 |
| 25 | 2 | 日 | 16 | 壬辰 | 8·1 | 31 | 月 | 16 | 辛酉 | 8·2 |
| 26 | 3 | 月 | 17 | 癸巳 | 9·1 | 2/1 | 火 | 17 | 壬戌 | 9·1 |
| 27 | 4 | 火 | 18 | 甲午 | 9·1 | 2 | 水 | 18 | 癸亥 | 9·1 |
| 28 | 5 | 水 | 19 | 乙未 | 9·1 | 3 | 木 | 19 | 甲子 | 9·1 |
| 29 | | | | | | 4 | 金 | 20 | 乙丑 | 10·1 |
| 30 | | | | | | | | | | |
| 31 | | | | | | | | | | |

# 서기 1972년 [단기 4305년]

| 절기후날수 | 입춘절(壬寅月) 立春 2월5일 2시20분 雨水 2월19일 22시11분 | | | | | 경칩절(癸卯月) 驚蟄 3월5일 20시28분 春分 3월20일 21시21분 | | | | | 청명절(甲辰月) 清明 4월5일 1시29분 穀雨 4월20일 8시37분 | | | | |
|---|---|---|---|---|---|---|---|---|---|---|---|---|---|---|---|
| | 양력 | 요일 | 음력 | 일진 | 大運 남·여 | 양력 | 요일 | 음력 | 일진 | 大運 남·여 | 양력 | 요일 | 음력 | 일진 | 大運 남·여 |
| 0 | 2/5 | 土 | 21 | 丙寅 | 입춘 | 3/5 | 日 | 20 | 乙未 | 경칩 | 4/5 | 水 | 22 | 丙寅 | 청명 |
| 1 | 6 | 日 | 22 | 丁卯 | 9·1 | 6 | 月 | 21 | 丙申 | 10·1 | 6 | 木 | 23 | 丁卯 | 10·1 |
| 2 | 7 | 月 | 23 | 戊辰 | 9·1 | 7 | 火 | 22 | 丁酉 | 10·1 | 7 | 金 | 24 | 戊辰 | 9·1 |
| 3 | 8 | 火 | 24 | 己巳 | 9·1 | 8 | 水 | 23 | 戊戌 | 9·1 | 8 | 土 | 25 | 己巳 | 9·1 |
| 4 | 9 | 水 | 25 | 庚午 | 8·1 | 9 | 木 | 24 | 己亥 | 9·1 | 9 | 日 | 26 | 庚午 | 9·1 |
| 5 | 10 | 木 | 26 | 辛未 | 8·2 | 10 | 金 | 25 | 庚子 | 9·2 | 10 | 月 | 27 | 辛未 | 8·2 |
| 6 | 11 | 金 | 27 | 壬申 | 8·2 | 11 | 土 | 26 | 辛丑 | 8·2 | 11 | 火 | 28 | 壬申 | 8·2 |
| 7 | 12 | 土 | 28 | 癸酉 | 7·2 | 12 | 日 | 27 | 壬寅 | 8·2 | 12 | 水 | 29 | 癸酉 | 8·2 |
| 8 | 13 | 日 | 29 | 甲戌 | 7·3 | 13 | 月 | 28 | 癸卯 | 8·3 | 13 | 木 | 30 | 甲戌 | 7·3 |
| 9 | 14 | 月 | 30 | 乙亥 | 7·3 | 14 | 火 | 29 | 甲辰 | 7·3 | 14 | 金 | 3/1 | 乙亥 | 7·3 |
| 10 | 15 | 火 | 1/1 | 丙子 | 6·3 | 15 | 水 | 2/1 | 乙巳 | 7·3 | 15 | 土 | 2 | 丙子 | 7·3 |
| 11 | 16 | 水 | 2 | 丁丑 | 6·4 | 16 | 木 | 2 | 丙午 | 7·4 | 16 | 日 | 3 | 丁丑 | 6·4 |
| 12 | 17 | 木 | 3 | 戊寅 | 6·4 | 17 | 金 | 3 | 丁未 | 6·4 | 17 | 月 | 4 | 戊寅 | 6·4 |
| 13 | 18 | 金 | 4 | 己卯 | 5·4 | 18 | 土 | 4 | 戊申 | 6·4 | 18 | 火 | 5 | 己卯 | 6·4 |
| 14 | 19 | 土 | 5 | 庚辰 | 우수 | 19 | 日 | 5 | 己酉 | 6·5 | 19 | 水 | 6 | 庚辰 | 5·5 |
| 15 | 20 | 日 | 6 | 辛巳 | 5·5 | 20 | 月 | 6 | 庚戌 | 춘분 | 20 | 木 | 7 | 辛巳 | 곡우 |
| 16 | 21 | 月 | 7 | 壬午 | 4·5 | 21 | 火 | 7 | 辛亥 | 5·5 | 21 | 金 | 8 | 壬午 | 5·5 |
| 17 | 22 | 火 | 8 | 癸未 | 4·6 | 22 | 水 | 8 | 壬子 | 5·6 | 22 | 土 | 9 | 癸未 | 4·6 |
| 18 | 23 | 水 | 9 | 甲申 | 4·6 | 23 | 木 | 9 | 癸丑 | 4·6 | 23 | 日 | 10 | 甲申 | 4·6 |
| 19 | 24 | 木 | 10 | 乙酉 | 3·6 | 24 | 金 | 10 | 甲寅 | 4·6 | 24 | 月 | 11 | 乙酉 | 4·6 |
| 20 | 25 | 金 | 11 | 丙戌 | 3·7 | 25 | 土 | 11 | 乙卯 | 4·7 | 25 | 火 | 12 | 丙戌 | 3·7 |
| 21 | 26 | 土 | 12 | 丁亥 | 3·7 | 26 | 日 | 12 | 丙辰 | 3·7 | 26 | 水 | 13 | 丁亥 | 3·7 |
| 22 | 27 | 日 | 13 | 戊子 | 2·7 | 27 | 月 | 13 | 丁巳 | 3·7 | 27 | 木 | 14 | 戊子 | 3·7 |
| 23 | 28 | 月 | 14 | 己丑 | 2·8 | 28 | 火 | 14 | 戊午 | 3·8 | 28 | 金 | 15 | 己丑 | 2·8 |
| 24 | 29 | 火 | 15 | 庚寅 | 2·8 | 29 | 水 | 15 | 己未 | 2·8 | 29 | 土 | 16 | 庚寅 | 2·8 |
| 25 | 3/1 | 水 | 16 | 辛卯 | 1·8 | 30 | 木 | 16 | 庚申 | 2·8 | 30 | 日 | 17 | 辛卯 | 2·8 |
| 26 | 2 | 木 | 17 | 壬辰 | 1·9 | 31 | 金 | 17 | 辛酉 | 2·9 | 5/1 | 月 | 18 | 壬辰 | 1·9 |
| 27 | 3 | 金 | 18 | 癸巳 | 1·9 | 4/1 | 土 | 18 | 壬戌 | 1·9 | 2 | 火 | 19 | 癸巳 | 1·9 |
| 28 | 4 | 土 | 19 | 甲午 | 1·9 | 2 | 日 | 19 | 癸亥 | 1·9 | 3 | 水 | 20 | 甲午 | 1·9 |
| 29 | | | | | | 3 | 月 | 20 | 甲子 | 1·10 | 4 | 木 | 21 | 乙未 | 1·10 |
| 30 | | | | | | 4 | 火 | 21 | 乙丑 | 1·10 | | | | | |
| 31 | | | | | | | | | | | | | | | |

| 절기후날수 | 입하절(乙巳月) 立夏 5월5일 19시1분 小滿 5월21일 8시0분 | | | | | 망종절(丙午月) 芒種 6월5일 23시22분 夏至 6월21일 16시6분 | | | | | 소서절(丁未月) 小暑 7월7일 9시43분 大暑 7월23일 3시3분 | | | | |
|---|---|---|---|---|---|---|---|---|---|---|---|---|---|---|---|
| | 양력 | 요일 | 음력 | 일진 | 大運 남·여 | 양력 | 요일 | 음력 | 일진 | 大運 남·여 | 양력 | 요일 | 음력 | 일진 | 大運 남·여 |
| 0 | 5/5 | 金 | 22 | 丙申 | 입하 | 6/5 | 月 | 24 | 丁卯 | 망종 | 7/7 | 金 | 27 | 己亥 | 소서 |
| 1 | 6 | 土 | 23 | 丁酉 | 10·1 | 6 | 火 | 25 | 戊辰 | 10·1 | 8 | 土 | 28 | 庚子 | 10·1 |
| 2 | 7 | 日 | 24 | 戊戌 | 10·1 | 7 | 水 | 26 | 己巳 | 10·1 | 9 | 日 | 29 | 辛丑 | 10·1 |
| 3 | 8 | 月 | 25 | 己亥 | 9·1 | 8 | 木 | 27 | 庚午 | 10·1 | 10 | 月 | 30 | 壬寅 | 9·1 |
| 4 | 9 | 火 | 26 | 庚子 | 9·1 | 9 | 金 | 28 | 辛未 | 9·1 | 11 | 火 | 6/1 | 癸卯 | 9·1 |
| 5 | 10 | 水 | 27 | 辛丑 | 9·2 | 10 | 土 | 29 | 壬申 | 9·2 | 12 | 水 | 2 | 甲辰 | 9·2 |
| 6 | 11 | 木 | 28 | 壬寅 | 8·2 | 11 | 日 | 5/1 | 癸酉 | 9·2 | 13 | 木 | 3 | 乙巳 | 8·2 |
| 7 | 12 | 金 | 29 | 癸卯 | 8·2 | 12 | 月 | 2 | 甲戌 | 8·2 | 14 | 金 | 4 | 丙午 | 8·2 |
| 8 | 13 | 土 | 4/1 | 甲辰 | 8·3 | 13 | 火 | 3 | 乙亥 | 8·3 | 15 | 土 | 5 | 丁未 | 8·3 |
| 9 | 14 | 日 | 2 | 乙巳 | 7·3 | 14 | 水 | 4 | 丙子 | 8·3 | 16 | 日 | 6 | 戊申 | 7·3 |
| 10 | 15 | 月 | 3 | 丙午 | 7·3 | 15 | 木 | 5 | 丁丑 | 7·3 | 17 | 月 | 7 | 己酉 | 7·3 |
| 11 | 16 | 火 | 4 | 丁未 | 7·4 | 16 | 金 | 6 | 戊寅 | 7·4 | 18 | 火 | 8 | 庚戌 | 7·4 |
| 12 | 17 | 水 | 5 | 戊申 | 6·4 | 17 | 土 | 7 | 己卯 | 7·4 | 19 | 水 | 9 | 辛亥 | 6·4 |
| 13 | 18 | 木 | 6 | 己酉 | 6·4 | 18 | 日 | 8 | 庚辰 | 6·4 | 20 | 木 | 10 | 壬子 | 6·4 |
| 14 | 19 | 金 | 7 | 庚戌 | 6·5 | 19 | 月 | 9 | 辛巳 | 6·5 | 21 | 金 | 11 | 癸丑 | 6·5 |
| 15 | 20 | 土 | 8 | 辛亥 | 5·5 | 20 | 火 | 10 | 壬午 | 6·5 | 22 | 土 | 12 | 甲寅 | 5·5 |
| 16 | 21 | 日 | 9 | 壬子 | 소만 | 21 | 水 | 11 | 癸未 | 하지 | 23 | 日 | 13 | 乙卯 | 대서 |
| 17 | 22 | 月 | 10 | 癸丑 | 5·6 | 22 | 木 | 12 | 甲申 | 5·6 | 24 | 月 | 14 | 丙辰 | 5·6 |
| 18 | 23 | 火 | 11 | 甲寅 | 4·6 | 23 | 金 | 13 | 乙酉 | 5·6 | 25 | 火 | 15 | 丁巳 | 4·6 |
| 19 | 24 | 水 | 12 | 乙卯 | 4·6 | 24 | 土 | 14 | 丙戌 | 4·6 | 26 | 水 | 16 | 戊午 | 4·6 |
| 20 | 25 | 木 | 13 | 丙辰 | 4·7 | 25 | 日 | 15 | 丁亥 | 4·7 | 27 | 木 | 17 | 己未 | 4·7 |
| 21 | 26 | 金 | 14 | 丁巳 | 3·7 | 26 | 月 | 16 | 戊子 | 4·7 | 28 | 金 | 18 | 庚申 | 3·7 |
| 22 | 27 | 土 | 15 | 戊午 | 3·7 | 27 | 火 | 17 | 己丑 | 3·7 | 29 | 土 | 19 | 辛酉 | 3·7 |
| 23 | 28 | 日 | 16 | 己未 | 3·8 | 28 | 水 | 18 | 庚寅 | 3·8 | 30 | 日 | 20 | 壬戌 | 3·8 |
| 24 | 29 | 月 | 17 | 庚申 | 2·8 | 29 | 木 | 19 | 辛卯 | 3·8 | 31 | 月 | 21 | 癸亥 | 2·8 |
| 25 | 30 | 火 | 18 | 辛酉 | 2·8 | 30 | 金 | 20 | 壬辰 | 2·8 | 8/1 | 火 | 22 | 甲子 | 2·8 |
| 26 | 31 | 水 | 19 | 壬戌 | 2·9 | 7/1 | 土 | 21 | 癸巳 | 2·9 | 2 | 水 | 23 | 乙丑 | 2·9 |
| 27 | 6/1 | 木 | 20 | 癸亥 | 1·9 | 2 | 日 | 22 | 甲午 | 2·9 | 3 | 木 | 24 | 丙寅 | 1·9 |
| 28 | 2 | 金 | 21 | 甲子 | 1·9 | 3 | 月 | 23 | 乙未 | 1·9 | 4 | 金 | 25 | 丁卯 | 1·9 |
| 29 | 3 | 土 | 22 | 乙丑 | 1·10 | 4 | 火 | 24 | 丙申 | 1·10 | 5 | 土 | 26 | 戊辰 | 1·10 |
| 30 | 4 | 日 | 23 | 丙寅 | 1·10 | 5 | 水 | 25 | 丁酉 | 1·10 | 6 | 日 | 27 | 己巳 | 1·10 |
| 31 | | | | | | 6 | 木 | 26 | 戊戌 | 1·10 | | | | | |

# 壬子年

| 절기후날수 | 입추절(戊申月)<br>立秋 8월7일 19시29분<br>處暑 8월23일 10시3분 | | | | | | 백로절(己酉月)<br>白露 9월7일 22시15분<br>秋分 9월23일 7시33분 | | | | | |
|---|---|---|---|---|---|---|---|---|---|---|---|---|
| | 양력 | 요일 | 음력 | 일진 | 大運 남 | 大運 여 | 양력 | 요일 | 음력 | 일진 | 大運 남 | 大運 여 |
| 0 | 8/7 | 月 | 28 | 庚午 | 입추 | | 9/7 | 木 | 30 | 辛丑 | 백로 | |
| 1 | 8 | 火 | 29 | 辛未 | 10 | 1 | 8 | 金 | 8/1 | 壬寅 | 10 | 1 |
| 2 | 9 | 水 | 7/1 | 壬申 | 10 | 1 | 9 | 土 | 2 | 癸卯 | 10 | 1 |
| 3 | 10 | 木 | 2 | 癸酉 | 9 | 1 | 10 | 日 | 3 | 甲辰 | 9 | 1 |
| 4 | 11 | 金 | 3 | 甲戌 | 9 | 1 | 11 | 月 | 4 | 乙巳 | 9 | 1 |
| 5 | 12 | 土 | 4 | 乙亥 | 9 | 2 | 12 | 火 | 5 | 丙午 | 9 | 2 |
| 6 | 13 | 日 | 5 | 丙子 | 8 | 2 | 13 | 水 | 6 | 丁未 | 8 | 2 |
| 7 | 14 | 月 | 6 | 丁丑 | 8 | 2 | 14 | 木 | 7 | 戊申 | 8 | 2 |
| 8 | 15 | 火 | 7 | 戊寅 | 8 | 3 | 15 | 金 | 8 | 己酉 | 8 | 3 |
| 9 | 16 | 水 | 8 | 己卯 | 7 | 3 | 16 | 土 | 9 | 庚戌 | 7 | 3 |
| 10 | 17 | 木 | 9 | 庚辰 | 7 | 3 | 17 | 日 | 10 | 辛亥 | 7 | 3 |
| 11 | 18 | 金 | 10 | 辛巳 | 7 | 4 | 18 | 月 | 11 | 壬子 | 7 | 4 |
| 12 | 19 | 土 | 11 | 壬午 | 6 | 4 | 19 | 火 | 12 | 癸丑 | 6 | 4 |
| 13 | 20 | 日 | 12 | 癸未 | 6 | 4 | 20 | 水 | 13 | 甲寅 | 6 | 4 |
| 14 | 21 | 月 | 13 | 甲申 | 6 | 5 | 21 | 木 | 14 | 乙卯 | 6 | 5 |
| 15 | 22 | 火 | 14 | 乙酉 | 5 | 5 | 22 | 金 | 15 | 丙辰 | 5 | 5 |
| 16 | 23 | 水 | 15 | 丙戌 | 처서 | | 23 | 土 | 16 | 丁巳 | 추분 | |
| 17 | 24 | 木 | 16 | 丁亥 | 5 | 6 | 24 | 日 | 17 | 戊午 | 5 | 6 |
| 18 | 25 | 金 | 17 | 戊子 | 4 | 6 | 25 | 月 | 18 | 己未 | 4 | 6 |
| 19 | 26 | 土 | 18 | 己丑 | 4 | 6 | 26 | 火 | 19 | 庚申 | 4 | 6 |
| 20 | 27 | 日 | 19 | 庚寅 | 4 | 7 | 27 | 水 | 20 | 辛酉 | 4 | 7 |
| 21 | 28 | 月 | 20 | 辛卯 | 3 | 7 | 28 | 木 | 21 | 壬戌 | 3 | 7 |
| 22 | 29 | 火 | 21 | 壬辰 | 3 | 7 | 29 | 金 | 22 | 癸亥 | 3 | 7 |
| 23 | 30 | 水 | 22 | 癸巳 | 3 | 8 | 30 | 土 | 23 | 甲子 | 3 | 8 |
| 24 | 31 | 木 | 23 | 甲午 | 2 | 8 | 10/1 | 日 | 24 | 乙丑 | 2 | 8 |
| 25 | 9/1 | 金 | 24 | 乙未 | 2 | 8 | 2 | 月 | 25 | 丙寅 | 2 | 8 |
| 26 | 2 | 土 | 25 | 丙申 | 2 | 9 | 3 | 火 | 26 | 丁卯 | 2 | 9 |
| 27 | 3 | 日 | 26 | 丁酉 | 1 | 9 | 4 | 水 | 27 | 戊辰 | 1 | 9 |
| 28 | 4 | 月 | 27 | 戊戌 | 1 | 9 | 5 | 木 | 28 | 己巳 | 1 | 9 |
| 29 | 5 | 火 | 28 | 己亥 | 1 | 10 | 6 | 金 | 29 | 庚午 | 1 | 10 |
| 30 | 6 | 水 | 29 | 庚子 | 1 | 10 | 7 | 土 | 9/1 | 辛未 | 1 | 10 |
| 31 | | | | | | | | | | | | |

| 절기후날수 | 한로절(庚戌月)<br>寒露 10월8일 13시42분<br>霜降 10월23일 16시41분 | | | | | | 입동절(辛亥月)<br>立冬 11월7일 16시39분<br>小雪 11월22일 14시3분 | | | | | |
|---|---|---|---|---|---|---|---|---|---|---|---|---|
| | 양력 | 요일 | 음력 | 일진 | 大運 남 | 大運 여 | 양력 | 요일 | 음력 | 일진 | 大運 남 | 大運 여 |
| 0 | 10/8 | 日 | 2 | 壬申 | 한로 | | 11/7 | 火 | 2 | 壬寅 | 입동 | |
| 1 | 9 | 月 | 3 | 癸酉 | 10 | 1 | 8 | 水 | 3 | 癸卯 | 10 | 1 |
| 2 | 10 | 火 | 4 | 甲戌 | 9 | 1 | 9 | 木 | 4 | 甲辰 | 9 | 1 |
| 3 | 11 | 水 | 5 | 乙亥 | 9 | 1 | 10 | 金 | 5 | 乙巳 | 9 | 1 |
| 4 | 12 | 木 | 6 | 丙子 | 9 | 1 | 11 | 土 | 6 | 丙午 | 9 | 1 |
| 5 | 13 | 金 | 7 | 丁丑 | 8 | 2 | 12 | 日 | 7 | 丁未 | 8 | 2 |
| 6 | 14 | 土 | 8 | 戊寅 | 8 | 2 | 13 | 月 | 8 | 戊申 | 8 | 2 |
| 7 | 15 | 日 | 9 | 己卯 | 8 | 2 | 14 | 火 | 9 | 己酉 | 8 | 2 |
| 8 | 16 | 月 | 10 | 庚辰 | 7 | 3 | 15 | 水 | 10 | 庚戌 | 7 | 3 |
| 9 | 17 | 火 | 11 | 辛巳 | 7 | 3 | 16 | 木 | 11 | 辛亥 | 7 | 3 |
| 10 | 18 | 水 | 12 | 壬午 | 7 | 3 | 17 | 金 | 12 | 壬子 | 7 | 3 |
| 11 | 19 | 木 | 13 | 癸未 | 6 | 4 | 18 | 土 | 13 | 癸丑 | 6 | 4 |
| 12 | 20 | 金 | 14 | 甲申 | 6 | 4 | 19 | 日 | 14 | 甲寅 | 6 | 4 |
| 13 | 21 | 土 | 15 | 乙酉 | 6 | 4 | 20 | 月 | 15 | 乙卯 | 6 | 4 |
| 14 | 22 | 日 | 16 | 丙戌 | 5 | 5 | 21 | 火 | 16 | 丙辰 | 5 | 5 |
| 15 | 23 | 月 | 17 | 丁亥 | 상강 | | 22 | 水 | 17 | 丁巳 | 소설 | |
| 16 | 24 | 火 | 18 | 戊子 | 5 | 5 | 23 | 木 | 18 | 戊午 | 5 | 5 |
| 17 | 25 | 水 | 19 | 己丑 | 4 | 6 | 24 | 金 | 19 | 己未 | 4 | 6 |
| 18 | 26 | 木 | 20 | 庚寅 | 4 | 6 | 25 | 土 | 20 | 庚申 | 4 | 6 |
| 19 | 27 | 金 | 21 | 辛卯 | 4 | 6 | 26 | 日 | 21 | 辛酉 | 4 | 6 |
| 20 | 28 | 土 | 22 | 壬辰 | 3 | 7 | 27 | 月 | 22 | 壬戌 | 3 | 7 |
| 21 | 29 | 日 | 23 | 癸巳 | 3 | 7 | 28 | 火 | 23 | 癸亥 | 3 | 7 |
| 22 | 30 | 月 | 24 | 甲午 | 3 | 7 | 29 | 水 | 24 | 甲子 | 3 | 7 |
| 23 | 31 | 火 | 25 | 乙未 | 2 | 8 | 30 | 木 | 25 | 乙丑 | 2 | 8 |
| 24 | 11/1 | 水 | 26 | 丙申 | 2 | 8 | 12/1 | 金 | 26 | 丙寅 | 2 | 8 |
| 25 | 2 | 木 | 27 | 丁酉 | 2 | 8 | 2 | 土 | 27 | 丁卯 | 2 | 8 |
| 26 | 3 | 金 | 28 | 戊戌 | 1 | 9 | 3 | 日 | 28 | 戊辰 | 1 | 9 |
| 27 | 4 | 土 | 29 | 己亥 | 1 | 9 | 4 | 月 | 29 | 己巳 | 1 | 9 |
| 28 | 5 | 日 | 30 | 庚子 | 1 | 9 | 5 | 火 | 30 | 庚午 | 1 | 9 |
| 29 | 6 | 月 | 10/1 | 辛丑 | 1 | 10 | 6 | 水 | 11/1 | 辛未 | 1 | 10 |
| 30 | | | | | | | | | | | | |
| 31 | | | | | | | | | | | | |

| 절기후날수 | 대설절(壬子月)<br>大雪 12월7일 9시19분<br>冬至 12월22일 3시13분 | | | | | | 소한절(癸丑月)<br>小寒 1월5일 20시25분<br>大寒 1월20일 13시48분 | | | | | |
|---|---|---|---|---|---|---|---|---|---|---|---|---|
| | 양력 | 요일 | 음력 | 일진 | 大運 남 | 大運 여 | 양력 | 요일 | 음력 | 일진 | 大運 남 | 大運 여 |
| 0 | 12/7 | 木 | 2 | 壬申 | 대설 | | 1/5 | 金 | 12/1 | 辛丑 | 소한 | |
| 1 | 8 | 金 | 3 | 癸酉 | 9 | 1 | 6 | 土 | 2 | 壬寅 | 10 | 1 |
| 2 | 9 | 土 | 4 | 甲戌 | 9 | 1 | 7 | 日 | 3 | 癸卯 | 9 | 1 |
| 3 | 10 | 日 | 5 | 乙亥 | 9 | 1 | 8 | 月 | 4 | 甲辰 | 9 | 1 |
| 4 | 11 | 月 | 6 | 丙子 | 8 | 1 | 9 | 火 | 5 | 乙巳 | 9 | 1 |
| 5 | 12 | 火 | 7 | 丁丑 | 8 | 2 | 10 | 水 | 6 | 丙午 | 8 | 2 |
| 6 | 13 | 水 | 8 | 戊寅 | 8 | 2 | 11 | 木 | 7 | 丁未 | 8 | 2 |
| 7 | 14 | 木 | 9 | 己卯 | 7 | 2 | 12 | 金 | 8 | 戊申 | 8 | 2 |
| 8 | 15 | 金 | 10 | 庚辰 | 7 | 3 | 13 | 土 | 9 | 己酉 | 7 | 3 |
| 9 | 16 | 土 | 11 | 辛巳 | 7 | 3 | 14 | 日 | 10 | 庚戌 | 7 | 3 |
| 10 | 17 | 日 | 12 | 壬午 | 6 | 3 | 15 | 月 | 11 | 辛亥 | 7 | 3 |
| 11 | 18 | 月 | 13 | 癸未 | 6 | 4 | 16 | 火 | 12 | 壬子 | 6 | 4 |
| 12 | 19 | 火 | 14 | 甲申 | 6 | 4 | 17 | 水 | 13 | 癸丑 | 6 | 4 |
| 13 | 20 | 水 | 15 | 乙酉 | 5 | 4 | 18 | 木 | 14 | 甲寅 | 6 | 4 |
| 14 | 21 | 木 | 16 | 丙戌 | 5 | 5 | 19 | 金 | 15 | 乙卯 | 5 | 5 |
| 15 | 22 | 金 | 17 | 丁亥 | 동지 | | 20 | 土 | 16 | 丙辰 | 대한 | |
| 16 | 23 | 土 | 18 | 戊子 | 4 | 5 | 21 | 日 | 17 | 丁巳 | 5 | 5 |
| 17 | 24 | 日 | 19 | 己丑 | 4 | 6 | 22 | 月 | 18 | 戊午 | 4 | 6 |
| 18 | 25 | 月 | 20 | 庚寅 | 4 | 6 | 23 | 火 | 19 | 己未 | 4 | 6 |
| 19 | 26 | 火 | 21 | 辛卯 | 3 | 6 | 24 | 水 | 20 | 庚申 | 4 | 6 |
| 20 | 27 | 水 | 22 | 壬辰 | 3 | 7 | 25 | 木 | 21 | 辛酉 | 3 | 7 |
| 21 | 28 | 木 | 23 | 癸巳 | 3 | 7 | 26 | 金 | 22 | 壬戌 | 3 | 7 |
| 22 | 29 | 金 | 24 | 甲午 | 2 | 7 | 27 | 土 | 23 | 癸亥 | 3 | 7 |
| 23 | 30 | 土 | 25 | 乙未 | 2 | 8 | 28 | 日 | 24 | 甲子 | 2 | 8 |
| 24 | 31 | 日 | 26 | 丙申 | 2 | 8 | 29 | 月 | 25 | 乙丑 | 2 | 8 |
| 25 | 1/1 | 月 | 27 | 丁酉 | 1 | 8 | 30 | 火 | 26 | 丙寅 | 2 | 8 |
| 26 | 2 | 火 | 28 | 戊戌 | 1 | 9 | 31 | 水 | 27 | 丁卯 | 1 | 9 |
| 27 | 3 | 水 | 29 | 己亥 | 1 | 9 | 2/1 | 木 | 28 | 戊辰 | 1 | 9 |
| 28 | 4 | 木 | 30 | 庚子 | 1 | 9 | 2 | 金 | 29 | 己巳 | 1 | 9 |
| 29 | | | | | | | 3 | 土 | 1/1 | 庚午 | 1 | 10 |
| 30 | | | | | | | | | | | | |
| 31 | | | | | | | | | | | | |

# 서기 1973년 [단기 4306년]

| 절기후날수 | 입춘절(甲寅月) 立春 2월4일 8시4분 雨水 2월19일 4시1분 | | | | | 경칩절(乙卯月) 驚蟄 3월6일 2시13분 春分 3월21일 3시12분 | | | | | 청명절(丙辰月) 淸明 4월5일 7시14분 穀雨 4월20일 14시30분 | | | | |
|---|---|---|---|---|---|---|---|---|---|---|---|---|---|---|---|
| | 양력 | 요일 | 음력 | 일진 | 大運 남·여 | 양력 | 요일 | 음력 | 일진 | 大運 남·여 | 양력 | 요일 | 음력 | 일진 | 大運 남·여 |
| 0 | 2/4 | 日 | 2 | 辛未 | 입춘 | 3/6 | 火 | 2 | 辛丑 | 경칩 | 4/5 | 木 | 3 | 辛未 | 청명 |
| 1 | 5 | 月 | 3 | 壬申 | 1·10 | 7 | 水 | 3 | 壬寅 | 1·10 | 6 | 金 | 4 | 壬申 | 1·10 |
| 2 | 6 | 火 | 4 | 癸酉 | 1·9 | 8 | 木 | 4 | 癸卯 | 1·9 | 7 | 土 | 5 | 癸酉 | 1·10 |
| 3 | 7 | 水 | 5 | 甲戌 | 1·9 | 9 | 金 | 5 | 甲辰 | 1·9 | 8 | 日 | 6 | 甲戌 | 1·9 |
| 4 | 8 | 木 | 6 | 乙亥 | 1·9 | 10 | 土 | 6 | 乙巳 | 1·9 | 9 | 月 | 7 | 乙亥 | 1·9 |
| 5 | 9 | 金 | 7 | 丙子 | 2·8 | 11 | 日 | 7 | 丙午 | 2·8 | 10 | 火 | 8 | 丙子 | 2·9 |
| 6 | 10 | 土 | 8 | 丁丑 | 2·8 | 12 | 月 | 8 | 丁未 | 2·8 | 11 | 水 | 9 | 丁丑 | 2·8 |
| 7 | 11 | 日 | 9 | 戊寅 | 2·8 | 13 | 火 | 9 | 戊申 | 2·8 | 12 | 木 | 10 | 戊寅 | 2·8 |
| 8 | 12 | 月 | 10 | 己卯 | 3·7 | 14 | 水 | 10 | 己酉 | 3·7 | 13 | 金 | 11 | 己卯 | 3·8 |
| 9 | 13 | 火 | 11 | 庚辰 | 3·7 | 15 | 木 | 11 | 庚戌 | 3·7 | 14 | 土 | 12 | 庚辰 | 3·7 |
| 10 | 14 | 水 | 12 | 辛巳 | 3·7 | 16 | 金 | 12 | 辛亥 | 3·7 | 15 | 日 | 13 | 辛巳 | 3·7 |
| 11 | 15 | 木 | 13 | 壬午 | 4·6 | 17 | 土 | 13 | 壬子 | 4·6 | 16 | 月 | 14 | 壬午 | 4·7 |
| 12 | 16 | 金 | 14 | 癸未 | 4·6 | 18 | 日 | 14 | 癸丑 | 4·6 | 17 | 火 | 15 | 癸未 | 4·6 |
| 13 | 17 | 土 | 15 | 甲申 | 4·6 | 19 | 月 | 15 | 甲寅 | 4·6 | 18 | 水 | 16 | 甲申 | 4·6 |
| 14 | 18 | 日 | 16 | 乙酉 | 5·5 | 20 | 火 | 16 | 乙卯 | 5·5 | 19 | 木 | 17 | 乙酉 | 5·6 |
| 15 | 19 | 月 | 17 | 丙戌 | 우수 | 21 | 水 | 17 | 丙辰 | 춘분 | 20 | 金 | 18 | 丙戌 | 곡우 |
| 16 | 20 | 火 | 18 | 丁亥 | 5·5 | 22 | 木 | 18 | 丁巳 | 5·5 | 21 | 土 | 19 | 丁亥 | 5·5 |
| 17 | 21 | 水 | 19 | 戊子 | 6·4 | 23 | 金 | 19 | 戊午 | 6·4 | 22 | 日 | 20 | 戊子 | 6·5 |
| 18 | 22 | 木 | 20 | 己丑 | 6·4 | 24 | 土 | 20 | 己未 | 6·4 | 23 | 月 | 21 | 己丑 | 6·4 |
| 19 | 23 | 金 | 21 | 庚寅 | 6·4 | 25 | 日 | 21 | 庚申 | 6·4 | 24 | 火 | 22 | 庚寅 | 6·4 |
| 20 | 24 | 土 | 22 | 辛卯 | 7·3 | 26 | 月 | 22 | 辛酉 | 7·3 | 25 | 水 | 23 | 辛卯 | 7·4 |
| 21 | 25 | 日 | 23 | 壬辰 | 7·3 | 27 | 火 | 23 | 壬戌 | 7·3 | 26 | 木 | 24 | 壬辰 | 7·3 |
| 22 | 26 | 月 | 24 | 癸巳 | 7·3 | 28 | 水 | 24 | 癸亥 | 7·3 | 27 | 金 | 25 | 癸巳 | 7·3 |
| 23 | 27 | 火 | 25 | 甲午 | 8·2 | 29 | 木 | 25 | 甲子 | 8·2 | 28 | 土 | 26 | 甲午 | 8·3 |
| 24 | 28 | 水 | 26 | 乙未 | 8·2 | 30 | 金 | 26 | 乙丑 | 8·2 | 29 | 日 | 27 | 乙未 | 8·2 |
| 25 | 3/1 | 木 | 27 | 丙申 | 8·2 | 31 | 土 | 27 | 丙寅 | 8·2 | 30 | 月 | 28 | 丙申 | 8·2 |
| 26 | 2 | 金 | 28 | 丁酉 | 9·1 | 4/1 | 日 | 28 | 丁卯 | 9·1 | 5/1 | 火 | 29 | 丁酉 | 9·2 |
| 27 | 3 | 土 | 29 | 戊戌 | 9·1 | 2 | 月 | 29 | 戊辰 | 9·1 | 2 | 水 | 30 | 戊戌 | 9·1 |
| 28 | 4 | 日 | 30 | 己亥 | 9·1 | 3 | 火 | 3/1 | 己巳 | 9·1 | 3 | 木 | 4/1 | 己亥 | 9·1 |
| 29 | 5 | 月 | 2/1 | 庚子 | 10·1 | 4 | 水 | 2 | 庚午 | 10·1 | 4 | 金 | 2 | 庚子 | 10·1 |
| 30 | | | | | | | | | | | 5 | 土 | 3 | 辛丑 | 10·1 |
| 31 | | | | | | | | | | | | | | | |

| 절기후날수 | 입하절(丁巳月) 立夏 5월6일 0시46분 小滿 5월21일 13시54분 | | | | | 망종절(戊午月) 芒種 6월6일 5시7분 夏至 6월21일 22시1분 | | | | | 소서절(己未月) 小暑 7월7일 15시27분 大暑 7월23일 8시56분 | | | | |
|---|---|---|---|---|---|---|---|---|---|---|---|---|---|---|---|
| | 양력 | 요일 | 음력 | 일진 | 大運 남·여 | 양력 | 요일 | 음력 | 일진 | 大運 남·여 | 양력 | 요일 | 음력 | 일진 | 大運 남·여 |
| 0 | 5/6 | 日 | 4 | 壬寅 | 입하 | 6/6 | 水 | 6 | 癸酉 | 망종 | 7/7 | 土 | 8 | 甲辰 | 소서 |
| 1 | 7 | 月 | 5 | 癸卯 | 1·10 | 7 | 木 | 7 | 甲戌 | 1·10 | 8 | 日 | 9 | 乙巳 | 1·10 |
| 2 | 8 | 火 | 6 | 甲辰 | 1·10 | 8 | 金 | 8 | 乙亥 | 1·10 | 9 | 月 | 10 | 丙午 | 1·10 |
| 3 | 9 | 水 | 7 | 乙巳 | 1·9 | 9 | 土 | 9 | 丙子 | 1·9 | 10 | 火 | 11 | 丁未 | 1·10 |
| 4 | 10 | 木 | 8 | 丙午 | 1·9 | 10 | 日 | 10 | 丁丑 | 1·9 | 11 | 水 | 12 | 戊申 | 1·9 |
| 5 | 11 | 金 | 9 | 丁未 | 2·9 | 11 | 月 | 11 | 戊寅 | 2·9 | 12 | 木 | 13 | 己酉 | 2·9 |
| 6 | 12 | 土 | 10 | 戊申 | 2·8 | 12 | 火 | 12 | 己卯 | 2·8 | 13 | 金 | 14 | 庚戌 | 2·9 |
| 7 | 13 | 日 | 11 | 己酉 | 2·8 | 13 | 水 | 13 | 庚辰 | 2·8 | 14 | 土 | 15 | 辛亥 | 2·8 |
| 8 | 14 | 月 | 12 | 庚戌 | 3·8 | 14 | 木 | 14 | 辛巳 | 3·8 | 15 | 日 | 16 | 壬子 | 3·8 |
| 9 | 15 | 火 | 13 | 辛亥 | 3·7 | 15 | 金 | 15 | 壬午 | 3·7 | 16 | 月 | 17 | 癸丑 | 3·8 |
| 10 | 16 | 水 | 14 | 壬子 | 3·7 | 16 | 土 | 16 | 癸未 | 3·7 | 17 | 火 | 18 | 甲寅 | 3·7 |
| 11 | 17 | 木 | 15 | 癸丑 | 4·7 | 17 | 日 | 17 | 甲申 | 4·7 | 18 | 水 | 19 | 乙卯 | 4·7 |
| 12 | 18 | 金 | 16 | 甲寅 | 4·6 | 18 | 月 | 18 | 乙酉 | 4·6 | 19 | 木 | 20 | 丙辰 | 4·7 |
| 13 | 19 | 土 | 17 | 乙卯 | 4·6 | 19 | 火 | 19 | 丙戌 | 4·6 | 20 | 金 | 21 | 丁巳 | 4·6 |
| 14 | 20 | 日 | 18 | 丙辰 | 5·6 | 20 | 水 | 20 | 丁亥 | 5·6 | 21 | 土 | 22 | 戊午 | 5·6 |
| 15 | 21 | 月 | 19 | 丁巳 | 소만 | 21 | 木 | 21 | 戊子 | 하지 | 22 | 日 | 23 | 己未 | 5·6 |
| 16 | 22 | 火 | 20 | 戊午 | 5·5 | 22 | 金 | 22 | 己丑 | 5·5 | 23 | 月 | 24 | 庚申 | 대서 |
| 17 | 23 | 水 | 21 | 己未 | 6·5 | 23 | 土 | 23 | 庚寅 | 6·5 | 24 | 火 | 25 | 辛酉 | 6·5 |
| 18 | 24 | 木 | 22 | 庚申 | 6·4 | 24 | 日 | 24 | 辛卯 | 6·4 | 25 | 水 | 26 | 壬戌 | 6·5 |
| 19 | 25 | 金 | 23 | 辛酉 | 6·4 | 25 | 月 | 25 | 壬辰 | 6·4 | 26 | 木 | 27 | 癸亥 | 6·4 |
| 20 | 26 | 土 | 24 | 壬戌 | 7·4 | 26 | 火 | 26 | 癸巳 | 7·4 | 27 | 金 | 28 | 甲子 | 7·4 |
| 21 | 27 | 日 | 25 | 癸亥 | 7·3 | 27 | 水 | 27 | 甲午 | 7·3 | 28 | 土 | 29 | 乙丑 | 7·4 |
| 22 | 28 | 月 | 26 | 甲子 | 7·3 | 28 | 木 | 28 | 乙未 | 7·3 | 29 | 日 | 30 | 丙寅 | 7·3 |
| 23 | 29 | 火 | 27 | 乙丑 | 8·3 | 29 | 金 | 29 | 丙申 | 8·3 | 30 | 月 | 7/1 | 丁卯 | 8·3 |
| 24 | 30 | 水 | 28 | 丙寅 | 8·2 | 30 | 土 | 6/1 | 丁酉 | 8·2 | 31 | 火 | 2 | 戊辰 | 8·3 |
| 25 | 31 | 木 | 29 | 丁卯 | 8·2 | 7/1 | 日 | 2 | 戊戌 | 8·2 | 8/1 | 水 | 3 | 己巳 | 8·2 |
| 26 | 6/1 | 金 | 5/1 | 戊辰 | 9·2 | 2 | 月 | 3 | 己亥 | 9·2 | 2 | 木 | 4 | 庚午 | 9·2 |
| 27 | 2 | 土 | 2 | 己巳 | 9·1 | 3 | 火 | 4 | 庚子 | 9·1 | 3 | 金 | 5 | 辛未 | 9·2 |
| 28 | 3 | 日 | 3 | 庚午 | 9·1 | 4 | 水 | 5 | 辛丑 | 9·1 | 4 | 土 | 6 | 壬申 | 9·1 |
| 29 | 4 | 月 | 4 | 辛未 | 10·1 | 5 | 木 | 6 | 壬寅 | 10·1 | 5 | 日 | 7 | 癸酉 | 10·1 |
| 30 | 5 | 火 | 5 | 壬申 | 10·1 | 6 | 金 | 7 | 癸卯 | 10·1 | 6 | 月 | 8 | 甲戌 | 10·1 |
| 31 | | | | | | | | | | | 7 | 火 | 9 | 乙亥 | 10·1 |

# 癸丑年

| 절기후날수 | 입추절(庚申月) | | | | | 백로절(辛酉月) | | | | | 한로절(壬戌月) | | | | | 입동절(癸亥月) | | | | | 대설절(甲子月) | | | | | 소한절(乙丑月) | | | | |
|---|---|---|---|---|---|---|---|---|---|---|---|---|---|---|---|---|---|---|---|---|---|---|---|---|---|---|---|---|---|---|
| | 立秋 8월8일 1시13분<br>處暑 8월23일 15시53분 | | | | | 白露 9월8일 3시59분<br>秋分 9월23일 13시21분 | | | | | 寒露 10월8일 19시27분<br>霜降 10월23일 22시30분 | | | | | 立冬 11월7일 22시28분<br>小雪 11월22일 19시54분 | | | | | 大雪 12월7일 15시10분<br>冬至 12월22일 9시8분 | | | | | 小寒 1월6일 2시20분<br>大寒 1월20일 19시46분 | | | | |
| | 양력 | 요일 | 음력 | 일진 | 大運 남·여 | 양력 | 요일 | 음력 | 일진 | 大運 남·여 | 양력 | 요일 | 음력 | 일진 | 大運 남·여 | 양력 | 요일 | 음력 | 일진 | 大運 남·여 | 양력 | 요일 | 음력 | 일진 | 大運 남·여 | 양력 | 요일 | 음력 | 일진 | 大運 남·여 |
| 0 | 8/8 | 水 | 10 | 丙子 | 입추 | 9/8 | 土 | 12 | 丁未 | 백로 | 10/8 | 月 | 13 | 丁丑 | 한로 | 11/7 | 水 | 13 | 丁未 | 입동 | 12/7 | 金 | 13 | 丁丑 | 대설 | 1/6 | 日 | 13 | 丁未 | 소한 |
| 1 | 9 | 木 | 11 | 丁丑 | 1·10 | 9 | 日 | 13 | 戊申 | 1·10 | 9 | 火 | 14 | 戊寅 | 1·10 | 8 | 木 | 14 | 戊申 | 1·10 | 8 | 土 | 14 | 戊寅 | 1·10 | 7 | 月 | 14 | 戊申 | 1·9 |
| 2 | 10 | 金 | 12 | 戊寅 | 1·10 | 10 | 月 | 14 | 己酉 | 1·9 | 10 | 水 | 15 | 己卯 | 1·9 | 9 | 金 | 15 | 己酉 | 1·9 | 9 | 日 | 15 | 己卯 | 1·9 | 8 | 火 | 15 | 己酉 | 1·9 |
| 3 | 11 | 土 | 13 | 己卯 | 1·9 | 11 | 火 | 15 | 庚戌 | 1·9 | 11 | 木 | 16 | 庚辰 | 1·9 | 10 | 土 | 16 | 庚戌 | 1·9 | 10 | 月 | 16 | 庚辰 | 1·9 | 9 | 水 | 16 | 庚戌 | 1·9 |
| 4 | 12 | 日 | 14 | 庚辰 | 1·9 | 12 | 水 | 16 | 辛亥 | 1·9 | 12 | 金 | 17 | 辛巳 | 1·9 | 11 | 日 | 17 | 辛亥 | 1·9 | 11 | 火 | 17 | 辛巳 | 1·9 | 10 | 木 | 17 | 辛亥 | 1·8 |
| 5 | 13 | 月 | 15 | 辛巳 | 2·9 | 13 | 木 | 17 | 壬子 | 2·8 | 13 | 土 | 18 | 壬午 | 2·8 | 12 | 月 | 18 | 壬子 | 2·8 | 12 | 水 | 18 | 壬午 | 2·8 | 11 | 金 | 18 | 壬子 | 2·8 |
| 6 | 14 | 火 | 16 | 壬午 | 2·8 | 14 | 金 | 18 | 癸丑 | 2·8 | 14 | 日 | 19 | 癸未 | 2·8 | 13 | 火 | 19 | 癸丑 | 2·8 | 13 | 木 | 19 | 癸未 | 2·8 | 12 | 土 | 19 | 癸丑 | 2·8 |
| 7 | 15 | 水 | 17 | 癸未 | 2·8 | 15 | 土 | 19 | 甲寅 | 2·8 | 15 | 月 | 20 | 甲申 | 2·8 | 14 | 水 | 20 | 甲寅 | 2·8 | 14 | 金 | 20 | 甲申 | 2·8 | 13 | 日 | 20 | 甲寅 | 2·7 |
| 8 | 16 | 木 | 18 | 甲申 | 3·8 | 16 | 日 | 20 | 乙卯 | 3·7 | 16 | 火 | 21 | 乙酉 | 3·7 | 15 | 木 | 21 | 乙卯 | 3·7 | 15 | 土 | 21 | 乙酉 | 3·7 | 14 | 月 | 21 | 乙卯 | 3·7 |
| 9 | 17 | 金 | 19 | 乙酉 | 3·7 | 17 | 月 | 21 | 丙辰 | 3·7 | 17 | 水 | 22 | 丙戌 | 3·7 | 16 | 金 | 22 | 丙辰 | 3·7 | 16 | 日 | 22 | 丙戌 | 3·7 | 15 | 火 | 22 | 丙辰 | 3·7 |
| 10 | 18 | 土 | 20 | 丙戌 | 3·7 | 18 | 火 | 22 | 丁巳 | 3·7 | 18 | 木 | 23 | 丁亥 | 3·7 | 17 | 土 | 23 | 丁巳 | 3·7 | 17 | 月 | 23 | 丁亥 | 3·7 | 16 | 水 | 23 | 丁巳 | 3·6 |
| 11 | 19 | 日 | 21 | 丁亥 | 4·7 | 19 | 水 | 23 | 戊午 | 4·6 | 19 | 金 | 24 | 戊子 | 4·6 | 18 | 日 | 24 | 戊午 | 4·6 | 18 | 火 | 24 | 戊子 | 4·6 | 17 | 木 | 24 | 戊午 | 4·6 |
| 12 | 20 | 月 | 22 | 戊子 | 4·6 | 20 | 木 | 24 | 己未 | 4·6 | 20 | 土 | 25 | 己丑 | 4·6 | 19 | 月 | 25 | 己未 | 4·6 | 19 | 水 | 25 | 己丑 | 4·6 | 18 | 金 | 25 | 己未 | 4·6 |
| 13 | 21 | 火 | 23 | 己丑 | 4·6 | 21 | 金 | 25 | 庚申 | 4·6 | 21 | 日 | 26 | 庚寅 | 4·6 | 20 | 火 | 26 | 庚申 | 4·6 | 20 | 木 | 26 | 庚寅 | 4·6 | 19 | 土 | 26 | 庚申 | 4·5 |
| 14 | 22 | 水 | 24 | 庚寅 | 5·6 | 22 | 土 | 26 | 辛酉 | 5·5 | 22 | 月 | 27 | 辛卯 | 5·5 | 21 | 水 | 27 | 辛酉 | 5·5 | 21 | 金 | 27 | 辛卯 | 5·5 | 20 | 日 | 27 | 辛酉 | 대한 |
| 15 | 23 | 木 | 25 | 辛卯 | 처서 | 23 | 日 | 27 | 壬戌 | 추분 | 23 | 火 | 28 | 壬辰 | 상강 | 22 | 木 | 28 | 壬戌 | 소설 | 22 | 土 | 28 | 壬辰 | 동지 | 21 | 月 | 28 | 壬戌 | 5·5 |
| 16 | 24 | 金 | 26 | 壬辰 | 5·5 | 24 | 月 | 28 | 癸亥 | 5·5 | 24 | 水 | 29 | 癸巳 | 5·5 | 23 | 金 | 29 | 癸亥 | 5·5 | 23 | 日 | 29 | 癸巳 | 5·5 | 22 | 火 | 29 | 癸亥 | 5·4 |
| 17 | 25 | 土 | 27 | 癸巳 | 6·5 | 25 | 火 | 29 | 甲子 | 6·4 | 25 | 木 | 30 | 甲午 | 6·4 | 24 | 土 | 30 | 甲子 | 6·4 | 24 | 月 | 30 | 甲午 | 6·4 | 23 | 水 | 1/1 | 甲子 | 6·4 |
| 18 | 26 | 日 | 28 | 甲午 | 6·4 | 26 | 水 | 9/1 | 乙丑 | 6·4 | 26 | 金 | 10/1 | 乙未 | 6·4 | 25 | 日 | 11/1 | 乙丑 | 6·4 | 25 | 火 | 12/1 | 乙未 | 6·4 | 24 | 木 | 2 | 乙丑 | 6·4 |
| 19 | 27 | 月 | 29 | 乙未 | 6·4 | 27 | 木 | 2 | 丙寅 | 6·4 | 27 | 土 | 2 | 丙申 | 6·4 | 26 | 月 | 2 | 丙寅 | 6·4 | 26 | 水 | 2 | 丙申 | 6·4 | 25 | 金 | 3 | 丙寅 | 6·3 |
| 20 | 28 | 火 | 8/1 | 丙申 | 7·4 | 28 | 金 | 3 | 丁卯 | 7·3 | 28 | 日 | 3 | 丁酉 | 7·3 | 27 | 火 | 3 | 丁卯 | 7·3 | 27 | 木 | 3 | 丁酉 | 7·3 | 26 | 土 | 4 | 丁卯 | 7·3 |
| 21 | 29 | 水 | 2 | 丁酉 | 7·3 | 29 | 土 | 4 | 戊辰 | 7·3 | 29 | 月 | 4 | 戊戌 | 7·3 | 28 | 水 | 4 | 戊辰 | 7·3 | 28 | 金 | 4 | 戊戌 | 7·3 | 27 | 日 | 5 | 戊辰 | 7·3 |
| 22 | 30 | 木 | 3 | 戊戌 | 7·3 | 30 | 日 | 5 | 己巳 | 7·3 | 30 | 火 | 5 | 己亥 | 7·3 | 29 | 木 | 5 | 己巳 | 7·3 | 29 | 土 | 5 | 己亥 | 7·3 | 28 | 月 | 6 | 己巳 | 7·2 |
| 23 | 31 | 金 | 4 | 己亥 | 8·3 | 10/1 | 月 | 6 | 庚午 | 8·2 | 31 | 水 | 6 | 庚子 | 8·2 | 30 | 金 | 6 | 庚午 | 8·2 | 30 | 日 | 6 | 庚子 | 8·2 | 29 | 火 | 7 | 庚午 | 8·2 |
| 24 | 9/1 | 土 | 5 | 庚子 | 8·2 | 2 | 火 | 7 | 辛未 | 8·2 | 11/1 | 木 | 7 | 辛丑 | 8·2 | 12/1 | 土 | 7 | 辛未 | 8·2 | 31 | 月 | 7 | 辛丑 | 8·2 | 30 | 水 | 8 | 辛未 | 8·2 |
| 25 | 2 | 日 | 6 | 辛丑 | 8·2 | 3 | 水 | 8 | 壬申 | 8·2 | 2 | 金 | 8 | 壬寅 | 8·2 | 2 | 日 | 8 | 壬申 | 8·2 | 1/1 | 火 | 8 | 壬寅 | 8·2 | 31 | 木 | 9 | 壬申 | 8·1 |
| 26 | 3 | 月 | 7 | 壬寅 | 9·2 | 4 | 木 | 9 | 癸酉 | 9·1 | 3 | 土 | 9 | 癸卯 | 9·1 | 3 | 月 | 9 | 癸酉 | 9·1 | 2 | 水 | 9 | 癸卯 | 9·1 | 2/1 | 金 | 10 | 癸酉 | 9·1 |
| 27 | 4 | 火 | 8 | 癸卯 | 9·1 | 5 | 金 | 10 | 甲戌 | 9·1 | 4 | 日 | 10 | 甲辰 | 9·1 | 4 | 火 | 10 | 甲戌 | 9·1 | 3 | 木 | 10 | 甲辰 | 9·1 | 2 | 土 | 11 | 甲戌 | 9·1 |
| 28 | 5 | 水 | 9 | 甲辰 | 9·1 | 6 | 土 | 11 | 乙亥 | 9·1 | 5 | 月 | 11 | 乙巳 | 9·1 | 5 | 水 | 11 | 乙亥 | 9·1 | 4 | 金 | 11 | 乙巳 | 9·1 | 3 | 日 | 12 | 乙亥 | 9·1 |
| 29 | 6 | 木 | 10 | 乙巳 | 10·1 | 7 | 日 | 12 | 丙子 | 10·1 | 6 | 火 | 12 | 丙午 | 10·1 | 6 | 木 | 12 | 丙子 | 10·1 | 5 | 土 | 12 | 丙午 | 10·1 | | | | | |
| 30 | 7 | 金 | 11 | 丙午 | 10·1 | | | | | | | | | | | | | | | | | | | | | | | | | |
| 31 | | | | | | | | | | | | | | | | | | | | | | | | | | | | | | |

# 서기 1974년 [단기 4307년]

| 절기후날수 | 입춘절(丙寅月)<br>立春 2월4일 14시0분<br>雨水 2월19일 9시59분 | | | | | 경칩절(丁卯月)<br>驚蟄 3월6일 8시7분<br>春分 3월21일 9시7분 | | | | | 청명절(戊辰月)<br>淸明 4월5일 13시5분<br>穀雨 4월20일 20시19분 | | | | | 입하절(己巳月)<br>立夏 5월6일 6시34분<br>小滿 5월21일 19시36분 | | | | | 망종절(庚午月)<br>芒種 6월6일 10시52분<br>夏至 6월22일 3시38분 | | | | | 소서절(辛未月)<br>小暑 7월7일 21시11분<br>大暑 7월23일 14시30분 | | | | |
|---|---|---|---|---|---|---|---|---|---|---|---|---|---|---|---|---|---|---|---|---|---|---|---|---|---|---|---|---|---|---|
| | 양력 | 요일 | 음력 | 일진 | 大運 남·여 | 양력 | 요일 | 음력 | 일진 | 大運 남·여 | 양력 | 요일 | 음력 | 일진 | 大運 남·여 | 양력 | 요일 | 음력 | 일진 | 大運 남·여 | 양력 | 요일 | 음력 | 일진 | 大運 남·여 | 양력 | 요일 | 음력 | 일진 | 大運 남·여 |
| 0 | 2/4 | 月 | 13 | 丙子 | 입춘 | 3/6 | 水 | 13 | 丙午 | 경칩 | 4/5 | 金 | 13 | 丙子 | 청명 | 5/6 | 月 | 15 | 丁未 | 입하 | 6/6 | 木 | 윤16 | 戊寅 | 망종 | 7/7 | 日 | 18 | 己酉 | 소서 |
| 1 | 5 | 火 | 14 | 丁丑 | 10·1 | 7 | 木 | 14 | 丁未 | 10·1 | 6 | 土 | 14 | 丁丑 | 10·1 | 7 | 火 | 16 | 戊申 | 10·1 | 7 | 金 | 윤17 | 己卯 | 10·1 | 8 | 月 | 19 | 庚戌 | 10·1 |
| 2 | 6 | 水 | 15 | 戊寅 | 9·1 | 8 | 金 | 15 | 戊申 | 9·1 | 7 | 日 | 15 | 戊寅 | 10·1 | 8 | 水 | 17 | 己酉 | 10·1 | 8 | 土 | 윤18 | 庚辰 | 10·1 | 9 | 火 | 20 | 辛亥 | 10·1 |
| 3 | 7 | 木 | 16 | 己卯 | 9·1 | 9 | 土 | 16 | 己酉 | 9·1 | 8 | 月 | 16 | 己卯 | 9·1 | 9 | 木 | 18 | 庚戌 | 9·1 | 9 | 日 | 윤19 | 辛巳 | 9·1 | 10 | 水 | 21 | 壬子 | 10·1 |
| 4 | 8 | 金 | 17 | 庚辰 | 9·1 | 10 | 日 | 17 | 庚戌 | 9·1 | 9 | 火 | 17 | 庚辰 | 9·1 | 10 | 金 | 19 | 辛亥 | 9·1 | 10 | 月 | 윤20 | 壬午 | 9·1 | 11 | 木 | 22 | 癸丑 | 9·1 |
| 5 | 9 | 土 | 18 | 辛巳 | 8·2 | 11 | 月 | 18 | 辛亥 | 8·2 | 10 | 水 | 18 | 辛巳 | 9·2 | 11 | 土 | 20 | 壬子 | 9·2 | 11 | 火 | 윤21 | 癸未 | 9·2 | 12 | 金 | 23 | 甲寅 | 9·2 |
| 6 | 10 | 日 | 19 | 壬午 | 8·2 | 12 | 火 | 19 | 壬子 | 8·2 | 11 | 木 | 19 | 壬午 | 8·2 | 12 | 日 | 21 | 癸丑 | 8·2 | 12 | 水 | 윤22 | 甲申 | 8·2 | 13 | 土 | 24 | 乙卯 | 9·2 |
| 7 | 11 | 月 | 20 | 癸未 | 8·2 | 13 | 水 | 20 | 癸丑 | 8·2 | 12 | 金 | 20 | 癸未 | 8·2 | 13 | 月 | 22 | 甲寅 | 8·2 | 13 | 木 | 윤23 | 乙酉 | 8·2 | 14 | 日 | 25 | 丙辰 | 8·2 |
| 8 | 12 | 火 | 21 | 甲申 | 7·3 | 14 | 木 | 21 | 甲寅 | 7·3 | 13 | 土 | 21 | 甲申 | 8·3 | 14 | 火 | 23 | 乙卯 | 8·3 | 14 | 金 | 윤24 | 丙戌 | 8·3 | 15 | 月 | 26 | 丁巳 | 8·3 |
| 9 | 13 | 水 | 22 | 乙酉 | 7·3 | 15 | 金 | 22 | 乙卯 | 7·3 | 14 | 日 | 22 | 乙酉 | 7·3 | 15 | 水 | 24 | 丙辰 | 7·3 | 15 | 土 | 윤25 | 丁亥 | 7·3 | 16 | 火 | 27 | 戊午 | 8·3 |
| 10 | 14 | 木 | 23 | 丙戌 | 7·3 | 16 | 土 | 23 | 丙辰 | 7·3 | 15 | 月 | 23 | 丙戌 | 7·3 | 16 | 木 | 25 | 丁巳 | 7·3 | 16 | 日 | 윤26 | 戊子 | 7·3 | 17 | 水 | 28 | 己未 | 7·3 |
| 11 | 15 | 金 | 24 | 丁亥 | 6·4 | 17 | 日 | 24 | 丁巳 | 6·4 | 16 | 火 | 24 | 丁亥 | 7·4 | 17 | 金 | 26 | 戊午 | 7·4 | 17 | 月 | 윤27 | 己丑 | 7·4 | 18 | 木 | 29 | 庚申 | 7·4 |
| 12 | 16 | 土 | 25 | 戊子 | 6·4 | 18 | 月 | 25 | 戊午 | 6·4 | 17 | 水 | 25 | 戊子 | 6·4 | 18 | 土 | 27 | 己未 | 6·4 | 18 | 火 | 윤28 | 庚寅 | 6·4 | 19 | 金 | 6/1 | 辛酉 | 7·4 |
| 13 | 17 | 日 | 26 | 己丑 | 6·4 | 19 | 火 | 26 | 己未 | 6·4 | 18 | 木 | 26 | 己丑 | 6·4 | 19 | 日 | 28 | 庚申 | 6·4 | 19 | 水 | 윤29 | 辛卯 | 6·4 | 20 | 土 | 2 | 壬戌 | 6·4 |
| 14 | 18 | 月 | 27 | 庚寅 | 5·5 | 20 | 水 | 27 | 庚申 | 5·5 | 19 | 金 | 27 | 庚寅 | 6·5 | 20 | 月 | 29 | 辛酉 | 6·5 | 20 | 木 | 5/1 | 壬辰 | 6·5 | 21 | 日 | 3 | 癸亥 | 6·5 |
| 15 | 19 | 火 | 28 | 辛卯 | 우수 | 21 | 木 | 28 | 辛酉 | 춘분 | 20 | 土 | 28 | 辛卯 | 곡우 | 21 | 火 | 30 | 壬戌 | 소만 | 21 | 金 | 2 | 癸巳 | 5·5 | 22 | 月 | 4 | 甲子 | 6·5 |
| 16 | 20 | 水 | 29 | 壬辰 | 5·5 | 22 | 金 | 29 | 壬戌 | 5·5 | 21 | 日 | 29 | 壬辰 | 5·5 | 22 | 水 | 윤1 | 癸亥 | 5·5 | 22 | 土 | 3 | 甲午 | 하지 | 23 | 火 | 5 | 乙丑 | 대서 |
| 17 | 21 | 木 | 30 | 癸巳 | 4·6 | 23 | 土 | 30 | 癸亥 | 4·6 | 22 | 月 | 4/1 | 癸巳 | 5·6 | 23 | 木 | 윤2 | 甲子 | 5·6 | 23 | 日 | 4 | 乙未 | 5·6 | 24 | 水 | 6 | 丙寅 | 5·6 |
| 18 | 22 | 金 | 2/1 | 甲午 | 4·6 | 24 | 日 | 3/1 | 甲子 | 4·6 | 23 | 火 | 2 | 甲午 | 4·6 | 24 | 金 | 윤3 | 乙丑 | 4·6 | 24 | 月 | 5 | 丙申 | 4·6 | 25 | 木 | 7 | 丁卯 | 5·6 |
| 19 | 23 | 土 | 2 | 乙未 | 4·6 | 25 | 月 | 2 | 乙丑 | 4·6 | 24 | 水 | 3 | 乙未 | 4·6 | 25 | 土 | 윤4 | 丙寅 | 4·6 | 25 | 火 | 6 | 丁酉 | 4·6 | 26 | 金 | 8 | 戊辰 | 4·6 |
| 20 | 24 | 日 | 3 | 丙申 | 3·7 | 26 | 火 | 3 | 丙寅 | 3·7 | 25 | 木 | 4 | 丙申 | 4·7 | 26 | 日 | 윤5 | 丁卯 | 4·7 | 26 | 水 | 7 | 戊戌 | 4·7 | 27 | 土 | 9 | 己巳 | 4·7 |
| 21 | 25 | 月 | 4 | 丁酉 | 3·7 | 27 | 水 | 4 | 丁卯 | 3·7 | 26 | 金 | 5 | 丁酉 | 3·7 | 27 | 月 | 윤6 | 戊辰 | 3·7 | 27 | 木 | 8 | 己亥 | 3·7 | 28 | 日 | 10 | 庚午 | 4·7 |
| 22 | 26 | 火 | 5 | 戊戌 | 3·7 | 28 | 木 | 5 | 戊辰 | 3·7 | 27 | 土 | 6 | 戊戌 | 3·7 | 28 | 火 | 윤7 | 己巳 | 3·7 | 28 | 金 | 9 | 庚子 | 3·7 | 29 | 月 | 11 | 辛未 | 3·7 |
| 23 | 27 | 水 | 6 | 己亥 | 2·8 | 29 | 金 | 6 | 己巳 | 2·8 | 28 | 日 | 7 | 己亥 | 3·8 | 29 | 水 | 윤8 | 庚午 | 3·8 | 29 | 土 | 10 | 辛丑 | 3·8 | 30 | 火 | 12 | 壬申 | 3·8 |
| 24 | 28 | 木 | 7 | 庚子 | 2·8 | 30 | 土 | 7 | 庚午 | 2·8 | 29 | 月 | 8 | 庚子 | 2·8 | 30 | 木 | 윤9 | 辛未 | 2·8 | 30 | 日 | 11 | 壬寅 | 2·8 | 31 | 水 | 13 | 癸酉 | 3·8 |
| 25 | 3/1 | 金 | 8 | 辛丑 | 2·8 | 31 | 日 | 8 | 辛未 | 2·8 | 30 | 火 | 9 | 辛丑 | 2·8 | 31 | 金 | 윤10 | 壬申 | 2·8 | 7/1 | 月 | 12 | 癸卯 | 2·8 | 8/1 | 木 | 14 | 甲戌 | 2·8 |
| 26 | 2 | 土 | 9 | 壬寅 | 1·9 | 4/1 | 月 | 9 | 壬申 | 1·9 | 5/1 | 水 | 10 | 壬寅 | 2·9 | 6/1 | 土 | 윤11 | 癸酉 | 2·9 | 2 | 火 | 13 | 甲辰 | 2·9 | 2 | 金 | 15 | 乙亥 | 2·9 |
| 27 | 3 | 日 | 10 | 癸卯 | 1·9 | 2 | 火 | 10 | 癸酉 | 1·9 | 2 | 木 | 11 | 癸卯 | 1·9 | 2 | 日 | 윤12 | 甲戌 | 1·9 | 3 | 水 | 14 | 乙巳 | 1·9 | 3 | 土 | 16 | 丙子 | 2·9 |
| 28 | 4 | 月 | 11 | 甲辰 | 1·9 | 3 | 水 | 11 | 甲戌 | 1·9 | 3 | 金 | 12 | 甲辰 | 1·9 | 3 | 月 | 윤13 | 乙亥 | 1·9 | 4 | 木 | 15 | 丙午 | 1·9 | 4 | 日 | 17 | 丁丑 | 1·9 |
| 29 | 5 | 火 | 12 | 乙巳 | 1·10 | 4 | 木 | 12 | 乙亥 | 1·10 | 4 | 土 | 13 | 乙巳 | 1·10 | 4 | 火 | 윤14 | 丙子 | 1·10 | 5 | 金 | 16 | 丁未 | 1·10 | 5 | 月 | 18 | 戊寅 | 1·10 |
| 30 | | | | | | | | | | | 5 | 日 | 14 | 丙午 | 1·10 | 5 | 水 | 윤15 | 丁丑 | 1·10 | 6 | 土 | 17 | 戊申 | 1·10 | 6 | 火 | 19 | 己卯 | 1·10 |
| 31 | | | | | | | | | | | | | | | | | | | | | | | | | | 7 | 水 | 20 | 庚辰 | 1·10 |

▶윤달-4월

# 甲寅年

| 절기후날수 | 입추절(壬申月) 立秋 8월8일 6시57분 處暑 8월23일 21시29분 | | | | | 백로절(癸酉月) 白露 9월8일 9시45분 秋分 9월23일 18시58분 | | | | | 한로절(甲戌月) 寒露 10월9일 1시15분 霜降 10월24일 4시11분 | | | | |
|---|---|---|---|---|---|---|---|---|---|---|---|---|---|---|---|
| | 양력 | 요일 | 음력 | 일진 | 大運 남·여 | 양력 | 요일 | 음력 | 일진 | 大運 남·여 | 양력 | 요일 | 음력 | 일진 | 大運 남·여 |
| 0 | 8/8 | 木 | 21 | 辛巳 | 입추 | 9/8 | 日 | 22 | 壬子 | 백로 | 10/9 | 水 | 24 | 癸未 | 한로 |
| 1 | 9 | 金 | 22 | 壬午 | 10·1 | 9 | 月 | 23 | 癸丑 | 10·1 | 10 | 木 | 25 | 甲申 | 10·1 |
| 2 | 10 | 土 | 23 | 癸未 | 10·1 | 10 | 火 | 24 | 甲寅 | 10·1 | 11 | 金 | 26 | 乙酉 | 9·1 |
| 3 | 11 | 日 | 24 | 甲申 | 9·1 | 11 | 水 | 25 | 乙卯 | 9·1 | 12 | 土 | 27 | 丙戌 | 9·1 |
| 4 | 12 | 月 | 25 | 乙酉 | 9·1 | 12 | 木 | 26 | 丙辰 | 9·1 | 13 | 日 | 28 | 丁亥 | 9·1 |
| 5 | 13 | 火 | 26 | 丙戌 | 9·2 | 13 | 金 | 27 | 丁巳 | 9·2 | 14 | 月 | 29 | 戊子 | 8·2 |
| 6 | 14 | 水 | 27 | 丁亥 | 8·2 | 14 | 土 | 28 | 戊午 | 8·2 | 15 | 火 | 9/1 | 己丑 | 8·2 |
| 7 | 15 | 木 | 28 | 戊子 | 8·2 | 15 | 日 | 29 | 己未 | 8·2 | 16 | 水 | 2 | 庚寅 | 8·2 |
| 8 | 16 | 金 | 29 | 己丑 | 8·3 | 16 | 月 | 8/1 | 庚申 | 8·3 | 17 | 木 | 3 | 辛卯 | 7·3 |
| 9 | 17 | 土 | 30 | 庚寅 | 7·3 | 17 | 火 | 2 | 辛酉 | 7·3 | 18 | 金 | 4 | 壬辰 | 7·3 |
| 10 | 18 | 日 | 7/1 | 辛卯 | 7·3 | 18 | 水 | 3 | 壬戌 | 7·3 | 19 | 土 | 5 | 癸巳 | 7·3 |
| 11 | 19 | 月 | 2 | 壬辰 | 7·4 | 19 | 木 | 4 | 癸亥 | 7·4 | 20 | 日 | 6 | 甲午 | 6·4 |
| 12 | 20 | 火 | 3 | 癸巳 | 6·4 | 20 | 金 | 5 | 甲子 | 6·4 | 21 | 月 | 7 | 乙未 | 6·4 |
| 13 | 21 | 水 | 4 | 甲午 | 6·4 | 21 | 土 | 6 | 乙丑 | 6·4 | 22 | 火 | 8 | 丙申 | 6·4 |
| 14 | 22 | 木 | 5 | 乙未 | 6·5 | 22 | 日 | 7 | 丙寅 | 6·5 | 23 | 水 | 9 | 丁酉 | 5·5 |
| 15 | 23 | 金 | 6 | 丙申 | 처서 | 23 | 月 | 8 | 丁卯 | 추분 | 24 | 木 | 10 | 戊戌 | 상강 |
| 16 | 24 | 土 | 7 | 丁酉 | 5·5 | 24 | 火 | 9 | 戊辰 | 5·5 | 25 | 金 | 11 | 己亥 | 5·5 |
| 17 | 25 | 日 | 8 | 戊戌 | 5·6 | 25 | 水 | 10 | 己巳 | 5·6 | 26 | 土 | 12 | 庚子 | 4·6 |
| 18 | 26 | 月 | 9 | 己亥 | 4·6 | 26 | 木 | 11 | 庚午 | 4·6 | 27 | 日 | 13 | 辛丑 | 4·6 |
| 19 | 27 | 火 | 10 | 庚子 | 4·6 | 27 | 金 | 12 | 辛未 | 4·6 | 28 | 月 | 14 | 壬寅 | 4·6 |
| 20 | 28 | 水 | 11 | 辛丑 | 4·7 | 28 | 土 | 13 | 壬申 | 4·7 | 29 | 火 | 15 | 癸卯 | 3·7 |
| 21 | 29 | 木 | 12 | 壬寅 | 3·7 | 29 | 日 | 14 | 癸酉 | 3·7 | 30 | 水 | 16 | 甲辰 | 3·7 |
| 22 | 30 | 金 | 13 | 癸卯 | 3·7 | 30 | 月 | 15 | 甲戌 | 3·7 | 31 | 木 | 17 | 乙巳 | 3·7 |
| 23 | 31 | 土 | 14 | 甲辰 | 3·8 | 10/1 | 火 | 16 | 乙亥 | 3·8 | 11/1 | 金 | 18 | 丙午 | 2·8 |
| 24 | 9/1 | 日 | 15 | 乙巳 | 2·8 | 2 | 水 | 17 | 丙子 | 2·8 | 2 | 土 | 19 | 丁未 | 2·8 |
| 25 | 2 | 月 | 16 | 丙午 | 2·8 | 3 | 木 | 18 | 丁丑 | 2·8 | 3 | 日 | 20 | 戊申 | 2·8 |
| 26 | 3 | 火 | 17 | 丁未 | 2·9 | 4 | 金 | 19 | 戊寅 | 2·9 | 4 | 月 | 21 | 己酉 | 1·9 |
| 27 | 4 | 水 | 18 | 戊申 | 1·9 | 5 | 土 | 20 | 己卯 | 1·9 | 5 | 火 | 22 | 庚戌 | 1·9 |
| 28 | 5 | 木 | 19 | 己酉 | 1·9 | 6 | 日 | 21 | 庚辰 | 1·9 | 6 | 水 | 23 | 辛亥 | 1·9 |
| 29 | 6 | 金 | 20 | 庚戌 | 1·10 | 7 | 月 | 22 | 辛巳 | 1·10 | 7 | 木 | 24 | 壬子 | 1·10 |
| 30 | 7 | 土 | 21 | 辛亥 | 1·10 | 8 | 火 | 23 | 壬午 | 1·10 | | | | | |
| 31 | | | | | | | | | | | | | | | |

| 절기후날수 | 입동절(乙亥月) 立冬 11월8일 4시18분 小雪 11월23일 1시38분 | | | | | 대설절(丙子月) 大雪 12월7일 21시5분 冬至 12월22일 14시56분 | | | | | 소한절(丁丑月) 小寒 1월6일 8시18분 大寒 1월21일 1시36분 | | | | |
|---|---|---|---|---|---|---|---|---|---|---|---|---|---|---|---|
| | 양력 | 요일 | 음력 | 일진 | 大運 남·여 | 양력 | 요일 | 음력 | 일진 | 大運 남·여 | 양력 | 요일 | 음력 | 일진 | 大運 남·여 |
| 0 | 11/8 | 金 | 25 | 癸丑 | 입동 | 12/7 | 土 | 24 | 壬午 | 대설 | 1/6 | 月 | 24 | 壬子 | 소한 |
| 1 | 9 | 土 | 26 | 甲寅 | 9·1 | 8 | 日 | 25 | 癸未 | 10·1 | 7 | 火 | 25 | 癸丑 | 9·1 |
| 2 | 10 | 日 | 27 | 乙卯 | 9·1 | 9 | 月 | 26 | 甲申 | 9·1 | 8 | 水 | 26 | 甲寅 | 9·1 |
| 3 | 11 | 月 | 28 | 丙辰 | 9·1 | 10 | 火 | 27 | 乙酉 | 9·1 | 9 | 木 | 27 | 乙卯 | 9·1 |
| 4 | 12 | 火 | 29 | 丁巳 | 8·1 | 11 | 水 | 28 | 丙戌 | 9·1 | 10 | 金 | 28 | 丙辰 | 8·1 |
| 5 | 13 | 水 | 30 | 戊午 | 8·2 | 12 | 木 | 29 | 丁亥 | 8·2 | 11 | 土 | 29 | 丁巳 | 8·2 |
| 6 | 14 | 木 | 10/1 | 己未 | 8·2 | 13 | 金 | 30 | 戊子 | 8·2 | 12 | 日 | 12/1 | 戊午 | 8·2 |
| 7 | 15 | 金 | 2 | 庚申 | 7·2 | 14 | 土 | 11/1 | 己丑 | 8·2 | 13 | 月 | 2 | 己未 | 7·2 |
| 8 | 16 | 土 | 3 | 辛酉 | 7·3 | 15 | 日 | 2 | 庚寅 | 7·3 | 14 | 火 | 3 | 庚申 | 7·3 |
| 9 | 17 | 日 | 4 | 壬戌 | 7·3 | 16 | 月 | 3 | 辛卯 | 7·3 | 15 | 水 | 4 | 辛酉 | 7·3 |
| 10 | 18 | 月 | 5 | 癸亥 | 6·3 | 17 | 火 | 4 | 壬辰 | 7·3 | 16 | 木 | 5 | 壬戌 | 6·3 |
| 11 | 19 | 火 | 6 | 甲子 | 6·4 | 18 | 水 | 5 | 癸巳 | 6·4 | 17 | 金 | 6 | 癸亥 | 6·4 |
| 12 | 20 | 水 | 7 | 乙丑 | 6·4 | 19 | 木 | 6 | 甲午 | 6·4 | 18 | 土 | 7 | 甲子 | 6·4 |
| 13 | 21 | 木 | 8 | 丙寅 | 5·4 | 20 | 金 | 7 | 乙未 | 6·4 | 19 | 日 | 8 | 乙丑 | 5·4 |
| 14 | 22 | 金 | 9 | 丁卯 | 5·5 | 21 | 土 | 8 | 丙申 | 5·5 | 20 | 月 | 9 | 丙寅 | 5·5 |
| 15 | 23 | 土 | 10 | 戊辰 | 소설 | 22 | 日 | 9 | 丁酉 | 동지 | 21 | 火 | 10 | 丁卯 | 대한 |
| 16 | 24 | 日 | 11 | 己巳 | 4·5 | 23 | 月 | 10 | 戊戌 | 5·5 | 22 | 水 | 11 | 戊辰 | 4·5 |
| 17 | 25 | 月 | 12 | 庚午 | 4·6 | 24 | 火 | 11 | 己亥 | 4·6 | 23 | 木 | 12 | 己巳 | 4·6 |
| 18 | 26 | 火 | 13 | 辛未 | 4·6 | 25 | 水 | 12 | 庚子 | 4·6 | 24 | 金 | 13 | 庚午 | 4·6 |
| 19 | 27 | 水 | 14 | 壬申 | 3·6 | 26 | 木 | 13 | 辛丑 | 4·6 | 25 | 土 | 14 | 辛未 | 3·6 |
| 20 | 28 | 木 | 15 | 癸酉 | 3·7 | 27 | 金 | 14 | 壬寅 | 3·7 | 26 | 日 | 15 | 壬申 | 3·7 |
| 21 | 29 | 金 | 16 | 甲戌 | 3·7 | 28 | 土 | 15 | 癸卯 | 3·7 | 27 | 月 | 16 | 癸酉 | 3·7 |
| 22 | 30 | 土 | 17 | 乙亥 | 2·7 | 29 | 日 | 16 | 甲辰 | 3·7 | 28 | 火 | 17 | 甲戌 | 2·7 |
| 23 | 12/1 | 日 | 18 | 丙子 | 2·8 | 30 | 月 | 17 | 乙巳 | 2·8 | 29 | 水 | 18 | 乙亥 | 2·8 |
| 24 | 2 | 月 | 19 | 丁丑 | 2·8 | 31 | 火 | 18 | 丙午 | 2·8 | 30 | 木 | 19 | 丙子 | 2·8 |
| 25 | 3 | 火 | 20 | 戊寅 | 1·8 | 1/1 | 水 | 19 | 丁未 | 2·8 | 31 | 金 | 20 | 丁丑 | 1·8 |
| 26 | 4 | 水 | 21 | 己卯 | 1·9 | 2 | 木 | 20 | 戊申 | 1·9 | 2/1 | 土 | 21 | 戊寅 | 1·9 |
| 27 | 5 | 木 | 22 | 庚辰 | 1·9 | 3 | 金 | 21 | 己酉 | 1·9 | 2 | 日 | 22 | 己卯 | 1·9 |
| 28 | 6 | 金 | 23 | 辛巳 | 1·9 | 4 | 土 | 22 | 庚戌 | 1·9 | 3 | 月 | 23 | 庚辰 | 1·9 |
| 29 | | | | | | 5 | 日 | 23 | 辛亥 | 1·10 | | | | | |
| 30 | | | | | | | | | | | | | | | |
| 31 | | | | | | | | | | | | | | | |

# 서기 1975년 [단기 4308년]

| 절기후날수 | 입춘절(戊寅月) | | | | | 경칩절(己卯月) | | | | | 청명절(庚辰月) | | | | | 입하절(辛巳月) | | | | | 망종절(壬午月) | | | | | 소서절(癸未月) | | | | |
|---|---|---|---|---|---|---|---|---|---|---|---|---|---|---|---|---|---|---|---|---|---|---|---|---|---|---|---|---|---|---|
| | 立春 2월4일 19시59분<br>雨水 2월19일 15시50분 | | | | | 驚蟄 3월6일 14시6분<br>春分 3월21일 14시57분 | | | | | 淸明 4월5일 19시2분<br>穀雨 4월21일 2시7분 | | | | | 立夏 5월6일 12시27분<br>小滿 5월22일 1시24분 | | | | | 芒種 6월6일 16시42분<br>夏至 6월22일 9시26분 | | | | | 小暑 7월8일 2시59분<br>大暑 7월23일 20시22분 | | | | |
| | 양력 | 요일 | 음력 | 일진 | 大運 남·여 | 양력 | 요일 | 음력 | 일진 | 大運 남·여 | 양력 | 요일 | 음력 | 일진 | 大運 남·여 | 양력 | 요일 | 음력 | 일진 | 大運 남·여 | 양력 | 요일 | 음력 | 일진 | 大運 남·여 | 양력 | 요일 | 음력 | 일진 | 大運 남·여 |
| 0 | 2/4 | 火 | 24 | 辛巳 | 입춘 | 3/6 | 木 | 24 | 辛亥 | 경칩 | 4/5 | 土 | 24 | 辛巳 | 청명 | 5/6 | 火 | 25 | 壬子 | 입하 | 6/6 | 金 | 27 | 癸未 | 망종 | 7/8 | 火 | 29 | 乙卯 | 소서 |
| 1 | 5 | 水 | 25 | 壬午 | 1·10 | 7 | 金 | 25 | 壬子 | 1·10 | 6 | 日 | 25 | 壬午 | 1·10 | 7 | 水 | 26 | 癸丑 | 1·10 | 7 | 土 | 28 | 甲申 | 1·10 | 9 | 水 | 6/1 | 丙辰 | 1·10 |
| 2 | 6 | 木 | 26 | 癸未 | 1·9 | 8 | 土 | 26 | 癸丑 | 1·9 | 7 | 月 | 26 | 癸未 | 1·10 | 8 | 木 | 27 | 甲寅 | 1·10 | 8 | 日 | 29 | 乙酉 | 1·10 | 10 | 木 | 2 | 丁巳 | 1·10 |
| 3 | 7 | 金 | 27 | 甲申 | 1·9 | 9 | 日 | 27 | 甲寅 | 1·9 | 8 | 火 | 27 | 甲申 | 1·9 | 9 | 金 | 28 | 乙卯 | 1·9 | 9 | 月 | 30 | 丙戌 | 1·10 | 11 | 金 | 3 | 戊午 | 1·9 |
| 4 | 8 | 土 | 28 | 乙酉 | 1·9 | 10 | 月 | 28 | 乙卯 | 1·9 | 9 | 水 | 28 | 乙酉 | 1·9 | 10 | 土 | 29 | 丙辰 | 1·9 | 10 | 火 | 5/1 | 丁亥 | 1·9 | 12 | 土 | 4 | 己未 | 1·9 |
| 5 | 9 | 日 | 29 | 丙戌 | 2·8 | 11 | 火 | 29 | 丙辰 | 2·8 | 10 | 木 | 29 | 丙戌 | 2·9 | 11 | 日 | 4/1 | 丁巳 | 2·9 | 11 | 水 | 2 | 戊子 | 2·9 | 13 | 日 | 5 | 庚申 | 2·9 |
| 6 | 10 | 月 | 30 | 丁亥 | 2·8 | 12 | 水 | 30 | 丁巳 | 2·8 | 11 | 金 | 30 | 丁亥 | 2·8 | 12 | 月 | 2 | 戊午 | 2·8 | 12 | 木 | 3 | 己丑 | 2·9 | 14 | 月 | 6 | 辛酉 | 2·8 |
| 7 | 11 | 火 | 1/1 | 戊子 | 2·8 | 13 | 木 | 2/1 | 戊午 | 2·8 | 12 | 土 | 3/1 | 戊子 | 2·8 | 13 | 火 | 3 | 己未 | 2·8 | 13 | 金 | 4 | 庚寅 | 2·8 | 15 | 火 | 7 | 壬戌 | 2·8 |
| 8 | 12 | 水 | 2 | 己丑 | 3·7 | 14 | 金 | 2 | 己未 | 3·7 | 13 | 日 | 2 | 己丑 | 3·8 | 14 | 水 | 4 | 庚申 | 3·8 | 14 | 土 | 5 | 辛卯 | 3·8 | 16 | 水 | 8 | 癸亥 | 3·8 |
| 9 | 13 | 木 | 3 | 庚寅 | 3·7 | 15 | 土 | 3 | 庚申 | 3·7 | 14 | 月 | 3 | 庚寅 | 3·7 | 15 | 木 | 5 | 辛酉 | 3·7 | 15 | 日 | 6 | 壬辰 | 3·8 | 17 | 木 | 9 | 甲子 | 3·7 |
| 10 | 14 | 金 | 4 | 辛卯 | 3·7 | 16 | 日 | 4 | 辛酉 | 3·7 | 15 | 火 | 4 | 辛卯 | 3·7 | 16 | 金 | 6 | 壬戌 | 3·7 | 16 | 月 | 7 | 癸巳 | 3·7 | 18 | 金 | 10 | 乙丑 | 3·7 |
| 11 | 15 | 土 | 5 | 壬辰 | 4·6 | 17 | 月 | 5 | 壬戌 | 4·6 | 16 | 水 | 5 | 壬辰 | 4·7 | 17 | 土 | 7 | 癸亥 | 4·7 | 17 | 火 | 8 | 甲午 | 4·7 | 19 | 土 | 11 | 丙寅 | 4·7 |
| 12 | 16 | 日 | 6 | 癸巳 | 4·6 | 18 | 火 | 6 | 癸亥 | 4·6 | 17 | 木 | 6 | 癸巳 | 4·6 | 18 | 日 | 8 | 甲子 | 4·6 | 18 | 水 | 9 | 乙未 | 4·7 | 20 | 日 | 12 | 丁卯 | 4·6 |
| 13 | 17 | 月 | 7 | 甲午 | 4·6 | 19 | 水 | 7 | 甲子 | 4·6 | 18 | 金 | 7 | 甲午 | 4·6 | 19 | 月 | 9 | 乙丑 | 4·6 | 19 | 木 | 10 | 丙申 | 4·6 | 21 | 月 | 13 | 戊辰 | 4·6 |
| 14 | 18 | 火 | 8 | 乙未 | 5·5 | 20 | 木 | 8 | 乙丑 | 5·5 | 19 | 土 | 8 | 乙未 | 5·6 | 20 | 火 | 10 | 丙寅 | 5·6 | 20 | 金 | 11 | 丁酉 | 5·6 | 22 | 火 | 14 | 己巳 | 5·6 |
| 15 | 19 | 水 | 9 | 丙申 | 우수 | 21 | 金 | 9 | 丙寅 | 춘분 | 20 | 日 | 9 | 丙申 | 5·5 | 21 | 水 | 11 | 丁卯 | 5·5 | 21 | 土 | 12 | 戊戌 | 5·6 | 23 | 水 | 15 | 庚午 | 대서 |
| 16 | 20 | 木 | 10 | 丁酉 | 5·5 | 22 | 土 | 10 | 丁卯 | 5·5 | 21 | 月 | 10 | 丁酉 | 곡우 | 22 | 木 | 12 | 戊辰 | 소만 | 22 | 日 | 13 | 己亥 | 하지 | 24 | 木 | 16 | 辛未 | 5·5 |
| 17 | 21 | 金 | 11 | 戊戌 | 6·4 | 23 | 日 | 11 | 戊辰 | 6·4 | 22 | 火 | 11 | 戊戌 | 6·5 | 23 | 金 | 13 | 己巳 | 6·5 | 23 | 月 | 14 | 庚子 | 6·5 | 25 | 金 | 17 | 壬申 | 6·5 |
| 18 | 22 | 土 | 12 | 己亥 | 6·4 | 24 | 月 | 12 | 己巳 | 6·4 | 23 | 水 | 12 | 己亥 | 6·4 | 24 | 土 | 14 | 庚午 | 6·4 | 24 | 火 | 15 | 辛丑 | 6·5 | 26 | 土 | 18 | 癸酉 | 6·4 |
| 19 | 23 | 日 | 13 | 庚子 | 6·4 | 25 | 火 | 13 | 庚午 | 6·4 | 24 | 木 | 13 | 庚子 | 6·4 | 25 | 日 | 15 | 辛未 | 6·4 | 25 | 水 | 16 | 壬寅 | 6·4 | 27 | 日 | 19 | 甲戌 | 6·4 |
| 20 | 24 | 月 | 14 | 辛丑 | 7·3 | 26 | 水 | 14 | 辛未 | 7·3 | 25 | 金 | 14 | 辛丑 | 7·4 | 26 | 月 | 16 | 壬申 | 7·4 | 26 | 木 | 17 | 癸卯 | 7·4 | 28 | 月 | 20 | 乙亥 | 7·4 |
| 21 | 25 | 火 | 15 | 壬寅 | 7·3 | 27 | 木 | 15 | 壬申 | 7·3 | 26 | 土 | 15 | 壬寅 | 7·3 | 27 | 火 | 17 | 癸酉 | 7·3 | 27 | 金 | 18 | 甲辰 | 7·4 | 29 | 火 | 21 | 丙子 | 7·3 |
| 22 | 26 | 水 | 16 | 癸卯 | 7·3 | 28 | 金 | 16 | 癸酉 | 7·3 | 27 | 日 | 16 | 癸卯 | 7·3 | 28 | 水 | 18 | 甲戌 | 7·3 | 28 | 土 | 19 | 乙巳 | 7·3 | 30 | 水 | 22 | 丁丑 | 7·3 |
| 23 | 27 | 木 | 17 | 甲辰 | 8·2 | 29 | 土 | 17 | 甲戌 | 8·2 | 28 | 月 | 17 | 甲辰 | 8·3 | 29 | 木 | 19 | 乙亥 | 8·3 | 29 | 日 | 20 | 丙午 | 8·3 | 31 | 木 | 23 | 戊寅 | 8·3 |
| 24 | 28 | 金 | 18 | 乙巳 | 8·2 | 30 | 日 | 18 | 乙亥 | 8·2 | 29 | 火 | 18 | 乙巳 | 8·2 | 30 | 金 | 20 | 丙子 | 8·2 | 30 | 月 | 21 | 丁未 | 8·3 | 8/1 | 金 | 24 | 己卯 | 8·2 |
| 25 | 3/1 | 土 | 19 | 丙午 | 8·2 | 31 | 月 | 19 | 丙子 | 8·2 | 30 | 水 | 19 | 丙午 | 8·2 | 31 | 土 | 21 | 丁丑 | 8·2 | 7/1 | 火 | 22 | 戊申 | 8·2 | 2 | 土 | 25 | 庚辰 | 8·2 |
| 26 | 2 | 日 | 20 | 丁未 | 9·1 | 4/1 | 火 | 20 | 丁丑 | 9·1 | 5/1 | 木 | 20 | 丁未 | 9·2 | 6/1 | 日 | 22 | 戊寅 | 9·2 | 2 | 水 | 23 | 己酉 | 9·2 | 3 | 日 | 26 | 辛巳 | 9·2 |
| 27 | 3 | 月 | 21 | 戊申 | 9·1 | 2 | 水 | 21 | 戊寅 | 9·1 | 2 | 金 | 21 | 戊申 | 9·1 | 2 | 月 | 23 | 己卯 | 9·1 | 3 | 木 | 24 | 庚戌 | 9·2 | 4 | 月 | 27 | 壬午 | 9·1 |
| 28 | 4 | 火 | 22 | 己酉 | 9·1 | 3 | 木 | 22 | 己卯 | 9·1 | 3 | 土 | 22 | 己酉 | 9·1 | 3 | 火 | 24 | 庚辰 | 9·1 | 4 | 金 | 25 | 辛亥 | 9·1 | 5 | 火 | 28 | 癸未 | 9·1 |
| 29 | 5 | 水 | 23 | 庚戌 | 10·1 | 4 | 金 | 23 | 庚辰 | 10·1 | 4 | 日 | 23 | 庚戌 | 10·1 | 4 | 水 | 25 | 辛巳 | 10·1 | 5 | 土 | 26 | 壬子 | 10·1 | 6 | 水 | 29 | 甲申 | 10·1 |
| 30 | | | | | | | | | | | 5 | 月 | 24 | 辛亥 | 10·1 | 5 | 木 | 26 | 壬午 | 10·1 | 6 | 日 | 27 | 癸丑 | 10·1 | 7 | 木 | 7/1 | 乙酉 | 10·1 |
| 31 | | | | | | | | | | | | | | | | | | | | | 7 | 月 | 28 | 甲寅 | 10·1 | | | | | |

# 乙卯年

| 절기후날수 | 입추절(甲申月) | | | | | | 백로절(乙酉月) | | | | | | 한로절(丙戌月) | | | | | |
|---|---|---|---|---|---|---|---|---|---|---|---|---|---|---|---|---|---|---|
| | 立秋 8월8일 12시45분 處暑 8월24일 3시24분 | | | | | | 白露 9월8일 15시33분 秋分 9월24일 0시55분 | | | | | | 寒露 10월9일 7시2분 霜降 10월24일 10시6분 | | | | | |
| | 양력 | 요일 | 음력 | 일진 | 大運 남 | 大運 여 | 양력 | 요일 | 음력 | 일진 | 大運 남 | 大運 여 | 양력 | 요일 | 음력 | 일진 | 大運 남 | 大運 여 |
| 0 | 8/8 | 金 | 2 | 丙戌 | 입추 | | 9/8 | 月 | 3 | 丁巳 | 백로 | | 10/9 | 木 | 5 | 戊子 | 한로 | |
| 1 | 9 | 土 | 3 | 丁亥 | 1 | 10 | 9 | 火 | 4 | 戊午 | 1 | 10 | 10 | 金 | 6 | 己丑 | 1 | 10 |
| 2 | 10 | 日 | 4 | 戊子 | 1 | 10 | 10 | 水 | 5 | 己未 | 1 | 10 | 11 | 土 | 7 | 庚寅 | 1 | 9 |
| 3 | 11 | 月 | 5 | 己丑 | 1 | 9 | 11 | 木 | 6 | 庚申 | 1 | 9 | 12 | 日 | 8 | 辛卯 | 1 | 9 |
| 4 | 12 | 火 | 6 | 庚寅 | 1 | 9 | 12 | 金 | 7 | 辛酉 | 1 | 9 | 13 | 月 | 9 | 壬辰 | 1 | 9 |
| 5 | 13 | 水 | 7 | 辛卯 | 2 | 9 | 13 | 土 | 8 | 壬戌 | 2 | 9 | 14 | 火 | 10 | 癸巳 | 2 | 8 |
| 6 | 14 | 木 | 8 | 壬辰 | 2 | 8 | 14 | 日 | 9 | 癸亥 | 2 | 8 | 15 | 水 | 11 | 甲午 | 2 | 8 |
| 7 | 15 | 金 | 9 | 癸巳 | 2 | 8 | 15 | 月 | 10 | 甲子 | 2 | 8 | 16 | 木 | 12 | 乙未 | 2 | 8 |
| 8 | 16 | 土 | 10 | 甲午 | 3 | 8 | 16 | 火 | 11 | 乙丑 | 3 | 8 | 17 | 金 | 13 | 丙申 | 3 | 7 |
| 9 | 17 | 日 | 11 | 乙未 | 3 | 7 | 17 | 水 | 12 | 丙寅 | 3 | 7 | 18 | 土 | 14 | 丁酉 | 3 | 7 |
| 10 | 18 | 月 | 12 | 丙申 | 3 | 7 | 18 | 木 | 13 | 丁卯 | 3 | 7 | 19 | 日 | 15 | 戊戌 | 3 | 7 |
| 11 | 19 | 火 | 13 | 丁酉 | 4 | 7 | 19 | 金 | 14 | 戊辰 | 4 | 7 | 20 | 月 | 16 | 己亥 | 4 | 6 |
| 12 | 20 | 水 | 14 | 戊戌 | 4 | 6 | 20 | 土 | 15 | 己巳 | 4 | 6 | 21 | 火 | 17 | 庚子 | 4 | 6 |
| 13 | 21 | 木 | 15 | 己亥 | 4 | 6 | 21 | 日 | 16 | 庚午 | 4 | 6 | 22 | 水 | 18 | 辛丑 | 4 | 6 |
| 14 | 22 | 金 | 16 | 庚子 | 5 | 6 | 22 | 月 | 17 | 辛未 | 5 | 6 | 23 | 木 | 19 | 壬寅 | 5 | 5 |
| 15 | 23 | 土 | 17 | 辛丑 | 5 | 5 | 23 | 火 | 18 | 壬申 | 5 | 5 | 24 | 金 | 20 | 癸卯 | 상강 | |
| 16 | 24 | 日 | 18 | 壬寅 | 처서 | | 24 | 水 | 19 | 癸酉 | 추분 | | 25 | 土 | 21 | 甲辰 | 5 | 5 |
| 17 | 25 | 月 | 19 | 癸卯 | 6 | 5 | 25 | 木 | 20 | 甲戌 | 6 | 5 | 26 | 日 | 22 | 乙巳 | 6 | 4 |
| 18 | 26 | 火 | 20 | 甲辰 | 6 | 4 | 26 | 金 | 21 | 乙亥 | 6 | 4 | 27 | 月 | 23 | 丙午 | 6 | 4 |
| 19 | 27 | 水 | 21 | 乙巳 | 6 | 4 | 27 | 土 | 22 | 丙子 | 6 | 4 | 28 | 火 | 24 | 丁未 | 6 | 4 |
| 20 | 28 | 木 | 22 | 丙午 | 7 | 4 | 28 | 日 | 23 | 丁丑 | 7 | 4 | 29 | 水 | 25 | 戊申 | 7 | 3 |
| 21 | 29 | 金 | 23 | 丁未 | 7 | 3 | 29 | 月 | 24 | 戊寅 | 7 | 3 | 30 | 木 | 26 | 己酉 | 7 | 3 |
| 22 | 30 | 土 | 24 | 戊申 | 7 | 3 | 30 | 火 | 25 | 己卯 | 7 | 3 | 31 | 金 | 27 | 庚戌 | 7 | 3 |
| 23 | 31 | 日 | 25 | 己酉 | 8 | 3 | 10/1 | 水 | 26 | 庚辰 | 8 | 3 | 11/1 | 土 | 28 | 辛亥 | 8 | 2 |
| 24 | 9/1 | 月 | 26 | 庚戌 | 8 | 2 | 2 | 木 | 27 | 辛巳 | 8 | 2 | 2 | 日 | 29 | 壬子 | 8 | 2 |
| 25 | 2 | 火 | 27 | 辛亥 | 8 | 2 | 3 | 金 | 28 | 壬午 | 8 | 2 | 3 | 月 | 10/1 | 癸丑 | 8 | 2 |
| 26 | 3 | 水 | 28 | 壬子 | 9 | 2 | 4 | 土 | 29 | 癸未 | 9 | 2 | 4 | 火 | 2 | 甲寅 | 9 | 1 |
| 27 | 4 | 木 | 29 | 癸丑 | 9 | 1 | 5 | 日 | 9/1 | 甲申 | 9 | 1 | 5 | 水 | 3 | 乙卯 | 9 | 1 |
| 28 | 5 | 金 | 30 | 甲寅 | 9 | 1 | 6 | 月 | 2 | 乙酉 | 9 | 1 | 6 | 木 | 4 | 丙辰 | 9 | 1 |
| 29 | 6 | 土 | 8/1 | 乙卯 | 10 | 1 | 7 | 火 | 3 | 丙戌 | 10 | 1 | 7 | 金 | 5 | 丁巳 | 10 | 1 |
| 30 | 7 | 日 | 2 | 丙辰 | 10 | 1 | 8 | 水 | 4 | 丁亥 | 10 | 1 | | | | | | |
| 31 | | | | | | | | | | | | | | | | | | |

| 절기후날수 | 입동절(丁亥月) | | | | | | 대설절(戊子月) | | | | | | 소한절(己丑月) | | | | | |
|---|---|---|---|---|---|---|---|---|---|---|---|---|---|---|---|---|---|---|
| | 立冬 11월8일 10시3분 小雪 11월23일 7시31분 | | | | | | 大雪 12월8일 2시46분 冬至 12월22일 20시46분 | | | | | | 小寒 1월6일 13시57분 大寒 1월21일 7시25분 | | | | | |
| | 양력 | 요일 | 음력 | 일진 | 大運 남 | 大運 여 | 양력 | 요일 | 음력 | 일진 | 大運 남 | 大運 여 | 양력 | 요일 | 음력 | 일진 | 大運 남 | 大運 여 |
| 0 | 11/8 | 土 | 6 | 戊午 | 입동 | | 12/8 | 月 | 6 | 戊子 | 대설 | | 1/6 | 火 | 6 | 丁巳 | 소한 | |
| 1 | 9 | 日 | 7 | 己未 | 1 | 10 | 9 | 火 | 7 | 己丑 | 1 | 9 | 7 | 水 | 7 | 戊午 | 1 | 10 |
| 2 | 10 | 月 | 8 | 庚申 | 1 | 9 | 10 | 水 | 8 | 庚寅 | 1 | 9 | 8 | 木 | 8 | 己未 | 1 | 9 |
| 3 | 11 | 火 | 9 | 辛酉 | 1 | 9 | 11 | 木 | 9 | 辛卯 | 1 | 9 | 9 | 金 | 9 | 庚申 | 1 | 9 |
| 4 | 12 | 水 | 10 | 壬戌 | 1 | 9 | 12 | 金 | 10 | 壬辰 | 1 | 8 | 10 | 土 | 10 | 辛酉 | 1 | 9 |
| 5 | 13 | 木 | 11 | 癸亥 | 2 | 8 | 13 | 土 | 11 | 癸巳 | 2 | 8 | 11 | 日 | 11 | 壬戌 | 2 | 8 |
| 6 | 14 | 金 | 12 | 甲子 | 2 | 8 | 14 | 日 | 12 | 甲午 | 2 | 8 | 12 | 月 | 12 | 癸亥 | 2 | 8 |
| 7 | 15 | 土 | 13 | 乙丑 | 2 | 8 | 15 | 月 | 13 | 乙未 | 2 | 7 | 13 | 火 | 13 | 甲子 | 2 | 8 |
| 8 | 16 | 日 | 14 | 丙寅 | 3 | 7 | 16 | 火 | 14 | 丙申 | 3 | 7 | 14 | 水 | 14 | 乙丑 | 3 | 7 |
| 9 | 17 | 月 | 15 | 丁卯 | 3 | 7 | 17 | 水 | 15 | 丁酉 | 3 | 7 | 15 | 木 | 15 | 丙寅 | 3 | 7 |
| 10 | 18 | 火 | 16 | 戊辰 | 3 | 7 | 18 | 木 | 16 | 戊戌 | 3 | 6 | 16 | 金 | 16 | 丁卯 | 3 | 7 |
| 11 | 19 | 水 | 17 | 己巳 | 4 | 6 | 19 | 金 | 17 | 己亥 | 4 | 6 | 17 | 土 | 17 | 戊辰 | 4 | 6 |
| 12 | 20 | 木 | 18 | 庚午 | 4 | 6 | 20 | 土 | 18 | 庚子 | 4 | 6 | 18 | 日 | 18 | 己巳 | 4 | 6 |
| 13 | 21 | 金 | 19 | 辛未 | 4 | 6 | 21 | 日 | 19 | 辛丑 | 4 | 5 | 19 | 月 | 19 | 庚午 | 4 | 6 |
| 14 | 22 | 土 | 20 | 壬申 | 5 | 5 | 22 | 月 | 20 | 壬寅 | 동지 | | 20 | 火 | 20 | 辛未 | 5 | 5 |
| 15 | 23 | 日 | 21 | 癸酉 | 소설 | | 23 | 火 | 21 | 癸卯 | 5 | 5 | 21 | 水 | 21 | 壬申 | 대한 | |
| 16 | 24 | 月 | 22 | 甲戌 | 5 | 5 | 24 | 水 | 22 | 甲辰 | 5 | 4 | 22 | 木 | 22 | 癸酉 | 5 | 5 |
| 17 | 25 | 火 | 23 | 乙亥 | 6 | 4 | 25 | 木 | 23 | 乙巳 | 6 | 4 | 23 | 金 | 23 | 甲戌 | 6 | 4 |
| 18 | 26 | 水 | 24 | 丙子 | 6 | 4 | 26 | 金 | 24 | 丙午 | 6 | 4 | 24 | 土 | 24 | 乙亥 | 6 | 4 |
| 19 | 27 | 木 | 25 | 丁丑 | 6 | 4 | 27 | 土 | 25 | 丁未 | 6 | 3 | 25 | 日 | 25 | 丙子 | 6 | 4 |
| 20 | 28 | 金 | 26 | 戊寅 | 7 | 3 | 28 | 日 | 26 | 戊申 | 7 | 3 | 26 | 月 | 26 | 丁丑 | 7 | 3 |
| 21 | 29 | 土 | 27 | 己卯 | 7 | 3 | 29 | 月 | 27 | 己酉 | 7 | 3 | 27 | 火 | 27 | 戊寅 | 7 | 3 |
| 22 | 30 | 日 | 28 | 庚辰 | 7 | 3 | 30 | 火 | 28 | 庚戌 | 7 | 2 | 28 | 水 | 28 | 己卯 | 7 | 3 |
| 23 | 12/1 | 月 | 29 | 辛巳 | 8 | 2 | 31 | 水 | 29 | 辛亥 | 8 | 2 | 29 | 木 | 29 | 庚辰 | 8 | 2 |
| 24 | 2 | 火 | 30 | 壬午 | 8 | 2 | 1/1 | 木 | 12/1 | 壬子 | 8 | 2 | 30 | 金 | 30 | 辛巳 | 8 | 2 |
| 25 | 3 | 水 | 11/1 | 癸未 | 8 | 2 | 2 | 金 | 2 | 癸丑 | 8 | 1 | 31 | 土 | 1/1 | 壬午 | 8 | 2 |
| 26 | 4 | 木 | 2 | 甲申 | 9 | 1 | 3 | 土 | 3 | 甲寅 | 9 | 1 | 2/1 | 日 | 2 | 癸未 | 9 | 1 |
| 27 | 5 | 金 | 3 | 乙酉 | 9 | 1 | 4 | 日 | 4 | 乙卯 | 9 | 1 | 2 | 月 | 3 | 甲申 | 9 | 1 |
| 28 | 6 | 土 | 4 | 丙戌 | 9 | 1 | 5 | 月 | 5 | 丙辰 | 9 | 1 | 3 | 火 | 4 | 乙酉 | 9 | 1 |
| 29 | 7 | 日 | 5 | 丁亥 | 10 | 1 | | | | | | | 4 | 水 | 5 | 丙戌 | 10 | 1 |
| 30 | | | | | | | | | | | | | | | | | | |
| 31 | | | | | | | | | | | | | | | | | | |

# 서기 1976년 [단기 4309년]

**입춘절(庚寅月)**
立春 2월5일 1시39분
雨水 2월19일 21시40분

| 절기후날수 | 양력 | 요일 | 음력 | 일진 | 大運 남·여 |
|---|---|---|---|---|---|
| 0 | 2/5 | 木 | 6 | 丁亥 | 입춘 |
| 1 | 6 | 金 | 7 | 戊子 | 9·1 |
| 2 | 7 | 土 | 8 | 己丑 | 9·1 |
| 3 | 8 | 日 | 9 | 庚寅 | 9·1 |
| 4 | 9 | 月 | 10 | 辛卯 | 8·1 |
| 5 | 10 | 火 | 11 | 壬辰 | 8·2 |
| 6 | 11 | 水 | 12 | 癸巳 | 8·2 |
| 7 | 12 | 木 | 13 | 甲午 | 7·2 |
| 8 | 13 | 金 | 14 | 乙未 | 7·3 |
| 9 | 14 | 土 | 15 | 丙申 | 7·3 |
| 10 | 15 | 日 | 16 | 丁酉 | 6·3 |
| 11 | 16 | 月 | 17 | 戊戌 | 6·4 |
| 12 | 17 | 火 | 18 | 己亥 | 6·4 |
| 13 | 18 | 水 | 19 | 庚子 | 5·4 |
| 14 | 19 | 木 | 20 | 辛丑 | 우수 |
| 15 | 20 | 金 | 21 | 壬寅 | 5·5 |
| 16 | 21 | 土 | 22 | 癸卯 | 4·5 |
| 17 | 22 | 日 | 23 | 甲辰 | 4·6 |
| 18 | 23 | 月 | 24 | 乙巳 | 4·6 |
| 19 | 24 | 火 | 25 | 丙午 | 3·6 |
| 20 | 25 | 水 | 26 | 丁未 | 3·7 |
| 21 | 26 | 木 | 27 | 戊申 | 3·7 |
| 22 | 27 | 金 | 28 | 己酉 | 2·7 |
| 23 | 28 | 土 | 29 | 庚戌 | 2·8 |
| 24 | 29 | 日 | 30 | 辛亥 | 2·8 |
| 25 | 3/1 | 月 | 2/1 | 壬子 | 1·8 |
| 26 | 2 | 火 | 2 | 癸丑 | 1·9 |
| 27 | 3 | 水 | 3 | 甲寅 | 1·9 |
| 28 | 4 | 木 | 4 | 乙卯 | 1·9 |
| 29 | | | | | |
| 30 | | | | | |
| 31 | | | | | |

**경칩절(辛卯月)**
驚蟄 3월5일 19시48분
春分 3월20일 20시50분

| 절기후날수 | 양력 | 요일 | 음력 | 일진 | 大運 남·여 |
|---|---|---|---|---|---|
| 0 | 3/5 | 金 | 5 | 丙辰 | 경칩 |
| 1 | 6 | 土 | 6 | 丁巳 | 10·1 |
| 2 | 7 | 日 | 7 | 戊午 | 10·1 |
| 3 | 8 | 月 | 8 | 己未 | 9·1 |
| 4 | 9 | 火 | 9 | 庚申 | 9·1 |
| 5 | 10 | 水 | 10 | 辛酉 | 9·2 |
| 6 | 11 | 木 | 11 | 壬戌 | 8·2 |
| 7 | 12 | 金 | 12 | 癸亥 | 8·2 |
| 8 | 13 | 土 | 13 | 甲子 | 8·3 |
| 9 | 14 | 日 | 14 | 乙丑 | 7·3 |
| 10 | 15 | 月 | 15 | 丙寅 | 7·3 |
| 11 | 16 | 火 | 16 | 丁卯 | 7·4 |
| 12 | 17 | 水 | 17 | 戊辰 | 6·4 |
| 13 | 18 | 木 | 18 | 己巳 | 6·4 |
| 14 | 19 | 金 | 19 | 庚午 | 6·5 |
| 15 | 20 | 土 | 20 | 辛未 | 춘분 |
| 16 | 21 | 日 | 21 | 壬申 | 5·5 |
| 17 | 22 | 月 | 22 | 癸酉 | 5·6 |
| 18 | 23 | 火 | 23 | 甲戌 | 4·6 |
| 19 | 24 | 水 | 24 | 乙亥 | 4·6 |
| 20 | 25 | 木 | 25 | 丙子 | 4·7 |
| 21 | 26 | 金 | 26 | 丁丑 | 3·7 |
| 22 | 27 | 土 | 27 | 戊寅 | 3·7 |
| 23 | 28 | 日 | 28 | 己卯 | 3·8 |
| 24 | 29 | 月 | 29 | 庚辰 | 2·8 |
| 25 | 30 | 火 | 30 | 辛巳 | 2·8 |
| 26 | 31 | 水 | 3/1 | 壬午 | 2·9 |
| 27 | 4/1 | 木 | 2 | 癸未 | 1·9 |
| 28 | 2 | 金 | 3 | 甲申 | 1·9 |
| 29 | 3 | 土 | 4 | 乙酉 | 1·10 |
| 30 | 4 | 日 | 5 | 丙戌 | 1·10 |
| 31 | | | | | |

**청명절(壬辰月)**
清明 4월5일 0시46분
穀雨 4월20일 8시3분

| 절기후날수 | 양력 | 요일 | 음력 | 일진 | 大運 남·여 |
|---|---|---|---|---|---|
| 0 | 4/5 | 月 | 6 | 丁亥 | 청명 |
| 1 | 6 | 火 | 7 | 戊子 | 10·1 |
| 2 | 7 | 水 | 8 | 己丑 | 9·1 |
| 3 | 8 | 木 | 9 | 庚寅 | 9·1 |
| 4 | 9 | 金 | 10 | 辛卯 | 9·1 |
| 5 | 10 | 土 | 11 | 壬辰 | 8·2 |
| 6 | 11 | 日 | 12 | 癸巳 | 8·2 |
| 7 | 12 | 月 | 13 | 甲午 | 8·2 |
| 8 | 13 | 火 | 14 | 乙未 | 7·3 |
| 9 | 14 | 水 | 15 | 丙申 | 7·3 |
| 10 | 15 | 木 | 16 | 丁酉 | 7·3 |
| 11 | 16 | 金 | 17 | 戊戌 | 6·4 |
| 12 | 17 | 土 | 18 | 己亥 | 6·4 |
| 13 | 18 | 日 | 19 | 庚子 | 6·4 |
| 14 | 19 | 月 | 20 | 辛丑 | 5·5 |
| 15 | 20 | 火 | 21 | 壬寅 | 곡우 |
| 16 | 21 | 水 | 22 | 癸卯 | 5·5 |
| 17 | 22 | 木 | 23 | 甲辰 | 4·6 |
| 18 | 23 | 金 | 24 | 乙巳 | 4·6 |
| 19 | 24 | 土 | 25 | 丙午 | 4·6 |
| 20 | 25 | 日 | 26 | 丁未 | 3·7 |
| 21 | 26 | 月 | 27 | 戊申 | 3·7 |
| 22 | 27 | 火 | 28 | 己酉 | 3·7 |
| 23 | 28 | 水 | 29 | 庚戌 | 2·8 |
| 24 | 29 | 木 | 4/1 | 辛亥 | 2·8 |
| 25 | 30 | 金 | 2 | 壬子 | 2·8 |
| 26 | 5/1 | 土 | 3 | 癸丑 | 1·9 |
| 27 | 2 | 日 | 4 | 甲寅 | 1·9 |
| 28 | 3 | 月 | 5 | 乙卯 | 1·9 |
| 29 | 4 | 火 | 6 | 丙辰 | 1·10 |
| 30 | | | | | |
| 31 | | | | | |

**입하절(癸巳月)**
立夏 5월5일 18시14분
小滿 5월21일 7시21분

| 절기후날수 | 양력 | 요일 | 음력 | 일진 | 大運 남·여 |
|---|---|---|---|---|---|
| 0 | 5/5 | 水 | 7 | 丁巳 | 입하 |
| 1 | 6 | 木 | 8 | 戊午 | 10·1 |
| 2 | 7 | 金 | 9 | 己未 | 10·1 |
| 3 | 8 | 土 | 10 | 庚申 | 9·1 |
| 4 | 9 | 日 | 11 | 辛酉 | 9·1 |
| 5 | 10 | 月 | 12 | 壬戌 | 9·2 |
| 6 | 11 | 火 | 13 | 癸亥 | 8·2 |
| 7 | 12 | 水 | 14 | 甲子 | 8·2 |
| 8 | 13 | 木 | 15 | 乙丑 | 8·3 |
| 9 | 14 | 金 | 16 | 丙寅 | 7·3 |
| 10 | 15 | 土 | 17 | 丁卯 | 7·3 |
| 11 | 16 | 日 | 18 | 戊辰 | 7·4 |
| 12 | 17 | 月 | 19 | 己巳 | 6·4 |
| 13 | 18 | 火 | 20 | 庚午 | 6·4 |
| 14 | 19 | 水 | 21 | 辛未 | 6·5 |
| 15 | 20 | 木 | 22 | 壬申 | 5·5 |
| 16 | 21 | 金 | 23 | 癸酉 | 소만 |
| 17 | 22 | 土 | 24 | 甲戌 | 5·6 |
| 18 | 23 | 日 | 25 | 乙亥 | 4·6 |
| 19 | 24 | 月 | 26 | 丙子 | 4·6 |
| 20 | 25 | 火 | 27 | 丁丑 | 4·7 |
| 21 | 26 | 水 | 28 | 戊寅 | 3·7 |
| 22 | 27 | 木 | 29 | 己卯 | 3·7 |
| 23 | 28 | 金 | 30 | 庚辰 | 3·8 |
| 24 | 29 | 土 | 5/1 | 辛巳 | 2·8 |
| 25 | 30 | 日 | 2 | 壬午 | 2·8 |
| 26 | 31 | 月 | 3 | 癸未 | 2·9 |
| 27 | 6/1 | 火 | 4 | 甲申 | 1·9 |
| 28 | 2 | 水 | 5 | 乙酉 | 1·9 |
| 29 | 3 | 木 | 6 | 丙戌 | 1·10 |
| 30 | 4 | 金 | 7 | 丁亥 | 1·10 |
| 31 | | | | | |

**망종절(甲午月)**
芒種 6월5일 22시31분
夏至 6월21일 15시24분

| 절기후날수 | 양력 | 요일 | 음력 | 일진 | 大運 남·여 |
|---|---|---|---|---|---|
| 0 | 6/5 | 土 | 8 | 戊子 | 망종 |
| 1 | 6 | 日 | 9 | 己丑 | 10·1 |
| 2 | 7 | 月 | 10 | 庚寅 | 10·1 |
| 3 | 8 | 火 | 11 | 辛卯 | 10·1 |
| 4 | 9 | 水 | 12 | 壬辰 | 9·1 |
| 5 | 10 | 木 | 13 | 癸巳 | 9·2 |
| 6 | 11 | 金 | 14 | 甲午 | 9·2 |
| 7 | 12 | 土 | 15 | 乙未 | 8·2 |
| 8 | 13 | 日 | 16 | 丙申 | 8·3 |
| 9 | 14 | 月 | 17 | 丁酉 | 8·3 |
| 10 | 15 | 火 | 18 | 戊戌 | 7·3 |
| 11 | 16 | 水 | 19 | 己亥 | 7·4 |
| 12 | 17 | 木 | 20 | 庚子 | 7·4 |
| 13 | 18 | 金 | 21 | 辛丑 | 6·4 |
| 14 | 19 | 土 | 22 | 壬寅 | 6·5 |
| 15 | 20 | 日 | 23 | 癸卯 | 6·5 |
| 16 | 21 | 月 | 24 | 甲辰 | 하지 |
| 17 | 22 | 火 | 25 | 乙巳 | 5·6 |
| 18 | 23 | 水 | 26 | 丙午 | 5·6 |
| 19 | 24 | 木 | 27 | 丁未 | 4·6 |
| 20 | 25 | 金 | 28 | 戊申 | 4·7 |
| 21 | 26 | 土 | 29 | 己酉 | 4·7 |
| 22 | 27 | 日 | 6/1 | 庚戌 | 3·7 |
| 23 | 28 | 月 | 2 | 辛亥 | 3·8 |
| 24 | 29 | 火 | 3 | 壬子 | 3·8 |
| 25 | 30 | 水 | 4 | 癸丑 | 2·8 |
| 26 | 7/1 | 木 | 5 | 甲寅 | 2·9 |
| 27 | 2 | 金 | 6 | 乙卯 | 2·9 |
| 28 | 3 | 土 | 7 | 丙辰 | 1·9 |
| 29 | 4 | 日 | 8 | 丁巳 | 1·10 |
| 30 | 5 | 月 | 9 | 戊午 | 1·10 |
| 31 | 6 | 火 | 10 | 己未 | 1·10 |

**소서절(乙未月)**
小暑 7월7일 8시51분
大暑 7월23일 2시18분

| 절기후날수 | 양력 | 요일 | 음력 | 일진 | 大運 남·여 |
|---|---|---|---|---|---|
| 0 | 7/7 | 水 | 11 | 庚申 | 소서 |
| 1 | 8 | 木 | 12 | 辛酉 | 10·1 |
| 2 | 9 | 金 | 13 | 壬戌 | 10·1 |
| 3 | 10 | 土 | 14 | 癸亥 | 9·1 |
| 4 | 11 | 日 | 15 | 甲子 | 9·1 |
| 5 | 12 | 月 | 16 | 乙丑 | 9·2 |
| 6 | 13 | 火 | 17 | 丙寅 | 8·2 |
| 7 | 14 | 水 | 18 | 丁卯 | 8·2 |
| 8 | 15 | 木 | 19 | 戊辰 | 8·3 |
| 9 | 16 | 金 | 20 | 己巳 | 7·3 |
| 10 | 17 | 土 | 21 | 庚午 | 7·3 |
| 11 | 18 | 日 | 22 | 辛未 | 7·4 |
| 12 | 19 | 月 | 23 | 壬申 | 6·4 |
| 13 | 20 | 火 | 24 | 癸酉 | 6·4 |
| 14 | 21 | 水 | 25 | 甲戌 | 6·5 |
| 15 | 22 | 木 | 26 | 乙亥 | 5·5 |
| 16 | 23 | 金 | 27 | 丙子 | 대서 |
| 17 | 24 | 土 | 28 | 丁丑 | 5·6 |
| 18 | 25 | 日 | 29 | 戊寅 | 4·6 |
| 19 | 26 | 月 | 30 | 己卯 | 4·6 |
| 20 | 27 | 火 | 7/1 | 庚辰 | 4·7 |
| 21 | 28 | 水 | 2 | 辛巳 | 3·7 |
| 22 | 29 | 木 | 3 | 壬午 | 3·7 |
| 23 | 30 | 金 | 4 | 癸未 | 3·8 |
| 24 | 31 | 土 | 5 | 甲申 | 2·8 |
| 25 | 8/1 | 日 | 6 | 乙酉 | 2·8 |
| 26 | 2 | 月 | 7 | 丙戌 | 2·9 |
| 27 | 3 | 火 | 8 | 丁亥 | 1·9 |
| 28 | 4 | 水 | 9 | 戊子 | 1·9 |
| 29 | 5 | 木 | 10 | 己丑 | 1·10 |
| 30 | 6 | 金 | 11 | 庚寅 | 1·10 |
| 31 | | | | | |

# 丙辰年

| 절기후날수 | 입추절(丙申月) 立秋 8월7일 18시38분 處暑 8월23일 9시18분 | | | | | 백로절(丁酉月) 白露 9월7일 21시28분 秋分 9월23일 6시48분 | | | | | 한로절(戊戌月) 寒露 10월8일 12시58분 霜降 10월23일 15시58분 | | | | | 입동절(己亥月) 立冬 11월7일 15시59분 小雪 11월22일 13시22분 | | | | | 대설절(庚子月) 大雪 12월7일 8시41분 冬至 12월22일 2시35분 | | | | | 소한절(辛丑月) 小寒 1월5일 19시51분 大寒 1월20일 13시14분 | | | | |
|---|---|---|---|---|---|---|---|---|---|---|---|---|---|---|---|---|---|---|---|---|---|---|---|---|---|---|---|---|---|---|
| | 양력 | 요일 | 음력 | 일진 | 大運 남·여 | 양력 | 요일 | 음력 | 일진 | 大運 남·여 | 양력 | 요일 | 음력 | 일진 | 大運 남·여 | 양력 | 요일 | 음력 | 일진 | 大運 남·여 | 양력 | 요일 | 음력 | 일진 | 大運 남·여 | 양력 | 요일 | 음력 | 일진 | 大運 남·여 |
| 0 | 8/7 | 土 | 12 | 辛卯 | 입추 | 9/7 | 火 | 14 | 壬戌 | 백로 | 10/8 | 金 | 윤15 | 癸巳 | 한로 | 11/7 | 日 | 16 | 癸亥 | 입동 | 12/7 | 火 | 16 | 癸巳 | 대설 | 1/5 | 水 | 16 | 壬戌 | 소한 |
| 1 | 8 | 日 | 13 | 壬辰 | 10·1 | 8 | 水 | 15 | 癸亥 | 10·1 | 9 | 土 | 윤16 | 甲午 | 10·1 | 8 | 月 | 17 | 甲子 | 10·1 | 8 | 水 | 17 | 甲午 | 9·1 | 6 | 木 | 17 | 癸亥 | 10·1 |
| 2 | 9 | 月 | 14 | 癸巳 | 10·1 | 9 | 木 | 16 | 甲子 | 10·1 | 10 | 日 | 윤17 | 乙未 | 9·1 | 9 | 火 | 18 | 乙丑 | 9·1 | 9 | 木 | 18 | 乙未 | 9·1 | 7 | 金 | 18 | 甲子 | 9·1 |
| 3 | 10 | 火 | 15 | 甲午 | 9·1 | 10 | 金 | 17 | 乙丑 | 9·1 | 11 | 月 | 윤18 | 丙申 | 9·1 | 10 | 水 | 19 | 丙寅 | 9·1 | 10 | 金 | 19 | 丙申 | 9·1 | 8 | 土 | 19 | 乙丑 | 9·1 |
| 4 | 11 | 水 | 16 | 乙未 | 9·1 | 11 | 土 | 18 | 丙寅 | 9·1 | 12 | 火 | 윤19 | 丁酉 | 9·1 | 11 | 木 | 20 | 丁卯 | 9·1 | 11 | 土 | 20 | 丁酉 | 8·1 | 9 | 日 | 20 | 丙寅 | 9·1 |
| 5 | 12 | 木 | 17 | 丙申 | 9·2 | 12 | 日 | 19 | 丁卯 | 9·2 | 13 | 水 | 윤20 | 戊戌 | 8·2 | 12 | 金 | 21 | 戊辰 | 8·2 | 12 | 日 | 21 | 戊戌 | 8·2 | 10 | 月 | 21 | 丁卯 | 8·2 |
| 6 | 13 | 金 | 18 | 丁酉 | 8·2 | 13 | 月 | 20 | 戊辰 | 8·2 | 14 | 木 | 윤21 | 己亥 | 8·2 | 13 | 土 | 22 | 己巳 | 8·2 | 13 | 月 | 22 | 己亥 | 8·2 | 11 | 火 | 22 | 戊辰 | 8·2 |
| 7 | 14 | 土 | 19 | 戊戌 | 8·2 | 14 | 火 | 21 | 己巳 | 8·2 | 15 | 金 | 윤22 | 庚子 | 8·2 | 14 | 日 | 23 | 庚午 | 8·2 | 14 | 火 | 23 | 庚子 | 7·2 | 12 | 水 | 23 | 己巳 | 8·2 |
| 8 | 15 | 日 | 20 | 己亥 | 8·3 | 15 | 水 | 22 | 庚午 | 8·3 | 16 | 土 | 윤23 | 辛丑 | 7·3 | 15 | 月 | 24 | 辛未 | 7·3 | 15 | 水 | 24 | 辛丑 | 7·3 | 13 | 木 | 24 | 庚午 | 7·3 |
| 9 | 16 | 月 | 21 | 庚子 | 7·3 | 16 | 木 | 23 | 辛未 | 7·3 | 17 | 日 | 윤24 | 壬寅 | 7·3 | 16 | 火 | 25 | 壬申 | 7·3 | 16 | 木 | 25 | 壬寅 | 7·3 | 14 | 金 | 25 | 辛未 | 7·3 |
| 10 | 17 | 火 | 22 | 辛丑 | 7·3 | 17 | 金 | 24 | 壬申 | 7·3 | 18 | 月 | 윤25 | 癸卯 | 7·3 | 17 | 水 | 26 | 癸酉 | 7·3 | 17 | 金 | 26 | 癸卯 | 6·3 | 15 | 土 | 26 | 壬申 | 7·3 |
| 11 | 18 | 水 | 23 | 壬寅 | 7·4 | 18 | 土 | 25 | 癸酉 | 7·4 | 19 | 火 | 윤26 | 甲辰 | 6·4 | 18 | 木 | 27 | 甲戌 | 6·4 | 18 | 土 | 27 | 甲辰 | 6·4 | 16 | 日 | 27 | 癸酉 | 6·4 |
| 12 | 19 | 木 | 24 | 癸卯 | 6·4 | 19 | 日 | 26 | 甲戌 | 6·4 | 20 | 水 | 윤27 | 乙巳 | 6·4 | 19 | 金 | 28 | 乙亥 | 6·4 | 19 | 日 | 28 | 乙巳 | 6·4 | 17 | 月 | 28 | 甲戌 | 6·4 |
| 13 | 20 | 金 | 25 | 甲辰 | 6·4 | 20 | 月 | 27 | 乙亥 | 6·4 | 21 | 木 | 윤28 | 丙午 | 6·4 | 20 | 土 | 29 | 丙子 | 6·4 | 20 | 月 | 29 | 丙午 | 5·4 | 18 | 火 | 29 | 乙亥 | 6·4 |
| 14 | 21 | 土 | 26 | 乙巳 | 6·5 | 21 | 火 | 28 | 丙子 | 6·5 | 22 | 金 | 윤29 | 丁未 | 5·5 | 21 | 日 | 30 | 丁丑 | 5·5 | 21 | 火 | 11/1 | 丁未 | 5·5 | 19 | 水 | 12/1 | 丙子 | 5·5 |
| 15 | 22 | 日 | 27 | 丙午 | 5·5 | 22 | 水 | 29 | 丁丑 | 5·5 | 23 | 土 | 9/1 | 戊申 | 상강 | 22 | 月 | 10/1 | 戊寅 | 소설 | 22 | 水 | 2 | 戊申 | 동지 | 20 | 木 | 2 | 丁丑 | 대한 |
| 16 | 23 | 月 | 28 | 丁未 | 처서 | 23 | 木 | 30 | 戊寅 | 추분 | 24 | 日 | 2 | 己酉 | 5·5 | 23 | 火 | 2 | 己卯 | 5·5 | 23 | 木 | 3 | 己酉 | 4·5 | 21 | 金 | 3 | 戊寅 | 5·5 |
| 17 | 24 | 火 | 29 | 戊申 | 5·6 | 24 | 金 | 윤1 | 己卯 | 5·6 | 25 | 月 | 3 | 庚戌 | 4·6 | 24 | 水 | 3 | 庚辰 | 4·6 | 24 | 金 | 4 | 庚戌 | 4·6 | 22 | 土 | 4 | 己卯 | 4·6 |
| 18 | 25 | 水 | 8/1 | 己酉 | 4·6 | 25 | 土 | 윤2 | 庚辰 | 4·6 | 26 | 火 | 4 | 辛亥 | 4·6 | 25 | 木 | 4 | 辛巳 | 4·6 | 25 | 土 | 5 | 辛亥 | 4·6 | 23 | 日 | 5 | 庚辰 | 4·6 |
| 19 | 26 | 木 | 2 | 庚戌 | 4·6 | 26 | 日 | 윤3 | 辛巳 | 4·6 | 27 | 水 | 5 | 壬子 | 4·6 | 26 | 金 | 5 | 壬午 | 4·6 | 26 | 日 | 6 | 壬子 | 3·6 | 24 | 月 | 6 | 辛巳 | 4·6 |
| 20 | 27 | 金 | 3 | 辛亥 | 4·7 | 27 | 月 | 윤4 | 壬午 | 4·7 | 28 | 木 | 6 | 癸丑 | 3·7 | 27 | 土 | 6 | 癸未 | 3·7 | 27 | 月 | 7 | 癸丑 | 3·7 | 25 | 火 | 7 | 壬午 | 3·7 |
| 21 | 28 | 土 | 4 | 壬子 | 3·7 | 28 | 火 | 윤5 | 癸未 | 3·7 | 29 | 金 | 7 | 甲寅 | 3·7 | 28 | 日 | 7 | 甲申 | 3·7 | 28 | 火 | 8 | 甲寅 | 3·7 | 26 | 水 | 8 | 癸未 | 3·7 |
| 22 | 29 | 日 | 5 | 癸丑 | 3·7 | 29 | 水 | 윤6 | 甲申 | 3·7 | 30 | 土 | 8 | 乙卯 | 3·7 | 29 | 月 | 8 | 乙酉 | 3·7 | 29 | 水 | 9 | 乙卯 | 2·7 | 27 | 木 | 9 | 甲申 | 3·7 |
| 23 | 30 | 月 | 6 | 甲寅 | 3·8 | 30 | 木 | 윤7 | 乙酉 | 3·8 | 31 | 日 | 9 | 丙辰 | 2·8 | 30 | 火 | 9 | 丙戌 | 2·8 | 30 | 木 | 10 | 丙辰 | 2·8 | 28 | 金 | 10 | 乙酉 | 2·8 |
| 24 | 31 | 火 | 7 | 乙卯 | 2·8 | 10/1 | 金 | 윤8 | 丙戌 | 2·8 | 11/1 | 月 | 10 | 丁巳 | 2·8 | 12/1 | 水 | 10 | 丁亥 | 2·8 | 31 | 金 | 11 | 丁巳 | 2·8 | 29 | 土 | 11 | 丙戌 | 2·8 |
| 25 | 9/1 | 水 | 8 | 丙辰 | 2·8 | 2 | 土 | 윤9 | 丁亥 | 2·8 | 2 | 火 | 11 | 戊午 | 2·8 | 2 | 木 | 11 | 戊子 | 2·8 | 1/1 | 土 | 12 | 戊午 | 1·8 | 30 | 日 | 12 | 丁亥 | 2·8 |
| 26 | 2 | 木 | 9 | 丁巳 | 2·9 | 3 | 日 | 윤10 | 戊子 | 2·9 | 3 | 水 | 12 | 己未 | 1·9 | 3 | 金 | 12 | 己丑 | 1·9 | 2 | 日 | 13 | 己未 | 1·9 | 31 | 月 | 13 | 戊子 | 1·9 |
| 27 | 3 | 金 | 10 | 戊午 | 1·9 | 4 | 月 | 윤11 | 己丑 | 1·9 | 4 | 木 | 13 | 庚申 | 1·9 | 4 | 土 | 13 | 庚寅 | 1·9 | 3 | 月 | 14 | 庚申 | 1·9 | 2/1 | 火 | 14 | 己丑 | 1·9 |
| 28 | 4 | 土 | 11 | 己未 | 1·9 | 5 | 火 | 윤12 | 庚寅 | 1·9 | 5 | 金 | 14 | 辛酉 | 1·9 | 5 | 日 | 14 | 辛卯 | 1·9 | 4 | 火 | 15 | 辛酉 | 1·9 | 2 | 水 | 15 | 庚寅 | 1·9 |
| 29 | 5 | 日 | 12 | 庚申 | 1·10 | 6 | 水 | 윤13 | 辛卯 | 1·10 | 6 | 土 | 15 | 壬戌 | 1·10 | 6 | 月 | 15 | 壬辰 | 1·10 | | | | | | 3 | 木 | 16 | 辛卯 | 1·10 |
| 30 | 6 | 月 | 13 | 辛酉 | 1·10 | 7 | 木 | 윤14 | 壬辰 | 1·10 | | | | | | | | | | | | | | | | | | | | |
| 31 | | | | | | | | | | | | | | | | | | | | | | | | | | | | | | |

▶ 윤달-8월

# 서기 1977년 [단기 4310년]

| 절기후날수 | 입춘절(壬寅月) 立春 2월4일 7시33분 / 雨水 2월19일 3시30분 | | | | | 경칩절(癸卯月) 驚蟄 3월6일 1시44분 / 春分 3월21일 2시42분 | | | | |
|---|---|---|---|---|---|---|---|---|---|---|
| | 양력 | 요일 | 음력 | 일진 | 大運 남·여 | 양력 | 요일 | 음력 | 일진 | 大運 남·여 |
| 0 | 2/4 | 金 | 17 | 壬辰 | 입춘 | 3/6 | 日 | 17 | 壬戌 | 경칩 |
| 1 | 5 | 土 | 18 | 癸巳 | 1·10 | 7 | 月 | 18 | 癸亥 | 1·10 |
| 2 | 6 | 日 | 19 | 甲午 | 1·9 | 8 | 火 | 19 | 甲子 | 1·9 |
| 3 | 7 | 月 | 20 | 乙未 | 1·9 | 9 | 水 | 20 | 乙丑 | 1·9 |
| 4 | 8 | 火 | 21 | 丙申 | 1·9 | 10 | 木 | 21 | 丙寅 | 1·9 |
| 5 | 9 | 水 | 22 | 丁酉 | 2·8 | 11 | 金 | 22 | 丁卯 | 2·8 |
| 6 | 10 | 木 | 23 | 戊戌 | 2·8 | 12 | 土 | 23 | 戊辰 | 2·8 |
| 7 | 11 | 金 | 24 | 己亥 | 2·8 | 13 | 日 | 24 | 己巳 | 2·8 |
| 8 | 12 | 土 | 25 | 庚子 | 3·7 | 14 | 月 | 25 | 庚午 | 3·7 |
| 9 | 13 | 日 | 26 | 辛丑 | 3·7 | 15 | 火 | 26 | 辛未 | 3·7 |
| 10 | 14 | 月 | 27 | 壬寅 | 3·7 | 16 | 水 | 27 | 壬申 | 3·7 |
| 11 | 15 | 火 | 28 | 癸卯 | 4·6 | 17 | 木 | 28 | 癸酉 | 4·6 |
| 12 | 16 | 水 | 29 | 甲辰 | 4·6 | 18 | 金 | 29 | 甲戌 | 4·6 |
| 13 | 17 | 木 | 30 | 乙巳 | 4·6 | 19 | 土 | 30 | 乙亥 | 4·6 |
| 14 | 18 | 金 | 1/1 | 丙午 | 5·5 | 20 | 日 | 2/1 | 丙子 | 5·5 |
| 15 | 19 | 土 | 2 | 丁未 | 우수 | 21 | 月 | 2 | 丁丑 | 춘분 |
| 16 | 20 | 日 | 3 | 戊申 | 5·5 | 22 | 火 | 3 | 戊寅 | 5·5 |
| 17 | 21 | 月 | 4 | 己酉 | 6·4 | 23 | 水 | 4 | 己卯 | 6·4 |
| 18 | 22 | 火 | 5 | 庚戌 | 6·4 | 24 | 木 | 5 | 庚辰 | 6·4 |
| 19 | 23 | 水 | 6 | 辛亥 | 6·4 | 25 | 金 | 6 | 辛巳 | 6·4 |
| 20 | 24 | 木 | 7 | 壬子 | 7·3 | 26 | 土 | 7 | 壬午 | 7·3 |
| 21 | 25 | 金 | 8 | 癸丑 | 7·3 | 27 | 日 | 8 | 癸未 | 7·3 |
| 22 | 26 | 土 | 9 | 甲寅 | 7·3 | 28 | 月 | 9 | 甲申 | 7·3 |
| 23 | 27 | 日 | 10 | 乙卯 | 8·2 | 29 | 火 | 10 | 乙酉 | 8·2 |
| 24 | 28 | 月 | 11 | 丙辰 | 8·2 | 30 | 水 | 11 | 丙戌 | 8·2 |
| 25 | 3/1 | 火 | 12 | 丁巳 | 8·2 | 31 | 木 | 12 | 丁亥 | 8·2 |
| 26 | 2 | 水 | 13 | 戊午 | 9·1 | 4/1 | 金 | 13 | 戊子 | 9·1 |
| 27 | 3 | 木 | 14 | 己未 | 9·1 | 2 | 土 | 14 | 己丑 | 9·1 |
| 28 | 4 | 金 | 15 | 庚申 | 9·1 | 3 | 日 | 15 | 庚寅 | 9·1 |
| 29 | 5 | 土 | 16 | 辛酉 | 10·1 | 4 | 月 | 16 | 辛卯 | 10·1 |
| 30 | | | | | | | | | | |
| 31 | | | | | | | | | | |

| 절기후날수 | 청명절(甲辰月) 清明 4월5일 6시46분 / 穀雨 4월20일 13시57분 | | | | | 입하절(乙巳月) 立夏 5월6일 0시16분 / 小滿 5월21일 13시14분 | | | | |
|---|---|---|---|---|---|---|---|---|---|---|
| | 양력 | 요일 | 음력 | 일진 | 大運 남·여 | 양력 | 요일 | 음력 | 일진 | 大運 남·여 |
| 0 | 4/5 | 火 | 17 | 壬辰 | 청명 | 5/6 | 金 | 19 | 癸亥 | 입하 |
| 1 | 6 | 水 | 18 | 癸巳 | 1·10 | 7 | 土 | 20 | 甲子 | 1·10 |
| 2 | 7 | 木 | 19 | 甲午 | 1·10 | 8 | 日 | 21 | 乙丑 | 1·10 |
| 3 | 8 | 金 | 20 | 乙未 | 1·9 | 9 | 月 | 22 | 丙寅 | 1·9 |
| 4 | 9 | 土 | 21 | 丙申 | 1·9 | 10 | 火 | 23 | 丁卯 | 1·9 |
| 5 | 10 | 日 | 22 | 丁酉 | 2·9 | 11 | 水 | 24 | 戊辰 | 2·9 |
| 6 | 11 | 月 | 23 | 戊戌 | 2·8 | 12 | 木 | 25 | 己巳 | 2·8 |
| 7 | 12 | 火 | 24 | 己亥 | 2·8 | 13 | 金 | 26 | 庚午 | 2·8 |
| 8 | 13 | 水 | 25 | 庚子 | 3·8 | 14 | 土 | 27 | 辛未 | 3·8 |
| 9 | 14 | 木 | 26 | 辛丑 | 3·7 | 15 | 日 | 28 | 壬申 | 3·7 |
| 10 | 15 | 金 | 27 | 壬寅 | 3·7 | 16 | 月 | 29 | 癸酉 | 3·7 |
| 11 | 16 | 土 | 28 | 癸卯 | 4·7 | 17 | 火 | 30 | 甲戌 | 4·7 |
| 12 | 17 | 日 | 29 | 甲辰 | 4·6 | 18 | 水 | 4/1 | 乙亥 | 4·6 |
| 13 | 18 | 月 | 3/1 | 乙巳 | 4·6 | 19 | 木 | 2 | 丙子 | 4·6 |
| 14 | 19 | 火 | 2 | 丙午 | 5·6 | 20 | 金 | 3 | 丁丑 | 5·6 |
| 15 | 20 | 水 | 3 | 丁未 | 곡우 | 21 | 土 | 4 | 戊寅 | 소만 |
| 16 | 21 | 木 | 4 | 戊申 | 5·5 | 22 | 日 | 5 | 己卯 | 5·5 |
| 17 | 22 | 金 | 5 | 己酉 | 6·5 | 23 | 月 | 6 | 庚辰 | 6·5 |
| 18 | 23 | 土 | 6 | 庚戌 | 6·4 | 24 | 火 | 7 | 辛巳 | 6·4 |
| 19 | 24 | 日 | 7 | 辛亥 | 6·4 | 25 | 水 | 8 | 壬午 | 6·4 |
| 20 | 25 | 月 | 8 | 壬子 | 7·4 | 26 | 木 | 9 | 癸未 | 7·4 |
| 21 | 26 | 火 | 9 | 癸丑 | 7·3 | 27 | 金 | 10 | 甲申 | 7·3 |
| 22 | 27 | 水 | 10 | 甲寅 | 7·3 | 28 | 土 | 11 | 乙酉 | 7·3 |
| 23 | 28 | 木 | 11 | 乙卯 | 8·3 | 29 | 日 | 12 | 丙戌 | 8·3 |
| 24 | 29 | 金 | 12 | 丙辰 | 8·2 | 30 | 月 | 13 | 丁亥 | 8·2 |
| 25 | 30 | 土 | 13 | 丁巳 | 8·2 | 31 | 火 | 14 | 戊子 | 8·2 |
| 26 | 5/1 | 日 | 14 | 戊午 | 9·2 | 6/1 | 水 | 15 | 己丑 | 9·2 |
| 27 | 2 | 月 | 15 | 己未 | 9·1 | 2 | 木 | 16 | 庚寅 | 9·1 |
| 28 | 3 | 火 | 16 | 庚申 | 9·1 | 3 | 金 | 17 | 辛卯 | 9·1 |
| 29 | 4 | 水 | 17 | 辛酉 | 10·1 | 4 | 土 | 18 | 壬辰 | 10·1 |
| 30 | 5 | 木 | 18 | 壬戌 | 10·1 | 5 | 日 | 19 | 癸巳 | 10·1 |
| 31 | | | | | | | | | | |

| 절기후날수 | 망종절(丙午月) 芒種 6월6일 4시32분 / 夏至 6월21일 21시14분 | | | | | 소서절(丁未月) 小暑 7월7일 14시48분 / 大暑 7월23일 8시4분 | | | | |
|---|---|---|---|---|---|---|---|---|---|---|
| | 양력 | 요일 | 음력 | 일진 | 大運 남·여 | 양력 | 요일 | 음력 | 일진 | 大運 남·여 |
| 0 | 6/6 | 月 | 20 | 甲午 | 망종 | 7/7 | 木 | 21 | 乙丑 | 소서 |
| 1 | 7 | 火 | 21 | 乙未 | 1·10 | 8 | 金 | 22 | 丙寅 | 1·10 |
| 2 | 8 | 水 | 22 | 丙申 | 1·10 | 9 | 土 | 23 | 丁卯 | 1·10 |
| 3 | 9 | 木 | 23 | 丁酉 | 1·9 | 10 | 日 | 24 | 戊辰 | 1·10 |
| 4 | 10 | 金 | 24 | 戊戌 | 1·9 | 11 | 月 | 25 | 己巳 | 1·9 |
| 5 | 11 | 土 | 25 | 己亥 | 2·9 | 12 | 火 | 26 | 庚午 | 2·9 |
| 6 | 12 | 日 | 26 | 庚子 | 2·8 | 13 | 水 | 27 | 辛未 | 2·9 |
| 7 | 13 | 月 | 27 | 辛丑 | 2·8 | 14 | 木 | 28 | 壬申 | 2·8 |
| 8 | 14 | 火 | 28 | 壬寅 | 3·8 | 15 | 金 | 29 | 癸酉 | 3·8 |
| 9 | 15 | 水 | 29 | 癸卯 | 3·7 | 16 | 土 | 6/1 | 甲戌 | 3·8 |
| 10 | 16 | 木 | 30 | 甲辰 | 3·7 | 17 | 日 | 2 | 乙亥 | 3·7 |
| 11 | 17 | 金 | 5/1 | 乙巳 | 4·7 | 18 | 月 | 3 | 丙子 | 4·7 |
| 12 | 18 | 土 | 2 | 丙午 | 4·6 | 19 | 火 | 4 | 丁丑 | 4·7 |
| 13 | 19 | 日 | 3 | 丁未 | 4·6 | 20 | 水 | 5 | 戊寅 | 4·6 |
| 14 | 20 | 月 | 4 | 戊申 | 5·6 | 21 | 木 | 6 | 己卯 | 5·6 |
| 15 | 21 | 火 | 5 | 己酉 | 하지 | 22 | 金 | 7 | 庚辰 | 5·6 |
| 16 | 22 | 水 | 6 | 庚戌 | 5·5 | 23 | 土 | 8 | 辛巳 | 대서 |
| 17 | 23 | 木 | 7 | 辛亥 | 6·5 | 24 | 日 | 9 | 壬午 | 6·5 |
| 18 | 24 | 金 | 8 | 壬子 | 6·4 | 25 | 月 | 10 | 癸未 | 6·5 |
| 19 | 25 | 土 | 9 | 癸丑 | 6·4 | 26 | 火 | 11 | 甲申 | 6·4 |
| 20 | 26 | 日 | 10 | 甲寅 | 7·4 | 27 | 水 | 12 | 乙酉 | 7·4 |
| 21 | 27 | 月 | 11 | 乙卯 | 7·3 | 28 | 木 | 13 | 丙戌 | 7·4 |
| 22 | 28 | 火 | 12 | 丙辰 | 7·3 | 29 | 金 | 14 | 丁亥 | 7·3 |
| 23 | 29 | 水 | 13 | 丁巳 | 8·3 | 30 | 土 | 15 | 戊子 | 8·3 |
| 24 | 30 | 木 | 14 | 戊午 | 8·2 | 31 | 日 | 16 | 己丑 | 8·3 |
| 25 | 7/1 | 金 | 15 | 己未 | 8·2 | 8/1 | 月 | 17 | 庚寅 | 8·2 |
| 26 | 2 | 土 | 16 | 庚申 | 9·2 | 2 | 火 | 18 | 辛卯 | 9·2 |
| 27 | 3 | 日 | 17 | 辛酉 | 9·1 | 3 | 水 | 19 | 壬辰 | 9·2 |
| 28 | 4 | 月 | 18 | 壬戌 | 9·1 | 4 | 木 | 20 | 癸巳 | 9·1 |
| 29 | 5 | 火 | 19 | 癸亥 | 10·1 | 5 | 金 | 21 | 甲午 | 10·1 |
| 30 | 6 | 水 | 20 | 甲子 | 10·1 | 6 | 土 | 22 | 乙未 | 10·1 |
| 31 | | | | | | 7 | 日 | 23 | 丙申 | 10·1 |

# 丁巳年

| 절기후날수 | 입추절(戊申月) 立秋 8월8일 0시30분 處暑 8월23일 15시0분 | | | | | 백로절(己酉月) 白露 9월8일 3시16분 秋分 9월23일 12시29분 | | | | | 한로절(庚戌月) 寒露 10월8일 18시44분 霜降 10월23일 21시41분 | | | | |
|---|---|---|---|---|---|---|---|---|---|---|---|---|---|---|---|
| | 양력 | 요일 | 음력 | 일진 | 大運 남·여 | 양력 | 요일 | 음력 | 일진 | 大運 남·여 | 양력 | 요일 | 음력 | 일진 | 大運 남·여 |
| 0 | 8/8 | 月 | 24 | 丁酉 | 입추 | 9/8 | 木 | 25 | 戊辰 | 백로 | 10/8 | 土 | 26 | 戊戌 | 한로 |
| 1 | 9 | 火 | 25 | 戊戌 | 1·10 | 9 | 金 | 26 | 己巳 | 1·10 | 9 | 日 | 27 | 己亥 | 1·10 |
| 2 | 10 | 水 | 26 | 己亥 | 1·10 | 10 | 土 | 27 | 庚午 | 1·9 | 10 | 月 | 28 | 庚子 | 1·9 |
| 3 | 11 | 木 | 27 | 庚子 | 1·9 | 11 | 日 | 28 | 辛未 | 1·9 | 11 | 火 | 29 | 辛丑 | 1·9 |
| 4 | 12 | 金 | 28 | 辛丑 | 1·9 | 12 | 月 | 29 | 壬申 | 1·9 | 12 | 水 | 30 | 壬寅 | 1·9 |
| 5 | 13 | 土 | 29 | 壬寅 | 2·9 | 13 | 火 | 8/1 | 癸酉 | 2·8 | 13 | 木 | 9/1 | 癸卯 | 2·8 |
| 6 | 14 | 日 | 30 | 癸卯 | 2·8 | 14 | 水 | 2 | 甲戌 | 2·8 | 14 | 金 | 2 | 甲辰 | 2·8 |
| 7 | 15 | 月 | 7/1 | 甲辰 | 2·8 | 15 | 木 | 3 | 乙亥 | 2·8 | 15 | 土 | 3 | 乙巳 | 2·8 |
| 8 | 16 | 火 | 2 | 乙巳 | 3·8 | 16 | 金 | 4 | 丙子 | 3·7 | 16 | 日 | 4 | 丙午 | 3·7 |
| 9 | 17 | 水 | 3 | 丙午 | 3·7 | 17 | 土 | 5 | 丁丑 | 3·7 | 17 | 月 | 5 | 丁未 | 3·7 |
| 10 | 18 | 木 | 4 | 丁未 | 3·7 | 18 | 日 | 6 | 戊寅 | 3·7 | 18 | 火 | 6 | 戊申 | 3·7 |
| 11 | 19 | 金 | 5 | 戊申 | 4·7 | 19 | 月 | 7 | 己卯 | 4·6 | 19 | 水 | 7 | 己酉 | 4·6 |
| 12 | 20 | 土 | 6 | 己酉 | 4·6 | 20 | 火 | 8 | 庚辰 | 4·6 | 20 | 木 | 8 | 庚戌 | 4·6 |
| 13 | 21 | 日 | 7 | 庚戌 | 4·6 | 21 | 水 | 9 | 辛巳 | 4·6 | 21 | 金 | 9 | 辛亥 | 4·6 |
| 14 | 22 | 月 | 8 | 辛亥 | 5·6 | 22 | 木 | 10 | 壬午 | 5·5 | 22 | 土 | 10 | 壬子 | 5·5 |
| 15 | 23 | 火 | 9 | 壬子 | 처서 | 23 | 金 | 11 | 癸未 | 추분 | 23 | 日 | 11 | 癸丑 | 상강 |
| 16 | 24 | 水 | 10 | 癸丑 | 5·5 | 24 | 土 | 12 | 甲申 | 5·5 | 24 | 月 | 12 | 甲寅 | 5·5 |
| 17 | 25 | 木 | 11 | 甲寅 | 6·5 | 25 | 日 | 13 | 乙酉 | 6·4 | 25 | 火 | 13 | 乙卯 | 6·4 |
| 18 | 26 | 金 | 12 | 乙卯 | 6·4 | 26 | 月 | 14 | 丙戌 | 6·4 | 26 | 水 | 14 | 丙辰 | 6·4 |
| 19 | 27 | 土 | 13 | 丙辰 | 6·4 | 27 | 火 | 15 | 丁亥 | 6·4 | 27 | 木 | 15 | 丁巳 | 6·4 |
| 20 | 28 | 日 | 14 | 丁巳 | 7·4 | 28 | 水 | 16 | 戊子 | 7·3 | 28 | 金 | 16 | 戊午 | 7·3 |
| 21 | 29 | 月 | 15 | 戊午 | 7·3 | 29 | 木 | 17 | 己丑 | 7·3 | 29 | 土 | 17 | 己未 | 7·3 |
| 22 | 30 | 火 | 16 | 己未 | 7·3 | 30 | 金 | 18 | 庚寅 | 7·3 | 30 | 日 | 18 | 庚申 | 7·3 |
| 23 | 31 | 水 | 17 | 庚申 | 8·3 | 10/1 | 土 | 19 | 辛卯 | 8·2 | 31 | 月 | 19 | 辛酉 | 8·2 |
| 24 | 9/1 | 木 | 18 | 辛酉 | 8·2 | 2 | 日 | 20 | 壬辰 | 8·2 | 11/1 | 火 | 20 | 壬戌 | 8·2 |
| 25 | 2 | 金 | 19 | 壬戌 | 8·2 | 3 | 月 | 21 | 癸巳 | 8·2 | 2 | 水 | 21 | 癸亥 | 8·2 |
| 26 | 3 | 土 | 20 | 癸亥 | 9·2 | 4 | 火 | 22 | 甲午 | 9·1 | 3 | 木 | 22 | 甲子 | 9·1 |
| 27 | 4 | 日 | 21 | 甲子 | 9·1 | 5 | 水 | 23 | 乙未 | 9·1 | 4 | 金 | 23 | 乙丑 | 9·1 |
| 28 | 5 | 月 | 22 | 乙丑 | 9·1 | 6 | 木 | 24 | 丙申 | 9·1 | 5 | 土 | 24 | 丙寅 | 9·1 |
| 29 | 6 | 火 | 23 | 丙寅 | 10·1 | 7 | 金 | 25 | 丁酉 | 10·1 | 6 | 日 | 25 | 丁卯 | 10·1 |
| 30 | 7 | 水 | 24 | 丁卯 | 10·1 | | | | | | | | | | |
| 31 | | | | | | | | | | | | | | | |

| 절기후날수 | 입동절(辛亥月) 立冬 11월7일 21시46분 小雪 11월22일 19시7분 | | | | | 대설절(壬子月) 大雪 12월7일 14시31분 冬至 12월22일 8시23분 | | | | | 소한절(癸丑月) 小寒 1월6일 1시43분 大寒 1월20일 19시4분 | | | | |
|---|---|---|---|---|---|---|---|---|---|---|---|---|---|---|---|
| | 양력 | 요일 | 음력 | 일진 | 大運 남·여 | 양력 | 요일 | 음력 | 일진 | 大運 남·여 | 양력 | 요일 | 음력 | 일진 | 大運 남·여 |
| 0 | 11/7 | 月 | 26 | 戊辰 | 입동 | 12/7 | 水 | 27 | 戊戌 | 대설 | 1/6 | 金 | 27 | 戊辰 | 소한 |
| 1 | 8 | 火 | 27 | 己巳 | 1·10 | 8 | 木 | 28 | 己亥 | 1·10 | 7 | 土 | 28 | 己巳 | 1·9 |
| 2 | 9 | 水 | 28 | 庚午 | 1·9 | 9 | 金 | 29 | 庚子 | 1·9 | 8 | 日 | 29 | 庚午 | 1·9 |
| 3 | 10 | 木 | 29 | 辛未 | 1·9 | 10 | 土 | 30 | 辛丑 | 1·9 | 9 | 月 | 12/1 | 辛未 | 1·9 |
| 4 | 11 | 金 | 10/1 | 壬申 | 1·9 | 11 | 日 | 11/1 | 壬寅 | 1·9 | 10 | 火 | 2 | 壬申 | 1·8 |
| 5 | 12 | 土 | 2 | 癸酉 | 2·8 | 12 | 月 | 2 | 癸卯 | 2·8 | 11 | 水 | 3 | 癸酉 | 2·8 |
| 6 | 13 | 日 | 3 | 甲戌 | 2·8 | 13 | 火 | 3 | 甲辰 | 2·8 | 12 | 木 | 4 | 甲戌 | 2·8 |
| 7 | 14 | 月 | 4 | 乙亥 | 2·8 | 14 | 水 | 4 | 乙巳 | 2·8 | 13 | 金 | 5 | 乙亥 | 2·7 |
| 8 | 15 | 火 | 5 | 丙子 | 3·7 | 15 | 木 | 5 | 丙午 | 3·7 | 14 | 土 | 6 | 丙子 | 3·7 |
| 9 | 16 | 水 | 6 | 丁丑 | 3·7 | 16 | 金 | 6 | 丁未 | 3·7 | 15 | 日 | 7 | 丁丑 | 3·7 |
| 10 | 17 | 木 | 7 | 戊寅 | 3·7 | 17 | 土 | 7 | 戊申 | 3·7 | 16 | 月 | 8 | 戊寅 | 3·6 |
| 11 | 18 | 金 | 8 | 己卯 | 4·6 | 18 | 日 | 8 | 己酉 | 4·6 | 17 | 火 | 9 | 己卯 | 4·6 |
| 12 | 19 | 土 | 9 | 庚辰 | 4·6 | 19 | 月 | 9 | 庚戌 | 4·6 | 18 | 水 | 10 | 庚辰 | 4·6 |
| 13 | 20 | 日 | 10 | 辛巳 | 4·6 | 20 | 火 | 10 | 辛亥 | 4·6 | 19 | 木 | 11 | 辛巳 | 4·5 |
| 14 | 21 | 月 | 11 | 壬午 | 5·5 | 21 | 水 | 11 | 壬子 | 5·5 | 20 | 金 | 12 | 壬午 | 대한 |
| 15 | 22 | 火 | 12 | 癸未 | 소설 | 22 | 木 | 12 | 癸丑 | 동지 | 21 | 土 | 13 | 癸未 | 5·5 |
| 16 | 23 | 水 | 13 | 甲申 | 5·5 | 23 | 金 | 13 | 甲寅 | 5·5 | 22 | 日 | 14 | 甲申 | 5·4 |
| 17 | 24 | 木 | 14 | 乙酉 | 6·4 | 24 | 土 | 14 | 乙卯 | 6·4 | 23 | 月 | 15 | 乙酉 | 6·4 |
| 18 | 25 | 金 | 15 | 丙戌 | 6·4 | 25 | 日 | 15 | 丙辰 | 6·4 | 24 | 火 | 16 | 丙戌 | 6·4 |
| 19 | 26 | 土 | 16 | 丁亥 | 6·4 | 26 | 月 | 16 | 丁巳 | 6·4 | 25 | 水 | 17 | 丁亥 | 6·3 |
| 20 | 27 | 日 | 17 | 戊子 | 7·3 | 27 | 火 | 17 | 戊午 | 7·3 | 26 | 木 | 18 | 戊子 | 7·3 |
| 21 | 28 | 月 | 18 | 己丑 | 7·3 | 28 | 水 | 18 | 己未 | 7·3 | 27 | 金 | 19 | 己丑 | 7·3 |
| 22 | 29 | 火 | 19 | 庚寅 | 7·3 | 29 | 木 | 19 | 庚申 | 7·3 | 28 | 土 | 20 | 庚寅 | 7·2 |
| 23 | 30 | 水 | 20 | 辛卯 | 8·2 | 30 | 金 | 20 | 辛酉 | 8·2 | 29 | 日 | 21 | 辛卯 | 8·2 |
| 24 | 12/1 | 木 | 21 | 壬辰 | 8·2 | 31 | 土 | 21 | 壬戌 | 8·2 | 30 | 月 | 22 | 壬辰 | 8·2 |
| 25 | 2 | 金 | 22 | 癸巳 | 8·2 | 1/1 | 日 | 22 | 癸亥 | 8·2 | 31 | 火 | 23 | 癸巳 | 8·1 |
| 26 | 3 | 土 | 23 | 甲午 | 9·1 | 2 | 月 | 23 | 甲子 | 9·1 | 2/1 | 水 | 24 | 甲午 | 9·1 |
| 27 | 4 | 日 | 24 | 乙未 | 9·1 | 3 | 火 | 24 | 乙丑 | 9·1 | 2 | 木 | 25 | 乙未 | 9·1 |
| 28 | 5 | 月 | 25 | 丙申 | 9·1 | 4 | 水 | 25 | 丙寅 | 9·1 | 3 | 金 | 26 | 丙申 | 9·1 |
| 29 | 6 | 火 | 26 | 丁酉 | 10·1 | 5 | 木 | 26 | 丁卯 | 10·1 | | | | | |
| 30 | | | | | | | | | | | | | | | |
| 31 | | | | | | | | | | | | | | | |

# 서기 1978년 [단기 4311년]

| 절기후날수 | 입춘절(甲寅月) | | | | | 경칩절(乙卯月) | | | | | 청명절(丙辰月) | | | | | 입하절(丁巳月) | | | | | 망종절(戊午月) | | | | | 소서절(己未月) | | | | |
|---|---|---|---|---|---|---|---|---|---|---|---|---|---|---|---|---|---|---|---|---|---|---|---|---|---|---|---|---|---|---|
| | 立春 2월4일 13시27분 雨水 2월19일 9시21분 | | | | | 驚蟄 3월6일 7시38분 春分 3월21일 8시34분 | | | | | 淸明 4월5일 12시39분 穀雨 4월20일 19시50분 | | | | | 立夏 5월6일 6시9분 小滿 5월21일 19시8분 | | | | | 芒種 6월6일 10시23분 夏至 6월22일 3시10분 | | | | | 小暑 7월7일 20시37분 大暑 7월23일 14시0분 | | | | |
| | 양력 | 요일 | 음력 | 일진 | 大運 남여 | 양력 | 요일 | 음력 | 일진 | 大運 남여 | 양력 | 요일 | 음력 | 일진 | 大運 남여 | 양력 | 요일 | 음력 | 일진 | 大運 남여 | 양력 | 요일 | 음력 | 일진 | 大運 남여 | 양력 | 요일 | 음력 | 일진 | 大運 남여 |
| 0 | 2/4 | 土 | 27 | 丁酉 | 입춘 | 3/6 | 月 | 28 | 丁卯 | 경칩 | 4/5 | 水 | 28 | 丁酉 | 청명 | 5/6 | 土 | 29 | 戊辰 | 입하 | 6/6 | 火 | 5/1 | 己亥 | 망종 | 7/7 | 金 | 3 | 庚午 | 소서 |
| 1 | 5 | 日 | 28 | 戊戌 | 10·1 | 7 | 火 | 29 | 戊辰 | 10·1 | 6 | 木 | 29 | 戊戌 | 10·1 | 7 | 日 | 4/1 | 己巳 | 10·1 | 7 | 水 | 2 | 庚子 | 10·1 | 8 | 土 | 4 | 辛未 | 10·1 |
| 2 | 6 | 月 | 29 | 己亥 | 9·1 | 8 | 水 | 30 | 己巳 | 9·1 | 7 | 金 | 30 | 己亥 | 10·1 | 8 | 月 | 2 | 庚午 | 10·1 | 8 | 木 | 3 | 辛丑 | 10·1 | 9 | 日 | 5 | 壬申 | 10·1 |
| 3 | 7 | 火 | 1/1 | 庚子 | 9·1 | 9 | 木 | 2/1 | 庚午 | 9·1 | 8 | 土 | 3/1 | 庚子 | 9·1 | 9 | 火 | 3 | 辛未 | 9·1 | 9 | 金 | 4 | 壬寅 | 9·1 | 10 | 月 | 6 | 癸酉 | 10·1 |
| 4 | 8 | 水 | 2 | 辛丑 | 9·1 | 10 | 金 | 2 | 辛未 | 9·1 | 9 | 日 | 2 | 辛丑 | 9·1 | 10 | 水 | 4 | 壬申 | 9·1 | 10 | 土 | 5 | 癸卯 | 9·1 | 11 | 火 | 7 | 甲戌 | 9·1 |
| 5 | 9 | 木 | 3 | 壬寅 | 8·2 | 11 | 土 | 3 | 壬申 | 8·2 | 10 | 月 | 3 | 壬寅 | 9·2 | 11 | 木 | 5 | 癸酉 | 9·2 | 11 | 日 | 6 | 甲辰 | 9·2 | 12 | 水 | 8 | 乙亥 | 9·2 |
| 6 | 10 | 金 | 4 | 癸卯 | 8·2 | 12 | 日 | 4 | 癸酉 | 8·2 | 11 | 火 | 4 | 癸卯 | 8·2 | 12 | 金 | 6 | 甲戌 | 8·2 | 12 | 月 | 7 | 乙巳 | 8·2 | 13 | 木 | 9 | 丙子 | 9·2 |
| 7 | 11 | 土 | 5 | 甲辰 | 8·2 | 13 | 月 | 5 | 甲戌 | 8·2 | 12 | 水 | 5 | 甲辰 | 8·2 | 13 | 土 | 7 | 乙亥 | 8·2 | 13 | 火 | 8 | 丙午 | 8·2 | 14 | 金 | 10 | 丁丑 | 8·2 |
| 8 | 12 | 日 | 6 | 乙巳 | 7·3 | 14 | 火 | 6 | 乙亥 | 7·3 | 13 | 木 | 6 | 乙巳 | 8·3 | 14 | 日 | 8 | 丙子 | 8·3 | 14 | 水 | 9 | 丁未 | 8·3 | 15 | 土 | 11 | 戊寅 | 8·3 |
| 9 | 13 | 月 | 7 | 丙午 | 7·3 | 15 | 水 | 7 | 丙子 | 7·3 | 14 | 金 | 7 | 丙午 | 7·3 | 15 | 月 | 9 | 丁丑 | 7·3 | 15 | 木 | 10 | 戊申 | 7·3 | 16 | 日 | 12 | 己卯 | 8·3 |
| 10 | 14 | 火 | 8 | 丁未 | 7·3 | 16 | 木 | 8 | 丁丑 | 7·3 | 15 | 土 | 8 | 丁未 | 7·3 | 16 | 火 | 10 | 戊寅 | 7·3 | 16 | 金 | 11 | 己酉 | 7·3 | 17 | 月 | 13 | 庚辰 | 7·3 |
| 11 | 15 | 水 | 9 | 戊申 | 6·4 | 17 | 金 | 9 | 戊寅 | 6·4 | 16 | 日 | 9 | 戊申 | 7·4 | 17 | 水 | 11 | 己卯 | 7·4 | 17 | 土 | 12 | 庚戌 | 7·4 | 18 | 火 | 14 | 辛巳 | 7·4 |
| 12 | 16 | 木 | 10 | 己酉 | 6·4 | 18 | 土 | 10 | 己卯 | 6·4 | 17 | 月 | 10 | 己酉 | 6·4 | 18 | 木 | 12 | 庚辰 | 6·4 | 18 | 日 | 13 | 辛亥 | 6·4 | 19 | 水 | 15 | 壬午 | 7·4 |
| 13 | 17 | 金 | 11 | 庚戌 | 6·4 | 19 | 日 | 11 | 庚辰 | 6·4 | 18 | 火 | 11 | 庚戌 | 6·4 | 19 | 金 | 13 | 辛巳 | 6·4 | 19 | 月 | 14 | 壬子 | 6·4 | 20 | 木 | 16 | 癸未 | 6·4 |
| 14 | 18 | 土 | 12 | 辛亥 | 5·5 | 20 | 月 | 12 | 辛巳 | 5·5 | 19 | 水 | 12 | 辛亥 | 6·5 | 20 | 土 | 14 | 壬午 | 6·5 | 20 | 火 | 15 | 癸丑 | 6·5 | 21 | 金 | 17 | 甲申 | 6·5 |
| 15 | 19 | 日 | 13 | 壬子 | 우수 | 21 | 火 | 13 | 壬午 | 춘분 | 20 | 木 | 13 | 壬子 | 곡우 | 21 | 日 | 15 | 癸未 | 소만 | 21 | 水 | 16 | 甲寅 | 5·5 | 22 | 土 | 18 | 乙酉 | 6·5 |
| 16 | 20 | 月 | 14 | 癸丑 | 5·5 | 22 | 水 | 14 | 癸未 | 5·5 | 21 | 金 | 14 | 癸丑 | 5·5 | 22 | 月 | 16 | 甲申 | 5·5 | 22 | 木 | 17 | 乙卯 | 하지 | 23 | 日 | 19 | 丙戌 | 대서 |
| 17 | 21 | 火 | 15 | 甲寅 | 4·6 | 23 | 木 | 15 | 甲申 | 4·6 | 22 | 土 | 15 | 甲寅 | 5·6 | 23 | 火 | 17 | 乙酉 | 5·6 | 23 | 金 | 18 | 丙辰 | 5·6 | 24 | 月 | 20 | 丁亥 | 5·6 |
| 18 | 22 | 水 | 16 | 乙卯 | 4·6 | 24 | 金 | 16 | 乙酉 | 4·6 | 23 | 日 | 16 | 乙卯 | 4·6 | 24 | 水 | 18 | 丙戌 | 4·6 | 24 | 土 | 19 | 丁巳 | 4·6 | 25 | 火 | 21 | 戊子 | 5·6 |
| 19 | 23 | 木 | 17 | 丙辰 | 4·6 | 25 | 土 | 17 | 丙戌 | 4·6 | 24 | 月 | 17 | 丙辰 | 4·6 | 25 | 木 | 19 | 丁亥 | 4·6 | 25 | 日 | 20 | 戊午 | 4·6 | 26 | 水 | 22 | 己丑 | 4·6 |
| 20 | 24 | 金 | 18 | 丁巳 | 3·7 | 26 | 日 | 18 | 丁亥 | 3·7 | 25 | 火 | 18 | 丁巳 | 4·7 | 26 | 金 | 20 | 戊子 | 4·7 | 26 | 月 | 21 | 己未 | 4·7 | 27 | 木 | 23 | 庚寅 | 4·7 |
| 21 | 25 | 土 | 19 | 戊午 | 3·7 | 27 | 月 | 19 | 戊子 | 3·7 | 26 | 水 | 19 | 戊午 | 3·7 | 27 | 土 | 21 | 己丑 | 3·7 | 27 | 火 | 22 | 庚申 | 3·7 | 28 | 金 | 24 | 辛卯 | 4·7 |
| 22 | 26 | 日 | 20 | 己未 | 3·7 | 28 | 火 | 20 | 己丑 | 3·7 | 27 | 木 | 20 | 己未 | 3·7 | 28 | 日 | 22 | 庚寅 | 3·7 | 28 | 水 | 23 | 辛酉 | 3·7 | 29 | 土 | 25 | 壬辰 | 3·7 |
| 23 | 27 | 月 | 21 | 庚申 | 2·8 | 29 | 水 | 21 | 庚寅 | 2·8 | 28 | 金 | 21 | 庚申 | 3·8 | 29 | 月 | 23 | 辛卯 | 3·8 | 29 | 木 | 24 | 壬戌 | 3·8 | 30 | 日 | 26 | 癸巳 | 3·8 |
| 24 | 28 | 火 | 22 | 辛酉 | 2·8 | 30 | 木 | 22 | 辛卯 | 2·8 | 29 | 土 | 22 | 辛酉 | 2·8 | 30 | 火 | 24 | 壬辰 | 2·8 | 30 | 金 | 25 | 癸亥 | 2·8 | 31 | 月 | 27 | 甲午 | 3·8 |
| 25 | 3/1 | 水 | 23 | 壬戌 | 2·8 | 31 | 金 | 23 | 壬辰 | 2·8 | 30 | 日 | 23 | 壬戌 | 2·8 | 31 | 水 | 25 | 癸巳 | 2·8 | 7/1 | 土 | 26 | 甲子 | 2·8 | 8/1 | 火 | 28 | 乙未 | 2·8 |
| 26 | 2 | 木 | 24 | 癸亥 | 1·9 | 4/1 | 土 | 24 | 癸巳 | 1·9 | 5/1 | 月 | 24 | 癸亥 | 2·9 | 6/1 | 木 | 26 | 甲午 | 2·9 | 2 | 日 | 27 | 乙丑 | 2·9 | 2 | 水 | 29 | 丙申 | 2·9 |
| 27 | 3 | 金 | 25 | 甲子 | 1·9 | 2 | 日 | 25 | 甲午 | 1·9 | 2 | 火 | 25 | 甲子 | 1·9 | 2 | 金 | 27 | 乙未 | 1·9 | 3 | 月 | 28 | 丙寅 | 1·9 | 3 | 木 | 30 | 丁酉 | 2·9 |
| 28 | 4 | 土 | 26 | 乙丑 | 1·9 | 3 | 月 | 26 | 乙未 | 1·9 | 3 | 水 | 26 | 乙丑 | 1·9 | 3 | 土 | 28 | 丙申 | 1·9 | 4 | 火 | 29 | 丁卯 | 1·9 | 4 | 金 | 7/1 | 戊戌 | 1·9 |
| 29 | 5 | 日 | 27 | 丙寅 | 1·10 | 4 | 火 | 27 | 丙申 | 1·10 | 4 | 木 | 27 | 丙寅 | 1·10 | 4 | 日 | 29 | 丁酉 | 1·10 | 5 | 水 | 6/1 | 戊辰 | 1·10 | 5 | 土 | 2 | 己亥 | 1·10 |
| 30 | | | | | | | | | | | 5 | 金 | 28 | 丁卯 | 1·10 | 5 | 月 | 30 | 戊戌 | 1·10 | 6 | 木 | 2 | 己巳 | 1·10 | 6 | 日 | 3 | 庚子 | 1·10 |
| 31 | | | | | | | | | | | | | | | | | | | | | | | | | | 7 | 月 | 4 | 辛丑 | 1·10 |

# 戊午年

| 절기후날수 | 입추절(庚申月) 立秋 8월8일 6시18분 處暑 8월23일 20시57분 | | | | | 백로절(辛酉月) 白露 9월8일 9시2분 秋分 9월23일 18시25분 | | | | |
|---|---|---|---|---|---|---|---|---|---|---|
| | 양력 | 요일 | 음력 | 일진 | 大運 남·여 | 양력 | 요일 | 음력 | 일진 | 大運 남·여 |
| 0 | 8/8 | 火 | 5 | 壬寅입추 | | 9/8 | 金 | 6 | 癸酉백로 | |
| 1 | 9 | 水 | 6 | 癸卯 | 10·1 | 9 | 土 | 7 | 甲戌 | 10·1 |
| 2 | 10 | 木 | 7 | 甲辰 | 10·1 | 10 | 日 | 8 | 乙亥 | 10·1 |
| 3 | 11 | 金 | 8 | 乙巳 | 9·1 | 11 | 月 | 9 | 丙子 | 9·1 |
| 4 | 12 | 土 | 9 | 丙午 | 9·1 | 12 | 火 | 10 | 丁丑 | 9·1 |
| 5 | 13 | 日 | 10 | 丁未 | 9·2 | 13 | 水 | 11 | 戊寅 | 9·2 |
| 6 | 14 | 月 | 11 | 戊申 | 8·2 | 14 | 木 | 12 | 己卯 | 8·2 |
| 7 | 15 | 火 | 12 | 己酉 | 8·2 | 15 | 金 | 13 | 庚辰 | 8·2 |
| 8 | 16 | 水 | 13 | 庚戌 | 8·3 | 16 | 土 | 14 | 辛巳 | 8·3 |
| 9 | 17 | 木 | 14 | 辛亥 | 7·3 | 17 | 日 | 15 | 壬午 | 7·3 |
| 10 | 18 | 金 | 15 | 壬子 | 7·3 | 18 | 月 | 16 | 癸未 | 7·3 |
| 11 | 19 | 土 | 16 | 癸丑 | 7·4 | 19 | 火 | 17 | 甲申 | 7·4 |
| 12 | 20 | 日 | 17 | 甲寅 | 6·4 | 20 | 水 | 18 | 乙酉 | 6·4 |
| 13 | 21 | 月 | 18 | 乙卯 | 6·4 | 21 | 木 | 19 | 丙戌 | 6·4 |
| 14 | 22 | 火 | 19 | 丙辰 | 6·5 | 22 | 金 | 20 | 丁亥 | 6·5 |
| 15 | 23 | 水 | 20 | 丁巳처서 | | 23 | 土 | 21 | 戊子추분 | |
| 16 | 24 | 木 | 21 | 戊午 | 5·5 | 24 | 日 | 22 | 己丑 | 5·5 |
| 17 | 25 | 金 | 22 | 己未 | 5·6 | 25 | 月 | 23 | 庚寅 | 5·6 |
| 18 | 26 | 土 | 23 | 庚申 | 4·6 | 26 | 火 | 24 | 辛卯 | 4·6 |
| 19 | 27 | 日 | 24 | 辛酉 | 4·6 | 27 | 水 | 25 | 壬辰 | 4·6 |
| 20 | 28 | 月 | 25 | 壬戌 | 4·7 | 28 | 木 | 26 | 癸巳 | 4·7 |
| 21 | 29 | 火 | 26 | 癸亥 | 3·7 | 29 | 金 | 27 | 甲午 | 3·7 |
| 22 | 30 | 水 | 27 | 甲子 | 3·7 | 30 | 土 | 28 | 乙未 | 3·7 |
| 23 | 31 | 木 | 28 | 乙丑 | 3·8 | 10/1 | 日 | 29 | 丙申 | 3·8 |
| 24 | 9/1 | 金 | 29 | 丙寅 | 2·8 | 2 | 月 | 9/1 | 丁酉 | 2·8 |
| 25 | 2 | 土 | 30 | 丁卯 | 2·8 | 3 | 火 | 2 | 戊戌 | 2·8 |
| 26 | 3 | 日 | 8/1 | 戊辰 | 2·9 | 4 | 水 | 3 | 己亥 | 2·9 |
| 27 | 4 | 月 | 2 | 己巳 | 1·9 | 5 | 木 | 4 | 庚子 | 1·9 |
| 28 | 5 | 火 | 3 | 庚午 | 1·9 | 6 | 金 | 5 | 辛丑 | 1·9 |
| 29 | 6 | 水 | 4 | 辛未 | 1·10 | 7 | 土 | 6 | 壬寅 | 1·10 |
| 30 | 7 | 木 | 5 | 壬申 | 1·10 | 8 | 日 | 7 | 癸卯 | 1·10 |
| 31 | | | | | | | | | | |

| 절기후날수 | 한로절(壬戌月) 寒露 10월9일 0시31분 霜降 10월24일 3시37분 | | | | | 입동절(癸亥月) 立冬 11월8일 3시34분 小雪 11월23일 1시5분 | | | | |
|---|---|---|---|---|---|---|---|---|---|---|
| | 양력 | 요일 | 음력 | 일진 | 大運 남·여 | 양력 | 요일 | 음력 | 일진 | 大運 남·여 |
| 0 | 10/9 | 月 | 8 | 甲辰한로 | | 11/8 | 水 | 8 | 甲戌입동 | |
| 1 | 10 | 火 | 9 | 乙巳 | 10·1 | 9 | 木 | 9 | 乙亥 | 9·1 |
| 2 | 11 | 水 | 10 | 丙午 | 9·1 | 10 | 金 | 10 | 丙子 | 9·1 |
| 3 | 12 | 木 | 11 | 丁未 | 9·1 | 11 | 土 | 11 | 丁丑 | 9·1 |
| 4 | 13 | 金 | 12 | 戊申 | 9·1 | 12 | 日 | 12 | 戊寅 | 8·1 |
| 5 | 14 | 土 | 13 | 己酉 | 8·2 | 13 | 月 | 13 | 己卯 | 8·2 |
| 6 | 15 | 日 | 14 | 庚戌 | 8·2 | 14 | 火 | 14 | 庚辰 | 8·2 |
| 7 | 16 | 月 | 15 | 辛亥 | 8·2 | 15 | 水 | 15 | 辛巳 | 7·2 |
| 8 | 17 | 火 | 16 | 壬子 | 7·3 | 16 | 木 | 16 | 壬午 | 7·3 |
| 9 | 18 | 水 | 17 | 癸丑 | 7·3 | 17 | 金 | 17 | 癸未 | 7·3 |
| 10 | 19 | 木 | 18 | 甲寅 | 7·3 | 18 | 土 | 18 | 甲申 | 6·3 |
| 11 | 20 | 金 | 19 | 乙卯 | 6·4 | 19 | 日 | 19 | 乙酉 | 6·4 |
| 12 | 21 | 土 | 20 | 丙辰 | 6·4 | 20 | 月 | 20 | 丙戌 | 6·4 |
| 13 | 22 | 日 | 21 | 丁巳 | 6·4 | 21 | 火 | 21 | 丁亥 | 5·4 |
| 14 | 23 | 月 | 22 | 戊午 | 5·5 | 22 | 水 | 22 | 戊子 | 5·5 |
| 15 | 24 | 火 | 23 | 己未상강 | | 23 | 木 | 23 | 己丑소설 | |
| 16 | 25 | 水 | 24 | 庚申 | 5·5 | 24 | 金 | 24 | 庚寅 | 4·5 |
| 17 | 26 | 木 | 25 | 辛酉 | 4·6 | 25 | 土 | 25 | 辛卯 | 4·6 |
| 18 | 27 | 金 | 26 | 壬戌 | 4·6 | 26 | 日 | 26 | 壬辰 | 4·6 |
| 19 | 28 | 土 | 27 | 癸亥 | 4·6 | 27 | 月 | 27 | 癸巳 | 3·6 |
| 20 | 29 | 日 | 28 | 甲子 | 3·7 | 28 | 火 | 28 | 甲午 | 3·7 |
| 21 | 30 | 月 | 29 | 乙丑 | 3·7 | 29 | 水 | 29 | 乙未 | 3·7 |
| 22 | 31 | 火 | 30 | 丙寅 | 3·7 | 30 | 木 | 11/1 | 丙申 | 2·7 |
| 23 | 11/1 | 水 | 10/1 | 丁卯 | 2·8 | 12/1 | 金 | 2 | 丁酉 | 2·8 |
| 24 | 2 | 木 | 2 | 戊辰 | 2·8 | 2 | 土 | 3 | 戊戌 | 2·8 |
| 25 | 3 | 金 | 3 | 己巳 | 2·8 | 3 | 日 | 4 | 己亥 | 1·8 |
| 26 | 4 | 土 | 4 | 庚午 | 1·9 | 4 | 月 | 5 | 庚子 | 1·9 |
| 27 | 5 | 日 | 5 | 辛未 | 1·9 | 5 | 火 | 6 | 辛丑 | 1·9 |
| 28 | 6 | 月 | 6 | 壬申 | 1·9 | 6 | 水 | 7 | 壬寅 | 1·9 |
| 29 | 7 | 火 | 7 | 癸酉 | 1·10 | | | | | |
| 30 | | | | | | | | | | |
| 31 | | | | | | | | | | |

| 절기후날수 | 대설절(甲子月) 大雪 12월7일 20시20분 冬至 12월22일 14시21분 | | | | | 소한절(乙丑月) 小寒 1월6일 7시32분 大寒 1월21일 1시0분 | | | | |
|---|---|---|---|---|---|---|---|---|---|---|
| | 양력 | 요일 | 음력 | 일진 | 大運 남·여 | 양력 | 요일 | 음력 | 일진 | 大運 남·여 |
| 0 | 12/7 | 木 | 8 | 癸卯대설 | | 1/6 | 土 | 8 | 癸酉소한 | |
| 1 | 8 | 金 | 9 | 甲辰 | 10·1 | 7 | 日 | 9 | 甲戌 | 9·1 |
| 2 | 9 | 土 | 10 | 乙巳 | 9·1 | 8 | 月 | 10 | 乙亥 | 9·1 |
| 3 | 10 | 日 | 11 | 丙午 | 9·1 | 9 | 火 | 11 | 丙子 | 9·1 |
| 4 | 11 | 月 | 12 | 丁未 | 9·1 | 10 | 水 | 12 | 丁丑 | 8·1 |
| 5 | 12 | 火 | 13 | 戊申 | 8·2 | 11 | 木 | 13 | 戊寅 | 8·2 |
| 6 | 13 | 水 | 14 | 己酉 | 8·2 | 12 | 金 | 14 | 己卯 | 8·2 |
| 7 | 14 | 木 | 15 | 庚戌 | 8·2 | 13 | 土 | 15 | 庚辰 | 7·2 |
| 8 | 15 | 金 | 16 | 辛亥 | 7·3 | 14 | 日 | 16 | 辛巳 | 7·3 |
| 9 | 16 | 土 | 17 | 壬子 | 7·3 | 15 | 月 | 17 | 壬午 | 7·3 |
| 10 | 17 | 日 | 18 | 癸丑 | 7·3 | 16 | 火 | 18 | 癸未 | 6·3 |
| 11 | 18 | 月 | 19 | 甲寅 | 6·4 | 17 | 水 | 19 | 甲申 | 6·4 |
| 12 | 19 | 火 | 20 | 乙卯 | 6·4 | 18 | 木 | 20 | 乙酉 | 6·4 |
| 13 | 20 | 水 | 21 | 丙辰 | 6·4 | 19 | 金 | 21 | 丙戌 | 5·4 |
| 14 | 21 | 木 | 22 | 丁巳 | 5·5 | 20 | 土 | 22 | 丁亥 | 5·5 |
| 15 | 22 | 金 | 23 | 戊午동지 | | 21 | 日 | 23 | 戊子대한 | |
| 16 | 23 | 土 | 24 | 己未 | 5·5 | 22 | 月 | 24 | 己丑 | 4·5 |
| 17 | 24 | 日 | 25 | 庚申 | 4·6 | 23 | 火 | 25 | 庚寅 | 4·6 |
| 18 | 25 | 月 | 26 | 辛酉 | 4·6 | 24 | 水 | 26 | 辛卯 | 4·6 |
| 19 | 26 | 火 | 27 | 壬戌 | 4·6 | 25 | 木 | 27 | 壬辰 | 3·6 |
| 20 | 27 | 水 | 28 | 癸亥 | 3·7 | 26 | 金 | 28 | 癸巳 | 3·7 |
| 21 | 28 | 木 | 29 | 甲子 | 3·7 | 27 | 土 | 29 | 甲午 | 3·7 |
| 22 | 29 | 金 | 30 | 乙丑 | 3·7 | 28 | 日 | 1/1 | 乙未 | 2·7 |
| 23 | 30 | 土 | 12/1 | 丙寅 | 2·8 | 29 | 月 | 2 | 丙申 | 2·8 |
| 24 | 31 | 日 | 2 | 丁卯 | 2·8 | 30 | 火 | 3 | 丁酉 | 2·8 |
| 25 | 1/1 | 月 | 3 | 戊辰 | 2·8 | 31 | 水 | 4 | 戊戌 | 1·8 |
| 26 | 2 | 火 | 4 | 己巳 | 1·9 | 2/1 | 木 | 5 | 己亥 | 1·9 |
| 27 | 3 | 水 | 5 | 庚午 | 1·9 | 2 | 金 | 6 | 庚子 | 1·9 |
| 28 | 4 | 木 | 6 | 辛未 | 1·9 | 3 | 土 | 7 | 辛丑 | 1·9 |
| 29 | 5 | 金 | 7 | 壬申 | 1·10 | | | | | |
| 30 | | | | | | | | | | |
| 31 | | | | | | | | | | |

# 서기 1979년 [단기 4312년]

## 입춘절(丙寅月)

立春 2월4일 19시12분
雨水 2월19일 15시13분

| 절기후날수 | 양력 | 요일 | 음력 | 일진 | 大運 남 | 大運 여 |
|---|---|---|---|---|---|---|
| 0 | 2/4 | 日 | 8 | 壬寅 | 입춘 | |
| 1 | 5 | 月 | 9 | 癸卯 | 1 | 10 |
| 2 | 6 | 火 | 10 | 甲辰 | 1 | 9 |
| 3 | 7 | 水 | 11 | 乙巳 | 1 | 9 |
| 4 | 8 | 木 | 12 | 丙午 | 1 | 9 |
| 5 | 9 | 金 | 13 | 丁未 | 2 | 8 |
| 6 | 10 | 土 | 14 | 戊申 | 2 | 8 |
| 7 | 11 | 日 | 15 | 己酉 | 2 | 8 |
| 8 | 12 | 月 | 16 | 庚戌 | 3 | 7 |
| 9 | 13 | 火 | 17 | 辛亥 | 3 | 7 |
| 10 | 14 | 水 | 18 | 壬子 | 3 | 7 |
| 11 | 15 | 木 | 19 | 癸丑 | 4 | 6 |
| 12 | 16 | 金 | 20 | 甲寅 | 4 | 6 |
| 13 | 17 | 土 | 21 | 乙卯 | 4 | 6 |
| 14 | 18 | 日 | 22 | 丙辰 | 5 | 5 |
| 15 | 19 | 月 | 23 | 丁巳 | 우수 | |
| 16 | 20 | 火 | 24 | 戊午 | 5 | 5 |
| 17 | 21 | 水 | 25 | 己未 | 6 | 4 |
| 18 | 22 | 木 | 26 | 庚申 | 6 | 4 |
| 19 | 23 | 金 | 27 | 辛酉 | 6 | 4 |
| 20 | 24 | 土 | 28 | 壬戌 | 7 | 3 |
| 21 | 25 | 日 | 29 | 癸亥 | 7 | 3 |
| 22 | 26 | 月 | 30 | 甲子 | 7 | 3 |
| 23 | 27 | 火 | 2/1 | 乙丑 | 8 | 2 |
| 24 | 28 | 水 | 2 | 丙寅 | 8 | 2 |
| 25 | 3/1 | 木 | 3 | 丁卯 | 8 | 2 |
| 26 | 2 | 金 | 4 | 戊辰 | 9 | 1 |
| 27 | 3 | 土 | 5 | 己巳 | 9 | 1 |
| 28 | 4 | 日 | 6 | 庚午 | 9 | 1 |
| 29 | 5 | 月 | 7 | 辛未 | 10 | 1 |
| 30 | | | | | | |
| 31 | | | | | | |

## 경칩절(丁卯月)

驚蟄 3월6일 13시20분
春分 3월21일 14시22분

| 절기후날수 | 양력 | 요일 | 음력 | 일진 | 大運 남 | 大運 여 |
|---|---|---|---|---|---|---|
| 0 | 3/6 | 火 | 8 | 壬申 | 경칩 | |
| 1 | 7 | 水 | 9 | 癸酉 | 1 | 10 |
| 2 | 8 | 木 | 10 | 甲戌 | 1 | 9 |
| 3 | 9 | 金 | 11 | 乙亥 | 1 | 9 |
| 4 | 10 | 土 | 12 | 丙子 | 1 | 9 |
| 5 | 11 | 日 | 13 | 丁丑 | 2 | 8 |
| 6 | 12 | 月 | 14 | 戊寅 | 2 | 8 |
| 7 | 13 | 火 | 15 | 己卯 | 2 | 8 |
| 8 | 14 | 水 | 16 | 庚辰 | 3 | 7 |
| 9 | 15 | 木 | 17 | 辛巳 | 3 | 7 |
| 10 | 16 | 金 | 18 | 壬午 | 3 | 7 |
| 11 | 17 | 土 | 19 | 癸未 | 4 | 6 |
| 12 | 18 | 日 | 20 | 甲申 | 4 | 6 |
| 13 | 19 | 月 | 21 | 乙酉 | 4 | 6 |
| 14 | 20 | 火 | 22 | 丙戌 | 5 | 5 |
| 15 | 21 | 水 | 23 | 丁亥 | 춘분 | |
| 16 | 22 | 木 | 24 | 戊子 | 5 | 5 |
| 17 | 23 | 金 | 25 | 己丑 | 6 | 4 |
| 18 | 24 | 土 | 26 | 庚寅 | 6 | 4 |
| 19 | 25 | 日 | 27 | 辛卯 | 6 | 4 |
| 20 | 26 | 月 | 28 | 壬辰 | 7 | 3 |
| 21 | 27 | 火 | 29 | 癸巳 | 7 | 3 |
| 22 | 28 | 水 | 3/1 | 甲午 | 7 | 3 |
| 23 | 29 | 木 | 2 | 乙未 | 8 | 2 |
| 24 | 30 | 金 | 3 | 丙申 | 8 | 2 |
| 25 | 31 | 土 | 4 | 丁酉 | 8 | 2 |
| 26 | 4/1 | 日 | 5 | 戊戌 | 9 | 1 |
| 27 | 2 | 月 | 6 | 己亥 | 9 | 1 |
| 28 | 3 | 火 | 7 | 庚子 | 9 | 1 |
| 29 | 4 | 水 | 8 | 辛丑 | 10 | 1 |
| 30 | | | | | | |
| 31 | | | | | | |

## 청명절(戊辰月)

淸明 4월5일 18시18분
穀雨 4월21일 1시35분

| 절기후날수 | 양력 | 요일 | 음력 | 일진 | 大運 남 | 大運 여 |
|---|---|---|---|---|---|---|
| 0 | 4/5 | 木 | 9 | 壬寅 | 청명 | |
| 1 | 6 | 金 | 10 | 癸卯 | 1 | 10 |
| 2 | 7 | 土 | 11 | 甲辰 | 1 | 10 |
| 3 | 8 | 日 | 12 | 乙巳 | 1 | 9 |
| 4 | 9 | 月 | 13 | 丙午 | 1 | 9 |
| 5 | 10 | 火 | 14 | 丁未 | 2 | 9 |
| 6 | 11 | 水 | 15 | 戊申 | 2 | 8 |
| 7 | 12 | 木 | 16 | 己酉 | 2 | 8 |
| 8 | 13 | 金 | 17 | 庚戌 | 3 | 8 |
| 9 | 14 | 土 | 18 | 辛亥 | 3 | 7 |
| 10 | 15 | 日 | 19 | 壬子 | 3 | 7 |
| 11 | 16 | 月 | 20 | 癸丑 | 4 | 7 |
| 12 | 17 | 火 | 21 | 甲寅 | 4 | 6 |
| 13 | 18 | 水 | 22 | 乙卯 | 4 | 6 |
| 14 | 19 | 木 | 23 | 丙辰 | 5 | 6 |
| 15 | 20 | 金 | 24 | 丁巳 | 5 | 5 |
| 16 | 21 | 土 | 25 | 戊午 | 곡우 | |
| 17 | 22 | 日 | 26 | 己未 | 6 | 5 |
| 18 | 23 | 月 | 27 | 庚申 | 6 | 4 |
| 19 | 24 | 火 | 28 | 辛酉 | 6 | 4 |
| 20 | 25 | 水 | 29 | 壬戌 | 7 | 4 |
| 21 | 26 | 木 | 4/1 | 癸亥 | 7 | 3 |
| 22 | 27 | 金 | 2 | 甲子 | 7 | 3 |
| 23 | 28 | 土 | 3 | 乙丑 | 8 | 3 |
| 24 | 29 | 日 | 4 | 丙寅 | 8 | 2 |
| 25 | 30 | 月 | 5 | 丁卯 | 8 | 2 |
| 26 | 5/1 | 火 | 6 | 戊辰 | 9 | 2 |
| 27 | 2 | 水 | 7 | 己巳 | 9 | 1 |
| 28 | 3 | 木 | 8 | 庚午 | 9 | 1 |
| 29 | 4 | 金 | 9 | 辛未 | 10 | 1 |
| 30 | 5 | 土 | 10 | 壬申 | 10 | 1 |
| 31 | | | | | | |

## 입하절(己巳月)

立夏 5월6일 11시47분
小滿 5월22일 0시54분

| 절기후날수 | 양력 | 요일 | 음력 | 일진 | 大運 남 | 大運 여 |
|---|---|---|---|---|---|---|
| 0 | 5/6 | 日 | 11 | 癸酉 | 입하 | |
| 1 | 7 | 月 | 12 | 甲戌 | 1 | 10 |
| 2 | 8 | 火 | 13 | 乙亥 | 1 | 10 |
| 3 | 9 | 水 | 14 | 丙子 | 1 | 9 |
| 4 | 10 | 木 | 15 | 丁丑 | 1 | 9 |
| 5 | 11 | 金 | 16 | 戊寅 | 2 | 9 |
| 6 | 12 | 土 | 17 | 己卯 | 2 | 8 |
| 7 | 13 | 日 | 18 | 庚辰 | 2 | 8 |
| 8 | 14 | 月 | 19 | 辛巳 | 3 | 8 |
| 9 | 15 | 火 | 20 | 壬午 | 3 | 7 |
| 10 | 16 | 水 | 21 | 癸未 | 3 | 7 |
| 11 | 17 | 木 | 22 | 甲申 | 4 | 7 |
| 12 | 18 | 金 | 23 | 乙酉 | 4 | 6 |
| 13 | 19 | 土 | 24 | 丙戌 | 4 | 6 |
| 14 | 20 | 日 | 25 | 丁亥 | 5 | 6 |
| 15 | 21 | 月 | 26 | 戊子 | 5 | 5 |
| 16 | 22 | 火 | 27 | 己丑 | 소만 | |
| 17 | 23 | 水 | 28 | 庚寅 | 6 | 5 |
| 18 | 24 | 木 | 29 | 辛卯 | 6 | 4 |
| 19 | 25 | 金 | 30 | 壬辰 | 6 | 4 |
| 20 | 26 | 土 | 5/1 | 癸巳 | 7 | 4 |
| 21 | 27 | 日 | 2 | 甲午 | 7 | 3 |
| 22 | 28 | 月 | 3 | 乙未 | 7 | 3 |
| 23 | 29 | 火 | 4 | 丙申 | 8 | 3 |
| 24 | 30 | 水 | 5 | 丁酉 | 8 | 2 |
| 25 | 31 | 木 | 6 | 戊戌 | 8 | 2 |
| 26 | 6/1 | 金 | 7 | 己亥 | 9 | 2 |
| 27 | 2 | 土 | 8 | 庚子 | 9 | 1 |
| 28 | 3 | 日 | 9 | 辛丑 | 9 | 1 |
| 29 | 4 | 月 | 10 | 壬寅 | 10 | 1 |
| 30 | 5 | 火 | 11 | 癸卯 | 10 | 1 |
| 31 | | | | | | |

## 망종절(庚午月)

芒種 6월6일 16시5분
夏至 6월22일 8시56분

| 절기후날수 | 양력 | 요일 | 음력 | 일진 | 大運 남 | 大運 여 |
|---|---|---|---|---|---|---|
| 0 | 6/6 | 水 | 12 | 甲辰 | 망종 | |
| 1 | 7 | 木 | 13 | 乙巳 | 1 | 10 |
| 2 | 8 | 金 | 14 | 丙午 | 1 | 10 |
| 3 | 9 | 土 | 15 | 丁未 | 1 | 10 |
| 4 | 10 | 日 | 16 | 戊申 | 1 | 9 |
| 5 | 11 | 月 | 17 | 己酉 | 2 | 9 |
| 6 | 12 | 火 | 18 | 庚戌 | 2 | 9 |
| 7 | 13 | 水 | 19 | 辛亥 | 2 | 8 |
| 8 | 14 | 木 | 20 | 壬子 | 3 | 8 |
| 9 | 15 | 金 | 21 | 癸丑 | 3 | 8 |
| 10 | 16 | 土 | 22 | 甲寅 | 3 | 7 |
| 11 | 17 | 日 | 23 | 乙卯 | 4 | 7 |
| 12 | 18 | 月 | 24 | 丙辰 | 4 | 7 |
| 13 | 19 | 火 | 25 | 丁巳 | 4 | 6 |
| 14 | 20 | 水 | 26 | 戊午 | 5 | 6 |
| 15 | 21 | 木 | 27 | 己未 | 5 | 6 |
| 16 | 22 | 金 | 28 | 庚申 | 하지 | |
| 17 | 23 | 土 | 29 | 辛酉 | 6 | 5 |
| 18 | 24 | 日 | 6/1 | 壬戌 | 6 | 5 |
| 19 | 25 | 月 | 2 | 癸亥 | 6 | 4 |
| 20 | 26 | 火 | 3 | 甲子 | 7 | 4 |
| 21 | 27 | 水 | 4 | 乙丑 | 7 | 4 |
| 22 | 28 | 木 | 5 | 丙寅 | 7 | 3 |
| 23 | 29 | 金 | 6 | 丁卯 | 8 | 3 |
| 24 | 30 | 土 | 7 | 戊辰 | 8 | 3 |
| 25 | 7/1 | 日 | 8 | 己巳 | 8 | 2 |
| 26 | 2 | 月 | 9 | 庚午 | 9 | 2 |
| 27 | 3 | 火 | 10 | 辛未 | 9 | 2 |
| 28 | 4 | 水 | 11 | 壬申 | 9 | 1 |
| 29 | 5 | 木 | 12 | 癸酉 | 10 | 1 |
| 30 | 6 | 金 | 13 | 甲戌 | 10 | 1 |
| 31 | 7 | 土 | 14 | 乙亥 | 10 | 1 |

## 소서절(辛未月)

小暑 7월8일 2시25분
大暑 7월23일 19시49분

| 절기후날수 | 양력 | 요일 | 음력 | 일진 | 大運 남 | 大運 여 |
|---|---|---|---|---|---|---|
| 0 | 7/8 | 日 | 15 | 丙子 | 소서 | |
| 1 | 9 | 月 | 16 | 丁丑 | 1 | 10 |
| 2 | 10 | 火 | 17 | 戊寅 | 1 | 10 |
| 3 | 11 | 水 | 18 | 己卯 | 1 | 9 |
| 4 | 12 | 木 | 19 | 庚辰 | 1 | 9 |
| 5 | 13 | 金 | 20 | 辛巳 | 2 | 9 |
| 6 | 14 | 土 | 21 | 壬午 | 2 | 8 |
| 7 | 15 | 日 | 22 | 癸未 | 2 | 8 |
| 8 | 16 | 月 | 23 | 甲申 | 3 | 8 |
| 9 | 17 | 火 | 24 | 乙酉 | 3 | 7 |
| 10 | 18 | 水 | 25 | 丙戌 | 3 | 7 |
| 11 | 19 | 木 | 26 | 丁亥 | 4 | 7 |
| 12 | 20 | 金 | 27 | 戊子 | 4 | 6 |
| 13 | 21 | 土 | 28 | 己丑 | 4 | 6 |
| 14 | 22 | 日 | 29 | 庚寅 | 5 | 6 |
| 15 | 23 | 月 | 30 | 辛卯 | 대서 | |
| 16 | 24 | 火 | 윤1 | 壬辰 | 5 | 5 |
| 17 | 25 | 水 | 윤2 | 癸巳 | 6 | 5 |
| 18 | 26 | 木 | 윤3 | 甲午 | 6 | 4 |
| 19 | 27 | 金 | 윤4 | 乙未 | 6 | 4 |
| 20 | 28 | 土 | 윤5 | 丙申 | 7 | 4 |
| 21 | 29 | 日 | 윤6 | 丁酉 | 7 | 3 |
| 22 | 30 | 月 | 윤7 | 戊戌 | 7 | 3 |
| 23 | 31 | 火 | 윤8 | 己亥 | 8 | 3 |
| 24 | 8/1 | 水 | 윤9 | 庚子 | 8 | 2 |
| 25 | 2 | 木 | 윤10 | 辛丑 | 8 | 2 |
| 26 | 3 | 金 | 윤11 | 壬寅 | 9 | 2 |
| 27 | 4 | 土 | 윤12 | 癸卯 | 9 | 1 |
| 28 | 5 | 日 | 윤13 | 甲辰 | 9 | 1 |
| 29 | 6 | 月 | 윤14 | 乙巳 | 10 | 1 |
| 30 | 7 | 火 | 윤15 | 丙午 | 10 | 1 |
| 31 | | | | | | |

▶ 윤달-6월

# 己未年

| 절기후날수 | 입추절(壬申月) 立秋 8월8일 12시11분 處暑 8월24일 2시47분 | | | | | 백로절(癸酉月) 白露 9월8일 15시0분 秋分 9월24일 0시16분 | | | | | 한로절(甲戌月) 寒露 10월9일 6시30분 霜降 10월24일 9시28분 | | | | |
|---|---|---|---|---|---|---|---|---|---|---|---|---|---|---|---|
| | 양력 | 요일 | 음력 | 일진 | 大運 남·여 | 양력 | 요일 | 음력 | 일진 | 大運 남·여 | 양력 | 요일 | 음력 | 일진 | 大運 남·여 |
| 0 | 8/8 | 水 | 윤16 | 丁未 | 입추 | 9/8 | 土 | 17 | 戊寅 | 백로 | 10/9 | 火 | 19 | 己酉 | 한로 |
| 1 | 9 | 木 | 윤17 | 戊申 | 1·10 | 9 | 日 | 18 | 己卯 | 1·10 | 10 | 水 | 20 | 庚戌 | 1·10 |
| 2 | 10 | 金 | 윤18 | 己酉 | 1·10 | 10 | 月 | 19 | 庚辰 | 1·10 | 11 | 木 | 21 | 辛亥 | 1·9 |
| 3 | 11 | 土 | 윤19 | 庚戌 | 1·9 | 11 | 火 | 20 | 辛巳 | 1·9 | 12 | 金 | 22 | 壬子 | 1·9 |
| 4 | 12 | 日 | 윤20 | 辛亥 | 1·9 | 12 | 水 | 21 | 壬午 | 1·9 | 13 | 土 | 23 | 癸丑 | 1·9 |
| 5 | 13 | 月 | 윤21 | 壬子 | 2·9 | 13 | 木 | 22 | 癸未 | 2·9 | 14 | 日 | 24 | 甲寅 | 2·8 |
| 6 | 14 | 火 | 윤22 | 癸丑 | 2·8 | 14 | 金 | 23 | 甲申 | 2·8 | 15 | 月 | 25 | 乙卯 | 2·8 |
| 7 | 15 | 水 | 윤23 | 甲寅 | 2·8 | 15 | 土 | 24 | 乙酉 | 2·8 | 16 | 火 | 26 | 丙辰 | 2·8 |
| 8 | 16 | 木 | 윤24 | 乙卯 | 3·8 | 16 | 日 | 25 | 丙戌 | 3·8 | 17 | 水 | 27 | 丁巳 | 3·7 |
| 9 | 17 | 金 | 윤25 | 丙辰 | 3·7 | 17 | 月 | 26 | 丁亥 | 3·7 | 18 | 木 | 28 | 戊午 | 3·7 |
| 10 | 18 | 土 | 윤26 | 丁巳 | 3·7 | 18 | 火 | 27 | 戊子 | 3·7 | 19 | 金 | 29 | 己未 | 3·7 |
| 11 | 19 | 日 | 윤27 | 戊午 | 4·7 | 19 | 水 | 28 | 己丑 | 4·7 | 20 | 土 | 30 | 庚申 | 4·6 |
| 12 | 20 | 月 | 윤28 | 己未 | 4·6 | 20 | 木 | 29 | 庚寅 | 4·6 | 21 | 日 | 9/1 | 辛酉 | 4·6 |
| 13 | 21 | 火 | 윤29 | 庚申 | 4·6 | 21 | 金 | 8/1 | 辛卯 | 4·6 | 22 | 月 | 2 | 壬戌 | 4·6 |
| 14 | 22 | 水 | 윤30 | 辛酉 | 5·6 | 22 | 土 | 2 | 壬辰 | 5·6 | 23 | 火 | 3 | 癸亥 | 5·5 |
| 15 | 23 | 木 | 7/1 | 壬戌 | 5·5 | 23 | 日 | 3 | 癸巳 | 5·5 | 24 | 水 | 4 | 甲子 | 상강 |
| 16 | 24 | 金 | 2 | 癸亥 | 처서 | 24 | 月 | 4 | 甲午 | 추분 | 25 | 木 | 5 | 乙丑 | 5·5 |
| 17 | 25 | 土 | 3 | 甲子 | 6·5 | 25 | 火 | 5 | 乙未 | 6·5 | 26 | 金 | 6 | 丙寅 | 6·4 |
| 18 | 26 | 日 | 4 | 乙丑 | 6·4 | 26 | 水 | 6 | 丙申 | 6·4 | 27 | 土 | 7 | 丁卯 | 6·4 |
| 19 | 27 | 月 | 5 | 丙寅 | 6·4 | 27 | 木 | 7 | 丁酉 | 6·4 | 28 | 日 | 8 | 戊辰 | 6·4 |
| 20 | 28 | 火 | 6 | 丁卯 | 7·4 | 28 | 金 | 8 | 戊戌 | 7·4 | 29 | 月 | 9 | 己巳 | 7·3 |
| 21 | 29 | 水 | 7 | 戊辰 | 7·3 | 29 | 土 | 9 | 己亥 | 7·3 | 30 | 火 | 10 | 庚午 | 7·3 |
| 22 | 30 | 木 | 8 | 己巳 | 7·3 | 30 | 日 | 10 | 庚子 | 7·3 | 31 | 水 | 11 | 辛未 | 7·3 |
| 23 | 31 | 金 | 9 | 庚午 | 8·3 | 10/1 | 月 | 11 | 辛丑 | 8·3 | 11/1 | 木 | 12 | 壬申 | 8·2 |
| 24 | 9/1 | 土 | 10 | 辛未 | 8·2 | 2 | 火 | 12 | 壬寅 | 8·2 | 2 | 金 | 13 | 癸酉 | 8·2 |
| 25 | 2 | 日 | 11 | 壬申 | 8·2 | 3 | 水 | 13 | 癸卯 | 8·2 | 3 | 土 | 14 | 甲戌 | 8·2 |
| 26 | 3 | 月 | 12 | 癸酉 | 9·2 | 4 | 木 | 14 | 甲辰 | 9·2 | 4 | 日 | 15 | 乙亥 | 9·1 |
| 27 | 4 | 火 | 13 | 甲戌 | 9·1 | 5 | 金 | 15 | 乙巳 | 9·1 | 5 | 月 | 16 | 丙子 | 9·1 |
| 28 | 5 | 水 | 14 | 乙亥 | 9·1 | 6 | 土 | 16 | 丙午 | 9·1 | 6 | 火 | 17 | 丁丑 | 9·1 |
| 29 | 6 | 木 | 15 | 丙子 | 10·1 | 7 | 日 | 17 | 丁未 | 10·1 | 7 | 水 | 18 | 戊寅 | 10·1 |
| 30 | 7 | 金 | 16 | 丁丑 | 10·1 | 8 | 月 | 18 | 戊申 | 10·1 | | | | | |
| 31 | | | | | | | | | | | | | | | |

| 절기후날수 | 입동절(乙亥月) 立冬 11월8일 9시33분 小雪 11월23일 6시54분 | | | | | 대설절(丙子月) 大雪 12월8일 2시18분 冬至 12월22일 20시10분 | | | | | 소한절(丁丑月) 小寒 1월6일 13시29분 大寒 1월21일 6시49분 | | | | |
|---|---|---|---|---|---|---|---|---|---|---|---|---|---|---|---|
| | 양력 | 요일 | 음력 | 일진 | 大運 남·여 | 양력 | 요일 | 음력 | 일진 | 大運 남·여 | 양력 | 요일 | 음력 | 일진 | 大運 남·여 |
| 0 | 11/8 | 木 | 19 | 己卯 | 입동 | 12/8 | 土 | 19 | 己酉 | 대설 | 1/6 | 日 | 19 | 戊寅 | 소한 |
| 1 | 9 | 金 | 20 | 庚辰 | 1·10 | 9 | 日 | 20 | 庚戌 | 1·9 | 7 | 月 | 20 | 己卯 | 1·10 |
| 2 | 10 | 土 | 21 | 辛巳 | 1·9 | 10 | 月 | 21 | 辛亥 | 1·9 | 8 | 火 | 21 | 庚辰 | 1·9 |
| 3 | 11 | 日 | 22 | 壬午 | 1·9 | 11 | 火 | 22 | 壬子 | 1·9 | 9 | 水 | 22 | 辛巳 | 1·9 |
| 4 | 12 | 月 | 23 | 癸未 | 1·9 | 12 | 水 | 23 | 癸丑 | 1·8 | 10 | 木 | 23 | 壬午 | 1·9 |
| 5 | 13 | 火 | 24 | 甲申 | 2·8 | 13 | 木 | 24 | 甲寅 | 2·8 | 11 | 金 | 24 | 癸未 | 2·8 |
| 6 | 14 | 水 | 25 | 乙酉 | 2·8 | 14 | 金 | 25 | 乙卯 | 2·8 | 12 | 土 | 25 | 甲申 | 2·8 |
| 7 | 15 | 木 | 26 | 丙戌 | 2·8 | 15 | 土 | 26 | 丙辰 | 2·7 | 13 | 日 | 26 | 乙酉 | 2·8 |
| 8 | 16 | 金 | 27 | 丁亥 | 3·7 | 16 | 日 | 27 | 丁巳 | 3·7 | 14 | 月 | 27 | 丙戌 | 3·7 |
| 9 | 17 | 土 | 28 | 戊子 | 3·7 | 17 | 月 | 28 | 戊午 | 3·7 | 15 | 火 | 28 | 丁亥 | 3·7 |
| 10 | 18 | 日 | 29 | 己丑 | 3·7 | 18 | 火 | 29 | 己未 | 3·6 | 16 | 水 | 29 | 戊子 | 3·7 |
| 11 | 19 | 月 | 30 | 庚寅 | 4·6 | 19 | 水 | 11/1 | 庚申 | 4·6 | 17 | 木 | 30 | 己丑 | 4·6 |
| 12 | 20 | 火 | 10/1 | 辛卯 | 4·6 | 20 | 木 | 2 | 辛酉 | 4·6 | 18 | 金 | 12/1 | 庚寅 | 4·6 |
| 13 | 21 | 水 | 2 | 壬辰 | 4·6 | 21 | 金 | 3 | 壬戌 | 4·5 | 19 | 土 | 2 | 辛卯 | 4·6 |
| 14 | 22 | 木 | 3 | 癸巳 | 5·5 | 22 | 土 | 4 | 癸亥 | 동지 | 20 | 日 | 3 | 壬辰 | 5·5 |
| 15 | 23 | 金 | 4 | 甲午 | 소설 | 23 | 日 | 5 | 甲子 | 5·5 | 21 | 月 | 4 | 癸巳 | 대한 |
| 16 | 24 | 土 | 5 | 乙未 | 5·5 | 24 | 月 | 6 | 乙丑 | 5·4 | 22 | 火 | 5 | 甲午 | 5·5 |
| 17 | 25 | 日 | 6 | 丙申 | 6·4 | 25 | 火 | 7 | 丙寅 | 6·4 | 23 | 水 | 6 | 乙未 | 6·4 |
| 18 | 26 | 月 | 7 | 丁酉 | 6·4 | 26 | 水 | 8 | 丁卯 | 6·4 | 24 | 木 | 7 | 丙申 | 6·4 |
| 19 | 27 | 火 | 8 | 戊戌 | 6·4 | 27 | 木 | 9 | 戊辰 | 6·3 | 25 | 金 | 8 | 丁酉 | 6·4 |
| 20 | 28 | 水 | 9 | 己亥 | 7·3 | 28 | 金 | 10 | 己巳 | 7·3 | 26 | 土 | 9 | 戊戌 | 7·3 |
| 21 | 29 | 木 | 10 | 庚子 | 7·3 | 29 | 土 | 11 | 庚午 | 7·3 | 27 | 日 | 10 | 己亥 | 7·3 |
| 22 | 30 | 金 | 11 | 辛丑 | 7·3 | 30 | 日 | 12 | 辛未 | 7·2 | 28 | 月 | 11 | 庚子 | 7·3 |
| 23 | 12/1 | 土 | 12 | 壬寅 | 8·2 | 31 | 月 | 13 | 壬申 | 8·2 | 29 | 火 | 12 | 辛丑 | 8·2 |
| 24 | 2 | 日 | 13 | 癸卯 | 8·2 | 1/1 | 火 | 14 | 癸酉 | 8·2 | 30 | 水 | 13 | 壬寅 | 8·2 |
| 25 | 3 | 月 | 14 | 甲辰 | 8·2 | 2 | 水 | 15 | 甲戌 | 8·1 | 31 | 木 | 14 | 癸卯 | 8·2 |
| 26 | 4 | 火 | 15 | 乙巳 | 9·1 | 3 | 木 | 16 | 乙亥 | 9·1 | 2/1 | 金 | 15 | 甲辰 | 9·1 |
| 27 | 5 | 水 | 16 | 丙午 | 9·1 | 4 | 金 | 17 | 丙子 | 9·1 | 2 | 土 | 16 | 乙巳 | 9·1 |
| 28 | 6 | 木 | 17 | 丁未 | 9·1 | 5 | 土 | 18 | 丁丑 | 9·1 | 3 | 日 | 17 | 丙午 | 9·1 |
| 29 | 7 | 金 | 18 | 戊申 | 10·1 | | | | | | 4 | 月 | 18 | 丁未 | 10·1 |
| 30 | | | | | | | | | | | | | | | |
| 31 | | | | | | | | | | | | | | | |

# 서기 1980년 [단기 4313년]

| 절기후날수 | 입춘절(戊寅月) | | | | | 경칩절(己卯月) | | | | | 청명절(庚辰月) | | | | | 입하절(辛巳月) | | | | | 망종절(壬午月) | | | | | 소서절(癸未月) | | | | |
|---|---|---|---|---|---|---|---|---|---|---|---|---|---|---|---|---|---|---|---|---|---|---|---|---|---|---|---|---|---|---|
| | 立春 2월5일 1시9분 | | | | | 驚蟄 3월5일 19시17분 | | | | | 淸明 4월5일 0시15분 | | | | | 立夏 5월5일 17시45분 | | | | | 芒種 6월5일 22시4분 | | | | | 小暑 7월7일 8시24분 | | | | |
| | 雨水 2월19일 21시2분 | | | | | 春分 3월20일 20시10분 | | | | | 穀雨 4월20일 7시23분 | | | | | 小滿 5월21일 6시42분 | | | | | 夏至 6월21일 14시47분 | | | | | 大暑 7월23일 1시42분 | | | | |
| | 양력 | 요일 | 음력 | 일진 | 大運 남·여 | 양력 | 요일 | 음력 | 일진 | 大運 남·여 | 양력 | 요일 | 음력 | 일진 | 大運 남·여 | 양력 | 요일 | 음력 | 일진 | 大運 남·여 | 양력 | 요일 | 음력 | 일진 | 大運 남·여 | 양력 | 요일 | 음력 | 일진 | 大運 남·여 |
| 0 | 2/5 | 火 | 19 | 戊申 | 입춘 | 3/5 | 水 | 19 | 丁丑 | 경칩 | 4/5 | 土 | 20 | 戊申 | 청명 | 5/5 | 月 | 21 | 戊寅 | 입하 | 6/5 | 木 | 23 | 己酉 | 망종 | 7/7 | 月 | 25 | 辛巳 | 소서 |
| 1 | 6 | 水 | 20 | 己酉 | 9·1 | 6 | 木 | 20 | 戊寅 | 10·1 | 6 | 日 | 21 | 己酉 | 10·1 | 6 | 火 | 22 | 己卯 | 10·1 | 6 | 金 | 24 | 庚戌 | 10·1 | 8 | 火 | 26 | 壬午 | 10·1 |
| 2 | 7 | 木 | 21 | 庚戌 | 9·1 | 7 | 金 | 21 | 己卯 | 10·1 | 7 | 月 | 22 | 庚戌 | 9·1 | 7 | 水 | 23 | 庚辰 | 10·1 | 7 | 土 | 25 | 辛亥 | 10·1 | 9 | 水 | 27 | 癸未 | 10·1 |
| 3 | 8 | 金 | 22 | 辛亥 | 9·1 | 8 | 土 | 22 | 庚辰 | 9·1 | 8 | 火 | 23 | 辛亥 | 9·1 | 8 | 木 | 24 | 辛巳 | 9·1 | 8 | 日 | 26 | 壬子 | 10·1 | 10 | 木 | 28 | 甲申 | 9·1 |
| 4 | 9 | 土 | 23 | 壬子 | 8·1 | 9 | 日 | 23 | 辛巳 | 9·1 | 9 | 水 | 24 | 壬子 | 9·1 | 9 | 金 | 25 | 壬午 | 9·1 | 9 | 月 | 27 | 癸丑 | 9·1 | 11 | 金 | 29 | 乙酉 | 9·1 |
| 5 | 10 | 日 | 24 | 癸丑 | 8·2 | 10 | 月 | 24 | 壬午 | 9·2 | 10 | 木 | 25 | 癸丑 | 8·2 | 10 | 土 | 26 | 癸未 | 9·2 | 10 | 火 | 28 | 甲寅 | 9·2 | 12 | 土 | 6/1 | 丙戌 | 9·2 |
| 6 | 11 | 月 | 25 | 甲寅 | 8·2 | 11 | 火 | 25 | 癸未 | 8·2 | 11 | 金 | 26 | 甲寅 | 8·2 | 11 | 日 | 27 | 甲申 | 8·2 | 11 | 水 | 29 | 乙卯 | 9·2 | 13 | 日 | 2 | 丁亥 | 8·2 |
| 7 | 12 | 火 | 26 | 乙卯 | 7·2 | 12 | 水 | 26 | 甲申 | 8·2 | 12 | 土 | 27 | 乙卯 | 8·2 | 12 | 月 | 28 | 乙酉 | 8·2 | 12 | 木 | 30 | 丙辰 | 8·2 | 14 | 月 | 3 | 戊子 | 8·2 |
| 8 | 13 | 水 | 27 | 丙辰 | 7·3 | 13 | 木 | 27 | 乙酉 | 8·3 | 13 | 日 | 28 | 丙辰 | 7·3 | 13 | 火 | 29 | 丙戌 | 8·3 | 13 | 金 | 5/1 | 丁巳 | 8·3 | 15 | 火 | 4 | 己丑 | 8·3 |
| 9 | 14 | 木 | 28 | 丁巳 | 7·3 | 14 | 金 | 28 | 丙戌 | 7·3 | 14 | 月 | 29 | 丁巳 | 7·3 | 14 | 水 | 4/1 | 丁亥 | 7·3 | 14 | 土 | 2 | 戊午 | 8·3 | 16 | 水 | 5 | 庚寅 | 7·3 |
| 10 | 15 | 金 | 29 | 戊午 | 6·3 | 15 | 土 | 29 | 丁亥 | 7·3 | 15 | 火 | 3/1 | 戊午 | 7·3 | 15 | 木 | 2 | 戊子 | 7·3 | 15 | 日 | 3 | 己未 | 7·3 | 17 | 木 | 6 | 辛卯 | 7·3 |
| 11 | 16 | 土 | 1/1 | 己未 | 6·4 | 16 | 日 | 30 | 戊子 | 7·4 | 16 | 水 | 2 | 己未 | 6·4 | 16 | 金 | 3 | 己丑 | 7·4 | 16 | 月 | 4 | 庚申 | 7·4 | 18 | 金 | 7 | 壬辰 | 7·4 |
| 12 | 17 | 日 | 2 | 庚申 | 6·4 | 17 | 月 | 2/1 | 己丑 | 6·4 | 17 | 木 | 3 | 庚申 | 6·4 | 17 | 土 | 4 | 庚寅 | 6·4 | 17 | 火 | 5 | 辛酉 | 7·4 | 19 | 土 | 8 | 癸巳 | 6·4 |
| 13 | 18 | 月 | 3 | 辛酉 | 5·4 | 18 | 火 | 2 | 庚寅 | 6·4 | 18 | 金 | 4 | 辛酉 | 6·4 | 18 | 日 | 5 | 辛卯 | 6·4 | 18 | 水 | 6 | 壬戌 | 6·4 | 20 | 日 | 9 | 甲午 | 6·4 |
| 14 | 19 | 火 | 4 | 壬戌 | 우수 | 19 | 水 | 3 | 辛卯 | 6·5 | 19 | 土 | 5 | 壬戌 | 5·5 | 19 | 月 | 6 | 壬辰 | 6·5 | 19 | 木 | 7 | 癸亥 | 6·5 | 21 | 月 | 10 | 乙未 | 6·5 |
| 15 | 20 | 水 | 5 | 癸亥 | 5·5 | 20 | 木 | 4 | 壬辰 | 춘분 | 20 | 日 | 6 | 癸亥 | 곡우 | 20 | 火 | 7 | 癸巳 | 5·5 | 20 | 金 | 8 | 甲子 | 6·5 | 22 | 火 | 11 | 丙申 | 5·5 |
| 16 | 21 | 木 | 6 | 甲子 | 4·5 | 21 | 金 | 5 | 癸巳 | 5·5 | 21 | 月 | 7 | 甲子 | 5·5 | 21 | 水 | 8 | 甲午 | 소만 | 21 | 土 | 9 | 乙丑 | 하지 | 23 | 水 | 12 | 丁酉 | 대서 |
| 17 | 22 | 金 | 7 | 乙丑 | 4·6 | 22 | 土 | 6 | 甲午 | 5·6 | 22 | 火 | 8 | 乙丑 | 4·6 | 22 | 木 | 9 | 乙未 | 5·6 | 22 | 日 | 10 | 丙寅 | 5·6 | 24 | 木 | 13 | 戊戌 | 5·6 |
| 18 | 23 | 土 | 8 | 丙寅 | 4·6 | 23 | 日 | 7 | 乙未 | 4·6 | 23 | 水 | 9 | 丙寅 | 4·6 | 23 | 金 | 10 | 丙申 | 4·6 | 23 | 月 | 11 | 丁卯 | 5·6 | 25 | 金 | 14 | 己亥 | 4·6 |
| 19 | 24 | 日 | 9 | 丁卯 | 3·6 | 24 | 月 | 8 | 丙申 | 4·6 | 24 | 木 | 10 | 丁卯 | 4·6 | 24 | 土 | 11 | 丁酉 | 4·6 | 24 | 火 | 12 | 戊辰 | 4·6 | 26 | 土 | 15 | 庚子 | 4·6 |
| 20 | 25 | 月 | 10 | 戊辰 | 3·7 | 25 | 火 | 9 | 丁酉 | 4·7 | 25 | 金 | 11 | 戊辰 | 3·7 | 25 | 日 | 12 | 戊戌 | 4·7 | 25 | 水 | 13 | 己巳 | 4·7 | 27 | 日 | 16 | 辛丑 | 4·7 |
| 21 | 26 | 火 | 11 | 己巳 | 3·7 | 26 | 水 | 10 | 戊戌 | 3·7 | 26 | 土 | 12 | 己巳 | 3·7 | 26 | 月 | 13 | 己亥 | 3·7 | 26 | 木 | 14 | 庚午 | 4·7 | 28 | 月 | 17 | 壬寅 | 3·7 |
| 22 | 27 | 水 | 12 | 庚午 | 2·7 | 27 | 木 | 11 | 己亥 | 3·7 | 27 | 日 | 13 | 庚午 | 3·7 | 27 | 火 | 14 | 庚子 | 3·7 | 27 | 金 | 15 | 辛未 | 3·7 | 29 | 火 | 18 | 癸卯 | 3·7 |
| 23 | 28 | 木 | 13 | 辛未 | 2·8 | 28 | 金 | 12 | 庚子 | 3·8 | 28 | 月 | 14 | 辛未 | 2·8 | 28 | 水 | 15 | 辛丑 | 3·8 | 28 | 土 | 16 | 壬申 | 3·8 | 30 | 水 | 19 | 甲辰 | 3·8 |
| 24 | 29 | 金 | 14 | 壬申 | 2·8 | 29 | 土 | 13 | 辛丑 | 2·8 | 29 | 火 | 15 | 壬申 | 2·8 | 29 | 木 | 16 | 壬寅 | 2·8 | 29 | 日 | 17 | 癸酉 | 3·8 | 31 | 木 | 20 | 乙巳 | 2·8 |
| 25 | 3/1 | 土 | 15 | 癸酉 | 1·8 | 30 | 日 | 14 | 壬寅 | 2·8 | 30 | 水 | 16 | 癸酉 | 2·8 | 30 | 金 | 17 | 癸卯 | 2·8 | 30 | 月 | 18 | 甲戌 | 2·8 | 8/1 | 金 | 21 | 丙午 | 2·8 |
| 26 | 2 | 日 | 16 | 甲戌 | 1·9 | 31 | 月 | 15 | 癸卯 | 2·9 | 5/1 | 木 | 17 | 甲戌 | 1·9 | 31 | 土 | 18 | 甲辰 | 2·9 | 7/1 | 火 | 19 | 乙亥 | 2·9 | 2 | 土 | 22 | 丁未 | 2·9 |
| 27 | 3 | 月 | 17 | 乙亥 | 1·9 | 4/1 | 火 | 16 | 甲辰 | 1·9 | 2 | 金 | 18 | 乙亥 | 1·9 | 6/1 | 日 | 19 | 乙巳 | 1·9 | 2 | 水 | 20 | 丙子 | 2·9 | 3 | 日 | 23 | 戊申 | 1·9 |
| 28 | 4 | 火 | 18 | 丙子 | 1·9 | 2 | 水 | 17 | 乙巳 | 1·9 | 3 | 土 | 19 | 丙子 | 1·9 | 2 | 月 | 20 | 丙午 | 1·9 | 3 | 木 | 21 | 丁丑 | 1·9 | 4 | 月 | 24 | 己酉 | 1·9 |
| 29 | | | | | | 3 | 木 | 18 | 丙午 | 1·10 | 4 | 日 | 20 | 丁丑 | 1·10 | 3 | 火 | 21 | 丁未 | 1·10 | 4 | 金 | 22 | 戊寅 | 1·10 | 5 | 火 | 25 | 庚戌 | 1·10 |
| 30 | | | | | | 4 | 金 | 19 | 丁未 | 1·10 | | | | | | 4 | 水 | 22 | 戊申 | 1·10 | 5 | 土 | 23 | 己卯 | 1·10 | 6 | 水 | 26 | 辛亥 | 1·10 |
| 31 | | | | | | | | | | | | | | | | | | | | | 6 | 日 | 24 | 庚辰 | 1·10 | | | | | |

# 庚申年

| 절기후날수 | 입추절(甲申月) 立秋 8월7일 18시9분 處暑 8월23일 8시41분 | | | | | 백로절(乙酉月) 白露 9월7일 20시53분 秋分 9월23일 6시9분 | | | | | 한로절(丙戌月) 寒露 10월8일 12시19분 霜降 10월23일 15시18분 | | | | |
|---|---|---|---|---|---|---|---|---|---|---|---|---|---|---|---|
| | 양력 | 요일 | 음력 | 일진 | 大運 남·여 | 양력 | 요일 | 음력 | 일진 | 大運 남·여 | 양력 | 요일 | 음력 | 일진 | 大運 남·여 |
| 0 | 8/7 | 木 | 27 | 壬子 | 입추 | 9/7 | 日 | 28 | 癸未 | 백로 | 10/8 | 水 | 30 | 甲寅 | 한로 |
| 1 | 8 | 金 | 28 | 癸丑 | 10·1 | 8 | 月 | 29 | 甲申 | 10·1 | 9 | 木 | 9/1 | 乙卯 | 10·1 |
| 2 | 9 | 土 | 29 | 甲寅 | 10·1 | 9 | 火 | 8/1 | 乙酉 | 10·1 | 10 | 金 | 2 | 丙辰 | 9·1 |
| 3 | 10 | 日 | 30 | 乙卯 | 9·1 | 10 | 水 | 2 | 丙戌 | 9·1 | 11 | 土 | 3 | 丁巳 | 9·1 |
| 4 | 11 | 月 | 7/1 | 丙辰 | 9·1 | 11 | 木 | 3 | 丁亥 | 9·1 | 12 | 日 | 4 | 戊午 | 9·1 |
| 5 | 12 | 火 | 2 | 丁巳 | 9·2 | 12 | 金 | 4 | 戊子 | 9·2 | 13 | 月 | 5 | 己未 | 8·2 |
| 6 | 13 | 水 | 3 | 戊午 | 8·2 | 13 | 土 | 5 | 己丑 | 8·2 | 14 | 火 | 6 | 庚申 | 8·2 |
| 7 | 14 | 木 | 4 | 己未 | 8·2 | 14 | 日 | 6 | 庚寅 | 8·2 | 15 | 水 | 7 | 辛酉 | 8·2 |
| 8 | 15 | 金 | 5 | 庚申 | 8·3 | 15 | 月 | 7 | 辛卯 | 8·3 | 16 | 木 | 8 | 壬戌 | 7·3 |
| 9 | 16 | 土 | 6 | 辛酉 | 7·3 | 16 | 火 | 8 | 壬辰 | 7·3 | 17 | 金 | 9 | 癸亥 | 7·3 |
| 10 | 17 | 日 | 7 | 壬戌 | 7·3 | 17 | 水 | 9 | 癸巳 | 7·3 | 18 | 土 | 10 | 甲子 | 7·3 |
| 11 | 18 | 月 | 8 | 癸亥 | 7·4 | 18 | 木 | 10 | 甲午 | 7·4 | 19 | 日 | 11 | 乙丑 | 6·4 |
| 12 | 19 | 火 | 9 | 甲子 | 6·4 | 19 | 金 | 11 | 乙未 | 6·4 | 20 | 月 | 12 | 丙寅 | 6·4 |
| 13 | 20 | 水 | 10 | 乙丑 | 6·4 | 20 | 土 | 12 | 丙申 | 6·4 | 21 | 火 | 13 | 丁卯 | 6·4 |
| 14 | 21 | 木 | 11 | 丙寅 | 6·5 | 21 | 日 | 13 | 丁酉 | 6·5 | 22 | 水 | 14 | 戊辰 | 5·5 |
| 15 | 22 | 金 | 12 | 丁卯 | 5·5 | 22 | 月 | 14 | 戊戌 | 5·5 | 23 | 木 | 15 | 己巳 | 상강 |
| 16 | 23 | 土 | 13 | 戊辰 | 처서 | 23 | 火 | 15 | 己亥 | 추분 | 24 | 金 | 16 | 庚午 | 5·5 |
| 17 | 24 | 日 | 14 | 己巳 | 5·6 | 24 | 水 | 16 | 庚子 | 5·6 | 25 | 土 | 17 | 辛未 | 4·6 |
| 18 | 25 | 月 | 15 | 庚午 | 4·6 | 25 | 木 | 17 | 辛丑 | 4·6 | 26 | 日 | 18 | 壬申 | 4·6 |
| 19 | 26 | 火 | 16 | 辛未 | 4·6 | 26 | 金 | 18 | 壬寅 | 4·6 | 27 | 月 | 19 | 癸酉 | 4·6 |
| 20 | 27 | 水 | 17 | 壬申 | 4·7 | 27 | 土 | 19 | 癸卯 | 4·7 | 28 | 火 | 20 | 甲戌 | 3·7 |
| 21 | 28 | 木 | 18 | 癸酉 | 3·7 | 28 | 日 | 20 | 甲辰 | 3·7 | 29 | 水 | 21 | 乙亥 | 3·7 |
| 22 | 29 | 金 | 19 | 甲戌 | 3·7 | 29 | 月 | 21 | 乙巳 | 3·7 | 30 | 木 | 22 | 丙子 | 3·7 |
| 23 | 30 | 土 | 20 | 乙亥 | 3·8 | 30 | 火 | 22 | 丙午 | 3·8 | 31 | 金 | 23 | 丁丑 | 2·8 |
| 24 | 31 | 日 | 21 | 丙子 | 2·8 | 10/1 | 水 | 23 | 丁未 | 2·8 | 11/1 | 土 | 24 | 戊寅 | 2·8 |
| 25 | 9/1 | 月 | 22 | 丁丑 | 2·8 | 2 | 木 | 24 | 戊申 | 2·8 | 2 | 日 | 25 | 己卯 | 2·8 |
| 26 | 2 | 火 | 23 | 戊寅 | 2·9 | 3 | 金 | 25 | 己酉 | 2·9 | 3 | 月 | 26 | 庚辰 | 1·9 |
| 27 | 3 | 水 | 24 | 己卯 | 1·9 | 4 | 土 | 26 | 庚戌 | 1·9 | 4 | 火 | 27 | 辛巳 | 1·9 |
| 28 | 4 | 木 | 25 | 庚辰 | 1·9 | 5 | 日 | 27 | 辛亥 | 1·9 | 5 | 水 | 28 | 壬午 | 1·9 |
| 29 | 5 | 金 | 26 | 辛巳 | 1·10 | 6 | 月 | 28 | 壬子 | 1·10 | 6 | 木 | 29 | 癸未 | 1·10 |
| 30 | 6 | 土 | 27 | 壬午 | 1·10 | 7 | 火 | 29 | 癸丑 | 1·10 | | | | | |
| 31 | | | | | | | | | | | | | | | |

| 절기후날수 | 입동절(丁亥月) 立冬 11월7일 15시18분 小雪 11월22일 12시41분 | | | | | 대설절(戊子月) 大雪 12월7일 8시1분 冬至 12월22일 1시56분 | | | | | 소한절(己丑月) 小寒 1월5일 19시13분 大寒 1월20일 12시36분 | | | | |
|---|---|---|---|---|---|---|---|---|---|---|---|---|---|---|---|
| | 양력 | 요일 | 음력 | 일진 | 大運 남·여 | 양력 | 요일 | 음력 | 일진 | 大運 남·여 | 양력 | 요일 | 음력 | 일진 | 大運 남·여 |
| 0 | 11/7 | 金 | 30 | 甲申 | 입동 | 12/7 | 日 | 11/1 | 甲寅 | 대설 | 1/5 | 月 | 30 | 癸未 | 소한 |
| 1 | 8 | 土 | 10/1 | 乙酉 | 10·1 | 8 | 月 | 2 | 乙卯 | 9·1 | 6 | 火 | 12/1 | 甲申 | 10·1 |
| 2 | 9 | 日 | 2 | 丙戌 | 9·1 | 9 | 火 | 3 | 丙辰 | 9·1 | 7 | 水 | 2 | 乙酉 | 9·1 |
| 3 | 10 | 月 | 3 | 丁亥 | 9·1 | 10 | 水 | 4 | 丁巳 | 9·1 | 8 | 木 | 3 | 丙戌 | 9·1 |
| 4 | 11 | 火 | 4 | 戊子 | 9·1 | 11 | 木 | 5 | 戊午 | 8·1 | 9 | 金 | 4 | 丁亥 | 9·1 |
| 5 | 12 | 水 | 5 | 己丑 | 8·2 | 12 | 金 | 6 | 己未 | 8·2 | 10 | 土 | 5 | 戊子 | 8·2 |
| 6 | 13 | 木 | 6 | 庚寅 | 8·2 | 13 | 土 | 7 | 庚申 | 8·2 | 11 | 日 | 6 | 己丑 | 8·2 |
| 7 | 14 | 金 | 7 | 辛卯 | 8·2 | 14 | 日 | 8 | 辛酉 | 7·2 | 12 | 月 | 7 | 庚寅 | 8·2 |
| 8 | 15 | 土 | 8 | 壬辰 | 7·3 | 15 | 月 | 9 | 壬戌 | 7·3 | 13 | 火 | 8 | 辛卯 | 7·3 |
| 9 | 16 | 日 | 9 | 癸巳 | 7·3 | 16 | 火 | 10 | 癸亥 | 7·3 | 14 | 水 | 9 | 壬辰 | 7·3 |
| 10 | 17 | 月 | 10 | 甲午 | 7·3 | 17 | 水 | 11 | 甲子 | 6·3 | 15 | 木 | 10 | 癸巳 | 7·3 |
| 11 | 18 | 火 | 11 | 乙未 | 6·4 | 18 | 木 | 12 | 乙丑 | 6·4 | 16 | 金 | 11 | 甲午 | 6·4 |
| 12 | 19 | 水 | 12 | 丙申 | 6·4 | 19 | 金 | 13 | 丙寅 | 6·4 | 17 | 土 | 12 | 乙未 | 6·4 |
| 13 | 20 | 木 | 13 | 丁酉 | 6·4 | 20 | 土 | 14 | 丁卯 | 5·4 | 18 | 日 | 13 | 丙申 | 6·4 |
| 14 | 21 | 金 | 14 | 戊戌 | 5·5 | 21 | 日 | 15 | 戊辰 | 5·5 | 19 | 月 | 14 | 丁酉 | 5·5 |
| 15 | 22 | 土 | 15 | 己亥 | 소설 | 22 | 月 | 16 | 己巳 | 동지 | 20 | 火 | 15 | 戊戌 | 대한 |
| 16 | 23 | 日 | 16 | 庚子 | 5·5 | 23 | 火 | 17 | 庚午 | 4·5 | 21 | 水 | 16 | 己亥 | 5·5 |
| 17 | 24 | 月 | 17 | 辛丑 | 4·6 | 24 | 水 | 18 | 辛未 | 4·6 | 22 | 木 | 17 | 庚子 | 4·6 |
| 18 | 25 | 火 | 18 | 壬寅 | 4·6 | 25 | 木 | 19 | 壬申 | 4·6 | 23 | 金 | 18 | 辛丑 | 4·6 |
| 19 | 26 | 水 | 19 | 癸卯 | 4·6 | 26 | 金 | 20 | 癸酉 | 3·6 | 24 | 土 | 19 | 壬寅 | 4·6 |
| 20 | 27 | 木 | 20 | 甲辰 | 3·7 | 27 | 土 | 21 | 甲戌 | 3·7 | 25 | 日 | 20 | 癸卯 | 3·7 |
| 21 | 28 | 金 | 21 | 乙巳 | 3·7 | 28 | 日 | 22 | 乙亥 | 3·7 | 26 | 月 | 21 | 甲辰 | 3·7 |
| 22 | 29 | 土 | 22 | 丙午 | 3·7 | 29 | 月 | 23 | 丙子 | 2·7 | 27 | 火 | 22 | 乙巳 | 3·7 |
| 23 | 30 | 日 | 23 | 丁未 | 2·8 | 30 | 火 | 24 | 丁丑 | 2·8 | 28 | 水 | 23 | 丙午 | 2·8 |
| 24 | 12/1 | 月 | 24 | 戊申 | 2·8 | 31 | 水 | 25 | 戊寅 | 2·8 | 29 | 木 | 24 | 丁未 | 2·8 |
| 25 | 2 | 火 | 25 | 己酉 | 2·8 | 1/1 | 木 | 26 | 己卯 | 1·8 | 30 | 金 | 25 | 戊申 | 2·8 |
| 26 | 3 | 水 | 26 | 庚戌 | 1·9 | 2 | 金 | 27 | 庚辰 | 1·9 | 31 | 土 | 26 | 己酉 | 1·9 |
| 27 | 4 | 木 | 27 | 辛亥 | 1·9 | 3 | 土 | 28 | 辛巳 | 1·9 | 2/1 | 日 | 27 | 庚戌 | 1·9 |
| 28 | 5 | 金 | 28 | 壬子 | 1·9 | 4 | 日 | 29 | 壬午 | 1·9 | 2 | 月 | 28 | 辛亥 | 1·9 |
| 29 | 6 | 土 | 29 | 癸丑 | 1·10 | | | | | | 3 | 火 | 29 | 壬子 | 1·10 |
| 30 | | | | | | | | | | | | | | | |
| 31 | | | | | | | | | | | | | | | |

# 서기 1981년 [단기 4314년]

| 절기후날수 | 입춘절(庚寅月) 立春 2월4일 6시55분 雨水 2월19일 2시52분 | | | | | 경칩절(辛卯月) 驚蟄 3월6일 1시5분 春分 3월21일 2시3분 | | | | |
|---|---|---|---|---|---|---|---|---|---|---|
| | 양력 | 요일 | 음력 | 일진 | 大運 남·여 | 양력 | 요일 | 음력 | 일진 | 大運 남·여 |
| 0 | 2/4 | 水 | 30 | 癸丑 | 입춘 | 3/6 | 金 | 2/1 | 癸未 | 경칩 |
| 1 | 5 | 木 | 1/1 | 甲寅 | 1·10 | 7 | 土 | 2 | 甲申 | 1·10 |
| 2 | 6 | 金 | 2 | 乙卯 | 1·9 | 8 | 日 | 3 | 乙酉 | 1·9 |
| 3 | 7 | 土 | 3 | 丙辰 | 1·9 | 9 | 月 | 4 | 丙戌 | 1·9 |
| 4 | 8 | 日 | 4 | 丁巳 | 1·9 | 10 | 火 | 5 | 丁亥 | 1·9 |
| 5 | 9 | 月 | 5 | 戊午 | 2·8 | 11 | 水 | 6 | 戊子 | 2·8 |
| 6 | 10 | 火 | 6 | 己未 | 2·8 | 12 | 木 | 7 | 己丑 | 2·8 |
| 7 | 11 | 水 | 7 | 庚申 | 2·8 | 13 | 金 | 8 | 庚寅 | 2·8 |
| 8 | 12 | 木 | 8 | 辛酉 | 3·7 | 14 | 土 | 9 | 辛卯 | 3·7 |
| 9 | 13 | 金 | 9 | 壬戌 | 3·7 | 15 | 日 | 10 | 壬辰 | 3·7 |
| 10 | 14 | 土 | 10 | 癸亥 | 3·7 | 16 | 月 | 11 | 癸巳 | 3·7 |
| 11 | 15 | 日 | 11 | 甲子 | 4·6 | 17 | 火 | 12 | 甲午 | 4·6 |
| 12 | 16 | 月 | 12 | 乙丑 | 4·6 | 18 | 水 | 13 | 乙未 | 4·6 |
| 13 | 17 | 火 | 13 | 丙寅 | 4·6 | 19 | 木 | 14 | 丙申 | 4·6 |
| 14 | 18 | 水 | 14 | 丁卯 | 5·5 | 20 | 金 | 15 | 丁酉 | 5·5 |
| 15 | 19 | 木 | 15 | 戊辰 | 우수 | 21 | 土 | 16 | 戊戌 | 춘분 |
| 16 | 20 | 金 | 16 | 己巳 | 5·5 | 22 | 日 | 17 | 己亥 | 5·5 |
| 17 | 21 | 土 | 17 | 庚午 | 6·4 | 23 | 月 | 18 | 庚子 | 6·4 |
| 18 | 22 | 日 | 18 | 辛未 | 6·4 | 24 | 火 | 19 | 辛丑 | 6·4 |
| 19 | 23 | 月 | 19 | 壬申 | 6·4 | 25 | 水 | 20 | 壬寅 | 6·4 |
| 20 | 24 | 火 | 20 | 癸酉 | 7·3 | 26 | 木 | 21 | 癸卯 | 7·3 |
| 21 | 25 | 水 | 21 | 甲戌 | 7·3 | 27 | 金 | 22 | 甲辰 | 7·3 |
| 22 | 26 | 木 | 22 | 乙亥 | 7·3 | 28 | 土 | 23 | 乙巳 | 7·3 |
| 23 | 27 | 金 | 23 | 丙子 | 8·2 | 29 | 日 | 24 | 丙午 | 8·2 |
| 24 | 28 | 土 | 24 | 丁丑 | 8·2 | 30 | 月 | 25 | 丁未 | 8·2 |
| 25 | 3/1 | 日 | 25 | 戊寅 | 8·2 | 31 | 火 | 26 | 戊申 | 8·2 |
| 26 | 2 | 月 | 26 | 己卯 | 9·1 | 4/1 | 水 | 27 | 己酉 | 9·1 |
| 27 | 3 | 火 | 27 | 庚辰 | 9·1 | 2 | 木 | 28 | 庚戌 | 9·1 |
| 28 | 4 | 水 | 28 | 辛巳 | 9·1 | 3 | 金 | 29 | 辛亥 | 9·1 |
| 29 | 5 | 木 | 29 | 壬午 | 10·1 | 4 | 土 | 30 | 壬子 | 10·1 |
| 30 | | | | | | | | | | |
| 31 | | | | | | | | | | |

| 절기후날수 | 청명절(壬辰月) 清明 4월5일 6시5분 穀雨 4월20일 13시19분 | | | | | 입하절(癸巳月) 立夏 5월5일 23시35분 小滿 5월21일 12시39분 | | | | |
|---|---|---|---|---|---|---|---|---|---|---|
| | 양력 | 요일 | 음력 | 일진 | 大運 남·여 | 양력 | 요일 | 음력 | 일진 | 大運 남·여 |
| 0 | 4/5 | 日 | 3/1 | 癸丑 | 청명 | 5/5 | 火 | 2 | 癸未 | 입하 |
| 1 | 6 | 月 | 2 | 甲寅 | 1·10 | 6 | 水 | 3 | 甲申 | 1·10 |
| 2 | 7 | 火 | 3 | 乙卯 | 1·9 | 7 | 木 | 4 | 乙酉 | 1·10 |
| 3 | 8 | 水 | 4 | 丙辰 | 1·9 | 8 | 金 | 5 | 丙戌 | 1·10 |
| 4 | 9 | 木 | 5 | 丁巳 | 1·9 | 9 | 土 | 6 | 丁亥 | 1·9 |
| 5 | 10 | 金 | 6 | 戊午 | 2·8 | 10 | 日 | 7 | 戊子 | 2·9 |
| 6 | 11 | 土 | 7 | 己未 | 2·8 | 11 | 月 | 8 | 己丑 | 2·9 |
| 7 | 12 | 日 | 8 | 庚申 | 2·8 | 12 | 火 | 9 | 庚寅 | 2·8 |
| 8 | 13 | 月 | 9 | 辛酉 | 3·7 | 13 | 水 | 10 | 辛卯 | 3·8 |
| 9 | 14 | 火 | 10 | 壬戌 | 3·7 | 14 | 木 | 11 | 壬辰 | 3·8 |
| 10 | 15 | 水 | 11 | 癸亥 | 3·7 | 15 | 金 | 12 | 癸巳 | 3·7 |
| 11 | 16 | 木 | 12 | 甲子 | 4·6 | 16 | 土 | 13 | 甲午 | 4·7 |
| 12 | 17 | 金 | 13 | 乙丑 | 4·6 | 17 | 日 | 14 | 乙未 | 4·7 |
| 13 | 18 | 土 | 14 | 丙寅 | 4·6 | 18 | 月 | 15 | 丙申 | 4·6 |
| 14 | 19 | 日 | 15 | 丁卯 | 5·5 | 19 | 火 | 16 | 丁酉 | 5·6 |
| 15 | 20 | 月 | 16 | 戊辰 | 곡우 | 20 | 水 | 17 | 戊戌 | 5·6 |
| 16 | 21 | 火 | 17 | 己巳 | 5·5 | 21 | 木 | 18 | 己亥 | 소만 |
| 17 | 22 | 水 | 18 | 庚午 | 6·4 | 22 | 金 | 19 | 庚子 | 6·5 |
| 18 | 23 | 木 | 19 | 辛未 | 6·4 | 23 | 土 | 20 | 辛丑 | 6·5 |
| 19 | 24 | 金 | 20 | 壬申 | 6·4 | 24 | 日 | 21 | 壬寅 | 6·4 |
| 20 | 25 | 土 | 21 | 癸酉 | 7·3 | 25 | 月 | 22 | 癸卯 | 7·4 |
| 21 | 26 | 日 | 22 | 甲戌 | 7·3 | 26 | 火 | 23 | 甲辰 | 7·4 |
| 22 | 27 | 月 | 23 | 乙亥 | 7·3 | 27 | 水 | 24 | 乙巳 | 7·3 |
| 23 | 28 | 火 | 24 | 丙子 | 8·2 | 28 | 木 | 25 | 丙午 | 8·3 |
| 24 | 29 | 水 | 25 | 丁丑 | 8·2 | 29 | 金 | 26 | 丁未 | 8·3 |
| 25 | 30 | 木 | 26 | 戊寅 | 8·2 | 30 | 土 | 27 | 戊申 | 8·2 |
| 26 | 5/1 | 金 | 27 | 己卯 | 9·1 | 31 | 日 | 28 | 己酉 | 9·2 |
| 27 | 2 | 土 | 28 | 庚辰 | 9·1 | 6/1 | 月 | 29 | 庚戌 | 9·2 |
| 28 | 3 | 日 | 29 | 辛巳 | 9·1 | 2 | 火 | 5/1 | 辛亥 | 9·1 |
| 29 | 4 | 月 | 4/1 | 壬午 | 10·1 | 3 | 水 | 2 | 壬子 | 10·1 |
| 30 | | | | | | 4 | 木 | 3 | 癸丑 | 10·1 |
| 31 | | | | | | 5 | 金 | 4 | 甲寅 | 10·1 |

| 절기후날수 | 망종절(甲午月) 芒種 6월6일 3시53분 夏至 6월21일 20시45분 | | | | | 소서절(乙未月) 小暑 7월7일 14시12분 大暑 7월23일 7시40분 | | | | |
|---|---|---|---|---|---|---|---|---|---|---|
| | 양력 | 요일 | 음력 | 일진 | 大運 남·여 | 양력 | 요일 | 음력 | 일진 | 大運 남·여 |
| 0 | 6/6 | 土 | 5 | 乙卯 | 망종 | 7/7 | 火 | 6 | 丙戌 | 소서 |
| 1 | 7 | 日 | 6 | 丙辰 | 1·10 | 8 | 水 | 7 | 丁亥 | 1·10 |
| 2 | 8 | 月 | 7 | 丁巳 | 1·10 | 9 | 木 | 8 | 戊子 | 1·10 |
| 3 | 9 | 火 | 8 | 戊午 | 1·9 | 10 | 金 | 9 | 己丑 | 1·9 |
| 4 | 10 | 水 | 9 | 己未 | 1·9 | 11 | 土 | 10 | 庚寅 | 1·9 |
| 5 | 11 | 木 | 10 | 庚申 | 2·9 | 12 | 日 | 11 | 辛卯 | 2·9 |
| 6 | 12 | 金 | 11 | 辛酉 | 2·8 | 13 | 月 | 12 | 壬辰 | 2·8 |
| 7 | 13 | 土 | 12 | 壬戌 | 2·8 | 14 | 火 | 13 | 癸巳 | 2·8 |
| 8 | 14 | 日 | 13 | 癸亥 | 3·8 | 15 | 水 | 14 | 甲午 | 3·8 |
| 9 | 15 | 月 | 14 | 甲子 | 3·7 | 16 | 木 | 15 | 乙未 | 3·7 |
| 10 | 16 | 火 | 15 | 乙丑 | 3·7 | 17 | 金 | 16 | 丙申 | 3·7 |
| 11 | 17 | 水 | 16 | 丙寅 | 4·7 | 18 | 土 | 17 | 丁酉 | 4·7 |
| 12 | 18 | 木 | 17 | 丁卯 | 4·6 | 19 | 日 | 18 | 戊戌 | 4·6 |
| 13 | 19 | 金 | 18 | 戊辰 | 4·6 | 20 | 月 | 19 | 己亥 | 4·6 |
| 14 | 20 | 土 | 19 | 己巳 | 5·6 | 21 | 火 | 20 | 庚子 | 5·6 |
| 15 | 21 | 日 | 20 | 庚午 | 하지 | 22 | 水 | 21 | 辛丑 | 5·5 |
| 16 | 22 | 月 | 21 | 辛未 | 5·5 | 23 | 木 | 22 | 壬寅 | 대서 |
| 17 | 23 | 火 | 22 | 壬申 | 6·5 | 24 | 金 | 23 | 癸卯 | 6·5 |
| 18 | 24 | 水 | 23 | 癸酉 | 6·4 | 25 | 土 | 24 | 甲辰 | 6·4 |
| 19 | 25 | 木 | 24 | 甲戌 | 6·4 | 26 | 日 | 25 | 乙巳 | 6·4 |
| 20 | 26 | 金 | 25 | 乙亥 | 7·4 | 27 | 月 | 26 | 丙午 | 7·4 |
| 21 | 27 | 土 | 26 | 丙子 | 7·3 | 28 | 火 | 27 | 丁未 | 7·3 |
| 22 | 28 | 日 | 27 | 丁丑 | 7·3 | 29 | 水 | 28 | 戊申 | 7·3 |
| 23 | 29 | 月 | 28 | 戊寅 | 8·3 | 30 | 木 | 29 | 己酉 | 8·3 |
| 24 | 30 | 火 | 29 | 己卯 | 8·2 | 31 | 金 | 7/1 | 庚戌 | 8·2 |
| 25 | 7/1 | 水 | 30 | 庚辰 | 8·2 | 8/1 | 土 | 2 | 辛亥 | 8·2 |
| 26 | 2 | 木 | 6/1 | 辛巳 | 9·2 | 2 | 日 | 3 | 壬子 | 9·2 |
| 27 | 3 | 金 | 2 | 壬午 | 9·1 | 3 | 月 | 4 | 癸丑 | 9·1 |
| 28 | 4 | 土 | 3 | 癸未 | 9·1 | 4 | 火 | 5 | 甲寅 | 9·1 |
| 29 | 5 | 日 | 4 | 甲申 | 10·1 | 5 | 水 | 6 | 乙卯 | 10·1 |
| 30 | 6 | 月 | 5 | 乙酉 | 10·1 | 6 | 木 | 7 | 丙辰 | 10·1 |
| 31 | | | | | | | | | | |

# 辛酉年

## 입추절(丙申月)

立秋 8월7일 23시57분
處暑 8월23일 14시38분

| 절기후날수 | 양력 | 요일 | 음력 | 일진 | 大運(남·여) |
|---|---|---|---|---|---|
| 0 | 8/7 | 金 | 8 | 丁巳 | 입추 |
| 1 | 8 | 土 | 9 | 戊午 | 1·10 |
| 2 | 9 | 日 | 10 | 己未 | 1·10 |
| 3 | 10 | 月 | 11 | 庚申 | 1·10 |
| 4 | 11 | 火 | 12 | 辛酉 | 1·9 |
| 5 | 12 | 水 | 13 | 壬戌 | 2·9 |
| 6 | 13 | 木 | 14 | 癸亥 | 2·9 |
| 7 | 14 | 金 | 15 | 甲子 | 2·8 |
| 8 | 15 | 土 | 16 | 乙丑 | 3·8 |
| 9 | 16 | 日 | 17 | 丙寅 | 3·8 |
| 10 | 17 | 月 | 18 | 丁卯 | 3·7 |
| 11 | 18 | 火 | 19 | 戊辰 | 4·7 |
| 12 | 19 | 水 | 20 | 己巳 | 4·7 |
| 13 | 20 | 木 | 21 | 庚午 | 4·6 |
| 14 | 21 | 金 | 22 | 辛未 | 5·6 |
| 15 | 22 | 土 | 23 | 壬申 | 5·6 |
| 16 | 23 | 日 | 24 | 癸酉 | 처서 |
| 17 | 24 | 月 | 25 | 甲戌 | 6·5 |
| 18 | 25 | 火 | 26 | 乙亥 | 6·5 |
| 19 | 26 | 水 | 27 | 丙子 | 6·4 |
| 20 | 27 | 木 | 28 | 丁丑 | 7·4 |
| 21 | 28 | 金 | 29 | 戊寅 | 7·4 |
| 22 | 29 | 土 | 8/1 | 己卯 | 7·3 |
| 23 | 30 | 日 | 2 | 庚辰 | 8·3 |
| 24 | 31 | 月 | 3 | 辛巳 | 8·3 |
| 25 | 9/1 | 火 | 4 | 壬午 | 8·2 |
| 26 | 2 | 水 | 5 | 癸未 | 9·2 |
| 27 | 3 | 木 | 6 | 甲申 | 9·2 |
| 28 | 4 | 金 | 7 | 乙酉 | 9·1 |
| 29 | 5 | 土 | 8 | 丙戌 | 10·1 |
| 30 | 6 | 日 | 9 | 丁亥 | 10·1 |
| 31 | 7 | 月 | 10 | 戊子 | 10·1 |

## 백로절(丁酉月)

白露 9월8일 2시43분
秋分 9월23일 12시5분

| 절기후날수 | 양력 | 요일 | 음력 | 일진 | 大運(남·여) |
|---|---|---|---|---|---|
| 0 | 9/8 | 火 | 11 | 己丑 | 백로 |
| 1 | 9 | 水 | 12 | 庚寅 | 1·10 |
| 2 | 10 | 木 | 13 | 辛卯 | 1·9 |
| 3 | 11 | 金 | 14 | 壬辰 | 1·9 |
| 4 | 12 | 土 | 15 | 癸巳 | 1·9 |
| 5 | 13 | 日 | 16 | 甲午 | 2·8 |
| 6 | 14 | 月 | 17 | 乙未 | 2·8 |
| 7 | 15 | 火 | 18 | 丙申 | 2·8 |
| 8 | 16 | 水 | 19 | 丁酉 | 3·7 |
| 9 | 17 | 木 | 20 | 戊戌 | 3·7 |
| 10 | 18 | 金 | 21 | 己亥 | 3·7 |
| 11 | 19 | 土 | 22 | 庚子 | 4·6 |
| 12 | 20 | 日 | 23 | 辛丑 | 4·6 |
| 13 | 21 | 月 | 24 | 壬寅 | 4·6 |
| 14 | 22 | 火 | 25 | 癸卯 | 5·5 |
| 15 | 23 | 水 | 26 | 甲辰 | 추분 |
| 16 | 24 | 木 | 27 | 乙巳 | 5·5 |
| 17 | 25 | 金 | 28 | 丙午 | 6·4 |
| 18 | 26 | 土 | 29 | 丁未 | 6·4 |
| 19 | 27 | 日 | 30 | 戊申 | 6·4 |
| 20 | 28 | 月 | 9/1 | 己酉 | 7·3 |
| 21 | 29 | 火 | 2 | 庚戌 | 7·3 |
| 22 | 30 | 水 | 3 | 辛亥 | 7·3 |
| 23 | 10/1 | 木 | 4 | 壬子 | 8·2 |
| 24 | 2 | 金 | 5 | 癸丑 | 8·2 |
| 25 | 3 | 土 | 6 | 甲寅 | 8·2 |
| 26 | 4 | 日 | 7 | 乙卯 | 9·1 |
| 27 | 5 | 月 | 8 | 丙辰 | 9·1 |
| 28 | 6 | 火 | 9 | 丁巳 | 9·1 |
| 29 | 7 | 水 | 10 | 戊午 | 10·1 |
| 30 | | | | | |
| 31 | | | | | |

## 한로절(戊戌月)

寒露 10월8일 18시10분
霜降 10월23일 21시13분

| 절기후날수 | 양력 | 요일 | 음력 | 일진 | 大運(남·여) |
|---|---|---|---|---|---|
| 0 | 10/8 | 木 | 11 | 己未 | 한로 |
| 1 | 9 | 金 | 12 | 庚申 | 1·10 |
| 2 | 10 | 土 | 13 | 辛酉 | 1·9 |
| 3 | 11 | 日 | 14 | 壬戌 | 1·9 |
| 4 | 12 | 月 | 15 | 癸亥 | 1·9 |
| 5 | 13 | 火 | 16 | 甲子 | 2·8 |
| 6 | 14 | 水 | 17 | 乙丑 | 2·8 |
| 7 | 15 | 木 | 18 | 丙寅 | 2·8 |
| 8 | 16 | 金 | 19 | 丁卯 | 3·7 |
| 9 | 17 | 土 | 20 | 戊辰 | 3·7 |
| 10 | 18 | 日 | 21 | 己巳 | 3·7 |
| 11 | 19 | 月 | 22 | 庚午 | 4·6 |
| 12 | 20 | 火 | 23 | 辛未 | 4·6 |
| 13 | 21 | 水 | 24 | 壬申 | 4·6 |
| 14 | 22 | 木 | 25 | 癸酉 | 5·5 |
| 15 | 23 | 金 | 26 | 甲戌 | 상강 |
| 16 | 24 | 土 | 27 | 乙亥 | 5·5 |
| 17 | 25 | 日 | 28 | 丙子 | 6·4 |
| 18 | 26 | 月 | 29 | 丁丑 | 6·4 |
| 19 | 27 | 火 | 30 | 戊寅 | 6·4 |
| 20 | 28 | 水 | 10/1 | 己卯 | 7·3 |
| 21 | 29 | 木 | 2 | 庚辰 | 7·3 |
| 22 | 30 | 金 | 3 | 辛巳 | 7·3 |
| 23 | 31 | 土 | 4 | 壬午 | 8·2 |
| 24 | 11/1 | 日 | 5 | 癸未 | 8·2 |
| 25 | 2 | 月 | 6 | 甲申 | 8·2 |
| 26 | 3 | 火 | 7 | 乙酉 | 9·1 |
| 27 | 4 | 水 | 8 | 丙戌 | 9·1 |
| 28 | 5 | 木 | 9 | 丁亥 | 9·1 |
| 29 | 6 | 金 | 10 | 戊子 | 10·1 |
| 30 | | | | | |
| 31 | | | | | |

## 입동절(己亥月)

立冬 11월7일 21시9분
小雪 11월22일 18시36분

| 절기후날수 | 양력 | 요일 | 음력 | 일진 | 大運(남·여) |
|---|---|---|---|---|---|
| 0 | 11/7 | 土 | 11 | 己丑 | 입동 |
| 1 | 8 | 日 | 12 | 庚寅 | 1·10 |
| 2 | 9 | 月 | 13 | 辛卯 | 1·9 |
| 3 | 10 | 火 | 14 | 壬辰 | 1·9 |
| 4 | 11 | 水 | 15 | 癸巳 | 1·9 |
| 5 | 12 | 木 | 16 | 甲午 | 2·8 |
| 6 | 13 | 金 | 17 | 乙未 | 2·8 |
| 7 | 14 | 土 | 18 | 丙申 | 2·8 |
| 8 | 15 | 日 | 19 | 丁酉 | 3·7 |
| 9 | 16 | 月 | 20 | 戊戌 | 3·7 |
| 10 | 17 | 火 | 21 | 己亥 | 3·7 |
| 11 | 18 | 水 | 22 | 庚子 | 4·6 |
| 12 | 19 | 木 | 23 | 辛丑 | 4·6 |
| 13 | 20 | 金 | 24 | 壬寅 | 4·6 |
| 14 | 21 | 土 | 25 | 癸卯 | 5·5 |
| 15 | 22 | 日 | 26 | 甲辰 | 소설 |
| 16 | 23 | 月 | 27 | 乙巳 | 5·5 |
| 17 | 24 | 火 | 28 | 丙午 | 6·4 |
| 18 | 25 | 水 | 29 | 丁未 | 6·4 |
| 19 | 26 | 木 | 11/1 | 戊申 | 6·4 |
| 20 | 27 | 金 | 2 | 己酉 | 7·3 |
| 21 | 28 | 土 | 3 | 庚戌 | 7·3 |
| 22 | 29 | 日 | 4 | 辛亥 | 7·3 |
| 23 | 30 | 月 | 5 | 壬子 | 8·2 |
| 24 | 12/1 | 火 | 6 | 癸丑 | 8·2 |
| 25 | 2 | 水 | 7 | 甲寅 | 8·2 |
| 26 | 3 | 木 | 8 | 乙卯 | 9·1 |
| 27 | 4 | 金 | 9 | 丙辰 | 9·1 |
| 28 | 5 | 土 | 10 | 丁巳 | 9·1 |
| 29 | 6 | 日 | 11 | 戊午 | 10·1 |
| 30 | | | | | |
| 31 | | | | | |

## 대설절(庚子月)

大雪 12월7일 13시51분
冬至 12월22일 7시51분

| 절기후날수 | 양력 | 요일 | 음력 | 일진 | 大運(남·여) |
|---|---|---|---|---|---|
| 0 | 12/7 | 月 | 12 | 己未 | 대설 |
| 1 | 8 | 火 | 13 | 庚申 | 1·10 |
| 2 | 9 | 水 | 14 | 辛酉 | 1·9 |
| 3 | 10 | 木 | 15 | 壬戌 | 1·9 |
| 4 | 11 | 金 | 16 | 癸亥 | 1·9 |
| 5 | 12 | 土 | 17 | 甲子 | 2·8 |
| 6 | 13 | 日 | 18 | 乙丑 | 2·8 |
| 7 | 14 | 月 | 19 | 丙寅 | 2·8 |
| 8 | 15 | 火 | 20 | 丁卯 | 3·7 |
| 9 | 16 | 水 | 21 | 戊辰 | 3·7 |
| 10 | 17 | 木 | 22 | 己巳 | 3·7 |
| 11 | 18 | 金 | 23 | 庚午 | 4·6 |
| 12 | 19 | 土 | 24 | 辛未 | 4·6 |
| 13 | 20 | 日 | 25 | 壬申 | 4·6 |
| 14 | 21 | 月 | 26 | 癸酉 | 5·5 |
| 15 | 22 | 火 | 27 | 甲戌 | 동지 |
| 16 | 23 | 水 | 28 | 乙亥 | 5·5 |
| 17 | 24 | 木 | 29 | 丙子 | 6·4 |
| 18 | 25 | 金 | 30 | 丁丑 | 6·4 |
| 19 | 26 | 土 | 12/1 | 戊寅 | 6·4 |
| 20 | 27 | 日 | 2 | 己卯 | 7·3 |
| 21 | 28 | 月 | 3 | 庚辰 | 7·3 |
| 22 | 29 | 火 | 4 | 辛巳 | 7·3 |
| 23 | 30 | 水 | 5 | 壬午 | 8·2 |
| 24 | 31 | 木 | 6 | 癸未 | 8·2 |
| 25 | 1/1 | 金 | 7 | 甲申 | 8·2 |
| 26 | 2 | 土 | 8 | 乙酉 | 9·1 |
| 27 | 3 | 日 | 9 | 丙戌 | 9·1 |
| 28 | 4 | 月 | 10 | 丁亥 | 9·1 |
| 29 | 5 | 火 | 11 | 戊子 | 10·1 |
| 30 | | | | | |
| 31 | | | | | |

## 소한절(辛丑月)

小寒 1월6일 1시3분
大寒 1월20일 18시31분

| 절기후날수 | 양력 | 요일 | 음력 | 일진 | 大運(남·여) |
|---|---|---|---|---|---|
| 0 | 1/6 | 水 | 12 | 己丑 | 소한 |
| 1 | 7 | 木 | 13 | 庚寅 | 1·9 |
| 2 | 8 | 金 | 14 | 辛卯 | 1·9 |
| 3 | 9 | 土 | 15 | 壬辰 | 1·9 |
| 4 | 10 | 日 | 16 | 癸巳 | 1·8 |
| 5 | 11 | 月 | 17 | 甲午 | 2·8 |
| 6 | 12 | 火 | 18 | 乙未 | 2·8 |
| 7 | 13 | 水 | 19 | 丙申 | 2·7 |
| 8 | 14 | 木 | 20 | 丁酉 | 3·7 |
| 9 | 15 | 金 | 21 | 戊戌 | 3·7 |
| 10 | 16 | 土 | 22 | 己亥 | 3·6 |
| 11 | 17 | 日 | 23 | 庚子 | 4·6 |
| 12 | 18 | 月 | 24 | 辛丑 | 4·6 |
| 13 | 19 | 火 | 25 | 壬寅 | 4·5 |
| 14 | 20 | 水 | 26 | 癸卯 | 대한 |
| 15 | 21 | 木 | 27 | 甲辰 | 5·5 |
| 16 | 22 | 金 | 28 | 乙巳 | 5·4 |
| 17 | 23 | 土 | 29 | 丙午 | 6·4 |
| 18 | 24 | 日 | 30 | 丁未 | 6·4 |
| 19 | 25 | 月 | 1/1 | 戊申 | 6·3 |
| 20 | 26 | 火 | 2 | 己酉 | 7·3 |
| 21 | 27 | 水 | 3 | 庚戌 | 7·3 |
| 22 | 28 | 木 | 4 | 辛亥 | 7·2 |
| 23 | 29 | 金 | 5 | 壬子 | 8·2 |
| 24 | 30 | 土 | 6 | 癸丑 | 8·2 |
| 25 | 31 | 日 | 7 | 甲寅 | 8·1 |
| 26 | 2/1 | 月 | 8 | 乙卯 | 9·1 |
| 27 | 2 | 火 | 9 | 丙辰 | 9·1 |
| 28 | 3 | 水 | 10 | 丁巳 | 9·1 |
| 29 | | | | | |
| 30 | | | | | |
| 31 | | | | | |

# 서기 1982년 [단기 4315년]

| 절기후날수 | 입춘절(壬寅月) 立春 2월4일 12시45분 雨水 2월19일 8시47분 | | | | | 경칩절(癸卯月) 驚蟄 3월6일 6시55분 春分 3월21일 7시56분 | | | | |
|---|---|---|---|---|---|---|---|---|---|---|
| | 양력 | 요일 | 음력 | 일진 | 大運 남·여 | 양력 | 요일 | 음력 | 일진 | 大運 남·여 |
| 0 | 2/4 | 木 | 11 | 戊午 | 입춘 | 3/6 | 土 | 11 | 戊子 | 경칩 |
| 1 | 5 | 金 | 12 | 己未 | 10·1 | 7 | 日 | 12 | 己丑 | 10·1 |
| 2 | 6 | 土 | 13 | 庚申 | 9·1 | 8 | 月 | 13 | 庚寅 | 9·1 |
| 3 | 7 | 日 | 14 | 辛酉 | 9·1 | 9 | 火 | 14 | 辛卯 | 9·1 |
| 4 | 8 | 月 | 15 | 壬戌 | 9·1 | 10 | 水 | 15 | 壬辰 | 9·1 |
| 5 | 9 | 火 | 16 | 癸亥 | 8·2 | 11 | 木 | 16 | 癸巳 | 8·2 |
| 6 | 10 | 水 | 17 | 甲子 | 8·2 | 12 | 金 | 17 | 甲午 | 8·2 |
| 7 | 11 | 木 | 18 | 乙丑 | 8·2 | 13 | 土 | 18 | 乙未 | 8·2 |
| 8 | 12 | 金 | 19 | 丙寅 | 7·3 | 14 | 日 | 19 | 丙申 | 7·3 |
| 9 | 13 | 土 | 20 | 丁卯 | 7·3 | 15 | 月 | 20 | 丁酉 | 7·3 |
| 10 | 14 | 日 | 21 | 戊辰 | 7·3 | 16 | 火 | 21 | 戊戌 | 7·3 |
| 11 | 15 | 月 | 22 | 己巳 | 6·4 | 17 | 水 | 22 | 己亥 | 6·4 |
| 12 | 16 | 火 | 23 | 庚午 | 6·4 | 18 | 木 | 23 | 庚子 | 6·4 |
| 13 | 17 | 水 | 24 | 辛未 | 6·4 | 19 | 金 | 24 | 辛丑 | 6·4 |
| 14 | 18 | 木 | 25 | 壬申 | 5·5 | 20 | 土 | 25 | 壬寅 | 5·5 |
| 15 | 19 | 金 | 26 | 癸酉 | 우수 | 21 | 日 | 26 | 癸卯 | 춘분 |
| 16 | 20 | 土 | 27 | 甲戌 | 5·5 | 22 | 月 | 27 | 甲辰 | 5·5 |
| 17 | 21 | 日 | 28 | 乙亥 | 4·6 | 23 | 火 | 28 | 乙巳 | 4·6 |
| 18 | 22 | 月 | 29 | 丙子 | 4·6 | 24 | 水 | 29 | 丙午 | 4·6 |
| 19 | 23 | 火 | 30 | 丁丑 | 4·6 | 25 | 木 | 3/1 | 丁未 | 4·6 |
| 20 | 24 | 水 | 2/1 | 戊寅 | 3·7 | 26 | 金 | 2 | 戊申 | 3·7 |
| 21 | 25 | 木 | 2 | 己卯 | 3·7 | 27 | 土 | 3 | 己酉 | 3·7 |
| 22 | 26 | 金 | 3 | 庚辰 | 3·7 | 28 | 日 | 4 | 庚戌 | 3·7 |
| 23 | 27 | 土 | 4 | 辛巳 | 2·8 | 29 | 月 | 5 | 辛亥 | 2·8 |
| 24 | 28 | 日 | 5 | 壬午 | 2·8 | 30 | 火 | 6 | 壬子 | 2·8 |
| 25 | 3/1 | 月 | 6 | 癸未 | 2·8 | 31 | 水 | 7 | 癸丑 | 2·8 |
| 26 | 2 | 火 | 7 | 甲申 | 1·9 | 4/1 | 木 | 8 | 甲寅 | 1·9 |
| 27 | 3 | 水 | 8 | 乙酉 | 1·9 | 2 | 金 | 9 | 乙卯 | 1·9 |
| 28 | 4 | 木 | 9 | 丙戌 | 1·9 | 3 | 土 | 10 | 丙辰 | 1·9 |
| 29 | 5 | 金 | 10 | 丁亥 | 1·10 | 4 | 日 | 11 | 丁巳 | 1·10 |
| 30 | | | | | | | | | | |
| 31 | | | | | | | | | | |

| 절기후날수 | 청명절(甲辰月) 淸明 4월5일 11시53분 穀雨 4월20일 19시7분 | | | | | 입하절(乙巳月) 立夏 5월6일 5시20분 小滿 5월21일 18시23분 | | | | |
|---|---|---|---|---|---|---|---|---|---|---|
| | 양력 | 요일 | 음력 | 일진 | 大運 남·여 | 양력 | 요일 | 음력 | 일진 | 大運 남·여 |
| 0 | 4/5 | 月 | 12 | 戊午 | 청명 | 5/6 | 木 | 13 | 己丑 | 입하 |
| 1 | 6 | 火 | 13 | 己未 | 10·1 | 7 | 金 | 14 | 庚寅 | 10·1 |
| 2 | 7 | 水 | 14 | 庚申 | 10·1 | 8 | 土 | 15 | 辛卯 | 10·1 |
| 3 | 8 | 木 | 15 | 辛酉 | 9·1 | 9 | 日 | 16 | 壬辰 | 9·1 |
| 4 | 9 | 金 | 16 | 壬戌 | 9·1 | 10 | 月 | 17 | 癸巳 | 9·1 |
| 5 | 10 | 土 | 17 | 癸亥 | 9·2 | 11 | 火 | 18 | 甲午 | 9·2 |
| 6 | 11 | 日 | 18 | 甲子 | 8·2 | 12 | 水 | 19 | 乙未 | 8·2 |
| 7 | 12 | 月 | 19 | 乙丑 | 8·2 | 13 | 木 | 20 | 丙申 | 8·2 |
| 8 | 13 | 火 | 20 | 丙寅 | 8·3 | 14 | 金 | 21 | 丁酉 | 8·3 |
| 9 | 14 | 水 | 21 | 丁卯 | 7·3 | 15 | 土 | 22 | 戊戌 | 7·3 |
| 10 | 15 | 木 | 22 | 戊辰 | 7·3 | 16 | 日 | 23 | 己亥 | 7·3 |
| 11 | 16 | 金 | 23 | 己巳 | 7·4 | 17 | 月 | 24 | 庚子 | 7·4 |
| 12 | 17 | 土 | 24 | 庚午 | 6·4 | 18 | 火 | 25 | 辛丑 | 6·4 |
| 13 | 18 | 日 | 25 | 辛未 | 6·4 | 19 | 水 | 26 | 壬寅 | 6·4 |
| 14 | 19 | 月 | 26 | 壬申 | 6·5 | 20 | 木 | 27 | 癸卯 | 6·5 |
| 15 | 20 | 火 | 27 | 癸酉 | 곡우 | 21 | 金 | 28 | 甲辰 | 소만 |
| 16 | 21 | 水 | 28 | 甲戌 | 5·5 | 22 | 土 | 29 | 乙巳 | 5·5 |
| 17 | 22 | 木 | 29 | 乙亥 | 5·6 | 23 | 日 | 윤1 | 丙午 | 5·6 |
| 18 | 23 | 金 | 30 | 丙子 | 4·6 | 24 | 月 | 윤2 | 丁未 | 4·6 |
| 19 | 24 | 土 | 4/1 | 丁丑 | 4·6 | 25 | 火 | 윤3 | 戊申 | 4·6 |
| 20 | 25 | 日 | 2 | 戊寅 | 4·7 | 26 | 水 | 윤4 | 己酉 | 4·7 |
| 21 | 26 | 月 | 3 | 己卯 | 3·7 | 27 | 木 | 윤5 | 庚戌 | 3·7 |
| 22 | 27 | 火 | 4 | 庚辰 | 3·7 | 28 | 金 | 윤6 | 辛亥 | 3·7 |
| 23 | 28 | 水 | 5 | 辛巳 | 3·8 | 29 | 土 | 윤7 | 壬子 | 3·8 |
| 24 | 29 | 木 | 6 | 壬午 | 2·8 | 30 | 日 | 윤8 | 癸丑 | 2·8 |
| 25 | 30 | 金 | 7 | 癸未 | 2·8 | 31 | 月 | 윤9 | 甲寅 | 2·8 |
| 26 | 5/1 | 土 | 8 | 甲申 | 2·9 | 6/1 | 火 | 윤10 | 乙卯 | 2·9 |
| 27 | 2 | 日 | 9 | 乙酉 | 1·9 | 2 | 水 | 윤11 | 丙辰 | 1·9 |
| 28 | 3 | 月 | 10 | 丙戌 | 1·9 | 3 | 木 | 윤12 | 丁巳 | 1·9 |
| 29 | 4 | 火 | 11 | 丁亥 | 1·10 | 4 | 金 | 윤13 | 戊午 | 1·10 |
| 30 | 5 | 水 | 12 | 戊子 | 1·10 | 5 | 土 | 윤14 | 己未 | 1·10 |
| 31 | | | | | | | | | | |

| 절기후날수 | 망종절(丙午月) 芒種 6월6일 9시36분 夏至 6월22일 2시23분 | | | | | 소서절(丁未月) 小暑 7월7일 19시55분 大暑 7월23일 13시15분 | | | | |
|---|---|---|---|---|---|---|---|---|---|---|
| | 양력 | 요일 | 음력 | 일진 | 大運 남·여 | 양력 | 요일 | 음력 | 일진 | 大運 남·여 |
| 0 | 6/6 | 日 | 윤15 | 庚申 | 망종 | 7/7 | 水 | 17 | 辛卯 | 소서 |
| 1 | 7 | 月 | 윤16 | 辛酉 | 10·1 | 8 | 木 | 18 | 壬辰 | 10·1 |
| 2 | 8 | 火 | 윤17 | 壬戌 | 10·1 | 9 | 金 | 19 | 癸巳 | 10·1 |
| 3 | 9 | 水 | 윤18 | 癸亥 | 9·1 | 10 | 土 | 20 | 甲午 | 10·1 |
| 4 | 10 | 木 | 윤19 | 甲子 | 9·1 | 11 | 日 | 21 | 乙未 | 9·1 |
| 5 | 11 | 金 | 윤20 | 乙丑 | 9·2 | 12 | 月 | 22 | 丙申 | 9·2 |
| 6 | 12 | 土 | 윤21 | 丙寅 | 8·2 | 13 | 火 | 23 | 丁酉 | 9·2 |
| 7 | 13 | 日 | 윤22 | 丁卯 | 8·2 | 14 | 水 | 24 | 戊戌 | 8·2 |
| 8 | 14 | 月 | 윤23 | 戊辰 | 8·3 | 15 | 木 | 25 | 己亥 | 8·3 |
| 9 | 15 | 火 | 윤24 | 己巳 | 7·3 | 16 | 金 | 26 | 庚子 | 8·3 |
| 10 | 16 | 水 | 윤25 | 庚午 | 7·3 | 17 | 土 | 27 | 辛丑 | 7·3 |
| 11 | 17 | 木 | 윤26 | 辛未 | 7·4 | 18 | 日 | 28 | 壬寅 | 7·4 |
| 12 | 18 | 金 | 윤27 | 壬申 | 6·4 | 19 | 月 | 29 | 癸卯 | 7·4 |
| 13 | 19 | 土 | 윤28 | 癸酉 | 6·4 | 20 | 火 | 30 | 甲辰 | 6·4 |
| 14 | 20 | 日 | 윤29 | 甲戌 | 6·5 | 21 | 水 | 6/1 | 乙巳 | 6·5 |
| 15 | 21 | 月 | 5/1 | 乙亥 | 5·5 | 22 | 木 | 2 | 丙午 | 6·5 |
| 16 | 22 | 火 | 2 | 丙子 | 하지 | 23 | 金 | 3 | 丁未 | 대서 |
| 17 | 23 | 水 | 3 | 丁丑 | 5·6 | 24 | 土 | 4 | 戊申 | 5·6 |
| 18 | 24 | 木 | 4 | 戊寅 | 4·6 | 25 | 日 | 5 | 己酉 | 5·6 |
| 19 | 25 | 金 | 5 | 己卯 | 4·6 | 26 | 月 | 6 | 庚戌 | 4·6 |
| 20 | 26 | 土 | 6 | 庚辰 | 4·7 | 27 | 火 | 7 | 辛亥 | 4·7 |
| 21 | 27 | 日 | 7 | 辛巳 | 3·7 | 28 | 水 | 8 | 壬子 | 4·7 |
| 22 | 28 | 月 | 8 | 壬午 | 3·7 | 29 | 木 | 9 | 癸丑 | 3·7 |
| 23 | 29 | 火 | 9 | 癸未 | 3·8 | 30 | 金 | 10 | 甲寅 | 3·8 |
| 24 | 30 | 水 | 10 | 甲申 | 2·8 | 31 | 土 | 11 | 乙卯 | 3·8 |
| 25 | 7/1 | 木 | 11 | 乙酉 | 2·8 | 8/1 | 日 | 12 | 丙辰 | 2·8 |
| 26 | 2 | 金 | 12 | 丙戌 | 2·9 | 2 | 月 | 13 | 丁巳 | 2·9 |
| 27 | 3 | 土 | 13 | 丁亥 | 1·9 | 3 | 火 | 14 | 戊午 | 2·9 |
| 28 | 4 | 日 | 14 | 戊子 | 1·9 | 4 | 水 | 15 | 己未 | 1·9 |
| 29 | 5 | 月 | 15 | 己丑 | 1·10 | 5 | 木 | 16 | 庚申 | 1·10 |
| 30 | 6 | 火 | 16 | 庚寅 | 1·10 | 6 | 金 | 17 | 辛酉 | 1·10 |
| 31 | | | | | | 7 | 土 | 18 | 壬戌 | 1·10 |

▶윤달-4월

# 壬戌年

| 절기후날수 | 입추절(戊申月) 立秋 8월8일 5시42분 處暑 8월23일 20시15분 | | | | | 백로절(己酉月) 白露 9월8일 8시32분 秋分 9월23일 17시46분 | | | | | 한로절(庚戌月) 寒露 10월9일 0시2분 霜降 10월24일 2시58분 | | | | |
|---|---|---|---|---|---|---|---|---|---|---|---|---|---|---|---|
| | 양력 | 요일 | 음력 | 일진 | 大運 남·여 | 양력 | 요일 | 음력 | 일진 | 大運 남·여 | 양력 | 요일 | 음력 | 일진 | 大運 남·여 |
| 0 | 8/8 | 日 | 19 | 癸亥 | 입추 | 9/8 | 水 | 21 | 甲午 | 백로 | 10/9 | 土 | 23 | 乙丑 | 한로 |
| 1 | 9 | 月 | 20 | 甲子 | 10·1 | 9 | 木 | 22 | 乙未 | 10·1 | 10 | 日 | 24 | 丙寅 | 10·1 |
| 2 | 10 | 火 | 21 | 乙丑 | 10·1 | 10 | 金 | 23 | 丙申 | 10·1 | 11 | 月 | 25 | 丁卯 | 9·1 |
| 3 | 11 | 水 | 22 | 丙寅 | 9·1 | 11 | 土 | 24 | 丁酉 | 9·1 | 12 | 火 | 26 | 戊辰 | 9·1 |
| 4 | 12 | 木 | 23 | 丁卯 | 9·1 | 12 | 日 | 25 | 戊戌 | 9·1 | 13 | 水 | 27 | 己巳 | 9·1 |
| 5 | 13 | 金 | 24 | 戊辰 | 9·2 | 13 | 月 | 26 | 己亥 | 9·2 | 14 | 木 | 28 | 庚午 | 8·2 |
| 6 | 14 | 土 | 25 | 己巳 | 8·2 | 14 | 火 | 27 | 庚子 | 8·2 | 15 | 金 | 29 | 辛未 | 8·2 |
| 7 | 15 | 日 | 26 | 庚午 | 8·2 | 15 | 水 | 28 | 辛丑 | 8·2 | 16 | 土 | 30 | 壬申 | 8·2 |
| 8 | 16 | 月 | 27 | 辛未 | 8·3 | 16 | 木 | 29 | 壬寅 | 8·3 | 17 | 日 | 9/1 | 癸酉 | 7·3 |
| 9 | 17 | 火 | 28 | 壬申 | 7·3 | 17 | 金 | 8/1 | 癸卯 | 7·3 | 18 | 月 | 2 | 甲戌 | 7·3 |
| 10 | 18 | 水 | 29 | 癸酉 | 7·3 | 18 | 土 | 2 | 甲辰 | 7·3 | 19 | 火 | 3 | 乙亥 | 7·3 |
| 11 | 19 | 木 | 7/1 | 甲戌 | 7·4 | 19 | 日 | 3 | 乙巳 | 7·4 | 20 | 水 | 4 | 丙子 | 6·4 |
| 12 | 20 | 金 | 2 | 乙亥 | 6·4 | 20 | 月 | 4 | 丙午 | 6·4 | 21 | 木 | 5 | 丁丑 | 6·4 |
| 13 | 21 | 土 | 3 | 丙子 | 6·4 | 21 | 火 | 5 | 丁未 | 6·4 | 22 | 金 | 6 | 戊寅 | 6·4 |
| 14 | 22 | 日 | 4 | 丁丑 | 6·5 | 22 | 水 | 6 | 戊申 | 6·5 | 23 | 土 | 7 | 己卯 | 5·5 |
| 15 | 23 | 月 | 5 | 戊寅 | 처서 | 23 | 木 | 7 | 己酉 | 추분 | 24 | 日 | 8 | 庚辰 | 상강 |
| 16 | 24 | 火 | 6 | 己卯 | 5·5 | 24 | 金 | 8 | 庚戌 | 5·5 | 25 | 月 | 9 | 辛巳 | 5·5 |
| 17 | 25 | 水 | 7 | 庚辰 | 5·6 | 25 | 土 | 9 | 辛亥 | 5·6 | 26 | 火 | 10 | 壬午 | 4·6 |
| 18 | 26 | 木 | 8 | 辛巳 | 4·6 | 26 | 日 | 10 | 壬子 | 4·6 | 27 | 水 | 11 | 癸未 | 4·6 |
| 19 | 27 | 金 | 9 | 壬午 | 4·6 | 27 | 月 | 11 | 癸丑 | 4·6 | 28 | 木 | 12 | 甲申 | 4·6 |
| 20 | 28 | 土 | 10 | 癸未 | 4·7 | 28 | 火 | 12 | 甲寅 | 4·7 | 29 | 金 | 13 | 乙酉 | 3·7 |
| 21 | 29 | 日 | 11 | 甲申 | 3·7 | 29 | 水 | 13 | 乙卯 | 3·7 | 30 | 土 | 14 | 丙戌 | 3·7 |
| 22 | 30 | 月 | 12 | 乙酉 | 3·7 | 30 | 木 | 14 | 丙辰 | 3·7 | 31 | 日 | 15 | 丁亥 | 3·7 |
| 23 | 31 | 火 | 13 | 丙戌 | 3·8 | 10/1 | 金 | 15 | 丁巳 | 3·8 | 11/1 | 月 | 16 | 戊子 | 2·8 |
| 24 | 9/1 | 水 | 14 | 丁亥 | 2·8 | 2 | 土 | 16 | 戊午 | 2·8 | 2 | 火 | 17 | 己丑 | 2·8 |
| 25 | 2 | 木 | 15 | 戊子 | 2·8 | 3 | 日 | 17 | 己未 | 2·8 | 3 | 水 | 18 | 庚寅 | 2·8 |
| 26 | 3 | 金 | 16 | 己丑 | 2·9 | 4 | 月 | 18 | 庚申 | 2·9 | 4 | 木 | 19 | 辛卯 | 1·9 |
| 27 | 4 | 土 | 17 | 庚寅 | 1·9 | 5 | 火 | 19 | 辛酉 | 1·9 | 5 | 金 | 20 | 壬辰 | 1·9 |
| 28 | 5 | 日 | 18 | 辛卯 | 1·9 | 6 | 水 | 20 | 壬戌 | 1·9 | 6 | 土 | 21 | 癸巳 | 1·9 |
| 29 | 6 | 月 | 19 | 壬辰 | 1·10 | 7 | 木 | 21 | 癸亥 | 1·10 | 7 | 日 | 22 | 甲午 | 1·10 |
| 30 | 7 | 火 | 20 | 癸巳 | 1·10 | 8 | 金 | 22 | 甲子 | 1·10 | | | | | |
| 31 | | | | | | | | | | | | | | | |

| 절기후날수 | 입동절(辛亥月) 立冬 11월8일 3시4분 小雪 11월23일 0시23분 | | | | | 대설절(壬子月) 大雪 12월7일 19시48분 冬至 12월22일 13시38분 | | | | | 소한절(癸丑月) 小寒 1월6일 6시59분 大寒 1월21일 0시17분 | | | | |
|---|---|---|---|---|---|---|---|---|---|---|---|---|---|---|---|
| | 양력 | 요일 | 음력 | 일진 | 大運 남·여 | 양력 | 요일 | 음력 | 일진 | 大運 남·여 | 양력 | 요일 | 음력 | 일진 | 大運 남·여 |
| 0 | 11/8 | 月 | 23 | 乙未 | 입동 | 12/7 | 火 | 22 | 甲子 | 대설 | 1/6 | 木 | 23 | 甲午 | 소한 |
| 1 | 9 | 火 | 24 | 丙申 | 9·1 | 8 | 水 | 23 | 乙丑 | 10·1 | 7 | 金 | 24 | 乙未 | 9·1 |
| 2 | 10 | 水 | 25 | 丁酉 | 9·1 | 9 | 木 | 24 | 丙寅 | 9·1 | 8 | 土 | 25 | 丙申 | 9·1 |
| 3 | 11 | 木 | 26 | 戊戌 | 9·1 | 10 | 金 | 25 | 丁卯 | 9·1 | 9 | 日 | 26 | 丁酉 | 9·1 |
| 4 | 12 | 金 | 27 | 己亥 | 8·1 | 11 | 土 | 26 | 戊辰 | 9·1 | 10 | 月 | 27 | 戊戌 | 8·1 |
| 5 | 13 | 土 | 28 | 庚子 | 8·2 | 12 | 日 | 27 | 己巳 | 8·2 | 11 | 火 | 28 | 己亥 | 8·2 |
| 6 | 14 | 日 | 29 | 辛丑 | 8·2 | 13 | 月 | 28 | 庚午 | 8·2 | 12 | 水 | 29 | 庚子 | 8·2 |
| 7 | 15 | 月 | 30 | 壬寅 | 7·2 | 14 | 火 | 29 | 辛未 | 8·2 | 13 | 木 | 30 | 辛丑 | 7·2 |
| 8 | 16 | 火 | 10/1 | 癸卯 | 7·3 | 15 | 水 | 11/1 | 壬申 | 7·3 | 14 | 金 | 12/1 | 壬寅 | 7·3 |
| 9 | 17 | 水 | 2 | 甲辰 | 7·3 | 16 | 木 | 2 | 癸酉 | 7·3 | 15 | 土 | 2 | 癸卯 | 7·3 |
| 10 | 18 | 木 | 3 | 乙巳 | 6·3 | 17 | 金 | 3 | 甲戌 | 7·3 | 16 | 日 | 3 | 甲辰 | 6·3 |
| 11 | 19 | 金 | 4 | 丙午 | 6·4 | 18 | 土 | 4 | 乙亥 | 6·4 | 17 | 月 | 4 | 乙巳 | 6·4 |
| 12 | 20 | 土 | 5 | 丁未 | 6·4 | 19 | 日 | 5 | 丙子 | 6·4 | 18 | 火 | 5 | 丙午 | 6·4 |
| 13 | 21 | 日 | 6 | 戊申 | 5·4 | 20 | 月 | 6 | 丁丑 | 6·4 | 19 | 水 | 6 | 丁未 | 5·4 |
| 14 | 22 | 月 | 7 | 己酉 | 5·5 | 21 | 火 | 7 | 戊寅 | 5·5 | 20 | 木 | 7 | 戊申 | 5·5 |
| 15 | 23 | 火 | 8 | 庚戌 | 소설 | 22 | 水 | 8 | 己卯 | 동지 | 21 | 金 | 8 | 己酉 | 대한 |
| 16 | 24 | 水 | 9 | 辛亥 | 4·5 | 23 | 木 | 9 | 庚辰 | 5·5 | 22 | 土 | 9 | 庚戌 | 4·5 |
| 17 | 25 | 木 | 10 | 壬子 | 4·6 | 24 | 金 | 10 | 辛巳 | 4·6 | 23 | 日 | 10 | 辛亥 | 4·6 |
| 18 | 26 | 金 | 11 | 癸丑 | 4·6 | 25 | 土 | 11 | 壬午 | 4·6 | 24 | 月 | 11 | 壬子 | 4·6 |
| 19 | 27 | 土 | 12 | 甲寅 | 3·6 | 26 | 日 | 12 | 癸未 | 4·6 | 25 | 火 | 12 | 癸丑 | 3·6 |
| 20 | 28 | 日 | 13 | 乙卯 | 3·7 | 27 | 月 | 13 | 甲申 | 3·7 | 26 | 水 | 13 | 甲寅 | 3·7 |
| 21 | 29 | 月 | 14 | 丙辰 | 3·7 | 28 | 火 | 14 | 乙酉 | 3·7 | 27 | 木 | 14 | 乙卯 | 3·7 |
| 22 | 30 | 火 | 15 | 丁巳 | 2·7 | 29 | 水 | 15 | 丙戌 | 3·7 | 28 | 金 | 15 | 丙辰 | 2·7 |
| 23 | 12/1 | 水 | 16 | 戊午 | 2·8 | 30 | 木 | 16 | 丁亥 | 2·8 | 29 | 土 | 16 | 丁巳 | 2·8 |
| 24 | 2 | 木 | 17 | 己未 | 2·8 | 31 | 金 | 17 | 戊子 | 2·8 | 30 | 日 | 17 | 戊午 | 2·8 |
| 25 | 3 | 金 | 18 | 庚申 | 1·8 | 1/1 | 土 | 18 | 己丑 | 2·8 | 31 | 月 | 18 | 己未 | 1·8 |
| 26 | 4 | 土 | 19 | 辛酉 | 1·9 | 2 | 日 | 19 | 庚寅 | 1·9 | 2/1 | 火 | 19 | 庚申 | 1·9 |
| 27 | 5 | 日 | 20 | 壬戌 | 1·9 | 3 | 月 | 20 | 辛卯 | 1·9 | 2 | 水 | 20 | 辛酉 | 1·9 |
| 28 | 6 | 月 | 21 | 癸亥 | 1·9 | 4 | 火 | 21 | 壬辰 | 1·9 | 3 | 木 | 21 | 壬戌 | 1·9 |
| 29 | | | | | | 5 | 水 | 22 | 癸巳 | 1·10 | | | | | |
| 30 | | | | | | | | | | | | | | | |
| 31 | | | | | | | | | | | | | | | |

# 서기 1983년 [단기 4316년]

| 절기후날수 | 입춘절(甲寅月) 立春 2월4일 18시40분 雨水 2월19일 14시31분 | | | | | 경칩절(乙卯月) 驚蟄 3월6일 12시47분 春分 3월21일 13시39분 | | | | | 청명절(丙辰月) 淸明 4월5일 17시44분 穀雨 4월21일 0시50분 | | | | | 입하절(丁巳月) 立夏 5월6일 11시11분 小滿 5월22일 0시6분 | | | | | 망종절(戊午月) 芒種 6월6일 15시26분 夏至 6월22일 8시9분 | | | | | 소서절(己未月) 小暑 7월8일 1시43분 大暑 7월23일 19시4분 | | | | |
|---|---|---|---|---|---|---|---|---|---|---|---|---|---|---|---|---|---|---|---|---|---|---|---|---|---|---|---|---|---|---|
| | 양력 | 요일 | 음력 | 일진 | 大運 남·여 | 양력 | 요일 | 음력 | 일진 | 大運 남·여 | 양력 | 요일 | 음력 | 일진 | 大運 남·여 | 양력 | 요일 | 음력 | 일진 | 大運 남·여 | 양력 | 요일 | 음력 | 일진 | 大運 남·여 | 양력 | 요일 | 음력 | 일진 | 大運 남·여 |
| 0 | 2/4 | 金 | 22 | 癸亥 | 입춘 | 3/6 | 日 | 22 | 癸巳 | 경칩 | 4/5 | 火 | 22 | 癸亥 | 청명 | 5/6 | 金 | 24 | 甲午 | 입하 | 6/6 | 月 | 25 | 乙丑 | 망종 | 7/8 | 金 | 28 | 丁酉 | 소서 |
| 1 | 5 | 土 | 23 | 甲子 | 1·10 | 7 | 月 | 23 | 甲午 | 1·10 | 6 | 水 | 23 | 甲子 | 1·10 | 7 | 土 | 25 | 乙未 | 1·10 | 7 | 火 | 26 | 丙寅 | 1·10 | 9 | 土 | 29 | 戊戌 | 1·10 |
| 2 | 6 | 日 | 24 | 乙丑 | 1·9 | 8 | 火 | 24 | 乙未 | 1·9 | 7 | 木 | 24 | 乙丑 | 1·10 | 8 | 日 | 26 | 丙申 | 1·10 | 8 | 水 | 27 | 丁卯 | 1·10 | 10 | 日 | 6/1 | 己亥 | 1·10 |
| 3 | 7 | 月 | 25 | 丙寅 | 1·9 | 9 | 水 | 25 | 丙申 | 1·9 | 8 | 金 | 25 | 丙寅 | 1·9 | 9 | 月 | 27 | 丁酉 | 1·9 | 9 | 木 | 28 | 戊辰 | 1·10 | 11 | 月 | 2 | 庚子 | 1·9 |
| 4 | 8 | 火 | 26 | 丁卯 | 1·9 | 10 | 木 | 26 | 丁酉 | 1·9 | 9 | 土 | 26 | 丁卯 | 1·9 | 10 | 火 | 28 | 戊戌 | 1·9 | 10 | 金 | 29 | 己巳 | 1·9 | 12 | 火 | 3 | 辛丑 | 1·9 |
| 5 | 9 | 水 | 27 | 戊辰 | 2·8 | 11 | 金 | 27 | 戊戌 | 2·8 | 10 | 日 | 27 | 戊辰 | 2·9 | 11 | 水 | 29 | 己亥 | 2·9 | 11 | 土 | 5/1 | 庚午 | 2·9 | 13 | 水 | 4 | 壬寅 | 2·9 |
| 6 | 10 | 木 | 28 | 己巳 | 2·8 | 12 | 土 | 28 | 己亥 | 2·8 | 11 | 月 | 28 | 己巳 | 2·8 | 12 | 木 | 30 | 庚子 | 2·8 | 12 | 日 | 2 | 辛未 | 2·9 | 14 | 木 | 5 | 癸卯 | 2·8 |
| 7 | 11 | 金 | 29 | 庚午 | 2·8 | 13 | 日 | 29 | 庚子 | 2·8 | 12 | 火 | 29 | 庚午 | 2·8 | 13 | 金 | 4/1 | 辛丑 | 2·8 | 13 | 月 | 3 | 壬申 | 2·8 | 15 | 金 | 6 | 甲辰 | 2·8 |
| 8 | 12 | 土 | 30 | 辛未 | 3·7 | 14 | 月 | 30 | 辛丑 | 3·7 | 13 | 水 | 3/1 | 辛未 | 3·8 | 14 | 土 | 2 | 壬寅 | 3·8 | 14 | 火 | 4 | 癸酉 | 3·8 | 16 | 土 | 7 | 乙巳 | 3·8 |
| 9 | 13 | 日 | 1/1 | 壬申 | 3·7 | 15 | 火 | 2/1 | 壬寅 | 3·7 | 14 | 木 | 2 | 壬申 | 3·7 | 15 | 日 | 3 | 癸卯 | 3·7 | 15 | 水 | 5 | 甲戌 | 3·8 | 17 | 日 | 8 | 丙午 | 3·7 |
| 10 | 14 | 月 | 2 | 癸酉 | 3·7 | 16 | 水 | 2 | 癸卯 | 3·7 | 15 | 金 | 3 | 癸酉 | 3·7 | 16 | 月 | 4 | 甲辰 | 3·7 | 16 | 木 | 6 | 乙亥 | 3·7 | 18 | 月 | 9 | 丁未 | 3·7 |
| 11 | 15 | 火 | 3 | 甲戌 | 4·6 | 17 | 木 | 3 | 甲辰 | 4·6 | 16 | 土 | 4 | 甲戌 | 4·7 | 17 | 火 | 5 | 乙巳 | 4·7 | 17 | 金 | 7 | 丙子 | 4·7 | 19 | 火 | 10 | 戊申 | 4·7 |
| 12 | 16 | 水 | 4 | 乙亥 | 4·6 | 18 | 金 | 4 | 乙巳 | 4·6 | 17 | 日 | 5 | 乙亥 | 4·6 | 18 | 水 | 6 | 丙午 | 4·6 | 18 | 土 | 8 | 丁丑 | 4·7 | 20 | 水 | 11 | 己酉 | 4·6 |
| 13 | 17 | 木 | 5 | 丙子 | 4·6 | 19 | 土 | 5 | 丙午 | 4·6 | 18 | 月 | 6 | 丙子 | 4·6 | 19 | 木 | 7 | 丁未 | 4·6 | 19 | 日 | 9 | 戊寅 | 4·6 | 21 | 木 | 12 | 庚戌 | 4·6 |
| 14 | 18 | 金 | 6 | 丁丑 | 5·5 | 20 | 日 | 6 | 丁未 | 5·5 | 19 | 火 | 7 | 丁丑 | 5·6 | 20 | 金 | 8 | 戊申 | 5·6 | 20 | 月 | 10 | 己卯 | 5·6 | 22 | 金 | 13 | 辛亥 | 5·6 |
| 15 | 19 | 土 | 7 | 戊寅 | 우수 | 21 | 月 | 7 | 戊申 | 춘분 | 20 | 水 | 8 | 戊寅 | 5·5 | 21 | 土 | 9 | 己酉 | 5·5 | 21 | 火 | 11 | 庚辰 | 5·6 | 23 | 土 | 14 | 壬子 | 대서 |
| 16 | 20 | 日 | 8 | 己卯 | 5·5 | 22 | 火 | 8 | 己酉 | 5·5 | 21 | 木 | 9 | 己卯 | 곡우 | 22 | 日 | 10 | 庚戌 | 소만 | 22 | 水 | 12 | 辛巳 | 하지 | 24 | 日 | 15 | 癸丑 | 5·5 |
| 17 | 21 | 月 | 9 | 庚辰 | 6·4 | 23 | 水 | 9 | 庚戌 | 6·4 | 22 | 金 | 10 | 庚辰 | 6·5 | 23 | 月 | 11 | 辛亥 | 6·5 | 23 | 木 | 13 | 壬午 | 6·5 | 25 | 月 | 16 | 甲寅 | 6·5 |
| 18 | 22 | 火 | 10 | 辛巳 | 6·4 | 24 | 木 | 10 | 辛亥 | 6·4 | 23 | 土 | 11 | 辛巳 | 6·4 | 24 | 火 | 12 | 壬子 | 6·4 | 24 | 金 | 14 | 癸未 | 6·5 | 26 | 火 | 17 | 乙卯 | 6·4 |
| 19 | 23 | 水 | 11 | 壬午 | 6·4 | 25 | 金 | 11 | 壬子 | 6·4 | 24 | 日 | 12 | 壬午 | 6·4 | 25 | 水 | 13 | 癸丑 | 6·4 | 25 | 土 | 15 | 甲申 | 6·4 | 27 | 水 | 18 | 丙辰 | 6·4 |
| 20 | 24 | 木 | 12 | 癸未 | 7·3 | 26 | 土 | 12 | 癸丑 | 7·3 | 25 | 月 | 13 | 癸未 | 7·4 | 26 | 木 | 14 | 甲寅 | 7·4 | 26 | 日 | 16 | 乙酉 | 7·4 | 28 | 木 | 19 | 丁巳 | 7·4 |
| 21 | 25 | 金 | 13 | 甲申 | 7·3 | 27 | 日 | 13 | 甲寅 | 7·3 | 26 | 火 | 14 | 甲申 | 7·3 | 27 | 金 | 15 | 乙卯 | 7·3 | 27 | 月 | 17 | 丙戌 | 7·4 | 29 | 金 | 20 | 戊午 | 7·3 |
| 22 | 26 | 土 | 14 | 乙酉 | 7·3 | 28 | 月 | 14 | 乙卯 | 7·3 | 27 | 水 | 15 | 乙酉 | 7·3 | 28 | 土 | 16 | 丙辰 | 7·3 | 28 | 火 | 18 | 丁亥 | 7·3 | 30 | 土 | 21 | 己未 | 7·3 |
| 23 | 27 | 日 | 15 | 丙戌 | 8·2 | 29 | 火 | 15 | 丙辰 | 8·2 | 28 | 木 | 16 | 丙戌 | 8·3 | 29 | 日 | 17 | 丁巳 | 8·3 | 29 | 水 | 19 | 戊子 | 8·3 | 31 | 日 | 22 | 庚申 | 8·3 |
| 24 | 28 | 月 | 16 | 丁亥 | 8·2 | 30 | 水 | 16 | 丁巳 | 8·2 | 29 | 金 | 17 | 丁亥 | 8·2 | 30 | 月 | 18 | 戊午 | 8·2 | 30 | 木 | 20 | 己丑 | 8·3 | 8/1 | 月 | 23 | 辛酉 | 8·2 |
| 25 | 3/1 | 火 | 17 | 戊子 | 8·2 | 31 | 木 | 17 | 戊午 | 8·2 | 30 | 土 | 18 | 戊子 | 8·2 | 31 | 火 | 19 | 己未 | 8·2 | 7/1 | 金 | 21 | 庚寅 | 8·2 | 2 | 火 | 24 | 壬戌 | 8·2 |
| 26 | 2 | 水 | 18 | 己丑 | 9·1 | 4/1 | 金 | 18 | 己未 | 9·1 | 5/1 | 日 | 19 | 己丑 | 9·2 | 6/1 | 水 | 20 | 庚申 | 9·2 | 2 | 土 | 22 | 辛卯 | 9·2 | 3 | 水 | 25 | 癸亥 | 9·2 |
| 27 | 3 | 木 | 19 | 庚寅 | 9·1 | 2 | 土 | 19 | 庚申 | 9·1 | 2 | 月 | 20 | 庚寅 | 9·1 | 2 | 木 | 21 | 辛酉 | 9·1 | 3 | 日 | 23 | 壬辰 | 9·2 | 4 | 木 | 26 | 甲子 | 9·1 |
| 28 | 4 | 金 | 20 | 辛卯 | 9·1 | 3 | 日 | 20 | 辛酉 | 9·1 | 3 | 火 | 21 | 辛卯 | 9·1 | 3 | 金 | 22 | 壬戌 | 9·1 | 4 | 月 | 24 | 癸巳 | 9·1 | 5 | 金 | 27 | 乙丑 | 9·1 |
| 29 | 5 | 土 | 21 | 壬辰 | 10·1 | 4 | 月 | 21 | 壬戌 | 10·1 | 4 | 水 | 22 | 壬辰 | 10·1 | 4 | 土 | 23 | 癸亥 | 10·1 | 5 | 火 | 25 | 甲午 | 10·1 | 6 | 土 | 28 | 丙寅 | 10·1 |
| 30 | | | | | | | | | | | 5 | 木 | 23 | 癸巳 | 10·1 | 5 | 日 | 24 | 甲子 | 10·1 | 6 | 水 | 26 | 乙未 | 10·1 | 7 | 日 | 29 | 丁卯 | 10·1 |
| 31 | | | | | | | | | | | | | | | | | | | | | 7 | 木 | 27 | 丙申 | 10·1 | | | | | |

# 癸亥年

| 절기후날수 | 입추절(庚申月) 立秋 8월8일 11시30분 處暑 8월24일 2시7분 | | | | | 백로절(辛酉月) 白露 9월8일 14시20분 秋分 9월23일 23시42분 | | | | | 한로절(壬戌月) 寒露 10월9일 5시51분 霜降 10월24일 8시54분 | | | | |
|---|---|---|---|---|---|---|---|---|---|---|---|---|---|---|---|
| | 양력 | 요일 | 음력 | 일진 | 大運 남·여 | 양력 | 요일 | 음력 | 일진 | 大運 남·여 | 양력 | 요일 | 음력 | 일진 | 大運 남·여 |
| 0 | 8/8 | 月 | 30 | 戊辰 | 입추 | 9/8 | 木 | 2 | 己亥 | 백로 | 10/9 | 日 | 4 | 庚午 | 한로 |
| 1 | 9 | 火 | 7/1 | 己巳 | 1·10 | 9 | 金 | 3 | 庚子 | 1·10 | 10 | 月 | 5 | 辛未 | 1·10 |
| 2 | 10 | 水 | 2 | 庚午 | 1·10 | 10 | 土 | 4 | 辛丑 | 1·10 | 11 | 火 | 6 | 壬申 | 1·9 |
| 3 | 11 | 木 | 3 | 辛未 | 1·9 | 11 | 日 | 5 | 壬寅 | 1·9 | 12 | 水 | 7 | 癸酉 | 1·9 |
| 4 | 12 | 金 | 4 | 壬申 | 1·9 | 12 | 月 | 6 | 癸卯 | 1·9 | 13 | 木 | 8 | 甲戌 | 1·9 |
| 5 | 13 | 土 | 5 | 癸酉 | 2·9 | 13 | 火 | 7 | 甲辰 | 2·9 | 14 | 金 | 9 | 乙亥 | 2·8 |
| 6 | 14 | 日 | 6 | 甲戌 | 2·8 | 14 | 水 | 8 | 乙巳 | 2·8 | 15 | 土 | 10 | 丙子 | 2·8 |
| 7 | 15 | 月 | 7 | 乙亥 | 2·8 | 15 | 木 | 9 | 丙午 | 2·8 | 16 | 日 | 11 | 丁丑 | 2·8 |
| 8 | 16 | 火 | 8 | 丙子 | 3·8 | 16 | 金 | 10 | 丁未 | 3·8 | 17 | 月 | 12 | 戊寅 | 3·7 |
| 9 | 17 | 水 | 9 | 丁丑 | 3·7 | 17 | 土 | 11 | 戊申 | 3·7 | 18 | 火 | 13 | 己卯 | 3·7 |
| 10 | 18 | 木 | 10 | 戊寅 | 3·7 | 18 | 日 | 12 | 己酉 | 3·7 | 19 | 水 | 14 | 庚辰 | 3·7 |
| 11 | 19 | 金 | 11 | 己卯 | 4·7 | 19 | 月 | 13 | 庚戌 | 4·7 | 20 | 木 | 15 | 辛巳 | 4·6 |
| 12 | 20 | 土 | 12 | 庚辰 | 4·6 | 20 | 火 | 14 | 辛亥 | 4·6 | 21 | 金 | 16 | 壬午 | 4·6 |
| 13 | 21 | 日 | 13 | 辛巳 | 4·6 | 21 | 水 | 15 | 壬子 | 4·6 | 22 | 土 | 17 | 癸未 | 4·6 |
| 14 | 22 | 月 | 14 | 壬午 | 5·6 | 22 | 木 | 16 | 癸丑 | 5·6 | 23 | 日 | 18 | 甲申 | 5·5 |
| 15 | 23 | 火 | 15 | 癸未 | 5·5 | 23 | 金 | 17 | 甲寅 | 춘분 | 24 | 月 | 19 | 乙酉 | 상강 |
| 16 | 24 | 水 | 16 | 甲申 | 처서 | 24 | 土 | 18 | 乙卯 | 5·5 | 25 | 火 | 20 | 丙戌 | 5·5 |
| 17 | 25 | 木 | 17 | 乙酉 | 6·5 | 25 | 日 | 19 | 丙辰 | 6·5 | 26 | 水 | 21 | 丁亥 | 6·4 |
| 18 | 26 | 金 | 18 | 丙戌 | 6·4 | 26 | 月 | 20 | 丁巳 | 6·4 | 27 | 木 | 22 | 戊子 | 6·4 |
| 19 | 27 | 土 | 19 | 丁亥 | 6·4 | 27 | 火 | 21 | 戊午 | 6·4 | 28 | 金 | 23 | 己丑 | 6·4 |
| 20 | 28 | 日 | 20 | 戊子 | 7·4 | 28 | 水 | 22 | 己未 | 7·4 | 29 | 土 | 24 | 庚寅 | 7·3 |
| 21 | 29 | 月 | 21 | 己丑 | 7·3 | 29 | 木 | 23 | 庚申 | 7·3 | 30 | 日 | 25 | 辛卯 | 7·3 |
| 22 | 30 | 火 | 22 | 庚寅 | 7·3 | 30 | 金 | 24 | 辛酉 | 7·3 | 31 | 月 | 26 | 壬辰 | 7·3 |
| 23 | 31 | 水 | 23 | 辛卯 | 8·3 | 10/1 | 土 | 25 | 壬戌 | 8·3 | 11/1 | 火 | 27 | 癸巳 | 8·2 |
| 24 | 9/1 | 木 | 24 | 壬辰 | 8·2 | 2 | 日 | 26 | 癸亥 | 8·2 | 2 | 水 | 28 | 甲午 | 8·2 |
| 25 | 2 | 金 | 25 | 癸巳 | 8·2 | 3 | 月 | 27 | 甲子 | 8·2 | 3 | 木 | 29 | 乙未 | 8·2 |
| 26 | 3 | 土 | 26 | 甲午 | 9·2 | 4 | 火 | 28 | 乙丑 | 9·2 | 4 | 金 | 30 | 丙申 | 9·1 |
| 27 | 4 | 日 | 27 | 乙未 | 9·1 | 5 | 水 | 29 | 丙寅 | 9·1 | 5 | 土 | 10/1 | 丁酉 | 9·1 |
| 28 | 5 | 月 | 28 | 丙申 | 9·1 | 6 | 木 | 9/1 | 丁卯 | 9·1 | 6 | 日 | 2 | 戊戌 | 9·1 |
| 29 | 6 | 火 | 29 | 丁酉 | 10·1 | 7 | 金 | 2 | 戊辰 | 10·1 | 7 | 月 | 3 | 己亥 | 10·1 |
| 30 | 7 | 水 | 8/1 | 戊戌 | 10·1 | 8 | 土 | 3 | 己巳 | 10·1 | | | | | |
| 31 | | | | | | | | | | | | | | | |

| 절기후날수 | 입동절(癸亥月) 立冬 11월8일 8시52분 小雪 11월23일 6시18분 | | | | | 대설절(甲子月) 大雪 12월8일 1시34분 冬至 12월22일 19시30분 | | | | | 소한절(乙丑月) 小寒 1월6일 12시41분 大寒 1월21일 6시5분 | | | | |
|---|---|---|---|---|---|---|---|---|---|---|---|---|---|---|---|
| | 양력 | 요일 | 음력 | 일진 | 大運 남·여 | 양력 | 요일 | 음력 | 일진 | 大運 남·여 | 양력 | 요일 | 음력 | 일진 | 大運 남·여 |
| 0 | 11/8 | 火 | 4 | 庚子 | 입동 | 12/8 | 木 | 5 | 庚午 | 대설 | 1/6 | 金 | 4 | 己亥 | 소한 |
| 1 | 9 | 水 | 5 | 辛丑 | 1·10 | 9 | 金 | 6 | 辛未 | 1·9 | 7 | 土 | 5 | 庚子 | 1·10 |
| 2 | 10 | 木 | 6 | 壬寅 | 1·9 | 10 | 土 | 7 | 壬申 | 1·9 | 8 | 日 | 6 | 辛丑 | 1·9 |
| 3 | 11 | 金 | 7 | 癸卯 | 1·9 | 11 | 日 | 8 | 癸酉 | 1·9 | 9 | 月 | 7 | 壬寅 | 1·9 |
| 4 | 12 | 土 | 8 | 甲辰 | 1·9 | 12 | 月 | 9 | 甲戌 | 1·8 | 10 | 火 | 8 | 癸卯 | 1·9 |
| 5 | 13 | 日 | 9 | 乙巳 | 2·8 | 13 | 火 | 10 | 乙亥 | 2·8 | 11 | 水 | 9 | 甲辰 | 2·8 |
| 6 | 14 | 月 | 10 | 丙午 | 2·8 | 14 | 水 | 11 | 丙子 | 2·8 | 12 | 木 | 10 | 乙巳 | 2·8 |
| 7 | 15 | 火 | 11 | 丁未 | 2·8 | 15 | 木 | 12 | 丁丑 | 2·7 | 13 | 金 | 11 | 丙午 | 2·8 |
| 8 | 16 | 水 | 12 | 戊申 | 3·7 | 16 | 金 | 13 | 戊寅 | 3·7 | 14 | 土 | 12 | 丁未 | 3·7 |
| 9 | 17 | 木 | 13 | 己酉 | 3·7 | 17 | 土 | 14 | 己卯 | 3·7 | 15 | 日 | 13 | 戊申 | 3·7 |
| 10 | 18 | 金 | 14 | 庚戌 | 3·7 | 18 | 日 | 15 | 庚辰 | 3·6 | 16 | 月 | 14 | 己酉 | 3·7 |
| 11 | 19 | 土 | 15 | 辛亥 | 4·6 | 19 | 月 | 16 | 辛巳 | 4·6 | 17 | 火 | 15 | 庚戌 | 4·6 |
| 12 | 20 | 日 | 16 | 壬子 | 4·6 | 20 | 火 | 17 | 壬午 | 4·6 | 18 | 水 | 16 | 辛亥 | 4·6 |
| 13 | 21 | 月 | 17 | 癸丑 | 4·6 | 21 | 水 | 18 | 癸未 | 4·5 | 19 | 木 | 17 | 壬子 | 4·6 |
| 14 | 22 | 火 | 18 | 甲寅 | 5·5 | 22 | 木 | 19 | 甲申 | 동지 | 20 | 金 | 18 | 癸丑 | 5·5 |
| 15 | 23 | 水 | 19 | 乙卯 | 소설 | 23 | 金 | 20 | 乙酉 | 5·5 | 21 | 土 | 19 | 甲寅 | 대한 |
| 16 | 24 | 木 | 20 | 丙辰 | 5·5 | 24 | 土 | 21 | 丙戌 | 5·4 | 22 | 日 | 20 | 乙卯 | 5·5 |
| 17 | 25 | 金 | 21 | 丁巳 | 6·4 | 25 | 日 | 22 | 丁亥 | 6·4 | 23 | 月 | 21 | 丙辰 | 6·4 |
| 18 | 26 | 土 | 22 | 戊午 | 6·4 | 26 | 月 | 23 | 戊子 | 6·4 | 24 | 火 | 22 | 丁巳 | 6·4 |
| 19 | 27 | 日 | 23 | 己未 | 6·4 | 27 | 火 | 24 | 己丑 | 6·3 | 25 | 水 | 23 | 戊午 | 6·4 |
| 20 | 28 | 月 | 24 | 庚申 | 7·3 | 28 | 水 | 25 | 庚寅 | 7·3 | 26 | 木 | 24 | 己未 | 7·3 |
| 21 | 29 | 火 | 25 | 辛酉 | 7·3 | 29 | 木 | 26 | 辛卯 | 7·3 | 27 | 金 | 25 | 庚申 | 7·3 |
| 22 | 30 | 水 | 26 | 壬戌 | 7·3 | 30 | 金 | 27 | 壬辰 | 7·2 | 28 | 土 | 26 | 辛酉 | 7·3 |
| 23 | 12/1 | 木 | 27 | 癸亥 | 8·2 | 31 | 土 | 28 | 癸巳 | 8·2 | 29 | 日 | 27 | 壬戌 | 8·2 |
| 24 | 2 | 金 | 28 | 甲子 | 8·2 | 1/1 | 日 | 29 | 甲午 | 8·2 | 30 | 月 | 28 | 癸亥 | 8·2 |
| 25 | 3 | 土 | 29 | 乙丑 | 8·2 | 2 | 月 | 30 | 乙未 | 8·1 | 31 | 火 | 29 | 甲子 | 8·2 |
| 26 | 4 | 日 | 11/1 | 丙寅 | 9·1 | 3 | 火 | 12/1 | 丙申 | 9·1 | 2/1 | 水 | 30 | 乙丑 | 9·1 |
| 27 | 5 | 月 | 2 | 丁卯 | 9·1 | 4 | 水 | 2 | 丁酉 | 9·1 | 2 | 木 | 1/1 | 丙寅 | 9·1 |
| 28 | 6 | 火 | 3 | 戊辰 | 9·1 | 5 | 木 | 3 | 戊戌 | 9·1 | 3 | 金 | 2 | 丁卯 | 9·1 |
| 29 | 7 | 水 | 4 | 己巳 | 10·1 | | | | | | 4 | 土 | 3 | 戊辰 | 10·1 |
| 30 | | | | | | | | | | | | | | | |
| 31 | | | | | | | | | | | | | | | |

# 서기 1984년 [단기 4317년]

| 절기후날수 | 입춘절(丙寅月) 立春 2월5일 0시19분 雨水 2월19일 20시16분 | | | | | 경칩절(丁卯月) 驚蟄 3월5일 18시25분 春分 3월20일 19시24분 | | | | | 청명절(戊辰月) 淸明 4월4일 23시22분 穀雨 4월20일 6시38분 | | | | |
|---|---|---|---|---|---|---|---|---|---|---|---|---|---|---|---|
| | 양력 | 요일 | 음력 | 일진 | 大運 남·여 | 양력 | 요일 | 음력 | 일진 | 大運 남·여 | 양력 | 요일 | 음력 | 일진 | 大運 남·여 |
| 0 | 2/5 | 日 | 4 | 己巳 | 입춘 | 3/5 | 月 | 3 | 戊戌 | 경칩 | 4/4 | 水 | 4 | 戊辰 | 청명 |
| 1 | 6 | 月 | 5 | 庚午 | 9·1 | 6 | 火 | 4 | 己亥 | 10·1 | 5 | 木 | 5 | 己巳 | 10·1 |
| 2 | 7 | 火 | 6 | 辛未 | 9·1 | 7 | 水 | 5 | 庚子 | 9·1 | 6 | 金 | 6 | 庚午 | 10·1 |
| 3 | 8 | 水 | 7 | 壬申 | 9·1 | 8 | 木 | 6 | 辛丑 | 9·1 | 7 | 土 | 7 | 辛未 | 9·1 |
| 4 | 9 | 木 | 8 | 癸酉 | 8·1 | 9 | 金 | 7 | 壬寅 | 9·1 | 8 | 日 | 8 | 壬申 | 9·1 |
| 5 | 10 | 金 | 9 | 甲戌 | 8·2 | 10 | 土 | 8 | 癸卯 | 8·2 | 9 | 月 | 9 | 癸酉 | 9·2 |
| 6 | 11 | 土 | 10 | 乙亥 | 8·2 | 11 | 日 | 9 | 甲辰 | 8·2 | 10 | 火 | 10 | 甲戌 | 8·2 |
| 7 | 12 | 日 | 11 | 丙子 | 7·2 | 12 | 月 | 10 | 乙巳 | 8·2 | 11 | 水 | 11 | 乙亥 | 8·2 |
| 8 | 13 | 月 | 12 | 丁丑 | 7·3 | 13 | 火 | 11 | 丙午 | 7·3 | 12 | 木 | 12 | 丙子 | 8·3 |
| 9 | 14 | 火 | 13 | 戊寅 | 7·3 | 14 | 水 | 12 | 丁未 | 7·3 | 13 | 金 | 13 | 丁丑 | 7·3 |
| 10 | 15 | 水 | 14 | 己卯 | 6·3 | 15 | 木 | 13 | 戊申 | 7·3 | 14 | 土 | 14 | 戊寅 | 7·3 |
| 11 | 16 | 木 | 15 | 庚辰 | 6·4 | 16 | 金 | 14 | 己酉 | 6·4 | 15 | 日 | 15 | 己卯 | 7·4 |
| 12 | 17 | 金 | 16 | 辛巳 | 6·4 | 17 | 土 | 15 | 庚戌 | 6·4 | 16 | 月 | 16 | 庚辰 | 6·4 |
| 13 | 18 | 土 | 17 | 壬午 | 5·4 | 18 | 日 | 16 | 辛亥 | 6·4 | 17 | 火 | 17 | 辛巳 | 6·4 |
| 14 | 19 | 日 | 18 | 癸未 | 우수 | 19 | 月 | 17 | 壬子 | 5·5 | 18 | 水 | 18 | 壬午 | 6·5 |
| 15 | 20 | 月 | 19 | 甲申 | 5·5 | 20 | 火 | 18 | 癸丑 | 춘분 | 19 | 木 | 19 | 癸未 | 5·5 |
| 16 | 21 | 火 | 20 | 乙酉 | 4·5 | 21 | 水 | 19 | 甲寅 | 5·5 | 20 | 金 | 20 | 甲申 | 곡우 |
| 17 | 22 | 水 | 21 | 丙戌 | 4·6 | 22 | 木 | 20 | 乙卯 | 4·6 | 21 | 土 | 21 | 乙酉 | 5·6 |
| 18 | 23 | 木 | 22 | 丁亥 | 4·6 | 23 | 金 | 21 | 丙辰 | 4·6 | 22 | 日 | 22 | 丙戌 | 4·6 |
| 19 | 24 | 金 | 23 | 戊子 | 3·6 | 24 | 土 | 22 | 丁巳 | 4·6 | 23 | 月 | 23 | 丁亥 | 4·6 |
| 20 | 25 | 土 | 24 | 己丑 | 3·7 | 25 | 日 | 23 | 戊午 | 3·7 | 24 | 火 | 24 | 戊子 | 4·7 |
| 21 | 26 | 日 | 25 | 庚寅 | 3·7 | 26 | 月 | 24 | 己未 | 3·7 | 25 | 水 | 25 | 己丑 | 3·7 |
| 22 | 27 | 月 | 26 | 辛卯 | 2·7 | 27 | 火 | 25 | 庚申 | 3·7 | 26 | 木 | 26 | 庚寅 | 3·7 |
| 23 | 28 | 火 | 27 | 壬辰 | 2·8 | 28 | 水 | 26 | 辛酉 | 2·8 | 27 | 金 | 27 | 辛卯 | 3·8 |
| 24 | 29 | 水 | 28 | 癸巳 | 2·8 | 29 | 木 | 27 | 壬戌 | 2·8 | 28 | 土 | 28 | 壬辰 | 2·8 |
| 25 | 3/1 | 木 | 29 | 甲午 | 1·8 | 30 | 金 | 28 | 癸亥 | 2·8 | 29 | 日 | 29 | 癸巳 | 2·8 |
| 26 | 2 | 金 | 30 | 乙未 | 1·9 | 31 | 土 | 29 | 甲子 | 1·9 | 30 | 月 | 30 | 甲午 | 2·9 |
| 27 | 3 | 土 | 2/1 | 丙申 | 1·9 | 4/1 | 日 | 3/1 | 乙丑 | 1·9 | 5/1 | 火 | 4/1 | 乙未 | 1·9 |
| 28 | 4 | 日 | 2 | 丁酉 | 1·9 | 2 | 月 | 2 | 丙寅 | 1·9 | 2 | 水 | 2 | 丙申 | 1·9 |
| 29 | | | | | | 3 | 火 | 3 | 丁卯 | 1·10 | 3 | 木 | 3 | 丁酉 | 1·10 |
| 30 | | | | | | | | | | | 4 | 金 | 4 | 戊戌 | 1·10 |
| 31 | | | | | | | | | | | | | | | |

| 절기후날수 | 입하절(己巳月) 立夏 5월5일 16시51분 小滿 5월21일 5시58분 | | | | | 망종절(庚午月) 芒種 6월5일 21시9분 夏至 6월21일 14시2분 | | | | | 소서절(辛未月) 小暑 7월7일 7시29분 大暑 7월23일 0시58분 | | | | |
|---|---|---|---|---|---|---|---|---|---|---|---|---|---|---|---|
| | 양력 | 요일 | 음력 | 일진 | 大運 남·여 | 양력 | 요일 | 음력 | 일진 | 大運 남·여 | 양력 | 요일 | 음력 | 일진 | 大運 남·여 |
| 0 | 5/5 | 土 | 5 | 己亥 | 입하 | 6/5 | 火 | 6 | 庚午 | 망종 | 7/7 | 土 | 9 | 壬寅 | 소서 |
| 1 | 6 | 日 | 6 | 庚子 | 10·1 | 6 | 水 | 7 | 辛未 | 10·1 | 8 | 日 | 10 | 癸卯 | 10·1 |
| 2 | 7 | 月 | 7 | 辛丑 | 10·1 | 7 | 木 | 8 | 壬申 | 10·1 | 9 | 月 | 11 | 甲辰 | 10·1 |
| 3 | 8 | 火 | 8 | 壬寅 | 9·1 | 8 | 金 | 9 | 癸酉 | 10·1 | 10 | 火 | 12 | 乙巳 | 9·1 |
| 4 | 9 | 水 | 9 | 癸卯 | 9·1 | 9 | 土 | 10 | 甲戌 | 9·1 | 11 | 水 | 13 | 丙午 | 9·1 |
| 5 | 10 | 木 | 10 | 甲辰 | 9·2 | 10 | 日 | 11 | 乙亥 | 9·2 | 12 | 木 | 14 | 丁未 | 9·2 |
| 6 | 11 | 金 | 11 | 乙巳 | 8·2 | 11 | 月 | 12 | 丙子 | 9·2 | 13 | 金 | 15 | 戊申 | 8·2 |
| 7 | 12 | 土 | 12 | 丙午 | 8·2 | 12 | 火 | 13 | 丁丑 | 8·2 | 14 | 土 | 16 | 己酉 | 8·2 |
| 8 | 13 | 日 | 13 | 丁未 | 8·3 | 13 | 水 | 14 | 戊寅 | 8·3 | 15 | 日 | 17 | 庚戌 | 8·3 |
| 9 | 14 | 月 | 14 | 戊申 | 7·3 | 14 | 木 | 15 | 己卯 | 8·3 | 16 | 月 | 18 | 辛亥 | 7·3 |
| 10 | 15 | 火 | 15 | 己酉 | 7·3 | 15 | 金 | 16 | 庚辰 | 7·3 | 17 | 火 | 19 | 壬子 | 7·3 |
| 11 | 16 | 水 | 16 | 庚戌 | 7·4 | 16 | 土 | 17 | 辛巳 | 7·4 | 18 | 水 | 20 | 癸丑 | 7·4 |
| 12 | 17 | 木 | 17 | 辛亥 | 6·4 | 17 | 日 | 18 | 壬午 | 7·4 | 19 | 木 | 21 | 甲寅 | 6·4 |
| 13 | 18 | 金 | 18 | 壬子 | 6·4 | 18 | 月 | 19 | 癸未 | 6·4 | 20 | 金 | 22 | 乙卯 | 6·4 |
| 14 | 19 | 土 | 19 | 癸丑 | 6·5 | 19 | 火 | 20 | 甲申 | 6·5 | 21 | 土 | 23 | 丙辰 | 6·5 |
| 15 | 20 | 日 | 20 | 甲寅 | 5·5 | 20 | 水 | 21 | 乙酉 | 6·5 | 22 | 日 | 24 | 丁巳 | 5·5 |
| 16 | 21 | 月 | 21 | 乙卯 | 소만 | 21 | 木 | 22 | 丙戌 | 하지 | 23 | 月 | 25 | 戊午 | 대서 |
| 17 | 22 | 火 | 22 | 丙辰 | 5·6 | 22 | 金 | 23 | 丁亥 | 5·6 | 24 | 火 | 26 | 己未 | 5·6 |
| 18 | 23 | 水 | 23 | 丁巳 | 4·6 | 23 | 土 | 24 | 戊子 | 5·6 | 25 | 水 | 27 | 庚申 | 4·6 |
| 19 | 24 | 木 | 24 | 戊午 | 4·6 | 24 | 日 | 25 | 己丑 | 4·6 | 26 | 木 | 28 | 辛酉 | 4·6 |
| 20 | 25 | 金 | 25 | 己未 | 4·7 | 25 | 月 | 26 | 庚寅 | 4·7 | 27 | 金 | 29 | 壬戌 | 4·7 |
| 21 | 26 | 土 | 26 | 庚申 | 3·7 | 26 | 火 | 27 | 辛卯 | 4·7 | 28 | 土 | 7/1 | 癸亥 | 3·7 |
| 22 | 27 | 日 | 27 | 辛酉 | 3·7 | 27 | 水 | 28 | 壬辰 | 3·7 | 29 | 日 | 2 | 甲子 | 3·7 |
| 23 | 28 | 月 | 28 | 壬戌 | 3·8 | 28 | 木 | 29 | 癸巳 | 3·8 | 30 | 月 | 3 | 乙丑 | 3·8 |
| 24 | 29 | 火 | 29 | 癸亥 | 2·8 | 29 | 金 | 6/1 | 甲午 | 3·8 | 31 | 火 | 4 | 丙寅 | 2·8 |
| 25 | 30 | 水 | 30 | 甲子 | 2·8 | 30 | 土 | 2 | 乙未 | 2·8 | 8/1 | 水 | 5 | 丁卯 | 2·8 |
| 26 | 31 | 木 | 5/1 | 乙丑 | 2·9 | 7/1 | 日 | 3 | 丙申 | 2·9 | 2 | 木 | 6 | 戊辰 | 2·9 |
| 27 | 6/1 | 金 | 2 | 丙寅 | 1·9 | 2 | 月 | 4 | 丁酉 | 2·9 | 3 | 金 | 7 | 己巳 | 1·9 |
| 28 | 2 | 土 | 3 | 丁卯 | 1·9 | 3 | 火 | 5 | 戊戌 | 1·9 | 4 | 土 | 8 | 庚午 | 1·9 |
| 29 | 3 | 日 | 4 | 戊辰 | 1·10 | 4 | 水 | 6 | 己亥 | 1·10 | 5 | 日 | 9 | 辛未 | 1·10 |
| 30 | 4 | 月 | 5 | 己巳 | 1·10 | 5 | 木 | 7 | 庚子 | 1·10 | 6 | 月 | 10 | 壬申 | 1·10 |
| 31 | | | | | | 6 | 金 | 8 | 辛丑 | 1·10 | | | | | |

# 甲子年

| 절기후날수 | 입추절(壬申月) | | | | | 백로절(癸酉月) | | | | | 한로절(甲戌月) | | | | |
|---|---|---|---|---|---|---|---|---|---|---|---|---|---|---|---|
| | 立秋 8월7일 17시18분<br>處暑 8월23일 8시0분 | | | | | 白露 9월7일 20시10분<br>秋分 9월23일 5시33분 | | | | | 寒露 10월8일 11시43분<br>霜降 10월23일 14시46분 | | | | |
| | 양력 | 요일 | 음력 | 일진 | 大運 남·여 | 양력 | 요일 | 음력 | 일진 | 大運 남·여 | 양력 | 요일 | 음력 | 일진 | 大運 남·여 |
| 0 | 8/7 | 火 | 11 | 癸酉 | 입추 | 9/7 | 金 | 12 | 甲辰 | 백로 | 10/8 | 月 | 14 | 乙亥 | 한로 |
| 1 | 8 | 水 | 12 | 甲戌 | 10·1 | 8 | 土 | 13 | 乙巳 | 10·1 | 9 | 火 | 15 | 丙子 | 10·1 |
| 2 | 9 | 木 | 13 | 乙亥 | 10·1 | 9 | 日 | 14 | 丙午 | 10·1 | 10 | 水 | 16 | 丁丑 | 9·1 |
| 3 | 10 | 金 | 14 | 丙子 | 9·1 | 10 | 月 | 15 | 丁未 | 9·1 | 11 | 木 | 17 | 戊寅 | 9·1 |
| 4 | 11 | 土 | 15 | 丁丑 | 9·1 | 11 | 火 | 16 | 戊申 | 9·1 | 12 | 金 | 18 | 己卯 | 9·1 |
| 5 | 12 | 日 | 16 | 戊寅 | 9·2 | 12 | 水 | 17 | 己酉 | 9·2 | 13 | 土 | 19 | 庚辰 | 8·2 |
| 6 | 13 | 月 | 17 | 己卯 | 8·2 | 13 | 木 | 18 | 庚戌 | 8·2 | 14 | 日 | 20 | 辛巳 | 8·2 |
| 7 | 14 | 火 | 18 | 庚辰 | 8·2 | 14 | 金 | 19 | 辛亥 | 8·2 | 15 | 月 | 21 | 壬午 | 8·2 |
| 8 | 15 | 水 | 19 | 辛巳 | 8·3 | 15 | 土 | 20 | 壬子 | 8·3 | 16 | 火 | 22 | 癸未 | 7·3 |
| 9 | 16 | 木 | 20 | 壬午 | 7·3 | 16 | 日 | 21 | 癸丑 | 7·3 | 17 | 水 | 23 | 甲申 | 7·3 |
| 10 | 17 | 金 | 21 | 癸未 | 7·3 | 17 | 月 | 22 | 甲寅 | 7·3 | 18 | 木 | 24 | 乙酉 | 7·3 |
| 11 | 18 | 土 | 22 | 甲申 | 7·4 | 18 | 火 | 23 | 乙卯 | 7·4 | 19 | 金 | 25 | 丙戌 | 6·4 |
| 12 | 19 | 日 | 23 | 乙酉 | 6·4 | 19 | 水 | 24 | 丙辰 | 6·4 | 20 | 土 | 26 | 丁亥 | 6·4 |
| 13 | 20 | 月 | 24 | 丙戌 | 6·4 | 20 | 木 | 25 | 丁巳 | 6·4 | 21 | 日 | 27 | 戊子 | 6·4 |
| 14 | 21 | 火 | 25 | 丁亥 | 6·5 | 21 | 金 | 26 | 戊午 | 6·5 | 22 | 月 | 28 | 己丑 | 5·5 |
| 15 | 22 | 水 | 26 | 戊子 | 5·5 | 22 | 土 | 27 | 己未 | 5·5 | 23 | 火 | 29 | 庚寅 | 상강 |
| 16 | 23 | 木 | 27 | 己丑 | 처서 | 23 | 日 | 28 | 庚申 | 추분 | 24 | 水 | 10/1 | 辛卯 | 5·5 |
| 17 | 24 | 金 | 28 | 庚寅 | 5·6 | 24 | 月 | 29 | 辛酉 | 5·6 | 25 | 木 | 2 | 壬辰 | 4·6 |
| 18 | 25 | 土 | 29 | 辛卯 | 4·6 | 25 | 火 | 9/1 | 壬戌 | 4·6 | 26 | 金 | 3 | 癸巳 | 4·6 |
| 19 | 26 | 日 | 30 | 壬辰 | 4·6 | 26 | 水 | 2 | 癸亥 | 4·6 | 27 | 土 | 4 | 甲午 | 4·6 |
| 20 | 27 | 月 | 8/1 | 癸巳 | 4·7 | 27 | 木 | 3 | 甲子 | 4·7 | 28 | 日 | 5 | 乙未 | 3·7 |
| 21 | 28 | 火 | 2 | 甲午 | 3·7 | 28 | 金 | 4 | 乙丑 | 3·7 | 29 | 月 | 6 | 丙申 | 3·7 |
| 22 | 29 | 水 | 3 | 乙未 | 3·7 | 29 | 土 | 5 | 丙寅 | 3·7 | 30 | 火 | 7 | 丁酉 | 3·7 |
| 23 | 30 | 木 | 4 | 丙申 | 3·8 | 30 | 日 | 6 | 丁卯 | 3·8 | 31 | 水 | 8 | 戊戌 | 2·8 |
| 24 | 31 | 金 | 5 | 丁酉 | 2·8 | 10/1 | 月 | 7 | 戊辰 | 2·8 | 11/1 | 木 | 9 | 己亥 | 2·8 |
| 25 | 9/1 | 土 | 6 | 戊戌 | 2·8 | 2 | 火 | 8 | 己巳 | 2·8 | 2 | 金 | 10 | 庚子 | 2·8 |
| 26 | 2 | 日 | 7 | 己亥 | 2·9 | 3 | 水 | 9 | 庚午 | 2·9 | 3 | 土 | 11 | 辛丑 | 1·9 |
| 27 | 3 | 月 | 8 | 庚子 | 1·9 | 4 | 木 | 10 | 辛未 | 1·9 | 4 | 日 | 12 | 壬寅 | 1·9 |
| 28 | 4 | 火 | 9 | 辛丑 | 1·9 | 5 | 金 | 11 | 壬申 | 1·9 | 5 | 月 | 13 | 癸卯 | 1·9 |
| 29 | 5 | 水 | 10 | 壬寅 | 1·10 | 6 | 土 | 12 | 癸酉 | 1·10 | 6 | 火 | 14 | 甲辰 | 1·10 |
| 30 | 6 | 木 | 11 | 癸卯 | 1·10 | 7 | 日 | 13 | 甲戌 | 1·10 | | | | | |
| 31 | | | | | | | | | | | | | | | |

| 절기후날수 | 입동절(乙亥月) | | | | | 대설절(丙子月) | | | | | 소한절(丁丑月) | | | | |
|---|---|---|---|---|---|---|---|---|---|---|---|---|---|---|---|
| | 立冬 11월7일 14시46분<br>小雪 11월22일 12시11분 | | | | | 大雪 12월7일 7시28분<br>冬至 12월22일 1시23분 | | | | | 小寒 1월5일 18시35분<br>大寒 1월20일 11시58분 | | | | |
| | 양력 | 요일 | 음력 | 일진 | 大運 남·여 | 양력 | 요일 | 음력 | 일진 | 大運 남·여 | 양력 | 요일 | 음력 | 일진 | 大運 남·여 |
| 0 | 11/7 | 水 | 15 | 乙巳 | 입동 | 12/7 | 金 | 윤15 | 乙亥 | 대설 | 1/5 | 土 | 15 | 甲辰 | 소한 |
| 1 | 8 | 木 | 16 | 丙午 | 10·1 | 8 | 土 | 윤16 | 丙子 | 9·1 | 6 | 日 | 16 | 乙巳 | 10·1 |
| 2 | 9 | 金 | 17 | 丁未 | 9·1 | 9 | 日 | 윤17 | 丁丑 | 9·1 | 7 | 月 | 17 | 丙午 | 9·1 |
| 3 | 10 | 土 | 18 | 戊申 | 9·1 | 10 | 月 | 윤18 | 戊寅 | 9·1 | 8 | 火 | 18 | 丁未 | 9·1 |
| 4 | 11 | 日 | 19 | 己酉 | 9·1 | 11 | 火 | 윤19 | 己卯 | 8·1 | 9 | 水 | 19 | 戊申 | 9·1 |
| 5 | 12 | 月 | 20 | 庚戌 | 8·2 | 12 | 水 | 윤20 | 庚辰 | 8·2 | 10 | 木 | 20 | 己酉 | 8·2 |
| 6 | 13 | 火 | 21 | 辛亥 | 8·2 | 13 | 木 | 윤21 | 辛巳 | 8·2 | 11 | 金 | 21 | 庚戌 | 8·2 |
| 7 | 14 | 水 | 22 | 壬子 | 8·2 | 14 | 金 | 윤22 | 壬午 | 7·2 | 12 | 土 | 22 | 辛亥 | 8·2 |
| 8 | 15 | 木 | 23 | 癸丑 | 7·3 | 15 | 土 | 윤23 | 癸未 | 7·3 | 13 | 日 | 23 | 壬子 | 7·3 |
| 9 | 16 | 金 | 24 | 甲寅 | 7·3 | 16 | 日 | 윤24 | 甲申 | 7·3 | 14 | 月 | 24 | 癸丑 | 7·3 |
| 10 | 17 | 土 | 25 | 乙卯 | 7·3 | 17 | 月 | 윤25 | 乙酉 | 6·3 | 15 | 火 | 25 | 甲寅 | 7·3 |
| 11 | 18 | 日 | 26 | 丙辰 | 6·4 | 18 | 火 | 윤26 | 丙戌 | 6·4 | 16 | 水 | 26 | 乙卯 | 6·4 |
| 12 | 19 | 月 | 27 | 丁巳 | 6·4 | 19 | 水 | 윤27 | 丁亥 | 6·4 | 17 | 木 | 27 | 丙辰 | 6·4 |
| 13 | 20 | 火 | 28 | 戊午 | 6·4 | 20 | 木 | 윤28 | 戊子 | 5·4 | 18 | 金 | 28 | 丁巳 | 6·4 |
| 14 | 21 | 水 | 29 | 己未 | 5·5 | 21 | 金 | 윤29 | 己丑 | 5·5 | 19 | 土 | 29 | 戊午 | 5·5 |
| 15 | 22 | 木 | 30 | 庚申 | 소설 | 22 | 土 | 11/1 | 庚寅 | 동지 | 20 | 日 | 30 | 己未 | 대한 |
| 16 | 23 | 金 | 윤1 | 辛酉 | 5·5 | 23 | 日 | 2 | 辛卯 | 4·5 | 21 | 月 | 12/1 | 庚申 | 5·5 |
| 17 | 24 | 土 | 윤2 | 壬戌 | 4·6 | 24 | 月 | 3 | 壬辰 | 4·6 | 22 | 火 | 2 | 辛酉 | 4·6 |
| 18 | 25 | 日 | 윤3 | 癸亥 | 4·6 | 25 | 火 | 4 | 癸巳 | 4·6 | 23 | 水 | 3 | 壬戌 | 4·6 |
| 19 | 26 | 月 | 윤4 | 甲子 | 4·6 | 26 | 水 | 5 | 甲午 | 3·6 | 24 | 木 | 4 | 癸亥 | 4·6 |
| 20 | 27 | 火 | 윤5 | 乙丑 | 3·7 | 27 | 木 | 6 | 乙未 | 3·7 | 25 | 金 | 5 | 甲子 | 3·7 |
| 21 | 28 | 水 | 윤6 | 丙寅 | 3·7 | 28 | 金 | 7 | 丙申 | 3·7 | 26 | 土 | 6 | 乙丑 | 3·7 |
| 22 | 29 | 木 | 윤7 | 丁卯 | 3·7 | 29 | 土 | 8 | 丁酉 | 2·7 | 27 | 日 | 7 | 丙寅 | 3·7 |
| 23 | 30 | 金 | 윤8 | 戊辰 | 2·8 | 30 | 日 | 9 | 戊戌 | 2·8 | 28 | 月 | 8 | 丁卯 | 2·8 |
| 24 | 12/1 | 土 | 윤9 | 己巳 | 2·8 | 31 | 月 | 10 | 己亥 | 2·8 | 29 | 火 | 9 | 戊辰 | 2·8 |
| 25 | 2 | 日 | 윤10 | 庚午 | 2·8 | 1/1 | 火 | 11 | 庚子 | 1·8 | 30 | 水 | 10 | 己巳 | 2·8 |
| 26 | 3 | 月 | 윤11 | 辛未 | 1·9 | 2 | 水 | 12 | 辛丑 | 1·9 | 31 | 木 | 11 | 庚午 | 1·9 |
| 27 | 4 | 火 | 윤12 | 壬申 | 1·9 | 3 | 木 | 13 | 壬寅 | 1·9 | 2/1 | 金 | 12 | 辛未 | 1·9 |
| 28 | 5 | 水 | 윤13 | 癸酉 | 1·9 | 4 | 金 | 14 | 癸卯 | 1·9 | 2 | 土 | 13 | 壬申 | 1·9 |
| 29 | 6 | 木 | 윤14 | 甲戌 | 1·10 | | | | | | 3 | 日 | 14 | 癸酉 | 1·10 |
| 30 | | | | | | | | | | | | | | | |
| 31 | | | | | | | | | | | | | | | |

▶ 윤달-10월

# 서기 1985년 [단기 4318년]

| 절기후날수 | 입춘절(戊寅月) | | | | | 경칩절(己卯月) | | | | | 청명절(庚辰月) | | | | |
|---|---|---|---|---|---|---|---|---|---|---|---|---|---|---|---|
| | 立春 2월4일 6시12분<br>雨水 2월19일 2시7분 | | | | | 驚蟄 3월6일 0시16분<br>春分 3월21일 1시14분 | | | | | 淸明 4월5일 5시14분<br>穀雨 4월20일 12시26분 | | | | |
| | 양력 | 요일 | 음력 | 일진 | 大運 남·여 | 양력 | 요일 | 음력 | 일진 | 大運 남·여 | 양력 | 요일 | 음력 | 일진 | 大運 남·여 |
| 0 | 2/4 | 月 | 15 | 甲戌 | 입춘 | 3/6 | 水 | 15 | 甲辰 | 경칩 | 4/5 | 金 | 16 | 甲戌 | 청명 |
| 1 | 5 | 火 | 16 | 乙亥 | 1·10 | 7 | 木 | 16 | 乙巳 | 1·10 | 6 | 土 | 17 | 乙亥 | 1·10 |
| 2 | 6 | 水 | 17 | 丙子 | 1·9 | 8 | 金 | 17 | 丙午 | 1·9 | 7 | 日 | 18 | 丙子 | 1·9 |
| 3 | 7 | 木 | 18 | 丁丑 | 1·9 | 9 | 土 | 18 | 丁未 | 1·9 | 8 | 月 | 19 | 丁丑 | 1·9 |
| 4 | 8 | 金 | 19 | 戊寅 | 1·9 | 10 | 日 | 19 | 戊申 | 1·9 | 9 | 火 | 20 | 戊寅 | 1·9 |
| 5 | 9 | 土 | 20 | 己卯 | 2·8 | 11 | 月 | 20 | 己酉 | 2·8 | 10 | 水 | 21 | 己卯 | 2·8 |
| 6 | 10 | 日 | 21 | 庚辰 | 2·8 | 12 | 火 | 21 | 庚戌 | 2·8 | 11 | 木 | 22 | 庚辰 | 2·8 |
| 7 | 11 | 月 | 22 | 辛巳 | 2·8 | 13 | 水 | 22 | 辛亥 | 2·8 | 12 | 金 | 23 | 辛巳 | 2·8 |
| 8 | 12 | 火 | 23 | 壬午 | 3·7 | 14 | 木 | 23 | 壬子 | 3·7 | 13 | 土 | 24 | 壬午 | 3·7 |
| 9 | 13 | 水 | 24 | 癸未 | 3·7 | 15 | 金 | 24 | 癸丑 | 3·7 | 14 | 日 | 25 | 癸未 | 3·7 |
| 10 | 14 | 木 | 25 | 甲申 | 3·7 | 16 | 土 | 25 | 甲寅 | 3·7 | 15 | 月 | 26 | 甲申 | 3·7 |
| 11 | 15 | 金 | 26 | 乙酉 | 4·6 | 17 | 日 | 26 | 乙卯 | 4·6 | 16 | 火 | 27 | 乙酉 | 4·6 |
| 12 | 16 | 土 | 27 | 丙戌 | 4·6 | 18 | 月 | 27 | 丙辰 | 4·6 | 17 | 水 | 28 | 丙戌 | 4·6 |
| 13 | 17 | 日 | 28 | 丁亥 | 4·6 | 19 | 火 | 28 | 丁巳 | 4·6 | 18 | 木 | 29 | 丁亥 | 4·6 |
| 14 | 18 | 月 | 29 | 戊子 | 5·5 | 20 | 水 | 29 | 戊午 | 5·5 | 19 | 金 | 30 | 戊子 | 5·5 |
| 15 | 19 | 火 | 30 | 己丑 | 우수 | 21 | 木 | 2/1 | 己未 | 춘분 | 20 | 土 | 3/1 | 己丑 | 곡우 |
| 16 | 20 | 水 | 1/1 | 庚寅 | 5·5 | 22 | 金 | 2 | 庚申 | 5·5 | 21 | 日 | 2 | 庚寅 | 5·5 |
| 17 | 21 | 木 | 2 | 辛卯 | 6·4 | 23 | 土 | 3 | 辛酉 | 6·4 | 22 | 月 | 3 | 辛卯 | 6·4 |
| 18 | 22 | 金 | 3 | 壬辰 | 6·4 | 24 | 日 | 4 | 壬戌 | 6·4 | 23 | 火 | 4 | 壬辰 | 6·4 |
| 19 | 23 | 土 | 4 | 癸巳 | 6·4 | 25 | 月 | 5 | 癸亥 | 6·4 | 24 | 水 | 5 | 癸巳 | 6·4 |
| 20 | 24 | 日 | 5 | 甲午 | 7·3 | 26 | 火 | 6 | 甲子 | 7·3 | 25 | 木 | 6 | 甲午 | 7·3 |
| 21 | 25 | 月 | 6 | 乙未 | 7·3 | 27 | 水 | 7 | 乙丑 | 7·3 | 26 | 金 | 7 | 乙未 | 7·3 |
| 22 | 26 | 火 | 7 | 丙申 | 7·3 | 28 | 木 | 8 | 丙寅 | 7·3 | 27 | 土 | 8 | 丙申 | 7·3 |
| 23 | 27 | 水 | 8 | 丁酉 | 8·2 | 29 | 金 | 9 | 丁卯 | 8·2 | 28 | 日 | 9 | 丁酉 | 8·2 |
| 24 | 28 | 木 | 9 | 戊戌 | 8·2 | 30 | 土 | 10 | 戊辰 | 8·2 | 29 | 月 | 10 | 戊戌 | 8·2 |
| 25 | 3/1 | 金 | 10 | 己亥 | 8·2 | 31 | 日 | 11 | 己巳 | 8·2 | 30 | 火 | 11 | 己亥 | 8·2 |
| 26 | 2 | 土 | 11 | 庚子 | 9·1 | 4/1 | 月 | 12 | 庚午 | 9·1 | 5/1 | 水 | 12 | 庚子 | 9·1 |
| 27 | 3 | 日 | 12 | 辛丑 | 9·1 | 2 | 火 | 13 | 辛未 | 9·1 | 2 | 木 | 13 | 辛丑 | 9·1 |
| 28 | 4 | 月 | 13 | 壬寅 | 9·1 | 3 | 水 | 14 | 壬申 | 9·1 | 3 | 金 | 14 | 壬寅 | 9·1 |
| 29 | 5 | 火 | 14 | 癸卯 | 10·1 | 4 | 木 | 15 | 癸酉 | 10·1 | 4 | 土 | 15 | 癸卯 | 10·1 |
| 30 | | | | | | | | | | | | | | | |
| 31 | | | | | | | | | | | | | | | |

| 절기후날수 | 입하절(辛巳月) | | | | | 망종절(壬午月) | | | | | 소서절(癸未月) | | | | |
|---|---|---|---|---|---|---|---|---|---|---|---|---|---|---|---|
| | 立夏 5월5일 22시43분<br>小滿 5월21일 11시43분 | | | | | 芒種 6월6일 3시0분<br>夏至 6월21일 19시44분 | | | | | 小暑 7월7일 13시19분<br>大暑 7월23일 6시36분 | | | | |
| | 양력 | 요일 | 음력 | 일진 | 大運 남·여 | 양력 | 요일 | 음력 | 일진 | 大運 남·여 | 양력 | 요일 | 음력 | 일진 | 大運 남·여 |
| 0 | 5/5 | 日 | 16 | 甲辰 | 입하 | 6/6 | 木 | 18 | 丙子 | 망종 | 7/7 | 日 | 20 | 丁未 | 소서 |
| 1 | 6 | 月 | 17 | 乙巳 | 1·10 | 7 | 金 | 19 | 丁丑 | 1·10 | 8 | 月 | 21 | 戊申 | 1·10 |
| 2 | 7 | 火 | 18 | 丙午 | 1·10 | 8 | 土 | 20 | 戊寅 | 1·10 | 9 | 火 | 22 | 己酉 | 1·10 |
| 3 | 8 | 水 | 19 | 丁未 | 1·10 | 9 | 日 | 21 | 己卯 | 1·9 | 10 | 水 | 23 | 庚戌 | 1·9 |
| 4 | 9 | 木 | 20 | 戊申 | 1·9 | 10 | 月 | 22 | 庚辰 | 1·9 | 11 | 木 | 24 | 辛亥 | 1·9 |
| 5 | 10 | 金 | 21 | 己酉 | 2·9 | 11 | 火 | 23 | 辛巳 | 2·9 | 12 | 金 | 25 | 壬子 | 2·9 |
| 6 | 11 | 土 | 22 | 庚戌 | 2·9 | 12 | 水 | 24 | 壬午 | 2·8 | 13 | 土 | 26 | 癸丑 | 2·8 |
| 7 | 12 | 日 | 23 | 辛亥 | 2·8 | 13 | 木 | 25 | 癸未 | 2·8 | 14 | 日 | 27 | 甲寅 | 2·8 |
| 8 | 13 | 月 | 24 | 壬子 | 3·8 | 14 | 金 | 26 | 甲申 | 3·8 | 15 | 月 | 28 | 乙卯 | 3·8 |
| 9 | 14 | 火 | 25 | 癸丑 | 3·8 | 15 | 土 | 27 | 乙酉 | 3·7 | 16 | 火 | 29 | 丙辰 | 3·7 |
| 10 | 15 | 水 | 26 | 甲寅 | 3·7 | 16 | 日 | 28 | 丙戌 | 3·7 | 17 | 水 | 30 | 丁巳 | 3·7 |
| 11 | 16 | 木 | 27 | 乙卯 | 4·7 | 17 | 月 | 29 | 丁亥 | 4·7 | 18 | 木 | 6/1 | 戊午 | 4·7 |
| 12 | 17 | 金 | 28 | 丙辰 | 4·7 | 18 | 火 | 5/1 | 戊子 | 4·6 | 19 | 金 | 2 | 己未 | 4·6 |
| 13 | 18 | 土 | 29 | 丁巳 | 4·6 | 19 | 水 | 2 | 己丑 | 4·6 | 20 | 土 | 3 | 庚申 | 4·6 |
| 14 | 19 | 日 | 30 | 戊午 | 5·6 | 20 | 木 | 3 | 庚寅 | 5·6 | 21 | 日 | 4 | 辛酉 | 5·6 |
| 15 | 20 | 月 | 4/1 | 己未 | 5·6 | 21 | 金 | 4 | 辛卯 | 하지 | 22 | 月 | 5 | 壬戌 | 5·5 |
| 16 | 21 | 火 | 2 | 庚申 | 소만 | 22 | 土 | 5 | 壬辰 | 5·5 | 23 | 火 | 6 | 癸亥 | 대서 |
| 17 | 22 | 水 | 3 | 辛酉 | 6·5 | 23 | 日 | 6 | 癸巳 | 6·5 | 24 | 水 | 7 | 甲子 | 6·5 |
| 18 | 23 | 木 | 4 | 壬戌 | 6·5 | 24 | 月 | 7 | 甲午 | 6·4 | 25 | 木 | 8 | 乙丑 | 6·4 |
| 19 | 24 | 金 | 5 | 癸亥 | 6·4 | 25 | 火 | 8 | 乙未 | 6·4 | 26 | 金 | 9 | 丙寅 | 6·4 |
| 20 | 25 | 土 | 6 | 甲子 | 7·4 | 26 | 水 | 9 | 丙申 | 7·4 | 27 | 土 | 10 | 丁卯 | 7·4 |
| 21 | 26 | 日 | 7 | 乙丑 | 7·4 | 27 | 木 | 10 | 丁酉 | 7·3 | 28 | 日 | 11 | 戊辰 | 7·3 |
| 22 | 27 | 月 | 8 | 丙寅 | 7·3 | 28 | 金 | 11 | 戊戌 | 7·3 | 29 | 月 | 12 | 己巳 | 7·3 |
| 23 | 28 | 火 | 9 | 丁卯 | 8·3 | 29 | 土 | 12 | 己亥 | 8·3 | 30 | 火 | 13 | 庚午 | 8·3 |
| 24 | 29 | 水 | 10 | 戊辰 | 8·3 | 30 | 日 | 13 | 庚子 | 8·2 | 31 | 水 | 14 | 辛未 | 8·2 |
| 25 | 30 | 木 | 11 | 己巳 | 8·2 | 7/1 | 月 | 14 | 辛丑 | 8·2 | 8/1 | 木 | 15 | 壬申 | 8·2 |
| 26 | 31 | 金 | 12 | 庚午 | 9·2 | 2 | 火 | 15 | 壬寅 | 9·2 | 2 | 金 | 16 | 癸酉 | 9·2 |
| 27 | 6/1 | 土 | 13 | 辛未 | 9·2 | 3 | 水 | 16 | 癸卯 | 9·1 | 3 | 土 | 17 | 甲戌 | 9·1 |
| 28 | 2 | 日 | 14 | 壬申 | 9·1 | 4 | 木 | 17 | 甲辰 | 9·1 | 4 | 日 | 18 | 乙亥 | 9·1 |
| 29 | 3 | 月 | 15 | 癸酉 | 10·1 | 5 | 金 | 18 | 乙巳 | 10·1 | 5 | 月 | 19 | 丙子 | 10·1 |
| 30 | 4 | 火 | 16 | 甲戌 | 10·1 | 6 | 土 | 19 | 丙午 | 10·1 | 6 | 火 | 20 | 丁丑 | 10·1 |
| 31 | 5 | 水 | 17 | 乙亥 | 10·1 | | | | | | | | | | |

# 乙丑年

| 절기후날수 | 입추절(甲申月)<br>立秋 8월7일 23시4분<br>處暑 8월23일 13시36분 | | | | | 백로절(乙酉月)<br>白露 9월8일 1시53분<br>秋分 9월23일 11시7분 | | | | | 한로절(丙戌月)<br>寒露 10월8일 17시25분<br>霜降 10월23일 20시22분 | | | | |
|---|---|---|---|---|---|---|---|---|---|---|---|---|---|---|---|
| | 양력 | 요일 | 음력 | 일진 | 大運 남·여 | 양력 | 요일 | 음력 | 일진 | 大運 남·여 | 양력 | 요일 | 음력 | 일진 | 大運 남·여 |
| 0 | 8/7 | 水 | 21 | 戊寅 | 입추 | 9/8 | 日 | 24 | 庚戌 | 백로 | 10/8 | 火 | 24 | 庚辰 | 한로 |
| 1 | 8 | 木 | 22 | 己卯 | 1·10 | 9 | 月 | 25 | 辛亥 | 1·10 | 9 | 水 | 25 | 辛巳 | 1·10 |
| 2 | 9 | 金 | 23 | 庚辰 | 1·10 | 10 | 火 | 26 | 壬子 | 1·9 | 10 | 木 | 26 | 壬午 | 1·9 |
| 3 | 10 | 土 | 24 | 辛巳 | 1·10 | 11 | 水 | 27 | 癸丑 | 1·9 | 11 | 金 | 27 | 癸未 | 1·9 |
| 4 | 11 | 日 | 25 | 壬午 | 1·9 | 12 | 木 | 28 | 甲寅 | 1·9 | 12 | 土 | 28 | 甲申 | 1·9 |
| 5 | 12 | 月 | 26 | 癸未 | 2·9 | 13 | 金 | 29 | 乙卯 | 2·8 | 13 | 日 | 29 | 乙酉 | 2·8 |
| 6 | 13 | 火 | 27 | 甲申 | 2·9 | 14 | 土 | 30 | 丙辰 | 2·8 | 14 | 月 | 9/1 | 丙戌 | 2·8 |
| 7 | 14 | 水 | 28 | 乙酉 | 2·8 | 15 | 日 | 8/1 | 丁巳 | 2·8 | 15 | 火 | 2 | 丁亥 | 2·8 |
| 8 | 15 | 木 | 29 | 丙戌 | 3·8 | 16 | 月 | 2 | 戊午 | 3·7 | 16 | 水 | 3 | 戊子 | 3·7 |
| 9 | 16 | 金 | 7/1 | 丁亥 | 3·8 | 17 | 火 | 3 | 己未 | 3·7 | 17 | 木 | 4 | 己丑 | 3·7 |
| 10 | 17 | 土 | 2 | 戊子 | 3·7 | 18 | 水 | 4 | 庚申 | 3·7 | 18 | 金 | 5 | 庚寅 | 3·7 |
| 11 | 18 | 日 | 3 | 己丑 | 4·7 | 19 | 木 | 5 | 辛酉 | 4·6 | 19 | 土 | 6 | 辛卯 | 4·6 |
| 12 | 19 | 月 | 4 | 庚寅 | 4·7 | 20 | 金 | 6 | 壬戌 | 4·6 | 20 | 日 | 7 | 壬辰 | 4·6 |
| 13 | 20 | 火 | 5 | 辛卯 | 4·6 | 21 | 土 | 7 | 癸亥 | 4·6 | 21 | 月 | 8 | 癸巳 | 4·6 |
| 14 | 21 | 水 | 6 | 壬辰 | 5·6 | 22 | 日 | 8 | 甲子 | 5·5 | 22 | 火 | 9 | 甲午 | 5·5 |
| 15 | 22 | 木 | 7 | 癸巳 | 5·6 | 23 | 月 | 9 | 乙丑 | 추분 | 23 | 水 | 10 | 乙未 | 상강 |
| 16 | 23 | 金 | 8 | 甲午 | 처서 | 24 | 火 | 10 | 丙寅 | 5·5 | 24 | 木 | 11 | 丙申 | 5·5 |
| 17 | 24 | 土 | 9 | 乙未 | 6·5 | 25 | 水 | 11 | 丁卯 | 6·4 | 25 | 金 | 12 | 丁酉 | 6·4 |
| 18 | 25 | 日 | 10 | 丙申 | 6·5 | 26 | 木 | 12 | 戊辰 | 6·4 | 26 | 土 | 13 | 戊戌 | 6·4 |
| 19 | 26 | 月 | 11 | 丁酉 | 6·4 | 27 | 金 | 13 | 己巳 | 6·4 | 27 | 日 | 14 | 己亥 | 6·4 |
| 20 | 27 | 火 | 12 | 戊戌 | 7·4 | 28 | 土 | 14 | 庚午 | 7·3 | 28 | 月 | 15 | 庚子 | 7·3 |
| 21 | 28 | 水 | 13 | 己亥 | 7·4 | 29 | 日 | 15 | 辛未 | 7·3 | 29 | 火 | 16 | 辛丑 | 7·3 |
| 22 | 29 | 木 | 14 | 庚子 | 7·3 | 30 | 月 | 16 | 壬申 | 7·3 | 30 | 水 | 17 | 壬寅 | 7·3 |
| 23 | 30 | 金 | 15 | 辛丑 | 8·3 | 10/1 | 火 | 17 | 癸酉 | 8·2 | 31 | 木 | 18 | 癸卯 | 8·2 |
| 24 | 31 | 土 | 16 | 壬寅 | 8·3 | 2 | 水 | 18 | 甲戌 | 8·2 | 11/1 | 金 | 19 | 甲辰 | 8·2 |
| 25 | 9/1 | 日 | 17 | 癸卯 | 8·2 | 3 | 木 | 19 | 乙亥 | 8·2 | 2 | 土 | 20 | 乙巳 | 8·2 |
| 26 | 2 | 月 | 18 | 甲辰 | 9·2 | 4 | 金 | 20 | 丙子 | 9·1 | 3 | 日 | 21 | 丙午 | 9·1 |
| 27 | 3 | 火 | 19 | 乙巳 | 9·2 | 5 | 土 | 21 | 丁丑 | 9·1 | 4 | 月 | 22 | 丁未 | 9·1 |
| 28 | 4 | 水 | 20 | 丙午 | 9·1 | 6 | 日 | 22 | 戊寅 | 9·1 | 5 | 火 | 23 | 戊申 | 9·1 |
| 29 | 5 | 木 | 21 | 丁未 | 10·1 | 7 | 月 | 23 | 己卯 | 10·1 | 6 | 水 | 24 | 己酉 | 10·1 |
| 30 | 6 | 金 | 22 | 戊申 | 10·1 | | | | | | | | | | |
| 31 | 7 | 土 | 23 | 己酉 | 10·1 | | | | | | | | | | |

| 절기후날수 | 입동절(丁亥月)<br>立冬 11월7일 20시29분<br>小雪 11월22일 17시51분 | | | | | 대설절(戊子月)<br>大雪 12월7일 13시16분<br>冬至 12월22일 7시8분 | | | | | 소한절(己丑月)<br>小寒 1월6일 0시28분<br>大寒 1월20일 17시46분 | | | | |
|---|---|---|---|---|---|---|---|---|---|---|---|---|---|---|---|
| | 양력 | 요일 | 음력 | 일진 | 大運 남·여 | 양력 | 요일 | 음력 | 일진 | 大運 남·여 | 양력 | 요일 | 음력 | 일진 | 大運 남·여 |
| 0 | 11/7 | 木 | 25 | 庚戌 | 입동 | 12/7 | 土 | 26 | 庚辰 | 대설 | 1/6 | 月 | 26 | 庚戌 | 소한 |
| 1 | 8 | 金 | 26 | 辛亥 | 1·10 | 8 | 日 | 27 | 辛巳 | 1·10 | 7 | 火 | 27 | 辛亥 | 1·9 |
| 2 | 9 | 土 | 27 | 壬子 | 1·9 | 9 | 月 | 28 | 壬午 | 1·9 | 8 | 水 | 28 | 壬子 | 1·9 |
| 3 | 10 | 日 | 28 | 癸丑 | 1·9 | 10 | 火 | 29 | 癸未 | 1·9 | 9 | 木 | 29 | 癸丑 | 1·9 |
| 4 | 11 | 月 | 29 | 甲寅 | 1·9 | 11 | 水 | 30 | 甲申 | 1·9 | 10 | 金 | 12/1 | 甲寅 | 1·8 |
| 5 | 12 | 火 | 10/1 | 乙卯 | 2·8 | 12 | 木 | 11/1 | 乙酉 | 2·8 | 11 | 土 | 2 | 乙卯 | 2·8 |
| 6 | 13 | 水 | 2 | 丙辰 | 2·8 | 13 | 金 | 2 | 丙戌 | 2·8 | 12 | 日 | 3 | 丙辰 | 2·8 |
| 7 | 14 | 木 | 3 | 丁巳 | 2·8 | 14 | 土 | 3 | 丁亥 | 2·8 | 13 | 月 | 4 | 丁巳 | 2·7 |
| 8 | 15 | 金 | 4 | 戊午 | 3·7 | 15 | 日 | 4 | 戊子 | 3·7 | 14 | 火 | 5 | 戊午 | 3·7 |
| 9 | 16 | 土 | 5 | 己未 | 3·7 | 16 | 月 | 5 | 己丑 | 3·7 | 15 | 水 | 6 | 己未 | 3·7 |
| 10 | 17 | 日 | 6 | 庚申 | 3·7 | 17 | 火 | 6 | 庚寅 | 3·7 | 16 | 木 | 7 | 庚申 | 3·6 |
| 11 | 18 | 月 | 7 | 辛酉 | 4·6 | 18 | 水 | 7 | 辛卯 | 4·6 | 17 | 金 | 8 | 辛酉 | 4·6 |
| 12 | 19 | 火 | 8 | 壬戌 | 4·6 | 19 | 木 | 8 | 壬辰 | 4·6 | 18 | 土 | 9 | 壬戌 | 4·6 |
| 13 | 20 | 水 | 9 | 癸亥 | 4·6 | 20 | 金 | 9 | 癸巳 | 4·6 | 19 | 日 | 10 | 癸亥 | 4·5 |
| 14 | 21 | 木 | 10 | 甲子 | 5·5 | 21 | 土 | 10 | 甲午 | 5·5 | 20 | 月 | 11 | 甲子 | 대한 |
| 15 | 22 | 金 | 11 | 乙丑 | 소설 | 22 | 日 | 11 | 乙未 | 동지 | 21 | 火 | 12 | 乙丑 | 5·5 |
| 16 | 23 | 土 | 12 | 丙寅 | 5·5 | 23 | 月 | 12 | 丙申 | 5·5 | 22 | 水 | 13 | 丙寅 | 5·4 |
| 17 | 24 | 日 | 13 | 丁卯 | 6·4 | 24 | 火 | 13 | 丁酉 | 6·4 | 23 | 木 | 14 | 丁卯 | 6·4 |
| 18 | 25 | 月 | 14 | 戊辰 | 6·4 | 25 | 水 | 14 | 戊戌 | 6·4 | 24 | 金 | 15 | 戊辰 | 6·4 |
| 19 | 26 | 火 | 15 | 己巳 | 6·4 | 26 | 木 | 15 | 己亥 | 6·4 | 25 | 土 | 16 | 己巳 | 6·3 |
| 20 | 27 | 水 | 16 | 庚午 | 7·3 | 27 | 金 | 16 | 庚子 | 7·3 | 26 | 日 | 17 | 庚午 | 7·3 |
| 21 | 28 | 木 | 17 | 辛未 | 7·3 | 28 | 土 | 17 | 辛丑 | 7·3 | 27 | 月 | 18 | 辛未 | 7·3 |
| 22 | 29 | 金 | 18 | 壬申 | 7·3 | 29 | 日 | 18 | 壬寅 | 7·3 | 28 | 火 | 19 | 壬申 | 7·2 |
| 23 | 30 | 土 | 19 | 癸酉 | 8·2 | 30 | 月 | 19 | 癸卯 | 8·2 | 29 | 水 | 20 | 癸酉 | 8·2 |
| 24 | 12/1 | 日 | 20 | 甲戌 | 8·2 | 31 | 火 | 20 | 甲辰 | 8·2 | 30 | 木 | 21 | 甲戌 | 8·2 |
| 25 | 2 | 月 | 21 | 乙亥 | 8·2 | 1/1 | 水 | 21 | 乙巳 | 8·2 | 31 | 金 | 22 | 乙亥 | 8·1 |
| 26 | 3 | 火 | 22 | 丙子 | 9·1 | 2 | 木 | 22 | 丙午 | 9·1 | 2/1 | 土 | 23 | 丙子 | 9·1 |
| 27 | 4 | 水 | 23 | 丁丑 | 9·1 | 3 | 金 | 23 | 丁未 | 9·1 | 2 | 日 | 24 | 丁丑 | 9·1 |
| 28 | 5 | 木 | 24 | 戊寅 | 9·1 | 4 | 土 | 24 | 戊申 | 9·1 | 3 | 月 | 25 | 戊寅 | 9·1 |
| 29 | 6 | 金 | 25 | 己卯 | 10·1 | 5 | 日 | 25 | 己酉 | 10·1 | | | | | |
| 30 | | | | | | | | | | | | | | | |
| 31 | | | | | | | | | | | | | | | |

# 서기 1986년 [단기 4319년]

## 입춘절(庚寅月)

立春 2월4일 12시8분
雨水 2월19일 7시58분

| 절기후날수 | 양력 | 요일 | 음력 | 일진 | 大運 남·여 |
|---|---|---|---|---|---|
| 0 | 2/4 | 火 | 26 | 己卯 | 입춘 |
| 1 | 5 | 水 | 27 | 庚辰 | 10·1 |
| 2 | 6 | 木 | 28 | 辛巳 | 9·1 |
| 3 | 7 | 金 | 29 | 壬午 | 9·1 |
| 4 | 8 | 土 | 30 | 癸未 | 9·1 |
| 5 | 9 | 日 | 1/1 | 甲申 | 8·2 |
| 6 | 10 | 月 | 2 | 乙酉 | 8·2 |
| 7 | 11 | 火 | 3 | 丙戌 | 8·2 |
| 8 | 12 | 水 | 4 | 丁亥 | 7·3 |
| 9 | 13 | 木 | 5 | 戊子 | 7·3 |
| 10 | 14 | 金 | 6 | 己丑 | 7·3 |
| 11 | 15 | 土 | 7 | 庚寅 | 6·4 |
| 12 | 16 | 日 | 8 | 辛卯 | 6·4 |
| 13 | 17 | 月 | 9 | 壬辰 | 6·4 |
| 14 | 18 | 火 | 10 | 癸巳 | 5·5 |
| 15 | 19 | 水 | 11 | 甲午 | 우수 |
| 16 | 20 | 木 | 12 | 乙未 | 5·5 |
| 17 | 21 | 金 | 13 | 丙申 | 4·6 |
| 18 | 22 | 土 | 14 | 丁酉 | 4·6 |
| 19 | 23 | 日 | 15 | 戊戌 | 4·6 |
| 20 | 24 | 月 | 16 | 己亥 | 3·7 |
| 21 | 25 | 火 | 17 | 庚子 | 3·7 |
| 22 | 26 | 水 | 18 | 辛丑 | 3·7 |
| 23 | 27 | 木 | 19 | 壬寅 | 2·8 |
| 24 | 28 | 金 | 20 | 癸卯 | 2·8 |
| 25 | 3/1 | 土 | 21 | 甲辰 | 2·8 |
| 26 | 2 | 日 | 22 | 乙巳 | 1·9 |
| 27 | 3 | 月 | 23 | 丙午 | 1·9 |
| 28 | 4 | 火 | 24 | 丁未 | 1·9 |
| 29 | 5 | 水 | 25 | 戊申 | 1·10 |
| 30 | | | | | |
| 31 | | | | | |

## 경칩절(辛卯月)

驚蟄 3월6일 6시12분
春分 3월21일 7시3분

| 절기후날수 | 양력 | 요일 | 음력 | 일진 | 大運 남·여 |
|---|---|---|---|---|---|
| 0 | 3/6 | 木 | 26 | 己酉 | 경칩 |
| 1 | 7 | 金 | 27 | 庚戌 | 10·1 |
| 2 | 8 | 土 | 28 | 辛亥 | 9·1 |
| 3 | 9 | 日 | 29 | 壬子 | 9·1 |
| 4 | 10 | 月 | 2/1 | 癸丑 | 9·1 |
| 5 | 11 | 火 | 2 | 甲寅 | 8·2 |
| 6 | 12 | 水 | 3 | 乙卯 | 8·2 |
| 7 | 13 | 木 | 4 | 丙辰 | 8·2 |
| 8 | 14 | 金 | 5 | 丁巳 | 7·3 |
| 9 | 15 | 土 | 6 | 戊午 | 7·3 |
| 10 | 16 | 日 | 7 | 己未 | 7·3 |
| 11 | 17 | 月 | 8 | 庚申 | 6·4 |
| 12 | 18 | 火 | 9 | 辛酉 | 6·4 |
| 13 | 19 | 水 | 10 | 壬戌 | 6·4 |
| 14 | 20 | 木 | 11 | 癸亥 | 5·5 |
| 15 | 21 | 金 | 12 | 甲子 | 춘분 |
| 16 | 22 | 土 | 13 | 乙丑 | 5·5 |
| 17 | 23 | 日 | 14 | 丙寅 | 4·6 |
| 18 | 24 | 月 | 15 | 丁卯 | 4·6 |
| 19 | 25 | 火 | 16 | 戊辰 | 4·6 |
| 20 | 26 | 水 | 17 | 己巳 | 3·7 |
| 21 | 27 | 木 | 18 | 庚午 | 3·7 |
| 22 | 28 | 金 | 19 | 辛未 | 3·7 |
| 23 | 29 | 土 | 20 | 壬申 | 2·8 |
| 24 | 30 | 日 | 21 | 癸酉 | 2·8 |
| 25 | 31 | 月 | 22 | 甲戌 | 2·8 |
| 26 | 4/1 | 火 | 23 | 乙亥 | 1·9 |
| 27 | 2 | 水 | 24 | 丙子 | 1·9 |
| 28 | 3 | 木 | 25 | 丁丑 | 1·9 |
| 29 | 4 | 金 | 26 | 戊寅 | 1·10 |
| 30 | | | | | |
| 31 | | | | | |

## 청명절(壬辰月)

清明 4월5일 11시6분
穀雨 4월20일 18시12분

| 절기후날수 | 양력 | 요일 | 음력 | 일진 | 大運 남·여 |
|---|---|---|---|---|---|
| 0 | 4/5 | 土 | 27 | 己卯 | 청명 |
| 1 | 6 | 日 | 28 | 庚辰 | 10·1 |
| 2 | 7 | 月 | 29 | 辛巳 | 10·1 |
| 3 | 8 | 火 | 30 | 壬午 | 9·1 |
| 4 | 9 | 水 | 3/1 | 癸未 | 9·1 |
| 5 | 10 | 木 | 2 | 甲申 | 9·2 |
| 6 | 11 | 金 | 3 | 乙酉 | 8·2 |
| 7 | 12 | 土 | 4 | 丙戌 | 8·2 |
| 8 | 13 | 日 | 5 | 丁亥 | 8·3 |
| 9 | 14 | 月 | 6 | 戊子 | 7·3 |
| 10 | 15 | 火 | 7 | 己丑 | 7·3 |
| 11 | 16 | 水 | 8 | 庚寅 | 7·4 |
| 12 | 17 | 木 | 9 | 辛卯 | 6·4 |
| 13 | 18 | 金 | 10 | 壬辰 | 6·4 |
| 14 | 19 | 土 | 11 | 癸巳 | 6·5 |
| 15 | 20 | 日 | 12 | 甲午 | 곡우 |
| 16 | 21 | 月 | 13 | 乙未 | 5·5 |
| 17 | 22 | 火 | 14 | 丙申 | 5·6 |
| 18 | 23 | 水 | 15 | 丁酉 | 4·6 |
| 19 | 24 | 木 | 16 | 戊戌 | 4·6 |
| 20 | 25 | 金 | 17 | 己亥 | 4·7 |
| 21 | 26 | 土 | 18 | 庚子 | 3·7 |
| 22 | 27 | 日 | 19 | 辛丑 | 3·7 |
| 23 | 28 | 月 | 20 | 壬寅 | 3·8 |
| 24 | 29 | 火 | 21 | 癸卯 | 2·8 |
| 25 | 30 | 水 | 22 | 甲辰 | 2·8 |
| 26 | 5/1 | 木 | 23 | 乙巳 | 2·9 |
| 27 | 2 | 金 | 24 | 丙午 | 1·9 |
| 28 | 3 | 土 | 25 | 丁未 | 1·9 |
| 29 | 4 | 日 | 26 | 戊申 | 1·10 |
| 30 | 5 | 月 | 27 | 己酉 | 1·10 |
| 31 | | | | | |

## 입하절(癸巳月)

立夏 5월6일 4시31분
小滿 5월21일 17시28분

| 절기후날수 | 양력 | 요일 | 음력 | 일진 | 大運 남·여 |
|---|---|---|---|---|---|
| 0 | 5/6 | 火 | 28 | 庚戌 | 입하 |
| 1 | 7 | 水 | 29 | 辛亥 | 10·1 |
| 2 | 8 | 木 | 30 | 壬子 | 10·1 |
| 3 | 9 | 金 | 4/1 | 癸丑 | 9·1 |
| 4 | 10 | 土 | 2 | 甲寅 | 9·1 |
| 5 | 11 | 日 | 3 | 乙卯 | 9·2 |
| 6 | 12 | 月 | 4 | 丙辰 | 8·2 |
| 7 | 13 | 火 | 5 | 丁巳 | 8·2 |
| 8 | 14 | 水 | 6 | 戊午 | 8·3 |
| 9 | 15 | 木 | 7 | 己未 | 7·3 |
| 10 | 16 | 金 | 8 | 庚申 | 7·3 |
| 11 | 17 | 土 | 9 | 辛酉 | 7·4 |
| 12 | 18 | 日 | 10 | 壬戌 | 6·4 |
| 13 | 19 | 月 | 11 | 癸亥 | 6·4 |
| 14 | 20 | 火 | 12 | 甲子 | 6·5 |
| 15 | 21 | 水 | 13 | 乙丑 | 소만 |
| 16 | 22 | 木 | 14 | 丙寅 | 5·5 |
| 17 | 23 | 金 | 15 | 丁卯 | 5·6 |
| 18 | 24 | 土 | 16 | 戊辰 | 4·6 |
| 19 | 25 | 日 | 17 | 己巳 | 4·6 |
| 20 | 26 | 月 | 18 | 庚午 | 4·7 |
| 21 | 27 | 火 | 19 | 辛未 | 3·7 |
| 22 | 28 | 水 | 20 | 壬申 | 3·7 |
| 23 | 29 | 木 | 21 | 癸酉 | 3·8 |
| 24 | 30 | 金 | 22 | 甲戌 | 2·8 |
| 25 | 31 | 土 | 23 | 乙亥 | 2·8 |
| 26 | 6/1 | 日 | 24 | 丙子 | 2·9 |
| 27 | 2 | 月 | 25 | 丁丑 | 1·9 |
| 28 | 3 | 火 | 26 | 戊寅 | 1·9 |
| 29 | 4 | 水 | 27 | 己卯 | 1·10 |
| 30 | 5 | 木 | 28 | 庚辰 | 1·10 |
| 31 | | | | | |

## 망종절(甲午月)

芒種 6월6일 8시44분
夏至 6월22일 1시30분

| 절기후날수 | 양력 | 요일 | 음력 | 일진 | 大運 남·여 |
|---|---|---|---|---|---|
| 0 | 6/6 | 金 | 29 | 辛巳 | 망종 |
| 1 | 7 | 土 | 5/1 | 壬午 | 10·1 |
| 2 | 8 | 日 | 2 | 癸未 | 10·1 |
| 3 | 9 | 月 | 3 | 甲申 | 9·1 |
| 4 | 10 | 火 | 4 | 乙酉 | 9·1 |
| 5 | 11 | 水 | 5 | 丙戌 | 9·2 |
| 6 | 12 | 木 | 6 | 丁亥 | 8·2 |
| 7 | 13 | 金 | 7 | 戊子 | 8·2 |
| 8 | 14 | 土 | 8 | 己丑 | 8·3 |
| 9 | 15 | 日 | 9 | 庚寅 | 7·3 |
| 10 | 16 | 月 | 10 | 辛卯 | 7·3 |
| 11 | 17 | 火 | 11 | 壬辰 | 7·4 |
| 12 | 18 | 水 | 12 | 癸巳 | 6·4 |
| 13 | 19 | 木 | 13 | 甲午 | 6·4 |
| 14 | 20 | 金 | 14 | 乙未 | 6·5 |
| 15 | 21 | 土 | 15 | 丙申 | 5·5 |
| 16 | 22 | 日 | 16 | 丁酉 | 하지 |
| 17 | 23 | 月 | 17 | 戊戌 | 5·6 |
| 18 | 24 | 火 | 18 | 己亥 | 4·6 |
| 19 | 25 | 水 | 19 | 庚子 | 4·6 |
| 20 | 26 | 木 | 20 | 辛丑 | 4·7 |
| 21 | 27 | 金 | 21 | 壬寅 | 3·7 |
| 22 | 28 | 土 | 22 | 癸卯 | 3·7 |
| 23 | 29 | 日 | 23 | 甲辰 | 3·8 |
| 24 | 30 | 月 | 24 | 乙巳 | 2·8 |
| 25 | 7/1 | 火 | 25 | 丙午 | 2·8 |
| 26 | 2 | 水 | 26 | 丁未 | 2·9 |
| 27 | 3 | 木 | 27 | 戊申 | 1·9 |
| 28 | 4 | 金 | 28 | 己酉 | 1·9 |
| 29 | 5 | 土 | 29 | 庚戌 | 1·10 |
| 30 | 6 | 日 | 30 | 辛亥 | 1·10 |
| 31 | | | | | |

## 소서절(乙未月)

小暑 7월7일 19시1분
大暑 7월23일 12시24분

| 절기후날수 | 양력 | 요일 | 음력 | 일진 | 大運 남·여 |
|---|---|---|---|---|---|
| 0 | 7/7 | 月 | 6/1 | 壬子 | 소서 |
| 1 | 8 | 火 | 2 | 癸丑 | 10·1 |
| 2 | 9 | 水 | 3 | 甲寅 | 10·1 |
| 3 | 10 | 木 | 4 | 乙卯 | 10·1 |
| 4 | 11 | 金 | 5 | 丙辰 | 9·1 |
| 5 | 12 | 土 | 6 | 丁巳 | 9·2 |
| 6 | 13 | 日 | 7 | 戊午 | 9·2 |
| 7 | 14 | 月 | 8 | 己未 | 8·2 |
| 8 | 15 | 火 | 9 | 庚申 | 8·3 |
| 9 | 16 | 水 | 10 | 辛酉 | 8·3 |
| 10 | 17 | 木 | 11 | 壬戌 | 7·3 |
| 11 | 18 | 金 | 12 | 癸亥 | 7·4 |
| 12 | 19 | 土 | 13 | 甲子 | 7·4 |
| 13 | 20 | 日 | 14 | 乙丑 | 6·4 |
| 14 | 21 | 月 | 15 | 丙寅 | 6·5 |
| 15 | 22 | 火 | 16 | 丁卯 | 6·5 |
| 16 | 23 | 水 | 17 | 戊辰 | 대서 |
| 17 | 24 | 木 | 18 | 己巳 | 5·6 |
| 18 | 25 | 金 | 19 | 庚午 | 5·6 |
| 19 | 26 | 土 | 20 | 辛未 | 4·6 |
| 20 | 27 | 日 | 21 | 壬申 | 4·7 |
| 21 | 28 | 月 | 22 | 癸酉 | 4·7 |
| 22 | 29 | 火 | 23 | 甲戌 | 3·7 |
| 23 | 30 | 水 | 24 | 乙亥 | 3·8 |
| 24 | 31 | 木 | 25 | 丙子 | 3·8 |
| 25 | 8/1 | 金 | 26 | 丁丑 | 2·8 |
| 26 | 2 | 土 | 27 | 戊寅 | 2·9 |
| 27 | 3 | 日 | 28 | 己卯 | 2·9 |
| 28 | 4 | 月 | 29 | 庚辰 | 1·9 |
| 29 | 5 | 火 | 30 | 辛巳 | 1·10 |
| 30 | 6 | 水 | 7/1 | 壬午 | 1·10 |
| 31 | 7 | 木 | 2 | 癸未 | 1·10 |

# 丙寅年

| 절기후날수 | 입추절(丙申月) 立秋 8월8일 4시46분 處暑 8월23일 19시26분 | | | | | 백로절(丁酉月) 白露 9월8일 7시35분 秋分 9월23일 16시59분 | | | | |
|---|---|---|---|---|---|---|---|---|---|---|
| | 양력 | 요일 | 음력 | 일진 | 大運 남·여 | 양력 | 요일 | 음력 | 일진 | 大運 남·여 |
| 0 | 8/8 | 金 | 3 | 甲申 | 입추 | 9/8 | 月 | 5 | 乙卯 | 백로 |
| 1 | 9 | 土 | 4 | 乙酉 | 10·1 | 9 | 火 | 6 | 丙辰 | 10·1 |
| 2 | 10 | 日 | 5 | 丙戌 | 10·1 | 10 | 水 | 7 | 丁巳 | 9·1 |
| 3 | 11 | 月 | 6 | 丁亥 | 9·1 | 11 | 木 | 8 | 戊午 | 9·1 |
| 4 | 12 | 火 | 7 | 戊子 | 9·1 | 12 | 金 | 9 | 己未 | 9·1 |
| 5 | 13 | 水 | 8 | 己丑 | 9·2 | 13 | 土 | 10 | 庚申 | 8·2 |
| 6 | 14 | 木 | 9 | 庚寅 | 8·2 | 14 | 日 | 11 | 辛酉 | 8·2 |
| 7 | 15 | 金 | 10 | 辛卯 | 8·2 | 15 | 月 | 12 | 壬戌 | 8·2 |
| 8 | 16 | 土 | 11 | 壬辰 | 8·3 | 16 | 火 | 13 | 癸亥 | 7·3 |
| 9 | 17 | 日 | 12 | 癸巳 | 7·3 | 17 | 水 | 14 | 甲子 | 7·3 |
| 10 | 18 | 月 | 13 | 甲午 | 7·3 | 18 | 木 | 15 | 乙丑 | 7·3 |
| 11 | 19 | 火 | 14 | 乙未 | 7·4 | 19 | 金 | 16 | 丙寅 | 6·4 |
| 12 | 20 | 水 | 15 | 丙申 | 6·4 | 20 | 土 | 17 | 丁卯 | 6·4 |
| 13 | 21 | 木 | 16 | 丁酉 | 6·4 | 21 | 日 | 18 | 戊辰 | 6·4 |
| 14 | 22 | 金 | 17 | 戊戌 | 6·5 | 22 | 月 | 19 | 己巳 | 5·5 |
| 15 | 23 | 土 | 18 | 己亥 | 처서 | 23 | 火 | 20 | 庚午 | 추분 |
| 16 | 24 | 日 | 19 | 庚子 | 5·5 | 24 | 水 | 21 | 辛未 | 5·5 |
| 17 | 25 | 月 | 20 | 辛丑 | 5·6 | 25 | 木 | 22 | 壬申 | 4·6 |
| 18 | 26 | 火 | 21 | 壬寅 | 4·6 | 26 | 金 | 23 | 癸酉 | 4·6 |
| 19 | 27 | 水 | 22 | 癸卯 | 4·6 | 27 | 土 | 24 | 甲戌 | 4·6 |
| 20 | 28 | 木 | 23 | 甲辰 | 4·7 | 28 | 日 | 25 | 乙亥 | 3·7 |
| 21 | 29 | 金 | 24 | 乙巳 | 3·7 | 29 | 月 | 26 | 丙子 | 3·7 |
| 22 | 30 | 土 | 25 | 丙午 | 3·7 | 30 | 火 | 27 | 丁丑 | 3·7 |
| 23 | 31 | 日 | 26 | 丁未 | 3·8 | 10/1 | 水 | 28 | 戊寅 | 2·8 |
| 24 | 9/1 | 月 | 27 | 戊申 | 2·8 | 2 | 木 | 29 | 己卯 | 2·8 |
| 25 | 2 | 火 | 28 | 己酉 | 2·8 | 3 | 金 | 30 | 庚辰 | 2·8 |
| 26 | 3 | 水 | 29 | 庚戌 | 2·9 | 4 | 土 | 9/1 | 辛巳 | 1·9 |
| 27 | 4 | 木 | 8/1 | 辛亥 | 1·9 | 5 | 日 | 2 | 壬午 | 1·9 |
| 28 | 5 | 金 | 2 | 壬子 | 1·9 | 6 | 月 | 3 | 癸未 | 1·9 |
| 29 | 6 | 土 | 3 | 癸丑 | 1·10 | 7 | 火 | 4 | 甲申 | 1·10 |
| 30 | 7 | 日 | 4 | 甲寅 | 1·10 | | | | | |
| 31 | | | | | | | | | | |

| 절기후날수 | 한로절(戊戌月) 寒露 10월8일 23시7분 霜降 10월24일 2시14분 | | | | | 입동절(己亥月) 立冬 11월8일 2시13분 小雪 11월22일 23시44분 | | | | |
|---|---|---|---|---|---|---|---|---|---|---|
| | 양력 | 요일 | 음력 | 일진 | 大運 남·여 | 양력 | 요일 | 음력 | 일진 | 大運 남·여 |
| 0 | 10/8 | 水 | 5 | 乙酉 | 한로 | 11/8 | 土 | 7 | 丙辰 | 입동 |
| 1 | 9 | 木 | 6 | 丙戌 | 10·1 | 9 | 日 | 8 | 丁巳 | 9·1 |
| 2 | 10 | 金 | 7 | 丁亥 | 10·1 | 10 | 月 | 9 | 戊午 | 9·1 |
| 3 | 11 | 土 | 8 | 戊子 | 9·1 | 11 | 火 | 10 | 己未 | 9·1 |
| 4 | 12 | 日 | 9 | 己丑 | 9·1 | 12 | 水 | 11 | 庚申 | 8·1 |
| 5 | 13 | 月 | 10 | 庚寅 | 9·2 | 13 | 木 | 12 | 辛酉 | 8·2 |
| 6 | 14 | 火 | 11 | 辛卯 | 8·2 | 14 | 金 | 13 | 壬戌 | 8·2 |
| 7 | 15 | 水 | 12 | 壬辰 | 8·2 | 15 | 土 | 14 | 癸亥 | 7·2 |
| 8 | 16 | 木 | 13 | 癸巳 | 8·3 | 16 | 日 | 15 | 甲子 | 7·3 |
| 9 | 17 | 金 | 14 | 甲午 | 7·3 | 17 | 月 | 16 | 乙丑 | 7·3 |
| 10 | 18 | 土 | 15 | 乙未 | 7·3 | 18 | 火 | 17 | 丙寅 | 6·3 |
| 11 | 19 | 日 | 16 | 丙申 | 7·4 | 19 | 水 | 18 | 丁卯 | 6·4 |
| 12 | 20 | 月 | 17 | 丁酉 | 6·4 | 20 | 木 | 19 | 戊辰 | 6·4 |
| 13 | 21 | 火 | 18 | 戊戌 | 6·4 | 21 | 金 | 20 | 己巳 | 5·4 |
| 14 | 22 | 水 | 19 | 己亥 | 6·5 | 22 | 土 | 21 | 庚午 | 소설 |
| 15 | 23 | 木 | 20 | 庚子 | 5·5 | 23 | 日 | 22 | 辛未 | 5·5 |
| 16 | 24 | 金 | 21 | 辛丑 | 상강 | 24 | 月 | 23 | 壬申 | 4·5 |
| 17 | 25 | 土 | 22 | 壬寅 | 5·6 | 25 | 火 | 24 | 癸酉 | 4·6 |
| 18 | 26 | 日 | 23 | 癸卯 | 4·6 | 26 | 水 | 25 | 甲戌 | 4·6 |
| 19 | 27 | 月 | 24 | 甲辰 | 4·6 | 27 | 木 | 26 | 乙亥 | 3·6 |
| 20 | 28 | 火 | 25 | 乙巳 | 4·7 | 28 | 金 | 27 | 丙子 | 3·7 |
| 21 | 29 | 水 | 26 | 丙午 | 3·7 | 29 | 土 | 28 | 丁丑 | 3·7 |
| 22 | 30 | 木 | 27 | 丁未 | 3·7 | 30 | 日 | 29 | 戊寅 | 2·7 |
| 23 | 31 | 金 | 28 | 戊申 | 3·8 | 12/1 | 月 | 30 | 己卯 | 2·8 |
| 24 | 11/1 | 土 | 29 | 己酉 | 2·8 | 2 | 火 | 11/1 | 庚辰 | 2·8 |
| 25 | 2 | 日 | 10/1 | 庚戌 | 2·8 | 3 | 水 | 2 | 辛巳 | 1·8 |
| 26 | 3 | 月 | 2 | 辛亥 | 2·9 | 4 | 木 | 3 | 壬午 | 1·9 |
| 27 | 4 | 火 | 3 | 壬子 | 1·9 | 5 | 金 | 4 | 癸未 | 1·9 |
| 28 | 5 | 水 | 4 | 癸丑 | 1·9 | 6 | 土 | 5 | 甲申 | 1·9 |
| 29 | 6 | 木 | 5 | 甲寅 | 1·10 | | | | | |
| 30 | 7 | 金 | 6 | 乙卯 | 1·10 | | | | | |
| 31 | | | | | | | | | | |

| 절기후날수 | 대설절(庚子月) 大雪 12월7일 19시1분 冬至 12월22일 13시2분 | | | | | 소한절(辛丑月) 小寒 1월6일 6시13분 大寒 1월20일 23시40분 | | | | |
|---|---|---|---|---|---|---|---|---|---|---|
| | 양력 | 요일 | 음력 | 일진 | 大運 남·여 | 양력 | 요일 | 음력 | 일진 | 大運 남·여 |
| 0 | 12/7 | 日 | 6 | 乙酉 | 대설 | 1/6 | 火 | 7 | 乙卯 | 소한 |
| 1 | 8 | 月 | 7 | 丙戌 | 10·1 | 7 | 水 | 8 | 丙辰 | 9·1 |
| 2 | 9 | 火 | 8 | 丁亥 | 9·1 | 8 | 木 | 9 | 丁巳 | 9·1 |
| 3 | 10 | 水 | 9 | 戊子 | 9·1 | 9 | 金 | 10 | 戊午 | 9·1 |
| 4 | 11 | 木 | 10 | 己丑 | 9·1 | 10 | 土 | 11 | 己未 | 8·1 |
| 5 | 12 | 金 | 11 | 庚寅 | 8·2 | 11 | 日 | 12 | 庚申 | 8·2 |
| 6 | 13 | 土 | 12 | 辛卯 | 8·2 | 12 | 月 | 13 | 辛酉 | 8·2 |
| 7 | 14 | 日 | 13 | 壬辰 | 8·2 | 13 | 火 | 14 | 壬戌 | 7·2 |
| 8 | 15 | 月 | 14 | 癸巳 | 7·3 | 14 | 水 | 15 | 癸亥 | 7·3 |
| 9 | 16 | 火 | 15 | 甲午 | 7·3 | 15 | 木 | 16 | 甲子 | 7·3 |
| 10 | 17 | 水 | 16 | 乙未 | 7·3 | 16 | 金 | 17 | 乙丑 | 6·3 |
| 11 | 18 | 木 | 17 | 丙申 | 6·4 | 17 | 土 | 18 | 丙寅 | 6·4 |
| 12 | 19 | 金 | 18 | 丁酉 | 6·4 | 18 | 日 | 19 | 丁卯 | 6·4 |
| 13 | 20 | 土 | 19 | 戊戌 | 6·4 | 19 | 月 | 20 | 戊辰 | 5·4 |
| 14 | 21 | 日 | 20 | 己亥 | 5·5 | 20 | 火 | 21 | 己巳 | 대한 |
| 15 | 22 | 月 | 21 | 庚子 | 동지 | 21 | 水 | 22 | 庚午 | 5·5 |
| 16 | 23 | 火 | 22 | 辛丑 | 5·5 | 22 | 木 | 23 | 辛未 | 4·5 |
| 17 | 24 | 水 | 23 | 壬寅 | 4·6 | 23 | 金 | 24 | 壬申 | 4·6 |
| 18 | 25 | 木 | 24 | 癸卯 | 4·6 | 24 | 土 | 25 | 癸酉 | 4·6 |
| 19 | 26 | 金 | 25 | 甲辰 | 4·6 | 25 | 日 | 26 | 甲戌 | 3·6 |
| 20 | 27 | 土 | 26 | 乙巳 | 3·7 | 26 | 月 | 27 | 乙亥 | 3·7 |
| 21 | 28 | 日 | 27 | 丙午 | 3·7 | 27 | 火 | 28 | 丙子 | 3·7 |
| 22 | 29 | 月 | 28 | 丁未 | 3·7 | 28 | 水 | 29 | 丁丑 | 2·7 |
| 23 | 30 | 火 | 29 | 戊申 | 2·8 | 29 | 木 | 1/1 | 戊寅 | 2·8 |
| 24 | 31 | 水 | 12/1 | 己酉 | 2·8 | 30 | 金 | 2 | 己卯 | 2·8 |
| 25 | 1/1 | 木 | 2 | 庚戌 | 2·8 | 31 | 土 | 3 | 庚辰 | 1·8 |
| 26 | 2 | 金 | 3 | 辛亥 | 1·9 | 2/1 | 日 | 4 | 辛巳 | 1·9 |
| 27 | 3 | 土 | 4 | 壬子 | 1·9 | 2 | 月 | 5 | 壬午 | 1·9 |
| 28 | 4 | 日 | 5 | 癸丑 | 1·9 | 3 | 火 | 6 | 癸未 | 1·9 |
| 29 | 5 | 月 | 6 | 甲寅 | 1·10 | | | | | |
| 30 | | | | | | | | | | |
| 31 | | | | | | | | | | |

# 서기 1987년 [단기 4320년]

| 절기후날수 | 입춘절(壬寅月) | | | | | 경칩절(癸卯月) | | | | | 청명절(甲辰月) | | | | | 입하절(乙巳月) | | | | | 망종절(丙午月) | | | | | 소서절(丁未月) | | | | |
|---|---|---|---|---|---|---|---|---|---|---|---|---|---|---|---|---|---|---|---|---|---|---|---|---|---|---|---|---|---|---|
| | 立春 2월4일 17시52분<br>雨水 2월19일 13시50분 | | | | | 驚蟄 3월6일 11시54분<br>春分 3월21일 12시52분 | | | | | 淸明 4월5일 16시44분<br>穀雨 4월20일 23시58분 | | | | | 立夏 5월6일 10시6분<br>小滿 5월21일 23시10분 | | | | | 芒種 6월6일 14시19분<br>夏至 6월22일 7시11분 | | | | | 小暑 7월8일 0시39분<br>大暑 7월23일 18시6분 | | | | |
| | 양력 | 요일 | 음력 | 일진 | 大運 남·여 | 양력 | 요일 | 음력 | 일진 | 大運 남·여 | 양력 | 요일 | 음력 | 일진 | 大運 남·여 | 양력 | 요일 | 음력 | 일진 | 大運 남·여 | 양력 | 요일 | 음력 | 일진 | 大運 남·여 | 양력 | 요일 | 음력 | 일진 | 大運 남·여 |
| 0 | 2/4 | 水 | 7 | 甲申 | 입춘 | 3/6 | 金 | 7 | 甲寅 | 경칩 | 4/5 | 日 | 8 | 甲申 | 청명 | 5/6 | 水 | 9 | 乙卯 | 입하 | 6/6 | 土 | 10 | 丙戌 | 망종 | 7/8 | 水 | 13 | 戊午 | 소서 |
| 1 | 5 | 木 | 8 | 乙酉 | 1·10 | 7 | 土 | 8 | 乙卯 | 1·10 | 6 | 月 | 9 | 乙酉 | 1·10 | 7 | 木 | 10 | 丙辰 | 1·10 | 7 | 日 | 11 | 丁亥 | 1·10 | 9 | 木 | 14 | 己未 | 1·10 |
| 2 | 6 | 金 | 9 | 丙戌 | 1·9 | 8 | 日 | 9 | 丙辰 | 1·9 | 7 | 火 | 10 | 丙戌 | 1·10 | 8 | 金 | 11 | 丁巳 | 1·10 | 8 | 月 | 12 | 戊子 | 1·10 | 10 | 金 | 15 | 庚申 | 1·10 |
| 3 | 7 | 土 | 10 | 丁亥 | 1·9 | 9 | 月 | 10 | 丁巳 | 1·9 | 8 | 水 | 11 | 丁亥 | 1·9 | 9 | 土 | 12 | 戊午 | 1·9 | 9 | 火 | 13 | 己丑 | 1·10 | 11 | 土 | 16 | 辛酉 | 1·9 |
| 4 | 8 | 日 | 11 | 戊子 | 1·9 | 10 | 火 | 11 | 戊午 | 1·9 | 9 | 木 | 12 | 戊子 | 1·9 | 10 | 日 | 13 | 己未 | 1·9 | 10 | 水 | 14 | 庚寅 | 1·9 | 12 | 日 | 17 | 壬戌 | 1·9 |
| 5 | 9 | 月 | 12 | 己丑 | 2·8 | 11 | 水 | 12 | 己未 | 2·8 | 10 | 金 | 13 | 己丑 | 2·9 | 11 | 月 | 14 | 庚申 | 2·9 | 11 | 木 | 15 | 辛卯 | 2·9 | 13 | 月 | 18 | 癸亥 | 2·9 |
| 6 | 10 | 火 | 13 | 庚寅 | 2·8 | 12 | 木 | 13 | 庚申 | 2·8 | 11 | 土 | 14 | 庚寅 | 2·8 | 12 | 火 | 15 | 辛酉 | 2·8 | 12 | 金 | 16 | 壬辰 | 2·9 | 14 | 火 | 19 | 甲子 | 2·8 |
| 7 | 11 | 水 | 14 | 辛卯 | 2·8 | 13 | 金 | 14 | 辛酉 | 2·8 | 12 | 日 | 15 | 辛卯 | 2·8 | 13 | 水 | 16 | 壬戌 | 2·8 | 13 | 土 | 17 | 癸巳 | 2·8 | 15 | 水 | 20 | 乙丑 | 2·8 |
| 8 | 12 | 木 | 15 | 壬辰 | 3·7 | 14 | 土 | 15 | 壬戌 | 3·7 | 13 | 月 | 16 | 壬辰 | 3·8 | 14 | 木 | 17 | 癸亥 | 3·8 | 14 | 日 | 18 | 甲午 | 3·8 | 16 | 木 | 21 | 丙寅 | 3·8 |
| 9 | 13 | 金 | 16 | 癸巳 | 3·7 | 15 | 日 | 16 | 癸亥 | 3·7 | 14 | 火 | 17 | 癸巳 | 3·7 | 15 | 金 | 18 | 甲子 | 3·7 | 15 | 月 | 19 | 乙未 | 3·8 | 17 | 金 | 22 | 丁卯 | 3·7 |
| 10 | 14 | 土 | 17 | 甲午 | 3·7 | 16 | 月 | 17 | 甲子 | 3·7 | 15 | 水 | 18 | 甲午 | 3·7 | 16 | 土 | 19 | 乙丑 | 3·7 | 16 | 火 | 20 | 丙申 | 3·7 | 18 | 土 | 23 | 戊辰 | 3·7 |
| 11 | 15 | 日 | 18 | 乙未 | 4·6 | 17 | 火 | 18 | 乙丑 | 4·6 | 16 | 木 | 19 | 乙未 | 4·7 | 17 | 日 | 20 | 丙寅 | 4·7 | 17 | 水 | 21 | 丁酉 | 4·7 | 19 | 日 | 24 | 己巳 | 4·7 |
| 12 | 16 | 月 | 19 | 丙申 | 4·6 | 18 | 水 | 19 | 丙寅 | 4·6 | 17 | 金 | 20 | 丙申 | 4·6 | 18 | 月 | 21 | 丁卯 | 4·6 | 18 | 木 | 22 | 戊戌 | 4·7 | 20 | 月 | 25 | 庚午 | 4·6 |
| 13 | 17 | 火 | 20 | 丁酉 | 4·6 | 19 | 木 | 20 | 丁卯 | 4·6 | 18 | 土 | 21 | 丁酉 | 4·6 | 19 | 火 | 22 | 戊辰 | 4·6 | 19 | 金 | 23 | 己亥 | 4·6 | 21 | 火 | 26 | 辛未 | 4·6 |
| 14 | 18 | 水 | 21 | 戊戌 | 5·5 | 20 | 金 | 21 | 戊辰 | 5·5 | 19 | 日 | 22 | 戊戌 | 5·6 | 20 | 水 | 23 | 己巳 | 5·6 | 20 | 土 | 24 | 庚子 | 5·6 | 22 | 水 | 27 | 壬申 | 5·6 |
| 15 | 19 | 木 | 22 | 己亥 | 우수 | 21 | 土 | 22 | 己巳 | 춘분 | 20 | 月 | 23 | 己亥 | 곡우 | 21 | 木 | 24 | 庚午 | 소만 | 21 | 日 | 25 | 辛丑 | 5·6 | 23 | 木 | 28 | 癸酉 | 대서 |
| 16 | 20 | 金 | 23 | 庚子 | 5·5 | 22 | 日 | 23 | 庚午 | 5·5 | 21 | 火 | 24 | 庚子 | 5·5 | 22 | 金 | 25 | 辛未 | 5·5 | 22 | 月 | 26 | 壬寅 | 하지 | 24 | 金 | 29 | 甲戌 | 5·5 |
| 17 | 21 | 土 | 24 | 辛丑 | 6·4 | 23 | 月 | 24 | 辛未 | 6·4 | 22 | 水 | 25 | 辛丑 | 6·5 | 23 | 土 | 26 | 壬申 | 6·5 | 23 | 火 | 27 | 癸卯 | 6·5 | 25 | 土 | 30 | 乙亥 | 6·5 |
| 18 | 22 | 日 | 25 | 壬寅 | 6·4 | 24 | 火 | 25 | 壬申 | 6·4 | 23 | 木 | 26 | 壬寅 | 6·4 | 24 | 日 | 27 | 癸酉 | 6·4 | 24 | 水 | 28 | 甲辰 | 6·5 | 26 | 日 | 윤1 | 丙子 | 6·4 |
| 19 | 23 | 月 | 26 | 癸卯 | 6·4 | 25 | 水 | 26 | 癸酉 | 6·4 | 24 | 金 | 27 | 癸卯 | 6·4 | 25 | 月 | 28 | 甲戌 | 6·4 | 25 | 木 | 29 | 乙巳 | 6·4 | 27 | 月 | 윤2 | 丁丑 | 6·4 |
| 20 | 24 | 火 | 27 | 甲辰 | 7·3 | 26 | 木 | 27 | 甲戌 | 7·3 | 25 | 土 | 28 | 甲辰 | 7·4 | 26 | 火 | 29 | 乙亥 | 7·4 | 26 | 金 | 6/1 | 丙午 | 7·4 | 28 | 火 | 윤3 | 戊寅 | 7·4 |
| 21 | 25 | 水 | 28 | 乙巳 | 7·3 | 27 | 金 | 28 | 乙亥 | 7·3 | 26 | 日 | 29 | 乙巳 | 7·3 | 27 | 水 | 30 | 丙子 | 7·3 | 27 | 土 | 2 | 丁未 | 7·4 | 29 | 水 | 윤4 | 己卯 | 7·3 |
| 22 | 26 | 木 | 29 | 丙午 | 7·3 | 28 | 土 | 29 | 丙子 | 7·3 | 27 | 月 | 30 | 丙午 | 7·3 | 28 | 木 | 5/1 | 丁丑 | 7·3 | 28 | 日 | 3 | 戊申 | 7·3 | 30 | 木 | 윤5 | 庚辰 | 7·3 |
| 23 | 27 | 金 | 30 | 丁未 | 8·2 | 29 | 日 | 3/1 | 丁丑 | 8·2 | 28 | 火 | 4/1 | 丁未 | 8·3 | 29 | 金 | 2 | 戊寅 | 8·3 | 29 | 月 | 4 | 己酉 | 8·3 | 31 | 金 | 윤6 | 辛巳 | 8·3 |
| 24 | 28 | 土 | 2/1 | 戊申 | 8·2 | 30 | 月 | 2 | 戊寅 | 8·2 | 29 | 水 | 2 | 戊申 | 8·2 | 30 | 土 | 3 | 己卯 | 8·2 | 30 | 火 | 5 | 庚戌 | 8·3 | 8/1 | 土 | 윤7 | 壬午 | 8·2 |
| 25 | 3/1 | 日 | 2 | 己酉 | 8·2 | 31 | 火 | 3 | 己卯 | 8·2 | 30 | 木 | 3 | 己酉 | 8·2 | 31 | 日 | 4 | 庚辰 | 8·2 | 7/1 | 水 | 6 | 辛亥 | 8·2 | 2 | 日 | 윤8 | 癸未 | 8·2 |
| 26 | 2 | 月 | 3 | 庚戌 | 9·1 | 4/1 | 水 | 4 | 庚辰 | 9·1 | 5/1 | 金 | 4 | 庚戌 | 9·2 | 6/1 | 月 | 5 | 辛巳 | 9·2 | 2 | 木 | 7 | 壬子 | 9·2 | 3 | 月 | 윤9 | 甲申 | 9·2 |
| 27 | 3 | 火 | 4 | 辛亥 | 9·1 | 2 | 木 | 5 | 辛巳 | 9·1 | 2 | 土 | 5 | 辛亥 | 9·1 | 2 | 火 | 6 | 壬午 | 9·1 | 3 | 金 | 8 | 癸丑 | 9·2 | 4 | 火 | 윤10 | 乙酉 | 9·1 |
| 28 | 4 | 水 | 5 | 壬子 | 9·1 | 3 | 金 | 6 | 壬午 | 9·1 | 3 | 日 | 6 | 壬子 | 9·1 | 3 | 水 | 7 | 癸未 | 9·1 | 4 | 土 | 9 | 甲寅 | 9·1 | 5 | 水 | 윤11 | 丙戌 | 9·1 |
| 29 | 5 | 木 | 6 | 癸丑 | 10·1 | 4 | 土 | 7 | 癸未 | 10·1 | 4 | 月 | 7 | 癸丑 | 10·1 | 4 | 木 | 8 | 甲申 | 10·1 | 5 | 日 | 10 | 乙卯 | 10·1 | 6 | 木 | 윤12 | 丁亥 | 10·1 |
| 30 | | | | | | | | | | | 5 | 火 | 8 | 甲寅 | 10·1 | 5 | 金 | 9 | 乙酉 | 10·1 | 6 | 月 | 11 | 丙辰 | 10·1 | 7 | 金 | 윤13 | 戊子 | 10·1 |
| 31 | | | | | | | | | | | | | | | | | | | | | 7 | 火 | 12 | 丁巳 | 10·1 | | | | | |

▶ 윤달-6월

# 丁卯年

| 절기후날수 | 입추절(戊申月) | | | | | 백로절(己酉月) | | | | | 한로절(庚戌月) | | | | |
|---|---|---|---|---|---|---|---|---|---|---|---|---|---|---|---|
| | 立秋 8월8일 10시29분<br>處暑 8월24일 1시10분 | | | | | 白露 9월8일 13시24분<br>秋分 9월23일 22시45분 | | | | | 寒露 10월9일 5시0분<br>霜降 10월24일 8시1분 | | | | |
| | 양력 | 요일 | 음력 | 일진 | 大運 남·여 | 양력 | 요일 | 음력 | 일진 | 大運 남·여 | 양력 | 요일 | 음력 | 일진 | 大運 남·여 |
| 0 | 8/8 | 土 | 윤14 | 己丑 | 입추 | 9/8 | 火 | 16 | 庚申 | 백로 | 10/9 | 金 | 17 | 辛卯 | 한로 |
| 1 | 9 | 日 | 윤15 | 庚寅 | 1·10 | 9 | 水 | 17 | 辛酉 | 1·10 | 10 | 土 | 18 | 壬辰 | 1·10 |
| 2 | 10 | 月 | 윤16 | 辛卯 | 1·10 | 10 | 木 | 18 | 壬戌 | 1·10 | 11 | 日 | 19 | 癸巳 | 1·9 |
| 3 | 11 | 火 | 윤17 | 壬辰 | 1·9 | 11 | 金 | 19 | 癸亥 | 1·9 | 12 | 月 | 20 | 甲午 | 1·9 |
| 4 | 12 | 水 | 윤18 | 癸巳 | 1·9 | 12 | 土 | 20 | 甲子 | 1·9 | 13 | 火 | 21 | 乙未 | 1·9 |
| 5 | 13 | 木 | 윤19 | 甲午 | 2·9 | 13 | 日 | 21 | 乙丑 | 2·9 | 14 | 水 | 22 | 丙申 | 2·8 |
| 6 | 14 | 金 | 윤20 | 乙未 | 2·8 | 14 | 月 | 22 | 丙寅 | 2·8 | 15 | 木 | 23 | 丁酉 | 2·8 |
| 7 | 15 | 土 | 윤21 | 丙申 | 2·8 | 15 | 火 | 23 | 丁卯 | 2·8 | 16 | 金 | 24 | 戊戌 | 2·8 |
| 8 | 16 | 日 | 윤22 | 丁酉 | 3·8 | 16 | 水 | 24 | 戊辰 | 3·8 | 17 | 土 | 25 | 己亥 | 3·7 |
| 9 | 17 | 月 | 윤23 | 戊戌 | 3·7 | 17 | 木 | 25 | 己巳 | 3·7 | 18 | 日 | 26 | 庚子 | 3·7 |
| 10 | 18 | 火 | 윤24 | 己亥 | 3·7 | 18 | 金 | 26 | 庚午 | 3·7 | 19 | 月 | 27 | 辛丑 | 3·7 |
| 11 | 19 | 水 | 윤25 | 庚子 | 4·7 | 19 | 土 | 27 | 辛未 | 4·7 | 20 | 火 | 28 | 壬寅 | 4·6 |
| 12 | 20 | 木 | 윤26 | 辛丑 | 4·6 | 20 | 日 | 28 | 壬申 | 4·6 | 21 | 水 | 29 | 癸卯 | 4·6 |
| 13 | 21 | 金 | 윤27 | 壬寅 | 4·6 | 21 | 月 | 29 | 癸酉 | 4·6 | 22 | 木 | 30 | 甲辰 | 4·6 |
| 14 | 22 | 土 | 윤28 | 癸卯 | 5·6 | 22 | 火 | 30 | 甲戌 | 5·6 | 23 | 金 | 9/1 | 乙巳 | 5·5 |
| 15 | 23 | 日 | 윤29 | 甲辰 | 5·5 | 23 | 水 | 8/1 | 乙亥 | 추분 | 24 | 土 | 2 | 丙午 | 상강 |
| 16 | 24 | 月 | 7/1 | 乙巳 | 처서 | 24 | 木 | 2 | 丙子 | 5·5 | 25 | 日 | 3 | 丁未 | 5·5 |
| 17 | 25 | 火 | 2 | 丙午 | 6·5 | 25 | 金 | 3 | 丁丑 | 6·5 | 26 | 月 | 4 | 戊申 | 6·4 |
| 18 | 26 | 水 | 3 | 丁未 | 6·4 | 26 | 土 | 4 | 戊寅 | 6·4 | 27 | 火 | 5 | 己酉 | 6·4 |
| 19 | 27 | 木 | 4 | 戊申 | 6·4 | 27 | 日 | 5 | 己卯 | 6·4 | 28 | 水 | 6 | 庚戌 | 6·4 |
| 20 | 28 | 金 | 5 | 己酉 | 7·4 | 28 | 月 | 6 | 庚辰 | 7·4 | 29 | 木 | 7 | 辛亥 | 7·3 |
| 21 | 29 | 土 | 6 | 庚戌 | 7·3 | 29 | 火 | 7 | 辛巳 | 7·3 | 30 | 金 | 8 | 壬子 | 7·3 |
| 22 | 30 | 日 | 7 | 辛亥 | 7·3 | 30 | 水 | 8 | 壬午 | 7·3 | 31 | 土 | 9 | 癸丑 | 7·3 |
| 23 | 31 | 月 | 8 | 壬子 | 8·3 | 10/1 | 木 | 9 | 癸未 | 8·3 | 11/1 | 日 | 10 | 甲寅 | 8·2 |
| 24 | 9/1 | 火 | 9 | 癸丑 | 8·2 | 2 | 金 | 10 | 甲申 | 8·2 | 2 | 月 | 11 | 乙卯 | 8·2 |
| 25 | 2 | 水 | 10 | 甲寅 | 8·2 | 3 | 土 | 11 | 乙酉 | 8·2 | 3 | 火 | 12 | 丙辰 | 8·2 |
| 26 | 3 | 木 | 11 | 乙卯 | 9·2 | 4 | 日 | 12 | 丙戌 | 9·2 | 4 | 水 | 13 | 丁巳 | 9·1 |
| 27 | 4 | 金 | 12 | 丙辰 | 9·1 | 5 | 月 | 13 | 丁亥 | 9·1 | 5 | 木 | 14 | 戊午 | 9·1 |
| 28 | 5 | 土 | 13 | 丁巳 | 9·1 | 6 | 火 | 14 | 戊子 | 9·1 | 6 | 金 | 15 | 己未 | 9·1 |
| 29 | 6 | 日 | 14 | 戊午 | 10·1 | 7 | 水 | 15 | 己丑 | 10·1 | 7 | 土 | 16 | 庚申 | 10·1 |
| 30 | 7 | 月 | 15 | 己未 | 10·1 | 8 | 木 | 16 | 庚寅 | 10·1 | | | | | |
| 31 | | | | | | | | | | | | | | | |

| 절기후날수 | 입동절(辛亥月) | | | | | 대설절(壬子月) | | | | | 소한절(癸丑月) | | | | |
|---|---|---|---|---|---|---|---|---|---|---|---|---|---|---|---|
| | 立冬 11월8일 8시6분<br>小雪 11월23일 5시29분 | | | | | 大雪 12월8일 0시52분<br>冬至 12월22일 18시46분 | | | | | 小寒 1월6일 12시4분<br>大寒 1월21일 5시24분 | | | | |
| | 양력 | 요일 | 음력 | 일진 | 大運 남·여 | 양력 | 요일 | 음력 | 일진 | 大運 남·여 | 양력 | 요일 | 음력 | 일진 | 大運 남·여 |
| 0 | 11/8 | 日 | 17 | 辛酉 | 입동 | 12/8 | 火 | 18 | 辛卯 | 대설 | 1/6 | 水 | 17 | 庚申 | 소한 |
| 1 | 9 | 月 | 18 | 壬戌 | 1·10 | 9 | 水 | 19 | 壬辰 | 1·9 | 7 | 木 | 18 | 辛酉 | 1·9 |
| 2 | 10 | 火 | 19 | 癸亥 | 1·9 | 10 | 木 | 20 | 癸巳 | 1·9 | 8 | 金 | 19 | 壬戌 | 1·9 |
| 3 | 11 | 水 | 20 | 甲子 | 1·9 | 11 | 金 | 21 | 甲午 | 1·9 | 9 | 土 | 20 | 癸亥 | 1·9 |
| 4 | 12 | 木 | 21 | 乙丑 | 1·9 | 12 | 土 | 22 | 乙未 | 1·8 | 10 | 日 | 21 | 甲子 | 1·8 |
| 5 | 13 | 金 | 22 | 丙寅 | 2·8 | 13 | 日 | 23 | 丙申 | 2·8 | 11 | 月 | 22 | 乙丑 | 2·8 |
| 6 | 14 | 土 | 23 | 丁卯 | 2·8 | 14 | 月 | 24 | 丁酉 | 2·8 | 12 | 火 | 23 | 丙寅 | 2·8 |
| 7 | 15 | 日 | 24 | 戊辰 | 2·8 | 15 | 火 | 25 | 戊戌 | 2·7 | 13 | 水 | 24 | 丁卯 | 2·7 |
| 8 | 16 | 月 | 25 | 己巳 | 3·7 | 16 | 水 | 26 | 己亥 | 3·7 | 14 | 木 | 25 | 戊辰 | 3·7 |
| 9 | 17 | 火 | 26 | 庚午 | 3·7 | 17 | 木 | 27 | 庚子 | 3·7 | 15 | 金 | 26 | 己巳 | 3·7 |
| 10 | 18 | 水 | 27 | 辛未 | 3·7 | 18 | 金 | 28 | 辛丑 | 3·6 | 16 | 土 | 27 | 庚午 | 3·6 |
| 11 | 19 | 木 | 28 | 壬申 | 4·6 | 19 | 土 | 29 | 壬寅 | 4·6 | 17 | 日 | 28 | 辛未 | 4·6 |
| 12 | 20 | 金 | 29 | 癸酉 | 4·6 | 20 | 日 | 30 | 癸卯 | 4·6 | 18 | 月 | 29 | 壬申 | 4·6 |
| 13 | 21 | 土 | 10/1 | 甲戌 | 4·6 | 21 | 月 | 11/1 | 甲辰 | 4·5 | 19 | 火 | 12/1 | 癸酉 | 4·5 |
| 14 | 22 | 日 | 2 | 乙亥 | 5·5 | 22 | 火 | 2 | 乙巳 | 동지 | 20 | 水 | 2 | 甲戌 | 5·5 |
| 15 | 23 | 月 | 3 | 丙子 | 소설 | 23 | 水 | 3 | 丙午 | 5·5 | 21 | 木 | 3 | 乙亥 | 대한 |
| 16 | 24 | 火 | 4 | 丁丑 | 5·5 | 24 | 木 | 4 | 丁未 | 5·4 | 22 | 金 | 4 | 丙子 | 5·4 |
| 17 | 25 | 水 | 5 | 戊寅 | 6·4 | 25 | 金 | 5 | 戊申 | 6·4 | 23 | 土 | 5 | 丁丑 | 6·4 |
| 18 | 26 | 木 | 6 | 己卯 | 6·4 | 26 | 土 | 6 | 己酉 | 6·4 | 24 | 日 | 6 | 戊寅 | 6·4 |
| 19 | 27 | 金 | 7 | 庚辰 | 6·4 | 27 | 日 | 7 | 庚戌 | 6·3 | 25 | 月 | 7 | 己卯 | 6·3 |
| 20 | 28 | 土 | 8 | 辛巳 | 7·3 | 28 | 月 | 8 | 辛亥 | 7·3 | 26 | 火 | 8 | 庚辰 | 7·3 |
| 21 | 29 | 日 | 9 | 壬午 | 7·3 | 29 | 火 | 9 | 壬子 | 7·3 | 27 | 水 | 9 | 辛巳 | 7·3 |
| 22 | 30 | 月 | 10 | 癸未 | 7·3 | 30 | 水 | 10 | 癸丑 | 7·2 | 28 | 木 | 10 | 壬午 | 7·2 |
| 23 | 12/1 | 火 | 11 | 甲申 | 8·2 | 31 | 木 | 11 | 甲寅 | 8·2 | 29 | 金 | 11 | 癸未 | 8·2 |
| 24 | 2 | 水 | 12 | 乙酉 | 8·2 | 1/1 | 金 | 12 | 乙卯 | 8·2 | 30 | 土 | 12 | 甲申 | 8·2 |
| 25 | 3 | 木 | 13 | 丙戌 | 8·2 | 2 | 土 | 13 | 丙辰 | 8·1 | 31 | 日 | 13 | 乙酉 | 8·1 |
| 26 | 4 | 金 | 14 | 丁亥 | 9·1 | 3 | 日 | 14 | 丁巳 | 9·1 | 2/1 | 月 | 14 | 丙戌 | 9·1 |
| 27 | 5 | 土 | 15 | 戊子 | 9·1 | 4 | 月 | 15 | 戊午 | 9·1 | 2 | 火 | 15 | 丁亥 | 9·1 |
| 28 | 6 | 日 | 16 | 己丑 | 9·1 | 5 | 火 | 16 | 己未 | 9·1 | 3 | 水 | 16 | 戊子 | 9·1 |
| 29 | 7 | 月 | 17 | 庚寅 | 10·1 | | | | | | | | | | |
| 30 | | | | | | | | | | | | | | | |
| 31 | | | | | | | | | | | | | | | |

# 서기 1988년 [단기 4321년]

| 절기후날수 | 입춘절(甲寅月) 立春 2월4일 23시43분 / 雨水 2월19일 19시35분 | | | | | 경칩절(乙卯月) 驚蟄 3월5일 17시47분 / 春分 3월20일 18시39분 | | | | |
|---|---|---|---|---|---|---|---|---|---|---|
| | 양력 | 요일 | 음력 | 일진 | 大運 남·여 | 양력 | 요일 | 음력 | 일진 | 大運 남·여 |
| 0 | 2/4 | 木 | 17 | 己丑 | 입춘 | 3/5 | 土 | 17 | 己未 | 경칩 |
| 1 | 5 | 金 | 18 | 庚寅 | 10·1 | 6 | 日 | 18 | 庚申 | 10·1 |
| 2 | 6 | 土 | 19 | 辛卯 | 9·1 | 7 | 月 | 19 | 辛酉 | 9·1 |
| 3 | 7 | 日 | 20 | 壬辰 | 9·1 | 8 | 火 | 20 | 壬戌 | 9·1 |
| 4 | 8 | 月 | 21 | 癸巳 | 9·1 | 9 | 水 | 21 | 癸亥 | 9·1 |
| 5 | 9 | 火 | 22 | 甲午 | 8·2 | 10 | 木 | 22 | 甲子 | 8·2 |
| 6 | 10 | 水 | 23 | 乙未 | 8·2 | 11 | 金 | 23 | 乙丑 | 8·2 |
| 7 | 11 | 木 | 24 | 丙申 | 8·2 | 12 | 土 | 24 | 丙寅 | 8·2 |
| 8 | 12 | 金 | 25 | 丁酉 | 7·3 | 13 | 日 | 25 | 丁卯 | 7·3 |
| 9 | 13 | 土 | 26 | 戊戌 | 7·3 | 14 | 月 | 26 | 戊辰 | 7·3 |
| 10 | 14 | 日 | 27 | 己亥 | 7·3 | 15 | 火 | 27 | 己巳 | 7·3 |
| 11 | 15 | 月 | 28 | 庚子 | 6·4 | 16 | 水 | 28 | 庚午 | 6·4 |
| 12 | 16 | 火 | 29 | 辛丑 | 6·4 | 17 | 木 | 29 | 辛未 | 6·4 |
| 13 | 17 | 水 | 30 | 壬寅 | 6·4 | 18 | 金 | 2/1 | 壬申 | 6·4 |
| 14 | 18 | 木 | 1/1 | 癸卯 | 5·5 | 19 | 土 | 2 | 癸酉 | 5·5 |
| 15 | 19 | 金 | 2 | 甲辰 | 우수 | 20 | 日 | 3 | 甲戌 | 춘분 |
| 16 | 20 | 土 | 3 | 乙巳 | 5·5 | 21 | 月 | 4 | 乙亥 | 5·5 |
| 17 | 21 | 日 | 4 | 丙午 | 4·6 | 22 | 火 | 5 | 丙子 | 4·6 |
| 18 | 22 | 月 | 5 | 丁未 | 4·6 | 23 | 水 | 6 | 丁丑 | 4·6 |
| 19 | 23 | 火 | 6 | 戊申 | 4·6 | 24 | 木 | 7 | 戊寅 | 4·6 |
| 20 | 24 | 水 | 7 | 己酉 | 3·7 | 25 | 金 | 8 | 己卯 | 3·7 |
| 21 | 25 | 木 | 8 | 庚戌 | 3·7 | 26 | 土 | 9 | 庚辰 | 3·7 |
| 22 | 26 | 金 | 9 | 辛亥 | 3·7 | 27 | 日 | 10 | 辛巳 | 3·7 |
| 23 | 27 | 土 | 10 | 壬子 | 2·8 | 28 | 月 | 11 | 壬午 | 2·8 |
| 24 | 28 | 日 | 11 | 癸丑 | 2·8 | 29 | 火 | 12 | 癸未 | 2·8 |
| 25 | 29 | 月 | 12 | 甲寅 | 2·8 | 30 | 水 | 13 | 甲申 | 2·8 |
| 26 | 3/1 | 火 | 13 | 乙卯 | 1·9 | 31 | 木 | 14 | 乙酉 | 1·9 |
| 27 | 2 | 水 | 14 | 丙辰 | 1·9 | 4/1 | 金 | 15 | 丙戌 | 1·9 |
| 28 | 3 | 木 | 15 | 丁巳 | 1·9 | 2 | 土 | 16 | 丁亥 | 1·9 |
| 29 | 4 | 金 | 16 | 戊午 | 1·10 | 3 | 日 | 17 | 戊子 | 1·10 |
| 30 | | | | | | | | | | |
| 31 | | | | | | | | | | |

| 절기후날수 | 청명절(丙辰月) 清明 4월4일 22시39분 / 穀雨 4월20일 5시45분 | | | | | 입하절(丁巳月) 立夏 5월5일 16시2분 / 小滿 5월21일 4시57분 | | | | |
|---|---|---|---|---|---|---|---|---|---|---|
| | 양력 | 요일 | 음력 | 일진 | 大運 남·여 | 양력 | 요일 | 음력 | 일진 | 大運 남·여 |
| 0 | 4/4 | 月 | 18 | 己丑 | 청명 | 5/5 | 木 | 20 | 庚申 | 입하 |
| 1 | 5 | 火 | 19 | 庚寅 | 10·1 | 6 | 金 | 21 | 辛酉 | 10·1 |
| 2 | 6 | 水 | 20 | 辛卯 | 10·1 | 7 | 土 | 22 | 壬戌 | 10·1 |
| 3 | 7 | 木 | 21 | 壬辰 | 9·1 | 8 | 日 | 23 | 癸亥 | 9·1 |
| 4 | 8 | 金 | 22 | 癸巳 | 9·1 | 9 | 月 | 24 | 甲子 | 9·1 |
| 5 | 9 | 土 | 23 | 甲午 | 9·2 | 10 | 火 | 25 | 乙丑 | 9·2 |
| 6 | 10 | 日 | 24 | 乙未 | 8·2 | 11 | 水 | 26 | 丙寅 | 8·2 |
| 7 | 11 | 月 | 25 | 丙申 | 8·2 | 12 | 木 | 27 | 丁卯 | 8·2 |
| 8 | 12 | 火 | 26 | 丁酉 | 8·3 | 13 | 金 | 28 | 戊辰 | 8·3 |
| 9 | 13 | 水 | 27 | 戊戌 | 7·3 | 14 | 土 | 29 | 己巳 | 7·3 |
| 10 | 14 | 木 | 28 | 己亥 | 7·3 | 15 | 日 | 30 | 庚午 | 7·3 |
| 11 | 15 | 金 | 29 | 庚子 | 7·4 | 16 | 月 | 4/1 | 辛未 | 7·4 |
| 12 | 16 | 土 | 3/1 | 辛丑 | 6·4 | 17 | 火 | 2 | 壬申 | 6·4 |
| 13 | 17 | 日 | 2 | 壬寅 | 6·4 | 18 | 水 | 3 | 癸酉 | 6·4 |
| 14 | 18 | 月 | 3 | 癸卯 | 6·5 | 19 | 木 | 4 | 甲戌 | 6·5 |
| 15 | 19 | 火 | 4 | 甲辰 | 5·5 | 20 | 金 | 5 | 乙亥 | 5·5 |
| 16 | 20 | 水 | 5 | 乙巳 | 곡우 | 21 | 土 | 6 | 丙子 | 소만 |
| 17 | 21 | 木 | 6 | 丙午 | 5·6 | 22 | 日 | 7 | 丁丑 | 5·6 |
| 18 | 22 | 金 | 7 | 丁未 | 4·6 | 23 | 月 | 8 | 戊寅 | 4·6 |
| 19 | 23 | 土 | 8 | 戊申 | 4·6 | 24 | 火 | 9 | 己卯 | 4·6 |
| 20 | 24 | 日 | 9 | 己酉 | 4·7 | 25 | 水 | 10 | 庚辰 | 4·7 |
| 21 | 25 | 月 | 10 | 庚戌 | 3·7 | 26 | 木 | 11 | 辛巳 | 3·7 |
| 22 | 26 | 火 | 11 | 辛亥 | 3·7 | 27 | 金 | 12 | 壬午 | 3·7 |
| 23 | 27 | 水 | 12 | 壬子 | 3·8 | 28 | 土 | 13 | 癸未 | 3·8 |
| 24 | 28 | 木 | 13 | 癸丑 | 2·8 | 29 | 日 | 14 | 甲申 | 2·8 |
| 25 | 29 | 金 | 14 | 甲寅 | 2·8 | 30 | 月 | 15 | 乙酉 | 2·8 |
| 26 | 30 | 土 | 15 | 乙卯 | 2·9 | 31 | 火 | 16 | 丙戌 | 2·9 |
| 27 | 5/1 | 日 | 16 | 丙辰 | 1·9 | 6/1 | 水 | 17 | 丁亥 | 1·9 |
| 28 | 2 | 月 | 17 | 丁巳 | 1·9 | 2 | 木 | 18 | 戊子 | 1·9 |
| 29 | 3 | 火 | 18 | 戊午 | 1·10 | 3 | 金 | 19 | 己丑 | 1·10 |
| 30 | 4 | 水 | 19 | 己未 | 1·10 | 4 | 土 | 20 | 庚寅 | 1·10 |
| 31 | | | | | | | | | | |

| 절기후날수 | 망종절(戊午月) 芒種 6월5일 20시15분 / 夏至 6월21일 12시57분 | | | | | 소서절(己未月) 小暑 7월7일 6시33분 / 大暑 7월22일 23시51분 | | | | |
|---|---|---|---|---|---|---|---|---|---|---|
| | 양력 | 요일 | 음력 | 일진 | 大運 남·여 | 양력 | 요일 | 음력 | 일진 | 大運 남·여 |
| 0 | 6/5 | 日 | 21 | 辛卯 | 망종 | 7/7 | 木 | 24 | 癸亥 | 소서 |
| 1 | 6 | 月 | 22 | 壬辰 | 10·1 | 8 | 金 | 25 | 甲子 | 10·1 |
| 2 | 7 | 火 | 23 | 癸巳 | 10·1 | 9 | 土 | 26 | 乙丑 | 10·1 |
| 3 | 8 | 水 | 24 | 甲午 | 10·1 | 10 | 日 | 27 | 丙寅 | 9·1 |
| 4 | 9 | 木 | 25 | 乙未 | 9·1 | 11 | 月 | 28 | 丁卯 | 9·1 |
| 5 | 10 | 金 | 26 | 丙申 | 9·2 | 12 | 火 | 29 | 戊辰 | 9·2 |
| 6 | 11 | 土 | 27 | 丁酉 | 9·2 | 13 | 水 | 30 | 己巳 | 8·2 |
| 7 | 12 | 日 | 28 | 戊戌 | 8·2 | 14 | 木 | 6/1 | 庚午 | 8·2 |
| 8 | 13 | 月 | 29 | 己亥 | 8·3 | 15 | 金 | 2 | 辛未 | 8·3 |
| 9 | 14 | 火 | 5/1 | 庚子 | 8·3 | 16 | 土 | 3 | 壬申 | 7·3 |
| 10 | 15 | 水 | 2 | 辛丑 | 7·3 | 17 | 日 | 4 | 癸酉 | 7·3 |
| 11 | 16 | 木 | 3 | 壬寅 | 7·4 | 18 | 月 | 5 | 甲戌 | 7·4 |
| 12 | 17 | 金 | 4 | 癸卯 | 7·4 | 19 | 火 | 6 | 乙亥 | 6·4 |
| 13 | 18 | 土 | 5 | 甲辰 | 6·4 | 20 | 水 | 7 | 丙子 | 6·4 |
| 14 | 19 | 日 | 6 | 乙巳 | 6·5 | 21 | 木 | 8 | 丁丑 | 6·5 |
| 15 | 20 | 月 | 7 | 丙午 | 6·5 | 22 | 金 | 9 | 戊寅 | 대서 |
| 16 | 21 | 火 | 8 | 丁未 | 하지 | 23 | 土 | 10 | 己卯 | 5·5 |
| 17 | 22 | 水 | 9 | 戊申 | 5·6 | 24 | 日 | 11 | 庚辰 | 5·6 |
| 18 | 23 | 木 | 10 | 己酉 | 5·6 | 25 | 月 | 12 | 辛巳 | 4·6 |
| 19 | 24 | 金 | 11 | 庚戌 | 4·6 | 26 | 火 | 13 | 壬午 | 4·6 |
| 20 | 25 | 土 | 12 | 辛亥 | 4·7 | 27 | 水 | 14 | 癸未 | 4·7 |
| 21 | 26 | 日 | 13 | 壬子 | 4·7 | 28 | 木 | 15 | 甲申 | 3·7 |
| 22 | 27 | 月 | 14 | 癸丑 | 3·7 | 29 | 金 | 16 | 乙酉 | 3·7 |
| 23 | 28 | 火 | 15 | 甲寅 | 3·8 | 30 | 土 | 17 | 丙戌 | 3·8 |
| 24 | 29 | 水 | 16 | 乙卯 | 3·8 | 31 | 日 | 18 | 丁亥 | 2·8 |
| 25 | 30 | 木 | 17 | 丙辰 | 2·8 | 8/1 | 月 | 19 | 戊子 | 2·8 |
| 26 | 7/1 | 金 | 18 | 丁巳 | 2·9 | 2 | 火 | 20 | 己丑 | 2·9 |
| 27 | 2 | 土 | 19 | 戊午 | 2·9 | 3 | 水 | 21 | 庚寅 | 1·9 |
| 28 | 3 | 日 | 20 | 己未 | 1·9 | 4 | 木 | 22 | 辛卯 | 1·9 |
| 29 | 4 | 月 | 21 | 庚申 | 1·10 | 5 | 金 | 23 | 壬辰 | 1·10 |
| 30 | 5 | 火 | 22 | 辛酉 | 1·10 | 6 | 土 | 24 | 癸巳 | 1·10 |
| 31 | 6 | 水 | 23 | 壬戌 | 1·10 | | | | | |

# 戊辰年

| 절기후날수 | 입추절(庚申月) | | | | | | 백로절(辛酉月) | | | | | | 한로절(壬戌月) | | | | | | 입동절(癸亥月) | | | | | | 대설절(甲子月) | | | | | | 소한절(乙丑月) | | | | | |
|---|---|---|---|---|---|---|---|---|---|---|---|---|---|---|---|---|---|---|---|---|---|---|---|---|---|---|---|---|---|---|---|---|---|---|---|---|
| | 立秋 8월7일 16시20분<br>處暑 8월23일 6시54분 | | | | | | 白露 9월7일 19시12분<br>秋分 9월23일 4시29분 | | | | | | 寒露 10월8일 10시45분<br>霜降 10월23일 13시44분 | | | | | | 立冬 11월7일 13시49분<br>小雪 11월22일 11시12분 | | | | | | 大雪 12월7일 6시34분<br>冬至 12월22일 0시28분 | | | | | | 小寒 1월5일 17시46분<br>大寒 1월20일 11시7분 | | | | | |
| | 양력 | 요일 | 음력 | 일진 | 大運 남 | 大運 여 | 양력 | 요일 | 음력 | 일진 | 大運 남 | 大運 여 | 양력 | 요일 | 음력 | 일진 | 大運 남 | 大運 여 | 양력 | 요일 | 음력 | 일진 | 大運 남 | 大運 여 | 양력 | 요일 | 음력 | 일진 | 大運 남 | 大運 여 | 양력 | 요일 | 음력 | 일진 | 大運 남 | 大運 여 |
| 0 | 8/7 | 日 | 25 | 甲午 | 입추 | | 9/7 | 水 | 27 | 乙丑 | 백로 | | 10/8 | 土 | 28 | 丙申 | 한로 | | 11/7 | 月 | 28 | 丙寅 | 입동 | | 12/7 | 水 | 29 | 丙申 | 대설 | | 1/5 | 木 | 28 | 乙丑 | 소한 | |
| 1 | 8 | 月 | 26 | 乙未 | 10 | 1 | 8 | 木 | 28 | 丙寅 | 10 | 1 | 9 | 日 | 29 | 丁酉 | 10 | 1 | 8 | 火 | 29 | 丁卯 | 10 | 1 | 8 | 木 | 30 | 丁酉 | 9 | 1 | 6 | 金 | 29 | 丙寅 | 10 | 1 |
| 2 | 9 | 火 | 27 | 丙申 | 10 | 1 | 9 | 金 | 29 | 丁卯 | 10 | 1 | 10 | 月 | 30 | 戊戌 | 9 | 1 | 9 | 水 | 10/1 | 戊辰 | 9 | 1 | 9 | 金 | 11/1 | 戊戌 | 9 | 1 | 7 | 土 | 30 | 丁卯 | 9 | 1 |
| 3 | 10 | 水 | 28 | 丁酉 | 9 | 1 | 10 | 土 | 30 | 戊辰 | 9 | 1 | 11 | 火 | 9/1 | 己亥 | 9 | 1 | 10 | 木 | 2 | 己巳 | 9 | 1 | 10 | 土 | 2 | 己亥 | 9 | 1 | 8 | 日 | 12/1 | 戊辰 | 9 | 1 |
| 4 | 11 | 木 | 29 | 戊戌 | 9 | 1 | 11 | 日 | 8/1 | 己巳 | 9 | 1 | 12 | 水 | 2 | 庚子 | 9 | 1 | 11 | 金 | 3 | 庚午 | 9 | 1 | 11 | 日 | 3 | 庚子 | 8 | 1 | 9 | 月 | 2 | 己巳 | 9 | 1 |
| 5 | 12 | 金 | 7/1 | 己亥 | 9 | 2 | 12 | 月 | 2 | 庚午 | 9 | 2 | 13 | 木 | 3 | 辛丑 | 8 | 2 | 12 | 土 | 4 | 辛未 | 8 | 2 | 12 | 月 | 4 | 辛丑 | 8 | 2 | 10 | 火 | 3 | 庚午 | 8 | 2 |
| 6 | 13 | 土 | 2 | 庚子 | 8 | 2 | 13 | 火 | 3 | 辛未 | 8 | 2 | 14 | 金 | 4 | 壬寅 | 8 | 2 | 13 | 日 | 5 | 壬申 | 8 | 2 | 13 | 火 | 5 | 壬寅 | 8 | 2 | 11 | 水 | 4 | 辛未 | 8 | 2 |
| 7 | 14 | 日 | 3 | 辛丑 | 8 | 2 | 14 | 水 | 4 | 壬申 | 8 | 2 | 15 | 土 | 5 | 癸卯 | 8 | 2 | 14 | 月 | 6 | 癸酉 | 8 | 2 | 14 | 水 | 6 | 癸卯 | 7 | 2 | 12 | 木 | 5 | 壬申 | 8 | 2 |
| 8 | 15 | 月 | 4 | 壬寅 | 8 | 3 | 15 | 木 | 5 | 癸酉 | 8 | 3 | 16 | 日 | 6 | 甲辰 | 7 | 3 | 15 | 火 | 7 | 甲戌 | 7 | 3 | 15 | 木 | 7 | 甲辰 | 7 | 3 | 13 | 金 | 6 | 癸酉 | 7 | 3 |
| 9 | 16 | 火 | 5 | 癸卯 | 7 | 3 | 16 | 金 | 6 | 甲戌 | 7 | 3 | 17 | 月 | 7 | 乙巳 | 7 | 3 | 16 | 水 | 8 | 乙亥 | 7 | 3 | 16 | 金 | 8 | 乙巳 | 7 | 3 | 14 | 土 | 7 | 甲戌 | 7 | 3 |
| 10 | 17 | 水 | 6 | 甲辰 | 7 | 3 | 17 | 土 | 7 | 乙亥 | 7 | 3 | 18 | 火 | 8 | 丙午 | 7 | 3 | 17 | 木 | 9 | 丙子 | 7 | 3 | 17 | 土 | 9 | 丙午 | 6 | 3 | 15 | 日 | 8 | 乙亥 | 7 | 3 |
| 11 | 18 | 木 | 7 | 乙巳 | 7 | 4 | 18 | 日 | 8 | 丙子 | 7 | 4 | 19 | 水 | 9 | 丁未 | 6 | 4 | 18 | 金 | 10 | 丁丑 | 6 | 4 | 18 | 日 | 10 | 丁未 | 6 | 4 | 16 | 月 | 9 | 丙子 | 6 | 4 |
| 12 | 19 | 金 | 8 | 丙午 | 6 | 4 | 19 | 月 | 9 | 丁丑 | 6 | 4 | 20 | 木 | 10 | 戊申 | 6 | 4 | 19 | 土 | 11 | 戊寅 | 6 | 4 | 19 | 月 | 11 | 戊申 | 6 | 4 | 17 | 火 | 10 | 丁丑 | 6 | 4 |
| 13 | 20 | 土 | 9 | 丁未 | 6 | 4 | 20 | 火 | 10 | 戊寅 | 6 | 4 | 21 | 金 | 11 | 己酉 | 6 | 4 | 20 | 日 | 12 | 己卯 | 6 | 4 | 20 | 火 | 12 | 己酉 | 5 | 4 | 18 | 水 | 11 | 戊寅 | 6 | 4 |
| 14 | 21 | 日 | 10 | 戊申 | 6 | 5 | 21 | 水 | 11 | 己卯 | 6 | 5 | 22 | 土 | 12 | 庚戌 | 5 | 5 | 21 | 月 | 13 | 庚辰 | 5 | 5 | 21 | 水 | 13 | 庚戌 | 5 | 5 | 19 | 木 | 12 | 己卯 | 5 | 5 |
| 15 | 22 | 月 | 11 | 己酉 | 5 | 5 | 22 | 木 | 12 | 庚辰 | 5 | 5 | 23 | 日 | 13 | 辛亥 | 상강 | | 22 | 火 | 14 | 辛巳 | 소설 | | 22 | 木 | 14 | 辛亥 | 동지 | | 20 | 金 | 13 | 庚辰 | 대한 | |
| 16 | 23 | 火 | 12 | 庚戌 | 처서 | | 23 | 金 | 13 | 辛巳 | 추분 | | 24 | 月 | 14 | 壬子 | 5 | 5 | 23 | 水 | 15 | 壬午 | 5 | 5 | 23 | 金 | 15 | 壬子 | 4 | 5 | 21 | 土 | 14 | 辛巳 | 5 | 5 |
| 17 | 24 | 水 | 13 | 辛亥 | 5 | 6 | 24 | 土 | 14 | 壬午 | 5 | 6 | 25 | 火 | 15 | 癸丑 | 4 | 6 | 24 | 木 | 16 | 癸未 | 4 | 6 | 24 | 土 | 16 | 癸丑 | 4 | 6 | 22 | 日 | 15 | 壬午 | 4 | 6 |
| 18 | 25 | 木 | 14 | 壬子 | 4 | 6 | 25 | 日 | 15 | 癸未 | 4 | 6 | 26 | 水 | 16 | 甲寅 | 4 | 6 | 25 | 金 | 17 | 甲申 | 4 | 6 | 25 | 日 | 17 | 甲寅 | 4 | 6 | 23 | 月 | 16 | 癸未 | 4 | 6 |
| 19 | 26 | 金 | 15 | 癸丑 | 4 | 6 | 26 | 月 | 16 | 甲申 | 4 | 6 | 27 | 木 | 17 | 乙卯 | 4 | 6 | 26 | 土 | 18 | 乙酉 | 4 | 6 | 26 | 月 | 18 | 乙卯 | 3 | 6 | 24 | 火 | 17 | 甲申 | 4 | 6 |
| 20 | 27 | 土 | 16 | 甲寅 | 4 | 7 | 27 | 火 | 17 | 乙酉 | 4 | 7 | 28 | 金 | 18 | 丙辰 | 3 | 7 | 27 | 日 | 19 | 丙戌 | 3 | 7 | 27 | 火 | 19 | 丙辰 | 3 | 7 | 25 | 水 | 18 | 乙酉 | 3 | 7 |
| 21 | 28 | 日 | 17 | 乙卯 | 3 | 7 | 28 | 水 | 18 | 丙戌 | 3 | 7 | 29 | 土 | 19 | 丁巳 | 3 | 7 | 28 | 月 | 20 | 丁亥 | 3 | 7 | 28 | 水 | 20 | 丁巳 | 3 | 7 | 26 | 木 | 19 | 丙戌 | 3 | 7 |
| 22 | 29 | 月 | 18 | 丙辰 | 3 | 7 | 29 | 木 | 19 | 丁亥 | 3 | 7 | 30 | 日 | 20 | 戊午 | 3 | 7 | 29 | 火 | 21 | 戊子 | 3 | 7 | 29 | 木 | 21 | 戊午 | 2 | 7 | 27 | 金 | 20 | 丁亥 | 3 | 7 |
| 23 | 30 | 火 | 19 | 丁巳 | 3 | 8 | 30 | 金 | 20 | 戊子 | 3 | 8 | 31 | 月 | 21 | 己未 | 2 | 8 | 30 | 水 | 22 | 己丑 | 2 | 8 | 30 | 金 | 22 | 己未 | 2 | 8 | 28 | 土 | 21 | 戊子 | 2 | 8 |
| 24 | 31 | 水 | 20 | 戊午 | 2 | 8 | 10/1 | 土 | 21 | 己丑 | 2 | 8 | 11/1 | 火 | 22 | 庚申 | 2 | 8 | 12/1 | 木 | 23 | 庚寅 | 2 | 8 | 31 | 土 | 23 | 庚申 | 2 | 8 | 29 | 日 | 22 | 己丑 | 2 | 8 |
| 25 | 9/1 | 木 | 21 | 己未 | 2 | 8 | 2 | 日 | 22 | 庚寅 | 2 | 8 | 2 | 水 | 23 | 辛酉 | 2 | 8 | 2 | 金 | 24 | 辛卯 | 2 | 8 | 1/1 | 日 | 24 | 辛酉 | 1 | 8 | 30 | 月 | 23 | 庚寅 | 2 | 8 |
| 26 | 2 | 金 | 22 | 庚申 | 2 | 9 | 3 | 月 | 23 | 辛卯 | 2 | 9 | 3 | 木 | 24 | 壬戌 | 1 | 9 | 3 | 土 | 25 | 壬辰 | 1 | 9 | 2 | 月 | 25 | 壬戌 | 1 | 9 | 31 | 火 | 24 | 辛卯 | 1 | 9 |
| 27 | 3 | 土 | 23 | 辛酉 | 1 | 9 | 4 | 火 | 24 | 壬辰 | 1 | 9 | 4 | 金 | 25 | 癸亥 | 1 | 9 | 4 | 日 | 26 | 癸巳 | 1 | 9 | 3 | 火 | 26 | 癸亥 | 1 | 9 | 2/1 | 水 | 25 | 壬辰 | 1 | 9 |
| 28 | 4 | 日 | 24 | 壬戌 | 1 | 9 | 5 | 水 | 25 | 癸巳 | 1 | 9 | 5 | 土 | 26 | 甲子 | 1 | 9 | 5 | 月 | 27 | 甲午 | 1 | 9 | 4 | 水 | 27 | 甲子 | 1 | 9 | 2 | 木 | 26 | 癸巳 | 1 | 9 |
| 29 | 5 | 月 | 25 | 癸亥 | 1 | 10 | 6 | 木 | 26 | 甲午 | 1 | 10 | 6 | 日 | 27 | 乙丑 | 1 | 10 | 6 | 火 | 28 | 乙未 | 1 | 10 | | | | | | | 3 | 金 | 27 | 甲午 | 1 | 10 |
| 30 | 6 | 火 | 26 | 甲子 | 1 | 10 | 7 | 金 | 27 | 乙未 | 1 | 10 | | | | | | | | | | | | | | | | | | | | | | | | |
| 31 | | | | | | | | | | | | | | | | | | | | | | | | | | | | | | | | | | | | |

# 서기 1989년 [단기 4322년]

| 절기후날수 | 입춘절(丙寅月) 立春 2월4일 5시27분 雨水 2월19일 1시21분 | | | | | 경칩절(丁卯月) 驚蟄 3월5일 23시34분 春分 3월21일 0시28분 | | | | | 청명절(戊辰月) 淸明 4월5일 4시30분 穀雨 4월20일 11시39분 | | | | |
|---|---|---|---|---|---|---|---|---|---|---|---|---|---|---|---|
| | 양력 | 요일 | 음력 | 일진 | 大運 남·여 | 양력 | 요일 | 음력 | 일진 | 大運 남·여 | 양력 | 요일 | 음력 | 일진 | 大運 남·여 |
| 0 | 2/4 | 土 | 28 | 乙未 | 입춘 | 3/5 | 日 | 28 | 甲子 | 경칩 | 4/5 | 水 | 29 | 乙未 | 청명 |
| 1 | 5 | 日 | 29 | 丙申 | 1·9 | 6 | 月 | 29 | 乙丑 | 1·10 | 6 | 木 | 3/1 | 丙申 | 1·10 |
| 2 | 6 | 月 | 1/1 | 丁酉 | 1·9 | 7 | 火 | 30 | 丙寅 | 1·10 | 7 | 金 | 2 | 丁酉 | 1·9 |
| 3 | 7 | 火 | 2 | 戊戌 | 1·9 | 8 | 水 | 2/1 | 丁卯 | 1·9 | 8 | 土 | 3 | 戊戌 | 1·9 |
| 4 | 8 | 水 | 3 | 己亥 | 1·8 | 9 | 木 | 2 | 戊辰 | 1·9 | 9 | 日 | 4 | 己亥 | 1·9 |
| 5 | 9 | 木 | 4 | 庚子 | 2·8 | 10 | 金 | 3 | 己巳 | 2·9 | 10 | 月 | 5 | 庚子 | 2·8 |
| 6 | 10 | 金 | 5 | 辛丑 | 2·8 | 11 | 土 | 4 | 庚午 | 2·8 | 11 | 火 | 6 | 辛丑 | 2·8 |
| 7 | 11 | 土 | 6 | 壬寅 | 2·7 | 12 | 日 | 5 | 辛未 | 2·8 | 12 | 水 | 7 | 壬寅 | 2·8 |
| 8 | 12 | 日 | 7 | 癸卯 | 3·7 | 13 | 月 | 6 | 壬申 | 3·8 | 13 | 木 | 8 | 癸卯 | 3·7 |
| 9 | 13 | 月 | 8 | 甲辰 | 3·7 | 14 | 火 | 7 | 癸酉 | 3·7 | 14 | 金 | 9 | 甲辰 | 3·7 |
| 10 | 14 | 火 | 9 | 乙巳 | 3·6 | 15 | 水 | 8 | 甲戌 | 3·7 | 15 | 土 | 10 | 乙巳 | 3·7 |
| 11 | 15 | 水 | 10 | 丙午 | 4·6 | 16 | 木 | 9 | 乙亥 | 4·7 | 16 | 日 | 11 | 丙午 | 4·6 |
| 12 | 16 | 木 | 11 | 丁未 | 4·6 | 17 | 金 | 10 | 丙子 | 4·6 | 17 | 月 | 12 | 丁未 | 4·6 |
| 13 | 17 | 金 | 12 | 戊申 | 4·5 | 18 | 土 | 11 | 丁丑 | 4·6 | 18 | 火 | 13 | 戊申 | 4·6 |
| 14 | 18 | 土 | 13 | 己酉 | 5·5 | 19 | 日 | 12 | 戊寅 | 5·6 | 19 | 水 | 14 | 己酉 | 5·5 |
| 15 | 19 | 日 | 14 | 庚戌 | 우수 | 20 | 月 | 13 | 己卯 | 5·5 | 20 | 木 | 15 | 庚戌 | 곡우 |
| 16 | 20 | 月 | 15 | 辛亥 | 5·4 | 21 | 火 | 14 | 庚辰 | 춘분 | 21 | 金 | 16 | 辛亥 | 5·5 |
| 17 | 21 | 火 | 16 | 壬子 | 6·4 | 22 | 水 | 15 | 辛巳 | 6·5 | 22 | 土 | 17 | 壬子 | 6·4 |
| 18 | 22 | 水 | 17 | 癸丑 | 6·4 | 23 | 木 | 16 | 壬午 | 6·4 | 23 | 日 | 18 | 癸丑 | 6·4 |
| 19 | 23 | 木 | 18 | 甲寅 | 6·3 | 24 | 金 | 17 | 癸未 | 6·4 | 24 | 月 | 19 | 甲寅 | 6·4 |
| 20 | 24 | 金 | 19 | 乙卯 | 7·3 | 25 | 土 | 18 | 甲申 | 7·4 | 25 | 火 | 20 | 乙卯 | 7·3 |
| 21 | 25 | 土 | 20 | 丙辰 | 7·3 | 26 | 日 | 19 | 乙酉 | 7·3 | 26 | 水 | 21 | 丙辰 | 7·3 |
| 22 | 26 | 日 | 21 | 丁巳 | 7·2 | 27 | 月 | 20 | 丙戌 | 7·3 | 27 | 木 | 22 | 丁巳 | 7·3 |
| 23 | 27 | 月 | 22 | 戊午 | 8·2 | 28 | 火 | 21 | 丁亥 | 8·3 | 28 | 金 | 23 | 戊午 | 8·2 |
| 24 | 28 | 火 | 23 | 己未 | 8·2 | 29 | 水 | 22 | 戊子 | 8·2 | 29 | 土 | 24 | 己未 | 8·2 |
| 25 | 3/1 | 水 | 24 | 庚申 | 8·1 | 30 | 木 | 23 | 己丑 | 8·2 | 30 | 日 | 25 | 庚申 | 8·2 |
| 26 | 2 | 木 | 25 | 辛酉 | 9·1 | 31 | 金 | 24 | 庚寅 | 9·2 | 5/1 | 月 | 26 | 辛酉 | 9·1 |
| 27 | 3 | 金 | 26 | 壬戌 | 9·1 | 4/1 | 土 | 25 | 辛卯 | 9·1 | 2 | 火 | 27 | 壬戌 | 9·1 |
| 28 | 4 | 土 | 27 | 癸亥 | 9·1 | 2 | 日 | 26 | 壬辰 | 9·1 | 3 | 水 | 28 | 癸亥 | 9·1 |
| 29 | | | | | | 3 | 月 | 27 | 癸巳 | 10·1 | 4 | 木 | 29 | 甲子 | 10·1 |
| 30 | | | | | | 4 | 火 | 28 | 甲午 | 10·1 | | | | | |
| 31 | | | | | | | | | | | | | | | |

| 절기후날수 | 입하절(己巳月) 立夏 5월5일 21시54분 小滿 5월21일 10시54분 | | | | | 망종절(庚午月) 芒種 6월6일 2시5분 夏至 6월21일 18시53분 | | | | | 소서절(辛未月) 小暑 7월7일 12시19분 大暑 7월23일 5시45분 | | | | |
|---|---|---|---|---|---|---|---|---|---|---|---|---|---|---|---|
| | 양력 | 요일 | 음력 | 일진 | 大運 남·여 | 양력 | 요일 | 음력 | 일진 | 大運 남·여 | 양력 | 요일 | 음력 | 일진 | 大運 남·여 |
| 0 | 5/5 | 金 | 4/1 | 乙丑 | 입하 | 6/6 | 火 | 3 | 丁酉 | 망종 | 7/7 | 金 | 5 | 戊辰 | 소서 |
| 1 | 6 | 土 | 2 | 丙寅 | 1·10 | 7 | 水 | 4 | 戊戌 | 1·10 | 8 | 土 | 6 | 己巳 | 1·10 |
| 2 | 7 | 日 | 3 | 丁卯 | 1·10 | 8 | 木 | 5 | 己亥 | 1·10 | 9 | 日 | 7 | 庚午 | 1·10 |
| 3 | 8 | 月 | 4 | 戊辰 | 1·10 | 9 | 金 | 6 | 庚子 | 1·9 | 10 | 月 | 8 | 辛未 | 1·9 |
| 4 | 9 | 火 | 5 | 己巳 | 1·9 | 10 | 土 | 7 | 辛丑 | 1·9 | 11 | 火 | 9 | 壬申 | 1·9 |
| 5 | 10 | 水 | 6 | 庚午 | 2·9 | 11 | 日 | 8 | 壬寅 | 2·9 | 12 | 水 | 10 | 癸酉 | 2·9 |
| 6 | 11 | 木 | 7 | 辛未 | 2·9 | 12 | 月 | 9 | 癸卯 | 2·8 | 13 | 木 | 11 | 甲戌 | 2·8 |
| 7 | 12 | 金 | 8 | 壬申 | 2·8 | 13 | 火 | 10 | 甲辰 | 2·8 | 14 | 金 | 12 | 乙亥 | 2·8 |
| 8 | 13 | 土 | 9 | 癸酉 | 3·8 | 14 | 水 | 11 | 乙巳 | 3·8 | 15 | 土 | 13 | 丙子 | 3·8 |
| 9 | 14 | 日 | 10 | 甲戌 | 3·8 | 15 | 木 | 12 | 丙午 | 3·7 | 16 | 日 | 14 | 丁丑 | 3·7 |
| 10 | 15 | 月 | 11 | 乙亥 | 3·7 | 16 | 金 | 13 | 丁未 | 3·7 | 17 | 月 | 15 | 戊寅 | 3·7 |
| 11 | 16 | 火 | 12 | 丙子 | 4·7 | 17 | 土 | 14 | 戊申 | 4·7 | 18 | 火 | 16 | 己卯 | 4·7 |
| 12 | 17 | 水 | 13 | 丁丑 | 4·7 | 18 | 日 | 15 | 己酉 | 4·6 | 19 | 水 | 17 | 庚辰 | 4·6 |
| 13 | 18 | 木 | 14 | 戊寅 | 4·6 | 19 | 月 | 16 | 庚戌 | 4·6 | 20 | 木 | 18 | 辛巳 | 4·6 |
| 14 | 19 | 金 | 15 | 己卯 | 5·6 | 20 | 火 | 17 | 辛亥 | 5·6 | 21 | 金 | 19 | 壬午 | 5·6 |
| 15 | 20 | 土 | 16 | 庚辰 | 5·6 | 21 | 水 | 18 | 壬子 | 하지 | 22 | 土 | 20 | 癸未 | 5·5 |
| 16 | 21 | 日 | 17 | 辛巳 | 소만 | 22 | 木 | 19 | 癸丑 | 5·5 | 23 | 日 | 21 | 甲申 | 대서 |
| 17 | 22 | 月 | 18 | 壬午 | 6·5 | 23 | 金 | 20 | 甲寅 | 6·5 | 24 | 月 | 22 | 乙酉 | 6·5 |
| 18 | 23 | 火 | 19 | 癸未 | 6·5 | 24 | 土 | 21 | 乙卯 | 6·4 | 25 | 火 | 23 | 丙戌 | 6·4 |
| 19 | 24 | 水 | 20 | 甲申 | 6·4 | 25 | 日 | 22 | 丙辰 | 6·4 | 26 | 水 | 24 | 丁亥 | 6·4 |
| 20 | 25 | 木 | 21 | 乙酉 | 7·4 | 26 | 月 | 23 | 丁巳 | 7·4 | 27 | 木 | 25 | 戊子 | 7·4 |
| 21 | 26 | 金 | 22 | 丙戌 | 7·4 | 27 | 火 | 24 | 戊午 | 7·3 | 28 | 金 | 26 | 己丑 | 7·3 |
| 22 | 27 | 土 | 23 | 丁亥 | 7·3 | 28 | 水 | 25 | 己未 | 7·3 | 29 | 土 | 27 | 庚寅 | 7·3 |
| 23 | 28 | 日 | 24 | 戊子 | 8·3 | 29 | 木 | 26 | 庚申 | 8·3 | 30 | 日 | 28 | 辛卯 | 8·3 |
| 24 | 29 | 月 | 25 | 己丑 | 8·3 | 30 | 金 | 27 | 辛酉 | 8·2 | 31 | 月 | 29 | 壬辰 | 8·2 |
| 25 | 30 | 火 | 26 | 庚寅 | 8·2 | 7/1 | 土 | 28 | 壬戌 | 8·2 | 8/1 | 火 | 30 | 癸巳 | 8·2 |
| 26 | 31 | 水 | 27 | 辛卯 | 9·2 | 2 | 日 | 29 | 癸亥 | 9·2 | 2 | 水 | 7/1 | 甲午 | 9·2 |
| 27 | 6/1 | 木 | 28 | 壬辰 | 9·2 | 3 | 月 | 6/1 | 甲子 | 9·1 | 3 | 木 | 2 | 乙未 | 9·1 |
| 28 | 2 | 金 | 29 | 癸巳 | 9·1 | 4 | 火 | 2 | 乙丑 | 9·1 | 4 | 金 | 3 | 丙申 | 9·1 |
| 29 | 3 | 土 | 30 | 甲午 | 10·1 | 5 | 水 | 3 | 丙寅 | 10·1 | 5 | 土 | 4 | 丁酉 | 10·1 |
| 30 | 4 | 日 | 5/1 | 乙未 | 10·1 | 6 | 木 | 4 | 丁卯 | 10·1 | 6 | 日 | 5 | 戊戌 | 10·1 |
| 31 | 5 | 月 | 2 | 丙申 | 10·1 | | | | | | | | | | |

# 己巳年

| 절기후날수 | 입추절(壬申月) 立秋 8월7일 22시4분 處暑 8월23일 12시46분 | | | | | | 백로절(癸酉月) 白露 9월8일 0시54분 秋分 9월23일 10시20분 | | | | | | 한로절(甲戌月) 寒露 10월8일 16시27분 霜降 10월23일 19시35분 | | | | | |
|---|---|---|---|---|---|---|---|---|---|---|---|---|---|---|---|---|---|---|
| | 양력 | 요일 | 음력 | 일진 | 大運 남 | 大運 여 | 양력 | 요일 | 음력 | 일진 | 大運 남 | 大運 여 | 양력 | 요일 | 음력 | 일진 | 大運 남 | 大運 여 |
| 0 | 8/7 | 月 | 6 | 己亥 | 입추 | | 9/8 | 金 | 9 | 辛未 | 백로 | | 10/8 | 日 | 9 | 辛丑 | 한로 | |
| 1 | 8 | 火 | 7 | 庚子 | 1 | 10 | 9 | 土 | 10 | 壬申 | 1 | 10 | 9 | 月 | 10 | 壬寅 | 1 | 10 |
| 2 | 9 | 水 | 8 | 辛丑 | 1 | 10 | 10 | 日 | 11 | 癸酉 | 1 | 9 | 10 | 火 | 11 | 癸卯 | 1 | 9 |
| 3 | 10 | 木 | 9 | 壬寅 | 1 | 10 | 11 | 月 | 12 | 甲戌 | 1 | 9 | 11 | 水 | 12 | 甲辰 | 1 | 9 |
| 4 | 11 | 金 | 10 | 癸卯 | 1 | 9 | 12 | 火 | 13 | 乙亥 | 1 | 9 | 12 | 木 | 13 | 乙巳 | 1 | 9 |
| 5 | 12 | 土 | 11 | 甲辰 | 2 | 9 | 13 | 水 | 14 | 丙子 | 2 | 8 | 13 | 金 | 14 | 丙午 | 2 | 8 |
| 6 | 13 | 日 | 12 | 乙巳 | 2 | 9 | 14 | 木 | 15 | 丁丑 | 2 | 8 | 14 | 土 | 15 | 丁未 | 2 | 8 |
| 7 | 14 | 月 | 13 | 丙午 | 2 | 8 | 15 | 金 | 16 | 戊寅 | 2 | 8 | 15 | 日 | 16 | 戊申 | 2 | 8 |
| 8 | 15 | 火 | 14 | 丁未 | 3 | 8 | 16 | 土 | 17 | 己卯 | 3 | 7 | 16 | 月 | 17 | 己酉 | 3 | 7 |
| 9 | 16 | 水 | 15 | 戊申 | 3 | 8 | 17 | 日 | 18 | 庚辰 | 3 | 7 | 17 | 火 | 18 | 庚戌 | 3 | 7 |
| 10 | 17 | 木 | 16 | 己酉 | 3 | 7 | 18 | 月 | 19 | 辛巳 | 3 | 7 | 18 | 水 | 19 | 辛亥 | 3 | 7 |
| 11 | 18 | 金 | 17 | 庚戌 | 4 | 7 | 19 | 火 | 20 | 壬午 | 4 | 6 | 19 | 木 | 20 | 壬子 | 4 | 6 |
| 12 | 19 | 土 | 18 | 辛亥 | 4 | 7 | 20 | 水 | 21 | 癸未 | 4 | 6 | 20 | 金 | 21 | 癸丑 | 4 | 6 |
| 13 | 20 | 日 | 19 | 壬子 | 4 | 6 | 21 | 木 | 22 | 甲申 | 4 | 6 | 21 | 土 | 22 | 甲寅 | 4 | 6 |
| 14 | 21 | 月 | 20 | 癸丑 | 5 | 6 | 22 | 金 | 23 | 乙酉 | 5 | 5 | 22 | 日 | 23 | 乙卯 | 5 | 5 |
| 15 | 22 | 火 | 21 | 甲寅 | 5 | 6 | 23 | 土 | 24 | 丙戌 | 추분 | | 23 | 月 | 24 | 丙辰 | 상강 | |
| 16 | 23 | 水 | 22 | 乙卯 | 처서 | | 24 | 日 | 25 | 丁亥 | 5 | 5 | 24 | 火 | 25 | 丁巳 | 5 | 5 |
| 17 | 24 | 木 | 23 | 丙辰 | 6 | 5 | 25 | 月 | 26 | 戊子 | 6 | 4 | 25 | 水 | 26 | 戊午 | 6 | 4 |
| 18 | 25 | 金 | 24 | 丁巳 | 6 | 5 | 26 | 火 | 27 | 己丑 | 6 | 4 | 26 | 木 | 27 | 己未 | 6 | 4 |
| 19 | 26 | 土 | 25 | 戊午 | 6 | 4 | 27 | 水 | 28 | 庚寅 | 6 | 4 | 27 | 金 | 28 | 庚申 | 6 | 4 |
| 20 | 27 | 日 | 26 | 己未 | 7 | 4 | 28 | 木 | 29 | 辛卯 | 7 | 3 | 28 | 土 | 29 | 辛酉 | 7 | 3 |
| 21 | 28 | 月 | 27 | 庚申 | 7 | 4 | 29 | 金 | 30 | 壬辰 | 7 | 3 | 29 | 日 | 30 | 壬戌 | 7 | 3 |
| 22 | 29 | 火 | 28 | 辛酉 | 7 | 3 | 30 | 土 | 9/1 | 癸巳 | 7 | 3 | 30 | 月 | 10/1 | 癸亥 | 7 | 3 |
| 23 | 30 | 水 | 29 | 壬戌 | 8 | 3 | 10/1 | 日 | 2 | 甲午 | 8 | 2 | 31 | 火 | 2 | 甲子 | 8 | 2 |
| 24 | 31 | 木 | 8/1 | 癸亥 | 8 | 3 | 2 | 月 | 3 | 乙未 | 8 | 2 | 11/1 | 水 | 3 | 乙丑 | 8 | 2 |
| 25 | 9/1 | 金 | 2 | 甲子 | 8 | 2 | 3 | 火 | 4 | 丙申 | 8 | 2 | 2 | 木 | 4 | 丙寅 | 8 | 2 |
| 26 | 2 | 土 | 3 | 乙丑 | 9 | 2 | 4 | 水 | 5 | 丁酉 | 9 | 1 | 3 | 金 | 5 | 丁卯 | 9 | 1 |
| 27 | 3 | 日 | 4 | 丙寅 | 9 | 2 | 5 | 木 | 6 | 戊戌 | 9 | 1 | 4 | 土 | 6 | 戊辰 | 9 | 1 |
| 28 | 4 | 月 | 5 | 丁卯 | 9 | 1 | 6 | 金 | 7 | 己亥 | 9 | 1 | 5 | 日 | 7 | 己巳 | 9 | 1 |
| 29 | 5 | 火 | 6 | 戊辰 | 10 | 1 | 7 | 土 | 8 | 庚子 | 10 | 1 | 6 | 月 | 8 | 庚午 | 10 | 1 |
| 30 | 6 | 水 | 7 | 己巳 | 10 | 1 | | | | | | | | | | | | |
| 31 | 7 | 木 | 8 | 庚午 | 10 | 1 | | | | | | | | | | | | |

| 절기후날수 | 입동절(乙亥月) 立冬 11월7일 19시34분 小雪 11월22일 17시5분 | | | | | | 대설절(丙子月) 大雪 12월7일 12시21분 冬至 12월22일 6시22분 | | | | | | 소한절(丁丑月) 小寒 1월5일 23시33분 大寒 1월20일 17시2분 | | | | | |
|---|---|---|---|---|---|---|---|---|---|---|---|---|---|---|---|---|---|---|
| | 양력 | 요일 | 음력 | 일진 | 大運 남 | 大運 여 | 양력 | 요일 | 음력 | 일진 | 大運 남 | 大運 여 | 양력 | 요일 | 음력 | 일진 | 大運 남 | 大運 여 |
| 0 | 11/7 | 火 | 9 | 辛未 | 입동 | | 12/7 | 木 | 10 | 辛丑 | 대설 | | 1/5 | 金 | 9 | 庚午 | 소한 | |
| 1 | 8 | 水 | 10 | 壬申 | 1 | 10 | 8 | 金 | 11 | 壬寅 | 1 | 9 | 6 | 土 | 10 | 辛未 | 1 | 10 |
| 2 | 9 | 木 | 11 | 癸酉 | 1 | 9 | 9 | 土 | 12 | 癸卯 | 1 | 9 | 7 | 日 | 11 | 壬申 | 1 | 9 |
| 3 | 10 | 金 | 12 | 甲戌 | 1 | 9 | 10 | 日 | 13 | 甲辰 | 1 | 9 | 8 | 月 | 12 | 癸酉 | 1 | 9 |
| 4 | 11 | 土 | 13 | 乙亥 | 1 | 9 | 11 | 月 | 14 | 乙巳 | 1 | 8 | 9 | 火 | 13 | 甲戌 | 1 | 9 |
| 5 | 12 | 日 | 14 | 丙子 | 2 | 8 | 12 | 火 | 15 | 丙午 | 2 | 8 | 10 | 水 | 14 | 乙亥 | 2 | 8 |
| 6 | 13 | 月 | 15 | 丁丑 | 2 | 8 | 13 | 水 | 16 | 丁未 | 2 | 8 | 11 | 木 | 15 | 丙子 | 2 | 8 |
| 7 | 14 | 火 | 16 | 戊寅 | 2 | 8 | 14 | 木 | 17 | 戊申 | 2 | 7 | 12 | 金 | 16 | 丁丑 | 2 | 8 |
| 8 | 15 | 水 | 17 | 己卯 | 3 | 7 | 15 | 金 | 18 | 己酉 | 3 | 7 | 13 | 土 | 17 | 戊寅 | 3 | 7 |
| 9 | 16 | 木 | 18 | 庚辰 | 3 | 7 | 16 | 土 | 19 | 庚戌 | 3 | 7 | 14 | 日 | 18 | 己卯 | 3 | 7 |
| 10 | 17 | 金 | 19 | 辛巳 | 3 | 7 | 17 | 日 | 20 | 辛亥 | 3 | 6 | 15 | 月 | 19 | 庚辰 | 3 | 7 |
| 11 | 18 | 土 | 20 | 壬午 | 4 | 6 | 18 | 月 | 21 | 壬子 | 4 | 6 | 16 | 火 | 20 | 辛巳 | 4 | 6 |
| 12 | 19 | 日 | 21 | 癸未 | 4 | 6 | 19 | 火 | 22 | 癸丑 | 4 | 6 | 17 | 水 | 21 | 壬午 | 4 | 6 |
| 13 | 20 | 月 | 22 | 甲申 | 4 | 6 | 20 | 水 | 23 | 甲寅 | 4 | 5 | 18 | 木 | 22 | 癸未 | 4 | 6 |
| 14 | 21 | 火 | 23 | 乙酉 | 5 | 5 | 21 | 木 | 24 | 乙卯 | 5 | 5 | 19 | 金 | 23 | 甲申 | 5 | 5 |
| 15 | 22 | 水 | 24 | 丙戌 | 소설 | | 22 | 金 | 25 | 丙辰 | 동지 | | 20 | 土 | 24 | 乙酉 | 대한 | |
| 16 | 23 | 木 | 25 | 丁亥 | 5 | 5 | 23 | 土 | 26 | 丁巳 | 5 | 4 | 21 | 日 | 25 | 丙戌 | 5 | 5 |
| 17 | 24 | 金 | 26 | 戊子 | 6 | 4 | 24 | 日 | 27 | 戊午 | 6 | 4 | 22 | 月 | 26 | 丁亥 | 6 | 4 |
| 18 | 25 | 土 | 27 | 己丑 | 6 | 4 | 25 | 月 | 28 | 己未 | 6 | 4 | 23 | 火 | 27 | 戊子 | 6 | 4 |
| 19 | 26 | 日 | 28 | 庚寅 | 6 | 4 | 26 | 火 | 29 | 庚申 | 6 | 3 | 24 | 水 | 28 | 己丑 | 6 | 4 |
| 20 | 27 | 月 | 29 | 辛卯 | 7 | 3 | 27 | 水 | 30 | 辛酉 | 7 | 3 | 25 | 木 | 29 | 庚寅 | 7 | 3 |
| 21 | 28 | 火 | 11/1 | 壬辰 | 7 | 3 | 28 | 木 | 12/1 | 壬戌 | 7 | 3 | 26 | 金 | 30 | 辛卯 | 7 | 3 |
| 22 | 29 | 水 | 2 | 癸巳 | 7 | 3 | 29 | 金 | 2 | 癸亥 | 7 | 2 | 27 | 土 | 1/1 | 壬辰 | 7 | 3 |
| 23 | 30 | 木 | 3 | 甲午 | 8 | 2 | 30 | 土 | 3 | 甲子 | 8 | 2 | 28 | 日 | 2 | 癸巳 | 8 | 2 |
| 24 | 12/1 | 金 | 4 | 乙未 | 8 | 2 | 31 | 日 | 4 | 乙丑 | 8 | 2 | 29 | 月 | 3 | 甲午 | 8 | 2 |
| 25 | 2 | 土 | 5 | 丙申 | 8 | 2 | 1/1 | 月 | 5 | 丙寅 | 8 | 1 | 30 | 火 | 4 | 乙未 | 8 | 2 |
| 26 | 3 | 日 | 6 | 丁酉 | 9 | 1 | 2 | 火 | 6 | 丁卯 | 9 | 1 | 31 | 水 | 5 | 丙申 | 9 | 1 |
| 27 | 4 | 月 | 7 | 戊戌 | 9 | 1 | 3 | 水 | 7 | 戊辰 | 9 | 1 | 2/1 | 木 | 6 | 丁酉 | 9 | 1 |
| 28 | 5 | 火 | 8 | 己亥 | 9 | 1 | 4 | 木 | 8 | 己巳 | 9 | 1 | 2 | 金 | 7 | 戊戌 | 9 | 1 |
| 29 | 6 | 水 | 9 | 庚子 | 10 | 1 | | | | | | | 3 | 土 | 8 | 己亥 | 10 | 1 |
| 30 | | | | | | | | | | | | | | | | | | |
| 31 | | | | | | | | | | | | | | | | | | |

# 서기 1990년 [단기 4323년]

| 절기후날수 | 입춘절(戊寅月) | | | | | 경칩절(己卯月) | | | | | 청명절(庚辰月) | | | | | 입하절(辛巳月) | | | | | 망종절(壬午月) | | | | | 소서절(癸未月) | | | | |
|---|---|---|---|---|---|---|---|---|---|---|---|---|---|---|---|---|---|---|---|---|---|---|---|---|---|---|---|---|---|---|
| | 立春 2월4일 11시14분<br>雨水 2월19일 7시14분 | | | | | 驚蟄 3월6일 5시19분<br>春分 3월21일 6시19분 | | | | | 淸明 4월5일 10시13분<br>穀雨 4월20일 17시27분 | | | | | 立夏 5월6일 3시35분<br>小滿 5월21일 16시37분 | | | | | 芒種 6월6일 7시46분<br>夏至 6월22일 0시33분 | | | | | 小暑 7월7일 18시0분<br>大暑 7월23일 11시22분 | | | | |
| | 양력 | 요일 | 음력 | 일진 | 大運 남·여 | 양력 | 요일 | 음력 | 일진 | 大運 남·여 | 양력 | 요일 | 음력 | 일진 | 大運 남·여 | 양력 | 요일 | 음력 | 일진 | 大運 남·여 | 양력 | 요일 | 음력 | 일진 | 大運 남·여 | 양력 | 요일 | 음력 | 일진 | 大運 남·여 |
| 0 | 2/4 | 日 | 9 | 庚子 | 입춘 | 3/6 | 火 | 10 | 庚午 | 경칩 | 4/5 | 木 | 10 | 庚子 | 청명 | 5/6 | 日 | 12 | 辛未 | 입하 | 6/6 | 水 | 14 | 壬寅 | 망종 | 7/7 | 土 | 윤15 | 癸酉 | 소서 |
| 1 | 5 | 月 | 10 | 辛丑 | 10·1 | 7 | 水 | 11 | 辛未 | 10·1 | 6 | 金 | 11 | 辛丑 | 10·1 | 7 | 月 | 13 | 壬申 | 10·1 | 7 | 木 | 15 | 癸卯 | 10·1 | 8 | 日 | 윤16 | 甲戌 | 10·1 |
| 2 | 6 | 火 | 11 | 壬寅 | 9·1 | 8 | 木 | 12 | 壬申 | 9·1 | 7 | 土 | 12 | 壬寅 | 10·1 | 8 | 火 | 14 | 癸酉 | 10·1 | 8 | 金 | 16 | 甲辰 | 10·1 | 9 | 月 | 윤17 | 乙亥 | 10·1 |
| 3 | 7 | 水 | 12 | 癸卯 | 9·1 | 9 | 金 | 13 | 癸酉 | 9·1 | 8 | 日 | 13 | 癸卯 | 9·1 | 9 | 水 | 15 | 甲戌 | 9·1 | 9 | 土 | 17 | 乙巳 | 9·1 | 10 | 火 | 윤18 | 丙子 | 10·1 |
| 4 | 8 | 木 | 13 | 甲辰 | 9·1 | 10 | 土 | 14 | 甲戌 | 9·1 | 9 | 月 | 14 | 甲辰 | 9·1 | 10 | 木 | 16 | 乙亥 | 9·1 | 10 | 日 | 18 | 丙午 | 9·1 | 11 | 水 | 윤19 | 丁丑 | 9·1 |
| 5 | 9 | 金 | 14 | 乙巳 | 8·2 | 11 | 日 | 15 | 乙亥 | 8·2 | 10 | 火 | 15 | 乙巳 | 9·2 | 11 | 金 | 17 | 丙子 | 9·2 | 11 | 月 | 19 | 丁未 | 9·2 | 12 | 木 | 윤20 | 戊寅 | 9·2 |
| 6 | 10 | 土 | 15 | 丙午 | 8·2 | 12 | 月 | 16 | 丙子 | 8·2 | 11 | 水 | 16 | 丙午 | 8·2 | 12 | 土 | 18 | 丁丑 | 8·2 | 12 | 火 | 20 | 戊申 | 8·2 | 13 | 金 | 윤21 | 己卯 | 9·2 |
| 7 | 11 | 日 | 16 | 丁未 | 8·2 | 13 | 火 | 17 | 丁丑 | 8·2 | 12 | 木 | 17 | 丁未 | 8·2 | 13 | 日 | 19 | 戊寅 | 8·2 | 13 | 水 | 21 | 己酉 | 8·2 | 14 | 土 | 윤22 | 庚辰 | 8·2 |
| 8 | 12 | 月 | 17 | 戊申 | 7·3 | 14 | 水 | 18 | 戊寅 | 7·3 | 13 | 金 | 18 | 戊申 | 8·3 | 14 | 月 | 20 | 己卯 | 8·3 | 14 | 木 | 22 | 庚戌 | 8·3 | 15 | 日 | 윤23 | 辛巳 | 8·3 |
| 9 | 13 | 火 | 18 | 己酉 | 7·3 | 15 | 木 | 19 | 己卯 | 7·3 | 14 | 土 | 19 | 己酉 | 7·3 | 15 | 火 | 21 | 庚辰 | 7·3 | 15 | 金 | 23 | 辛亥 | 7·3 | 16 | 月 | 윤24 | 壬午 | 8·3 |
| 10 | 14 | 水 | 19 | 庚戌 | 7·3 | 16 | 金 | 20 | 庚辰 | 7·3 | 15 | 日 | 20 | 庚戌 | 7·3 | 16 | 水 | 22 | 辛巳 | 7·3 | 16 | 土 | 24 | 壬子 | 7·3 | 17 | 火 | 윤25 | 癸未 | 7·3 |
| 11 | 15 | 木 | 20 | 辛亥 | 6·4 | 17 | 土 | 21 | 辛巳 | 6·4 | 16 | 月 | 21 | 辛亥 | 7·4 | 17 | 木 | 23 | 壬午 | 7·4 | 17 | 日 | 25 | 癸丑 | 7·4 | 18 | 水 | 윤26 | 甲申 | 7·4 |
| 12 | 16 | 金 | 21 | 壬子 | 6·4 | 18 | 日 | 22 | 壬午 | 6·4 | 17 | 火 | 22 | 壬子 | 6·4 | 18 | 金 | 24 | 癸未 | 6·4 | 18 | 月 | 26 | 甲寅 | 6·4 | 19 | 木 | 윤27 | 乙酉 | 7·4 |
| 13 | 17 | 土 | 22 | 癸丑 | 6·4 | 19 | 月 | 23 | 癸未 | 6·4 | 18 | 水 | 23 | 癸丑 | 6·4 | 19 | 土 | 25 | 甲申 | 6·4 | 19 | 火 | 27 | 乙卯 | 6·4 | 20 | 金 | 윤28 | 丙戌 | 6·4 |
| 14 | 18 | 日 | 23 | 甲寅 | 5·5 | 20 | 火 | 24 | 甲申 | 5·5 | 19 | 木 | 24 | 甲寅 | 6·5 | 20 | 日 | 26 | 乙酉 | 6·5 | 20 | 水 | 28 | 丙辰 | 6·5 | 21 | 土 | 윤29 | 丁亥 | 6·5 |
| 15 | 19 | 月 | 24 | 乙卯 | 우수 | 21 | 水 | 25 | 乙酉 | 춘분 | 20 | 金 | 25 | 乙卯 | 곡우 | 21 | 月 | 27 | 丙戌 | 소만 | 21 | 木 | 29 | 丁巳 | 5·5 | 22 | 日 | 6/1 | 戊子 | 6·5 |
| 16 | 20 | 火 | 25 | 丙辰 | 5·5 | 22 | 木 | 26 | 丙戌 | 5·5 | 21 | 土 | 26 | 丙辰 | 5·5 | 22 | 火 | 28 | 丁亥 | 5·5 | 22 | 金 | 30 | 戊午 | 하지 | 23 | 月 | 2 | 己丑 | 대서 |
| 17 | 21 | 水 | 26 | 丁巳 | 4·6 | 23 | 金 | 27 | 丁亥 | 4·6 | 22 | 日 | 27 | 丁巳 | 5·6 | 23 | 水 | 29 | 戊子 | 5·6 | 23 | 土 | 윤1 | 己未 | 5·6 | 24 | 火 | 3 | 庚寅 | 5·6 |
| 18 | 22 | 木 | 27 | 戊午 | 4·6 | 24 | 土 | 28 | 戊子 | 4·6 | 23 | 月 | 28 | 戊午 | 4·6 | 24 | 木 | 5/1 | 己丑 | 4·6 | 24 | 日 | 윤2 | 庚申 | 4·6 | 25 | 水 | 4 | 辛卯 | 5·6 |
| 19 | 23 | 金 | 28 | 己未 | 4·6 | 25 | 日 | 29 | 己丑 | 4·6 | 24 | 火 | 29 | 己未 | 4·6 | 25 | 金 | 2 | 庚寅 | 4·6 | 25 | 月 | 윤3 | 辛酉 | 4·6 | 26 | 木 | 5 | 壬辰 | 4·6 |
| 20 | 24 | 土 | 29 | 庚申 | 3·7 | 26 | 月 | 30 | 庚寅 | 3·7 | 25 | 水 | 4/1 | 庚申 | 4·7 | 26 | 土 | 3 | 辛卯 | 4·7 | 26 | 火 | 윤4 | 壬戌 | 4·7 | 27 | 金 | 6 | 癸巳 | 4·7 |
| 21 | 25 | 日 | 2/1 | 辛酉 | 3·7 | 27 | 火 | 3/1 | 辛卯 | 3·7 | 26 | 木 | 2 | 辛酉 | 3·7 | 27 | 日 | 4 | 壬辰 | 3·7 | 27 | 水 | 윤5 | 癸亥 | 3·7 | 28 | 土 | 7 | 甲午 | 4·7 |
| 22 | 26 | 月 | 2 | 壬戌 | 3·7 | 28 | 水 | 2 | 壬辰 | 3·7 | 27 | 金 | 3 | 壬戌 | 3·7 | 28 | 月 | 5 | 癸巳 | 3·7 | 28 | 木 | 윤6 | 甲子 | 3·7 | 29 | 日 | 8 | 乙未 | 3·7 |
| 23 | 27 | 火 | 3 | 癸亥 | 2·8 | 29 | 木 | 3 | 癸巳 | 2·8 | 28 | 土 | 4 | 癸亥 | 3·8 | 29 | 火 | 6 | 甲午 | 3·8 | 29 | 金 | 윤7 | 乙丑 | 3·8 | 30 | 月 | 9 | 丙申 | 3·8 |
| 24 | 28 | 水 | 4 | 甲子 | 2·8 | 30 | 金 | 4 | 甲午 | 2·8 | 29 | 日 | 5 | 甲子 | 2·8 | 30 | 水 | 7 | 乙未 | 2·8 | 30 | 土 | 윤8 | 丙寅 | 2·8 | 31 | 火 | 10 | 丁酉 | 3·8 |
| 25 | 3/1 | 木 | 5 | 乙丑 | 2·8 | 31 | 土 | 5 | 乙未 | 2·8 | 30 | 月 | 6 | 乙丑 | 2·8 | 31 | 木 | 8 | 丙申 | 2·8 | 7/1 | 日 | 윤9 | 丁卯 | 2·8 | 8/1 | 水 | 11 | 戊戌 | 2·8 |
| 26 | 2 | 金 | 6 | 丙寅 | 1·9 | 4/1 | 日 | 6 | 丙申 | 1·9 | 5/1 | 火 | 7 | 丙寅 | 2·9 | 6/1 | 金 | 9 | 丁酉 | 2·9 | 2 | 月 | 윤10 | 戊辰 | 2·9 | 2 | 木 | 12 | 己亥 | 2·9 |
| 27 | 3 | 土 | 7 | 丁卯 | 1·9 | 2 | 月 | 7 | 丁酉 | 1·9 | 2 | 水 | 8 | 丁卯 | 1·9 | 2 | 土 | 10 | 戊戌 | 1·9 | 3 | 火 | 윤11 | 己巳 | 1·9 | 3 | 金 | 13 | 庚子 | 2·9 |
| 28 | 4 | 日 | 8 | 戊辰 | 1·9 | 3 | 火 | 8 | 戊戌 | 1·9 | 3 | 木 | 9 | 戊辰 | 1·9 | 3 | 日 | 11 | 己亥 | 1·9 | 4 | 水 | 윤12 | 庚午 | 1·9 | 4 | 土 | 14 | 辛丑 | 1·9 |
| 29 | 5 | 月 | 9 | 己巳 | 1·10 | 4 | 水 | 9 | 己亥 | 1·10 | 4 | 金 | 10 | 己巳 | 1·10 | 4 | 月 | 12 | 庚子 | 1·10 | 5 | 木 | 윤13 | 辛未 | 1·10 | 5 | 日 | 15 | 壬寅 | 1·10 |
| 30 | | | | | | | | | | | 5 | 土 | 11 | 庚午 | 1·10 | 5 | 火 | 13 | 辛丑 | 1·10 | 6 | 金 | 윤14 | 壬申 | 1·10 | 6 | 月 | 16 | 癸卯 | 1·10 |
| 31 | | | | | | | | | | | | | | | | | | | | | | | | | | 7 | 火 | 17 | 甲辰 | 1·10 |

▶윤달-5월

# 庚午年

| 절기후날수 | 입추절(甲申月) 立秋 8월8일 3시46분 處暑 8월23일 18시21분 | | | | | 백로절(乙酉月) 白露 9월8일 6시37분 秋分 9월23일 15시56분 | | | | | 한로절(丙戌月) 寒露 10월8일 22시14분 霜降 10월24일 1시14분 | | | | |
|---|---|---|---|---|---|---|---|---|---|---|---|---|---|---|---|
| | 양력 | 요일 | 음력 | 일진 | 大運 남·여 | 양력 | 요일 | 음력 | 일진 | 大運 남·여 | 양력 | 요일 | 음력 | 일진 | 大運 남·여 |
| 0 | 8/8 | 水 | 18 | 乙巳 | 입추 | 9/8 | 土 | 20 | 丙子 | 백로 | 10/8 | 月 | 20 | 丙午 | 한로 |
| 1 | 9 | 木 | 19 | 丙午 | 10·1 | 9 | 日 | 21 | 丁丑 | 10·1 | 9 | 火 | 21 | 丁未 | 10·1 |
| 2 | 10 | 金 | 20 | 丁未 | 10·1 | 10 | 月 | 22 | 戊寅 | 9·1 | 10 | 水 | 22 | 戊申 | 10·1 |
| 3 | 11 | 土 | 21 | 戊申 | 9·1 | 11 | 火 | 23 | 己卯 | 9·1 | 11 | 木 | 23 | 己酉 | 9·1 |
| 4 | 12 | 日 | 22 | 己酉 | 9·1 | 12 | 水 | 24 | 庚辰 | 9·1 | 12 | 金 | 24 | 庚戌 | 9·1 |
| 5 | 13 | 月 | 23 | 庚戌 | 9·2 | 13 | 木 | 25 | 辛巳 | 8·2 | 13 | 土 | 25 | 辛亥 | 9·2 |
| 6 | 14 | 火 | 24 | 辛亥 | 8·2 | 14 | 金 | 26 | 壬午 | 8·2 | 14 | 日 | 26 | 壬子 | 8·2 |
| 7 | 15 | 水 | 25 | 壬子 | 8·2 | 15 | 土 | 27 | 癸未 | 8·2 | 15 | 月 | 27 | 癸丑 | 8·2 |
| 8 | 16 | 木 | 26 | 癸丑 | 8·3 | 16 | 日 | 28 | 甲申 | 7·3 | 16 | 火 | 28 | 甲寅 | 8·3 |
| 9 | 17 | 金 | 27 | 甲寅 | 7·3 | 17 | 月 | 29 | 乙酉 | 7·3 | 17 | 水 | 29 | 乙卯 | 7·3 |
| 10 | 18 | 土 | 28 | 乙卯 | 7·3 | 18 | 火 | 30 | 丙戌 | 7·3 | 18 | 木 | 30 | 丙辰 | 7·3 |
| 11 | 19 | 日 | 29 | 丙辰 | 7·4 | 19 | 水 | 8/1 | 丁亥 | 6·4 | 19 | 金 | 9/1 | 丁巳 | 7·4 |
| 12 | 20 | 月 | 7/1 | 丁巳 | 6·4 | 20 | 木 | 2 | 戊子 | 6·4 | 20 | 土 | 2 | 戊午 | 6·4 |
| 13 | 21 | 火 | 2 | 戊午 | 6·4 | 21 | 金 | 3 | 己丑 | 6·4 | 21 | 日 | 3 | 己未 | 6·4 |
| 14 | 22 | 水 | 3 | 己未 | 6·5 | 22 | 土 | 4 | 庚寅 | 5·5 | 22 | 月 | 4 | 庚申 | 6·5 |
| 15 | 23 | 木 | 4 | 庚申 | 처서 | 23 | 日 | 5 | 辛卯 | 추분 | 23 | 火 | 5 | 辛酉 | 5·5 |
| 16 | 24 | 金 | 5 | 辛酉 | 5·5 | 24 | 月 | 6 | 壬辰 | 5·5 | 24 | 水 | 6 | 壬戌 | 상강 |
| 17 | 25 | 土 | 6 | 壬戌 | 5·6 | 25 | 火 | 7 | 癸巳 | 4·6 | 25 | 木 | 7 | 癸亥 | 5·6 |
| 18 | 26 | 日 | 7 | 癸亥 | 4·6 | 26 | 水 | 8 | 甲午 | 4·6 | 26 | 金 | 8 | 甲子 | 4·6 |
| 19 | 27 | 月 | 8 | 甲子 | 4·6 | 27 | 木 | 9 | 乙未 | 4·6 | 27 | 土 | 9 | 乙丑 | 4·6 |
| 20 | 28 | 火 | 9 | 乙丑 | 4·7 | 28 | 金 | 10 | 丙申 | 3·7 | 28 | 日 | 10 | 丙寅 | 4·7 |
| 21 | 29 | 水 | 10 | 丙寅 | 3·7 | 29 | 土 | 11 | 丁酉 | 3·7 | 29 | 月 | 11 | 丁卯 | 3·7 |
| 22 | 30 | 木 | 11 | 丁卯 | 3·7 | 30 | 日 | 12 | 戊戌 | 3·7 | 30 | 火 | 12 | 戊辰 | 3·7 |
| 23 | 31 | 金 | 12 | 戊辰 | 3·8 | 10/1 | 月 | 13 | 己亥 | 2·8 | 31 | 水 | 13 | 己巳 | 3·8 |
| 24 | 9/1 | 土 | 13 | 己巳 | 2·8 | 2 | 火 | 14 | 庚子 | 2·8 | 11/1 | 木 | 14 | 庚午 | 2·8 |
| 25 | 2 | 日 | 14 | 庚午 | 2·8 | 3 | 水 | 15 | 辛丑 | 2·8 | 2 | 金 | 15 | 辛未 | 2·8 |
| 26 | 3 | 月 | 15 | 辛未 | 2·9 | 4 | 木 | 16 | 壬寅 | 1·9 | 3 | 土 | 16 | 壬申 | 2·9 |
| 27 | 4 | 火 | 16 | 壬申 | 1·9 | 5 | 金 | 17 | 癸卯 | 1·9 | 4 | 日 | 17 | 癸酉 | 1·9 |
| 28 | 5 | 水 | 17 | 癸酉 | 1·9 | 6 | 土 | 18 | 甲辰 | 1·9 | 5 | 月 | 18 | 甲戌 | 1·9 |
| 29 | 6 | 木 | 18 | 甲戌 | 1·10 | 7 | 日 | 19 | 乙巳 | 1·10 | 6 | 火 | 19 | 乙亥 | 1·10 |
| 30 | 7 | 金 | 19 | 乙亥 | 1·10 | | | | | | 7 | 水 | 20 | 丙子 | 1·10 |
| 31 | | | | | | | | | | | | | | | |

| 절기후날수 | 입동절(丁亥月) 立冬 11월8일 1시23분 小雪 11월22일 22시47분 | | | | | 대설절(戊子月) 大雪 12월7일 18시14분 冬至 12월22일 12시7분 | | | | | 소한절(己丑月) 小寒 1월6일 5시28분 大寒 1월20일 22시47분 | | | | |
|---|---|---|---|---|---|---|---|---|---|---|---|---|---|---|---|
| | 양력 | 요일 | 음력 | 일진 | 大運 남·여 | 양력 | 요일 | 음력 | 일진 | 大運 남·여 | 양력 | 요일 | 음력 | 일진 | 大運 남·여 |
| 0 | 11/8 | 木 | 21 | 丁丑 | 입동 | 12/7 | 金 | 21 | 丙午 | 대설 | 1/6 | 日 | 21 | 丙子 | 소한 |
| 1 | 9 | 金 | 22 | 戊寅 | 9·1 | 8 | 土 | 22 | 丁未 | 10·1 | 7 | 月 | 22 | 丁丑 | 9·1 |
| 2 | 10 | 土 | 23 | 己卯 | 9·1 | 9 | 日 | 23 | 戊申 | 9·1 | 8 | 火 | 23 | 戊寅 | 9·1 |
| 3 | 11 | 日 | 24 | 庚辰 | 9·1 | 10 | 月 | 24 | 己酉 | 9·1 | 9 | 水 | 24 | 己卯 | 9·1 |
| 4 | 12 | 月 | 25 | 辛巳 | 8·1 | 11 | 火 | 25 | 庚戌 | 9·1 | 10 | 木 | 25 | 庚辰 | 8·1 |
| 5 | 13 | 火 | 26 | 壬午 | 8·2 | 12 | 水 | 26 | 辛亥 | 8·2 | 11 | 金 | 26 | 辛巳 | 8·2 |
| 6 | 14 | 水 | 27 | 癸未 | 8·2 | 13 | 木 | 27 | 壬子 | 8·2 | 12 | 土 | 27 | 壬午 | 8·2 |
| 7 | 15 | 木 | 28 | 甲申 | 7·2 | 14 | 金 | 28 | 癸丑 | 8·2 | 13 | 日 | 28 | 癸未 | 7·2 |
| 8 | 16 | 金 | 29 | 乙酉 | 7·3 | 15 | 土 | 29 | 甲寅 | 7·3 | 14 | 月 | 29 | 甲申 | 7·3 |
| 9 | 17 | 土 | 10/1 | 丙戌 | 7·3 | 16 | 日 | 30 | 乙卯 | 7·3 | 15 | 火 | 30 | 乙酉 | 7·3 |
| 10 | 18 | 日 | 2 | 丁亥 | 6·3 | 17 | 月 | 11/1 | 丙辰 | 7·3 | 16 | 水 | 12/1 | 丙戌 | 6·3 |
| 11 | 19 | 月 | 3 | 戊子 | 6·4 | 18 | 火 | 2 | 丁巳 | 6·4 | 17 | 木 | 2 | 丁亥 | 6·4 |
| 12 | 20 | 火 | 4 | 己丑 | 6·4 | 19 | 水 | 3 | 戊午 | 6·4 | 18 | 金 | 3 | 戊子 | 6·4 |
| 13 | 21 | 水 | 5 | 庚寅 | 5·4 | 20 | 木 | 4 | 己未 | 6·4 | 19 | 土 | 4 | 己丑 | 5·4 |
| 14 | 22 | 木 | 6 | 辛卯 | 소설 | 21 | 金 | 5 | 庚申 | 5·5 | 20 | 日 | 5 | 庚寅 | 대한 |
| 15 | 23 | 金 | 7 | 壬辰 | 5·5 | 22 | 土 | 6 | 辛酉 | 동지 | 21 | 月 | 6 | 辛卯 | 5·5 |
| 16 | 24 | 土 | 8 | 癸巳 | 4·5 | 23 | 日 | 7 | 壬戌 | 5·5 | 22 | 火 | 7 | 壬辰 | 4·5 |
| 17 | 25 | 日 | 9 | 甲午 | 4·6 | 24 | 月 | 8 | 癸亥 | 4·6 | 23 | 水 | 8 | 癸巳 | 4·6 |
| 18 | 26 | 月 | 10 | 乙未 | 4·6 | 25 | 火 | 9 | 甲子 | 4·6 | 24 | 木 | 9 | 甲午 | 4·6 |
| 19 | 27 | 火 | 11 | 丙申 | 3·6 | 26 | 水 | 10 | 乙丑 | 4·6 | 25 | 金 | 10 | 乙未 | 3·6 |
| 20 | 28 | 水 | 12 | 丁酉 | 3·7 | 27 | 木 | 11 | 丙寅 | 3·7 | 26 | 土 | 11 | 丙申 | 3·7 |
| 21 | 29 | 木 | 13 | 戊戌 | 3·7 | 28 | 金 | 12 | 丁卯 | 3·7 | 27 | 日 | 12 | 丁酉 | 3·7 |
| 22 | 30 | 金 | 14 | 己亥 | 2·7 | 29 | 土 | 13 | 戊辰 | 3·7 | 28 | 月 | 13 | 戊戌 | 2·7 |
| 23 | 12/1 | 土 | 15 | 庚子 | 2·8 | 30 | 日 | 14 | 己巳 | 2·8 | 29 | 火 | 14 | 己亥 | 2·8 |
| 24 | 2 | 日 | 16 | 辛丑 | 2·8 | 31 | 月 | 15 | 庚午 | 2·8 | 30 | 水 | 15 | 庚子 | 2·8 |
| 25 | 3 | 月 | 17 | 壬寅 | 1·8 | 1/1 | 火 | 16 | 辛未 | 2·8 | 31 | 木 | 16 | 辛丑 | 1·8 |
| 26 | 4 | 火 | 18 | 癸卯 | 1·9 | 2 | 水 | 17 | 壬申 | 1·9 | 2/1 | 金 | 17 | 壬寅 | 1·9 |
| 27 | 5 | 水 | 19 | 甲辰 | 1·9 | 3 | 木 | 18 | 癸酉 | 1·9 | 2 | 土 | 18 | 癸卯 | 1·9 |
| 28 | 6 | 木 | 20 | 乙巳 | 1·9 | 4 | 金 | 19 | 甲戌 | 1·9 | 3 | 日 | 19 | 甲辰 | 1·9 |
| 29 | | | | | | 5 | 土 | 20 | 乙亥 | 1·10 | | | | | |
| 30 | | | | | | | | | | | | | | | |
| 31 | | | | | | | | | | | | | | | |

# 서기 1991년 [단기 4324년]

| 절기후날수 | 입춘절(庚寅月) 立春 2월4일 17시8분 雨水 2월19일 12시58분 | | | | | 경칩절(辛卯月) 驚蟄 3월6일 11시12분 春分 3월21일 12시2분 | | | | | 청명절(壬辰月) 淸明 4월5일 16시5분 穀雨 4월20일 23시8분 | | | | |
|---|---|---|---|---|---|---|---|---|---|---|---|---|---|---|---|
| | 양력 | 요일 | 음력 | 일진 | 大運 남·여 | 양력 | 요일 | 음력 | 일진 | 大運 남·여 | 양력 | 요일 | 음력 | 일진 | 大運 남·여 |
| 0 | 2/4 | 月 | 20 | 乙巳 | 입춘 | 3/6 | 水 | 20 | 乙亥 | 경칩 | 4/5 | 金 | 21 | 乙巳 | 청명 |
| 1 | 5 | 火 | 21 | 丙午 | 1·10 | 7 | 木 | 21 | 丙子 | 1·10 | 6 | 土 | 22 | 丙午 | 1·10 |
| 2 | 6 | 水 | 22 | 丁未 | 1·9 | 8 | 金 | 22 | 丁丑 | 1·9 | 7 | 日 | 23 | 丁未 | 1·10 |
| 3 | 7 | 木 | 23 | 戊申 | 1·9 | 9 | 土 | 23 | 戊寅 | 1·9 | 8 | 月 | 24 | 戊申 | 1·9 |
| 4 | 8 | 金 | 24 | 己酉 | 1·9 | 10 | 日 | 24 | 己卯 | 1·9 | 9 | 火 | 25 | 己酉 | 1·9 |
| 5 | 9 | 土 | 25 | 庚戌 | 2·8 | 11 | 月 | 25 | 庚辰 | 2·8 | 10 | 水 | 26 | 庚戌 | 2·9 |
| 6 | 10 | 日 | 26 | 辛亥 | 2·8 | 12 | 火 | 26 | 辛巳 | 2·8 | 11 | 木 | 27 | 辛亥 | 2·8 |
| 7 | 11 | 月 | 27 | 壬子 | 2·8 | 13 | 水 | 27 | 壬午 | 2·8 | 12 | 金 | 28 | 壬子 | 2·8 |
| 8 | 12 | 火 | 28 | 癸丑 | 3·7 | 14 | 木 | 28 | 癸未 | 3·7 | 13 | 土 | 29 | 癸丑 | 3·8 |
| 9 | 13 | 水 | 29 | 甲寅 | 3·7 | 15 | 金 | 29 | 甲申 | 3·7 | 14 | 日 | 30 | 甲寅 | 3·7 |
| 10 | 14 | 木 | 30 | 乙卯 | 3·7 | 16 | 土 | 2/1 | 乙酉 | 3·7 | 15 | 月 | 3/1 | 乙卯 | 3·7 |
| 11 | 15 | 金 | 1/1 | 丙辰 | 4·6 | 17 | 日 | 2 | 丙戌 | 4·6 | 16 | 火 | 2 | 丙辰 | 4·7 |
| 12 | 16 | 土 | 2 | 丁巳 | 4·6 | 18 | 月 | 3 | 丁亥 | 4·6 | 17 | 水 | 3 | 丁巳 | 4·6 |
| 13 | 17 | 日 | 3 | 戊午 | 4·6 | 19 | 火 | 4 | 戊子 | 4·6 | 18 | 木 | 4 | 戊午 | 4·6 |
| 14 | 18 | 月 | 4 | 己未 | 5·5 | 20 | 水 | 5 | 己丑 | 5·5 | 19 | 金 | 5 | 己未 | 5·6 |
| 15 | 19 | 火 | 5 | 庚申 | 우수 | 21 | 木 | 6 | 庚寅 | 춘분 | 20 | 土 | 6 | 庚申 | 곡우 |
| 16 | 20 | 水 | 6 | 辛酉 | 5·5 | 22 | 金 | 7 | 辛卯 | 5·5 | 21 | 日 | 7 | 辛酉 | 5·5 |
| 17 | 21 | 木 | 7 | 壬戌 | 6·4 | 23 | 土 | 8 | 壬辰 | 6·4 | 22 | 月 | 8 | 壬戌 | 6·5 |
| 18 | 22 | 金 | 8 | 癸亥 | 6·4 | 24 | 日 | 9 | 癸巳 | 6·4 | 23 | 火 | 9 | 癸亥 | 6·4 |
| 19 | 23 | 土 | 9 | 甲子 | 6·4 | 25 | 月 | 10 | 甲午 | 6·4 | 24 | 水 | 10 | 甲子 | 6·4 |
| 20 | 24 | 日 | 10 | 乙丑 | 7·3 | 26 | 火 | 11 | 乙未 | 7·3 | 25 | 木 | 11 | 乙丑 | 7·4 |
| 21 | 25 | 月 | 11 | 丙寅 | 7·3 | 27 | 水 | 12 | 丙申 | 7·3 | 26 | 金 | 12 | 丙寅 | 7·3 |
| 22 | 26 | 火 | 12 | 丁卯 | 7·3 | 28 | 木 | 13 | 丁酉 | 7·3 | 27 | 土 | 13 | 丁卯 | 7·3 |
| 23 | 27 | 水 | 13 | 戊辰 | 8·2 | 29 | 金 | 14 | 戊戌 | 8·2 | 28 | 日 | 14 | 戊辰 | 8·3 |
| 24 | 28 | 木 | 14 | 己巳 | 8·2 | 30 | 土 | 15 | 己亥 | 8·2 | 29 | 月 | 15 | 己巳 | 8·2 |
| 25 | 3/1 | 金 | 15 | 庚午 | 8·2 | 31 | 日 | 16 | 庚子 | 8·2 | 30 | 火 | 16 | 庚午 | 8·2 |
| 26 | 2 | 土 | 16 | 辛未 | 9·1 | 4/1 | 月 | 17 | 辛丑 | 9·1 | 5/1 | 水 | 17 | 辛未 | 9·2 |
| 27 | 3 | 日 | 17 | 壬申 | 9·1 | 2 | 火 | 18 | 壬寅 | 9·1 | 2 | 木 | 18 | 壬申 | 9·1 |
| 28 | 4 | 月 | 18 | 癸酉 | 9·1 | 3 | 水 | 19 | 癸卯 | 9·1 | 3 | 金 | 19 | 癸酉 | 9·1 |
| 29 | 5 | 火 | 19 | 甲戌 | 10·1 | 4 | 木 | 20 | 甲辰 | 10·1 | 4 | 土 | 20 | 甲戌 | 10·1 |
| 30 | | | | | | | | | | | 5 | 日 | 21 | 乙亥 | 10·1 |
| 31 | | | | | | | | | | | | | | | |

| 절기후날수 | 입하절(癸巳月) 立夏 5월6일 9시27분 小滿 5월21일 22시20분 | | | | | 망종절(甲午月) 芒種 6월6일 13시38분 夏至 6월22일 6시19분 | | | | | 소서절(乙未月) 小暑 7월7일 23시53분 大暑 7월23일 17시11분 | | | | |
|---|---|---|---|---|---|---|---|---|---|---|---|---|---|---|---|
| | 양력 | 요일 | 음력 | 일진 | 大運 남·여 | 양력 | 요일 | 음력 | 일진 | 大運 남·여 | 양력 | 요일 | 음력 | 일진 | 大運 남·여 |
| 0 | 5/6 | 月 | 22 | 丙子 | 입하 | 6/6 | 木 | 24 | 丁未 | 망종 | 7/7 | 日 | 26 | 戊寅 | 소서 |
| 1 | 7 | 火 | 23 | 丁丑 | 1·10 | 7 | 金 | 25 | 戊申 | 1·10 | 8 | 月 | 27 | 己卯 | 1·10 |
| 2 | 8 | 水 | 24 | 戊寅 | 1·10 | 8 | 土 | 26 | 己酉 | 1·10 | 9 | 火 | 28 | 庚辰 | 1·10 |
| 3 | 9 | 木 | 25 | 己卯 | 1·9 | 9 | 日 | 27 | 庚戌 | 1·9 | 10 | 水 | 29 | 辛巳 | 1·10 |
| 4 | 10 | 金 | 26 | 庚辰 | 1·9 | 10 | 月 | 28 | 辛亥 | 1·9 | 11 | 木 | 30 | 壬午 | 1·9 |
| 5 | 11 | 土 | 27 | 辛巳 | 2·9 | 11 | 火 | 29 | 壬子 | 2·9 | 12 | 金 | 6/1 | 癸未 | 2·9 |
| 6 | 12 | 日 | 28 | 壬午 | 2·8 | 12 | 水 | 5/1 | 癸丑 | 2·8 | 13 | 土 | 2 | 甲申 | 2·9 |
| 7 | 13 | 月 | 29 | 癸未 | 2·8 | 13 | 木 | 2 | 甲寅 | 2·8 | 14 | 日 | 3 | 乙酉 | 2·8 |
| 8 | 14 | 火 | 4/1 | 甲申 | 3·8 | 14 | 金 | 3 | 乙卯 | 3·8 | 15 | 月 | 4 | 丙戌 | 3·8 |
| 9 | 15 | 水 | 2 | 乙酉 | 3·7 | 15 | 土 | 4 | 丙辰 | 3·7 | 16 | 火 | 5 | 丁亥 | 3·8 |
| 10 | 16 | 木 | 3 | 丙戌 | 3·7 | 16 | 日 | 5 | 丁巳 | 3·7 | 17 | 水 | 6 | 戊子 | 3·7 |
| 11 | 17 | 金 | 4 | 丁亥 | 4·7 | 17 | 月 | 6 | 戊午 | 4·7 | 18 | 木 | 7 | 己丑 | 4·7 |
| 12 | 18 | 土 | 5 | 戊子 | 4·6 | 18 | 火 | 7 | 己未 | 4·6 | 19 | 金 | 8 | 庚寅 | 4·7 |
| 13 | 19 | 日 | 6 | 己丑 | 4·6 | 19 | 水 | 8 | 庚申 | 4·6 | 20 | 土 | 9 | 辛卯 | 4·6 |
| 14 | 20 | 月 | 7 | 庚寅 | 5·6 | 20 | 木 | 9 | 辛酉 | 5·6 | 21 | 日 | 10 | 壬辰 | 5·6 |
| 15 | 21 | 火 | 8 | 辛卯 | 소만 | 21 | 金 | 10 | 壬戌 | 5·5 | 22 | 月 | 11 | 癸巳 | 5·6 |
| 16 | 22 | 水 | 9 | 壬辰 | 5·5 | 22 | 土 | 11 | 癸亥 | 하지 | 23 | 火 | 12 | 甲午 | 대서 |
| 17 | 23 | 木 | 10 | 癸巳 | 6·5 | 23 | 日 | 12 | 甲子 | 6·5 | 24 | 水 | 13 | 乙未 | 6·5 |
| 18 | 24 | 金 | 11 | 甲午 | 6·4 | 24 | 月 | 13 | 乙丑 | 6·4 | 25 | 木 | 14 | 丙申 | 6·5 |
| 19 | 25 | 土 | 12 | 乙未 | 6·4 | 25 | 火 | 14 | 丙寅 | 6·4 | 26 | 金 | 15 | 丁酉 | 6·4 |
| 20 | 26 | 日 | 13 | 丙申 | 7·4 | 26 | 水 | 15 | 丁卯 | 7·4 | 27 | 土 | 16 | 戊戌 | 7·4 |
| 21 | 27 | 月 | 14 | 丁酉 | 7·3 | 27 | 木 | 16 | 戊辰 | 7·3 | 28 | 日 | 17 | 己亥 | 7·4 |
| 22 | 28 | 火 | 15 | 戊戌 | 7·3 | 28 | 金 | 17 | 己巳 | 7·3 | 29 | 月 | 18 | 庚子 | 7·3 |
| 23 | 29 | 水 | 16 | 己亥 | 8·3 | 29 | 土 | 18 | 庚午 | 8·3 | 30 | 火 | 19 | 辛丑 | 8·3 |
| 24 | 30 | 木 | 17 | 庚子 | 8·2 | 30 | 日 | 19 | 辛未 | 8·2 | 31 | 水 | 20 | 壬寅 | 8·3 |
| 25 | 31 | 金 | 18 | 辛丑 | 8·2 | 7/1 | 月 | 20 | 壬申 | 8·2 | 8/1 | 木 | 21 | 癸卯 | 8·2 |
| 26 | 6/1 | 土 | 19 | 壬寅 | 9·2 | 2 | 火 | 21 | 癸酉 | 9·2 | 2 | 金 | 22 | 甲辰 | 9·2 |
| 27 | 2 | 日 | 20 | 癸卯 | 9·1 | 3 | 水 | 22 | 甲戌 | 9·1 | 3 | 土 | 23 | 乙巳 | 9·2 |
| 28 | 3 | 月 | 21 | 甲辰 | 9·1 | 4 | 木 | 23 | 乙亥 | 9·1 | 4 | 日 | 24 | 丙午 | 9·1 |
| 29 | 4 | 火 | 22 | 乙巳 | 10·1 | 5 | 金 | 24 | 丙子 | 10·1 | 5 | 月 | 25 | 丁未 | 10·1 |
| 30 | 5 | 水 | 23 | 丙午 | 10·1 | 6 | 土 | 25 | 丁丑 | 10·1 | 6 | 火 | 26 | 戊申 | 10·1 |
| 31 | | | | | | | | | | | 7 | 水 | 27 | 己酉 | 10·1 |

# 辛未年

| 절기후날수 | 입추절(丙申月) 立秋 8월8일 9시37분 處暑 8월24일 0시13분 | | | | | | 백로절(丁酉月) 白露 9월8일 12시27분 秋分 9월23일 21시48분 | | | | | |
|---|---|---|---|---|---|---|---|---|---|---|---|---|
| | 양력 | 요일 | 음력 | 일진 | 大運 남 | 大運 여 | 양력 | 요일 | 음력 | 일진 | 大運 남 | 大運 여 |
| 0 | 8/8 | 木 | 28 | 庚戌 | 입추 | | 9/8 | 日 | 8/1 | 辛巳 | 백로 | |
| 1 | 9 | 金 | 29 | 辛亥 | 1 | 10 | 9 | 月 | 2 | 壬午 | 1 | 10 |
| 2 | 10 | 土 | 7/1 | 壬子 | 1 | 10 | 10 | 火 | 3 | 癸未 | 1 | 10 |
| 3 | 11 | 日 | 2 | 癸丑 | 1 | 9 | 11 | 水 | 4 | 甲申 | 1 | 9 |
| 4 | 12 | 月 | 3 | 甲寅 | 1 | 9 | 12 | 木 | 5 | 乙酉 | 1 | 9 |
| 5 | 13 | 火 | 4 | 乙卯 | 2 | 9 | 13 | 金 | 6 | 丙戌 | 2 | 9 |
| 6 | 14 | 水 | 5 | 丙辰 | 2 | 8 | 14 | 土 | 7 | 丁亥 | 2 | 8 |
| 7 | 15 | 木 | 6 | 丁巳 | 2 | 8 | 15 | 日 | 8 | 戊子 | 2 | 8 |
| 8 | 16 | 金 | 7 | 戊午 | 3 | 8 | 16 | 月 | 9 | 己丑 | 3 | 8 |
| 9 | 17 | 土 | 8 | 己未 | 3 | 7 | 17 | 火 | 10 | 庚寅 | 3 | 7 |
| 10 | 18 | 日 | 9 | 庚申 | 3 | 7 | 18 | 水 | 11 | 辛卯 | 3 | 7 |
| 11 | 19 | 月 | 10 | 辛酉 | 4 | 7 | 19 | 木 | 12 | 壬辰 | 4 | 7 |
| 12 | 20 | 火 | 11 | 壬戌 | 4 | 6 | 20 | 金 | 13 | 癸巳 | 4 | 6 |
| 13 | 21 | 水 | 12 | 癸亥 | 4 | 6 | 21 | 土 | 14 | 甲午 | 4 | 6 |
| 14 | 22 | 木 | 13 | 甲子 | 5 | 6 | 22 | 日 | 15 | 乙未 | 5 | 6 |
| 15 | 23 | 金 | 14 | 乙丑 | 5 | 5 | 23 | 月 | 16 | 丙申 | 추분 | |
| 16 | 24 | 土 | 15 | 丙寅 | 처서 | | 24 | 火 | 17 | 丁酉 | 5 | 5 |
| 17 | 25 | 日 | 16 | 丁卯 | 6 | 5 | 25 | 水 | 18 | 戊戌 | 6 | 5 |
| 18 | 26 | 月 | 17 | 戊辰 | 6 | 4 | 26 | 木 | 19 | 己亥 | 6 | 4 |
| 19 | 27 | 火 | 18 | 己巳 | 6 | 4 | 27 | 金 | 20 | 庚子 | 6 | 4 |
| 20 | 28 | 水 | 19 | 庚午 | 7 | 4 | 28 | 土 | 21 | 辛丑 | 7 | 4 |
| 21 | 29 | 木 | 20 | 辛未 | 7 | 3 | 29 | 日 | 22 | 壬寅 | 7 | 3 |
| 22 | 30 | 金 | 21 | 壬申 | 7 | 3 | 30 | 月 | 23 | 癸卯 | 7 | 3 |
| 23 | 31 | 土 | 22 | 癸酉 | 8 | 3 | 10/1 | 火 | 24 | 甲辰 | 8 | 3 |
| 24 | 9/1 | 日 | 23 | 甲戌 | 8 | 2 | 2 | 水 | 25 | 乙巳 | 8 | 2 |
| 25 | 2 | 月 | 24 | 乙亥 | 8 | 2 | 3 | 木 | 26 | 丙午 | 8 | 2 |
| 26 | 3 | 火 | 25 | 丙子 | 9 | 2 | 4 | 金 | 27 | 丁未 | 9 | 2 |
| 27 | 4 | 水 | 26 | 丁丑 | 9 | 1 | 5 | 土 | 28 | 戊申 | 9 | 1 |
| 28 | 5 | 木 | 27 | 戊寅 | 9 | 1 | 6 | 日 | 29 | 己酉 | 9 | 1 |
| 29 | 6 | 金 | 28 | 己卯 | 10 | 1 | 7 | 月 | 30 | 庚戌 | 10 | 1 |
| 30 | 7 | 土 | 29 | 庚辰 | 10 | 1 | 8 | 火 | 9/1 | 辛亥 | 10 | 1 |
| 31 | | | | | | | | | | | | |

| 절기후날수 | 한로절(戊戌月) 寒露 10월9일 4시1분 霜降 10월24일 7시5분 | | | | | | 입동절(己亥月) 立冬 11월8일 7시8분 小雪 11월23일 4시36분 | | | | | |
|---|---|---|---|---|---|---|---|---|---|---|---|---|
| | 양력 | 요일 | 음력 | 일진 | 大運 남 | 大運 여 | 양력 | 요일 | 음력 | 일진 | 大運 남 | 大運 여 |
| 0 | 10/9 | 水 | 2 | 壬子 | 한로 | | 11/8 | 金 | 3 | 壬午 | 입동 | |
| 1 | 10 | 木 | 3 | 癸丑 | 1 | 10 | 9 | 土 | 4 | 癸未 | 1 | 9 |
| 2 | 11 | 金 | 4 | 甲寅 | 1 | 9 | 10 | 日 | 5 | 甲申 | 1 | 9 |
| 3 | 12 | 土 | 5 | 乙卯 | 1 | 9 | 11 | 月 | 6 | 乙酉 | 1 | 9 |
| 4 | 13 | 日 | 6 | 丙辰 | 1 | 9 | 12 | 火 | 7 | 丙戌 | 1 | 8 |
| 5 | 14 | 月 | 7 | 丁巳 | 2 | 8 | 13 | 水 | 8 | 丁亥 | 2 | 8 |
| 6 | 15 | 火 | 8 | 戊午 | 2 | 8 | 14 | 木 | 9 | 戊子 | 2 | 8 |
| 7 | 16 | 水 | 9 | 己未 | 2 | 8 | 15 | 金 | 10 | 己丑 | 2 | 7 |
| 8 | 17 | 木 | 10 | 庚申 | 3 | 7 | 16 | 土 | 11 | 庚寅 | 3 | 7 |
| 9 | 18 | 金 | 11 | 辛酉 | 3 | 7 | 17 | 日 | 12 | 辛卯 | 3 | 7 |
| 10 | 19 | 土 | 12 | 壬戌 | 3 | 7 | 18 | 月 | 13 | 壬辰 | 3 | 6 |
| 11 | 20 | 日 | 13 | 癸亥 | 4 | 6 | 19 | 火 | 14 | 癸巳 | 4 | 6 |
| 12 | 21 | 月 | 14 | 甲子 | 4 | 6 | 20 | 水 | 15 | 甲午 | 4 | 6 |
| 13 | 22 | 火 | 15 | 乙丑 | 4 | 6 | 21 | 木 | 16 | 乙未 | 4 | 5 |
| 14 | 23 | 水 | 16 | 丙寅 | 5 | 5 | 22 | 金 | 17 | 丙申 | 5 | 5 |
| 15 | 24 | 木 | 17 | 丁卯 | 상강 | | 23 | 土 | 18 | 丁酉 | 소설 | |
| 16 | 25 | 金 | 18 | 戊辰 | 5 | 5 | 24 | 日 | 19 | 戊戌 | 5 | 4 |
| 17 | 26 | 土 | 19 | 己巳 | 6 | 4 | 25 | 月 | 20 | 己亥 | 6 | 4 |
| 18 | 27 | 日 | 20 | 庚午 | 6 | 4 | 26 | 火 | 21 | 庚子 | 6 | 4 |
| 19 | 28 | 月 | 21 | 辛未 | 6 | 4 | 27 | 水 | 22 | 辛丑 | 6 | 3 |
| 20 | 29 | 火 | 22 | 壬申 | 7 | 3 | 28 | 木 | 23 | 壬寅 | 7 | 3 |
| 21 | 30 | 水 | 23 | 癸酉 | 7 | 3 | 29 | 金 | 24 | 癸卯 | 7 | 3 |
| 22 | 31 | 木 | 24 | 甲戌 | 7 | 3 | 30 | 土 | 25 | 甲辰 | 7 | 2 |
| 23 | 11/1 | 金 | 25 | 乙亥 | 8 | 2 | 12/1 | 日 | 26 | 乙巳 | 8 | 2 |
| 24 | 2 | 土 | 26 | 丙子 | 8 | 2 | 2 | 月 | 27 | 丙午 | 8 | 2 |
| 25 | 3 | 日 | 27 | 丁丑 | 8 | 2 | 3 | 火 | 28 | 丁未 | 8 | 1 |
| 26 | 4 | 月 | 28 | 戊寅 | 9 | 1 | 4 | 水 | 29 | 戊申 | 9 | 1 |
| 27 | 5 | 火 | 29 | 己卯 | 9 | 1 | 5 | 木 | 30 | 己酉 | 9 | 1 |
| 28 | 6 | 水 | 10/1 | 庚辰 | 9 | 1 | 6 | 金 | 11/1 | 庚戌 | 9 | 1 |
| 29 | 7 | 木 | 2 | 辛巳 | 10 | 1 | | | | | | |
| 30 | | | | | | | | | | | | |
| 31 | | | | | | | | | | | | |

| 절기후날수 | 대설절(庚子月) 大雪 12월7일 23시56분 冬至 12월22일 17시54분 | | | | | | 소한절(辛丑月) 小寒 1월6일 11시9분 大寒 1월21일 4시32분 | | | | | |
|---|---|---|---|---|---|---|---|---|---|---|---|---|
| | 양력 | 요일 | 음력 | 일진 | 大運 남 | 大運 여 | 양력 | 요일 | 음력 | 일진 | 大運 남 | 大運 여 |
| 0 | 12/7 | 土 | 2 | 辛亥 | 대설 | | 1/6 | 月 | 2 | 辛巳 | 소한 | |
| 1 | 8 | 日 | 3 | 壬子 | 1 | 10 | 7 | 火 | 3 | 壬午 | 1 | 9 |
| 2 | 9 | 月 | 4 | 癸丑 | 1 | 9 | 8 | 水 | 4 | 癸未 | 1 | 9 |
| 3 | 10 | 火 | 5 | 甲寅 | 1 | 9 | 9 | 木 | 5 | 甲申 | 1 | 9 |
| 4 | 11 | 水 | 6 | 乙卯 | 1 | 9 | 10 | 金 | 6 | 乙酉 | 1 | 8 |
| 5 | 12 | 木 | 7 | 丙辰 | 2 | 8 | 11 | 土 | 7 | 丙戌 | 2 | 8 |
| 6 | 13 | 金 | 8 | 丁巳 | 2 | 8 | 12 | 日 | 8 | 丁亥 | 2 | 8 |
| 7 | 14 | 土 | 9 | 戊午 | 2 | 8 | 13 | 月 | 9 | 戊子 | 2 | 7 |
| 8 | 15 | 日 | 10 | 己未 | 3 | 7 | 14 | 火 | 10 | 己丑 | 3 | 7 |
| 9 | 16 | 月 | 11 | 庚申 | 3 | 7 | 15 | 水 | 11 | 庚寅 | 3 | 7 |
| 10 | 17 | 火 | 12 | 辛酉 | 3 | 7 | 16 | 木 | 12 | 辛卯 | 3 | 6 |
| 11 | 18 | 水 | 13 | 壬戌 | 4 | 6 | 17 | 金 | 13 | 壬辰 | 4 | 6 |
| 12 | 19 | 木 | 14 | 癸亥 | 4 | 6 | 18 | 土 | 14 | 癸巳 | 4 | 6 |
| 13 | 20 | 金 | 15 | 甲子 | 4 | 6 | 19 | 日 | 15 | 甲午 | 4 | 5 |
| 14 | 21 | 土 | 16 | 乙丑 | 5 | 5 | 20 | 月 | 16 | 乙未 | 5 | 5 |
| 15 | 22 | 日 | 17 | 丙寅 | 동지 | | 21 | 火 | 17 | 丙申 | 대한 | |
| 16 | 23 | 月 | 18 | 丁卯 | 5 | 5 | 22 | 水 | 18 | 丁酉 | 5 | 4 |
| 17 | 24 | 火 | 19 | 戊辰 | 6 | 4 | 23 | 木 | 19 | 戊戌 | 6 | 4 |
| 18 | 25 | 水 | 20 | 己巳 | 6 | 4 | 24 | 金 | 20 | 己亥 | 6 | 4 |
| 19 | 26 | 木 | 21 | 庚午 | 6 | 4 | 25 | 土 | 21 | 庚子 | 6 | 3 |
| 20 | 27 | 金 | 22 | 辛未 | 7 | 3 | 26 | 日 | 22 | 辛丑 | 7 | 3 |
| 21 | 28 | 土 | 23 | 壬申 | 7 | 3 | 27 | 月 | 23 | 壬寅 | 7 | 3 |
| 22 | 29 | 日 | 24 | 癸酉 | 7 | 3 | 28 | 火 | 24 | 癸卯 | 7 | 2 |
| 23 | 30 | 月 | 25 | 甲戌 | 8 | 2 | 29 | 水 | 25 | 甲辰 | 8 | 2 |
| 24 | 31 | 火 | 26 | 乙亥 | 8 | 2 | 30 | 木 | 26 | 乙巳 | 8 | 2 |
| 25 | 1/1 | 水 | 27 | 丙子 | 8 | 2 | 31 | 金 | 27 | 丙午 | 8 | 1 |
| 26 | 2 | 木 | 28 | 丁丑 | 9 | 1 | 2/1 | 土 | 28 | 丁未 | 9 | 1 |
| 27 | 3 | 金 | 29 | 戊寅 | 9 | 1 | 2 | 日 | 29 | 戊申 | 9 | 1 |
| 28 | 4 | 土 | 30 | 己卯 | 9 | 1 | 3 | 月 | 30 | 己酉 | 9 | 1 |
| 29 | 5 | 日 | 12/1 | 庚辰 | 10 | 1 | | | | | | |
| 30 | | | | | | | | | | | | |
| 31 | | | | | | | | | | | | |

# 서기 1992년 [단기 4325년]

| 절기후날수 | 입춘절(壬寅月) 立春 2월4일 22시48분 雨水 2월19일 18시44분 | | | | | 경칩절(癸卯月) 驚蟄 3월5일 16시52분 春分 3월20일 17시48분 | | | | | 청명절(甲辰月) 清明 4월4일 21시45분 穀雨 4월20일 4시57분 | | | | |
|---|---|---|---|---|---|---|---|---|---|---|---|---|---|---|---|
| | 양력 | 요일 | 음력 | 일진 | 大運 남·여 | 양력 | 요일 | 음력 | 일진 | 大運 남·여 | 양력 | 요일 | 음력 | 일진 | 大運 남·여 |
| 0 | 2/4 | 火 | 1/1 | 庚戌 | 입춘 | 3/5 | 木 | 2 | 庚辰 | 경칩 | 4/4 | 土 | 2 | 庚戌 | 청명 |
| 1 | 5 | 水 | 2 | 辛亥 | 10·1 | 6 | 金 | 3 | 辛巳 | 10·1 | 5 | 日 | 3 | 辛亥 | 10·1 |
| 2 | 6 | 木 | 3 | 壬子 | 9·1 | 7 | 土 | 4 | 壬午 | 9·1 | 6 | 月 | 4 | 壬子 | 10·1 |
| 3 | 7 | 金 | 4 | 癸丑 | 9·1 | 8 | 日 | 5 | 癸未 | 9·1 | 7 | 火 | 5 | 癸丑 | 9·1 |
| 4 | 8 | 土 | 5 | 甲寅 | 9·1 | 9 | 月 | 6 | 甲申 | 9·1 | 8 | 水 | 6 | 甲寅 | 9·1 |
| 5 | 9 | 日 | 6 | 乙卯 | 8·2 | 10 | 火 | 7 | 乙酉 | 8·2 | 9 | 木 | 7 | 乙卯 | 9·2 |
| 6 | 10 | 月 | 7 | 丙辰 | 8·2 | 11 | 水 | 8 | 丙戌 | 8·2 | 10 | 金 | 8 | 丙辰 | 8·2 |
| 7 | 11 | 火 | 8 | 丁巳 | 8·2 | 12 | 木 | 9 | 丁亥 | 8·2 | 11 | 土 | 9 | 丁巳 | 8·2 |
| 8 | 12 | 水 | 9 | 戊午 | 7·3 | 13 | 金 | 10 | 戊子 | 7·3 | 12 | 日 | 10 | 戊午 | 8·3 |
| 9 | 13 | 木 | 10 | 己未 | 7·3 | 14 | 土 | 11 | 己丑 | 7·3 | 13 | 月 | 11 | 己未 | 7·3 |
| 10 | 14 | 金 | 11 | 庚申 | 7·3 | 15 | 日 | 12 | 庚寅 | 7·3 | 14 | 火 | 12 | 庚申 | 7·3 |
| 11 | 15 | 土 | 12 | 辛酉 | 6·4 | 16 | 月 | 13 | 辛卯 | 6·4 | 15 | 水 | 13 | 辛酉 | 7·4 |
| 12 | 16 | 日 | 13 | 壬戌 | 6·4 | 17 | 火 | 14 | 壬辰 | 6·4 | 16 | 木 | 14 | 壬戌 | 6·4 |
| 13 | 17 | 月 | 14 | 癸亥 | 6·4 | 18 | 水 | 15 | 癸巳 | 6·4 | 17 | 金 | 15 | 癸亥 | 6·4 |
| 14 | 18 | 火 | 15 | 甲子 | 5·5 | 19 | 木 | 16 | 甲午 | 5·5 | 18 | 土 | 16 | 甲子 | 6·5 |
| 15 | 19 | 水 | 16 | 乙丑 | 우수 | 20 | 金 | 17 | 乙未 | 춘분 | 19 | 日 | 17 | 乙丑 | 5·5 |
| 16 | 20 | 木 | 17 | 丙寅 | 5·5 | 21 | 土 | 18 | 丙申 | 5·5 | 20 | 月 | 18 | 丙寅 | 곡우 |
| 17 | 21 | 金 | 18 | 丁卯 | 4·6 | 22 | 日 | 19 | 丁酉 | 4·6 | 21 | 火 | 19 | 丁卯 | 5·6 |
| 18 | 22 | 土 | 19 | 戊辰 | 4·6 | 23 | 月 | 20 | 戊戌 | 4·6 | 22 | 水 | 20 | 戊辰 | 4·6 |
| 19 | 23 | 日 | 20 | 己巳 | 4·6 | 24 | 火 | 21 | 己亥 | 4·6 | 23 | 木 | 21 | 己巳 | 4·6 |
| 20 | 24 | 月 | 21 | 庚午 | 3·7 | 25 | 水 | 22 | 庚子 | 3·7 | 24 | 金 | 22 | 庚午 | 4·7 |
| 21 | 25 | 火 | 22 | 辛未 | 3·7 | 26 | 木 | 23 | 辛丑 | 3·7 | 25 | 土 | 23 | 辛未 | 3·7 |
| 22 | 26 | 水 | 23 | 壬申 | 3·7 | 27 | 金 | 24 | 壬寅 | 3·7 | 26 | 日 | 24 | 壬申 | 3·7 |
| 23 | 27 | 木 | 24 | 癸酉 | 2·8 | 28 | 土 | 25 | 癸卯 | 2·8 | 27 | 月 | 25 | 癸酉 | 3·8 |
| 24 | 28 | 金 | 25 | 甲戌 | 2·8 | 29 | 日 | 26 | 甲辰 | 2·8 | 28 | 火 | 26 | 甲戌 | 2·8 |
| 25 | 29 | 土 | 26 | 乙亥 | 2·8 | 30 | 月 | 27 | 乙巳 | 2·8 | 29 | 水 | 27 | 乙亥 | 2·8 |
| 26 | 3/1 | 日 | 27 | 丙子 | 1·9 | 31 | 火 | 28 | 丙午 | 1·9 | 30 | 木 | 28 | 丙子 | 2·9 |
| 27 | 2 | 月 | 28 | 丁丑 | 1·9 | 4/1 | 水 | 29 | 丁未 | 1·9 | 5/1 | 金 | 29 | 丁丑 | 1·9 |
| 28 | 3 | 火 | 29 | 戊寅 | 1·9 | 2 | 木 | 30 | 戊申 | 1·9 | 2 | 土 | 30 | 戊寅 | 1·9 |
| 29 | 4 | 水 | 2/1 | 己卯 | 1·10 | 3 | 金 | 3/1 | 己酉 | 1·10 | 3 | 日 | 4/1 | 己卯 | 1·10 |
| 30 | | | | | | | | | | | 4 | 月 | 2 | 庚辰 | 1·10 |
| 31 | | | | | | | | | | | | | | | |

| 절기후날수 | 입하절(乙巳月) 立夏 5월5일 15시9분 小滿 5월21일 4시12분 | | | | | 망종절(丙午月) 芒種 6월5일 19시22분 夏至 6월21일 12시14분 | | | | | 소서절(丁未月) 小暑 7월7일 5시40분 大暑 7월22일 23시9분 | | | | |
|---|---|---|---|---|---|---|---|---|---|---|---|---|---|---|---|
| | 양력 | 요일 | 음력 | 일진 | 大運 남·여 | 양력 | 요일 | 음력 | 일진 | 大運 남·여 | 양력 | 요일 | 음력 | 일진 | 大運 남·여 |
| 0 | 5/5 | 火 | 3 | 辛巳 | 입하 | 6/5 | 金 | 5 | 壬子 | 망종 | 7/7 | 火 | 8 | 甲申 | 소서 |
| 1 | 6 | 水 | 4 | 壬午 | 10·1 | 6 | 土 | 6 | 癸丑 | 10·1 | 8 | 水 | 9 | 乙酉 | 10·1 |
| 2 | 7 | 木 | 5 | 癸未 | 10·1 | 7 | 日 | 7 | 甲寅 | 10·1 | 9 | 木 | 10 | 丙戌 | 10·1 |
| 3 | 8 | 金 | 6 | 甲申 | 9·1 | 8 | 月 | 8 | 乙卯 | 10·1 | 10 | 金 | 11 | 丁亥 | 9·1 |
| 4 | 9 | 土 | 7 | 乙酉 | 9·1 | 9 | 火 | 9 | 丙辰 | 9·1 | 11 | 土 | 12 | 戊子 | 9·1 |
| 5 | 10 | 日 | 8 | 丙戌 | 9·2 | 10 | 水 | 10 | 丁巳 | 9·2 | 12 | 日 | 13 | 己丑 | 9·2 |
| 6 | 11 | 月 | 9 | 丁亥 | 8·2 | 11 | 木 | 11 | 戊午 | 9·2 | 13 | 月 | 14 | 庚寅 | 8·2 |
| 7 | 12 | 火 | 10 | 戊子 | 8·2 | 12 | 金 | 12 | 己未 | 8·2 | 14 | 火 | 15 | 辛卯 | 8·2 |
| 8 | 13 | 水 | 11 | 己丑 | 8·3 | 13 | 土 | 13 | 庚申 | 8·3 | 15 | 水 | 16 | 壬辰 | 8·3 |
| 9 | 14 | 木 | 12 | 庚寅 | 7·3 | 14 | 日 | 14 | 辛酉 | 8·3 | 16 | 木 | 17 | 癸巳 | 7·3 |
| 10 | 15 | 金 | 13 | 辛卯 | 7·3 | 15 | 月 | 15 | 壬戌 | 7·3 | 17 | 金 | 18 | 甲午 | 7·3 |
| 11 | 16 | 土 | 14 | 壬辰 | 7·4 | 16 | 火 | 16 | 癸亥 | 7·4 | 18 | 土 | 19 | 乙未 | 7·4 |
| 12 | 17 | 日 | 15 | 癸巳 | 6·4 | 17 | 水 | 17 | 甲子 | 7·4 | 19 | 日 | 20 | 丙申 | 6·4 |
| 13 | 18 | 月 | 16 | 甲午 | 6·4 | 18 | 木 | 18 | 乙丑 | 6·4 | 20 | 月 | 21 | 丁酉 | 6·4 |
| 14 | 19 | 火 | 17 | 乙未 | 6·5 | 19 | 金 | 19 | 丙寅 | 6·5 | 21 | 火 | 22 | 戊戌 | 6·5 |
| 15 | 20 | 水 | 18 | 丙申 | 5·5 | 20 | 土 | 20 | 丁卯 | 6·5 | 22 | 水 | 23 | 己亥 | 대서 |
| 16 | 21 | 木 | 19 | 丁酉 | 소만 | 21 | 日 | 21 | 戊辰 | 하지 | 23 | 木 | 24 | 庚子 | 5·5 |
| 17 | 22 | 金 | 20 | 戊戌 | 5·6 | 22 | 月 | 22 | 己巳 | 5·6 | 24 | 金 | 25 | 辛丑 | 5·6 |
| 18 | 23 | 土 | 21 | 己亥 | 4·6 | 23 | 火 | 23 | 庚午 | 5·6 | 25 | 土 | 26 | 壬寅 | 4·6 |
| 19 | 24 | 日 | 22 | 庚子 | 4·6 | 24 | 水 | 24 | 辛未 | 4·6 | 26 | 日 | 27 | 癸卯 | 4·6 |
| 20 | 25 | 月 | 23 | 辛丑 | 4·7 | 25 | 木 | 25 | 壬申 | 4·7 | 27 | 月 | 28 | 甲辰 | 4·7 |
| 21 | 26 | 火 | 24 | 壬寅 | 3·7 | 26 | 金 | 26 | 癸酉 | 4·7 | 28 | 火 | 29 | 乙巳 | 3·7 |
| 22 | 27 | 水 | 25 | 癸卯 | 3·7 | 27 | 土 | 27 | 甲戌 | 3·7 | 29 | 水 | 30 | 丙午 | 3·7 |
| 23 | 28 | 木 | 26 | 甲辰 | 3·8 | 28 | 日 | 28 | 乙亥 | 3·8 | 30 | 木 | 7/1 | 丁未 | 3·8 |
| 24 | 29 | 金 | 27 | 乙巳 | 2·8 | 29 | 月 | 29 | 丙子 | 3·8 | 31 | 金 | 2 | 戊申 | 2·8 |
| 25 | 30 | 土 | 28 | 丙午 | 2·8 | 30 | 火 | 6/1 | 丁丑 | 2·8 | 8/1 | 土 | 3 | 己酉 | 2·8 |
| 26 | 31 | 日 | 29 | 丁未 | 2·9 | 7/1 | 水 | 2 | 戊寅 | 2·9 | 2 | 日 | 4 | 庚戌 | 2·9 |
| 27 | 6/1 | 月 | 5/1 | 戊申 | 1·9 | 2 | 木 | 3 | 己卯 | 2·9 | 3 | 月 | 5 | 辛亥 | 1·9 |
| 28 | 2 | 火 | 2 | 己酉 | 1·9 | 3 | 金 | 4 | 庚辰 | 1·9 | 4 | 火 | 6 | 壬子 | 1·9 |
| 29 | 3 | 水 | 3 | 庚戌 | 1·10 | 4 | 土 | 5 | 辛巳 | 1·10 | 5 | 水 | 7 | 癸丑 | 1·10 |
| 30 | 4 | 木 | 4 | 辛亥 | 1·10 | 5 | 日 | 6 | 壬午 | 1·10 | 6 | 木 | 8 | 甲寅 | 1·10 |
| 31 | | | | | | 6 | 月 | 7 | 癸未 | 1·10 | | | | | |

# 壬申年

| 절기후날수 | 입추절(戊申月) 立秋 8월7일 15시27분 處暑 8월23일 6시10분 | | | | | 백로절(己酉月) 白露 9월7일 18시18분 秋分 9월23일 3시43분 | | | | | 한로절(庚戌月) 寒露 10월8일 9시51분 霜降 10월23일 12시57분 | | | | |
|---|---|---|---|---|---|---|---|---|---|---|---|---|---|---|---|
| | 양력 | 요일 | 음력 | 일진 | 大運 남·여 | 양력 | 요일 | 음력 | 일진 | 大運 남·여 | 양력 | 요일 | 음력 | 일진 | 大運 남·여 |
| 0 | 8/7 | 金 | 9 | 乙卯 | 입추 | 9/7 | 月 | 11 | 丙戌 | 백로 | 10/8 | 木 | 13 | 丁巳 | 한로 |
| 1 | 8 | 土 | 10 | 丙辰 | 10·1 | 8 | 火 | 12 | 丁亥 | 10·1 | 9 | 金 | 14 | 戊午 | 10·1 |
| 2 | 9 | 日 | 11 | 丁巳 | 10·1 | 9 | 水 | 13 | 戊子 | 10·1 | 10 | 土 | 15 | 己未 | 9·1 |
| 3 | 10 | 月 | 12 | 戊午 | 9·1 | 10 | 木 | 14 | 己丑 | 9·1 | 11 | 日 | 16 | 庚申 | 9·1 |
| 4 | 11 | 火 | 13 | 己未 | 9·1 | 11 | 金 | 15 | 庚寅 | 9·1 | 12 | 月 | 17 | 辛酉 | 9·1 |
| 5 | 12 | 水 | 14 | 庚申 | 9·2 | 12 | 土 | 16 | 辛卯 | 9·2 | 13 | 火 | 18 | 壬戌 | 8·2 |
| 6 | 13 | 木 | 15 | 辛酉 | 8·2 | 13 | 日 | 17 | 壬辰 | 8·2 | 14 | 水 | 19 | 癸亥 | 8·2 |
| 7 | 14 | 金 | 16 | 壬戌 | 8·2 | 14 | 月 | 18 | 癸巳 | 8·2 | 15 | 木 | 20 | 甲子 | 8·2 |
| 8 | 15 | 土 | 17 | 癸亥 | 8·3 | 15 | 火 | 19 | 甲午 | 8·3 | 16 | 金 | 21 | 乙丑 | 7·3 |
| 9 | 16 | 日 | 18 | 甲子 | 7·3 | 16 | 水 | 20 | 乙未 | 7·3 | 17 | 土 | 22 | 丙寅 | 7·3 |
| 10 | 17 | 月 | 19 | 乙丑 | 7·3 | 17 | 木 | 21 | 丙申 | 7·3 | 18 | 日 | 23 | 丁卯 | 7·3 |
| 11 | 18 | 火 | 20 | 丙寅 | 7·4 | 18 | 金 | 22 | 丁酉 | 7·4 | 19 | 月 | 24 | 戊辰 | 6·4 |
| 12 | 19 | 水 | 21 | 丁卯 | 6·4 | 19 | 土 | 23 | 戊戌 | 6·4 | 20 | 火 | 25 | 己巳 | 6·4 |
| 13 | 20 | 木 | 22 | 戊辰 | 6·4 | 20 | 日 | 24 | 己亥 | 6·4 | 21 | 水 | 26 | 庚午 | 6·4 |
| 14 | 21 | 金 | 23 | 己巳 | 6·5 | 21 | 月 | 25 | 庚子 | 6·5 | 22 | 木 | 27 | 辛未 | 5·5 |
| 15 | 22 | 土 | 24 | 庚午 | 5·5 | 22 | 火 | 26 | 辛丑 | 5·5 | 23 | 金 | 28 | 壬申 | 상강 |
| 16 | 23 | 日 | 25 | 辛未 | 처서 | 23 | 水 | 27 | 壬寅 | 추분 | 24 | 土 | 29 | 癸酉 | 5·5 |
| 17 | 24 | 月 | 26 | 壬申 | 5·6 | 24 | 木 | 28 | 癸卯 | 5·6 | 25 | 日 | 30 | 甲戌 | 4·6 |
| 18 | 25 | 火 | 27 | 癸酉 | 4·6 | 25 | 金 | 29 | 甲辰 | 4·6 | 26 | 月 | 10/1 | 乙亥 | 4·6 |
| 19 | 26 | 水 | 28 | 甲戌 | 4·6 | 26 | 土 | 9/1 | 乙巳 | 4·6 | 27 | 火 | 2 | 丙子 | 4·6 |
| 20 | 27 | 木 | 29 | 乙亥 | 4·7 | 27 | 日 | 2 | 丙午 | 4·7 | 28 | 水 | 3 | 丁丑 | 3·7 |
| 21 | 28 | 金 | 8/1 | 丙子 | 3·7 | 28 | 月 | 3 | 丁未 | 3·7 | 29 | 木 | 4 | 戊寅 | 3·7 |
| 22 | 29 | 土 | 2 | 丁丑 | 3·7 | 29 | 火 | 4 | 戊申 | 3·7 | 30 | 金 | 5 | 己卯 | 3·7 |
| 23 | 30 | 日 | 3 | 戊寅 | 3·8 | 30 | 水 | 5 | 己酉 | 3·8 | 31 | 土 | 6 | 庚辰 | 2·8 |
| 24 | 31 | 月 | 4 | 己卯 | 2·8 | 10/1 | 木 | 6 | 庚戌 | 2·8 | 11/1 | 日 | 7 | 辛巳 | 2·8 |
| 25 | 9/1 | 火 | 5 | 庚辰 | 2·8 | 2 | 金 | 7 | 辛亥 | 2·8 | 2 | 月 | 8 | 壬午 | 2·8 |
| 26 | 2 | 水 | 6 | 辛巳 | 2·9 | 3 | 土 | 8 | 壬子 | 2·9 | 3 | 火 | 9 | 癸未 | 1·9 |
| 27 | 3 | 木 | 7 | 壬午 | 1·9 | 4 | 日 | 9 | 癸丑 | 1·9 | 4 | 水 | 10 | 甲申 | 1·9 |
| 28 | 4 | 金 | 8 | 癸未 | 1·9 | 5 | 月 | 10 | 甲寅 | 1·9 | 5 | 木 | 11 | 乙酉 | 1·9 |
| 29 | 5 | 土 | 9 | 甲申 | 1·10 | 6 | 火 | 11 | 乙卯 | 1·10 | 6 | 金 | 12 | 丙戌 | 1·10 |
| 30 | 6 | 日 | 10 | 乙酉 | 1·10 | 7 | 水 | 12 | 丙辰 | 1·10 | | | | | |
| 31 | | | | | | | | | | | | | | | |

| 절기후날수 | 입동절(辛亥月) 立冬 11월7일 12시57분 小雪 11월22일 10시26분 | | | | | 대설절(壬子月) 大雪 12월7일 5시44분 冬至 12월21일 23시43분 | | | | | 소한절(癸丑月) 小寒 1월5일 16시57분 大寒 1월20일 10시23분 | | | | |
|---|---|---|---|---|---|---|---|---|---|---|---|---|---|---|---|
| | 양력 | 요일 | 음력 | 일진 | 大運 남·여 | 양력 | 요일 | 음력 | 일진 | 大運 남·여 | 양력 | 요일 | 음력 | 일진 | 大運 남·여 |
| 0 | 11/7 | 土 | 13 | 丁亥 | 입동 | 12/7 | 月 | 14 | 丁巳 | 대설 | 1/5 | 火 | 13 | 丙戌 | 소한 |
| 1 | 8 | 日 | 14 | 戊子 | 10·1 | 8 | 火 | 15 | 戊午 | 9·1 | 6 | 水 | 14 | 丁亥 | 10·1 |
| 2 | 9 | 月 | 15 | 己丑 | 9·1 | 9 | 水 | 16 | 己未 | 9·1 | 7 | 木 | 15 | 戊子 | 9·1 |
| 3 | 10 | 火 | 16 | 庚寅 | 9·1 | 10 | 木 | 17 | 庚申 | 9·1 | 8 | 金 | 16 | 己丑 | 9·1 |
| 4 | 11 | 水 | 17 | 辛卯 | 9·1 | 11 | 金 | 18 | 辛酉 | 8·1 | 9 | 土 | 17 | 庚寅 | 9·1 |
| 5 | 12 | 木 | 18 | 壬辰 | 8·2 | 12 | 土 | 19 | 壬戌 | 8·2 | 10 | 日 | 18 | 辛卯 | 8·2 |
| 6 | 13 | 金 | 19 | 癸巳 | 8·2 | 13 | 日 | 20 | 癸亥 | 8·2 | 11 | 月 | 19 | 壬辰 | 8·2 |
| 7 | 14 | 土 | 20 | 甲午 | 8·2 | 14 | 月 | 21 | 甲子 | 7·2 | 12 | 火 | 20 | 癸巳 | 8·2 |
| 8 | 15 | 日 | 21 | 乙未 | 7·3 | 15 | 火 | 22 | 乙丑 | 7·3 | 13 | 水 | 21 | 甲午 | 7·3 |
| 9 | 16 | 月 | 22 | 丙申 | 7·3 | 16 | 水 | 23 | 丙寅 | 7·3 | 14 | 木 | 22 | 乙未 | 7·3 |
| 10 | 17 | 火 | 23 | 丁酉 | 7·3 | 17 | 木 | 24 | 丁卯 | 6·3 | 15 | 金 | 23 | 丙申 | 7·3 |
| 11 | 18 | 水 | 24 | 戊戌 | 6·4 | 18 | 金 | 25 | 戊辰 | 6·4 | 16 | 土 | 24 | 丁酉 | 6·4 |
| 12 | 19 | 木 | 25 | 己亥 | 6·4 | 19 | 土 | 26 | 己巳 | 6·4 | 17 | 日 | 25 | 戊戌 | 6·4 |
| 13 | 20 | 金 | 26 | 庚子 | 6·4 | 20 | 日 | 27 | 庚午 | 5·4 | 18 | 月 | 26 | 己亥 | 6·4 |
| 14 | 21 | 土 | 27 | 辛丑 | 5·5 | 21 | 月 | 28 | 辛未 | 동지 | 19 | 火 | 27 | 庚子 | 5·5 |
| 15 | 22 | 日 | 28 | 壬寅 | 소설 | 22 | 火 | 29 | 壬申 | 5·5 | 20 | 水 | 28 | 辛丑 | 대한 |
| 16 | 23 | 月 | 29 | 癸卯 | 5·5 | 23 | 水 | 30 | 癸酉 | 4·5 | 21 | 木 | 29 | 壬寅 | 5·5 |
| 17 | 24 | 火 | 11/1 | 甲辰 | 4·6 | 24 | 木 | 12/1 | 甲戌 | 4·6 | 22 | 金 | 30 | 癸卯 | 4·6 |
| 18 | 25 | 水 | 2 | 乙巳 | 4·6 | 25 | 金 | 2 | 乙亥 | 4·6 | 23 | 土 | 1/1 | 甲辰 | 4·6 |
| 19 | 26 | 木 | 3 | 丙午 | 4·6 | 26 | 土 | 3 | 丙子 | 3·6 | 24 | 日 | 2 | 乙巳 | 4·6 |
| 20 | 27 | 金 | 4 | 丁未 | 3·7 | 27 | 日 | 4 | 丁丑 | 3·7 | 25 | 月 | 3 | 丙午 | 3·7 |
| 21 | 28 | 土 | 5 | 戊申 | 3·7 | 28 | 月 | 5 | 戊寅 | 3·7 | 26 | 火 | 4 | 丁未 | 3·7 |
| 22 | 29 | 日 | 6 | 己酉 | 3·7 | 29 | 火 | 6 | 己卯 | 2·7 | 27 | 水 | 5 | 戊申 | 3·7 |
| 23 | 30 | 月 | 7 | 庚戌 | 2·8 | 30 | 水 | 7 | 庚辰 | 2·8 | 28 | 木 | 6 | 己酉 | 2·8 |
| 24 | 12/1 | 火 | 8 | 辛亥 | 2·8 | 31 | 木 | 8 | 辛巳 | 2·8 | 29 | 金 | 7 | 庚戌 | 2·8 |
| 25 | 2 | 水 | 9 | 壬子 | 2·8 | 1/1 | 金 | 9 | 壬午 | 1·8 | 30 | 土 | 8 | 辛亥 | 2·8 |
| 26 | 3 | 木 | 10 | 癸丑 | 1·9 | 2 | 土 | 10 | 癸未 | 1·9 | 31 | 日 | 9 | 壬子 | 1·9 |
| 27 | 4 | 金 | 11 | 甲寅 | 1·9 | 3 | 日 | 11 | 甲申 | 1·9 | 2/1 | 月 | 10 | 癸丑 | 1·9 |
| 28 | 5 | 土 | 12 | 乙卯 | 1·9 | 4 | 月 | 12 | 乙酉 | 1·9 | 2 | 火 | 11 | 甲寅 | 1·9 |
| 29 | 6 | 日 | 13 | 丙辰 | 1·10 | | | | | | 3 | 水 | 12 | 乙卯 | 1·10 |
| 30 | | | | | | | | | | | | | | | |
| 31 | | | | | | | | | | | | | | | |

# 서기 1993년 [단기 4326년]

| 절기후날수 | 입춘절(甲寅月) 立春 2월4일 4시37분 雨水 2월19일 0시35분 | | | | | | 경칩절(乙卯月) 驚蟄 3월5일 22시43분 春分 3월20일 23시41분 | | | | | |
|---|---|---|---|---|---|---|---|---|---|---|---|---|
| | 양력 | 요일 | 음력 | 일진 | 大運 남 | 大運 여 | 양력 | 요일 | 음력 | 일진 | 大運 남 | 大運 여 |
| 0 | 2/4 | 木 | 13 | 丙辰 | 입춘 | | 3/5 | 金 | 13 | 乙酉 | 경칩 | |
| 1 | 5 | 金 | 14 | 丁巳 | 1 | 9 | 6 | 土 | 14 | 丙戌 | 1 | 10 |
| 2 | 6 | 土 | 15 | 戊午 | 1 | 9 | 7 | 日 | 15 | 丁亥 | 1 | 10 |
| 3 | 7 | 日 | 16 | 己未 | 1 | 9 | 8 | 月 | 16 | 戊子 | 1 | 9 |
| 4 | 8 | 月 | 17 | 庚申 | 1 | 8 | 9 | 火 | 17 | 己丑 | 1 | 9 |
| 5 | 9 | 火 | 18 | 辛酉 | 2 | 8 | 10 | 水 | 18 | 庚寅 | 2 | 9 |
| 6 | 10 | 水 | 19 | 壬戌 | 2 | 8 | 11 | 木 | 19 | 辛卯 | 2 | 8 |
| 7 | 11 | 木 | 20 | 癸亥 | 2 | 7 | 12 | 金 | 20 | 壬辰 | 2 | 8 |
| 8 | 12 | 金 | 21 | 甲子 | 3 | 7 | 13 | 土 | 21 | 癸巳 | 3 | 8 |
| 9 | 13 | 土 | 22 | 乙丑 | 3 | 7 | 14 | 日 | 22 | 甲午 | 3 | 7 |
| 10 | 14 | 日 | 23 | 丙寅 | 3 | 6 | 15 | 月 | 23 | 乙未 | 3 | 7 |
| 11 | 15 | 月 | 24 | 丁卯 | 4 | 6 | 16 | 火 | 24 | 丙申 | 4 | 7 |
| 12 | 16 | 火 | 25 | 戊辰 | 4 | 6 | 17 | 水 | 25 | 丁酉 | 4 | 6 |
| 13 | 17 | 水 | 26 | 己巳 | 4 | 5 | 18 | 木 | 26 | 戊戌 | 4 | 6 |
| 14 | 18 | 木 | 27 | 庚午 | 5 | 5 | 19 | 金 | 27 | 己亥 | 5 | 6 |
| 15 | 19 | 金 | 28 | 辛未 | 우수 | | 20 | 土 | 28 | 庚子 | 춘분 | |
| 16 | 20 | 土 | 29 | 壬申 | 5 | 4 | 21 | 日 | 29 | 辛丑 | 5 | 5 |
| 17 | 21 | 日 | 2/1 | 癸酉 | 6 | 4 | 22 | 月 | 30 | 壬寅 | 6 | 5 |
| 18 | 22 | 月 | 2 | 甲戌 | 6 | 4 | 23 | 火 | 3/1 | 癸卯 | 6 | 4 |
| 19 | 23 | 火 | 3 | 乙亥 | 6 | 3 | 24 | 水 | 2 | 甲辰 | 6 | 4 |
| 20 | 24 | 水 | 4 | 丙子 | 7 | 3 | 25 | 木 | 3 | 乙巳 | 7 | 4 |
| 21 | 25 | 木 | 5 | 丁丑 | 7 | 3 | 26 | 金 | 4 | 丙午 | 7 | 3 |
| 22 | 26 | 金 | 6 | 戊寅 | 7 | 2 | 27 | 土 | 5 | 丁未 | 7 | 3 |
| 23 | 27 | 土 | 7 | 己卯 | 8 | 2 | 28 | 日 | 6 | 戊申 | 8 | 3 |
| 24 | 28 | 日 | 8 | 庚辰 | 8 | 2 | 29 | 月 | 7 | 己酉 | 8 | 2 |
| 25 | 3/1 | 月 | 9 | 辛巳 | 8 | 1 | 30 | 火 | 8 | 庚戌 | 8 | 2 |
| 26 | 2 | 火 | 10 | 壬午 | 9 | 1 | 31 | 水 | 9 | 辛亥 | 9 | 2 |
| 27 | 3 | 水 | 11 | 癸未 | 9 | 1 | 4/1 | 木 | 10 | 壬子 | 9 | 1 |
| 28 | 4 | 木 | 12 | 甲申 | 9 | 1 | 2 | 金 | 11 | 癸丑 | 9 | 1 |
| 29 | | | | | | | 3 | 土 | 12 | 甲寅 | 10 | 1 |
| 30 | | | | | | | 4 | 日 | 13 | 乙卯 | 10 | 1 |
| 31 | | | | | | | | | | | | |

| 절기후날수 | 청명절(丙辰月) 清明 4월5일 3시37분 穀雨 4월20일 10시49분 | | | | | | 입하절(丁巳月) 立夏 5월5일 21시2분 小滿 5월21일 10시2분 | | | | | |
|---|---|---|---|---|---|---|---|---|---|---|---|---|
| | 양력 | 요일 | 음력 | 일진 | 大運 남 | 大運 여 | 양력 | 요일 | 음력 | 일진 | 大運 남 | 大運 여 |
| 0 | 4/5 | 月 | 14 | 丙辰 | 청명 | | 5/5 | 水 | 윤14 | 丙戌 | 입하 | |
| 1 | 6 | 火 | 15 | 丁巳 | 1 | 10 | 6 | 木 | 윤15 | 丁亥 | 1 | 10 |
| 2 | 7 | 水 | 16 | 戊午 | 1 | 9 | 7 | 金 | 윤16 | 戊子 | 1 | 10 |
| 3 | 8 | 木 | 17 | 己未 | 1 | 9 | 8 | 土 | 윤17 | 己丑 | 1 | 10 |
| 4 | 9 | 金 | 18 | 庚申 | 1 | 9 | 9 | 日 | 윤18 | 庚寅 | 1 | 9 |
| 5 | 10 | 土 | 19 | 辛酉 | 2 | 8 | 10 | 月 | 윤19 | 辛卯 | 2 | 9 |
| 6 | 11 | 日 | 20 | 壬戌 | 2 | 8 | 11 | 火 | 윤20 | 壬辰 | 2 | 9 |
| 7 | 12 | 月 | 21 | 癸亥 | 2 | 8 | 12 | 水 | 윤21 | 癸巳 | 2 | 8 |
| 8 | 13 | 火 | 22 | 甲子 | 3 | 7 | 13 | 木 | 윤22 | 甲午 | 3 | 8 |
| 9 | 14 | 水 | 23 | 乙丑 | 3 | 7 | 14 | 金 | 윤23 | 乙未 | 3 | 8 |
| 10 | 15 | 木 | 24 | 丙寅 | 3 | 7 | 15 | 土 | 윤24 | 丙申 | 3 | 7 |
| 11 | 16 | 金 | 25 | 丁卯 | 4 | 6 | 16 | 日 | 윤25 | 丁酉 | 4 | 7 |
| 12 | 17 | 土 | 26 | 戊辰 | 4 | 6 | 17 | 月 | 윤26 | 戊戌 | 4 | 7 |
| 13 | 18 | 日 | 27 | 己巳 | 4 | 6 | 18 | 火 | 윤27 | 己亥 | 4 | 6 |
| 14 | 19 | 月 | 28 | 庚午 | 5 | 5 | 19 | 水 | 윤28 | 庚子 | 5 | 6 |
| 15 | 20 | 火 | 29 | 辛未 | 곡우 | | 20 | 木 | 윤29 | 辛丑 | 5 | 6 |
| 16 | 21 | 水 | 30 | 壬申 | 5 | 5 | 21 | 金 | 4/1 | 壬寅 | 소만 | |
| 17 | 22 | 木 | 윤1 | 癸酉 | 6 | 4 | 22 | 土 | 2 | 癸卯 | 6 | 5 |
| 18 | 23 | 金 | 윤2 | 甲戌 | 6 | 4 | 23 | 日 | 3 | 甲辰 | 6 | 5 |
| 19 | 24 | 土 | 윤3 | 乙亥 | 6 | 4 | 24 | 月 | 4 | 乙巳 | 6 | 4 |
| 20 | 25 | 日 | 윤4 | 丙子 | 7 | 3 | 25 | 火 | 5 | 丙午 | 7 | 4 |
| 21 | 26 | 月 | 윤5 | 丁丑 | 7 | 3 | 26 | 水 | 6 | 丁未 | 7 | 4 |
| 22 | 27 | 火 | 윤6 | 戊寅 | 7 | 3 | 27 | 木 | 7 | 戊申 | 7 | 3 |
| 23 | 28 | 水 | 윤7 | 己卯 | 8 | 2 | 28 | 金 | 8 | 己酉 | 8 | 3 |
| 24 | 29 | 木 | 윤8 | 庚辰 | 8 | 2 | 29 | 土 | 9 | 庚戌 | 8 | 3 |
| 25 | 30 | 金 | 윤9 | 辛巳 | 8 | 2 | 30 | 日 | 10 | 辛亥 | 8 | 2 |
| 26 | 5/1 | 土 | 윤10 | 壬午 | 9 | 1 | 31 | 月 | 11 | 壬子 | 9 | 2 |
| 27 | 2 | 日 | 윤11 | 癸未 | 9 | 1 | 6/1 | 火 | 12 | 癸丑 | 9 | 2 |
| 28 | 3 | 月 | 윤12 | 甲申 | 9 | 1 | 2 | 水 | 13 | 甲寅 | 9 | 1 |
| 29 | 4 | 火 | 윤13 | 乙酉 | 10 | 1 | 3 | 木 | 14 | 乙卯 | 10 | 1 |
| 30 | | | | | | | 4 | 金 | 15 | 丙辰 | 10 | 1 |
| 31 | | | | | | | 5 | 土 | 16 | 丁巳 | 10 | 1 |

| 절기후날수 | 망종절(戊午月) 芒種 6월6일 1시15분 夏至 6월21일 18시0분 | | | | | | 소서절(己未月) 小暑 7월7일 11시32분 大暑 7월23일 4시51분 | | | | | |
|---|---|---|---|---|---|---|---|---|---|---|---|---|
| | 양력 | 요일 | 음력 | 일진 | 大運 남 | 大運 여 | 양력 | 요일 | 음력 | 일진 | 大運 남 | 大運 여 |
| 0 | 6/6 | 日 | 17 | 戊午 | 망종 | | 7/7 | 水 | 18 | 己丑 | 소서 | |
| 1 | 7 | 月 | 18 | 己未 | 1 | 10 | 8 | 木 | 19 | 庚寅 | 1 | 10 |
| 2 | 8 | 火 | 19 | 庚申 | 1 | 10 | 9 | 金 | 20 | 辛卯 | 1 | 10 |
| 3 | 9 | 水 | 20 | 辛酉 | 1 | 9 | 10 | 土 | 21 | 壬辰 | 1 | 9 |
| 4 | 10 | 木 | 21 | 壬戌 | 1 | 9 | 11 | 日 | 22 | 癸巳 | 1 | 9 |
| 5 | 11 | 金 | 22 | 癸亥 | 2 | 9 | 12 | 月 | 23 | 甲午 | 2 | 9 |
| 6 | 12 | 土 | 23 | 甲子 | 2 | 8 | 13 | 火 | 24 | 乙未 | 2 | 8 |
| 7 | 13 | 日 | 24 | 乙丑 | 2 | 8 | 14 | 水 | 25 | 丙申 | 2 | 8 |
| 8 | 14 | 月 | 25 | 丙寅 | 3 | 8 | 15 | 木 | 26 | 丁酉 | 3 | 8 |
| 9 | 15 | 火 | 26 | 丁卯 | 3 | 7 | 16 | 金 | 27 | 戊戌 | 3 | 7 |
| 10 | 16 | 水 | 27 | 戊辰 | 3 | 7 | 17 | 土 | 28 | 己亥 | 3 | 7 |
| 11 | 17 | 木 | 28 | 己巳 | 4 | 7 | 18 | 日 | 29 | 庚子 | 4 | 7 |
| 12 | 18 | 金 | 29 | 庚午 | 4 | 6 | 19 | 月 | 6/1 | 辛丑 | 4 | 6 |
| 13 | 19 | 土 | 30 | 辛未 | 4 | 6 | 20 | 火 | 2 | 壬寅 | 4 | 6 |
| 14 | 20 | 日 | 5/1 | 壬申 | 5 | 6 | 21 | 水 | 3 | 癸卯 | 5 | 6 |
| 15 | 21 | 月 | 2 | 癸酉 | 하지 | | 22 | 木 | 4 | 甲辰 | 5 | 5 |
| 16 | 22 | 火 | 3 | 甲戌 | 5 | 5 | 23 | 金 | 5 | 乙巳 | 대서 | |
| 17 | 23 | 水 | 4 | 乙亥 | 6 | 5 | 24 | 土 | 6 | 丙午 | 6 | 5 |
| 18 | 24 | 木 | 5 | 丙子 | 6 | 4 | 25 | 日 | 7 | 丁未 | 6 | 4 |
| 19 | 25 | 金 | 6 | 丁丑 | 6 | 4 | 26 | 月 | 8 | 戊申 | 6 | 4 |
| 20 | 26 | 土 | 7 | 戊寅 | 7 | 4 | 27 | 火 | 9 | 己酉 | 7 | 4 |
| 21 | 27 | 日 | 8 | 己卯 | 7 | 3 | 28 | 水 | 10 | 庚戌 | 7 | 3 |
| 22 | 28 | 月 | 9 | 庚辰 | 7 | 3 | 29 | 木 | 11 | 辛亥 | 7 | 3 |
| 23 | 29 | 火 | 10 | 辛巳 | 8 | 3 | 30 | 金 | 12 | 壬子 | 8 | 3 |
| 24 | 30 | 水 | 11 | 壬午 | 8 | 2 | 31 | 土 | 13 | 癸丑 | 8 | 2 |
| 25 | 7/1 | 木 | 12 | 癸未 | 8 | 2 | 8/1 | 日 | 14 | 甲寅 | 8 | 2 |
| 26 | 2 | 金 | 13 | 甲申 | 9 | 2 | 2 | 月 | 15 | 乙卯 | 9 | 2 |
| 27 | 3 | 土 | 14 | 乙酉 | 9 | 1 | 3 | 火 | 16 | 丙辰 | 9 | 1 |
| 28 | 4 | 日 | 15 | 丙戌 | 9 | 1 | 4 | 水 | 17 | 丁巳 | 9 | 1 |
| 29 | 5 | 月 | 16 | 丁亥 | 10 | 1 | 5 | 木 | 18 | 戊午 | 10 | 1 |
| 30 | 6 | 火 | 17 | 戊子 | 10 | 1 | 6 | 金 | 19 | 己未 | 10 | 1 |
| 31 | | | | | | | | | | | | |

▶윤달-3월

# 癸酉年

| 절기후날수 | 입추절(庚申月) 立秋 8월7일 21시18분 處暑 8월23일 11시50분 | | | | | 백로절(辛酉月) 白露 9월8일 0시8분 秋分 9월23일 9시22분 | | | | |
|---|---|---|---|---|---|---|---|---|---|---|
| | 양력 | 요일 | 음력 | 일진 | 大運 남·여 | 양력 | 요일 | 음력 | 일진 | 大運 남·여 |
| 0 | 8/7 | 土 | 20 | 庚申 | 입추 | 9/8 | 水 | 22 | 壬辰 | 백로 |
| 1 | 8 | 日 | 21 | 辛酉 | 1·10 | 9 | 木 | 23 | 癸巳 | 1·10 |
| 2 | 9 | 月 | 22 | 壬戌 | 1·10 | 10 | 金 | 24 | 甲午 | 1·9 |
| 3 | 10 | 火 | 23 | 癸亥 | 1·10 | 11 | 土 | 25 | 乙未 | 1·9 |
| 4 | 11 | 水 | 24 | 甲子 | 1·9 | 12 | 日 | 26 | 丙申 | 1·9 |
| 5 | 12 | 木 | 25 | 乙丑 | 2·9 | 13 | 月 | 27 | 丁酉 | 2·8 |
| 6 | 13 | 金 | 26 | 丙寅 | 2·9 | 14 | 火 | 28 | 戊戌 | 2·8 |
| 7 | 14 | 土 | 27 | 丁卯 | 2·8 | 15 | 水 | 29 | 己亥 | 2·8 |
| 8 | 15 | 日 | 28 | 戊辰 | 3·8 | 16 | 木 | 8/1 | 庚子 | 3·7 |
| 9 | 16 | 月 | 29 | 己巳 | 3·8 | 17 | 金 | 2 | 辛丑 | 3·7 |
| 10 | 17 | 火 | 30 | 庚午 | 3·7 | 18 | 土 | 3 | 壬寅 | 3·7 |
| 11 | 18 | 水 | 7/1 | 辛未 | 4·7 | 19 | 日 | 4 | 癸卯 | 4·6 |
| 12 | 19 | 木 | 2 | 壬申 | 4·7 | 20 | 月 | 5 | 甲辰 | 4·6 |
| 13 | 20 | 金 | 3 | 癸酉 | 4·6 | 21 | 火 | 6 | 乙巳 | 4·6 |
| 14 | 21 | 土 | 4 | 甲戌 | 5·6 | 22 | 水 | 7 | 丙午 | 5·5 |
| 15 | 22 | 日 | 5 | 乙亥 | 5·6 | 23 | 木 | 8 | 丁未 | 추분 |
| 16 | 23 | 月 | 6 | 丙子 | 처서 | 24 | 金 | 9 | 戊申 | 5·5 |
| 17 | 24 | 火 | 7 | 丁丑 | 6·5 | 25 | 土 | 10 | 己酉 | 6·4 |
| 18 | 25 | 水 | 8 | 戊寅 | 6·5 | 26 | 日 | 11 | 庚戌 | 6·4 |
| 19 | 26 | 木 | 9 | 己卯 | 6·4 | 27 | 月 | 12 | 辛亥 | 6·4 |
| 20 | 27 | 金 | 10 | 庚辰 | 7·4 | 28 | 火 | 13 | 壬子 | 7·3 |
| 21 | 28 | 土 | 11 | 辛巳 | 7·4 | 29 | 水 | 14 | 癸丑 | 7·3 |
| 22 | 29 | 日 | 12 | 壬午 | 7·3 | 30 | 木 | 15 | 甲寅 | 7·3 |
| 23 | 30 | 月 | 13 | 癸未 | 8·3 | 10/1 | 金 | 16 | 乙卯 | 8·2 |
| 24 | 31 | 火 | 14 | 甲申 | 8·3 | 2 | 土 | 17 | 丙辰 | 8·2 |
| 25 | 9/1 | 水 | 15 | 乙酉 | 8·2 | 3 | 日 | 18 | 丁巳 | 8·2 |
| 26 | 2 | 木 | 16 | 丙戌 | 9·2 | 4 | 月 | 19 | 戊午 | 9·1 |
| 27 | 3 | 金 | 17 | 丁亥 | 9·2 | 5 | 火 | 20 | 己未 | 9·1 |
| 28 | 4 | 土 | 18 | 戊子 | 9·1 | 6 | 水 | 21 | 庚申 | 9·1 |
| 29 | 5 | 日 | 19 | 己丑 | 10·1 | 7 | 木 | 22 | 辛酉 | 10·1 |
| 30 | 6 | 月 | 20 | 庚寅 | 10·1 | | | | | |
| 31 | 7 | 火 | 21 | 辛卯 | 10·1 | | | | | |

| 절기후날수 | 한로절(壬戌月) 寒露 10월8일 15시40분 霜降 10월23일 18시37분 | | | | | 입동절(癸亥月) 立冬 11월7일 18시46분 小雪 11월22일 16시7분 | | | | |
|---|---|---|---|---|---|---|---|---|---|---|
| | 양력 | 요일 | 음력 | 일진 | 大運 남·여 | 양력 | 요일 | 음력 | 일진 | 大運 남·여 |
| 0 | 10/8 | 金 | 23 | 壬戌 | 한로 | 11/7 | 日 | 24 | 壬辰 | 입동 |
| 1 | 9 | 土 | 24 | 癸亥 | 1·10 | 8 | 月 | 25 | 癸巳 | 1·10 |
| 2 | 10 | 日 | 25 | 甲子 | 1·9 | 9 | 火 | 26 | 甲午 | 1·9 |
| 3 | 11 | 月 | 26 | 乙丑 | 1·9 | 10 | 水 | 27 | 乙未 | 1·9 |
| 4 | 12 | 火 | 27 | 丙寅 | 1·9 | 11 | 木 | 28 | 丙申 | 1·9 |
| 5 | 13 | 水 | 28 | 丁卯 | 2·8 | 12 | 金 | 29 | 丁酉 | 2·8 |
| 6 | 14 | 木 | 29 | 戊辰 | 2·8 | 13 | 土 | 30 | 戊戌 | 2·8 |
| 7 | 15 | 金 | 9/1 | 己巳 | 2·8 | 14 | 日 | 10/1 | 己亥 | 2·8 |
| 8 | 16 | 土 | 2 | 庚午 | 3·7 | 15 | 月 | 2 | 庚子 | 3·7 |
| 9 | 17 | 日 | 3 | 辛未 | 3·7 | 16 | 火 | 3 | 辛丑 | 3·7 |
| 10 | 18 | 月 | 4 | 壬申 | 3·7 | 17 | 水 | 4 | 壬寅 | 3·7 |
| 11 | 19 | 火 | 5 | 癸酉 | 4·6 | 18 | 木 | 5 | 癸卯 | 4·6 |
| 12 | 20 | 水 | 6 | 甲戌 | 4·6 | 19 | 金 | 6 | 甲辰 | 4·6 |
| 13 | 21 | 木 | 7 | 乙亥 | 4·6 | 20 | 土 | 7 | 乙巳 | 4·6 |
| 14 | 22 | 金 | 8 | 丙子 | 5·5 | 21 | 日 | 8 | 丙午 | 5·5 |
| 15 | 23 | 土 | 9 | 丁丑 | 상강 | 22 | 月 | 9 | 丁未 | 소설 |
| 16 | 24 | 日 | 10 | 戊寅 | 5·5 | 23 | 火 | 10 | 戊申 | 5·5 |
| 17 | 25 | 月 | 11 | 己卯 | 6·4 | 24 | 水 | 11 | 己酉 | 6·4 |
| 18 | 26 | 火 | 12 | 庚辰 | 6·4 | 25 | 木 | 12 | 庚戌 | 6·4 |
| 19 | 27 | 水 | 13 | 辛巳 | 6·4 | 26 | 金 | 13 | 辛亥 | 6·4 |
| 20 | 28 | 木 | 14 | 壬午 | 7·3 | 27 | 土 | 14 | 壬子 | 7·3 |
| 21 | 29 | 金 | 15 | 癸未 | 7·3 | 28 | 日 | 15 | 癸丑 | 7·3 |
| 22 | 30 | 土 | 16 | 甲申 | 7·3 | 29 | 月 | 16 | 甲寅 | 7·3 |
| 23 | 31 | 日 | 17 | 乙酉 | 8·2 | 30 | 火 | 17 | 乙卯 | 8·2 |
| 24 | 11/1 | 月 | 18 | 丙戌 | 8·2 | 12/1 | 水 | 18 | 丙辰 | 8·2 |
| 25 | 2 | 火 | 19 | 丁亥 | 8·2 | 2 | 木 | 19 | 丁巳 | 8·2 |
| 26 | 3 | 水 | 20 | 戊子 | 9·1 | 3 | 金 | 20 | 戊午 | 9·1 |
| 27 | 4 | 木 | 21 | 己丑 | 9·1 | 4 | 土 | 21 | 己未 | 9·1 |
| 28 | 5 | 金 | 22 | 庚寅 | 9·1 | 5 | 日 | 22 | 庚申 | 9·1 |
| 29 | 6 | 土 | 23 | 辛卯 | 10·1 | 6 | 月 | 23 | 辛酉 | 10·1 |
| 30 | | | | | | | | | | |
| 31 | | | | | | | | | | |

| 절기후날수 | 대설절(甲子月) 大雪 12월7일 11시34분 冬至 12월22일 5시26분 | | | | | 소한절(乙丑月) 小寒 1월5일 22시48분 大寒 1월20일 16시7분 | | | | |
|---|---|---|---|---|---|---|---|---|---|---|
| | 양력 | 요일 | 음력 | 일진 | 大運 남·여 | 양력 | 요일 | 음력 | 일진 | 大運 남·여 |
| 0 | 12/7 | 火 | 24 | 壬戌 | 대설 | 1/5 | 水 | 24 | 辛卯 | 소한 |
| 1 | 8 | 水 | 25 | 癸亥 | 1·9 | 6 | 木 | 25 | 壬辰 | 1·10 |
| 2 | 9 | 木 | 26 | 甲子 | 1·9 | 7 | 金 | 26 | 癸巳 | 1·9 |
| 3 | 10 | 金 | 27 | 乙丑 | 1·9 | 8 | 土 | 27 | 甲午 | 1·9 |
| 4 | 11 | 土 | 28 | 丙寅 | 1·8 | 9 | 日 | 28 | 乙未 | 1·9 |
| 5 | 12 | 日 | 29 | 丁卯 | 2·8 | 10 | 月 | 29 | 丙申 | 2·8 |
| 6 | 13 | 月 | 11/1 | 戊辰 | 2·8 | 11 | 火 | 30 | 丁酉 | 2·8 |
| 7 | 14 | 火 | 2 | 己巳 | 2·7 | 12 | 水 | 12/1 | 戊戌 | 2·8 |
| 8 | 15 | 水 | 3 | 庚午 | 3·7 | 13 | 木 | 2 | 己亥 | 3·7 |
| 9 | 16 | 木 | 4 | 辛未 | 3·7 | 14 | 金 | 3 | 庚子 | 3·7 |
| 10 | 17 | 金 | 5 | 壬申 | 3·6 | 15 | 土 | 4 | 辛丑 | 3·7 |
| 11 | 18 | 土 | 6 | 癸酉 | 4·6 | 16 | 日 | 5 | 壬寅 | 4·6 |
| 12 | 19 | 日 | 7 | 甲戌 | 4·6 | 17 | 月 | 6 | 癸卯 | 4·6 |
| 13 | 20 | 月 | 8 | 乙亥 | 4·5 | 18 | 火 | 7 | 甲辰 | 4·6 |
| 14 | 21 | 火 | 9 | 丙子 | 5·5 | 19 | 水 | 8 | 乙巳 | 5·5 |
| 15 | 22 | 水 | 10 | 丁丑 | 동지 | 20 | 木 | 9 | 丙午 | 대한 |
| 16 | 23 | 木 | 11 | 戊寅 | 5·4 | 21 | 金 | 10 | 丁未 | 5·5 |
| 17 | 24 | 金 | 12 | 己卯 | 6·4 | 22 | 土 | 11 | 戊申 | 6·4 |
| 18 | 25 | 土 | 13 | 庚辰 | 6·4 | 23 | 日 | 12 | 己酉 | 6·4 |
| 19 | 26 | 日 | 14 | 辛巳 | 6·3 | 24 | 月 | 13 | 庚戌 | 6·4 |
| 20 | 27 | 月 | 15 | 壬午 | 7·3 | 25 | 火 | 14 | 辛亥 | 7·3 |
| 21 | 28 | 火 | 16 | 癸未 | 7·3 | 26 | 水 | 15 | 壬子 | 7·3 |
| 22 | 29 | 水 | 17 | 甲申 | 7·2 | 27 | 木 | 16 | 癸丑 | 7·3 |
| 23 | 30 | 木 | 18 | 乙酉 | 8·2 | 28 | 金 | 17 | 甲寅 | 8·2 |
| 24 | 31 | 金 | 19 | 丙戌 | 8·2 | 29 | 土 | 18 | 乙卯 | 8·2 |
| 25 | 1/1 | 土 | 20 | 丁亥 | 8·1 | 30 | 日 | 19 | 丙辰 | 8·2 |
| 26 | 2 | 日 | 21 | 戊子 | 9·1 | 31 | 月 | 20 | 丁巳 | 9·1 |
| 27 | 3 | 月 | 22 | 己丑 | 9·1 | 2/1 | 火 | 21 | 戊午 | 9·1 |
| 28 | 4 | 火 | 23 | 庚寅 | 9·1 | 2 | 水 | 22 | 己未 | 9·1 |
| 29 | | | | | | 3 | 木 | 23 | 庚申 | 10·1 |
| 30 | | | | | | | | | | |
| 31 | | | | | | | | | | |

# 서기 1994년 [단기 4327년]

| 절기후날수 | 입춘절(丙寅月)<br>立春 2월4일 10시31분<br>雨水 2월19일 6시22분 | | | | | 경칩절(丁卯月)<br>驚蟄 3월6일 4시38분<br>春分 3월21일 5시28분 | | | | |
|---|---|---|---|---|---|---|---|---|---|---|
| | 양력 | 요일 | 음력 | 일진 | 大運(남·여) | 양력 | 요일 | 음력 | 일진 | 大運(남·여) |
| 0 | 2/4 | 金 | 24 | 辛酉 | 입춘 | 3/6 | 日 | 25 | 辛卯 | 경칩 |
| 1 | 5 | 土 | 25 | 壬戌 | 10·1 | 7 | 月 | 26 | 壬辰 | 10·1 |
| 2 | 6 | 日 | 26 | 癸亥 | 9·1 | 8 | 火 | 27 | 癸巳 | 9·1 |
| 3 | 7 | 月 | 27 | 甲子 | 9·1 | 9 | 水 | 28 | 甲午 | 9·1 |
| 4 | 8 | 火 | 28 | 乙丑 | 9·1 | 10 | 木 | 29 | 乙未 | 9·1 |
| 5 | 9 | 水 | 29 | 丙寅 | 8·2 | 11 | 金 | 30 | 丙申 | 8·2 |
| 6 | 10 | 木 | 1/1 | 丁卯 | 8·2 | 12 | 土 | 2/1 | 丁酉 | 8·2 |
| 7 | 11 | 金 | 2 | 戊辰 | 8·2 | 13 | 日 | 2 | 戊戌 | 8·2 |
| 8 | 12 | 土 | 3 | 己巳 | 7·3 | 14 | 月 | 3 | 己亥 | 7·3 |
| 9 | 13 | 日 | 4 | 庚午 | 7·3 | 15 | 火 | 4 | 庚子 | 7·3 |
| 10 | 14 | 月 | 5 | 辛未 | 7·3 | 16 | 水 | 5 | 辛丑 | 7·3 |
| 11 | 15 | 火 | 6 | 壬申 | 6·4 | 17 | 木 | 6 | 壬寅 | 6·4 |
| 12 | 16 | 水 | 7 | 癸酉 | 6·4 | 18 | 金 | 7 | 癸卯 | 6·4 |
| 13 | 17 | 木 | 8 | 甲戌 | 6·4 | 19 | 土 | 8 | 甲辰 | 6·4 |
| 14 | 18 | 金 | 9 | 乙亥 | 5·5 | 20 | 日 | 9 | 乙巳 | 5·5 |
| 15 | 19 | 土 | 10 | 丙子 | 우수 | 21 | 月 | 10 | 丙午 | 춘분 |
| 16 | 20 | 日 | 11 | 丁丑 | 5·5 | 22 | 火 | 11 | 丁未 | 5·5 |
| 17 | 21 | 月 | 12 | 戊寅 | 4·6 | 23 | 水 | 12 | 戊申 | 4·6 |
| 18 | 22 | 火 | 13 | 己卯 | 4·6 | 24 | 木 | 13 | 己酉 | 4·6 |
| 19 | 23 | 水 | 14 | 庚辰 | 4·6 | 25 | 金 | 14 | 庚戌 | 4·6 |
| 20 | 24 | 木 | 15 | 辛巳 | 3·7 | 26 | 土 | 15 | 辛亥 | 3·7 |
| 21 | 25 | 金 | 16 | 壬午 | 3·7 | 27 | 日 | 16 | 壬子 | 3·7 |
| 22 | 26 | 土 | 17 | 癸未 | 3·7 | 28 | 月 | 17 | 癸丑 | 3·7 |
| 23 | 27 | 日 | 18 | 甲申 | 2·8 | 29 | 火 | 18 | 甲寅 | 2·8 |
| 24 | 28 | 月 | 19 | 乙酉 | 2·8 | 30 | 水 | 19 | 乙卯 | 2·8 |
| 25 | 3/1 | 火 | 20 | 丙戌 | 2·8 | 31 | 木 | 20 | 丙辰 | 2·8 |
| 26 | 2 | 水 | 21 | 丁亥 | 1·9 | 4/1 | 金 | 21 | 丁巳 | 1·9 |
| 27 | 3 | 木 | 22 | 戊子 | 1·9 | 2 | 土 | 22 | 戊午 | 1·9 |
| 28 | 4 | 金 | 23 | 己丑 | 1·9 | 3 | 日 | 23 | 己未 | 1·9 |
| 29 | 5 | 土 | 24 | 庚寅 | 1·10 | 4 | 月 | 24 | 庚申 | 1·10 |
| 30 | | | | | | | | | | |
| 31 | | | | | | | | | | |

| 절기후날수 | 청명절(戊辰月)<br>清明 4월5일 9시32분<br>穀雨 4월20일 16시36분 | | | | | 입하절(己巳月)<br>立夏 5월6일 2시54분<br>小滿 5월21일 15시48분 | | | | |
|---|---|---|---|---|---|---|---|---|---|---|
| | 양력 | 요일 | 음력 | 일진 | 大運(남·여) | 양력 | 요일 | 음력 | 일진 | 大運(남·여) |
| 0 | 4/5 | 火 | 25 | 辛酉 | 청명 | 5/6 | 金 | 26 | 壬辰 | 입하 |
| 1 | 6 | 水 | 26 | 壬戌 | 10·1 | 7 | 土 | 27 | 癸巳 | 10·1 |
| 2 | 7 | 木 | 27 | 癸亥 | 10·1 | 8 | 日 | 28 | 甲午 | 10·1 |
| 3 | 8 | 金 | 28 | 甲子 | 9·1 | 9 | 月 | 29 | 乙未 | 9·1 |
| 4 | 9 | 土 | 29 | 乙丑 | 9·1 | 10 | 火 | 30 | 丙申 | 9·1 |
| 5 | 10 | 日 | 30 | 丙寅 | 9·2 | 11 | 水 | 4/1 | 丁酉 | 9·2 |
| 6 | 11 | 月 | 3/1 | 丁卯 | 8·2 | 12 | 木 | 2 | 戊戌 | 8·2 |
| 7 | 12 | 火 | 2 | 戊辰 | 8·2 | 13 | 金 | 3 | 己亥 | 8·2 |
| 8 | 13 | 水 | 3 | 己巳 | 8·3 | 14 | 土 | 4 | 庚子 | 8·3 |
| 9 | 14 | 木 | 4 | 庚午 | 7·3 | 15 | 日 | 5 | 辛丑 | 7·3 |
| 10 | 15 | 金 | 5 | 辛未 | 7·3 | 16 | 月 | 6 | 壬寅 | 7·3 |
| 11 | 16 | 土 | 6 | 壬申 | 7·4 | 17 | 火 | 7 | 癸卯 | 7·4 |
| 12 | 17 | 日 | 7 | 癸酉 | 6·4 | 18 | 水 | 8 | 甲辰 | 6·4 |
| 13 | 18 | 月 | 8 | 甲戌 | 6·4 | 19 | 木 | 9 | 乙巳 | 6·4 |
| 14 | 19 | 火 | 9 | 乙亥 | 6·5 | 20 | 金 | 10 | 丙午 | 6·5 |
| 15 | 20 | 水 | 10 | 丙子 | 곡우 | 21 | 土 | 11 | 丁未 | 소만 |
| 16 | 21 | 木 | 11 | 丁丑 | 5·5 | 22 | 日 | 12 | 戊申 | 5·5 |
| 17 | 22 | 金 | 12 | 戊寅 | 5·6 | 23 | 月 | 13 | 己酉 | 5·6 |
| 18 | 23 | 土 | 13 | 己卯 | 4·6 | 24 | 火 | 14 | 庚戌 | 4·6 |
| 19 | 24 | 日 | 14 | 庚辰 | 4·6 | 25 | 水 | 15 | 辛亥 | 4·6 |
| 20 | 25 | 月 | 15 | 辛巳 | 4·7 | 26 | 木 | 16 | 壬子 | 4·7 |
| 21 | 26 | 火 | 16 | 壬午 | 3·7 | 27 | 金 | 17 | 癸丑 | 3·7 |
| 22 | 27 | 水 | 17 | 癸未 | 3·7 | 28 | 土 | 18 | 甲寅 | 3·7 |
| 23 | 28 | 木 | 18 | 甲申 | 3·8 | 29 | 日 | 19 | 乙卯 | 3·8 |
| 24 | 29 | 金 | 19 | 乙酉 | 2·8 | 30 | 月 | 20 | 丙辰 | 2·8 |
| 25 | 30 | 土 | 20 | 丙戌 | 2·8 | 31 | 火 | 21 | 丁巳 | 2·8 |
| 26 | 5/1 | 日 | 21 | 丁亥 | 2·9 | 6/1 | 水 | 22 | 戊午 | 2·9 |
| 27 | 2 | 月 | 22 | 戊子 | 1·9 | 2 | 木 | 23 | 己未 | 1·9 |
| 28 | 3 | 火 | 23 | 己丑 | 1·9 | 3 | 金 | 24 | 庚申 | 1·9 |
| 29 | 4 | 水 | 24 | 庚寅 | 1·10 | 4 | 土 | 25 | 辛酉 | 1·10 |
| 30 | 5 | 木 | 25 | 辛卯 | 1·10 | 5 | 日 | 26 | 壬戌 | 1·10 |
| 31 | | | | | | | | | | |

| 절기후날수 | 망종절(庚午月)<br>芒種 6월6일 7시5분<br>夏至 6월21일 23시48분 | | | | | 소서절(辛未月)<br>小暑 7월7일 17시19분<br>大暑 7월23일 10시41분 | | | | |
|---|---|---|---|---|---|---|---|---|---|---|
| | 양력 | 요일 | 음력 | 일진 | 大運(남·여) | 양력 | 요일 | 음력 | 일진 | 大運(남·여) |
| 0 | 6/6 | 月 | 27 | 癸亥 | 망종 | 7/7 | 木 | 29 | 甲午 | 소서 |
| 1 | 7 | 火 | 28 | 甲子 | 10·1 | 8 | 金 | 30 | 乙未 | 10·1 |
| 2 | 8 | 水 | 29 | 乙丑 | 10·1 | 9 | 土 | 6/1 | 丙申 | 10·1 |
| 3 | 9 | 木 | 5/1 | 丙寅 | 9·1 | 10 | 日 | 2 | 丁酉 | 10·1 |
| 4 | 10 | 金 | 2 | 丁卯 | 9·1 | 11 | 月 | 3 | 戊戌 | 9·1 |
| 5 | 11 | 土 | 3 | 戊辰 | 9·2 | 12 | 火 | 4 | 己亥 | 9·2 |
| 6 | 12 | 日 | 4 | 己巳 | 8·2 | 13 | 水 | 5 | 庚子 | 9·2 |
| 7 | 13 | 月 | 5 | 庚午 | 8·2 | 14 | 木 | 6 | 辛丑 | 8·2 |
| 8 | 14 | 火 | 6 | 辛未 | 8·3 | 15 | 金 | 7 | 壬寅 | 8·3 |
| 9 | 15 | 水 | 7 | 壬申 | 7·3 | 16 | 土 | 8 | 癸卯 | 8·3 |
| 10 | 16 | 木 | 8 | 癸酉 | 7·3 | 17 | 日 | 9 | 甲辰 | 7·3 |
| 11 | 17 | 金 | 9 | 甲戌 | 7·4 | 18 | 月 | 10 | 乙巳 | 7·4 |
| 12 | 18 | 土 | 10 | 乙亥 | 6·4 | 19 | 火 | 11 | 丙午 | 7·4 |
| 13 | 19 | 日 | 11 | 丙子 | 6·4 | 20 | 水 | 12 | 丁未 | 6·4 |
| 14 | 20 | 月 | 12 | 丁丑 | 6·5 | 21 | 木 | 13 | 戊申 | 6·5 |
| 15 | 21 | 火 | 13 | 戊寅 | 하지 | 22 | 金 | 14 | 己酉 | 6·5 |
| 16 | 22 | 水 | 14 | 己卯 | 5·5 | 23 | 土 | 15 | 庚戌 | 대서 |
| 17 | 23 | 木 | 15 | 庚辰 | 5·6 | 24 | 日 | 16 | 辛亥 | 5·6 |
| 18 | 24 | 金 | 16 | 辛巳 | 4·6 | 25 | 月 | 17 | 壬子 | 5·6 |
| 19 | 25 | 土 | 17 | 壬午 | 4·6 | 26 | 火 | 18 | 癸丑 | 4·6 |
| 20 | 26 | 日 | 18 | 癸未 | 4·7 | 27 | 水 | 19 | 甲寅 | 4·7 |
| 21 | 27 | 月 | 19 | 甲申 | 3·7 | 28 | 木 | 20 | 乙卯 | 4·7 |
| 22 | 28 | 火 | 20 | 乙酉 | 3·7 | 29 | 金 | 21 | 丙辰 | 3·7 |
| 23 | 29 | 水 | 21 | 丙戌 | 3·8 | 30 | 土 | 22 | 丁巳 | 3·8 |
| 24 | 30 | 木 | 22 | 丁亥 | 2·8 | 31 | 日 | 23 | 戊午 | 3·8 |
| 25 | 7/1 | 金 | 23 | 戊子 | 2·8 | 8/1 | 月 | 24 | 己未 | 2·8 |
| 26 | 2 | 土 | 24 | 己丑 | 2·9 | 2 | 火 | 25 | 庚申 | 2·9 |
| 27 | 3 | 日 | 25 | 庚寅 | 1·9 | 3 | 水 | 26 | 辛酉 | 2·9 |
| 28 | 4 | 月 | 26 | 辛卯 | 1·9 | 4 | 木 | 27 | 壬戌 | 1·9 |
| 29 | 5 | 火 | 27 | 壬辰 | 1·10 | 5 | 金 | 28 | 癸亥 | 1·10 |
| 30 | 6 | 水 | 28 | 癸巳 | 1·10 | 6 | 土 | 29 | 甲子 | 1·10 |
| 31 | | | | | | 7 | 日 | 7/1 | 乙丑 | 1·10 |

# 甲戌年

## 입추절(壬申月)

立秋 8월8일 3시4분
處暑 8월23일 17시44분

| 절기후날수 | 양력 | 요일 | 음력 | 일진 | 大運 남 | 大運 여 |
|---|---|---|---|---|---|---|
| 0 | 8/8 | 月 | 2 | 丙寅 | 입추 | |
| 1 | 9 | 火 | 3 | 丁卯 | 10 | 1 |
| 2 | 10 | 水 | 4 | 戊辰 | 10 | 1 |
| 3 | 11 | 木 | 5 | 己巳 | 9 | 1 |
| 4 | 12 | 金 | 6 | 庚午 | 9 | 1 |
| 5 | 13 | 土 | 7 | 辛未 | 9 | 2 |
| 6 | 14 | 日 | 8 | 壬申 | 8 | 2 |
| 7 | 15 | 月 | 9 | 癸酉 | 8 | 2 |
| 8 | 16 | 火 | 10 | 甲戌 | 8 | 3 |
| 9 | 17 | 水 | 11 | 乙亥 | 7 | 3 |
| 10 | 18 | 木 | 12 | 丙子 | 7 | 3 |
| 11 | 19 | 金 | 13 | 丁丑 | 7 | 4 |
| 12 | 20 | 土 | 14 | 戊寅 | 6 | 4 |
| 13 | 21 | 日 | 15 | 己卯 | 6 | 4 |
| 14 | 22 | 月 | 16 | 庚辰 | 6 | 5 |
| 15 | 23 | 火 | 17 | 辛巳 | 처서 | |
| 16 | 24 | 水 | 18 | 壬午 | 5 | 5 |
| 17 | 25 | 木 | 19 | 癸未 | 5 | 6 |
| 18 | 26 | 金 | 20 | 甲申 | 4 | 6 |
| 19 | 27 | 土 | 21 | 乙酉 | 4 | 6 |
| 20 | 28 | 日 | 22 | 丙戌 | 4 | 7 |
| 21 | 29 | 月 | 23 | 丁亥 | 3 | 7 |
| 22 | 30 | 火 | 24 | 戊子 | 3 | 7 |
| 23 | 31 | 水 | 25 | 己丑 | 3 | 8 |
| 24 | 9/1 | 木 | 26 | 庚寅 | 2 | 8 |
| 25 | 2 | 金 | 27 | 辛卯 | 2 | 8 |
| 26 | 3 | 土 | 28 | 壬辰 | 2 | 9 |
| 27 | 4 | 日 | 29 | 癸巳 | 1 | 9 |
| 28 | 5 | 月 | 30 | 甲午 | 1 | 9 |
| 29 | 6 | 火 | 8/1 | 乙未 | 1 | 10 |
| 30 | 7 | 水 | 2 | 丙申 | 1 | 10 |
| 31 | | | | | | |

## 백로절(癸酉月)

白露 9월8일 5시55분
秋分 9월23일 15시19분

| 절기후날수 | 양력 | 요일 | 음력 | 일진 | 大運 남 | 大運 여 |
|---|---|---|---|---|---|---|
| 0 | 9/8 | 木 | 3 | 丁酉 | 백로 | |
| 1 | 9 | 金 | 4 | 戊戌 | 10 | 1 |
| 2 | 10 | 土 | 5 | 己亥 | 9 | 1 |
| 3 | 11 | 日 | 6 | 庚子 | 9 | 1 |
| 4 | 12 | 月 | 7 | 辛丑 | 9 | 1 |
| 5 | 13 | 火 | 8 | 壬寅 | 8 | 2 |
| 6 | 14 | 水 | 9 | 癸卯 | 8 | 2 |
| 7 | 15 | 木 | 10 | 甲辰 | 8 | 2 |
| 8 | 16 | 金 | 11 | 乙巳 | 7 | 3 |
| 9 | 17 | 土 | 12 | 丙午 | 7 | 3 |
| 10 | 18 | 日 | 13 | 丁未 | 7 | 3 |
| 11 | 19 | 月 | 14 | 戊申 | 6 | 4 |
| 12 | 20 | 火 | 15 | 己酉 | 6 | 4 |
| 13 | 21 | 水 | 16 | 庚戌 | 6 | 4 |
| 14 | 22 | 木 | 17 | 辛亥 | 5 | 5 |
| 15 | 23 | 金 | 18 | 壬子 | 추분 | |
| 16 | 24 | 土 | 19 | 癸丑 | 5 | 5 |
| 17 | 25 | 日 | 20 | 甲寅 | 4 | 6 |
| 18 | 26 | 月 | 21 | 乙卯 | 4 | 6 |
| 19 | 27 | 火 | 22 | 丙辰 | 4 | 6 |
| 20 | 28 | 水 | 23 | 丁巳 | 3 | 7 |
| 21 | 29 | 木 | 24 | 戊午 | 3 | 7 |
| 22 | 30 | 金 | 25 | 己未 | 3 | 7 |
| 23 | 10/1 | 土 | 26 | 庚申 | 2 | 8 |
| 24 | 2 | 日 | 27 | 辛酉 | 2 | 8 |
| 25 | 3 | 月 | 28 | 壬戌 | 2 | 8 |
| 26 | 4 | 火 | 29 | 癸亥 | 1 | 9 |
| 27 | 5 | 水 | 9/1 | 甲子 | 1 | 9 |
| 28 | 6 | 木 | 2 | 乙丑 | 1 | 9 |
| 29 | 7 | 金 | 3 | 丙寅 | 1 | 10 |
| 30 | | | | | | |
| 31 | | | | | | |

## 한로절(甲戌月)

寒露 10월8일 21시29분
霜降 10월24일 0시36분

| 절기후날수 | 양력 | 요일 | 음력 | 일진 | 大運 남 | 大運 여 |
|---|---|---|---|---|---|---|
| 0 | 10/8 | 土 | 4 | 丁卯 | 한로 | |
| 1 | 9 | 日 | 5 | 戊辰 | 10 | 1 |
| 2 | 10 | 月 | 6 | 己巳 | 10 | 1 |
| 3 | 11 | 火 | 7 | 庚午 | 9 | 1 |
| 4 | 12 | 水 | 8 | 辛未 | 9 | 1 |
| 5 | 13 | 木 | 9 | 壬申 | 9 | 2 |
| 6 | 14 | 金 | 10 | 癸酉 | 8 | 2 |
| 7 | 15 | 土 | 11 | 甲戌 | 8 | 2 |
| 8 | 16 | 日 | 12 | 乙亥 | 8 | 3 |
| 9 | 17 | 月 | 13 | 丙子 | 7 | 3 |
| 10 | 18 | 火 | 14 | 丁丑 | 7 | 3 |
| 11 | 19 | 水 | 15 | 戊寅 | 7 | 4 |
| 12 | 20 | 木 | 16 | 己卯 | 6 | 4 |
| 13 | 21 | 金 | 17 | 庚辰 | 6 | 4 |
| 14 | 22 | 土 | 18 | 辛巳 | 6 | 5 |
| 15 | 23 | 日 | 19 | 壬午 | 5 | 5 |
| 16 | 24 | 月 | 20 | 癸未 | 상강 | |
| 17 | 25 | 火 | 21 | 甲申 | 5 | 6 |
| 18 | 26 | 水 | 22 | 乙酉 | 4 | 6 |
| 19 | 27 | 木 | 23 | 丙戌 | 4 | 6 |
| 20 | 28 | 金 | 24 | 丁亥 | 4 | 7 |
| 21 | 29 | 土 | 25 | 戊子 | 3 | 7 |
| 22 | 30 | 日 | 26 | 己丑 | 3 | 7 |
| 23 | 31 | 月 | 27 | 庚寅 | 3 | 8 |
| 24 | 11/1 | 火 | 28 | 辛卯 | 2 | 8 |
| 25 | 2 | 水 | 29 | 壬辰 | 2 | 8 |
| 26 | 3 | 木 | 10/1 | 癸巳 | 2 | 9 |
| 27 | 4 | 金 | 2 | 甲午 | 1 | 9 |
| 28 | 5 | 土 | 3 | 乙未 | 1 | 9 |
| 29 | 6 | 日 | 4 | 丙申 | 1 | 10 |
| 30 | 7 | 月 | 5 | 丁酉 | 1 | 10 |
| 31 | | | | | | |

## 입동절(乙亥月)

立冬 11월8일 0시36분
小雪 11월22일 22시6분

| 절기후날수 | 양력 | 요일 | 음력 | 일진 | 大運 남 | 大運 여 |
|---|---|---|---|---|---|---|
| 0 | 11/8 | 火 | 6 | 戊戌 | 입동 | |
| 1 | 9 | 水 | 7 | 己亥 | 9 | 1 |
| 2 | 10 | 木 | 8 | 庚子 | 9 | 1 |
| 3 | 11 | 金 | 9 | 辛丑 | 9 | 1 |
| 4 | 12 | 土 | 10 | 壬寅 | 8 | 1 |
| 5 | 13 | 日 | 11 | 癸卯 | 8 | 2 |
| 6 | 14 | 月 | 12 | 甲辰 | 8 | 2 |
| 7 | 15 | 火 | 13 | 乙巳 | 7 | 2 |
| 8 | 16 | 水 | 14 | 丙午 | 7 | 3 |
| 9 | 17 | 木 | 15 | 丁未 | 7 | 3 |
| 10 | 18 | 金 | 16 | 戊申 | 6 | 3 |
| 11 | 19 | 土 | 17 | 己酉 | 6 | 4 |
| 12 | 20 | 日 | 18 | 庚戌 | 6 | 4 |
| 13 | 21 | 月 | 19 | 辛亥 | 5 | 4 |
| 14 | 22 | 火 | 20 | 壬子 | 소설 | |
| 15 | 23 | 水 | 21 | 癸丑 | 5 | 5 |
| 16 | 24 | 木 | 22 | 甲寅 | 4 | 5 |
| 17 | 25 | 金 | 23 | 乙卯 | 4 | 6 |
| 18 | 26 | 土 | 24 | 丙辰 | 4 | 6 |
| 19 | 27 | 日 | 25 | 丁巳 | 3 | 6 |
| 20 | 28 | 月 | 26 | 戊午 | 3 | 7 |
| 21 | 29 | 火 | 27 | 己未 | 3 | 7 |
| 22 | 30 | 水 | 28 | 庚申 | 2 | 7 |
| 23 | 12/1 | 木 | 29 | 辛酉 | 2 | 8 |
| 24 | 2 | 金 | 30 | 壬戌 | 2 | 8 |
| 25 | 3 | 土 | 11/1 | 癸亥 | 1 | 8 |
| 26 | 4 | 日 | 2 | 甲子 | 1 | 9 |
| 27 | 5 | 月 | 3 | 乙丑 | 1 | 9 |
| 28 | 6 | 火 | 4 | 丙寅 | 1 | 9 |
| 29 | | | | | | |
| 30 | | | | | | |
| 31 | | | | | | |

## 대설절(丙子月)

大雪 12월7일 17시23분
冬至 12월22일 11시23분

| 절기후날수 | 양력 | 요일 | 음력 | 일진 | 大運 남 | 大運 여 |
|---|---|---|---|---|---|---|
| 0 | 12/7 | 水 | 5 | 丁卯 | 대설 | |
| 1 | 8 | 木 | 6 | 戊辰 | 10 | 1 |
| 2 | 9 | 金 | 7 | 己巳 | 9 | 1 |
| 3 | 10 | 土 | 8 | 庚午 | 9 | 1 |
| 4 | 11 | 日 | 9 | 辛未 | 9 | 1 |
| 5 | 12 | 月 | 10 | 壬申 | 8 | 2 |
| 6 | 13 | 火 | 11 | 癸酉 | 8 | 2 |
| 7 | 14 | 水 | 12 | 甲戌 | 8 | 2 |
| 8 | 15 | 木 | 13 | 乙亥 | 7 | 3 |
| 9 | 16 | 金 | 14 | 丙子 | 7 | 3 |
| 10 | 17 | 土 | 15 | 丁丑 | 7 | 3 |
| 11 | 18 | 日 | 16 | 戊寅 | 6 | 4 |
| 12 | 19 | 月 | 17 | 己卯 | 6 | 4 |
| 13 | 20 | 火 | 18 | 庚辰 | 6 | 4 |
| 14 | 21 | 水 | 19 | 辛巳 | 5 | 5 |
| 15 | 22 | 木 | 20 | 壬午 | 동지 | |
| 16 | 23 | 金 | 21 | 癸未 | 5 | 5 |
| 17 | 24 | 土 | 22 | 甲申 | 4 | 6 |
| 18 | 25 | 日 | 23 | 乙酉 | 4 | 6 |
| 19 | 26 | 月 | 24 | 丙戌 | 4 | 6 |
| 20 | 27 | 火 | 25 | 丁亥 | 3 | 7 |
| 21 | 28 | 水 | 26 | 戊子 | 3 | 7 |
| 22 | 29 | 木 | 27 | 己丑 | 3 | 7 |
| 23 | 30 | 金 | 28 | 庚寅 | 2 | 8 |
| 24 | 31 | 土 | 29 | 辛卯 | 2 | 8 |
| 25 | 1/1 | 日 | 12/1 | 壬辰 | 2 | 8 |
| 26 | 2 | 月 | 2 | 癸巳 | 1 | 9 |
| 27 | 3 | 火 | 3 | 甲午 | 1 | 9 |
| 28 | 4 | 水 | 4 | 乙未 | 1 | 9 |
| 29 | 5 | 木 | 5 | 丙申 | 1 | 10 |
| 30 | | | | | | |
| 31 | | | | | | |

## 소한절(丁丑月)

小寒 1월6일 4시34분
大寒 1월20일 22시0분

| 절기후날수 | 양력 | 요일 | 음력 | 일진 | 大運 남 | 大運 여 |
|---|---|---|---|---|---|---|
| 0 | 1/6 | 金 | 6 | 丁酉 | 소한 | |
| 1 | 7 | 土 | 7 | 戊戌 | 9 | 1 |
| 2 | 8 | 日 | 8 | 己亥 | 9 | 1 |
| 3 | 9 | 月 | 9 | 庚子 | 9 | 1 |
| 4 | 10 | 火 | 10 | 辛丑 | 8 | 1 |
| 5 | 11 | 水 | 11 | 壬寅 | 8 | 2 |
| 6 | 12 | 木 | 12 | 癸卯 | 8 | 2 |
| 7 | 13 | 金 | 13 | 甲辰 | 7 | 2 |
| 8 | 14 | 土 | 14 | 乙巳 | 7 | 3 |
| 9 | 15 | 日 | 15 | 丙午 | 7 | 3 |
| 10 | 16 | 月 | 16 | 丁未 | 6 | 3 |
| 11 | 17 | 火 | 17 | 戊申 | 6 | 4 |
| 12 | 18 | 水 | 18 | 己酉 | 6 | 4 |
| 13 | 19 | 木 | 19 | 庚戌 | 5 | 4 |
| 14 | 20 | 金 | 20 | 辛亥 | 대한 | |
| 15 | 21 | 土 | 21 | 壬子 | 5 | 5 |
| 16 | 22 | 日 | 22 | 癸丑 | 4 | 5 |
| 17 | 23 | 月 | 23 | 甲寅 | 4 | 6 |
| 18 | 24 | 火 | 24 | 乙卯 | 4 | 6 |
| 19 | 25 | 水 | 25 | 丙辰 | 3 | 6 |
| 20 | 26 | 木 | 26 | 丁巳 | 3 | 7 |
| 21 | 27 | 金 | 27 | 戊午 | 3 | 7 |
| 22 | 28 | 土 | 28 | 己未 | 2 | 7 |
| 23 | 29 | 日 | 29 | 庚申 | 2 | 8 |
| 24 | 30 | 月 | 30 | 辛酉 | 2 | 8 |
| 25 | 31 | 火 | 1/1 | 壬戌 | 1 | 8 |
| 26 | 2/1 | 水 | 2 | 癸亥 | 1 | 9 |
| 27 | 2 | 木 | 3 | 甲子 | 1 | 9 |
| 28 | 3 | 金 | 4 | 乙丑 | 1 | 9 |
| 29 | | | | | | |
| 30 | | | | | | |
| 31 | | | | | | |

# 서기 1995년 [단기 4328년]

| 절기후날수 | 입춘절(戊寅月) 立春 2월4일 16시13분 雨水 2월19일 12시11분 | | | | | 경칩절(己卯月) 驚蟄 3월6일 10시16분 春分 3월21일 11시14분 | | | | | 청명절(庚辰月) 淸明 4월5일 15시8분 穀雨 4월20일 22시21분 | | | | |
|---|---|---|---|---|---|---|---|---|---|---|---|---|---|---|---|
| | 양력 | 요일 | 음력 | 일진 | 大運 남·여 | 양력 | 요일 | 음력 | 일진 | 大運 남·여 | 양력 | 요일 | 음력 | 일진 | 大運 남·여 |
| 0 | 2/4 | 土 | 5 | 丙寅 | 입춘 | 3/6 | 月 | 6 | 丙申 | 경칩 | 4/5 | 水 | 6 | 丙寅 | 청명 |
| 1 | 5 | 日 | 6 | 丁卯 | 1·10 | 7 | 火 | 7 | 丁酉 | 1·10 | 6 | 木 | 7 | 丁卯 | 1·10 |
| 2 | 6 | 月 | 7 | 戊辰 | 1·9 | 8 | 水 | 8 | 戊戌 | 1·9 | 7 | 金 | 8 | 戊辰 | 1·10 |
| 3 | 7 | 火 | 8 | 己巳 | 1·9 | 9 | 木 | 9 | 己亥 | 1·9 | 8 | 土 | 9 | 己巳 | 1·9 |
| 4 | 8 | 水 | 9 | 庚午 | 1·9 | 10 | 金 | 10 | 庚子 | 1·9 | 9 | 日 | 10 | 庚午 | 1·9 |
| 5 | 9 | 木 | 10 | 辛未 | 2·8 | 11 | 土 | 11 | 辛丑 | 2·8 | 10 | 月 | 11 | 辛未 | 2·9 |
| 6 | 10 | 金 | 11 | 壬申 | 2·8 | 12 | 日 | 12 | 壬寅 | 2·8 | 11 | 火 | 12 | 壬申 | 2·8 |
| 7 | 11 | 土 | 12 | 癸酉 | 2·8 | 13 | 月 | 13 | 癸卯 | 2·8 | 12 | 水 | 13 | 癸酉 | 2·8 |
| 8 | 12 | 日 | 13 | 甲戌 | 3·7 | 14 | 火 | 14 | 甲辰 | 3·7 | 13 | 木 | 14 | 甲戌 | 3·8 |
| 9 | 13 | 月 | 14 | 乙亥 | 3·7 | 15 | 水 | 15 | 乙巳 | 3·7 | 14 | 金 | 15 | 乙亥 | 3·7 |
| 10 | 14 | 火 | 15 | 丙子 | 3·7 | 16 | 木 | 16 | 丙午 | 3·7 | 15 | 土 | 16 | 丙子 | 3·7 |
| 11 | 15 | 水 | 16 | 丁丑 | 4·6 | 17 | 金 | 17 | 丁未 | 4·6 | 16 | 日 | 17 | 丁丑 | 4·7 |
| 12 | 16 | 木 | 17 | 戊寅 | 4·6 | 18 | 土 | 18 | 戊申 | 4·6 | 17 | 月 | 18 | 戊寅 | 4·6 |
| 13 | 17 | 金 | 18 | 己卯 | 4·6 | 19 | 日 | 19 | 己酉 | 4·6 | 18 | 火 | 19 | 己卯 | 4·6 |
| 14 | 18 | 土 | 19 | 庚辰 | 5·5 | 20 | 月 | 20 | 庚戌 | 5·5 | 19 | 水 | 20 | 庚辰 | 5·6 |
| 15 | 19 | 日 | 20 | 辛巳 | 우수 | 21 | 火 | 21 | 辛亥 | 춘분 | 20 | 木 | 21 | 辛巳 | 곡우 |
| 16 | 20 | 月 | 21 | 壬午 | 5·5 | 22 | 水 | 22 | 壬子 | 5·5 | 21 | 金 | 22 | 壬午 | 5·5 |
| 17 | 21 | 火 | 22 | 癸未 | 6·4 | 23 | 木 | 23 | 癸丑 | 6·4 | 22 | 土 | 23 | 癸未 | 6·5 |
| 18 | 22 | 水 | 23 | 甲申 | 6·4 | 24 | 金 | 24 | 甲寅 | 6·4 | 23 | 日 | 24 | 甲申 | 6·4 |
| 19 | 23 | 木 | 24 | 乙酉 | 6·4 | 25 | 土 | 25 | 乙卯 | 6·4 | 24 | 月 | 25 | 乙酉 | 6·4 |
| 20 | 24 | 金 | 25 | 丙戌 | 7·3 | 26 | 日 | 26 | 丙辰 | 7·3 | 25 | 火 | 26 | 丙戌 | 7·4 |
| 21 | 25 | 土 | 26 | 丁亥 | 7·3 | 27 | 月 | 27 | 丁巳 | 7·3 | 26 | 水 | 27 | 丁亥 | 7·3 |
| 22 | 26 | 日 | 27 | 戊子 | 7·3 | 28 | 火 | 28 | 戊午 | 7·3 | 27 | 木 | 28 | 戊子 | 7·3 |
| 23 | 27 | 月 | 28 | 己丑 | 8·2 | 29 | 水 | 29 | 己未 | 8·2 | 28 | 金 | 29 | 己丑 | 8·3 |
| 24 | 28 | 火 | 29 | 庚寅 | 8·2 | 30 | 木 | 30 | 庚申 | 8·2 | 29 | 土 | 30 | 庚寅 | 8·2 |
| 25 | 3/1 | 水 | 2/1 | 辛卯 | 8·2 | 31 | 金 | 3/1 | 辛酉 | 8·2 | 30 | 日 | 4/1 | 辛卯 | 8·2 |
| 26 | 2 | 木 | 2 | 壬辰 | 9·1 | 4/1 | 土 | 2 | 壬戌 | 9·1 | 5/1 | 月 | 2 | 壬辰 | 9·2 |
| 27 | 3 | 金 | 3 | 癸巳 | 9·1 | 2 | 日 | 3 | 癸亥 | 9·1 | 2 | 火 | 3 | 癸巳 | 9·1 |
| 28 | 4 | 土 | 4 | 甲午 | 9·1 | 3 | 月 | 4 | 甲子 | 9·1 | 3 | 水 | 4 | 甲午 | 9·1 |
| 29 | 5 | 日 | 5 | 乙未 | 10·1 | 4 | 火 | 5 | 乙丑 | 10·1 | 4 | 木 | 5 | 乙未 | 10·1 |
| 30 | | | | | | | | | | | 5 | 金 | 6 | 丙申 | 10·1 |
| 31 | | | | | | | | | | | | | | | |

| 절기후날수 | 입하절(辛巳月) 立夏 5월6일 8시30분 小滿 5월21일 21시34분 | | | | | 망종절(壬午月) 芒種 6월6일 12시43분 夏至 6월22일 5시34분 | | | | | 소서절(癸未月) 小暑 7월7일 23시1분 大暑 7월23일 16시30분 | | | | |
|---|---|---|---|---|---|---|---|---|---|---|---|---|---|---|---|
| | 양력 | 요일 | 음력 | 일진 | 大運 남·여 | 양력 | 요일 | 음력 | 일진 | 大運 남·여 | 양력 | 요일 | 음력 | 일진 | 大運 남·여 |
| 0 | 5/6 | 土 | 7 | 丁酉 | 입하 | 6/6 | 火 | 9 | 戊辰 | 망종 | 7/7 | 金 | 10 | 己亥 | 소서 |
| 1 | 7 | 日 | 8 | 戊戌 | 1·10 | 7 | 水 | 10 | 己巳 | 1·10 | 8 | 土 | 11 | 庚子 | 1·10 |
| 2 | 8 | 月 | 9 | 己亥 | 1·10 | 8 | 木 | 11 | 庚午 | 1·10 | 9 | 日 | 12 | 辛丑 | 1·10 |
| 3 | 9 | 火 | 10 | 庚子 | 1·9 | 9 | 金 | 12 | 辛未 | 1·9 | 10 | 月 | 13 | 壬寅 | 1·10 |
| 4 | 10 | 水 | 11 | 辛丑 | 1·9 | 10 | 土 | 13 | 壬申 | 1·9 | 11 | 火 | 14 | 癸卯 | 1·9 |
| 5 | 11 | 木 | 12 | 壬寅 | 2·9 | 11 | 日 | 14 | 癸酉 | 2·9 | 12 | 水 | 15 | 甲辰 | 2·9 |
| 6 | 12 | 金 | 13 | 癸卯 | 2·8 | 12 | 月 | 15 | 甲戌 | 2·8 | 13 | 木 | 16 | 乙巳 | 2·9 |
| 7 | 13 | 土 | 14 | 甲辰 | 2·8 | 13 | 火 | 16 | 乙亥 | 2·8 | 14 | 金 | 17 | 丙午 | 2·8 |
| 8 | 14 | 日 | 15 | 乙巳 | 3·8 | 14 | 水 | 17 | 丙子 | 3·8 | 15 | 土 | 18 | 丁未 | 3·8 |
| 9 | 15 | 月 | 16 | 丙午 | 3·7 | 15 | 木 | 18 | 丁丑 | 3·7 | 16 | 日 | 19 | 戊申 | 3·8 |
| 10 | 16 | 火 | 17 | 丁未 | 3·7 | 16 | 金 | 19 | 戊寅 | 3·7 | 17 | 月 | 20 | 己酉 | 3·7 |
| 11 | 17 | 水 | 18 | 戊申 | 4·7 | 17 | 土 | 20 | 己卯 | 4·7 | 18 | 火 | 21 | 庚戌 | 4·7 |
| 12 | 18 | 木 | 19 | 己酉 | 4·6 | 18 | 日 | 21 | 庚辰 | 4·6 | 19 | 水 | 22 | 辛亥 | 4·7 |
| 13 | 19 | 金 | 20 | 庚戌 | 4·6 | 19 | 月 | 22 | 辛巳 | 4·6 | 20 | 木 | 23 | 壬子 | 4·6 |
| 14 | 20 | 土 | 21 | 辛亥 | 5·6 | 20 | 火 | 23 | 壬午 | 5·6 | 21 | 金 | 24 | 癸丑 | 5·6 |
| 15 | 21 | 日 | 22 | 壬子 | 소만 | 21 | 水 | 24 | 癸未 | 5·5 | 22 | 土 | 25 | 甲寅 | 5·6 |
| 16 | 22 | 月 | 23 | 癸丑 | 5·5 | 22 | 木 | 25 | 甲申 | 하지 | 23 | 日 | 26 | 乙卯 | 대서 |
| 17 | 23 | 火 | 24 | 甲寅 | 6·5 | 23 | 金 | 26 | 乙酉 | 6·5 | 24 | 月 | 27 | 丙辰 | 6·5 |
| 18 | 24 | 水 | 25 | 乙卯 | 6·4 | 24 | 土 | 27 | 丙戌 | 6·4 | 25 | 火 | 28 | 丁巳 | 6·5 |
| 19 | 25 | 木 | 26 | 丙辰 | 6·4 | 25 | 日 | 28 | 丁亥 | 6·4 | 26 | 水 | 29 | 戊午 | 6·4 |
| 20 | 26 | 金 | 27 | 丁巳 | 7·4 | 26 | 月 | 29 | 戊子 | 7·4 | 27 | 木 | 30 | 己未 | 7·4 |
| 21 | 27 | 土 | 28 | 戊午 | 7·3 | 27 | 火 | 30 | 己丑 | 7·3 | 28 | 金 | 7/1 | 庚申 | 7·4 |
| 22 | 28 | 日 | 29 | 己未 | 7·3 | 28 | 水 | 6/1 | 庚寅 | 7·3 | 29 | 土 | 2 | 辛酉 | 7·3 |
| 23 | 29 | 月 | 5/1 | 庚申 | 8·3 | 29 | 木 | 2 | 辛卯 | 8·3 | 30 | 日 | 3 | 壬戌 | 8·3 |
| 24 | 30 | 火 | 2 | 辛酉 | 8·2 | 30 | 金 | 3 | 壬辰 | 8·2 | 31 | 月 | 4 | 癸亥 | 8·3 |
| 25 | 31 | 水 | 3 | 壬戌 | 8·2 | 7/1 | 土 | 4 | 癸巳 | 8·2 | 8/1 | 火 | 5 | 甲子 | 8·2 |
| 26 | 6/1 | 木 | 4 | 癸亥 | 9·2 | 2 | 日 | 5 | 甲午 | 9·2 | 2 | 水 | 6 | 乙丑 | 9·2 |
| 27 | 2 | 金 | 5 | 甲子 | 9·1 | 3 | 月 | 6 | 乙未 | 9·1 | 3 | 木 | 7 | 丙寅 | 9·2 |
| 28 | 3 | 土 | 6 | 乙丑 | 9·1 | 4 | 火 | 7 | 丙申 | 9·1 | 4 | 金 | 8 | 丁卯 | 9·1 |
| 29 | 4 | 日 | 7 | 丙寅 | 10·1 | 5 | 水 | 8 | 丁酉 | 10·1 | 5 | 土 | 9 | 戊辰 | 10·1 |
| 30 | 5 | 月 | 8 | 丁卯 | 10·1 | 6 | 木 | 9 | 戊戌 | 10·1 | 6 | 日 | 10 | 己巳 | 10·1 |
| 31 | | | | | | | | | | | 7 | 月 | 11 | 庚午 | 10·1 |

# 乙亥年

| 절기후날수 | 입추절(甲申月) 立秋 8월8일 8시52분 處暑 8월23일 23시35분 | | | | | 백로절(乙酉月) 白露 9월8일 11시49분 秋分 9월23일 21시13분 | | | | |
|---|---|---|---|---|---|---|---|---|---|---|
| | 양력 | 요일 | 음력 | 일진 | 大運 남·여 | 양력 | 요일 | 음력 | 일진 | 大運 남·여 |
| 0 | 8/8 | 火 | 12 | 辛未 | 입추 | 9/8 | 金 | 14 | 壬寅 | 백로 |
| 1 | 9 | 水 | 13 | 壬申 | 1·10 | 9 | 土 | 15 | 癸卯 | 1·10 |
| 2 | 10 | 木 | 14 | 癸酉 | 1·10 | 10 | 日 | 16 | 甲辰 | 1·10 |
| 3 | 11 | 金 | 15 | 甲戌 | 1·9 | 11 | 月 | 17 | 乙巳 | 1·9 |
| 4 | 12 | 土 | 16 | 乙亥 | 1·9 | 12 | 火 | 18 | 丙午 | 1·9 |
| 5 | 13 | 日 | 17 | 丙子 | 2·9 | 13 | 水 | 19 | 丁未 | 2·9 |
| 6 | 14 | 月 | 18 | 丁丑 | 2·8 | 14 | 木 | 20 | 戊申 | 2·8 |
| 7 | 15 | 火 | 19 | 戊寅 | 2·8 | 15 | 金 | 21 | 己酉 | 2·8 |
| 8 | 16 | 水 | 20 | 己卯 | 3·8 | 16 | 土 | 22 | 庚戌 | 3·8 |
| 9 | 17 | 木 | 21 | 庚辰 | 3·7 | 17 | 日 | 23 | 辛亥 | 3·7 |
| 10 | 18 | 金 | 22 | 辛巳 | 3·7 | 18 | 月 | 24 | 壬子 | 3·7 |
| 11 | 19 | 土 | 23 | 壬午 | 4·7 | 19 | 火 | 25 | 癸丑 | 4·7 |
| 12 | 20 | 日 | 24 | 癸未 | 4·6 | 20 | 水 | 26 | 甲寅 | 4·6 |
| 13 | 21 | 月 | 25 | 甲申 | 4·6 | 21 | 木 | 27 | 乙卯 | 4·6 |
| 14 | 22 | 火 | 26 | 乙酉 | 5·6 | 22 | 金 | 28 | 丙辰 | 5·6 |
| 15 | 23 | 水 | 27 | 丙戌 | 처서 | 23 | 土 | 29 | 丁巳 | 추분 |
| 16 | 24 | 木 | 28 | 丁亥 | 5·5 | 24 | 日 | 30 | 戊午 | 5·5 |
| 17 | 25 | 金 | 29 | 戊子 | 6·5 | 25 | 月 | 윤1 | 己未 | 6·5 |
| 18 | 26 | 土 | 8/1 | 己丑 | 6·4 | 26 | 火 | 윤2 | 庚申 | 6·4 |
| 19 | 27 | 日 | 2 | 庚寅 | 6·4 | 27 | 水 | 윤3 | 辛酉 | 6·4 |
| 20 | 28 | 月 | 3 | 辛卯 | 7·4 | 28 | 木 | 윤4 | 壬戌 | 7·4 |
| 21 | 29 | 火 | 4 | 壬辰 | 7·3 | 29 | 金 | 윤5 | 癸亥 | 7·3 |
| 22 | 30 | 水 | 5 | 癸巳 | 7·3 | 30 | 土 | 윤6 | 甲子 | 7·3 |
| 23 | 31 | 木 | 6 | 甲午 | 8·3 | 10/1 | 日 | 윤7 | 乙丑 | 8·3 |
| 24 | 9/1 | 金 | 7 | 乙未 | 8·2 | 2 | 月 | 윤8 | 丙寅 | 8·2 |
| 25 | 2 | 土 | 8 | 丙申 | 8·2 | 3 | 火 | 윤9 | 丁卯 | 8·2 |
| 26 | 3 | 日 | 9 | 丁酉 | 9·2 | 4 | 水 | 윤10 | 戊辰 | 9·2 |
| 27 | 4 | 月 | 10 | 戊戌 | 9·1 | 5 | 木 | 윤11 | 己巳 | 9·1 |
| 28 | 5 | 火 | 11 | 己亥 | 9·1 | 6 | 金 | 윤12 | 庚午 | 9·1 |
| 29 | 6 | 水 | 12 | 庚子 | 10·1 | 7 | 土 | 윤13 | 辛未 | 10·1 |
| 30 | 7 | 木 | 13 | 辛丑 | 10·1 | 8 | 日 | 윤14 | 壬申 | 10·1 |
| 31 | | | | | | | | | | |

| 절기후날수 | 한로절(丙戌月) 寒露 10월9일 3시27분 霜降 10월24일 6시32분 | | | | | 입동절(丁亥月) 立冬 11월8일 6시36분 小雪 11월23일 4시1분 | | | | |
|---|---|---|---|---|---|---|---|---|---|---|
| | 양력 | 요일 | 음력 | 일진 | 大運 남·여 | 양력 | 요일 | 음력 | 일진 | 大運 남·여 |
| 0 | 10/9 | 月 | 윤15 | 癸酉 | 한로 | 11/8 | 水 | 16 | 癸卯 | 입동 |
| 1 | 10 | 火 | 윤16 | 甲戌 | 1·10 | 9 | 木 | 17 | 甲辰 | 1·9 |
| 2 | 11 | 水 | 윤17 | 乙亥 | 1·9 | 10 | 金 | 18 | 乙巳 | 1·9 |
| 3 | 12 | 木 | 윤18 | 丙子 | 1·9 | 11 | 土 | 19 | 丙午 | 1·9 |
| 4 | 13 | 金 | 윤19 | 丁丑 | 1·9 | 12 | 日 | 20 | 丁未 | 1·8 |
| 5 | 14 | 土 | 윤20 | 戊寅 | 2·8 | 13 | 月 | 21 | 戊申 | 2·8 |
| 6 | 15 | 日 | 윤21 | 己卯 | 2·8 | 14 | 火 | 22 | 己酉 | 2·8 |
| 7 | 16 | 月 | 윤22 | 庚辰 | 2·8 | 15 | 水 | 23 | 庚戌 | 2·7 |
| 8 | 17 | 火 | 윤23 | 辛巳 | 3·7 | 16 | 木 | 24 | 辛亥 | 3·7 |
| 9 | 18 | 水 | 윤24 | 壬午 | 3·7 | 17 | 金 | 25 | 壬子 | 3·7 |
| 10 | 19 | 木 | 윤25 | 癸未 | 3·7 | 18 | 土 | 26 | 癸丑 | 3·6 |
| 11 | 20 | 金 | 윤26 | 甲申 | 4·6 | 19 | 日 | 27 | 甲寅 | 4·6 |
| 12 | 21 | 土 | 윤27 | 乙酉 | 4·6 | 20 | 月 | 28 | 乙卯 | 4·6 |
| 13 | 22 | 日 | 윤28 | 丙戌 | 4·6 | 21 | 火 | 29 | 丙辰 | 4·5 |
| 14 | 23 | 月 | 윤29 | 丁亥 | 5·5 | 22 | 水 | 30 | 丁巳 | 5·5 |
| 15 | 24 | 火 | 9/1 | 戊子 | 상강 | 23 | 木 | 10/1 | 戊午 | 소설 |
| 16 | 25 | 水 | 2 | 己丑 | 5·5 | 24 | 金 | 2 | 己未 | 5·4 |
| 17 | 26 | 木 | 3 | 庚寅 | 6·4 | 25 | 土 | 3 | 庚申 | 6·4 |
| 18 | 27 | 金 | 4 | 辛卯 | 6·4 | 26 | 日 | 4 | 辛酉 | 6·4 |
| 19 | 28 | 土 | 5 | 壬辰 | 6·4 | 27 | 月 | 5 | 壬戌 | 6·3 |
| 20 | 29 | 日 | 6 | 癸巳 | 7·3 | 28 | 火 | 6 | 癸亥 | 7·3 |
| 21 | 30 | 月 | 7 | 甲午 | 7·3 | 29 | 水 | 7 | 甲子 | 7·3 |
| 22 | 31 | 火 | 8 | 乙未 | 7·3 | 30 | 木 | 8 | 乙丑 | 7·2 |
| 23 | 11/1 | 水 | 9 | 丙申 | 8·2 | 12/1 | 金 | 9 | 丙寅 | 8·2 |
| 24 | 2 | 木 | 10 | 丁酉 | 8·2 | 2 | 土 | 10 | 丁卯 | 8·2 |
| 25 | 3 | 金 | 11 | 戊戌 | 8·2 | 3 | 日 | 11 | 戊辰 | 8·1 |
| 26 | 4 | 土 | 12 | 己亥 | 9·1 | 4 | 月 | 12 | 己巳 | 9·1 |
| 27 | 5 | 日 | 13 | 庚子 | 9·1 | 5 | 火 | 13 | 庚午 | 9·1 |
| 28 | 6 | 月 | 14 | 辛丑 | 9·1 | 6 | 水 | 14 | 辛未 | 9·1 |
| 29 | 7 | 火 | 15 | 壬寅 | 10·1 | | | | | |
| 30 | | | | | | | | | | |
| 31 | | | | | | | | | | |

| 절기후날수 | 대설절(戊子月) 大雪 12월7일 23시22분 冬至 12월22일 17시17분 | | | | | 소한절(己丑月) 小寒 1월6일 10시31분 大寒 1월21일 3시53분 | | | | |
|---|---|---|---|---|---|---|---|---|---|---|
| | 양력 | 요일 | 음력 | 일진 | 大運 남·여 | 양력 | 요일 | 음력 | 일진 | 大運 남·여 |
| 0 | 12/7 | 木 | 15 | 壬申 | 대설 | 1/6 | 土 | 16 | 壬寅 | 소한 |
| 1 | 8 | 金 | 16 | 癸酉 | 1·10 | 7 | 日 | 17 | 癸卯 | 1·9 |
| 2 | 9 | 土 | 17 | 甲戌 | 1·9 | 8 | 月 | 18 | 甲辰 | 1·9 |
| 3 | 10 | 日 | 18 | 乙亥 | 1·9 | 9 | 火 | 19 | 乙巳 | 1·9 |
| 4 | 11 | 月 | 19 | 丙子 | 1·9 | 10 | 水 | 20 | 丙午 | 1·8 |
| 5 | 12 | 火 | 20 | 丁丑 | 2·8 | 11 | 木 | 21 | 丁未 | 2·8 |
| 6 | 13 | 水 | 21 | 戊寅 | 2·8 | 12 | 金 | 22 | 戊申 | 2·8 |
| 7 | 14 | 木 | 22 | 己卯 | 2·8 | 13 | 土 | 23 | 己酉 | 2·7 |
| 8 | 15 | 金 | 23 | 庚辰 | 3·7 | 14 | 日 | 24 | 庚戌 | 3·7 |
| 9 | 16 | 土 | 24 | 辛巳 | 3·7 | 15 | 月 | 25 | 辛亥 | 3·7 |
| 10 | 17 | 日 | 25 | 壬午 | 3·7 | 16 | 火 | 26 | 壬子 | 3·6 |
| 11 | 18 | 月 | 26 | 癸未 | 4·6 | 17 | 水 | 27 | 癸丑 | 4·6 |
| 12 | 19 | 火 | 27 | 甲申 | 4·6 | 18 | 木 | 28 | 甲寅 | 4·6 |
| 13 | 20 | 水 | 28 | 乙酉 | 4·6 | 19 | 金 | 29 | 乙卯 | 4·5 |
| 14 | 21 | 木 | 29 | 丙戌 | 5·5 | 20 | 土 | 12/1 | 丙辰 | 5·5 |
| 15 | 22 | 金 | 11/1 | 丁亥 | 동지 | 21 | 日 | 2 | 丁巳 | 대한 |
| 16 | 23 | 土 | 2 | 戊子 | 5·5 | 22 | 月 | 3 | 戊午 | 5·4 |
| 17 | 24 | 日 | 3 | 己丑 | 6·4 | 23 | 火 | 4 | 己未 | 6·4 |
| 18 | 25 | 月 | 4 | 庚寅 | 6·4 | 24 | 水 | 5 | 庚申 | 6·4 |
| 19 | 26 | 火 | 5 | 辛卯 | 6·4 | 25 | 木 | 6 | 辛酉 | 6·3 |
| 20 | 27 | 水 | 6 | 壬辰 | 7·3 | 26 | 金 | 7 | 壬戌 | 7·3 |
| 21 | 28 | 木 | 7 | 癸巳 | 7·3 | 27 | 土 | 8 | 癸亥 | 7·3 |
| 22 | 29 | 金 | 8 | 甲午 | 7·3 | 28 | 日 | 9 | 甲子 | 7·2 |
| 23 | 30 | 土 | 9 | 乙未 | 8·2 | 29 | 月 | 10 | 乙丑 | 8·2 |
| 24 | 31 | 日 | 10 | 丙申 | 8·2 | 30 | 火 | 11 | 丙寅 | 8·2 |
| 25 | 1/1 | 月 | 11 | 丁酉 | 8·2 | 31 | 水 | 12 | 丁卯 | 8·1 |
| 26 | 2 | 火 | 12 | 戊戌 | 9·1 | 2/1 | 木 | 13 | 戊辰 | 9·1 |
| 27 | 3 | 水 | 13 | 己亥 | 9·1 | 2 | 金 | 14 | 己巳 | 9·1 |
| 28 | 4 | 木 | 14 | 庚子 | 9·1 | 3 | 土 | 15 | 庚午 | 9·1 |
| 29 | 5 | 金 | 15 | 辛丑 | 10·1 | | | | | |
| 30 | | | | | | | | | | |
| 31 | | | | | | | | | | |

▶ 윤달-8월

# 서기 1996년 [단기 4329년]

| 절기후날수 | 입춘절(庚寅月) | | | | | 경칩절(辛卯月) | | | | | 청명절(壬辰月) | | | | |
|---|---|---|---|---|---|---|---|---|---|---|---|---|---|---|---|
| | 立春 2월4일 22시8분<br>雨水 2월19일 18시1분 | | | | | 驚蟄 3월5일 16시10분<br>春分 3월20일 17시3분 | | | | | 淸明 4월4일 21시2분<br>穀雨 4월20일 4시10분 | | | | |
| | 양력 | 요일 | 음력 | 일진 | 大運 남·여 | 양력 | 요일 | 음력 | 일진 | 大運 남·여 | 양력 | 요일 | 음력 | 일진 | 大運 남·여 |
| 0 | 2/4 | 日 | 16 | 辛未 | 입춘 | 3/5 | 火 | 16 | 辛丑 | 경칩 | 4/4 | 木 | 17 | 辛未 | 청명 |
| 1 | 5 | 月 | 17 | 壬申 | 10·1 | 6 | 水 | 17 | 壬寅 | 10·1 | 5 | 金 | 18 | 壬申 | 10·1 |
| 2 | 6 | 火 | 18 | 癸酉 | 9·1 | 7 | 木 | 18 | 癸卯 | 9·1 | 6 | 土 | 19 | 癸酉 | 10·1 |
| 3 | 7 | 水 | 19 | 甲戌 | 9·1 | 8 | 金 | 19 | 甲辰 | 9·1 | 7 | 日 | 20 | 甲戌 | 9·1 |
| 4 | 8 | 木 | 20 | 乙亥 | 9·1 | 9 | 土 | 20 | 乙巳 | 9·1 | 8 | 月 | 21 | 乙亥 | 9·1 |
| 5 | 9 | 金 | 21 | 丙子 | 8·2 | 10 | 日 | 21 | 丙午 | 8·2 | 9 | 火 | 22 | 丙子 | 9·2 |
| 6 | 10 | 土 | 22 | 丁丑 | 8·2 | 11 | 月 | 22 | 丁未 | 8·2 | 10 | 水 | 23 | 丁丑 | 8·2 |
| 7 | 11 | 日 | 23 | 戊寅 | 8·2 | 12 | 火 | 23 | 戊申 | 8·2 | 11 | 木 | 24 | 戊寅 | 8·2 |
| 8 | 12 | 月 | 24 | 己卯 | 7·3 | 13 | 水 | 24 | 己酉 | 7·3 | 12 | 金 | 25 | 己卯 | 8·3 |
| 9 | 13 | 火 | 25 | 庚辰 | 7·3 | 14 | 木 | 25 | 庚戌 | 7·3 | 13 | 土 | 26 | 庚辰 | 7·3 |
| 10 | 14 | 水 | 26 | 辛巳 | 7·3 | 15 | 金 | 26 | 辛亥 | 7·3 | 14 | 日 | 27 | 辛巳 | 7·3 |
| 11 | 15 | 木 | 27 | 壬午 | 6·4 | 16 | 土 | 27 | 壬子 | 6·4 | 15 | 月 | 28 | 壬午 | 7·4 |
| 12 | 16 | 金 | 28 | 癸未 | 6·4 | 17 | 日 | 28 | 癸丑 | 6·4 | 16 | 火 | 29 | 癸未 | 6·4 |
| 13 | 17 | 土 | 29 | 甲申 | 6·4 | 18 | 月 | 29 | 甲寅 | 6·4 | 17 | 水 | 30 | 甲申 | 6·4 |
| 14 | 18 | 日 | 30 | 乙酉 | 5·5 | 19 | 火 | 2/1 | 乙卯 | 5·5 | 18 | 木 | 3/1 | 乙酉 | 6·5 |
| 15 | 19 | 月 | 1/1 | 丙戌 | 우수 | 20 | 水 | 2 | 丙辰 | 춘분 | 19 | 金 | 2 | 丙戌 | 5·5 |
| 16 | 20 | 火 | 2 | 丁亥 | 5·5 | 21 | 木 | 3 | 丁巳 | 5·5 | 20 | 土 | 3 | 丁亥 | 곡우 |
| 17 | 21 | 水 | 3 | 戊子 | 4·6 | 22 | 金 | 4 | 戊午 | 4·6 | 21 | 日 | 4 | 戊子 | 5·6 |
| 18 | 22 | 木 | 4 | 己丑 | 4·6 | 23 | 土 | 5 | 己未 | 4·6 | 22 | 月 | 5 | 己丑 | 4·6 |
| 19 | 23 | 金 | 5 | 庚寅 | 4·6 | 24 | 日 | 6 | 庚申 | 4·6 | 23 | 火 | 6 | 庚寅 | 4·6 |
| 20 | 24 | 土 | 6 | 辛卯 | 3·7 | 25 | 月 | 7 | 辛酉 | 3·7 | 24 | 水 | 7 | 辛卯 | 4·7 |
| 21 | 25 | 日 | 7 | 壬辰 | 3·7 | 26 | 火 | 8 | 壬戌 | 3·7 | 25 | 木 | 8 | 壬辰 | 3·7 |
| 22 | 26 | 月 | 8 | 癸巳 | 3·7 | 27 | 水 | 9 | 癸亥 | 3·7 | 26 | 金 | 9 | 癸巳 | 3·7 |
| 23 | 27 | 火 | 9 | 甲午 | 2·8 | 28 | 木 | 10 | 甲子 | 2·8 | 27 | 土 | 10 | 甲午 | 3·8 |
| 24 | 28 | 水 | 10 | 乙未 | 2·8 | 29 | 金 | 11 | 乙丑 | 2·8 | 28 | 日 | 11 | 乙未 | 2·8 |
| 25 | 29 | 木 | 11 | 丙申 | 2·8 | 30 | 土 | 12 | 丙寅 | 2·8 | 29 | 月 | 12 | 丙申 | 2·8 |
| 26 | 3/1 | 金 | 12 | 丁酉 | 1·9 | 31 | 日 | 13 | 丁卯 | 1·9 | 30 | 火 | 13 | 丁酉 | 2·9 |
| 27 | 2 | 土 | 13 | 戊戌 | 1·9 | 4/1 | 月 | 14 | 戊辰 | 1·9 | 5/1 | 水 | 14 | 戊戌 | 1·9 |
| 28 | 3 | 日 | 14 | 己亥 | 1·9 | 2 | 火 | 15 | 己巳 | 1·9 | 2 | 木 | 15 | 己亥 | 1·9 |
| 29 | 4 | 月 | 15 | 庚子 | 1·10 | 3 | 水 | 16 | 庚午 | 1·10 | 3 | 金 | 16 | 庚子 | 1·10 |
| 30 | | | | | | | | | | | 4 | 土 | 17 | 辛丑 | 1·10 |
| 31 | | | | | | | | | | | | | | | |

| 절기후날수 | 입하절(癸巳月) | | | | | 망종절(甲午月) | | | | | 소서절(乙未月) | | | | |
|---|---|---|---|---|---|---|---|---|---|---|---|---|---|---|---|
| | 立夏 5월5일 14시26분<br>小滿 5월21일 3시23분 | | | | | 芒種 6월5일 18시41분<br>夏至 6월21일 11시24분 | | | | | 小暑 7월7일 5시0분<br>大暑 7월22일 22시19분 | | | | |
| | 양력 | 요일 | 음력 | 일진 | 大運 남·여 | 양력 | 요일 | 음력 | 일진 | 大運 남·여 | 양력 | 요일 | 음력 | 일진 | 大運 남·여 |
| 0 | 5/5 | 日 | 18 | 壬寅 | 입하 | 6/5 | 水 | 20 | 癸酉 | 망종 | 7/7 | 日 | 22 | 乙巳 | 소서 |
| 1 | 6 | 月 | 19 | 癸卯 | 10·1 | 6 | 木 | 21 | 甲戌 | 10·1 | 8 | 月 | 23 | 丙午 | 10·1 |
| 2 | 7 | 火 | 20 | 甲辰 | 10·1 | 7 | 金 | 22 | 乙亥 | 10·1 | 9 | 火 | 24 | 丁未 | 10·1 |
| 3 | 8 | 水 | 21 | 乙巳 | 9·1 | 8 | 土 | 23 | 丙子 | 10·1 | 10 | 水 | 25 | 戊申 | 9·1 |
| 4 | 9 | 木 | 22 | 丙午 | 9·1 | 9 | 日 | 24 | 丁丑 | 9·1 | 11 | 木 | 26 | 己酉 | 9·1 |
| 5 | 10 | 金 | 23 | 丁未 | 9·2 | 10 | 月 | 25 | 戊寅 | 9·2 | 12 | 金 | 27 | 庚戌 | 9·2 |
| 6 | 11 | 土 | 24 | 戊申 | 8·2 | 11 | 火 | 26 | 己卯 | 9·2 | 13 | 土 | 28 | 辛亥 | 8·2 |
| 7 | 12 | 日 | 25 | 己酉 | 8·2 | 12 | 水 | 27 | 庚辰 | 8·2 | 14 | 日 | 29 | 壬子 | 8·2 |
| 8 | 13 | 月 | 26 | 庚戌 | 8·3 | 13 | 木 | 28 | 辛巳 | 8·3 | 15 | 月 | 30 | 癸丑 | 8·3 |
| 9 | 14 | 火 | 27 | 辛亥 | 7·3 | 14 | 金 | 29 | 壬午 | 8·3 | 16 | 火 | 6/1 | 甲寅 | 7·3 |
| 10 | 15 | 水 | 28 | 壬子 | 7·3 | 15 | 土 | 30 | 癸未 | 7·3 | 17 | 水 | 2 | 乙卯 | 7·3 |
| 11 | 16 | 木 | 29 | 癸丑 | 7·4 | 16 | 日 | 5/1 | 甲申 | 7·4 | 18 | 木 | 3 | 丙辰 | 7·4 |
| 12 | 17 | 金 | 4/1 | 甲寅 | 6·4 | 17 | 月 | 2 | 乙酉 | 7·4 | 19 | 金 | 4 | 丁巳 | 6·4 |
| 13 | 18 | 土 | 2 | 乙卯 | 6·4 | 18 | 火 | 3 | 丙戌 | 6·4 | 20 | 土 | 5 | 戊午 | 6·4 |
| 14 | 19 | 日 | 3 | 丙辰 | 6·5 | 19 | 水 | 4 | 丁亥 | 6·5 | 21 | 日 | 6 | 己未 | 6·5 |
| 15 | 20 | 月 | 4 | 丁巳 | 5·5 | 20 | 木 | 5 | 戊子 | 6·5 | 22 | 月 | 7 | 庚申 | 대서 |
| 16 | 21 | 火 | 5 | 戊午 | 소만 | 21 | 金 | 6 | 己丑 | 하지 | 23 | 火 | 8 | 辛酉 | 5·5 |
| 17 | 22 | 水 | 6 | 己未 | 5·6 | 22 | 土 | 7 | 庚寅 | 5·6 | 24 | 水 | 9 | 壬戌 | 5·6 |
| 18 | 23 | 木 | 7 | 庚申 | 4·6 | 23 | 日 | 8 | 辛卯 | 5·6 | 25 | 木 | 10 | 癸亥 | 4·6 |
| 19 | 24 | 金 | 8 | 辛酉 | 4·6 | 24 | 月 | 9 | 壬辰 | 4·6 | 26 | 金 | 11 | 甲子 | 4·6 |
| 20 | 25 | 土 | 9 | 壬戌 | 4·7 | 25 | 火 | 10 | 癸巳 | 4·7 | 27 | 土 | 12 | 乙丑 | 4·7 |
| 21 | 26 | 日 | 10 | 癸亥 | 3·7 | 26 | 水 | 11 | 甲午 | 4·7 | 28 | 日 | 13 | 丙寅 | 3·7 |
| 22 | 27 | 月 | 11 | 甲子 | 3·7 | 27 | 木 | 12 | 乙未 | 3·7 | 29 | 月 | 14 | 丁卯 | 3·7 |
| 23 | 28 | 火 | 12 | 乙丑 | 3·8 | 28 | 金 | 13 | 丙申 | 3·8 | 30 | 火 | 15 | 戊辰 | 3·8 |
| 24 | 29 | 水 | 13 | 丙寅 | 2·8 | 29 | 土 | 14 | 丁酉 | 3·8 | 31 | 水 | 16 | 己巳 | 2·8 |
| 25 | 30 | 木 | 14 | 丁卯 | 2·8 | 30 | 日 | 15 | 戊戌 | 2·8 | 8/1 | 木 | 17 | 庚午 | 2·8 |
| 26 | 31 | 金 | 15 | 戊辰 | 2·9 | 7/1 | 月 | 16 | 己亥 | 2·9 | 2 | 金 | 18 | 辛未 | 2·9 |
| 27 | 6/1 | 土 | 16 | 己巳 | 1·9 | 2 | 火 | 17 | 庚子 | 2·9 | 3 | 土 | 19 | 壬申 | 1·9 |
| 28 | 2 | 日 | 17 | 庚午 | 1·9 | 3 | 水 | 18 | 辛丑 | 1·9 | 4 | 日 | 20 | 癸酉 | 1·9 |
| 29 | 3 | 月 | 18 | 辛未 | 1·10 | 4 | 木 | 19 | 壬寅 | 1·10 | 5 | 月 | 21 | 甲戌 | 1·10 |
| 30 | 4 | 火 | 19 | 壬申 | 1·10 | 5 | 金 | 20 | 癸卯 | 1·10 | 6 | 火 | 22 | 乙亥 | 1·10 |
| 31 | | | | | | 6 | 土 | 21 | 甲辰 | 1·10 | | | | | |

# 丙子年

| 절기후날수 | 입추절(丙申月) 立秋 8월7일 14시49분 處暑 8월23일 5시23분 | | | | | 백로절(丁酉月) 白露 9월7일 17시42분 秋分 9월23일 3시0분 | | | | | 한로절(戊戌月) 寒露 10월8일 9시19분 霜降 10월23일 12시19분 | | | | |
|---|---|---|---|---|---|---|---|---|---|---|---|---|---|---|---|
| | 양력 | 요일 | 음력 | 일진 | 大運 남·여 | 양력 | 요일 | 음력 | 일진 | 大運 남·여 | 양력 | 요일 | 음력 | 일진 | 大運 남·여 |
| 0 | 8/7 | 水 | 23 | 丙子 | 입추 | 9/7 | 土 | 25 | 丁未 | 백로 | 10/8 | 火 | 26 | 戊寅 | 한로 |
| 1 | 8 | 木 | 24 | 丁丑 | 10·1 | 8 | 日 | 26 | 戊申 | 10·1 | 9 | 水 | 27 | 己卯 | 10·1 |
| 2 | 9 | 金 | 25 | 戊寅 | 10·1 | 9 | 月 | 27 | 己酉 | 10·1 | 10 | 木 | 28 | 庚辰 | 9·1 |
| 3 | 10 | 土 | 26 | 己卯 | 9·1 | 10 | 火 | 28 | 庚戌 | 9·1 | 11 | 金 | 29 | 辛巳 | 9·1 |
| 4 | 11 | 日 | 27 | 庚辰 | 9·1 | 11 | 水 | 29 | 辛亥 | 9·1 | 12 | 土 | 9/1 | 壬午 | 9·1 |
| 5 | 12 | 月 | 28 | 辛巳 | 9·2 | 12 | 木 | 30 | 壬子 | 9·2 | 13 | 日 | 2 | 癸未 | 8·2 |
| 6 | 13 | 火 | 29 | 壬午 | 8·2 | 13 | 金 | 8/1 | 癸丑 | 8·2 | 14 | 月 | 3 | 甲申 | 8·2 |
| 7 | 14 | 水 | 7/1 | 癸未 | 8·2 | 14 | 土 | 2 | 甲寅 | 8·2 | 15 | 火 | 4 | 乙酉 | 8·2 |
| 8 | 15 | 木 | 2 | 甲申 | 8·3 | 15 | 日 | 3 | 乙卯 | 8·3 | 16 | 水 | 5 | 丙戌 | 7·3 |
| 9 | 16 | 金 | 3 | 乙酉 | 7·3 | 16 | 月 | 4 | 丙辰 | 7·3 | 17 | 木 | 6 | 丁亥 | 7·3 |
| 10 | 17 | 土 | 4 | 丙戌 | 7·3 | 17 | 火 | 5 | 丁巳 | 7·3 | 18 | 金 | 7 | 戊子 | 7·3 |
| 11 | 18 | 日 | 5 | 丁亥 | 7·4 | 18 | 水 | 6 | 戊午 | 7·4 | 19 | 土 | 8 | 己丑 | 6·4 |
| 12 | 19 | 月 | 6 | 戊子 | 6·4 | 19 | 木 | 7 | 己未 | 6·4 | 20 | 日 | 9 | 庚寅 | 6·4 |
| 13 | 20 | 火 | 7 | 己丑 | 6·4 | 20 | 金 | 8 | 庚申 | 6·4 | 21 | 月 | 10 | 辛卯 | 6·4 |
| 14 | 21 | 水 | 8 | 庚寅 | 6·5 | 21 | 土 | 9 | 辛酉 | 6·5 | 22 | 火 | 11 | 壬辰 | 5·5 |
| 15 | 22 | 木 | 9 | 辛卯 | 5·5 | 22 | 日 | 10 | 壬戌 | 5·5 | 23 | 水 | 12 | 癸巳 | 상강 |
| 16 | 23 | 金 | 10 | 壬辰 | 처서 | 23 | 月 | 11 | 癸亥 | 추분 | 24 | 木 | 13 | 甲午 | 5·5 |
| 17 | 24 | 土 | 11 | 癸巳 | 5·6 | 24 | 火 | 12 | 甲子 | 5·6 | 25 | 金 | 14 | 乙未 | 4·6 |
| 18 | 25 | 日 | 12 | 甲午 | 4·6 | 25 | 水 | 13 | 乙丑 | 4·6 | 26 | 土 | 15 | 丙申 | 4·6 |
| 19 | 26 | 月 | 13 | 乙未 | 4·6 | 26 | 木 | 14 | 丙寅 | 4·6 | 27 | 日 | 16 | 丁酉 | 4·6 |
| 20 | 27 | 火 | 14 | 丙申 | 4·7 | 27 | 金 | 15 | 丁卯 | 4·7 | 28 | 月 | 17 | 戊戌 | 3·7 |
| 21 | 28 | 水 | 15 | 丁酉 | 3·7 | 28 | 土 | 16 | 戊辰 | 3·7 | 29 | 火 | 18 | 己亥 | 3·7 |
| 22 | 29 | 木 | 16 | 戊戌 | 3·7 | 29 | 日 | 17 | 己巳 | 3·7 | 30 | 水 | 19 | 庚子 | 3·7 |
| 23 | 30 | 金 | 17 | 己亥 | 3·8 | 30 | 月 | 18 | 庚午 | 3·8 | 31 | 木 | 20 | 辛丑 | 2·8 |
| 24 | 31 | 土 | 18 | 庚子 | 2·8 | 10/1 | 火 | 19 | 辛未 | 2·8 | 11/1 | 金 | 21 | 壬寅 | 2·8 |
| 25 | 9/1 | 日 | 19 | 辛丑 | 2·8 | 2 | 水 | 20 | 壬申 | 2·8 | 2 | 土 | 22 | 癸卯 | 2·8 |
| 26 | 2 | 月 | 20 | 壬寅 | 2·9 | 3 | 木 | 21 | 癸酉 | 2·9 | 3 | 日 | 23 | 甲辰 | 1·9 |
| 27 | 3 | 火 | 21 | 癸卯 | 1·9 | 4 | 金 | 22 | 甲戌 | 1·9 | 4 | 月 | 24 | 乙巳 | 1·9 |
| 28 | 4 | 水 | 22 | 甲辰 | 1·9 | 5 | 土 | 23 | 乙亥 | 1·9 | 5 | 火 | 25 | 丙午 | 1·9 |
| 29 | 5 | 木 | 23 | 乙巳 | 1·10 | 6 | 日 | 24 | 丙子 | 1·10 | 6 | 水 | 26 | 丁未 | 1·10 |
| 30 | 6 | 金 | 24 | 丙午 | 1·10 | 7 | 月 | 25 | 丁丑 | 1·10 | | | | | |
| 31 | | | | | | | | | | | | | | | |

| 절기후날수 | 입동절(己亥月) 立冬 11월7일 12시27분 小雪 11월22일 9시49분 | | | | | 대설절(庚子月) 大雪 12월7일 5시14분 冬至 12월21일 23시6분 | | | | | 소한절(辛丑月) 小寒 1월5일 16시24분 大寒 1월20일 9시43분 | | | | |
|---|---|---|---|---|---|---|---|---|---|---|---|---|---|---|---|
| | 양력 | 요일 | 음력 | 일진 | 大運 남·여 | 양력 | 요일 | 음력 | 일진 | 大運 남·여 | 양력 | 요일 | 음력 | 일진 | 大運 남·여 |
| 0 | 11/7 | 木 | 27 | 戊申 | 입동 | 12/7 | 土 | 27 | 戊寅 | 대설 | 1/5 | 日 | 26 | 丁未 | 소한 |
| 1 | 8 | 金 | 28 | 己酉 | 10·1 | 8 | 日 | 28 | 己卯 | 9·1 | 6 | 月 | 27 | 戊申 | 10·1 |
| 2 | 9 | 土 | 29 | 庚戌 | 9·1 | 9 | 月 | 29 | 庚辰 | 9·1 | 7 | 火 | 28 | 己酉 | 9·1 |
| 3 | 10 | 日 | 30 | 辛亥 | 9·1 | 10 | 火 | 30 | 辛巳 | 9·1 | 8 | 水 | 29 | 庚戌 | 9·1 |
| 4 | 11 | 月 | 10/1 | 壬子 | 9·1 | 11 | 水 | 11/1 | 壬午 | 8·1 | 9 | 木 | 12/1 | 辛亥 | 9·1 |
| 5 | 12 | 火 | 2 | 癸丑 | 8·2 | 12 | 木 | 2 | 癸未 | 8·2 | 10 | 金 | 2 | 壬子 | 8·2 |
| 6 | 13 | 水 | 3 | 甲寅 | 8·2 | 13 | 金 | 3 | 甲申 | 8·2 | 11 | 土 | 3 | 癸丑 | 8·2 |
| 7 | 14 | 木 | 4 | 乙卯 | 8·2 | 14 | 土 | 4 | 乙酉 | 7·2 | 12 | 日 | 4 | 甲寅 | 8·2 |
| 8 | 15 | 金 | 5 | 丙辰 | 7·3 | 15 | 日 | 5 | 丙戌 | 7·3 | 13 | 月 | 5 | 乙卯 | 7·3 |
| 9 | 16 | 土 | 6 | 丁巳 | 7·3 | 16 | 月 | 6 | 丁亥 | 7·3 | 14 | 火 | 6 | 丙辰 | 7·3 |
| 10 | 17 | 日 | 7 | 戊午 | 7·3 | 17 | 火 | 7 | 戊子 | 6·3 | 15 | 水 | 7 | 丁巳 | 7·3 |
| 11 | 18 | 月 | 8 | 己未 | 6·4 | 18 | 水 | 8 | 己丑 | 6·4 | 16 | 木 | 8 | 戊午 | 6·4 |
| 12 | 19 | 火 | 9 | 庚申 | 6·4 | 19 | 木 | 9 | 庚寅 | 6·4 | 17 | 金 | 9 | 己未 | 6·4 |
| 13 | 20 | 水 | 10 | 辛酉 | 6·4 | 20 | 金 | 10 | 辛卯 | 5·4 | 18 | 土 | 10 | 庚申 | 6·4 |
| 14 | 21 | 木 | 11 | 壬戌 | 5·5 | 21 | 土 | 11 | 壬辰 | 동지 | 19 | 日 | 11 | 辛酉 | 5·5 |
| 15 | 22 | 金 | 12 | 癸亥 | 소설 | 22 | 日 | 12 | 癸巳 | 5·5 | 20 | 月 | 12 | 壬戌 | 대한 |
| 16 | 23 | 土 | 13 | 甲子 | 5·5 | 23 | 月 | 13 | 甲午 | 4·5 | 21 | 火 | 13 | 癸亥 | 5·5 |
| 17 | 24 | 日 | 14 | 乙丑 | 4·6 | 24 | 火 | 14 | 乙未 | 4·6 | 22 | 水 | 14 | 甲子 | 4·6 |
| 18 | 25 | 月 | 15 | 丙寅 | 4·6 | 25 | 水 | 15 | 丙申 | 4·6 | 23 | 木 | 15 | 乙丑 | 4·6 |
| 19 | 26 | 火 | 16 | 丁卯 | 4·6 | 26 | 木 | 16 | 丁酉 | 3·6 | 24 | 金 | 16 | 丙寅 | 4·6 |
| 20 | 27 | 水 | 17 | 戊辰 | 3·7 | 27 | 金 | 17 | 戊戌 | 3·7 | 25 | 土 | 17 | 丁卯 | 3·7 |
| 21 | 28 | 木 | 18 | 己巳 | 3·7 | 28 | 土 | 18 | 己亥 | 3·7 | 26 | 日 | 18 | 戊辰 | 3·7 |
| 22 | 29 | 金 | 19 | 庚午 | 3·7 | 29 | 日 | 19 | 庚子 | 2·7 | 27 | 月 | 19 | 己巳 | 3·7 |
| 23 | 30 | 土 | 20 | 辛未 | 2·8 | 30 | 月 | 20 | 辛丑 | 2·8 | 28 | 火 | 20 | 庚午 | 2·8 |
| 24 | 12/1 | 日 | 21 | 壬申 | 2·8 | 31 | 火 | 21 | 壬寅 | 2·8 | 29 | 水 | 21 | 辛未 | 2·8 |
| 25 | 2 | 月 | 22 | 癸酉 | 2·8 | 1/1 | 水 | 22 | 癸卯 | 1·8 | 30 | 木 | 22 | 壬申 | 2·8 |
| 26 | 3 | 火 | 23 | 甲戌 | 1·9 | 2 | 木 | 23 | 甲辰 | 1·9 | 31 | 金 | 23 | 癸酉 | 1·9 |
| 27 | 4 | 水 | 24 | 乙亥 | 1·9 | 3 | 金 | 24 | 乙巳 | 1·9 | 2/1 | 土 | 24 | 甲戌 | 1·9 |
| 28 | 5 | 木 | 25 | 丙子 | 1·9 | 4 | 土 | 25 | 丙午 | 1·9 | 2 | 日 | 25 | 乙亥 | 1·9 |
| 29 | 6 | 金 | 26 | 丁丑 | 1·10 | | | | | | 3 | 月 | 26 | 丙子 | 1·10 |
| 30 | | | | | | | | | | | | | | | |
| 31 | | | | | | | | | | | | | | | |

# 서기 1997년 [단기 4330년]

| 절기후날수 | 입춘절(壬寅月) 立春 2월4일 4시2분 雨水 2월18일 23시51분 | | | | | 경칩절(癸卯月) 驚蟄 3월5일 22시4분 春分 3월20일 22시55분 | | | | | 청명절(甲辰月) 淸明 4월5일 2시56분 穀雨 4월20일 10시3분 | | | | | 입하절(乙巳月) 立夏 5월5일 20시19분 小滿 5월21일 9시18분 | | | | | 망종절(丙午月) 芒種 6월6일 0시33분 夏至 6월21일 17시20분 | | | | | 소서절(丁未月) 小暑 7월7일 10시49분 大暑 7월23일 4시15분 | | | | |
|---|---|---|---|---|---|---|---|---|---|---|---|---|---|---|---|---|---|---|---|---|---|---|---|---|---|---|---|---|---|---|
| | 양력 | 요일 | 음력 | 일진 | 大運 남·여 | 양력 | 요일 | 음력 | 일진 | 大運 남·여 | 양력 | 요일 | 음력 | 일진 | 大運 남·여 | 양력 | 요일 | 음력 | 일진 | 大運 남·여 | 양력 | 요일 | 음력 | 일진 | 大運 남·여 | 양력 | 요일 | 음력 | 일진 | 大運 남·여 |
| 0 | 2/4 | 火 | 27 | 丁丑 | 입춘 | 3/5 | 水 | 26 | 丙午 | 경칩 | 4/5 | 土 | 28 | 丁丑 | 청명 | 5/5 | 月 | 29 | 丁未 | 입하 | 6/6 | 金 | 2 | 己卯 | 망종 | 7/7 | 月 | 3 | 庚戌 | 소서 |
| 1 | 5 | 水 | 28 | 戊寅 | 1·9 | 6 | 木 | 27 | 丁未 | 1·10 | 6 | 日 | 29 | 戊寅 | 1·10 | 6 | 火 | 30 | 戊申 | 1·10 | 7 | 土 | 3 | 庚辰 | 1·10 | 8 | 火 | 4 | 辛亥 | 1·10 |
| 2 | 6 | 木 | 29 | 己卯 | 1·9 | 7 | 金 | 28 | 戊申 | 1·10 | 7 | 月 | 3/1 | 己卯 | 1·9 | 7 | 水 | 4/1 | 己酉 | 1·10 | 8 | 日 | 4 | 辛巳 | 1·10 | 9 | 水 | 5 | 壬子 | 1·10 |
| 3 | 7 | 金 | 30 | 庚辰 | 1·9 | 8 | 土 | 29 | 己酉 | 1·9 | 8 | 火 | 2 | 庚辰 | 1·9 | 8 | 木 | 2 | 庚戌 | 1·10 | 9 | 月 | 5 | 壬午 | 1·9 | 10 | 木 | 6 | 癸丑 | 1·9 |
| 4 | 8 | 土 | 1/1 | 辛巳 | 1·8 | 9 | 日 | 2/1 | 庚戌 | 1·9 | 9 | 水 | 3 | 辛巳 | 1·9 | 9 | 金 | 3 | 辛亥 | 1·9 | 10 | 火 | 6 | 癸未 | 1·9 | 11 | 金 | 7 | 甲寅 | 1·9 |
| 5 | 9 | 日 | 2 | 壬午 | 2·8 | 10 | 月 | 2 | 辛亥 | 2·9 | 10 | 木 | 4 | 壬午 | 2·8 | 10 | 土 | 4 | 壬子 | 2·9 | 11 | 水 | 7 | 甲申 | 2·9 | 12 | 土 | 8 | 乙卯 | 2·9 |
| 6 | 10 | 月 | 3 | 癸未 | 2·8 | 11 | 火 | 3 | 壬子 | 2·8 | 11 | 金 | 5 | 癸未 | 2·8 | 11 | 日 | 5 | 癸丑 | 2·9 | 12 | 木 | 8 | 乙酉 | 2·8 | 13 | 日 | 9 | 丙辰 | 2·8 |
| 7 | 11 | 火 | 4 | 甲申 | 2·7 | 12 | 水 | 4 | 癸丑 | 2·8 | 12 | 土 | 6 | 甲申 | 2·8 | 12 | 月 | 6 | 甲寅 | 2·8 | 13 | 金 | 9 | 丙戌 | 2·8 | 14 | 月 | 10 | 丁巳 | 2·8 |
| 8 | 12 | 水 | 5 | 乙酉 | 3·7 | 13 | 木 | 5 | 甲寅 | 3·8 | 13 | 日 | 7 | 乙酉 | 3·7 | 13 | 火 | 7 | 乙卯 | 3·8 | 14 | 土 | 10 | 丁亥 | 3·8 | 15 | 火 | 11 | 戊午 | 3·8 |
| 9 | 13 | 木 | 6 | 丙戌 | 3·7 | 14 | 金 | 6 | 乙卯 | 3·7 | 14 | 月 | 8 | 丙戌 | 3·7 | 14 | 水 | 8 | 丙辰 | 3·8 | 15 | 日 | 11 | 戊子 | 3·7 | 16 | 水 | 12 | 己未 | 3·7 |
| 10 | 14 | 金 | 7 | 丁亥 | 3·6 | 15 | 土 | 7 | 丙辰 | 3·7 | 15 | 火 | 9 | 丁亥 | 3·7 | 15 | 木 | 9 | 丁巳 | 3·7 | 16 | 月 | 12 | 己丑 | 3·7 | 17 | 木 | 13 | 庚申 | 3·7 |
| 11 | 15 | 土 | 8 | 戊子 | 4·6 | 16 | 日 | 8 | 丁巳 | 4·7 | 16 | 水 | 10 | 戊子 | 4·6 | 16 | 金 | 10 | 戊午 | 4·7 | 17 | 火 | 13 | 庚寅 | 4·7 | 18 | 金 | 14 | 辛酉 | 4·7 |
| 12 | 16 | 日 | 9 | 己丑 | 4·6 | 17 | 月 | 9 | 戊午 | 4·6 | 17 | 木 | 11 | 己丑 | 4·6 | 17 | 土 | 11 | 己未 | 4·7 | 18 | 水 | 14 | 辛卯 | 4·6 | 19 | 土 | 15 | 壬戌 | 4·6 |
| 13 | 17 | 月 | 10 | 庚寅 | 4·5 | 18 | 火 | 10 | 己未 | 4·6 | 18 | 金 | 12 | 庚寅 | 4·6 | 18 | 日 | 12 | 庚申 | 4·6 | 19 | 木 | 15 | 壬辰 | 4·6 | 20 | 日 | 16 | 癸亥 | 4·6 |
| 14 | 18 | 火 | 11 | 辛卯 | 우수 | 19 | 水 | 11 | 庚申 | 5·6 | 19 | 土 | 13 | 辛卯 | 5·5 | 19 | 月 | 13 | 辛酉 | 5·6 | 20 | 金 | 16 | 癸巳 | 5·6 | 21 | 月 | 17 | 甲子 | 5·6 |
| 15 | 19 | 水 | 12 | 壬辰 | 5·5 | 20 | 木 | 12 | 辛酉 | 춘분 | 20 | 日 | 14 | 壬辰 | 곡우 | 20 | 火 | 14 | 壬戌 | 5·6 | 21 | 土 | 17 | 甲午 | 하지 | 22 | 火 | 18 | 乙丑 | 5·5 |
| 16 | 20 | 木 | 13 | 癸巳 | 5·4 | 21 | 金 | 13 | 壬戌 | 5·5 | 21 | 月 | 15 | 癸巳 | 5·5 | 21 | 水 | 15 | 癸亥 | 소만 | 22 | 日 | 18 | 乙未 | 5·5 | 23 | 水 | 19 | 丙寅 | 대서 |
| 17 | 21 | 金 | 14 | 甲午 | 6·4 | 22 | 土 | 14 | 癸亥 | 6·5 | 22 | 火 | 16 | 甲午 | 6·4 | 22 | 木 | 16 | 甲子 | 6·5 | 23 | 月 | 19 | 丙申 | 6·5 | 24 | 木 | 20 | 丁卯 | 6·5 |
| 18 | 22 | 土 | 15 | 乙未 | 6·4 | 23 | 日 | 15 | 甲子 | 6·4 | 23 | 水 | 17 | 乙未 | 6·4 | 23 | 金 | 17 | 乙丑 | 6·5 | 24 | 火 | 20 | 丁酉 | 6·4 | 25 | 金 | 21 | 戊辰 | 6·4 |
| 19 | 23 | 日 | 16 | 丙申 | 6·3 | 24 | 月 | 16 | 乙丑 | 6·4 | 24 | 木 | 18 | 丙申 | 6·4 | 24 | 土 | 18 | 丙寅 | 6·4 | 25 | 水 | 21 | 戊戌 | 6·4 | 26 | 土 | 22 | 己巳 | 6·4 |
| 20 | 24 | 月 | 17 | 丁酉 | 7·3 | 25 | 火 | 17 | 丙寅 | 7·4 | 25 | 金 | 19 | 丁酉 | 7·3 | 25 | 日 | 19 | 丁卯 | 7·4 | 26 | 木 | 22 | 己亥 | 7·4 | 27 | 日 | 23 | 庚午 | 7·4 |
| 21 | 25 | 火 | 18 | 戊戌 | 7·3 | 26 | 水 | 18 | 丁卯 | 7·3 | 26 | 土 | 20 | 戊戌 | 7·3 | 26 | 月 | 20 | 戊辰 | 7·4 | 27 | 金 | 23 | 庚子 | 7·3 | 28 | 月 | 24 | 辛未 | 7·3 |
| 22 | 26 | 水 | 19 | 己亥 | 7·2 | 27 | 木 | 19 | 戊辰 | 7·3 | 27 | 日 | 21 | 己亥 | 7·3 | 27 | 火 | 21 | 己巳 | 7·3 | 28 | 土 | 24 | 辛丑 | 7·3 | 29 | 火 | 25 | 壬申 | 7·3 |
| 23 | 27 | 木 | 20 | 庚子 | 8·2 | 28 | 金 | 20 | 己巳 | 8·3 | 28 | 月 | 22 | 庚子 | 8·2 | 28 | 水 | 22 | 庚午 | 8·3 | 29 | 日 | 25 | 壬寅 | 8·3 | 30 | 水 | 26 | 癸酉 | 8·3 |
| 24 | 28 | 金 | 21 | 辛丑 | 8·2 | 29 | 土 | 21 | 庚午 | 8·2 | 29 | 火 | 23 | 辛丑 | 8·2 | 29 | 木 | 23 | 辛未 | 8·3 | 30 | 月 | 26 | 癸卯 | 8·2 | 31 | 木 | 27 | 甲戌 | 8·2 |
| 25 | 3/1 | 土 | 22 | 壬寅 | 8·1 | 30 | 日 | 22 | 辛未 | 8·2 | 30 | 水 | 24 | 壬寅 | 8·2 | 30 | 金 | 24 | 壬申 | 8·2 | 7/1 | 火 | 27 | 甲辰 | 8·2 | 8/1 | 金 | 28 | 乙亥 | 8·2 |
| 26 | 2 | 日 | 23 | 癸卯 | 9·1 | 31 | 月 | 23 | 壬申 | 9·2 | 5/1 | 木 | 25 | 癸卯 | 9·1 | 31 | 土 | 25 | 癸酉 | 9·2 | 2 | 水 | 28 | 乙巳 | 9·2 | 2 | 土 | 29 | 丙子 | 9·2 |
| 27 | 3 | 月 | 24 | 甲辰 | 9·1 | 4/1 | 火 | 24 | 癸酉 | 9·1 | 2 | 金 | 26 | 甲辰 | 9·1 | 6/1 | 日 | 26 | 甲戌 | 9·2 | 3 | 木 | 29 | 丙午 | 9·1 | 3 | 日 | 7/1 | 丁丑 | 9·1 |
| 28 | 4 | 火 | 25 | 乙巳 | 9·1 | 2 | 水 | 25 | 甲戌 | 9·1 | 3 | 土 | 27 | 乙巳 | 9·1 | 2 | 月 | 27 | 乙亥 | 9·1 | 4 | 金 | 30 | 丁未 | 9·1 | 4 | 月 | 2 | 戊寅 | 9·1 |
| 29 | | | | | | 3 | 木 | 26 | 乙亥 | 10·1 | 4 | 日 | 28 | 丙午 | 10·1 | 3 | 火 | 28 | 丙子 | 10·1 | 5 | 土 | 6/1 | 戊申 | 10·1 | 5 | 火 | 3 | 己卯 | 10·1 |
| 30 | | | | | | 4 | 金 | 27 | 丙子 | 10·1 | | | | | | 4 | 水 | 29 | 丁丑 | 10·1 | 6 | 日 | 2 | 己酉 | 10·1 | 6 | 水 | 4 | 庚辰 | 10·1 |
| 31 | | | | | | | | | | | | | | | | 5 | 木 | 5/1 | 戊寅 | 10·1 | | | | | | | | | | |

# 丁丑年

| 절기후날수 | 입추절(戊申月) 立秋 8월7일 20시36분 處暑 8월23일 11시19분 | | | | | 백로절(己酉月) 白露 9월7일 23시29분 秋分 9월23일 8시56분 | | | | | 한로절(庚戌月) 寒露 10월8일 15시5분 霜降 10월23일 18시15분 | | | | |
|---|---|---|---|---|---|---|---|---|---|---|---|---|---|---|---|
| | 양력 | 요일 | 음력 | 일진 | 大運 남·여 | 양력 | 요일 | 음력 | 일진 | 大運 남·여 | 양력 | 요일 | 음력 | 일진 | 大運 남·여 |
| 0 | 8/7 | 木 | 5 | 辛巳 | 입추 | 9/7 | 日 | 6 | 壬子 | 백로 | 10/8 | 水 | 7 | 癸未 | 한로 |
| 1 | 8 | 金 | 6 | 壬午 | 1·10 | 8 | 月 | 7 | 癸丑 | 1·10 | 9 | 木 | 8 | 甲申 | 1·10 |
| 2 | 9 | 土 | 7 | 癸未 | 1·10 | 9 | 火 | 8 | 甲寅 | 1·10 | 10 | 金 | 9 | 乙酉 | 1·9 |
| 3 | 10 | 日 | 8 | 甲申 | 1·9 | 10 | 水 | 9 | 乙卯 | 1·9 | 11 | 土 | 10 | 丙戌 | 1·9 |
| 4 | 11 | 月 | 9 | 乙酉 | 1·9 | 11 | 木 | 10 | 丙辰 | 1·9 | 12 | 日 | 11 | 丁亥 | 1·9 |
| 5 | 12 | 火 | 10 | 丙戌 | 2·9 | 12 | 金 | 11 | 丁巳 | 2·9 | 13 | 月 | 12 | 戊子 | 2·8 |
| 6 | 13 | 水 | 11 | 丁亥 | 2·8 | 13 | 土 | 12 | 戊午 | 2·8 | 14 | 火 | 13 | 己丑 | 2·8 |
| 7 | 14 | 木 | 12 | 戊子 | 2·8 | 14 | 日 | 13 | 己未 | 2·8 | 15 | 水 | 14 | 庚寅 | 2·8 |
| 8 | 15 | 金 | 13 | 己丑 | 3·8 | 15 | 月 | 14 | 庚申 | 3·8 | 16 | 木 | 15 | 辛卯 | 3·7 |
| 9 | 16 | 土 | 14 | 庚寅 | 3·7 | 16 | 火 | 15 | 辛酉 | 3·7 | 17 | 金 | 16 | 壬辰 | 3·7 |
| 10 | 17 | 日 | 15 | 辛卯 | 3·7 | 17 | 水 | 16 | 壬戌 | 3·7 | 18 | 土 | 17 | 癸巳 | 3·7 |
| 11 | 18 | 月 | 16 | 壬辰 | 4·7 | 18 | 木 | 17 | 癸亥 | 4·7 | 19 | 日 | 18 | 甲午 | 4·6 |
| 12 | 19 | 火 | 17 | 癸巳 | 4·6 | 19 | 金 | 18 | 甲子 | 4·6 | 20 | 月 | 19 | 乙未 | 4·6 |
| 13 | 20 | 水 | 18 | 甲午 | 4·6 | 20 | 土 | 19 | 乙丑 | 4·6 | 21 | 火 | 20 | 丙申 | 4·6 |
| 14 | 21 | 木 | 19 | 乙未 | 5·6 | 21 | 日 | 20 | 丙寅 | 5·6 | 22 | 水 | 21 | 丁酉 | 5·5 |
| 15 | 22 | 金 | 20 | 丙申 | 5·5 | 22 | 月 | 21 | 丁卯 | 5·5 | 23 | 木 | 22 | 戊戌 | 상강 |
| 16 | 23 | 土 | 21 | 丁酉 | 처서 | 23 | 火 | 22 | 戊辰 | 추분 | 24 | 金 | 23 | 己亥 | 5·5 |
| 17 | 24 | 日 | 22 | 戊戌 | 6·5 | 24 | 水 | 23 | 己巳 | 6·5 | 25 | 土 | 24 | 庚子 | 6·4 |
| 18 | 25 | 月 | 23 | 己亥 | 6·4 | 25 | 木 | 24 | 庚午 | 6·4 | 26 | 日 | 25 | 辛丑 | 6·4 |
| 19 | 26 | 火 | 24 | 庚子 | 6·4 | 26 | 金 | 25 | 辛未 | 6·4 | 27 | 月 | 26 | 壬寅 | 6·4 |
| 20 | 27 | 水 | 25 | 辛丑 | 7·4 | 27 | 土 | 26 | 壬申 | 7·4 | 28 | 火 | 27 | 癸卯 | 7·3 |
| 21 | 28 | 木 | 26 | 壬寅 | 7·3 | 28 | 日 | 27 | 癸酉 | 7·3 | 29 | 水 | 28 | 甲辰 | 7·3 |
| 22 | 29 | 金 | 27 | 癸卯 | 7·3 | 29 | 月 | 28 | 甲戌 | 7·3 | 30 | 木 | 29 | 乙巳 | 7·3 |
| 23 | 30 | 土 | 28 | 甲辰 | 8·3 | 30 | 火 | 29 | 乙亥 | 8·3 | 31 | 金 | 10/1 | 丙午 | 8·2 |
| 24 | 31 | 日 | 29 | 乙巳 | 8·2 | 10/1 | 水 | 30 | 丙子 | 8·2 | 11/1 | 土 | 2 | 丁未 | 8·2 |
| 25 | 9/1 | 月 | 30 | 丙午 | 8·2 | 2 | 木 | 9/1 | 丁丑 | 8·2 | 2 | 日 | 3 | 戊申 | 8·2 |
| 26 | 2 | 火 | 8/1 | 丁未 | 9·2 | 3 | 金 | 2 | 戊寅 | 9·2 | 3 | 月 | 4 | 己酉 | 9·1 |
| 27 | 3 | 水 | 2 | 戊申 | 9·1 | 4 | 土 | 3 | 己卯 | 9·1 | 4 | 火 | 5 | 庚戌 | 9·1 |
| 28 | 4 | 木 | 3 | 己酉 | 9·1 | 5 | 日 | 4 | 庚辰 | 9·1 | 5 | 水 | 6 | 辛亥 | 9·1 |
| 29 | 5 | 金 | 4 | 庚戌 | 10·1 | 6 | 月 | 5 | 辛巳 | 10·1 | 6 | 木 | 7 | 壬子 | 10·1 |
| 30 | 6 | 土 | 5 | 辛亥 | 10·1 | 7 | 火 | 6 | 壬午 | 10·1 | | | | | |
| 31 | | | | | | | | | | | | | | | |

| 절기후날수 | 입동절(辛亥月) 立冬 11월7일 18시15분 小雪 11월22일 15시48분 | | | | | 대설절(壬子月) 大雪 12월7일 11시5분 冬至 12월22일 5시7분 | | | | | 소한절(癸丑月) 小寒 1월5일 22시18분 大寒 1월20일 15시46분 | | | | |
|---|---|---|---|---|---|---|---|---|---|---|---|---|---|---|---|
| | 양력 | 요일 | 음력 | 일진 | 大運 남·여 | 양력 | 요일 | 음력 | 일진 | 大運 남·여 | 양력 | 요일 | 음력 | 일진 | 大運 남·여 |
| 0 | 11/7 | 金 | 8 | 癸丑 | 입동 | 12/7 | 日 | 8 | 癸未 | 대설 | 1/5 | 月 | 7 | 壬子 | 소한 |
| 1 | 8 | 土 | 9 | 甲寅 | 1·10 | 8 | 月 | 9 | 甲申 | 1·9 | 6 | 火 | 8 | 癸丑 | 1·10 |
| 2 | 9 | 日 | 10 | 乙卯 | 1·9 | 9 | 火 | 10 | 乙酉 | 1·9 | 7 | 水 | 9 | 甲寅 | 1·9 |
| 3 | 10 | 月 | 11 | 丙辰 | 1·9 | 10 | 水 | 11 | 丙戌 | 1·9 | 8 | 木 | 10 | 乙卯 | 1·9 |
| 4 | 11 | 火 | 12 | 丁巳 | 1·9 | 11 | 木 | 12 | 丁亥 | 1·8 | 9 | 金 | 11 | 丙辰 | 1·9 |
| 5 | 12 | 水 | 13 | 戊午 | 2·8 | 12 | 金 | 13 | 戊子 | 2·8 | 10 | 土 | 12 | 丁巳 | 2·8 |
| 6 | 13 | 木 | 14 | 己未 | 2·8 | 13 | 土 | 14 | 己丑 | 2·8 | 11 | 日 | 13 | 戊午 | 2·8 |
| 7 | 14 | 金 | 15 | 庚申 | 2·8 | 14 | 日 | 15 | 庚寅 | 2·7 | 12 | 月 | 14 | 己未 | 2·8 |
| 8 | 15 | 土 | 16 | 辛酉 | 3·7 | 15 | 月 | 16 | 辛卯 | 3·7 | 13 | 火 | 15 | 庚申 | 3·7 |
| 9 | 16 | 日 | 17 | 壬戌 | 3·7 | 16 | 火 | 17 | 壬辰 | 3·7 | 14 | 水 | 16 | 辛酉 | 3·7 |
| 10 | 17 | 月 | 18 | 癸亥 | 3·7 | 17 | 水 | 18 | 癸巳 | 3·6 | 15 | 木 | 17 | 壬戌 | 3·7 |
| 11 | 18 | 火 | 19 | 甲子 | 4·6 | 18 | 木 | 19 | 甲午 | 4·6 | 16 | 金 | 18 | 癸亥 | 4·6 |
| 12 | 19 | 水 | 20 | 乙丑 | 4·6 | 19 | 金 | 20 | 乙未 | 4·6 | 17 | 土 | 19 | 甲子 | 4·6 |
| 13 | 20 | 木 | 21 | 丙寅 | 4·6 | 20 | 土 | 21 | 丙申 | 4·5 | 18 | 日 | 20 | 乙丑 | 4·6 |
| 14 | 21 | 金 | 22 | 丁卯 | 5·5 | 21 | 日 | 22 | 丁酉 | 5·5 | 19 | 月 | 21 | 丙寅 | 5·5 |
| 15 | 22 | 土 | 23 | 戊辰 | 소설 | 22 | 月 | 23 | 戊戌 | 동지 | 20 | 火 | 22 | 丁卯 | 대한 |
| 16 | 23 | 日 | 24 | 己巳 | 5·5 | 23 | 火 | 24 | 己亥 | 5·4 | 21 | 水 | 23 | 戊辰 | 5·5 |
| 17 | 24 | 月 | 25 | 庚午 | 6·4 | 24 | 水 | 25 | 庚子 | 6·4 | 22 | 木 | 24 | 己巳 | 6·4 |
| 18 | 25 | 火 | 26 | 辛未 | 6·4 | 25 | 木 | 26 | 辛丑 | 6·4 | 23 | 金 | 25 | 庚午 | 6·4 |
| 19 | 26 | 水 | 27 | 壬申 | 6·4 | 26 | 金 | 27 | 壬寅 | 6·3 | 24 | 土 | 26 | 辛未 | 6·4 |
| 20 | 27 | 木 | 28 | 癸酉 | 7·3 | 27 | 土 | 28 | 癸卯 | 7·3 | 25 | 日 | 27 | 壬申 | 7·3 |
| 21 | 28 | 金 | 29 | 甲戌 | 7·3 | 28 | 日 | 29 | 甲辰 | 7·3 | 26 | 月 | 28 | 癸酉 | 7·3 |
| 22 | 29 | 土 | 30 | 乙亥 | 7·3 | 29 | 月 | 30 | 乙巳 | 7·2 | 27 | 火 | 29 | 甲戌 | 7·3 |
| 23 | 30 | 日 | 11/1 | 丙子 | 8·2 | 30 | 火 | 12/1 | 丙午 | 8·2 | 28 | 水 | 1/1 | 乙亥 | 8·2 |
| 24 | 12/1 | 月 | 2 | 丁丑 | 8·2 | 31 | 水 | 2 | 丁未 | 8·2 | 29 | 木 | 2 | 丙子 | 8·2 |
| 25 | 2 | 火 | 3 | 戊寅 | 8·2 | 1/1 | 木 | 3 | 戊申 | 8·1 | 30 | 金 | 3 | 丁丑 | 8·2 |
| 26 | 3 | 水 | 4 | 己卯 | 9·1 | 2 | 金 | 4 | 己酉 | 9·1 | 31 | 土 | 4 | 戊寅 | 9·1 |
| 27 | 4 | 木 | 5 | 庚辰 | 9·1 | 3 | 土 | 5 | 庚戌 | 9·1 | 2/1 | 日 | 5 | 己卯 | 9·1 |
| 28 | 5 | 金 | 6 | 辛巳 | 9·1 | 4 | 日 | 6 | 辛亥 | 9·1 | 2 | 月 | 6 | 庚辰 | 9·1 |
| 29 | 6 | 土 | 7 | 壬午 | 10·1 | | | | | | 3 | 火 | 7 | 辛巳 | 10·1 |
| 30 | | | | | | | | | | | | | | | |
| 31 | | | | | | | | | | | | | | | |

# 서기 1998년 [단기 4331년]

**입춘절(甲寅月)** 立春 2월4일 9시57분 / 雨水 2월19일 5시55분

| 절기후날수 | 양력 | 요일 | 음력 | 일진 | 大運 남 | 大運 여 |
|---|---|---|---|---|---|---|
| 0 | 2/4 | 水 | 8 | 壬午 | 입춘 | |
| 1 | 5 | 木 | 9 | 癸未 | 10 | 1 |
| 2 | 6 | 金 | 10 | 甲申 | 9 | 1 |
| 3 | 7 | 土 | 11 | 乙酉 | 9 | 1 |
| 4 | 8 | 日 | 12 | 丙戌 | 9 | 1 |
| 5 | 9 | 月 | 13 | 丁亥 | 8 | 2 |
| 6 | 10 | 火 | 14 | 戊子 | 8 | 2 |
| 7 | 11 | 水 | 15 | 己丑 | 8 | 2 |
| 8 | 12 | 木 | 16 | 庚寅 | 7 | 3 |
| 9 | 13 | 金 | 17 | 辛卯 | 7 | 3 |
| 10 | 14 | 土 | 18 | 壬辰 | 7 | 3 |
| 11 | 15 | 日 | 19 | 癸巳 | 6 | 4 |
| 12 | 16 | 月 | 20 | 甲午 | 6 | 4 |
| 13 | 17 | 火 | 21 | 乙未 | 6 | 4 |
| 14 | 18 | 水 | 22 | 丙申 | 5 | 5 |
| 15 | 19 | 木 | 23 | 丁酉 | 우수 | |
| 16 | 20 | 金 | 24 | 戊戌 | 5 | 5 |
| 17 | 21 | 土 | 25 | 己亥 | 4 | 6 |
| 18 | 22 | 日 | 26 | 庚子 | 4 | 6 |
| 19 | 23 | 月 | 27 | 辛丑 | 4 | 6 |
| 20 | 24 | 火 | 28 | 壬寅 | 3 | 7 |
| 21 | 25 | 水 | 29 | 癸卯 | 3 | 7 |
| 22 | 26 | 木 | 30 | 甲辰 | 3 | 7 |
| 23 | 27 | 金 | 2/1 | 乙巳 | 2 | 8 |
| 24 | 28 | 土 | 2 | 丙午 | 2 | 8 |
| 25 | 3/1 | 日 | 3 | 丁未 | 2 | 8 |
| 26 | 2 | 月 | 4 | 戊申 | 1 | 9 |
| 27 | 3 | 火 | 5 | 己酉 | 1 | 9 |
| 28 | 4 | 水 | 6 | 庚戌 | 1 | 9 |
| 29 | 5 | 木 | 7 | 辛亥 | 1 | 10 |
| 30 | | | | | | |
| 31 | | | | | | |

**경칩절(乙卯月)** 驚蟄 3월6일 3시57분 / 春分 3월21일 4시55분

| 절기후날수 | 양력 | 요일 | 음력 | 일진 | 大運 남 | 大運 여 |
|---|---|---|---|---|---|---|
| 0 | 3/6 | 金 | 8 | 壬子 | 경칩 | |
| 1 | 7 | 土 | 9 | 癸丑 | 10 | 1 |
| 2 | 8 | 日 | 10 | 甲寅 | 9 | 1 |
| 3 | 9 | 月 | 11 | 乙卯 | 9 | 1 |
| 4 | 10 | 火 | 12 | 丙辰 | 9 | 1 |
| 5 | 11 | 水 | 13 | 丁巳 | 8 | 2 |
| 6 | 12 | 木 | 14 | 戊午 | 8 | 2 |
| 7 | 13 | 金 | 15 | 己未 | 8 | 2 |
| 8 | 14 | 土 | 16 | 庚申 | 7 | 3 |
| 9 | 15 | 日 | 17 | 辛酉 | 7 | 3 |
| 10 | 16 | 月 | 18 | 壬戌 | 7 | 3 |
| 11 | 17 | 火 | 19 | 癸亥 | 6 | 4 |
| 12 | 18 | 水 | 20 | 甲子 | 6 | 4 |
| 13 | 19 | 木 | 21 | 乙丑 | 6 | 4 |
| 14 | 20 | 金 | 22 | 丙寅 | 5 | 5 |
| 15 | 21 | 土 | 23 | 丁卯 | 춘분 | |
| 16 | 22 | 日 | 24 | 戊辰 | 5 | 5 |
| 17 | 23 | 月 | 25 | 己巳 | 4 | 6 |
| 18 | 24 | 火 | 26 | 庚午 | 4 | 6 |
| 19 | 25 | 水 | 27 | 辛未 | 4 | 6 |
| 20 | 26 | 木 | 28 | 壬申 | 3 | 7 |
| 21 | 27 | 金 | 29 | 癸酉 | 3 | 7 |
| 22 | 28 | 土 | 3/1 | 甲戌 | 3 | 7 |
| 23 | 29 | 日 | 2 | 乙亥 | 2 | 8 |
| 24 | 30 | 月 | 3 | 丙子 | 2 | 8 |
| 25 | 31 | 火 | 4 | 丁丑 | 2 | 8 |
| 26 | 4/1 | 水 | 5 | 戊寅 | 1 | 9 |
| 27 | 2 | 木 | 6 | 己卯 | 1 | 9 |
| 28 | 3 | 金 | 7 | 庚辰 | 1 | 9 |
| 29 | 4 | 土 | 8 | 辛巳 | 1 | 10 |
| 30 | | | | | | |
| 31 | | | | | | |

**청명절(丙辰月)** 清明 4월5일 8시45분 / 穀雨 4월20일 15시57분

| 절기후날수 | 양력 | 요일 | 음력 | 일진 | 大運 남 | 大運 여 |
|---|---|---|---|---|---|---|
| 0 | 4/5 | 日 | 9 | 壬午 | 청명 | |
| 1 | 6 | 月 | 10 | 癸未 | 10 | 1 |
| 2 | 7 | 火 | 11 | 甲申 | 10 | 1 |
| 3 | 8 | 水 | 12 | 乙酉 | 9 | 1 |
| 4 | 9 | 木 | 13 | 丙戌 | 9 | 1 |
| 5 | 10 | 金 | 14 | 丁亥 | 9 | 2 |
| 6 | 11 | 土 | 15 | 戊子 | 8 | 2 |
| 7 | 12 | 日 | 16 | 己丑 | 8 | 2 |
| 8 | 13 | 月 | 17 | 庚寅 | 8 | 3 |
| 9 | 14 | 火 | 18 | 辛卯 | 7 | 3 |
| 10 | 15 | 水 | 19 | 壬辰 | 7 | 3 |
| 11 | 16 | 木 | 20 | 癸巳 | 7 | 4 |
| 12 | 17 | 金 | 21 | 甲午 | 6 | 4 |
| 13 | 18 | 土 | 22 | 乙未 | 6 | 4 |
| 14 | 19 | 日 | 23 | 丙申 | 6 | 5 |
| 15 | 20 | 月 | 24 | 丁酉 | 곡우 | |
| 16 | 21 | 火 | 25 | 戊戌 | 5 | 5 |
| 17 | 22 | 水 | 26 | 己亥 | 5 | 6 |
| 18 | 23 | 木 | 27 | 庚子 | 4 | 6 |
| 19 | 24 | 金 | 28 | 辛丑 | 4 | 6 |
| 20 | 25 | 土 | 29 | 壬寅 | 4 | 7 |
| 21 | 26 | 日 | 4/1 | 癸卯 | 3 | 7 |
| 22 | 27 | 月 | 2 | 甲辰 | 3 | 7 |
| 23 | 28 | 火 | 3 | 乙巳 | 3 | 8 |
| 24 | 29 | 水 | 4 | 丙午 | 2 | 8 |
| 25 | 30 | 木 | 5 | 丁未 | 2 | 8 |
| 26 | 5/1 | 金 | 6 | 戊申 | 2 | 9 |
| 27 | 2 | 土 | 7 | 己酉 | 1 | 9 |
| 28 | 3 | 日 | 8 | 庚戌 | 1 | 9 |
| 29 | 4 | 月 | 9 | 辛亥 | 1 | 10 |
| 30 | 5 | 火 | 10 | 壬子 | 1 | 10 |
| 31 | | | | | | |

**입하절(丁巳月)** 立夏 5월6일 2시3분 / 小滿 5월21일 15시5분

| 절기후날수 | 양력 | 요일 | 음력 | 일진 | 大運 남 | 大運 여 |
|---|---|---|---|---|---|---|
| 0 | 5/6 | 水 | 11 | 癸丑 | 입하 | |
| 1 | 7 | 木 | 12 | 甲寅 | 10 | 1 |
| 2 | 8 | 金 | 13 | 乙卯 | 10 | 1 |
| 3 | 9 | 土 | 14 | 丙辰 | 9 | 1 |
| 4 | 10 | 日 | 15 | 丁巳 | 9 | 1 |
| 5 | 11 | 月 | 16 | 戊午 | 9 | 2 |
| 6 | 12 | 火 | 17 | 己未 | 8 | 2 |
| 7 | 13 | 水 | 18 | 庚申 | 8 | 2 |
| 8 | 14 | 木 | 19 | 辛酉 | 8 | 3 |
| 9 | 15 | 金 | 20 | 壬戌 | 7 | 3 |
| 10 | 16 | 土 | 21 | 癸亥 | 7 | 3 |
| 11 | 17 | 日 | 22 | 甲子 | 7 | 4 |
| 12 | 18 | 月 | 23 | 乙丑 | 6 | 4 |
| 13 | 19 | 火 | 24 | 丙寅 | 6 | 4 |
| 14 | 20 | 水 | 25 | 丁卯 | 6 | 5 |
| 15 | 21 | 木 | 26 | 戊辰 | 소만 | |
| 16 | 22 | 金 | 27 | 己巳 | 5 | 5 |
| 17 | 23 | 土 | 28 | 庚午 | 5 | 6 |
| 18 | 24 | 日 | 29 | 辛未 | 4 | 6 |
| 19 | 25 | 月 | 30 | 壬申 | 4 | 6 |
| 20 | 26 | 火 | 5/1 | 癸酉 | 4 | 7 |
| 21 | 27 | 水 | 2 | 甲戌 | 3 | 7 |
| 22 | 28 | 木 | 3 | 乙亥 | 3 | 7 |
| 23 | 29 | 金 | 4 | 丙子 | 3 | 8 |
| 24 | 30 | 土 | 5 | 丁丑 | 2 | 8 |
| 25 | 31 | 日 | 6 | 戊寅 | 2 | 8 |
| 26 | 6/1 | 月 | 7 | 己卯 | 2 | 9 |
| 27 | 2 | 火 | 8 | 庚辰 | 1 | 9 |
| 28 | 3 | 水 | 9 | 辛巳 | 1 | 9 |
| 29 | 4 | 木 | 10 | 壬午 | 1 | 10 |
| 30 | 5 | 金 | 11 | 癸未 | 1 | 10 |
| 31 | | | | | | |

**망종절(戊午月)** 芒種 6월6일 6시13분 / 夏至 6월21일 23시3분

| 절기후날수 | 양력 | 요일 | 음력 | 일진 | 大運 남 | 大運 여 |
|---|---|---|---|---|---|---|
| 0 | 6/6 | 土 | 12 | 甲申 | 망종 | |
| 1 | 7 | 日 | 13 | 乙酉 | 10 | 1 |
| 2 | 8 | 月 | 14 | 丙戌 | 10 | 1 |
| 3 | 9 | 火 | 15 | 丁亥 | 9 | 1 |
| 4 | 10 | 水 | 16 | 戊子 | 9 | 1 |
| 5 | 11 | 木 | 17 | 己丑 | 9 | 2 |
| 6 | 12 | 金 | 18 | 庚寅 | 8 | 2 |
| 7 | 13 | 土 | 19 | 辛卯 | 8 | 2 |
| 8 | 14 | 日 | 20 | 壬辰 | 8 | 3 |
| 9 | 15 | 月 | 21 | 癸巳 | 7 | 3 |
| 10 | 16 | 火 | 22 | 甲午 | 7 | 3 |
| 11 | 17 | 水 | 23 | 乙未 | 7 | 4 |
| 12 | 18 | 木 | 24 | 丙申 | 6 | 4 |
| 13 | 19 | 金 | 25 | 丁酉 | 6 | 4 |
| 14 | 20 | 土 | 26 | 戊戌 | 6 | 5 |
| 15 | 21 | 日 | 27 | 己亥 | 하지 | |
| 16 | 22 | 月 | 28 | 庚子 | 5 | 5 |
| 17 | 23 | 火 | 29 | 辛丑 | 5 | 6 |
| 18 | 24 | 水 | 윤1 | 壬寅 | 4 | 6 |
| 19 | 25 | 木 | 윤2 | 癸卯 | 4 | 6 |
| 20 | 26 | 金 | 윤3 | 甲辰 | 4 | 7 |
| 21 | 27 | 土 | 윤4 | 乙巳 | 3 | 7 |
| 22 | 28 | 日 | 윤5 | 丙午 | 3 | 7 |
| 23 | 29 | 月 | 윤6 | 丁未 | 3 | 8 |
| 24 | 30 | 火 | 윤7 | 戊申 | 2 | 8 |
| 25 | 7/1 | 水 | 윤8 | 己酉 | 2 | 8 |
| 26 | 2 | 木 | 윤9 | 庚戌 | 2 | 9 |
| 27 | 3 | 金 | 윤10 | 辛亥 | 1 | 9 |
| 28 | 4 | 土 | 윤11 | 壬子 | 1 | 9 |
| 29 | 5 | 日 | 윤12 | 癸丑 | 1 | 10 |
| 30 | 6 | 月 | 윤13 | 甲寅 | 1 | 10 |
| 31 | | | | | | |

**소서절(己未月)** 小暑 7월7일 16시30분 / 大暑 7월23일 9시55분

| 절기후날수 | 양력 | 요일 | 음력 | 일진 | 大運 남 | 大運 여 |
|---|---|---|---|---|---|---|
| 0 | 7/7 | 火 | 윤14 | 乙卯 | 소서 | |
| 1 | 8 | 水 | 윤15 | 丙辰 | 10 | 1 |
| 2 | 9 | 木 | 윤16 | 丁巳 | 10 | 1 |
| 3 | 10 | 金 | 윤17 | 戊午 | 10 | 1 |
| 4 | 11 | 土 | 윤18 | 己未 | 9 | 1 |
| 5 | 12 | 日 | 윤19 | 庚申 | 9 | 2 |
| 6 | 13 | 月 | 윤20 | 辛酉 | 9 | 2 |
| 7 | 14 | 火 | 윤21 | 壬戌 | 8 | 2 |
| 8 | 15 | 水 | 윤22 | 癸亥 | 8 | 3 |
| 9 | 16 | 木 | 윤23 | 甲子 | 8 | 3 |
| 10 | 17 | 金 | 윤24 | 乙丑 | 7 | 3 |
| 11 | 18 | 土 | 윤25 | 丙寅 | 7 | 4 |
| 12 | 19 | 日 | 윤26 | 丁卯 | 7 | 4 |
| 13 | 20 | 月 | 윤27 | 戊辰 | 6 | 4 |
| 14 | 21 | 火 | 윤28 | 己巳 | 6 | 5 |
| 15 | 22 | 水 | 윤29 | 庚午 | 6 | 5 |
| 16 | 23 | 木 | 6/1 | 辛未 | 대서 | |
| 17 | 24 | 金 | 2 | 壬申 | 5 | 6 |
| 18 | 25 | 土 | 3 | 癸酉 | 5 | 6 |
| 19 | 26 | 日 | 4 | 甲戌 | 4 | 6 |
| 20 | 27 | 月 | 5 | 乙亥 | 4 | 7 |
| 21 | 28 | 火 | 6 | 丙子 | 4 | 7 |
| 22 | 29 | 水 | 7 | 丁丑 | 3 | 7 |
| 23 | 30 | 木 | 8 | 戊寅 | 3 | 8 |
| 24 | 31 | 金 | 9 | 己卯 | 3 | 8 |
| 25 | 8/1 | 土 | 10 | 庚辰 | 2 | 8 |
| 26 | 2 | 日 | 11 | 辛巳 | 2 | 9 |
| 27 | 3 | 月 | 12 | 壬午 | 2 | 9 |
| 28 | 4 | 火 | 13 | 癸未 | 1 | 9 |
| 29 | 5 | 水 | 14 | 甲申 | 1 | 10 |
| 30 | 6 | 木 | 15 | 乙酉 | 1 | 10 |
| 31 | 7 | 金 | 16 | 丙戌 | 1 | 10 |

▶ 윤달-5월

# 戊寅年

| 절기후날수 | 입추절(庚申月) 立秋 8월8일 2시20분 處暑 8월23일 16시59분 | | | | | 백로절(辛酉月) 白露 9월8일 5시16분 秋分 9월23일 14시37분 | | | | | 한로절(壬戌月) 寒露 10월8일 20시56분 霜降 10월23일 23시59분 | | | | |
|---|---|---|---|---|---|---|---|---|---|---|---|---|---|---|---|
| | 양력 | 요일 | 음력 | 일진 | 大運 남·여 | 양력 | 요일 | 음력 | 일진 | 大運 남·여 | 양력 | 요일 | 음력 | 일진 | 大運 남·여 |
| 0 | 8/8 | 土 | 17 | 丁亥 | 입추 | 9/8 | 火 | 18 | 戊午 | 백로 | 10/8 | 木 | 18 | 戊子 | 한로 |
| 1 | 9 | 日 | 18 | 戊子 | 10·1 | 9 | 水 | 19 | 己未 | 10·1 | 9 | 金 | 19 | 己丑 | 10·1 |
| 2 | 10 | 月 | 19 | 己丑 | 10·1 | 10 | 木 | 20 | 庚申 | 9·1 | 10 | 土 | 20 | 庚寅 | 10·1 |
| 3 | 11 | 火 | 20 | 庚寅 | 9·1 | 11 | 金 | 21 | 辛酉 | 9·1 | 11 | 日 | 21 | 辛卯 | 9·1 |
| 4 | 12 | 水 | 21 | 辛卯 | 9·1 | 12 | 土 | 22 | 壬戌 | 9·1 | 12 | 月 | 22 | 壬辰 | 9·1 |
| 5 | 13 | 木 | 22 | 壬辰 | 9·2 | 13 | 日 | 23 | 癸亥 | 8·2 | 13 | 火 | 23 | 癸巳 | 9·2 |
| 6 | 14 | 金 | 23 | 癸巳 | 8·2 | 14 | 月 | 24 | 甲子 | 8·2 | 14 | 水 | 24 | 甲午 | 8·2 |
| 7 | 15 | 土 | 24 | 甲午 | 8·2 | 15 | 火 | 25 | 乙丑 | 8·2 | 15 | 木 | 25 | 乙未 | 8·2 |
| 8 | 16 | 日 | 25 | 乙未 | 8·3 | 16 | 水 | 26 | 丙寅 | 7·3 | 16 | 金 | 26 | 丙申 | 8·3 |
| 9 | 17 | 月 | 26 | 丙申 | 7·3 | 17 | 木 | 27 | 丁卯 | 7·3 | 17 | 土 | 27 | 丁酉 | 7·3 |
| 10 | 18 | 火 | 27 | 丁酉 | 7·3 | 18 | 金 | 28 | 戊辰 | 7·3 | 18 | 日 | 28 | 戊戌 | 7·3 |
| 11 | 19 | 水 | 28 | 戊戌 | 7·4 | 19 | 土 | 29 | 己巳 | 6·4 | 19 | 月 | 29 | 己亥 | 7·4 |
| 12 | 20 | 木 | 29 | 己亥 | 6·4 | 20 | 日 | 30 | 庚午 | 6·4 | 20 | 火 | 9/1 | 庚子 | 6·4 |
| 13 | 21 | 金 | 30 | 庚子 | 6·4 | 21 | 月 | 8/1 | 辛未 | 6·4 | 21 | 水 | 2 | 辛丑 | 6·4 |
| 14 | 22 | 土 | 7/1 | 辛丑 | 6·5 | 22 | 火 | 2 | 壬申 | 5·5 | 22 | 木 | 3 | 壬寅 | 6·5 |
| 15 | 23 | 日 | 2 | 壬寅 | 처서 | 23 | 水 | 3 | 癸酉 | 추분 | 23 | 金 | 4 | 癸卯 | 상강 |
| 16 | 24 | 月 | 3 | 癸卯 | 5·5 | 24 | 木 | 4 | 甲戌 | 5·5 | 24 | 土 | 5 | 甲辰 | 5·5 |
| 17 | 25 | 火 | 4 | 甲辰 | 5·6 | 25 | 金 | 5 | 乙亥 | 4·6 | 25 | 日 | 6 | 乙巳 | 5·6 |
| 18 | 26 | 水 | 5 | 乙巳 | 4·6 | 26 | 土 | 6 | 丙子 | 4·6 | 26 | 月 | 7 | 丙午 | 4·6 |
| 19 | 27 | 木 | 6 | 丙午 | 4·6 | 27 | 日 | 7 | 丁丑 | 4·6 | 27 | 火 | 8 | 丁未 | 4·6 |
| 20 | 28 | 金 | 7 | 丁未 | 4·7 | 28 | 月 | 8 | 戊寅 | 3·7 | 28 | 水 | 9 | 戊申 | 4·7 |
| 21 | 29 | 土 | 8 | 戊申 | 3·7 | 29 | 火 | 9 | 己卯 | 3·7 | 29 | 木 | 10 | 己酉 | 3·7 |
| 22 | 30 | 日 | 9 | 己酉 | 3·7 | 30 | 水 | 10 | 庚辰 | 3·7 | 30 | 金 | 11 | 庚戌 | 3·7 |
| 23 | 31 | 月 | 10 | 庚戌 | 3·8 | 10/1 | 木 | 11 | 辛巳 | 2·8 | 31 | 土 | 12 | 辛亥 | 3·8 |
| 24 | 9/1 | 火 | 11 | 辛亥 | 2·8 | 2 | 金 | 12 | 壬午 | 2·8 | 11/1 | 日 | 13 | 壬子 | 2·8 |
| 25 | 2 | 水 | 12 | 壬子 | 2·8 | 3 | 土 | 13 | 癸未 | 2·8 | 2 | 月 | 14 | 癸丑 | 2·8 |
| 26 | 3 | 木 | 13 | 癸丑 | 2·9 | 4 | 日 | 14 | 甲申 | 1·9 | 3 | 火 | 15 | 甲寅 | 2·9 |
| 27 | 4 | 金 | 14 | 甲寅 | 1·9 | 5 | 月 | 15 | 乙酉 | 1·9 | 4 | 水 | 16 | 乙卯 | 1·9 |
| 28 | 5 | 土 | 15 | 乙卯 | 1·9 | 6 | 火 | 16 | 丙戌 | 1·9 | 5 | 木 | 17 | 丙辰 | 1·9 |
| 29 | 6 | 日 | 16 | 丙辰 | 1·10 | 7 | 水 | 17 | 丁亥 | 1·10 | 6 | 金 | 18 | 丁巳 | 1·10 |
| 30 | 7 | 月 | 17 | 丁巳 | 1·10 | | | | | | 7 | 土 | 19 | 戊午 | 1·10 |
| 31 | | | | | | | | | | | | | | | |

| 절기후날수 | 입동절(癸亥月) 立冬 11월8일 0시8분 小雪 11월22일 21시34분 | | | | | 대설절(甲子月) 大雪 12월7일 17시2분 冬至 12월22일 10시56분 | | | | | 소한절(乙丑月) 小寒 1월6일 4시17분 大寒 1월20일 21시37분 | | | | |
|---|---|---|---|---|---|---|---|---|---|---|---|---|---|---|---|
| | 양력 | 요일 | 음력 | 일진 | 大運 남·여 | 양력 | 요일 | 음력 | 일진 | 大運 남·여 | 양력 | 요일 | 음력 | 일진 | 大運 남·여 |
| 0 | 11/8 | 日 | 20 | 己未 | 입동 | 12/7 | 月 | 19 | 戊子 | 대설 | 1/6 | 水 | 19 | 戊午 | 소한 |
| 1 | 9 | 月 | 21 | 庚申 | 9·1 | 8 | 火 | 20 | 己丑 | 10·1 | 7 | 木 | 20 | 己未 | 9·1 |
| 2 | 10 | 火 | 22 | 辛酉 | 9·1 | 9 | 水 | 21 | 庚寅 | 9·1 | 8 | 金 | 21 | 庚申 | 9·1 |
| 3 | 11 | 水 | 23 | 壬戌 | 9·1 | 10 | 木 | 22 | 辛卯 | 9·1 | 9 | 土 | 22 | 辛酉 | 9·1 |
| 4 | 12 | 木 | 24 | 癸亥 | 8·1 | 11 | 金 | 23 | 壬辰 | 9·1 | 10 | 日 | 23 | 壬戌 | 8·1 |
| 5 | 13 | 金 | 25 | 甲子 | 8·2 | 12 | 土 | 24 | 癸巳 | 8·2 | 11 | 月 | 24 | 癸亥 | 8·2 |
| 6 | 14 | 土 | 26 | 乙丑 | 8·2 | 13 | 日 | 25 | 甲午 | 8·2 | 12 | 火 | 25 | 甲子 | 8·2 |
| 7 | 15 | 日 | 27 | 丙寅 | 7·2 | 14 | 月 | 26 | 乙未 | 8·2 | 13 | 水 | 26 | 乙丑 | 7·2 |
| 8 | 16 | 月 | 28 | 丁卯 | 7·3 | 15 | 火 | 27 | 丙申 | 7·3 | 14 | 木 | 27 | 丙寅 | 7·3 |
| 9 | 17 | 火 | 29 | 戊辰 | 7·3 | 16 | 水 | 28 | 丁酉 | 7·3 | 15 | 金 | 28 | 丁卯 | 7·3 |
| 10 | 18 | 水 | 30 | 己巳 | 6·3 | 17 | 木 | 29 | 戊戌 | 7·3 | 16 | 土 | 29 | 戊辰 | 6·3 |
| 11 | 19 | 木 | 10/1 | 庚午 | 6·4 | 18 | 金 | 30 | 己亥 | 6·4 | 17 | 日 | 30 | 己巳 | 6·4 |
| 12 | 20 | 金 | 2 | 辛未 | 6·4 | 19 | 土 | 11/1 | 庚子 | 6·4 | 18 | 月 | 12/1 | 庚午 | 6·4 |
| 13 | 21 | 土 | 3 | 壬申 | 5·4 | 20 | 日 | 2 | 辛丑 | 6·4 | 19 | 火 | 2 | 辛未 | 5·4 |
| 14 | 22 | 日 | 4 | 癸酉 | 소설 | 21 | 月 | 3 | 壬寅 | 5·5 | 20 | 水 | 3 | 壬申 | 대한 |
| 15 | 23 | 月 | 5 | 甲戌 | 5·5 | 22 | 火 | 4 | 癸卯 | 동지 | 21 | 木 | 4 | 癸酉 | 5·5 |
| 16 | 24 | 火 | 6 | 乙亥 | 4·5 | 23 | 水 | 5 | 甲辰 | 5·5 | 22 | 金 | 5 | 甲戌 | 4·5 |
| 17 | 25 | 水 | 7 | 丙子 | 4·6 | 24 | 木 | 6 | 乙巳 | 4·6 | 23 | 土 | 6 | 乙亥 | 4·6 |
| 18 | 26 | 木 | 8 | 丁丑 | 4·6 | 25 | 金 | 7 | 丙午 | 4·6 | 24 | 日 | 7 | 丙子 | 4·6 |
| 19 | 27 | 金 | 9 | 戊寅 | 3·6 | 26 | 土 | 8 | 丁未 | 4·6 | 25 | 月 | 8 | 丁丑 | 3·6 |
| 20 | 28 | 土 | 10 | 己卯 | 3·7 | 27 | 日 | 9 | 戊申 | 3·7 | 26 | 火 | 9 | 戊寅 | 3·7 |
| 21 | 29 | 日 | 11 | 庚辰 | 3·7 | 28 | 月 | 10 | 己酉 | 3·7 | 27 | 水 | 10 | 己卯 | 3·7 |
| 22 | 30 | 月 | 12 | 辛巳 | 2·7 | 29 | 火 | 11 | 庚戌 | 3·7 | 28 | 木 | 11 | 庚辰 | 2·7 |
| 23 | 12/1 | 火 | 13 | 壬午 | 2·8 | 30 | 水 | 12 | 辛亥 | 2·8 | 29 | 金 | 12 | 辛巳 | 2·8 |
| 24 | 2 | 水 | 14 | 癸未 | 2·8 | 31 | 木 | 13 | 壬子 | 2·8 | 30 | 土 | 13 | 壬午 | 2·8 |
| 25 | 3 | 木 | 15 | 甲申 | 1·8 | 1/1 | 金 | 14 | 癸丑 | 2·8 | 31 | 日 | 14 | 癸未 | 1·8 |
| 26 | 4 | 金 | 16 | 乙酉 | 1·9 | 2 | 土 | 15 | 甲寅 | 1·9 | 2/1 | 月 | 15 | 甲申 | 1·9 |
| 27 | 5 | 土 | 17 | 丙戌 | 1·9 | 3 | 日 | 16 | 乙卯 | 1·9 | 2 | 火 | 16 | 乙酉 | 1·9 |
| 28 | 6 | 日 | 18 | 丁亥 | 1·9 | 4 | 月 | 17 | 丙辰 | 1·9 | 3 | 水 | 17 | 丙戌 | 1·9 |
| 29 | | | | | | 5 | 火 | 18 | 丁巳 | 1·10 | | | | | |
| 30 | | | | | | | | | | | | | | | |
| 31 | | | | | | | | | | | | | | | |

# 서기 1999년 [단기 4332년]

| 절기후날수 | 입춘절(丙寅月)<br>立春 2월4일 15시57분<br>雨水 2월19일 11시47분 | | | | | | 경칩절(丁卯月)<br>驚蟄 3월6일 9시58분<br>春分 3월21일 10시46분 | | | | | |
|---|---|---|---|---|---|---|---|---|---|---|---|---|
| | 양력 | 요일 | 음력 | 일진 | 大運 남 | 大運 여 | 양력 | 요일 | 음력 | 일진 | 大運 남 | 大運 여 |
| 0 | 2/4 | 木 | 18 | 丁亥 | 입춘 | | 3/6 | 土 | 19 | 丁巳 | 경칩 | |
| 1 | 5 | 金 | 19 | 戊子 | 1 | 10 | 7 | 日 | 20 | 戊午 | 1 | 10 |
| 2 | 6 | 土 | 20 | 己丑 | 1 | 9 | 8 | 月 | 21 | 己未 | 1 | 9 |
| 3 | 7 | 日 | 21 | 庚寅 | 1 | 9 | 9 | 火 | 22 | 庚申 | 1 | 9 |
| 4 | 8 | 月 | 22 | 辛卯 | 1 | 9 | 10 | 水 | 23 | 辛酉 | 1 | 9 |
| 5 | 9 | 火 | 23 | 壬辰 | 2 | 8 | 11 | 木 | 24 | 壬戌 | 2 | 8 |
| 6 | 10 | 水 | 24 | 癸巳 | 2 | 8 | 12 | 金 | 25 | 癸亥 | 2 | 8 |
| 7 | 11 | 木 | 25 | 甲午 | 2 | 8 | 13 | 土 | 26 | 甲子 | 2 | 8 |
| 8 | 12 | 金 | 26 | 乙未 | 3 | 7 | 14 | 日 | 27 | 乙丑 | 3 | 7 |
| 9 | 13 | 土 | 27 | 丙申 | 3 | 7 | 15 | 月 | 28 | 丙寅 | 3 | 7 |
| 10 | 14 | 日 | 28 | 丁酉 | 3 | 7 | 16 | 火 | 29 | 丁卯 | 3 | 7 |
| 11 | 15 | 月 | 29 | 戊戌 | 4 | 6 | 17 | 水 | 30 | 戊辰 | 4 | 6 |
| 12 | 16 | 火 | 1/1 | 己亥 | 4 | 6 | 18 | 木 | 2/1 | 己巳 | 4 | 6 |
| 13 | 17 | 水 | 2 | 庚子 | 4 | 6 | 19 | 金 | 2 | 庚午 | 4 | 6 |
| 14 | 18 | 木 | 3 | 辛丑 | 5 | 5 | 20 | 土 | 3 | 辛未 | 5 | 5 |
| 15 | 19 | 金 | 4 | 壬寅 | 우수 | | 21 | 日 | 4 | 壬申 | 춘분 | |
| 16 | 20 | 土 | 5 | 癸卯 | 5 | 5 | 22 | 月 | 5 | 癸酉 | 5 | 5 |
| 17 | 21 | 日 | 6 | 甲辰 | 6 | 4 | 23 | 火 | 6 | 甲戌 | 6 | 4 |
| 18 | 22 | 月 | 7 | 乙巳 | 6 | 4 | 24 | 水 | 7 | 乙亥 | 6 | 4 |
| 19 | 23 | 火 | 8 | 丙午 | 6 | 4 | 25 | 木 | 8 | 丙子 | 6 | 4 |
| 20 | 24 | 水 | 9 | 丁未 | 7 | 3 | 26 | 金 | 9 | 丁丑 | 7 | 3 |
| 21 | 25 | 木 | 10 | 戊申 | 7 | 3 | 27 | 土 | 10 | 戊寅 | 7 | 3 |
| 22 | 26 | 金 | 11 | 己酉 | 7 | 3 | 28 | 日 | 11 | 己卯 | 7 | 3 |
| 23 | 27 | 土 | 12 | 庚戌 | 8 | 2 | 29 | 月 | 12 | 庚辰 | 8 | 2 |
| 24 | 28 | 日 | 13 | 辛亥 | 8 | 2 | 30 | 火 | 13 | 辛巳 | 8 | 2 |
| 25 | 3/1 | 月 | 14 | 壬子 | 8 | 2 | 31 | 水 | 14 | 壬午 | 8 | 2 |
| 26 | 2 | 火 | 15 | 癸丑 | 9 | 1 | 4/1 | 木 | 15 | 癸未 | 9 | 1 |
| 27 | 3 | 水 | 16 | 甲寅 | 9 | 1 | 2 | 金 | 16 | 甲申 | 9 | 1 |
| 28 | 4 | 木 | 17 | 乙卯 | 9 | 1 | 3 | 土 | 17 | 乙酉 | 9 | 1 |
| 29 | 5 | 金 | 18 | 丙辰 | 10 | 1 | 4 | 日 | 18 | 丙戌 | 10 | 1 |
| 30 | | | | | | | | | | | | |
| 31 | | | | | | | | | | | | |

| 절기후날수 | 청명절(戊辰月)<br>清明 4월5일 14시45분<br>穀雨 4월20일 21시46분 | | | | | | 입하절(己巳月)<br>立夏 5월6일 8시1분<br>小滿 5월21일 20시52분 | | | | | |
|---|---|---|---|---|---|---|---|---|---|---|---|---|
| | 양력 | 요일 | 음력 | 일진 | 大運 남 | 大運 여 | 양력 | 요일 | 음력 | 일진 | 大運 남 | 大運 여 |
| 0 | 4/5 | 月 | 19 | 丁亥 | 청명 | | 5/6 | 木 | 21 | 戊午 | 입하 | |
| 1 | 6 | 火 | 20 | 戊子 | 1 | 10 | 7 | 金 | 22 | 己未 | 1 | 10 |
| 2 | 7 | 水 | 21 | 己丑 | 1 | 10 | 8 | 土 | 23 | 庚申 | 1 | 10 |
| 3 | 8 | 木 | 22 | 庚寅 | 1 | 9 | 9 | 日 | 24 | 辛酉 | 1 | 9 |
| 4 | 9 | 金 | 23 | 辛卯 | 1 | 9 | 10 | 月 | 25 | 壬戌 | 1 | 9 |
| 5 | 10 | 土 | 24 | 壬辰 | 2 | 9 | 11 | 火 | 26 | 癸亥 | 2 | 9 |
| 6 | 11 | 日 | 25 | 癸巳 | 2 | 8 | 12 | 水 | 27 | 甲子 | 2 | 8 |
| 7 | 12 | 月 | 26 | 甲午 | 2 | 8 | 13 | 木 | 28 | 乙丑 | 2 | 8 |
| 8 | 13 | 火 | 27 | 乙未 | 3 | 8 | 14 | 金 | 29 | 丙寅 | 3 | 8 |
| 9 | 14 | 水 | 28 | 丙申 | 3 | 7 | 15 | 土 | 4/1 | 丁卯 | 3 | 7 |
| 10 | 15 | 木 | 29 | 丁酉 | 3 | 7 | 16 | 日 | 2 | 戊辰 | 3 | 7 |
| 11 | 16 | 金 | 3/1 | 戊戌 | 4 | 7 | 17 | 月 | 3 | 己巳 | 4 | 7 |
| 12 | 17 | 土 | 2 | 己亥 | 4 | 6 | 18 | 火 | 4 | 庚午 | 4 | 6 |
| 13 | 18 | 日 | 3 | 庚子 | 4 | 6 | 19 | 水 | 5 | 辛未 | 4 | 6 |
| 14 | 19 | 月 | 4 | 辛丑 | 5 | 6 | 20 | 木 | 6 | 壬申 | 5 | 6 |
| 15 | 20 | 火 | 5 | 壬寅 | 곡우 | | 21 | 金 | 7 | 癸酉 | 소만 | |
| 16 | 21 | 水 | 6 | 癸卯 | 5 | 5 | 22 | 土 | 8 | 甲戌 | 5 | 5 |
| 17 | 22 | 木 | 7 | 甲辰 | 6 | 5 | 23 | 日 | 9 | 乙亥 | 6 | 5 |
| 18 | 23 | 金 | 8 | 乙巳 | 6 | 4 | 24 | 月 | 10 | 丙子 | 6 | 4 |
| 19 | 24 | 土 | 9 | 丙午 | 6 | 4 | 25 | 火 | 11 | 丁丑 | 6 | 4 |
| 20 | 25 | 日 | 10 | 丁未 | 7 | 4 | 26 | 水 | 12 | 戊寅 | 7 | 4 |
| 21 | 26 | 月 | 11 | 戊申 | 7 | 3 | 27 | 木 | 13 | 己卯 | 7 | 3 |
| 22 | 27 | 火 | 12 | 己酉 | 7 | 3 | 28 | 金 | 14 | 庚辰 | 7 | 3 |
| 23 | 28 | 水 | 13 | 庚戌 | 8 | 3 | 29 | 土 | 15 | 辛巳 | 8 | 3 |
| 24 | 29 | 木 | 14 | 辛亥 | 8 | 2 | 30 | 日 | 16 | 壬午 | 8 | 2 |
| 25 | 30 | 金 | 15 | 壬子 | 8 | 2 | 31 | 月 | 17 | 癸未 | 8 | 2 |
| 26 | 5/1 | 土 | 16 | 癸丑 | 9 | 2 | 6/1 | 火 | 18 | 甲申 | 9 | 2 |
| 27 | 2 | 日 | 17 | 甲寅 | 9 | 1 | 2 | 水 | 19 | 乙酉 | 9 | 1 |
| 28 | 3 | 月 | 18 | 乙卯 | 9 | 1 | 3 | 木 | 20 | 丙戌 | 9 | 1 |
| 29 | 4 | 火 | 19 | 丙辰 | 10 | 1 | 4 | 金 | 21 | 丁亥 | 10 | 1 |
| 30 | 5 | 水 | 20 | 丁巳 | 10 | 1 | 5 | 土 | 22 | 戊子 | 10 | 1 |
| 31 | | | | | | | | | | | | |

| 절기후날수 | 망종절(庚午月)<br>芒種 6월6일 12시9분<br>夏至 6월22일 4시49분 | | | | | | 소서절(辛未月)<br>小暑 7월7일 22시25분<br>大暑 7월23일 15시44분 | | | | | |
|---|---|---|---|---|---|---|---|---|---|---|---|---|
| | 양력 | 요일 | 음력 | 일진 | 大運 남 | 大運 여 | 양력 | 요일 | 음력 | 일진 | 大運 남 | 大運 여 |
| 0 | 6/6 | 日 | 23 | 己丑 | 망종 | | 7/7 | 水 | 24 | 庚申 | 소서 | |
| 1 | 7 | 月 | 24 | 庚寅 | 1 | 10 | 8 | 木 | 25 | 辛酉 | 1 | 10 |
| 2 | 8 | 火 | 25 | 辛卯 | 1 | 10 | 9 | 金 | 26 | 壬戌 | 1 | 10 |
| 3 | 9 | 水 | 26 | 壬辰 | 1 | 9 | 10 | 土 | 27 | 癸亥 | 1 | 10 |
| 4 | 10 | 木 | 27 | 癸巳 | 1 | 9 | 11 | 日 | 28 | 甲子 | 1 | 9 |
| 5 | 11 | 金 | 28 | 甲午 | 2 | 9 | 12 | 月 | 29 | 乙丑 | 2 | 9 |
| 6 | 12 | 土 | 29 | 乙未 | 2 | 8 | 13 | 火 | 6/1 | 丙寅 | 2 | 9 |
| 7 | 13 | 日 | 30 | 丙申 | 2 | 8 | 14 | 水 | 2 | 丁卯 | 2 | 8 |
| 8 | 14 | 月 | 5/1 | 丁酉 | 3 | 8 | 15 | 木 | 3 | 戊辰 | 3 | 8 |
| 9 | 15 | 火 | 2 | 戊戌 | 3 | 7 | 16 | 金 | 4 | 己巳 | 3 | 8 |
| 10 | 16 | 水 | 3 | 己亥 | 3 | 7 | 17 | 土 | 5 | 庚午 | 3 | 7 |
| 11 | 17 | 木 | 4 | 庚子 | 4 | 7 | 18 | 日 | 6 | 辛未 | 4 | 7 |
| 12 | 18 | 金 | 5 | 辛丑 | 4 | 6 | 19 | 月 | 7 | 壬申 | 4 | 7 |
| 13 | 19 | 土 | 6 | 壬寅 | 4 | 6 | 20 | 火 | 8 | 癸酉 | 4 | 6 |
| 14 | 20 | 日 | 7 | 癸卯 | 5 | 6 | 21 | 水 | 9 | 甲戌 | 5 | 6 |
| 15 | 21 | 月 | 8 | 甲辰 | 5 | 5 | 22 | 木 | 10 | 乙亥 | 5 | 6 |
| 16 | 22 | 火 | 9 | 乙巳 | 하지 | | 23 | 金 | 11 | 丙子 | 대서 | |
| 17 | 23 | 水 | 10 | 丙午 | 6 | 5 | 24 | 土 | 12 | 丁丑 | 6 | 5 |
| 18 | 24 | 木 | 11 | 丁未 | 6 | 4 | 25 | 日 | 13 | 戊寅 | 6 | 5 |
| 19 | 25 | 金 | 12 | 戊申 | 6 | 4 | 26 | 月 | 14 | 己卯 | 6 | 4 |
| 20 | 26 | 土 | 13 | 己酉 | 7 | 4 | 27 | 火 | 15 | 庚辰 | 7 | 4 |
| 21 | 27 | 日 | 14 | 庚戌 | 7 | 3 | 28 | 水 | 16 | 辛巳 | 7 | 4 |
| 22 | 28 | 月 | 15 | 辛亥 | 7 | 3 | 29 | 木 | 17 | 壬午 | 7 | 3 |
| 23 | 29 | 火 | 16 | 壬子 | 8 | 3 | 30 | 金 | 18 | 癸未 | 8 | 3 |
| 24 | 30 | 水 | 17 | 癸丑 | 8 | 2 | 31 | 土 | 19 | 甲申 | 8 | 3 |
| 25 | 7/1 | 木 | 18 | 甲寅 | 8 | 2 | 8/1 | 日 | 20 | 乙酉 | 8 | 2 |
| 26 | 2 | 金 | 19 | 乙卯 | 9 | 2 | 2 | 月 | 21 | 丙戌 | 9 | 2 |
| 27 | 3 | 土 | 20 | 丙辰 | 9 | 1 | 3 | 火 | 22 | 丁亥 | 9 | 2 |
| 28 | 4 | 日 | 21 | 丁巳 | 9 | 1 | 4 | 水 | 23 | 戊子 | 9 | 1 |
| 29 | 5 | 月 | 22 | 戊午 | 10 | 1 | 5 | 木 | 24 | 己丑 | 10 | 1 |
| 30 | 6 | 火 | 23 | 己未 | 10 | 1 | 6 | 金 | 25 | 庚寅 | 10 | 1 |
| 31 | | | | | | | 7 | 土 | 26 | 辛卯 | 10 | 1 |

# 己卯年

## 입추절(壬申月)

立秋 8월8일 8시14분
處暑 8월23일 22시51분

| 절기후날수 | 양력 | 요일 | 음력 | 일진 | 大運 남·여 |
|---|---|---|---|---|---|
| 0 | 8/8 | 日 | 27 | 壬辰 | 입추 |
| 1 | 9 | 月 | 28 | 癸巳 | 1·10 |
| 2 | 10 | 火 | 29 | 甲午 | 1·10 |
| 3 | 11 | 水 | 7/1 | 乙未 | 1·9 |
| 4 | 12 | 木 | 2 | 丙申 | 1·9 |
| 5 | 13 | 金 | 3 | 丁酉 | 2·9 |
| 6 | 14 | 土 | 4 | 戊戌 | 2·8 |
| 7 | 15 | 日 | 5 | 己亥 | 2·8 |
| 8 | 16 | 月 | 6 | 庚子 | 3·8 |
| 9 | 17 | 火 | 7 | 辛丑 | 3·7 |
| 10 | 18 | 水 | 8 | 壬寅 | 3·7 |
| 11 | 19 | 木 | 9 | 癸卯 | 4·7 |
| 12 | 20 | 金 | 10 | 甲辰 | 4·6 |
| 13 | 21 | 土 | 11 | 乙巳 | 4·6 |
| 14 | 22 | 日 | 12 | 丙午 | 5·6 |
| 15 | 23 | 月 | 13 | 丁未 | 처서 |
| 16 | 24 | 火 | 14 | 戊申 | 5·5 |
| 17 | 25 | 水 | 15 | 己酉 | 6·5 |
| 18 | 26 | 木 | 16 | 庚戌 | 6·4 |
| 19 | 27 | 金 | 17 | 辛亥 | 6·4 |
| 20 | 28 | 土 | 18 | 壬子 | 7·4 |
| 21 | 29 | 日 | 19 | 癸丑 | 7·3 |
| 22 | 30 | 月 | 20 | 甲寅 | 7·3 |
| 23 | 31 | 火 | 21 | 乙卯 | 8·3 |
| 24 | 9/1 | 水 | 22 | 丙辰 | 8·2 |
| 25 | 2 | 木 | 23 | 丁巳 | 8·2 |
| 26 | 3 | 金 | 24 | 戊午 | 9·2 |
| 27 | 4 | 土 | 25 | 己未 | 9·1 |
| 28 | 5 | 日 | 26 | 庚申 | 9·1 |
| 29 | 6 | 月 | 27 | 辛酉 | 10·1 |
| 30 | 7 | 火 | 28 | 壬戌 | 10·1 |
| 31 | | | | | |

## 백로절(癸酉月)

白露 9월8일 11시10분
秋分 9월23일 20시32분

| 절기후날수 | 양력 | 요일 | 음력 | 일진 | 大運 남·여 |
|---|---|---|---|---|---|
| 0 | 9/8 | 水 | 29 | 癸亥 | 백로 |
| 1 | 9 | 木 | 30 | 甲子 | 1·10 |
| 2 | 10 | 金 | 8/1 | 乙丑 | 1·10 |
| 3 | 11 | 土 | 2 | 丙寅 | 1·9 |
| 4 | 12 | 日 | 3 | 丁卯 | 1·9 |
| 5 | 13 | 月 | 4 | 戊辰 | 2·9 |
| 6 | 14 | 火 | 5 | 己巳 | 2·8 |
| 7 | 15 | 水 | 6 | 庚午 | 2·8 |
| 8 | 16 | 木 | 7 | 辛未 | 3·8 |
| 9 | 17 | 金 | 8 | 壬申 | 3·7 |
| 10 | 18 | 土 | 9 | 癸酉 | 3·7 |
| 11 | 19 | 日 | 10 | 甲戌 | 4·7 |
| 12 | 20 | 月 | 11 | 乙亥 | 4·6 |
| 13 | 21 | 火 | 12 | 丙子 | 4·6 |
| 14 | 22 | 水 | 13 | 丁丑 | 5·6 |
| 15 | 23 | 木 | 14 | 戊寅 | 추분 |
| 16 | 24 | 金 | 15 | 己卯 | 5·5 |
| 17 | 25 | 土 | 16 | 庚辰 | 6·5 |
| 18 | 26 | 日 | 17 | 辛巳 | 6·4 |
| 19 | 27 | 月 | 18 | 壬午 | 6·4 |
| 20 | 28 | 火 | 19 | 癸未 | 7·4 |
| 21 | 29 | 水 | 20 | 甲申 | 7·3 |
| 22 | 30 | 木 | 21 | 乙酉 | 7·3 |
| 23 | 10/1 | 金 | 22 | 丙戌 | 8·3 |
| 24 | 2 | 土 | 23 | 丁亥 | 8·2 |
| 25 | 3 | 日 | 24 | 戊子 | 8·2 |
| 26 | 4 | 月 | 25 | 己丑 | 9·2 |
| 27 | 5 | 火 | 26 | 庚寅 | 9·1 |
| 28 | 6 | 水 | 27 | 辛卯 | 9·1 |
| 29 | 7 | 木 | 28 | 壬辰 | 10·1 |
| 30 | 8 | 金 | 29 | 癸巳 | 10·1 |
| 31 | | | | | |

## 한로절(甲戌月)

寒露 10월9일 2시48분
霜降 10월24일 5시52분

| 절기후날수 | 양력 | 요일 | 음력 | 일진 | 大運 남·여 |
|---|---|---|---|---|---|
| 0 | 10/9 | 土 | 9/1 | 甲午 | 한로 |
| 1 | 10 | 日 | 2 | 乙未 | 1·10 |
| 2 | 11 | 月 | 3 | 丙申 | 1·9 |
| 3 | 12 | 火 | 4 | 丁酉 | 1·9 |
| 4 | 13 | 水 | 5 | 戊戌 | 1·9 |
| 5 | 14 | 木 | 6 | 己亥 | 2·8 |
| 6 | 15 | 金 | 7 | 庚子 | 2·8 |
| 7 | 16 | 土 | 8 | 辛丑 | 2·8 |
| 8 | 17 | 日 | 9 | 壬寅 | 3·7 |
| 9 | 18 | 月 | 10 | 癸卯 | 3·7 |
| 10 | 19 | 火 | 11 | 甲辰 | 3·7 |
| 11 | 20 | 水 | 12 | 乙巳 | 4·6 |
| 12 | 21 | 木 | 13 | 丙午 | 4·6 |
| 13 | 22 | 金 | 14 | 丁未 | 4·6 |
| 14 | 23 | 土 | 15 | 戊申 | 5·5 |
| 15 | 24 | 日 | 16 | 己酉 | 상강 |
| 16 | 25 | 月 | 17 | 庚戌 | 5·5 |
| 17 | 26 | 火 | 18 | 辛亥 | 6·4 |
| 18 | 27 | 水 | 19 | 壬子 | 6·4 |
| 19 | 28 | 木 | 20 | 癸丑 | 6·4 |
| 20 | 29 | 金 | 21 | 甲寅 | 7·3 |
| 21 | 30 | 土 | 22 | 乙卯 | 7·3 |
| 22 | 31 | 日 | 23 | 丙辰 | 7·3 |
| 23 | 11/1 | 月 | 24 | 丁巳 | 8·2 |
| 24 | 2 | 火 | 25 | 戊午 | 8·2 |
| 25 | 3 | 水 | 26 | 己未 | 8·2 |
| 26 | 4 | 木 | 27 | 庚申 | 9·1 |
| 27 | 5 | 金 | 28 | 辛酉 | 9·1 |
| 28 | 6 | 土 | 29 | 壬戌 | 9·1 |
| 29 | 7 | 日 | 30 | 癸亥 | 10·1 |
| 30 | | | | | |
| 31 | | | | | |

## 입동절(乙亥月)

立冬 11월8일 5시58분
小雪 11월23일 3시25분

| 절기후날수 | 양력 | 요일 | 음력 | 일진 | 大運 남·여 |
|---|---|---|---|---|---|
| 0 | 11/8 | 月 | 10/1 | 甲子 | 입동 |
| 1 | 9 | 火 | 2 | 乙丑 | 1·9 |
| 2 | 10 | 水 | 3 | 丙寅 | 1·9 |
| 3 | 11 | 木 | 4 | 丁卯 | 1·9 |
| 4 | 12 | 金 | 5 | 戊辰 | 1·8 |
| 5 | 13 | 土 | 6 | 己巳 | 2·8 |
| 6 | 14 | 日 | 7 | 庚午 | 2·8 |
| 7 | 15 | 月 | 8 | 辛未 | 2·7 |
| 8 | 16 | 火 | 9 | 壬申 | 3·7 |
| 9 | 17 | 水 | 10 | 癸酉 | 3·7 |
| 10 | 18 | 木 | 11 | 甲戌 | 3·6 |
| 11 | 19 | 金 | 12 | 乙亥 | 4·6 |
| 12 | 20 | 土 | 13 | 丙子 | 4·6 |
| 13 | 21 | 日 | 14 | 丁丑 | 4·5 |
| 14 | 22 | 月 | 15 | 戊寅 | 5·5 |
| 15 | 23 | 火 | 16 | 己卯 | 소설 |
| 16 | 24 | 水 | 17 | 庚辰 | 5·4 |
| 17 | 25 | 木 | 18 | 辛巳 | 6·4 |
| 18 | 26 | 金 | 19 | 壬午 | 6·4 |
| 19 | 27 | 土 | 20 | 癸未 | 6·3 |
| 20 | 28 | 日 | 21 | 甲申 | 7·3 |
| 21 | 29 | 月 | 22 | 乙酉 | 7·3 |
| 22 | 30 | 火 | 23 | 丙戌 | 7·2 |
| 23 | 12/1 | 水 | 24 | 丁亥 | 8·2 |
| 24 | 2 | 木 | 25 | 戊子 | 8·2 |
| 25 | 3 | 金 | 26 | 己丑 | 8·1 |
| 26 | 4 | 土 | 27 | 庚寅 | 9·1 |
| 27 | 5 | 日 | 28 | 辛卯 | 9·1 |
| 28 | 6 | 月 | 29 | 壬辰 | 9·1 |
| 29 | | | | | |
| 30 | | | | | |
| 31 | | | | | |

## 대설절(丙子月)

大雪 12월7일 22시47분
冬至 12월22일 16시44분

| 절기후날수 | 양력 | 요일 | 음력 | 일진 | 大運 남·여 |
|---|---|---|---|---|---|
| 0 | 12/7 | 火 | 30 | 癸巳 | 대설 |
| 1 | 8 | 水 | 11/1 | 甲午 | 1·10 |
| 2 | 9 | 木 | 2 | 乙未 | 1·9 |
| 3 | 10 | 金 | 3 | 丙申 | 1·9 |
| 4 | 11 | 土 | 4 | 丁酉 | 1·9 |
| 5 | 12 | 日 | 5 | 戊戌 | 2·8 |
| 6 | 13 | 月 | 6 | 己亥 | 2·8 |
| 7 | 14 | 火 | 7 | 庚子 | 2·8 |
| 8 | 15 | 水 | 8 | 辛丑 | 3·7 |
| 9 | 16 | 木 | 9 | 壬寅 | 3·7 |
| 10 | 17 | 金 | 10 | 癸卯 | 3·7 |
| 11 | 18 | 土 | 11 | 甲辰 | 4·6 |
| 12 | 19 | 日 | 12 | 乙巳 | 4·6 |
| 13 | 20 | 月 | 13 | 丙午 | 4·6 |
| 14 | 21 | 火 | 14 | 丁未 | 5·5 |
| 15 | 22 | 水 | 15 | 戊申 | 동지 |
| 16 | 23 | 木 | 16 | 己酉 | 5·5 |
| 17 | 24 | 金 | 17 | 庚戌 | 6·4 |
| 18 | 25 | 土 | 18 | 辛亥 | 6·4 |
| 19 | 26 | 日 | 19 | 壬子 | 6·4 |
| 20 | 27 | 月 | 20 | 癸丑 | 7·3 |
| 21 | 28 | 火 | 21 | 甲寅 | 7·3 |
| 22 | 29 | 水 | 22 | 乙卯 | 7·3 |
| 23 | 30 | 木 | 23 | 丙辰 | 8·2 |
| 24 | 31 | 金 | 24 | 丁巳 | 8·2 |
| 25 | 1/1 | 土 | 25 | 戊午 | 8·2 |
| 26 | 2 | 日 | 26 | 己未 | 9·1 |
| 27 | 3 | 月 | 27 | 庚申 | 9·1 |
| 28 | 4 | 火 | 28 | 辛酉 | 9·1 |
| 29 | 5 | 水 | 29 | 壬戌 | 10·1 |
| 30 | | | | | |
| 31 | | | | | |

## 소한절(丁丑月)

小寒 1월6일 10시1분
大寒 1월21일 3시23분

| 절기후날수 | 양력 | 요일 | 음력 | 일진 | 大運 남·여 |
|---|---|---|---|---|---|
| 0 | 1/6 | 木 | 30 | 癸亥 | 소한 |
| 1 | 7 | 金 | 12/1 | 甲子 | 1·9 |
| 2 | 8 | 土 | 2 | 乙丑 | 1·9 |
| 3 | 9 | 日 | 3 | 丙寅 | 1·9 |
| 4 | 10 | 月 | 4 | 丁卯 | 1·8 |
| 5 | 11 | 火 | 5 | 戊辰 | 2·8 |
| 6 | 12 | 水 | 6 | 己巳 | 2·8 |
| 7 | 13 | 木 | 7 | 庚午 | 2·7 |
| 8 | 14 | 金 | 8 | 辛未 | 3·7 |
| 9 | 15 | 土 | 9 | 壬申 | 3·7 |
| 10 | 16 | 日 | 10 | 癸酉 | 3·6 |
| 11 | 17 | 月 | 11 | 甲戌 | 4·6 |
| 12 | 18 | 火 | 12 | 乙亥 | 4·6 |
| 13 | 19 | 水 | 13 | 丙子 | 4·5 |
| 14 | 20 | 木 | 14 | 丁丑 | 5·5 |
| 15 | 21 | 金 | 15 | 戊寅 | 대한 |
| 16 | 22 | 土 | 16 | 己卯 | 5·4 |
| 17 | 23 | 日 | 17 | 庚辰 | 6·4 |
| 18 | 24 | 月 | 18 | 辛巳 | 6·4 |
| 19 | 25 | 火 | 19 | 壬午 | 6·3 |
| 20 | 26 | 水 | 20 | 癸未 | 7·3 |
| 21 | 27 | 木 | 21 | 甲申 | 7·3 |
| 22 | 28 | 金 | 22 | 乙酉 | 7·2 |
| 23 | 29 | 土 | 23 | 丙戌 | 8·2 |
| 24 | 30 | 日 | 24 | 丁亥 | 8·2 |
| 25 | 31 | 月 | 25 | 戊子 | 8·1 |
| 26 | 2/1 | 火 | 26 | 己丑 | 9·1 |
| 27 | 2 | 水 | 27 | 庚寅 | 9·1 |
| 28 | 3 | 木 | 28 | 辛卯 | 9·1 |
| 29 | | | | | |
| 30 | | | | | |
| 31 | | | | | |

# 서기 2000년 [단기 4333년]

| 절기후날수 | 입춘절(戊寅月) 立春 2월4일 21시40분 雨水 2월19일 17시33분 | | | | | 경칩절(己卯月) 驚蟄 3월5일 15시43분 春分 3월20일 16시35분 | | | | | 청명절(庚辰月) 淸明 4월4일 20시32분 穀雨 4월20일 3시39분 | | | | |
|---|---|---|---|---|---|---|---|---|---|---|---|---|---|---|---|
| | 양력 | 요일 | 음력 | 일진 | 大運 남·여 | 양력 | 요일 | 음력 | 일진 | 大運 남·여 | 양력 | 요일 | 음력 | 일진 | 大運 남·여 |
| 0 | 2/4 | 金 | 29 | 壬辰 | 입춘 | 3/5 | 日 | 30 | 壬戌 | 경칩 | 4/4 | 火 | 30 | 壬辰 | 청명 |
| 1 | 5 | 土 | 1/1 | 癸巳 | 10·1 | 6 | 月 | 2/1 | 癸亥 | 10·1 | 5 | 水 | 3/1 | 癸巳 | 10·1 |
| 2 | 6 | 日 | 2 | 甲午 | 9·1 | 7 | 火 | 2 | 甲子 | 9·1 | 6 | 木 | 2 | 甲午 | 10·1 |
| 3 | 7 | 月 | 3 | 乙未 | 9·1 | 8 | 水 | 3 | 乙丑 | 9·1 | 7 | 金 | 3 | 乙未 | 9·1 |
| 4 | 8 | 火 | 4 | 丙申 | 9·1 | 9 | 木 | 4 | 丙寅 | 9·1 | 8 | 土 | 4 | 丙申 | 9·1 |
| 5 | 9 | 水 | 5 | 丁酉 | 8·2 | 10 | 金 | 5 | 丁卯 | 8·2 | 9 | 日 | 5 | 丁酉 | 9·2 |
| 6 | 10 | 木 | 6 | 戊戌 | 8·2 | 11 | 土 | 6 | 戊辰 | 8·2 | 10 | 月 | 6 | 戊戌 | 8·2 |
| 7 | 11 | 金 | 7 | 己亥 | 8·2 | 12 | 日 | 7 | 己巳 | 8·2 | 11 | 火 | 7 | 己亥 | 8·2 |
| 8 | 12 | 土 | 8 | 庚子 | 7·3 | 13 | 月 | 8 | 庚午 | 7·3 | 12 | 水 | 8 | 庚子 | 8·3 |
| 9 | 13 | 日 | 9 | 辛丑 | 7·3 | 14 | 火 | 9 | 辛未 | 7·3 | 13 | 木 | 9 | 辛丑 | 7·3 |
| 10 | 14 | 月 | 10 | 壬寅 | 7·3 | 15 | 水 | 10 | 壬申 | 7·3 | 14 | 金 | 10 | 壬寅 | 7·3 |
| 11 | 15 | 火 | 11 | 癸卯 | 6·4 | 16 | 木 | 11 | 癸酉 | 6·4 | 15 | 土 | 11 | 癸卯 | 7·4 |
| 12 | 16 | 水 | 12 | 甲辰 | 6·4 | 17 | 金 | 12 | 甲戌 | 6·4 | 16 | 日 | 12 | 甲辰 | 6·4 |
| 13 | 17 | 木 | 13 | 乙巳 | 6·4 | 18 | 土 | 13 | 乙亥 | 6·4 | 17 | 月 | 13 | 乙巳 | 6·4 |
| 14 | 18 | 金 | 14 | 丙午 | 5·5 | 19 | 日 | 14 | 丙子 | 5·5 | 18 | 火 | 14 | 丙午 | 6·5 |
| 15 | 19 | 土 | 15 | 丁未 | 우수 | 20 | 月 | 15 | 丁丑 | 춘분 | 19 | 水 | 15 | 丁未 | 5·5 |
| 16 | 20 | 日 | 16 | 戊申 | 5·5 | 21 | 火 | 16 | 戊寅 | 5·5 | 20 | 木 | 16 | 戊申 | 곡우 |
| 17 | 21 | 月 | 17 | 己酉 | 4·6 | 22 | 水 | 17 | 己卯 | 4·6 | 21 | 金 | 17 | 己酉 | 5·6 |
| 18 | 22 | 火 | 18 | 庚戌 | 4·6 | 23 | 木 | 18 | 庚辰 | 4·6 | 22 | 土 | 18 | 庚戌 | 4·6 |
| 19 | 23 | 水 | 19 | 辛亥 | 4·6 | 24 | 金 | 19 | 辛巳 | 4·6 | 23 | 日 | 19 | 辛亥 | 4·6 |
| 20 | 24 | 木 | 20 | 壬子 | 3·7 | 25 | 土 | 20 | 壬午 | 3·7 | 24 | 月 | 20 | 壬子 | 4·7 |
| 21 | 25 | 金 | 21 | 癸丑 | 3·7 | 26 | 日 | 21 | 癸未 | 3·7 | 25 | 火 | 21 | 癸丑 | 3·7 |
| 22 | 26 | 土 | 22 | 甲寅 | 3·7 | 27 | 月 | 22 | 甲申 | 3·7 | 26 | 水 | 22 | 甲寅 | 3·7 |
| 23 | 27 | 日 | 23 | 乙卯 | 2·8 | 28 | 火 | 23 | 乙酉 | 2·8 | 27 | 木 | 23 | 乙卯 | 3·8 |
| 24 | 28 | 月 | 24 | 丙辰 | 2·8 | 29 | 水 | 24 | 丙戌 | 2·8 | 28 | 金 | 24 | 丙辰 | 2·8 |
| 25 | 29 | 火 | 25 | 丁巳 | 2·8 | 30 | 木 | 25 | 丁亥 | 2·8 | 29 | 土 | 25 | 丁巳 | 2·8 |
| 26 | 3/1 | 水 | 26 | 戊午 | 1·9 | 31 | 金 | 26 | 戊子 | 1·9 | 30 | 日 | 26 | 戊午 | 2·9 |
| 27 | 2 | 木 | 27 | 己未 | 1·9 | 4/1 | 土 | 27 | 己丑 | 1·9 | 5/1 | 月 | 27 | 己未 | 1·9 |
| 28 | 3 | 金 | 28 | 庚申 | 1·9 | 2 | 日 | 28 | 庚寅 | 1·9 | 2 | 火 | 28 | 庚申 | 1·9 |
| 29 | 4 | 土 | 29 | 辛酉 | 1·10 | 3 | 月 | 29 | 辛卯 | 1·10 | 3 | 水 | 29 | 辛酉 | 1·10 |
| 30 | | | | | | | | | | | 4 | 木 | 4/1 | 壬戌 | 1·10 |
| 31 | | | | | | | | | | | | | | | |

| 절기후날수 | 입하절(辛巳月) 立夏 5월5일 13시50분 小滿 5월21일 2시49분 | | | | | 망종절(壬午月) 芒種 6월5일 17시59분 夏至 6월21일 10시48분 | | | | | 소서절(癸未月) 小暑 7월7일 4시14분 大暑 7월22일 21시43분 | | | | |
|---|---|---|---|---|---|---|---|---|---|---|---|---|---|---|---|
| | 양력 | 요일 | 음력 | 일진 | 大運 남·여 | 양력 | 요일 | 음력 | 일진 | 大運 남·여 | 양력 | 요일 | 음력 | 일진 | 大運 남·여 |
| 0 | 5/5 | 金 | 2 | 癸亥 | 입하 | 6/5 | 月 | 4 | 甲午 | 망종 | 7/7 | 金 | 6 | 丙寅 | 소서 |
| 1 | 6 | 土 | 3 | 甲子 | 10·1 | 6 | 火 | 5 | 乙未 | 10·1 | 8 | 土 | 7 | 丁卯 | 10·1 |
| 2 | 7 | 日 | 4 | 乙丑 | 10·1 | 7 | 水 | 6 | 丙申 | 10·1 | 9 | 日 | 8 | 戊辰 | 10·1 |
| 3 | 8 | 月 | 5 | 丙寅 | 9·1 | 8 | 木 | 7 | 丁酉 | 10·1 | 10 | 月 | 9 | 己巳 | 9·1 |
| 4 | 9 | 火 | 6 | 丁卯 | 9·1 | 9 | 金 | 8 | 戊戌 | 9·1 | 11 | 火 | 10 | 庚午 | 9·1 |
| 5 | 10 | 水 | 7 | 戊辰 | 9·2 | 10 | 土 | 9 | 己亥 | 9·2 | 12 | 水 | 11 | 辛未 | 9·2 |
| 6 | 11 | 木 | 8 | 己巳 | 8·2 | 11 | 日 | 10 | 庚子 | 9·2 | 13 | 木 | 12 | 壬申 | 8·2 |
| 7 | 12 | 金 | 9 | 庚午 | 8·2 | 12 | 月 | 11 | 辛丑 | 8·2 | 14 | 金 | 13 | 癸酉 | 8·2 |
| 8 | 13 | 土 | 10 | 辛未 | 8·3 | 13 | 火 | 12 | 壬寅 | 8·3 | 15 | 土 | 14 | 甲戌 | 8·3 |
| 9 | 14 | 日 | 11 | 壬申 | 7·3 | 14 | 水 | 13 | 癸卯 | 8·3 | 16 | 日 | 15 | 乙亥 | 7·3 |
| 10 | 15 | 月 | 12 | 癸酉 | 7·3 | 15 | 木 | 14 | 甲辰 | 7·3 | 17 | 月 | 16 | 丙子 | 7·3 |
| 11 | 16 | 火 | 13 | 甲戌 | 7·4 | 16 | 金 | 15 | 乙巳 | 7·4 | 18 | 火 | 17 | 丁丑 | 7·4 |
| 12 | 17 | 水 | 14 | 乙亥 | 6·4 | 17 | 土 | 16 | 丙午 | 7·4 | 19 | 水 | 18 | 戊寅 | 6·4 |
| 13 | 18 | 木 | 15 | 丙子 | 6·4 | 18 | 日 | 17 | 丁未 | 6·4 | 20 | 木 | 19 | 己卯 | 6·4 |
| 14 | 19 | 金 | 16 | 丁丑 | 6·5 | 19 | 月 | 18 | 戊申 | 6·5 | 21 | 金 | 20 | 庚辰 | 6·5 |
| 15 | 20 | 土 | 17 | 戊寅 | 5·5 | 20 | 火 | 19 | 己酉 | 6·5 | 22 | 土 | 21 | 辛巳 | 대서 |
| 16 | 21 | 日 | 18 | 己卯 | 소만 | 21 | 水 | 20 | 庚戌 | 하지 | 23 | 日 | 22 | 壬午 | 5·5 |
| 17 | 22 | 月 | 19 | 庚辰 | 5·6 | 22 | 木 | 21 | 辛亥 | 5·6 | 24 | 月 | 23 | 癸未 | 5·6 |
| 18 | 23 | 火 | 20 | 辛巳 | 4·6 | 23 | 金 | 22 | 壬子 | 5·6 | 25 | 火 | 24 | 甲申 | 4·6 |
| 19 | 24 | 水 | 21 | 壬午 | 4·6 | 24 | 土 | 23 | 癸丑 | 4·6 | 26 | 水 | 25 | 乙酉 | 4·6 |
| 20 | 25 | 木 | 22 | 癸未 | 4·7 | 25 | 日 | 24 | 甲寅 | 4·7 | 27 | 木 | 26 | 丙戌 | 4·7 |
| 21 | 26 | 金 | 23 | 甲申 | 3·7 | 26 | 月 | 25 | 乙卯 | 4·7 | 28 | 金 | 27 | 丁亥 | 3·7 |
| 22 | 27 | 土 | 24 | 乙酉 | 3·7 | 27 | 火 | 26 | 丙辰 | 3·7 | 29 | 土 | 28 | 戊子 | 3·7 |
| 23 | 28 | 日 | 25 | 丙戌 | 3·8 | 28 | 水 | 27 | 丁巳 | 3·8 | 30 | 日 | 29 | 己丑 | 3·8 |
| 24 | 29 | 月 | 26 | 丁亥 | 2·8 | 29 | 木 | 28 | 戊午 | 3·8 | 31 | 月 | 7/1 | 庚寅 | 2·8 |
| 25 | 30 | 火 | 27 | 戊子 | 2·8 | 30 | 金 | 29 | 己未 | 2·8 | 8/1 | 火 | 2 | 辛卯 | 2·8 |
| 26 | 31 | 水 | 28 | 己丑 | 2·9 | 7/1 | 土 | 30 | 庚申 | 2·9 | 2 | 水 | 3 | 壬辰 | 2·9 |
| 27 | 6/1 | 木 | 29 | 庚寅 | 1·9 | 2 | 日 | 6/1 | 辛酉 | 2·9 | 3 | 木 | 4 | 癸巳 | 1·9 |
| 28 | 2 | 金 | 5/1 | 辛卯 | 1·9 | 3 | 月 | 2 | 壬戌 | 1·9 | 4 | 金 | 5 | 甲午 | 1·9 |
| 29 | 3 | 土 | 2 | 壬辰 | 1·10 | 4 | 火 | 3 | 癸亥 | 1·10 | 5 | 土 | 6 | 乙未 | 1·10 |
| 30 | 4 | 日 | 3 | 癸巳 | 1·10 | 5 | 水 | 4 | 甲子 | 1·10 | 6 | 日 | 7 | 丙申 | 1·10 |
| 31 | | | | | | 6 | 木 | 5 | 乙丑 | 1·10 | | | | | |

# 庚辰年

| 절기후날수 | 입추절(甲申月) 立秋 8월7일 14시3분 / 處暑 8월23일 4시49분 | | | | | 백로절(乙酉月) 白露 9월7일 16시59분 / 秋分 9월23일 2시28분 | | | | | 한로절(丙戌月) 寒露 10월8일 8시38분 / 霜降 10월23일 11시47분 | | | | |
|---|---|---|---|---|---|---|---|---|---|---|---|---|---|---|---|
| | 양력 | 요일 | 음력 | 일진 | 大運 남·여 | 양력 | 요일 | 음력 | 일진 | 大運 남·여 | 양력 | 요일 | 음력 | 일진 | 大運 남·여 |
| 0 | 8/7 | 月 | 8 | 丁酉 | 입추 | 9/7 | 木 | 10 | 戊辰 | 백로 | 10/8 | 日 | 11 | 己亥 | 한로 |
| 1 | 8 | 火 | 9 | 戊戌 | 10·1 | 8 | 金 | 11 | 己巳 | 10·1 | 9 | 月 | 12 | 庚子 | 10·1 |
| 2 | 9 | 水 | 10 | 己亥 | 10·1 | 9 | 土 | 12 | 庚午 | 10·1 | 10 | 火 | 13 | 辛丑 | 9·1 |
| 3 | 10 | 木 | 11 | 庚子 | 9·1 | 10 | 日 | 13 | 辛未 | 9·1 | 11 | 水 | 14 | 壬寅 | 9·1 |
| 4 | 11 | 金 | 12 | 辛丑 | 9·1 | 11 | 月 | 14 | 壬申 | 9·1 | 12 | 木 | 15 | 癸卯 | 9·1 |
| 5 | 12 | 土 | 13 | 壬寅 | 9·2 | 12 | 火 | 15 | 癸酉 | 9·2 | 13 | 金 | 16 | 甲辰 | 8·2 |
| 6 | 13 | 日 | 14 | 癸卯 | 8·2 | 13 | 水 | 16 | 甲戌 | 8·2 | 14 | 土 | 17 | 乙巳 | 8·2 |
| 7 | 14 | 月 | 15 | 甲辰 | 8·2 | 14 | 木 | 17 | 乙亥 | 8·2 | 15 | 日 | 18 | 丙午 | 8·2 |
| 8 | 15 | 火 | 16 | 乙巳 | 8·3 | 15 | 金 | 18 | 丙子 | 8·3 | 16 | 月 | 19 | 丁未 | 7·3 |
| 9 | 16 | 水 | 17 | 丙午 | 7·3 | 16 | 土 | 19 | 丁丑 | 7·3 | 17 | 火 | 20 | 戊申 | 7·3 |
| 10 | 17 | 木 | 18 | 丁未 | 7·3 | 17 | 日 | 20 | 戊寅 | 7·3 | 18 | 水 | 21 | 己酉 | 7·3 |
| 11 | 18 | 金 | 19 | 戊申 | 7·4 | 18 | 月 | 21 | 己卯 | 7·4 | 19 | 木 | 22 | 庚戌 | 6·4 |
| 12 | 19 | 土 | 20 | 己酉 | 6·4 | 19 | 火 | 22 | 庚辰 | 6·4 | 20 | 金 | 23 | 辛亥 | 6·4 |
| 13 | 20 | 日 | 21 | 庚戌 | 6·4 | 20 | 水 | 23 | 辛巳 | 6·4 | 21 | 土 | 24 | 壬子 | 6·4 |
| 14 | 21 | 月 | 22 | 辛亥 | 6·5 | 21 | 木 | 24 | 壬午 | 6·5 | 22 | 日 | 25 | 癸丑 | 5·5 |
| 15 | 22 | 火 | 23 | 壬子 | 5·5 | 22 | 金 | 25 | 癸未 | 5·5 | 23 | 月 | 26 | 甲寅 | 상강 |
| 16 | 23 | 水 | 24 | 癸丑 | 처서 | 23 | 土 | 26 | 甲申 | 추분 | 24 | 火 | 27 | 乙卯 | 5·5 |
| 17 | 24 | 木 | 25 | 甲寅 | 5·6 | 24 | 日 | 27 | 乙酉 | 5·6 | 25 | 水 | 28 | 丙辰 | 4·6 |
| 18 | 25 | 金 | 26 | 乙卯 | 4·6 | 25 | 月 | 28 | 丙戌 | 4·6 | 26 | 木 | 29 | 丁巳 | 4·6 |
| 19 | 26 | 土 | 27 | 丙辰 | 4·6 | 26 | 火 | 29 | 丁亥 | 4·6 | 27 | 金 | 10/1 | 戊午 | 4·6 |
| 20 | 27 | 日 | 28 | 丁巳 | 4·7 | 27 | 水 | 30 | 戊子 | 4·7 | 28 | 土 | 2 | 己未 | 3·7 |
| 21 | 28 | 月 | 29 | 戊午 | 3·7 | 28 | 木 | 9/1 | 己丑 | 3·7 | 29 | 日 | 3 | 庚申 | 3·7 |
| 22 | 29 | 火 | 8/1 | 己未 | 3·7 | 29 | 金 | 2 | 庚寅 | 3·7 | 30 | 月 | 4 | 辛酉 | 3·7 |
| 23 | 30 | 水 | 2 | 庚申 | 3·8 | 30 | 土 | 3 | 辛卯 | 3·8 | 31 | 火 | 5 | 壬戌 | 2·8 |
| 24 | 31 | 木 | 3 | 辛酉 | 2·8 | 10/1 | 日 | 4 | 壬辰 | 2·8 | 11/1 | 水 | 6 | 癸亥 | 2·8 |
| 25 | 9/1 | 金 | 4 | 壬戌 | 2·8 | 2 | 月 | 5 | 癸巳 | 2·8 | 2 | 木 | 7 | 甲子 | 2·8 |
| 26 | 2 | 土 | 5 | 癸亥 | 2·9 | 3 | 火 | 6 | 甲午 | 2·9 | 3 | 金 | 8 | 乙丑 | 1·9 |
| 27 | 3 | 日 | 6 | 甲子 | 1·9 | 4 | 水 | 7 | 乙未 | 1·9 | 4 | 土 | 9 | 丙寅 | 1·9 |
| 28 | 4 | 月 | 7 | 乙丑 | 1·9 | 5 | 木 | 8 | 丙申 | 1·9 | 5 | 日 | 10 | 丁卯 | 1·9 |
| 29 | 5 | 火 | 8 | 丙寅 | 1·10 | 6 | 金 | 9 | 丁酉 | 1·10 | 6 | 月 | 11 | 戊辰 | 1·10 |
| 30 | 6 | 水 | 9 | 丁卯 | 1·10 | 7 | 土 | 10 | 戊戌 | 1·10 | | | | | |
| 31 | | | | | | | | | | | | | | | |

| 절기후날수 | 입동절(丁亥月) 立冬 11월7일 11시48분 / 小雪 11월22일 9시19분 | | | | | 대설절(戊子月) 大雪 12월7일 4시37분 / 冬至 12월21일 22시37분 | | | | | 소한절(己丑月) 小寒 1월5일 15시49분 / 大寒 1월20일 9시16분 | | | | |
|---|---|---|---|---|---|---|---|---|---|---|---|---|---|---|---|
| | 양력 | 요일 | 음력 | 일진 | 大運 남·여 | 양력 | 요일 | 음력 | 일진 | 大運 남·여 | 양력 | 요일 | 음력 | 일진 | 大運 남·여 |
| 0 | 11/7 | 火 | 12 | 己巳 | 입동 | 12/7 | 木 | 12 | 己亥 | 대설 | 1/5 | 金 | 11 | 戊辰 | 소한 |
| 1 | 8 | 水 | 13 | 庚午 | 10·1 | 8 | 金 | 13 | 庚子 | 9·1 | 6 | 土 | 12 | 己巳 | 10·1 |
| 2 | 9 | 木 | 14 | 辛未 | 9·1 | 9 | 土 | 14 | 辛丑 | 9·1 | 7 | 日 | 13 | 庚午 | 9·1 |
| 3 | 10 | 金 | 15 | 壬申 | 9·1 | 10 | 日 | 15 | 壬寅 | 9·1 | 8 | 月 | 14 | 辛未 | 9·1 |
| 4 | 11 | 土 | 16 | 癸酉 | 9·1 | 11 | 月 | 16 | 癸卯 | 8·1 | 9 | 火 | 15 | 壬申 | 9·1 |
| 5 | 12 | 日 | 17 | 甲戌 | 8·2 | 12 | 火 | 17 | 甲辰 | 8·2 | 10 | 水 | 16 | 癸酉 | 8·2 |
| 6 | 13 | 月 | 18 | 乙亥 | 8·2 | 13 | 水 | 18 | 乙巳 | 8·2 | 11 | 木 | 17 | 甲戌 | 8·2 |
| 7 | 14 | 火 | 19 | 丙子 | 8·2 | 14 | 木 | 19 | 丙午 | 7·2 | 12 | 金 | 18 | 乙亥 | 8·2 |
| 8 | 15 | 水 | 20 | 丁丑 | 7·3 | 15 | 金 | 20 | 丁未 | 7·3 | 13 | 土 | 19 | 丙子 | 7·3 |
| 9 | 16 | 木 | 21 | 戊寅 | 7·3 | 16 | 土 | 21 | 戊申 | 7·3 | 14 | 日 | 20 | 丁丑 | 7·3 |
| 10 | 17 | 金 | 22 | 己卯 | 7·3 | 17 | 日 | 22 | 己酉 | 6·3 | 15 | 月 | 21 | 戊寅 | 7·3 |
| 11 | 18 | 土 | 23 | 庚辰 | 6·4 | 18 | 月 | 23 | 庚戌 | 6·4 | 16 | 火 | 22 | 己卯 | 6·4 |
| 12 | 19 | 日 | 24 | 辛巳 | 6·4 | 19 | 火 | 24 | 辛亥 | 6·4 | 17 | 水 | 23 | 庚辰 | 6·4 |
| 13 | 20 | 月 | 25 | 壬午 | 6·4 | 20 | 水 | 25 | 壬子 | 5·4 | 18 | 木 | 24 | 辛巳 | 6·4 |
| 14 | 21 | 火 | 26 | 癸未 | 5·5 | 21 | 木 | 26 | 癸丑 | 동지 | 19 | 金 | 25 | 壬午 | 5·5 |
| 15 | 22 | 水 | 27 | 甲申 | 소설 | 22 | 金 | 27 | 甲寅 | 5·5 | 20 | 土 | 26 | 癸未 | 대한 |
| 16 | 23 | 木 | 28 | 乙酉 | 5·5 | 23 | 土 | 28 | 乙卯 | 4·5 | 21 | 日 | 27 | 甲申 | 5·5 |
| 17 | 24 | 金 | 29 | 丙戌 | 4·6 | 24 | 日 | 29 | 丙辰 | 4·6 | 22 | 月 | 28 | 乙酉 | 4·6 |
| 18 | 25 | 土 | 30 | 丁亥 | 4·6 | 25 | 月 | 30 | 丁巳 | 4·6 | 23 | 火 | 29 | 丙戌 | 4·6 |
| 19 | 26 | 日 | 11/1 | 戊子 | 4·6 | 26 | 火 | 12/1 | 戊午 | 3·6 | 24 | 水 | 1/1 | 丁亥 | 4·6 |
| 20 | 27 | 月 | 2 | 己丑 | 3·7 | 27 | 水 | 2 | 己未 | 3·7 | 25 | 木 | 2 | 戊子 | 3·7 |
| 21 | 28 | 火 | 3 | 庚寅 | 3·7 | 28 | 木 | 3 | 庚申 | 3·7 | 26 | 金 | 3 | 己丑 | 3·7 |
| 22 | 29 | 水 | 4 | 辛卯 | 3·7 | 29 | 金 | 4 | 辛酉 | 2·7 | 27 | 土 | 4 | 庚寅 | 3·7 |
| 23 | 30 | 木 | 5 | 壬辰 | 2·8 | 30 | 土 | 5 | 壬戌 | 2·8 | 28 | 日 | 5 | 辛卯 | 2·8 |
| 24 | 12/1 | 金 | 6 | 癸巳 | 2·8 | 31 | 日 | 6 | 癸亥 | 2·8 | 29 | 月 | 6 | 壬辰 | 2·8 |
| 25 | 2 | 土 | 7 | 甲午 | 2·8 | 1/1 | 月 | 7 | 甲子 | 1·8 | 30 | 火 | 7 | 癸巳 | 2·8 |
| 26 | 3 | 日 | 8 | 乙未 | 1·9 | 2 | 火 | 8 | 乙丑 | 1·9 | 31 | 水 | 8 | 甲午 | 1·9 |
| 27 | 4 | 月 | 9 | 丙申 | 1·9 | 3 | 水 | 9 | 丙寅 | 1·9 | 2/1 | 木 | 9 | 乙未 | 1·9 |
| 28 | 5 | 火 | 10 | 丁酉 | 1·9 | 4 | 木 | 10 | 丁卯 | 1·9 | 2 | 金 | 10 | 丙申 | 1·9 |
| 29 | 6 | 水 | 11 | 戊戌 | 1·10 | | | | | | 3 | 土 | 11 | 丁酉 | 1·10 |
| 30 | | | | | | | | | | | | | | | |
| 31 | | | | | | | | | | | | | | | |

# 서기 2001년 [단기 4334년]

| 절기후날수 | 입춘절(庚寅月) 立春 2월4일 3시29분 雨水 2월18일 23시27분 | | | | | 경칩절(辛卯月) 驚蟄 3월5일 21시32분 春分 3월20일 22시31분 | | | | | 청명절(壬辰月) 淸明 4월5일 2시24분 穀雨 4월20일 9시36분 | | | | |
|---|---|---|---|---|---|---|---|---|---|---|---|---|---|---|---|
| | 양력 | 요일 | 음력 | 일진 | 大運 남·여 | 양력 | 요일 | 음력 | 일진 | 大運 남·여 | 양력 | 요일 | 음력 | 일진 | 大運 남·여 |
| 0 | 2/4 | 日 | 12 | 戊戌 | 입춘 | 3/5 | 月 | 11 | 丁卯 | 경칩 | 4/5 | 木 | 12 | 戊戌 | 청명 |
| 1 | 5 | 月 | 13 | 己亥 | 1·9 | 6 | 火 | 12 | 戊辰 | 1·10 | 6 | 金 | 13 | 己亥 | 1·10 |
| 2 | 6 | 火 | 14 | 庚子 | 1·9 | 7 | 水 | 13 | 己巳 | 1·10 | 7 | 土 | 14 | 庚子 | 1·9 |
| 3 | 7 | 水 | 15 | 辛丑 | 1·9 | 8 | 木 | 14 | 庚午 | 1·9 | 8 | 日 | 15 | 辛丑 | 1·9 |
| 4 | 8 | 木 | 16 | 壬寅 | 1·8 | 9 | 金 | 15 | 辛未 | 1·9 | 9 | 月 | 16 | 壬寅 | 1·9 |
| 5 | 9 | 金 | 17 | 癸卯 | 2·8 | 10 | 土 | 16 | 壬申 | 2·9 | 10 | 火 | 17 | 癸卯 | 2·8 |
| 6 | 10 | 土 | 18 | 甲辰 | 2·8 | 11 | 日 | 17 | 癸酉 | 2·8 | 11 | 水 | 18 | 甲辰 | 2·8 |
| 7 | 11 | 日 | 19 | 乙巳 | 2·7 | 12 | 月 | 18 | 甲戌 | 2·8 | 12 | 木 | 19 | 乙巳 | 2·8 |
| 8 | 12 | 月 | 20 | 丙午 | 3·7 | 13 | 火 | 19 | 乙亥 | 3·8 | 13 | 金 | 20 | 丙午 | 3·7 |
| 9 | 13 | 火 | 21 | 丁未 | 3·7 | 14 | 水 | 20 | 丙子 | 3·7 | 14 | 土 | 21 | 丁未 | 3·7 |
| 10 | 14 | 水 | 22 | 戊申 | 3·6 | 15 | 木 | 21 | 丁丑 | 3·7 | 15 | 日 | 22 | 戊申 | 3·7 |
| 11 | 15 | 木 | 23 | 己酉 | 4·6 | 16 | 金 | 22 | 戊寅 | 4·7 | 16 | 月 | 23 | 己酉 | 4·6 |
| 12 | 16 | 金 | 24 | 庚戌 | 4·6 | 17 | 土 | 23 | 己卯 | 4·6 | 17 | 火 | 24 | 庚戌 | 4·6 |
| 13 | 17 | 土 | 25 | 辛亥 | 4·5 | 18 | 日 | 24 | 庚辰 | 4·6 | 18 | 水 | 25 | 辛亥 | 4·6 |
| 14 | 18 | 日 | 26 | 壬子 | 우수 | 19 | 月 | 25 | 辛巳 | 5·6 | 19 | 木 | 26 | 壬子 | 5·5 |
| 15 | 19 | 月 | 27 | 癸丑 | 5·5 | 20 | 火 | 26 | 壬午 | 춘분 | 20 | 金 | 27 | 癸丑 | 곡우 |
| 16 | 20 | 火 | 28 | 甲寅 | 5·4 | 21 | 水 | 27 | 癸未 | 5·5 | 21 | 土 | 28 | 甲寅 | 5·5 |
| 17 | 21 | 水 | 29 | 乙卯 | 6·4 | 22 | 木 | 28 | 甲申 | 6·5 | 22 | 日 | 29 | 乙卯 | 6·4 |
| 18 | 22 | 木 | 30 | 丙辰 | 6·4 | 23 | 金 | 29 | 乙酉 | 6·4 | 23 | 月 | 30 | 丙辰 | 6·4 |
| 19 | 23 | 金 | 2/1 | 丁巳 | 6·3 | 24 | 土 | 30 | 丙戌 | 6·4 | 24 | 火 | 4/1 | 丁巳 | 6·4 |
| 20 | 24 | 土 | 2 | 戊午 | 7·3 | 25 | 日 | 3/1 | 丁亥 | 7·4 | 25 | 水 | 2 | 戊午 | 7·3 |
| 21 | 25 | 日 | 3 | 己未 | 7·3 | 26 | 月 | 2 | 戊子 | 7·3 | 26 | 木 | 3 | 己未 | 7·3 |
| 22 | 26 | 月 | 4 | 庚申 | 7·2 | 27 | 火 | 3 | 己丑 | 7·3 | 27 | 金 | 4 | 庚申 | 7·3 |
| 23 | 27 | 火 | 5 | 辛酉 | 8·2 | 28 | 水 | 4 | 庚寅 | 8·3 | 28 | 土 | 5 | 辛酉 | 8·2 |
| 24 | 28 | 水 | 6 | 壬戌 | 8·2 | 29 | 木 | 5 | 辛卯 | 8·2 | 29 | 日 | 6 | 壬戌 | 8·2 |
| 25 | 3/1 | 木 | 7 | 癸亥 | 8·1 | 30 | 金 | 6 | 壬辰 | 8·2 | 30 | 月 | 7 | 癸亥 | 8·2 |
| 26 | 2 | 金 | 8 | 甲子 | 9·1 | 31 | 土 | 7 | 癸巳 | 9·2 | 5/1 | 火 | 8 | 甲子 | 9·1 |
| 27 | 3 | 土 | 9 | 乙丑 | 9·1 | 4/1 | 日 | 8 | 甲午 | 9·1 | 2 | 水 | 9 | 乙丑 | 9·1 |
| 28 | 4 | 日 | 10 | 丙寅 | 9·1 | 2 | 月 | 9 | 乙未 | 9·1 | 3 | 木 | 10 | 丙寅 | 9·1 |
| 29 | | | | | | 3 | 火 | 10 | 丙申 | 10·1 | 4 | 金 | 11 | 丁卯 | 10·1 |
| 30 | | | | | | 4 | 水 | 11 | 丁酉 | 10·1 | | | | | |
| 31 | | | | | | | | | | | | | | | |

| 절기후날수 | 입하절(癸巳月) 立夏 5월5일 19시45분 小滿 5월21일 8시44분 | | | | | 망종절(甲午月) 芒種 6월5일 23시54분 夏至 6월21일 16시38분 | | | | | 소서절(乙未月) 小暑 7월7일 10시7분 大暑 7월23일 3시26분 | | | | |
|---|---|---|---|---|---|---|---|---|---|---|---|---|---|---|---|
| | 양력 | 요일 | 음력 | 일진 | 大運 남·여 | 양력 | 요일 | 음력 | 일진 | 大運 남·여 | 양력 | 요일 | 음력 | 일진 | 大運 남·여 |
| 0 | 5/5 | 土 | 12 | 戊辰 | 입하 | 6/5 | 火 | 윤14 | 己亥 | 망종 | 7/7 | 土 | 17 | 辛未 | 소서 |
| 1 | 6 | 日 | 13 | 己巳 | 1·10 | 6 | 水 | 윤15 | 庚子 | 1·10 | 8 | 日 | 18 | 壬申 | 1·10 |
| 2 | 7 | 月 | 14 | 庚午 | 1·10 | 7 | 木 | 윤16 | 辛丑 | 1·10 | 9 | 月 | 19 | 癸酉 | 1·10 |
| 3 | 8 | 火 | 15 | 辛未 | 1·9 | 8 | 金 | 윤17 | 壬寅 | 1·10 | 10 | 火 | 20 | 甲戌 | 1·9 |
| 4 | 9 | 水 | 16 | 壬申 | 1·9 | 9 | 土 | 윤18 | 癸卯 | 1·9 | 11 | 水 | 21 | 乙亥 | 1·9 |
| 5 | 10 | 木 | 17 | 癸酉 | 2·9 | 10 | 日 | 윤19 | 甲辰 | 2·9 | 12 | 木 | 22 | 丙子 | 2·9 |
| 6 | 11 | 金 | 18 | 甲戌 | 2·8 | 11 | 月 | 윤20 | 乙巳 | 2·9 | 13 | 金 | 23 | 丁丑 | 2·8 |
| 7 | 12 | 土 | 19 | 乙亥 | 2·8 | 12 | 火 | 윤21 | 丙午 | 2·8 | 14 | 土 | 24 | 戊寅 | 2·8 |
| 8 | 13 | 日 | 20 | 丙子 | 3·8 | 13 | 水 | 윤22 | 丁未 | 3·8 | 15 | 日 | 25 | 己卯 | 3·8 |
| 9 | 14 | 月 | 21 | 丁丑 | 3·7 | 14 | 木 | 윤23 | 戊申 | 3·8 | 16 | 月 | 26 | 庚辰 | 3·7 |
| 10 | 15 | 火 | 22 | 戊寅 | 3·7 | 15 | 金 | 윤24 | 己酉 | 3·7 | 17 | 火 | 27 | 辛巳 | 3·7 |
| 11 | 16 | 水 | 23 | 己卯 | 4·7 | 16 | 土 | 윤25 | 庚戌 | 4·7 | 18 | 水 | 28 | 壬午 | 4·7 |
| 12 | 17 | 木 | 24 | 庚辰 | 4·6 | 17 | 日 | 윤26 | 辛亥 | 4·7 | 19 | 木 | 29 | 癸未 | 4·6 |
| 13 | 18 | 金 | 25 | 辛巳 | 4·6 | 18 | 月 | 윤27 | 壬子 | 4·6 | 20 | 金 | 30 | 甲申 | 4·6 |
| 14 | 19 | 土 | 26 | 壬午 | 5·6 | 19 | 火 | 윤28 | 癸丑 | 5·6 | 21 | 土 | 6/1 | 乙酉 | 5·6 |
| 15 | 20 | 日 | 27 | 癸未 | 5·5 | 20 | 水 | 윤29 | 甲寅 | 5·6 | 22 | 日 | 2 | 丙戌 | 5·5 |
| 16 | 21 | 月 | 28 | 甲申 | 소만 | 21 | 木 | 5/1 | 乙卯 | 하지 | 23 | 月 | 3 | 丁亥 | 대서 |
| 17 | 22 | 火 | 29 | 乙酉 | 6·5 | 22 | 金 | 2 | 丙辰 | 6·5 | 24 | 火 | 4 | 戊子 | 6·5 |
| 18 | 23 | 水 | 윤1 | 丙戌 | 6·4 | 23 | 土 | 3 | 丁巳 | 6·5 | 25 | 水 | 5 | 己丑 | 6·4 |
| 19 | 24 | 木 | 윤2 | 丁亥 | 6·4 | 24 | 日 | 4 | 戊午 | 6·4 | 26 | 木 | 6 | 庚寅 | 6·4 |
| 20 | 25 | 金 | 윤3 | 戊子 | 7·4 | 25 | 月 | 5 | 己未 | 7·4 | 27 | 金 | 7 | 辛卯 | 7·4 |
| 21 | 26 | 土 | 윤4 | 己丑 | 7·3 | 26 | 火 | 6 | 庚申 | 7·4 | 28 | 土 | 8 | 壬辰 | 7·3 |
| 22 | 27 | 日 | 윤5 | 庚寅 | 7·3 | 27 | 水 | 7 | 辛酉 | 7·3 | 29 | 日 | 9 | 癸巳 | 7·3 |
| 23 | 28 | 月 | 윤6 | 辛卯 | 8·3 | 28 | 木 | 8 | 壬戌 | 8·3 | 30 | 月 | 10 | 甲午 | 8·3 |
| 24 | 29 | 火 | 윤7 | 壬辰 | 8·2 | 29 | 金 | 9 | 癸亥 | 8·3 | 31 | 火 | 11 | 乙未 | 8·2 |
| 25 | 30 | 水 | 윤8 | 癸巳 | 8·2 | 30 | 土 | 10 | 甲子 | 8·2 | 8/1 | 水 | 12 | 丙申 | 8·2 |
| 26 | 31 | 木 | 윤9 | 甲午 | 9·2 | 7/1 | 日 | 11 | 乙丑 | 9·2 | 2 | 木 | 13 | 丁酉 | 9·2 |
| 27 | 6/1 | 金 | 윤10 | 乙未 | 9·1 | 2 | 月 | 12 | 丙寅 | 9·2 | 3 | 金 | 14 | 戊戌 | 9·1 |
| 28 | 2 | 土 | 윤11 | 丙申 | 9·1 | 3 | 火 | 13 | 丁卯 | 9·1 | 4 | 土 | 15 | 己亥 | 9·1 |
| 29 | 3 | 日 | 윤12 | 丁酉 | 10·1 | 4 | 水 | 14 | 戊辰 | 10·1 | 5 | 日 | 16 | 庚子 | 10·1 |
| 30 | 4 | 月 | 윤13 | 戊戌 | 10·1 | 5 | 木 | 15 | 己巳 | 10·1 | 6 | 月 | 17 | 辛丑 | 10·1 |
| 31 | | | | | | 6 | 金 | 16 | 庚午 | 10·1 | | | | | |

▶ 윤달-4월

# 辛巳年

## 입추절(丙申月)

立秋 8월7일 19시52분
處暑 8월23일 10시27분

| 절기후날수 | 양력 | 요일 | 음력 | 일진 | 大運 남·여 |
|---|---|---|---|---|---|
| 0 | 8/7 | 火 | 18 | 壬寅 | 입추 |
| 1 | 8 | 水 | 19 | 癸卯 | 1·10 |
| 2 | 9 | 木 | 20 | 甲辰 | 1·10 |
| 3 | 10 | 金 | 21 | 乙巳 | 1·9 |
| 4 | 11 | 土 | 22 | 丙午 | 1·9 |
| 5 | 12 | 日 | 23 | 丁未 | 2·9 |
| 6 | 13 | 月 | 24 | 戊申 | 2·8 |
| 7 | 14 | 火 | 25 | 己酉 | 2·8 |
| 8 | 15 | 水 | 26 | 庚戌 | 3·8 |
| 9 | 16 | 木 | 27 | 辛亥 | 3·7 |
| 10 | 17 | 金 | 28 | 壬子 | 3·7 |
| 11 | 18 | 土 | 29 | 癸丑 | 4·7 |
| 12 | 19 | 日 | 7/1 | 甲寅 | 4·6 |
| 13 | 20 | 月 | 2 | 乙卯 | 4·6 |
| 14 | 21 | 火 | 3 | 丙辰 | 5·6 |
| 15 | 22 | 水 | 4 | 丁巳 | 5·5 |
| 16 | 23 | 木 | 5 | 戊午 | 처서 |
| 17 | 24 | 金 | 6 | 己未 | 6·5 |
| 18 | 25 | 土 | 7 | 庚申 | 6·4 |
| 19 | 26 | 日 | 8 | 辛酉 | 6·4 |
| 20 | 27 | 月 | 9 | 壬戌 | 7·4 |
| 21 | 28 | 火 | 10 | 癸亥 | 7·3 |
| 22 | 29 | 水 | 11 | 甲子 | 7·3 |
| 23 | 30 | 木 | 12 | 乙丑 | 8·3 |
| 24 | 31 | 金 | 13 | 丙寅 | 8·2 |
| 25 | 9/1 | 土 | 14 | 丁卯 | 8·2 |
| 26 | 2 | 日 | 15 | 戊辰 | 9·2 |
| 27 | 3 | 月 | 16 | 己巳 | 9·1 |
| 28 | 4 | 火 | 17 | 庚午 | 9·1 |
| 29 | 5 | 水 | 18 | 辛未 | 10·1 |
| 30 | 6 | 木 | 19 | 壬申 | 10·1 |
| 31 | | | | | |

## 백로절(丁酉月)

白露 9월7일 22시46분
秋分 9월23일 8시4분

| 절기후날수 | 양력 | 요일 | 음력 | 일진 | 大運 남·여 |
|---|---|---|---|---|---|
| 0 | 9/7 | 金 | 20 | 癸酉 | 백로 |
| 1 | 8 | 土 | 21 | 甲戌 | 1·10 |
| 2 | 9 | 日 | 22 | 乙亥 | 1·10 |
| 3 | 10 | 月 | 23 | 丙子 | 1·9 |
| 4 | 11 | 火 | 24 | 丁丑 | 1·9 |
| 5 | 12 | 水 | 25 | 戊寅 | 2·9 |
| 6 | 13 | 木 | 26 | 己卯 | 2·8 |
| 7 | 14 | 金 | 27 | 庚辰 | 2·8 |
| 8 | 15 | 土 | 28 | 辛巳 | 3·8 |
| 9 | 16 | 日 | 29 | 壬午 | 3·7 |
| 10 | 17 | 月 | 8/1 | 癸未 | 3·7 |
| 11 | 18 | 火 | 2 | 甲申 | 4·7 |
| 12 | 19 | 水 | 3 | 乙酉 | 4·6 |
| 13 | 20 | 木 | 4 | 丙戌 | 4·6 |
| 14 | 21 | 金 | 5 | 丁亥 | 5·6 |
| 15 | 22 | 土 | 6 | 戊子 | 5·5 |
| 16 | 23 | 日 | 7 | 己丑 | 추분 |
| 17 | 24 | 月 | 8 | 庚寅 | 6·5 |
| 18 | 25 | 火 | 9 | 辛卯 | 6·4 |
| 19 | 26 | 水 | 10 | 壬辰 | 6·4 |
| 20 | 27 | 木 | 11 | 癸巳 | 7·4 |
| 21 | 28 | 金 | 12 | 甲午 | 7·3 |
| 22 | 29 | 土 | 13 | 乙未 | 7·3 |
| 23 | 30 | 日 | 14 | 丙申 | 8·3 |
| 24 | 10/1 | 月 | 15 | 丁酉 | 8·2 |
| 25 | 2 | 火 | 16 | 戊戌 | 8·2 |
| 26 | 3 | 水 | 17 | 己亥 | 9·2 |
| 27 | 4 | 木 | 18 | 庚子 | 9·1 |
| 28 | 5 | 金 | 19 | 辛丑 | 9·1 |
| 29 | 6 | 土 | 20 | 壬寅 | 10·1 |
| 30 | 7 | 日 | 21 | 癸卯 | 10·1 |
| 31 | | | | | |

## 한로절(戊戌月)

寒露 10월8일 14시25분
霜降 10월23일 17시26분

| 절기후날수 | 양력 | 요일 | 음력 | 일진 | 大運 남·여 |
|---|---|---|---|---|---|
| 0 | 10/8 | 月 | 22 | 甲辰 | 한로 |
| 1 | 9 | 火 | 23 | 乙巳 | 1·10 |
| 2 | 10 | 水 | 24 | 丙午 | 1·9 |
| 3 | 11 | 木 | 25 | 丁未 | 1·9 |
| 4 | 12 | 金 | 26 | 戊申 | 1·9 |
| 5 | 13 | 土 | 27 | 己酉 | 2·8 |
| 6 | 14 | 日 | 28 | 庚戌 | 2·8 |
| 7 | 15 | 月 | 29 | 辛亥 | 2·8 |
| 8 | 16 | 火 | 30 | 壬子 | 3·7 |
| 9 | 17 | 水 | 9/1 | 癸丑 | 3·7 |
| 10 | 18 | 木 | 2 | 甲寅 | 3·7 |
| 11 | 19 | 金 | 3 | 乙卯 | 4·6 |
| 12 | 20 | 土 | 4 | 丙辰 | 4·6 |
| 13 | 21 | 日 | 5 | 丁巳 | 4·6 |
| 14 | 22 | 月 | 6 | 戊午 | 5·5 |
| 15 | 23 | 火 | 7 | 己未 | 상강 |
| 16 | 24 | 水 | 8 | 庚申 | 5·5 |
| 17 | 25 | 木 | 9 | 辛酉 | 6·4 |
| 18 | 26 | 金 | 10 | 壬戌 | 6·4 |
| 19 | 27 | 土 | 11 | 癸亥 | 6·4 |
| 20 | 28 | 日 | 12 | 甲子 | 7·3 |
| 21 | 29 | 月 | 13 | 乙丑 | 7·3 |
| 22 | 30 | 火 | 14 | 丙寅 | 7·3 |
| 23 | 31 | 水 | 15 | 丁卯 | 8·2 |
| 24 | 11/1 | 木 | 16 | 戊辰 | 8·2 |
| 25 | 2 | 金 | 17 | 己巳 | 8·2 |
| 26 | 3 | 土 | 18 | 庚午 | 9·1 |
| 27 | 4 | 日 | 19 | 辛未 | 9·1 |
| 28 | 5 | 月 | 20 | 壬申 | 9·1 |
| 29 | 6 | 火 | 21 | 癸酉 | 10·1 |
| 30 | | | | | |
| 31 | | | | | |

## 입동절(己亥月)

立冬 11월7일 17시37분
小雪 11월22일 15시0분

| 절기후날수 | 양력 | 요일 | 음력 | 일진 | 大運 남·여 |
|---|---|---|---|---|---|
| 0 | 11/7 | 水 | 22 | 甲戌 | 입동 |
| 1 | 8 | 木 | 23 | 乙亥 | 1·10 |
| 2 | 9 | 金 | 24 | 丙子 | 1·9 |
| 3 | 10 | 土 | 25 | 丁丑 | 1·9 |
| 4 | 11 | 日 | 26 | 戊寅 | 1·9 |
| 5 | 12 | 月 | 27 | 己卯 | 2·8 |
| 6 | 13 | 火 | 28 | 庚辰 | 2·8 |
| 7 | 14 | 水 | 29 | 辛巳 | 2·8 |
| 8 | 15 | 木 | 10/1 | 壬午 | 3·7 |
| 9 | 16 | 金 | 2 | 癸未 | 3·7 |
| 10 | 17 | 土 | 3 | 甲申 | 3·7 |
| 11 | 18 | 日 | 4 | 乙酉 | 4·6 |
| 12 | 19 | 月 | 5 | 丙戌 | 4·6 |
| 13 | 20 | 火 | 6 | 丁亥 | 4·6 |
| 14 | 21 | 水 | 7 | 戊子 | 5·5 |
| 15 | 22 | 木 | 8 | 己丑 | 소설 |
| 16 | 23 | 金 | 9 | 庚寅 | 5·5 |
| 17 | 24 | 土 | 10 | 辛卯 | 6·4 |
| 18 | 25 | 日 | 11 | 壬辰 | 6·4 |
| 19 | 26 | 月 | 12 | 癸巳 | 6·4 |
| 20 | 27 | 火 | 13 | 甲午 | 7·3 |
| 21 | 28 | 水 | 14 | 乙未 | 7·3 |
| 22 | 29 | 木 | 15 | 丙申 | 7·3 |
| 23 | 30 | 金 | 16 | 丁酉 | 8·2 |
| 24 | 12/1 | 土 | 17 | 戊戌 | 8·2 |
| 25 | 2 | 日 | 18 | 己亥 | 8·2 |
| 26 | 3 | 月 | 19 | 庚子 | 9·1 |
| 27 | 4 | 火 | 20 | 辛丑 | 9·1 |
| 28 | 5 | 水 | 21 | 壬寅 | 9·1 |
| 29 | 6 | 木 | 22 | 癸卯 | 10·1 |
| 30 | | | | | |
| 31 | | | | | |

## 대설절(庚子月)

大雪 12월7일 10시29분
冬至 12월22일 4시21분

| 절기후날수 | 양력 | 요일 | 음력 | 일진 | 大運 남·여 |
|---|---|---|---|---|---|
| 0 | 12/7 | 金 | 23 | 甲辰 | 대설 |
| 1 | 8 | 土 | 24 | 乙巳 | 1·9 |
| 2 | 9 | 日 | 25 | 丙午 | 1·9 |
| 3 | 10 | 月 | 26 | 丁未 | 1·9 |
| 4 | 11 | 火 | 27 | 戊申 | 1·8 |
| 5 | 12 | 水 | 28 | 己酉 | 2·8 |
| 6 | 13 | 木 | 29 | 庚戌 | 2·8 |
| 7 | 14 | 金 | 30 | 辛亥 | 2·7 |
| 8 | 15 | 土 | 11/1 | 壬子 | 3·7 |
| 9 | 16 | 日 | 2 | 癸丑 | 3·7 |
| 10 | 17 | 月 | 3 | 甲寅 | 3·6 |
| 11 | 18 | 火 | 4 | 乙卯 | 4·6 |
| 12 | 19 | 水 | 5 | 丙辰 | 4·6 |
| 13 | 20 | 木 | 6 | 丁巳 | 4·5 |
| 14 | 21 | 金 | 7 | 戊午 | 5·5 |
| 15 | 22 | 土 | 8 | 己未 | 동지 |
| 16 | 23 | 日 | 9 | 庚申 | 5·4 |
| 17 | 24 | 月 | 10 | 辛酉 | 6·4 |
| 18 | 25 | 火 | 11 | 壬戌 | 6·4 |
| 19 | 26 | 水 | 12 | 癸亥 | 6·3 |
| 20 | 27 | 木 | 13 | 甲子 | 7·3 |
| 21 | 28 | 金 | 14 | 乙丑 | 7·3 |
| 22 | 29 | 土 | 15 | 丙寅 | 7·2 |
| 23 | 30 | 日 | 16 | 丁卯 | 8·2 |
| 24 | 31 | 月 | 17 | 戊辰 | 8·2 |
| 25 | 1/1 | 火 | 18 | 己巳 | 8·1 |
| 26 | 2 | 水 | 19 | 庚午 | 9·1 |
| 27 | 3 | 木 | 20 | 辛未 | 9·1 |
| 28 | 4 | 金 | 21 | 壬申 | 9·1 |
| 29 | | | | | |
| 30 | | | | | |
| 31 | | | | | |

## 소한절(辛丑月)

小寒 1월5일 21시43분
大寒 1월20일 15시2분

| 절기후날수 | 양력 | 요일 | 음력 | 일진 | 大運 남·여 |
|---|---|---|---|---|---|
| 0 | 1/5 | 土 | 22 | 癸酉 | 소한 |
| 1 | 6 | 日 | 23 | 甲戌 | 1·10 |
| 2 | 7 | 月 | 24 | 乙亥 | 1·9 |
| 3 | 8 | 火 | 25 | 丙子 | 1·9 |
| 4 | 9 | 水 | 26 | 丁丑 | 1·9 |
| 5 | 10 | 木 | 27 | 戊寅 | 2·8 |
| 6 | 11 | 金 | 28 | 己卯 | 2·8 |
| 7 | 12 | 土 | 29 | 庚辰 | 2·8 |
| 8 | 13 | 日 | 12/1 | 辛巳 | 3·7 |
| 9 | 14 | 月 | 2 | 壬午 | 3·7 |
| 10 | 15 | 火 | 3 | 癸未 | 3·7 |
| 11 | 16 | 水 | 4 | 甲申 | 4·6 |
| 12 | 17 | 木 | 5 | 乙酉 | 4·6 |
| 13 | 18 | 金 | 6 | 丙戌 | 4·6 |
| 14 | 19 | 土 | 7 | 丁亥 | 5·5 |
| 15 | 20 | 日 | 8 | 戊子 | 대한 |
| 16 | 21 | 月 | 9 | 己丑 | 5·5 |
| 17 | 22 | 火 | 10 | 庚寅 | 6·4 |
| 18 | 23 | 水 | 11 | 辛卯 | 6·4 |
| 19 | 24 | 木 | 12 | 壬辰 | 6·4 |
| 20 | 25 | 金 | 13 | 癸巳 | 7·3 |
| 21 | 26 | 土 | 14 | 甲午 | 7·3 |
| 22 | 27 | 日 | 15 | 乙未 | 7·3 |
| 23 | 28 | 月 | 16 | 丙申 | 8·2 |
| 24 | 29 | 火 | 17 | 丁酉 | 8·2 |
| 25 | 30 | 水 | 18 | 戊戌 | 8·2 |
| 26 | 31 | 木 | 19 | 己亥 | 9·1 |
| 27 | 2/1 | 金 | 20 | 庚子 | 9·1 |
| 28 | 2 | 土 | 21 | 辛丑 | 9·1 |
| 29 | 3 | 日 | 22 | 壬寅 | 10·1 |
| 30 | | | | | |
| 31 | | | | | |

# 서기 2002년 [단기 4335년]

| 절기후날수 | 입춘절(壬寅月) 立春 2월4일 9시24분 雨水 2월19일 5시13분 | | | | | 경칩절(癸卯月) 驚蟄 3월6일 3시28분 春分 3월21일 4시16분 | | | | | 청명절(甲辰月) 清明 4월5일 8시18분 穀雨 4월20일 15시20분 | | | | |
|---|---|---|---|---|---|---|---|---|---|---|---|---|---|---|---|
| | 양력 | 요일 | 음력 | 일진 | 大運 남·여 | 양력 | 요일 | 음력 | 일진 | 大運 남·여 | 양력 | 요일 | 음력 | 일진 | 大運 남·여 |
| 0 | 2/4 | 月 | 23 | 癸卯 | 입춘 | 3/6 | 水 | 23 | 癸酉 | 경칩 | 4/5 | 金 | 23 | 癸卯 | 청명 |
| 1 | 5 | 火 | 24 | 甲辰 | 10·1 | 7 | 木 | 24 | 甲戌 | 10·1 | 6 | 土 | 24 | 甲辰 | 10·1 |
| 2 | 6 | 水 | 25 | 乙巳 | 9·1 | 8 | 金 | 25 | 乙亥 | 9·1 | 7 | 日 | 25 | 乙巳 | 10·1 |
| 3 | 7 | 木 | 26 | 丙午 | 9·1 | 9 | 土 | 26 | 丙子 | 9·1 | 8 | 月 | 26 | 丙午 | 9·1 |
| 4 | 8 | 金 | 27 | 丁未 | 9·1 | 10 | 日 | 27 | 丁丑 | 9·1 | 9 | 火 | 27 | 丁未 | 9·1 |
| 5 | 9 | 土 | 28 | 戊申 | 8·2 | 11 | 月 | 28 | 戊寅 | 8·2 | 10 | 水 | 28 | 戊申 | 9·2 |
| 6 | 10 | 日 | 29 | 己酉 | 8·2 | 12 | 火 | 29 | 己卯 | 8·2 | 11 | 木 | 29 | 己酉 | 8·2 |
| 7 | 11 | 月 | 30 | 庚戌 | 8·2 | 13 | 水 | 30 | 庚辰 | 8·2 | 12 | 金 | 30 | 庚戌 | 8·2 |
| 8 | 12 | 火 | 1/1 | 辛亥 | 7·3 | 14 | 木 | 2/1 | 辛巳 | 7·3 | 13 | 土 | 3/1 | 辛亥 | 8·3 |
| 9 | 13 | 水 | 2 | 壬子 | 7·3 | 15 | 金 | 2 | 壬午 | 7·3 | 14 | 日 | 2 | 壬子 | 7·3 |
| 10 | 14 | 木 | 3 | 癸丑 | 7·3 | 16 | 土 | 3 | 癸未 | 7·3 | 15 | 月 | 3 | 癸丑 | 7·3 |
| 11 | 15 | 金 | 4 | 甲寅 | 6·4 | 17 | 日 | 4 | 甲申 | 6·4 | 16 | 火 | 4 | 甲寅 | 7·4 |
| 12 | 16 | 土 | 5 | 乙卯 | 6·4 | 18 | 月 | 5 | 乙酉 | 6·4 | 17 | 水 | 5 | 乙卯 | 6·4 |
| 13 | 17 | 日 | 6 | 丙辰 | 6·4 | 19 | 火 | 6 | 丙戌 | 6·4 | 18 | 木 | 6 | 丙辰 | 6·4 |
| 14 | 18 | 月 | 7 | 丁巳 | 5·5 | 20 | 水 | 7 | 丁亥 | 5·5 | 19 | 金 | 7 | 丁巳 | 6·5 |
| 15 | 19 | 火 | 8 | 戊午 | 우수 | 21 | 木 | 8 | 戊子 | 춘분 | 20 | 土 | 8 | 戊午 | 곡우 |
| 16 | 20 | 水 | 9 | 己未 | 5·5 | 22 | 金 | 9 | 己丑 | 5·5 | 21 | 日 | 9 | 己未 | 5·5 |
| 17 | 21 | 木 | 10 | 庚申 | 4·6 | 23 | 土 | 10 | 庚寅 | 4·6 | 22 | 月 | 10 | 庚申 | 5·6 |
| 18 | 22 | 金 | 11 | 辛酉 | 4·6 | 24 | 日 | 11 | 辛卯 | 4·6 | 23 | 火 | 11 | 辛酉 | 4·6 |
| 19 | 23 | 土 | 12 | 壬戌 | 4·6 | 25 | 月 | 12 | 壬辰 | 4·6 | 24 | 水 | 12 | 壬戌 | 4·6 |
| 20 | 24 | 日 | 13 | 癸亥 | 3·7 | 26 | 火 | 13 | 癸巳 | 3·7 | 25 | 木 | 13 | 癸亥 | 4·7 |
| 21 | 25 | 月 | 14 | 甲子 | 3·7 | 27 | 水 | 14 | 甲午 | 3·7 | 26 | 金 | 14 | 甲子 | 3·7 |
| 22 | 26 | 火 | 15 | 乙丑 | 3·7 | 28 | 木 | 15 | 乙未 | 3·7 | 27 | 土 | 15 | 乙丑 | 3·7 |
| 23 | 27 | 水 | 16 | 丙寅 | 2·8 | 29 | 金 | 16 | 丙申 | 2·8 | 28 | 日 | 16 | 丙寅 | 3·8 |
| 24 | 28 | 木 | 17 | 丁卯 | 2·8 | 30 | 土 | 17 | 丁酉 | 2·8 | 29 | 月 | 17 | 丁卯 | 2·8 |
| 25 | 3/1 | 金 | 18 | 戊辰 | 2·8 | 31 | 日 | 18 | 戊戌 | 2·8 | 30 | 火 | 18 | 戊辰 | 2·8 |
| 26 | 2 | 土 | 19 | 己巳 | 1·9 | 4/1 | 月 | 19 | 己亥 | 1·9 | 5/1 | 水 | 19 | 己巳 | 2·9 |
| 27 | 3 | 日 | 20 | 庚午 | 1·9 | 2 | 火 | 20 | 庚子 | 1·9 | 2 | 木 | 20 | 庚午 | 1·9 |
| 28 | 4 | 月 | 21 | 辛未 | 1·9 | 3 | 水 | 21 | 辛丑 | 1·9 | 3 | 金 | 21 | 辛未 | 1·9 |
| 29 | 5 | 火 | 22 | 壬申 | 1·10 | 4 | 木 | 22 | 壬寅 | 1·10 | 4 | 土 | 22 | 壬申 | 1·10 |
| 30 | | | | | | | | | | | 5 | 日 | 23 | 癸酉 | 1·10 |
| 31 | | | | | | | | | | | | | | | |

| 절기후날수 | 입하절(乙巳月) 立夏 5월6일 1시37분 小滿 5월21일 14시29분 | | | | | 망종절(丙午月) 芒種 6월6일 5시45분 夏至 6월21일 22시24분 | | | | | 소서절(丁未月) 小暑 7월7일 15시56분 大暑 7월23일 9시15분 | | | | |
|---|---|---|---|---|---|---|---|---|---|---|---|---|---|---|---|
| | 양력 | 요일 | 음력 | 일진 | 大運 남·여 | 양력 | 요일 | 음력 | 일진 | 大運 남·여 | 양력 | 요일 | 음력 | 일진 | 大運 남·여 |
| 0 | 5/6 | 月 | 24 | 甲戌 | 입하 | 6/6 | 木 | 26 | 乙巳 | 망종 | 7/7 | 日 | 27 | 丙子 | 소서 |
| 1 | 7 | 火 | 25 | 乙亥 | 10·1 | 7 | 金 | 27 | 丙午 | 10·1 | 8 | 月 | 28 | 丁丑 | 10·1 |
| 2 | 8 | 水 | 26 | 丙子 | 10·1 | 8 | 土 | 28 | 丁未 | 10·1 | 9 | 火 | 29 | 戊寅 | 10·1 |
| 3 | 9 | 木 | 27 | 丁丑 | 9·1 | 9 | 日 | 29 | 戊申 | 9·1 | 10 | 水 | 6/1 | 己卯 | 10·1 |
| 4 | 10 | 金 | 28 | 戊寅 | 9·1 | 10 | 月 | 30 | 己酉 | 9·1 | 11 | 木 | 2 | 庚辰 | 9·1 |
| 5 | 11 | 土 | 29 | 己卯 | 9·2 | 11 | 火 | 5/1 | 庚戌 | 9·2 | 12 | 金 | 3 | 辛巳 | 9·2 |
| 6 | 12 | 日 | 4/1 | 庚辰 | 8·2 | 12 | 水 | 2 | 辛亥 | 8·2 | 13 | 土 | 4 | 壬午 | 9·2 |
| 7 | 13 | 月 | 2 | 辛巳 | 8·2 | 13 | 木 | 3 | 壬子 | 8·2 | 14 | 日 | 5 | 癸未 | 8·2 |
| 8 | 14 | 火 | 3 | 壬午 | 8·3 | 14 | 金 | 4 | 癸丑 | 8·3 | 15 | 月 | 6 | 甲申 | 8·3 |
| 9 | 15 | 水 | 4 | 癸未 | 7·3 | 15 | 土 | 5 | 甲寅 | 7·3 | 16 | 火 | 7 | 乙酉 | 8·3 |
| 10 | 16 | 木 | 5 | 甲申 | 7·3 | 16 | 日 | 6 | 乙卯 | 7·3 | 17 | 水 | 8 | 丙戌 | 7·3 |
| 11 | 17 | 金 | 6 | 乙酉 | 7·4 | 17 | 月 | 7 | 丙辰 | 7·4 | 18 | 木 | 9 | 丁亥 | 7·4 |
| 12 | 18 | 土 | 7 | 丙戌 | 6·4 | 18 | 火 | 8 | 丁巳 | 6·4 | 19 | 金 | 10 | 戊子 | 7·4 |
| 13 | 19 | 日 | 8 | 丁亥 | 6·4 | 19 | 水 | 9 | 戊午 | 6·4 | 20 | 土 | 11 | 己丑 | 6·4 |
| 14 | 20 | 月 | 9 | 戊子 | 6·5 | 20 | 木 | 10 | 己未 | 6·5 | 21 | 日 | 12 | 庚寅 | 6·5 |
| 15 | 21 | 火 | 10 | 己丑 | 소만 | 21 | 金 | 11 | 庚申 | 하지 | 22 | 月 | 13 | 辛卯 | 6·5 |
| 16 | 22 | 水 | 11 | 庚寅 | 5·5 | 22 | 土 | 12 | 辛酉 | 5·5 | 23 | 火 | 14 | 壬辰 | 대서 |
| 17 | 23 | 木 | 12 | 辛卯 | 5·6 | 23 | 日 | 13 | 壬戌 | 5·6 | 24 | 水 | 15 | 癸巳 | 5·6 |
| 18 | 24 | 金 | 13 | 壬辰 | 4·6 | 24 | 月 | 14 | 癸亥 | 4·6 | 25 | 木 | 16 | 甲午 | 5·6 |
| 19 | 25 | 土 | 14 | 癸巳 | 4·6 | 25 | 火 | 15 | 甲子 | 4·6 | 26 | 金 | 17 | 乙未 | 4·6 |
| 20 | 26 | 日 | 15 | 甲午 | 4·7 | 26 | 水 | 16 | 乙丑 | 4·7 | 27 | 土 | 18 | 丙申 | 4·7 |
| 21 | 27 | 月 | 16 | 乙未 | 3·7 | 27 | 木 | 17 | 丙寅 | 3·7 | 28 | 日 | 19 | 丁酉 | 4·7 |
| 22 | 28 | 火 | 17 | 丙申 | 3·7 | 28 | 金 | 18 | 丁卯 | 3·7 | 29 | 月 | 20 | 戊戌 | 3·7 |
| 23 | 29 | 水 | 18 | 丁酉 | 3·8 | 29 | 土 | 19 | 戊辰 | 3·8 | 30 | 火 | 21 | 己亥 | 3·8 |
| 24 | 30 | 木 | 19 | 戊戌 | 2·8 | 30 | 日 | 20 | 己巳 | 2·8 | 31 | 水 | 22 | 庚子 | 3·8 |
| 25 | 31 | 金 | 20 | 己亥 | 2·8 | 7/1 | 月 | 21 | 庚午 | 2·8 | 8/1 | 木 | 23 | 辛丑 | 2·8 |
| 26 | 6/1 | 土 | 21 | 庚子 | 2·9 | 2 | 火 | 22 | 辛未 | 2·9 | 2 | 金 | 24 | 壬寅 | 2·9 |
| 27 | 2 | 日 | 22 | 辛丑 | 1·9 | 3 | 水 | 23 | 壬申 | 1·9 | 3 | 土 | 25 | 癸卯 | 2·9 |
| 28 | 3 | 月 | 23 | 壬寅 | 1·9 | 4 | 木 | 24 | 癸酉 | 1·9 | 4 | 日 | 26 | 甲辰 | 1·9 |
| 29 | 4 | 火 | 24 | 癸卯 | 1·10 | 5 | 金 | 25 | 甲戌 | 1·10 | 5 | 月 | 27 | 乙巳 | 1·10 |
| 30 | 5 | 水 | 25 | 甲辰 | 1·10 | 6 | 土 | 26 | 乙亥 | 1·10 | 6 | 火 | 28 | 丙午 | 1·10 |
| 31 | | | | | | | | | | | 7 | 水 | 29 | 丁未 | 1·10 |

# 壬午年

| 절기후날수 | 입추절(戊申月) | | | | | 백로절(己酉月) | | | | | 한로절(庚戌月) | | | | |
|---|---|---|---|---|---|---|---|---|---|---|---|---|---|---|---|
| | 立秋 8월8일 1시39분<br>處暑 8월23일 16시17분 | | | | | 白露 9월8일 4시31분<br>秋分 9월23일 13시55분 | | | | | 寒露 10월8일 20시9분<br>霜降 10월23일 23시18분 | | | | |
| | 양력 | 요일 | 음력 | 일진 | 大運 남 여 | 양력 | 요일 | 음력 | 일진 | 大運 남 여 | 양력 | 요일 | 음력 | 일진 | 大運 남 여 |
| 0 | 8/8 | 木 | 30 | 戊申 | 입추 | 9/8 | 日 | 2 | 己卯 | 백로 | 10/8 | 火 | 3 | 己酉 | 한로 |
| 1 | 9 | 金 | 7/1 | 己酉 | 10·1 | 9 | 月 | 3 | 庚辰 | 10·1 | 9 | 水 | 4 | 庚戌 | 10·1 |
| 2 | 10 | 土 | 2 | 庚戌 | 10·1 | 10 | 火 | 4 | 辛巳 | 9·1 | 10 | 木 | 5 | 辛亥 | 9·1 |
| 3 | 11 | 日 | 3 | 辛亥 | 9·1 | 11 | 水 | 5 | 壬午 | 9·1 | 11 | 金 | 6 | 壬子 | 9·1 |
| 4 | 12 | 月 | 4 | 壬子 | 9·1 | 12 | 木 | 6 | 癸未 | 9·1 | 12 | 土 | 7 | 癸丑 | 9·1 |
| 5 | 13 | 火 | 5 | 癸丑 | 9·2 | 13 | 金 | 7 | 甲申 | 8·2 | 13 | 日 | 8 | 甲寅 | 8·2 |
| 6 | 14 | 水 | 6 | 甲寅 | 8·2 | 14 | 土 | 8 | 乙酉 | 8·2 | 14 | 月 | 9 | 乙卯 | 8·2 |
| 7 | 15 | 木 | 7 | 乙卯 | 8·2 | 15 | 日 | 9 | 丙戌 | 8·2 | 15 | 火 | 10 | 丙辰 | 8·2 |
| 8 | 16 | 金 | 8 | 丙辰 | 8·3 | 16 | 月 | 10 | 丁亥 | 7·3 | 16 | 水 | 11 | 丁巳 | 7·3 |
| 9 | 17 | 土 | 9 | 丁巳 | 7·3 | 17 | 火 | 11 | 戊子 | 7·3 | 17 | 木 | 12 | 戊午 | 7·3 |
| 10 | 18 | 日 | 10 | 戊午 | 7·3 | 18 | 水 | 12 | 己丑 | 7·3 | 18 | 金 | 13 | 己未 | 7·3 |
| 11 | 19 | 月 | 11 | 己未 | 7·4 | 19 | 木 | 13 | 庚寅 | 6·4 | 19 | 土 | 14 | 庚申 | 6·4 |
| 12 | 20 | 火 | 12 | 庚申 | 6·4 | 20 | 金 | 14 | 辛卯 | 6·4 | 20 | 日 | 15 | 辛酉 | 6·4 |
| 13 | 21 | 水 | 13 | 辛酉 | 6·4 | 21 | 土 | 15 | 壬辰 | 6·4 | 21 | 月 | 16 | 壬戌 | 6·4 |
| 14 | 22 | 木 | 14 | 壬戌 | 6·5 | 22 | 日 | 16 | 癸巳 | 5·5 | 22 | 火 | 17 | 癸亥 | 5·5 |
| 15 | 23 | 金 | 15 | 癸亥 | 처서 | 23 | 月 | 17 | 甲午 | 추분 | 23 | 水 | 18 | 甲子 | 상강 |
| 16 | 24 | 土 | 16 | 甲子 | 5·5 | 24 | 火 | 18 | 乙未 | 5·5 | 24 | 木 | 19 | 乙丑 | 5·5 |
| 17 | 25 | 日 | 17 | 乙丑 | 5·6 | 25 | 水 | 19 | 丙申 | 4·6 | 25 | 金 | 20 | 丙寅 | 4·6 |
| 18 | 26 | 月 | 18 | 丙寅 | 4·6 | 26 | 木 | 20 | 丁酉 | 4·6 | 26 | 土 | 21 | 丁卯 | 4·6 |
| 19 | 27 | 火 | 19 | 丁卯 | 4·6 | 27 | 金 | 21 | 戊戌 | 4·6 | 27 | 日 | 22 | 戊辰 | 4·6 |
| 20 | 28 | 水 | 20 | 戊辰 | 4·7 | 28 | 土 | 22 | 己亥 | 3·7 | 28 | 月 | 23 | 己巳 | 3·7 |
| 21 | 29 | 木 | 21 | 己巳 | 3·7 | 29 | 日 | 23 | 庚子 | 3·7 | 29 | 火 | 24 | 庚午 | 3·7 |
| 22 | 30 | 金 | 22 | 庚午 | 3·7 | 30 | 月 | 24 | 辛丑 | 3·7 | 30 | 水 | 25 | 辛未 | 3·7 |
| 23 | 31 | 土 | 23 | 辛未 | 3·8 | 10/1 | 火 | 25 | 壬寅 | 2·8 | 31 | 木 | 26 | 壬申 | 2·8 |
| 24 | 9/1 | 日 | 24 | 壬申 | 2·8 | 2 | 水 | 26 | 癸卯 | 2·8 | 11/1 | 金 | 27 | 癸酉 | 2·8 |
| 25 | 2 | 月 | 25 | 癸酉 | 2·8 | 3 | 木 | 27 | 甲辰 | 2·8 | 2 | 土 | 28 | 甲戌 | 2·8 |
| 26 | 3 | 火 | 26 | 甲戌 | 2·9 | 4 | 金 | 28 | 乙巳 | 1·9 | 3 | 日 | 29 | 乙亥 | 1·9 |
| 27 | 4 | 水 | 27 | 乙亥 | 1·9 | 5 | 土 | 29 | 丙午 | 1·9 | 4 | 月 | 30 | 丙子 | 1·9 |
| 28 | 5 | 木 | 28 | 丙子 | 1·9 | 6 | 日 | 9/1 | 丁未 | 1·9 | 5 | 火 | 10/1 | 丁丑 | 1·9 |
| 29 | 6 | 金 | 29 | 丁丑 | 1·10 | 7 | 月 | 2 | 戊申 | 1·10 | 6 | 水 | 2 | 戊寅 | 1·10 |
| 30 | 7 | 土 | 8/1 | 戊寅 | 1·10 | | | | | | | | | | |
| 31 | | | | | | | | | | | | | | | |

| 절기후날수 | 입동절(辛亥月) | | | | | 대설절(壬子月) | | | | | 소한절(癸丑月) | | | | |
|---|---|---|---|---|---|---|---|---|---|---|---|---|---|---|---|
| | 立冬 11월7일 23시22분<br>小雪 11월22일 20시54분 | | | | | 大雪 12월7일 16시14분<br>冬至 12월22일 10시14분 | | | | | 小寒 1월6일 3시28분<br>大寒 1월20일 20시53분 | | | | |
| | 양력 | 요일 | 음력 | 일진 | 大運 남 여 | 양력 | 요일 | 음력 | 일진 | 大運 남 여 | 양력 | 요일 | 음력 | 일진 | 大運 남 여 |
| 0 | 11/7 | 木 | 3 | 己卯 | 입동 | 12/7 | 土 | 4 | 己酉 | 대설 | 1/6 | 月 | 4 | 己卯 | 소한 |
| 1 | 8 | 金 | 4 | 庚辰 | 10·1 | 8 | 日 | 5 | 庚戌 | 10·1 | 7 | 火 | 5 | 庚辰 | 9·1 |
| 2 | 9 | 土 | 5 | 辛巳 | 9·1 | 9 | 月 | 6 | 辛亥 | 9·1 | 8 | 水 | 6 | 辛巳 | 9·1 |
| 3 | 10 | 日 | 6 | 壬午 | 9·1 | 10 | 火 | 7 | 壬子 | 9·1 | 9 | 木 | 7 | 壬午 | 9·1 |
| 4 | 11 | 月 | 7 | 癸未 | 9·1 | 11 | 水 | 8 | 癸丑 | 9·1 | 10 | 金 | 8 | 癸未 | 8·1 |
| 5 | 12 | 火 | 8 | 甲申 | 8·2 | 12 | 木 | 9 | 甲寅 | 8·2 | 11 | 土 | 9 | 甲申 | 8·2 |
| 6 | 13 | 水 | 9 | 乙酉 | 8·2 | 13 | 金 | 10 | 乙卯 | 8·2 | 12 | 日 | 10 | 乙酉 | 8·2 |
| 7 | 14 | 木 | 10 | 丙戌 | 8·2 | 14 | 土 | 11 | 丙辰 | 8·2 | 13 | 月 | 11 | 丙戌 | 7·2 |
| 8 | 15 | 金 | 11 | 丁亥 | 7·3 | 15 | 日 | 12 | 丁巳 | 7·3 | 14 | 火 | 12 | 丁亥 | 7·3 |
| 9 | 16 | 土 | 12 | 戊子 | 7·3 | 16 | 月 | 13 | 戊午 | 7·3 | 15 | 水 | 13 | 戊子 | 7·3 |
| 10 | 17 | 日 | 13 | 己丑 | 7·3 | 17 | 火 | 14 | 己未 | 7·3 | 16 | 木 | 14 | 己丑 | 6·3 |
| 11 | 18 | 月 | 14 | 庚寅 | 6·4 | 18 | 水 | 15 | 庚申 | 6·4 | 17 | 金 | 15 | 庚寅 | 6·4 |
| 12 | 19 | 火 | 15 | 辛卯 | 6·4 | 19 | 木 | 16 | 辛酉 | 6·4 | 18 | 土 | 16 | 辛卯 | 6·4 |
| 13 | 20 | 水 | 16 | 壬辰 | 6·4 | 20 | 金 | 17 | 壬戌 | 6·4 | 19 | 日 | 17 | 壬辰 | 5·4 |
| 14 | 21 | 木 | 17 | 癸巳 | 5·5 | 21 | 土 | 18 | 癸亥 | 5·5 | 20 | 月 | 18 | 癸巳 | 대한 |
| 15 | 22 | 金 | 18 | 甲午 | 소설 | 22 | 日 | 19 | 甲子 | 동지 | 21 | 火 | 19 | 甲午 | 5·5 |
| 16 | 23 | 土 | 19 | 乙未 | 5·5 | 23 | 月 | 20 | 乙丑 | 5·5 | 22 | 水 | 20 | 乙未 | 4·5 |
| 17 | 24 | 日 | 20 | 丙申 | 4·6 | 24 | 火 | 21 | 丙寅 | 4·6 | 23 | 木 | 21 | 丙申 | 4·6 |
| 18 | 25 | 月 | 21 | 丁酉 | 4·6 | 25 | 水 | 22 | 丁卯 | 4·6 | 24 | 金 | 22 | 丁酉 | 4·6 |
| 19 | 26 | 火 | 22 | 戊戌 | 4·6 | 26 | 木 | 23 | 戊辰 | 4·6 | 25 | 土 | 23 | 戊戌 | 3·6 |
| 20 | 27 | 水 | 23 | 己亥 | 3·7 | 27 | 金 | 24 | 己巳 | 3·7 | 26 | 日 | 24 | 己亥 | 3·7 |
| 21 | 28 | 木 | 24 | 庚子 | 3·7 | 28 | 土 | 25 | 庚午 | 3·7 | 27 | 月 | 25 | 庚子 | 3·7 |
| 22 | 29 | 金 | 25 | 辛丑 | 3·7 | 29 | 日 | 26 | 辛未 | 3·7 | 28 | 火 | 26 | 辛丑 | 2·7 |
| 23 | 30 | 土 | 26 | 壬寅 | 2·8 | 30 | 月 | 27 | 壬申 | 2·8 | 29 | 水 | 27 | 壬寅 | 2·8 |
| 24 | 12/1 | 日 | 27 | 癸卯 | 2·8 | 31 | 火 | 28 | 癸酉 | 2·8 | 30 | 木 | 28 | 癸卯 | 2·8 |
| 25 | 2 | 月 | 28 | 甲辰 | 2·8 | 1/1 | 水 | 29 | 甲戌 | 2·8 | 31 | 金 | 29 | 甲辰 | 1·8 |
| 26 | 3 | 火 | 29 | 乙巳 | 1·9 | 2 | 木 | 30 | 乙亥 | 1·9 | 2/1 | 土 | 1/1 | 乙巳 | 1·9 |
| 27 | 4 | 水 | 11/1 | 丙午 | 1·9 | 3 | 金 | 12/1 | 丙子 | 1·9 | 2 | 日 | 2 | 丙午 | 1·9 |
| 28 | 5 | 木 | 2 | 丁未 | 1·9 | 4 | 土 | 2 | 丁丑 | 1·9 | 3 | 月 | 3 | 丁未 | 1·9 |
| 29 | 6 | 金 | 3 | 戊申 | 1·10 | 5 | 日 | 3 | 戊寅 | 1·10 | | | | | |
| 30 | | | | | | | | | | | | | | | |
| 31 | | | | | | | | | | | | | | | |

# 서기 2003년 [단기 4336년]

| 절기후날수 | 입춘절(甲寅月) | | | | | 경칩절(乙卯月) | | | | | 청명절(丙辰月) | | | | | 입하절(丁巳月) | | | | | 망종절(戊午月) | | | | | 소서절(己未月) | | | | |
|---|---|---|---|---|---|---|---|---|---|---|---|---|---|---|---|---|---|---|---|---|---|---|---|---|---|---|---|---|---|---|
| | 立春 2월4일 15시5분<br>雨水 2월19일 11시0분 | | | | | 驚蟄 3월6일 9시5분<br>春分 3월21일 10시0분 | | | | | 淸明 4월5일 13시52분<br>穀雨 4월20일 21시3분 | | | | | 立夏 5월6일 7시10분<br>小滿 5월21일 20시12분 | | | | | 芒種 6월6일 11시20분<br>夏至 6월22일 4시10분 | | | | | 小暑 7월7일 21시36분<br>大暑 7월23일 15시4분 | | | | |
| | 양력 | 요일 | 음력 | 일진 | 大運 남·여 | 양력 | 요일 | 음력 | 일진 | 大運 남·여 | 양력 | 요일 | 음력 | 일진 | 大運 남·여 | 양력 | 요일 | 음력 | 일진 | 大運 남·여 | 양력 | 요일 | 음력 | 일진 | 大運 남·여 | 양력 | 요일 | 음력 | 일진 | 大運 남·여 |
| 0 | 2/4 | 火 | 4 | 戊申 | 입춘 | 3/6 | 木 | 4 | 戊寅 | 경칩 | 4/5 | 土 | 4 | 戊申 | 청명 | 5/6 | 火 | 6 | 己卯 | 입하 | 6/6 | 金 | 7 | 庚戌 | 망종 | 7/7 | 月 | 8 | 辛巳 | 소서 |
| 1 | 5 | 水 | 5 | 己酉 | 1·10 | 7 | 金 | 5 | 己卯 | 1·10 | 6 | 日 | 5 | 己酉 | 1·10 | 7 | 水 | 7 | 庚辰 | 1·10 | 7 | 土 | 8 | 辛亥 | 1·10 | 8 | 火 | 9 | 壬午 | 1·10 |
| 2 | 6 | 木 | 6 | 庚戌 | 1·9 | 8 | 土 | 6 | 庚辰 | 1·9 | 7 | 月 | 6 | 庚戌 | 1·10 | 8 | 木 | 8 | 辛巳 | 1·10 | 8 | 日 | 9 | 壬子 | 1·10 | 9 | 水 | 10 | 癸未 | 1·10 |
| 3 | 7 | 金 | 7 | 辛亥 | 1·9 | 9 | 日 | 7 | 辛巳 | 1·9 | 8 | 火 | 7 | 辛亥 | 1·9 | 9 | 金 | 9 | 壬午 | 1·9 | 9 | 月 | 10 | 癸丑 | 1·9 | 10 | 木 | 11 | 甲申 | 1·10 |
| 4 | 8 | 土 | 8 | 壬子 | 1·9 | 10 | 月 | 8 | 壬午 | 1·9 | 9 | 水 | 8 | 壬子 | 1·9 | 10 | 土 | 10 | 癸未 | 1·9 | 10 | 火 | 11 | 甲寅 | 1·9 | 11 | 金 | 12 | 乙酉 | 1·9 |
| 5 | 9 | 日 | 9 | 癸丑 | 2·8 | 11 | 火 | 9 | 癸未 | 2·8 | 10 | 木 | 9 | 癸丑 | 2·9 | 11 | 日 | 11 | 甲申 | 2·9 | 11 | 水 | 12 | 乙卯 | 2·9 | 12 | 土 | 13 | 丙戌 | 2·9 |
| 6 | 10 | 月 | 10 | 甲寅 | 2·8 | 12 | 水 | 10 | 甲申 | 2·8 | 11 | 金 | 10 | 甲寅 | 2·8 | 12 | 月 | 12 | 乙酉 | 2·8 | 12 | 木 | 13 | 丙辰 | 2·8 | 13 | 日 | 14 | 丁亥 | 2·9 |
| 7 | 11 | 火 | 11 | 乙卯 | 2·8 | 13 | 木 | 11 | 乙酉 | 2·8 | 12 | 土 | 11 | 乙卯 | 2·8 | 13 | 火 | 13 | 丙戌 | 2·8 | 13 | 金 | 14 | 丁巳 | 2·8 | 14 | 月 | 15 | 戊子 | 2·8 |
| 8 | 12 | 水 | 12 | 丙辰 | 3·7 | 14 | 金 | 12 | 丙戌 | 3·7 | 13 | 日 | 12 | 丙辰 | 3·8 | 14 | 水 | 14 | 丁亥 | 3·8 | 14 | 土 | 15 | 戊午 | 3·8 | 15 | 火 | 16 | 己丑 | 3·8 |
| 9 | 13 | 木 | 13 | 丁巳 | 3·7 | 15 | 土 | 13 | 丁亥 | 3·7 | 14 | 月 | 13 | 丁巳 | 3·7 | 15 | 木 | 15 | 戊子 | 3·7 | 15 | 日 | 16 | 己未 | 3·7 | 16 | 水 | 17 | 庚寅 | 3·8 |
| 10 | 14 | 金 | 14 | 戊午 | 3·7 | 16 | 日 | 14 | 戊子 | 3·7 | 15 | 火 | 14 | 戊午 | 3·7 | 16 | 金 | 16 | 己丑 | 3·7 | 16 | 月 | 17 | 庚申 | 3·7 | 17 | 木 | 18 | 辛卯 | 3·7 |
| 11 | 15 | 土 | 15 | 己未 | 4·6 | 17 | 月 | 15 | 己丑 | 4·6 | 16 | 水 | 15 | 己未 | 4·7 | 17 | 土 | 17 | 庚寅 | 4·7 | 17 | 火 | 18 | 辛酉 | 4·7 | 18 | 金 | 19 | 壬辰 | 4·7 |
| 12 | 16 | 日 | 16 | 庚申 | 4·6 | 18 | 火 | 16 | 庚寅 | 4·6 | 17 | 木 | 16 | 庚申 | 4·6 | 18 | 日 | 18 | 辛卯 | 4·6 | 18 | 水 | 19 | 壬戌 | 4·6 | 19 | 土 | 20 | 癸巳 | 4·7 |
| 13 | 17 | 月 | 17 | 辛酉 | 4·6 | 19 | 水 | 17 | 辛卯 | 4·6 | 18 | 金 | 17 | 辛酉 | 4·6 | 19 | 月 | 19 | 壬辰 | 4·6 | 19 | 木 | 20 | 癸亥 | 4·6 | 20 | 日 | 21 | 甲午 | 4·6 |
| 14 | 18 | 火 | 18 | 壬戌 | 5·5 | 20 | 木 | 18 | 壬辰 | 5·5 | 19 | 土 | 18 | 壬戌 | 5·6 | 20 | 火 | 20 | 癸巳 | 5·6 | 20 | 金 | 21 | 甲子 | 5·6 | 21 | 月 | 22 | 乙未 | 5·6 |
| 15 | 19 | 水 | 19 | 癸亥 | 우수 | 21 | 金 | 19 | 癸巳 | 춘분 | 20 | 日 | 19 | 癸亥 | 곡우 | 21 | 水 | 21 | 甲午 | 소만 | 21 | 土 | 22 | 乙丑 | 5·5 | 22 | 火 | 23 | 丙申 | 5·6 |
| 16 | 20 | 木 | 20 | 甲子 | 5·5 | 22 | 土 | 20 | 甲午 | 5·5 | 21 | 月 | 20 | 甲子 | 5·5 | 22 | 木 | 22 | 乙未 | 5·5 | 22 | 日 | 23 | 丙寅 | 하지 | 23 | 水 | 24 | 丁酉 | 대서 |
| 17 | 21 | 金 | 21 | 乙丑 | 6·4 | 23 | 日 | 21 | 乙未 | 6·4 | 22 | 火 | 21 | 乙丑 | 6·5 | 23 | 金 | 23 | 丙申 | 6·5 | 23 | 月 | 24 | 丁卯 | 6·5 | 24 | 木 | 25 | 戊戌 | 6·5 |
| 18 | 22 | 土 | 22 | 丙寅 | 6·4 | 24 | 月 | 22 | 丙申 | 6·4 | 23 | 水 | 22 | 丙寅 | 6·4 | 24 | 土 | 24 | 丁酉 | 6·4 | 24 | 火 | 25 | 戊辰 | 6·4 | 25 | 金 | 26 | 己亥 | 6·5 |
| 19 | 23 | 日 | 23 | 丁卯 | 6·4 | 25 | 火 | 23 | 丁酉 | 6·4 | 24 | 木 | 23 | 丁卯 | 6·4 | 25 | 日 | 25 | 戊戌 | 6·4 | 25 | 水 | 26 | 己巳 | 6·4 | 26 | 土 | 27 | 庚子 | 6·4 |
| 20 | 24 | 月 | 24 | 戊辰 | 7·3 | 26 | 水 | 24 | 戊戌 | 7·3 | 25 | 金 | 24 | 戊辰 | 7·4 | 26 | 月 | 26 | 己亥 | 7·4 | 26 | 木 | 27 | 庚午 | 7·4 | 27 | 日 | 28 | 辛丑 | 7·4 |
| 21 | 25 | 火 | 25 | 己巳 | 7·3 | 27 | 木 | 25 | 己亥 | 7·3 | 26 | 土 | 25 | 己巳 | 7·3 | 27 | 火 | 27 | 庚子 | 7·3 | 27 | 金 | 28 | 辛未 | 7·3 | 28 | 月 | 29 | 壬寅 | 7·4 |
| 22 | 26 | 水 | 26 | 庚午 | 7·3 | 28 | 金 | 26 | 庚子 | 7·3 | 27 | 日 | 26 | 庚午 | 7·3 | 28 | 水 | 28 | 辛丑 | 7·3 | 28 | 土 | 29 | 壬申 | 7·3 | 29 | 火 | 7/1 | 癸卯 | 7·3 |
| 23 | 27 | 木 | 27 | 辛未 | 8·2 | 29 | 土 | 27 | 辛丑 | 8·2 | 28 | 月 | 27 | 辛未 | 8·3 | 29 | 木 | 29 | 壬寅 | 8·3 | 29 | 日 | 30 | 癸酉 | 8·3 | 30 | 水 | 2 | 甲辰 | 8·3 |
| 24 | 28 | 金 | 28 | 壬申 | 8·2 | 30 | 日 | 28 | 壬寅 | 8·2 | 29 | 火 | 28 | 壬申 | 8·2 | 30 | 金 | 30 | 癸卯 | 8·2 | 30 | 月 | 6/1 | 甲戌 | 8·2 | 31 | 木 | 3 | 乙巳 | 8·3 |
| 25 | 3/1 | 土 | 29 | 癸酉 | 8·2 | 31 | 月 | 29 | 癸卯 | 8·2 | 30 | 水 | 29 | 癸酉 | 8·2 | 31 | 土 | 5/1 | 甲辰 | 8·2 | 7/1 | 火 | 2 | 乙亥 | 8·2 | 8/1 | 金 | 4 | 丙午 | 8·2 |
| 26 | 2 | 日 | 30 | 甲戌 | 9·1 | 4/1 | 火 | 30 | 甲辰 | 9·1 | 5/1 | 木 | 4/1 | 甲戌 | 9·2 | 6/1 | 日 | 2 | 乙巳 | 9·2 | 2 | 水 | 3 | 丙子 | 9·2 | 2 | 土 | 5 | 丁未 | 9·2 |
| 27 | 3 | 月 | 2/1 | 乙亥 | 9·1 | 2 | 水 | 3/1 | 乙巳 | 9·1 | 2 | 金 | 2 | 乙亥 | 9·1 | 2 | 月 | 3 | 丙午 | 9·1 | 3 | 木 | 4 | 丁丑 | 9·1 | 3 | 日 | 6 | 戊申 | 9·2 |
| 28 | 4 | 火 | 2 | 丙子 | 9·1 | 3 | 木 | 2 | 丙午 | 9·1 | 3 | 土 | 3 | 丙子 | 9·1 | 3 | 火 | 4 | 丁未 | 9·1 | 4 | 金 | 5 | 戊寅 | 9·1 | 4 | 月 | 7 | 己酉 | 9·1 |
| 29 | 5 | 水 | 3 | 丁丑 | 10·1 | 4 | 金 | 3 | 丁未 | 10·1 | 4 | 日 | 4 | 丁丑 | 10·1 | 4 | 水 | 5 | 戊申 | 10·1 | 5 | 土 | 6 | 己卯 | 10·1 | 5 | 火 | 8 | 庚戌 | 10·1 |
| 30 | | | | | | | | | | | 5 | 月 | 5 | 戊寅 | 10·1 | 5 | 木 | 6 | 己酉 | 10·1 | 6 | 日 | 7 | 庚辰 | 10·1 | 6 | 水 | 9 | 辛亥 | 10·1 |
| 31 | | | | | | | | | | | | | | | | | | | | | | | | | | 7 | 木 | 10 | 壬子 | 10·1 |

# 癸未年

| 절기후날수 | 입추절(庚申月) 立秋 8월8일 7시24분 處暑 8월23일 22시8분 | | | | | 백로절(辛酉月) 白露 9월8일 10시20분 秋分 9월23일 19시47분 | | | | | 한로절(壬戌月) 寒露 10월9일 2시0분 霜降 10월24일 5시8분 | | | | |
|---|---|---|---|---|---|---|---|---|---|---|---|---|---|---|---|
| | 양력 | 요일 | 음력 | 일진 | 大運 남·여 | 양력 | 요일 | 음력 | 일진 | 大運 남·여 | 양력 | 요일 | 음력 | 일진 | 大運 남·여 |
| 0 | 8/8 | 金 | 11 | 癸丑 | 입추 | 9/8 | 月 | 12 | 甲申 | 백로 | 10/9 | 木 | 14 | 乙卯 | 한로 |
| 1 | 9 | 土 | 12 | 甲寅 | 1·10 | 9 | 火 | 13 | 乙酉 | 1·10 | 10 | 金 | 15 | 丙辰 | 1·10 |
| 2 | 10 | 日 | 13 | 乙卯 | 1·10 | 10 | 水 | 14 | 丙戌 | 1·10 | 11 | 土 | 16 | 丁巳 | 1·9 |
| 3 | 11 | 月 | 14 | 丙辰 | 1·9 | 11 | 木 | 15 | 丁亥 | 1·9 | 12 | 日 | 17 | 戊午 | 1·9 |
| 4 | 12 | 火 | 15 | 丁巳 | 1·9 | 12 | 金 | 16 | 戊子 | 1·9 | 13 | 月 | 18 | 己未 | 1·9 |
| 5 | 13 | 水 | 16 | 戊午 | 2·9 | 13 | 土 | 17 | 己丑 | 2·9 | 14 | 火 | 19 | 庚申 | 2·8 |
| 6 | 14 | 木 | 17 | 己未 | 2·8 | 14 | 日 | 18 | 庚寅 | 2·8 | 15 | 水 | 20 | 辛酉 | 2·8 |
| 7 | 15 | 金 | 18 | 庚申 | 2·8 | 15 | 月 | 19 | 辛卯 | 2·8 | 16 | 木 | 21 | 壬戌 | 2·8 |
| 8 | 16 | 土 | 19 | 辛酉 | 3·8 | 16 | 火 | 20 | 壬辰 | 3·8 | 17 | 金 | 22 | 癸亥 | 3·7 |
| 9 | 17 | 日 | 20 | 壬戌 | 3·7 | 17 | 水 | 21 | 癸巳 | 3·7 | 18 | 土 | 23 | 甲子 | 3·7 |
| 10 | 18 | 月 | 21 | 癸亥 | 3·7 | 18 | 木 | 22 | 甲午 | 3·7 | 19 | 日 | 24 | 乙丑 | 3·7 |
| 11 | 19 | 火 | 22 | 甲子 | 4·7 | 19 | 金 | 23 | 乙未 | 4·7 | 20 | 月 | 25 | 丙寅 | 4·6 |
| 12 | 20 | 水 | 23 | 乙丑 | 4·6 | 20 | 土 | 24 | 丙申 | 4·6 | 21 | 火 | 26 | 丁卯 | 4·6 |
| 13 | 21 | 木 | 24 | 丙寅 | 4·6 | 21 | 日 | 25 | 丁酉 | 4·6 | 22 | 水 | 27 | 戊辰 | 4·6 |
| 14 | 22 | 金 | 25 | 丁卯 | 5·6 | 22 | 月 | 26 | 戊戌 | 5·6 | 23 | 木 | 28 | 己巳 | 5·5 |
| 15 | 23 | 土 | 26 | 戊辰 | 처서 | 23 | 火 | 27 | 己亥 | 추분 | 24 | 金 | 29 | 庚午 | 상강 |
| 16 | 24 | 日 | 27 | 己巳 | 5·5 | 24 | 水 | 28 | 庚子 | 5·5 | 25 | 土 | 10/1 | 辛未 | 5·5 |
| 17 | 25 | 月 | 28 | 庚午 | 6·5 | 25 | 木 | 29 | 辛丑 | 6·5 | 26 | 日 | 2 | 壬申 | 6·4 |
| 18 | 26 | 火 | 29 | 辛未 | 6·4 | 26 | 金 | 9/1 | 壬寅 | 6·4 | 27 | 月 | 3 | 癸酉 | 6·4 |
| 19 | 27 | 水 | 30 | 壬申 | 6·4 | 27 | 土 | 2 | 癸卯 | 6·4 | 28 | 火 | 4 | 甲戌 | 6·4 |
| 20 | 28 | 木 | 8/1 | 癸酉 | 7·4 | 28 | 日 | 3 | 甲辰 | 7·4 | 29 | 水 | 5 | 乙亥 | 7·3 |
| 21 | 29 | 金 | 2 | 甲戌 | 7·3 | 29 | 月 | 4 | 乙巳 | 7·3 | 30 | 木 | 6 | 丙子 | 7·3 |
| 22 | 30 | 土 | 3 | 乙亥 | 7·3 | 30 | 火 | 5 | 丙午 | 7·3 | 31 | 金 | 7 | 丁丑 | 7·3 |
| 23 | 31 | 日 | 4 | 丙子 | 8·3 | 10/1 | 水 | 6 | 丁未 | 8·3 | 11/1 | 土 | 8 | 戊寅 | 8·2 |
| 24 | 9/1 | 月 | 5 | 丁丑 | 8·2 | 2 | 木 | 7 | 戊申 | 8·2 | 2 | 日 | 9 | 己卯 | 8·2 |
| 25 | 2 | 火 | 6 | 戊寅 | 8·2 | 3 | 金 | 8 | 己酉 | 8·2 | 3 | 月 | 10 | 庚辰 | 8·2 |
| 26 | 3 | 水 | 7 | 己卯 | 9·2 | 4 | 土 | 9 | 庚戌 | 9·2 | 4 | 火 | 11 | 辛巳 | 9·1 |
| 27 | 4 | 木 | 8 | 庚辰 | 9·1 | 5 | 日 | 10 | 辛亥 | 9·1 | 5 | 水 | 12 | 壬午 | 9·1 |
| 28 | 5 | 金 | 9 | 辛巳 | 9·1 | 6 | 月 | 11 | 壬子 | 9·1 | 6 | 木 | 13 | 癸未 | 9·1 |
| 29 | 6 | 土 | 10 | 壬午 | 10·1 | 7 | 火 | 12 | 癸丑 | 10·1 | 7 | 金 | 14 | 甲申 | 10·1 |
| 30 | 7 | 日 | 11 | 癸未 | 10·1 | 8 | 水 | 13 | 甲寅 | 10·1 | | | | | |
| 31 | | | | | | | | | | | | | | | |

| 절기후날수 | 입동절(癸亥月) 立冬 11월8일 5시13분 小雪 11월23일 2시43분 | | | | | 대설절(甲子月) 大雪 12월7일 22시5분 冬至 12월22일 16시4분 | | | | | 소한절(乙丑月) 小寒 1월6일 9시19분 大寒 1월21일 2시42분 | | | | |
|---|---|---|---|---|---|---|---|---|---|---|---|---|---|---|---|
| | 양력 | 요일 | 음력 | 일진 | 大運 남·여 | 양력 | 요일 | 음력 | 일진 | 大運 남·여 | 양력 | 요일 | 음력 | 일진 | 大運 남·여 |
| 0 | 11/8 | 土 | 15 | 乙酉 | 입동 | 12/7 | 日 | 14 | 甲寅 | 대설 | 1/6 | 火 | 15 | 甲申 | 소한 |
| 1 | 9 | 日 | 16 | 丙戌 | 1·9 | 8 | 月 | 15 | 乙卯 | 1·10 | 7 | 水 | 16 | 乙酉 | 1·9 |
| 2 | 10 | 月 | 17 | 丁亥 | 1·9 | 9 | 火 | 16 | 丙辰 | 1·9 | 8 | 木 | 17 | 丙戌 | 1·9 |
| 3 | 11 | 火 | 18 | 戊子 | 1·9 | 10 | 水 | 17 | 丁巳 | 1·9 | 9 | 金 | 18 | 丁亥 | 1·9 |
| 4 | 12 | 水 | 19 | 己丑 | 1·8 | 11 | 木 | 18 | 戊午 | 1·9 | 10 | 土 | 19 | 戊子 | 1·8 |
| 5 | 13 | 木 | 20 | 庚寅 | 2·8 | 12 | 金 | 19 | 己未 | 2·8 | 11 | 日 | 20 | 己丑 | 2·8 |
| 6 | 14 | 金 | 21 | 辛卯 | 2·8 | 13 | 土 | 20 | 庚申 | 2·8 | 12 | 月 | 21 | 庚寅 | 2·8 |
| 7 | 15 | 土 | 22 | 壬辰 | 2·7 | 14 | 日 | 21 | 辛酉 | 2·8 | 13 | 火 | 22 | 辛卯 | 2·7 |
| 8 | 16 | 日 | 23 | 癸巳 | 3·7 | 15 | 月 | 22 | 壬戌 | 3·7 | 14 | 水 | 23 | 壬辰 | 3·7 |
| 9 | 17 | 月 | 24 | 甲午 | 3·7 | 16 | 火 | 23 | 癸亥 | 3·7 | 15 | 木 | 24 | 癸巳 | 3·7 |
| 10 | 18 | 火 | 25 | 乙未 | 3·6 | 17 | 水 | 24 | 甲子 | 3·7 | 16 | 金 | 25 | 甲午 | 3·6 |
| 11 | 19 | 水 | 26 | 丙申 | 4·6 | 18 | 木 | 25 | 乙丑 | 4·6 | 17 | 土 | 26 | 乙未 | 4·6 |
| 12 | 20 | 木 | 27 | 丁酉 | 4·6 | 19 | 金 | 26 | 丙寅 | 4·6 | 18 | 日 | 27 | 丙申 | 4·6 |
| 13 | 21 | 金 | 28 | 戊戌 | 4·5 | 20 | 土 | 27 | 丁卯 | 4·6 | 19 | 月 | 28 | 丁酉 | 4·5 |
| 14 | 22 | 土 | 29 | 己亥 | 5·5 | 21 | 日 | 28 | 戊辰 | 5·5 | 20 | 火 | 29 | 戊戌 | 5·5 |
| 15 | 23 | 日 | 30 | 庚子 | 소설 | 22 | 月 | 29 | 己巳 | 동지 | 21 | 水 | 30 | 己亥 | 대한 |
| 16 | 24 | 月 | 11/1 | 辛丑 | 5·4 | 23 | 火 | 12/1 | 庚午 | 5·5 | 22 | 木 | 1/1 | 庚子 | 5·4 |
| 17 | 25 | 火 | 2 | 壬寅 | 6·4 | 24 | 水 | 2 | 辛未 | 6·4 | 23 | 金 | 2 | 辛丑 | 6·4 |
| 18 | 26 | 水 | 3 | 癸卯 | 6·4 | 25 | 木 | 3 | 壬申 | 6·4 | 24 | 土 | 3 | 壬寅 | 6·4 |
| 19 | 27 | 木 | 4 | 甲辰 | 6·3 | 26 | 金 | 4 | 癸酉 | 6·4 | 25 | 日 | 4 | 癸卯 | 6·3 |
| 20 | 28 | 金 | 5 | 乙巳 | 7·3 | 27 | 土 | 5 | 甲戌 | 7·3 | 26 | 月 | 5 | 甲辰 | 7·3 |
| 21 | 29 | 土 | 6 | 丙午 | 7·3 | 28 | 日 | 6 | 乙亥 | 7·3 | 27 | 火 | 6 | 乙巳 | 7·3 |
| 22 | 30 | 日 | 7 | 丁未 | 7·2 | 29 | 月 | 7 | 丙子 | 7·3 | 28 | 水 | 7 | 丙午 | 7·2 |
| 23 | 12/1 | 月 | 8 | 戊申 | 8·2 | 30 | 火 | 8 | 丁丑 | 8·2 | 29 | 木 | 8 | 丁未 | 8·2 |
| 24 | 2 | 火 | 9 | 己酉 | 8·2 | 31 | 水 | 9 | 戊寅 | 8·2 | 30 | 金 | 9 | 戊申 | 8·2 |
| 25 | 3 | 水 | 10 | 庚戌 | 8·1 | 1/1 | 木 | 10 | 己卯 | 8·2 | 31 | 土 | 10 | 己酉 | 8·1 |
| 26 | 4 | 木 | 11 | 辛亥 | 9·1 | 2 | 金 | 11 | 庚辰 | 9·1 | 2/1 | 日 | 11 | 庚戌 | 9·1 |
| 27 | 5 | 金 | 12 | 壬子 | 9·1 | 3 | 土 | 12 | 辛巳 | 9·1 | 2 | 月 | 12 | 辛亥 | 9·1 |
| 28 | 6 | 土 | 13 | 癸丑 | 9·1 | 4 | 日 | 13 | 壬午 | 9·1 | 3 | 火 | 13 | 壬子 | 9·1 |
| 29 | | | | | | 5 | 月 | 14 | 癸未 | 10·1 | | | | | |
| 30 | | | | | | | | | | | | | | | |
| 31 | | | | | | | | | | | | | | | |

# 서기 2004년 [단기 4337년]

**입춘절(丙寅月)** 立春 2월4일 20시56분 / 雨水 2월19일 16시50분

| 절기후날수 | 양력 | 요일 | 음력 | 일진 | 大運(남·여) |
|---|---|---|---|---|---|
| 0 | 2/4 | 水 | 14 | 癸丑 | 입춘 |
| 1 | 5 | 木 | 15 | 甲寅 | 10·1 |
| 2 | 6 | 金 | 16 | 乙卯 | 9·1 |
| 3 | 7 | 土 | 17 | 丙辰 | 9·1 |
| 4 | 8 | 日 | 18 | 丁巳 | 9·1 |
| 5 | 9 | 月 | 19 | 戊午 | 8·2 |
| 6 | 10 | 火 | 20 | 己未 | 8·2 |
| 7 | 11 | 水 | 21 | 庚申 | 8·2 |
| 8 | 12 | 木 | 22 | 辛酉 | 7·3 |
| 9 | 13 | 金 | 23 | 壬戌 | 7·3 |
| 10 | 14 | 土 | 24 | 癸亥 | 7·3 |
| 11 | 15 | 日 | 25 | 甲子 | 6·4 |
| 12 | 16 | 月 | 26 | 乙丑 | 6·4 |
| 13 | 17 | 火 | 27 | 丙寅 | 6·4 |
| 14 | 18 | 水 | 28 | 丁卯 | 5·5 |
| 15 | 19 | 木 | 29 | 戊辰 | 우수 |
| 16 | 20 | 金 | 2/1 | 己巳 | 5·5 |
| 17 | 21 | 土 | 2 | 庚午 | 4·6 |
| 18 | 22 | 日 | 3 | 辛未 | 4·6 |
| 19 | 23 | 月 | 4 | 壬申 | 4·6 |
| 20 | 24 | 火 | 5 | 癸酉 | 3·7 |
| 21 | 25 | 水 | 6 | 甲戌 | 3·7 |
| 22 | 26 | 木 | 7 | 乙亥 | 3·7 |
| 23 | 27 | 金 | 8 | 丙子 | 2·8 |
| 24 | 28 | 土 | 9 | 丁丑 | 2·8 |
| 25 | 29 | 日 | 10 | 戊寅 | 2·8 |
| 26 | 3/1 | 月 | 11 | 己卯 | 1·9 |
| 27 | 2 | 火 | 12 | 庚辰 | 1·9 |
| 28 | 3 | 水 | 13 | 辛巳 | 1·9 |
| 29 | 4 | 木 | 14 | 壬午 | 1·10 |
| 30 | | | | | |
| 31 | | | | | |

**경칩절(丁卯月)** 驚蟄 3월5일 14시56분 / 春分 3월20일 15시49분

| 절기후날수 | 양력 | 요일 | 음력 | 일진 | 大運(남·여) |
|---|---|---|---|---|---|
| 0 | 3/5 | 金 | 15 | 癸未 | 경칩 |
| 1 | 6 | 土 | 16 | 甲申 | 10·1 |
| 2 | 7 | 日 | 17 | 乙酉 | 9·1 |
| 3 | 8 | 月 | 18 | 丙戌 | 9·1 |
| 4 | 9 | 火 | 19 | 丁亥 | 9·1 |
| 5 | 10 | 水 | 20 | 戊子 | 8·2 |
| 6 | 11 | 木 | 21 | 己丑 | 8·2 |
| 7 | 12 | 金 | 22 | 庚寅 | 8·2 |
| 8 | 13 | 土 | 23 | 辛卯 | 7·3 |
| 9 | 14 | 日 | 24 | 壬辰 | 7·3 |
| 10 | 15 | 月 | 25 | 癸巳 | 7·3 |
| 11 | 16 | 火 | 26 | 甲午 | 6·4 |
| 12 | 17 | 水 | 27 | 乙未 | 6·4 |
| 13 | 18 | 木 | 28 | 丙申 | 6·4 |
| 14 | 19 | 金 | 29 | 丁酉 | 5·5 |
| 15 | 20 | 土 | 30 | 戊戌 | 춘분 |
| 16 | 21 | 日 | 윤1 | 己亥 | 5·5 |
| 17 | 22 | 月 | 윤2 | 庚子 | 4·6 |
| 18 | 23 | 火 | 윤3 | 辛丑 | 4·6 |
| 19 | 24 | 水 | 윤4 | 壬寅 | 4·6 |
| 20 | 25 | 木 | 윤5 | 癸卯 | 3·7 |
| 21 | 26 | 金 | 윤6 | 甲辰 | 3·7 |
| 22 | 27 | 土 | 윤7 | 乙巳 | 3·7 |
| 23 | 28 | 日 | 윤8 | 丙午 | 2·8 |
| 24 | 29 | 月 | 윤9 | 丁未 | 2·8 |
| 25 | 30 | 火 | 윤10 | 戊申 | 2·8 |
| 26 | 31 | 水 | 윤11 | 己酉 | 1·9 |
| 27 | 4/1 | 木 | 윤12 | 庚戌 | 1·9 |
| 28 | 2 | 金 | 윤13 | 辛亥 | 1·9 |
| 29 | 3 | 土 | 윤14 | 壬子 | 1·10 |
| 30 | | | | | |
| 31 | | | | | |

**청명절(戊辰月)** 淸明 4월4일 19시43분 / 穀雨 4월20일 2시50분

| 절기후날수 | 양력 | 요일 | 음력 | 일진 | 大運(남·여) |
|---|---|---|---|---|---|
| 0 | 4/4 | 日 | 윤15 | 癸丑 | 청명 |
| 1 | 5 | 月 | 윤16 | 甲寅 | 10·1 |
| 2 | 6 | 火 | 윤17 | 乙卯 | 10·1 |
| 3 | 7 | 水 | 윤18 | 丙辰 | 9·1 |
| 4 | 8 | 木 | 윤19 | 丁巳 | 9·1 |
| 5 | 9 | 金 | 윤20 | 戊午 | 9·2 |
| 6 | 10 | 土 | 윤21 | 己未 | 8·2 |
| 7 | 11 | 日 | 윤22 | 庚申 | 8·2 |
| 8 | 12 | 月 | 윤23 | 辛酉 | 8·3 |
| 9 | 13 | 火 | 윤24 | 壬戌 | 7·3 |
| 10 | 14 | 水 | 윤25 | 癸亥 | 7·3 |
| 11 | 15 | 木 | 윤26 | 甲子 | 7·4 |
| 12 | 16 | 金 | 윤27 | 乙丑 | 6·4 |
| 13 | 17 | 土 | 윤28 | 丙寅 | 6·4 |
| 14 | 18 | 日 | 윤29 | 丁卯 | 6·5 |
| 15 | 19 | 月 | 3/1 | 戊辰 | 5·5 |
| 16 | 20 | 火 | 2 | 己巳 | 곡우 |
| 17 | 21 | 水 | 3 | 庚午 | 5·6 |
| 18 | 22 | 木 | 4 | 辛未 | 4·6 |
| 19 | 23 | 金 | 5 | 壬申 | 4·6 |
| 20 | 24 | 土 | 6 | 癸酉 | 4·7 |
| 21 | 25 | 日 | 7 | 甲戌 | 3·7 |
| 22 | 26 | 月 | 8 | 乙亥 | 3·7 |
| 23 | 27 | 火 | 9 | 丙子 | 3·8 |
| 24 | 28 | 水 | 10 | 丁丑 | 2·8 |
| 25 | 29 | 木 | 11 | 戊寅 | 2·8 |
| 26 | 30 | 金 | 12 | 己卯 | 2·9 |
| 27 | 5/1 | 土 | 13 | 庚辰 | 1·9 |
| 28 | 2 | 日 | 14 | 辛巳 | 1·9 |
| 29 | 3 | 月 | 15 | 壬午 | 1·10 |
| 30 | 4 | 火 | 16 | 癸未 | 1·10 |
| 31 | | | | | |

**입하절(己巳月)** 立夏 5월5일 13시2분 / 小滿 5월21일 1시59분

| 절기후날수 | 양력 | 요일 | 음력 | 일진 | 大運(남·여) |
|---|---|---|---|---|---|
| 0 | 5/5 | 水 | 17 | 甲申 | 입하 |
| 1 | 6 | 木 | 18 | 乙酉 | 10·1 |
| 2 | 7 | 金 | 19 | 丙戌 | 10·1 |
| 3 | 8 | 土 | 20 | 丁亥 | 9·1 |
| 4 | 9 | 日 | 21 | 戊子 | 9·1 |
| 5 | 10 | 月 | 22 | 己丑 | 9·2 |
| 6 | 11 | 火 | 23 | 庚寅 | 8·2 |
| 7 | 12 | 水 | 24 | 辛卯 | 8·2 |
| 8 | 13 | 木 | 25 | 壬辰 | 8·3 |
| 9 | 14 | 金 | 26 | 癸巳 | 7·3 |
| 10 | 15 | 土 | 27 | 甲午 | 7·3 |
| 11 | 16 | 日 | 28 | 乙未 | 7·4 |
| 12 | 17 | 月 | 29 | 丙申 | 6·4 |
| 13 | 18 | 火 | 30 | 丁酉 | 6·4 |
| 14 | 19 | 水 | 4/1 | 戊戌 | 6·5 |
| 15 | 20 | 木 | 2 | 己亥 | 5·5 |
| 16 | 21 | 金 | 3 | 庚子 | 소만 |
| 17 | 22 | 土 | 4 | 辛丑 | 5·6 |
| 18 | 23 | 日 | 5 | 壬寅 | 4·6 |
| 19 | 24 | 月 | 6 | 癸卯 | 4·6 |
| 20 | 25 | 火 | 7 | 甲辰 | 4·7 |
| 21 | 26 | 水 | 8 | 乙巳 | 3·7 |
| 22 | 27 | 木 | 9 | 丙午 | 3·7 |
| 23 | 28 | 金 | 10 | 丁未 | 3·8 |
| 24 | 29 | 土 | 11 | 戊申 | 2·8 |
| 25 | 30 | 日 | 12 | 己酉 | 2·8 |
| 26 | 31 | 月 | 13 | 庚戌 | 2·9 |
| 27 | 6/1 | 火 | 14 | 辛亥 | 1·9 |
| 28 | 2 | 水 | 15 | 壬子 | 1·9 |
| 29 | 3 | 木 | 16 | 癸丑 | 1·10 |
| 30 | 4 | 金 | 17 | 甲寅 | 1·10 |
| 31 | | | | | |

**망종절(庚午月)** 芒種 6월5일 17시14분 / 夏至 6월21일 9시57분

| 절기후날수 | 양력 | 요일 | 음력 | 일진 | 大運(남·여) |
|---|---|---|---|---|---|
| 0 | 6/5 | 土 | 18 | 乙卯 | 망종 |
| 1 | 6 | 日 | 19 | 丙辰 | 10·1 |
| 2 | 7 | 月 | 20 | 丁巳 | 10·1 |
| 3 | 8 | 火 | 21 | 戊午 | 10·1 |
| 4 | 9 | 水 | 22 | 己未 | 9·1 |
| 5 | 10 | 木 | 23 | 庚申 | 9·2 |
| 6 | 11 | 金 | 24 | 辛酉 | 9·2 |
| 7 | 12 | 土 | 25 | 壬戌 | 8·2 |
| 8 | 13 | 日 | 26 | 癸亥 | 8·3 |
| 9 | 14 | 月 | 27 | 甲子 | 8·3 |
| 10 | 15 | 火 | 28 | 乙丑 | 7·3 |
| 11 | 16 | 水 | 29 | 丙寅 | 7·4 |
| 12 | 17 | 木 | 30 | 丁卯 | 7·4 |
| 13 | 18 | 金 | 5/1 | 戊辰 | 6·4 |
| 14 | 19 | 土 | 2 | 己巳 | 6·5 |
| 15 | 20 | 日 | 3 | 庚午 | 6·5 |
| 16 | 21 | 月 | 4 | 辛未 | 하지 |
| 17 | 22 | 火 | 5 | 壬申 | 5·6 |
| 18 | 23 | 水 | 6 | 癸酉 | 5·6 |
| 19 | 24 | 木 | 7 | 甲戌 | 4·6 |
| 20 | 25 | 金 | 8 | 乙亥 | 4·7 |
| 21 | 26 | 土 | 9 | 丙子 | 4·7 |
| 22 | 27 | 日 | 10 | 丁丑 | 3·7 |
| 23 | 28 | 月 | 11 | 戊寅 | 3·8 |
| 24 | 29 | 火 | 12 | 己卯 | 3·8 |
| 25 | 30 | 水 | 13 | 庚辰 | 2·8 |
| 26 | 7/1 | 木 | 14 | 辛巳 | 2·9 |
| 27 | 2 | 金 | 15 | 壬午 | 2·9 |
| 28 | 3 | 土 | 16 | 癸未 | 1·9 |
| 29 | 4 | 日 | 17 | 甲申 | 1·10 |
| 30 | 5 | 月 | 18 | 乙酉 | 1·10 |
| 31 | 6 | 火 | 19 | 丙戌 | 1·10 |

**소서절(辛未月)** 小暑 7월7일 3시31분 / 大暑 7월22일 20시50분

| 절기후날수 | 양력 | 요일 | 음력 | 일진 | 大運(남·여) |
|---|---|---|---|---|---|
| 0 | 7/7 | 水 | 20 | 丁亥 | 소서 |
| 1 | 8 | 木 | 21 | 戊子 | 10·1 |
| 2 | 9 | 金 | 22 | 己丑 | 10·1 |
| 3 | 10 | 土 | 23 | 庚寅 | 9·1 |
| 4 | 11 | 日 | 24 | 辛卯 | 9·1 |
| 5 | 12 | 月 | 25 | 壬辰 | 9·2 |
| 6 | 13 | 火 | 26 | 癸巳 | 8·2 |
| 7 | 14 | 水 | 27 | 甲午 | 8·2 |
| 8 | 15 | 木 | 28 | 乙未 | 8·3 |
| 9 | 16 | 金 | 29 | 丙申 | 7·3 |
| 10 | 17 | 土 | 6/1 | 丁酉 | 7·3 |
| 11 | 18 | 日 | 2 | 戊戌 | 7·4 |
| 12 | 19 | 月 | 3 | 己亥 | 6·4 |
| 13 | 20 | 火 | 4 | 庚子 | 6·4 |
| 14 | 21 | 水 | 5 | 辛丑 | 6·5 |
| 15 | 22 | 木 | 6 | 壬寅 | 대서 |
| 16 | 23 | 金 | 7 | 癸卯 | 5·5 |
| 17 | 24 | 土 | 8 | 甲辰 | 5·6 |
| 18 | 25 | 日 | 9 | 乙巳 | 4·6 |
| 19 | 26 | 月 | 10 | 丙午 | 4·6 |
| 20 | 27 | 火 | 11 | 丁未 | 4·7 |
| 21 | 28 | 水 | 12 | 戊申 | 3·7 |
| 22 | 29 | 木 | 13 | 己酉 | 3·7 |
| 23 | 30 | 金 | 14 | 庚戌 | 3·8 |
| 24 | 31 | 土 | 15 | 辛亥 | 2·8 |
| 25 | 8/1 | 日 | 16 | 壬子 | 2·8 |
| 26 | 2 | 月 | 17 | 癸丑 | 2·9 |
| 27 | 3 | 火 | 18 | 甲寅 | 1·9 |
| 28 | 4 | 水 | 19 | 乙卯 | 1·9 |
| 29 | 5 | 木 | 20 | 丙辰 | 1·10 |
| 30 | 6 | 金 | 21 | 丁巳 | 1·10 |
| 31 | | | | | |

▶윤달-2월

# 甲申年

| 절기후날수 | 입추절(壬申月) 立秋 8월7일 13시20분 處暑 8월23일 3시53분 | | | | | 백로절(癸酉月) 白露 9월7일 16시13분 秋分 9월23일 1시30분 | | | | | 한로절(甲戌月) 寒露 10월8일 7시49분 霜降 10월23일 10시49분 | | | | | 입동절(乙亥月) 立冬 11월7일 10시59분 小雪 11월22일 8시22분 | | | | | 대설절(丙子月) 大雪 12월7일 3시49분 冬至 12월21일 21시42분 | | | | | 소한절(丁丑月) 小寒 1월5일 15시3분 大寒 1월20일 8시22분 | | | | |
|---|---|---|---|---|---|---|---|---|---|---|---|---|---|---|---|---|---|---|---|---|---|---|---|---|---|---|---|---|---|---|
| | 양력 | 요일 | 음력 | 일진 | 大運 남·여 | 양력 | 요일 | 음력 | 일진 | 大運 남·여 | 양력 | 요일 | 음력 | 일진 | 大運 남·여 | 양력 | 요일 | 음력 | 일진 | 大運 남·여 | 양력 | 요일 | 음력 | 일진 | 大運 남·여 | 양력 | 요일 | 음력 | 일진 | 大運 남·여 |
| 0 | 8/7 | 土 | 22 | 戊午 | 입추 | 9/7 | 火 | 23 | 己丑 | 백로 | 10/8 | 金 | 25 | 庚申 | 한로 | 11/7 | 日 | 25 | 庚寅 | 입동 | 12/7 | 火 | 26 | 庚申 | 대설 | 1/5 | 水 | 25 | 己丑 | 소한 |
| 1 | 8 | 日 | 23 | 己未 | 10·1 | 8 | 水 | 24 | 庚寅 | 10·1 | 9 | 土 | 26 | 辛酉 | 10·1 | 8 | 月 | 26 | 辛卯 | 10·1 | 8 | 水 | 27 | 辛酉 | 9·1 | 6 | 木 | 26 | 庚寅 | 10·1 |
| 2 | 9 | 月 | 24 | 庚申 | 10·1 | 9 | 木 | 25 | 辛卯 | 10·1 | 10 | 日 | 27 | 壬戌 | 9·1 | 9 | 火 | 27 | 壬辰 | 9·1 | 9 | 木 | 28 | 壬戌 | 9·1 | 7 | 金 | 27 | 辛卯 | 9·1 |
| 3 | 10 | 火 | 25 | 辛酉 | 9·1 | 10 | 金 | 26 | 壬辰 | 9·1 | 11 | 月 | 28 | 癸亥 | 9·1 | 10 | 水 | 28 | 癸巳 | 9·1 | 10 | 金 | 29 | 癸亥 | 9·1 | 8 | 土 | 28 | 壬辰 | 9·1 |
| 4 | 11 | 水 | 26 | 壬戌 | 9·1 | 11 | 土 | 27 | 癸巳 | 9·1 | 12 | 火 | 29 | 甲子 | 9·1 | 11 | 木 | 29 | 甲午 | 9·1 | 11 | 土 | 30 | 甲子 | 8·1 | 9 | 日 | 29 | 癸巳 | 9·1 |
| 5 | 12 | 木 | 27 | 癸亥 | 9·2 | 12 | 日 | 28 | 甲午 | 9·2 | 13 | 水 | 30 | 乙丑 | 8·2 | 12 | 金 | 10/1 | 乙未 | 8·2 | 12 | 日 | 11/1 | 乙丑 | 8·2 | 10 | 月 | 12/1 | 甲午 | 8·2 |
| 6 | 13 | 金 | 28 | 甲子 | 8·2 | 13 | 月 | 29 | 乙未 | 8·2 | 14 | 木 | 9/1 | 丙寅 | 8·2 | 13 | 土 | 2 | 丙申 | 8·2 | 13 | 月 | 2 | 丙寅 | 8·2 | 11 | 火 | 2 | 乙未 | 8·2 |
| 7 | 14 | 土 | 29 | 乙丑 | 8·2 | 14 | 火 | 8/1 | 丙申 | 8·2 | 15 | 金 | 2 | 丁卯 | 8·2 | 14 | 日 | 3 | 丁酉 | 8·2 | 14 | 火 | 3 | 丁卯 | 7·2 | 12 | 水 | 3 | 丙申 | 8·2 |
| 8 | 15 | 日 | 30 | 丙寅 | 8·3 | 15 | 水 | 2 | 丁酉 | 8·3 | 16 | 土 | 3 | 戊辰 | 7·3 | 15 | 月 | 4 | 戊戌 | 7·3 | 15 | 水 | 4 | 戊辰 | 7·3 | 13 | 木 | 4 | 丁酉 | 7·3 |
| 9 | 16 | 月 | 7/1 | 丁卯 | 7·3 | 16 | 木 | 3 | 戊戌 | 7·3 | 17 | 日 | 4 | 己巳 | 7·3 | 16 | 火 | 5 | 己亥 | 7·3 | 16 | 木 | 5 | 己巳 | 7·3 | 14 | 金 | 5 | 戊戌 | 7·3 |
| 10 | 17 | 火 | 2 | 戊辰 | 7·3 | 17 | 金 | 4 | 己亥 | 7·3 | 18 | 月 | 5 | 庚午 | 7·3 | 17 | 水 | 6 | 庚子 | 7·3 | 17 | 金 | 6 | 庚午 | 6·3 | 15 | 土 | 6 | 己亥 | 7·3 |
| 11 | 18 | 水 | 3 | 己巳 | 7·4 | 18 | 土 | 5 | 庚子 | 7·4 | 19 | 火 | 6 | 辛未 | 6·4 | 18 | 木 | 7 | 辛丑 | 6·4 | 18 | 土 | 7 | 辛未 | 6·4 | 16 | 日 | 7 | 庚子 | 6·4 |
| 12 | 19 | 木 | 4 | 庚午 | 6·4 | 19 | 日 | 6 | 辛丑 | 6·4 | 20 | 水 | 7 | 壬申 | 6·4 | 19 | 金 | 8 | 壬寅 | 6·4 | 19 | 日 | 8 | 壬申 | 6·4 | 17 | 月 | 8 | 辛丑 | 6·4 |
| 13 | 20 | 金 | 5 | 辛未 | 6·4 | 20 | 月 | 7 | 壬寅 | 6·4 | 21 | 木 | 8 | 癸酉 | 6·4 | 20 | 土 | 9 | 癸卯 | 6·4 | 20 | 月 | 9 | 癸酉 | 5·4 | 18 | 火 | 9 | 壬寅 | 6·4 |
| 14 | 21 | 土 | 6 | 壬申 | 6·5 | 21 | 火 | 8 | 癸卯 | 6·5 | 22 | 金 | 9 | 甲戌 | 5·5 | 21 | 日 | 10 | 甲辰 | 5·5 | 21 | 火 | 10 | 甲戌 | 동지 | 19 | 水 | 10 | 癸卯 | 5·5 |
| 15 | 22 | 日 | 7 | 癸酉 | 5·5 | 22 | 水 | 9 | 甲辰 | 5·5 | 23 | 土 | 10 | 乙亥 | 상강 | 22 | 月 | 11 | 乙巳 | 소설 | 22 | 水 | 11 | 乙亥 | 5·5 | 20 | 木 | 11 | 甲辰 | 대한 |
| 16 | 23 | 月 | 8 | 甲戌 | 처서 | 23 | 木 | 10 | 乙巳 | 추분 | 24 | 日 | 11 | 丙子 | 5·5 | 23 | 火 | 12 | 丙午 | 5·5 | 23 | 木 | 12 | 丙子 | 4·5 | 21 | 金 | 12 | 乙巳 | 5·5 |
| 17 | 24 | 火 | 9 | 乙亥 | 5·6 | 24 | 金 | 11 | 丙午 | 5·6 | 25 | 月 | 12 | 丁丑 | 4·6 | 24 | 水 | 13 | 丁未 | 4·6 | 24 | 金 | 13 | 丁丑 | 4·6 | 22 | 土 | 13 | 丙午 | 4·6 |
| 18 | 25 | 水 | 10 | 丙子 | 4·6 | 25 | 土 | 12 | 丁未 | 4·6 | 26 | 火 | 13 | 戊寅 | 4·6 | 25 | 木 | 14 | 戊申 | 4·6 | 25 | 土 | 14 | 戊寅 | 4·6 | 23 | 日 | 14 | 丁未 | 4·6 |
| 19 | 26 | 木 | 11 | 丁丑 | 4·6 | 26 | 日 | 13 | 戊申 | 4·6 | 27 | 水 | 14 | 己卯 | 4·6 | 26 | 金 | 15 | 己酉 | 4·6 | 26 | 日 | 15 | 己卯 | 3·6 | 24 | 月 | 15 | 戊申 | 4·6 |
| 20 | 27 | 金 | 12 | 戊寅 | 4·7 | 27 | 月 | 14 | 己酉 | 4·7 | 28 | 木 | 15 | 庚辰 | 3·7 | 27 | 土 | 16 | 庚戌 | 3·7 | 27 | 月 | 16 | 庚辰 | 3·7 | 25 | 火 | 16 | 己酉 | 3·7 |
| 21 | 28 | 土 | 13 | 己卯 | 3·7 | 28 | 火 | 15 | 庚戌 | 3·7 | 29 | 金 | 16 | 辛巳 | 3·7 | 28 | 日 | 17 | 辛亥 | 3·7 | 28 | 火 | 17 | 辛巳 | 3·7 | 26 | 水 | 17 | 庚戌 | 3·7 |
| 22 | 29 | 日 | 14 | 庚辰 | 3·7 | 29 | 水 | 16 | 辛亥 | 3·7 | 30 | 土 | 17 | 壬午 | 3·7 | 29 | 月 | 18 | 壬子 | 3·7 | 29 | 水 | 18 | 壬午 | 2·7 | 27 | 木 | 18 | 辛亥 | 3·7 |
| 23 | 30 | 月 | 15 | 辛巳 | 3·8 | 30 | 木 | 17 | 壬子 | 3·8 | 31 | 日 | 18 | 癸未 | 2·8 | 30 | 火 | 19 | 癸丑 | 2·8 | 30 | 木 | 19 | 癸未 | 2·8 | 28 | 金 | 19 | 壬子 | 2·8 |
| 24 | 31 | 火 | 16 | 壬午 | 2·8 | 10/1 | 金 | 18 | 癸丑 | 2·8 | 11/1 | 月 | 19 | 甲申 | 2·8 | 12/1 | 水 | 20 | 甲寅 | 2·8 | 31 | 金 | 20 | 甲申 | 2·8 | 29 | 土 | 20 | 癸丑 | 2·8 |
| 25 | 9/1 | 水 | 17 | 癸未 | 2·8 | 2 | 土 | 19 | 甲寅 | 2·8 | 2 | 火 | 20 | 乙酉 | 2·8 | 2 | 木 | 21 | 乙卯 | 2·8 | 1/1 | 土 | 21 | 乙酉 | 1·8 | 30 | 日 | 21 | 甲寅 | 2·8 |
| 26 | 2 | 木 | 18 | 甲申 | 2·9 | 3 | 日 | 20 | 乙卯 | 2·9 | 3 | 水 | 21 | 丙戌 | 1·9 | 3 | 金 | 22 | 丙辰 | 1·9 | 2 | 日 | 22 | 丙戌 | 1·9 | 31 | 月 | 22 | 乙卯 | 1·9 |
| 27 | 3 | 金 | 19 | 乙酉 | 1·9 | 4 | 月 | 21 | 丙辰 | 1·9 | 4 | 木 | 22 | 丁亥 | 1·9 | 4 | 土 | 23 | 丁巳 | 1·9 | 3 | 月 | 23 | 丁亥 | 1·9 | 2/1 | 火 | 23 | 丙辰 | 1·9 |
| 28 | 4 | 土 | 20 | 丙戌 | 1·9 | 5 | 火 | 22 | 丁巳 | 1·9 | 5 | 金 | 23 | 戊子 | 1·9 | 5 | 日 | 24 | 戊午 | 1·9 | 4 | 火 | 24 | 戊子 | 1·9 | 2 | 水 | 24 | 丁巳 | 1·9 |
| 29 | 5 | 日 | 21 | 丁亥 | 1·10 | 6 | 水 | 23 | 戊午 | 1·10 | 6 | 土 | 24 | 己丑 | 1·10 | 6 | 月 | 25 | 己未 | 1·10 | | | | | | 3 | 木 | 25 | 戊午 | 1·10 |
| 30 | 6 | 月 | 22 | 戊子 | 1·10 | 7 | 木 | 24 | 己未 | 1·10 | | | | | | | | | | | | | | | | | | | | |
| 31 | | | | | | | | | | | | | | | | | | | | | | | | | | | | | | |

# 서기 2005년 [단기 4338년]

| 절기후 날수 | 입춘절(戊寅月) 立春 2월4일 2시43분 雨水 2월18일 22시32분 | | | | | | 경칩절(己卯月) 驚蟄 3월5일 20시45분 春分 3월20일 21시33분 | | | | | | 청명절(庚辰月) 清明 4월5일 1시34분 穀雨 4월20일 8시37분 | | | | | |
|---|---|---|---|---|---|---|---|---|---|---|---|---|---|---|---|---|---|---|
| | 양력 | 요일 | 음력 | 일진 | 大運 남 | 大運 여 | 양력 | 요일 | 음력 | 일진 | 大運 남 | 大運 여 | 양력 | 요일 | 음력 | 일진 | 大運 남 | 大運 여 |
| 0 | 2/4 | 金 | 26 | 己未 | 입춘 | | 3/5 | 土 | 25 | 戊子 | 경칩 | | 4/5 | 火 | 27 | 己未 | 청명 | |
| 1 | 5 | 土 | 27 | 庚申 | 1 | 9 | 6 | 日 | 26 | 己丑 | 1 | 10 | 6 | 水 | 28 | 庚申 | 1 | 10 |
| 2 | 6 | 日 | 28 | 辛酉 | 1 | 9 | 7 | 月 | 27 | 庚寅 | 1 | 10 | 7 | 木 | 29 | 辛酉 | 1 | 9 |
| 3 | 7 | 月 | 29 | 壬戌 | 1 | 9 | 8 | 火 | 28 | 辛卯 | 1 | 9 | 8 | 金 | 30 | 壬戌 | 1 | 9 |
| 4 | 8 | 火 | 30 | 癸亥 | 1 | 8 | 9 | 水 | 29 | 壬辰 | 1 | 9 | 9 | 土 | 3/1 | 癸亥 | 1 | 9 |
| 5 | 9 | 水 | 1/1 | 甲子 | 2 | 8 | 10 | 木 | 2/1 | 癸巳 | 2 | 9 | 10 | 日 | 2 | 甲子 | 2 | 8 |
| 6 | 10 | 木 | 2 | 乙丑 | 2 | 8 | 11 | 金 | 2 | 甲午 | 2 | 8 | 11 | 月 | 3 | 乙丑 | 2 | 8 |
| 7 | 11 | 金 | 3 | 丙寅 | 2 | 7 | 12 | 土 | 3 | 乙未 | 2 | 8 | 12 | 火 | 4 | 丙寅 | 2 | 8 |
| 8 | 12 | 土 | 4 | 丁卯 | 3 | 7 | 13 | 日 | 4 | 丙申 | 3 | 8 | 13 | 水 | 5 | 丁卯 | 3 | 7 |
| 9 | 13 | 日 | 5 | 戊辰 | 3 | 7 | 14 | 月 | 5 | 丁酉 | 3 | 7 | 14 | 木 | 6 | 戊辰 | 3 | 7 |
| 10 | 14 | 月 | 6 | 己巳 | 3 | 6 | 15 | 火 | 6 | 戊戌 | 3 | 7 | 15 | 金 | 7 | 己巳 | 3 | 7 |
| 11 | 15 | 火 | 7 | 庚午 | 4 | 6 | 16 | 水 | 7 | 己亥 | 4 | 7 | 16 | 土 | 8 | 庚午 | 4 | 6 |
| 12 | 16 | 水 | 8 | 辛未 | 4 | 6 | 17 | 木 | 8 | 庚子 | 4 | 6 | 17 | 日 | 9 | 辛未 | 4 | 6 |
| 13 | 17 | 木 | 9 | 壬申 | 4 | 5 | 18 | 金 | 9 | 辛丑 | 4 | 6 | 18 | 月 | 10 | 壬申 | 4 | 6 |
| 14 | 18 | 金 | 10 | 癸酉 | 우수 | | 19 | 土 | 10 | 壬寅 | 5 | 6 | 19 | 火 | 11 | 癸酉 | 5 | 5 |
| 15 | 19 | 土 | 11 | 甲戌 | 5 | 5 | 20 | 日 | 11 | 癸卯 | 춘분 | | 20 | 水 | 12 | 甲戌 | 곡우 | |
| 16 | 20 | 日 | 12 | 乙亥 | 5 | 4 | 21 | 月 | 12 | 甲辰 | 5 | 5 | 21 | 木 | 13 | 乙亥 | 5 | 5 |
| 17 | 21 | 月 | 13 | 丙子 | 6 | 4 | 22 | 火 | 13 | 乙巳 | 6 | 5 | 22 | 金 | 14 | 丙子 | 6 | 4 |
| 18 | 22 | 火 | 14 | 丁丑 | 6 | 4 | 23 | 水 | 14 | 丙午 | 6 | 4 | 23 | 土 | 15 | 丁丑 | 6 | 4 |
| 19 | 23 | 水 | 15 | 戊寅 | 6 | 3 | 24 | 木 | 15 | 丁未 | 6 | 4 | 24 | 日 | 16 | 戊寅 | 6 | 4 |
| 20 | 24 | 木 | 16 | 己卯 | 7 | 3 | 25 | 金 | 16 | 戊申 | 7 | 4 | 25 | 月 | 17 | 己卯 | 7 | 3 |
| 21 | 25 | 金 | 17 | 庚辰 | 7 | 3 | 26 | 土 | 17 | 己酉 | 7 | 3 | 26 | 火 | 18 | 庚辰 | 7 | 3 |
| 22 | 26 | 土 | 18 | 辛巳 | 7 | 2 | 27 | 日 | 18 | 庚戌 | 7 | 3 | 27 | 水 | 19 | 辛巳 | 7 | 3 |
| 23 | 27 | 日 | 19 | 壬午 | 8 | 2 | 28 | 月 | 19 | 辛亥 | 8 | 3 | 28 | 木 | 20 | 壬午 | 8 | 2 |
| 24 | 28 | 月 | 20 | 癸未 | 8 | 2 | 29 | 火 | 20 | 壬子 | 8 | 2 | 29 | 金 | 21 | 癸未 | 8 | 2 |
| 25 | 3/1 | 火 | 21 | 甲申 | 8 | 1 | 30 | 水 | 21 | 癸丑 | 8 | 2 | 30 | 土 | 22 | 甲申 | 8 | 2 |
| 26 | 2 | 水 | 22 | 乙酉 | 9 | 1 | 31 | 木 | 22 | 甲寅 | 9 | 2 | 5/1 | 日 | 23 | 乙酉 | 9 | 1 |
| 27 | 3 | 木 | 23 | 丙戌 | 9 | 1 | 4/1 | 金 | 23 | 乙卯 | 9 | 1 | 2 | 月 | 24 | 丙戌 | 9 | 1 |
| 28 | 4 | 金 | 24 | 丁亥 | 9 | 1 | 2 | 土 | 24 | 丙辰 | 9 | 1 | 3 | 火 | 25 | 丁亥 | 9 | 1 |
| 29 | | | | | | | 3 | 日 | 25 | 丁巳 | 10 | 1 | 4 | 水 | 26 | 戊子 | 10 | 1 |
| 30 | | | | | | | 4 | 月 | 26 | 戊午 | 10 | 1 | | | | | | |
| 31 | | | | | | | | | | | | | | | | | | |

| 절기후 날수 | 입하절(辛巳月) 立夏 5월5일 18시53분 小滿 5월21일 7시47분 | | | | | | 망종절(壬午月) 芒種 6월5일 23시2분 夏至 6월21일 15시46분 | | | | | | 소서절(癸未月) 小暑 7월7일 9시17분 大暑 7월23일 2시41분 | | | | | |
|---|---|---|---|---|---|---|---|---|---|---|---|---|---|---|---|---|---|---|
| | 양력 | 요일 | 음력 | 일진 | 大運 남 | 大運 여 | 양력 | 요일 | 음력 | 일진 | 大運 남 | 大運 여 | 양력 | 요일 | 음력 | 일진 | 大運 남 | 大運 여 |
| 0 | 5/5 | 木 | 27 | 己丑 | 입하 | | 6/5 | 日 | 29 | 庚申 | 망종 | | 7/7 | 木 | 2 | 壬辰 | 소서 | |
| 1 | 6 | 金 | 28 | 庚寅 | 1 | 10 | 6 | 月 | 30 | 辛酉 | 1 | 10 | 8 | 金 | 3 | 癸巳 | 1 | 10 |
| 2 | 7 | 土 | 29 | 辛卯 | 1 | 10 | 7 | 火 | 5/1 | 壬戌 | 1 | 10 | 9 | 土 | 4 | 甲午 | 1 | 10 |
| 3 | 8 | 日 | 4/1 | 壬辰 | 1 | 9 | 8 | 水 | 2 | 癸亥 | 1 | 10 | 10 | 日 | 5 | 乙未 | 1 | 9 |
| 4 | 9 | 月 | 2 | 癸巳 | 1 | 9 | 9 | 木 | 3 | 甲子 | 1 | 9 | 11 | 月 | 6 | 丙申 | 1 | 9 |
| 5 | 10 | 火 | 3 | 甲午 | 2 | 9 | 10 | 金 | 4 | 乙丑 | 2 | 9 | 12 | 火 | 7 | 丁酉 | 2 | 9 |
| 6 | 11 | 水 | 4 | 乙未 | 2 | 8 | 11 | 土 | 5 | 丙寅 | 2 | 9 | 13 | 水 | 8 | 戊戌 | 2 | 8 |
| 7 | 12 | 木 | 5 | 丙申 | 2 | 8 | 12 | 日 | 6 | 丁卯 | 2 | 8 | 14 | 木 | 9 | 己亥 | 2 | 8 |
| 8 | 13 | 金 | 6 | 丁酉 | 3 | 8 | 13 | 月 | 7 | 戊辰 | 3 | 8 | 15 | 金 | 10 | 庚子 | 3 | 8 |
| 9 | 14 | 土 | 7 | 戊戌 | 3 | 7 | 14 | 火 | 8 | 己巳 | 3 | 8 | 16 | 土 | 11 | 辛丑 | 3 | 7 |
| 10 | 15 | 日 | 8 | 己亥 | 3 | 7 | 15 | 水 | 9 | 庚午 | 3 | 7 | 17 | 日 | 12 | 壬寅 | 3 | 7 |
| 11 | 16 | 月 | 9 | 庚子 | 4 | 7 | 16 | 木 | 10 | 辛未 | 4 | 7 | 18 | 月 | 13 | 癸卯 | 4 | 7 |
| 12 | 17 | 火 | 10 | 辛丑 | 4 | 6 | 17 | 金 | 11 | 壬申 | 4 | 7 | 19 | 火 | 14 | 甲辰 | 4 | 6 |
| 13 | 18 | 水 | 11 | 壬寅 | 4 | 6 | 18 | 土 | 12 | 癸酉 | 4 | 6 | 20 | 水 | 15 | 乙巳 | 4 | 6 |
| 14 | 19 | 木 | 12 | 癸卯 | 5 | 6 | 19 | 日 | 13 | 甲戌 | 5 | 6 | 21 | 木 | 16 | 丙午 | 5 | 6 |
| 15 | 20 | 金 | 13 | 甲辰 | 5 | 5 | 20 | 月 | 14 | 乙亥 | 5 | 6 | 22 | 金 | 17 | 丁未 | 5 | 5 |
| 16 | 21 | 土 | 14 | 乙巳 | 소만 | | 21 | 火 | 15 | 丙子 | 하지 | | 23 | 土 | 18 | 戊申 | 대서 | |
| 17 | 22 | 日 | 15 | 丙午 | 6 | 5 | 22 | 水 | 16 | 丁丑 | 6 | 5 | 24 | 日 | 19 | 己酉 | 6 | 5 |
| 18 | 23 | 月 | 16 | 丁未 | 6 | 4 | 23 | 木 | 17 | 戊寅 | 6 | 5 | 25 | 月 | 20 | 庚戌 | 6 | 4 |
| 19 | 24 | 火 | 17 | 戊申 | 6 | 4 | 24 | 金 | 18 | 己卯 | 6 | 4 | 26 | 火 | 21 | 辛亥 | 6 | 4 |
| 20 | 25 | 水 | 18 | 己酉 | 7 | 4 | 25 | 土 | 19 | 庚辰 | 7 | 4 | 27 | 水 | 22 | 壬子 | 7 | 4 |
| 21 | 26 | 木 | 19 | 庚戌 | 7 | 3 | 26 | 日 | 20 | 辛巳 | 7 | 4 | 28 | 木 | 23 | 癸丑 | 7 | 3 |
| 22 | 27 | 金 | 20 | 辛亥 | 7 | 3 | 27 | 月 | 21 | 壬午 | 7 | 3 | 29 | 金 | 24 | 甲寅 | 7 | 3 |
| 23 | 28 | 土 | 21 | 壬子 | 8 | 3 | 28 | 火 | 22 | 癸未 | 8 | 3 | 30 | 土 | 25 | 乙卯 | 8 | 3 |
| 24 | 29 | 日 | 22 | 癸丑 | 8 | 2 | 29 | 水 | 23 | 甲申 | 8 | 3 | 31 | 日 | 26 | 丙辰 | 8 | 2 |
| 25 | 30 | 月 | 23 | 甲寅 | 8 | 2 | 30 | 木 | 24 | 乙酉 | 8 | 2 | 8/1 | 月 | 27 | 丁巳 | 8 | 2 |
| 26 | 31 | 火 | 24 | 乙卯 | 9 | 2 | 7/1 | 金 | 25 | 丙戌 | 9 | 2 | 2 | 火 | 28 | 戊午 | 9 | 2 |
| 27 | 6/1 | 水 | 25 | 丙辰 | 9 | 1 | 2 | 土 | 26 | 丁亥 | 9 | 2 | 3 | 水 | 29 | 己未 | 9 | 1 |
| 28 | 2 | 木 | 26 | 丁巳 | 9 | 1 | 3 | 日 | 27 | 戊子 | 9 | 1 | 4 | 木 | 30 | 庚申 | 9 | 1 |
| 29 | 3 | 金 | 27 | 戊午 | 10 | 1 | 4 | 月 | 28 | 己丑 | 10 | 1 | 5 | 金 | 7/1 | 辛酉 | 10 | 1 |
| 30 | 4 | 土 | 28 | 己未 | 10 | 1 | 5 | 火 | 29 | 庚寅 | 10 | 1 | 6 | 土 | 2 | 壬戌 | 10 | 1 |
| 31 | | | | | | | 6 | 水 | 6/1 | 辛卯 | 10 | 1 | | | | | | |

# 乙酉年

| 절기후날수 | 입추절(甲申月) 立秋 8월7일 19시3분 處暑 8월23일 9시45분 | | | | | 백로절(乙酉月) 白露 9월7일 21시57분 秋分 9월23일 7시23분 | | | | | 한로절(丙戌月) 寒露 10월8일 13시33분 霜降 10월23일 16시42분 | | | | | 입동절(丁亥月) 立冬 11월7일 16시42분 小雪 11월22일 14시15분 | | | | | 대설절(戊子月) 大雪 12월7일 9시33분 冬至 12월22일 3시35분 | | | | | 소한절(己丑月) 小寒 1월5일 20시47분 大寒 1월20일 14시15분 | | | | |
|---|---|---|---|---|---|---|---|---|---|---|---|---|---|---|---|---|---|---|---|---|---|---|---|---|---|---|---|---|---|---|
| | 양력 | 요일 | 음력 | 일진 | 大運 남·여 | 양력 | 요일 | 음력 | 일진 | 大運 남·여 | 양력 | 요일 | 음력 | 일진 | 大運 남·여 | 양력 | 요일 | 음력 | 일진 | 大運 남·여 | 양력 | 요일 | 음력 | 일진 | 大運 남·여 | 양력 | 요일 | 음력 | 일진 | 大運 남·여 |
| 0 | 8/7 | 日 | 3 | 癸亥 | 입추 | 9/7 | 水 | 4 | 甲午 | 백로 | 10/8 | 土 | 6 | 乙丑 | 한로 | 11/7 | 月 | 6 | 乙未 | 입동 | 12/7 | 水 | 6 | 乙丑 | 대설 | 1/5 | 木 | 6 | 甲午 | 소한 |
| 1 | 8 | 月 | 4 | 甲子 | 1·10 | 8 | 木 | 5 | 乙未 | 1·10 | 9 | 日 | 7 | 丙寅 | 1·10 | 8 | 火 | 7 | 丙申 | 1·10 | 8 | 木 | 7 | 丙寅 | 1·9 | 6 | 金 | 7 | 乙未 | 1·10 |
| 2 | 9 | 火 | 5 | 乙丑 | 1·10 | 9 | 金 | 6 | 丙申 | 1·10 | 10 | 月 | 8 | 丁卯 | 1·9 | 9 | 水 | 8 | 丁酉 | 1·9 | 9 | 金 | 8 | 丁卯 | 1·9 | 7 | 土 | 8 | 丙申 | 1·9 |
| 3 | 10 | 水 | 6 | 丙寅 | 1·9 | 10 | 土 | 7 | 丁酉 | 1·9 | 11 | 火 | 9 | 戊辰 | 1·9 | 10 | 木 | 9 | 戊戌 | 1·9 | 10 | 土 | 9 | 戊辰 | 1·9 | 8 | 日 | 9 | 丁酉 | 1·9 |
| 4 | 11 | 木 | 7 | 丁卯 | 1·9 | 11 | 日 | 8 | 戊戌 | 1·9 | 12 | 水 | 10 | 己巳 | 1·9 | 11 | 金 | 10 | 己亥 | 1·9 | 11 | 日 | 10 | 己巳 | 1·8 | 9 | 月 | 10 | 戊戌 | 1·9 |
| 5 | 12 | 金 | 8 | 戊辰 | 2·9 | 12 | 月 | 9 | 己亥 | 2·9 | 13 | 木 | 11 | 庚午 | 2·8 | 12 | 土 | 11 | 庚子 | 2·8 | 12 | 月 | 11 | 庚午 | 2·8 | 10 | 火 | 11 | 己亥 | 2·8 |
| 6 | 13 | 土 | 9 | 己巳 | 2·8 | 13 | 火 | 10 | 庚子 | 2·8 | 14 | 金 | 12 | 辛未 | 2·8 | 13 | 日 | 12 | 辛丑 | 2·8 | 13 | 火 | 12 | 辛未 | 2·8 | 11 | 水 | 12 | 庚子 | 2·8 |
| 7 | 14 | 日 | 10 | 庚午 | 2·8 | 14 | 水 | 11 | 辛丑 | 2·8 | 15 | 土 | 13 | 壬申 | 2·8 | 14 | 月 | 13 | 壬寅 | 2·8 | 14 | 水 | 13 | 壬申 | 2·7 | 12 | 木 | 13 | 辛丑 | 2·8 |
| 8 | 15 | 月 | 11 | 辛未 | 3·8 | 15 | 木 | 12 | 壬寅 | 3·8 | 16 | 日 | 14 | 癸酉 | 3·7 | 15 | 火 | 14 | 癸卯 | 3·7 | 15 | 木 | 14 | 癸酉 | 3·7 | 13 | 金 | 14 | 壬寅 | 3·7 |
| 9 | 16 | 火 | 12 | 壬申 | 3·7 | 16 | 金 | 13 | 癸卯 | 3·7 | 17 | 月 | 15 | 甲戌 | 3·7 | 16 | 水 | 15 | 甲辰 | 3·7 | 16 | 金 | 15 | 甲戌 | 3·7 | 14 | 土 | 15 | 癸卯 | 3·7 |
| 10 | 17 | 水 | 13 | 癸酉 | 3·7 | 17 | 土 | 14 | 甲辰 | 3·7 | 18 | 火 | 16 | 乙亥 | 3·7 | 17 | 木 | 16 | 乙巳 | 3·7 | 17 | 土 | 16 | 乙亥 | 3·6 | 15 | 日 | 16 | 甲辰 | 3·7 |
| 11 | 18 | 木 | 14 | 甲戌 | 4·7 | 18 | 日 | 15 | 乙巳 | 4·7 | 19 | 水 | 17 | 丙子 | 4·6 | 18 | 金 | 17 | 丙午 | 4·6 | 18 | 日 | 17 | 丙子 | 4·6 | 16 | 月 | 17 | 乙巳 | 4·6 |
| 12 | 19 | 金 | 15 | 乙亥 | 4·6 | 19 | 月 | 16 | 丙午 | 4·6 | 20 | 木 | 18 | 丁丑 | 4·6 | 19 | 土 | 18 | 丁未 | 4·6 | 19 | 月 | 18 | 丁丑 | 4·6 | 17 | 火 | 18 | 丙午 | 4·6 |
| 13 | 20 | 土 | 16 | 丙子 | 4·6 | 20 | 火 | 17 | 丁未 | 4·6 | 21 | 金 | 19 | 戊寅 | 4·6 | 20 | 日 | 19 | 戊申 | 4·6 | 20 | 火 | 19 | 戊寅 | 4·5 | 18 | 水 | 19 | 丁未 | 4·6 |
| 14 | 21 | 日 | 17 | 丁丑 | 5·6 | 21 | 水 | 18 | 戊申 | 5·6 | 22 | 土 | 20 | 己卯 | 5·5 | 21 | 月 | 20 | 己酉 | 5·5 | 21 | 水 | 20 | 己卯 | 5·5 | 19 | 木 | 20 | 戊申 | 5·5 |
| 15 | 22 | 月 | 18 | 戊寅 | 5·5 | 22 | 木 | 19 | 己酉 | 5·5 | 23 | 日 | 21 | 庚辰 | 상강 | 22 | 火 | 21 | 庚戌 | 소설 | 22 | 木 | 21 | 庚辰 | 동지 | 20 | 金 | 21 | 己酉 | 대한 |
| 16 | 23 | 火 | 19 | 己卯 | 처서 | 23 | 金 | 20 | 庚戌 | 추분 | 24 | 月 | 22 | 辛巳 | 5·5 | 23 | 水 | 22 | 辛亥 | 5·5 | 23 | 金 | 22 | 辛巳 | 5·4 | 21 | 土 | 22 | 庚戌 | 5·5 |
| 17 | 24 | 水 | 20 | 庚辰 | 6·5 | 24 | 土 | 21 | 辛亥 | 6·5 | 25 | 火 | 23 | 壬午 | 6·4 | 24 | 木 | 23 | 壬子 | 6·4 | 24 | 土 | 23 | 壬午 | 6·4 | 22 | 日 | 23 | 辛亥 | 6·4 |
| 18 | 25 | 木 | 21 | 辛巳 | 6·4 | 25 | 日 | 22 | 壬子 | 6·4 | 26 | 水 | 24 | 癸未 | 6·4 | 25 | 金 | 24 | 癸丑 | 6·4 | 25 | 日 | 24 | 癸未 | 6·4 | 23 | 月 | 24 | 壬子 | 6·4 |
| 19 | 26 | 金 | 22 | 壬午 | 6·4 | 26 | 月 | 23 | 癸丑 | 6·4 | 27 | 木 | 25 | 甲申 | 6·4 | 26 | 土 | 25 | 甲寅 | 6·4 | 26 | 月 | 25 | 甲申 | 6·3 | 24 | 火 | 25 | 癸丑 | 6·4 |
| 20 | 27 | 土 | 23 | 癸未 | 7·4 | 27 | 火 | 24 | 甲寅 | 7·4 | 28 | 金 | 26 | 乙酉 | 7·3 | 27 | 日 | 26 | 乙卯 | 7·3 | 27 | 火 | 26 | 乙酉 | 7·3 | 25 | 水 | 26 | 甲寅 | 7·3 |
| 21 | 28 | 日 | 24 | 甲申 | 7·3 | 28 | 水 | 25 | 乙卯 | 7·3 | 29 | 土 | 27 | 丙戌 | 7·3 | 28 | 月 | 27 | 丙辰 | 7·3 | 28 | 水 | 27 | 丙戌 | 7·3 | 26 | 木 | 27 | 乙卯 | 7·3 |
| 22 | 29 | 月 | 25 | 乙酉 | 7·3 | 29 | 木 | 26 | 丙辰 | 7·3 | 30 | 日 | 28 | 丁亥 | 7·3 | 29 | 火 | 28 | 丁巳 | 7·3 | 29 | 木 | 28 | 丁亥 | 7·2 | 27 | 金 | 28 | 丙辰 | 7·3 |
| 23 | 30 | 火 | 26 | 丙戌 | 8·3 | 30 | 金 | 27 | 丁巳 | 8·3 | 31 | 月 | 29 | 戊子 | 8·2 | 30 | 水 | 29 | 戊午 | 8·2 | 30 | 金 | 29 | 戊子 | 8·2 | 28 | 土 | 29 | 丁巳 | 8·2 |
| 24 | 31 | 水 | 27 | 丁亥 | 8·2 | 10/1 | 土 | 28 | 戊午 | 8·2 | 11/1 | 火 | 30 | 己丑 | 8·2 | 12/1 | 木 | 30 | 己未 | 8·2 | 31 | 土 | 12/1 | 己丑 | 8·2 | 29 | 日 | 1/1 | 戊午 | 8·2 |
| 25 | 9/1 | 木 | 28 | 戊子 | 8·2 | 2 | 日 | 29 | 己未 | 8·2 | 2 | 水 | 10/1 | 庚寅 | 8·2 | 2 | 金 | 11/1 | 庚申 | 8·2 | 1/1 | 日 | 2 | 庚寅 | 8·1 | 30 | 月 | 2 | 己未 | 8·2 |
| 26 | 2 | 金 | 29 | 己丑 | 9·2 | 3 | 月 | 9/1 | 庚申 | 9·2 | 3 | 木 | 2 | 辛卯 | 9·1 | 3 | 土 | 2 | 辛酉 | 9·1 | 2 | 月 | 3 | 辛卯 | 9·1 | 31 | 火 | 3 | 庚申 | 9·1 |
| 27 | 3 | 土 | 30 | 庚寅 | 9·1 | 4 | 火 | 2 | 辛酉 | 9·1 | 4 | 金 | 3 | 壬辰 | 9·1 | 4 | 日 | 3 | 壬戌 | 9·1 | 3 | 火 | 4 | 壬辰 | 9·1 | 2/1 | 水 | 4 | 辛酉 | 9·1 |
| 28 | 4 | 日 | 8/1 | 辛卯 | 9·1 | 5 | 水 | 3 | 壬戌 | 9·1 | 5 | 土 | 4 | 癸巳 | 9·1 | 5 | 月 | 4 | 癸亥 | 9·1 | 4 | 水 | 5 | 癸巳 | 9·1 | 2 | 木 | 5 | 壬戌 | 9·1 |
| 29 | 5 | 月 | 2 | 壬辰 | 10·1 | 6 | 木 | 4 | 癸亥 | 10·1 | 6 | 日 | 5 | 甲午 | 10·1 | 6 | 火 | 5 | 甲子 | 10·1 | | | | | | 3 | 金 | 6 | 癸亥 | 10·1 |
| 30 | 6 | 火 | 3 | 癸巳 | 10·1 | 7 | 金 | 5 | 甲子 | 10·1 | | | | | | | | | | | | | | | | | | | | |
| 31 | | | | | | | | | | | | | | | | | | | | | | | | | | | | | | |

# 서기 2006년 [단기 4339년]

| 절기후날수 | 입춘절(庚寅月) | | | | | 경칩절(辛卯月) | | | | | 청명절(壬辰月) | | | | |
|---|---|---|---|---|---|---|---|---|---|---|---|---|---|---|---|
| | 立春 2월4일 8시27분<br>雨水 2월19일 4시26분 | | | | | 驚蟄 3월6일 2시29분<br>春分 3월21일 3시26분 | | | | | 淸明 4월5일 7시15분<br>穀雨 4월20일 14시26분 | | | | |
| | 양력 | 요일 | 음력 | 일진 | 大運 남·여 | 양력 | 요일 | 음력 | 일진 | 大運 남·여 | 양력 | 요일 | 음력 | 일진 | 大運 남·여 |
| 0 | 2/4 | 土 | 7 | 甲子 | 입춘 | 3/6 | 月 | 7 | 甲午 | 경칩 | 4/5 | 水 | 8 | 甲子 | 청명 |
| 1 | 5 | 日 | 8 | 乙丑 | 10·1 | 7 | 火 | 8 | 乙未 | 10·1 | 6 | 木 | 9 | 乙丑 | 10·1 |
| 2 | 6 | 月 | 9 | 丙寅 | 9·1 | 8 | 水 | 9 | 丙申 | 9·1 | 7 | 金 | 10 | 丙寅 | 10·1 |
| 3 | 7 | 火 | 10 | 丁卯 | 9·1 | 9 | 木 | 10 | 丁酉 | 9·1 | 8 | 土 | 11 | 丁卯 | 9·1 |
| 4 | 8 | 水 | 11 | 戊辰 | 9·1 | 10 | 金 | 11 | 戊戌 | 9·1 | 9 | 日 | 12 | 戊辰 | 9·1 |
| 5 | 9 | 木 | 12 | 己巳 | 8·2 | 11 | 土 | 12 | 己亥 | 8·2 | 10 | 月 | 13 | 己巳 | 9·2 |
| 6 | 10 | 金 | 13 | 庚午 | 8·2 | 12 | 日 | 13 | 庚子 | 8·2 | 11 | 火 | 14 | 庚午 | 8·2 |
| 7 | 11 | 土 | 14 | 辛未 | 8·2 | 13 | 月 | 14 | 辛丑 | 8·2 | 12 | 水 | 15 | 辛未 | 8·2 |
| 8 | 12 | 日 | 15 | 壬申 | 7·3 | 14 | 火 | 15 | 壬寅 | 7·3 | 13 | 木 | 16 | 壬申 | 8·3 |
| 9 | 13 | 月 | 16 | 癸酉 | 7·3 | 15 | 水 | 16 | 癸卯 | 7·3 | 14 | 金 | 17 | 癸酉 | 7·3 |
| 10 | 14 | 火 | 17 | 甲戌 | 7·3 | 16 | 木 | 17 | 甲辰 | 7·3 | 15 | 土 | 18 | 甲戌 | 7·3 |
| 11 | 15 | 水 | 18 | 乙亥 | 6·4 | 17 | 金 | 18 | 乙巳 | 6·4 | 16 | 日 | 19 | 乙亥 | 7·4 |
| 12 | 16 | 木 | 19 | 丙子 | 6·4 | 18 | 土 | 19 | 丙午 | 6·4 | 17 | 月 | 20 | 丙子 | 6·4 |
| 13 | 17 | 金 | 20 | 丁丑 | 6·4 | 19 | 日 | 20 | 丁未 | 6·4 | 18 | 火 | 21 | 丁丑 | 6·4 |
| 14 | 18 | 土 | 21 | 戊寅 | 5·5 | 20 | 月 | 21 | 戊申 | 5·5 | 19 | 水 | 22 | 戊寅 | 6·5 |
| 15 | 19 | 日 | 22 | 己卯 | 우수 | 21 | 火 | 22 | 己酉 | 춘분 | 20 | 木 | 23 | 己卯 | 곡우 |
| 16 | 20 | 月 | 23 | 庚辰 | 5·5 | 22 | 水 | 23 | 庚戌 | 5·5 | 21 | 金 | 24 | 庚辰 | 5·5 |
| 17 | 21 | 火 | 24 | 辛巳 | 4·6 | 23 | 木 | 24 | 辛亥 | 4·6 | 22 | 土 | 25 | 辛巳 | 5·6 |
| 18 | 22 | 水 | 25 | 壬午 | 4·6 | 24 | 金 | 25 | 壬子 | 4·6 | 23 | 日 | 26 | 壬午 | 4·6 |
| 19 | 23 | 木 | 26 | 癸未 | 4·6 | 25 | 土 | 26 | 癸丑 | 4·6 | 24 | 月 | 27 | 癸未 | 4·6 |
| 20 | 24 | 金 | 27 | 甲申 | 3·7 | 26 | 日 | 27 | 甲寅 | 3·7 | 25 | 火 | 28 | 甲申 | 4·7 |
| 21 | 25 | 土 | 28 | 乙酉 | 3·7 | 27 | 月 | 28 | 乙卯 | 3·7 | 26 | 水 | 29 | 乙酉 | 3·7 |
| 22 | 26 | 日 | 29 | 丙戌 | 3·7 | 28 | 火 | 29 | 丙辰 | 3·7 | 27 | 木 | 30 | 丙戌 | 3·7 |
| 23 | 27 | 月 | 30 | 丁亥 | 2·8 | 29 | 水 | 3/1 | 丁巳 | 2·8 | 28 | 金 | 4/1 | 丁亥 | 3·8 |
| 24 | 28 | 火 | 2/1 | 戊子 | 2·8 | 30 | 木 | 2 | 戊午 | 2·8 | 29 | 土 | 2 | 戊子 | 2·8 |
| 25 | 3/1 | 水 | 2 | 己丑 | 2·8 | 31 | 金 | 3 | 己未 | 2·8 | 30 | 日 | 3 | 己丑 | 2·8 |
| 26 | 2 | 木 | 3 | 庚寅 | 1·9 | 4/1 | 土 | 4 | 庚申 | 1·9 | 5/1 | 月 | 4 | 庚寅 | 2·9 |
| 27 | 3 | 金 | 4 | 辛卯 | 1·9 | 2 | 日 | 5 | 辛酉 | 1·9 | 2 | 火 | 5 | 辛卯 | 1·9 |
| 28 | 4 | 土 | 5 | 壬辰 | 1·9 | 3 | 月 | 6 | 壬戌 | 1·9 | 3 | 水 | 6 | 壬辰 | 1·9 |
| 29 | 5 | 日 | 6 | 癸巳 | 1·10 | 4 | 火 | 7 | 癸亥 | 1·10 | 4 | 木 | 7 | 癸巳 | 1·10 |
| 30 | | | | | | | | | | | 5 | 金 | 8 | 甲午 | 1·10 |
| 31 | | | | | | | | | | | | | | | |

| 절기후날수 | 입하절(癸巳月) | | | | | 망종절(甲午月) | | | | | 소서절(乙未月) | | | | |
|---|---|---|---|---|---|---|---|---|---|---|---|---|---|---|---|
| | 立夏 5월6일 0시31분<br>小滿 5월21일 13시32분 | | | | | 芒種 6월6일 4시37분<br>夏至 6월21일 21시26분 | | | | | 小暑 7월7일 14시51분<br>大暑 7월23일 8시18분 | | | | |
| | 양력 | 요일 | 음력 | 일진 | 大運 남·여 | 양력 | 요일 | 음력 | 일진 | 大運 남·여 | 양력 | 요일 | 음력 | 일진 | 大運 남·여 |
| 0 | 5/6 | 土 | 9 | 乙未 | 입하 | 6/6 | 火 | 11 | 丙寅 | 망종 | 7/7 | 金 | 12 | 丁酉 | 소서 |
| 1 | 7 | 日 | 10 | 丙申 | 10·1 | 7 | 水 | 12 | 丁卯 | 10·1 | 8 | 土 | 13 | 戊戌 | 10·1 |
| 2 | 8 | 月 | 11 | 丁酉 | 10·1 | 8 | 木 | 13 | 戊辰 | 10·1 | 9 | 日 | 14 | 己亥 | 10·1 |
| 3 | 9 | 火 | 12 | 戊戌 | 9·1 | 9 | 金 | 14 | 己巳 | 9·1 | 10 | 月 | 15 | 庚子 | 10·1 |
| 4 | 10 | 水 | 13 | 己亥 | 9·1 | 10 | 土 | 15 | 庚午 | 9·1 | 11 | 火 | 16 | 辛丑 | 9·1 |
| 5 | 11 | 木 | 14 | 庚子 | 9·2 | 11 | 日 | 16 | 辛未 | 9·2 | 12 | 水 | 17 | 壬寅 | 9·2 |
| 6 | 12 | 金 | 15 | 辛丑 | 8·2 | 12 | 月 | 17 | 壬申 | 8·2 | 13 | 木 | 18 | 癸卯 | 9·2 |
| 7 | 13 | 土 | 16 | 壬寅 | 8·2 | 13 | 火 | 18 | 癸酉 | 8·2 | 14 | 金 | 19 | 甲辰 | 8·2 |
| 8 | 14 | 日 | 17 | 癸卯 | 8·3 | 14 | 水 | 19 | 甲戌 | 8·3 | 15 | 土 | 20 | 乙巳 | 8·3 |
| 9 | 15 | 月 | 18 | 甲辰 | 7·3 | 15 | 木 | 20 | 乙亥 | 7·3 | 16 | 日 | 21 | 丙午 | 8·3 |
| 10 | 16 | 火 | 19 | 乙巳 | 7·3 | 16 | 金 | 21 | 丙子 | 7·3 | 17 | 月 | 22 | 丁未 | 7·3 |
| 11 | 17 | 水 | 20 | 丙午 | 7·4 | 17 | 土 | 22 | 丁丑 | 7·4 | 18 | 火 | 23 | 戊申 | 7·4 |
| 12 | 18 | 木 | 21 | 丁未 | 6·4 | 18 | 日 | 23 | 戊寅 | 6·4 | 19 | 水 | 24 | 己酉 | 7·4 |
| 13 | 19 | 金 | 22 | 戊申 | 6·4 | 19 | 月 | 24 | 己卯 | 6·4 | 20 | 木 | 25 | 庚戌 | 6·4 |
| 14 | 20 | 土 | 23 | 己酉 | 6·5 | 20 | 火 | 25 | 庚辰 | 6·5 | 21 | 金 | 26 | 辛亥 | 6·5 |
| 15 | 21 | 日 | 24 | 庚戌 | 소만 | 21 | 水 | 26 | 辛巳 | 하지 | 22 | 土 | 27 | 壬子 | 6·5 |
| 16 | 22 | 月 | 25 | 辛亥 | 5·5 | 22 | 木 | 27 | 壬午 | 5·5 | 23 | 日 | 28 | 癸丑 | 대서 |
| 17 | 23 | 火 | 26 | 壬子 | 5·6 | 23 | 金 | 28 | 癸未 | 5·6 | 24 | 月 | 29 | 甲寅 | 5·6 |
| 18 | 24 | 水 | 27 | 癸丑 | 4·6 | 24 | 土 | 29 | 甲申 | 4·6 | 25 | 火 | 7/1 | 乙卯 | 5·6 |
| 19 | 25 | 木 | 28 | 甲寅 | 4·6 | 25 | 日 | 30 | 乙酉 | 4·6 | 26 | 水 | 2 | 丙辰 | 4·6 |
| 20 | 26 | 金 | 29 | 乙卯 | 4·7 | 26 | 月 | 6/1 | 丙戌 | 4·7 | 27 | 木 | 3 | 丁巳 | 4·7 |
| 21 | 27 | 土 | 5/1 | 丙辰 | 3·7 | 27 | 火 | 2 | 丁亥 | 3·7 | 28 | 金 | 4 | 戊午 | 4·7 |
| 22 | 28 | 日 | 2 | 丁巳 | 3·7 | 28 | 水 | 3 | 戊子 | 3·7 | 29 | 土 | 5 | 己未 | 3·7 |
| 23 | 29 | 月 | 3 | 戊午 | 3·8 | 29 | 木 | 4 | 己丑 | 3·8 | 30 | 日 | 6 | 庚申 | 3·8 |
| 24 | 30 | 火 | 4 | 己未 | 2·8 | 30 | 金 | 5 | 庚寅 | 2·8 | 31 | 月 | 7 | 辛酉 | 3·8 |
| 25 | 31 | 水 | 5 | 庚申 | 2·8 | 7/1 | 土 | 6 | 辛卯 | 2·8 | 8/1 | 火 | 8 | 壬戌 | 2·8 |
| 26 | 6/1 | 木 | 6 | 辛酉 | 2·9 | 2 | 日 | 7 | 壬辰 | 2·9 | 2 | 水 | 9 | 癸亥 | 2·9 |
| 27 | 2 | 金 | 7 | 壬戌 | 1·9 | 3 | 月 | 8 | 癸巳 | 1·9 | 3 | 木 | 10 | 甲子 | 2·9 |
| 28 | 3 | 土 | 8 | 癸亥 | 1·9 | 4 | 火 | 9 | 甲午 | 1·9 | 4 | 金 | 11 | 乙丑 | 1·9 |
| 29 | 4 | 日 | 9 | 甲子 | 1·10 | 5 | 水 | 10 | 乙未 | 1·10 | 5 | 土 | 12 | 丙寅 | 1·10 |
| 30 | 5 | 月 | 10 | 乙丑 | 1·10 | 6 | 木 | 11 | 丙申 | 1·10 | 6 | 日 | 13 | 丁卯 | 1·10 |
| 31 | | | | | | | | | | | 7 | 月 | 14 | 戊辰 | 1·10 |

# 丙戌年

| 절기후날수 | 입추절(丙申月) 立秋 8월8일 0시41분 處暑 8월23일 15시23분 | | | | | 백로절(丁酉月) 白露 9월8일 3시39분 秋分 9월23일 13시3분 | | | | |
|---|---|---|---|---|---|---|---|---|---|---|
| | 양력 | 요일 | 음력 | 일진 | 大運 남·여 | 양력 | 요일 | 음력 | 일진 | 大運 남·여 |
| 0 | 8/8 | 火 | 15 | 己巳 | 입추 | 9/8 | 金 | 윤16 | 庚子 | 백로 |
| 1 | 9 | 水 | 16 | 庚午 | 10·1 | 9 | 土 | 윤17 | 辛丑 | 10·1 |
| 2 | 10 | 木 | 17 | 辛未 | 10·1 | 10 | 日 | 윤18 | 壬寅 | 9·1 |
| 3 | 11 | 金 | 18 | 壬申 | 9·1 | 11 | 月 | 윤19 | 癸卯 | 9·1 |
| 4 | 12 | 土 | 19 | 癸酉 | 9·1 | 12 | 火 | 윤20 | 甲辰 | 9·1 |
| 5 | 13 | 日 | 20 | 甲戌 | 9·2 | 13 | 水 | 윤21 | 乙巳 | 8·2 |
| 6 | 14 | 月 | 21 | 乙亥 | 8·2 | 14 | 木 | 윤22 | 丙午 | 8·2 |
| 7 | 15 | 火 | 22 | 丙子 | 8·2 | 15 | 金 | 윤23 | 丁未 | 8·2 |
| 8 | 16 | 水 | 23 | 丁丑 | 8·3 | 16 | 土 | 윤24 | 戊申 | 7·3 |
| 9 | 17 | 木 | 24 | 戊寅 | 7·3 | 17 | 日 | 윤25 | 己酉 | 7·3 |
| 10 | 18 | 金 | 25 | 己卯 | 7·3 | 18 | 月 | 윤26 | 庚戌 | 7·3 |
| 11 | 19 | 土 | 26 | 庚辰 | 7·4 | 19 | 火 | 윤27 | 辛亥 | 6·4 |
| 12 | 20 | 日 | 27 | 辛巳 | 6·4 | 20 | 水 | 윤28 | 壬子 | 6·4 |
| 13 | 21 | 月 | 28 | 壬午 | 6·4 | 21 | 木 | 윤29 | 癸丑 | 6·4 |
| 14 | 22 | 火 | 29 | 癸未 | 6·5 | 22 | 金 | 8/1 | 甲寅 | 5·5 |
| 15 | 23 | 水 | 30 | 甲申 | 처서 | 23 | 土 | 2 | 乙卯 | 추분 |
| 16 | 24 | 木 | 윤1 | 乙酉 | 5·5 | 24 | 日 | 3 | 丙辰 | 5·5 |
| 17 | 25 | 金 | 윤2 | 丙戌 | 5·6 | 25 | 月 | 4 | 丁巳 | 4·6 |
| 18 | 26 | 土 | 윤3 | 丁亥 | 4·6 | 26 | 火 | 5 | 戊午 | 4·6 |
| 19 | 27 | 日 | 윤4 | 戊子 | 4·6 | 27 | 水 | 6 | 己未 | 4·6 |
| 20 | 28 | 月 | 윤5 | 己丑 | 4·7 | 28 | 木 | 7 | 庚申 | 3·7 |
| 21 | 29 | 火 | 윤6 | 庚寅 | 3·7 | 29 | 金 | 8 | 辛酉 | 3·7 |
| 22 | 30 | 水 | 윤7 | 辛卯 | 3·7 | 30 | 土 | 9 | 壬戌 | 3·7 |
| 23 | 31 | 木 | 윤8 | 壬辰 | 3·8 | 10/1 | 日 | 10 | 癸亥 | 2·8 |
| 24 | 9/1 | 金 | 윤9 | 癸巳 | 2·8 | 2 | 月 | 11 | 甲子 | 2·8 |
| 25 | 2 | 土 | 윤10 | 甲午 | 2·8 | 3 | 火 | 12 | 乙丑 | 2·8 |
| 26 | 3 | 日 | 윤11 | 乙未 | 2·9 | 4 | 水 | 13 | 丙寅 | 1·9 |
| 27 | 4 | 月 | 윤12 | 丙申 | 1·9 | 5 | 木 | 14 | 丁卯 | 1·9 |
| 28 | 5 | 火 | 윤13 | 丁酉 | 1·9 | 6 | 金 | 15 | 戊辰 | 1·9 |
| 29 | 6 | 水 | 윤14 | 戊戌 | 1·10 | 7 | 土 | 16 | 己巳 | 1·10 |
| 30 | 7 | 木 | 윤15 | 己亥 | 1·10 | | | | | |
| 31 | | | | | | | | | | |

| 절기후날수 | 한로절(戊戌月) 寒露 10월8일 19시21분 霜降 10월23일 22시26분 | | | | | 입동절(己亥月) 立冬 11월7일 22시35분 小雪 11월22일 20시2분 | | | | |
|---|---|---|---|---|---|---|---|---|---|---|
| | 양력 | 요일 | 음력 | 일진 | 大運 남·여 | 양력 | 요일 | 음력 | 일진 | 大運 남·여 |
| 0 | 10/8 | 日 | 17 | 庚午 | 한로 | 11/7 | 火 | 17 | 庚子 | 입동 |
| 1 | 9 | 月 | 18 | 辛未 | 10·1 | 8 | 水 | 18 | 辛丑 | 10·1 |
| 2 | 10 | 火 | 19 | 壬申 | 9·1 | 9 | 木 | 19 | 壬寅 | 9·1 |
| 3 | 11 | 水 | 20 | 癸酉 | 9·1 | 10 | 金 | 20 | 癸卯 | 9·1 |
| 4 | 12 | 木 | 21 | 甲戌 | 9·1 | 11 | 土 | 21 | 甲辰 | 9·1 |
| 5 | 13 | 金 | 22 | 乙亥 | 8·2 | 12 | 日 | 22 | 乙巳 | 8·2 |
| 6 | 14 | 土 | 23 | 丙子 | 8·2 | 13 | 月 | 23 | 丙午 | 8·2 |
| 7 | 15 | 日 | 24 | 丁丑 | 8·2 | 14 | 火 | 24 | 丁未 | 8·2 |
| 8 | 16 | 月 | 25 | 戊寅 | 7·3 | 15 | 水 | 25 | 戊申 | 7·3 |
| 9 | 17 | 火 | 26 | 己卯 | 7·3 | 16 | 木 | 26 | 己酉 | 7·3 |
| 10 | 18 | 水 | 27 | 庚辰 | 7·3 | 17 | 金 | 27 | 庚戌 | 7·3 |
| 11 | 19 | 木 | 28 | 辛巳 | 6·4 | 18 | 土 | 28 | 辛亥 | 6·4 |
| 12 | 20 | 金 | 29 | 壬午 | 6·4 | 19 | 日 | 29 | 壬子 | 6·4 |
| 13 | 21 | 土 | 30 | 癸未 | 6·4 | 20 | 月 | 30 | 癸丑 | 6·4 |
| 14 | 22 | 日 | 9/1 | 甲申 | 5·5 | 21 | 火 | 10/1 | 甲寅 | 5·5 |
| 15 | 23 | 月 | 2 | 乙酉 | 상강 | 22 | 水 | 2 | 乙卯 | 소설 |
| 16 | 24 | 火 | 3 | 丙戌 | 5·5 | 23 | 木 | 3 | 丙辰 | 5·5 |
| 17 | 25 | 水 | 4 | 丁亥 | 4·6 | 24 | 金 | 4 | 丁巳 | 4·6 |
| 18 | 26 | 木 | 5 | 戊子 | 4·6 | 25 | 土 | 5 | 戊午 | 4·6 |
| 19 | 27 | 金 | 6 | 己丑 | 4·6 | 26 | 日 | 6 | 己未 | 4·6 |
| 20 | 28 | 土 | 7 | 庚寅 | 3·7 | 27 | 月 | 7 | 庚申 | 3·7 |
| 21 | 29 | 日 | 8 | 辛卯 | 3·7 | 28 | 火 | 8 | 辛酉 | 3·7 |
| 22 | 30 | 月 | 9 | 壬辰 | 3·7 | 29 | 水 | 9 | 壬戌 | 3·7 |
| 23 | 31 | 火 | 10 | 癸巳 | 2·8 | 30 | 木 | 10 | 癸亥 | 2·8 |
| 24 | 11/1 | 水 | 11 | 甲午 | 2·8 | 12/1 | 金 | 11 | 甲子 | 2·8 |
| 25 | 2 | 木 | 12 | 乙未 | 2·8 | 2 | 土 | 12 | 乙丑 | 2·8 |
| 26 | 3 | 金 | 13 | 丙申 | 1·9 | 3 | 日 | 13 | 丙寅 | 1·9 |
| 27 | 4 | 土 | 14 | 丁酉 | 1·9 | 4 | 月 | 14 | 丁卯 | 1·9 |
| 28 | 5 | 日 | 15 | 戊戌 | 1·9 | 5 | 火 | 15 | 戊辰 | 1·9 |
| 29 | 6 | 月 | 16 | 己亥 | 1·10 | 6 | 水 | 16 | 己巳 | 1·10 |
| 30 | | | | | | | | | | |
| 31 | | | | | | | | | | |

| 절기후날수 | 대설절(庚子月) 大雪 12월7일 15시27분 冬至 12월22일 9시22분 | | | | | 소한절(辛丑月) 小寒 1월6일 2시40분 大寒 1월20일 20시1분 | | | | |
|---|---|---|---|---|---|---|---|---|---|---|
| | 양력 | 요일 | 음력 | 일진 | 大運 남·여 | 양력 | 요일 | 음력 | 일진 | 大運 남·여 |
| 0 | 12/7 | 木 | 17 | 庚午 | 대설 | 1/6 | 土 | 18 | 庚子 | 소한 |
| 1 | 8 | 金 | 18 | 辛未 | 10·1 | 7 | 日 | 19 | 辛丑 | 9·1 |
| 2 | 9 | 土 | 19 | 壬申 | 9·1 | 8 | 月 | 20 | 壬寅 | 9·1 |
| 3 | 10 | 日 | 20 | 癸酉 | 9·1 | 9 | 火 | 21 | 癸卯 | 9·1 |
| 4 | 11 | 月 | 21 | 甲戌 | 9·1 | 10 | 水 | 22 | 甲辰 | 8·1 |
| 5 | 12 | 火 | 22 | 乙亥 | 8·2 | 11 | 木 | 23 | 乙巳 | 8·2 |
| 6 | 13 | 水 | 23 | 丙子 | 8·2 | 12 | 金 | 24 | 丙午 | 8·2 |
| 7 | 14 | 木 | 24 | 丁丑 | 8·2 | 13 | 土 | 25 | 丁未 | 7·2 |
| 8 | 15 | 金 | 25 | 戊寅 | 7·3 | 14 | 日 | 26 | 戊申 | 7·3 |
| 9 | 16 | 土 | 26 | 己卯 | 7·3 | 15 | 月 | 27 | 己酉 | 7·3 |
| 10 | 17 | 日 | 27 | 庚辰 | 7·3 | 16 | 火 | 28 | 庚戌 | 6·3 |
| 11 | 18 | 月 | 28 | 辛巳 | 6·4 | 17 | 水 | 29 | 辛亥 | 6·4 |
| 12 | 19 | 火 | 29 | 壬午 | 6·4 | 18 | 木 | 30 | 壬子 | 6·4 |
| 13 | 20 | 水 | 11/1 | 癸未 | 6·4 | 19 | 金 | 12/1 | 癸丑 | 5·4 |
| 14 | 21 | 木 | 2 | 甲申 | 5·5 | 20 | 土 | 2 | 甲寅 | 대한 |
| 15 | 22 | 金 | 3 | 乙酉 | 동지 | 21 | 日 | 3 | 乙卯 | 5·5 |
| 16 | 23 | 土 | 4 | 丙戌 | 5·5 | 22 | 月 | 4 | 丙辰 | 4·5 |
| 17 | 24 | 日 | 5 | 丁亥 | 4·6 | 23 | 火 | 5 | 丁巳 | 4·6 |
| 18 | 25 | 月 | 6 | 戊子 | 4·6 | 24 | 水 | 6 | 戊午 | 4·6 |
| 19 | 26 | 火 | 7 | 己丑 | 4·6 | 25 | 木 | 7 | 己未 | 3·6 |
| 20 | 27 | 水 | 8 | 庚寅 | 3·7 | 26 | 金 | 8 | 庚申 | 3·7 |
| 21 | 28 | 木 | 9 | 辛卯 | 3·7 | 27 | 土 | 9 | 辛酉 | 3·7 |
| 22 | 29 | 金 | 10 | 壬辰 | 3·7 | 28 | 日 | 10 | 壬戌 | 2·7 |
| 23 | 30 | 土 | 11 | 癸巳 | 2·8 | 29 | 月 | 11 | 癸亥 | 2·8 |
| 24 | 31 | 日 | 12 | 甲午 | 2·8 | 30 | 火 | 12 | 甲子 | 2·8 |
| 25 | 1/1 | 月 | 13 | 乙未 | 2·8 | 31 | 水 | 13 | 乙丑 | 1·8 |
| 26 | 2 | 火 | 14 | 丙申 | 1·9 | 2/1 | 木 | 14 | 丙寅 | 1·9 |
| 27 | 3 | 水 | 15 | 丁酉 | 1·9 | 2 | 金 | 15 | 丁卯 | 1·9 |
| 28 | 4 | 木 | 16 | 戊戌 | 1·9 | 3 | 土 | 16 | 戊辰 | 1·9 |
| 29 | 5 | 金 | 17 | 己亥 | 1·10 | | | | | |
| 30 | | | | | | | | | | |
| 31 | | | | | | | | | | |

▶ 윤달-7월

# 서기 2007년 [단기 4340년]

| 절기후날수 | 입춘절(壬寅月)<br>立春 2월4일 14시18분<br>雨水 2월19일 10시9분 | | | | | 경칩절(癸卯月)<br>驚蟄 3월6일 8시18분<br>春分 3월21일 9시7분 | | | | |
|---|---|---|---|---|---|---|---|---|---|---|
| | 양력 | 요일 | 음력 | 일진 | 大運 남·여 | 양력 | 요일 | 음력 | 일진 | 大運 남·여 |
| 0 | 2/4 | 日 | 17 | 己巳 | 입춘 | 3/6 | 火 | 17 | 己亥 | 경칩 |
| 1 | 5 | 月 | 18 | 庚午 | 1·10 | 7 | 水 | 18 | 庚子 | 1·10 |
| 2 | 6 | 火 | 19 | 辛未 | 1·9 | 8 | 木 | 19 | 辛丑 | 1·9 |
| 3 | 7 | 水 | 20 | 壬申 | 1·9 | 9 | 金 | 20 | 壬寅 | 1·9 |
| 4 | 8 | 木 | 21 | 癸酉 | 1·9 | 10 | 土 | 21 | 癸卯 | 1·9 |
| 5 | 9 | 金 | 22 | 甲戌 | 2·8 | 11 | 日 | 22 | 甲辰 | 2·8 |
| 6 | 10 | 土 | 23 | 乙亥 | 2·8 | 12 | 月 | 23 | 乙巳 | 2·8 |
| 7 | 11 | 日 | 24 | 丙子 | 2·8 | 13 | 火 | 24 | 丙午 | 2·8 |
| 8 | 12 | 月 | 25 | 丁丑 | 3·7 | 14 | 水 | 25 | 丁未 | 3·7 |
| 9 | 13 | 火 | 26 | 戊寅 | 3·7 | 15 | 木 | 26 | 戊申 | 3·7 |
| 10 | 14 | 水 | 27 | 己卯 | 3·7 | 16 | 金 | 27 | 己酉 | 3·7 |
| 11 | 15 | 木 | 28 | 庚辰 | 4·6 | 17 | 土 | 28 | 庚戌 | 4·6 |
| 12 | 16 | 金 | 29 | 辛巳 | 4·6 | 18 | 日 | 29 | 辛亥 | 4·6 |
| 13 | 17 | 土 | 30 | 壬午 | 4·6 | 19 | 月 | 2/1 | 壬子 | 4·6 |
| 14 | 18 | 日 | 1/1 | 癸未 | 5·5 | 20 | 火 | 2 | 癸丑 | 5·5 |
| 15 | 19 | 月 | 2 | 甲申 | 우수 | 21 | 水 | 3 | 甲寅 | 춘분 |
| 16 | 20 | 火 | 3 | 乙酉 | 5·5 | 22 | 木 | 4 | 乙卯 | 5·5 |
| 17 | 21 | 水 | 4 | 丙戌 | 6·4 | 23 | 金 | 5 | 丙辰 | 6·4 |
| 18 | 22 | 木 | 5 | 丁亥 | 6·4 | 24 | 土 | 6 | 丁巳 | 6·4 |
| 19 | 23 | 金 | 6 | 戊子 | 6·4 | 25 | 日 | 7 | 戊午 | 6·4 |
| 20 | 24 | 土 | 7 | 己丑 | 7·3 | 26 | 月 | 8 | 己未 | 7·3 |
| 21 | 25 | 日 | 8 | 庚寅 | 7·3 | 27 | 火 | 9 | 庚申 | 7·3 |
| 22 | 26 | 月 | 9 | 辛卯 | 7·3 | 28 | 水 | 10 | 辛酉 | 7·3 |
| 23 | 27 | 火 | 10 | 壬辰 | 8·2 | 29 | 木 | 11 | 壬戌 | 8·2 |
| 24 | 28 | 水 | 11 | 癸巳 | 8·2 | 30 | 金 | 12 | 癸亥 | 8·2 |
| 25 | 3/1 | 木 | 12 | 甲午 | 8·2 | 31 | 土 | 13 | 甲子 | 8·2 |
| 26 | 2 | 金 | 13 | 乙未 | 9·1 | 4/1 | 日 | 14 | 乙丑 | 9·1 |
| 27 | 3 | 土 | 14 | 丙申 | 9·1 | 2 | 月 | 15 | 丙寅 | 9·1 |
| 28 | 4 | 日 | 15 | 丁酉 | 9·1 | 3 | 火 | 16 | 丁卯 | 9·1 |
| 29 | 5 | 月 | 16 | 戊戌 | 10·1 | 4 | 水 | 17 | 戊辰 | 10·1 |
| 30 | | | | | | | | | | |
| 31 | | | | | | | | | | |

| 절기후날수 | 청명절(甲辰月)<br>清明 4월5일 13시5분<br>穀雨 4월20일 20시7분 | | | | | 입하절(乙巳月)<br>立夏 5월6일 6시20분<br>小滿 5월21일 19시12분 | | | | |
|---|---|---|---|---|---|---|---|---|---|---|
| | 양력 | 요일 | 음력 | 일진 | 大運 남·여 | 양력 | 요일 | 음력 | 일진 | 大運 남·여 |
| 0 | 4/5 | 木 | 18 | 己巳 | 청명 | 5/6 | 日 | 20 | 庚子 | 입하 |
| 1 | 6 | 金 | 19 | 庚午 | 1·10 | 7 | 月 | 21 | 辛丑 | 1·10 |
| 2 | 7 | 土 | 20 | 辛未 | 1·10 | 8 | 火 | 22 | 壬寅 | 1·10 |
| 3 | 8 | 日 | 21 | 壬申 | 1·9 | 9 | 水 | 23 | 癸卯 | 1·9 |
| 4 | 9 | 月 | 22 | 癸酉 | 1·9 | 10 | 木 | 24 | 甲辰 | 1·9 |
| 5 | 10 | 火 | 23 | 甲戌 | 2·9 | 11 | 金 | 25 | 乙巳 | 2·9 |
| 6 | 11 | 水 | 24 | 乙亥 | 2·8 | 12 | 土 | 26 | 丙午 | 2·8 |
| 7 | 12 | 木 | 25 | 丙子 | 2·8 | 13 | 日 | 27 | 丁未 | 2·8 |
| 8 | 13 | 金 | 26 | 丁丑 | 3·8 | 14 | 月 | 28 | 戊申 | 3·8 |
| 9 | 14 | 土 | 27 | 戊寅 | 3·7 | 15 | 火 | 29 | 己酉 | 3·7 |
| 10 | 15 | 日 | 28 | 己卯 | 3·7 | 16 | 水 | 30 | 庚戌 | 3·7 |
| 11 | 16 | 月 | 29 | 庚辰 | 4·7 | 17 | 木 | 4/1 | 辛亥 | 4·7 |
| 12 | 17 | 火 | 3/1 | 辛巳 | 4·6 | 18 | 金 | 2 | 壬子 | 4·6 |
| 13 | 18 | 水 | 2 | 壬午 | 4·6 | 19 | 土 | 3 | 癸丑 | 4·6 |
| 14 | 19 | 木 | 3 | 癸未 | 5·6 | 20 | 日 | 4 | 甲寅 | 5·6 |
| 15 | 20 | 金 | 4 | 甲申 | 곡우 | 21 | 月 | 5 | 乙卯 | 소만 |
| 16 | 21 | 土 | 5 | 乙酉 | 5·5 | 22 | 火 | 6 | 丙辰 | 5·5 |
| 17 | 22 | 日 | 6 | 丙戌 | 6·5 | 23 | 水 | 7 | 丁巳 | 6·5 |
| 18 | 23 | 月 | 7 | 丁亥 | 6·4 | 24 | 木 | 8 | 戊午 | 6·4 |
| 19 | 24 | 火 | 8 | 戊子 | 6·4 | 25 | 金 | 9 | 己未 | 6·4 |
| 20 | 25 | 水 | 9 | 己丑 | 7·4 | 26 | 土 | 10 | 庚申 | 7·4 |
| 21 | 26 | 木 | 10 | 庚寅 | 7·3 | 27 | 日 | 11 | 辛酉 | 7·3 |
| 22 | 27 | 金 | 11 | 辛卯 | 7·3 | 28 | 月 | 12 | 壬戌 | 7·3 |
| 23 | 28 | 土 | 12 | 壬辰 | 8·3 | 29 | 火 | 13 | 癸亥 | 8·3 |
| 24 | 29 | 日 | 13 | 癸巳 | 8·2 | 30 | 水 | 14 | 甲子 | 8·2 |
| 25 | 30 | 月 | 14 | 甲午 | 8·2 | 31 | 木 | 15 | 乙丑 | 8·2 |
| 26 | 5/1 | 火 | 15 | 乙未 | 9·2 | 6/1 | 金 | 16 | 丙寅 | 9·2 |
| 27 | 2 | 水 | 16 | 丙申 | 9·1 | 2 | 土 | 17 | 丁卯 | 9·1 |
| 28 | 3 | 木 | 17 | 丁酉 | 9·1 | 3 | 日 | 18 | 戊辰 | 9·1 |
| 29 | 4 | 金 | 18 | 戊戌 | 10·1 | 4 | 月 | 19 | 己巳 | 10·1 |
| 30 | 5 | 土 | 19 | 己亥 | 10·1 | 5 | 火 | 20 | 庚午 | 10·1 |
| 31 | | | | | | | | | | |

| 절기후날수 | 망종절(丙午月)<br>芒種 6월6일 10시27분<br>夏至 6월22일 3시6분 | | | | | 소서절(丁未月)<br>小暑 7월7일 20시42분<br>大暑 7월23일 14시0분 | | | | |
|---|---|---|---|---|---|---|---|---|---|---|
| | 양력 | 요일 | 음력 | 일진 | 大運 남·여 | 양력 | 요일 | 음력 | 일진 | 大運 남·여 |
| 0 | 6/6 | 水 | 21 | 辛未 | 망종 | 7/7 | 土 | 23 | 壬寅 | 소서 |
| 1 | 7 | 木 | 22 | 壬申 | 1·10 | 8 | 日 | 24 | 癸卯 | 1·10 |
| 2 | 8 | 金 | 23 | 癸酉 | 1·10 | 9 | 月 | 25 | 甲辰 | 1·10 |
| 3 | 9 | 土 | 24 | 甲戌 | 1·9 | 10 | 火 | 26 | 乙巳 | 1·10 |
| 4 | 10 | 日 | 25 | 乙亥 | 1·9 | 11 | 水 | 27 | 丙午 | 1·9 |
| 5 | 11 | 月 | 26 | 丙子 | 2·9 | 12 | 木 | 28 | 丁未 | 2·9 |
| 6 | 12 | 火 | 27 | 丁丑 | 2·8 | 13 | 金 | 29 | 戊申 | 2·9 |
| 7 | 13 | 水 | 28 | 戊寅 | 2·8 | 14 | 土 | 6/1 | 己酉 | 2·8 |
| 8 | 14 | 木 | 29 | 己卯 | 3·8 | 15 | 日 | 2 | 庚戌 | 3·8 |
| 9 | 15 | 金 | 5/1 | 庚辰 | 3·7 | 16 | 月 | 3 | 辛亥 | 3·8 |
| 10 | 16 | 土 | 2 | 辛巳 | 3·7 | 17 | 火 | 4 | 壬子 | 3·7 |
| 11 | 17 | 日 | 3 | 壬午 | 4·7 | 18 | 水 | 5 | 癸丑 | 4·7 |
| 12 | 18 | 月 | 4 | 癸未 | 4·6 | 19 | 木 | 6 | 甲寅 | 4·7 |
| 13 | 19 | 火 | 5 | 甲申 | 4·6 | 20 | 金 | 7 | 乙卯 | 4·6 |
| 14 | 20 | 水 | 6 | 乙酉 | 5·6 | 21 | 土 | 8 | 丙辰 | 5·6 |
| 15 | 21 | 木 | 7 | 丙戌 | 5·5 | 22 | 日 | 9 | 丁巳 | 5·6 |
| 16 | 22 | 金 | 8 | 丁亥 | 하지 | 23 | 月 | 10 | 戊午 | 대서 |
| 17 | 23 | 土 | 9 | 戊子 | 6·5 | 24 | 火 | 11 | 己未 | 6·5 |
| 18 | 24 | 日 | 10 | 己丑 | 6·4 | 25 | 水 | 12 | 庚申 | 6·5 |
| 19 | 25 | 月 | 11 | 庚寅 | 6·4 | 26 | 木 | 13 | 辛酉 | 6·4 |
| 20 | 26 | 火 | 12 | 辛卯 | 7·4 | 27 | 金 | 14 | 壬戌 | 7·4 |
| 21 | 27 | 水 | 13 | 壬辰 | 7·3 | 28 | 土 | 15 | 癸亥 | 7·4 |
| 22 | 28 | 木 | 14 | 癸巳 | 7·3 | 29 | 日 | 16 | 甲子 | 7·3 |
| 23 | 29 | 金 | 15 | 甲午 | 8·3 | 30 | 月 | 17 | 乙丑 | 8·3 |
| 24 | 30 | 土 | 16 | 乙未 | 8·2 | 31 | 火 | 18 | 丙寅 | 8·3 |
| 25 | 7/1 | 日 | 17 | 丙申 | 8·2 | 8/1 | 水 | 19 | 丁卯 | 8·2 |
| 26 | 2 | 月 | 18 | 丁酉 | 9·2 | 2 | 木 | 20 | 戊辰 | 9·2 |
| 27 | 3 | 火 | 19 | 戊戌 | 9·1 | 3 | 金 | 21 | 己巳 | 9·2 |
| 28 | 4 | 水 | 20 | 己亥 | 9·1 | 4 | 土 | 22 | 庚午 | 9·1 |
| 29 | 5 | 木 | 21 | 庚子 | 10·1 | 5 | 日 | 23 | 辛未 | 10·1 |
| 30 | 6 | 金 | 22 | 辛丑 | 10·1 | 6 | 月 | 24 | 壬申 | 10·1 |
| 31 | | | | | | 7 | 火 | 25 | 癸酉 | 10·1 |

# 丁亥年

| 절기후날수 | 입추절(戊申月) 立秋 8월8일 6시31분 處暑 8월23일 21시8분 | | | | | | 백로절(己酉月) 白露 9월8일 9시29분 秋分 9월23일 18시51분 | | | | | |
|---|---|---|---|---|---|---|---|---|---|---|---|---|
| | 양력 | 요일 | 음력 | 일진 | 大運 남 | 大運 여 | 양력 | 요일 | 음력 | 일진 | 大運 남 | 大運 여 |
| 0 | 8/8 | 水 | 26 | 甲戌 | 입추 | | 9/8 | 土 | 27 | 乙巳 | 백로 | |
| 1 | 9 | 木 | 27 | 乙亥 | 1 | 10 | 9 | 日 | 28 | 丙午 | 1 | 10 |
| 2 | 10 | 金 | 28 | 丙子 | 1 | 10 | 10 | 月 | 29 | 丁未 | 1 | 10 |
| 3 | 11 | 土 | 29 | 丁丑 | 1 | 9 | 11 | 火 | 8/1 | 戊申 | 1 | 9 |
| 4 | 12 | 日 | 30 | 戊寅 | 1 | 9 | 12 | 水 | 2 | 己酉 | 1 | 9 |
| 5 | 13 | 月 | 7/1 | 己卯 | 2 | 9 | 13 | 木 | 3 | 庚戌 | 2 | 9 |
| 6 | 14 | 火 | 2 | 庚辰 | 2 | 8 | 14 | 金 | 4 | 辛亥 | 2 | 8 |
| 7 | 15 | 水 | 3 | 辛巳 | 2 | 8 | 15 | 土 | 5 | 壬子 | 2 | 8 |
| 8 | 16 | 木 | 4 | 壬午 | 3 | 8 | 16 | 日 | 6 | 癸丑 | 3 | 8 |
| 9 | 17 | 金 | 5 | 癸未 | 3 | 7 | 17 | 月 | 7 | 甲寅 | 3 | 7 |
| 10 | 18 | 土 | 6 | 甲申 | 3 | 7 | 18 | 火 | 8 | 乙卯 | 3 | 7 |
| 11 | 19 | 日 | 7 | 乙酉 | 4 | 7 | 19 | 水 | 9 | 丙辰 | 4 | 7 |
| 12 | 20 | 月 | 8 | 丙戌 | 4 | 6 | 20 | 木 | 10 | 丁巳 | 4 | 6 |
| 13 | 21 | 火 | 9 | 丁亥 | 4 | 6 | 21 | 金 | 11 | 戊午 | 4 | 6 |
| 14 | 22 | 水 | 10 | 戊子 | 5 | 6 | 22 | 土 | 12 | 己未 | 5 | 6 |
| 15 | 23 | 木 | 11 | 己丑 | 처서 | | 23 | 日 | 13 | 庚申 | 추분 | |
| 16 | 24 | 金 | 12 | 庚寅 | 5 | 5 | 24 | 月 | 14 | 辛酉 | 5 | 5 |
| 17 | 25 | 土 | 13 | 辛卯 | 6 | 5 | 25 | 火 | 15 | 壬戌 | 6 | 5 |
| 18 | 26 | 日 | 14 | 壬辰 | 6 | 4 | 26 | 水 | 16 | 癸亥 | 6 | 4 |
| 19 | 27 | 月 | 15 | 癸巳 | 6 | 4 | 27 | 木 | 17 | 甲子 | 6 | 4 |
| 20 | 28 | 火 | 16 | 甲午 | 7 | 4 | 28 | 金 | 18 | 乙丑 | 7 | 4 |
| 21 | 29 | 水 | 17 | 乙未 | 7 | 3 | 29 | 土 | 19 | 丙寅 | 7 | 3 |
| 22 | 30 | 木 | 18 | 丙申 | 7 | 3 | 30 | 日 | 20 | 丁卯 | 7 | 3 |
| 23 | 31 | 金 | 19 | 丁酉 | 8 | 3 | 10/1 | 月 | 21 | 戊辰 | 8 | 3 |
| 24 | 9/1 | 土 | 20 | 戊戌 | 8 | 2 | 2 | 火 | 22 | 己巳 | 8 | 2 |
| 25 | 2 | 日 | 21 | 己亥 | 8 | 2 | 3 | 水 | 23 | 庚午 | 8 | 2 |
| 26 | 3 | 月 | 22 | 庚子 | 9 | 2 | 4 | 木 | 24 | 辛未 | 9 | 2 |
| 27 | 4 | 火 | 23 | 辛丑 | 9 | 1 | 5 | 金 | 25 | 壬申 | 9 | 1 |
| 28 | 5 | 水 | 24 | 壬寅 | 9 | 1 | 6 | 土 | 26 | 癸酉 | 9 | 1 |
| 29 | 6 | 木 | 25 | 癸卯 | 10 | 1 | 7 | 日 | 27 | 甲戌 | 10 | 1 |
| 30 | 7 | 金 | 26 | 甲辰 | 10 | 1 | 8 | 月 | 28 | 乙亥 | 10 | 1 |
| 31 | | | | | | | | | | | | |

| 절기후날수 | 한로절(庚戌月) 寒露 10월9일 1시11분 霜降 10월24일 4시15분 | | | | | | 입동절(辛亥月) 立冬 11월8일 4시24분 小雪 11월23일 1시50분 | | | | | |
|---|---|---|---|---|---|---|---|---|---|---|---|---|
| | 양력 | 요일 | 음력 | 일진 | 大運 남 | 大運 여 | 양력 | 요일 | 음력 | 일진 | 大運 남 | 大運 여 |
| 0 | 10/9 | 火 | 29 | 丙子 | 한로 | | 11/8 | 木 | 29 | 丙午 | 입동 | |
| 1 | 10 | 水 | 30 | 丁丑 | 1 | 10 | 9 | 金 | 30 | 丁未 | 1 | 9 |
| 2 | 11 | 木 | 9/1 | 戊寅 | 1 | 9 | 10 | 土 | 10/1 | 戊申 | 1 | 9 |
| 3 | 12 | 金 | 2 | 己卯 | 1 | 9 | 11 | 日 | 2 | 己酉 | 1 | 9 |
| 4 | 13 | 土 | 3 | 庚辰 | 1 | 9 | 12 | 月 | 3 | 庚戌 | 1 | 8 |
| 5 | 14 | 日 | 4 | 辛巳 | 2 | 8 | 13 | 火 | 4 | 辛亥 | 2 | 8 |
| 6 | 15 | 月 | 5 | 壬午 | 2 | 8 | 14 | 水 | 5 | 壬子 | 2 | 8 |
| 7 | 16 | 火 | 6 | 癸未 | 2 | 8 | 15 | 木 | 6 | 癸丑 | 2 | 7 |
| 8 | 17 | 水 | 7 | 甲申 | 3 | 7 | 16 | 金 | 7 | 甲寅 | 3 | 7 |
| 9 | 18 | 木 | 8 | 乙酉 | 3 | 7 | 17 | 土 | 8 | 乙卯 | 3 | 7 |
| 10 | 19 | 金 | 9 | 丙戌 | 3 | 7 | 18 | 日 | 9 | 丙辰 | 3 | 6 |
| 11 | 20 | 土 | 10 | 丁亥 | 4 | 6 | 19 | 月 | 10 | 丁巳 | 4 | 6 |
| 12 | 21 | 日 | 11 | 戊子 | 4 | 6 | 20 | 火 | 11 | 戊午 | 4 | 6 |
| 13 | 22 | 月 | 12 | 己丑 | 4 | 6 | 21 | 水 | 12 | 己未 | 4 | 5 |
| 14 | 23 | 火 | 13 | 庚寅 | 5 | 5 | 22 | 木 | 13 | 庚申 | 5 | 5 |
| 15 | 24 | 水 | 14 | 辛卯 | 상강 | | 23 | 金 | 14 | 辛酉 | 소설 | |
| 16 | 25 | 木 | 15 | 壬辰 | 5 | 5 | 24 | 土 | 15 | 壬戌 | 5 | 4 |
| 17 | 26 | 金 | 16 | 癸巳 | 6 | 4 | 25 | 日 | 16 | 癸亥 | 6 | 4 |
| 18 | 27 | 土 | 17 | 甲午 | 6 | 4 | 26 | 月 | 17 | 甲子 | 6 | 4 |
| 19 | 28 | 日 | 18 | 乙未 | 6 | 4 | 27 | 火 | 18 | 乙丑 | 6 | 3 |
| 20 | 29 | 月 | 19 | 丙申 | 7 | 3 | 28 | 水 | 19 | 丙寅 | 7 | 3 |
| 21 | 30 | 火 | 20 | 丁酉 | 7 | 3 | 29 | 木 | 20 | 丁卯 | 7 | 3 |
| 22 | 31 | 水 | 21 | 戊戌 | 7 | 3 | 30 | 金 | 21 | 戊辰 | 7 | 2 |
| 23 | 11/1 | 木 | 22 | 己亥 | 8 | 2 | 12/1 | 土 | 22 | 己巳 | 8 | 2 |
| 24 | 2 | 金 | 23 | 庚子 | 8 | 2 | 2 | 日 | 23 | 庚午 | 8 | 2 |
| 25 | 3 | 土 | 24 | 辛丑 | 8 | 2 | 3 | 月 | 24 | 辛未 | 8 | 1 |
| 26 | 4 | 日 | 25 | 壬寅 | 9 | 1 | 4 | 火 | 25 | 壬申 | 9 | 1 |
| 27 | 5 | 月 | 26 | 癸卯 | 9 | 1 | 5 | 水 | 26 | 癸酉 | 9 | 1 |
| 28 | 6 | 火 | 27 | 甲辰 | 9 | 1 | 6 | 木 | 27 | 甲戌 | 9 | 1 |
| 29 | 7 | 水 | 28 | 乙巳 | 10 | 1 | | | | | | |
| 30 | | | | | | | | | | | | |
| 31 | | | | | | | | | | | | |

| 절기후날수 | 대설절(壬子月) 大雪 12월7일 21시14분 冬至 12월22일 15시8분 | | | | | | 소한절(癸丑月) 小寒 1월6일 8시25분 大寒 1월21일 1시43분 | | | | | |
|---|---|---|---|---|---|---|---|---|---|---|---|---|
| | 양력 | 요일 | 음력 | 일진 | 大運 남 | 大運 여 | 양력 | 요일 | 음력 | 일진 | 大運 남 | 大運 여 |
| 0 | 12/7 | 金 | 28 | 乙亥 | 대설 | | 1/6 | 日 | 28 | 乙巳 | 소한 | |
| 1 | 8 | 土 | 29 | 丙子 | 1 | 10 | 7 | 月 | 29 | 丙午 | 1 | 9 |
| 2 | 9 | 日 | 30 | 丁丑 | 1 | 9 | 8 | 火 | 12/1 | 丁未 | 1 | 9 |
| 3 | 10 | 月 | 11/1 | 戊寅 | 1 | 9 | 9 | 水 | 2 | 戊申 | 1 | 9 |
| 4 | 11 | 火 | 2 | 己卯 | 1 | 9 | 10 | 木 | 3 | 己酉 | 1 | 8 |
| 5 | 12 | 水 | 3 | 庚辰 | 2 | 8 | 11 | 金 | 4 | 庚戌 | 2 | 8 |
| 6 | 13 | 木 | 4 | 辛巳 | 2 | 8 | 12 | 土 | 5 | 辛亥 | 2 | 8 |
| 7 | 14 | 金 | 5 | 壬午 | 2 | 8 | 13 | 日 | 6 | 壬子 | 2 | 7 |
| 8 | 15 | 土 | 6 | 癸未 | 3 | 7 | 14 | 月 | 7 | 癸丑 | 3 | 7 |
| 9 | 16 | 日 | 7 | 甲申 | 3 | 7 | 15 | 火 | 8 | 甲寅 | 3 | 7 |
| 10 | 17 | 月 | 8 | 乙酉 | 3 | 7 | 16 | 水 | 9 | 乙卯 | 3 | 6 |
| 11 | 18 | 火 | 9 | 丙戌 | 4 | 6 | 17 | 木 | 10 | 丙辰 | 4 | 6 |
| 12 | 19 | 水 | 10 | 丁亥 | 4 | 6 | 18 | 金 | 11 | 丁巳 | 4 | 6 |
| 13 | 20 | 木 | 11 | 戊子 | 4 | 6 | 19 | 土 | 12 | 戊午 | 4 | 5 |
| 14 | 21 | 金 | 12 | 己丑 | 5 | 5 | 20 | 日 | 13 | 己未 | 5 | 5 |
| 15 | 22 | 土 | 13 | 庚寅 | 동지 | | 21 | 月 | 14 | 庚申 | 대한 | |
| 16 | 23 | 日 | 14 | 辛卯 | 5 | 5 | 22 | 火 | 15 | 辛酉 | 5 | 4 |
| 17 | 24 | 月 | 15 | 壬辰 | 6 | 4 | 23 | 水 | 16 | 壬戌 | 6 | 4 |
| 18 | 25 | 火 | 16 | 癸巳 | 6 | 4 | 24 | 木 | 17 | 癸亥 | 6 | 4 |
| 19 | 26 | 水 | 17 | 甲午 | 6 | 4 | 25 | 金 | 18 | 甲子 | 6 | 3 |
| 20 | 27 | 木 | 18 | 乙未 | 7 | 3 | 26 | 土 | 19 | 乙丑 | 7 | 3 |
| 21 | 28 | 金 | 19 | 丙申 | 7 | 3 | 27 | 日 | 20 | 丙寅 | 7 | 3 |
| 22 | 29 | 土 | 20 | 丁酉 | 7 | 3 | 28 | 月 | 21 | 丁卯 | 7 | 2 |
| 23 | 30 | 日 | 21 | 戊戌 | 8 | 2 | 29 | 火 | 22 | 戊辰 | 8 | 2 |
| 24 | 31 | 月 | 22 | 己亥 | 8 | 2 | 30 | 水 | 23 | 己巳 | 8 | 2 |
| 25 | 1/1 | 火 | 23 | 庚子 | 8 | 2 | 31 | 木 | 24 | 庚午 | 8 | 1 |
| 26 | 2 | 水 | 24 | 辛丑 | 9 | 1 | 2/1 | 金 | 25 | 辛未 | 9 | 1 |
| 27 | 3 | 木 | 25 | 壬寅 | 9 | 1 | 2 | 土 | 26 | 壬申 | 9 | 1 |
| 28 | 4 | 金 | 26 | 癸卯 | 9 | 1 | 3 | 日 | 27 | 癸酉 | 9 | 1 |
| 29 | 5 | 土 | 27 | 甲辰 | 10 | 1 | | | | | | |
| 30 | | | | | | | | | | | | |
| 31 | | | | | | | | | | | | |

# 서기 2008년 [단기 4341년]

| 절기후날수 | 입춘절(甲寅月) | | | | | 경칩절(乙卯月) | | | | | 청명절(丙辰月) | | | | |
|---|---|---|---|---|---|---|---|---|---|---|---|---|---|---|---|
| | 立春 2월4일 20시0분<br>雨水 2월19일 15시49분 | | | | | 驚蟄 3월5일 13시59분<br>春分 3월20일 14시48분 | | | | | 清明 4월4일 18시46분<br>穀雨 4월20일 1시51분 | | | | |
| | 양력 | 요일 | 음력 | 일진 | 大運 남·여 | 양력 | 요일 | 음력 | 일진 | 大運 남·여 | 양력 | 요일 | 음력 | 일진 | 大運 남·여 |
| 0 | 2/4 | 月 | 28 | 甲戌 | 입춘 | 3/5 | 水 | 28 | 甲辰 | 경칩 | 4/4 | 金 | 28 | 甲戌 | 청명 |
| 1 | 5 | 火 | 29 | 乙亥 | 10·1 | 6 | 木 | 29 | 乙巳 | 10·1 | 5 | 土 | 29 | 乙亥 | 10·1 |
| 2 | 6 | 水 | 30 | 丙子 | 9·1 | 7 | 金 | 30 | 丙午 | 9·1 | 6 | 日 | 3/1 | 丙子 | 10·1 |
| 3 | 7 | 木 | 1/1 | 丁丑 | 9·1 | 8 | 土 | 2/1 | 丁未 | 9·1 | 7 | 月 | 2 | 丁丑 | 9·1 |
| 4 | 8 | 金 | 2 | 戊寅 | 9·1 | 9 | 日 | 2 | 戊申 | 9·1 | 8 | 火 | 3 | 戊寅 | 9·1 |
| 5 | 9 | 土 | 3 | 己卯 | 8·2 | 10 | 月 | 3 | 己酉 | 8·2 | 9 | 水 | 4 | 己卯 | 9·2 |
| 6 | 10 | 日 | 4 | 庚辰 | 8·2 | 11 | 火 | 4 | 庚戌 | 8·2 | 10 | 木 | 5 | 庚辰 | 8·2 |
| 7 | 11 | 月 | 5 | 辛巳 | 8·2 | 12 | 水 | 5 | 辛亥 | 8·2 | 11 | 金 | 6 | 辛巳 | 8·2 |
| 8 | 12 | 火 | 6 | 壬午 | 7·3 | 13 | 木 | 6 | 壬子 | 7·3 | 12 | 土 | 7 | 壬午 | 8·3 |
| 9 | 13 | 水 | 7 | 癸未 | 7·3 | 14 | 金 | 7 | 癸丑 | 7·3 | 13 | 日 | 8 | 癸未 | 7·3 |
| 10 | 14 | 木 | 8 | 甲申 | 7·3 | 15 | 土 | 8 | 甲寅 | 7·3 | 14 | 月 | 9 | 甲申 | 7·3 |
| 11 | 15 | 金 | 9 | 乙酉 | 6·4 | 16 | 日 | 9 | 乙卯 | 6·4 | 15 | 火 | 10 | 乙酉 | 7·4 |
| 12 | 16 | 土 | 10 | 丙戌 | 6·4 | 17 | 月 | 10 | 丙辰 | 6·4 | 16 | 水 | 11 | 丙戌 | 6·4 |
| 13 | 17 | 日 | 11 | 丁亥 | 6·4 | 18 | 火 | 11 | 丁巳 | 6·4 | 17 | 木 | 12 | 丁亥 | 6·4 |
| 14 | 18 | 月 | 12 | 戊子 | 5·5 | 19 | 水 | 12 | 戊午 | 5·5 | 18 | 金 | 13 | 戊子 | 6·5 |
| 15 | 19 | 火 | 13 | 己丑 | 우수 | 20 | 木 | 13 | 己未 | 춘분 | 19 | 土 | 14 | 己丑 | 5·5 |
| 16 | 20 | 水 | 14 | 庚寅 | 5·5 | 21 | 金 | 14 | 庚申 | 5·5 | 20 | 日 | 15 | 庚寅 | 곡우 |
| 17 | 21 | 木 | 15 | 辛卯 | 4·6 | 22 | 土 | 15 | 辛酉 | 4·6 | 21 | 月 | 16 | 辛卯 | 5·6 |
| 18 | 22 | 金 | 16 | 壬辰 | 4·6 | 23 | 日 | 16 | 壬戌 | 4·6 | 22 | 火 | 17 | 壬辰 | 4·6 |
| 19 | 23 | 土 | 17 | 癸巳 | 4·6 | 24 | 月 | 17 | 癸亥 | 4·6 | 23 | 水 | 18 | 癸巳 | 4·6 |
| 20 | 24 | 日 | 18 | 甲午 | 3·7 | 25 | 火 | 18 | 甲子 | 3·7 | 24 | 木 | 19 | 甲午 | 4·7 |
| 21 | 25 | 月 | 19 | 乙未 | 3·7 | 26 | 水 | 19 | 乙丑 | 3·7 | 25 | 金 | 20 | 乙未 | 3·7 |
| 22 | 26 | 火 | 20 | 丙申 | 3·7 | 27 | 木 | 20 | 丙寅 | 3·7 | 26 | 土 | 21 | 丙申 | 3·7 |
| 23 | 27 | 水 | 21 | 丁酉 | 2·8 | 28 | 金 | 21 | 丁卯 | 2·8 | 27 | 日 | 22 | 丁酉 | 3·8 |
| 24 | 28 | 木 | 22 | 戊戌 | 2·8 | 29 | 土 | 22 | 戊辰 | 2·8 | 28 | 月 | 23 | 戊戌 | 2·8 |
| 25 | 29 | 金 | 23 | 己亥 | 2·8 | 30 | 日 | 23 | 己巳 | 2·8 | 29 | 火 | 24 | 己亥 | 2·8 |
| 26 | 3/1 | 土 | 24 | 庚子 | 1·9 | 31 | 月 | 24 | 庚午 | 1·9 | 30 | 水 | 25 | 庚子 | 2·9 |
| 27 | 2 | 日 | 25 | 辛丑 | 1·9 | 4/1 | 火 | 25 | 辛未 | 1·9 | 5/1 | 木 | 26 | 辛丑 | 1·9 |
| 28 | 3 | 月 | 26 | 壬寅 | 1·9 | 2 | 水 | 26 | 壬申 | 1·9 | 2 | 金 | 27 | 壬寅 | 1·9 |
| 29 | 4 | 火 | 27 | 癸卯 | 1·10 | 3 | 木 | 27 | 癸酉 | 1·10 | 3 | 土 | 28 | 癸卯 | 1·10 |
| 30 | | | | | | | | | | | 4 | 日 | 29 | 甲辰 | 1·10 |
| 31 | | | | | | | | | | | | | | | |

| 절기후날수 | 입하절(丁巳月) | | | | | 망종절(戊午月) | | | | | 소서절(己未月) | | | | |
|---|---|---|---|---|---|---|---|---|---|---|---|---|---|---|---|
| | 立夏 5월5일 12시3분<br>小滿 5월21일 1시1분 | | | | | 芒種 6월5일 16시12분<br>夏至 6월21일 8시59분 | | | | | 小暑 7월7일 2시27분<br>大暑 7월22일 19시55분 | | | | |
| | 양력 | 요일 | 음력 | 일진 | 大運 남·여 | 양력 | 요일 | 음력 | 일진 | 大運 남·여 | 양력 | 요일 | 음력 | 일진 | 大運 남·여 |
| 0 | 5/5 | 月 | 4/1 | 乙巳 | 입하 | 6/5 | 木 | 2 | 丙子 | 망종 | 7/7 | 月 | 5 | 戊申 | 소서 |
| 1 | 6 | 火 | 2 | 丙午 | 10·1 | 6 | 金 | 3 | 丁丑 | 10·1 | 8 | 火 | 6 | 己酉 | 10·1 |
| 2 | 7 | 水 | 3 | 丁未 | 10·1 | 7 | 土 | 4 | 戊寅 | 10·1 | 9 | 水 | 7 | 庚戌 | 10·1 |
| 3 | 8 | 木 | 4 | 戊申 | 9·1 | 8 | 日 | 5 | 己卯 | 10·1 | 10 | 木 | 8 | 辛亥 | 9·1 |
| 4 | 9 | 金 | 5 | 己酉 | 9·1 | 9 | 月 | 6 | 庚辰 | 9·1 | 11 | 金 | 9 | 壬子 | 9·1 |
| 5 | 10 | 土 | 6 | 庚戌 | 9·2 | 10 | 火 | 7 | 辛巳 | 9·2 | 12 | 土 | 10 | 癸丑 | 9·2 |
| 6 | 11 | 日 | 7 | 辛亥 | 8·2 | 11 | 水 | 8 | 壬午 | 9·2 | 13 | 日 | 11 | 甲寅 | 8·2 |
| 7 | 12 | 月 | 8 | 壬子 | 8·2 | 12 | 木 | 9 | 癸未 | 8·2 | 14 | 月 | 12 | 乙卯 | 8·2 |
| 8 | 13 | 火 | 9 | 癸丑 | 8·3 | 13 | 金 | 10 | 甲申 | 8·3 | 15 | 火 | 13 | 丙辰 | 8·3 |
| 9 | 14 | 水 | 10 | 甲寅 | 7·3 | 14 | 土 | 11 | 乙酉 | 8·3 | 16 | 水 | 14 | 丁巳 | 7·3 |
| 10 | 15 | 木 | 11 | 乙卯 | 7·3 | 15 | 日 | 12 | 丙戌 | 7·3 | 17 | 木 | 15 | 戊午 | 7·3 |
| 11 | 16 | 金 | 12 | 丙辰 | 7·4 | 16 | 月 | 13 | 丁亥 | 7·4 | 18 | 金 | 16 | 己未 | 7·4 |
| 12 | 17 | 土 | 13 | 丁巳 | 6·4 | 17 | 火 | 14 | 戊子 | 7·4 | 19 | 土 | 17 | 庚申 | 6·4 |
| 13 | 18 | 日 | 14 | 戊午 | 6·4 | 18 | 水 | 15 | 己丑 | 6·4 | 20 | 日 | 18 | 辛酉 | 6·4 |
| 14 | 19 | 月 | 15 | 己未 | 6·5 | 19 | 木 | 16 | 庚寅 | 6·5 | 21 | 月 | 19 | 壬戌 | 6·5 |
| 15 | 20 | 火 | 16 | 庚申 | 5·5 | 20 | 金 | 17 | 辛卯 | 6·5 | 22 | 火 | 20 | 癸亥 | 대서 |
| 16 | 21 | 水 | 17 | 辛酉 | 소만 | 21 | 土 | 18 | 壬辰 | 하지 | 23 | 水 | 21 | 甲子 | 5·5 |
| 17 | 22 | 木 | 18 | 壬戌 | 5·6 | 22 | 日 | 19 | 癸巳 | 5·6 | 24 | 木 | 22 | 乙丑 | 5·6 |
| 18 | 23 | 金 | 19 | 癸亥 | 4·6 | 23 | 月 | 20 | 甲午 | 5·6 | 25 | 金 | 23 | 丙寅 | 4·6 |
| 19 | 24 | 土 | 20 | 甲子 | 4·6 | 24 | 火 | 21 | 乙未 | 4·6 | 26 | 土 | 24 | 丁卯 | 4·6 |
| 20 | 25 | 日 | 21 | 乙丑 | 4·7 | 25 | 水 | 22 | 丙申 | 4·7 | 27 | 日 | 25 | 戊辰 | 4·7 |
| 21 | 26 | 月 | 22 | 丙寅 | 3·7 | 26 | 木 | 23 | 丁酉 | 4·7 | 28 | 月 | 26 | 己巳 | 3·7 |
| 22 | 27 | 火 | 23 | 丁卯 | 3·7 | 27 | 金 | 24 | 戊戌 | 3·7 | 29 | 火 | 27 | 庚午 | 3·7 |
| 23 | 28 | 水 | 24 | 戊辰 | 3·8 | 28 | 土 | 25 | 己亥 | 3·8 | 30 | 水 | 28 | 辛未 | 3·8 |
| 24 | 29 | 木 | 25 | 己巳 | 2·8 | 29 | 日 | 26 | 庚子 | 3·8 | 31 | 木 | 29 | 壬申 | 2·8 |
| 25 | 30 | 金 | 26 | 庚午 | 2·8 | 30 | 月 | 27 | 辛丑 | 2·8 | 8/1 | 金 | 7/1 | 癸酉 | 2·8 |
| 26 | 31 | 土 | 27 | 辛未 | 2·9 | 7/1 | 火 | 28 | 壬寅 | 2·9 | 2 | 土 | 2 | 甲戌 | 2·9 |
| 27 | 6/1 | 日 | 28 | 壬申 | 1·9 | 2 | 水 | 29 | 癸卯 | 2·9 | 3 | 日 | 3 | 乙亥 | 1·9 |
| 28 | 2 | 月 | 29 | 癸酉 | 1·9 | 3 | 木 | 6/1 | 甲辰 | 1·9 | 4 | 月 | 4 | 丙子 | 1·9 |
| 29 | 3 | 火 | 30 | 甲戌 | 1·10 | 4 | 金 | 2 | 乙巳 | 1·10 | 5 | 火 | 5 | 丁丑 | 1·10 |
| 30 | 4 | 水 | 5/1 | 乙亥 | 1·10 | 5 | 土 | 3 | 丙午 | 1·10 | 6 | 水 | 6 | 戊寅 | 1·10 |
| 31 | | | | | | 6 | 日 | 4 | 丁未 | 1·10 | | | | | |

# 戊子年

| 절기후날수 | 입추절(庚申月) | | | | | 백로절(辛酉月) | | | | | 한로절(壬戌月) | | | | | 입동절(癸亥月) | | | | | 대설절(甲子月) | | | | | 소한절(乙丑月) | | | | |
|---|---|---|---|---|---|---|---|---|---|---|---|---|---|---|---|---|---|---|---|---|---|---|---|---|---|---|---|---|---|---|
| | 立秋 8월7일 12시16분<br>處暑 8월23일 3시2분 | | | | | 白露 9월7일 15시14분<br>秋分 9월23일 0시44분 | | | | | 寒露 10월8일 6시57분<br>霜降 10월23일 10시9분 | | | | | 立冬 11월7일 10시10분<br>小雪 11월22일 7시44분 | | | | | 大雪 12월7일 3시2분<br>冬至 12월21일 21시4분 | | | | | 小寒 1월5일 14시14분<br>大寒 1월20일 7시40분 | | | | |
| | 양력 | 요일 | 음력 | 일진 | 大運 남·여 | 양력 | 요일 | 음력 | 일진 | 大運 남·여 | 양력 | 요일 | 음력 | 일진 | 大運 남·여 | 양력 | 요일 | 음력 | 일진 | 大運 남·여 | 양력 | 요일 | 음력 | 일진 | 大運 남·여 | 양력 | 요일 | 음력 | 일진 | 大運 남·여 |
| 0 | 8/7 | 木 | 7 | 己卯 | 입추 | 9/7 | 日 | 8 | 庚戌 | 백로 | 10/8 | 水 | 10 | 辛巳 | 한로 | 11/7 | 金 | 10 | 辛亥 | 입동 | 12/7 | 日 | 10 | 辛巳 | 대설 | 1/5 | 月 | 10 | 庚戌 | 소한 |
| 1 | 8 | 金 | 8 | 庚辰 | 10·1 | 8 | 月 | 9 | 辛亥 | 10·1 | 9 | 木 | 11 | 壬午 | 10·1 | 8 | 土 | 11 | 壬子 | 10·1 | 8 | 月 | 11 | 壬午 | 9·1 | 6 | 火 | 11 | 辛亥 | 10·1 |
| 2 | 9 | 土 | 9 | 辛巳 | 10·1 | 9 | 火 | 10 | 壬子 | 10·1 | 10 | 金 | 12 | 癸未 | 9·1 | 9 | 日 | 12 | 癸丑 | 9·1 | 9 | 火 | 12 | 癸未 | 9·1 | 7 | 水 | 12 | 壬子 | 9·1 |
| 3 | 10 | 日 | 10 | 壬午 | 9·1 | 10 | 水 | 11 | 癸丑 | 9·1 | 11 | 土 | 13 | 甲申 | 9·1 | 10 | 月 | 13 | 甲寅 | 9·1 | 10 | 水 | 13 | 甲申 | 9·1 | 8 | 木 | 13 | 癸丑 | 9·1 |
| 4 | 11 | 月 | 11 | 癸未 | 9·1 | 11 | 木 | 12 | 甲寅 | 9·1 | 12 | 日 | 14 | 乙酉 | 9·1 | 11 | 火 | 14 | 乙卯 | 9·1 | 11 | 木 | 14 | 乙酉 | 8·1 | 9 | 金 | 14 | 甲寅 | 9·1 |
| 5 | 12 | 火 | 12 | 甲申 | 9·2 | 12 | 金 | 13 | 乙卯 | 9·2 | 13 | 月 | 15 | 丙戌 | 8·2 | 12 | 水 | 15 | 丙辰 | 8·2 | 12 | 金 | 15 | 丙戌 | 8·2 | 10 | 土 | 15 | 乙卯 | 8·2 |
| 6 | 13 | 水 | 13 | 乙酉 | 8·2 | 13 | 土 | 14 | 丙辰 | 8·2 | 14 | 火 | 16 | 丁亥 | 8·2 | 13 | 木 | 16 | 丁巳 | 8·2 | 13 | 土 | 16 | 丁亥 | 8·2 | 11 | 日 | 16 | 丙辰 | 8·2 |
| 7 | 14 | 木 | 14 | 丙戌 | 8·2 | 14 | 日 | 15 | 丁巳 | 8·2 | 15 | 水 | 17 | 戊子 | 8·2 | 14 | 金 | 17 | 戊午 | 8·2 | 14 | 日 | 17 | 戊子 | 7·2 | 12 | 月 | 17 | 丁巳 | 8·2 |
| 8 | 15 | 金 | 15 | 丁亥 | 8·3 | 15 | 月 | 16 | 戊午 | 8·3 | 16 | 木 | 18 | 己丑 | 7·3 | 15 | 土 | 18 | 己未 | 7·3 | 15 | 月 | 18 | 己丑 | 7·3 | 13 | 火 | 18 | 戊午 | 7·3 |
| 9 | 16 | 土 | 16 | 戊子 | 7·3 | 16 | 火 | 17 | 己未 | 7·3 | 17 | 金 | 19 | 庚寅 | 7·3 | 16 | 日 | 19 | 庚申 | 7·3 | 16 | 火 | 19 | 庚寅 | 7·3 | 14 | 水 | 19 | 己未 | 7·3 |
| 10 | 17 | 日 | 17 | 己丑 | 7·3 | 17 | 水 | 18 | 庚申 | 7·3 | 18 | 土 | 20 | 辛卯 | 7·3 | 17 | 月 | 20 | 辛酉 | 7·3 | 17 | 水 | 20 | 辛卯 | 6·3 | 15 | 木 | 20 | 庚申 | 7·3 |
| 11 | 18 | 月 | 18 | 庚寅 | 7·4 | 18 | 木 | 19 | 辛酉 | 7·4 | 19 | 日 | 21 | 壬辰 | 6·4 | 18 | 火 | 21 | 壬戌 | 6·4 | 18 | 木 | 21 | 壬辰 | 6·4 | 16 | 金 | 21 | 辛酉 | 6·4 |
| 12 | 19 | 火 | 19 | 辛卯 | 6·4 | 19 | 金 | 20 | 壬戌 | 6·4 | 20 | 月 | 22 | 癸巳 | 6·4 | 19 | 水 | 22 | 癸亥 | 6·4 | 19 | 金 | 22 | 癸巳 | 6·4 | 17 | 土 | 22 | 壬戌 | 6·4 |
| 13 | 20 | 水 | 20 | 壬辰 | 6·4 | 20 | 土 | 21 | 癸亥 | 6·4 | 21 | 火 | 23 | 甲午 | 6·4 | 20 | 木 | 23 | 甲子 | 6·4 | 20 | 土 | 23 | 甲午 | 5·4 | 18 | 日 | 23 | 癸亥 | 6·4 |
| 14 | 21 | 木 | 21 | 癸巳 | 6·5 | 21 | 日 | 22 | 甲子 | 6·5 | 22 | 水 | 24 | 乙未 | 5·5 | 21 | 金 | 24 | 乙丑 | 5·5 | 21 | 日 | 24 | 乙未 | 동지 | 19 | 月 | 24 | 甲子 | 5·5 |
| 15 | 22 | 金 | 22 | 甲午 | 5·5 | 22 | 月 | 23 | 乙丑 | 5·5 | 23 | 木 | 25 | 丙申 | 상강 | 22 | 土 | 25 | 丙寅 | 소설 | 22 | 月 | 25 | 丙申 | 5·5 | 20 | 火 | 25 | 乙丑 | 대한 |
| 16 | 23 | 土 | 23 | 乙未 | 처서 | 23 | 火 | 24 | 丙寅 | 추분 | 24 | 金 | 26 | 丁酉 | 5·5 | 23 | 日 | 26 | 丁卯 | 5·5 | 23 | 火 | 26 | 丁酉 | 4·5 | 21 | 水 | 26 | 丙寅 | 5·5 |
| 17 | 24 | 日 | 24 | 丙申 | 5·6 | 24 | 水 | 25 | 丁卯 | 5·6 | 25 | 土 | 27 | 戊戌 | 4·6 | 24 | 月 | 27 | 戊辰 | 4·6 | 24 | 水 | 27 | 戊戌 | 4·6 | 22 | 木 | 27 | 丁卯 | 4·6 |
| 18 | 25 | 月 | 25 | 丁酉 | 4·6 | 25 | 木 | 26 | 戊辰 | 4·6 | 26 | 日 | 28 | 己亥 | 4·6 | 25 | 火 | 28 | 己巳 | 4·6 | 25 | 木 | 28 | 己亥 | 4·6 | 23 | 金 | 28 | 戊辰 | 4·6 |
| 19 | 26 | 火 | 26 | 戊戌 | 4·6 | 26 | 金 | 27 | 己巳 | 4·6 | 27 | 月 | 29 | 庚子 | 4·6 | 26 | 水 | 29 | 庚午 | 4·6 | 26 | 金 | 29 | 庚子 | 3·6 | 24 | 土 | 29 | 己巳 | 4·6 |
| 20 | 27 | 水 | 27 | 己亥 | 4·7 | 27 | 土 | 28 | 庚午 | 4·7 | 28 | 火 | 30 | 辛丑 | 3·7 | 27 | 木 | 30 | 辛未 | 3·7 | 27 | 土 | 12/1 | 辛丑 | 3·7 | 25 | 日 | 30 | 庚午 | 3·7 |
| 21 | 28 | 木 | 28 | 庚子 | 3·7 | 28 | 日 | 29 | 辛未 | 3·7 | 29 | 水 | 10/1 | 壬寅 | 3·7 | 28 | 金 | 11/1 | 壬申 | 3·7 | 28 | 日 | 2 | 壬寅 | 3·7 | 26 | 月 | 1/1 | 辛未 | 3·7 |
| 22 | 29 | 金 | 29 | 辛丑 | 3·7 | 29 | 月 | 9/1 | 壬申 | 3·7 | 30 | 木 | 2 | 癸卯 | 3·7 | 29 | 土 | 2 | 癸酉 | 3·7 | 29 | 月 | 3 | 癸卯 | 2·7 | 27 | 火 | 2 | 壬申 | 3·7 |
| 23 | 30 | 土 | 30 | 壬寅 | 3·8 | 30 | 火 | 2 | 癸酉 | 3·8 | 31 | 金 | 3 | 甲辰 | 2·8 | 30 | 日 | 3 | 甲戌 | 2·8 | 30 | 火 | 4 | 甲辰 | 2·8 | 28 | 水 | 3 | 癸酉 | 2·8 |
| 24 | 31 | 日 | 8/1 | 癸卯 | 2·8 | 10/1 | 水 | 3 | 甲戌 | 2·8 | 11/1 | 土 | 4 | 乙巳 | 2·8 | 12/1 | 月 | 4 | 乙亥 | 2·8 | 31 | 水 | 5 | 乙巳 | 2·8 | 29 | 木 | 4 | 甲戌 | 2·8 |
| 25 | 9/1 | 月 | 2 | 甲辰 | 2·8 | 2 | 木 | 4 | 乙亥 | 2·8 | 2 | 日 | 5 | 丙午 | 2·8 | 2 | 火 | 5 | 丙子 | 2·8 | 1/1 | 木 | 6 | 丙午 | 1·8 | 30 | 金 | 5 | 乙亥 | 2·8 |
| 26 | 2 | 火 | 3 | 乙巳 | 2·9 | 3 | 金 | 5 | 丙子 | 2·9 | 3 | 月 | 6 | 丁未 | 1·9 | 3 | 水 | 6 | 丁丑 | 1·9 | 2 | 金 | 7 | 丁未 | 1·9 | 31 | 土 | 6 | 丙子 | 1·9 |
| 27 | 3 | 水 | 4 | 丙午 | 1·9 | 4 | 土 | 6 | 丁丑 | 1·9 | 4 | 火 | 7 | 戊申 | 1·9 | 4 | 木 | 7 | 戊寅 | 1·9 | 3 | 土 | 8 | 戊申 | 1·9 | 2/1 | 日 | 7 | 丁丑 | 1·9 |
| 28 | 4 | 木 | 5 | 丁未 | 1·9 | 5 | 日 | 7 | 戊寅 | 1·9 | 5 | 水 | 8 | 己酉 | 1·9 | 5 | 金 | 8 | 己卯 | 1·9 | 4 | 日 | 9 | 己酉 | 1·9 | 2 | 月 | 8 | 戊寅 | 1·9 |
| 29 | 5 | 金 | 6 | 戊申 | 1·10 | 6 | 月 | 8 | 己卯 | 1·10 | 6 | 木 | 9 | 庚戌 | 1·10 | 6 | 土 | 9 | 庚辰 | 1·10 | | | | | | 3 | 火 | 9 | 己卯 | 1·10 |
| 30 | 6 | 土 | 7 | 己酉 | 1·10 | 7 | 火 | 9 | 庚辰 | 1·10 | | | | | | | | | | | | | | | | | | | | |
| 31 | | | | | | | | | | | | | | | | | | | | | | | | | | | | | | |

# 서기 2009년 [단기 4342년]

| 절기후날수 | 입춘절(丙寅月) | | | | | 경칩절(丁卯月) | | | | |
|---|---|---|---|---|---|---|---|---|---|---|
| | 立春 2월4일 1시50분 | | | | | 驚蟄 3월5일 19시47분 | | | | |
| | 雨水 2월18일 21시46분 | | | | | 春分 3월20일 20시44분 | | | | |
| | 양력 | 요일 | 음력 | 일진 | 大運 남·여 | 양력 | 요일 | 음력 | 일진 | 大運 남·여 |
| 0 | 2/4 | 水 | 10 | 庚辰 | 입춘 | 3/5 | 木 | 9 | 己酉 | 경칩 |
| 1 | 5 | 木 | 11 | 辛巳 | 1·9 | 6 | 金 | 10 | 庚戌 | 1·10 |
| 2 | 6 | 金 | 12 | 壬午 | 1·9 | 7 | 土 | 11 | 辛亥 | 1·10 |
| 3 | 7 | 土 | 13 | 癸未 | 1·9 | 8 | 日 | 12 | 壬子 | 1·9 |
| 4 | 8 | 日 | 14 | 甲申 | 1·8 | 9 | 月 | 13 | 癸丑 | 1·9 |
| 5 | 9 | 月 | 15 | 乙酉 | 2·8 | 10 | 火 | 14 | 甲寅 | 2·9 |
| 6 | 10 | 火 | 16 | 丙戌 | 2·8 | 11 | 水 | 15 | 乙卯 | 2·8 |
| 7 | 11 | 水 | 17 | 丁亥 | 2·7 | 12 | 木 | 16 | 丙辰 | 2·8 |
| 8 | 12 | 木 | 18 | 戊子 | 3·7 | 13 | 金 | 17 | 丁巳 | 3·8 |
| 9 | 13 | 金 | 19 | 己丑 | 3·7 | 14 | 土 | 18 | 戊午 | 3·7 |
| 10 | 14 | 土 | 20 | 庚寅 | 3·6 | 15 | 日 | 19 | 己未 | 3·7 |
| 11 | 15 | 日 | 21 | 辛卯 | 4·6 | 16 | 月 | 20 | 庚申 | 4·7 |
| 12 | 16 | 月 | 22 | 壬辰 | 4·6 | 17 | 火 | 21 | 辛酉 | 4·6 |
| 13 | 17 | 火 | 23 | 癸巳 | 4·5 | 18 | 水 | 22 | 壬戌 | 4·6 |
| 14 | 18 | 水 | 24 | 甲午 | 우수 | 19 | 木 | 23 | 癸亥 | 5·6 |
| 15 | 19 | 木 | 25 | 乙未 | 5·5 | 20 | 金 | 24 | 甲子 | 춘분 |
| 16 | 20 | 金 | 26 | 丙申 | 5·4 | 21 | 土 | 25 | 乙丑 | 5·5 |
| 17 | 21 | 土 | 27 | 丁酉 | 6·4 | 22 | 日 | 26 | 丙寅 | 6·5 |
| 18 | 22 | 日 | 28 | 戊戌 | 6·4 | 23 | 月 | 27 | 丁卯 | 6·4 |
| 19 | 23 | 月 | 29 | 己亥 | 6·3 | 24 | 火 | 28 | 戊辰 | 6·4 |
| 20 | 24 | 火 | 30 | 庚子 | 7·3 | 25 | 水 | 29 | 己巳 | 7·4 |
| 21 | 25 | 水 | 2/1 | 辛丑 | 7·3 | 26 | 木 | 30 | 庚午 | 7·3 |
| 22 | 26 | 木 | 2 | 壬寅 | 7·2 | 27 | 金 | 3/1 | 辛未 | 7·3 |
| 23 | 27 | 金 | 3 | 癸卯 | 8·2 | 28 | 土 | 2 | 壬申 | 8·3 |
| 24 | 28 | 土 | 4 | 甲辰 | 8·2 | 29 | 日 | 3 | 癸酉 | 8·2 |
| 25 | 3/1 | 日 | 5 | 乙巳 | 8·1 | 30 | 月 | 4 | 甲戌 | 8·2 |
| 26 | 2 | 月 | 6 | 丙午 | 9·1 | 31 | 火 | 5 | 乙亥 | 9·2 |
| 27 | 3 | 火 | 7 | 丁未 | 9·1 | 4/1 | 水 | 6 | 丙子 | 9·1 |
| 28 | 4 | 水 | 8 | 戊申 | 9·1 | 2 | 木 | 7 | 丁丑 | 9·1 |
| 29 | | | | | | 3 | 金 | 8 | 戊寅 | 10·1 |
| 30 | | | | | | 4 | 土 | 9 | 己卯 | 10·1 |
| 31 | | | | | | | | | | |

| 절기후날수 | 청명절(戊辰月) | | | | | 입하절(己巳月) | | | | |
|---|---|---|---|---|---|---|---|---|---|---|
| | 清明 4월5일 0시34분 | | | | | 立夏 5월5일 17시51분 | | | | |
| | 穀雨 4월20일 7시44분 | | | | | 小滿 5월21일 6시51분 | | | | |
| | 양력 | 요일 | 음력 | 일진 | 大運 남·여 | 양력 | 요일 | 음력 | 일진 | 大運 남·여 |
| 0 | 4/5 | 日 | 10 | 庚辰 | 청명 | 5/5 | 火 | 11 | 庚戌 | 입하 |
| 1 | 6 | 月 | 11 | 辛巳 | 1·10 | 6 | 水 | 12 | 辛亥 | 1·10 |
| 2 | 7 | 火 | 12 | 壬午 | 1·9 | 7 | 木 | 13 | 壬子 | 1·10 |
| 3 | 8 | 水 | 13 | 癸未 | 1·9 | 8 | 金 | 14 | 癸丑 | 1·9 |
| 4 | 9 | 木 | 14 | 甲申 | 1·9 | 9 | 土 | 15 | 甲寅 | 1·9 |
| 5 | 10 | 金 | 15 | 乙酉 | 2·8 | 10 | 日 | 16 | 乙卯 | 2·9 |
| 6 | 11 | 土 | 16 | 丙戌 | 2·8 | 11 | 月 | 17 | 丙辰 | 2·8 |
| 7 | 12 | 日 | 17 | 丁亥 | 2·8 | 12 | 火 | 18 | 丁巳 | 2·8 |
| 8 | 13 | 月 | 18 | 戊子 | 3·7 | 13 | 水 | 19 | 戊午 | 3·8 |
| 9 | 14 | 火 | 19 | 己丑 | 3·7 | 14 | 木 | 20 | 己未 | 3·7 |
| 10 | 15 | 水 | 20 | 庚寅 | 3·7 | 15 | 金 | 21 | 庚申 | 3·7 |
| 11 | 16 | 木 | 21 | 辛卯 | 4·6 | 16 | 土 | 22 | 辛酉 | 4·7 |
| 12 | 17 | 金 | 22 | 壬辰 | 4·6 | 17 | 日 | 23 | 壬戌 | 4·6 |
| 13 | 18 | 土 | 23 | 癸巳 | 4·6 | 18 | 月 | 24 | 癸亥 | 4·6 |
| 14 | 19 | 日 | 24 | 甲午 | 5·5 | 19 | 火 | 25 | 甲子 | 5·6 |
| 15 | 20 | 月 | 25 | 乙未 | 곡우 | 20 | 水 | 26 | 乙丑 | 5·5 |
| 16 | 21 | 火 | 26 | 丙申 | 5·5 | 21 | 木 | 27 | 丙寅 | 소만 |
| 17 | 22 | 水 | 27 | 丁酉 | 6·4 | 22 | 金 | 28 | 丁卯 | 6·5 |
| 18 | 23 | 木 | 28 | 戊戌 | 6·4 | 23 | 土 | 29 | 戊辰 | 6·4 |
| 19 | 24 | 金 | 29 | 己亥 | 6·4 | 24 | 日 | 5/1 | 己巳 | 6·4 |
| 20 | 25 | 土 | 4/1 | 庚子 | 7·3 | 25 | 月 | 2 | 庚午 | 7·4 |
| 21 | 26 | 日 | 2 | 辛丑 | 7·3 | 26 | 火 | 3 | 辛未 | 7·3 |
| 22 | 27 | 月 | 3 | 壬寅 | 7·3 | 27 | 水 | 4 | 壬申 | 7·3 |
| 23 | 28 | 火 | 4 | 癸卯 | 8·2 | 28 | 木 | 5 | 癸酉 | 8·3 |
| 24 | 29 | 水 | 5 | 甲辰 | 8·2 | 29 | 金 | 6 | 甲戌 | 8·2 |
| 25 | 30 | 木 | 6 | 乙巳 | 8·2 | 30 | 土 | 7 | 乙亥 | 8·2 |
| 26 | 5/1 | 金 | 7 | 丙午 | 9·1 | 31 | 日 | 8 | 丙子 | 9·2 |
| 27 | 2 | 土 | 8 | 丁未 | 9·1 | 6/1 | 月 | 9 | 丁丑 | 9·1 |
| 28 | 3 | 日 | 9 | 戊申 | 9·1 | 2 | 火 | 10 | 戊寅 | 9·1 |
| 29 | 4 | 月 | 10 | 己酉 | 10·1 | 3 | 水 | 11 | 己卯 | 10·1 |
| 30 | | | | | | 4 | 木 | 12 | 庚辰 | 10·1 |
| 31 | | | | | | | | | | |

| 절기후날수 | 망종절(庚午月) | | | | | 소서절(辛未月) | | | | |
|---|---|---|---|---|---|---|---|---|---|---|
| | 芒種 6월5일 21시59분 | | | | | 小暑 7월7일 8시13분 | | | | |
| | 夏至 6월21일 14시45분 | | | | | 大暑 7월23일 1시36분 | | | | |
| | 양력 | 요일 | 음력 | 일진 | 大運 남·여 | 양력 | 요일 | 음력 | 일진 | 大運 남·여 |
| 0 | 6/5 | 金 | 13 | 辛巳 | 망종 | 7/7 | 火 | 윤15 | 癸丑 | 소서 |
| 1 | 6 | 土 | 14 | 壬午 | 1·10 | 8 | 水 | 윤16 | 甲寅 | 1·10 |
| 2 | 7 | 日 | 15 | 癸未 | 1·10 | 9 | 木 | 윤17 | 乙卯 | 1·10 |
| 3 | 8 | 月 | 16 | 甲申 | 1·10 | 10 | 金 | 윤18 | 丙辰 | 1·9 |
| 4 | 9 | 火 | 17 | 乙酉 | 1·9 | 11 | 土 | 윤19 | 丁巳 | 1·9 |
| 5 | 10 | 水 | 18 | 丙戌 | 2·9 | 12 | 日 | 윤20 | 戊午 | 2·9 |
| 6 | 11 | 木 | 19 | 丁亥 | 2·9 | 13 | 月 | 윤21 | 己未 | 2·8 |
| 7 | 12 | 金 | 20 | 戊子 | 2·8 | 14 | 火 | 윤22 | 庚申 | 2·8 |
| 8 | 13 | 土 | 21 | 己丑 | 3·8 | 15 | 水 | 윤23 | 辛酉 | 3·8 |
| 9 | 14 | 日 | 22 | 庚寅 | 3·8 | 16 | 木 | 윤24 | 壬戌 | 3·7 |
| 10 | 15 | 月 | 23 | 辛卯 | 3·7 | 17 | 金 | 윤25 | 癸亥 | 3·7 |
| 11 | 16 | 火 | 24 | 壬辰 | 4·7 | 18 | 土 | 윤26 | 甲子 | 4·7 |
| 12 | 17 | 水 | 25 | 癸巳 | 4·7 | 19 | 日 | 윤27 | 乙丑 | 4·6 |
| 13 | 18 | 木 | 26 | 甲午 | 4·6 | 20 | 月 | 윤28 | 丙寅 | 4·6 |
| 14 | 19 | 金 | 27 | 乙未 | 5·6 | 21 | 火 | 윤29 | 丁卯 | 5·6 |
| 15 | 20 | 土 | 28 | 丙申 | 5·6 | 22 | 水 | 6/1 | 戊辰 | 5·5 |
| 16 | 21 | 日 | 29 | 丁酉 | 하지 | 23 | 木 | 2 | 己巳 | 대서 |
| 17 | 22 | 月 | 30 | 戊戌 | 6·5 | 24 | 金 | 3 | 庚午 | 6·5 |
| 18 | 23 | 火 | 윤1 | 己亥 | 6·5 | 25 | 土 | 4 | 辛未 | 6·4 |
| 19 | 24 | 水 | 윤2 | 庚子 | 6·4 | 26 | 日 | 5 | 壬申 | 6·4 |
| 20 | 25 | 木 | 윤3 | 辛丑 | 7·4 | 27 | 月 | 6 | 癸酉 | 7·4 |
| 21 | 26 | 金 | 윤4 | 壬寅 | 7·4 | 28 | 火 | 7 | 甲戌 | 7·3 |
| 22 | 27 | 土 | 윤5 | 癸卯 | 7·3 | 29 | 水 | 8 | 乙亥 | 7·3 |
| 23 | 28 | 日 | 윤6 | 甲辰 | 8·3 | 30 | 木 | 9 | 丙子 | 8·3 |
| 24 | 29 | 月 | 윤7 | 乙巳 | 8·3 | 31 | 金 | 10 | 丁丑 | 8·2 |
| 25 | 30 | 火 | 윤8 | 丙午 | 8·2 | 8/1 | 土 | 11 | 戊寅 | 8·2 |
| 26 | 7/1 | 水 | 윤9 | 丁未 | 9·2 | 2 | 日 | 12 | 己卯 | 9·2 |
| 27 | 2 | 木 | 윤10 | 戊申 | 9·2 | 3 | 月 | 13 | 庚辰 | 9·1 |
| 28 | 3 | 金 | 윤11 | 己酉 | 9·1 | 4 | 火 | 14 | 辛巳 | 9·1 |
| 29 | 4 | 土 | 윤12 | 庚戌 | 10·1 | 5 | 水 | 15 | 壬午 | 10·1 |
| 30 | 5 | 日 | 윤13 | 辛亥 | 10·1 | 6 | 木 | 16 | 癸未 | 10·1 |
| 31 | 6 | 月 | 윤14 | 壬子 | 10·1 | | | | | |

▶ 윤달-5월

# 己丑年

| 절기후날수 | 양력 | 요일 | 음력 | 일진 | 大運 남·여 | 양력 | 요일 | 음력 | 일진 | 大運 남·여 | 양력 | 요일 | 음력 | 일진 | 大運 남·여 |
|---|---|---|---|---|---|---|---|---|---|---|---|---|---|---|---|
| | 입추절(壬申月) 立秋 8월7일 18시1분 處暑 8월23일 8시38분 | | | | | 백로절(癸酉月) 白露 9월7일 20시58분 秋分 9월23일 6시19분 | | | | | 한로절(甲戌月) 寒露 10월8일 12시40분 霜降 10월23일 15시43분 | | | | |
| 0 | 8/7 | 金 | 17 | 甲申 | 입추 | 9/7 | 月 | 19 | 乙卯 | 백로 | 10/8 | 木 | 20 | 丙戌 | 한로 |
| 1 | 8 | 土 | 18 | 乙酉 | 1·10 | 8 | 火 | 20 | 丙辰 | 1·10 | 9 | 金 | 21 | 丁亥 | 1·10 |
| 2 | 9 | 日 | 19 | 丙戌 | 1·10 | 9 | 水 | 21 | 丁巳 | 1·10 | 10 | 土 | 22 | 戊子 | 1·9 |
| 3 | 10 | 月 | 20 | 丁亥 | 1·9 | 10 | 木 | 22 | 戊午 | 1·9 | 11 | 日 | 23 | 己丑 | 1·9 |
| 4 | 11 | 火 | 21 | 戊子 | 1·9 | 11 | 金 | 23 | 己未 | 1·9 | 12 | 月 | 24 | 庚寅 | 1·9 |
| 5 | 12 | 水 | 22 | 己丑 | 2·9 | 12 | 土 | 24 | 庚申 | 2·9 | 13 | 火 | 25 | 辛卯 | 2·8 |
| 6 | 13 | 木 | 23 | 庚寅 | 2·8 | 13 | 日 | 25 | 辛酉 | 2·8 | 14 | 水 | 26 | 壬辰 | 2·8 |
| 7 | 14 | 金 | 24 | 辛卯 | 2·8 | 14 | 月 | 26 | 壬戌 | 2·8 | 15 | 木 | 27 | 癸巳 | 2·8 |
| 8 | 15 | 土 | 25 | 壬辰 | 3·8 | 15 | 火 | 27 | 癸亥 | 3·8 | 16 | 金 | 28 | 甲午 | 3·7 |
| 9 | 16 | 日 | 26 | 癸巳 | 3·7 | 16 | 水 | 28 | 甲子 | 3·7 | 17 | 土 | 29 | 乙未 | 3·7 |
| 10 | 17 | 月 | 27 | 甲午 | 3·7 | 17 | 木 | 29 | 乙丑 | 3·7 | 18 | 日 | 9/1 | 丙申 | 3·7 |
| 11 | 18 | 火 | 28 | 乙未 | 4·7 | 18 | 金 | 30 | 丙寅 | 4·7 | 19 | 月 | 2 | 丁酉 | 4·6 |
| 12 | 19 | 水 | 29 | 丙申 | 4·6 | 19 | 土 | 8/1 | 丁卯 | 4·6 | 20 | 火 | 3 | 戊戌 | 4·6 |
| 13 | 20 | 木 | 7/1 | 丁酉 | 4·6 | 20 | 日 | 2 | 戊辰 | 4·6 | 21 | 水 | 4 | 己亥 | 4·6 |
| 14 | 21 | 金 | 2 | 戊戌 | 5·6 | 21 | 月 | 3 | 己巳 | 5·6 | 22 | 木 | 5 | 庚子 | 5·5 |
| 15 | 22 | 土 | 3 | 己亥 | 5·5 | 22 | 火 | 4 | 庚午 | 5·5 | 23 | 金 | 6 | 辛丑 | 상강 |
| 16 | 23 | 日 | 4 | 庚子 | 처서 | 23 | 水 | 5 | 辛未 | 추분 | 24 | 土 | 7 | 壬寅 | 5·5 |
| 17 | 24 | 月 | 5 | 辛丑 | 6·5 | 24 | 木 | 6 | 壬申 | 6·5 | 25 | 日 | 8 | 癸卯 | 6·4 |
| 18 | 25 | 火 | 6 | 壬寅 | 6·4 | 25 | 金 | 7 | 癸酉 | 6·4 | 26 | 月 | 9 | 甲辰 | 6·4 |
| 19 | 26 | 水 | 7 | 癸卯 | 6·4 | 26 | 土 | 8 | 甲戌 | 6·4 | 27 | 火 | 10 | 乙巳 | 6·4 |
| 20 | 27 | 木 | 8 | 甲辰 | 7·4 | 27 | 日 | 9 | 乙亥 | 7·4 | 28 | 水 | 11 | 丙午 | 7·3 |
| 21 | 28 | 金 | 9 | 乙巳 | 7·3 | 28 | 月 | 10 | 丙子 | 7·3 | 29 | 木 | 12 | 丁未 | 7·3 |
| 22 | 29 | 土 | 10 | 丙午 | 7·3 | 29 | 火 | 11 | 丁丑 | 7·3 | 30 | 金 | 13 | 戊申 | 7·3 |
| 23 | 30 | 日 | 11 | 丁未 | 8·3 | 30 | 水 | 12 | 戊寅 | 8·3 | 31 | 土 | 14 | 己酉 | 8·2 |
| 24 | 31 | 月 | 12 | 戊申 | 8·2 | 10/1 | 木 | 13 | 己卯 | 8·2 | 11/1 | 日 | 15 | 庚戌 | 8·2 |
| 25 | 9/1 | 火 | 13 | 己酉 | 8·2 | 2 | 金 | 14 | 庚辰 | 8·2 | 2 | 月 | 16 | 辛亥 | 8·2 |
| 26 | 2 | 水 | 14 | 庚戌 | 9·2 | 3 | 土 | 15 | 辛巳 | 9·2 | 3 | 火 | 17 | 壬子 | 9·1 |
| 27 | 3 | 木 | 15 | 辛亥 | 9·1 | 4 | 日 | 16 | 壬午 | 9·1 | 4 | 水 | 18 | 癸丑 | 9·1 |
| 28 | 4 | 金 | 16 | 壬子 | 9·1 | 5 | 月 | 17 | 癸未 | 9·1 | 5 | 木 | 19 | 甲寅 | 9·1 |
| 29 | 5 | 土 | 17 | 癸丑 | 10·1 | 6 | 火 | 18 | 甲申 | 10·1 | 6 | 金 | 20 | 乙卯 | 10·1 |
| 30 | 6 | 日 | 18 | 甲寅 | 10·1 | 7 | 水 | 19 | 乙酉 | 10·1 | | | | | |
| 31 | | | | | | | | | | | | | | | |

| 절기후날수 | 양력 | 요일 | 음력 | 일진 | 大運 남·여 | 양력 | 요일 | 음력 | 일진 | 大運 남·여 | 양력 | 요일 | 음력 | 일진 | 大運 남·여 |
|---|---|---|---|---|---|---|---|---|---|---|---|---|---|---|---|
| | 입동절(乙亥月) 立冬 11월7일 15시56분 小雪 11월22일 13시22분 | | | | | 대설절(丙子月) 大雪 12월7일 8시52분 冬至 12월22일 2시47분 | | | | | 소한절(丁丑月) 小寒 1월5일 20시9분 大寒 1월20일 13시28분 | | | | |
| 0 | 11/7 | 土 | 21 | 丙辰 | 입동 | 12/7 | 月 | 21 | 丙戌 | 대설 | 1/5 | 火 | 21 | 乙卯 | 소한 |
| 1 | 8 | 日 | 22 | 丁巳 | 1·10 | 8 | 火 | 22 | 丁亥 | 1·9 | 6 | 水 | 22 | 丙辰 | 1·10 |
| 2 | 9 | 月 | 23 | 戊午 | 1·9 | 9 | 水 | 23 | 戊子 | 1·9 | 7 | 木 | 23 | 丁巳 | 1·9 |
| 3 | 10 | 火 | 24 | 己未 | 1·9 | 10 | 木 | 24 | 己丑 | 1·9 | 8 | 金 | 24 | 戊午 | 1·9 |
| 4 | 11 | 水 | 25 | 庚申 | 1·9 | 11 | 金 | 25 | 庚寅 | 1·8 | 9 | 土 | 25 | 己未 | 1·9 |
| 5 | 12 | 木 | 26 | 辛酉 | 2·8 | 12 | 土 | 26 | 辛卯 | 2·8 | 10 | 日 | 26 | 庚申 | 2·8 |
| 6 | 13 | 金 | 27 | 壬戌 | 2·8 | 13 | 日 | 27 | 壬辰 | 2·8 | 11 | 月 | 27 | 辛酉 | 2·8 |
| 7 | 14 | 土 | 28 | 癸亥 | 2·8 | 14 | 月 | 28 | 癸巳 | 2·7 | 12 | 火 | 28 | 壬戌 | 2·8 |
| 8 | 15 | 日 | 29 | 甲子 | 3·7 | 15 | 火 | 29 | 甲午 | 3·7 | 13 | 水 | 29 | 癸亥 | 3·7 |
| 9 | 16 | 月 | 30 | 乙丑 | 3·7 | 16 | 水 | 11/1 | 乙未 | 3·7 | 14 | 木 | 30 | 甲子 | 3·7 |
| 10 | 17 | 火 | 10/1 | 丙寅 | 3·7 | 17 | 木 | 2 | 丙申 | 3·6 | 15 | 金 | 12/1 | 乙丑 | 3·7 |
| 11 | 18 | 水 | 2 | 丁卯 | 4·6 | 18 | 金 | 3 | 丁酉 | 4·6 | 16 | 土 | 2 | 丙寅 | 4·6 |
| 12 | 19 | 木 | 3 | 戊辰 | 4·6 | 19 | 土 | 4 | 戊戌 | 4·6 | 17 | 日 | 3 | 丁卯 | 4·6 |
| 13 | 20 | 金 | 4 | 己巳 | 4·6 | 20 | 日 | 5 | 己亥 | 4·5 | 18 | 月 | 4 | 戊辰 | 4·6 |
| 14 | 21 | 土 | 5 | 庚午 | 5·5 | 21 | 月 | 6 | 庚子 | 5·5 | 19 | 火 | 5 | 己巳 | 5·5 |
| 15 | 22 | 日 | 6 | 辛未 | 소설 | 22 | 火 | 7 | 辛丑 | 동지 | 20 | 水 | 6 | 庚午 | 대한 |
| 16 | 23 | 月 | 7 | 壬申 | 5·5 | 23 | 水 | 8 | 壬寅 | 5·4 | 21 | 木 | 7 | 辛未 | 5·5 |
| 17 | 24 | 火 | 8 | 癸酉 | 6·4 | 24 | 木 | 9 | 癸卯 | 6·4 | 22 | 金 | 8 | 壬申 | 6·4 |
| 18 | 25 | 水 | 9 | 甲戌 | 6·4 | 25 | 金 | 10 | 甲辰 | 6·4 | 23 | 土 | 9 | 癸酉 | 6·4 |
| 19 | 26 | 木 | 10 | 乙亥 | 6·4 | 26 | 土 | 11 | 乙巳 | 6·3 | 24 | 日 | 10 | 甲戌 | 6·4 |
| 20 | 27 | 金 | 11 | 丙子 | 7·3 | 27 | 日 | 12 | 丙午 | 7·3 | 25 | 月 | 11 | 乙亥 | 7·3 |
| 21 | 28 | 土 | 12 | 丁丑 | 7·3 | 28 | 月 | 13 | 丁未 | 7·3 | 26 | 火 | 12 | 丙子 | 7·3 |
| 22 | 29 | 日 | 13 | 戊寅 | 7·3 | 29 | 火 | 14 | 戊申 | 7·2 | 27 | 水 | 13 | 丁丑 | 7·3 |
| 23 | 30 | 月 | 14 | 己卯 | 8·2 | 30 | 水 | 15 | 己酉 | 8·2 | 28 | 木 | 14 | 戊寅 | 8·2 |
| 24 | 12/1 | 火 | 15 | 庚辰 | 8·2 | 31 | 木 | 16 | 庚戌 | 8·2 | 29 | 金 | 15 | 己卯 | 8·2 |
| 25 | 2 | 水 | 16 | 辛巳 | 8·2 | 1/1 | 金 | 17 | 辛亥 | 8·1 | 30 | 土 | 16 | 庚辰 | 8·2 |
| 26 | 3 | 木 | 17 | 壬午 | 9·1 | 2 | 土 | 18 | 壬子 | 9·1 | 31 | 日 | 17 | 辛巳 | 9·1 |
| 27 | 4 | 金 | 18 | 癸未 | 9·1 | 3 | 日 | 19 | 癸丑 | 9·1 | 2/1 | 月 | 18 | 壬午 | 9·1 |
| 28 | 5 | 土 | 19 | 甲申 | 9·1 | 4 | 月 | 20 | 甲寅 | 9·1 | 2 | 火 | 19 | 癸未 | 9·1 |
| 29 | 6 | 日 | 20 | 乙酉 | 10·1 | | | | | | 3 | 水 | 20 | 甲申 | 10·1 |
| 30 | | | | | | | | | | | | | | | |
| 31 | | | | | | | | | | | | | | | |

# 서기 2010년 [단기 4343년]

| 절기후날수 | 입춘절(戊寅月) 立春 2월4일 7시48분 雨水 2월19일 3시36분 | | | | | 경칩절(己卯月) 驚蟄 3월6일 1시46분 春分 3월21일 2시32분 | | | | | 청명절(庚辰月) 清明 4월5일 6시30분 穀雨 4월20일 13시30분 | | | | |
|---|---|---|---|---|---|---|---|---|---|---|---|---|---|---|---|
| | 양력 | 요일 | 음력 | 일진 | 大運 남·여 | 양력 | 요일 | 음력 | 일진 | 大運 남·여 | 양력 | 요일 | 음력 | 일진 | 大運 남·여 |
| 0 | 2/4 | 木 | 21 | 乙酉 | 입춘 | 3/6 | 土 | 21 | 乙卯 | 경칩 | 4/5 | 月 | 21 | 乙酉 | 청명 |
| 1 | 5 | 金 | 22 | 丙戌 | 10·1 | 7 | 日 | 22 | 丙辰 | 10·1 | 6 | 火 | 22 | 丙戌 | 10·1 |
| 2 | 6 | 土 | 23 | 丁亥 | 9·1 | 8 | 月 | 23 | 丁巳 | 9·1 | 7 | 水 | 23 | 丁亥 | 9·1 |
| 3 | 7 | 日 | 24 | 戊子 | 9·1 | 9 | 火 | 24 | 戊午 | 9·1 | 8 | 木 | 24 | 戊子 | 9·1 |
| 4 | 8 | 月 | 25 | 己丑 | 9·1 | 10 | 水 | 25 | 己未 | 9·1 | 9 | 金 | 25 | 己丑 | 9·1 |
| 5 | 9 | 火 | 26 | 庚寅 | 8·2 | 11 | 木 | 26 | 庚申 | 8·2 | 10 | 土 | 26 | 庚寅 | 8·2 |
| 6 | 10 | 水 | 27 | 辛卯 | 8·2 | 12 | 金 | 27 | 辛酉 | 8·2 | 11 | 日 | 27 | 辛卯 | 8·2 |
| 7 | 11 | 木 | 28 | 壬辰 | 8·2 | 13 | 土 | 28 | 壬戌 | 8·2 | 12 | 月 | 28 | 壬辰 | 8·2 |
| 8 | 12 | 金 | 29 | 癸巳 | 7·3 | 14 | 日 | 29 | 癸亥 | 7·3 | 13 | 火 | 29 | 癸巳 | 7·3 |
| 9 | 13 | 土 | 30 | 甲午 | 7·3 | 15 | 月 | 30 | 甲子 | 7·3 | 14 | 水 | 3/1 | 甲午 | 7·3 |
| 10 | 14 | 日 | 1/1 | 乙未 | 7·3 | 16 | 火 | 2/1 | 乙丑 | 7·3 | 15 | 木 | 2 | 乙未 | 7·3 |
| 11 | 15 | 月 | 2 | 丙申 | 6·4 | 17 | 水 | 2 | 丙寅 | 6·4 | 16 | 金 | 3 | 丙申 | 6·4 |
| 12 | 16 | 火 | 3 | 丁酉 | 6·4 | 18 | 木 | 3 | 丁卯 | 6·4 | 17 | 土 | 4 | 丁酉 | 6·4 |
| 13 | 17 | 水 | 4 | 戊戌 | 6·4 | 19 | 金 | 4 | 戊辰 | 6·4 | 18 | 日 | 5 | 戊戌 | 6·4 |
| 14 | 18 | 木 | 5 | 己亥 | 5·5 | 20 | 土 | 5 | 己巳 | 5·5 | 19 | 月 | 6 | 己亥 | 5·5 |
| 15 | 19 | 金 | 6 | 庚子 | 우수 | 21 | 日 | 6 | 庚午 | 춘분 | 20 | 火 | 7 | 庚子 | 곡우 |
| 16 | 20 | 土 | 7 | 辛丑 | 5·5 | 22 | 月 | 7 | 辛未 | 5·5 | 21 | 水 | 8 | 辛丑 | 5·5 |
| 17 | 21 | 日 | 8 | 壬寅 | 4·6 | 23 | 火 | 8 | 壬申 | 4·6 | 22 | 木 | 9 | 壬寅 | 4·6 |
| 18 | 22 | 月 | 9 | 癸卯 | 4·6 | 24 | 水 | 9 | 癸酉 | 4·6 | 23 | 金 | 10 | 癸卯 | 4·6 |
| 19 | 23 | 火 | 10 | 甲辰 | 4·6 | 25 | 木 | 10 | 甲戌 | 4·6 | 24 | 土 | 11 | 甲辰 | 4·6 |
| 20 | 24 | 水 | 11 | 乙巳 | 3·7 | 26 | 金 | 11 | 乙亥 | 3·7 | 25 | 日 | 12 | 乙巳 | 3·7 |
| 21 | 25 | 木 | 12 | 丙午 | 3·7 | 27 | 土 | 12 | 丙子 | 3·7 | 26 | 月 | 13 | 丙午 | 3·7 |
| 22 | 26 | 金 | 13 | 丁未 | 3·7 | 28 | 日 | 13 | 丁丑 | 3·7 | 27 | 火 | 14 | 丁未 | 3·7 |
| 23 | 27 | 土 | 14 | 戊申 | 2·8 | 29 | 月 | 14 | 戊寅 | 2·8 | 28 | 水 | 15 | 戊申 | 2·8 |
| 24 | 28 | 日 | 15 | 己酉 | 2·8 | 30 | 火 | 15 | 己卯 | 2·8 | 29 | 木 | 16 | 己酉 | 2·8 |
| 25 | 3/1 | 月 | 16 | 庚戌 | 2·8 | 31 | 水 | 16 | 庚辰 | 2·8 | 30 | 金 | 17 | 庚戌 | 2·8 |
| 26 | 2 | 火 | 17 | 辛亥 | 1·9 | 4/1 | 木 | 17 | 辛巳 | 1·9 | 5/1 | 土 | 18 | 辛亥 | 1·9 |
| 27 | 3 | 水 | 18 | 壬子 | 1·9 | 2 | 金 | 18 | 壬午 | 1·9 | 2 | 日 | 19 | 壬子 | 1·9 |
| 28 | 4 | 木 | 19 | 癸丑 | 1·9 | 3 | 土 | 19 | 癸未 | 1·9 | 3 | 月 | 20 | 癸丑 | 1·9 |
| 29 | 5 | 金 | 20 | 甲寅 | 1·10 | 4 | 日 | 20 | 甲申 | 1·10 | 4 | 火 | 21 | 甲寅 | 1·10 |
| 30 | | | | | | | | | | | | | | | |
| 31 | | | | | | | | | | | | | | | |

| 절기후날수 | 입하절(辛巳月) 立夏 5월5일 23시44분 小滿 5월21일 12시34분 | | | | | 망종절(壬午月) 芒種 6월6일 3시49분 夏至 6월21일 20시28분 | | | | | 소서절(癸未月) 小暑 7월7일 14시2분 大暑 7월23일 7시21분 | | | | |
|---|---|---|---|---|---|---|---|---|---|---|---|---|---|---|---|
| | 양력 | 요일 | 음력 | 일진 | 大運 남·여 | 양력 | 요일 | 음력 | 일진 | 大運 남·여 | 양력 | 요일 | 음력 | 일진 | 大運 남·여 |
| 0 | 5/5 | 水 | 22 | 乙卯 | 입하 | 6/6 | 日 | 24 | 丁亥 | 망종 | 7/7 | 水 | 26 | 戊午 | 소서 |
| 1 | 6 | 木 | 23 | 丙辰 | 10·1 | 7 | 月 | 25 | 戊子 | 10·1 | 8 | 木 | 27 | 己未 | 10·1 |
| 2 | 7 | 金 | 24 | 丁巳 | 10·1 | 8 | 火 | 26 | 己丑 | 10·1 | 9 | 金 | 28 | 庚申 | 10·1 |
| 3 | 8 | 土 | 25 | 戊午 | 10·1 | 9 | 水 | 27 | 庚寅 | 9·1 | 10 | 土 | 29 | 辛酉 | 9·1 |
| 4 | 9 | 日 | 26 | 己未 | 9·1 | 10 | 木 | 28 | 辛卯 | 9·1 | 11 | 日 | 30 | 壬戌 | 9·1 |
| 5 | 10 | 月 | 27 | 庚申 | 9·2 | 11 | 金 | 29 | 壬辰 | 9·2 | 12 | 月 | 6/1 | 癸亥 | 9·2 |
| 6 | 11 | 火 | 28 | 辛酉 | 9·2 | 12 | 土 | 5/1 | 癸巳 | 8·2 | 13 | 火 | 2 | 甲子 | 8·2 |
| 7 | 12 | 水 | 29 | 壬戌 | 8·2 | 13 | 日 | 2 | 甲午 | 8·2 | 14 | 水 | 3 | 乙丑 | 8·2 |
| 8 | 13 | 木 | 30 | 癸亥 | 8·3 | 14 | 月 | 3 | 乙未 | 8·3 | 15 | 木 | 4 | 丙寅 | 8·3 |
| 9 | 14 | 金 | 4/1 | 甲子 | 8·3 | 15 | 火 | 4 | 丙申 | 7·3 | 16 | 金 | 5 | 丁卯 | 7·3 |
| 10 | 15 | 土 | 2 | 乙丑 | 7·3 | 16 | 水 | 5 | 丁酉 | 7·3 | 17 | 土 | 6 | 戊辰 | 7·3 |
| 11 | 16 | 日 | 3 | 丙寅 | 7·4 | 17 | 木 | 6 | 戊戌 | 7·4 | 18 | 日 | 7 | 己巳 | 7·4 |
| 12 | 17 | 月 | 4 | 丁卯 | 7·4 | 18 | 金 | 7 | 己亥 | 6·4 | 19 | 月 | 8 | 庚午 | 6·4 |
| 13 | 18 | 火 | 5 | 戊辰 | 6·4 | 19 | 土 | 8 | 庚子 | 6·4 | 20 | 火 | 9 | 辛未 | 6·4 |
| 14 | 19 | 水 | 6 | 己巳 | 6·5 | 20 | 日 | 9 | 辛丑 | 6·5 | 21 | 水 | 10 | 壬申 | 6·5 |
| 15 | 20 | 木 | 7 | 庚午 | 6·5 | 21 | 月 | 10 | 壬寅 | 하지 | 22 | 木 | 11 | 癸酉 | 5·5 |
| 16 | 21 | 金 | 8 | 辛未 | 소만 | 22 | 火 | 11 | 癸卯 | 5·5 | 23 | 金 | 12 | 甲戌 | 대서 |
| 17 | 22 | 土 | 9 | 壬申 | 5·6 | 23 | 水 | 12 | 甲辰 | 5·6 | 24 | 土 | 13 | 乙亥 | 5·6 |
| 18 | 23 | 日 | 10 | 癸酉 | 5·6 | 24 | 木 | 13 | 乙巳 | 4·6 | 25 | 日 | 14 | 丙子 | 4·6 |
| 19 | 24 | 月 | 11 | 甲戌 | 4·6 | 25 | 金 | 14 | 丙午 | 4·6 | 26 | 月 | 15 | 丁丑 | 4·6 |
| 20 | 25 | 火 | 12 | 乙亥 | 4·7 | 26 | 土 | 15 | 丁未 | 4·7 | 27 | 火 | 16 | 戊寅 | 4·7 |
| 21 | 26 | 水 | 13 | 丙子 | 4·7 | 27 | 日 | 16 | 戊申 | 3·7 | 28 | 水 | 17 | 己卯 | 3·7 |
| 22 | 27 | 木 | 14 | 丁丑 | 3·7 | 28 | 月 | 17 | 己酉 | 3·7 | 29 | 木 | 18 | 庚辰 | 3·7 |
| 23 | 28 | 金 | 15 | 戊寅 | 3·8 | 29 | 火 | 18 | 庚戌 | 3·8 | 30 | 金 | 19 | 辛巳 | 3·8 |
| 24 | 29 | 土 | 16 | 己卯 | 3·8 | 30 | 水 | 19 | 辛亥 | 2·8 | 31 | 土 | 20 | 壬午 | 2·8 |
| 25 | 30 | 日 | 17 | 庚辰 | 2·8 | 7/1 | 木 | 20 | 壬子 | 2·8 | 8/1 | 日 | 21 | 癸未 | 2·8 |
| 26 | 31 | 月 | 18 | 辛巳 | 2·9 | 2 | 金 | 21 | 癸丑 | 2·9 | 2 | 月 | 22 | 甲申 | 2·9 |
| 27 | 6/1 | 火 | 19 | 壬午 | 2·9 | 3 | 土 | 22 | 甲寅 | 1·9 | 3 | 火 | 23 | 乙酉 | 1·9 |
| 28 | 2 | 水 | 20 | 癸未 | 1·9 | 4 | 日 | 23 | 乙卯 | 1·9 | 4 | 水 | 24 | 丙戌 | 1·9 |
| 29 | 3 | 木 | 21 | 甲申 | 1·10 | 5 | 月 | 24 | 丙辰 | 1·10 | 5 | 木 | 25 | 丁亥 | 1·10 |
| 30 | 4 | 金 | 22 | 乙酉 | 1·10 | 6 | 火 | 25 | 丁巳 | 1·10 | 6 | 金 | 26 | 戊子 | 1·10 |
| 31 | 5 | 土 | 23 | 丙戌 | 1·10 | | | | | | | | | | |

# 庚寅年

| 절기후날수 | 입추절(甲申月) 立秋 8월7일 23시49분 處暑 8월23일 14시27분 | | | | | 백로절(乙酉月) 白露 9월8일 2시45분 秋分 9월23일 12시9분 | | | | | 한로절(丙戌月) 寒露 10월8일 18시26분 霜降 10월23일 21시35분 | | | | | 입동절(丁亥月) 立冬 11월7일 21시42분 小雪 11월22일 19시14분 | | | | | 대설절(戊子月) 大雪 12월7일 14시38분 冬至 12월22일 8시38분 | | | | | 소한절(己丑月) 小寒 1월6일 1시55분 大寒 1월20일 19시18분 | | | | |
|---|---|---|---|---|---|---|---|---|---|---|---|---|---|---|---|---|---|---|---|---|---|---|---|---|---|---|---|---|---|---|
| | 양력 | 요일 | 음력 | 일진 | 大運 남·여 | 양력 | 요일 | 음력 | 일진 | 大運 남·여 | 양력 | 요일 | 음력 | 일진 | 大運 남·여 | 양력 | 요일 | 음력 | 일진 | 大運 남·여 | 양력 | 요일 | 음력 | 일진 | 大運 남·여 | 양력 | 요일 | 음력 | 일진 | 大運 남·여 |
| 0 | 8/7 | 土 | 27 | 己丑 | 입추 | 9/8 | 水 | 8/1 | 辛酉 | 백로 | 10/8 | 金 | 9/1 | 辛卯 | 한로 | 11/7 | 日 | 2 | 辛酉 | 입동 | 12/7 | 火 | 2 | 辛卯 | 대설 | 1/6 | 木 | 3 | 辛酉 | 소한 |
| 1 | 8 | 日 | 28 | 庚寅 | 10·1 | 9 | 木 | 2 | 壬戌 | 10·1 | 9 | 土 | 2 | 壬辰 | 10·1 | 8 | 月 | 3 | 壬戌 | 10·1 | 8 | 水 | 3 | 壬辰 | 10·1 | 7 | 金 | 4 | 壬戌 | 9·1 |
| 2 | 9 | 月 | 29 | 辛卯 | 10·1 | 10 | 金 | 3 | 癸亥 | 9·1 | 10 | 日 | 3 | 癸巳 | 9·1 | 9 | 火 | 4 | 癸亥 | 9·1 | 9 | 木 | 4 | 癸巳 | 9·1 | 8 | 土 | 5 | 癸亥 | 9·1 |
| 3 | 10 | 火 | 7/1 | 壬辰 | 10·1 | 11 | 土 | 4 | 甲子 | 9·1 | 11 | 月 | 4 | 甲午 | 9·1 | 10 | 水 | 5 | 甲子 | 9·1 | 10 | 金 | 5 | 甲午 | 9·1 | 9 | 日 | 6 | 甲子 | 9·1 |
| 4 | 11 | 水 | 2 | 癸巳 | 9·1 | 12 | 日 | 5 | 乙丑 | 9·1 | 12 | 火 | 5 | 乙未 | 9·1 | 11 | 木 | 6 | 乙丑 | 9·1 | 11 | 土 | 6 | 乙未 | 9·1 | 10 | 月 | 7 | 乙丑 | 8·1 |
| 5 | 12 | 木 | 3 | 甲午 | 9·2 | 13 | 月 | 6 | 丙寅 | 8·2 | 13 | 水 | 6 | 丙申 | 8·2 | 12 | 金 | 7 | 丙寅 | 8·2 | 12 | 日 | 7 | 丙申 | 8·2 | 11 | 火 | 8 | 丙寅 | 8·2 |
| 6 | 13 | 金 | 4 | 乙未 | 9·2 | 14 | 火 | 7 | 丁卯 | 8·2 | 14 | 木 | 7 | 丁酉 | 8·2 | 13 | 土 | 8 | 丁卯 | 8·2 | 13 | 月 | 8 | 丁酉 | 8·2 | 12 | 水 | 9 | 丁卯 | 8·2 |
| 7 | 14 | 土 | 5 | 丙申 | 8·2 | 15 | 水 | 8 | 戊辰 | 8·2 | 15 | 金 | 8 | 戊戌 | 8·2 | 14 | 日 | 9 | 戊辰 | 8·2 | 14 | 火 | 9 | 戊戌 | 8·2 | 13 | 木 | 10 | 戊辰 | 7·2 |
| 8 | 15 | 日 | 6 | 丁酉 | 8·3 | 16 | 木 | 9 | 己巳 | 7·3 | 16 | 土 | 9 | 己亥 | 7·3 | 15 | 月 | 10 | 己巳 | 7·3 | 15 | 水 | 10 | 己亥 | 7·3 | 14 | 金 | 11 | 己巳 | 7·3 |
| 9 | 16 | 月 | 7 | 戊戌 | 8·3 | 17 | 金 | 10 | 庚午 | 7·3 | 17 | 日 | 10 | 庚子 | 7·3 | 16 | 火 | 11 | 庚午 | 7·3 | 16 | 木 | 11 | 庚子 | 7·3 | 15 | 土 | 12 | 庚午 | 7·3 |
| 10 | 17 | 火 | 8 | 己亥 | 7·3 | 18 | 土 | 11 | 辛未 | 7·3 | 18 | 月 | 11 | 辛丑 | 7·3 | 17 | 水 | 12 | 辛未 | 7·3 | 17 | 金 | 12 | 辛丑 | 7·3 | 16 | 日 | 13 | 辛未 | 6·3 |
| 11 | 18 | 水 | 9 | 庚子 | 7·4 | 19 | 日 | 12 | 壬申 | 6·4 | 19 | 火 | 12 | 壬寅 | 6·4 | 18 | 木 | 13 | 壬申 | 6·4 | 18 | 土 | 13 | 壬寅 | 6·4 | 17 | 月 | 14 | 壬申 | 6·4 |
| 12 | 19 | 木 | 10 | 辛丑 | 7·4 | 20 | 月 | 13 | 癸酉 | 6·4 | 20 | 水 | 13 | 癸卯 | 6·4 | 19 | 金 | 14 | 癸酉 | 6·4 | 19 | 日 | 14 | 癸卯 | 6·4 | 18 | 火 | 15 | 癸酉 | 6·4 |
| 13 | 20 | 金 | 11 | 壬寅 | 6·4 | 21 | 火 | 14 | 甲戌 | 6·4 | 21 | 木 | 14 | 甲辰 | 6·4 | 20 | 土 | 15 | 甲戌 | 6·4 | 20 | 月 | 15 | 甲辰 | 6·4 | 19 | 水 | 16 | 甲戌 | 5·4 |
| 14 | 21 | 土 | 12 | 癸卯 | 6·5 | 22 | 水 | 15 | 乙亥 | 5·5 | 22 | 金 | 15 | 乙巳 | 5·5 | 21 | 日 | 16 | 乙亥 | 5·5 | 21 | 火 | 16 | 乙巳 | 5·5 | 20 | 木 | 17 | 乙亥 | 대한 |
| 15 | 22 | 日 | 13 | 甲辰 | 6·5 | 23 | 木 | 16 | 丙子 | 추분 | 23 | 土 | 16 | 丙午 | 상강 | 22 | 月 | 17 | 丙子 | 소설 | 22 | 水 | 17 | 丙午 | 동지 | 21 | 金 | 18 | 丙子 | 5·5 |
| 16 | 23 | 月 | 14 | 乙巳 | 처서 | 24 | 金 | 17 | 丁丑 | 5·5 | 24 | 日 | 17 | 丁未 | 5·5 | 23 | 火 | 18 | 丁丑 | 5·5 | 23 | 木 | 18 | 丁未 | 5·5 | 22 | 土 | 19 | 丁丑 | 4·5 |
| 17 | 24 | 火 | 15 | 丙午 | 5·6 | 25 | 土 | 18 | 戊寅 | 4·6 | 25 | 月 | 18 | 戊申 | 4·6 | 24 | 水 | 19 | 戊寅 | 4·6 | 24 | 金 | 19 | 戊申 | 4·6 | 23 | 日 | 20 | 戊寅 | 4·6 |
| 18 | 25 | 水 | 16 | 丁未 | 5·6 | 26 | 日 | 19 | 己卯 | 4·6 | 26 | 火 | 19 | 己酉 | 4·6 | 25 | 木 | 20 | 己卯 | 4·6 | 25 | 土 | 20 | 己酉 | 4·6 | 24 | 月 | 21 | 己卯 | 4·6 |
| 19 | 26 | 木 | 17 | 戊申 | 4·6 | 27 | 月 | 20 | 庚辰 | 4·6 | 27 | 水 | 20 | 庚戌 | 4·6 | 26 | 金 | 21 | 庚辰 | 4·6 | 26 | 日 | 21 | 庚戌 | 4·6 | 25 | 火 | 22 | 庚辰 | 3·6 |
| 20 | 27 | 金 | 18 | 己酉 | 4·7 | 28 | 火 | 21 | 辛巳 | 3·7 | 28 | 木 | 21 | 辛亥 | 3·7 | 27 | 土 | 22 | 辛巳 | 3·7 | 27 | 月 | 22 | 辛亥 | 3·7 | 26 | 水 | 23 | 辛巳 | 3·7 |
| 21 | 28 | 土 | 19 | 庚戌 | 4·7 | 29 | 水 | 22 | 壬午 | 3·7 | 29 | 金 | 22 | 壬子 | 3·7 | 28 | 日 | 23 | 壬午 | 3·7 | 28 | 火 | 23 | 壬子 | 3·7 | 27 | 木 | 24 | 壬午 | 3·7 |
| 22 | 29 | 日 | 20 | 辛亥 | 3·7 | 30 | 木 | 23 | 癸未 | 3·7 | 30 | 土 | 23 | 癸丑 | 3·7 | 29 | 月 | 24 | 癸未 | 3·7 | 29 | 水 | 24 | 癸丑 | 3·7 | 28 | 金 | 25 | 癸未 | 2·7 |
| 23 | 30 | 月 | 21 | 壬子 | 3·8 | 10/1 | 金 | 24 | 甲申 | 2·8 | 31 | 日 | 24 | 甲寅 | 2·8 | 30 | 火 | 25 | 甲申 | 2·8 | 30 | 木 | 25 | 甲寅 | 2·8 | 29 | 土 | 26 | 甲申 | 2·8 |
| 24 | 31 | 火 | 22 | 癸丑 | 3·8 | 2 | 土 | 25 | 乙酉 | 2·8 | 11/1 | 月 | 25 | 乙卯 | 2·8 | 12/1 | 水 | 26 | 乙酉 | 2·8 | 31 | 金 | 26 | 乙卯 | 2·8 | 30 | 日 | 27 | 乙酉 | 2·8 |
| 25 | 9/1 | 水 | 23 | 甲寅 | 2·8 | 3 | 日 | 26 | 丙戌 | 2·8 | 2 | 火 | 26 | 丙辰 | 2·8 | 2 | 木 | 27 | 丙戌 | 2·8 | 1/1 | 土 | 27 | 丙辰 | 2·8 | 31 | 月 | 28 | 丙戌 | 1·8 |
| 26 | 2 | 木 | 24 | 乙卯 | 2·9 | 4 | 月 | 27 | 丁亥 | 1·9 | 3 | 水 | 27 | 丁巳 | 1·9 | 3 | 金 | 28 | 丁亥 | 1·9 | 2 | 日 | 28 | 丁巳 | 1·9 | 2/1 | 火 | 29 | 丁亥 | 1·9 |
| 27 | 3 | 金 | 25 | 丙辰 | 2·9 | 5 | 火 | 28 | 戊子 | 1·9 | 4 | 木 | 28 | 戊午 | 1·9 | 4 | 土 | 29 | 戊子 | 1·9 | 3 | 月 | 29 | 戊午 | 1·9 | 2 | 水 | 30 | 戊子 | 1·9 |
| 28 | 4 | 土 | 26 | 丁巳 | 1·9 | 6 | 水 | 29 | 己丑 | 1·9 | 5 | 金 | 29 | 己未 | 1·9 | 5 | 日 | 30 | 己丑 | 1·9 | 4 | 火 | 12/1 | 己未 | 1·9 | 3 | 木 | 1/1 | 己丑 | 1·9 |
| 29 | 5 | 日 | 27 | 戊午 | 1·10 | 7 | 木 | 30 | 庚寅 | 1·10 | 6 | 土 | 10/1 | 庚申 | 1·10 | 6 | 月 | 11/1 | 庚寅 | 1·10 | 5 | 水 | 2 | 庚申 | 1·10 | | | | | |
| 30 | 6 | 月 | 28 | 己未 | 1·10 | | | | | | | | | | | | | | | | | | | | | | | | | |
| 31 | 7 | 火 | 29 | 庚申 | 1·10 | | | | | | | | | | | | | | | | | | | | | | | | | |

# 서기 2011년 [단기 4344년]

| 절기후날수 | 입춘절(庚寅月) 立春 2월4일 13시33분 雨水 2월19일 9시25분 | | | | | 경칩절(辛卯月) 驚蟄 3월6일 7시30분 春分 3월21일 8시21분 | | | | |
|---|---|---|---|---|---|---|---|---|---|---|
| | 양력 | 요일 | 음력 | 일진 | 大運 남·여 | 양력 | 요일 | 음력 | 일진 | 大運 남·여 |
| 0 | 2/4 | 金 | 2 | 庚寅 | 입춘 | 3/6 | 日 | 2 | 庚申 | 경칩 |
| 1 | 5 | 土 | 3 | 辛卯 | 1·10 | 7 | 月 | 3 | 辛酉 | 1·10 |
| 2 | 6 | 日 | 4 | 壬辰 | 1·9 | 8 | 火 | 4 | 壬戌 | 1·9 |
| 3 | 7 | 月 | 5 | 癸巳 | 1·9 | 9 | 水 | 5 | 癸亥 | 1·9 |
| 4 | 8 | 火 | 6 | 甲午 | 1·9 | 10 | 木 | 6 | 甲子 | 1·9 |
| 5 | 9 | 水 | 7 | 乙未 | 2·8 | 11 | 金 | 7 | 乙丑 | 2·8 |
| 6 | 10 | 木 | 8 | 丙申 | 2·8 | 12 | 土 | 8 | 丙寅 | 2·8 |
| 7 | 11 | 金 | 9 | 丁酉 | 2·8 | 13 | 日 | 9 | 丁卯 | 2·8 |
| 8 | 12 | 土 | 10 | 戊戌 | 3·7 | 14 | 月 | 10 | 戊辰 | 3·7 |
| 9 | 13 | 日 | 11 | 己亥 | 3·7 | 15 | 火 | 11 | 己巳 | 3·7 |
| 10 | 14 | 月 | 12 | 庚子 | 3·7 | 16 | 水 | 12 | 庚午 | 3·7 |
| 11 | 15 | 火 | 13 | 辛丑 | 4·6 | 17 | 木 | 13 | 辛未 | 4·6 |
| 12 | 16 | 水 | 14 | 壬寅 | 4·6 | 18 | 金 | 14 | 壬申 | 4·6 |
| 13 | 17 | 木 | 15 | 癸卯 | 4·6 | 19 | 土 | 15 | 癸酉 | 4·6 |
| 14 | 18 | 金 | 16 | 甲辰 | 5·5 | 20 | 日 | 16 | 甲戌 | 5·5 |
| 15 | 19 | 土 | 17 | 乙巳 | 우수 | 21 | 月 | 17 | 乙亥 | 춘분 |
| 16 | 20 | 日 | 18 | 丙午 | 5·5 | 22 | 火 | 18 | 丙子 | 5·5 |
| 17 | 21 | 月 | 19 | 丁未 | 6·4 | 23 | 水 | 19 | 丁丑 | 6·4 |
| 18 | 22 | 火 | 20 | 戊申 | 6·4 | 24 | 木 | 20 | 戊寅 | 6·4 |
| 19 | 23 | 水 | 21 | 己酉 | 6·4 | 25 | 金 | 21 | 己卯 | 6·4 |
| 20 | 24 | 木 | 22 | 庚戌 | 7·3 | 26 | 土 | 22 | 庚辰 | 7·3 |
| 21 | 25 | 金 | 23 | 辛亥 | 7·3 | 27 | 日 | 23 | 辛巳 | 7·3 |
| 22 | 26 | 土 | 24 | 壬子 | 7·3 | 28 | 月 | 24 | 壬午 | 7·3 |
| 23 | 27 | 日 | 25 | 癸丑 | 8·2 | 29 | 火 | 25 | 癸未 | 8·2 |
| 24 | 28 | 月 | 26 | 甲寅 | 8·2 | 30 | 水 | 26 | 甲申 | 8·2 |
| 25 | 3/1 | 火 | 27 | 乙卯 | 8·2 | 31 | 木 | 27 | 乙酉 | 8·2 |
| 26 | 2 | 水 | 28 | 丙辰 | 9·1 | 4/1 | 金 | 28 | 丙戌 | 9·1 |
| 27 | 3 | 木 | 29 | 丁巳 | 9·1 | 2 | 土 | 29 | 丁亥 | 9·1 |
| 28 | 4 | 金 | 30 | 戊午 | 9·1 | 3 | 日 | 3/1 | 戊子 | 9·1 |
| 29 | 5 | 土 | 2/1 | 己未 | 10·1 | 4 | 月 | 2 | 己丑 | 10·1 |
| 30 | | | | | | | | | | |
| 31 | | | | | | | | | | |

| 절기후날수 | 청명절(壬辰月) 淸明 4월5일 12시12분 穀雨 4월20일 19시17분 | | | | | 입하절(癸巳月) 立夏 5월6일 5시23분 小滿 5월21일 18시21분 | | | | |
|---|---|---|---|---|---|---|---|---|---|---|
| | 양력 | 요일 | 음력 | 일진 | 大運 남·여 | 양력 | 요일 | 음력 | 일진 | 大運 남·여 |
| 0 | 4/5 | 火 | 3 | 庚寅 | 청명 | 5/6 | 金 | 4 | 辛酉 | 입하 |
| 1 | 6 | 水 | 4 | 辛卯 | 1·10 | 7 | 土 | 5 | 壬戌 | 1·10 |
| 2 | 7 | 木 | 5 | 壬辰 | 1·10 | 8 | 日 | 6 | 癸亥 | 1·10 |
| 3 | 8 | 金 | 6 | 癸巳 | 1·9 | 9 | 月 | 7 | 甲子 | 1·9 |
| 4 | 9 | 土 | 7 | 甲午 | 1·9 | 10 | 火 | 8 | 乙丑 | 1·9 |
| 5 | 10 | 日 | 8 | 乙未 | 2·9 | 11 | 水 | 9 | 丙寅 | 2·9 |
| 6 | 11 | 月 | 9 | 丙申 | 2·8 | 12 | 木 | 10 | 丁卯 | 2·8 |
| 7 | 12 | 火 | 10 | 丁酉 | 2·8 | 13 | 金 | 11 | 戊辰 | 2·8 |
| 8 | 13 | 水 | 11 | 戊戌 | 3·8 | 14 | 土 | 12 | 己巳 | 3·8 |
| 9 | 14 | 木 | 12 | 己亥 | 3·7 | 15 | 日 | 13 | 庚午 | 3·7 |
| 10 | 15 | 金 | 13 | 庚子 | 3·7 | 16 | 月 | 14 | 辛未 | 3·7 |
| 11 | 16 | 土 | 14 | 辛丑 | 4·7 | 17 | 火 | 15 | 壬申 | 4·7 |
| 12 | 17 | 日 | 15 | 壬寅 | 4·6 | 18 | 水 | 16 | 癸酉 | 4·6 |
| 13 | 18 | 月 | 16 | 癸卯 | 4·6 | 19 | 木 | 17 | 甲戌 | 4·6 |
| 14 | 19 | 火 | 17 | 甲辰 | 5·6 | 20 | 金 | 18 | 乙亥 | 5·6 |
| 15 | 20 | 水 | 18 | 乙巳 | 곡우 | 21 | 土 | 19 | 丙子 | 소만 |
| 16 | 21 | 木 | 19 | 丙午 | 5·5 | 22 | 日 | 20 | 丁丑 | 5·5 |
| 17 | 22 | 金 | 20 | 丁未 | 6·5 | 23 | 月 | 21 | 戊寅 | 6·5 |
| 18 | 23 | 土 | 21 | 戊申 | 6·4 | 24 | 火 | 22 | 己卯 | 6·4 |
| 19 | 24 | 日 | 22 | 己酉 | 6·4 | 25 | 水 | 23 | 庚辰 | 6·4 |
| 20 | 25 | 月 | 23 | 庚戌 | 7·4 | 26 | 木 | 24 | 辛巳 | 7·4 |
| 21 | 26 | 火 | 24 | 辛亥 | 7·3 | 27 | 金 | 25 | 壬午 | 7·3 |
| 22 | 27 | 水 | 25 | 壬子 | 7·3 | 28 | 土 | 26 | 癸未 | 7·3 |
| 23 | 28 | 木 | 26 | 癸丑 | 8·3 | 29 | 日 | 27 | 甲申 | 8·3 |
| 24 | 29 | 金 | 27 | 甲寅 | 8·2 | 30 | 月 | 28 | 乙酉 | 8·2 |
| 25 | 30 | 土 | 28 | 乙卯 | 8·2 | 31 | 火 | 29 | 丙戌 | 8·2 |
| 26 | 5/1 | 日 | 29 | 丙辰 | 9·2 | 6/1 | 水 | 30 | 丁亥 | 9·2 |
| 27 | 2 | 月 | 30 | 丁巳 | 9·1 | 2 | 木 | 5/1 | 戊子 | 9·1 |
| 28 | 3 | 火 | 4/1 | 戊午 | 9·1 | 3 | 金 | 2 | 己丑 | 9·1 |
| 29 | 4 | 水 | 2 | 己未 | 10·1 | 4 | 土 | 3 | 庚寅 | 10·1 |
| 30 | 5 | 木 | 3 | 庚申 | 10·1 | 5 | 日 | 4 | 辛卯 | 10·1 |
| 31 | | | | | | | | | | |

| 절기후날수 | 망종절(甲午月) 芒種 6월6일 9시27분 夏至 6월22일 2시16분 | | | | | 소서절(乙未月) 小暑 7월7일 19시42분 大暑 7월23일 13시12분 | | | | |
|---|---|---|---|---|---|---|---|---|---|---|
| | 양력 | 요일 | 음력 | 일진 | 大運 남·여 | 양력 | 요일 | 음력 | 일진 | 大運 남·여 |
| 0 | 6/6 | 月 | 5 | 壬辰 | 망종 | 7/7 | 木 | 7 | 癸亥 | 소서 |
| 1 | 7 | 火 | 6 | 癸巳 | 1·10 | 8 | 金 | 8 | 甲子 | 1·10 |
| 2 | 8 | 水 | 7 | 甲午 | 1·10 | 9 | 土 | 9 | 乙丑 | 1·10 |
| 3 | 9 | 木 | 8 | 乙未 | 1·9 | 10 | 日 | 10 | 丙寅 | 1·10 |
| 4 | 10 | 金 | 9 | 丙申 | 1·9 | 11 | 月 | 11 | 丁卯 | 1·9 |
| 5 | 11 | 土 | 10 | 丁酉 | 2·9 | 12 | 火 | 12 | 戊辰 | 2·9 |
| 6 | 12 | 日 | 11 | 戊戌 | 2·8 | 13 | 水 | 13 | 己巳 | 2·9 |
| 7 | 13 | 月 | 12 | 己亥 | 2·8 | 14 | 木 | 14 | 庚午 | 2·8 |
| 8 | 14 | 火 | 13 | 庚子 | 3·8 | 15 | 金 | 15 | 辛未 | 3·8 |
| 9 | 15 | 水 | 14 | 辛丑 | 3·7 | 16 | 土 | 16 | 壬申 | 3·8 |
| 10 | 16 | 木 | 15 | 壬寅 | 3·7 | 17 | 日 | 17 | 癸酉 | 3·7 |
| 11 | 17 | 金 | 16 | 癸卯 | 4·7 | 18 | 月 | 18 | 甲戌 | 4·7 |
| 12 | 18 | 土 | 17 | 甲辰 | 4·6 | 19 | 火 | 19 | 乙亥 | 4·7 |
| 13 | 19 | 日 | 18 | 乙巳 | 4·6 | 20 | 水 | 20 | 丙子 | 4·6 |
| 14 | 20 | 月 | 19 | 丙午 | 5·6 | 21 | 木 | 21 | 丁丑 | 5·6 |
| 15 | 21 | 火 | 20 | 丁未 | 5·5 | 22 | 金 | 22 | 戊寅 | 5·6 |
| 16 | 22 | 水 | 21 | 戊申 | 하지 | 23 | 土 | 23 | 己卯 | 대서 |
| 17 | 23 | 木 | 22 | 己酉 | 6·5 | 24 | 日 | 24 | 庚辰 | 6·5 |
| 18 | 24 | 金 | 23 | 庚戌 | 6·4 | 25 | 月 | 25 | 辛巳 | 6·5 |
| 19 | 25 | 土 | 24 | 辛亥 | 6·4 | 26 | 火 | 26 | 壬午 | 6·4 |
| 20 | 26 | 日 | 25 | 壬子 | 7·4 | 27 | 水 | 27 | 癸未 | 7·4 |
| 21 | 27 | 月 | 26 | 癸丑 | 7·3 | 28 | 木 | 28 | 甲申 | 7·4 |
| 22 | 28 | 火 | 27 | 甲寅 | 7·3 | 29 | 金 | 29 | 乙酉 | 7·3 |
| 23 | 29 | 水 | 28 | 乙卯 | 8·3 | 30 | 土 | 30 | 丙戌 | 8·3 |
| 24 | 30 | 木 | 29 | 丙辰 | 8·2 | 31 | 日 | 7/1 | 丁亥 | 8·3 |
| 25 | 7/1 | 金 | 6/1 | 丁巳 | 8·2 | 8/1 | 月 | 2 | 戊子 | 8·2 |
| 26 | 2 | 土 | 2 | 戊午 | 9·2 | 2 | 火 | 3 | 己丑 | 9·2 |
| 27 | 3 | 日 | 3 | 己未 | 9·1 | 3 | 水 | 4 | 庚寅 | 9·2 |
| 28 | 4 | 月 | 4 | 庚申 | 9·1 | 4 | 木 | 5 | 辛卯 | 9·1 |
| 29 | 5 | 火 | 5 | 辛酉 | 10·1 | 5 | 金 | 6 | 壬辰 | 10·1 |
| 30 | 6 | 水 | 6 | 壬戌 | 10·1 | 6 | 土 | 7 | 癸巳 | 10·1 |
| 31 | | | | | | 7 | 日 | 8 | 甲午 | 10·1 |

# 辛卯年

| 절기후날수 | 입추절(丙申月) 立秋 8월8일 5시33분 處暑 8월23일 20시21분 | | | | | 백로절(丁酉月) 白露 9월8일 8시34분 秋分 9월23일 18시5분 | | | | |
|---|---|---|---|---|---|---|---|---|---|---|
| | 양력 | 요일 | 음력 | 일진 | 大運 남·여 | 양력 | 요일 | 음력 | 일진 | 大運 남·여 |
| 0 | 8/8 | 月 | 9 | 乙未 | 입추 | 9/8 | 木 | 11 | 丙寅 | 백로 |
| 1 | 9 | 火 | 10 | 丙申 | 1·10 | 9 | 金 | 12 | 丁卯 | 1·10 |
| 2 | 10 | 水 | 11 | 丁酉 | 1·10 | 10 | 土 | 13 | 戊辰 | 1·10 |
| 3 | 11 | 木 | 12 | 戊戌 | 1·9 | 11 | 日 | 14 | 己巳 | 1·9 |
| 4 | 12 | 金 | 13 | 己亥 | 1·9 | 12 | 月 | 15 | 庚午 | 1·9 |
| 5 | 13 | 土 | 14 | 庚子 | 2·9 | 13 | 火 | 16 | 辛未 | 2·9 |
| 6 | 14 | 日 | 15 | 辛丑 | 2·8 | 14 | 水 | 17 | 壬申 | 2·8 |
| 7 | 15 | 月 | 16 | 壬寅 | 2·8 | 15 | 木 | 18 | 癸酉 | 2·8 |
| 8 | 16 | 火 | 17 | 癸卯 | 3·8 | 16 | 金 | 19 | 甲戌 | 3·8 |
| 9 | 17 | 水 | 18 | 甲辰 | 3·7 | 17 | 土 | 20 | 乙亥 | 3·7 |
| 10 | 18 | 木 | 19 | 乙巳 | 3·7 | 18 | 日 | 21 | 丙子 | 3·7 |
| 11 | 19 | 金 | 20 | 丙午 | 4·7 | 19 | 月 | 22 | 丁丑 | 4·7 |
| 12 | 20 | 土 | 21 | 丁未 | 4·6 | 20 | 火 | 23 | 戊寅 | 4·6 |
| 13 | 21 | 日 | 22 | 戊申 | 4·6 | 21 | 水 | 24 | 己卯 | 4·6 |
| 14 | 22 | 月 | 23 | 己酉 | 5·6 | 22 | 木 | 25 | 庚辰 | 5·6 |
| 15 | 23 | 火 | 24 | 庚戌 | 처서 | 23 | 金 | 26 | 辛巳 | 추분 |
| 16 | 24 | 水 | 25 | 辛亥 | 5·5 | 24 | 土 | 27 | 壬午 | 5·5 |
| 17 | 25 | 木 | 26 | 壬子 | 6·5 | 25 | 日 | 28 | 癸未 | 6·5 |
| 18 | 26 | 金 | 27 | 癸丑 | 6·4 | 26 | 月 | 29 | 甲申 | 6·4 |
| 19 | 27 | 土 | 28 | 甲寅 | 6·4 | 27 | 火 | 9/1 | 乙酉 | 6·4 |
| 20 | 28 | 日 | 29 | 乙卯 | 7·4 | 28 | 水 | 2 | 丙戌 | 7·4 |
| 21 | 29 | 月 | 8/1 | 丙辰 | 7·3 | 29 | 木 | 3 | 丁亥 | 7·3 |
| 22 | 30 | 火 | 2 | 丁巳 | 7·3 | 30 | 金 | 4 | 戊子 | 7·3 |
| 23 | 31 | 水 | 3 | 戊午 | 8·3 | 10/1 | 土 | 5 | 己丑 | 8·3 |
| 24 | 9/1 | 木 | 4 | 己未 | 8·2 | 2 | 日 | 6 | 庚寅 | 8·2 |
| 25 | 2 | 金 | 5 | 庚申 | 8·2 | 3 | 月 | 7 | 辛卯 | 8·2 |
| 26 | 3 | 土 | 6 | 辛酉 | 9·2 | 4 | 火 | 8 | 壬辰 | 9·2 |
| 27 | 4 | 日 | 7 | 壬戌 | 9·1 | 5 | 水 | 9 | 癸巳 | 9·1 |
| 28 | 5 | 月 | 8 | 癸亥 | 9·1 | 6 | 木 | 10 | 甲午 | 9·1 |
| 29 | 6 | 火 | 9 | 甲子 | 10·1 | 7 | 金 | 11 | 乙未 | 10·1 |
| 30 | 7 | 水 | 10 | 乙丑 | 10·1 | 8 | 土 | 12 | 丙申 | 10·1 |
| 31 | | | | | | | | | | |

| 절기후날수 | 한로절(戊戌月) 寒露 10월9일 0시19분 霜降 10월24일 3시30분 | | | | | 입동절(己亥月) 立冬 11월8일 3시35분 小雪 11월23일 1시8분 | | | | |
|---|---|---|---|---|---|---|---|---|---|---|
| | 양력 | 요일 | 음력 | 일진 | 大運 남·여 | 양력 | 요일 | 음력 | 일진 | 大運 남·여 |
| 0 | 10/9 | 日 | 13 | 丁酉 | 한로 | 11/8 | 火 | 13 | 丁卯 | 입동 |
| 1 | 10 | 月 | 14 | 戊戌 | 1·10 | 9 | 水 | 14 | 戊辰 | 1·9 |
| 2 | 11 | 火 | 15 | 己亥 | 1·9 | 10 | 木 | 15 | 己巳 | 1·9 |
| 3 | 12 | 水 | 16 | 庚子 | 1·9 | 11 | 金 | 16 | 庚午 | 1·9 |
| 4 | 13 | 木 | 17 | 辛丑 | 1·9 | 12 | 土 | 17 | 辛未 | 1·8 |
| 5 | 14 | 金 | 18 | 壬寅 | 2·8 | 13 | 日 | 18 | 壬申 | 2·8 |
| 6 | 15 | 土 | 19 | 癸卯 | 2·8 | 14 | 月 | 19 | 癸酉 | 2·8 |
| 7 | 16 | 日 | 20 | 甲辰 | 2·8 | 15 | 火 | 20 | 甲戌 | 2·7 |
| 8 | 17 | 月 | 21 | 乙巳 | 3·7 | 16 | 水 | 21 | 乙亥 | 3·7 |
| 9 | 18 | 火 | 22 | 丙午 | 3·7 | 17 | 木 | 22 | 丙子 | 3·7 |
| 10 | 19 | 水 | 23 | 丁未 | 3·7 | 18 | 金 | 23 | 丁丑 | 3·6 |
| 11 | 20 | 木 | 24 | 戊申 | 4·6 | 19 | 土 | 24 | 戊寅 | 4·6 |
| 12 | 21 | 金 | 25 | 己酉 | 4·6 | 20 | 日 | 25 | 己卯 | 4·6 |
| 13 | 22 | 土 | 26 | 庚戌 | 4·6 | 21 | 月 | 26 | 庚辰 | 4·5 |
| 14 | 23 | 日 | 27 | 辛亥 | 5·5 | 22 | 火 | 27 | 辛巳 | 5·5 |
| 15 | 24 | 月 | 28 | 壬子 | 상강 | 23 | 水 | 28 | 壬午 | 소설 |
| 16 | 25 | 火 | 29 | 癸丑 | 5·5 | 24 | 木 | 29 | 癸未 | 5·4 |
| 17 | 26 | 水 | 30 | 甲寅 | 6·4 | 25 | 金 | 11/1 | 甲申 | 6·4 |
| 18 | 27 | 木 | 10/1 | 乙卯 | 6·4 | 26 | 土 | 2 | 乙酉 | 6·4 |
| 19 | 28 | 金 | 2 | 丙辰 | 6·4 | 27 | 日 | 3 | 丙戌 | 6·3 |
| 20 | 29 | 土 | 3 | 丁巳 | 7·3 | 28 | 月 | 4 | 丁亥 | 7·3 |
| 21 | 30 | 日 | 4 | 戊午 | 7·3 | 29 | 火 | 5 | 戊子 | 7·3 |
| 22 | 31 | 月 | 5 | 己未 | 7·3 | 30 | 水 | 6 | 己丑 | 7·2 |
| 23 | 11/1 | 火 | 6 | 庚申 | 8·2 | 12/1 | 木 | 7 | 庚寅 | 8·2 |
| 24 | 2 | 水 | 7 | 辛酉 | 8·2 | 2 | 金 | 8 | 辛卯 | 8·2 |
| 25 | 3 | 木 | 8 | 壬戌 | 8·2 | 3 | 土 | 9 | 壬辰 | 8·1 |
| 26 | 4 | 金 | 9 | 癸亥 | 9·1 | 4 | 日 | 10 | 癸巳 | 9·1 |
| 27 | 5 | 土 | 10 | 甲子 | 9·1 | 5 | 月 | 11 | 甲午 | 9·1 |
| 28 | 6 | 日 | 11 | 乙丑 | 9·1 | 6 | 火 | 12 | 乙未 | 9·1 |
| 29 | 7 | 月 | 12 | 丙寅 | 10·1 | | | | | |
| 30 | | | | | | | | | | |
| 31 | | | | | | | | | | |

| 절기후날수 | 대설절(庚子月) 大雪 12월7일 20시29분 冬至 12월22일 14시30분 | | | | | 소한절(辛丑月) 小寒 1월6일 7시44분 大寒 1월21일 1시10분 | | | | |
|---|---|---|---|---|---|---|---|---|---|---|
| | 양력 | 요일 | 음력 | 일진 | 大運 남·여 | 양력 | 요일 | 음력 | 일진 | 大運 남·여 |
| 0 | 12/7 | 水 | 13 | 丙申 | 대설 | 1/6 | 金 | 13 | 丙寅 | 소한 |
| 1 | 8 | 木 | 14 | 丁酉 | 1·10 | 7 | 土 | 14 | 丁卯 | 1·9 |
| 2 | 9 | 金 | 15 | 戊戌 | 1·9 | 8 | 日 | 15 | 戊辰 | 1·9 |
| 3 | 10 | 土 | 16 | 己亥 | 1·9 | 9 | 月 | 16 | 己巳 | 1·9 |
| 4 | 11 | 日 | 17 | 庚子 | 1·9 | 10 | 火 | 17 | 庚午 | 1·8 |
| 5 | 12 | 月 | 18 | 辛丑 | 2·8 | 11 | 水 | 18 | 辛未 | 2·8 |
| 6 | 13 | 火 | 19 | 壬寅 | 2·8 | 12 | 木 | 19 | 壬申 | 2·8 |
| 7 | 14 | 水 | 20 | 癸卯 | 2·8 | 13 | 金 | 20 | 癸酉 | 2·7 |
| 8 | 15 | 木 | 21 | 甲辰 | 3·7 | 14 | 土 | 21 | 甲戌 | 3·7 |
| 9 | 16 | 金 | 22 | 乙巳 | 3·7 | 15 | 日 | 22 | 乙亥 | 3·7 |
| 10 | 17 | 土 | 23 | 丙午 | 3·7 | 16 | 月 | 23 | 丙子 | 3·6 |
| 11 | 18 | 日 | 24 | 丁未 | 4·6 | 17 | 火 | 24 | 丁丑 | 4·6 |
| 12 | 19 | 月 | 25 | 戊申 | 4·6 | 18 | 水 | 25 | 戊寅 | 4·6 |
| 13 | 20 | 火 | 26 | 己酉 | 4·6 | 19 | 木 | 26 | 己卯 | 4·5 |
| 14 | 21 | 水 | 27 | 庚戌 | 5·5 | 20 | 金 | 27 | 庚辰 | 5·5 |
| 15 | 22 | 木 | 28 | 辛亥 | 동지 | 21 | 土 | 28 | 辛巳 | 대한 |
| 16 | 23 | 金 | 29 | 壬子 | 5·5 | 22 | 日 | 29 | 壬午 | 5·4 |
| 17 | 24 | 土 | 30 | 癸丑 | 6·4 | 23 | 月 | 1/1 | 癸未 | 6·4 |
| 18 | 25 | 日 | 12/1 | 甲寅 | 6·4 | 24 | 火 | 2 | 甲申 | 6·4 |
| 19 | 26 | 月 | 2 | 乙卯 | 6·4 | 25 | 水 | 3 | 乙酉 | 6·3 |
| 20 | 27 | 火 | 3 | 丙辰 | 7·3 | 26 | 木 | 4 | 丙戌 | 7·3 |
| 21 | 28 | 水 | 4 | 丁巳 | 7·3 | 27 | 金 | 5 | 丁亥 | 7·3 |
| 22 | 29 | 木 | 5 | 戊午 | 7·3 | 28 | 土 | 6 | 戊子 | 7·2 |
| 23 | 30 | 金 | 6 | 己未 | 8·2 | 29 | 日 | 7 | 己丑 | 8·2 |
| 24 | 31 | 土 | 7 | 庚申 | 8·2 | 30 | 月 | 8 | 庚寅 | 8·2 |
| 25 | 1/1 | 日 | 8 | 辛酉 | 8·2 | 31 | 火 | 9 | 辛卯 | 8·1 |
| 26 | 2 | 月 | 9 | 壬戌 | 9·1 | 2/1 | 水 | 10 | 壬辰 | 9·1 |
| 27 | 3 | 火 | 10 | 癸亥 | 9·1 | 2 | 木 | 11 | 癸巳 | 9·1 |
| 28 | 4 | 水 | 11 | 甲子 | 9·1 | 3 | 金 | 12 | 甲午 | 9·1 |
| 29 | 5 | 木 | 12 | 乙丑 | 10·1 | | | | | |
| 30 | | | | | | | | | | |
| 31 | | | | | | | | | | |

# 서기 2012년 [단기 4345년]

| 절기후날수 | 입춘절(壬寅月) | | | | | 경칩절(癸卯月) | | | | | 청명절(甲辰月) | | | | | 입하절(乙巳月) | | | | | 망종절(丙午月) | | | | | 소서절(丁未月) | | | | |
|---|---|---|---|---|---|---|---|---|---|---|---|---|---|---|---|---|---|---|---|---|---|---|---|---|---|---|---|---|---|---|
| | 立春 2월4일 19시22분<br>雨水 2월19일 15시17분 | | | | | 驚蟄 3월5일 13시21분<br>春分 3월20일 14시14분 | | | | | 淸明 4월4일 18시5분<br>穀雨 4월20일 1시12분 | | | | | 立夏 5월5일 11시20분<br>小滿 5월21일 0시15분 | | | | | 芒種 6월5일 15시26분<br>夏至 6월21일 8시9분 | | | | | 小暑 7월7일 1시41분<br>大暑 7월22일 19시1분 | | | | |
| | 양력 | 요일 | 음력 | 일진 | 大運 남·여 | 양력 | 요일 | 음력 | 일진 | 大運 남·여 | 양력 | 요일 | 음력 | 일진 | 大運 남·여 | 양력 | 요일 | 음력 | 일진 | 大運 남·여 | 양력 | 요일 | 음력 | 일진 | 大運 남·여 | 양력 | 요일 | 음력 | 일진 | 大運 남·여 |
| 0 | 2/4 | 土 | 13 | 乙未 | 입춘 | 3/5 | 月 | 13 | 乙丑 | 경칩 | 4/4 | 水 | 14 | 乙未 | 청명 | 5/5 | 土 | 윤15 | 丙寅 | 입하 | 6/5 | 火 | 16 | 丁酉 | 망종 | 7/7 | 土 | 18 | 己巳 | 소서 |
| 1 | 5 | 日 | 14 | 丙申 | 10·1 | 6 | 火 | 14 | 丙寅 | 10·1 | 5 | 木 | 15 | 丙申 | 10·1 | 6 | 日 | 윤16 | 丁卯 | 10·1 | 6 | 水 | 17 | 戊戌 | 10·1 | 8 | 日 | 19 | 庚午 | 10·1 |
| 2 | 6 | 月 | 15 | 丁酉 | 9·1 | 7 | 水 | 15 | 丁卯 | 9·1 | 6 | 金 | 16 | 丁酉 | 10·1 | 7 | 月 | 윤17 | 戊辰 | 10·1 | 7 | 木 | 18 | 己亥 | 10·1 | 9 | 月 | 20 | 辛未 | 10·1 |
| 3 | 7 | 火 | 16 | 戊戌 | 9·1 | 8 | 木 | 16 | 戊辰 | 9·1 | 7 | 土 | 17 | 戊戌 | 9·1 | 8 | 火 | 윤18 | 己巳 | 9·1 | 8 | 金 | 19 | 庚子 | 10·1 | 10 | 火 | 21 | 壬申 | 9·1 |
| 4 | 8 | 水 | 17 | 己亥 | 9·1 | 9 | 金 | 17 | 己巳 | 9·1 | 8 | 日 | 18 | 己亥 | 9·1 | 9 | 水 | 윤19 | 庚午 | 9·1 | 9 | 土 | 20 | 辛丑 | 9·1 | 11 | 水 | 22 | 癸酉 | 9·1 |
| 5 | 9 | 木 | 18 | 庚子 | 8·2 | 10 | 土 | 18 | 庚午 | 8·2 | 9 | 月 | 19 | 庚子 | 9·2 | 10 | 木 | 윤20 | 辛未 | 9·2 | 10 | 日 | 21 | 壬寅 | 9·2 | 12 | 木 | 23 | 甲戌 | 9·2 |
| 6 | 10 | 金 | 19 | 辛丑 | 8·2 | 11 | 日 | 19 | 辛未 | 8·2 | 10 | 火 | 20 | 辛丑 | 8·2 | 11 | 金 | 윤21 | 壬申 | 8·2 | 11 | 月 | 22 | 癸卯 | 9·2 | 13 | 金 | 24 | 乙亥 | 8·2 |
| 7 | 11 | 土 | 20 | 壬寅 | 8·2 | 12 | 月 | 20 | 壬申 | 8·2 | 11 | 水 | 21 | 壬寅 | 8·2 | 12 | 土 | 윤22 | 癸酉 | 8·2 | 12 | 火 | 23 | 甲辰 | 8·2 | 14 | 土 | 25 | 丙子 | 8·2 |
| 8 | 12 | 日 | 21 | 癸卯 | 7·3 | 13 | 火 | 21 | 癸酉 | 7·3 | 12 | 木 | 22 | 癸卯 | 8·3 | 13 | 日 | 윤23 | 甲戌 | 8·3 | 13 | 水 | 24 | 乙巳 | 8·3 | 15 | 日 | 26 | 丁丑 | 8·3 |
| 9 | 13 | 月 | 22 | 甲辰 | 7·3 | 14 | 水 | 22 | 甲戌 | 7·3 | 13 | 金 | 23 | 甲辰 | 7·3 | 14 | 月 | 윤24 | 乙亥 | 7·3 | 14 | 木 | 25 | 丙午 | 8·3 | 16 | 月 | 27 | 戊寅 | 7·3 |
| 10 | 14 | 火 | 23 | 乙巳 | 7·3 | 15 | 木 | 23 | 乙亥 | 7·3 | 14 | 土 | 24 | 乙巳 | 7·3 | 15 | 火 | 윤25 | 丙子 | 7·3 | 15 | 金 | 26 | 丁未 | 7·3 | 17 | 火 | 28 | 己卯 | 7·3 |
| 11 | 15 | 水 | 24 | 丙午 | 6·4 | 16 | 金 | 24 | 丙子 | 6·4 | 15 | 日 | 25 | 丙午 | 7·4 | 16 | 水 | 윤26 | 丁丑 | 7·4 | 16 | 土 | 27 | 戊申 | 핮 | 18 | 水 | 29 | 庚辰 | 7·4 |
| 12 | 16 | 木 | 25 | 丁未 | 6·4 | 17 | 土 | 25 | 丁丑 | 6·4 | 16 | 月 | 26 | 丁未 | 6·4 | 17 | 木 | 윤27 | 戊寅 | 6·4 | 17 | 日 | 28 | 己酉 | 7·4 | 19 | 木 | 6/1 | 辛巳 | 6·4 |
| 13 | 17 | 金 | 26 | 戊申 | 6·4 | 18 | 日 | 26 | 戊寅 | 6·4 | 17 | 火 | 27 | 戊申 | 6·4 | 18 | 金 | 윤28 | 己卯 | 6·4 | 18 | 月 | 29 | 庚戌 | 6·4 | 20 | 金 | 2 | 壬午 | 6·4 |
| 14 | 18 | 土 | 27 | 己酉 | 5·5 | 19 | 月 | 27 | 己卯 | 5·5 | 18 | 水 | 28 | 己酉 | 6·5 | 19 | 土 | 윤29 | 庚辰 | 6·5 | 19 | 火 | 30 | 辛亥 | 6·5 | 21 | 土 | 3 | 癸未 | 6·5 |
| 15 | 19 | 日 | 28 | 庚戌 | 우수 | 20 | 火 | 28 | 庚辰 | 춘분 | 19 | 木 | 29 | 庚戌 | 5·5 | 20 | 日 | 윤30 | 辛巳 | 5·5 | 20 | 水 | 5/1 | 壬子 | 6·5 | 22 | 日 | 4 | 甲申 | 대서 |
| 16 | 20 | 月 | 29 | 辛亥 | 5·5 | 21 | 水 | 29 | 辛巳 | 5·5 | 20 | 金 | 30 | 辛亥 | 곡우 | 21 | 月 | 4/1 | 壬午 | 소만 | 21 | 木 | 2 | 癸丑 | 하지 | 23 | 月 | 5 | 乙酉 | 5·5 |
| 17 | 21 | 火 | 30 | 壬子 | 4·6 | 22 | 木 | 3/1 | 壬午 | 4·6 | 21 | 土 | 윤1 | 壬子 | 5·6 | 22 | 火 | 2 | 癸未 | 5·6 | 22 | 金 | 3 | 甲寅 | 5·6 | 24 | 火 | 6 | 丙戌 | 5·6 |
| 18 | 22 | 水 | 2/1 | 癸丑 | 4·6 | 23 | 金 | 2 | 癸未 | 4·6 | 22 | 日 | 윤2 | 癸丑 | 4·6 | 23 | 水 | 3 | 甲申 | 4·6 | 23 | 土 | 4 | 乙卯 | 5·6 | 25 | 水 | 7 | 丁亥 | 4·6 |
| 19 | 23 | 木 | 2 | 甲寅 | 4·6 | 24 | 土 | 3 | 甲申 | 4·6 | 23 | 月 | 윤3 | 甲寅 | 4·6 | 24 | 木 | 4 | 乙酉 | 4·6 | 24 | 日 | 5 | 丙辰 | 4·6 | 26 | 木 | 8 | 戊子 | 4·6 |
| 20 | 24 | 金 | 3 | 乙卯 | 3·7 | 25 | 日 | 4 | 乙酉 | 3·7 | 24 | 火 | 윤4 | 乙卯 | 4·7 | 25 | 金 | 5 | 丙戌 | 4·7 | 25 | 月 | 6 | 丁巳 | 4·7 | 27 | 金 | 9 | 己丑 | 4·7 |
| 21 | 25 | 土 | 4 | 丙辰 | 3·7 | 26 | 月 | 5 | 丙戌 | 3·7 | 25 | 水 | 윤5 | 丙辰 | 3·7 | 26 | 土 | 6 | 丁亥 | 3·7 | 26 | 火 | 7 | 戊午 | 4·7 | 28 | 土 | 10 | 庚寅 | 3·7 |
| 22 | 26 | 日 | 5 | 丁巳 | 3·7 | 27 | 火 | 6 | 丁亥 | 3·7 | 26 | 木 | 윤6 | 丁巳 | 3·7 | 27 | 日 | 7 | 戊子 | 3·7 | 27 | 水 | 8 | 己未 | 3·7 | 29 | 日 | 11 | 辛卯 | 3·7 |
| 23 | 27 | 月 | 6 | 戊午 | 2·8 | 28 | 水 | 7 | 戊子 | 2·8 | 27 | 金 | 윤7 | 戊午 | 3·8 | 28 | 月 | 8 | 己丑 | 3·8 | 28 | 木 | 9 | 庚申 | 3·8 | 30 | 月 | 12 | 壬辰 | 3·8 |
| 24 | 28 | 火 | 7 | 己未 | 2·8 | 29 | 木 | 8 | 己丑 | 2·8 | 28 | 土 | 윤8 | 己未 | 2·8 | 29 | 火 | 9 | 庚寅 | 2·8 | 29 | 金 | 10 | 辛酉 | 3·8 | 31 | 火 | 13 | 癸巳 | 2·8 |
| 25 | 29 | 水 | 8 | 庚申 | 2·8 | 30 | 金 | 9 | 庚寅 | 2·8 | 29 | 日 | 윤9 | 庚申 | 2·8 | 30 | 水 | 10 | 辛卯 | 2·8 | 30 | 土 | 11 | 壬戌 | 2·8 | 8/1 | 水 | 14 | 甲午 | 2·8 |
| 26 | 3/1 | 木 | 9 | 辛酉 | 1·9 | 31 | 土 | 10 | 辛卯 | 1·9 | 30 | 月 | 윤10 | 辛酉 | 2·9 | 31 | 木 | 11 | 壬辰 | 2·9 | 7/1 | 日 | 12 | 癸亥 | 2·9 | 2 | 木 | 15 | 乙未 | 2·9 |
| 27 | 2 | 金 | 10 | 壬戌 | 1·9 | 4/1 | 日 | 11 | 壬辰 | 1·9 | 5/1 | 火 | 윤11 | 壬戌 | 1·9 | 6/1 | 金 | 12 | 癸巳 | 1·9 | 2 | 月 | 13 | 甲子 | 2·9 | 3 | 金 | 16 | 丙申 | 1·9 |
| 28 | 3 | 土 | 11 | 癸亥 | 1·9 | 2 | 月 | 12 | 癸巳 | 1·9 | 2 | 水 | 윤12 | 癸亥 | 1·9 | 2 | 土 | 13 | 甲午 | 1·9 | 3 | 火 | 14 | 乙丑 | 1·9 | 4 | 土 | 17 | 丁酉 | 1·9 |
| 29 | 4 | 日 | 12 | 甲子 | 1·10 | 3 | 火 | 13 | 甲午 | 1·10 | 3 | 木 | 윤13 | 甲子 | 1·10 | 3 | 日 | 14 | 乙未 | 1·10 | 4 | 水 | 15 | 丙寅 | 1·10 | 5 | 日 | 18 | 戊戌 | 1·10 |
| 30 | | | | | | | | | | | 4 | 金 | 윤14 | 乙丑 | 1·10 | 4 | 月 | 15 | 丙申 | 1·10 | 5 | 木 | 16 | 丁卯 | 1·10 | 6 | 月 | 19 | 己亥 | 1·10 |
| 31 | | | | | | | | | | | | | | | | | | | | | 6 | 金 | 17 | 戊辰 | 1·10 | | | | | |

▶윤달-3월

# 壬辰年

| 절기후날수 | 입추절(戊申月) 立秋 8월7일 11시30분 處暑 8월23일 2시7분 | | | | | 백로절(己酉月) 白露 9월7일 14시29분 秋分 9월22일 23시49분 | | | | |
|---|---|---|---|---|---|---|---|---|---|---|
| | 양력 | 요일 | 음력 | 일진 | 大運 남·여 | 양력 | 요일 | 음력 | 일진 | 大運 남·여 |
| 0 | 8/7 | 火 | 20 | 庚子 | 입추 | 9/7 | 金 | 21 | 辛未 | 백로 |
| 1 | 8 | 水 | 21 | 辛丑 | 10·1 | 8 | 土 | 22 | 壬申 | 10·1 |
| 2 | 9 | 木 | 22 | 壬寅 | 10·1 | 9 | 日 | 23 | 癸酉 | 10·1 |
| 3 | 10 | 金 | 23 | 癸卯 | 9·1 | 10 | 月 | 24 | 甲戌 | 9·1 |
| 4 | 11 | 土 | 24 | 甲辰 | 9·1 | 11 | 火 | 25 | 乙亥 | 9·1 |
| 5 | 12 | 日 | 25 | 乙巳 | 9·2 | 12 | 水 | 26 | 丙子 | 9·2 |
| 6 | 13 | 月 | 26 | 丙午 | 8·2 | 13 | 木 | 27 | 丁丑 | 8·2 |
| 7 | 14 | 火 | 27 | 丁未 | 8·2 | 14 | 金 | 28 | 戊寅 | 8·2 |
| 8 | 15 | 水 | 28 | 戊申 | 8·3 | 15 | 土 | 29 | 己卯 | 8·3 |
| 9 | 16 | 木 | 29 | 己酉 | 7·3 | 16 | 日 | 8/1 | 庚辰 | 7·3 |
| 10 | 17 | 金 | 30 | 庚戌 | 7·3 | 17 | 月 | 2 | 辛巳 | 7·3 |
| 11 | 18 | 土 | 7/1 | 辛亥 | 7·4 | 18 | 火 | 3 | 壬午 | 7·4 |
| 12 | 19 | 日 | 2 | 壬子 | 6·4 | 19 | 水 | 4 | 癸未 | 6·4 |
| 13 | 20 | 月 | 3 | 癸丑 | 6·4 | 20 | 木 | 5 | 甲申 | 6·4 |
| 14 | 21 | 火 | 4 | 甲寅 | 6·5 | 21 | 金 | 6 | 乙酉 | 6·5 |
| 15 | 22 | 水 | 5 | 乙卯 | 5·5 | 22 | 土 | 7 | 丙戌 | 추분 |
| 16 | 23 | 木 | 6 | 丙辰 | 처서 | 23 | 日 | 8 | 丁亥 | 5·5 |
| 17 | 24 | 金 | 7 | 丁巳 | 5·6 | 24 | 月 | 9 | 戊子 | 5·6 |
| 18 | 25 | 土 | 8 | 戊午 | 4·6 | 25 | 火 | 10 | 己丑 | 4·6 |
| 19 | 26 | 日 | 9 | 己未 | 4·6 | 26 | 水 | 11 | 庚寅 | 4·6 |
| 20 | 27 | 月 | 10 | 庚申 | 4·7 | 27 | 木 | 12 | 辛卯 | 4·7 |
| 21 | 28 | 火 | 11 | 辛酉 | 3·7 | 28 | 金 | 13 | 壬辰 | 3·7 |
| 22 | 29 | 水 | 12 | 壬戌 | 3·7 | 29 | 土 | 14 | 癸巳 | 3·7 |
| 23 | 30 | 木 | 13 | 癸亥 | 3·8 | 30 | 日 | 15 | 甲午 | 3·8 |
| 24 | 31 | 金 | 14 | 甲子 | 2·8 | 10/1 | 月 | 16 | 乙未 | 2·8 |
| 25 | 9/1 | 土 | 15 | 乙丑 | 2·8 | 2 | 火 | 17 | 丙申 | 2·8 |
| 26 | 2 | 日 | 16 | 丙寅 | 2·9 | 3 | 水 | 18 | 丁酉 | 2·9 |
| 27 | 3 | 月 | 17 | 丁卯 | 1·9 | 4 | 木 | 19 | 戊戌 | 1·9 |
| 28 | 4 | 火 | 18 | 戊辰 | 1·9 | 5 | 金 | 20 | 己亥 | 1·9 |
| 29 | 5 | 水 | 19 | 己巳 | 1·10 | 6 | 土 | 21 | 庚子 | 1·10 |
| 30 | 6 | 木 | 20 | 庚午 | 1·10 | 7 | 日 | 22 | 辛丑 | 1·10 |
| 31 | | | | | | | | | | |

| 절기후날수 | 한로절(庚戌月) 寒露 10월8일 6시12분 霜降 10월23일 9시13분 | | | | | 입동절(辛亥月) 立冬 11월7일 9시26분 小雪 11월22일 6시50분 | | | | |
|---|---|---|---|---|---|---|---|---|---|---|
| | 양력 | 요일 | 음력 | 일진 | 大運 남·여 | 양력 | 요일 | 음력 | 일진 | 大運 남·여 |
| 0 | 10/8 | 月 | 23 | 壬寅 | 한로 | 11/7 | 水 | 24 | 壬申 | 입동 |
| 1 | 9 | 火 | 24 | 癸卯 | 10·1 | 8 | 木 | 25 | 癸酉 | 10·1 |
| 2 | 10 | 水 | 25 | 甲辰 | 9·1 | 9 | 金 | 26 | 甲戌 | 9·1 |
| 3 | 11 | 木 | 26 | 乙巳 | 9·1 | 10 | 土 | 27 | 乙亥 | 9·1 |
| 4 | 12 | 金 | 27 | 丙午 | 9·1 | 11 | 日 | 28 | 丙子 | 9·1 |
| 5 | 13 | 土 | 28 | 丁未 | 8·2 | 12 | 月 | 29 | 丁丑 | 8·2 |
| 6 | 14 | 日 | 29 | 戊申 | 8·2 | 13 | 火 | 30 | 戊寅 | 8·2 |
| 7 | 15 | 月 | 9/1 | 己酉 | 8·2 | 14 | 水 | 10/1 | 己卯 | 8·2 |
| 8 | 16 | 火 | 2 | 庚戌 | 7·3 | 15 | 木 | 2 | 庚辰 | 7·3 |
| 9 | 17 | 水 | 3 | 辛亥 | 7·3 | 16 | 金 | 3 | 辛巳 | 7·3 |
| 10 | 18 | 木 | 4 | 壬子 | 7·3 | 17 | 土 | 4 | 壬午 | 7·3 |
| 11 | 19 | 金 | 5 | 癸丑 | 6·4 | 18 | 日 | 5 | 癸未 | 6·4 |
| 12 | 20 | 土 | 6 | 甲寅 | 6·4 | 19 | 月 | 6 | 甲申 | 6·4 |
| 13 | 21 | 日 | 7 | 乙卯 | 6·4 | 20 | 火 | 7 | 乙酉 | 6·4 |
| 14 | 22 | 月 | 8 | 丙辰 | 5·5 | 21 | 水 | 8 | 丙戌 | 5·5 |
| 15 | 23 | 火 | 9 | 丁巳 | 상강 | 22 | 木 | 9 | 丁亥 | 소설 |
| 16 | 24 | 水 | 10 | 戊午 | 5·5 | 23 | 金 | 10 | 戊子 | 5·5 |
| 17 | 25 | 木 | 11 | 己未 | 4·6 | 24 | 土 | 11 | 己丑 | 4·6 |
| 18 | 26 | 金 | 12 | 庚申 | 4·6 | 25 | 日 | 12 | 庚寅 | 4·6 |
| 19 | 27 | 土 | 13 | 辛酉 | 4·6 | 26 | 月 | 13 | 辛卯 | 4·6 |
| 20 | 28 | 日 | 14 | 壬戌 | 3·7 | 27 | 火 | 14 | 壬辰 | 3·7 |
| 21 | 29 | 月 | 15 | 癸亥 | 3·7 | 28 | 水 | 15 | 癸巳 | 3·7 |
| 22 | 30 | 火 | 16 | 甲子 | 3·7 | 29 | 木 | 16 | 甲午 | 3·7 |
| 23 | 31 | 水 | 17 | 乙丑 | 2·8 | 30 | 金 | 17 | 乙未 | 2·8 |
| 24 | 11/1 | 木 | 18 | 丙寅 | 2·8 | 12/1 | 土 | 18 | 丙申 | 2·8 |
| 25 | 2 | 金 | 19 | 丁卯 | 2·8 | 2 | 日 | 19 | 丁酉 | 2·8 |
| 26 | 3 | 土 | 20 | 戊辰 | 1·9 | 3 | 月 | 20 | 戊戌 | 1·9 |
| 27 | 4 | 日 | 21 | 己巳 | 1·9 | 4 | 火 | 21 | 己亥 | 1·9 |
| 28 | 5 | 月 | 22 | 庚午 | 1·9 | 5 | 水 | 22 | 庚子 | 1·9 |
| 29 | 6 | 火 | 23 | 辛未 | 1·10 | 6 | 木 | 23 | 辛丑 | 1·10 |
| 30 | | | | | | | | | | |
| 31 | | | | | | | | | | |

| 절기후날수 | 대설절(壬子月) 大雪 12월7일 2시19분 冬至 12월21일 20시11분 | | | | | 소한절(癸丑月) 小寒 1월5일 13시34분 大寒 1월20일 6시52분 | | | | |
|---|---|---|---|---|---|---|---|---|---|---|
| | 양력 | 요일 | 음력 | 일진 | 大運 남·여 | 양력 | 요일 | 음력 | 일진 | 大運 남·여 |
| 0 | 12/7 | 金 | 24 | 壬寅 | 대설 | 1/5 | 土 | 24 | 辛未 | 소한 |
| 1 | 8 | 土 | 25 | 癸卯 | 9·1 | 6 | 日 | 25 | 壬申 | 10·1 |
| 2 | 9 | 日 | 26 | 甲辰 | 9·1 | 7 | 月 | 26 | 癸酉 | 9·1 |
| 3 | 10 | 月 | 27 | 乙巳 | 9·1 | 8 | 火 | 27 | 甲戌 | 9·1 |
| 4 | 11 | 火 | 28 | 丙午 | 8·1 | 9 | 水 | 28 | 乙亥 | 9·1 |
| 5 | 12 | 水 | 29 | 丁未 | 8·2 | 10 | 木 | 29 | 丙子 | 8·2 |
| 6 | 13 | 木 | 11/1 | 戊申 | 8·2 | 11 | 金 | 30 | 丁丑 | 8·2 |
| 7 | 14 | 金 | 2 | 己酉 | 7·2 | 12 | 土 | 12/1 | 戊寅 | 8·2 |
| 8 | 15 | 土 | 3 | 庚戌 | 7·3 | 13 | 日 | 2 | 己卯 | 7·3 |
| 9 | 16 | 日 | 4 | 辛亥 | 7·3 | 14 | 月 | 3 | 庚辰 | 7·3 |
| 10 | 17 | 月 | 5 | 壬子 | 6·3 | 15 | 火 | 4 | 辛巳 | 7·3 |
| 11 | 18 | 火 | 6 | 癸丑 | 6·4 | 16 | 水 | 5 | 壬午 | 6·4 |
| 12 | 19 | 水 | 7 | 甲寅 | 6·4 | 17 | 木 | 6 | 癸未 | 6·4 |
| 13 | 20 | 木 | 8 | 乙卯 | 5·4 | 18 | 金 | 7 | 甲申 | 6·4 |
| 14 | 21 | 金 | 9 | 丙辰 | 동지 | 19 | 土 | 8 | 乙酉 | 5·5 |
| 15 | 22 | 土 | 10 | 丁巳 | 5·5 | 20 | 日 | 9 | 丙戌 | 대한 |
| 16 | 23 | 日 | 11 | 戊午 | 4·5 | 21 | 月 | 10 | 丁亥 | 5·5 |
| 17 | 24 | 月 | 12 | 己未 | 4·6 | 22 | 火 | 11 | 戊子 | 4·6 |
| 18 | 25 | 火 | 13 | 庚申 | 4·6 | 23 | 水 | 12 | 己丑 | 4·6 |
| 19 | 26 | 水 | 14 | 辛酉 | 3·6 | 24 | 木 | 13 | 庚寅 | 4·6 |
| 20 | 27 | 木 | 15 | 壬戌 | 3·7 | 25 | 金 | 14 | 辛卯 | 3·7 |
| 21 | 28 | 金 | 16 | 癸亥 | 3·7 | 26 | 土 | 15 | 壬辰 | 3·7 |
| 22 | 29 | 土 | 17 | 甲子 | 2·7 | 27 | 日 | 16 | 癸巳 | 3·7 |
| 23 | 30 | 日 | 18 | 乙丑 | 2·8 | 28 | 月 | 17 | 甲午 | 2·8 |
| 24 | 31 | 月 | 19 | 丙寅 | 2·8 | 29 | 火 | 18 | 乙未 | 2·8 |
| 25 | 1/1 | 火 | 20 | 丁卯 | 1·8 | 30 | 水 | 19 | 丙申 | 2·8 |
| 26 | 2 | 水 | 21 | 戊辰 | 1·9 | 31 | 木 | 20 | 丁酉 | 1·9 |
| 27 | 3 | 木 | 22 | 己巳 | 1·9 | 2/1 | 金 | 21 | 戊戌 | 1·9 |
| 28 | 4 | 金 | 23 | 庚午 | 1·9 | 2 | 土 | 22 | 己亥 | 1·9 |
| 29 | | | | | | 3 | 日 | 23 | 庚子 | 1·10 |
| 30 | | | | | | | | | | |
| 31 | | | | | | | | | | |

# 서기 2013년 [단기 4346년]

| 절기후날수 | 입춘절(甲寅月) 立春 2월4일 1시13분 雨水 2월18일 21시1분 | | | | | 경칩절(乙卯月) 驚蟄 3월5일 19시15분 春分 3월20일 20시2분 | | | | | 청명절(丙辰月) 淸明 4월5일 0시2분 穀雨 4월20일 7시3분 | | | | |
|---|---|---|---|---|---|---|---|---|---|---|---|---|---|---|---|
| | 양력 | 요일 | 음력 | 일진 | 大運 남·여 | 양력 | 요일 | 음력 | 일진 | 大運 남·여 | 양력 | 요일 | 음력 | 일진 | 大運 남·여 |
| 0 | 2/4 | 月 | 24 | 辛丑 | 입춘 | 3/5 | 火 | 24 | 庚午 | 경칩 | 4/5 | 金 | 25 | 辛丑 | 청명 |
| 1 | 5 | 火 | 25 | 壬寅 | 1·9 | 6 | 水 | 25 | 辛未 | 1·10 | 6 | 土 | 26 | 壬寅 | 1·10 |
| 2 | 6 | 水 | 26 | 癸卯 | 1·9 | 7 | 木 | 26 | 壬申 | 1·10 | 7 | 日 | 27 | 癸卯 | 1·9 |
| 3 | 7 | 木 | 27 | 甲辰 | 1·9 | 8 | 金 | 27 | 癸酉 | 1·9 | 8 | 月 | 28 | 甲辰 | 1·9 |
| 4 | 8 | 金 | 28 | 乙巳 | 1·8 | 9 | 土 | 28 | 甲戌 | 1·9 | 9 | 火 | 29 | 乙巳 | 1·9 |
| 5 | 9 | 土 | 29 | 丙午 | 2·8 | 10 | 日 | 29 | 乙亥 | 2·9 | 10 | 水 | 3/1 | 丙午 | 2·8 |
| 6 | 10 | 日 | 1/1 | 丁未 | 2·8 | 11 | 月 | 30 | 丙子 | 2·8 | 11 | 木 | 2 | 丁未 | 2·8 |
| 7 | 11 | 月 | 2 | 戊申 | 2·7 | 12 | 火 | 2/1 | 丁丑 | 2·8 | 12 | 金 | 3 | 戊申 | 2·8 |
| 8 | 12 | 火 | 3 | 己酉 | 3·7 | 13 | 水 | 2 | 戊寅 | 3·8 | 13 | 土 | 4 | 己酉 | 3·7 |
| 9 | 13 | 水 | 4 | 庚戌 | 3·7 | 14 | 木 | 3 | 己卯 | 3·7 | 14 | 日 | 5 | 庚戌 | 3·7 |
| 10 | 14 | 木 | 5 | 辛亥 | 3·6 | 15 | 金 | 4 | 庚辰 | 3·7 | 15 | 月 | 6 | 辛亥 | 3·7 |
| 11 | 15 | 金 | 6 | 壬子 | 4·6 | 16 | 土 | 5 | 辛巳 | 4·7 | 16 | 火 | 7 | 壬子 | 4·6 |
| 12 | 16 | 土 | 7 | 癸丑 | 4·6 | 17 | 日 | 6 | 壬午 | 4·6 | 17 | 水 | 8 | 癸丑 | 4·6 |
| 13 | 17 | 日 | 8 | 甲寅 | 4·5 | 18 | 月 | 7 | 癸未 | 4·6 | 18 | 木 | 9 | 甲寅 | 4·6 |
| 14 | 18 | 月 | 9 | 乙卯 | 우수 | 19 | 火 | 8 | 甲申 | 5·6 | 19 | 金 | 10 | 乙卯 | 5·5 |
| 15 | 19 | 火 | 10 | 丙辰 | 5·5 | 20 | 水 | 9 | 乙酉 | 춘분 | 20 | 土 | 11 | 丙辰 | 곡우 |
| 16 | 20 | 水 | 11 | 丁巳 | 5·4 | 21 | 木 | 10 | 丙戌 | 5·5 | 21 | 日 | 12 | 丁巳 | 5·5 |
| 17 | 21 | 木 | 12 | 戊午 | 6·4 | 22 | 金 | 11 | 丁亥 | 6·5 | 22 | 月 | 13 | 戊午 | 6·4 |
| 18 | 22 | 金 | 13 | 己未 | 6·4 | 23 | 土 | 12 | 戊子 | 6·4 | 23 | 火 | 14 | 己未 | 6·4 |
| 19 | 23 | 土 | 14 | 庚申 | 6·3 | 24 | 日 | 13 | 己丑 | 6·4 | 24 | 水 | 15 | 庚申 | 6·4 |
| 20 | 24 | 日 | 15 | 辛酉 | 7·3 | 25 | 月 | 14 | 庚寅 | 7·4 | 25 | 木 | 16 | 辛酉 | 7·3 |
| 21 | 25 | 月 | 16 | 壬戌 | 7·3 | 26 | 火 | 15 | 辛卯 | 7·3 | 26 | 金 | 17 | 壬戌 | 7·3 |
| 22 | 26 | 火 | 17 | 癸亥 | 7·2 | 27 | 水 | 16 | 壬辰 | 7·3 | 27 | 土 | 18 | 癸亥 | 7·3 |
| 23 | 27 | 水 | 18 | 甲子 | 8·2 | 28 | 木 | 17 | 癸巳 | 8·3 | 28 | 日 | 19 | 甲子 | 8·2 |
| 24 | 28 | 木 | 19 | 乙丑 | 8·2 | 29 | 金 | 18 | 甲午 | 8·2 | 29 | 月 | 20 | 乙丑 | 8·2 |
| 25 | 3/1 | 金 | 20 | 丙寅 | 8·1 | 30 | 土 | 19 | 乙未 | 8·2 | 30 | 火 | 21 | 丙寅 | 8·2 |
| 26 | 2 | 土 | 21 | 丁卯 | 9·1 | 31 | 日 | 20 | 丙申 | 9·2 | 5/1 | 水 | 22 | 丁卯 | 9·1 |
| 27 | 3 | 日 | 22 | 戊辰 | 9·1 | 4/1 | 月 | 21 | 丁酉 | 9·1 | 2 | 木 | 23 | 戊辰 | 9·1 |
| 28 | 4 | 月 | 23 | 己巳 | 9·1 | 2 | 火 | 22 | 戊戌 | 9·1 | 3 | 金 | 24 | 己巳 | 9·1 |
| 29 | | | | | | 3 | 水 | 23 | 己亥 | 10·1 | 4 | 土 | 25 | 庚午 | 10·1 |
| 30 | | | | | | 4 | 木 | 24 | 庚子 | 10·1 | | | | | |
| 31 | | | | | | | | | | | | | | | |

| 절기후날수 | 입하절(丁巳月) 立夏 5월5일 17시18분 小滿 5월21일 6시9분 | | | | | 망종절(戊午月) 芒種 6월5일 21시23분 夏至 6월21일 14시4분 | | | | | 소서절(己未月) 小暑 7월7일 7시34분 大暑 7월23일 0시56분 | | | | |
|---|---|---|---|---|---|---|---|---|---|---|---|---|---|---|---|
| | 양력 | 요일 | 음력 | 일진 | 大運 남·여 | 양력 | 요일 | 음력 | 일진 | 大運 남·여 | 양력 | 요일 | 음력 | 일진 | 大運 남·여 |
| 0 | 5/5 | 日 | 26 | 辛未 | 입하 | 6/5 | 水 | 27 | 壬寅 | 망종 | 7/7 | 日 | 29 | 甲戌 | 소서 |
| 1 | 6 | 月 | 27 | 壬申 | 1·10 | 6 | 木 | 28 | 癸卯 | 1·10 | 8 | 月 | 6/1 | 乙亥 | 1·10 |
| 2 | 7 | 火 | 28 | 癸酉 | 1·10 | 7 | 金 | 29 | 甲辰 | 1·10 | 9 | 火 | 2 | 丙子 | 1·10 |
| 3 | 8 | 水 | 29 | 甲戌 | 1·9 | 8 | 土 | 30 | 乙巳 | 1·10 | 10 | 水 | 3 | 丁丑 | 1·9 |
| 4 | 9 | 木 | 30 | 乙亥 | 1·9 | 9 | 日 | 5/1 | 丙午 | 1·9 | 11 | 木 | 4 | 戊寅 | 1·9 |
| 5 | 10 | 金 | 4/1 | 丙子 | 2·9 | 10 | 月 | 2 | 丁未 | 2·9 | 12 | 金 | 5 | 己卯 | 2·9 |
| 6 | 11 | 土 | 2 | 丁丑 | 2·8 | 11 | 火 | 3 | 戊申 | 2·9 | 13 | 土 | 6 | 庚辰 | 2·8 |
| 7 | 12 | 日 | 3 | 戊寅 | 2·8 | 12 | 水 | 4 | 己酉 | 2·8 | 14 | 日 | 7 | 辛巳 | 2·8 |
| 8 | 13 | 月 | 4 | 己卯 | 3·8 | 13 | 木 | 5 | 庚戌 | 3·8 | 15 | 月 | 8 | 壬午 | 3·8 |
| 9 | 14 | 火 | 5 | 庚辰 | 3·7 | 14 | 金 | 6 | 辛亥 | 3·8 | 16 | 火 | 9 | 癸未 | 3·7 |
| 10 | 15 | 水 | 6 | 辛巳 | 3·7 | 15 | 土 | 7 | 壬子 | 3·7 | 17 | 水 | 10 | 甲申 | 3·7 |
| 11 | 16 | 木 | 7 | 壬午 | 4·7 | 16 | 日 | 8 | 癸丑 | 4·7 | 18 | 木 | 11 | 乙酉 | 4·7 |
| 12 | 17 | 金 | 8 | 癸未 | 4·6 | 17 | 月 | 9 | 甲寅 | 4·7 | 19 | 金 | 12 | 丙戌 | 4·6 |
| 13 | 18 | 土 | 9 | 甲申 | 4·6 | 18 | 火 | 10 | 乙卯 | 4·6 | 20 | 土 | 13 | 丁亥 | 4·6 |
| 14 | 19 | 日 | 10 | 乙酉 | 5·6 | 19 | 水 | 11 | 丙辰 | 5·6 | 21 | 日 | 14 | 戊子 | 5·6 |
| 15 | 20 | 月 | 11 | 丙戌 | 5·5 | 20 | 木 | 12 | 丁巳 | 5·6 | 22 | 月 | 15 | 己丑 | 5·5 |
| 16 | 21 | 火 | 12 | 丁亥 | 소만 | 21 | 金 | 13 | 戊午 | 하지 | 23 | 火 | 16 | 庚寅 | 대서 |
| 17 | 22 | 水 | 13 | 戊子 | 6·5 | 22 | 土 | 14 | 己未 | 6·5 | 24 | 水 | 17 | 辛卯 | 6·5 |
| 18 | 23 | 木 | 14 | 己丑 | 6·4 | 23 | 日 | 15 | 庚申 | 6·5 | 25 | 木 | 18 | 壬辰 | 6·4 |
| 19 | 24 | 金 | 15 | 庚寅 | 6·4 | 24 | 月 | 16 | 辛酉 | 6·4 | 26 | 金 | 19 | 癸巳 | 6·4 |
| 20 | 25 | 土 | 16 | 辛卯 | 7·4 | 25 | 火 | 17 | 壬戌 | 7·4 | 27 | 土 | 20 | 甲午 | 7·4 |
| 21 | 26 | 日 | 17 | 壬辰 | 7·3 | 26 | 水 | 18 | 癸亥 | 7·4 | 28 | 日 | 21 | 乙未 | 7·3 |
| 22 | 27 | 月 | 18 | 癸巳 | 7·3 | 27 | 木 | 19 | 甲子 | 7·3 | 29 | 月 | 22 | 丙申 | 7·3 |
| 23 | 28 | 火 | 19 | 甲午 | 8·3 | 28 | 金 | 20 | 乙丑 | 8·3 | 30 | 火 | 23 | 丁酉 | 8·3 |
| 24 | 29 | 水 | 20 | 乙未 | 8·2 | 29 | 土 | 21 | 丙寅 | 8·3 | 31 | 水 | 24 | 戊戌 | 8·2 |
| 25 | 30 | 木 | 21 | 丙申 | 8·2 | 30 | 日 | 22 | 丁卯 | 8·2 | 8/1 | 木 | 25 | 己亥 | 8·2 |
| 26 | 31 | 金 | 22 | 丁酉 | 9·2 | 7/1 | 月 | 23 | 戊辰 | 9·2 | 2 | 金 | 26 | 庚子 | 9·2 |
| 27 | 6/1 | 土 | 23 | 戊戌 | 9·1 | 2 | 火 | 24 | 己巳 | 9·2 | 3 | 土 | 27 | 辛丑 | 9·1 |
| 28 | 2 | 日 | 24 | 己亥 | 9·1 | 3 | 水 | 25 | 庚午 | 9·1 | 4 | 日 | 28 | 壬寅 | 9·1 |
| 29 | 3 | 月 | 25 | 庚子 | 10·1 | 4 | 木 | 26 | 辛未 | 10·1 | 5 | 月 | 29 | 癸卯 | 10·1 |
| 30 | 4 | 火 | 26 | 辛丑 | 10·1 | 5 | 金 | 27 | 壬申 | 10·1 | 6 | 火 | 30 | 甲辰 | 10·1 |
| 31 | | | | | | 6 | 土 | 28 | 癸酉 | 10·1 | | | | | |

# 癸巳年

| 절기후날수 | 입추절(庚申月) 立秋 8월7일 17시20분 處暑 8월23일 8시2분 | | | | | 백로절(辛酉月) 白露 9월7일 20시16분 秋分 9월23일 5시44분 | | | | | 한로절(壬戌月) 寒露 10월8일 11시58분 霜降 10월23일 15시10분 | | | | | 입동절(癸亥月) 立冬 11월7일 15시14분 小雪 11월22일 12시48분 | | | | | 대설절(甲子月) 大雪 12월7일 8시8분 冬至 12월22일 2시11분 | | | | | 소한절(乙丑月) 小寒 1월5일 19시24분 大寒 1월20일 12시51분 | | | | |
|---|---|---|---|---|---|---|---|---|---|---|---|---|---|---|---|---|---|---|---|---|---|---|---|---|---|---|---|---|---|---|
| | 양력 | 요일 | 음력 | 일진 | 大運 남·여 | 양력 | 요일 | 음력 | 일진 | 大運 남·여 | 양력 | 요일 | 음력 | 일진 | 大運 남·여 | 양력 | 요일 | 음력 | 일진 | 大運 남·여 | 양력 | 요일 | 음력 | 일진 | 大運 남·여 | 양력 | 요일 | 음력 | 일진 | 大運 남·여 |
| 0 | 8/7 | 水 | 7/1 | 乙巳 | 입추 | 9/7 | 土 | 3 | 丙子 | 백로 | 10/8 | 火 | 4 | 丁未 | 한로 | 11/7 | 木 | 5 | 丁丑 | 입동 | 12/7 | 土 | 5 | 丁未 | 대설 | 1/5 | 日 | 5 | 丙子 | 소한 |
| 1 | 8 | 木 | 2 | 丙午 | 1·10 | 8 | 日 | 4 | 丁丑 | 1·10 | 9 | 水 | 5 | 戊申 | 1·10 | 8 | 金 | 6 | 戊寅 | 1·10 | 8 | 日 | 6 | 戊申 | 1·9 | 6 | 月 | 6 | 丁丑 | 1·10 |
| 2 | 9 | 金 | 3 | 丁未 | 1·10 | 9 | 月 | 5 | 戊寅 | 1·10 | 10 | 木 | 6 | 己酉 | 1·9 | 9 | 土 | 7 | 己卯 | 1·9 | 9 | 月 | 7 | 己酉 | 1·9 | 7 | 火 | 7 | 戊寅 | 1·9 |
| 3 | 10 | 土 | 4 | 戊申 | 1·9 | 10 | 火 | 6 | 己卯 | 1·9 | 11 | 金 | 7 | 庚戌 | 1·9 | 10 | 日 | 8 | 庚辰 | 1·9 | 10 | 火 | 8 | 庚戌 | 1·9 | 8 | 水 | 8 | 己卯 | 1·9 |
| 4 | 11 | 日 | 5 | 己酉 | 1·9 | 11 | 水 | 7 | 庚辰 | 1·9 | 12 | 土 | 8 | 辛亥 | 1·9 | 11 | 月 | 9 | 辛巳 | 1·9 | 11 | 水 | 9 | 辛亥 | 1·8 | 9 | 木 | 9 | 庚辰 | 1·9 |
| 5 | 12 | 月 | 6 | 庚戌 | 2·9 | 12 | 木 | 8 | 辛巳 | 2·9 | 13 | 日 | 9 | 壬子 | 2·8 | 12 | 火 | 10 | 壬午 | 2·8 | 12 | 木 | 10 | 壬子 | 2·8 | 10 | 金 | 10 | 辛巳 | 2·8 |
| 6 | 13 | 火 | 7 | 辛亥 | 2·8 | 13 | 金 | 9 | 壬午 | 2·8 | 14 | 月 | 10 | 癸丑 | 2·8 | 13 | 水 | 11 | 癸未 | 2·8 | 13 | 金 | 11 | 癸丑 | 2·8 | 11 | 土 | 11 | 壬午 | 2·8 |
| 7 | 14 | 水 | 8 | 壬子 | 2·8 | 14 | 土 | 10 | 癸未 | 2·8 | 15 | 火 | 11 | 甲寅 | 2·8 | 14 | 木 | 12 | 甲申 | 2·8 | 14 | 土 | 12 | 甲寅 | 2·7 | 12 | 日 | 12 | 癸未 | 2·8 |
| 8 | 15 | 木 | 9 | 癸丑 | 3·8 | 15 | 日 | 11 | 甲申 | 3·8 | 16 | 水 | 12 | 乙卯 | 3·7 | 15 | 金 | 13 | 乙酉 | 3·7 | 15 | 日 | 13 | 乙卯 | 3·7 | 13 | 月 | 13 | 甲申 | 3·7 |
| 9 | 16 | 金 | 10 | 甲寅 | 3·7 | 16 | 月 | 12 | 乙酉 | 3·7 | 17 | 木 | 13 | 丙辰 | 3·7 | 16 | 土 | 14 | 丙戌 | 3·7 | 16 | 月 | 14 | 丙辰 | 3·7 | 14 | 火 | 14 | 乙酉 | 3·7 |
| 10 | 17 | 土 | 11 | 乙卯 | 3·7 | 17 | 火 | 13 | 丙戌 | 3·7 | 18 | 金 | 14 | 丁巳 | 3·7 | 17 | 日 | 15 | 丁亥 | 3·7 | 17 | 火 | 15 | 丁巳 | 3·6 | 15 | 水 | 15 | 丙戌 | 3·7 |
| 11 | 18 | 日 | 12 | 丙辰 | 4·7 | 18 | 水 | 14 | 丁亥 | 4·7 | 19 | 土 | 15 | 戊午 | 4·6 | 18 | 月 | 16 | 戊子 | 4·6 | 18 | 水 | 16 | 戊午 | 4·6 | 16 | 木 | 16 | 丁亥 | 4·6 |
| 12 | 19 | 月 | 13 | 丁巳 | 4·6 | 19 | 木 | 15 | 戊子 | 4·6 | 20 | 日 | 16 | 己未 | 4·6 | 19 | 火 | 17 | 己丑 | 4·6 | 19 | 木 | 17 | 己未 | 4·6 | 17 | 金 | 17 | 戊子 | 4·6 |
| 13 | 20 | 火 | 14 | 戊午 | 4·6 | 20 | 金 | 16 | 己丑 | 4·6 | 21 | 月 | 17 | 庚申 | 4·6 | 20 | 水 | 18 | 庚寅 | 4·6 | 20 | 金 | 18 | 庚申 | 4·5 | 18 | 土 | 18 | 己丑 | 4·6 |
| 14 | 21 | 水 | 15 | 己未 | 5·6 | 21 | 土 | 17 | 庚寅 | 5·6 | 22 | 火 | 18 | 辛酉 | 5·5 | 21 | 木 | 19 | 辛卯 | 5·5 | 21 | 土 | 19 | 辛酉 | 5·5 | 19 | 日 | 19 | 庚寅 | 5·5 |
| 15 | 22 | 木 | 16 | 庚申 | 5·5 | 22 | 日 | 18 | 辛卯 | 5·5 | 23 | 水 | 19 | 壬戌 | 상강 | 22 | 金 | 20 | 壬辰 | 소설 | 22 | 日 | 20 | 壬戌 | 동지 | 20 | 月 | 20 | 辛卯 | 대한 |
| 16 | 23 | 金 | 17 | 辛酉 | 처서 | 23 | 月 | 19 | 壬辰 | 추분 | 24 | 木 | 20 | 癸亥 | 5·5 | 23 | 土 | 21 | 癸巳 | 5·5 | 23 | 月 | 21 | 癸亥 | 5·4 | 21 | 火 | 21 | 壬辰 | 5·5 |
| 17 | 24 | 土 | 18 | 壬戌 | 6·5 | 24 | 火 | 20 | 癸巳 | 6·5 | 25 | 金 | 21 | 甲子 | 6·4 | 24 | 日 | 22 | 甲午 | 6·4 | 24 | 火 | 22 | 甲子 | 6·4 | 22 | 水 | 22 | 癸巳 | 6·4 |
| 18 | 25 | 日 | 19 | 癸亥 | 6·4 | 25 | 水 | 21 | 甲午 | 6·4 | 26 | 土 | 22 | 乙丑 | 6·4 | 25 | 月 | 23 | 乙未 | 6·4 | 25 | 水 | 23 | 乙丑 | 6·4 | 23 | 木 | 23 | 甲午 | 6·4 |
| 19 | 26 | 月 | 20 | 甲子 | 6·4 | 26 | 木 | 22 | 乙未 | 6·4 | 27 | 日 | 23 | 丙寅 | 6·4 | 26 | 火 | 24 | 丙申 | 6·4 | 26 | 木 | 24 | 丙寅 | 6·3 | 24 | 金 | 24 | 乙未 | 6·4 |
| 20 | 27 | 火 | 21 | 乙丑 | 7·4 | 27 | 金 | 23 | 丙申 | 7·4 | 28 | 月 | 24 | 丁卯 | 7·3 | 27 | 水 | 25 | 丁酉 | 7·3 | 27 | 金 | 25 | 丁卯 | 7·3 | 25 | 土 | 25 | 丙申 | 7·3 |
| 21 | 28 | 水 | 22 | 丙寅 | 7·3 | 28 | 土 | 24 | 丁酉 | 7·3 | 29 | 火 | 25 | 戊辰 | 7·3 | 28 | 木 | 26 | 戊戌 | 7·3 | 28 | 土 | 26 | 戊辰 | 7·3 | 26 | 日 | 26 | 丁酉 | 7·3 |
| 22 | 29 | 木 | 23 | 丁卯 | 7·3 | 29 | 日 | 25 | 戊戌 | 7·3 | 30 | 水 | 26 | 己巳 | 7·3 | 29 | 金 | 27 | 己亥 | 7·3 | 29 | 日 | 27 | 己巳 | 7·2 | 27 | 月 | 27 | 戊戌 | 7·3 |
| 23 | 30 | 金 | 24 | 戊辰 | 8·3 | 30 | 月 | 26 | 己亥 | 8·3 | 31 | 木 | 27 | 庚午 | 8·2 | 30 | 土 | 28 | 庚子 | 8·2 | 30 | 月 | 28 | 庚午 | 8·2 | 28 | 火 | 28 | 己亥 | 8·2 |
| 24 | 31 | 土 | 25 | 己巳 | 8·2 | 10/1 | 火 | 27 | 庚子 | 8·2 | 11/1 | 金 | 28 | 辛未 | 8·2 | 12/1 | 日 | 29 | 辛丑 | 8·2 | 31 | 火 | 29 | 辛未 | 8·2 | 29 | 水 | 29 | 庚子 | 8·2 |
| 25 | 9/1 | 日 | 26 | 庚午 | 8·2 | 2 | 水 | 28 | 辛丑 | 8·2 | 2 | 土 | 29 | 壬申 | 8·2 | 2 | 月 | 30 | 壬寅 | 8·2 | 1/1 | 水 | 12/1 | 壬申 | 8·1 | 30 | 木 | 30 | 辛丑 | 8·2 |
| 26 | 2 | 月 | 27 | 辛未 | 9·2 | 3 | 木 | 29 | 壬寅 | 9·2 | 3 | 日 | 10/1 | 癸酉 | 9·1 | 3 | 火 | 11/1 | 癸卯 | 9·1 | 2 | 木 | 2 | 癸酉 | 9·1 | 31 | 金 | 1/1 | 壬寅 | 9·1 |
| 27 | 3 | 火 | 28 | 壬申 | 9·1 | 4 | 金 | 30 | 癸卯 | 9·1 | 4 | 月 | 2 | 甲戌 | 9·1 | 4 | 水 | 2 | 甲辰 | 9·1 | 3 | 金 | 3 | 甲戌 | 9·1 | 2/1 | 土 | 2 | 癸卯 | 9·1 |
| 28 | 4 | 水 | 29 | 癸酉 | 9·1 | 5 | 土 | 9/1 | 甲辰 | 9·1 | 5 | 火 | 3 | 乙亥 | 9·1 | 5 | 木 | 3 | 乙巳 | 9·1 | 4 | 土 | 4 | 乙亥 | 9·1 | 2 | 日 | 3 | 甲辰 | 9·1 |
| 29 | 5 | 木 | 8/1 | 甲戌 | 10·1 | 6 | 日 | 2 | 乙巳 | 10·1 | 6 | 水 | 4 | 丙子 | 10·1 | 6 | 金 | 4 | 丙午 | 10·1 | | | | | | 3 | 月 | 4 | 乙巳 | 10·1 |
| 30 | 6 | 金 | 2 | 乙亥 | 10·1 | 7 | 月 | 3 | 丙午 | 10·1 | | | | | | | | | | | | | | | | | | | | |
| 31 | | | | | | | | | | | | | | | | | | | | | | | | | | | | | | |

# 서기 2014년 [단기 4347년]

| 절기후날수 | 입춘절(丙寅月) 立春 2월4일 7시3분 / 雨水 2월19일 2시59분 | | | | |
|---|---|---|---|---|---|
| | 양력 | 요일 | 음력 | 일진 | 大運 남·여 |
| 0 | 2/4 | 火 | 5 | 丙午 | 입춘 |
| 1 | 5 | 水 | 6 | 丁未 | 10·1 |
| 2 | 6 | 木 | 7 | 戊申 | 9·1 |
| 3 | 7 | 金 | 8 | 己酉 | 9·1 |
| 4 | 8 | 土 | 9 | 庚戌 | 9·1 |
| 5 | 9 | 日 | 10 | 辛亥 | 8·2 |
| 6 | 10 | 月 | 11 | 壬子 | 8·2 |
| 7 | 11 | 火 | 12 | 癸丑 | 8·2 |
| 8 | 12 | 水 | 13 | 甲寅 | 7·3 |
| 9 | 13 | 木 | 14 | 乙卯 | 7·3 |
| 10 | 14 | 金 | 15 | 丙辰 | 7·3 |
| 11 | 15 | 土 | 16 | 丁巳 | 6·4 |
| 12 | 16 | 日 | 17 | 戊午 | 6·4 |
| 13 | 17 | 月 | 18 | 己未 | 6·4 |
| 14 | 18 | 火 | 19 | 庚申 | 5·5 |
| 15 | 19 | 水 | 20 | 辛酉 | 우수 |
| 16 | 20 | 木 | 21 | 壬戌 | 5·5 |
| 17 | 21 | 金 | 22 | 癸亥 | 4·6 |
| 18 | 22 | 土 | 23 | 甲子 | 4·6 |
| 19 | 23 | 日 | 24 | 乙丑 | 4·6 |
| 20 | 24 | 月 | 25 | 丙寅 | 3·7 |
| 21 | 25 | 火 | 26 | 丁卯 | 3·7 |
| 22 | 26 | 水 | 27 | 戊辰 | 3·7 |
| 23 | 27 | 木 | 28 | 己巳 | 2·8 |
| 24 | 28 | 金 | 29 | 庚午 | 2·8 |
| 25 | 3/1 | 土 | 2/1 | 辛未 | 2·8 |
| 26 | 2 | 日 | 2 | 壬申 | 1·9 |
| 27 | 3 | 月 | 3 | 癸酉 | 1·9 |
| 28 | 4 | 火 | 4 | 甲戌 | 1·9 |
| 29 | 5 | 水 | 5 | 乙亥 | 1·10 |
| 30 | | | | | |
| 31 | | | | | |

| 절기후날수 | 경칩절(丁卯月) 驚蟄 3월6일 1시2분 / 春分 3월21일 1시57분 | | | | |
|---|---|---|---|---|---|
| | 양력 | 요일 | 음력 | 일진 | 大運 남·여 |
| 0 | 3/6 | 木 | 6 | 丙子 | 경칩 |
| 1 | 7 | 金 | 7 | 丁丑 | 10·1 |
| 2 | 8 | 土 | 8 | 戊寅 | 9·1 |
| 3 | 9 | 日 | 9 | 己卯 | 9·1 |
| 4 | 10 | 月 | 10 | 庚辰 | 9·1 |
| 5 | 11 | 火 | 11 | 辛巳 | 8·2 |
| 6 | 12 | 水 | 12 | 壬午 | 8·2 |
| 7 | 13 | 木 | 13 | 癸未 | 8·2 |
| 8 | 14 | 金 | 14 | 甲申 | 7·3 |
| 9 | 15 | 土 | 15 | 乙酉 | 7·3 |
| 10 | 16 | 日 | 16 | 丙戌 | 7·3 |
| 11 | 17 | 月 | 17 | 丁亥 | 6·4 |
| 12 | 18 | 火 | 18 | 戊子 | 6·4 |
| 13 | 19 | 水 | 19 | 己丑 | 6·4 |
| 14 | 20 | 木 | 20 | 庚寅 | 5·5 |
| 15 | 21 | 金 | 21 | 辛卯 | 춘분 |
| 16 | 22 | 土 | 22 | 壬辰 | 5·5 |
| 17 | 23 | 日 | 23 | 癸巳 | 4·6 |
| 18 | 24 | 月 | 24 | 甲午 | 4·6 |
| 19 | 25 | 火 | 25 | 乙未 | 4·6 |
| 20 | 26 | 水 | 26 | 丙申 | 3·7 |
| 21 | 27 | 木 | 27 | 丁酉 | 3·7 |
| 22 | 28 | 金 | 28 | 戊戌 | 3·7 |
| 23 | 29 | 土 | 29 | 己亥 | 2·8 |
| 24 | 30 | 日 | 30 | 庚子 | 2·8 |
| 25 | 31 | 月 | 3/1 | 辛丑 | 2·8 |
| 26 | 4/1 | 火 | 2 | 壬寅 | 1·9 |
| 27 | 2 | 水 | 3 | 癸卯 | 1·9 |
| 28 | 3 | 木 | 4 | 甲辰 | 1·9 |
| 29 | 4 | 金 | 5 | 乙巳 | 1·10 |
| 30 | | | | | |
| 31 | | | | | |

| 절기후날수 | 청명절(戊辰月) 清明 4월5일 5시47분 / 穀雨 4월20일 12시55분 | | | | |
|---|---|---|---|---|---|
| | 양력 | 요일 | 음력 | 일진 | 大運 남·여 |
| 0 | 4/5 | 土 | 6 | 丙午 | 청명 |
| 1 | 6 | 日 | 7 | 丁未 | 10·1 |
| 2 | 7 | 月 | 8 | 戊申 | 9·1 |
| 3 | 8 | 火 | 9 | 己酉 | 9·1 |
| 4 | 9 | 水 | 10 | 庚戌 | 9·1 |
| 5 | 10 | 木 | 11 | 辛亥 | 8·2 |
| 6 | 11 | 金 | 12 | 壬子 | 8·2 |
| 7 | 12 | 土 | 13 | 癸丑 | 8·2 |
| 8 | 13 | 日 | 14 | 甲寅 | 7·3 |
| 9 | 14 | 月 | 15 | 乙卯 | 7·3 |
| 10 | 15 | 火 | 16 | 丙辰 | 7·3 |
| 11 | 16 | 水 | 17 | 丁巳 | 6·4 |
| 12 | 17 | 木 | 18 | 戊午 | 6·4 |
| 13 | 18 | 金 | 19 | 己未 | 6·4 |
| 14 | 19 | 土 | 20 | 庚申 | 5·5 |
| 15 | 20 | 日 | 21 | 辛酉 | 곡우 |
| 16 | 21 | 月 | 22 | 壬戌 | 5·5 |
| 17 | 22 | 火 | 23 | 癸亥 | 4·6 |
| 18 | 23 | 水 | 24 | 甲子 | 4·6 |
| 19 | 24 | 木 | 25 | 乙丑 | 4·6 |
| 20 | 25 | 金 | 26 | 丙寅 | 3·7 |
| 21 | 26 | 土 | 27 | 丁卯 | 3·7 |
| 22 | 27 | 日 | 28 | 戊辰 | 3·7 |
| 23 | 28 | 月 | 29 | 己巳 | 2·8 |
| 24 | 29 | 火 | 4/1 | 庚午 | 2·8 |
| 25 | 30 | 水 | 2 | 辛未 | 2·8 |
| 26 | 5/1 | 木 | 3 | 壬申 | 1·9 |
| 27 | 2 | 金 | 4 | 癸酉 | 1·9 |
| 28 | 3 | 土 | 5 | 甲戌 | 1·9 |
| 29 | 4 | 日 | 6 | 乙亥 | 1·10 |
| 30 | | | | | |
| 31 | | | | | |

| 절기후날수 | 입하절(己巳月) 立夏 5월5일 22시59분 / 小滿 5월21일 11시59분 | | | | |
|---|---|---|---|---|---|
| | 양력 | 요일 | 음력 | 일진 | 大運 남·여 |
| 0 | 5/5 | 月 | 7 | 丙子 | 입하 |
| 1 | 6 | 火 | 8 | 丁丑 | 10·1 |
| 2 | 7 | 水 | 9 | 戊寅 | 10·1 |
| 3 | 8 | 木 | 10 | 己卯 | 10·1 |
| 4 | 9 | 金 | 11 | 庚辰 | 9·1 |
| 5 | 10 | 土 | 12 | 辛巳 | 9·2 |
| 6 | 11 | 日 | 13 | 壬午 | 9·2 |
| 7 | 12 | 月 | 14 | 癸未 | 8·2 |
| 8 | 13 | 火 | 15 | 甲申 | 8·3 |
| 9 | 14 | 水 | 16 | 乙酉 | 8·3 |
| 10 | 15 | 木 | 17 | 丙戌 | 7·3 |
| 11 | 16 | 金 | 18 | 丁亥 | 7·4 |
| 12 | 17 | 土 | 19 | 戊子 | 7·4 |
| 13 | 18 | 日 | 20 | 己丑 | 6·4 |
| 14 | 19 | 月 | 21 | 庚寅 | 6·5 |
| 15 | 20 | 火 | 22 | 辛卯 | 6·5 |
| 16 | 21 | 水 | 23 | 壬辰 | 소만 |
| 17 | 22 | 木 | 24 | 癸巳 | 5·6 |
| 18 | 23 | 金 | 25 | 甲午 | 5·6 |
| 19 | 24 | 土 | 26 | 乙未 | 4·6 |
| 20 | 25 | 日 | 27 | 丙申 | 4·7 |
| 21 | 26 | 月 | 28 | 丁酉 | 4·7 |
| 22 | 27 | 火 | 29 | 戊戌 | 3·7 |
| 23 | 28 | 水 | 30 | 己亥 | 3·8 |
| 24 | 29 | 木 | 5/1 | 庚子 | 3·8 |
| 25 | 30 | 金 | 2 | 辛丑 | 2·8 |
| 26 | 31 | 土 | 3 | 壬寅 | 2·9 |
| 27 | 6/1 | 日 | 4 | 癸卯 | 2·9 |
| 28 | 2 | 月 | 5 | 甲辰 | 1·9 |
| 29 | 3 | 火 | 6 | 乙巳 | 1·10 |
| 30 | 4 | 水 | 7 | 丙午 | 1·10 |
| 31 | 5 | 木 | 8 | 丁未 | 1·10 |

| 절기후날수 | 망종절(庚午月) 芒種 6월6일 3시3분 / 夏至 6월21일 19시51분 | | | | |
|---|---|---|---|---|---|
| | 양력 | 요일 | 음력 | 일진 | 大運 남·여 |
| 0 | 6/6 | 金 | 9 | 戊申 | 망종 |
| 1 | 7 | 土 | 10 | 己酉 | 10·1 |
| 2 | 8 | 日 | 11 | 庚戌 | 10·1 |
| 3 | 9 | 月 | 12 | 辛亥 | 9·1 |
| 4 | 10 | 火 | 13 | 壬子 | 9·1 |
| 5 | 11 | 水 | 14 | 癸丑 | 9·2 |
| 6 | 12 | 木 | 15 | 甲寅 | 8·2 |
| 7 | 13 | 金 | 16 | 乙卯 | 8·2 |
| 8 | 14 | 土 | 17 | 丙辰 | 8·3 |
| 9 | 15 | 日 | 18 | 丁巳 | 7·3 |
| 10 | 16 | 月 | 19 | 戊午 | 7·3 |
| 11 | 17 | 火 | 20 | 己未 | 7·4 |
| 12 | 18 | 水 | 21 | 庚申 | 6·4 |
| 13 | 19 | 木 | 22 | 辛酉 | 6·4 |
| 14 | 20 | 金 | 23 | 壬戌 | 6·5 |
| 15 | 21 | 土 | 24 | 癸亥 | 하지 |
| 16 | 22 | 日 | 25 | 甲子 | 5·5 |
| 17 | 23 | 月 | 26 | 乙丑 | 5·6 |
| 18 | 24 | 火 | 27 | 丙寅 | 4·6 |
| 19 | 25 | 水 | 28 | 丁卯 | 4·6 |
| 20 | 26 | 木 | 29 | 戊辰 | 4·7 |
| 21 | 27 | 金 | 6/1 | 己巳 | 3·7 |
| 22 | 28 | 土 | 2 | 庚午 | 3·7 |
| 23 | 29 | 日 | 3 | 辛未 | 3·8 |
| 24 | 30 | 月 | 4 | 壬申 | 2·8 |
| 25 | 7/1 | 火 | 5 | 癸酉 | 2·8 |
| 26 | 2 | 水 | 6 | 甲戌 | 2·9 |
| 27 | 3 | 木 | 7 | 乙亥 | 1·9 |
| 28 | 4 | 金 | 8 | 丙子 | 1·9 |
| 29 | 5 | 土 | 9 | 丁丑 | 1·10 |
| 30 | 6 | 日 | 10 | 戊寅 | 1·10 |
| 31 | | | | | |

| 절기후날수 | 소서절(辛未月) 小暑 7월7일 13시15분 / 大暑 7월23일 6시41분 | | | | |
|---|---|---|---|---|---|
| | 양력 | 요일 | 음력 | 일진 | 大運 남·여 |
| 0 | 7/7 | 月 | 11 | 己卯 | 소서 |
| 1 | 8 | 火 | 12 | 庚辰 | 10·1 |
| 2 | 9 | 水 | 13 | 辛巳 | 10·1 |
| 3 | 10 | 木 | 14 | 壬午 | 9·1 |
| 4 | 11 | 金 | 15 | 癸未 | 9·1 |
| 5 | 12 | 土 | 16 | 甲申 | 9·2 |
| 6 | 13 | 日 | 17 | 乙酉 | 8·2 |
| 7 | 14 | 月 | 18 | 丙戌 | 8·2 |
| 8 | 15 | 火 | 19 | 丁亥 | 8·3 |
| 9 | 16 | 水 | 20 | 戊子 | 7·3 |
| 10 | 17 | 木 | 21 | 己丑 | 7·3 |
| 11 | 18 | 金 | 22 | 庚寅 | 7·4 |
| 12 | 19 | 土 | 23 | 辛卯 | 6·4 |
| 13 | 20 | 日 | 24 | 壬辰 | 6·4 |
| 14 | 21 | 月 | 25 | 癸巳 | 6·5 |
| 15 | 22 | 火 | 26 | 甲午 | 5·5 |
| 16 | 23 | 水 | 27 | 乙未 | 대서 |
| 17 | 24 | 木 | 28 | 丙申 | 5·6 |
| 18 | 25 | 金 | 29 | 丁酉 | 4·6 |
| 19 | 26 | 土 | 30 | 戊戌 | 4·6 |
| 20 | 27 | 日 | 7/1 | 己亥 | 4·7 |
| 21 | 28 | 月 | 2 | 庚子 | 3·7 |
| 22 | 29 | 火 | 3 | 辛丑 | 3·7 |
| 23 | 30 | 水 | 4 | 壬寅 | 3·8 |
| 24 | 31 | 木 | 5 | 癸卯 | 2·8 |
| 25 | 8/1 | 金 | 6 | 甲辰 | 2·8 |
| 26 | 2 | 土 | 7 | 乙巳 | 2·9 |
| 27 | 3 | 日 | 8 | 丙午 | 1·9 |
| 28 | 4 | 月 | 9 | 丁未 | 1·9 |
| 29 | 5 | 火 | 10 | 戊申 | 1·10 |
| 30 | 6 | 水 | 11 | 己酉 | 1·10 |
| 31 | | | | | |

# 甲午年

| 절기후날수 | 입추절(壬申月) 立秋 8월7일 23시2분 處暑 8월23일 13시46분 | | | | | 백로절(癸酉月) 白露 9월8일 2시1분 秋分 9월23일 11시29분 | | | | | 한로절(甲戌月) 寒露 10월8일 17시47분 霜降 10월23일 20시57분 | | | | |
|---|---|---|---|---|---|---|---|---|---|---|---|---|---|---|---|
| | 양력 | 요일 | 음력 | 일진 | 大運 남·여 | 양력 | 요일 | 음력 | 일진 | 大運 남·여 | 양력 | 요일 | 음력 | 일진 | 大運 남·여 |
| 0 | 8/7 | 木 | 12 | 庚戌 | 입추 | 9/8 | 月 | 15 | 壬午 | 백로 | 10/8 | 水 | 15 | 壬子 | 한로 |
| 1 | 8 | 金 | 13 | 辛亥 | 10·1 | 9 | 火 | 16 | 癸未 | 10·1 | 9 | 木 | 16 | 癸丑 | 10·1 |
| 2 | 9 | 土 | 14 | 壬子 | 10·1 | 10 | 水 | 17 | 甲申 | 9·1 | 10 | 金 | 17 | 甲寅 | 9·1 |
| 3 | 10 | 日 | 15 | 癸丑 | 10·1 | 11 | 木 | 18 | 乙酉 | 9·1 | 11 | 土 | 18 | 乙卯 | 9·1 |
| 4 | 11 | 月 | 16 | 甲寅 | 9·1 | 12 | 金 | 19 | 丙戌 | 9·1 | 12 | 日 | 19 | 丙辰 | 9·1 |
| 5 | 12 | 火 | 17 | 乙卯 | 9·2 | 13 | 土 | 20 | 丁亥 | 8·2 | 13 | 月 | 20 | 丁巳 | 8·2 |
| 6 | 13 | 水 | 18 | 丙辰 | 9·2 | 14 | 日 | 21 | 戊子 | 8·2 | 14 | 火 | 21 | 戊午 | 8·2 |
| 7 | 14 | 木 | 19 | 丁巳 | 8·2 | 15 | 月 | 22 | 己丑 | 8·2 | 15 | 水 | 22 | 己未 | 8·2 |
| 8 | 15 | 金 | 20 | 戊午 | 8·3 | 16 | 火 | 23 | 庚寅 | 7·3 | 16 | 木 | 23 | 庚申 | 7·3 |
| 9 | 16 | 土 | 21 | 己未 | 8·3 | 17 | 水 | 24 | 辛卯 | 7·3 | 17 | 金 | 24 | 辛酉 | 7·3 |
| 10 | 17 | 日 | 22 | 庚申 | 7·3 | 18 | 木 | 25 | 壬辰 | 7·3 | 18 | 土 | 25 | 壬戌 | 7·3 |
| 11 | 18 | 月 | 23 | 辛酉 | 7·4 | 19 | 金 | 26 | 癸巳 | 6·4 | 19 | 日 | 26 | 癸亥 | 6·4 |
| 12 | 19 | 火 | 24 | 壬戌 | 7·4 | 20 | 土 | 27 | 甲午 | 6·4 | 20 | 月 | 27 | 甲子 | 6·4 |
| 13 | 20 | 水 | 25 | 癸亥 | 6·4 | 21 | 日 | 28 | 乙未 | 6·4 | 21 | 火 | 28 | 乙丑 | 6·4 |
| 14 | 21 | 木 | 26 | 甲子 | 6·5 | 22 | 月 | 29 | 丙申 | 5·5 | 22 | 水 | 29 | 丙寅 | 5·5 |
| 15 | 22 | 金 | 27 | 乙丑 | 6·5 | 23 | 火 | 30 | 丁酉 | 추분 | 23 | 木 | 30 | 丁卯 | 상강 |
| 16 | 23 | 土 | 28 | 丙寅 | 처서 | 24 | 水 | 9/1 | 戊戌 | 5·5 | 24 | 金 | 윤1 | 戊辰 | 5·5 |
| 17 | 24 | 日 | 29 | 丁卯 | 5·6 | 25 | 木 | 2 | 己亥 | 4·6 | 25 | 土 | 윤2 | 己巳 | 4·6 |
| 18 | 25 | 月 | 8/1 | 戊辰 | 5·6 | 26 | 金 | 3 | 庚子 | 4·6 | 26 | 日 | 윤3 | 庚午 | 4·6 |
| 19 | 26 | 火 | 2 | 己巳 | 4·6 | 27 | 土 | 4 | 辛丑 | 4·6 | 27 | 月 | 윤4 | 辛未 | 4·6 |
| 20 | 27 | 水 | 3 | 庚午 | 4·7 | 28 | 日 | 5 | 壬寅 | 3·7 | 28 | 火 | 윤5 | 壬申 | 3·7 |
| 21 | 28 | 木 | 4 | 辛未 | 4·7 | 29 | 月 | 6 | 癸卯 | 3·7 | 29 | 水 | 윤6 | 癸酉 | 3·7 |
| 22 | 29 | 金 | 5 | 壬申 | 3·7 | 30 | 火 | 7 | 甲辰 | 3·7 | 30 | 木 | 윤7 | 甲戌 | 3·7 |
| 23 | 30 | 土 | 6 | 癸酉 | 3·8 | 10/1 | 水 | 8 | 乙巳 | 2·8 | 31 | 金 | 윤8 | 乙亥 | 2·8 |
| 24 | 31 | 日 | 7 | 甲戌 | 3·8 | 2 | 木 | 9 | 丙午 | 2·8 | 11/1 | 土 | 윤9 | 丙子 | 2·8 |
| 25 | 9/1 | 月 | 8 | 乙亥 | 2·8 | 3 | 金 | 10 | 丁未 | 2·8 | 2 | 日 | 윤10 | 丁丑 | 2·8 |
| 26 | 2 | 火 | 9 | 丙子 | 2·9 | 4 | 土 | 11 | 戊申 | 1·9 | 3 | 月 | 윤11 | 戊寅 | 1·9 |
| 27 | 3 | 水 | 10 | 丁丑 | 2·9 | 5 | 日 | 12 | 己酉 | 1·9 | 4 | 火 | 윤12 | 己卯 | 1·9 |
| 28 | 4 | 木 | 11 | 戊寅 | 1·9 | 6 | 月 | 13 | 庚戌 | 1·9 | 5 | 水 | 윤13 | 庚辰 | 1·9 |
| 29 | 5 | 金 | 12 | 己卯 | 1·10 | 7 | 火 | 14 | 辛亥 | 1·10 | 6 | 木 | 윤14 | 辛巳 | 1·10 |
| 30 | 6 | 土 | 13 | 庚辰 | 1·10 | | | | | | | | | | |
| 31 | 7 | 日 | 14 | 辛巳 | 1·10 | | | | | | | | | | |

| 절기후날수 | 입동절(乙亥月) 立冬 11월7일 21시7분 小雪 11월22일 18시38분 | | | | | 대설절(丙子月) 大雪 12월7일 14시4분 冬至 12월22일 8시3분 | | | | | 소한절(丁丑月) 小寒 1월6일 1시20분 大寒 1월20일 18시43분 | | | | |
|---|---|---|---|---|---|---|---|---|---|---|---|---|---|---|---|
| | 양력 | 요일 | 음력 | 일진 | 大運 남·여 | 양력 | 요일 | 음력 | 일진 | 大運 남·여 | 양력 | 요일 | 음력 | 일진 | 大運 남·여 |
| 0 | 11/7 | 金 | 윤15 | 壬午 | 입동 | 12/7 | 日 | 16 | 壬子 | 대설 | 1/6 | 火 | 16 | 壬午 | 소한 |
| 1 | 8 | 土 | 윤16 | 癸未 | 10·1 | 8 | 月 | 17 | 癸丑 | 10·1 | 7 | 水 | 17 | 癸未 | 9·1 |
| 2 | 9 | 日 | 윤17 | 甲申 | 9·1 | 9 | 火 | 18 | 甲寅 | 9·1 | 8 | 木 | 18 | 甲申 | 9·1 |
| 3 | 10 | 月 | 윤18 | 乙酉 | 9·1 | 10 | 水 | 19 | 乙卯 | 9·1 | 9 | 金 | 19 | 乙酉 | 9·1 |
| 4 | 11 | 火 | 윤19 | 丙戌 | 9·1 | 11 | 木 | 20 | 丙辰 | 9·1 | 10 | 土 | 20 | 丙戌 | 8·1 |
| 5 | 12 | 水 | 윤20 | 丁亥 | 8·2 | 12 | 金 | 21 | 丁巳 | 8·2 | 11 | 日 | 21 | 丁亥 | 8·2 |
| 6 | 13 | 木 | 윤21 | 戊子 | 8·2 | 13 | 土 | 22 | 戊午 | 8·2 | 12 | 月 | 22 | 戊子 | 8·2 |
| 7 | 14 | 金 | 윤22 | 己丑 | 8·2 | 14 | 日 | 23 | 己未 | 8·2 | 13 | 火 | 23 | 己丑 | 7·2 |
| 8 | 15 | 土 | 윤23 | 庚寅 | 7·3 | 15 | 月 | 24 | 庚申 | 7·3 | 14 | 水 | 24 | 庚寅 | 7·3 |
| 9 | 16 | 日 | 윤24 | 辛卯 | 7·3 | 16 | 火 | 25 | 辛酉 | 7·3 | 15 | 木 | 25 | 辛卯 | 7·3 |
| 10 | 17 | 月 | 윤25 | 壬辰 | 7·3 | 17 | 水 | 26 | 壬戌 | 7·3 | 16 | 金 | 26 | 壬辰 | 6·3 |
| 11 | 18 | 火 | 윤26 | 癸巳 | 6·4 | 18 | 木 | 27 | 癸亥 | 6·4 | 17 | 土 | 27 | 癸巳 | 6·4 |
| 12 | 19 | 水 | 윤27 | 甲午 | 6·4 | 19 | 金 | 28 | 甲子 | 6·4 | 18 | 日 | 28 | 甲午 | 6·4 |
| 13 | 20 | 木 | 윤28 | 乙未 | 6·4 | 20 | 土 | 29 | 乙丑 | 6·4 | 19 | 月 | 29 | 乙未 | 5·4 |
| 14 | 21 | 金 | 윤29 | 丙申 | 5·5 | 21 | 日 | 30 | 丙寅 | 5·5 | 20 | 火 | 12/1 | 丙申 | 대한 |
| 15 | 22 | 土 | 10/1 | 丁酉 | 소설 | 22 | 月 | 11/1 | 丁卯 | 동지 | 21 | 水 | 2 | 丁酉 | 5·5 |
| 16 | 23 | 日 | 2 | 戊戌 | 5·5 | 23 | 火 | 2 | 戊辰 | 5·5 | 22 | 木 | 3 | 戊戌 | 4·5 |
| 17 | 24 | 月 | 3 | 己亥 | 4·6 | 24 | 水 | 3 | 己巳 | 4·6 | 23 | 金 | 4 | 己亥 | 4·6 |
| 18 | 25 | 火 | 4 | 庚子 | 4·6 | 25 | 木 | 4 | 庚午 | 4·6 | 24 | 土 | 5 | 庚子 | 4·6 |
| 19 | 26 | 水 | 5 | 辛丑 | 4·6 | 26 | 金 | 5 | 辛未 | 4·6 | 25 | 日 | 6 | 辛丑 | 3·6 |
| 20 | 27 | 木 | 6 | 壬寅 | 3·7 | 27 | 土 | 6 | 壬申 | 3·7 | 26 | 月 | 7 | 壬寅 | 3·7 |
| 21 | 28 | 金 | 7 | 癸卯 | 3·7 | 28 | 日 | 7 | 癸酉 | 3·7 | 27 | 火 | 8 | 癸卯 | 3·7 |
| 22 | 29 | 土 | 8 | 甲辰 | 3·7 | 29 | 月 | 8 | 甲戌 | 3·7 | 28 | 水 | 9 | 甲辰 | 2·7 |
| 23 | 30 | 日 | 9 | 乙巳 | 2·8 | 30 | 火 | 9 | 乙亥 | 2·8 | 29 | 木 | 10 | 乙巳 | 2·8 |
| 24 | 12/1 | 月 | 10 | 丙午 | 2·8 | 31 | 水 | 10 | 丙子 | 2·8 | 30 | 金 | 11 | 丙午 | 2·8 |
| 25 | 2 | 火 | 11 | 丁未 | 2·8 | 1/1 | 木 | 11 | 丁丑 | 2·8 | 31 | 土 | 12 | 丁未 | 1·8 |
| 26 | 3 | 水 | 12 | 戊申 | 1·9 | 2 | 金 | 12 | 戊寅 | 1·9 | 2/1 | 日 | 13 | 戊申 | 1·9 |
| 27 | 4 | 木 | 13 | 己酉 | 1·9 | 3 | 土 | 13 | 己卯 | 1·9 | 2 | 月 | 14 | 己酉 | 1·9 |
| 28 | 5 | 金 | 14 | 庚戌 | 1·9 | 4 | 日 | 14 | 庚辰 | 1·9 | 3 | 火 | 15 | 庚戌 | 1·9 |
| 29 | 6 | 土 | 15 | 辛亥 | 1·10 | 5 | 月 | 15 | 辛巳 | 1·10 | | | | | |
| 30 | | | | | | | | | | | | | | | |
| 31 | | | | | | | | | | | | | | | |

▶ 윤달-9월

# 서기 2015년 [단기 4348년]

| 절기후날수 | 입춘절(戊寅月) 立春 2월4일 12시58분 雨水 2월19일 8시50분 | | | | | 경칩절(己卯月) 驚蟄 3월6일 6시56분 春分 3월21일 7시45분 | | | | | 청명절(庚辰月) 淸明 4월5일 11시39분 穀雨 4월20일 18시42분 | | | | |
|---|---|---|---|---|---|---|---|---|---|---|---|---|---|---|---|
| | 양력 | 요일 | 음력 | 일진 | 大運 남·여 | 양력 | 요일 | 음력 | 일진 | 大運 남·여 | 양력 | 요일 | 음력 | 일진 | 大運 남·여 |
| 0 | 2/4 | 水 | 16 | 辛亥 | 입춘 | 3/6 | 金 | 16 | 辛巳 | 경칩 | 4/5 | 日 | 17 | 辛亥 | 청명 |
| 1 | 5 | 木 | 17 | 壬子 | 1·10 | 7 | 土 | 17 | 壬午 | 1·10 | 6 | 月 | 18 | 壬子 | 1·10 |
| 2 | 6 | 金 | 18 | 癸丑 | 1·9 | 8 | 日 | 18 | 癸未 | 1·9 | 7 | 火 | 19 | 癸丑 | 1·10 |
| 3 | 7 | 土 | 19 | 甲寅 | 1·9 | 9 | 月 | 19 | 甲申 | 1·9 | 8 | 水 | 20 | 甲寅 | 1·9 |
| 4 | 8 | 日 | 20 | 乙卯 | 1·9 | 10 | 火 | 20 | 乙酉 | 1·9 | 9 | 木 | 21 | 乙卯 | 1·9 |
| 5 | 9 | 月 | 21 | 丙辰 | 2·8 | 11 | 水 | 21 | 丙戌 | 2·8 | 10 | 金 | 22 | 丙辰 | 2·9 |
| 6 | 10 | 火 | 22 | 丁巳 | 2·8 | 12 | 木 | 22 | 丁亥 | 2·8 | 11 | 土 | 23 | 丁巳 | 2·8 |
| 7 | 11 | 水 | 23 | 戊午 | 2·8 | 13 | 金 | 23 | 戊子 | 2·8 | 12 | 日 | 24 | 戊午 | 2·8 |
| 8 | 12 | 木 | 24 | 己未 | 3·7 | 14 | 土 | 24 | 己丑 | 3·7 | 13 | 月 | 25 | 己未 | 3·8 |
| 9 | 13 | 金 | 25 | 庚申 | 3·7 | 15 | 日 | 25 | 庚寅 | 3·7 | 14 | 火 | 26 | 庚申 | 3·7 |
| 10 | 14 | 土 | 26 | 辛酉 | 3·7 | 16 | 月 | 26 | 辛卯 | 3·7 | 15 | 水 | 27 | 辛酉 | 3·7 |
| 11 | 15 | 日 | 27 | 壬戌 | 4·6 | 17 | 火 | 27 | 壬辰 | 4·6 | 16 | 木 | 28 | 壬戌 | 4·7 |
| 12 | 16 | 月 | 28 | 癸亥 | 4·6 | 18 | 水 | 28 | 癸巳 | 4·6 | 17 | 金 | 29 | 癸亥 | 4·6 |
| 13 | 17 | 火 | 29 | 甲子 | 4·6 | 19 | 木 | 29 | 甲午 | 4·6 | 18 | 土 | 30 | 甲子 | 4·6 |
| 14 | 18 | 水 | 30 | 乙丑 | 5·5 | 20 | 金 | 2/1 | 乙未 | 5·5 | 19 | 日 | 3/1 | 乙丑 | 5·6 |
| 15 | 19 | 木 | 1/1 | 丙寅 | 우수 | 21 | 土 | 2 | 丙申 | 춘분 | 20 | 月 | 2 | 丙寅 | 곡우 |
| 16 | 20 | 金 | 2 | 丁卯 | 5·5 | 22 | 日 | 3 | 丁酉 | 5·5 | 21 | 火 | 3 | 丁卯 | 5·5 |
| 17 | 21 | 土 | 3 | 戊辰 | 6·4 | 23 | 月 | 4 | 戊戌 | 6·4 | 22 | 水 | 4 | 戊辰 | 6·5 |
| 18 | 22 | 日 | 4 | 己巳 | 6·4 | 24 | 火 | 5 | 己亥 | 6·4 | 23 | 木 | 5 | 己巳 | 6·4 |
| 19 | 23 | 月 | 5 | 庚午 | 6·4 | 25 | 水 | 6 | 庚子 | 6·4 | 24 | 金 | 6 | 庚午 | 6·4 |
| 20 | 24 | 火 | 6 | 辛未 | 7·3 | 26 | 木 | 7 | 辛丑 | 7·3 | 25 | 土 | 7 | 辛未 | 7·4 |
| 21 | 25 | 水 | 7 | 壬申 | 7·3 | 27 | 金 | 8 | 壬寅 | 7·3 | 26 | 日 | 8 | 壬申 | 7·3 |
| 22 | 26 | 木 | 8 | 癸酉 | 7·3 | 28 | 土 | 9 | 癸卯 | 7·3 | 27 | 月 | 9 | 癸酉 | 7·3 |
| 23 | 27 | 金 | 9 | 甲戌 | 8·2 | 29 | 日 | 10 | 甲辰 | 8·2 | 28 | 火 | 10 | 甲戌 | 8·3 |
| 24 | 28 | 土 | 10 | 乙亥 | 8·2 | 30 | 月 | 11 | 乙巳 | 8·2 | 29 | 水 | 11 | 乙亥 | 8·2 |
| 25 | 3/1 | 日 | 11 | 丙子 | 8·2 | 31 | 火 | 12 | 丙午 | 8·2 | 30 | 木 | 12 | 丙子 | 8·2 |
| 26 | 2 | 月 | 12 | 丁丑 | 9·1 | 4/1 | 水 | 13 | 丁未 | 9·1 | 5/1 | 金 | 13 | 丁丑 | 9·2 |
| 27 | 3 | 火 | 13 | 戊寅 | 9·1 | 2 | 木 | 14 | 戊申 | 9·1 | 2 | 土 | 14 | 戊寅 | 9·1 |
| 28 | 4 | 水 | 14 | 己卯 | 9·1 | 3 | 金 | 15 | 己酉 | 9·1 | 3 | 日 | 15 | 己卯 | 9·1 |
| 29 | 5 | 木 | 15 | 庚辰 | 10·1 | 4 | 土 | 16 | 庚戌 | 10·1 | 4 | 月 | 16 | 庚辰 | 10·1 |
| 30 | | | | | | | | | | | 5 | 火 | 17 | 辛巳 | 10·1 |
| 31 | | | | | | | | | | | | | | | |

| 절기후날수 | 입하절(辛巳月) 立夏 5월6일 4시52분 小滿 5월21일 17시45분 | | | | | 망종절(壬午月) 芒種 6월6일 8시58분 夏至 6월22일 1시38분 | | | | | 소서절(癸未月) 小暑 7월7일 19시12분 大暑 7월23일 12시30분 | | | | |
|---|---|---|---|---|---|---|---|---|---|---|---|---|---|---|---|
| | 양력 | 요일 | 음력 | 일진 | 大運 남·여 | 양력 | 요일 | 음력 | 일진 | 大運 남·여 | 양력 | 요일 | 음력 | 일진 | 大運 남·여 |
| 0 | 5/6 | 水 | 18 | 壬午 | 입하 | 6/6 | 土 | 20 | 癸丑 | 망종 | 7/7 | 火 | 22 | 甲申 | 소서 |
| 1 | 7 | 木 | 19 | 癸未 | 1·10 | 7 | 日 | 21 | 甲寅 | 1·10 | 8 | 水 | 23 | 乙酉 | 1·10 |
| 2 | 8 | 金 | 20 | 甲申 | 1·10 | 8 | 月 | 22 | 乙卯 | 1·10 | 9 | 木 | 24 | 丙戌 | 1·10 |
| 3 | 9 | 土 | 21 | 乙酉 | 1·9 | 9 | 火 | 23 | 丙辰 | 1·9 | 10 | 金 | 25 | 丁亥 | 1·10 |
| 4 | 10 | 日 | 22 | 丙戌 | 1·9 | 10 | 水 | 24 | 丁巳 | 1·9 | 11 | 土 | 26 | 戊子 | 1·9 |
| 5 | 11 | 月 | 23 | 丁亥 | 2·9 | 11 | 木 | 25 | 戊午 | 2·9 | 12 | 日 | 27 | 己丑 | 2·9 |
| 6 | 12 | 火 | 24 | 戊子 | 2·8 | 12 | 金 | 26 | 己未 | 2·8 | 13 | 月 | 28 | 庚寅 | 2·9 |
| 7 | 13 | 水 | 25 | 己丑 | 2·8 | 13 | 土 | 27 | 庚申 | 2·8 | 14 | 火 | 29 | 辛卯 | 2·8 |
| 8 | 14 | 木 | 26 | 庚寅 | 3·8 | 14 | 日 | 28 | 辛酉 | 3·8 | 15 | 水 | 30 | 壬辰 | 3·8 |
| 9 | 15 | 金 | 27 | 辛卯 | 3·7 | 15 | 月 | 29 | 壬戌 | 3·7 | 16 | 木 | 6/1 | 癸巳 | 3·8 |
| 10 | 16 | 土 | 28 | 壬辰 | 3·7 | 16 | 火 | 5/1 | 癸亥 | 3·7 | 17 | 金 | 2 | 甲午 | 3·7 |
| 11 | 17 | 日 | 29 | 癸巳 | 4·7 | 17 | 水 | 2 | 甲子 | 4·7 | 18 | 土 | 3 | 乙未 | 4·7 |
| 12 | 18 | 月 | 4/1 | 甲午 | 4·6 | 18 | 木 | 3 | 乙丑 | 4·6 | 19 | 日 | 4 | 丙申 | 4·7 |
| 13 | 19 | 火 | 2 | 乙未 | 4·6 | 19 | 金 | 4 | 丙寅 | 4·6 | 20 | 月 | 5 | 丁酉 | 4·6 |
| 14 | 20 | 水 | 3 | 丙申 | 5·6 | 20 | 土 | 5 | 丁卯 | 5·6 | 21 | 火 | 6 | 戊戌 | 5·6 |
| 15 | 21 | 木 | 4 | 丁酉 | 소만 | 21 | 日 | 6 | 戊辰 | 5·5 | 22 | 水 | 7 | 己亥 | 5·6 |
| 16 | 22 | 金 | 5 | 戊戌 | 5·5 | 22 | 月 | 7 | 己巳 | 하지 | 23 | 木 | 8 | 庚子 | 대서 |
| 17 | 23 | 土 | 6 | 己亥 | 6·5 | 23 | 火 | 8 | 庚午 | 6·5 | 24 | 金 | 9 | 辛丑 | 6·5 |
| 18 | 24 | 日 | 7 | 庚子 | 6·4 | 24 | 水 | 9 | 辛未 | 6·4 | 25 | 土 | 10 | 壬寅 | 6·5 |
| 19 | 25 | 月 | 8 | 辛丑 | 6·4 | 25 | 木 | 10 | 壬申 | 6·4 | 26 | 日 | 11 | 癸卯 | 6·4 |
| 20 | 26 | 火 | 9 | 壬寅 | 7·4 | 26 | 金 | 11 | 癸酉 | 7·4 | 27 | 月 | 12 | 甲辰 | 7·4 |
| 21 | 27 | 水 | 10 | 癸卯 | 7·3 | 27 | 土 | 12 | 甲戌 | 7·3 | 28 | 火 | 13 | 乙巳 | 7·4 |
| 22 | 28 | 木 | 11 | 甲辰 | 7·3 | 28 | 日 | 13 | 乙亥 | 7·3 | 29 | 水 | 14 | 丙午 | 7·3 |
| 23 | 29 | 金 | 12 | 乙巳 | 8·3 | 29 | 月 | 14 | 丙子 | 8·3 | 30 | 木 | 15 | 丁未 | 8·3 |
| 24 | 30 | 土 | 13 | 丙午 | 8·2 | 30 | 火 | 15 | 丁丑 | 8·2 | 31 | 金 | 16 | 戊申 | 8·3 |
| 25 | 31 | 日 | 14 | 丁未 | 8·2 | 7/1 | 水 | 16 | 戊寅 | 8·2 | 8/1 | 土 | 17 | 己酉 | 8·2 |
| 26 | 6/1 | 月 | 15 | 戊申 | 9·2 | 2 | 木 | 17 | 己卯 | 9·2 | 2 | 日 | 18 | 庚戌 | 9·2 |
| 27 | 2 | 火 | 16 | 己酉 | 9·1 | 3 | 金 | 18 | 庚辰 | 9·1 | 3 | 月 | 19 | 辛亥 | 9·2 |
| 28 | 3 | 水 | 17 | 庚戌 | 9·1 | 4 | 土 | 19 | 辛巳 | 9·1 | 4 | 火 | 20 | 壬子 | 9·1 |
| 29 | 4 | 木 | 18 | 辛亥 | 10·1 | 5 | 日 | 20 | 壬午 | 10·1 | 5 | 水 | 21 | 癸丑 | 10·1 |
| 30 | 5 | 金 | 19 | 壬子 | 10·1 | 6 | 月 | 21 | 癸未 | 10·1 | 6 | 木 | 22 | 甲寅 | 10·1 |
| 31 | | | | | | | | | | | 7 | 金 | 23 | 乙卯 | 10·1 |

# 乙未年

| 절기후날수 | 입추절(甲申月) 立秋 8월8일 5시1분 處暑 8월23일 19시37분 | | | | | 백로절(乙酉月) 白露 9월8일 7시59분 秋分 9월23일 17시20분 | | | | | 한로절(丙戌月) 寒露 10월8일 23시43분 霜降 10월24일 2시47분 | | | | |
|---|---|---|---|---|---|---|---|---|---|---|---|---|---|---|---|
| | 양력 | 요일 | 음력 | 일진 | 大運 남·여 | 양력 | 요일 | 음력 | 일진 | 大運 남·여 | 양력 | 요일 | 음력 | 일진 | 大運 남·여 |
| 0 | 8/8 | 土 | 24 | 丙辰 | 입추 | 9/8 | 火 | 26 | 丁亥 | 백로 | 10/8 | 木 | 26 | 丁巳 | 한로 |
| 1 | 9 | 日 | 25 | 丁巳 | 1·10 | 9 | 水 | 27 | 戊子 | 1·10 | 9 | 金 | 27 | 戊午 | 1·10 |
| 2 | 10 | 月 | 26 | 戊午 | 1·10 | 10 | 木 | 28 | 己丑 | 1·9 | 10 | 土 | 28 | 己未 | 1·10 |
| 3 | 11 | 火 | 27 | 己未 | 1·9 | 11 | 金 | 29 | 庚寅 | 1·9 | 11 | 日 | 29 | 庚申 | 1·9 |
| 4 | 12 | 水 | 28 | 庚申 | 1·9 | 12 | 土 | 30 | 辛卯 | 1·9 | 12 | 月 | 30 | 辛酉 | 1·9 |
| 5 | 13 | 木 | 29 | 辛酉 | 2·9 | 13 | 日 | 8/1 | 壬辰 | 2·8 | 13 | 火 | 9/1 | 壬戌 | 2·9 |
| 6 | 14 | 金 | 7/1 | 壬戌 | 2·8 | 14 | 月 | 2 | 癸巳 | 2·8 | 14 | 水 | 2 | 癸亥 | 2·8 |
| 7 | 15 | 土 | 2 | 癸亥 | 2·8 | 15 | 火 | 3 | 甲午 | 2·8 | 15 | 木 | 3 | 甲子 | 2·8 |
| 8 | 16 | 日 | 3 | 甲子 | 3·8 | 16 | 水 | 4 | 乙未 | 3·7 | 16 | 金 | 4 | 乙丑 | 3·8 |
| 9 | 17 | 月 | 4 | 乙丑 | 3·7 | 17 | 木 | 5 | 丙申 | 3·7 | 17 | 土 | 5 | 丙寅 | 3·7 |
| 10 | 18 | 火 | 5 | 丙寅 | 3·7 | 18 | 金 | 6 | 丁酉 | 3·7 | 18 | 日 | 6 | 丁卯 | 3·7 |
| 11 | 19 | 水 | 6 | 丁卯 | 4·7 | 19 | 土 | 7 | 戊戌 | 4·6 | 19 | 月 | 7 | 戊辰 | 4·7 |
| 12 | 20 | 木 | 7 | 戊辰 | 4·6 | 20 | 日 | 8 | 己亥 | 4·6 | 20 | 火 | 8 | 己巳 | 4·6 |
| 13 | 21 | 金 | 8 | 己巳 | 4·6 | 21 | 月 | 9 | 庚子 | 4·6 | 21 | 水 | 9 | 庚午 | 4·6 |
| 14 | 22 | 土 | 9 | 庚午 | 5·6 | 22 | 火 | 10 | 辛丑 | 5·5 | 22 | 木 | 10 | 辛未 | 5·6 |
| 15 | 23 | 日 | 10 | 辛未 | 처서 | 23 | 水 | 11 | 壬寅 | 추분 | 23 | 金 | 11 | 壬申 | 5·5 |
| 16 | 24 | 月 | 11 | 壬申 | 5·5 | 24 | 木 | 12 | 癸卯 | 5·5 | 24 | 土 | 12 | 癸酉 | 상강 |
| 17 | 25 | 火 | 12 | 癸酉 | 6·5 | 25 | 金 | 13 | 甲辰 | 6·4 | 25 | 日 | 13 | 甲戌 | 6·5 |
| 18 | 26 | 水 | 13 | 甲戌 | 6·4 | 26 | 土 | 14 | 乙巳 | 6·4 | 26 | 月 | 14 | 乙亥 | 6·4 |
| 19 | 27 | 木 | 14 | 乙亥 | 6·4 | 27 | 日 | 15 | 丙午 | 6·4 | 27 | 火 | 15 | 丙子 | 6·4 |
| 20 | 28 | 金 | 15 | 丙子 | 7·4 | 28 | 月 | 16 | 丁未 | 7·3 | 28 | 水 | 16 | 丁丑 | 7·4 |
| 21 | 29 | 土 | 16 | 丁丑 | 7·3 | 29 | 火 | 17 | 戊申 | 7·3 | 29 | 木 | 17 | 戊寅 | 7·3 |
| 22 | 30 | 日 | 17 | 戊寅 | 7·3 | 30 | 水 | 18 | 己酉 | 7·3 | 30 | 金 | 18 | 己卯 | 7·3 |
| 23 | 31 | 月 | 18 | 己卯 | 8·3 | 10/1 | 木 | 19 | 庚戌 | 8·2 | 31 | 土 | 19 | 庚辰 | 8·3 |
| 24 | 9/1 | 火 | 19 | 庚辰 | 8·2 | 2 | 金 | 20 | 辛亥 | 8·2 | 11/1 | 日 | 20 | 辛巳 | 8·2 |
| 25 | 2 | 水 | 20 | 辛巳 | 8·2 | 3 | 土 | 21 | 壬子 | 8·2 | 2 | 月 | 21 | 壬午 | 8·2 |
| 26 | 3 | 木 | 21 | 壬午 | 9·2 | 4 | 日 | 22 | 癸丑 | 9·1 | 3 | 火 | 22 | 癸未 | 9·2 |
| 27 | 4 | 金 | 22 | 癸未 | 9·1 | 5 | 月 | 23 | 甲寅 | 9·1 | 4 | 水 | 23 | 甲申 | 9·1 |
| 28 | 5 | 土 | 23 | 甲申 | 9·1 | 6 | 火 | 24 | 乙卯 | 9·1 | 5 | 木 | 24 | 乙酉 | 9·1 |
| 29 | 6 | 日 | 24 | 乙酉 | 10·1 | 7 | 水 | 25 | 丙辰 | 10·1 | 6 | 金 | 25 | 丙戌 | 10·1 |
| 30 | 7 | 月 | 25 | 丙戌 | 10·1 | | | | | | 7 | 土 | 26 | 丁亥 | 10·1 |
| 31 | | | | | | | | | | | | | | | |

| 절기후날수 | 입동절(丁亥月) 立冬 11월8일 2시58분 小雪 11월23일 0시25분 | | | | | 대설절(戊子月) 大雪 12월7일 19시53분 冬至 12월22일 13시48분 | | | | | 소한절(己丑月) 小寒 1월6일 7시8분 大寒 1월21일 0시27분 | | | | |
|---|---|---|---|---|---|---|---|---|---|---|---|---|---|---|---|
| | 양력 | 요일 | 음력 | 일진 | 大運 남·여 | 양력 | 요일 | 음력 | 일진 | 大運 남·여 | 양력 | 요일 | 음력 | 일진 | 大運 남·여 |
| 0 | 11/8 | 日 | 27 | 戊子 | 입동 | 12/7 | 月 | 26 | 丁巳 | 대설 | 1/6 | 水 | 27 | 丁亥 | 소한 |
| 1 | 9 | 月 | 28 | 己丑 | 1·9 | 8 | 火 | 27 | 戊午 | 1·10 | 7 | 木 | 28 | 戊子 | 1·9 |
| 2 | 10 | 火 | 29 | 庚寅 | 1·9 | 9 | 水 | 28 | 己未 | 1·9 | 8 | 金 | 29 | 己丑 | 1·9 |
| 3 | 11 | 水 | 30 | 辛卯 | 1·9 | 10 | 木 | 29 | 庚申 | 1·9 | 9 | 土 | 30 | 庚寅 | 1·9 |
| 4 | 12 | 木 | 10/1 | 壬辰 | 1·8 | 11 | 金 | 11/1 | 辛酉 | 1·9 | 10 | 日 | 12/1 | 辛卯 | 1·8 |
| 5 | 13 | 金 | 2 | 癸巳 | 2·8 | 12 | 土 | 2 | 壬戌 | 2·8 | 11 | 月 | 2 | 壬辰 | 2·8 |
| 6 | 14 | 土 | 3 | 甲午 | 2·8 | 13 | 日 | 3 | 癸亥 | 2·8 | 12 | 火 | 3 | 癸巳 | 2·8 |
| 7 | 15 | 日 | 4 | 乙未 | 2·7 | 14 | 月 | 4 | 甲子 | 2·8 | 13 | 水 | 4 | 甲午 | 2·7 |
| 8 | 16 | 月 | 5 | 丙申 | 3·7 | 15 | 火 | 5 | 乙丑 | 3·7 | 14 | 木 | 5 | 乙未 | 3·7 |
| 9 | 17 | 火 | 6 | 丁酉 | 3·7 | 16 | 水 | 6 | 丙寅 | 3·7 | 15 | 金 | 6 | 丙申 | 3·7 |
| 10 | 18 | 水 | 7 | 戊戌 | 3·6 | 17 | 木 | 7 | 丁卯 | 3·7 | 16 | 土 | 7 | 丁酉 | 3·6 |
| 11 | 19 | 木 | 8 | 己亥 | 4·6 | 18 | 金 | 8 | 戊辰 | 4·6 | 17 | 日 | 8 | 戊戌 | 4·6 |
| 12 | 20 | 金 | 9 | 庚子 | 4·6 | 19 | 土 | 9 | 己巳 | 4·6 | 18 | 月 | 9 | 己亥 | 4·6 |
| 13 | 21 | 土 | 10 | 辛丑 | 4·5 | 20 | 日 | 10 | 庚午 | 4·6 | 19 | 火 | 10 | 庚子 | 4·5 |
| 14 | 22 | 日 | 11 | 壬寅 | 5·5 | 21 | 月 | 11 | 辛未 | 5·5 | 20 | 水 | 11 | 辛丑 | 5·5 |
| 15 | 23 | 月 | 12 | 癸卯 | 소설 | 22 | 火 | 12 | 壬申 | 동지 | 21 | 木 | 12 | 壬寅 | 대한 |
| 16 | 24 | 火 | 13 | 甲辰 | 5·4 | 23 | 水 | 13 | 癸酉 | 5·5 | 22 | 金 | 13 | 癸卯 | 5·4 |
| 17 | 25 | 水 | 14 | 乙巳 | 6·4 | 24 | 木 | 14 | 甲戌 | 6·4 | 23 | 土 | 14 | 甲辰 | 6·4 |
| 18 | 26 | 木 | 15 | 丙午 | 6·4 | 25 | 金 | 15 | 乙亥 | 6·4 | 24 | 日 | 15 | 乙巳 | 6·4 |
| 19 | 27 | 金 | 16 | 丁未 | 6·3 | 26 | 土 | 16 | 丙子 | 6·4 | 25 | 月 | 16 | 丙午 | 6·3 |
| 20 | 28 | 土 | 17 | 戊申 | 7·3 | 27 | 日 | 17 | 丁丑 | 7·3 | 26 | 火 | 17 | 丁未 | 7·3 |
| 21 | 29 | 日 | 18 | 己酉 | 7·3 | 28 | 月 | 18 | 戊寅 | 7·3 | 27 | 水 | 18 | 戊申 | 7·3 |
| 22 | 30 | 月 | 19 | 庚戌 | 7·2 | 29 | 火 | 19 | 己卯 | 7·3 | 28 | 木 | 19 | 己酉 | 7·2 |
| 23 | 12/1 | 火 | 20 | 辛亥 | 8·2 | 30 | 水 | 20 | 庚辰 | 8·2 | 29 | 金 | 20 | 庚戌 | 8·2 |
| 24 | 2 | 水 | 21 | 壬子 | 8·2 | 31 | 木 | 21 | 辛巳 | 8·2 | 30 | 土 | 21 | 辛亥 | 8·2 |
| 25 | 3 | 木 | 22 | 癸丑 | 8·1 | 1/1 | 金 | 22 | 壬午 | 8·2 | 31 | 日 | 22 | 壬子 | 8·1 |
| 26 | 4 | 金 | 23 | 甲寅 | 9·1 | 2 | 土 | 23 | 癸未 | 9·1 | 2/1 | 月 | 23 | 癸丑 | 9·1 |
| 27 | 5 | 土 | 24 | 乙卯 | 9·1 | 3 | 日 | 24 | 甲申 | 9·1 | 2 | 火 | 24 | 甲寅 | 9·1 |
| 28 | 6 | 日 | 25 | 丙辰 | 9·1 | 4 | 月 | 25 | 乙酉 | 9·1 | 3 | 水 | 25 | 乙卯 | 9·1 |
| 29 | | | | | | 5 | 火 | 26 | 丙戌 | 10·1 | | | | | |
| 30 | | | | | | | | | | | | | | | |
| 31 | | | | | | | | | | | | | | | |

# 서기 2016년 [단기 4349년]

| 절기 후 날수 | 입춘절(庚寅月) | | | | | 경칩절(辛卯月) | | | | | 청명절(壬辰月) | | | | |
|---|---|---|---|---|---|---|---|---|---|---|---|---|---|---|---|
| | 立春 2월4일 18시46분 | | | | | 驚蟄 3월5일 12시43분 | | | | | 淸明 4월4일 17시27분 | | | | |
| | 雨水 2월19일 14시34분 | | | | | 春分 3월20일 13시30분 | | | | | 穀雨 4월20일 0시29분 | | | | |
| | 양력 | 요일 | 음력 | 일진 | 大運 남·여 | 양력 | 요일 | 음력 | 일진 | 大運 남·여 | 양력 | 요일 | 음력 | 일진 | 大運 남·여 |
| 0 | 2/4 | 木 | 26 | 丙辰 | 입춘 | 3/5 | 土 | 27 | 丙戌 | 경칩 | 4/4 | 月 | 27 | 丙辰 | 청명 |
| 1 | 5 | 金 | 27 | 丁巳 | 10·1 | 6 | 日 | 28 | 丁亥 | 10·1 | 5 | 火 | 28 | 丁巳 | 10·1 |
| 2 | 6 | 土 | 28 | 戊午 | 9·1 | 7 | 月 | 29 | 戊子 | 9·1 | 6 | 水 | 29 | 戊午 | 10·1 |
| 3 | 7 | 日 | 29 | 己未 | 9·1 | 8 | 火 | 30 | 己丑 | 9·1 | 7 | 木 | 3/1 | 己未 | 9·1 |
| 4 | 8 | 月 | 1/1 | 庚申 | 9·1 | 9 | 水 | 2/1 | 庚寅 | 9·1 | 8 | 金 | 2 | 庚申 | 9·1 |
| 5 | 9 | 火 | 2 | 辛酉 | 8·2 | 10 | 木 | 2 | 辛卯 | 8·2 | 9 | 土 | 3 | 辛酉 | 9·2 |
| 6 | 10 | 水 | 3 | 壬戌 | 8·2 | 11 | 金 | 3 | 壬辰 | 8·2 | 10 | 日 | 4 | 壬戌 | 8·2 |
| 7 | 11 | 木 | 4 | 癸亥 | 8·2 | 12 | 土 | 4 | 癸巳 | 8·2 | 11 | 月 | 5 | 癸亥 | 8·2 |
| 8 | 12 | 金 | 5 | 甲子 | 7·3 | 13 | 日 | 5 | 甲午 | 7·3 | 12 | 火 | 6 | 甲子 | 8·3 |
| 9 | 13 | 土 | 6 | 乙丑 | 7·3 | 14 | 月 | 6 | 乙未 | 7·3 | 13 | 水 | 7 | 乙丑 | 7·3 |
| 10 | 14 | 日 | 7 | 丙寅 | 7·3 | 15 | 火 | 7 | 丙申 | 7·3 | 14 | 木 | 8 | 丙寅 | 7·3 |
| 11 | 15 | 月 | 8 | 丁卯 | 6·4 | 16 | 水 | 8 | 丁酉 | 6·4 | 15 | 金 | 9 | 丁卯 | 7·4 |
| 12 | 16 | 火 | 9 | 戊辰 | 6·4 | 17 | 木 | 9 | 戊戌 | 6·4 | 16 | 土 | 10 | 戊辰 | 6·4 |
| 13 | 17 | 水 | 10 | 己巳 | 6·4 | 18 | 金 | 10 | 己亥 | 6·4 | 17 | 日 | 11 | 己巳 | 6·4 |
| 14 | 18 | 木 | 11 | 庚午 | 5·5 | 19 | 土 | 11 | 庚子 | 5·5 | 18 | 月 | 12 | 庚午 | 6·5 |
| 15 | 19 | 金 | 12 | 辛未 | 우수 | 20 | 日 | 12 | 辛丑 | 춘분 | 19 | 火 | 13 | 辛未 | 5·5 |
| 16 | 20 | 土 | 13 | 壬申 | 5·5 | 21 | 月 | 13 | 壬寅 | 5·5 | 20 | 水 | 14 | 壬申 | 곡우 |
| 17 | 21 | 日 | 14 | 癸酉 | 4·6 | 22 | 火 | 14 | 癸卯 | 4·6 | 21 | 木 | 15 | 癸酉 | 5·6 |
| 18 | 22 | 月 | 15 | 甲戌 | 4·6 | 23 | 水 | 15 | 甲辰 | 4·6 | 22 | 金 | 16 | 甲戌 | 4·6 |
| 19 | 23 | 火 | 16 | 乙亥 | 4·6 | 24 | 木 | 16 | 乙巳 | 4·6 | 23 | 土 | 17 | 乙亥 | 4·6 |
| 20 | 24 | 水 | 17 | 丙子 | 3·7 | 25 | 金 | 17 | 丙午 | 3·7 | 24 | 日 | 18 | 丙子 | 4·7 |
| 21 | 25 | 木 | 18 | 丁丑 | 3·7 | 26 | 土 | 18 | 丁未 | 3·7 | 25 | 月 | 19 | 丁丑 | 3·7 |
| 22 | 26 | 金 | 19 | 戊寅 | 3·7 | 27 | 日 | 19 | 戊申 | 3·7 | 26 | 火 | 20 | 戊寅 | 3·7 |
| 23 | 27 | 土 | 20 | 己卯 | 2·8 | 28 | 月 | 20 | 己酉 | 2·8 | 27 | 水 | 21 | 己卯 | 3·8 |
| 24 | 28 | 日 | 21 | 庚辰 | 2·8 | 29 | 火 | 21 | 庚戌 | 2·8 | 28 | 木 | 22 | 庚辰 | 2·8 |
| 25 | 29 | 月 | 22 | 辛巳 | 2·8 | 30 | 水 | 22 | 辛亥 | 2·8 | 29 | 金 | 23 | 辛巳 | 2·8 |
| 26 | 3/1 | 火 | 23 | 壬午 | 1·9 | 31 | 木 | 23 | 壬子 | 1·9 | 30 | 土 | 24 | 壬午 | 2·9 |
| 27 | 2 | 水 | 24 | 癸未 | 1·9 | 4/1 | 金 | 24 | 癸丑 | 1·9 | 5/1 | 日 | 25 | 癸未 | 1·9 |
| 28 | 3 | 木 | 25 | 甲申 | 1·9 | 2 | 土 | 25 | 甲寅 | 1·9 | 2 | 月 | 26 | 甲申 | 1·9 |
| 29 | 4 | 金 | 26 | 乙酉 | 1·10 | 3 | 日 | 26 | 乙卯 | 1·10 | 3 | 火 | 27 | 乙酉 | 1·10 |
| 30 | | | | | | | | | | | 4 | 水 | 28 | 丙戌 | 1·10 |
| 31 | | | | | | | | | | | | | | | |

| 절기 후 날수 | 입하절(癸巳月) | | | | | 망종절(甲午月) | | | | | 소서절(乙未月) | | | | |
|---|---|---|---|---|---|---|---|---|---|---|---|---|---|---|---|
| | 立夏 5월5일 10시42분 | | | | | 芒種 6월5일 14시48분 | | | | | 小暑 7월7일 1시3분 | | | | |
| | 小滿 5월20일 23시36분 | | | | | 夏至 6월21일 7시34분 | | | | | 大暑 7월22일 18시30분 | | | | |
| | 양력 | 요일 | 음력 | 일진 | 大運 남·여 | 양력 | 요일 | 음력 | 일진 | 大運 남·여 | 양력 | 요일 | 음력 | 일진 | 大運 남·여 |
| 0 | 5/5 | 木 | 29 | 丁亥 | 입하 | 6/5 | 日 | 5/1 | 戊午 | 망종 | 7/7 | 木 | 4 | 庚寅 | 소서 |
| 1 | 6 | 金 | 30 | 戊子 | 10·1 | 6 | 月 | 2 | 己未 | 10·1 | 8 | 金 | 5 | 辛卯 | 10·1 |
| 2 | 7 | 土 | 4/1 | 己丑 | 10·1 | 7 | 火 | 3 | 庚申 | 10·1 | 9 | 土 | 6 | 壬辰 | 10·1 |
| 3 | 8 | 日 | 2 | 庚寅 | 9·1 | 8 | 水 | 4 | 辛酉 | 10·1 | 10 | 日 | 7 | 癸巳 | 9·1 |
| 4 | 9 | 月 | 3 | 辛卯 | 9·1 | 9 | 木 | 5 | 壬戌 | 9·1 | 11 | 月 | 8 | 甲午 | 9·1 |
| 5 | 10 | 火 | 4 | 壬辰 | 9·2 | 10 | 金 | 6 | 癸亥 | 9·2 | 12 | 火 | 9 | 乙未 | 9·2 |
| 6 | 11 | 水 | 5 | 癸巳 | 8·2 | 11 | 土 | 7 | 甲子 | 9·2 | 13 | 水 | 10 | 丙申 | 8·2 |
| 7 | 12 | 木 | 6 | 甲午 | 8·2 | 12 | 日 | 8 | 乙丑 | 8·2 | 14 | 木 | 11 | 丁酉 | 8·2 |
| 8 | 13 | 金 | 7 | 乙未 | 8·3 | 13 | 月 | 9 | 丙寅 | 8·3 | 15 | 金 | 12 | 戊戌 | 8·3 |
| 9 | 14 | 土 | 8 | 丙申 | 7·3 | 14 | 火 | 10 | 丁卯 | 8·3 | 16 | 土 | 13 | 己亥 | 7·3 |
| 10 | 15 | 日 | 9 | 丁酉 | 7·3 | 15 | 水 | 11 | 戊辰 | 7·3 | 17 | 日 | 14 | 庚子 | 7·3 |
| 11 | 16 | 月 | 10 | 戊戌 | 7·4 | 16 | 木 | 12 | 己巳 | 7·4 | 18 | 月 | 15 | 辛丑 | 7·4 |
| 12 | 17 | 火 | 11 | 己亥 | 6·4 | 17 | 金 | 13 | 庚午 | 7·4 | 19 | 火 | 16 | 壬寅 | 6·4 |
| 13 | 18 | 水 | 12 | 庚子 | 6·4 | 18 | 土 | 14 | 辛未 | 6·4 | 20 | 水 | 17 | 癸卯 | 6·4 |
| 14 | 19 | 木 | 13 | 辛丑 | 6·5 | 19 | 日 | 15 | 壬申 | 6·5 | 21 | 木 | 18 | 甲辰 | 6·5 |
| 15 | 20 | 金 | 14 | 壬寅 | 소만 | 20 | 月 | 16 | 癸酉 | 6·5 | 22 | 金 | 19 | 乙巳 | 대서 |
| 16 | 21 | 土 | 15 | 癸卯 | 5·5 | 21 | 火 | 17 | 甲戌 | 하지 | 23 | 土 | 20 | 丙午 | 5·5 |
| 17 | 22 | 日 | 16 | 甲辰 | 5·6 | 22 | 水 | 18 | 乙亥 | 5·6 | 24 | 日 | 21 | 丁未 | 5·6 |
| 18 | 23 | 月 | 17 | 乙巳 | 4·6 | 23 | 木 | 19 | 丙子 | 5·6 | 25 | 月 | 22 | 戊申 | 4·6 |
| 19 | 24 | 火 | 18 | 丙午 | 4·6 | 24 | 金 | 20 | 丁丑 | 4·6 | 26 | 火 | 23 | 己酉 | 4·6 |
| 20 | 25 | 水 | 19 | 丁未 | 4·7 | 25 | 土 | 21 | 戊寅 | 4·7 | 27 | 水 | 24 | 庚戌 | 4·7 |
| 21 | 26 | 木 | 20 | 戊申 | 3·7 | 26 | 日 | 22 | 己卯 | 4·7 | 28 | 木 | 25 | 辛亥 | 3·7 |
| 22 | 27 | 金 | 21 | 己酉 | 3·7 | 27 | 月 | 23 | 庚辰 | 3·7 | 29 | 金 | 26 | 壬子 | 3·7 |
| 23 | 28 | 土 | 22 | 庚戌 | 3·8 | 28 | 火 | 24 | 辛巳 | 3·8 | 30 | 土 | 27 | 癸丑 | 3·8 |
| 24 | 29 | 日 | 23 | 辛亥 | 2·8 | 29 | 水 | 25 | 壬午 | 3·8 | 31 | 日 | 28 | 甲寅 | 2·8 |
| 25 | 30 | 月 | 24 | 壬子 | 2·8 | 30 | 木 | 26 | 癸未 | 2·8 | 8/1 | 月 | 29 | 乙卯 | 2·8 |
| 26 | 31 | 火 | 25 | 癸丑 | 2·9 | 7/1 | 金 | 27 | 甲申 | 2·9 | 2 | 火 | 30 | 丙辰 | 2·9 |
| 27 | 6/1 | 水 | 26 | 甲寅 | 1·9 | 2 | 土 | 28 | 乙酉 | 2·9 | 3 | 水 | 7/1 | 丁巳 | 1·9 |
| 28 | 2 | 木 | 27 | 乙卯 | 1·9 | 3 | 日 | 29 | 丙戌 | 1·9 | 4 | 木 | 2 | 戊午 | 1·9 |
| 29 | 3 | 金 | 28 | 丙辰 | 1·10 | 4 | 月 | 6/1 | 丁亥 | 1·10 | 5 | 金 | 3 | 己未 | 1·10 |
| 30 | 4 | 土 | 29 | 丁巳 | 1·10 | 5 | 火 | 2 | 戊子 | 1·10 | 6 | 土 | 4 | 庚申 | 1·10 |
| 31 | | | | | | 6 | 水 | 3 | 己丑 | 1·10 | | | | | |

# 丙申年

| 절기후날수 | 입추절(丙申月) | | | | | 백로절(丁酉月) | | | | | 한로절(戊戌月) | | | | |
|---|---|---|---|---|---|---|---|---|---|---|---|---|---|---|---|
| | 立秋 8월7일 10시53분<br>處暑 8월23일 1시38분 | | | | | 白露 9월7일 13시51분<br>秋分 9월22일 23시21분 | | | | | 寒露 10월8일 5시33분<br>霜降 10월23일 8시45분 | | | | |
| | 양력 | 요일 | 음력 | 일진 | 大運 남·여 | 양력 | 요일 | 음력 | 일진 | 大運 남·여 | 양력 | 요일 | 음력 | 일진 | 大運 남·여 |
| 0 | 8/7 | 日 | 5 | 辛酉 | 입추 | 9/7 | 水 | 7 | 壬辰 | 백로 | 10/8 | 土 | 8 | 癸亥 | 한로 |
| 1 | 8 | 月 | 6 | 壬戌 | 10·1 | 8 | 木 | 8 | 癸巳 | 10·1 | 9 | 日 | 9 | 甲子 | 10·1 |
| 2 | 9 | 火 | 7 | 癸亥 | 10·1 | 9 | 金 | 9 | 甲午 | 10·1 | 10 | 月 | 10 | 乙丑 | 9·1 |
| 3 | 10 | 水 | 8 | 甲子 | 9·1 | 10 | 土 | 10 | 乙未 | 9·1 | 11 | 火 | 11 | 丙寅 | 9·1 |
| 4 | 11 | 木 | 9 | 乙丑 | 9·1 | 11 | 日 | 11 | 丙申 | 9·1 | 12 | 水 | 12 | 丁卯 | 9·1 |
| 5 | 12 | 金 | 10 | 丙寅 | 9·2 | 12 | 月 | 12 | 丁酉 | 9·2 | 13 | 木 | 13 | 戊辰 | 8·2 |
| 6 | 13 | 土 | 11 | 丁卯 | 8·2 | 13 | 火 | 13 | 戊戌 | 8·2 | 14 | 金 | 14 | 己巳 | 8·2 |
| 7 | 14 | 日 | 12 | 戊辰 | 8·2 | 14 | 水 | 14 | 己亥 | 8·2 | 15 | 土 | 15 | 庚午 | 8·2 |
| 8 | 15 | 月 | 13 | 己巳 | 8·3 | 15 | 木 | 15 | 庚子 | 8·3 | 16 | 日 | 16 | 辛未 | 7·3 |
| 9 | 16 | 火 | 14 | 庚午 | 7·3 | 16 | 金 | 16 | 辛丑 | 7·3 | 17 | 月 | 17 | 壬申 | 7·3 |
| 10 | 17 | 水 | 15 | 辛未 | 7·3 | 17 | 土 | 17 | 壬寅 | 7·3 | 18 | 火 | 18 | 癸酉 | 7·3 |
| 11 | 18 | 木 | 16 | 壬申 | 7·4 | 18 | 日 | 18 | 癸卯 | 7·4 | 19 | 水 | 19 | 甲戌 | 6·4 |
| 12 | 19 | 金 | 17 | 癸酉 | 6·4 | 19 | 月 | 19 | 甲辰 | 6·4 | 20 | 木 | 20 | 乙亥 | 6·4 |
| 13 | 20 | 土 | 18 | 甲戌 | 6·4 | 20 | 火 | 20 | 乙巳 | 6·4 | 21 | 金 | 21 | 丙子 | 6·4 |
| 14 | 21 | 日 | 19 | 乙亥 | 6·5 | 21 | 水 | 21 | 丙午 | 6·5 | 22 | 土 | 22 | 丁丑 | 5·5 |
| 15 | 22 | 月 | 20 | 丙子 | 5·5 | 22 | 木 | 22 | 丁未 | 추분 | 23 | 日 | 23 | 戊寅 | 상강 |
| 16 | 23 | 火 | 21 | 丁丑 | 처서 | 23 | 金 | 23 | 戊申 | 5·5 | 24 | 月 | 24 | 己卯 | 5·5 |
| 17 | 24 | 水 | 22 | 戊寅 | 5·6 | 24 | 土 | 24 | 己酉 | 5·6 | 25 | 火 | 25 | 庚辰 | 4·6 |
| 18 | 25 | 木 | 23 | 己卯 | 4·6 | 25 | 日 | 25 | 庚戌 | 4·6 | 26 | 水 | 26 | 辛巳 | 4·6 |
| 19 | 26 | 金 | 24 | 庚辰 | 4·6 | 26 | 月 | 26 | 辛亥 | 4·6 | 27 | 木 | 27 | 壬午 | 4·6 |
| 20 | 27 | 土 | 25 | 辛巳 | 4·7 | 27 | 火 | 27 | 壬子 | 4·7 | 28 | 金 | 28 | 癸未 | 3·7 |
| 21 | 28 | 日 | 26 | 壬午 | 3·7 | 28 | 水 | 28 | 癸丑 | 3·7 | 29 | 土 | 29 | 甲申 | 3·7 |
| 22 | 29 | 月 | 27 | 癸未 | 3·7 | 29 | 木 | 29 | 甲寅 | 3·7 | 30 | 日 | 30 | 乙酉 | 3·7 |
| 23 | 30 | 火 | 28 | 甲申 | 3·8 | 30 | 金 | 30 | 乙卯 | 3·8 | 31 | 月 | 10/1 | 丙戌 | 2·8 |
| 24 | 31 | 水 | 29 | 乙酉 | 2·8 | 10/1 | 土 | 9/1 | 丙辰 | 2·8 | 11/1 | 火 | 2 | 丁亥 | 2·8 |
| 25 | 9/1 | 木 | 8/1 | 丙戌 | 2·8 | 2 | 日 | 2 | 丁巳 | 2·8 | 2 | 水 | 3 | 戊子 | 2·8 |
| 26 | 2 | 金 | 2 | 丁亥 | 2·9 | 3 | 月 | 3 | 戊午 | 2·9 | 3 | 木 | 4 | 己丑 | 1·9 |
| 27 | 3 | 土 | 3 | 戊子 | 1·9 | 4 | 火 | 4 | 己未 | 1·9 | 4 | 金 | 5 | 庚寅 | 1·9 |
| 28 | 4 | 日 | 4 | 己丑 | 1·9 | 5 | 水 | 5 | 庚申 | 1·9 | 5 | 土 | 6 | 辛卯 | 1·9 |
| 29 | 5 | 月 | 5 | 庚寅 | 1·10 | 6 | 木 | 6 | 辛酉 | 1·10 | 6 | 日 | 7 | 壬辰 | 1·10 |
| 30 | 6 | 火 | 6 | 辛卯 | 1·10 | 7 | 金 | 7 | 壬戌 | 1·10 | | | | | |
| 31 | | | | | | | | | | | | | | | |

| 절기후날수 | 입동절(己亥月) | | | | | 대설절(庚子月) | | | | | 소한절(辛丑月) | | | | |
|---|---|---|---|---|---|---|---|---|---|---|---|---|---|---|---|
| | 立冬 11월7일 8시48분<br>小雪 11월22일 6시22분 | | | | | 大雪 12월7일 1시41분<br>冬至 12월21일 19시44분 | | | | | 小寒 1월5일 12시56분<br>大寒 1월20일 6시23분 | | | | |
| | 양력 | 요일 | 음력 | 일진 | 大運 남·여 | 양력 | 요일 | 음력 | 일진 | 大運 남·여 | 양력 | 요일 | 음력 | 일진 | 大運 남·여 |
| 0 | 11/7 | 月 | 8 | 癸巳 | 입동 | 12/7 | 水 | 9 | 癸亥 | 대설 | 1/5 | 木 | 8 | 壬辰 | 소한 |
| 1 | 8 | 火 | 9 | 甲午 | 10·1 | 8 | 木 | 10 | 甲子 | 9·1 | 6 | 金 | 9 | 癸巳 | 10·1 |
| 2 | 9 | 水 | 10 | 乙未 | 9·1 | 9 | 金 | 11 | 乙丑 | 9·1 | 7 | 土 | 10 | 甲午 | 9·1 |
| 3 | 10 | 木 | 11 | 丙申 | 9·1 | 10 | 土 | 12 | 丙寅 | 9·1 | 8 | 日 | 11 | 乙未 | 9·1 |
| 4 | 11 | 金 | 12 | 丁酉 | 9·1 | 11 | 日 | 13 | 丁卯 | 8·1 | 9 | 月 | 12 | 丙申 | 9·1 |
| 5 | 12 | 土 | 13 | 戊戌 | 8·2 | 12 | 月 | 14 | 戊辰 | 8·2 | 10 | 火 | 13 | 丁酉 | 8·2 |
| 6 | 13 | 日 | 14 | 己亥 | 8·2 | 13 | 火 | 15 | 己巳 | 8·2 | 11 | 水 | 14 | 戊戌 | 8·2 |
| 7 | 14 | 月 | 15 | 庚子 | 8·2 | 14 | 水 | 16 | 庚午 | 7·2 | 12 | 木 | 15 | 己亥 | 8·2 |
| 8 | 15 | 火 | 16 | 辛丑 | 7·3 | 15 | 木 | 17 | 辛未 | 7·3 | 13 | 金 | 16 | 庚子 | 7·3 |
| 9 | 16 | 水 | 17 | 壬寅 | 7·3 | 16 | 金 | 18 | 壬申 | 7·3 | 14 | 土 | 17 | 辛丑 | 7·3 |
| 10 | 17 | 木 | 18 | 癸卯 | 7·3 | 17 | 土 | 19 | 癸酉 | 6·3 | 15 | 日 | 18 | 壬寅 | 7·3 |
| 11 | 18 | 金 | 19 | 甲辰 | 6·4 | 18 | 日 | 20 | 甲戌 | 6·4 | 16 | 月 | 19 | 癸卯 | 6·4 |
| 12 | 19 | 土 | 20 | 乙巳 | 6·4 | 19 | 月 | 21 | 乙亥 | 6·4 | 17 | 火 | 20 | 甲辰 | 6·4 |
| 13 | 20 | 日 | 21 | 丙午 | 6·4 | 20 | 火 | 22 | 丙子 | 5·4 | 18 | 水 | 21 | 乙巳 | 6·4 |
| 14 | 21 | 月 | 22 | 丁未 | 5·5 | 21 | 水 | 23 | 丁丑 | 동지 | 19 | 木 | 22 | 丙午 | 5·5 |
| 15 | 22 | 火 | 23 | 戊申 | 소설 | 22 | 木 | 24 | 戊寅 | 5·5 | 20 | 金 | 23 | 丁未 | 대한 |
| 16 | 23 | 水 | 24 | 己酉 | 5·5 | 23 | 金 | 25 | 己卯 | 4·5 | 21 | 土 | 24 | 戊申 | 5·5 |
| 17 | 24 | 木 | 25 | 庚戌 | 4·6 | 24 | 土 | 26 | 庚辰 | 4·6 | 22 | 日 | 25 | 己酉 | 4·6 |
| 18 | 25 | 金 | 26 | 辛亥 | 4·6 | 25 | 日 | 27 | 辛巳 | 4·6 | 23 | 月 | 26 | 庚戌 | 4·6 |
| 19 | 26 | 土 | 27 | 壬子 | 4·6 | 26 | 月 | 28 | 壬午 | 3·6 | 24 | 火 | 27 | 辛亥 | 4·6 |
| 20 | 27 | 日 | 28 | 癸丑 | 3·7 | 27 | 火 | 29 | 癸未 | 3·7 | 25 | 水 | 28 | 壬子 | 3·7 |
| 21 | 28 | 月 | 29 | 甲寅 | 3·7 | 28 | 水 | 30 | 甲申 | 3·7 | 26 | 木 | 29 | 癸丑 | 3·7 |
| 22 | 29 | 火 | 11/1 | 乙卯 | 3·7 | 29 | 木 | 12/1 | 乙酉 | 2·7 | 27 | 金 | 30 | 甲寅 | 3·7 |
| 23 | 30 | 水 | 2 | 丙辰 | 2·8 | 30 | 金 | 2 | 丙戌 | 2·8 | 28 | 土 | 1/1 | 乙卯 | 2·8 |
| 24 | 12/1 | 木 | 3 | 丁巳 | 2·8 | 31 | 土 | 3 | 丁亥 | 2·8 | 29 | 日 | 2 | 丙辰 | 2·8 |
| 25 | 2 | 金 | 4 | 戊午 | 2·8 | 1/1 | 日 | 4 | 戊子 | 1·8 | 30 | 月 | 3 | 丁巳 | 2·8 |
| 26 | 3 | 土 | 5 | 己未 | 1·9 | 2 | 月 | 5 | 己丑 | 1·9 | 31 | 火 | 4 | 戊午 | 1·9 |
| 27 | 4 | 日 | 6 | 庚申 | 1·9 | 3 | 火 | 6 | 庚寅 | 1·9 | 2/1 | 水 | 5 | 己未 | 1·9 |
| 28 | 5 | 月 | 7 | 辛酉 | 1·9 | 4 | 水 | 7 | 辛卯 | 1·9 | 2 | 木 | 6 | 庚申 | 1·9 |
| 29 | 6 | 火 | 8 | 壬戌 | 1·10 | | | | | | 3 | 金 | 7 | 辛酉 | 1·10 |
| 30 | | | | | | | | | | | | | | | |
| 31 | | | | | | | | | | | | | | | |

# 서기 2017년 [단기 4350년]

### 입춘절(壬寅月)

立春 2월4일 0시34분
雨水 2월18일 20시31분

| 절기후 날수 | 양력 | 요일 | 음력 | 일진 | 大運 남·여 |
|---|---|---|---|---|---|
| 0 | 2/4 | 土 | 8 | 壬戌 | 입춘 |
| 1 | 5 | 日 | 9 | 癸亥 | 1·9 |
| 2 | 6 | 月 | 10 | 甲子 | 1·9 |
| 3 | 7 | 火 | 11 | 乙丑 | 1·9 |
| 4 | 8 | 水 | 12 | 丙寅 | 1·8 |
| 5 | 9 | 木 | 13 | 丁卯 | 2·8 |
| 6 | 10 | 金 | 14 | 戊辰 | 2·8 |
| 7 | 11 | 土 | 15 | 己巳 | 2·7 |
| 8 | 12 | 日 | 16 | 庚午 | 3·7 |
| 9 | 13 | 月 | 17 | 辛未 | 3·7 |
| 10 | 14 | 火 | 18 | 壬申 | 3·6 |
| 11 | 15 | 水 | 19 | 癸酉 | 4·6 |
| 12 | 16 | 木 | 20 | 甲戌 | 4·6 |
| 13 | 17 | 金 | 21 | 乙亥 | 4·5 |
| 14 | 18 | 土 | 22 | 丙子 | 우수 |
| 15 | 19 | 日 | 23 | 丁丑 | 5·5 |
| 16 | 20 | 月 | 24 | 戊寅 | 5·4 |
| 17 | 21 | 火 | 25 | 己卯 | 6·4 |
| 18 | 22 | 水 | 26 | 庚辰 | 6·4 |
| 19 | 23 | 木 | 27 | 辛巳 | 6·3 |
| 20 | 24 | 金 | 28 | 壬午 | 7·3 |
| 21 | 25 | 土 | 29 | 癸未 | 7·3 |
| 22 | 26 | 日 | 2/1 | 甲申 | 7·2 |
| 23 | 27 | 月 | 2 | 乙酉 | 8·2 |
| 24 | 28 | 火 | 3 | 丙戌 | 8·2 |
| 25 | 3/1 | 水 | 4 | 丁亥 | 8·1 |
| 26 | 2 | 木 | 5 | 戊子 | 9·1 |
| 27 | 3 | 金 | 6 | 己丑 | 9·1 |
| 28 | 4 | 土 | 7 | 庚寅 | 9·1 |
| 29 | | | | | |
| 30 | | | | | |
| 31 | | | | | |

### 경칩절(癸卯月)

驚蟄 3월5일 18시33분
春分 3월20일 19시28분

| 절기후 날수 | 양력 | 요일 | 음력 | 일진 | 大運 남·여 |
|---|---|---|---|---|---|
| 0 | 3/5 | 日 | 8 | 辛卯 | 경칩 |
| 1 | 6 | 月 | 9 | 壬辰 | 1·10 |
| 2 | 7 | 火 | 10 | 癸巳 | 1·9 |
| 3 | 8 | 水 | 11 | 甲午 | 1·9 |
| 4 | 9 | 木 | 12 | 乙未 | 1·9 |
| 5 | 10 | 金 | 13 | 丙申 | 2·8 |
| 6 | 11 | 土 | 14 | 丁酉 | 2·8 |
| 7 | 12 | 日 | 15 | 戊戌 | 2·8 |
| 8 | 13 | 月 | 16 | 己亥 | 3·7 |
| 9 | 14 | 火 | 17 | 庚子 | 3·7 |
| 10 | 15 | 水 | 18 | 辛丑 | 3·7 |
| 11 | 16 | 木 | 19 | 壬寅 | 4·6 |
| 12 | 17 | 金 | 20 | 癸卯 | 4·6 |
| 13 | 18 | 土 | 21 | 甲辰 | 4·6 |
| 14 | 19 | 日 | 22 | 乙巳 | 5·5 |
| 15 | 20 | 月 | 23 | 丙午 | 춘분 |
| 16 | 21 | 火 | 24 | 丁未 | 5·5 |
| 17 | 22 | 水 | 25 | 戊申 | 6·4 |
| 18 | 23 | 木 | 26 | 己酉 | 6·4 |
| 19 | 24 | 金 | 27 | 庚戌 | 6·4 |
| 20 | 25 | 土 | 28 | 辛亥 | 7·3 |
| 21 | 26 | 日 | 29 | 壬子 | 7·3 |
| 22 | 27 | 月 | 30 | 癸丑 | 7·3 |
| 23 | 28 | 火 | 3/1 | 甲寅 | 8·2 |
| 24 | 29 | 水 | 2 | 乙卯 | 8·2 |
| 25 | 30 | 木 | 3 | 丙辰 | 8·2 |
| 26 | 31 | 金 | 4 | 丁巳 | 9·1 |
| 27 | 4/1 | 土 | 5 | 戊午 | 9·1 |
| 28 | 2 | 日 | 6 | 己未 | 9·1 |
| 29 | 3 | 月 | 7 | 庚申 | 10·1 |
| 30 | | | | | |
| 31 | | | | | |

### 청명절(甲辰月)

淸明 4월4일 23시17분
穀雨 4월20일 6시27분

| 절기후 날수 | 양력 | 요일 | 음력 | 일진 | 大運 남·여 |
|---|---|---|---|---|---|
| 0 | 4/4 | 火 | 8 | 辛酉 | 청명 |
| 1 | 5 | 水 | 9 | 壬戌 | 1·10 |
| 2 | 6 | 木 | 10 | 癸亥 | 1·10 |
| 3 | 7 | 金 | 11 | 甲子 | 1·9 |
| 4 | 8 | 土 | 12 | 乙丑 | 1·9 |
| 5 | 9 | 日 | 13 | 丙寅 | 2·9 |
| 6 | 10 | 月 | 14 | 丁卯 | 2·8 |
| 7 | 11 | 火 | 15 | 戊辰 | 2·8 |
| 8 | 12 | 水 | 16 | 己巳 | 3·8 |
| 9 | 13 | 木 | 17 | 庚午 | 3·7 |
| 10 | 14 | 金 | 18 | 辛未 | 3·7 |
| 11 | 15 | 土 | 19 | 壬申 | 4·7 |
| 12 | 16 | 日 | 20 | 癸酉 | 4·6 |
| 13 | 17 | 月 | 21 | 甲戌 | 4·6 |
| 14 | 18 | 火 | 22 | 乙亥 | 5·6 |
| 15 | 19 | 水 | 23 | 丙子 | 5·5 |
| 16 | 20 | 木 | 24 | 丁丑 | 곡우 |
| 17 | 21 | 金 | 25 | 戊寅 | 6·5 |
| 18 | 22 | 土 | 26 | 己卯 | 6·4 |
| 19 | 23 | 日 | 27 | 庚辰 | 6·4 |
| 20 | 24 | 月 | 28 | 辛巳 | 7·4 |
| 21 | 25 | 火 | 29 | 壬午 | 7·3 |
| 22 | 26 | 水 | 4/1 | 癸未 | 7·3 |
| 23 | 27 | 木 | 2 | 甲申 | 8·3 |
| 24 | 28 | 金 | 3 | 乙酉 | 8·2 |
| 25 | 29 | 土 | 4 | 丙戌 | 8·2 |
| 26 | 30 | 日 | 5 | 丁亥 | 9·2 |
| 27 | 5/1 | 月 | 6 | 戊子 | 9·1 |
| 28 | 2 | 火 | 7 | 己丑 | 9·1 |
| 29 | 3 | 水 | 8 | 庚寅 | 10·1 |
| 30 | 4 | 木 | 9 | 辛卯 | 10·1 |
| 31 | | | | | |

### 입하절(乙巳月)

立夏 5월5일 16시31분
小滿 5월21일 5시31분

| 절기후 날수 | 양력 | 요일 | 음력 | 일진 | 大運 남·여 |
|---|---|---|---|---|---|
| 0 | 5/5 | 金 | 10 | 壬辰 | 입하 |
| 1 | 6 | 土 | 11 | 癸巳 | 1·10 |
| 2 | 7 | 日 | 12 | 甲午 | 1·10 |
| 3 | 8 | 月 | 13 | 乙未 | 1·9 |
| 4 | 9 | 火 | 14 | 丙申 | 1·9 |
| 5 | 10 | 水 | 15 | 丁酉 | 2·9 |
| 6 | 11 | 木 | 16 | 戊戌 | 2·8 |
| 7 | 12 | 金 | 17 | 己亥 | 2·8 |
| 8 | 13 | 土 | 18 | 庚子 | 3·8 |
| 9 | 14 | 日 | 19 | 辛丑 | 3·7 |
| 10 | 15 | 月 | 20 | 壬寅 | 3·7 |
| 11 | 16 | 火 | 21 | 癸卯 | 4·7 |
| 12 | 17 | 水 | 22 | 甲辰 | 4·6 |
| 13 | 18 | 木 | 23 | 乙巳 | 4·6 |
| 14 | 19 | 金 | 24 | 丙午 | 5·6 |
| 15 | 20 | 土 | 25 | 丁未 | 5·5 |
| 16 | 21 | 日 | 26 | 戊申 | 소만 |
| 17 | 22 | 月 | 27 | 己酉 | 6·5 |
| 18 | 23 | 火 | 28 | 庚戌 | 6·4 |
| 19 | 24 | 水 | 29 | 辛亥 | 6·4 |
| 20 | 25 | 木 | 30 | 壬子 | 7·4 |
| 21 | 26 | 金 | 5/1 | 癸丑 | 7·3 |
| 22 | 27 | 土 | 2 | 甲寅 | 7·3 |
| 23 | 28 | 日 | 3 | 乙卯 | 8·3 |
| 24 | 29 | 月 | 4 | 丙辰 | 8·2 |
| 25 | 30 | 火 | 5 | 丁巳 | 8·2 |
| 26 | 31 | 水 | 6 | 戊午 | 9·2 |
| 27 | 6/1 | 木 | 7 | 己未 | 9·1 |
| 28 | 2 | 金 | 8 | 庚申 | 9·1 |
| 29 | 3 | 土 | 9 | 辛酉 | 10·1 |
| 30 | 4 | 日 | 10 | 壬戌 | 10·1 |
| 31 | | | | | |

### 망종절(丙午月)

芒種 6월5일 20시36분
夏至 6월21일 13시24분

| 절기후 날수 | 양력 | 요일 | 음력 | 일진 | 大運 남·여 |
|---|---|---|---|---|---|
| 0 | 6/5 | 月 | 11 | 癸亥 | 망종 |
| 1 | 6 | 火 | 12 | 甲子 | 1·10 |
| 2 | 7 | 水 | 13 | 乙丑 | 1·10 |
| 3 | 8 | 木 | 14 | 丙寅 | 1·10 |
| 4 | 9 | 金 | 15 | 丁卯 | 1·9 |
| 5 | 10 | 土 | 16 | 戊辰 | 2·9 |
| 6 | 11 | 日 | 17 | 己巳 | 2·9 |
| 7 | 12 | 月 | 18 | 庚午 | 2·8 |
| 8 | 13 | 火 | 19 | 辛未 | 3·8 |
| 9 | 14 | 水 | 20 | 壬申 | 3·8 |
| 10 | 15 | 木 | 21 | 癸酉 | 3·7 |
| 11 | 16 | 金 | 22 | 甲戌 | 4·7 |
| 12 | 17 | 土 | 23 | 乙亥 | 4·7 |
| 13 | 18 | 日 | 24 | 丙子 | 4·6 |
| 14 | 19 | 月 | 25 | 丁丑 | 5·6 |
| 15 | 20 | 火 | 26 | 戊寅 | 5·6 |
| 16 | 21 | 水 | 27 | 己卯 | 하지 |
| 17 | 22 | 木 | 28 | 庚辰 | 6·5 |
| 18 | 23 | 金 | 29 | 辛巳 | 6·5 |
| 19 | 24 | 土 | 윤1 | 壬午 | 6·4 |
| 20 | 25 | 日 | 윤2 | 癸未 | 7·4 |
| 21 | 26 | 月 | 윤3 | 甲申 | 7·4 |
| 22 | 27 | 火 | 윤4 | 乙酉 | 7·3 |
| 23 | 28 | 水 | 윤5 | 丙戌 | 8·3 |
| 24 | 29 | 木 | 윤6 | 丁亥 | 8·3 |
| 25 | 30 | 金 | 윤7 | 戊子 | 8·2 |
| 26 | 7/1 | 土 | 윤8 | 己丑 | 9·2 |
| 27 | 2 | 日 | 윤9 | 庚寅 | 9·2 |
| 28 | 3 | 月 | 윤10 | 辛卯 | 9·1 |
| 29 | 4 | 火 | 윤11 | 壬辰 | 10·1 |
| 30 | 5 | 水 | 윤12 | 癸巳 | 10·1 |
| 31 | 6 | 木 | 윤13 | 甲午 | 10·1 |

### 소서절(丁未月)

小暑 7월7일 6시51분
大暑 7월23일 0시15분

| 절기후 날수 | 양력 | 요일 | 음력 | 일진 | 大運 남·여 |
|---|---|---|---|---|---|
| 0 | 7/7 | 金 | 윤14 | 乙未 | 소서 |
| 1 | 8 | 土 | 윤15 | 丙申 | 1·10 |
| 2 | 9 | 日 | 윤16 | 丁酉 | 1·10 |
| 3 | 10 | 月 | 윤17 | 戊戌 | 1·9 |
| 4 | 11 | 火 | 윤18 | 己亥 | 1·9 |
| 5 | 12 | 水 | 윤19 | 庚子 | 2·9 |
| 6 | 13 | 木 | 윤20 | 辛丑 | 2·8 |
| 7 | 14 | 金 | 윤21 | 壬寅 | 2·8 |
| 8 | 15 | 土 | 윤22 | 癸卯 | 3·8 |
| 9 | 16 | 日 | 윤23 | 甲辰 | 3·7 |
| 10 | 17 | 月 | 윤24 | 乙巳 | 3·7 |
| 11 | 18 | 火 | 윤25 | 丙午 | 4·7 |
| 12 | 19 | 水 | 윤26 | 丁未 | 4·6 |
| 13 | 20 | 木 | 윤27 | 戊申 | 4·6 |
| 14 | 21 | 金 | 윤28 | 己酉 | 5·6 |
| 15 | 22 | 土 | 윤29 | 庚戌 | 5·5 |
| 16 | 23 | 日 | 6/1 | 辛亥 | 대서 |
| 17 | 24 | 月 | 2 | 壬子 | 6·5 |
| 18 | 25 | 火 | 3 | 癸丑 | 6·4 |
| 19 | 26 | 水 | 4 | 甲寅 | 6·4 |
| 20 | 27 | 木 | 5 | 乙卯 | 7·4 |
| 21 | 28 | 金 | 6 | 丙辰 | 7·3 |
| 22 | 29 | 土 | 7 | 丁巳 | 7·3 |
| 23 | 30 | 日 | 8 | 戊午 | 8·3 |
| 24 | 31 | 月 | 9 | 己未 | 8·2 |
| 25 | 8/1 | 火 | 10 | 庚申 | 8·2 |
| 26 | 2 | 水 | 11 | 辛酉 | 9·2 |
| 27 | 3 | 木 | 12 | 壬戌 | 9·1 |
| 28 | 4 | 金 | 13 | 癸亥 | 9·1 |
| 29 | 5 | 土 | 14 | 甲子 | 10·1 |
| 30 | 6 | 日 | 15 | 乙丑 | 10·1 |
| 31 | | | | | |

▶ 윤달–5월

# 丁酉年

| 절기후날수 | 입추절(戊申月) 立秋 8월7일 16시40분 處暑 8월23일 7시20분 | | | | | 백로절(己酉月) 白露 9월7일 19시38분 秋分 9월23일 5시2분 | | | | | 한로절(庚戌月) 寒露 10월8일 11시22분 霜降 10월23일 14시27분 | | | | |
|---|---|---|---|---|---|---|---|---|---|---|---|---|---|---|---|
| | 양력 | 요일 | 음력 | 일진 | 大運 남·여 | 양력 | 요일 | 음력 | 일진 | 大運 남·여 | 양력 | 요일 | 음력 | 일진 | 大運 남·여 |
| 0 | 8/7 | 月 | 16 | 丙寅 | 입추 | 9/7 | 木 | 17 | 丁酉 | 백로 | 10/8 | 日 | 19 | 戊辰 | 한로 |
| 1 | 8 | 火 | 17 | 丁卯 | 1·10 | 8 | 金 | 18 | 戊戌 | 1·10 | 9 | 月 | 20 | 己巳 | 1·10 |
| 2 | 9 | 水 | 18 | 戊辰 | 1·10 | 9 | 土 | 19 | 己亥 | 1·10 | 10 | 火 | 21 | 庚午 | 1·9 |
| 3 | 10 | 木 | 19 | 己巳 | 1·9 | 10 | 日 | 20 | 庚子 | 1·9 | 11 | 水 | 22 | 辛未 | 1·9 |
| 4 | 11 | 金 | 20 | 庚午 | 1·9 | 11 | 月 | 21 | 辛丑 | 1·9 | 12 | 木 | 23 | 壬申 | 1·9 |
| 5 | 12 | 土 | 21 | 辛未 | 2·9 | 12 | 火 | 22 | 壬寅 | 2·9 | 13 | 金 | 24 | 癸酉 | 2·8 |
| 6 | 13 | 日 | 22 | 壬申 | 2·8 | 13 | 水 | 23 | 癸卯 | 2·8 | 14 | 土 | 25 | 甲戌 | 2·8 |
| 7 | 14 | 月 | 23 | 癸酉 | 2·8 | 14 | 木 | 24 | 甲辰 | 2·8 | 15 | 日 | 26 | 乙亥 | 2·8 |
| 8 | 15 | 火 | 24 | 甲戌 | 3·8 | 15 | 金 | 25 | 乙巳 | 3·8 | 16 | 月 | 27 | 丙子 | 3·7 |
| 9 | 16 | 水 | 25 | 乙亥 | 3·7 | 16 | 土 | 26 | 丙午 | 3·7 | 17 | 火 | 28 | 丁丑 | 3·7 |
| 10 | 17 | 木 | 26 | 丙子 | 3·7 | 17 | 日 | 27 | 丁未 | 3·7 | 18 | 水 | 29 | 戊寅 | 3·7 |
| 11 | 18 | 金 | 27 | 丁丑 | 4·7 | 18 | 月 | 28 | 戊申 | 4·7 | 19 | 木 | 30 | 己卯 | 4·6 |
| 12 | 19 | 土 | 28 | 戊寅 | 4·6 | 19 | 火 | 29 | 己酉 | 4·6 | 20 | 金 | 9/1 | 庚辰 | 4·6 |
| 13 | 20 | 日 | 29 | 己卯 | 4·6 | 20 | 水 | 8/1 | 庚戌 | 4·6 | 21 | 土 | 2 | 辛巳 | 4·6 |
| 14 | 21 | 月 | 30 | 庚辰 | 5·6 | 21 | 木 | 2 | 辛亥 | 5·6 | 22 | 日 | 3 | 壬午 | 5·5 |
| 15 | 22 | 火 | 7/1 | 辛巳 | 5·5 | 22 | 金 | 3 | 壬子 | 5·5 | 23 | 月 | 4 | 癸未 | 상강 |
| 16 | 23 | 水 | 2 | 壬午 | 처서 | 23 | 土 | 4 | 癸丑 | 추분 | 24 | 火 | 5 | 甲申 | 5·5 |
| 17 | 24 | 木 | 3 | 癸未 | 6·5 | 24 | 日 | 5 | 甲寅 | 6·5 | 25 | 水 | 6 | 乙酉 | 6·4 |
| 18 | 25 | 金 | 4 | 甲申 | 6·4 | 25 | 月 | 6 | 乙卯 | 6·4 | 26 | 木 | 7 | 丙戌 | 6·4 |
| 19 | 26 | 土 | 5 | 乙酉 | 6·4 | 26 | 火 | 7 | 丙辰 | 6·4 | 27 | 金 | 8 | 丁亥 | 6·4 |
| 20 | 27 | 日 | 6 | 丙戌 | 7·4 | 27 | 水 | 8 | 丁巳 | 7·4 | 28 | 土 | 9 | 戊子 | 7·3 |
| 21 | 28 | 月 | 7 | 丁亥 | 7·3 | 28 | 木 | 9 | 戊午 | 7·3 | 29 | 日 | 10 | 己丑 | 7·3 |
| 22 | 29 | 火 | 8 | 戊子 | 7·3 | 29 | 金 | 10 | 己未 | 7·3 | 30 | 月 | 11 | 庚寅 | 7·3 |
| 23 | 30 | 水 | 9 | 己丑 | 8·3 | 30 | 土 | 11 | 庚申 | 8·3 | 31 | 火 | 12 | 辛卯 | 8·2 |
| 24 | 31 | 木 | 10 | 庚寅 | 8·2 | 10/1 | 日 | 12 | 辛酉 | 8·2 | 11/1 | 水 | 13 | 壬辰 | 8·2 |
| 25 | 9/1 | 金 | 11 | 辛卯 | 8·2 | 2 | 月 | 13 | 壬戌 | 8·2 | 2 | 木 | 14 | 癸巳 | 8·2 |
| 26 | 2 | 土 | 12 | 壬辰 | 9·2 | 3 | 火 | 14 | 癸亥 | 9·2 | 3 | 金 | 15 | 甲午 | 9·1 |
| 27 | 3 | 日 | 13 | 癸巳 | 9·1 | 4 | 水 | 15 | 甲子 | 9·1 | 4 | 土 | 16 | 乙未 | 9·1 |
| 28 | 4 | 月 | 14 | 甲午 | 9·1 | 5 | 木 | 16 | 乙丑 | 9·1 | 5 | 日 | 17 | 丙申 | 9·1 |
| 29 | 5 | 火 | 15 | 乙未 | 10·1 | 6 | 金 | 17 | 丙寅 | 10·1 | 6 | 月 | 18 | 丁酉 | 10·1 |
| 30 | 6 | 水 | 16 | 丙申 | 10·1 | 7 | 土 | 18 | 丁卯 | 10·1 | | | | | |
| 31 | | | | | | | | | | | | | | | |

| 절기후날수 | 입동절(辛亥月) 立冬 11월7일 14시38분 小雪 11월22일 12시4분 | | | | | 대설절(壬子月) 大雪 12월7일 7시32분 冬至 12월22일 1시28분 | | | | | 소한절(癸丑月) 小寒 1월5일 18시49분 大寒 1월20일 12시9분 | | | | |
|---|---|---|---|---|---|---|---|---|---|---|---|---|---|---|---|
| | 양력 | 요일 | 음력 | 일진 | 大運 남·여 | 양력 | 요일 | 음력 | 일진 | 大運 남·여 | 양력 | 요일 | 음력 | 일진 | 大運 남·여 |
| 0 | 11/7 | 火 | 19 | 戊戌 | 입동 | 12/7 | 木 | 20 | 戊辰 | 대설 | 1/5 | 金 | 19 | 丁酉 | 소한 |
| 1 | 8 | 水 | 20 | 己亥 | 1·10 | 8 | 金 | 21 | 己巳 | 1·9 | 6 | 土 | 20 | 戊戌 | 1·10 |
| 2 | 9 | 木 | 21 | 庚子 | 1·9 | 9 | 土 | 22 | 庚午 | 1·9 | 7 | 日 | 21 | 己亥 | 1·9 |
| 3 | 10 | 金 | 22 | 辛丑 | 1·9 | 10 | 日 | 23 | 辛未 | 1·9 | 8 | 月 | 22 | 庚子 | 1·9 |
| 4 | 11 | 土 | 23 | 壬寅 | 1·9 | 11 | 月 | 24 | 壬申 | 1·8 | 9 | 火 | 23 | 辛丑 | 1·9 |
| 5 | 12 | 日 | 24 | 癸卯 | 2·8 | 12 | 火 | 25 | 癸酉 | 2·8 | 10 | 水 | 24 | 壬寅 | 2·8 |
| 6 | 13 | 月 | 25 | 甲辰 | 2·8 | 13 | 水 | 26 | 甲戌 | 2·8 | 11 | 木 | 25 | 癸卯 | 2·8 |
| 7 | 14 | 火 | 26 | 乙巳 | 2·8 | 14 | 木 | 27 | 乙亥 | 2·7 | 12 | 金 | 26 | 甲辰 | 2·8 |
| 8 | 15 | 水 | 27 | 丙午 | 3·7 | 15 | 金 | 28 | 丙子 | 3·7 | 13 | 土 | 27 | 乙巳 | 3·7 |
| 9 | 16 | 木 | 28 | 丁未 | 3·7 | 16 | 土 | 29 | 丁丑 | 3·7 | 14 | 日 | 28 | 丙午 | 3·7 |
| 10 | 17 | 金 | 29 | 戊申 | 3·7 | 17 | 日 | 30 | 戊寅 | 3·6 | 15 | 月 | 29 | 丁未 | 3·7 |
| 11 | 18 | 土 | 10/1 | 己酉 | 4·6 | 18 | 月 | 11/1 | 己卯 | 4·6 | 16 | 火 | 30 | 戊申 | 4·6 |
| 12 | 19 | 日 | 2 | 庚戌 | 4·6 | 19 | 火 | 2 | 庚辰 | 4·6 | 17 | 水 | 12/1 | 己酉 | 4·6 |
| 13 | 20 | 月 | 3 | 辛亥 | 4·6 | 20 | 水 | 3 | 辛巳 | 4·5 | 18 | 木 | 2 | 庚戌 | 4·6 |
| 14 | 21 | 火 | 4 | 壬子 | 5·5 | 21 | 木 | 4 | 壬午 | 5·5 | 19 | 金 | 3 | 辛亥 | 5·5 |
| 15 | 22 | 水 | 5 | 癸丑 | 소설 | 22 | 金 | 5 | 癸未 | 동지 | 20 | 土 | 4 | 壬子 | 대한 |
| 16 | 23 | 木 | 6 | 甲寅 | 5·5 | 23 | 土 | 6 | 甲申 | 5·4 | 21 | 日 | 5 | 癸丑 | 5·5 |
| 17 | 24 | 金 | 7 | 乙卯 | 6·4 | 24 | 日 | 7 | 乙酉 | 6·4 | 22 | 月 | 6 | 甲寅 | 6·4 |
| 18 | 25 | 土 | 8 | 丙辰 | 6·4 | 25 | 月 | 8 | 丙戌 | 6·4 | 23 | 火 | 7 | 乙卯 | 6·4 |
| 19 | 26 | 日 | 9 | 丁巳 | 6·4 | 26 | 火 | 9 | 丁亥 | 6·3 | 24 | 水 | 8 | 丙辰 | 6·4 |
| 20 | 27 | 月 | 10 | 戊午 | 7·3 | 27 | 水 | 10 | 戊子 | 7·3 | 25 | 木 | 9 | 丁巳 | 7·3 |
| 21 | 28 | 火 | 11 | 己未 | 7·3 | 28 | 木 | 11 | 己丑 | 7·3 | 26 | 金 | 10 | 戊午 | 7·3 |
| 22 | 29 | 水 | 12 | 庚申 | 7·3 | 29 | 金 | 12 | 庚寅 | 7·2 | 27 | 土 | 11 | 己未 | 7·3 |
| 23 | 30 | 木 | 13 | 辛酉 | 8·2 | 30 | 土 | 13 | 辛卯 | 8·2 | 28 | 日 | 12 | 庚申 | 8·2 |
| 24 | 12/1 | 金 | 14 | 壬戌 | 8·2 | 31 | 日 | 14 | 壬辰 | 8·2 | 29 | 月 | 13 | 辛酉 | 8·2 |
| 25 | 2 | 土 | 15 | 癸亥 | 8·2 | 1/1 | 月 | 15 | 癸巳 | 8·1 | 30 | 火 | 14 | 壬戌 | 8·2 |
| 26 | 3 | 日 | 16 | 甲子 | 9·1 | 2 | 火 | 16 | 甲午 | 9·1 | 31 | 水 | 15 | 癸亥 | 9·1 |
| 27 | 4 | 月 | 17 | 乙丑 | 9·1 | 3 | 水 | 17 | 乙未 | 9·1 | 2/1 | 木 | 16 | 甲子 | 9·1 |
| 28 | 5 | 火 | 18 | 丙寅 | 9·1 | 4 | 木 | 18 | 丙申 | 9·1 | 2 | 金 | 17 | 乙丑 | 9·1 |
| 29 | 6 | 水 | 19 | 丁卯 | 10·1 | | | | | | 3 | 土 | 18 | 丙寅 | 10·1 |
| 30 | | | | | | | | | | | | | | | |
| 31 | | | | | | | | | | | | | | | |

# 서기 2018년 [단기 4351년]

| 절기후날수 | 입춘절(甲寅月)<br>立春 2월4일 6시28분<br>雨水 2월19일 2시18분 | | | | | 경칩절(乙卯月)<br>驚蟄 3월6일 0시28분<br>春分 3월21일 1시15분 | | | | | 청명절(丙辰月)<br>淸明 4월5일 5시13분<br>穀雨 4월20일 12시12분 | | | | |
|---|---|---|---|---|---|---|---|---|---|---|---|---|---|---|---|
| | 양력 | 요일 | 음력 | 일진 | 大運 남·여 | 양력 | 요일 | 음력 | 일진 | 大運 남·여 | 양력 | 요일 | 음력 | 일진 | 大運 남·여 |
| 0 | 2/4 | 日 | 19 | 丁卯 | 입춘 | 3/6 | 火 | 19 | 丁酉 | 경칩 | 4/5 | 木 | 20 | 丁卯 | 청명 |
| 1 | 5 | 月 | 20 | 戊辰 | 10·1 | 7 | 水 | 20 | 戊戌 | 10·1 | 6 | 金 | 21 | 戊辰 | 10·1 |
| 2 | 6 | 火 | 21 | 己巳 | 9·1 | 8 | 木 | 21 | 己亥 | 9·1 | 7 | 土 | 22 | 己巳 | 9·1 |
| 3 | 7 | 水 | 22 | 庚午 | 9·1 | 9 | 金 | 22 | 庚子 | 9·1 | 8 | 日 | 23 | 庚午 | 9·1 |
| 4 | 8 | 木 | 23 | 辛未 | 9·1 | 10 | 土 | 23 | 辛丑 | 9·1 | 9 | 月 | 24 | 辛未 | 9·1 |
| 5 | 9 | 金 | 24 | 壬申 | 8·2 | 11 | 日 | 24 | 壬寅 | 8·2 | 10 | 火 | 25 | 壬申 | 8·2 |
| 6 | 10 | 土 | 25 | 癸酉 | 8·2 | 12 | 月 | 25 | 癸卯 | 8·2 | 11 | 水 | 26 | 癸酉 | 8·2 |
| 7 | 11 | 日 | 26 | 甲戌 | 8·2 | 13 | 火 | 26 | 甲辰 | 8·2 | 12 | 木 | 27 | 甲戌 | 8·2 |
| 8 | 12 | 月 | 27 | 乙亥 | 7·3 | 14 | 水 | 27 | 乙巳 | 7·3 | 13 | 金 | 28 | 乙亥 | 7·3 |
| 9 | 13 | 火 | 28 | 丙子 | 7·3 | 15 | 木 | 28 | 丙午 | 7·3 | 14 | 土 | 29 | 丙子 | 7·3 |
| 10 | 14 | 水 | 29 | 丁丑 | 7·3 | 16 | 金 | 29 | 丁未 | 7·3 | 15 | 日 | 30 | 丁丑 | 7·3 |
| 11 | 15 | 木 | 30 | 戊寅 | 6·4 | 17 | 土 | 2/1 | 戊申 | 6·4 | 16 | 月 | 3/1 | 戊寅 | 6·4 |
| 12 | 16 | 金 | 1/1 | 己卯 | 6·4 | 18 | 日 | 2 | 己酉 | 6·4 | 17 | 火 | 2 | 己卯 | 6·4 |
| 13 | 17 | 土 | 2 | 庚辰 | 6·4 | 19 | 月 | 3 | 庚戌 | 6·4 | 18 | 水 | 3 | 庚辰 | 6·4 |
| 14 | 18 | 日 | 3 | 辛巳 | 5·5 | 20 | 火 | 4 | 辛亥 | 5·5 | 19 | 木 | 4 | 辛巳 | 5·5 |
| 15 | 19 | 月 | 4 | 壬午 | 우수 | 21 | 水 | 5 | 壬子 | 춘분 | 20 | 金 | 5 | 壬午 | 곡우 |
| 16 | 20 | 火 | 5 | 癸未 | 5·5 | 22 | 木 | 6 | 癸丑 | 5·5 | 21 | 土 | 6 | 癸未 | 5·5 |
| 17 | 21 | 水 | 6 | 甲申 | 4·6 | 23 | 金 | 7 | 甲寅 | 4·6 | 22 | 日 | 7 | 甲申 | 4·6 |
| 18 | 22 | 木 | 7 | 乙酉 | 4·6 | 24 | 土 | 8 | 乙卯 | 4·6 | 23 | 月 | 8 | 乙酉 | 4·6 |
| 19 | 23 | 金 | 8 | 丙戌 | 4·6 | 25 | 日 | 9 | 丙辰 | 4·6 | 24 | 火 | 9 | 丙戌 | 4·6 |
| 20 | 24 | 土 | 9 | 丁亥 | 3·7 | 26 | 月 | 10 | 丁巳 | 3·7 | 25 | 水 | 10 | 丁亥 | 3·7 |
| 21 | 25 | 日 | 10 | 戊子 | 3·7 | 27 | 火 | 11 | 戊午 | 3·7 | 26 | 木 | 11 | 戊子 | 3·7 |
| 22 | 26 | 月 | 11 | 己丑 | 3·7 | 28 | 水 | 12 | 己未 | 3·7 | 27 | 金 | 12 | 己丑 | 3·7 |
| 23 | 27 | 火 | 12 | 庚寅 | 2·8 | 29 | 木 | 13 | 庚申 | 2·8 | 28 | 土 | 13 | 庚寅 | 2·8 |
| 24 | 28 | 水 | 13 | 辛卯 | 2·8 | 30 | 金 | 14 | 辛酉 | 2·8 | 29 | 日 | 14 | 辛卯 | 2·8 |
| 25 | 3/1 | 木 | 14 | 壬辰 | 2·8 | 31 | 土 | 15 | 壬戌 | 2·8 | 30 | 月 | 15 | 壬辰 | 2·8 |
| 26 | 2 | 金 | 15 | 癸巳 | 1·9 | 4/1 | 日 | 16 | 癸亥 | 1·9 | 5/1 | 火 | 16 | 癸巳 | 1·9 |
| 27 | 3 | 土 | 16 | 甲午 | 1·9 | 2 | 月 | 17 | 甲子 | 1·9 | 2 | 水 | 17 | 甲午 | 1·9 |
| 28 | 4 | 日 | 17 | 乙未 | 1·9 | 3 | 火 | 18 | 乙丑 | 1·9 | 3 | 木 | 18 | 乙未 | 1·9 |
| 29 | 5 | 月 | 18 | 丙申 | 1·10 | 4 | 水 | 19 | 丙寅 | 1·10 | 4 | 金 | 19 | 丙申 | 1·10 |
| 30 | | | | | | | | | | | | | | | |
| 31 | | | | | | | | | | | | | | | |

| 절기후날수 | 입하절(丁巳月)<br>立夏 5월5일 22시25분<br>小滿 5월21일 11시14분 | | | | | 망종절(戊午月)<br>芒種 6월6일 2시29분<br>夏至 6월21일 19시7분 | | | | | 소서절(己未月)<br>小暑 7월7일 12시42분<br>大暑 7월23일 6시0분 | | | | |
|---|---|---|---|---|---|---|---|---|---|---|---|---|---|---|---|
| | 양력 | 요일 | 음력 | 일진 | 大運 남·여 | 양력 | 요일 | 음력 | 일진 | 大運 남·여 | 양력 | 요일 | 음력 | 일진 | 大運 남·여 |
| 0 | 5/5 | 土 | 20 | 丁酉 | 입하 | 6/6 | 水 | 23 | 己巳 | 망종 | 7/7 | 土 | 24 | 庚子 | 소서 |
| 1 | 6 | 日 | 21 | 戊戌 | 10·1 | 7 | 木 | 24 | 庚午 | 10·1 | 8 | 日 | 25 | 辛丑 | 10·1 |
| 2 | 7 | 月 | 22 | 己亥 | 10·1 | 8 | 金 | 25 | 辛未 | 10·1 | 9 | 月 | 26 | 壬寅 | 10·1 |
| 3 | 8 | 火 | 23 | 庚子 | 10·1 | 9 | 土 | 26 | 壬申 | 9·1 | 10 | 火 | 27 | 癸卯 | 9·1 |
| 4 | 9 | 水 | 24 | 辛丑 | 9·1 | 10 | 日 | 27 | 癸酉 | 9·1 | 11 | 水 | 28 | 甲辰 | 9·1 |
| 5 | 10 | 木 | 25 | 壬寅 | 9·2 | 11 | 月 | 28 | 甲戌 | 9·2 | 12 | 木 | 29 | 乙巳 | 9·2 |
| 6 | 11 | 金 | 26 | 癸卯 | 9·2 | 12 | 火 | 29 | 乙亥 | 8·2 | 13 | 金 | 6/1 | 丙午 | 8·2 |
| 7 | 12 | 土 | 27 | 甲辰 | 8·2 | 13 | 水 | 30 | 丙子 | 8·2 | 14 | 土 | 2 | 丁未 | 8·2 |
| 8 | 13 | 日 | 28 | 乙巳 | 8·3 | 14 | 木 | 5/1 | 丁丑 | 8·3 | 15 | 日 | 3 | 戊申 | 8·3 |
| 9 | 14 | 月 | 29 | 丙午 | 8·3 | 15 | 金 | 2 | 戊寅 | 7·3 | 16 | 月 | 4 | 己酉 | 7·3 |
| 10 | 15 | 火 | 4/1 | 丁未 | 7·3 | 16 | 土 | 3 | 己卯 | 7·3 | 17 | 火 | 5 | 庚戌 | 7·3 |
| 11 | 16 | 水 | 2 | 戊申 | 7·4 | 17 | 日 | 4 | 庚辰 | 7·4 | 18 | 水 | 6 | 辛亥 | 7·4 |
| 12 | 17 | 木 | 3 | 己酉 | 7·4 | 18 | 月 | 5 | 辛巳 | 6·4 | 19 | 木 | 7 | 壬子 | 6·4 |
| 13 | 18 | 金 | 4 | 庚戌 | 6·4 | 19 | 火 | 6 | 壬午 | 6·4 | 20 | 金 | 8 | 癸丑 | 6·4 |
| 14 | 19 | 土 | 5 | 辛亥 | 6·5 | 20 | 水 | 7 | 癸未 | 6·5 | 21 | 土 | 9 | 甲寅 | 6·5 |
| 15 | 20 | 日 | 6 | 壬子 | 6·5 | 21 | 木 | 8 | 甲申 | 하지 | 22 | 日 | 10 | 乙卯 | 5·5 |
| 16 | 21 | 月 | 7 | 癸丑 | 소만 | 22 | 金 | 9 | 乙酉 | 5·5 | 23 | 月 | 11 | 丙辰 | 대서 |
| 17 | 22 | 火 | 8 | 甲寅 | 5·6 | 23 | 土 | 10 | 丙戌 | 5·6 | 24 | 火 | 12 | 丁巳 | 5·6 |
| 18 | 23 | 水 | 9 | 乙卯 | 5·6 | 24 | 日 | 11 | 丁亥 | 4·6 | 25 | 水 | 13 | 戊午 | 4·6 |
| 19 | 24 | 木 | 10 | 丙辰 | 4·6 | 25 | 月 | 12 | 戊子 | 4·6 | 26 | 木 | 14 | 己未 | 4·6 |
| 20 | 25 | 金 | 11 | 丁巳 | 4·7 | 26 | 火 | 13 | 己丑 | 4·7 | 27 | 金 | 15 | 庚申 | 4·7 |
| 21 | 26 | 土 | 12 | 戊午 | 4·7 | 27 | 水 | 14 | 庚寅 | 3·7 | 28 | 土 | 16 | 辛酉 | 3·7 |
| 22 | 27 | 日 | 13 | 己未 | 3·7 | 28 | 木 | 15 | 辛卯 | 3·7 | 29 | 日 | 17 | 壬戌 | 3·7 |
| 23 | 28 | 月 | 14 | 庚申 | 3·8 | 29 | 金 | 16 | 壬辰 | 3·8 | 30 | 月 | 18 | 癸亥 | 3·8 |
| 24 | 29 | 火 | 15 | 辛酉 | 3·8 | 30 | 土 | 17 | 癸巳 | 2·8 | 31 | 火 | 19 | 甲子 | 2·8 |
| 25 | 30 | 水 | 16 | 壬戌 | 2·8 | 7/1 | 日 | 18 | 甲午 | 2·8 | 8/1 | 水 | 20 | 乙丑 | 2·8 |
| 26 | 31 | 木 | 17 | 癸亥 | 2·9 | 2 | 月 | 19 | 乙未 | 2·9 | 2 | 木 | 21 | 丙寅 | 2·9 |
| 27 | 6/1 | 金 | 18 | 甲子 | 2·9 | 3 | 火 | 20 | 丙申 | 1·9 | 3 | 金 | 22 | 丁卯 | 1·9 |
| 28 | 2 | 土 | 19 | 乙丑 | 1·9 | 4 | 水 | 21 | 丁酉 | 1·9 | 4 | 土 | 23 | 戊辰 | 1·9 |
| 29 | 3 | 日 | 20 | 丙寅 | 1·10 | 5 | 木 | 22 | 戊戌 | 1·10 | 5 | 日 | 24 | 己巳 | 1·10 |
| 30 | 4 | 月 | 21 | 丁卯 | 1·10 | 6 | 金 | 23 | 己亥 | 1·10 | 6 | 月 | 25 | 庚午 | 1·10 |
| 31 | 5 | 火 | 22 | 戊辰 | 1·10 | | | | | | | | | | |

# 戊戌年

| 절기후날수 | 입추절(庚申月) 立秋 8월7일 22시30분 處暑 8월23일 13시8분 | | | | | 백로절(辛酉月) 白露 9월8일 1시30분 秋分 9월23일 10시54분 | | | | | 한로절(壬戌月) 寒露 10월8일 17시15분 霜降 10월23일 20시22분 | | | | |
|---|---|---|---|---|---|---|---|---|---|---|---|---|---|---|---|
| | 양력 | 요일 | 음력 | 일진 | 大運 남·여 | 양력 | 요일 | 음력 | 일진 | 大運 남·여 | 양력 | 요일 | 음력 | 일진 | 大運 남·여 |
| 0 | 8/7 | 火 | 26 | 辛未 | 입추 | 9/8 | 土 | 29 | 癸卯 | 백로 | 10/8 | 月 | 29 | 癸酉 | 한로 |
| 1 | 8 | 水 | 27 | 壬申 | 10·1 | 9 | 日 | 30 | 甲辰 | 10·1 | 9 | 火 | 9/1 | 甲戌 | 10·1 |
| 2 | 9 | 木 | 28 | 癸酉 | 10·1 | 10 | 月 | 8/1 | 乙巳 | 9·1 | 10 | 水 | 2 | 乙亥 | 9·1 |
| 3 | 10 | 金 | 29 | 甲戌 | 10·1 | 11 | 火 | 2 | 丙午 | 9·1 | 11 | 木 | 3 | 丙子 | 9·1 |
| 4 | 11 | 土 | 7/1 | 乙亥 | 9·1 | 12 | 水 | 3 | 丁未 | 9·1 | 12 | 金 | 4 | 丁丑 | 9·1 |
| 5 | 12 | 日 | 2 | 丙子 | 9·2 | 13 | 木 | 4 | 戊申 | 8·2 | 13 | 土 | 5 | 戊寅 | 8·2 |
| 6 | 13 | 月 | 3 | 丁丑 | 9·2 | 14 | 金 | 5 | 己酉 | 8·2 | 14 | 日 | 6 | 己卯 | 8·2 |
| 7 | 14 | 火 | 4 | 戊寅 | 8·2 | 15 | 土 | 6 | 庚戌 | 8·2 | 15 | 月 | 7 | 庚辰 | 8·2 |
| 8 | 15 | 水 | 5 | 己卯 | 8·3 | 16 | 日 | 7 | 辛亥 | 7·3 | 16 | 火 | 8 | 辛巳 | 7·3 |
| 9 | 16 | 木 | 6 | 庚辰 | 8·3 | 17 | 月 | 8 | 壬子 | 7·3 | 17 | 水 | 9 | 壬午 | 7·3 |
| 10 | 17 | 金 | 7 | 辛巳 | 7·3 | 18 | 火 | 9 | 癸丑 | 7·3 | 18 | 木 | 10 | 癸未 | 7·3 |
| 11 | 18 | 土 | 8 | 壬午 | 7·4 | 19 | 水 | 10 | 甲寅 | 6·4 | 19 | 金 | 11 | 甲申 | 6·4 |
| 12 | 19 | 日 | 9 | 癸未 | 7·4 | 20 | 木 | 11 | 乙卯 | 6·4 | 20 | 土 | 12 | 乙酉 | 6·4 |
| 13 | 20 | 月 | 10 | 甲申 | 6·4 | 21 | 金 | 12 | 丙辰 | 6·4 | 21 | 日 | 13 | 丙戌 | 6·4 |
| 14 | 21 | 火 | 11 | 乙酉 | 6·5 | 22 | 土 | 13 | 丁巳 | 5·5 | 22 | 月 | 14 | 丁亥 | 5·5 |
| 15 | 22 | 水 | 12 | 丙戌 | 6·5 | 23 | 日 | 14 | 戊午 | 추분 | 23 | 火 | 15 | 戊子 | 상강 |
| 16 | 23 | 木 | 13 | 丁亥 | 처서 | 24 | 月 | 15 | 己未 | 5·5 | 24 | 水 | 16 | 己丑 | 5·5 |
| 17 | 24 | 金 | 14 | 戊子 | 5·6 | 25 | 火 | 16 | 庚申 | 4·6 | 25 | 木 | 17 | 庚寅 | 4·6 |
| 18 | 25 | 土 | 15 | 己丑 | 5·6 | 26 | 水 | 17 | 辛酉 | 4·6 | 26 | 金 | 18 | 辛卯 | 4·6 |
| 19 | 26 | 日 | 16 | 庚寅 | 4·6 | 27 | 木 | 18 | 壬戌 | 4·6 | 27 | 土 | 19 | 壬辰 | 4·6 |
| 20 | 27 | 月 | 17 | 辛卯 | 4·7 | 28 | 金 | 19 | 癸亥 | 3·7 | 28 | 日 | 20 | 癸巳 | 3·7 |
| 21 | 28 | 火 | 18 | 壬辰 | 4·7 | 29 | 土 | 20 | 甲子 | 3·7 | 29 | 月 | 21 | 甲午 | 3·7 |
| 22 | 29 | 水 | 19 | 癸巳 | 3·7 | 30 | 日 | 21 | 乙丑 | 3·7 | 30 | 火 | 22 | 乙未 | 3·7 |
| 23 | 30 | 木 | 20 | 甲午 | 3·8 | 10/1 | 月 | 22 | 丙寅 | 2·8 | 31 | 水 | 23 | 丙申 | 2·8 |
| 24 | 31 | 金 | 21 | 乙未 | 3·8 | 2 | 火 | 23 | 丁卯 | 2·8 | 11/1 | 木 | 24 | 丁酉 | 2·8 |
| 25 | 9/1 | 土 | 22 | 丙申 | 2·8 | 3 | 水 | 24 | 戊辰 | 2·8 | 2 | 金 | 25 | 戊戌 | 2·8 |
| 26 | 2 | 日 | 23 | 丁酉 | 2·9 | 4 | 木 | 25 | 己巳 | 1·9 | 3 | 土 | 26 | 己亥 | 1·9 |
| 27 | 3 | 月 | 24 | 戊戌 | 2·9 | 5 | 金 | 26 | 庚午 | 1·9 | 4 | 日 | 27 | 庚子 | 1·9 |
| 28 | 4 | 火 | 25 | 己亥 | 1·9 | 6 | 土 | 27 | 辛未 | 1·9 | 5 | 月 | 28 | 辛丑 | 1·9 |
| 29 | 5 | 水 | 26 | 庚子 | 1·10 | 7 | 日 | 28 | 壬申 | 1·10 | 6 | 火 | 29 | 壬寅 | 1·10 |
| 30 | 6 | 木 | 27 | 辛丑 | 1·10 | | | | | | | | | | |
| 31 | 7 | 金 | 28 | 壬寅 | 1·10 | | | | | | | | | | |

| 절기후날수 | 입동절(癸亥月) 立冬 11월7일 20시32분 小雪 11월22일 18시1분 | | | | | 대설절(甲子月) 大雪 12월7일 13시26분 冬至 12월22일 7시23분 | | | | | 소한절(乙丑月) 小寒 1월6일 0시39분 大寒 1월20일 17시59분 | | | | |
|---|---|---|---|---|---|---|---|---|---|---|---|---|---|---|---|
| | 양력 | 요일 | 음력 | 일진 | 大運 남·여 | 양력 | 요일 | 음력 | 일진 | 大運 남·여 | 양력 | 요일 | 음력 | 일진 | 大運 남·여 |
| 0 | 11/7 | 水 | 30 | 癸卯 | 입동 | 12/7 | 金 | 11/1 | 癸酉 | 대설 | 1/6 | 日 | 12/1 | 癸卯 | 소한 |
| 1 | 8 | 木 | 10/1 | 甲辰 | 10·1 | 8 | 土 | 2 | 甲戌 | 10·1 | 7 | 月 | 2 | 甲辰 | 9·1 |
| 2 | 9 | 金 | 2 | 乙巳 | 9·1 | 9 | 日 | 3 | 乙亥 | 9·1 | 8 | 火 | 3 | 乙巳 | 9·1 |
| 3 | 10 | 土 | 3 | 丙午 | 9·1 | 10 | 月 | 4 | 丙子 | 9·1 | 9 | 水 | 4 | 丙午 | 9·1 |
| 4 | 11 | 日 | 4 | 丁未 | 9·1 | 11 | 火 | 5 | 丁丑 | 9·1 | 10 | 木 | 5 | 丁未 | 8·1 |
| 5 | 12 | 月 | 5 | 戊申 | 8·2 | 12 | 水 | 6 | 戊寅 | 8·2 | 11 | 金 | 6 | 戊申 | 8·2 |
| 6 | 13 | 火 | 6 | 己酉 | 8·2 | 13 | 木 | 7 | 己卯 | 8·2 | 12 | 土 | 7 | 己酉 | 8·2 |
| 7 | 14 | 水 | 7 | 庚戌 | 8·2 | 14 | 金 | 8 | 庚辰 | 8·2 | 13 | 日 | 8 | 庚戌 | 7·2 |
| 8 | 15 | 木 | 8 | 辛亥 | 7·3 | 15 | 土 | 9 | 辛巳 | 7·3 | 14 | 月 | 9 | 辛亥 | 7·3 |
| 9 | 16 | 金 | 9 | 壬子 | 7·3 | 16 | 日 | 10 | 壬午 | 7·3 | 15 | 火 | 10 | 壬子 | 7·3 |
| 10 | 17 | 土 | 10 | 癸丑 | 7·3 | 17 | 月 | 11 | 癸未 | 7·3 | 16 | 水 | 11 | 癸丑 | 6·3 |
| 11 | 18 | 日 | 11 | 甲寅 | 6·4 | 18 | 火 | 12 | 甲申 | 6·4 | 17 | 木 | 12 | 甲寅 | 6·4 |
| 12 | 19 | 月 | 12 | 乙卯 | 6·4 | 19 | 水 | 13 | 乙酉 | 6·4 | 18 | 金 | 13 | 乙卯 | 6·4 |
| 13 | 20 | 火 | 13 | 丙辰 | 6·4 | 20 | 木 | 14 | 丙戌 | 6·4 | 19 | 土 | 14 | 丙辰 | 5·4 |
| 14 | 21 | 水 | 14 | 丁巳 | 5·5 | 21 | 金 | 15 | 丁亥 | 5·5 | 20 | 日 | 15 | 丁巳 | 대한 |
| 15 | 22 | 木 | 15 | 戊午 | 소설 | 22 | 土 | 16 | 戊子 | 동지 | 21 | 月 | 16 | 戊午 | 5·5 |
| 16 | 23 | 金 | 16 | 己未 | 5·5 | 23 | 日 | 17 | 己丑 | 5·5 | 22 | 火 | 17 | 己未 | 4·5 |
| 17 | 24 | 土 | 17 | 庚申 | 4·6 | 24 | 月 | 18 | 庚寅 | 4·6 | 23 | 水 | 18 | 庚申 | 4·6 |
| 18 | 25 | 日 | 18 | 辛酉 | 4·6 | 25 | 火 | 19 | 辛卯 | 4·6 | 24 | 木 | 19 | 辛酉 | 4·6 |
| 19 | 26 | 月 | 19 | 壬戌 | 4·6 | 26 | 水 | 20 | 壬辰 | 4·6 | 25 | 金 | 20 | 壬戌 | 3·6 |
| 20 | 27 | 火 | 20 | 癸亥 | 3·7 | 27 | 木 | 21 | 癸巳 | 3·7 | 26 | 土 | 21 | 癸亥 | 3·7 |
| 21 | 28 | 水 | 21 | 甲子 | 3·7 | 28 | 金 | 22 | 甲午 | 3·7 | 27 | 日 | 22 | 甲子 | 3·7 |
| 22 | 29 | 木 | 22 | 乙丑 | 3·7 | 29 | 土 | 23 | 乙未 | 3·7 | 28 | 月 | 23 | 乙丑 | 2·7 |
| 23 | 30 | 金 | 23 | 丙寅 | 2·8 | 30 | 日 | 24 | 丙申 | 2·8 | 29 | 火 | 24 | 丙寅 | 2·8 |
| 24 | 12/1 | 土 | 24 | 丁卯 | 2·8 | 31 | 月 | 25 | 丁酉 | 2·8 | 30 | 水 | 25 | 丁卯 | 2·8 |
| 25 | 2 | 日 | 25 | 戊辰 | 2·8 | 1/1 | 火 | 26 | 戊戌 | 2·8 | 31 | 木 | 26 | 戊辰 | 1·8 |
| 26 | 3 | 月. | 26 | 己巳 | 1·9 | 2 | 水 | 27 | 己亥 | 1·9 | 2/1 | 金 | 27 | 己巳 | 1·9 |
| 27 | 4 | 火 | 27 | 庚午 | 1·9 | 3 | 木 | 28 | 庚子 | 1·9 | 2 | 土 | 28 | 庚午 | 1·9 |
| 28 | 5 | 水 | 28 | 辛未 | 1·9 | 4 | 金 | 29 | 辛丑 | 1·9 | 3 | 日 | 29 | 辛未 | 1·9 |
| 29 | 6 | 木 | 29 | 壬申 | 1·10 | 5 | 土 | 30 | 壬寅 | 1·10 | | | | | |
| 30 | | | | | | | | | | | | | | | |
| 31 | | | | | | | | | | | | | | | |

# 서기 2019년 [단기 4352년]

| 절기후날수 | 입춘절(丙寅月) 立春 2월4일 12시14분 雨水 2월19일 8시4분 | | | | | 경칩절(丁卯月) 驚蟄 3월6일 6시10분 春分 3월21일 6시58분 | | | | | 청명절(戊辰月) 淸明 4월5일 10시51분 穀雨 4월20일 17시55분 | | | | |
|---|---|---|---|---|---|---|---|---|---|---|---|---|---|---|---|
| | 양력 | 요일 | 음력 | 일진 | 大運 남·여 | 양력 | 요일 | 음력 | 일진 | 大運 남·여 | 양력 | 요일 | 음력 | 일진 | 大運 남·여 |
| 0 | 2/4 | 月 | 30 | 壬申 | 입춘 | 3/6 | 水 | 30 | 壬寅 | 경칩 | 4/5 | 金 | 3/1 | 壬申 | 청명 |
| 1 | 5 | 火 | 1/1 | 癸酉 | 1·10 | 7 | 木 | 2/1 | 癸卯 | 1·10 | 6 | 土 | 2 | 癸酉 | 1·10 |
| 2 | 6 | 水 | 2 | 甲戌 | 1·9 | 8 | 金 | 2 | 甲辰 | 1·9 | 7 | 日 | 3 | 甲戌 | 1·10 |
| 3 | 7 | 木 | 3 | 乙亥 | 1·9 | 9 | 土 | 3 | 乙巳 | 1·9 | 8 | 月 | 4 | 乙亥 | 1·9 |
| 4 | 8 | 金 | 4 | 丙子 | 1·9 | 10 | 日 | 4 | 丙午 | 1·9 | 9 | 火 | 5 | 丙子 | 1·9 |
| 5 | 9 | 土 | 5 | 丁丑 | 2·8 | 11 | 月 | 5 | 丁未 | 2·8 | 10 | 水 | 6 | 丁丑 | 2·9 |
| 6 | 10 | 日 | 6 | 戊寅 | 2·8 | 12 | 火 | 6 | 戊申 | 2·8 | 11 | 木 | 7 | 戊寅 | 2·8 |
| 7 | 11 | 月 | 7 | 己卯 | 2·8 | 13 | 水 | 7 | 己酉 | 2·8 | 12 | 金 | 8 | 己卯 | 2·8 |
| 8 | 12 | 火 | 8 | 庚辰 | 3·7 | 14 | 木 | 8 | 庚戌 | 3·7 | 13 | 土 | 9 | 庚辰 | 3·8 |
| 9 | 13 | 水 | 9 | 辛巳 | 3·7 | 15 | 金 | 9 | 辛亥 | 3·7 | 14 | 日 | 10 | 辛巳 | 3·7 |
| 10 | 14 | 木 | 10 | 壬午 | 3·7 | 16 | 土 | 10 | 壬子 | 3·7 | 15 | 月 | 11 | 壬午 | 3·7 |
| 11 | 15 | 金 | 11 | 癸未 | 4·6 | 17 | 日 | 11 | 癸丑 | 4·6 | 16 | 火 | 12 | 癸未 | 4·7 |
| 12 | 16 | 土 | 12 | 甲申 | 4·6 | 18 | 月 | 12 | 甲寅 | 4·6 | 17 | 水 | 13 | 甲申 | 4·6 |
| 13 | 17 | 日 | 13 | 乙酉 | 4·6 | 19 | 火 | 13 | 乙卯 | 4·6 | 18 | 木 | 14 | 乙酉 | 4·6 |
| 14 | 18 | 月 | 14 | 丙戌 | 5·5 | 20 | 水 | 14 | 丙辰 | 5·5 | 19 | 金 | 15 | 丙戌 | 5·6 |
| 15 | 19 | 火 | 15 | 丁亥 | 우수 | 21 | 木 | 15 | 丁巳 | 춘분 | 20 | 土 | 16 | 丁亥 | 곡우 |
| 16 | 20 | 水 | 16 | 戊子 | 5·5 | 22 | 金 | 16 | 戊午 | 5·5 | 21 | 日 | 17 | 戊子 | 5·5 |
| 17 | 21 | 木 | 17 | 己丑 | 6·4 | 23 | 土 | 17 | 己未 | 6·4 | 22 | 月 | 18 | 己丑 | 6·5 |
| 18 | 22 | 金 | 18 | 庚寅 | 6·4 | 24 | 日 | 18 | 庚申 | 6·4 | 23 | 火 | 19 | 庚寅 | 6·4 |
| 19 | 23 | 土 | 19 | 辛卯 | 6·4 | 25 | 月 | 19 | 辛酉 | 6·4 | 24 | 水 | 20 | 辛卯 | 6·4 |
| 20 | 24 | 日 | 20 | 壬辰 | 7·3 | 26 | 火 | 20 | 壬戌 | 7·3 | 25 | 木 | 21 | 壬辰 | 7·4 |
| 21 | 25 | 月 | 21 | 癸巳 | 7·3 | 27 | 水 | 21 | 癸亥 | 7·3 | 26 | 金 | 22 | 癸巳 | 7·3 |
| 22 | 26 | 火 | 22 | 甲午 | 7·3 | 28 | 木 | 22 | 甲子 | 7·3 | 27 | 土 | 23 | 甲午 | 7·3 |
| 23 | 27 | 水 | 23 | 乙未 | 8·2 | 29 | 金 | 23 | 乙丑 | 8·2 | 28 | 日 | 24 | 乙未 | 8·3 |
| 24 | 28 | 木 | 24 | 丙申 | 8·2 | 30 | 土 | 24 | 丙寅 | 8·2 | 29 | 月 | 25 | 丙申 | 8·2 |
| 25 | 3/1 | 金 | 25 | 丁酉 | 8·2 | 31 | 日 | 25 | 丁卯 | 8·2 | 30 | 火 | 26 | 丁酉 | 8·2 |
| 26 | 2 | 土 | 26 | 戊戌 | 9·1 | 4/1 | 月 | 26 | 戊辰 | 9·1 | 5/1 | 水 | 27 | 戊戌 | 9·2 |
| 27 | 3 | 日 | 27 | 己亥 | 9·1 | 2 | 火 | 27 | 己巳 | 9·1 | 2 | 木 | 28 | 己亥 | 9·1 |
| 28 | 4 | 月 | 28 | 庚子 | 9·1 | 3 | 水 | 28 | 庚午 | 9·1 | 3 | 金 | 29 | 庚子 | 9·1 |
| 29 | 5 | 火 | 29 | 辛丑 | 10·1 | 4 | 木 | 29 | 辛未 | 10·1 | 4 | 土 | 30 | 辛丑 | 10·1 |
| 30 | | | | | | | | | | | 5 | 日 | 4/1 | 壬寅 | 10·1 |
| 31 | | | | | | | | | | | | | | | |

| 절기후날수 | 입하절(己巳月) 立夏 5월6일 4시3분 小滿 5월21일 16시59분 | | | | | 망종절(庚午月) 芒種 6월6일 8시6분 夏至 6월22일 0시54분 | | | | | 소서절(辛未月) 小暑 7월7일 18시20분 大暑 7월23일 11시50분 | | | | |
|---|---|---|---|---|---|---|---|---|---|---|---|---|---|---|---|
| | 양력 | 요일 | 음력 | 일진 | 大運 남·여 | 양력 | 요일 | 음력 | 일진 | 大運 남·여 | 양력 | 요일 | 음력 | 일진 | 大運 남·여 |
| 0 | 5/6 | 月 | 2 | 癸卯 | 입하 | 6/6 | 木 | 4 | 甲戌 | 망종 | 7/7 | 日 | 5 | 乙巳 | 소서 |
| 1 | 7 | 火 | 3 | 甲辰 | 1·10 | 7 | 金 | 5 | 乙亥 | 1·10 | 8 | 月 | 6 | 丙午 | 1·10 |
| 2 | 8 | 水 | 4 | 乙巳 | 1·10 | 8 | 土 | 6 | 丙子 | 1·10 | 9 | 火 | 7 | 丁未 | 1·10 |
| 3 | 9 | 木 | 5 | 丙午 | 1·9 | 9 | 日 | 7 | 丁丑 | 1·9 | 10 | 水 | 8 | 戊申 | 1·10 |
| 4 | 10 | 金 | 6 | 丁未 | 1·9 | 10 | 月 | 8 | 戊寅 | 1·9 | 11 | 木 | 9 | 己酉 | 1·9 |
| 5 | 11 | 土 | 7 | 戊申 | 2·9 | 11 | 火 | 9 | 己卯 | 2·9 | 12 | 金 | 10 | 庚戌 | 2·9 |
| 6 | 12 | 日 | 8 | 己酉 | 2·8 | 12 | 水 | 10 | 庚辰 | 2·8 | 13 | 土 | 11 | 辛亥 | 2·9 |
| 7 | 13 | 月 | 9 | 庚戌 | 2·8 | 13 | 木 | 11 | 辛巳 | 2·8 | 14 | 日 | 12 | 壬子 | 2·8 |
| 8 | 14 | 火 | 10 | 辛亥 | 3·8 | 14 | 金 | 12 | 壬午 | 3·8 | 15 | 月 | 13 | 癸丑 | 3·8 |
| 9 | 15 | 水 | 11 | 壬子 | 3·7 | 15 | 土 | 13 | 癸未 | 3·7 | 16 | 火 | 14 | 甲寅 | 3·8 |
| 10 | 16 | 木 | 12 | 癸丑 | 3·7 | 16 | 日 | 14 | 甲申 | 3·7 | 17 | 水 | 15 | 乙卯 | 3·7 |
| 11 | 17 | 金 | 13 | 甲寅 | 4·7 | 17 | 月 | 15 | 乙酉 | 4·7 | 18 | 木 | 16 | 丙辰 | 4·7 |
| 12 | 18 | 土 | 14 | 乙卯 | 4·6 | 18 | 火 | 16 | 丙戌 | 4·6 | 19 | 金 | 17 | 丁巳 | 4·7 |
| 13 | 19 | 日 | 15 | 丙辰 | 4·6 | 19 | 水 | 17 | 丁亥 | 4·6 | 20 | 土 | 18 | 戊午 | 4·6 |
| 14 | 20 | 月 | 16 | 丁巳 | 5·6 | 20 | 木 | 18 | 戊子 | 5·6 | 21 | 日 | 19 | 己未 | 5·6 |
| 15 | 21 | 火 | 17 | 戊午 | 소만 | 21 | 金 | 19 | 己丑 | 5·5 | 22 | 月 | 20 | 庚申 | 5·6 |
| 16 | 22 | 水 | 18 | 己未 | 5·5 | 22 | 土 | 20 | 庚寅 | 하지 | 23 | 火 | 21 | 辛酉 | 대서 |
| 17 | 23 | 木 | 19 | 庚申 | 6·5 | 23 | 日 | 21 | 辛卯 | 6·5 | 24 | 水 | 22 | 壬戌 | 6·5 |
| 18 | 24 | 金 | 20 | 辛酉 | 6·4 | 24 | 月 | 22 | 壬辰 | 6·4 | 25 | 木 | 23 | 癸亥 | 6·5 |
| 19 | 25 | 土 | 21 | 壬戌 | 6·4 | 25 | 火 | 23 | 癸巳 | 6·4 | 26 | 金 | 24 | 甲子 | 6·4 |
| 20 | 26 | 日 | 22 | 癸亥 | 7·4 | 26 | 水 | 24 | 甲午 | 7·4 | 27 | 土 | 25 | 乙丑 | 7·4 |
| 21 | 27 | 月 | 23 | 甲子 | 7·3 | 27 | 木 | 25 | 乙未 | 7·3 | 28 | 日 | 26 | 丙寅 | 7·4 |
| 22 | 28 | 火 | 24 | 乙丑 | 7·3 | 28 | 金 | 26 | 丙申 | 7·3 | 29 | 月 | 27 | 丁卯 | 7·3 |
| 23 | 29 | 水 | 25 | 丙寅 | 8·3 | 29 | 土 | 27 | 丁酉 | 8·3 | 30 | 火 | 28 | 戊辰 | 8·3 |
| 24 | 30 | 木 | 26 | 丁卯 | 8·2 | 30 | 日 | 28 | 戊戌 | 8·2 | 31 | 水 | 29 | 己巳 | 8·3 |
| 25 | 31 | 金 | 27 | 戊辰 | 8·2 | 7/1 | 月 | 29 | 己亥 | 8·2 | 8/1 | 木 | 7/1 | 庚午 | 8·2 |
| 26 | 6/1 | 土 | 28 | 己巳 | 9·2 | 2 | 火 | 30 | 庚子 | 9·2 | 2 | 金 | 2 | 辛未 | 9·2 |
| 27 | 2 | 日 | 29 | 庚午 | 9·1 | 3 | 水 | 6/1 | 辛丑 | 9·1 | 3 | 土 | 3 | 壬申 | 9·2 |
| 28 | 3 | 月 | 5/1 | 辛未 | 9·1 | 4 | 木 | 2 | 壬寅 | 9·1 | 4 | 日 | 4 | 癸酉 | 9·1 |
| 29 | 4 | 火 | 2 | 壬申 | 10·1 | 5 | 金 | 3 | 癸卯 | 10·1 | 5 | 月 | 5 | 甲戌 | 10·1 |
| 30 | 5 | 水 | 3 | 癸酉 | 10·1 | 6 | 土 | 4 | 甲辰 | 10·1 | 6 | 火 | 6 | 乙亥 | 10·1 |
| 31 | | | | | | | | | | | 7 | 水 | 7 | 丙子 | 10·1 |

# 己亥年

| 절기후날수 | 입추절(壬申月) 立秋 8월8일 4시13분 處暑 8월23일 19시2분 | | | | | 백로절(癸酉月) 白露 9월8일 7시17분 秋分 9월23일 16시50분 | | | | | 한로절(甲戌月) 寒露 10월8일 23시5분 霜降 10월24일 2시20분 | | | | |
|---|---|---|---|---|---|---|---|---|---|---|---|---|---|---|---|
| | 양력 | 요일 | 음력 | 일진 | 大運 남·여 | 양력 | 요일 | 음력 | 일진 | 大運 남·여 | 양력 | 요일 | 음력 | 일진 | 大運 남·여 |
| 0 | 8/8 | 木 | 8 | 丁丑 | 입추 | 9/8 | 日 | 10 | 戊申 | 백로 | 10/8 | 火 | 10 | 戊寅 | 한로 |
| 1 | 9 | 金 | 9 | 戊寅 | 1·10 | 9 | 月 | 11 | 己酉 | 1·10 | 9 | 水 | 11 | 己卯 | 1·10 |
| 2 | 10 | 土 | 10 | 己卯 | 1·10 | 10 | 火 | 12 | 庚戌 | 1·9 | 10 | 木 | 12 | 庚辰 | 1·10 |
| 3 | 11 | 日 | 11 | 庚辰 | 1·9 | 11 | 水 | 13 | 辛亥 | 1·9 | 11 | 金 | 13 | 辛巳 | 1·9 |
| 4 | 12 | 月 | 12 | 辛巳 | 1·9 | 12 | 木 | 14 | 壬子 | 1·9 | 12 | 土 | 14 | 壬午 | 1·9 |
| 5 | 13 | 火 | 13 | 壬午 | 2·9 | 13 | 金 | 15 | 癸丑 | 2·8 | 13 | 日 | 15 | 癸未 | 2·9 |
| 6 | 14 | 水 | 14 | 癸未 | 2·8 | 14 | 土 | 16 | 甲寅 | 2·8 | 14 | 月 | 16 | 甲申 | 2·8 |
| 7 | 15 | 木 | 15 | 甲申 | 2·8 | 15 | 日 | 17 | 乙卯 | 2·8 | 15 | 火 | 17 | 乙酉 | 2·8 |
| 8 | 16 | 金 | 16 | 乙酉 | 3·8 | 16 | 月 | 18 | 丙辰 | 3·7 | 16 | 水 | 18 | 丙戌 | 3·8 |
| 9 | 17 | 土 | 17 | 丙戌 | 3·7 | 17 | 火 | 19 | 丁巳 | 3·7 | 17 | 木 | 19 | 丁亥 | 3·7 |
| 10 | 18 | 日 | 18 | 丁亥 | 3·7 | 18 | 水 | 20 | 戊午 | 3·7 | 18 | 金 | 20 | 戊子 | 3·7 |
| 11 | 19 | 月 | 19 | 戊子 | 4·7 | 19 | 木 | 21 | 己未 | 4·6 | 19 | 土 | 21 | 己丑 | 4·7 |
| 12 | 20 | 火 | 20 | 己丑 | 4·6 | 20 | 金 | 22 | 庚申 | 4·6 | 20 | 日 | 22 | 庚寅 | 4·6 |
| 13 | 21 | 水 | 21 | 庚寅 | 4·6 | 21 | 土 | 23 | 辛酉 | 4·6 | 21 | 月 | 23 | 辛卯 | 4·6 |
| 14 | 22 | 木 | 22 | 辛卯 | 5·6 | 22 | 日 | 24 | 壬戌 | 5·5 | 22 | 火 | 24 | 壬辰 | 5·6 |
| 15 | 23 | 金 | 23 | 壬辰 | 처서 | 23 | 月 | 25 | 癸亥 | 추분 | 23 | 水 | 25 | 癸巳 | 5·5 |
| 16 | 24 | 土 | 24 | 癸巳 | 5·5 | 24 | 火 | 26 | 甲子 | 5·5 | 24 | 木 | 26 | 甲午 | 상강 |
| 17 | 25 | 日 | 25 | 甲午 | 6·5 | 25 | 水 | 27 | 乙丑 | 6·4 | 25 | 金 | 27 | 乙未 | 6·5 |
| 18 | 26 | 月 | 26 | 乙未 | 6·4 | 26 | 木 | 28 | 丙寅 | 6·4 | 26 | 土 | 28 | 丙申 | 6·4 |
| 19 | 27 | 火 | 27 | 丙申 | 6·4 | 27 | 金 | 29 | 丁卯 | 6·4 | 27 | 日 | 29 | 丁酉 | 6·4 |
| 20 | 28 | 水 | 28 | 丁酉 | 7·4 | 28 | 土 | 30 | 戊辰 | 7·3 | 28 | 月 | 10/1 | 戊戌 | 7·4 |
| 21 | 29 | 木 | 29 | 戊戌 | 7·3 | 29 | 日 | 9/1 | 己巳 | 7·3 | 29 | 火 | 2 | 己亥 | 7·3 |
| 22 | 30 | 金 | 8/1 | 己亥 | 7·3 | 30 | 月 | 2 | 庚午 | 7·3 | 30 | 水 | 3 | 庚子 | 7·3 |
| 23 | 31 | 土 | 2 | 庚子 | 8·3 | 10/1 | 火 | 3 | 辛未 | 8·2 | 31 | 木 | 4 | 辛丑 | 8·3 |
| 24 | 9/1 | 日 | 3 | 辛丑 | 8·2 | 2 | 水 | 4 | 壬申 | 8·2 | 11/1 | 金 | 5 | 壬寅 | 8·2 |
| 25 | 2 | 月 | 4 | 壬寅 | 8·2 | 3 | 木 | 5 | 癸酉 | 8·2 | 2 | 土 | 6 | 癸卯 | 8·2 |
| 26 | 3 | 火 | 5 | 癸卯 | 9·2 | 4 | 金 | 6 | 甲戌 | 9·1 | 3 | 日 | 7 | 甲辰 | 9·2 |
| 27 | 4 | 水 | 6 | 甲辰 | 9·1 | 5 | 土 | 7 | 乙亥 | 9·1 | 4 | 月 | 8 | 乙巳 | 9·1 |
| 28 | 5 | 木 | 7 | 乙巳 | 9·1 | 6 | 日 | 8 | 丙子 | 9·1 | 5 | 火 | 9 | 丙午 | 9·1 |
| 29 | 6 | 金 | 8 | 丙午 | 10·1 | 7 | 月 | 9 | 丁丑 | 10·1 | 6 | 水 | 10 | 丁未 | 10·1 |
| 30 | 7 | 土 | 9 | 丁未 | 10·1 | | | | | | 7 | 木 | 11 | 戊申 | 10·1 |
| 31 | | | | | | | | | | | | | | | |

| 절기후날수 | 입동절(乙亥月) 立冬 11월8일 2시24분 小雪 11월22일 23시59분 | | | | | 대설절(丙子月) 大雪 12월7일 19시18분 冬至 12월22일 13시19분 | | | | | 소한절(丁丑月) 小寒 1월6일 6시30분 大寒 1월20일 23시54분 | | | | |
|---|---|---|---|---|---|---|---|---|---|---|---|---|---|---|---|
| | 양력 | 요일 | 음력 | 일진 | 大運 남·여 | 양력 | 요일 | 음력 | 일진 | 大運 남·여 | 양력 | 요일 | 음력 | 일진 | 大運 남·여 |
| 0 | 11/8 | 金 | 12 | 己酉 | 입동 | 12/7 | 土 | 11 | 戊寅 | 대설 | 1/6 | 月 | 12 | 戊申 | 소한 |
| 1 | 9 | 土 | 13 | 庚戌 | 1·9 | 8 | 日 | 12 | 己卯 | 1·10 | 7 | 火 | 13 | 己酉 | 1·9 |
| 2 | 10 | 日 | 14 | 辛亥 | 1·9 | 9 | 月 | 13 | 庚辰 | 1·9 | 8 | 水 | 14 | 庚戌 | 1·9 |
| 3 | 11 | 月 | 15 | 壬子 | 1·9 | 10 | 火 | 14 | 辛巳 | 1·9 | 9 | 木 | 15 | 辛亥 | 1·9 |
| 4 | 12 | 火 | 16 | 癸丑 | 1·8 | 11 | 水 | 15 | 壬午 | 1·9 | 10 | 金 | 16 | 壬子 | 1·8 |
| 5 | 13 | 水 | 17 | 甲寅 | 2·8 | 12 | 木 | 16 | 癸未 | 2·8 | 11 | 土 | 17 | 癸丑 | 2·8 |
| 6 | 14 | 木 | 18 | 乙卯 | 2·8 | 13 | 金 | 17 | 甲申 | 2·8 | 12 | 日 | 18 | 甲寅 | 2·8 |
| 7 | 15 | 金 | 19 | 丙辰 | 2·7 | 14 | 土 | 18 | 乙酉 | 2·8 | 13 | 月 | 19 | 乙卯 | 2·7 |
| 8 | 16 | 土 | 20 | 丁巳 | 3·7 | 15 | 日 | 19 | 丙戌 | 3·7 | 14 | 火 | 20 | 丙辰 | 3·7 |
| 9 | 17 | 日 | 21 | 戊午 | 3·7 | 16 | 月 | 20 | 丁亥 | 3·7 | 15 | 水 | 21 | 丁巳 | 3·7 |
| 10 | 18 | 月 | 22 | 己未 | 3·6 | 17 | 火 | 21 | 戊子 | 3·7 | 16 | 木 | 22 | 戊午 | 3·6 |
| 11 | 19 | 火 | 23 | 庚申 | 4·6 | 18 | 水 | 22 | 己丑 | 4·6 | 17 | 金 | 23 | 己未 | 4·6 |
| 12 | 20 | 水 | 24 | 辛酉 | 4·6 | 19 | 木 | 23 | 庚寅 | 4·6 | 18 | 土 | 24 | 庚申 | 4·6 |
| 13 | 21 | 木 | 25 | 壬戌 | 4·5 | 20 | 金 | 24 | 辛卯 | 4·6 | 19 | 日 | 25 | 辛酉 | 4·5 |
| 14 | 22 | 金 | 26 | 癸亥 | 소설 | 21 | 土 | 25 | 壬辰 | 5·5 | 20 | 月 | 26 | 壬戌 | 대한 |
| 15 | 23 | 土 | 27 | 甲子 | 5·5 | 22 | 日 | 26 | 癸巳 | 동지 | 21 | 火 | 27 | 癸亥 | 5·5 |
| 16 | 24 | 日 | 28 | 乙丑 | 5·4 | 23 | 月 | 27 | 甲午 | 5·5 | 22 | 水 | 28 | 甲子 | 5·4 |
| 17 | 25 | 月 | 29 | 丙寅 | 6·4 | 24 | 火 | 28 | 乙未 | 6·4 | 23 | 木 | 29 | 乙丑 | 6·4 |
| 18 | 26 | 火 | 30 | 丁卯 | 6·4 | 25 | 水 | 29 | 丙申 | 6·4 | 24 | 金 | 30 | 丙寅 | 6·4 |
| 19 | 27 | 水 | 11/1 | 戊辰 | 6·3 | 26 | 木 | 12/1 | 丁酉 | 6·4 | 25 | 土 | 1/1 | 丁卯 | 6·3 |
| 20 | 28 | 木 | 2 | 己巳 | 7·3 | 27 | 金 | 2 | 戊戌 | 7·3 | 26 | 日 | 2 | 戊辰 | 7·3 |
| 21 | 29 | 金 | 3 | 庚午 | 7·3 | 28 | 土 | 3 | 己亥 | 7·3 | 27 | 月 | 3 | 己巳 | 7·3 |
| 22 | 30 | 土 | 4 | 辛未 | 7·2 | 29 | 日 | 4 | 庚子 | 7·3 | 28 | 火 | 4 | 庚午 | 7·2 |
| 23 | 12/1 | 日 | 5 | 壬申 | 8·2 | 30 | 月 | 5 | 辛丑 | 8·2 | 29 | 水 | 5 | 辛未 | 8·2 |
| 24 | 2 | 月 | 6 | 癸酉 | 8·2 | 31 | 火 | 6 | 壬寅 | 8·2 | 30 | 木 | 6 | 壬申 | 8·2 |
| 25 | 3 | 火 | 7 | 甲戌 | 8·1 | 1/1 | 水 | 7 | 癸卯 | 8·2 | 31 | 金 | 7 | 癸酉 | 8·1 |
| 26 | 4 | 水 | 8 | 乙亥 | 9·1 | 2 | 木 | 8 | 甲辰 | 9·1 | 2/1 | 土 | 8 | 甲戌 | 9·1 |
| 27 | 5 | 木 | 9 | 丙子 | 9·1 | 3 | 金 | 9 | 乙巳 | 9·1 | 2 | 日 | 9 | 乙亥 | 9·1 |
| 28 | 6 | 金 | 10 | 丁丑 | 9·1 | 4 | 土 | 10 | 丙午 | 9·1 | 3 | 月 | 10 | 丙子 | 9·1 |
| 29 | | | | | | 5 | 日 | 11 | 丁未 | 10·1 | | | | | |
| 30 | | | | | | | | | | | | | | | |
| 31 | | | | | | | | | | | | | | | |

# 서기 2020년 [단기 4353년]

| 절기후날수 | 입춘절(戊寅月) | | | | | | 경칩절(己卯月) | | | | | |
|---|---|---|---|---|---|---|---|---|---|---|---|---|
| | 立春 2월4일 18시3분<br>雨水 2월19일 13시57분 | | | | | | 驚蟄 3월5일 11시57분<br>春分 3월20일 12시49분 | | | | | |
| | 양력 | 요일 | 음력 | 일진 | 大運 남 | 大運 여 | 양력 | 요일 | 음력 | 일진 | 大運 남 | 大運 여 |
| 0 | 2/4 | 火 | 11 | 丁丑 | 입춘 | | 3/5 | 木 | 11 | 丁未 | 경칩 | |
| 1 | 5 | 水 | 12 | 戊寅 | 10 | 1 | 6 | 金 | 12 | 戊申 | 10 | 1 |
| 2 | 6 | 木 | 13 | 己卯 | 9 | 1 | 7 | 土 | 13 | 己酉 | 9 | 1 |
| 3 | 7 | 金 | 14 | 庚辰 | 9 | 1 | 8 | 日 | 14 | 庚戌 | 9 | 1 |
| 4 | 8 | 土 | 15 | 辛巳 | 9 | 1 | 9 | 月 | 15 | 辛亥 | 9 | 1 |
| 5 | 9 | 日 | 16 | 壬午 | 8 | 2 | 10 | 火 | 16 | 壬子 | 8 | 2 |
| 6 | 10 | 月 | 17 | 癸未 | 8 | 2 | 11 | 水 | 17 | 癸丑 | 8 | 2 |
| 7 | 11 | 火 | 18 | 甲申 | 8 | 2 | 12 | 木 | 18 | 甲寅 | 8 | 2 |
| 8 | 12 | 水 | 19 | 乙酉 | 7 | 3 | 13 | 金 | 19 | 乙卯 | 7 | 3 |
| 9 | 13 | 木 | 20 | 丙戌 | 7 | 3 | 14 | 土 | 20 | 丙辰 | 7 | 3 |
| 10 | 14 | 金 | 21 | 丁亥 | 7 | 3 | 15 | 日 | 21 | 丁巳 | 7 | 3 |
| 11 | 15 | 土 | 22 | 戊子 | 6 | 4 | 16 | 月 | 22 | 戊午 | 6 | 4 |
| 12 | 16 | 日 | 23 | 己丑 | 6 | 4 | 17 | 火 | 23 | 己未 | 6 | 4 |
| 13 | 17 | 月 | 24 | 庚寅 | 6 | 4 | 18 | 水 | 24 | 庚申 | 6 | 4 |
| 14 | 18 | 火 | 25 | 辛卯 | 5 | 5 | 19 | 木 | 25 | 辛酉 | 5 | 5 |
| 15 | 19 | 水 | 26 | 壬辰 | 우수 | | 20 | 金 | 26 | 壬戌 | 춘분 | |
| 16 | 20 | 木 | 27 | 癸巳 | 5 | 5 | 21 | 土 | 27 | 癸亥 | 5 | 5 |
| 17 | 21 | 金 | 28 | 甲午 | 4 | 6 | 22 | 日 | 28 | 甲子 | 4 | 6 |
| 18 | 22 | 土 | 29 | 乙未 | 4 | 6 | 23 | 月 | 29 | 乙丑 | 4 | 6 |
| 19 | 23 | 日 | 30 | 丙申 | 4 | 6 | 24 | 火 | 3/1 | 丙寅 | 4 | 6 |
| 20 | 24 | 月 | 2/1 | 丁酉 | 3 | 7 | 25 | 水 | 2 | 丁卯 | 3 | 7 |
| 21 | 25 | 火 | 2 | 戊戌 | 3 | 7 | 26 | 木 | 3 | 戊辰 | 3 | 7 |
| 22 | 26 | 水 | 3 | 己亥 | 3 | 7 | 27 | 金 | 4 | 己巳 | 3 | 7 |
| 23 | 27 | 木 | 4 | 庚子 | 2 | 8 | 28 | 土 | 5 | 庚午 | 2 | 8 |
| 24 | 28 | 金 | 5 | 辛丑 | 2 | 8 | 29 | 日 | 6 | 辛未 | 2 | 8 |
| 25 | 29 | 土 | 6 | 壬寅 | 2 | 8 | 30 | 月 | 7 | 壬申 | 2 | 8 |
| 26 | 3/1 | 日 | 7 | 癸卯 | 1 | 9 | 31 | 火 | 8 | 癸酉 | 1 | 9 |
| 27 | 2 | 月 | 8 | 甲辰 | 1 | 9 | 4/1 | 水 | 9 | 甲戌 | 1 | 9 |
| 28 | 3 | 火 | 9 | 乙巳 | 1 | 9 | 2 | 木 | 10 | 乙亥 | 1 | 9 |
| 29 | 4 | 水 | 10 | 丙午 | 1 | 10 | 3 | 金 | 11 | 丙子 | 1 | 10 |
| 30 | | | | | | | | | | | | |
| 31 | | | | | | | | | | | | |

| 절기후날수 | 청명절(庚辰月) | | | | | | 입하절(辛巳月) | | | | | |
|---|---|---|---|---|---|---|---|---|---|---|---|---|
| | 清明 4월4일 16시38분<br>穀雨 4월19일 23시45분 | | | | | | 立夏 5월5일 9시51분<br>小滿 5월20일 22시49분 | | | | | |
| | 양력 | 요일 | 음력 | 일진 | 大運 남 | 大運 여 | 양력 | 요일 | 음력 | 일진 | 大運 남 | 大運 여 |
| 0 | 4/4 | 土 | 12 | 丁丑 | 청명 | | 5/5 | 火 | 13 | 戊申 | 입하 | |
| 1 | 5 | 日 | 13 | 戊寅 | 10 | 1 | 6 | 水 | 14 | 己酉 | 10 | 1 |
| 2 | 6 | 月 | 14 | 己卯 | 10 | 1 | 7 | 木 | 15 | 庚戌 | 10 | 1 |
| 3 | 7 | 火 | 15 | 庚辰 | 9 | 1 | 8 | 金 | 16 | 辛亥 | 9 | 1 |
| 4 | 8 | 水 | 16 | 辛巳 | 9 | 1 | 9 | 土 | 17 | 壬子 | 9 | 1 |
| 5 | 9 | 木 | 17 | 壬午 | 9 | 2 | 10 | 日 | 18 | 癸丑 | 9 | 2 |
| 6 | 10 | 金 | 18 | 癸未 | 8 | 2 | 11 | 月 | 19 | 甲寅 | 8 | 2 |
| 7 | 11 | 土 | 19 | 甲申 | 8 | 2 | 12 | 火 | 20 | 乙卯 | 8 | 2 |
| 8 | 12 | 日 | 20 | 乙酉 | 8 | 3 | 13 | 水 | 21 | 丙辰 | 8 | 3 |
| 9 | 13 | 月 | 21 | 丙戌 | 7 | 3 | 14 | 木 | 22 | 丁巳 | 7 | 3 |
| 10 | 14 | 火 | 22 | 丁亥 | 7 | 3 | 15 | 金 | 23 | 戊午 | 7 | 3 |
| 11 | 15 | 水 | 23 | 戊子 | 7 | 4 | 16 | 土 | 24 | 己未 | 7 | 4 |
| 12 | 16 | 木 | 24 | 己丑 | 6 | 4 | 17 | 日 | 25 | 庚申 | 6 | 4 |
| 13 | 17 | 金 | 25 | 庚寅 | 6 | 4 | 18 | 月 | 26 | 辛酉 | 6 | 4 |
| 14 | 18 | 土 | 26 | 辛卯 | 6 | 5 | 19 | 火 | 27 | 壬戌 | 6 | 5 |
| 15 | 19 | 日 | 27 | 壬辰 | 곡우 | | 20 | 水 | 28 | 癸亥 | 소만 | |
| 16 | 20 | 月 | 28 | 癸巳 | 5 | 5 | 21 | 木 | 29 | 甲子 | 5 | 5 |
| 17 | 21 | 火 | 29 | 甲午 | 5 | 6 | 22 | 金 | 30 | 乙丑 | 5 | 6 |
| 18 | 22 | 水 | 30 | 乙未 | 4 | 6 | 23 | 土 | 윤1 | 丙寅 | 4 | 6 |
| 19 | 23 | 木 | 4/1 | 丙申 | 4 | 6 | 24 | 日 | 윤2 | 丁卯 | 4 | 6 |
| 20 | 24 | 金 | 2 | 丁酉 | 4 | 7 | 25 | 月 | 윤3 | 戊辰 | 4 | 7 |
| 21 | 25 | 土 | 3 | 戊戌 | 3 | 7 | 26 | 火 | 윤4 | 己巳 | 3 | 7 |
| 22 | 26 | 日 | 4 | 己亥 | 3 | 7 | 27 | 水 | 윤5 | 庚午 | 3 | 7 |
| 23 | 27 | 月 | 5 | 庚子 | 3 | 8 | 28 | 木 | 윤6 | 辛未 | 3 | 8 |
| 24 | 28 | 火 | 6 | 辛丑 | 2 | 8 | 29 | 金 | 윤7 | 壬申 | 2 | 8 |
| 25 | 29 | 水 | 7 | 壬寅 | 2 | 8 | 30 | 土 | 윤8 | 癸酉 | 2 | 8 |
| 26 | 30 | 木 | 8 | 癸卯 | 2 | 9 | 31 | 日 | 윤9 | 甲戌 | 2 | 9 |
| 27 | 5/1 | 金 | 9 | 甲辰 | 1 | 9 | 6/1 | 月 | 윤10 | 乙亥 | 1 | 9 |
| 28 | 2 | 土 | 10 | 乙巳 | 1 | 9 | 2 | 火 | 윤11 | 丙子 | 1 | 9 |
| 29 | 3 | 日 | 11 | 丙午 | 1 | 10 | 3 | 水 | 윤12 | 丁丑 | 1 | 10 |
| 30 | 4 | 月 | 12 | 丁未 | 1 | 10 | 4 | 木 | 윤13 | 戊寅 | 1 | 10 |
| 31 | | | | | | | | | | | | |

| 절기후날수 | 망종절(壬午月) | | | | | | 소서절(癸未月) | | | | | |
|---|---|---|---|---|---|---|---|---|---|---|---|---|
| | 芒種 6월5일 13시58분<br>夏至 6월21일 6시43분 | | | | | | 小暑 7월7일 0시14분<br>大暑 7월22일 17시37분 | | | | | |
| | 양력 | 요일 | 음력 | 일진 | 大運 남 | 大運 여 | 양력 | 요일 | 음력 | 일진 | 大運 남 | 大運 여 |
| 0 | 6/5 | 金 | 윤14 | 己卯 | 망종 | | 7/7 | 火 | 17 | 辛亥 | 소서 | |
| 1 | 6 | 土 | 윤15 | 庚辰 | 10 | 1 | 8 | 水 | 18 | 壬子 | 10 | 1 |
| 2 | 7 | 日 | 윤16 | 辛巳 | 10 | 1 | 9 | 木 | 19 | 癸丑 | 10 | 1 |
| 3 | 8 | 月 | 윤17 | 壬午 | 10 | 1 | 10 | 金 | 20 | 甲寅 | 9 | 1 |
| 4 | 9 | 火 | 윤18 | 癸未 | 9 | 1 | 11 | 土 | 21 | 乙卯 | 9 | 1 |
| 5 | 10 | 水 | 윤19 | 甲申 | 9 | 2 | 12 | 日 | 22 | 丙辰 | 9 | 2 |
| 6 | 11 | 木 | 윤20 | 乙酉 | 9 | 2 | 13 | 月 | 23 | 丁巳 | 8 | 2 |
| 7 | 12 | 金 | 윤21 | 丙戌 | 8 | 2 | 14 | 火 | 24 | 戊午 | 8 | 2 |
| 8 | 13 | 土 | 윤22 | 丁亥 | 8 | 3 | 15 | 水 | 25 | 己未 | 8 | 3 |
| 9 | 14 | 日 | 윤23 | 戊子 | 8 | 3 | 16 | 木 | 26 | 庚申 | 7 | 3 |
| 10 | 15 | 月 | 윤24 | 己丑 | 7 | 3 | 17 | 金 | 27 | 辛酉 | 7 | 3 |
| 11 | 16 | 火 | 윤25 | 庚寅 | 7 | 4 | 18 | 土 | 28 | 壬戌 | 7 | 4 |
| 12 | 17 | 水 | 윤26 | 辛卯 | 7 | 4 | 19 | 日 | 29 | 癸亥 | 6 | 4 |
| 13 | 18 | 木 | 윤27 | 壬辰 | 6 | 4 | 20 | 月 | 30 | 甲子 | 6 | 4 |
| 14 | 19 | 金 | 윤28 | 癸巳 | 6 | 5 | 21 | 火 | 6/1 | 乙丑 | 6 | 5 |
| 15 | 20 | 土 | 윤29 | 甲午 | 6 | 5 | 22 | 水 | 2 | 丙寅 | 대서 | |
| 16 | 21 | 日 | 5/1 | 乙未 | 하지 | | 23 | 木 | 3 | 丁卯 | 5 | 5 |
| 17 | 22 | 月 | 2 | 丙申 | 5 | 6 | 24 | 金 | 4 | 戊辰 | 5 | 6 |
| 18 | 23 | 火 | 3 | 丁酉 | 5 | 6 | 25 | 土 | 5 | 己巳 | 4 | 6 |
| 19 | 24 | 水 | 4 | 戊戌 | 4 | 6 | 26 | 日 | 6 | 庚午 | 4 | 6 |
| 20 | 25 | 木 | 5 | 己亥 | 4 | 7 | 27 | 月 | 7 | 辛未 | 4 | 7 |
| 21 | 26 | 金 | 6 | 庚子 | 4 | 7 | 28 | 火 | 8 | 壬申 | 3 | 7 |
| 22 | 27 | 土 | 7 | 辛丑 | 3 | 7 | 29 | 水 | 9 | 癸酉 | 3 | 7 |
| 23 | 28 | 日 | 8 | 壬寅 | 3 | 8 | 30 | 木 | 10 | 甲戌 | 3 | 8 |
| 24 | 29 | 月 | 9 | 癸卯 | 3 | 8 | 31 | 金 | 11 | 乙亥 | 2 | 8 |
| 25 | 30 | 火 | 10 | 甲辰 | 2 | 8 | 8/1 | 土 | 12 | 丙子 | 2 | 8 |
| 26 | 7/1 | 水 | 11 | 乙巳 | 2 | 9 | 2 | 日 | 13 | 丁丑 | 2 | 9 |
| 27 | 2 | 木 | 12 | 丙午 | 2 | 9 | 3 | 月 | 14 | 戊寅 | 1 | 9 |
| 28 | 3 | 金 | 13 | 丁未 | 1 | 9 | 4 | 火 | 15 | 己卯 | 1 | 9 |
| 29 | 4 | 土 | 14 | 戊申 | 1 | 10 | 5 | 水 | 16 | 庚辰 | 1 | 10 |
| 30 | 5 | 日 | 15 | 己酉 | 1 | 10 | 6 | 木 | 17 | 辛巳 | 1 | 10 |
| 31 | 6 | 月 | 16 | 庚戌 | 1 | 10 | | | | | | |

▶윤달-4월

# 庚子年

| 절기후날수 | 입추절(甲申月)<br>立秋 8월7일 10시6분<br>處暑 8월23일 0시45분 | | | | | 백로절(乙酉月)<br>白露 9월7일 13시8분<br>秋分 9월22일 22시30분 | | | | | 한로절(丙戌月)<br>寒露 10월8일 4시55분<br>霜降 10월23일 7시59분 | | | | |
|---|---|---|---|---|---|---|---|---|---|---|---|---|---|---|---|
| | 양력 | 요일 | 음력 | 일진 | 大運 남·여 | 양력 | 요일 | 음력 | 일진 | 大運 남·여 | 양력 | 요일 | 음력 | 일진 | 大運 남·여 |
| 0 | 8/7 | 金 | 18 | 壬午 | 입추 | 9/7 | 月 | 20 | 癸丑 | 백로 | 10/8 | 木 | 22 | 甲申 | 한로 |
| 1 | 8 | 土 | 19 | 癸未 | 10·1 | 8 | 火 | 21 | 甲寅 | 10·1 | 9 | 金 | 23 | 乙酉 | 10·1 |
| 2 | 9 | 日 | 20 | 甲申 | 10·1 | 9 | 水 | 22 | 乙卯 | 10·1 | 10 | 土 | 24 | 丙戌 | 9·1 |
| 3 | 10 | 月 | 21 | 乙酉 | 9·1 | 10 | 木 | 23 | 丙辰 | 9·1 | 11 | 日 | 25 | 丁亥 | 9·1 |
| 4 | 11 | 火 | 22 | 丙戌 | 9·1 | 11 | 金 | 24 | 丁巳 | 9·1 | 12 | 月 | 26 | 戊子 | 9·1 |
| 5 | 12 | 水 | 23 | 丁亥 | 9·2 | 12 | 土 | 25 | 戊午 | 9·2 | 13 | 火 | 27 | 己丑 | 8·2 |
| 6 | 13 | 木 | 24 | 戊子 | 8·2 | 13 | 日 | 26 | 己未 | 8·2 | 14 | 水 | 28 | 庚寅 | 8·2 |
| 7 | 14 | 金 | 25 | 己丑 | 8·2 | 14 | 月 | 27 | 庚申 | 8·2 | 15 | 木 | 29 | 辛卯 | 8·2 |
| 8 | 15 | 土 | 26 | 庚寅 | 8·3 | 15 | 火 | 28 | 辛酉 | 8·3 | 16 | 金 | 30 | 壬辰 | 7·3 |
| 9 | 16 | 日 | 27 | 辛卯 | 7·3 | 16 | 水 | 29 | 壬戌 | 7·3 | 17 | 土 | 9/1 | 癸巳 | 7·3 |
| 10 | 17 | 月 | 28 | 壬辰 | 7·3 | 17 | 木 | 8/1 | 癸亥 | 7·3 | 18 | 日 | 2 | 甲午 | 7·3 |
| 11 | 18 | 火 | 29 | 癸巳 | 7·4 | 18 | 金 | 2 | 甲子 | 7·4 | 19 | 月 | 3 | 乙未 | 6·4 |
| 12 | 19 | 水 | 7/1 | 甲午 | 6·4 | 19 | 土 | 3 | 乙丑 | 6·4 | 20 | 火 | 4 | 丙申 | 6·4 |
| 13 | 20 | 木 | 2 | 乙未 | 6·4 | 20 | 日 | 4 | 丙寅 | 6·4 | 21 | 水 | 5 | 丁酉 | 6·4 |
| 14 | 21 | 金 | 3 | 丙申 | 6·5 | 21 | 月 | 5 | 丁卯 | 6·5 | 22 | 木 | 6 | 戊戌 | 5·5 |
| 15 | 22 | 土 | 4 | 丁酉 | 5·5 | 22 | 火 | 6 | 戊辰 | 추분 | 23 | 金 | 7 | 己亥 | 상강 |
| 16 | 23 | 日 | 5 | 戊戌 | 처서 | 23 | 水 | 7 | 己巳 | 5·5 | 24 | 土 | 8 | 庚子 | 5·5 |
| 17 | 24 | 月 | 6 | 己亥 | 5·6 | 24 | 木 | 8 | 庚午 | 5·6 | 25 | 日 | 9 | 辛丑 | 4·6 |
| 18 | 25 | 火 | 7 | 庚子 | 4·6 | 25 | 金 | 9 | 辛未 | 4·6 | 26 | 月 | 10 | 壬寅 | 4·6 |
| 19 | 26 | 水 | 8 | 辛丑 | 4·6 | 26 | 土 | 10 | 壬申 | 4·6 | 27 | 火 | 11 | 癸卯 | 4·6 |
| 20 | 27 | 木 | 9 | 壬寅 | 4·7 | 27 | 日 | 11 | 癸酉 | 4·7 | 28 | 水 | 12 | 甲辰 | 3·7 |
| 21 | 28 | 金 | 10 | 癸卯 | 3·7 | 28 | 月 | 12 | 甲戌 | 3·7 | 29 | 木 | 13 | 乙巳 | 3·7 |
| 22 | 29 | 土 | 11 | 甲辰 | 3·7 | 29 | 火 | 13 | 乙亥 | 3·7 | 30 | 金 | 14 | 丙午 | 3·7 |
| 23 | 30 | 日 | 12 | 乙巳 | 3·8 | 30 | 水 | 14 | 丙子 | 3·8 | 31 | 土 | 15 | 丁未 | 2·8 |
| 24 | 31 | 月 | 13 | 丙午 | 2·8 | 10/1 | 木 | 15 | 丁丑 | 2·8 | 11/1 | 日 | 16 | 戊申 | 2·8 |
| 25 | 9/1 | 火 | 14 | 丁未 | 2·8 | 2 | 金 | 16 | 戊寅 | 2·8 | 2 | 月 | 17 | 己酉 | 2·8 |
| 26 | 2 | 水 | 15 | 戊申 | 2·9 | 3 | 土 | 17 | 己卯 | 2·9 | 3 | 火 | 18 | 庚戌 | 1·9 |
| 27 | 3 | 木 | 16 | 己酉 | 1·9 | 4 | 日 | 18 | 庚辰 | 1·9 | 4 | 水 | 19 | 辛亥 | 1·9 |
| 28 | 4 | 金 | 17 | 庚戌 | 1·9 | 5 | 月 | 19 | 辛巳 | 1·9 | 5 | 木 | 20 | 壬子 | 1·9 |
| 29 | 5 | 土 | 18 | 辛亥 | 1·10 | 6 | 火 | 20 | 壬午 | 1·10 | 6 | 金 | 21 | 癸丑 | 1·10 |
| 30 | 6 | 日 | 19 | 壬子 | 1·10 | 7 | 水 | 21 | 癸未 | 1·10 | | | | | |
| 31 | | | | | | | | | | | | | | | |

| 절기후날수 | 입동절(丁亥月)<br>立冬 11월7일 8시14분<br>小雪 11월22일 5시40분 | | | | | 대설절(戊子月)<br>大雪 12월7일 1시9분<br>冬至 12월21일 19시2분 | | | | | 소한절(己丑月)<br>小寒 1월5일 12시23분<br>大寒 1월20일 5시40분 | | | | |
|---|---|---|---|---|---|---|---|---|---|---|---|---|---|---|---|
| | 양력 | 요일 | 음력 | 일진 | 大運 남·여 | 양력 | 요일 | 음력 | 일진 | 大運 남·여 | 양력 | 요일 | 음력 | 일진 | 大運 남·여 |
| 0 | 11/7 | 土 | 22 | 甲寅 | 입동 | 12/7 | 月 | 23 | 甲申 | 대설 | 1/5 | 火 | 22 | 癸丑 | 소한 |
| 1 | 8 | 日 | 23 | 乙卯 | 10·1 | 8 | 火 | 24 | 乙酉 | 9·1 | 6 | 水 | 23 | 甲寅 | 9·1 |
| 2 | 9 | 月 | 24 | 丙辰 | 9·1 | 9 | 水 | 25 | 丙戌 | 9·1 | 7 | 木 | 24 | 乙卯 | 9·1 |
| 3 | 10 | 火 | 25 | 丁巳 | 9·1 | 10 | 木 | 26 | 丁亥 | 9·1 | 8 | 金 | 25 | 丙辰 | 9·1 |
| 4 | 11 | 水 | 26 | 戊午 | 9·1 | 11 | 金 | 27 | 戊子 | 8·1 | 9 | 土 | 26 | 丁巳 | 8·1 |
| 5 | 12 | 木 | 27 | 己未 | 8·2 | 12 | 土 | 28 | 己丑 | 8·2 | 10 | 日 | 27 | 戊午 | 8·2 |
| 6 | 13 | 金 | 28 | 庚申 | 8·2 | 13 | 日 | 29 | 庚寅 | 8·2 | 11 | 月 | 28 | 己未 | 8·2 |
| 7 | 14 | 土 | 29 | 辛酉 | 8·2 | 14 | 月 | 30 | 辛卯 | 7·2 | 12 | 火 | 29 | 庚申 | 7·2 |
| 8 | 15 | 日 | 10/1 | 壬戌 | 7·3 | 15 | 火 | 11/1 | 壬辰 | 7·3 | 13 | 水 | 12/1 | 辛酉 | 7·3 |
| 9 | 16 | 月 | 2 | 癸亥 | 7·3 | 16 | 水 | 2 | 癸巳 | 7·3 | 14 | 木 | 2 | 壬戌 | 7·3 |
| 10 | 17 | 火 | 3 | 甲子 | 7·3 | 17 | 木 | 3 | 甲午 | 6·3 | 15 | 金 | 3 | 癸亥 | 6·3 |
| 11 | 18 | 水 | 4 | 乙丑 | 6·4 | 18 | 金 | 4 | 乙未 | 6·4 | 16 | 土 | 4 | 甲子 | 6·4 |
| 12 | 19 | 木 | 5 | 丙寅 | 6·4 | 19 | 土 | 5 | 丙申 | 6·4 | 17 | 日 | 5 | 乙丑 | 6·4 |
| 13 | 20 | 金 | 6 | 丁卯 | 6·4 | 20 | 日 | 6 | 丁酉 | 5·4 | 18 | 月 | 6 | 丙寅 | 5·4 |
| 14 | 21 | 土 | 7 | 戊辰 | 5·5 | 21 | 月 | 7 | 戊戌 | 동지 | 19 | 火 | 7 | 丁卯 | 5·5 |
| 15 | 22 | 日 | 8 | 己巳 | 소설 | 22 | 火 | 8 | 己亥 | 5·5 | 20 | 水 | 8 | 戊辰 | 대한 |
| 16 | 23 | 月 | 9 | 庚午 | 5·5 | 23 | 水 | 9 | 庚子 | 4·5 | 21 | 木 | 9 | 己巳 | 4·5 |
| 17 | 24 | 火 | 10 | 辛未 | 4·6 | 24 | 木 | 10 | 辛丑 | 4·6 | 22 | 金 | 10 | 庚午 | 4·6 |
| 18 | 25 | 水 | 11 | 壬申 | 4·6 | 25 | 金 | 11 | 壬寅 | 4·6 | 23 | 土 | 11 | 辛未 | 4·6 |
| 19 | 26 | 木 | 12 | 癸酉 | 4·6 | 26 | 土 | 12 | 癸卯 | 3·6 | 24 | 日 | 12 | 壬申 | 3·6 |
| 20 | 27 | 金 | 13 | 甲戌 | 3·7 | 27 | 日 | 13 | 甲辰 | 3·7 | 25 | 月 | 13 | 癸酉 | 3·7 |
| 21 | 28 | 土 | 14 | 乙亥 | 3·7 | 28 | 月 | 14 | 乙巳 | 3·7 | 26 | 火 | 14 | 甲戌 | 3·7 |
| 22 | 29 | 日 | 15 | 丙子 | 3·7 | 29 | 火 | 15 | 丙午 | 2·7 | 27 | 水 | 15 | 乙亥 | 2·7 |
| 23 | 30 | 月 | 16 | 丁丑 | 2·8 | 30 | 水 | 16 | 丁未 | 2·8 | 28 | 木 | 16 | 丙子 | 2·8 |
| 24 | 12/1 | 火 | 17 | 戊寅 | 2·8 | 31 | 木 | 17 | 戊申 | 2·8 | 29 | 金 | 17 | 丁丑 | 2·8 |
| 25 | 2 | 水 | 18 | 己卯 | 2·8 | 1/1 | 金 | 18 | 己酉 | 1·8 | 30 | 土 | 18 | 戊寅 | 1·8 |
| 26 | 3 | 木 | 19 | 庚辰 | 1·9 | 2 | 土 | 19 | 庚戌 | 1·9 | 31 | 日 | 19 | 己卯 | 1·9 |
| 27 | 4 | 金 | 20 | 辛巳 | 1·9 | 3 | 日 | 20 | 辛亥 | 1·9 | 2/1 | 月 | 20 | 庚辰 | 1·9 |
| 28 | 5 | 土 | 21 | 壬午 | 1·9 | 4 | 月 | 21 | 壬子 | 1·9 | 2 | 火 | 21 | 辛巳 | 1·9 |
| 29 | 6 | 日 | 22 | 癸未 | 1·10 | | | | | | | | | | |
| 30 | | | | | | | | | | | | | | | |
| 31 | | | | | | | | | | | | | | | |

# 서기 2021년 [단기 4354년]

| 절기후날수 | 입춘절(庚寅月) 立春 2월3일 23시59분 雨水 2월18일 19시44분 | | | | | 경칩절(辛卯月) 驚蟄 3월5일 17시53분 春分 3월20일 18시37분 | | | | |
|---|---|---|---|---|---|---|---|---|---|---|
| | 양력 | 요일 | 음력 | 일진 | 大運(남·여) | 양력 | 요일 | 음력 | 일진 | 大運(남·여) |
| 0 | 2/3 | 水 | 22 | 壬午 | 입춘 | 3/5 | 金 | 22 | 壬子 | 경칩 |
| 1 | 4 | 木 | 23 | 癸未 | 1·10 | 6 | 土 | 23 | 癸丑 | 1·10 |
| 2 | 5 | 金 | 24 | 甲申 | 1·9 | 7 | 日 | 24 | 甲寅 | 1·9 |
| 3 | 6 | 土 | 25 | 乙酉 | 1·9 | 8 | 月 | 25 | 乙卯 | 1·9 |
| 4 | 7 | 日 | 26 | 丙戌 | 1·9 | 9 | 火 | 26 | 丙辰 | 1·9 |
| 5 | 8 | 月 | 27 | 丁亥 | 2·8 | 10 | 水 | 27 | 丁巳 | 2·8 |
| 6 | 9 | 火 | 28 | 戊子 | 2·8 | 11 | 木 | 28 | 戊午 | 2·8 |
| 7 | 10 | 水 | 29 | 己丑 | 2·8 | 12 | 金 | 29 | 己未 | 2·8 |
| 8 | 11 | 木 | 30 | 庚寅 | 3·7 | 13 | 土 | 2/1 | 庚申 | 3·7 |
| 9 | 12 | 金 | 1/1 | 辛卯 | 3·7 | 14 | 日 | 2 | 辛酉 | 3·7 |
| 10 | 13 | 土 | 2 | 壬辰 | 3·7 | 15 | 月 | 3 | 壬戌 | 3·7 |
| 11 | 14 | 日 | 3 | 癸巳 | 4·6 | 16 | 火 | 4 | 癸亥 | 4·6 |
| 12 | 15 | 月 | 4 | 甲午 | 4·6 | 17 | 水 | 5 | 甲子 | 4·6 |
| 13 | 16 | 火 | 5 | 乙未 | 4·6 | 18 | 木 | 6 | 乙丑 | 4·6 |
| 14 | 17 | 水 | 6 | 丙申 | 5·5 | 19 | 金 | 7 | 丙寅 | 5·5 |
| 15 | 18 | 木 | 7 | 丁酉 | 우수 | 20 | 土 | 8 | 丁卯 | 춘분 |
| 16 | 19 | 金 | 8 | 戊戌 | 5·5 | 21 | 日 | 9 | 戊辰 | 5·5 |
| 17 | 20 | 土 | 9 | 己亥 | 6·4 | 22 | 月 | 10 | 己巳 | 6·4 |
| 18 | 21 | 日 | 10 | 庚子 | 6·4 | 23 | 火 | 11 | 庚午 | 6·4 |
| 19 | 22 | 月 | 11 | 辛丑 | 6·4 | 24 | 水 | 12 | 辛未 | 6·4 |
| 20 | 23 | 火 | 12 | 壬寅 | 7·3 | 25 | 木 | 13 | 壬申 | 7·3 |
| 21 | 24 | 水 | 13 | 癸卯 | 7·3 | 26 | 金 | 14 | 癸酉 | 7·3 |
| 22 | 25 | 木 | 14 | 甲辰 | 7·3 | 27 | 土 | 15 | 甲戌 | 7·3 |
| 23 | 26 | 金 | 15 | 乙巳 | 8·2 | 28 | 日 | 16 | 乙亥 | 8·2 |
| 24 | 27 | 土 | 16 | 丙午 | 8·2 | 29 | 月 | 17 | 丙子 | 8·2 |
| 25 | 28 | 日 | 17 | 丁未 | 8·2 | 30 | 火 | 18 | 丁丑 | 8·2 |
| 26 | 3/1 | 月 | 18 | 戊申 | 9·1 | 31 | 水 | 19 | 戊寅 | 9·1 |
| 27 | 2 | 火 | 19 | 己酉 | 9·1 | 4/1 | 木 | 20 | 己卯 | 9·1 |
| 28 | 3 | 水 | 20 | 庚戌 | 9·1 | 2 | 金 | 21 | 庚辰 | 9·1 |
| 29 | 4 | 木 | 21 | 辛亥 | 10·1 | 3 | 土 | 22 | 辛巳 | 10·1 |
| 30 | | | | | | | | | | |
| 31 | | | | | | | | | | |

| 절기후날수 | 청명절(壬辰月) 淸明 4월4일 22시35분 穀雨 4월20일 5시33분 | | | | | 입하절(癸巳月) 立夏 5월5일 15시47분 小滿 5월21일 4시37분 | | | | |
|---|---|---|---|---|---|---|---|---|---|---|
| | 양력 | 요일 | 음력 | 일진 | 大運(남·여) | 양력 | 요일 | 음력 | 일진 | 大運(남·여) |
| 0 | 4/4 | 日 | 23 | 壬午 | 청명 | 5/5 | 水 | 24 | 癸丑 | 입하 |
| 1 | 5 | 月 | 24 | 癸未 | 1·10 | 6 | 木 | 25 | 甲寅 | 1·10 |
| 2 | 6 | 火 | 25 | 甲申 | 1·10 | 7 | 金 | 26 | 乙卯 | 1·10 |
| 3 | 7 | 水 | 26 | 乙酉 | 1·9 | 8 | 土 | 27 | 丙辰 | 1·9 |
| 4 | 8 | 木 | 27 | 丙戌 | 1·9 | 9 | 日 | 28 | 丁巳 | 1·9 |
| 5 | 9 | 金 | 28 | 丁亥 | 2·9 | 10 | 月 | 29 | 戊午 | 2·9 |
| 6 | 10 | 土 | 29 | 戊子 | 2·8 | 11 | 火 | 30 | 己未 | 2·8 |
| 7 | 11 | 日 | 30 | 己丑 | 2·8 | 12 | 水 | 4/1 | 庚申 | 2·8 |
| 8 | 12 | 月 | 3/1 | 庚寅 | 3·8 | 13 | 木 | 2 | 辛酉 | 3·8 |
| 9 | 13 | 火 | 2 | 辛卯 | 3·7 | 14 | 金 | 3 | 壬戌 | 3·7 |
| 10 | 14 | 水 | 3 | 壬辰 | 3·7 | 15 | 土 | 4 | 癸亥 | 3·7 |
| 11 | 15 | 木 | 4 | 癸巳 | 4·7 | 16 | 日 | 5 | 甲子 | 4·7 |
| 12 | 16 | 金 | 5 | 甲午 | 4·6 | 17 | 月 | 6 | 乙丑 | 4·6 |
| 13 | 17 | 土 | 6 | 乙未 | 4·6 | 18 | 火 | 7 | 丙寅 | 4·6 |
| 14 | 18 | 日 | 7 | 丙申 | 5·6 | 19 | 水 | 8 | 丁卯 | 5·6 |
| 15 | 19 | 月 | 8 | 丁酉 | 5·5 | 20 | 木 | 9 | 戊辰 | 5·5 |
| 16 | 20 | 火 | 9 | 戊戌 | 곡우 | 21 | 金 | 10 | 己巳 | 소만 |
| 17 | 21 | 水 | 10 | 己亥 | 6·5 | 22 | 土 | 11 | 庚午 | 6·5 |
| 18 | 22 | 木 | 11 | 庚子 | 6·4 | 23 | 日 | 12 | 辛未 | 6·4 |
| 19 | 23 | 金 | 12 | 辛丑 | 6·4 | 24 | 月 | 13 | 壬申 | 6·4 |
| 20 | 24 | 土 | 13 | 壬寅 | 7·4 | 25 | 火 | 14 | 癸酉 | 7·4 |
| 21 | 25 | 日 | 14 | 癸卯 | 7·3 | 26 | 水 | 15 | 甲戌 | 7·3 |
| 22 | 26 | 月 | 15 | 甲辰 | 7·3 | 27 | 木 | 16 | 乙亥 | 7·3 |
| 23 | 27 | 火 | 16 | 乙巳 | 8·3 | 28 | 金 | 17 | 丙子 | 8·3 |
| 24 | 28 | 水 | 17 | 丙午 | 8·2 | 29 | 土 | 18 | 丁丑 | 8·2 |
| 25 | 29 | 木 | 18 | 丁未 | 8·2 | 30 | 日 | 19 | 戊寅 | 8·2 |
| 26 | 30 | 金 | 19 | 戊申 | 9·2 | 31 | 月 | 20 | 己卯 | 9·2 |
| 27 | 5/1 | 土 | 20 | 己酉 | 9·1 | 6/1 | 火 | 21 | 庚辰 | 9·1 |
| 28 | 2 | 日 | 21 | 庚戌 | 9·1 | 2 | 水 | 22 | 辛巳 | 9·1 |
| 29 | 3 | 月 | 22 | 辛亥 | 10·1 | 3 | 木 | 23 | 壬午 | 10·1 |
| 30 | 4 | 火 | 23 | 壬子 | 10·1 | 4 | 金 | 24 | 癸未 | 10·1 |
| 31 | | | | | | | | | | |

| 절기후날수 | 망종절(甲午月) 芒種 6월5일 19시52분 夏至 6월21일 12시32분 | | | | | 소서절(乙未月) 小暑 7월7일 6시5분 大暑 7월22일 23시26분 | | | | |
|---|---|---|---|---|---|---|---|---|---|---|
| | 양력 | 요일 | 음력 | 일진 | 大運(남·여) | 양력 | 요일 | 음력 | 일진 | 大運(남·여) |
| 0 | 6/5 | 土 | 25 | 甲申 | 망종 | 7/7 | 水 | 28 | 丙辰 | 소서 |
| 1 | 6 | 日 | 26 | 乙酉 | 1·10 | 8 | 木 | 29 | 丁巳 | 1·10 |
| 2 | 7 | 月 | 27 | 丙戌 | 1·10 | 9 | 金 | 30 | 戊午 | 1·10 |
| 3 | 8 | 火 | 28 | 丁亥 | 1·10 | 10 | 土 | 6/1 | 己未 | 1·9 |
| 4 | 9 | 水 | 29 | 戊子 | 1·9 | 11 | 日 | 2 | 庚申 | 1·9 |
| 5 | 10 | 木 | 5/1 | 己丑 | 2·9 | 12 | 月 | 3 | 辛酉 | 2·9 |
| 6 | 11 | 金 | 2 | 庚寅 | 2·9 | 13 | 火 | 4 | 壬戌 | 2·8 |
| 7 | 12 | 土 | 3 | 辛卯 | 2·8 | 14 | 水 | 5 | 癸亥 | 2·8 |
| 8 | 13 | 日 | 4 | 壬辰 | 3·8 | 15 | 木 | 6 | 甲子 | 3·8 |
| 9 | 14 | 月 | 5 | 癸巳 | 3·8 | 16 | 金 | 7 | 乙丑 | 3·7 |
| 10 | 15 | 火 | 6 | 甲午 | 3·7 | 17 | 土 | 8 | 丙寅 | 3·7 |
| 11 | 16 | 水 | 7 | 乙未 | 4·7 | 18 | 日 | 9 | 丁卯 | 4·7 |
| 12 | 17 | 木 | 8 | 丙申 | 4·7 | 19 | 月 | 10 | 戊辰 | 4·6 |
| 13 | 18 | 金 | 9 | 丁酉 | 4·6 | 20 | 火 | 11 | 己巳 | 4·6 |
| 14 | 19 | 土 | 10 | 戊戌 | 5·6 | 21 | 水 | 12 | 庚午 | 5·6 |
| 15 | 20 | 日 | 11 | 己亥 | 5·6 | 22 | 木 | 13 | 辛未 | 대서 |
| 16 | 21 | 月 | 12 | 庚子 | 하지 | 23 | 金 | 14 | 壬申 | 5·5 |
| 17 | 22 | 火 | 13 | 辛丑 | 6·5 | 24 | 土 | 15 | 癸酉 | 6·5 |
| 18 | 23 | 水 | 14 | 壬寅 | 6·5 | 25 | 日 | 16 | 甲戌 | 6·4 |
| 19 | 24 | 木 | 15 | 癸卯 | 6·4 | 26 | 月 | 17 | 乙亥 | 6·4 |
| 20 | 25 | 金 | 16 | 甲辰 | 7·4 | 27 | 火 | 18 | 丙子 | 7·4 |
| 21 | 26 | 土 | 17 | 乙巳 | 7·4 | 28 | 水 | 19 | 丁丑 | 7·3 |
| 22 | 27 | 日 | 18 | 丙午 | 7·3 | 29 | 木 | 20 | 戊寅 | 7·3 |
| 23 | 28 | 月 | 19 | 丁未 | 8·3 | 30 | 金 | 21 | 己卯 | 8·3 |
| 24 | 29 | 火 | 20 | 戊申 | 8·3 | 31 | 土 | 22 | 庚辰 | 8·2 |
| 25 | 30 | 水 | 21 | 己酉 | 8·2 | 8/1 | 日 | 23 | 辛巳 | 8·2 |
| 26 | 7/1 | 木 | 22 | 庚戌 | 9·2 | 2 | 月 | 24 | 壬午 | 9·2 |
| 27 | 2 | 金 | 23 | 辛亥 | 9·2 | 3 | 火 | 25 | 癸未 | 9·1 |
| 28 | 3 | 土 | 24 | 壬子 | 9·1 | 4 | 水 | 26 | 甲申 | 9·1 |
| 29 | 4 | 日 | 25 | 癸丑 | 10·1 | 5 | 木 | 27 | 乙酉 | 10·1 |
| 30 | 5 | 月 | 26 | 甲寅 | 10·1 | 6 | 金 | 28 | 丙戌 | 10·1 |
| 31 | 6 | 火 | 27 | 乙卯 | 10·1 | | | | | |

# 辛丑年

| 절기후날수 | 입추절(丙申月) 立秋 8월7일 15시54분 處暑 8월23일 6시35분 | | | | | 백로절(丁酉月) 白露 9월7일 18시53분 秋分 9월23일 4시21분 | | | | | 한로절(戊戌月) 寒露 10월8일 10시39분 霜降 10월23일 13시51분 | | | | | 입동절(己亥月) 立冬 11월7일 13시59분 小雪 11월22일 11시33분 | | | | | 대설절(庚子月) 大雪 12월7일 6시57분 冬至 12월22일 0시59분 | | | | | 소한절(辛丑月) 小寒 1월5일 18시14분 大寒 1월20일 11시39분 | | | | |
|---|---|---|---|---|---|---|---|---|---|---|---|---|---|---|---|---|---|---|---|---|---|---|---|---|---|---|---|---|---|---|
| | 양력 | 요일 | 음력 | 일진 | 大運 남여 | 양력 | 요일 | 음력 | 일진 | 大運 남여 | 양력 | 요일 | 음력 | 일진 | 大運 남여 | 양력 | 요일 | 음력 | 일진 | 大運 남여 | 양력 | 요일 | 음력 | 일진 | 大運 남여 | 양력 | 요일 | 음력 | 일진 | 大運 남여 |
| 0 | 8/7 | 土 | 29 | 丁亥 | 입추 | 9/7 | 火 | 8/1 | 戊午 | 백로 | 10/8 | 金 | 3 | 己丑 | 한로 | 11/7 | 日 | 3 | 己未 | 입동 | 12/7 | 火 | 4 | 己丑 | 대설 | 1/5 | 水 | 3 | 戊午 | 소한 |
| 1 | 8 | 日 | 7/1 | 戊子 | 1·10 | 8 | 水 | 2 | 己未 | 1·10 | 9 | 土 | 4 | 庚寅 | 1·10 | 8 | 月 | 4 | 庚申 | 1·10 | 8 | 水 | 5 | 庚寅 | 1·9 | 6 | 木 | 4 | 己未 | 1·10 |
| 2 | 9 | 月 | 2 | 己丑 | 1·10 | 9 | 木 | 3 | 庚申 | 1·10 | 10 | 日 | 5 | 辛卯 | 1·9 | 9 | 火 | 5 | 辛酉 | 1·9 | 9 | 木 | 6 | 辛卯 | 1·9 | 7 | 金 | 5 | 庚申 | 1·9 |
| 3 | 10 | 火 | 3 | 庚寅 | 1·9 | 10 | 金 | 4 | 辛酉 | 1·9 | 11 | 月 | 6 | 壬辰 | 1·9 | 10 | 水 | 6 | 壬戌 | 1·9 | 10 | 金 | 7 | 壬辰 | 1·9 | 8 | 土 | 6 | 辛酉 | 1·9 |
| 4 | 11 | 水 | 4 | 辛卯 | 1·9 | 11 | 土 | 5 | 壬戌 | 1·9 | 12 | 火 | 7 | 癸巳 | 1·9 | 11 | 木 | 7 | 癸亥 | 1·9 | 11 | 土 | 8 | 癸巳 | 1·8 | 9 | 日 | 7 | 壬戌 | 1·9 |
| 5 | 12 | 木 | 5 | 壬辰 | 2·9 | 12 | 日 | 6 | 癸亥 | 2·9 | 13 | 水 | 8 | 甲午 | 2·8 | 12 | 金 | 8 | 甲子 | 2·8 | 12 | 日 | 9 | 甲午 | 2·8 | 10 | 月 | 8 | 癸亥 | 2·8 |
| 6 | 13 | 金 | 6 | 癸巳 | 2·8 | 13 | 月 | 7 | 甲子 | 2·8 | 14 | 木 | 9 | 乙未 | 2·8 | 13 | 土 | 9 | 乙丑 | 2·8 | 13 | 月 | 10 | 乙未 | 2·8 | 11 | 火 | 9 | 甲子 | 2·8 |
| 7 | 14 | 土 | 7 | 甲午 | 2·8 | 14 | 火 | 8 | 乙丑 | 2·8 | 15 | 金 | 10 | 丙申 | 2·8 | 14 | 日 | 10 | 丙寅 | 2·8 | 14 | 火 | 11 | 丙申 | 2·7 | 12 | 水 | 10 | 乙丑 | 2·8 |
| 8 | 15 | 日 | 8 | 乙未 | 3·8 | 15 | 水 | 9 | 丙寅 | 3·8 | 16 | 土 | 11 | 丁酉 | 3·7 | 15 | 月 | 11 | 丁卯 | 3·7 | 15 | 水 | 12 | 丁酉 | 3·7 | 13 | 木 | 11 | 丙寅 | 3·7 |
| 9 | 16 | 月 | 9 | 丙申 | 3·7 | 16 | 木 | 10 | 丁卯 | 3·7 | 17 | 日 | 12 | 戊戌 | 3·7 | 16 | 火 | 12 | 戊辰 | 3·7 | 16 | 木 | 13 | 戊戌 | 3·7 | 14 | 金 | 12 | 丁卯 | 3·7 |
| 10 | 17 | 火 | 10 | 丁酉 | 3·7 | 17 | 金 | 11 | 戊辰 | 3·7 | 18 | 月 | 13 | 己亥 | 3·7 | 17 | 水 | 13 | 己巳 | 3·7 | 17 | 金 | 14 | 己亥 | 3·6 | 15 | 土 | 13 | 戊辰 | 3·7 |
| 11 | 18 | 水 | 11 | 戊戌 | 4·7 | 18 | 土 | 12 | 己巳 | 4·7 | 19 | 火 | 14 | 庚子 | 4·6 | 18 | 木 | 14 | 庚午 | 4·6 | 18 | 土 | 15 | 庚子 | 4·6 | 16 | 日 | 14 | 己巳 | 4·6 |
| 12 | 19 | 木 | 12 | 己亥 | 4·6 | 19 | 日 | 13 | 庚午 | 4·6 | 20 | 水 | 15 | 辛丑 | 4·6 | 19 | 金 | 15 | 辛未 | 4·6 | 19 | 日 | 16 | 辛丑 | 4·6 | 17 | 月 | 15 | 庚午 | 4·6 |
| 13 | 20 | 金 | 13 | 庚子 | 4·6 | 20 | 月 | 14 | 辛未 | 4·6 | 21 | 木 | 16 | 壬寅 | 4·6 | 20 | 土 | 16 | 壬申 | 4·6 | 20 | 月 | 17 | 壬寅 | 4·5 | 18 | 火 | 16 | 辛未 | 4·6 |
| 14 | 21 | 土 | 14 | 辛丑 | 5·6 | 21 | 火 | 15 | 壬申 | 5·6 | 22 | 金 | 17 | 癸卯 | 5·5 | 21 | 日 | 17 | 癸酉 | 5·5 | 21 | 火 | 18 | 癸卯 | 5·5 | 19 | 水 | 17 | 壬申 | 5·5 |
| 15 | 22 | 日 | 15 | 壬寅 | 5·5 | 22 | 水 | 16 | 癸酉 | 5·5 | 23 | 土 | 18 | 甲辰 | 상강 | 22 | 月 | 18 | 甲戌 | 소설 | 22 | 水 | 19 | 甲辰 | 동지 | 20 | 木 | 18 | 癸酉 | 대한 |
| 16 | 23 | 月 | 16 | 癸卯 | 처서 | 23 | 木 | 17 | 甲戌 | 추분 | 24 | 日 | 19 | 乙巳 | 5·5 | 23 | 火 | 19 | 乙亥 | 5·5 | 23 | 木 | 20 | 乙巳 | 5·4 | 21 | 金 | 19 | 甲戌 | 5·5 |
| 17 | 24 | 火 | 17 | 甲辰 | 6·5 | 24 | 金 | 18 | 乙亥 | 6·5 | 25 | 月 | 20 | 丙午 | 6·4 | 24 | 水 | 20 | 丙子 | 6·4 | 24 | 金 | 21 | 丙午 | 6·4 | 22 | 土 | 20 | 乙亥 | 6·4 |
| 18 | 25 | 水 | 18 | 乙巳 | 6·4 | 25 | 土 | 19 | 丙子 | 6·4 | 26 | 火 | 21 | 丁未 | 6·4 | 25 | 木 | 21 | 丁丑 | 6·4 | 25 | 土 | 22 | 丁未 | 6·4 | 23 | 日 | 21 | 丙子 | 6·4 |
| 19 | 26 | 木 | 19 | 丙午 | 6·4 | 26 | 日 | 20 | 丁丑 | 6·4 | 27 | 水 | 22 | 戊申 | 6·4 | 26 | 金 | 22 | 戊寅 | 6·4 | 26 | 日 | 23 | 戊申 | 6·3 | 24 | 月 | 22 | 丁丑 | 6·4 |
| 20 | 27 | 金 | 20 | 丁未 | 7·4 | 27 | 月 | 21 | 戊寅 | 7·4 | 28 | 木 | 23 | 己酉 | 7·3 | 27 | 土 | 23 | 己卯 | 7·3 | 27 | 月 | 24 | 己酉 | 7·3 | 25 | 火 | 23 | 戊寅 | 7·3 |
| 21 | 28 | 土 | 21 | 戊申 | 7·3 | 28 | 火 | 22 | 己卯 | 7·3 | 29 | 金 | 24 | 庚戌 | 7·3 | 28 | 日 | 24 | 庚辰 | 7·3 | 28 | 火 | 25 | 庚戌 | 7·3 | 26 | 水 | 24 | 己卯 | 7·3 |
| 22 | 29 | 日 | 22 | 己酉 | 7·3 | 29 | 水 | 23 | 庚辰 | 7·3 | 30 | 土 | 25 | 辛亥 | 7·3 | 29 | 月 | 25 | 辛巳 | 7·3 | 29 | 水 | 26 | 辛亥 | 7·2 | 27 | 木 | 25 | 庚辰 | 7·3 |
| 23 | 30 | 月 | 23 | 庚戌 | 8·3 | 30 | 木 | 24 | 辛巳 | 8·3 | 31 | 日 | 26 | 壬子 | 8·2 | 30 | 火 | 26 | 壬午 | 8·2 | 30 | 木 | 27 | 壬子 | 8·2 | 28 | 金 | 26 | 辛巳 | 8·2 |
| 24 | 31 | 火 | 24 | 辛亥 | 8·2 | 10/1 | 金 | 25 | 壬午 | 8·2 | 11/1 | 月 | 27 | 癸丑 | 8·2 | 12/1 | 水 | 27 | 癸未 | 8·2 | 31 | 金 | 28 | 癸丑 | 8·2 | 29 | 土 | 27 | 壬午 | 8·2 |
| 25 | 9/1 | 水 | 25 | 壬子 | 8·2 | 2 | 土 | 26 | 癸未 | 8·2 | 2 | 火 | 28 | 甲寅 | 8·2 | 2 | 木 | 28 | 甲申 | 8·2 | 1/1 | 土 | 29 | 甲寅 | 8·1 | 30 | 日 | 28 | 癸未 | 8·2 |
| 26 | 2 | 木 | 26 | 癸丑 | 9·2 | 3 | 日 | 27 | 甲申 | 9·2 | 3 | 水 | 29 | 乙卯 | 9·1 | 3 | 金 | 29 | 乙酉 | 9·1 | 2 | 日 | 30 | 乙卯 | 9·1 | 31 | 月 | 29 | 甲申 | 9·1 |
| 27 | 3 | 金 | 27 | 甲寅 | 9·1 | 4 | 月 | 28 | 乙酉 | 9·1 | 4 | 木 | 30 | 丙辰 | 9·1 | 4 | 土 | 11/1 | 丙戌 | 9·1 | 3 | 月 | 12/1 | 丙辰 | 9·1 | 2/1 | 火 | 1/1 | 乙酉 | 9·1 |
| 28 | 4 | 土 | 28 | 乙卯 | 9·1 | 5 | 火 | 29 | 丙戌 | 9·1 | 5 | 金 | 10/1 | 丁巳 | 9·1 | 5 | 日 | 2 | 丁亥 | 9·1 | 4 | 火 | 2 | 丁巳 | 9·1 | 2 | 水 | 2 | 丙戌 | 9·1 |
| 29 | 5 | 日 | 29 | 丙辰 | 10·1 | 6 | 水 | 9/1 | 丁亥 | 10·1 | 6 | 土 | 2 | 戊午 | 10·1 | 6 | 月 | 3 | 戊子 | 10·1 | | | | | | 3 | 木 | 3 | 丁亥 | 10·1 |
| 30 | 6 | 月 | 30 | 丁巳 | 10·1 | 7 | 木 | 2 | 戊子 | 10·1 | | | | | | | | | | | | | | | | | | | | |
| 31 | | | | | | | | | | | | | | | | | | | | | | | | | | | | | | |

# 서기 2022년 [단기 4355년]

| 절기후날수 | 입춘절(壬寅月) 立春 2월4일 5시51분 雨水 2월19일 1시43분 | | | | | 경칩절(癸卯月) 驚蟄 3월5일 23시43분 春分 3월21일 0시33분 | | | | | 청명절(甲辰月) 清明 4월5일 4시20분 穀雨 4월20일 11시24분 | | | | |
|---|---|---|---|---|---|---|---|---|---|---|---|---|---|---|---|
| | 양력 | 요일 | 음력 | 일진 | 大運 남·여 | 양력 | 요일 | 음력 | 일진 | 大運 남·여 | 양력 | 요일 | 음력 | 일진 | 大運 남·여 |
| 0 | 2/4 | 金 | 4 | 戊子 | 입춘 | 3/5 | 土 | 3 | 丁巳 | 경칩 | 4/5 | 火 | 5 | 戊子 | 청명 |
| 1 | 5 | 土 | 5 | 己丑 | 9·1 | 6 | 日 | 4 | 戊午 | 10·1 | 6 | 水 | 6 | 己丑 | 10·1 |
| 2 | 6 | 日 | 6 | 庚寅 | 9·1 | 7 | 月 | 5 | 己未 | 10·1 | 7 | 木 | 7 | 庚寅 | 9·1 |
| 3 | 7 | 月 | 7 | 辛卯 | 9·1 | 8 | 火 | 6 | 庚申 | 9·1 | 8 | 金 | 8 | 辛卯 | 9·1 |
| 4 | 8 | 火 | 8 | 壬辰 | 8·1 | 9 | 水 | 7 | 辛酉 | 9·1 | 9 | 土 | 9 | 壬辰 | 9·1 |
| 5 | 9 | 水 | 9 | 癸巳 | 8·2 | 10 | 木 | 8 | 壬戌 | 9·2 | 10 | 日 | 10 | 癸巳 | 8·2 |
| 6 | 10 | 木 | 10 | 甲午 | 8·2 | 11 | 金 | 9 | 癸亥 | 8·2 | 11 | 月 | 11 | 甲午 | 8·2 |
| 7 | 11 | 金 | 11 | 乙未 | 7·2 | 12 | 土 | 10 | 甲子 | 8·2 | 12 | 火 | 12 | 乙未 | 8·2 |
| 8 | 12 | 土 | 12 | 丙申 | 7·3 | 13 | 日 | 11 | 乙丑 | 8·3 | 13 | 水 | 13 | 丙申 | 7·3 |
| 9 | 13 | 日 | 13 | 丁酉 | 7·3 | 14 | 月 | 12 | 丙寅 | 7·3 | 14 | 木 | 14 | 丁酉 | 7·3 |
| 10 | 14 | 月 | 14 | 戊戌 | 6·3 | 15 | 火 | 13 | 丁卯 | 7·3 | 15 | 金 | 15 | 戊戌 | 7·3 |
| 11 | 15 | 火 | 15 | 己亥 | 6·4 | 16 | 水 | 14 | 戊辰 | 7·4 | 16 | 土 | 16 | 己亥 | 6·4 |
| 12 | 16 | 水 | 16 | 庚子 | 6·4 | 17 | 木 | 15 | 己巳 | 6·4 | 17 | 日 | 17 | 庚子 | 6·4 |
| 13 | 17 | 木 | 17 | 辛丑 | 5·4 | 18 | 金 | 16 | 庚午 | 6·4 | 18 | 月 | 18 | 辛丑 | 6·4 |
| 14 | 18 | 金 | 18 | 壬寅 | 5·5 | 19 | 土 | 17 | 辛未 | 6·5 | 19 | 火 | 19 | 壬寅 | 5·5 |
| 15 | 19 | 土 | 19 | 癸卯 | 우수 | 20 | 日 | 18 | 壬申 | 5·5 | 20 | 水 | 20 | 癸卯 | 곡우 |
| 16 | 20 | 日 | 20 | 甲辰 | 4·5 | 21 | 月 | 19 | 癸酉 | 춘분 | 21 | 木 | 21 | 甲辰 | 5·5 |
| 17 | 21 | 月 | 21 | 乙巳 | 4·6 | 22 | 火 | 20 | 甲戌 | 5·6 | 22 | 金 | 22 | 乙巳 | 4·6 |
| 18 | 22 | 火 | 22 | 丙午 | 4·6 | 23 | 水 | 21 | 乙亥 | 4·6 | 23 | 土 | 23 | 丙午 | 4·6 |
| 19 | 23 | 水 | 23 | 丁未 | 3·6 | 24 | 木 | 22 | 丙子 | 4·6 | 24 | 日 | 24 | 丁未 | 4·6 |
| 20 | 24 | 木 | 24 | 戊申 | 3·7 | 25 | 金 | 23 | 丁丑 | 4·7 | 25 | 月 | 25 | 戊申 | 3·7 |
| 21 | 25 | 金 | 25 | 己酉 | 3·7 | 26 | 土 | 24 | 戊寅 | 3·7 | 26 | 火 | 26 | 己酉 | 3·7 |
| 22 | 26 | 土 | 26 | 庚戌 | 2·7 | 27 | 日 | 25 | 己卯 | 3·7 | 27 | 水 | 27 | 庚戌 | 3·7 |
| 23 | 27 | 日 | 27 | 辛亥 | 2·8 | 28 | 月 | 26 | 庚辰 | 3·8 | 28 | 木 | 28 | 辛亥 | 2·8 |
| 24 | 28 | 月 | 28 | 壬子 | 2·8 | 29 | 火 | 27 | 辛巳 | 2·8 | 29 | 金 | 29 | 壬子 | 2·8 |
| 25 | 3/1 | 火 | 29 | 癸丑 | 1·8 | 30 | 水 | 28 | 壬午 | 2·8 | 30 | 土 | 30 | 癸丑 | 2·8 |
| 26 | 2 | 水 | 30 | 甲寅 | 1·9 | 31 | 木 | 29 | 癸未 | 2·9 | 5/1 | 日 | 4/1 | 甲寅 | 1·9 |
| 27 | 3 | 木 | 2/1 | 乙卯 | 1·9 | 4/1 | 金 | 3/1 | 甲申 | 1·9 | 2 | 月 | 2 | 乙卯 | 1·9 |
| 28 | 4 | 金 | 2 | 丙辰 | 1·9 | 2 | 土 | 2 | 乙酉 | 1·9 | 3 | 火 | 3 | 丙辰 | 1·9 |
| 29 | | | | | | 3 | 日 | 3 | 丙戌 | 1·10 | 4 | 水 | 4 | 丁巳 | 1·10 |
| 30 | | | | | | 4 | 月 | 4 | 丁亥 | 1·10 | | | | | |
| 31 | | | | | | | | | | | | | | | |

| 절기후날수 | 입하절(乙巳月) 立夏 5월5일 21시26분 小滿 5월21일 10시22분 | | | | | 망종절(丙午月) 芒種 6월6일 1시26분 夏至 6월21일 18시14분 | | | | | 소서절(丁未月) 小暑 7월7일 11시38분 大暑 7월23일 5시7분 | | | | |
|---|---|---|---|---|---|---|---|---|---|---|---|---|---|---|---|
| | 양력 | 요일 | 음력 | 일진 | 大運 남·여 | 양력 | 요일 | 음력 | 일진 | 大運 남·여 | 양력 | 요일 | 음력 | 일진 | 大運 남·여 |
| 0 | 5/5 | 木 | 5 | 戊午 | 입하 | 6/6 | 月 | 8 | 庚寅 | 망종 | 7/7 | 木 | 9 | 辛酉 | 소서 |
| 1 | 6 | 金 | 6 | 己未 | 10·1 | 7 | 火 | 9 | 辛卯 | 10·1 | 8 | 金 | 10 | 壬戌 | 10·1 |
| 2 | 7 | 土 | 7 | 庚申 | 10·1 | 8 | 水 | 10 | 壬辰 | 10·1 | 9 | 土 | 11 | 癸亥 | 10·1 |
| 3 | 8 | 日 | 8 | 辛酉 | 10·1 | 9 | 木 | 11 | 癸巳 | 9·1 | 10 | 日 | 12 | 甲子 | 9·1 |
| 4 | 9 | 月 | 9 | 壬戌 | 9·1 | 10 | 金 | 12 | 甲午 | 9·1 | 11 | 月 | 13 | 乙丑 | 9·1 |
| 5 | 10 | 火 | 10 | 癸亥 | 9·2 | 11 | 土 | 13 | 乙未 | 9·2 | 12 | 火 | 14 | 丙寅 | 9·2 |
| 6 | 11 | 水 | 11 | 甲子 | 9·2 | 12 | 日 | 14 | 丙申 | 8·2 | 13 | 水 | 15 | 丁卯 | 8·2 |
| 7 | 12 | 木 | 12 | 乙丑 | 8·2 | 13 | 月 | 15 | 丁酉 | 8·2 | 14 | 木 | 16 | 戊辰 | 8·2 |
| 8 | 13 | 金 | 13 | 丙寅 | 8·3 | 14 | 火 | 16 | 戊戌 | 8·3 | 15 | 金 | 17 | 己巳 | 8·3 |
| 9 | 14 | 土 | 14 | 丁卯 | 8·3 | 15 | 水 | 17 | 己亥 | 7·3 | 16 | 土 | 18 | 庚午 | 7·3 |
| 10 | 15 | 日 | 15 | 戊辰 | 7·3 | 16 | 木 | 18 | 庚子 | 7·3 | 17 | 日 | 19 | 辛未 | 7·3 |
| 11 | 16 | 月 | 16 | 己巳 | 7·4 | 17 | 金 | 19 | 辛丑 | 7·4 | 18 | 月 | 20 | 壬申 | 7·4 |
| 12 | 17 | 火 | 17 | 庚午 | 7·4 | 18 | 土 | 20 | 壬寅 | 6·4 | 19 | 火 | 21 | 癸酉 | 6·4 |
| 13 | 18 | 水 | 18 | 辛未 | 6·4 | 19 | 日 | 21 | 癸卯 | 6·4 | 20 | 水 | 22 | 甲戌 | 6·4 |
| 14 | 19 | 木 | 19 | 壬申 | 6·5 | 20 | 月 | 22 | 甲辰 | 6·5 | 21 | 木 | 23 | 乙亥 | 6·5 |
| 15 | 20 | 金 | 20 | 癸酉 | 6·5 | 21 | 火 | 23 | 乙巳 | 하지 | 22 | 金 | 24 | 丙子 | 5·5 |
| 16 | 21 | 土 | 21 | 甲戌 | 소만 | 22 | 水 | 24 | 丙午 | 5·5 | 23 | 土 | 25 | 丁丑 | 대서 |
| 17 | 22 | 日 | 22 | 乙亥 | 5·6 | 23 | 木 | 25 | 丁未 | 5·6 | 24 | 日 | 26 | 戊寅 | 5·6 |
| 18 | 23 | 月 | 23 | 丙子 | 5·6 | 24 | 金 | 26 | 戊申 | 4·6 | 25 | 月 | 27 | 己卯 | 4·6 |
| 19 | 24 | 火 | 24 | 丁丑 | 4·6 | 25 | 土 | 27 | 己酉 | 4·6 | 26 | 火 | 28 | 庚辰 | 4·6 |
| 20 | 25 | 水 | 25 | 戊寅 | 4·7 | 26 | 日 | 28 | 庚戌 | 4·7 | 27 | 水 | 29 | 辛巳 | 4·7 |
| 21 | 26 | 木 | 26 | 己卯 | 4·7 | 27 | 月 | 29 | 辛亥 | 3·7 | 28 | 木 | 30 | 壬午 | 3·7 |
| 22 | 27 | 金 | 27 | 庚辰 | 3·7 | 28 | 火 | 30 | 壬子 | 3·7 | 29 | 金 | 7/1 | 癸未 | 3·7 |
| 23 | 28 | 土 | 28 | 辛巳 | 3·8 | 29 | 水 | 6/1 | 癸丑 | 3·8 | 30 | 土 | 2 | 甲申 | 3·8 |
| 24 | 29 | 日 | 29 | 壬午 | 3·8 | 30 | 木 | 2 | 甲寅 | 2·8 | 31 | 日 | 3 | 乙酉 | 2·8 |
| 25 | 30 | 月 | 5/1 | 癸未 | 2·8 | 7/1 | 金 | 3 | 乙卯 | 2·8 | 8/1 | 月 | 4 | 丙戌 | 2·8 |
| 26 | 31 | 火 | 2 | 甲申 | 2·9 | 2 | 土 | 4 | 丙辰 | 2·9 | 2 | 火 | 5 | 丁亥 | 2·9 |
| 27 | 6/1 | 水 | 3 | 乙酉 | 2·9 | 3 | 日 | 5 | 丁巳 | 1·9 | 3 | 水 | 6 | 戊子 | 1·9 |
| 28 | 2 | 木 | 4 | 丙戌 | 1·9 | 4 | 月 | 6 | 戊午 | 1·9 | 4 | 木 | 7 | 己丑 | 1·9 |
| 29 | 3 | 金 | 5 | 丁亥 | 1·10 | 5 | 火 | 7 | 己未 | 1·10 | 5 | 金 | 8 | 庚寅 | 1·10 |
| 30 | 4 | 土 | 6 | 戊子 | 1·10 | 6 | 水 | 8 | 庚申 | 1·10 | 6 | 土 | 9 | 辛卯 | 1·10 |
| 31 | 5 | 日 | 7 | 己丑 | 1·10 | | | | | | | | | | |

# 壬寅年

| 절기후날수 | 입추절(戊申月) | | | | | 백로절(己酉月) | | | | | 한로절(庚戌月) | | | | | 입동절(辛亥月) | | | | | 대설절(壬子月) | | | | | 소한절(癸丑月) | | | | |
|---|---|---|---|---|---|---|---|---|---|---|---|---|---|---|---|---|---|---|---|---|---|---|---|---|---|---|---|---|---|---|
| | 立秋 8월7일 21시29분<br>處暑 8월23일 12시16분 | | | | | 白露 9월8일 0시32분<br>秋分 9월23일 10시3분 | | | | | 寒露 10월8일 16시22분<br>霜降 10월23일 19시35분 | | | | | 立冬 11월7일 19시45분<br>小雪 11월22일 17시20분 | | | | | 大雪 12월7일 12시46분<br>冬至 12월22일 6시48분 | | | | | 小寒 1월6일 0시5분<br>大寒 1월20일 17시29분 | | | | |
| | 양력 | 요일 | 음력 | 일진 | 大運 남·여 | 양력 | 요일 | 음력 | 일진 | 大運 남·여 | 양력 | 요일 | 음력 | 일진 | 大運 남·여 | 양력 | 요일 | 음력 | 일진 | 大運 남·여 | 양력 | 요일 | 음력 | 일진 | 大運 남·여 | 양력 | 요일 | 음력 | 일진 | 大運 남·여 |
| 0 | 8/7 | 日 | 10 | 壬辰 | 입추 | 9/8 | 木 | 13 | 甲子 | 백로 | 10/8 | 土 | 13 | 甲午 | 한로 | 11/7 | 月 | 14 | 甲子 | 입동 | 12/7 | 水 | 14 | 甲午 | 대설 | 1/6 | 金 | 15 | 甲子 | 소한 |
| 1 | 8 | 月 | 11 | 癸巳 | 10·1 | 9 | 金 | 14 | 乙丑 | 10·1 | 9 | 日 | 14 | 乙未 | 10·1 | 8 | 火 | 15 | 乙丑 | 10·1 | 8 | 木 | 15 | 乙未 | 10·1 | 7 | 土 | 16 | 乙丑 | 9·1 |
| 2 | 9 | 火 | 12 | 甲午 | 10·1 | 10 | 土 | 15 | 丙寅 | 9·1 | 10 | 月 | 15 | 丙申 | 9·1 | 9 | 水 | 16 | 丙寅 | 9·1 | 9 | 金 | 16 | 丙申 | 9·1 | 8 | 日 | 17 | 丙寅 | 9·1 |
| 3 | 10 | 水 | 13 | 乙未 | 10·1 | 11 | 日 | 16 | 丁卯 | 9·1 | 11 | 火 | 16 | 丁酉 | 9·1 | 10 | 木 | 17 | 丁卯 | 9·1 | 10 | 土 | 17 | 丁酉 | 9·1 | 9 | 月 | 18 | 丁卯 | 9·1 |
| 4 | 11 | 木 | 14 | 丙申 | 9·1 | 12 | 月 | 17 | 戊辰 | 9·1 | 12 | 水 | 17 | 戊戌 | 9·1 | 11 | 金 | 18 | 戊辰 | 9·1 | 11 | 日 | 18 | 戊戌 | 9·1 | 10 | 火 | 19 | 戊辰 | 8·1 |
| 5 | 12 | 金 | 15 | 丁酉 | 9·2 | 13 | 火 | 18 | 己巳 | 8·2 | 13 | 木 | 18 | 己亥 | 8·2 | 12 | 土 | 19 | 己巳 | 8·2 | 12 | 月 | 19 | 己亥 | 8·2 | 11 | 水 | 20 | 己巳 | 8·2 |
| 6 | 13 | 土 | 16 | 戊戌 | 9·2 | 14 | 水 | 19 | 庚午 | 8·2 | 14 | 金 | 19 | 庚子 | 8·2 | 13 | 日 | 20 | 庚午 | 8·2 | 13 | 火 | 20 | 庚子 | 8·2 | 12 | 木 | 21 | 庚午 | 8·2 |
| 7 | 14 | 日 | 17 | 己亥 | 8·2 | 15 | 木 | 20 | 辛未 | 8·2 | 15 | 土 | 20 | 辛丑 | 8·2 | 14 | 月 | 21 | 辛未 | 8·2 | 14 | 水 | 21 | 辛丑 | 8·2 | 13 | 金 | 22 | 辛未 | 7·2 |
| 8 | 15 | 月 | 18 | 庚子 | 8·3 | 16 | 金 | 21 | 壬申 | 7·3 | 16 | 日 | 21 | 壬寅 | 7·3 | 15 | 火 | 22 | 壬申 | 7·3 | 15 | 木 | 22 | 壬寅 | 7·3 | 14 | 土 | 23 | 壬申 | 7·3 |
| 9 | 16 | 火 | 19 | 辛丑 | 8·3 | 17 | 土 | 22 | 癸酉 | 7·3 | 17 | 月 | 22 | 癸卯 | 7·3 | 16 | 水 | 23 | 癸酉 | 7·3 | 16 | 金 | 23 | 癸卯 | 7·3 | 15 | 日 | 24 | 癸酉 | 7·3 |
| 10 | 17 | 水 | 20 | 壬寅 | 7·3 | 18 | 日 | 23 | 甲戌 | 7·3 | 18 | 火 | 23 | 甲辰 | 7·3 | 17 | 木 | 24 | 甲戌 | 7·3 | 17 | 土 | 24 | 甲辰 | 7·3 | 16 | 月 | 25 | 甲戌 | 6·3 |
| 11 | 18 | 木 | 21 | 癸卯 | 7·4 | 19 | 月 | 24 | 乙亥 | 6·4 | 19 | 水 | 24 | 乙巳 | 6·4 | 18 | 金 | 25 | 乙亥 | 6·4 | 18 | 日 | 25 | 乙巳 | 6·4 | 17 | 火 | 26 | 乙亥 | 6·4 |
| 12 | 19 | 金 | 22 | 甲辰 | 7·4 | 20 | 火 | 25 | 丙子 | 6·4 | 20 | 木 | 25 | 丙午 | 6·4 | 19 | 土 | 26 | 丙子 | 6·4 | 19 | 月 | 26 | 丙午 | 6·4 | 18 | 水 | 27 | 丙子 | 6·4 |
| 13 | 20 | 土 | 23 | 乙巳 | 6·4 | 21 | 水 | 26 | 丁丑 | 6·4 | 21 | 金 | 26 | 丁未 | 6·4 | 20 | 日 | 27 | 丁丑 | 6·4 | 20 | 火 | 27 | 丁未 | 6·4 | 19 | 木 | 28 | 丁丑 | 5·4 |
| 14 | 21 | 日 | 24 | 丙午 | 6·5 | 22 | 木 | 27 | 戊寅 | 5·5 | 22 | 土 | 27 | 戊申 | 5·5 | 21 | 月 | 28 | 戊寅 | 5·5 | 21 | 水 | 28 | 戊申 | 5·5 | 20 | 金 | 29 | 戊寅 | 대한 |
| 15 | 22 | 月 | 25 | 丁未 | 6·5 | 23 | 金 | 28 | 己卯 | 추분 | 23 | 日 | 28 | 己酉 | 상강 | 22 | 火 | 29 | 己卯 | 소설 | 22 | 木 | 29 | 己酉 | 동지 | 21 | 土 | 30 | 己卯 | 5·5 |
| 16 | 23 | 火 | 26 | 戊申 | 처서 | 24 | 土 | 29 | 庚辰 | 5·5 | 24 | 月 | 29 | 庚戌 | 5·5 | 23 | 水 | 30 | 庚辰 | 5·5 | 23 | 金 | 12/1 | 庚戌 | 5·5 | 22 | 日 | 1/1 | 庚辰 | 4·5 |
| 17 | 24 | 水 | 27 | 己酉 | 5·6 | 25 | 日 | 30 | 辛巳 | 4·6 | 25 | 火 | 10/1 | 辛亥 | 4·6 | 24 | 木 | 11/1 | 辛巳 | 4·6 | 24 | 土 | 2 | 辛亥 | 4·6 | 23 | 月 | 2 | 辛巳 | 4·6 |
| 18 | 25 | 木 | 28 | 庚戌 | 5·6 | 26 | 月 | 9/1 | 壬午 | 4·6 | 26 | 水 | 2 | 壬子 | 4·6 | 25 | 金 | 2 | 壬午 | 4·6 | 25 | 日 | 3 | 壬子 | 4·6 | 24 | 火 | 3 | 壬午 | 4·6 |
| 19 | 26 | 金 | 29 | 辛亥 | 4·6 | 27 | 火 | 2 | 癸未 | 4·6 | 27 | 木 | 3 | 癸丑 | 4·6 | 26 | 土 | 3 | 癸未 | 4·6 | 26 | 月 | 4 | 癸丑 | 4·6 | 25 | 水 | 4 | 癸未 | 3·6 |
| 20 | 27 | 土 | 8/1 | 壬子 | 4·7 | 28 | 水 | 3 | 甲申 | 3·7 | 28 | 金 | 4 | 甲寅 | 3·7 | 27 | 日 | 4 | 甲申 | 3·7 | 27 | 火 | 5 | 甲寅 | 3·7 | 26 | 木 | 5 | 甲申 | 3·7 |
| 21 | 28 | 日 | 2 | 癸丑 | 4·7 | 29 | 木 | 4 | 乙酉 | 3·7 | 29 | 土 | 5 | 乙卯 | 3·7 | 28 | 月 | 5 | 乙酉 | 3·7 | 28 | 水 | 6 | 乙卯 | 3·7 | 27 | 金 | 6 | 乙酉 | 3·7 |
| 22 | 29 | 月 | 3 | 甲寅 | 3·7 | 30 | 金 | 5 | 丙戌 | 3·7 | 30 | 日 | 6 | 丙辰 | 3·7 | 29 | 火 | 6 | 丙戌 | 3·7 | 29 | 木 | 7 | 丙辰 | 3·7 | 28 | 土 | 7 | 丙戌 | 2·7 |
| 23 | 30 | 火 | 4 | 乙卯 | 3·8 | 10/1 | 土 | 6 | 丁亥 | 2·8 | 31 | 月 | 7 | 丁巳 | 2·8 | 30 | 水 | 7 | 丁亥 | 2·8 | 30 | 金 | 8 | 丁巳 | 2·8 | 29 | 日 | 8 | 丁亥 | 2·8 |
| 24 | 31 | 水 | 5 | 丙辰 | 3·8 | 2 | 日 | 7 | 戊子 | 2·8 | 11/1 | 火 | 8 | 戊午 | 2·8 | 12/1 | 木 | 8 | 戊子 | 2·8 | 31 | 土 | 9 | 戊午 | 2·8 | 30 | 月 | 9 | 戊子 | 2·8 |
| 25 | 9/1 | 木 | 6 | 丁巳 | 2·8 | 3 | 月 | 8 | 己丑 | 2·8 | 2 | 水 | 9 | 己未 | 2·8 | 2 | 金 | 9 | 己丑 | 2·8 | 1/1 | 日 | 10 | 己未 | 2·8 | 31 | 火 | 10 | 己丑 | 1·8 |
| 26 | 2 | 金 | 7 | 戊午 | 2·9 | 4 | 火 | 9 | 庚寅 | 1·9 | 3 | 木 | 10 | 庚申 | 1·9 | 3 | 土 | 10 | 庚寅 | 1·9 | 2 | 月 | 11 | 庚申 | 1·9 | 2/1 | 水 | 11 | 庚寅 | 1·9 |
| 27 | 3 | 土 | 8 | 己未 | 2·9 | 5 | 水 | 10 | 辛卯 | 1·9 | 4 | 金 | 11 | 辛酉 | 1·9 | 4 | 日 | 11 | 辛卯 | 1·9 | 3 | 火 | 12 | 辛酉 | 1·9 | 2 | 木 | 12 | 辛卯 | 1·9 |
| 28 | 4 | 日 | 9 | 庚申 | 1·9 | 6 | 木 | 11 | 壬辰 | 1·9 | 5 | 土 | 12 | 壬戌 | 1·9 | 5 | 月 | 12 | 壬辰 | 1·9 | 4 | 水 | 13 | 壬戌 | 1·9 | 3 | 金 | 13 | 壬辰 | 1·9 |
| 29 | 5 | 月 | 10 | 辛酉 | 1·10 | 7 | 金 | 12 | 癸巳 | 1·10 | 6 | 日 | 13 | 癸亥 | 1·10 | 6 | 火 | 13 | 癸巳 | 1·10 | 5 | 木 | 14 | 癸亥 | 1·10 | | | | | |
| 30 | 6 | 火 | 11 | 壬戌 | 1·10 | | | | | | | | | | | | | | | | | | | | | | | | | |
| 31 | 7 | 水 | 12 | 癸亥 | 1·10 | | | | | | | | | | | | | | | | | | | | | | | | | |

# 서기 2023년 [단기 4356년]

| 절기후날수 | 입춘절(甲寅月) 立春 2월4일 11시42분 雨水 2월19일 7시34분 | | | | | 경칩절(乙卯月) 驚蟄 3월6일 5시36분 春分 3월21일 6시24분 | | | | | 청명절(丙辰月) 淸明 4월5일 10시13분 穀雨 4월20일 17시13분 | | | | | 입하절(丁巳月) 立夏 5월6일 3시18분 小滿 5월21일 16시9분 | | | | | 망종절(戊午月) 芒種 6월6일 7시18분 夏至 6월21일 23시58분 | | | | | 소서절(己未月) 小暑 7월7일 17시30분 大暑 7월23일 10시50분 | | | | |
|---|---|---|---|---|---|---|---|---|---|---|---|---|---|---|---|---|---|---|---|---|---|---|---|---|---|---|---|---|---|---|
| | 양력 | 요일 | 음력 | 일진 | 大運 남·여 | 양력 | 요일 | 음력 | 일진 | 大運 남·여 | 양력 | 요일 | 음력 | 일진 | 大運 남·여 | 양력 | 요일 | 음력 | 일진 | 大運 남·여 | 양력 | 요일 | 음력 | 일진 | 大運 남·여 | 양력 | 요일 | 음력 | 일진 | 大運 남·여 |
| 0 | 2/4 | 土 | 14 | 癸巳 | 입춘 | 3/6 | 月 | 15 | 癸亥 | 경칩 | 4/5 | 水 | 윤15 | 癸巳 | 청명 | 5/6 | 土 | 17 | 甲子 | 입하 | 6/6 | 火 | 18 | 乙未 | 망종 | 7/7 | 金 | 20 | 丙寅 | 소서 |
| 1 | 5 | 日 | 15 | 甲午 | 1·10 | 7 | 火 | 16 | 甲子 | 1·10 | 6 | 木 | 윤16 | 甲午 | 1·10 | 7 | 日 | 18 | 乙丑 | 1·10 | 7 | 水 | 19 | 丙申 | 1·10 | 8 | 土 | 21 | 丁卯 | 1·10 |
| 2 | 6 | 月 | 16 | 乙未 | 1·9 | 8 | 水 | 17 | 乙丑 | 1·9 | 7 | 金 | 윤17 | 乙未 | 1·10 | 8 | 月 | 19 | 丙寅 | 1·10 | 8 | 木 | 20 | 丁酉 | 1·10 | 9 | 日 | 22 | 戊辰 | 1·10 |
| 3 | 7 | 火 | 17 | 丙申 | 1·9 | 9 | 木 | 18 | 丙寅 | 1·9 | 8 | 土 | 윤18 | 丙申 | 1·9 | 9 | 火 | 20 | 丁卯 | 1·9 | 9 | 金 | 21 | 戊戌 | 1·9 | 10 | 月 | 23 | 己巳 | 1·10 |
| 4 | 8 | 水 | 18 | 丁酉 | 1·9 | 10 | 金 | 19 | 丁卯 | 1·9 | 9 | 日 | 윤19 | 丁酉 | 1·9 | 10 | 水 | 21 | 戊辰 | 1·9 | 10 | 土 | 22 | 己亥 | 1·9 | 11 | 火 | 24 | 庚午 | 1·9 |
| 5 | 9 | 木 | 19 | 戊戌 | 2·8 | 11 | 土 | 20 | 戊辰 | 2·8 | 10 | 月 | 윤20 | 戊戌 | 2·9 | 11 | 木 | 22 | 己巳 | 2·9 | 11 | 日 | 23 | 庚子 | 2·9 | 12 | 水 | 25 | 辛未 | 2·9 |
| 6 | 10 | 金 | 20 | 己亥 | 2·8 | 12 | 日 | 21 | 己巳 | 2·8 | 11 | 火 | 윤21 | 己亥 | 2·8 | 12 | 金 | 23 | 庚午 | 2·8 | 12 | 月 | 24 | 辛丑 | 2·8 | 13 | 木 | 26 | 壬申 | 2·9 |
| 7 | 11 | 土 | 21 | 庚子 | 2·8 | 13 | 月 | 22 | 庚午 | 2·8 | 12 | 水 | 윤22 | 庚子 | 2·8 | 13 | 土 | 24 | 辛未 | 2·8 | 13 | 火 | 25 | 壬寅 | 2·8 | 14 | 金 | 27 | 癸酉 | 2·8 |
| 8 | 12 | 日 | 22 | 辛丑 | 3·7 | 14 | 火 | 23 | 辛未 | 3·7 | 13 | 木 | 윤23 | 辛丑 | 3·8 | 14 | 日 | 25 | 壬申 | 3·8 | 14 | 水 | 26 | 癸卯 | 3·8 | 15 | 土 | 28 | 甲戌 | 3·8 |
| 9 | 13 | 月 | 23 | 壬寅 | 3·7 | 15 | 水 | 24 | 壬申 | 3·7 | 14 | 金 | 윤24 | 壬寅 | 3·7 | 15 | 月 | 26 | 癸酉 | 3·7 | 15 | 木 | 27 | 甲辰 | 3·7 | 16 | 日 | 29 | 乙亥 | 3·8 |
| 10 | 14 | 火 | 24 | 癸卯 | 3·7 | 16 | 木 | 25 | 癸酉 | 3·7 | 15 | 土 | 윤25 | 癸卯 | 3·7 | 16 | 火 | 27 | 甲戌 | 3·7 | 16 | 金 | 28 | 乙巳 | 3·7 | 17 | 月 | 30 | 丙子 | 3·7 |
| 11 | 15 | 水 | 25 | 甲辰 | 4·6 | 17 | 金 | 26 | 甲戌 | 4·6 | 16 | 日 | 윤26 | 甲辰 | 4·7 | 17 | 水 | 28 | 乙亥 | 4·7 | 17 | 土 | 29 | 丙午 | 4·7 | 18 | 火 | 6/1 | 丁丑 | 4·7 |
| 12 | 16 | 木 | 26 | 乙巳 | 4·6 | 18 | 土 | 27 | 乙亥 | 4·6 | 17 | 月 | 윤27 | 乙巳 | 4·6 | 18 | 木 | 29 | 丙子 | 4·6 | 18 | 日 | 5/1 | 丁未 | 4·6 | 19 | 水 | 2 | 戊寅 | 4·7 |
| 13 | 17 | 金 | 27 | 丙午 | 4·6 | 19 | 日 | 28 | 丙子 | 4·6 | 18 | 火 | 윤28 | 丙午 | 4·6 | 19 | 金 | 30 | 丁丑 | 4·6 | 19 | 月 | 2 | 戊申 | 4·6 | 20 | 木 | 3 | 己卯 | 4·6 |
| 14 | 18 | 土 | 28 | 丁未 | 5·5 | 20 | 月 | 29 | 丁丑 | 5·5 | 19 | 水 | 윤29 | 丁未 | 5·6 | 20 | 土 | 4/1 | 戊寅 | 5·6 | 20 | 火 | 3 | 己酉 | 5·6 | 21 | 金 | 4 | 庚辰 | 5·6 |
| 15 | 19 | 日 | 29 | 戊申 | 우수 | 21 | 火 | 30 | 戊寅 | 춘분 | 20 | 木 | 3/1 | 戊申 | 곡우 | 21 | 日 | 2 | 己卯 | 소만 | 21 | 水 | 4 | 庚戌 | 하지 | 22 | 土 | 5 | 辛巳 | 5·6 |
| 16 | 20 | 月 | 2/1 | 己酉 | 5·5 | 22 | 水 | 윤1 | 己卯 | 5·5 | 21 | 金 | 2 | 己酉 | 5·5 | 22 | 月 | 3 | 庚辰 | 5·5 | 22 | 木 | 5 | 辛亥 | 5·5 | 23 | 日 | 6 | 壬午 | 대서 |
| 17 | 21 | 火 | 2 | 庚戌 | 6·4 | 23 | 木 | 윤2 | 庚辰 | 6·4 | 22 | 土 | 3 | 庚戌 | 6·5 | 23 | 火 | 4 | 辛巳 | 6·5 | 23 | 金 | 6 | 壬子 | 6·5 | 24 | 月 | 7 | 癸未 | 6·5 |
| 18 | 22 | 水 | 3 | 辛亥 | 6·4 | 24 | 金 | 윤3 | 辛巳 | 6·4 | 23 | 日 | 4 | 辛亥 | 6·4 | 24 | 水 | 5 | 壬午 | 6·4 | 24 | 土 | 7 | 癸丑 | 6·4 | 25 | 火 | 8 | 甲申 | 6·5 |
| 19 | 23 | 木 | 4 | 壬子 | 6·4 | 25 | 土 | 윤4 | 壬午 | 6·4 | 24 | 月 | 5 | 壬子 | 6·4 | 25 | 木 | 6 | 癸未 | 6·4 | 25 | 日 | 8 | 甲寅 | 6·4 | 26 | 水 | 9 | 乙酉 | 6·4 |
| 20 | 24 | 金 | 5 | 癸丑 | 7·3 | 26 | 日 | 윤5 | 癸未 | 7·3 | 25 | 火 | 6 | 癸丑 | 7·4 | 26 | 金 | 7 | 甲申 | 7·4 | 26 | 月 | 9 | 乙卯 | 7·4 | 27 | 木 | 10 | 丙戌 | 7·4 |
| 21 | 25 | 土 | 6 | 甲寅 | 7·3 | 27 | 月 | 윤6 | 甲申 | 7·3 | 26 | 水 | 7 | 甲寅 | 7·3 | 27 | 土 | 8 | 乙酉 | 7·3 | 27 | 火 | 10 | 丙辰 | 7·3 | 28 | 金 | 11 | 丁亥 | 7·4 |
| 22 | 26 | 日 | 7 | 乙卯 | 7·3 | 28 | 火 | 윤7 | 乙酉 | 7·3 | 27 | 木 | 8 | 乙卯 | 7·3 | 28 | 日 | 9 | 丙戌 | 7·3 | 28 | 水 | 11 | 丁巳 | 7·3 | 29 | 土 | 12 | 戊子 | 7·3 |
| 23 | 27 | 月 | 8 | 丙辰 | 8·2 | 29 | 水 | 윤8 | 丙戌 | 8·2 | 28 | 金 | 9 | 丙辰 | 8·3 | 29 | 月 | 10 | 丁亥 | 8·3 | 29 | 木 | 12 | 戊午 | 8·3 | 30 | 日 | 13 | 己丑 | 8·3 |
| 24 | 28 | 火 | 9 | 丁巳 | 8·2 | 30 | 木 | 윤9 | 丁亥 | 8·2 | 29 | 土 | 10 | 丁巳 | 8·2 | 30 | 火 | 11 | 戊子 | 8·2 | 30 | 金 | 13 | 己未 | 8·2 | 31 | 月 | 14 | 庚寅 | 8·3 |
| 25 | 3/1 | 水 | 10 | 戊午 | 8·2 | 31 | 金 | 윤10 | 戊子 | 8·2 | 30 | 日 | 11 | 戊午 | 8·2 | 31 | 水 | 12 | 己丑 | 8·2 | 7/1 | 土 | 14 | 庚申 | 8·2 | 8/1 | 火 | 15 | 辛卯 | 8·2 |
| 26 | 2 | 木 | 11 | 己未 | 9·1 | 4/1 | 土 | 윤11 | 己丑 | 9·1 | 5/1 | 月 | 12 | 己未 | 9·2 | 6/1 | 木 | 13 | 庚寅 | 9·2 | 2 | 日 | 15 | 辛酉 | 9·2 | 2 | 水 | 16 | 壬辰 | 9·2 |
| 27 | 3 | 金 | 12 | 庚申 | 9·1 | 2 | 日 | 윤12 | 庚寅 | 9·1 | 2 | 火 | 13 | 庚申 | 9·1 | 2 | 金 | 14 | 辛卯 | 9·1 | 3 | 月 | 16 | 壬戌 | 9·1 | 3 | 木 | 17 | 癸巳 | 9·2 |
| 28 | 4 | 土 | 13 | 辛酉 | 9·1 | 3 | 月 | 윤13 | 辛卯 | 9·1 | 3 | 水 | 14 | 辛酉 | 9·1 | 3 | 土 | 15 | 壬辰 | 9·1 | 4 | 火 | 17 | 癸亥 | 9·1 | 4 | 金 | 18 | 甲午 | 9·1 |
| 29 | 5 | 日 | 14 | 壬戌 | 10·1 | 4 | 火 | 윤14 | 壬辰 | 10·1 | 4 | 木 | 15 | 壬戌 | 10·1 | 4 | 日 | 16 | 癸巳 | 10·1 | 5 | 水 | 18 | 甲子 | 10·1 | 5 | 土 | 19 | 乙未 | 10·1 |
| 30 | | | | | | | | | | | 5 | 金 | 16 | 癸亥 | 10·1 | 5 | 月 | 17 | 甲午 | 10·1 | 6 | 木 | 19 | 乙丑 | 10·1 | 6 | 日 | 20 | 丙申 | 10·1 |
| 31 | | | | | | | | | | | | | | | | | | | | | | | | | | 7 | 月 | 21 | 丁酉 | 10·1 |

▶ 윤달-2월

# 癸卯年

| 절기후날수 | 입추절(庚申月) 立秋 8월8일 3시23분 處暑 8월23일 18시1분 | | | | | 백로절(辛酉月) 白露 9월8일 6시26분 秋分 9월23일 15시50분 | | | | | 한로절(壬戌月) 寒露 10월8일 22시15분 霜降 10월24일 1시21분 | | | | |
|---|---|---|---|---|---|---|---|---|---|---|---|---|---|---|---|
| | 양력 | 요일 | 음력 | 일진 | 大運 남·여 | 양력 | 요일 | 음력 | 일진 | 大運 남·여 | 양력 | 요일 | 음력 | 일진 | 大運 남·여 |
| 0 | 8/8 | 火 | 22 | 戊戌 | 입추 | 9/8 | 金 | 24 | 己巳 | 백로 | 10/8 | 日 | 24 | 己亥 | 한로 |
| 1 | 9 | 水 | 23 | 己亥 | 1·10 | 9 | 土 | 25 | 庚午 | 1·10 | 9 | 月 | 25 | 庚子 | 1·10 |
| 2 | 10 | 木 | 24 | 庚子 | 1·10 | 10 | 日 | 26 | 辛未 | 1·9 | 10 | 火 | 26 | 辛丑 | 1·10 |
| 3 | 11 | 金 | 25 | 辛丑 | 1·9 | 11 | 月 | 27 | 壬申 | 1·9 | 11 | 水 | 27 | 壬寅 | 1·9 |
| 4 | 12 | 土 | 26 | 壬寅 | 1·9 | 12 | 火 | 28 | 癸酉 | 1·9 | 12 | 木 | 28 | 癸卯 | 1·9 |
| 5 | 13 | 日 | 27 | 癸卯 | 2·9 | 13 | 水 | 29 | 甲戌 | 2·8 | 13 | 金 | 29 | 甲辰 | 2·9 |
| 6 | 14 | 月 | 28 | 甲辰 | 2·8 | 14 | 木 | 30 | 乙亥 | 2·8 | 14 | 土 | 30 | 乙巳 | 2·8 |
| 7 | 15 | 火 | 29 | 乙巳 | 2·8 | 15 | 金 | 8/1 | 丙子 | 2·8 | 15 | 日 | 9/1 | 丙午 | 2·8 |
| 8 | 16 | 水 | 7/1 | 丙午 | 3·8 | 16 | 土 | 2 | 丁丑 | 3·7 | 16 | 月 | 2 | 丁未 | 3·8 |
| 9 | 17 | 木 | 2 | 丁未 | 3·7 | 17 | 日 | 3 | 戊寅 | 3·7 | 17 | 火 | 3 | 戊申 | 3·7 |
| 10 | 18 | 金 | 3 | 戊申 | 3·7 | 18 | 月 | 4 | 己卯 | 3·7 | 18 | 水 | 4 | 己酉 | 3·7 |
| 11 | 19 | 土 | 4 | 己酉 | 4·7 | 19 | 火 | 5 | 庚辰 | 4·6 | 19 | 木 | 5 | 庚戌 | 4·7 |
| 12 | 20 | 日 | 5 | 庚戌 | 4·6 | 20 | 水 | 6 | 辛巳 | 4·6 | 20 | 金 | 6 | 辛亥 | 4·6 |
| 13 | 21 | 月 | 6 | 辛亥 | 4·6 | 21 | 木 | 7 | 壬午 | 4·6 | 21 | 土 | 7 | 壬子 | 4·6 |
| 14 | 22 | 火 | 7 | 壬子 | 5·6 | 22 | 金 | 8 | 癸未 | 5·5 | 22 | 日 | 8 | 癸丑 | 5·6 |
| 15 | 23 | 水 | 8 | 癸丑 | 처서 | 23 | 土 | 9 | 甲申 | 추분 | 23 | 月 | 9 | 甲寅 | 5·5 |
| 16 | 24 | 木 | 9 | 甲寅 | 5·5 | 24 | 日 | 10 | 乙酉 | 5·5 | 24 | 火 | 10 | 乙卯 | 상강 |
| 17 | 25 | 金 | 10 | 乙卯 | 6·5 | 25 | 月 | 11 | 丙戌 | 6·4 | 25 | 水 | 11 | 丙辰 | 6·5 |
| 18 | 26 | 土 | 11 | 丙辰 | 6·4 | 26 | 火 | 12 | 丁亥 | 6·4 | 26 | 木 | 12 | 丁巳 | 6·4 |
| 19 | 27 | 日 | 12 | 丁巳 | 6·4 | 27 | 水 | 13 | 戊子 | 6·4 | 27 | 金 | 13 | 戊午 | 6·4 |
| 20 | 28 | 月 | 13 | 戊午 | 7·4 | 28 | 木 | 14 | 己丑 | 7·3 | 28 | 土 | 14 | 己未 | 7·4 |
| 21 | 29 | 火 | 14 | 己未 | 7·3 | 29 | 金 | 15 | 庚寅 | 7·3 | 29 | 日 | 15 | 庚申 | 7·3 |
| 22 | 30 | 水 | 15 | 庚申 | 7·3 | 30 | 土 | 16 | 辛卯 | 7·3 | 30 | 月 | 16 | 辛酉 | 7·3 |
| 23 | 31 | 木 | 16 | 辛酉 | 8·3 | 10/1 | 日 | 17 | 壬辰 | 8·2 | 31 | 火 | 17 | 壬戌 | 8·3 |
| 24 | 9/1 | 金 | 17 | 壬戌 | 8·2 | 2 | 月 | 18 | 癸巳 | 8·2 | 11/1 | 水 | 18 | 癸亥 | 8·2 |
| 25 | 2 | 土 | 18 | 癸亥 | 8·2 | 3 | 火 | 19 | 甲午 | 8·2 | 2 | 木 | 19 | 甲子 | 8·2 |
| 26 | 3 | 日 | 19 | 甲子 | 9·2 | 4 | 水 | 20 | 乙未 | 9·1 | 3 | 金 | 20 | 乙丑 | 9·2 |
| 27 | 4 | 月 | 20 | 乙丑 | 9·1 | 5 | 木 | 21 | 丙申 | 9·1 | 4 | 土 | 21 | 丙寅 | 9·1 |
| 28 | 5 | 火 | 21 | 丙寅 | 9·1 | 6 | 金 | 22 | 丁酉 | 9·1 | 5 | 日 | 22 | 丁卯 | 9·1 |
| 29 | 6 | 水 | 22 | 丁卯 | 10·1 | 7 | 土 | 23 | 戊戌 | 10·1 | 6 | 月 | 23 | 戊辰 | 10·1 |
| 30 | 7 | 木 | 23 | 戊辰 | 10·1 | | | | | | 7 | 火 | 24 | 己巳 | 10·1 |
| 31 | | | | | | | | | | | | | | | |

| 절기후날수 | 입동절(癸亥月) 立冬 11월8일 1시35분 小雪 11월22일 23시2분 | | | | | 대설절(甲子月) 大雪 12월7일 18시33분 冬至 12월22일 12시27분 | | | | | 소한절(乙丑月) 小寒 1월6일 5시49분 大寒 1월20일 23시7분 | | | | |
|---|---|---|---|---|---|---|---|---|---|---|---|---|---|---|---|
| | 양력 | 요일 | 음력 | 일진 | 大運 남·여 | 양력 | 요일 | 음력 | 일진 | 大運 남·여 | 양력 | 요일 | 음력 | 일진 | 大運 남·여 |
| 0 | 11/8 | 水 | 25 | 庚午 | 입동 | 12/7 | 木 | 25 | 己亥 | 대설 | 1/6 | 土 | 25 | 己巳 | 소한 |
| 1 | 9 | 木 | 26 | 辛未 | 1·9 | 8 | 金 | 26 | 庚子 | 1·10 | 7 | 日 | 26 | 庚午 | 1·9 |
| 2 | 10 | 金 | 27 | 壬申 | 1·9 | 9 | 土 | 27 | 辛丑 | 1·9 | 8 | 月 | 27 | 辛未 | 1·9 |
| 3 | 11 | 土 | 28 | 癸酉 | 1·9 | 10 | 日 | 28 | 壬寅 | 1·9 | 9 | 火 | 28 | 壬申 | 1·9 |
| 4 | 12 | 日 | 29 | 甲戌 | 1·8 | 11 | 月 | 29 | 癸卯 | 1·9 | 10 | 水 | 29 | 癸酉 | 1·8 |
| 5 | 13 | 月 | 10/1 | 乙亥 | 2·8 | 12 | 火 | 30 | 甲辰 | 2·8 | 11 | 木 | 12/1 | 甲戌 | 2·8 |
| 6 | 14 | 火 | 2 | 丙子 | 2·8 | 13 | 水 | 11/1 | 乙巳 | 2·8 | 12 | 金 | 2 | 乙亥 | 2·8 |
| 7 | 15 | 水 | 3 | 丁丑 | 2·7 | 14 | 木 | 2 | 丙午 | 2·8 | 13 | 土 | 3 | 丙子 | 2·7 |
| 8 | 16 | 木 | 4 | 戊寅 | 3·7 | 15 | 金 | 3 | 丁未 | 3·7 | 14 | 日 | 4 | 丁丑 | 3·7 |
| 9 | 17 | 金 | 5 | 己卯 | 3·7 | 16 | 土 | 4 | 戊申 | 3·7 | 15 | 月 | 5 | 戊寅 | 3·7 |
| 10 | 18 | 土 | 6 | 庚辰 | 3·6 | 17 | 日 | 5 | 己酉 | 3·7 | 16 | 火 | 6 | 己卯 | 3·6 |
| 11 | 19 | 日 | 7 | 辛巳 | 4·6 | 18 | 月 | 6 | 庚戌 | 4·6 | 17 | 水 | 7 | 庚辰 | 4·6 |
| 12 | 20 | 月 | 8 | 壬午 | 4·6 | 19 | 火 | 7 | 辛亥 | 4·6 | 18 | 木 | 8 | 辛巳 | 4·6 |
| 13 | 21 | 火 | 9 | 癸未 | 4·5 | 20 | 水 | 8 | 壬子 | 4·6 | 19 | 金 | 9 | 壬午 | 4·5 |
| 14 | 22 | 水 | 10 | 甲申 | 소설 | 21 | 木 | 9 | 癸丑 | 5·5 | 20 | 土 | 10 | 癸未 | 대한 |
| 15 | 23 | 木 | 11 | 乙酉 | 5·5 | 22 | 金 | 10 | 甲寅 | 동지 | 21 | 日 | 11 | 甲申 | 5·5 |
| 16 | 24 | 金 | 12 | 丙戌 | 5·4 | 23 | 土 | 11 | 乙卯 | 5·5 | 22 | 月 | 12 | 乙酉 | 5·4 |
| 17 | 25 | 土 | 13 | 丁亥 | 6·4 | 24 | 日 | 12 | 丙辰 | 6·4 | 23 | 火 | 13 | 丙戌 | 6·4 |
| 18 | 26 | 日 | 14 | 戊子 | 6·4 | 25 | 月 | 13 | 丁巳 | 6·4 | 24 | 水 | 14 | 丁亥 | 6·4 |
| 19 | 27 | 月 | 15 | 己丑 | 6·3 | 26 | 火 | 14 | 戊午 | 6·4 | 25 | 木 | 15 | 戊子 | 6·3 |
| 20 | 28 | 火 | 16 | 庚寅 | 7·3 | 27 | 水 | 15 | 己未 | 7·3 | 26 | 金 | 16 | 己丑 | 7·3 |
| 21 | 29 | 水 | 17 | 辛卯 | 7·3 | 28 | 木 | 16 | 庚申 | 7·3 | 27 | 土 | 17 | 庚寅 | 7·3 |
| 22 | 30 | 木 | 18 | 壬辰 | 7·2 | 29 | 金 | 17 | 辛酉 | 7·3 | 28 | 日 | 18 | 辛卯 | 7·2 |
| 23 | 12/1 | 金 | 19 | 癸巳 | 8·2 | 30 | 土 | 18 | 壬戌 | 8·2 | 29 | 月 | 19 | 壬辰 | 8·2 |
| 24 | 2 | 土 | 20 | 甲午 | 8·2 | 31 | 日 | 19 | 癸亥 | 8·2 | 30 | 火 | 20 | 癸巳 | 8·2 |
| 25 | 3 | 日 | 21 | 乙未 | 8·1 | 1/1 | 月 | 20 | 甲子 | 8·2 | 31 | 水 | 21 | 甲午 | 8·1 |
| 26 | 4 | 月 | 22 | 丙申 | 9·1 | 2 | 火 | 21 | 乙丑 | 9·1 | 2/1 | 木 | 22 | 乙未 | 9·1 |
| 27 | 5 | 火 | 23 | 丁酉 | 9·1 | 3 | 水 | 22 | 丙寅 | 9·1 | 2 | 金 | 23 | 丙申 | 9·1 |
| 28 | 6 | 水 | 24 | 戊戌 | 9·1 | 4 | 木 | 23 | 丁卯 | 9·1 | 3 | 土 | 24 | 丁酉 | 9·1 |
| 29 | | | | | | 5 | 金 | 24 | 戊辰 | 10·1 | | | | | |
| 30 | | | | | | | | | | | | | | | |
| 31 | | | | | | | | | | | | | | | |

# 서기 2024년 [단기 4357년]

| 절기후날수 | 입춘절(丙寅月) 立春 2월4일 17시27분 雨水 2월19일 13시13분 | | | | | 경칩절(丁卯月) 驚蟄 3월5일 11시22분 春分 3월20일 12시6분 | | | | | 청명절(戊辰月) 清明 4월4일 16시2분 穀雨 4월19일 22시59분 | | | | |
|---|---|---|---|---|---|---|---|---|---|---|---|---|---|---|---|
| | 양력 | 요일 | 음력 | 일진 | 大運 남·여 | 양력 | 요일 | 음력 | 일진 | 大運 남·여 | 양력 | 요일 | 음력 | 일진 | 大運 남·여 |
| 0 | 2/4 | 日 | 25 | 戊戌 | 입춘 | 3/5 | 火 | 25 | 戊辰 | 경칩 | 4/4 | 木 | 26 | 戊戌 | 청명 |
| 1 | 5 | 月 | 26 | 己亥 | 10·1 | 6 | 水 | 26 | 己巳 | 10·1 | 5 | 金 | 27 | 己亥 | 10·1 |
| 2 | 6 | 火 | 27 | 庚子 | 9·1 | 7 | 木 | 27 | 庚午 | 9·1 | 6 | 土 | 28 | 庚子 | 10·1 |
| 3 | 7 | 水 | 28 | 辛丑 | 9·1 | 8 | 金 | 28 | 辛未 | 9·1 | 7 | 日 | 29 | 辛丑 | 9·1 |
| 4 | 8 | 木 | 29 | 壬寅 | 9·1 | 9 | 土 | 29 | 壬申 | 9·1 | 8 | 月 | 30 | 壬寅 | 9·1 |
| 5 | 9 | 金 | 30 | 癸卯 | 8·2 | 10 | 日 | 2/1 | 癸酉 | 8·2 | 9 | 火 | 3/1 | 癸卯 | 9·2 |
| 6 | 10 | 土 | 1/1 | 甲辰 | 8·2 | 11 | 月 | 2 | 甲戌 | 8·2 | 10 | 水 | 2 | 甲辰 | 8·2 |
| 7 | 11 | 日 | 2 | 乙巳 | 8·2 | 12 | 火 | 3 | 乙亥 | 8·2 | 11 | 木 | 3 | 乙巳 | 8·2 |
| 8 | 12 | 月 | 3 | 丙午 | 7·3 | 13 | 水 | 4 | 丙子 | 7·3 | 12 | 金 | 4 | 丙午 | 8·3 |
| 9 | 13 | 火 | 4 | 丁未 | 7·3 | 14 | 木 | 5 | 丁丑 | 7·3 | 13 | 土 | 5 | 丁未 | 7·3 |
| 10 | 14 | 水 | 5 | 戊申 | 7·3 | 15 | 金 | 6 | 戊寅 | 7·3 | 14 | 日 | 6 | 戊申 | 7·3 |
| 11 | 15 | 木 | 6 | 己酉 | 6·4 | 16 | 土 | 7 | 己卯 | 6·4 | 15 | 月 | 7 | 己酉 | 7·4 |
| 12 | 16 | 金 | 7 | 庚戌 | 6·4 | 17 | 日 | 8 | 庚辰 | 6·4 | 16 | 火 | 8 | 庚戌 | 6·4 |
| 13 | 17 | 土 | 8 | 辛亥 | 6·4 | 18 | 月 | 9 | 辛巳 | 6·4 | 17 | 水 | 9 | 辛亥 | 6·4 |
| 14 | 18 | 日 | 9 | 壬子 | 5·5 | 19 | 火 | 10 | 壬午 | 5·5 | 18 | 木 | 10 | 壬子 | 6·5 |
| 15 | 19 | 月 | 10 | 癸丑 | 우수 | 20 | 水 | 11 | 癸未 | 춘분 | 19 | 金 | 11 | 癸丑 | 곡우 |
| 16 | 20 | 火 | 11 | 甲寅 | 5·5 | 21 | 木 | 12 | 甲申 | 5·5 | 20 | 土 | 12 | 甲寅 | 5·5 |
| 17 | 21 | 水 | 12 | 乙卯 | 4·6 | 22 | 金 | 13 | 乙酉 | 4·6 | 21 | 日 | 13 | 乙卯 | 5·6 |
| 18 | 22 | 木 | 13 | 丙辰 | 4·6 | 23 | 土 | 14 | 丙戌 | 4·6 | 22 | 月 | 14 | 丙辰 | 4·6 |
| 19 | 23 | 金 | 14 | 丁巳 | 4·6 | 24 | 日 | 15 | 丁亥 | 4·6 | 23 | 火 | 15 | 丁巳 | 4·6 |
| 20 | 24 | 土 | 15 | 戊午 | 3·7 | 25 | 月 | 16 | 戊子 | 3·7 | 24 | 水 | 16 | 戊午 | 4·7 |
| 21 | 25 | 日 | 16 | 己未 | 3·7 | 26 | 火 | 17 | 己丑 | 3·7 | 25 | 木 | 17 | 己未 | 3·7 |
| 22 | 26 | 月 | 17 | 庚申 | 3·7 | 27 | 水 | 18 | 庚寅 | 3·7 | 26 | 金 | 18 | 庚申 | 3·7 |
| 23 | 27 | 火 | 18 | 辛酉 | 2·8 | 28 | 木 | 19 | 辛卯 | 2·8 | 27 | 土 | 19 | 辛酉 | 3·8 |
| 24 | 28 | 水 | 19 | 壬戌 | 2·8 | 29 | 金 | 20 | 壬辰 | 2·8 | 28 | 日 | 20 | 壬戌 | 2·8 |
| 25 | 29 | 木 | 20 | 癸亥 | 2·8 | 30 | 土 | 21 | 癸巳 | 2·8 | 29 | 月 | 21 | 癸亥 | 2·8 |
| 26 | 3/1 | 金 | 21 | 甲子 | 1·9 | 31 | 日 | 22 | 甲午 | 1·9 | 30 | 火 | 22 | 甲子 | 2·9 |
| 27 | 2 | 土 | 22 | 乙丑 | 1·9 | 4/1 | 月 | 23 | 乙未 | 1·9 | 5/1 | 水 | 23 | 乙丑 | 1·9 |
| 28 | 3 | 日 | 23 | 丙寅 | 1·9 | 2 | 火 | 24 | 丙申 | 1·9 | 2 | 木 | 24 | 丙寅 | 1·9 |
| 29 | 4 | 月 | 24 | 丁卯 | 1·10 | 3 | 水 | 25 | 丁酉 | 1·10 | 3 | 金 | 25 | 丁卯 | 1·10 |
| 30 | | | | | | | | | | | 4 | 土 | 26 | 戊辰 | 1·10 |
| 31 | | | | | | | | | | | | | | | |

| 절기후날수 | 입하절(己巳月) 立夏 5월5일 9시10분 小滿 5월20일 21시59분 | | | | | 망종절(庚午月) 芒種 6월5일 13시10분 夏至 6월21일 5시51분 | | | | | 소서절(辛未月) 小暑 7월6일 23시20분 大暑 7월22일 16시44분 | | | | |
|---|---|---|---|---|---|---|---|---|---|---|---|---|---|---|---|
| | 양력 | 요일 | 음력 | 일진 | 大運 남·여 | 양력 | 요일 | 음력 | 일진 | 大運 남·여 | 양력 | 요일 | 음력 | 일진 | 大運 남·여 |
| 0 | 5/5 | 日 | 27 | 己巳 | 입하 | 6/5 | 水 | 29 | 庚子 | 망종 | 7/6 | 土 | 6/1 | 辛未 | 소서 |
| 1 | 6 | 月 | 28 | 庚午 | 10·1 | 6 | 木 | 5/1 | 辛丑 | 10·1 | 7 | 日 | 2 | 壬申 | 10·1 |
| 2 | 7 | 火 | 29 | 辛未 | 10·1 | 7 | 金 | 2 | 壬寅 | 10·1 | 8 | 月 | 3 | 癸酉 | 10·1 |
| 3 | 8 | 水 | 4/1 | 壬申 | 9·1 | 8 | 土 | 3 | 癸卯 | 9·1 | 9 | 火 | 4 | 甲戌 | 10·1 |
| 4 | 9 | 木 | 2 | 癸酉 | 9·1 | 9 | 日 | 4 | 甲辰 | 9·1 | 10 | 水 | 5 | 乙亥 | 9·1 |
| 5 | 10 | 金 | 3 | 甲戌 | 9·2 | 10 | 月 | 5 | 乙巳 | 9·2 | 11 | 木 | 6 | 丙子 | 9·2 |
| 6 | 11 | 土 | 4 | 乙亥 | 8·2 | 11 | 火 | 6 | 丙午 | 8·2 | 12 | 金 | 7 | 丁丑 | 9·2 |
| 7 | 12 | 日 | 5 | 丙子 | 8·2 | 12 | 水 | 7 | 丁未 | 8·2 | 13 | 土 | 8 | 戊寅 | 8·2 |
| 8 | 13 | 月 | 6 | 丁丑 | 8·3 | 13 | 木 | 8 | 戊申 | 8·3 | 14 | 日 | 9 | 己卯 | 8·3 |
| 9 | 14 | 火 | 7 | 戊寅 | 7·3 | 14 | 金 | 9 | 己酉 | 7·3 | 15 | 月 | 10 | 庚辰 | 8·3 |
| 10 | 15 | 水 | 8 | 己卯 | 7·3 | 15 | 土 | 10 | 庚戌 | 7·3 | 16 | 火 | 11 | 辛巳 | 7·3 |
| 11 | 16 | 木 | 9 | 庚辰 | 7·4 | 16 | 日 | 11 | 辛亥 | 7·4 | 17 | 水 | 12 | 壬午 | 7·4 |
| 12 | 17 | 金 | 10 | 辛巳 | 6·4 | 17 | 月 | 12 | 壬子 | 6·4 | 18 | 木 | 13 | 癸未 | 7·4 |
| 13 | 18 | 土 | 11 | 壬午 | 6·4 | 18 | 火 | 13 | 癸丑 | 6·4 | 19 | 金 | 14 | 甲申 | 6·4 |
| 14 | 19 | 日 | 12 | 癸未 | 6·5 | 19 | 水 | 14 | 甲寅 | 6·5 | 20 | 土 | 15 | 乙酉 | 6·5 |
| 15 | 20 | 月 | 13 | 甲申 | 소만 | 20 | 木 | 15 | 乙卯 | 5·5 | 21 | 日 | 16 | 丙戌 | 6·5 |
| 16 | 21 | 火 | 14 | 乙酉 | 5·5 | 21 | 金 | 16 | 丙辰 | 하지 | 22 | 月 | 17 | 丁亥 | 대서 |
| 17 | 22 | 水 | 15 | 丙戌 | 5·6 | 22 | 土 | 17 | 丁巳 | 5·6 | 23 | 火 | 18 | 戊子 | 5·6 |
| 18 | 23 | 木 | 16 | 丁亥 | 4·6 | 23 | 日 | 18 | 戊午 | 4·6 | 24 | 水 | 19 | 己丑 | 5·6 |
| 19 | 24 | 金 | 17 | 戊子 | 4·6 | 24 | 月 | 19 | 己未 | 4·6 | 25 | 木 | 20 | 庚寅 | 4·6 |
| 20 | 25 | 土 | 18 | 己丑 | 4·7 | 25 | 火 | 20 | 庚申 | 4·7 | 26 | 金 | 21 | 辛卯 | 4·7 |
| 21 | 26 | 日 | 19 | 庚寅 | 3·7 | 26 | 水 | 21 | 辛酉 | 3·7 | 27 | 土 | 22 | 壬辰 | 4·7 |
| 22 | 27 | 月 | 20 | 辛卯 | 3·7 | 27 | 木 | 22 | 壬戌 | 3·7 | 28 | 日 | 23 | 癸巳 | 3·7 |
| 23 | 28 | 火 | 21 | 壬辰 | 3·8 | 28 | 金 | 23 | 癸亥 | 3·8 | 29 | 月 | 24 | 甲午 | 3·8 |
| 24 | 29 | 水 | 22 | 癸巳 | 2·8 | 29 | 土 | 24 | 甲子 | 2·8 | 30 | 火 | 25 | 乙未 | 3·8 |
| 25 | 30 | 木 | 23 | 甲午 | 2·8 | 30 | 日 | 25 | 乙丑 | 2·8 | 31 | 水 | 26 | 丙申 | 2·8 |
| 26 | 31 | 金 | 24 | 乙未 | 2·9 | 7/1 | 月 | 26 | 丙寅 | 2·9 | 8/1 | 木 | 27 | 丁酉 | 2·9 |
| 27 | 6/1 | 土 | 25 | 丙申 | 1·9 | 2 | 火 | 27 | 丁卯 | 1·9 | 2 | 金 | 28 | 戊戌 | 2·9 |
| 28 | 2 | 日 | 26 | 丁酉 | 1·9 | 3 | 水 | 28 | 戊辰 | 1·9 | 3 | 土 | 29 | 己亥 | 1·9 |
| 29 | 3 | 月 | 27 | 戊戌 | 1·10 | 4 | 木 | 29 | 己巳 | 1·10 | 4 | 日 | 7/1 | 庚子 | 1·10 |
| 30 | 4 | 火 | 28 | 己亥 | 1·10 | 5 | 金 | 30 | 庚午 | 1·10 | 5 | 月 | 2 | 辛丑 | 1·10 |
| 31 | | | | | | | | | | | 6 | 火 | 3 | 壬寅 | 1·10 |

# 甲辰年

| 절기후날수 | 입추절(壬申月) 立秋 8월7일 9시9분 處暑 8월22일 23시55분 | | | | | 백로절(癸酉月) 白露 9월7일 12시11분 秋分 9월22일 21시43분 | | | | | 한로절(甲戌月) 寒露 10월8일 4시0분 霜降 10월23일 7시14분 | | | | |
|---|---|---|---|---|---|---|---|---|---|---|---|---|---|---|---|
| | 양력 | 요일 | 음력 | 일진 | 大運 남·여 | 양력 | 요일 | 음력 | 일진 | 大運 남·여 | 양력 | 요일 | 음력 | 일진 | 大運 남·여 |
| 0 | 8/7 | 水 | 4 | 癸卯 | 입추 | 9/7 | 土 | 5 | 甲戌 | 백로 | 10/8 | 火 | 6 | 乙巳 | 한로 |
| 1 | 8 | 木 | 5 | 甲辰 | 10·1 | 8 | 日 | 6 | 乙亥 | 10·1 | 9 | 水 | 7 | 丙午 | 10·1 |
| 2 | 9 | 金 | 6 | 乙巳 | 10·1 | 9 | 月 | 7 | 丙子 | 10·1 | 10 | 木 | 8 | 丁未 | 9·1 |
| 3 | 10 | 土 | 7 | 丙午 | 9·1 | 10 | 火 | 8 | 丁丑 | 9·1 | 11 | 金 | 9 | 戊申 | 9·1 |
| 4 | 11 | 日 | 8 | 丁未 | 9·1 | 11 | 水 | 9 | 戊寅 | 9·1 | 12 | 土 | 10 | 己酉 | 9·1 |
| 5 | 12 | 月 | 9 | 戊申 | 9·2 | 12 | 木 | 10 | 己卯 | 9·2 | 13 | 日 | 11 | 庚戌 | 8·2 |
| 6 | 13 | 火 | 10 | 己酉 | 8·2 | 13 | 金 | 11 | 庚辰 | 8·2 | 14 | 月 | 12 | 辛亥 | 8·2 |
| 7 | 14 | 水 | 11 | 庚戌 | 8·2 | 14 | 土 | 12 | 辛巳 | 8·2 | 15 | 火 | 13 | 壬子 | 8·2 |
| 8 | 15 | 木 | 12 | 辛亥 | 8·3 | 15 | 日 | 13 | 壬午 | 8·3 | 16 | 水 | 14 | 癸丑 | 7·3 |
| 9 | 16 | 金 | 13 | 壬子 | 7·3 | 16 | 月 | 14 | 癸未 | 7·3 | 17 | 木 | 15 | 甲寅 | 7·3 |
| 10 | 17 | 土 | 14 | 癸丑 | 7·3 | 17 | 火 | 15 | 甲申 | 7·3 | 18 | 金 | 16 | 乙卯 | 7·3 |
| 11 | 18 | 日 | 15 | 甲寅 | 7·4 | 18 | 水 | 16 | 乙酉 | 7·4 | 19 | 土 | 17 | 丙辰 | 6·4 |
| 12 | 19 | 月 | 16 | 乙卯 | 6·4 | 19 | 木 | 17 | 丙戌 | 6·4 | 20 | 日 | 18 | 丁巳 | 6·4 |
| 13 | 20 | 火 | 17 | 丙辰 | 6·4 | 20 | 金 | 18 | 丁亥 | 6·4 | 21 | 月 | 19 | 戊午 | 6·4 |
| 14 | 21 | 水 | 18 | 丁巳 | 6·5 | 21 | 土 | 19 | 戊子 | 6·5 | 22 | 火 | 20 | 己未 | 5·5 |
| 15 | 22 | 木 | 19 | 戊午 | 처서 | 22 | 日 | 20 | 己丑 | 추분 | 23 | 水 | 21 | 庚申 | 상강 |
| 16 | 23 | 金 | 20 | 己未 | 5·5 | 23 | 月 | 21 | 庚寅 | 5·5 | 24 | 木 | 22 | 辛酉 | 5·5 |
| 17 | 24 | 土 | 21 | 庚申 | 5·6 | 24 | 火 | 22 | 辛卯 | 5·6 | 25 | 金 | 23 | 壬戌 | 4·6 |
| 18 | 25 | 日 | 22 | 辛酉 | 4·6 | 25 | 水 | 23 | 壬辰 | 4·6 | 26 | 土 | 24 | 癸亥 | 4·6 |
| 19 | 26 | 月 | 23 | 壬戌 | 4·6 | 26 | 木 | 24 | 癸巳 | 4·6 | 27 | 日 | 25 | 甲子 | 4·6 |
| 20 | 27 | 火 | 24 | 癸亥 | 4·7 | 27 | 金 | 25 | 甲午 | 4·7 | 28 | 月 | 26 | 乙丑 | 3·7 |
| 21 | 28 | 水 | 25 | 甲子 | 3·7 | 28 | 土 | 26 | 乙未 | 3·7 | 29 | 火 | 27 | 丙寅 | 3·7 |
| 22 | 29 | 木 | 26 | 乙丑 | 3·7 | 29 | 日 | 27 | 丙申 | 3·7 | 30 | 水 | 28 | 丁卯 | 3·7 |
| 23 | 30 | 金 | 27 | 丙寅 | 3·8 | 30 | 月 | 28 | 丁酉 | 3·8 | 31 | 木 | 29 | 戊辰 | 2·8 |
| 24 | 31 | 土 | 28 | 丁卯 | 2·8 | 10/1 | 火 | 29 | 戊戌 | 2·8 | 11/1 | 金 | 10/1 | 己巳 | 2·8 |
| 25 | 9/1 | 日 | 29 | 戊辰 | 2·8 | 2 | 水 | 30 | 己亥 | 2·8 | 2 | 土 | 2 | 庚午 | 2·8 |
| 26 | 2 | 月 | 30 | 己巳 | 2·9 | 3 | 木 | 9/1 | 庚子 | 2·9 | 3 | 日 | 3 | 辛未 | 1·9 |
| 27 | 3 | 火 | 8/1 | 庚午 | 1·9 | 4 | 金 | 2 | 辛丑 | 1·9 | 4 | 月 | 4 | 壬申 | 1·9 |
| 28 | 4 | 水 | 2 | 辛未 | 1·9 | 5 | 土 | 3 | 壬寅 | 1·9 | 5 | 火 | 5 | 癸酉 | 1·9 |
| 29 | 5 | 木 | 3 | 壬申 | 1·10 | 6 | 日 | 4 | 癸卯 | 1·10 | 6 | 水 | 6 | 甲戌 | 1·10 |
| 30 | 6 | 金 | 4 | 癸酉 | 1·10 | 7 | 月 | 5 | 甲辰 | 1·10 | | | | | |
| 31 | | | | | | | | | | | | | | | |

| 절기후날수 | 입동절(乙亥月) 立冬 11월7일 7시20분 小雪 11월22일 4시56분 | | | | | 대설절(丙子月) 大雪 12월7일 0시17분 冬至 12월21일 18시20분 | | | | | 소한절(丁丑月) 小寒 1월5일 11시32분 大寒 1월20일 5시0분 | | | | |
|---|---|---|---|---|---|---|---|---|---|---|---|---|---|---|---|
| | 양력 | 요일 | 음력 | 일진 | 大運 남·여 | 양력 | 요일 | 음력 | 일진 | 大運 남·여 | 양력 | 요일 | 음력 | 일진 | 大運 남·여 |
| 0 | 11/7 | 木 | 7 | 乙亥 | 입동 | 12/7 | 土 | 7 | 乙巳 | 대설 | 1/5 | 日 | 6 | 甲戌 | 소한 |
| 1 | 8 | 金 | 8 | 丙子 | 10·1 | 8 | 日 | 8 | 丙午 | 9·1 | 6 | 月 | 7 | 乙亥 | 9·1 |
| 2 | 9 | 土 | 9 | 丁丑 | 9·1 | 9 | 月 | 9 | 丁未 | 9·1 | 7 | 火 | 8 | 丙子 | 9·1 |
| 3 | 10 | 日 | 10 | 戊寅 | 9·1 | 10 | 火 | 10 | 戊申 | 9·1 | 8 | 水 | 9 | 丁丑 | 9·1 |
| 4 | 11 | 月 | 11 | 己卯 | 9·1 | 11 | 水 | 11 | 己酉 | 8·1 | 9 | 木 | 10 | 戊寅 | 8·1 |
| 5 | 12 | 火 | 12 | 庚辰 | 8·2 | 12 | 木 | 12 | 庚戌 | 8·2 | 10 | 金 | 11 | 己卯 | 8·2 |
| 6 | 13 | 水 | 13 | 辛巳 | 8·2 | 13 | 金 | 13 | 辛亥 | 8·2 | 11 | 土 | 12 | 庚辰 | 8·2 |
| 7 | 14 | 木 | 14 | 壬午 | 8·2 | 14 | 土 | 14 | 壬子 | 7·2 | 12 | 日 | 13 | 辛巳 | 7·2 |
| 8 | 15 | 金 | 15 | 癸未 | 7·3 | 15 | 日 | 15 | 癸丑 | 7·3 | 13 | 月 | 14 | 壬午 | 7·3 |
| 9 | 16 | 土 | 16 | 甲申 | 7·3 | 16 | 月 | 16 | 甲寅 | 7·3 | 14 | 火 | 15 | 癸未 | 7·3 |
| 10 | 17 | 日 | 17 | 乙酉 | 7·3 | 17 | 火 | 17 | 乙卯 | 6·3 | 15 | 水 | 16 | 甲申 | 6·3 |
| 11 | 18 | 月 | 18 | 丙戌 | 6·4 | 18 | 水 | 18 | 丙辰 | 6·4 | 16 | 木 | 17 | 乙酉 | 6·4 |
| 12 | 19 | 火 | 19 | 丁亥 | 6·4 | 19 | 木 | 19 | 丁巳 | 6·4 | 17 | 金 | 18 | 丙戌 | 6·4 |
| 13 | 20 | 水 | 20 | 戊子 | 6·4 | 20 | 金 | 20 | 戊午 | 5·4 | 18 | 土 | 19 | 丁亥 | 5·4 |
| 14 | 21 | 木 | 21 | 己丑 | 5·5 | 21 | 土 | 21 | 己未 | 동지 | 19 | 日 | 20 | 戊子 | 5·5 |
| 15 | 22 | 金 | 22 | 庚寅 | 소설 | 22 | 日 | 22 | 庚申 | 5·5 | 20 | 月 | 21 | 己丑 | 대한 |
| 16 | 23 | 土 | 23 | 辛卯 | 5·5 | 23 | 月 | 23 | 辛酉 | 4·5 | 21 | 火 | 22 | 庚寅 | 4·5 |
| 17 | 24 | 日 | 24 | 壬辰 | 4·6 | 24 | 火 | 24 | 壬戌 | 4·6 | 22 | 水 | 23 | 辛卯 | 4·6 |
| 18 | 25 | 月 | 25 | 癸巳 | 4·6 | 25 | 水 | 25 | 癸亥 | 4·6 | 23 | 木 | 24 | 壬辰 | 4·6 |
| 19 | 26 | 火 | 26 | 甲午 | 4·6 | 26 | 木 | 26 | 甲子 | 3·6 | 24 | 金 | 25 | 癸巳 | 3·6 |
| 20 | 27 | 水 | 27 | 乙未 | 3·7 | 27 | 金 | 27 | 乙丑 | 3·7 | 25 | 土 | 26 | 甲午 | 3·7 |
| 21 | 28 | 木 | 28 | 丙申 | 3·7 | 28 | 土 | 28 | 丙寅 | 3·7 | 26 | 日 | 27 | 乙未 | 3·7 |
| 22 | 29 | 金 | 29 | 丁酉 | 3·7 | 29 | 日 | 29 | 丁卯 | 2·7 | 27 | 月 | 28 | 丙申 | 2·7 |
| 23 | 30 | 土 | 30 | 戊戌 | 2·8 | 30 | 月 | 30 | 戊辰 | 2·8 | 28 | 火 | 29 | 丁酉 | 2·8 |
| 24 | 12/1 | 日 | 11/1 | 己亥 | 2·8 | 31 | 火 | 12/1 | 己巳 | 2·8 | 29 | 水 | 1/1 | 戊戌 | 2·8 |
| 25 | 2 | 月 | 2 | 庚子 | 2·8 | 1/1 | 水 | 2 | 庚午 | 1·8 | 30 | 木 | 2 | 己亥 | 1·8 |
| 26 | 3 | 火 | 3 | 辛丑 | 1·9 | 2 | 木 | 3 | 辛未 | 1·9 | 31 | 金 | 3 | 庚子 | 1·9 |
| 27 | 4 | 水 | 4 | 壬寅 | 1·9 | 3 | 金 | 4 | 壬申 | 1·9 | 2/1 | 土 | 4 | 辛丑 | 1·9 |
| 28 | 5 | 木 | 5 | 癸卯 | 1·9 | 4 | 土 | 5 | 癸酉 | 1·9 | 2 | 日 | 5 | 壬寅 | 1·9 |
| 29 | 6 | 金 | 6 | 甲辰 | 1·10 | | | | | | | | | | |
| 30 | | | | | | | | | | | | | | | |
| 31 | | | | | | | | | | | | | | | |

# 서기 2025년 [단기 4358년]

| 절기후날수 | 입춘절(戊寅月) 立春 2월3일 23시10분 雨水 2월18일 19시6분 | | | | | 경칩절(己卯月) 驚蟄 3월5일 17시7분 春分 3월20일 18시1분 | | | | | 청명절(庚辰月) 淸明 4월4일 21시48분 穀雨 4월20일 4시56분 | | | | |
|---|---|---|---|---|---|---|---|---|---|---|---|---|---|---|---|
| | 양력 | 요일 | 음력 | 일진 | 大運 남·여 | 양력 | 요일 | 음력 | 일진 | 大運 남·여 | 양력 | 요일 | 음력 | 일진 | 大運 남·여 |
| 0 | 2/3 | 月 | 6 | 癸卯 | 입춘 | 3/5 | 水 | 6 | 癸酉 | 경칩 | 4/4 | 金 | 7 | 癸卯 | 청명 |
| 1 | 4 | 火 | 7 | 甲辰 | 1·10 | 6 | 木 | 7 | 甲戌 | 1·10 | 5 | 土 | 8 | 甲辰 | 1·10 |
| 2 | 5 | 水 | 8 | 乙巳 | 1·9 | 7 | 金 | 8 | 乙亥 | 1·9 | 6 | 日 | 9 | 乙巳 | 1·10 |
| 3 | 6 | 木 | 9 | 丙午 | 1·9 | 8 | 土 | 9 | 丙子 | 1·9 | 7 | 月 | 10 | 丙午 | 1·9 |
| 4 | 7 | 金 | 10 | 丁未 | 1·9 | 9 | 日 | 10 | 丁丑 | 1·9 | 8 | 火 | 11 | 丁未 | 1·9 |
| 5 | 8 | 土 | 11 | 戊申 | 2·8 | 10 | 月 | 11 | 戊寅 | 2·8 | 9 | 水 | 12 | 戊申 | 2·9 |
| 6 | 9 | 日 | 12 | 己酉 | 2·8 | 11 | 火 | 12 | 己卯 | 2·8 | 10 | 木 | 13 | 己酉 | 2·8 |
| 7 | 10 | 月 | 13 | 庚戌 | 2·8 | 12 | 水 | 13 | 庚辰 | 2·8 | 11 | 金 | 14 | 庚戌 | 2·8 |
| 8 | 11 | 火 | 14 | 辛亥 | 3·7 | 13 | 木 | 14 | 辛巳 | 3·7 | 12 | 土 | 15 | 辛亥 | 3·8 |
| 9 | 12 | 水 | 15 | 壬子 | 3·7 | 14 | 金 | 15 | 壬午 | 3·7 | 13 | 日 | 16 | 壬子 | 3·7 |
| 10 | 13 | 木 | 16 | 癸丑 | 3·7 | 15 | 土 | 16 | 癸未 | 3·7 | 14 | 月 | 17 | 癸丑 | 3·7 |
| 11 | 14 | 金 | 17 | 甲寅 | 4·6 | 16 | 日 | 17 | 甲申 | 4·6 | 15 | 火 | 18 | 甲寅 | 4·7 |
| 12 | 15 | 土 | 18 | 乙卯 | 4·6 | 17 | 月 | 18 | 乙酉 | 4·6 | 16 | 水 | 19 | 乙卯 | 4·6 |
| 13 | 16 | 日 | 19 | 丙辰 | 4·6 | 18 | 火 | 19 | 丙戌 | 4·6 | 17 | 木 | 20 | 丙辰 | 4·6 |
| 14 | 17 | 月 | 20 | 丁巳 | 5·5 | 19 | 水 | 20 | 丁亥 | 5·5 | 18 | 金 | 21 | 丁巳 | 5·6 |
| 15 | 18 | 火 | 21 | 戊午 | 우수 | 20 | 木 | 21 | 戊子 | 춘분 | 19 | 土 | 22 | 戊午 | 5·5 |
| 16 | 19 | 水 | 22 | 己未 | 5·5 | 21 | 金 | 22 | 己丑 | 5·5 | 20 | 日 | 23 | 己未 | 곡우 |
| 17 | 20 | 木 | 23 | 庚申 | 6·4 | 22 | 土 | 23 | 庚寅 | 6·4 | 21 | 月 | 24 | 庚申 | 6·5 |
| 18 | 21 | 金 | 24 | 辛酉 | 6·4 | 23 | 日 | 24 | 辛卯 | 6·4 | 22 | 火 | 25 | 辛酉 | 6·4 |
| 19 | 22 | 土 | 25 | 壬戌 | 6·4 | 24 | 月 | 25 | 壬辰 | 6·4 | 23 | 水 | 26 | 壬戌 | 6·4 |
| 20 | 23 | 日 | 26 | 癸亥 | 7·3 | 25 | 火 | 26 | 癸巳 | 7·3 | 24 | 木 | 27 | 癸亥 | 7·4 |
| 21 | 24 | 月 | 27 | 甲子 | 7·3 | 26 | 水 | 27 | 甲午 | 7·3 | 25 | 金 | 28 | 甲子 | 7·3 |
| 22 | 25 | 火 | 28 | 乙丑 | 7·3 | 27 | 木 | 28 | 乙未 | 7·3 | 26 | 土 | 29 | 乙丑 | 7·3 |
| 23 | 26 | 水 | 29 | 丙寅 | 8·2 | 28 | 金 | 29 | 丙申 | 8·2 | 27 | 日 | 30 | 丙寅 | 8·3 |
| 24 | 27 | 木 | 30 | 丁卯 | 8·2 | 29 | 土 | 3/1 | 丁酉 | 8·2 | 28 | 月 | 4/1 | 丁卯 | 8·2 |
| 25 | 28 | 金 | 2/1 | 戊辰 | 8·2 | 30 | 日 | 2 | 戊戌 | 8·2 | 29 | 火 | 2 | 戊辰 | 8·2 |
| 26 | 3/1 | 土 | 2 | 己巳 | 9·1 | 31 | 月 | 3 | 己亥 | 9·1 | 30 | 水 | 3 | 己巳 | 9·2 |
| 27 | 2 | 日 | 3 | 庚午 | 9·1 | 4/1 | 火 | 4 | 庚子 | 9·1 | 5/1 | 木 | 4 | 庚午 | 9·1 |
| 28 | 3 | 月 | 4 | 辛未 | 9·1 | 2 | 水 | 5 | 辛丑 | 9·1 | 2 | 金 | 5 | 辛未 | 9·1 |
| 29 | 4 | 火 | 5 | 壬申 | 10·1 | 3 | 木 | 6 | 壬寅 | 10·1 | 3 | 土 | 6 | 壬申 | 10·1 |
| 30 | | | | | | | | | | | 4 | 日 | 7 | 癸酉 | 10·1 |
| 31 | | | | | | | | | | | | | | | |

| 절기후날수 | 입하절(辛巳月) 立夏 5월5일 14시57분 小滿 5월21일 3시54분 | | | | | 망종절(壬午月) 芒種 6월5일 18시56분 夏至 6월21일 11시42분 | | | | | 소서절(癸未月) 小暑 7월7일 5시5분 大暑 7월22일 22시29분 | | | | |
|---|---|---|---|---|---|---|---|---|---|---|---|---|---|---|---|
| | 양력 | 요일 | 음력 | 일진 | 大運 남·여 | 양력 | 요일 | 음력 | 일진 | 大運 남·여 | 양력 | 요일 | 음력 | 일진 | 大運 남·여 |
| 0 | 5/5 | 月 | 8 | 甲戌 | 입하 | 6/5 | 木 | 10 | 乙巳 | 망종 | 7/7 | 月 | 13 | 丁丑 | 소서 |
| 1 | 6 | 火 | 9 | 乙亥 | 1·10 | 6 | 金 | 11 | 丙午 | 1·10 | 8 | 火 | 14 | 戊寅 | 1·10 |
| 2 | 7 | 水 | 10 | 丙子 | 1·10 | 7 | 土 | 12 | 丁未 | 1·10 | 9 | 水 | 15 | 己卯 | 1·10 |
| 3 | 8 | 木 | 11 | 丁丑 | 1·9 | 8 | 日 | 13 | 戊申 | 1·10 | 10 | 木 | 16 | 庚辰 | 1·9 |
| 4 | 9 | 金 | 12 | 戊寅 | 1·9 | 9 | 月 | 14 | 己酉 | 1·9 | 11 | 金 | 17 | 辛巳 | 1·9 |
| 5 | 10 | 土 | 13 | 己卯 | 2·9 | 10 | 火 | 15 | 庚戌 | 2·9 | 12 | 土 | 18 | 壬午 | 2·9 |
| 6 | 11 | 日 | 14 | 庚辰 | 2·8 | 11 | 水 | 16 | 辛亥 | 2·9 | 13 | 日 | 19 | 癸未 | 2·8 |
| 7 | 12 | 月 | 15 | 辛巳 | 2·8 | 12 | 木 | 17 | 壬子 | 2·8 | 14 | 月 | 20 | 甲申 | 2·8 |
| 8 | 13 | 火 | 16 | 壬午 | 3·8 | 13 | 金 | 18 | 癸丑 | 3·8 | 15 | 火 | 21 | 乙酉 | 3·8 |
| 9 | 14 | 水 | 17 | 癸未 | 3·7 | 14 | 土 | 19 | 甲寅 | 3·8 | 16 | 水 | 22 | 丙戌 | 3·7 |
| 10 | 15 | 木 | 18 | 甲申 | 3·7 | 15 | 日 | 20 | 乙卯 | 3·7 | 17 | 木 | 23 | 丁亥 | 3·7 |
| 11 | 16 | 金 | 19 | 乙酉 | 4·7 | 16 | 月 | 21 | 丙辰 | 4·7 | 18 | 金 | 24 | 戊子 | 4·7 |
| 12 | 17 | 土 | 20 | 丙戌 | 4·6 | 17 | 火 | 22 | 丁巳 | 4·7 | 19 | 土 | 25 | 己丑 | 4·6 |
| 13 | 18 | 日 | 21 | 丁亥 | 4·6 | 18 | 水 | 23 | 戊午 | 4·6 | 20 | 日 | 26 | 庚寅 | 4·6 |
| 14 | 19 | 月 | 22 | 戊子 | 5·6 | 19 | 木 | 24 | 己未 | 5·6 | 21 | 月 | 27 | 辛卯 | 5·6 |
| 15 | 20 | 火 | 23 | 己丑 | 5·5 | 20 | 金 | 25 | 庚申 | 5·6 | 22 | 火 | 28 | 壬辰 | 대서 |
| 16 | 21 | 水 | 24 | 庚寅 | 소만 | 21 | 土 | 26 | 辛酉 | 하지 | 23 | 水 | 29 | 癸巳 | 5·5 |
| 17 | 22 | 木 | 25 | 辛卯 | 6·5 | 22 | 日 | 27 | 壬戌 | 6·5 | 24 | 木 | 30 | 甲午 | 6·5 |
| 18 | 23 | 金 | 26 | 壬辰 | 6·4 | 23 | 月 | 28 | 癸亥 | 6·5 | 25 | 金 | 윤1 | 乙未 | 6·4 |
| 19 | 24 | 土 | 27 | 癸巳 | 6·4 | 24 | 火 | 29 | 甲子 | 6·4 | 26 | 土 | 윤2 | 丙申 | 6·4 |
| 20 | 25 | 日 | 28 | 甲午 | 7·4 | 25 | 水 | 6/1 | 乙丑 | 7·4 | 27 | 日 | 윤3 | 丁酉 | 7·4 |
| 21 | 26 | 月 | 29 | 乙未 | 7·3 | 26 | 木 | 2 | 丙寅 | 7·4 | 28 | 月 | 윤4 | 戊戌 | 7·3 |
| 22 | 27 | 火 | 5/1 | 丙申 | 7·3 | 27 | 金 | 3 | 丁卯 | 7·3 | 29 | 火 | 윤5 | 己亥 | 7·3 |
| 23 | 28 | 水 | 2 | 丁酉 | 8·3 | 28 | 土 | 4 | 戊辰 | 8·3 | 30 | 水 | 윤6 | 庚子 | 8·3 |
| 24 | 29 | 木 | 3 | 戊戌 | 8·2 | 29 | 日 | 5 | 己巳 | 8·3 | 31 | 木 | 윤7 | 辛丑 | 8·2 |
| 25 | 30 | 金 | 4 | 己亥 | 8·2 | 30 | 月 | 6 | 庚午 | 8·2 | 8/1 | 金 | 윤8 | 壬寅 | 8·2 |
| 26 | 31 | 土 | 5 | 庚子 | 9·2 | 7/1 | 火 | 7 | 辛未 | 9·2 | 2 | 土 | 윤9 | 癸卯 | 9·2 |
| 27 | 6/1 | 日 | 6 | 辛丑 | 9·1 | 2 | 水 | 8 | 壬申 | 9·2 | 3 | 日 | 윤10 | 甲辰 | 9·1 |
| 28 | 2 | 月 | 7 | 壬寅 | 9·1 | 3 | 木 | 9 | 癸酉 | 9·1 | 4 | 月 | 윤11 | 乙巳 | 9·1 |
| 29 | 3 | 火 | 8 | 癸卯 | 10·1 | 4 | 金 | 10 | 甲戌 | 10·1 | 5 | 火 | 윤12 | 丙午 | 10·1 |
| 30 | 4 | 水 | 9 | 甲辰 | 10·1 | 5 | 土 | 11 | 乙亥 | 10·1 | 6 | 水 | 윤13 | 丁未 | 10·1 |
| 31 | | | | | | 6 | 日 | 12 | 丙子 | 10·1 | | | | | |

▶ 윤달-6월

# 乙巳年

| 절기후날수 | 입추절(甲申月) 立秋 8월7일 14시51분 處暑 8월23일 5시34분 | | | | | 백로절(乙酉月) 白露 9월7일 17시52분 秋分 9월23일 3시19분 | | | | | 한로절(丙戌月) 寒露 10월8일 9시41분 霜降 10월23일 12시51분 | | | | |
|---|---|---|---|---|---|---|---|---|---|---|---|---|---|---|---|
| | 양력 | 요일 | 음력 | 일진 | 大運 남·여 | 양력 | 요일 | 음력 | 일진 | 大運 남·여 | 양력 | 요일 | 음력 | 일진 | 大運 남·여 |
| 0 | 8/7 | 木 | 윤14 | 戊申 | 입추 | 9/7 | 日 | 16 | 己卯 | 백로 | 10/8 | 水 | 17 | 庚戌 | 한로 |
| 1 | 8 | 金 | 윤15 | 己酉 | 1·10 | 8 | 月 | 17 | 庚辰 | 1·10 | 9 | 木 | 18 | 辛亥 | 1·10 |
| 2 | 9 | 土 | 윤16 | 庚戌 | 1·10 | 9 | 火 | 18 | 辛巳 | 1·10 | 10 | 金 | 19 | 壬子 | 1·9 |
| 3 | 10 | 日 | 윤17 | 辛亥 | 1·9 | 10 | 水 | 19 | 壬午 | 1·9 | 11 | 土 | 20 | 癸丑 | 1·9 |
| 4 | 11 | 月 | 윤18 | 壬子 | 1·9 | 11 | 木 | 20 | 癸未 | 1·9 | 12 | 日 | 21 | 甲寅 | 1·9 |
| 5 | 12 | 火 | 윤19 | 癸丑 | 2·9 | 12 | 金 | 21 | 甲申 | 2·9 | 13 | 月 | 22 | 乙卯 | 2·8 |
| 6 | 13 | 水 | 윤20 | 甲寅 | 2·8 | 13 | 土 | 22 | 乙酉 | 2·8 | 14 | 火 | 23 | 丙辰 | 2·8 |
| 7 | 14 | 木 | 윤21 | 乙卯 | 2·8 | 14 | 日 | 23 | 丙戌 | 2·8 | 15 | 水 | 24 | 丁巳 | 2·8 |
| 8 | 15 | 金 | 윤22 | 丙辰 | 3·8 | 15 | 月 | 24 | 丁亥 | 3·8 | 16 | 木 | 25 | 戊午 | 3·7 |
| 9 | 16 | 土 | 윤23 | 丁巳 | 3·7 | 16 | 火 | 25 | 戊子 | 3·7 | 17 | 金 | 26 | 己未 | 3·7 |
| 10 | 17 | 日 | 윤24 | 戊午 | 3·7 | 17 | 水 | 26 | 己丑 | 3·7 | 18 | 土 | 27 | 庚申 | 3·7 |
| 11 | 18 | 月 | 윤25 | 己未 | 4·7 | 18 | 木 | 27 | 庚寅 | 4·7 | 19 | 日 | 28 | 辛酉 | 4·6 |
| 12 | 19 | 火 | 윤26 | 庚申 | 4·6 | 19 | 金 | 28 | 辛卯 | 4·6 | 20 | 月 | 29 | 壬戌 | 4·6 |
| 13 | 20 | 水 | 윤27 | 辛酉 | 4·6 | 20 | 土 | 29 | 壬辰 | 4·6 | 21 | 火 | 9/1 | 癸亥 | 4·6 |
| 14 | 21 | 木 | 윤28 | 壬戌 | 5·6 | 21 | 日 | 30 | 癸巳 | 5·6 | 22 | 水 | 2 | 甲子 | 5·5 |
| 15 | 22 | 金 | 윤29 | 癸亥 | 5·5 | 22 | 月 | 8/1 | 甲午 | 5·5 | 23 | 木 | 3 | 乙丑 | 상강 |
| 16 | 23 | 土 | 7/1 | 甲子 | 처서 | 23 | 火 | 2 | 乙未 | 추분 | 24 | 金 | 4 | 丙寅 | 5·5 |
| 17 | 24 | 日 | 2 | 乙丑 | 6·5 | 24 | 水 | 3 | 丙申 | 6·5 | 25 | 土 | 5 | 丁卯 | 6·4 |
| 18 | 25 | 月 | 3 | 丙寅 | 6·4 | 25 | 木 | 4 | 丁酉 | 6·4 | 26 | 日 | 6 | 戊辰 | 6·4 |
| 19 | 26 | 火 | 4 | 丁卯 | 6·4 | 26 | 金 | 5 | 戊戌 | 6·4 | 27 | 月 | 7 | 己巳 | 6·4 |
| 20 | 27 | 水 | 5 | 戊辰 | 7·4 | 27 | 土 | 6 | 己亥 | 7·4 | 28 | 火 | 8 | 庚午 | 7·3 |
| 21 | 28 | 木 | 6 | 己巳 | 7·3 | 28 | 日 | 7 | 庚子 | 7·3 | 29 | 水 | 9 | 辛未 | 7·3 |
| 22 | 29 | 金 | 7 | 庚午 | 7·3 | 29 | 月 | 8 | 辛丑 | 7·3 | 30 | 木 | 10 | 壬申 | 7·3 |
| 23 | 30 | 土 | 8 | 辛未 | 8·3 | 30 | 火 | 9 | 壬寅 | 8·3 | 31 | 金 | 11 | 癸酉 | 8·2 |
| 24 | 31 | 日 | 9 | 壬申 | 8·2 | 10/1 | 水 | 10 | 癸卯 | 8·2 | 11/1 | 土 | 12 | 甲戌 | 8·2 |
| 25 | 9/1 | 月 | 10 | 癸酉 | 8·2 | 2 | 木 | 11 | 甲辰 | 8·2 | 2 | 日 | 13 | 乙亥 | 8·2 |
| 26 | 2 | 火 | 11 | 甲戌 | 9·2 | 3 | 金 | 12 | 乙巳 | 9·2 | 3 | 月 | 14 | 丙子 | 9·1 |
| 27 | 3 | 水 | 12 | 乙亥 | 9·1 | 4 | 土 | 13 | 丙午 | 9·1 | 4 | 火 | 15 | 丁丑 | 9·1 |
| 28 | 4 | 木 | 13 | 丙子 | 9·1 | 5 | 日 | 14 | 丁未 | 9·1 | 5 | 水 | 16 | 戊寅 | 9·1 |
| 29 | 5 | 金 | 14 | 丁丑 | 10·1 | 6 | 月 | 15 | 戊申 | 10·1 | 6 | 木 | 17 | 己卯 | 10·1 |
| 30 | 6 | 土 | 15 | 戊寅 | 10·1 | 7 | 火 | 16 | 己酉 | 10·1 | | | | | |
| 31 | | | | | | | | | | | | | | | |

| 절기후날수 | 입동절(丁亥月) 立冬 11월7일 13시4분 小雪 11월22일 10시35분 | | | | | 대설절(戊子月) 大雪 12월7일 6시4분 冬至 12월22일 0시3분 | | | | | 소한절(己丑月) 小寒 1월5일 17시23분 大寒 1월20일 10시45분 | | | | |
|---|---|---|---|---|---|---|---|---|---|---|---|---|---|---|---|
| | 양력 | 요일 | 음력 | 일진 | 大運 남·여 | 양력 | 요일 | 음력 | 일진 | 大運 남·여 | 양력 | 요일 | 음력 | 일진 | 大運 남·여 |
| 0 | 11/7 | 金 | 18 | 庚辰 | 입동 | 12/7 | 日 | 18 | 庚戌 | 대설 | 1/5 | 月 | 17 | 己卯 | 소한 |
| 1 | 8 | 土 | 19 | 辛巳 | 1·10 | 8 | 月 | 19 | 辛亥 | 1·9 | 6 | 火 | 18 | 庚辰 | 1·10 |
| 2 | 9 | 日 | 20 | 壬午 | 1·9 | 9 | 火 | 20 | 壬子 | 1·9 | 7 | 水 | 19 | 辛巳 | 1·9 |
| 3 | 10 | 月 | 21 | 癸未 | 1·9 | 10 | 水 | 21 | 癸丑 | 1·9 | 8 | 木 | 20 | 壬午 | 1·9 |
| 4 | 11 | 火 | 22 | 甲申 | 1·9 | 11 | 木 | 22 | 甲寅 | 1·8 | 9 | 金 | 21 | 癸未 | 1·9 |
| 5 | 12 | 水 | 23 | 乙酉 | 2·8 | 12 | 金 | 23 | 乙卯 | 2·8 | 10 | 土 | 22 | 甲申 | 2·8 |
| 6 | 13 | 木 | 24 | 丙戌 | 2·8 | 13 | 土 | 24 | 丙辰 | 2·8 | 11 | 日 | 23 | 乙酉 | 2·8 |
| 7 | 14 | 金 | 25 | 丁亥 | 2·8 | 14 | 日 | 25 | 丁巳 | 2·7 | 12 | 月 | 24 | 丙戌 | 2·8 |
| 8 | 15 | 土 | 26 | 戊子 | 3·7 | 15 | 月 | 26 | 戊午 | 3·7 | 13 | 火 | 25 | 丁亥 | 3·7 |
| 9 | 16 | 日 | 27 | 己丑 | 3·7 | 16 | 火 | 27 | 己未 | 3·7 | 14 | 水 | 26 | 戊子 | 3·7 |
| 10 | 17 | 月 | 28 | 庚寅 | 3·7 | 17 | 水 | 28 | 庚申 | 3·6 | 15 | 木 | 27 | 己丑 | 3·7 |
| 11 | 18 | 火 | 29 | 辛卯 | 4·6 | 18 | 木 | 29 | 辛酉 | 4·6 | 16 | 金 | 28 | 庚寅 | 4·6 |
| 12 | 19 | 水 | 30 | 壬辰 | 4·6 | 19 | 金 | 30 | 壬戌 | 4·6 | 17 | 土 | 29 | 辛卯 | 4·6 |
| 13 | 20 | 木 | 10/1 | 癸巳 | 4·6 | 20 | 土 | 11/1 | 癸亥 | 4·5 | 18 | 日 | 30 | 壬辰 | 4·6 |
| 14 | 21 | 金 | 2 | 甲午 | 5·5 | 21 | 日 | 2 | 甲子 | 5·5 | 19 | 月 | 12/1 | 癸巳 | 5·5 |
| 15 | 22 | 土 | 3 | 乙未 | 소설 | 22 | 月 | 3 | 乙丑 | 동지 | 20 | 火 | 2 | 甲午 | 대한 |
| 16 | 23 | 日 | 4 | 丙申 | 5·5 | 23 | 火 | 4 | 丙寅 | 5·4 | 21 | 水 | 3 | 乙未 | 5·5 |
| 17 | 24 | 月 | 5 | 丁酉 | 6·4 | 24 | 水 | 5 | 丁卯 | 6·4 | 22 | 木 | 4 | 丙申 | 6·4 |
| 18 | 25 | 火 | 6 | 戊戌 | 6·4 | 25 | 木 | 6 | 戊辰 | 6·4 | 23 | 金 | 5 | 丁酉 | 6·4 |
| 19 | 26 | 水 | 7 | 己亥 | 6·4 | 26 | 金 | 7 | 己巳 | 6·3 | 24 | 土 | 6 | 戊戌 | 6·4 |
| 20 | 27 | 木 | 8 | 庚子 | 7·3 | 27 | 土 | 8 | 庚午 | 7·3 | 25 | 日 | 7 | 己亥 | 7·3 |
| 21 | 28 | 金 | 9 | 辛丑 | 7·3 | 28 | 日 | 9 | 辛未 | 7·3 | 26 | 月 | 8 | 庚子 | 7·3 |
| 22 | 29 | 土 | 10 | 壬寅 | 7·3 | 29 | 月 | 10 | 壬申 | 7·2 | 27 | 火 | 9 | 辛丑 | 7·3 |
| 23 | 30 | 日 | 11 | 癸卯 | 8·2 | 30 | 火 | 11 | 癸酉 | 8·2 | 28 | 水 | 10 | 壬寅 | 8·2 |
| 24 | 12/1 | 月 | 12 | 甲辰 | 8·2 | 31 | 水 | 12 | 甲戌 | 8·2 | 29 | 木 | 11 | 癸卯 | 8·2 |
| 25 | 2 | 火 | 13 | 乙巳 | 8·2 | 1/1 | 木 | 13 | 乙亥 | 8·1 | 30 | 金 | 12 | 甲辰 | 8·2 |
| 26 | 3 | 水 | 14 | 丙午 | 9·1 | 2 | 金 | 14 | 丙子 | 9·1 | 31 | 土 | 13 | 乙巳 | 9·1 |
| 27 | 4 | 木 | 15 | 丁未 | 9·1 | 3 | 土 | 15 | 丁丑 | 9·1 | 2/1 | 日 | 14 | 丙午 | 9·1 |
| 28 | 5 | 金 | 16 | 戊申 | 9·1 | 4 | 日 | 16 | 戊寅 | 9·1 | 2 | 月 | 15 | 丁未 | 9·1 |
| 29 | 6 | 土 | 17 | 己酉 | 10·1 | | | | | | 3 | 火 | 16 | 戊申 | 10·1 |
| 30 | | | | | | | | | | | | | | | |
| 31 | | | | | | | | | | | | | | | |

# 서기 2026년 [단기 4359년]

| 절기후날수 | 입춘절(庚寅月) 立春 2월4일 5시2분 雨水 2월19일 0시52분 | | | | | 경칩절(辛卯月) 驚蟄 3월5일 22시59분 春分 3월20일 23시46분 | | | | | 청명절(壬辰月) 淸明 4월5일 3시40분 穀雨 4월20일 10시39분 | | | | |
|---|---|---|---|---|---|---|---|---|---|---|---|---|---|---|---|
| | 양력 | 요일 | 음력 | 일진 | 大運 남·여 | 양력 | 요일 | 음력 | 일진 | 大運 남·여 | 양력 | 요일 | 음력 | 일진 | 大運 남·여 |
| 0 | 2/4 | 水 | 17 | 己酉 | 입춘 | 3/5 | 木 | 17 | 戊寅 | 경칩 | 4/5 | 日 | 18 | 己酉 | 청명 |
| 1 | 5 | 木 | 18 | 庚戌 | 9·1 | 6 | 金 | 18 | 己卯 | 10·1 | 6 | 月 | 19 | 庚戌 | 10·1 |
| 2 | 6 | 金 | 19 | 辛亥 | 9·1 | 7 | 土 | 19 | 庚辰 | 10·1 | 7 | 火 | 20 | 辛亥 | 9·1 |
| 3 | 7 | 土 | 20 | 壬子 | 9·1 | 8 | 日 | 20 | 辛巳 | 9·1 | 8 | 水 | 21 | 壬子 | 9·1 |
| 4 | 8 | 日 | 21 | 癸丑 | 8·1 | 9 | 月 | 21 | 壬午 | 9·1 | 9 | 木 | 22 | 癸丑 | 9·1 |
| 5 | 9 | 月 | 22 | 甲寅 | 8·2 | 10 | 火 | 22 | 癸未 | 9·2 | 10 | 金 | 23 | 甲寅 | 8·2 |
| 6 | 10 | 火 | 23 | 乙卯 | 8·2 | 11 | 水 | 23 | 甲申 | 8·2 | 11 | 土 | 24 | 乙卯 | 8·2 |
| 7 | 11 | 水 | 24 | 丙辰 | 7·2 | 12 | 木 | 24 | 乙酉 | 8·2 | 12 | 日 | 25 | 丙辰 | 8·2 |
| 8 | 12 | 木 | 25 | 丁巳 | 7·3 | 13 | 金 | 25 | 丙戌 | 8·3 | 13 | 月 | 26 | 丁巳 | 7·3 |
| 9 | 13 | 金 | 26 | 戊午 | 7·3 | 14 | 土 | 26 | 丁亥 | 7·3 | 14 | 火 | 27 | 戊午 | 7·3 |
| 10 | 14 | 土 | 27 | 己未 | 6·3 | 15 | 日 | 27 | 戊子 | 7·3 | 15 | 水 | 28 | 己未 | 7·3 |
| 11 | 15 | 日 | 28 | 庚申 | 6·4 | 16 | 月 | 28 | 己丑 | 7·4 | 16 | 木 | 29 | 庚申 | 6·4 |
| 12 | 16 | 月 | 29 | 辛酉 | 6·4 | 17 | 火 | 29 | 庚寅 | 6·4 | 17 | 金 | 3/1 | 辛酉 | 6·4 |
| 13 | 17 | 火 | 1/1 | 壬戌 | 5·4 | 18 | 水 | 30 | 辛卯 | 6·4 | 18 | 土 | 2 | 壬戌 | 6·4 |
| 14 | 18 | 水 | 2 | 癸亥 | 5·5 | 19 | 木 | 2/1 | 壬辰 | 6·5 | 19 | 日 | 3 | 癸亥 | 5·5 |
| 15 | 19 | 木 | 3 | 甲子 | 우수 | 20 | 金 | 2 | 癸巳 | 춘분 | 20 | 月 | 4 | 甲子 | 곡우 |
| 16 | 20 | 金 | 4 | 乙丑 | 4·5 | 21 | 土 | 3 | 甲午 | 5·5 | 21 | 火 | 5 | 乙丑 | 5·5 |
| 17 | 21 | 土 | 5 | 丙寅 | 4·6 | 22 | 日 | 4 | 乙未 | 5·6 | 22 | 水 | 6 | 丙寅 | 4·6 |
| 18 | 22 | 日 | 6 | 丁卯 | 4·6 | 23 | 月 | 5 | 丙申 | 4·6 | 23 | 木 | 7 | 丁卯 | 4·6 |
| 19 | 23 | 月 | 7 | 戊辰 | 3·6 | 24 | 火 | 6 | 丁酉 | 4·6 | 24 | 金 | 8 | 戊辰 | 4·6 |
| 20 | 24 | 火 | 8 | 己巳 | 3·7 | 25 | 水 | 7 | 戊戌 | 4·7 | 25 | 土 | 9 | 己巳 | 3·7 |
| 21 | 25 | 水 | 9 | 庚午 | 3·7 | 26 | 木 | 8 | 己亥 | 3·7 | 26 | 日 | 10 | 庚午 | 3·7 |
| 22 | 26 | 木 | 10 | 辛未 | 2·7 | 27 | 金 | 9 | 庚子 | 3·7 | 27 | 月 | 11 | 辛未 | 3·7 |
| 23 | 27 | 金 | 11 | 壬申 | 2·8 | 28 | 土 | 10 | 辛丑 | 3·8 | 28 | 火 | 12 | 壬申 | 2·8 |
| 24 | 28 | 土 | 12 | 癸酉 | 2·8 | 29 | 日 | 11 | 壬寅 | 2·8 | 29 | 水 | 13 | 癸酉 | 2·8 |
| 25 | 3/1 | 日 | 13 | 甲戌 | 1·8 | 30 | 月 | 12 | 癸卯 | 2·8 | 30 | 木 | 14 | 甲戌 | 2·8 |
| 26 | 2 | 月 | 14 | 乙亥 | 1·9 | 31 | 火 | 13 | 甲辰 | 2·9 | 5/1 | 金 | 15 | 乙亥 | 1·9 |
| 27 | 3 | 火 | 15 | 丙子 | 1·9 | 4/1 | 水 | 14 | 乙巳 | 1·9 | 2 | 土 | 16 | 丙子 | 1·9 |
| 28 | 4 | 水 | 16 | 丁丑 | 1·9 | 2 | 木 | 15 | 丙午 | 1·9 | 3 | 日 | 17 | 丁丑 | 1·9 |
| 29 | | | | | | 3 | 金 | 16 | 丁未 | 1·10 | 4 | 月 | 18 | 戊寅 | 1·10 |
| 30 | | | | | | 4 | 土 | 17 | 戊申 | 1·10 | | | | | |
| 31 | | | | | | | | | | | | | | | |

| 절기후날수 | 입하절(癸巳月) 立夏 5월5일 20시48분 小滿 5월21일 9시36분 | | | | | 망종절(甲午月) 芒種 6월6일 0시48분 夏至 6월21일 17시24분 | | | | | 소서절(乙未月) 小暑 7월7일 10시57분 大暑 7월23일 4시13분 | | | | |
|---|---|---|---|---|---|---|---|---|---|---|---|---|---|---|---|
| | 양력 | 요일 | 음력 | 일진 | 大運 남·여 | 양력 | 요일 | 음력 | 일진 | 大運 남·여 | 양력 | 요일 | 음력 | 일진 | 大運 남·여 |
| 0 | 5/5 | 火 | 19 | 己卯 | 입하 | 6/6 | 土 | 21 | 辛亥 | 망종 | 7/7 | 火 | 23 | 壬午 | 소서 |
| 1 | 6 | 水 | 20 | 庚辰 | 10·1 | 7 | 日 | 22 | 壬子 | 10·1 | 8 | 水 | 24 | 癸未 | 10·1 |
| 2 | 7 | 木 | 21 | 辛巳 | 10·1 | 8 | 月 | 23 | 癸丑 | 10·1 | 9 | 木 | 25 | 甲申 | 10·1 |
| 3 | 8 | 金 | 22 | 壬午 | 10·1 | 9 | 火 | 24 | 甲寅 | 9·1 | 10 | 金 | 26 | 乙酉 | 9·1 |
| 4 | 9 | 土 | 23 | 癸未 | 9·1 | 10 | 水 | 25 | 乙卯 | 9·1 | 11 | 土 | 27 | 丙戌 | 9·1 |
| 5 | 10 | 日 | 24 | 甲申 | 9·2 | 11 | 木 | 26 | 丙辰 | 9·2 | 12 | 日 | 28 | 丁亥 | 9·2 |
| 6 | 11 | 月 | 25 | 乙酉 | 9·2 | 12 | 金 | 27 | 丁巳 | 8·2 | 13 | 月 | 29 | 戊子 | 8·2 |
| 7 | 12 | 火 | 26 | 丙戌 | 8·2 | 13 | 土 | 28 | 戊午 | 8·2 | 14 | 火 | 6/1 | 己丑 | 8·2 |
| 8 | 13 | 水 | 27 | 丁亥 | 8·3 | 14 | 日 | 29 | 己未 | 8·3 | 15 | 水 | 2 | 庚寅 | 8·3 |
| 9 | 14 | 木 | 28 | 戊子 | 8·3 | 15 | 月 | 5/1 | 庚申 | 7·3 | 16 | 木 | 3 | 辛卯 | 7·3 |
| 10 | 15 | 金 | 29 | 己丑 | 7·3 | 16 | 火 | 2 | 辛酉 | 7·3 | 17 | 金 | 4 | 壬辰 | 7·3 |
| 11 | 16 | 土 | 30 | 庚寅 | 7·4 | 17 | 水 | 3 | 壬戌 | 7·4 | 18 | 土 | 5 | 癸巳 | 7·4 |
| 12 | 17 | 日 | 4/1 | 辛卯 | 7·4 | 18 | 木 | 4 | 癸亥 | 6·4 | 19 | 日 | 6 | 甲午 | 6·4 |
| 13 | 18 | 月 | 2 | 壬辰 | 6·4 | 19 | 金 | 5 | 甲子 | 6·4 | 20 | 月 | 7 | 乙未 | 6·4 |
| 14 | 19 | 火 | 3 | 癸巳 | 6·5 | 20 | 土 | 6 | 乙丑 | 6·5 | 21 | 火 | 8 | 丙申 | 6·5 |
| 15 | 20 | 水 | 4 | 甲午 | 6·5 | 21 | 日 | 7 | 丙寅 | 하지 | 22 | 水 | 9 | 丁酉 | 5·5 |
| 16 | 21 | 木 | 5 | 乙未 | 소만 | 22 | 月 | 8 | 丁卯 | 5·5 | 23 | 木 | 10 | 戊戌 | 대서 |
| 17 | 22 | 金 | 6 | 丙申 | 5·6 | 23 | 火 | 9 | 戊辰 | 5·6 | 24 | 金 | 11 | 己亥 | 5·6 |
| 18 | 23 | 土 | 7 | 丁酉 | 5·6 | 24 | 水 | 10 | 己巳 | 4·6 | 25 | 土 | 12 | 庚子 | 4·6 |
| 19 | 24 | 日 | 8 | 戊戌 | 4·6 | 25 | 木 | 11 | 庚午 | 4·6 | 26 | 日 | 13 | 辛丑 | 4·6 |
| 20 | 25 | 月 | 9 | 己亥 | 4·7 | 26 | 金 | 12 | 辛未 | 4·7 | 27 | 月 | 14 | 壬寅 | 4·7 |
| 21 | 26 | 火 | 10 | 庚子 | 4·7 | 27 | 土 | 13 | 壬申 | 3·7 | 28 | 火 | 15 | 癸卯 | 3·7 |
| 22 | 27 | 水 | 11 | 辛丑 | 3·7 | 28 | 日 | 14 | 癸酉 | 3·7 | 29 | 水 | 16 | 甲辰 | 3·7 |
| 23 | 28 | 木 | 12 | 壬寅 | 3·8 | 29 | 月 | 15 | 甲戌 | 3·8 | 30 | 木 | 17 | 乙巳 | 3·8 |
| 24 | 29 | 金 | 13 | 癸卯 | 3·8 | 30 | 火 | 16 | 乙亥 | 2·8 | 31 | 金 | 18 | 丙午 | 2·8 |
| 25 | 30 | 土 | 14 | 甲辰 | 2·8 | 7/1 | 水 | 17 | 丙子 | 2·8 | 8/1 | 土 | 19 | 丁未 | 2·8 |
| 26 | 31 | 日 | 15 | 乙巳 | 2·9 | 2 | 木 | 18 | 丁丑 | 2·9 | 2 | 日 | 20 | 戊申 | 2·9 |
| 27 | 6/1 | 月 | 16 | 丙午 | 2·9 | 3 | 金 | 19 | 戊寅 | 1·9 | 3 | 月 | 21 | 己酉 | 1·9 |
| 28 | 2 | 火 | 17 | 丁未 | 1·9 | 4 | 土 | 20 | 己卯 | 1·9 | 4 | 火 | 22 | 庚戌 | 1·9 |
| 29 | 3 | 水 | 18 | 戊申 | 1·10 | 5 | 日 | 21 | 庚辰 | 1·10 | 5 | 水 | 23 | 辛亥 | 1·10 |
| 30 | 4 | 木 | 19 | 己酉 | 1·10 | 6 | 月 | 22 | 辛巳 | 1·10 | 6 | 木 | 24 | 壬子 | 1·10 |
| 31 | 5 | 金 | 20 | 庚戌 | 1·10 | | | | | | | | | | |

# 丙午年

| 절기후날수 | 입추절(丙申月) | | | | | 백로절(丁酉月) | | | | |
|---|---|---|---|---|---|---|---|---|---|---|
| | 立秋 8월7일 20시42분 | | | | | 白露 9월7일 23시41분 | | | | |
| | 處暑 8월23일 11시18분 | | | | | 秋分 9월23일 9시5분 | | | | |
| | 양력 | 요일 | 음력 | 일진 | 大運 남·여 | 양력 | 요일 | 음력 | 일진 | 大運 남·여 |
| 0 | 8/7 | 金 | 25 | 癸丑 | 입추 | 9/7 | 月 | 26 | 甲申 | 백로 |
| 1 | 8 | 土 | 26 | 甲寅 | 10·1 | 8 | 火 | 27 | 乙酉 | 10·1 |
| 2 | 9 | 日 | 27 | 乙卯 | 10·1 | 9 | 水 | 28 | 丙戌 | 10·1 |
| 3 | 10 | 月 | 28 | 丙辰 | 9·1 | 10 | 木 | 29 | 丁亥 | 9·1 |
| 4 | 11 | 火 | 29 | 丁巳 | 9·1 | 11 | 金 | 8/1 | 戊子 | 9·1 |
| 5 | 12 | 水 | 30 | 戊午 | 9·2 | 12 | 土 | 2 | 己丑 | 9·2 |
| 6 | 13 | 木 | 7/1 | 己未 | 8·2 | 13 | 日 | 3 | 庚寅 | 8·2 |
| 7 | 14 | 金 | 2 | 庚申 | 8·2 | 14 | 月 | 4 | 辛卯 | 8·2 |
| 8 | 15 | 土 | 3 | 辛酉 | 8·3 | 15 | 火 | 5 | 壬辰 | 8·3 |
| 9 | 16 | 日 | 4 | 壬戌 | 7·3 | 16 | 水 | 6 | 癸巳 | 7·3 |
| 10 | 17 | 月 | 5 | 癸亥 | 7·3 | 17 | 木 | 7 | 甲午 | 7·3 |
| 11 | 18 | 火 | 6 | 甲子 | 7·4 | 18 | 金 | 8 | 乙未 | 7·4 |
| 12 | 19 | 水 | 7 | 乙丑 | 6·4 | 19 | 土 | 9 | 丙申 | 6·4 |
| 13 | 20 | 木 | 8 | 丙寅 | 6·4 | 20 | 日 | 10 | 丁酉 | 6·4 |
| 14 | 21 | 金 | 9 | 丁卯 | 6·5 | 21 | 月 | 11 | 戊戌 | 6·5 |
| 15 | 22 | 土 | 10 | 戊辰 | 5·5 | 22 | 火 | 12 | 己亥 | 5·5 |
| 16 | 23 | 日 | 11 | 己巳 | 처서 | 23 | 水 | 13 | 庚子 | 추분 |
| 17 | 24 | 月 | 12 | 庚午 | 5·6 | 24 | 木 | 14 | 辛丑 | 5·6 |
| 18 | 25 | 火 | 13 | 辛未 | 4·6 | 25 | 金 | 15 | 壬寅 | 4·6 |
| 19 | 26 | 水 | 14 | 壬申 | 4·6 | 26 | 土 | 16 | 癸卯 | 4·6 |
| 20 | 27 | 木 | 15 | 癸酉 | 4·7 | 27 | 日 | 17 | 甲辰 | 4·7 |
| 21 | 28 | 金 | 16 | 甲戌 | 3·7 | 28 | 月 | 18 | 乙巳 | 3·7 |
| 22 | 29 | 土 | 17 | 乙亥 | 3·7 | 29 | 火 | 19 | 丙午 | 3·7 |
| 23 | 30 | 日 | 18 | 丙子 | 3·8 | 30 | 水 | 20 | 丁未 | 3·8 |
| 24 | 31 | 月 | 19 | 丁丑 | 2·8 | 10/1 | 木 | 21 | 戊申 | 2·8 |
| 25 | 9/1 | 火 | 20 | 戊寅 | 2·8 | 2 | 金 | 22 | 己酉 | 2·8 |
| 26 | 2 | 水 | 21 | 己卯 | 2·9 | 3 | 土 | 23 | 庚戌 | 2·9 |
| 27 | 3 | 木 | 22 | 庚辰 | 1·9 | 4 | 日 | 24 | 辛亥 | 1·9 |
| 28 | 4 | 金 | 23 | 辛巳 | 1·9 | 5 | 月 | 25 | 壬子 | 1·9 |
| 29 | 5 | 土 | 24 | 壬午 | 1·10 | 6 | 火 | 26 | 癸丑 | 1·10 |
| 30 | 6 | 日 | 25 | 癸未 | 1·10 | 7 | 水 | 27 | 甲寅 | 1·10 |
| 31 | | | | | | | | | | |

| 절기후날수 | 한로절(戊戌月) | | | | | 입동절(己亥月) | | | | |
|---|---|---|---|---|---|---|---|---|---|---|
| | 寒露 10월8일 15시29분 | | | | | 立冬 11월7일 18시52분 | | | | |
| | 霜降 10월23일 18시38분 | | | | | 小雪 11월22일 16시23분 | | | | |
| | 양력 | 요일 | 음력 | 일진 | 大運 남·여 | 양력 | 요일 | 음력 | 일진 | 大運 남·여 |
| 0 | 10/8 | 木 | 28 | 乙卯 | 한로 | 11/7 | 土 | 28 | 乙酉 | 입동 |
| 1 | 9 | 金 | 29 | 丙辰 | 10·1 | 8 | 日 | 29 | 丙戌 | 10·1 |
| 2 | 10 | 土 | 30 | 丁巳 | 9·1 | 9 | 月 | 10/1 | 丁亥 | 9·1 |
| 3 | 11 | 日 | 9/1 | 戊午 | 9·1 | 10 | 火 | 2 | 戊子 | 9·1 |
| 4 | 12 | 月 | 2 | 己未 | 9·1 | 11 | 水 | 3 | 己丑 | 9·1 |
| 5 | 13 | 火 | 3 | 庚申 | 8·2 | 12 | 木 | 4 | 庚寅 | 8·2 |
| 6 | 14 | 水 | 4 | 辛酉 | 8·2 | 13 | 金 | 5 | 辛卯 | 8·2 |
| 7 | 15 | 木 | 5 | 壬戌 | 8·2 | 14 | 土 | 6 | 壬辰 | 8·2 |
| 8 | 16 | 金 | 6 | 癸亥 | 7·3 | 15 | 日 | 7 | 癸巳 | 7·3 |
| 9 | 17 | 土 | 7 | 甲子 | 7·3 | 16 | 月 | 8 | 甲午 | 7·3 |
| 10 | 18 | 日 | 8 | 乙丑 | 7·3 | 17 | 火 | 9 | 乙未 | 7·3 |
| 11 | 19 | 月 | 9 | 丙寅 | 6·4 | 18 | 水 | 10 | 丙申 | 6·4 |
| 12 | 20 | 火 | 10 | 丁卯 | 6·4 | 19 | 木 | 11 | 丁酉 | 6·4 |
| 13 | 21 | 水 | 11 | 戊辰 | 6·4 | 20 | 金 | 12 | 戊戌 | 6·4 |
| 14 | 22 | 木 | 12 | 己巳 | 5·5 | 21 | 土 | 13 | 己亥 | 5·5 |
| 15 | 23 | 金 | 13 | 庚午 | 상강 | 22 | 日 | 14 | 庚子 | 소설 |
| 16 | 24 | 土 | 14 | 辛未 | 5·5 | 23 | 月 | 15 | 辛丑 | 5·5 |
| 17 | 25 | 日 | 15 | 壬申 | 4·6 | 24 | 火 | 16 | 壬寅 | 4·6 |
| 18 | 26 | 月 | 16 | 癸酉 | 4·6 | 25 | 水 | 17 | 癸卯 | 4·6 |
| 19 | 27 | 火 | 17 | 甲戌 | 4·6 | 26 | 木 | 18 | 甲辰 | 4·6 |
| 20 | 28 | 水 | 18 | 乙亥 | 3·7 | 27 | 金 | 19 | 乙巳 | 3·7 |
| 21 | 29 | 木 | 19 | 丙子 | 3·7 | 28 | 土 | 20 | 丙午 | 3·7 |
| 22 | 30 | 金 | 20 | 丁丑 | 3·7 | 29 | 日 | 21 | 丁未 | 3·7 |
| 23 | 31 | 土 | 21 | 戊寅 | 2·8 | 30 | 月 | 22 | 戊申 | 2·8 |
| 24 | 11/1 | 日 | 22 | 己卯 | 2·8 | 12/1 | 火 | 23 | 己酉 | 2·8 |
| 25 | 2 | 月 | 23 | 庚辰 | 2·8 | 2 | 水 | 24 | 庚戌 | 2·8 |
| 26 | 3 | 火 | 24 | 辛巳 | 1·9 | 3 | 木 | 25 | 辛亥 | 1·9 |
| 27 | 4 | 水 | 25 | 壬午 | 1·9 | 4 | 金 | 26 | 壬子 | 1·9 |
| 28 | 5 | 木 | 26 | 癸未 | 1·9 | 5 | 土 | 27 | 癸丑 | 1·9 |
| 29 | 6 | 金 | 27 | 甲申 | 1·10 | 6 | 日 | 28 | 甲寅 | 1·10 |
| 30 | | | | | | | | | | |
| 31 | | | | | | | | | | |

| 절기후날수 | 대설절(庚子月) | | | | | 소한절(辛丑月) | | | | |
|---|---|---|---|---|---|---|---|---|---|---|
| | 大雪 12월7일 11시52분 | | | | | 小寒 1월5일 23시10분 | | | | |
| | 冬至 12월22일 5시50분 | | | | | 大寒 1월20일 16시29분 | | | | |
| | 양력 | 요일 | 음력 | 일진 | 大運 남·여 | 양력 | 요일 | 음력 | 일진 | 大運 남·여 |
| 0 | 12/7 | 月 | 29 | 乙卯 | 대설 | 1/5 | 火 | 28 | 甲申 | 소한 |
| 1 | 8 | 火 | 30 | 丙辰 | 9·1 | 6 | 水 | 29 | 乙酉 | 10·1 |
| 2 | 9 | 水 | 11/1 | 丁巳 | 9·1 | 7 | 木 | 30 | 丙戌 | 9·1 |
| 3 | 10 | 木 | 2 | 戊午 | 9·1 | 8 | 金 | 12/1 | 丁亥 | 9·1 |
| 4 | 11 | 金 | 3 | 己未 | 8·1 | 9 | 土 | 2 | 戊子 | 9·1 |
| 5 | 12 | 土 | 4 | 庚申 | 8·2 | 10 | 日 | 3 | 己丑 | 8·2 |
| 6 | 13 | 日 | 5 | 辛酉 | 8·2 | 11 | 月 | 4 | 庚寅 | 8·2 |
| 7 | 14 | 月 | 6 | 壬戌 | 7·2 | 12 | 火 | 5 | 辛卯 | 8·2 |
| 8 | 15 | 火 | 7 | 癸亥 | 7·3 | 13 | 水 | 6 | 壬辰 | 7·3 |
| 9 | 16 | 水 | 8 | 甲子 | 7·3 | 14 | 木 | 7 | 癸巳 | 7·3 |
| 10 | 17 | 木 | 9 | 乙丑 | 6·3 | 15 | 金 | 8 | 甲午 | 7·3 |
| 11 | 18 | 金 | 10 | 丙寅 | 6·4 | 16 | 土 | 9 | 乙未 | 6·4 |
| 12 | 19 | 土 | 11 | 丁卯 | 6·4 | 17 | 日 | 10 | 丙申 | 6·4 |
| 13 | 20 | 日 | 12 | 戊辰 | 5·4 | 18 | 月 | 11 | 丁酉 | 6·4 |
| 14 | 21 | 月 | 13 | 己巳 | 5·5 | 19 | 火 | 12 | 戊戌 | 5·5 |
| 15 | 22 | 火 | 14 | 庚午 | 동지 | 20 | 水 | 13 | 己亥 | 대한 |
| 16 | 23 | 水 | 15 | 辛未 | 4·5 | 21 | 木 | 14 | 庚子 | 5·5 |
| 17 | 24 | 木 | 16 | 壬申 | 4·6 | 22 | 金 | 15 | 辛丑 | 4·6 |
| 18 | 25 | 金 | 17 | 癸酉 | 4·6 | 23 | 土 | 16 | 壬寅 | 4·6 |
| 19 | 26 | 土 | 18 | 甲戌 | 3·6 | 24 | 日 | 17 | 癸卯 | 4·6 |
| 20 | 27 | 日 | 19 | 乙亥 | 3·7 | 25 | 月 | 18 | 甲辰 | 3·7 |
| 21 | 28 | 月 | 20 | 丙子 | 3·7 | 26 | 火 | 19 | 乙巳 | 3·7 |
| 22 | 29 | 火 | 21 | 丁丑 | 2·7 | 27 | 水 | 20 | 丙午 | 3·7 |
| 23 | 30 | 水 | 22 | 戊寅 | 2·8 | 28 | 木 | 21 | 丁未 | 2·8 |
| 24 | 31 | 木 | 23 | 己卯 | 2·8 | 29 | 金 | 22 | 戊申 | 2·8 |
| 25 | 1/1 | 金 | 24 | 庚辰 | 1·8 | 30 | 土 | 23 | 己酉 | 2·8 |
| 26 | 2 | 土 | 25 | 辛巳 | 1·9 | 31 | 日 | 24 | 庚戌 | 1·9 |
| 27 | 3 | 日 | 26 | 壬午 | 1·9 | 2/1 | 月 | 25 | 辛亥 | 1·9 |
| 28 | 4 | 月 | 27 | 癸未 | 1·9 | 2 | 火 | 26 | 壬子 | 1·9 |
| 29 | | | | | | 3 | 水 | 27 | 癸丑 | 1·10 |
| 30 | | | | | | | | | | |
| 31 | | | | | | | | | | |

# 서기 2027년 [단기 4360년]

| 절기후날수 | 입춘절(壬寅月) 立春 2월4일 10시46분 雨水 2월19일 6시33분 | | | | | 경칩절(癸卯月) 驚蟄 3월6일 4시39분 春分 3월21일 5시24분 | | | | |
|---|---|---|---|---|---|---|---|---|---|---|
| | 양력 | 요일 | 음력 | 일진 | 大運 남·여 | 양력 | 요일 | 음력 | 일진 | 大運 남·여 |
| 0 | 2/4 | 木 | 28 | 甲寅 | 입춘 | 3/6 | 土 | 28 | 甲申 | 경칩 |
| 1 | 5 | 金 | 29 | 乙卯 | 1·10 | 7 | 日 | 29 | 乙酉 | 1·10 |
| 2 | 6 | 土 | 30 | 丙辰 | 1·9 | 8 | 月 | 2/1 | 丙戌 | 1·9 |
| 3 | 7 | 日 | 1/1 | 丁巳 | 1·9 | 9 | 火 | 2 | 丁亥 | 1·9 |
| 4 | 8 | 月 | 2 | 戊午 | 1·9 | 10 | 水 | 3 | 戊子 | 1·9 |
| 5 | 9 | 火 | 3 | 己未 | 2·8 | 11 | 木 | 4 | 己丑 | 2·8 |
| 6 | 10 | 水 | 4 | 庚申 | 2·8 | 12 | 金 | 5 | 庚寅 | 2·8 |
| 7 | 11 | 木 | 5 | 辛酉 | 2·8 | 13 | 土 | 6 | 辛卯 | 2·8 |
| 8 | 12 | 金 | 6 | 壬戌 | 3·7 | 14 | 日 | 7 | 壬辰 | 3·7 |
| 9 | 13 | 土 | 7 | 癸亥 | 3·7 | 15 | 月 | 8 | 癸巳 | 3·7 |
| 10 | 14 | 日 | 8 | 甲子 | 3·7 | 16 | 火 | 9 | 甲午 | 3·7 |
| 11 | 15 | 月 | 9 | 乙丑 | 4·6 | 17 | 水 | 10 | 乙未 | 4·6 |
| 12 | 16 | 火 | 10 | 丙寅 | 4·6 | 18 | 木 | 11 | 丙申 | 4·6 |
| 13 | 17 | 水 | 11 | 丁卯 | 4·6 | 19 | 金 | 12 | 丁酉 | 4·6 |
| 14 | 18 | 木 | 12 | 戊辰 | 5·5 | 20 | 土 | 13 | 戊戌 | 5·5 |
| 15 | 19 | 金 | 13 | 己巳 | 우수 | 21 | 日 | 14 | 己亥 | 춘분 |
| 16 | 20 | 土 | 14 | 庚午 | 5·5 | 22 | 月 | 15 | 庚子 | 5·5 |
| 17 | 21 | 日 | 15 | 辛未 | 6·4 | 23 | 火 | 16 | 辛丑 | 6·4 |
| 18 | 22 | 月 | 16 | 壬申 | 6·4 | 24 | 水 | 17 | 壬寅 | 6·4 |
| 19 | 23 | 火 | 17 | 癸酉 | 6·4 | 25 | 木 | 18 | 癸卯 | 6·4 |
| 20 | 24 | 水 | 18 | 甲戌 | 7·3 | 26 | 金 | 19 | 甲辰 | 7·3 |
| 21 | 25 | 木 | 19 | 乙亥 | 7·3 | 27 | 土 | 20 | 乙巳 | 7·3 |
| 22 | 26 | 金 | 20 | 丙子 | 7·3 | 28 | 日 | 21 | 丙午 | 7·3 |
| 23 | 27 | 土 | 21 | 丁丑 | 8·2 | 29 | 月 | 22 | 丁未 | 8·2 |
| 24 | 28 | 日 | 22 | 戊寅 | 8·2 | 30 | 火 | 23 | 戊申 | 8·2 |
| 25 | 3/1 | 月 | 23 | 己卯 | 8·2 | 31 | 水 | 24 | 己酉 | 8·2 |
| 26 | 2 | 火 | 24 | 庚辰 | 9·1 | 4/1 | 木 | 25 | 庚戌 | 9·1 |
| 27 | 3 | 水 | 25 | 辛巳 | 9·1 | 2 | 金 | 26 | 辛亥 | 9·1 |
| 28 | 4 | 木 | 26 | 壬午 | 9·1 | 3 | 土 | 27 | 壬子 | 9·1 |
| 29 | 5 | 金 | 27 | 癸未 | 10·1 | 4 | 日 | 28 | 癸丑 | 10·1 |
| 30 | | | | | | | | | | |
| 31 | | | | | | | | | | |

| 절기후날수 | 청명절(甲辰月) 清明 4월5일 9시17분 穀雨 4월20일 16시17분 | | | | | 입하절(乙巳月) 立夏 5월6일 2시25분 小滿 5월21일 15시18분 | | | | |
|---|---|---|---|---|---|---|---|---|---|---|
| | 양력 | 요일 | 음력 | 일진 | 大運 남·여 | 양력 | 요일 | 음력 | 일진 | 大運 남·여 |
| 0 | 4/5 | 月 | 29 | 甲寅 | 청명 | 5/6 | 木 | 4/1 | 乙酉 | 입하 |
| 1 | 6 | 火 | 30 | 乙卯 | 1·10 | 7 | 金 | 2 | 丙戌 | 1·10 |
| 2 | 7 | 水 | 3/1 | 丙辰 | 1·10 | 8 | 土 | 3 | 丁亥 | 1·10 |
| 3 | 8 | 木 | 2 | 丁巳 | 1·9 | 9 | 日 | 4 | 戊子 | 1·9 |
| 4 | 9 | 金 | 3 | 戊午 | 1·9 | 10 | 月 | 5 | 己丑 | 1·9 |
| 5 | 10 | 土 | 4 | 己未 | 2·9 | 11 | 火 | 6 | 庚寅 | 2·9 |
| 6 | 11 | 日 | 5 | 庚申 | 2·8 | 12 | 水 | 7 | 辛卯 | 2·8 |
| 7 | 12 | 月 | 6 | 辛酉 | 2·8 | 13 | 木 | 8 | 壬辰 | 2·8 |
| 8 | 13 | 火 | 7 | 壬戌 | 3·8 | 14 | 金 | 9 | 癸巳 | 3·8 |
| 9 | 14 | 水 | 8 | 癸亥 | 3·7 | 15 | 土 | 10 | 甲午 | 3·7 |
| 10 | 15 | 木 | 9 | 甲子 | 3·7 | 16 | 日 | 11 | 乙未 | 3·7 |
| 11 | 16 | 金 | 10 | 乙丑 | 4·7 | 17 | 月 | 12 | 丙申 | 4·7 |
| 12 | 17 | 土 | 11 | 丙寅 | 4·6 | 18 | 火 | 13 | 丁酉 | 4·6 |
| 13 | 18 | 日 | 12 | 丁卯 | 4·6 | 19 | 水 | 14 | 戊戌 | 4·6 |
| 14 | 19 | 月 | 13 | 戊辰 | 5·6 | 20 | 木 | 15 | 己亥 | 5·6 |
| 15 | 20 | 火 | 14 | 己巳 | 곡우 | 21 | 金 | 16 | 庚子 | 소만 |
| 16 | 21 | 水 | 15 | 庚午 | 5·5 | 22 | 土 | 17 | 辛丑 | 5·5 |
| 17 | 22 | 木 | 16 | 辛未 | 6·5 | 23 | 日 | 18 | 壬寅 | 6·5 |
| 18 | 23 | 金 | 17 | 壬申 | 6·4 | 24 | 月 | 19 | 癸卯 | 6·4 |
| 19 | 24 | 土 | 18 | 癸酉 | 6·4 | 25 | 火 | 20 | 甲辰 | 6·4 |
| 20 | 25 | 日 | 19 | 甲戌 | 7·4 | 26 | 水 | 21 | 乙巳 | 7·4 |
| 21 | 26 | 月 | 20 | 乙亥 | 7·3 | 27 | 木 | 22 | 丙午 | 7·3 |
| 22 | 27 | 火 | 21 | 丙子 | 7·3 | 28 | 金 | 23 | 丁未 | 7·3 |
| 23 | 28 | 水 | 22 | 丁丑 | 8·3 | 29 | 土 | 24 | 戊申 | 8·3 |
| 24 | 29 | 木 | 23 | 戊寅 | 8·2 | 30 | 日 | 25 | 己酉 | 8·2 |
| 25 | 30 | 金 | 24 | 己卯 | 8·2 | 31 | 月 | 26 | 庚戌 | 8·2 |
| 26 | 5/1 | 土 | 25 | 庚辰 | 9·2 | 6/1 | 火 | 27 | 辛亥 | 9·2 |
| 27 | 2 | 日 | 26 | 辛巳 | 9·1 | 2 | 水 | 28 | 壬子 | 9·1 |
| 28 | 3 | 月 | 27 | 壬午 | 9·1 | 3 | 木 | 29 | 癸丑 | 9·1 |
| 29 | 4 | 火 | 28 | 癸未 | 10·1 | 4 | 金 | 30 | 甲寅 | 10·1 |
| 30 | 5 | 水 | 29 | 甲申 | 10·1 | 5 | 土 | 5/1 | 乙卯 | 10·1 |
| 31 | | | | | | | | | | |

| 절기후날수 | 망종절(丙午月) 芒種 6월6일 6시25분 夏至 6월21일 23시10분 | | | | | 소서절(丁未月) 小暑 7월7일 16시37분 大暑 7월23일 10시4분 | | | | |
|---|---|---|---|---|---|---|---|---|---|---|
| | 양력 | 요일 | 음력 | 일진 | 大運 남·여 | 양력 | 요일 | 음력 | 일진 | 大運 남·여 |
| 0 | 6/6 | 日 | 2 | 丙辰 | 망종 | 7/7 | 水 | 4 | 丁亥 | 소서 |
| 1 | 7 | 月 | 3 | 丁巳 | 1·10 | 8 | 木 | 5 | 戊子 | 1·10 |
| 2 | 8 | 火 | 4 | 戊午 | 1·10 | 9 | 金 | 6 | 己丑 | 1·10 |
| 3 | 9 | 水 | 5 | 己未 | 1·9 | 10 | 土 | 7 | 庚寅 | 1·10 |
| 4 | 10 | 木 | 6 | 庚申 | 1·9 | 11 | 日 | 8 | 辛卯 | 1·9 |
| 5 | 11 | 金 | 7 | 辛酉 | 2·9 | 12 | 月 | 9 | 壬辰 | 2·9 |
| 6 | 12 | 土 | 8 | 壬戌 | 2·8 | 13 | 火 | 10 | 癸巳 | 2·9 |
| 7 | 13 | 日 | 9 | 癸亥 | 2·8 | 14 | 水 | 11 | 甲午 | 2·8 |
| 8 | 14 | 月 | 10 | 甲子 | 3·8 | 15 | 木 | 12 | 乙未 | 3·8 |
| 9 | 15 | 火 | 11 | 乙丑 | 3·7 | 16 | 金 | 13 | 丙申 | 3·8 |
| 10 | 16 | 水 | 12 | 丙寅 | 3·7 | 17 | 土 | 14 | 丁酉 | 3·7 |
| 11 | 17 | 木 | 13 | 丁卯 | 4·7 | 18 | 日 | 15 | 戊戌 | 4·7 |
| 12 | 18 | 金 | 14 | 戊辰 | 4·6 | 19 | 月 | 16 | 己亥 | 4·7 |
| 13 | 19 | 土 | 15 | 己巳 | 4·6 | 20 | 火 | 17 | 庚子 | 4·6 |
| 14 | 20 | 日 | 16 | 庚午 | 5·6 | 21 | 水 | 18 | 辛丑 | 5·6 |
| 15 | 21 | 月 | 17 | 辛未 | 하지 | 22 | 木 | 19 | 壬寅 | 5·6 |
| 16 | 22 | 火 | 18 | 壬申 | 5·5 | 23 | 金 | 20 | 癸卯 | 대서 |
| 17 | 23 | 水 | 19 | 癸酉 | 6·5 | 24 | 土 | 21 | 甲辰 | 6·5 |
| 18 | 24 | 木 | 20 | 甲戌 | 6·4 | 25 | 日 | 22 | 乙巳 | 6·5 |
| 19 | 25 | 金 | 21 | 乙亥 | 6·4 | 26 | 月 | 23 | 丙午 | 6·4 |
| 20 | 26 | 土 | 22 | 丙子 | 7·4 | 27 | 火 | 24 | 丁未 | 7·4 |
| 21 | 27 | 日 | 23 | 丁丑 | 7·3 | 28 | 水 | 25 | 戊申 | 7·4 |
| 22 | 28 | 月 | 24 | 戊寅 | 7·3 | 29 | 木 | 26 | 己酉 | 7·3 |
| 23 | 29 | 火 | 25 | 己卯 | 8·3 | 30 | 金 | 27 | 庚戌 | 8·3 |
| 24 | 30 | 水 | 26 | 庚辰 | 8·2 | 31 | 土 | 28 | 辛亥 | 8·3 |
| 25 | 7/1 | 木 | 27 | 辛巳 | 8·2 | 8/1 | 日 | 29 | 壬子 | 8·2 |
| 26 | 2 | 金 | 28 | 壬午 | 9·2 | 2 | 月 | 7/1 | 癸丑 | 9·2 |
| 27 | 3 | 土 | 29 | 癸未 | 9·1 | 3 | 火 | 2 | 甲寅 | 9·2 |
| 28 | 4 | 日 | 6/1 | 甲申 | 9·1 | 4 | 水 | 3 | 乙卯 | 9·1 |
| 29 | 5 | 月 | 2 | 乙酉 | 10·1 | 5 | 木 | 4 | 丙辰 | 10·1 |
| 30 | 6 | 火 | 3 | 丙戌 | 10·1 | 6 | 金 | 5 | 丁巳 | 10·1 |
| 31 | | | | | | 7 | 土 | 6 | 戊午 | 10·1 |

# 丁未年

| 절기후날수 | 입추절(戊申月)<br>立秋 8월8일 2시26분<br>處暑 8월23일 17시14분 | | | | | 백로절(己酉月)<br>白露 9월8일 5시28분<br>秋分 9월23일 15시1분 | | | | | 한로절(庚戌月)<br>寒露 10월8일 21시17분<br>霜降 10월24일 0시33분 | | | | | 입동절(辛亥月)<br>立冬 11월8일 0시38분<br>小雪 11월22일 22시16분 | | | | | 대설절(壬子月)<br>大雪 12월7일 17시37분<br>冬至 12월22일 11시42분 | | | | | 소한절(癸丑月)<br>小寒 1월6일 4시54분<br>大寒 1월20일 22시22분 | | | | |
|---|---|---|---|---|---|---|---|---|---|---|---|---|---|---|---|---|---|---|---|---|---|---|---|---|---|---|---|---|---|---|
| | 양력 | 요일 | 음력 | 일진 | 大運 남·여 | 양력 | 요일 | 음력 | 일진 | 大運 남·여 | 양력 | 요일 | 음력 | 일진 | 大運 남·여 | 양력 | 요일 | 음력 | 일진 | 大運 남·여 | 양력 | 요일 | 음력 | 일진 | 大運 남·여 | 양력 | 요일 | 음력 | 일진 | 大運 남·여 |
| 0 | 8/8 | 日 | 7 | 己未 | 입추 | 9/8 | 水 | 8 | 庚寅 | 백로 | 10/8 | 金 | 9 | 庚申 | 한로 | 11/8 | 月 | 11 | 辛卯 | 입동 | 12/7 | 火 | 10 | 庚申 | 대설 | 1/6 | 木 | 10 | 庚寅 | 소한 |
| 1 | 9 | 月 | 8 | 庚申 | 1·10 | 9 | 木 | 9 | 辛卯 | 1·10 | 9 | 土 | 10 | 辛酉 | 1·10 | 9 | 火 | 12 | 壬辰 | 1·9 | 8 | 水 | 11 | 辛酉 | 1·10 | 7 | 金 | 11 | 辛卯 | 1·9 |
| 2 | 10 | 火 | 9 | 辛酉 | 1·10 | 10 | 金 | 10 | 壬辰 | 1·9 | 10 | 日 | 11 | 壬戌 | 1·10 | 10 | 水 | 13 | 癸巳 | 1·9 | 9 | 木 | 12 | 壬戌 | 1·9 | 8 | 土 | 12 | 壬辰 | 1·9 |
| 3 | 11 | 水 | 10 | 壬戌 | 1·9 | 11 | 土 | 11 | 癸巳 | 1·9 | 11 | 月 | 12 | 癸亥 | 1·9 | 11 | 木 | 14 | 甲午 | 1·9 | 10 | 金 | 13 | 癸亥 | 1·9 | 9 | 日 | 13 | 癸巳 | 1·9 |
| 4 | 12 | 木 | 11 | 癸亥 | 1·9 | 12 | 日 | 12 | 甲午 | 1·9 | 12 | 火 | 13 | 甲子 | 1·9 | 12 | 金 | 15 | 乙未 | 1·8 | 11 | 土 | 14 | 甲子 | 1·9 | 10 | 月 | 14 | 甲午 | 1·8 |
| 5 | 13 | 金 | 12 | 甲子 | 2·9 | 13 | 月 | 13 | 乙未 | 2·8 | 13 | 水 | 14 | 乙丑 | 2·9 | 13 | 土 | 16 | 丙申 | 2·8 | 12 | 日 | 15 | 乙丑 | 2·8 | 11 | 火 | 15 | 乙未 | 2·8 |
| 6 | 14 | 土 | 13 | 乙丑 | 2·8 | 14 | 火 | 14 | 丙申 | 2·8 | 14 | 木 | 15 | 丙寅 | 2·8 | 14 | 日 | 17 | 丁酉 | 2·8 | 13 | 月 | 16 | 丙寅 | 2·8 | 12 | 水 | 16 | 丙申 | 2·8 |
| 7 | 15 | 日 | 14 | 丙寅 | 2·8 | 15 | 水 | 15 | 丁酉 | 2·8 | 15 | 金 | 16 | 丁卯 | 2·8 | 15 | 月 | 18 | 戊戌 | 2·7 | 14 | 火 | 17 | 丁卯 | 2·8 | 13 | 木 | 17 | 丁酉 | 2·7 |
| 8 | 16 | 月 | 15 | 丁卯 | 3·8 | 16 | 木 | 16 | 戊戌 | 3·7 | 16 | 土 | 17 | 戊辰 | 3·8 | 16 | 火 | 19 | 己亥 | 3·7 | 15 | 水 | 18 | 戊辰 | 3·7 | 14 | 金 | 18 | 戊戌 | 3·7 |
| 9 | 17 | 火 | 16 | 戊辰 | 3·7 | 17 | 金 | 17 | 己亥 | 3·7 | 17 | 日 | 18 | 己巳 | 3·7 | 17 | 水 | 20 | 庚子 | 3·7 | 16 | 木 | 19 | 己巳 | 3·7 | 15 | 土 | 19 | 己亥 | 3·7 |
| 10 | 18 | 水 | 17 | 己巳 | 3·7 | 18 | 土 | 18 | 庚子 | 3·7 | 18 | 月 | 19 | 庚午 | 3·7 | 18 | 木 | 21 | 辛丑 | 3·6 | 17 | 金 | 20 | 庚午 | 3·7 | 16 | 日 | 20 | 庚子 | 3·6 |
| 11 | 19 | 木 | 18 | 庚午 | 4·7 | 19 | 日 | 19 | 辛丑 | 4·6 | 19 | 火 | 20 | 辛未 | 4·7 | 19 | 金 | 22 | 壬寅 | 4·6 | 18 | 土 | 21 | 辛未 | 4·6 | 17 | 月 | 21 | 辛丑 | 4·6 |
| 12 | 20 | 金 | 19 | 辛未 | 4·6 | 20 | 月 | 20 | 壬寅 | 4·6 | 20 | 水 | 21 | 壬申 | 4·6 | 20 | 土 | 23 | 癸卯 | 4·6 | 19 | 日 | 22 | 壬申 | 4·6 | 18 | 火 | 22 | 壬寅 | 4·6 |
| 13 | 21 | 土 | 20 | 壬申 | 4·6 | 21 | 火 | 21 | 癸卯 | 4·6 | 21 | 木 | 22 | 癸酉 | 4·6 | 21 | 日 | 24 | 甲辰 | 4·5 | 20 | 月 | 23 | 癸酉 | 4·6 | 19 | 水 | 23 | 癸卯 | 4·5 |
| 14 | 22 | 日 | 21 | 癸酉 | 5·6 | 22 | 水 | 22 | 甲辰 | 5·5 | 22 | 金 | 23 | 甲戌 | 5·6 | 22 | 月 | 25 | 乙巳 | 소설 | 21 | 火 | 24 | 甲戌 | 5·5 | 20 | 木 | 24 | 甲辰 | 대한 |
| 15 | 23 | 月 | 22 | 甲戌 | 처서 | 23 | 木 | 23 | 乙巳 | 추분 | 23 | 土 | 24 | 乙亥 | 5·5 | 23 | 火 | 26 | 丙午 | 5·5 | 22 | 水 | 25 | 乙亥 | 동지 | 21 | 金 | 25 | 乙巳 | 5·5 |
| 16 | 24 | 火 | 23 | 乙亥 | 5·5 | 24 | 金 | 24 | 丙午 | 5·5 | 24 | 日 | 25 | 丙子 | 상강 | 24 | 水 | 27 | 丁未 | 5·4 | 23 | 木 | 26 | 丙子 | 5·5 | 22 | 土 | 26 | 丙午 | 5·4 |
| 17 | 25 | 水 | 24 | 丙子 | 6·5 | 25 | 土 | 25 | 丁未 | 6·4 | 25 | 月 | 26 | 丁丑 | 6·5 | 25 | 木 | 28 | 戊申 | 6·4 | 24 | 金 | 27 | 丁丑 | 6·4 | 23 | 日 | 27 | 丁未 | 6·4 |
| 18 | 26 | 木 | 25 | 丁丑 | 6·4 | 26 | 日 | 26 | 戊申 | 6·4 | 26 | 火 | 27 | 戊寅 | 6·4 | 26 | 金 | 29 | 己酉 | 6·4 | 25 | 土 | 28 | 戊寅 | 6·4 | 24 | 月 | 28 | 戊申 | 6·4 |
| 19 | 27 | 金 | 26 | 戊寅 | 6·4 | 27 | 月 | 27 | 己酉 | 6·4 | 27 | 水 | 28 | 己卯 | 6·4 | 27 | 土 | 30 | 庚戌 | 6·3 | 26 | 日 | 29 | 己卯 | 6·4 | 25 | 火 | 29 | 己酉 | 6·3 |
| 20 | 28 | 土 | 27 | 己卯 | 7·4 | 28 | 火 | 28 | 庚戌 | 7·3 | 28 | 木 | 29 | 庚辰 | 7·4 | 28 | 日 | 11/1 | 辛亥 | 7·3 | 27 | 月 | 30 | 庚辰 | 7·3 | 26 | 水 | 30 | 庚戌 | 7·3 |
| 21 | 29 | 日 | 28 | 庚辰 | 7·3 | 29 | 水 | 29 | 辛亥 | 7·3 | 29 | 金 | 10/1 | 辛巳 | 7·3 | 29 | 月 | 2 | 壬子 | 7·3 | 28 | 火 | 12/1 | 辛巳 | 7·3 | 27 | 木 | 1/1 | 辛亥 | 7·3 |
| 22 | 30 | 月 | 29 | 辛巳 | 7·3 | 30 | 木 | 9/1 | 壬子 | 7·3 | 30 | 土 | 2 | 壬午 | 7·3 | 30 | 火 | 3 | 癸丑 | 7·2 | 29 | 水 | 2 | 壬午 | 7·3 | 28 | 金 | 2 | 壬子 | 7·2 |
| 23 | 31 | 火 | 30 | 壬午 | 8·3 | 10/1 | 金 | 2 | 癸丑 | 8·2 | 31 | 日 | 3 | 癸未 | 8·3 | 12/1 | 水 | 4 | 甲寅 | 8·2 | 30 | 木 | 3 | 癸未 | 8·2 | 29 | 土 | 3 | 癸丑 | 8·2 |
| 24 | 9/1 | 水 | 8/1 | 癸未 | 8·2 | 2 | 土 | 3 | 甲寅 | 8·2 | 11/1 | 月 | 4 | 甲申 | 8·2 | 2 | 木 | 5 | 乙卯 | 8·2 | 31 | 金 | 4 | 甲申 | 8·2 | 30 | 日 | 4 | 甲寅 | 8·2 |
| 25 | 2 | 木 | 2 | 甲申 | 8·2 | 3 | 日 | 4 | 乙卯 | 8·2 | 2 | 火 | 5 | 乙酉 | 8·2 | 3 | 金 | 6 | 丙辰 | 8·1 | 1/1 | 土 | 5 | 乙酉 | 8·2 | 31 | 月 | 5 | 乙卯 | 8·1 |
| 26 | 3 | 金 | 3 | 乙酉 | 9·2 | 4 | 月 | 5 | 丙辰 | 9·1 | 3 | 水 | 6 | 丙戌 | 9·2 | 4 | 土 | 7 | 丁巳 | 9·1 | 2 | 日 | 6 | 丙戌 | 9·1 | 2/1 | 火 | 6 | 丙辰 | 9·1 |
| 27 | 4 | 土 | 4 | 丙戌 | 9·1 | 5 | 火 | 6 | 丁巳 | 9·1 | 4 | 木 | 7 | 丁亥 | 9·1 | 5 | 日 | 8 | 戊午 | 9·1 | 3 | 月 | 7 | 丁亥 | 9·1 | 2 | 水 | 7 | 丁巳 | 9·1 |
| 28 | 5 | 日 | 5 | 丁亥 | 9·1 | 6 | 水 | 7 | 戊午 | 9·1 | 5 | 金 | 8 | 戊子 | 9·1 | 6 | 月 | 9 | 己未 | 9·1 | 4 | 火 | 8 | 戊子 | 9·1 | 3 | 木 | 8 | 戊午 | 9·1 |
| 29 | 6 | 月 | 6 | 戊子 | 10·1 | 7 | 木 | 8 | 己未 | 10·1 | 6 | 土 | 9 | 己丑 | 10·1 | | | | | | 5 | 水 | 9 | 己丑 | 10·1 | | | | | |
| 30 | 7 | 火 | 7 | 己丑 | 10·1 | | | | | | 7 | 日 | 10 | 庚寅 | 10·1 | | | | | | | | | | | | | | | |
| 31 | | | | | | | | | | | | | | | | | | | | | | | | | | | | | | |

# 서기 2028년 [단기 4361년]

| 절기후날수 | 입춘절(甲寅月) | | | | | 경칩절(乙卯月) | | | | | 청명절(丙辰月) | | | | |
|---|---|---|---|---|---|---|---|---|---|---|---|---|---|---|---|
| | 立春 2월4일 16시31분 / 雨水 2월19일 12시26분 | | | | | 驚蟄 3월5일 10시24분 / 春分 3월20일 11시17분 | | | | | 淸明 4월4일 15시3분 / 穀雨 4월19일 22시9분 | | | | |
| | 양력 | 요일 | 음력 | 일진 | 大運 남·여 | 양력 | 요일 | 음력 | 일진 | 大運 남·여 | 양력 | 요일 | 음력 | 일진 | 大運 남·여 |
| 0 | 2/4 | 金 | 9 | 己未 | 입춘 | 3/5 | 日 | 10 | 己丑 | 경칩 | 4/4 | 火 | 10 | 己未 | 청명 |
| 1 | 5 | 土 | 10 | 庚申 | 10·1 | 6 | 月 | 11 | 庚寅 | 10·1 | 5 | 水 | 11 | 庚申 | 10·1 |
| 2 | 6 | 日 | 11 | 辛酉 | 9·1 | 7 | 火 | 12 | 辛卯 | 9·1 | 6 | 木 | 12 | 辛酉 | 10·1 |
| 3 | 7 | 月 | 12 | 壬戌 | 9·1 | 8 | 水 | 13 | 壬辰 | 9·1 | 7 | 金 | 13 | 壬戌 | 9·1 |
| 4 | 8 | 火 | 13 | 癸亥 | 9·1 | 9 | 木 | 14 | 癸巳 | 9·1 | 8 | 土 | 14 | 癸亥 | 9·1 |
| 5 | 9 | 水 | 14 | 甲子 | 8·2 | 10 | 金 | 15 | 甲午 | 8·2 | 9 | 日 | 15 | 甲子 | 9·2 |
| 6 | 10 | 木 | 15 | 乙丑 | 8·2 | 11 | 土 | 16 | 乙未 | 8·2 | 10 | 月 | 16 | 乙丑 | 8·2 |
| 7 | 11 | 金 | 16 | 丙寅 | 8·2 | 12 | 日 | 17 | 丙申 | 8·2 | 11 | 火 | 17 | 丙寅 | 8·2 |
| 8 | 12 | 土 | 17 | 丁卯 | 7·3 | 13 | 月 | 18 | 丁酉 | 7·3 | 12 | 水 | 18 | 丁卯 | 8·3 |
| 9 | 13 | 日 | 18 | 戊辰 | 7·3 | 14 | 火 | 19 | 戊戌 | 7·3 | 13 | 木 | 19 | 戊辰 | 7·3 |
| 10 | 14 | 月 | 19 | 己巳 | 7·3 | 15 | 水 | 20 | 己亥 | 7·3 | 14 | 金 | 20 | 己巳 | 7·3 |
| 11 | 15 | 火 | 20 | 庚午 | 6·4 | 16 | 木 | 21 | 庚子 | 6·4 | 15 | 土 | 21 | 庚午 | 7·4 |
| 12 | 16 | 水 | 21 | 辛未 | 6·4 | 17 | 金 | 22 | 辛丑 | 6·4 | 16 | 日 | 22 | 辛未 | 6·4 |
| 13 | 17 | 木 | 22 | 壬申 | 6·4 | 18 | 土 | 23 | 壬寅 | 6·4 | 17 | 月 | 23 | 壬申 | 6·4 |
| 14 | 18 | 金 | 23 | 癸酉 | 5·5 | 19 | 日 | 24 | 癸卯 | 5·5 | 18 | 火 | 24 | 癸酉 | 6·5 |
| 15 | 19 | 土 | 24 | 甲戌 | 우수 | 20 | 月 | 25 | 甲辰 | 춘분 | 19 | 水 | 25 | 甲戌 | 곡우 |
| 16 | 20 | 日 | 25 | 乙亥 | 5·5 | 21 | 火 | 26 | 乙巳 | 5·5 | 20 | 木 | 26 | 乙亥 | 5·5 |
| 17 | 21 | 月 | 26 | 丙子 | 4·6 | 22 | 水 | 27 | 丙午 | 4·6 | 21 | 金 | 27 | 丙子 | 5·6 |
| 18 | 22 | 火 | 27 | 丁丑 | 4·6 | 23 | 木 | 28 | 丁未 | 4·6 | 22 | 土 | 28 | 丁丑 | 4·6 |
| 19 | 23 | 水 | 28 | 戊寅 | 4·6 | 24 | 金 | 29 | 戊申 | 4·6 | 23 | 日 | 29 | 戊寅 | 4·6 |
| 20 | 24 | 木 | 29 | 己卯 | 3·7 | 25 | 土 | 30 | 己酉 | 3·7 | 24 | 月 | 30 | 己卯 | 4·7 |
| 21 | 25 | 金 | 2/1 | 庚辰 | 3·7 | 26 | 日 | 3/1 | 庚戌 | 3·7 | 25 | 火 | 4/1 | 庚辰 | 3·7 |
| 22 | 26 | 土 | 2 | 辛巳 | 3·7 | 27 | 月 | 2 | 辛亥 | 3·7 | 26 | 水 | 2 | 辛巳 | 3·7 |
| 23 | 27 | 日 | 3 | 壬午 | 2·8 | 28 | 火 | 3 | 壬子 | 2·8 | 27 | 木 | 3 | 壬午 | 3·8 |
| 24 | 28 | 月 | 4 | 癸未 | 2·8 | 29 | 水 | 4 | 癸丑 | 2·8 | 28 | 金 | 4 | 癸未 | 2·8 |
| 25 | 29 | 火 | 5 | 甲申 | 2·8 | 30 | 木 | 5 | 甲寅 | 2·8 | 29 | 土 | 5 | 甲申 | 2·8 |
| 26 | 3/1 | 水 | 6 | 乙酉 | 1·9 | 31 | 金 | 6 | 乙卯 | 1·9 | 30 | 日 | 6 | 乙酉 | 2·9 |
| 27 | 2 | 木 | 7 | 丙戌 | 1·9 | 4/1 | 土 | 7 | 丙辰 | 1·9 | 5/1 | 月 | 7 | 丙戌 | 1·9 |
| 28 | 3 | 金 | 8 | 丁亥 | 1·9 | 2 | 日 | 8 | 丁巳 | 1·9 | 2 | 火 | 8 | 丁亥 | 1·9 |
| 29 | 4 | 土 | 9 | 戊子 | 1·10 | 3 | 月 | 9 | 戊午 | 1·10 | 3 | 水 | 9 | 戊子 | 1·10 |
| 30 | | | | | | | | | | | 4 | 木 | 10 | 己丑 | 1·10 |
| 31 | | | | | | | | | | | | | | | |

| 절기후날수 | 입하절(丁巳月) | | | | | 망종절(戊午月) | | | | | 소서절(己未月) | | | | |
|---|---|---|---|---|---|---|---|---|---|---|---|---|---|---|---|
| | 立夏 5월5일 8시12분 / 小滿 5월20일 21시9분 | | | | | 芒種 6월5일 12시16분 / 夏至 6월21일 5시2분 | | | | | 小暑 7월6일 22시30분 / 大暑 7월22일 15시54분 | | | | |
| | 양력 | 요일 | 음력 | 일진 | 大運 남·여 | 양력 | 요일 | 음력 | 일진 | 大運 남·여 | 양력 | 요일 | 음력 | 일진 | 大運 남·여 |
| 0 | 5/5 | 金 | 11 | 庚寅 | 입하 | 6/5 | 月 | 13 | 辛酉 | 망종 | 7/6 | 木 | 윤14 | 壬辰 | 소서 |
| 1 | 6 | 土 | 12 | 辛卯 | 10·1 | 6 | 火 | 14 | 壬戌 | 10·1 | 7 | 金 | 윤15 | 癸巳 | 10·1 |
| 2 | 7 | 日 | 13 | 壬辰 | 10·1 | 7 | 水 | 15 | 癸亥 | 10·1 | 8 | 土 | 윤16 | 甲午 | 10·1 |
| 3 | 8 | 月 | 14 | 癸巳 | 9·1 | 8 | 木 | 16 | 甲子 | 9·1 | 9 | 日 | 윤17 | 乙未 | 10·1 |
| 4 | 9 | 火 | 15 | 甲午 | 9·1 | 9 | 金 | 17 | 乙丑 | 9·1 | 10 | 月 | 윤18 | 丙申 | 9·1 |
| 5 | 10 | 水 | 16 | 乙未 | 9·2 | 10 | 土 | 18 | 丙寅 | 9·2 | 11 | 火 | 윤19 | 丁酉 | 9·2 |
| 6 | 11 | 木 | 17 | 丙申 | 8·2 | 11 | 日 | 19 | 丁卯 | 8·2 | 12 | 水 | 윤20 | 戊戌 | 9·2 |
| 7 | 12 | 金 | 18 | 丁酉 | 8·2 | 12 | 月 | 20 | 戊辰 | 8·2 | 13 | 木 | 윤21 | 己亥 | 8·2 |
| 8 | 13 | 土 | 19 | 戊戌 | 8·3 | 13 | 火 | 21 | 己巳 | 8·3 | 14 | 金 | 윤22 | 庚子 | 8·3 |
| 9 | 14 | 日 | 20 | 己亥 | 7·3 | 14 | 水 | 22 | 庚午 | 7·3 | 15 | 土 | 윤23 | 辛丑 | 8·3 |
| 10 | 15 | 月 | 21 | 庚子 | 7·3 | 15 | 木 | 23 | 辛未 | 7·3 | 16 | 日 | 윤24 | 壬寅 | 7·3 |
| 11 | 16 | 火 | 22 | 辛丑 | 7·4 | 16 | 金 | 24 | 壬申 | 7·4 | 17 | 月 | 윤25 | 癸卯 | 7·4 |
| 12 | 17 | 水 | 23 | 壬寅 | 6·4 | 17 | 土 | 25 | 癸酉 | 6·4 | 18 | 火 | 윤26 | 甲辰 | 7·4 |
| 13 | 18 | 木 | 24 | 癸卯 | 6·4 | 18 | 日 | 26 | 甲戌 | 6·4 | 19 | 水 | 윤27 | 乙巳 | 6·4 |
| 14 | 19 | 金 | 25 | 甲辰 | 6·5 | 19 | 月 | 27 | 乙亥 | 6·5 | 20 | 木 | 윤28 | 丙午 | 6·5 |
| 15 | 20 | 土 | 26 | 乙巳 | 소만 | 20 | 火 | 28 | 丙子 | 5·5 | 21 | 金 | 윤29 | 丁未 | 6·5 |
| 16 | 21 | 日 | 27 | 丙午 | 5·5 | 21 | 水 | 29 | 丁丑 | 하지 | 22 | 土 | 6/1 | 戊申 | 대서 |
| 17 | 22 | 月 | 28 | 丁未 | 5·6 | 22 | 木 | 30 | 戊寅 | 5·6 | 23 | 日 | 2 | 己酉 | 5·6 |
| 18 | 23 | 火 | 29 | 戊申 | 4·6 | 23 | 金 | 윤1 | 己卯 | 4·6 | 24 | 月 | 3 | 庚戌 | 5·6 |
| 19 | 24 | 水 | 5/1 | 己酉 | 4·6 | 24 | 土 | 윤2 | 庚辰 | 4·6 | 25 | 火 | 4 | 辛亥 | 4·6 |
| 20 | 25 | 木 | 2 | 庚戌 | 4·7 | 25 | 日 | 윤3 | 辛巳 | 4·7 | 26 | 水 | 5 | 壬子 | 4·7 |
| 21 | 26 | 金 | 3 | 辛亥 | 3·7 | 26 | 月 | 윤4 | 壬午 | 3·7 | 27 | 木 | 6 | 癸丑 | 4·7 |
| 22 | 27 | 土 | 4 | 壬子 | 3·7 | 27 | 火 | 윤5 | 癸未 | 3·7 | 28 | 金 | 7 | 甲寅 | 3·7 |
| 23 | 28 | 日 | 5 | 癸丑 | 3·8 | 28 | 水 | 윤6 | 甲申 | 3·8 | 29 | 土 | 8 | 乙卯 | 3·8 |
| 24 | 29 | 月 | 6 | 甲寅 | 2·8 | 29 | 木 | 윤7 | 乙酉 | 2·8 | 30 | 日 | 9 | 丙辰 | 3·8 |
| 25 | 30 | 火 | 7 | 乙卯 | 2·8 | 30 | 金 | 윤8 | 丙戌 | 2·8 | 31 | 月 | 10 | 丁巳 | 2·8 |
| 26 | 31 | 水 | 8 | 丙辰 | 2·9 | 7/1 | 土 | 윤9 | 丁亥 | 2·9 | 8/1 | 火 | 11 | 戊午 | 2·9 |
| 27 | 6/1 | 木 | 9 | 丁巳 | 1·9 | 2 | 日 | 윤10 | 戊子 | 1·9 | 2 | 水 | 12 | 己未 | 2·9 |
| 28 | 2 | 金 | 10 | 戊午 | 1·9 | 3 | 月 | 윤11 | 己丑 | 1·9 | 3 | 木 | 13 | 庚申 | 1·9 |
| 29 | 3 | 土 | 11 | 己未 | 1·10 | 4 | 火 | 윤12 | 庚寅 | 1·10 | 4 | 金 | 14 | 辛酉 | 1·10 |
| 30 | 4 | 日 | 12 | 庚申 | 1·10 | 5 | 水 | 윤13 | 辛卯 | 1·10 | 5 | 土 | 15 | 壬戌 | 1·10 |
| 31 | | | | | | | | | | | 6 | 日 | 16 | 癸亥 | 1·10 |

▶윤달-5월

# 戊申年

| 절기후날수 | 입추절(庚申月) | | | | | 백로절(辛酉月) | | | | | 한로절(壬戌月) | | | | |
|---|---|---|---|---|---|---|---|---|---|---|---|---|---|---|---|
| | 立秋 8월7일 8시21분<br>處暑 8월22일 23시1분 | | | | | 白露 9월7일 11시22분<br>秋分 9월22일 20시45분 | | | | | 寒露 10월8일 3시8분<br>霜降 10월23일 6시13분 | | | | |
| | 양력 | 요일 | 음력 | 일진 | 大運 남·여 | 양력 | 요일 | 음력 | 일진 | 大運 남·여 | 양력 | 요일 | 음력 | 일진 | 大運 남·여 |
| 0 | 8/7 | 月 | 17 | 甲子 | 입추 | 9/7 | 木 | 19 | 乙未 | 백로 | 10/8 | 日 | 20 | 丙寅 | 한로 |
| 1 | 8 | 火 | 18 | 乙丑 | 10·1 | 8 | 金 | 20 | 丙申 | 10·1 | 9 | 月 | 21 | 丁卯 | 10·1 |
| 2 | 9 | 水 | 19 | 丙寅 | 10·1 | 9 | 土 | 21 | 丁酉 | 10·1 | 10 | 火 | 22 | 戊辰 | 9·1 |
| 3 | 10 | 木 | 20 | 丁卯 | 9·1 | 10 | 日 | 22 | 戊戌 | 9·1 | 11 | 水 | 23 | 己巳 | 9·1 |
| 4 | 11 | 金 | 21 | 戊辰 | 9·1 | 11 | 月 | 23 | 己亥 | 9·1 | 12 | 木 | 24 | 庚午 | 9·1 |
| 5 | 12 | 土 | 22 | 己巳 | 9·2 | 12 | 火 | 24 | 庚子 | 9·2 | 13 | 金 | 25 | 辛未 | 8·2 |
| 6 | 13 | 日 | 23 | 庚午 | 8·2 | 13 | 水 | 25 | 辛丑 | 8·2 | 14 | 土 | 26 | 壬申 | 8·2 |
| 7 | 14 | 月 | 24 | 辛未 | 8·2 | 14 | 木 | 26 | 壬寅 | 8·2 | 15 | 日 | 27 | 癸酉 | 8·2 |
| 8 | 15 | 火 | 25 | 壬申 | 8·3 | 15 | 金 | 27 | 癸卯 | 8·3 | 16 | 月 | 28 | 甲戌 | 7·3 |
| 9 | 16 | 水 | 26 | 癸酉 | 7·3 | 16 | 土 | 28 | 甲辰 | 7·3 | 17 | 火 | 29 | 乙亥 | 7·3 |
| 10 | 17 | 木 | 27 | 甲戌 | 7·3 | 17 | 日 | 29 | 乙巳 | 7·3 | 18 | 水 | 9/1 | 丙子 | 7·3 |
| 11 | 18 | 金 | 28 | 乙亥 | 7·4 | 18 | 月 | 30 | 丙午 | 7·4 | 19 | 木 | 2 | 丁丑 | 6·4 |
| 12 | 19 | 土 | 29 | 丙子 | 6·4 | 19 | 火 | 8/1 | 丁未 | 6·4 | 20 | 金 | 3 | 戊寅 | 6·4 |
| 13 | 20 | 日 | 7/1 | 丁丑 | 6·4 | 20 | 水 | 2 | 戊申 | 6·4 | 21 | 土 | 4 | 己卯 | 6·4 |
| 14 | 21 | 月 | 2 | 戊寅 | 6·5 | 21 | 木 | 3 | 己酉 | 6·5 | 22 | 日 | 5 | 庚辰 | 5·5 |
| 15 | 22 | 火 | 3 | 己卯 | 처서 | 22 | 金 | 4 | 庚戌 | 추분 | 23 | 月 | 6 | 辛巳 | 상강 |
| 16 | 23 | 水 | 4 | 庚辰 | 5·5 | 23 | 土 | 5 | 辛亥 | 5·5 | 24 | 火 | 7 | 壬午 | 5·5 |
| 17 | 24 | 木 | 5 | 辛巳 | 5·6 | 24 | 日 | 6 | 壬子 | 5·6 | 25 | 水 | 8 | 癸未 | 4·6 |
| 18 | 25 | 金 | 6 | 壬午 | 4·6 | 25 | 月 | 7 | 癸丑 | 4·6 | 26 | 木 | 9 | 甲申 | 4·6 |
| 19 | 26 | 土 | 7 | 癸未 | 4·6 | 26 | 火 | 8 | 甲寅 | 4·6 | 27 | 金 | 10 | 乙酉 | 4·6 |
| 20 | 27 | 日 | 8 | 甲申 | 4·7 | 27 | 水 | 9 | 乙卯 | 4·7 | 28 | 土 | 11 | 丙戌 | 3·7 |
| 21 | 28 | 月 | 9 | 乙酉 | 3·7 | 28 | 木 | 10 | 丙辰 | 3·7 | 29 | 日 | 12 | 丁亥 | 3·7 |
| 22 | 29 | 火 | 10 | 丙戌 | 3·7 | 29 | 金 | 11 | 丁巳 | 3·7 | 30 | 月 | 13 | 戊子 | 3·7 |
| 23 | 30 | 水 | 11 | 丁亥 | 3·8 | 30 | 土 | 12 | 戊午 | 3·8 | 31 | 火 | 14 | 己丑 | 2·8 |
| 24 | 31 | 木 | 12 | 戊子 | 2·8 | 10/1 | 日 | 13 | 己未 | 2·8 | 11/1 | 水 | 15 | 庚寅 | 2·8 |
| 25 | 9/1 | 金 | 13 | 己丑 | 2·8 | 2 | 月 | 14 | 庚申 | 2·8 | 2 | 木 | 16 | 辛卯 | 2·8 |
| 26 | 2 | 土 | 14 | 庚寅 | 2·9 | 3 | 火 | 15 | 辛酉 | 2·9 | 3 | 金 | 17 | 壬辰 | 1·9 |
| 27 | 3 | 日 | 15 | 辛卯 | 1·9 | 4 | 水 | 16 | 壬戌 | 1·9 | 4 | 土 | 18 | 癸巳 | 1·9 |
| 28 | 4 | 月 | 16 | 壬辰 | 1·9 | 5 | 木 | 17 | 癸亥 | 1·9 | 5 | 日 | 19 | 甲午 | 1·9 |
| 29 | 5 | 火 | 17 | 癸巳 | 1·10 | 6 | 金 | 18 | 甲子 | 1·10 | 6 | 月 | 20 | 乙未 | 1·10 |
| 30 | 6 | 水 | 18 | 甲午 | 1·10 | 7 | 土 | 19 | 乙丑 | 1·10 | | | | | |
| 31 | | | | | | | | | | | | | | | |

| 절기후날수 | 입동절(癸亥月) | | | | | 대설절(甲子月) | | | | | 소한절(乙丑月) | | | | |
|---|---|---|---|---|---|---|---|---|---|---|---|---|---|---|---|
| | 立冬 11월7일 6시27분<br>小雪 11월22일 3시54분 | | | | | 大雪 12월6일 23시24분<br>冬至 12월21일 17시19분 | | | | | 小寒 1월5일 10시42분<br>大寒 1월20일 4시0분 | | | | |
| | 양력 | 요일 | 음력 | 일진 | 大運 남·여 | 양력 | 요일 | 음력 | 일진 | 大運 남·여 | 양력 | 요일 | 음력 | 일진 | 大運 남·여 |
| 0 | 11/7 | 火 | 21 | 丙申 | 입동 | 12/6 | 水 | 21 | 乙丑 | 대설 | 1/5 | 金 | 21 | 乙未 | 소한 |
| 1 | 8 | 水 | 22 | 丁酉 | 9·1 | 7 | 木 | 22 | 丙寅 | 10·1 | 6 | 土 | 22 | 丙申 | 9·1 |
| 2 | 9 | 木 | 23 | 戊戌 | 9·1 | 8 | 金 | 23 | 丁卯 | 9·1 | 7 | 日 | 23 | 丁酉 | 9·1 |
| 3 | 10 | 金 | 24 | 己亥 | 9·1 | 9 | 土 | 24 | 戊辰 | 9·1 | 8 | 月 | 24 | 戊戌 | 9·1 |
| 4 | 11 | 土 | 25 | 庚子 | 8·1 | 10 | 日 | 25 | 己巳 | 9·1 | 9 | 火 | 25 | 己亥 | 8·1 |
| 5 | 12 | 日 | 26 | 辛丑 | 8·2 | 11 | 月 | 26 | 庚午 | 8·2 | 10 | 水 | 26 | 庚子 | 8·2 |
| 6 | 13 | 月 | 27 | 壬寅 | 8·2 | 12 | 火 | 27 | 辛未 | 8·2 | 11 | 木 | 27 | 辛丑 | 8·2 |
| 7 | 14 | 火 | 28 | 癸卯 | 7·2 | 13 | 水 | 28 | 壬申 | 8·2 | 12 | 金 | 28 | 壬寅 | 7·2 |
| 8 | 15 | 水 | 29 | 甲辰 | 7·3 | 14 | 木 | 29 | 癸酉 | 7·3 | 13 | 土 | 29 | 癸卯 | 7·3 |
| 9 | 16 | 木 | 10/1 | 乙巳 | 7·3 | 15 | 金 | 30 | 甲戌 | 7·3 | 14 | 日 | 30 | 甲辰 | 7·3 |
| 10 | 17 | 金 | 2 | 丙午 | 6·3 | 16 | 土 | 11/1 | 乙亥 | 7·3 | 15 | 月 | 12/1 | 乙巳 | 6·3 |
| 11 | 18 | 土 | 3 | 丁未 | 6·4 | 17 | 日 | 2 | 丙子 | 6·4 | 16 | 火 | 2 | 丙午 | 6·4 |
| 12 | 19 | 日 | 4 | 戊申 | 6·4 | 18 | 月 | 3 | 丁丑 | 6·4 | 17 | 水 | 3 | 丁未 | 6·4 |
| 13 | 20 | 月 | 5 | 己酉 | 5·4 | 19 | 火 | 4 | 戊寅 | 6·4 | 18 | 木 | 4 | 戊申 | 5·4 |
| 14 | 21 | 火 | 6 | 庚戌 | 5·5 | 20 | 水 | 5 | 己卯 | 5·5 | 19 | 金 | 5 | 己酉 | 5·5 |
| 15 | 22 | 水 | 7 | 辛亥 | 소설 | 21 | 木 | 6 | 庚辰 | 동지 | 20 | 土 | 6 | 庚戌 | 대한 |
| 16 | 23 | 木 | 8 | 壬子 | 4·5 | 22 | 金 | 7 | 辛巳 | 5·5 | 21 | 日 | 7 | 辛亥 | 4·5 |
| 17 | 24 | 金 | 9 | 癸丑 | 4·6 | 23 | 土 | 8 | 壬午 | 4·6 | 22 | 月 | 8 | 壬子 | 4·6 |
| 18 | 25 | 土 | 10 | 甲寅 | 4·6 | 24 | 日 | 9 | 癸未 | 4·6 | 23 | 火 | 9 | 癸丑 | 4·6 |
| 19 | 26 | 日 | 11 | 乙卯 | 3·6 | 25 | 月 | 10 | 甲申 | 4·6 | 24 | 水 | 10 | 甲寅 | 3·6 |
| 20 | 27 | 月 | 12 | 丙辰 | 3·7 | 26 | 火 | 11 | 乙酉 | 3·7 | 25 | 木 | 11 | 乙卯 | 3·7 |
| 21 | 28 | 火 | 13 | 丁巳 | 3·7 | 27 | 水 | 12 | 丙戌 | 3·7 | 26 | 金 | 12 | 丙辰 | 3·7 |
| 22 | 29 | 水 | 14 | 戊午 | 2·7 | 28 | 木 | 13 | 丁亥 | 3·7 | 27 | 土 | 13 | 丁巳 | 2·7 |
| 23 | 30 | 木 | 15 | 己未 | 2·8 | 29 | 金 | 14 | 戊子 | 2·8 | 28 | 日 | 14 | 戊午 | 2·8 |
| 24 | 12/1 | 金 | 16 | 庚申 | 2·8 | 30 | 土 | 15 | 己丑 | 2·8 | 29 | 月 | 15 | 己未 | 2·8 |
| 25 | 2 | 土 | 17 | 辛酉 | 1·8 | 31 | 日 | 16 | 庚寅 | 2·8 | 30 | 火 | 16 | 庚申 | 1·8 |
| 26 | 3 | 日 | 18 | 壬戌 | 1·9 | 1/1 | 月 | 17 | 辛卯 | 1·9 | 31 | 水 | 17 | 辛酉 | 1·9 |
| 27 | 4 | 月 | 19 | 癸亥 | 1·9 | 2 | 火 | 18 | 壬辰 | 1·9 | 2/1 | 木 | 18 | 壬戌 | 1·9 |
| 28 | 5 | 火 | 20 | 甲子 | 1·9 | 3 | 水 | 19 | 癸巳 | 1·9 | 2 | 金 | 19 | 癸亥 | 1·9 |
| 29 | | | | | | 4 | 木 | 20 | 甲午 | 1·10 | | | | | |
| 30 | | | | | | | | | | | | | | | |
| 31 | | | | | | | | | | | | | | | |

# 서기 2029년 [단기 4362년]

| 절기후날수 | 입춘절(丙寅月) 立春 2월3일 22시20분 雨水 2월18일 18시8분 | | | | | 경칩절(丁卯月) 驚蟄 3월5일 16시17분 春分 3월20일 17시2분 | | | | | 청명절(戊辰月) 淸明 4월4일 20시58분 穀雨 4월20일 3시55분 | | | | |
|---|---|---|---|---|---|---|---|---|---|---|---|---|---|---|---|
| | 양력 | 요일 | 음력 | 일진 | 大運 남·여 | 양력 | 요일 | 음력 | 일진 | 大運 남·여 | 양력 | 요일 | 음력 | 일진 | 大運 남·여 |
| 0 | 2/3 | 土 | 20 | 甲子 | 입춘 | 3/5 | 月 | 21 | 甲午 | 경칩 | 4/4 | 水 | 21 | 甲子 | 청명 |
| 1 | 4 | 日 | 21 | 乙丑 | 1·10 | 6 | 火 | 22 | 乙未 | 1·10 | 5 | 木 | 22 | 乙丑 | 1·10 |
| 2 | 5 | 月 | 22 | 丙寅 | 1·9 | 7 | 水 | 23 | 丙申 | 1·9 | 6 | 金 | 23 | 丙寅 | 1·10 |
| 3 | 6 | 火 | 23 | 丁卯 | 1·9 | 8 | 木 | 24 | 丁酉 | 1·9 | 7 | 土 | 24 | 丁卯 | 1·9 |
| 4 | 7 | 水 | 24 | 戊辰 | 1·9 | 9 | 金 | 25 | 戊戌 | 1·9 | 8 | 日 | 25 | 戊辰 | 1·9 |
| 5 | 8 | 木 | 25 | 己巳 | 2·8 | 10 | 土 | 26 | 己亥 | 2·8 | 9 | 月 | 26 | 己巳 | 2·9 |
| 6 | 9 | 金 | 26 | 庚午 | 2·8 | 11 | 日 | 27 | 庚子 | 2·8 | 10 | 火 | 27 | 庚午 | 2·8 |
| 7 | 10 | 土 | 27 | 辛未 | 2·8 | 12 | 月 | 28 | 辛丑 | 2·8 | 11 | 水 | 28 | 辛未 | 2·8 |
| 8 | 11 | 日 | 28 | 壬申 | 3·7 | 13 | 火 | 29 | 壬寅 | 3·7 | 12 | 木 | 29 | 壬申 | 3·8 |
| 9 | 12 | 月 | 29 | 癸酉 | 3·7 | 14 | 水 | 30 | 癸卯 | 3·7 | 13 | 金 | 30 | 癸酉 | 3·7 |
| 10 | 13 | 火 | 1/1 | 甲戌 | 3·7 | 15 | 木 | 2/1 | 甲辰 | 3·7 | 14 | 土 | 3/1 | 甲戌 | 3·7 |
| 11 | 14 | 水 | 2 | 乙亥 | 4·6 | 16 | 金 | 2 | 乙巳 | 4·6 | 15 | 日 | 2 | 乙亥 | 4·7 |
| 12 | 15 | 木 | 3 | 丙子 | 4·6 | 17 | 土 | 3 | 丙午 | 4·6 | 16 | 月 | 3 | 丙子 | 4·6 |
| 13 | 16 | 金 | 4 | 丁丑 | 4·6 | 18 | 日 | 4 | 丁未 | 4·6 | 17 | 火 | 4 | 丁丑 | 4·6 |
| 14 | 17 | 土 | 5 | 戊寅 | 5·5 | 19 | 月 | 5 | 戊申 | 5·5 | 18 | 水 | 5 | 戊寅 | 5·6 |
| 15 | 18 | 日 | 6 | 己卯 | 우수 | 20 | 火 | 6 | 己酉 | 춘분 | 19 | 木 | 6 | 己卯 | 5·5 |
| 16 | 19 | 月 | 7 | 庚辰 | 5·5 | 21 | 水 | 7 | 庚戌 | 5·5 | 20 | 金 | 7 | 庚辰 | 곡우 |
| 17 | 20 | 火 | 8 | 辛巳 | 6·4 | 22 | 木 | 8 | 辛亥 | 6·4 | 21 | 土 | 8 | 辛巳 | 6·5 |
| 18 | 21 | 水 | 9 | 壬午 | 6·4 | 23 | 金 | 9 | 壬子 | 6·4 | 22 | 日 | 9 | 壬午 | 6·4 |
| 19 | 22 | 木 | 10 | 癸未 | 6·4 | 24 | 土 | 10 | 癸丑 | 6·4 | 23 | 月 | 10 | 癸未 | 6·4 |
| 20 | 23 | 金 | 11 | 甲申 | 7·3 | 25 | 日 | 11 | 甲寅 | 7·3 | 24 | 火 | 11 | 甲申 | 7·4 |
| 21 | 24 | 土 | 12 | 乙酉 | 7·3 | 26 | 月 | 12 | 乙卯 | 7·3 | 25 | 水 | 12 | 乙酉 | 7·3 |
| 22 | 25 | 日 | 13 | 丙戌 | 7·3 | 27 | 火 | 13 | 丙辰 | 7·3 | 26 | 木 | 13 | 丙戌 | 7·3 |
| 23 | 26 | 月 | 14 | 丁亥 | 8·2 | 28 | 水 | 14 | 丁巳 | 8·2 | 27 | 金 | 14 | 丁亥 | 8·3 |
| 24 | 27 | 火 | 15 | 戊子 | 8·2 | 29 | 木 | 15 | 戊午 | 8·2 | 28 | 土 | 15 | 戊子 | 8·2 |
| 25 | 28 | 水 | 16 | 己丑 | 8·2 | 30 | 金 | 16 | 己未 | 8·2 | 29 | 日 | 16 | 己丑 | 8·2 |
| 26 | 3/1 | 木 | 17 | 庚寅 | 9·1 | 31 | 土 | 17 | 庚申 | 9·1 | 30 | 月 | 17 | 庚寅 | 9·2 |
| 27 | 2 | 金 | 18 | 辛卯 | 9·1 | 4/1 | 日 | 18 | 辛酉 | 9·1 | 5/1 | 火 | 18 | 辛卯 | 9·1 |
| 28 | 3 | 土 | 19 | 壬辰 | 9·1 | 2 | 月 | 19 | 壬戌 | 9·1 | 2 | 水 | 19 | 壬辰 | 9·1 |
| 29 | 4 | 日 | 20 | 癸巳 | 10·1 | 3 | 火 | 20 | 癸亥 | 10·1 | 3 | 木 | 20 | 癸巳 | 10·1 |
| 30 | | | | | | | | | | | 4 | 金 | 21 | 甲午 | 10·1 |
| 31 | | | | | | | | | | | | | | | |

| 절기후날수 | 입하절(己巳月) 立夏 5월5일 14시7분 小滿 5월21일 2시55분 | | | | | 망종절(庚午月) 芒種 6월5일 18시10분 夏至 6월21일 10시48분 | | | | | 소서절(辛未月) 小暑 7월7일 4시22분 大暑 7월22일 21시42분 | | | | |
|---|---|---|---|---|---|---|---|---|---|---|---|---|---|---|---|
| | 양력 | 요일 | 음력 | 일진 | 大運 남·여 | 양력 | 요일 | 음력 | 일진 | 大運 남·여 | 양력 | 요일 | 음력 | 일진 | 大運 남·여 |
| 0 | 5/5 | 土 | 22 | 乙未 | 입하 | 6/5 | 火 | 24 | 丙寅 | 망종 | 7/7 | 土 | 26 | 戊戌 | 소서 |
| 1 | 6 | 日 | 23 | 丙申 | 1·10 | 6 | 水 | 25 | 丁卯 | 1·10 | 8 | 日 | 27 | 己亥 | 1·10 |
| 2 | 7 | 月 | 24 | 丁酉 | 1·10 | 7 | 木 | 26 | 戊辰 | 1·10 | 9 | 月 | 28 | 庚子 | 1·10 |
| 3 | 8 | 火 | 25 | 戊戌 | 1·9 | 8 | 金 | 27 | 己巳 | 1·10 | 10 | 火 | 29 | 辛丑 | 1·9 |
| 4 | 9 | 水 | 26 | 己亥 | 1·9 | 9 | 土 | 28 | 庚午 | 1·9 | 11 | 水 | 30 | 壬寅 | 1·9 |
| 5 | 10 | 木 | 27 | 庚子 | 2·9 | 10 | 日 | 29 | 辛未 | 2·9 | 12 | 木 | 6/1 | 癸卯 | 2·9 |
| 6 | 11 | 金 | 28 | 辛丑 | 2·8 | 11 | 月 | 30 | 壬申 | 2·9 | 13 | 金 | 2 | 甲辰 | 2·8 |
| 7 | 12 | 土 | 29 | 壬寅 | 2·8 | 12 | 火 | 5/1 | 癸酉 | 2·8 | 14 | 土 | 3 | 乙巳 | 2·8 |
| 8 | 13 | 日 | 4/1 | 癸卯 | 3·8 | 13 | 水 | 2 | 甲戌 | 3·8 | 15 | 日 | 4 | 丙午 | 3·8 |
| 9 | 14 | 月 | 2 | 甲辰 | 3·7 | 14 | 木 | 3 | 乙亥 | 3·8 | 16 | 月 | 5 | 丁未 | 3·7 |
| 10 | 15 | 火 | 3 | 乙巳 | 3·7 | 15 | 金 | 4 | 丙子 | 3·7 | 17 | 火 | 6 | 戊申 | 3·7 |
| 11 | 16 | 水 | 4 | 丙午 | 4·7 | 16 | 土 | 5 | 丁丑 | 4·7 | 18 | 水 | 7 | 己酉 | 4·7 |
| 12 | 17 | 木 | 5 | 丁未 | 4·6 | 17 | 日 | 6 | 戊寅 | 4·7 | 19 | 木 | 8 | 庚戌 | 4·6 |
| 13 | 18 | 金 | 6 | 戊申 | 4·6 | 18 | 月 | 7 | 己卯 | 4·6 | 20 | 金 | 9 | 辛亥 | 4·6 |
| 14 | 19 | 土 | 7 | 己酉 | 5·6 | 19 | 火 | 8 | 庚辰 | 5·6 | 21 | 土 | 10 | 壬子 | 5·6 |
| 15 | 20 | 日 | 8 | 庚戌 | 5·5 | 20 | 水 | 9 | 辛巳 | 5·6 | 22 | 日 | 11 | 癸丑 | 대서 |
| 16 | 21 | 月 | 9 | 辛亥 | 소만 | 21 | 木 | 10 | 壬午 | 하지 | 23 | 月 | 12 | 甲寅 | 5·5 |
| 17 | 22 | 火 | 10 | 壬子 | 6·5 | 22 | 金 | 11 | 癸未 | 6·5 | 24 | 火 | 13 | 乙卯 | 6·5 |
| 18 | 23 | 水 | 11 | 癸丑 | 6·4 | 23 | 土 | 12 | 甲申 | 6·5 | 25 | 水 | 14 | 丙辰 | 6·4 |
| 19 | 24 | 木 | 12 | 甲寅 | 6·4 | 24 | 日 | 13 | 乙酉 | 6·4 | 26 | 木 | 15 | 丁巳 | 6·4 |
| 20 | 25 | 金 | 13 | 乙卯 | 7·4 | 25 | 月 | 14 | 丙戌 | 7·4 | 27 | 金 | 16 | 戊午 | 7·4 |
| 21 | 26 | 土 | 14 | 丙辰 | 7·3 | 26 | 火 | 15 | 丁亥 | 7·4 | 28 | 土 | 17 | 己未 | 7·3 |
| 22 | 27 | 日 | 15 | 丁巳 | 7·3 | 27 | 水 | 16 | 戊子 | 7·3 | 29 | 日 | 18 | 庚申 | 7·3 |
| 23 | 28 | 月 | 16 | 戊午 | 8·3 | 28 | 木 | 17 | 己丑 | 8·3 | 30 | 月 | 19 | 辛酉 | 8·3 |
| 24 | 29 | 火 | 17 | 己未 | 8·2 | 29 | 金 | 18 | 庚寅 | 8·3 | 31 | 火 | 20 | 壬戌 | 8·2 |
| 25 | 30 | 水 | 18 | 庚申 | 8·2 | 30 | 土 | 19 | 辛卯 | 8·2 | 8/1 | 水 | 21 | 癸亥 | 8·2 |
| 26 | 31 | 木 | 19 | 辛酉 | 9·2 | 7/1 | 日 | 20 | 壬辰 | 9·2 | 2 | 木 | 22 | 甲子 | 9·2 |
| 27 | 6/1 | 金 | 20 | 壬戌 | 9·1 | 2 | 月 | 21 | 癸巳 | 9·2 | 3 | 金 | 23 | 乙丑 | 9·1 |
| 28 | 2 | 土 | 21 | 癸亥 | 9·1 | 3 | 火 | 22 | 甲午 | 9·1 | 4 | 土 | 24 | 丙寅 | 9·1 |
| 29 | 3 | 日 | 22 | 甲子 | 10·1 | 4 | 水 | 23 | 乙未 | 10·1 | 5 | 日 | 25 | 丁卯 | 10·1 |
| 30 | 4 | 月 | 23 | 乙丑 | 10·1 | 5 | 木 | 24 | 丙申 | 10·1 | 6 | 月 | 26 | 戊辰 | 10·1 |
| 31 | | | | | | 6 | 金 | 25 | 丁酉 | 10·1 | | | | | |

# 己酉年

| 절기후날수 | 입추절(壬申月) 立秋 8월7일 14시11분 處暑 8월23일 4시51분 | | | | | 백로절(癸酉月) 白露 9월7일 17시11분 秋分 9월23일 2시38분 | | | | | 한로절(甲戌月) 寒露 10월8일 8시58분 霜降 10월23일 12시8분 | | | | |
|---|---|---|---|---|---|---|---|---|---|---|---|---|---|---|---|
| | 양력 | 요일 | 음력 | 일진 | 大運 남·여 | 양력 | 요일 | 음력 | 일진 | 大運 남·여 | 양력 | 요일 | 음력 | 일진 | 大運 남·여 |
| 0 | 8/7 | 火 | 27 | 己巳 | 입추 | 9/7 | 金 | 29 | 庚子 | 백로 | 10/8 | 月 | 9/1 | 辛未 | 한로 |
| 1 | 8 | 水 | 28 | 庚午 | 1·10 | 8 | 土 | 8/1 | 辛丑 | 1·10 | 9 | 火 | 2 | 壬申 | 1·10 |
| 2 | 9 | 木 | 29 | 辛未 | 1·10 | 9 | 日 | 2 | 壬寅 | 1·10 | 10 | 水 | 3 | 癸酉 | 1·9 |
| 3 | 10 | 金 | 7/1 | 壬申 | 1·9 | 10 | 月 | 3 | 癸卯 | 1·9 | 11 | 木 | 4 | 甲戌 | 1·9 |
| 4 | 11 | 土 | 2 | 癸酉 | 1·9 | 11 | 火 | 4 | 甲辰 | 1·9 | 12 | 金 | 5 | 乙亥 | 1·9 |
| 5 | 12 | 日 | 3 | 甲戌 | 2·9 | 12 | 水 | 5 | 乙巳 | 2·9 | 13 | 土 | 6 | 丙子 | 2·8 |
| 6 | 13 | 月 | 4 | 乙亥 | 2·8 | 13 | 木 | 6 | 丙午 | 2·8 | 14 | 日 | 7 | 丁丑 | 2·8 |
| 7 | 14 | 火 | 5 | 丙子 | 2·8 | 14 | 金 | 7 | 丁未 | 2·8 | 15 | 月 | 8 | 戊寅 | 2·8 |
| 8 | 15 | 水 | 6 | 丁丑 | 3·8 | 15 | 土 | 8 | 戊申 | 3·8 | 16 | 火 | 9 | 己卯 | 3·7 |
| 9 | 16 | 木 | 7 | 戊寅 | 3·7 | 16 | 日 | 9 | 己酉 | 3·7 | 17 | 水 | 10 | 庚辰 | 3·7 |
| 10 | 17 | 金 | 8 | 己卯 | 3·7 | 17 | 月 | 10 | 庚戌 | 3·7 | 18 | 木 | 11 | 辛巳 | 3·7 |
| 11 | 18 | 土 | 9 | 庚辰 | 4·7 | 18 | 火 | 11 | 辛亥 | 4·7 | 19 | 金 | 12 | 壬午 | 4·6 |
| 12 | 19 | 日 | 10 | 辛巳 | 4·6 | 19 | 水 | 12 | 壬子 | 4·6 | 20 | 土 | 13 | 癸未 | 4·6 |
| 13 | 20 | 月 | 11 | 壬午 | 4·6 | 20 | 木 | 13 | 癸丑 | 4·6 | 21 | 日 | 14 | 甲申 | 4·6 |
| 14 | 21 | 火 | 12 | 癸未 | 5·6 | 21 | 金 | 14 | 甲寅 | 5·6 | 22 | 月 | 15 | 乙酉 | 5·5 |
| 15 | 22 | 水 | 13 | 甲申 | 5·5 | 22 | 土 | 15 | 乙卯 | 5·5 | 23 | 火 | 16 | 丙戌 | 상강 |
| 16 | 23 | 木 | 14 | 乙酉 | 처서 | 23 | 日 | 16 | 丙辰 | 추분 | 24 | 水 | 17 | 丁亥 | 5·5 |
| 17 | 24 | 金 | 15 | 丙戌 | 6·5 | 24 | 月 | 17 | 丁巳 | 6·5 | 25 | 木 | 18 | 戊子 | 6·4 |
| 18 | 25 | 土 | 16 | 丁亥 | 6·4 | 25 | 火 | 18 | 戊午 | 6·4 | 26 | 金 | 19 | 己丑 | 6·4 |
| 19 | 26 | 日 | 17 | 戊子 | 6·4 | 26 | 水 | 19 | 己未 | 6·4 | 27 | 土 | 20 | 庚寅 | 6·4 |
| 20 | 27 | 月 | 18 | 己丑 | 7·4 | 27 | 木 | 20 | 庚申 | 7·4 | 28 | 日 | 21 | 辛卯 | 7·3 |
| 21 | 28 | 火 | 19 | 庚寅 | 7·3 | 28 | 金 | 21 | 辛酉 | 7·3 | 29 | 月 | 22 | 壬辰 | 7·3 |
| 22 | 29 | 水 | 20 | 辛卯 | 7·3 | 29 | 土 | 22 | 壬戌 | 7·3 | 30 | 火 | 23 | 癸巳 | 7·3 |
| 23 | 30 | 木 | 21 | 壬辰 | 8·3 | 30 | 日 | 23 | 癸亥 | 8·3 | 31 | 水 | 24 | 甲午 | 8·2 |
| 24 | 31 | 金 | 22 | 癸巳 | 8·2 | 10/1 | 月 | 24 | 甲子 | 8·2 | 11/1 | 木 | 25 | 乙未 | 8·2 |
| 25 | 9/1 | 土 | 23 | 甲午 | 8·2 | 2 | 火 | 25 | 乙丑 | 8·2 | 2 | 金 | 26 | 丙申 | 8·2 |
| 26 | 2 | 日 | 24 | 乙未 | 9·2 | 3 | 水 | 26 | 丙寅 | 9·2 | 3 | 土 | 27 | 丁酉 | 9·1 |
| 27 | 3 | 月 | 25 | 丙申 | 9·1 | 4 | 木 | 27 | 丁卯 | 9·1 | 4 | 日 | 28 | 戊戌 | 9·1 |
| 28 | 4 | 火 | 26 | 丁酉 | 9·1 | 5 | 金 | 28 | 戊辰 | 9·1 | 5 | 月 | 29 | 己亥 | 9·1 |
| 29 | 5 | 水 | 27 | 戊戌 | 10·1 | 6 | 土 | 29 | 己巳 | 10·1 | 6 | 火 | 10/1 | 庚子 | 10·1 |
| 30 | 6 | 木 | 28 | 己亥 | 10·1 | 7 | 日 | 30 | 庚午 | 10·1 | | | | | |
| 31 | | | | | | | | | | | | | | | |

| 절기후날수 | 입동절(乙亥月) 立冬 11월7일 12시16분 小雪 11월22일 9시49분 | | | | | 대설절(丙子月) 大雪 12월7일 5시13분 冬至 12월21일 23시14분 | | | | | 소한절(丁丑月) 小寒 1월5일 16시29분 大寒 1월20일 9시53분 | | | | |
|---|---|---|---|---|---|---|---|---|---|---|---|---|---|---|---|
| | 양력 | 요일 | 음력 | 일진 | 大運 남·여 | 양력 | 요일 | 음력 | 일진 | 大運 남·여 | 양력 | 요일 | 음력 | 일진 | 大運 남·여 |
| 0 | 11/7 | 水 | 2 | 辛丑 | 입동 | 12/7 | 金 | 3 | 辛未 | 대설 | 1/5 | 土 | 2 | 庚子 | 소한 |
| 1 | 8 | 木 | 3 | 壬寅 | 1·10 | 8 | 土 | 4 | 壬申 | 1·9 | 6 | 日 | 3 | 辛丑 | 1·10 |
| 2 | 9 | 金 | 4 | 癸卯 | 1·9 | 9 | 日 | 5 | 癸酉 | 1·9 | 7 | 月 | 4 | 壬寅 | 1·9 |
| 3 | 10 | 土 | 5 | 甲辰 | 1·9 | 10 | 月 | 6 | 甲戌 | 1·9 | 8 | 火 | 5 | 癸卯 | 1·9 |
| 4 | 11 | 日 | 6 | 乙巳 | 1·9 | 11 | 火 | 7 | 乙亥 | 1·8 | 9 | 水 | 6 | 甲辰 | 1·9 |
| 5 | 12 | 月 | 7 | 丙午 | 2·8 | 12 | 水 | 8 | 丙子 | 2·8 | 10 | 木 | 7 | 乙巳 | 2·8 |
| 6 | 13 | 火 | 8 | 丁未 | 2·8 | 13 | 木 | 9 | 丁丑 | 2·8 | 11 | 金 | 8 | 丙午 | 2·8 |
| 7 | 14 | 水 | 9 | 戊申 | 2·8 | 14 | 金 | 10 | 戊寅 | 2·7 | 12 | 土 | 9 | 丁未 | 2·8 |
| 8 | 15 | 木 | 10 | 己酉 | 3·7 | 15 | 土 | 11 | 己卯 | 3·7 | 13 | 日 | 10 | 戊申 | 3·7 |
| 9 | 16 | 金 | 11 | 庚戌 | 3·7 | 16 | 日 | 12 | 庚辰 | 3·7 | 14 | 月 | 11 | 己酉 | 3·7 |
| 10 | 17 | 土 | 12 | 辛亥 | 3·7 | 17 | 月 | 13 | 辛巳 | 3·6 | 15 | 火 | 12 | 庚戌 | 3·7 |
| 11 | 18 | 日 | 13 | 壬子 | 4·6 | 18 | 火 | 14 | 壬午 | 4·6 | 16 | 水 | 13 | 辛亥 | 4·6 |
| 12 | 19 | 月 | 14 | 癸丑 | 4·6 | 19 | 水 | 15 | 癸未 | 4·6 | 17 | 木 | 14 | 壬子 | 4·6 |
| 13 | 20 | 火 | 15 | 甲寅 | 4·6 | 20 | 木 | 16 | 甲申 | 4·5 | 18 | 金 | 15 | 癸丑 | 4·6 |
| 14 | 21 | 水 | 16 | 乙卯 | 5·5 | 21 | 金 | 17 | 乙酉 | 동지 | 19 | 土 | 16 | 甲寅 | 5·5 |
| 15 | 22 | 木 | 17 | 丙辰 | 소설 | 22 | 土 | 18 | 丙戌 | 5·5 | 20 | 日 | 17 | 乙卯 | 대한 |
| 16 | 23 | 金 | 18 | 丁巳 | 5·5 | 23 | 日 | 19 | 丁亥 | 5·4 | 21 | 月 | 18 | 丙辰 | 5·5 |
| 17 | 24 | 土 | 19 | 戊午 | 6·4 | 24 | 月 | 20 | 戊子 | 6·4 | 22 | 火 | 19 | 丁巳 | 6·4 |
| 18 | 25 | 日 | 20 | 己未 | 6·4 | 25 | 火 | 21 | 己丑 | 6·4 | 23 | 水 | 20 | 戊午 | 6·4 |
| 19 | 26 | 月 | 21 | 庚申 | 6·4 | 26 | 水 | 22 | 庚寅 | 6·3 | 24 | 木 | 21 | 己未 | 6·4 |
| 20 | 27 | 火 | 22 | 辛酉 | 7·3 | 27 | 木 | 23 | 辛卯 | 7·3 | 25 | 金 | 22 | 庚申 | 7·3 |
| 21 | 28 | 水 | 23 | 壬戌 | 7·3 | 28 | 金 | 24 | 壬辰 | 7·3 | 26 | 土 | 23 | 辛酉 | 7·3 |
| 22 | 29 | 木 | 24 | 癸亥 | 7·3 | 29 | 土 | 25 | 癸巳 | 7·2 | 27 | 日 | 24 | 壬戌 | 7·3 |
| 23 | 30 | 金 | 25 | 甲子 | 8·2 | 30 | 日 | 26 | 甲午 | 8·2 | 28 | 月 | 25 | 癸亥 | 8·2 |
| 24 | 12/1 | 土 | 26 | 乙丑 | 8·2 | 31 | 月 | 27 | 乙未 | 8·2 | 29 | 火 | 26 | 甲子 | 8·2 |
| 25 | 2 | 日 | 27 | 丙寅 | 8·2 | 1/1 | 火 | 28 | 丙申 | 8·1 | 30 | 水 | 27 | 乙丑 | 8·2 |
| 26 | 3 | 月 | 28 | 丁卯 | 9·1 | 2 | 水 | 29 | 丁酉 | 9·1 | 31 | 木 | 28 | 丙寅 | 9·1 |
| 27 | 4 | 火 | 29 | 戊辰 | 9·1 | 3 | 木 | 30 | 戊戌 | 9·1 | 2/1 | 金 | 29 | 丁卯 | 9·1 |
| 28 | 5 | 水 | 11/1 | 己巳 | 9·1 | 4 | 金 | 12/1 | 己亥 | 9·1 | 2 | 土 | 30 | 戊辰 | 9·1 |
| 29 | 6 | 木 | 2 | 庚午 | 10·1 | | | | | | 3 | 日 | 1/1 | 己巳 | 10·1 |
| 30 | | | | | | | | | | | | | | | |
| 31 | | | | | | | | | | | | | | | |

# 서기 2030년 [단기 4363년]

| 절기후날수 | 입춘절(戊寅月) 立春 2월4일 4시7분 雨水 2월18일 23시59분 | | | | | 경칩절(己卯月) 驚蟄 3월5일 22시2분 春分 3월20일 22시51분 | | | | | 청명절(庚辰月) 淸明 4월5일 2시40분 穀雨 4월20일 9시42분 | | | | |
|---|---|---|---|---|---|---|---|---|---|---|---|---|---|---|---|
| | 양력 | 요일 | 음력 | 일진 | 大運 남·여 | 양력 | 요일 | 음력 | 일진 | 大運 남·여 | 양력 | 요일 | 음력 | 일진 | 大運 남·여 |
| 0 | 2/4 | 月 | 2 | 庚午 | 입춘 | 3/5 | 火 | 2 | 己亥 | 경칩 | 4/5 | 金 | 3 | 庚午 | 청명 |
| 1 | 5 | 火 | 3 | 辛未 | 9·1 | 6 | 水 | 3 | 庚子 | 10·1 | 6 | 土 | 4 | 辛未 | 10·1 |
| 2 | 6 | 水 | 4 | 壬申 | 9·1 | 7 | 木 | 4 | 辛丑 | 10·1 | 7 | 日 | 5 | 壬申 | 9·1 |
| 3 | 7 | 木 | 5 | 癸酉 | 9·1 | 8 | 金 | 5 | 壬寅 | 9·1 | 8 | 月 | 6 | 癸酉 | 9·1 |
| 4 | 8 | 金 | 6 | 甲戌 | 8·1 | 9 | 土 | 6 | 癸卯 | 9·1 | 9 | 火 | 7 | 甲戌 | 9·1 |
| 5 | 9 | 土 | 7 | 乙亥 | 8·2 | 10 | 日 | 7 | 甲辰 | 9·2 | 10 | 水 | 8 | 乙亥 | 8·2 |
| 6 | 10 | 日 | 8 | 丙子 | 8·2 | 11 | 月 | 8 | 乙巳 | 8·2 | 11 | 木 | 9 | 丙子 | 8·2 |
| 7 | 11 | 月 | 9 | 丁丑 | 7·2 | 12 | 火 | 9 | 丙午 | 8·2 | 12 | 金 | 10 | 丁丑 | 8·2 |
| 8 | 12 | 火 | 10 | 戊寅 | 7·3 | 13 | 水 | 10 | 丁未 | 8·3 | 13 | 土 | 11 | 戊寅 | 7·3 |
| 9 | 13 | 水 | 11 | 己卯 | 7·3 | 14 | 木 | 11 | 戊申 | 7·3 | 14 | 日 | 12 | 己卯 | 7·3 |
| 10 | 14 | 木 | 12 | 庚辰 | 6·3 | 15 | 金 | 12 | 己酉 | 7·3 | 15 | 月 | 13 | 庚辰 | 7·3 |
| 11 | 15 | 金 | 13 | 辛巳 | 6·4 | 16 | 土 | 13 | 庚戌 | 7·4 | 16 | 火 | 14 | 辛巳 | 6·4 |
| 12 | 16 | 土 | 14 | 壬午 | 6·4 | 17 | 日 | 14 | 辛亥 | 6·4 | 17 | 水 | 15 | 壬午 | 6·4 |
| 13 | 17 | 日 | 15 | 癸未 | 5·4 | 18 | 月 | 15 | 壬子 | 6·4 | 18 | 木 | 16 | 癸未 | 6·4 |
| 14 | 18 | 月 | 16 | 甲申 | 우수 | 19 | 火 | 16 | 癸丑 | 6·5 | 19 | 金 | 17 | 甲申 | 5·5 |
| 15 | 19 | 火 | 17 | 乙酉 | 5·5 | 20 | 水 | 17 | 甲寅 | 춘분 | 20 | 土 | 18 | 乙酉 | 곡우 |
| 16 | 20 | 水 | 18 | 丙戌 | 4·5 | 21 | 木 | 18 | 乙卯 | 5·5 | 21 | 日 | 19 | 丙戌 | 5·5 |
| 17 | 21 | 木 | 19 | 丁亥 | 4·6 | 22 | 金 | 19 | 丙辰 | 5·6 | 22 | 月 | 20 | 丁亥 | 4·6 |
| 18 | 22 | 金 | 20 | 戊子 | 4·6 | 23 | 土 | 20 | 丁巳 | 4·6 | 23 | 火 | 21 | 戊子 | 4·6 |
| 19 | 23 | 土 | 21 | 己丑 | 3·6 | 24 | 日 | 21 | 戊午 | 4·6 | 24 | 水 | 22 | 己丑 | 4·6 |
| 20 | 24 | 日 | 22 | 庚寅 | 3·7 | 25 | 月 | 22 | 己未 | 4·7 | 25 | 木 | 23 | 庚寅 | 3·7 |
| 21 | 25 | 月 | 23 | 辛卯 | 3·7 | 26 | 火 | 23 | 庚申 | 3·7 | 26 | 金 | 24 | 辛卯 | 3·7 |
| 22 | 26 | 火 | 24 | 壬辰 | 2·7 | 27 | 水 | 24 | 辛酉 | 3·7 | 27 | 土 | 25 | 壬辰 | 3·7 |
| 23 | 27 | 水 | 25 | 癸巳 | 2·8 | 28 | 木 | 25 | 壬戌 | 3·8 | 28 | 日 | 26 | 癸巳 | 2·8 |
| 24 | 28 | 木 | 26 | 甲午 | 2·8 | 29 | 金 | 26 | 癸亥 | 2·8 | 29 | 月 | 27 | 甲午 | 2·8 |
| 25 | 3/1 | 金 | 27 | 乙未 | 1·8 | 30 | 土 | 27 | 甲子 | 2·8 | 30 | 火 | 28 | 乙未 | 2·8 |
| 26 | 2 | 土 | 28 | 丙申 | 1·9 | 31 | 日 | 28 | 乙丑 | 2·9 | 5/1 | 水 | 29 | 丙申 | 1·9 |
| 27 | 3 | 日 | 29 | 丁酉 | 1·9 | 4/1 | 月 | 29 | 丙寅 | 1·9 | 2 | 木 | 4/1 | 丁酉 | 1·9 |
| 28 | 4 | 月 | 2/1 | 戊戌 | 1·9 | 2 | 火 | 30 | 丁卯 | 1·9 | 3 | 金 | 2 | 戊戌 | 1·9 |
| 29 | | | | | | 3 | 水 | 3/1 | 戊辰 | 1·10 | 4 | 土 | 3 | 己亥 | 1·10 |
| 30 | | | | | | 4 | 木 | 2 | 己巳 | 1·10 | | | | | |
| 31 | | | | | | | | | | | | | | | |

| 절기후날수 | 입하절(辛巳月) 立夏 5월5일 19시45분 小滿 5월21일 8시40분 | | | | | 망종절(壬午月) 芒種 6월5일 23시43분 夏至 6월21일 16시30분 | | | | | 소서절(癸未月) 小暑 7월7일 9시54분 大暑 7월23일 3시24분 | | | | |
|---|---|---|---|---|---|---|---|---|---|---|---|---|---|---|---|
| | 양력 | 요일 | 음력 | 일진 | 大運 남·여 | 양력 | 요일 | 음력 | 일진 | 大運 남·여 | 양력 | 요일 | 음력 | 일진 | 大運 남·여 |
| 0 | 5/5 | 日 | 4 | 庚子 | 입하 | 6/5 | 水 | 5 | 辛未 | 망종 | 7/7 | 日 | 7 | 癸卯 | 소서 |
| 1 | 6 | 月 | 5 | 辛丑 | 10·1 | 6 | 木 | 6 | 壬申 | 10·1 | 8 | 月 | 8 | 甲辰 | 10·1 |
| 2 | 7 | 火 | 6 | 壬寅 | 10·1 | 7 | 金 | 7 | 癸酉 | 10·1 | 9 | 火 | 9 | 乙巳 | 10·1 |
| 3 | 8 | 水 | 7 | 癸卯 | 9·1 | 8 | 土 | 8 | 甲戌 | 10·1 | 10 | 水 | 10 | 丙午 | 9·1 |
| 4 | 9 | 木 | 8 | 甲辰 | 9·1 | 9 | 日 | 9 | 乙亥 | 9·1 | 11 | 木 | 11 | 丁未 | 9·1 |
| 5 | 10 | 金 | 9 | 乙巳 | 9·2 | 10 | 月 | 10 | 丙子 | 9·2 | 12 | 金 | 12 | 戊申 | 9·2 |
| 6 | 11 | 土 | 10 | 丙午 | 8·2 | 11 | 火 | 11 | 丁丑 | 9·2 | 13 | 土 | 13 | 己酉 | 8·2 |
| 7 | 12 | 日 | 11 | 丁未 | 8·2 | 12 | 水 | 12 | 戊寅 | 8·2 | 14 | 日 | 14 | 庚戌 | 8·2 |
| 8 | 13 | 月 | 12 | 戊申 | 8·3 | 13 | 木 | 13 | 己卯 | 8·3 | 15 | 月 | 15 | 辛亥 | 8·3 |
| 9 | 14 | 火 | 13 | 己酉 | 7·3 | 14 | 金 | 14 | 庚辰 | 8·3 | 16 | 火 | 16 | 壬子 | 7·3 |
| 10 | 15 | 水 | 14 | 庚戌 | 7·3 | 15 | 土 | 15 | 辛巳 | 7·3 | 17 | 水 | 17 | 癸丑 | 7·3 |
| 11 | 16 | 木 | 15 | 辛亥 | 7·4 | 16 | 日 | 16 | 壬午 | 7·4 | 18 | 木 | 18 | 甲寅 | 7·4 |
| 12 | 17 | 金 | 16 | 壬子 | 6·4 | 17 | 月 | 17 | 癸未 | 7·4 | 19 | 金 | 19 | 乙卯 | 6·4 |
| 13 | 18 | 土 | 17 | 癸丑 | 6·4 | 18 | 火 | 18 | 甲申 | 6·4 | 20 | 土 | 20 | 丙辰 | 6·4 |
| 14 | 19 | 日 | 18 | 甲寅 | 6·5 | 19 | 水 | 19 | 乙酉 | 6·5 | 21 | 日 | 21 | 丁巳 | 6·5 |
| 15 | 20 | 月 | 19 | 乙卯 | 5·5 | 20 | 木 | 20 | 丙戌 | 6·5 | 22 | 月 | 22 | 戊午 | 5·5 |
| 16 | 21 | 火 | 20 | 丙辰 | 소만 | 21 | 金 | 21 | 丁亥 | 하지 | 23 | 火 | 23 | 己未 | 대서 |
| 17 | 22 | 水 | 21 | 丁巳 | 5·6 | 22 | 土 | 22 | 戊子 | 5·6 | 24 | 水 | 24 | 庚申 | 5·6 |
| 18 | 23 | 木 | 22 | 戊午 | 4·6 | 23 | 日 | 23 | 己丑 | 5·6 | 25 | 木 | 25 | 辛酉 | 4·6 |
| 19 | 24 | 金 | 23 | 己未 | 4·6 | 24 | 月 | 24 | 庚寅 | 4·6 | 26 | 金 | 26 | 壬戌 | 4·6 |
| 20 | 25 | 土 | 24 | 庚申 | 4·7 | 25 | 火 | 25 | 辛卯 | 4·7 | 27 | 土 | 27 | 癸亥 | 4·7 |
| 21 | 26 | 日 | 25 | 辛酉 | 3·7 | 26 | 水 | 26 | 壬辰 | 4·7 | 28 | 日 | 28 | 甲子 | 3·7 |
| 22 | 27 | 月 | 26 | 壬戌 | 3·7 | 27 | 木 | 27 | 癸巳 | 3·7 | 29 | 月 | 29 | 乙丑 | 3·7 |
| 23 | 28 | 火 | 27 | 癸亥 | 3·8 | 28 | 金 | 28 | 甲午 | 3·8 | 30 | 火 | 7/1 | 丙寅 | 3·8 |
| 24 | 29 | 水 | 28 | 甲子 | 2·8 | 29 | 土 | 29 | 乙未 | 3·8 | 31 | 水 | 2 | 丁卯 | 2·8 |
| 25 | 30 | 木 | 29 | 乙丑 | 2·8 | 30 | 日 | 30 | 丙申 | 2·8 | 8/1 | 木 | 3 | 戊辰 | 2·8 |
| 26 | 31 | 金 | 30 | 丙寅 | 2·9 | 7/1 | 月 | 6/1 | 丁酉 | 2·9 | 2 | 金 | 4 | 己巳 | 2·9 |
| 27 | 6/1 | 土 | 5/1 | 丁卯 | 1·9 | 2 | 火 | 2 | 戊戌 | 2·9 | 3 | 土 | 5 | 庚午 | 1·9 |
| 28 | 2 | 日 | 2 | 戊辰 | 1·9 | 3 | 水 | 3 | 己亥 | 1·9 | 4 | 日 | 6 | 辛未 | 1·9 |
| 29 | 3 | 月 | 3 | 己巳 | 1·10 | 4 | 木 | 4 | 庚子 | 1·10 | 5 | 月 | 7 | 壬申 | 1·10 |
| 30 | 4 | 火 | 4 | 庚午 | 1·10 | 5 | 金 | 5 | 辛丑 | 1·10 | 6 | 火 | 8 | 癸酉 | 1·10 |
| 31 | | | | | | 6 | 土 | 6 | 壬寅 | 1·10 | | | | | |

# 庚戌年

| 절기후날수 | 입추절(甲申月) 立秋 8월7일 19시46분 處暑 8월23일 10시35분 | | | | | 백로절(乙酉月) 白露 9월7일 22시52분 秋分 9월23일 8시26분 | | | | |
|---|---|---|---|---|---|---|---|---|---|---|
| | 양력 | 요일 | 음력 | 일진 | 大運 남·여 | 양력 | 요일 | 음력 | 일진 | 大運 남·여 |
| 0 | 8/7 | 水 | 9 | 甲戌 | 입추 | 9/7 | 土 | 10 | 乙巳 | 백로 |
| 1 | 8 | 木 | 10 | 乙亥 | 10·1 | 8 | 日 | 11 | 丙午 | 10·1 |
| 2 | 9 | 金 | 11 | 丙子 | 10·1 | 9 | 月 | 12 | 丁未 | 10·1 |
| 3 | 10 | 土 | 12 | 丁丑 | 9·1 | 10 | 火 | 13 | 戊申 | 9·1 |
| 4 | 11 | 日 | 13 | 戊寅 | 9·1 | 11 | 水 | 14 | 己酉 | 9·1 |
| 5 | 12 | 月 | 14 | 己卯 | 9·2 | 12 | 木 | 15 | 庚戌 | 9·2 |
| 6 | 13 | 火 | 15 | 庚辰 | 8·2 | 13 | 金 | 16 | 辛亥 | 8·2 |
| 7 | 14 | 水 | 16 | 辛巳 | 8·2 | 14 | 土 | 17 | 壬子 | 8·2 |
| 8 | 15 | 木 | 17 | 壬午 | 8·3 | 15 | 日 | 18 | 癸丑 | 8·3 |
| 9 | 16 | 金 | 18 | 癸未 | 7·3 | 16 | 月 | 19 | 甲寅 | 7·3 |
| 10 | 17 | 土 | 19 | 甲申 | 7·3 | 17 | 火 | 20 | 乙卯 | 7·3 |
| 11 | 18 | 日 | 20 | 乙酉 | 7·4 | 18 | 水 | 21 | 丙辰 | 7·4 |
| 12 | 19 | 月 | 21 | 丙戌 | 6·4 | 19 | 木 | 22 | 丁巳 | 6·4 |
| 13 | 20 | 火 | 22 | 丁亥 | 6·4 | 20 | 金 | 23 | 戊午 | 6·4 |
| 14 | 21 | 水 | 23 | 戊子 | 6·5 | 21 | 土 | 24 | 己未 | 6·5 |
| 15 | 22 | 木 | 24 | 己丑 | 5·5 | 22 | 日 | 25 | 庚申 | 5·5 |
| 16 | 23 | 金 | 25 | 庚寅 | 처서 | 23 | 月 | 26 | 辛酉 | 추분 |
| 17 | 24 | 土 | 26 | 辛卯 | 5·6 | 24 | 火 | 27 | 壬戌 | 5·6 |
| 18 | 25 | 日 | 27 | 壬辰 | 4·6 | 25 | 水 | 28 | 癸亥 | 4·6 |
| 19 | 26 | 月 | 28 | 癸巳 | 4·6 | 26 | 木 | 29 | 甲子 | 4·6 |
| 20 | 27 | 火 | 29 | 甲午 | 4·7 | 27 | 金 | 9/1 | 乙丑 | 4·7 |
| 21 | 28 | 水 | 30 | 乙未 | 3·7 | 28 | 土 | 2 | 丙寅 | 3·7 |
| 22 | 29 | 木 | 8/1 | 丙申 | 3·7 | 29 | 日 | 3 | 丁卯 | 3·7 |
| 23 | 30 | 金 | 2 | 丁酉 | 3·8 | 30 | 月 | 4 | 戊辰 | 3·8 |
| 24 | 31 | 土 | 3 | 戊戌 | 2·8 | 10/1 | 火 | 5 | 己巳 | 2·8 |
| 25 | 9/1 | 日 | 4 | 己亥 | 2·8 | 2 | 水 | 6 | 庚午 | 2·8 |
| 26 | 2 | 月 | 5 | 庚子 | 2·9 | 3 | 木 | 7 | 辛未 | 2·9 |
| 27 | 3 | 火 | 6 | 辛丑 | 1·9 | 4 | 金 | 8 | 壬申 | 1·9 |
| 28 | 4 | 水 | 7 | 壬寅 | 1·9 | 5 | 土 | 9 | 癸酉 | 1·9 |
| 29 | 5 | 木 | 8 | 癸卯 | 1·10 | 6 | 日 | 10 | 甲戌 | 1·10 |
| 30 | 6 | 金 | 9 | 甲辰 | 1·10 | 7 | 月 | 11 | 乙亥 | 1·10 |
| 31 | | | | | | | | | | |

| 절기후날수 | 한로절(丙戌月) 寒露 10월8일 14시44분 霜降 10월23일 17시59분 | | | | | 입동절(丁亥月) 立冬 11월7일 18시7분 小雪 11월22일 15시43분 | | | | |
|---|---|---|---|---|---|---|---|---|---|---|
| | 양력 | 요일 | 음력 | 일진 | 大運 남·여 | 양력 | 요일 | 음력 | 일진 | 大運 남·여 |
| 0 | 10/8 | 火 | 12 | 丙子 | 한로 | 11/7 | 木 | 12 | 丙午 | 입동 |
| 1 | 9 | 水 | 13 | 丁丑 | 10·1 | 8 | 金 | 13 | 丁未 | 10·1 |
| 2 | 10 | 木 | 14 | 戊寅 | 9·1 | 9 | 土 | 14 | 戊申 | 9·1 |
| 3 | 11 | 金 | 15 | 己卯 | 9·1 | 10 | 日 | 15 | 己酉 | 9·1 |
| 4 | 12 | 土 | 16 | 庚辰 | 9·1 | 11 | 月 | 16 | 庚戌 | 9·1 |
| 5 | 13 | 日 | 17 | 辛巳 | 8·2 | 12 | 火 | 17 | 辛亥 | 8·2 |
| 6 | 14 | 月 | 18 | 壬午 | 8·2 | 13 | 水 | 18 | 壬子 | 8·2 |
| 7 | 15 | 火 | 19 | 癸未 | 8·2 | 14 | 木 | 19 | 癸丑 | 8·2 |
| 8 | 16 | 水 | 20 | 甲申 | 7·3 | 15 | 金 | 20 | 甲寅 | 7·3 |
| 9 | 17 | 木 | 21 | 乙酉 | 7·3 | 16 | 土 | 21 | 乙卯 | 7·3 |
| 10 | 18 | 金 | 22 | 丙戌 | 7·3 | 17 | 日 | 22 | 丙辰 | 7·3 |
| 11 | 19 | 土 | 23 | 丁亥 | 6·4 | 18 | 月 | 23 | 丁巳 | 6·4 |
| 12 | 20 | 日 | 24 | 戊子 | 6·4 | 19 | 火 | 24 | 戊午 | 6·4 |
| 13 | 21 | 月 | 25 | 己丑 | 6·4 | 20 | 水 | 25 | 己未 | 6·4 |
| 14 | 22 | 火 | 26 | 庚寅 | 5·5 | 21 | 木 | 26 | 庚申 | 5·5 |
| 15 | 23 | 水 | 27 | 辛卯 | 상강 | 22 | 金 | 27 | 辛酉 | 소설 |
| 16 | 24 | 木 | 28 | 壬辰 | 5·5 | 23 | 土 | 28 | 壬戌 | 5·5 |
| 17 | 25 | 金 | 29 | 癸巳 | 4·6 | 24 | 日 | 29 | 癸亥 | 4·6 |
| 18 | 26 | 土 | 30 | 甲午 | 4·6 | 25 | 月 | 11/1 | 甲子 | 4·6 |
| 19 | 27 | 日 | 10/1 | 乙未 | 4·6 | 26 | 火 | 2 | 乙丑 | 4·6 |
| 20 | 28 | 月 | 2 | 丙申 | 3·7 | 27 | 水 | 3 | 丙寅 | 3·7 |
| 21 | 29 | 火 | 3 | 丁酉 | 3·7 | 28 | 木 | 4 | 丁卯 | 3·7 |
| 22 | 30 | 水 | 4 | 戊戌 | 3·7 | 29 | 金 | 5 | 戊辰 | 3·7 |
| 23 | 31 | 木 | 5 | 己亥 | 2·8 | 30 | 土 | 6 | 己巳 | 2·8 |
| 24 | 11/1 | 金 | 6 | 庚子 | 2·8 | 12/1 | 日 | 7 | 庚午 | 2·8 |
| 25 | 2 | 土 | 7 | 辛丑 | 2·8 | 2 | 月 | 8 | 辛未 | 2·8 |
| 26 | 3 | 日 | 8 | 壬寅 | 1·9 | 3 | 火 | 9 | 壬申 | 1·9 |
| 27 | 4 | 月 | 9 | 癸卯 | 1·9 | 4 | 水 | 10 | 癸酉 | 1·9 |
| 28 | 5 | 火 | 10 | 甲辰 | 1·9 | 5 | 木 | 11 | 甲戌 | 1·9 |
| 29 | 6 | 水 | 11 | 乙巳 | 1·10 | 6 | 金 | 12 | 乙亥 | 1·10 |
| 30 | | | | | | | | | | |
| 31 | | | | | | | | | | |

| 절기후날수 | 대설절(戊子月) 大雪 12월7일 11시6분 冬至 12월22일 5시8분 | | | | | 소한절(己丑月) 小寒 1월5일 22시22분 大寒 1월20일 15시47분 | | | | |
|---|---|---|---|---|---|---|---|---|---|---|
| | 양력 | 요일 | 음력 | 일진 | 大運 남·여 | 양력 | 요일 | 음력 | 일진 | 大運 남·여 |
| 0 | 12/7 | 土 | 13 | 丙子 | 대설 | 1/5 | 日 | 12 | 乙巳 | 소한 |
| 1 | 8 | 日 | 14 | 丁丑 | 9·1 | 6 | 月 | 13 | 丙午 | 10·1 |
| 2 | 9 | 月 | 15 | 戊寅 | 9·1 | 7 | 火 | 14 | 丁未 | 9·1 |
| 3 | 10 | 火 | 16 | 己卯 | 9·1 | 8 | 水 | 15 | 戊申 | 9·1 |
| 4 | 11 | 水 | 17 | 庚辰 | 8·1 | 9 | 木 | 16 | 己酉 | 9·1 |
| 5 | 12 | 木 | 18 | 辛巳 | 8·2 | 10 | 金 | 17 | 庚戌 | 8·2 |
| 6 | 13 | 金 | 19 | 壬午 | 8·2 | 11 | 土 | 18 | 辛亥 | 8·2 |
| 7 | 14 | 土 | 20 | 癸未 | 7·2 | 12 | 日 | 19 | 壬子 | 8·2 |
| 8 | 15 | 日 | 21 | 甲申 | 7·3 | 13 | 月 | 20 | 癸丑 | 7·3 |
| 9 | 16 | 月 | 22 | 乙酉 | 7·3 | 14 | 火 | 21 | 甲寅 | 7·3 |
| 10 | 17 | 火 | 23 | 丙戌 | 6·3 | 15 | 水 | 22 | 乙卯 | 7·3 |
| 11 | 18 | 水 | 24 | 丁亥 | 6·4 | 16 | 木 | 23 | 丙辰 | 6·4 |
| 12 | 19 | 木 | 25 | 戊子 | 6·4 | 17 | 金 | 24 | 丁巳 | 6·4 |
| 13 | 20 | 金 | 26 | 己丑 | 5·4 | 18 | 土 | 25 | 戊午 | 6·4 |
| 14 | 21 | 土 | 27 | 庚寅 | 5·5 | 19 | 日 | 26 | 己未 | 5·5 |
| 15 | 22 | 日 | 28 | 辛卯 | 동지 | 20 | 月 | 27 | 庚申 | 대한 |
| 16 | 23 | 月 | 29 | 壬辰 | 4·5 | 21 | 火 | 28 | 辛酉 | 5·5 |
| 17 | 24 | 火 | 30 | 癸巳 | 4·6 | 22 | 水 | 29 | 壬戌 | 4·6 |
| 18 | 25 | 水 | 12/1 | 甲午 | 4·6 | 23 | 木 | 1/1 | 癸亥 | 4·6 |
| 19 | 26 | 木 | 2 | 乙未 | 3·6 | 24 | 金 | 2 | 甲子 | 4·6 |
| 20 | 27 | 金 | 3 | 丙申 | 3·7 | 25 | 土 | 3 | 乙丑 | 3·7 |
| 21 | 28 | 土 | 4 | 丁酉 | 3·7 | 26 | 日 | 4 | 丙寅 | 3·7 |
| 22 | 29 | 日 | 5 | 戊戌 | 2·7 | 27 | 月 | 5 | 丁卯 | 3·7 |
| 23 | 30 | 月 | 6 | 己亥 | 2·8 | 28 | 火 | 6 | 戊辰 | 2·8 |
| 24 | 31 | 火 | 7 | 庚子 | 2·8 | 29 | 水 | 7 | 己巳 | 2·8 |
| 25 | 1/1 | 水 | 8 | 辛丑 | 1·8 | 30 | 木 | 8 | 庚午 | 2·8 |
| 26 | 2 | 木 | 9 | 壬寅 | 1·9 | 31 | 金 | 9 | 辛未 | 1·9 |
| 27 | 3 | 金 | 10 | 癸卯 | 1·9 | 2/1 | 土 | 10 | 壬申 | 1·9 |
| 28 | 4 | 土 | 11 | 甲辰 | 1·9 | 2 | 日 | 11 | 癸酉 | 1·9 |
| 29 | | | | | | 3 | 月 | 12 | 甲戌 | 1·10 |
| 30 | | | | | | | | | | |
| 31 | | | | | | | | | | |

# 서기 2031년 [단기 4364년]

| 절기후날수 | 입춘절(庚寅月) | | | | | 경칩절(辛卯月) | | | | | 청명절(壬辰月) | | | | | 입하절(癸巳月) | | | | | 망종절(甲午月) | | | | | 소서절(乙未月) | | | | |
|---|---|---|---|---|---|---|---|---|---|---|---|---|---|---|---|---|---|---|---|---|---|---|---|---|---|---|---|---|---|---|
| | 立春 2월4일 9시57분<br>雨水 2월19일 5시50분 | | | | | 驚蟄 3월6일 3시50분<br>春分 3월21일 4시40분 | | | | | 淸明 4월5일 8시27분<br>穀雨 4월20일 15시30분 | | | | | 立夏 5월6일 1시34분<br>小滿 5월21일 14시27분 | | | | | 芒種 6월6일 5시34분<br>夏至 6월21일 22시16분 | | | | | 小暑 7월7일 15시48분<br>大暑 7월23일 9시9분 | | | | |
| | 양력 | 요일 | 음력 | 일진 | 大運 남·여 | 양력 | 요일 | 음력 | 일진 | 大運 남·여 | 양력 | 요일 | 음력 | 일진 | 大運 남·여 | 양력 | 요일 | 음력 | 일진 | 大運 남·여 | 양력 | 요일 | 음력 | 일진 | 大運 남·여 | 양력 | 요일 | 음력 | 일진 | 大運 남·여 |
| 0 | 2/4 | 火 | 13 | 乙亥 | 입춘 | 3/6 | 木 | 13 | 乙巳 | 경칩 | 4/5 | 土 | 14 | 乙亥 | 청명 | 5/6 | 火 | 윤15 | 丙午 | 입하 | 6/6 | 金 | 17 | 丁丑 | 망종 | 7/7 | 月 | 18 | 戊申 | 소서 |
| 1 | 5 | 水 | 14 | 丙子 | 1·10 | 7 | 金 | 14 | 丙午 | 1·10 | 6 | 日 | 15 | 丙子 | 1·10 | 7 | 水 | 윤16 | 丁未 | 1·10 | 7 | 土 | 18 | 戊寅 | 1·10 | 8 | 火 | 19 | 己酉 | 1·10 |
| 2 | 6 | 木 | 15 | 丁丑 | 1·9 | 8 | 土 | 15 | 丁未 | 1·9 | 7 | 月 | 16 | 丁丑 | 1·10 | 8 | 木 | 윤17 | 戊申 | 1·10 | 8 | 日 | 19 | 己卯 | 1·10 | 9 | 水 | 20 | 庚戌 | 1·10 |
| 3 | 7 | 金 | 16 | 戊寅 | 1·9 | 9 | 日 | 16 | 戊申 | 1·9 | 8 | 火 | 17 | 戊寅 | 1·9 | 9 | 金 | 윤18 | 己酉 | 1·9 | 9 | 月 | 20 | 庚辰 | 1·9 | 10 | 木 | 21 | 辛亥 | 1·10 |
| 4 | 8 | 土 | 17 | 己卯 | 1·9 | 10 | 月 | 17 | 己酉 | 1·9 | 9 | 水 | 18 | 己卯 | 1·9 | 10 | 土 | 윤19 | 庚戌 | 1·9 | 10 | 火 | 21 | 辛巳 | 1·9 | 11 | 金 | 22 | 壬子 | 1·9 |
| 5 | 9 | 日 | 18 | 庚辰 | 2·8 | 11 | 火 | 18 | 庚戌 | 2·8 | 10 | 木 | 19 | 庚辰 | 2·9 | 11 | 日 | 윤20 | 辛亥 | 2·9 | 11 | 水 | 22 | 壬午 | 2·9 | 12 | 土 | 23 | 癸丑 | 2·9 |
| 6 | 10 | 月 | 19 | 辛巳 | 2·8 | 12 | 水 | 19 | 辛亥 | 2·8 | 11 | 金 | 20 | 辛巳 | 2·8 | 12 | 月 | 윤21 | 壬子 | 2·8 | 12 | 木 | 23 | 癸未 | 2·8 | 13 | 日 | 24 | 甲寅 | 2·9 |
| 7 | 11 | 火 | 20 | 壬午 | 2·8 | 13 | 木 | 20 | 壬子 | 2·8 | 12 | 土 | 21 | 壬午 | 2·8 | 13 | 火 | 윤22 | 癸丑 | 2·8 | 13 | 金 | 24 | 甲申 | 2·8 | 14 | 月 | 25 | 乙卯 | 2·8 |
| 8 | 12 | 水 | 21 | 癸未 | 3·7 | 14 | 金 | 21 | 癸丑 | 3·7 | 13 | 日 | 22 | 癸未 | 3·8 | 14 | 水 | 윤23 | 甲寅 | 3·8 | 14 | 土 | 25 | 乙酉 | 3·8 | 15 | 火 | 26 | 丙辰 | 3·8 |
| 9 | 13 | 木 | 22 | 甲申 | 3·7 | 15 | 土 | 22 | 甲寅 | 3·7 | 14 | 月 | 23 | 甲申 | 3·7 | 15 | 木 | 윤24 | 乙卯 | 3·7 | 15 | 日 | 26 | 丙戌 | 3·7 | 16 | 水 | 27 | 丁巳 | 3·8 |
| 10 | 14 | 金 | 23 | 乙酉 | 3·7 | 16 | 日 | 23 | 乙卯 | 3·7 | 15 | 火 | 24 | 乙酉 | 3·7 | 16 | 金 | 윤25 | 丙辰 | 3·7 | 16 | 月 | 27 | 丁亥 | 3·7 | 17 | 木 | 28 | 戊午 | 3·7 |
| 11 | 15 | 土 | 24 | 丙戌 | 4·6 | 17 | 月 | 24 | 丙辰 | 4·6 | 16 | 水 | 25 | 丙戌 | 4·7 | 17 | 土 | 윤26 | 丁巳 | 4·7 | 17 | 火 | 28 | 戊子 | 4·7 | 18 | 金 | 29 | 己未 | 4·7 |
| 12 | 16 | 日 | 25 | 丁亥 | 4·6 | 18 | 火 | 25 | 丁巳 | 4·6 | 17 | 木 | 26 | 丁亥 | 4·6 | 18 | 日 | 윤27 | 戊午 | 4·6 | 18 | 水 | 29 | 己丑 | 4·6 | 19 | 土 | 6/1 | 庚申 | 4·7 |
| 13 | 17 | 月 | 26 | 戊子 | 4·6 | 19 | 水 | 26 | 戊午 | 4·6 | 18 | 金 | 27 | 戊子 | 4·6 | 19 | 月 | 윤28 | 己未 | 4·6 | 19 | 木 | 30 | 庚寅 | 4·6 | 20 | 日 | 2 | 辛酉 | 4·6 |
| 14 | 18 | 火 | 27 | 己丑 | 5·5 | 20 | 木 | 27 | 己未 | 5·5 | 19 | 土 | 28 | 己丑 | 5·6 | 20 | 火 | 윤29 | 庚申 | 5·6 | 20 | 金 | 5/1 | 辛卯 | 5·6 | 21 | 月 | 3 | 壬戌 | 5·6 |
| 15 | 19 | 水 | 28 | 庚寅 | 우수 | 21 | 金 | 28 | 庚申 | 춘분 | 20 | 日 | 29 | 庚寅 | 곡우 | 21 | 水 | 4/1 | 辛酉 | 소만 | 21 | 土 | 2 | 壬辰 | 하지 | 22 | 火 | 4 | 癸亥 | 5·6 |
| 16 | 20 | 木 | 29 | 辛卯 | 5·5 | 22 | 土 | 29 | 辛酉 | 5·5 | 21 | 月 | 30 | 辛卯 | 5·5 | 22 | 木 | 2 | 壬戌 | 5·5 | 22 | 日 | 3 | 癸巳 | 5·5 | 23 | 水 | 5 | 甲子 | 대서 |
| 17 | 21 | 金 | 30 | 壬辰 | 6·4 | 23 | 日 | 3/1 | 壬戌 | 6·4 | 22 | 火 | 윤1 | 壬辰 | 6·5 | 23 | 金 | 3 | 癸亥 | 6·5 | 23 | 月 | 4 | 甲午 | 6·5 | 24 | 木 | 6 | 乙丑 | 6·5 |
| 18 | 22 | 土 | 2/1 | 癸巳 | 6·4 | 24 | 月 | 2 | 癸亥 | 6·4 | 23 | 水 | 윤2 | 癸巳 | 6·4 | 24 | 土 | 4 | 甲子 | 6·4 | 24 | 火 | 5 | 乙未 | 6·4 | 25 | 金 | 7 | 丙寅 | 6·5 |
| 19 | 23 | 日 | 2 | 甲午 | 6·4 | 25 | 火 | 3 | 甲子 | 6·4 | 24 | 木 | 윤3 | 甲午 | 6·4 | 25 | 日 | 5 | 乙丑 | 6·4 | 25 | 水 | 6 | 丙申 | 6·4 | 26 | 土 | 8 | 丁卯 | 6·4 |
| 20 | 24 | 月 | 3 | 乙未 | 7·3 | 26 | 水 | 4 | 乙丑 | 7·3 | 25 | 金 | 윤4 | 乙未 | 7·4 | 26 | 月 | 6 | 丙寅 | 7·4 | 26 | 木 | 7 | 丁酉 | 7·4 | 27 | 日 | 9 | 戊辰 | 7·4 |
| 21 | 25 | 火 | 4 | 丙申 | 7·3 | 27 | 木 | 5 | 丙寅 | 7·3 | 26 | 土 | 윤5 | 丙申 | 7·3 | 27 | 火 | 7 | 丁卯 | 7·3 | 27 | 金 | 8 | 戊戌 | 7·3 | 28 | 月 | 10 | 己巳 | 7·4 |
| 22 | 26 | 水 | 5 | 丁酉 | 7·3 | 28 | 金 | 6 | 丁卯 | 7·3 | 27 | 日 | 윤6 | 丁酉 | 7·3 | 28 | 水 | 8 | 戊辰 | 7·3 | 28 | 土 | 9 | 己亥 | 7·3 | 29 | 火 | 11 | 庚午 | 7·3 |
| 23 | 27 | 木 | 6 | 戊戌 | 8·2 | 29 | 土 | 7 | 戊辰 | 8·2 | 28 | 月 | 윤7 | 戊戌 | 8·3 | 29 | 木 | 9 | 己巳 | 8·3 | 29 | 日 | 10 | 庚子 | 8·3 | 30 | 水 | 12 | 辛未 | 8·3 |
| 24 | 28 | 金 | 7 | 己亥 | 8·2 | 30 | 日 | 8 | 己巳 | 8·2 | 29 | 火 | 윤8 | 己亥 | 8·2 | 30 | 金 | 10 | 庚午 | 8·2 | 30 | 月 | 11 | 辛丑 | 8·2 | 31 | 木 | 13 | 壬申 | 8·3 |
| 25 | 3/1 | 土 | 8 | 庚子 | 8·2 | 31 | 月 | 9 | 庚午 | 8·2 | 30 | 水 | 윤9 | 庚子 | 8·2 | 31 | 土 | 11 | 辛未 | 8·2 | 7/1 | 火 | 12 | 壬寅 | 8·2 | 8/1 | 金 | 14 | 癸酉 | 8·2 |
| 26 | 2 | 日 | 9 | 辛丑 | 9·1 | 4/1 | 火 | 10 | 辛未 | 9·1 | 5/1 | 木 | 윤10 | 辛丑 | 9·2 | 6/1 | 日 | 12 | 壬申 | 9·2 | 2 | 水 | 13 | 癸卯 | 9·2 | 2 | 土 | 15 | 甲戌 | 9·2 |
| 27 | 3 | 月 | 10 | 壬寅 | 9·1 | 2 | 水 | 11 | 壬申 | 9·1 | 2 | 金 | 윤11 | 壬寅 | 9·1 | 2 | 月 | 13 | 癸酉 | 9·1 | 3 | 木 | 14 | 甲辰 | 9·1 | 3 | 日 | 16 | 乙亥 | 9·2 |
| 28 | 4 | 火 | 11 | 癸卯 | 9·1 | 3 | 木 | 12 | 癸酉 | 9·1 | 3 | 土 | 윤12 | 癸卯 | 9·1 | 3 | 火 | 14 | 甲戌 | 9·1 | 4 | 金 | 15 | 乙巳 | 9·1 | 4 | 月 | 17 | 丙子 | 9·1 |
| 29 | 5 | 水 | 12 | 甲辰 | 10·1 | 4 | 金 | 13 | 甲戌 | 10·1 | 4 | 日 | 윤13 | 甲辰 | 10·1 | 4 | 水 | 15 | 乙亥 | 10·1 | 5 | 土 | 16 | 丙午 | 10·1 | 5 | 火 | 18 | 丁丑 | 10·1 |
| 30 | | | | | | | | | | | 5 | 月 | 윤14 | 乙巳 | 10·1 | 5 | 木 | 16 | 丙子 | 10·1 | 6 | 日 | 17 | 丁未 | 10·1 | 6 | 水 | 19 | 戊寅 | 10·1 |
| 31 | | | | | | | | | | | | | | | | | | | | | | | | | | 7 | 木 | 20 | 己卯 | 10·1 |

▶윤달-3월

# 辛亥年

| 절기후날수 | 입추절(丙申月) | | | | | | 백로절(丁酉月) | | | | | | 한로절(戊戌月) | | | | | |
|---|---|---|---|---|---|---|---|---|---|---|---|---|---|---|---|---|---|---|
| | 立秋 8월8일 1시42분 | | | | | | 白露 9월8일 4시49분 | | | | | | 寒露 10월8일 20시42분 | | | | | |
| | 處暑 8월23일 16시22분 | | | | | | 秋分 9월23일 14시14분 | | | | | | 霜降 10월23일 23시48분 | | | | | |
| | 양력 | 요일 | 음력 | 일진 | 大運 남 | 大運 여 | 양력 | 요일 | 음력 | 일진 | 大運 남 | 大運 여 | 양력 | 요일 | 음력 | 일진 | 大運 남 | 大運 여 |
| 0 | 8/8 | 金 | 21 | 庚辰 | 입추 | | 9/8 | 月 | 22 | 辛亥 | 백로 | | 10/8 | 水 | 22 | 辛巳 | 한로 | |
| 1 | 9 | 土 | 22 | 辛巳 | 1 | 10 | 9 | 火 | 23 | 壬子 | 1 | 10 | 9 | 木 | 23 | 壬午 | 1 | 10 |
| 2 | 10 | 日 | 23 | 壬午 | 1 | 10 | 10 | 水 | 24 | 癸丑 | 1 | 9 | 10 | 金 | 24 | 癸未 | 1 | 10 |
| 3 | 11 | 月 | 24 | 癸未 | 1 | 9 | 11 | 木 | 25 | 甲寅 | 1 | 9 | 11 | 土 | 25 | 甲申 | 1 | 9 |
| 4 | 12 | 火 | 25 | 甲申 | 1 | 9 | 12 | 金 | 26 | 乙卯 | 1 | 9 | 12 | 日 | 26 | 乙酉 | 1 | 9 |
| 5 | 13 | 水 | 26 | 乙酉 | 2 | 9 | 13 | 土 | 27 | 丙辰 | 2 | 8 | 13 | 月 | 27 | 丙戌 | 2 | 9 |
| 6 | 14 | 木 | 27 | 丙戌 | 2 | 8 | 14 | 日 | 28 | 丁巳 | 2 | 8 | 14 | 火 | 28 | 丁亥 | 2 | 8 |
| 7 | 15 | 金 | 28 | 丁亥 | 2 | 8 | 15 | 月 | 29 | 戊午 | 2 | 8 | 15 | 水 | 29 | 戊子 | 2 | 8 |
| 8 | 16 | 土 | 29 | 戊子 | 3 | 8 | 16 | 火 | 30 | 己未 | 3 | 7 | 16 | 木 | 9/1 | 己丑 | 3 | 8 |
| 9 | 17 | 日 | 30 | 己丑 | 3 | 7 | 17 | 水 | 8/1 | 庚申 | 3 | 7 | 17 | 金 | 2 | 庚寅 | 3 | 7 |
| 10 | 18 | 月 | 7/1 | 庚寅 | 3 | 7 | 18 | 木 | 2 | 辛酉 | 3 | 7 | 18 | 土 | 3 | 辛卯 | 3 | 7 |
| 11 | 19 | 火 | 2 | 辛卯 | 4 | 7 | 19 | 金 | 3 | 壬戌 | 4 | 6 | 19 | 日 | 4 | 壬辰 | 4 | 7 |
| 12 | 20 | 水 | 3 | 壬辰 | 4 | 6 | 20 | 土 | 4 | 癸亥 | 4 | 6 | 20 | 月 | 5 | 癸巳 | 4 | 6 |
| 13 | 21 | 木 | 4 | 癸巳 | 4 | 6 | 21 | 日 | 5 | 甲子 | 4 | 6 | 21 | 火 | 6 | 甲午 | 4 | 6 |
| 14 | 22 | 金 | 5 | 甲午 | 5 | 6 | 22 | 月 | 6 | 乙丑 | 5 | 5 | 22 | 水 | 7 | 乙未 | 5 | 6 |
| 15 | 23 | 土 | 6 | 乙未 | 처서 | | 23 | 火 | 7 | 丙寅 | 추분 | | 23 | 木 | 8 | 丙申 | 상강 | |
| 16 | 24 | 日 | 7 | 丙申 | 5 | 5 | 24 | 水 | 8 | 丁卯 | 5 | 5 | 24 | 金 | 9 | 丁酉 | 5 | 5 |
| 17 | 25 | 月 | 8 | 丁酉 | 6 | 5 | 25 | 木 | 9 | 戊辰 | 6 | 4 | 25 | 土 | 10 | 戊戌 | 6 | 5 |
| 18 | 26 | 火 | 9 | 戊戌 | 6 | 4 | 26 | 金 | 10 | 己巳 | 6 | 4 | 26 | 日 | 11 | 己亥 | 6 | 4 |
| 19 | 27 | 水 | 10 | 己亥 | 6 | 4 | 27 | 土 | 11 | 庚午 | 6 | 4 | 27 | 月 | 12 | 庚子 | 6 | 4 |
| 20 | 28 | 木 | 11 | 庚子 | 7 | 4 | 28 | 日 | 12 | 辛未 | 7 | 3 | 28 | 火 | 13 | 辛丑 | 7 | 4 |
| 21 | 29 | 金 | 12 | 辛丑 | 7 | 3 | 29 | 月 | 13 | 壬申 | 7 | 3 | 29 | 水 | 14 | 壬寅 | 7 | 3 |
| 22 | 30 | 土 | 13 | 壬寅 | 7 | 3 | 30 | 火 | 14 | 癸酉 | 7 | 3 | 30 | 木 | 15 | 癸卯 | 7 | 3 |
| 23 | 31 | 日 | 14 | 癸卯 | 8 | 3 | 10/1 | 水 | 15 | 甲戌 | 8 | 2 | 31 | 金 | 16 | 甲辰 | 8 | 3 |
| 24 | 9/1 | 月 | 15 | 甲辰 | 8 | 2 | 2 | 木 | 16 | 乙亥 | 8 | 2 | 11/1 | 土 | 17 | 乙巳 | 8 | 2 |
| 25 | 2 | 火 | 16 | 乙巳 | 8 | 2 | 3 | 金 | 17 | 丙子 | 8 | 2 | 2 | 日 | 18 | 丙午 | 8 | 2 |
| 26 | 3 | 水 | 17 | 丙午 | 9 | 2 | 4 | 土 | 18 | 丁丑 | 9 | 1 | 3 | 月 | 19 | 丁未 | 9 | 2 |
| 27 | 4 | 木 | 18 | 丁未 | 9 | 1 | 5 | 日 | 19 | 戊寅 | 9 | 1 | 4 | 火 | 20 | 戊申 | 9 | 1 |
| 28 | 5 | 金 | 19 | 戊申 | 9 | 1 | 6 | 月 | 20 | 己卯 | 9 | 1 | 5 | 水 | 21 | 己酉 | 9 | 1 |
| 29 | 6 | 土 | 20 | 己酉 | 10 | 1 | 7 | 火 | 21 | 庚辰 | 10 | 1 | 6 | 木 | 22 | 庚戌 | 10 | 1 |
| 30 | 7 | 日 | 21 | 庚戌 | 10 | 1 | | | | | | | 7 | 金 | 23 | 辛亥 | 10 | 1 |
| 31 | | | | | | | | | | | | | | | | | | |

| 절기후날수 | 입동절(己亥月) | | | | | | 대설절(庚子月) | | | | | | 소한절(辛丑月) | | | | | |
|---|---|---|---|---|---|---|---|---|---|---|---|---|---|---|---|---|---|---|
| | 立冬 11월8일 0시4분 | | | | | | 大雪 12월7일 17시2분 | | | | | | 小寒 1월6일 4시15분 | | | | | |
| | 小雪 11월22일 21시31분 | | | | | | 冬至 12월22일 10시54분 | | | | | | 大寒 1월20일 21시30분 | | | | | |
| | 양력 | 요일 | 음력 | 일진 | 大運 남 | 大運 여 | 양력 | 요일 | 음력 | 일진 | 大運 남 | 大運 여 | 양력 | 요일 | 음력 | 일진 | 大運 남 | 大運 여 |
| 0 | 11/8 | 土 | 24 | 壬子 | 입동 | | 12/7 | 日 | 23 | 辛巳 | 대설 | | 1/6 | 火 | 24 | 辛亥 | 소한 | |
| 1 | 9 | 日 | 25 | 癸丑 | 1 | 9 | 8 | 月 | 24 | 壬午 | 1 | 10 | 7 | 水 | 25 | 壬子 | 1 | 9 |
| 2 | 10 | 月 | 26 | 甲寅 | 1 | 9 | 9 | 火 | 25 | 癸未 | 1 | 9 | 8 | 木 | 26 | 癸丑 | 1 | 9 |
| 3 | 11 | 火 | 27 | 乙卯 | 1 | 9 | 10 | 水 | 26 | 甲申 | 1 | 9 | 9 | 金 | 27 | 甲寅 | 1 | 9 |
| 4 | 12 | 水 | 28 | 丙辰 | 1 | 8 | 11 | 木 | 27 | 乙酉 | 1 | 9 | 10 | 土 | 28 | 乙卯 | 1 | 8 |
| 5 | 13 | 木 | 29 | 丁巳 | 2 | 8 | 12 | 金 | 28 | 丙戌 | 2 | 8 | 11 | 日 | 29 | 丙辰 | 2 | 8 |
| 6 | 14 | 金 | 30 | 戊午 | 2 | 8 | 13 | 土 | 29 | 丁亥 | 2 | 8 | 12 | 月 | 30 | 丁巳 | 2 | 8 |
| 7 | 15 | 土 | 10/1 | 己未 | 2 | 7 | 14 | 日 | 11/1 | 戊子 | 2 | 8 | 13 | 火 | 12/1 | 戊午 | 2 | 7 |
| 8 | 16 | 日 | 2 | 庚申 | 3 | 7 | 15 | 月 | 2 | 己丑 | 3 | 7 | 14 | 水 | 2 | 己未 | 3 | 7 |
| 9 | 17 | 月 | 3 | 辛酉 | 3 | 7 | 16 | 火 | 3 | 庚寅 | 3 | 7 | 15 | 木 | 3 | 庚申 | 3 | 7 |
| 10 | 18 | 火 | 4 | 壬戌 | 3 | 6 | 17 | 水 | 4 | 辛卯 | 3 | 7 | 16 | 金 | 4 | 辛酉 | 3 | 6 |
| 11 | 19 | 水 | 5 | 癸亥 | 4 | 6 | 18 | 木 | 5 | 壬辰 | 4 | 6 | 17 | 土 | 5 | 壬戌 | 4 | 6 |
| 12 | 20 | 木 | 6 | 甲子 | 4 | 6 | 19 | 金 | 6 | 癸巳 | 4 | 6 | 18 | 日 | 6 | 癸亥 | 4 | 6 |
| 13 | 21 | 金 | 7 | 乙丑 | 4 | 5 | 20 | 土 | 7 | 甲午 | 4 | 6 | 19 | 月 | 7 | 甲子 | 4 | 5 |
| 14 | 22 | 土 | 8 | 丙寅 | 소설 | | 21 | 日 | 8 | 乙未 | 5 | 5 | 20 | 火 | 8 | 乙丑 | 대한 | |
| 15 | 23 | 日 | 9 | 丁卯 | 5 | 5 | 22 | 月 | 9 | 丙申 | 동지 | | 21 | 水 | 9 | 丙寅 | 5 | 5 |
| 16 | 24 | 月 | 10 | 戊辰 | 5 | 4 | 23 | 火 | 10 | 丁酉 | 5 | 5 | 22 | 木 | 10 | 丁卯 | 5 | 4 |
| 17 | 25 | 火 | 11 | 己巳 | 6 | 4 | 24 | 水 | 11 | 戊戌 | 6 | 4 | 23 | 金 | 11 | 戊辰 | 6 | 4 |
| 18 | 26 | 水 | 12 | 庚午 | 6 | 4 | 25 | 木 | 12 | 己亥 | 6 | 4 | 24 | 土 | 12 | 己巳 | 6 | 4 |
| 19 | 27 | 木 | 13 | 辛未 | 6 | 3 | 26 | 金 | 13 | 庚子 | 6 | 4 | 25 | 日 | 13 | 庚午 | 6 | 3 |
| 20 | 28 | 金 | 14 | 壬申 | 7 | 3 | 27 | 土 | 14 | 辛丑 | 7 | 3 | 26 | 月 | 14 | 辛未 | 7 | 3 |
| 21 | 29 | 土 | 15 | 癸酉 | 7 | 3 | 28 | 日 | 15 | 壬寅 | 7 | 3 | 27 | 火 | 15 | 壬申 | 7 | 3 |
| 22 | 30 | 日 | 16 | 甲戌 | 7 | 2 | 29 | 月 | 16 | 癸卯 | 7 | 3 | 28 | 水 | 16 | 癸酉 | 7 | 2 |
| 23 | 12/1 | 月 | 17 | 乙亥 | 8 | 2 | 30 | 火 | 17 | 甲辰 | 8 | 2 | 29 | 木 | 17 | 甲戌 | 8 | 2 |
| 24 | 2 | 火 | 18 | 丙子 | 8 | 2 | 31 | 水 | 18 | 乙巳 | 8 | 2 | 30 | 金 | 18 | 乙亥 | 8 | 2 |
| 25 | 3 | 水 | 19 | 丁丑 | 8 | 1 | 1/1 | 木 | 19 | 丙午 | 8 | 2 | 31 | 土 | 19 | 丙子 | 8 | 1 |
| 26 | 4 | 木 | 20 | 戊寅 | 9 | 1 | 2 | 金 | 20 | 丁未 | 9 | 1 | 2/1 | 日 | 20 | 丁丑 | 9 | 1 |
| 27 | 5 | 金 | 21 | 己卯 | 9 | 1 | 3 | 土 | 21 | 戊申 | 9 | 1 | 2 | 月 | 21 | 戊寅 | 9 | 1 |
| 28 | 6 | 土 | 22 | 庚辰 | 9 | 1 | 4 | 日 | 22 | 己酉 | 9 | 1 | 3 | 火 | 22 | 己卯 | 9 | 1 |
| 29 | | | | | | | 5 | 月 | 23 | 庚戌 | 10 | 1 | | | | | | |
| 30 | | | | | | | | | | | | | | | | | | |
| 31 | | | | | | | | | | | | | | | | | | |

# 서기 2032년 [단기 4365년]

## 입춘절(壬寅月)

立春 2월4일 15시48분 / 雨水 2월19일 11시31분

| 절기후날수 | 양력 | 요일 | 음력 | 일진 | 大運 남·여 |
|---|---|---|---|---|---|
| 0 | 2/4 | 水 | 23 | 庚辰 | 입춘 |
| 1 | 5 | 木 | 24 | 辛巳 | 10·1 |
| 2 | 6 | 金 | 25 | 壬午 | 9·1 |
| 3 | 7 | 土 | 26 | 癸未 | 9·1 |
| 4 | 8 | 日 | 27 | 甲申 | 9·1 |
| 5 | 9 | 月 | 28 | 乙酉 | 8·2 |
| 6 | 10 | 火 | 29 | 丙戌 | 8·2 |
| 7 | 11 | 水 | 1/1 | 丁亥 | 8·2 |
| 8 | 12 | 木 | 2 | 戊子 | 7·3 |
| 9 | 13 | 金 | 3 | 己丑 | 7·3 |
| 10 | 14 | 土 | 4 | 庚寅 | 7·3 |
| 11 | 15 | 日 | 5 | 辛卯 | 6·4 |
| 12 | 16 | 月 | 6 | 壬辰 | 6·4 |
| 13 | 17 | 火 | 7 | 癸巳 | 6·4 |
| 14 | 18 | 水 | 8 | 甲午 | 5·5 |
| 15 | 19 | 木 | 9 | 乙未 | 우수 |
| 16 | 20 | 金 | 10 | 丙申 | 5·5 |
| 17 | 21 | 土 | 11 | 丁酉 | 4·6 |
| 18 | 22 | 日 | 12 | 戊戌 | 4·6 |
| 19 | 23 | 月 | 13 | 己亥 | 4·6 |
| 20 | 24 | 火 | 14 | 庚子 | 3·7 |
| 21 | 25 | 水 | 15 | 辛丑 | 3·7 |
| 22 | 26 | 木 | 16 | 壬寅 | 3·7 |
| 23 | 27 | 金 | 17 | 癸卯 | 2·8 |
| 24 | 28 | 土 | 18 | 甲辰 | 2·8 |
| 25 | 29 | 日 | 19 | 乙巳 | 2·8 |
| 26 | 3/1 | 月 | 20 | 丙午 | 1·9 |
| 27 | 2 | 火 | 21 | 丁未 | 1·9 |
| 28 | 3 | 水 | 22 | 戊申 | 1·9 |
| 29 | 4 | 木 | 23 | 己酉 | 1·10 |
| 30 | | | | | |
| 31 | | | | | |

## 경칩절(癸卯月)

驚蟄 3월5일 9시39분 / 春分 3월20일 10시21분

| 절기후날수 | 양력 | 요일 | 음력 | 일진 | 大運 남·여 |
|---|---|---|---|---|---|
| 0 | 3/5 | 金 | 24 | 庚戌 | 경칩 |
| 1 | 6 | 土 | 25 | 辛亥 | 10·1 |
| 2 | 7 | 日 | 26 | 壬子 | 9·1 |
| 3 | 8 | 月 | 27 | 癸丑 | 9·1 |
| 4 | 9 | 火 | 28 | 甲寅 | 9·1 |
| 5 | 10 | 水 | 29 | 乙卯 | 8·2 |
| 6 | 11 | 木 | 30 | 丙辰 | 8·2 |
| 7 | 12 | 金 | 2/1 | 丁巳 | 8·2 |
| 8 | 13 | 土 | 2 | 戊午 | 7·3 |
| 9 | 14 | 日 | 3 | 己未 | 7·3 |
| 10 | 15 | 月 | 4 | 庚申 | 7·3 |
| 11 | 16 | 火 | 5 | 辛酉 | 6·4 |
| 12 | 17 | 水 | 6 | 壬戌 | 6·4 |
| 13 | 18 | 木 | 7 | 癸亥 | 6·4 |
| 14 | 19 | 金 | 8 | 甲子 | 5·5 |
| 15 | 20 | 土 | 9 | 乙丑 | 춘분 |
| 16 | 21 | 日 | 10 | 丙寅 | 5·5 |
| 17 | 22 | 月 | 11 | 丁卯 | 4·6 |
| 18 | 23 | 火 | 12 | 戊辰 | 4·6 |
| 19 | 24 | 水 | 13 | 己巳 | 4·6 |
| 20 | 25 | 木 | 14 | 庚午 | 3·7 |
| 21 | 26 | 金 | 15 | 辛未 | 3·7 |
| 22 | 27 | 土 | 16 | 壬申 | 3·7 |
| 23 | 28 | 日 | 17 | 癸酉 | 2·8 |
| 24 | 29 | 月 | 18 | 甲戌 | 2·8 |
| 25 | 30 | 火 | 19 | 乙亥 | 2·8 |
| 26 | 31 | 水 | 20 | 丙子 | 1·9 |
| 27 | 4/1 | 木 | 21 | 丁丑 | 1·9 |
| 28 | 2 | 金 | 22 | 戊寅 | 1·9 |
| 29 | 3 | 土 | 23 | 己卯 | 1·10 |
| 30 | | | | | |
| 31 | | | | | |

## 청명절(甲辰月)

清明 4월4일 14시16분 / 穀雨 4월19일 21시13분

| 절기후날수 | 양력 | 요일 | 음력 | 일진 | 大運 남·여 |
|---|---|---|---|---|---|
| 0 | 4/4 | 日 | 24 | 庚辰 | 청명 |
| 1 | 5 | 月 | 25 | 辛巳 | 10·1 |
| 2 | 6 | 火 | 26 | 壬午 | 10·1 |
| 3 | 7 | 水 | 27 | 癸未 | 9·1 |
| 4 | 8 | 木 | 28 | 甲申 | 9·1 |
| 5 | 9 | 金 | 29 | 乙酉 | 9·2 |
| 6 | 10 | 土 | 3/1 | 丙戌 | 8·2 |
| 7 | 11 | 日 | 2 | 丁亥 | 8·2 |
| 8 | 12 | 月 | 3 | 戊子 | 8·3 |
| 9 | 13 | 火 | 4 | 己丑 | 7·3 |
| 10 | 14 | 水 | 5 | 庚寅 | 7·3 |
| 11 | 15 | 木 | 6 | 辛卯 | 7·4 |
| 12 | 16 | 金 | 7 | 壬辰 | 6·4 |
| 13 | 17 | 土 | 8 | 癸巳 | 6·4 |
| 14 | 18 | 日 | 9 | 甲午 | 6·5 |
| 15 | 19 | 月 | 10 | 乙未 | 곡우 |
| 16 | 20 | 火 | 11 | 丙申 | 5·5 |
| 17 | 21 | 水 | 12 | 丁酉 | 5·6 |
| 18 | 22 | 木 | 13 | 戊戌 | 4·6 |
| 19 | 23 | 金 | 14 | 己亥 | 4·6 |
| 20 | 24 | 土 | 15 | 庚子 | 4·7 |
| 21 | 25 | 日 | 16 | 辛丑 | 3·7 |
| 22 | 26 | 月 | 17 | 壬寅 | 3·7 |
| 23 | 27 | 火 | 18 | 癸卯 | 3·8 |
| 24 | 28 | 水 | 19 | 甲辰 | 2·8 |
| 25 | 29 | 木 | 20 | 乙巳 | 2·8 |
| 26 | 30 | 金 | 21 | 丙午 | 2·9 |
| 27 | 5/1 | 土 | 22 | 丁未 | 1·9 |
| 28 | 2 | 日 | 23 | 戊申 | 1·9 |
| 29 | 3 | 月 | 24 | 己酉 | 1·10 |
| 30 | 4 | 火 | 25 | 庚戌 | 1·10 |
| 31 | | | | | |

## 입하절(乙巳月)

立夏 5월5일 7시25분 / 小滿 5월20일20시14분

| 절기후날수 | 양력 | 요일 | 음력 | 일진 | 大運 남·여 |
|---|---|---|---|---|---|
| 0 | 5/5 | 水 | 26 | 辛亥 | 입하 |
| 1 | 6 | 木 | 27 | 壬子 | 10·1 |
| 2 | 7 | 金 | 28 | 癸丑 | 10·1 |
| 3 | 8 | 土 | 29 | 甲寅 | 9·1 |
| 4 | 9 | 日 | 4/1 | 乙卯 | 9·1 |
| 5 | 10 | 月 | 2 | 丙辰 | 9·2 |
| 6 | 11 | 火 | 3 | 丁巳 | 8·2 |
| 7 | 12 | 水 | 4 | 戊午 | 8·2 |
| 8 | 13 | 木 | 5 | 己未 | 8·3 |
| 9 | 14 | 金 | 6 | 庚申 | 7·3 |
| 10 | 15 | 土 | 7 | 辛酉 | 7·3 |
| 11 | 16 | 日 | 8 | 壬戌 | 7·4 |
| 12 | 17 | 月 | 9 | 癸亥 | 6·4 |
| 13 | 18 | 火 | 10 | 甲子 | 6·4 |
| 14 | 19 | 水 | 11 | 乙丑 | 6·5 |
| 15 | 20 | 木 | 12 | 丙寅 | 소만 |
| 16 | 21 | 金 | 13 | 丁卯 | 5·5 |
| 17 | 22 | 土 | 14 | 戊辰 | 5·6 |
| 18 | 23 | 日 | 15 | 己巳 | 4·6 |
| 19 | 24 | 月 | 16 | 庚午 | 4·6 |
| 20 | 25 | 火 | 17 | 辛未 | 4·7 |
| 21 | 26 | 水 | 18 | 壬申 | 3·7 |
| 22 | 27 | 木 | 19 | 癸酉 | 3·7 |
| 23 | 28 | 金 | 20 | 甲戌 | 3·8 |
| 24 | 29 | 土 | 21 | 乙亥 | 2·8 |
| 25 | 30 | 日 | 22 | 丙子 | 2·8 |
| 26 | 31 | 月 | 23 | 丁丑 | 2·9 |
| 27 | 6/1 | 火 | 24 | 戊寅 | 1·9 |
| 28 | 2 | 水 | 25 | 己卯 | 1·9 |
| 29 | 3 | 木 | 26 | 庚辰 | 1·10 |
| 30 | 4 | 金 | 27 | 辛巳 | 1·10 |
| 31 | | | | | |

## 망종절(丙午月)

芒種 6월5일 11시27분 / 夏至 6월21일 4시7분

| 절기후날수 | 양력 | 요일 | 음력 | 일진 | 大運 남·여 |
|---|---|---|---|---|---|
| 0 | 6/5 | 土 | 28 | 壬午 | 망종 |
| 1 | 6 | 日 | 29 | 癸未 | 10·1 |
| 2 | 7 | 月 | 30 | 甲申 | 10·1 |
| 3 | 8 | 火 | 5/1 | 乙酉 | 9·1 |
| 4 | 9 | 水 | 2 | 丙戌 | 9·1 |
| 5 | 10 | 木 | 3 | 丁亥 | 9·2 |
| 6 | 11 | 金 | 4 | 戊子 | 8·2 |
| 7 | 12 | 土 | 5 | 己丑 | 8·2 |
| 8 | 13 | 日 | 6 | 庚寅 | 8·3 |
| 9 | 14 | 月 | 7 | 辛卯 | 7·3 |
| 10 | 15 | 火 | 8 | 壬辰 | 7·3 |
| 11 | 16 | 水 | 9 | 癸巳 | 7·4 |
| 12 | 17 | 木 | 10 | 甲午 | 6·4 |
| 13 | 18 | 金 | 11 | 乙未 | 6·4 |
| 14 | 19 | 土 | 12 | 丙申 | 6·5 |
| 15 | 20 | 日 | 13 | 丁酉 | 5·5 |
| 16 | 21 | 月 | 14 | 戊戌 | 하지 |
| 17 | 22 | 火 | 15 | 己亥 | 5·6 |
| 18 | 23 | 水 | 16 | 庚子 | 4·6 |
| 19 | 24 | 木 | 17 | 辛丑 | 4·6 |
| 20 | 25 | 金 | 18 | 壬寅 | 4·7 |
| 21 | 26 | 土 | 19 | 癸卯 | 3·7 |
| 22 | 27 | 日 | 20 | 甲辰 | 3·7 |
| 23 | 28 | 月 | 21 | 乙巳 | 3·8 |
| 24 | 29 | 火 | 22 | 丙午 | 2·8 |
| 25 | 30 | 水 | 23 | 丁未 | 2·8 |
| 26 | 7/1 | 木 | 24 | 戊申 | 2·9 |
| 27 | 2 | 金 | 25 | 己酉 | 1·9 |
| 28 | 3 | 土 | 26 | 庚戌 | 1·9 |
| 29 | 4 | 日 | 27 | 辛亥 | 1·10 |
| 30 | 5 | 月 | 28 | 壬子 | 1·10 |
| 31 | | | | | |

## 소서절(丁未月)

小暑 7월6일 21시40분 / 大暑 7월22일 15시3분

| 절기후날수 | 양력 | 요일 | 음력 | 일진 | 大運 남·여 |
|---|---|---|---|---|---|
| 0 | 7/6 | 火 | 29 | 癸丑 | 소서 |
| 1 | 7 | 水 | 6/1 | 甲寅 | 10·1 |
| 2 | 8 | 木 | 2 | 乙卯 | 10·1 |
| 3 | 9 | 金 | 3 | 丙辰 | 10·1 |
| 4 | 10 | 土 | 4 | 丁巳 | 9·1 |
| 5 | 11 | 日 | 5 | 戊午 | 9·2 |
| 6 | 12 | 月 | 6 | 己未 | 9·2 |
| 7 | 13 | 火 | 7 | 庚申 | 8·2 |
| 8 | 14 | 水 | 8 | 辛酉 | 8·3 |
| 9 | 15 | 木 | 9 | 壬戌 | 8·3 |
| 10 | 16 | 金 | 10 | 癸亥 | 7·3 |
| 11 | 17 | 土 | 11 | 甲子 | 7·4 |
| 12 | 18 | 日 | 12 | 乙丑 | 7·4 |
| 13 | 19 | 月 | 13 | 丙寅 | 6·4 |
| 14 | 20 | 火 | 14 | 丁卯 | 6·5 |
| 15 | 21 | 水 | 15 | 戊辰 | 6·5 |
| 16 | 22 | 木 | 16 | 己巳 | 대서 |
| 17 | 23 | 金 | 17 | 庚午 | 5·6 |
| 18 | 24 | 土 | 18 | 辛未 | 5·6 |
| 19 | 25 | 日 | 19 | 壬申 | 4·6 |
| 20 | 26 | 月 | 20 | 癸酉 | 4·7 |
| 21 | 27 | 火 | 21 | 甲戌 | 4·7 |
| 22 | 28 | 水 | 22 | 乙亥 | 3·7 |
| 23 | 29 | 木 | 23 | 丙子 | 3·8 |
| 24 | 30 | 金 | 24 | 丁丑 | 3·8 |
| 25 | 31 | 土 | 25 | 戊寅 | 2·8 |
| 26 | 8/1 | 日 | 26 | 己卯 | 2·9 |
| 27 | 2 | 月 | 27 | 庚辰 | 2·9 |
| 28 | 3 | 火 | 28 | 辛巳 | 1·9 |
| 29 | 4 | 水 | 29 | 壬午 | 1·10 |
| 30 | 5 | 木 | 30 | 癸未 | 1·10 |
| 31 | 6 | 金 | 7/1 | 甲申 | 1·10 |

# 壬子年

| 절기후날수 | 입추절(戊申月)<br>立秋 8월7일 7시31분<br>處暑 8월22일 22시17분 | | | | | 백로절(己酉月)<br>白露 9월7일 10시37분<br>秋分 9월22일 20시10분 | | | | | 한로절(庚戌月)<br>寒露 10월8일 2시29분<br>霜降 10월23일 5시45분 | | | | |
|---|---|---|---|---|---|---|---|---|---|---|---|---|---|---|---|
| | 양력 | 요일 | 음력 | 일진 | 大運 남·여 | 양력 | 요일 | 음력 | 일진 | 大運 남·여 | 양력 | 요일 | 음력 | 일진 | 大運 남·여 |
| 0 | 8/7 | 土 | 2 | 乙酉 | 입추 | 9/7 | 火 | 3 | 丙辰 | 백로 | 10/8 | 金 | 5 | 丁亥 | 한로 |
| 1 | 8 | 日 | 3 | 丙戌 | 10·1 | 8 | 水 | 4 | 丁巳 | 10·1 | 9 | 土 | 6 | 戊子 | 10·1 |
| 2 | 9 | 月 | 4 | 丁亥 | 10·1 | 9 | 木 | 5 | 戊午 | 10·1 | 10 | 日 | 7 | 己丑 | 9·1 |
| 3 | 10 | 火 | 5 | 戊子 | 9·1 | 10 | 金 | 6 | 己未 | 9·1 | 11 | 月 | 8 | 庚寅 | 9·1 |
| 4 | 11 | 水 | 6 | 己丑 | 9·1 | 11 | 土 | 7 | 庚申 | 9·1 | 12 | 火 | 9 | 辛卯 | 9·1 |
| 5 | 12 | 木 | 7 | 庚寅 | 9·2 | 12 | 日 | 8 | 辛酉 | 9·2 | 13 | 水 | 10 | 壬辰 | 8·2 |
| 6 | 13 | 金 | 8 | 辛卯 | 8·2 | 13 | 月 | 9 | 壬戌 | 8·2 | 14 | 木 | 11 | 癸巳 | 8·2 |
| 7 | 14 | 土 | 9 | 壬辰 | 8·2 | 14 | 火 | 10 | 癸亥 | 8·2 | 15 | 金 | 12 | 甲午 | 8·2 |
| 8 | 15 | 日 | 10 | 癸巳 | 8·3 | 15 | 水 | 11 | 甲子 | 8·3 | 16 | 土 | 13 | 乙未 | 7·3 |
| 9 | 16 | 月 | 11 | 甲午 | 7·3 | 16 | 木 | 12 | 乙丑 | 7·3 | 17 | 日 | 14 | 丙申 | 7·3 |
| 10 | 17 | 火 | 12 | 乙未 | 7·3 | 17 | 金 | 13 | 丙寅 | 7·3 | 18 | 月 | 15 | 丁酉 | 7·3 |
| 11 | 18 | 水 | 13 | 丙申 | 7·4 | 18 | 土 | 14 | 丁卯 | 7·4 | 19 | 火 | 16 | 戊戌 | 6·4 |
| 12 | 19 | 木 | 14 | 丁酉 | 6·4 | 19 | 日 | 15 | 戊辰 | 6·4 | 20 | 水 | 17 | 己亥 | 6·4 |
| 13 | 20 | 金 | 15 | 戊戌 | 6·4 | 20 | 月 | 16 | 己巳 | 6·4 | 21 | 木 | 18 | 庚子 | 6·4 |
| 14 | 21 | 土 | 16 | 己亥 | 6·5 | 21 | 火 | 17 | 庚午 | 6·5 | 22 | 金 | 19 | 辛丑 | 5·5 |
| 15 | 22 | 日 | 17 | 庚子 | 처서 | 22 | 水 | 18 | 辛未 | 추분 | 23 | 土 | 20 | 壬寅 | 상강 |
| 16 | 23 | 月 | 18 | 辛丑 | 5·5 | 23 | 木 | 19 | 壬申 | 5·5 | 24 | 日 | 21 | 癸卯 | 5·5 |
| 17 | 24 | 火 | 19 | 壬寅 | 5·6 | 24 | 金 | 20 | 癸酉 | 5·6 | 25 | 月 | 22 | 甲辰 | 4·6 |
| 18 | 25 | 水 | 20 | 癸卯 | 4·6 | 25 | 土 | 21 | 甲戌 | 4·6 | 26 | 火 | 23 | 乙巳 | 4·6 |
| 19 | 26 | 木 | 21 | 甲辰 | 4·6 | 26 | 日 | 22 | 乙亥 | 4·6 | 27 | 水 | 24 | 丙午 | 4·6 |
| 20 | 27 | 金 | 22 | 乙巳 | 4·7 | 27 | 月 | 23 | 丙子 | 4·7 | 28 | 木 | 25 | 丁未 | 3·7 |
| 21 | 28 | 土 | 23 | 丙午 | 3·7 | 28 | 火 | 24 | 丁丑 | 3·7 | 29 | 金 | 26 | 戊申 | 3·7 |
| 22 | 29 | 日 | 24 | 丁未 | 3·7 | 29 | 水 | 25 | 戊寅 | 3·7 | 30 | 土 | 27 | 己酉 | 3·7 |
| 23 | 30 | 月 | 25 | 戊申 | 3·8 | 30 | 木 | 26 | 己卯 | 3·8 | 31 | 日 | 28 | 庚戌 | 2·8 |
| 24 | 31 | 火 | 26 | 己酉 | 2·8 | 10/1 | 金 | 27 | 庚辰 | 2·8 | 11/1 | 月 | 29 | 辛亥 | 2·8 |
| 25 | 9/1 | 水 | 27 | 庚戌 | 2·8 | 2 | 土 | 28 | 辛巳 | 2·8 | 2 | 火 | 30 | 壬子 | 2·8 |
| 26 | 2 | 木 | 28 | 辛亥 | 2·9 | 3 | 日 | 29 | 壬午 | 2·9 | 3 | 水 | 10/1 | 癸丑 | 1·9 |
| 27 | 3 | 金 | 29 | 壬子 | 1·9 | 4 | 月 | 9/1 | 癸未 | 1·9 | 4 | 木 | 2 | 甲寅 | 1·9 |
| 28 | 4 | 土 | 30 | 癸丑 | 1·9 | 5 | 火 | 2 | 甲申 | 1·9 | 5 | 金 | 3 | 乙卯 | 1·9 |
| 29 | 5 | 日 | 8/1 | 甲寅 | 1·10 | 6 | 水 | 3 | 乙酉 | 1·10 | 6 | 土 | 4 | 丙辰 | 1·10 |
| 30 | 6 | 月 | 2 | 乙卯 | 1·10 | 7 | 木 | 4 | 丙戌 | 1·10 | | | | | |
| 31 | | | | | | | | | | | | | | | |

| 절기후날수 | 입동절(辛亥月)<br>立冬 11월7일 5시53분<br>小雪 11월22일 3시30분 | | | | | 대설절(壬子月)<br>大雪 12월6일 22시52분<br>冬至 12월21일 16시55분 | | | | | 소한절(癸丑月)<br>小寒 1월5일 10시7분<br>大寒 1월20일 3시31분 | | | | |
|---|---|---|---|---|---|---|---|---|---|---|---|---|---|---|---|
| | 양력 | 요일 | 음력 | 일진 | 大運 남·여 | 양력 | 요일 | 음력 | 일진 | 大運 남·여 | 양력 | 요일 | 음력 | 일진 | 大運 남·여 |
| 0 | 11/7 | 日 | 5 | 丁巳 | 입동 | 12/6 | 月 | 4 | 丙戌 | 대설 | 1/5 | 水 | 5 | 丙辰 | 소한 |
| 1 | 8 | 月 | 6 | 戊午 | 9·1 | 7 | 火 | 5 | 丁亥 | 10·1 | 6 | 木 | 6 | 丁巳 | 9·1 |
| 2 | 9 | 火 | 7 | 己未 | 9·1 | 8 | 水 | 6 | 戊子 | 9·1 | 7 | 金 | 7 | 戊午 | 9·1 |
| 3 | 10 | 水 | 8 | 庚申 | 9·1 | 9 | 木 | 7 | 己丑 | 9·1 | 8 | 土 | 8 | 己未 | 9·1 |
| 4 | 11 | 木 | 9 | 辛酉 | 8·1 | 10 | 金 | 8 | 庚寅 | 9·1 | 9 | 日 | 9 | 庚申 | 8·1 |
| 5 | 12 | 金 | 10 | 壬戌 | 8·2 | 11 | 土 | 9 | 辛卯 | 8·2 | 10 | 月 | 10 | 辛酉 | 8·2 |
| 6 | 13 | 土 | 11 | 癸亥 | 8·2 | 12 | 日 | 10 | 壬辰 | 8·2 | 11 | 火 | 11 | 壬戌 | 8·2 |
| 7 | 14 | 日 | 12 | 甲子 | 7·2 | 13 | 月 | 11 | 癸巳 | 8·2 | 12 | 水 | 12 | 癸亥 | 7·2 |
| 8 | 15 | 月 | 13 | 乙丑 | 7·3 | 14 | 火 | 12 | 甲午 | 7·3 | 13 | 木 | 13 | 甲子 | 7·3 |
| 9 | 16 | 火 | 14 | 丙寅 | 7·3 | 15 | 水 | 13 | 乙未 | 7·3 | 14 | 金 | 14 | 乙丑 | 7·3 |
| 10 | 17 | 水 | 15 | 丁卯 | 6·3 | 16 | 木 | 14 | 丙申 | 7·3 | 15 | 土 | 15 | 丙寅 | 6·3 |
| 11 | 18 | 木 | 16 | 戊辰 | 6·4 | 17 | 金 | 15 | 丁酉 | 6·4 | 16 | 日 | 16 | 丁卯 | 6·4 |
| 12 | 19 | 金 | 17 | 己巳 | 6·4 | 18 | 土 | 16 | 戊戌 | 6·4 | 17 | 月 | 17 | 戊辰 | 6·4 |
| 13 | 20 | 土 | 18 | 庚午 | 5·4 | 19 | 日 | 17 | 己亥 | 6·4 | 18 | 火 | 18 | 己巳 | 5·4 |
| 14 | 21 | 日 | 19 | 辛未 | 5·5 | 20 | 月 | 18 | 庚子 | 5·5 | 19 | 水 | 19 | 庚午 | 5·5 |
| 15 | 22 | 月 | 20 | 壬申 | 소설 | 21 | 火 | 19 | 辛丑 | 동지 | 20 | 木 | 20 | 辛未 | 대한 |
| 16 | 23 | 火 | 21 | 癸酉 | 4·5 | 22 | 水 | 20 | 壬寅 | 5·5 | 21 | 金 | 21 | 壬申 | 4·5 |
| 17 | 24 | 水 | 22 | 甲戌 | 4·6 | 23 | 木 | 21 | 癸卯 | 4·6 | 22 | 土 | 22 | 癸酉 | 4·6 |
| 18 | 25 | 木 | 23 | 乙亥 | 4·6 | 24 | 金 | 22 | 甲辰 | 4·6 | 23 | 日 | 23 | 甲戌 | 4·6 |
| 19 | 26 | 金 | 24 | 丙子 | 3·6 | 25 | 土 | 23 | 乙巳 | 4·6 | 24 | 月 | 24 | 乙亥 | 3·6 |
| 20 | 27 | 土 | 25 | 丁丑 | 3·7 | 26 | 日 | 24 | 丙午 | 3·7 | 25 | 火 | 25 | 丙子 | 3·7 |
| 21 | 28 | 日 | 26 | 戊寅 | 3·7 | 27 | 月 | 25 | 丁未 | 3·7 | 26 | 水 | 26 | 丁丑 | 3·7 |
| 22 | 29 | 月 | 27 | 己卯 | 2·7 | 28 | 火 | 26 | 戊申 | 3·7 | 27 | 木 | 27 | 戊寅 | 2·7 |
| 23 | 30 | 火 | 28 | 庚辰 | 2·8 | 29 | 水 | 27 | 己酉 | 2·8 | 28 | 金 | 28 | 己卯 | 2·8 |
| 24 | 12/1 | 水 | 29 | 辛巳 | 2·8 | 30 | 木 | 28 | 庚戌 | 2·8 | 29 | 土 | 29 | 庚辰 | 2·8 |
| 25 | 2 | 木 | 30 | 壬午 | 1·8 | 31 | 金 | 29 | 辛亥 | 2·8 | 30 | 日 | 30 | 辛巳 | 1·8 |
| 26 | 3 | 金 | 11/1 | 癸未 | 1·9 | 1/1 | 土 | 12/1 | 壬子 | 1·9 | 31 | 月 | 1/1 | 壬午 | 1·9 |
| 27 | 4 | 土 | 2 | 甲申 | 1·9 | 2 | 日 | 2 | 癸丑 | 1·9 | 2/1 | 火 | 2 | 癸未 | 1·9 |
| 28 | 5 | 日 | 3 | 乙酉 | 1·9 | 3 | 月 | 3 | 甲寅 | 1·9 | 2 | 水 | 3 | 甲申 | 1·9 |
| 29 | | | | | | 4 | 火 | 4 | 乙卯 | 1·10 | | | | | |
| 30 | | | | | | | | | | | | | | | |
| 31 | | | | | | | | | | | | | | | |

# 서기 2033년 [단기 4366년]

## 입춘절(甲寅月)

立春 2월3일 21시40분
雨水 2월18일 17시32분

| 절기후날수 | 양력 | 요일 | 음력 | 일진 | 大運 남·여 |
|---|---|---|---|---|---|
| 0 | 2/3 | 木 | 4 | 乙酉 | 입춘 |
| 1 | 4 | 金 | 5 | 丙戌 | 1·10 |
| 2 | 5 | 土 | 6 | 丁亥 | 1·9 |
| 3 | 6 | 日 | 7 | 戊子 | 1·9 |
| 4 | 7 | 月 | 8 | 己丑 | 1·9 |
| 5 | 8 | 火 | 9 | 庚寅 | 2·8 |
| 6 | 9 | 水 | 10 | 辛卯 | 2·8 |
| 7 | 10 | 木 | 11 | 壬辰 | 2·8 |
| 8 | 11 | 金 | 12 | 癸巳 | 3·7 |
| 9 | 12 | 土 | 13 | 甲午 | 3·7 |
| 10 | 13 | 日 | 14 | 乙未 | 3·7 |
| 11 | 14 | 月 | 15 | 丙申 | 4·6 |
| 12 | 15 | 火 | 16 | 丁酉 | 4·6 |
| 13 | 16 | 水 | 17 | 戊戌 | 4·6 |
| 14 | 17 | 木 | 18 | 己亥 | 5·5 |
| 15 | 18 | 金 | 19 | 庚子 | 우수 |
| 16 | 19 | 土 | 20 | 辛丑 | 5·5 |
| 17 | 20 | 日 | 21 | 壬寅 | 6·4 |
| 18 | 21 | 月 | 22 | 癸卯 | 6·4 |
| 19 | 22 | 火 | 23 | 甲辰 | 6·4 |
| 20 | 23 | 水 | 24 | 乙巳 | 7·3 |
| 21 | 24 | 木 | 25 | 丙午 | 7·3 |
| 22 | 25 | 金 | 26 | 丁未 | 7·3 |
| 23 | 26 | 土 | 27 | 戊申 | 8·2 |
| 24 | 27 | 日 | 28 | 己酉 | 8·2 |
| 25 | 28 | 月 | 29 | 庚戌 | 8·2 |
| 26 | 3/1 | 火 | 2/1 | 辛亥 | 9·1 |
| 27 | 2 | 水 | 2 | 壬子 | 9·1 |
| 28 | 3 | 木 | 3 | 癸丑 | 9·1 |
| 29 | 4 | 金 | 4 | 甲寅 | 10·1 |
| 30 | | | | | |
| 31 | | | | | |

## 경칩절(乙卯月)

驚蟄 3월5일 15시31분
春分 3월20일 16시21분

| 절기후날수 | 양력 | 요일 | 음력 | 일진 | 大運 남·여 |
|---|---|---|---|---|---|
| 0 | 3/5 | 土 | 5 | 乙卯 | 경칩 |
| 1 | 6 | 日 | 6 | 丙辰 | 1·10 |
| 2 | 7 | 月 | 7 | 丁巳 | 1·9 |
| 3 | 8 | 火 | 8 | 戊午 | 1·9 |
| 4 | 9 | 水 | 9 | 己未 | 1·9 |
| 5 | 10 | 木 | 10 | 庚申 | 2·8 |
| 6 | 11 | 金 | 11 | 辛酉 | 2·8 |
| 7 | 12 | 土 | 12 | 壬戌 | 2·8 |
| 8 | 13 | 日 | 13 | 癸亥 | 3·7 |
| 9 | 14 | 月 | 14 | 甲子 | 3·7 |
| 10 | 15 | 火 | 15 | 乙丑 | 3·7 |
| 11 | 16 | 水 | 16 | 丙寅 | 4·6 |
| 12 | 17 | 木 | 17 | 丁卯 | 4·6 |
| 13 | 18 | 金 | 18 | 戊辰 | 4·6 |
| 14 | 19 | 土 | 19 | 己巳 | 5·5 |
| 15 | 20 | 日 | 20 | 庚午 | 춘분 |
| 16 | 21 | 月 | 21 | 辛未 | 5·5 |
| 17 | 22 | 火 | 22 | 壬申 | 6·4 |
| 18 | 23 | 水 | 23 | 癸酉 | 6·4 |
| 19 | 24 | 木 | 24 | 甲戌 | 6·4 |
| 20 | 25 | 金 | 25 | 乙亥 | 7·3 |
| 21 | 26 | 土 | 26 | 丙子 | 7·3 |
| 22 | 27 | 日 | 27 | 丁丑 | 7·3 |
| 23 | 28 | 月 | 28 | 戊寅 | 8·2 |
| 24 | 29 | 火 | 29 | 己卯 | 8·2 |
| 25 | 30 | 水 | 30 | 庚辰 | 8·2 |
| 26 | 31 | 木 | 3/1 | 辛巳 | 9·1 |
| 27 | 4/1 | 金 | 2 | 壬午 | 9·1 |
| 28 | 2 | 土 | 3 | 癸未 | 9·1 |
| 29 | 3 | 日 | 4 | 甲申 | 10·1 |
| 30 | | | | | |
| 31 | | | | | |

## 청명절(丙辰月)

清明 4월4일 20시7분
穀雨 4월20일 3시12분

| 절기후날수 | 양력 | 요일 | 음력 | 일진 | 大運 남·여 |
|---|---|---|---|---|---|
| 0 | 4/4 | 月 | 5 | 乙酉 | 청명 |
| 1 | 5 | 火 | 6 | 丙戌 | 1·10 |
| 2 | 6 | 水 | 7 | 丁亥 | 1·10 |
| 3 | 7 | 木 | 8 | 戊子 | 1·9 |
| 4 | 8 | 金 | 9 | 己丑 | 1·9 |
| 5 | 9 | 土 | 10 | 庚寅 | 2·9 |
| 6 | 10 | 日 | 11 | 辛卯 | 2·8 |
| 7 | 11 | 月 | 12 | 壬辰 | 2·8 |
| 8 | 12 | 火 | 13 | 癸巳 | 3·8 |
| 9 | 13 | 水 | 14 | 甲午 | 3·7 |
| 10 | 14 | 木 | 15 | 乙未 | 3·7 |
| 11 | 15 | 金 | 16 | 丙申 | 4·7 |
| 12 | 16 | 土 | 17 | 丁酉 | 4·6 |
| 13 | 17 | 日 | 18 | 戊戌 | 4·6 |
| 14 | 18 | 月 | 19 | 己亥 | 5·6 |
| 15 | 19 | 火 | 20 | 庚子 | 5·5 |
| 16 | 20 | 水 | 21 | 辛丑 | 곡우 |
| 17 | 21 | 木 | 22 | 壬寅 | 6·5 |
| 18 | 22 | 金 | 23 | 癸卯 | 6·4 |
| 19 | 23 | 土 | 24 | 甲辰 | 6·4 |
| 20 | 24 | 日 | 25 | 乙巳 | 7·4 |
| 21 | 25 | 月 | 26 | 丙午 | 7·3 |
| 22 | 26 | 火 | 27 | 丁未 | 7·3 |
| 23 | 27 | 水 | 28 | 戊申 | 8·3 |
| 24 | 28 | 木 | 29 | 己酉 | 8·2 |
| 25 | 29 | 金 | 4/1 | 庚戌 | 8·2 |
| 26 | 30 | 土 | 2 | 辛亥 | 9·2 |
| 27 | 5/1 | 日 | 3 | 壬子 | 9·1 |
| 28 | 2 | 月 | 4 | 癸丑 | 9·1 |
| 29 | 3 | 火 | 5 | 甲寅 | 10·1 |
| 30 | 4 | 水 | 6 | 乙卯 | 10·1 |
| 31 | | | | | |

## 입하절(丁巳月)

立夏 5월5일 13시12분
小滿 5월21일 2시10분

| 절기후날수 | 양력 | 요일 | 음력 | 일진 | 大運 남·여 |
|---|---|---|---|---|---|
| 0 | 5/5 | 木 | 7 | 丙辰 | 입하 |
| 1 | 6 | 金 | 8 | 丁巳 | 1·10 |
| 2 | 7 | 土 | 9 | 戊午 | 1·10 |
| 3 | 8 | 日 | 10 | 己未 | 1·9 |
| 4 | 9 | 月 | 11 | 庚申 | 1·9 |
| 5 | 10 | 火 | 12 | 辛酉 | 2·9 |
| 6 | 11 | 水 | 13 | 壬戌 | 2·8 |
| 7 | 12 | 木 | 14 | 癸亥 | 2·8 |
| 8 | 13 | 金 | 15 | 甲子 | 3·8 |
| 9 | 14 | 土 | 16 | 乙丑 | 3·7 |
| 10 | 15 | 日 | 17 | 丙寅 | 3·7 |
| 11 | 16 | 月 | 18 | 丁卯 | 4·7 |
| 12 | 17 | 火 | 19 | 戊辰 | 4·6 |
| 13 | 18 | 水 | 20 | 己巳 | 4·6 |
| 14 | 19 | 木 | 21 | 庚午 | 5·6 |
| 15 | 20 | 金 | 22 | 辛未 | 5·5 |
| 16 | 21 | 土 | 23 | 壬申 | 소만 |
| 17 | 22 | 日 | 24 | 癸酉 | 6·5 |
| 18 | 23 | 月 | 25 | 甲戌 | 6·4 |
| 19 | 24 | 火 | 26 | 乙亥 | 6·4 |
| 20 | 25 | 水 | 27 | 丙子 | 7·4 |
| 21 | 26 | 木 | 28 | 丁丑 | 7·3 |
| 22 | 27 | 金 | 29 | 戊寅 | 7·3 |
| 23 | 28 | 土 | 5/1 | 己卯 | 8·3 |
| 24 | 29 | 日 | 2 | 庚辰 | 8·2 |
| 25 | 30 | 月 | 3 | 辛巳 | 8·2 |
| 26 | 31 | 火 | 4 | 壬午 | 9·2 |
| 27 | 6/1 | 水 | 5 | 癸未 | 9·1 |
| 28 | 2 | 木 | 6 | 甲申 | 9·1 |
| 29 | 3 | 金 | 7 | 乙酉 | 10·1 |
| 30 | 4 | 土 | 8 | 丙戌 | 10·1 |
| 31 | | | | | |

## 망종절(戊午月)

芒種 6월5일 17시12분
夏至 6월21일 10시0분

| 절기후날수 | 양력 | 요일 | 음력 | 일진 | 大運 남·여 |
|---|---|---|---|---|---|
| 0 | 6/5 | 日 | 9 | 丁亥 | 망종 |
| 1 | 6 | 月 | 10 | 戊子 | 1·10 |
| 2 | 7 | 火 | 11 | 己丑 | 1·10 |
| 3 | 8 | 水 | 12 | 庚寅 | 1·10 |
| 4 | 9 | 木 | 13 | 辛卯 | 1·9 |
| 5 | 10 | 金 | 14 | 壬辰 | 2·9 |
| 6 | 11 | 土 | 15 | 癸巳 | 2·9 |
| 7 | 12 | 日 | 16 | 甲午 | 2·8 |
| 8 | 13 | 月 | 17 | 乙未 | 3·8 |
| 9 | 14 | 火 | 18 | 丙申 | 3·8 |
| 10 | 15 | 水 | 19 | 丁酉 | 3·7 |
| 11 | 16 | 木 | 20 | 戊戌 | 4·7 |
| 12 | 17 | 金 | 21 | 己亥 | 4·7 |
| 13 | 18 | 土 | 22 | 庚子 | 4·6 |
| 14 | 19 | 日 | 23 | 辛丑 | 5·6 |
| 15 | 20 | 月 | 24 | 壬寅 | 5·6 |
| 16 | 21 | 火 | 25 | 癸卯 | 하지 |
| 17 | 22 | 水 | 26 | 甲辰 | 6·5 |
| 18 | 23 | 木 | 27 | 乙巳 | 6·5 |
| 19 | 24 | 金 | 28 | 丙午 | 6·4 |
| 20 | 25 | 土 | 29 | 丁未 | 7·4 |
| 21 | 26 | 日 | 30 | 戊申 | 7·4 |
| 22 | 27 | 月 | 6/1 | 己酉 | 7·3 |
| 23 | 28 | 火 | 2 | 庚戌 | 8·3 |
| 24 | 29 | 水 | 3 | 辛亥 | 8·3 |
| 25 | 30 | 木 | 4 | 壬子 | 8·2 |
| 26 | 7/1 | 金 | 5 | 癸丑 | 9·2 |
| 27 | 2 | 土 | 6 | 甲寅 | 9·2 |
| 28 | 3 | 日 | 7 | 乙卯 | 9·1 |
| 29 | 4 | 月 | 8 | 丙辰 | 10·1 |
| 30 | 5 | 火 | 9 | 丁巳 | 10·1 |
| 31 | 6 | 水 | 10 | 戊午 | 10·1 |

## 소서절(己未月)

小暑 7월7일 3시24분
大暑 7월22일 20시51분

| 절기후날수 | 양력 | 요일 | 음력 | 일진 | 大運 남·여 |
|---|---|---|---|---|---|
| 0 | 7/7 | 木 | 11 | 己未 | 소서 |
| 1 | 8 | 金 | 12 | 庚申 | 1·10 |
| 2 | 9 | 土 | 13 | 辛酉 | 1·10 |
| 3 | 10 | 日 | 14 | 壬戌 | 1·9 |
| 4 | 11 | 月 | 15 | 癸亥 | 1·9 |
| 5 | 12 | 火 | 16 | 甲子 | 2·9 |
| 6 | 13 | 水 | 17 | 乙丑 | 2·8 |
| 7 | 14 | 木 | 18 | 丙寅 | 2·8 |
| 8 | 15 | 金 | 19 | 丁卯 | 3·8 |
| 9 | 16 | 土 | 20 | 戊辰 | 3·7 |
| 10 | 17 | 日 | 21 | 己巳 | 3·7 |
| 11 | 18 | 月 | 22 | 庚午 | 4·7 |
| 12 | 19 | 火 | 23 | 辛未 | 4·6 |
| 13 | 20 | 水 | 24 | 壬申 | 4·6 |
| 14 | 21 | 木 | 25 | 癸酉 | 5·6 |
| 15 | 22 | 金 | 26 | 甲戌 | 대서 |
| 16 | 23 | 土 | 27 | 乙亥 | 5·5 |
| 17 | 24 | 日 | 28 | 丙子 | 6·5 |
| 18 | 25 | 月 | 29 | 丁丑 | 6·4 |
| 19 | 26 | 火 | 7/1 | 戊寅 | 6·4 |
| 20 | 27 | 水 | 2 | 己卯 | 7·4 |
| 21 | 28 | 木 | 3 | 庚辰 | 7·3 |
| 22 | 29 | 金 | 4 | 辛巳 | 7·3 |
| 23 | 30 | 土 | 5 | 壬午 | 8·3 |
| 24 | 31 | 日 | 6 | 癸未 | 8·2 |
| 25 | 8/1 | 月 | 7 | 甲申 | 8·2 |
| 26 | 2 | 火 | 8 | 乙酉 | 9·2 |
| 27 | 3 | 水 | 9 | 丙戌 | 9·1 |
| 28 | 4 | 木 | 10 | 丁亥 | 9·1 |
| 29 | 5 | 金 | 11 | 戊子 | 10·1 |
| 30 | 6 | 土 | 12 | 己丑 | 10·1 |
| 31 | | | | | |

# 癸丑年

| 절기후날수 | 입추절(庚申月) 立秋 8월7일 13시14분 處暑 8월23일 4시1분 | | | | | 백로절(辛酉月) 白露 9월7일 16시19분 秋分 9월23일 1시50분 | | | | |
|---|---|---|---|---|---|---|---|---|---|---|
| | 양력 | 요일 | 음력 | 일진 | 大運 남·여 | 양력 | 요일 | 음력 | 일진 | 大運 남·여 |
| 0 | 8/7 | 日 | 13 | 庚寅 | 입추 | 9/7 | 水 | 14 | 辛酉 | 백로 |
| 1 | 8 | 月 | 14 | 辛卯 | 1·10 | 8 | 木 | 15 | 壬戌 | 1·10 |
| 2 | 9 | 火 | 15 | 壬辰 | 1·10 | 9 | 金 | 16 | 癸亥 | 1·10 |
| 3 | 10 | 水 | 16 | 癸巳 | 1·9 | 10 | 土 | 17 | 甲子 | 1·9 |
| 4 | 11 | 木 | 17 | 甲午 | 1·9 | 11 | 日 | 18 | 乙丑 | 1·9 |
| 5 | 12 | 金 | 18 | 乙未 | 2·9 | 12 | 月 | 19 | 丙寅 | 2·9 |
| 6 | 13 | 土 | 19 | 丙申 | 2·8 | 13 | 火 | 20 | 丁卯 | 2·8 |
| 7 | 14 | 日 | 20 | 丁酉 | 2·8 | 14 | 水 | 21 | 戊辰 | 2·8 |
| 8 | 15 | 月 | 21 | 戊戌 | 3·8 | 15 | 木 | 22 | 己巳 | 3·8 |
| 9 | 16 | 火 | 22 | 己亥 | 3·7 | 16 | 金 | 23 | 庚午 | 3·7 |
| 10 | 17 | 水 | 23 | 庚子 | 3·7 | 17 | 土 | 24 | 辛未 | 3·7 |
| 11 | 18 | 木 | 24 | 辛丑 | 4·7 | 18 | 日 | 25 | 壬申 | 4·7 |
| 12 | 19 | 金 | 25 | 壬寅 | 4·6 | 19 | 月 | 26 | 癸酉 | 4·6 |
| 13 | 20 | 土 | 26 | 癸卯 | 4·6 | 20 | 火 | 27 | 甲戌 | 4·6 |
| 14 | 21 | 日 | 27 | 甲辰 | 5·6 | 21 | 水 | 28 | 乙亥 | 5·6 |
| 15 | 22 | 月 | 28 | 乙巳 | 5·5 | 22 | 木 | 29 | 丙子 | 5·5 |
| 16 | 23 | 火 | 29 | 丙午 | 처서 | 23 | 金 | 9/1 | 丁丑 | 추분 |
| 17 | 24 | 水 | 30 | 丁未 | 6·5 | 24 | 土 | 2 | 戊寅 | 6·5 |
| 18 | 25 | 木 | 8/1 | 戊申 | 6·4 | 25 | 日 | 3 | 己卯 | 6·4 |
| 19 | 26 | 金 | 2 | 己酉 | 6·4 | 26 | 月 | 4 | 庚辰 | 6·4 |
| 20 | 27 | 土 | 3 | 庚戌 | 7·4 | 27 | 火 | 5 | 辛巳 | 7·4 |
| 21 | 28 | 日 | 4 | 辛亥 | 7·3 | 28 | 水 | 6 | 壬午 | 7·3 |
| 22 | 29 | 月 | 5 | 壬子 | 7·3 | 29 | 木 | 7 | 癸未 | 7·3 |
| 23 | 30 | 火 | 6 | 癸丑 | 8·3 | 30 | 金 | 8 | 甲申 | 8·3 |
| 24 | 31 | 水 | 7 | 甲寅 | 8·2 | 10/1 | 土 | 9 | 乙酉 | 8·2 |
| 25 | 9/1 | 木 | 8 | 乙卯 | 8·2 | 2 | 日 | 10 | 丙戌 | 8·2 |
| 26 | 2 | 金 | 9 | 丙辰 | 9·2 | 3 | 月 | 11 | 丁亥 | 9·2 |
| 27 | 3 | 土 | 10 | 丁巳 | 9·1 | 4 | 火 | 12 | 戊子 | 9·1 |
| 28 | 4 | 日 | 11 | 戊午 | 9·1 | 5 | 水 | 13 | 己丑 | 9·1 |
| 29 | 5 | 月 | 12 | 己未 | 10·1 | 6 | 木 | 14 | 庚寅 | 10·1 |
| 30 | 6 | 火 | 13 | 庚申 | 10·1 | 7 | 金 | 15 | 辛卯 | 10·1 |
| 31 | | | | | | | | | | |

| 절기후날수 | 한로절(壬戌月) 寒露 10월8일 8시13분 霜降 10월23일 11시26분 | | | | | 입동절(癸亥月) 立冬 11월7일 11시40분 小雪 11월22일 9시15분 | | | | |
|---|---|---|---|---|---|---|---|---|---|---|
| | 양력 | 요일 | 음력 | 일진 | 大運 남·여 | 양력 | 요일 | 음력 | 일진 | 大運 남·여 |
| 0 | 10/8 | 土 | 16 | 壬辰 | 한로 | 11/7 | 月 | 16 | 壬戌 | 입동 |
| 1 | 9 | 日 | 17 | 癸巳 | 1·10 | 8 | 火 | 17 | 癸亥 | 1·10 |
| 2 | 10 | 月 | 18 | 甲午 | 1·9 | 9 | 水 | 18 | 甲子 | 1·9 |
| 3 | 11 | 火 | 19 | 乙未 | 1·9 | 10 | 木 | 19 | 乙丑 | 1·9 |
| 4 | 12 | 水 | 20 | 丙申 | 1·9 | 11 | 金 | 20 | 丙寅 | 1·9 |
| 5 | 13 | 木 | 21 | 丁酉 | 2·8 | 12 | 土 | 21 | 丁卯 | 2·8 |
| 6 | 14 | 金 | 22 | 戊戌 | 2·8 | 13 | 日 | 22 | 戊辰 | 2·8 |
| 7 | 15 | 土 | 23 | 己亥 | 2·8 | 14 | 月 | 23 | 己巳 | 2·8 |
| 8 | 16 | 日 | 24 | 庚子 | 3·7 | 15 | 火 | 24 | 庚午 | 3·7 |
| 9 | 17 | 月 | 25 | 辛丑 | 3·7 | 16 | 水 | 25 | 辛未 | 3·7 |
| 10 | 18 | 火 | 26 | 壬寅 | 3·7 | 17 | 木 | 26 | 壬申 | 3·7 |
| 11 | 19 | 水 | 27 | 癸卯 | 4·6 | 18 | 金 | 27 | 癸酉 | 4·6 |
| 12 | 20 | 木 | 28 | 甲辰 | 4·6 | 19 | 土 | 28 | 甲戌 | 4·6 |
| 13 | 21 | 金 | 29 | 乙巳 | 4·6 | 20 | 日 | 29 | 乙亥 | 4·6 |
| 14 | 22 | 土 | 30 | 丙午 | 5·5 | 21 | 月 | 30 | 丙子 | 5·5 |
| 15 | 23 | 日 | 10/1 | 丁未 | 상강 | 22 | 火 | 11/1 | 丁丑 | 소설 |
| 16 | 24 | 月 | 2 | 戊申 | 5·5 | 23 | 水 | 2 | 戊寅 | 5·5 |
| 17 | 25 | 火 | 3 | 己酉 | 6·4 | 24 | 木 | 3 | 己卯 | 6·4 |
| 18 | 26 | 水 | 4 | 庚戌 | 6·4 | 25 | 金 | 4 | 庚辰 | 6·4 |
| 19 | 27 | 木 | 5 | 辛亥 | 6·4 | 26 | 土 | 5 | 辛巳 | 6·4 |
| 20 | 28 | 金 | 6 | 壬子 | 7·3 | 27 | 日 | 6 | 壬午 | 7·3 |
| 21 | 29 | 土 | 7 | 癸丑 | 7·3 | 28 | 月 | 7 | 癸未 | 7·3 |
| 22 | 30 | 日 | 8 | 甲寅 | 7·3 | 29 | 火 | 8 | 甲申 | 7·3 |
| 23 | 31 | 月 | 9 | 乙卯 | 8·2 | 30 | 水 | 9 | 乙酉 | 8·2 |
| 24 | 11/1 | 火 | 10 | 丙辰 | 8·2 | 12/1 | 木 | 10 | 丙戌 | 8·2 |
| 25 | 2 | 水 | 11 | 丁巳 | 8·2 | 2 | 金 | 11 | 丁亥 | 8·2 |
| 26 | 3 | 木 | 12 | 戊午 | 9·1 | 3 | 土 | 12 | 戊子 | 9·1 |
| 27 | 4 | 金 | 13 | 己未 | 9·1 | 4 | 日 | 13 | 己丑 | 9·1 |
| 28 | 5 | 土 | 14 | 庚申 | 9·1 | 5 | 月 | 14 | 庚寅 | 9·1 |
| 29 | 6 | 日 | 15 | 辛酉 | 10·1 | 6 | 火 | 15 | 辛卯 | 10·1 |
| 30 | | | | | | | | | | |
| 31 | | | | | | | | | | |

| 절기후날수 | 대설절(甲子月) 大雪 12월7일 4시44분 冬至 12월21일 22시45분 | | | | | 소한절(乙丑月) 小寒 1월5일 16시3분 大寒 1월20일 9시26분 | | | | |
|---|---|---|---|---|---|---|---|---|---|---|
| | 양력 | 요일 | 음력 | 일진 | 大運 남·여 | 양력 | 요일 | 음력 | 일진 | 大運 남·여 |
| 0 | 12/7 | 水 | 16 | 壬辰 | 대설 | 1/5 | 木 | 윤15 | 辛酉 | 소한 |
| 1 | 8 | 木 | 17 | 癸巳 | 1·9 | 6 | 金 | 윤16 | 壬戌 | 1·10 |
| 2 | 9 | 金 | 18 | 甲午 | 1·9 | 7 | 土 | 윤17 | 癸亥 | 1·9 |
| 3 | 10 | 土 | 19 | 乙未 | 1·9 | 8 | 日 | 윤18 | 甲子 | 1·9 |
| 4 | 11 | 日 | 20 | 丙申 | 1·8 | 9 | 月 | 윤19 | 乙丑 | 1·9 |
| 5 | 12 | 月 | 21 | 丁酉 | 2·8 | 10 | 火 | 윤20 | 丙寅 | 2·8 |
| 6 | 13 | 火 | 22 | 戊戌 | 2·8 | 11 | 水 | 윤21 | 丁卯 | 2·8 |
| 7 | 14 | 水 | 23 | 己亥 | 2·7 | 12 | 木 | 윤22 | 戊辰 | 2·8 |
| 8 | 15 | 木 | 24 | 庚子 | 3·7 | 13 | 金 | 윤23 | 己巳 | 3·7 |
| 9 | 16 | 金 | 25 | 辛丑 | 3·7 | 14 | 土 | 윤24 | 庚午 | 3·7 |
| 10 | 17 | 土 | 26 | 壬寅 | 3·6 | 15 | 日 | 윤25 | 辛未 | 3·7 |
| 11 | 18 | 日 | 27 | 癸卯 | 4·6 | 16 | 月 | 윤26 | 壬申 | 4·6 |
| 12 | 19 | 月 | 28 | 甲辰 | 4·6 | 17 | 火 | 윤27 | 癸酉 | 4·6 |
| 13 | 20 | 火 | 29 | 乙巳 | 4·5 | 18 | 水 | 윤28 | 甲戌 | 4·6 |
| 14 | 21 | 水 | 30 | 丙午 | 동지 | 19 | 木 | 윤29 | 乙亥 | 5·5 |
| 15 | 22 | 木 | 윤1 | 丁未 | 5·5 | 20 | 金 | 12/1 | 丙子 | 대한 |
| 16 | 23 | 金 | 윤2 | 戊申 | 5·4 | 21 | 土 | 2 | 丁丑 | 5·5 |
| 17 | 24 | 土 | 윤3 | 己酉 | 6·4 | 22 | 日 | 3 | 戊寅 | 6·4 |
| 18 | 25 | 日 | 윤4 | 庚戌 | 6·4 | 23 | 月 | 4 | 己卯 | 6·4 |
| 19 | 26 | 月 | 윤5 | 辛亥 | 6·3 | 24 | 火 | 5 | 庚辰 | 6·4 |
| 20 | 27 | 火 | 윤6 | 壬子 | 7·3 | 25 | 水 | 6 | 辛巳 | 7·3 |
| 21 | 28 | 水 | 윤7 | 癸丑 | 7·3 | 26 | 木 | 7 | 壬午 | 7·3 |
| 22 | 29 | 木 | 윤8 | 甲寅 | 7·2 | 27 | 金 | 8 | 癸未 | 7·3 |
| 23 | 30 | 金 | 윤9 | 乙卯 | 8·2 | 28 | 土 | 9 | 甲申 | 8·2 |
| 24 | 31 | 土 | 윤10 | 丙辰 | 8·2 | 29 | 日 | 10 | 乙酉 | 8·2 |
| 25 | 1/1 | 日 | 윤11 | 丁巳 | 8·1 | 30 | 月 | 11 | 丙戌 | 8·2 |
| 26 | 2 | 月 | 윤12 | 戊午 | 9·1 | 31 | 火 | 12 | 丁亥 | 9·1 |
| 27 | 3 | 火 | 윤13 | 己未 | 9·1 | 2/1 | 水 | 13 | 戊子 | 9·1 |
| 28 | 4 | 水 | 윤14 | 庚申 | 9·1 | 2 | 木 | 14 | 己丑 | 9·1 |
| 29 | | | | | | 3 | 金 | 15 | 庚寅 | 10·1 |
| 30 | | | | | | | | | | |
| 31 | | | | | | | | | | |

▶윤달-11월

# 서기 2034년 [단기 4367년]

| 절기후날수 | 입춘절(丙寅月) 立春 2월4일 3시40분 雨水 2월18일 23시29분 | | | | | 경칩절(丁卯月) 驚蟄 3월5일 21시31분 春分 3월20일 22시16분 | | | | | 청명절(戊辰月) 淸明 4월5일 2시5분 穀雨 4월20일 9시2분 | | | | | 입하절(己巳月) 立夏 5월5일 19시8분 小滿 5월21일 7시56분 | | | | | 망종절(庚午月) 芒種 6월5일 23시5분 夏至 6월21일 15시43분 | | | | | 소서절(辛未月) 小暑 7월7일 9시16분 大暑 7월23일 2시35분 | | | | |
|---|---|---|---|---|---|---|---|---|---|---|---|---|---|---|---|---|---|---|---|---|---|---|---|---|---|---|---|---|---|---|
| | 양력 | 요일 | 음력 | 일진 | 大運 남·여 | 양력 | 요일 | 음력 | 일진 | 大運 남·여 | 양력 | 요일 | 음력 | 일진 | 大運 남·여 | 양력 | 요일 | 음력 | 일진 | 大運 남·여 | 양력 | 요일 | 음력 | 일진 | 大運 남·여 | 양력 | 요일 | 음력 | 일진 | 大運 남·여 |
| 0 | 2/4 | 土 | 16 | 辛卯 | 입춘 | 3/5 | 日 | 15 | 庚申 | 경칩 | 4/5 | 水 | 17 | 辛卯 | 청명 | 5/5 | 金 | 17 | 辛酉 | 입하 | 6/5 | 月 | 19 | 壬辰 | 망종 | 7/7 | 金 | 22 | 甲子 | 소서 |
| 1 | 5 | 日 | 17 | 壬辰 | 9·1 | 6 | 月 | 16 | 辛酉 | 10·1 | 6 | 木 | 18 | 壬辰 | 10·1 | 6 | 土 | 18 | 壬戌 | 10·1 | 6 | 火 | 20 | 癸巳 | 10·1 | 8 | 土 | 23 | 乙丑 | 10·1 |
| 2 | 6 | 月 | 18 | 癸巳 | 9·1 | 7 | 火 | 17 | 壬戌 | 10·1 | 7 | 金 | 19 | 癸巳 | 9·1 | 7 | 日 | 19 | 癸亥 | 10·1 | 7 | 水 | 21 | 甲午 | 10·1 | 9 | 日 | 24 | 丙寅 | 10·1 |
| 3 | 7 | 火 | 19 | 甲午 | 9·1 | 8 | 水 | 18 | 癸亥 | 9·1 | 8 | 土 | 20 | 甲午 | 9·1 | 8 | 月 | 20 | 甲子 | 9·1 | 8 | 木 | 22 | 乙未 | 10·1 | 10 | 月 | 25 | 丁卯 | 9·1 |
| 4 | 8 | 水 | 20 | 乙未 | 8·1 | 9 | 木 | 19 | 甲子 | 9·1 | 9 | 日 | 21 | 乙未 | 9·1 | 9 | 火 | 21 | 乙丑 | 9·1 | 9 | 金 | 23 | 丙申 | 9·1 | 11 | 火 | 26 | 戊辰 | 9·1 |
| 5 | 9 | 木 | 21 | 丙申 | 8·2 | 10 | 金 | 20 | 乙丑 | 9·2 | 10 | 月 | 22 | 丙申 | 8·2 | 10 | 水 | 22 | 丙寅 | 9·2 | 10 | 土 | 24 | 丁酉 | 9·2 | 12 | 水 | 27 | 己巳 | 9·2 |
| 6 | 10 | 金 | 22 | 丁酉 | 8·2 | 11 | 土 | 21 | 丙寅 | 8·2 | 11 | 火 | 23 | 丁酉 | 8·2 | 11 | 木 | 23 | 丁卯 | 8·2 | 11 | 日 | 25 | 戊戌 | 9·2 | 13 | 木 | 28 | 庚午 | 8·2 |
| 7 | 11 | 土 | 23 | 戊戌 | 7·2 | 12 | 日 | 22 | 丁卯 | 8·2 | 12 | 水 | 24 | 戊戌 | 8·2 | 12 | 金 | 24 | 戊辰 | 8·2 | 12 | 月 | 26 | 己亥 | 8·2 | 14 | 金 | 29 | 辛未 | 8·2 |
| 8 | 12 | 日 | 24 | 己亥 | 7·3 | 13 | 月 | 23 | 戊辰 | 8·3 | 13 | 木 | 25 | 己亥 | 7·3 | 13 | 土 | 25 | 己巳 | 8·3 | 13 | 火 | 27 | 庚子 | 8·3 | 15 | 土 | 30 | 壬申 | 8·3 |
| 9 | 13 | 月 | 25 | 庚子 | 7·3 | 14 | 火 | 24 | 己巳 | 7·3 | 14 | 金 | 26 | 庚子 | 7·3 | 14 | 日 | 26 | 庚午 | 7·3 | 14 | 水 | 28 | 辛丑 | 8·3 | 16 | 日 | 6/1 | 癸酉 | 7·3 |
| 10 | 14 | 火 | 26 | 辛丑 | 6·3 | 15 | 水 | 25 | 庚午 | 7·3 | 15 | 土 | 27 | 辛丑 | 7·3 | 15 | 月 | 27 | 辛未 | 7·3 | 15 | 木 | 29 | 壬寅 | 7·3 | 17 | 月 | 2 | 甲戌 | 7·3 |
| 11 | 15 | 水 | 27 | 壬寅 | 6·4 | 16 | 木 | 26 | 辛未 | 7·4 | 16 | 日 | 28 | 壬寅 | 6·4 | 16 | 火 | 28 | 壬申 | 7·4 | 16 | 金 | 5/1 | 癸卯 | 7·4 | 18 | 火 | 3 | 乙亥 | 7·4 |
| 12 | 16 | 木 | 28 | 癸卯 | 6·4 | 17 | 金 | 27 | 壬申 | 6·4 | 17 | 月 | 29 | 癸卯 | 6·4 | 17 | 水 | 29 | 癸酉 | 6·4 | 17 | 土 | 2 | 甲辰 | 7·4 | 19 | 水 | 4 | 丙子 | 6·4 |
| 13 | 17 | 金 | 29 | 甲辰 | 5·4 | 18 | 土 | 28 | 癸酉 | 6·4 | 18 | 火 | 30 | 甲辰 | 6·4 | 18 | 木 | 4/1 | 甲戌 | 6·4 | 18 | 日 | 3 | 乙巳 | 6·4 | 20 | 木 | 5 | 丁丑 | 6·4 |
| 14 | 18 | 土 | 30 | 乙巳 | 우수 | 19 | 日 | 29 | 甲戌 | 6·5 | 19 | 水 | 3/1 | 乙巳 | 5·5 | 19 | 金 | 2 | 乙亥 | 6·5 | 19 | 月 | 4 | 丙午 | 6·5 | 21 | 金 | 6 | 戊寅 | 6·5 |
| 15 | 19 | 日 | 1/1 | 丙午 | 5·5 | 20 | 月 | 2/1 | 乙亥 | 춘분 | 20 | 木 | 2 | 丙午 | 곡우 | 20 | 土 | 3 | 丙子 | 5·5 | 20 | 火 | 5 | 丁未 | 6·5 | 22 | 土 | 7 | 己卯 | 5·5 |
| 16 | 20 | 月 | 2 | 丁未 | 4·5 | 21 | 火 | 2 | 丙子 | 5·5 | 21 | 金 | 3 | 丁未 | 5·5 | 21 | 日 | 4 | 丁丑 | 소만 | 21 | 水 | 6 | 戊申 | 하지 | 23 | 日 | 8 | 庚辰 | 대서 |
| 17 | 21 | 火 | 3 | 戊申 | 4·6 | 22 | 水 | 3 | 丁丑 | 5·6 | 22 | 土 | 4 | 戊申 | 4·6 | 22 | 月 | 5 | 戊寅 | 5·6 | 22 | 木 | 7 | 己酉 | 5·6 | 24 | 月 | 9 | 辛巳 | 5·6 |
| 18 | 22 | 水 | 4 | 己酉 | 4·6 | 23 | 木 | 4 | 戊寅 | 4·6 | 23 | 日 | 5 | 己酉 | 4·6 | 23 | 火 | 6 | 己卯 | 4·6 | 23 | 金 | 8 | 庚戌 | 5·6 | 25 | 火 | 10 | 壬午 | 4·6 |
| 19 | 23 | 木 | 5 | 庚戌 | 3·6 | 24 | 金 | 5 | 己卯 | 4·6 | 24 | 月 | 6 | 庚戌 | 4·6 | 24 | 水 | 7 | 庚辰 | 4·6 | 24 | 土 | 9 | 辛亥 | 4·6 | 26 | 水 | 11 | 癸未 | 4·6 |
| 20 | 24 | 金 | 6 | 辛亥 | 3·7 | 25 | 土 | 6 | 庚辰 | 4·7 | 25 | 火 | 7 | 辛亥 | 3·7 | 25 | 木 | 8 | 辛巳 | 4·7 | 25 | 日 | 10 | 壬子 | 4·7 | 27 | 木 | 12 | 甲申 | 4·7 |
| 21 | 25 | 土 | 7 | 壬子 | 3·7 | 26 | 日 | 7 | 辛巳 | 3·7 | 26 | 水 | 8 | 壬子 | 3·7 | 26 | 金 | 9 | 壬午 | 3·7 | 26 | 月 | 11 | 癸丑 | 4·7 | 28 | 金 | 13 | 乙酉 | 3·7 |
| 22 | 26 | 日 | 8 | 癸丑 | 2·7 | 27 | 月 | 8 | 壬午 | 3·7 | 27 | 木 | 9 | 癸丑 | 3·7 | 27 | 土 | 10 | 癸未 | 3·7 | 27 | 火 | 12 | 甲寅 | 3·7 | 29 | 土 | 14 | 丙戌 | 3·7 |
| 23 | 27 | 月 | 9 | 甲寅 | 2·8 | 28 | 火 | 9 | 癸未 | 3·8 | 28 | 金 | 10 | 甲寅 | 2·8 | 28 | 日 | 11 | 甲申 | 3·8 | 28 | 水 | 13 | 乙卯 | 3·8 | 30 | 日 | 15 | 丁亥 | 3·8 |
| 24 | 28 | 火 | 10 | 乙卯 | 2·8 | 29 | 水 | 10 | 甲申 | 2·8 | 29 | 土 | 11 | 乙卯 | 2·8 | 29 | 月 | 12 | 乙酉 | 2·8 | 29 | 木 | 14 | 丙辰 | 3·8 | 31 | 月 | 16 | 戊子 | 2·8 |
| 25 | 3/1 | 水 | 11 | 丙辰 | 1·8 | 30 | 木 | 11 | 乙酉 | 2·8 | 30 | 日 | 12 | 丙辰 | 2·8 | 30 | 火 | 13 | 丙戌 | 2·8 | 30 | 金 | 15 | 丁巳 | 2·8 | 8/1 | 火 | 17 | 己丑 | 2·8 |
| 26 | 2 | 木 | 12 | 丁巳 | 1·9 | 31 | 金 | 12 | 丙戌 | 2·9 | 5/1 | 月 | 13 | 丁巳 | 1·9 | 31 | 水 | 14 | 丁亥 | 2·9 | 7/1 | 土 | 16 | 戊午 | 2·9 | 2 | 水 | 18 | 庚寅 | 2·9 |
| 27 | 3 | 金 | 13 | 戊午 | 1·9 | 4/1 | 土 | 13 | 丁亥 | 1·9 | 2 | 火 | 14 | 戊午 | 1·9 | 6/1 | 木 | 15 | 戊子 | 1·9 | 2 | 日 | 17 | 己未 | 2·9 | 3 | 木 | 19 | 辛卯 | 1·9 |
| 28 | 4 | 土 | 14 | 己未 | 1·9 | 2 | 日 | 14 | 戊子 | 1·9 | 3 | 水 | 15 | 己未 | 1·9 | 2 | 金 | 16 | 己丑 | 1·9 | 3 | 月 | 18 | 庚申 | 1·9 | 4 | 金 | 20 | 壬辰 | 1·9 |
| 29 | | | | | | 3 | 月 | 15 | 己丑 | 1·10 | 4 | 木 | 16 | 庚申 | 1·10 | 3 | 土 | 17 | 庚寅 | 1·10 | 4 | 火 | 19 | 辛酉 | 1·10 | 5 | 土 | 21 | 癸巳 | 1·10 |
| 30 | | | | | | 4 | 火 | 16 | 庚寅 | 1·10 | | | | | | 4 | 日 | 18 | 辛卯 | 1·10 | 5 | 水 | 20 | 壬戌 | 1·10 | 6 | 日 | 22 | 甲午 | 1·10 |
| 31 | | | | | | | | | | | | | | | | | | | | | 6 | 木 | 21 | 癸亥 | 1·10 | | | | | |

# 甲寅年

| 절기후날수 | 입추절(壬申月) 立秋 8월7일 19시8분 處暑 8월23일 9시46분 | | | | | 백로절(癸酉月) 白露 9월7일 22시13분 秋分 9월23일 7시38분 | | | | |
|---|---|---|---|---|---|---|---|---|---|---|
| | 양력 | 요일 | 음력 | 일진 | 大運 남·여 | 양력 | 요일 | 음력 | 일진 | 大運 남·여 |
| 0 | 8/7 | 月 | 23 | 乙未 | 입추 | 9/7 | 木 | 25 | 丙寅 | 백로 |
| 1 | 8 | 火 | 24 | 丙申 | 10·1 | 8 | 金 | 26 | 丁卯 | 10·1 |
| 2 | 9 | 水 | 25 | 丁酉 | 10·1 | 9 | 土 | 27 | 戊辰 | 10·1 |
| 3 | 10 | 木 | 26 | 戊戌 | 9·1 | 10 | 日 | 28 | 己巳 | 9·1 |
| 4 | 11 | 金 | 27 | 己亥 | 9·1 | 11 | 月 | 29 | 庚午 | 9·1 |
| 5 | 12 | 土 | 28 | 庚子 | 9·2 | 12 | 火 | 30 | 辛未 | 9·2 |
| 6 | 13 | 日 | 29 | 辛丑 | 8·2 | 13 | 水 | 8/1 | 壬申 | 8·2 |
| 7 | 14 | 月 | 7/1 | 壬寅 | 8·2 | 14 | 木 | 2 | 癸酉 | 8·2 |
| 8 | 15 | 火 | 2 | 癸卯 | 8·3 | 15 | 金 | 3 | 甲戌 | 8·3 |
| 9 | 16 | 水 | 3 | 甲辰 | 7·3 | 16 | 土 | 4 | 乙亥 | 7·3 |
| 10 | 17 | 木 | 4 | 乙巳 | 7·3 | 17 | 日 | 5 | 丙子 | 7·3 |
| 11 | 18 | 金 | 5 | 丙午 | 7·4 | 18 | 月 | 6 | 丁丑 | 7·4 |
| 12 | 19 | 土 | 6 | 丁未 | 6·4 | 19 | 火 | 7 | 戊寅 | 6·4 |
| 13 | 20 | 日 | 7 | 戊申 | 6·4 | 20 | 水 | 8 | 己卯 | 6·4 |
| 14 | 21 | 月 | 8 | 己酉 | 6·5 | 21 | 木 | 9 | 庚辰 | 6·5 |
| 15 | 22 | 火 | 9 | 庚戌 | 5·5 | 22 | 金 | 10 | 辛巳 | 5·5 |
| 16 | 23 | 水 | 10 | 辛亥 | 처서 | 23 | 土 | 11 | 壬午 | 추분 |
| 17 | 24 | 木 | 11 | 壬子 | 5·6 | 24 | 日 | 12 | 癸未 | 5·6 |
| 18 | 25 | 金 | 12 | 癸丑 | 4·6 | 25 | 月 | 13 | 甲申 | 4·6 |
| 19 | 26 | 土 | 13 | 甲寅 | 4·6 | 26 | 火 | 14 | 乙酉 | 4·6 |
| 20 | 27 | 日 | 14 | 乙卯 | 4·7 | 27 | 水 | 15 | 丙戌 | 4·7 |
| 21 | 28 | 月 | 15 | 丙辰 | 3·7 | 28 | 木 | 16 | 丁亥 | 3·7 |
| 22 | 29 | 火 | 16 | 丁巳 | 3·7 | 29 | 金 | 17 | 戊子 | 3·7 |
| 23 | 30 | 水 | 17 | 戊午 | 3·8 | 30 | 土 | 18 | 己丑 | 3·8 |
| 24 | 31 | 木 | 18 | 己未 | 2·8 | 10/1 | 日 | 19 | 庚寅 | 2·8 |
| 25 | 9/1 | 金 | 19 | 庚申 | 2·8 | 2 | 月 | 20 | 辛卯 | 2·8 |
| 26 | 2 | 土 | 20 | 辛酉 | 2·9 | 3 | 火 | 21 | 壬辰 | 2·9 |
| 27 | 3 | 日 | 21 | 壬戌 | 1·9 | 4 | 水 | 22 | 癸巳 | 1·9 |
| 28 | 4 | 月 | 22 | 癸亥 | 1·9 | 5 | 木 | 23 | 甲午 | 1·9 |
| 29 | 5 | 火 | 23 | 甲子 | 1·10 | 6 | 金 | 24 | 乙未 | 1·10 |
| 30 | 6 | 水 | 24 | 乙丑 | 1·10 | 7 | 土 | 25 | 丙申 | 1·10 |
| 31 | | | | | | | | | | |

| 절기후날수 | 한로절(甲戌月) 寒露 10월8일 14시6분 霜降 10월23일 17시15분 | | | | | 입동절(乙亥月) 立冬 11월7일 17시32분 小雪 11월22일 15시4분 | | | | |
|---|---|---|---|---|---|---|---|---|---|---|
| | 양력 | 요일 | 음력 | 일진 | 大運 남·여 | 양력 | 요일 | 음력 | 일진 | 大運 남·여 |
| 0 | 10/8 | 日 | 26 | 丁酉 | 한로 | 11/7 | 火 | 27 | 丁卯 | 입동 |
| 1 | 9 | 月 | 27 | 戊戌 | 10·1 | 8 | 水 | 28 | 戊辰 | 10·1 |
| 2 | 10 | 火 | 28 | 己亥 | 9·1 | 9 | 木 | 29 | 己巳 | 9·1 |
| 3 | 11 | 水 | 29 | 庚子 | 9·1 | 10 | 金 | 30 | 庚午 | 9·1 |
| 4 | 12 | 木 | 9/1 | 辛丑 | 9·1 | 11 | 土 | 10/1 | 辛未 | 9·1 |
| 5 | 13 | 金 | 2 | 壬寅 | 8·2 | 12 | 日 | 2 | 壬申 | 8·2 |
| 6 | 14 | 土 | 3 | 癸卯 | 8·2 | 13 | 月 | 3 | 癸酉 | 8·2 |
| 7 | 15 | 日 | 4 | 甲辰 | 8·2 | 14 | 火 | 4 | 甲戌 | 8·2 |
| 8 | 16 | 月 | 5 | 乙巳 | 7·3 | 15 | 水 | 5 | 乙亥 | 7·3 |
| 9 | 17 | 火 | 6 | 丙午 | 7·3 | 16 | 木 | 6 | 丙子 | 7·3 |
| 10 | 18 | 水 | 7 | 丁未 | 7·3 | 17 | 金 | 7 | 丁丑 | 7·3 |
| 11 | 19 | 木 | 8 | 戊申 | 6·4 | 18 | 土 | 8 | 戊寅 | 6·4 |
| 12 | 20 | 金 | 9 | 己酉 | 6·4 | 19 | 日 | 9 | 己卯 | 6·4 |
| 13 | 21 | 土 | 10 | 庚戌 | 6·4 | 20 | 月 | 10 | 庚辰 | 6·4 |
| 14 | 22 | 日 | 11 | 辛亥 | 5·5 | 21 | 火 | 11 | 辛巳 | 5·5 |
| 15 | 23 | 月 | 12 | 壬子 | 상강 | 22 | 水 | 12 | 壬午 | 소설 |
| 16 | 24 | 火 | 13 | 癸丑 | 5·5 | 23 | 木 | 13 | 癸未 | 5·5 |
| 17 | 25 | 水 | 14 | 甲寅 | 4·6 | 24 | 金 | 14 | 甲申 | 4·6 |
| 18 | 26 | 木 | 15 | 乙卯 | 4·6 | 25 | 土 | 15 | 乙酉 | 4·6 |
| 19 | 27 | 金 | 16 | 丙辰 | 4·6 | 26 | 日 | 16 | 丙戌 | 4·6 |
| 20 | 28 | 土 | 17 | 丁巳 | 3·7 | 27 | 月 | 17 | 丁亥 | 3·7 |
| 21 | 29 | 日 | 18 | 戊午 | 3·7 | 28 | 火 | 18 | 戊子 | 3·7 |
| 22 | 30 | 月 | 19 | 己未 | 3·7 | 29 | 水 | 19 | 己丑 | 3·7 |
| 23 | 31 | 火 | 20 | 庚申 | 2·8 | 30 | 木 | 20 | 庚寅 | 2·8 |
| 24 | 11/1 | 水 | 21 | 辛酉 | 2·8 | 12/1 | 金 | 21 | 辛卯 | 2·8 |
| 25 | 2 | 木 | 22 | 壬戌 | 2·8 | 2 | 土 | 22 | 壬辰 | 2·8 |
| 26 | 3 | 金 | 23 | 癸亥 | 1·9 | 3 | 日 | 23 | 癸巳 | 1·9 |
| 27 | 4 | 土 | 24 | 甲子 | 1·9 | 4 | 月 | 24 | 甲午 | 1·9 |
| 28 | 5 | 日 | 25 | 乙丑 | 1·9 | 5 | 火 | 25 | 乙未 | 1·9 |
| 29 | 6 | 月 | 26 | 丙寅 | 1·10 | 6 | 水 | 26 | 丙申 | 1·10 |
| 30 | | | | | | | | | | |
| 31 | | | | | | | | | | |

| 절기후날수 | 대설절(丙子月) 大雪 12월7일 10시35분 冬至 12월22일 4시33분 | | | | | 소한절(丁丑月) 小寒 1월5일 21시54분 大寒 1월20일 15시13분 | | | | |
|---|---|---|---|---|---|---|---|---|---|---|
| | 양력 | 요일 | 음력 | 일진 | 大運 남·여 | 양력 | 요일 | 음력 | 일진 | 大運 남·여 |
| 0 | 12/7 | 木 | 27 | 丁酉 | 대설 | 1/5 | 金 | 26 | 丙寅 | 소한 |
| 1 | 8 | 金 | 28 | 戊戌 | 9·1 | 6 | 土 | 27 | 丁卯 | 10·1 |
| 2 | 9 | 土 | 29 | 己亥 | 9·1 | 7 | 日 | 28 | 戊辰 | 9·1 |
| 3 | 10 | 日 | 30 | 庚子 | 9·1 | 8 | 月 | 29 | 己巳 | 9·1 |
| 4 | 11 | 月 | 11/1 | 辛丑 | 8·1 | 9 | 火 | 30 | 庚午 | 9·1 |
| 5 | 12 | 火 | 2 | 壬寅 | 8·2 | 10 | 水 | 12/1 | 辛未 | 8·2 |
| 6 | 13 | 水 | 3 | 癸卯 | 8·2 | 11 | 木 | 2 | 壬申 | 8·2 |
| 7 | 14 | 木 | 4 | 甲辰 | 7·2 | 12 | 金 | 3 | 癸酉 | 8·2 |
| 8 | 15 | 金 | 5 | 乙巳 | 7·3 | 13 | 土 | 4 | 甲戌 | 7·3 |
| 9 | 16 | 土 | 6 | 丙午 | 7·3 | 14 | 日 | 5 | 乙亥 | 7·3 |
| 10 | 17 | 日 | 7 | 丁未 | 6·3 | 15 | 月 | 6 | 丙子 | 7·3 |
| 11 | 18 | 月 | 8 | 戊申 | 6·4 | 16 | 火 | 7 | 丁丑 | 6·4 |
| 12 | 19 | 火 | 9 | 己酉 | 6·4 | 17 | 水 | 8 | 戊寅 | 6·4 |
| 13 | 20 | 水 | 10 | 庚戌 | 5·4 | 18 | 木 | 9 | 己卯 | 6·4 |
| 14 | 21 | 木 | 11 | 辛亥 | 5·5 | 19 | 金 | 10 | 庚辰 | 5·5 |
| 15 | 22 | 金 | 12 | 壬子 | 동지 | 20 | 土 | 11 | 辛巳 | 대한 |
| 16 | 23 | 土 | 13 | 癸丑 | 4·5 | 21 | 日 | 12 | 壬午 | 5·5 |
| 17 | 24 | 日 | 14 | 甲寅 | 4·6 | 22 | 月 | 13 | 癸未 | 4·6 |
| 18 | 25 | 月 | 15 | 乙卯 | 4·6 | 23 | 火 | 14 | 甲申 | 4·6 |
| 19 | 26 | 火 | 16 | 丙辰 | 3·6 | 24 | 水 | 15 | 乙酉 | 4·6 |
| 20 | 27 | 水 | 17 | 丁巳 | 3·7 | 25 | 木 | 16 | 丙戌 | 3·7 |
| 21 | 28 | 木 | 18 | 戊午 | 3·7 | 26 | 金 | 17 | 丁亥 | 3·7 |
| 22 | 29 | 金 | 19 | 己未 | 2·7 | 27 | 土 | 18 | 戊子 | 3·7 |
| 23 | 30 | 土 | 20 | 庚申 | 2·8 | 28 | 日 | 19 | 己丑 | 2·8 |
| 24 | 31 | 日 | 21 | 辛酉 | 2·8 | 29 | 月 | 20 | 庚寅 | 2·8 |
| 25 | 1/1 | 月 | 22 | 壬戌 | 1·8 | 30 | 火 | 21 | 辛卯 | 2·8 |
| 26 | 2 | 火 | 23 | 癸亥 | 1·9 | 31 | 水 | 22 | 壬辰 | 1·9 |
| 27 | 3 | 水 | 24 | 甲子 | 1·9 | 2/1 | 木 | 23 | 癸巳 | 1·9 |
| 28 | 4 | 木 | 25 | 乙丑 | 1·9 | 2 | 金 | 24 | 甲午 | 1·9 |
| 29 | | | | | | 3 | 土 | 25 | 乙未 | 1·10 |
| 30 | | | | | | | | | | |
| 31 | | | | | | | | | | |

# 서기 2035년 [단기 4368년]

| 절기후날수 | 입춘절(戊寅月) 立春 2월4일 9시30분 雨水 2월19일 5시15분 | | | | | | 경칩절(己卯月) 驚蟄 3월6일 3시20분 春分 3월21일 4시1분 | | | | | | 청명절(庚辰月) 淸明 4월5일 7시52분 穀雨 4월20일 14시48분 | | | | | |
|---|---|---|---|---|---|---|---|---|---|---|---|---|---|---|---|---|---|---|
| | 양력 | 요일 | 음력 | 일진 | 大運 남 | 大運 여 | 양력 | 요일 | 음력 | 일진 | 大運 남 | 大運 여 | 양력 | 요일 | 음력 | 일진 | 大運 남 | 大運 여 |
| 0 | 2/4 | 日 | 26 | 丙申 | 입춘 | | 3/6 | 火 | 27 | 丙寅 | 경칩 | | 4/5 | 木 | 27 | 丙申 | 청명 | |
| 1 | 5 | 月 | 27 | 丁酉 | 1 | 10 | 7 | 水 | 28 | 丁卯 | 1 | 10 | 6 | 金 | 28 | 丁酉 | 1 | 10 |
| 2 | 6 | 火 | 28 | 戊戌 | 1 | 9 | 8 | 木 | 29 | 戊辰 | 1 | 9 | 7 | 土 | 29 | 戊戌 | 1 | 10 |
| 3 | 7 | 水 | 29 | 己亥 | 1 | 9 | 9 | 金 | 30 | 己巳 | 1 | 9 | 8 | 日 | 3/1 | 己亥 | 1 | 9 |
| 4 | 8 | 木 | 1/1 | 庚子 | 1 | 9 | 10 | 土 | 2/1 | 庚午 | 1 | 9 | 9 | 月 | 2 | 庚子 | 1 | 9 |
| 5 | 9 | 金 | 2 | 辛丑 | 2 | 8 | 11 | 日 | 2 | 辛未 | 2 | 8 | 10 | 火 | 3 | 辛丑 | 2 | 9 |
| 6 | 10 | 土 | 3 | 壬寅 | 2 | 8 | 12 | 月 | 3 | 壬申 | 2 | 8 | 11 | 水 | 4 | 壬寅 | 2 | 8 |
| 7 | 11 | 日 | 4 | 癸卯 | 2 | 8 | 13 | 火 | 4 | 癸酉 | 2 | 8 | 12 | 木 | 5 | 癸卯 | 2 | 8 |
| 8 | 12 | 月 | 5 | 甲辰 | 3 | 7 | 14 | 水 | 5 | 甲戌 | 3 | 7 | 13 | 金 | 6 | 甲辰 | 3 | 8 |
| 9 | 13 | 火 | 6 | 乙巳 | 3 | 7 | 15 | 木 | 6 | 乙亥 | 3 | 7 | 14 | 土 | 7 | 乙巳 | 3 | 7 |
| 10 | 14 | 水 | 7 | 丙午 | 3 | 7 | 16 | 金 | 7 | 丙子 | 3 | 7 | 15 | 日 | 8 | 丙午 | 3 | 7 |
| 11 | 15 | 木 | 8 | 丁未 | 4 | 6 | 17 | 土 | 8 | 丁丑 | 4 | 6 | 16 | 月 | 9 | 丁未 | 4 | 7 |
| 12 | 16 | 金 | 9 | 戊申 | 4 | 6 | 18 | 日 | 9 | 戊寅 | 4 | 6 | 17 | 火 | 10 | 戊申 | 4 | 6 |
| 13 | 17 | 土 | 10 | 己酉 | 4 | 6 | 19 | 月 | 10 | 己卯 | 4 | 6 | 18 | 水 | 11 | 己酉 | 4 | 6 |
| 14 | 18 | 日 | 11 | 庚戌 | 5 | 5 | 20 | 火 | 11 | 庚辰 | 5 | 5 | 19 | 木 | 12 | 庚戌 | 5 | 6 |
| 15 | 19 | 月 | 12 | 辛亥 | 우수 | | 21 | 水 | 12 | 辛巳 | 춘분 | | 20 | 金 | 13 | 辛亥 | 곡우 | |
| 16 | 20 | 火 | 13 | 壬子 | 5 | 5 | 22 | 木 | 13 | 壬午 | 5 | 5 | 21 | 土 | 14 | 壬子 | 5 | 5 |
| 17 | 21 | 水 | 14 | 癸丑 | 6 | 4 | 23 | 金 | 14 | 癸未 | 6 | 4 | 22 | 日 | 15 | 癸丑 | 6 | 5 |
| 18 | 22 | 木 | 15 | 甲寅 | 6 | 4 | 24 | 土 | 15 | 甲申 | 6 | 4 | 23 | 月 | 16 | 甲寅 | 6 | 4 |
| 19 | 23 | 金 | 16 | 乙卯 | 6 | 4 | 25 | 日 | 16 | 乙酉 | 6 | 4 | 24 | 火 | 17 | 乙卯 | 6 | 4 |
| 20 | 24 | 土 | 17 | 丙辰 | 7 | 3 | 26 | 月 | 17 | 丙戌 | 7 | 3 | 25 | 水 | 18 | 丙辰 | 7 | 4 |
| 21 | 25 | 日 | 18 | 丁巳 | 7 | 3 | 27 | 火 | 18 | 丁亥 | 7 | 3 | 26 | 木 | 19 | 丁巳 | 7 | 3 |
| 22 | 26 | 月 | 19 | 戊午 | 7 | 3 | 28 | 水 | 19 | 戊子 | 7 | 3 | 27 | 金 | 20 | 戊午 | 7 | 3 |
| 23 | 27 | 火 | 20 | 己未 | 8 | 2 | 29 | 木 | 20 | 己丑 | 8 | 2 | 28 | 土 | 21 | 己未 | 8 | 3 |
| 24 | 28 | 水 | 21 | 庚申 | 8 | 2 | 30 | 金 | 21 | 庚寅 | 8 | 2 | 29 | 日 | 22 | 庚申 | 8 | 2 |
| 25 | 3/1 | 木 | 22 | 辛酉 | 8 | 2 | 31 | 土 | 22 | 辛卯 | 8 | 2 | 30 | 月 | 23 | 辛酉 | 8 | 2 |
| 26 | 2 | 金 | 23 | 壬戌 | 9 | 1 | 4/1 | 日 | 23 | 壬辰 | 9 | 1 | 5/1 | 火 | 24 | 壬戌 | 9 | 2 |
| 27 | 3 | 土 | 24 | 癸亥 | 9 | 1 | 2 | 月 | 24 | 癸巳 | 9 | 1 | 2 | 水 | 25 | 癸亥 | 9 | 1 |
| 28 | 4 | 日 | 25 | 甲子 | 9 | 1 | 3 | 火 | 25 | 甲午 | 9 | 1 | 3 | 木 | 26 | 甲子 | 9 | 1 |
| 29 | 5 | 月 | 26 | 乙丑 | 10 | 1 | 4 | 水 | 26 | 乙未 | 10 | 1 | 4 | 金 | 27 | 乙丑 | 10 | 1 |
| 30 | | | | | | | | | | | | | 5 | 土 | 28 | 丙寅 | 10 | 1 |
| 31 | | | | | | | | | | | | | | | | | | |

| 절기후날수 | 입하절(辛巳月) 立夏 5월6일 0시54분 小滿 5월21일 13시42분 | | | | | | 망종절(壬午月) 芒種 6월6일 4시49분 夏至 6월21일 21시32분 | | | | | | 소서절(癸未月) 小暑 7월7일 15시0분 大暑 7월23일 8시27분 | | | | | |
|---|---|---|---|---|---|---|---|---|---|---|---|---|---|---|---|---|---|---|
| | 양력 | 요일 | 음력 | 일진 | 大運 남 | 大運 여 | 양력 | 요일 | 음력 | 일진 | 大運 남 | 大運 여 | 양력 | 요일 | 음력 | 일진 | 大運 남 | 大運 여 |
| 0 | 5/6 | 日 | 29 | 丁卯 | 입하 | | 6/6 | 水 | 5/1 | 戊戌 | 망종 | | 7/7 | 土 | 3 | 己巳 | 소서 | |
| 1 | 7 | 月 | 30 | 戊辰 | 1 | 10 | 7 | 木 | 2 | 己亥 | 1 | 10 | 8 | 日 | 4 | 庚午 | 1 | 10 |
| 2 | 8 | 火 | 4/1 | 己巳 | 1 | 10 | 8 | 金 | 3 | 庚子 | 1 | 10 | 9 | 月 | 5 | 辛未 | 1 | 10 |
| 3 | 9 | 水 | 2 | 庚午 | 1 | 9 | 9 | 土 | 4 | 辛丑 | 1 | 9 | 10 | 火 | 6 | 壬申 | 1 | 10 |
| 4 | 10 | 木 | 3 | 辛未 | 1 | 9 | 10 | 日 | 5 | 壬寅 | 1 | 9 | 11 | 水 | 7 | 癸酉 | 1 | 9 |
| 5 | 11 | 金 | 4 | 壬申 | 2 | 9 | 11 | 月 | 6 | 癸卯 | 2 | 9 | 12 | 木 | 8 | 甲戌 | 2 | 9 |
| 6 | 12 | 土 | 5 | 癸酉 | 2 | 8 | 12 | 火 | 7 | 甲辰 | 2 | 8 | 13 | 金 | 9 | 乙亥 | 2 | 9 |
| 7 | 13 | 日 | 6 | 甲戌 | 2 | 8 | 13 | 水 | 8 | 乙巳 | 2 | 8 | 14 | 土 | 10 | 丙子 | 2 | 8 |
| 8 | 14 | 月 | 7 | 乙亥 | 3 | 8 | 14 | 木 | 9 | 丙午 | 3 | 8 | 15 | 日 | 11 | 丁丑 | 3 | 8 |
| 9 | 15 | 火 | 8 | 丙子 | 3 | 7 | 15 | 金 | 10 | 丁未 | 3 | 7 | 16 | 月 | 12 | 戊寅 | 3 | 8 |
| 10 | 16 | 水 | 9 | 丁丑 | 3 | 7 | 16 | 土 | 11 | 戊申 | 3 | 7 | 17 | 火 | 13 | 己卯 | 3 | 7 |
| 11 | 17 | 木 | 10 | 戊寅 | 4 | 7 | 17 | 日 | 12 | 己酉 | 4 | 7 | 18 | 水 | 14 | 庚辰 | 4 | 7 |
| 12 | 18 | 金 | 11 | 己卯 | 4 | 6 | 18 | 月 | 13 | 庚戌 | 4 | 6 | 19 | 木 | 15 | 辛巳 | 4 | 7 |
| 13 | 19 | 土 | 12 | 庚辰 | 4 | 6 | 19 | 火 | 14 | 辛亥 | 4 | 6 | 20 | 金 | 16 | 壬午 | 4 | 6 |
| 14 | 20 | 日 | 13 | 辛巳 | 5 | 6 | 20 | 水 | 15 | 壬子 | 5 | 6 | 21 | 土 | 17 | 癸未 | 5 | 6 |
| 15 | 21 | 月 | 14 | 壬午 | 소만 | | 21 | 木 | 16 | 癸丑 | 하지 | | 22 | 日 | 18 | 甲申 | 5 | 6 |
| 16 | 22 | 火 | 15 | 癸未 | 5 | 5 | 22 | 金 | 17 | 甲寅 | 5 | 5 | 23 | 月 | 19 | 乙酉 | 대서 | |
| 17 | 23 | 水 | 16 | 甲申 | 6 | 5 | 23 | 土 | 18 | 乙卯 | 6 | 5 | 24 | 火 | 20 | 丙戌 | 6 | 5 |
| 18 | 24 | 木 | 17 | 乙酉 | 6 | 4 | 24 | 日 | 19 | 丙辰 | 6 | 4 | 25 | 水 | 21 | 丁亥 | 6 | 5 |
| 19 | 25 | 金 | 18 | 丙戌 | 6 | 4 | 25 | 月 | 20 | 丁巳 | 6 | 4 | 26 | 木 | 22 | 戊子 | 6 | 4 |
| 20 | 26 | 土 | 19 | 丁亥 | 7 | 4 | 26 | 火 | 21 | 戊午 | 7 | 4 | 27 | 金 | 23 | 己丑 | 7 | 4 |
| 21 | 27 | 日 | 20 | 戊子 | 7 | 3 | 27 | 水 | 22 | 己未 | 7 | 3 | 28 | 土 | 24 | 庚寅 | 7 | 4 |
| 22 | 28 | 月 | 21 | 己丑 | 7 | 3 | 28 | 木 | 23 | 庚申 | 7 | 3 | 29 | 日 | 25 | 辛卯 | 7 | 3 |
| 23 | 29 | 火 | 22 | 庚寅 | 8 | 3 | 29 | 金 | 24 | 辛酉 | 8 | 3 | 30 | 月 | 26 | 壬辰 | 8 | 3 |
| 24 | 30 | 水 | 23 | 辛卯 | 8 | 2 | 30 | 土 | 25 | 壬戌 | 8 | 2 | 31 | 火 | 27 | 癸巳 | 8 | 3 |
| 25 | 31 | 木 | 24 | 壬辰 | 8 | 2 | 7/1 | 日 | 26 | 癸亥 | 8 | 2 | 8/1 | 水 | 28 | 甲午 | 8 | 2 |
| 26 | 6/1 | 金 | 25 | 癸巳 | 9 | 2 | 2 | 月 | 27 | 甲子 | 9 | 2 | 2 | 木 | 29 | 乙未 | 9 | 2 |
| 27 | 2 | 土 | 26 | 甲午 | 9 | 1 | 3 | 火 | 28 | 乙丑 | 9 | 1 | 3 | 金 | 30 | 丙申 | 9 | 2 |
| 28 | 3 | 日 | 27 | 乙未 | 9 | 1 | 4 | 水 | 29 | 丙寅 | 9 | 1 | 4 | 土 | 7/1 | 丁酉 | 9 | 1 |
| 29 | 4 | 月 | 28 | 丙申 | 10 | 1 | 5 | 木 | 6/1 | 丁卯 | 10 | 1 | 5 | 日 | 2 | 戊戌 | 10 | 1 |
| 30 | 5 | 火 | 29 | 丁酉 | 10 | 1 | 6 | 金 | 2 | 戊辰 | 10 | 1 | 6 | 月 | 3 | 己亥 | 10 | 1 |
| 31 | | | | | | | | | | | | | 7 | 火 | 4 | 庚子 | 10 | 1 |

# 乙卯年

| 절기후날수 | 입추절(甲申月) 立秋 8월8일 0시53분 / 處暑 8월23일 15시43분 | | | | | 백로절(乙酉月) 白露 9월8일 4시1분 / 秋分 9월23일 13시38분 | | | | |
|---|---|---|---|---|---|---|---|---|---|---|
| | 양력 | 요일 | 음력 | 일진 | 大運 남·여 | 양력 | 요일 | 음력 | 일진 | 大運 남·여 |
| 0 | 8/8 | 水 | 5 | 辛丑 | 입추 | 9/8 | 土 | 7 | 壬申 | 백로 |
| 1 | 9 | 木 | 6 | 壬寅 | 1·10 | 9 | 日 | 8 | 癸酉 | 1·10 |
| 2 | 10 | 金 | 7 | 癸卯 | 1·10 | 10 | 月 | 9 | 甲戌 | 1·9 |
| 3 | 11 | 土 | 8 | 甲辰 | 1·9 | 11 | 火 | 10 | 乙亥 | 1·9 |
| 4 | 12 | 日 | 9 | 乙巳 | 1·9 | 12 | 水 | 11 | 丙子 | 1·9 |
| 5 | 13 | 月 | 10 | 丙午 | 2·9 | 13 | 木 | 12 | 丁丑 | 2·8 |
| 6 | 14 | 火 | 11 | 丁未 | 2·8 | 14 | 金 | 13 | 戊寅 | 2·8 |
| 7 | 15 | 水 | 12 | 戊申 | 2·8 | 15 | 土 | 14 | 己卯 | 2·8 |
| 8 | 16 | 木 | 13 | 己酉 | 3·8 | 16 | 日 | 15 | 庚辰 | 3·7 |
| 9 | 17 | 金 | 14 | 庚戌 | 3·7 | 17 | 月 | 16 | 辛巳 | 3·7 |
| 10 | 18 | 土 | 15 | 辛亥 | 3·7 | 18 | 火 | 17 | 壬午 | 3·7 |
| 11 | 19 | 日 | 16 | 壬子 | 4·7 | 19 | 水 | 18 | 癸未 | 4·6 |
| 12 | 20 | 月 | 17 | 癸丑 | 4·6 | 20 | 木 | 19 | 甲申 | 4·6 |
| 13 | 21 | 火 | 18 | 甲寅 | 4·6 | 21 | 金 | 20 | 乙酉 | 4·6 |
| 14 | 22 | 水 | 19 | 乙卯 | 5·6 | 22 | 土 | 21 | 丙戌 | 5·5 |
| 15 | 23 | 木 | 20 | 丙辰 | 처서 | 23 | 日 | 22 | 丁亥 | 추분 |
| 16 | 24 | 金 | 21 | 丁巳 | 5·5 | 24 | 月 | 23 | 戊子 | 5·5 |
| 17 | 25 | 土 | 22 | 戊午 | 6·5 | 25 | 火 | 24 | 己丑 | 6·4 |
| 18 | 26 | 日 | 23 | 己未 | 6·4 | 26 | 水 | 25 | 庚寅 | 6·4 |
| 19 | 27 | 月 | 24 | 庚申 | 6·4 | 27 | 木 | 26 | 辛卯 | 6·4 |
| 20 | 28 | 火 | 25 | 辛酉 | 7·4 | 28 | 金 | 27 | 壬辰 | 7·3 |
| 21 | 29 | 水 | 26 | 壬戌 | 7·3 | 29 | 土 | 28 | 癸巳 | 7·3 |
| 22 | 30 | 木 | 27 | 癸亥 | 7·3 | 30 | 日 | 29 | 甲午 | 7·3 |
| 23 | 31 | 金 | 28 | 甲子 | 8·3 | 10/1 | 月 | 9/1 | 乙未 | 8·2 |
| 24 | 9/1 | 土 | 29 | 乙丑 | 8·2 | 2 | 火 | 2 | 丙申 | 8·2 |
| 25 | 2 | 日 | 8/1 | 丙寅 | 8·2 | 3 | 水 | 3 | 丁酉 | 8·2 |
| 26 | 3 | 月 | 2 | 丁卯 | 9·2 | 4 | 木 | 4 | 戊戌 | 9·1 |
| 27 | 4 | 火 | 3 | 戊辰 | 9·1 | 5 | 金 | 5 | 己亥 | 9·1 |
| 28 | 5 | 水 | 4 | 己巳 | 9·1 | 6 | 土 | 6 | 庚子 | 9·1 |
| 29 | 6 | 木 | 5 | 庚午 | 10·1 | 7 | 日 | 7 | 辛丑 | 10·1 |
| 30 | 7 | 金 | 6 | 辛未 | 10·1 | | | | | |
| 31 | | | | | | | | | | |

| 절기후날수 | 한로절(丙戌月) 寒露 10월8일 19시56분 / 霜降 10월23일 23시15분 | | | | | 입동절(丁亥月) 立冬 11월7일 23시22분 / 小雪 11월22일 21시2분 | | | | |
|---|---|---|---|---|---|---|---|---|---|---|
| | 양력 | 요일 | 음력 | 일진 | 大運 남·여 | 양력 | 요일 | 음력 | 일진 | 大運 남·여 |
| 0 | 10/8 | 月 | 8 | 壬寅 | 한로 | 11/7 | 水 | 8 | 壬申 | 입동 |
| 1 | 9 | 火 | 9 | 癸卯 | 1·10 | 8 | 木 | 9 | 癸酉 | 1·10 |
| 2 | 10 | 水 | 10 | 甲辰 | 1·9 | 9 | 金 | 10 | 甲戌 | 1·9 |
| 3 | 11 | 木 | 11 | 乙巳 | 1·9 | 10 | 土 | 11 | 乙亥 | 1·9 |
| 4 | 12 | 金 | 12 | 丙午 | 1·9 | 11 | 日 | 12 | 丙子 | 1·9 |
| 5 | 13 | 土 | 13 | 丁未 | 2·8 | 12 | 月 | 13 | 丁丑 | 2·8 |
| 6 | 14 | 日 | 14 | 戊申 | 2·8 | 13 | 火 | 14 | 戊寅 | 2·8 |
| 7 | 15 | 月 | 15 | 己酉 | 2·8 | 14 | 水 | 15 | 己卯 | 2·8 |
| 8 | 16 | 火 | 16 | 庚戌 | 3·7 | 15 | 木 | 16 | 庚辰 | 3·7 |
| 9 | 17 | 水 | 17 | 辛亥 | 3·7 | 16 | 金 | 17 | 辛巳 | 3·7 |
| 10 | 18 | 木 | 18 | 壬子 | 3·7 | 17 | 土 | 18 | 壬午 | 3·7 |
| 11 | 19 | 金 | 19 | 癸丑 | 4·6 | 18 | 日 | 19 | 癸未 | 4·6 |
| 12 | 20 | 土 | 20 | 甲寅 | 4·6 | 19 | 月 | 20 | 甲申 | 4·6 |
| 13 | 21 | 日 | 21 | 乙卯 | 4·6 | 20 | 火 | 21 | 乙酉 | 4·6 |
| 14 | 22 | 月 | 22 | 丙辰 | 5·5 | 21 | 水 | 22 | 丙戌 | 5·5 |
| 15 | 23 | 火 | 23 | 丁巳 | 상강 | 22 | 木 | 23 | 丁亥 | 소설 |
| 16 | 24 | 水 | 24 | 戊午 | 5·5 | 23 | 金 | 24 | 戊子 | 5·5 |
| 17 | 25 | 木 | 25 | 己未 | 6·4 | 24 | 土 | 25 | 己丑 | 6·4 |
| 18 | 26 | 金 | 26 | 庚申 | 6·4 | 25 | 日 | 26 | 庚寅 | 6·4 |
| 19 | 27 | 土 | 27 | 辛酉 | 6·4 | 26 | 月 | 27 | 辛卯 | 6·4 |
| 20 | 28 | 日 | 28 | 壬戌 | 7·3 | 27 | 火 | 28 | 壬辰 | 7·3 |
| 21 | 29 | 月 | 29 | 癸亥 | 7·3 | 28 | 水 | 29 | 癸巳 | 7·3 |
| 22 | 30 | 火 | 30 | 甲子 | 7·3 | 29 | 木 | 30 | 甲午 | 7·3 |
| 23 | 31 | 水 | 10/1 | 乙丑 | 8·2 | 30 | 金 | 11/1 | 乙未 | 8·2 |
| 24 | 11/1 | 木 | 2 | 丙寅 | 8·2 | 12/1 | 土 | 2 | 丙申 | 8·2 |
| 25 | 2 | 金 | 3 | 丁卯 | 8·2 | 2 | 日 | 3 | 丁酉 | 8·2 |
| 26 | 3 | 土 | 4 | 戊辰 | 9·1 | 3 | 月 | 4 | 戊戌 | 9·1 |
| 27 | 4 | 日 | 5 | 己巳 | 9·1 | 4 | 火 | 5 | 己亥 | 9·1 |
| 28 | 5 | 月 | 6 | 庚午 | 9·1 | 5 | 水 | 6 | 庚子 | 9·1 |
| 29 | 6 | 火 | 7 | 辛未 | 10·1 | 6 | 木 | 7 | 辛丑 | 10·1 |
| 30 | | | | | | | | | | |
| 31 | | | | | | | | | | |

| 절기후날수 | 대설절(戊子月) 大雪 12월7일 16시24분 / 冬至 12월22일 10시29분 | | | | | 소한절(己丑月) 小寒 1월6일 3시42분 / 大寒 1월20일 21시10분 | | | | |
|---|---|---|---|---|---|---|---|---|---|---|
| | 양력 | 요일 | 음력 | 일진 | 大運 남·여 | 양력 | 요일 | 음력 | 일진 | 大運 남·여 |
| 0 | 12/7 | 金 | 8 | 壬寅 | 대설 | 1/6 | 日 | 9 | 壬申 | 소한 |
| 1 | 8 | 土 | 9 | 癸卯 | 1·10 | 7 | 月 | 10 | 癸酉 | 1·9 |
| 2 | 9 | 日 | 10 | 甲辰 | 1·9 | 8 | 火 | 11 | 甲戌 | 1·9 |
| 3 | 10 | 月 | 11 | 乙巳 | 1·9 | 9 | 水 | 12 | 乙亥 | 1·9 |
| 4 | 11 | 火 | 12 | 丙午 | 1·9 | 10 | 木 | 13 | 丙子 | 1·8 |
| 5 | 12 | 水 | 13 | 丁未 | 2·8 | 11 | 金 | 14 | 丁丑 | 2·8 |
| 6 | 13 | 木 | 14 | 戊申 | 2·8 | 12 | 土 | 15 | 戊寅 | 2·8 |
| 7 | 14 | 金 | 15 | 己酉 | 2·8 | 13 | 日 | 16 | 己卯 | 2·7 |
| 8 | 15 | 土 | 16 | 庚戌 | 3·7 | 14 | 月 | 17 | 庚辰 | 3·7 |
| 9 | 16 | 日 | 17 | 辛亥 | 3·7 | 15 | 火 | 18 | 辛巳 | 3·7 |
| 10 | 17 | 月 | 18 | 壬子 | 3·7 | 16 | 水 | 19 | 壬午 | 3·6 |
| 11 | 18 | 火 | 19 | 癸丑 | 4·6 | 17 | 木 | 20 | 癸未 | 4·6 |
| 12 | 19 | 水 | 20 | 甲寅 | 4·6 | 18 | 金 | 21 | 甲申 | 4·6 |
| 13 | 20 | 木 | 21 | 乙卯 | 4·6 | 19 | 土 | 22 | 乙酉 | 4·5 |
| 14 | 21 | 金 | 22 | 丙辰 | 5·5 | 20 | 日 | 23 | 丙戌 | 대한 |
| 15 | 22 | 土 | 23 | 丁巳 | 동지 | 21 | 月 | 24 | 丁亥 | 5·5 |
| 16 | 23 | 日 | 24 | 戊午 | 5·5 | 22 | 火 | 25 | 戊子 | 5·4 |
| 17 | 24 | 月 | 25 | 己未 | 6·4 | 23 | 水 | 26 | 己丑 | 6·4 |
| 18 | 25 | 火 | 26 | 庚申 | 6·4 | 24 | 木 | 27 | 庚寅 | 6·4 |
| 19 | 26 | 水 | 27 | 辛酉 | 6·4 | 25 | 金 | 28 | 辛卯 | 6·3 |
| 20 | 27 | 木 | 28 | 壬戌 | 7·3 | 26 | 土 | 29 | 壬辰 | 7·3 |
| 21 | 28 | 金 | 29 | 癸亥 | 7·3 | 27 | 日 | 30 | 癸巳 | 7·3 |
| 22 | 29 | 土 | 12/1 | 甲子 | 7·3 | 28 | 月 | 1/1 | 甲午 | 7·2 |
| 23 | 30 | 日 | 2 | 乙丑 | 8·2 | 29 | 火 | 2 | 乙未 | 8·2 |
| 24 | 31 | 月 | 3 | 丙寅 | 8·2 | 30 | 水 | 3 | 丙申 | 8·2 |
| 25 | 1/1 | 火 | 4 | 丁卯 | 8·2 | 31 | 木 | 4 | 丁酉 | 8·1 |
| 26 | 2 | 水 | 5 | 戊辰 | 9·1 | 2/1 | 金 | 5 | 戊戌 | 9·1 |
| 27 | 3 | 木 | 6 | 己巳 | 9·1 | 2 | 土 | 6 | 己亥 | 9·1 |
| 28 | 4 | 金 | 7 | 庚午 | 9·1 | 3 | 日 | 7 | 庚子 | 9·1 |
| 29 | 5 | 土 | 8 | 辛未 | 10·1 | | | | | |
| 30 | | | | | | | | | | |
| 31 | | | | | | | | | | |

# 서기 2036년 [단기 4369년]

| 절기후날수 | 입춘절(庚寅月) 立春 2월4일 15시19분 雨水 2월19일 11시13분 | | | | | 경칩절(辛卯月) 驚蟄 3월5일 9시10분 春分 3월20일 10시1분 | | | | |
|---|---|---|---|---|---|---|---|---|---|---|
| | 양력 | 요일 | 음력 | 일진 | 大運 남·여 | 양력 | 요일 | 음력 | 일진 | 大運 남·여 |
| 0 | 2/4 | 月 | 8 | 辛丑 | 입춘 | 3/5 | 水 | 8 | 辛未 | 경칩 |
| 1 | 5 | 火 | 9 | 壬寅 | 10·1 | 6 | 木 | 9 | 壬申 | 10·1 |
| 2 | 6 | 水 | 10 | 癸卯 | 9·1 | 7 | 金 | 10 | 癸酉 | 9·1 |
| 3 | 7 | 木 | 11 | 甲辰 | 9·1 | 8 | 土 | 11 | 甲戌 | 9·1 |
| 4 | 8 | 金 | 12 | 乙巳 | 9·1 | 9 | 日 | 12 | 乙亥 | 9·1 |
| 5 | 9 | 土 | 13 | 丙午 | 8·2 | 10 | 月 | 13 | 丙子 | 8·2 |
| 6 | 10 | 日 | 14 | 丁未 | 8·2 | 11 | 火 | 14 | 丁丑 | 8·2 |
| 7 | 11 | 月 | 15 | 戊申 | 8·2 | 12 | 水 | 15 | 戊寅 | 8·2 |
| 8 | 12 | 火 | 16 | 己酉 | 7·3 | 13 | 木 | 16 | 己卯 | 7·3 |
| 9 | 13 | 水 | 17 | 庚戌 | 7·3 | 14 | 金 | 17 | 庚辰 | 7·3 |
| 10 | 14 | 木 | 18 | 辛亥 | 7·3 | 15 | 土 | 18 | 辛巳 | 7·3 |
| 11 | 15 | 金 | 19 | 壬子 | 6·4 | 16 | 日 | 19 | 壬午 | 6·4 |
| 12 | 16 | 土 | 20 | 癸丑 | 6·4 | 17 | 月 | 20 | 癸未 | 6·4 |
| 13 | 17 | 日 | 21 | 甲寅 | 6·4 | 18 | 火 | 21 | 甲申 | 6·4 |
| 14 | 18 | 月 | 22 | 乙卯 | 5·5 | 19 | 水 | 22 | 乙酉 | 5·5 |
| 15 | 19 | 火 | 23 | 丙辰 | 우수 | 20 | 木 | 23 | 丙戌 | 춘분 |
| 16 | 20 | 水 | 24 | 丁巳 | 5·5 | 21 | 金 | 24 | 丁亥 | 5·5 |
| 17 | 21 | 木 | 25 | 戊午 | 4·6 | 22 | 土 | 25 | 戊子 | 4·6 |
| 18 | 22 | 金 | 26 | 己未 | 4·6 | 23 | 日 | 26 | 己丑 | 4·6 |
| 19 | 23 | 土 | 27 | 庚申 | 4·6 | 24 | 月 | 27 | 庚寅 | 4·6 |
| 20 | 24 | 日 | 28 | 辛酉 | 3·7 | 25 | 火 | 28 | 辛卯 | 3·7 |
| 21 | 25 | 月 | 29 | 壬戌 | 3·7 | 26 | 水 | 29 | 壬辰 | 3·7 |
| 22 | 26 | 火 | 30 | 癸亥 | 3·7 | 27 | 木 | 30 | 癸巳 | 3·7 |
| 23 | 27 | 水 | 2/1 | 甲子 | 2·8 | 28 | 金 | 3/1 | 甲午 | 2·8 |
| 24 | 28 | 木 | 2 | 乙丑 | 2·8 | 29 | 土 | 2 | 乙未 | 2·8 |
| 25 | 29 | 金 | 3 | 丙寅 | 2·8 | 30 | 日 | 3 | 丙申 | 2·8 |
| 26 | 3/1 | 土 | 4 | 丁卯 | 1·9 | 31 | 月 | 4 | 丁酉 | 1·9 |
| 27 | 2 | 日 | 5 | 戊辰 | 1·9 | 4/1 | 火 | 5 | 戊戌 | 1·9 |
| 28 | 3 | 月 | 6 | 己巳 | 1·9 | 2 | 水 | 6 | 己亥 | 1·9 |
| 29 | 4 | 火 | 7 | 庚午 | 1·10 | 3 | 木 | 7 | 庚子 | 1·10 |
| 30 | | | | | | | | | | |
| 31 | | | | | | | | | | |

| 절기후날수 | 청명절(壬辰月) 清明 4월4일 13시45분 穀雨 4월19일 20시49분 | | | | | 입하절(癸巳月) 立夏 5월5일 6시48분 小滿 5월20일 19시43분 | | | | |
|---|---|---|---|---|---|---|---|---|---|---|
| | 양력 | 요일 | 음력 | 일진 | 大運 남·여 | 양력 | 요일 | 음력 | 일진 | 大運 남·여 |
| 0 | 4/4 | 金 | 8 | 辛丑 | 청명 | 5/5 | 月 | 10 | 壬申 | 입하 |
| 1 | 5 | 土 | 9 | 壬寅 | 10·1 | 6 | 火 | 11 | 癸酉 | 10·1 |
| 2 | 6 | 日 | 10 | 癸卯 | 10·1 | 7 | 水 | 12 | 甲戌 | 10·1 |
| 3 | 7 | 月 | 11 | 甲辰 | 9·1 | 8 | 木 | 13 | 乙亥 | 9·1 |
| 4 | 8 | 火 | 12 | 乙巳 | 9·1 | 9 | 金 | 14 | 丙子 | 9·1 |
| 5 | 9 | 水 | 13 | 丙午 | 9·2 | 10 | 土 | 15 | 丁丑 | 9·2 |
| 6 | 10 | 木 | 14 | 丁未 | 8·2 | 11 | 日 | 16 | 戊寅 | 8·2 |
| 7 | 11 | 金 | 15 | 戊申 | 8·2 | 12 | 月 | 17 | 己卯 | 8·2 |
| 8 | 12 | 土 | 16 | 己酉 | 8·3 | 13 | 火 | 18 | 庚辰 | 8·3 |
| 9 | 13 | 日 | 17 | 庚戌 | 7·3 | 14 | 水 | 19 | 辛巳 | 7·3 |
| 10 | 14 | 月 | 18 | 辛亥 | 7·3 | 15 | 木 | 20 | 壬午 | 7·3 |
| 11 | 15 | 火 | 19 | 壬子 | 7·4 | 16 | 金 | 21 | 癸未 | 7·4 |
| 12 | 16 | 水 | 20 | 癸丑 | 6·4 | 17 | 土 | 22 | 甲申 | 6·4 |
| 13 | 17 | 木 | 21 | 甲寅 | 6·4 | 18 | 日 | 23 | 乙酉 | 6·4 |
| 14 | 18 | 金 | 22 | 乙卯 | 6·5 | 19 | 月 | 24 | 丙戌 | 6·5 |
| 15 | 19 | 土 | 23 | 丙辰 | 곡우 | 20 | 火 | 25 | 丁亥 | 소만 |
| 16 | 20 | 日 | 24 | 丁巳 | 5·5 | 21 | 水 | 26 | 戊子 | 5·5 |
| 17 | 21 | 月 | 25 | 戊午 | 5·6 | 22 | 木 | 27 | 己丑 | 5·6 |
| 18 | 22 | 火 | 26 | 己未 | 4·6 | 23 | 金 | 28 | 庚寅 | 4·6 |
| 19 | 23 | 水 | 27 | 庚申 | 4·6 | 24 | 土 | 29 | 辛卯 | 4·6 |
| 20 | 24 | 木 | 28 | 辛酉 | 4·7 | 25 | 日 | 30 | 壬辰 | 4·7 |
| 21 | 25 | 金 | 29 | 壬戌 | 3·7 | 26 | 月 | 5/1 | 癸巳 | 3·7 |
| 22 | 26 | 土 | 4/1 | 癸亥 | 3·7 | 27 | 火 | 2 | 甲午 | 3·7 |
| 23 | 27 | 日 | 2 | 甲子 | 3·8 | 28 | 水 | 3 | 乙未 | 3·8 |
| 24 | 28 | 月 | 3 | 乙丑 | 2·8 | 29 | 木 | 4 | 丙申 | 2·8 |
| 25 | 29 | 火 | 4 | 丙寅 | 2·8 | 30 | 金 | 5 | 丁酉 | 2·8 |
| 26 | 30 | 水 | 5 | 丁卯 | 2·9 | 31 | 土 | 6 | 戊戌 | 2·9 |
| 27 | 5/1 | 木 | 6 | 戊辰 | 1·9 | 6/1 | 日 | 7 | 己亥 | 1·9 |
| 28 | 2 | 金 | 7 | 己巳 | 1·9 | 2 | 月 | 8 | 庚子 | 1·9 |
| 29 | 3 | 土 | 8 | 庚午 | 1·10 | 3 | 火 | 9 | 辛丑 | 1·10 |
| 30 | 4 | 日 | 9 | 辛未 | 1·10 | 4 | 水 | 10 | 壬寅 | 1·10 |
| 31 | | | | | | | | | | |

| 절기후날수 | 망종절(甲午月) 芒種 6월5일 10시46분 夏至 6월21일 3시31분 | | | | | 소서절(乙未月) 小暑 7월6일 20시56분 大暑 7월22일 14시21분 | | | | |
|---|---|---|---|---|---|---|---|---|---|---|
| | 양력 | 요일 | 음력 | 일진 | 大運 남·여 | 양력 | 요일 | 음력 | 일진 | 大運 남·여 |
| 0 | 6/5 | 木 | 11 | 癸卯 | 망종 | 7/6 | 日 | 13 | 甲戌 | 소서 |
| 1 | 6 | 金 | 12 | 甲辰 | 10·1 | 7 | 月 | 14 | 乙亥 | 10·1 |
| 2 | 7 | 土 | 13 | 乙巳 | 10·1 | 8 | 火 | 15 | 丙子 | 10·1 |
| 3 | 8 | 日 | 14 | 丙午 | 9·1 | 9 | 水 | 16 | 丁丑 | 10·1 |
| 4 | 9 | 月 | 15 | 丁未 | 9·1 | 10 | 木 | 17 | 戊寅 | 9·1 |
| 5 | 10 | 火 | 16 | 戊申 | 9·2 | 11 | 金 | 18 | 己卯 | 9·2 |
| 6 | 11 | 水 | 17 | 己酉 | 8·2 | 12 | 土 | 19 | 庚辰 | 9·2 |
| 7 | 12 | 木 | 18 | 庚戌 | 8·2 | 13 | 日 | 20 | 辛巳 | 8·2 |
| 8 | 13 | 金 | 19 | 辛亥 | 8·3 | 14 | 月 | 21 | 壬午 | 8·3 |
| 9 | 14 | 土 | 20 | 壬子 | 7·3 | 15 | 火 | 22 | 癸未 | 8·3 |
| 10 | 15 | 日 | 21 | 癸丑 | 7·3 | 16 | 水 | 23 | 甲申 | 7·3 |
| 11 | 16 | 月 | 22 | 甲寅 | 7·4 | 17 | 木 | 24 | 乙酉 | 7·4 |
| 12 | 17 | 火 | 23 | 乙卯 | 6·4 | 18 | 金 | 25 | 丙戌 | 7·4 |
| 13 | 18 | 水 | 24 | 丙辰 | 6·4 | 19 | 土 | 26 | 丁亥 | 6·4 |
| 14 | 19 | 木 | 25 | 丁巳 | 6·5 | 20 | 日 | 27 | 戊子 | 6·5 |
| 15 | 20 | 金 | 26 | 戊午 | 5·5 | 21 | 月 | 28 | 己丑 | 6·5 |
| 16 | 21 | 土 | 27 | 己未 | 하지 | 22 | 火 | 29 | 庚寅 | 대서 |
| 17 | 22 | 日 | 28 | 庚申 | 5·6 | 23 | 水 | 윤1 | 辛卯 | 5·6 |
| 18 | 23 | 月 | 29 | 辛酉 | 4·6 | 24 | 木 | 윤2 | 壬辰 | 5·6 |
| 19 | 24 | 火 | 6/1 | 壬戌 | 4·6 | 25 | 金 | 윤3 | 癸巳 | 4·6 |
| 20 | 25 | 水 | 2 | 癸亥 | 4·7 | 26 | 土 | 윤4 | 甲午 | 4·7 |
| 21 | 26 | 木 | 3 | 甲子 | 3·7 | 27 | 日 | 윤5 | 乙未 | 4·7 |
| 22 | 27 | 金 | 4 | 乙丑 | 3·7 | 28 | 月 | 윤6 | 丙申 | 3·7 |
| 23 | 28 | 土 | 5 | 丙寅 | 3·8 | 29 | 火 | 윤7 | 丁酉 | 3·8 |
| 24 | 29 | 日 | 6 | 丁卯 | 2·8 | 30 | 水 | 윤8 | 戊戌 | 3·8 |
| 25 | 30 | 月 | 7 | 戊辰 | 2·8 | 31 | 木 | 윤9 | 己亥 | 2·8 |
| 26 | 7/1 | 火 | 8 | 己巳 | 2·9 | 8/1 | 金 | 윤10 | 庚子 | 2·9 |
| 27 | 2 | 水 | 9 | 庚午 | 1·9 | 2 | 土 | 윤11 | 辛丑 | 2·9 |
| 28 | 3 | 木 | 10 | 辛未 | 1·9 | 3 | 日 | 윤12 | 壬寅 | 1·9 |
| 29 | 4 | 金 | 11 | 壬申 | 1·10 | 4 | 月 | 윤13 | 癸卯 | 1·10 |
| 30 | 5 | 土 | 12 | 癸酉 | 1·10 | 5 | 火 | 윤14 | 甲辰 | 1·10 |
| 31 | | | | | | 6 | 水 | 윤15 | 乙巳 | 1·10 |

▶윤달-6월

# 丙辰年

**입추절(丙申月)** 立秋 8월7일 6시48분 / 處暑 8월22일 21시31분

| 절기후날수 | 양력 | 요일 | 음력 | 일진 | 大運 남·여 |
|---|---|---|---|---|---|
| 0 | 8/7 | 木 | 윤16 | 丙午 | 입추 |
| 1 | 8 | 金 | 윤17 | 丁未 | 10·1 |
| 2 | 9 | 土 | 윤18 | 戊申 | 10·1 |
| 3 | 10 | 日 | 윤19 | 己酉 | 9·1 |
| 4 | 11 | 月 | 윤20 | 庚戌 | 9·1 |
| 5 | 12 | 火 | 윤21 | 辛亥 | 9·2 |
| 6 | 13 | 水 | 윤22 | 壬子 | 8·2 |
| 7 | 14 | 木 | 윤23 | 癸丑 | 8·2 |
| 8 | 15 | 金 | 윤24 | 甲寅 | 8·3 |
| 9 | 16 | 土 | 윤25 | 乙卯 | 7·3 |
| 10 | 17 | 日 | 윤26 | 丙辰 | 7·3 |
| 11 | 18 | 月 | 윤27 | 丁巳 | 7·4 |
| 12 | 19 | 火 | 윤28 | 戊午 | 6·4 |
| 13 | 20 | 水 | 윤29 | 己未 | 6·4 |
| 14 | 21 | 木 | 윤30 | 庚申 | 6·5 |
| 15 | 22 | 金 | 7/1 | 辛酉 | 처서 |
| 16 | 23 | 土 | 2 | 壬戌 | 5·5 |
| 17 | 24 | 日 | 3 | 癸亥 | 5·6 |
| 18 | 25 | 月 | 4 | 甲子 | 4·6 |
| 19 | 26 | 火 | 5 | 乙丑 | 4·6 |
| 20 | 27 | 水 | 6 | 丙寅 | 4·7 |
| 21 | 28 | 木 | 7 | 丁卯 | 3·7 |
| 22 | 29 | 金 | 8 | 戊辰 | 3·7 |
| 23 | 30 | 土 | 9 | 己巳 | 3·8 |
| 24 | 31 | 日 | 10 | 庚午 | 2·8 |
| 25 | 9/1 | 月 | 11 | 辛未 | 2·8 |
| 26 | 2 | 火 | 12 | 壬申 | 2·9 |
| 27 | 3 | 水 | 13 | 癸酉 | 1·9 |
| 28 | 4 | 木 | 14 | 甲戌 | 1·9 |
| 29 | 5 | 金 | 15 | 乙亥 | 1·10 |
| 30 | 6 | 土 | 16 | 丙子 | 1·10 |
| 31 | | | | | |

**백로절(丁酉月)** 白露 9월7일 9시54분 / 秋分 9월22일 19시22분

| 절기후날수 | 양력 | 요일 | 음력 | 일진 | 大運 남·여 |
|---|---|---|---|---|---|
| 0 | 9/7 | 日 | 17 | 丁丑 | 백로 |
| 1 | 8 | 月 | 18 | 戊寅 | 10·1 |
| 2 | 9 | 火 | 19 | 己卯 | 10·1 |
| 3 | 10 | 水 | 20 | 庚辰 | 9·1 |
| 4 | 11 | 木 | 21 | 辛巳 | 9·1 |
| 5 | 12 | 金 | 22 | 壬午 | 9·2 |
| 6 | 13 | 土 | 23 | 癸未 | 8·2 |
| 7 | 14 | 日 | 24 | 甲申 | 8·2 |
| 8 | 15 | 月 | 25 | 乙酉 | 8·3 |
| 9 | 16 | 火 | 26 | 丙戌 | 7·3 |
| 10 | 17 | 水 | 27 | 丁亥 | 7·3 |
| 11 | 18 | 木 | 28 | 戊子 | 7·4 |
| 12 | 19 | 金 | 29 | 己丑 | 6·4 |
| 13 | 20 | 土 | 8/1 | 庚寅 | 6·4 |
| 14 | 21 | 日 | 2 | 辛卯 | 6·5 |
| 15 | 22 | 月 | 3 | 壬辰 | 추분 |
| 16 | 23 | 火 | 4 | 癸巳 | 5·5 |
| 17 | 24 | 水 | 5 | 甲午 | 5·6 |
| 18 | 25 | 木 | 6 | 乙未 | 4·6 |
| 19 | 26 | 金 | 7 | 丙申 | 4·6 |
| 20 | 27 | 土 | 8 | 丁酉 | 4·7 |
| 21 | 28 | 日 | 9 | 戊戌 | 3·7 |
| 22 | 29 | 月 | 10 | 己亥 | 3·7 |
| 23 | 30 | 火 | 11 | 庚子 | 3·8 |
| 24 | 10/1 | 水 | 12 | 辛丑 | 2·8 |
| 25 | 2 | 木 | 13 | 壬寅 | 2·8 |
| 26 | 3 | 金 | 14 | 癸卯 | 2·9 |
| 27 | 4 | 土 | 15 | 甲辰 | 1·9 |
| 28 | 5 | 日 | 16 | 乙巳 | 1·9 |
| 29 | 6 | 月 | 17 | 丙午 | 1·10 |
| 30 | 7 | 火 | 18 | 丁未 | 1·10 |
| 31 | | | | | |

**한로절(戊戌月)** 寒露 10월8일 1시48분 / 霜降 10월23일 4시57분

| 절기후날수 | 양력 | 요일 | 음력 | 일진 | 大運 남·여 |
|---|---|---|---|---|---|
| 0 | 10/8 | 水 | 19 | 戊申 | 한로 |
| 1 | 9 | 木 | 20 | 己酉 | 10·1 |
| 2 | 10 | 金 | 21 | 庚戌 | 9·1 |
| 3 | 11 | 土 | 22 | 辛亥 | 9·1 |
| 4 | 12 | 日 | 23 | 壬子 | 9·1 |
| 5 | 13 | 月 | 24 | 癸丑 | 8·2 |
| 6 | 14 | 火 | 25 | 甲寅 | 8·2 |
| 7 | 15 | 水 | 26 | 乙卯 | 8·2 |
| 8 | 16 | 木 | 27 | 丙辰 | 7·3 |
| 9 | 17 | 金 | 28 | 丁巳 | 7·3 |
| 10 | 18 | 土 | 29 | 戊午 | 7·3 |
| 11 | 19 | 日 | 9/1 | 己未 | 6·4 |
| 12 | 20 | 月 | 2 | 庚申 | 6·4 |
| 13 | 21 | 火 | 3 | 辛酉 | 6·4 |
| 14 | 22 | 水 | 4 | 壬戌 | 5·5 |
| 15 | 23 | 木 | 5 | 癸亥 | 상강 |
| 16 | 24 | 金 | 6 | 甲子 | 5·5 |
| 17 | 25 | 土 | 7 | 乙丑 | 4·6 |
| 18 | 26 | 日 | 8 | 丙寅 | 4·6 |
| 19 | 27 | 月 | 9 | 丁卯 | 4·6 |
| 20 | 28 | 火 | 10 | 戊辰 | 3·7 |
| 21 | 29 | 水 | 11 | 己巳 | 3·7 |
| 22 | 30 | 木 | 12 | 庚午 | 3·7 |
| 23 | 31 | 金 | 13 | 辛未 | 2·8 |
| 24 | 11/1 | 土 | 14 | 壬申 | 2·8 |
| 25 | 2 | 日 | 15 | 癸酉 | 2·8 |
| 26 | 3 | 月 | 16 | 甲戌 | 1·9 |
| 27 | 4 | 火 | 17 | 乙亥 | 1·9 |
| 28 | 5 | 水 | 18 | 丙子 | 1·9 |
| 29 | 6 | 木 | 19 | 丁丑 | 1·10 |
| 30 | | | | | |
| 31 | | | | | |

**입동절(己亥月)** 立冬 11월7일 5시13분 / 小雪 11월22일 2시44분

| 절기후날수 | 양력 | 요일 | 음력 | 일진 | 大運 남·여 |
|---|---|---|---|---|---|
| 0 | 11/7 | 金 | 20 | 戊寅 | 입동 |
| 1 | 8 | 土 | 21 | 己卯 | 9·1 |
| 2 | 9 | 日 | 22 | 庚辰 | 9·1 |
| 3 | 10 | 月 | 23 | 辛巳 | 9·1 |
| 4 | 11 | 火 | 24 | 壬午 | 8·1 |
| 5 | 12 | 水 | 25 | 癸未 | 8·2 |
| 6 | 13 | 木 | 26 | 甲申 | 8·2 |
| 7 | 14 | 金 | 27 | 乙酉 | 7·2 |
| 8 | 15 | 土 | 28 | 丙戌 | 7·3 |
| 9 | 16 | 日 | 29 | 丁亥 | 7·3 |
| 10 | 17 | 月 | 30 | 戊子 | 6·3 |
| 11 | 18 | 火 | 10/1 | 己丑 | 6·4 |
| 12 | 19 | 水 | 2 | 庚寅 | 6·4 |
| 13 | 20 | 木 | 3 | 辛卯 | 5·4 |
| 14 | 21 | 金 | 4 | 壬辰 | 5·5 |
| 15 | 22 | 土 | 5 | 癸巳 | 소설 |
| 16 | 23 | 日 | 6 | 甲午 | 4·5 |
| 17 | 24 | 月 | 7 | 乙未 | 4·6 |
| 18 | 25 | 火 | 8 | 丙申 | 4·6 |
| 19 | 26 | 水 | 9 | 丁酉 | 3·6 |
| 20 | 27 | 木 | 10 | 戊戌 | 3·7 |
| 21 | 28 | 金 | 11 | 己亥 | 3·7 |
| 22 | 29 | 土 | 12 | 庚子 | 2·7 |
| 23 | 30 | 日 | 13 | 辛丑 | 2·8 |
| 24 | 12/1 | 月 | 14 | 壬寅 | 2·8 |
| 25 | 2 | 火 | 15 | 癸卯 | 1·8 |
| 26 | 3 | 水 | 16 | 甲辰 | 1·9 |
| 27 | 4 | 木 | 17 | 乙巳 | 1·9 |
| 28 | 5 | 金 | 18 | 丙午 | 1·9 |
| 29 | | | | | |
| 30 | | | | | |
| 31 | | | | | |

**대설절(庚子月)** 大雪 12월6일 22시15분 / 冬至 12월21일 16시11분

| 절기후날수 | 양력 | 요일 | 음력 | 일진 | 大運 남·여 |
|---|---|---|---|---|---|
| 0 | 12/6 | 土 | 19 | 丁未 | 대설 |
| 1 | 7 | 日 | 20 | 戊申 | 10·1 |
| 2 | 8 | 月 | 21 | 己酉 | 9·1 |
| 3 | 9 | 火 | 22 | 庚戌 | 9·1 |
| 4 | 10 | 水 | 23 | 辛亥 | 9·1 |
| 5 | 11 | 木 | 24 | 壬子 | 8·2 |
| 6 | 12 | 金 | 25 | 癸丑 | 8·2 |
| 7 | 13 | 土 | 26 | 甲寅 | 8·2 |
| 8 | 14 | 日 | 27 | 乙卯 | 7·3 |
| 9 | 15 | 月 | 28 | 丙辰 | 7·3 |
| 10 | 16 | 火 | 29 | 丁巳 | 7·3 |
| 11 | 17 | 水 | 30 | 戊午 | 6·4 |
| 12 | 18 | 木 | 11/1 | 己未 | 6·4 |
| 13 | 19 | 金 | 2 | 庚申 | 6·4 |
| 14 | 20 | 土 | 3 | 辛酉 | 5·5 |
| 15 | 21 | 日 | 4 | 壬戌 | 동지 |
| 16 | 22 | 月 | 5 | 癸亥 | 5·5 |
| 17 | 23 | 火 | 6 | 甲子 | 4·6 |
| 18 | 24 | 水 | 7 | 乙丑 | 4·6 |
| 19 | 25 | 木 | 8 | 丙寅 | 4·6 |
| 20 | 26 | 金 | 9 | 丁卯 | 3·7 |
| 21 | 27 | 土 | 10 | 戊辰 | 3·7 |
| 22 | 28 | 日 | 11 | 己巳 | 3·7 |
| 23 | 29 | 月 | 12 | 庚午 | 2·8 |
| 24 | 30 | 火 | 13 | 辛未 | 2·8 |
| 25 | 31 | 水 | 14 | 壬申 | 2·8 |
| 26 | 1/1 | 木 | 15 | 癸酉 | 1·9 |
| 27 | 2 | 金 | 16 | 甲戌 | 1·9 |
| 28 | 3 | 土 | 17 | 乙亥 | 1·9 |
| 29 | 4 | 日 | 18 | 丙子 | 1·10 |
| 30 | | | | | |
| 31 | | | | | |

**소한절(辛丑月)** 小寒 1월5일 9시33분 / 大寒 1월20일 2시52분

| 절기후날수 | 양력 | 요일 | 음력 | 일진 | 大運 남·여 |
|---|---|---|---|---|---|
| 0 | 1/5 | 月 | 19 | 丁丑 | 소한 |
| 1 | 6 | 火 | 20 | 戊寅 | 9·1 |
| 2 | 7 | 水 | 21 | 己卯 | 9·1 |
| 3 | 8 | 木 | 22 | 庚辰 | 9·1 |
| 4 | 9 | 金 | 23 | 辛巳 | 8·1 |
| 5 | 10 | 土 | 24 | 壬午 | 8·2 |
| 6 | 11 | 日 | 25 | 癸未 | 8·2 |
| 7 | 12 | 月 | 26 | 甲申 | 7·2 |
| 8 | 13 | 火 | 27 | 乙酉 | 7·3 |
| 9 | 14 | 水 | 28 | 丙戌 | 7·3 |
| 10 | 15 | 木 | 29 | 丁亥 | 6·3 |
| 11 | 16 | 金 | 12/1 | 戊子 | 6·4 |
| 12 | 17 | 土 | 2 | 己丑 | 6·4 |
| 13 | 18 | 日 | 3 | 庚寅 | 5·4 |
| 14 | 19 | 月 | 4 | 辛卯 | 5·5 |
| 15 | 20 | 火 | 5 | 壬辰 | 대한 |
| 16 | 21 | 水 | 6 | 癸巳 | 4·5 |
| 17 | 22 | 木 | 7 | 甲午 | 4·6 |
| 18 | 23 | 金 | 8 | 乙未 | 4·6 |
| 19 | 24 | 土 | 9 | 丙申 | 3·6 |
| 20 | 25 | 日 | 10 | 丁酉 | 3·7 |
| 21 | 26 | 月 | 11 | 戊戌 | 3·7 |
| 22 | 27 | 火 | 12 | 己亥 | 2·7 |
| 23 | 28 | 水 | 13 | 庚子 | 2·8 |
| 24 | 29 | 木 | 14 | 辛丑 | 2·8 |
| 25 | 30 | 金 | 15 | 壬寅 | 1·8 |
| 26 | 31 | 土 | 16 | 癸卯 | 1·9 |
| 27 | 2/1 | 日 | 17 | 甲辰 | 1·9 |
| 28 | 2 | 月 | 18 | 乙巳 | 1·9 |
| 29 | | | | | |
| 30 | | | | | |
| 31 | | | | | |

# 서기 2037년 [단기 4370년]

| 절기후날수 | 입춘절(壬寅月) | | | | | 경칩절(癸卯月) | | | | | 청명절(甲辰月) | | | | | 입하절(乙巳月) | | | | | 망종절(丙午月) | | | | | 소서절(丁未月) | | | | |
|---|---|---|---|---|---|---|---|---|---|---|---|---|---|---|---|---|---|---|---|---|---|---|---|---|---|---|---|---|---|---|
| | 立春 2월3일 21시10분<br>雨水 2월18일 16시57분 | | | | | 驚蟄 3월5일 15시5분<br>春分 3월20일 15시49분 | | | | | 淸明 4월4일 19시43분<br>穀雨 4월20일 2시39분 | | | | | 立夏 5월5일 12시48분<br>小滿 5월21일 1시34분 | | | | | 芒種 6월5일 16시45분<br>夏至 6월21일 9시21분 | | | | | 小暑 7월7일 2시54분<br>大暑 7월22일 20시11분 | | | | |
| | 양력 | 요일 | 음력 | 일진 | 大運 남·여 | 양력 | 요일 | 음력 | 일진 | 大運 남·여 | 양력 | 요일 | 음력 | 일진 | 大運 남·여 | 양력 | 요일 | 음력 | 일진 | 大運 남·여 | 양력 | 요일 | 음력 | 일진 | 大運 남·여 | 양력 | 요일 | 음력 | 일진 | 大運 남·여 |
| 0 | 2/3 | 火 | 19 | 丙午 | 입춘 | 3/5 | 木 | 19 | 丙子 | 경칩 | 4/4 | 土 | 19 | 丙午 | 청명 | 5/5 | 火 | 20 | 丁丑 | 입하 | 6/5 | 金 | 22 | 戊申 | 망종 | 7/7 | 火 | 24 | 庚辰 | 소서 |
| 1 | 4 | 水 | 20 | 丁未 | 1·10 | 6 | 金 | 20 | 丁丑 | 1·10 | 5 | 日 | 20 | 丁未 | 1·10 | 6 | 水 | 21 | 戊寅 | 1·10 | 6 | 土 | 23 | 己酉 | 1·10 | 8 | 水 | 25 | 辛巳 | 1·10 |
| 2 | 5 | 木 | 21 | 戊申 | 1·9 | 7 | 土 | 21 | 戊寅 | 1·9 | 6 | 月 | 21 | 戊申 | 1·10 | 7 | 木 | 22 | 己卯 | 1·10 | 7 | 日 | 24 | 庚戌 | 1·10 | 9 | 木 | 26 | 壬午 | 1·10 |
| 3 | 6 | 金 | 22 | 己酉 | 1·9 | 8 | 日 | 22 | 己卯 | 1·9 | 7 | 火 | 22 | 己酉 | 1·9 | 8 | 金 | 23 | 庚辰 | 1·9 | 8 | 月 | 25 | 辛亥 | 1·10 | 10 | 金 | 27 | 癸未 | 1·9 |
| 4 | 7 | 土 | 23 | 庚戌 | 1·9 | 9 | 月 | 23 | 庚辰 | 1·9 | 8 | 水 | 23 | 庚戌 | 1·9 | 9 | 土 | 24 | 辛巳 | 1·9 | 9 | 火 | 26 | 壬子 | 1·9 | 11 | 土 | 28 | 甲申 | 1·9 |
| 5 | 8 | 日 | 24 | 辛亥 | 2·8 | 10 | 火 | 24 | 辛巳 | 2·8 | 9 | 木 | 24 | 辛亥 | 2·9 | 10 | 日 | 25 | 壬午 | 2·9 | 10 | 水 | 27 | 癸丑 | 2·9 | 12 | 日 | 29 | 乙酉 | 2·9 |
| 6 | 9 | 月 | 25 | 壬子 | 2·8 | 11 | 水 | 25 | 壬午 | 2·8 | 10 | 金 | 25 | 壬子 | 2·8 | 11 | 月 | 26 | 癸未 | 2·8 | 11 | 木 | 28 | 甲寅 | 2·9 | 13 | 月 | 6/1 | 丙戌 | 2·8 |
| 7 | 10 | 火 | 26 | 癸丑 | 2·8 | 12 | 木 | 26 | 癸未 | 2·8 | 11 | 土 | 26 | 癸丑 | 2·8 | 12 | 火 | 27 | 甲申 | 2·8 | 12 | 金 | 29 | 乙卯 | 2·8 | 14 | 火 | 2 | 丁亥 | 2·8 |
| 8 | 11 | 水 | 27 | 甲寅 | 3·7 | 13 | 金 | 27 | 甲申 | 3·7 | 12 | 日 | 27 | 甲寅 | 3·8 | 13 | 水 | 28 | 乙酉 | 3·8 | 13 | 土 | 30 | 丙辰 | 3·8 | 15 | 水 | 3 | 戊子 | 3·8 |
| 9 | 12 | 木 | 28 | 乙卯 | 3·7 | 14 | 土 | 28 | 乙酉 | 3·7 | 13 | 月 | 28 | 乙卯 | 3·7 | 14 | 木 | 29 | 丙戌 | 3·7 | 14 | 日 | 5/1 | 丁巳 | 3·8 | 16 | 木 | 4 | 己丑 | 3·7 |
| 10 | 13 | 金 | 29 | 丙辰 | 3·7 | 15 | 日 | 29 | 丙戌 | 3·7 | 14 | 火 | 29 | 丙辰 | 3·7 | 15 | 金 | 4/1 | 丁亥 | 3·7 | 15 | 月 | 2 | 戊午 | 3·7 | 17 | 金 | 5 | 庚寅 | 3·7 |
| 11 | 14 | 土 | 30 | 丁巳 | 4·6 | 16 | 月 | 30 | 丁亥 | 4·6 | 15 | 水 | 30 | 丁巳 | 4·7 | 16 | 土 | 2 | 戊子 | 4·7 | 16 | 火 | 3 | 己未 | 4·7 | 18 | 土 | 6 | 辛卯 | 4·7 |
| 12 | 15 | 日 | 1/1 | 戊午 | 4·6 | 17 | 火 | 2/1 | 戊子 | 4·6 | 16 | 木 | 3/1 | 戊午 | 4·6 | 17 | 日 | 3 | 己丑 | 4·6 | 17 | 水 | 4 | 庚申 | 4·7 | 19 | 日 | 7 | 壬辰 | 4·6 |
| 13 | 16 | 月 | 2 | 己未 | 4·6 | 18 | 水 | 2 | 己丑 | 4·6 | 17 | 金 | 2 | 己未 | 4·6 | 18 | 月 | 4 | 庚寅 | 4·6 | 18 | 木 | 5 | 辛酉 | 4·6 | 20 | 月 | 8 | 癸巳 | 4·6 |
| 14 | 17 | 火 | 3 | 庚申 | 5·5 | 19 | 木 | 3 | 庚寅 | 5·5 | 18 | 土 | 3 | 庚申 | 5·6 | 19 | 火 | 5 | 辛卯 | 5·6 | 19 | 金 | 6 | 壬戌 | 5·6 | 21 | 火 | 9 | 甲午 | 5·6 |
| 15 | 18 | 水 | 4 | 辛酉 | 우수 | 20 | 金 | 4 | 辛卯 | 춘분 | 19 | 日 | 4 | 辛酉 | 5·5 | 20 | 水 | 6 | 壬辰 | 5·5 | 20 | 土 | 7 | 癸亥 | 5·6 | 22 | 水 | 10 | 乙未 | 대서 |
| 16 | 19 | 木 | 5 | 壬戌 | 5·5 | 21 | 土 | 5 | 壬辰 | 5·5 | 20 | 月 | 5 | 壬戌 | 곡우 | 21 | 木 | 7 | 癸巳 | 소만 | 21 | 日 | 8 | 甲子 | 하지 | 23 | 木 | 11 | 丙申 | 5·5 |
| 17 | 20 | 金 | 6 | 癸亥 | 6·4 | 22 | 日 | 6 | 癸巳 | 6·4 | 21 | 火 | 6 | 癸亥 | 6·5 | 22 | 金 | 8 | 甲午 | 6·5 | 22 | 月 | 9 | 乙丑 | 6·5 | 24 | 金 | 12 | 丁酉 | 6·5 |
| 18 | 21 | 土 | 7 | 甲子 | 6·4 | 23 | 月 | 7 | 甲午 | 6·4 | 22 | 水 | 7 | 甲子 | 6·4 | 23 | 土 | 9 | 乙未 | 6·4 | 23 | 火 | 10 | 丙寅 | 6·5 | 25 | 土 | 13 | 戊戌 | 6·4 |
| 19 | 22 | 日 | 8 | 乙丑 | 6·4 | 24 | 火 | 8 | 乙未 | 6·4 | 23 | 木 | 8 | 乙丑 | 6·4 | 24 | 日 | 10 | 丙申 | 6·4 | 24 | 水 | 11 | 丁卯 | 6·4 | 26 | 日 | 14 | 己亥 | 6·4 |
| 20 | 23 | 月 | 9 | 丙寅 | 7·3 | 25 | 水 | 9 | 丙申 | 7·3 | 24 | 金 | 9 | 丙寅 | 7·4 | 25 | 月 | 11 | 丁酉 | 7·4 | 25 | 木 | 12 | 戊辰 | 7·4 | 27 | 月 | 15 | 庚子 | 7·4 |
| 21 | 24 | 火 | 10 | 丁卯 | 7·3 | 26 | 木 | 10 | 丁酉 | 7·3 | 25 | 土 | 10 | 丁卯 | 7·3 | 26 | 火 | 12 | 戊戌 | 7·3 | 26 | 金 | 13 | 己巳 | 7·4 | 28 | 火 | 16 | 辛丑 | 7·3 |
| 22 | 25 | 水 | 11 | 戊辰 | 7·3 | 27 | 金 | 11 | 戊戌 | 7·3 | 26 | 日 | 11 | 戊辰 | 7·3 | 27 | 水 | 13 | 己亥 | 7·3 | 27 | 土 | 14 | 庚午 | 7·3 | 29 | 水 | 17 | 壬寅 | 7·3 |
| 23 | 26 | 木 | 12 | 己巳 | 8·2 | 28 | 土 | 12 | 己亥 | 8·2 | 27 | 月 | 12 | 己巳 | 8·3 | 28 | 木 | 14 | 庚子 | 8·3 | 28 | 日 | 15 | 辛未 | 8·3 | 30 | 木 | 18 | 癸卯 | 8·3 |
| 24 | 27 | 金 | 13 | 庚午 | 8·2 | 29 | 日 | 13 | 庚子 | 8·2 | 28 | 火 | 13 | 庚午 | 8·2 | 29 | 金 | 15 | 辛丑 | 8·2 | 29 | 月 | 16 | 壬申 | 8·3 | 31 | 金 | 19 | 甲辰 | 8·2 |
| 25 | 28 | 土 | 14 | 辛未 | 8·2 | 30 | 月 | 14 | 辛丑 | 8·2 | 29 | 水 | 14 | 辛未 | 8·2 | 30 | 土 | 16 | 壬寅 | 8·2 | 30 | 火 | 17 | 癸酉 | 8·2 | 8/1 | 土 | 20 | 乙巳 | 8·2 |
| 26 | 3/1 | 日 | 15 | 壬申 | 9·1 | 31 | 火 | 15 | 壬寅 | 9·1 | 30 | 木 | 15 | 壬申 | 9·2 | 31 | 日 | 17 | 癸卯 | 9·2 | 7/1 | 水 | 18 | 甲戌 | 9·2 | 2 | 日 | 21 | 丙午 | 9·2 |
| 27 | 2 | 月 | 16 | 癸酉 | 9·1 | 4/1 | 水 | 16 | 癸卯 | 9·1 | 5/1 | 金 | 16 | 癸酉 | 9·1 | 6/1 | 月 | 18 | 甲辰 | 9·1 | 2 | 木 | 19 | 乙亥 | 9·2 | 3 | 月 | 22 | 丁未 | 9·1 |
| 28 | 3 | 火 | 17 | 甲戌 | 9·1 | 2 | 木 | 17 | 甲辰 | 9·1 | 2 | 土 | 17 | 甲戌 | 9·1 | 2 | 火 | 19 | 乙巳 | 9·1 | 3 | 金 | 20 | 丙子 | 9·1 | 4 | 火 | 23 | 戊申 | 9·1 |
| 29 | 4 | 水 | 18 | 乙亥 | 10·1 | 3 | 金 | 18 | 乙巳 | 10·1 | 3 | 日 | 18 | 乙亥 | 10·1 | 3 | 水 | 20 | 丙午 | 10·1 | 4 | 土 | 21 | 丁丑 | 10·1 | 5 | 水 | 24 | 己酉 | 10·1 |
| 30 | | | | | | | | | | | 4 | 月 | 19 | 丙子 | 10·1 | 4 | 木 | 21 | 丁未 | 10·1 | 5 | 日 | 22 | 戊寅 | 10·1 | 6 | 木 | 25 | 庚戌 | 10·1 |
| 31 | | | | | | | | | | | | | | | | | | | | | 6 | 月 | 23 | 己卯 | 10·1 | | | | | |

# 丁巳年

| 절기후날수 | 입추절(戊申月) | | | | | | 백로절(己酉月) | | | | | |
|---|---|---|---|---|---|---|---|---|---|---|---|---|
| | 立秋 8월7일 12시42분<br>處暑 8월23일 3시21분 | | | | | | 白露 9월7일 15시44분<br>秋分 9월23일 1시12분 | | | | | |
| | 양력 | 요일 | 음력 | 일진 | 大運 남 | 大運 여 | 양력 | 요일 | 음력 | 일진 | 大運 남 | 大運 여 |
| 0 | 8/7 | 金 | 26 | 辛亥 | 입추 | | 9/7 | 月 | 28 | 壬午 | 백로 | |
| 1 | 8 | 土 | 27 | 壬子 | 1 | 10 | 8 | 火 | 29 | 癸未 | 1 | 10 |
| 2 | 9 | 日 | 28 | 癸丑 | 1 | 10 | 9 | 水 | 30 | 甲申 | 1 | 10 |
| 3 | 10 | 月 | 29 | 甲寅 | 1 | 9 | 10 | 木 | 8/1 | 乙酉 | 1 | 9 |
| 4 | 11 | 火 | 7/1 | 乙卯 | 1 | 9 | 11 | 金 | 2 | 丙戌 | 1 | 9 |
| 5 | 12 | 水 | 2 | 丙辰 | 2 | 9 | 12 | 土 | 3 | 丁亥 | 2 | 9 |
| 6 | 13 | 木 | 3 | 丁巳 | 2 | 8 | 13 | 日 | 4 | 戊子 | 2 | 8 |
| 7 | 14 | 金 | 4 | 戊午 | 2 | 8 | 14 | 月 | 5 | 己丑 | 2 | 8 |
| 8 | 15 | 土 | 5 | 己未 | 3 | 8 | 15 | 火 | 6 | 庚寅 | 3 | 8 |
| 9 | 16 | 日 | 6 | 庚申 | 3 | 7 | 16 | 水 | 7 | 辛卯 | 3 | 7 |
| 10 | 17 | 月 | 7 | 辛酉 | 3 | 7 | 17 | 木 | 8 | 壬辰 | 3 | 7 |
| 11 | 18 | 火 | 8 | 壬戌 | 4 | 7 | 18 | 金 | 9 | 癸巳 | 4 | 7 |
| 12 | 19 | 水 | 9 | 癸亥 | 4 | 6 | 19 | 土 | 10 | 甲午 | 4 | 6 |
| 13 | 20 | 木 | 10 | 甲子 | 4 | 6 | 20 | 日 | 11 | 乙未 | 4 | 6 |
| 14 | 21 | 金 | 11 | 乙丑 | 5 | 6 | 21 | 月 | 12 | 丙申 | 5 | 6 |
| 15 | 22 | 土 | 12 | 丙寅 | 5 | 5 | 22 | 火 | 13 | 丁酉 | 5 | 5 |
| 16 | 23 | 日 | 13 | 丁卯 | 처서 | | 23 | 水 | 14 | 戊戌 | 추분 | |
| 17 | 24 | 月 | 14 | 戊辰 | 6 | 5 | 24 | 木 | 15 | 己亥 | 6 | 5 |
| 18 | 25 | 火 | 15 | 己巳 | 6 | 4 | 25 | 金 | 16 | 庚子 | 6 | 4 |
| 19 | 26 | 水 | 16 | 庚午 | 6 | 4 | 26 | 土 | 17 | 辛丑 | 6 | 4 |
| 20 | 27 | 木 | 17 | 辛未 | 7 | 4 | 27 | 日 | 18 | 壬寅 | 7 | 4 |
| 21 | 28 | 金 | 18 | 壬申 | 7 | 3 | 28 | 月 | 19 | 癸卯 | 7 | 3 |
| 22 | 29 | 土 | 19 | 癸酉 | 7 | 3 | 29 | 火 | 20 | 甲辰 | 7 | 3 |
| 23 | 30 | 日 | 20 | 甲戌 | 8 | 3 | 30 | 水 | 21 | 乙巳 | 8 | 3 |
| 24 | 31 | 月 | 21 | 乙亥 | 8 | 2 | 10/1 | 木 | 22 | 丙午 | 8 | 2 |
| 25 | 9/1 | 火 | 22 | 丙子 | 8 | 2 | 2 | 金 | 23 | 丁未 | 8 | 2 |
| 26 | 2 | 水 | 23 | 丁丑 | 9 | 2 | 3 | 土 | 24 | 戊申 | 9 | 2 |
| 27 | 3 | 木 | 24 | 戊寅 | 9 | 1 | 4 | 日 | 25 | 己酉 | 9 | 1 |
| 28 | 4 | 金 | 25 | 己卯 | 9 | 1 | 5 | 月 | 26 | 庚戌 | 9 | 1 |
| 29 | 5 | 土 | 26 | 庚辰 | 10 | 1 | 6 | 火 | 27 | 辛亥 | 10 | 1 |
| 30 | 6 | 日 | 27 | 辛巳 | 10 | 1 | 7 | 水 | 28 | 壬子 | 10 | 1 |
| 31 | | | | | | | | | | | | |

| 절기후날수 | 한로절(庚戌月) | | | | | | 입동절(辛亥月) | | | | | |
|---|---|---|---|---|---|---|---|---|---|---|---|---|
| | 寒露 10월8일 7시36분<br>霜降 10월23일 10시48분 | | | | | | 立冬 11월7일 11시3분<br>小雪 11월22일 8시37분 | | | | | |
| | 양력 | 요일 | 음력 | 일진 | 大運 남 | 大運 여 | 양력 | 요일 | 음력 | 일진 | 大運 남 | 大運 여 |
| 0 | 10/8 | 木 | 29 | 癸丑 | 한로 | | 11/7 | 土 | 10/1 | 癸未 | 입동 | |
| 1 | 9 | 金 | 9/1 | 甲寅 | 1 | 10 | 8 | 日 | 2 | 甲申 | 1 | 10 |
| 2 | 10 | 土 | 2 | 乙卯 | 1 | 9 | 9 | 月 | 3 | 乙酉 | 1 | 9 |
| 3 | 11 | 日 | 3 | 丙辰 | 1 | 9 | 10 | 火 | 4 | 丙戌 | 1 | 9 |
| 4 | 12 | 月 | 4 | 丁巳 | 1 | 9 | 11 | 水 | 5 | 丁亥 | 1 | 9 |
| 5 | 13 | 火 | 5 | 戊午 | 2 | 8 | 12 | 木 | 6 | 戊子 | 2 | 8 |
| 6 | 14 | 水 | 6 | 己未 | 2 | 8 | 13 | 金 | 7 | 己丑 | 2 | 8 |
| 7 | 15 | 木 | 7 | 庚申 | 2 | 8 | 14 | 土 | 8 | 庚寅 | 2 | 8 |
| 8 | 16 | 金 | 8 | 辛酉 | 3 | 7 | 15 | 日 | 9 | 辛卯 | 3 | 7 |
| 9 | 17 | 土 | 9 | 壬戌 | 3 | 7 | 16 | 月 | 10 | 壬辰 | 3 | 7 |
| 10 | 18 | 日 | 10 | 癸亥 | 3 | 7 | 17 | 火 | 11 | 癸巳 | 3 | 7 |
| 11 | 19 | 月 | 11 | 甲子 | 4 | 6 | 18 | 水 | 12 | 甲午 | 4 | 6 |
| 12 | 20 | 火 | 12 | 乙丑 | 4 | 6 | 19 | 木 | 13 | 乙未 | 4 | 6 |
| 13 | 21 | 水 | 13 | 丙寅 | 4 | 6 | 20 | 金 | 14 | 丙申 | 4 | 6 |
| 14 | 22 | 木 | 14 | 丁卯 | 5 | 5 | 21 | 土 | 15 | 丁酉 | 5 | 5 |
| 15 | 23 | 金 | 15 | 戊辰 | 상강 | | 22 | 日 | 16 | 戊戌 | 소설 | |
| 16 | 24 | 土 | 16 | 己巳 | 5 | 5 | 23 | 月 | 17 | 己亥 | 5 | 5 |
| 17 | 25 | 日 | 17 | 庚午 | 6 | 4 | 24 | 火 | 18 | 庚子 | 6 | 4 |
| 18 | 26 | 月 | 18 | 辛未 | 6 | 4 | 25 | 水 | 19 | 辛丑 | 6 | 4 |
| 19 | 27 | 火 | 19 | 壬申 | 6 | 4 | 26 | 木 | 20 | 壬寅 | 6 | 4 |
| 20 | 28 | 水 | 20 | 癸酉 | 7 | 3 | 27 | 金 | 21 | 癸卯 | 7 | 3 |
| 21 | 29 | 木 | 21 | 甲戌 | 7 | 3 | 28 | 土 | 22 | 甲辰 | 7 | 3 |
| 22 | 30 | 金 | 22 | 乙亥 | 7 | 3 | 29 | 日 | 23 | 乙巳 | 7 | 3 |
| 23 | 31 | 土 | 23 | 丙子 | 8 | 2 | 30 | 月 | 24 | 丙午 | 8 | 2 |
| 24 | 11/1 | 日 | 24 | 丁丑 | 8 | 2 | 12/1 | 火 | 25 | 丁未 | 8 | 2 |
| 25 | 2 | 月 | 25 | 戊寅 | 8 | 2 | 2 | 水 | 26 | 戊申 | 8 | 2 |
| 26 | 3 | 火 | 26 | 己卯 | 9 | 1 | 3 | 木 | 27 | 己酉 | 9 | 1 |
| 27 | 4 | 水 | 27 | 庚辰 | 9 | 1 | 4 | 金 | 28 | 庚戌 | 9 | 1 |
| 28 | 5 | 木 | 28 | 辛巳 | 9 | 1 | 5 | 土 | 29 | 辛亥 | 9 | 1 |
| 29 | 6 | 金 | 29 | 壬午 | 10 | 1 | 6 | 日 | 30 | 壬子 | 10 | 1 |
| 30 | | | | | | | | | | | | |
| 31 | | | | | | | | | | | | |

| 절기후날수 | 대설절(壬子月) | | | | | | 소한절(癸丑月) | | | | | |
|---|---|---|---|---|---|---|---|---|---|---|---|---|
| | 大雪 12월7일 4시6분<br>冬至 12월21일 22시6분 | | | | | | 小寒 1월5일 15시25분<br>大寒 1월20일 8시47분 | | | | | |
| | 양력 | 요일 | 음력 | 일진 | 大運 남 | 大運 여 | 양력 | 요일 | 음력 | 일진 | 大運 남 | 大運 여 |
| 0 | 12/7 | 月 | 11/1 | 癸丑 | 대설 | | 1/5 | 火 | 12/1 | 壬午 | 소한 | |
| 1 | 8 | 火 | 2 | 甲寅 | 1 | 9 | 6 | 水 | 2 | 癸未 | 1 | 10 |
| 2 | 9 | 水 | 3 | 乙卯 | 1 | 9 | 7 | 木 | 3 | 甲申 | 1 | 9 |
| 3 | 10 | 木 | 4 | 丙辰 | 1 | 9 | 8 | 金 | 4 | 乙酉 | 1 | 9 |
| 4 | 11 | 金 | 5 | 丁巳 | 1 | 8 | 9 | 土 | 5 | 丙戌 | 1 | 9 |
| 5 | 12 | 土 | 6 | 戊午 | 2 | 8 | 10 | 日 | 6 | 丁亥 | 2 | 8 |
| 6 | 13 | 日 | 7 | 己未 | 2 | 8 | 11 | 月 | 7 | 戊子 | 2 | 8 |
| 7 | 14 | 月 | 8 | 庚申 | 2 | 7 | 12 | 火 | 8 | 己丑 | 2 | 8 |
| 8 | 15 | 火 | 9 | 辛酉 | 3 | 7 | 13 | 水 | 9 | 庚寅 | 3 | 7 |
| 9 | 16 | 水 | 10 | 壬戌 | 3 | 7 | 14 | 木 | 10 | 辛卯 | 3 | 7 |
| 10 | 17 | 木 | 11 | 癸亥 | 3 | 6 | 15 | 金 | 11 | 壬辰 | 3 | 7 |
| 11 | 18 | 金 | 12 | 甲子 | 4 | 6 | 16 | 土 | 12 | 癸巳 | 4 | 6 |
| 12 | 19 | 土 | 13 | 乙丑 | 4 | 6 | 17 | 日 | 13 | 甲午 | 4 | 6 |
| 13 | 20 | 日 | 14 | 丙寅 | 4 | 5 | 18 | 月 | 14 | 乙未 | 4 | 6 |
| 14 | 21 | 月 | 15 | 丁卯 | 동지 | | 19 | 火 | 15 | 丙申 | 5 | 5 |
| 15 | 22 | 火 | 16 | 戊辰 | 5 | 5 | 20 | 水 | 16 | 丁酉 | 대한 | |
| 16 | 23 | 水 | 17 | 己巳 | 5 | 4 | 21 | 木 | 17 | 戊戌 | 5 | 5 |
| 17 | 24 | 木 | 18 | 庚午 | 6 | 4 | 22 | 金 | 18 | 己亥 | 6 | 4 |
| 18 | 25 | 金 | 19 | 辛未 | 6 | 4 | 23 | 土 | 19 | 庚子 | 6 | 4 |
| 19 | 26 | 土 | 20 | 壬申 | 6 | 3 | 24 | 日 | 20 | 辛丑 | 6 | 4 |
| 20 | 27 | 日 | 21 | 癸酉 | 7 | 3 | 25 | 月 | 21 | 壬寅 | 7 | 3 |
| 21 | 28 | 月 | 22 | 甲戌 | 7 | 3 | 26 | 火 | 22 | 癸卯 | 7 | 3 |
| 22 | 29 | 火 | 23 | 乙亥 | 7 | 2 | 27 | 水 | 23 | 甲辰 | 7 | 3 |
| 23 | 30 | 水 | 24 | 丙子 | 8 | 2 | 28 | 木 | 24 | 乙巳 | 8 | 2 |
| 24 | 31 | 木 | 25 | 丁丑 | 8 | 2 | 29 | 金 | 25 | 丙午 | 8 | 2 |
| 25 | 1/1 | 金 | 26 | 戊寅 | 8 | 1 | 30 | 土 | 26 | 丁未 | 8 | 2 |
| 26 | 2 | 土 | 27 | 己卯 | 9 | 1 | 31 | 日 | 27 | 戊申 | 9 | 1 |
| 27 | 3 | 日 | 28 | 庚辰 | 9 | 1 | 2/1 | 月 | 28 | 己酉 | 9 | 1 |
| 28 | 4 | 月 | 29 | 辛巳 | 9 | 1 | 2 | 火 | 29 | 庚戌 | 9 | 1 |
| 29 | | | | | | | 3 | 水 | 30 | 辛亥 | 10 | 1 |
| 30 | | | | | | | | | | | | |
| 31 | | | | | | | | | | | | |

# 서기 2038년 [단기 4371년]

| 절기후날수 | 입춘절(甲寅月) 立春 2월4일 3시2분 雨水 2월18일 22시51분 | | | | | 경칩절(乙卯月) 驚蟄 3월5일 20시54분 春分 3월20일 21시39분 | | | | | 청명절(丙辰月) 淸明 4월5일 1시28분 穀雨 4월20일 8시27분 | | | | | 입하절(丁巳月) 立夏 5월5일 18시30분 小滿 5월21일 7시21분 | | | | | 망종절(戊午月) 芒種 6월5일 22시24분 夏至 6월21일 15시8분 | | | | | 소서절(己未月) 小暑 7월7일 8시31분 大暑 7월23일 1시58분 | | | | |
|---|---|---|---|---|---|---|---|---|---|---|---|---|---|---|---|---|---|---|---|---|---|---|---|---|---|---|---|---|---|---|
| | 양력 | 요일 | 음력 | 일진 | 大運 남·여 | 양력 | 요일 | 음력 | 일진 | 大運 남·여 | 양력 | 요일 | 음력 | 일진 | 大運 남·여 | 양력 | 요일 | 음력 | 일진 | 大運 남·여 | 양력 | 요일 | 음력 | 일진 | 大運 남·여 | 양력 | 요일 | 음력 | 일진 | 大運 남·여 |
| 0 | 2/4 | 木 | 1/1 | 壬子 | 입춘 | 3/5 | 金 | 30 | 辛巳 | 경칩 | 4/5 | 月 | 3/1 | 壬子 | 청명 | 5/5 | 水 | 2 | 壬午 | 입하 | 6/5 | 土 | 3 | 癸丑 | 망종 | 7/7 | 水 | 6 | 乙酉 | 소서 |
| 1 | 5 | 金 | 2 | 癸丑 | 9·1 | 6 | 土 | 2/1 | 壬午 | 10·1 | 6 | 火 | 2 | 癸丑 | 10·1 | 6 | 木 | 3 | 癸未 | 10·1 | 6 | 日 | 4 | 甲寅 | 10·1 | 8 | 木 | 7 | 丙戌 | 10·1 |
| 2 | 6 | 土 | 3 | 甲寅 | 9·1 | 7 | 日 | 2 | 癸未 | 10·1 | 7 | 水 | 3 | 甲寅 | 9·1 | 7 | 金 | 4 | 甲申 | 10·1 | 7 | 月 | 5 | 乙卯 | 10·1 | 9 | 金 | 8 | 丁亥 | 10·1 |
| 3 | 7 | 日 | 4 | 乙卯 | 9·1 | 8 | 月 | 3 | 甲申 | 9·1 | 8 | 木 | 4 | 乙卯 | 9·1 | 8 | 土 | 5 | 乙酉 | 9·1 | 8 | 火 | 6 | 丙辰 | 10·1 | 10 | 土 | 9 | 戊子 | 9·1 |
| 4 | 8 | 月 | 5 | 丙辰 | 8·1 | 9 | 火 | 4 | 乙酉 | 9·1 | 9 | 金 | 5 | 丙辰 | 9·1 | 9 | 日 | 6 | 丙戌 | 9·1 | 9 | 水 | 7 | 丁巳 | 9·1 | 11 | 日 | 10 | 己丑 | 9·1 |
| 5 | 9 | 火 | 6 | 丁巳 | 8·2 | 10 | 水 | 5 | 丙戌 | 9·2 | 10 | 土 | 6 | 丁巳 | 8·2 | 10 | 月 | 7 | 丁亥 | 9·2 | 10 | 木 | 8 | 戊午 | 9·2 | 12 | 月 | 11 | 庚寅 | 9·2 |
| 6 | 10 | 水 | 7 | 戊午 | 8·2 | 11 | 木 | 6 | 丁亥 | 8·2 | 11 | 日 | 7 | 戊午 | 8·2 | 11 | 火 | 8 | 戊子 | 8·2 | 11 | 金 | 9 | 己未 | 9·2 | 13 | 火 | 12 | 辛卯 | 8·2 |
| 7 | 11 | 木 | 8 | 己未 | 7·2 | 12 | 金 | 7 | 戊子 | 8·2 | 12 | 月 | 8 | 己未 | 8·2 | 12 | 水 | 9 | 己丑 | 8·2 | 12 | 土 | 10 | 庚申 | 8·2 | 14 | 水 | 13 | 壬辰 | 8·2 |
| 8 | 12 | 金 | 9 | 庚申 | 7·3 | 13 | 土 | 8 | 己丑 | 8·3 | 13 | 火 | 9 | 庚申 | 7·3 | 13 | 木 | 10 | 庚寅 | 8·3 | 13 | 日 | 11 | 辛酉 | 8·3 | 15 | 木 | 14 | 癸巳 | 8·3 |
| 9 | 13 | 土 | 10 | 辛酉 | 7·3 | 14 | 日 | 9 | 庚寅 | 7·3 | 14 | 水 | 10 | 辛酉 | 7·3 | 14 | 金 | 11 | 辛卯 | 7·3 | 14 | 月 | 12 | 壬戌 | 8·3 | 16 | 金 | 15 | 甲午 | 7·3 |
| 10 | 14 | 日 | 11 | 壬戌 | 6·3 | 15 | 月 | 10 | 辛卯 | 7·3 | 15 | 木 | 11 | 壬戌 | 7·3 | 15 | 土 | 12 | 壬辰 | 7·3 | 15 | 火 | 13 | 癸亥 | 7·3 | 17 | 土 | 16 | 乙未 | 7·3 |
| 11 | 15 | 月 | 12 | 癸亥 | 6·4 | 16 | 火 | 11 | 壬辰 | 7·4 | 16 | 金 | 12 | 癸亥 | 6·4 | 16 | 日 | 13 | 癸巳 | 7·4 | 16 | 水 | 14 | 甲子 | 7·4 | 18 | 日 | 17 | 丙申 | 7·4 |
| 12 | 16 | 火 | 13 | 甲子 | 6·4 | 17 | 水 | 12 | 癸巳 | 6·4 | 17 | 土 | 13 | 甲子 | 6·4 | 17 | 月 | 14 | 甲午 | 6·4 | 17 | 木 | 15 | 乙丑 | 7·4 | 19 | 月 | 18 | 丁酉 | 6·4 |
| 13 | 17 | 水 | 14 | 乙丑 | 5·4 | 18 | 木 | 13 | 甲午 | 6·4 | 18 | 日 | 14 | 乙丑 | 6·4 | 18 | 火 | 15 | 乙未 | 6·4 | 18 | 金 | 16 | 丙寅 | 6·4 | 20 | 火 | 19 | 戊戌 | 6·4 |
| 14 | 18 | 木 | 15 | 丙寅 | 우수 | 19 | 金 | 14 | 乙未 | 6·5 | 19 | 月 | 15 | 丙寅 | 5·5 | 19 | 水 | 16 | 丙申 | 6·5 | 19 | 土 | 17 | 丁卯 | 6·5 | 21 | 水 | 20 | 己亥 | 6·5 |
| 15 | 19 | 金 | 16 | 丁卯 | 5·5 | 20 | 土 | 15 | 丙申 | 춘분 | 20 | 火 | 16 | 丁卯 | 곡우 | 20 | 木 | 17 | 丁酉 | 5·5 | 20 | 日 | 18 | 戊辰 | 6·5 | 22 | 木 | 21 | 庚子 | 5·5 |
| 16 | 20 | 土 | 17 | 戊辰 | 4·5 | 21 | 日 | 16 | 丁酉 | 5·5 | 21 | 水 | 17 | 戊辰 | 5·5 | 21 | 金 | 18 | 戊戌 | 소만 | 21 | 月 | 19 | 己巳 | 하지 | 23 | 金 | 22 | 辛丑 | 대서 |
| 17 | 21 | 日 | 18 | 己巳 | 4·6 | 22 | 月 | 17 | 戊戌 | 5·6 | 22 | 木 | 18 | 己巳 | 4·6 | 22 | 土 | 19 | 己亥 | 5·6 | 22 | 火 | 20 | 庚午 | 5·6 | 24 | 土 | 23 | 壬寅 | 5·6 |
| 18 | 22 | 月 | 19 | 庚午 | 4·6 | 23 | 火 | 18 | 己亥 | 4·6 | 23 | 金 | 19 | 庚午 | 4·6 | 23 | 日 | 20 | 庚子 | 4·6 | 23 | 水 | 21 | 辛未 | 5·6 | 25 | 日 | 24 | 癸卯 | 4·6 |
| 19 | 23 | 火 | 20 | 辛未 | 3·6 | 24 | 水 | 19 | 庚子 | 4·6 | 24 | 土 | 20 | 辛未 | 4·6 | 24 | 月 | 21 | 辛丑 | 4·6 | 24 | 木 | 22 | 壬申 | 4·6 | 26 | 月 | 25 | 甲辰 | 4·6 |
| 20 | 24 | 水 | 21 | 壬申 | 3·7 | 25 | 木 | 20 | 辛丑 | 4·7 | 25 | 日 | 21 | 壬申 | 3·7 | 25 | 火 | 22 | 壬寅 | 4·7 | 25 | 金 | 23 | 癸酉 | 4·7 | 27 | 火 | 26 | 乙巳 | 4·7 |
| 21 | 25 | 木 | 22 | 癸酉 | 3·7 | 26 | 金 | 21 | 壬寅 | 3·7 | 26 | 月 | 22 | 癸酉 | 3·7 | 26 | 水 | 23 | 癸卯 | 3·7 | 26 | 土 | 24 | 甲戌 | 4·7 | 28 | 水 | 27 | 丙午 | 3·7 |
| 22 | 26 | 金 | 23 | 甲戌 | 2·7 | 27 | 土 | 22 | 癸卯 | 3·7 | 27 | 火 | 23 | 甲戌 | 3·7 | 27 | 木 | 24 | 甲辰 | 3·7 | 27 | 日 | 25 | 乙亥 | 3·7 | 29 | 木 | 28 | 丁未 | 3·7 |
| 23 | 27 | 土 | 24 | 乙亥 | 2·8 | 28 | 日 | 23 | 甲辰 | 3·8 | 28 | 水 | 24 | 乙亥 | 2·8 | 28 | 金 | 25 | 乙巳 | 3·8 | 28 | 月 | 26 | 丙子 | 3·8 | 30 | 金 | 29 | 戊申 | 3·8 |
| 24 | 28 | 日 | 25 | 丙子 | 2·8 | 29 | 月 | 24 | 乙巳 | 2·8 | 29 | 木 | 25 | 丙子 | 2·8 | 29 | 土 | 26 | 丙午 | 2·8 | 29 | 火 | 27 | 丁丑 | 3·8 | 31 | 土 | 30 | 己酉 | 2·8 |
| 25 | 3/1 | 月 | 26 | 丁丑 | 1·8 | 30 | 火 | 25 | 丙午 | 2·8 | 30 | 金 | 26 | 丁丑 | 2·8 | 30 | 日 | 27 | 丁未 | 2·8 | 30 | 水 | 28 | 戊寅 | 2·8 | 8/1 | 日 | 7/1 | 庚戌 | 2·8 |
| 26 | 2 | 火 | 27 | 戊寅 | 1·9 | 31 | 水 | 26 | 丁未 | 2·9 | 5/1 | 土 | 27 | 戊寅 | 1·9 | 31 | 月 | 28 | 戊申 | 2·9 | 7/1 | 木 | 29 | 己卯 | 2·9 | 2 | 月 | 2 | 辛亥 | 2·9 |
| 27 | 3 | 水 | 28 | 己卯 | 1·9 | 4/1 | 木 | 27 | 戊申 | 1·9 | 2 | 日 | 28 | 己卯 | 1·9 | 6/1 | 火 | 29 | 己酉 | 1·9 | 2 | 金 | 6/1 | 庚辰 | 2·9 | 3 | 火 | 3 | 壬子 | 1·9 |
| 28 | 4 | 木 | 29 | 庚辰 | 1·9 | 2 | 金 | 28 | 己酉 | 1·9 | 3 | 月 | 29 | 庚辰 | 1·9 | 2 | 水 | 30 | 庚戌 | 1·9 | 3 | 土 | 2 | 辛巳 | 1·9 | 4 | 水 | 4 | 癸丑 | 1·9 |
| 29 | | | | | | 3 | 土 | 29 | 庚戌 | 1·10 | 4 | 火 | 4/1 | 辛巳 | 1·10 | 3 | 木 | 5/1 | 辛亥 | 1·10 | 4 | 日 | 3 | 壬午 | 1·10 | 5 | 木 | 5 | 甲寅 | 1·10 |
| 30 | | | | | | 4 | 日 | 30 | 辛亥 | 1·10 | | | | | | 4 | 金 | 2 | 壬子 | 1·10 | 5 | 月 | 4 | 癸未 | 1·10 | 6 | 金 | 6 | 乙卯 | 1·10 |
| 31 | | | | | | | | | | | | | | | | | | | | | 6 | 火 | 5 | 甲申 | 1·10 | | | | | |

# 戊午年

| 절기후날수 | 입추절(庚申月)<br>立秋 8월7일 18시20분<br>處暑 8월23일 9시9분 | | | | | 백로절(辛酉月)<br>白露 9월7일 21시25분<br>秋分 9월23일 7시1분 | | | | | 한로절(壬戌月)<br>寒露 10월8일 13시20분<br>霜降 10월23일 16시39분 | | | | |
|---|---|---|---|---|---|---|---|---|---|---|---|---|---|---|---|
| | 양력 | 요일 | 음력 | 일진 | 大運 남·여 | 양력 | 요일 | 음력 | 일진 | 大運 남·여 | 양력 | 요일 | 음력 | 일진 | 大運 남·여 |
| 0 | 8/7 | 土 | 7 | 丙辰 | 입추 | 9/7 | 火 | 9 | 丁亥 | 백로 | 10/8 | 金 | 10 | 戊午 | 한로 |
| 1 | 8 | 日 | 8 | 丁巳 | 10·1 | 8 | 水 | 10 | 戊子 | 10·1 | 9 | 土 | 11 | 己未 | 10·1 |
| 2 | 9 | 月 | 9 | 戊午 | 10·1 | 9 | 木 | 11 | 己丑 | 10·1 | 10 | 日 | 12 | 庚申 | 9·1 |
| 3 | 10 | 火 | 10 | 己未 | 9·1 | 10 | 金 | 12 | 庚寅 | 9·1 | 11 | 月 | 13 | 辛酉 | 9·1 |
| 4 | 11 | 水 | 11 | 庚申 | 9·1 | 11 | 土 | 13 | 辛卯 | 9·1 | 12 | 火 | 14 | 壬戌 | 9·1 |
| 5 | 12 | 木 | 12 | 辛酉 | 9·2 | 12 | 日 | 14 | 壬辰 | 9·2 | 13 | 水 | 15 | 癸亥 | 8·2 |
| 6 | 13 | 金 | 13 | 壬戌 | 8·2 | 13 | 月 | 15 | 癸巳 | 8·2 | 14 | 木 | 16 | 甲子 | 8·2 |
| 7 | 14 | 土 | 14 | 癸亥 | 8·2 | 14 | 火 | 16 | 甲午 | 8·2 | 15 | 金 | 17 | 乙丑 | 8·2 |
| 8 | 15 | 日 | 15 | 甲子 | 8·3 | 15 | 水 | 17 | 乙未 | 8·3 | 16 | 土 | 18 | 丙寅 | 7·3 |
| 9 | 16 | 月 | 16 | 乙丑 | 7·3 | 16 | 木 | 18 | 丙申 | 7·3 | 17 | 日 | 19 | 丁卯 | 7·3 |
| 10 | 17 | 火 | 17 | 丙寅 | 7·3 | 17 | 金 | 19 | 丁酉 | 7·3 | 18 | 月 | 20 | 戊辰 | 7·3 |
| 11 | 18 | 水 | 18 | 丁卯 | 7·4 | 18 | 土 | 20 | 戊戌 | 7·4 | 19 | 火 | 21 | 己巳 | 6·4 |
| 12 | 19 | 木 | 19 | 戊辰 | 6·4 | 19 | 日 | 21 | 己亥 | 6·4 | 20 | 水 | 22 | 庚午 | 6·4 |
| 13 | 20 | 金 | 20 | 己巳 | 6·4 | 20 | 月 | 22 | 庚子 | 6·4 | 21 | 木 | 23 | 辛未 | 6·4 |
| 14 | 21 | 土 | 21 | 庚午 | 6·5 | 21 | 火 | 23 | 辛丑 | 6·5 | 22 | 金 | 24 | 壬申 | 5·5 |
| 15 | 22 | 日 | 22 | 辛未 | 5·5 | 22 | 水 | 24 | 壬寅 | 5·5 | 23 | 土 | 25 | 癸酉 | 상강 |
| 16 | 23 | 月 | 23 | 壬申 | 처서 | 23 | 木 | 25 | 癸卯 | 추분 | 24 | 日 | 26 | 甲戌 | 5·5 |
| 17 | 24 | 火 | 24 | 癸酉 | 5·6 | 24 | 金 | 26 | 甲辰 | 5·6 | 25 | 月 | 27 | 乙亥 | 4·6 |
| 18 | 25 | 水 | 25 | 甲戌 | 4·6 | 25 | 土 | 27 | 乙巳 | 4·6 | 26 | 火 | 28 | 丙子 | 4·6 |
| 19 | 26 | 木 | 26 | 乙亥 | 4·6 | 26 | 日 | 28 | 丙午 | 4·6 | 27 | 水 | 29 | 丁丑 | 4·6 |
| 20 | 27 | 金 | 27 | 丙子 | 4·7 | 27 | 月 | 29 | 丁未 | 4·7 | 28 | 木 | 10/1 | 戊寅 | 3·7 |
| 21 | 28 | 土 | 28 | 丁丑 | 3·7 | 28 | 火 | 30 | 戊申 | 3·7 | 29 | 金 | 2 | 己卯 | 3·7 |
| 22 | 29 | 日 | 29 | 戊寅 | 3·7 | 29 | 水 | 9/1 | 己酉 | 3·7 | 30 | 土 | 3 | 庚辰 | 3·7 |
| 23 | 30 | 月 | 8/1 | 己卯 | 3·8 | 30 | 木 | 2 | 庚戌 | 3·8 | 31 | 日 | 4 | 辛巳 | 2·8 |
| 24 | 31 | 火 | 2 | 庚辰 | 2·8 | 10/1 | 金 | 3 | 辛亥 | 2·8 | 11/1 | 月 | 5 | 壬午 | 2·8 |
| 25 | 9/1 | 水 | 3 | 辛巳 | 2·8 | 2 | 土 | 4 | 壬子 | 2·8 | 2 | 火 | 6 | 癸未 | 2·8 |
| 26 | 2 | 木 | 4 | 壬午 | 2·9 | 3 | 日 | 5 | 癸丑 | 2·9 | 3 | 水 | 7 | 甲申 | 1·9 |
| 27 | 3 | 金 | 5 | 癸未 | 1·9 | 4 | 月 | 6 | 甲寅 | 1·9 | 4 | 木 | 8 | 乙酉 | 1·9 |
| 28 | 4 | 土 | 6 | 甲申 | 1·9 | 5 | 火 | 7 | 乙卯 | 1·9 | 5 | 金 | 9 | 丙戌 | 1·9 |
| 29 | 5 | 日 | 7 | 乙酉 | 1·10 | 6 | 水 | 8 | 丙辰 | 1·10 | 6 | 土 | 10 | 丁亥 | 1·10 |
| 30 | 6 | 月 | 8 | 丙戌 | 1·10 | 7 | 木 | 9 | 丁巳 | 1·10 | | | | | |
| 31 | | | | | | | | | | | | | | | |

| 절기후날수 | 입동절(癸亥月)<br>立冬 11월7일 16시49분<br>小雪 11월22일 14시30분 | | | | | 대설절(甲子月)<br>大雪 12월7일 9시55분<br>冬至 12월22일 4시1분 | | | | | 소한절(乙丑月)<br>小寒 1월5일 21시15분<br>大寒 1월20일 14시42분 | | | | |
|---|---|---|---|---|---|---|---|---|---|---|---|---|---|---|---|
| | 양력 | 요일 | 음력 | 일진 | 大運 남·여 | 양력 | 요일 | 음력 | 일진 | 大運 남·여 | 양력 | 요일 | 음력 | 일진 | 大運 남·여 |
| 0 | 11/7 | 日 | 11 | 戊子 | 입동 | 12/7 | 火 | 12 | 戊午 | 대설 | 1/5 | 水 | 11 | 丁亥 | 소한 |
| 1 | 8 | 月 | 12 | 己丑 | 10·1 | 8 | 水 | 13 | 己未 | 9·1 | 6 | 木 | 12 | 戊子 | 10·1 |
| 2 | 9 | 火 | 13 | 庚寅 | 9·1 | 9 | 木 | 14 | 庚申 | 9·1 | 7 | 金 | 13 | 己丑 | 9·1 |
| 3 | 10 | 水 | 14 | 辛卯 | 9·1 | 10 | 金 | 15 | 辛酉 | 9·1 | 8 | 土 | 14 | 庚寅 | 9·1 |
| 4 | 11 | 木 | 15 | 壬辰 | 9·1 | 11 | 土 | 16 | 壬戌 | 8·1 | 9 | 日 | 15 | 辛卯 | 9·1 |
| 5 | 12 | 金 | 16 | 癸巳 | 8·2 | 12 | 日 | 17 | 癸亥 | 8·2 | 10 | 月 | 16 | 壬辰 | 8·2 |
| 6 | 13 | 土 | 17 | 甲午 | 8·2 | 13 | 月 | 18 | 甲子 | 8·2 | 11 | 火 | 17 | 癸巳 | 8·2 |
| 7 | 14 | 日 | 18 | 乙未 | 8·2 | 14 | 火 | 19 | 乙丑 | 7·2 | 12 | 水 | 18 | 甲午 | 8·2 |
| 8 | 15 | 月 | 19 | 丙申 | 7·3 | 15 | 水 | 20 | 丙寅 | 7·3 | 13 | 木 | 19 | 乙未 | 7·3 |
| 9 | 16 | 火 | 20 | 丁酉 | 7·3 | 16 | 木 | 21 | 丁卯 | 7·3 | 14 | 金 | 20 | 丙申 | 7·3 |
| 10 | 17 | 水 | 21 | 戊戌 | 7·3 | 17 | 金 | 22 | 戊辰 | 6·3 | 15 | 土 | 21 | 丁酉 | 7·3 |
| 11 | 18 | 木 | 22 | 己亥 | 6·4 | 18 | 土 | 23 | 己巳 | 6·4 | 16 | 日 | 22 | 戊戌 | 6·4 |
| 12 | 19 | 金 | 23 | 庚子 | 6·4 | 19 | 日 | 24 | 庚午 | 6·4 | 17 | 月 | 23 | 己亥 | 6·4 |
| 13 | 20 | 土 | 24 | 辛丑 | 6·4 | 20 | 月 | 25 | 辛未 | 5·4 | 18 | 火 | 24 | 庚子 | 6·4 |
| 14 | 21 | 日 | 25 | 壬寅 | 5·5 | 21 | 火 | 26 | 壬申 | 5·5 | 19 | 水 | 25 | 辛丑 | 5·5 |
| 15 | 22 | 月 | 26 | 癸卯 | 소설 | 22 | 水 | 27 | 癸酉 | 동지 | 20 | 木 | 26 | 壬寅 | 대한 |
| 16 | 23 | 火 | 27 | 甲辰 | 5·5 | 23 | 木 | 28 | 甲戌 | 4·5 | 21 | 金 | 27 | 癸卯 | 5·5 |
| 17 | 24 | 水 | 28 | 乙巳 | 4·6 | 24 | 金 | 29 | 乙亥 | 4·6 | 22 | 土 | 28 | 甲辰 | 4·6 |
| 18 | 25 | 木 | 29 | 丙午 | 4·6 | 25 | 土 | 30 | 丙子 | 4·6 | 23 | 日 | 29 | 乙巳 | 4·6 |
| 19 | 26 | 金 | 11/1 | 丁未 | 4·6 | 26 | 日 | 12/1 | 丁丑 | 3·6 | 24 | 月 | 1/1 | 丙午 | 4·6 |
| 20 | 27 | 土 | 2 | 戊申 | 3·7 | 27 | 月 | 2 | 戊寅 | 3·7 | 25 | 火 | 2 | 丁未 | 3·7 |
| 21 | 28 | 日 | 3 | 己酉 | 3·7 | 28 | 火 | 3 | 己卯 | 3·7 | 26 | 水 | 3 | 戊申 | 3·7 |
| 22 | 29 | 月 | 4 | 庚戌 | 3·7 | 29 | 水 | 4 | 庚辰 | 2·7 | 27 | 木 | 4 | 己酉 | 3·7 |
| 23 | 30 | 火 | 5 | 辛亥 | 2·8 | 30 | 木 | 5 | 辛巳 | 2·8 | 28 | 金 | 5 | 庚戌 | 2·8 |
| 24 | 12/1 | 水 | 6 | 壬子 | 2·8 | 31 | 金 | 6 | 壬午 | 2·8 | 29 | 土 | 6 | 辛亥 | 2·8 |
| 25 | 2 | 木 | 7 | 癸丑 | 2·8 | 1/1 | 土 | 7 | 癸未 | 1·8 | 30 | 日 | 7 | 壬子 | 2·8 |
| 26 | 3 | 金 | 8 | 甲寅 | 1·9 | 2 | 日 | 8 | 甲申 | 1·9 | 31 | 月 | 8 | 癸丑 | 1·9 |
| 27 | 4 | 土 | 9 | 乙卯 | 1·9 | 3 | 月 | 9 | 乙酉 | 1·9 | 2/1 | 火 | 9 | 甲寅 | 1·9 |
| 28 | 5 | 日 | 10 | 丙辰 | 1·9 | 4 | 火 | 10 | 丙戌 | 1·9 | 2 | 水 | 10 | 乙卯 | 1·9 |
| 29 | 6 | 月 | 11 | 丁巳 | 1·10 | | | | | | 3 | 木 | 11 | 丙辰 | 1·10 |
| 30 | | | | | | | | | | | | | | | |
| 31 | | | | | | | | | | | | | | | |

# 서기 2039년 [단기 4372년]

| 절기후날수 | 입춘절(丙寅月) 立春 2월4일 8시51분 雨水 2월19일 4시44분 | | | | | 경칩절(丁卯月) 驚蟄 3월6일 2시42분 春分 3월21일 3시31분 | | | | | 청명절(戊辰月) 清明 4월5일 7시14분 穀雨 4월20일 14시16분 | | | | | 입하절(己巳月) 立夏 5월6일 0시17분 小滿 5월21일 13시9분 | | | | | 망종절(庚午月) 芒種 6월6일 4시14분 夏至 6월21일 20시56분 | | | | | 소서절(辛未月) 小暑 7월7일 14시25분 大暑 7월23일 7시47분 | | | | |
|---|---|---|---|---|---|---|---|---|---|---|---|---|---|---|---|---|---|---|---|---|---|---|---|---|---|---|---|---|---|---|
| | 양력 | 요일 | 음력 | 일진 | 大運 남·여 | 양력 | 요일 | 음력 | 일진 | 大運 남·여 | 양력 | 요일 | 음력 | 일진 | 大運 남·여 | 양력 | 요일 | 음력 | 일진 | 大運 남·여 | 양력 | 요일 | 음력 | 일진 | 大運 남·여 | 양력 | 요일 | 음력 | 일진 | 大運 남·여 |
| 0 | 2/4 | 金 | 12 | 丁巳 | 입춘 | 3/6 | 日 | 12 | 丁亥 | 경칩 | 4/5 | 火 | 12 | 丁巳 | 청명 | 5/6 | 金 | 14 | 戊子 | 입하 | 6/6 | 月 | 15 | 己未 | 망종 | 7/7 | 木 | 윤16 | 庚寅 | 소서 |
| 1 | 5 | 土 | 13 | 戊午 | 1·10 | 7 | 月 | 13 | 戊子 | 1·10 | 6 | 水 | 13 | 戊午 | 1·10 | 7 | 土 | 15 | 己丑 | 1·10 | 7 | 火 | 16 | 庚申 | 1·10 | 8 | 金 | 윤17 | 辛卯 | 1·10 |
| 2 | 6 | 日 | 14 | 己未 | 1·9 | 8 | 火 | 14 | 己丑 | 1·9 | 7 | 木 | 14 | 己未 | 1·10 | 8 | 日 | 16 | 庚寅 | 1·10 | 8 | 水 | 17 | 辛酉 | 1·10 | 9 | 土 | 윤18 | 壬辰 | 1·10 |
| 3 | 7 | 月 | 15 | 庚申 | 1·9 | 9 | 水 | 15 | 庚寅 | 1·9 | 8 | 金 | 15 | 庚申 | 1·9 | 9 | 月 | 17 | 辛卯 | 1·9 | 9 | 木 | 18 | 壬戌 | 1·9 | 10 | 日 | 윤19 | 癸巳 | 1·10 |
| 4 | 8 | 火 | 16 | 辛酉 | 1·9 | 10 | 木 | 16 | 辛卯 | 1·9 | 9 | 土 | 16 | 辛酉 | 1·9 | 10 | 火 | 18 | 壬辰 | 1·9 | 10 | 金 | 19 | 癸亥 | 1·9 | 11 | 月 | 윤20 | 甲午 | 1·9 |
| 5 | 9 | 水 | 17 | 壬戌 | 2·8 | 11 | 金 | 17 | 壬辰 | 2·8 | 10 | 日 | 17 | 壬戌 | 2·9 | 11 | 水 | 19 | 癸巳 | 2·9 | 11 | 土 | 20 | 甲子 | 2·9 | 12 | 火 | 윤21 | 乙未 | 2·9 |
| 6 | 10 | 木 | 18 | 癸亥 | 2·8 | 12 | 土 | 18 | 癸巳 | 2·8 | 11 | 月 | 18 | 癸亥 | 2·8 | 12 | 木 | 20 | 甲午 | 2·8 | 12 | 日 | 21 | 乙丑 | 2·8 | 13 | 水 | 윤22 | 丙申 | 2·9 |
| 7 | 11 | 金 | 19 | 甲子 | 2·8 | 13 | 日 | 19 | 甲午 | 2·8 | 12 | 火 | 19 | 甲子 | 2·8 | 13 | 金 | 21 | 乙未 | 2·8 | 13 | 月 | 22 | 丙寅 | 2·8 | 14 | 木 | 윤23 | 丁酉 | 2·8 |
| 8 | 12 | 土 | 20 | 乙丑 | 3·7 | 14 | 月 | 20 | 乙未 | 3·7 | 13 | 水 | 20 | 乙丑 | 3·8 | 14 | 土 | 22 | 丙申 | 3·8 | 14 | 火 | 23 | 丁卯 | 3·8 | 15 | 金 | 윤24 | 戊戌 | 3·8 |
| 9 | 13 | 日 | 21 | 丙寅 | 3·7 | 15 | 火 | 21 | 丙申 | 3·7 | 14 | 木 | 21 | 丙寅 | 3·7 | 15 | 日 | 23 | 丁酉 | 3·7 | 15 | 水 | 24 | 戊辰 | 3·7 | 16 | 土 | 윤25 | 己亥 | 3·8 |
| 10 | 14 | 月 | 22 | 丁卯 | 3·7 | 16 | 水 | 22 | 丁酉 | 3·7 | 15 | 金 | 22 | 丁卯 | 3·7 | 16 | 月 | 24 | 戊戌 | 3·7 | 16 | 木 | 25 | 己巳 | 3·7 | 17 | 日 | 윤26 | 庚子 | 3·7 |
| 11 | 15 | 火 | 23 | 戊辰 | 4·6 | 17 | 木 | 23 | 戊戌 | 4·6 | 16 | 土 | 23 | 戊辰 | 4·7 | 17 | 火 | 25 | 己亥 | 4·7 | 17 | 金 | 26 | 庚午 | 4·7 | 18 | 月 | 윤27 | 辛丑 | 4·7 |
| 12 | 16 | 水 | 24 | 己巳 | 4·6 | 18 | 金 | 24 | 己亥 | 4·6 | 17 | 日 | 24 | 己巳 | 4·6 | 18 | 水 | 26 | 庚子 | 4·6 | 18 | 土 | 27 | 辛未 | 4·6 | 19 | 火 | 윤28 | 壬寅 | 4·7 |
| 13 | 17 | 木 | 25 | 庚午 | 4·6 | 19 | 土 | 25 | 庚子 | 4·6 | 18 | 月 | 25 | 庚午 | 4·6 | 19 | 木 | 27 | 辛丑 | 4·6 | 19 | 日 | 28 | 壬申 | 4·6 | 20 | 水 | 윤29 | 癸卯 | 4·6 |
| 14 | 18 | 金 | 26 | 辛未 | 5·5 | 20 | 日 | 26 | 辛丑 | 5·5 | 19 | 火 | 26 | 辛未 | 5·6 | 20 | 金 | 28 | 壬寅 | 5·6 | 20 | 月 | 29 | 癸酉 | 5·6 | 21 | 木 | 6/1 | 甲辰 | 5·6 |
| 15 | 19 | 土 | 27 | 壬申 | 우수 | 21 | 月 | 27 | 壬寅 | 춘분 | 20 | 水 | 27 | 壬申 | 곡우 | 21 | 土 | 29 | 癸卯 | 소만 | 21 | 火 | 30 | 甲戌 | 하지 | 22 | 金 | 2 | 乙巳 | 5·6 |
| 16 | 20 | 日 | 28 | 癸酉 | 5·5 | 22 | 火 | 28 | 癸卯 | 5·5 | 21 | 木 | 28 | 癸酉 | 5·5 | 22 | 日 | 30 | 甲辰 | 5·5 | 22 | 水 | 윤1 | 乙亥 | 5·5 | 23 | 土 | 3 | 丙午 | 대서 |
| 17 | 21 | 月 | 29 | 甲戌 | 6·4 | 23 | 水 | 29 | 甲辰 | 6·4 | 22 | 金 | 29 | 甲戌 | 6·5 | 23 | 月 | 5/1 | 乙巳 | 6·5 | 23 | 木 | 윤2 | 丙子 | 6·5 | 24 | 日 | 4 | 丁未 | 6·5 |
| 18 | 22 | 火 | 30 | 乙亥 | 6·4 | 24 | 木 | 30 | 乙巳 | 6·4 | 23 | 土 | 4/1 | 乙亥 | 6·4 | 24 | 火 | 2 | 丙午 | 6·4 | 24 | 金 | 윤3 | 丁丑 | 6·4 | 25 | 月 | 5 | 戊申 | 6·5 |
| 19 | 23 | 水 | 2/1 | 丙子 | 6·4 | 25 | 金 | 3/1 | 丙午 | 6·4 | 24 | 日 | 2 | 丙子 | 6·4 | 25 | 水 | 3 | 丁未 | 6·4 | 25 | 土 | 윤4 | 戊寅 | 6·4 | 26 | 火 | 6 | 己酉 | 6·4 |
| 20 | 24 | 木 | 2 | 丁丑 | 7·3 | 26 | 土 | 2 | 丁未 | 7·3 | 25 | 月 | 3 | 丁丑 | 7·4 | 26 | 木 | 4 | 戊申 | 7·4 | 26 | 日 | 윤5 | 己卯 | 7·4 | 27 | 水 | 7 | 庚戌 | 7·4 |
| 21 | 25 | 金 | 3 | 戊寅 | 7·3 | 27 | 日 | 3 | 戊申 | 7·3 | 26 | 火 | 4 | 戊寅 | 7·3 | 27 | 金 | 5 | 己酉 | 7·3 | 27 | 月 | 윤6 | 庚辰 | 7·3 | 28 | 木 | 8 | 辛亥 | 7·4 |
| 22 | 26 | 土 | 4 | 己卯 | 7·3 | 28 | 月 | 4 | 己酉 | 7·3 | 27 | 水 | 5 | 己卯 | 7·3 | 28 | 土 | 6 | 庚戌 | 7·3 | 28 | 火 | 윤7 | 辛巳 | 7·3 | 29 | 金 | 9 | 壬子 | 7·3 |
| 23 | 27 | 日 | 5 | 庚辰 | 8·2 | 29 | 火 | 5 | 庚戌 | 8·2 | 28 | 木 | 6 | 庚辰 | 8·3 | 29 | 日 | 7 | 辛亥 | 8·3 | 29 | 水 | 윤8 | 壬午 | 8·3 | 30 | 土 | 10 | 癸丑 | 8·3 |
| 24 | 28 | 月 | 6 | 辛巳 | 8·2 | 30 | 水 | 6 | 辛亥 | 8·2 | 29 | 金 | 7 | 辛巳 | 8·2 | 30 | 月 | 8 | 壬子 | 8·2 | 30 | 木 | 윤9 | 癸未 | 8·2 | 31 | 日 | 11 | 甲寅 | 8·3 |
| 25 | 3/1 | 火 | 7 | 壬午 | 8·2 | 31 | 木 | 7 | 壬子 | 8·2 | 30 | 土 | 8 | 壬午 | 8·2 | 31 | 火 | 9 | 癸丑 | 8·2 | 7/1 | 金 | 윤10 | 甲申 | 8·2 | 8/1 | 月 | 12 | 乙卯 | 8·2 |
| 26 | 2 | 水 | 8 | 癸未 | 9·1 | 4/1 | 金 | 8 | 癸丑 | 9·1 | 5/1 | 日 | 9 | 癸未 | 9·2 | 6/1 | 水 | 10 | 甲寅 | 9·2 | 2 | 土 | 윤11 | 乙酉 | 9·2 | 2 | 火 | 13 | 丙辰 | 9·2 |
| 27 | 3 | 木 | 9 | 甲申 | 9·1 | 2 | 土 | 9 | 甲寅 | 9·1 | 2 | 月 | 10 | 甲申 | 9·1 | 2 | 木 | 11 | 乙卯 | 9·1 | 3 | 日 | 윤12 | 丙戌 | 9·1 | 3 | 水 | 14 | 丁巳 | 9·2 |
| 28 | 4 | 金 | 10 | 乙酉 | 9·1 | 3 | 日 | 10 | 乙卯 | 9·1 | 3 | 火 | 11 | 乙酉 | 9·1 | 3 | 金 | 12 | 丙辰 | 9·1 | 4 | 月 | 윤13 | 丁亥 | 9·1 | 4 | 木 | 15 | 戊午 | 9·1 |
| 29 | 5 | 土 | 11 | 丙戌 | 10·1 | 4 | 月 | 11 | 丙辰 | 10·1 | 4 | 水 | 12 | 丙戌 | 10·1 | 4 | 土 | 13 | 丁巳 | 10·1 | 5 | 火 | 윤14 | 戊子 | 10·1 | 5 | 金 | 16 | 己未 | 10·1 |
| 30 | | | | | | | | | | | 5 | 木 | 13 | 丁亥 | 10·1 | 5 | 日 | 14 | 戊午 | 10·1 | 6 | 水 | 윤15 | 己丑 | 10·1 | 6 | 土 | 17 | 庚申 | 10·1 |
| 31 | | | | | | | | | | | | | | | | | | | | | | | | | | 7 | 日 | 18 | 辛酉 | 10·1 |

▶윤달-5월

# 己未年

| 절기후날수 | 입추절(壬申月) | | | | | 백로절(癸酉月) | | | | | 한로절(甲戌月) | | | | |
|---|---|---|---|---|---|---|---|---|---|---|---|---|---|---|---|
| | 立秋 8월8일 0시17분<br>處暑 8월23일 14시57분 | | | | | 白露 9월8일 3시23분<br>秋分 9월23일 12시48분 | | | | | 寒露 10월8일 19시16분<br>霜降 10월23일 22시24분 | | | | |
| | 양력 | 요일 | 음력 | 일진 | 大運 남·여 | 양력 | 요일 | 음력 | 일진 | 大運 남·여 | 양력 | 요일 | 음력 | 일진 | 大運 남·여 |
| 0 | 8/8 | 月 | 19 | 壬戌 | 입추 | 9/8 | 木 | 20 | 癸巳 | 백로 | 10/8 | 土 | 21 | 癸亥 | 한로 |
| 1 | 9 | 火 | 20 | 癸亥 | 1·10 | 9 | 金 | 21 | 甲午 | 1·10 | 9 | 日 | 22 | 甲子 | 1·10 |
| 2 | 10 | 水 | 21 | 甲子 | 1·10 | 10 | 土 | 22 | 乙未 | 1·9 | 10 | 月 | 23 | 乙丑 | 1·9 |
| 3 | 11 | 木 | 22 | 乙丑 | 1·9 | 11 | 日 | 23 | 丙申 | 1·9 | 11 | 火 | 24 | 丙寅 | 1·9 |
| 4 | 12 | 金 | 23 | 丙寅 | 1·9 | 12 | 月 | 24 | 丁酉 | 1·9 | 12 | 水 | 25 | 丁卯 | 1·9 |
| 5 | 13 | 土 | 24 | 丁卯 | 2·9 | 13 | 火 | 25 | 戊戌 | 2·8 | 13 | 木 | 26 | 戊辰 | 2·8 |
| 6 | 14 | 日 | 25 | 戊辰 | 2·8 | 14 | 水 | 26 | 己亥 | 2·8 | 14 | 金 | 27 | 己巳 | 2·8 |
| 7 | 15 | 月 | 26 | 己巳 | 2·8 | 15 | 木 | 27 | 庚子 | 2·8 | 15 | 土 | 28 | 庚午 | 2·8 |
| 8 | 16 | 火 | 27 | 庚午 | 3·8 | 16 | 金 | 28 | 辛丑 | 3·7 | 16 | 日 | 29 | 辛未 | 3·7 |
| 9 | 17 | 水 | 28 | 辛未 | 3·7 | 17 | 土 | 29 | 壬寅 | 3·7 | 17 | 月 | 30 | 壬申 | 3·7 |
| 10 | 18 | 木 | 29 | 壬申 | 3·7 | 18 | 日 | 8/1 | 癸卯 | 3·7 | 18 | 火 | 9/1 | 癸酉 | 3·7 |
| 11 | 19 | 金 | 30 | 癸酉 | 4·7 | 19 | 月 | 2 | 甲辰 | 4·6 | 19 | 水 | 2 | 甲戌 | 4·6 |
| 12 | 20 | 土 | 7/1 | 甲戌 | 4·6 | 20 | 火 | 3 | 乙巳 | 4·6 | 20 | 木 | 3 | 乙亥 | 4·6 |
| 13 | 21 | 日 | 2 | 乙亥 | 4·6 | 21 | 水 | 4 | 丙午 | 4·6 | 21 | 金 | 4 | 丙子 | 4·6 |
| 14 | 22 | 月 | 3 | 丙子 | 5·6 | 22 | 木 | 5 | 丁未 | 5·5 | 22 | 土 | 5 | 丁丑 | 5·5 |
| 15 | 23 | 火 | 4 | 丁丑 | 처서 | 23 | 金 | 6 | 戊申 | 추분 | 23 | 日 | 6 | 戊寅 | 상강 |
| 16 | 24 | 水 | 5 | 戊寅 | 5·5 | 24 | 土 | 7 | 己酉 | 5·5 | 24 | 月 | 7 | 己卯 | 5·5 |
| 17 | 25 | 木 | 6 | 己卯 | 6·5 | 25 | 日 | 8 | 庚戌 | 6·4 | 25 | 火 | 8 | 庚辰 | 6·4 |
| 18 | 26 | 金 | 7 | 庚辰 | 6·4 | 26 | 月 | 9 | 辛亥 | 6·4 | 26 | 水 | 9 | 辛巳 | 6·4 |
| 19 | 27 | 土 | 8 | 辛巳 | 6·4 | 27 | 火 | 10 | 壬子 | 6·4 | 27 | 木 | 10 | 壬午 | 6·4 |
| 20 | 28 | 日 | 9 | 壬午 | 7·4 | 28 | 水 | 11 | 癸丑 | 7·3 | 28 | 金 | 11 | 癸未 | 7·3 |
| 21 | 29 | 月 | 10 | 癸未 | 7·3 | 29 | 木 | 12 | 甲寅 | 7·3 | 29 | 土 | 12 | 甲申 | 7·3 |
| 22 | 30 | 火 | 11 | 甲申 | 7·3 | 30 | 金 | 13 | 乙卯 | 7·3 | 30 | 日 | 13 | 乙酉 | 7·3 |
| 23 | 31 | 水 | 12 | 乙酉 | 8·3 | 10/1 | 土 | 14 | 丙辰 | 8·2 | 31 | 月 | 14 | 丙戌 | 8·2 |
| 24 | 9/1 | 木 | 13 | 丙戌 | 8·2 | 2 | 日 | 15 | 丁巳 | 8·2 | 11/1 | 火 | 15 | 丁亥 | 8·2 |
| 25 | 2 | 金 | 14 | 丁亥 | 8·2 | 3 | 月 | 16 | 戊午 | 8·2 | 2 | 水 | 16 | 戊子 | 8·2 |
| 26 | 3 | 土 | 15 | 戊子 | 9·2 | 4 | 火 | 17 | 己未 | 9·1 | 3 | 木 | 17 | 己丑 | 9·1 |
| 27 | 4 | 日 | 16 | 己丑 | 9·1 | 5 | 水 | 18 | 庚申 | 9·1 | 4 | 金 | 18 | 庚寅 | 9·1 |
| 28 | 5 | 月 | 17 | 庚寅 | 9·1 | 6 | 木 | 19 | 辛酉 | 9·1 | 5 | 土 | 19 | 辛卯 | 9·1 |
| 29 | 6 | 火 | 18 | 辛卯 | 10·1 | 7 | 金 | 20 | 壬戌 | 10·1 | 6 | 日 | 20 | 壬辰 | 10·1 |
| 30 | 7 | 水 | 19 | 壬辰 | 10·1 | | | | | | | | | | |
| 31 | | | | | | | | | | | | | | | |

| 절기후날수 | 입동절(乙亥月) | | | | | 대설절(丙子月) | | | | | 소한절(丁丑月) | | | | |
|---|---|---|---|---|---|---|---|---|---|---|---|---|---|---|---|
| | 立冬 11월7일 22시41분<br>小雪 11월22일 20시11분 | | | | | 大雪 12월7일 15시44분<br>冬至 12월22일 9시39분 | | | | | 小寒 1월6일 3시2분<br>大寒 1월20일 20시20분 | | | | |
| | 양력 | 요일 | 음력 | 일진 | 大運 남·여 | 양력 | 요일 | 음력 | 일진 | 大運 남·여 | 양력 | 요일 | 음력 | 일진 | 大運 남·여 |
| 0 | 11/7 | 月 | 21 | 癸巳 | 입동 | 12/7 | 水 | 22 | 癸亥 | 대설 | 1/6 | 金 | 22 | 癸巳 | 소한 |
| 1 | 8 | 火 | 22 | 甲午 | 1·10 | 8 | 木 | 23 | 甲子 | 1·10 | 7 | 土 | 23 | 甲午 | 1·9 |
| 2 | 9 | 水 | 23 | 乙未 | 1·9 | 9 | 金 | 24 | 乙丑 | 1·9 | 8 | 日 | 24 | 乙未 | 1·9 |
| 3 | 10 | 木 | 24 | 丙申 | 1·9 | 10 | 土 | 25 | 丙寅 | 1·9 | 9 | 月 | 25 | 丙申 | 1·9 |
| 4 | 11 | 金 | 25 | 丁酉 | 1·9 | 11 | 日 | 26 | 丁卯 | 1·9 | 10 | 火 | 26 | 丁酉 | 1·8 |
| 5 | 12 | 土 | 26 | 戊戌 | 2·8 | 12 | 月 | 27 | 戊辰 | 2·8 | 11 | 水 | 27 | 戊戌 | 2·8 |
| 6 | 13 | 日 | 27 | 己亥 | 2·8 | 13 | 火 | 28 | 己巳 | 2·8 | 12 | 木 | 28 | 己亥 | 2·8 |
| 7 | 14 | 月 | 28 | 庚子 | 2·8 | 14 | 水 | 29 | 庚午 | 2·8 | 13 | 金 | 29 | 庚子 | 2·7 |
| 8 | 15 | 火 | 29 | 辛丑 | 3·7 | 15 | 木 | 30 | 辛未 | 3·7 | 14 | 土 | 12/1 | 辛丑 | 3·7 |
| 9 | 16 | 水 | 10/1 | 壬寅 | 3·7 | 16 | 金 | 11/1 | 壬申 | 3·7 | 15 | 日 | 2 | 壬寅 | 3·7 |
| 10 | 17 | 木 | 2 | 癸卯 | 3·7 | 17 | 土 | 2 | 癸酉 | 3·7 | 16 | 月 | 3 | 癸卯 | 3·6 |
| 11 | 18 | 金 | 3 | 甲辰 | 4·6 | 18 | 日 | 3 | 甲戌 | 4·6 | 17 | 火 | 4 | 甲辰 | 4·6 |
| 12 | 19 | 土 | 4 | 乙巳 | 4·6 | 19 | 月 | 4 | 乙亥 | 4·6 | 18 | 水 | 5 | 乙巳 | 4·6 |
| 13 | 20 | 日 | 5 | 丙午 | 4·6 | 20 | 火 | 5 | 丙子 | 4·6 | 19 | 木 | 6 | 丙午 | 4·5 |
| 14 | 21 | 月 | 6 | 丁未 | 5·5 | 21 | 水 | 6 | 丁丑 | 5·5 | 20 | 金 | 7 | 丁未 | 대한 |
| 15 | 22 | 火 | 7 | 戊申 | 소설 | 22 | 木 | 7 | 戊寅 | 동지 | 21 | 土 | 8 | 戊申 | 5·5 |
| 16 | 23 | 水 | 8 | 己酉 | 5·5 | 23 | 金 | 8 | 己卯 | 5·5 | 22 | 日 | 9 | 己酉 | 5·4 |
| 17 | 24 | 木 | 9 | 庚戌 | 6·4 | 24 | 土 | 9 | 庚辰 | 6·4 | 23 | 月 | 10 | 庚戌 | 6·4 |
| 18 | 25 | 金 | 10 | 辛亥 | 6·4 | 25 | 日 | 10 | 辛巳 | 6·4 | 24 | 火 | 11 | 辛亥 | 6·4 |
| 19 | 26 | 土 | 11 | 壬子 | 6·4 | 26 | 月 | 11 | 壬午 | 6·4 | 25 | 水 | 12 | 壬子 | 6·3 |
| 20 | 27 | 日 | 12 | 癸丑 | 7·3 | 27 | 火 | 12 | 癸未 | 7·3 | 26 | 木 | 13 | 癸丑 | 7·3 |
| 21 | 28 | 月 | 13 | 甲寅 | 7·3 | 28 | 水 | 13 | 甲申 | 7·3 | 27 | 金 | 14 | 甲寅 | 7·3 |
| 22 | 29 | 火 | 14 | 乙卯 | 7·3 | 29 | 木 | 14 | 乙酉 | 7·3 | 28 | 土 | 15 | 乙卯 | 7·2 |
| 23 | 30 | 水 | 15 | 丙辰 | 8·2 | 30 | 金 | 15 | 丙戌 | 8·2 | 29 | 日 | 16 | 丙辰 | 8·2 |
| 24 | 12/1 | 木 | 16 | 丁巳 | 8·2 | 31 | 土 | 16 | 丁亥 | 8·2 | 30 | 月 | 17 | 丁巳 | 8·2 |
| 25 | 2 | 金 | 17 | 戊午 | 8·2 | 1/1 | 日 | 17 | 戊子 | 8·2 | 31 | 火 | 18 | 戊午 | 8·1 |
| 26 | 3 | 土 | 18 | 己未 | 9·1 | 2 | 月 | 18 | 己丑 | 9·1 | 2/1 | 水 | 19 | 己未 | 9·1 |
| 27 | 4 | 日 | 19 | 庚申 | 9·1 | 3 | 火 | 19 | 庚寅 | 9·1 | 2 | 木 | 20 | 庚申 | 9·1 |
| 28 | 5 | 月 | 20 | 辛酉 | 9·1 | 4 | 水 | 20 | 辛卯 | 9·1 | 3 | 金 | 21 | 辛酉 | 9·1 |
| 29 | 6 | 火 | 21 | 壬戌 | 10·1 | 5 | 木 | 21 | 壬辰 | 10·1 | | | | | |
| 30 | | | | | | | | | | | | | | | |
| 31 | | | | | | | | | | | | | | | |

# 서기 2040년 [단기 4373년]

| 절기후날수 | 입춘절(戊寅月) | | | | | 경칩절(己卯月) | | | | | 청명절(庚辰月) | | | | | 입하절(辛巳月) | | | | | 망종절(壬午月) | | | | | 소서절(癸未月) | | | | |
|---|---|---|---|---|---|---|---|---|---|---|---|---|---|---|---|---|---|---|---|---|---|---|---|---|---|---|---|---|---|---|
| | 立春 2월4일 14시38분<br>雨水 2월19일 10시22분 | | | | | 驚蟄 3월5일 8시30분<br>春分 3월20일 9시10분 | | | | | 淸明 4월4일 13시4분<br>穀雨 4월19일 19시58분 | | | | | 立夏 5월5일 6시8분<br>小滿 5월20일 18시54분 | | | | | 芒種 6월5일 10시7분<br>夏至 6월21일 2시45분 | | | | | 小暑 7월6일 20시18분<br>大暑 7월22일 13시39분 | | | | |
| | 양력 | 요일 | 음력 | 일진 | 大運 남·여 | 양력 | 요일 | 음력 | 일진 | 大運 남·여 | 양력 | 요일 | 음력 | 일진 | 大運 남·여 | 양력 | 요일 | 음력 | 일진 | 大運 남·여 | 양력 | 요일 | 음력 | 일진 | 大運 남·여 | 양력 | 요일 | 음력 | 일진 | 大運 남·여 |
| 0 | 2/4 | 土 | 22 | 壬戌 | 입춘 | 3/5 | 月 | 23 | 壬辰 | 경칩 | 4/4 | 水 | 23 | 壬戌 | 청명 | 5/5 | 土 | 25 | 癸巳 | 입하 | 6/5 | 火 | 26 | 甲子 | 망종 | 7/6 | 金 | 27 | 乙未 | 소서 |
| 1 | 5 | 日 | 23 | 癸亥 | 10·1 | 6 | 火 | 24 | 癸巳 | 10·1 | 5 | 木 | 24 | 癸亥 | 10·1 | 6 | 日 | 26 | 甲午 | 10·1 | 6 | 水 | 27 | 乙丑 | 10·1 | 7 | 土 | 28 | 丙申 | 10·1 |
| 2 | 6 | 月 | 24 | 甲子 | 9·1 | 7 | 水 | 25 | 甲午 | 9·1 | 6 | 金 | 25 | 甲子 | 10·1 | 7 | 月 | 27 | 乙未 | 10·1 | 7 | 木 | 28 | 丙寅 | 10·1 | 8 | 日 | 29 | 丁酉 | 10·1 |
| 3 | 7 | 火 | 25 | 乙丑 | 9·1 | 8 | 木 | 26 | 乙未 | 9·1 | 7 | 土 | 26 | 乙丑 | 9·1 | 8 | 火 | 28 | 丙申 | 9·1 | 8 | 金 | 29 | 丁卯 | 9·1 | 9 | 月 | 6/1 | 戊戌 | 10·1 |
| 4 | 8 | 水 | 26 | 丙寅 | 9·1 | 9 | 金 | 27 | 丙申 | 9·1 | 8 | 日 | 27 | 丙寅 | 9·1 | 9 | 水 | 29 | 丁酉 | 9·1 | 9 | 土 | 30 | 戊辰 | 9·1 | 10 | 火 | 2 | 己亥 | 9·1 |
| 5 | 9 | 木 | 27 | 丁卯 | 8·2 | 10 | 土 | 28 | 丁酉 | 8·2 | 9 | 月 | 28 | 丁卯 | 9·2 | 10 | 木 | 30 | 戊戌 | 9·2 | 10 | 日 | 5/1 | 己巳 | 9·2 | 11 | 水 | 3 | 庚子 | 9·2 |
| 6 | 10 | 金 | 28 | 戊辰 | 8·2 | 11 | 日 | 29 | 戊戌 | 8·2 | 10 | 火 | 29 | 戊辰 | 8·2 | 11 | 金 | 4/1 | 己亥 | 8·2 | 11 | 月 | 2 | 庚午 | 8·2 | 12 | 木 | 4 | 辛丑 | 9·2 |
| 7 | 11 | 土 | 29 | 己巳 | 8·2 | 12 | 月 | 30 | 己亥 | 8·2 | 11 | 水 | 3/1 | 己巳 | 8·2 | 12 | 土 | 2 | 庚子 | 8·2 | 12 | 火 | 3 | 辛未 | 8·2 | 13 | 金 | 5 | 壬寅 | 8·2 |
| 8 | 12 | 日 | 1/1 | 庚午 | 7·3 | 13 | 火 | 2/1 | 庚子 | 7·3 | 12 | 木 | 2 | 庚午 | 8·3 | 13 | 日 | 3 | 辛丑 | 8·3 | 13 | 水 | 4 | 壬申 | 8·3 | 14 | 土 | 6 | 癸卯 | 8·3 |
| 9 | 13 | 月 | 2 | 辛未 | 7·3 | 14 | 水 | 2 | 辛丑 | 7·3 | 13 | 金 | 3 | 辛未 | 7·3 | 14 | 月 | 4 | 壬寅 | 7·3 | 14 | 木 | 5 | 癸酉 | 7·3 | 15 | 日 | 7 | 甲辰 | 8·3 |
| 10 | 14 | 火 | 3 | 壬申 | 7·3 | 15 | 木 | 3 | 壬寅 | 7·3 | 14 | 土 | 4 | 壬申 | 7·3 | 15 | 火 | 5 | 癸卯 | 7·3 | 15 | 金 | 6 | 甲戌 | 7·3 | 16 | 月 | 8 | 乙巳 | 7·3 |
| 11 | 15 | 水 | 4 | 癸酉 | 6·4 | 16 | 金 | 4 | 癸卯 | 6·4 | 15 | 日 | 5 | 癸酉 | 7·4 | 16 | 水 | 6 | 甲辰 | 7·4 | 16 | 土 | 7 | 乙亥 | 7·4 | 17 | 火 | 9 | 丙午 | 7·4 |
| 12 | 16 | 木 | 5 | 甲戌 | 6·4 | 17 | 土 | 5 | 甲辰 | 6·4 | 16 | 月 | 6 | 甲戌 | 6·4 | 17 | 木 | 7 | 乙巳 | 6·4 | 17 | 日 | 8 | 丙子 | 6·4 | 18 | 水 | 10 | 丁未 | 7·4 |
| 13 | 17 | 金 | 6 | 乙亥 | 6·4 | 18 | 日 | 6 | 乙巳 | 6·4 | 17 | 火 | 7 | 乙亥 | 6·4 | 18 | 金 | 8 | 丙午 | 6·4 | 18 | 月 | 9 | 丁丑 | 6·4 | 19 | 木 | 11 | 戊申 | 6·4 |
| 14 | 18 | 土 | 7 | 丙子 | 5·5 | 19 | 月 | 7 | 丙午 | 5·5 | 18 | 水 | 8 | 丙子 | 6·5 | 19 | 土 | 9 | 丁未 | 6·5 | 19 | 火 | 10 | 戊寅 | 6·5 | 20 | 金 | 12 | 己酉 | 6·5 |
| 15 | 19 | 日 | 8 | 丁丑 | 우수 | 20 | 火 | 8 | 丁未 | 춘분 | 19 | 木 | 9 | 丁丑 | 곡우 | 20 | 日 | 10 | 戊申 | 소만 | 20 | 水 | 11 | 己卯 | 5·5 | 21 | 土 | 13 | 庚戌 | 6·5 |
| 16 | 20 | 月 | 9 | 戊寅 | 5·5 | 21 | 水 | 9 | 戊申 | 5·5 | 20 | 金 | 10 | 戊寅 | 5·5 | 21 | 月 | 11 | 己酉 | 5·5 | 21 | 木 | 12 | 庚辰 | 하지 | 22 | 日 | 14 | 辛亥 | 대서 |
| 17 | 21 | 火 | 10 | 己卯 | 4·6 | 22 | 木 | 10 | 己酉 | 4·6 | 21 | 土 | 11 | 己卯 | 5·6 | 22 | 火 | 12 | 庚戌 | 5·6 | 22 | 金 | 13 | 辛巳 | 5·6 | 23 | 月 | 15 | 壬子 | 5·6 |
| 18 | 22 | 水 | 11 | 庚辰 | 4·6 | 23 | 金 | 11 | 庚戌 | 4·6 | 22 | 日 | 12 | 庚辰 | 4·6 | 23 | 水 | 13 | 辛亥 | 4·6 | 23 | 土 | 14 | 壬午 | 4·6 | 24 | 火 | 16 | 癸丑 | 5·6 |
| 19 | 23 | 木 | 12 | 辛巳 | 4·6 | 24 | 土 | 12 | 辛亥 | 4·6 | 23 | 月 | 13 | 辛巳 | 4·6 | 24 | 木 | 14 | 壬子 | 4·6 | 24 | 日 | 15 | 癸未 | 4·6 | 25 | 水 | 17 | 甲寅 | 4·6 |
| 20 | 24 | 金 | 13 | 壬午 | 3·7 | 25 | 日 | 13 | 壬子 | 3·7 | 24 | 火 | 14 | 壬午 | 4·7 | 25 | 金 | 15 | 癸丑 | 4·7 | 25 | 月 | 16 | 甲申 | 4·7 | 26 | 木 | 18 | 乙卯 | 4·7 |
| 21 | 25 | 土 | 14 | 癸未 | 3·7 | 26 | 月 | 14 | 癸丑 | 3·7 | 25 | 水 | 15 | 癸未 | 3·7 | 26 | 土 | 16 | 甲寅 | 3·7 | 26 | 火 | 17 | 乙酉 | 3·7 | 27 | 金 | 19 | 丙辰 | 4·7 |
| 22 | 26 | 日 | 15 | 甲申 | 3·7 | 27 | 火 | 15 | 甲寅 | 3·7 | 26 | 木 | 16 | 甲申 | 3·7 | 27 | 日 | 17 | 乙卯 | 3·7 | 27 | 水 | 18 | 丙戌 | 3·7 | 28 | 土 | 20 | 丁巳 | 3·7 |
| 23 | 27 | 月 | 16 | 乙酉 | 2·8 | 28 | 水 | 16 | 乙卯 | 2·8 | 27 | 金 | 17 | 乙酉 | 3·8 | 28 | 月 | 18 | 丙辰 | 3·8 | 28 | 木 | 19 | 丁亥 | 3·8 | 29 | 日 | 21 | 戊午 | 3·8 |
| 24 | 28 | 火 | 17 | 丙戌 | 2·8 | 29 | 木 | 17 | 丙辰 | 2·8 | 28 | 土 | 18 | 丙戌 | 2·8 | 29 | 火 | 19 | 丁巳 | 2·8 | 29 | 金 | 20 | 戊子 | 2·8 | 30 | 月 | 22 | 己未 | 3·8 |
| 25 | 29 | 水 | 18 | 丁亥 | 2·8 | 30 | 金 | 18 | 丁巳 | 2·8 | 29 | 日 | 19 | 丁亥 | 2·8 | 30 | 水 | 20 | 戊午 | 2·8 | 30 | 土 | 21 | 己丑 | 2·8 | 31 | 火 | 23 | 庚申 | 2·8 |
| 26 | 3/1 | 木 | 19 | 戊子 | 1·9 | 31 | 土 | 19 | 戊午 | 1·9 | 30 | 月 | 20 | 戊子 | 2·9 | 31 | 木 | 21 | 己未 | 2·9 | 7/1 | 日 | 22 | 庚寅 | 2·9 | 8/1 | 水 | 24 | 辛酉 | 2·9 |
| 27 | 2 | 金 | 20 | 己丑 | 1·9 | 4/1 | 日 | 20 | 己未 | 1·9 | 5/1 | 火 | 21 | 己丑 | 1·9 | 6/1 | 金 | 22 | 庚申 | 1·9 | 2 | 月 | 23 | 辛卯 | 1·9 | 2 | 木 | 25 | 壬戌 | 2·9 |
| 28 | 3 | 土 | 21 | 庚寅 | 1·9 | 2 | 月 | 21 | 庚申 | 1·9 | 2 | 水 | 22 | 庚寅 | 1·9 | 2 | 土 | 23 | 辛酉 | 1·9 | 3 | 火 | 24 | 壬辰 | 1·9 | 3 | 金 | 26 | 癸亥 | 1·9 |
| 29 | 4 | 日 | 22 | 辛卯 | 1·10 | 3 | 火 | 22 | 辛酉 | 1·10 | 3 | 木 | 23 | 辛卯 | 1·10 | 3 | 日 | 24 | 壬戌 | 1·10 | 4 | 水 | 25 | 癸巳 | 1·10 | 4 | 土 | 27 | 甲子 | 1·10 |
| 30 | | | | | | | | | | | 4 | 金 | 24 | 壬辰 | 1·10 | 4 | 月 | 25 | 癸亥 | 1·10 | 5 | 木 | 26 | 甲午 | 1·10 | 5 | 日 | 28 | 乙丑 | 1·10 |
| 31 | | | | | | | | | | | | | | | | | | | | | | | | | | 6 | 月 | 29 | 丙寅 | 1·10 |

# 庚申年

| 절기후날수 | 입추절(甲申月) 立秋 8월7일 6시9분 處暑 8월22일 20시52분 | | | | | | 백로절(乙酉月) 白露 9월7일 9시13분 秋分 9월22일 18시43분 | | | | | | 한로절(丙戌月) 寒露 10월8일 1시4분 霜降 10월23일 4시18분 | | | | | |
|---|---|---|---|---|---|---|---|---|---|---|---|---|---|---|---|---|---|---|
| | 양력 | 요일 | 음력 | 일진 | 大運 남 | 大運 여 | 양력 | 요일 | 음력 | 일진 | 大運 남 | 大運 여 | 양력 | 요일 | 음력 | 일진 | 大運 남 | 大運 여 |
| 0 | 8/7 | 火 | 30 | 丁卯 | 입추 | | 9/7 | 金 | 8/1 | 戊戌 | 백로 | | 10/8 | 月 | 3 | 己巳 | 한로 | |
| 1 | 8 | 水 | 7/1 | 戊辰 | 10 | 1 | 8 | 土 | 2 | 己亥 | 10 | 1 | 9 | 火 | 4 | 庚午 | 10 | 1 |
| 2 | 9 | 木 | 2 | 己巳 | 10 | 1 | 9 | 日 | 3 | 庚子 | 10 | 1 | 10 | 水 | 5 | 辛未 | 9 | 1 |
| 3 | 10 | 金 | 3 | 庚午 | 9 | 1 | 10 | 月 | 4 | 辛丑 | 9 | 1 | 11 | 木 | 6 | 壬申 | 9 | 1 |
| 4 | 11 | 土 | 4 | 辛未 | 9 | 1 | 11 | 火 | 5 | 壬寅 | 9 | 1 | 12 | 金 | 7 | 癸酉 | 9 | 1 |
| 5 | 12 | 日 | 5 | 壬申 | 9 | 2 | 12 | 水 | 6 | 癸卯 | 9 | 2 | 13 | 土 | 8 | 甲戌 | 8 | 2 |
| 6 | 13 | 月 | 6 | 癸酉 | 8 | 2 | 13 | 木 | 7 | 甲辰 | 8 | 2 | 14 | 日 | 9 | 乙亥 | 8 | 2 |
| 7 | 14 | 火 | 7 | 甲戌 | 8 | 2 | 14 | 金 | 8 | 乙巳 | 8 | 2 | 15 | 月 | 10 | 丙子 | 8 | 2 |
| 8 | 15 | 水 | 8 | 乙亥 | 8 | 3 | 15 | 土 | 9 | 丙午 | 8 | 3 | 16 | 火 | 11 | 丁丑 | 7 | 3 |
| 9 | 16 | 木 | 9 | 丙子 | 7 | 3 | 16 | 日 | 10 | 丁未 | 7 | 3 | 17 | 水 | 12 | 戊寅 | 7 | 3 |
| 10 | 17 | 金 | 10 | 丁丑 | 7 | 3 | 17 | 月 | 11 | 戊申 | 7 | 3 | 18 | 木 | 13 | 己卯 | 7 | 3 |
| 11 | 18 | 土 | 11 | 戊寅 | 7 | 4 | 18 | 火 | 12 | 己酉 | 7 | 4 | 19 | 金 | 14 | 庚辰 | 6 | 4 |
| 12 | 19 | 日 | 12 | 己卯 | 6 | 4 | 19 | 水 | 13 | 庚戌 | 6 | 4 | 20 | 土 | 15 | 辛巳 | 6 | 4 |
| 13 | 20 | 月 | 13 | 庚辰 | 6 | 4 | 20 | 木 | 14 | 辛亥 | 6 | 4 | 21 | 日 | 16 | 壬午 | 6 | 4 |
| 14 | 21 | 火 | 14 | 辛巳 | 6 | 5 | 21 | 金 | 15 | 壬子 | 6 | 5 | 22 | 月 | 17 | 癸未 | 5 | 5 |
| 15 | 22 | 水 | 15 | 壬午 | 처서 | | 22 | 土 | 16 | 癸丑 | 추분 | | 23 | 火 | 18 | 甲申 | 상강 | |
| 16 | 23 | 木 | 16 | 癸未 | 5 | 5 | 23 | 日 | 17 | 甲寅 | 5 | 5 | 24 | 水 | 19 | 乙酉 | 5 | 5 |
| 17 | 24 | 金 | 17 | 甲申 | 5 | 6 | 24 | 月 | 18 | 乙卯 | 5 | 6 | 25 | 木 | 20 | 丙戌 | 4 | 6 |
| 18 | 25 | 土 | 18 | 乙酉 | 4 | 6 | 25 | 火 | 19 | 丙辰 | 4 | 6 | 26 | 金 | 21 | 丁亥 | 4 | 6 |
| 19 | 26 | 日 | 19 | 丙戌 | 4 | 6 | 26 | 水 | 20 | 丁巳 | 4 | 6 | 27 | 土 | 22 | 戊子 | 4 | 6 |
| 20 | 27 | 月 | 20 | 丁亥 | 4 | 7 | 27 | 木 | 21 | 戊午 | 4 | 7 | 28 | 日 | 23 | 己丑 | 3 | 7 |
| 21 | 28 | 火 | 21 | 戊子 | 3 | 7 | 28 | 金 | 22 | 己未 | 3 | 7 | 29 | 月 | 24 | 庚寅 | 3 | 7 |
| 22 | 29 | 水 | 22 | 己丑 | 3 | 7 | 29 | 土 | 23 | 庚申 | 3 | 7 | 30 | 火 | 25 | 辛卯 | 3 | 7 |
| 23 | 30 | 木 | 23 | 庚寅 | 3 | 8 | 30 | 日 | 24 | 辛酉 | 3 | 8 | 31 | 水 | 26 | 壬辰 | 2 | 8 |
| 24 | 31 | 金 | 24 | 辛卯 | 2 | 8 | 10/1 | 月 | 25 | 壬戌 | 2 | 8 | 11/1 | 木 | 27 | 癸巳 | 2 | 8 |
| 25 | 9/1 | 土 | 25 | 壬辰 | 2 | 8 | 2 | 火 | 26 | 癸亥 | 2 | 8 | 2 | 金 | 28 | 甲午 | 2 | 8 |
| 26 | 2 | 日 | 26 | 癸巳 | 2 | 9 | 3 | 水 | 27 | 甲子 | 2 | 9 | 3 | 土 | 29 | 乙未 | 1 | 9 |
| 27 | 3 | 月 | 27 | 甲午 | 1 | 9 | 4 | 木 | 28 | 乙丑 | 1 | 9 | 4 | 日 | 30 | 丙申 | 1 | 9 |
| 28 | 4 | 火 | 28 | 乙未 | 1 | 9 | 5 | 金 | 29 | 丙寅 | 1 | 9 | 5 | 月 | 10/1 | 丁酉 | 1 | 9 |
| 29 | 5 | 水 | 29 | 丙申 | 1 | 10 | 6 | 土 | 9/1 | 丁卯 | 1 | 10 | 6 | 火 | 2 | 戊戌 | 1 | 10 |
| 30 | 6 | 木 | 30 | 丁酉 | 1 | 10 | 7 | 日 | 2 | 戊辰 | 1 | 10 | | | | | | |
| 31 | | | | | | | | | | | | | | | | | | |

| 절기후날수 | 입동절(丁亥月) 立冬 11월7일 4시28분 小雪 11월22일 2시4분 | | | | | | 대설절(戊子月) 大雪 12월6일 21시29분 冬至 12월21일 15시31분 | | | | | | 소한절(己丑月) 小寒 1월5일 8시47분 大寒 1월20일 2시12분 | | | | | |
|---|---|---|---|---|---|---|---|---|---|---|---|---|---|---|---|---|---|---|
| | 양력 | 요일 | 음력 | 일진 | 大運 남 | 大運 여 | 양력 | 요일 | 음력 | 일진 | 大運 남 | 大運 여 | 양력 | 요일 | 음력 | 일진 | 大運 남 | 大運 여 |
| 0 | 11/7 | 水 | 3 | 己亥 | 입동 | | 12/6 | 木 | 3 | 戊辰 | 대설 | | 1/5 | 土 | 3 | 戊戌 | 소한 | |
| 1 | 8 | 木 | 4 | 庚子 | 9 | 1 | 7 | 金 | 4 | 己巳 | 10 | 1 | 6 | 日 | 4 | 己亥 | 9 | 1 |
| 2 | 9 | 金 | 5 | 辛丑 | 9 | 1 | 8 | 土 | 5 | 庚午 | 9 | 1 | 7 | 月 | 5 | 庚子 | 9 | 1 |
| 3 | 10 | 土 | 6 | 壬寅 | 9 | 1 | 9 | 日 | 6 | 辛未 | 9 | 1 | 8 | 火 | 6 | 辛丑 | 9 | 1 |
| 4 | 11 | 日 | 7 | 癸卯 | 8 | 1 | 10 | 月 | 7 | 壬申 | 9 | 1 | 9 | 水 | 7 | 壬寅 | 8 | 1 |
| 5 | 12 | 月 | 8 | 甲辰 | 8 | 2 | 11 | 火 | 8 | 癸酉 | 8 | 2 | 10 | 木 | 8 | 癸卯 | 8 | 2 |
| 6 | 13 | 火 | 9 | 乙巳 | 8 | 2 | 12 | 水 | 9 | 甲戌 | 8 | 2 | 11 | 金 | 9 | 甲辰 | 8 | 2 |
| 7 | 14 | 水 | 10 | 丙午 | 7 | 2 | 13 | 木 | 10 | 乙亥 | 8 | 2 | 12 | 土 | 10 | 乙巳 | 7 | 2 |
| 8 | 15 | 木 | 11 | 丁未 | 7 | 3 | 14 | 金 | 11 | 丙子 | 7 | 3 | 13 | 日 | 11 | 丙午 | 7 | 3 |
| 9 | 16 | 金 | 12 | 戊申 | 7 | 3 | 15 | 土 | 12 | 丁丑 | 7 | 3 | 14 | 月 | 12 | 丁未 | 7 | 3 |
| 10 | 17 | 土 | 13 | 己酉 | 6 | 3 | 16 | 日 | 13 | 戊寅 | 7 | 3 | 15 | 火 | 13 | 戊申 | 6 | 3 |
| 11 | 18 | 日 | 14 | 庚戌 | 6 | 4 | 17 | 月 | 14 | 己卯 | 6 | 4 | 16 | 水 | 14 | 己酉 | 6 | 4 |
| 12 | 19 | 月 | 15 | 辛亥 | 6 | 4 | 18 | 火 | 15 | 庚辰 | 6 | 4 | 17 | 木 | 15 | 庚戌 | 6 | 4 |
| 13 | 20 | 火 | 16 | 壬子 | 5 | 4 | 19 | 水 | 16 | 辛巳 | 6 | 4 | 18 | 金 | 16 | 辛亥 | 5 | 4 |
| 14 | 21 | 水 | 17 | 癸丑 | 5 | 5 | 20 | 木 | 17 | 壬午 | 5 | 5 | 19 | 土 | 17 | 壬子 | 5 | 5 |
| 15 | 22 | 木 | 18 | 甲寅 | 소설 | | 21 | 金 | 18 | 癸未 | 동지 | | 20 | 日 | 18 | 癸丑 | 대한 | |
| 16 | 23 | 金 | 19 | 乙卯 | 4 | 5 | 22 | 土 | 19 | 甲申 | 5 | 5 | 21 | 月 | 19 | 甲寅 | 4 | 5 |
| 17 | 24 | 土 | 20 | 丙辰 | 4 | 6 | 23 | 日 | 20 | 乙酉 | 4 | 6 | 22 | 火 | 20 | 乙卯 | 4 | 6 |
| 18 | 25 | 日 | 21 | 丁巳 | 4 | 6 | 24 | 月 | 21 | 丙戌 | 4 | 6 | 23 | 水 | 21 | 丙辰 | 4 | 6 |
| 19 | 26 | 月 | 22 | 戊午 | 3 | 6 | 25 | 火 | 22 | 丁亥 | 4 | 6 | 24 | 木 | 22 | 丁巳 | 3 | 6 |
| 20 | 27 | 火 | 23 | 己未 | 3 | 7 | 26 | 水 | 23 | 戊子 | 3 | 7 | 25 | 金 | 23 | 戊午 | 3 | 7 |
| 21 | 28 | 水 | 24 | 庚申 | 3 | 7 | 27 | 木 | 24 | 己丑 | 3 | 7 | 26 | 土 | 24 | 己未 | 3 | 7 |
| 22 | 29 | 木 | 25 | 辛酉 | 2 | 7 | 28 | 金 | 25 | 庚寅 | 3 | 7 | 27 | 日 | 25 | 庚申 | 2 | 7 |
| 23 | 30 | 金 | 26 | 壬戌 | 2 | 8 | 29 | 土 | 26 | 辛卯 | 2 | 8 | 28 | 月 | 26 | 辛酉 | 2 | 8 |
| 24 | 12/1 | 土 | 27 | 癸亥 | 2 | 8 | 30 | 日 | 27 | 壬辰 | 2 | 8 | 29 | 火 | 27 | 壬戌 | 2 | 8 |
| 25 | 2 | 日 | 28 | 甲子 | 1 | 8 | 31 | 月 | 28 | 癸巳 | 2 | 8 | 30 | 水 | 28 | 癸亥 | 1 | 8 |
| 26 | 3 | 月 | 29 | 乙丑 | 1 | 9 | 1/1 | 火 | 29 | 甲午 | 1 | 9 | 31 | 木 | 29 | 甲子 | 1 | 9 |
| 27 | 4 | 火 | 11/1 | 丙寅 | 1 | 9 | 2 | 水 | 30 | 乙未 | 1 | 9 | 2/1 | 金 | 1/1 | 乙丑 | 1 | 9 |
| 28 | 5 | 水 | 2 | 丁卯 | 1 | 9 | 3 | 木 | 12/1 | 丙申 | 1 | 9 | 2 | 土 | 2 | 丙寅 | 1 | 9 |
| 29 | | | | | | | 4 | 金 | 2 | 丁酉 | 1 | 10 | | | | | | |
| 30 | | | | | | | | | | | | | | | | | | |
| 31 | | | | | | | | | | | | | | | | | | |

# 서기 2041년 [단기 4374년]

| 절기후날수 | 입춘절(庚寅月) 立春 2월3일 20시24분 雨水 2월18일 16시16분 | | | | | 경칩절(辛卯月) 驚蟄 3월5일 14시16분 春分 3월20일 15시5분 | | | | | 청명절(壬辰月) 淸明 4월4일 18시51분 穀雨 4월20일 1시53분 | | | | |
|---|---|---|---|---|---|---|---|---|---|---|---|---|---|---|---|
| | 양력 | 요일 | 음력 | 일진 | 大運 남·여 | 양력 | 요일 | 음력 | 일진 | 大運 남·여 | 양력 | 요일 | 음력 | 일진 | 大運 남·여 |
| 0 | 2/3 | 日 | 3 | 丁卯 | 입춘 | 3/5 | 火 | 3 | 丁酉 | 경칩 | 4/4 | 木 | 4 | 丁卯 | 청명 |
| 1 | 4 | 月 | 4 | 戊辰 | 1·10 | 6 | 水 | 4 | 戊戌 | 1·10 | 5 | 金 | 5 | 戊辰 | 1·10 |
| 2 | 5 | 火 | 5 | 己巳 | 1·9 | 7 | 木 | 5 | 己亥 | 1·9 | 6 | 土 | 6 | 己巳 | 1·10 |
| 3 | 6 | 水 | 6 | 庚午 | 1·9 | 8 | 金 | 6 | 庚子 | 1·9 | 7 | 日 | 7 | 庚午 | 1·9 |
| 4 | 7 | 木 | 7 | 辛未 | 1·9 | 9 | 土 | 7 | 辛丑 | 1·9 | 8 | 月 | 8 | 辛未 | 1·9 |
| 5 | 8 | 金 | 8 | 壬申 | 2·8 | 10 | 日 | 8 | 壬寅 | 2·8 | 9 | 火 | 9 | 壬申 | 2·9 |
| 6 | 9 | 土 | 9 | 癸酉 | 2·8 | 11 | 月 | 9 | 癸卯 | 2·8 | 10 | 水 | 10 | 癸酉 | 2·8 |
| 7 | 10 | 日 | 10 | 甲戌 | 2·8 | 12 | 火 | 10 | 甲辰 | 2·8 | 11 | 木 | 11 | 甲戌 | 2·8 |
| 8 | 11 | 月 | 11 | 乙亥 | 3·7 | 13 | 水 | 11 | 乙巳 | 3·7 | 12 | 金 | 12 | 乙亥 | 3·8 |
| 9 | 12 | 火 | 12 | 丙子 | 3·7 | 14 | 木 | 12 | 丙午 | 3·7 | 13 | 土 | 13 | 丙子 | 3·7 |
| 10 | 13 | 水 | 13 | 丁丑 | 3·7 | 15 | 金 | 13 | 丁未 | 3·7 | 14 | 日 | 14 | 丁丑 | 3·7 |
| 11 | 14 | 木 | 14 | 戊寅 | 4·6 | 16 | 土 | 14 | 戊申 | 4·6 | 15 | 月 | 15 | 戊寅 | 4·7 |
| 12 | 15 | 金 | 15 | 己卯 | 4·6 | 17 | 日 | 15 | 己酉 | 4·6 | 16 | 火 | 16 | 己卯 | 4·6 |
| 13 | 16 | 土 | 16 | 庚辰 | 4·6 | 18 | 月 | 16 | 庚戌 | 4·6 | 17 | 水 | 17 | 庚辰 | 4·6 |
| 14 | 17 | 日 | 17 | 辛巳 | 5·5 | 19 | 火 | 17 | 辛亥 | 5·5 | 18 | 木 | 18 | 辛巳 | 5·6 |
| 15 | 18 | 月 | 18 | 壬午 | 우수 | 20 | 水 | 18 | 壬子 | 춘분 | 19 | 金 | 19 | 壬午 | 5·5 |
| 16 | 19 | 火 | 19 | 癸未 | 5·5 | 21 | 木 | 19 | 癸丑 | 5·5 | 20 | 土 | 20 | 癸未 | 곡우 |
| 17 | 20 | 水 | 20 | 甲申 | 6·4 | 22 | 金 | 20 | 甲寅 | 6·4 | 21 | 日 | 21 | 甲申 | 6·5 |
| 18 | 21 | 木 | 21 | 乙酉 | 6·4 | 23 | 土 | 21 | 乙卯 | 6·4 | 22 | 月 | 22 | 乙酉 | 6·4 |
| 19 | 22 | 金 | 22 | 丙戌 | 6·4 | 24 | 日 | 22 | 丙辰 | 6·4 | 23 | 火 | 23 | 丙戌 | 6·4 |
| 20 | 23 | 土 | 23 | 丁亥 | 7·3 | 25 | 月 | 23 | 丁巳 | 7·3 | 24 | 水 | 24 | 丁亥 | 7·4 |
| 21 | 24 | 日 | 24 | 戊子 | 7·3 | 26 | 火 | 24 | 戊午 | 7·3 | 25 | 木 | 25 | 戊子 | 7·3 |
| 22 | 25 | 月 | 25 | 己丑 | 7·3 | 27 | 水 | 25 | 己未 | 7·3 | 26 | 金 | 26 | 己丑 | 7·3 |
| 23 | 26 | 火 | 26 | 庚寅 | 8·2 | 28 | 木 | 26 | 庚申 | 8·2 | 27 | 土 | 27 | 庚寅 | 8·3 |
| 24 | 27 | 水 | 27 | 辛卯 | 8·2 | 29 | 金 | 27 | 辛酉 | 8·2 | 28 | 日 | 28 | 辛卯 | 8·2 |
| 25 | 28 | 木 | 28 | 壬辰 | 8·2 | 30 | 土 | 28 | 壬戌 | 8·2 | 29 | 月 | 29 | 壬辰 | 8·2 |
| 26 | 3/1 | 金 | 29 | 癸巳 | 9·1 | 31 | 日 | 29 | 癸亥 | 9·1 | 30 | 火 | 4/1 | 癸巳 | 9·2 |
| 27 | 2 | 土 | 30 | 甲午 | 9·1 | 4/1 | 月 | 3/1 | 甲子 | 9·1 | 5/1 | 水 | 2 | 甲午 | 9·1 |
| 28 | 3 | 日 | 2/1 | 乙未 | 9·1 | 2 | 火 | 2 | 乙丑 | 9·1 | 2 | 木 | 3 | 乙未 | 9·1 |
| 29 | 4 | 月 | 2 | 丙申 | 10·1 | 3 | 水 | 3 | 丙寅 | 10·1 | 3 | 金 | 4 | 丙申 | 10·1 |
| 30 | | | | | | | | | | | 4 | 土 | 5 | 丁酉 | 10·1 |
| 31 | | | | | | | | | | | | | | | |

| 절기후날수 | 입하절(癸巳月) 立夏 5월5일 11시53분 小滿 5월21일 0시47분 | | | | | 망종절(甲午月) 芒種 6월5일 15시48분 夏至 6월21일 8시34분 | | | | | 소서절(乙未月) 小暑 7월7일 1시57분 大暑 7월22일 19시25분 | | | | |
|---|---|---|---|---|---|---|---|---|---|---|---|---|---|---|---|
| | 양력 | 요일 | 음력 | 일진 | 大運 남·여 | 양력 | 요일 | 음력 | 일진 | 大運 남·여 | 양력 | 요일 | 음력 | 일진 | 大運 남·여 |
| 0 | 5/5 | 日 | 6 | 戊戌 | 입하 | 6/5 | 水 | 7 | 己巳 | 망종 | 7/7 | 日 | 10 | 辛丑 | 소서 |
| 1 | 6 | 月 | 7 | 己亥 | 1·10 | 6 | 木 | 8 | 庚午 | 1·10 | 8 | 月 | 11 | 壬寅 | 1·10 |
| 2 | 7 | 火 | 8 | 庚子 | 1·10 | 7 | 金 | 9 | 辛未 | 1·10 | 9 | 火 | 12 | 癸卯 | 1·10 |
| 3 | 8 | 水 | 9 | 辛丑 | 1·9 | 8 | 土 | 10 | 壬申 | 1·10 | 10 | 水 | 13 | 甲辰 | 1·9 |
| 4 | 9 | 木 | 10 | 壬寅 | 1·9 | 9 | 日 | 11 | 癸酉 | 1·9 | 11 | 木 | 14 | 乙巳 | 1·9 |
| 5 | 10 | 金 | 11 | 癸卯 | 2·9 | 10 | 月 | 12 | 甲戌 | 2·9 | 12 | 金 | 15 | 丙午 | 2·9 |
| 6 | 11 | 土 | 12 | 甲辰 | 2·8 | 11 | 火 | 13 | 乙亥 | 2·9 | 13 | 土 | 16 | 丁未 | 2·8 |
| 7 | 12 | 日 | 13 | 乙巳 | 2·8 | 12 | 水 | 14 | 丙子 | 2·8 | 14 | 日 | 17 | 戊申 | 2·8 |
| 8 | 13 | 月 | 14 | 丙午 | 3·8 | 13 | 木 | 15 | 丁丑 | 3·8 | 15 | 月 | 18 | 己酉 | 3·8 |
| 9 | 14 | 火 | 15 | 丁未 | 3·7 | 14 | 金 | 16 | 戊寅 | 3·8 | 16 | 火 | 19 | 庚戌 | 3·7 |
| 10 | 15 | 水 | 16 | 戊申 | 3·7 | 15 | 土 | 17 | 己卯 | 3·7 | 17 | 水 | 20 | 辛亥 | 3·7 |
| 11 | 16 | 木 | 17 | 己酉 | 4·7 | 16 | 日 | 18 | 庚辰 | 4·7 | 18 | 木 | 21 | 壬子 | 4·7 |
| 12 | 17 | 金 | 18 | 庚戌 | 4·6 | 17 | 月 | 19 | 辛巳 | 4·7 | 19 | 金 | 22 | 癸丑 | 4·6 |
| 13 | 18 | 土 | 19 | 辛亥 | 4·6 | 18 | 火 | 20 | 壬午 | 4·6 | 20 | 土 | 23 | 甲寅 | 4·6 |
| 14 | 19 | 日 | 20 | 壬子 | 5·6 | 19 | 水 | 21 | 癸未 | 5·6 | 21 | 日 | 24 | 乙卯 | 5·6 |
| 15 | 20 | 月 | 21 | 癸丑 | 5·5 | 20 | 木 | 22 | 甲申 | 5·6 | 22 | 月 | 25 | 丙辰 | 대서 |
| 16 | 21 | 火 | 22 | 甲寅 | 소만 | 21 | 金 | 23 | 乙酉 | 하지 | 23 | 火 | 26 | 丁巳 | 5·5 |
| 17 | 22 | 水 | 23 | 乙卯 | 6·5 | 22 | 土 | 24 | 丙戌 | 6·5 | 24 | 水 | 27 | 戊午 | 6·5 |
| 18 | 23 | 木 | 24 | 丙辰 | 6·4 | 23 | 日 | 25 | 丁亥 | 6·5 | 25 | 木 | 28 | 己未 | 6·4 |
| 19 | 24 | 金 | 25 | 丁巳 | 6·4 | 24 | 月 | 26 | 戊子 | 6·4 | 26 | 金 | 29 | 庚申 | 6·4 |
| 20 | 25 | 土 | 26 | 戊午 | 7·4 | 25 | 火 | 27 | 己丑 | 7·4 | 27 | 土 | 30 | 辛酉 | 7·4 |
| 21 | 26 | 日 | 27 | 己未 | 7·3 | 26 | 水 | 28 | 庚寅 | 7·4 | 28 | 日 | 7/1 | 壬戌 | 7·3 |
| 22 | 27 | 月 | 28 | 庚申 | 7·3 | 27 | 木 | 29 | 辛卯 | 7·3 | 29 | 月 | 2 | 癸亥 | 7·3 |
| 23 | 28 | 火 | 29 | 辛酉 | 8·3 | 28 | 金 | 6/1 | 壬辰 | 8·3 | 30 | 火 | 3 | 甲子 | 8·3 |
| 24 | 29 | 水 | 30 | 壬戌 | 8·2 | 29 | 土 | 2 | 癸巳 | 8·3 | 31 | 水 | 4 | 乙丑 | 8·2 |
| 25 | 30 | 木 | 5/1 | 癸亥 | 8·2 | 30 | 日 | 3 | 甲午 | 8·2 | 8/1 | 木 | 5 | 丙寅 | 8·2 |
| 26 | 31 | 金 | 2 | 甲子 | 9·2 | 7/1 | 月 | 4 | 乙未 | 9·2 | 2 | 金 | 6 | 丁卯 | 9·2 |
| 27 | 6/1 | 土 | 3 | 乙丑 | 9·1 | 2 | 火 | 5 | 丙申 | 9·2 | 3 | 土 | 7 | 戊辰 | 9·1 |
| 28 | 2 | 日 | 4 | 丙寅 | 9·1 | 3 | 水 | 6 | 丁酉 | 9·1 | 4 | 日 | 8 | 己巳 | 9·1 |
| 29 | 3 | 月 | 5 | 丁卯 | 10·1 | 4 | 木 | 7 | 戊戌 | 10·1 | 5 | 月 | 9 | 庚午 | 10·1 |
| 30 | 4 | 火 | 6 | 戊辰 | 10·1 | 5 | 金 | 8 | 己亥 | 10·1 | 6 | 火 | 10 | 辛未 | 10·1 |
| 31 | | | | | | 6 | 土 | 9 | 庚子 | 10·1 | | | | | |

# 辛酉年

## 입추절(丙申月)

立秋 8월7일 11시47분
處暑 8월23일 2시35분

| 절기후날수 | 양력 | 요일 | 음력 | 일진 | 大運 남 | 大運 여 |
|---|---|---|---|---|---|---|
| 0 | 8/7 | 水 | 11 | 壬申 | 입추 | |
| 1 | 8 | 木 | 12 | 癸酉 | 1 | 10 |
| 2 | 9 | 金 | 13 | 甲戌 | 1 | 10 |
| 3 | 10 | 土 | 14 | 乙亥 | 1 | 9 |
| 4 | 11 | 日 | 15 | 丙子 | 1 | 9 |
| 5 | 12 | 月 | 16 | 丁丑 | 2 | 9 |
| 6 | 13 | 火 | 17 | 戊寅 | 2 | 8 |
| 7 | 14 | 水 | 18 | 己卯 | 2 | 8 |
| 8 | 15 | 木 | 19 | 庚辰 | 3 | 8 |
| 9 | 16 | 金 | 20 | 辛巳 | 3 | 7 |
| 10 | 17 | 土 | 21 | 壬午 | 3 | 7 |
| 11 | 18 | 日 | 22 | 癸未 | 4 | 7 |
| 12 | 19 | 月 | 23 | 甲申 | 4 | 6 |
| 13 | 20 | 火 | 24 | 乙酉 | 4 | 6 |
| 14 | 21 | 水 | 25 | 丙戌 | 5 | 6 |
| 15 | 22 | 木 | 26 | 丁亥 | 5 | 5 |
| 16 | 23 | 金 | 27 | 戊子 | 처서 | |
| 17 | 24 | 土 | 28 | 己丑 | 6 | 5 |
| 18 | 25 | 日 | 29 | 庚寅 | 6 | 4 |
| 19 | 26 | 月 | 30 | 辛卯 | 6 | 4 |
| 20 | 27 | 火 | 8/1 | 壬辰 | 7 | 4 |
| 21 | 28 | 水 | 2 | 癸巳 | 7 | 3 |
| 22 | 29 | 木 | 3 | 甲午 | 7 | 3 |
| 23 | 30 | 金 | 4 | 乙未 | 8 | 3 |
| 24 | 31 | 土 | 5 | 丙申 | 8 | 2 |
| 25 | 9/1 | 日 | 6 | 丁酉 | 8 | 2 |
| 26 | 2 | 月 | 7 | 戊戌 | 9 | 2 |
| 27 | 3 | 火 | 8 | 己亥 | 9 | 1 |
| 28 | 4 | 水 | 9 | 庚子 | 9 | 1 |
| 29 | 5 | 木 | 10 | 辛丑 | 10 | 1 |
| 30 | 6 | 金 | 11 | 壬寅 | 10 | 1 |
| 31 | | | | | | |

## 백로절(丁酉月)

白露 9월7일 14시52분
秋分 9월23일 0시25분

| 절기후날수 | 양력 | 요일 | 음력 | 일진 | 大運 남 | 大運 여 |
|---|---|---|---|---|---|---|
| 0 | 9/7 | 土 | 12 | 癸卯 | 백로 | |
| 1 | 8 | 日 | 13 | 甲辰 | 1 | 10 |
| 2 | 9 | 月 | 14 | 乙巳 | 1 | 10 |
| 3 | 10 | 火 | 15 | 丙午 | 1 | 9 |
| 4 | 11 | 水 | 16 | 丁未 | 1 | 9 |
| 5 | 12 | 木 | 17 | 戊申 | 2 | 9 |
| 6 | 13 | 金 | 18 | 己酉 | 2 | 8 |
| 7 | 14 | 土 | 19 | 庚戌 | 2 | 8 |
| 8 | 15 | 日 | 20 | 辛亥 | 3 | 8 |
| 9 | 16 | 月 | 21 | 壬子 | 3 | 7 |
| 10 | 17 | 火 | 22 | 癸丑 | 3 | 7 |
| 11 | 18 | 水 | 23 | 甲寅 | 4 | 7 |
| 12 | 19 | 木 | 24 | 乙卯 | 4 | 6 |
| 13 | 20 | 金 | 25 | 丙辰 | 4 | 6 |
| 14 | 21 | 土 | 26 | 丁巳 | 5 | 6 |
| 15 | 22 | 日 | 27 | 戊午 | 5 | 5 |
| 16 | 23 | 月 | 28 | 己未 | 추분 | |
| 17 | 24 | 火 | 29 | 庚申 | 6 | 5 |
| 18 | 25 | 水 | 9/1 | 辛酉 | 6 | 4 |
| 19 | 26 | 木 | 2 | 壬戌 | 6 | 4 |
| 20 | 27 | 金 | 3 | 癸亥 | 7 | 4 |
| 21 | 28 | 土 | 4 | 甲子 | 7 | 3 |
| 22 | 29 | 日 | 5 | 乙丑 | 7 | 3 |
| 23 | 30 | 月 | 6 | 丙寅 | 8 | 3 |
| 24 | 10/1 | 火 | 7 | 丁卯 | 8 | 2 |
| 25 | 2 | 水 | 8 | 戊辰 | 8 | 2 |
| 26 | 3 | 木 | 9 | 己巳 | 9 | 2 |
| 27 | 4 | 金 | 10 | 庚午 | 9 | 1 |
| 28 | 5 | 土 | 11 | 辛未 | 9 | 1 |
| 29 | 6 | 日 | 12 | 壬申 | 10 | 1 |
| 30 | 7 | 月 | 13 | 癸酉 | 10 | 1 |
| 31 | | | | | | |

## 한로절(戊戌月)

寒露 10월8일 6시45분
霜降 10월23일 10시0분

| 절기후날수 | 양력 | 요일 | 음력 | 일진 | 大運 남 | 大運 여 |
|---|---|---|---|---|---|---|
| 0 | 10/8 | 火 | 14 | 甲戌 | 한로 | |
| 1 | 9 | 水 | 15 | 乙亥 | 1 | 10 |
| 2 | 10 | 木 | 16 | 丙子 | 1 | 9 |
| 3 | 11 | 金 | 17 | 丁丑 | 1 | 9 |
| 4 | 12 | 土 | 18 | 戊寅 | 1 | 9 |
| 5 | 13 | 日 | 19 | 己卯 | 2 | 8 |
| 6 | 14 | 月 | 20 | 庚辰 | 2 | 8 |
| 7 | 15 | 火 | 21 | 辛巳 | 2 | 8 |
| 8 | 16 | 水 | 22 | 壬午 | 3 | 7 |
| 9 | 17 | 木 | 23 | 癸未 | 3 | 7 |
| 10 | 18 | 金 | 24 | 甲申 | 3 | 7 |
| 11 | 19 | 土 | 25 | 乙酉 | 4 | 6 |
| 12 | 20 | 日 | 26 | 丙戌 | 4 | 6 |
| 13 | 21 | 月 | 27 | 丁亥 | 4 | 6 |
| 14 | 22 | 火 | 28 | 戊子 | 5 | 5 |
| 15 | 23 | 水 | 29 | 己丑 | 상강 | |
| 16 | 24 | 木 | 30 | 庚寅 | 5 | 5 |
| 17 | 25 | 金 | 10/1 | 辛卯 | 6 | 4 |
| 18 | 26 | 土 | 2 | 壬辰 | 6 | 4 |
| 19 | 27 | 日 | 3 | 癸巳 | 6 | 4 |
| 20 | 28 | 月 | 4 | 甲午 | 7 | 3 |
| 21 | 29 | 火 | 5 | 乙未 | 7 | 3 |
| 22 | 30 | 水 | 6 | 丙申 | 7 | 3 |
| 23 | 31 | 木 | 7 | 丁酉 | 8 | 2 |
| 24 | 11/1 | 金 | 8 | 戊戌 | 8 | 2 |
| 25 | 2 | 土 | 9 | 己亥 | 8 | 2 |
| 26 | 3 | 日 | 10 | 庚子 | 9 | 1 |
| 27 | 4 | 月 | 11 | 辛丑 | 9 | 1 |
| 28 | 5 | 火 | 12 | 壬寅 | 9 | 1 |
| 29 | 6 | 水 | 13 | 癸卯 | 10 | 1 |
| 30 | | | | | | |
| 31 | | | | | | |

## 입동절(己亥月)

立冬 11월7일 10시12분
小雪 11월22일 7시48분

| 절기후날수 | 양력 | 요일 | 음력 | 일진 | 大運 남 | 大運 여 |
|---|---|---|---|---|---|---|
| 0 | 11/7 | 木 | 14 | 甲辰 | 입동 | |
| 1 | 8 | 金 | 15 | 乙巳 | 1 | 10 |
| 2 | 9 | 土 | 16 | 丙午 | 1 | 9 |
| 3 | 10 | 日 | 17 | 丁未 | 1 | 9 |
| 4 | 11 | 月 | 18 | 戊申 | 1 | 9 |
| 5 | 12 | 火 | 19 | 己酉 | 2 | 8 |
| 6 | 13 | 水 | 20 | 庚戌 | 2 | 8 |
| 7 | 14 | 木 | 21 | 辛亥 | 2 | 8 |
| 8 | 15 | 金 | 22 | 壬子 | 3 | 7 |
| 9 | 16 | 土 | 23 | 癸丑 | 3 | 7 |
| 10 | 17 | 日 | 24 | 甲寅 | 3 | 7 |
| 11 | 18 | 月 | 25 | 乙卯 | 4 | 6 |
| 12 | 19 | 火 | 26 | 丙辰 | 4 | 6 |
| 13 | 20 | 水 | 27 | 丁巳 | 4 | 6 |
| 14 | 21 | 木 | 28 | 戊午 | 5 | 5 |
| 15 | 22 | 金 | 29 | 己未 | 소설 | |
| 16 | 23 | 土 | 30 | 庚申 | 5 | 5 |
| 17 | 24 | 日 | 11/1 | 辛酉 | 6 | 4 |
| 18 | 25 | 月 | 2 | 壬戌 | 6 | 4 |
| 19 | 26 | 火 | 3 | 癸亥 | 6 | 4 |
| 20 | 27 | 水 | 4 | 甲子 | 7 | 3 |
| 21 | 28 | 木 | 5 | 乙丑 | 7 | 3 |
| 22 | 29 | 金 | 6 | 丙寅 | 7 | 3 |
| 23 | 30 | 土 | 7 | 丁卯 | 8 | 2 |
| 24 | 12/1 | 日 | 8 | 戊辰 | 8 | 2 |
| 25 | 2 | 月 | 9 | 己巳 | 8 | 2 |
| 26 | 3 | 火 | 10 | 庚午 | 9 | 1 |
| 27 | 4 | 水 | 11 | 辛未 | 9 | 1 |
| 28 | 5 | 木 | 12 | 壬申 | 9 | 1 |
| 29 | 6 | 金 | 13 | 癸酉 | 10 | 1 |
| 30 | | | | | | |
| 31 | | | | | | |

## 대설절(庚子月)

大雪 12월7일 3시14분
冬至 12월21일 21시17분

| 절기후날수 | 양력 | 요일 | 음력 | 일진 | 大運 남 | 大運 여 |
|---|---|---|---|---|---|---|
| 0 | 12/7 | 土 | 14 | 甲戌 | 대설 | |
| 1 | 8 | 日 | 15 | 乙亥 | 1 | 9 |
| 2 | 9 | 月 | 16 | 丙子 | 1 | 9 |
| 3 | 10 | 火 | 17 | 丁丑 | 1 | 9 |
| 4 | 11 | 水 | 18 | 戊寅 | 1 | 8 |
| 5 | 12 | 木 | 19 | 己卯 | 2 | 8 |
| 6 | 13 | 金 | 20 | 庚辰 | 2 | 8 |
| 7 | 14 | 土 | 21 | 辛巳 | 2 | 7 |
| 8 | 15 | 日 | 22 | 壬午 | 3 | 7 |
| 9 | 16 | 月 | 23 | 癸未 | 3 | 7 |
| 10 | 17 | 火 | 24 | 甲申 | 3 | 6 |
| 11 | 18 | 水 | 25 | 乙酉 | 4 | 6 |
| 12 | 19 | 木 | 26 | 丙戌 | 4 | 6 |
| 13 | 20 | 金 | 27 | 丁亥 | 4 | 5 |
| 14 | 21 | 土 | 28 | 戊子 | 동지 | |
| 15 | 22 | 日 | 29 | 己丑 | 5 | 5 |
| 16 | 23 | 月 | 12/1 | 庚寅 | 5 | 4 |
| 17 | 24 | 火 | 2 | 辛卯 | 6 | 4 |
| 18 | 25 | 水 | 3 | 壬辰 | 6 | 4 |
| 19 | 26 | 木 | 4 | 癸巳 | 6 | 3 |
| 20 | 27 | 金 | 5 | 甲午 | 7 | 3 |
| 21 | 28 | 土 | 6 | 乙未 | 7 | 3 |
| 22 | 29 | 日 | 7 | 丙申 | 7 | 2 |
| 23 | 30 | 月 | 8 | 丁酉 | 8 | 2 |
| 24 | 31 | 火 | 9 | 戊戌 | 8 | 2 |
| 25 | 1/1 | 水 | 10 | 己亥 | 8 | 1 |
| 26 | 2 | 木 | 11 | 庚子 | 9 | 1 |
| 27 | 3 | 金 | 12 | 辛丑 | 9 | 1 |
| 28 | 4 | 土 | 13 | 壬寅 | 9 | 1 |
| 29 | | | | | | |
| 30 | | | | | | |
| 31 | | | | | | |

## 소한절(辛丑月)

小寒 1월5일 14시34분
大寒 1월20일 7시59분

| 절기후날수 | 양력 | 요일 | 음력 | 일진 | 大運 남 | 大運 여 |
|---|---|---|---|---|---|---|
| 0 | 1/5 | 日 | 14 | 癸卯 | 소한 | |
| 1 | 6 | 月 | 15 | 甲辰 | 1 | 10 |
| 2 | 7 | 火 | 16 | 乙巳 | 1 | 9 |
| 3 | 8 | 水 | 17 | 丙午 | 1 | 9 |
| 4 | 9 | 木 | 18 | 丁未 | 1 | 9 |
| 5 | 10 | 金 | 19 | 戊申 | 2 | 8 |
| 6 | 11 | 土 | 20 | 己酉 | 2 | 8 |
| 7 | 12 | 日 | 21 | 庚戌 | 2 | 8 |
| 8 | 13 | 月 | 22 | 辛亥 | 3 | 7 |
| 9 | 14 | 火 | 23 | 壬子 | 3 | 7 |
| 10 | 15 | 水 | 24 | 癸丑 | 3 | 7 |
| 11 | 16 | 木 | 25 | 甲寅 | 4 | 6 |
| 12 | 17 | 金 | 26 | 乙卯 | 4 | 6 |
| 13 | 18 | 土 | 27 | 丙辰 | 4 | 6 |
| 14 | 19 | 日 | 28 | 丁巳 | 5 | 5 |
| 15 | 20 | 月 | 29 | 戊午 | 대한 | |
| 16 | 21 | 火 | 30 | 己未 | 5 | 5 |
| 17 | 22 | 水 | 1/1 | 庚申 | 6 | 4 |
| 18 | 23 | 木 | 2 | 辛酉 | 6 | 4 |
| 19 | 24 | 金 | 3 | 壬戌 | 6 | 4 |
| 20 | 25 | 土 | 4 | 癸亥 | 7 | 3 |
| 21 | 26 | 日 | 5 | 甲子 | 7 | 3 |
| 22 | 27 | 月 | 6 | 乙丑 | 7 | 3 |
| 23 | 28 | 火 | 7 | 丙寅 | 8 | 2 |
| 24 | 29 | 水 | 8 | 丁卯 | 8 | 2 |
| 25 | 30 | 木 | 9 | 戊辰 | 8 | 2 |
| 26 | 31 | 金 | 10 | 己巳 | 9 | 1 |
| 27 | 2/1 | 土 | 11 | 庚午 | 9 | 1 |
| 28 | 2 | 日 | 12 | 辛未 | 9 | 1 |
| 29 | 3 | 月 | 13 | 壬申 | 10 | 1 |
| 30 | | | | | | |
| 31 | | | | | | |

# 서기 2042년 [단기 4375년]

| 절기후날수 | 입춘절(壬寅月) 立春 2월4일 2시11분 雨水 2월18일 22시3분 | | | | | 경칩절(癸卯月) 驚蟄 3월5일 20시4분 春分 3월20일 20시52분 | | | | | 청명절(甲辰月) 清明 4월5일 0시39분 穀雨 4월20일 7시38분 | | | | |
|---|---|---|---|---|---|---|---|---|---|---|---|---|---|---|---|
| | 양력 | 요일 | 음력 | 일진 | 大運 남·여 | 양력 | 요일 | 음력 | 일진 | 大運 남·여 | 양력 | 요일 | 음력 | 일진 | 大運 남·여 |
| 0 | 2/4 | 火 | 14 | 癸酉 | 입춘 | 3/5 | 水 | 14 | 壬寅 | 경칩 | 4/5 | 土 | 윤15 | 癸酉 | 청명 |
| 1 | 5 | 水 | 15 | 甲戌 | 9·1 | 6 | 木 | 15 | 癸卯 | 10·1 | 6 | 日 | 윤16 | 甲戌 | 10·1 |
| 2 | 6 | 木 | 16 | 乙亥 | 9·1 | 7 | 金 | 16 | 甲辰 | 10·1 | 7 | 月 | 윤17 | 乙亥 | 9·1 |
| 3 | 7 | 金 | 17 | 丙子 | 9·1 | 8 | 土 | 17 | 乙巳 | 9·1 | 8 | 火 | 윤18 | 丙子 | 9·1 |
| 4 | 8 | 土 | 18 | 丁丑 | 8·1 | 9 | 日 | 18 | 丙午 | 9·1 | 9 | 水 | 윤19 | 丁丑 | 9·1 |
| 5 | 9 | 日 | 19 | 戊寅 | 8·2 | 10 | 月 | 19 | 丁未 | 9·2 | 10 | 木 | 윤20 | 戊寅 | 8·2 |
| 6 | 10 | 月 | 20 | 己卯 | 8·2 | 11 | 火 | 20 | 戊申 | 8·2 | 11 | 金 | 윤21 | 己卯 | 8·2 |
| 7 | 11 | 火 | 21 | 庚辰 | 7·2 | 12 | 水 | 21 | 己酉 | 8·2 | 12 | 土 | 윤22 | 庚辰 | 8·2 |
| 8 | 12 | 水 | 22 | 辛巳 | 7·3 | 13 | 木 | 22 | 庚戌 | 8·3 | 13 | 日 | 윤23 | 辛巳 | 7·3 |
| 9 | 13 | 木 | 23 | 壬午 | 7·3 | 14 | 金 | 23 | 辛亥 | 7·3 | 14 | 月 | 윤24 | 壬午 | 7·3 |
| 10 | 14 | 金 | 24 | 癸未 | 6·3 | 15 | 土 | 24 | 壬子 | 7·3 | 15 | 火 | 윤25 | 癸未 | 7·3 |
| 11 | 15 | 土 | 25 | 甲申 | 6·4 | 16 | 日 | 25 | 癸丑 | 7·4 | 16 | 水 | 윤26 | 甲申 | 6·4 |
| 12 | 16 | 日 | 26 | 乙酉 | 6·4 | 17 | 月 | 26 | 甲寅 | 6·4 | 17 | 木 | 윤27 | 乙酉 | 6·4 |
| 13 | 17 | 月 | 27 | 丙戌 | 5·4 | 18 | 火 | 27 | 乙卯 | 6·4 | 18 | 金 | 윤28 | 丙戌 | 6·4 |
| 14 | 18 | 火 | 28 | 丁亥 | 우수 | 19 | 水 | 28 | 丙辰 | 6·5 | 19 | 土 | 윤29 | 丁亥 | 5·5 |
| 15 | 19 | 水 | 29 | 戊子 | 5·5 | 20 | 木 | 29 | 丁巳 | 춘분 | 20 | 日 | 3/1 | 戊子 | 곡우 |
| 16 | 20 | 木 | 2/1 | 己丑 | 4·5 | 21 | 金 | 30 | 戊午 | 5·5 | 21 | 月 | 2 | 己丑 | 5·5 |
| 17 | 21 | 金 | 2 | 庚寅 | 4·6 | 22 | 土 | 윤1 | 己未 | 5·6 | 22 | 火 | 3 | 庚寅 | 4·6 |
| 18 | 22 | 土 | 3 | 辛卯 | 4·6 | 23 | 日 | 윤2 | 庚申 | 4·6 | 23 | 水 | 4 | 辛卯 | 4·6 |
| 19 | 23 | 日 | 4 | 壬辰 | 3·6 | 24 | 月 | 윤3 | 辛酉 | 4·6 | 24 | 木 | 5 | 壬辰 | 4·6 |
| 20 | 24 | 月 | 5 | 癸巳 | 3·7 | 25 | 火 | 윤4 | 壬戌 | 4·7 | 25 | 金 | 6 | 癸巳 | 3·7 |
| 21 | 25 | 火 | 6 | 甲午 | 3·7 | 26 | 水 | 윤5 | 癸亥 | 3·7 | 26 | 土 | 7 | 甲午 | 3·7 |
| 22 | 26 | 水 | 7 | 乙未 | 2·7 | 27 | 木 | 윤6 | 甲子 | 3·7 | 27 | 日 | 8 | 乙未 | 3·7 |
| 23 | 27 | 木 | 8 | 丙申 | 2·8 | 28 | 金 | 윤7 | 乙丑 | 3·8 | 28 | 月 | 9 | 丙申 | 2·8 |
| 24 | 28 | 金 | 9 | 丁酉 | 2·8 | 29 | 土 | 윤8 | 丙寅 | 2·8 | 29 | 火 | 10 | 丁酉 | 2·8 |
| 25 | 3/1 | 土 | 10 | 戊戌 | 1·8 | 30 | 日 | 윤9 | 丁卯 | 2·8 | 30 | 水 | 11 | 戊戌 | 2·8 |
| 26 | 2 | 日 | 11 | 己亥 | 1·9 | 31 | 月 | 윤10 | 戊辰 | 2·9 | 5/1 | 木 | 12 | 己亥 | 1·9 |
| 27 | 3 | 月 | 12 | 庚子 | 1·9 | 4/1 | 火 | 윤11 | 己巳 | 1·9 | 2 | 金 | 13 | 庚子 | 1·9 |
| 28 | 4 | 火 | 13 | 辛丑 | 1·9 | 2 | 水 | 윤12 | 庚午 | 1·9 | 3 | 土 | 14 | 辛丑 | 1·9 |
| 29 | | | | | | 3 | 木 | 윤13 | 辛未 | 1·10 | 4 | 日 | 15 | 壬寅 | 1·10 |
| 30 | | | | | | 4 | 金 | 윤14 | 壬申 | 1·10 | | | | | |
| 31 | | | | | | | | | | | | | | | |

| 절기후날수 | 입하절(乙巳月) 立夏 5월5일 17시41분 小滿 5월21일 6시30분 | | | | | 망종절(丙午月) 芒種 6월5일 21시37분 夏至 6월21일 14시14분 | | | | | 소서절(丁未月) 小暑 7월7일 7시46분 大暑 7월23일 1시5분 | | | | |
|---|---|---|---|---|---|---|---|---|---|---|---|---|---|---|---|
| | 양력 | 요일 | 음력 | 일진 | 大運 남·여 | 양력 | 요일 | 음력 | 일진 | 大運 남·여 | 양력 | 요일 | 음력 | 일진 | 大運 남·여 |
| 0 | 5/5 | 月 | 16 | 癸卯 | 입하 | 6/5 | 木 | 18 | 甲戌 | 망종 | 7/7 | 月 | 20 | 丙午 | 소서 |
| 1 | 6 | 火 | 17 | 甲辰 | 10·1 | 6 | 金 | 19 | 乙亥 | 10·1 | 8 | 火 | 21 | 丁未 | 10·1 |
| 2 | 7 | 水 | 18 | 乙巳 | 10·1 | 7 | 土 | 20 | 丙子 | 10·1 | 9 | 水 | 22 | 戊申 | 10·1 |
| 3 | 8 | 木 | 19 | 丙午 | 9·1 | 8 | 日 | 21 | 丁丑 | 10·1 | 10 | 木 | 23 | 己酉 | 9·1 |
| 4 | 9 | 金 | 20 | 丁未 | 9·1 | 9 | 月 | 22 | 戊寅 | 9·1 | 11 | 金 | 24 | 庚戌 | 9·1 |
| 5 | 10 | 土 | 21 | 戊申 | 9·2 | 10 | 火 | 23 | 己卯 | 9·2 | 12 | 土 | 25 | 辛亥 | 9·2 |
| 6 | 11 | 日 | 22 | 己酉 | 8·2 | 11 | 水 | 24 | 庚辰 | 9·2 | 13 | 日 | 26 | 壬子 | 8·2 |
| 7 | 12 | 月 | 23 | 庚戌 | 8·2 | 12 | 木 | 25 | 辛巳 | 8·2 | 14 | 月 | 27 | 癸丑 | 8·2 |
| 8 | 13 | 火 | 24 | 辛亥 | 8·3 | 13 | 金 | 26 | 壬午 | 8·3 | 15 | 火 | 28 | 甲寅 | 8·3 |
| 9 | 14 | 水 | 25 | 壬子 | 7·3 | 14 | 土 | 27 | 癸未 | 8·3 | 16 | 水 | 29 | 乙卯 | 7·3 |
| 10 | 15 | 木 | 26 | 癸丑 | 7·3 | 15 | 日 | 28 | 甲申 | 7·3 | 17 | 木 | 6/1 | 丙辰 | 7·3 |
| 11 | 16 | 金 | 27 | 甲寅 | 7·4 | 16 | 月 | 29 | 乙酉 | 7·4 | 18 | 金 | 2 | 丁巳 | 7·4 |
| 12 | 17 | 土 | 28 | 乙卯 | 6·4 | 17 | 火 | 30 | 丙戌 | 7·4 | 19 | 土 | 3 | 戊午 | 6·4 |
| 13 | 18 | 日 | 29 | 丙辰 | 6·4 | 18 | 水 | 5/1 | 丁亥 | 6·4 | 20 | 日 | 4 | 己未 | 6·4 |
| 14 | 19 | 月 | 4/1 | 丁巳 | 6·5 | 19 | 木 | 2 | 戊子 | 6·5 | 21 | 月 | 5 | 庚申 | 6·5 |
| 15 | 20 | 火 | 2 | 戊午 | 5·5 | 20 | 金 | 3 | 己丑 | 6·5 | 22 | 火 | 6 | 辛酉 | 5·5 |
| 16 | 21 | 水 | 3 | 己未 | 소만 | 21 | 土 | 4 | 庚寅 | 하지 | 23 | 水 | 7 | 壬戌 | 대서 |
| 17 | 22 | 木 | 4 | 庚申 | 5·6 | 22 | 日 | 5 | 辛卯 | 5·6 | 24 | 木 | 8 | 癸亥 | 5·6 |
| 18 | 23 | 金 | 5 | 辛酉 | 4·6 | 23 | 月 | 6 | 壬辰 | 5·6 | 25 | 金 | 9 | 甲子 | 4·6 |
| 19 | 24 | 土 | 6 | 壬戌 | 4·6 | 24 | 火 | 7 | 癸巳 | 4·6 | 26 | 土 | 10 | 乙丑 | 4·6 |
| 20 | 25 | 日 | 7 | 癸亥 | 4·7 | 25 | 水 | 8 | 甲午 | 4·7 | 27 | 日 | 11 | 丙寅 | 4·7 |
| 21 | 26 | 月 | 8 | 甲子 | 3·7 | 26 | 木 | 9 | 乙未 | 4·7 | 28 | 月 | 12 | 丁卯 | 3·7 |
| 22 | 27 | 火 | 9 | 乙丑 | 3·7 | 27 | 金 | 10 | 丙申 | 3·7 | 29 | 火 | 13 | 戊辰 | 3·7 |
| 23 | 28 | 水 | 10 | 丙寅 | 3·8 | 28 | 土 | 11 | 丁酉 | 3·8 | 30 | 水 | 14 | 己巳 | 3·8 |
| 24 | 29 | 木 | 11 | 丁卯 | 2·8 | 29 | 日 | 12 | 戊戌 | 3·8 | 31 | 木 | 15 | 庚午 | 2·8 |
| 25 | 30 | 金 | 12 | 戊辰 | 2·8 | 30 | 月 | 13 | 己亥 | 2·8 | 8/1 | 金 | 16 | 辛未 | 2·8 |
| 26 | 31 | 土 | 13 | 己巳 | 2·9 | 7/1 | 火 | 14 | 庚子 | 2·9 | 2 | 土 | 17 | 壬申 | 2·9 |
| 27 | 6/1 | 日 | 14 | 庚午 | 1·9 | 2 | 水 | 15 | 辛丑 | 2·9 | 3 | 日 | 18 | 癸酉 | 1·9 |
| 28 | 2 | 月 | 15 | 辛未 | 1·9 | 3 | 木 | 16 | 壬寅 | 1·9 | 4 | 月 | 19 | 甲戌 | 1·9 |
| 29 | 3 | 火 | 16 | 壬申 | 1·10 | 4 | 金 | 17 | 癸卯 | 1·10 | 5 | 火 | 20 | 乙亥 | 1·10 |
| 30 | 4 | 水 | 17 | 癸酉 | 1·10 | 5 | 土 | 18 | 甲辰 | 1·10 | 6 | 水 | 21 | 丙子 | 1·10 |
| 31 | | | | | | 6 | 日 | 19 | 乙巳 | 1·10 | | | | | |

▶윤달-2월

# 壬戌年

| 절기후날수 | 입추절(戊申月)<br>立秋 8월7일 17시37분<br>處暑 8월23일 8시17분 | | | | | | 백로절(己酉月)<br>白露 9월7일 20시44분<br>秋分 9월23일 6시10분 | | | | | |
|---|---|---|---|---|---|---|---|---|---|---|---|---|
| | 양력 | 요일 | 음력 | 일진 | 大運 남 | 大運 여 | 양력 | 요일 | 음력 | 일진 | 大運 남 | 大運 여 |
| 0 | 8/7 | 木 | 22 | 丁丑 | 입추 | | 9/7 | 日 | 23 | 戊申 | 백로 | |
| 1 | 8 | 金 | 23 | 戊寅 | 10 | 1 | 8 | 月 | 24 | 己酉 | 10 | 1 |
| 2 | 9 | 土 | 24 | 己卯 | 10 | 1 | 9 | 火 | 25 | 庚戌 | 10 | 1 |
| 3 | 10 | 日 | 25 | 庚辰 | 9 | 1 | 10 | 水 | 26 | 辛亥 | 9 | 1 |
| 4 | 11 | 月 | 26 | 辛巳 | 9 | 1 | 11 | 木 | 27 | 壬子 | 9 | 1 |
| 5 | 12 | 火 | 27 | 壬午 | 9 | 2 | 12 | 金 | 28 | 癸丑 | 9 | 2 |
| 6 | 13 | 水 | 28 | 癸未 | 8 | 2 | 13 | 土 | 29 | 甲寅 | 8 | 2 |
| 7 | 14 | 木 | 29 | 甲申 | 8 | 2 | 14 | 日 | 8/1 | 乙卯 | 8 | 2 |
| 8 | 15 | 金 | 30 | 乙酉 | 8 | 3 | 15 | 月 | 2 | 丙辰 | 8 | 3 |
| 9 | 16 | 土 | 7/1 | 丙戌 | 7 | 3 | 16 | 火 | 3 | 丁巳 | 7 | 3 |
| 10 | 17 | 日 | 2 | 丁亥 | 7 | 3 | 17 | 水 | 4 | 戊午 | 7 | 3 |
| 11 | 18 | 月 | 3 | 戊子 | 7 | 4 | 18 | 木 | 5 | 己未 | 7 | 4 |
| 12 | 19 | 火 | 4 | 己丑 | 6 | 4 | 19 | 金 | 6 | 庚申 | 6 | 4 |
| 13 | 20 | 水 | 5 | 庚寅 | 6 | 4 | 20 | 土 | 7 | 辛酉 | 6 | 4 |
| 14 | 21 | 木 | 6 | 辛卯 | 6 | 5 | 21 | 日 | 8 | 壬戌 | 6 | 5 |
| 15 | 22 | 金 | 7 | 壬辰 | 5 | 5 | 22 | 月 | 9 | 癸亥 | 5 | 5 |
| 16 | 23 | 土 | 8 | 癸巳 | 처서 | | 23 | 火 | 10 | 甲子 | 추분 | |
| 17 | 24 | 日 | 9 | 甲午 | 5 | 6 | 24 | 水 | 11 | 乙丑 | 5 | 6 |
| 18 | 25 | 月 | 10 | 乙未 | 4 | 6 | 25 | 木 | 12 | 丙寅 | 4 | 6 |
| 19 | 26 | 火 | 11 | 丙申 | 4 | 6 | 26 | 金 | 13 | 丁卯 | 4 | 6 |
| 20 | 27 | 水 | 12 | 丁酉 | 4 | 7 | 27 | 土 | 14 | 戊辰 | 4 | 7 |
| 21 | 28 | 木 | 13 | 戊戌 | 3 | 7 | 28 | 日 | 15 | 己巳 | 3 | 7 |
| 22 | 29 | 金 | 14 | 己亥 | 3 | 7 | 29 | 月 | 16 | 庚午 | 3 | 7 |
| 23 | 30 | 土 | 15 | 庚子 | 3 | 8 | 30 | 火 | 17 | 辛未 | 3 | 8 |
| 24 | 31 | 日 | 16 | 辛丑 | 2 | 8 | 10/1 | 水 | 18 | 壬申 | 2 | 8 |
| 25 | 9/1 | 月 | 17 | 壬寅 | 2 | 8 | 2 | 木 | 19 | 癸酉 | 2 | 8 |
| 26 | 2 | 火 | 18 | 癸卯 | 2 | 9 | 3 | 金 | 20 | 甲戌 | 2 | 9 |
| 27 | 3 | 水 | 19 | 甲辰 | 1 | 9 | 4 | 土 | 21 | 乙亥 | 1 | 9 |
| 28 | 4 | 木 | 20 | 乙巳 | 1 | 9 | 5 | 日 | 22 | 丙子 | 1 | 9 |
| 29 | 5 | 金 | 21 | 丙午 | 1 | 10 | 6 | 月 | 23 | 丁丑 | 1 | 10 |
| 30 | 6 | 土 | 22 | 丁未 | 1 | 10 | 7 | 火 | 24 | 戊寅 | 1 | 10 |
| 31 | | | | | | | | | | | | |

| 절기후날수 | 한로절(庚戌月)<br>寒露 10월8일 12시39분<br>霜降 10월23일 15시48분 | | | | | | 입동절(辛亥月)<br>立冬 11월7일 16시6분<br>小雪 11월22일 13시36분 | | | | | |
|---|---|---|---|---|---|---|---|---|---|---|---|---|
| | 양력 | 요일 | 음력 | 일진 | 大運 남 | 大運 여 | 양력 | 요일 | 음력 | 일진 | 大運 남 | 大運 여 |
| 0 | 10/8 | 水 | 25 | 己卯 | 한로 | | 11/7 | 金 | 25 | 己酉 | 입동 | |
| 1 | 9 | 木 | 26 | 庚辰 | 10 | 1 | 8 | 土 | 26 | 庚戌 | 10 | 1 |
| 2 | 10 | 金 | 27 | 辛巳 | 9 | 1 | 9 | 日 | 27 | 辛亥 | 9 | 1 |
| 3 | 11 | 土 | 28 | 壬午 | 9 | 1 | 10 | 月 | 28 | 壬子 | 9 | 1 |
| 4 | 12 | 日 | 29 | 癸未 | 9 | 1 | 11 | 火 | 29 | 癸丑 | 9 | 1 |
| 5 | 13 | 月 | 30 | 甲申 | 8 | 2 | 12 | 水 | 30 | 甲寅 | 8 | 2 |
| 6 | 14 | 火 | 9/1 | 乙酉 | 8 | 2 | 13 | 木 | 10/1 | 乙卯 | 8 | 2 |
| 7 | 15 | 水 | 2 | 丙戌 | 8 | 2 | 14 | 金 | 2 | 丙辰 | 8 | 2 |
| 8 | 16 | 木 | 3 | 丁亥 | 7 | 3 | 15 | 土 | 3 | 丁巳 | 7 | 3 |
| 9 | 17 | 金 | 4 | 戊子 | 7 | 3 | 16 | 日 | 4 | 戊午 | 7 | 3 |
| 10 | 18 | 土 | 5 | 己丑 | 7 | 3 | 17 | 月 | 5 | 己未 | 7 | 3 |
| 11 | 19 | 日 | 6 | 庚寅 | 6 | 4 | 18 | 火 | 6 | 庚申 | 6 | 4 |
| 12 | 20 | 月 | 7 | 辛卯 | 6 | 4 | 19 | 水 | 7 | 辛酉 | 6 | 4 |
| 13 | 21 | 火 | 8 | 壬辰 | 6 | 4 | 20 | 木 | 8 | 壬戌 | 6 | 4 |
| 14 | 22 | 水 | 9 | 癸巳 | 5 | 5 | 21 | 金 | 9 | 癸亥 | 5 | 5 |
| 15 | 23 | 木 | 10 | 甲午 | 상강 | | 22 | 土 | 10 | 甲子 | 소설 | |
| 16 | 24 | 金 | 11 | 乙未 | 5 | 5 | 23 | 日 | 11 | 乙丑 | 5 | 5 |
| 17 | 25 | 土 | 12 | 丙申 | 4 | 6 | 24 | 月 | 12 | 丙寅 | 4 | 6 |
| 18 | 26 | 日 | 13 | 丁酉 | 4 | 6 | 25 | 火 | 13 | 丁卯 | 4 | 6 |
| 19 | 27 | 月 | 14 | 戊戌 | 4 | 6 | 26 | 水 | 14 | 戊辰 | 4 | 6 |
| 20 | 28 | 火 | 15 | 己亥 | 3 | 7 | 27 | 木 | 15 | 己巳 | 3 | 7 |
| 21 | 29 | 水 | 16 | 庚子 | 3 | 7 | 28 | 金 | 16 | 庚午 | 3 | 7 |
| 22 | 30 | 木 | 17 | 辛丑 | 3 | 7 | 29 | 土 | 17 | 辛未 | 3 | 7 |
| 23 | 31 | 金 | 18 | 壬寅 | 2 | 8 | 30 | 日 | 18 | 壬申 | 2 | 8 |
| 24 | 11/1 | 土 | 19 | 癸卯 | 2 | 8 | 12/1 | 月 | 19 | 癸酉 | 2 | 8 |
| 25 | 2 | 日 | 20 | 甲辰 | 2 | 8 | 2 | 火 | 20 | 甲戌 | 2 | 8 |
| 26 | 3 | 月 | 21 | 乙巳 | 1 | 9 | 3 | 水 | 21 | 乙亥 | 1 | 9 |
| 27 | 4 | 火 | 22 | 丙午 | 1 | 9 | 4 | 木 | 22 | 丙子 | 1 | 9 |
| 28 | 5 | 水 | 23 | 丁未 | 1 | 9 | 5 | 金 | 23 | 丁丑 | 1 | 9 |
| 29 | 6 | 木 | 24 | 戊申 | 1 | 10 | 6 | 土 | 24 | 戊寅 | 1 | 10 |
| 30 | | | | | | | | | | | | |
| 31 | | | | | | | | | | | | |

| 절기후날수 | 대설절(壬子月)<br>大雪 12월7일 9시8분<br>冬至 12월22일 3시3분 | | | | | | 소한절(癸丑月)<br>小寒 1월5일 20시24분<br>大寒 1월20일 13시40분 | | | | | |
|---|---|---|---|---|---|---|---|---|---|---|---|---|
| | 양력 | 요일 | 음력 | 일진 | 大運 남 | 大運 여 | 양력 | 요일 | 음력 | 일진 | 大運 남 | 大運 여 |
| 0 | 12/7 | 日 | 25 | 己卯 | 대설 | | 1/5 | 月 | 25 | 戊申 | 소한 | |
| 1 | 8 | 月 | 26 | 庚辰 | 9 | 1 | 6 | 火 | 26 | 己酉 | 10 | 1 |
| 2 | 9 | 火 | 27 | 辛巳 | 9 | 1 | 7 | 水 | 27 | 庚戌 | 9 | 1 |
| 3 | 10 | 水 | 28 | 壬午 | 9 | 1 | 8 | 木 | 28 | 辛亥 | 9 | 1 |
| 4 | 11 | 木 | 29 | 癸未 | 8 | 1 | 9 | 金 | 29 | 壬子 | 9 | 1 |
| 5 | 12 | 金 | 11/1 | 甲申 | 8 | 2 | 10 | 土 | 30 | 癸丑 | 8 | 2 |
| 6 | 13 | 土 | 2 | 乙酉 | 8 | 2 | 11 | 日 | 12/1 | 甲寅 | 8 | 2 |
| 7 | 14 | 日 | 3 | 丙戌 | 7 | 2 | 12 | 月 | 2 | 乙卯 | 8 | 2 |
| 8 | 15 | 月 | 4 | 丁亥 | 7 | 3 | 13 | 火 | 3 | 丙辰 | 7 | 3 |
| 9 | 16 | 火 | 5 | 戊子 | 7 | 3 | 14 | 水 | 4 | 丁巳 | 7 | 3 |
| 10 | 17 | 水 | 6 | 己丑 | 6 | 3 | 15 | 木 | 5 | 戊午 | 7 | 3 |
| 11 | 18 | 木 | 7 | 庚寅 | 6 | 4 | 16 | 金 | 6 | 己未 | 6 | 4 |
| 12 | 19 | 金 | 8 | 辛卯 | 6 | 4 | 17 | 土 | 7 | 庚申 | 6 | 4 |
| 13 | 20 | 土 | 9 | 壬辰 | 5 | 4 | 18 | 日 | 8 | 辛酉 | 6 | 4 |
| 14 | 21 | 日 | 10 | 癸巳 | 5 | 5 | 19 | 月 | 9 | 壬戌 | 5 | 5 |
| 15 | 22 | 月 | 11 | 甲午 | 동지 | | 20 | 火 | 10 | 癸亥 | 대한 | |
| 16 | 23 | 火 | 12 | 乙未 | 4 | 5 | 21 | 水 | 11 | 甲子 | 5 | 5 |
| 17 | 24 | 水 | 13 | 丙申 | 4 | 6 | 22 | 木 | 12 | 乙丑 | 4 | 6 |
| 18 | 25 | 木 | 14 | 丁酉 | 4 | 6 | 23 | 金 | 13 | 丙寅 | 4 | 6 |
| 19 | 26 | 金 | 15 | 戊戌 | 3 | 6 | 24 | 土 | 14 | 丁卯 | 4 | 6 |
| 20 | 27 | 土 | 16 | 己亥 | 3 | 7 | 25 | 日 | 15 | 戊辰 | 3 | 7 |
| 21 | 28 | 日 | 17 | 庚子 | 3 | 7 | 26 | 月 | 16 | 己巳 | 3 | 7 |
| 22 | 29 | 月 | 18 | 辛丑 | 2 | 7 | 27 | 火 | 17 | 庚午 | 3 | 7 |
| 23 | 30 | 火 | 19 | 壬寅 | 2 | 8 | 28 | 水 | 18 | 辛未 | 2 | 8 |
| 24 | 31 | 水 | 20 | 癸卯 | 2 | 8 | 29 | 木 | 19 | 壬申 | 2 | 8 |
| 25 | 1/1 | 木 | 21 | 甲辰 | 1 | 8 | 30 | 金 | 20 | 癸酉 | 2 | 8 |
| 26 | 2 | 金 | 22 | 乙巳 | 1 | 9 | 31 | 土 | 21 | 甲戌 | 1 | 9 |
| 27 | 3 | 土 | 23 | 丙午 | 1 | 9 | 2/1 | 日 | 22 | 乙亥 | 1 | 9 |
| 28 | 4 | 日 | 24 | 丁未 | 1 | 9 | 2 | 月 | 23 | 丙子 | 1 | 9 |
| 29 | | | | | | | 3 | 火 | 24 | 丁丑 | 1 | 10 |
| 30 | | | | | | | | | | | | |
| 31 | | | | | | | | | | | | |

# 서기 2043년 [단기 4376년]

| 절기후날수 | 입춘절(甲寅月) 立春 2월4일 7시57분 雨水 2월19일 3시40분 | | | | | | 경칩절(乙卯月) 驚蟄 3월6일 1시46분 春分 3월21일 2시26분 | | | | | | 청명절(丙辰月) 淸明 4월5일 6시19분 穀雨 4월20일 13시13분 | | | | | |
|---|---|---|---|---|---|---|---|---|---|---|---|---|---|---|---|---|---|---|
| | 양력 | 요일 | 음력 | 일진 | 大運 남 | 大運 여 | 양력 | 요일 | 음력 | 일진 | 大運 남 | 大運 여 | 양력 | 요일 | 음력 | 일진 | 大運 남 | 大運 여 |
| 0 | 2/4 | 水 | 25 | 戊寅 | 입춘 | | 3/6 | 金 | 25 | 戊申 | 경칩 | | 4/5 | 日 | 26 | 戊寅 | 청명 | |
| 1 | 5 | 木 | 26 | 己卯 | 1 | 10 | 7 | 土 | 26 | 己酉 | 1 | 10 | 6 | 月 | 27 | 己卯 | 1 | 10 |
| 2 | 6 | 金 | 27 | 庚辰 | 1 | 9 | 8 | 日 | 27 | 庚戌 | 1 | 9 | 7 | 火 | 28 | 庚辰 | 1 | 9 |
| 3 | 7 | 土 | 28 | 辛巳 | 1 | 9 | 9 | 月 | 28 | 辛亥 | 1 | 9 | 8 | 水 | 29 | 辛巳 | 1 | 9 |
| 4 | 8 | 日 | 29 | 壬午 | 1 | 9 | 10 | 火 | 29 | 壬子 | 1 | 9 | 9 | 木 | 30 | 壬午 | 1 | 9 |
| 5 | 9 | 月 | 30 | 癸未 | 2 | 8 | 11 | 水 | 2/1 | 癸丑 | 2 | 8 | 10 | 金 | 3/1 | 癸未 | 2 | 8 |
| 6 | 10 | 火 | 1/1 | 甲申 | 2 | 8 | 12 | 木 | 2 | 甲寅 | 2 | 8 | 11 | 土 | 2 | 甲申 | 2 | 8 |
| 7 | 11 | 水 | 2 | 乙酉 | 2 | 8 | 13 | 金 | 3 | 乙卯 | 2 | 8 | 12 | 日 | 3 | 乙酉 | 2 | 8 |
| 8 | 12 | 木 | 3 | 丙戌 | 3 | 7 | 14 | 土 | 4 | 丙辰 | 3 | 7 | 13 | 月 | 4 | 丙戌 | 3 | 7 |
| 9 | 13 | 金 | 4 | 丁亥 | 3 | 7 | 15 | 日 | 5 | 丁巳 | 3 | 7 | 14 | 火 | 5 | 丁亥 | 3 | 7 |
| 10 | 14 | 土 | 5 | 戊子 | 3 | 7 | 16 | 月 | 6 | 戊午 | 3 | 7 | 15 | 水 | 6 | 戊子 | 3 | 7 |
| 11 | 15 | 日 | 6 | 己丑 | 4 | 6 | 17 | 火 | 7 | 己未 | 4 | 6 | 16 | 木 | 7 | 己丑 | 4 | 6 |
| 12 | 16 | 月 | 7 | 庚寅 | 4 | 6 | 18 | 水 | 8 | 庚申 | 4 | 6 | 17 | 金 | 8 | 庚寅 | 4 | 6 |
| 13 | 17 | 火 | 8 | 辛卯 | 4 | 6 | 19 | 木 | 9 | 辛酉 | 4 | 6 | 18 | 土 | 9 | 辛卯 | 4 | 6 |
| 14 | 18 | 水 | 9 | 壬辰 | 5 | 5 | 20 | 金 | 10 | 壬戌 | 5 | 5 | 19 | 日 | 10 | 壬辰 | 5 | 5 |
| 15 | 19 | 木 | 10 | 癸巳 | 우수 | | 21 | 土 | 11 | 癸亥 | 춘분 | | 20 | 月 | 11 | 癸巳 | 곡우 | |
| 16 | 20 | 金 | 11 | 甲午 | 5 | 5 | 22 | 日 | 12 | 甲子 | 5 | 5 | 21 | 火 | 12 | 甲午 | 5 | 5 |
| 17 | 21 | 土 | 12 | 乙未 | 6 | 4 | 23 | 月 | 13 | 乙丑 | 6 | 4 | 22 | 水 | 13 | 乙未 | 6 | 4 |
| 18 | 22 | 日 | 13 | 丙申 | 6 | 4 | 24 | 火 | 14 | 丙寅 | 6 | 4 | 23 | 木 | 14 | 丙申 | 6 | 4 |
| 19 | 23 | 月 | 14 | 丁酉 | 6 | 4 | 25 | 水 | 15 | 丁卯 | 6 | 4 | 24 | 金 | 15 | 丁酉 | 6 | 4 |
| 20 | 24 | 火 | 15 | 戊戌 | 7 | 3 | 26 | 木 | 16 | 戊辰 | 7 | 3 | 25 | 土 | 16 | 戊戌 | 7 | 3 |
| 21 | 25 | 水 | 16 | 己亥 | 7 | 3 | 27 | 金 | 17 | 己巳 | 7 | 3 | 26 | 日 | 17 | 己亥 | 7 | 3 |
| 22 | 26 | 木 | 17 | 庚子 | 7 | 3 | 28 | 土 | 18 | 庚午 | 7 | 3 | 27 | 月 | 18 | 庚子 | 7 | 3 |
| 23 | 27 | 金 | 18 | 辛丑 | 8 | 2 | 29 | 日 | 19 | 辛未 | 8 | 2 | 28 | 火 | 19 | 辛丑 | 8 | 2 |
| 24 | 28 | 土 | 19 | 壬寅 | 8 | 2 | 30 | 月 | 20 | 壬申 | 8 | 2 | 29 | 水 | 20 | 壬寅 | 8 | 2 |
| 25 | 3/1 | 日 | 20 | 癸卯 | 8 | 2 | 31 | 火 | 21 | 癸酉 | 8 | 2 | 30 | 木 | 21 | 癸卯 | 8 | 2 |
| 26 | 2 | 月 | 21 | 甲辰 | 9 | 1 | 4/1 | 水 | 22 | 甲戌 | 9 | 1 | 5/1 | 金 | 22 | 甲辰 | 9 | 1 |
| 27 | 3 | 火 | 22 | 乙巳 | 9 | 1 | 2 | 木 | 23 | 乙亥 | 9 | 1 | 2 | 土 | 23 | 乙巳 | 9 | 1 |
| 28 | 4 | 水 | 23 | 丙午 | 9 | 1 | 3 | 金 | 24 | 丙子 | 9 | 1 | 3 | 日 | 24 | 丙午 | 9 | 1 |
| 29 | 5 | 木 | 24 | 丁未 | 10 | 1 | 4 | 土 | 25 | 丁丑 | 10 | 1 | 4 | 月 | 25 | 丁未 | 10 | 1 |
| 30 | | | | | | | | | | | | | | | | | | |
| 31 | | | | | | | | | | | | | | | | | | |

| 절기후날수 | 입하절(丁巳月) 立夏 5월5일 23시21분 小滿 5월21일 12시8분 | | | | | | 망종절(戊午月) 芒種 6월6일 3시17분 夏至 6월21일 19시57분 | | | | | | 소서절(己未月) 小暑 7월7일 13시26분 大暑 7월23일 6시52분 | | | | | |
|---|---|---|---|---|---|---|---|---|---|---|---|---|---|---|---|---|---|---|
| | 양력 | 요일 | 음력 | 일진 | 大運 남 | 大運 여 | 양력 | 요일 | 음력 | 일진 | 大運 남 | 大運 여 | 양력 | 요일 | 음력 | 일진 | 大運 남 | 大運 여 |
| 0 | 5/5 | 火 | 26 | 戊申 | 입하 | | 6/6 | 土 | 29 | 庚辰 | 망종 | | 7/7 | 火 | 6/1 | 辛亥 | 소서 | |
| 1 | 6 | 水 | 27 | 己酉 | 1 | 10 | 7 | 日 | 5/1 | 辛巳 | 1 | 10 | 8 | 水 | 2 | 壬子 | 1 | 10 |
| 2 | 7 | 木 | 28 | 庚戌 | 1 | 10 | 8 | 月 | 2 | 壬午 | 1 | 10 | 9 | 木 | 3 | 癸丑 | 1 | 10 |
| 3 | 8 | 金 | 29 | 辛亥 | 1 | 10 | 9 | 火 | 3 | 癸未 | 1 | 9 | 10 | 金 | 4 | 甲寅 | 1 | 9 |
| 4 | 9 | 土 | 4/1 | 壬子 | 1 | 9 | 10 | 水 | 4 | 甲申 | 1 | 9 | 11 | 土 | 5 | 乙卯 | 1 | 9 |
| 5 | 10 | 日 | 2 | 癸丑 | 2 | 9 | 11 | 木 | 5 | 乙酉 | 2 | 9 | 12 | 日 | 6 | 丙辰 | 2 | 9 |
| 6 | 11 | 月 | 3 | 甲寅 | 2 | 9 | 12 | 金 | 6 | 丙戌 | 2 | 8 | 13 | 月 | 7 | 丁巳 | 2 | 8 |
| 7 | 12 | 火 | 4 | 乙卯 | 2 | 8 | 13 | 土 | 7 | 丁亥 | 2 | 8 | 14 | 火 | 8 | 戊午 | 2 | 8 |
| 8 | 13 | 水 | 5 | 丙辰 | 3 | 8 | 14 | 日 | 8 | 戊子 | 3 | 8 | 15 | 水 | 9 | 己未 | 3 | 8 |
| 9 | 14 | 木 | 6 | 丁巳 | 3 | 8 | 15 | 月 | 9 | 己丑 | 3 | 7 | 16 | 木 | 10 | 庚申 | 3 | 7 |
| 10 | 15 | 金 | 7 | 戊午 | 3 | 7 | 16 | 火 | 10 | 庚寅 | 3 | 7 | 17 | 金 | 11 | 辛酉 | 3 | 7 |
| 11 | 16 | 土 | 8 | 己未 | 4 | 7 | 17 | 水 | 11 | 辛卯 | 4 | 7 | 18 | 土 | 12 | 壬戌 | 4 | 7 |
| 12 | 17 | 日 | 9 | 庚申 | 4 | 7 | 18 | 木 | 12 | 壬辰 | 4 | 6 | 19 | 日 | 13 | 癸亥 | 4 | 6 |
| 13 | 18 | 月 | 10 | 辛酉 | 4 | 6 | 19 | 金 | 13 | 癸巳 | 4 | 6 | 20 | 月 | 14 | 甲子 | 4 | 6 |
| 14 | 19 | 火 | 11 | 壬戌 | 5 | 6 | 20 | 土 | 14 | 甲午 | 5 | 6 | 21 | 火 | 15 | 乙丑 | 5 | 6 |
| 15 | 20 | 水 | 12 | 癸亥 | 5 | 6 | 21 | 日 | 15 | 乙未 | 하지 | | 22 | 水 | 16 | 丙寅 | 5 | 5 |
| 16 | 21 | 木 | 13 | 甲子 | 소만 | | 22 | 月 | 16 | 丙申 | 5 | 5 | 23 | 木 | 17 | 丁卯 | 대서 | |
| 17 | 22 | 金 | 14 | 乙丑 | 6 | 5 | 23 | 火 | 17 | 丁酉 | 6 | 5 | 24 | 金 | 18 | 戊辰 | 6 | 5 |
| 18 | 23 | 土 | 15 | 丙寅 | 6 | 5 | 24 | 水 | 18 | 戊戌 | 6 | 4 | 25 | 土 | 19 | 己巳 | 6 | 4 |
| 19 | 24 | 日 | 16 | 丁卯 | 6 | 4 | 25 | 木 | 19 | 己亥 | 6 | 4 | 26 | 日 | 20 | 庚午 | 6 | 4 |
| 20 | 25 | 月 | 17 | 戊辰 | 7 | 4 | 26 | 金 | 20 | 庚子 | 7 | 4 | 27 | 月 | 21 | 辛未 | 7 | 4 |
| 21 | 26 | 火 | 18 | 己巳 | 7 | 4 | 27 | 土 | 21 | 辛丑 | 7 | 3 | 28 | 火 | 22 | 壬申 | 7 | 3 |
| 22 | 27 | 水 | 19 | 庚午 | 7 | 3 | 28 | 日 | 22 | 壬寅 | 7 | 3 | 29 | 水 | 23 | 癸酉 | 7 | 3 |
| 23 | 28 | 木 | 20 | 辛未 | 8 | 3 | 29 | 月 | 23 | 癸卯 | 8 | 3 | 30 | 木 | 24 | 甲戌 | 8 | 3 |
| 24 | 29 | 金 | 21 | 壬申 | 8 | 3 | 30 | 火 | 24 | 甲辰 | 8 | 2 | 31 | 金 | 25 | 乙亥 | 8 | 2 |
| 25 | 30 | 土 | 22 | 癸酉 | 8 | 2 | 7/1 | 水 | 25 | 乙巳 | 8 | 2 | 8/1 | 土 | 26 | 丙子 | 8 | 2 |
| 26 | 31 | 日 | 23 | 甲戌 | 9 | 2 | 2 | 木 | 26 | 丙午 | 9 | 2 | 2 | 日 | 27 | 丁丑 | 9 | 2 |
| 27 | 6/1 | 月 | 24 | 乙亥 | 9 | 2 | 3 | 金 | 27 | 丁未 | 9 | 1 | 3 | 月 | 28 | 戊寅 | 9 | 1 |
| 28 | 2 | 火 | 25 | 丙子 | 9 | 1 | 4 | 土 | 28 | 戊申 | 9 | 1 | 4 | 火 | 29 | 己卯 | 9 | 1 |
| 29 | 3 | 水 | 26 | 丁丑 | 10 | 1 | 5 | 日 | 29 | 己酉 | 10 | 1 | 5 | 水 | 7/1 | 庚辰 | 10 | 1 |
| 30 | 4 | 木 | 27 | 戊寅 | 10 | 1 | 6 | 月 | 30 | 庚戌 | 10 | 1 | 6 | 木 | 2 | 辛巳 | 10 | 1 |
| 31 | 5 | 金 | 28 | 己卯 | 10 | 1 | | | | | | | | | | | | |

# 癸亥年

| 절기후날수 | 입추절(庚申月) 立秋 8월7일 23시19분 處暑 8월23일 14시8분 | | | | | 백로절(辛酉月) 白露 9월8일 2시29분 秋分 9월23일 12시5분 | | | | | 한로절(壬戌月) 寒露 10월8일 18시26분 霜降 10월23일 21시45분 | | | | |
|---|---|---|---|---|---|---|---|---|---|---|---|---|---|---|---|
| | 양력 | 요일 | 음력 | 일진 | 大運 남·여 | 양력 | 요일 | 음력 | 일진 | 大運 남·여 | 양력 | 요일 | 음력 | 일진 | 大運 남·여 |
| 0 | 8/7 | 金 | 3 | 壬午 | 입추 | 9/8 | 火 | 6 | 甲寅 | 백로 | 10/8 | 木 | 6 | 甲申 | 한로 |
| 1 | 8 | 土 | 4 | 癸未 | 1·10 | 9 | 水 | 7 | 乙卯 | 1·10 | 9 | 金 | 7 | 乙酉 | 1·10 |
| 2 | 9 | 日 | 5 | 甲申 | 1·10 | 10 | 木 | 8 | 丙辰 | 1·9 | 10 | 土 | 8 | 丙戌 | 1·9 |
| 3 | 10 | 月 | 6 | 乙酉 | 1·10 | 11 | 金 | 9 | 丁巳 | 1·9 | 11 | 日 | 9 | 丁亥 | 1·9 |
| 4 | 11 | 火 | 7 | 丙戌 | 1·9 | 12 | 土 | 10 | 戊午 | 1·9 | 12 | 月 | 10 | 戊子 | 1·9 |
| 5 | 12 | 水 | 8 | 丁亥 | 2·9 | 13 | 日 | 11 | 己未 | 2·8 | 13 | 火 | 11 | 己丑 | 2·8 |
| 6 | 13 | 木 | 9 | 戊子 | 2·9 | 14 | 月 | 12 | 庚申 | 2·8 | 14 | 水 | 12 | 庚寅 | 2·8 |
| 7 | 14 | 金 | 10 | 己丑 | 2·8 | 15 | 火 | 13 | 辛酉 | 2·8 | 15 | 木 | 13 | 辛卯 | 2·8 |
| 8 | 15 | 土 | 11 | 庚寅 | 3·8 | 16 | 水 | 14 | 壬戌 | 3·7 | 16 | 金 | 14 | 壬辰 | 3·7 |
| 9 | 16 | 日 | 12 | 辛卯 | 3·8 | 17 | 木 | 15 | 癸亥 | 3·7 | 17 | 土 | 15 | 癸巳 | 3·7 |
| 10 | 17 | 月 | 13 | 壬辰 | 3·7 | 18 | 金 | 16 | 甲子 | 3·7 | 18 | 日 | 16 | 甲午 | 3·7 |
| 11 | 18 | 火 | 14 | 癸巳 | 4·7 | 19 | 土 | 17 | 乙丑 | 4·6 | 19 | 月 | 17 | 乙未 | 4·6 |
| 12 | 19 | 水 | 15 | 甲午 | 4·7 | 20 | 日 | 18 | 丙寅 | 4·6 | 20 | 火 | 18 | 丙申 | 4·6 |
| 13 | 20 | 木 | 16 | 乙未 | 4·6 | 21 | 月 | 19 | 丁卯 | 4·6 | 21 | 水 | 19 | 丁酉 | 4·6 |
| 14 | 21 | 金 | 17 | 丙申 | 5·6 | 22 | 火 | 20 | 戊辰 | 5·5 | 22 | 木 | 20 | 戊戌 | 5·5 |
| 15 | 22 | 土 | 18 | 丁酉 | 5·6 | 23 | 水 | 21 | 己巳 | 추분 | 23 | 金 | 21 | 己亥 | 상강 |
| 16 | 23 | 日 | 19 | 戊戌 | 처서 | 24 | 木 | 22 | 庚午 | 5·5 | 24 | 土 | 22 | 庚子 | 5·5 |
| 17 | 24 | 月 | 20 | 己亥 | 6·5 | 25 | 金 | 23 | 辛未 | 6·4 | 25 | 日 | 23 | 辛丑 | 6·4 |
| 18 | 25 | 火 | 21 | 庚子 | 6·5 | 26 | 土 | 24 | 壬申 | 6·4 | 26 | 月 | 24 | 壬寅 | 6·4 |
| 19 | 26 | 水 | 22 | 辛丑 | 6·4 | 27 | 日 | 25 | 癸酉 | 6·4 | 27 | 火 | 25 | 癸卯 | 6·4 |
| 20 | 27 | 木 | 23 | 壬寅 | 7·4 | 28 | 月 | 26 | 甲戌 | 7·3 | 28 | 水 | 26 | 甲辰 | 7·3 |
| 21 | 28 | 金 | 24 | 癸卯 | 7·4 | 29 | 火 | 27 | 乙亥 | 7·3 | 29 | 木 | 27 | 乙巳 | 7·3 |
| 22 | 29 | 土 | 25 | 甲辰 | 7·3 | 30 | 水 | 28 | 丙子 | 7·3 | 30 | 金 | 28 | 丙午 | 7·3 |
| 23 | 30 | 日 | 26 | 乙巳 | 8·3 | 10/1 | 木 | 29 | 丁丑 | 8·2 | 31 | 土 | 29 | 丁未 | 8·2 |
| 24 | 31 | 月 | 27 | 丙午 | 8·3 | 2 | 金 | 30 | 戊寅 | 8·2 | 11/1 | 日 | 30 | 戊申 | 8·2 |
| 25 | 9/1 | 火 | 28 | 丁未 | 8·2 | 3 | 土 | 9/1 | 己卯 | 8·2 | 2 | 月 | 10/1 | 己酉 | 8·2 |
| 26 | 2 | 水 | 29 | 戊申 | 9·2 | 4 | 日 | 2 | 庚辰 | 9·1 | 3 | 火 | 2 | 庚戌 | 9·1 |
| 27 | 3 | 木 | 8/1 | 己酉 | 9·2 | 5 | 月 | 3 | 辛巳 | 9·1 | 4 | 水 | 3 | 辛亥 | 9·1 |
| 28 | 4 | 金 | 2 | 庚戌 | 9·1 | 6 | 火 | 4 | 壬午 | 9·1 | 5 | 木 | 4 | 壬子 | 9·1 |
| 29 | 5 | 土 | 3 | 辛亥 | 10·1 | 7 | 水 | 5 | 癸未 | 10·1 | 6 | 金 | 5 | 癸丑 | 10·1 |
| 30 | 6 | 日 | 4 | 壬子 | 10·1 | | | | | | | | | | |
| 31 | 7 | 月 | 5 | 癸丑 | 10·1 | | | | | | | | | | |

| 절기후날수 | 입동절(癸亥月) 立冬 11월7일 21시54분 小雪 11월22일 19시34분 | | | | | 대설절(甲子月) 大雪 12월7일 14시56분 冬至 12월22일 9시0분 | | | | | 소한절(乙丑月) 小寒 1월6일 2시11분 大寒 1월20일 19시36분 | | | | |
|---|---|---|---|---|---|---|---|---|---|---|---|---|---|---|---|
| | 양력 | 요일 | 음력 | 일진 | 大運 남·여 | 양력 | 요일 | 음력 | 일진 | 大運 남·여 | 양력 | 요일 | 음력 | 일진 | 大運 남·여 |
| 0 | 11/7 | 土 | 6 | 甲寅 | 입동 | 12/7 | 月 | 7 | 甲申 | 대설 | 1/6 | 水 | 7 | 甲寅 | 소한 |
| 1 | 8 | 日 | 7 | 乙卯 | 1·10 | 8 | 火 | 8 | 乙酉 | 1·10 | 7 | 木 | 8 | 乙卯 | 1·9 |
| 2 | 9 | 月 | 8 | 丙辰 | 1·9 | 9 | 水 | 9 | 丙戌 | 1·9 | 8 | 金 | 9 | 丙辰 | 1·9 |
| 3 | 10 | 火 | 9 | 丁巳 | 1·9 | 10 | 木 | 10 | 丁亥 | 1·9 | 9 | 土 | 10 | 丁巳 | 1·9 |
| 4 | 11 | 水 | 10 | 戊午 | 1·9 | 11 | 金 | 11 | 戊子 | 1·9 | 10 | 日 | 11 | 戊午 | 1·8 |
| 5 | 12 | 木 | 11 | 己未 | 2·8 | 12 | 土 | 12 | 己丑 | 2·8 | 11 | 月 | 12 | 己未 | 2·8 |
| 6 | 13 | 金 | 12 | 庚申 | 2·8 | 13 | 日 | 13 | 庚寅 | 2·8 | 12 | 火 | 13 | 庚申 | 2·8 |
| 7 | 14 | 土 | 13 | 辛酉 | 2·8 | 14 | 月 | 14 | 辛卯 | 2·8 | 13 | 水 | 14 | 辛酉 | 2·7 |
| 8 | 15 | 日 | 14 | 壬戌 | 3·7 | 15 | 火 | 15 | 壬辰 | 3·7 | 14 | 木 | 15 | 壬戌 | 3·7 |
| 9 | 16 | 月 | 15 | 癸亥 | 3·7 | 16 | 水 | 16 | 癸巳 | 3·7 | 15 | 金 | 16 | 癸亥 | 3·7 |
| 10 | 17 | 火 | 16 | 甲子 | 3·7 | 17 | 木 | 17 | 甲午 | 3·7 | 16 | 土 | 17 | 甲子 | 3·6 |
| 11 | 18 | 水 | 17 | 乙丑 | 4·6 | 18 | 金 | 18 | 乙未 | 4·6 | 17 | 日 | 18 | 乙丑 | 4·6 |
| 12 | 19 | 木 | 18 | 丙寅 | 4·6 | 19 | 土 | 19 | 丙申 | 4·6 | 18 | 月 | 19 | 丙寅 | 4·6 |
| 13 | 20 | 金 | 19 | 丁卯 | 4·6 | 20 | 日 | 20 | 丁酉 | 4·6 | 19 | 火 | 20 | 丁卯 | 4·5 |
| 14 | 21 | 土 | 20 | 戊辰 | 5·5 | 21 | 月 | 21 | 戊戌 | 5·5 | 20 | 水 | 21 | 戊辰 | 대한 |
| 15 | 22 | 日 | 21 | 己巳 | 소설 | 22 | 火 | 22 | 己亥 | 동지 | 21 | 木 | 22 | 己巳 | 5·5 |
| 16 | 23 | 月 | 22 | 庚午 | 5·5 | 23 | 水 | 23 | 庚子 | 5·5 | 22 | 金 | 23 | 庚午 | 5·4 |
| 17 | 24 | 火 | 23 | 辛未 | 6·4 | 24 | 木 | 24 | 辛丑 | 6·4 | 23 | 土 | 24 | 辛未 | 6·4 |
| 18 | 25 | 水 | 24 | 壬申 | 6·4 | 25 | 金 | 25 | 壬寅 | 6·4 | 24 | 日 | 25 | 壬申 | 6·4 |
| 19 | 26 | 木 | 25 | 癸酉 | 6·4 | 26 | 土 | 26 | 癸卯 | 6·4 | 25 | 月 | 26 | 癸酉 | 6·3 |
| 20 | 27 | 金 | 26 | 甲戌 | 7·3 | 27 | 日 | 27 | 甲辰 | 7·3 | 26 | 火 | 27 | 甲戌 | 7·3 |
| 21 | 28 | 土 | 27 | 乙亥 | 7·3 | 28 | 月 | 28 | 乙巳 | 7·3 | 27 | 水 | 28 | 乙亥 | 7·3 |
| 22 | 29 | 日 | 28 | 丙子 | 7·3 | 29 | 火 | 29 | 丙午 | 7·3 | 28 | 木 | 29 | 丙子 | 7·2 |
| 23 | 30 | 月 | 29 | 丁丑 | 8·2 | 30 | 水 | 30 | 丁未 | 8·2 | 29 | 金 | 30 | 丁丑 | 8·2 |
| 24 | 12/1 | 火 | 11/1 | 戊寅 | 8·2 | 31 | 木 | 12/1 | 戊申 | 8·2 | 30 | 土 | 1/1 | 戊寅 | 8·2 |
| 25 | 2 | 水 | 2 | 己卯 | 8·2 | 1/1 | 金 | 2 | 己酉 | 8·2 | 31 | 日 | 2 | 己卯 | 8·1 |
| 26 | 3 | 木 | 3 | 庚辰 | 9·1 | 2 | 土 | 3 | 庚戌 | 9·1 | 2/1 | 月 | 3 | 庚辰 | 9·1 |
| 27 | 4 | 金 | 4 | 辛巳 | 9·1 | 3 | 日 | 4 | 辛亥 | 9·1 | 2 | 火 | 4 | 辛巳 | 9·1 |
| 28 | 5 | 土 | 5 | 壬午 | 9·1 | 4 | 月 | 5 | 壬子 | 9·1 | 3 | 水 | 5 | 壬午 | 9·1 |
| 29 | 6 | 日 | 6 | 癸未 | 10·1 | 5 | 火 | 6 | 癸丑 | 10·1 | | | | | |
| 30 | | | | | | | | | | | | | | | |
| 31 | | | | | | | | | | | | | | | |

# 서기 2044년 [단기 4377년]

## 입춘절(丙寅月)
立春 2월4일 13시43분
雨水 2월19일 9시34분

| 절기후날수 | 양력 | 요일 | 음력 | 일진 | 大運 남·여 |
|---|---|---|---|---|---|
| 0 | 2/4 | 木 | 6 | 癸未 | 입춘 |
| 1 | 5 | 金 | 7 | 甲申 | 10·1 |
| 2 | 6 | 土 | 8 | 乙酉 | 9·1 |
| 3 | 7 | 日 | 9 | 丙戌 | 9·1 |
| 4 | 8 | 月 | 10 | 丁亥 | 9·1 |
| 5 | 9 | 火 | 11 | 戊子 | 8·2 |
| 6 | 10 | 水 | 12 | 己丑 | 8·2 |
| 7 | 11 | 木 | 13 | 庚寅 | 8·2 |
| 8 | 12 | 金 | 14 | 辛卯 | 7·3 |
| 9 | 13 | 土 | 15 | 壬辰 | 7·3 |
| 10 | 14 | 日 | 16 | 癸巳 | 7·3 |
| 11 | 15 | 月 | 17 | 甲午 | 6·4 |
| 12 | 16 | 火 | 18 | 乙未 | 6·4 |
| 13 | 17 | 水 | 19 | 丙申 | 6·4 |
| 14 | 18 | 木 | 20 | 丁酉 | 5·5 |
| 15 | 19 | 金 | 21 | 戊戌 | 우수 |
| 16 | 20 | 土 | 22 | 己亥 | 5·5 |
| 17 | 21 | 日 | 23 | 庚子 | 4·6 |
| 18 | 22 | 月 | 24 | 辛丑 | 4·6 |
| 19 | 23 | 火 | 25 | 壬寅 | 4·6 |
| 20 | 24 | 水 | 26 | 癸卯 | 3·7 |
| 21 | 25 | 木 | 27 | 甲辰 | 3·7 |
| 22 | 26 | 金 | 28 | 乙巳 | 3·7 |
| 23 | 27 | 土 | 29 | 丙午 | 2·8 |
| 24 | 28 | 日 | 30 | 丁未 | 2·8 |
| 25 | 29 | 月 | 2/1 | 戊申 | 2·8 |
| 26 | 3/1 | 火 | 2 | 己酉 | 1·9 |
| 27 | 2 | 水 | 3 | 庚戌 | 1·9 |
| 28 | 3 | 木 | 4 | 辛亥 | 1·9 |
| 29 | 4 | 金 | 5 | 壬子 | 1·10 |
| 30 | | | | | |
| 31 | | | | | |

## 경칩절(丁卯月)
驚蟄 3월5일 7시30분
春分 3월20일 8시19분

| 절기후날수 | 양력 | 요일 | 음력 | 일진 | 大運 남·여 |
|---|---|---|---|---|---|
| 0 | 3/5 | 土 | 6 | 癸丑 | 경칩 |
| 1 | 6 | 日 | 7 | 甲寅 | 10·1 |
| 2 | 7 | 月 | 8 | 乙卯 | 9·1 |
| 3 | 8 | 火 | 9 | 丙辰 | 9·1 |
| 4 | 9 | 水 | 10 | 丁巳 | 9·1 |
| 5 | 10 | 木 | 11 | 戊午 | 8·2 |
| 6 | 11 | 金 | 12 | 己未 | 8·2 |
| 7 | 12 | 土 | 13 | 庚申 | 8·2 |
| 8 | 13 | 日 | 14 | 辛酉 | 7·3 |
| 9 | 14 | 月 | 15 | 壬戌 | 7·3 |
| 10 | 15 | 火 | 16 | 癸亥 | 7·3 |
| 11 | 16 | 水 | 17 | 甲子 | 6·4 |
| 12 | 17 | 木 | 18 | 乙丑 | 6·4 |
| 13 | 18 | 金 | 19 | 丙寅 | 6·4 |
| 14 | 19 | 土 | 20 | 丁卯 | 5·5 |
| 15 | 20 | 日 | 21 | 戊辰 | 춘분 |
| 16 | 21 | 月 | 22 | 己巳 | 5·5 |
| 17 | 22 | 火 | 23 | 庚午 | 4·6 |
| 18 | 23 | 水 | 24 | 辛未 | 4·6 |
| 19 | 24 | 木 | 25 | 壬申 | 4·6 |
| 20 | 25 | 金 | 26 | 癸酉 | 3·7 |
| 21 | 26 | 土 | 27 | 甲戌 | 3·7 |
| 22 | 27 | 日 | 28 | 乙亥 | 3·7 |
| 23 | 28 | 月 | 29 | 丙子 | 2·8 |
| 24 | 29 | 火 | 3/1 | 丁丑 | 2·8 |
| 25 | 30 | 水 | 2 | 戊寅 | 2·8 |
| 26 | 31 | 木 | 3 | 己卯 | 1·9 |
| 27 | 4/1 | 金 | 4 | 庚辰 | 1·9 |
| 28 | 2 | 土 | 5 | 辛巳 | 1·9 |
| 29 | 3 | 日 | 6 | 壬午 | 1·10 |
| 30 | | | | | |
| 31 | | | | | |

## 청명절(戊辰月)
淸明 4월4일 12시2분
穀雨 4월19일 19시5분

| 절기후날수 | 양력 | 요일 | 음력 | 일진 | 大運 남·여 |
|---|---|---|---|---|---|
| 0 | 4/4 | 月 | 7 | 癸未 | 청명 |
| 1 | 5 | 火 | 8 | 甲申 | 10·1 |
| 2 | 6 | 水 | 9 | 乙酉 | 10·1 |
| 3 | 7 | 木 | 10 | 丙戌 | 9·1 |
| 4 | 8 | 金 | 11 | 丁亥 | 9·1 |
| 5 | 9 | 土 | 12 | 戊子 | 9·2 |
| 6 | 10 | 日 | 13 | 己丑 | 8·2 |
| 7 | 11 | 月 | 14 | 庚寅 | 8·2 |
| 8 | 12 | 火 | 15 | 辛卯 | 8·3 |
| 9 | 13 | 水 | 16 | 壬辰 | 7·3 |
| 10 | 14 | 木 | 17 | 癸巳 | 7·3 |
| 11 | 15 | 金 | 18 | 甲午 | 7·4 |
| 12 | 16 | 土 | 19 | 乙未 | 6·4 |
| 13 | 17 | 日 | 20 | 丙申 | 6·4 |
| 14 | 18 | 月 | 21 | 丁酉 | 6·5 |
| 15 | 19 | 火 | 22 | 戊戌 | 곡우 |
| 16 | 20 | 水 | 23 | 己亥 | 5·5 |
| 17 | 21 | 木 | 24 | 庚子 | 5·6 |
| 18 | 22 | 金 | 25 | 辛丑 | 4·6 |
| 19 | 23 | 土 | 26 | 壬寅 | 4·6 |
| 20 | 24 | 日 | 27 | 癸卯 | 4·7 |
| 21 | 25 | 月 | 28 | 甲辰 | 3·7 |
| 22 | 26 | 火 | 29 | 乙巳 | 3·7 |
| 23 | 27 | 水 | 30 | 丙午 | 3·8 |
| 24 | 28 | 木 | 4/1 | 丁未 | 2·8 |
| 25 | 29 | 金 | 2 | 戊申 | 2·8 |
| 26 | 30 | 土 | 3 | 己酉 | 2·9 |
| 27 | 5/1 | 日 | 4 | 庚戌 | 1·9 |
| 28 | 2 | 月 | 5 | 辛亥 | 1·9 |
| 29 | 3 | 火 | 6 | 壬子 | 1·10 |
| 30 | 4 | 水 | 7 | 癸丑 | 1·10 |
| 31 | | | | | |

## 입하절(己巳月)
立夏 5월5일 5시4분
小滿 5월20일 18시0분

| 절기후날수 | 양력 | 요일 | 음력 | 일진 | 大運 남·여 |
|---|---|---|---|---|---|
| 0 | 5/5 | 木 | 8 | 甲寅 | 입하 |
| 1 | 6 | 金 | 9 | 乙卯 | 10·1 |
| 2 | 7 | 土 | 10 | 丙辰 | 10·1 |
| 3 | 8 | 日 | 11 | 丁巳 | 9·1 |
| 4 | 9 | 月 | 12 | 戊午 | 9·1 |
| 5 | 10 | 火 | 13 | 己未 | 9·2 |
| 6 | 11 | 水 | 14 | 庚申 | 8·2 |
| 7 | 12 | 木 | 15 | 辛酉 | 8·2 |
| 8 | 13 | 金 | 16 | 壬戌 | 8·3 |
| 9 | 14 | 土 | 17 | 癸亥 | 7·3 |
| 10 | 15 | 日 | 18 | 甲子 | 7·3 |
| 11 | 16 | 月 | 19 | 乙丑 | 7·4 |
| 12 | 17 | 火 | 20 | 丙寅 | 6·4 |
| 13 | 18 | 水 | 21 | 丁卯 | 6·4 |
| 14 | 19 | 木 | 22 | 戊辰 | 6·5 |
| 15 | 20 | 金 | 23 | 己巳 | 소만 |
| 16 | 21 | 土 | 24 | 庚午 | 5·5 |
| 17 | 22 | 日 | 25 | 辛未 | 5·6 |
| 18 | 23 | 月 | 26 | 壬申 | 4·6 |
| 19 | 24 | 火 | 27 | 癸酉 | 4·6 |
| 20 | 25 | 水 | 28 | 甲戌 | 4·7 |
| 21 | 26 | 木 | 29 | 乙亥 | 3·7 |
| 22 | 27 | 金 | 5/1 | 丙子 | 3·7 |
| 23 | 28 | 土 | 2 | 丁丑 | 3·8 |
| 24 | 29 | 日 | 3 | 戊寅 | 2·8 |
| 25 | 30 | 月 | 4 | 己卯 | 2·8 |
| 26 | 31 | 火 | 5 | 庚辰 | 2·9 |
| 27 | 6/1 | 水 | 6 | 辛巳 | 1·9 |
| 28 | 2 | 木 | 7 | 壬午 | 1·9 |
| 29 | 3 | 金 | 8 | 癸未 | 1·10 |
| 30 | 4 | 土 | 9 | 甲申 | 1·10 |
| 31 | | | | | |

## 망종절(庚午月)
芒種 6월5일 9시2분
夏至 6월21일 1시50분

| 절기후날수 | 양력 | 요일 | 음력 | 일진 | 大運 남·여 |
|---|---|---|---|---|---|
| 0 | 6/5 | 日 | 10 | 乙酉 | 망종 |
| 1 | 6 | 月 | 11 | 丙戌 | 10·1 |
| 2 | 7 | 火 | 12 | 丁亥 | 10·1 |
| 3 | 8 | 水 | 13 | 戊子 | 9·1 |
| 4 | 9 | 木 | 14 | 己丑 | 9·1 |
| 5 | 10 | 金 | 15 | 庚寅 | 9·2 |
| 6 | 11 | 土 | 16 | 辛卯 | 8·2 |
| 7 | 12 | 日 | 17 | 壬辰 | 8·2 |
| 8 | 13 | 月 | 18 | 癸巳 | 8·3 |
| 9 | 14 | 火 | 19 | 甲午 | 7·3 |
| 10 | 15 | 水 | 20 | 乙未 | 7·3 |
| 11 | 16 | 木 | 21 | 丙申 | 7·4 |
| 12 | 17 | 金 | 22 | 丁酉 | 6·4 |
| 13 | 18 | 土 | 23 | 戊戌 | 6·4 |
| 14 | 19 | 日 | 24 | 己亥 | 6·5 |
| 15 | 20 | 月 | 25 | 庚子 | 5·5 |
| 16 | 21 | 火 | 26 | 辛丑 | 하지 |
| 17 | 22 | 水 | 27 | 壬寅 | 5·6 |
| 18 | 23 | 木 | 28 | 癸卯 | 4·6 |
| 19 | 24 | 金 | 29 | 甲辰 | 4·6 |
| 20 | 25 | 土 | 6/1 | 乙巳 | 4·7 |
| 21 | 26 | 日 | 2 | 丙午 | 3·7 |
| 22 | 27 | 月 | 3 | 丁未 | 3·7 |
| 23 | 28 | 火 | 4 | 戊申 | 3·8 |
| 24 | 29 | 水 | 5 | 己酉 | 2·8 |
| 25 | 30 | 木 | 6 | 庚戌 | 2·8 |
| 26 | 7/1 | 金 | 7 | 辛亥 | 2·9 |
| 27 | 2 | 土 | 8 | 壬子 | 1·9 |
| 28 | 3 | 日 | 9 | 癸丑 | 1·9 |
| 29 | 4 | 月 | 10 | 甲寅 | 1·10 |
| 30 | 5 | 火 | 11 | 乙卯 | 1·10 |
| 31 | | | | | |

## 소서절(辛未月)
小暑 7월6일 19시14분
大暑 7월22일 12시42분

| 절기후날수 | 양력 | 요일 | 음력 | 일진 | 大運 남·여 |
|---|---|---|---|---|---|
| 0 | 7/6 | 水 | 12 | 丙辰 | 소서 |
| 1 | 7 | 木 | 13 | 丁巳 | 10·1 |
| 2 | 8 | 金 | 14 | 戊午 | 10·1 |
| 3 | 9 | 土 | 15 | 己未 | 10·1 |
| 4 | 10 | 日 | 16 | 庚申 | 9·1 |
| 5 | 11 | 月 | 17 | 辛酉 | 9·2 |
| 6 | 12 | 火 | 18 | 壬戌 | 9·2 |
| 7 | 13 | 水 | 19 | 癸亥 | 8·2 |
| 8 | 14 | 木 | 20 | 甲子 | 8·3 |
| 9 | 15 | 金 | 21 | 乙丑 | 8·3 |
| 10 | 16 | 土 | 22 | 丙寅 | 7·3 |
| 11 | 17 | 日 | 23 | 丁卯 | 7·4 |
| 12 | 18 | 月 | 24 | 戊辰 | 7·4 |
| 13 | 19 | 火 | 25 | 己巳 | 6·4 |
| 14 | 20 | 水 | 26 | 庚午 | 6·5 |
| 15 | 21 | 木 | 27 | 辛未 | 6·5 |
| 16 | 22 | 金 | 28 | 壬申 | 대서 |
| 17 | 23 | 土 | 29 | 癸酉 | 5·6 |
| 18 | 24 | 日 | 30 | 甲戌 | 5·6 |
| 19 | 25 | 月 | 7/1 | 乙亥 | 4·6 |
| 20 | 26 | 火 | 2 | 丙子 | 4·7 |
| 21 | 27 | 水 | 3 | 丁丑 | 4·7 |
| 22 | 28 | 木 | 4 | 戊寅 | 3·7 |
| 23 | 29 | 金 | 5 | 己卯 | 3·8 |
| 24 | 30 | 土 | 6 | 庚辰 | 3·8 |
| 25 | 31 | 日 | 7 | 辛巳 | 2·8 |
| 26 | 8/1 | 月 | 8 | 壬午 | 2·9 |
| 27 | 2 | 火 | 9 | 癸未 | 2·9 |
| 28 | 3 | 水 | 10 | 甲申 | 1·9 |
| 29 | 4 | 木 | 11 | 乙酉 | 1·10 |
| 30 | 5 | 金 | 12 | 丙戌 | 1·10 |
| 31 | 6 | 土 | 13 | 丁亥 | 1·10 |

# 甲子年

| 절기후날수 | 입추절(壬申月) 立秋 8월7일 5시7분 處暑 8월22일 19시53분 | | | | | 백로절(癸酉月) 白露 9월7일 8시15분 秋分 9월22일 17시46분 | | | | | 한로절(甲戌月) 寒露 10월8일 0시12분 霜降 10월23일 3시25분 | | | | | 입동절(乙亥月) 立冬 11월7일 3시40분 小雪 11월22일 1시14분 | | | | | 대설절(丙子月) 大雪 12월6일 20시44분 冬至 12월21일 14시42분 | | | | | 소한절(丁丑月) 小寒 1월5일 8시1분 大寒 1월20일 1시21분 | | | | |
|---|---|---|---|---|---|---|---|---|---|---|---|---|---|---|---|---|---|---|---|---|---|---|---|---|---|---|---|---|---|---|
| | 양력 | 요일 | 음력 | 일진 | 大運 남·여 | 양력 | 요일 | 음력 | 일진 | 大運 남·여 | 양력 | 요일 | 음력 | 일진 | 大運 남·여 | 양력 | 요일 | 음력 | 일진 | 大運 남·여 | 양력 | 요일 | 음력 | 일진 | 大運 남·여 | 양력 | 요일 | 음력 | 일진 | 大運 남·여 |
| 0 | 8/7 | 日 | 14 | 戊子 | 입추 | 9/7 | 水 | 윤16 | 己未 | 백로 | 10/8 | 土 | 18 | 庚寅 | 한로 | 11/7 | 月 | 18 | 庚申 | 입동 | 12/6 | 火 | 18 | 己丑 | 대설 | 1/5 | 木 | 18 | 己未 | 소한 |
| 1 | 8 | 月 | 15 | 己丑 | 10·1 | 8 | 木 | 윤17 | 庚申 | 10·1 | 9 | 日 | 19 | 辛卯 | 10·1 | 8 | 火 | 19 | 辛酉 | 9·1 | 7 | 水 | 19 | 庚寅 | 10·1 | 6 | 金 | 19 | 庚申 | 9·1 |
| 2 | 9 | 火 | 16 | 庚寅 | 10·1 | 9 | 金 | 윤18 | 辛酉 | 10·1 | 10 | 月 | 20 | 壬辰 | 9·1 | 9 | 水 | 20 | 壬戌 | 9·1 | 8 | 木 | 20 | 辛卯 | 9·1 | 7 | 土 | 20 | 辛酉 | 9·1 |
| 3 | 10 | 水 | 17 | 辛卯 | 9·1 | 10 | 土 | 윤19 | 壬戌 | 9·1 | 11 | 火 | 21 | 癸巳 | 9·1 | 10 | 木 | 21 | 癸亥 | 9·1 | 9 | 金 | 21 | 壬辰 | 9·1 | 8 | 日 | 21 | 壬戌 | 9·1 |
| 4 | 11 | 木 | 18 | 壬辰 | 9·1 | 11 | 日 | 윤20 | 癸亥 | 9·1 | 12 | 水 | 22 | 甲午 | 9·1 | 11 | 金 | 22 | 甲子 | 8·1 | 10 | 土 | 22 | 癸巳 | 9·1 | 9 | 月 | 22 | 癸亥 | 8·1 |
| 5 | 12 | 金 | 19 | 癸巳 | 9·2 | 12 | 月 | 윤21 | 甲子 | 9·2 | 13 | 木 | 23 | 乙未 | 8·2 | 12 | 土 | 23 | 乙丑 | 8·2 | 11 | 日 | 23 | 甲午 | 8·2 | 10 | 火 | 23 | 甲子 | 8·2 |
| 6 | 13 | 土 | 20 | 甲午 | 8·2 | 13 | 火 | 윤22 | 乙丑 | 8·2 | 14 | 金 | 24 | 丙申 | 8·2 | 13 | 日 | 24 | 丙寅 | 8·2 | 12 | 月 | 24 | 乙未 | 8·2 | 11 | 水 | 24 | 乙丑 | 8·2 |
| 7 | 14 | 日 | 21 | 乙未 | 8·2 | 14 | 水 | 윤23 | 丙寅 | 8·2 | 15 | 土 | 25 | 丁酉 | 8·2 | 14 | 月 | 25 | 丁卯 | 7·2 | 13 | 火 | 25 | 丙申 | 8·2 | 12 | 木 | 25 | 丙寅 | 7·2 |
| 8 | 15 | 月 | 22 | 丙申 | 8·3 | 15 | 木 | 윤24 | 丁卯 | 8·3 | 16 | 日 | 26 | 戊戌 | 7·3 | 15 | 火 | 26 | 戊辰 | 7·3 | 14 | 水 | 26 | 丁酉 | 7·3 | 13 | 金 | 26 | 丁卯 | 7·3 |
| 9 | 16 | 火 | 23 | 丁酉 | 7·3 | 16 | 金 | 윤25 | 戊辰 | 7·3 | 17 | 月 | 27 | 己亥 | 7·3 | 16 | 水 | 27 | 己巳 | 7·3 | 15 | 木 | 27 | 戊戌 | 7·3 | 14 | 土 | 27 | 戊辰 | 7·3 |
| 10 | 17 | 水 | 24 | 戊戌 | 7·3 | 17 | 土 | 윤26 | 己巳 | 7·3 | 18 | 火 | 28 | 庚子 | 7·3 | 17 | 木 | 28 | 庚午 | 6·3 | 16 | 金 | 28 | 己亥 | 7·3 | 15 | 日 | 28 | 己巳 | 6·3 |
| 11 | 18 | 木 | 25 | 己亥 | 7·4 | 18 | 日 | 윤27 | 庚午 | 7·4 | 19 | 水 | 29 | 辛丑 | 6·4 | 18 | 金 | 29 | 辛未 | 6·4 | 17 | 土 | 29 | 庚子 | 6·4 | 16 | 月 | 29 | 庚午 | 6·4 |
| 12 | 19 | 金 | 26 | 庚子 | 6·4 | 19 | 月 | 윤28 | 辛未 | 6·4 | 20 | 木 | 30 | 壬寅 | 6·4 | 19 | 土 | 10/1 | 壬申 | 6·4 | 18 | 日 | 30 | 辛丑 | 6·4 | 17 | 火 | 30 | 辛未 | 6·4 |
| 13 | 20 | 土 | 27 | 辛丑 | 6·4 | 20 | 火 | 윤29 | 壬申 | 6·4 | 21 | 金 | 9/1 | 癸卯 | 6·4 | 20 | 日 | 2 | 癸酉 | 5·4 | 19 | 月 | 11/1 | 壬寅 | 6·4 | 18 | 水 | 12/1 | 壬申 | 5·4 |
| 14 | 21 | 日 | 28 | 壬寅 | 6·5 | 21 | 水 | 8/1 | 癸酉 | 6·5 | 22 | 土 | 2 | 甲辰 | 5·5 | 21 | 月 | 3 | 甲戌 | 5·5 | 20 | 火 | 2 | 癸卯 | 5·5 | 19 | 木 | 2 | 癸酉 | 5·5 |
| 15 | 22 | 月 | 29 | 癸卯 | 처서 | 22 | 木 | 2 | 甲戌 | 추분 | 23 | 日 | 3 | 乙巳 | 상강 | 22 | 火 | 4 | 乙亥 | 소설 | 21 | 水 | 3 | 甲辰 | 동지 | 20 | 金 | 3 | 甲戌 | 대한 |
| 16 | 23 | 火 | 윤1 | 甲辰 | 5·5 | 23 | 金 | 3 | 乙亥 | 5·5 | 24 | 月 | 4 | 丙午 | 5·5 | 23 | 水 | 5 | 丙子 | 4·5 | 22 | 木 | 4 | 乙巳 | 5·5 | 21 | 土 | 4 | 乙亥 | 4·5 |
| 17 | 24 | 水 | 윤2 | 乙巳 | 5·6 | 24 | 土 | 4 | 丙子 | 5·6 | 25 | 火 | 5 | 丁未 | 4·6 | 24 | 木 | 6 | 丁丑 | 4·6 | 23 | 金 | 5 | 丙午 | 4·6 | 22 | 日 | 5 | 丙子 | 4·6 |
| 18 | 25 | 木 | 윤3 | 丙午 | 4·6 | 25 | 日 | 5 | 丁丑 | 4·6 | 26 | 水 | 6 | 戊申 | 4·6 | 25 | 金 | 7 | 戊寅 | 4·6 | 24 | 土 | 6 | 丁未 | 4·6 | 23 | 月 | 6 | 丁丑 | 4·6 |
| 19 | 26 | 金 | 윤4 | 丁未 | 4·6 | 26 | 月 | 6 | 戊寅 | 4·6 | 27 | 木 | 7 | 己酉 | 4·6 | 26 | 土 | 8 | 己卯 | 3·6 | 25 | 日 | 7 | 戊申 | 4·6 | 24 | 火 | 7 | 戊寅 | 3·6 |
| 20 | 27 | 土 | 윤5 | 戊申 | 4·7 | 27 | 火 | 7 | 己卯 | 4·7 | 28 | 金 | 8 | 庚戌 | 3·7 | 27 | 日 | 9 | 庚辰 | 3·7 | 26 | 月 | 8 | 己酉 | 3·7 | 25 | 水 | 8 | 己卯 | 3·7 |
| 21 | 28 | 日 | 윤6 | 己酉 | 3·7 | 28 | 水 | 8 | 庚辰 | 3·7 | 29 | 土 | 9 | 辛亥 | 3·7 | 28 | 月 | 10 | 辛巳 | 3·7 | 27 | 火 | 9 | 庚戌 | 3·7 | 26 | 木 | 9 | 庚辰 | 3·7 |
| 22 | 29 | 月 | 윤7 | 庚戌 | 3·7 | 29 | 木 | 9 | 辛巳 | 3·7 | 30 | 日 | 10 | 壬子 | 3·7 | 29 | 火 | 11 | 壬午 | 2·7 | 28 | 水 | 10 | 辛亥 | 3·7 | 27 | 金 | 10 | 辛巳 | 2·7 |
| 23 | 30 | 火 | 윤8 | 辛亥 | 3·8 | 30 | 金 | 10 | 壬午 | 3·8 | 31 | 月 | 11 | 癸丑 | 2·8 | 30 | 水 | 12 | 癸未 | 2·8 | 29 | 木 | 11 | 壬子 | 2·8 | 28 | 土 | 11 | 壬午 | 2·8 |
| 24 | 31 | 水 | 윤9 | 壬子 | 2·8 | 10/1 | 土 | 11 | 癸未 | 2·8 | 11/1 | 火 | 12 | 甲寅 | 2·8 | 12/1 | 木 | 13 | 甲申 | 2·8 | 30 | 金 | 12 | 癸丑 | 2·8 | 29 | 日 | 12 | 癸未 | 2·8 |
| 25 | 9/1 | 木 | 윤10 | 癸丑 | 2·8 | 2 | 日 | 12 | 甲申 | 2·8 | 2 | 水 | 13 | 乙卯 | 2·8 | 2 | 金 | 14 | 乙酉 | 1·8 | 31 | 土 | 13 | 甲寅 | 2·8 | 30 | 月 | 13 | 甲申 | 1·8 |
| 26 | 2 | 金 | 윤11 | 甲寅 | 2·9 | 3 | 月 | 13 | 乙酉 | 2·9 | 3 | 木 | 14 | 丙辰 | 1·9 | 3 | 土 | 15 | 丙戌 | 1·9 | 1/1 | 日 | 14 | 乙卯 | 1·9 | 31 | 火 | 14 | 乙酉 | 1·9 |
| 27 | 3 | 土 | 윤12 | 乙卯 | 1·9 | 4 | 火 | 14 | 丙戌 | 1·9 | 4 | 金 | 15 | 丁巳 | 1·9 | 4 | 日 | 16 | 丁亥 | 1·9 | 2 | 月 | 15 | 丙辰 | 1·9 | 2/1 | 水 | 15 | 丙戌 | 1·9 |
| 28 | 4 | 日 | 윤13 | 丙辰 | 1·9 | 5 | 水 | 15 | 丁亥 | 1·9 | 5 | 土 | 16 | 戊午 | 1·9 | 5 | 月 | 17 | 戊子 | 1·9 | 3 | 火 | 16 | 丁巳 | 1·9 | 2 | 木 | 16 | 丁亥 | 1·9 |
| 29 | 5 | 月 | 윤14 | 丁巳 | 1·10 | 6 | 木 | 16 | 戊子 | 1·10 | 6 | 日 | 17 | 己未 | 1·10 | | | | | | 4 | 水 | 17 | 戊午 | 1·10 | | | | | |
| 30 | 6 | 火 | 윤15 | 戊午 | 1·10 | 7 | 金 | 17 | 己丑 | 1·10 | | | | | | | | | | | | | | | | | | | | |
| 31 | | | | | | | | | | | | | | | | | | | | | | | | | | | | | | |

▶ 윤달－7월

# 서기 2045년 [단기 4378년]

| 절기후날수 | 입춘절(戊寅月) 立春 2월3일 19시35분 雨水 2월18일 15시21분 | | | | | 경칩절(己卯月) 驚蟄 3월5일 13시23분 春分 3월20일 14시6분 | | | | | 청명절(庚辰月) 淸明 4월4일 17시56분 穀雨 4월20일 0시51분 | | | | |
|---|---|---|---|---|---|---|---|---|---|---|---|---|---|---|---|
| | 양력 | 요일 | 음력 | 일진 | 大運 남·여 | 양력 | 요일 | 음력 | 일진 | 大運 남·여 | 양력 | 요일 | 음력 | 일진 | 大運 남·여 |
| 0 | 2/3 | 金 | 17 | 戊子 | 입춘 | 3/5 | 日 | 17 | 戊午 | 경칩 | 4/4 | 火 | 17 | 戊子 | 청명 |
| 1 | 4 | 土 | 18 | 己丑 | 1·10 | 6 | 月 | 18 | 己未 | 1·10 | 5 | 水 | 18 | 己丑 | 1·10 |
| 2 | 5 | 日 | 19 | 庚寅 | 1·9 | 7 | 火 | 19 | 庚申 | 1·9 | 6 | 木 | 19 | 庚寅 | 1·10 |
| 3 | 6 | 月 | 20 | 辛卯 | 1·9 | 8 | 水 | 20 | 辛酉 | 1·9 | 7 | 金 | 20 | 辛卯 | 1·9 |
| 4 | 7 | 火 | 21 | 壬辰 | 1·9 | 9 | 木 | 21 | 壬戌 | 1·9 | 8 | 土 | 21 | 壬辰 | 1·9 |
| 5 | 8 | 水 | 22 | 癸巳 | 2·8 | 10 | 金 | 22 | 癸亥 | 2·8 | 9 | 日 | 22 | 癸巳 | 2·9 |
| 6 | 9 | 木 | 23 | 甲午 | 2·8 | 11 | 土 | 23 | 甲子 | 2·8 | 10 | 月 | 23 | 甲午 | 2·8 |
| 7 | 10 | 金 | 24 | 乙未 | 2·8 | 12 | 日 | 24 | 乙丑 | 2·8 | 11 | 火 | 24 | 乙未 | 2·8 |
| 8 | 11 | 土 | 25 | 丙申 | 3·7 | 13 | 月 | 25 | 丙寅 | 3·7 | 12 | 水 | 25 | 丙申 | 3·8 |
| 9 | 12 | 日 | 26 | 丁酉 | 3·7 | 14 | 火 | 26 | 丁卯 | 3·7 | 13 | 木 | 26 | 丁酉 | 3·7 |
| 10 | 13 | 月 | 27 | 戊戌 | 3·7 | 15 | 水 | 27 | 戊辰 | 3·7 | 14 | 金 | 27 | 戊戌 | 3·7 |
| 11 | 14 | 火 | 28 | 己亥 | 4·6 | 16 | 木 | 28 | 己巳 | 4·6 | 15 | 土 | 28 | 己亥 | 4·7 |
| 12 | 15 | 水 | 29 | 庚子 | 4·6 | 17 | 金 | 29 | 庚午 | 4·6 | 16 | 日 | 29 | 庚子 | 4·6 |
| 13 | 16 | 木 | 30 | 辛丑 | 4·6 | 18 | 土 | 30 | 辛未 | 4·6 | 17 | 月 | 3/1 | 辛丑 | 4·6 |
| 14 | 17 | 金 | 1/1 | 壬寅 | 5·5 | 19 | 日 | 2/1 | 壬申 | 5·5 | 18 | 火 | 2 | 壬寅 | 5·6 |
| 15 | 18 | 土 | 2 | 癸卯 | 우수 | 20 | 月 | 2 | 癸酉 | 춘분 | 19 | 水 | 3 | 癸卯 | 5·5 |
| 16 | 19 | 日 | 3 | 甲辰 | 5·5 | 21 | 火 | 3 | 甲戌 | 5·5 | 20 | 木 | 4 | 甲辰 | 곡우 |
| 17 | 20 | 月 | 4 | 乙巳 | 6·4 | 22 | 水 | 4 | 乙亥 | 6·4 | 21 | 金 | 5 | 乙巳 | 6·5 |
| 18 | 21 | 火 | 5 | 丙午 | 6·4 | 23 | 木 | 5 | 丙子 | 6·4 | 22 | 土 | 6 | 丙午 | 6·4 |
| 19 | 22 | 水 | 6 | 丁未 | 6·4 | 24 | 金 | 6 | 丁丑 | 6·4 | 23 | 日 | 7 | 丁未 | 6·4 |
| 20 | 23 | 木 | 7 | 戊申 | 7·3 | 25 | 土 | 7 | 戊寅 | 7·3 | 24 | 月 | 8 | 戊申 | 7·4 |
| 21 | 24 | 金 | 8 | 己酉 | 7·3 | 26 | 日 | 8 | 己卯 | 7·3 | 25 | 火 | 9 | 己酉 | 7·3 |
| 22 | 25 | 土 | 9 | 庚戌 | 7·3 | 27 | 月 | 9 | 庚辰 | 7·3 | 26 | 水 | 10 | 庚戌 | 7·3 |
| 23 | 26 | 日 | 10 | 辛亥 | 8·2 | 28 | 火 | 10 | 辛巳 | 8·2 | 27 | 木 | 11 | 辛亥 | 8·3 |
| 24 | 27 | 月 | 11 | 壬子 | 8·2 | 29 | 水 | 11 | 壬午 | 8·2 | 28 | 金 | 12 | 壬子 | 8·2 |
| 25 | 28 | 火 | 12 | 癸丑 | 8·2 | 30 | 木 | 12 | 癸未 | 8·2 | 29 | 土 | 13 | 癸丑 | 8·2 |
| 26 | 3/1 | 水 | 13 | 甲寅 | 9·1 | 31 | 金 | 13 | 甲申 | 9·1 | 30 | 日 | 14 | 甲寅 | 9·2 |
| 27 | 2 | 木 | 14 | 乙卯 | 9·1 | 4/1 | 土 | 14 | 乙酉 | 9·1 | 5/1 | 月 | 15 | 乙卯 | 9·1 |
| 28 | 3 | 金 | 15 | 丙辰 | 9·1 | 2 | 日 | 15 | 丙戌 | 9·1 | 2 | 火 | 16 | 丙辰 | 9·1 |
| 29 | 4 | 土 | 16 | 丁巳 | 10·1 | 3 | 月 | 16 | 丁亥 | 10·1 | 3 | 水 | 17 | 丁巳 | 10·1 |
| 30 | | | | | | | | | | | 4 | 木 | 18 | 戊午 | 10·1 |
| 31 | | | | | | | | | | | | | | | |

| 절기후날수 | 입하절(辛巳月) 立夏 5월5일 10시58분 小滿 5월20일 23시44분 | | | | | 망종절(壬午月) 芒種 6월5일 14시55분 夏至 6월21일 7시32분 | | | | | 소서절(癸未月) 小暑 7월7일 1시7분 大暑 7월22일 18시25분 | | | | |
|---|---|---|---|---|---|---|---|---|---|---|---|---|---|---|---|
| | 양력 | 요일 | 음력 | 일진 | 大運 남·여 | 양력 | 요일 | 음력 | 일진 | 大運 남·여 | 양력 | 요일 | 음력 | 일진 | 大運 남·여 |
| 0 | 5/5 | 金 | 19 | 己未 | 입하 | 6/5 | 月 | 20 | 庚寅 | 망종 | 7/7 | 金 | 23 | 壬戌 | 소서 |
| 1 | 6 | 土 | 20 | 庚申 | 1·10 | 6 | 火 | 21 | 辛卯 | 1·10 | 8 | 土 | 24 | 癸亥 | 1·10 |
| 2 | 7 | 日 | 21 | 辛酉 | 1·10 | 7 | 水 | 22 | 壬辰 | 1·10 | 9 | 日 | 25 | 甲子 | 1·10 |
| 3 | 8 | 月 | 22 | 壬戌 | 1·9 | 8 | 木 | 23 | 癸巳 | 1·10 | 10 | 月 | 26 | 乙丑 | 1·9 |
| 4 | 9 | 火 | 23 | 癸亥 | 1·9 | 9 | 金 | 24 | 甲午 | 1·9 | 11 | 火 | 27 | 丙寅 | 1·9 |
| 5 | 10 | 水 | 24 | 甲子 | 2·9 | 10 | 土 | 25 | 乙未 | 2·9 | 12 | 水 | 28 | 丁卯 | 2·9 |
| 6 | 11 | 木 | 25 | 乙丑 | 2·8 | 11 | 日 | 26 | 丙申 | 2·9 | 13 | 木 | 29 | 戊辰 | 2·8 |
| 7 | 12 | 金 | 26 | 丙寅 | 2·8 | 12 | 月 | 27 | 丁酉 | 2·8 | 14 | 金 | 6/1 | 己巳 | 2·8 |
| 8 | 13 | 土 | 27 | 丁卯 | 3·8 | 13 | 火 | 28 | 戊戌 | 3·8 | 15 | 土 | 2 | 庚午 | 3·8 |
| 9 | 14 | 日 | 28 | 戊辰 | 3·7 | 14 | 水 | 29 | 己亥 | 3·8 | 16 | 日 | 3 | 辛未 | 3·7 |
| 10 | 15 | 月 | 29 | 己巳 | 3·7 | 15 | 木 | 5/1 | 庚子 | 3·7 | 17 | 月 | 4 | 壬申 | 3·7 |
| 11 | 16 | 火 | 30 | 庚午 | 4·7 | 16 | 金 | 2 | 辛丑 | 4·7 | 18 | 火 | 5 | 癸酉 | 4·7 |
| 12 | 17 | 水 | 4/1 | 辛未 | 4·6 | 17 | 土 | 3 | 壬寅 | 4·7 | 19 | 水 | 6 | 甲戌 | 4·6 |
| 13 | 18 | 木 | 2 | 壬申 | 4·6 | 18 | 日 | 4 | 癸卯 | 4·6 | 20 | 木 | 7 | 乙亥 | 4·6 |
| 14 | 19 | 金 | 3 | 癸酉 | 5·6 | 19 | 月 | 5 | 甲辰 | 5·6 | 21 | 金 | 8 | 丙子 | 5·6 |
| 15 | 20 | 土 | 4 | 甲戌 | 소만 | 20 | 火 | 6 | 乙巳 | 5·6 | 22 | 土 | 9 | 丁丑 | 대서 |
| 16 | 21 | 日 | 5 | 乙亥 | 5·5 | 21 | 水 | 7 | 丙午 | 하지 | 23 | 日 | 10 | 戊寅 | 5·5 |
| 17 | 22 | 月 | 6 | 丙子 | 6·5 | 22 | 木 | 8 | 丁未 | 6·5 | 24 | 月 | 11 | 己卯 | 6·5 |
| 18 | 23 | 火 | 7 | 丁丑 | 6·4 | 23 | 金 | 9 | 戊申 | 6·5 | 25 | 火 | 12 | 庚辰 | 6·4 |
| 19 | 24 | 水 | 8 | 戊寅 | 6·4 | 24 | 土 | 10 | 己酉 | 6·4 | 26 | 水 | 13 | 辛巳 | 6·4 |
| 20 | 25 | 木 | 9 | 己卯 | 7·4 | 25 | 日 | 11 | 庚戌 | 7·4 | 27 | 木 | 14 | 壬午 | 7·4 |
| 21 | 26 | 金 | 10 | 庚辰 | 7·3 | 26 | 月 | 12 | 辛亥 | 7·4 | 28 | 金 | 15 | 癸未 | 7·3 |
| 22 | 27 | 土 | 11 | 辛巳 | 7·3 | 27 | 火 | 13 | 壬子 | 7·3 | 29 | 土 | 16 | 甲申 | 7·3 |
| 23 | 28 | 日 | 12 | 壬午 | 8·3 | 28 | 水 | 14 | 癸丑 | 8·3 | 30 | 日 | 17 | 乙酉 | 8·3 |
| 24 | 29 | 月 | 13 | 癸未 | 8·2 | 29 | 木 | 15 | 甲寅 | 8·3 | 31 | 月 | 18 | 丙戌 | 8·2 |
| 25 | 30 | 火 | 14 | 甲申 | 8·2 | 30 | 金 | 16 | 乙卯 | 8·2 | 8/1 | 火 | 19 | 丁亥 | 8·2 |
| 26 | 31 | 水 | 15 | 乙酉 | 9·2 | 7/1 | 土 | 17 | 丙辰 | 9·2 | 2 | 水 | 20 | 戊子 | 9·2 |
| 27 | 6/1 | 木 | 16 | 丙戌 | 9·1 | 2 | 日 | 18 | 丁巳 | 9·2 | 3 | 木 | 21 | 己丑 | 9·1 |
| 28 | 2 | 金 | 17 | 丁亥 | 9·1 | 3 | 月 | 19 | 戊午 | 9·1 | 4 | 金 | 22 | 庚寅 | 9·1 |
| 29 | 3 | 土 | 18 | 戊子 | 10·1 | 4 | 火 | 20 | 己未 | 10·1 | 5 | 土 | 23 | 辛卯 | 10·1 |
| 30 | 4 | 日 | 19 | 己丑 | 10·1 | 5 | 水 | 21 | 庚申 | 10·1 | 6 | 日 | 24 | 壬辰 | 10·1 |
| 31 | | | | | | 6 | 木 | 22 | 辛酉 | 10·1 | | | | | |

# 乙丑年

| 절기후날수 | 입추절(甲申月) | | | | | | 백로절(乙酉月) | | | | | |
|---|---|---|---|---|---|---|---|---|---|---|---|---|
| | 立秋 8월7일 10시58분 | | | | | | 白露 9월7일 14시4분 | | | | | |
| | 處暑 8월23일 1시38분 | | | | | | 秋分 9월22일 23시31분 | | | | | |
| | 양력 | 요일 | 음력 | 일진 | 大運 남 | 大運 여 | 양력 | 요일 | 음력 | 일진 | 大運 남 | 大運 여 |
| 0 | 8/7 | 月 | 25 | 癸巳 | 입추 | | 9/7 | 木 | 26 | 甲子 | 백로 | |
| 1 | 8 | 火 | 26 | 甲午 | 1 | 10 | 8 | 金 | 27 | 乙丑 | 1 | 10 |
| 2 | 9 | 水 | 27 | 乙未 | 1 | 10 | 9 | 土 | 28 | 丙寅 | 1 | 10 |
| 3 | 10 | 木 | 28 | 丙申 | 1 | 9 | 10 | 日 | 29 | 丁卯 | 1 | 9 |
| 4 | 11 | 金 | 29 | 丁酉 | 1 | 9 | 11 | 月 | 8/1 | 戊辰 | 1 | 9 |
| 5 | 12 | 土 | 30 | 戊戌 | 2 | 9 | 12 | 火 | 2 | 己巳 | 2 | 9 |
| 6 | 13 | 日 | 7/1 | 己亥 | 2 | 8 | 13 | 水 | 3 | 庚午 | 2 | 8 |
| 7 | 14 | 月 | 2 | 庚子 | 2 | 8 | 14 | 木 | 4 | 辛未 | 2 | 8 |
| 8 | 15 | 火 | 3 | 辛丑 | 3 | 8 | 15 | 金 | 5 | 壬申 | 3 | 8 |
| 9 | 16 | 水 | 4 | 壬寅 | 3 | 7 | 16 | 土 | 6 | 癸酉 | 3 | 7 |
| 10 | 17 | 木 | 5 | 癸卯 | 3 | 7 | 17 | 日 | 7 | 甲戌 | 3 | 7 |
| 11 | 18 | 金 | 6 | 甲辰 | 4 | 7 | 18 | 月 | 8 | 乙亥 | 4 | 7 |
| 12 | 19 | 土 | 7 | 乙巳 | 4 | 6 | 19 | 火 | 9 | 丙子 | 4 | 6 |
| 13 | 20 | 日 | 8 | 丙午 | 4 | 6 | 20 | 水 | 10 | 丁丑 | 4 | 6 |
| 14 | 21 | 月 | 9 | 丁未 | 5 | 6 | 21 | 木 | 11 | 戊寅 | 5 | 6 |
| 15 | 22 | 火 | 10 | 戊申 | 5 | 5 | 22 | 金 | 12 | 己卯 | 추분 | |
| 16 | 23 | 水 | 11 | 己酉 | 처서 | | 23 | 土 | 13 | 庚辰 | 5 | 5 |
| 17 | 24 | 木 | 12 | 庚戌 | 6 | 5 | 24 | 日 | 14 | 辛巳 | 6 | 5 |
| 18 | 25 | 金 | 13 | 辛亥 | 6 | 4 | 25 | 月 | 15 | 壬午 | 6 | 4 |
| 19 | 26 | 土 | 14 | 壬子 | 6 | 4 | 26 | 火 | 16 | 癸未 | 6 | 4 |
| 20 | 27 | 日 | 15 | 癸丑 | 7 | 4 | 27 | 水 | 17 | 甲申 | 7 | 4 |
| 21 | 28 | 月 | 16 | 甲寅 | 7 | 3 | 28 | 木 | 18 | 乙酉 | 7 | 3 |
| 22 | 29 | 火 | 17 | 乙卯 | 7 | 3 | 29 | 金 | 19 | 丙戌 | 7 | 3 |
| 23 | 30 | 水 | 18 | 丙辰 | 8 | 3 | 30 | 土 | 20 | 丁亥 | 8 | 3 |
| 24 | 31 | 木 | 19 | 丁巳 | 8 | 2 | 10/1 | 日 | 21 | 戊子 | 8 | 2 |
| 25 | 9/1 | 金 | 20 | 戊午 | 8 | 2 | 2 | 月 | 22 | 己丑 | 8 | 2 |
| 26 | 2 | 土 | 21 | 己未 | 9 | 2 | 3 | 火 | 23 | 庚寅 | 9 | 2 |
| 27 | 3 | 日 | 22 | 庚申 | 9 | 1 | 4 | 水 | 24 | 辛卯 | 9 | 1 |
| 28 | 4 | 月 | 23 | 辛酉 | 9 | 1 | 5 | 木 | 25 | 壬辰 | 9 | 1 |
| 29 | 5 | 火 | 24 | 壬戌 | 10 | 1 | 6 | 金 | 26 | 癸巳 | 10 | 1 |
| 30 | 6 | 水 | 25 | 癸亥 | 10 | 1 | 7 | 土 | 27 | 甲午 | 10 | 1 |
| 31 | | | | | | | | | | | | |

| 절기후날수 | 한로절(丙戌月) | | | | | | 입동절(丁亥月) | | | | | |
|---|---|---|---|---|---|---|---|---|---|---|---|---|
| | 寒露 10월8일 5시59분 | | | | | | 立冬 11월7일 9시28분 | | | | | |
| | 霜降 10월23일 9시11분 | | | | | | 小雪 11월22일 7시2분 | | | | | |
| | 양력 | 요일 | 음력 | 일진 | 大運 남 | 大運 여 | 양력 | 요일 | 음력 | 일진 | 大運 남 | 大運 여 |
| 0 | 10/8 | 日 | 28 | 乙未 | 한로 | | 11/7 | 火 | 29 | 乙丑 | 입동 | |
| 1 | 9 | 月 | 29 | 丙申 | 1 | 10 | 8 | 水 | 30 | 丙寅 | 1 | 10 |
| 2 | 10 | 火 | 9/1 | 丁酉 | 1 | 9 | 9 | 木 | 10/1 | 丁卯 | 1 | 9 |
| 3 | 11 | 水 | 2 | 戊戌 | 1 | 9 | 10 | 金 | 2 | 戊辰 | 1 | 9 |
| 4 | 12 | 木 | 3 | 己亥 | 1 | 9 | 11 | 土 | 3 | 己巳 | 1 | 9 |
| 5 | 13 | 金 | 4 | 庚子 | 2 | 8 | 12 | 日 | 4 | 庚午 | 2 | 8 |
| 6 | 14 | 土 | 5 | 辛丑 | 2 | 8 | 13 | 月 | 5 | 辛未 | 2 | 8 |
| 7 | 15 | 日 | 6 | 壬寅 | 2 | 8 | 14 | 火 | 6 | 壬申 | 2 | 8 |
| 8 | 16 | 月 | 7 | 癸卯 | 3 | 7 | 15 | 水 | 7 | 癸酉 | 3 | 7 |
| 9 | 17 | 火 | 8 | 甲辰 | 3 | 7 | 16 | 木 | 8 | 甲戌 | 3 | 7 |
| 10 | 18 | 水 | 9 | 乙巳 | 3 | 7 | 17 | 金 | 9 | 乙亥 | 3 | 7 |
| 11 | 19 | 木 | 10 | 丙午 | 4 | 6 | 18 | 土 | 10 | 丙子 | 4 | 6 |
| 12 | 20 | 金 | 11 | 丁未 | 4 | 6 | 19 | 日 | 11 | 丁丑 | 4 | 6 |
| 13 | 21 | 土 | 12 | 戊申 | 4 | 6 | 20 | 月 | 12 | 戊寅 | 4 | 6 |
| 14 | 22 | 日 | 13 | 己酉 | 5 | 5 | 21 | 火 | 13 | 己卯 | 5 | 5 |
| 15 | 23 | 月 | 14 | 庚戌 | 상강 | | 22 | 水 | 14 | 庚辰 | 소설 | |
| 16 | 24 | 火 | 15 | 辛亥 | 5 | 5 | 23 | 木 | 15 | 辛巳 | 5 | 5 |
| 17 | 25 | 水 | 16 | 壬子 | 6 | 4 | 24 | 金 | 16 | 壬午 | 6 | 4 |
| 18 | 26 | 木 | 17 | 癸丑 | 6 | 4 | 25 | 土 | 17 | 癸未 | 6 | 4 |
| 19 | 27 | 金 | 18 | 甲寅 | 6 | 4 | 26 | 日 | 18 | 甲申 | 6 | 4 |
| 20 | 28 | 土 | 19 | 乙卯 | 7 | 3 | 27 | 月 | 19 | 乙酉 | 7 | 3 |
| 21 | 29 | 日 | 20 | 丙辰 | 7 | 3 | 28 | 火 | 20 | 丙戌 | 7 | 3 |
| 22 | 30 | 月 | 21 | 丁巳 | 7 | 3 | 29 | 水 | 21 | 丁亥 | 7 | 3 |
| 23 | 31 | 火 | 22 | 戊午 | 8 | 2 | 30 | 木 | 22 | 戊子 | 8 | 2 |
| 24 | 11/1 | 水 | 23 | 己未 | 8 | 2 | 12/1 | 金 | 23 | 己丑 | 8 | 2 |
| 25 | 2 | 木 | 24 | 庚申 | 8 | 2 | 2 | 土 | 24 | 庚寅 | 8 | 2 |
| 26 | 3 | 金 | 25 | 辛酉 | 9 | 1 | 3 | 日 | 25 | 辛卯 | 9 | 1 |
| 27 | 4 | 土 | 26 | 壬戌 | 9 | 1 | 4 | 月 | 26 | 壬辰 | 9 | 1 |
| 28 | 5 | 日 | 27 | 癸亥 | 9 | 1 | 5 | 火 | 27 | 癸巳 | 9 | 1 |
| 29 | 6 | 月 | 28 | 甲子 | 10 | 1 | 6 | 水 | 28 | 甲午 | 10 | 1 |
| 30 | | | | | | | | | | | | |
| 31 | | | | | | | | | | | | |

| 절기후날수 | 대설절(戊子月) | | | | | | 소한절(己丑月) | | | | | |
|---|---|---|---|---|---|---|---|---|---|---|---|---|
| | 大雪 12월7일 2시34분 | | | | | | 小寒 1월5일 13시54분 | | | | | |
| | 冬至 12월21일 20시34분 | | | | | | 大寒 1월20일 7시14분 | | | | | |
| | 양력 | 요일 | 음력 | 일진 | 大運 남 | 大運 여 | 양력 | 요일 | 음력 | 일진 | 大運 남 | 大運 여 |
| 0 | 12/7 | 木 | 29 | 乙未 | 대설 | | 1/5 | 金 | 29 | 甲子 | 소한 | |
| 1 | 8 | 金 | 11/1 | 丙申 | 1 | 9 | 6 | 土 | 30 | 乙丑 | 1 | 10 |
| 2 | 9 | 土 | 2 | 丁酉 | 1 | 9 | 7 | 日 | 12/1 | 丙寅 | 1 | 9 |
| 3 | 10 | 日 | 3 | 戊戌 | 1 | 9 | 8 | 月 | 2 | 丁卯 | 1 | 9 |
| 4 | 11 | 月 | 4 | 己亥 | 1 | 8 | 9 | 火 | 3 | 戊辰 | 1 | 9 |
| 5 | 12 | 火 | 5 | 庚子 | 2 | 8 | 10 | 水 | 4 | 己巳 | 2 | 8 |
| 6 | 13 | 水 | 6 | 辛丑 | 2 | 8 | 11 | 木 | 5 | 庚午 | 2 | 8 |
| 7 | 14 | 木 | 7 | 壬寅 | 2 | 7 | 12 | 金 | 6 | 辛未 | 2 | 8 |
| 8 | 15 | 金 | 8 | 癸卯 | 3 | 7 | 13 | 土 | 7 | 壬申 | 3 | 7 |
| 9 | 16 | 土 | 9 | 甲辰 | 3 | 7 | 14 | 日 | 8 | 癸酉 | 3 | 7 |
| 10 | 17 | 日 | 10 | 乙巳 | 3 | 6 | 15 | 月 | 9 | 甲戌 | 3 | 7 |
| 11 | 18 | 月 | 11 | 丙午 | 4 | 6 | 16 | 火 | 10 | 乙亥 | 4 | 6 |
| 12 | 19 | 火 | 12 | 丁未 | 4 | 6 | 17 | 水 | 11 | 丙子 | 4 | 6 |
| 13 | 20 | 水 | 13 | 戊申 | 4 | 5 | 18 | 木 | 12 | 丁丑 | 4 | 6 |
| 14 | 21 | 木 | 14 | 己酉 | 동지 | | 19 | 金 | 13 | 戊寅 | 5 | 5 |
| 15 | 22 | 金 | 15 | 庚戌 | 5 | 5 | 20 | 土 | 14 | 己卯 | 대한 | |
| 16 | 23 | 土 | 16 | 辛亥 | 5 | 4 | 21 | 日 | 15 | 庚辰 | 5 | 5 |
| 17 | 24 | 日 | 17 | 壬子 | 6 | 4 | 22 | 月 | 16 | 辛巳 | 6 | 4 |
| 18 | 25 | 月 | 18 | 癸丑 | 6 | 4 | 23 | 火 | 17 | 壬午 | 6 | 4 |
| 19 | 26 | 火 | 19 | 甲寅 | 6 | 3 | 24 | 水 | 18 | 癸未 | 6 | 4 |
| 20 | 27 | 水 | 20 | 乙卯 | 7 | 3 | 25 | 木 | 19 | 甲申 | 7 | 3 |
| 21 | 28 | 木 | 21 | 丙辰 | 7 | 3 | 26 | 金 | 20 | 乙酉 | 7 | 3 |
| 22 | 29 | 金 | 22 | 丁巳 | 7 | 2 | 27 | 土 | 21 | 丙戌 | 7 | 3 |
| 23 | 30 | 土 | 23 | 戊午 | 8 | 2 | 28 | 日 | 22 | 丁亥 | 8 | 2 |
| 24 | 31 | 日 | 24 | 己未 | 8 | 2 | 29 | 月 | 23 | 戊子 | 8 | 2 |
| 25 | 1/1 | 月 | 25 | 庚申 | 8 | 1 | 30 | 火 | 24 | 己丑 | 8 | 2 |
| 26 | 2 | 火 | 26 | 辛酉 | 9 | 1 | 31 | 水 | 25 | 庚寅 | 9 | 1 |
| 27 | 3 | 水 | 27 | 壬戌 | 9 | 1 | 2/1 | 木 | 26 | 辛卯 | 9 | 1 |
| 28 | 4 | 木 | 28 | 癸亥 | 9 | 1 | 2 | 金 | 27 | 壬辰 | 9 | 1 |
| 29 | | | | | | | 3 | 土 | 28 | 癸巳 | 10 | 1 |
| 30 | | | | | | | | | | | | |
| 31 | | | | | | | | | | | | |

# 서기 2046년 [단기 4379년]

| 절기후날수 | 입춘절(庚寅月)<br>立春 2월4일 1시30분<br>雨水 2월18일 21시14분 | | | | | 경칩절(辛卯月)<br>驚蟄 3월5일 19시16분<br>春分 3월20일 19시56분 | | | | | 청명절(壬辰月)<br>淸明 4월4일 23시43분<br>穀雨 4월20일 6시37분 | | | | |
|---|---|---|---|---|---|---|---|---|---|---|---|---|---|---|---|
| | 양력 | 요일 | 음력 | 일진 | 大運 남·여 | 양력 | 요일 | 음력 | 일진 | 大運 남·여 | 양력 | 요일 | 음력 | 일진 | 大運 남·여 |
| 0 | 2/4 | 日 | 29 | 甲午 | 입춘 | 3/5 | 月 | 28 | 癸亥 | 경칩 | 4/4 | 水 | 28 | 癸巳 | 청명 |
| 1 | 5 | 月 | 30 | 乙未 | 9·1 | 6 | 火 | 29 | 甲子 | 10·1 | 5 | 木 | 29 | 甲午 | 10·1 |
| 2 | 6 | 火 | 1/1 | 丙申 | 9·1 | 7 | 水 | 30 | 乙丑 | 9·1 | 6 | 金 | 3/1 | 乙未 | 10·1 |
| 3 | 7 | 水 | 2 | 丁酉 | 9·1 | 8 | 木 | 2/1 | 丙寅 | 9·1 | 7 | 土 | 2 | 丙申 | 9·1 |
| 4 | 8 | 木 | 3 | 戊戌 | 8·1 | 9 | 金 | 2 | 丁卯 | 9·1 | 8 | 日 | 3 | 丁酉 | 9·1 |
| 5 | 9 | 金 | 4 | 己亥 | 8·2 | 10 | 土 | 3 | 戊辰 | 8·2 | 9 | 月 | 4 | 戊戌 | 9·2 |
| 6 | 10 | 土 | 5 | 庚子 | 8·2 | 11 | 日 | 4 | 己巳 | 8·2 | 10 | 火 | 5 | 己亥 | 8·2 |
| 7 | 11 | 日 | 6 | 辛丑 | 7·2 | 12 | 月 | 5 | 庚午 | 8·2 | 11 | 水 | 6 | 庚子 | 8·2 |
| 8 | 12 | 月 | 7 | 壬寅 | 7·3 | 13 | 火 | 6 | 辛未 | 7·3 | 12 | 木 | 7 | 辛丑 | 8·3 |
| 9 | 13 | 火 | 8 | 癸卯 | 7·3 | 14 | 水 | 7 | 壬申 | 7·3 | 13 | 金 | 8 | 壬寅 | 7·3 |
| 10 | 14 | 水 | 9 | 甲辰 | 6·3 | 15 | 木 | 8 | 癸酉 | 7·3 | 14 | 土 | 9 | 癸卯 | 7·3 |
| 11 | 15 | 木 | 10 | 乙巳 | 6·4 | 16 | 金 | 9 | 甲戌 | 6·4 | 15 | 日 | 10 | 甲辰 | 7·4 |
| 12 | 16 | 金 | 11 | 丙午 | 6·4 | 17 | 土 | 10 | 乙亥 | 6·4 | 16 | 月 | 11 | 乙巳 | 6·4 |
| 13 | 17 | 土 | 12 | 丁未 | 5·4 | 18 | 日 | 11 | 丙子 | 6·4 | 17 | 火 | 12 | 丙午 | 6·4 |
| 14 | 18 | 日 | 13 | 戊申 | 우수 | 19 | 月 | 12 | 丁丑 | 5·5 | 18 | 水 | 13 | 丁未 | 6·5 |
| 15 | 19 | 月 | 14 | 己酉 | 5·5 | 20 | 火 | 13 | 戊寅 | 춘분 | 19 | 木 | 14 | 戊申 | 5·5 |
| 16 | 20 | 火 | 15 | 庚戌 | 4·5 | 21 | 水 | 14 | 己卯 | 5·5 | 20 | 金 | 15 | 己酉 | 곡우 |
| 17 | 21 | 水 | 16 | 辛亥 | 4·6 | 22 | 木 | 15 | 庚辰 | 4·6 | 21 | 土 | 16 | 庚戌 | 5·6 |
| 18 | 22 | 木 | 17 | 壬子 | 4·6 | 23 | 金 | 16 | 辛巳 | 4·6 | 22 | 日 | 17 | 辛亥 | 4·6 |
| 19 | 23 | 金 | 18 | 癸丑 | 3·6 | 24 | 土 | 17 | 壬午 | 4·6 | 23 | 月 | 18 | 壬子 | 4·6 |
| 20 | 24 | 土 | 19 | 甲寅 | 3·7 | 25 | 日 | 18 | 癸未 | 3·7 | 24 | 火 | 19 | 癸丑 | 4·7 |
| 21 | 25 | 日 | 20 | 乙卯 | 3·7 | 26 | 月 | 19 | 甲申 | 3·7 | 25 | 水 | 20 | 甲寅 | 3·7 |
| 22 | 26 | 月 | 21 | 丙辰 | 2·7 | 27 | 火 | 20 | 乙酉 | 3·7 | 26 | 木 | 21 | 乙卯 | 3·7 |
| 23 | 27 | 火 | 22 | 丁巳 | 2·8 | 28 | 水 | 21 | 丙戌 | 2·8 | 27 | 金 | 22 | 丙辰 | 3·8 |
| 24 | 28 | 水 | 23 | 戊午 | 2·8 | 29 | 木 | 22 | 丁亥 | 2·8 | 28 | 土 | 23 | 丁巳 | 2·8 |
| 25 | 3/1 | 木 | 24 | 己未 | 1·8 | 30 | 金 | 23 | 戊子 | 2·8 | 29 | 日 | 24 | 戊午 | 2·8 |
| 26 | 2 | 金 | 25 | 庚申 | 1·9 | 31 | 土 | 24 | 己丑 | 1·9 | 30 | 月 | 25 | 己未 | 2·9 |
| 27 | 3 | 土 | 26 | 辛酉 | 1·9 | 4/1 | 日 | 25 | 庚寅 | 1·9 | 5/1 | 火 | 26 | 庚申 | 1·9 |
| 28 | 4 | 日 | 27 | 壬戌 | 1·9 | 2 | 月 | 26 | 辛卯 | 1·9 | 2 | 水 | 27 | 辛酉 | 1·9 |
| 29 | | | | | | 3 | 火 | 27 | 壬辰 | 1·10 | 3 | 木 | 28 | 壬戌 | 1·10 |
| 30 | | | | | | | | | | | 4 | 金 | 29 | 癸亥 | 1·10 |
| 31 | | | | | | | | | | | | | | | |

| 절기후날수 | 입하절(癸巳月)<br>立夏 5월5일 16시39분<br>小滿 5월21일 5시27분 | | | | | 망종절(甲午月)<br>芒種 6월5일 20시31분<br>夏至 6월21일 13시13분 | | | | | 소서절(乙未月)<br>小暑 7월7일 6시39분<br>大暑 7월23일 0시7분 | | | | |
|---|---|---|---|---|---|---|---|---|---|---|---|---|---|---|---|
| | 양력 | 요일 | 음력 | 일진 | 大運 남·여 | 양력 | 요일 | 음력 | 일진 | 大運 남·여 | 양력 | 요일 | 음력 | 일진 | 大運 남·여 |
| 0 | 5/5 | 土 | 30 | 甲子 | 입하 | 6/5 | 火 | 5/1 | 乙未 | 망종 | 7/7 | 土 | 4 | 丁卯 | 소서 |
| 1 | 6 | 日 | 4/1 | 乙丑 | 10·1 | 6 | 水 | 2 | 丙申 | 10·1 | 8 | 日 | 5 | 戊辰 | 10·1 |
| 2 | 7 | 月 | 2 | 丙寅 | 10·1 | 7 | 木 | 3 | 丁酉 | 10·1 | 9 | 月 | 6 | 己巳 | 10·1 |
| 3 | 8 | 火 | 3 | 丁卯 | 9·1 | 8 | 金 | 4 | 戊戌 | 10·1 | 10 | 火 | 7 | 庚午 | 9·1 |
| 4 | 9 | 水 | 4 | 戊辰 | 9·1 | 9 | 土 | 5 | 己亥 | 9·1 | 11 | 水 | 8 | 辛未 | 9·1 |
| 5 | 10 | 木 | 5 | 己巳 | 9·2 | 10 | 日 | 6 | 庚子 | 9·2 | 12 | 木 | 9 | 壬申 | 9·2 |
| 6 | 11 | 金 | 6 | 庚午 | 8·2 | 11 | 月 | 7 | 辛丑 | 9·2 | 13 | 金 | 10 | 癸酉 | 8·2 |
| 7 | 12 | 土 | 7 | 辛未 | 8·2 | 12 | 火 | 8 | 壬寅 | 8·2 | 14 | 土 | 11 | 甲戌 | 8·2 |
| 8 | 13 | 日 | 8 | 壬申 | 8·3 | 13 | 水 | 9 | 癸卯 | 8·3 | 15 | 日 | 12 | 乙亥 | 8·3 |
| 9 | 14 | 月 | 9 | 癸酉 | 7·3 | 14 | 木 | 10 | 甲辰 | 8·3 | 16 | 月 | 13 | 丙子 | 7·3 |
| 10 | 15 | 火 | 10 | 甲戌 | 7·3 | 15 | 金 | 11 | 乙巳 | 7·3 | 17 | 火 | 14 | 丁丑 | 7·3 |
| 11 | 16 | 水 | 11 | 乙亥 | 7·4 | 16 | 土 | 12 | 丙午 | 7·4 | 18 | 水 | 15 | 戊寅 | 7·4 |
| 12 | 17 | 木 | 12 | 丙子 | 6·4 | 17 | 日 | 13 | 丁未 | 7·4 | 19 | 木 | 16 | 己卯 | 6·4 |
| 13 | 18 | 金 | 13 | 丁丑 | 6·4 | 18 | 月 | 14 | 戊申 | 6·4 | 20 | 金 | 17 | 庚辰 | 6·4 |
| 14 | 19 | 土 | 14 | 戊寅 | 6·5 | 19 | 火 | 15 | 己酉 | 6·5 | 21 | 土 | 18 | 辛巳 | 6·5 |
| 15 | 20 | 日 | 15 | 己卯 | 5·5 | 20 | 水 | 16 | 庚戌 | 6·5 | 22 | 日 | 19 | 壬午 | 5·5 |
| 16 | 21 | 月 | 16 | 庚辰 | 소만 | 21 | 木 | 17 | 辛亥 | 하지 | 23 | 月 | 20 | 癸未 | 대서 |
| 17 | 22 | 火 | 17 | 辛巳 | 5·6 | 22 | 金 | 18 | 壬子 | 5·6 | 24 | 火 | 21 | 甲申 | 5·6 |
| 18 | 23 | 水 | 18 | 壬午 | 4·6 | 23 | 土 | 19 | 癸丑 | 5·6 | 25 | 水 | 22 | 乙酉 | 4·6 |
| 19 | 24 | 木 | 19 | 癸未 | 4·6 | 24 | 日 | 20 | 甲寅 | 4·6 | 26 | 木 | 23 | 丙戌 | 4·6 |
| 20 | 25 | 金 | 20 | 甲申 | 4·7 | 25 | 月 | 21 | 乙卯 | 4·7 | 27 | 金 | 24 | 丁亥 | 4·7 |
| 21 | 26 | 土 | 21 | 乙酉 | 3·7 | 26 | 火 | 22 | 丙辰 | 4·7 | 28 | 土 | 25 | 戊子 | 3·7 |
| 22 | 27 | 日 | 22 | 丙戌 | 3·7 | 27 | 水 | 23 | 丁巳 | 3·7 | 29 | 日 | 26 | 己丑 | 3·7 |
| 23 | 28 | 月 | 23 | 丁亥 | 3·8 | 28 | 木 | 24 | 戊午 | 3·8 | 30 | 月 | 27 | 庚寅 | 3·8 |
| 24 | 29 | 火 | 24 | 戊子 | 2·8 | 29 | 金 | 25 | 己未 | 3·8 | 31 | 火 | 28 | 辛卯 | 2·8 |
| 25 | 30 | 水 | 25 | 己丑 | 2·8 | 30 | 土 | 26 | 庚申 | 2·8 | 8/1 | 水 | 29 | 壬辰 | 2·8 |
| 26 | 31 | 木 | 26 | 庚寅 | 2·9 | 7/1 | 日 | 27 | 辛酉 | 2·9 | 2 | 木 | 7/1 | 癸巳 | 2·9 |
| 27 | 6/1 | 金 | 27 | 辛卯 | 1·9 | 2 | 月 | 28 | 壬戌 | 2·9 | 3 | 金 | 2 | 甲午 | 1·9 |
| 28 | 2 | 土 | 28 | 壬辰 | 1·9 | 3 | 火 | 29 | 癸亥 | 1·9 | 4 | 土 | 3 | 乙未 | 1·9 |
| 29 | 3 | 日 | 29 | 癸巳 | 1·10 | 4 | 水 | 6/1 | 甲子 | 1·10 | 5 | 日 | 4 | 丙申 | 1·10 |
| 30 | 4 | 月 | 30 | 甲午 | 1·10 | 5 | 木 | 2 | 乙丑 | 1·10 | 6 | 月 | 5 | 丁酉 | 1·10 |
| 31 | | | | | | 6 | 金 | 3 | 丙寅 | 1·10 | | | | | |

# 丙寅年

| 절기후날수 | 입추절(丙申月) 立秋 8월7일 16시32분 處暑 8월23일 7시23분 | | | | | 백로절(丁酉月) 白露 9월7일 19시42분 秋分 9월23일 5시20분 | | | | | 한로절(戊戌月) 寒露 10월8일 11시41분 霜降 10월23일 15시2분 | | | | |
|---|---|---|---|---|---|---|---|---|---|---|---|---|---|---|---|
| | 양력 | 요일 | 음력 | 일진 | 大運 남·여 | 양력 | 요일 | 음력 | 일진 | 大運 남·여 | 양력 | 요일 | 음력 | 일진 | 大運 남·여 |
| 0 | 8/7 | 火 | 6 | 戊戌 | 입추 | 9/7 | 金 | 7 | 己巳 | 백로 | 10/8 | 月 | 9 | 庚子 | 한로 |
| 1 | 8 | 水 | 7 | 己亥 | 10·1 | 8 | 土 | 8 | 庚午 | 10·1 | 9 | 火 | 10 | 辛丑 | 10·1 |
| 2 | 9 | 木 | 8 | 庚子 | 10·1 | 9 | 日 | 9 | 辛未 | 10·1 | 10 | 水 | 11 | 壬寅 | 9·1 |
| 3 | 10 | 金 | 9 | 辛丑 | 9·1 | 10 | 月 | 10 | 壬申 | 9·1 | 11 | 木 | 12 | 癸卯 | 9·1 |
| 4 | 11 | 土 | 10 | 壬寅 | 9·1 | 11 | 火 | 11 | 癸酉 | 9·1 | 12 | 金 | 13 | 甲辰 | 9·1 |
| 5 | 12 | 日 | 11 | 癸卯 | 9·2 | 12 | 水 | 12 | 甲戌 | 9·2 | 13 | 土 | 14 | 乙巳 | 8·2 |
| 6 | 13 | 月 | 12 | 甲辰 | 8·2 | 13 | 木 | 13 | 乙亥 | 8·2 | 14 | 日 | 15 | 丙午 | 8·2 |
| 7 | 14 | 火 | 13 | 乙巳 | 8·2 | 14 | 金 | 14 | 丙子 | 8·2 | 15 | 月 | 16 | 丁未 | 8·2 |
| 8 | 15 | 水 | 14 | 丙午 | 8·3 | 15 | 土 | 15 | 丁丑 | 8·3 | 16 | 火 | 17 | 戊申 | 7·3 |
| 9 | 16 | 木 | 15 | 丁未 | 7·3 | 16 | 日 | 16 | 戊寅 | 7·3 | 17 | 水 | 18 | 己酉 | 7·3 |
| 10 | 17 | 金 | 16 | 戊申 | 7·3 | 17 | 月 | 17 | 己卯 | 7·3 | 18 | 木 | 19 | 庚戌 | 7·3 |
| 11 | 18 | 土 | 17 | 己酉 | 7·4 | 18 | 火 | 18 | 庚辰 | 7·4 | 19 | 金 | 20 | 辛亥 | 6·4 |
| 12 | 19 | 日 | 18 | 庚戌 | 6·4 | 19 | 水 | 19 | 辛巳 | 6·4 | 20 | 土 | 21 | 壬子 | 6·4 |
| 13 | 20 | 月 | 19 | 辛亥 | 6·4 | 20 | 木 | 20 | 壬午 | 6·4 | 21 | 日 | 22 | 癸丑 | 6·4 |
| 14 | 21 | 火 | 20 | 壬子 | 6·5 | 21 | 金 | 21 | 癸未 | 6·5 | 22 | 月 | 23 | 甲寅 | 5·5 |
| 15 | 22 | 水 | 21 | 癸丑 | 5·5 | 22 | 土 | 22 | 甲申 | 5·5 | 23 | 火 | 24 | 乙卯 | 상강 |
| 16 | 23 | 木 | 22 | 甲寅 | 처서 | 23 | 日 | 23 | 乙酉 | 추분 | 24 | 水 | 25 | 丙辰 | 5·5 |
| 17 | 24 | 金 | 23 | 乙卯 | 5·6 | 24 | 月 | 24 | 丙戌 | 5·6 | 25 | 木 | 26 | 丁巳 | 4·6 |
| 18 | 25 | 土 | 24 | 丙辰 | 4·6 | 25 | 火 | 25 | 丁亥 | 4·6 | 26 | 金 | 27 | 戊午 | 4·6 |
| 19 | 26 | 日 | 25 | 丁巳 | 4·6 | 26 | 水 | 26 | 戊子 | 4·6 | 27 | 土 | 28 | 己未 | 4·6 |
| 20 | 27 | 月 | 26 | 戊午 | 4·7 | 27 | 木 | 27 | 己丑 | 4·7 | 28 | 日 | 29 | 庚申 | 3·7 |
| 21 | 28 | 火 | 27 | 己未 | 3·7 | 28 | 金 | 28 | 庚寅 | 3·7 | 29 | 月 | 10/1 | 辛酉 | 3·7 |
| 22 | 29 | 水 | 28 | 庚申 | 3·7 | 29 | 土 | 29 | 辛卯 | 3·7 | 30 | 火 | 2 | 壬戌 | 3·7 |
| 23 | 30 | 木 | 29 | 辛酉 | 3·8 | 30 | 日 | 9/1 | 壬辰 | 3·8 | 31 | 水 | 3 | 癸亥 | 2·8 |
| 24 | 31 | 金 | 30 | 壬戌 | 2·8 | 10/1 | 月 | 2 | 癸巳 | 2·8 | 11/1 | 木 | 4 | 甲子 | 2·8 |
| 25 | 9/1 | 土 | 8/1 | 癸亥 | 2·8 | 2 | 火 | 3 | 甲午 | 2·8 | 2 | 金 | 5 | 乙丑 | 2·8 |
| 26 | 2 | 日 | 2 | 甲子 | 2·9 | 3 | 水 | 4 | 乙未 | 2·9 | 3 | 土 | 6 | 丙寅 | 1·9 |
| 27 | 3 | 月 | 3 | 乙丑 | 1·9 | 4 | 木 | 5 | 丙申 | 1·9 | 4 | 日 | 7 | 丁卯 | 1·9 |
| 28 | 4 | 火 | 4 | 丙寅 | 1·9 | 5 | 金 | 6 | 丁酉 | 1·9 | 5 | 月 | 8 | 戊辰 | 1·9 |
| 29 | 5 | 水 | 5 | 丁卯 | 1·10 | 6 | 土 | 7 | 戊戌 | 1·10 | 6 | 火 | 9 | 己巳 | 1·10 |
| 30 | 6 | 木 | 6 | 戊辰 | 1·10 | 7 | 日 | 8 | 己亥 | 1·10 | | | | | |
| 31 | | | | | | | | | | | | | | | |

| 절기후날수 | 입동절(己亥月) 立冬 11월7일 15시13분 小雪 11월22일 12시55분 | | | | | 대설절(庚子月) 大雪 12월7일 8시20분 冬至 12월22일 2시27분 | | | | | 소한절(辛丑月) 小寒 1월5일 19시41분 大寒 1월20일 13시8분 | | | | |
|---|---|---|---|---|---|---|---|---|---|---|---|---|---|---|---|
| | 양력 | 요일 | 음력 | 일진 | 大運 남·여 | 양력 | 요일 | 음력 | 일진 | 大運 남·여 | 양력 | 요일 | 음력 | 일진 | 大運 남·여 |
| 0 | 11/7 | 水 | 10 | 庚午 | 입동 | 12/7 | 金 | 10 | 庚子 | 대설 | 1/5 | 土 | 10 | 己巳 | 소한 |
| 1 | 8 | 木 | 11 | 辛未 | 10·1 | 8 | 土 | 11 | 辛丑 | 9·1 | 6 | 日 | 11 | 庚午 | 10·1 |
| 2 | 9 | 金 | 12 | 壬申 | 9·1 | 9 | 日 | 12 | 壬寅 | 9·1 | 7 | 月 | 12 | 辛未 | 9·1 |
| 3 | 10 | 土 | 13 | 癸酉 | 9·1 | 10 | 月 | 13 | 癸卯 | 9·1 | 8 | 火 | 13 | 壬申 | 9·1 |
| 4 | 11 | 日 | 14 | 甲戌 | 9·1 | 11 | 火 | 14 | 甲辰 | 8·1 | 9 | 水 | 14 | 癸酉 | 9·1 |
| 5 | 12 | 月 | 15 | 乙亥 | 8·2 | 12 | 水 | 15 | 乙巳 | 8·2 | 10 | 木 | 15 | 甲戌 | 8·2 |
| 6 | 13 | 火 | 16 | 丙子 | 8·2 | 13 | 木 | 16 | 丙午 | 8·2 | 11 | 金 | 16 | 乙亥 | 8·2 |
| 7 | 14 | 水 | 17 | 丁丑 | 8·2 | 14 | 金 | 17 | 丁未 | 7·2 | 12 | 土 | 17 | 丙子 | 8·2 |
| 8 | 15 | 木 | 18 | 戊寅 | 7·3 | 15 | 土 | 18 | 戊申 | 7·3 | 13 | 日 | 18 | 丁丑 | 7·3 |
| 9 | 16 | 金 | 19 | 己卯 | 7·3 | 16 | 日 | 19 | 己酉 | 7·3 | 14 | 月 | 19 | 戊寅 | 7·3 |
| 10 | 17 | 土 | 20 | 庚辰 | 7·3 | 17 | 月 | 20 | 庚戌 | 6·3 | 15 | 火 | 20 | 己卯 | 7·3 |
| 11 | 18 | 日 | 21 | 辛巳 | 6·4 | 18 | 火 | 21 | 辛亥 | 6·4 | 16 | 水 | 21 | 庚辰 | 6·4 |
| 12 | 19 | 月 | 22 | 壬午 | 6·4 | 19 | 水 | 22 | 壬子 | 6·4 | 17 | 木 | 22 | 辛巳 | 6·4 |
| 13 | 20 | 火 | 23 | 癸未 | 6·4 | 20 | 木 | 23 | 癸丑 | 5·4 | 18 | 金 | 23 | 壬午 | 6·4 |
| 14 | 21 | 水 | 24 | 甲申 | 5·5 | 21 | 金 | 24 | 甲寅 | 5·5 | 19 | 土 | 24 | 癸未 | 5·5 |
| 15 | 22 | 木 | 25 | 乙酉 | 소설 | 22 | 土 | 25 | 乙卯 | 동지 | 20 | 日 | 25 | 甲申 | 대한 |
| 16 | 23 | 金 | 26 | 丙戌 | 5·5 | 23 | 日 | 26 | 丙辰 | 4·5 | 21 | 月 | 26 | 乙酉 | 5·5 |
| 17 | 24 | 土 | 27 | 丁亥 | 4·6 | 24 | 月 | 27 | 丁巳 | 4·6 | 22 | 火 | 27 | 丙戌 | 4·6 |
| 18 | 25 | 日 | 28 | 戊子 | 4·6 | 25 | 火 | 28 | 戊午 | 4·6 | 23 | 水 | 28 | 丁亥 | 4·6 |
| 19 | 26 | 月 | 29 | 己丑 | 4·6 | 26 | 水 | 29 | 己未 | 3·6 | 24 | 木 | 29 | 戊子 | 4·6 |
| 20 | 27 | 火 | 30 | 庚寅 | 3·7 | 27 | 木 | 12/1 | 庚申 | 3·7 | 25 | 金 | 30 | 己丑 | 3·7 |
| 21 | 28 | 水 | 11/1 | 辛卯 | 3·7 | 28 | 金 | 2 | 辛酉 | 3·7 | 26 | 土 | 1/1 | 庚寅 | 3·7 |
| 22 | 29 | 木 | 2 | 壬辰 | 3·7 | 29 | 土 | 3 | 壬戌 | 2·7 | 27 | 日 | 2 | 辛卯 | 3·7 |
| 23 | 30 | 金 | 3 | 癸巳 | 2·8 | 30 | 日 | 4 | 癸亥 | 2·8 | 28 | 月 | 3 | 壬辰 | 2·8 |
| 24 | 12/1 | 土 | 4 | 甲午 | 2·8 | 31 | 月 | 5 | 甲子 | 2·8 | 29 | 火 | 4 | 癸巳 | 2·8 |
| 25 | 2 | 日 | 5 | 乙未 | 2·8 | 1/1 | 火 | 6 | 乙丑 | 1·8 | 30 | 水 | 5 | 甲午 | 2·8 |
| 26 | 3 | 月 | 6 | 丙申 | 1·9 | 2 | 水 | 7 | 丙寅 | 1·9 | 31 | 木 | 6 | 乙未 | 1·9 |
| 27 | 4 | 火 | 7 | 丁酉 | 1·9 | 3 | 木 | 8 | 丁卯 | 1·9 | 2/1 | 金 | 7 | 丙申 | 1·9 |
| 28 | 5 | 水 | 8 | 戊戌 | 1·9 | 4 | 金 | 9 | 戊辰 | 1·9 | 2 | 土 | 8 | 丁酉 | 1·9 |
| 29 | 6 | 木 | 9 | 己亥 | 1·10 | | | | | | 3 | 日 | 9 | 戊戌 | 1·10 |
| 30 | | | | | | | | | | | | | | | |
| 31 | | | | | | | | | | | | | | | |

# 서기 2047년 [단기 4380년]

| 절기후날수 | 입춘절(壬寅月)<br>立春 2월4일 7시16분<br>雨水 2월19일 3시9분 | | | | | 경칩절(癸卯月)<br>驚蟄 3월6일 1시4분<br>春分 3월21일 1시51분 | | | | | 청명절(甲辰月)<br>淸明 4월5일 5시31분<br>穀雨 4월20일 12시31분 | | | | | 입하절(乙巳月)<br>立夏 5월5일 22시27분<br>小滿 5월21일 11시18분 | | | | | 망종절(丙午月)<br>芒種 6월6일 2시19분<br>夏至 6월21일 19시2분 | | | | | 소서절(丁未月)<br>小暑 7월7일 12시29분<br>大暑 7월23일 5시54분 | | | | |
|---|---|---|---|---|---|---|---|---|---|---|---|---|---|---|---|---|---|---|---|---|---|---|---|---|---|---|---|---|---|---|
| | 양력 | 요일 | 음력 | 일진 | 大運 남·여 | 양력 | 요일 | 음력 | 일진 | 大運 남·여 | 양력 | 요일 | 음력 | 일진 | 大運 남·여 | 양력 | 요일 | 음력 | 일진 | 大運 남·여 | 양력 | 요일 | 음력 | 일진 | 大運 남·여 | 양력 | 요일 | 음력 | 일진 | 大運 남·여 |
| 0 | 2/4 | 月 | 10 | 己亥 | 입춘 | 3/6 | 水 | 10 | 己巳 | 경칩 | 4/5 | 金 | 11 | 己亥 | 청명 | 5/5 | 日 | 11 | 己巳 | 입하 | 6/6 | 木 | 13 | 辛丑 | 망종 | 7/7 | 日 | 윤15 | 壬申 | 소서 |
| 1 | 5 | 火 | 11 | 庚子 | 1·10 | 7 | 木 | 11 | 庚午 | 1·10 | 6 | 土 | 12 | 庚子 | 1·10 | 6 | 月 | 12 | 庚午 | 1·10 | 7 | 金 | 14 | 壬寅 | 1·10 | 8 | 月 | 윤16 | 癸酉 | 1·10 |
| 2 | 6 | 水 | 12 | 辛丑 | 1·9 | 8 | 金 | 12 | 辛未 | 1·9 | 7 | 日 | 13 | 辛丑 | 1·9 | 7 | 火 | 13 | 辛未 | 1·10 | 8 | 土 | 15 | 癸卯 | 1·10 | 9 | 火 | 윤17 | 甲戌 | 1·10 |
| 3 | 7 | 木 | 13 | 壬寅 | 1·9 | 9 | 土 | 13 | 壬申 | 1·9 | 8 | 月 | 14 | 壬寅 | 1·9 | 8 | 水 | 14 | 壬申 | 1·10 | 9 | 日 | 16 | 甲辰 | 1·9 | 10 | 水 | 윤18 | 乙亥 | 1·9 |
| 4 | 8 | 金 | 14 | 癸卯 | 1·9 | 10 | 日 | 14 | 癸酉 | 1·9 | 9 | 火 | 15 | 癸卯 | 1·9 | 9 | 木 | 15 | 癸酉 | 1·9 | 10 | 月 | 17 | 乙巳 | 1·9 | 11 | 木 | 윤19 | 丙子 | 1·9 |
| 5 | 9 | 土 | 15 | 甲辰 | 2·8 | 11 | 月 | 15 | 甲戌 | 2·8 | 10 | 水 | 16 | 甲辰 | 2·8 | 10 | 金 | 16 | 甲戌 | 2·9 | 11 | 火 | 18 | 丙午 | 2·9 | 12 | 金 | 윤20 | 丁丑 | 2·9 |
| 6 | 10 | 日 | 16 | 乙巳 | 2·8 | 12 | 火 | 16 | 乙亥 | 2·8 | 11 | 木 | 17 | 乙巳 | 2·8 | 11 | 土 | 17 | 乙亥 | 2·9 | 12 | 水 | 19 | 丁未 | 2·8 | 13 | 土 | 윤21 | 戊寅 | 2·8 |
| 7 | 11 | 月 | 17 | 丙午 | 2·8 | 13 | 水 | 17 | 丙子 | 2·8 | 12 | 金 | 18 | 丙午 | 2·8 | 12 | 日 | 18 | 丙子 | 2·8 | 13 | 木 | 20 | 戊申 | 2·8 | 14 | 日 | 윤22 | 己卯 | 2·8 |
| 8 | 12 | 火 | 18 | 丁未 | 3·7 | 14 | 木 | 18 | 丁丑 | 3·7 | 13 | 土 | 19 | 丁未 | 3·7 | 13 | 月 | 19 | 丁丑 | 3·8 | 14 | 金 | 21 | 己酉 | 3·8 | 15 | 月 | 윤23 | 庚辰 | 3·8 |
| 9 | 13 | 水 | 19 | 戊申 | 3·7 | 15 | 金 | 19 | 戊寅 | 3·7 | 14 | 日 | 20 | 戊申 | 3·7 | 14 | 火 | 20 | 戊寅 | 3·8 | 15 | 土 | 22 | 庚戌 | 3·7 | 16 | 火 | 윤24 | 辛巳 | 3·7 |
| 10 | 14 | 木 | 20 | 己酉 | 3·7 | 16 | 土 | 20 | 己卯 | 3·7 | 15 | 月 | 21 | 己酉 | 3·7 | 15 | 水 | 21 | 己卯 | 3·7 | 16 | 日 | 23 | 辛亥 | 3·7 | 17 | 水 | 윤25 | 壬午 | 3·7 |
| 11 | 15 | 金 | 21 | 庚戌 | 4·6 | 17 | 日 | 21 | 庚辰 | 4·6 | 16 | 火 | 22 | 庚戌 | 4·6 | 16 | 木 | 22 | 庚辰 | 4·7 | 17 | 月 | 24 | 壬子 | 4·7 | 18 | 木 | 윤26 | 癸未 | 4·7 |
| 12 | 16 | 土 | 22 | 辛亥 | 4·6 | 18 | 月 | 22 | 辛巳 | 4·6 | 17 | 水 | 23 | 辛亥 | 4·6 | 17 | 金 | 23 | 辛巳 | 4·7 | 18 | 火 | 25 | 癸丑 | 4·6 | 19 | 金 | 윤27 | 甲申 | 4·6 |
| 13 | 17 | 日 | 23 | 壬子 | 4·6 | 19 | 火 | 23 | 壬午 | 4·6 | 18 | 木 | 24 | 壬子 | 4·6 | 18 | 土 | 24 | 壬午 | 4·6 | 19 | 水 | 26 | 甲寅 | 4·6 | 20 | 土 | 윤28 | 乙酉 | 4·6 |
| 14 | 18 | 月 | 24 | 癸丑 | 5·5 | 20 | 水 | 24 | 癸未 | 5·5 | 19 | 金 | 25 | 癸丑 | 5·5 | 19 | 日 | 25 | 癸未 | 5·6 | 20 | 木 | 27 | 乙卯 | 5·6 | 21 | 日 | 윤29 | 丙戌 | 5·6 |
| 15 | 19 | 火 | 25 | 甲寅 | 우수 | 21 | 木 | 25 | 甲申 | 춘분 | 20 | 土 | 26 | 甲寅 | 곡우 | 20 | 月 | 26 | 甲申 | 5·6 | 21 | 金 | 28 | 丙辰 | 하지 | 22 | 月 | 윤30 | 丁亥 | 5·5 |
| 16 | 20 | 水 | 26 | 乙卯 | 5·5 | 22 | 金 | 26 | 乙酉 | 5·5 | 21 | 日 | 27 | 乙卯 | 5·5 | 21 | 火 | 27 | 乙酉 | 소만 | 22 | 土 | 29 | 丁巳 | 5·5 | 23 | 火 | 6/1 | 戊子 | 대서 |
| 17 | 21 | 木 | 27 | 丙辰 | 6·4 | 23 | 土 | 27 | 丙戌 | 6·4 | 22 | 月 | 28 | 丙辰 | 6·4 | 22 | 水 | 28 | 丙戌 | 6·5 | 23 | 日 | 윤1 | 戊午 | 6·5 | 24 | 水 | 2 | 己丑 | 6·5 |
| 18 | 22 | 金 | 28 | 丁巳 | 6·4 | 24 | 日 | 28 | 丁亥 | 6·4 | 23 | 火 | 29 | 丁巳 | 6·4 | 23 | 木 | 29 | 丁亥 | 6·5 | 24 | 月 | 윤2 | 己未 | 6·4 | 25 | 木 | 3 | 庚寅 | 6·4 |
| 19 | 23 | 土 | 29 | 戊午 | 6·4 | 25 | 月 | 29 | 戊子 | 6·4 | 24 | 水 | 30 | 戊午 | 6·4 | 24 | 金 | 30 | 戊子 | 6·4 | 25 | 火 | 윤3 | 庚申 | 6·4 | 26 | 金 | 4 | 辛卯 | 6·4 |
| 20 | 24 | 日 | 30 | 己未 | 7·3 | 26 | 火 | 3/1 | 己丑 | 7·3 | 25 | 木 | 4/1 | 己未 | 7·3 | 25 | 土 | 5/1 | 己丑 | 7·4 | 26 | 水 | 윤4 | 辛酉 | 7·4 | 27 | 土 | 5 | 壬辰 | 7·4 |
| 21 | 25 | 月 | 2/1 | 庚申 | 7·3 | 27 | 水 | 2 | 庚寅 | 7·3 | 26 | 金 | 2 | 庚申 | 7·3 | 26 | 日 | 2 | 庚寅 | 7·4 | 27 | 木 | 윤5 | 壬戌 | 7·3 | 28 | 日 | 6 | 癸巳 | 7·3 |
| 22 | 26 | 火 | 2 | 辛酉 | 7·3 | 28 | 木 | 3 | 辛卯 | 7·3 | 27 | 土 | 3 | 辛酉 | 7·3 | 27 | 月 | 3 | 辛卯 | 7·3 | 28 | 金 | 윤6 | 癸亥 | 7·3 | 29 | 月 | 7 | 甲午 | 7·3 |
| 23 | 27 | 水 | 3 | 壬戌 | 8·2 | 29 | 金 | 4 | 壬辰 | 8·2 | 28 | 日 | 4 | 壬戌 | 8·2 | 28 | 火 | 4 | 壬辰 | 8·3 | 29 | 土 | 윤7 | 甲子 | 8·3 | 30 | 火 | 8 | 乙未 | 8·3 |
| 24 | 28 | 木 | 4 | 癸亥 | 8·2 | 30 | 土 | 5 | 癸巳 | 8·2 | 29 | 月 | 5 | 癸亥 | 8·2 | 29 | 水 | 5 | 癸巳 | 8·3 | 30 | 日 | 윤8 | 乙丑 | 8·2 | 31 | 水 | 9 | 丙申 | 8·2 |
| 25 | 3/1 | 金 | 5 | 甲子 | 8·2 | 31 | 日 | 6 | 甲午 | 8·2 | 30 | 火 | 6 | 甲子 | 8·2 | 30 | 木 | 6 | 甲午 | 8·2 | 7/1 | 月 | 윤9 | 丙寅 | 8·2 | 8/1 | 木 | 10 | 丁酉 | 8·2 |
| 26 | 2 | 土 | 6 | 乙丑 | 9·1 | 4/1 | 月 | 7 | 乙未 | 9·1 | 5/1 | 水 | 7 | 乙丑 | 9·1 | 31 | 金 | 7 | 乙未 | 9·2 | 2 | 火 | 윤10 | 丁卯 | 9·2 | 2 | 金 | 11 | 戊戌 | 9·2 |
| 27 | 3 | 日 | 7 | 丙寅 | 9·1 | 2 | 火 | 8 | 丙申 | 9·1 | 2 | 木 | 8 | 丙寅 | 9·1 | 6/1 | 土 | 8 | 丙申 | 9·2 | 3 | 水 | 윤11 | 戊辰 | 9·1 | 3 | 土 | 12 | 己亥 | 9·1 |
| 28 | 4 | 月 | 8 | 丁卯 | 9·1 | 3 | 水 | 9 | 丁酉 | 9·1 | 3 | 金 | 9 | 丁卯 | 9·1 | 2 | 日 | 9 | 丁酉 | 9·1 | 4 | 木 | 윤12 | 己巳 | 9·1 | 4 | 日 | 13 | 庚子 | 9·1 |
| 29 | 5 | 火 | 9 | 戊辰 | 10·1 | 4 | 木 | 10 | 戊戌 | 10·1 | 4 | 土 | 10 | 戊辰 | 10·1 | 3 | 月 | 10 | 戊戌 | 10·1 | 5 | 金 | 윤13 | 庚午 | 10·1 | 5 | 月 | 14 | 辛丑 | 10·1 |
| 30 | | | | | | | | | | | | | | | | 4 | 火 | 11 | 己亥 | 10·1 | 6 | 土 | 윤14 | 辛未 | 10·1 | 6 | 火 | 15 | 壬寅 | 10·1 |
| 31 | | | | | | | | | | | | | | | | 5 | 水 | 12 | 庚子 | 10·1 | | | | | | | | | | |

▶윤달-5월

# 丁卯年

| 절기후날수 | 입추절(戊申月) 立秋 8월7일 22시24분 處暑 8월23일 13시9분 | | | | | 백로절(己酉月) 白露 9월8일 1시37분 秋分 9월23일 11시6분 | | | | | 한로절(庚戌月) 寒露 10월8일 17시36분 霜降 10월23일 20시47분 | | | | | 입동절(辛亥月) 立冬 11월7일 21시6분 小雪 11월22일 18시37분 | | | | | 대설절(壬子月) 大雪 12월7일 14시9분 冬至 12월22일 8시6분 | | | | | 소한절(癸丑月) 小寒 1월6일 1시28분 大寒 1월20일 18시46분 | | | | |
|---|---|---|---|---|---|---|---|---|---|---|---|---|---|---|---|---|---|---|---|---|---|---|---|---|---|---|---|---|---|---|
| | 양력 | 요일 | 음력 | 일진 | 大運 남·여 | 양력 | 요일 | 음력 | 일진 | 大運 남·여 | 양력 | 요일 | 음력 | 일진 | 大運 남·여 | 양력 | 요일 | 음력 | 일진 | 大運 남·여 | 양력 | 요일 | 음력 | 일진 | 大運 남·여 | 양력 | 요일 | 음력 | 일진 | 大運 남·여 |
| 0 | 8/7 | 水 | 16 | 癸卯 | 입추 | 9/8 | 日 | 19 | 乙亥 | 백로 | 10/8 | 火 | 19 | 乙巳 | 한로 | 11/7 | 木 | 20 | 乙亥 | 입동 | 12/7 | 土 | 21 | 乙巳 | 대설 | 1/6 | 月 | 21 | 乙亥 | 소한 |
| 1 | 8 | 木 | 17 | 甲辰 | 1·10 | 9 | 月 | 20 | 丙子 | 1·10 | 9 | 水 | 20 | 丙午 | 1·10 | 8 | 金 | 21 | 丙子 | 1·10 | 8 | 日 | 22 | 丙午 | 1·10 | 7 | 火 | 22 | 丙子 | 1·9 |
| 2 | 9 | 金 | 18 | 乙巳 | 1·10 | 10 | 火 | 21 | 丁丑 | 1·9 | 10 | 木 | 21 | 丁未 | 1·9 | 9 | 土 | 22 | 丁丑 | 1·9 | 9 | 月 | 23 | 丁未 | 1·9 | 8 | 水 | 23 | 丁丑 | 1·9 |
| 3 | 10 | 土 | 19 | 丙午 | 1·10 | 11 | 水 | 22 | 戊寅 | 1·9 | 11 | 金 | 22 | 戊申 | 1·9 | 10 | 日 | 23 | 戊寅 | 1·9 | 10 | 火 | 24 | 戊申 | 1·9 | 9 | 木 | 24 | 戊寅 | 1·9 |
| 4 | 11 | 日 | 20 | 丁未 | 1·9 | 12 | 木 | 23 | 己卯 | 1·9 | 12 | 土 | 23 | 己酉 | 1·9 | 11 | 月 | 24 | 己卯 | 1·9 | 11 | 水 | 25 | 己酉 | 1·9 | 10 | 金 | 25 | 己卯 | 1·8 |
| 5 | 12 | 月 | 21 | 戊申 | 2·9 | 13 | 金 | 24 | 庚辰 | 2·8 | 13 | 日 | 24 | 庚戌 | 2·8 | 12 | 火 | 25 | 庚辰 | 2·8 | 12 | 木 | 26 | 庚戌 | 2·8 | 11 | 土 | 26 | 庚辰 | 2·8 |
| 6 | 13 | 火 | 22 | 己酉 | 2·9 | 14 | 土 | 25 | 辛巳 | 2·8 | 14 | 月 | 25 | 辛亥 | 2·8 | 13 | 水 | 26 | 辛巳 | 2·8 | 13 | 金 | 27 | 辛亥 | 2·8 | 12 | 日 | 27 | 辛巳 | 2·8 |
| 7 | 14 | 水 | 23 | 庚戌 | 2·8 | 15 | 日 | 26 | 壬午 | 2·8 | 15 | 火 | 26 | 壬子 | 2·8 | 14 | 木 | 27 | 壬午 | 2·8 | 14 | 土 | 28 | 壬子 | 2·8 | 13 | 月 | 28 | 壬午 | 2·7 |
| 8 | 15 | 木 | 24 | 辛亥 | 3·8 | 16 | 月 | 27 | 癸未 | 3·7 | 16 | 水 | 27 | 癸丑 | 3·7 | 15 | 金 | 28 | 癸未 | 3·7 | 15 | 日 | 29 | 癸丑 | 3·7 | 14 | 火 | 29 | 癸未 | 3·7 |
| 9 | 16 | 金 | 25 | 壬子 | 3·8 | 17 | 火 | 28 | 甲申 | 3·7 | 17 | 木 | 28 | 甲寅 | 3·7 | 16 | 土 | 29 | 甲申 | 3·7 | 16 | 月 | 30 | 甲寅 | 3·7 | 15 | 水 | 12/1 | 甲申 | 3·7 |
| 10 | 17 | 土 | 26 | 癸丑 | 3·7 | 18 | 水 | 29 | 乙酉 | 3·7 | 18 | 金 | 29 | 乙卯 | 3·7 | 17 | 日 | 10/1 | 乙酉 | 3·7 | 17 | 火 | 11/1 | 乙卯 | 3·7 | 16 | 木 | 2 | 乙酉 | 3·6 |
| 11 | 18 | 日 | 27 | 甲寅 | 4·7 | 19 | 木 | 30 | 丙戌 | 4·6 | 19 | 土 | 9/1 | 丙辰 | 4·6 | 18 | 月 | 2 | 丙戌 | 4·6 | 18 | 水 | 2 | 丙辰 | 4·6 | 17 | 金 | 3 | 丙戌 | 4·6 |
| 12 | 19 | 月 | 28 | 乙卯 | 4·7 | 20 | 金 | 8/1 | 丁亥 | 4·6 | 20 | 日 | 2 | 丁巳 | 4·6 | 19 | 火 | 3 | 丁亥 | 4·6 | 19 | 木 | 3 | 丁巳 | 4·6 | 18 | 土 | 4 | 丁亥 | 4·6 |
| 13 | 20 | 火 | 29 | 丙辰 | 4·6 | 21 | 土 | 2 | 戊子 | 4·6 | 21 | 月 | 3 | 戊午 | 4·6 | 20 | 水 | 4 | 戊子 | 4·6 | 20 | 金 | 4 | 戊午 | 4·6 | 19 | 日 | 5 | 戊子 | 4·5 |
| 14 | 21 | 水 | 7/1 | 丁巳 | 5·6 | 22 | 日 | 3 | 己丑 | 5·5 | 22 | 火 | 4 | 己未 | 5·5 | 21 | 木 | 5 | 己丑 | 5·5 | 21 | 土 | 5 | 己未 | 5·5 | 20 | 月 | 6 | 己丑 | 대한 |
| 15 | 22 | 木 | 2 | 戊午 | 5·6 | 23 | 月 | 4 | 庚寅 | 추분 | 23 | 水 | 5 | 庚申 | 상강 | 22 | 金 | 6 | 庚寅 | 소설 | 22 | 日 | 6 | 庚申 | 동지 | 21 | 火 | 7 | 庚寅 | 5·5 |
| 16 | 23 | 金 | 3 | 己未 | 처서 | 24 | 火 | 5 | 辛卯 | 5·5 | 24 | 木 | 6 | 辛酉 | 5·5 | 23 | 土 | 7 | 辛卯 | 5·5 | 23 | 月 | 7 | 辛酉 | 5·5 | 22 | 水 | 8 | 辛卯 | 5·4 |
| 17 | 24 | 土 | 4 | 庚申 | 6·5 | 25 | 水 | 6 | 壬辰 | 6·4 | 25 | 金 | 7 | 壬戌 | 6·4 | 24 | 日 | 8 | 壬辰 | 6·4 | 24 | 火 | 8 | 壬戌 | 6·4 | 23 | 木 | 9 | 壬辰 | 6·4 |
| 18 | 25 | 日 | 5 | 辛酉 | 6·5 | 26 | 木 | 7 | 癸巳 | 6·4 | 26 | 土 | 8 | 癸亥 | 6·4 | 25 | 月 | 9 | 癸巳 | 6·4 | 25 | 水 | 9 | 癸亥 | 6·4 | 24 | 金 | 10 | 癸巳 | 6·4 |
| 19 | 26 | 月 | 6 | 壬戌 | 6·4 | 27 | 金 | 8 | 甲午 | 6·4 | 27 | 日 | 9 | 甲子 | 6·4 | 26 | 火 | 10 | 甲午 | 6·4 | 26 | 木 | 10 | 甲子 | 6·4 | 25 | 土 | 11 | 甲午 | 6·3 |
| 20 | 27 | 火 | 7 | 癸亥 | 7·4 | 28 | 土 | 9 | 乙未 | 7·3 | 28 | 月 | 10 | 乙丑 | 7·3 | 27 | 水 | 11 | 乙未 | 7·3 | 27 | 金 | 11 | 乙丑 | 7·3 | 26 | 日 | 12 | 乙未 | 7·3 |
| 21 | 28 | 水 | 8 | 甲子 | 7·4 | 29 | 日 | 10 | 丙申 | 7·3 | 29 | 火 | 11 | 丙寅 | 7·3 | 28 | 木 | 12 | 丙申 | 7·3 | 28 | 土 | 12 | 丙寅 | 7·3 | 27 | 月 | 13 | 丙申 | 7·3 |
| 22 | 29 | 木 | 9 | 乙丑 | 7·3 | 30 | 月 | 11 | 丁酉 | 7·3 | 30 | 水 | 12 | 丁卯 | 7·3 | 29 | 金 | 13 | 丁酉 | 7·3 | 29 | 日 | 13 | 丁卯 | 7·3 | 28 | 火 | 14 | 丁酉 | 7·2 |
| 23 | 30 | 金 | 10 | 丙寅 | 8·3 | 10/1 | 火 | 12 | 戊戌 | 8·2 | 31 | 木 | 13 | 戊辰 | 8·2 | 30 | 土 | 14 | 戊戌 | 8·2 | 30 | 月 | 14 | 戊辰 | 8·2 | 29 | 水 | 15 | 戊戌 | 8·2 |
| 24 | 31 | 土 | 11 | 丁卯 | 8·3 | 2 | 水 | 13 | 己亥 | 8·2 | 11/1 | 金 | 14 | 己巳 | 8·2 | 12/1 | 日 | 15 | 己亥 | 8·2 | 31 | 火 | 15 | 己巳 | 8·2 | 30 | 木 | 16 | 己亥 | 8·2 |
| 25 | 9/1 | 日 | 12 | 戊辰 | 8·2 | 3 | 木 | 14 | 庚子 | 8·2 | 2 | 土 | 15 | 庚午 | 8·2 | 2 | 月 | 16 | 庚子 | 8·2 | 1/1 | 水 | 16 | 庚午 | 8·2 | 31 | 金 | 17 | 庚子 | 8·1 |
| 26 | 2 | 月 | 13 | 己巳 | 9·2 | 4 | 金 | 15 | 辛丑 | 9·1 | 3 | 日 | 16 | 辛未 | 9·1 | 3 | 火 | 17 | 辛丑 | 9·1 | 2 | 木 | 17 | 辛未 | 9·1 | 2/1 | 土 | 18 | 辛丑 | 9·1 |
| 27 | 3 | 火 | 14 | 庚午 | 9·2 | 5 | 土 | 16 | 壬寅 | 9·1 | 4 | 月 | 17 | 壬申 | 9·1 | 4 | 水 | 18 | 壬寅 | 9·1 | 3 | 金 | 18 | 壬申 | 9·1 | 2 | 日 | 19 | 壬寅 | 9·1 |
| 28 | 4 | 水 | 15 | 辛未 | 9·1 | 6 | 日 | 17 | 癸卯 | 9·1 | 5 | 火 | 18 | 癸酉 | 9·1 | 5 | 木 | 19 | 癸卯 | 9·1 | 4 | 土 | 19 | 癸酉 | 9·1 | 3 | 月 | 20 | 癸卯 | 9·1 |
| 29 | 5 | 木 | 16 | 壬申 | 10·1 | 7 | 月 | 18 | 甲辰 | 10·1 | 6 | 水 | 19 | 甲戌 | 10·1 | 6 | 金 | 20 | 甲辰 | 10·1 | 5 | 日 | 20 | 甲戌 | 10·1 | | | | | |
| 30 | 6 | 金 | 17 | 癸酉 | 10·1 | | | | | | | | | | | | | | | | | | | | | | | | | |
| 31 | 7 | 土 | 18 | 甲戌 | 10·1 | | | | | | | | | | | | | | | | | | | | | | | | | |

# 서기 2048년 [단기 4381년]

| 절기후날수 | 입춘절(甲寅月)<br>立春 2월4일 13시3분<br>雨水 2월19일 8시47분 | | | | | 경칩절(乙卯月)<br>驚蟄 3월5일 6시53분<br>春分 3월20일 7시32분 | | | | | 청명절(丙辰月)<br>淸明 4월4일 11시24분<br>穀雨 4월19일 18시16분 | | | | |
|---|---|---|---|---|---|---|---|---|---|---|---|---|---|---|---|
| | 양력 | 요일 | 음력 | 일진 | 大運 남·여 | 양력 | 요일 | 음력 | 일진 | 大運 남·여 | 양력 | 요일 | 음력 | 일진 | 大運 남·여 |
| 0 | 2/4 | 火 | 21 | 甲辰 | 입춘 | 3/5 | 木 | 21 | 甲戌 | 경칩 | 4/4 | 土 | 22 | 甲辰 | 청명 |
| 1 | 5 | 水 | 22 | 乙巳 | 10·1 | 6 | 金 | 22 | 乙亥 | 10·1 | 5 | 日 | 23 | 乙巳 | 10·1 |
| 2 | 6 | 木 | 23 | 丙午 | 9·1 | 7 | 土 | 23 | 丙子 | 9·1 | 6 | 月 | 24 | 丙午 | 10·1 |
| 3 | 7 | 金 | 24 | 丁未 | 9·1 | 8 | 日 | 24 | 丁丑 | 9·1 | 7 | 火 | 25 | 丁未 | 9·1 |
| 4 | 8 | 土 | 25 | 戊申 | 9·1 | 9 | 月 | 25 | 戊寅 | 9·1 | 8 | 水 | 26 | 戊申 | 9·1 |
| 5 | 9 | 日 | 26 | 己酉 | 8·2 | 10 | 火 | 26 | 己卯 | 8·2 | 9 | 木 | 27 | 己酉 | 9·2 |
| 6 | 10 | 月 | 27 | 庚戌 | 8·2 | 11 | 水 | 27 | 庚辰 | 8·2 | 10 | 金 | 28 | 庚戌 | 8·2 |
| 7 | 11 | 火 | 28 | 辛亥 | 8·2 | 12 | 木 | 28 | 辛巳 | 8·2 | 11 | 土 | 29 | 辛亥 | 8·2 |
| 8 | 12 | 水 | 29 | 壬子 | 7·3 | 13 | 金 | 29 | 壬午 | 7·3 | 12 | 日 | 30 | 壬子 | 8·3 |
| 9 | 13 | 木 | 30 | 癸丑 | 7·3 | 14 | 土 | 2/1 | 癸未 | 7·3 | 13 | 月 | 3/1 | 癸丑 | 7·3 |
| 10 | 14 | 金 | 1/1 | 甲寅 | 7·3 | 15 | 日 | 2 | 甲申 | 7·3 | 14 | 火 | 2 | 甲寅 | 7·3 |
| 11 | 15 | 土 | 2 | 乙卯 | 6·4 | 16 | 月 | 3 | 乙酉 | 6·4 | 15 | 水 | 3 | 乙卯 | 7·4 |
| 12 | 16 | 日 | 3 | 丙辰 | 6·4 | 17 | 火 | 4 | 丙戌 | 6·4 | 16 | 木 | 4 | 丙辰 | 6·4 |
| 13 | 17 | 月 | 4 | 丁巳 | 6·4 | 18 | 水 | 5 | 丁亥 | 6·4 | 17 | 金 | 5 | 丁巳 | 6·4 |
| 14 | 18 | 火 | 5 | 戊午 | 5·5 | 19 | 木 | 6 | 戊子 | 5·5 | 18 | 土 | 6 | 戊午 | 6·5 |
| 15 | 19 | 水 | 6 | 己未 | 우수 | 20 | 金 | 7 | 己丑 | 춘분 | 19 | 日 | 7 | 己未 | 곡우 |
| 16 | 20 | 木 | 7 | 庚申 | 5·5 | 21 | 土 | 8 | 庚寅 | 5·5 | 20 | 月 | 8 | 庚申 | 5·5 |
| 17 | 21 | 金 | 8 | 辛酉 | 4·6 | 22 | 日 | 9 | 辛卯 | 4·6 | 21 | 火 | 9 | 辛酉 | 5·6 |
| 18 | 22 | 土 | 9 | 壬戌 | 4·6 | 23 | 月 | 10 | 壬辰 | 4·6 | 22 | 水 | 10 | 壬戌 | 4·6 |
| 19 | 23 | 日 | 10 | 癸亥 | 4·6 | 24 | 火 | 11 | 癸巳 | 4·6 | 23 | 木 | 11 | 癸亥 | 4·6 |
| 20 | 24 | 月 | 11 | 甲子 | 3·7 | 25 | 水 | 12 | 甲午 | 3·7 | 24 | 金 | 12 | 甲子 | 4·7 |
| 21 | 25 | 火 | 12 | 乙丑 | 3·7 | 26 | 木 | 13 | 乙未 | 3·7 | 25 | 土 | 13 | 乙丑 | 3·7 |
| 22 | 26 | 水 | 13 | 丙寅 | 3·7 | 27 | 金 | 14 | 丙申 | 3·7 | 26 | 日 | 14 | 丙寅 | 3·7 |
| 23 | 27 | 木 | 14 | 丁卯 | 2·8 | 28 | 土 | 15 | 丁酉 | 2·8 | 27 | 月 | 15 | 丁卯 | 3·8 |
| 24 | 28 | 金 | 15 | 戊辰 | 2·8 | 29 | 日 | 16 | 戊戌 | 2·8 | 28 | 火 | 16 | 戊辰 | 2·8 |
| 25 | 29 | 土 | 16 | 己巳 | 2·8 | 30 | 月 | 17 | 己亥 | 2·8 | 29 | 水 | 17 | 己巳 | 2·8 |
| 26 | 3/1 | 日 | 17 | 庚午 | 1·9 | 31 | 火 | 18 | 庚子 | 1·9 | 30 | 木 | 18 | 庚午 | 2·9 |
| 27 | 2 | 月 | 18 | 辛未 | 1·9 | 4/1 | 水 | 19 | 辛丑 | 1·9 | 5/1 | 金 | 19 | 辛未 | 1·9 |
| 28 | 3 | 火 | 19 | 壬申 | 1·9 | 2 | 木 | 20 | 壬寅 | 1·9 | 2 | 土 | 20 | 壬申 | 1·9 |
| 29 | 4 | 水 | 20 | 癸酉 | 1·10 | 3 | 金 | 21 | 癸卯 | 1·10 | 3 | 日 | 21 | 癸酉 | 1·10 |
| 30 | | | | | | | | | | | 4 | 月 | 22 | 甲戌 | 1·10 |
| 31 | | | | | | | | | | | | | | | |

| 절기후날수 | 입하절(丁巳月)<br>立夏 5월5일 4시23분<br>小滿 5월20일 17시6분 | | | | | 망종절(戊午月)<br>芒種 6월5일 8시17분<br>夏至 6월21일 0시52분 | | | | | 소서절(己未月)<br>小暑 7월6일 18시25분<br>大暑 7월22일 11시45분 | | | | |
|---|---|---|---|---|---|---|---|---|---|---|---|---|---|---|---|
| | 양력 | 요일 | 음력 | 일진 | 大運 남·여 | 양력 | 요일 | 음력 | 일진 | 大運 남·여 | 양력 | 요일 | 음력 | 일진 | 大運 남·여 |
| 0 | 5/5 | 火 | 23 | 乙亥 | 입하 | 6/5 | 金 | 24 | 丙午 | 망종 | 7/6 | 月 | 26 | 丁丑 | 소서 |
| 1 | 6 | 水 | 24 | 丙子 | 10·1 | 6 | 土 | 25 | 丁未 | 10·1 | 7 | 火 | 27 | 戊寅 | 10·1 |
| 2 | 7 | 木 | 25 | 丁丑 | 10·1 | 7 | 日 | 26 | 戊申 | 10·1 | 8 | 水 | 28 | 己卯 | 10·1 |
| 3 | 8 | 金 | 26 | 戊寅 | 9·1 | 8 | 月 | 27 | 己酉 | 9·1 | 9 | 木 | 29 | 庚辰 | 10·1 |
| 4 | 9 | 土 | 27 | 己卯 | 9·1 | 9 | 火 | 28 | 庚戌 | 9·1 | 10 | 金 | 30 | 辛巳 | 9·1 |
| 5 | 10 | 日 | 28 | 庚辰 | 9·2 | 10 | 水 | 29 | 辛亥 | 9·2 | 11 | 土 | 6/1 | 壬午 | 9·2 |
| 6 | 11 | 月 | 29 | 辛巳 | 8·2 | 11 | 木 | 5/1 | 壬子 | 8·2 | 12 | 日 | 2 | 癸未 | 9·2 |
| 7 | 12 | 火 | 30 | 壬午 | 8·2 | 12 | 金 | 2 | 癸丑 | 8·2 | 13 | 月 | 3 | 甲申 | 8·2 |
| 8 | 13 | 水 | 4/1 | 癸未 | 8·3 | 13 | 土 | 3 | 甲寅 | 8·3 | 14 | 火 | 4 | 乙酉 | 8·3 |
| 9 | 14 | 木 | 2 | 甲申 | 7·3 | 14 | 日 | 4 | 乙卯 | 7·3 | 15 | 水 | 5 | 丙戌 | 8·3 |
| 10 | 15 | 金 | 3 | 乙酉 | 7·3 | 15 | 月 | 5 | 丙辰 | 7·3 | 16 | 木 | 6 | 丁亥 | 7·3 |
| 11 | 16 | 土 | 4 | 丙戌 | 7·4 | 16 | 火 | 6 | 丁巳 | 7·4 | 17 | 金 | 7 | 戊子 | 7·4 |
| 12 | 17 | 日 | 5 | 丁亥 | 6·4 | 17 | 水 | 7 | 戊午 | 6·4 | 18 | 土 | 8 | 己丑 | 7·4 |
| 13 | 18 | 月 | 6 | 戊子 | 6·4 | 18 | 木 | 8 | 己未 | 6·4 | 19 | 日 | 9 | 庚寅 | 6·4 |
| 14 | 19 | 火 | 7 | 己丑 | 6·5 | 19 | 金 | 9 | 庚申 | 6·5 | 20 | 月 | 10 | 辛卯 | 6·5 |
| 15 | 20 | 水 | 8 | 庚寅 | 소만 | 20 | 土 | 10 | 辛酉 | 5·5 | 21 | 火 | 11 | 壬辰 | 6·5 |
| 16 | 21 | 木 | 9 | 辛卯 | 5·5 | 21 | 日 | 11 | 壬戌 | 하지 | 22 | 水 | 12 | 癸巳 | 대서 |
| 17 | 22 | 金 | 10 | 壬辰 | 5·6 | 22 | 月 | 12 | 癸亥 | 5·6 | 23 | 木 | 13 | 甲午 | 5·6 |
| 18 | 23 | 土 | 11 | 癸巳 | 4·6 | 23 | 火 | 13 | 甲子 | 4·6 | 24 | 金 | 14 | 乙未 | 5·6 |
| 19 | 24 | 日 | 12 | 甲午 | 4·6 | 24 | 水 | 14 | 乙丑 | 4·6 | 25 | 土 | 15 | 丙申 | 4·6 |
| 20 | 25 | 月 | 13 | 乙未 | 4·7 | 25 | 木 | 15 | 丙寅 | 4·7 | 26 | 日 | 16 | 丁酉 | 4·7 |
| 21 | 26 | 火 | 14 | 丙申 | 3·7 | 26 | 金 | 16 | 丁卯 | 3·7 | 27 | 月 | 17 | 戊戌 | 4·7 |
| 22 | 27 | 水 | 15 | 丁酉 | 3·7 | 27 | 土 | 17 | 戊辰 | 3·7 | 28 | 火 | 18 | 己亥 | 3·7 |
| 23 | 28 | 木 | 16 | 戊戌 | 3·8 | 28 | 日 | 18 | 己巳 | 3·8 | 29 | 水 | 19 | 庚子 | 3·8 |
| 24 | 29 | 金 | 17 | 己亥 | 2·8 | 29 | 月 | 19 | 庚午 | 2·8 | 30 | 木 | 20 | 辛丑 | 3·8 |
| 25 | 30 | 土 | 18 | 庚子 | 2·8 | 30 | 火 | 20 | 辛未 | 2·8 | 31 | 金 | 21 | 壬寅 | 2·8 |
| 26 | 31 | 日 | 19 | 辛丑 | 2·9 | 7/1 | 水 | 21 | 壬申 | 2·9 | 8/1 | 土 | 22 | 癸卯 | 2·9 |
| 27 | 6/1 | 月 | 20 | 壬寅 | 1·9 | 2 | 木 | 22 | 癸酉 | 1·9 | 2 | 日 | 23 | 甲辰 | 2·9 |
| 28 | 2 | 火 | 21 | 癸卯 | 1·9 | 3 | 金 | 23 | 甲戌 | 1·9 | 3 | 月 | 24 | 乙巳 | 1·9 |
| 29 | 3 | 水 | 22 | 甲辰 | 1·10 | 4 | 土 | 24 | 乙亥 | 1·10 | 4 | 火 | 25 | 丙午 | 1·10 |
| 30 | 4 | 木 | 23 | 乙巳 | 1·10 | 5 | 日 | 25 | 丙子 | 1·10 | 5 | 水 | 26 | 丁未 | 1·10 |
| 31 | | | | | | | | | | | 6 | 木 | 27 | 戊申 | 1·10 |

# 戊辰年

| 절기후날수 | 입추절(庚申月) | | | | | 백로절(辛酉月) | | | | | 한로절(壬戌月) | | | | | 입동절(癸亥月) | | | | | 대설절(甲子月) | | | | | 소한절(乙丑月) | | | | |
|---|---|---|---|---|---|---|---|---|---|---|---|---|---|---|---|---|---|---|---|---|---|---|---|---|---|---|---|---|---|---|
| | 立秋 8월7일 4시17분<br>處暑 8월22일 19시1분 | | | | | 白露 9월7일 7시26분<br>秋分 9월22일 16시59분 | | | | | 寒露 10월7일 23시25분<br>霜降 10월23일 2시41분 | | | | | 立冬 11월7일 2시55분<br>小雪 11월22일 0시32분 | | | | | 大雪 12월6일 19시59분<br>冬至 12월21일 14시1분 | | | | | 小寒 1월5일 7시17분<br>大寒 1월20일 0시40분 | | | | |
| | 양력 | 요일 | 음력 | 일진 | 大運 남·여 | 양력 | 요일 | 음력 | 일진 | 大運 남·여 | 양력 | 요일 | 음력 | 일진 | 大運 남·여 | 양력 | 요일 | 음력 | 일진 | 大運 남·여 | 양력 | 요일 | 음력 | 일진 | 大運 남·여 | 양력 | 요일 | 음력 | 일진 | 大運 남·여 |
| 0 | 8/7 | 金 | 28 | 己酉 | 입추 | 9/7 | 月 | 29 | 庚辰 | 백로 | 10/7 | 水 | 30 | 庚戌 | 한로 | 11/7 | 土 | 2 | 辛巳 | 입동 | 12/6 | 日 | 11/1 | 庚戌 | 대설 | 1/5 | 火 | 2 | 庚辰 | 소한 |
| 1 | 8 | 土 | 29 | 庚戌 | 10·1 | 8 | 火 | 8/1 | 辛巳 | 10·1 | 8 | 木 | 9/1 | 辛亥 | 10·1 | 8 | 日 | 3 | 壬午 | 9·1 | 7 | 月 | 2 | 辛亥 | 10·1 | 6 | 水 | 3 | 辛巳 | 9·1 |
| 2 | 9 | 日 | 30 | 辛亥 | 10·1 | 9 | 水 | 2 | 壬午 | 9·1 | 9 | 金 | 2 | 壬子 | 10·1 | 9 | 月 | 4 | 癸未 | 9·1 | 8 | 火 | 3 | 壬子 | 9·1 | 7 | 木 | 4 | 壬午 | 9·1 |
| 3 | 10 | 月 | 7/1 | 壬子 | 9·1 | 10 | 木 | 3 | 癸未 | 9·1 | 10 | 土 | 3 | 癸丑 | 9·1 | 10 | 火 | 5 | 甲申 | 9·1 | 9 | 水 | 4 | 癸丑 | 9·1 | 8 | 金 | 5 | 癸未 | 9·1 |
| 4 | 11 | 火 | 2 | 癸丑 | 9·1 | 11 | 金 | 4 | 甲申 | 9·1 | 11 | 日 | 4 | 甲寅 | 9·1 | 11 | 水 | 6 | 乙酉 | 8·1 | 10 | 木 | 5 | 甲寅 | 9·1 | 9 | 土 | 6 | 甲申 | 8·1 |
| 5 | 12 | 水 | 3 | 甲寅 | 9·2 | 12 | 土 | 5 | 乙酉 | 8·2 | 12 | 月 | 5 | 乙卯 | 9·2 | 12 | 木 | 7 | 丙戌 | 8·2 | 11 | 金 | 6 | 乙卯 | 8·2 | 10 | 日 | 7 | 乙酉 | 8·2 |
| 6 | 13 | 木 | 4 | 乙卯 | 8·2 | 13 | 日 | 6 | 丙戌 | 8·2 | 13 | 火 | 6 | 丙辰 | 8·2 | 13 | 金 | 8 | 丁亥 | 8·2 | 12 | 土 | 7 | 丙辰 | 8·2 | 11 | 月 | 8 | 丙戌 | 8·2 |
| 7 | 14 | 金 | 5 | 丙辰 | 8·2 | 14 | 月 | 7 | 丁亥 | 8·2 | 14 | 水 | 7 | 丁巳 | 8·2 | 14 | 土 | 9 | 戊子 | 7·2 | 13 | 日 | 8 | 丁巳 | 8·2 | 12 | 火 | 9 | 丁亥 | 7·2 |
| 8 | 15 | 土 | 6 | 丁巳 | 8·3 | 15 | 火 | 8 | 戊子 | 7·3 | 15 | 木 | 8 | 戊午 | 8·3 | 15 | 日 | 10 | 己丑 | 7·3 | 14 | 月 | 9 | 戊午 | 7·3 | 13 | 水 | 10 | 戊子 | 7·3 |
| 9 | 16 | 日 | 7 | 戊午 | 7·3 | 16 | 水 | 9 | 己丑 | 7·3 | 16 | 金 | 9 | 己未 | 7·3 | 16 | 月 | 11 | 庚寅 | 7·3 | 15 | 火 | 10 | 己未 | 7·3 | 14 | 木 | 11 | 己丑 | 7·3 |
| 10 | 17 | 月 | 8 | 己未 | 7·3 | 17 | 木 | 10 | 庚寅 | 7·3 | 17 | 土 | 10 | 庚申 | 7·3 | 17 | 火 | 12 | 辛卯 | 6·3 | 16 | 水 | 11 | 庚申 | 7·3 | 15 | 金 | 12 | 庚寅 | 6·3 |
| 11 | 18 | 火 | 9 | 庚申 | 7·4 | 18 | 金 | 11 | 辛卯 | 6·4 | 18 | 日 | 11 | 辛酉 | 7·4 | 18 | 水 | 13 | 壬辰 | 6·4 | 17 | 木 | 12 | 辛酉 | 6·4 | 16 | 土 | 13 | 辛卯 | 6·4 |
| 12 | 19 | 水 | 10 | 辛酉 | 6·4 | 19 | 土 | 12 | 壬辰 | 6·4 | 19 | 月 | 12 | 壬戌 | 6·4 | 19 | 木 | 14 | 癸巳 | 6·4 | 18 | 金 | 13 | 壬戌 | 6·4 | 17 | 日 | 14 | 壬辰 | 6·4 |
| 13 | 20 | 木 | 11 | 壬戌 | 6·4 | 20 | 日 | 13 | 癸巳 | 6·4 | 20 | 火 | 13 | 癸亥 | 6·4 | 20 | 金 | 15 | 甲午 | 5·4 | 19 | 土 | 14 | 癸亥 | 6·4 | 18 | 月 | 15 | 癸巳 | 5·4 |
| 14 | 21 | 金 | 12 | 癸亥 | 6·5 | 21 | 月 | 14 | 甲午 | 5·5 | 21 | 水 | 14 | 甲子 | 6·5 | 21 | 土 | 16 | 乙未 | 5·5 | 20 | 日 | 15 | 甲子 | 5·5 | 19 | 火 | 16 | 甲午 | 5·5 |
| 15 | 22 | 土 | 13 | 甲子 | 처서 | 22 | 火 | 15 | 乙未 | 추분 | 22 | 木 | 15 | 乙丑 | 5·5 | 22 | 日 | 17 | 丙申 | 소설 | 21 | 月 | 16 | 乙丑 | 동지 | 20 | 水 | 17 | 乙未 | 대한 |
| 16 | 23 | 日 | 14 | 乙丑 | 5·5 | 23 | 水 | 16 | 丙申 | 5·5 | 23 | 金 | 16 | 丙寅 | 상강 | 23 | 月 | 18 | 丁酉 | 4·5 | 22 | 火 | 17 | 丙寅 | 5·5 | 21 | 木 | 18 | 丙申 | 4·5 |
| 17 | 24 | 月 | 15 | 丙寅 | 5·6 | 24 | 木 | 17 | 丁酉 | 4·6 | 24 | 土 | 17 | 丁卯 | 5·6 | 24 | 火 | 19 | 戊戌 | 4·6 | 23 | 水 | 18 | 丁卯 | 4·6 | 22 | 金 | 19 | 丁酉 | 4·6 |
| 18 | 25 | 火 | 16 | 丁卯 | 4·6 | 25 | 金 | 18 | 戊戌 | 4·6 | 25 | 日 | 18 | 戊辰 | 4·6 | 25 | 水 | 20 | 己亥 | 4·6 | 24 | 木 | 19 | 戊辰 | 4·6 | 23 | 土 | 20 | 戊戌 | 4·6 |
| 19 | 26 | 水 | 17 | 戊辰 | 4·6 | 26 | 土 | 19 | 己亥 | 4·6 | 26 | 月 | 19 | 己巳 | 4·6 | 26 | 木 | 21 | 庚子 | 3·6 | 25 | 金 | 20 | 己巳 | 4·6 | 24 | 日 | 21 | 己亥 | 3·6 |
| 20 | 27 | 木 | 18 | 己巳 | 4·7 | 27 | 日 | 20 | 庚子 | 3·7 | 27 | 火 | 20 | 庚午 | 4·7 | 27 | 金 | 22 | 辛丑 | 3·7 | 26 | 土 | 21 | 庚午 | 3·7 | 25 | 月 | 22 | 庚子 | 3·7 |
| 21 | 28 | 金 | 19 | 庚午 | 3·7 | 28 | 月 | 21 | 辛丑 | 3·7 | 28 | 水 | 21 | 辛未 | 3·7 | 28 | 土 | 23 | 壬寅 | 3·7 | 27 | 日 | 22 | 辛未 | 3·7 | 26 | 火 | 23 | 辛丑 | 3·7 |
| 22 | 29 | 土 | 20 | 辛未 | 3·7 | 29 | 火 | 22 | 壬寅 | 3·7 | 29 | 木 | 22 | 壬申 | 3·7 | 29 | 日 | 24 | 癸卯 | 2·7 | 28 | 月 | 23 | 壬申 | 3·7 | 27 | 水 | 24 | 壬寅 | 2·7 |
| 23 | 30 | 日 | 21 | 壬申 | 3·8 | 30 | 水 | 23 | 癸卯 | 2·8 | 30 | 金 | 23 | 癸酉 | 3·8 | 30 | 月 | 25 | 甲辰 | 2·8 | 29 | 火 | 24 | 癸酉 | 2·8 | 28 | 木 | 25 | 癸卯 | 2·8 |
| 24 | 31 | 月 | 22 | 癸酉 | 2·8 | 10/1 | 木 | 24 | 甲辰 | 2·8 | 31 | 土 | 24 | 甲戌 | 2·8 | 12/1 | 火 | 26 | 乙巳 | 2·8 | 30 | 水 | 25 | 甲戌 | 2·8 | 29 | 金 | 26 | 甲辰 | 2·8 |
| 25 | 9/1 | 火 | 23 | 甲戌 | 2·8 | 2 | 金 | 25 | 乙巳 | 2·8 | 11/1 | 日 | 25 | 乙亥 | 2·8 | 2 | 水 | 27 | 丙午 | 1·8 | 31 | 木 | 26 | 乙亥 | 2·8 | 30 | 土 | 27 | 乙巳 | 1·8 |
| 26 | 2 | 水 | 24 | 乙亥 | 2·9 | 3 | 土 | 26 | 丙午 | 1·9 | 2 | 月 | 26 | 丙子 | 2·9 | 3 | 木 | 28 | 丁未 | 1·9 | 1/1 | 金 | 27 | 丙子 | 1·9 | 31 | 日 | 28 | 丙午 | 1·9 |
| 27 | 3 | 木 | 25 | 丙子 | 1·9 | 4 | 日 | 27 | 丁未 | 1·9 | 3 | 火 | 27 | 丁丑 | 1·9 | 4 | 金 | 29 | 戊申 | 1·9 | 2 | 土 | 28 | 丁丑 | 1·9 | 2/1 | 月 | 29 | 丁未 | 1·9 |
| 28 | 4 | 金 | 26 | 丁丑 | 1·9 | 5 | 月 | 28 | 戊申 | 1·9 | 4 | 水 | 28 | 戊寅 | 1·9 | 5 | 土 | 30 | 己酉 | 1·9 | 3 | 日 | 29 | 戊寅 | 1·9 | 2 | 火 | 1/1 | 戊申 | 1·9 |
| 29 | 5 | 土 | 27 | 戊寅 | 1·10 | 6 | 火 | 29 | 己酉 | 1·10 | 5 | 木 | 29 | 己卯 | 1·10 | | | | | | 4 | 月 | 12/1 | 己卯 | 1·10 | | | | | |
| 30 | 6 | 日 | 28 | 己卯 | 1·10 | | | | | | 6 | 金 | 10/1 | 庚辰 | 1·10 | | | | | | | | | | | | | | | |
| 31 | | | | | | | | | | | | | | | | | | | | | | | | | | | | | | |

# 서기 2049년 [단기 4382년]

| 절기후날수 | 입춘절(丙寅月) 立春 2월3일 18시52분 雨水 2월18일 14시41분 | | | | | 경칩절(丁卯月) 驚蟄 3월5일 12시41분 春分 3월20일 13시27분 | | | | | 청명절(戊辰月) 淸明 4월4일 17시13분 穀雨 4월20일 0시12분 | | | | |
|---|---|---|---|---|---|---|---|---|---|---|---|---|---|---|---|
| | 양력 | 요일 | 음력 | 일진 | 大運 남·여 | 양력 | 요일 | 음력 | 일진 | 大運 남·여 | 양력 | 요일 | 음력 | 일진 | 大運 남·여 |
| 0 | 2/3 | 水 | 2 | 己酉 | 입춘 | 3/5 | 金 | 2 | 己卯 | 경칩 | 4/4 | 日 | 3 | 己酉 | 청명 |
| 1 | 4 | 木 | 3 | 庚戌 | 1·10 | 6 | 土 | 3 | 庚辰 | 1·10 | 5 | 月 | 4 | 庚戌 | 1·10 |
| 2 | 5 | 金 | 4 | 辛亥 | 1·9 | 7 | 日 | 4 | 辛巳 | 1·9 | 6 | 火 | 5 | 辛亥 | 1·10 |
| 3 | 6 | 土 | 5 | 壬子 | 1·9 | 8 | 月 | 5 | 壬午 | 1·9 | 7 | 水 | 6 | 壬子 | 1·9 |
| 4 | 7 | 日 | 6 | 癸丑 | 1·9 | 9 | 火 | 6 | 癸未 | 1·9 | 8 | 木 | 7 | 癸丑 | 1·9 |
| 5 | 8 | 月 | 7 | 甲寅 | 2·8 | 10 | 水 | 7 | 甲申 | 2·8 | 9 | 金 | 8 | 甲寅 | 2·9 |
| 6 | 9 | 火 | 8 | 乙卯 | 2·8 | 11 | 木 | 8 | 乙酉 | 2·8 | 10 | 土 | 9 | 乙卯 | 2·8 |
| 7 | 10 | 水 | 9 | 丙辰 | 2·8 | 12 | 金 | 9 | 丙戌 | 2·8 | 11 | 日 | 10 | 丙辰 | 2·8 |
| 8 | 11 | 木 | 10 | 丁巳 | 3·7 | 13 | 土 | 10 | 丁亥 | 3·7 | 12 | 月 | 11 | 丁巳 | 3·8 |
| 9 | 12 | 金 | 11 | 戊午 | 3·7 | 14 | 日 | 11 | 戊子 | 3·7 | 13 | 火 | 12 | 戊午 | 3·7 |
| 10 | 13 | 土 | 12 | 己未 | 3·7 | 15 | 月 | 12 | 己丑 | 3·7 | 14 | 水 | 13 | 己未 | 3·7 |
| 11 | 14 | 日 | 13 | 庚申 | 4·6 | 16 | 火 | 13 | 庚寅 | 4·6 | 15 | 木 | 14 | 庚申 | 4·7 |
| 12 | 15 | 月 | 14 | 辛酉 | 4·6 | 17 | 水 | 14 | 辛卯 | 4·6 | 16 | 金 | 15 | 辛酉 | 4·6 |
| 13 | 16 | 火 | 15 | 壬戌 | 4·6 | 18 | 木 | 15 | 壬辰 | 4·6 | 17 | 土 | 16 | 壬戌 | 4·6 |
| 14 | 17 | 水 | 16 | 癸亥 | 5·5 | 19 | 金 | 16 | 癸巳 | 5·5 | 18 | 日 | 17 | 癸亥 | 5·6 |
| 15 | 18 | 木 | 17 | 甲子 | 우수 | 20 | 土 | 17 | 甲午 | 춘분 | 19 | 月 | 18 | 甲子 | 5·5 |
| 16 | 19 | 金 | 18 | 乙丑 | 5·5 | 21 | 日 | 18 | 乙未 | 5·5 | 20 | 火 | 19 | 乙丑 | 곡우 |
| 17 | 20 | 土 | 19 | 丙寅 | 6·4 | 22 | 月 | 19 | 丙申 | 6·4 | 21 | 水 | 20 | 丙寅 | 6·5 |
| 18 | 21 | 日 | 20 | 丁卯 | 6·4 | 23 | 火 | 20 | 丁酉 | 6·4 | 22 | 木 | 21 | 丁卯 | 6·4 |
| 19 | 22 | 月 | 21 | 戊辰 | 6·4 | 24 | 水 | 21 | 戊戌 | 6·4 | 23 | 金 | 22 | 戊辰 | 6·4 |
| 20 | 23 | 火 | 22 | 己巳 | 7·3 | 25 | 木 | 22 | 己亥 | 7·3 | 24 | 土 | 23 | 己巳 | 7·4 |
| 21 | 24 | 水 | 23 | 庚午 | 7·3 | 26 | 金 | 23 | 庚子 | 7·3 | 25 | 日 | 24 | 庚午 | 7·3 |
| 22 | 25 | 木 | 24 | 辛未 | 7·3 | 27 | 土 | 24 | 辛丑 | 7·3 | 26 | 月 | 25 | 辛未 | 7·3 |
| 23 | 26 | 金 | 25 | 壬申 | 8·2 | 28 | 日 | 25 | 壬寅 | 8·2 | 27 | 火 | 26 | 壬申 | 8·3 |
| 24 | 27 | 土 | 26 | 癸酉 | 8·2 | 29 | 月 | 26 | 癸卯 | 8·2 | 28 | 水 | 27 | 癸酉 | 8·2 |
| 25 | 28 | 日 | 27 | 甲戌 | 8·2 | 30 | 火 | 27 | 甲辰 | 8·2 | 29 | 木 | 28 | 甲戌 | 8·2 |
| 26 | 3/1 | 月 | 28 | 乙亥 | 9·1 | 31 | 水 | 28 | 乙巳 | 9·1 | 30 | 金 | 29 | 乙亥 | 9·2 |
| 27 | 2 | 火 | 29 | 丙子 | 9·1 | 4/1 | 木 | 29 | 丙午 | 9·1 | 5/1 | 土 | 30 | 丙子 | 9·1 |
| 28 | 3 | 水 | 30 | 丁丑 | 9·1 | 2 | 金 | 3/1 | 丁未 | 9·1 | 2 | 日 | 4/1 | 丁丑 | 9·1 |
| 29 | 4 | 木 | 2/1 | 戊寅 | 10·1 | 3 | 土 | 2 | 戊申 | 10·1 | 3 | 月 | 2 | 戊寅 | 10·1 |
| 30 | | | | | | | | | | | 4 | 火 | 3 | 己卯 | 10·1 |
| 31 | | | | | | | | | | | | | | | |

| 절기후날수 | 입하절(己巳月) 立夏 5월5일 10시11분 小滿 5월20일 23시2분 | | | | | 망종절(庚午月) 芒種 6월5일 14시2분 夏至 6월21일 6시46분 | | | | | 소서절(辛未月) 小暑 7월7일 0시7분 大暑 7월22일 17시35분 | | | | |
|---|---|---|---|---|---|---|---|---|---|---|---|---|---|---|---|
| | 양력 | 요일 | 음력 | 일진 | 大運 남·여 | 양력 | 요일 | 음력 | 일진 | 大運 남·여 | 양력 | 요일 | 음력 | 일진 | 大運 남·여 |
| 0 | 5/5 | 水 | 4 | 庚辰 | 입하 | 6/5 | 土 | 6 | 辛亥 | 망종 | 7/7 | 水 | 8 | 癸未 | 소서 |
| 1 | 6 | 木 | 5 | 辛巳 | 1·10 | 6 | 日 | 7 | 壬子 | 1·10 | 8 | 木 | 9 | 甲申 | 1·10 |
| 2 | 7 | 金 | 6 | 壬午 | 1·10 | 7 | 月 | 8 | 癸丑 | 1·10 | 9 | 金 | 10 | 乙酉 | 1·10 |
| 3 | 8 | 土 | 7 | 癸未 | 1·9 | 8 | 火 | 9 | 甲寅 | 1·10 | 10 | 土 | 11 | 丙戌 | 1·9 |
| 4 | 9 | 日 | 8 | 甲申 | 1·9 | 9 | 水 | 10 | 乙卯 | 1·9 | 11 | 日 | 12 | 丁亥 | 1·9 |
| 5 | 10 | 月 | 9 | 乙酉 | 2·9 | 10 | 木 | 11 | 丙辰 | 2·9 | 12 | 月 | 13 | 戊子 | 2·9 |
| 6 | 11 | 火 | 10 | 丙戌 | 2·8 | 11 | 金 | 12 | 丁巳 | 2·9 | 13 | 火 | 14 | 己丑 | 2·8 |
| 7 | 12 | 水 | 11 | 丁亥 | 2·8 | 12 | 土 | 13 | 戊午 | 2·8 | 14 | 水 | 15 | 庚寅 | 2·8 |
| 8 | 13 | 木 | 12 | 戊子 | 3·8 | 13 | 日 | 14 | 己未 | 3·8 | 15 | 木 | 16 | 辛卯 | 3·8 |
| 9 | 14 | 金 | 13 | 己丑 | 3·7 | 14 | 月 | 15 | 庚申 | 3·8 | 16 | 金 | 17 | 壬辰 | 3·7 |
| 10 | 15 | 土 | 14 | 庚寅 | 3·7 | 15 | 火 | 16 | 辛酉 | 3·7 | 17 | 土 | 18 | 癸巳 | 3·7 |
| 11 | 16 | 日 | 15 | 辛卯 | 4·7 | 16 | 水 | 17 | 壬戌 | 4·7 | 18 | 日 | 19 | 甲午 | 4·7 |
| 12 | 17 | 月 | 16 | 壬辰 | 4·6 | 17 | 木 | 18 | 癸亥 | 4·7 | 19 | 月 | 20 | 乙未 | 4·6 |
| 13 | 18 | 火 | 17 | 癸巳 | 4·6 | 18 | 金 | 19 | 甲子 | 4·6 | 20 | 火 | 21 | 丙申 | 4·6 |
| 14 | 19 | 水 | 18 | 甲午 | 5·6 | 19 | 土 | 20 | 乙丑 | 5·6 | 21 | 水 | 22 | 丁酉 | 5·6 |
| 15 | 20 | 木 | 19 | 乙未 | 소만 | 20 | 日 | 21 | 丙寅 | 5·6 | 22 | 木 | 23 | 戊戌 | 대서 |
| 16 | 21 | 金 | 20 | 丙申 | 5·5 | 21 | 月 | 22 | 丁卯 | 하지 | 23 | 金 | 24 | 己亥 | 5·5 |
| 17 | 22 | 土 | 21 | 丁酉 | 6·5 | 22 | 火 | 23 | 戊辰 | 6·5 | 24 | 土 | 25 | 庚子 | 6·5 |
| 18 | 23 | 日 | 22 | 戊戌 | 6·4 | 23 | 水 | 24 | 己巳 | 6·5 | 25 | 日 | 26 | 辛丑 | 6·4 |
| 19 | 24 | 月 | 23 | 己亥 | 6·4 | 24 | 木 | 25 | 庚午 | 6·4 | 26 | 月 | 27 | 壬寅 | 6·4 |
| 20 | 25 | 火 | 24 | 庚子 | 7·4 | 25 | 金 | 26 | 辛未 | 7·4 | 27 | 火 | 28 | 癸卯 | 7·4 |
| 21 | 26 | 水 | 25 | 辛丑 | 7·3 | 26 | 土 | 27 | 壬申 | 7·4 | 28 | 水 | 29 | 甲辰 | 7·3 |
| 22 | 27 | 木 | 26 | 壬寅 | 7·3 | 27 | 日 | 28 | 癸酉 | 7·3 | 29 | 木 | 30 | 乙巳 | 7·3 |
| 23 | 28 | 金 | 27 | 癸卯 | 8·3 | 28 | 月 | 29 | 甲戌 | 8·3 | 30 | 金 | 7/1 | 丙午 | 8·3 |
| 24 | 29 | 土 | 28 | 甲辰 | 8·2 | 29 | 火 | 30 | 乙亥 | 8·3 | 31 | 土 | 2 | 丁未 | 8·2 |
| 25 | 30 | 日 | 29 | 乙巳 | 8·2 | 30 | 水 | 6/1 | 丙子 | 8·2 | 8/1 | 日 | 3 | 戊申 | 8·2 |
| 26 | 31 | 月 | 5/1 | 丙午 | 9·2 | 7/1 | 木 | 2 | 丁丑 | 9·2 | 2 | 月 | 4 | 己酉 | 9·2 |
| 27 | 6/1 | 火 | 2 | 丁未 | 9·1 | 2 | 金 | 3 | 戊寅 | 9·2 | 3 | 火 | 5 | 庚戌 | 9·1 |
| 28 | 2 | 水 | 3 | 戊申 | 9·1 | 3 | 土 | 4 | 己卯 | 9·1 | 4 | 水 | 6 | 辛亥 | 9·1 |
| 29 | 3 | 木 | 4 | 己酉 | 10·1 | 4 | 日 | 5 | 庚辰 | 10·1 | 5 | 木 | 7 | 壬子 | 10·1 |
| 30 | 4 | 金 | 5 | 庚戌 | 10·1 | 5 | 月 | 6 | 辛巳 | 10·1 | 6 | 金 | 8 | 癸丑 | 10·1 |
| 31 | | | | | | 6 | 火 | 7 | 壬午 | 10·1 | | | | | |

# 己巳年

| 절기후날수 | 입추절(壬申月)<br>立秋 8월7일 9시56분<br>處暑 8월23일 0시46분 | | | | | 백로절(癸酉月)<br>白露 9월7일 13시4분<br>秋分 9월22일 22시41분 | | | | |
|---|---|---|---|---|---|---|---|---|---|---|
| | 양력 | 요일 | 음력 | 일진 | 大運 남·여 | 양력 | 요일 | 음력 | 일진 | 大運 남·여 |
| 0 | 8/7 | 土 | 9 | 甲寅 | 입추 | 9/7 | 火 | 11 | 乙酉 | 백로 |
| 1 | 8 | 日 | 10 | 乙卯 | 1·10 | 8 | 水 | 12 | 丙戌 | 1·10 |
| 2 | 9 | 月 | 11 | 丙辰 | 1·10 | 9 | 木 | 13 | 丁亥 | 1·10 |
| 3 | 10 | 火 | 12 | 丁巳 | 1·9 | 10 | 金 | 14 | 戊子 | 1·9 |
| 4 | 11 | 水 | 13 | 戊午 | 1·9 | 11 | 土 | 15 | 己丑 | 1·9 |
| 5 | 12 | 木 | 14 | 己未 | 2·9 | 12 | 日 | 16 | 庚寅 | 2·9 |
| 6 | 13 | 金 | 15 | 庚申 | 2·8 | 13 | 月 | 17 | 辛卯 | 2·8 |
| 7 | 14 | 土 | 16 | 辛酉 | 2·8 | 14 | 火 | 18 | 壬辰 | 2·8 |
| 8 | 15 | 日 | 17 | 壬戌 | 3·8 | 15 | 水 | 19 | 癸巳 | 3·8 |
| 9 | 16 | 月 | 18 | 癸亥 | 3·7 | 16 | 木 | 20 | 甲午 | 3·7 |
| 10 | 17 | 火 | 19 | 甲子 | 3·7 | 17 | 金 | 21 | 乙未 | 3·7 |
| 11 | 18 | 水 | 20 | 乙丑 | 4·7 | 18 | 土 | 22 | 丙申 | 4·7 |
| 12 | 19 | 木 | 21 | 丙寅 | 4·6 | 19 | 日 | 23 | 丁酉 | 4·6 |
| 13 | 20 | 金 | 22 | 丁卯 | 4·6 | 20 | 月 | 24 | 戊戌 | 4·6 |
| 14 | 21 | 土 | 23 | 戊辰 | 5·6 | 21 | 火 | 25 | 己亥 | 5·6 |
| 15 | 22 | 日 | 24 | 己巳 | 5·5 | 22 | 水 | 26 | 庚子 | 추분 |
| 16 | 23 | 月 | 25 | 庚午 | 처서 | 23 | 木 | 27 | 辛丑 | 5·5 |
| 17 | 24 | 火 | 26 | 辛未 | 6·5 | 24 | 金 | 28 | 壬寅 | 6·5 |
| 18 | 25 | 水 | 27 | 壬申 | 6·4 | 25 | 土 | 29 | 癸卯 | 6·4 |
| 19 | 26 | 木 | 28 | 癸酉 | 6·4 | 26 | 日 | 30 | 甲辰 | 6·4 |
| 20 | 27 | 金 | 29 | 甲戌 | 7·4 | 27 | 月 | 9/1 | 乙巳 | 7·4 |
| 21 | 28 | 土 | 8/1 | 乙亥 | 7·3 | 28 | 火 | 2 | 丙午 | 7·3 |
| 22 | 29 | 日 | 2 | 丙子 | 7·3 | 29 | 水 | 3 | 丁未 | 7·3 |
| 23 | 30 | 月 | 3 | 丁丑 | 8·3 | 30 | 木 | 4 | 戊申 | 8·3 |
| 24 | 31 | 火 | 4 | 戊寅 | 8·2 | 10/1 | 金 | 5 | 己酉 | 8·2 |
| 25 | 9/1 | 水 | 5 | 己卯 | 8·2 | 2 | 土 | 6 | 庚戌 | 8·2 |
| 26 | 2 | 木 | 6 | 庚辰 | 9·2 | 3 | 日 | 7 | 辛亥 | 9·2 |
| 27 | 3 | 金 | 7 | 辛巳 | 9·1 | 4 | 月 | 8 | 壬子 | 9·1 |
| 28 | 4 | 土 | 8 | 壬午 | 9·1 | 5 | 火 | 9 | 癸丑 | 9·1 |
| 29 | 5 | 日 | 9 | 癸未 | 10·1 | 6 | 水 | 10 | 甲寅 | 10·1 |
| 30 | 6 | 月 | 10 | 甲申 | 10·1 | 7 | 木 | 11 | 乙卯 | 10·1 |
| 31 | | | | | | | | | | |

| 절기후날수 | 한로절(甲戌月)<br>寒露 10월8일 5시3분<br>霜降 10월23일 8시24분 | | | | | 입동절(乙亥月)<br>立冬 11월7일 8시37분<br>小雪 11월22일 6시18분 | | | | |
|---|---|---|---|---|---|---|---|---|---|---|
| | 양력 | 요일 | 음력 | 일진 | 大運 남·여 | 양력 | 요일 | 음력 | 일진 | 大運 남·여 |
| 0 | 10/8 | 金 | 12 | 丙辰 | 한로 | 11/7 | 日 | 12 | 丙戌 | 입동 |
| 1 | 9 | 土 | 13 | 丁巳 | 1·10 | 8 | 月 | 13 | 丁亥 | 1·10 |
| 2 | 10 | 日 | 14 | 戊午 | 1·9 | 9 | 火 | 14 | 戊子 | 1·9 |
| 3 | 11 | 月 | 15 | 己未 | 1·9 | 10 | 水 | 15 | 己丑 | 1·9 |
| 4 | 12 | 火 | 16 | 庚申 | 1·9 | 11 | 木 | 16 | 庚寅 | 1·9 |
| 5 | 13 | 水 | 17 | 辛酉 | 2·8 | 12 | 金 | 17 | 辛卯 | 2·8 |
| 6 | 14 | 木 | 18 | 壬戌 | 2·8 | 13 | 土 | 18 | 壬辰 | 2·8 |
| 7 | 15 | 金 | 19 | 癸亥 | 2·8 | 14 | 日 | 19 | 癸巳 | 2·8 |
| 8 | 16 | 土 | 20 | 甲子 | 3·7 | 15 | 月 | 20 | 甲午 | 3·7 |
| 9 | 17 | 日 | 21 | 乙丑 | 3·7 | 16 | 火 | 21 | 乙未 | 3·7 |
| 10 | 18 | 月 | 22 | 丙寅 | 3·7 | 17 | 水 | 22 | 丙申 | 3·7 |
| 11 | 19 | 火 | 23 | 丁卯 | 4·6 | 18 | 木 | 23 | 丁酉 | 4·6 |
| 12 | 20 | 水 | 24 | 戊辰 | 4·6 | 19 | 金 | 24 | 戊戌 | 4·6 |
| 13 | 21 | 木 | 25 | 己巳 | 4·6 | 20 | 土 | 25 | 己亥 | 4·6 |
| 14 | 22 | 金 | 26 | 庚午 | 5·5 | 21 | 日 | 26 | 庚子 | 5·5 |
| 15 | 23 | 土 | 27 | 辛未 | 상강 | 22 | 月 | 27 | 辛丑 | 소설 |
| 16 | 24 | 日 | 28 | 壬申 | 5·5 | 23 | 火 | 28 | 壬寅 | 5·5 |
| 17 | 25 | 月 | 29 | 癸酉 | 6·4 | 24 | 水 | 29 | 癸卯 | 6·4 |
| 18 | 26 | 火 | 30 | 甲戌 | 6·4 | 25 | 木 | 11/1 | 甲辰 | 6·4 |
| 19 | 27 | 水 | 10/1 | 乙亥 | 6·4 | 26 | 金 | 2 | 乙巳 | 6·4 |
| 20 | 28 | 木 | 2 | 丙子 | 7·3 | 27 | 土 | 3 | 丙午 | 7·3 |
| 21 | 29 | 金 | 3 | 丁丑 | 7·3 | 28 | 日 | 4 | 丁未 | 7·3 |
| 22 | 30 | 土 | 4 | 戊寅 | 7·3 | 29 | 月 | 5 | 戊申 | 7·3 |
| 23 | 31 | 日 | 5 | 己卯 | 8·2 | 30 | 火 | 6 | 己酉 | 8·2 |
| 24 | 11/1 | 月 | 6 | 庚辰 | 8·2 | 12/1 | 水 | 7 | 庚戌 | 8·2 |
| 25 | 2 | 火 | 7 | 辛巳 | 8·2 | 2 | 木 | 8 | 辛亥 | 8·2 |
| 26 | 3 | 水 | 8 | 壬午 | 9·1 | 3 | 金 | 9 | 壬子 | 9·1 |
| 27 | 4 | 木 | 9 | 癸未 | 9·1 | 4 | 土 | 10 | 癸丑 | 9·1 |
| 28 | 5 | 金 | 10 | 甲申 | 9·1 | 5 | 日 | 11 | 甲寅 | 9·1 |
| 29 | 6 | 土 | 11 | 乙酉 | 10·1 | 6 | 月 | 12 | 乙卯 | 10·1 |
| 30 | | | | | | | | | | |
| 31 | | | | | | | | | | |

| 절기후날수 | 대설절(丙子月)<br>大雪 12월7일 1시45분<br>冬至 12월21일 19시51분 | | | | | 소한절(丁丑月)<br>小寒 1월5일 13시6분<br>大寒 1월20일 6시32분 | | | | |
|---|---|---|---|---|---|---|---|---|---|---|
| | 양력 | 요일 | 음력 | 일진 | 大運 남·여 | 양력 | 요일 | 음력 | 일진 | 大運 남·여 |
| 0 | 12/7 | 火 | 13 | 丙辰 | 대설 | 1/5 | 水 | 12 | 乙酉 | 소한 |
| 1 | 8 | 水 | 14 | 丁巳 | 1·9 | 6 | 木 | 13 | 丙戌 | 1·10 |
| 2 | 9 | 木 | 15 | 戊午 | 1·9 | 7 | 金 | 14 | 丁亥 | 1·9 |
| 3 | 10 | 金 | 16 | 己未 | 1·9 | 8 | 土 | 15 | 戊子 | 1·9 |
| 4 | 11 | 土 | 17 | 庚申 | 1·8 | 9 | 日 | 16 | 己丑 | 1·9 |
| 5 | 12 | 日 | 18 | 辛酉 | 2·8 | 10 | 月 | 17 | 庚寅 | 2·8 |
| 6 | 13 | 月 | 19 | 壬戌 | 2·8 | 11 | 火 | 18 | 辛卯 | 2·8 |
| 7 | 14 | 火 | 20 | 癸亥 | 2·7 | 12 | 水 | 19 | 壬辰 | 2·8 |
| 8 | 15 | 水 | 21 | 甲子 | 3·7 | 13 | 木 | 20 | 癸巳 | 3·7 |
| 9 | 16 | 木 | 22 | 乙丑 | 3·7 | 14 | 金 | 21 | 甲午 | 3·7 |
| 10 | 17 | 金 | 23 | 丙寅 | 3·6 | 15 | 土 | 22 | 乙未 | 3·7 |
| 11 | 18 | 土 | 24 | 丁卯 | 4·6 | 16 | 日 | 23 | 丙申 | 4·6 |
| 12 | 19 | 日 | 25 | 戊辰 | 4·6 | 17 | 月 | 24 | 丁酉 | 4·6 |
| 13 | 20 | 月 | 26 | 己巳 | 4·5 | 18 | 火 | 25 | 戊戌 | 4·6 |
| 14 | 21 | 火 | 27 | 庚午 | 동지 | 19 | 水 | 26 | 己亥 | 5·5 |
| 15 | 22 | 水 | 28 | 辛未 | 5·5 | 20 | 木 | 27 | 庚子 | 대한 |
| 16 | 23 | 木 | 29 | 壬申 | 5·4 | 21 | 金 | 28 | 辛丑 | 5·5 |
| 17 | 24 | 金 | 30 | 癸酉 | 6·4 | 22 | 土 | 29 | 壬寅 | 6·4 |
| 18 | 25 | 土 | 12/1 | 甲戌 | 6·4 | 23 | 日 | 1/1 | 癸卯 | 6·4 |
| 19 | 26 | 日 | 2 | 乙亥 | 6·3 | 24 | 月 | 2 | 甲辰 | 6·4 |
| 20 | 27 | 月 | 3 | 丙子 | 7·3 | 25 | 火 | 3 | 乙巳 | 7·3 |
| 21 | 28 | 火 | 4 | 丁丑 | 7·3 | 26 | 水 | 4 | 丙午 | 7·3 |
| 22 | 29 | 水 | 5 | 戊寅 | 7·2 | 27 | 木 | 5 | 丁未 | 7·3 |
| 23 | 30 | 木 | 6 | 己卯 | 8·2 | 28 | 金 | 6 | 戊申 | 8·2 |
| 24 | 31 | 金 | 7 | 庚辰 | 8·2 | 29 | 土 | 7 | 己酉 | 8·2 |
| 25 | 1/1 | 土 | 8 | 辛巳 | 8·1 | 30 | 日 | 8 | 庚戌 | 8·2 |
| 26 | 2 | 日 | 9 | 壬午 | 9·1 | 31 | 月 | 9 | 辛亥 | 9·1 |
| 27 | 3 | 月 | 10 | 癸未 | 9·1 | 2/1 | 火 | 10 | 壬子 | 9·1 |
| 28 | 4 | 火 | 11 | 甲申 | 9·1 | 2 | 水 | 11 | 癸丑 | 9·1 |
| 29 | | | | | | 3 | 木 | 12 | 甲寅 | 10·1 |
| 30 | | | | | | | | | | |
| 31 | | | | | | | | | | |

# 서기 2050년 [단기 4383년]

| 절기후날수 | 입춘절(戊寅月) 立春 2월4일 0시42분 雨水 2월18일 20시33분 | | | | | 경칩절(己卯月) 驚蟄 3월5일 18시31분 春分 3월20일 19시18분 | | | | |
|---|---|---|---|---|---|---|---|---|---|---|
| | 양력 | 요일 | 음력 | 일진 | 大運 남·여 | 양력 | 요일 | 음력 | 일진 | 大運 남·여 |
| 0 | 2/4 | 金 | 13 | 乙卯 | 입춘 | 3/5 | 土 | 12 | 甲申 | 경칩 |
| 1 | 5 | 土 | 14 | 丙辰 | 9·1 | 6 | 日 | 13 | 乙酉 | 10·1 |
| 2 | 6 | 日 | 15 | 丁巳 | 9·1 | 7 | 月 | 14 | 丙戌 | 9·1 |
| 3 | 7 | 月 | 16 | 戊午 | 9·1 | 8 | 火 | 15 | 丁亥 | 9·1 |
| 4 | 8 | 火 | 17 | 己未 | 8·1 | 9 | 水 | 16 | 戊子 | 9·1 |
| 5 | 9 | 水 | 18 | 庚申 | 8·2 | 10 | 木 | 17 | 己丑 | 8·2 |
| 6 | 10 | 木 | 19 | 辛酉 | 8·2 | 11 | 金 | 18 | 庚寅 | 8·2 |
| 7 | 11 | 金 | 20 | 壬戌 | 7·2 | 12 | 土 | 19 | 辛卯 | 8·2 |
| 8 | 12 | 土 | 21 | 癸亥 | 7·3 | 13 | 日 | 20 | 壬辰 | 7·3 |
| 9 | 13 | 日 | 22 | 甲子 | 7·3 | 14 | 月 | 21 | 癸巳 | 7·3 |
| 10 | 14 | 月 | 23 | 乙丑 | 6·3 | 15 | 火 | 22 | 甲午 | 7·3 |
| 11 | 15 | 火 | 24 | 丙寅 | 6·4 | 16 | 水 | 23 | 乙未 | 6·4 |
| 12 | 16 | 水 | 25 | 丁卯 | 6·4 | 17 | 木 | 24 | 丙申 | 6·4 |
| 13 | 17 | 木 | 26 | 戊辰 | 5·4 | 18 | 金 | 25 | 丁酉 | 6·4 |
| 14 | 18 | 金 | 27 | 己巳 | 우수 | 19 | 土 | 26 | 戊戌 | 5·5 |
| 15 | 19 | 土 | 28 | 庚午 | 5·5 | 20 | 日 | 27 | 己亥 | 춘분 |
| 16 | 20 | 日 | 29 | 辛未 | 4·5 | 21 | 月 | 28 | 庚子 | 5·5 |
| 17 | 21 | 月 | 30 | 壬申 | 4·6 | 22 | 火 | 29 | 辛丑 | 4·6 |
| 18 | 22 | 火 | 2/1 | 癸酉 | 4·6 | 23 | 水 | 3/1 | 壬寅 | 4·6 |
| 19 | 23 | 水 | 2 | 甲戌 | 3·6 | 24 | 木 | 2 | 癸卯 | 4·6 |
| 20 | 24 | 木 | 3 | 乙亥 | 3·7 | 25 | 金 | 3 | 甲辰 | 3·7 |
| 21 | 25 | 金 | 4 | 丙子 | 3·7 | 26 | 土 | 4 | 乙巳 | 3·7 |
| 22 | 26 | 土 | 5 | 丁丑 | 2·7 | 27 | 日 | 5 | 丙午 | 3·7 |
| 23 | 27 | 日 | 6 | 戊寅 | 2·8 | 28 | 月 | 6 | 丁未 | 2·8 |
| 24 | 28 | 月 | 7 | 己卯 | 2·8 | 29 | 火 | 7 | 戊申 | 2·8 |
| 25 | 3/1 | 火 | 8 | 庚辰 | 1·8 | 30 | 水 | 8 | 己酉 | 2·8 |
| 26 | 2 | 水 | 9 | 辛巳 | 1·9 | 31 | 木 | 9 | 庚戌 | 1·9 |
| 27 | 3 | 木 | 10 | 壬午 | 1·9 | 4/1 | 金 | 10 | 辛亥 | 1·9 |
| 28 | 4 | 金 | 11 | 癸未 | 1·9 | 2 | 土 | 11 | 壬子 | 1·9 |
| 29 | | | | | | 3 | 日 | 12 | 癸丑 | 1·10 |
| 30 | | | | | | | | | | |
| 31 | | | | | | | | | | |

| 절기후날수 | 청명절(庚辰月) 清明 4월4일 23시2분 穀雨 4월20일 6시1분 | | | | | 입하절(辛巳月) 立夏 5월5일 16시0분 小滿 5월21일 4시49분 | | | | |
|---|---|---|---|---|---|---|---|---|---|---|
| | 양력 | 요일 | 음력 | 일진 | 大運 남·여 | 양력 | 요일 | 음력 | 일진 | 大運 남·여 |
| 0 | 4/4 | 月 | 13 | 甲寅 | 청명 | 5/5 | 木 | 윤15 | 乙酉 | 입하 |
| 1 | 5 | 火 | 14 | 乙卯 | 10·1 | 6 | 金 | 윤16 | 丙戌 | 10·1 |
| 2 | 6 | 水 | 15 | 丙辰 | 10·1 | 7 | 土 | 윤17 | 丁亥 | 10·1 |
| 3 | 7 | 木 | 16 | 丁巳 | 9·1 | 8 | 日 | 윤18 | 戊子 | 9·1 |
| 4 | 8 | 金 | 17 | 戊午 | 9·1 | 9 | 月 | 윤19 | 己丑 | 9·1 |
| 5 | 9 | 土 | 18 | 己未 | 9·2 | 10 | 火 | 윤20 | 庚寅 | 9·2 |
| 6 | 10 | 日 | 19 | 庚申 | 8·2 | 11 | 水 | 윤21 | 辛卯 | 8·2 |
| 7 | 11 | 月 | 20 | 辛酉 | 8·2 | 12 | 木 | 윤22 | 壬辰 | 8·2 |
| 8 | 12 | 火 | 21 | 壬戌 | 8·3 | 13 | 金 | 윤23 | 癸巳 | 8·3 |
| 9 | 13 | 水 | 22 | 癸亥 | 7·3 | 14 | 土 | 윤24 | 甲午 | 7·3 |
| 10 | 14 | 木 | 23 | 甲子 | 7·3 | 15 | 日 | 윤25 | 乙未 | 7·3 |
| 11 | 15 | 金 | 24 | 乙丑 | 7·4 | 16 | 月 | 윤26 | 丙申 | 7·4 |
| 12 | 16 | 土 | 25 | 丙寅 | 6·4 | 17 | 火 | 윤27 | 丁酉 | 6·4 |
| 13 | 17 | 日 | 26 | 丁卯 | 6·4 | 18 | 水 | 윤28 | 戊戌 | 6·4 |
| 14 | 18 | 月 | 27 | 戊辰 | 6·5 | 19 | 木 | 윤29 | 己亥 | 6·5 |
| 15 | 19 | 火 | 28 | 己巳 | 5·5 | 20 | 金 | 윤30 | 庚子 | 5·5 |
| 16 | 20 | 水 | 29 | 庚午 | 곡우 | 21 | 土 | 4/1 | 辛丑 | 소만 |
| 17 | 21 | 木 | 윤1 | 辛未 | 5·6 | 22 | 日 | 2 | 壬寅 | 5·6 |
| 18 | 22 | 金 | 윤2 | 壬申 | 4·6 | 23 | 月 | 3 | 癸卯 | 4·6 |
| 19 | 23 | 土 | 윤3 | 癸酉 | 4·6 | 24 | 火 | 4 | 甲辰 | 4·6 |
| 20 | 24 | 日 | 윤4 | 甲戌 | 4·7 | 25 | 水 | 5 | 乙巳 | 4·7 |
| 21 | 25 | 月 | 윤5 | 乙亥 | 3·7 | 26 | 木 | 6 | 丙午 | 3·7 |
| 22 | 26 | 火 | 윤6 | 丙子 | 3·7 | 27 | 金 | 7 | 丁未 | 3·7 |
| 23 | 27 | 水 | 윤7 | 丁丑 | 3·8 | 28 | 土 | 8 | 戊申 | 3·8 |
| 24 | 28 | 木 | 윤8 | 戊寅 | 2·8 | 29 | 日 | 9 | 己酉 | 2·8 |
| 25 | 29 | 金 | 윤9 | 己卯 | 2·8 | 30 | 月 | 10 | 庚戌 | 2·8 |
| 26 | 30 | 土 | 윤10 | 庚辰 | 2·9 | 31 | 火 | 11 | 辛亥 | 2·9 |
| 27 | 5/1 | 日 | 윤11 | 辛巳 | 1·9 | 6/1 | 水 | 12 | 壬子 | 1·9 |
| 28 | 2 | 月 | 윤12 | 壬午 | 1·9 | 2 | 木 | 13 | 癸丑 | 1·9 |
| 29 | 3 | 火 | 윤13 | 癸未 | 1·10 | 3 | 金 | 14 | 甲寅 | 1·10 |
| 30 | 4 | 水 | 윤14 | 甲申 | 1·10 | 4 | 土 | 15 | 乙卯 | 1·10 |
| 31 | | | | | | | | | | |

| 절기후날수 | 망종절(壬午月) 芒種 6월5일 19시53분 夏至 6월21일 12시31분 | | | | | 소서절(癸未月) 小暑 7월7일 6시0분 大暑 7월22일 23시20분 | | | | |
|---|---|---|---|---|---|---|---|---|---|---|
| | 양력 | 요일 | 음력 | 일진 | 大運 남·여 | 양력 | 요일 | 음력 | 일진 | 大運 남·여 |
| 0 | 6/5 | 日 | 16 | 丙辰 | 망종 | 7/7 | 木 | 19 | 戊子 | 소서 |
| 1 | 6 | 月 | 17 | 丁巳 | 10·1 | 8 | 金 | 20 | 己丑 | 10·1 |
| 2 | 7 | 火 | 18 | 戊午 | 10·1 | 9 | 土 | 21 | 庚寅 | 10·1 |
| 3 | 8 | 水 | 19 | 己未 | 10·1 | 10 | 日 | 22 | 辛卯 | 9·1 |
| 4 | 9 | 木 | 20 | 庚申 | 9·1 | 11 | 月 | 23 | 壬辰 | 9·1 |
| 5 | 10 | 金 | 21 | 辛酉 | 9·2 | 12 | 火 | 24 | 癸巳 | 9·2 |
| 6 | 11 | 土 | 22 | 壬戌 | 9·2 | 13 | 水 | 25 | 甲午 | 8·2 |
| 7 | 12 | 日 | 23 | 癸亥 | 8·2 | 14 | 木 | 26 | 乙未 | 8·2 |
| 8 | 13 | 月 | 24 | 甲子 | 8·3 | 15 | 金 | 27 | 丙申 | 8·3 |
| 9 | 14 | 火 | 25 | 乙丑 | 8·3 | 16 | 土 | 28 | 丁酉 | 7·3 |
| 10 | 15 | 水 | 26 | 丙寅 | 7·3 | 17 | 日 | 29 | 戊戌 | 7·3 |
| 11 | 16 | 木 | 27 | 丁卯 | 7·4 | 18 | 月 | 30 | 己亥 | 7·4 |
| 12 | 17 | 金 | 28 | 戊辰 | 7·4 | 19 | 火 | 6/1 | 庚子 | 6·4 |
| 13 | 18 | 土 | 29 | 己巳 | 6·4 | 20 | 水 | 2 | 辛丑 | 6·4 |
| 14 | 19 | 日 | 5/1 | 庚午 | 6·5 | 21 | 木 | 3 | 壬寅 | 6·5 |
| 15 | 20 | 月 | 2 | 辛未 | 6·5 | 22 | 金 | 4 | 癸卯 | 대서 |
| 16 | 21 | 火 | 3 | 壬申 | 하지 | 23 | 土 | 5 | 甲辰 | 5·5 |
| 17 | 22 | 水 | 4 | 癸酉 | 5·6 | 24 | 日 | 6 | 乙巳 | 5·6 |
| 18 | 23 | 木 | 5 | 甲戌 | 5·6 | 25 | 月 | 7 | 丙午 | 4·6 |
| 19 | 24 | 金 | 6 | 乙亥 | 4·6 | 26 | 火 | 8 | 丁未 | 4·6 |
| 20 | 25 | 土 | 7 | 丙子 | 4·7 | 27 | 水 | 9 | 戊申 | 4·7 |
| 21 | 26 | 日 | 8 | 丁丑 | 4·7 | 28 | 木 | 10 | 己酉 | 3·7 |
| 22 | 27 | 月 | 9 | 戊寅 | 3·7 | 29 | 金 | 11 | 庚戌 | 3·7 |
| 23 | 28 | 火 | 10 | 己卯 | 3·8 | 30 | 土 | 12 | 辛亥 | 3·8 |
| 24 | 29 | 水 | 11 | 庚辰 | 3·8 | 31 | 日 | 13 | 壬子 | 2·8 |
| 25 | 30 | 木 | 12 | 辛巳 | 2·8 | 8/1 | 月 | 14 | 癸丑 | 2·8 |
| 26 | 7/1 | 金 | 13 | 壬午 | 2·9 | 2 | 火 | 15 | 甲寅 | 2·9 |
| 27 | 2 | 土 | 14 | 癸未 | 2·9 | 3 | 水 | 16 | 乙卯 | 1·9 |
| 28 | 3 | 日 | 15 | 甲申 | 1·9 | 4 | 木 | 17 | 丙辰 | 1·9 |
| 29 | 4 | 月 | 16 | 乙酉 | 1·10 | 5 | 金 | 18 | 丁巳 | 1·10 |
| 30 | 5 | 火 | 17 | 丙戌 | 1·10 | 6 | 土 | 19 | 戊午 | 1·10 |
| 31 | 6 | 水 | 18 | 丁亥 | 1·10 | | | | | |

▶윤달-3월

# 庚午年

| 절기후날수 | 입추절(甲申月) 立秋 8월7일 15시51분 處暑 8월23일 6시31분 | | | | | 백로절(乙酉月) 白露 9월7일 18시59분 秋分 9월23일 4시27분 | | | | |
|---|---|---|---|---|---|---|---|---|---|---|
| | 양력 | 요일 | 음력 | 일진 | 大運 남·여 | 양력 | 요일 | 음력 | 일진 | 大運 남·여 |
| 0 | 8/7 | 日 | 20 | 己未 | 입추 | 9/7 | 水 | 22 | 庚寅 | 백로 |
| 1 | 8 | 月 | 21 | 庚申 | 10·1 | 8 | 木 | 23 | 辛卯 | 10·1 |
| 2 | 9 | 火 | 22 | 辛酉 | 10·1 | 9 | 金 | 24 | 壬辰 | 10·1 |
| 3 | 10 | 水 | 23 | 壬戌 | 9·1 | 10 | 土 | 25 | 癸巳 | 9·1 |
| 4 | 11 | 木 | 24 | 癸亥 | 9·1 | 11 | 日 | 26 | 甲午 | 9·1 |
| 5 | 12 | 金 | 25 | 甲子 | 9·2 | 12 | 月 | 27 | 乙未 | 9·2 |
| 6 | 13 | 土 | 26 | 乙丑 | 8·2 | 13 | 火 | 28 | 丙申 | 8·2 |
| 7 | 14 | 日 | 27 | 丙寅 | 8·2 | 14 | 水 | 29 | 丁酉 | 8·2 |
| 8 | 15 | 月 | 28 | 丁卯 | 8·3 | 15 | 木 | 30 | 戊戌 | 8·3 |
| 9 | 16 | 火 | 29 | 戊辰 | 7·3 | 16 | 金 | 8/1 | 己亥 | 7·3 |
| 10 | 17 | 水 | 7/1 | 己巳 | 7·3 | 17 | 土 | 2 | 庚子 | 7·3 |
| 11 | 18 | 木 | 2 | 庚午 | 7·4 | 18 | 日 | 3 | 辛丑 | 7·4 |
| 12 | 19 | 金 | 3 | 辛未 | 6·4 | 19 | 月 | 4 | 壬寅 | 6·4 |
| 13 | 20 | 土 | 4 | 壬申 | 6·4 | 20 | 火 | 5 | 癸卯 | 6·4 |
| 14 | 21 | 日 | 5 | 癸酉 | 6·5 | 21 | 水 | 6 | 甲辰 | 6·5 |
| 15 | 22 | 月 | 6 | 甲戌 | 5·5 | 22 | 木 | 7 | 乙巳 | 5·5 |
| 16 | 23 | 火 | 7 | 乙亥 | 처서 | 23 | 金 | 8 | 丙午 | 추분 |
| 17 | 24 | 水 | 8 | 丙子 | 5·6 | 24 | 土 | 9 | 丁未 | 5·6 |
| 18 | 25 | 木 | 9 | 丁丑 | 4·6 | 25 | 日 | 10 | 戊申 | 4·6 |
| 19 | 26 | 金 | 10 | 戊寅 | 4·6 | 26 | 月 | 11 | 己酉 | 4·6 |
| 20 | 27 | 土 | 11 | 己卯 | 4·7 | 27 | 火 | 12 | 庚戌 | 4·7 |
| 21 | 28 | 日 | 12 | 庚辰 | 3·7 | 28 | 水 | 13 | 辛亥 | 3·7 |
| 22 | 29 | 月 | 13 | 辛巳 | 3·7 | 29 | 木 | 14 | 壬子 | 3·7 |
| 23 | 30 | 火 | 14 | 壬午 | 3·8 | 30 | 金 | 15 | 癸丑 | 3·8 |
| 24 | 31 | 水 | 15 | 癸未 | 2·8 | 10/1 | 土 | 16 | 甲寅 | 2·8 |
| 25 | 9/1 | 木 | 16 | 甲申 | 2·8 | 2 | 日 | 17 | 乙卯 | 2·8 |
| 26 | 2 | 金 | 17 | 乙酉 | 2·9 | 3 | 月 | 18 | 丙辰 | 2·9 |
| 27 | 3 | 土 | 18 | 丙戌 | 1·9 | 4 | 火 | 19 | 丁巳 | 1·9 |
| 28 | 4 | 日 | 19 | 丁亥 | 1·9 | 5 | 水 | 20 | 戊午 | 1·9 |
| 29 | 5 | 月 | 20 | 戊子 | 1·10 | 6 | 木 | 21 | 己未 | 1·10 |
| 30 | 6 | 火 | 21 | 己丑 | 1·10 | 7 | 金 | 22 | 庚申 | 1·10 |
| 31 | | | | | | | | | | |

| 절기후날수 | 한로절(丙戌月) 寒露 10월8일 10시59분 霜降 10월23일 14시10분 | | | | | 입동절(丁亥月) 立冬 11월7일 14시32분 小雪 11월22일 12시5분 | | | | |
|---|---|---|---|---|---|---|---|---|---|---|
| | 양력 | 요일 | 음력 | 일진 | 大運 남·여 | 양력 | 요일 | 음력 | 일진 | 大運 남·여 |
| 0 | 10/8 | 土 | 23 | 辛酉 | 한로 | 11/7 | 月 | 23 | 辛卯 | 입동 |
| 1 | 9 | 日 | 24 | 壬戌 | 10·1 | 8 | 火 | 24 | 壬辰 | 10·1 |
| 2 | 10 | 月 | 25 | 癸亥 | 9·1 | 9 | 水 | 25 | 癸巳 | 9·1 |
| 3 | 11 | 火 | 26 | 甲子 | 9·1 | 10 | 木 | 26 | 甲午 | 9·1 |
| 4 | 12 | 水 | 27 | 乙丑 | 9·1 | 11 | 金 | 27 | 乙未 | 9·1 |
| 5 | 13 | 木 | 28 | 丙寅 | 8·2 | 12 | 土 | 28 | 丙申 | 8·2 |
| 6 | 14 | 金 | 29 | 丁卯 | 8·2 | 13 | 日 | 29 | 丁酉 | 8·2 |
| 7 | 15 | 土 | 30 | 戊辰 | 8·2 | 14 | 月 | 10/1 | 戊戌 | 8·2 |
| 8 | 16 | 日 | 9/1 | 己巳 | 7·3 | 15 | 火 | 2 | 己亥 | 7·3 |
| 9 | 17 | 月 | 2 | 庚午 | 7·3 | 16 | 水 | 3 | 庚子 | 7·3 |
| 10 | 18 | 火 | 3 | 辛未 | 7·3 | 17 | 木 | 4 | 辛丑 | 7·3 |
| 11 | 19 | 水 | 4 | 壬申 | 6·4 | 18 | 金 | 5 | 壬寅 | 6·4 |
| 12 | 20 | 木 | 5 | 癸酉 | 6·4 | 19 | 土 | 6 | 癸卯 | 6·4 |
| 13 | 21 | 金 | 6 | 甲戌 | 6·4 | 20 | 日 | 7 | 甲辰 | 6·4 |
| 14 | 22 | 土 | 7 | 乙亥 | 5·5 | 21 | 月 | 8 | 乙巳 | 5·5 |
| 15 | 23 | 日 | 8 | 丙子 | 상강 | 22 | 火 | 9 | 丙午 | 소설 |
| 16 | 24 | 月 | 9 | 丁丑 | 5·5 | 23 | 水 | 10 | 丁未 | 5·5 |
| 17 | 25 | 火 | 10 | 戊寅 | 4·6 | 24 | 木 | 11 | 戊申 | 4·6 |
| 18 | 26 | 水 | 11 | 己卯 | 4·6 | 25 | 金 | 12 | 己酉 | 4·6 |
| 19 | 27 | 木 | 12 | 庚辰 | 4·6 | 26 | 土 | 13 | 庚戌 | 4·6 |
| 20 | 28 | 金 | 13 | 辛巳 | 3·7 | 27 | 日 | 14 | 辛亥 | 3·7 |
| 21 | 29 | 土 | 14 | 壬午 | 3·7 | 28 | 月 | 15 | 壬子 | 3·7 |
| 22 | 30 | 日 | 15 | 癸未 | 3·7 | 29 | 火 | 16 | 癸丑 | 3·7 |
| 23 | 31 | 月 | 16 | 甲申 | 2·8 | 30 | 水 | 17 | 甲寅 | 2·8 |
| 24 | 11/1 | 火 | 17 | 乙酉 | 2·8 | 12/1 | 木 | 18 | 乙卯 | 2·8 |
| 25 | 2 | 水 | 18 | 丙戌 | 2·8 | 2 | 金 | 19 | 丙辰 | 2·8 |
| 26 | 3 | 木 | 19 | 丁亥 | 1·9 | 3 | 土 | 20 | 丁巳 | 1·9 |
| 27 | 4 | 金 | 20 | 戊子 | 1·9 | 4 | 日 | 21 | 戊午 | 1·9 |
| 28 | 5 | 土 | 21 | 己丑 | 1·9 | 5 | 月 | 22 | 己未 | 1·9 |
| 29 | 6 | 日 | 22 | 庚寅 | 1·10 | 6 | 火 | 23 | 庚申 | 1·10 |
| 30 | | | | | | | | | | |
| 31 | | | | | | | | | | |

| 절기후날수 | 대설절(戊子月) 大雪 12월7일 7시40분 冬至 12월22일 1시37분 | | | | | 소한절(己丑月) 小寒 1월5일 19시1분 大寒 1월20일 12시17분 | | | | |
|---|---|---|---|---|---|---|---|---|---|---|
| | 양력 | 요일 | 음력 | 일진 | 大運 남·여 | 양력 | 요일 | 음력 | 일진 | 大運 남·여 |
| 0 | 12/7 | 水 | 24 | 辛酉 | 대설 | 1/5 | 木 | 23 | 庚寅 | 소한 |
| 1 | 8 | 木 | 25 | 壬戌 | 9·1 | 6 | 金 | 24 | 辛卯 | 10·1 |
| 2 | 9 | 金 | 26 | 癸亥 | 9·1 | 7 | 土 | 25 | 壬辰 | 9·1 |
| 3 | 10 | 土 | 27 | 甲子 | 9·1 | 8 | 日 | 26 | 癸巳 | 9·1 |
| 4 | 11 | 日 | 28 | 乙丑 | 8·1 | 9 | 月 | 27 | 甲午 | 9·1 |
| 5 | 12 | 月 | 29 | 丙寅 | 8·2 | 10 | 火 | 28 | 乙未 | 8·2 |
| 6 | 13 | 火 | 30 | 丁卯 | 8·2 | 11 | 水 | 29 | 丙申 | 8·2 |
| 7 | 14 | 水 | 11/1 | 戊辰 | 7·2 | 12 | 木 | 30 | 丁酉 | 8·2 |
| 8 | 15 | 木 | 2 | 己巳 | 7·3 | 13 | 金 | 12/1 | 戊戌 | 7·3 |
| 9 | 16 | 金 | 3 | 庚午 | 7·3 | 14 | 土 | 2 | 己亥 | 7·3 |
| 10 | 17 | 土 | 4 | 辛未 | 6·3 | 15 | 日 | 3 | 庚子 | 7·3 |
| 11 | 18 | 日 | 5 | 壬申 | 6·4 | 16 | 月 | 4 | 辛丑 | 6·4 |
| 12 | 19 | 月 | 6 | 癸酉 | 6·4 | 17 | 火 | 5 | 壬寅 | 6·4 |
| 13 | 20 | 火 | 7 | 甲戌 | 5·4 | 18 | 水 | 6 | 癸卯 | 6·4 |
| 14 | 21 | 水 | 8 | 乙亥 | 5·5 | 19 | 木 | 7 | 甲辰 | 5·5 |
| 15 | 22 | 木 | 9 | 丙子 | 동지 | 20 | 金 | 8 | 乙巳 | 대한 |
| 16 | 23 | 金 | 10 | 丁丑 | 4·5 | 21 | 土 | 9 | 丙午 | 5·5 |
| 17 | 24 | 土 | 11 | 戊寅 | 4·6 | 22 | 日 | 10 | 丁未 | 4·6 |
| 18 | 25 | 日 | 12 | 己卯 | 4·6 | 23 | 月 | 11 | 戊申 | 4·6 |
| 19 | 26 | 月 | 13 | 庚辰 | 3·6 | 24 | 火 | 12 | 己酉 | 4·6 |
| 20 | 27 | 火 | 14 | 辛巳 | 3·7 | 25 | 水 | 13 | 庚戌 | 3·7 |
| 21 | 28 | 水 | 15 | 壬午 | 3·7 | 26 | 木 | 14 | 辛亥 | 3·7 |
| 22 | 29 | 木 | 16 | 癸未 | 2·7 | 27 | 金 | 15 | 壬子 | 3·7 |
| 23 | 30 | 金 | 17 | 甲申 | 2·8 | 28 | 土 | 16 | 癸丑 | 2·8 |
| 24 | 31 | 土 | 18 | 乙酉 | 2·8 | 29 | 日 | 17 | 甲寅 | 2·8 |
| 25 | 1/1 | 日 | 19 | 丙戌 | 1·8 | 30 | 月 | 18 | 乙卯 | 2·8 |
| 26 | 2 | 月 | 20 | 丁亥 | 1·9 | 31 | 火 | 19 | 丙辰 | 1·9 |
| 27 | 3 | 火 | 21 | 戊子 | 1·9 | 2/1 | 水 | 20 | 丁巳 | 1·9 |
| 28 | 4 | 水 | 22 | 己丑 | 1·9 | 2 | 木 | 21 | 戊午 | 1·9 |
| 29 | | | | | | 3 | 金 | 22 | 己未 | 1·10 |
| 30 | | | | | | | | | | |
| 31 | | | | | | | | | | |

# 서기 2051년 [단기 4384년]

| 절기후날수 | 입춘절(庚寅月) 立春 2월4일 6시34분 雨水 2월19일 2시16분 | | | | | 경칩절(辛卯月) 驚蟄 3월6일 0시20분 春分 3월21일 0시58분 | | | | | 청명절(壬辰月) 清明 4월5일 4시48분 穀雨 4월20일 11시39분 | | | | |
|---|---|---|---|---|---|---|---|---|---|---|---|---|---|---|---|
| | 양력 | 요일 | 음력 | 일진 | 大運 남·여 | 양력 | 요일 | 음력 | 일진 | 大運 남·여 | 양력 | 요일 | 음력 | 일진 | 大運 남·여 |
| 0 | 2/4 | 土 | 23 | 庚申 | 입춘 | 3/6 | 月 | 24 | 庚寅 | 경칩 | 4/5 | 水 | 24 | 庚申 | 청명 |
| 1 | 5 | 日 | 24 | 辛酉 | 1·10 | 7 | 火 | 25 | 辛卯 | 1·10 | 6 | 木 | 25 | 辛酉 | 1·10 |
| 2 | 6 | 月 | 25 | 壬戌 | 1·9 | 8 | 水 | 26 | 壬辰 | 1·9 | 7 | 金 | 26 | 壬戌 | 1·9 |
| 3 | 7 | 火 | 26 | 癸亥 | 1·9 | 9 | 木 | 27 | 癸巳 | 1·9 | 8 | 土 | 27 | 癸亥 | 1·9 |
| 4 | 8 | 水 | 27 | 甲子 | 1·9 | 10 | 金 | 28 | 甲午 | 1·9 | 9 | 日 | 28 | 甲子 | 1·9 |
| 5 | 9 | 木 | 28 | 乙丑 | 2·8 | 11 | 土 | 29 | 乙未 | 2·8 | 10 | 月 | 29 | 乙丑 | 2·8 |
| 6 | 10 | 金 | 29 | 丙寅 | 2·8 | 12 | 日 | 30 | 丙申 | 2·8 | 11 | 火 | 3/1 | 丙寅 | 2·8 |
| 7 | 11 | 土 | 1/1 | 丁卯 | 2·8 | 13 | 月 | 2/1 | 丁酉 | 2·8 | 12 | 水 | 2 | 丁卯 | 2·8 |
| 8 | 12 | 日 | 2 | 戊辰 | 3·7 | 14 | 火 | 2 | 戊戌 | 3·7 | 13 | 木 | 3 | 戊辰 | 3·7 |
| 9 | 13 | 月 | 3 | 己巳 | 3·7 | 15 | 水 | 3 | 己亥 | 3·7 | 14 | 金 | 4 | 己巳 | 3·7 |
| 10 | 14 | 火 | 4 | 庚午 | 3·7 | 16 | 木 | 4 | 庚子 | 3·7 | 15 | 土 | 5 | 庚午 | 3·7 |
| 11 | 15 | 水 | 5 | 辛未 | 4·6 | 17 | 金 | 5 | 辛丑 | 4·6 | 16 | 日 | 6 | 辛未 | 4·6 |
| 12 | 16 | 木 | 6 | 壬申 | 4·6 | 18 | 土 | 6 | 壬寅 | 4·6 | 17 | 月 | 7 | 壬申 | 4·6 |
| 13 | 17 | 金 | 7 | 癸酉 | 4·6 | 19 | 日 | 7 | 癸卯 | 4·6 | 18 | 火 | 8 | 癸酉 | 4·6 |
| 14 | 18 | 土 | 8 | 甲戌 | 5·5 | 20 | 月 | 8 | 甲辰 | 5·5 | 19 | 水 | 9 | 甲戌 | 5·5 |
| 15 | 19 | 日 | 9 | 乙亥 | 우수 | 21 | 火 | 9 | 乙巳 | 춘분 | 20 | 木 | 10 | 乙亥 | 곡우 |
| 16 | 20 | 月 | 10 | 丙子 | 5·5 | 22 | 水 | 10 | 丙午 | 5·5 | 21 | 金 | 11 | 丙子 | 5·5 |
| 17 | 21 | 火 | 11 | 丁丑 | 6·4 | 23 | 木 | 11 | 丁未 | 6·4 | 22 | 土 | 12 | 丁丑 | 6·4 |
| 18 | 22 | 水 | 12 | 戊寅 | 6·4 | 24 | 金 | 12 | 戊申 | 6·4 | 23 | 日 | 13 | 戊寅 | 6·4 |
| 19 | 23 | 木 | 13 | 己卯 | 6·4 | 25 | 土 | 13 | 己酉 | 6·4 | 24 | 月 | 14 | 己卯 | 6·4 |
| 20 | 24 | 金 | 14 | 庚辰 | 7·3 | 26 | 日 | 14 | 庚戌 | 7·3 | 25 | 火 | 15 | 庚辰 | 7·3 |
| 21 | 25 | 土 | 15 | 辛巳 | 7·3 | 27 | 月 | 15 | 辛亥 | 7·3 | 26 | 水 | 16 | 辛巳 | 7·3 |
| 22 | 26 | 日 | 16 | 壬午 | 7·3 | 28 | 火 | 16 | 壬子 | 7·3 | 27 | 木 | 17 | 壬午 | 7·3 |
| 23 | 27 | 月 | 17 | 癸未 | 8·2 | 29 | 水 | 17 | 癸丑 | 8·2 | 28 | 金 | 18 | 癸未 | 8·2 |
| 24 | 28 | 火 | 18 | 甲申 | 8·2 | 30 | 木 | 18 | 甲寅 | 8·2 | 29 | 土 | 19 | 甲申 | 8·2 |
| 25 | 3/1 | 水 | 19 | 乙酉 | 8·2 | 31 | 金 | 19 | 乙卯 | 8·2 | 30 | 日 | 20 | 乙酉 | 8·2 |
| 26 | 2 | 木 | 20 | 丙戌 | 9·1 | 4/1 | 土 | 20 | 丙辰 | 9·1 | 5/1 | 月 | 21 | 丙戌 | 9·1 |
| 27 | 3 | 金 | 21 | 丁亥 | 9·1 | 2 | 日 | 21 | 丁巳 | 9·1 | 2 | 火 | 22 | 丁亥 | 9·1 |
| 28 | 4 | 土 | 22 | 戊子 | 9·1 | 3 | 月 | 22 | 戊午 | 9·1 | 3 | 水 | 23 | 戊子 | 9·1 |
| 29 | 5 | 日 | 23 | 己丑 | 10·1 | 4 | 火 | 23 | 己未 | 10·1 | 4 | 木 | 24 | 己丑 | 10·1 |
| 30 | | | | | | | | | | | | | | | |
| 31 | | | | | | | | | | | | | | | |

| 절기후날수 | 입하절(癸巳月) 立夏 5월5일 21시45분 小滿 5월21일 10시30분 | | | | | 망종절(甲午月) 芒種 6월6일 1시39분 夏至 6월21일 18시17분 | | | | | 소서절(乙未月) 小暑 7월7일 11시48분 大暑 7월23일 5시11분 | | | | |
|---|---|---|---|---|---|---|---|---|---|---|---|---|---|---|---|
| | 양력 | 요일 | 음력 | 일진 | 大運 남·여 | 양력 | 요일 | 음력 | 일진 | 大運 남·여 | 양력 | 요일 | 음력 | 일진 | 大運 남·여 |
| 0 | 5/5 | 金 | 25 | 庚寅 | 입하 | 6/6 | 火 | 28 | 壬戌 | 망종 | 7/7 | 金 | 29 | 癸巳 | 소서 |
| 1 | 6 | 土 | 26 | 辛卯 | 1·10 | 7 | 水 | 29 | 癸亥 | 1·10 | 8 | 土 | 6/1 | 甲午 | 1·10 |
| 2 | 7 | 日 | 27 | 壬辰 | 1·10 | 8 | 木 | 30 | 甲子 | 1·10 | 9 | 日 | 2 | 乙未 | 1·10 |
| 3 | 8 | 月 | 28 | 癸巳 | 1·10 | 9 | 金 | 5/1 | 乙丑 | 1·9 | 10 | 月 | 3 | 丙申 | 1·9 |
| 4 | 9 | 火 | 29 | 甲午 | 1·9 | 10 | 土 | 2 | 丙寅 | 1·9 | 11 | 火 | 4 | 丁酉 | 1·9 |
| 5 | 10 | 水 | 4/1 | 乙未 | 2·9 | 11 | 日 | 3 | 丁卯 | 2·9 | 12 | 水 | 5 | 戊戌 | 2·9 |
| 6 | 11 | 木 | 2 | 丙申 | 2·9 | 12 | 月 | 4 | 戊辰 | 2·8 | 13 | 木 | 6 | 己亥 | 2·8 |
| 7 | 12 | 金 | 3 | 丁酉 | 2·8 | 13 | 火 | 5 | 己巳 | 2·8 | 14 | 金 | 7 | 庚子 | 2·8 |
| 8 | 13 | 土 | 4 | 戊戌 | 3·8 | 14 | 水 | 6 | 庚午 | 3·8 | 15 | 土 | 8 | 辛丑 | 3·8 |
| 9 | 14 | 日 | 5 | 己亥 | 3·8 | 15 | 木 | 7 | 辛未 | 3·7 | 16 | 日 | 9 | 壬寅 | 3·7 |
| 10 | 15 | 月 | 6 | 庚子 | 3·7 | 16 | 金 | 8 | 壬申 | 3·7 | 17 | 月 | 10 | 癸卯 | 3·7 |
| 11 | 16 | 火 | 7 | 辛丑 | 4·7 | 17 | 土 | 9 | 癸酉 | 4·7 | 18 | 火 | 11 | 甲辰 | 4·7 |
| 12 | 17 | 水 | 8 | 壬寅 | 4·7 | 18 | 日 | 10 | 甲戌 | 4·6 | 19 | 水 | 12 | 乙巳 | 4·6 |
| 13 | 18 | 木 | 9 | 癸卯 | 4·6 | 19 | 月 | 11 | 乙亥 | 4·6 | 20 | 木 | 13 | 丙午 | 4·6 |
| 14 | 19 | 金 | 10 | 甲辰 | 5·6 | 20 | 火 | 12 | 丙子 | 5·6 | 21 | 金 | 14 | 丁未 | 5·6 |
| 15 | 20 | 土 | 11 | 乙巳 | 5·6 | 21 | 水 | 13 | 丁丑 | 하지 | 22 | 土 | 15 | 戊申 | 5·5 |
| 16 | 21 | 日 | 12 | 丙午 | 소만 | 22 | 木 | 14 | 戊寅 | 5·5 | 23 | 日 | 16 | 己酉 | 대서 |
| 17 | 22 | 月 | 13 | 丁未 | 6·5 | 23 | 金 | 15 | 己卯 | 6·5 | 24 | 月 | 17 | 庚戌 | 6·5 |
| 18 | 23 | 火 | 14 | 戊申 | 6·5 | 24 | 土 | 16 | 庚辰 | 6·4 | 25 | 火 | 18 | 辛亥 | 6·4 |
| 19 | 24 | 水 | 15 | 己酉 | 6·4 | 25 | 日 | 17 | 辛巳 | 6·4 | 26 | 水 | 19 | 壬子 | 6·4 |
| 20 | 25 | 木 | 16 | 庚戌 | 7·4 | 26 | 月 | 18 | 壬午 | 7·4 | 27 | 木 | 20 | 癸丑 | 7·4 |
| 21 | 26 | 金 | 17 | 辛亥 | 7·4 | 27 | 火 | 19 | 癸未 | 7·3 | 28 | 金 | 21 | 甲寅 | 7·3 |
| 22 | 27 | 土 | 18 | 壬子 | 7·3 | 28 | 水 | 20 | 甲申 | 7·3 | 29 | 土 | 22 | 乙卯 | 7·3 |
| 23 | 28 | 日 | 19 | 癸丑 | 8·3 | 29 | 木 | 21 | 乙酉 | 8·3 | 30 | 日 | 23 | 丙辰 | 8·3 |
| 24 | 29 | 月 | 20 | 甲寅 | 8·3 | 30 | 金 | 22 | 丙戌 | 8·2 | 31 | 月 | 24 | 丁巳 | 8·2 |
| 25 | 30 | 火 | 21 | 乙卯 | 8·2 | 7/1 | 土 | 23 | 丁亥 | 8·2 | 8/1 | 火 | 25 | 戊午 | 8·2 |
| 26 | 31 | 水 | 22 | 丙辰 | 9·2 | 2 | 日 | 24 | 戊子 | 9·2 | 2 | 水 | 26 | 己未 | 9·2 |
| 27 | 6/1 | 木 | 23 | 丁巳 | 9·2 | 3 | 月 | 25 | 己丑 | 9·1 | 3 | 木 | 27 | 庚申 | 9·1 |
| 28 | 2 | 金 | 24 | 戊午 | 9·1 | 4 | 火 | 26 | 庚寅 | 9·1 | 4 | 金 | 28 | 辛酉 | 9·1 |
| 29 | 3 | 土 | 25 | 己未 | 10·1 | 5 | 水 | 27 | 辛卯 | 10·1 | 5 | 土 | 29 | 壬戌 | 10·1 |
| 30 | 4 | 日 | 26 | 庚申 | 10·1 | 6 | 木 | 28 | 壬辰 | 10·1 | 6 | 日 | 30 | 癸亥 | 10·1 |
| 31 | 5 | 月 | 27 | 辛酉 | 10·1 | | | | | | | | | | |

# 辛未年

| 절기후날수 | 입추절(丙申月) 立秋 8월7일 21시40분 處暑 8월23일 12시28분 | | | | | 백로절(丁酉月) 白露 9월8일 0시50분 秋分 9월23일 10시26분 | | | | |
|---|---|---|---|---|---|---|---|---|---|---|
| | 양력 | 요일 | 음력 | 일진 | 大運 남·여 | 양력 | 요일 | 음력 | 일진 | 大運 남·여 |
| 0 | 8/7 | 月 | 7/1 | 甲子 | 입추 | 9/8 | 金 | 4 | 丙申 | 백로 |
| 1 | 8 | 火 | 2 | 乙丑 | 1·10 | 9 | 土 | 5 | 丁酉 | 1·10 |
| 2 | 9 | 水 | 3 | 丙寅 | 1·10 | 10 | 日 | 6 | 戊戌 | 1·9 |
| 3 | 10 | 木 | 4 | 丁卯 | 1·10 | 11 | 月 | 7 | 己亥 | 1·9 |
| 4 | 11 | 金 | 5 | 戊辰 | 1·9 | 12 | 火 | 8 | 庚子 | 1·9 |
| 5 | 12 | 土 | 6 | 己巳 | 2·9 | 13 | 水 | 9 | 辛丑 | 2·8 |
| 6 | 13 | 日 | 7 | 庚午 | 2·9 | 14 | 木 | 10 | 壬寅 | 2·8 |
| 7 | 14 | 月 | 8 | 辛未 | 2·8 | 15 | 金 | 11 | 癸卯 | 2·8 |
| 8 | 15 | 火 | 9 | 壬申 | 3·8 | 16 | 土 | 12 | 甲辰 | 3·7 |
| 9 | 16 | 水 | 10 | 癸酉 | 3·8 | 17 | 日 | 13 | 乙巳 | 3·7 |
| 10 | 17 | 木 | 11 | 甲戌 | 3·7 | 18 | 月 | 14 | 丙午 | 3·7 |
| 11 | 18 | 金 | 12 | 乙亥 | 4·7 | 19 | 火 | 15 | 丁未 | 4·6 |
| 12 | 19 | 土 | 13 | 丙子 | 4·7 | 20 | 水 | 16 | 戊申 | 4·6 |
| 13 | 20 | 日 | 14 | 丁丑 | 4·6 | 21 | 木 | 17 | 己酉 | 4·6 |
| 14 | 21 | 月 | 15 | 戊寅 | 5·6 | 22 | 金 | 18 | 庚戌 | 5·5 |
| 15 | 22 | 火 | 16 | 己卯 | 5·6 | 23 | 土 | 19 | 辛亥 | 추분 |
| 16 | 23 | 水 | 17 | 庚辰 | 처서 | 24 | 日 | 20 | 壬子 | 5·5 |
| 17 | 24 | 木 | 18 | 辛巳 | 6·5 | 25 | 月 | 21 | 癸丑 | 6·4 |
| 18 | 25 | 金 | 19 | 壬午 | 6·5 | 26 | 火 | 22 | 甲寅 | 6·4 |
| 19 | 26 | 土 | 20 | 癸未 | 6·4 | 27 | 水 | 23 | 乙卯 | 6·4 |
| 20 | 27 | 日 | 21 | 甲申 | 7·4 | 28 | 木 | 24 | 丙辰 | 7·3 |
| 21 | 28 | 月 | 22 | 乙酉 | 7·4 | 29 | 金 | 25 | 丁巳 | 7·3 |
| 22 | 29 | 火 | 23 | 丙戌 | 7·3 | 30 | 土 | 26 | 戊午 | 7·3 |
| 23 | 30 | 水 | 24 | 丁亥 | 8·3 | 10/1 | 日 | 27 | 己未 | 8·2 |
| 24 | 31 | 木 | 25 | 戊子 | 8·3 | 2 | 月 | 28 | 庚申 | 8·2 |
| 25 | 9/1 | 金 | 26 | 己丑 | 8·2 | 3 | 火 | 29 | 辛酉 | 8·2 |
| 26 | 2 | 土 | 27 | 庚寅 | 9·2 | 4 | 水 | 30 | 壬戌 | 9·1 |
| 27 | 3 | 日 | 28 | 辛卯 | 9·2 | 5 | 木 | 9/1 | 癸亥 | 9·1 |
| 28 | 4 | 月 | 29 | 壬辰 | 9·1 | 6 | 金 | 2 | 甲子 | 9·1 |
| 29 | 5 | 火 | 8/1 | 癸巳 | 10·1 | 7 | 土 | 3 | 乙丑 | 10·1 |
| 30 | 6 | 水 | 2 | 甲午 | 10·1 | | | | | |
| 31 | 7 | 木 | 3 | 乙未 | 10·1 | | | | | |

| 절기후날수 | 한로절(戊戌月) 寒露 10월8일 16시49분 霜降 10월23일 20시8분 | | | | | 입동절(己亥月) 立冬 11월7일 20시21분 小雪 11월22일 18시1분 | | | | |
|---|---|---|---|---|---|---|---|---|---|---|
| | 양력 | 요일 | 음력 | 일진 | 大運 남·여 | 양력 | 요일 | 음력 | 일진 | 大運 남·여 |
| 0 | 10/8 | 日 | 4 | 丙寅 | 한로 | 11/7 | 火 | 5 | 丙申 | 입동 |
| 1 | 9 | 月 | 5 | 丁卯 | 1·10 | 8 | 水 | 6 | 丁酉 | 1·10 |
| 2 | 10 | 火 | 6 | 戊辰 | 1·9 | 9 | 木 | 7 | 戊戌 | 1·9 |
| 3 | 11 | 水 | 7 | 己巳 | 1·9 | 10 | 金 | 8 | 己亥 | 1·9 |
| 4 | 12 | 木 | 8 | 庚午 | 1·9 | 11 | 土 | 9 | 庚子 | 1·9 |
| 5 | 13 | 金 | 9 | 辛未 | 2·8 | 12 | 日 | 10 | 辛丑 | 2·8 |
| 6 | 14 | 土 | 10 | 壬申 | 2·8 | 13 | 月 | 11 | 壬寅 | 2·8 |
| 7 | 15 | 日 | 11 | 癸酉 | 2·8 | 14 | 火 | 12 | 癸卯 | 2·8 |
| 8 | 16 | 月 | 12 | 甲戌 | 3·7 | 15 | 水 | 13 | 甲辰 | 3·7 |
| 9 | 17 | 火 | 13 | 乙亥 | 3·7 | 16 | 木 | 14 | 乙巳 | 3·7 |
| 10 | 18 | 水 | 14 | 丙子 | 3·7 | 17 | 金 | 15 | 丙午 | 3·7 |
| 11 | 19 | 木 | 15 | 丁丑 | 4·6 | 18 | 土 | 16 | 丁未 | 4·6 |
| 12 | 20 | 金 | 16 | 戊寅 | 4·6 | 19 | 日 | 17 | 戊申 | 4·6 |
| 13 | 21 | 土 | 17 | 己卯 | 4·6 | 20 | 月 | 18 | 己酉 | 4·6 |
| 14 | 22 | 日 | 18 | 庚辰 | 5·5 | 21 | 火 | 19 | 庚戌 | 5·5 |
| 15 | 23 | 月 | 19 | 辛巳 | 상강 | 22 | 水 | 20 | 辛亥 | 소설 |
| 16 | 24 | 火 | 20 | 壬午 | 5·5 | 23 | 木 | 21 | 壬子 | 5·5 |
| 17 | 25 | 水 | 21 | 癸未 | 6·4 | 24 | 金 | 22 | 癸丑 | 6·4 |
| 18 | 26 | 木 | 22 | 甲申 | 6·4 | 25 | 土 | 23 | 甲寅 | 6·4 |
| 19 | 27 | 金 | 23 | 乙酉 | 6·4 | 26 | 日 | 24 | 乙卯 | 6·4 |
| 20 | 28 | 土 | 24 | 丙戌 | 7·3 | 27 | 月 | 25 | 丙辰 | 7·3 |
| 21 | 29 | 日 | 25 | 丁亥 | 7·3 | 28 | 火 | 26 | 丁巳 | 7·3 |
| 22 | 30 | 月 | 26 | 戊子 | 7·3 | 29 | 水 | 27 | 戊午 | 7·3 |
| 23 | 31 | 火 | 27 | 己丑 | 8·2 | 30 | 木 | 28 | 己未 | 8·2 |
| 24 | 11/1 | 水 | 28 | 庚寅 | 8·2 | 12/1 | 金 | 29 | 庚申 | 8·2 |
| 25 | 2 | 木 | 29 | 辛卯 | 8·2 | 2 | 土 | 30 | 辛酉 | 8·2 |
| 26 | 3 | 金 | 10/1 | 壬辰 | 9·1 | 3 | 日 | 11/1 | 壬戌 | 9·1 |
| 27 | 4 | 土 | 2 | 癸巳 | 9·1 | 4 | 月 | 2 | 癸亥 | 9·1 |
| 28 | 5 | 日 | 3 | 甲午 | 9·1 | 5 | 火 | 3 | 甲子 | 9·1 |
| 29 | 6 | 月 | 4 | 乙未 | 10·1 | 6 | 水 | 4 | 乙丑 | 10·1 |
| 30 | | | | | | | | | | |
| 31 | | | | | | | | | | |

| 절기후날수 | 대설절(庚子月) 大雪 12월7일 13시27분 冬至 12월22일 7시33분 | | | | | 소한절(辛丑月) 小寒 1월6일 0시47분 大寒 1월20일 18시13분 | | | | |
|---|---|---|---|---|---|---|---|---|---|---|
| | 양력 | 요일 | 음력 | 일진 | 大運 남·여 | 양력 | 요일 | 음력 | 일진 | 大運 남·여 |
| 0 | 12/7 | 木 | 5 | 丙寅 | 대설 | 1/6 | 土 | 5 | 丙申 | 소한 |
| 1 | 8 | 金 | 6 | 丁卯 | 1·10 | 7 | 日 | 6 | 丁酉 | 1·9 |
| 2 | 9 | 土 | 7 | 戊辰 | 1·9 | 8 | 月 | 7 | 戊戌 | 1·9 |
| 3 | 10 | 日 | 8 | 己巳 | 1·9 | 9 | 火 | 8 | 己亥 | 1·9 |
| 4 | 11 | 月 | 9 | 庚午 | 1·9 | 10 | 水 | 9 | 庚子 | 1·8 |
| 5 | 12 | 火 | 10 | 辛未 | 2·8 | 11 | 木 | 10 | 辛丑 | 2·8 |
| 6 | 13 | 水 | 11 | 壬申 | 2·8 | 12 | 金 | 11 | 壬寅 | 2·8 |
| 7 | 14 | 木 | 12 | 癸酉 | 2·8 | 13 | 土 | 12 | 癸卯 | 2·7 |
| 8 | 15 | 金 | 13 | 甲戌 | 3·7 | 14 | 日 | 13 | 甲辰 | 3·7 |
| 9 | 16 | 土 | 14 | 乙亥 | 3·7 | 15 | 月 | 14 | 乙巳 | 3·7 |
| 10 | 17 | 日 | 15 | 丙子 | 3·7 | 16 | 火 | 15 | 丙午 | 3·6 |
| 11 | 18 | 月 | 16 | 丁丑 | 4·6 | 17 | 水 | 16 | 丁未 | 4·6 |
| 12 | 19 | 火 | 17 | 戊寅 | 4·6 | 18 | 木 | 17 | 戊申 | 4·6 |
| 13 | 20 | 水 | 18 | 己卯 | 4·6 | 19 | 金 | 18 | 己酉 | 4·5 |
| 14 | 21 | 木 | 19 | 庚辰 | 5·5 | 20 | 土 | 19 | 庚戌 | 대한 |
| 15 | 22 | 金 | 20 | 辛巳 | 동지 | 21 | 日 | 20 | 辛亥 | 5·5 |
| 16 | 23 | 土 | 21 | 壬午 | 5·5 | 22 | 月 | 21 | 壬子 | 5·4 |
| 17 | 24 | 日 | 22 | 癸未 | 6·4 | 23 | 火 | 22 | 癸丑 | 6·4 |
| 18 | 25 | 月 | 23 | 甲申 | 6·4 | 24 | 水 | 23 | 甲寅 | 6·4 |
| 19 | 26 | 火 | 24 | 乙酉 | 6·4 | 25 | 木 | 24 | 乙卯 | 6·3 |
| 20 | 27 | 水 | 25 | 丙戌 | 7·3 | 26 | 金 | 25 | 丙辰 | 7·3 |
| 21 | 28 | 木 | 26 | 丁亥 | 7·3 | 27 | 土 | 26 | 丁巳 | 7·3 |
| 22 | 29 | 金 | 27 | 戊子 | 7·3 | 28 | 日 | 27 | 戊午 | 7·2 |
| 23 | 30 | 土 | 28 | 己丑 | 8·2 | 29 | 月 | 28 | 己未 | 8·2 |
| 24 | 31 | 日 | 29 | 庚寅 | 8·2 | 30 | 火 | 29 | 庚申 | 8·2 |
| 25 | 1/1 | 月 | 30 | 辛卯 | 8·2 | 31 | 水 | 30 | 辛酉 | 8·1 |
| 26 | 2 | 火 | 12/1 | 壬辰 | 9·1 | 2/1 | 木 | 1/1 | 壬戌 | 9·1 |
| 27 | 3 | 水 | 2 | 癸巳 | 9·1 | 2 | 金 | 2 | 癸亥 | 9·1 |
| 28 | 4 | 木 | 3 | 甲午 | 9·1 | 3 | 土 | 3 | 甲子 | 9·1 |
| 29 | 5 | 金 | 4 | 乙未 | 10·1 | | | | | |
| 30 | | | | | | | | | | |
| 31 | | | | | | | | | | |

# 서기 2052년 [단기 4385년]

| 절기후날수 | 입춘절(壬寅月) 立春 2월4일 12시21분 雨水 2월19일 8시12분 | | | | | 경칩절(癸卯月) 驚蟄 3월5일 6시8분 春分 3월20일 6시54분 | | | | | 청명절(甲辰月) 淸明 4월4일 10시36분 穀雨 4월19일 17시36분 | | | | |
|---|---|---|---|---|---|---|---|---|---|---|---|---|---|---|---|
| | 양력 | 요일 | 음력 | 일진 | 大運 남·여 | 양력 | 요일 | 음력 | 일진 | 大運 남·여 | 양력 | 요일 | 음력 | 일진 | 大運 남·여 |
| 0 | 2/4 | 日 | 4 | 乙丑 | 입춘 | 3/5 | 火 | 5 | 乙未 | 경칩 | 4/4 | 木 | 5 | 乙丑 | 청명 |
| 1 | 5 | 月 | 5 | 丙寅 | 10·1 | 6 | 水 | 6 | 丙申 | 10·1 | 5 | 金 | 6 | 丙寅 | 10·1 |
| 2 | 6 | 火 | 6 | 丁卯 | 9·1 | 7 | 木 | 7 | 丁酉 | 9·1 | 6 | 土 | 7 | 丁卯 | 10·1 |
| 3 | 7 | 水 | 7 | 戊辰 | 9·1 | 8 | 金 | 8 | 戊戌 | 9·1 | 7 | 日 | 8 | 戊辰 | 9·1 |
| 4 | 8 | 木 | 8 | 己巳 | 9·1 | 9 | 土 | 9 | 己亥 | 9·1 | 8 | 月 | 9 | 己巳 | 9·1 |
| 5 | 9 | 金 | 9 | 庚午 | 8·2 | 10 | 日 | 10 | 庚子 | 8·2 | 9 | 火 | 10 | 庚午 | 9·2 |
| 6 | 10 | 土 | 10 | 辛未 | 8·2 | 11 | 月 | 11 | 辛丑 | 8·2 | 10 | 水 | 11 | 辛未 | 8·2 |
| 7 | 11 | 日 | 11 | 壬申 | 8·2 | 12 | 火 | 12 | 壬寅 | 8·2 | 11 | 木 | 12 | 壬申 | 8·2 |
| 8 | 12 | 月 | 12 | 癸酉 | 7·3 | 13 | 水 | 13 | 癸卯 | 7·3 | 12 | 金 | 13 | 癸酉 | 8·3 |
| 9 | 13 | 火 | 13 | 甲戌 | 7·3 | 14 | 木 | 14 | 甲辰 | 7·3 | 13 | 土 | 14 | 甲戌 | 7·3 |
| 10 | 14 | 水 | 14 | 乙亥 | 7·3 | 15 | 金 | 15 | 乙巳 | 7·3 | 14 | 日 | 15 | 乙亥 | 7·3 |
| 11 | 15 | 木 | 15 | 丙子 | 6·4 | 16 | 土 | 16 | 丙午 | 6·4 | 15 | 月 | 16 | 丙子 | 7·4 |
| 12 | 16 | 金 | 16 | 丁丑 | 6·4 | 17 | 日 | 17 | 丁未 | 6·4 | 16 | 火 | 17 | 丁丑 | 6·4 |
| 13 | 17 | 土 | 17 | 戊寅 | 6·4 | 18 | 月 | 18 | 戊申 | 6·4 | 17 | 水 | 18 | 戊寅 | 6·4 |
| 14 | 18 | 日 | 18 | 己卯 | 5·5 | 19 | 火 | 19 | 己酉 | 5·5 | 18 | 木 | 19 | 己卯 | 6·5 |
| 15 | 19 | 月 | 19 | 庚辰 | 우수 | 20 | 水 | 20 | 庚戌 | 춘분 | 19 | 金 | 20 | 庚辰 | 곡우 |
| 16 | 20 | 火 | 20 | 辛巳 | 5·5 | 21 | 木 | 21 | 辛亥 | 5·5 | 20 | 土 | 21 | 辛巳 | 5·5 |
| 17 | 21 | 水 | 21 | 壬午 | 4·6 | 22 | 金 | 22 | 壬子 | 4·6 | 21 | 日 | 22 | 壬午 | 5·6 |
| 18 | 22 | 木 | 22 | 癸未 | 4·6 | 23 | 土 | 23 | 癸丑 | 4·6 | 22 | 月 | 23 | 癸未 | 4·6 |
| 19 | 23 | 金 | 23 | 甲申 | 4·6 | 24 | 日 | 24 | 甲寅 | 4·6 | 23 | 火 | 24 | 甲申 | 4·6 |
| 20 | 24 | 土 | 24 | 乙酉 | 3·7 | 25 | 月 | 25 | 乙卯 | 3·7 | 24 | 水 | 25 | 乙酉 | 4·7 |
| 21 | 25 | 日 | 25 | 丙戌 | 3·7 | 26 | 火 | 26 | 丙辰 | 3·7 | 25 | 木 | 26 | 丙戌 | 3·7 |
| 22 | 26 | 月 | 26 | 丁亥 | 3·7 | 27 | 水 | 27 | 丁巳 | 3·7 | 26 | 金 | 27 | 丁亥 | 3·7 |
| 23 | 27 | 火 | 27 | 戊子 | 2·8 | 28 | 木 | 28 | 戊午 | 2·8 | 27 | 土 | 28 | 戊子 | 3·8 |
| 24 | 28 | 水 | 28 | 己丑 | 2·8 | 29 | 金 | 29 | 己未 | 2·8 | 28 | 日 | 29 | 己丑 | 2·8 |
| 25 | 29 | 木 | 29 | 庚寅 | 2·8 | 30 | 土 | 30 | 庚申 | 2·8 | 29 | 月 | 4/1 | 庚寅 | 2·8 |
| 26 | 3/1 | 金 | 2/1 | 辛卯 | 1·9 | 31 | 日 | 3/1 | 辛酉 | 1·9 | 30 | 火 | 2 | 辛卯 | 2·9 |
| 27 | 2 | 土 | 2 | 壬辰 | 1·9 | 4/1 | 月 | 2 | 壬戌 | 1·9 | 5/1 | 水 | 3 | 壬辰 | 1·9 |
| 28 | 3 | 日 | 3 | 癸巳 | 1·9 | 2 | 火 | 3 | 癸亥 | 1·9 | 2 | 木 | 4 | 癸巳 | 1·9 |
| 29 | 4 | 月 | 4 | 甲午 | 1·10 | 3 | 水 | 4 | 甲子 | 1·10 | 3 | 金 | 5 | 甲午 | 1·10 |
| 30 | | | | | | | | | | | 4 | 土 | 6 | 乙未 | 1·10 |
| 31 | | | | | | | | | | | | | | | |

| 절기후날수 | 입하절(乙巳月) 立夏 5월5일 3시33분 小滿 5월20일 16시27분 | | | | | 망종절(丙午月) 芒種 6월5일 7시28분 夏至 6월21일 0시15분 | | | | | 소서절(丁未月) 小暑 7월6일 17시38분 大暑 7월22일 11시7분 | | | | |
|---|---|---|---|---|---|---|---|---|---|---|---|---|---|---|---|
| | 양력 | 요일 | 음력 | 일진 | 大運 남·여 | 양력 | 요일 | 음력 | 일진 | 大運 남·여 | 양력 | 요일 | 음력 | 일진 | 大運 남·여 |
| 0 | 5/5 | 日 | 7 | 丙申 | 입하 | 6/5 | 水 | 9 | 丁卯 | 망종 | 7/6 | 土 | 10 | 戊戌 | 소서 |
| 1 | 6 | 月 | 8 | 丁酉 | 10·1 | 6 | 木 | 10 | 戊辰 | 10·1 | 7 | 日 | 11 | 己亥 | 10·1 |
| 2 | 7 | 火 | 9 | 戊戌 | 10·1 | 7 | 金 | 11 | 己巳 | 10·1 | 8 | 月 | 12 | 庚子 | 10·1 |
| 3 | 8 | 水 | 10 | 己亥 | 9·1 | 8 | 土 | 12 | 庚午 | 9·1 | 9 | 火 | 13 | 辛丑 | 10·1 |
| 4 | 9 | 木 | 11 | 庚子 | 9·1 | 9 | 日 | 13 | 辛未 | 9·1 | 10 | 水 | 14 | 壬寅 | 9·1 |
| 5 | 10 | 金 | 12 | 辛丑 | 9·2 | 10 | 月 | 14 | 壬申 | 9·2 | 11 | 木 | 15 | 癸卯 | 9·2 |
| 6 | 11 | 土 | 13 | 壬寅 | 8·2 | 11 | 火 | 15 | 癸酉 | 8·2 | 12 | 金 | 16 | 甲辰 | 9·2 |
| 7 | 12 | 日 | 14 | 癸卯 | 8·2 | 12 | 水 | 16 | 甲戌 | 8·2 | 13 | 土 | 17 | 乙巳 | 8·2 |
| 8 | 13 | 月 | 15 | 甲辰 | 8·3 | 13 | 木 | 17 | 乙亥 | 8·3 | 14 | 日 | 18 | 丙午 | 8·3 |
| 9 | 14 | 火 | 16 | 乙巳 | 7·3 | 14 | 金 | 18 | 丙子 | 7·3 | 15 | 月 | 19 | 丁未 | 8·3 |
| 10 | 15 | 水 | 17 | 丙午 | 7·3 | 15 | 土 | 19 | 丁丑 | 7·3 | 16 | 火 | 20 | 戊申 | 7·3 |
| 11 | 16 | 木 | 18 | 丁未 | 7·4 | 16 | 日 | 20 | 戊寅 | 7·4 | 17 | 水 | 21 | 己酉 | 7·4 |
| 12 | 17 | 金 | 19 | 戊申 | 6·4 | 17 | 月 | 21 | 己卯 | 6·4 | 18 | 木 | 22 | 庚戌 | 7·4 |
| 13 | 18 | 土 | 20 | 己酉 | 6·4 | 18 | 火 | 22 | 庚辰 | 6·4 | 19 | 金 | 23 | 辛亥 | 6·4 |
| 14 | 19 | 日 | 21 | 庚戌 | 6·5 | 19 | 水 | 23 | 辛巳 | 6·5 | 20 | 土 | 24 | 壬子 | 6·5 |
| 15 | 20 | 月 | 22 | 辛亥 | 소만 | 20 | 木 | 24 | 壬午 | 5·5 | 21 | 日 | 25 | 癸丑 | 6·5 |
| 16 | 21 | 火 | 23 | 壬子 | 5·5 | 21 | 金 | 25 | 癸未 | 하지 | 22 | 月 | 26 | 甲寅 | 대서 |
| 17 | 22 | 水 | 24 | 癸丑 | 5·6 | 22 | 土 | 26 | 甲申 | 5·6 | 23 | 火 | 27 | 乙卯 | 5·6 |
| 18 | 23 | 木 | 25 | 甲寅 | 4·6 | 23 | 日 | 27 | 乙酉 | 4·6 | 24 | 水 | 28 | 丙辰 | 5·6 |
| 19 | 24 | 金 | 26 | 乙卯 | 4·6 | 24 | 月 | 28 | 丙戌 | 4·6 | 25 | 木 | 29 | 丁巳 | 4·6 |
| 20 | 25 | 土 | 27 | 丙辰 | 4·7 | 25 | 火 | 29 | 丁亥 | 4·7 | 26 | 金 | 7/1 | 戊午 | 4·7 |
| 21 | 26 | 日 | 28 | 丁巳 | 3·7 | 26 | 水 | 30 | 戊子 | 3·7 | 27 | 土 | 2 | 己未 | 4·7 |
| 22 | 27 | 月 | 29 | 戊午 | 3·7 | 27 | 木 | 6/1 | 己丑 | 3·7 | 28 | 日 | 3 | 庚申 | 3·7 |
| 23 | 28 | 火 | 5/1 | 己未 | 3·8 | 28 | 金 | 2 | 庚寅 | 3·8 | 29 | 月 | 4 | 辛酉 | 3·8 |
| 24 | 29 | 水 | 2 | 庚申 | 2·8 | 29 | 土 | 3 | 辛卯 | 2·8 | 30 | 火 | 5 | 壬戌 | 3·8 |
| 25 | 30 | 木 | 3 | 辛酉 | 2·8 | 30 | 日 | 4 | 壬辰 | 2·8 | 31 | 水 | 6 | 癸亥 | 2·8 |
| 26 | 31 | 金 | 4 | 壬戌 | 2·9 | 7/1 | 月 | 5 | 癸巳 | 2·9 | 8/1 | 木 | 7 | 甲子 | 2·9 |
| 27 | 6/1 | 土 | 5 | 癸亥 | 1·9 | 2 | 火 | 6 | 甲午 | 1·9 | 2 | 金 | 8 | 乙丑 | 2·9 |
| 28 | 2 | 日 | 6 | 甲子 | 1·9 | 3 | 水 | 7 | 乙未 | 1·9 | 3 | 土 | 9 | 丙寅 | 1·9 |
| 29 | 3 | 月 | 7 | 乙丑 | 1·10 | 4 | 木 | 8 | 丙申 | 1·10 | 4 | 日 | 10 | 丁卯 | 1·10 |
| 30 | 4 | 火 | 8 | 丙寅 | 1·10 | 5 | 金 | 9 | 丁酉 | 1·10 | 5 | 月 | 11 | 戊辰 | 1·10 |
| 31 | | | | | | | | | | | 6 | 火 | 12 | 己巳 | 1·10 |

# 壬申年

| 절기후날수 | 입추절(戊申月) 立秋 8월7일 3시32분 處暑 8월22일 18시20분 | | | | | | 백로절(己酉月) 白露 9월7일 6시41분 秋分 9월22일 16시14분 | | | | | |
|---|---|---|---|---|---|---|---|---|---|---|---|---|
| | 양력 | 요일 | 음력 | 일진 | 大運 남 | 大運 여 | 양력 | 요일 | 음력 | 일진 | 大運 남 | 大運 여 |
| 0 | 8/7 | 水 | 13 | 庚午 | 입추 | | 9/7 | 土 | 15 | 辛丑 | 백로 | |
| 1 | 8 | 木 | 14 | 辛未 | 10 | 1 | 8 | 日 | 16 | 壬寅 | 10 | 1 |
| 2 | 9 | 金 | 15 | 壬申 | 10 | 1 | 9 | 月 | 17 | 癸卯 | 9 | 1 |
| 3 | 10 | 土 | 16 | 癸酉 | 9 | 1 | 10 | 火 | 18 | 甲辰 | 9 | 1 |
| 4 | 11 | 日 | 17 | 甲戌 | 9 | 1 | 11 | 水 | 19 | 乙巳 | 9 | 1 |
| 5 | 12 | 月 | 18 | 乙亥 | 9 | 2 | 12 | 木 | 20 | 丙午 | 8 | 2 |
| 6 | 13 | 火 | 19 | 丙子 | 8 | 2 | 13 | 金 | 21 | 丁未 | 8 | 2 |
| 7 | 14 | 水 | 20 | 丁丑 | 8 | 2 | 14 | 土 | 22 | 戊申 | 8 | 2 |
| 8 | 15 | 木 | 21 | 戊寅 | 8 | 3 | 15 | 日 | 23 | 己酉 | 7 | 3 |
| 9 | 16 | 金 | 22 | 己卯 | 7 | 3 | 16 | 月 | 24 | 庚戌 | 7 | 3 |
| 10 | 17 | 土 | 23 | 庚辰 | 7 | 3 | 17 | 火 | 25 | 辛亥 | 7 | 3 |
| 11 | 18 | 日 | 24 | 辛巳 | 7 | 4 | 18 | 水 | 26 | 壬子 | 6 | 4 |
| 12 | 19 | 月 | 25 | 壬午 | 6 | 4 | 19 | 木 | 27 | 癸丑 | 6 | 4 |
| 13 | 20 | 火 | 26 | 癸未 | 6 | 4 | 20 | 金 | 28 | 甲寅 | 6 | 4 |
| 14 | 21 | 水 | 27 | 甲申 | 6 | 5 | 21 | 土 | 29 | 乙卯 | 5 | 5 |
| 15 | 22 | 木 | 28 | 乙酉 | 처서 | | 22 | 日 | 30 | 丙辰 | 추분 | |
| 16 | 23 | 金 | 29 | 丙戌 | 5 | 5 | 23 | 月 | 윤1 | 丁巳 | 5 | 5 |
| 17 | 24 | 土 | 8/1 | 丁亥 | 5 | 6 | 24 | 火 | 윤2 | 戊午 | 4 | 6 |
| 18 | 25 | 日 | 2 | 戊子 | 4 | 6 | 25 | 水 | 윤3 | 己未 | 4 | 6 |
| 19 | 26 | 月 | 3 | 己丑 | 4 | 6 | 26 | 木 | 윤4 | 庚申 | 4 | 6 |
| 20 | 27 | 火 | 4 | 庚寅 | 4 | 7 | 27 | 金 | 윤5 | 辛酉 | 3 | 7 |
| 21 | 28 | 水 | 5 | 辛卯 | 3 | 7 | 28 | 土 | 윤6 | 壬戌 | 3 | 7 |
| 22 | 29 | 木 | 6 | 壬辰 | 3 | 7 | 29 | 日 | 윤7 | 癸亥 | 3 | 7 |
| 23 | 30 | 金 | 7 | 癸巳 | 3 | 8 | 30 | 月 | 윤8 | 甲子 | 2 | 8 |
| 24 | 31 | 土 | 8 | 甲午 | 2 | 8 | 10/1 | 火 | 윤9 | 乙丑 | 2 | 8 |
| 25 | 9/1 | 日 | 9 | 乙未 | 2 | 8 | 2 | 水 | 윤10 | 丙寅 | 2 | 8 |
| 26 | 2 | 月 | 10 | 丙申 | 2 | 9 | 3 | 木 | 윤11 | 丁卯 | 1 | 9 |
| 27 | 3 | 火 | 11 | 丁酉 | 1 | 9 | 4 | 金 | 윤12 | 戊辰 | 1 | 9 |
| 28 | 4 | 水 | 12 | 戊戌 | 1 | 9 | 5 | 土 | 윤13 | 己巳 | 1 | 9 |
| 29 | 5 | 木 | 13 | 己亥 | 1 | 10 | 6 | 日 | 윤14 | 庚午 | 1 | 10 |
| 30 | 6 | 金 | 14 | 庚子 | 1 | 10 | | | | | | |
| 31 | | | | | | | | | | | | |

| 절기후날수 | 한로절(庚戌月) 寒露 10월7일 22시38분 霜降 10월23일 1시54분 | | | | | | 입동절(辛亥月) 立冬 11월7일 2시8분 小雪 11월21일 23시44분 | | | | | |
|---|---|---|---|---|---|---|---|---|---|---|---|---|
| | 양력 | 요일 | 음력 | 일진 | 大運 남 | 大運 여 | 양력 | 요일 | 음력 | 일진 | 大運 남 | 大運 여 |
| 0 | 10/7 | 月 | 윤15 | 辛未 | 한로 | | 11/7 | 木 | 16 | 壬寅 | 입동 | |
| 1 | 8 | 火 | 윤16 | 壬申 | 10 | 1 | 8 | 金 | 17 | 癸卯 | 9 | 1 |
| 2 | 9 | 水 | 윤17 | 癸酉 | 10 | 1 | 9 | 土 | 18 | 甲辰 | 9 | 1 |
| 3 | 10 | 木 | 윤18 | 甲戌 | 9 | 1 | 10 | 日 | 19 | 乙巳 | 9 | 1 |
| 4 | 11 | 金 | 윤19 | 乙亥 | 9 | 1 | 11 | 月 | 20 | 丙午 | 8 | 1 |
| 5 | 12 | 土 | 윤20 | 丙子 | 9 | 2 | 12 | 火 | 21 | 丁未 | 8 | 2 |
| 6 | 13 | 日 | 윤21 | 丁丑 | 8 | 2 | 13 | 水 | 22 | 戊申 | 8 | 2 |
| 7 | 14 | 月 | 윤22 | 戊寅 | 8 | 2 | 14 | 木 | 23 | 己酉 | 7 | 2 |
| 8 | 15 | 火 | 윤23 | 己卯 | 8 | 3 | 15 | 金 | 24 | 庚戌 | 7 | 3 |
| 9 | 16 | 水 | 윤24 | 庚辰 | 7 | 3 | 16 | 土 | 25 | 辛亥 | 7 | 3 |
| 10 | 17 | 木 | 윤25 | 辛巳 | 7 | 3 | 17 | 日 | 26 | 壬子 | 6 | 3 |
| 11 | 18 | 金 | 윤26 | 壬午 | 7 | 4 | 18 | 月 | 27 | 癸丑 | 6 | 4 |
| 12 | 19 | 土 | 윤27 | 癸未 | 6 | 4 | 19 | 火 | 28 | 甲寅 | 6 | 4 |
| 13 | 20 | 日 | 윤28 | 甲申 | 6 | 4 | 20 | 水 | 29 | 乙卯 | 5 | 4 |
| 14 | 21 | 月 | 윤29 | 乙酉 | 6 | 5 | 21 | 木 | 10/1 | 丙辰 | 소설 | |
| 15 | 22 | 火 | 윤30 | 丙戌 | 5 | 5 | 22 | 金 | 2 | 丁巳 | 5 | 5 |
| 16 | 23 | 水 | 9/1 | 丁亥 | 상강 | | 23 | 土 | 3 | 戊午 | 4 | 5 |
| 17 | 24 | 木 | 2 | 戊子 | 5 | 6 | 24 | 日 | 4 | 己未 | 4 | 6 |
| 18 | 25 | 金 | 3 | 己丑 | 4 | 6 | 25 | 月 | 5 | 庚申 | 4 | 6 |
| 19 | 26 | 土 | 4 | 庚寅 | 4 | 6 | 26 | 火 | 6 | 辛酉 | 3 | 6 |
| 20 | 27 | 日 | 5 | 辛卯 | 4 | 7 | 27 | 水 | 7 | 壬戌 | 3 | 7 |
| 21 | 28 | 月 | 6 | 壬辰 | 3 | 7 | 28 | 木 | 8 | 癸亥 | 3 | 7 |
| 22 | 29 | 火 | 7 | 癸巳 | 3 | 7 | 29 | 金 | 9 | 甲子 | 2 | 7 |
| 23 | 30 | 水 | 8 | 甲午 | 3 | 8 | 30 | 土 | 10 | 乙丑 | 2 | 8 |
| 24 | 31 | 木 | 9 | 乙未 | 2 | 8 | 12/1 | 日 | 11 | 丙寅 | 2 | 8 |
| 25 | 11/1 | 金 | 10 | 丙申 | 2 | 8 | 2 | 月 | 12 | 丁卯 | 1 | 8 |
| 26 | 2 | 土 | 11 | 丁酉 | 2 | 9 | 3 | 火 | 13 | 戊辰 | 1 | 9 |
| 27 | 3 | 日 | 12 | 戊戌 | 1 | 9 | 4 | 水 | 14 | 己巳 | 1 | 9 |
| 28 | 4 | 月 | 13 | 己亥 | 1 | 9 | 5 | 木 | 15 | 庚午 | 1 | 9 |
| 29 | 5 | 火 | 14 | 庚子 | 1 | 10 | | | | | | |
| 30 | 6 | 水 | 15 | 辛丑 | 1 | 10 | | | | | | |
| 31 | | | | | | | | | | | | |

| 절기후날수 | 대설절(壬子月) 大雪 12월6일 19시14분 冬至 12월21일 13시16분 | | | | | | 소한절(癸丑月) 小寒 1월5일 6시34분 大寒 1월19일 23시58분 | | | | | |
|---|---|---|---|---|---|---|---|---|---|---|---|---|
| | 양력 | 요일 | 음력 | 일진 | 大運 남 | 大運 여 | 양력 | 요일 | 음력 | 일진 | 大運 남 | 大運 여 |
| 0 | 12/6 | 金 | 16 | 辛未 | 대설 | | 1/5 | 日 | 16 | 辛丑 | 소한 | |
| 1 | 7 | 土 | 17 | 壬申 | 10 | 1 | 6 | 月 | 17 | 壬寅 | 9 | 1 |
| 2 | 8 | 日 | 18 | 癸酉 | 9 | 1 | 7 | 火 | 18 | 癸卯 | 9 | 1 |
| 3 | 9 | 月 | 19 | 甲戌 | 9 | 1 | 8 | 水 | 19 | 甲辰 | 9 | 1 |
| 4 | 10 | 火 | 20 | 乙亥 | 9 | 1 | 9 | 木 | 20 | 乙巳 | 8 | 1 |
| 5 | 11 | 水 | 21 | 丙子 | 8 | 2 | 10 | 金 | 21 | 丙午 | 8 | 2 |
| 6 | 12 | 木 | 22 | 丁丑 | 8 | 2 | 11 | 土 | 22 | 丁未 | 8 | 2 |
| 7 | 13 | 金 | 23 | 戊寅 | 8 | 2 | 12 | 日 | 23 | 戊申 | 7 | 2 |
| 8 | 14 | 土 | 24 | 己卯 | 7 | 3 | 13 | 月 | 24 | 己酉 | 7 | 3 |
| 9 | 15 | 日 | 25 | 庚辰 | 7 | 3 | 14 | 火 | 25 | 庚戌 | 7 | 3 |
| 10 | 16 | 月 | 26 | 辛巳 | 7 | 3 | 15 | 水 | 26 | 辛亥 | 6 | 3 |
| 11 | 17 | 火 | 27 | 壬午 | 6 | 4 | 16 | 木 | 27 | 壬子 | 6 | 4 |
| 12 | 18 | 水 | 28 | 癸未 | 6 | 4 | 17 | 金 | 28 | 癸丑 | 6 | 4 |
| 13 | 19 | 木 | 29 | 甲申 | 6 | 4 | 18 | 土 | 29 | 甲寅 | 5 | 4 |
| 14 | 20 | 金 | 30 | 乙酉 | 5 | 5 | 19 | 日 | 30 | 乙卯 | 대한 | |
| 15 | 21 | 土 | 11/1 | 丙戌 | 동지 | | 20 | 月 | 12/1 | 丙辰 | 5 | 5 |
| 16 | 22 | 日 | 2 | 丁亥 | 5 | 5 | 21 | 火 | 2 | 丁巳 | 4 | 5 |
| 17 | 23 | 月 | 3 | 戊子 | 4 | 6 | 22 | 水 | 3 | 戊午 | 4 | 6 |
| 18 | 24 | 火 | 4 | 己丑 | 4 | 6 | 23 | 木 | 4 | 己未 | 4 | 6 |
| 19 | 25 | 水 | 5 | 庚寅 | 4 | 6 | 24 | 金 | 5 | 庚申 | 3 | 6 |
| 20 | 26 | 木 | 6 | 辛卯 | 3 | 7 | 25 | 土 | 6 | 辛酉 | 3 | 7 |
| 21 | 27 | 金 | 7 | 壬辰 | 3 | 7 | 26 | 日 | 7 | 壬戌 | 3 | 7 |
| 22 | 28 | 土 | 8 | 癸巳 | 3 | 7 | 27 | 月 | 8 | 癸亥 | 2 | 7 |
| 23 | 29 | 日 | 9 | 甲午 | 2 | 8 | 28 | 火 | 9 | 甲子 | 2 | 8 |
| 24 | 30 | 月 | 10 | 乙未 | 2 | 8 | 29 | 水 | 10 | 乙丑 | 2 | 8 |
| 25 | 31 | 火 | 11 | 丙申 | 2 | 8 | 30 | 木 | 11 | 丙寅 | 1 | 8 |
| 26 | 1/1 | 水 | 12 | 丁酉 | 1 | 9 | 31 | 金 | 12 | 丁卯 | 1 | 9 |
| 27 | 2 | 木 | 13 | 戊戌 | 1 | 9 | 2/1 | 土 | 13 | 戊辰 | 1 | 9 |
| 28 | 3 | 金 | 14 | 己亥 | 1 | 9 | 2 | 日 | 14 | 己巳 | 1 | 9 |
| 29 | 4 | 土 | 15 | 庚子 | 1 | 10 | | | | | | |
| 30 | | | | | | | | | | | | |
| 31 | | | | | | | | | | | | |

▶ 윤달-8월

# 서기 2053년 [단기 4386년]

| 절기후날수 | 입춘절(甲寅月) 立春 2월3일 18시11분 雨水 2월18일 14시0분 | | | | | 경칩절(乙卯月) 驚蟄 3월5일 12시2분 春分 3월20일 12시46분 | | | | |
|---|---|---|---|---|---|---|---|---|---|---|
| | 양력 | 요일 | 음력 | 일진 | 大運 남·여 | 양력 | 요일 | 음력 | 일진 | 大運 남·여 |
| 0 | 2/3 | 月 | 15 | 庚午 | 입춘 | 3/5 | 水 | 15 | 庚子 | 경칩 |
| 1 | 4 | 火 | 16 | 辛未 | 1·10 | 6 | 木 | 16 | 辛丑 | 1·10 |
| 2 | 5 | 水 | 17 | 壬申 | 1·9 | 7 | 金 | 17 | 壬寅 | 1·9 |
| 3 | 6 | 木 | 18 | 癸酉 | 1·9 | 8 | 土 | 18 | 癸卯 | 1·9 |
| 4 | 7 | 金 | 19 | 甲戌 | 1·9 | 9 | 日 | 19 | 甲辰 | 1·9 |
| 5 | 8 | 土 | 20 | 乙亥 | 2·8 | 10 | 月 | 20 | 乙巳 | 2·8 |
| 6 | 9 | 日 | 21 | 丙子 | 2·8 | 11 | 火 | 21 | 丙午 | 2·8 |
| 7 | 10 | 月 | 22 | 丁丑 | 2·8 | 12 | 水 | 22 | 丁未 | 2·8 |
| 8 | 11 | 火 | 23 | 戊寅 | 3·7 | 13 | 木 | 23 | 戊申 | 3·7 |
| 9 | 12 | 水 | 24 | 己卯 | 3·7 | 14 | 金 | 24 | 己酉 | 3·7 |
| 10 | 13 | 木 | 25 | 庚辰 | 3·7 | 15 | 土 | 25 | 庚戌 | 3·7 |
| 11 | 14 | 金 | 26 | 辛巳 | 4·6 | 16 | 日 | 26 | 辛亥 | 4·6 |
| 12 | 15 | 土 | 27 | 壬午 | 4·6 | 17 | 月 | 27 | 壬子 | 4·6 |
| 13 | 16 | 日 | 28 | 癸未 | 4·6 | 18 | 火 | 28 | 癸丑 | 4·6 |
| 14 | 17 | 月 | 29 | 甲申 | 5·5 | 19 | 水 | 29 | 甲寅 | 5·5 |
| 15 | 18 | 火 | 30 | 乙酉 | 우수 | 20 | 木 | 2/1 | 乙卯 | 춘분 |
| 16 | 19 | 水 | 1/1 | 丙戌 | 5·5 | 21 | 金 | 2 | 丙辰 | 5·5 |
| 17 | 20 | 木 | 2 | 丁亥 | 6·4 | 22 | 土 | 3 | 丁巳 | 6·4 |
| 18 | 21 | 金 | 3 | 戊子 | 6·4 | 23 | 日 | 4 | 戊午 | 6·4 |
| 19 | 22 | 土 | 4 | 己丑 | 6·4 | 24 | 月 | 5 | 己未 | 6·4 |
| 20 | 23 | 日 | 5 | 庚寅 | 7·3 | 25 | 火 | 6 | 庚申 | 7·3 |
| 21 | 24 | 月 | 6 | 辛卯 | 7·3 | 26 | 水 | 7 | 辛酉 | 7·3 |
| 22 | 25 | 火 | 7 | 壬辰 | 7·3 | 27 | 木 | 8 | 壬戌 | 7·3 |
| 23 | 26 | 水 | 8 | 癸巳 | 8·2 | 28 | 金 | 9 | 癸亥 | 8·2 |
| 24 | 27 | 木 | 9 | 甲午 | 8·2 | 29 | 土 | 10 | 甲子 | 8·2 |
| 25 | 28 | 金 | 10 | 乙未 | 8·2 | 30 | 日 | 11 | 乙丑 | 8·2 |
| 26 | 3/1 | 土 | 11 | 丙申 | 9·1 | 31 | 月 | 12 | 丙寅 | 9·1 |
| 27 | 2 | 日 | 12 | 丁酉 | 9·1 | 4/1 | 火 | 13 | 丁卯 | 9·1 |
| 28 | 3 | 月 | 13 | 戊戌 | 9·1 | 2 | 水 | 14 | 戊辰 | 9·1 |
| 29 | 4 | 火 | 14 | 己亥 | 10·1 | 3 | 木 | 15 | 己巳 | 10·1 |
| 30 | | | | | | | | | | |
| 31 | | | | | | | | | | |

| 절기후날수 | 청명절(丙辰月) 清明 4월4일 16시33분 穀雨 4월19일 23시29분 | | | | | 입하절(丁巳月) 立夏 5월5일 9시32분 小滿 5월20일 22시18분 | | | | |
|---|---|---|---|---|---|---|---|---|---|---|
| | 양력 | 요일 | 음력 | 일진 | 大運 남·여 | 양력 | 요일 | 음력 | 일진 | 大運 남·여 |
| 0 | 4/4 | 金 | 16 | 庚午 | 청명 | 5/5 | 月 | 17 | 辛丑 | 입하 |
| 1 | 5 | 土 | 17 | 辛未 | 1·10 | 6 | 火 | 18 | 壬寅 | 1·10 |
| 2 | 6 | 日 | 18 | 壬申 | 1·10 | 7 | 水 | 19 | 癸卯 | 1·10 |
| 3 | 7 | 月 | 19 | 癸酉 | 1·9 | 8 | 木 | 20 | 甲辰 | 1·9 |
| 4 | 8 | 火 | 20 | 甲戌 | 1·9 | 9 | 金 | 21 | 乙巳 | 1·9 |
| 5 | 9 | 水 | 21 | 乙亥 | 2·9 | 10 | 土 | 22 | 丙午 | 2·9 |
| 6 | 10 | 木 | 22 | 丙子 | 2·8 | 11 | 日 | 23 | 丁未 | 2·8 |
| 7 | 11 | 金 | 23 | 丁丑 | 2·8 | 12 | 月 | 24 | 戊申 | 2·8 |
| 8 | 12 | 土 | 24 | 戊寅 | 3·8 | 13 | 火 | 25 | 己酉 | 3·8 |
| 9 | 13 | 日 | 25 | 己卯 | 3·7 | 14 | 水 | 26 | 庚戌 | 3·7 |
| 10 | 14 | 月 | 26 | 庚辰 | 3·7 | 15 | 木 | 27 | 辛亥 | 3·7 |
| 11 | 15 | 火 | 27 | 辛巳 | 4·7 | 16 | 金 | 28 | 壬子 | 4·7 |
| 12 | 16 | 水 | 28 | 壬午 | 4·6 | 17 | 土 | 29 | 癸丑 | 4·6 |
| 13 | 17 | 木 | 29 | 癸未 | 4·6 | 18 | 日 | 4/1 | 甲寅 | 4·6 |
| 14 | 18 | 金 | 30 | 甲申 | 5·6 | 19 | 月 | 2 | 乙卯 | 5·6 |
| 15 | 19 | 土 | 3/1 | 乙酉 | 곡우 | 20 | 火 | 3 | 丙辰 | 소만 |
| 16 | 20 | 日 | 2 | 丙戌 | 5·5 | 21 | 水 | 4 | 丁巳 | 5·5 |
| 17 | 21 | 月 | 3 | 丁亥 | 6·5 | 22 | 木 | 5 | 戊午 | 6·5 |
| 18 | 22 | 火 | 4 | 戊子 | 6·4 | 23 | 金 | 6 | 己未 | 6·4 |
| 19 | 23 | 水 | 5 | 己丑 | 6·4 | 24 | 土 | 7 | 庚申 | 6·4 |
| 20 | 24 | 木 | 6 | 庚寅 | 7·4 | 25 | 日 | 8 | 辛酉 | 7·4 |
| 21 | 25 | 金 | 7 | 辛卯 | 7·3 | 26 | 月 | 9 | 壬戌 | 7·3 |
| 22 | 26 | 土 | 8 | 壬辰 | 7·3 | 27 | 火 | 10 | 癸亥 | 7·3 |
| 23 | 27 | 日 | 9 | 癸巳 | 8·3 | 28 | 水 | 11 | 甲子 | 8·3 |
| 24 | 28 | 月 | 10 | 甲午 | 8·2 | 29 | 木 | 12 | 乙丑 | 8·2 |
| 25 | 29 | 火 | 11 | 乙未 | 8·2 | 30 | 金 | 13 | 丙寅 | 8·2 |
| 26 | 30 | 水 | 12 | 丙申 | 9·2 | 31 | 土 | 14 | 丁卯 | 9·2 |
| 27 | 5/1 | 木 | 13 | 丁酉 | 9·1 | 6/1 | 日 | 15 | 戊辰 | 9·1 |
| 28 | 2 | 金 | 14 | 戊戌 | 9·1 | 2 | 月 | 16 | 己巳 | 9·1 |
| 29 | 3 | 土 | 15 | 己亥 | 10·1 | 3 | 火 | 17 | 庚午 | 10·1 |
| 30 | 4 | 日 | 16 | 庚子 | 10·1 | 4 | 水 | 18 | 辛未 | 10·1 |
| 31 | | | | | | | | | | |

| 절기후날수 | 망종절(戊午月) 芒種 6월5일 13시26분 夏至 6월21일 6시3분 | | | | | 소서절(己未月) 小暑 7월6일 23시36분 大暑 7월22일 16시55분 | | | | |
|---|---|---|---|---|---|---|---|---|---|---|
| | 양력 | 요일 | 음력 | 일진 | 大運 남·여 | 양력 | 요일 | 음력 | 일진 | 大運 남·여 |
| 0 | 6/5 | 木 | 19 | 壬申 | 망종 | 7/6 | 日 | 21 | 癸卯 | 소서 |
| 1 | 6 | 金 | 20 | 癸酉 | 1·10 | 7 | 月 | 22 | 甲辰 | 1·10 |
| 2 | 7 | 土 | 21 | 甲戌 | 1·10 | 8 | 火 | 23 | 乙巳 | 1·10 |
| 3 | 8 | 日 | 22 | 乙亥 | 1·9 | 9 | 水 | 24 | 丙午 | 1·10 |
| 4 | 9 | 月 | 23 | 丙子 | 1·9 | 10 | 木 | 25 | 丁未 | 1·9 |
| 5 | 10 | 火 | 24 | 丁丑 | 2·9 | 11 | 金 | 26 | 戊申 | 2·9 |
| 6 | 11 | 水 | 25 | 戊寅 | 2·8 | 12 | 土 | 27 | 己酉 | 2·9 |
| 7 | 12 | 木 | 26 | 己卯 | 2·8 | 13 | 日 | 28 | 庚戌 | 2·8 |
| 8 | 13 | 金 | 27 | 庚辰 | 3·8 | 14 | 月 | 29 | 辛亥 | 3·8 |
| 9 | 14 | 土 | 28 | 辛巳 | 3·7 | 15 | 火 | 30 | 壬子 | 3·8 |
| 10 | 15 | 日 | 29 | 壬午 | 3·7 | 16 | 水 | 6/1 | 癸丑 | 3·7 |
| 11 | 16 | 月 | 5/1 | 癸未 | 4·7 | 17 | 木 | 2 | 甲寅 | 4·7 |
| 12 | 17 | 火 | 2 | 甲申 | 4·6 | 18 | 金 | 3 | 乙卯 | 4·7 |
| 13 | 18 | 水 | 3 | 乙酉 | 4·6 | 19 | 土 | 4 | 丙辰 | 4·6 |
| 14 | 19 | 木 | 4 | 丙戌 | 5·6 | 20 | 日 | 5 | 丁巳 | 5·6 |
| 15 | 20 | 金 | 5 | 丁亥 | 5·5 | 21 | 月 | 6 | 戊午 | 5·6 |
| 16 | 21 | 土 | 6 | 戊子 | 하지 | 22 | 火 | 7 | 己未 | 대서 |
| 17 | 22 | 日 | 7 | 己丑 | 6·5 | 23 | 水 | 8 | 庚申 | 6·5 |
| 18 | 23 | 月 | 8 | 庚寅 | 6·4 | 24 | 木 | 9 | 辛酉 | 6·5 |
| 19 | 24 | 火 | 9 | 辛卯 | 6·4 | 25 | 金 | 10 | 壬戌 | 6·4 |
| 20 | 25 | 水 | 10 | 壬辰 | 7·4 | 26 | 土 | 11 | 癸亥 | 7·4 |
| 21 | 26 | 木 | 11 | 癸巳 | 7·3 | 27 | 日 | 12 | 甲子 | 7·4 |
| 22 | 27 | 金 | 12 | 甲午 | 7·3 | 28 | 月 | 13 | 乙丑 | 7·3 |
| 23 | 28 | 土 | 13 | 乙未 | 8·3 | 29 | 火 | 14 | 丙寅 | 8·3 |
| 24 | 29 | 日 | 14 | 丙申 | 8·2 | 30 | 水 | 15 | 丁卯 | 8·3 |
| 25 | 30 | 月 | 15 | 丁酉 | 8·2 | 31 | 木 | 16 | 戊辰 | 8·2 |
| 26 | 7/1 | 火 | 16 | 戊戌 | 9·2 | 8/1 | 金 | 17 | 己巳 | 9·2 |
| 27 | 2 | 水 | 17 | 己亥 | 9·1 | 2 | 土 | 18 | 庚午 | 9·2 |
| 28 | 3 | 木 | 18 | 庚子 | 9·1 | 3 | 日 | 19 | 辛未 | 9·1 |
| 29 | 4 | 金 | 19 | 辛丑 | 10·1 | 4 | 月 | 20 | 壬申 | 10·1 |
| 30 | 5 | 土 | 20 | 壬寅 | 10·1 | 5 | 火 | 21 | 癸酉 | 10·1 |
| 31 | | | | | | 6 | 水 | 22 | 甲戌 | 10·1 |

# 癸酉年

| 절기후날수 | 입추절(庚申月) 立秋 8월7일 9시28분 處暑 8월23일 0시9분 | | | | | 백로절(辛酉月) 白露 9월7일 12시37분 秋分 9월22일 22시5분 | | | | |
| --- | --- | --- | --- | --- | --- | --- | --- | --- | --- | --- |
| | 양력 | 요일 | 음력 | 일진 | 大運 남·여 | 양력 | 요일 | 음력 | 일진 | 大運 남·여 |
| 0 | 8/7 | 木 | 23 | 乙亥 | 입추 | 9/7 | 日 | 25 | 丙午 | 백로 |
| 1 | 8 | 金 | 24 | 丙子 | 1·10 | 8 | 月 | 26 | 丁未 | 1·10 |
| 2 | 9 | 土 | 25 | 丁丑 | 1·10 | 9 | 火 | 27 | 戊申 | 1·10 |
| 3 | 10 | 日 | 26 | 戊寅 | 1·9 | 10 | 水 | 28 | 己酉 | 1·9 |
| 4 | 11 | 月 | 27 | 己卯 | 1·9 | 11 | 木 | 29 | 庚戌 | 1·9 |
| 5 | 12 | 火 | 28 | 庚辰 | 2·9 | 12 | 金 | 8/1 | 辛亥 | 2·9 |
| 6 | 13 | 水 | 29 | 辛巳 | 2·8 | 13 | 土 | 2 | 壬子 | 2·8 |
| 7 | 14 | 木 | 7/1 | 壬午 | 2·8 | 14 | 日 | 3 | 癸丑 | 2·8 |
| 8 | 15 | 金 | 2 | 癸未 | 3·8 | 15 | 月 | 4 | 甲寅 | 3·8 |
| 9 | 16 | 土 | 3 | 甲申 | 3·7 | 16 | 火 | 5 | 乙卯 | 3·7 |
| 10 | 17 | 日 | 4 | 乙酉 | 3·7 | 17 | 水 | 6 | 丙辰 | 3·7 |
| 11 | 18 | 月 | 5 | 丙戌 | 4·7 | 18 | 木 | 7 | 丁巳 | 4·7 |
| 12 | 19 | 火 | 6 | 丁亥 | 4·6 | 19 | 金 | 8 | 戊午 | 4·6 |
| 13 | 20 | 水 | 7 | 戊子 | 4·6 | 20 | 土 | 9 | 己未 | 4·6 |
| 14 | 21 | 木 | 8 | 己丑 | 5·6 | 21 | 日 | 10 | 庚申 | 5·6 |
| 15 | 22 | 金 | 9 | 庚寅 | 5·5 | 22 | 月 | 11 | 辛酉 | 추분 |
| 16 | 23 | 土 | 10 | 辛卯 | 처서 | 23 | 火 | 12 | 壬戌 | 5·5 |
| 17 | 24 | 日 | 11 | 壬辰 | 6·5 | 24 | 水 | 13 | 癸亥 | 6·5 |
| 18 | 25 | 月 | 12 | 癸巳 | 6·4 | 25 | 木 | 14 | 甲子 | 6·4 |
| 19 | 26 | 火 | 13 | 甲午 | 6·4 | 26 | 金 | 15 | 乙丑 | 6·4 |
| 20 | 27 | 水 | 14 | 乙未 | 7·4 | 27 | 土 | 16 | 丙寅 | 7·4 |
| 21 | 28 | 木 | 15 | 丙申 | 7·3 | 28 | 日 | 17 | 丁卯 | 7·3 |
| 22 | 29 | 金 | 16 | 丁酉 | 7·3 | 29 | 月 | 18 | 戊辰 | 7·3 |
| 23 | 30 | 土 | 17 | 戊戌 | 8·3 | 30 | 火 | 19 | 己巳 | 8·3 |
| 24 | 31 | 日 | 18 | 己亥 | 8·2 | 10/1 | 水 | 20 | 庚午 | 8·2 |
| 25 | 9/1 | 月 | 19 | 庚子 | 8·2 | 2 | 木 | 21 | 辛未 | 8·2 |
| 26 | 2 | 火 | 20 | 辛丑 | 9·2 | 3 | 金 | 22 | 壬申 | 9·2 |
| 27 | 3 | 水 | 21 | 壬寅 | 9·1 | 4 | 土 | 23 | 癸酉 | 9·1 |
| 28 | 4 | 木 | 22 | 癸卯 | 9·1 | 5 | 日 | 24 | 甲戌 | 9·1 |
| 29 | 5 | 金 | 23 | 甲辰 | 10·1 | 6 | 月 | 25 | 乙亥 | 10·1 |
| 30 | 6 | 土 | 24 | 乙巳 | 10·1 | 7 | 火 | 26 | 丙子 | 10·1 |
| 31 | | | | | | | | | | |

| 절기후날수 | 한로절(壬戌月) 寒露 10월8일 4시34분 霜降 10월23일 7시46분 | | | | | 입동절(癸亥月) 立冬 11월7일 8시5분 小雪 11월22일 5시37분 | | | | |
| --- | --- | --- | --- | --- | --- | --- | --- | --- | --- | --- |
| | 양력 | 요일 | 음력 | 일진 | 大運 남·여 | 양력 | 요일 | 음력 | 일진 | 大運 남·여 |
| 0 | 10/8 | 水 | 27 | 丁丑 | 한로 | 11/7 | 金 | 27 | 丁未 | 입동 |
| 1 | 9 | 木 | 28 | 戊寅 | 1·10 | 8 | 土 | 28 | 戊申 | 1·10 |
| 2 | 10 | 金 | 29 | 己卯 | 1·9 | 9 | 日 | 29 | 己酉 | 1·9 |
| 3 | 11 | 土 | 30 | 庚辰 | 1·9 | 10 | 月 | 10/1 | 庚戌 | 1·9 |
| 4 | 12 | 日 | 9/1 | 辛巳 | 1·9 | 11 | 火 | 2 | 辛亥 | 1·9 |
| 5 | 13 | 月 | 2 | 壬午 | 2·8 | 12 | 水 | 3 | 壬子 | 2·8 |
| 6 | 14 | 火 | 3 | 癸未 | 2·8 | 13 | 木 | 4 | 癸丑 | 2·8 |
| 7 | 15 | 水 | 4 | 甲申 | 2·8 | 14 | 金 | 5 | 甲寅 | 2·8 |
| 8 | 16 | 木 | 5 | 乙酉 | 3·7 | 15 | 土 | 6 | 乙卯 | 3·7 |
| 9 | 17 | 金 | 6 | 丙戌 | 3·7 | 16 | 日 | 7 | 丙辰 | 3·7 |
| 10 | 18 | 土 | 7 | 丁亥 | 3·7 | 17 | 月 | 8 | 丁巳 | 3·7 |
| 11 | 19 | 日 | 8 | 戊子 | 4·6 | 18 | 火 | 9 | 戊午 | 4·6 |
| 12 | 20 | 月 | 9 | 己丑 | 4·6 | 19 | 水 | 10 | 己未 | 4·6 |
| 13 | 21 | 火 | 10 | 庚寅 | 4·6 | 20 | 木 | 11 | 庚申 | 4·6 |
| 14 | 22 | 水 | 11 | 辛卯 | 5·5 | 21 | 金 | 12 | 辛酉 | 5·5 |
| 15 | 23 | 木 | 12 | 壬辰 | 상강 | 22 | 土 | 13 | 壬戌 | 소설 |
| 16 | 24 | 金 | 13 | 癸巳 | 5·5 | 23 | 日 | 14 | 癸亥 | 5·5 |
| 17 | 25 | 土 | 14 | 甲午 | 6·4 | 24 | 月 | 15 | 甲子 | 6·4 |
| 18 | 26 | 日 | 15 | 乙未 | 6·4 | 25 | 火 | 16 | 乙丑 | 6·4 |
| 19 | 27 | 月 | 16 | 丙申 | 6·4 | 26 | 水 | 17 | 丙寅 | 6·4 |
| 20 | 28 | 火 | 17 | 丁酉 | 7·3 | 27 | 木 | 18 | 丁卯 | 7·3 |
| 21 | 29 | 水 | 18 | 戊戌 | 7·3 | 28 | 金 | 19 | 戊辰 | 7·3 |
| 22 | 30 | 木 | 19 | 己亥 | 7·3 | 29 | 土 | 20 | 己巳 | 7·3 |
| 23 | 31 | 金 | 20 | 庚子 | 8·2 | 30 | 日 | 21 | 庚午 | 8·2 |
| 24 | 11/1 | 土 | 21 | 辛丑 | 8·2 | 12/1 | 月 | 22 | 辛未 | 8·2 |
| 25 | 2 | 日 | 22 | 壬寅 | 8·2 | 2 | 火 | 23 | 壬申 | 8·2 |
| 26 | 3 | 月 | 23 | 癸卯 | 9·1 | 3 | 水 | 24 | 癸酉 | 9·1 |
| 27 | 4 | 火 | 24 | 甲辰 | 9·1 | 4 | 木 | 25 | 甲戌 | 9·1 |
| 28 | 5 | 水 | 25 | 乙巳 | 9·1 | 5 | 金 | 26 | 乙亥 | 9·1 |
| 29 | 6 | 木 | 26 | 丙午 | 10·1 | 6 | 土 | 27 | 丙子 | 10·1 |
| 30 | | | | | | | | | | |
| 31 | | | | | | | | | | |

| 절기후날수 | 대설절(甲子月) 大雪 12월7일 1시10분 冬至 12월21일 19시8분 | | | | | 소한절(乙丑月) 小寒 1월5일 12시31분 大寒 1월20일 5시49분 | | | | |
| --- | --- | --- | --- | --- | --- | --- | --- | --- | --- | --- |
| | 양력 | 요일 | 음력 | 일진 | 大運 남·여 | 양력 | 요일 | 음력 | 일진 | 大運 남·여 |
| 0 | 12/7 | 日 | 28 | 丁丑 | 대설 | 1/5 | 月 | 27 | 丙午 | 소한 |
| 1 | 8 | 月 | 29 | 戊寅 | 1·9 | 6 | 火 | 28 | 丁未 | 1·10 |
| 2 | 9 | 火 | 30 | 己卯 | 1·9 | 7 | 水 | 29 | 戊申 | 1·9 |
| 3 | 10 | 水 | 11/1 | 庚辰 | 1·9 | 8 | 木 | 30 | 己酉 | 1·9 |
| 4 | 11 | 木 | 2 | 辛巳 | 1·8 | 9 | 金 | 12/1 | 庚戌 | 1·9 |
| 5 | 12 | 金 | 3 | 壬午 | 2·8 | 10 | 土 | 2 | 辛亥 | 2·8 |
| 6 | 13 | 土 | 4 | 癸未 | 2·8 | 11 | 日 | 3 | 壬子 | 2·8 |
| 7 | 14 | 日 | 5 | 甲申 | 2·7 | 12 | 月 | 4 | 癸丑 | 2·8 |
| 8 | 15 | 月 | 6 | 乙酉 | 3·7 | 13 | 火 | 5 | 甲寅 | 3·7 |
| 9 | 16 | 火 | 7 | 丙戌 | 3·7 | 14 | 水 | 6 | 乙卯 | 3·7 |
| 10 | 17 | 水 | 8 | 丁亥 | 3·6 | 15 | 木 | 7 | 丙辰 | 3·7 |
| 11 | 18 | 木 | 9 | 戊子 | 4·6 | 16 | 金 | 8 | 丁巳 | 4·6 |
| 12 | 19 | 金 | 10 | 己丑 | 4·6 | 17 | 土 | 9 | 戊午 | 4·6 |
| 13 | 20 | 土 | 11 | 庚寅 | 4·5 | 18 | 日 | 10 | 己未 | 4·6 |
| 14 | 21 | 日 | 12 | 辛卯 | 동지 | 19 | 月 | 11 | 庚申 | 5·5 |
| 15 | 22 | 月 | 13 | 壬辰 | 5·5 | 20 | 火 | 12 | 辛酉 | 대한 |
| 16 | 23 | 火 | 14 | 癸巳 | 5·4 | 21 | 水 | 13 | 壬戌 | 5·5 |
| 17 | 24 | 水 | 15 | 甲午 | 6·4 | 22 | 木 | 14 | 癸亥 | 6·4 |
| 18 | 25 | 木 | 16 | 乙未 | 6·4 | 23 | 金 | 15 | 甲子 | 6·4 |
| 19 | 26 | 金 | 17 | 丙申 | 6·3 | 24 | 土 | 16 | 乙丑 | 6·4 |
| 20 | 27 | 土 | 18 | 丁酉 | 7·3 | 25 | 日 | 17 | 丙寅 | 7·3 |
| 21 | 28 | 日 | 19 | 戊戌 | 7·3 | 26 | 月 | 18 | 丁卯 | 7·3 |
| 22 | 29 | 月 | 20 | 己亥 | 7·2 | 27 | 火 | 19 | 戊辰 | 7·3 |
| 23 | 30 | 火 | 21 | 庚子 | 8·2 | 28 | 水 | 20 | 己巳 | 8·2 |
| 24 | 31 | 水 | 22 | 辛丑 | 8·2 | 29 | 木 | 21 | 庚午 | 8·2 |
| 25 | 1/1 | 木 | 23 | 壬寅 | 8·1 | 30 | 金 | 22 | 辛未 | 8·2 |
| 26 | 2 | 金 | 24 | 癸卯 | 9·1 | 31 | 土 | 23 | 壬申 | 9·1 |
| 27 | 3 | 土 | 25 | 甲辰 | 9·1 | 2/1 | 日 | 24 | 癸酉 | 9·1 |
| 28 | 4 | 日 | 26 | 乙巳 | 9·1 | 2 | 月 | 25 | 甲戌 | 9·1 |
| 29 | | | | | | 3 | 火 | 26 | 乙亥 | 10·1 |
| 30 | | | | | | | | | | |
| 31 | | | | | | | | | | |

# 서기 2054년 [단기 4387년]

| 절기후날수 | 입춘절(丙寅月) 立春 2월4일 0시6분 雨水 2월18일 19시50분 | | | | | 경칩절(丁卯月) 驚蟄 3월5일 17시54분 春分 3월20일 18시33분 | | | | | 청명절(戊辰月) 淸明 4월4일 22시21분 穀雨 4월20일 5시13분 | | | | |
|---|---|---|---|---|---|---|---|---|---|---|---|---|---|---|---|
| | 양력 | 요일 | 음력 | 일진 | 大運 남·여 | 양력 | 요일 | 음력 | 일진 | 大運 남·여 | 양력 | 요일 | 음력 | 일진 | 大運 남·여 |
| 0 | 2/4 | 水 | 27 | 丙子 | 입춘 | 3/5 | 木 | 26 | 乙巳 | 경칩 | 4/4 | 土 | 27 | 乙亥 | 청명 |
| 1 | 5 | 木 | 28 | 丁丑 | 9·1 | 6 | 金 | 27 | 丙午 | 10·1 | 5 | 日 | 28 | 丙子 | 10·1 |
| 2 | 6 | 金 | 29 | 戊寅 | 9·1 | 7 | 土 | 28 | 丁未 | 9·1 | 6 | 月 | 29 | 丁丑 | 10·1 |
| 3 | 7 | 土 | 30 | 己卯 | 9·1 | 8 | 日 | 29 | 戊申 | 9·1 | 7 | 火 | 30 | 戊寅 | 9·1 |
| 4 | 8 | 日 | 1/1 | 庚辰 | 8·1 | 9 | 月 | 2/1 | 己酉 | 9·1 | 8 | 水 | 3/1 | 己卯 | 9·1 |
| 5 | 9 | 月 | 2 | 辛巳 | 8·2 | 10 | 火 | 2 | 庚戌 | 8·2 | 9 | 木 | 2 | 庚辰 | 9·2 |
| 6 | 10 | 火 | 3 | 壬午 | 8·2 | 11 | 水 | 3 | 辛亥 | 8·2 | 10 | 金 | 3 | 辛巳 | 8·2 |
| 7 | 11 | 水 | 4 | 癸未 | 7·2 | 12 | 木 | 4 | 壬子 | 8·2 | 11 | 土 | 4 | 壬午 | 8·2 |
| 8 | 12 | 木 | 5 | 甲申 | 7·3 | 13 | 金 | 5 | 癸丑 | 7·3 | 12 | 日 | 5 | 癸未 | 8·3 |
| 9 | 13 | 金 | 6 | 乙酉 | 7·3 | 14 | 土 | 6 | 甲寅 | 7·3 | 13 | 月 | 6 | 甲申 | 7·3 |
| 10 | 14 | 土 | 7 | 丙戌 | 6·3 | 15 | 日 | 7 | 乙卯 | 7·3 | 14 | 火 | 7 | 乙酉 | 7·3 |
| 11 | 15 | 日 | 8 | 丁亥 | 6·4 | 16 | 月 | 8 | 丙辰 | 6·4 | 15 | 水 | 8 | 丙戌 | 7·4 |
| 12 | 16 | 月 | 9 | 戊子 | 6·4 | 17 | 火 | 9 | 丁巳 | 6·4 | 16 | 木 | 9 | 丁亥 | 6·4 |
| 13 | 17 | 火 | 10 | 己丑 | 5·4 | 18 | 水 | 10 | 戊午 | 6·4 | 17 | 金 | 10 | 戊子 | 6·4 |
| 14 | 18 | 水 | 11 | 庚寅 | 우수 | 19 | 木 | 11 | 己未 | 5·5 | 18 | 土 | 11 | 己丑 | 6·5 |
| 15 | 19 | 木 | 12 | 辛卯 | 5·5 | 20 | 金 | 12 | 庚申 | 춘분 | 19 | 日 | 12 | 庚寅 | 5·5 |
| 16 | 20 | 金 | 13 | 壬辰 | 4·5 | 21 | 土 | 13 | 辛酉 | 5·5 | 20 | 月 | 13 | 辛卯 | 곡우 |
| 17 | 21 | 土 | 14 | 癸巳 | 4·6 | 22 | 日 | 14 | 壬戌 | 4·6 | 21 | 火 | 14 | 壬辰 | 5·6 |
| 18 | 22 | 日 | 15 | 甲午 | 4·6 | 23 | 月 | 15 | 癸亥 | 4·6 | 22 | 水 | 15 | 癸巳 | 4·6 |
| 19 | 23 | 月 | 16 | 乙未 | 3·6 | 24 | 火 | 16 | 甲子 | 4·6 | 23 | 木 | 16 | 甲午 | 4·6 |
| 20 | 24 | 火 | 17 | 丙申 | 3·7 | 25 | 水 | 17 | 乙丑 | 3·7 | 24 | 金 | 17 | 乙未 | 4·7 |
| 21 | 25 | 水 | 18 | 丁酉 | 3·7 | 26 | 木 | 18 | 丙寅 | 3·7 | 25 | 土 | 18 | 丙申 | 3·7 |
| 22 | 26 | 木 | 19 | 戊戌 | 2·7 | 27 | 金 | 19 | 丁卯 | 3·7 | 26 | 日 | 19 | 丁酉 | 3·7 |
| 23 | 27 | 金 | 20 | 己亥 | 2·8 | 28 | 土 | 20 | 戊辰 | 2·8 | 27 | 月 | 20 | 戊戌 | 3·8 |
| 24 | 28 | 土 | 21 | 庚子 | 2·8 | 29 | 日 | 21 | 己巳 | 2·8 | 28 | 火 | 21 | 己亥 | 2·8 |
| 25 | 3/1 | 日 | 22 | 辛丑 | 1·8 | 30 | 月 | 22 | 庚午 | 2·8 | 29 | 水 | 22 | 庚子 | 2·8 |
| 26 | 2 | 月 | 23 | 壬寅 | 1·9 | 31 | 火 | 23 | 辛未 | 1·9 | 30 | 木 | 23 | 辛丑 | 2·9 |
| 27 | 3 | 火 | 24 | 癸卯 | 1·9 | 4/1 | 水 | 24 | 壬申 | 1·9 | 5/1 | 金 | 24 | 壬寅 | 1·9 |
| 28 | 4 | 水 | 25 | 甲辰 | 1·9 | 2 | 木 | 25 | 癸酉 | 1·9 | 2 | 土 | 25 | 癸卯 | 1·9 |
| 29 | | | | | | 3 | 金 | 26 | 甲戌 | 1·10 | 3 | 日 | 26 | 甲辰 | 1·10 |
| 30 | | | | | | | | | | | 4 | 月 | 27 | 乙巳 | 1·10 |
| 31 | | | | | | | | | | | | | | | |

| 절기후날수 | 입하절(己巳月) 立夏 5월5일 15시16분 小滿 5월21일 4시1분 | | | | | 망종절(庚午月) 芒種 6월5일 19시6분 夏至 6월21일 11시46분 | | | | | 소서절(辛未月) 小暑 7월7일 5시12분 大暑 7월22일 22시39분 | | | | |
|---|---|---|---|---|---|---|---|---|---|---|---|---|---|---|---|
| | 양력 | 요일 | 음력 | 일진 | 大運 남·여 | 양력 | 요일 | 음력 | 일진 | 大運 남·여 | 양력 | 요일 | 음력 | 일진 | 大運 남·여 |
| 0 | 5/5 | 火 | 28 | 丙午 | 입하 | 6/5 | 金 | 29 | 丁丑 | 망종 | 7/7 | 火 | 3 | 己酉 | 소서 |
| 1 | 6 | 水 | 29 | 丁未 | 10·1 | 6 | 土 | 5/1 | 戊寅 | 10·1 | 8 | 水 | 4 | 庚戌 | 10·1 |
| 2 | 7 | 木 | 30 | 戊申 | 10·1 | 7 | 日 | 2 | 己卯 | 10·1 | 9 | 木 | 5 | 辛亥 | 10·1 |
| 3 | 8 | 金 | 4/1 | 己酉 | 9·1 | 8 | 月 | 3 | 庚辰 | 10·1 | 10 | 金 | 6 | 壬子 | 9·1 |
| 4 | 9 | 土 | 2 | 庚戌 | 9·1 | 9 | 火 | 4 | 辛巳 | 9·1 | 11 | 土 | 7 | 癸丑 | 9·1 |
| 5 | 10 | 日 | 3 | 辛亥 | 9·2 | 10 | 水 | 5 | 壬午 | 9·2 | 12 | 日 | 8 | 甲寅 | 9·2 |
| 6 | 11 | 月 | 4 | 壬子 | 8·2 | 11 | 木 | 6 | 癸未 | 9·2 | 13 | 月 | 9 | 乙卯 | 8·2 |
| 7 | 12 | 火 | 5 | 癸丑 | 8·2 | 12 | 金 | 7 | 甲申 | 8·2 | 14 | 火 | 10 | 丙辰 | 8·2 |
| 8 | 13 | 水 | 6 | 甲寅 | 8·3 | 13 | 土 | 8 | 乙酉 | 8·3 | 15 | 水 | 11 | 丁巳 | 8·3 |
| 9 | 14 | 木 | 7 | 乙卯 | 7·3 | 14 | 日 | 9 | 丙戌 | 8·3 | 16 | 木 | 12 | 戊午 | 7·3 |
| 10 | 15 | 金 | 8 | 丙辰 | 7·3 | 15 | 月 | 10 | 丁亥 | 7·3 | 17 | 金 | 13 | 己未 | 7·3 |
| 11 | 16 | 土 | 9 | 丁巳 | 7·4 | 16 | 火 | 11 | 戊子 | 7·4 | 18 | 土 | 14 | 庚申 | 7·4 |
| 12 | 17 | 日 | 10 | 戊午 | 6·4 | 17 | 水 | 12 | 己丑 | 7·4 | 19 | 日 | 15 | 辛酉 | 6·4 |
| 13 | 18 | 月 | 11 | 己未 | 6·4 | 18 | 木 | 13 | 庚寅 | 6·4 | 20 | 月 | 16 | 壬戌 | 6·4 |
| 14 | 19 | 火 | 12 | 庚申 | 6·5 | 19 | 金 | 14 | 辛卯 | 6·5 | 21 | 火 | 17 | 癸亥 | 6·5 |
| 15 | 20 | 水 | 13 | 辛酉 | 5·5 | 20 | 土 | 15 | 壬辰 | 6·5 | 22 | 水 | 18 | 甲子 | 대서 |
| 16 | 21 | 木 | 14 | 壬戌 | 소만 | 21 | 日 | 16 | 癸巳 | 하지 | 23 | 木 | 19 | 乙丑 | 5·5 |
| 17 | 22 | 金 | 15 | 癸亥 | 5·6 | 22 | 月 | 17 | 甲午 | 5·6 | 24 | 金 | 20 | 丙寅 | 5·6 |
| 18 | 23 | 土 | 16 | 甲子 | 4·6 | 23 | 火 | 18 | 乙未 | 5·6 | 25 | 土 | 21 | 丁卯 | 4·6 |
| 19 | 24 | 日 | 17 | 乙丑 | 4·6 | 24 | 水 | 19 | 丙申 | 4·6 | 26 | 日 | 22 | 戊辰 | 4·6 |
| 20 | 25 | 月 | 18 | 丙寅 | 4·7 | 25 | 木 | 20 | 丁酉 | 4·7 | 27 | 月 | 23 | 己巳 | 4·7 |
| 21 | 26 | 火 | 19 | 丁卯 | 3·7 | 26 | 金 | 21 | 戊戌 | 4·7 | 28 | 火 | 24 | 庚午 | 3·7 |
| 22 | 27 | 水 | 20 | 戊辰 | 3·7 | 27 | 土 | 22 | 己亥 | 3·7 | 29 | 水 | 25 | 辛未 | 3·7 |
| 23 | 28 | 木 | 21 | 己巳 | 3·8 | 28 | 日 | 23 | 庚子 | 3·8 | 30 | 木 | 26 | 壬申 | 3·8 |
| 24 | 29 | 金 | 22 | 庚午 | 2·8 | 29 | 月 | 24 | 辛丑 | 3·8 | 31 | 金 | 27 | 癸酉 | 2·8 |
| 25 | 30 | 土 | 23 | 辛未 | 2·8 | 30 | 火 | 25 | 壬寅 | 2·8 | 8/1 | 土 | 28 | 甲戌 | 2·8 |
| 26 | 31 | 日 | 24 | 壬申 | 2·9 | 7/1 | 水 | 26 | 癸卯 | 2·9 | 2 | 日 | 29 | 乙亥 | 2·9 |
| 27 | 6/1 | 月 | 25 | 癸酉 | 1·9 | 2 | 木 | 27 | 甲辰 | 2·9 | 3 | 月 | 30 | 丙子 | 1·9 |
| 28 | 2 | 火 | 26 | 甲戌 | 1·9 | 3 | 金 | 28 | 乙巳 | 1·9 | 4 | 火 | 7/1 | 丁丑 | 1·9 |
| 29 | 3 | 水 | 27 | 乙亥 | 1·10 | 4 | 土 | 29 | 丙午 | 1·10 | 5 | 水 | 2 | 戊寅 | 1·10 |
| 30 | 4 | 木 | 28 | 丙子 | 1·10 | 5 | 日 | 6/1 | 丁未 | 1·10 | 6 | 木 | 3 | 己卯 | 1·10 |
| 31 | | | | | | 6 | 月 | 2 | 戊申 | 1·10 | | | | | |

# 甲戌年

| 절기후날수 | 입추절(壬申月) 立秋 8월7일 15시5분 處暑 8월23일 5시57분 | | | | | | 백로절(癸酉月) 白露 9월7일 18시18분 秋分 9월23일 3시58분 | | | | | |
|---|---|---|---|---|---|---|---|---|---|---|---|---|
| | 양력 | 요일 | 음력 | 일진 | 大運 남 | 大運 여 | 양력 | 요일 | 음력 | 일진 | 大運 남 | 大運 여 |
| 0 | 8/7 | 金 | 4 | 庚辰 | 입추 | | 9/7 | 月 | 6 | 辛亥 | 백로 | |
| 1 | 8 | 土 | 5 | 辛巳 | 10 | 1 | 8 | 火 | 7 | 壬子 | 10 | 1 |
| 2 | 9 | 日 | 6 | 壬午 | 10 | 1 | 9 | 水 | 8 | 癸丑 | 10 | 1 |
| 3 | 10 | 月 | 7 | 癸未 | 9 | 1 | 10 | 木 | 9 | 甲寅 | 9 | 1 |
| 4 | 11 | 火 | 8 | 甲申 | 9 | 1 | 11 | 金 | 10 | 乙卯 | 9 | 1 |
| 5 | 12 | 水 | 9 | 乙酉 | 9 | 2 | 12 | 土 | 11 | 丙辰 | 9 | 2 |
| 6 | 13 | 木 | 10 | 丙戌 | 8 | 2 | 13 | 日 | 12 | 丁巳 | 8 | 2 |
| 7 | 14 | 金 | 11 | 丁亥 | 8 | 2 | 14 | 月 | 13 | 戊午 | 8 | 2 |
| 8 | 15 | 土 | 12 | 戊子 | 8 | 3 | 15 | 火 | 14 | 己未 | 8 | 3 |
| 9 | 16 | 日 | 13 | 己丑 | 7 | 3 | 16 | 水 | 15 | 庚申 | 7 | 3 |
| 10 | 17 | 月 | 14 | 庚寅 | 7 | 3 | 17 | 木 | 16 | 辛酉 | 7 | 3 |
| 11 | 18 | 火 | 15 | 辛卯 | 7 | 4 | 18 | 金 | 17 | 壬戌 | 7 | 4 |
| 12 | 19 | 水 | 16 | 壬辰 | 6 | 4 | 19 | 土 | 18 | 癸亥 | 6 | 4 |
| 13 | 20 | 木 | 17 | 癸巳 | 6 | 4 | 20 | 日 | 19 | 甲子 | 6 | 4 |
| 14 | 21 | 金 | 18 | 甲午 | 6 | 5 | 21 | 月 | 20 | 乙丑 | 6 | 5 |
| 15 | 22 | 土 | 19 | 乙未 | 5 | 5 | 22 | 火 | 21 | 丙寅 | 5 | 5 |
| 16 | 23 | 日 | 20 | 丙申 | 처서 | | 23 | 水 | 22 | 丁卯 | 추분 | |
| 17 | 24 | 月 | 21 | 丁酉 | 5 | 6 | 24 | 木 | 23 | 戊辰 | 5 | 6 |
| 18 | 25 | 火 | 22 | 戊戌 | 4 | 6 | 25 | 金 | 24 | 己巳 | 4 | 6 |
| 19 | 26 | 水 | 23 | 己亥 | 4 | 6 | 26 | 土 | 25 | 庚午 | 4 | 6 |
| 20 | 27 | 木 | 24 | 庚子 | 4 | 7 | 27 | 日 | 26 | 辛未 | 4 | 7 |
| 21 | 28 | 金 | 25 | 辛丑 | 3 | 7 | 28 | 月 | 27 | 壬申 | 3 | 7 |
| 22 | 29 | 土 | 26 | 壬寅 | 3 | 7 | 29 | 火 | 28 | 癸酉 | 3 | 7 |
| 23 | 30 | 日 | 27 | 癸卯 | 3 | 8 | 30 | 水 | 29 | 甲戌 | 3 | 8 |
| 24 | 31 | 月 | 28 | 甲辰 | 2 | 8 | 10/1 | 木 | 9/1 | 乙亥 | 2 | 8 |
| 25 | 9/1 | 火 | 29 | 乙巳 | 2 | 8 | 2 | 金 | 2 | 丙子 | 2 | 8 |
| 26 | 2 | 水 | 8/1 | 丙午 | 2 | 9 | 3 | 土 | 3 | 丁丑 | 2 | 9 |
| 27 | 3 | 木 | 2 | 丁未 | 1 | 9 | 4 | 日 | 4 | 戊寅 | 1 | 9 |
| 28 | 4 | 金 | 3 | 戊申 | 1 | 9 | 5 | 月 | 5 | 己卯 | 1 | 9 |
| 29 | 5 | 土 | 4 | 己酉 | 1 | 10 | 6 | 火 | 6 | 庚辰 | 1 | 10 |
| 30 | 6 | 日 | 5 | 庚戌 | 1 | 10 | 7 | 水 | 7 | 辛巳 | 1 | 10 |
| 31 | | | | | | | | | | | | |

| 절기후날수 | 한로절(甲戌月) 寒露 10월8일 10시21분 霜降 10월23일 13시43분 | | | | | | 입동절(乙亥月) 立冬 11월7일 13시55분 小雪 11월22일 11시37분 | | | | | |
|---|---|---|---|---|---|---|---|---|---|---|---|---|
| | 양력 | 요일 | 음력 | 일진 | 大運 남 | 大運 여 | 양력 | 요일 | 음력 | 일진 | 大運 남 | 大運 여 |
| 0 | 10/8 | 木 | 8 | 壬午 | 한로 | | 11/7 | 土 | 8 | 壬子 | 입동 | |
| 1 | 9 | 金 | 9 | 癸未 | 10 | 1 | 8 | 日 | 9 | 癸丑 | 10 | 1 |
| 2 | 10 | 土 | 10 | 甲申 | 9 | 1 | 9 | 月 | 10 | 甲寅 | 9 | 1 |
| 3 | 11 | 日 | 11 | 乙酉 | 9 | 1 | 10 | 火 | 11 | 乙卯 | 9 | 1 |
| 4 | 12 | 月 | 12 | 丙戌 | 9 | 1 | 11 | 水 | 12 | 丙辰 | 9 | 1 |
| 5 | 13 | 火 | 13 | 丁亥 | 8 | 2 | 12 | 木 | 13 | 丁巳 | 8 | 2 |
| 6 | 14 | 水 | 14 | 戊子 | 8 | 2 | 13 | 金 | 14 | 戊午 | 8 | 2 |
| 7 | 15 | 木 | 15 | 己丑 | 8 | 2 | 14 | 土 | 15 | 己未 | 8 | 2 |
| 8 | 16 | 金 | 16 | 庚寅 | 7 | 3 | 15 | 日 | 16 | 庚申 | 7 | 3 |
| 9 | 17 | 土 | 17 | 辛卯 | 7 | 3 | 16 | 月 | 17 | 辛酉 | 7 | 3 |
| 10 | 18 | 日 | 18 | 壬辰 | 7 | 3 | 17 | 火 | 18 | 壬戌 | 7 | 3 |
| 11 | 19 | 月 | 19 | 癸巳 | 6 | 4 | 18 | 水 | 19 | 癸亥 | 6 | 4 |
| 12 | 20 | 火 | 20 | 甲午 | 6 | 4 | 19 | 木 | 20 | 甲子 | 6 | 4 |
| 13 | 21 | 水 | 21 | 乙未 | 6 | 4 | 20 | 金 | 21 | 乙丑 | 6 | 4 |
| 14 | 22 | 木 | 22 | 丙申 | 5 | 5 | 21 | 土 | 22 | 丙寅 | 5 | 5 |
| 15 | 23 | 金 | 23 | 丁酉 | 상강 | | 22 | 日 | 23 | 丁卯 | 소설 | |
| 16 | 24 | 土 | 24 | 戊戌 | 5 | 5 | 23 | 月 | 24 | 戊辰 | 5 | 5 |
| 17 | 25 | 日 | 25 | 己亥 | 4 | 6 | 24 | 火 | 25 | 己巳 | 4 | 6 |
| 18 | 26 | 月 | 26 | 庚子 | 4 | 6 | 25 | 水 | 26 | 庚午 | 4 | 6 |
| 19 | 27 | 火 | 27 | 辛丑 | 4 | 6 | 26 | 木 | 27 | 辛未 | 4 | 6 |
| 20 | 28 | 水 | 28 | 壬寅 | 3 | 7 | 27 | 金 | 28 | 壬申 | 3 | 7 |
| 21 | 29 | 木 | 29 | 癸卯 | 3 | 7 | 28 | 土 | 29 | 癸酉 | 3 | 7 |
| 22 | 30 | 金 | 30 | 甲辰 | 3 | 7 | 29 | 日 | 11/1 | 甲戌 | 3 | 7 |
| 23 | 31 | 土 | 10/1 | 乙巳 | 2 | 8 | 30 | 月 | 2 | 乙亥 | 2 | 8 |
| 24 | 11/1 | 日 | 2 | 丙午 | 2 | 8 | 12/1 | 火 | 3 | 丙子 | 2 | 8 |
| 25 | 2 | 月 | 3 | 丁未 | 2 | 8 | 2 | 水 | 4 | 丁丑 | 2 | 8 |
| 26 | 3 | 火 | 4 | 戊申 | 1 | 9 | 3 | 木 | 5 | 戊寅 | 1 | 9 |
| 27 | 4 | 水 | 5 | 己酉 | 1 | 9 | 4 | 金 | 6 | 己卯 | 1 | 9 |
| 28 | 5 | 木 | 6 | 庚戌 | 1 | 9 | 5 | 土 | 7 | 庚辰 | 1 | 9 |
| 29 | 6 | 金 | 7 | 辛亥 | 1 | 10 | 6 | 日 | 8 | 辛巳 | 1 | 10 |
| 30 | | | | | | | | | | | | |
| 31 | | | | | | | | | | | | |

| 절기후날수 | 대설절(丙子月) 大雪 12월7일 7시2분 冬至 12월22일 1시8분 | | | | | | 소한절(丁丑月) 小寒 1월5일 18시21분 大寒 1월20일 11시47분 | | | | | |
|---|---|---|---|---|---|---|---|---|---|---|---|---|
| | 양력 | 요일 | 음력 | 일진 | 大運 남 | 大運 여 | 양력 | 요일 | 음력 | 일진 | 大運 남 | 大運 여 |
| 0 | 12/7 | 月 | 9 | 壬午 | 대설 | | 1/5 | 火 | 8 | 辛亥 | 소한 | |
| 1 | 8 | 火 | 10 | 癸未 | 9 | 1 | 6 | 水 | 9 | 壬子 | 10 | 1 |
| 2 | 9 | 水 | 11 | 甲申 | 9 | 1 | 7 | 木 | 10 | 癸丑 | 9 | 1 |
| 3 | 10 | 木 | 12 | 乙酉 | 9 | 1 | 8 | 金 | 11 | 甲寅 | 9 | 1 |
| 4 | 11 | 金 | 13 | 丙戌 | 8 | 1 | 9 | 土 | 12 | 乙卯 | 9 | 1 |
| 5 | 12 | 土 | 14 | 丁亥 | 8 | 2 | 10 | 日 | 13 | 丙辰 | 8 | 2 |
| 6 | 13 | 日 | 15 | 戊子 | 8 | 2 | 11 | 月 | 14 | 丁巳 | 8 | 2 |
| 7 | 14 | 月 | 16 | 己丑 | 7 | 2 | 12 | 火 | 15 | 戊午 | 8 | 2 |
| 8 | 15 | 火 | 17 | 庚寅 | 7 | 3 | 13 | 水 | 16 | 己未 | 7 | 3 |
| 9 | 16 | 水 | 18 | 辛卯 | 7 | 3 | 14 | 木 | 17 | 庚申 | 7 | 3 |
| 10 | 17 | 木 | 19 | 壬辰 | 6 | 3 | 15 | 金 | 18 | 辛酉 | 7 | 3 |
| 11 | 18 | 金 | 20 | 癸巳 | 6 | 4 | 16 | 土 | 19 | 壬戌 | 6 | 4 |
| 12 | 19 | 土 | 21 | 甲午 | 6 | 4 | 17 | 日 | 20 | 癸亥 | 6 | 4 |
| 13 | 20 | 日 | 22 | 乙未 | 5 | 4 | 18 | 月 | 21 | 甲子 | 6 | 4 |
| 14 | 21 | 月 | 23 | 丙申 | 5 | 5 | 19 | 火 | 22 | 乙丑 | 5 | 5 |
| 15 | 22 | 火 | 24 | 丁酉 | 동지 | | 20 | 水 | 23 | 丙寅 | 대한 | |
| 16 | 23 | 水 | 25 | 戊戌 | 4 | 5 | 21 | 木 | 24 | 丁卯 | 5 | 5 |
| 17 | 24 | 木 | 26 | 己亥 | 4 | 6 | 22 | 金 | 25 | 戊辰 | 4 | 6 |
| 18 | 25 | 金 | 27 | 庚子 | 4 | 6 | 23 | 土 | 26 | 己巳 | 4 | 6 |
| 19 | 26 | 土 | 28 | 辛丑 | 3 | 6 | 24 | 日 | 27 | 庚午 | 4 | 6 |
| 20 | 27 | 日 | 29 | 壬寅 | 3 | 7 | 25 | 月 | 28 | 辛未 | 3 | 7 |
| 21 | 28 | 月 | 30 | 癸卯 | 3 | 7 | 26 | 火 | 29 | 壬申 | 3 | 7 |
| 22 | 29 | 火 | 12/1 | 甲辰 | 2 | 7 | 27 | 水 | 30 | 癸酉 | 3 | 7 |
| 23 | 30 | 水 | 2 | 乙巳 | 2 | 8 | 28 | 木 | 1/1 | 甲戌 | 2 | 8 |
| 24 | 31 | 木 | 3 | 丙午 | 2 | 8 | 29 | 金 | 2 | 乙亥 | 2 | 8 |
| 25 | 1/1 | 金 | 4 | 丁未 | 1 | 8 | 30 | 土 | 3 | 丙子 | 2 | 8 |
| 26 | 2 | 土 | 5 | 戊申 | 1 | 9 | 31 | 日 | 4 | 丁丑 | 1 | 9 |
| 27 | 3 | 日 | 6 | 己酉 | 1 | 9 | 2/1 | 月 | 5 | 戊寅 | 1 | 9 |
| 28 | 4 | 月 | 7 | 庚戌 | 1 | 9 | 2 | 火 | 6 | 己卯 | 1 | 9 |
| 29 | | | | | | | 3 | 水 | 7 | 庚辰 | 1 | 10 |
| 30 | | | | | | | | | | | | |
| 31 | | | | | | | | | | | | |

# 서기 2055년 [단기 4388년]

| 절기후날수 | 입춘절(戊寅月) | | | | | 경칩절(己卯月) | | | | | 청명절(庚辰月) | | | | |
|---|---|---|---|---|---|---|---|---|---|---|---|---|---|---|---|
| | 立春 2월4일 5시54분<br>雨水 2월19일 1시46분 | | | | | 驚蟄 3월5일 23시40분<br>春分 3월21일 0시27분 | | | | | 淸明 4월5일 4시7분<br>穀雨 4월20일 11시7분 | | | | |
| | 양력 | 요일 | 음력 | 일진 | 大運 남·여 | 양력 | 요일 | 음력 | 일진 | 大運 남·여 | 양력 | 요일 | 음력 | 일진 | 大運 남·여 |
| 0 | 2/4 | 木 | 8 | 辛巳 | 입춘 | 3/5 | 金 | 8 | 庚戌 | 경칩 | 4/5 | 月 | 9 | 辛巳 | 청명 |
| 1 | 5 | 金 | 9 | 壬午 | 1·9 | 6 | 土 | 9 | 辛亥 | 1·10 | 6 | 火 | 10 | 壬午 | 1·10 |
| 2 | 6 | 土 | 10 | 癸未 | 1·9 | 7 | 日 | 10 | 壬子 | 1·10 | 7 | 水 | 11 | 癸未 | 1·9 |
| 3 | 7 | 日 | 11 | 甲申 | 1·9 | 8 | 月 | 11 | 癸丑 | 1·9 | 8 | 木 | 12 | 甲申 | 1·9 |
| 4 | 8 | 月 | 12 | 乙酉 | 1·8 | 9 | 火 | 12 | 甲寅 | 1·9 | 9 | 金 | 13 | 乙酉 | 1·9 |
| 5 | 9 | 火 | 13 | 丙戌 | 2·8 | 10 | 水 | 13 | 乙卯 | 2·9 | 10 | 土 | 14 | 丙戌 | 2·8 |
| 6 | 10 | 水 | 14 | 丁亥 | 2·8 | 11 | 木 | 14 | 丙辰 | 2·8 | 11 | 日 | 15 | 丁亥 | 2·8 |
| 7 | 11 | 木 | 15 | 戊子 | 2·7 | 12 | 金 | 15 | 丁巳 | 2·8 | 12 | 月 | 16 | 戊子 | 2·8 |
| 8 | 12 | 金 | 16 | 己丑 | 3·7 | 13 | 土 | 16 | 戊午 | 3·8 | 13 | 火 | 17 | 己丑 | 3·7 |
| 9 | 13 | 土 | 17 | 庚寅 | 3·7 | 14 | 日 | 17 | 己未 | 3·7 | 14 | 水 | 18 | 庚寅 | 3·7 |
| 10 | 14 | 日 | 18 | 辛卯 | 3·6 | 15 | 月 | 18 | 庚申 | 3·7 | 15 | 木 | 19 | 辛卯 | 3·7 |
| 11 | 15 | 月 | 19 | 壬辰 | 4·6 | 16 | 火 | 19 | 辛酉 | 4·7 | 16 | 金 | 20 | 壬辰 | 4·6 |
| 12 | 16 | 火 | 20 | 癸巳 | 4·6 | 17 | 水 | 20 | 壬戌 | 4·6 | 17 | 土 | 21 | 癸巳 | 4·6 |
| 13 | 17 | 水 | 21 | 甲午 | 4·5 | 18 | 木 | 21 | 癸亥 | 4·6 | 18 | 日 | 22 | 甲午 | 4·6 |
| 14 | 18 | 木 | 22 | 乙未 | 5·5 | 19 | 金 | 22 | 甲子 | 5·6 | 19 | 月 | 23 | 乙未 | 5·5 |
| 15 | 19 | 金 | 23 | 丙申 | 우수 | 20 | 土 | 23 | 乙丑 | 5·5 | 20 | 火 | 24 | 丙申 | 곡우 |
| 16 | 20 | 土 | 24 | 丁酉 | 5·4 | 21 | 日 | 24 | 丙寅 | 춘분 | 21 | 水 | 25 | 丁酉 | 5·5 |
| 17 | 21 | 日 | 25 | 戊戌 | 6·4 | 22 | 月 | 25 | 丁卯 | 6·5 | 22 | 木 | 26 | 戊戌 | 6·4 |
| 18 | 22 | 月 | 26 | 己亥 | 6·4 | 23 | 火 | 26 | 戊辰 | 6·4 | 23 | 金 | 27 | 己亥 | 6·4 |
| 19 | 23 | 火 | 27 | 庚子 | 6·3 | 24 | 水 | 27 | 己巳 | 6·4 | 24 | 土 | 28 | 庚子 | 6·4 |
| 20 | 24 | 水 | 28 | 辛丑 | 7·3 | 25 | 木 | 28 | 庚午 | 7·4 | 25 | 日 | 29 | 辛丑 | 7·3 |
| 21 | 25 | 木 | 29 | 壬寅 | 7·3 | 26 | 金 | 29 | 辛未 | 7·3 | 26 | 月 | 30 | 壬寅 | 7·3 |
| 22 | 26 | 金 | 2/1 | 癸卯 | 7·2 | 27 | 土 | 30 | 壬申 | 7·3 | 27 | 火 | 4/1 | 癸卯 | 7·3 |
| 23 | 27 | 土 | 2 | 甲辰 | 8·2 | 28 | 日 | 3/1 | 癸酉 | 8·3 | 28 | 水 | 2 | 甲辰 | 8·2 |
| 24 | 28 | 日 | 3 | 乙巳 | 8·2 | 29 | 月 | 2 | 甲戌 | 8·2 | 29 | 木 | 3 | 乙巳 | 8·2 |
| 25 | 3/1 | 月 | 4 | 丙午 | 8·1 | 30 | 火 | 3 | 乙亥 | 8·2 | 30 | 金 | 4 | 丙午 | 8·2 |
| 26 | 2 | 火 | 5 | 丁未 | 9·1 | 31 | 水 | 4 | 丙子 | 9·2 | 5/1 | 土 | 5 | 丁未 | 9·1 |
| 27 | 3 | 水 | 6 | 戊申 | 9·1 | 4/1 | 木 | 5 | 丁丑 | 9·1 | 2 | 日 | 6 | 戊申 | 9·1 |
| 28 | 4 | 木 | 7 | 己酉 | 9·1 | 2 | 金 | 6 | 戊寅 | 9·1 | 3 | 月 | 7 | 己酉 | 9·1 |
| 29 | | | | | | 3 | 土 | 7 | 己卯 | 10·1 | 4 | 火 | 8 | 庚戌 | 10·1 |
| 30 | | | | | | 4 | 日 | 8 | 庚辰 | 10·1 | | | | | |
| 31 | | | | | | | | | | | | | | | |

| 절기후날수 | 입하절(辛巳月) | | | | | 망종절(壬午月) | | | | | 소서절(癸未月) | | | | |
|---|---|---|---|---|---|---|---|---|---|---|---|---|---|---|---|
| | 立夏 5월5일 21시2분<br>小滿 5월21일 9시55분 | | | | | 芒種 6월6일 0시54분<br>夏至 6월21일 17시38분 | | | | | 小暑 7월7일 11시4분<br>大暑 7월23일 4시30분 | | | | |
| | 양력 | 요일 | 음력 | 일진 | 大運 남·여 | 양력 | 요일 | 음력 | 일진 | 大運 남·여 | 양력 | 요일 | 음력 | 일진 | 大運 남·여 |
| 0 | 5/5 | 水 | 9 | 辛亥 | 입하 | 6/6 | 日 | 12 | 癸未 | 망종 | 7/7 | 水 | 13 | 甲寅 | 소서 |
| 1 | 6 | 木 | 10 | 壬子 | 1·10 | 7 | 月 | 13 | 甲申 | 1·10 | 8 | 木 | 14 | 乙卯 | 1·10 |
| 2 | 7 | 金 | 11 | 癸丑 | 1·10 | 8 | 火 | 14 | 乙酉 | 1·10 | 9 | 金 | 15 | 丙辰 | 1·10 |
| 3 | 8 | 土 | 12 | 甲寅 | 1·10 | 9 | 水 | 15 | 丙戌 | 1·9 | 10 | 土 | 16 | 丁巳 | 1·9 |
| 4 | 9 | 日 | 13 | 乙卯 | 1·9 | 10 | 木 | 16 | 丁亥 | 1·9 | 11 | 日 | 17 | 戊午 | 1·9 |
| 5 | 10 | 月 | 14 | 丙辰 | 2·9 | 11 | 金 | 17 | 戊子 | 2·9 | 12 | 月 | 18 | 己未 | 2·9 |
| 6 | 11 | 火 | 15 | 丁巳 | 2·9 | 12 | 土 | 18 | 己丑 | 2·8 | 13 | 火 | 19 | 庚申 | 2·8 |
| 7 | 12 | 水 | 16 | 戊午 | 2·8 | 13 | 日 | 19 | 庚寅 | 2·8 | 14 | 水 | 20 | 辛酉 | 2·8 |
| 8 | 13 | 木 | 17 | 己未 | 3·8 | 14 | 月 | 20 | 辛卯 | 3·8 | 15 | 木 | 21 | 壬戌 | 3·8 |
| 9 | 14 | 金 | 18 | 庚申 | 3·8 | 15 | 火 | 21 | 壬辰 | 3·7 | 16 | 金 | 22 | 癸亥 | 3·7 |
| 10 | 15 | 土 | 19 | 辛酉 | 3·7 | 16 | 水 | 22 | 癸巳 | 3·7 | 17 | 土 | 23 | 甲子 | 3·7 |
| 11 | 16 | 日 | 20 | 壬戌 | 4·7 | 17 | 木 | 23 | 甲午 | 4·7 | 18 | 日 | 24 | 乙丑 | 4·7 |
| 12 | 17 | 月 | 21 | 癸亥 | 4·7 | 18 | 金 | 24 | 乙未 | 4·6 | 19 | 月 | 25 | 丙寅 | 4·6 |
| 13 | 18 | 火 | 22 | 甲子 | 4·6 | 19 | 土 | 25 | 丙申 | 4·6 | 20 | 火 | 26 | 丁卯 | 4·6 |
| 14 | 19 | 水 | 23 | 乙丑 | 5·6 | 20 | 日 | 26 | 丁酉 | 5·6 | 21 | 水 | 27 | 戊辰 | 5·6 |
| 15 | 20 | 木 | 24 | 丙寅 | 5·6 | 21 | 月 | 27 | 戊戌 | 하지 | 22 | 木 | 28 | 己巳 | 5·5 |
| 16 | 21 | 金 | 25 | 丁卯 | 소만 | 22 | 火 | 28 | 己亥 | 5·5 | 23 | 金 | 29 | 庚午 | 대서 |
| 17 | 22 | 土 | 26 | 戊辰 | 6·5 | 23 | 水 | 29 | 庚子 | 6·5 | 24 | 土 | 윤1 | 辛未 | 6·5 |
| 18 | 23 | 日 | 27 | 己巳 | 6·5 | 24 | 木 | 30 | 辛丑 | 6·4 | 25 | 日 | 윤2 | 壬申 | 6·4 |
| 19 | 24 | 月 | 28 | 庚午 | 6·4 | 25 | 金 | 6/1 | 壬寅 | 6·4 | 26 | 月 | 윤3 | 癸酉 | 6·4 |
| 20 | 25 | 火 | 29 | 辛未 | 7·4 | 26 | 土 | 2 | 癸卯 | 7·4 | 27 | 火 | 윤4 | 甲戌 | 7·4 |
| 21 | 26 | 水 | 5/1 | 壬申 | 7·4 | 27 | 日 | 3 | 甲辰 | 7·3 | 28 | 水 | 윤5 | 乙亥 | 7·3 |
| 22 | 27 | 木 | 2 | 癸酉 | 7·3 | 28 | 月 | 4 | 乙巳 | 7·3 | 29 | 木 | 윤6 | 丙子 | 7·3 |
| 23 | 28 | 金 | 3 | 甲戌 | 8·3 | 29 | 火 | 5 | 丙午 | 8·3 | 30 | 金 | 윤7 | 丁丑 | 8·3 |
| 24 | 29 | 土 | 4 | 乙亥 | 8·3 | 30 | 水 | 6 | 丁未 | 8·2 | 31 | 土 | 윤8 | 戊寅 | 8·2 |
| 25 | 30 | 日 | 5 | 丙子 | 8·2 | 7/1 | 木 | 7 | 戊申 | 8·2 | 8/1 | 日 | 윤9 | 己卯 | 8·2 |
| 26 | 31 | 月 | 6 | 丁丑 | 9·2 | 2 | 金 | 8 | 己酉 | 9·2 | 2 | 月 | 윤10 | 庚辰 | 9·2 |
| 27 | 6/1 | 火 | 7 | 戊寅 | 9·2 | 3 | 土 | 9 | 庚戌 | 9·1 | 3 | 火 | 윤11 | 辛巳 | 9·1 |
| 28 | 2 | 水 | 8 | 己卯 | 9·1 | 4 | 日 | 10 | 辛亥 | 9·1 | 4 | 水 | 윤12 | 壬午 | 9·1 |
| 29 | 3 | 木 | 9 | 庚辰 | 10·1 | 5 | 月 | 11 | 壬子 | 10·1 | 5 | 木 | 윤13 | 癸未 | 10·1 |
| 30 | 4 | 金 | 10 | 辛巳 | 10·1 | 6 | 火 | 12 | 癸丑 | 10·1 | 6 | 金 | 윤14 | 甲申 | 10·1 |
| 31 | 5 | 土 | 11 | 壬午 | 10·1 | | | | | | | | | | |

▶ 윤달-6월

# 乙亥年

**입추절(甲申月)** 立秋 8월7일 20시59분 / 處暑 8월23일 11시47분

| 절기후날수 | 양력 | 요일 | 음력 | 일진 | 大運 남 | 大運 여 |
|---|---|---|---|---|---|---|
| 0 | 8/7 | 土 | 윤15 | 乙酉 | 입추 | |
| 1 | 8 | 日 | 윤16 | 丙戌 | 1 | 10 |
| 2 | 9 | 月 | 윤17 | 丁亥 | 1 | 10 |
| 3 | 10 | 火 | 윤18 | 戊子 | 1 | 10 |
| 4 | 11 | 水 | 윤19 | 己丑 | 1 | 9 |
| 5 | 12 | 木 | 윤20 | 庚寅 | 2 | 9 |
| 6 | 13 | 金 | 윤21 | 辛卯 | 2 | 9 |
| 7 | 14 | 土 | 윤22 | 壬辰 | 2 | 8 |
| 8 | 15 | 日 | 윤23 | 癸巳 | 3 | 8 |
| 9 | 16 | 月 | 윤24 | 甲午 | 3 | 8 |
| 10 | 17 | 火 | 윤25 | 乙未 | 3 | 7 |
| 11 | 18 | 水 | 윤26 | 丙申 | 4 | 7 |
| 12 | 19 | 木 | 윤27 | 丁酉 | 4 | 7 |
| 13 | 20 | 金 | 윤28 | 戊戌 | 4 | 6 |
| 14 | 21 | 土 | 윤29 | 己亥 | 5 | 6 |
| 15 | 22 | 日 | 윤30 | 庚子 | 5 | 6 |
| 16 | 23 | 月 | 7/1 | 辛丑 | 처서 | |
| 17 | 24 | 火 | 2 | 壬寅 | 6 | 5 |
| 18 | 25 | 水 | 3 | 癸卯 | 6 | 5 |
| 19 | 26 | 木 | 4 | 甲辰 | 6 | 4 |
| 20 | 27 | 金 | 5 | 乙巳 | 7 | 4 |
| 21 | 28 | 土 | 6 | 丙午 | 7 | 4 |
| 22 | 29 | 日 | 7 | 丁未 | 7 | 3 |
| 23 | 30 | 月 | 8 | 戊申 | 8 | 3 |
| 24 | 31 | 火 | 9 | 己酉 | 8 | 3 |
| 25 | 9/1 | 水 | 10 | 庚戌 | 8 | 2 |
| 26 | 2 | 木 | 11 | 辛亥 | 9 | 2 |
| 27 | 3 | 金 | 12 | 壬子 | 9 | 2 |
| 28 | 4 | 土 | 13 | 癸丑 | 9 | 1 |
| 29 | 5 | 日 | 14 | 甲寅 | 10 | 1 |
| 30 | 6 | 月 | 15 | 乙卯 | 10 | 1 |
| 31 | 7 | 火 | 16 | 丙辰 | 10 | 1 |

**백로절(乙酉月)** 白露 9월8일 0시14분 / 秋分 9월23일 9시47분

| 절기후날수 | 양력 | 요일 | 음력 | 일진 | 大運 남 | 大運 여 |
|---|---|---|---|---|---|---|
| 0 | 9/8 | 水 | 17 | 丁巳 | 백로 | |
| 1 | 9 | 木 | 18 | 戊午 | 1 | 10 |
| 2 | 10 | 金 | 19 | 己未 | 1 | 9 |
| 3 | 11 | 土 | 20 | 庚申 | 1 | 9 |
| 4 | 12 | 日 | 21 | 辛酉 | 1 | 9 |
| 5 | 13 | 月 | 22 | 壬戌 | 2 | 8 |
| 6 | 14 | 火 | 23 | 癸亥 | 2 | 8 |
| 7 | 15 | 水 | 24 | 甲子 | 2 | 8 |
| 8 | 16 | 木 | 25 | 乙丑 | 3 | 7 |
| 9 | 17 | 金 | 26 | 丙寅 | 3 | 7 |
| 10 | 18 | 土 | 27 | 丁卯 | 3 | 7 |
| 11 | 19 | 日 | 28 | 戊辰 | 4 | 6 |
| 12 | 20 | 月 | 29 | 己巳 | 4 | 6 |
| 13 | 21 | 火 | 8/1 | 庚午 | 4 | 6 |
| 14 | 22 | 水 | 2 | 辛未 | 5 | 5 |
| 15 | 23 | 木 | 3 | 壬申 | 추분 | |
| 16 | 24 | 金 | 4 | 癸酉 | 5 | 5 |
| 17 | 25 | 土 | 5 | 甲戌 | 6 | 4 |
| 18 | 26 | 日 | 6 | 乙亥 | 6 | 4 |
| 19 | 27 | 月 | 7 | 丙子 | 6 | 4 |
| 20 | 28 | 火 | 8 | 丁丑 | 7 | 3 |
| 21 | 29 | 水 | 9 | 戊寅 | 7 | 3 |
| 22 | 30 | 木 | 10 | 己卯 | 7 | 3 |
| 23 | 10/1 | 金 | 11 | 庚辰 | 8 | 2 |
| 24 | 2 | 土 | 12 | 辛巳 | 8 | 2 |
| 25 | 3 | 日 | 13 | 壬午 | 8 | 2 |
| 26 | 4 | 月 | 14 | 癸未 | 9 | 1 |
| 27 | 5 | 火 | 15 | 甲申 | 9 | 1 |
| 28 | 6 | 水 | 16 | 乙酉 | 9 | 1 |
| 29 | 7 | 木 | 17 | 丙戌 | 10 | 1 |
| 30 | | | | | | |
| 31 | | | | | | |

**한로절(丙戌月)** 寒露 10월8일 16시17분 / 霜降 10월23일 19시32분

| 절기후날수 | 양력 | 요일 | 음력 | 일진 | 大運 남 | 大運 여 |
|---|---|---|---|---|---|---|
| 0 | 10/8 | 金 | 18 | 丁亥 | 한로 | |
| 1 | 9 | 土 | 19 | 戊子 | 1 | 10 |
| 2 | 10 | 日 | 20 | 己丑 | 1 | 9 |
| 3 | 11 | 月 | 21 | 庚寅 | 1 | 9 |
| 4 | 12 | 火 | 22 | 辛卯 | 1 | 9 |
| 5 | 13 | 水 | 23 | 壬辰 | 2 | 8 |
| 6 | 14 | 木 | 24 | 癸巳 | 2 | 8 |
| 7 | 15 | 金 | 25 | 甲午 | 2 | 8 |
| 8 | 16 | 土 | 26 | 乙未 | 3 | 7 |
| 9 | 17 | 日 | 27 | 丙申 | 3 | 7 |
| 10 | 18 | 月 | 28 | 丁酉 | 3 | 7 |
| 11 | 19 | 火 | 29 | 戊戌 | 4 | 6 |
| 12 | 20 | 水 | 9/1 | 己亥 | 4 | 6 |
| 13 | 21 | 木 | 2 | 庚子 | 4 | 6 |
| 14 | 22 | 金 | 3 | 辛丑 | 5 | 5 |
| 15 | 23 | 土 | 4 | 壬寅 | 상강 | |
| 16 | 24 | 日 | 5 | 癸卯 | 5 | 5 |
| 17 | 25 | 月 | 6 | 甲辰 | 6 | 4 |
| 18 | 26 | 火 | 7 | 乙巳 | 6 | 4 |
| 19 | 27 | 水 | 8 | 丙午 | 6 | 4 |
| 20 | 28 | 木 | 9 | 丁未 | 7 | 3 |
| 21 | 29 | 金 | 10 | 戊申 | 7 | 3 |
| 22 | 30 | 土 | 11 | 己酉 | 7 | 3 |
| 23 | 31 | 日 | 12 | 庚戌 | 8 | 2 |
| 24 | 11/1 | 月 | 13 | 辛亥 | 8 | 2 |
| 25 | 2 | 火 | 14 | 壬子 | 8 | 2 |
| 26 | 3 | 水 | 15 | 癸丑 | 9 | 1 |
| 27 | 4 | 木 | 16 | 甲寅 | 9 | 1 |
| 28 | 5 | 金 | 17 | 乙卯 | 9 | 1 |
| 29 | 6 | 土 | 18 | 丙辰 | 10 | 1 |
| 30 | | | | | | |
| 31 | | | | | | |

**입동절(丁亥月)** 立冬 11월7일 19시51분 / 小雪 11월22일 17시25분

| 절기후날수 | 양력 | 요일 | 음력 | 일진 | 大運 남 | 大運 여 |
|---|---|---|---|---|---|---|
| 0 | 11/7 | 日 | 19 | 丁巳 | 입동 | |
| 1 | 8 | 月 | 20 | 戊午 | 1 | 10 |
| 2 | 9 | 火 | 21 | 己未 | 1 | 9 |
| 3 | 10 | 水 | 22 | 庚申 | 1 | 9 |
| 4 | 11 | 木 | 23 | 辛酉 | 1 | 9 |
| 5 | 12 | 金 | 24 | 壬戌 | 2 | 8 |
| 6 | 13 | 土 | 25 | 癸亥 | 2 | 8 |
| 7 | 14 | 日 | 26 | 甲子 | 2 | 8 |
| 8 | 15 | 月 | 27 | 乙丑 | 3 | 7 |
| 9 | 16 | 火 | 28 | 丙寅 | 3 | 7 |
| 10 | 17 | 水 | 29 | 丁卯 | 3 | 7 |
| 11 | 18 | 木 | 30 | 戊辰 | 4 | 6 |
| 12 | 19 | 金 | 10/1 | 己巳 | 4 | 6 |
| 13 | 20 | 土 | 2 | 庚午 | 4 | 6 |
| 14 | 21 | 日 | 3 | 辛未 | 5 | 5 |
| 15 | 22 | 月 | 4 | 壬申 | 소설 | |
| 16 | 23 | 火 | 5 | 癸酉 | 5 | 5 |
| 17 | 24 | 水 | 6 | 甲戌 | 6 | 4 |
| 18 | 25 | 木 | 7 | 乙亥 | 6 | 4 |
| 19 | 26 | 金 | 8 | 丙子 | 6 | 4 |
| 20 | 27 | 土 | 9 | 丁丑 | 7 | 3 |
| 21 | 28 | 日 | 10 | 戊寅 | 7 | 3 |
| 22 | 29 | 月 | 11 | 己卯 | 7 | 3 |
| 23 | 30 | 火 | 12 | 庚辰 | 8 | 2 |
| 24 | 12/1 | 水 | 13 | 辛巳 | 8 | 2 |
| 25 | 2 | 木 | 14 | 壬午 | 8 | 2 |
| 26 | 3 | 金 | 15 | 癸未 | 9 | 1 |
| 27 | 4 | 土 | 16 | 甲申 | 9 | 1 |
| 28 | 5 | 日 | 17 | 乙酉 | 9 | 1 |
| 29 | 6 | 月 | 18 | 丙戌 | 10 | 1 |
| 30 | | | | | | |
| 31 | | | | | | |

**대설절(戊子月)** 大雪 12월7일 12시57분 / 冬至 12월22일 6시54분

| 절기후날수 | 양력 | 요일 | 음력 | 일진 | 大運 남 | 大運 여 |
|---|---|---|---|---|---|---|
| 0 | 12/7 | 火 | 19 | 丁亥 | 대설 | |
| 1 | 8 | 水 | 20 | 戊子 | 1 | 10 |
| 2 | 9 | 木 | 21 | 己丑 | 1 | 9 |
| 3 | 10 | 金 | 22 | 庚寅 | 1 | 9 |
| 4 | 11 | 土 | 23 | 辛卯 | 1 | 9 |
| 5 | 12 | 日 | 24 | 壬辰 | 2 | 8 |
| 6 | 13 | 月 | 25 | 癸巳 | 2 | 8 |
| 7 | 14 | 火 | 26 | 甲午 | 2 | 8 |
| 8 | 15 | 水 | 27 | 乙未 | 3 | 7 |
| 9 | 16 | 木 | 28 | 丙申 | 3 | 7 |
| 10 | 17 | 金 | 29 | 丁酉 | 3 | 7 |
| 11 | 18 | 土 | 11/1 | 戊戌 | 4 | 6 |
| 12 | 19 | 日 | 2 | 己亥 | 4 | 6 |
| 13 | 20 | 月 | 3 | 庚子 | 4 | 6 |
| 14 | 21 | 火 | 4 | 辛丑 | 5 | 5 |
| 15 | 22 | 水 | 5 | 壬寅 | 동지 | |
| 16 | 23 | 木 | 6 | 癸卯 | 5 | 5 |
| 17 | 24 | 金 | 7 | 甲辰 | 6 | 4 |
| 18 | 25 | 土 | 8 | 乙巳 | 6 | 4 |
| 19 | 26 | 日 | 9 | 丙午 | 6 | 4 |
| 20 | 27 | 月 | 10 | 丁未 | 7 | 3 |
| 21 | 28 | 火 | 11 | 戊申 | 7 | 3 |
| 22 | 29 | 水 | 12 | 己酉 | 7 | 3 |
| 23 | 30 | 木 | 13 | 庚戌 | 8 | 2 |
| 24 | 31 | 金 | 14 | 辛亥 | 8 | 2 |
| 25 | 1/1 | 土 | 15 | 壬子 | 8 | 2 |
| 26 | 2 | 日 | 16 | 癸丑 | 9 | 1 |
| 27 | 3 | 月 | 17 | 甲寅 | 9 | 1 |
| 28 | 4 | 火 | 18 | 乙卯 | 9 | 1 |
| 29 | 5 | 水 | 19 | 丙辰 | 10 | 1 |
| 30 | | | | | | |
| 31 | | | | | | |

**소한절(己丑月)** 小寒 1월6일 0시14분 / 大寒 1월20일 17시31분

| 절기후날수 | 양력 | 요일 | 음력 | 일진 | 大運 남 | 大運 여 |
|---|---|---|---|---|---|---|
| 0 | 1/6 | 木 | 20 | 丁巳 | 소한 | |
| 1 | 7 | 金 | 21 | 戊午 | 1 | 9 |
| 2 | 8 | 土 | 22 | 己未 | 1 | 9 |
| 3 | 9 | 日 | 23 | 庚申 | 1 | 9 |
| 4 | 10 | 月 | 24 | 辛酉 | 1 | 8 |
| 5 | 11 | 火 | 25 | 壬戌 | 2 | 8 |
| 6 | 12 | 水 | 26 | 癸亥 | 2 | 8 |
| 7 | 13 | 木 | 27 | 甲子 | 2 | 7 |
| 8 | 14 | 金 | 28 | 乙丑 | 3 | 7 |
| 9 | 15 | 土 | 29 | 丙寅 | 3 | 7 |
| 10 | 16 | 日 | 30 | 丁卯 | 3 | 6 |
| 11 | 17 | 月 | 12/1 | 戊辰 | 4 | 6 |
| 12 | 18 | 火 | 2 | 己巳 | 4 | 6 |
| 13 | 19 | 水 | 3 | 庚午 | 4 | 5 |
| 14 | 20 | 木 | 4 | 辛未 | 대한 | |
| 15 | 21 | 金 | 5 | 壬申 | 5 | 5 |
| 16 | 22 | 土 | 6 | 癸酉 | 5 | 4 |
| 17 | 23 | 日 | 7 | 甲戌 | 6 | 4 |
| 18 | 24 | 月 | 8 | 乙亥 | 6 | 4 |
| 19 | 25 | 火 | 9 | 丙子 | 6 | 3 |
| 20 | 26 | 水 | 10 | 丁丑 | 7 | 3 |
| 21 | 27 | 木 | 11 | 戊寅 | 7 | 3 |
| 22 | 28 | 金 | 12 | 己卯 | 7 | 2 |
| 23 | 29 | 土 | 13 | 庚辰 | 8 | 2 |
| 24 | 30 | 日 | 14 | 辛巳 | 8 | 2 |
| 25 | 31 | 月 | 15 | 壬午 | 8 | 1 |
| 26 | 2/1 | 火 | 16 | 癸未 | 9 | 1 |
| 27 | 2 | 水 | 17 | 甲申 | 9 | 1 |
| 28 | 3 | 木 | 18 | 乙酉 | 9 | 1 |
| 29 | | | | | | |
| 30 | | | | | | |
| 31 | | | | | | |

# 서기 2056년 [단기 4389년]

| 절기후날수 | 입춘절(庚寅月) | | | | | 경칩절(辛卯月) | | | | | 청명절(壬辰月) | | | | | 입하절(癸巳月) | | | | | 망종절(甲午月) | | | | | 소서절(乙未月) | | | | |
|---|---|---|---|---|---|---|---|---|---|---|---|---|---|---|---|---|---|---|---|---|---|---|---|---|---|---|---|---|---|---|
| | 立春 2월4일 11시46분 | | | | | 驚蟄 3월5일 5시31분 | | | | | 淸明 4월4일 9시58분 | | | | | 立夏 5월5일 2시56분 | | | | | 芒種 6월5일 6시51분 | | | | | 小暑 7월6일 17시1분 | | | | |
| | 雨水 2월19일 7시28분 | | | | | 春分 3월20일 6시9분 | | | | | 穀雨 4월19일 16시51분 | | | | | 小滿 5월20일 15시40분 | | | | | 夏至 6월20일 23시27분 | | | | | 大暑 7월22일 10시21분 | | | | |
| | 양력 | 요일 | 음력 | 일진 | 大運 남·여 | 양력 | 요일 | 음력 | 일진 | 大運 남·여 | 양력 | 요일 | 음력 | 일진 | 大運 남·여 | 양력 | 요일 | 음력 | 일진 | 大運 남·여 | 양력 | 요일 | 음력 | 일진 | 大運 남·여 | 양력 | 요일 | 음력 | 일진 | 大運 남·여 |
| 0 | 2/4 | 金 | 19 | 丙戌 | 입춘 | 3/5 | 日 | 20 | 丙辰 | 경칩 | 4/4 | 火 | 20 | 丙戌 | 청명 | 5/5 | 金 | 21 | 丁巳 | 입하 | 6/5 | 月 | 22 | 戊子 | 망종 | 7/6 | 木 | 24 | 己未 | 소서 |
| 1 | 5 | 土 | 20 | 丁亥 | 10·1 | 6 | 月 | 21 | 丁巳 | 10·1 | 5 | 水 | 21 | 丁亥 | 10·1 | 6 | 土 | 22 | 戊午 | 10·1 | 6 | 火 | 23 | 己丑 | 10·1 | 7 | 金 | 25 | 庚申 | 10·1 |
| 2 | 6 | 日 | 21 | 戊子 | 9·1 | 7 | 火 | 22 | 戊午 | 9·1 | 6 | 木 | 22 | 戊子 | 10·1 | 7 | 日 | 23 | 己未 | 10·1 | 7 | 水 | 24 | 庚寅 | 10·1 | 8 | 土 | 26 | 辛酉 | 10·1 |
| 3 | 7 | 月 | 22 | 己丑 | 9·1 | 8 | 水 | 23 | 己未 | 9·1 | 7 | 金 | 23 | 己丑 | 9·1 | 8 | 月 | 24 | 庚申 | 9·1 | 8 | 木 | 25 | 辛卯 | 9·1 | 9 | 日 | 27 | 壬戌 | 10·1 |
| 4 | 8 | 火 | 23 | 庚寅 | 9·1 | 9 | 木 | 24 | 庚申 | 9·1 | 8 | 土 | 24 | 庚寅 | 9·1 | 9 | 火 | 25 | 辛酉 | 9·1 | 9 | 金 | 26 | 壬辰 | 9·1 | 10 | 月 | 28 | 癸亥 | 9·1 |
| 5 | 9 | 水 | 24 | 辛卯 | 8·2 | 10 | 金 | 25 | 辛酉 | 8·2 | 9 | 日 | 25 | 辛卯 | 9·2 | 10 | 水 | 26 | 壬戌 | 9·2 | 10 | 土 | 27 | 癸巳 | 9·2 | 11 | 火 | 29 | 甲子 | 9·2 |
| 6 | 10 | 木 | 25 | 壬辰 | 8·2 | 11 | 土 | 26 | 壬戌 | 8·2 | 10 | 月 | 26 | 壬辰 | 8·2 | 11 | 木 | 27 | 癸亥 | 8·2 | 11 | 日 | 28 | 甲午 | 8·2 | 12 | 水 | 30 | 乙丑 | 9·2 |
| 7 | 11 | 金 | 26 | 癸巳 | 8·2 | 12 | 日 | 27 | 癸亥 | 8·2 | 11 | 火 | 27 | 癸巳 | 8·2 | 12 | 金 | 28 | 甲子 | 8·2 | 12 | 月 | 29 | 乙未 | 8·2 | 13 | 木 | 6/1 | 丙寅 | 8·2 |
| 8 | 12 | 土 | 27 | 甲午 | 7·3 | 13 | 月 | 28 | 甲子 | 7·3 | 12 | 水 | 28 | 甲午 | 8·3 | 13 | 土 | 29 | 乙丑 | 8·3 | 13 | 火 | 5/1 | 丙申 | 8·3 | 14 | 金 | 2 | 丁卯 | 8·3 |
| 9 | 13 | 日 | 28 | 乙未 | 7·3 | 14 | 火 | 29 | 乙丑 | 7·3 | 13 | 木 | 29 | 乙未 | 7·3 | 14 | 日 | 30 | 丙寅 | 7·3 | 14 | 水 | 2 | 丁酉 | 7·3 | 15 | 土 | 3 | 戊辰 | 8·3 |
| 10 | 14 | 月 | 29 | 丙申 | 7·3 | 15 | 水 | 30 | 丙寅 | 7·3 | 14 | 金 | 30 | 丙申 | 7·3 | 15 | 月 | 4/1 | 丁卯 | 7·3 | 15 | 木 | 3 | 戊戌 | 7·3 | 16 | 日 | 4 | 己巳 | 7·3 |
| 11 | 15 | 火 | 1/1 | 丁酉 | 6·4 | 16 | 木 | 2/1 | 丁卯 | 6·4 | 15 | 土 | 3/1 | 丁酉 | 7·4 | 16 | 火 | 2 | 戊辰 | 7·4 | 16 | 金 | 4 | 己亥 | 7·4 | 17 | 月 | 5 | 庚午 | 7·4 |
| 12 | 16 | 水 | 2 | 戊戌 | 6·4 | 17 | 金 | 2 | 戊辰 | 6·4 | 16 | 日 | 2 | 戊戌 | 6·4 | 17 | 水 | 3 | 己巳 | 6·4 | 17 | 土 | 5 | 庚子 | 6·4 | 18 | 火 | 6 | 辛未 | 7·4 |
| 13 | 17 | 木 | 3 | 己亥 | 6·4 | 18 | 土 | 3 | 己巳 | 6·4 | 17 | 月 | 3 | 己亥 | 6·4 | 18 | 木 | 4 | 庚午 | 6·4 | 18 | 日 | 6 | 辛丑 | 6·4 | 19 | 水 | 7 | 壬申 | 6·4 |
| 14 | 18 | 金 | 4 | 庚子 | 5·5 | 19 | 日 | 4 | 庚午 | 5·5 | 18 | 火 | 4 | 庚子 | 6·5 | 19 | 金 | 5 | 辛未 | 6·5 | 19 | 月 | 7 | 壬寅 | 6·5 | 20 | 木 | 8 | 癸酉 | 6·5 |
| 15 | 19 | 土 | 5 | 辛丑 | 우수 | 20 | 月 | 5 | 辛未 | 춘분 | 19 | 水 | 5 | 辛丑 | 곡우 | 20 | 土 | 6 | 壬申 | 소만 | 20 | 火 | 8 | 癸卯 | 하지 | 21 | 金 | 9 | 甲戌 | 6·5 |
| 16 | 20 | 日 | 6 | 壬寅 | 5·5 | 21 | 火 | 6 | 壬申 | 5·5 | 20 | 木 | 6 | 壬寅 | 5·5 | 21 | 日 | 7 | 癸酉 | 5·5 | 21 | 水 | 9 | 甲辰 | 5·5 | 22 | 土 | 10 | 乙亥 | 대서 |
| 17 | 21 | 月 | 7 | 癸卯 | 4·6 | 22 | 水 | 7 | 癸酉 | 4·6 | 21 | 金 | 7 | 癸卯 | 5·6 | 22 | 月 | 8 | 甲戌 | 5·6 | 22 | 木 | 10 | 乙巳 | 5·6 | 23 | 日 | 11 | 丙子 | 5·6 |
| 18 | 22 | 火 | 8 | 甲辰 | 4·6 | 23 | 木 | 8 | 甲戌 | 4·6 | 22 | 土 | 8 | 甲辰 | 4·6 | 23 | 火 | 9 | 乙亥 | 4·6 | 23 | 金 | 11 | 丙午 | 4·6 | 24 | 月 | 12 | 丁丑 | 5·6 |
| 19 | 23 | 水 | 9 | 乙巳 | 4·6 | 24 | 金 | 9 | 乙亥 | 4·6 | 23 | 日 | 9 | 乙巳 | 4·6 | 24 | 水 | 10 | 丙子 | 4·6 | 24 | 土 | 12 | 丁未 | 4·6 | 25 | 火 | 13 | 戊寅 | 4·6 |
| 20 | 24 | 木 | 10 | 丙午 | 3·7 | 25 | 土 | 10 | 丙子 | 3·7 | 24 | 月 | 10 | 丙午 | 4·7 | 25 | 木 | 11 | 丁丑 | 4·7 | 25 | 日 | 13 | 戊申 | 4·7 | 26 | 水 | 14 | 己卯 | 4·7 |
| 21 | 25 | 金 | 11 | 丁未 | 3·7 | 26 | 日 | 11 | 丁丑 | 3·7 | 25 | 火 | 11 | 丁未 | 3·7 | 26 | 金 | 12 | 戊寅 | 3·7 | 26 | 月 | 14 | 己酉 | 3·7 | 27 | 木 | 15 | 庚辰 | 4·7 |
| 22 | 26 | 土 | 12 | 戊申 | 3·7 | 27 | 月 | 12 | 戊寅 | 3·7 | 26 | 水 | 12 | 戊申 | 3·7 | 27 | 土 | 13 | 己卯 | 3·7 | 27 | 火 | 15 | 庚戌 | 3·7 | 28 | 金 | 16 | 辛巳 | 3·7 |
| 23 | 27 | 日 | 13 | 己酉 | 2·8 | 28 | 火 | 13 | 己卯 | 2·8 | 27 | 木 | 13 | 己酉 | 3·8 | 28 | 日 | 14 | 庚辰 | 3·8 | 28 | 水 | 16 | 辛亥 | 3·8 | 29 | 土 | 17 | 壬午 | 3·8 |
| 24 | 28 | 月 | 14 | 庚戌 | 2·8 | 29 | 水 | 14 | 庚辰 | 2·8 | 28 | 金 | 14 | 庚戌 | 2·8 | 29 | 月 | 15 | 辛巳 | 2·8 | 29 | 木 | 17 | 壬子 | 2·8 | 30 | 日 | 18 | 癸未 | 3·8 |
| 25 | 29 | 火 | 15 | 辛亥 | 2·8 | 30 | 木 | 15 | 辛巳 | 2·8 | 29 | 土 | 15 | 辛亥 | 2·8 | 30 | 火 | 16 | 壬午 | 2·8 | 30 | 金 | 18 | 癸丑 | 2·8 | 31 | 月 | 19 | 甲申 | 2·8 |
| 26 | 3/1 | 水 | 16 | 壬子 | 1·9 | 31 | 金 | 16 | 壬午 | 1·9 | 30 | 日 | 16 | 壬子 | 2·9 | 31 | 水 | 17 | 癸未 | 2·9 | 7/1 | 土 | 19 | 甲寅 | 2·9 | 8/1 | 火 | 20 | 乙酉 | 2·9 |
| 27 | 2 | 木 | 17 | 癸丑 | 1·9 | 4/1 | 土 | 17 | 癸未 | 1·9 | 5/1 | 月 | 17 | 癸丑 | 1·9 | 6/1 | 木 | 18 | 甲申 | 1·9 | 2 | 日 | 20 | 乙卯 | 1·9 | 2 | 水 | 21 | 丙戌 | 2·9 |
| 28 | 3 | 金 | 18 | 甲寅 | 1·9 | 2 | 日 | 18 | 甲申 | 1·9 | 2 | 火 | 18 | 甲寅 | 1·9 | 2 | 金 | 19 | 乙酉 | 1·9 | 3 | 月 | 21 | 丙辰 | 1·9 | 3 | 木 | 22 | 丁亥 | 1·9 |
| 29 | 4 | 土 | 19 | 乙卯 | 1·10 | 3 | 月 | 19 | 乙酉 | 1·10 | 3 | 水 | 19 | 乙卯 | 1·10 | 3 | 土 | 20 | 丙戌 | 1·10 | 4 | 火 | 22 | 丁巳 | 1·10 | 4 | 金 | 23 | 戊子 | 1·10 |
| 30 | | | | | | | | | | | 4 | 木 | 20 | 丙辰 | 1·10 | 4 | 日 | 21 | 丁亥 | 1·10 | 5 | 水 | 23 | 戊午 | 1·10 | 5 | 土 | 24 | 己丑 | 1·10 |
| 31 | | | | | | | | | | | | | | | | | | | | | | | | | | 6 | 日 | 25 | 庚寅 | 1·10 |

# 丙子年

| 절기후날수 | 입추절(丙申月) | | | | | 백로절(丁酉月) | | | | | 한로절(戊戌月) | | | | | 입동절(己亥月) | | | | | 대설절(庚子月) | | | | | 소한절(辛丑月) | | | | |
|---|---|---|---|---|---|---|---|---|---|---|---|---|---|---|---|---|---|---|---|---|---|---|---|---|---|---|---|---|---|---|
| | 立秋 8월7일 2시54분<br>處暑 8월22일 17시37분 | | | | | 白露 9월7일 6시6분<br>秋分 9월22일 15시38분 | | | | | 寒露 10월7일 22시8분<br>霜降 10월23일 1시24분 | | | | | 立冬 11월7일 1시42분<br>小雪 11월21일 23시19분 | | | | | 大雪 12월6일 18시49분<br>冬至 12월21일 12시50분 | | | | | 小寒 1월5일 6시8분<br>大寒 1월19일 23시29분 | | | | |
| | 양력 | 요일 | 음력 | 일진 | 大運 남·여 | 양력 | 요일 | 음력 | 일진 | 大運 남·여 | 양력 | 요일 | 음력 | 일진 | 大運 남·여 | 양력 | 요일 | 음력 | 일진 | 大運 남·여 | 양력 | 요일 | 음력 | 일진 | 大運 남·여 | 양력 | 요일 | 음력 | 일진 | 大運 남·여 |
| 0 | 8/7 | 月 | 26 | 辛卯 | 입추 | 9/7 | 木 | 28 | 壬戌 | 백로 | 10/7 | 土 | 28 | 壬辰 | 한로 | 11/7 | 火 | 10/1 | 癸亥 | 입동 | 12/6 | 水 | 30 | 壬辰 | 대설 | 1/5 | 金 | 12/1 | 壬戌 | 소한 |
| 1 | 8 | 火 | 27 | 壬辰 | 10·1 | 8 | 金 | 29 | 癸亥 | 10·1 | 8 | 日 | 29 | 癸巳 | 10·1 | 8 | 水 | 2 | 甲子 | 9·1 | 7 | 木 | 11/1 | 癸巳 | 10·1 | 6 | 土 | 2 | 癸亥 | 9·1 |
| 2 | 9 | 水 | 28 | 癸巳 | 10·1 | 9 | 土 | 30 | 甲子 | 9·1 | 9 | 月 | 9/1 | 甲午 | 10·1 | 9 | 木 | 3 | 乙丑 | 9·1 | 8 | 金 | 2 | 甲午 | 9·1 | 7 | 日 | 3 | 甲子 | 9·1 |
| 3 | 10 | 木 | 29 | 甲午 | 9·1 | 10 | 日 | 8/1 | 乙丑 | 9·1 | 10 | 火 | 2 | 乙未 | 9·1 | 10 | 金 | 4 | 丙寅 | 9·1 | 9 | 土 | 3 | 乙未 | 9·1 | 8 | 月 | 4 | 乙丑 | 9·1 |
| 4 | 11 | 金 | 7/1 | 乙未 | 9·1 | 11 | 月 | 2 | 丙寅 | 9·1 | 11 | 水 | 3 | 丙申 | 9·1 | 11 | 土 | 5 | 丁卯 | 8·1 | 10 | 日 | 4 | 丙申 | 9·1 | 9 | 火 | 5 | 丙寅 | 8·1 |
| 5 | 12 | 土 | 2 | 丙申 | 9·2 | 12 | 火 | 3 | 丁卯 | 8·2 | 12 | 木 | 4 | 丁酉 | 9·2 | 12 | 日 | 6 | 戊辰 | 8·2 | 11 | 月 | 5 | 丁酉 | 8·2 | 10 | 水 | 6 | 丁卯 | 8·2 |
| 6 | 13 | 日 | 3 | 丁酉 | 8·2 | 13 | 水 | 4 | 戊辰 | 8·2 | 13 | 金 | 5 | 戊戌 | 8·2 | 13 | 月 | 7 | 己巳 | 8·2 | 12 | 火 | 6 | 戊戌 | 8·2 | 11 | 木 | 7 | 戊辰 | 8·2 |
| 7 | 14 | 月 | 4 | 戊戌 | 8·2 | 14 | 木 | 5 | 己巳 | 8·2 | 14 | 土 | 6 | 己亥 | 8·2 | 14 | 火 | 8 | 庚午 | 7·2 | 13 | 水 | 7 | 己亥 | 8·2 | 12 | 金 | 8 | 己巳 | 7·2 |
| 8 | 15 | 火 | 5 | 己亥 | 8·3 | 15 | 金 | 6 | 庚午 | 7·3 | 15 | 日 | 7 | 庚子 | 8·3 | 15 | 水 | 9 | 辛未 | 7·3 | 14 | 木 | 8 | 庚子 | 7·3 | 13 | 土 | 9 | 庚午 | 7·3 |
| 9 | 16 | 水 | 6 | 庚子 | 7·3 | 16 | 土 | 7 | 辛未 | 7·3 | 16 | 月 | 8 | 辛丑 | 7·3 | 16 | 木 | 10 | 壬申 | 7·3 | 15 | 金 | 9 | 辛丑 | 7·3 | 14 | 日 | 10 | 辛未 | 7·3 |
| 10 | 17 | 木 | 7 | 辛丑 | 7·3 | 17 | 日 | 8 | 壬申 | 7·3 | 17 | 火 | 9 | 壬寅 | 7·3 | 17 | 金 | 11 | 癸酉 | 6·3 | 16 | 土 | 10 | 壬寅 | 7·3 | 15 | 月 | 11 | 壬申 | 6·3 |
| 11 | 18 | 金 | 8 | 壬寅 | 7·4 | 18 | 月 | 9 | 癸酉 | 6·4 | 18 | 水 | 10 | 癸卯 | 7·4 | 18 | 土 | 12 | 甲戌 | 6·4 | 17 | 日 | 11 | 癸卯 | 6·4 | 16 | 火 | 12 | 癸酉 | 6·4 |
| 12 | 19 | 土 | 9 | 癸卯 | 6·4 | 19 | 火 | 10 | 甲戌 | 6·4 | 19 | 木 | 11 | 甲辰 | 6·4 | 19 | 日 | 13 | 乙亥 | 6·4 | 18 | 月 | 12 | 甲辰 | 6·4 | 17 | 水 | 13 | 甲戌 | 6·4 |
| 13 | 20 | 日 | 10 | 甲辰 | 6·4 | 20 | 水 | 11 | 乙亥 | 6·4 | 20 | 金 | 12 | 乙巳 | 6·4 | 20 | 月 | 14 | 丙子 | 5·4 | 19 | 火 | 13 | 乙巳 | 6·4 | 18 | 木 | 14 | 乙亥 | 5·4 |
| 14 | 21 | 月 | 11 | 乙巳 | 6·5 | 21 | 木 | 12 | 丙子 | 5·5 | 21 | 土 | 13 | 丙午 | 6·5 | 21 | 火 | 15 | 丁丑 | 소설 | 20 | 水 | 14 | 丙午 | 5·5 | 19 | 金 | 15 | 丙子 | 대한 |
| 15 | 22 | 火 | 12 | 丙午 | 처서 | 22 | 金 | 13 | 丁丑 | 추분 | 22 | 日 | 14 | 丁未 | 5·5 | 22 | 水 | 16 | 戊寅 | 5·5 | 21 | 木 | 15 | 丁未 | 동지 | 20 | 土 | 16 | 丁丑 | 5·5 |
| 16 | 23 | 水 | 13 | 丁未 | 5·5 | 23 | 土 | 14 | 戊寅 | 5·5 | 23 | 月 | 15 | 戊申 | 상강 | 23 | 木 | 17 | 己卯 | 4·5 | 22 | 金 | 16 | 戊申 | 5·5 | 21 | 日 | 17 | 戊寅 | 4·5 |
| 17 | 24 | 木 | 14 | 戊申 | 5·6 | 24 | 日 | 15 | 己卯 | 4·6 | 24 | 火 | 16 | 己酉 | 5·6 | 24 | 金 | 18 | 庚辰 | 4·6 | 23 | 土 | 17 | 己酉 | 4·6 | 22 | 月 | 18 | 己卯 | 4·6 |
| 18 | 25 | 金 | 15 | 己酉 | 4·6 | 25 | 月 | 16 | 庚辰 | 4·6 | 25 | 水 | 17 | 庚戌 | 4·6 | 25 | 土 | 19 | 辛巳 | 4·6 | 24 | 日 | 18 | 庚戌 | 4·6 | 23 | 火 | 19 | 庚辰 | 4·6 |
| 19 | 26 | 土 | 16 | 庚戌 | 4·6 | 26 | 火 | 17 | 辛巳 | 4·6 | 26 | 木 | 18 | 辛亥 | 4·6 | 26 | 日 | 20 | 壬午 | 3·6 | 25 | 月 | 19 | 辛亥 | 4·6 | 24 | 水 | 20 | 辛巳 | 3·6 |
| 20 | 27 | 日 | 17 | 辛亥 | 4·7 | 27 | 水 | 18 | 壬午 | 3·7 | 27 | 金 | 19 | 壬子 | 4·7 | 27 | 月 | 21 | 癸未 | 3·7 | 26 | 火 | 20 | 壬子 | 3·7 | 25 | 木 | 21 | 壬午 | 3·7 |
| 21 | 28 | 月 | 18 | 壬子 | 3·7 | 28 | 木 | 19 | 癸未 | 3·7 | 28 | 土 | 20 | 癸丑 | 3·7 | 28 | 火 | 22 | 甲申 | 3·7 | 27 | 水 | 21 | 癸丑 | 3·7 | 26 | 金 | 22 | 癸未 | 3·7 |
| 22 | 29 | 火 | 19 | 癸丑 | 3·7 | 29 | 金 | 20 | 甲申 | 3·7 | 29 | 日 | 21 | 甲寅 | 3·7 | 29 | 水 | 23 | 乙酉 | 2·7 | 28 | 木 | 22 | 甲寅 | 3·7 | 27 | 土 | 23 | 甲申 | 2·7 |
| 23 | 30 | 水 | 20 | 甲寅 | 3·8 | 30 | 土 | 21 | 乙酉 | 2·8 | 30 | 月 | 22 | 乙卯 | 3·8 | 30 | 木 | 24 | 丙戌 | 2·8 | 29 | 金 | 23 | 乙卯 | 2·8 | 28 | 日 | 24 | 乙酉 | 2·8 |
| 24 | 31 | 木 | 21 | 乙卯 | 2·8 | 10/1 | 日 | 22 | 丙戌 | 2·8 | 31 | 火 | 23 | 丙辰 | 2·8 | 12/1 | 金 | 25 | 丁亥 | 2·8 | 30 | 土 | 24 | 丙辰 | 2·8 | 29 | 月 | 25 | 丙戌 | 2·8 |
| 25 | 9/1 | 金 | 22 | 丙辰 | 2·8 | 2 | 月 | 23 | 丁亥 | 2·8 | 11/1 | 水 | 24 | 丁巳 | 2·8 | 2 | 土 | 26 | 戊子 | 1·8 | 31 | 日 | 25 | 丁巳 | 2·8 | 30 | 火 | 26 | 丁亥 | 1·8 |
| 26 | 2 | 土 | 23 | 丁巳 | 2·9 | 3 | 火 | 24 | 戊子 | 1·9 | 2 | 木 | 25 | 戊午 | 2·9 | 3 | 日 | 27 | 己丑 | 1·9 | 1/1 | 月 | 26 | 戊午 | 1·9 | 31 | 水 | 27 | 戊子 | 1·9 |
| 27 | 3 | 日 | 24 | 戊午 | 1·9 | 4 | 水 | 25 | 己丑 | 1·9 | 3 | 金 | 26 | 己未 | 1·9 | 4 | 月 | 28 | 庚寅 | 1·9 | 2 | 火 | 27 | 己未 | 1·9 | 2/1 | 木 | 28 | 己丑 | 1·9 |
| 28 | 4 | 月 | 25 | 己未 | 1·9 | 5 | 木 | 26 | 庚寅 | 1·9 | 4 | 土 | 27 | 庚申 | 1·9 | 5 | 火 | 29 | 辛卯 | 1·9 | 3 | 水 | 28 | 庚申 | 1·9 | 2 | 金 | 29 | 庚寅 | 1·9 |
| 29 | 5 | 火 | 26 | 庚申 | 1·10 | 6 | 金 | 27 | 辛卯 | 1·10 | 5 | 日 | 28 | 辛酉 | 1·10 | | | | | | 4 | 木 | 29 | 辛酉 | 1·10 | | | | | |
| 30 | 6 | 水 | 27 | 辛酉 | 1·10 | | | | | | 6 | 月 | 29 | 壬戌 | 1·10 | | | | | | | | | | | | | | | |
| 31 | | | | | | | | | | | | | | | | | | | | | | | | | | | | | | |

# 서기 2057년 [단기 4390년]

## 입춘절(壬寅月)

立春 2월3일 17시41분
雨水 2월18일 13시26분

| 절기후날수 | 양력 | 요일 | 음력 | 일진 | 大運 남·여 |
|---|---|---|---|---|---|
| 0 | 2/3 | 土 | 30 | 辛卯 | 입춘 |
| 1 | 4 | 日 | 1/1 | 壬辰 | 1·10 |
| 2 | 5 | 月 | 2 | 癸巳 | 1·9 |
| 3 | 6 | 火 | 3 | 甲午 | 1·9 |
| 4 | 7 | 水 | 4 | 乙未 | 1·9 |
| 5 | 8 | 木 | 5 | 丙申 | 2·8 |
| 6 | 9 | 金 | 6 | 丁酉 | 2·8 |
| 7 | 10 | 土 | 7 | 戊戌 | 2·8 |
| 8 | 11 | 日 | 8 | 己亥 | 3·7 |
| 9 | 12 | 月 | 9 | 庚子 | 3·7 |
| 10 | 13 | 火 | 10 | 辛丑 | 3·7 |
| 11 | 14 | 水 | 11 | 壬寅 | 4·6 |
| 12 | 15 | 木 | 12 | 癸卯 | 4·6 |
| 13 | 16 | 金 | 13 | 甲辰 | 4·6 |
| 14 | 17 | 土 | 14 | 乙巳 | 5·5 |
| 15 | 18 | 日 | 15 | 丙午 | 우수 |
| 16 | 19 | 月 | 16 | 丁未 | 5·5 |
| 17 | 20 | 火 | 17 | 戊申 | 6·4 |
| 18 | 21 | 水 | 18 | 己酉 | 6·4 |
| 19 | 22 | 木 | 19 | 庚戌 | 6·4 |
| 20 | 23 | 金 | 20 | 辛亥 | 7·3 |
| 21 | 24 | 土 | 21 | 壬子 | 7·3 |
| 22 | 25 | 日 | 22 | 癸丑 | 7·3 |
| 23 | 26 | 月 | 23 | 甲寅 | 8·2 |
| 24 | 27 | 火 | 24 | 乙卯 | 8·2 |
| 25 | 28 | 水 | 25 | 丙辰 | 8·2 |
| 26 | 3/1 | 木 | 26 | 丁巳 | 9·1 |
| 27 | 2 | 金 | 27 | 戊午 | 9·1 |
| 28 | 3 | 土 | 28 | 己未 | 9·1 |
| 29 | 4 | 日 | 29 | 庚申 | 10·1 |
| 30 | | | | | |
| 31 | | | | | |

## 경칩절(癸卯月)

驚蟄 3월5일 11시25분
春分 3월20일 12시6분

| 절기후날수 | 양력 | 요일 | 음력 | 일진 | 大運 남·여 |
|---|---|---|---|---|---|
| 0 | 3/5 | 月 | 2/1 | 辛酉 | 경칩 |
| 1 | 6 | 火 | 2 | 壬戌 | 1·10 |
| 2 | 7 | 水 | 3 | 癸亥 | 1·9 |
| 3 | 8 | 木 | 4 | 甲子 | 1·9 |
| 4 | 9 | 金 | 5 | 乙丑 | 1·9 |
| 5 | 10 | 土 | 6 | 丙寅 | 2·8 |
| 6 | 11 | 日 | 7 | 丁卯 | 2·8 |
| 7 | 12 | 月 | 8 | 戊辰 | 2·8 |
| 8 | 13 | 火 | 9 | 己巳 | 3·7 |
| 9 | 14 | 水 | 10 | 庚午 | 3·7 |
| 10 | 15 | 木 | 11 | 辛未 | 3·7 |
| 11 | 16 | 金 | 12 | 壬申 | 4·6 |
| 12 | 17 | 土 | 13 | 癸酉 | 4·6 |
| 13 | 18 | 日 | 14 | 甲戌 | 4·6 |
| 14 | 19 | 月 | 15 | 乙亥 | 5·5 |
| 15 | 20 | 火 | 16 | 丙子 | 춘분 |
| 16 | 21 | 水 | 17 | 丁丑 | 5·5 |
| 17 | 22 | 木 | 18 | 戊寅 | 6·4 |
| 18 | 23 | 金 | 19 | 己卯 | 6·4 |
| 19 | 24 | 土 | 20 | 庚辰 | 6·4 |
| 20 | 25 | 日 | 21 | 辛巳 | 7·3 |
| 21 | 26 | 月 | 22 | 壬午 | 7·3 |
| 22 | 27 | 火 | 23 | 癸未 | 7·3 |
| 23 | 28 | 水 | 24 | 甲申 | 8·2 |
| 24 | 29 | 木 | 25 | 乙酉 | 8·2 |
| 25 | 30 | 金 | 26 | 丙戌 | 8·2 |
| 26 | 31 | 土 | 27 | 丁亥 | 9·1 |
| 27 | 4/1 | 日 | 28 | 戊子 | 9·1 |
| 28 | 2 | 月 | 29 | 己丑 | 9·1 |
| 29 | 3 | 火 | 30 | 庚寅 | 10·1 |
| 30 | | | | | |
| 31 | | | | | |

## 청명절(甲辰月)

清明 4월4일 15시51분
穀雨 4월19일 22시46분

| 절기후날수 | 양력 | 요일 | 음력 | 일진 | 大運 남·여 |
|---|---|---|---|---|---|
| 0 | 4/4 | 水 | 3/1 | 辛卯 | 청명 |
| 1 | 5 | 木 | 2 | 壬辰 | 1·10 |
| 2 | 6 | 金 | 3 | 癸巳 | 1·10 |
| 3 | 7 | 土 | 4 | 甲午 | 1·9 |
| 4 | 8 | 日 | 5 | 乙未 | 1·9 |
| 5 | 9 | 月 | 6 | 丙申 | 2·9 |
| 6 | 10 | 火 | 7 | 丁酉 | 2·8 |
| 7 | 11 | 水 | 8 | 戊戌 | 2·8 |
| 8 | 12 | 木 | 9 | 己亥 | 3·8 |
| 9 | 13 | 金 | 10 | 庚子 | 3·7 |
| 10 | 14 | 土 | 11 | 辛丑 | 3·7 |
| 11 | 15 | 日 | 12 | 壬寅 | 4·7 |
| 12 | 16 | 月 | 13 | 癸卯 | 4·6 |
| 13 | 17 | 火 | 14 | 甲辰 | 4·6 |
| 14 | 18 | 水 | 15 | 乙巳 | 5·6 |
| 15 | 19 | 木 | 16 | 丙午 | 곡우 |
| 16 | 20 | 金 | 17 | 丁未 | 5·5 |
| 17 | 21 | 土 | 18 | 戊申 | 6·5 |
| 18 | 22 | 日 | 19 | 己酉 | 6·4 |
| 19 | 23 | 月 | 20 | 庚戌 | 6·4 |
| 20 | 24 | 火 | 21 | 辛亥 | 7·4 |
| 21 | 25 | 水 | 22 | 壬子 | 7·3 |
| 22 | 26 | 木 | 23 | 癸丑 | 7·3 |
| 23 | 27 | 金 | 24 | 甲寅 | 8·3 |
| 24 | 28 | 土 | 25 | 乙卯 | 8·2 |
| 25 | 29 | 日 | 26 | 丙辰 | 8·2 |
| 26 | 30 | 月 | 27 | 丁巳 | 9·2 |
| 27 | 5/1 | 火 | 28 | 戊午 | 9·1 |
| 28 | 2 | 水 | 29 | 己未 | 9·1 |
| 29 | 3 | 木 | 30 | 庚申 | 10·1 |
| 30 | 4 | 金 | 4/1 | 辛酉 | 10·1 |
| 31 | | | | | |

## 입하절(乙巳月)

立夏 5월5일 8시45분
小滿 5월20일 21시34분

| 절기후날수 | 양력 | 요일 | 음력 | 일진 | 大運 남·여 |
|---|---|---|---|---|---|
| 0 | 5/5 | 土 | 2 | 壬戌 | 입하 |
| 1 | 6 | 日 | 3 | 癸亥 | 1·10 |
| 2 | 7 | 月 | 4 | 甲子 | 1·10 |
| 3 | 8 | 火 | 5 | 乙丑 | 1·9 |
| 4 | 9 | 水 | 6 | 丙寅 | 1·9 |
| 5 | 10 | 木 | 7 | 丁卯 | 2·9 |
| 6 | 11 | 金 | 8 | 戊辰 | 2·8 |
| 7 | 12 | 土 | 9 | 己巳 | 2·8 |
| 8 | 13 | 日 | 10 | 庚午 | 3·8 |
| 9 | 14 | 月 | 11 | 辛未 | 3·7 |
| 10 | 15 | 火 | 12 | 壬申 | 3·7 |
| 11 | 16 | 水 | 13 | 癸酉 | 4·7 |
| 12 | 17 | 木 | 14 | 甲戌 | 4·6 |
| 13 | 18 | 金 | 15 | 乙亥 | 4·6 |
| 14 | 19 | 土 | 16 | 丙子 | 5·6 |
| 15 | 20 | 日 | 17 | 丁丑 | 소만 |
| 16 | 21 | 月 | 18 | 戊寅 | 5·5 |
| 17 | 22 | 火 | 19 | 己卯 | 6·5 |
| 18 | 23 | 水 | 20 | 庚辰 | 6·4 |
| 19 | 24 | 木 | 21 | 辛巳 | 6·4 |
| 20 | 25 | 金 | 22 | 壬午 | 7·4 |
| 21 | 26 | 土 | 23 | 癸未 | 7·3 |
| 22 | 27 | 日 | 24 | 甲申 | 7·3 |
| 23 | 28 | 月 | 25 | 乙酉 | 8·3 |
| 24 | 29 | 火 | 26 | 丙戌 | 8·2 |
| 25 | 30 | 水 | 27 | 丁亥 | 8·2 |
| 26 | 31 | 木 | 28 | 戊子 | 9·2 |
| 27 | 6/1 | 金 | 29 | 己丑 | 9·1 |
| 28 | 2 | 土 | 5/1 | 庚寅 | 9·1 |
| 29 | 3 | 日 | 2 | 辛卯 | 10·1 |
| 30 | 4 | 月 | 3 | 壬辰 | 10·1 |
| 31 | | | | | |

## 망종절(丙午月)

芒種 6월5일 12시35분
夏至 6월21일 5시17분

| 절기후날수 | 양력 | 요일 | 음력 | 일진 | 大運 남·여 |
|---|---|---|---|---|---|
| 0 | 6/5 | 火 | 4 | 癸巳 | 망종 |
| 1 | 6 | 水 | 5 | 甲午 | 1·10 |
| 2 | 7 | 木 | 6 | 乙未 | 1·10 |
| 3 | 8 | 金 | 7 | 丙申 | 1·9 |
| 4 | 9 | 土 | 8 | 丁酉 | 1·9 |
| 5 | 10 | 日 | 9 | 戊戌 | 2·9 |
| 6 | 11 | 月 | 10 | 己亥 | 2·8 |
| 7 | 12 | 火 | 11 | 庚子 | 2·8 |
| 8 | 13 | 水 | 12 | 辛丑 | 3·8 |
| 9 | 14 | 木 | 13 | 壬寅 | 3·7 |
| 10 | 15 | 金 | 14 | 癸卯 | 3·7 |
| 11 | 16 | 土 | 15 | 甲辰 | 4·7 |
| 12 | 17 | 日 | 16 | 乙巳 | 4·6 |
| 13 | 18 | 月 | 17 | 丙午 | 4·6 |
| 14 | 19 | 火 | 18 | 丁未 | 5·6 |
| 15 | 20 | 水 | 19 | 戊申 | 5·5 |
| 16 | 21 | 木 | 20 | 己酉 | 하지 |
| 17 | 22 | 金 | 21 | 庚戌 | 6·5 |
| 18 | 23 | 土 | 22 | 辛亥 | 6·4 |
| 19 | 24 | 日 | 23 | 壬子 | 6·4 |
| 20 | 25 | 月 | 24 | 癸丑 | 7·4 |
| 21 | 26 | 火 | 25 | 甲寅 | 7·3 |
| 22 | 27 | 水 | 26 | 乙卯 | 7·3 |
| 23 | 28 | 木 | 27 | 丙辰 | 8·3 |
| 24 | 29 | 金 | 28 | 丁巳 | 8·2 |
| 25 | 30 | 土 | 29 | 戊午 | 8·2 |
| 26 | 7/1 | 日 | 30 | 己未 | 9·2 |
| 27 | 2 | 月 | 6/1 | 庚申 | 9·1 |
| 28 | 3 | 火 | 2 | 辛酉 | 9·1 |
| 29 | 4 | 水 | 3 | 壬戌 | 10·1 |
| 30 | 5 | 木 | 4 | 癸亥 | 10·1 |
| 31 | | | | | |

## 소서절(丁未月)

小暑 7월6일 22시41분
大暑 7월22일 16시9분

| 절기후날수 | 양력 | 요일 | 음력 | 일진 | 大運 남·여 |
|---|---|---|---|---|---|
| 0 | 7/6 | 金 | 5 | 甲子 | 소서 |
| 1 | 7 | 土 | 6 | 乙丑 | 1·10 |
| 2 | 8 | 日 | 7 | 丙寅 | 1·10 |
| 3 | 9 | 月 | 8 | 丁卯 | 1·10 |
| 4 | 10 | 火 | 9 | 戊辰 | 1·9 |
| 5 | 11 | 水 | 10 | 己巳 | 2·9 |
| 6 | 12 | 木 | 11 | 庚午 | 2·9 |
| 7 | 13 | 金 | 12 | 辛未 | 2·8 |
| 8 | 14 | 土 | 13 | 壬申 | 3·8 |
| 9 | 15 | 日 | 14 | 癸酉 | 3·8 |
| 10 | 16 | 月 | 15 | 甲戌 | 3·7 |
| 11 | 17 | 火 | 16 | 乙亥 | 4·7 |
| 12 | 18 | 水 | 17 | 丙子 | 4·7 |
| 13 | 19 | 木 | 18 | 丁丑 | 4·6 |
| 14 | 20 | 金 | 19 | 戊寅 | 5·6 |
| 15 | 21 | 土 | 20 | 己卯 | 5·6 |
| 16 | 22 | 日 | 21 | 庚辰 | 대서 |
| 17 | 23 | 月 | 22 | 辛巳 | 6·5 |
| 18 | 24 | 火 | 23 | 壬午 | 6·5 |
| 19 | 25 | 水 | 24 | 癸未 | 6·4 |
| 20 | 26 | 木 | 25 | 甲申 | 7·4 |
| 21 | 27 | 金 | 26 | 乙酉 | 7·4 |
| 22 | 28 | 土 | 27 | 丙戌 | 7·3 |
| 23 | 29 | 日 | 28 | 丁亥 | 8·3 |
| 24 | 30 | 月 | 29 | 戊子 | 8·3 |
| 25 | 31 | 火 | 7/1 | 己丑 | 8·2 |
| 26 | 8/1 | 水 | 2 | 庚寅 | 9·2 |
| 27 | 2 | 木 | 3 | 辛卯 | 9·2 |
| 28 | 3 | 金 | 4 | 壬辰 | 9·1 |
| 29 | 4 | 土 | 5 | 癸巳 | 10·1 |
| 30 | 5 | 日 | 6 | 甲午 | 10·1 |
| 31 | 6 | 月 | 7 | 乙未 | 10·1 |

# 丁丑年

**입추절(戊申月)** 立秋 8월7일 8시32분 / 處暑 8월22일 23시23분

| 절기후날수 | 양력 | 요일 | 음력 | 일진 | 大運 남·여 |
|---|---|---|---|---|---|
| 0 | 8/7 | 火 | 8 | 丙申 | 입추 |
| 1 | 8 | 水 | 9 | 丁酉 | 1·10 |
| 2 | 9 | 木 | 10 | 戊戌 | 1·10 |
| 3 | 10 | 金 | 11 | 己亥 | 1·9 |
| 4 | 11 | 土 | 12 | 庚子 | 1·9 |
| 5 | 12 | 日 | 13 | 辛丑 | 2·9 |
| 6 | 13 | 月 | 14 | 壬寅 | 2·8 |
| 7 | 14 | 火 | 15 | 癸卯 | 2·8 |
| 8 | 15 | 水 | 16 | 甲辰 | 3·8 |
| 9 | 16 | 木 | 17 | 乙巳 | 3·7 |
| 10 | 17 | 金 | 18 | 丙午 | 3·7 |
| 11 | 18 | 土 | 19 | 丁未 | 4·7 |
| 12 | 19 | 日 | 20 | 戊申 | 4·6 |
| 13 | 20 | 月 | 21 | 己酉 | 4·6 |
| 14 | 21 | 火 | 22 | 庚戌 | 5·6 |
| 15 | 22 | 水 | 23 | 辛亥 | 처서 |
| 16 | 23 | 木 | 24 | 壬子 | 5·5 |
| 17 | 24 | 金 | 25 | 癸丑 | 6·5 |
| 18 | 25 | 土 | 26 | 甲寅 | 6·4 |
| 19 | 26 | 日 | 27 | 乙卯 | 6·4 |
| 20 | 27 | 月 | 28 | 丙辰 | 7·4 |
| 21 | 28 | 火 | 29 | 丁巳 | 7·3 |
| 22 | 29 | 水 | 30 | 戊午 | 7·3 |
| 23 | 30 | 木 | 8/1 | 己未 | 8·3 |
| 24 | 31 | 金 | 2 | 庚申 | 8·2 |
| 25 | 9/1 | 土 | 3 | 辛酉 | 8·2 |
| 26 | 2 | 日 | 4 | 壬戌 | 9·2 |
| 27 | 3 | 月 | 5 | 癸亥 | 9·1 |
| 28 | 4 | 火 | 6 | 甲子 | 9·1 |
| 29 | 5 | 水 | 7 | 乙丑 | 10·1 |
| 30 | 6 | 木 | 8 | 丙寅 | 10·1 |
| 31 | | | | | |

**백로절(己酉月)** 白露 9월7일 11시42분 / 秋分 9월22일 21시22분

| 절기후날수 | 양력 | 요일 | 음력 | 일진 | 大運 남·여 |
|---|---|---|---|---|---|
| 0 | 9/7 | 金 | 9 | 丁卯 | 백로 |
| 1 | 8 | 土 | 10 | 戊辰 | 1·10 |
| 2 | 9 | 日 | 11 | 己巳 | 1·10 |
| 3 | 10 | 月 | 12 | 庚午 | 1·9 |
| 4 | 11 | 火 | 13 | 辛未 | 1·9 |
| 5 | 12 | 水 | 14 | 壬申 | 2·9 |
| 6 | 13 | 木 | 15 | 癸酉 | 2·8 |
| 7 | 14 | 金 | 16 | 甲戌 | 2·8 |
| 8 | 15 | 土 | 17 | 乙亥 | 3·8 |
| 9 | 16 | 日 | 18 | 丙子 | 3·7 |
| 10 | 17 | 月 | 19 | 丁丑 | 3·7 |
| 11 | 18 | 火 | 20 | 戊寅 | 4·7 |
| 12 | 19 | 水 | 21 | 己卯 | 4·6 |
| 13 | 20 | 木 | 22 | 庚辰 | 4·6 |
| 14 | 21 | 金 | 23 | 辛巳 | 5·6 |
| 15 | 22 | 土 | 24 | 壬午 | 추분 |
| 16 | 23 | 日 | 25 | 癸未 | 5·5 |
| 17 | 24 | 月 | 26 | 甲申 | 6·5 |
| 18 | 25 | 火 | 27 | 乙酉 | 6·4 |
| 19 | 26 | 水 | 28 | 丙戌 | 6·4 |
| 20 | 27 | 木 | 29 | 丁亥 | 7·4 |
| 21 | 28 | 金 | 30 | 戊子 | 7·3 |
| 22 | 29 | 土 | 9/1 | 己丑 | 7·3 |
| 23 | 30 | 日 | 2 | 庚寅 | 8·3 |
| 24 | 10/1 | 月 | 3 | 辛卯 | 8·2 |
| 25 | 2 | 火 | 4 | 壬辰 | 8·2 |
| 26 | 3 | 水 | 5 | 癸巳 | 9·2 |
| 27 | 4 | 木 | 6 | 甲午 | 9·1 |
| 28 | 5 | 金 | 7 | 乙未 | 9·1 |
| 29 | 6 | 土 | 8 | 丙申 | 10·1 |
| 30 | 7 | 日 | 9 | 丁酉 | 10·1 |
| 31 | | | | | |

**한로절(庚戌月)** 寒露 10월8일 3시45분 / 霜降 10월23일 7시7분

| 절기후날수 | 양력 | 요일 | 음력 | 일진 | 大運 남·여 |
|---|---|---|---|---|---|
| 0 | 10/8 | 月 | 10 | 戊戌 | 한로 |
| 1 | 9 | 火 | 11 | 己亥 | 1·10 |
| 2 | 10 | 水 | 12 | 庚子 | 1·9 |
| 3 | 11 | 木 | 13 | 辛丑 | 1·9 |
| 4 | 12 | 金 | 14 | 壬寅 | 1·9 |
| 5 | 13 | 土 | 15 | 癸卯 | 2·8 |
| 6 | 14 | 日 | 16 | 甲辰 | 2·8 |
| 7 | 15 | 月 | 17 | 乙巳 | 2·8 |
| 8 | 16 | 火 | 18 | 丙午 | 3·7 |
| 9 | 17 | 水 | 19 | 丁未 | 3·7 |
| 10 | 18 | 木 | 20 | 戊申 | 3·7 |
| 11 | 19 | 金 | 21 | 己酉 | 4·6 |
| 12 | 20 | 土 | 22 | 庚戌 | 4·6 |
| 13 | 21 | 日 | 23 | 辛亥 | 4·6 |
| 14 | 22 | 月 | 24 | 壬子 | 5·5 |
| 15 | 23 | 火 | 25 | 癸丑 | 상강 |
| 16 | 24 | 水 | 26 | 甲寅 | 5·5 |
| 17 | 25 | 木 | 27 | 乙卯 | 6·4 |
| 18 | 26 | 金 | 28 | 丙辰 | 6·4 |
| 19 | 27 | 土 | 29 | 丁巳 | 6·4 |
| 20 | 28 | 日 | 10/1 | 戊午 | 7·3 |
| 21 | 29 | 月 | 2 | 己未 | 7·3 |
| 22 | 30 | 火 | 3 | 庚申 | 7·3 |
| 23 | 31 | 水 | 4 | 辛酉 | 8·2 |
| 24 | 11/1 | 木 | 5 | 壬戌 | 8·2 |
| 25 | 2 | 金 | 6 | 癸亥 | 8·2 |
| 26 | 3 | 土 | 7 | 甲子 | 9·1 |
| 27 | 4 | 日 | 8 | 乙丑 | 9·1 |
| 28 | 5 | 月 | 9 | 丙寅 | 9·1 |
| 29 | 6 | 火 | 10 | 丁卯 | 10·1 |
| 30 | | | | | |
| 31 | | | | | |

**입동절(辛亥月)** 立冬 11월7일 7시21분 / 小雪 11월22일 5시5분

| 절기후날수 | 양력 | 요일 | 음력 | 일진 | 大運 남·여 |
|---|---|---|---|---|---|
| 0 | 11/7 | 水 | 11 | 戊辰 | 입동 |
| 1 | 8 | 木 | 12 | 己巳 | 1·10 |
| 2 | 9 | 金 | 13 | 庚午 | 1·9 |
| 3 | 10 | 土 | 14 | 辛未 | 1·9 |
| 4 | 11 | 日 | 15 | 壬申 | 1·9 |
| 5 | 12 | 月 | 16 | 癸酉 | 2·8 |
| 6 | 13 | 火 | 17 | 甲戌 | 2·8 |
| 7 | 14 | 水 | 18 | 乙亥 | 2·8 |
| 8 | 15 | 木 | 19 | 丙子 | 3·7 |
| 9 | 16 | 金 | 20 | 丁丑 | 3·7 |
| 10 | 17 | 土 | 21 | 戊寅 | 3·7 |
| 11 | 18 | 日 | 22 | 己卯 | 4·6 |
| 12 | 19 | 月 | 23 | 庚辰 | 4·6 |
| 13 | 20 | 火 | 24 | 辛巳 | 4·6 |
| 14 | 21 | 水 | 25 | 壬午 | 5·5 |
| 15 | 22 | 木 | 26 | 癸未 | 소설 |
| 16 | 23 | 金 | 27 | 甲申 | 5·5 |
| 17 | 24 | 土 | 28 | 乙酉 | 6·4 |
| 18 | 25 | 日 | 29 | 丙戌 | 6·4 |
| 19 | 26 | 月 | 11/1 | 丁亥 | 6·4 |
| 20 | 27 | 火 | 2 | 戊子 | 7·3 |
| 21 | 28 | 水 | 3 | 己丑 | 7·3 |
| 22 | 29 | 木 | 4 | 庚寅 | 7·3 |
| 23 | 30 | 金 | 5 | 辛卯 | 8·2 |
| 24 | 12/1 | 土 | 6 | 壬辰 | 8·2 |
| 25 | 2 | 日 | 7 | 癸巳 | 8·2 |
| 26 | 3 | 月 | 8 | 甲午 | 9·1 |
| 27 | 4 | 火 | 9 | 乙未 | 9·1 |
| 28 | 5 | 水 | 10 | 丙申 | 9·1 |
| 29 | 6 | 木 | 11 | 丁酉 | 10·1 |
| 30 | | | | | |
| 31 | | | | | |

**대설절(壬子月)** 大雪 12월7일 0시33분 / 冬至 12월21일 18시41분

| 절기후날수 | 양력 | 요일 | 음력 | 일진 | 大運 남·여 |
|---|---|---|---|---|---|
| 0 | 12/7 | 金 | 12 | 戊戌 | 대설 |
| 1 | 8 | 土 | 13 | 己亥 | 1·9 |
| 2 | 9 | 日 | 14 | 庚子 | 1·9 |
| 3 | 10 | 月 | 15 | 辛丑 | 1·9 |
| 4 | 11 | 火 | 16 | 壬寅 | 1·8 |
| 5 | 12 | 水 | 17 | 癸卯 | 2·8 |
| 6 | 13 | 木 | 18 | 甲辰 | 2·8 |
| 7 | 14 | 金 | 19 | 乙巳 | 2·7 |
| 8 | 15 | 土 | 20 | 丙午 | 3·7 |
| 9 | 16 | 日 | 21 | 丁未 | 3·7 |
| 10 | 17 | 月 | 22 | 戊申 | 3·6 |
| 11 | 18 | 火 | 23 | 己酉 | 4·6 |
| 12 | 19 | 水 | 24 | 庚戌 | 4·6 |
| 13 | 20 | 木 | 25 | 辛亥 | 4·5 |
| 14 | 21 | 金 | 26 | 壬子 | 동지 |
| 15 | 22 | 土 | 27 | 癸丑 | 5·5 |
| 16 | 23 | 日 | 28 | 甲寅 | 5·4 |
| 17 | 24 | 月 | 29 | 乙卯 | 6·4 |
| 18 | 25 | 火 | 30 | 丙辰 | 6·4 |
| 19 | 26 | 水 | 12/1 | 丁巳 | 6·3 |
| 20 | 27 | 木 | 2 | 戊午 | 7·3 |
| 21 | 28 | 金 | 3 | 己未 | 7·3 |
| 22 | 29 | 土 | 4 | 庚申 | 7·2 |
| 23 | 30 | 日 | 5 | 辛酉 | 8·2 |
| 24 | 31 | 月 | 6 | 壬戌 | 8·2 |
| 25 | 1/1 | 火 | 7 | 癸亥 | 8·1 |
| 26 | 2 | 水 | 8 | 甲子 | 9·1 |
| 27 | 3 | 木 | 9 | 乙丑 | 9·1 |
| 28 | 4 | 金 | 10 | 丙寅 | 9·1 |
| 29 | | | | | |
| 30 | | | | | |
| 31 | | | | | |

**소한절(癸丑月)** 小寒 1월5일 11시57분 / 大寒 1월20일 5시24분

| 절기후날수 | 양력 | 요일 | 음력 | 일진 | 大運 남·여 |
|---|---|---|---|---|---|
| 0 | 1/5 | 土 | 11 | 丁卯 | 소한 |
| 1 | 6 | 日 | 12 | 戊辰 | 1·9 |
| 2 | 7 | 月 | 13 | 己巳 | 1·9 |
| 3 | 8 | 火 | 14 | 庚午 | 1·9 |
| 4 | 9 | 水 | 15 | 辛未 | 1·8 |
| 5 | 10 | 木 | 16 | 壬申 | 2·8 |
| 6 | 11 | 金 | 17 | 癸酉 | 2·8 |
| 7 | 12 | 土 | 18 | 甲戌 | 2·7 |
| 8 | 13 | 日 | 19 | 乙亥 | 3·7 |
| 9 | 14 | 月 | 20 | 丙子 | 3·7 |
| 10 | 15 | 火 | 21 | 丁丑 | 3·6 |
| 11 | 16 | 水 | 22 | 戊寅 | 4·6 |
| 12 | 17 | 木 | 23 | 己卯 | 4·6 |
| 13 | 18 | 金 | 24 | 庚辰 | 4·5 |
| 14 | 19 | 土 | 25 | 辛巳 | 5·5 |
| 15 | 20 | 日 | 26 | 壬午 | 대한 |
| 16 | 21 | 月 | 27 | 癸未 | 5·4 |
| 17 | 22 | 火 | 28 | 甲申 | 6·4 |
| 18 | 23 | 水 | 29 | 乙酉 | 6·4 |
| 19 | 24 | 木 | 1/1 | 丙戌 | 6·3 |
| 20 | 25 | 金 | 2 | 丁亥 | 7·3 |
| 21 | 26 | 土 | 3 | 戊子 | 7·3 |
| 22 | 27 | 日 | 4 | 己丑 | 7·2 |
| 23 | 28 | 月 | 5 | 庚寅 | 8·2 |
| 24 | 29 | 火 | 6 | 辛卯 | 8·2 |
| 25 | 30 | 水 | 7 | 壬辰 | 8·1 |
| 26 | 31 | 木 | 8 | 癸巳 | 9·1 |
| 27 | 2/1 | 金 | 9 | 甲午 | 9·1 |
| 28 | 2 | 土 | 10 | 乙未 | 9·1 |
| 29 | | | | | |
| 30 | | | | | |
| 31 | | | | | |

# 서기 2058년 [단기 4391년]

| 절기후날수 | 입춘절(甲寅月) 立春 2월3일 23시33분 雨水 2월18일 19시24분 | | | | | 경칩절(乙卯月) 驚蟄 3월5일 17시18분 春分 3월20일 18시3분 | | | | | 청명절(丙辰月) 淸明 4월4일 21시42분 穀雨 4월20일 4시39분 | | | | |
|---|---|---|---|---|---|---|---|---|---|---|---|---|---|---|---|
| | 양력 | 요일 | 음력 | 일진 | 大運 남·여 | 양력 | 요일 | 음력 | 일진 | 大運 남·여 | 양력 | 요일 | 음력 | 일진 | 大運 남·여 |
| 0 | 2/3 | 日 | 11 | 丙申 | 입춘 | 3/5 | 火 | 11 | 丙寅 | 경칩 | 4/4 | 木 | 12 | 丙申 | 청명 |
| 1 | 4 | 月 | 12 | 丁酉 | 10·1 | 6 | 水 | 12 | 丁卯 | 10·1 | 5 | 金 | 13 | 丁酉 | 10·1 |
| 2 | 5 | 火 | 13 | 戊戌 | 9·1 | 7 | 木 | 13 | 戊辰 | 9·1 | 6 | 土 | 14 | 戊戌 | 10·1 |
| 3 | 6 | 水 | 14 | 己亥 | 9·1 | 8 | 金 | 14 | 己巳 | 9·1 | 7 | 日 | 15 | 己亥 | 9·1 |
| 4 | 7 | 木 | 15 | 庚子 | 9·1 | 9 | 土 | 15 | 庚午 | 9·1 | 8 | 月 | 16 | 庚子 | 9·1 |
| 5 | 8 | 金 | 16 | 辛丑 | 8·2 | 10 | 日 | 16 | 辛未 | 8·2 | 9 | 火 | 17 | 辛丑 | 9·2 |
| 6 | 9 | 土 | 17 | 壬寅 | 8·2 | 11 | 月 | 17 | 壬申 | 8·2 | 10 | 水 | 18 | 壬寅 | 8·2 |
| 7 | 10 | 日 | 18 | 癸卯 | 8·2 | 12 | 火 | 18 | 癸酉 | 8·2 | 11 | 木 | 19 | 癸卯 | 8·2 |
| 8 | 11 | 月 | 19 | 甲辰 | 7·3 | 13 | 水 | 19 | 甲戌 | 7·3 | 12 | 金 | 20 | 甲辰 | 8·3 |
| 9 | 12 | 火 | 20 | 乙巳 | 7·3 | 14 | 木 | 20 | 乙亥 | 7·3 | 13 | 土 | 21 | 乙巳 | 7·3 |
| 10 | 13 | 水 | 21 | 丙午 | 7·3 | 15 | 金 | 21 | 丙子 | 7·3 | 14 | 日 | 22 | 丙午 | 7·3 |
| 11 | 14 | 木 | 22 | 丁未 | 6·4 | 16 | 土 | 22 | 丁丑 | 6·4 | 15 | 月 | 23 | 丁未 | 7·4 |
| 12 | 15 | 金 | 23 | 戊申 | 6·4 | 17 | 日 | 23 | 戊寅 | 6·4 | 16 | 火 | 24 | 戊申 | 6·4 |
| 13 | 16 | 土 | 24 | 己酉 | 6·4 | 18 | 月 | 24 | 己卯 | 6·4 | 17 | 水 | 25 | 己酉 | 6·4 |
| 14 | 17 | 日 | 25 | 庚戌 | 5·5 | 19 | 火 | 25 | 庚辰 | 5·5 | 18 | 木 | 26 | 庚戌 | 6·5 |
| 15 | 18 | 月 | 26 | 辛亥 | 우수 | 20 | 水 | 26 | 辛巳 | 춘분 | 19 | 金 | 27 | 辛亥 | 5·5 |
| 16 | 19 | 火 | 27 | 壬子 | 5·5 | 21 | 木 | 27 | 壬午 | 5·5 | 20 | 土 | 28 | 壬子 | 곡우 |
| 17 | 20 | 水 | 28 | 癸丑 | 4·6 | 22 | 金 | 28 | 癸未 | 4·6 | 21 | 日 | 29 | 癸丑 | 5·6 |
| 18 | 21 | 木 | 29 | 甲寅 | 4·6 | 23 | 土 | 29 | 甲申 | 4·6 | 22 | 月 | 30 | 甲寅 | 4·6 |
| 19 | 22 | 金 | 30 | 乙卯 | 4·6 | 24 | 日 | 3/1 | 乙酉 | 4·6 | 23 | 火 | 4/1 | 乙卯 | 4·6 |
| 20 | 23 | 土 | 2/1 | 丙辰 | 3·7 | 25 | 月 | 2 | 丙戌 | 3·7 | 24 | 水 | 2 | 丙辰 | 4·7 |
| 21 | 24 | 日 | 2 | 丁巳 | 3·7 | 26 | 火 | 3 | 丁亥 | 3·7 | 25 | 木 | 3 | 丁巳 | 3·7 |
| 22 | 25 | 月 | 3 | 戊午 | 3·7 | 27 | 水 | 4 | 戊子 | 3·7 | 26 | 金 | 4 | 戊午 | 3·7 |
| 23 | 26 | 火 | 4 | 己未 | 2·8 | 28 | 木 | 5 | 己丑 | 2·8 | 27 | 土 | 5 | 己未 | 3·8 |
| 24 | 27 | 水 | 5 | 庚申 | 2·8 | 29 | 金 | 6 | 庚寅 | 2·8 | 28 | 日 | 6 | 庚申 | 2·8 |
| 25 | 28 | 木 | 6 | 辛酉 | 2·8 | 30 | 土 | 7 | 辛卯 | 2·8 | 29 | 月 | 7 | 辛酉 | 2·8 |
| 26 | 3/1 | 金 | 7 | 壬戌 | 1·9 | 31 | 日 | 8 | 壬辰 | 1·9 | 30 | 火 | 8 | 壬戌 | 2·9 |
| 27 | 2 | 土 | 8 | 癸亥 | 1·9 | 4/1 | 月 | 9 | 癸巳 | 1·9 | 5/1 | 水 | 9 | 癸亥 | 1·9 |
| 28 | 3 | 日 | 9 | 甲子 | 1·9 | 2 | 火 | 10 | 甲午 | 1·9 | 2 | 木 | 10 | 甲子 | 1·9 |
| 29 | 4 | 月 | 10 | 乙丑 | 1·10 | 3 | 水 | 11 | 乙未 | 1·10 | 3 | 金 | 11 | 乙丑 | 1·10 |
| 30 | | | | | | | | | | | 4 | 土 | 12 | 丙寅 | 1·10 |
| 31 | | | | | | | | | | | | | | | |

| 절기후날수 | 입하절(丁巳月) 立夏 5월5일 14시34분 小滿 5월21일 3시22분 | | | | | 망종절(戊午月) 芒種 6월5일 18시23분 夏至 6월21일 11시2분 | | | | | 소서절(己未月) 小暑 7월7일 4시30분 大暑 7월22일 21시52분 | | | | |
|---|---|---|---|---|---|---|---|---|---|---|---|---|---|---|---|
| | 양력 | 요일 | 음력 | 일진 | 大運 남·여 | 양력 | 요일 | 음력 | 일진 | 大運 남·여 | 양력 | 요일 | 음력 | 일진 | 大運 남·여 |
| 0 | 5/5 | 日 | 13 | 丁卯 | 입하 | 6/5 | 水 | 윤15 | 戊戌 | 망종 | 7/7 | 日 | 17 | 庚午 | 소서 |
| 1 | 6 | 月 | 14 | 戊辰 | 10·1 | 6 | 木 | 윤16 | 己亥 | 10·1 | 8 | 月 | 18 | 辛未 | 10·1 |
| 2 | 7 | 火 | 15 | 己巳 | 10·1 | 7 | 金 | 윤17 | 庚子 | 10·1 | 9 | 火 | 19 | 壬申 | 10·1 |
| 3 | 8 | 水 | 16 | 庚午 | 9·1 | 8 | 土 | 윤18 | 辛丑 | 10·1 | 10 | 水 | 20 | 癸酉 | 9·1 |
| 4 | 9 | 木 | 17 | 辛未 | 9·1 | 9 | 日 | 윤19 | 壬寅 | 9·1 | 11 | 木 | 21 | 甲戌 | 9·1 |
| 5 | 10 | 金 | 18 | 壬申 | 9·2 | 10 | 月 | 윤20 | 癸卯 | 9·2 | 12 | 金 | 22 | 乙亥 | 9·2 |
| 6 | 11 | 土 | 19 | 癸酉 | 8·2 | 11 | 火 | 윤21 | 甲辰 | 9·2 | 13 | 土 | 23 | 丙子 | 8·2 |
| 7 | 12 | 日 | 20 | 甲戌 | 8·2 | 12 | 水 | 윤22 | 乙巳 | 8·2 | 14 | 日 | 24 | 丁丑 | 8·2 |
| 8 | 13 | 月 | 21 | 乙亥 | 8·3 | 13 | 木 | 윤23 | 丙午 | 8·3 | 15 | 月 | 25 | 戊寅 | 8·3 |
| 9 | 14 | 火 | 22 | 丙子 | 7·3 | 14 | 金 | 윤24 | 丁未 | 8·3 | 16 | 火 | 26 | 己卯 | 7·3 |
| 10 | 15 | 水 | 23 | 丁丑 | 7·3 | 15 | 土 | 윤25 | 戊申 | 7·3 | 17 | 水 | 27 | 庚辰 | 7·3 |
| 11 | 16 | 木 | 24 | 戊寅 | 7·4 | 16 | 日 | 윤26 | 己酉 | 7·4 | 18 | 木 | 28 | 辛巳 | 7·4 |
| 12 | 17 | 金 | 25 | 己卯 | 6·4 | 17 | 月 | 윤27 | 庚戌 | 7·4 | 19 | 金 | 29 | 壬午 | 6·4 |
| 13 | 18 | 土 | 26 | 庚辰 | 6·4 | 18 | 火 | 윤28 | 辛亥 | 6·4 | 20 | 土 | 30 | 癸未 | 6·4 |
| 14 | 19 | 日 | 27 | 辛巳 | 6·5 | 19 | 水 | 윤29 | 壬子 | 6·5 | 21 | 日 | 6/1 | 甲申 | 6·5 |
| 15 | 20 | 月 | 28 | 壬午 | 5·5 | 20 | 木 | 윤30 | 癸丑 | 6·5 | 22 | 月 | 2 | 乙酉 | 대서 |
| 16 | 21 | 火 | 29 | 癸未 | 소만 | 21 | 金 | 5/1 | 甲寅 | 하지 | 23 | 火 | 3 | 丙戌 | 5·5 |
| 17 | 22 | 水 | 윤1 | 甲申 | 5·6 | 22 | 土 | 2 | 乙卯 | 5·6 | 24 | 水 | 4 | 丁亥 | 5·6 |
| 18 | 23 | 木 | 윤2 | 乙酉 | 4·6 | 23 | 日 | 3 | 丙辰 | 5·6 | 25 | 木 | 5 | 戊子 | 4·6 |
| 19 | 24 | 金 | 윤3 | 丙戌 | 4·6 | 24 | 月 | 4 | 丁巳 | 4·6 | 26 | 金 | 6 | 己丑 | 4·6 |
| 20 | 25 | 土 | 윤4 | 丁亥 | 4·7 | 25 | 火 | 5 | 戊午 | 4·7 | 27 | 土 | 7 | 庚寅 | 4·7 |
| 21 | 26 | 日 | 윤5 | 戊子 | 3·7 | 26 | 水 | 6 | 己未 | 4·7 | 28 | 日 | 8 | 辛卯 | 3·7 |
| 22 | 27 | 月 | 윤6 | 己丑 | 3·7 | 27 | 木 | 7 | 庚申 | 3·7 | 29 | 月 | 9 | 壬辰 | 3·7 |
| 23 | 28 | 火 | 윤7 | 庚寅 | 3·8 | 28 | 金 | 8 | 辛酉 | 3·8 | 30 | 火 | 10 | 癸巳 | 3·8 |
| 24 | 29 | 水 | 윤8 | 辛卯 | 2·8 | 29 | 土 | 9 | 壬戌 | 3·8 | 31 | 水 | 11 | 甲午 | 2·8 |
| 25 | 30 | 木 | 윤9 | 壬辰 | 2·8 | 30 | 日 | 10 | 癸亥 | 2·8 | 8/1 | 木 | 12 | 乙未 | 2·8 |
| 26 | 31 | 金 | 윤10 | 癸巳 | 2·9 | 7/1 | 月 | 11 | 甲子 | 2·9 | 2 | 金 | 13 | 丙申 | 2·9 |
| 27 | 6/1 | 土 | 윤11 | 甲午 | 1·9 | 2 | 火 | 12 | 乙丑 | 2·9 | 3 | 土 | 14 | 丁酉 | 1·9 |
| 28 | 2 | 日 | 윤12 | 乙未 | 1·9 | 3 | 水 | 13 | 丙寅 | 1·9 | 4 | 日 | 15 | 戊戌 | 1·9 |
| 29 | 3 | 月 | 윤13 | 丙申 | 1·10 | 4 | 木 | 14 | 丁卯 | 1·10 | 5 | 月 | 16 | 己亥 | 1·10 |
| 30 | 4 | 火 | 윤14 | 丁酉 | 1·10 | 5 | 金 | 15 | 戊辰 | 1·10 | 6 | 火 | 17 | 庚子 | 1·10 |
| 31 | | | | | | 6 | 土 | 16 | 己巳 | 1·10 | | | | | |

▶윤달-4월

# 戊寅年

| 절기후날수 | 입추절(庚申月) 立秋 8월7일 14시24분 處暑 8월23일 5시7분 | | | | | 백로절(辛酉月) 白露 9월7일 17시36분 秋分 9월23일 3시7분 | | | | | 한로절(壬戌月) 寒露 10월8일 9시40분 霜降 10월23일 12시53분 | | | | |
|---|---|---|---|---|---|---|---|---|---|---|---|---|---|---|---|
| | 양력 | 요일 | 음력 | 일진 | 大運 남·여 | 양력 | 요일 | 음력 | 일진 | 大運 남·여 | 양력 | 요일 | 음력 | 일진 | 大運 남·여 |
| 0 | 8/7 | 水 | 18 | 辛丑 | 입추 | 9/7 | 土 | 20 | 壬申 | 백로 | 10/8 | 火 | 21 | 癸卯 | 한로 |
| 1 | 8 | 木 | 19 | 壬寅 | 10·1 | 8 | 日 | 21 | 癸酉 | 10·1 | 9 | 水 | 22 | 甲辰 | 10·1 |
| 2 | 9 | 金 | 20 | 癸卯 | 10·1 | 9 | 月 | 22 | 甲戌 | 10·1 | 10 | 木 | 23 | 乙巳 | 9·1 |
| 3 | 10 | 土 | 21 | 甲辰 | 9·1 | 10 | 火 | 23 | 乙亥 | 9·1 | 11 | 金 | 24 | 丙午 | 9·1 |
| 4 | 11 | 日 | 22 | 乙巳 | 9·1 | 11 | 水 | 24 | 丙子 | 9·1 | 12 | 土 | 25 | 丁未 | 9·1 |
| 5 | 12 | 月 | 23 | 丙午 | 9·2 | 12 | 木 | 25 | 丁丑 | 9·2 | 13 | 日 | 26 | 戊申 | 8·2 |
| 6 | 13 | 火 | 24 | 丁未 | 8·2 | 13 | 金 | 26 | 戊寅 | 8·2 | 14 | 月 | 27 | 己酉 | 8·2 |
| 7 | 14 | 水 | 25 | 戊申 | 8·2 | 14 | 土 | 27 | 己卯 | 8·2 | 15 | 火 | 28 | 庚戌 | 8·2 |
| 8 | 15 | 木 | 26 | 己酉 | 8·3 | 15 | 日 | 28 | 庚辰 | 8·3 | 16 | 水 | 29 | 辛亥 | 7·3 |
| 9 | 16 | 金 | 27 | 庚戌 | 7·3 | 16 | 月 | 29 | 辛巳 | 7·3 | 17 | 木 | 9/1 | 壬子 | 7·3 |
| 10 | 17 | 土 | 28 | 辛亥 | 7·3 | 17 | 火 | 30 | 壬午 | 7·3 | 18 | 金 | 2 | 癸丑 | 7·3 |
| 11 | 18 | 日 | 29 | 壬子 | 7·4 | 18 | 水 | 8/1 | 癸未 | 7·4 | 19 | 土 | 3 | 甲寅 | 6·4 |
| 12 | 19 | 月 | 7/1 | 癸丑 | 6·4 | 19 | 木 | 2 | 甲申 | 6·4 | 20 | 日 | 4 | 乙卯 | 6·4 |
| 13 | 20 | 火 | 2 | 甲寅 | 6·4 | 20 | 金 | 3 | 乙酉 | 6·4 | 21 | 月 | 5 | 丙辰 | 6·4 |
| 14 | 21 | 水 | 3 | 乙卯 | 6·5 | 21 | 土 | 4 | 丙戌 | 6·5 | 22 | 火 | 6 | 丁巳 | 5·5 |
| 15 | 22 | 木 | 4 | 丙辰 | 5·5 | 22 | 日 | 5 | 丁亥 | 5·5 | 23 | 水 | 7 | 戊午 | 상강 |
| 16 | 23 | 金 | 5 | 丁巳 | 처서 | 23 | 月 | 6 | 戊子 | 추분 | 24 | 木 | 8 | 己未 | 5·5 |
| 17 | 24 | 土 | 6 | 戊午 | 5·6 | 24 | 火 | 7 | 己丑 | 5·6 | 25 | 金 | 9 | 庚申 | 4·6 |
| 18 | 25 | 日 | 7 | 己未 | 4·6 | 25 | 水 | 8 | 庚寅 | 4·6 | 26 | 土 | 10 | 辛酉 | 4·6 |
| 19 | 26 | 月 | 8 | 庚申 | 4·6 | 26 | 木 | 9 | 辛卯 | 4·6 | 27 | 日 | 11 | 壬戌 | 4·6 |
| 20 | 27 | 火 | 9 | 辛酉 | 4·7 | 27 | 金 | 10 | 壬辰 | 4·7 | 28 | 月 | 12 | 癸亥 | 3·7 |
| 21 | 28 | 水 | 10 | 壬戌 | 3·7 | 28 | 土 | 11 | 癸巳 | 3·7 | 29 | 火 | 13 | 甲子 | 3·7 |
| 22 | 29 | 木 | 11 | 癸亥 | 3·7 | 29 | 日 | 12 | 甲午 | 3·7 | 30 | 水 | 14 | 乙丑 | 3·7 |
| 23 | 30 | 金 | 12 | 甲子 | 3·8 | 30 | 月 | 13 | 乙未 | 3·8 | 31 | 木 | 15 | 丙寅 | 2·8 |
| 24 | 31 | 土 | 13 | 乙丑 | 2·8 | 10/1 | 火 | 14 | 丙申 | 2·8 | 11/1 | 金 | 16 | 丁卯 | 2·8 |
| 25 | 9/1 | 日 | 14 | 丙寅 | 2·8 | 2 | 水 | 15 | 丁酉 | 2·8 | 2 | 土 | 17 | 戊辰 | 2·8 |
| 26 | 2 | 月 | 15 | 丁卯 | 2·9 | 3 | 木 | 16 | 戊戌 | 2·9 | 3 | 日 | 18 | 己巳 | 1·9 |
| 27 | 3 | 火 | 16 | 戊辰 | 1·9 | 4 | 金 | 17 | 己亥 | 1·9 | 4 | 月 | 19 | 庚午 | 1·9 |
| 28 | 4 | 水 | 17 | 己巳 | 1·9 | 5 | 土 | 18 | 庚子 | 1·9 | 5 | 火 | 20 | 辛未 | 1·9 |
| 29 | 5 | 木 | 18 | 庚午 | 1·10 | 6 | 日 | 19 | 辛丑 | 1·10 | 6 | 水 | 21 | 壬申 | 1·10 |
| 30 | 6 | 金 | 19 | 辛未 | 1·10 | 7 | 月 | 20 | 壬寅 | 1·10 | | | | | |
| 31 | | | | | | | | | | | | | | | |

| 절기후날수 | 입동절(癸亥月) 立冬 11월7일 13시16분 小雪 11월22일 10시49분 | | | | | 대설절(甲子月) 大雪 12월7일 6시26분 冬至 12월22일 0시23분 | | | | | 소한절(乙丑月) 小寒 1월5일 17시48분 大寒 1월20일 11시5분 | | | | |
|---|---|---|---|---|---|---|---|---|---|---|---|---|---|---|---|
| | 양력 | 요일 | 음력 | 일진 | 大運 남·여 | 양력 | 요일 | 음력 | 일진 | 大運 남·여 | 양력 | 요일 | 음력 | 일진 | 大運 남·여 |
| 0 | 11/7 | 木 | 22 | 癸酉 | 입동 | 12/7 | 土 | 22 | 癸卯 | 대설 | 1/5 | 日 | 21 | 壬申 | 소한 |
| 1 | 8 | 金 | 23 | 甲戌 | 10·1 | 8 | 日 | 23 | 甲辰 | 9·1 | 6 | 月 | 22 | 癸酉 | 10·1 |
| 2 | 9 | 土 | 24 | 乙亥 | 9·1 | 9 | 月 | 24 | 乙巳 | 9·1 | 7 | 火 | 23 | 甲戌 | 9·1 |
| 3 | 10 | 日 | 25 | 丙子 | 9·1 | 10 | 火 | 25 | 丙午 | 9·1 | 8 | 水 | 24 | 乙亥 | 9·1 |
| 4 | 11 | 月 | 26 | 丁丑 | 9·1 | 11 | 水 | 26 | 丁未 | 8·1 | 9 | 木 | 25 | 丙子 | 9·1 |
| 5 | 12 | 火 | 27 | 戊寅 | 8·2 | 12 | 木 | 27 | 戊申 | 8·2 | 10 | 金 | 26 | 丁丑 | 8·2 |
| 6 | 13 | 水 | 28 | 己卯 | 8·2 | 13 | 金 | 28 | 己酉 | 8·2 | 11 | 土 | 27 | 戊寅 | 8·2 |
| 7 | 14 | 木 | 29 | 庚辰 | 8·2 | 14 | 土 | 29 | 庚戌 | 7·2 | 12 | 日 | 28 | 己卯 | 8·2 |
| 8 | 15 | 金 | 30 | 辛巳 | 7·3 | 15 | 日 | 30 | 辛亥 | 7·3 | 13 | 月 | 29 | 庚辰 | 7·3 |
| 9 | 16 | 土 | 10/1 | 壬午 | 7·3 | 16 | 月 | 11/1 | 壬子 | 7·3 | 14 | 火 | 12/1 | 辛巳 | 7·3 |
| 10 | 17 | 日 | 2 | 癸未 | 7·3 | 17 | 火 | 2 | 癸丑 | 6·3 | 15 | 水 | 2 | 壬午 | 7·3 |
| 11 | 18 | 月 | 3 | 甲申 | 6·4 | 18 | 水 | 3 | 甲寅 | 6·4 | 16 | 木 | 3 | 癸未 | 6·4 |
| 12 | 19 | 火 | 4 | 乙酉 | 6·4 | 19 | 木 | 4 | 乙卯 | 6·4 | 17 | 金 | 4 | 甲申 | 6·4 |
| 13 | 20 | 水 | 5 | 丙戌 | 6·4 | 20 | 金 | 5 | 丙辰 | 5·4 | 18 | 土 | 5 | 乙酉 | 6·4 |
| 14 | 21 | 木 | 6 | 丁亥 | 5·5 | 21 | 土 | 6 | 丁巳 | 5·5 | 19 | 日 | 6 | 丙戌 | 5·5 |
| 15 | 22 | 金 | 7 | 戊子 | 소설 | 22 | 日 | 7 | 戊午 | 동지 | 20 | 月 | 7 | 丁亥 | 대한 |
| 16 | 23 | 土 | 8 | 己丑 | 5·5 | 23 | 月 | 8 | 己未 | 4·5 | 21 | 火 | 8 | 戊子 | 5·5 |
| 17 | 24 | 日 | 9 | 庚寅 | 4·6 | 24 | 火 | 9 | 庚申 | 4·6 | 22 | 水 | 9 | 己丑 | 4·6 |
| 18 | 25 | 月 | 10 | 辛卯 | 4·6 | 25 | 水 | 10 | 辛酉 | 4·6 | 23 | 木 | 10 | 庚寅 | 4·6 |
| 19 | 26 | 火 | 11 | 壬辰 | 4·6 | 26 | 木 | 11 | 壬戌 | 3·6 | 24 | 金 | 11 | 辛卯 | 4·6 |
| 20 | 27 | 水 | 12 | 癸巳 | 3·7 | 27 | 金 | 12 | 癸亥 | 3·7 | 25 | 土 | 12 | 壬辰 | 3·7 |
| 21 | 28 | 木 | 13 | 甲午 | 3·7 | 28 | 土 | 13 | 甲子 | 3·7 | 26 | 日 | 13 | 癸巳 | 3·7 |
| 22 | 29 | 金 | 14 | 乙未 | 3·7 | 29 | 日 | 14 | 乙丑 | 2·7 | 27 | 月 | 14 | 甲午 | 3·7 |
| 23 | 30 | 土 | 15 | 丙申 | 2·8 | 30 | 月 | 15 | 丙寅 | 2·8 | 28 | 火 | 15 | 乙未 | 2·8 |
| 24 | 12/1 | 日 | 16 | 丁酉 | 2·8 | 31 | 火 | 16 | 丁卯 | 2·8 | 29 | 水 | 16 | 丙申 | 2·8 |
| 25 | 2 | 月 | 17 | 戊戌 | 2·8 | 1/1 | 水 | 17 | 戊辰 | 1·8 | 30 | 木 | 17 | 丁酉 | 2·8 |
| 26 | 3 | 火 | 18 | 己亥 | 1·9 | 2 | 木 | 18 | 己巳 | 1·9 | 31 | 金 | 18 | 戊戌 | 1·9 |
| 27 | 4 | 水 | 19 | 庚子 | 1·9 | 3 | 金 | 19 | 庚午 | 1·9 | 2/1 | 土 | 19 | 己亥 | 1·9 |
| 28 | 5 | 木 | 20 | 辛丑 | 1·9 | 4 | 土 | 20 | 辛未 | 1·9 | 2 | 日 | 20 | 庚子 | 1·9 |
| 29 | 6 | 金 | 21 | 壬寅 | 1·10 | | | | | | 3 | 月 | 21 | 辛丑 | 1·10 |
| 30 | | | | | | | | | | | | | | | |
| 31 | | | | | | | | | | | | | | | |

# 서기 2059년 [단기 4392년]

| 절기후날수 | 입춘절(丙寅月) | | | | | 경칩절(丁卯月) | | | | | 청명절(戊辰月) | | | | | 입하절(己巳月) | | | | | 망종절(庚午月) | | | | | 소서절(辛未月) | | | | |
|---|---|---|---|---|---|---|---|---|---|---|---|---|---|---|---|---|---|---|---|---|---|---|---|---|---|---|---|---|---|---|
| | 立春 2월4일 5시22분<br>雨水 2월19일 1시4분 | | | | | 驚蟄 3월5일 23시7분<br>春分 3월20일 23시43분 | | | | | 淸明 4월5일 3시31분<br>穀雨 4월20일 10시19분 | | | | | 立夏 5월5일 20시22분<br>小滿 5월21일 9시3분 | | | | | 芒種 6월6일 0시11분<br>夏至 6월21일 16시46분 | | | | | 小暑 7월7일 10시17분<br>大暑 7월23일 3시39분 | | | | |
| | 양력 | 요일 | 음력 | 일진 | 大運 남·여 | 양력 | 요일 | 음력 | 일진 | 大運 남·여 | 양력 | 요일 | 음력 | 일진 | 大運 남·여 | 양력 | 요일 | 음력 | 일진 | 大運 남·여 | 양력 | 요일 | 음력 | 일진 | 大運 남·여 | 양력 | 요일 | 음력 | 일진 | 大運 남·여 |
| 0 | 2/4 | 火 | 22 | 壬寅 | 입춘 | 3/5 | 水 | 22 | 辛未 | 경칩 | 4/5 | 土 | 23 | 壬寅 | 청명 | 5/5 | 月 | 24 | 壬申 | 입하 | 6/6 | 金 | 26 | 甲辰 | 망종 | 7/7 | 月 | 28 | 乙亥 | 소서 |
| 1 | 5 | 水 | 23 | 癸卯 | 1·9 | 6 | 木 | 23 | 壬申 | 1·10 | 6 | 日 | 24 | 癸卯 | 1·10 | 6 | 火 | 25 | 癸酉 | 1·10 | 7 | 土 | 27 | 乙巳 | 1·10 | 8 | 火 | 29 | 丙子 | 1·10 |
| 2 | 6 | 木 | 24 | 甲辰 | 1·9 | 7 | 金 | 24 | 癸酉 | 1·10 | 7 | 月 | 25 | 甲辰 | 1·9 | 7 | 水 | 26 | 甲戌 | 1·10 | 8 | 日 | 28 | 丙午 | 1·10 | 9 | 水 | 30 | 丁丑 | 1·10 |
| 3 | 7 | 金 | 25 | 乙巳 | 1·9 | 8 | 土 | 25 | 甲戌 | 1·9 | 8 | 火 | 26 | 乙巳 | 1·9 | 8 | 木 | 27 | 乙亥 | 1·10 | 9 | 月 | 29 | 丁未 | 1·9 | 10 | 木 | 6/1 | 戊寅 | 1·9 |
| 4 | 8 | 土 | 26 | 丙午 | 1·8 | 9 | 日 | 26 | 乙亥 | 1·9 | 9 | 水 | 27 | 丙午 | 1·9 | 9 | 金 | 28 | 丙子 | 1·9 | 10 | 火 | 5/1 | 戊申 | 1·9 | 11 | 金 | 2 | 己卯 | 1·9 |
| 5 | 9 | 日 | 27 | 丁未 | 2·8 | 10 | 月 | 27 | 丙子 | 2·9 | 10 | 木 | 28 | 丁未 | 2·8 | 10 | 土 | 29 | 丁丑 | 2·9 | 11 | 水 | 2 | 己酉 | 2·9 | 12 | 土 | 3 | 庚辰 | 2·9 |
| 6 | 10 | 月 | 28 | 戊申 | 2·8 | 11 | 火 | 28 | 丁丑 | 2·8 | 11 | 金 | 29 | 戊申 | 2·8 | 11 | 日 | 30 | 戊寅 | 2·9 | 12 | 木 | 3 | 庚戌 | 2·8 | 13 | 日 | 4 | 辛巳 | 2·8 |
| 7 | 11 | 火 | 29 | 己酉 | 2·7 | 12 | 水 | 29 | 戊寅 | 2·8 | 12 | 土 | 3/1 | 己酉 | 2·8 | 12 | 月 | 4/1 | 己卯 | 2·8 | 13 | 金 | 4 | 辛亥 | 2·8 | 14 | 月 | 5 | 壬午 | 2·8 |
| 8 | 12 | 水 | 1/1 | 庚戌 | 3·7 | 13 | 木 | 30 | 己卯 | 3·8 | 13 | 日 | 2 | 庚戌 | 3·7 | 13 | 火 | 2 | 庚辰 | 3·8 | 14 | 土 | 5 | 壬子 | 3·8 | 15 | 火 | 6 | 癸未 | 3·8 |
| 9 | 13 | 木 | 2 | 辛亥 | 3·7 | 14 | 金 | 2/1 | 庚辰 | 3·7 | 14 | 月 | 3 | 辛亥 | 3·7 | 14 | 水 | 3 | 辛巳 | 3·8 | 15 | 日 | 6 | 癸丑 | 3·7 | 16 | 水 | 7 | 甲申 | 3·7 |
| 10 | 14 | 金 | 3 | 壬子 | 3·6 | 15 | 土 | 2 | 辛巳 | 3·7 | 15 | 火 | 4 | 壬子 | 3·7 | 15 | 木 | 4 | 壬午 | 3·7 | 16 | 月 | 7 | 甲寅 | 3·7 | 17 | 木 | 8 | 乙酉 | 3·7 |
| 11 | 15 | 土 | 4 | 癸丑 | 4·6 | 16 | 日 | 3 | 壬午 | 4·7 | 16 | 水 | 5 | 癸丑 | 4·6 | 16 | 金 | 5 | 癸未 | 4·7 | 17 | 火 | 8 | 乙卯 | 4·7 | 18 | 金 | 9 | 丙戌 | 4·7 |
| 12 | 16 | 日 | 5 | 甲寅 | 4·6 | 17 | 月 | 4 | 癸未 | 4·6 | 17 | 木 | 6 | 甲寅 | 4·6 | 17 | 土 | 6 | 甲申 | 4·7 | 18 | 水 | 9 | 丙辰 | 4·6 | 19 | 土 | 10 | 丁亥 | 4·6 |
| 13 | 17 | 月 | 6 | 乙卯 | 4·5 | 18 | 火 | 5 | 甲申 | 4·6 | 18 | 金 | 7 | 乙卯 | 4·6 | 18 | 日 | 7 | 乙酉 | 4·6 | 19 | 木 | 10 | 丁巳 | 4·6 | 20 | 日 | 11 | 戊子 | 4·6 |
| 14 | 18 | 火 | 7 | 丙辰 | 5·5 | 19 | 水 | 6 | 乙酉 | 5·6 | 19 | 土 | 8 | 丙辰 | 5·5 | 19 | 月 | 8 | 丙戌 | 5·6 | 20 | 金 | 11 | 戊午 | 5·6 | 21 | 月 | 12 | 己丑 | 5·6 |
| 15 | 19 | 水 | 8 | 丁巳 | 우수 | 20 | 木 | 7 | 丙戌 | 춘분 | 20 | 日 | 9 | 丁巳 | 곡우 | 20 | 火 | 9 | 丁亥 | 5·6 | 21 | 土 | 12 | 己未 | 하지 | 22 | 火 | 13 | 庚寅 | 5·5 |
| 16 | 20 | 木 | 9 | 戊午 | 5·4 | 21 | 金 | 8 | 丁亥 | 5·5 | 21 | 月 | 10 | 戊午 | 5·5 | 21 | 水 | 10 | 戊子 | 소만 | 22 | 日 | 13 | 庚申 | 5·5 | 23 | 水 | 14 | 辛卯 | 대서 |
| 17 | 21 | 金 | 10 | 己未 | 6·4 | 22 | 土 | 9 | 戊子 | 6·5 | 22 | 火 | 11 | 己未 | 6·4 | 22 | 木 | 11 | 己丑 | 6·5 | 23 | 月 | 14 | 辛酉 | 6·5 | 24 | 木 | 15 | 壬辰 | 6·5 |
| 18 | 22 | 土 | 11 | 庚申 | 6·4 | 23 | 日 | 10 | 己丑 | 6·4 | 23 | 水 | 12 | 庚申 | 6·4 | 23 | 金 | 12 | 庚寅 | 6·5 | 24 | 火 | 15 | 壬戌 | 6·4 | 25 | 金 | 16 | 癸巳 | 6·4 |
| 19 | 23 | 日 | 12 | 辛酉 | 6·3 | 24 | 月 | 11 | 庚寅 | 6·4 | 24 | 木 | 13 | 辛酉 | 6·4 | 24 | 土 | 13 | 辛卯 | 6·4 | 25 | 水 | 16 | 癸亥 | 6·4 | 26 | 土 | 17 | 甲午 | 6·4 |
| 20 | 24 | 月 | 13 | 壬戌 | 7·3 | 25 | 火 | 12 | 辛卯 | 7·4 | 25 | 金 | 14 | 壬戌 | 7·3 | 25 | 日 | 14 | 壬辰 | 7·4 | 26 | 木 | 17 | 甲子 | 7·4 | 27 | 日 | 18 | 乙未 | 7·4 |
| 21 | 25 | 火 | 14 | 癸亥 | 7·3 | 26 | 水 | 13 | 壬辰 | 7·3 | 26 | 土 | 15 | 癸亥 | 7·3 | 26 | 月 | 15 | 癸巳 | 7·4 | 27 | 金 | 18 | 乙丑 | 7·3 | 28 | 月 | 19 | 丙申 | 7·3 |
| 22 | 26 | 水 | 15 | 甲子 | 7·2 | 27 | 木 | 14 | 癸巳 | 7·3 | 27 | 日 | 16 | 甲子 | 7·3 | 27 | 火 | 16 | 甲午 | 7·3 | 28 | 土 | 19 | 丙寅 | 7·3 | 29 | 火 | 20 | 丁酉 | 7·3 |
| 23 | 27 | 木 | 16 | 乙丑 | 8·2 | 28 | 金 | 15 | 甲午 | 8·3 | 28 | 月 | 17 | 乙丑 | 8·2 | 28 | 水 | 17 | 乙未 | 8·3 | 29 | 日 | 20 | 丁卯 | 8·3 | 30 | 水 | 21 | 戊戌 | 8·3 |
| 24 | 28 | 金 | 17 | 丙寅 | 8·2 | 29 | 土 | 16 | 乙未 | 8·2 | 29 | 火 | 18 | 丙寅 | 8·2 | 29 | 木 | 18 | 丙申 | 8·3 | 30 | 月 | 21 | 戊辰 | 8·2 | 31 | 木 | 22 | 己亥 | 8·2 |
| 25 | 3/1 | 土 | 18 | 丁卯 | 8·1 | 30 | 日 | 17 | 丙申 | 8·2 | 30 | 水 | 19 | 丁卯 | 8·2 | 30 | 金 | 19 | 丁酉 | 8·2 | 7/1 | 火 | 22 | 己巳 | 8·2 | 8/1 | 金 | 23 | 庚子 | 8·2 |
| 26 | 2 | 日 | 19 | 戊辰 | 9·1 | 31 | 月 | 18 | 丁酉 | 9·2 | 5/1 | 木 | 20 | 戊辰 | 9·1 | 31 | 土 | 20 | 戊戌 | 9·2 | 2 | 水 | 23 | 庚午 | 9·2 | 2 | 土 | 24 | 辛丑 | 9·2 |
| 27 | 3 | 月 | 20 | 己巳 | 9·1 | 4/1 | 火 | 19 | 戊戌 | 9·1 | 2 | 金 | 21 | 己巳 | 9·1 | 6/1 | 日 | 21 | 己亥 | 9·2 | 3 | 木 | 24 | 辛未 | 9·1 | 3 | 日 | 25 | 壬寅 | 9·1 |
| 28 | 4 | 火 | 21 | 庚午 | 9·1 | 2 | 水 | 20 | 己亥 | 9·1 | 3 | 土 | 22 | 庚午 | 9·1 | 2 | 月 | 22 | 庚子 | 9·1 | 4 | 金 | 25 | 壬申 | 9·1 | 4 | 月 | 26 | 癸卯 | 9·1 |
| 29 | | | | | | 3 | 木 | 21 | 庚子 | 10·1 | 4 | 日 | 23 | 辛未 | 10·1 | 3 | 火 | 23 | 辛丑 | 10·1 | 5 | 土 | 26 | 癸酉 | 10·1 | 5 | 火 | 27 | 甲辰 | 10·1 |
| 30 | | | | | | 4 | 金 | 22 | 辛丑 | 10·1 | | | | | | 4 | 水 | 24 | 壬寅 | 10·1 | 6 | 日 | 27 | 甲戌 | 10·1 | 6 | 水 | 28 | 乙巳 | 10·1 |
| 31 | | | | | | | | | | | | | | | | 5 | 木 | 25 | 癸卯 | 10·1 | | | | | | | | | | |

# 己卯年

| 절기후날수 | 입추절(壬申月) 立秋 8월7일 20시11분 處暑 8월23일 10시59분 | | | | | 백로절(癸酉月) 白露 9월7일 23시25분 秋分 9월23일 9시2분 | | | | | 한로절(甲戌月) 寒露 10월8일 15시29분 霜降 10월23일 18시49분 | | | | |
|---|---|---|---|---|---|---|---|---|---|---|---|---|---|---|---|
| | 양력 | 요일 | 음력 | 일진 | 大運 남·여 | 양력 | 요일 | 음력 | 일진 | 大運 남·여 | 양력 | 요일 | 음력 | 일진 | 大運 남·여 |
| 0 | 8/7 | 木 | 29 | 丙午 | 입추 | 9/7 | 日 | 8/1 | 丁丑 | 백로 | 10/8 | 水 | 2 | 戊申 | 한로 |
| 1 | 8 | 金 | 7/1 | 丁未 | 1·10 | 8 | 月 | 2 | 戊寅 | 1·10 | 9 | 木 | 3 | 己酉 | 1·10 |
| 2 | 9 | 土 | 2 | 戊申 | 1·10 | 9 | 火 | 3 | 己卯 | 1·10 | 10 | 金 | 4 | 庚戌 | 1·9 |
| 3 | 10 | 日 | 3 | 己酉 | 1·9 | 10 | 水 | 4 | 庚辰 | 1·9 | 11 | 土 | 5 | 辛亥 | 1·9 |
| 4 | 11 | 月 | 4 | 庚戌 | 1·9 | 11 | 木 | 5 | 辛巳 | 1·9 | 12 | 日 | 6 | 壬子 | 1·9 |
| 5 | 12 | 火 | 5 | 辛亥 | 2·9 | 12 | 金 | 6 | 壬午 | 2·9 | 13 | 月 | 7 | 癸丑 | 2·8 |
| 6 | 13 | 水 | 6 | 壬子 | 2·8 | 13 | 土 | 7 | 癸未 | 2·8 | 14 | 火 | 8 | 甲寅 | 2·8 |
| 7 | 14 | 木 | 7 | 癸丑 | 2·8 | 14 | 日 | 8 | 甲申 | 2·8 | 15 | 水 | 9 | 乙卯 | 2·8 |
| 8 | 15 | 金 | 8 | 甲寅 | 3·8 | 15 | 月 | 9 | 乙酉 | 3·8 | 16 | 木 | 10 | 丙辰 | 3·7 |
| 9 | 16 | 土 | 9 | 乙卯 | 3·7 | 16 | 火 | 10 | 丙戌 | 3·7 | 17 | 金 | 11 | 丁巳 | 3·7 |
| 10 | 17 | 日 | 10 | 丙辰 | 3·7 | 17 | 水 | 11 | 丁亥 | 3·7 | 18 | 土 | 12 | 戊午 | 3·7 |
| 11 | 18 | 月 | 11 | 丁巳 | 4·7 | 18 | 木 | 12 | 戊子 | 4·7 | 19 | 日 | 13 | 己未 | 4·6 |
| 12 | 19 | 火 | 12 | 戊午 | 4·6 | 19 | 金 | 13 | 己丑 | 4·6 | 20 | 月 | 14 | 庚申 | 4·6 |
| 13 | 20 | 水 | 13 | 己未 | 4·6 | 20 | 土 | 14 | 庚寅 | 4·6 | 21 | 火 | 15 | 辛酉 | 4·6 |
| 14 | 21 | 木 | 14 | 庚申 | 5·6 | 21 | 日 | 15 | 辛卯 | 5·6 | 22 | 水 | 16 | 壬戌 | 5·5 |
| 15 | 22 | 金 | 15 | 辛酉 | 5·5 | 22 | 月 | 16 | 壬辰 | 5·5 | 23 | 木 | 17 | 癸亥 | 상강 |
| 16 | 23 | 土 | 16 | 壬戌 | 처서 | 23 | 火 | 17 | 癸巳 | 추분 | 24 | 金 | 18 | 甲子 | 5·5 |
| 17 | 24 | 日 | 17 | 癸亥 | 6·5 | 24 | 水 | 18 | 甲午 | 6·5 | 25 | 土 | 19 | 乙丑 | 6·4 |
| 18 | 25 | 月 | 18 | 甲子 | 6·4 | 25 | 木 | 19 | 乙未 | 6·4 | 26 | 日 | 20 | 丙寅 | 6·4 |
| 19 | 26 | 火 | 19 | 乙丑 | 6·4 | 26 | 金 | 20 | 丙申 | 6·4 | 27 | 月 | 21 | 丁卯 | 6·4 |
| 20 | 27 | 水 | 20 | 丙寅 | 7·4 | 27 | 土 | 21 | 丁酉 | 7·4 | 28 | 火 | 22 | 戊辰 | 7·3 |
| 21 | 28 | 木 | 21 | 丁卯 | 7·3 | 28 | 日 | 22 | 戊戌 | 7·3 | 29 | 水 | 23 | 己巳 | 7·3 |
| 22 | 29 | 金 | 22 | 戊辰 | 7·3 | 29 | 月 | 23 | 己亥 | 7·3 | 30 | 木 | 24 | 庚午 | 7·3 |
| 23 | 30 | 土 | 23 | 己巳 | 8·3 | 30 | 火 | 24 | 庚子 | 8·3 | 31 | 金 | 25 | 辛未 | 8·2 |
| 24 | 31 | 日 | 24 | 庚午 | 8·2 | 10/1 | 水 | 25 | 辛丑 | 8·2 | 11/1 | 土 | 26 | 壬申 | 8·2 |
| 25 | 9/1 | 月 | 25 | 辛未 | 8·2 | 2 | 木 | 26 | 壬寅 | 8·2 | 2 | 日 | 27 | 癸酉 | 8·2 |
| 26 | 2 | 火 | 26 | 壬申 | 9·2 | 3 | 金 | 27 | 癸卯 | 9·2 | 3 | 月 | 28 | 甲戌 | 9·1 |
| 27 | 3 | 水 | 27 | 癸酉 | 9·1 | 4 | 土 | 28 | 甲辰 | 9·1 | 4 | 火 | 29 | 乙亥 | 9·1 |
| 28 | 4 | 木 | 28 | 甲戌 | 9·1 | 5 | 日 | 29 | 乙巳 | 9·1 | 5 | 水 | 10/1 | 丙子 | 9·1 |
| 29 | 5 | 金 | 29 | 乙亥 | 10·1 | 6 | 月 | 30 | 丙午 | 10·1 | 6 | 木 | 2 | 丁丑 | 10·1 |
| 30 | 6 | 土 | 30 | 丙子 | 10·1 | 7 | 火 | 9/1 | 丁未 | 10·1 | | | | | |
| 31 | | | | | | | | | | | | | | | |

| 절기후날수 | 입동절(乙亥月) 立冬 11월7일 19시4분 小雪 11월22일 16시44분 | | | | | 대설절(丙子月) 大雪 12월7일 12시12분 冬至 12월22일 6시16분 | | | | | 소한절(丁丑月) 小寒 1월5일 23시32분 大寒 1월20일 16시57분 | | | | |
|---|---|---|---|---|---|---|---|---|---|---|---|---|---|---|---|
| | 양력 | 요일 | 음력 | 일진 | 大運 남·여 | 양력 | 요일 | 음력 | 일진 | 大運 남·여 | 양력 | 요일 | 음력 | 일진 | 大運 남·여 |
| 0 | 11/7 | 金 | 3 | 戊寅 | 입동 | 12/7 | 日 | 3 | 戊申 | 대설 | 1/5 | 月 | 2 | 丁丑 | 소한 |
| 1 | 8 | 土 | 4 | 己卯 | 1·10 | 8 | 月 | 4 | 己酉 | 1·9 | 6 | 火 | 3 | 戊寅 | 1·10 |
| 2 | 9 | 日 | 5 | 庚辰 | 1·9 | 9 | 火 | 5 | 庚戌 | 1·9 | 7 | 水 | 4 | 己卯 | 1·9 |
| 3 | 10 | 月 | 6 | 辛巳 | 1·9 | 10 | 水 | 6 | 辛亥 | 1·9 | 8 | 木 | 5 | 庚辰 | 1·9 |
| 4 | 11 | 火 | 7 | 壬午 | 1·9 | 11 | 木 | 7 | 壬子 | 1·8 | 9 | 金 | 6 | 辛巳 | 1·9 |
| 5 | 12 | 水 | 8 | 癸未 | 2·8 | 12 | 金 | 8 | 癸丑 | 2·8 | 10 | 土 | 7 | 壬午 | 2·8 |
| 6 | 13 | 木 | 9 | 甲申 | 2·8 | 13 | 土 | 9 | 甲寅 | 2·8 | 11 | 日 | 8 | 癸未 | 2·8 |
| 7 | 14 | 金 | 10 | 乙酉 | 2·8 | 14 | 日 | 10 | 乙卯 | 2·7 | 12 | 月 | 9 | 甲申 | 2·8 |
| 8 | 15 | 土 | 11 | 丙戌 | 3·7 | 15 | 月 | 11 | 丙辰 | 3·7 | 13 | 火 | 10 | 乙酉 | 3·7 |
| 9 | 16 | 日 | 12 | 丁亥 | 3·7 | 16 | 火 | 12 | 丁巳 | 3·7 | 14 | 水 | 11 | 丙戌 | 3·7 |
| 10 | 17 | 月 | 13 | 戊子 | 3·7 | 17 | 水 | 13 | 戊午 | 3·6 | 15 | 木 | 12 | 丁亥 | 3·7 |
| 11 | 18 | 火 | 14 | 己丑 | 4·6 | 18 | 木 | 14 | 己未 | 4·6 | 16 | 金 | 13 | 戊子 | 4·6 |
| 12 | 19 | 水 | 15 | 庚寅 | 4·6 | 19 | 金 | 15 | 庚申 | 4·6 | 17 | 土 | 14 | 己丑 | 4·6 |
| 13 | 20 | 木 | 16 | 辛卯 | 4·6 | 20 | 土 | 16 | 辛酉 | 4·5 | 18 | 日 | 15 | 庚寅 | 4·6 |
| 14 | 21 | 金 | 17 | 壬辰 | 5·5 | 21 | 日 | 17 | 壬戌 | 5·5 | 19 | 月 | 16 | 辛卯 | 5·5 |
| 15 | 22 | 土 | 18 | 癸巳 | 소설 | 22 | 月 | 18 | 癸亥 | 동지 | 20 | 火 | 17 | 壬辰 | 대한 |
| 16 | 23 | 日 | 19 | 甲午 | 5·5 | 23 | 火 | 19 | 甲子 | 5·4 | 21 | 水 | 18 | 癸巳 | 5·5 |
| 17 | 24 | 月 | 20 | 乙未 | 6·4 | 24 | 水 | 20 | 乙丑 | 6·4 | 22 | 木 | 19 | 甲午 | 6·4 |
| 18 | 25 | 火 | 21 | 丙申 | 6·4 | 25 | 木 | 21 | 丙寅 | 6·4 | 23 | 金 | 20 | 乙未 | 6·4 |
| 19 | 26 | 水 | 22 | 丁酉 | 6·4 | 26 | 金 | 22 | 丁卯 | 6·3 | 24 | 土 | 21 | 丙申 | 6·4 |
| 20 | 27 | 木 | 23 | 戊戌 | 7·3 | 27 | 土 | 23 | 戊辰 | 7·3 | 25 | 日 | 22 | 丁酉 | 7·3 |
| 21 | 28 | 金 | 24 | 己亥 | 7·3 | 28 | 日 | 24 | 己巳 | 7·3 | 26 | 月 | 23 | 戊戌 | 7·3 |
| 22 | 29 | 土 | 25 | 庚子 | 7·3 | 29 | 月 | 25 | 庚午 | 7·2 | 27 | 火 | 24 | 己亥 | 7·3 |
| 23 | 30 | 日 | 26 | 辛丑 | 8·2 | 30 | 火 | 26 | 辛未 | 8·2 | 28 | 水 | 25 | 庚子 | 8·2 |
| 24 | 12/1 | 月 | 27 | 壬寅 | 8·2 | 31 | 水 | 27 | 壬申 | 8·2 | 29 | 木 | 26 | 辛丑 | 8·2 |
| 25 | 2 | 火 | 28 | 癸卯 | 8·2 | 1/1 | 木 | 28 | 癸酉 | 8·1 | 30 | 金 | 27 | 壬寅 | 8·2 |
| 26 | 3 | 水 | 29 | 甲辰 | 9·1 | 2 | 金 | 29 | 甲戌 | 9·1 | 31 | 土 | 28 | 癸卯 | 9·1 |
| 27 | 4 | 木 | 30 | 乙巳 | 9·1 | 3 | 土 | 30 | 乙亥 | 9·1 | 2/1 | 日 | 29 | 甲辰 | 9·1 |
| 28 | 5 | 金 | 11/1 | 丙午 | 9·1 | 4 | 日 | 12/1 | 丙子 | 9·1 | 2 | 月 | 1/1 | 乙巳 | 9·1 |
| 29 | 6 | 土 | 2 | 丁未 | 10·1 | | | | | | 3 | 火 | 2 | 丙午 | 10·1 |
| 30 | | | | | | | | | | | | | | | |
| 31 | | | | | | | | | | | | | | | |

# 서기 2060년 [단기 4393년]

| 절기후날수 | 입춘절(戊寅月) 立春 2월4일 11시7분 雨水 2월19일 6시56분 | | | | | 경칩절(己卯月) 驚蟄 3월5일 4시52분 春分 3월20일 5시37분 | | | | | 청명절(庚辰月) 清明 4월4일 9시18분 穀雨 4월19일 16시16분 | | | | |
|---|---|---|---|---|---|---|---|---|---|---|---|---|---|---|---|
| | 양력 | 요일 | 음력 | 일진 | 大運 남·여 | 양력 | 요일 | 음력 | 일진 | 大運 남·여 | 양력 | 요일 | 음력 | 일진 | 大運 남·여 |
| 0 | 2/4 | 水 | 3 | 丁未 | 입춘 | 3/5 | 金 | 3 | 丁丑 | 경칩 | 4/4 | 日 | 4 | 丁未 | 청명 |
| 1 | 5 | 木 | 4 | 戊申 | 10·1 | 6 | 土 | 4 | 戊寅 | 10·1 | 5 | 月 | 5 | 戊申 | 10·1 |
| 2 | 6 | 金 | 5 | 己酉 | 9·1 | 7 | 日 | 5 | 己卯 | 9·1 | 6 | 火 | 6 | 己酉 | 10·1 |
| 3 | 7 | 土 | 6 | 庚戌 | 9·1 | 8 | 月 | 6 | 庚辰 | 9·1 | 7 | 水 | 7 | 庚戌 | 9·1 |
| 4 | 8 | 日 | 7 | 辛亥 | 9·1 | 9 | 火 | 7 | 辛巳 | 9·1 | 8 | 木 | 8 | 辛亥 | 9·1 |
| 5 | 9 | 月 | 8 | 壬子 | 8·2 | 10 | 水 | 8 | 壬午 | 8·2 | 9 | 金 | 9 | 壬子 | 9·2 |
| 6 | 10 | 火 | 9 | 癸丑 | 8·2 | 11 | 木 | 9 | 癸未 | 8·2 | 10 | 土 | 10 | 癸丑 | 8·2 |
| 7 | 11 | 水 | 10 | 甲寅 | 8·2 | 12 | 金 | 10 | 甲申 | 8·2 | 11 | 日 | 11 | 甲寅 | 8·2 |
| 8 | 12 | 木 | 11 | 乙卯 | 7·3 | 13 | 土 | 11 | 乙酉 | 7·3 | 12 | 月 | 12 | 乙卯 | 8·3 |
| 9 | 13 | 金 | 12 | 丙辰 | 7·3 | 14 | 日 | 12 | 丙戌 | 7·3 | 13 | 火 | 13 | 丙辰 | 7·3 |
| 10 | 14 | 土 | 13 | 丁巳 | 7·3 | 15 | 月 | 13 | 丁亥 | 7·3 | 14 | 水 | 14 | 丁巳 | 7·3 |
| 11 | 15 | 日 | 14 | 戊午 | 6·4 | 16 | 火 | 14 | 戊子 | 6·4 | 15 | 木 | 15 | 戊午 | 7·4 |
| 12 | 16 | 月 | 15 | 己未 | 6·4 | 17 | 水 | 15 | 己丑 | 6·4 | 16 | 金 | 16 | 己未 | 6·4 |
| 13 | 17 | 火 | 16 | 庚申 | 6·4 | 18 | 木 | 16 | 庚寅 | 6·4 | 17 | 土 | 17 | 庚申 | 6·4 |
| 14 | 18 | 水 | 17 | 辛酉 | 5·5 | 19 | 金 | 17 | 辛卯 | 5·5 | 18 | 日 | 18 | 辛酉 | 6·5 |
| 15 | 19 | 木 | 18 | 壬戌 | 우수 | 20 | 土 | 18 | 壬辰 | 춘분 | 19 | 月 | 19 | 壬戌 | 곡우 |
| 16 | 20 | 金 | 19 | 癸亥 | 5·5 | 21 | 日 | 19 | 癸巳 | 5·5 | 20 | 火 | 20 | 癸亥 | 5·5 |
| 17 | 21 | 土 | 20 | 甲子 | 4·6 | 22 | 月 | 20 | 甲午 | 4·6 | 21 | 水 | 21 | 甲子 | 5·6 |
| 18 | 22 | 日 | 21 | 乙丑 | 4·6 | 23 | 火 | 21 | 乙未 | 4·6 | 22 | 木 | 22 | 乙丑 | 4·6 |
| 19 | 23 | 月 | 22 | 丙寅 | 4·6 | 24 | 水 | 22 | 丙申 | 4·6 | 23 | 金 | 23 | 丙寅 | 4·6 |
| 20 | 24 | 火 | 23 | 丁卯 | 3·7 | 25 | 木 | 23 | 丁酉 | 3·7 | 24 | 土 | 24 | 丁卯 | 4·7 |
| 21 | 25 | 水 | 24 | 戊辰 | 3·7 | 26 | 金 | 24 | 戊戌 | 3·7 | 25 | 日 | 25 | 戊辰 | 3·7 |
| 22 | 26 | 木 | 25 | 己巳 | 3·7 | 27 | 土 | 25 | 己亥 | 3·7 | 26 | 月 | 26 | 己巳 | 3·7 |
| 23 | 27 | 金 | 26 | 庚午 | 2·8 | 28 | 日 | 26 | 庚子 | 2·8 | 27 | 火 | 27 | 庚午 | 3·8 |
| 24 | 28 | 土 | 27 | 辛未 | 2·8 | 29 | 月 | 27 | 辛丑 | 2·8 | 28 | 水 | 28 | 辛未 | 2·8 |
| 25 | 29 | 日 | 28 | 壬申 | 2·8 | 30 | 火 | 28 | 壬寅 | 2·8 | 29 | 木 | 29 | 壬申 | 2·8 |
| 26 | 3/1 | 月 | 29 | 癸酉 | 1·9 | 31 | 水 | 29 | 癸卯 | 1·9 | 30 | 金 | 4/1 | 癸酉 | 2·9 |
| 27 | 2 | 火 | 30 | 甲戌 | 1·9 | 4/1 | 木 | 3/1 | 甲辰 | 1·9 | 5/1 | 土 | 2 | 甲戌 | 1·9 |
| 28 | 3 | 水 | 2/1 | 乙亥 | 1·9 | 2 | 金 | 2 | 乙巳 | 1·9 | 2 | 日 | 3 | 乙亥 | 1·9 |
| 29 | 4 | 木 | 2 | 丙子 | 1·10 | 3 | 土 | 3 | 丙午 | 1·10 | 3 | 月 | 4 | 丙子 | 1·10 |
| 30 | | | | | | | | | | | 4 | 火 | 5 | 丁丑 | 1·10 |
| 31 | | | | | | | | | | | | | | | |

| 절기후날수 | 입하절(辛巳月) 立夏 5월5일 2시11분 小滿 5월20일 15시2분 | | | | | 망종절(壬午月) 芒種 6월5일 6시0분 夏至 6월20일 22시44분 | | | | | 소서절(癸未月) 小暑 7월6일 16시6분 大暑 7월22일 9시34분 | | | | |
|---|---|---|---|---|---|---|---|---|---|---|---|---|---|---|---|
| | 양력 | 요일 | 음력 | 일진 | 大運 남·여 | 양력 | 요일 | 음력 | 일진 | 大運 남·여 | 양력 | 요일 | 음력 | 일진 | 大運 남·여 |
| 0 | 5/5 | 水 | 6 | 戊寅 | 입하 | 6/5 | 土 | 7 | 己酉 | 망종 | 7/6 | 火 | 9 | 庚辰 | 소서 |
| 1 | 6 | 木 | 7 | 己卯 | 10·1 | 6 | 日 | 8 | 庚戌 | 10·1 | 7 | 水 | 10 | 辛巳 | 10·1 |
| 2 | 7 | 金 | 8 | 庚辰 | 10·1 | 7 | 月 | 9 | 辛亥 | 10·1 | 8 | 木 | 11 | 壬午 | 10·1 |
| 3 | 8 | 土 | 9 | 辛巳 | 9·1 | 8 | 火 | 10 | 壬子 | 9·1 | 9 | 金 | 12 | 癸未 | 10·1 |
| 4 | 9 | 日 | 10 | 壬午 | 9·1 | 9 | 水 | 11 | 癸丑 | 9·1 | 10 | 土 | 13 | 甲申 | 9·1 |
| 5 | 10 | 月 | 11 | 癸未 | 9·2 | 10 | 木 | 12 | 甲寅 | 9·2 | 11 | 日 | 14 | 乙酉 | 9·2 |
| 6 | 11 | 火 | 12 | 甲申 | 8·2 | 11 | 金 | 13 | 乙卯 | 8·2 | 12 | 月 | 15 | 丙戌 | 9·2 |
| 7 | 12 | 水 | 13 | 乙酉 | 8·2 | 12 | 土 | 14 | 丙辰 | 8·2 | 13 | 火 | 16 | 丁亥 | 8·2 |
| 8 | 13 | 木 | 14 | 丙戌 | 8·3 | 13 | 日 | 15 | 丁巳 | 8·3 | 14 | 水 | 17 | 戊子 | 8·3 |
| 9 | 14 | 金 | 15 | 丁亥 | 7·3 | 14 | 月 | 16 | 戊午 | 7·3 | 15 | 木 | 18 | 己丑 | 8·3 |
| 10 | 15 | 土 | 16 | 戊子 | 7·3 | 15 | 火 | 17 | 己未 | 7·3 | 16 | 金 | 19 | 庚寅 | 7·3 |
| 11 | 16 | 日 | 17 | 己丑 | 7·4 | 16 | 水 | 18 | 庚申 | 7·4 | 17 | 土 | 20 | 辛卯 | 7·4 |
| 12 | 17 | 月 | 18 | 庚寅 | 6·4 | 17 | 木 | 19 | 辛酉 | 6·4 | 18 | 日 | 21 | 壬辰 | 7·4 |
| 13 | 18 | 火 | 19 | 辛卯 | 6·4 | 18 | 金 | 20 | 壬戌 | 6·4 | 19 | 月 | 22 | 癸巳 | 6·4 |
| 14 | 19 | 水 | 20 | 壬辰 | 6·5 | 19 | 土 | 21 | 癸亥 | 6·5 | 20 | 火 | 23 | 甲午 | 6·5 |
| 15 | 20 | 木 | 21 | 癸巳 | 소만 | 20 | 日 | 22 | 甲子 | 하지 | 21 | 水 | 24 | 乙未 | 6·5 |
| 16 | 21 | 金 | 22 | 甲午 | 5·5 | 21 | 月 | 23 | 乙丑 | 5·5 | 22 | 木 | 25 | 丙申 | 대서 |
| 17 | 22 | 土 | 23 | 乙未 | 5·6 | 22 | 火 | 24 | 丙寅 | 5·6 | 23 | 金 | 26 | 丁酉 | 5·6 |
| 18 | 23 | 日 | 24 | 丙申 | 4·6 | 23 | 水 | 25 | 丁卯 | 4·6 | 24 | 土 | 27 | 戊戌 | 5·6 |
| 19 | 24 | 月 | 25 | 丁酉 | 4·6 | 24 | 木 | 26 | 戊辰 | 4·6 | 25 | 日 | 28 | 己亥 | 4·6 |
| 20 | 25 | 火 | 26 | 戊戌 | 4·7 | 25 | 金 | 27 | 己巳 | 4·7 | 26 | 月 | 29 | 庚子 | 4·7 |
| 21 | 26 | 水 | 27 | 己亥 | 3·7 | 26 | 土 | 28 | 庚午 | 3·7 | 27 | 火 | 7/1 | 辛丑 | 4·7 |
| 22 | 27 | 木 | 28 | 庚子 | 3·7 | 27 | 日 | 29 | 辛未 | 3·7 | 28 | 水 | 2 | 壬寅 | 3·7 |
| 23 | 28 | 金 | 29 | 辛丑 | 3·8 | 28 | 月 | 6/1 | 壬申 | 3·8 | 29 | 木 | 3 | 癸卯 | 3·8 |
| 24 | 29 | 土 | 30 | 壬寅 | 2·8 | 29 | 火 | 2 | 癸酉 | 2·8 | 30 | 金 | 4 | 甲辰 | 3·8 |
| 25 | 30 | 日 | 5/1 | 癸卯 | 2·8 | 30 | 水 | 3 | 甲戌 | 2·8 | 31 | 土 | 5 | 乙巳 | 2·8 |
| 26 | 31 | 月 | 2 | 甲辰 | 2·9 | 7/1 | 木 | 4 | 乙亥 | 2·9 | 8/1 | 日 | 6 | 丙午 | 2·9 |
| 27 | 6/1 | 火 | 3 | 乙巳 | 1·9 | 2 | 金 | 5 | 丙子 | 1·9 | 2 | 月 | 7 | 丁未 | 2·9 |
| 28 | 2 | 水 | 4 | 丙午 | 1·9 | 3 | 土 | 6 | 丁丑 | 1·9 | 3 | 火 | 8 | 戊申 | 1·9 |
| 29 | 3 | 木 | 5 | 丁未 | 1·10 | 4 | 日 | 7 | 戊寅 | 1·10 | 4 | 水 | 9 | 己酉 | 1·10 |
| 30 | 4 | 金 | 6 | 戊申 | 1·10 | 5 | 月 | 8 | 己卯 | 1·10 | 5 | 木 | 10 | 庚戌 | 1·10 |
| 31 | | | | | | | | | | | 6 | 金 | 11 | 辛亥 | 1·10 |

# 庚辰年

| 절기후날수 | 입추절(甲申月) | | | | | 백로절(乙酉月) | | | | | 한로절(丙戌月) | | | | | 입동절(丁亥月) | | | | | 대설절(戊子月) | | | | | 소한절(己丑月) | | | | |
|---|---|---|---|---|---|---|---|---|---|---|---|---|---|---|---|---|---|---|---|---|---|---|---|---|---|---|---|---|---|---|
| | 立秋 8월7일 1시58분 處暑 8월22일 16시48분 | | | | | 白露 9월7일 5시9분 秋分 9월22일 14시47분 | | | | | 寒露 10월7일 21시12분 霜降 10월23일 0시32분 | | | | | 立冬 11월7일 0시47분 小雪 11월21일 22시27분 | | | | | 大雪 12월6일 17시56분 冬至 12월21일 12시0분 | | | | | 小寒 1월5일 5시17분 大寒 1월19일 22시41분 | | | | |
| | 양력 | 요일 | 음력 | 일진 | 大運 남·여 | 양력 | 요일 | 음력 | 일진 | 大運 남·여 | 양력 | 요일 | 음력 | 일진 | 大運 남·여 | 양력 | 요일 | 음력 | 일진 | 大運 남·여 | 양력 | 요일 | 음력 | 일진 | 大運 남·여 | 양력 | 요일 | 음력 | 일진 | 大運 남·여 |
| 0 | 8/7 | 土 | 12 | 壬子 | 입추 | 9/7 | 火 | 13 | 癸未 | 백로 | 10/7 | 木 | 13 | 癸丑 | 한로 | 11/7 | 日 | 15 | 甲申 | 입동 | 12/6 | 月 | 14 | 癸丑 | 대설 | 1/5 | 水 | 14 | 癸未 | 소한 |
| 1 | 8 | 日 | 13 | 癸丑 | 10·1 | 8 | 水 | 14 | 甲申 | 10·1 | 8 | 金 | 14 | 甲寅 | 10·1 | 8 | 月 | 16 | 乙酉 | 9·1 | 7 | 火 | 15 | 甲寅 | 10·1 | 6 | 木 | 15 | 甲申 | 9·1 |
| 2 | 9 | 月 | 14 | 甲寅 | 10·1 | 9 | 木 | 15 | 乙酉 | 9·1 | 9 | 土 | 15 | 乙卯 | 10·1 | 9 | 火 | 17 | 丙戌 | 9·1 | 8 | 水 | 16 | 乙卯 | 9·1 | 7 | 金 | 16 | 乙酉 | 9·1 |
| 3 | 10 | 火 | 15 | 乙卯 | 9·1 | 10 | 金 | 16 | 丙戌 | 9·1 | 10 | 日 | 16 | 丙辰 | 9·1 | 10 | 水 | 18 | 丁亥 | 9·1 | 9 | 木 | 17 | 丙辰 | 9·1 | 8 | 土 | 17 | 丙戌 | 9·1 |
| 4 | 11 | 水 | 16 | 丙辰 | 9·1 | 11 | 土 | 17 | 丁亥 | 9·1 | 11 | 月 | 17 | 丁巳 | 9·1 | 11 | 木 | 19 | 戊子 | 8·1 | 10 | 金 | 18 | 丁巳 | 9·1 | 9 | 日 | 18 | 丁亥 | 8·1 |
| 5 | 12 | 木 | 17 | 丁巳 | 9·2 | 12 | 日 | 18 | 戊子 | 8·2 | 12 | 火 | 18 | 戊午 | 9·2 | 12 | 金 | 20 | 己丑 | 8·2 | 11 | 土 | 19 | 戊午 | 8·2 | 10 | 月 | 19 | 戊子 | 8·2 |
| 6 | 13 | 金 | 18 | 戊午 | 8·2 | 13 | 月 | 19 | 己丑 | 8·2 | 13 | 水 | 19 | 己未 | 8·2 | 13 | 土 | 21 | 庚寅 | 8·2 | 12 | 日 | 20 | 己未 | 8·2 | 11 | 火 | 20 | 己丑 | 8·2 |
| 7 | 14 | 土 | 19 | 己未 | 8·2 | 14 | 火 | 20 | 庚寅 | 8·2 | 14 | 木 | 20 | 庚申 | 8·2 | 14 | 日 | 22 | 辛卯 | 7·2 | 13 | 月 | 21 | 庚申 | 8·2 | 12 | 水 | 21 | 庚寅 | 7·2 |
| 8 | 15 | 日 | 20 | 庚申 | 8·3 | 15 | 水 | 21 | 辛卯 | 7·3 | 15 | 金 | 21 | 辛酉 | 8·3 | 15 | 月 | 23 | 壬辰 | 7·3 | 14 | 火 | 22 | 辛酉 | 7·3 | 13 | 木 | 22 | 辛卯 | 7·3 |
| 9 | 16 | 月 | 21 | 辛酉 | 7·3 | 16 | 木 | 22 | 壬辰 | 7·3 | 16 | 土 | 22 | 壬戌 | 7·3 | 16 | 火 | 24 | 癸巳 | 7·3 | 15 | 水 | 23 | 壬戌 | 7·3 | 14 | 金 | 23 | 壬辰 | 7·3 |
| 10 | 17 | 火 | 22 | 壬戌 | 7·3 | 17 | 金 | 23 | 癸巳 | 7·3 | 17 | 日 | 23 | 癸亥 | 7·3 | 17 | 水 | 25 | 甲午 | 6·3 | 16 | 木 | 24 | 癸亥 | 7·3 | 15 | 土 | 24 | 癸巳 | 6·3 |
| 11 | 18 | 水 | 23 | 癸亥 | 7·4 | 18 | 土 | 24 | 甲午 | 6·4 | 18 | 月 | 24 | 甲子 | 7·4 | 18 | 木 | 26 | 乙未 | 6·4 | 17 | 金 | 25 | 甲子 | 6·4 | 16 | 日 | 25 | 甲午 | 6·4 |
| 12 | 19 | 木 | 24 | 甲子 | 6·4 | 19 | 日 | 25 | 乙未 | 6·4 | 19 | 火 | 25 | 乙丑 | 6·4 | 19 | 金 | 27 | 丙申 | 6·4 | 18 | 土 | 26 | 乙丑 | 6·4 | 17 | 月 | 26 | 乙未 | 6·4 |
| 13 | 20 | 金 | 25 | 乙丑 | 6·4 | 20 | 月 | 26 | 丙申 | 6·4 | 20 | 水 | 26 | 丙寅 | 6·4 | 20 | 土 | 28 | 丁酉 | 5·4 | 19 | 日 | 27 | 丙寅 | 6·4 | 18 | 火 | 27 | 丙申 | 5·4 |
| 14 | 21 | 土 | 26 | 丙寅 | 6·5 | 21 | 火 | 27 | 丁酉 | 5·5 | 21 | 木 | 27 | 丁卯 | 6·5 | 21 | 日 | 29 | 戊戌 | 소설 | 20 | 月 | 28 | 丁卯 | 5·5 | 19 | 水 | 28 | 丁酉 | 대한 |
| 15 | 22 | 日 | 27 | 丁卯 | 처서 | 22 | 水 | 28 | 戊戌 | 추분 | 22 | 金 | 28 | 戊辰 | 5·5 | 22 | 月 | 30 | 己亥 | 5·5 | 21 | 火 | 29 | 戊辰 | 동지 | 20 | 木 | 29 | 戊戌 | 5·5 |
| 16 | 23 | 月 | 28 | 戊辰 | 5·5 | 23 | 木 | 29 | 己亥 | 5·5 | 23 | 土 | 29 | 己巳 | 상강 | 23 | 火 | 11/1 | 庚子 | 4·5 | 22 | 水 | 30 | 己巳 | 5·5 | 21 | 金 | 30 | 己亥 | 4·5 |
| 17 | 24 | 火 | 29 | 己巳 | 5·6 | 24 | 金 | 30 | 庚子 | 4·6 | 24 | 日 | 10/1 | 庚午 | 5·6 | 24 | 水 | 2 | 辛丑 | 4·6 | 23 | 木 | 12/1 | 庚午 | 4·6 | 22 | 土 | 1/1 | 庚子 | 4·6 |
| 18 | 25 | 水 | 30 | 庚午 | 4·6 | 25 | 土 | 9/1 | 辛丑 | 4·6 | 25 | 月 | 2 | 辛未 | 4·6 | 25 | 木 | 3 | 壬寅 | 4·6 | 24 | 金 | 2 | 辛未 | 4·6 | 23 | 日 | 2 | 辛丑 | 4·6 |
| 19 | 26 | 木 | 8/1 | 辛未 | 4·6 | 26 | 日 | 2 | 壬寅 | 4·6 | 26 | 火 | 3 | 壬申 | 4·6 | 26 | 金 | 4 | 癸卯 | 3·6 | 25 | 土 | 3 | 壬申 | 4·6 | 24 | 月 | 3 | 壬寅 | 3·6 |
| 20 | 27 | 金 | 2 | 壬申 | 4·7 | 27 | 月 | 3 | 癸卯 | 3·7 | 27 | 水 | 4 | 癸酉 | 4·7 | 27 | 土 | 5 | 甲辰 | 3·7 | 26 | 日 | 4 | 癸酉 | 3·7 | 25 | 火 | 4 | 癸卯 | 3·7 |
| 21 | 28 | 土 | 3 | 癸酉 | 3·7 | 28 | 火 | 4 | 甲辰 | 3·7 | 28 | 木 | 5 | 甲戌 | 3·7 | 28 | 日 | 6 | 乙巳 | 3·7 | 27 | 月 | 5 | 甲戌 | 3·7 | 26 | 水 | 5 | 甲辰 | 3·7 |
| 22 | 29 | 日 | 4 | 甲戌 | 3·7 | 29 | 水 | 5 | 乙巳 | 3·7 | 29 | 金 | 6 | 乙亥 | 3·7 | 29 | 月 | 7 | 丙午 | 2·7 | 28 | 火 | 6 | 乙亥 | 3·7 | 27 | 木 | 6 | 乙巳 | 2·7 |
| 23 | 30 | 月 | 5 | 乙亥 | 3·8 | 30 | 木 | 6 | 丙午 | 2·8 | 30 | 土 | 7 | 丙子 | 3·8 | 30 | 火 | 8 | 丁未 | 2·8 | 29 | 水 | 7 | 丙子 | 2·8 | 28 | 金 | 7 | 丙午 | 2·8 |
| 24 | 31 | 火 | 6 | 丙子 | 2·8 | 10/1 | 金 | 7 | 丁未 | 2·8 | 31 | 日 | 8 | 丁丑 | 2·8 | 12/1 | 水 | 9 | 戊申 | 2·8 | 30 | 木 | 8 | 丁丑 | 2·8 | 29 | 土 | 8 | 丁未 | 2·8 |
| 25 | 9/1 | 水 | 7 | 丁丑 | 2·8 | 2 | 土 | 8 | 戊申 | 2·8 | 11/1 | 月 | 9 | 戊寅 | 2·8 | 2 | 木 | 10 | 己酉 | 1·8 | 31 | 金 | 9 | 戊寅 | 2·8 | 30 | 日 | 9 | 戊申 | 1·8 |
| 26 | 2 | 木 | 8 | 戊寅 | 2·9 | 3 | 日 | 9 | 己酉 | 1·9 | 2 | 火 | 10 | 己卯 | 2·9 | 3 | 金 | 11 | 庚戌 | 1·9 | 1/1 | 土 | 10 | 己卯 | 1·9 | 31 | 月 | 10 | 己酉 | 1·9 |
| 27 | 3 | 金 | 9 | 己卯 | 1·9 | 4 | 月 | 10 | 庚戌 | 1·9 | 3 | 水 | 11 | 庚辰 | 1·9 | 4 | 土 | 12 | 辛亥 | 1·9 | 2 | 日 | 11 | 庚辰 | 1·9 | 2/1 | 火 | 11 | 庚戌 | 1·9 |
| 28 | 4 | 土 | 10 | 庚辰 | 1·9 | 5 | 火 | 11 | 辛亥 | 1·9 | 4 | 木 | 12 | 辛巳 | 1·9 | 5 | 日 | 13 | 壬子 | 1·9 | 3 | 月 | 12 | 辛巳 | 1·9 | 2 | 水 | 12 | 辛亥 | 1·9 |
| 29 | 5 | 日 | 11 | 辛巳 | 1·10 | 6 | 水 | 12 | 壬子 | 1·10 | 5 | 金 | 13 | 壬午 | 1·10 | | | | | | 4 | 火 | 13 | 壬午 | 1·10 | | | | | |
| 30 | 6 | 月 | 12 | 壬午 | 1·10 | | | | | | 6 | 土 | 14 | 癸未 | 1·10 | | | | | | | | | | | | | | | |
| 31 | | | | | | | | | | | | | | | | | | | | | | | | | | | | | | |

# 서기 2061년 [단기 4394년]

| 절기후날수 | 입춘절(庚寅月) | | | | | | 경칩절(辛卯月) | | | | | |
|---|---|---|---|---|---|---|---|---|---|---|---|---|
| | 立春 2월3일 16시52분<br>雨水 2월18일 12시42분 | | | | | | 驚蟄 3월5일 10시40분<br>春分 3월20일 11시25분 | | | | | |
| | 양력 | 요일 | 음력 | 일진 | 大運 남 | 大運 여 | 양력 | 요일 | 음력 | 일진 | 大運 남 | 大運 여 |
| 0 | 2/3 | 木 | 13 | 壬子 | 입춘 | | 3/5 | 土 | 14 | 壬午 | 경칩 | |
| 1 | 4 | 金 | 14 | 癸丑 | 1 | 10 | 6 | 日 | 15 | 癸未 | 1 | 10 |
| 2 | 5 | 土 | 15 | 甲寅 | 1 | 9 | 7 | 月 | 16 | 甲申 | 1 | 9 |
| 3 | 6 | 日 | 16 | 乙卯 | 1 | 9 | 8 | 火 | 17 | 乙酉 | 1 | 9 |
| 4 | 7 | 月 | 17 | 丙辰 | 1 | 9 | 9 | 水 | 18 | 丙戌 | 1 | 9 |
| 5 | 8 | 火 | 18 | 丁巳 | 2 | 8 | 10 | 木 | 19 | 丁亥 | 2 | 8 |
| 6 | 9 | 水 | 19 | 戊午 | 2 | 8 | 11 | 金 | 20 | 戊子 | 2 | 8 |
| 7 | 10 | 木 | 20 | 己未 | 2 | 8 | 12 | 土 | 21 | 己丑 | 2 | 8 |
| 8 | 11 | 金 | 21 | 庚申 | 3 | 7 | 13 | 日 | 22 | 庚寅 | 3 | 7 |
| 9 | 12 | 土 | 22 | 辛酉 | 3 | 7 | 14 | 月 | 23 | 辛卯 | 3 | 7 |
| 10 | 13 | 日 | 23 | 壬戌 | 3 | 7 | 15 | 火 | 24 | 壬辰 | 3 | 7 |
| 11 | 14 | 月 | 24 | 癸亥 | 4 | 6 | 16 | 水 | 25 | 癸巳 | 4 | 6 |
| 12 | 15 | 火 | 25 | 甲子 | 4 | 6 | 17 | 木 | 26 | 甲午 | 4 | 6 |
| 13 | 16 | 水 | 26 | 乙丑 | 4 | 6 | 18 | 金 | 27 | 乙未 | 4 | 6 |
| 14 | 17 | 木 | 27 | 丙寅 | 5 | 5 | 19 | 土 | 28 | 丙申 | 5 | 5 |
| 15 | 18 | 金 | 28 | 丁卯 | 우수 | | 20 | 日 | 29 | 丁酉 | 춘분 | |
| 16 | 19 | 土 | 29 | 戊辰 | 5 | 5 | 21 | 月 | 30 | 戊戌 | 5 | 5 |
| 17 | 20 | 日 | 2/1 | 己巳 | 6 | 4 | 22 | 火 | 3/1 | 己亥 | 6 | 4 |
| 18 | 21 | 月 | 2 | 庚午 | 6 | 4 | 23 | 水 | 2 | 庚子 | 6 | 4 |
| 19 | 22 | 火 | 3 | 辛未 | 6 | 4 | 24 | 木 | 3 | 辛丑 | 6 | 4 |
| 20 | 23 | 水 | 4 | 壬申 | 7 | 3 | 25 | 金 | 4 | 壬寅 | 7 | 3 |
| 21 | 24 | 木 | 5 | 癸酉 | 7 | 3 | 26 | 土 | 5 | 癸卯 | 7 | 3 |
| 22 | 25 | 金 | 6 | 甲戌 | 7 | 3 | 27 | 日 | 6 | 甲辰 | 7 | 3 |
| 23 | 26 | 土 | 7 | 乙亥 | 8 | 2 | 28 | 月 | 7 | 乙巳 | 8 | 2 |
| 24 | 27 | 日 | 8 | 丙子 | 8 | 2 | 29 | 火 | 8 | 丙午 | 8 | 2 |
| 25 | 28 | 月 | 9 | 丁丑 | 8 | 2 | 30 | 水 | 9 | 丁未 | 8 | 2 |
| 26 | 3/1 | 火 | 10 | 戊寅 | 9 | 1 | 31 | 木 | 10 | 戊申 | 9 | 1 |
| 27 | 2 | 水 | 11 | 己卯 | 9 | 1 | 4/1 | 金 | 11 | 己酉 | 9 | 1 |
| 28 | 3 | 木 | 12 | 庚辰 | 9 | 1 | 2 | 土 | 12 | 庚戌 | 9 | 1 |
| 29 | 4 | 金 | 13 | 辛巳 | 10 | 1 | 3 | 日 | 13 | 辛亥 | 10 | 1 |
| 30 | | | | | | | | | | | | |
| 31 | | | | | | | | | | | | |

| 절기후날수 | 청명절(壬辰月) | | | | | | 입하절(癸巳月) | | | | | |
|---|---|---|---|---|---|---|---|---|---|---|---|---|
| | 淸明 4월4일 15시9분<br>穀雨 4월19일 22시5분 | | | | | | 立夏 5월5일 8시5분<br>小滿 5월20일 20시51분 | | | | | |
| | 양력 | 요일 | 음력 | 일진 | 大運 남 | 大運 여 | 양력 | 요일 | 음력 | 일진 | 大運 남 | 大運 여 |
| 0 | 4/4 | 月 | 14 | 壬子 | 청명 | | 5/5 | 木 | 윤16 | 癸未 | 입하 | |
| 1 | 5 | 火 | 15 | 癸丑 | 1 | 10 | 6 | 金 | 윤17 | 甲申 | 1 | 10 |
| 2 | 6 | 水 | 16 | 甲寅 | 1 | 10 | 7 | 土 | 윤18 | 乙酉 | 1 | 10 |
| 3 | 7 | 木 | 17 | 乙卯 | 1 | 9 | 8 | 日 | 윤19 | 丙戌 | 1 | 9 |
| 4 | 8 | 金 | 18 | 丙辰 | 1 | 9 | 9 | 月 | 윤20 | 丁亥 | 1 | 9 |
| 5 | 9 | 土 | 19 | 丁巳 | 2 | 9 | 10 | 火 | 윤21 | 戊子 | 2 | 9 |
| 6 | 10 | 日 | 20 | 戊午 | 2 | 8 | 11 | 水 | 윤22 | 己丑 | 2 | 8 |
| 7 | 11 | 月 | 21 | 己未 | 2 | 8 | 12 | 木 | 윤23 | 庚寅 | 2 | 8 |
| 8 | 12 | 火 | 22 | 庚申 | 3 | 8 | 13 | 金 | 윤24 | 辛卯 | 3 | 8 |
| 9 | 13 | 水 | 23 | 辛酉 | 3 | 7 | 14 | 土 | 윤25 | 壬辰 | 3 | 7 |
| 10 | 14 | 木 | 24 | 壬戌 | 3 | 7 | 15 | 日 | 윤26 | 癸巳 | 3 | 7 |
| 11 | 15 | 金 | 25 | 癸亥 | 4 | 7 | 16 | 月 | 윤27 | 甲午 | 4 | 7 |
| 12 | 16 | 土 | 26 | 甲子 | 4 | 6 | 17 | 火 | 윤28 | 乙未 | 4 | 6 |
| 13 | 17 | 日 | 27 | 乙丑 | 4 | 6 | 18 | 水 | 윤29 | 丙申 | 4 | 6 |
| 14 | 18 | 月 | 28 | 丙寅 | 5 | 6 | 19 | 木 | 4/1 | 丁酉 | 5 | 6 |
| 15 | 19 | 火 | 29 | 丁卯 | 곡우 | | 20 | 金 | 2 | 戊戌 | 소만 | |
| 16 | 20 | 水 | 윤1 | 戊辰 | 5 | 5 | 21 | 土 | 3 | 己亥 | 5 | 5 |
| 17 | 21 | 木 | 윤2 | 己巳 | 6 | 5 | 22 | 日 | 4 | 庚子 | 6 | 5 |
| 18 | 22 | 金 | 윤3 | 庚午 | 6 | 4 | 23 | 月 | 5 | 辛丑 | 6 | 4 |
| 19 | 23 | 土 | 윤4 | 辛未 | 6 | 4 | 24 | 火 | 6 | 壬寅 | 6 | 4 |
| 20 | 24 | 日 | 윤5 | 壬申 | 7 | 4 | 25 | 水 | 7 | 癸卯 | 7 | 4 |
| 21 | 25 | 月 | 윤6 | 癸酉 | 7 | 3 | 26 | 木 | 8 | 甲辰 | 7 | 3 |
| 22 | 26 | 火 | 윤7 | 甲戌 | 7 | 3 | 27 | 金 | 9 | 乙巳 | 7 | 3 |
| 23 | 27 | 水 | 윤8 | 乙亥 | 8 | 3 | 28 | 土 | 10 | 丙午 | 8 | 3 |
| 24 | 28 | 木 | 윤9 | 丙子 | 8 | 2 | 29 | 日 | 11 | 丁未 | 8 | 2 |
| 25 | 29 | 金 | 윤10 | 丁丑 | 8 | 2 | 30 | 月 | 12 | 戊申 | 8 | 2 |
| 26 | 30 | 土 | 윤11 | 戊寅 | 9 | 2 | 31 | 火 | 13 | 己酉 | 9 | 2 |
| 27 | 5/1 | 日 | 윤12 | 己卯 | 9 | 1 | 6/1 | 水 | 14 | 庚戌 | 9 | 1 |
| 28 | 2 | 月 | 윤13 | 庚辰 | 9 | 1 | 2 | 木 | 15 | 辛亥 | 9 | 1 |
| 29 | 3 | 火 | 윤14 | 辛巳 | 10 | 1 | 3 | 金 | 16 | 壬子 | 10 | 1 |
| 30 | 4 | 水 | 윤15 | 壬午 | 10 | 1 | 4 | 土 | 17 | 癸丑 | 10 | 1 |
| 31 | | | | | | | | | | | | |

| 절기후날수 | 망종절(甲午月) | | | | | | 소서절(乙未月) | | | | | |
|---|---|---|---|---|---|---|---|---|---|---|---|---|
| | 芒種 6월5일 11시55분<br>夏至 6월21일 4시31분 | | | | | | 小暑 7월6일 22시1분<br>大暑 7월22일 15시19분 | | | | | |
| | 양력 | 요일 | 음력 | 일진 | 大運 남 | 大運 여 | 양력 | 요일 | 음력 | 일진 | 大運 남 | 大運 여 |
| 0 | 6/5 | 日 | 18 | 甲寅 | 망종 | | 7/6 | 水 | 19 | 乙酉 | 소서 | |
| 1 | 6 | 月 | 19 | 乙卯 | 1 | 10 | 7 | 木 | 20 | 丙戌 | 1 | 10 |
| 2 | 7 | 火 | 20 | 丙辰 | 1 | 10 | 8 | 金 | 21 | 丁亥 | 1 | 10 |
| 3 | 8 | 水 | 21 | 丁巳 | 1 | 9 | 9 | 土 | 22 | 戊子 | 1 | 10 |
| 4 | 9 | 木 | 22 | 戊午 | 1 | 9 | 10 | 日 | 23 | 己丑 | 1 | 9 |
| 5 | 10 | 金 | 23 | 己未 | 2 | 9 | 11 | 月 | 24 | 庚寅 | 2 | 9 |
| 6 | 11 | 土 | 24 | 庚申 | 2 | 8 | 12 | 火 | 25 | 辛卯 | 2 | 9 |
| 7 | 12 | 日 | 25 | 辛酉 | 2 | 8 | 13 | 水 | 26 | 壬辰 | 2 | 8 |
| 8 | 13 | 月 | 26 | 壬戌 | 3 | 8 | 14 | 木 | 27 | 癸巳 | 3 | 8 |
| 9 | 14 | 火 | 27 | 癸亥 | 3 | 7 | 15 | 金 | 28 | 甲午 | 3 | 8 |
| 10 | 15 | 水 | 28 | 甲子 | 3 | 7 | 16 | 土 | 29 | 乙未 | 3 | 7 |
| 11 | 16 | 木 | 29 | 乙丑 | 4 | 7 | 17 | 日 | 6/1 | 丙申 | 4 | 7 |
| 12 | 17 | 金 | 30 | 丙寅 | 4 | 6 | 18 | 月 | 2 | 丁酉 | 4 | 7 |
| 13 | 18 | 土 | 5/1 | 丁卯 | 4 | 6 | 19 | 火 | 3 | 戊戌 | 4 | 6 |
| 14 | 19 | 日 | 2 | 戊辰 | 5 | 6 | 20 | 水 | 4 | 己亥 | 5 | 6 |
| 15 | 20 | 月 | 3 | 己巳 | 5 | 5 | 21 | 木 | 5 | 庚子 | 5 | 6 |
| 16 | 21 | 火 | 4 | 庚午 | 하지 | | 22 | 金 | 6 | 辛丑 | 대서 | |
| 17 | 22 | 水 | 5 | 辛未 | 6 | 5 | 23 | 土 | 7 | 壬寅 | 6 | 5 |
| 18 | 23 | 木 | 6 | 壬申 | 6 | 4 | 24 | 日 | 8 | 癸卯 | 6 | 5 |
| 19 | 24 | 金 | 7 | 癸酉 | 6 | 4 | 25 | 月 | 9 | 甲辰 | 6 | 4 |
| 20 | 25 | 土 | 8 | 甲戌 | 7 | 4 | 26 | 火 | 10 | 乙巳 | 7 | 4 |
| 21 | 26 | 日 | 9 | 乙亥 | 7 | 3 | 27 | 水 | 11 | 丙午 | 7 | 4 |
| 22 | 27 | 月 | 10 | 丙子 | 7 | 3 | 28 | 木 | 12 | 丁未 | 7 | 3 |
| 23 | 28 | 火 | 11 | 丁丑 | 8 | 3 | 29 | 金 | 13 | 戊申 | 8 | 3 |
| 24 | 29 | 水 | 12 | 戊寅 | 8 | 2 | 30 | 土 | 14 | 己酉 | 8 | 3 |
| 25 | 30 | 木 | 13 | 己卯 | 8 | 2 | 31 | 日 | 15 | 庚戌 | 8 | 2 |
| 26 | 7/1 | 金 | 14 | 庚辰 | 9 | 2 | 8/1 | 月 | 16 | 辛亥 | 9 | 2 |
| 27 | 2 | 土 | 15 | 辛巳 | 9 | 1 | 2 | 火 | 17 | 壬子 | 9 | 2 |
| 28 | 3 | 日 | 16 | 壬午 | 9 | 1 | 3 | 水 | 18 | 癸丑 | 9 | 1 |
| 29 | 4 | 月 | 17 | 癸未 | 10 | 1 | 4 | 木 | 19 | 甲寅 | 10 | 1 |
| 30 | 5 | 火 | 18 | 甲申 | 10 | 1 | 5 | 金 | 20 | 乙卯 | 10 | 1 |
| 31 | | | | | | | 6 | 土 | 21 | 丙辰 | 10 | 1 |

▶ 윤달-3월

# 辛巳年

| 절기후날수 | 입추절(丙申月) | | | | | 백로절(丁酉月) | | | | | 한로절(戊戌月) | | | | | 입동절(己亥月) | | | | | 대설절(庚子月) | | | | | 소한절(辛丑月) | | | | |
|---|---|---|---|---|---|---|---|---|---|---|---|---|---|---|---|---|---|---|---|---|---|---|---|---|---|---|---|---|---|---|
| | 立秋 8월7일 7시51분<br>處暑 8월22일 22시32분 | | | | | 白露 9월7일 11시1분<br>秋分 9월22일 20시30분 | | | | | 寒露 10월8일 3시3분<br>霜降 10월23일 6시16분 | | | | | 立冬 11월7일 6시38분<br>小雪 11월22일 4시13분 | | | | | 大雪 12월6일 23시49분<br>冬至 12월21일 17시47분 | | | | | 小寒 1월5일 11시11분<br>大寒 1월20일 4시29분 | | | | |
| | 양력 | 요일 | 음력 | 일진 | 大運 남·여 | 양력 | 요일 | 음력 | 일진 | 大運 남·여 | 양력 | 요일 | 음력 | 일진 | 大運 남·여 | 양력 | 요일 | 음력 | 일진 | 大運 남·여 | 양력 | 요일 | 음력 | 일진 | 大運 남·여 | 양력 | 요일 | 음력 | 일진 | 大運 남·여 |
| 0 | 8/7 | 日 | 22 | 丁巳 | 입추 | 9/7 | 水 | 24 | 戊子 | 백로 | 10/8 | 土 | 25 | 己未 | 한로 | 11/7 | 月 | 26 | 己丑 | 입동 | 12/6 | 火 | 25 | 戊午 | 대설 | 1/5 | 木 | 25 | 戊子 | 소한 |
| 1 | 8 | 月 | 23 | 戊午 | 1·10 | 8 | 木 | 25 | 己丑 | 1·10 | 9 | 日 | 26 | 庚申 | 1·10 | 8 | 火 | 27 | 庚寅 | 1·9 | 7 | 水 | 26 | 己未 | 1·10 | 6 | 金 | 26 | 己丑 | 1·9 |
| 2 | 9 | 火 | 24 | 己未 | 1·10 | 9 | 金 | 26 | 庚寅 | 1·10 | 10 | 月 | 27 | 辛酉 | 1·9 | 9 | 水 | 28 | 辛卯 | 1·9 | 8 | 木 | 27 | 庚申 | 1·9 | 7 | 土 | 27 | 庚寅 | 1·9 |
| 3 | 10 | 水 | 25 | 庚申 | 1·9 | 10 | 土 | 27 | 辛卯 | 1·9 | 11 | 火 | 28 | 壬戌 | 1·9 | 10 | 木 | 29 | 壬辰 | 1·9 | 9 | 金 | 28 | 辛酉 | 1·9 | 8 | 日 | 28 | 辛卯 | 1·9 |
| 4 | 11 | 木 | 26 | 辛酉 | 1·9 | 11 | 日 | 28 | 壬辰 | 1·9 | 12 | 水 | 29 | 癸亥 | 1·9 | 11 | 金 | 30 | 癸巳 | 1·8 | 10 | 土 | 29 | 壬戌 | 1·9 | 9 | 月 | 29 | 壬辰 | 1·8 |
| 5 | 12 | 金 | 27 | 壬戌 | 2·9 | 12 | 月 | 29 | 癸巳 | 2·9 | 13 | 木 | 9/1 | 甲子 | 2·8 | 12 | 土 | 10/1 | 甲午 | 2·8 | 11 | 日 | 30 | 癸亥 | 2·8 | 10 | 火 | 30 | 癸巳 | 2·8 |
| 6 | 13 | 土 | 28 | 癸亥 | 2·8 | 13 | 火 | 30 | 甲午 | 2·8 | 14 | 金 | 2 | 乙丑 | 2·8 | 13 | 日 | 2 | 乙未 | 2·8 | 12 | 月 | 11/1 | 甲子 | 2·8 | 11 | 水 | 12/1 | 甲午 | 2·8 |
| 7 | 14 | 日 | 29 | 甲子 | 2·8 | 14 | 水 | 8/1 | 乙未 | 2·8 | 15 | 土 | 3 | 丙寅 | 2·8 | 14 | 月 | 3 | 丙申 | 2·7 | 13 | 火 | 2 | 乙丑 | 2·8 | 12 | 木 | 2 | 乙未 | 2·7 |
| 8 | 15 | 月 | 7/1 | 乙丑 | 3·8 | 15 | 木 | 2 | 丙申 | 3·8 | 16 | 日 | 4 | 丁卯 | 3·7 | 15 | 火 | 4 | 丁酉 | 3·7 | 14 | 水 | 3 | 丙寅 | 3·7 | 13 | 金 | 3 | 丙申 | 3·7 |
| 9 | 16 | 火 | 2 | 丙寅 | 3·7 | 16 | 金 | 3 | 丁酉 | 3·7 | 17 | 月 | 5 | 戊辰 | 3·7 | 16 | 水 | 5 | 戊戌 | 3·7 | 15 | 木 | 4 | 丁卯 | 3·7 | 14 | 土 | 4 | 丁酉 | 3·7 |
| 10 | 17 | 水 | 3 | 丁卯 | 3·7 | 17 | 土 | 4 | 戊戌 | 3·7 | 18 | 火 | 6 | 己巳 | 3·7 | 17 | 木 | 6 | 己亥 | 3·6 | 16 | 金 | 5 | 戊辰 | 3·7 | 15 | 日 | 5 | 戊戌 | 3·6 |
| 11 | 18 | 木 | 4 | 戊辰 | 4·7 | 18 | 日 | 5 | 己亥 | 4·7 | 19 | 水 | 7 | 庚午 | 4·6 | 18 | 金 | 7 | 庚子 | 4·6 | 17 | 土 | 6 | 己巳 | 4·6 | 16 | 月 | 6 | 己亥 | 4·6 |
| 12 | 19 | 金 | 5 | 己巳 | 4·6 | 19 | 月 | 6 | 庚子 | 4·6 | 20 | 木 | 8 | 辛未 | 4·6 | 19 | 土 | 8 | 辛丑 | 4·6 | 18 | 日 | 7 | 庚午 | 4·6 | 17 | 火 | 7 | 庚子 | 4·6 |
| 13 | 20 | 土 | 6 | 庚午 | 4·6 | 20 | 火 | 7 | 辛丑 | 4·6 | 21 | 金 | 9 | 壬申 | 4·6 | 20 | 日 | 9 | 壬寅 | 4·5 | 19 | 月 | 8 | 辛未 | 4·6 | 18 | 水 | 8 | 辛丑 | 4·5 |
| 14 | 21 | 日 | 7 | 辛未 | 5·6 | 21 | 水 | 8 | 壬寅 | 5·6 | 22 | 土 | 10 | 癸酉 | 5·5 | 21 | 月 | 10 | 癸卯 | 5·5 | 20 | 火 | 9 | 壬申 | 5·5 | 19 | 木 | 9 | 壬寅 | 5·5 |
| 15 | 22 | 月 | 8 | 壬申 | 처서 | 22 | 木 | 9 | 癸卯 | 추분 | 23 | 日 | 11 | 甲戌 | 상강 | 22 | 火 | 11 | 甲辰 | 소설 | 21 | 水 | 10 | 癸酉 | 동지 | 20 | 金 | 10 | 癸卯 | 대한 |
| 16 | 23 | 火 | 9 | 癸酉 | 5·5 | 23 | 金 | 10 | 甲辰 | 5·5 | 24 | 月 | 12 | 乙亥 | 5·5 | 23 | 水 | 12 | 乙巳 | 5·4 | 22 | 木 | 11 | 甲戌 | 5·5 | 21 | 土 | 11 | 甲辰 | 5·4 |
| 17 | 24 | 水 | 10 | 甲戌 | 6·5 | 24 | 土 | 11 | 乙巳 | 6·5 | 25 | 火 | 13 | 丙子 | 6·4 | 24 | 木 | 13 | 丙午 | 6·4 | 23 | 金 | 12 | 乙亥 | 6·4 | 22 | 日 | 12 | 乙巳 | 6·4 |
| 18 | 25 | 木 | 11 | 乙亥 | 6·4 | 25 | 日 | 12 | 丙午 | 6·4 | 26 | 水 | 14 | 丁丑 | 6·4 | 25 | 金 | 14 | 丁未 | 6·4 | 24 | 土 | 13 | 丙子 | 6·4 | 23 | 月 | 13 | 丙午 | 6·4 |
| 19 | 26 | 金 | 12 | 丙子 | 6·4 | 26 | 月 | 13 | 丁未 | 6·4 | 27 | 木 | 15 | 戊寅 | 6·4 | 26 | 土 | 15 | 戊申 | 6·3 | 25 | 日 | 14 | 丁丑 | 6·4 | 24 | 火 | 14 | 丁未 | 6·3 |
| 20 | 27 | 土 | 13 | 丁丑 | 7·4 | 27 | 火 | 14 | 戊申 | 7·4 | 28 | 金 | 16 | 己卯 | 7·3 | 27 | 日 | 16 | 己酉 | 7·3 | 26 | 月 | 15 | 戊寅 | 7·3 | 25 | 水 | 15 | 戊申 | 7·3 |
| 21 | 28 | 日 | 14 | 戊寅 | 7·3 | 28 | 水 | 15 | 己酉 | 7·3 | 29 | 土 | 17 | 庚辰 | 7·3 | 28 | 月 | 17 | 庚戌 | 7·3 | 27 | 火 | 16 | 己卯 | 7·3 | 26 | 木 | 16 | 己酉 | 7·3 |
| 22 | 29 | 月 | 15 | 己卯 | 7·3 | 29 | 木 | 16 | 庚戌 | 7·3 | 30 | 日 | 18 | 辛巳 | 7·3 | 29 | 火 | 18 | 辛亥 | 7·2 | 28 | 水 | 17 | 庚辰 | 7·3 | 27 | 金 | 17 | 庚戌 | 7·2 |
| 23 | 30 | 火 | 16 | 庚辰 | 8·3 | 30 | 金 | 17 | 辛亥 | 8·3 | 31 | 月 | 19 | 壬午 | 8·2 | 30 | 水 | 19 | 壬子 | 8·2 | 29 | 木 | 18 | 辛巳 | 8·2 | 28 | 土 | 18 | 辛亥 | 8·2 |
| 24 | 31 | 水 | 17 | 辛巳 | 8·2 | 10/1 | 土 | 18 | 壬子 | 8·2 | 11/1 | 火 | 20 | 癸未 | 8·2 | 12/1 | 木 | 20 | 癸丑 | 8·2 | 30 | 金 | 19 | 壬午 | 8·2 | 29 | 日 | 19 | 壬子 | 8·2 |
| 25 | 9/1 | 木 | 18 | 壬午 | 8·2 | 2 | 日 | 19 | 癸丑 | 8·2 | 2 | 水 | 21 | 甲申 | 8·2 | 2 | 金 | 21 | 甲寅 | 8·1 | 31 | 土 | 20 | 癸未 | 8·2 | 30 | 月 | 20 | 癸丑 | 8·1 |
| 26 | 2 | 金 | 19 | 癸未 | 9·2 | 3 | 月 | 20 | 甲寅 | 9·2 | 3 | 木 | 22 | 乙酉 | 9·1 | 3 | 土 | 22 | 乙卯 | 9·1 | 1/1 | 日 | 21 | 甲申 | 9·1 | 31 | 火 | 21 | 甲寅 | 9·1 |
| 27 | 3 | 土 | 20 | 甲申 | 9·1 | 4 | 火 | 21 | 乙卯 | 9·1 | 4 | 金 | 23 | 丙戌 | 9·1 | 4 | 日 | 23 | 丙辰 | 9·1 | 2 | 月 | 22 | 乙酉 | 9·1 | 2/1 | 水 | 22 | 乙卯 | 9·1 |
| 28 | 4 | 日 | 21 | 乙酉 | 9·1 | 5 | 水 | 22 | 丙辰 | 9·1 | 5 | 土 | 24 | 丁亥 | 9·1 | 5 | 月 | 24 | 丁巳 | 9·1 | 3 | 火 | 23 | 丙戌 | 9·1 | 2 | 木 | 23 | 丙辰 | 9·1 |
| 29 | 5 | 月 | 22 | 丙戌 | 10·1 | 6 | 木 | 23 | 丁巳 | 10·1 | 6 | 日 | 25 | 戊子 | 10·1 | | | | | | 4 | 水 | 24 | 丁亥 | 10·1 | | | | | |
| 30 | 6 | 火 | 23 | 丁亥 | 10·1 | 7 | 金 | 24 | 戊午 | 10·1 | | | | | | | | | | | | | | | | | | | | |
| 31 | | | | | | | | | | | | | | | | | | | | | | | | | | | | | | |

# 서기 2062년 [단기 4395년]

| 절기후날수 | 입춘절(壬寅月) 立春 2월3일 22시45분 雨水 2월18일 18시27분 | | | | | 경칩절(癸卯月) 驚蟄 3월5일 16시30분 春分 3월20일 17시6분 | | | | | 청명절(甲辰月) 淸明 4월4일 20시54분 穀雨 4월20일 3시43분 | | | | | 입하절(乙巳月) 立夏 5월5일 13시46분 小滿 5월21일 2시28분 | | | | | 망종절(丙午月) 芒種 6월5일 17시33분 夏至 6월21일 10시10분 | | | | | 소서절(丁未月) 小暑 7월7일 3시37분 大暑 7월22일 21시1분 | | | | |
|---|---|---|---|---|---|---|---|---|---|---|---|---|---|---|---|---|---|---|---|---|---|---|---|---|---|---|---|---|---|---|
| | 양력 | 요일 | 음력 | 일진 | 大運 남·여 | 양력 | 요일 | 음력 | 일진 | 大運 남·여 | 양력 | 요일 | 음력 | 일진 | 大運 남·여 | 양력 | 요일 | 음력 | 일진 | 大運 남·여 | 양력 | 요일 | 음력 | 일진 | 大運 남·여 | 양력 | 요일 | 음력 | 일진 | 大運 남·여 |
| 0 | 2/3 | 金 | 24 | 丁巳 | 입춘 | 3/5 | 日 | 25 | 丁亥 | 경칩 | 4/4 | 火 | 25 | 丁巳 | 청명 | 5/5 | 金 | 26 | 戊子 | 입하 | 6/5 | 月 | 28 | 己未 | 망종 | 7/7 | 金 | 6/1 | 辛卯 | 소서 |
| 1 | 4 | 土 | 25 | 戊午 | 10·1 | 6 | 月 | 26 | 戊子 | 10·1 | 5 | 水 | 26 | 戊午 | 10·1 | 6 | 土 | 27 | 己丑 | 10·1 | 6 | 火 | 29 | 庚申 | 10·1 | 8 | 土 | 2 | 壬辰 | 10·1 |
| 2 | 5 | 日 | 26 | 己未 | 9·1 | 7 | 火 | 27 | 己丑 | 9·1 | 6 | 木 | 27 | 己未 | 10·1 | 7 | 日 | 28 | 庚寅 | 10·1 | 7 | 水 | 5/1 | 辛酉 | 10·1 | 9 | 日 | 3 | 癸巳 | 10·1 |
| 3 | 6 | 月 | 27 | 庚申 | 9·1 | 8 | 水 | 28 | 庚寅 | 9·1 | 7 | 金 | 28 | 庚申 | 9·1 | 8 | 月 | 29 | 辛卯 | 9·1 | 8 | 木 | 2 | 壬戌 | 10·1 | 10 | 月 | 4 | 甲午 | 9·1 |
| 4 | 7 | 火 | 28 | 辛酉 | 9·1 | 9 | 木 | 29 | 辛卯 | 9·1 | 8 | 土 | 29 | 辛酉 | 9·1 | 9 | 火 | 4/1 | 壬辰 | 9·1 | 9 | 金 | 3 | 癸亥 | 9·1 | 11 | 火 | 5 | 乙未 | 9·1 |
| 5 | 8 | 水 | 29 | 壬戌 | 8·2 | 10 | 金 | 30 | 壬辰 | 8·2 | 9 | 日 | 30 | 壬戌 | 9·2 | 10 | 水 | 2 | 癸巳 | 9·2 | 10 | 土 | 4 | 甲子 | 9·2 | 12 | 水 | 6 | 丙申 | 9·2 |
| 6 | 9 | 木 | 1/1 | 癸亥 | 8·2 | 11 | 土 | 2/1 | 癸巳 | 8·2 | 10 | 月 | 3/1 | 癸亥 | 8·2 | 11 | 木 | 3 | 甲午 | 8·2 | 11 | 日 | 5 | 乙丑 | 9·2 | 13 | 木 | 7 | 丁酉 | 8·2 |
| 7 | 10 | 金 | 2 | 甲子 | 8·2 | 12 | 日 | 2 | 甲午 | 8·2 | 11 | 火 | 2 | 甲子 | 8·2 | 12 | 金 | 4 | 乙未 | 8·2 | 12 | 月 | 6 | 丙寅 | 8·2 | 14 | 金 | 8 | 戊戌 | 8·2 |
| 8 | 11 | 土 | 3 | 乙丑 | 7·3 | 13 | 月 | 3 | 乙未 | 7·3 | 12 | 水 | 3 | 乙丑 | 8·3 | 13 | 土 | 5 | 丙申 | 8·3 | 13 | 火 | 7 | 丁卯 | 8·3 | 15 | 土 | 9 | 己亥 | 8·3 |
| 9 | 12 | 日 | 4 | 丙寅 | 7·3 | 14 | 火 | 4 | 丙申 | 7·3 | 13 | 木 | 4 | 丙寅 | 7·3 | 14 | 日 | 6 | 丁酉 | 7·3 | 14 | 水 | 8 | 戊辰 | 8·3 | 16 | 日 | 10 | 庚子 | 7·3 |
| 10 | 13 | 月 | 5 | 丁卯 | 7·3 | 15 | 水 | 5 | 丁酉 | 7·3 | 14 | 金 | 5 | 丁卯 | 7·3 | 15 | 月 | 7 | 戊戌 | 7·3 | 15 | 木 | 9 | 己巳 | 7·3 | 17 | 月 | 11 | 辛丑 | 7·3 |
| 11 | 14 | 火 | 6 | 戊辰 | 6·4 | 16 | 木 | 6 | 戊戌 | 6·4 | 15 | 土 | 6 | 戊辰 | 7·4 | 16 | 火 | 8 | 己亥 | 7·4 | 16 | 金 | 10 | 庚午 | 7·4 | 18 | 火 | 12 | 壬寅 | 7·4 |
| 12 | 15 | 水 | 7 | 己巳 | 6·4 | 17 | 金 | 7 | 己亥 | 6·4 | 16 | 日 | 7 | 己巳 | 6·4 | 17 | 水 | 9 | 庚子 | 6·4 | 17 | 土 | 11 | 辛未 | 7·4 | 19 | 水 | 13 | 癸卯 | 6·4 |
| 13 | 16 | 木 | 8 | 庚午 | 6·4 | 18 | 土 | 8 | 庚子 | 6·4 | 17 | 月 | 8 | 庚午 | 6·4 | 18 | 木 | 10 | 辛丑 | 6·4 | 18 | 日 | 12 | 壬申 | 6·4 | 20 | 木 | 14 | 甲辰 | 6·4 |
| 14 | 17 | 金 | 9 | 辛未 | 5·5 | 19 | 日 | 9 | 辛丑 | 5·5 | 18 | 火 | 9 | 辛未 | 6·5 | 19 | 金 | 11 | 壬寅 | 6·5 | 19 | 月 | 13 | 癸酉 | 6·5 | 21 | 金 | 15 | 乙巳 | 6·5 |
| 15 | 18 | 土 | 10 | 壬申 | 우수 | 20 | 月 | 10 | 壬寅 | 춘분 | 19 | 水 | 10 | 壬申 | 5·5 | 20 | 土 | 12 | 癸卯 | 5·5 | 20 | 火 | 14 | 甲戌 | 6·5 | 22 | 土 | 16 | 丙午 | 대서 |
| 16 | 19 | 日 | 11 | 癸酉 | 5·5 | 21 | 火 | 11 | 癸卯 | 5·5 | 20 | 木 | 11 | 癸酉 | 곡우 | 21 | 日 | 13 | 甲辰 | 소만 | 21 | 水 | 15 | 乙亥 | 하지 | 23 | 日 | 17 | 丁未 | 5·5 |
| 17 | 20 | 月 | 12 | 甲戌 | 4·6 | 22 | 水 | 12 | 甲辰 | 4·6 | 21 | 金 | 12 | 甲戌 | 5·6 | 22 | 月 | 14 | 乙巳 | 5·6 | 22 | 木 | 16 | 丙子 | 5·6 | 24 | 月 | 18 | 戊申 | 5·6 |
| 18 | 21 | 火 | 13 | 乙亥 | 4·6 | 23 | 木 | 13 | 乙巳 | 4·6 | 22 | 土 | 13 | 乙亥 | 4·6 | 23 | 火 | 15 | 丙午 | 4·6 | 23 | 金 | 17 | 丁丑 | 5·6 | 25 | 火 | 19 | 己酉 | 4·6 |
| 19 | 22 | 水 | 14 | 丙子 | 4·6 | 24 | 金 | 14 | 丙午 | 4·6 | 23 | 日 | 14 | 丙子 | 4·6 | 24 | 水 | 16 | 丁未 | 4·6 | 24 | 土 | 18 | 戊寅 | 4·6 | 26 | 水 | 20 | 庚戌 | 4·6 |
| 20 | 23 | 木 | 15 | 丁丑 | 3·7 | 25 | 土 | 15 | 丁未 | 3·7 | 24 | 月 | 15 | 丁丑 | 4·7 | 25 | 木 | 17 | 戊申 | 4·7 | 25 | 日 | 19 | 己卯 | 4·7 | 27 | 木 | 21 | 辛亥 | 4·7 |
| 21 | 24 | 金 | 16 | 戊寅 | 3·7 | 26 | 日 | 16 | 戊申 | 3·7 | 25 | 火 | 16 | 戊寅 | 3·7 | 26 | 金 | 18 | 己酉 | 3·7 | 26 | 月 | 20 | 庚辰 | 4·7 | 28 | 金 | 22 | 壬子 | 3·7 |
| 22 | 25 | 土 | 17 | 己卯 | 3·7 | 27 | 月 | 17 | 己酉 | 3·7 | 26 | 水 | 17 | 己卯 | 3·7 | 27 | 土 | 19 | 庚戌 | 3·7 | 27 | 火 | 21 | 辛巳 | 3·7 | 29 | 土 | 23 | 癸丑 | 3·7 |
| 23 | 26 | 日 | 18 | 庚辰 | 2·8 | 28 | 火 | 18 | 庚戌 | 2·8 | 27 | 木 | 18 | 庚辰 | 3·8 | 28 | 日 | 20 | 辛亥 | 3·8 | 28 | 水 | 22 | 壬午 | 3·8 | 30 | 日 | 24 | 甲寅 | 3·8 |
| 24 | 27 | 月 | 19 | 辛巳 | 2·8 | 29 | 水 | 19 | 辛亥 | 2·8 | 28 | 金 | 19 | 辛巳 | 2·8 | 29 | 月 | 21 | 壬子 | 2·8 | 29 | 木 | 23 | 癸未 | 3·8 | 31 | 月 | 25 | 乙卯 | 2·8 |
| 25 | 28 | 火 | 20 | 壬午 | 2·8 | 30 | 木 | 20 | 壬子 | 2·8 | 29 | 土 | 20 | 壬午 | 2·8 | 30 | 火 | 22 | 癸丑 | 2·8 | 30 | 金 | 24 | 甲申 | 2·8 | 8/1 | 火 | 26 | 丙辰 | 2·8 |
| 26 | 3/1 | 水 | 21 | 癸未 | 1·9 | 31 | 金 | 21 | 癸丑 | 1·9 | 30 | 日 | 21 | 癸未 | 2·9 | 31 | 水 | 23 | 甲寅 | 2·9 | 7/1 | 土 | 25 | 乙酉 | 2·9 | 2 | 水 | 27 | 丁巳 | 2·9 |
| 27 | 2 | 木 | 22 | 甲申 | 1·9 | 4/1 | 土 | 22 | 甲寅 | 1·9 | 5/1 | 月 | 22 | 甲申 | 1·9 | 6/1 | 木 | 24 | 乙卯 | 1·9 | 2 | 日 | 26 | 丙戌 | 2·9 | 3 | 木 | 28 | 戊午 | 1·9 |
| 28 | 3 | 金 | 23 | 乙酉 | 1·9 | 2 | 日 | 23 | 乙卯 | 1·9 | 2 | 火 | 23 | 乙酉 | 1·9 | 2 | 金 | 25 | 丙辰 | 1·9 | 3 | 月 | 27 | 丁亥 | 1·9 | 4 | 金 | 29 | 己未 | 1·9 |
| 29 | 4 | 土 | 24 | 丙戌 | 1·10 | 3 | 月 | 24 | 丙辰 | 1·10 | 3 | 水 | 24 | 丙戌 | 1·10 | 3 | 土 | 26 | 丁巳 | 1·10 | 4 | 火 | 28 | 戊子 | 1·10 | 5 | 土 | 7/1 | 庚申 | 1·10 |
| 30 | | | | | | | | | | | 4 | 木 | 25 | 丁亥 | 1·10 | 4 | 日 | 27 | 戊午 | 1·10 | 5 | 水 | 29 | 己丑 | 1·10 | 6 | 日 | 2 | 辛酉 | 1·10 |
| 31 | | | | | | | | | | | | | | | | | | | | | 6 | 木 | 30 | 庚寅 | 1·10 | | | | | |

# 壬午年

| 절기후날수 | 입추절(戊申月) | | | | | 백로절(己酉月) | | | | | 한로절(庚戌月) | | | | |
|---|---|---|---|---|---|---|---|---|---|---|---|---|---|---|---|
| | 立秋 8월7일 13시27분<br>處暑 8월23일 4시17분 | | | | | 白露 9월7일 16시39분<br>秋分 9월23일 2시18분 | | | | | 寒露 10월8일 8시43분<br>霜降 10월23일 12시7분 | | | | |
| | 양력 | 요일 | 음력 | 일진 | 大運 남·여 | 양력 | 요일 | 음력 | 일진 | 大運 남·여 | 양력 | 요일 | 음력 | 일진 | 大運 남·여 |
| 0 | 8/7 | 月 | 3 | 壬戌 | 입추 | 9/7 | 木 | 5 | 癸巳 | 백로 | 10/8 | 日 | 6 | 甲子 | 한로 |
| 1 | 8 | 火 | 4 | 癸亥 | 10·1 | 8 | 金 | 6 | 甲午 | 10·1 | 9 | 月 | 7 | 乙丑 | 10·1 |
| 2 | 9 | 水 | 5 | 甲子 | 10·1 | 9 | 土 | 7 | 乙未 | 10·1 | 10 | 火 | 8 | 丙寅 | 9·1 |
| 3 | 10 | 木 | 6 | 乙丑 | 9·1 | 10 | 日 | 8 | 丙申 | 9·1 | 11 | 水 | 9 | 丁卯 | 9·1 |
| 4 | 11 | 金 | 7 | 丙寅 | 9·1 | 11 | 月 | 9 | 丁酉 | 9·1 | 12 | 木 | 10 | 戊辰 | 9·1 |
| 5 | 12 | 土 | 8 | 丁卯 | 9·2 | 12 | 火 | 10 | 戊戌 | 9·2 | 13 | 金 | 11 | 己巳 | 8·2 |
| 6 | 13 | 日 | 9 | 戊辰 | 8·2 | 13 | 水 | 11 | 己亥 | 8·2 | 14 | 土 | 12 | 庚午 | 8·2 |
| 7 | 14 | 月 | 10 | 己巳 | 8·2 | 14 | 木 | 12 | 庚子 | 8·2 | 15 | 日 | 13 | 辛未 | 8·2 |
| 8 | 15 | 火 | 11 | 庚午 | 8·3 | 15 | 金 | 13 | 辛丑 | 8·3 | 16 | 月 | 14 | 壬申 | 7·3 |
| 9 | 16 | 水 | 12 | 辛未 | 7·3 | 16 | 土 | 14 | 壬寅 | 7·3 | 17 | 火 | 15 | 癸酉 | 7·3 |
| 10 | 17 | 木 | 13 | 壬申 | 7·3 | 17 | 日 | 15 | 癸卯 | 7·3 | 18 | 水 | 16 | 甲戌 | 7·3 |
| 11 | 18 | 金 | 14 | 癸酉 | 7·4 | 18 | 月 | 16 | 甲辰 | 7·4 | 19 | 木 | 17 | 乙亥 | 6·4 |
| 12 | 19 | 土 | 15 | 甲戌 | 6·4 | 19 | 火 | 17 | 乙巳 | 6·4 | 20 | 金 | 18 | 丙子 | 6·4 |
| 13 | 20 | 日 | 16 | 乙亥 | 6·4 | 20 | 水 | 18 | 丙午 | 6·4 | 21 | 土 | 19 | 丁丑 | 6·4 |
| 14 | 21 | 月 | 17 | 丙子 | 6·5 | 21 | 木 | 19 | 丁未 | 6·5 | 22 | 日 | 20 | 戊寅 | 5·5 |
| 15 | 22 | 火 | 18 | 丁丑 | 5·5 | 22 | 金 | 20 | 戊申 | 5·5 | 23 | 月 | 21 | 己卯 | 상강 |
| 16 | 23 | 水 | 19 | 戊寅 | 처서 | 23 | 土 | 21 | 己酉 | 추분 | 24 | 火 | 22 | 庚辰 | 5·5 |
| 17 | 24 | 木 | 20 | 己卯 | 5·6 | 24 | 日 | 22 | 庚戌 | 5·6 | 25 | 水 | 23 | 辛巳 | 4·6 |
| 18 | 25 | 金 | 21 | 庚辰 | 4·6 | 25 | 月 | 23 | 辛亥 | 4·6 | 26 | 木 | 24 | 壬午 | 4·6 |
| 19 | 26 | 土 | 22 | 辛巳 | 4·6 | 26 | 火 | 24 | 壬子 | 4·6 | 27 | 金 | 25 | 癸未 | 4·6 |
| 20 | 27 | 日 | 23 | 壬午 | 4·7 | 27 | 水 | 25 | 癸丑 | 4·7 | 28 | 土 | 26 | 甲申 | 3·7 |
| 21 | 28 | 月 | 24 | 癸未 | 3·7 | 28 | 木 | 26 | 甲寅 | 3·7 | 29 | 日 | 27 | 乙酉 | 3·7 |
| 22 | 29 | 火 | 25 | 甲申 | 3·7 | 29 | 金 | 27 | 乙卯 | 3·7 | 30 | 月 | 28 | 丙戌 | 3·7 |
| 23 | 30 | 水 | 26 | 乙酉 | 3·8 | 30 | 土 | 28 | 丙辰 | 3·8 | 31 | 火 | 29 | 丁亥 | 2·8 |
| 24 | 31 | 木 | 27 | 丙戌 | 2·8 | 10/1 | 日 | 29 | 丁巳 | 2·8 | 11/1 | 水 | 10/1 | 戊子 | 2·8 |
| 25 | 9/1 | 金 | 28 | 丁亥 | 2·8 | 2 | 月 | 30 | 戊午 | 2·8 | 2 | 木 | 2 | 己丑 | 2·8 |
| 26 | 2 | 土 | 29 | 戊子 | 2·9 | 3 | 火 | 9/1 | 己未 | 2·9 | 3 | 金 | 3 | 庚寅 | 1·9 |
| 27 | 3 | 日 | 8/1 | 己丑 | 1·9 | 4 | 水 | 2 | 庚申 | 1·9 | 4 | 土 | 4 | 辛卯 | 1·9 |
| 28 | 4 | 月 | 2 | 庚寅 | 1·9 | 5 | 木 | 3 | 辛酉 | 1·9 | 5 | 日 | 5 | 壬辰 | 1·9 |
| 29 | 5 | 火 | 3 | 辛卯 | 1·10 | 6 | 金 | 4 | 壬戌 | 1·10 | 6 | 月 | 6 | 癸巳 | 1·10 |
| 30 | 6 | 水 | 4 | 壬辰 | 1·10 | 7 | 土 | 5 | 癸亥 | 1·10 | | | | | |
| 31 | | | | | | | | | | | | | | | |

| 절기후날수 | 입동절(辛亥月) | | | | | 대설절(壬子月) | | | | | 소한절(癸丑月) | | | | |
|---|---|---|---|---|---|---|---|---|---|---|---|---|---|---|---|
| | 立冬 11월7일 12시21분<br>小雪 11월22일 10시6분 | | | | | 大雪 12월7일 5시33분<br>冬至 12월21일 23시41분 | | | | | 小寒 1월5일 16시56분<br>大寒 1월20일 10시22분 | | | | |
| | 양력 | 요일 | 음력 | 일진 | 大運 남·여 | 양력 | 요일 | 음력 | 일진 | 大運 남·여 | 양력 | 요일 | 음력 | 일진 | 大運 남·여 |
| 0 | 11/7 | 火 | 7 | 甲午 | 입동 | 12/7 | 木 | 7 | 甲子 | 대설 | 1/5 | 金 | 6 | 癸巳 | 소한 |
| 1 | 8 | 水 | 8 | 乙未 | 10·1 | 8 | 金 | 8 | 乙丑 | 9·1 | 6 | 土 | 7 | 甲午 | 10·1 |
| 2 | 9 | 木 | 9 | 丙申 | 9·1 | 9 | 土 | 9 | 丙寅 | 9·1 | 7 | 日 | 8 | 乙未 | 9·1 |
| 3 | 10 | 金 | 10 | 丁酉 | 9·1 | 10 | 日 | 10 | 丁卯 | 9·1 | 8 | 月 | 9 | 丙申 | 9·1 |
| 4 | 11 | 土 | 11 | 戊戌 | 9·1 | 11 | 月 | 11 | 戊辰 | 8·1 | 9 | 火 | 10 | 丁酉 | 9·1 |
| 5 | 12 | 日 | 12 | 己亥 | 8·2 | 12 | 火 | 12 | 己巳 | 8·2 | 10 | 水 | 11 | 戊戌 | 8·2 |
| 6 | 13 | 月 | 13 | 庚子 | 8·2 | 13 | 水 | 13 | 庚午 | 8·2 | 11 | 木 | 12 | 己亥 | 8·2 |
| 7 | 14 | 火 | 14 | 辛丑 | 8·2 | 14 | 木 | 14 | 辛未 | 7·2 | 12 | 金 | 13 | 庚子 | 8·2 |
| 8 | 15 | 水 | 15 | 壬寅 | 7·3 | 15 | 金 | 15 | 壬申 | 7·3 | 13 | 土 | 14 | 辛丑 | 7·3 |
| 9 | 16 | 木 | 16 | 癸卯 | 7·3 | 16 | 土 | 16 | 癸酉 | 7·3 | 14 | 日 | 15 | 壬寅 | 7·3 |
| 10 | 17 | 金 | 17 | 甲辰 | 7·3 | 17 | 日 | 17 | 甲戌 | 6·3 | 15 | 月 | 16 | 癸卯 | 7·3 |
| 11 | 18 | 土 | 18 | 乙巳 | 6·4 | 18 | 月 | 18 | 乙亥 | 6·4 | 16 | 火 | 17 | 甲辰 | 6·4 |
| 12 | 19 | 日 | 19 | 丙午 | 6·4 | 19 | 火 | 19 | 丙子 | 6·4 | 17 | 水 | 18 | 乙巳 | 6·4 |
| 13 | 20 | 月 | 20 | 丁未 | 6·4 | 20 | 水 | 20 | 丁丑 | 5·4 | 18 | 木 | 19 | 丙午 | 6·4 |
| 14 | 21 | 火 | 21 | 戊申 | 5·5 | 21 | 木 | 21 | 戊寅 | 동지 | 19 | 金 | 20 | 丁未 | 5·5 |
| 15 | 22 | 水 | 22 | 己酉 | 소설 | 22 | 金 | 22 | 己卯 | 5·5 | 20 | 土 | 21 | 戊申 | 대한 |
| 16 | 23 | 木 | 23 | 庚戌 | 5·5 | 23 | 土 | 23 | 庚辰 | 4·5 | 21 | 日 | 22 | 己酉 | 5·5 |
| 17 | 24 | 金 | 24 | 辛亥 | 4·6 | 24 | 日 | 24 | 辛巳 | 4·6 | 22 | 月 | 23 | 庚戌 | 4·6 |
| 18 | 25 | 土 | 25 | 壬子 | 4·6 | 25 | 月 | 25 | 壬午 | 4·6 | 23 | 火 | 24 | 辛亥 | 4·6 |
| 19 | 26 | 日 | 26 | 癸丑 | 4·6 | 26 | 火 | 26 | 癸未 | 3·6 | 24 | 水 | 25 | 壬子 | 4·6 |
| 20 | 27 | 月 | 27 | 甲寅 | 3·7 | 27 | 水 | 27 | 甲申 | 3·7 | 25 | 木 | 26 | 癸丑 | 3·7 |
| 21 | 28 | 火 | 28 | 乙卯 | 3·7 | 28 | 木 | 28 | 乙酉 | 3·7 | 26 | 金 | 27 | 甲寅 | 3·7 |
| 22 | 29 | 水 | 29 | 丙辰 | 3·7 | 29 | 金 | 29 | 丙戌 | 2·7 | 27 | 土 | 28 | 乙卯 | 3·7 |
| 23 | 30 | 木 | 30 | 丁巳 | 2·8 | 30 | 土 | 30 | 丁亥 | 2·8 | 28 | 日 | 29 | 丙辰 | 2·8 |
| 24 | 12/1 | 金 | 11/1 | 戊午 | 2·8 | 31 | 日 | 12/1 | 戊子 | 2·8 | 29 | 月 | 1/1 | 丁巳 | 2·8 |
| 25 | 2 | 土 | 2 | 己未 | 2·8 | 1/1 | 月 | 2 | 己丑 | 1·8 | 30 | 火 | 2 | 戊午 | 2·8 |
| 26 | 3 | 日 | 3 | 庚申 | 1·9 | 2 | 火 | 3 | 庚寅 | 1·9 | 31 | 水 | 3 | 己未 | 1·9 |
| 27 | 4 | 月 | 4 | 辛酉 | 1·9 | 3 | 水 | 4 | 辛卯 | 1·9 | 2/1 | 木 | 4 | 庚申 | 1·9 |
| 28 | 5 | 火 | 5 | 壬戌 | 1·9 | 4 | 木 | 5 | 壬辰 | 1·9 | 2 | 金 | 5 | 辛酉 | 1·9 |
| 29 | 6 | 水 | 6 | 癸亥 | 1·10 | | | | | | 3 | 土 | 6 | 壬戌 | 1·10 |
| 30 | | | | | | | | | | | | | | | |
| 31 | | | | | | | | | | | | | | | |

# 서기 2063년 [단기 4396년]

| 절기후날수 | 입춘절(甲寅月) | | | | | 경칩절(乙卯月) | | | | | 청명절(丙辰月) | | | | | 입하절(丁巳月) | | | | | 망종절(戊午月) | | | | | 소서절(己未月) | | | | |
|---|---|---|---|---|---|---|---|---|---|---|---|---|---|---|---|---|---|---|---|---|---|---|---|---|---|---|---|---|---|---|
| | 立春 2월4일 4시30분 雨水 2월19일 0시20분 | | | | | 驚蟄 3월5일 22시13분 春分 3월20일 22시58분 | | | | | 淸明 4월5일 2시35분 穀雨 4월20일 9시33분 | | | | | 立夏 5월5일 19시27분 小滿 5월21일 8시18분 | | | | | 芒種 6월5일 23시16분 夏至 6월21일 16시0분 | | | | | 小暑 7월7일 9시24분 大暑 7월23일 2시52분 | | | | |
| | 양력 | 요일 | 음력 | 일진 | 大運 남·여 | 양력 | 요일 | 음력 | 일진 | 大運 남·여 | 양력 | 요일 | 음력 | 일진 | 大運 남·여 | 양력 | 요일 | 음력 | 일진 | 大運 남·여 | 양력 | 요일 | 음력 | 일진 | 大運 남·여 | 양력 | 요일 | 음력 | 일진 | 大運 남·여 |
| 0 | 2/4 | 日 | 7 | 癸亥 | 입춘 | 3/5 | 月 | 6 | 壬辰 | 경칩 | 4/5 | 木 | 7 | 癸亥 | 청명 | 5/5 | 土 | 8 | 癸巳 | 입하 | 6/5 | 火 | 9 | 甲子 | 망종 | 7/7 | 土 | 12 | 丙申 | 소서 |
| 1 | 5 | 月 | 8 | 甲子 | 1·9 | 6 | 火 | 7 | 癸巳 | 1·10 | 6 | 金 | 8 | 甲子 | 1·10 | 6 | 日 | 9 | 甲午 | 1·10 | 6 | 水 | 10 | 乙丑 | 1·10 | 8 | 日 | 13 | 丁酉 | 1·10 |
| 2 | 6 | 火 | 9 | 乙丑 | 1·9 | 7 | 水 | 8 | 甲午 | 1·10 | 7 | 土 | 9 | 乙丑 | 1·9 | 7 | 月 | 10 | 乙未 | 1·10 | 7 | 木 | 11 | 丙寅 | 1·10 | 9 | 月 | 14 | 戊戌 | 1·10 |
| 3 | 7 | 水 | 10 | 丙寅 | 1·9 | 8 | 木 | 9 | 乙未 | 1·9 | 8 | 日 | 10 | 丙寅 | 1·9 | 8 | 火 | 11 | 丙申 | 1·9 | 8 | 金 | 12 | 丁卯 | 1·10 | 10 | 火 | 15 | 己亥 | 1·9 |
| 4 | 8 | 木 | 11 | 丁卯 | 1·8 | 9 | 金 | 10 | 丙申 | 1·9 | 9 | 月 | 11 | 丁卯 | 1·9 | 9 | 水 | 12 | 丁酉 | 1·9 | 9 | 土 | 13 | 戊辰 | 1·9 | 11 | 水 | 16 | 庚子 | 1·9 |
| 5 | 9 | 金 | 12 | 戊辰 | 2·8 | 10 | 土 | 11 | 丁酉 | 2·9 | 10 | 火 | 12 | 戊辰 | 2·8 | 10 | 木 | 13 | 戊戌 | 2·9 | 10 | 日 | 14 | 己巳 | 2·9 | 12 | 木 | 17 | 辛丑 | 2·9 |
| 6 | 10 | 土 | 13 | 己巳 | 2·8 | 11 | 日 | 12 | 戊戌 | 2·8 | 11 | 水 | 13 | 己巳 | 2·8 | 11 | 金 | 14 | 己亥 | 2·8 | 11 | 月 | 15 | 庚午 | 2·9 | 13 | 金 | 18 | 壬寅 | 2·8 |
| 7 | 11 | 日 | 14 | 庚午 | 2·7 | 12 | 月 | 13 | 己亥 | 2·8 | 12 | 木 | 14 | 庚午 | 2·8 | 12 | 土 | 15 | 庚子 | 2·8 | 12 | 火 | 16 | 辛未 | 2·8 | 14 | 土 | 19 | 癸卯 | 2·8 |
| 8 | 12 | 月 | 15 | 辛未 | 3·7 | 13 | 火 | 14 | 庚子 | 3·8 | 13 | 金 | 15 | 辛未 | 3·7 | 13 | 日 | 16 | 辛丑 | 3·8 | 13 | 水 | 17 | 壬申 | 3·8 | 15 | 日 | 20 | 甲辰 | 3·8 |
| 9 | 13 | 火 | 16 | 壬申 | 3·7 | 14 | 水 | 15 | 辛丑 | 3·7 | 14 | 土 | 16 | 壬申 | 3·7 | 14 | 月 | 17 | 壬寅 | 3·7 | 14 | 木 | 18 | 癸酉 | 3·8 | 16 | 月 | 21 | 乙巳 | 3·7 |
| 10 | 14 | 水 | 17 | 癸酉 | 3·6 | 15 | 木 | 16 | 壬寅 | 3·7 | 15 | 日 | 17 | 癸酉 | 3·7 | 15 | 火 | 18 | 癸卯 | 3·7 | 15 | 金 | 19 | 甲戌 | 3·7 | 17 | 火 | 22 | 丙午 | 3·7 |
| 11 | 15 | 木 | 18 | 甲戌 | 4·6 | 16 | 金 | 17 | 癸卯 | 4·7 | 16 | 月 | 18 | 甲戌 | 4·6 | 16 | 水 | 19 | 甲辰 | 4·7 | 16 | 土 | 20 | 乙亥 | 4·7 | 18 | 水 | 23 | 丁未 | 4·7 |
| 12 | 16 | 金 | 19 | 乙亥 | 4·6 | 17 | 土 | 18 | 甲辰 | 4·6 | 17 | 火 | 19 | 乙亥 | 4·6 | 17 | 木 | 20 | 乙巳 | 4·6 | 17 | 日 | 21 | 丙子 | 4·7 | 19 | 木 | 24 | 戊申 | 4·6 |
| 13 | 17 | 土 | 20 | 丙子 | 4·5 | 18 | 日 | 19 | 乙巳 | 4·6 | 18 | 水 | 20 | 丙子 | 4·6 | 18 | 金 | 21 | 丙午 | 4·6 | 18 | 月 | 22 | 丁丑 | 4·6 | 20 | 金 | 25 | 己酉 | 4·6 |
| 14 | 18 | 日 | 21 | 丁丑 | 5·5 | 19 | 月 | 20 | 丙午 | 5·6 | 19 | 木 | 21 | 丁丑 | 5·5 | 19 | 土 | 22 | 丁未 | 5·6 | 19 | 火 | 23 | 戊寅 | 5·6 | 21 | 土 | 26 | 庚戌 | 5·6 |
| 15 | 19 | 月 | 22 | 戊寅 | 우수 | 20 | 火 | 21 | 丁未 | 춘분 | 20 | 金 | 22 | 戊寅 | 곡우 | 20 | 日 | 23 | 戊申 | 5·5 | 20 | 水 | 24 | 己卯 | 5·6 | 22 | 日 | 27 | 辛亥 | 5·5 |
| 16 | 20 | 火 | 23 | 己卯 | 5·4 | 21 | 水 | 22 | 戊申 | 5·5 | 21 | 土 | 23 | 己卯 | 5·5 | 21 | 月 | 24 | 己酉 | 소만 | 21 | 木 | 25 | 庚辰 | 하지 | 23 | 月 | 28 | 壬子 | 대서 |
| 17 | 21 | 水 | 24 | 庚辰 | 6·4 | 22 | 木 | 23 | 己酉 | 6·5 | 22 | 日 | 24 | 庚辰 | 6·4 | 22 | 火 | 25 | 庚戌 | 6·5 | 22 | 金 | 26 | 辛巳 | 6·5 | 24 | 火 | 29 | 癸丑 | 6·5 |
| 18 | 22 | 木 | 25 | 辛巳 | 6·4 | 23 | 金 | 24 | 庚戌 | 6·4 | 23 | 月 | 25 | 辛巳 | 6·4 | 23 | 水 | 26 | 辛亥 | 6·4 | 23 | 土 | 27 | 壬午 | 6·5 | 25 | 水 | 30 | 甲寅 | 6·4 |
| 19 | 23 | 金 | 26 | 壬午 | 6·3 | 24 | 土 | 25 | 辛亥 | 6·4 | 24 | 火 | 26 | 壬午 | 6·4 | 24 | 木 | 27 | 壬子 | 6·4 | 24 | 日 | 28 | 癸未 | 6·4 | 26 | 木 | 7/1 | 乙卯 | 6·4 |
| 20 | 24 | 土 | 27 | 癸未 | 7·3 | 25 | 日 | 26 | 壬子 | 7·4 | 25 | 水 | 27 | 癸未 | 7·3 | 25 | 金 | 28 | 癸丑 | 7·4 | 25 | 月 | 29 | 甲申 | 7·4 | 27 | 金 | 2 | 丙辰 | 7·4 |
| 21 | 25 | 日 | 28 | 甲申 | 7·3 | 26 | 月 | 27 | 癸丑 | 7·3 | 26 | 木 | 28 | 甲申 | 7·3 | 26 | 土 | 29 | 甲寅 | 7·3 | 26 | 火 | 6/1 | 乙酉 | 7·4 | 28 | 土 | 3 | 丁巳 | 7·3 |
| 22 | 26 | 月 | 29 | 乙酉 | 7·2 | 27 | 火 | 28 | 甲寅 | 7·3 | 27 | 金 | 29 | 乙酉 | 7·3 | 27 | 日 | 30 | 乙卯 | 7·3 | 27 | 水 | 2 | 丙戌 | 7·3 | 29 | 日 | 4 | 戊午 | 7·3 |
| 23 | 27 | 火 | 30 | 丙戌 | 8·2 | 28 | 水 | 29 | 乙卯 | 8·3 | 28 | 土 | 4/1 | 丙戌 | 8·2 | 28 | 月 | 5/1 | 丙辰 | 8·3 | 28 | 木 | 3 | 丁亥 | 8·3 | 30 | 月 | 5 | 己未 | 8·3 |
| 24 | 28 | 水 | 2/1 | 丁亥 | 8·2 | 29 | 木 | 30 | 丙辰 | 8·2 | 29 | 日 | 2 | 丁亥 | 8·2 | 29 | 火 | 2 | 丁巳 | 8·2 | 29 | 金 | 4 | 戊子 | 8·3 | 31 | 火 | 6 | 庚申 | 8·2 |
| 25 | 3/1 | 木 | 2 | 戊子 | 8·1 | 30 | 金 | 3/1 | 丁巳 | 8·2 | 30 | 月 | 3 | 戊子 | 8·2 | 30 | 水 | 3 | 戊午 | 8·2 | 30 | 土 | 5 | 己丑 | 8·2 | 8/1 | 水 | 7 | 辛酉 | 8·2 |
| 26 | 2 | 金 | 3 | 己丑 | 9·1 | 31 | 土 | 2 | 戊午 | 9·2 | 5/1 | 火 | 4 | 己丑 | 9·1 | 31 | 木 | 4 | 己未 | 9·2 | 7/1 | 日 | 6 | 庚寅 | 9·2 | 2 | 木 | 8 | 壬戌 | 9·2 |
| 27 | 3 | 土 | 4 | 庚寅 | 9·1 | 4/1 | 日 | 3 | 己未 | 9·1 | 2 | 水 | 5 | 庚寅 | 9·1 | 6/1 | 金 | 5 | 庚申 | 9·1 | 2 | 月 | 7 | 辛卯 | 9·2 | 3 | 金 | 9 | 癸亥 | 9·1 |
| 28 | 4 | 日 | 5 | 辛卯 | 9·1 | 2 | 月 | 4 | 庚申 | 9·1 | 3 | 木 | 6 | 辛卯 | 9·1 | 2 | 土 | 6 | 辛酉 | 9·1 | 3 | 火 | 8 | 壬辰 | 9·1 | 4 | 土 | 10 | 甲子 | 9·1 |
| 29 | | | | | | 3 | 火 | 5 | 辛酉 | 10·1 | 4 | 金 | 7 | 壬辰 | 10·1 | 3 | 日 | 7 | 壬戌 | 10·1 | 4 | 水 | 9 | 癸巳 | 10·1 | 5 | 日 | 11 | 乙丑 | 10·1 |
| 30 | | | | | | 4 | 水 | 6 | 壬戌 | 10·1 | | | | | | 4 | 月 | 8 | 癸亥 | 10·1 | 5 | 木 | 10 | 甲午 | 10·1 | 6 | 月 | 12 | 丙寅 | 10·1 |
| 31 | | | | | | | | | | | | | | | | | | | | | 6 | 金 | 11 | 乙未 | 10·1 | | | | | |

# 癸未年

| 절기후날수 | 입추절(庚申月)<br>立秋 8월7일 19시19분<br>處暑 8월23일 10시7분 | | | | | 백로절(辛酉月)<br>白露 9월7일 22시32분<br>秋分 9월23일 8시7분 | | | | |
|---|---|---|---|---|---|---|---|---|---|---|
| | 양력 | 요일 | 음력 | 일진 | 大運 남·여 | 양력 | 요일 | 음력 | 일진 | 大運 남·여 |
| 0 | 8/7 | 火 | 13 | 丁卯 | 입추 | 9/7 | 金 | 윤15 | 戊戌 | 백로 |
| 1 | 8 | 水 | 14 | 戊辰 | 1·10 | 8 | 土 | 윤16 | 己亥 | 1·10 |
| 2 | 9 | 木 | 15 | 己巳 | 1·10 | 9 | 日 | 윤17 | 庚子 | 1·10 |
| 3 | 10 | 金 | 16 | 庚午 | 1·9 | 10 | 月 | 윤18 | 辛丑 | 1·9 |
| 4 | 11 | 土 | 17 | 辛未 | 1·9 | 11 | 火 | 윤19 | 壬寅 | 1·9 |
| 5 | 12 | 日 | 18 | 壬申 | 2·9 | 12 | 水 | 윤20 | 癸卯 | 2·9 |
| 6 | 13 | 月 | 19 | 癸酉 | 2·8 | 13 | 木 | 윤21 | 甲辰 | 2·8 |
| 7 | 14 | 火 | 20 | 甲戌 | 2·8 | 14 | 金 | 윤22 | 乙巳 | 2·8 |
| 8 | 15 | 水 | 21 | 乙亥 | 3·8 | 15 | 土 | 윤23 | 丙午 | 3·8 |
| 9 | 16 | 木 | 22 | 丙子 | 3·7 | 16 | 日 | 윤24 | 丁未 | 3·7 |
| 10 | 17 | 金 | 23 | 丁丑 | 3·7 | 17 | 月 | 윤25 | 戊申 | 3·7 |
| 11 | 18 | 土 | 24 | 戊寅 | 4·7 | 18 | 火 | 윤26 | 己酉 | 4·7 |
| 12 | 19 | 日 | 25 | 己卯 | 4·6 | 19 | 水 | 윤27 | 庚戌 | 4·6 |
| 13 | 20 | 月 | 26 | 庚辰 | 4·6 | 20 | 木 | 윤28 | 辛亥 | 4·6 |
| 14 | 21 | 火 | 27 | 辛巳 | 5·6 | 21 | 金 | 윤29 | 壬子 | 5·6 |
| 15 | 22 | 水 | 28 | 壬午 | 5·5 | 22 | 土 | 8/1 | 癸丑 | 5·5 |
| 16 | 23 | 木 | 29 | 癸未 | 처서 | 23 | 日 | 2 | 甲寅 | 추분 |
| 17 | 24 | 金 | 윤1 | 甲申 | 6·5 | 24 | 月 | 3 | 乙卯 | 6·5 |
| 18 | 25 | 土 | 윤2 | 乙酉 | 6·4 | 25 | 火 | 4 | 丙辰 | 6·4 |
| 19 | 26 | 日 | 윤3 | 丙戌 | 6·4 | 26 | 水 | 5 | 丁巳 | 6·4 |
| 20 | 27 | 月 | 윤4 | 丁亥 | 7·4 | 27 | 木 | 6 | 戊午 | 7·4 |
| 21 | 28 | 火 | 윤5 | 戊子 | 7·3 | 28 | 金 | 7 | 己未 | 7·3 |
| 22 | 29 | 水 | 윤6 | 己丑 | 7·3 | 29 | 土 | 8 | 庚申 | 7·3 |
| 23 | 30 | 木 | 윤7 | 庚寅 | 8·3 | 30 | 日 | 9 | 辛酉 | 8·3 |
| 24 | 31 | 金 | 윤8 | 辛卯 | 8·2 | 10/1 | 月 | 10 | 壬戌 | 8·2 |
| 25 | 9/1 | 土 | 윤9 | 壬辰 | 8·2 | 2 | 火 | 11 | 癸亥 | 8·2 |
| 26 | 2 | 日 | 윤10 | 癸巳 | 9·2 | 3 | 水 | 12 | 甲子 | 9·2 |
| 27 | 3 | 月 | 윤11 | 甲午 | 9·1 | 4 | 木 | 13 | 乙丑 | 9·1 |
| 28 | 4 | 火 | 윤12 | 乙未 | 9·1 | 5 | 金 | 14 | 丙寅 | 9·1 |
| 29 | 5 | 水 | 윤13 | 丙申 | 10·1 | 6 | 土 | 15 | 丁卯 | 10·1 |
| 30 | 6 | 木 | 윤14 | 丁酉 | 10·1 | 7 | 日 | 16 | 戊辰 | 10·1 |
| 31 | | | | | | | | | | |

| 절기후날수 | 한로절(壬戌月)<br>寒露 10월8일 14시35분<br>霜降 10월23일 17시52분 | | | | | 입동절(癸亥月)<br>立冬 11월7일 18시10분<br>小雪 11월22일 15시47분 | | | | |
|---|---|---|---|---|---|---|---|---|---|---|
| | 양력 | 요일 | 음력 | 일진 | 大運 남·여 | 양력 | 요일 | 음력 | 일진 | 大運 남·여 |
| 0 | 10/8 | 月 | 17 | 己巳 | 한로 | 11/7 | 水 | 17 | 己亥 | 입동 |
| 1 | 9 | 火 | 18 | 庚午 | 1·10 | 8 | 木 | 18 | 庚子 | 1·10 |
| 2 | 10 | 水 | 19 | 辛未 | 1·9 | 9 | 金 | 19 | 辛丑 | 1·9 |
| 3 | 11 | 木 | 20 | 壬申 | 1·9 | 10 | 土 | 20 | 壬寅 | 1·9 |
| 4 | 12 | 金 | 21 | 癸酉 | 1·9 | 11 | 日 | 21 | 癸卯 | 1·9 |
| 5 | 13 | 土 | 22 | 甲戌 | 2·8 | 12 | 月 | 22 | 甲辰 | 2·8 |
| 6 | 14 | 日 | 23 | 乙亥 | 2·8 | 13 | 火 | 23 | 乙巳 | 2·8 |
| 7 | 15 | 月 | 24 | 丙子 | 2·8 | 14 | 水 | 24 | 丙午 | 2·8 |
| 8 | 16 | 火 | 25 | 丁丑 | 3·7 | 15 | 木 | 25 | 丁未 | 3·7 |
| 9 | 17 | 水 | 26 | 戊寅 | 3·7 | 16 | 金 | 26 | 戊申 | 3·7 |
| 10 | 18 | 木 | 27 | 己卯 | 3·7 | 17 | 土 | 27 | 己酉 | 3·7 |
| 11 | 19 | 金 | 28 | 庚辰 | 4·6 | 18 | 日 | 28 | 庚戌 | 4·6 |
| 12 | 20 | 土 | 29 | 辛巳 | 4·6 | 19 | 月 | 29 | 辛亥 | 4·6 |
| 13 | 21 | 日 | 30 | 壬午 | 4·6 | 20 | 火 | 10/1 | 壬子 | 4·6 |
| 14 | 22 | 月 | 9/1 | 癸未 | 5·5 | 21 | 水 | 2 | 癸丑 | 5·5 |
| 15 | 23 | 火 | 2 | 甲申 | 상강 | 22 | 木 | 3 | 甲寅 | 소설 |
| 16 | 24 | 水 | 3 | 乙酉 | 5·5 | 23 | 金 | 4 | 乙卯 | 5·5 |
| 17 | 25 | 木 | 4 | 丙戌 | 6·4 | 24 | 土 | 5 | 丙辰 | 6·4 |
| 18 | 26 | 金 | 5 | 丁亥 | 6·4 | 25 | 日 | 6 | 丁巳 | 6·4 |
| 19 | 27 | 土 | 6 | 戊子 | 6·4 | 26 | 月 | 7 | 戊午 | 6·4 |
| 20 | 28 | 日 | 7 | 己丑 | 7·3 | 27 | 火 | 8 | 己未 | 7·3 |
| 21 | 29 | 月 | 8 | 庚寅 | 7·3 | 28 | 水 | 9 | 庚申 | 7·3 |
| 22 | 30 | 火 | 9 | 辛卯 | 7·3 | 29 | 木 | 10 | 辛酉 | 7·3 |
| 23 | 31 | 水 | 10 | 壬辰 | 8·2 | 30 | 金 | 11 | 壬戌 | 8·2 |
| 24 | 11/1 | 木 | 11 | 癸巳 | 8·2 | 12/1 | 土 | 12 | 癸亥 | 8·2 |
| 25 | 2 | 金 | 12 | 甲午 | 8·2 | 2 | 日 | 13 | 甲子 | 8·2 |
| 26 | 3 | 土 | 13 | 乙未 | 9·1 | 3 | 月 | 14 | 乙丑 | 9·1 |
| 27 | 4 | 日 | 14 | 丙申 | 9·1 | 4 | 火 | 15 | 丙寅 | 9·1 |
| 28 | 5 | 月 | 15 | 丁酉 | 9·1 | 5 | 水 | 16 | 丁卯 | 9·1 |
| 29 | 6 | 火 | 16 | 戊戌 | 10·1 | 6 | 木 | 17 | 戊辰 | 10·1 |
| 30 | | | | | | | | | | |
| 31 | | | | | | | | | | |

| 절기후날수 | 대설절(甲子月)<br>大雪 12월7일 11시19분<br>冬至 12월22일 5시20분 | | | | | 소한절(乙丑月)<br>小寒 1월5일 22시40분<br>大寒 1월20일 16시0분 | | | | |
|---|---|---|---|---|---|---|---|---|---|---|
| | 양력 | 요일 | 음력 | 일진 | 大運 남·여 | 양력 | 요일 | 음력 | 일진 | 大運 남·여 |
| 0 | 12/7 | 金 | 18 | 己巳 | 대설 | 1/5 | 土 | 17 | 戊戌 | 소한 |
| 1 | 8 | 土 | 19 | 庚午 | 1·9 | 6 | 日 | 18 | 己亥 | 1·10 |
| 2 | 9 | 日 | 20 | 辛未 | 1·9 | 7 | 月 | 19 | 庚子 | 1·9 |
| 3 | 10 | 月 | 21 | 壬申 | 1·9 | 8 | 火 | 20 | 辛丑 | 1·9 |
| 4 | 11 | 火 | 22 | 癸酉 | 1·8 | 9 | 水 | 21 | 壬寅 | 1·9 |
| 5 | 12 | 水 | 23 | 甲戌 | 2·8 | 10 | 木 | 22 | 癸卯 | 2·8 |
| 6 | 13 | 木 | 24 | 乙亥 | 2·8 | 11 | 金 | 23 | 甲辰 | 2·8 |
| 7 | 14 | 金 | 25 | 丙子 | 2·7 | 12 | 土 | 24 | 乙巳 | 2·8 |
| 8 | 15 | 土 | 26 | 丁丑 | 3·7 | 13 | 日 | 25 | 丙午 | 3·7 |
| 9 | 16 | 日 | 27 | 戊寅 | 3·7 | 14 | 月 | 26 | 丁未 | 3·7 |
| 10 | 17 | 月 | 28 | 己卯 | 3·6 | 15 | 火 | 27 | 戊申 | 3·7 |
| 11 | 18 | 火 | 29 | 庚辰 | 4·6 | 16 | 水 | 28 | 己酉 | 4·6 |
| 12 | 19 | 水 | 30 | 辛巳 | 4·6 | 17 | 木 | 29 | 庚戌 | 4·6 |
| 13 | 20 | 木 | 11/1 | 壬午 | 4·5 | 18 | 金 | 12/1 | 辛亥 | 4·6 |
| 14 | 21 | 金 | 2 | 癸未 | 5·5 | 19 | 土 | 2 | 壬子 | 5·5 |
| 15 | 22 | 土 | 3 | 甲申 | 동지 | 20 | 日 | 3 | 癸丑 | 대한 |
| 16 | 23 | 日 | 4 | 乙酉 | 5·4 | 21 | 月 | 4 | 甲寅 | 5·5 |
| 17 | 24 | 月 | 5 | 丙戌 | 6·4 | 22 | 火 | 5 | 乙卯 | 6·4 |
| 18 | 25 | 火 | 6 | 丁亥 | 6·4 | 23 | 水 | 6 | 丙辰 | 6·4 |
| 19 | 26 | 水 | 7 | 戊子 | 6·3 | 24 | 木 | 7 | 丁巳 | 6·4 |
| 20 | 27 | 木 | 8 | 己丑 | 7·3 | 25 | 金 | 8 | 戊午 | 7·3 |
| 21 | 28 | 金 | 9 | 庚寅 | 7·3 | 26 | 土 | 9 | 己未 | 7·3 |
| 22 | 29 | 土 | 10 | 辛卯 | 7·2 | 27 | 日 | 10 | 庚申 | 7·3 |
| 23 | 30 | 日 | 11 | 壬辰 | 8·2 | 28 | 月 | 11 | 辛酉 | 8·2 |
| 24 | 31 | 月 | 12 | 癸巳 | 8·2 | 29 | 火 | 12 | 壬戌 | 8·2 |
| 25 | 1/1 | 火 | 13 | 甲午 | 8·1 | 30 | 水 | 13 | 癸亥 | 8·2 |
| 26 | 2 | 水 | 14 | 乙未 | 9·1 | 31 | 木 | 14 | 甲子 | 9·1 |
| 27 | 3 | 木 | 15 | 丙申 | 9·1 | 2/1 | 金 | 15 | 乙丑 | 9·1 |
| 28 | 4 | 金 | 16 | 丁酉 | 9·1 | 2 | 土 | 16 | 丙寅 | 9·1 |
| 29 | | | | | | 3 | 日 | 17 | 丁卯 | 10·1 |
| 30 | | | | | | | | | | |
| 31 | | | | | | | | | | |

▶ 윤달-7월

# 서기 2064년 [단기 4397년]

**입춘절(丙寅月)**

立春 2월4일 10시13분
雨水 2월19일 5시58분

| 절기후날수 | 양력 | 요일 | 음력 | 일진 | 大運 남·여 |
|---|---|---|---|---|---|
| 0 | 2/4 | 月 | 18 | 戊辰 | 입춘 |
| 1 | 5 | 火 | 19 | 己巳 | 10·1 |
| 2 | 6 | 水 | 20 | 庚午 | 9·1 |
| 3 | 7 | 木 | 21 | 辛未 | 9·1 |
| 4 | 8 | 金 | 22 | 壬申 | 9·1 |
| 5 | 9 | 土 | 23 | 癸酉 | 8·2 |
| 6 | 10 | 日 | 24 | 甲戌 | 8·2 |
| 7 | 11 | 月 | 25 | 乙亥 | 8·2 |
| 8 | 12 | 火 | 26 | 丙子 | 7·3 |
| 9 | 13 | 水 | 27 | 丁丑 | 7·3 |
| 10 | 14 | 木 | 28 | 戊寅 | 7·3 |
| 11 | 15 | 金 | 29 | 己卯 | 6·4 |
| 12 | 16 | 土 | 30 | 庚辰 | 6·4 |
| 13 | 17 | 日 | 1/1 | 辛巳 | 6·4 |
| 14 | 18 | 月 | 2 | 壬午 | 5·5 |
| 15 | 19 | 火 | 3 | 癸未 | 우수 |
| 16 | 20 | 水 | 4 | 甲申 | 5·5 |
| 17 | 21 | 木 | 5 | 乙酉 | 4·6 |
| 18 | 22 | 金 | 6 | 丙戌 | 4·6 |
| 19 | 23 | 土 | 7 | 丁亥 | 4·6 |
| 20 | 24 | 日 | 8 | 戊子 | 3·7 |
| 21 | 25 | 月 | 9 | 己丑 | 3·7 |
| 22 | 26 | 火 | 10 | 庚寅 | 3·7 |
| 23 | 27 | 水 | 11 | 辛卯 | 2·8 |
| 24 | 28 | 木 | 12 | 壬辰 | 2·8 |
| 25 | 29 | 金 | 13 | 癸巳 | 2·8 |
| 26 | 3/1 | 土 | 14 | 甲午 | 1·9 |
| 27 | 2 | 日 | 15 | 乙未 | 1·9 |
| 28 | 3 | 月 | 16 | 丙申 | 1·9 |
| 29 | 4 | 火 | 17 | 丁酉 | 1·10 |
| 30 | | | | | |
| 31 | | | | | |

**경칩절(丁卯月)**

驚蟄 3월5일 3시58분
春分 3월20일 4시37분

| 절기후날수 | 양력 | 요일 | 음력 | 일진 | 大運 남·여 |
|---|---|---|---|---|---|
| 0 | 3/5 | 水 | 18 | 戊戌 | 경칩 |
| 1 | 6 | 木 | 19 | 己亥 | 10·1 |
| 2 | 7 | 金 | 20 | 庚子 | 9·1 |
| 3 | 8 | 土 | 21 | 辛丑 | 9·1 |
| 4 | 9 | 日 | 22 | 壬寅 | 9·1 |
| 5 | 10 | 月 | 23 | 癸卯 | 8·2 |
| 6 | 11 | 火 | 24 | 甲辰 | 8·2 |
| 7 | 12 | 水 | 25 | 乙巳 | 8·2 |
| 8 | 13 | 木 | 26 | 丙午 | 7·3 |
| 9 | 14 | 金 | 27 | 丁未 | 7·3 |
| 10 | 15 | 土 | 28 | 戊申 | 7·3 |
| 11 | 16 | 日 | 29 | 己酉 | 6·4 |
| 12 | 17 | 月 | 30 | 庚戌 | 6·4 |
| 13 | 18 | 火 | 2/1 | 辛亥 | 6·4 |
| 14 | 19 | 水 | 2 | 壬子 | 5·5 |
| 15 | 20 | 木 | 3 | 癸丑 | 춘분 |
| 16 | 21 | 金 | 4 | 甲寅 | 5·5 |
| 17 | 22 | 土 | 5 | 乙卯 | 4·6 |
| 18 | 23 | 日 | 6 | 丙辰 | 4·6 |
| 19 | 24 | 月 | 7 | 丁巳 | 4·6 |
| 20 | 25 | 火 | 8 | 戊午 | 3·7 |
| 21 | 26 | 水 | 9 | 己未 | 3·7 |
| 22 | 27 | 木 | 10 | 庚申 | 3·7 |
| 23 | 28 | 金 | 11 | 辛酉 | 2·8 |
| 24 | 29 | 土 | 12 | 壬戌 | 2·8 |
| 25 | 30 | 日 | 13 | 癸亥 | 2·8 |
| 26 | 31 | 月 | 14 | 甲子 | 1·9 |
| 27 | 4/1 | 火 | 15 | 乙丑 | 1·9 |
| 28 | 2 | 水 | 16 | 丙寅 | 1·9 |
| 29 | 3 | 木 | 17 | 丁卯 | 1·10 |
| 30 | | | | | |
| 31 | | | | | |

**청명절(戊辰月)**

清明 4월4일 8시23분
穀雨 4월19일 15시14분

| 절기후날수 | 양력 | 요일 | 음력 | 일진 | 大運 남·여 |
|---|---|---|---|---|---|
| 0 | 4/4 | 金 | 18 | 戊辰 | 청명 |
| 1 | 5 | 土 | 19 | 己巳 | 10·1 |
| 2 | 6 | 日 | 20 | 庚午 | 10·1 |
| 3 | 7 | 月 | 21 | 辛未 | 9·1 |
| 4 | 8 | 火 | 22 | 壬申 | 9·1 |
| 5 | 9 | 水 | 23 | 癸酉 | 9·2 |
| 6 | 10 | 木 | 24 | 甲戌 | 8·2 |
| 7 | 11 | 金 | 25 | 乙亥 | 8·2 |
| 8 | 12 | 土 | 26 | 丙子 | 8·3 |
| 9 | 13 | 日 | 27 | 丁丑 | 7·3 |
| 10 | 14 | 月 | 28 | 戊寅 | 7·3 |
| 11 | 15 | 火 | 29 | 己卯 | 7·4 |
| 12 | 16 | 水 | 30 | 庚辰 | 6·4 |
| 13 | 17 | 木 | 3/1 | 辛巳 | 6·4 |
| 14 | 18 | 金 | 2 | 壬午 | 6·5 |
| 15 | 19 | 土 | 3 | 癸未 | 곡우 |
| 16 | 20 | 日 | 4 | 甲申 | 5·5 |
| 17 | 21 | 月 | 5 | 乙酉 | 5·6 |
| 18 | 22 | 火 | 6 | 丙戌 | 4·6 |
| 19 | 23 | 水 | 7 | 丁亥 | 4·6 |
| 20 | 24 | 木 | 8 | 戊子 | 4·7 |
| 21 | 25 | 金 | 9 | 己丑 | 3·7 |
| 22 | 26 | 土 | 10 | 庚寅 | 3·7 |
| 23 | 27 | 日 | 11 | 辛卯 | 3·8 |
| 24 | 28 | 月 | 12 | 壬辰 | 2·8 |
| 25 | 29 | 火 | 13 | 癸巳 | 2·8 |
| 26 | 30 | 水 | 14 | 甲午 | 2·9 |
| 27 | 5/1 | 木 | 15 | 乙未 | 1·9 |
| 28 | 2 | 金 | 16 | 丙申 | 1·9 |
| 29 | 3 | 土 | 17 | 丁酉 | 1·10 |
| 30 | 4 | 日 | 18 | 戊戌 | 1·10 |
| 31 | | | | | |

**입하절(己巳月)**

立夏 5월5일 1시17분
小滿 5월20일 14시0분

| 절기후날수 | 양력 | 요일 | 음력 | 일진 | 大運 남·여 |
|---|---|---|---|---|---|
| 0 | 5/5 | 月 | 19 | 己亥 | 입하 |
| 1 | 6 | 火 | 20 | 庚子 | 10·1 |
| 2 | 7 | 水 | 21 | 辛丑 | 10·1 |
| 3 | 8 | 木 | 22 | 壬寅 | 9·1 |
| 4 | 9 | 金 | 23 | 癸卯 | 9·1 |
| 5 | 10 | 土 | 24 | 甲辰 | 9·2 |
| 6 | 11 | 日 | 25 | 乙巳 | 8·2 |
| 7 | 12 | 月 | 26 | 丙午 | 8·2 |
| 8 | 13 | 火 | 27 | 丁未 | 8·3 |
| 9 | 14 | 水 | 28 | 戊申 | 7·3 |
| 10 | 15 | 木 | 29 | 己酉 | 7·3 |
| 11 | 16 | 金 | 4/1 | 庚戌 | 7·4 |
| 12 | 17 | 土 | 2 | 辛亥 | 6·4 |
| 13 | 18 | 日 | 3 | 壬子 | 6·4 |
| 14 | 19 | 月 | 4 | 癸丑 | 6·5 |
| 15 | 20 | 火 | 5 | 甲寅 | 소만 |
| 16 | 21 | 水 | 6 | 乙卯 | 5·5 |
| 17 | 22 | 木 | 7 | 丙辰 | 5·6 |
| 18 | 23 | 金 | 8 | 丁巳 | 4·6 |
| 19 | 24 | 土 | 9 | 戊午 | 4·6 |
| 20 | 25 | 日 | 10 | 己未 | 4·7 |
| 21 | 26 | 月 | 11 | 庚申 | 3·7 |
| 22 | 27 | 火 | 12 | 辛酉 | 3·7 |
| 23 | 28 | 水 | 13 | 壬戌 | 3·8 |
| 24 | 29 | 木 | 14 | 癸亥 | 2·8 |
| 25 | 30 | 金 | 15 | 甲子 | 2·8 |
| 26 | 31 | 土 | 16 | 乙丑 | 2·9 |
| 27 | 6/1 | 日 | 17 | 丙寅 | 1·9 |
| 28 | 2 | 月 | 18 | 丁卯 | 1·9 |
| 29 | 3 | 火 | 19 | 戊辰 | 1·10 |
| 30 | 4 | 水 | 20 | 己巳 | 1·10 |
| 31 | | | | | |

**망종절(庚午月)**

芒種 6월5일 5시9분
夏至 6월20일 21시44분

| 절기후날수 | 양력 | 요일 | 음력 | 일진 | 大運 남·여 |
|---|---|---|---|---|---|
| 0 | 6/5 | 木 | 21 | 庚午 | 망종 |
| 1 | 6 | 金 | 22 | 辛未 | 10·1 |
| 2 | 7 | 土 | 23 | 壬申 | 10·1 |
| 3 | 8 | 日 | 24 | 癸酉 | 9·1 |
| 4 | 9 | 月 | 25 | 甲戌 | 9·1 |
| 5 | 10 | 火 | 26 | 乙亥 | 9·2 |
| 6 | 11 | 水 | 27 | 丙子 | 8·2 |
| 7 | 12 | 木 | 28 | 丁丑 | 8·2 |
| 8 | 13 | 金 | 29 | 戊寅 | 8·3 |
| 9 | 14 | 土 | 30 | 己卯 | 7·3 |
| 10 | 15 | 日 | 5/1 | 庚辰 | 7·3 |
| 11 | 16 | 月 | 2 | 辛巳 | 7·4 |
| 12 | 17 | 火 | 3 | 壬午 | 6·4 |
| 13 | 18 | 水 | 4 | 癸未 | 6·4 |
| 14 | 19 | 木 | 5 | 甲申 | 6·5 |
| 15 | 20 | 金 | 6 | 乙酉 | 하지 |
| 16 | 21 | 土 | 7 | 丙戌 | 5·5 |
| 17 | 22 | 日 | 8 | 丁亥 | 5·6 |
| 18 | 23 | 月 | 9 | 戊子 | 4·6 |
| 19 | 24 | 火 | 10 | 己丑 | 4·6 |
| 20 | 25 | 水 | 11 | 庚寅 | 4·7 |
| 21 | 26 | 木 | 12 | 辛卯 | 3·7 |
| 22 | 27 | 金 | 13 | 壬辰 | 3·7 |
| 23 | 28 | 土 | 14 | 癸巳 | 3·8 |
| 24 | 29 | 日 | 15 | 甲午 | 2·8 |
| 25 | 30 | 月 | 16 | 乙未 | 2·8 |
| 26 | 7/1 | 火 | 17 | 丙申 | 2·9 |
| 27 | 2 | 水 | 18 | 丁酉 | 1·9 |
| 28 | 3 | 木 | 19 | 戊戌 | 1·9 |
| 29 | 4 | 金 | 20 | 己亥 | 1·10 |
| 30 | 5 | 土 | 21 | 庚子 | 1·10 |
| 31 | | | | | |

**소서절(辛未月)**

小暑 7월6일 15시18분
大暑 7월22일 8시38분

| 절기후날수 | 양력 | 요일 | 음력 | 일진 | 大運 남·여 |
|---|---|---|---|---|---|
| 0 | 7/6 | 日 | 22 | 辛丑 | 소서 |
| 1 | 7 | 月 | 23 | 壬寅 | 10·1 |
| 2 | 8 | 火 | 24 | 癸卯 | 10·1 |
| 3 | 9 | 水 | 25 | 甲辰 | 10·1 |
| 4 | 10 | 木 | 26 | 乙巳 | 9·1 |
| 5 | 11 | 金 | 27 | 丙午 | 9·2 |
| 6 | 12 | 土 | 28 | 丁未 | 9·2 |
| 7 | 13 | 日 | 29 | 戊申 | 8·2 |
| 8 | 14 | 月 | 6/1 | 己酉 | 8·3 |
| 9 | 15 | 火 | 2 | 庚戌 | 8·3 |
| 10 | 16 | 水 | 3 | 辛亥 | 7·3 |
| 11 | 17 | 木 | 4 | 壬子 | 7·4 |
| 12 | 18 | 金 | 5 | 癸丑 | 7·4 |
| 13 | 19 | 土 | 6 | 甲寅 | 6·4 |
| 14 | 20 | 日 | 7 | 乙卯 | 6·5 |
| 15 | 21 | 月 | 8 | 丙辰 | 6·5 |
| 16 | 22 | 火 | 9 | 丁巳 | 대서 |
| 17 | 23 | 水 | 10 | 戊午 | 5·6 |
| 18 | 24 | 木 | 11 | 己未 | 5·6 |
| 19 | 25 | 金 | 12 | 庚申 | 4·6 |
| 20 | 26 | 土 | 13 | 辛酉 | 4·7 |
| 21 | 27 | 日 | 14 | 壬戌 | 4·7 |
| 22 | 28 | 月 | 15 | 癸亥 | 3·7 |
| 23 | 29 | 火 | 16 | 甲子 | 3·8 |
| 24 | 30 | 水 | 17 | 乙丑 | 3·8 |
| 25 | 31 | 木 | 18 | 丙寅 | 2·8 |
| 26 | 8/1 | 金 | 19 | 丁卯 | 2·9 |
| 27 | 2 | 土 | 20 | 戊辰 | 2·9 |
| 28 | 3 | 日 | 21 | 己巳 | 1·9 |
| 29 | 4 | 月 | 22 | 庚午 | 1·10 |
| 30 | 5 | 火 | 23 | 辛未 | 1·10 |
| 31 | 6 | 水 | 24 | 壬申 | 1·10 |

# 甲申年

## 입추절(壬申月)

立秋 8월7일 1시13분
處暑 8월22일 15시55분

| 절기후 날수 | 양력 | 요일 | 음력 | 일진 | 大運 남 | 大運 여 |
|---|---|---|---|---|---|---|
| 0 | 8/7 | 木 | 25 | 癸酉 | 입추 | |
| 1 | 8 | 金 | 26 | 甲戌 | 10 | 1 |
| 2 | 9 | 土 | 27 | 乙亥 | 10 | 1 |
| 3 | 10 | 日 | 28 | 丙子 | 9 | 1 |
| 4 | 11 | 月 | 29 | 丁丑 | 9 | 1 |
| 5 | 12 | 火 | 30 | 戊寅 | 9 | 2 |
| 6 | 13 | 水 | 7/1 | 己卯 | 8 | 2 |
| 7 | 14 | 木 | 2 | 庚辰 | 8 | 2 |
| 8 | 15 | 金 | 3 | 辛巳 | 8 | 3 |
| 9 | 16 | 土 | 4 | 壬午 | 7 | 3 |
| 10 | 17 | 日 | 5 | 癸未 | 7 | 3 |
| 11 | 18 | 月 | 6 | 甲申 | 7 | 4 |
| 12 | 19 | 火 | 7 | 乙酉 | 6 | 4 |
| 13 | 20 | 水 | 8 | 丙戌 | 6 | 4 |
| 14 | 21 | 木 | 9 | 丁亥 | 6 | 5 |
| 15 | 22 | 金 | 10 | 戊子 | 처서 | |
| 16 | 23 | 土 | 11 | 己丑 | 5 | 5 |
| 17 | 24 | 日 | 12 | 庚寅 | 5 | 6 |
| 18 | 25 | 月 | 13 | 辛卯 | 4 | 6 |
| 19 | 26 | 火 | 14 | 壬辰 | 4 | 6 |
| 20 | 27 | 水 | 15 | 癸巳 | 4 | 7 |
| 21 | 28 | 木 | 16 | 甲午 | 3 | 7 |
| 22 | 29 | 金 | 17 | 乙未 | 3 | 7 |
| 23 | 30 | 土 | 18 | 丙申 | 3 | 8 |
| 24 | 31 | 日 | 19 | 丁酉 | 2 | 8 |
| 25 | 9/1 | 月 | 20 | 戊戌 | 2 | 8 |
| 26 | 2 | 火 | 21 | 己亥 | 2 | 9 |
| 27 | 3 | 水 | 22 | 庚子 | 1 | 9 |
| 28 | 4 | 木 | 23 | 辛丑 | 1 | 9 |
| 29 | 5 | 金 | 24 | 壬寅 | 1 | 10 |
| 30 | 6 | 土 | 25 | 癸卯 | 1 | 10 |
| 31 | | | | | | |

## 백로절(癸酉月)

白露 9월7일 4시25분
秋分 9월22일 13시55분

| 절기후 날수 | 양력 | 요일 | 음력 | 일진 | 大運 남 | 大運 여 |
|---|---|---|---|---|---|---|
| 0 | 9/7 | 日 | 26 | 甲辰 | 백로 | |
| 1 | 8 | 月 | 27 | 乙巳 | 10 | 1 |
| 2 | 9 | 火 | 28 | 丙午 | 9 | 1 |
| 3 | 10 | 水 | 29 | 丁未 | 9 | 1 |
| 4 | 11 | 木 | 8/1 | 戊申 | 9 | 1 |
| 5 | 12 | 金 | 2 | 己酉 | 8 | 2 |
| 6 | 13 | 土 | 3 | 庚戌 | 8 | 2 |
| 7 | 14 | 日 | 4 | 辛亥 | 8 | 2 |
| 8 | 15 | 月 | 5 | 壬子 | 7 | 3 |
| 9 | 16 | 火 | 6 | 癸丑 | 7 | 3 |
| 10 | 17 | 水 | 7 | 甲寅 | 7 | 3 |
| 11 | 18 | 木 | 8 | 乙卯 | 6 | 4 |
| 12 | 19 | 金 | 9 | 丙辰 | 6 | 4 |
| 13 | 20 | 土 | 10 | 丁巳 | 6 | 4 |
| 14 | 21 | 日 | 11 | 戊午 | 5 | 5 |
| 15 | 22 | 月 | 12 | 己未 | 추분 | |
| 16 | 23 | 火 | 13 | 庚申 | 5 | 5 |
| 17 | 24 | 水 | 14 | 辛酉 | 4 | 6 |
| 18 | 25 | 木 | 15 | 壬戌 | 4 | 6 |
| 19 | 26 | 金 | 16 | 癸亥 | 4 | 6 |
| 20 | 27 | 土 | 17 | 甲子 | 3 | 7 |
| 21 | 28 | 日 | 18 | 乙丑 | 3 | 7 |
| 22 | 29 | 月 | 19 | 丙寅 | 3 | 7 |
| 23 | 30 | 火 | 20 | 丁卯 | 2 | 8 |
| 24 | 10/1 | 水 | 21 | 戊辰 | 2 | 8 |
| 25 | 2 | 木 | 22 | 己巳 | 2 | 8 |
| 26 | 3 | 金 | 23 | 庚午 | 1 | 9 |
| 27 | 4 | 土 | 24 | 辛未 | 1 | 9 |
| 28 | 5 | 日 | 25 | 壬申 | 1 | 9 |
| 29 | 6 | 月 | 26 | 癸酉 | 1 | 10 |
| 30 | | | | | | |
| 31 | | | | | | |

## 한로절(甲戌月)

寒露 10월7일 20시26분
霜降 10월22일 23시41분

| 절기후 날수 | 양력 | 요일 | 음력 | 일진 | 大運 남 | 大運 여 |
|---|---|---|---|---|---|---|
| 0 | 10/7 | 火 | 27 | 甲戌 | 한로 | |
| 1 | 8 | 水 | 28 | 乙亥 | 10 | 1 |
| 2 | 9 | 木 | 29 | 丙子 | 10 | 1 |
| 3 | 10 | 金 | 9/1 | 丁丑 | 9 | 1 |
| 4 | 11 | 土 | 2 | 戊寅 | 9 | 1 |
| 5 | 12 | 日 | 3 | 己卯 | 9 | 2 |
| 6 | 13 | 月 | 4 | 庚辰 | 8 | 2 |
| 7 | 14 | 火 | 5 | 辛巳 | 8 | 2 |
| 8 | 15 | 水 | 6 | 壬午 | 8 | 3 |
| 9 | 16 | 木 | 7 | 癸未 | 7 | 3 |
| 10 | 17 | 金 | 8 | 甲申 | 7 | 3 |
| 11 | 18 | 土 | 9 | 乙酉 | 7 | 4 |
| 12 | 19 | 日 | 10 | 丙戌 | 6 | 4 |
| 13 | 20 | 月 | 11 | 丁亥 | 6 | 4 |
| 14 | 21 | 火 | 12 | 戊子 | 6 | 5 |
| 15 | 22 | 水 | 13 | 己丑 | 상강 | |
| 16 | 23 | 木 | 14 | 庚寅 | 5 | 5 |
| 17 | 24 | 金 | 15 | 辛卯 | 5 | 6 |
| 18 | 25 | 土 | 16 | 壬辰 | 4 | 6 |
| 19 | 26 | 日 | 17 | 癸巳 | 4 | 6 |
| 20 | 27 | 月 | 18 | 甲午 | 4 | 7 |
| 21 | 28 | 火 | 19 | 乙未 | 3 | 7 |
| 22 | 29 | 水 | 20 | 丙申 | 3 | 7 |
| 23 | 30 | 木 | 21 | 丁酉 | 3 | 8 |
| 24 | 31 | 金 | 22 | 戊戌 | 2 | 8 |
| 25 | 11/1 | 土 | 23 | 己亥 | 2 | 8 |
| 26 | 2 | 日 | 24 | 庚子 | 2 | 9 |
| 27 | 3 | 月 | 25 | 辛丑 | 1 | 9 |
| 28 | 4 | 火 | 26 | 壬寅 | 1 | 9 |
| 29 | 5 | 水 | 27 | 癸卯 | 1 | 10 |
| 30 | 6 | 木 | 28 | 甲辰 | 1 | 10 |
| 31 | | | | | | |

## 입동절(乙亥月)

立冬 11월7일 0시0분
小雪 11월21일 21시35분

| 절기후 날수 | 양력 | 요일 | 음력 | 일진 | 大運 남 | 大運 여 |
|---|---|---|---|---|---|---|
| 0 | 11/7 | 金 | 29 | 乙巳 | 입동 | |
| 1 | 8 | 土 | 30 | 丙午 | 9 | 1 |
| 2 | 9 | 日 | 10/1 | 丁未 | 9 | 1 |
| 3 | 10 | 月 | 2 | 戊申 | 9 | 1 |
| 4 | 11 | 火 | 3 | 己酉 | 8 | 1 |
| 5 | 12 | 水 | 4 | 庚戌 | 8 | 2 |
| 6 | 13 | 木 | 5 | 辛亥 | 8 | 2 |
| 7 | 14 | 金 | 6 | 壬子 | 7 | 2 |
| 8 | 15 | 土 | 7 | 癸丑 | 7 | 3 |
| 9 | 16 | 日 | 8 | 甲寅 | 7 | 3 |
| 10 | 17 | 月 | 9 | 乙卯 | 6 | 3 |
| 11 | 18 | 火 | 10 | 丙辰 | 6 | 4 |
| 12 | 19 | 水 | 11 | 丁巳 | 6 | 4 |
| 13 | 20 | 木 | 12 | 戊午 | 5 | 4 |
| 14 | 21 | 金 | 13 | 己未 | 소설 | |
| 15 | 22 | 土 | 14 | 庚申 | 5 | 5 |
| 16 | 23 | 日 | 15 | 辛酉 | 4 | 5 |
| 17 | 24 | 月 | 16 | 壬戌 | 4 | 6 |
| 18 | 25 | 火 | 17 | 癸亥 | 4 | 6 |
| 19 | 26 | 水 | 18 | 甲子 | 3 | 6 |
| 20 | 27 | 木 | 19 | 乙丑 | 3 | 7 |
| 21 | 28 | 金 | 20 | 丙寅 | 3 | 7 |
| 22 | 29 | 土 | 21 | 丁卯 | 2 | 7 |
| 23 | 30 | 日 | 22 | 戊辰 | 2 | 8 |
| 24 | 12/1 | 月 | 23 | 己巳 | 2 | 8 |
| 25 | 2 | 火 | 24 | 庚午 | 1 | 8 |
| 26 | 3 | 水 | 25 | 辛未 | 1 | 9 |
| 27 | 4 | 木 | 26 | 壬申 | 1 | 9 |
| 28 | 5 | 金 | 27 | 癸酉 | 1 | 9 |
| 29 | | | | | | |
| 30 | | | | | | |
| 31 | | | | | | |

## 대설절(丙子月)

大雪 12월6일 17시8분
冬至 12월21일 11시7분

| 절기후 날수 | 양력 | 요일 | 음력 | 일진 | 大運 남 | 大運 여 |
|---|---|---|---|---|---|---|
| 0 | 12/6 | 土 | 28 | 甲戌 | 대설 | |
| 1 | 7 | 日 | 29 | 乙亥 | 10 | 1 |
| 2 | 8 | 月 | 11/1 | 丙子 | 9 | 1 |
| 3 | 9 | 火 | 2 | 丁丑 | 9 | 1 |
| 4 | 10 | 水 | 3 | 戊寅 | 9 | 1 |
| 5 | 11 | 木 | 4 | 己卯 | 8 | 2 |
| 6 | 12 | 金 | 5 | 庚辰 | 8 | 2 |
| 7 | 13 | 土 | 6 | 辛巳 | 8 | 2 |
| 8 | 14 | 日 | 7 | 壬午 | 7 | 3 |
| 9 | 15 | 月 | 8 | 癸未 | 7 | 3 |
| 10 | 16 | 火 | 9 | 甲申 | 7 | 3 |
| 11 | 17 | 水 | 10 | 乙酉 | 6 | 4 |
| 12 | 18 | 木 | 11 | 丙戌 | 6 | 4 |
| 13 | 19 | 金 | 12 | 丁亥 | 6 | 4 |
| 14 | 20 | 土 | 13 | 戊子 | 5 | 5 |
| 15 | 21 | 日 | 14 | 己丑 | 동지 | |
| 16 | 22 | 月 | 15 | 庚寅 | 5 | 5 |
| 17 | 23 | 火 | 16 | 辛卯 | 4 | 6 |
| 18 | 24 | 水 | 17 | 壬辰 | 4 | 6 |
| 19 | 25 | 木 | 18 | 癸巳 | 4 | 6 |
| 20 | 26 | 金 | 19 | 甲午 | 3 | 7 |
| 21 | 27 | 土 | 20 | 乙未 | 3 | 7 |
| 22 | 28 | 日 | 21 | 丙申 | 3 | 7 |
| 23 | 29 | 月 | 22 | 丁酉 | 2 | 8 |
| 24 | 30 | 火 | 23 | 戊戌 | 2 | 8 |
| 25 | 31 | 水 | 24 | 己亥 | 2 | 8 |
| 26 | 1/1 | 木 | 25 | 庚子 | 1 | 9 |
| 27 | 2 | 金 | 26 | 辛丑 | 1 | 9 |
| 28 | 3 | 土 | 27 | 壬寅 | 1 | 9 |
| 29 | 4 | 日 | 28 | 癸卯 | 1 | 10 |
| 30 | | | | | | |
| 31 | | | | | | |

## 소한절(丁丑月)

小寒 1월5일 4시28분
大寒 1월19일 21시47분

| 절기후 날수 | 양력 | 요일 | 음력 | 일진 | 大運 남 | 大運 여 |
|---|---|---|---|---|---|---|
| 0 | 1/5 | 月 | 29 | 甲辰 | 소한 | |
| 1 | 6 | 火 | 30 | 乙巳 | 9 | 1 |
| 2 | 7 | 水 | 12/1 | 丙午 | 9 | 1 |
| 3 | 8 | 木 | 2 | 丁未 | 9 | 1 |
| 4 | 9 | 金 | 3 | 戊申 | 8 | 1 |
| 5 | 10 | 土 | 4 | 己酉 | 8 | 2 |
| 6 | 11 | 日 | 5 | 庚戌 | 8 | 2 |
| 7 | 12 | 月 | 6 | 辛亥 | 7 | 2 |
| 8 | 13 | 火 | 7 | 壬子 | 7 | 3 |
| 9 | 14 | 水 | 8 | 癸丑 | 7 | 3 |
| 10 | 15 | 木 | 9 | 甲寅 | 6 | 3 |
| 11 | 16 | 金 | 10 | 乙卯 | 6 | 4 |
| 12 | 17 | 土 | 11 | 丙辰 | 6 | 4 |
| 13 | 18 | 日 | 12 | 丁巳 | 5 | 4 |
| 14 | 19 | 月 | 13 | 戊午 | 대한 | |
| 15 | 20 | 火 | 14 | 己未 | 5 | 5 |
| 16 | 21 | 水 | 15 | 庚申 | 4 | 5 |
| 17 | 22 | 木 | 16 | 辛酉 | 4 | 6 |
| 18 | 23 | 金 | 17 | 壬戌 | 4 | 6 |
| 19 | 24 | 土 | 18 | 癸亥 | 3 | 6 |
| 20 | 25 | 日 | 19 | 甲子 | 3 | 7 |
| 21 | 26 | 月 | 20 | 乙丑 | 3 | 7 |
| 22 | 27 | 火 | 21 | 丙寅 | 2 | 7 |
| 23 | 28 | 水 | 22 | 丁卯 | 2 | 8 |
| 24 | 29 | 木 | 23 | 戊辰 | 2 | 8 |
| 25 | 30 | 金 | 24 | 己巳 | 1 | 8 |
| 26 | 31 | 土 | 25 | 庚午 | 1 | 9 |
| 27 | 2/1 | 日 | 26 | 辛未 | 1 | 9 |
| 28 | 2 | 月 | 27 | 壬申 | 1 | 9 |
| 29 | | | | | | |
| 30 | | | | | | |
| 31 | | | | | | |

# 서기 2065년 [단기 4398년]

| 절기후날수 | 입춘절(戊寅月) | | | | | | 경칩절(己卯月) | | | | | |
|---|---|---|---|---|---|---|---|---|---|---|---|---|
| | 立春 2월3일 16시2분<br>雨水 2월18일 11시46분 | | | | | | 驚蟄 3월5일 9시48분<br>春分 3월20일 10시27분 | | | | | |
| | 양력 | 요일 | 음력 | 일진 | 大運 남 | 大運 여 | 양력 | 요일 | 음력 | 일진 | 大運 남 | 大運 여 |
| 0 | 2/3 | 火 | 28 | 癸酉 | 입춘 | | 3/5 | 木 | 29 | 癸卯 | 경칩 | |
| 1 | 4 | 水 | 29 | 甲戌 | 1 | 10 | 6 | 金 | 30 | 甲辰 | 1 | 10 |
| 2 | 5 | 木 | 1/1 | 乙亥 | 1 | 9 | 7 | 土 | 2/1 | 乙巳 | 1 | 9 |
| 3 | 6 | 金 | 2 | 丙子 | 1 | 9 | 8 | 日 | 2 | 丙午 | 1 | 9 |
| 4 | 7 | 土 | 3 | 丁丑 | 1 | 9 | 9 | 月 | 3 | 丁未 | 1 | 9 |
| 5 | 8 | 日 | 4 | 戊寅 | 2 | 8 | 10 | 火 | 4 | 戊申 | 2 | 8 |
| 6 | 9 | 月 | 5 | 己卯 | 2 | 8 | 11 | 水 | 5 | 己酉 | 2 | 8 |
| 7 | 10 | 火 | 6 | 庚辰 | 2 | 8 | 12 | 木 | 6 | 庚戌 | 2 | 8 |
| 8 | 11 | 水 | 7 | 辛巳 | 3 | 7 | 13 | 金 | 7 | 辛亥 | 3 | 7 |
| 9 | 12 | 木 | 8 | 壬午 | 3 | 7 | 14 | 土 | 8 | 壬子 | 3 | 7 |
| 10 | 13 | 金 | 9 | 癸未 | 3 | 7 | 15 | 日 | 9 | 癸丑 | 3 | 7 |
| 11 | 14 | 土 | 10 | 甲申 | 4 | 6 | 16 | 月 | 10 | 甲寅 | 4 | 6 |
| 12 | 15 | 日 | 11 | 乙酉 | 4 | 6 | 17 | 火 | 11 | 乙卯 | 4 | 6 |
| 13 | 16 | 月 | 12 | 丙戌 | 4 | 6 | 18 | 水 | 12 | 丙辰 | 4 | 6 |
| 14 | 17 | 火 | 13 | 丁亥 | 5 | 5 | 19 | 木 | 13 | 丁巳 | 5 | 5 |
| 15 | 18 | 水 | 14 | 戊子 | 우수 | | 20 | 金 | 14 | 戊午 | 춘분 | |
| 16 | 19 | 木 | 15 | 己丑 | 5 | 5 | 21 | 土 | 15 | 己未 | 5 | 5 |
| 17 | 20 | 金 | 16 | 庚寅 | 6 | 4 | 22 | 日 | 16 | 庚申 | 6 | 4 |
| 18 | 21 | 土 | 17 | 辛卯 | 6 | 4 | 23 | 月 | 17 | 辛酉 | 6 | 4 |
| 19 | 22 | 日 | 18 | 壬辰 | 6 | 4 | 24 | 火 | 18 | 壬戌 | 6 | 4 |
| 20 | 23 | 月 | 19 | 癸巳 | 7 | 3 | 25 | 水 | 19 | 癸亥 | 7 | 3 |
| 21 | 24 | 火 | 20 | 甲午 | 7 | 3 | 26 | 木 | 20 | 甲子 | 7 | 3 |
| 22 | 25 | 水 | 21 | 乙未 | 7 | 3 | 27 | 金 | 21 | 乙丑 | 7 | 3 |
| 23 | 26 | 木 | 22 | 丙申 | 8 | 2 | 28 | 土 | 22 | 丙寅 | 8 | 2 |
| 24 | 27 | 金 | 23 | 丁酉 | 8 | 2 | 29 | 日 | 23 | 丁卯 | 8 | 2 |
| 25 | 28 | 土 | 24 | 戊戌 | 8 | 2 | 30 | 月 | 24 | 戊辰 | 8 | 2 |
| 26 | 3/1 | 日 | 25 | 己亥 | 9 | 1 | 31 | 火 | 25 | 己巳 | 9 | 1 |
| 27 | 2 | 月 | 26 | 庚子 | 9 | 1 | 4/1 | 水 | 26 | 庚午 | 9 | 1 |
| 28 | 3 | 火 | 27 | 辛丑 | 9 | 1 | 2 | 木 | 27 | 辛未 | 9 | 1 |
| 29 | 4 | 水 | 28 | 壬寅 | 10 | 1 | 3 | 金 | 28 | 壬申 | 10 | 1 |
| 30 | | | | | | | | | | | | |
| 31 | | | | | | | | | | | | |

| 절기후날수 | 청명절(庚辰月) | | | | | | 입하절(辛巳月) | | | | | |
|---|---|---|---|---|---|---|---|---|---|---|---|---|
| | 清明 4월4일 14시12분<br>穀雨 4월19일 21시4분 | | | | | | 立夏 5월5일 7시4분<br>小滿 5월20일 19시49분 | | | | | |
| | 양력 | 요일 | 음력 | 일진 | 大運 남 | 大運 여 | 양력 | 요일 | 음력 | 일진 | 大運 남 | 大運 여 |
| 0 | 4/4 | 土 | 29 | 癸酉 | 청명 | | 5/5 | 火 | 4/1 | 甲辰 | 입하 | |
| 1 | 5 | 日 | 30 | 甲戌 | 1 | 10 | 6 | 水 | 2 | 乙巳 | 1 | 10 |
| 2 | 6 | 月 | 3/1 | 乙亥 | 1 | 10 | 7 | 木 | 3 | 丙午 | 1 | 10 |
| 3 | 7 | 火 | 2 | 丙子 | 1 | 9 | 8 | 金 | 4 | 丁未 | 1 | 9 |
| 4 | 8 | 水 | 3 | 丁丑 | 1 | 9 | 9 | 土 | 5 | 戊申 | 1 | 9 |
| 5 | 9 | 木 | 4 | 戊寅 | 2 | 9 | 10 | 日 | 6 | 己酉 | 2 | 9 |
| 6 | 10 | 金 | 5 | 己卯 | 2 | 8 | 11 | 月 | 7 | 庚戌 | 2 | 8 |
| 7 | 11 | 土 | 6 | 庚辰 | 2 | 8 | 12 | 火 | 8 | 辛亥 | 2 | 8 |
| 8 | 12 | 日 | 7 | 辛巳 | 3 | 8 | 13 | 水 | 9 | 壬子 | 3 | 8 |
| 9 | 13 | 月 | 8 | 壬午 | 3 | 7 | 14 | 木 | 10 | 癸丑 | 3 | 7 |
| 10 | 14 | 火 | 9 | 癸未 | 3 | 7 | 15 | 金 | 11 | 甲寅 | 3 | 7 |
| 11 | 15 | 水 | 10 | 甲申 | 4 | 7 | 16 | 土 | 12 | 乙卯 | 4 | 7 |
| 12 | 16 | 木 | 11 | 乙酉 | 4 | 6 | 17 | 日 | 13 | 丙辰 | 4 | 6 |
| 13 | 17 | 金 | 12 | 丙戌 | 4 | 6 | 18 | 月 | 14 | 丁巳 | 4 | 6 |
| 14 | 18 | 土 | 13 | 丁亥 | 5 | 6 | 19 | 火 | 15 | 戊午 | 5 | 6 |
| 15 | 19 | 日 | 14 | 戊子 | 곡우 | | 20 | 水 | 16 | 己未 | 소만 | |
| 16 | 20 | 月 | 15 | 己丑 | 5 | 5 | 21 | 木 | 17 | 庚申 | 5 | 5 |
| 17 | 21 | 火 | 16 | 庚寅 | 6 | 5 | 22 | 金 | 18 | 辛酉 | 6 | 5 |
| 18 | 22 | 水 | 17 | 辛卯 | 6 | 4 | 23 | 土 | 19 | 壬戌 | 6 | 4 |
| 19 | 23 | 木 | 18 | 壬辰 | 6 | 4 | 24 | 日 | 20 | 癸亥 | 6 | 4 |
| 20 | 24 | 金 | 19 | 癸巳 | 7 | 4 | 25 | 月 | 21 | 甲子 | 7 | 4 |
| 21 | 25 | 土 | 20 | 甲午 | 7 | 3 | 26 | 火 | 22 | 乙丑 | 7 | 3 |
| 22 | 26 | 日 | 21 | 乙未 | 7 | 3 | 27 | 水 | 23 | 丙寅 | 7 | 3 |
| 23 | 27 | 月 | 22 | 丙申 | 8 | 3 | 28 | 木 | 24 | 丁卯 | 8 | 3 |
| 24 | 28 | 火 | 23 | 丁酉 | 8 | 2 | 29 | 金 | 25 | 戊辰 | 8 | 2 |
| 25 | 29 | 水 | 24 | 戊戌 | 8 | 2 | 30 | 土 | 26 | 己巳 | 8 | 2 |
| 26 | 30 | 木 | 25 | 己亥 | 9 | 2 | 31 | 日 | 27 | 庚午 | 9 | 2 |
| 27 | 5/1 | 金 | 26 | 庚子 | 9 | 1 | 6/1 | 月 | 28 | 辛未 | 9 | 1 |
| 28 | 2 | 土 | 27 | 辛丑 | 9 | 1 | 2 | 火 | 29 | 壬申 | 9 | 1 |
| 29 | 3 | 日 | 28 | 壬寅 | 10 | 1 | 3 | 水 | 30 | 癸酉 | 10 | 1 |
| 30 | 4 | 月 | 29 | 癸卯 | 10 | 1 | 4 | 木 | 5/1 | 甲戌 | 10 | 1 |
| 31 | | | | | | | | | | | | |

| 절기후날수 | 망종절(壬午月) | | | | | | 소서절(癸未月) | | | | | |
|---|---|---|---|---|---|---|---|---|---|---|---|---|
| | 芒種 6월5일 10시51분<br>夏至 6월21일 3시31분 | | | | | | 小暑 7월6일 20시55분<br>大暑 7월22일 14시23분 | | | | | |
| | 양력 | 요일 | 음력 | 일진 | 大運 남 | 大運 여 | 양력 | 요일 | 음력 | 일진 | 大運 남 | 大運 여 |
| 0 | 6/5 | 金 | 2 | 乙亥 | 망종 | | 7/6 | 月 | 3 | 丙午 | 소서 | |
| 1 | 6 | 土 | 3 | 丙子 | 1 | 10 | 7 | 火 | 4 | 丁未 | 1 | 10 |
| 2 | 7 | 日 | 4 | 丁丑 | 1 | 10 | 8 | 水 | 5 | 戊申 | 1 | 10 |
| 3 | 8 | 月 | 5 | 戊寅 | 1 | 9 | 9 | 木 | 6 | 己酉 | 1 | 10 |
| 4 | 9 | 火 | 6 | 己卯 | 1 | 9 | 10 | 金 | 7 | 庚戌 | 1 | 9 |
| 5 | 10 | 水 | 7 | 庚辰 | 2 | 9 | 11 | 土 | 8 | 辛亥 | 2 | 9 |
| 6 | 11 | 木 | 8 | 辛巳 | 2 | 8 | 12 | 日 | 9 | 壬子 | 2 | 9 |
| 7 | 12 | 金 | 9 | 壬午 | 2 | 8 | 13 | 月 | 10 | 癸丑 | 2 | 8 |
| 8 | 13 | 土 | 10 | 癸未 | 3 | 8 | 14 | 火 | 11 | 甲寅 | 3 | 8 |
| 9 | 14 | 日 | 11 | 甲申 | 3 | 7 | 15 | 水 | 12 | 乙卯 | 3 | 8 |
| 10 | 15 | 月 | 12 | 乙酉 | 3 | 7 | 16 | 木 | 13 | 丙辰 | 3 | 7 |
| 11 | 16 | 火 | 13 | 丙戌 | 4 | 7 | 17 | 金 | 14 | 丁巳 | 4 | 7 |
| 12 | 17 | 水 | 14 | 丁亥 | 4 | 6 | 18 | 土 | 15 | 戊午 | 4 | 7 |
| 13 | 18 | 木 | 15 | 戊子 | 4 | 6 | 19 | 日 | 16 | 己未 | 4 | 6 |
| 14 | 19 | 金 | 16 | 己丑 | 5 | 6 | 20 | 月 | 17 | 庚申 | 5 | 6 |
| 15 | 20 | 土 | 17 | 庚寅 | 5 | 5 | 21 | 火 | 18 | 辛酉 | 5 | 6 |
| 16 | 21 | 日 | 18 | 辛卯 | 하지 | | 22 | 水 | 19 | 壬戌 | 대서 | |
| 17 | 22 | 月 | 19 | 壬辰 | 6 | 5 | 23 | 木 | 20 | 癸亥 | 6 | 5 |
| 18 | 23 | 火 | 20 | 癸巳 | 6 | 4 | 24 | 金 | 21 | 甲子 | 6 | 5 |
| 19 | 24 | 水 | 21 | 甲午 | 6 | 4 | 25 | 土 | 22 | 乙丑 | 6 | 4 |
| 20 | 25 | 木 | 22 | 乙未 | 7 | 4 | 26 | 日 | 23 | 丙寅 | 7 | 4 |
| 21 | 26 | 金 | 23 | 丙申 | 7 | 3 | 27 | 月 | 24 | 丁卯 | 7 | 4 |
| 22 | 27 | 土 | 24 | 丁酉 | 7 | 3 | 28 | 火 | 25 | 戊辰 | 7 | 3 |
| 23 | 28 | 日 | 25 | 戊戌 | 8 | 3 | 29 | 水 | 26 | 己巳 | 8 | 3 |
| 24 | 29 | 月 | 26 | 己亥 | 8 | 2 | 30 | 木 | 27 | 庚午 | 8 | 3 |
| 25 | 30 | 火 | 27 | 庚子 | 8 | 2 | 31 | 金 | 28 | 辛未 | 8 | 2 |
| 26 | 7/1 | 水 | 28 | 辛丑 | 9 | 2 | 8/1 | 土 | 29 | 壬申 | 9 | 2 |
| 27 | 2 | 木 | 29 | 壬寅 | 9 | 1 | 2 | 日 | 7/1 | 癸酉 | 9 | 2 |
| 28 | 3 | 金 | 30 | 癸卯 | 9 | 1 | 3 | 月 | 2 | 甲戌 | 9 | 1 |
| 29 | 4 | 土 | 6/1 | 甲辰 | 10 | 1 | 4 | 火 | 3 | 乙亥 | 10 | 1 |
| 30 | 5 | 日 | 2 | 乙巳 | 10 | 1 | 5 | 水 | 4 | 丙子 | 10 | 1 |
| 31 | | | | | | | 6 | 木 | 5 | 丁丑 | 10 | 1 |

# 乙酉年

| 절기후날수 | 입추절(甲申月)<br>立秋 8월7일 6시48분<br>處暑 8월22일 21시40분 | | | | | 백로절(乙酉月)<br>白露 9월7일 10시0분<br>秋分 9월22일 19시41분 | | | | |
|---|---|---|---|---|---|---|---|---|---|---|
| | 양력 | 요일 | 음력 | 일진 | 大運 남·여 | 양력 | 요일 | 음력 | 일진 | 大運 남·여 |
| 0 | 8/7 | 金 | 6 | 戊寅 | 입추 | 9/7 | 月 | 7 | 己酉 | 백로 |
| 1 | 8 | 土 | 7 | 己卯 | 1·10 | 8 | 火 | 8 | 庚戌 | 1·10 |
| 2 | 9 | 日 | 8 | 庚辰 | 1·10 | 9 | 水 | 9 | 辛亥 | 1·10 |
| 3 | 10 | 月 | 9 | 辛巳 | 1·9 | 10 | 木 | 10 | 壬子 | 1·9 |
| 4 | 11 | 火 | 10 | 壬午 | 1·9 | 11 | 金 | 11 | 癸丑 | 1·9 |
| 5 | 12 | 水 | 11 | 癸未 | 2·9 | 12 | 土 | 12 | 甲寅 | 2·9 |
| 6 | 13 | 木 | 12 | 甲申 | 2·8 | 13 | 日 | 13 | 乙卯 | 2·8 |
| 7 | 14 | 金 | 13 | 乙酉 | 2·8 | 14 | 月 | 14 | 丙辰 | 2·8 |
| 8 | 15 | 土 | 14 | 丙戌 | 3·8 | 15 | 火 | 15 | 丁巳 | 3·8 |
| 9 | 16 | 日 | 15 | 丁亥 | 3·7 | 16 | 水 | 16 | 戊午 | 3·7 |
| 10 | 17 | 月 | 16 | 戊子 | 3·7 | 17 | 木 | 17 | 己未 | 3·7 |
| 11 | 18 | 火 | 17 | 己丑 | 4·7 | 18 | 金 | 18 | 庚申 | 4·7 |
| 12 | 19 | 水 | 18 | 庚寅 | 4·6 | 19 | 土 | 19 | 辛酉 | 4·6 |
| 13 | 20 | 木 | 19 | 辛卯 | 4·6 | 20 | 日 | 20 | 壬戌 | 4·6 |
| 14 | 21 | 金 | 20 | 壬辰 | 5·6 | 21 | 月 | 21 | 癸亥 | 5·6 |
| 15 | 22 | 土 | 21 | 癸巳 | 처서 | 22 | 火 | 22 | 甲子 | 추분 |
| 16 | 23 | 日 | 22 | 甲午 | 5·5 | 23 | 水 | 23 | 乙丑 | 5·5 |
| 17 | 24 | 月 | 23 | 乙未 | 6·5 | 24 | 木 | 24 | 丙寅 | 6·5 |
| 18 | 25 | 火 | 24 | 丙申 | 6·4 | 25 | 金 | 25 | 丁卯 | 6·4 |
| 19 | 26 | 水 | 25 | 丁酉 | 6·4 | 26 | 土 | 26 | 戊辰 | 6·4 |
| 20 | 27 | 木 | 26 | 戊戌 | 7·4 | 27 | 日 | 27 | 己巳 | 7·4 |
| 21 | 28 | 金 | 27 | 己亥 | 7·3 | 28 | 月 | 28 | 庚午 | 7·3 |
| 22 | 29 | 土 | 28 | 庚子 | 7·3 | 29 | 火 | 29 | 辛未 | 7·3 |
| 23 | 30 | 日 | 29 | 辛丑 | 8·3 | 30 | 水 | 9/1 | 壬申 | 8·3 |
| 24 | 31 | 月 | 30 | 壬寅 | 8·2 | 10/1 | 木 | 2 | 癸酉 | 8·2 |
| 25 | 9/1 | 火 | 8/1 | 癸卯 | 8·2 | 2 | 金 | 3 | 甲戌 | 8·2 |
| 26 | 2 | 水 | 2 | 甲辰 | 9·2 | 3 | 土 | 4 | 乙亥 | 9·2 |
| 27 | 3 | 木 | 3 | 乙巳 | 9·1 | 4 | 日 | 5 | 丙子 | 9·1 |
| 28 | 4 | 金 | 4 | 丙午 | 9·1 | 5 | 月 | 6 | 丁丑 | 9·1 |
| 29 | 5 | 土 | 5 | 丁未 | 10·1 | 6 | 火 | 7 | 戊寅 | 10·1 |
| 30 | 6 | 日 | 6 | 戊申 | 10·1 | 7 | 水 | 8 | 己卯 | 10·1 |
| 31 | | | | | | | | | | |

| 절기후날수 | 한로절(丙戌月)<br>寒露 10월8일 2시4분<br>霜降 10월23일 5시28분 | | | | | 입동절(丁亥月)<br>立冬 11월7일 5시41분<br>小雪 11월22일 3시25분 | | | | |
|---|---|---|---|---|---|---|---|---|---|---|
| | 양력 | 요일 | 음력 | 일진 | 大運 남·여 | 양력 | 요일 | 음력 | 일진 | 大運 남·여 |
| 0 | 10/8 | 木 | 9 | 庚辰 | 한로 | 11/7 | 土 | 10 | 庚戌 | 입동 |
| 1 | 9 | 金 | 10 | 辛巳 | 1·10 | 8 | 日 | 11 | 辛亥 | 1·9 |
| 2 | 10 | 土 | 11 | 壬午 | 1·9 | 9 | 月 | 12 | 壬子 | 1·9 |
| 3 | 11 | 日 | 12 | 癸未 | 1·9 | 10 | 火 | 13 | 癸丑 | 1·9 |
| 4 | 12 | 月 | 13 | 甲申 | 1·9 | 11 | 水 | 14 | 甲寅 | 1·8 |
| 5 | 13 | 火 | 14 | 乙酉 | 2·8 | 12 | 木 | 15 | 乙卯 | 2·8 |
| 6 | 14 | 水 | 15 | 丙戌 | 2·8 | 13 | 金 | 16 | 丙辰 | 2·8 |
| 7 | 15 | 木 | 16 | 丁亥 | 2·8 | 14 | 土 | 17 | 丁巳 | 2·7 |
| 8 | 16 | 金 | 17 | 戊子 | 3·7 | 15 | 日 | 18 | 戊午 | 3·7 |
| 9 | 17 | 土 | 18 | 己丑 | 3·7 | 16 | 月 | 19 | 己未 | 3·7 |
| 10 | 18 | 日 | 19 | 庚寅 | 3·7 | 17 | 火 | 20 | 庚申 | 3·6 |
| 11 | 19 | 月 | 20 | 辛卯 | 4·6 | 18 | 水 | 21 | 辛酉 | 4·6 |
| 12 | 20 | 火 | 21 | 壬辰 | 4·6 | 19 | 木 | 22 | 壬戌 | 4·6 |
| 13 | 21 | 水 | 22 | 癸巳 | 4·6 | 20 | 金 | 23 | 癸亥 | 4·5 |
| 14 | 22 | 木 | 23 | 甲午 | 5·5 | 21 | 土 | 24 | 甲子 | 5·5 |
| 15 | 23 | 金 | 24 | 乙未 | 상강 | 22 | 日 | 25 | 乙丑 | 소설 |
| 16 | 24 | 土 | 25 | 丙申 | 5·5 | 23 | 月 | 26 | 丙寅 | 5·4 |
| 17 | 25 | 日 | 26 | 丁酉 | 6·4 | 24 | 火 | 27 | 丁卯 | 6·4 |
| 18 | 26 | 月 | 27 | 戊戌 | 6·4 | 25 | 水 | 28 | 戊辰 | 6·4 |
| 19 | 27 | 火 | 28 | 己亥 | 6·4 | 26 | 木 | 29 | 己巳 | 6·3 |
| 20 | 28 | 水 | 29 | 庚子 | 7·3 | 27 | 金 | 30 | 庚午 | 7·3 |
| 21 | 29 | 木 | 10/1 | 辛丑 | 7·3 | 28 | 土 | 11/1 | 辛未 | 7·3 |
| 22 | 30 | 金 | 2 | 壬寅 | 7·3 | 29 | 日 | 2 | 壬申 | 7·2 |
| 23 | 31 | 土 | 3 | 癸卯 | 8·2 | 30 | 月 | 3 | 癸酉 | 8·2 |
| 24 | 11/1 | 日 | 4 | 甲辰 | 8·2 | 12/1 | 火 | 4 | 甲戌 | 8·2 |
| 25 | 2 | 月 | 5 | 乙巳 | 8·2 | 2 | 水 | 5 | 乙亥 | 8·1 |
| 26 | 3 | 火 | 6 | 丙午 | 9·1 | 3 | 木 | 6 | 丙子 | 9·1 |
| 27 | 4 | 水 | 7 | 丁未 | 9·1 | 4 | 金 | 7 | 丁丑 | 9·1 |
| 28 | 5 | 木 | 8 | 戊申 | 9·1 | 5 | 土 | 8 | 戊寅 | 9·1 |
| 29 | 6 | 金 | 9 | 己酉 | 10·1 | | | | | |
| 30 | | | | | | | | | | |
| 31 | | | | | | | | | | |

| 절기후날수 | 대설절(戊子月)<br>大雪 12월6일 22시51분<br>冬至 12월21일 16시59분 | | | | | 소한절(己丑月)<br>小寒 1월5일 10시13분<br>大寒 1월20일 3시41분 | | | | |
|---|---|---|---|---|---|---|---|---|---|---|
| | 양력 | 요일 | 음력 | 일진 | 大運 남·여 | 양력 | 요일 | 음력 | 일진 | 大運 남·여 |
| 0 | 12/6 | 日 | 9 | 己卯 | 대설 | 1/5 | 火 | 10 | 己酉 | 소한 |
| 1 | 7 | 月 | 10 | 庚辰 | 1·10 | 6 | 水 | 11 | 庚戌 | 1·9 |
| 2 | 8 | 火 | 11 | 辛巳 | 1·9 | 7 | 木 | 12 | 辛亥 | 1·9 |
| 3 | 9 | 水 | 12 | 壬午 | 1·9 | 8 | 金 | 13 | 壬子 | 1·9 |
| 4 | 10 | 木 | 13 | 癸未 | 1·9 | 9 | 土 | 14 | 癸丑 | 1·8 |
| 5 | 11 | 金 | 14 | 甲申 | 2·8 | 10 | 日 | 15 | 甲寅 | 2·8 |
| 6 | 12 | 土 | 15 | 乙酉 | 2·8 | 11 | 月 | 16 | 乙卯 | 2·8 |
| 7 | 13 | 日 | 16 | 丙戌 | 2·8 | 12 | 火 | 17 | 丙辰 | 2·7 |
| 8 | 14 | 月 | 17 | 丁亥 | 3·7 | 13 | 水 | 18 | 丁巳 | 3·7 |
| 9 | 15 | 火 | 18 | 戊子 | 3·7 | 14 | 木 | 19 | 戊午 | 3·7 |
| 10 | 16 | 水 | 19 | 己丑 | 3·7 | 15 | 金 | 20 | 己未 | 3·6 |
| 11 | 17 | 木 | 20 | 庚寅 | 4·6 | 16 | 土 | 21 | 庚申 | 4·6 |
| 12 | 18 | 金 | 21 | 辛卯 | 4·6 | 17 | 日 | 22 | 辛酉 | 4·6 |
| 13 | 19 | 土 | 22 | 壬辰 | 4·6 | 18 | 月 | 23 | 壬戌 | 4·5 |
| 14 | 20 | 日 | 23 | 癸巳 | 5·5 | 19 | 火 | 24 | 癸亥 | 5·5 |
| 15 | 21 | 月 | 24 | 甲午 | 동지 | 20 | 水 | 25 | 甲子 | 대한 |
| 16 | 22 | 火 | 25 | 乙未 | 5·5 | 21 | 木 | 26 | 乙丑 | 5·4 |
| 17 | 23 | 水 | 26 | 丙申 | 6·4 | 22 | 金 | 27 | 丙寅 | 6·4 |
| 18 | 24 | 木 | 27 | 丁酉 | 6·4 | 23 | 土 | 28 | 丁卯 | 6·4 |
| 19 | 25 | 金 | 28 | 戊戌 | 6·4 | 24 | 日 | 29 | 戊辰 | 6·3 |
| 20 | 26 | 土 | 29 | 己亥 | 7·3 | 25 | 月 | 30 | 己巳 | 7·3 |
| 21 | 27 | 日 | 12/1 | 庚子 | 7·3 | 26 | 火 | 1/1 | 庚午 | 7·3 |
| 22 | 28 | 月 | 2 | 辛丑 | 7·3 | 27 | 水 | 2 | 辛未 | 7·2 |
| 23 | 29 | 火 | 3 | 壬寅 | 8·2 | 28 | 木 | 3 | 壬申 | 8·2 |
| 24 | 30 | 水 | 4 | 癸卯 | 8·2 | 29 | 金 | 4 | 癸酉 | 8·2 |
| 25 | 31 | 木 | 5 | 甲辰 | 8·2 | 30 | 土 | 5 | 甲戌 | 8·1 |
| 26 | 1/1 | 金 | 6 | 乙巳 | 9·1 | 31 | 日 | 6 | 乙亥 | 9·1 |
| 27 | 2 | 土 | 7 | 丙午 | 9·1 | 2/1 | 月 | 7 | 丙子 | 9·1 |
| 28 | 3 | 日 | 8 | 丁未 | 9·1 | 2 | 火 | 8 | 丁丑 | 9·1 |
| 29 | 4 | 月 | 9 | 戊申 | 10·1 | | | | | |
| 30 | | | | | | | | | | |
| 31 | | | | | | | | | | |

# 서기 2066년 [단기 4399년]

| 절기후날수 | 입춘절(庚寅月) | | | | | 경칩절(辛卯月) | | | | | 청명절(壬辰月) | | | | |
|---|---|---|---|---|---|---|---|---|---|---|---|---|---|---|---|
| | 立春 2월3일 21시48분<br>雨水 2월18일 17시39분 | | | | | 驚蟄 3월5일 15시33분<br>春分 3월20일 16시18분 | | | | | 淸明 4월4일 19시56분<br>穀雨 4월20일 2시54분 | | | | |
| | 양력 | 요일 | 음력 | 일진 | 大運 남·여 | 양력 | 요일 | 음력 | 일진 | 大運 남·여 | 양력 | 요일 | 음력 | 일진 | 大運 남·여 |
| 0 | 2/3 | 水 | 9 | 戊寅 | 입춘 | 3/5 | 金 | 10 | 戊申 | 경칩 | 4/4 | 日 | 10 | 戊寅 | 청명 |
| 1 | 4 | 木 | 10 | 己卯 | 10·1 | 6 | 土 | 11 | 己酉 | 10·1 | 5 | 月 | 11 | 己卯 | 10·1 |
| 2 | 5 | 金 | 11 | 庚辰 | 9·1 | 7 | 日 | 12 | 庚戌 | 9·1 | 6 | 火 | 12 | 庚辰 | 10·1 |
| 3 | 6 | 土 | 12 | 辛巳 | 9·1 | 8 | 月 | 13 | 辛亥 | 9·1 | 7 | 水 | 13 | 辛巳 | 9·1 |
| 4 | 7 | 日 | 13 | 壬午 | 9·1 | 9 | 火 | 14 | 壬子 | 9·1 | 8 | 木 | 14 | 壬午 | 9·1 |
| 5 | 8 | 月 | 14 | 癸未 | 8·2 | 10 | 水 | 15 | 癸丑 | 8·2 | 9 | 金 | 15 | 癸未 | 9·2 |
| 6 | 9 | 火 | 15 | 甲申 | 8·2 | 11 | 木 | 16 | 甲寅 | 8·2 | 10 | 土 | 16 | 甲申 | 8·2 |
| 7 | 10 | 水 | 16 | 乙酉 | 8·2 | 12 | 金 | 17 | 乙卯 | 8·2 | 11 | 日 | 17 | 乙酉 | 8·2 |
| 8 | 11 | 木 | 17 | 丙戌 | 7·3 | 13 | 土 | 18 | 丙辰 | 7·3 | 12 | 月 | 18 | 丙戌 | 8·3 |
| 9 | 12 | 金 | 18 | 丁亥 | 7·3 | 14 | 日 | 19 | 丁巳 | 7·3 | 13 | 火 | 19 | 丁亥 | 7·3 |
| 10 | 13 | 土 | 19 | 戊子 | 7·3 | 15 | 月 | 20 | 戊午 | 7·3 | 14 | 水 | 20 | 戊子 | 7·3 |
| 11 | 14 | 日 | 20 | 己丑 | 6·4 | 16 | 火 | 21 | 己未 | 6·4 | 15 | 木 | 21 | 己丑 | 7·4 |
| 12 | 15 | 月 | 21 | 庚寅 | 6·4 | 17 | 水 | 22 | 庚申 | 6·4 | 16 | 金 | 22 | 庚寅 | 6·4 |
| 13 | 16 | 火 | 22 | 辛卯 | 6·4 | 18 | 木 | 23 | 辛酉 | 6·4 | 17 | 土 | 23 | 辛卯 | 6·4 |
| 14 | 17 | 水 | 23 | 壬辰 | 5·5 | 19 | 金 | 24 | 壬戌 | 5·5 | 18 | 日 | 24 | 壬辰 | 6·5 |
| 15 | 18 | 木 | 24 | 癸巳 | 우수 | 20 | 土 | 25 | 癸亥 | 춘분 | 19 | 月 | 25 | 癸巳 | 5·5 |
| 16 | 19 | 金 | 25 | 甲午 | 5·5 | 21 | 日 | 26 | 甲子 | 5·5 | 20 | 火 | 26 | 甲午 | 곡우 |
| 17 | 20 | 土 | 26 | 乙未 | 4·6 | 22 | 月 | 27 | 乙丑 | 4·6 | 21 | 水 | 27 | 乙未 | 5·6 |
| 18 | 21 | 日 | 27 | 丙申 | 4·6 | 23 | 火 | 28 | 丙寅 | 4·6 | 22 | 木 | 28 | 丙申 | 4·6 |
| 19 | 22 | 月 | 28 | 丁酉 | 4·6 | 24 | 水 | 29 | 丁卯 | 4·6 | 23 | 金 | 29 | 丁酉 | 4·6 |
| 20 | 23 | 火 | 29 | 戊戌 | 3·7 | 25 | 木 | 30 | 戊辰 | 3·7 | 24 | 土 | 4/1 | 戊戌 | 4·7 |
| 21 | 24 | 水 | 2/1 | 己亥 | 3·7 | 26 | 金 | 3/1 | 己巳 | 3·7 | 25 | 日 | 2 | 己亥 | 3·7 |
| 22 | 25 | 木 | 2 | 庚子 | 3·7 | 27 | 土 | 2 | 庚午 | 3·7 | 26 | 月 | 3 | 庚子 | 3·7 |
| 23 | 26 | 金 | 3 | 辛丑 | 2·8 | 28 | 日 | 3 | 辛未 | 2·8 | 27 | 火 | 4 | 辛丑 | 3·8 |
| 24 | 27 | 土 | 4 | 壬寅 | 2·8 | 29 | 月 | 4 | 壬申 | 2·8 | 28 | 水 | 5 | 壬寅 | 2·8 |
| 25 | 28 | 日 | 5 | 癸卯 | 2·8 | 30 | 火 | 5 | 癸酉 | 2·8 | 29 | 木 | 6 | 癸卯 | 2·8 |
| 26 | 3/1 | 月 | 6 | 甲辰 | 1·9 | 31 | 水 | 6 | 甲戌 | 1·9 | 30 | 金 | 7 | 甲辰 | 2·9 |
| 27 | 2 | 火 | 7 | 乙巳 | 1·9 | 4/1 | 木 | 7 | 乙亥 | 1·9 | 5/1 | 土 | 8 | 乙巳 | 1·9 |
| 28 | 3 | 水 | 8 | 丙午 | 1·9 | 2 | 金 | 8 | 丙子 | 1·9 | 2 | 日 | 9 | 丙午 | 1·9 |
| 29 | 4 | 木 | 9 | 丁未 | 1·10 | 3 | 土 | 9 | 丁丑 | 1·10 | 3 | 月 | 10 | 丁未 | 1·10 |
| 30 | | | | | | | | | | | 4 | 火 | 11 | 戊申 | 1·10 |
| 31 | | | | | | | | | | | | | | | |

| 절기후날수 | 입하절(癸巳月) | | | | | 망종절(甲午月) | | | | | 소서절(乙未月) | | | | |
|---|---|---|---|---|---|---|---|---|---|---|---|---|---|---|---|
| | 立夏 5월5일 12시47분<br>小滿 5월21일 1시36분 | | | | | 芒種 6월5일 16시34분<br>夏至 6월21일 9시15분 | | | | | 小暑 7월7일 2시40분<br>大暑 7월22일 20시5분 | | | | |
| | 양력 | 요일 | 음력 | 일진 | 大運 남·여 | 양력 | 요일 | 음력 | 일진 | 大運 남·여 | 양력 | 요일 | 음력 | 일진 | 大運 남·여 |
| 0 | 5/5 | 水 | 12 | 己酉 | 입하 | 6/5 | 土 | 13 | 庚辰 | 망종 | 7/7 | 水 | 윤15 | 壬子 | 소서 |
| 1 | 6 | 木 | 13 | 庚戌 | 10·1 | 6 | 日 | 14 | 辛巳 | 10·1 | 8 | 木 | 윤16 | 癸丑 | 10·1 |
| 2 | 7 | 金 | 14 | 辛亥 | 10·1 | 7 | 月 | 15 | 壬午 | 10·1 | 9 | 金 | 윤17 | 甲寅 | 10·1 |
| 3 | 8 | 土 | 15 | 壬子 | 9·1 | 8 | 火 | 16 | 癸未 | 10·1 | 10 | 土 | 윤18 | 乙卯 | 9·1 |
| 4 | 9 | 日 | 16 | 癸丑 | 9·1 | 9 | 水 | 17 | 甲申 | 9·1 | 11 | 日 | 윤19 | 丙辰 | 9·1 |
| 5 | 10 | 月 | 17 | 甲寅 | 9·2 | 10 | 木 | 18 | 乙酉 | 9·2 | 12 | 月 | 윤20 | 丁巳 | 9·2 |
| 6 | 11 | 火 | 18 | 乙卯 | 8·2 | 11 | 金 | 19 | 丙戌 | 9·2 | 13 | 火 | 윤21 | 戊午 | 8·2 |
| 7 | 12 | 水 | 19 | 丙辰 | 8·2 | 12 | 土 | 20 | 丁亥 | 8·2 | 14 | 水 | 윤22 | 己未 | 8·2 |
| 8 | 13 | 木 | 20 | 丁巳 | 8·3 | 13 | 日 | 21 | 戊子 | 8·3 | 15 | 木 | 윤23 | 庚申 | 8·3 |
| 9 | 14 | 金 | 21 | 戊午 | 7·3 | 14 | 月 | 22 | 己丑 | 8·3 | 16 | 金 | 윤24 | 辛酉 | 7·3 |
| 10 | 15 | 土 | 22 | 己未 | 7·3 | 15 | 火 | 23 | 庚寅 | 7·3 | 17 | 土 | 윤25 | 壬戌 | 7·3 |
| 11 | 16 | 日 | 23 | 庚申 | 7·4 | 16 | 水 | 24 | 辛卯 | 7·4 | 18 | 日 | 윤26 | 癸亥 | 7·4 |
| 12 | 17 | 月 | 24 | 辛酉 | 6·4 | 17 | 木 | 25 | 壬辰 | 7·4 | 19 | 月 | 윤27 | 甲子 | 6·4 |
| 13 | 18 | 火 | 25 | 壬戌 | 6·4 | 18 | 金 | 26 | 癸巳 | 6·4 | 20 | 火 | 윤28 | 乙丑 | 6·4 |
| 14 | 19 | 水 | 26 | 癸亥 | 6·5 | 19 | 土 | 27 | 甲午 | 6·5 | 21 | 水 | 윤29 | 丙寅 | 6·5 |
| 15 | 20 | 木 | 27 | 甲子 | 5·5 | 20 | 日 | 28 | 乙未 | 6·5 | 22 | 木 | 6/1 | 丁卯 | 대서 |
| 16 | 21 | 金 | 28 | 乙丑 | 소만 | 21 | 月 | 29 | 丙申 | 하지 | 23 | 金 | 2 | 戊辰 | 5·5 |
| 17 | 22 | 土 | 29 | 丙寅 | 5·6 | 22 | 火 | 30 | 丁酉 | 5·6 | 24 | 土 | 3 | 己巳 | 5·6 |
| 18 | 23 | 日 | 30 | 丁卯 | 4·6 | 23 | 水 | 윤1 | 戊戌 | 5·6 | 25 | 日 | 4 | 庚午 | 4·6 |
| 19 | 24 | 月 | 5/1 | 戊辰 | 4·6 | 24 | 木 | 윤2 | 己亥 | 4·6 | 26 | 月 | 5 | 辛未 | 4·6 |
| 20 | 25 | 火 | 2 | 己巳 | 4·7 | 25 | 金 | 윤3 | 庚子 | 4·7 | 27 | 火 | 6 | 壬申 | 4·7 |
| 21 | 26 | 水 | 3 | 庚午 | 3·7 | 26 | 土 | 윤4 | 辛丑 | 4·7 | 28 | 水 | 7 | 癸酉 | 3·7 |
| 22 | 27 | 木 | 4 | 辛未 | 3·7 | 27 | 日 | 윤5 | 壬寅 | 3·7 | 29 | 木 | 8 | 甲戌 | 3·7 |
| 23 | 28 | 金 | 5 | 壬申 | 3·8 | 28 | 月 | 윤6 | 癸卯 | 3·8 | 30 | 金 | 9 | 乙亥 | 3·8 |
| 24 | 29 | 土 | 6 | 癸酉 | 2·8 | 29 | 火 | 윤7 | 甲辰 | 3·8 | 31 | 土 | 10 | 丙子 | 2·8 |
| 25 | 30 | 日 | 7 | 甲戌 | 2·8 | 30 | 水 | 윤8 | 乙巳 | 2·8 | 8/1 | 日 | 11 | 丁丑 | 2·8 |
| 26 | 31 | 月 | 8 | 乙亥 | 2·9 | 7/1 | 木 | 윤9 | 丙午 | 2·9 | 2 | 月 | 12 | 戊寅 | 2·9 |
| 27 | 6/1 | 火 | 9 | 丙子 | 1·9 | 2 | 金 | 윤10 | 丁未 | 2·9 | 3 | 火 | 13 | 己卯 | 1·9 |
| 28 | 2 | 水 | 10 | 丁丑 | 1·9 | 3 | 土 | 윤11 | 戊申 | 1·9 | 4 | 水 | 14 | 庚辰 | 1·9 |
| 29 | 3 | 木 | 11 | 戊寅 | 1·10 | 4 | 日 | 윤12 | 己酉 | 1·10 | 5 | 木 | 15 | 辛巳 | 1·10 |
| 30 | 4 | 金 | 12 | 己卯 | 1·10 | 5 | 月 | 윤13 | 庚戌 | 1·10 | 6 | 金 | 16 | 壬午 | 1·10 |
| 31 | | | | | | 6 | 火 | 윤14 | 辛亥 | 1·10 | | | | | |

▶ 윤달-5월

# 丙戌年

| 절기후날수 | 입추절(丙申月)<br>立秋 8월7일 12시35분<br>處暑 8월23일 3시22분 | | | | | 백로절(丁酉月)<br>白露 9월7일 15시52분<br>秋分 9월23일 1시25분 | | | | | 한로절(戊戌月)<br>寒露 10월8일 7시59분<br>霜降 10월23일 11시15분 | | | | | 입동절(己亥月)<br>立冬 11월7일 11시38분<br>小雪 11월22일 9시12분 | | | | | 대설절(庚子月)<br>大雪 12월7일 4시47분<br>冬至 12월21일 22시44분 | | | | | 소한절(辛丑月)<br>小寒 1월5일 16시5분<br>大寒 1월20일 9시21분 | | | | |
|---|---|---|---|---|---|---|---|---|---|---|---|---|---|---|---|---|---|---|---|---|---|---|---|---|---|---|---|---|---|---|
| | 양력 | 요일 | 음력 | 일진 | 大運 남·여 | 양력 | 요일 | 음력 | 일진 | 大運 남·여 | 양력 | 요일 | 음력 | 일진 | 大運 남·여 | 양력 | 요일 | 음력 | 일진 | 大運 남·여 | 양력 | 요일 | 음력 | 일진 | 大運 남·여 | 양력 | 요일 | 음력 | 일진 | 大運 남·여 |
| 0 | 8/7 | 土 | 17 | 癸未 | 입추 | 9/7 | 火 | 18 | 甲寅 | 백로 | 10/8 | 金 | 20 | 乙酉 | 한로 | 11/7 | 日 | 20 | 乙卯 | 입동 | 12/7 | 火 | 21 | 乙酉 | 대설 | 1/5 | 水 | 20 | 甲寅 | 소한 |
| 1 | 8 | 日 | 18 | 甲申 | 10·1 | 8 | 水 | 19 | 乙卯 | 10·1 | 9 | 土 | 21 | 丙戌 | 10·1 | 8 | 月 | 21 | 丙辰 | 10·1 | 8 | 水 | 22 | 丙戌 | 9·1 | 6 | 木 | 21 | 乙卯 | 10·1 |
| 2 | 9 | 月 | 19 | 乙酉 | 10·1 | 9 | 木 | 20 | 丙辰 | 10·1 | 10 | 日 | 22 | 丁亥 | 9·1 | 9 | 火 | 22 | 丁巳 | 9·1 | 9 | 木 | 23 | 丁亥 | 9·1 | 7 | 金 | 22 | 丙辰 | 9·1 |
| 3 | 10 | 火 | 20 | 丙戌 | 9·1 | 10 | 金 | 21 | 丁巳 | 9·1 | 11 | 月 | 23 | 戊子 | 9·1 | 10 | 水 | 23 | 戊午 | 9·1 | 10 | 金 | 24 | 戊子 | 9·1 | 8 | 土 | 23 | 丁巳 | 9·1 |
| 4 | 11 | 水 | 21 | 丁亥 | 9·1 | 11 | 土 | 22 | 戊午 | 9·1 | 12 | 火 | 24 | 己丑 | 9·1 | 11 | 木 | 24 | 己未 | 9·1 | 11 | 土 | 25 | 己丑 | 8·1 | 9 | 日 | 24 | 戊午 | 9·1 |
| 5 | 12 | 木 | 22 | 戊子 | 9·2 | 12 | 日 | 23 | 己未 | 9·2 | 13 | 水 | 25 | 庚寅 | 8·2 | 12 | 金 | 25 | 庚申 | 8·2 | 12 | 日 | 26 | 庚寅 | 8·2 | 10 | 月 | 25 | 己未 | 8·2 |
| 6 | 13 | 金 | 23 | 己丑 | 8·2 | 13 | 月 | 24 | 庚申 | 8·2 | 14 | 木 | 26 | 辛卯 | 8·2 | 13 | 土 | 26 | 辛酉 | 8·2 | 13 | 月 | 27 | 辛卯 | 8·2 | 11 | 火 | 26 | 庚申 | 8·2 |
| 7 | 14 | 土 | 24 | 庚寅 | 8·2 | 14 | 火 | 25 | 辛酉 | 8·2 | 15 | 金 | 27 | 壬辰 | 8·2 | 14 | 日 | 27 | 壬戌 | 8·2 | 14 | 火 | 28 | 壬辰 | 7·2 | 12 | 水 | 27 | 辛酉 | 8·2 |
| 8 | 15 | 日 | 25 | 辛卯 | 8·3 | 15 | 水 | 26 | 壬戌 | 8·3 | 16 | 土 | 28 | 癸巳 | 7·3 | 15 | 月 | 28 | 癸亥 | 7·3 | 15 | 水 | 29 | 癸巳 | 7·3 | 13 | 木 | 28 | 壬戌 | 7·3 |
| 9 | 16 | 月 | 26 | 壬辰 | 7·3 | 16 | 木 | 27 | 癸亥 | 7·3 | 17 | 日 | 29 | 甲午 | 7·3 | 16 | 火 | 29 | 甲子 | 7·3 | 16 | 木 | 30 | 甲午 | 7·3 | 14 | 金 | 29 | 癸亥 | 7·3 |
| 10 | 17 | 火 | 27 | 癸巳 | 7·3 | 17 | 金 | 28 | 甲子 | 7·3 | 18 | 月 | 30 | 乙未 | 7·3 | 17 | 水 | 10/1 | 乙丑 | 7·3 | 17 | 金 | 11/1 | 乙未 | 6·3 | 15 | 土 | 12/1 | 甲子 | 7·3 |
| 11 | 18 | 水 | 28 | 甲午 | 7·4 | 18 | 土 | 29 | 乙丑 | 7·4 | 19 | 火 | 9/1 | 丙申 | 6·4 | 18 | 木 | 2 | 丙寅 | 6·4 | 18 | 土 | 2 | 丙申 | 6·4 | 16 | 日 | 2 | 乙丑 | 6·4 |
| 12 | 19 | 木 | 29 | 乙未 | 6·4 | 19 | 日 | 8/1 | 丙寅 | 6·4 | 20 | 水 | 2 | 丁酉 | 6·4 | 19 | 金 | 3 | 丁卯 | 6·4 | 19 | 日 | 3 | 丁酉 | 6·4 | 17 | 月 | 3 | 丙寅 | 6·4 |
| 13 | 20 | 金 | 30 | 丙申 | 6·4 | 20 | 月 | 2 | 丁卯 | 6·4 | 21 | 木 | 3 | 戊戌 | 6·4 | 20 | 土 | 4 | 戊辰 | 6·4 | 20 | 月 | 4 | 戊戌 | 5·4 | 18 | 火 | 4 | 丁卯 | 6·4 |
| 14 | 21 | 土 | 7/1 | 丁酉 | 6·5 | 21 | 火 | 3 | 戊辰 | 6·5 | 22 | 金 | 4 | 己亥 | 5·5 | 21 | 日 | 5 | 己巳 | 5·5 | 21 | 火 | 5 | 己亥 | 동지 | 19 | 水 | 5 | 戊辰 | 5·5 |
| 15 | 22 | 日 | 2 | 戊戌 | 5·5 | 22 | 水 | 4 | 己巳 | 5·5 | 23 | 土 | 5 | 庚子 | 상강 | 22 | 月 | 6 | 庚午 | 소설 | 22 | 水 | 6 | 庚子 | 5·5 | 20 | 木 | 6 | 己巳 | 대한 |
| 16 | 23 | 月 | 3 | 己亥 | 처서 | 23 | 木 | 5 | 庚午 | 추분 | 24 | 日 | 6 | 辛丑 | 5·5 | 23 | 火 | 7 | 辛未 | 5·5 | 23 | 木 | 7 | 辛丑 | 4·5 | 21 | 金 | 7 | 庚午 | 5·5 |
| 17 | 24 | 火 | 4 | 庚子 | 5·6 | 24 | 金 | 6 | 辛未 | 5·6 | 25 | 月 | 7 | 壬寅 | 4·6 | 24 | 水 | 8 | 壬申 | 4·6 | 24 | 金 | 8 | 壬寅 | 4·6 | 22 | 土 | 8 | 辛未 | 4·6 |
| 18 | 25 | 水 | 5 | 辛丑 | 4·6 | 25 | 土 | 7 | 壬申 | 4·6 | 26 | 火 | 8 | 癸卯 | 4·6 | 25 | 木 | 9 | 癸酉 | 4·6 | 25 | 土 | 9 | 癸卯 | 4·6 | 23 | 日 | 9 | 壬申 | 4·6 |
| 19 | 26 | 木 | 6 | 壬寅 | 4·6 | 26 | 日 | 8 | 癸酉 | 4·6 | 27 | 水 | 9 | 甲辰 | 4·6 | 26 | 金 | 10 | 甲戌 | 4·6 | 26 | 日 | 10 | 甲辰 | 3·6 | 24 | 月 | 10 | 癸酉 | 4·6 |
| 20 | 27 | 金 | 7 | 癸卯 | 4·7 | 27 | 月 | 9 | 甲戌 | 4·7 | 28 | 木 | 10 | 乙巳 | 3·7 | 27 | 土 | 11 | 乙亥 | 3·7 | 27 | 月 | 11 | 乙巳 | 3·7 | 25 | 火 | 11 | 甲戌 | 3·7 |
| 21 | 28 | 土 | 8 | 甲辰 | 3·7 | 28 | 火 | 10 | 乙亥 | 3·7 | 29 | 金 | 11 | 丙午 | 3·7 | 28 | 日 | 12 | 丙子 | 3·7 | 28 | 火 | 12 | 丙午 | 3·7 | 26 | 水 | 12 | 乙亥 | 3·7 |
| 22 | 29 | 日 | 9 | 乙巳 | 3·7 | 29 | 水 | 11 | 丙子 | 3·7 | 30 | 土 | 12 | 丁未 | 3·7 | 29 | 月 | 13 | 丁丑 | 3·7 | 29 | 水 | 13 | 丁未 | 2·7 | 27 | 木 | 13 | 丙子 | 3·7 |
| 23 | 30 | 月 | 10 | 丙午 | 3·8 | 30 | 木 | 12 | 丁丑 | 3·8 | 31 | 日 | 13 | 戊申 | 2·8 | 30 | 火 | 14 | 戊寅 | 2·8 | 30 | 木 | 14 | 戊申 | 2·8 | 28 | 金 | 14 | 丁丑 | 2·8 |
| 24 | 31 | 火 | 11 | 丁未 | 2·8 | 10/1 | 金 | 13 | 戊寅 | 2·8 | 11/1 | 月 | 14 | 己酉 | 2·8 | 12/1 | 水 | 15 | 己卯 | 2·8 | 31 | 金 | 15 | 己酉 | 2·8 | 29 | 土 | 15 | 戊寅 | 2·8 |
| 25 | 9/1 | 水 | 12 | 戊申 | 2·8 | 2 | 土 | 14 | 己卯 | 2·8 | 2 | 火 | 15 | 庚戌 | 2·8 | 2 | 木 | 16 | 庚辰 | 2·8 | 1/1 | 土 | 16 | 庚戌 | 1·8 | 30 | 日 | 16 | 己卯 | 2·8 |
| 26 | 2 | 木 | 13 | 己酉 | 2·9 | 3 | 日 | 15 | 庚辰 | 2·9 | 3 | 水 | 16 | 辛亥 | 1·9 | 3 | 金 | 17 | 辛巳 | 1·9 | 2 | 日 | 17 | 辛亥 | 1·9 | 31 | 月 | 17 | 庚辰 | 1·9 |
| 27 | 3 | 金 | 14 | 庚戌 | 1·9 | 4 | 月 | 16 | 辛巳 | 1·9 | 4 | 木 | 17 | 壬子 | 1·9 | 4 | 土 | 18 | 壬午 | 1·9 | 3 | 月 | 18 | 壬子 | 1·9 | 2/1 | 火 | 18 | 辛巳 | 1·9 |
| 28 | 4 | 土 | 15 | 辛亥 | 1·9 | 5 | 火 | 17 | 壬午 | 1·9 | 5 | 金 | 18 | 癸丑 | 1·9 | 5 | 日 | 19 | 癸未 | 1·9 | 4 | 火 | 19 | 癸丑 | 1·9 | 2 | 水 | 19 | 壬午 | 1·9 |
| 29 | 5 | 日 | 16 | 壬子 | 1·10 | 6 | 水 | 18 | 癸未 | 1·10 | 6 | 土 | 19 | 甲寅 | 1·10 | 6 | 月 | 20 | 甲申 | 1·10 | | | | | | 3 | 木 | 20 | 癸未 | 1·10 |
| 30 | 6 | 月 | 17 | 癸丑 | 1·10 | 7 | 木 | 19 | 甲申 | 1·10 | | | | | | | | | | | | | | | | | | | | |
| 31 | | | | | | | | | | | | | | | | | | | | | | | | | | | | | | |

# 서기 2067년 [단기 4400년]

| 절기후날수 | 입춘절(壬寅月) 立春 2월4일 3시36분 雨水 2월18일 23시16분 | | | | | 경칩절(癸卯月) 驚蟄 3월5일 21시17분 春分 3월20일 21시52분 | | | | | 청명절(甲辰月) 清明 4월5일 1시39분 穀雨 4월20일 8시27분 | | | | |
|---|---|---|---|---|---|---|---|---|---|---|---|---|---|---|---|
| | 양력 | 요일 | 음력 | 일진 | 大運 남·여 | 양력 | 요일 | 음력 | 일진 | 大運 남·여 | 양력 | 요일 | 음력 | 일진 | 大運 남·여 |
| 0 | 2/4 | 金 | 21 | 甲申 | 입춘 | 3/5 | 土 | 20 | 癸丑 | 경칩 | 4/5 | 火 | 22 | 甲申 | 청명 |
| 1 | 5 | 土 | 22 | 乙酉 | 1·9 | 6 | 日 | 21 | 甲寅 | 1·10 | 6 | 水 | 23 | 乙酉 | 1·10 |
| 2 | 6 | 日 | 23 | 丙戌 | 1·9 | 7 | 月 | 22 | 乙卯 | 1·10 | 7 | 木 | 24 | 丙戌 | 1·9 |
| 3 | 7 | 月 | 24 | 丁亥 | 1·9 | 8 | 火 | 23 | 丙辰 | 1·9 | 8 | 金 | 25 | 丁亥 | 1·9 |
| 4 | 8 | 火 | 25 | 戊子 | 1·8 | 9 | 水 | 24 | 丁巳 | 1·9 | 9 | 土 | 26 | 戊子 | 1·9 |
| 5 | 9 | 水 | 26 | 己丑 | 2·8 | 10 | 木 | 25 | 戊午 | 2·9 | 10 | 日 | 27 | 己丑 | 2·8 |
| 6 | 10 | 木 | 27 | 庚寅 | 2·8 | 11 | 金 | 26 | 己未 | 2·8 | 11 | 月 | 28 | 庚寅 | 2·8 |
| 7 | 11 | 金 | 28 | 辛卯 | 2·7 | 12 | 土 | 27 | 庚申 | 2·8 | 12 | 火 | 29 | 辛卯 | 2·8 |
| 8 | 12 | 土 | 29 | 壬辰 | 3·7 | 13 | 日 | 28 | 辛酉 | 3·8 | 13 | 水 | 30 | 壬辰 | 3·7 |
| 9 | 13 | 日 | 30 | 癸巳 | 3·7 | 14 | 月 | 29 | 壬戌 | 3·7 | 14 | 木 | 3/1 | 癸巳 | 3·7 |
| 10 | 14 | 月 | 1/1 | 甲午 | 3·6 | 15 | 火 | 2/1 | 癸亥 | 3·7 | 15 | 金 | 2 | 甲午 | 3·7 |
| 11 | 15 | 火 | 2 | 乙未 | 4·6 | 16 | 水 | 2 | 甲子 | 4·7 | 16 | 土 | 3 | 乙未 | 4·6 |
| 12 | 16 | 水 | 3 | 丙申 | 4·6 | 17 | 木 | 3 | 乙丑 | 4·6 | 17 | 日 | 4 | 丙申 | 4·6 |
| 13 | 17 | 木 | 4 | 丁酉 | 4·5 | 18 | 金 | 4 | 丙寅 | 4·6 | 18 | 月 | 5 | 丁酉 | 4·6 |
| 14 | 18 | 金 | 5 | 戊戌 | 우수 | 19 | 土 | 5 | 丁卯 | 5·6 | 19 | 火 | 6 | 戊戌 | 5·5 |
| 15 | 19 | 土 | 6 | 己亥 | 5·5 | 20 | 日 | 6 | 戊辰 | 춘분 | 20 | 水 | 7 | 己亥 | 곡우 |
| 16 | 20 | 日 | 7 | 庚子 | 5·4 | 21 | 月 | 7 | 己巳 | 5·5 | 21 | 木 | 8 | 庚子 | 5·5 |
| 17 | 21 | 月 | 8 | 辛丑 | 6·4 | 22 | 火 | 8 | 庚午 | 6·5 | 22 | 金 | 9 | 辛丑 | 6·4 |
| 18 | 22 | 火 | 9 | 壬寅 | 6·4 | 23 | 水 | 9 | 辛未 | 6·4 | 23 | 土 | 10 | 壬寅 | 6·4 |
| 19 | 23 | 水 | 10 | 癸卯 | 6·3 | 24 | 木 | 10 | 壬申 | 6·4 | 24 | 日 | 11 | 癸卯 | 6·4 |
| 20 | 24 | 木 | 11 | 甲辰 | 7·3 | 25 | 金 | 11 | 癸酉 | 7·4 | 25 | 月 | 12 | 甲辰 | 7·3 |
| 21 | 25 | 金 | 12 | 乙巳 | 7·3 | 26 | 土 | 12 | 甲戌 | 7·3 | 26 | 火 | 13 | 乙巳 | 7·3 |
| 22 | 26 | 土 | 13 | 丙午 | 7·2 | 27 | 日 | 13 | 乙亥 | 7·3 | 27 | 水 | 14 | 丙午 | 7·3 |
| 23 | 27 | 日 | 14 | 丁未 | 8·2 | 28 | 月 | 14 | 丙子 | 8·3 | 28 | 木 | 15 | 丁未 | 8·2 |
| 24 | 28 | 月 | 15 | 戊申 | 8·2 | 29 | 火 | 15 | 丁丑 | 8·2 | 29 | 金 | 16 | 戊申 | 8·2 |
| 25 | 3/1 | 火 | 16 | 己酉 | 8·1 | 30 | 水 | 16 | 戊寅 | 8·2 | 30 | 土 | 17 | 己酉 | 8·2 |
| 26 | 2 | 水 | 17 | 庚戌 | 9·1 | 31 | 木 | 17 | 己卯 | 9·2 | 5/1 | 日 | 18 | 庚戌 | 9·1 |
| 27 | 3 | 木 | 18 | 辛亥 | 9·1 | 4/1 | 金 | 18 | 庚辰 | 9·1 | 2 | 月 | 19 | 辛亥 | 9·1 |
| 28 | 4 | 金 | 19 | 壬子 | 9·1 | 2 | 土 | 19 | 辛巳 | 9·1 | 3 | 火 | 20 | 壬子 | 9·1 |
| 29 | | | | | | 3 | 日 | 20 | 壬午 | 10·1 | 4 | 水 | 21 | 癸丑 | 10·1 |
| 30 | | | | | | 4 | 月 | 21 | 癸未 | 10·1 | | | | | |
| 31 | | | | | | | | | | | | | | | |

| 절기후날수 | 입하절(乙巳月) 立夏 5월5일 18시31분 小滿 5월21일 7시11분 | | | | | 망종절(丙午月) 芒種 6월5일 22시20분 夏至 6월21일 14시54분 | | | | | 소서절(丁未月) 小暑 7월7일 8시28분 大暑 7월23일 1시49분 | | | | |
|---|---|---|---|---|---|---|---|---|---|---|---|---|---|---|---|
| | 양력 | 요일 | 음력 | 일진 | 大運 남·여 | 양력 | 요일 | 음력 | 일진 | 大運 남·여 | 양력 | 요일 | 음력 | 일진 | 大運 남·여 |
| 0 | 5/5 | 木 | 22 | 甲寅 | 입하 | 6/5 | 日 | 24 | 乙酉 | 망종 | 7/7 | 木 | 26 | 丁巳 | 소서 |
| 1 | 6 | 金 | 23 | 乙卯 | 1·10 | 6 | 月 | 25 | 丙戌 | 1·10 | 8 | 金 | 27 | 戊午 | 1·10 |
| 2 | 7 | 土 | 24 | 丙辰 | 1·10 | 7 | 火 | 26 | 丁亥 | 1·10 | 9 | 土 | 28 | 己未 | 1·10 |
| 3 | 8 | 日 | 25 | 丁巳 | 1·9 | 8 | 水 | 27 | 戊子 | 1·10 | 10 | 日 | 29 | 庚申 | 1·9 |
| 4 | 9 | 月 | 26 | 戊午 | 1·9 | 9 | 木 | 28 | 己丑 | 1·9 | 11 | 月 | 6/1 | 辛酉 | 1·9 |
| 5 | 10 | 火 | 27 | 己未 | 2·9 | 10 | 金 | 29 | 庚寅 | 2·9 | 12 | 火 | 2 | 壬戌 | 2·9 |
| 6 | 11 | 水 | 28 | 庚申 | 2·8 | 11 | 土 | 30 | 辛卯 | 2·9 | 13 | 水 | 3 | 癸亥 | 2·8 |
| 7 | 12 | 木 | 29 | 辛酉 | 2·8 | 12 | 日 | 5/1 | 壬辰 | 2·8 | 14 | 木 | 4 | 甲子 | 2·8 |
| 8 | 13 | 金 | 4/1 | 壬戌 | 3·8 | 13 | 月 | 2 | 癸巳 | 3·8 | 15 | 金 | 5 | 乙丑 | 3·8 |
| 9 | 14 | 土 | 2 | 癸亥 | 3·7 | 14 | 火 | 3 | 甲午 | 3·8 | 16 | 土 | 6 | 丙寅 | 3·7 |
| 10 | 15 | 日 | 3 | 甲子 | 3·7 | 15 | 水 | 4 | 乙未 | 3·7 | 17 | 日 | 7 | 丁卯 | 3·7 |
| 11 | 16 | 月 | 4 | 乙丑 | 4·7 | 16 | 木 | 5 | 丙申 | 4·7 | 18 | 月 | 8 | 戊辰 | 4·7 |
| 12 | 17 | 火 | 5 | 丙寅 | 4·6 | 17 | 金 | 6 | 丁酉 | 4·7 | 19 | 火 | 9 | 己巳 | 4·6 |
| 13 | 18 | 水 | 6 | 丁卯 | 4·6 | 18 | 土 | 7 | 戊戌 | 4·6 | 20 | 水 | 10 | 庚午 | 4·6 |
| 14 | 19 | 木 | 7 | 戊辰 | 5·6 | 19 | 日 | 8 | 己亥 | 5·6 | 21 | 木 | 11 | 辛未 | 5·6 |
| 15 | 20 | 金 | 8 | 己巳 | 5·5 | 20 | 月 | 9 | 庚子 | 5·6 | 22 | 金 | 12 | 壬申 | 5·5 |
| 16 | 21 | 土 | 9 | 庚午 | 소만 | 21 | 火 | 10 | 辛丑 | 하지 | 23 | 土 | 13 | 癸酉 | 대서 |
| 17 | 22 | 日 | 10 | 辛未 | 6·5 | 22 | 水 | 11 | 壬寅 | 6·5 | 24 | 日 | 14 | 甲戌 | 6·5 |
| 18 | 23 | 月 | 11 | 壬申 | 6·4 | 23 | 木 | 12 | 癸卯 | 6·5 | 25 | 月 | 15 | 乙亥 | 6·4 |
| 19 | 24 | 火 | 12 | 癸酉 | 6·4 | 24 | 金 | 13 | 甲辰 | 6·4 | 26 | 火 | 16 | 丙子 | 6·4 |
| 20 | 25 | 水 | 13 | 甲戌 | 7·4 | 25 | 土 | 14 | 乙巳 | 7·4 | 27 | 水 | 17 | 丁丑 | 7·4 |
| 21 | 26 | 木 | 14 | 乙亥 | 7·3 | 26 | 日 | 15 | 丙午 | 7·4 | 28 | 木 | 18 | 戊寅 | 7·3 |
| 22 | 27 | 金 | 15 | 丙子 | 7·3 | 27 | 月 | 16 | 丁未 | 7·3 | 29 | 金 | 19 | 己卯 | 7·3 |
| 23 | 28 | 土 | 16 | 丁丑 | 8·3 | 28 | 火 | 17 | 戊申 | 8·3 | 30 | 土 | 20 | 庚辰 | 8·3 |
| 24 | 29 | 日 | 17 | 戊寅 | 8·2 | 29 | 水 | 18 | 己酉 | 8·3 | 31 | 日 | 21 | 辛巳 | 8·2 |
| 25 | 30 | 月 | 18 | 己卯 | 8·2 | 30 | 木 | 19 | 庚戌 | 8·2 | 8/1 | 月 | 22 | 壬午 | 8·2 |
| 26 | 31 | 火 | 19 | 庚辰 | 9·2 | 7/1 | 金 | 20 | 辛亥 | 9·2 | 2 | 火 | 23 | 癸未 | 9·2 |
| 27 | 6/1 | 水 | 20 | 辛巳 | 9·1 | 2 | 土 | 21 | 壬子 | 9·2 | 3 | 水 | 24 | 甲申 | 9·1 |
| 28 | 2 | 木 | 21 | 壬午 | 9·1 | 3 | 日 | 22 | 癸丑 | 9·1 | 4 | 木 | 25 | 乙酉 | 9·1 |
| 29 | 3 | 金 | 22 | 癸未 | 10·1 | 4 | 月 | 23 | 甲寅 | 10·1 | 5 | 金 | 26 | 丙戌 | 10·1 |
| 30 | 4 | 土 | 23 | 甲申 | 10·1 | 5 | 火 | 24 | 乙卯 | 10·1 | 6 | 土 | 27 | 丁亥 | 10·1 |
| 31 | | | | | | 6 | 水 | 25 | 丙辰 | 10·1 | | | | | |

## 丁亥年

| 절기후날수 | 입추절(戊申月) | | | | | 백로절(己酉月) | | | | | 한로절(庚戌月) | | | | | 입동절(辛亥月) | | | | | 대설절(壬子月) | | | | | 소한절(癸丑月) | | | | |
|---|---|---|---|---|---|---|---|---|---|---|---|---|---|---|---|---|---|---|---|---|---|---|---|---|---|---|---|---|---|---|
| | 立秋 8월7일 18시24분<br>處暑 8월23일 9시11분 | | | | | 白露 9월7일 21시41분<br>秋分 9월23일 7시18분 | | | | | 寒露 10월8일 13시49분<br>霜降 10월23일 17시10분 | | | | | 立冬 11월7일 17시29분<br>小雪 11월22일 15시9분 | | | | | 大雪 12월7일 10시39분<br>冬至 12월22일 4시42분 | | | | | 小寒 1월5일 21시58분<br>大寒 1월20일 15시18분 | | | | |
| | 양력 | 요일 | 음력 | 일진 | 大運 남·여 | 양력 | 요일 | 음력 | 일진 | 大運 남·여 | 양력 | 요일 | 음력 | 일진 | 大運 남·여 | 양력 | 요일 | 음력 | 일진 | 大運 남·여 | 양력 | 요일 | 음력 | 일진 | 大運 남·여 | 양력 | 요일 | 음력 | 일진 | 大運 남·여 |
| 0 | 8/7 | 日 | 28 | 戊子 | 입추 | 9/7 | 水 | 29 | 己未 | 백로 | 10/8 | 土 | 9/1 | 庚寅 | 한로 | 11/7 | 月 | 10/1 | 庚申 | 입동 | 12/7 | 水 | 2 | 庚寅 | 대설 | 1/5 | 木 | 12/1 | 己未 | 소한 |
| 1 | 8 | 月 | 29 | 己丑 | 1·10 | 8 | 木 | 30 | 庚申 | 1·10 | 9 | 日 | 2 | 辛卯 | 1·10 | 8 | 火 | 2 | 辛酉 | 1·10 | 8 | 木 | 3 | 辛卯 | 1·9 | 6 | 金 | 2 | 庚申 | 1·10 |
| 2 | 9 | 火 | 30 | 庚寅 | 1·10 | 9 | 金 | 8/1 | 辛酉 | 1·10 | 10 | 月 | 3 | 壬辰 | 1·9 | 9 | 水 | 3 | 壬戌 | 1·9 | 9 | 金 | 4 | 壬辰 | 1·9 | 7 | 土 | 3 | 辛酉 | 1·9 |
| 3 | 10 | 水 | 7/1 | 辛卯 | 1·9 | 10 | 土 | 2 | 壬戌 | 1·9 | 11 | 火 | 4 | 癸巳 | 1·9 | 10 | 木 | 4 | 癸亥 | 1·9 | 10 | 土 | 5 | 癸巳 | 1·9 | 8 | 日 | 4 | 壬戌 | 1·9 |
| 4 | 11 | 木 | 2 | 壬辰 | 1·9 | 11 | 日 | 3 | 癸亥 | 1·9 | 12 | 水 | 5 | 甲午 | 1·9 | 11 | 金 | 5 | 甲子 | 1·9 | 11 | 日 | 6 | 甲午 | 1·8 | 9 | 月 | 5 | 癸亥 | 1·9 |
| 5 | 12 | 金 | 3 | 癸巳 | 2·9 | 12 | 月 | 4 | 甲子 | 2·9 | 13 | 木 | 6 | 乙未 | 2·8 | 12 | 土 | 6 | 乙丑 | 2·8 | 12 | 月 | 7 | 乙未 | 2·8 | 10 | 火 | 6 | 甲子 | 2·8 |
| 6 | 13 | 土 | 4 | 甲午 | 2·8 | 13 | 火 | 5 | 乙丑 | 2·8 | 14 | 金 | 7 | 丙申 | 2·8 | 13 | 日 | 7 | 丙寅 | 2·8 | 13 | 火 | 8 | 丙申 | 2·8 | 11 | 水 | 7 | 乙丑 | 2·8 |
| 7 | 14 | 日 | 5 | 乙未 | 2·8 | 14 | 水 | 6 | 丙寅 | 2·8 | 15 | 土 | 8 | 丁酉 | 2·8 | 14 | 月 | 8 | 丁卯 | 2·8 | 14 | 水 | 9 | 丁酉 | 2·7 | 12 | 木 | 8 | 丙寅 | 2·8 |
| 8 | 15 | 月 | 6 | 丙申 | 3·8 | 15 | 木 | 7 | 丁卯 | 3·8 | 16 | 日 | 9 | 戊戌 | 3·7 | 15 | 火 | 9 | 戊辰 | 3·7 | 15 | 木 | 10 | 戊戌 | 3·7 | 13 | 金 | 9 | 丁卯 | 3·7 |
| 9 | 16 | 火 | 7 | 丁酉 | 3·7 | 16 | 金 | 8 | 戊辰 | 3·7 | 17 | 月 | 10 | 己亥 | 3·7 | 16 | 水 | 10 | 己巳 | 3·7 | 16 | 金 | 11 | 己亥 | 3·7 | 14 | 土 | 10 | 戊辰 | 3·7 |
| 10 | 17 | 水 | 8 | 戊戌 | 3·7 | 17 | 土 | 9 | 己巳 | 3·7 | 18 | 火 | 11 | 庚子 | 3·7 | 17 | 木 | 11 | 庚午 | 3·7 | 17 | 土 | 12 | 庚子 | 3·6 | 15 | 日 | 11 | 己巳 | 3·7 |
| 11 | 18 | 木 | 9 | 己亥 | 4·7 | 18 | 日 | 10 | 庚午 | 4·7 | 19 | 水 | 12 | 辛丑 | 4·6 | 18 | 金 | 12 | 辛未 | 4·6 | 18 | 日 | 13 | 辛丑 | 4·6 | 16 | 月 | 12 | 庚午 | 4·6 |
| 12 | 19 | 金 | 10 | 庚子 | 4·6 | 19 | 月 | 11 | 辛未 | 4·6 | 20 | 木 | 13 | 壬寅 | 4·6 | 19 | 土 | 13 | 壬申 | 4·6 | 19 | 月 | 14 | 壬寅 | 4·6 | 17 | 火 | 13 | 辛未 | 4·6 |
| 13 | 20 | 土 | 11 | 辛丑 | 4·6 | 20 | 火 | 12 | 壬申 | 4·6 | 21 | 金 | 14 | 癸卯 | 4·6 | 20 | 日 | 14 | 癸酉 | 4·6 | 20 | 火 | 15 | 癸卯 | 4·5 | 18 | 水 | 14 | 壬申 | 4·6 |
| 14 | 21 | 日 | 12 | 壬寅 | 5·6 | 21 | 水 | 13 | 癸酉 | 5·6 | 22 | 土 | 15 | 甲辰 | 5·5 | 21 | 月 | 15 | 甲戌 | 5·5 | 21 | 水 | 16 | 甲辰 | 5·5 | 19 | 木 | 15 | 癸酉 | 5·5 |
| 15 | 22 | 月 | 13 | 癸卯 | 5·5 | 22 | 木 | 14 | 甲戌 | 5·5 | 23 | 日 | 16 | 乙巳 | 상강 | 22 | 火 | 16 | 乙亥 | 소설 | 22 | 木 | 17 | 乙巳 | 동지 | 20 | 金 | 16 | 甲戌 | 대한 |
| 16 | 23 | 火 | 14 | 甲辰 | 처서 | 23 | 金 | 15 | 乙亥 | 추분 | 24 | 月 | 17 | 丙午 | 5·5 | 23 | 水 | 17 | 丙子 | 5·5 | 23 | 金 | 18 | 丙午 | 5·4 | 21 | 土 | 17 | 乙亥 | 5·5 |
| 17 | 24 | 水 | 15 | 乙巳 | 6·5 | 24 | 土 | 16 | 丙子 | 6·5 | 25 | 火 | 18 | 丁未 | 6·4 | 24 | 木 | 18 | 丁丑 | 6·4 | 24 | 土 | 19 | 丁未 | 6·4 | 22 | 日 | 18 | 丙子 | 6·4 |
| 18 | 25 | 木 | 16 | 丙午 | 6·4 | 25 | 日 | 17 | 丁丑 | 6·4 | 26 | 水 | 19 | 戊申 | 6·4 | 25 | 金 | 19 | 戊寅 | 6·4 | 25 | 日 | 20 | 戊申 | 6·4 | 23 | 月 | 19 | 丁丑 | 6·4 |
| 19 | 26 | 金 | 17 | 丁未 | 6·4 | 26 | 月 | 18 | 戊寅 | 6·4 | 27 | 木 | 20 | 己酉 | 6·4 | 26 | 土 | 20 | 己卯 | 6·4 | 26 | 月 | 21 | 己酉 | 6·3 | 24 | 火 | 20 | 戊寅 | 6·4 |
| 20 | 27 | 土 | 18 | 戊申 | 7·4 | 27 | 火 | 19 | 己卯 | 7·4 | 28 | 金 | 21 | 庚戌 | 7·3 | 27 | 日 | 21 | 庚辰 | 7·3 | 27 | 火 | 22 | 庚戌 | 7·3 | 25 | 水 | 21 | 己卯 | 7·3 |
| 21 | 28 | 日 | 19 | 己酉 | 7·3 | 28 | 水 | 20 | 庚辰 | 7·3 | 29 | 土 | 22 | 辛亥 | 7·3 | 28 | 月 | 22 | 辛巳 | 7·3 | 28 | 水 | 23 | 辛亥 | 7·3 | 26 | 木 | 22 | 庚辰 | 7·3 |
| 22 | 29 | 月 | 20 | 庚戌 | 7·3 | 29 | 木 | 21 | 辛巳 | 7·3 | 30 | 日 | 23 | 壬子 | 7·3 | 29 | 火 | 23 | 壬午 | 7·3 | 29 | 木 | 24 | 壬子 | 7·2 | 27 | 金 | 23 | 辛巳 | 7·3 |
| 23 | 30 | 火 | 21 | 辛亥 | 8·3 | 30 | 金 | 22 | 壬午 | 8·3 | 31 | 月 | 24 | 癸丑 | 8·2 | 30 | 水 | 24 | 癸未 | 8·2 | 30 | 金 | 25 | 癸丑 | 8·2 | 28 | 土 | 24 | 壬午 | 8·2 |
| 24 | 31 | 水 | 22 | 壬子 | 8·2 | 10/1 | 土 | 23 | 癸未 | 8·2 | 11/1 | 火 | 25 | 甲寅 | 8·2 | 12/1 | 木 | 25 | 甲申 | 8·2 | 31 | 土 | 26 | 甲寅 | 8·2 | 29 | 日 | 25 | 癸未 | 8·2 |
| 25 | 9/1 | 木 | 23 | 癸丑 | 8·2 | 2 | 日 | 24 | 甲申 | 8·2 | 2 | 水 | 26 | 乙卯 | 8·2 | 2 | 金 | 26 | 乙酉 | 8·2 | 1/1 | 日 | 27 | 乙卯 | 8·1 | 30 | 月 | 26 | 甲申 | 8·2 |
| 26 | 2 | 金 | 24 | 甲寅 | 9·2 | 3 | 月 | 25 | 乙酉 | 9·2 | 3 | 木 | 27 | 丙辰 | 9·1 | 3 | 土 | 27 | 丙戌 | 9·1 | 2 | 月 | 28 | 丙辰 | 9·1 | 31 | 火 | 27 | 乙酉 | 9·1 |
| 27 | 3 | 土 | 25 | 乙卯 | 9·1 | 4 | 火 | 26 | 丙戌 | 9·1 | 4 | 金 | 28 | 丁巳 | 9·1 | 4 | 日 | 28 | 丁亥 | 9·1 | 3 | 火 | 29 | 丁巳 | 9·1 | 2/1 | 水 | 28 | 丙戌 | 9·1 |
| 28 | 4 | 日 | 26 | 丙辰 | 9·1 | 5 | 水 | 27 | 丁亥 | 9·1 | 5 | 土 | 29 | 戊午 | 9·1 | 5 | 月 | 29 | 戊子 | 9·1 | 4 | 水 | 30 | 戊午 | 9·1 | 2 | 木 | 29 | 丁亥 | 9·1 |
| 29 | 5 | 月 | 27 | 丁巳 | 10·1 | 6 | 木 | 28 | 戊子 | 10·1 | 6 | 日 | 30 | 己未 | 10·1 | 6 | 火 | 11/1 | 己丑 | 10·1 | | | | | | 3 | 金 | 1/1 | 戊子 | 10·1 |
| 30 | 6 | 火 | 28 | 戊午 | 10·1 | 7 | 金 | 29 | 己丑 | 10·1 | | | | | | | | | | | | | | | | | | | | |
| 31 | | | | | | | | | | | | | | | | | | | | | | | | | | | | | | |

# 서기 2068년 [단기 4401년]

| 절기후날수 | 입춘절(甲寅月) 立春 2월4일 9시27분 雨水 2월19일 5시12분 | | | | | 경칩절(乙卯月) 驚蟄 3월5일 3시7분 春分 3월20일 3시47분 | | | | | 청명절(丙辰月) 清明 4월4일 7시28분 穀雨 4월19일 14시23분 | | | | |
|---|---|---|---|---|---|---|---|---|---|---|---|---|---|---|---|
| | 양력 | 요일 | 음력 | 일진 | 大運 남·여 | 양력 | 요일 | 음력 | 일진 | 大運 남·여 | 양력 | 요일 | 음력 | 일진 | 大運 남·여 |
| 0 | 2/4 | 土 | 2 | 己丑 | 입춘 | 3/5 | 月 | 2 | 己未 | 경칩 | 4/4 | 水 | 3 | 己丑 | 청명 |
| 1 | 5 | 日 | 3 | 庚寅 | 10·1 | 6 | 火 | 3 | 庚申 | 10·1 | 5 | 木 | 4 | 庚寅 | 10·1 |
| 2 | 6 | 月 | 4 | 辛卯 | 9·1 | 7 | 水 | 4 | 辛酉 | 9·1 | 6 | 金 | 5 | 辛卯 | 10·1 |
| 3 | 7 | 火 | 5 | 壬辰 | 9·1 | 8 | 木 | 5 | 壬戌 | 9·1 | 7 | 土 | 6 | 壬辰 | 9·1 |
| 4 | 8 | 水 | 6 | 癸巳 | 9·1 | 9 | 金 | 6 | 癸亥 | 9·1 | 8 | 日 | 7 | 癸巳 | 9·1 |
| 5 | 9 | 木 | 7 | 甲午 | 8·2 | 10 | 土 | 7 | 甲子 | 8·2 | 9 | 月 | 8 | 甲午 | 9·2 |
| 6 | 10 | 金 | 8 | 乙未 | 8·2 | 11 | 日 | 8 | 乙丑 | 8·2 | 10 | 火 | 9 | 乙未 | 8·2 |
| 7 | 11 | 土 | 9 | 丙申 | 8·2 | 12 | 月 | 9 | 丙寅 | 8·2 | 11 | 水 | 10 | 丙申 | 8·2 |
| 8 | 12 | 日 | 10 | 丁酉 | 7·3 | 13 | 火 | 10 | 丁卯 | 7·3 | 12 | 木 | 11 | 丁酉 | 8·3 |
| 9 | 13 | 月 | 11 | 戊戌 | 7·3 | 14 | 水 | 11 | 戊辰 | 7·3 | 13 | 金 | 12 | 戊戌 | 7·3 |
| 10 | 14 | 火 | 12 | 己亥 | 7·3 | 15 | 木 | 12 | 己巳 | 7·3 | 14 | 土 | 13 | 己亥 | 7·3 |
| 11 | 15 | 水 | 13 | 庚子 | 6·4 | 16 | 金 | 13 | 庚午 | 6·4 | 15 | 日 | 14 | 庚子 | 7·4 |
| 12 | 16 | 木 | 14 | 辛丑 | 6·4 | 17 | 土 | 14 | 辛未 | 6·4 | 16 | 月 | 15 | 辛丑 | 6·4 |
| 13 | 17 | 金 | 15 | 壬寅 | 6·4 | 18 | 日 | 15 | 壬申 | 6·4 | 17 | 火 | 16 | 壬寅 | 6·4 |
| 14 | 18 | 土 | 16 | 癸卯 | 5·5 | 19 | 月 | 16 | 癸酉 | 5·5 | 18 | 水 | 17 | 癸卯 | 6·5 |
| 15 | 19 | 日 | 17 | 甲辰 | 우수 | 20 | 火 | 17 | 甲戌 | 춘분 | 19 | 木 | 18 | 甲辰 | 곡우 |
| 16 | 20 | 月 | 18 | 乙巳 | 5·5 | 21 | 水 | 18 | 乙亥 | 5·5 | 20 | 金 | 19 | 乙巳 | 5·5 |
| 17 | 21 | 火 | 19 | 丙午 | 4·6 | 22 | 木 | 19 | 丙子 | 4·6 | 21 | 土 | 20 | 丙午 | 5·6 |
| 18 | 22 | 水 | 20 | 丁未 | 4·6 | 23 | 金 | 20 | 丁丑 | 4·6 | 22 | 日 | 21 | 丁未 | 4·6 |
| 19 | 23 | 木 | 21 | 戊申 | 4·6 | 24 | 土 | 21 | 戊寅 | 4·6 | 23 | 月 | 22 | 戊申 | 4·6 |
| 20 | 24 | 金 | 22 | 己酉 | 3·7 | 25 | 日 | 22 | 己卯 | 3·7 | 24 | 火 | 23 | 己酉 | 4·7 |
| 21 | 25 | 土 | 23 | 庚戌 | 3·7 | 26 | 月 | 23 | 庚辰 | 3·7 | 25 | 水 | 24 | 庚戌 | 3·7 |
| 22 | 26 | 日 | 24 | 辛亥 | 3·7 | 27 | 火 | 24 | 辛巳 | 3·7 | 26 | 木 | 25 | 辛亥 | 3·7 |
| 23 | 27 | 月 | 25 | 壬子 | 2·8 | 28 | 水 | 25 | 壬午 | 2·8 | 27 | 金 | 26 | 壬子 | 3·8 |
| 24 | 28 | 火 | 26 | 癸丑 | 2·8 | 29 | 木 | 26 | 癸未 | 2·8 | 28 | 土 | 27 | 癸丑 | 2·8 |
| 25 | 29 | 水 | 27 | 甲寅 | 2·8 | 30 | 金 | 27 | 甲申 | 2·8 | 29 | 日 | 28 | 甲寅 | 2·8 |
| 26 | 3/1 | 木 | 28 | 乙卯 | 1·9 | 31 | 土 | 28 | 乙酉 | 1·9 | 30 | 月 | 29 | 乙卯 | 2·9 |
| 27 | 2 | 金 | 29 | 丙辰 | 1·9 | 4/1 | 日 | 29 | 丙戌 | 1·9 | 5/1 | 火 | 30 | 丙辰 | 1·9 |
| 28 | 3 | 土 | 30 | 丁巳 | 1·9 | 2 | 月 | 3/1 | 丁亥 | 1·9 | 2 | 水 | 4/1 | 丁巳 | 1·9 |
| 29 | 4 | 日 | 2/1 | 戊午 | 1·10 | 3 | 火 | 2 | 戊子 | 1·10 | 3 | 木 | 2 | 戊午 | 1·10 |
| 30 | | | | | | | | | | | 4 | 金 | 3 | 己未 | 1·10 |
| 31 | | | | | | | | | | | | | | | |

| 절기후날수 | 입하절(丁巳月) 立夏 5월5일 0시19분 小滿 5월20일 13시8분 | | | | | 망종절(戊午月) 芒種 6월5일 4시8분 夏至 6월20일 20시52분 | | | | | 소서절(己未月) 小暑 7월6일 14시15분 大暑 7월22일 7시45분 | | | | |
|---|---|---|---|---|---|---|---|---|---|---|---|---|---|---|---|
| | 양력 | 요일 | 음력 | 일진 | 大運 남·여 | 양력 | 요일 | 음력 | 일진 | 大運 남·여 | 양력 | 요일 | 음력 | 일진 | 大運 남·여 |
| 0 | 5/5 | 土 | 4 | 庚申 | 입하 | 6/5 | 火 | 6 | 辛卯 | 망종 | 7/6 | 金 | 7 | 壬戌 | 소서 |
| 1 | 6 | 日 | 5 | 辛酉 | 10·1 | 6 | 水 | 7 | 壬辰 | 10·1 | 7 | 土 | 8 | 癸亥 | 10·1 |
| 2 | 7 | 月 | 6 | 壬戌 | 10·1 | 7 | 木 | 8 | 癸巳 | 10·1 | 8 | 日 | 9 | 甲子 | 10·1 |
| 3 | 8 | 火 | 7 | 癸亥 | 9·1 | 8 | 金 | 9 | 甲午 | 9·1 | 9 | 月 | 10 | 乙丑 | 10·1 |
| 4 | 9 | 水 | 8 | 甲子 | 9·1 | 9 | 土 | 10 | 乙未 | 9·1 | 10 | 火 | 11 | 丙寅 | 9·1 |
| 5 | 10 | 木 | 9 | 乙丑 | 9·2 | 10 | 日 | 11 | 丙申 | 9·2 | 11 | 水 | 12 | 丁卯 | 9·2 |
| 6 | 11 | 金 | 10 | 丙寅 | 8·2 | 11 | 月 | 12 | 丁酉 | 8·2 | 12 | 木 | 13 | 戊辰 | 9·2 |
| 7 | 12 | 土 | 11 | 丁卯 | 8·2 | 12 | 火 | 13 | 戊戌 | 8·2 | 13 | 金 | 14 | 己巳 | 8·2 |
| 8 | 13 | 日 | 12 | 戊辰 | 8·3 | 13 | 水 | 14 | 己亥 | 8·3 | 14 | 土 | 15 | 庚午 | 8·3 |
| 9 | 14 | 月 | 13 | 己巳 | 7·3 | 14 | 木 | 15 | 庚子 | 7·3 | 15 | 日 | 16 | 辛未 | 8·3 |
| 10 | 15 | 火 | 14 | 庚午 | 7·3 | 15 | 金 | 16 | 辛丑 | 7·3 | 16 | 月 | 17 | 壬申 | 7·3 |
| 11 | 16 | 水 | 15 | 辛未 | 7·4 | 16 | 土 | 17 | 壬寅 | 7·4 | 17 | 火 | 18 | 癸酉 | 7·4 |
| 12 | 17 | 木 | 16 | 壬申 | 6·4 | 17 | 日 | 18 | 癸卯 | 6·4 | 18 | 水 | 19 | 甲戌 | 7·4 |
| 13 | 18 | 金 | 17 | 癸酉 | 6·4 | 18 | 月 | 19 | 甲辰 | 6·4 | 19 | 木 | 20 | 乙亥 | 6·4 |
| 14 | 19 | 土 | 18 | 甲戌 | 6·5 | 19 | 火 | 20 | 乙巳 | 6·5 | 20 | 金 | 21 | 丙子 | 6·5 |
| 15 | 20 | 日 | 19 | 乙亥 | 소만 | 20 | 水 | 21 | 丙午 | 하지 | 21 | 土 | 22 | 丁丑 | 6·5 |
| 16 | 21 | 月 | 20 | 丙子 | 5·5 | 21 | 木 | 22 | 丁未 | 5·5 | 22 | 日 | 23 | 戊寅 | 대서 |
| 17 | 22 | 火 | 21 | 丁丑 | 5·6 | 22 | 金 | 23 | 戊申 | 5·6 | 23 | 月 | 24 | 己卯 | 5·6 |
| 18 | 23 | 水 | 22 | 戊寅 | 4·6 | 23 | 土 | 24 | 己酉 | 4·6 | 24 | 火 | 25 | 庚辰 | 5·6 |
| 19 | 24 | 木 | 23 | 己卯 | 4·6 | 24 | 日 | 25 | 庚戌 | 4·6 | 25 | 水 | 26 | 辛巳 | 4·6 |
| 20 | 25 | 金 | 24 | 庚辰 | 4·7 | 25 | 月 | 26 | 辛亥 | 4·7 | 26 | 木 | 27 | 壬午 | 4·7 |
| 21 | 26 | 土 | 25 | 辛巳 | 3·7 | 26 | 火 | 27 | 壬子 | 3·7 | 27 | 金 | 28 | 癸未 | 4·7 |
| 22 | 27 | 日 | 26 | 壬午 | 3·7 | 27 | 水 | 28 | 癸丑 | 3·7 | 28 | 土 | 29 | 甲申 | 3·7 |
| 23 | 28 | 月 | 27 | 癸未 | 3·8 | 28 | 木 | 29 | 甲寅 | 3·8 | 29 | 日 | 7/1 | 乙酉 | 3·8 |
| 24 | 29 | 火 | 28 | 甲申 | 2·8 | 29 | 金 | 30 | 乙卯 | 2·8 | 30 | 月 | 2 | 丙戌 | 3·8 |
| 25 | 30 | 水 | 29 | 乙酉 | 2·8 | 30 | 土 | 6/1 | 丙辰 | 2·8 | 31 | 火 | 3 | 丁亥 | 2·8 |
| 26 | 31 | 木 | 5/1 | 丙戌 | 2·9 | 7/1 | 日 | 2 | 丁巳 | 2·9 | 8/1 | 水 | 4 | 戊子 | 2·9 |
| 27 | 6/1 | 金 | 2 | 丁亥 | 1·9 | 2 | 月 | 3 | 戊午 | 1·9 | 2 | 木 | 5 | 己丑 | 2·9 |
| 28 | 2 | 土 | 3 | 戊子 | 1·9 | 3 | 火 | 4 | 己未 | 1·9 | 3 | 金 | 6 | 庚寅 | 1·9 |
| 29 | 3 | 日 | 4 | 己丑 | 1·10 | 4 | 水 | 5 | 庚申 | 1·10 | 4 | 土 | 7 | 辛卯 | 1·10 |
| 30 | 4 | 月 | 5 | 庚寅 | 1·10 | 5 | 木 | 6 | 辛酉 | 1·10 | 5 | 日 | 8 | 壬辰 | 1·10 |
| 31 | | | | | | | | | | | 6 | 月 | 9 | 癸巳 | 1·10 |

# 戊子年

| 절기후날수 | 입추절(庚申月) 立秋 8월7일 0시10분 處暑 8월22일 15시2분 | | | | | 백로절(辛酉月) 白露 9월7일 3시24분 秋分 9월22일 13시5분 | | | | | 한로절(壬戌月) 寒露 10월7일 19시32분 霜降 10월22일 22시55분 | | | | |
|---|---|---|---|---|---|---|---|---|---|---|---|---|---|---|---|
| | 양력 | 요일 | 음력 | 일진 | 大運 남·여 | 양력 | 요일 | 음력 | 일진 | 大運 남·여 | 양력 | 요일 | 음력 | 일진 | 大運 남·여 |
| 0 | 8/7 | 火 | 10 | 甲午 | 입추 | 9/7 | 金 | 11 | 乙丑 | 백로 | 10/7 | 日 | 12 | 乙未 | 한로 |
| 1 | 8 | 水 | 11 | 乙未 | 10·1 | 8 | 土 | 12 | 丙寅 | 10·1 | 8 | 月 | 13 | 丙申 | 10·1 |
| 2 | 9 | 木 | 12 | 丙申 | 10·1 | 9 | 日 | 13 | 丁卯 | 9·1 | 9 | 火 | 14 | 丁酉 | 9·1 |
| 3 | 10 | 金 | 13 | 丁酉 | 9·1 | 10 | 月 | 14 | 戊辰 | 9·1 | 10 | 水 | 15 | 戊戌 | 9·1 |
| 4 | 11 | 土 | 14 | 戊戌 | 9·1 | 11 | 火 | 15 | 己巳 | 9·1 | 11 | 木 | 16 | 己亥 | 9·1 |
| 5 | 12 | 日 | 15 | 己亥 | 9·2 | 12 | 水 | 16 | 庚午 | 8·2 | 12 | 金 | 17 | 庚子 | 8·2 |
| 6 | 13 | 月 | 16 | 庚子 | 8·2 | 13 | 木 | 17 | 辛未 | 8·2 | 13 | 土 | 18 | 辛丑 | 8·2 |
| 7 | 14 | 火 | 17 | 辛丑 | 8·2 | 14 | 金 | 18 | 壬申 | 8·2 | 14 | 日 | 19 | 壬寅 | 8·2 |
| 8 | 15 | 水 | 18 | 壬寅 | 8·3 | 15 | 土 | 19 | 癸酉 | 7·3 | 15 | 月 | 20 | 癸卯 | 7·3 |
| 9 | 16 | 木 | 19 | 癸卯 | 7·3 | 16 | 日 | 20 | 甲戌 | 7·3 | 16 | 火 | 21 | 甲辰 | 7·3 |
| 10 | 17 | 金 | 20 | 甲辰 | 7·3 | 17 | 月 | 21 | 乙亥 | 7·3 | 17 | 水 | 22 | 乙巳 | 7·3 |
| 11 | 18 | 土 | 21 | 乙巳 | 7·4 | 18 | 火 | 22 | 丙子 | 6·4 | 18 | 木 | 23 | 丙午 | 6·4 |
| 12 | 19 | 日 | 22 | 丙午 | 6·4 | 19 | 水 | 23 | 丁丑 | 6·4 | 19 | 金 | 24 | 丁未 | 6·4 |
| 13 | 20 | 月 | 23 | 丁未 | 6·4 | 20 | 木 | 24 | 戊寅 | 6·4 | 20 | 土 | 25 | 戊申 | 6·4 |
| 14 | 21 | 火 | 24 | 戊申 | 6·5 | 21 | 金 | 25 | 己卯 | 5·5 | 21 | 日 | 26 | 己酉 | 5·5 |
| 15 | 22 | 水 | 25 | 己酉 | 처서 | 22 | 土 | 26 | 庚辰 | 추분 | 22 | 月 | 27 | 庚戌 | 상강 |
| 16 | 23 | 木 | 26 | 庚戌 | 5·5 | 23 | 日 | 27 | 辛巳 | 5·5 | 23 | 火 | 28 | 辛亥 | 5·5 |
| 17 | 24 | 金 | 27 | 辛亥 | 5·6 | 24 | 月 | 28 | 壬午 | 4·6 | 24 | 水 | 29 | 壬子 | 4·6 |
| 18 | 25 | 土 | 28 | 壬子 | 4·6 | 25 | 火 | 29 | 癸未 | 4·6 | 25 | 木 | 30 | 癸丑 | 4·6 |
| 19 | 26 | 日 | 29 | 癸丑 | 4·6 | 26 | 水 | 9/1 | 甲申 | 4·6 | 26 | 金 | 10/1 | 甲寅 | 4·6 |
| 20 | 27 | 月 | 30 | 甲寅 | 4·7 | 27 | 木 | 2 | 乙酉 | 3·7 | 27 | 土 | 2 | 乙卯 | 3·7 |
| 21 | 28 | 火 | 8/1 | 乙卯 | 3·7 | 28 | 金 | 3 | 丙戌 | 3·7 | 28 | 日 | 3 | 丙辰 | 3·7 |
| 22 | 29 | 水 | 2 | 丙辰 | 3·7 | 29 | 土 | 4 | 丁亥 | 3·7 | 29 | 月 | 4 | 丁巳 | 3·7 |
| 23 | 30 | 木 | 3 | 丁巳 | 3·8 | 30 | 日 | 5 | 戊子 | 2·8 | 30 | 火 | 5 | 戊午 | 2·8 |
| 24 | 31 | 金 | 4 | 戊午 | 2·8 | 10/1 | 月 | 6 | 己丑 | 2·8 | 31 | 水 | 6 | 己未 | 2·8 |
| 25 | 9/1 | 土 | 5 | 己未 | 2·8 | 2 | 火 | 7 | 庚寅 | 2·8 | 11/1 | 木 | 7 | 庚申 | 2·8 |
| 26 | 2 | 日 | 6 | 庚申 | 2·9 | 3 | 水 | 8 | 辛卯 | 1·9 | 2 | 金 | 8 | 辛酉 | 1·9 |
| 27 | 3 | 月 | 7 | 辛酉 | 1·9 | 4 | 木 | 9 | 壬辰 | 1·9 | 3 | 土 | 9 | 壬戌 | 1·9 |
| 28 | 4 | 火 | 8 | 壬戌 | 1·9 | 5 | 金 | 10 | 癸巳 | 1·9 | 4 | 日 | 10 | 癸亥 | 1·9 |
| 29 | 5 | 水 | 9 | 癸亥 | 1·10 | 6 | 土 | 11 | 甲午 | 1·10 | 5 | 月 | 11 | 甲子 | 1·10 |
| 30 | 6 | 木 | 10 | 甲子 | 1·10 | | | | | | | | | | |
| 31 | | | | | | | | | | | | | | | |

| 절기후날수 | 입동절(癸亥月) 立冬 11월6일 23시12분 小雪 11월21일 20시55분 | | | | | 대설절(甲子月) 大雪 12월6일 16시25분 冬至 12월21일 10시31분 | | | | | 소한절(乙丑月) 小寒 1월5일 3시47분 大寒 1월19일 21시12분 | | | | |
|---|---|---|---|---|---|---|---|---|---|---|---|---|---|---|---|
| | 양력 | 요일 | 음력 | 일진 | 大運 남·여 | 양력 | 요일 | 음력 | 일진 | 大運 남·여 | 양력 | 요일 | 음력 | 일진 | 大運 남·여 |
| 0 | 11/6 | 火 | 12 | 乙丑 | 입동 | 12/6 | 木 | 12 | 乙未 | 대설 | 1/5 | 土 | 13 | 乙丑 | 소한 |
| 1 | 7 | 水 | 13 | 丙寅 | 10·1 | 7 | 金 | 13 | 丙申 | 10·1 | 6 | 日 | 14 | 丙寅 | 9·1 |
| 2 | 8 | 木 | 14 | 丁卯 | 9·1 | 8 | 土 | 14 | 丁酉 | 9·1 | 7 | 月 | 15 | 丁卯 | 9·1 |
| 3 | 9 | 金 | 15 | 戊辰 | 9·1 | 9 | 日 | 15 | 戊戌 | 9·1 | 8 | 火 | 16 | 戊辰 | 9·1 |
| 4 | 10 | 土 | 16 | 己巳 | 9·1 | 10 | 月 | 16 | 己亥 | 9·1 | 9 | 水 | 17 | 己巳 | 8·1 |
| 5 | 11 | 日 | 17 | 庚午 | 8·2 | 11 | 火 | 17 | 庚子 | 8·2 | 10 | 木 | 18 | 庚午 | 8·2 |
| 6 | 12 | 月 | 18 | 辛未 | 8·2 | 12 | 水 | 18 | 辛丑 | 8·2 | 11 | 金 | 19 | 辛未 | 8·2 |
| 7 | 13 | 火 | 19 | 壬申 | 8·2 | 13 | 木 | 19 | 壬寅 | 8·2 | 12 | 土 | 20 | 壬申 | 7·2 |
| 8 | 14 | 水 | 20 | 癸酉 | 7·3 | 14 | 金 | 20 | 癸卯 | 7·3 | 13 | 日 | 21 | 癸酉 | 7·3 |
| 9 | 15 | 木 | 21 | 甲戌 | 7·3 | 15 | 土 | 21 | 甲辰 | 7·3 | 14 | 月 | 22 | 甲戌 | 7·3 |
| 10 | 16 | 金 | 22 | 乙亥 | 7·3 | 16 | 日 | 22 | 乙巳 | 7·3 | 15 | 火 | 23 | 乙亥 | 6·3 |
| 11 | 17 | 土 | 23 | 丙子 | 6·4 | 17 | 月 | 23 | 丙午 | 6·4 | 16 | 水 | 24 | 丙子 | 6·4 |
| 12 | 18 | 日 | 24 | 丁丑 | 6·4 | 18 | 火 | 24 | 丁未 | 6·4 | 17 | 木 | 25 | 丁丑 | 6·4 |
| 13 | 19 | 月 | 25 | 戊寅 | 6·4 | 19 | 水 | 25 | 戊申 | 6·4 | 18 | 金 | 26 | 戊寅 | 5·4 |
| 14 | 20 | 火 | 26 | 己卯 | 5·5 | 20 | 木 | 26 | 己酉 | 5·5 | 19 | 土 | 27 | 己卯 | 대한 |
| 15 | 21 | 水 | 27 | 庚辰 | 소설 | 21 | 金 | 27 | 庚戌 | 동지 | 20 | 日 | 28 | 庚辰 | 5·5 |
| 16 | 22 | 木 | 28 | 辛巳 | 5·5 | 22 | 土 | 28 | 辛亥 | 5·5 | 21 | 月 | 29 | 辛巳 | 4·5 |
| 17 | 23 | 金 | 29 | 壬午 | 4·6 | 23 | 日 | 29 | 壬子 | 4·6 | 22 | 火 | 30 | 壬午 | 4·6 |
| 18 | 24 | 土 | 30 | 癸未 | 4·6 | 24 | 月 | 12/1 | 癸丑 | 4·6 | 23 | 水 | 1/1 | 癸未 | 4·6 |
| 19 | 25 | 日 | 11/1 | 甲申 | 4·6 | 25 | 火 | 2 | 甲寅 | 4·6 | 24 | 木 | 2 | 甲申 | 3·6 |
| 20 | 26 | 月 | 2 | 乙酉 | 3·7 | 26 | 水 | 3 | 乙卯 | 3·7 | 25 | 金 | 3 | 乙酉 | 3·7 |
| 21 | 27 | 火 | 3 | 丙戌 | 3·7 | 27 | 木 | 4 | 丙辰 | 3·7 | 26 | 土 | 4 | 丙戌 | 3·7 |
| 22 | 28 | 水 | 4 | 丁亥 | 3·7 | 28 | 金 | 5 | 丁巳 | 3·7 | 27 | 日 | 5 | 丁亥 | 2·7 |
| 23 | 29 | 木 | 5 | 戊子 | 2·8 | 29 | 土 | 6 | 戊午 | 2·8 | 28 | 月 | 6 | 戊子 | 2·8 |
| 24 | 30 | 金 | 6 | 己丑 | 2·8 | 30 | 日 | 7 | 己未 | 2·8 | 29 | 火 | 7 | 己丑 | 2·8 |
| 25 | 12/1 | 土 | 7 | 庚寅 | 2·8 | 31 | 月 | 8 | 庚申 | 2·8 | 30 | 水 | 8 | 庚寅 | 1·8 |
| 26 | 2 | 日 | 8 | 辛卯 | 1·9 | 1/1 | 火 | 9 | 辛酉 | 1·9 | 31 | 木 | 9 | 辛卯 | 1·9 |
| 27 | 3 | 月 | 9 | 壬辰 | 1·9 | 2 | 水 | 10 | 壬戌 | 1·9 | 2/1 | 金 | 10 | 壬辰 | 1·9 |
| 28 | 4 | 火 | 10 | 癸巳 | 1·9 | 3 | 木 | 11 | 癸亥 | 1·9 | 2 | 土 | 11 | 癸巳 | 1·9 |
| 29 | 5 | 水 | 11 | 甲午 | 1·10 | 4 | 金 | 12 | 甲子 | 1·10 | | | | | |
| 30 | | | | | | | | | | | | | | | |
| 31 | | | | | | | | | | | | | | | |

# 서기 2069년 [단기 4402년]

| 절기후날수 | 입춘절(丙寅月)<br>立春 2월3일 15시19분<br>雨水 2월18일 11시7분 | | | | | 경칩절(丁卯月)<br>驚蟄 3월5일 9시1분<br>春分 3월20일 9시43분 | | | | | 청명절(戊辰月)<br>淸明 4월4일 13시22분<br>穀雨 4월19일 20시17분 | | | | | 입하절(己巳月)<br>立夏 5월5일 6시13분<br>小滿 5월20일 18시59분 | | | | | 망종절(庚午月)<br>芒種 6월5일 10시2분<br>夏至 6월21일 2시40분 | | | | | 소서절(辛未月)<br>小暑 7월6일 20시9분<br>大暑 7월22일 13시31분 | | | | |
|---|---|---|---|---|---|---|---|---|---|---|---|---|---|---|---|---|---|---|---|---|---|---|---|---|---|---|---|---|---|---|
| | 양력 | 요일 | 음력 | 일진 | 大運 남·여 | 양력 | 요일 | 음력 | 일진 | 大運 남·여 | 양력 | 요일 | 음력 | 일진 | 大運 남·여 | 양력 | 요일 | 음력 | 일진 | 大運 남·여 | 양력 | 요일 | 음력 | 일진 | 大運 남·여 | 양력 | 요일 | 음력 | 일진 | 大運 남·여 |
| 0 | 2/3 | 日 | 12 | 甲午 | 입춘 | 3/5 | 火 | 12 | 甲子 | 경칩 | 4/4 | 木 | 13 | 甲午 | 청명 | 5/5 | 日 | 15 | 乙丑 | 입하 | 6/5 | 水 | 윤16 | 丙申 | 망종 | 7/6 | 土 | 18 | 丁卯 | 소서 |
| 1 | 4 | 月 | 13 | 乙未 | 1·10 | 6 | 水 | 13 | 乙丑 | 1·10 | 5 | 金 | 14 | 乙未 | 1·10 | 6 | 月 | 16 | 丙寅 | 1·10 | 6 | 木 | 윤17 | 丁酉 | 1·10 | 7 | 日 | 19 | 戊辰 | 1·10 |
| 2 | 5 | 火 | 14 | 丙申 | 1·9 | 7 | 木 | 14 | 丙寅 | 1·9 | 6 | 土 | 15 | 丙申 | 1·10 | 7 | 火 | 17 | 丁卯 | 1·10 | 7 | 金 | 윤18 | 戊戌 | 1·10 | 8 | 月 | 20 | 己巳 | 1·10 |
| 3 | 6 | 水 | 15 | 丁酉 | 1·9 | 8 | 金 | 15 | 丁卯 | 1·9 | 7 | 日 | 16 | 丁酉 | 1·9 | 8 | 水 | 18 | 戊辰 | 1·9 | 8 | 土 | 윤19 | 己亥 | 1·9 | 9 | 火 | 21 | 庚午 | 1·10 |
| 4 | 7 | 木 | 16 | 戊戌 | 1·9 | 9 | 土 | 16 | 戊辰 | 1·9 | 8 | 月 | 17 | 戊戌 | 1·9 | 9 | 木 | 19 | 己巳 | 1·9 | 9 | 日 | 윤20 | 庚子 | 1·9 | 10 | 水 | 22 | 辛未 | 1·9 |
| 5 | 8 | 金 | 17 | 己亥 | 2·8 | 10 | 日 | 17 | 己巳 | 2·8 | 9 | 火 | 18 | 己亥 | 2·9 | 10 | 金 | 20 | 庚午 | 2·9 | 10 | 月 | 윤21 | 辛丑 | 2·9 | 11 | 木 | 23 | 壬申 | 2·9 |
| 6 | 9 | 土 | 18 | 庚子 | 2·8 | 11 | 月 | 18 | 庚午 | 2·8 | 10 | 水 | 19 | 庚子 | 2·8 | 11 | 土 | 21 | 辛未 | 2·8 | 11 | 火 | 윤22 | 壬寅 | 2·8 | 12 | 金 | 24 | 癸酉 | 2·9 |
| 7 | 10 | 日 | 19 | 辛丑 | 2·8 | 12 | 火 | 19 | 辛未 | 2·8 | 11 | 木 | 20 | 辛丑 | 2·8 | 12 | 日 | 22 | 壬申 | 2·8 | 12 | 水 | 윤23 | 癸卯 | 2·8 | 13 | 土 | 25 | 甲戌 | 2·8 |
| 8 | 11 | 月 | 20 | 壬寅 | 3·7 | 13 | 水 | 20 | 壬申 | 3·7 | 12 | 金 | 21 | 壬寅 | 3·8 | 13 | 月 | 23 | 癸酉 | 3·8 | 13 | 木 | 윤24 | 甲辰 | 3·8 | 14 | 日 | 26 | 乙亥 | 3·8 |
| 9 | 12 | 火 | 21 | 癸卯 | 3·7 | 14 | 木 | 21 | 癸酉 | 3·7 | 13 | 土 | 22 | 癸卯 | 3·7 | 14 | 火 | 24 | 甲戌 | 3·7 | 14 | 金 | 윤25 | 乙巳 | 3·7 | 15 | 月 | 27 | 丙子 | 3·8 |
| 10 | 13 | 水 | 22 | 甲辰 | 3·7 | 15 | 金 | 22 | 甲戌 | 3·7 | 14 | 日 | 23 | 甲辰 | 3·7 | 15 | 水 | 25 | 乙亥 | 3·7 | 15 | 土 | 윤26 | 丙午 | 3·7 | 16 | 火 | 28 | 丁丑 | 3·7 |
| 11 | 14 | 木 | 23 | 乙巳 | 4·6 | 16 | 土 | 23 | 乙亥 | 4·6 | 15 | 月 | 24 | 乙巳 | 4·7 | 16 | 木 | 26 | 丙子 | 4·7 | 16 | 日 | 윤27 | 丁未 | 4·7 | 17 | 水 | 29 | 戊寅 | 4·7 |
| 12 | 15 | 金 | 24 | 丙午 | 4·6 | 17 | 日 | 24 | 丙子 | 4·6 | 16 | 火 | 25 | 丙午 | 4·6 | 17 | 金 | 27 | 丁丑 | 4·6 | 17 | 月 | 윤28 | 戊申 | 4·6 | 18 | 木 | 6/1 | 己卯 | 4·7 |
| 13 | 16 | 土 | 25 | 丁未 | 4·6 | 18 | 月 | 25 | 丁丑 | 4·6 | 17 | 水 | 26 | 丁未 | 4·6 | 18 | 土 | 28 | 戊寅 | 4·6 | 18 | 火 | 윤29 | 己酉 | 4·6 | 19 | 金 | 2 | 庚辰 | 4·6 |
| 14 | 17 | 日 | 26 | 戊申 | 5·5 | 19 | 火 | 26 | 戊寅 | 5·5 | 18 | 木 | 27 | 戊申 | 5·6 | 19 | 日 | 29 | 己卯 | 5·6 | 19 | 水 | 5/1 | 庚戌 | 5·6 | 20 | 土 | 3 | 辛巳 | 5·6 |
| 15 | 18 | 月 | 27 | 己酉 | 우수 | 20 | 水 | 27 | 己卯 | 춘분 | 19 | 金 | 28 | 己酉 | 곡우 | 20 | 月 | 30 | 庚辰 | 소만 | 20 | 木 | 2 | 辛亥 | 5·5 | 21 | 日 | 4 | 壬午 | 5·6 |
| 16 | 19 | 火 | 28 | 庚戌 | 5·5 | 21 | 木 | 28 | 庚辰 | 5·5 | 20 | 土 | 29 | 庚戌 | 5·5 | 21 | 火 | 윤1 | 辛巳 | 5·5 | 21 | 金 | 3 | 壬子 | 하지 | 22 | 月 | 5 | 癸未 | 대서 |
| 17 | 20 | 水 | 29 | 辛亥 | 6·4 | 22 | 金 | 29 | 辛巳 | 6·4 | 21 | 日 | 4/1 | 辛亥 | 6·5 | 22 | 水 | 윤2 | 壬午 | 6·5 | 22 | 土 | 4 | 癸丑 | 6·5 | 23 | 火 | 6 | 甲申 | 6·5 |
| 18 | 21 | 木 | 30 | 壬子 | 6·4 | 23 | 土 | 3/1 | 壬午 | 6·4 | 22 | 月 | 2 | 壬子 | 6·4 | 23 | 木 | 윤3 | 癸未 | 6·4 | 23 | 日 | 5 | 甲寅 | 6·4 | 24 | 水 | 7 | 乙酉 | 6·5 |
| 19 | 22 | 金 | 2/1 | 癸丑 | 6·4 | 24 | 日 | 2 | 癸未 | 6·4 | 23 | 火 | 3 | 癸丑 | 6·4 | 24 | 金 | 윤4 | 甲申 | 6·4 | 24 | 月 | 6 | 乙卯 | 6·4 | 25 | 木 | 8 | 丙戌 | 6·4 |
| 20 | 23 | 土 | 2 | 甲寅 | 7·3 | 25 | 月 | 3 | 甲申 | 7·3 | 24 | 水 | 4 | 甲寅 | 7·4 | 25 | 土 | 윤5 | 乙酉 | 7·4 | 25 | 火 | 7 | 丙辰 | 7·4 | 26 | 金 | 9 | 丁亥 | 7·4 |
| 21 | 24 | 日 | 3 | 乙卯 | 7·3 | 26 | 火 | 4 | 乙酉 | 7·3 | 25 | 木 | 5 | 乙卯 | 7·3 | 26 | 日 | 윤6 | 丙戌 | 7·3 | 26 | 水 | 8 | 丁巳 | 7·3 | 27 | 土 | 10 | 戊子 | 7·4 |
| 22 | 25 | 月 | 4 | 丙辰 | 7·3 | 27 | 水 | 5 | 丙戌 | 7·3 | 26 | 金 | 6 | 丙辰 | 7·3 | 27 | 月 | 윤7 | 丁亥 | 7·3 | 27 | 木 | 9 | 戊午 | 7·3 | 28 | 日 | 11 | 己丑 | 7·3 |
| 23 | 26 | 火 | 5 | 丁巳 | 8·2 | 28 | 木 | 6 | 丁亥 | 8·2 | 27 | 土 | 7 | 丁巳 | 8·3 | 28 | 火 | 윤8 | 戊子 | 8·3 | 28 | 金 | 10 | 己未 | 8·3 | 29 | 月 | 12 | 庚寅 | 8·3 |
| 24 | 27 | 水 | 6 | 戊午 | 8·2 | 29 | 金 | 7 | 戊子 | 8·2 | 28 | 日 | 8 | 戊午 | 8·2 | 29 | 水 | 윤9 | 己丑 | 8·2 | 29 | 土 | 11 | 庚申 | 8·2 | 30 | 火 | 13 | 辛卯 | 8·3 |
| 25 | 28 | 木 | 7 | 己未 | 8·2 | 30 | 土 | 8 | 己丑 | 8·2 | 29 | 月 | 9 | 己未 | 8·2 | 30 | 木 | 윤10 | 庚寅 | 8·2 | 30 | 日 | 12 | 辛酉 | 8·2 | 31 | 水 | 14 | 壬辰 | 8·2 |
| 26 | 3/1 | 金 | 8 | 庚申 | 9·1 | 31 | 日 | 9 | 庚寅 | 9·1 | 30 | 火 | 10 | 庚申 | 9·2 | 31 | 金 | 윤11 | 辛卯 | 9·2 | 7/1 | 月 | 13 | 壬戌 | 9·2 | 8/1 | 木 | 15 | 癸巳 | 9·2 |
| 27 | 2 | 土 | 9 | 辛酉 | 9·1 | 4/1 | 月 | 10 | 辛卯 | 9·1 | 5/1 | 水 | 11 | 辛酉 | 9·1 | 6/1 | 土 | 윤12 | 壬辰 | 9·1 | 2 | 火 | 14 | 癸亥 | 9·1 | 2 | 金 | 16 | 甲午 | 9·2 |
| 28 | 3 | 日 | 10 | 壬戌 | 9·1 | 2 | 火 | 11 | 壬辰 | 9·1 | 2 | 木 | 12 | 壬戌 | 9·1 | 2 | 日 | 윤13 | 癸巳 | 9·1 | 3 | 水 | 15 | 甲子 | 9·1 | 3 | 土 | 17 | 乙未 | 9·1 |
| 29 | 4 | 月 | 11 | 癸亥 | 10·1 | 3 | 水 | 12 | 癸巳 | 10·1 | 3 | 金 | 13 | 癸亥 | 10·1 | 3 | 月 | 윤14 | 甲午 | 10·1 | 4 | 木 | 16 | 乙丑 | 10·1 | 4 | 日 | 18 | 丙申 | 10·1 |
| 30 | | | | | | | | | | | 4 | 土 | 14 | 甲子 | 10·1 | 4 | 火 | 윤15 | 乙未 | 10·1 | 5 | 金 | 17 | 丙寅 | 10·1 | 5 | 月 | 19 | 丁酉 | 10·1 |
| 31 | | | | | | | | | | | | | | | | | | | | | | | | | | 6 | 火 | 20 | 戊戌 | 10·1 |

▶윤달-4월

# 己丑年

| 절기후날수 | 입추절(壬申月) 立秋 8월7일 6시4분 處暑 8월22일 20시48분 | | | | | 백로절(癸酉月) 白露 9월7일 9시19분 秋分 9월22일 18시50분 | | | | | 한로절(甲戌月) 寒露 10월8일 1시25분 霜降 10월23일 4시41분 | | | | |
|---|---|---|---|---|---|---|---|---|---|---|---|---|---|---|---|
| | 양력 | 요일 | 음력 | 일진 | 大運 남여 | 양력 | 요일 | 음력 | 일진 | 大運 남여 | 양력 | 요일 | 음력 | 일진 | 大運 남여 |
| 0 | 8/7 | 水 | 21 | 己亥 | 입추 | 9/7 | 土 | 22 | 庚午 | 백로 | 10/8 | 火 | 24 | 辛丑 | 한로 |
| 1 | 8 | 木 | 22 | 庚子 | 1·10 | 8 | 日 | 23 | 辛未 | 1·10 | 9 | 水 | 25 | 壬寅 | 1·10 |
| 2 | 9 | 金 | 23 | 辛丑 | 1·10 | 9 | 月 | 24 | 壬申 | 1·10 | 10 | 木 | 26 | 癸卯 | 1·9 |
| 3 | 10 | 土 | 24 | 壬寅 | 1·9 | 10 | 火 | 25 | 癸酉 | 1·9 | 11 | 金 | 27 | 甲辰 | 1·9 |
| 4 | 11 | 日 | 25 | 癸卯 | 1·9 | 11 | 水 | 26 | 甲戌 | 1·9 | 12 | 土 | 28 | 乙巳 | 1·9 |
| 5 | 12 | 月 | 26 | 甲辰 | 2·9 | 12 | 木 | 27 | 乙亥 | 2·9 | 13 | 日 | 29 | 丙午 | 2·8 |
| 6 | 13 | 火 | 27 | 乙巳 | 2·8 | 13 | 金 | 28 | 丙子 | 2·8 | 14 | 月 | 30 | 丁未 | 2·8 |
| 7 | 14 | 水 | 28 | 丙午 | 2·8 | 14 | 土 | 29 | 丁丑 | 2·8 | 15 | 火 | 9/1 | 戊申 | 2·8 |
| 8 | 15 | 木 | 29 | 丁未 | 3·8 | 15 | 日 | 8/1 | 戊寅 | 3·8 | 16 | 水 | 2 | 己酉 | 3·7 |
| 9 | 16 | 金 | 30 | 戊申 | 3·7 | 16 | 月 | 2 | 己卯 | 3·7 | 17 | 木 | 3 | 庚戌 | 3·7 |
| 10 | 17 | 土 | 7/1 | 己酉 | 3·7 | 17 | 火 | 3 | 庚辰 | 3·7 | 18 | 金 | 4 | 辛亥 | 3·7 |
| 11 | 18 | 日 | 2 | 庚戌 | 4·7 | 18 | 水 | 4 | 辛巳 | 4·7 | 19 | 土 | 5 | 壬子 | 4·6 |
| 12 | 19 | 月 | 3 | 辛亥 | 4·6 | 19 | 木 | 5 | 壬午 | 4·6 | 20 | 日 | 6 | 癸丑 | 4·6 |
| 13 | 20 | 火 | 4 | 壬子 | 4·6 | 20 | 金 | 6 | 癸未 | 4·6 | 21 | 月 | 7 | 甲寅 | 4·6 |
| 14 | 21 | 水 | 5 | 癸丑 | 5·6 | 21 | 土 | 7 | 甲申 | 5·6 | 22 | 火 | 8 | 乙卯 | 5·5 |
| 15 | 22 | 木 | 6 | 甲寅 | 처서 | 22 | 日 | 8 | 乙酉 | 추분 | 23 | 水 | 9 | 丙辰 | 상강 |
| 16 | 23 | 金 | 7 | 乙卯 | 5·5 | 23 | 月 | 9 | 丙戌 | 5·5 | 24 | 木 | 10 | 丁巳 | 5·5 |
| 17 | 24 | 土 | 8 | 丙辰 | 6·5 | 24 | 火 | 10 | 丁亥 | 6·5 | 25 | 金 | 11 | 戊午 | 6·4 |
| 18 | 25 | 日 | 9 | 丁巳 | 6·4 | 25 | 水 | 11 | 戊子 | 6·4 | 26 | 土 | 12 | 己未 | 6·4 |
| 19 | 26 | 月 | 10 | 戊午 | 6·4 | 26 | 木 | 12 | 己丑 | 6·4 | 27 | 日 | 13 | 庚申 | 6·4 |
| 20 | 27 | 火 | 11 | 己未 | 7·4 | 27 | 金 | 13 | 庚寅 | 7·4 | 28 | 月 | 14 | 辛酉 | 7·3 |
| 21 | 28 | 水 | 12 | 庚申 | 7·3 | 28 | 土 | 14 | 辛卯 | 7·3 | 29 | 火 | 15 | 壬戌 | 7·3 |
| 22 | 29 | 木 | 13 | 辛酉 | 7·3 | 29 | 日 | 15 | 壬辰 | 7·3 | 30 | 水 | 16 | 癸亥 | 7·3 |
| 23 | 30 | 金 | 14 | 壬戌 | 8·3 | 30 | 月 | 16 | 癸巳 | 8·3 | 31 | 木 | 17 | 甲子 | 8·2 |
| 24 | 31 | 土 | 15 | 癸亥 | 8·2 | 10/1 | 火 | 17 | 甲午 | 8·2 | 11/1 | 金 | 18 | 乙丑 | 8·2 |
| 25 | 9/1 | 日 | 16 | 甲子 | 8·2 | 2 | 水 | 18 | 乙未 | 8·2 | 2 | 土 | 19 | 丙寅 | 8·2 |
| 26 | 2 | 月 | 17 | 乙丑 | 9·2 | 3 | 木 | 19 | 丙申 | 9·2 | 3 | 日 | 20 | 丁卯 | 9·1 |
| 27 | 3 | 火 | 18 | 丙寅 | 9·1 | 4 | 金 | 20 | 丁酉 | 9·1 | 4 | 月 | 21 | 戊辰 | 9·1 |
| 28 | 4 | 水 | 19 | 丁卯 | 9·1 | 5 | 土 | 21 | 戊戌 | 9·1 | 5 | 火 | 22 | 己巳 | 9·1 |
| 29 | 5 | 木 | 20 | 戊辰 | 10·1 | 6 | 日 | 22 | 己亥 | 10·1 | 6 | 水 | 23 | 庚午 | 10·1 |
| 30 | 6 | 金 | 21 | 己巳 | 10·1 | 7 | 月 | 23 | 庚子 | 10·1 | | | | | |
| 31 | | | | | | | | | | | | | | | |

| 절기후날수 | 입동절(乙亥月) 立冬 11월7일 5시6분 小雪 11월22일 2시42분 | | | | | 대설절(丙子月) 大雪 12월6일 22시21분 冬至 12월21일 16시21분 | | | | | 소한절(丁丑月) 小寒 1월5일 9시46분 大寒 1월20일 3시3분 | | | | |
|---|---|---|---|---|---|---|---|---|---|---|---|---|---|---|---|
| | 양력 | 요일 | 음력 | 일진 | 大運 남여 | 양력 | 요일 | 음력 | 일진 | 大運 남여 | 양력 | 요일 | 음력 | 일진 | 大運 남여 |
| 0 | 11/7 | 木 | 24 | 辛未 | 입동 | 12/6 | 金 | 23 | 庚子 | 대설 | 1/5 | 日 | 23 | 庚午 | 소한 |
| 1 | 8 | 金 | 25 | 壬申 | 1·9 | 7 | 土 | 24 | 辛丑 | 1·10 | 6 | 月 | 24 | 辛未 | 1·9 |
| 2 | 9 | 土 | 26 | 癸酉 | 1·9 | 8 | 日 | 25 | 壬寅 | 1·9 | 7 | 火 | 25 | 壬申 | 1·9 |
| 3 | 10 | 日 | 27 | 甲戌 | 1·9 | 9 | 月 | 26 | 癸卯 | 1·9 | 8 | 水 | 26 | 癸酉 | 1·9 |
| 4 | 11 | 月 | 28 | 乙亥 | 1·8 | 10 | 火 | 27 | 甲辰 | 1·9 | 9 | 木 | 27 | 甲戌 | 1·8 |
| 5 | 12 | 火 | 29 | 丙子 | 2·8 | 11 | 水 | 28 | 乙巳 | 2·8 | 10 | 金 | 28 | 乙亥 | 2·8 |
| 6 | 13 | 水 | 30 | 丁丑 | 2·8 | 12 | 木 | 29 | 丙午 | 2·8 | 11 | 土 | 29 | 丙子 | 2·8 |
| 7 | 14 | 木 | 10/1 | 戊寅 | 2·7 | 13 | 金 | 30 | 丁未 | 2·8 | 12 | 日 | 12/1 | 丁丑 | 2·7 |
| 8 | 15 | 金 | 2 | 己卯 | 3·7 | 14 | 土 | 11/1 | 戊申 | 3·7 | 13 | 月 | 2 | 戊寅 | 3·7 |
| 9 | 16 | 土 | 3 | 庚辰 | 3·7 | 15 | 日 | 2 | 己酉 | 3·7 | 14 | 火 | 3 | 己卯 | 3·7 |
| 10 | 17 | 日 | 4 | 辛巳 | 3·6 | 16 | 月 | 3 | 庚戌 | 3·7 | 15 | 水 | 4 | 庚辰 | 3·6 |
| 11 | 18 | 月 | 5 | 壬午 | 4·6 | 17 | 火 | 4 | 辛亥 | 4·6 | 16 | 木 | 5 | 辛巳 | 4·6 |
| 12 | 19 | 火 | 6 | 癸未 | 4·6 | 18 | 水 | 5 | 壬子 | 4·6 | 17 | 金 | 6 | 壬午 | 4·6 |
| 13 | 20 | 水 | 7 | 甲申 | 4·5 | 19 | 木 | 6 | 癸丑 | 4·6 | 18 | 土 | 7 | 癸未 | 4·5 |
| 14 | 21 | 木 | 8 | 乙酉 | 5·5 | 20 | 金 | 7 | 甲寅 | 5·5 | 19 | 日 | 8 | 甲申 | 5·5 |
| 15 | 22 | 金 | 9 | 丙戌 | 소설 | 21 | 土 | 8 | 乙卯 | 동지 | 20 | 月 | 9 | 乙酉 | 대한 |
| 16 | 23 | 土 | 10 | 丁亥 | 5·4 | 22 | 日 | 9 | 丙辰 | 5·5 | 21 | 火 | 10 | 丙戌 | 5·4 |
| 17 | 24 | 日 | 11 | 戊子 | 6·4 | 23 | 月 | 10 | 丁巳 | 6·4 | 22 | 水 | 11 | 丁亥 | 6·4 |
| 18 | 25 | 月 | 12 | 己丑 | 6·4 | 24 | 火 | 11 | 戊午 | 6·4 | 23 | 木 | 12 | 戊子 | 6·4 |
| 19 | 26 | 火 | 13 | 庚寅 | 6·3 | 25 | 水 | 12 | 己未 | 6·4 | 24 | 金 | 13 | 己丑 | 6·3 |
| 20 | 27 | 水 | 14 | 辛卯 | 7·3 | 26 | 木 | 13 | 庚申 | 7·3 | 25 | 土 | 14 | 庚寅 | 7·3 |
| 21 | 28 | 木 | 15 | 壬辰 | 7·3 | 27 | 金 | 14 | 辛酉 | 7·3 | 26 | 日 | 15 | 辛卯 | 7·3 |
| 22 | 29 | 金 | 16 | 癸巳 | 7·2 | 28 | 土 | 15 | 壬戌 | 7·3 | 27 | 月 | 16 | 壬辰 | 7·2 |
| 23 | 30 | 土 | 17 | 甲午 | 8·2 | 29 | 日 | 16 | 癸亥 | 8·2 | 28 | 火 | 17 | 癸巳 | 8·2 |
| 24 | 12/1 | 日 | 18 | 乙未 | 8·2 | 30 | 月 | 17 | 甲子 | 8·2 | 29 | 水 | 18 | 甲午 | 8·2 |
| 25 | 2 | 月 | 19 | 丙申 | 8·1 | 31 | 火 | 18 | 乙丑 | 8·2 | 30 | 木 | 19 | 乙未 | 8·1 |
| 26 | 3 | 火 | 20 | 丁酉 | 9·1 | 1/1 | 水 | 19 | 丙寅 | 9·1 | 31 | 金 | 20 | 丙申 | 9·1 |
| 27 | 4 | 水 | 21 | 戊戌 | 9·1 | 2 | 木 | 20 | 丁卯 | 9·1 | 2/1 | 土 | 21 | 丁酉 | 9·1 |
| 28 | 5 | 木 | 22 | 己亥 | 9·1 | 3 | 金 | 21 | 戊辰 | 9·1 | 2 | 日 | 22 | 戊戌 | 9·1 |
| 29 | | | | | | 4 | 土 | 22 | 己巳 | 10·1 | | | | | |
| 30 | | | | | | | | | | | | | | | |
| 31 | | | | | | | | | | | | | | | |

# 서기 2070년 [단기 4403년]

| 절기후날수 | 입춘절(戊寅月) 立春 2월3일 21시20분 雨水 2월18일 17시0분 | | | | |
|---|---|---|---|---|---|
| | 양력 | 요일 | 음력 | 일진 | 大運 남·여 |
| 0 | 2/3 | 月 | 23 | 己亥 | 입춘 |
| 1 | 4 | 火 | 24 | 庚子 | 10·1 |
| 2 | 5 | 水 | 25 | 辛丑 | 9·1 |
| 3 | 6 | 木 | 26 | 壬寅 | 9·1 |
| 4 | 7 | 金 | 27 | 癸卯 | 9·1 |
| 5 | 8 | 土 | 28 | 甲辰 | 8·2 |
| 6 | 9 | 日 | 29 | 乙巳 | 8·2 |
| 7 | 10 | 月 | 30 | 丙午 | 8·2 |
| 8 | 11 | 火 | 1/1 | 丁未 | 7·3 |
| 9 | 12 | 水 | 2 | 戊申 | 7·3 |
| 10 | 13 | 木 | 3 | 己酉 | 7·3 |
| 11 | 14 | 金 | 4 | 庚戌 | 6·4 |
| 12 | 15 | 土 | 5 | 辛亥 | 6·4 |
| 13 | 16 | 日 | 6 | 壬子 | 6·4 |
| 14 | 17 | 月 | 7 | 癸丑 | 5·5 |
| 15 | 18 | 火 | 8 | 甲寅 | 우수 |
| 16 | 19 | 水 | 9 | 乙卯 | 5·5 |
| 17 | 20 | 木 | 10 | 丙辰 | 4·6 |
| 18 | 21 | 金 | 11 | 丁巳 | 4·6 |
| 19 | 22 | 土 | 12 | 戊午 | 4·6 |
| 20 | 23 | 日 | 13 | 己未 | 3·7 |
| 21 | 24 | 月 | 14 | 庚申 | 3·7 |
| 22 | 25 | 火 | 15 | 辛酉 | 3·7 |
| 23 | 26 | 水 | 16 | 壬戌 | 2·8 |
| 24 | 27 | 木 | 17 | 癸亥 | 2·8 |
| 25 | 28 | 金 | 18 | 甲子 | 2·8 |
| 26 | 3/1 | 土 | 19 | 乙丑 | 1·9 |
| 27 | 2 | 日 | 20 | 丙寅 | 1·9 |
| 28 | 3 | 月 | 21 | 丁卯 | 1·9 |
| 29 | 4 | 火 | 22 | 戊辰 | 1·10 |
| 30 | | | | | |
| 31 | | | | | |

| 절기후날수 | 경칩절(己卯月) 驚蟄 3월5일 15시1분 春分 3월20일 15시33분 | | | | |
|---|---|---|---|---|---|
| | 양력 | 요일 | 음력 | 일진 | 大運 남·여 |
| 0 | 3/5 | 水 | 23 | 己巳 | 경칩 |
| 1 | 6 | 木 | 24 | 庚午 | 10·1 |
| 2 | 7 | 金 | 25 | 辛未 | 9·1 |
| 3 | 8 | 土 | 26 | 壬申 | 9·1 |
| 4 | 9 | 日 | 27 | 癸酉 | 9·1 |
| 5 | 10 | 月 | 28 | 甲戌 | 8·2 |
| 6 | 11 | 火 | 29 | 乙亥 | 8·2 |
| 7 | 12 | 水 | 30 | 丙子 | 8·2 |
| 8 | 13 | 木 | 2/1 | 丁丑 | 7·3 |
| 9 | 14 | 金 | 2 | 戊寅 | 7·3 |
| 10 | 15 | 土 | 3 | 己卯 | 7·3 |
| 11 | 16 | 日 | 4 | 庚辰 | 6·4 |
| 12 | 17 | 月 | 5 | 辛巳 | 6·4 |
| 13 | 18 | 火 | 6 | 壬午 | 6·4 |
| 14 | 19 | 水 | 7 | 癸未 | 5·5 |
| 15 | 20 | 木 | 8 | 甲申 | 춘분 |
| 16 | 21 | 金 | 9 | 乙酉 | 5·5 |
| 17 | 22 | 土 | 10 | 丙戌 | 4·6 |
| 18 | 23 | 日 | 11 | 丁亥 | 4·6 |
| 19 | 24 | 月 | 12 | 戊子 | 4·6 |
| 20 | 25 | 火 | 13 | 己丑 | 3·7 |
| 21 | 26 | 水 | 14 | 庚寅 | 3·7 |
| 22 | 27 | 木 | 15 | 辛卯 | 3·7 |
| 23 | 28 | 金 | 16 | 壬辰 | 2·8 |
| 24 | 29 | 土 | 17 | 癸巳 | 2·8 |
| 25 | 30 | 日 | 18 | 甲午 | 2·8 |
| 26 | 31 | 月 | 19 | 乙未 | 1·9 |
| 27 | 4/1 | 火 | 20 | 丙申 | 1·9 |
| 28 | 2 | 水 | 21 | 丁酉 | 1·9 |
| 29 | 3 | 木 | 22 | 戊戌 | 1·10 |
| 30 | | | | | |
| 31 | | | | | |

| 절기후날수 | 청명절(庚辰月) 清明 4월4일 19시18분 穀雨 4월20일 2시3분 | | | | |
|---|---|---|---|---|---|
| | 양력 | 요일 | 음력 | 일진 | 大運 남·여 |
| 0 | 4/4 | 金 | 23 | 己亥 | 청명 |
| 1 | 5 | 土 | 24 | 庚子 | 10·1 |
| 2 | 6 | 日 | 25 | 辛丑 | 10·1 |
| 3 | 7 | 月 | 26 | 壬寅 | 9·1 |
| 4 | 8 | 火 | 27 | 癸卯 | 9·1 |
| 5 | 9 | 水 | 28 | 甲辰 | 9·2 |
| 6 | 10 | 木 | 29 | 乙巳 | 8·2 |
| 7 | 11 | 金 | 3/1 | 丙午 | 8·2 |
| 8 | 12 | 土 | 2 | 丁未 | 8·3 |
| 9 | 13 | 日 | 3 | 戊申 | 7·3 |
| 10 | 14 | 月 | 4 | 己酉 | 7·3 |
| 11 | 15 | 火 | 5 | 庚戌 | 7·4 |
| 12 | 16 | 水 | 6 | 辛亥 | 6·4 |
| 13 | 17 | 木 | 7 | 壬子 | 6·4 |
| 14 | 18 | 金 | 8 | 癸丑 | 6·5 |
| 15 | 19 | 土 | 9 | 甲寅 | 5·5 |
| 16 | 20 | 日 | 10 | 乙卯 | 곡우 |
| 17 | 21 | 月 | 11 | 丙辰 | 5·6 |
| 18 | 22 | 火 | 12 | 丁巳 | 4·6 |
| 19 | 23 | 水 | 13 | 戊午 | 4·6 |
| 20 | 24 | 木 | 14 | 己未 | 4·7 |
| 21 | 25 | 金 | 15 | 庚申 | 3·7 |
| 22 | 26 | 土 | 16 | 辛酉 | 3·7 |
| 23 | 27 | 日 | 17 | 壬戌 | 3·8 |
| 24 | 28 | 月 | 18 | 癸亥 | 2·8 |
| 25 | 29 | 火 | 19 | 甲子 | 2·8 |
| 26 | 30 | 水 | 20 | 乙丑 | 2·9 |
| 27 | 5/1 | 木 | 21 | 丙寅 | 1·9 |
| 28 | 2 | 金 | 22 | 丁卯 | 1·9 |
| 29 | 3 | 土 | 23 | 戊辰 | 1·10 |
| 30 | 4 | 日 | 24 | 己巳 | 1·10 |
| 31 | | | | | |

| 절기후날수 | 입하절(辛巳月) 立夏 5월5일 12시3분 小滿 5월21일 0시42분 | | | | |
|---|---|---|---|---|---|
| | 양력 | 요일 | 음력 | 일진 | 大運 남·여 |
| 0 | 5/5 | 月 | 25 | 庚午 | 입하 |
| 1 | 6 | 火 | 26 | 辛未 | 10·1 |
| 2 | 7 | 水 | 27 | 壬申 | 10·1 |
| 3 | 8 | 木 | 28 | 癸酉 | 9·1 |
| 4 | 9 | 金 | 29 | 甲戌 | 9·1 |
| 5 | 10 | 土 | 4/1 | 乙亥 | 9·2 |
| 6 | 11 | 日 | 2 | 丙子 | 8·2 |
| 7 | 12 | 月 | 3 | 丁丑 | 8·2 |
| 8 | 13 | 火 | 4 | 戊寅 | 8·3 |
| 9 | 14 | 水 | 5 | 己卯 | 7·3 |
| 10 | 15 | 木 | 6 | 庚辰 | 7·3 |
| 11 | 16 | 金 | 7 | 辛巳 | 7·4 |
| 12 | 17 | 土 | 8 | 壬午 | 6·4 |
| 13 | 18 | 日 | 9 | 癸未 | 6·4 |
| 14 | 19 | 月 | 10 | 甲申 | 6·5 |
| 15 | 20 | 火 | 11 | 乙酉 | 5·5 |
| 16 | 21 | 水 | 12 | 丙戌 | 소만 |
| 17 | 22 | 木 | 13 | 丁亥 | 5·6 |
| 18 | 23 | 金 | 14 | 戊子 | 4·6 |
| 19 | 24 | 土 | 15 | 己丑 | 4·6 |
| 20 | 25 | 日 | 16 | 庚寅 | 4·7 |
| 21 | 26 | 月 | 17 | 辛卯 | 3·7 |
| 22 | 27 | 火 | 18 | 壬辰 | 3·7 |
| 23 | 28 | 水 | 19 | 癸巳 | 3·8 |
| 24 | 29 | 木 | 20 | 甲午 | 2·8 |
| 25 | 30 | 金 | 21 | 乙未 | 2·8 |
| 26 | 31 | 土 | 22 | 丙申 | 2·9 |
| 27 | 6/1 | 日 | 23 | 丁酉 | 1·9 |
| 28 | 2 | 月 | 24 | 戊戌 | 1·9 |
| 29 | 3 | 火 | 25 | 己亥 | 1·10 |
| 30 | 4 | 水 | 26 | 庚子 | 1·10 |
| 31 | | | | | |

| 절기후날수 | 망종절(壬午月) 芒種 6월5일 15시46분 夏至 6월21일 8시21분 | | | | |
|---|---|---|---|---|---|
| | 양력 | 요일 | 음력 | 일진 | 大運 남·여 |
| 0 | 6/5 | 木 | 27 | 辛丑 | 망종 |
| 1 | 6 | 金 | 28 | 壬寅 | 10·1 |
| 2 | 7 | 土 | 29 | 癸卯 | 10·1 |
| 3 | 8 | 日 | 30 | 甲辰 | 10·1 |
| 4 | 9 | 月 | 5/1 | 乙巳 | 9·1 |
| 5 | 10 | 火 | 2 | 丙午 | 9·2 |
| 6 | 11 | 水 | 3 | 丁未 | 9·2 |
| 7 | 12 | 木 | 4 | 戊申 | 8·2 |
| 8 | 13 | 金 | 5 | 己酉 | 8·3 |
| 9 | 14 | 土 | 6 | 庚戌 | 8·3 |
| 10 | 15 | 日 | 7 | 辛亥 | 7·3 |
| 11 | 16 | 月 | 8 | 壬子 | 7·4 |
| 12 | 17 | 火 | 9 | 癸丑 | 7·4 |
| 13 | 18 | 水 | 10 | 甲寅 | 6·4 |
| 14 | 19 | 木 | 11 | 乙卯 | 6·5 |
| 15 | 20 | 金 | 12 | 丙辰 | 6·5 |
| 16 | 21 | 土 | 13 | 丁巳 | 하지 |
| 17 | 22 | 日 | 14 | 戊午 | 5·6 |
| 18 | 23 | 月 | 15 | 己未 | 5·6 |
| 19 | 24 | 火 | 16 | 庚申 | 4·6 |
| 20 | 25 | 水 | 17 | 辛酉 | 4·7 |
| 21 | 26 | 木 | 18 | 壬戌 | 4·7 |
| 22 | 27 | 金 | 19 | 癸亥 | 3·7 |
| 23 | 28 | 土 | 20 | 甲子 | 3·8 |
| 24 | 29 | 日 | 21 | 乙丑 | 3·8 |
| 25 | 30 | 月 | 22 | 丙寅 | 2·8 |
| 26 | 7/1 | 火 | 23 | 丁卯 | 2·9 |
| 27 | 2 | 水 | 24 | 戊辰 | 2·9 |
| 28 | 3 | 木 | 25 | 己巳 | 1·9 |
| 29 | 4 | 金 | 26 | 庚午 | 1·10 |
| 30 | 5 | 土 | 27 | 辛未 | 1·10 |
| 31 | 6 | 日 | 28 | 壬申 | 1·10 |

| 절기후날수 | 소서절(癸未月) 小暑 7월7일 1시51분 大暑 7월22일 19시14분 | | | | |
|---|---|---|---|---|---|
| | 양력 | 요일 | 음력 | 일진 | 大運 남·여 |
| 0 | 7/7 | 月 | 29 | 癸酉 | 소서 |
| 1 | 8 | 火 | 6/1 | 甲戌 | 10·1 |
| 2 | 9 | 水 | 2 | 乙亥 | 10·1 |
| 3 | 10 | 木 | 3 | 丙子 | 9·1 |
| 4 | 11 | 金 | 4 | 丁丑 | 9·1 |
| 5 | 12 | 土 | 5 | 戊寅 | 9·2 |
| 6 | 13 | 日 | 6 | 己卯 | 8·2 |
| 7 | 14 | 月 | 7 | 庚辰 | 8·2 |
| 8 | 15 | 火 | 8 | 辛巳 | 8·3 |
| 9 | 16 | 水 | 9 | 壬午 | 7·3 |
| 10 | 17 | 木 | 10 | 癸未 | 7·3 |
| 11 | 18 | 金 | 11 | 甲申 | 7·4 |
| 12 | 19 | 土 | 12 | 乙酉 | 6·4 |
| 13 | 20 | 日 | 13 | 丙戌 | 6·4 |
| 14 | 21 | 月 | 14 | 丁亥 | 6·5 |
| 15 | 22 | 火 | 15 | 戊子 | 대서 |
| 16 | 23 | 水 | 16 | 己丑 | 5·5 |
| 17 | 24 | 木 | 17 | 庚寅 | 5·6 |
| 18 | 25 | 金 | 18 | 辛卯 | 4·6 |
| 19 | 26 | 土 | 19 | 壬辰 | 4·6 |
| 20 | 27 | 日 | 20 | 癸巳 | 4·7 |
| 21 | 28 | 月 | 21 | 甲午 | 3·7 |
| 22 | 29 | 火 | 22 | 乙未 | 3·7 |
| 23 | 30 | 水 | 23 | 丙申 | 3·8 |
| 24 | 31 | 木 | 24 | 丁酉 | 2·8 |
| 25 | 8/1 | 金 | 25 | 戊戌 | 2·8 |
| 26 | 2 | 土 | 26 | 己亥 | 2·9 |
| 27 | 3 | 日 | 27 | 庚子 | 1·9 |
| 28 | 4 | 月 | 28 | 辛丑 | 1·9 |
| 29 | 5 | 火 | 29 | 壬寅 | 1·10 |
| 30 | 6 | 水 | 7/1 | 癸卯 | 1·10 |
| 31 | | | | | |

# 庚寅年

| 절기후날수 | 입추절(甲申月) 立秋 8월7일 11시45분 處暑 8월23일 2시36분 | | | | |
|---|---|---|---|---|---|
| | 양력 | 요일 | 음력 | 일진 | 大運 남·여 |
| 0 | 8/7 | 木 | 2 | 甲辰 | 입추 |
| 1 | 8 | 金 | 3 | 乙巳 | 10·1 |
| 2 | 9 | 土 | 4 | 丙午 | 10·1 |
| 3 | 10 | 日 | 5 | 丁未 | 9·1 |
| 4 | 11 | 月 | 6 | 戊申 | 9·1 |
| 5 | 12 | 火 | 7 | 己酉 | 9·2 |
| 6 | 13 | 水 | 8 | 庚戌 | 8·2 |
| 7 | 14 | 木 | 9 | 辛亥 | 8·2 |
| 8 | 15 | 金 | 10 | 壬子 | 8·3 |
| 9 | 16 | 土 | 11 | 癸丑 | 7·3 |
| 10 | 17 | 日 | 12 | 甲寅 | 7·3 |
| 11 | 18 | 月 | 13 | 乙卯 | 7·4 |
| 12 | 19 | 火 | 14 | 丙辰 | 6·4 |
| 13 | 20 | 水 | 15 | 丁巳 | 6·4 |
| 14 | 21 | 木 | 16 | 戊午 | 6·5 |
| 15 | 22 | 金 | 17 | 己未 | 5·5 |
| 16 | 23 | 土 | 18 | 庚申 | 처서 |
| 17 | 24 | 日 | 19 | 辛酉 | 5·6 |
| 18 | 25 | 月 | 20 | 壬戌 | 4·6 |
| 19 | 26 | 火 | 21 | 癸亥 | 4·6 |
| 20 | 27 | 水 | 22 | 甲子 | 4·7 |
| 21 | 28 | 木 | 23 | 乙丑 | 3·7 |
| 22 | 29 | 金 | 24 | 丙寅 | 3·7 |
| 23 | 30 | 土 | 25 | 丁卯 | 3·8 |
| 24 | 31 | 日 | 26 | 戊辰 | 2·8 |
| 25 | 9/1 | 月 | 27 | 己巳 | 2·8 |
| 26 | 2 | 火 | 28 | 庚午 | 2·9 |
| 27 | 3 | 水 | 29 | 辛未 | 1·9 |
| 28 | 4 | 木 | 30 | 壬申 | 1·9 |
| 29 | 5 | 金 | 8/1 | 癸酉 | 1·10 |
| 30 | 6 | 土 | 2 | 甲戌 | 1·10 |
| 31 | | | | | |

| 절기후날수 | 백로절(乙酉月) 白露 9월7일 15시2분 秋分 9월23일 0시43분 | | | | |
|---|---|---|---|---|---|
| | 양력 | 요일 | 음력 | 일진 | 大運 남·여 |
| 0 | 9/7 | 日 | 3 | 乙亥 | 백로 |
| 1 | 8 | 月 | 4 | 丙子 | 10·1 |
| 2 | 9 | 火 | 5 | 丁丑 | 10·1 |
| 3 | 10 | 水 | 6 | 戊寅 | 9·1 |
| 4 | 11 | 木 | 7 | 己卯 | 9·1 |
| 5 | 12 | 金 | 8 | 庚辰 | 9·2 |
| 6 | 13 | 土 | 9 | 辛巳 | 8·2 |
| 7 | 14 | 日 | 10 | 壬午 | 8·2 |
| 8 | 15 | 月 | 11 | 癸未 | 8·3 |
| 9 | 16 | 火 | 12 | 甲申 | 7·3 |
| 10 | 17 | 水 | 13 | 乙酉 | 7·3 |
| 11 | 18 | 木 | 14 | 丙戌 | 7·4 |
| 12 | 19 | 金 | 15 | 丁亥 | 6·4 |
| 13 | 20 | 土 | 16 | 戊子 | 6·4 |
| 14 | 21 | 日 | 17 | 己丑 | 6·5 |
| 15 | 22 | 月 | 18 | 庚寅 | 5·5 |
| 16 | 23 | 火 | 19 | 辛卯 | 추분 |
| 17 | 24 | 水 | 20 | 壬辰 | 5·6 |
| 18 | 25 | 木 | 21 | 癸巳 | 4·6 |
| 19 | 26 | 金 | 22 | 甲午 | 4·6 |
| 20 | 27 | 土 | 23 | 乙未 | 4·7 |
| 21 | 28 | 日 | 24 | 丙申 | 3·7 |
| 22 | 29 | 月 | 25 | 丁酉 | 3·7 |
| 23 | 30 | 火 | 26 | 戊戌 | 3·8 |
| 24 | 10/1 | 水 | 27 | 己亥 | 2·8 |
| 25 | 2 | 木 | 28 | 庚子 | 2·8 |
| 26 | 3 | 金 | 29 | 辛丑 | 2·9 |
| 27 | 4 | 土 | 9/1 | 壬寅 | 1·9 |
| 28 | 5 | 日 | 2 | 癸卯 | 1·9 |
| 29 | 6 | 月 | 3 | 甲辰 | 1·10 |
| 30 | 7 | 火 | 4 | 乙巳 | 1·10 |
| 31 | | | | | |

| 절기후날수 | 한로절(丙戌月) 寒露 10월8일 7시12분 霜降 10월23일 10시37분 | | | | |
|---|---|---|---|---|---|
| | 양력 | 요일 | 음력 | 일진 | 大運 남·여 |
| 0 | 10/8 | 水 | 5 | 丙午 | 한로 |
| 1 | 9 | 木 | 6 | 丁未 | 10·1 |
| 2 | 10 | 金 | 7 | 戊申 | 9·1 |
| 3 | 11 | 土 | 8 | 己酉 | 9·1 |
| 4 | 12 | 日 | 9 | 庚戌 | 9·1 |
| 5 | 13 | 月 | 10 | 辛亥 | 8·2 |
| 6 | 14 | 火 | 11 | 壬子 | 8·2 |
| 7 | 15 | 水 | 12 | 癸丑 | 8·2 |
| 8 | 16 | 木 | 13 | 甲寅 | 7·3 |
| 9 | 17 | 金 | 14 | 乙卯 | 7·3 |
| 10 | 18 | 土 | 15 | 丙辰 | 7·3 |
| 11 | 19 | 日 | 16 | 丁巳 | 6·4 |
| 12 | 20 | 月 | 17 | 戊午 | 6·4 |
| 13 | 21 | 火 | 18 | 己未 | 6·4 |
| 14 | 22 | 水 | 19 | 庚申 | 5·5 |
| 15 | 23 | 木 | 20 | 辛酉 | 상강 |
| 16 | 24 | 金 | 21 | 壬戌 | 5·5 |
| 17 | 25 | 土 | 22 | 癸亥 | 4·6 |
| 18 | 26 | 日 | 23 | 甲子 | 4·6 |
| 19 | 27 | 月 | 24 | 乙丑 | 4·6 |
| 20 | 28 | 火 | 25 | 丙寅 | 3·7 |
| 21 | 29 | 水 | 26 | 丁卯 | 3·7 |
| 22 | 30 | 木 | 27 | 戊辰 | 3·7 |
| 23 | 31 | 金 | 28 | 己巳 | 2·8 |
| 24 | 11/1 | 土 | 29 | 庚午 | 2·8 |
| 25 | 2 | 日 | 30 | 辛未 | 2·8 |
| 26 | 3 | 月 | 10/1 | 壬申 | 1·9 |
| 27 | 4 | 火 | 2 | 癸酉 | 1·9 |
| 28 | 5 | 水 | 3 | 甲戌 | 1·9 |
| 29 | 6 | 木 | 4 | 乙亥 | 1·10 |
| 30 | | | | | |
| 31 | | | | | |

| 절기후날수 | 입동절(丁亥月) 立冬 11월7일 10시54분 小雪 11월22일 8시39분 | | | | |
|---|---|---|---|---|---|
| | 양력 | 요일 | 음력 | 일진 | 大運 남·여 |
| 0 | 11/7 | 金 | 5 | 丙子 | 입동 |
| 1 | 8 | 土 | 6 | 丁丑 | 10·1 |
| 2 | 9 | 日 | 7 | 戊寅 | 9·1 |
| 3 | 10 | 月 | 8 | 己卯 | 9·1 |
| 4 | 11 | 火 | 9 | 庚辰 | 9·1 |
| 5 | 12 | 水 | 10 | 辛巳 | 8·2 |
| 6 | 13 | 木 | 11 | 壬午 | 8·2 |
| 7 | 14 | 金 | 12 | 癸未 | 8·2 |
| 8 | 15 | 土 | 13 | 甲申 | 7·3 |
| 9 | 16 | 日 | 14 | 乙酉 | 7·3 |
| 10 | 17 | 月 | 15 | 丙戌 | 7·3 |
| 11 | 18 | 火 | 16 | 丁亥 | 6·4 |
| 12 | 19 | 水 | 17 | 戊子 | 6·4 |
| 13 | 20 | 木 | 18 | 己丑 | 6·4 |
| 14 | 21 | 金 | 19 | 庚寅 | 5·5 |
| 15 | 22 | 土 | 20 | 辛卯 | 소설 |
| 16 | 23 | 日 | 21 | 壬辰 | 5·5 |
| 17 | 24 | 月 | 22 | 癸巳 | 4·6 |
| 18 | 25 | 火 | 23 | 甲午 | 4·6 |
| 19 | 26 | 水 | 24 | 乙未 | 4·6 |
| 20 | 27 | 木 | 25 | 丙申 | 3·7 |
| 21 | 28 | 金 | 26 | 丁酉 | 3·7 |
| 22 | 29 | 土 | 27 | 戊戌 | 3·7 |
| 23 | 30 | 日 | 28 | 己亥 | 2·8 |
| 24 | 12/1 | 月 | 29 | 庚子 | 2·8 |
| 25 | 2 | 火 | 30 | 辛丑 | 2·8 |
| 26 | 3 | 水 | 11/1 | 壬寅 | 1·9 |
| 27 | 4 | 木 | 2 | 癸卯 | 1·9 |
| 28 | 5 | 金 | 3 | 甲辰 | 1·9 |
| 29 | 6 | 土 | 4 | 乙巳 | 1·10 |
| 30 | | | | | |
| 31 | | | | | |

| 절기후날수 | 대설절(戊子月) 大雪 12월7일 4시9분 冬至 12월21일 22시18분 | | | | |
|---|---|---|---|---|---|
| | 양력 | 요일 | 음력 | 일진 | 大運 남·여 |
| 0 | 12/7 | 日 | 5 | 丙午 | 대설 |
| 1 | 8 | 月 | 6 | 丁未 | 9·1 |
| 2 | 9 | 火 | 7 | 戊申 | 9·1 |
| 3 | 10 | 水 | 8 | 己酉 | 9·1 |
| 4 | 11 | 木 | 9 | 庚戌 | 8·1 |
| 5 | 12 | 金 | 10 | 辛亥 | 8·2 |
| 6 | 13 | 土 | 11 | 壬子 | 8·2 |
| 7 | 14 | 日 | 12 | 癸丑 | 7·2 |
| 8 | 15 | 月 | 13 | 甲寅 | 7·3 |
| 9 | 16 | 火 | 14 | 乙卯 | 7·3 |
| 10 | 17 | 水 | 15 | 丙辰 | 6·3 |
| 11 | 18 | 木 | 16 | 丁巳 | 6·4 |
| 12 | 19 | 金 | 17 | 戊午 | 6·4 |
| 13 | 20 | 土 | 18 | 己未 | 5·4 |
| 14 | 21 | 日 | 19 | 庚申 | 동지 |
| 15 | 22 | 月 | 20 | 辛酉 | 5·5 |
| 16 | 23 | 火 | 21 | 壬戌 | 4·5 |
| 17 | 24 | 水 | 22 | 癸亥 | 4·6 |
| 18 | 25 | 木 | 23 | 甲子 | 4·6 |
| 19 | 26 | 金 | 24 | 乙丑 | 3·6 |
| 20 | 27 | 土 | 25 | 丙寅 | 3·7 |
| 21 | 28 | 日 | 26 | 丁卯 | 3·7 |
| 22 | 29 | 月 | 27 | 戊辰 | 2·7 |
| 23 | 30 | 火 | 28 | 己巳 | 2·8 |
| 24 | 31 | 水 | 29 | 庚午 | 2·8 |
| 25 | 1/1 | 木 | 12/1 | 辛未 | 1·8 |
| 26 | 2 | 金 | 2 | 壬申 | 1·9 |
| 27 | 3 | 土 | 3 | 癸酉 | 1·9 |
| 28 | 4 | 日 | 4 | 甲戌 | 1·9 |
| 29 | | | | | |
| 30 | | | | | |
| 31 | | | | | |

| 절기후날수 | 소한절(己丑月) 小寒 1월5일 15시34분 大寒 1월20일 9시1분 | | | | |
|---|---|---|---|---|---|
| | 양력 | 요일 | 음력 | 일진 | 大運 남·여 |
| 0 | 1/5 | 月 | 5 | 乙亥 | 소한 |
| 1 | 6 | 火 | 6 | 丙子 | 10·1 |
| 2 | 7 | 水 | 7 | 丁丑 | 9·1 |
| 3 | 8 | 木 | 8 | 戊寅 | 9·1 |
| 4 | 9 | 金 | 9 | 己卯 | 9·1 |
| 5 | 10 | 土 | 10 | 庚辰 | 8·2 |
| 6 | 11 | 日 | 11 | 辛巳 | 8·2 |
| 7 | 12 | 月 | 12 | 壬午 | 8·2 |
| 8 | 13 | 火 | 13 | 癸未 | 7·3 |
| 9 | 14 | 水 | 14 | 甲申 | 7·3 |
| 10 | 15 | 木 | 15 | 乙酉 | 7·3 |
| 11 | 16 | 金 | 16 | 丙戌 | 6·4 |
| 12 | 17 | 土 | 17 | 丁亥 | 6·4 |
| 13 | 18 | 日 | 18 | 戊子 | 6·4 |
| 14 | 19 | 月 | 19 | 己丑 | 5·5 |
| 15 | 20 | 火 | 20 | 庚寅 | 대한 |
| 16 | 21 | 水 | 21 | 辛卯 | 5·5 |
| 17 | 22 | 木 | 22 | 壬辰 | 4·6 |
| 18 | 23 | 金 | 23 | 癸巳 | 4·6 |
| 19 | 24 | 土 | 24 | 甲午 | 4·6 |
| 20 | 25 | 日 | 25 | 乙未 | 3·7 |
| 21 | 26 | 月 | 26 | 丙申 | 3·7 |
| 22 | 27 | 火 | 27 | 丁酉 | 3·7 |
| 23 | 28 | 水 | 28 | 戊戌 | 2·8 |
| 24 | 29 | 木 | 29 | 己亥 | 2·8 |
| 25 | 30 | 金 | 30 | 庚子 | 2·8 |
| 26 | 31 | 土 | 1/1 | 辛丑 | 1·9 |
| 27 | 2/1 | 日 | 2 | 壬寅 | 1·9 |
| 28 | 2 | 月 | 3 | 癸卯 | 1·9 |
| 29 | 3 | 火 | 4 | 甲辰 | 1·10 |
| 30 | | | | | |
| 31 | | | | | |

# 서기 2071년 [단기 4404년]

| 절기후날수 | 입춘절(庚寅月) 立春 2월4일 3시9분 雨水 2월18일 22시58분 | | | | | 경칩절(辛卯月) 驚蟄 3월5일 20시51분 春分 3월20일 21시33분 | | | | | 청명절(壬辰月) 淸明 4월5일 1시9분 穀雨 4월20일 8시3분 | | | | | 입하절(癸巳月) 立夏 5월5일 17시54분 小滿 5월21일 6시41분 | | | | | 망종절(甲午月) 芒種 6월5일 21시36분 夏至 6월21일 14시19분 | | | | | 소서절(乙未月) 小暑 7월7일 7시41분 大暑 7월23일 1시11분 | | | | |
|---|---|---|---|---|---|---|---|---|---|---|---|---|---|---|---|---|---|---|---|---|---|---|---|---|---|---|---|---|---|---|
| | 양력 | 요일 | 음력 | 일진 | 大運 남·여 | 양력 | 요일 | 음력 | 일진 | 大運 남·여 | 양력 | 요일 | 음력 | 일진 | 大運 남·여 | 양력 | 요일 | 음력 | 일진 | 大運 남·여 | 양력 | 요일 | 음력 | 일진 | 大運 남·여 | 양력 | 요일 | 음력 | 일진 | 大運 남·여 |
| 0 | 2/4 | 水 | 5 | 乙巳 | 입춘 | 3/5 | 木 | 4 | 甲戌 | 경칩 | 4/5 | 日 | 5 | 乙巳 | 청명 | 5/5 | 火 | 6 | 乙亥 | 입하 | 6/5 | 金 | 8 | 丙午 | 망종 | 7/7 | 火 | 10 | 戊寅 | 소서 |
| 1 | 5 | 木 | 6 | 丙午 | 1·9 | 6 | 金 | 5 | 乙亥 | 1·10 | 6 | 月 | 6 | 丙午 | 1·10 | 6 | 水 | 7 | 丙子 | 1·10 | 6 | 土 | 9 | 丁未 | 1·10 | 8 | 水 | 11 | 己卯 | 1·10 |
| 2 | 6 | 金 | 7 | 丁未 | 1·9 | 7 | 土 | 6 | 丙子 | 1·10 | 7 | 火 | 7 | 丁未 | 1·9 | 7 | 木 | 8 | 丁丑 | 1·10 | 7 | 日 | 10 | 戊申 | 1·10 | 9 | 木 | 12 | 庚辰 | 1·10 |
| 3 | 7 | 土 | 8 | 戊申 | 1·9 | 8 | 日 | 7 | 丁丑 | 1·9 | 8 | 水 | 8 | 戊申 | 1·9 | 8 | 金 | 9 | 戊寅 | 1·9 | 8 | 月 | 11 | 己酉 | 1·10 | 10 | 金 | 13 | 辛巳 | 1·9 |
| 4 | 8 | 日 | 9 | 己酉 | 1·8 | 9 | 月 | 8 | 戊寅 | 1·9 | 9 | 木 | 9 | 己酉 | 1·9 | 9 | 土 | 10 | 己卯 | 1·9 | 9 | 火 | 12 | 庚戌 | 1·9 | 11 | 土 | 14 | 壬午 | 1·9 |
| 5 | 9 | 月 | 10 | 庚戌 | 2·8 | 10 | 火 | 9 | 己卯 | 2·9 | 10 | 金 | 10 | 庚戌 | 2·8 | 10 | 日 | 11 | 庚辰 | 2·9 | 10 | 水 | 13 | 辛亥 | 2·9 | 12 | 日 | 15 | 癸未 | 2·9 |
| 6 | 10 | 火 | 11 | 辛亥 | 2·8 | 11 | 水 | 10 | 庚辰 | 2·8 | 11 | 土 | 11 | 辛亥 | 2·8 | 11 | 月 | 12 | 辛巳 | 2·8 | 11 | 木 | 14 | 壬子 | 2·9 | 13 | 月 | 16 | 甲申 | 2·8 |
| 7 | 11 | 水 | 12 | 壬子 | 2·7 | 12 | 木 | 11 | 辛巳 | 2·8 | 12 | 日 | 12 | 壬子 | 2·8 | 12 | 火 | 13 | 壬午 | 2·8 | 12 | 金 | 15 | 癸丑 | 2·8 | 14 | 火 | 17 | 乙酉 | 2·8 |
| 8 | 12 | 木 | 13 | 癸丑 | 3·7 | 13 | 金 | 12 | 壬午 | 3·8 | 13 | 月 | 13 | 癸丑 | 3·7 | 13 | 水 | 14 | 癸未 | 3·8 | 13 | 土 | 16 | 甲寅 | 3·8 | 15 | 水 | 18 | 丙戌 | 3·8 |
| 9 | 13 | 金 | 14 | 甲寅 | 3·7 | 14 | 土 | 13 | 癸未 | 3·7 | 14 | 火 | 14 | 甲寅 | 3·7 | 14 | 木 | 15 | 甲申 | 3·7 | 14 | 日 | 17 | 乙卯 | 3·8 | 16 | 木 | 19 | 丁亥 | 3·7 |
| 10 | 14 | 土 | 15 | 乙卯 | 3·6 | 15 | 日 | 14 | 甲申 | 3·7 | 15 | 水 | 15 | 乙卯 | 3·7 | 15 | 金 | 16 | 乙酉 | 3·7 | 15 | 月 | 18 | 丙辰 | 3·7 | 17 | 金 | 20 | 戊子 | 3·7 |
| 11 | 15 | 日 | 16 | 丙辰 | 4·6 | 16 | 月 | 15 | 乙酉 | 4·7 | 16 | 木 | 16 | 丙辰 | 4·6 | 16 | 土 | 17 | 丙戌 | 4·7 | 16 | 火 | 19 | 丁巳 | 4·7 | 18 | 土 | 21 | 己丑 | 4·7 |
| 12 | 16 | 月 | 17 | 丁巳 | 4·6 | 17 | 火 | 16 | 丙戌 | 4·6 | 17 | 金 | 17 | 丁巳 | 4·6 | 17 | 日 | 18 | 丁亥 | 4·6 | 17 | 水 | 20 | 戊午 | 4·7 | 19 | 日 | 22 | 庚寅 | 4·6 |
| 13 | 17 | 火 | 18 | 戊午 | 4·5 | 18 | 水 | 17 | 丁亥 | 4·6 | 18 | 土 | 18 | 戊午 | 4·6 | 18 | 月 | 19 | 戊子 | 4·6 | 18 | 木 | 21 | 己未 | 4·6 | 20 | 月 | 23 | 辛卯 | 4·6 |
| 14 | 18 | 水 | 19 | 己未 | 우수 | 19 | 木 | 18 | 戊子 | 5·6 | 19 | 日 | 19 | 己未 | 5·5 | 19 | 火 | 20 | 己丑 | 5·6 | 19 | 金 | 22 | 庚申 | 5·6 | 21 | 火 | 24 | 壬辰 | 5·6 |
| 15 | 19 | 木 | 20 | 庚申 | 5·5 | 20 | 金 | 19 | 己丑 | 춘분 | 20 | 月 | 20 | 庚申 | 곡우 | 20 | 水 | 21 | 庚寅 | 5·5 | 20 | 土 | 23 | 辛酉 | 5·6 | 22 | 水 | 25 | 癸巳 | 5·5 |
| 16 | 20 | 金 | 21 | 辛酉 | 5·4 | 21 | 土 | 20 | 庚寅 | 5·5 | 21 | 火 | 21 | 辛酉 | 5·5 | 21 | 木 | 22 | 辛卯 | 소만 | 21 | 日 | 24 | 壬戌 | 하지 | 23 | 木 | 26 | 甲午 | 대서 |
| 17 | 21 | 土 | 22 | 壬戌 | 6·4 | 22 | 日 | 21 | 辛卯 | 6·5 | 22 | 水 | 22 | 壬戌 | 6·4 | 22 | 金 | 23 | 壬辰 | 6·5 | 22 | 月 | 25 | 癸亥 | 6·5 | 24 | 金 | 27 | 乙未 | 6·5 |
| 18 | 22 | 日 | 23 | 癸亥 | 6·4 | 23 | 月 | 22 | 壬辰 | 6·4 | 23 | 木 | 23 | 癸亥 | 6·4 | 23 | 土 | 24 | 癸巳 | 6·4 | 23 | 火 | 26 | 甲子 | 6·5 | 25 | 土 | 28 | 丙申 | 6·4 |
| 19 | 23 | 月 | 24 | 甲子 | 6·3 | 24 | 火 | 23 | 癸巳 | 6·4 | 24 | 金 | 24 | 甲子 | 6·4 | 24 | 日 | 25 | 甲午 | 6·4 | 24 | 水 | 27 | 乙丑 | 6·4 | 26 | 日 | 29 | 丁酉 | 6·4 |
| 20 | 24 | 火 | 25 | 乙丑 | 7·3 | 25 | 水 | 24 | 甲午 | 7·4 | 25 | 土 | 25 | 乙丑 | 7·3 | 25 | 月 | 26 | 乙未 | 7·4 | 25 | 木 | 28 | 丙寅 | 7·4 | 27 | 月 | 7/1 | 戊戌 | 7·4 |
| 21 | 25 | 水 | 26 | 丙寅 | 7·3 | 26 | 木 | 25 | 乙未 | 7·3 | 26 | 日 | 26 | 丙寅 | 7·3 | 26 | 火 | 27 | 丙申 | 7·3 | 26 | 金 | 29 | 丁卯 | 7·4 | 28 | 火 | 2 | 己亥 | 7·3 |
| 22 | 26 | 木 | 27 | 丁卯 | 7·2 | 27 | 金 | 26 | 丙申 | 7·3 | 27 | 月 | 27 | 丁卯 | 7·3 | 27 | 水 | 28 | 丁酉 | 7·3 | 27 | 土 | 30 | 戊辰 | 7·3 | 29 | 水 | 3 | 庚子 | 7·3 |
| 23 | 27 | 金 | 28 | 戊辰 | 8·2 | 28 | 土 | 27 | 丁酉 | 8·3 | 28 | 火 | 28 | 戊辰 | 8·2 | 28 | 木 | 29 | 戊戌 | 8·3 | 28 | 日 | 6/1 | 己巳 | 8·3 | 30 | 木 | 4 | 辛丑 | 8·3 |
| 24 | 28 | 土 | 29 | 己巳 | 8·2 | 29 | 日 | 28 | 戊戌 | 8·2 | 29 | 水 | 29 | 己巳 | 8·2 | 29 | 金 | 5/1 | 己亥 | 8·2 | 29 | 月 | 2 | 庚午 | 8·3 | 31 | 金 | 5 | 壬寅 | 8·2 |
| 25 | 3/1 | 日 | 30 | 庚午 | 8·1 | 30 | 月 | 29 | 己亥 | 8·2 | 30 | 木 | 4/1 | 庚午 | 8·2 | 30 | 土 | 2 | 庚子 | 8·2 | 30 | 火 | 3 | 辛未 | 8·2 | 8/1 | 土 | 6 | 癸卯 | 8·2 |
| 26 | 2 | 月 | 2/1 | 辛未 | 9·1 | 31 | 火 | 30 | 庚子 | 9·2 | 5/1 | 金 | 2 | 辛未 | 9·1 | 31 | 日 | 3 | 辛丑 | 9·2 | 7/1 | 水 | 4 | 壬申 | 9·2 | 2 | 日 | 7 | 甲辰 | 9·2 |
| 27 | 3 | 火 | 2 | 壬申 | 9·1 | 4/1 | 水 | 3/1 | 辛丑 | 9·1 | 2 | 土 | 3 | 壬申 | 9·1 | 6/1 | 月 | 4 | 壬寅 | 9·1 | 2 | 木 | 5 | 癸酉 | 9·2 | 3 | 月 | 8 | 乙巳 | 9·1 |
| 28 | 4 | 水 | 3 | 癸酉 | 9·1 | 2 | 木 | 2 | 壬寅 | 9·1 | 3 | 日 | 4 | 癸酉 | 9·1 | 2 | 火 | 5 | 癸卯 | 9·1 | 3 | 金 | 6 | 甲戌 | 9·1 | 4 | 火 | 9 | 丙午 | 9·1 |
| 29 | | | | | | 3 | 金 | 3 | 癸卯 | 10·1 | 4 | 月 | 5 | 甲戌 | 10·1 | 3 | 水 | 6 | 甲辰 | 10·1 | 4 | 土 | 7 | 乙亥 | 10·1 | 5 | 水 | 10 | 丁未 | 10·1 |
| 30 | | | | | | 4 | 土 | 4 | 甲辰 | 10·1 | | | | | | 4 | 木 | 7 | 乙巳 | 10·1 | 5 | 日 | 8 | 丙子 | 10·1 | 6 | 木 | 11 | 戊申 | 10·1 |
| 31 | | | | | | | | | | | | | | | | | | | | | 6 | 月 | 9 | 丁丑 | 10·1 | | | | | |

# 辛卯年

| 절기후날수 | 입추절(丙申月) 立秋 8월7일 17시38분 處暑 8월23일 8시30분 | | | | | 백로절(丁酉月) 白露 9월7일 20시56분 秋分 9월23일 6시36분 | | | | |
|---|---|---|---|---|---|---|---|---|---|---|
| | 양력 | 요일 | 음력 | 일진 | 大運 남·여 | 양력 | 요일 | 음력 | 일진 | 大運 남·여 |
| 0 | 8/7 | 金 | 12 | 己酉 | 입추 | 9/7 | 月 | 14 | 庚辰 | 백로 |
| 1 | 8 | 土 | 13 | 庚戌 | 1·10 | 8 | 火 | 15 | 辛巳 | 1·10 |
| 2 | 9 | 日 | 14 | 辛亥 | 1·10 | 9 | 水 | 16 | 壬午 | 1·10 |
| 3 | 10 | 月 | 15 | 壬子 | 1·9 | 10 | 木 | 17 | 癸未 | 1·9 |
| 4 | 11 | 火 | 16 | 癸丑 | 1·9 | 11 | 金 | 18 | 甲申 | 1·9 |
| 5 | 12 | 水 | 17 | 甲寅 | 2·9 | 12 | 土 | 19 | 乙酉 | 2·9 |
| 6 | 13 | 木 | 18 | 乙卯 | 2·8 | 13 | 日 | 20 | 丙戌 | 2·8 |
| 7 | 14 | 金 | 19 | 丙辰 | 2·8 | 14 | 月 | 21 | 丁亥 | 2·8 |
| 8 | 15 | 土 | 20 | 丁巳 | 3·8 | 15 | 火 | 22 | 戊子 | 3·8 |
| 9 | 16 | 日 | 21 | 戊午 | 3·7 | 16 | 水 | 23 | 己丑 | 3·7 |
| 10 | 17 | 月 | 22 | 己未 | 3·7 | 17 | 木 | 24 | 庚寅 | 3·7 |
| 11 | 18 | 火 | 23 | 庚申 | 4·7 | 18 | 金 | 25 | 辛卯 | 4·7 |
| 12 | 19 | 水 | 24 | 辛酉 | 4·6 | 19 | 土 | 26 | 壬辰 | 4·6 |
| 13 | 20 | 木 | 25 | 壬戌 | 4·6 | 20 | 日 | 27 | 癸巳 | 4·6 |
| 14 | 21 | 金 | 26 | 癸亥 | 5·6 | 21 | 月 | 28 | 甲午 | 5·6 |
| 15 | 22 | 土 | 27 | 甲子 | 5·5 | 22 | 火 | 29 | 乙未 | 5·5 |
| 16 | 23 | 日 | 28 | 乙丑 | 처서 | 23 | 水 | 30 | 丙申 | 추분 |
| 17 | 24 | 月 | 29 | 丙寅 | 6·5 | 24 | 木 | 윤1 | 丁酉 | 6·5 |
| 18 | 25 | 火 | 8/1 | 丁卯 | 6·4 | 25 | 金 | 윤2 | 戊戌 | 6·4 |
| 19 | 26 | 水 | 2 | 戊辰 | 6·4 | 26 | 土 | 윤3 | 己亥 | 6·4 |
| 20 | 27 | 木 | 3 | 己巳 | 7·4 | 27 | 日 | 윤4 | 庚子 | 7·4 |
| 21 | 28 | 金 | 4 | 庚午 | 7·3 | 28 | 月 | 윤5 | 辛丑 | 7·3 |
| 22 | 29 | 土 | 5 | 辛未 | 7·3 | 29 | 火 | 윤6 | 壬寅 | 7·3 |
| 23 | 30 | 日 | 6 | 壬申 | 8·3 | 30 | 水 | 윤7 | 癸卯 | 8·3 |
| 24 | 31 | 月 | 7 | 癸酉 | 8·2 | 10/1 | 木 | 윤8 | 甲辰 | 8·2 |
| 25 | 9/1 | 火 | 8 | 甲戌 | 8·2 | 2 | 金 | 윤9 | 乙巳 | 8·2 |
| 26 | 2 | 水 | 9 | 乙亥 | 9·2 | 3 | 土 | 윤10 | 丙午 | 9·2 |
| 27 | 3 | 木 | 10 | 丙子 | 9·1 | 4 | 日 | 윤11 | 丁未 | 9·1 |
| 28 | 4 | 金 | 11 | 丁丑 | 9·1 | 5 | 月 | 윤12 | 戊申 | 9·1 |
| 29 | 5 | 土 | 12 | 戊寅 | 10·1 | 6 | 火 | 윤13 | 己酉 | 10·1 |
| 30 | 6 | 日 | 13 | 己卯 | 10·1 | 7 | 水 | 윤14 | 庚戌 | 10·1 |
| 31 | | | | | | | | | | |

| 절기후날수 | 한로절(戊戌月) 寒露 10월8일 13시6분 霜降 10월23일 16시28분 | | | | | 입동절(己亥月) 立冬 11월7일 16시47분 小雪 11월22일 14시27분 | | | | |
|---|---|---|---|---|---|---|---|---|---|---|
| | 양력 | 요일 | 음력 | 일진 | 大運 남·여 | 양력 | 요일 | 음력 | 일진 | 大運 남·여 |
| 0 | 10/8 | 木 | 윤15 | 辛亥 | 한로 | 11/7 | 土 | 16 | 辛巳 | 입동 |
| 1 | 9 | 金 | 윤16 | 壬子 | 1·10 | 8 | 日 | 17 | 壬午 | 1·10 |
| 2 | 10 | 土 | 윤17 | 癸丑 | 1·9 | 9 | 月 | 18 | 癸未 | 1·9 |
| 3 | 11 | 日 | 윤18 | 甲寅 | 1·9 | 10 | 火 | 19 | 甲申 | 1·9 |
| 4 | 12 | 月 | 윤19 | 乙卯 | 1·9 | 11 | 水 | 20 | 乙酉 | 1·9 |
| 5 | 13 | 火 | 윤20 | 丙辰 | 2·8 | 12 | 木 | 21 | 丙戌 | 2·8 |
| 6 | 14 | 水 | 윤21 | 丁巳 | 2·8 | 13 | 金 | 22 | 丁亥 | 2·8 |
| 7 | 15 | 木 | 윤22 | 戊午 | 2·8 | 14 | 土 | 23 | 戊子 | 2·8 |
| 8 | 16 | 金 | 윤23 | 己未 | 3·7 | 15 | 日 | 24 | 己丑 | 3·7 |
| 9 | 17 | 土 | 윤24 | 庚申 | 3·7 | 16 | 月 | 25 | 庚寅 | 3·7 |
| 10 | 18 | 日 | 윤25 | 辛酉 | 3·7 | 17 | 火 | 26 | 辛卯 | 3·7 |
| 11 | 19 | 月 | 윤26 | 壬戌 | 4·6 | 18 | 水 | 27 | 壬辰 | 4·6 |
| 12 | 20 | 火 | 윤27 | 癸亥 | 4·6 | 19 | 木 | 28 | 癸巳 | 4·6 |
| 13 | 21 | 水 | 윤28 | 甲子 | 4·6 | 20 | 金 | 29 | 甲午 | 4·6 |
| 14 | 22 | 木 | 윤29 | 乙丑 | 5·5 | 21 | 土 | 30 | 乙未 | 5·5 |
| 15 | 23 | 金 | 9/1 | 丙寅 | 상강 | 22 | 日 | 10/1 | 丙申 | 소설 |
| 16 | 24 | 土 | 2 | 丁卯 | 5·5 | 23 | 月 | 2 | 丁酉 | 5·5 |
| 17 | 25 | 日 | 3 | 戊辰 | 6·4 | 24 | 火 | 3 | 戊戌 | 6·4 |
| 18 | 26 | 月 | 4 | 己巳 | 6·4 | 25 | 水 | 4 | 己亥 | 6·4 |
| 19 | 27 | 火 | 5 | 庚午 | 6·4 | 26 | 木 | 5 | 庚子 | 6·4 |
| 20 | 28 | 水 | 6 | 辛未 | 7·3 | 27 | 金 | 6 | 辛丑 | 7·3 |
| 21 | 29 | 木 | 7 | 壬申 | 7·3 | 28 | 土 | 7 | 壬寅 | 7·3 |
| 22 | 30 | 金 | 8 | 癸酉 | 7·3 | 29 | 日 | 8 | 癸卯 | 7·3 |
| 23 | 31 | 土 | 9 | 甲戌 | 8·2 | 30 | 月 | 9 | 甲辰 | 8·2 |
| 24 | 11/1 | 日 | 10 | 乙亥 | 8·2 | 12/1 | 火 | 10 | 乙巳 | 8·2 |
| 25 | 2 | 月 | 11 | 丙子 | 8·2 | 2 | 水 | 11 | 丙午 | 8·2 |
| 26 | 3 | 火 | 12 | 丁丑 | 9·1 | 3 | 木 | 12 | 丁未 | 9·1 |
| 27 | 4 | 水 | 13 | 戊寅 | 9·1 | 4 | 金 | 13 | 戊申 | 9·1 |
| 28 | 5 | 木 | 14 | 己卯 | 9·1 | 5 | 土 | 14 | 己酉 | 9·1 |
| 29 | 6 | 金 | 15 | 庚辰 | 10·1 | 6 | 日 | 15 | 庚戌 | 10·1 |
| 30 | | | | | | | | | | |
| 31 | | | | | | | | | | |

| 절기후날수 | 대설절(庚子月) 大雪 12월7일 9시59분 冬至 12월22일 4시2분 | | | | | 소한절(辛丑月) 小寒 1월5일 21시21분 大寒 1월20일 14시44분 | | | | |
|---|---|---|---|---|---|---|---|---|---|---|
| | 양력 | 요일 | 음력 | 일진 | 大運 남·여 | 양력 | 요일 | 음력 | 일진 | 大運 남·여 |
| 0 | 12/7 | 月 | 16 | 辛亥 | 대설 | 1/5 | 火 | 16 | 庚辰 | 소한 |
| 1 | 8 | 火 | 17 | 壬子 | 1·9 | 6 | 水 | 17 | 辛巳 | 1·10 |
| 2 | 9 | 水 | 18 | 癸丑 | 1·9 | 7 | 木 | 18 | 壬午 | 1·9 |
| 3 | 10 | 木 | 19 | 甲寅 | 1·9 | 8 | 金 | 19 | 癸未 | 1·9 |
| 4 | 11 | 金 | 20 | 乙卯 | 1·8 | 9 | 土 | 20 | 甲申 | 1·9 |
| 5 | 12 | 土 | 21 | 丙辰 | 2·8 | 10 | 日 | 21 | 乙酉 | 2·8 |
| 6 | 13 | 日 | 22 | 丁巳 | 2·8 | 11 | 月 | 22 | 丙戌 | 2·8 |
| 7 | 14 | 月 | 23 | 戊午 | 2·7 | 12 | 火 | 23 | 丁亥 | 2·8 |
| 8 | 15 | 火 | 24 | 己未 | 3·7 | 13 | 水 | 24 | 戊子 | 3·7 |
| 9 | 16 | 水 | 25 | 庚申 | 3·7 | 14 | 木 | 25 | 己丑 | 3·7 |
| 10 | 17 | 木 | 26 | 辛酉 | 3·6 | 15 | 金 | 26 | 庚寅 | 3·7 |
| 11 | 18 | 金 | 27 | 壬戌 | 4·6 | 16 | 土 | 27 | 辛卯 | 4·6 |
| 12 | 19 | 土 | 28 | 癸亥 | 4·6 | 17 | 日 | 28 | 壬辰 | 4·6 |
| 13 | 20 | 日 | 29 | 甲子 | 4·5 | 18 | 月 | 29 | 癸巳 | 4·6 |
| 14 | 21 | 月 | 11/1 | 乙丑 | 5·5 | 19 | 火 | 30 | 甲午 | 5·5 |
| 15 | 22 | 火 | 2 | 丙寅 | 동지 | 20 | 水 | 12/1 | 乙未 | 대한 |
| 16 | 23 | 水 | 3 | 丁卯 | 5·4 | 21 | 木 | 2 | 丙申 | 5·5 |
| 17 | 24 | 木 | 4 | 戊辰 | 6·4 | 22 | 金 | 3 | 丁酉 | 6·4 |
| 18 | 25 | 金 | 5 | 己巳 | 6·4 | 23 | 土 | 4 | 戊戌 | 6·4 |
| 19 | 26 | 土 | 6 | 庚午 | 6·3 | 24 | 日 | 5 | 己亥 | 6·4 |
| 20 | 27 | 日 | 7 | 辛未 | 7·3 | 25 | 月 | 6 | 庚子 | 7·3 |
| 21 | 28 | 月 | 8 | 壬申 | 7·3 | 26 | 火 | 7 | 辛丑 | 7·3 |
| 22 | 29 | 火 | 9 | 癸酉 | 7·2 | 27 | 水 | 8 | 壬寅 | 7·3 |
| 23 | 30 | 水 | 10 | 甲戌 | 8·2 | 28 | 木 | 9 | 癸卯 | 8·2 |
| 24 | 31 | 木 | 11 | 乙亥 | 8·2 | 29 | 金 | 10 | 甲辰 | 8·2 |
| 25 | 1/1 | 金 | 12 | 丙子 | 8·1 | 30 | 土 | 11 | 乙巳 | 8·2 |
| 26 | 2 | 土 | 13 | 丁丑 | 9·1 | 31 | 日 | 12 | 丙午 | 9·1 |
| 27 | 3 | 日 | 14 | 戊寅 | 9·1 | 2/1 | 月 | 13 | 丁未 | 9·1 |
| 28 | 4 | 月 | 15 | 己卯 | 9·1 | 2 | 火 | 14 | 戊申 | 9·1 |
| 29 | | | | | | 3 | 水 | 15 | 己酉 | 10·1 |
| 30 | | | | | | | | | | |
| 31 | | | | | | | | | | |

▶윤달－8월

# 서기 2072년 [단기 4405년]

| 절기후날수 | 입춘절(壬寅月) 立春 2월4일 8시55분 雨水 2월19일 4시42분 | | | | | 경칩절(癸卯月) 驚蟄 3월5일 2시39분 春分 3월20일 3시19분 | | | | | 청명절(甲辰月) 淸明 4월4일 7시2분 穀雨 4월19일 13시53분 | | | | |
|---|---|---|---|---|---|---|---|---|---|---|---|---|---|---|---|
| | 양력 | 요일 | 음력 | 일진 | 大運 남·여 | 양력 | 요일 | 음력 | 일진 | 大運 남·여 | 양력 | 요일 | 음력 | 일진 | 大運 남·여 |
| 0 | 2/4 | 木 | 16 | 庚戌 | 입춘 | 3/5 | 土 | 16 | 庚辰 | 경칩 | 4/4 | 月 | 16 | 庚戌 | 청명 |
| 1 | 5 | 金 | 17 | 辛亥 | 10·1 | 6 | 日 | 17 | 辛巳 | 10·1 | 5 | 火 | 17 | 辛亥 | 10·1 |
| 2 | 6 | 土 | 18 | 壬子 | 9·1 | 7 | 月 | 18 | 壬午 | 9·1 | 6 | 水 | 18 | 壬子 | 9·1 |
| 3 | 7 | 日 | 19 | 癸丑 | 9·1 | 8 | 火 | 19 | 癸未 | 9·1 | 7 | 木 | 19 | 癸丑 | 9·1 |
| 4 | 8 | 月 | 20 | 甲寅 | 9·1 | 9 | 水 | 20 | 甲申 | 9·1 | 8 | 金 | 20 | 甲寅 | 9·1 |
| 5 | 9 | 火 | 21 | 乙卯 | 8·2 | 10 | 木 | 21 | 乙酉 | 8·2 | 9 | 土 | 21 | 乙卯 | 8·2 |
| 6 | 10 | 水 | 22 | 丙辰 | 8·2 | 11 | 金 | 22 | 丙戌 | 8·2 | 10 | 日 | 22 | 丙辰 | 8·2 |
| 7 | 11 | 木 | 23 | 丁巳 | 8·2 | 12 | 土 | 23 | 丁亥 | 8·2 | 11 | 月 | 23 | 丁巳 | 8·2 |
| 8 | 12 | 金 | 24 | 戊午 | 7·3 | 13 | 日 | 24 | 戊子 | 7·3 | 12 | 火 | 24 | 戊午 | 7·3 |
| 9 | 13 | 土 | 25 | 己未 | 7·3 | 14 | 月 | 25 | 己丑 | 7·3 | 13 | 水 | 25 | 己未 | 7·3 |
| 10 | 14 | 日 | 26 | 庚申 | 7·3 | 15 | 火 | 26 | 庚寅 | 7·3 | 14 | 木 | 26 | 庚申 | 7·3 |
| 11 | 15 | 月 | 27 | 辛酉 | 6·4 | 16 | 水 | 27 | 辛卯 | 6·4 | 15 | 金 | 27 | 辛酉 | 6·4 |
| 12 | 16 | 火 | 28 | 壬戌 | 6·4 | 17 | 木 | 28 | 壬辰 | 6·4 | 16 | 土 | 28 | 壬戌 | 6·4 |
| 13 | 17 | 水 | 29 | 癸亥 | 6·4 | 18 | 金 | 29 | 癸巳 | 6·4 | 17 | 日 | 29 | 癸亥 | 6·4 |
| 14 | 18 | 木 | 30 | 甲子 | 5·5 | 19 | 土 | 30 | 甲午 | 5·5 | 18 | 月 | 3/1 | 甲子 | 5·5 |
| 15 | 19 | 金 | 1/1 | 乙丑 | 우수 | 20 | 日 | 2/1 | 乙未 | 춘분 | 19 | 火 | 2 | 乙丑 | 곡우 |
| 16 | 20 | 土 | 2 | 丙寅 | 5·5 | 21 | 月 | 2 | 丙申 | 5·5 | 20 | 水 | 3 | 丙寅 | 5·5 |
| 17 | 21 | 日 | 3 | 丁卯 | 4·6 | 22 | 火 | 3 | 丁酉 | 4·6 | 21 | 木 | 4 | 丁卯 | 4·6 |
| 18 | 22 | 月 | 4 | 戊辰 | 4·6 | 23 | 水 | 4 | 戊戌 | 4·6 | 22 | 金 | 5 | 戊辰 | 4·6 |
| 19 | 23 | 火 | 5 | 己巳 | 4·6 | 24 | 木 | 5 | 己亥 | 4·6 | 23 | 土 | 6 | 己巳 | 4·6 |
| 20 | 24 | 水 | 6 | 庚午 | 3·7 | 25 | 金 | 6 | 庚子 | 3·7 | 24 | 日 | 7 | 庚午 | 3·7 |
| 21 | 25 | 木 | 7 | 辛未 | 3·7 | 26 | 土 | 7 | 辛丑 | 3·7 | 25 | 月 | 8 | 辛未 | 3·7 |
| 22 | 26 | 金 | 8 | 壬申 | 3·7 | 27 | 日 | 8 | 壬寅 | 3·7 | 26 | 火 | 9 | 壬申 | 3·7 |
| 23 | 27 | 土 | 9 | 癸酉 | 2·8 | 28 | 月 | 9 | 癸卯 | 2·8 | 27 | 水 | 10 | 癸酉 | 2·8 |
| 24 | 28 | 日 | 10 | 甲戌 | 2·8 | 29 | 火 | 10 | 甲辰 | 2·8 | 28 | 木 | 11 | 甲戌 | 2·8 |
| 25 | 29 | 月 | 11 | 乙亥 | 2·8 | 30 | 水 | 11 | 乙巳 | 2·8 | 29 | 金 | 12 | 乙亥 | 2·8 |
| 26 | 3/1 | 火 | 12 | 丙子 | 1·9 | 31 | 木 | 12 | 丙午 | 1·9 | 30 | 土 | 13 | 丙子 | 1·9 |
| 27 | 2 | 水 | 13 | 丁丑 | 1·9 | 4/1 | 金 | 13 | 丁未 | 1·9 | 5/1 | 日 | 14 | 丁丑 | 1·9 |
| 28 | 3 | 木 | 14 | 戊寅 | 1·9 | 2 | 土 | 14 | 戊申 | 1·9 | 2 | 月 | 15 | 戊寅 | 1·9 |
| 29 | 4 | 金 | 15 | 己卯 | 1·10 | 3 | 日 | 15 | 己酉 | 1·10 | 3 | 火 | 16 | 己卯 | 1·10 |
| 30 | | | | | | | | | | | | | | | |
| 31 | | | | | | | | | | | | | | | |

| 절기후날수 | 입하절(乙巳月) 立夏 5월4일 23시52분 小滿 5월20일 12시34분 | | | | | 망종절(丙午月) 芒種 6월5일 3시38분 夏至 6월20일 20시12분 | | | | | 소서절(丁未月) 小暑 7월6일 13시44분 大暑 7월22일 7시3분 | | | | |
|---|---|---|---|---|---|---|---|---|---|---|---|---|---|---|---|
| | 양력 | 요일 | 음력 | 일진 | 大運 남·여 | 양력 | 요일 | 음력 | 일진 | 大運 남·여 | 양력 | 요일 | 음력 | 일진 | 大運 남·여 |
| 0 | 5/4 | 水 | 17 | 庚辰 | 입하 | 6/5 | 日 | 19 | 壬子 | 망종 | 7/6 | 水 | 21 | 癸未 | 소서 |
| 1 | 5 | 木 | 18 | 辛巳 | 10·1 | 6 | 月 | 20 | 癸丑 | 10·1 | 7 | 木 | 22 | 甲申 | 10·1 |
| 2 | 6 | 金 | 19 | 壬午 | 10·1 | 7 | 火 | 21 | 甲寅 | 10·1 | 8 | 金 | 23 | 乙酉 | 10·1 |
| 3 | 7 | 土 | 20 | 癸未 | 10·1 | 8 | 水 | 22 | 乙卯 | 9·1 | 9 | 土 | 24 | 丙戌 | 9·1 |
| 4 | 8 | 日 | 21 | 甲申 | 9·1 | 9 | 木 | 23 | 丙辰 | 9·1 | 10 | 日 | 25 | 丁亥 | 9·1 |
| 5 | 9 | 月 | 22 | 乙酉 | 9·2 | 10 | 金 | 24 | 丁巳 | 9·2 | 11 | 月 | 26 | 戊子 | 9·2 |
| 6 | 10 | 火 | 23 | 丙戌 | 9·2 | 11 | 土 | 25 | 戊午 | 8·2 | 12 | 火 | 27 | 己丑 | 8·2 |
| 7 | 11 | 水 | 24 | 丁亥 | 8·2 | 12 | 日 | 26 | 己未 | 8·2 | 13 | 水 | 28 | 庚寅 | 8·2 |
| 8 | 12 | 木 | 25 | 戊子 | 8·3 | 13 | 月 | 27 | 庚申 | 8·3 | 14 | 木 | 29 | 辛卯 | 8·3 |
| 9 | 13 | 金 | 26 | 己丑 | 8·3 | 14 | 火 | 28 | 辛酉 | 7·3 | 15 | 金 | 30 | 壬辰 | 7·3 |
| 10 | 14 | 土 | 27 | 庚寅 | 7·3 | 15 | 水 | 29 | 壬戌 | 7·3 | 16 | 土 | 6/1 | 癸巳 | 7·3 |
| 11 | 15 | 日 | 28 | 辛卯 | 7·4 | 16 | 木 | 5/1 | 癸亥 | 7·4 | 17 | 日 | 2 | 甲午 | 7·4 |
| 12 | 16 | 月 | 29 | 壬辰 | 7·4 | 17 | 金 | 2 | 甲子 | 6·4 | 18 | 月 | 3 | 乙未 | 6·4 |
| 13 | 17 | 火 | 30 | 癸巳 | 6·4 | 18 | 土 | 3 | 乙丑 | 6·4 | 19 | 火 | 4 | 丙申 | 6·4 |
| 14 | 18 | 水 | 4/1 | 甲午 | 6·5 | 19 | 日 | 4 | 丙寅 | 6·5 | 20 | 水 | 5 | 丁酉 | 6·5 |
| 15 | 19 | 木 | 2 | 乙未 | 6·5 | 20 | 月 | 5 | 丁卯 | 하지 | 21 | 木 | 6 | 戊戌 | 5·5 |
| 16 | 20 | 金 | 3 | 丙申 | 소만 | 21 | 火 | 6 | 戊辰 | 5·5 | 22 | 金 | 7 | 己亥 | 대서 |
| 17 | 21 | 土 | 4 | 丁酉 | 5·6 | 22 | 水 | 7 | 己巳 | 5·6 | 23 | 土 | 8 | 庚子 | 5·6 |
| 18 | 22 | 日 | 5 | 戊戌 | 5·6 | 23 | 木 | 8 | 庚午 | 4·6 | 24 | 日 | 9 | 辛丑 | 4·6 |
| 19 | 23 | 月 | 6 | 己亥 | 4·6 | 24 | 金 | 9 | 辛未 | 4·6 | 25 | 月 | 10 | 壬寅 | 4·6 |
| 20 | 24 | 火 | 7 | 庚子 | 4·7 | 25 | 土 | 10 | 壬申 | 4·7 | 26 | 火 | 11 | 癸卯 | 4·7 |
| 21 | 25 | 水 | 8 | 辛丑 | 4·7 | 26 | 日 | 11 | 癸酉 | 3·7 | 27 | 水 | 12 | 甲辰 | 3·7 |
| 22 | 26 | 木 | 9 | 壬寅 | 3·7 | 27 | 月 | 12 | 甲戌 | 3·7 | 28 | 木 | 13 | 乙巳 | 3·7 |
| 23 | 27 | 金 | 10 | 癸卯 | 3·8 | 28 | 火 | 13 | 乙亥 | 3·8 | 29 | 金 | 14 | 丙午 | 3·8 |
| 24 | 28 | 土 | 11 | 甲辰 | 3·8 | 29 | 水 | 14 | 丙子 | 2·8 | 30 | 土 | 15 | 丁未 | 2·8 |
| 25 | 29 | 日 | 12 | 乙巳 | 2·8 | 30 | 木 | 15 | 丁丑 | 2·8 | 31 | 日 | 16 | 戊申 | 2·8 |
| 26 | 30 | 月 | 13 | 丙午 | 2·9 | 7/1 | 金 | 16 | 戊寅 | 2·9 | 8/1 | 月 | 17 | 己酉 | 2·9 |
| 27 | 31 | 火 | 14 | 丁未 | 2·9 | 2 | 土 | 17 | 己卯 | 1·9 | 2 | 火 | 18 | 庚戌 | 1·9 |
| 28 | 6/1 | 水 | 15 | 戊申 | 1·9 | 3 | 日 | 18 | 庚辰 | 1·9 | 3 | 水 | 19 | 辛亥 | 1·9 |
| 29 | 2 | 木 | 16 | 己酉 | 1·10 | 4 | 月 | 19 | 辛巳 | 1·10 | 4 | 木 | 20 | 壬子 | 1·10 |
| 30 | 3 | 金 | 17 | 庚戌 | 1·10 | 5 | 火 | 20 | 壬午 | 1·10 | 5 | 金 | 21 | 癸丑 | 1·10 |
| 31 | 4 | 土 | 18 | 辛亥 | 1·10 | | | | | | | | | | |

# 壬辰年

| 절기후날수 | 입추절(戊申月) | | | | | 백로절(己酉月) | | | | | 한로절(庚戌月) | | | | | 입동절(辛亥月) | | | | | 대설절(壬子月) | | | | | 소한절(癸丑月) | | | | |
|---|---|---|---|---|---|---|---|---|---|---|---|---|---|---|---|---|---|---|---|---|---|---|---|---|---|---|---|---|---|---|
| | 立秋 8월6일 23시38분<br>處暑 8월22일 14시21분 | | | | | 白露 9월7일 2시54분<br>秋分 9월22일 12시26분 | | | | | 寒露 10월7일 19시2분<br>霜降 10월22일 22시18분 | | | | | 立冬 11월6일 22시42분<br>小雪 11월21일 20시19분 | | | | | 大雪 12월6일 15시55분<br>冬至 12월21일 9시54분 | | | | | 小寒 1월5일 3시17분<br>大寒 1월19일 20시35분 | | | | |
| | 양력 | 요일 | 음력 | 일진 | 大運 남·여 | 양력 | 요일 | 음력 | 일진 | 大運 남·여 | 양력 | 요일 | 음력 | 일진 | 大運 남·여 | 양력 | 요일 | 음력 | 일진 | 大運 남·여 | 양력 | 요일 | 음력 | 일진 | 大運 남·여 | 양력 | 요일 | 음력 | 일진 | 大運 남·여 |
| 0 | 8/6 | 土 | 22 | 甲寅 | 입추 | 9/7 | 水 | 25 | 丙戌 | 백로 | 10/7 | 金 | 26 | 丙辰 | 한로 | 11/6 | 日 | 26 | 丙戌 | 입동 | 12/6 | 火 | 27 | 丙辰 | 대설 | 1/5 | 木 | 27 | 丙戌 | 소한 |
| 1 | 7 | 日 | 23 | 乙卯 | 10·1 | 8 | 木 | 26 | 丁亥 | 10·1 | 8 | 土 | 27 | 丁巳 | 10·1 | 7 | 月 | 27 | 丁亥 | 10·1 | 7 | 水 | 28 | 丁巳 | 10·1 | 6 | 金 | 28 | 丁亥 | 9·1 |
| 2 | 8 | 月 | 24 | 丙辰 | 10·1 | 9 | 金 | 27 | 戊子 | 9·1 | 9 | 日 | 28 | 戊午 | 9·1 | 8 | 火 | 28 | 戊子 | 9·1 | 8 | 木 | 29 | 戊午 | 9·1 | 7 | 土 | 29 | 戊子 | 9·1 |
| 3 | 9 | 火 | 25 | 丁巳 | 10·1 | 10 | 土 | 28 | 己丑 | 9·1 | 10 | 月 | 29 | 己未 | 9·1 | 9 | 水 | 29 | 己丑 | 9·1 | 9 | 金 | 30 | 己未 | 9·1 | 8 | 日 | 12/1 | 己丑 | 9·1 |
| 4 | 10 | 水 | 26 | 戊午 | 9·1 | 11 | 日 | 29 | 庚寅 | 9·1 | 11 | 火 | 30 | 庚申 | 9·1 | 10 | 木 | 10/1 | 庚寅 | 9·1 | 10 | 土 | 11/1 | 庚申 | 9·1 | 9 | 月 | 2 | 庚寅 | 8·1 |
| 5 | 11 | 木 | 27 | 己未 | 9·2 | 12 | 月 | 8/1 | 辛卯 | 8·2 | 12 | 水 | 9/1 | 辛酉 | 8·2 | 11 | 金 | 2 | 辛卯 | 8·2 | 11 | 日 | 2 | 辛酉 | 8·2 | 10 | 火 | 3 | 辛卯 | 8·2 |
| 6 | 12 | 金 | 28 | 庚申 | 9·2 | 13 | 火 | 2 | 壬辰 | 8·2 | 13 | 木 | 2 | 壬戌 | 8·2 | 12 | 土 | 3 | 壬辰 | 8·2 | 12 | 月 | 3 | 壬戌 | 8·2 | 11 | 水 | 4 | 壬辰 | 8·2 |
| 7 | 13 | 土 | 29 | 辛酉 | 8·2 | 14 | 水 | 3 | 癸巳 | 8·2 | 14 | 金 | 3 | 癸亥 | 8·2 | 13 | 日 | 4 | 癸巳 | 8·2 | 13 | 火 | 4 | 癸亥 | 8·2 | 12 | 木 | 5 | 癸巳 | 7·2 |
| 8 | 14 | 日 | 7/1 | 壬戌 | 8·3 | 15 | 木 | 4 | 甲午 | 7·3 | 15 | 土 | 4 | 甲子 | 7·3 | 14 | 月 | 5 | 甲午 | 7·3 | 14 | 水 | 5 | 甲子 | 7·3 | 13 | 金 | 6 | 甲午 | 7·3 |
| 9 | 15 | 月 | 2 | 癸亥 | 8·3 | 16 | 金 | 5 | 乙未 | 7·3 | 16 | 日 | 5 | 乙丑 | 7·3 | 15 | 火 | 6 | 乙未 | 7·3 | 15 | 木 | 6 | 乙丑 | 7·3 | 14 | 土 | 7 | 乙未 | 7·3 |
| 10 | 16 | 火 | 3 | 甲子 | 7·3 | 17 | 土 | 6 | 丙申 | 7·3 | 17 | 月 | 6 | 丙寅 | 7·3 | 16 | 水 | 7 | 丙申 | 7·3 | 16 | 金 | 7 | 丙寅 | 7·3 | 15 | 日 | 8 | 丙申 | 6·3 |
| 11 | 17 | 水 | 4 | 乙丑 | 7·4 | 18 | 日 | 7 | 丁酉 | 6·4 | 18 | 火 | 7 | 丁卯 | 6·4 | 17 | 木 | 8 | 丁酉 | 6·4 | 17 | 土 | 8 | 丁卯 | 6·4 | 16 | 月 | 9 | 丁酉 | 6·4 |
| 12 | 18 | 木 | 5 | 丙寅 | 7·4 | 19 | 月 | 8 | 戊戌 | 6·4 | 19 | 水 | 8 | 戊辰 | 6·4 | 18 | 金 | 9 | 戊戌 | 6·4 | 18 | 日 | 9 | 戊辰 | 6·4 | 17 | 火 | 10 | 戊戌 | 6·4 |
| 13 | 19 | 金 | 6 | 丁卯 | 6·4 | 20 | 火 | 9 | 己亥 | 6·4 | 20 | 木 | 9 | 己巳 | 6·4 | 19 | 土 | 10 | 己亥 | 6·4 | 19 | 月 | 10 | 己巳 | 6·4 | 18 | 水 | 11 | 己亥 | 5·4 |
| 14 | 20 | 土 | 7 | 戊辰 | 6·5 | 21 | 水 | 10 | 庚子 | 5·5 | 21 | 金 | 10 | 庚午 | 5·5 | 20 | 日 | 11 | 庚子 | 5·5 | 20 | 火 | 11 | 庚午 | 5·5 | 19 | 木 | 12 | 庚子 | 대한 |
| 15 | 21 | 日 | 8 | 己巳 | 6·5 | 22 | 木 | 11 | 辛丑 | 추분 | 22 | 土 | 11 | 辛未 | 상강 | 21 | 月 | 12 | 辛丑 | 소설 | 21 | 水 | 12 | 辛未 | 동지 | 20 | 金 | 13 | 辛丑 | 5·5 |
| 16 | 22 | 月 | 9 | 庚午 | 처서 | 23 | 金 | 12 | 壬寅 | 5·5 | 23 | 日 | 12 | 壬申 | 5·5 | 22 | 火 | 13 | 壬寅 | 5·5 | 22 | 木 | 13 | 壬申 | 5·5 | 21 | 土 | 14 | 壬寅 | 4·5 |
| 17 | 23 | 火 | 10 | 辛未 | 5·6 | 24 | 土 | 13 | 癸卯 | 4·6 | 24 | 月 | 13 | 癸酉 | 4·6 | 23 | 水 | 14 | 癸卯 | 4·6 | 23 | 金 | 14 | 癸酉 | 4·6 | 22 | 日 | 15 | 癸卯 | 4·6 |
| 18 | 24 | 水 | 11 | 壬申 | 5·6 | 25 | 日 | 14 | 甲辰 | 4·6 | 25 | 火 | 14 | 甲戌 | 4·6 | 24 | 木 | 15 | 甲辰 | 4·6 | 24 | 土 | 15 | 甲戌 | 4·6 | 23 | 月 | 16 | 甲辰 | 4·6 |
| 19 | 25 | 木 | 12 | 癸酉 | 4·6 | 26 | 月 | 15 | 乙巳 | 4·6 | 26 | 水 | 15 | 乙亥 | 4·6 | 25 | 金 | 16 | 乙巳 | 4·6 | 25 | 日 | 16 | 乙亥 | 4·6 | 24 | 火 | 17 | 乙巳 | 3·6 |
| 20 | 26 | 金 | 13 | 甲戌 | 4·7 | 27 | 火 | 16 | 丙午 | 3·7 | 27 | 木 | 16 | 丙子 | 3·7 | 26 | 土 | 17 | 丙午 | 3·7 | 26 | 月 | 17 | 丙子 | 3·7 | 25 | 水 | 18 | 丙午 | 3·7 |
| 21 | 27 | 土 | 14 | 乙亥 | 4·7 | 28 | 水 | 17 | 丁未 | 3·7 | 28 | 金 | 17 | 丁丑 | 3·7 | 27 | 日 | 18 | 丁未 | 3·7 | 27 | 火 | 18 | 丁丑 | 3·7 | 26 | 木 | 19 | 丁未 | 3·7 |
| 22 | 28 | 日 | 15 | 丙子 | 3·7 | 29 | 木 | 18 | 戊申 | 3·7 | 29 | 土 | 18 | 戊寅 | 3·7 | 28 | 月 | 19 | 戊申 | 3·7 | 28 | 水 | 19 | 戊寅 | 3·7 | 27 | 金 | 20 | 戊申 | 2·7 |
| 23 | 29 | 月 | 16 | 丁丑 | 3·8 | 30 | 金 | 19 | 己酉 | 2·8 | 30 | 日 | 19 | 己卯 | 2·8 | 29 | 火 | 20 | 己酉 | 2·8 | 29 | 木 | 20 | 己卯 | 2·8 | 28 | 土 | 21 | 己酉 | 2·8 |
| 24 | 30 | 火 | 17 | 戊寅 | 3·8 | 10/1 | 土 | 20 | 庚戌 | 2·8 | 31 | 月 | 20 | 庚辰 | 2·8 | 30 | 水 | 21 | 庚戌 | 2·8 | 30 | 金 | 21 | 庚辰 | 2·8 | 29 | 日 | 22 | 庚戌 | 2·8 |
| 25 | 31 | 水 | 18 | 己卯 | 2·8 | 2 | 日 | 21 | 辛亥 | 2·8 | 11/1 | 火 | 21 | 辛巳 | 2·8 | 12/1 | 木 | 22 | 辛亥 | 2·8 | 31 | 土 | 22 | 辛巳 | 2·8 | 30 | 月 | 23 | 辛亥 | 1·8 |
| 26 | 9/1 | 木 | 19 | 庚辰 | 2·9 | 3 | 月 | 22 | 壬子 | 1·9 | 2 | 水 | 22 | 壬午 | 1·9 | 2 | 金 | 23 | 壬子 | 1·9 | 1/1 | 日 | 23 | 壬午 | 1·9 | 31 | 火 | 24 | 壬子 | 1·9 |
| 27 | 2 | 金 | 20 | 辛巳 | 2·9 | 4 | 火 | 23 | 癸丑 | 1·9 | 3 | 木 | 23 | 癸未 | 1·9 | 3 | 土 | 24 | 癸丑 | 1·9 | 2 | 月 | 24 | 癸未 | 1·9 | 2/1 | 水 | 25 | 癸丑 | 1·9 |
| 28 | 3 | 土 | 21 | 壬午 | 1·9 | 5 | 水 | 24 | 甲寅 | 1·9 | 4 | 金 | 24 | 甲申 | 1·9 | 4 | 日 | 25 | 甲寅 | 1·9 | 3 | 火 | 25 | 甲申 | 1·9 | 2 | 木 | 26 | 甲寅 | 1·9 |
| 29 | 4 | 日 | 22 | 癸未 | 1·10 | 6 | 木 | 25 | 乙卯 | 1·10 | 5 | 土 | 25 | 乙酉 | 1·10 | 5 | 月 | 26 | 乙卯 | 1·10 | 4 | 水 | 26 | 乙酉 | 1·10 | | | | | |
| 30 | 5 | 月 | 23 | 甲申 | 1·10 | | | | | | | | | | | | | | | | | | | | | | | | | |
| 31 | 6 | 火 | 24 | 乙酉 | 1·10 | | | | | | | | | | | | | | | | | | | | | | | | | |

# 서기 2073년 [단기 4406년]

| 절기후날수 | 입춘절(甲寅月) 立春 2월3일 14시51분 雨水 2월18일 10시33분 | | | | | | 경칩절(乙卯月) 驚蟄 3월5일 8시35분 春分 3월20일 9시12분 | | | | | | 청명절(丙辰月) 淸明 4월4일 12시58분 穀雨 4월19일 19시47분 | | | | | |
|---|---|---|---|---|---|---|---|---|---|---|---|---|---|---|---|---|---|---|
| | 양력 | 요일 | 음력 | 일진 | 大運 남 | 大運 여 | 양력 | 요일 | 음력 | 일진 | 大運 남 | 大運 여 | 양력 | 요일 | 음력 | 일진 | 大運 남 | 大運 여 |
| 0 | 2/3 | 金 | 27 | 乙卯 | 입춘 | | 3/5 | 日 | 27 | 乙酉 | 경칩 | | 4/4 | 火 | 27 | 乙卯 | 청명 | |
| 1 | 4 | 土 | 28 | 丙辰 | 1 | 10 | 6 | 月 | 28 | 丙戌 | 1 | 10 | 5 | 水 | 28 | 丙辰 | 1 | 10 |
| 2 | 5 | 日 | 29 | 丁巳 | 1 | 9 | 7 | 火 | 29 | 丁亥 | 1 | 9 | 6 | 木 | 29 | 丁巳 | 1 | 10 |
| 3 | 6 | 月 | 30 | 戊午 | 1 | 9 | 8 | 水 | 30 | 戊子 | 1 | 9 | 7 | 金 | 3/1 | 戊午 | 1 | 9 |
| 4 | 7 | 火 | 1/1 | 己未 | 1 | 9 | 9 | 木 | 2/1 | 己丑 | 1 | 9 | 8 | 土 | 2 | 己未 | 1 | 9 |
| 5 | 8 | 水 | 2 | 庚申 | 2 | 8 | 10 | 金 | 2 | 庚寅 | 2 | 8 | 9 | 日 | 3 | 庚申 | 2 | 9 |
| 6 | 9 | 木 | 3 | 辛酉 | 2 | 8 | 11 | 土 | 3 | 辛卯 | 2 | 8 | 10 | 月 | 4 | 辛酉 | 2 | 8 |
| 7 | 10 | 金 | 4 | 壬戌 | 2 | 8 | 12 | 日 | 4 | 壬辰 | 2 | 8 | 11 | 火 | 5 | 壬戌 | 2 | 8 |
| 8 | 11 | 土 | 5 | 癸亥 | 3 | 7 | 13 | 月 | 5 | 癸巳 | 3 | 7 | 12 | 水 | 6 | 癸亥 | 3 | 8 |
| 9 | 12 | 日 | 6 | 甲子 | 3 | 7 | 14 | 火 | 6 | 甲午 | 3 | 7 | 13 | 木 | 7 | 甲子 | 3 | 7 |
| 10 | 13 | 月 | 7 | 乙丑 | 3 | 7 | 15 | 水 | 7 | 乙未 | 3 | 7 | 14 | 金 | 8 | 乙丑 | 3 | 7 |
| 11 | 14 | 火 | 8 | 丙寅 | 4 | 6 | 16 | 木 | 8 | 丙申 | 4 | 6 | 15 | 土 | 9 | 丙寅 | 4 | 7 |
| 12 | 15 | 水 | 9 | 丁卯 | 4 | 6 | 17 | 金 | 9 | 丁酉 | 4 | 6 | 16 | 日 | 10 | 丁卯 | 4 | 6 |
| 13 | 16 | 木 | 10 | 戊辰 | 4 | 6 | 18 | 土 | 10 | 戊戌 | 4 | 6 | 17 | 月 | 11 | 戊辰 | 4 | 6 |
| 14 | 17 | 金 | 11 | 己巳 | 5 | 5 | 19 | 日 | 11 | 己亥 | 5 | 5 | 18 | 火 | 12 | 己巳 | 5 | 6 |
| 15 | 18 | 土 | 12 | 庚午 | 우수 | | 20 | 月 | 12 | 庚子 | 춘분 | | 19 | 水 | 13 | 庚午 | 곡우 | |
| 16 | 19 | 日 | 13 | 辛未 | 5 | 5 | 21 | 火 | 13 | 辛丑 | 5 | 5 | 20 | 木 | 14 | 辛未 | 5 | 5 |
| 17 | 20 | 月 | 14 | 壬申 | 6 | 4 | 22 | 水 | 14 | 壬寅 | 6 | 4 | 21 | 金 | 15 | 壬申 | 6 | 5 |
| 18 | 21 | 火 | 15 | 癸酉 | 6 | 4 | 23 | 木 | 15 | 癸卯 | 6 | 4 | 22 | 土 | 16 | 癸酉 | 6 | 4 |
| 19 | 22 | 水 | 16 | 甲戌 | 6 | 4 | 24 | 金 | 16 | 甲辰 | 6 | 4 | 23 | 日 | 17 | 甲戌 | 6 | 4 |
| 20 | 23 | 木 | 17 | 乙亥 | 7 | 3 | 25 | 土 | 17 | 乙巳 | 7 | 3 | 24 | 月 | 18 | 乙亥 | 7 | 4 |
| 21 | 24 | 金 | 18 | 丙子 | 7 | 3 | 26 | 日 | 18 | 丙午 | 7 | 3 | 25 | 火 | 19 | 丙子 | 7 | 3 |
| 22 | 25 | 土 | 19 | 丁丑 | 7 | 3 | 27 | 月 | 19 | 丁未 | 7 | 3 | 26 | 水 | 20 | 丁丑 | 7 | 3 |
| 23 | 26 | 日 | 20 | 戊寅 | 8 | 2 | 28 | 火 | 20 | 戊申 | 8 | 2 | 27 | 木 | 21 | 戊寅 | 8 | 3 |
| 24 | 27 | 月 | 21 | 己卯 | 8 | 2 | 29 | 水 | 21 | 己酉 | 8 | 2 | 28 | 金 | 22 | 己卯 | 8 | 2 |
| 25 | 28 | 火 | 22 | 庚辰 | 8 | 2 | 30 | 木 | 22 | 庚戌 | 8 | 2 | 29 | 土 | 23 | 庚辰 | 8 | 2 |
| 26 | 3/1 | 水 | 23 | 辛巳 | 9 | 1 | 31 | 金 | 23 | 辛亥 | 9 | 1 | 30 | 日 | 24 | 辛巳 | 9 | 2 |
| 27 | 2 | 木 | 24 | 壬午 | 9 | 1 | 4/1 | 土 | 24 | 壬子 | 9 | 1 | 5/1 | 月 | 25 | 壬午 | 9 | 1 |
| 28 | 3 | 金 | 25 | 癸未 | 9 | 1 | 2 | 日 | 25 | 癸丑 | 9 | 1 | 2 | 火 | 26 | 癸未 | 9 | 1 |
| 29 | 4 | 土 | 26 | 甲申 | 10 | 1 | 3 | 月 | 26 | 甲寅 | 10 | 1 | 3 | 水 | 27 | 甲申 | 10 | 1 |
| 30 | | | | | | | | | | | | | 4 | 木 | 28 | 乙酉 | 10 | 1 |
| 31 | | | | | | | | | | | | | | | | | | |

| 절기후날수 | 입하절(丁巳月) 立夏 5월5일 5시46분 小滿 5월20일 18시28분 | | | | | | 망종절(戊午月) 芒種 6월5일 9시29분 夏至 6월21일 2시5분 | | | | | | 소서절(己未月) 小暑 7월6일 19시29분 大暑 7월22일 12시54분 | | | | | |
|---|---|---|---|---|---|---|---|---|---|---|---|---|---|---|---|---|---|---|
| | 양력 | 요일 | 음력 | 일진 | 大運 남 | 大運 여 | 양력 | 요일 | 음력 | 일진 | 大運 남 | 大運 여 | 양력 | 요일 | 음력 | 일진 | 大運 남 | 大運 여 |
| 0 | 5/5 | 金 | 29 | 丙戌 | 입하 | | 6/5 | 月 | 30 | 丁巳 | 망종 | | 7/6 | 木 | 2 | 戊子 | 소서 | |
| 1 | 6 | 土 | 30 | 丁亥 | 1 | 10 | 6 | 火 | 5/1 | 戊午 | 1 | 10 | 7 | 金 | 3 | 己丑 | 1 | 10 |
| 2 | 7 | 日 | 4/1 | 戊子 | 1 | 10 | 7 | 水 | 2 | 己未 | 1 | 10 | 8 | 土 | 4 | 庚寅 | 1 | 10 |
| 3 | 8 | 月 | 2 | 己丑 | 1 | 9 | 8 | 木 | 3 | 庚申 | 1 | 9 | 9 | 日 | 5 | 辛卯 | 1 | 10 |
| 4 | 9 | 火 | 3 | 庚寅 | 1 | 9 | 9 | 金 | 4 | 辛酉 | 1 | 9 | 10 | 月 | 6 | 壬辰 | 1 | 9 |
| 5 | 10 | 水 | 4 | 辛卯 | 2 | 9 | 10 | 土 | 5 | 壬戌 | 2 | 9 | 11 | 火 | 7 | 癸巳 | 2 | 9 |
| 6 | 11 | 木 | 5 | 壬辰 | 2 | 8 | 11 | 日 | 6 | 癸亥 | 2 | 8 | 12 | 水 | 8 | 甲午 | 2 | 9 |
| 7 | 12 | 金 | 6 | 癸巳 | 2 | 8 | 12 | 月 | 7 | 甲子 | 2 | 8 | 13 | 木 | 9 | 乙未 | 2 | 8 |
| 8 | 13 | 土 | 7 | 甲午 | 3 | 8 | 13 | 火 | 8 | 乙丑 | 3 | 8 | 14 | 金 | 10 | 丙申 | 3 | 8 |
| 9 | 14 | 日 | 8 | 乙未 | 3 | 7 | 14 | 水 | 9 | 丙寅 | 3 | 7 | 15 | 土 | 11 | 丁酉 | 3 | 8 |
| 10 | 15 | 月 | 9 | 丙申 | 3 | 7 | 15 | 木 | 10 | 丁卯 | 3 | 7 | 16 | 日 | 12 | 戊戌 | 3 | 7 |
| 11 | 16 | 火 | 10 | 丁酉 | 4 | 7 | 16 | 金 | 11 | 戊辰 | 4 | 7 | 17 | 月 | 13 | 己亥 | 4 | 7 |
| 12 | 17 | 水 | 11 | 戊戌 | 4 | 6 | 17 | 土 | 12 | 己巳 | 4 | 6 | 18 | 火 | 14 | 庚子 | 4 | 7 |
| 13 | 18 | 木 | 12 | 己亥 | 4 | 6 | 18 | 日 | 13 | 庚午 | 4 | 6 | 19 | 水 | 15 | 辛丑 | 4 | 6 |
| 14 | 19 | 金 | 13 | 庚子 | 5 | 6 | 19 | 月 | 14 | 辛未 | 5 | 6 | 20 | 木 | 16 | 壬寅 | 5 | 6 |
| 15 | 20 | 土 | 14 | 辛丑 | 소만 | | 20 | 火 | 15 | 壬申 | 5 | 5 | 21 | 金 | 17 | 癸卯 | 5 | 6 |
| 16 | 21 | 日 | 15 | 壬寅 | 5 | 5 | 21 | 水 | 16 | 癸酉 | 하지 | | 22 | 土 | 18 | 甲辰 | 대서 | |
| 17 | 22 | 月 | 16 | 癸卯 | 6 | 5 | 22 | 木 | 17 | 甲戌 | 6 | 5 | 23 | 日 | 19 | 乙巳 | 6 | 5 |
| 18 | 23 | 火 | 17 | 甲辰 | 6 | 4 | 23 | 金 | 18 | 乙亥 | 6 | 4 | 24 | 月 | 20 | 丙午 | 6 | 5 |
| 19 | 24 | 水 | 18 | 乙巳 | 6 | 4 | 24 | 土 | 19 | 丙子 | 6 | 4 | 25 | 火 | 21 | 丁未 | 6 | 4 |
| 20 | 25 | 木 | 19 | 丙午 | 7 | 4 | 25 | 日 | 20 | 丁丑 | 7 | 4 | 26 | 水 | 22 | 戊申 | 7 | 4 |
| 21 | 26 | 金 | 20 | 丁未 | 7 | 3 | 26 | 月 | 21 | 戊寅 | 7 | 3 | 27 | 木 | 23 | 己酉 | 7 | 4 |
| 22 | 27 | 土 | 21 | 戊申 | 7 | 3 | 27 | 火 | 22 | 己卯 | 7 | 3 | 28 | 金 | 24 | 庚戌 | 7 | 3 |
| 23 | 28 | 日 | 22 | 己酉 | 8 | 3 | 28 | 水 | 23 | 庚辰 | 8 | 3 | 29 | 土 | 25 | 辛亥 | 8 | 3 |
| 24 | 29 | 月 | 23 | 庚戌 | 8 | 2 | 29 | 木 | 24 | 辛巳 | 8 | 2 | 30 | 日 | 26 | 壬子 | 8 | 3 |
| 25 | 30 | 火 | 24 | 辛亥 | 8 | 2 | 30 | 金 | 25 | 壬午 | 8 | 2 | 31 | 月 | 27 | 癸丑 | 8 | 2 |
| 26 | 31 | 水 | 25 | 壬子 | 9 | 2 | 7/1 | 土 | 26 | 癸未 | 9 | 2 | 8/1 | 火 | 28 | 甲寅 | 9 | 2 |
| 27 | 6/1 | 木 | 26 | 癸丑 | 9 | 1 | 2 | 日 | 27 | 甲申 | 9 | 1 | 2 | 水 | 29 | 乙卯 | 9 | 2 |
| 28 | 2 | 金 | 27 | 甲寅 | 9 | 1 | 3 | 月 | 28 | 乙酉 | 9 | 1 | 3 | 木 | 30 | 丙辰 | 9 | 1 |
| 29 | 3 | 土 | 28 | 乙卯 | 10 | 1 | 4 | 火 | 29 | 丙戌 | 10 | 1 | 4 | 金 | 7/1 | 丁巳 | 10 | 1 |
| 30 | 4 | 日 | 29 | 丙辰 | 10 | 1 | 5 | 水 | 6/1 | 丁亥 | 10 | 1 | 5 | 土 | 2 | 戊午 | 10 | 1 |
| 31 | | | | | | | | | | | | | 6 | 日 | 3 | 己未 | 10 | 1 |

# 癸巳年

| 절기후날수 | 입추절(庚申月) 立秋 8월7일 5시19분 處暑 8월22일 20시10분 | | | | | 백로절(辛酉月) 白露 9월7일 8시32분 秋分 9월22일 18시14분 | | | | |
|---|---|---|---|---|---|---|---|---|---|---|
| | 양력 | 요일 | 음력 | 일진 | 大運 남·여 | 양력 | 요일 | 음력 | 일진 | 大運 남·여 |
| 0 | 8/7 | 月 | 4 | 庚申 | 입추 | 9/7 | 木 | 6 | 辛卯 | 백로 |
| 1 | 8 | 火 | 5 | 辛酉 | 1·10 | 8 | 金 | 7 | 壬辰 | 1·10 |
| 2 | 9 | 水 | 6 | 壬戌 | 1·10 | 9 | 土 | 8 | 癸巳 | 1·10 |
| 3 | 10 | 木 | 7 | 癸亥 | 1·9 | 10 | 日 | 9 | 甲午 | 1·9 |
| 4 | 11 | 金 | 8 | 甲子 | 1·9 | 11 | 月 | 10 | 乙未 | 1·9 |
| 5 | 12 | 土 | 9 | 乙丑 | 2·9 | 12 | 火 | 11 | 丙申 | 2·9 |
| 6 | 13 | 日 | 10 | 丙寅 | 2·8 | 13 | 水 | 12 | 丁酉 | 2·8 |
| 7 | 14 | 月 | 11 | 丁卯 | 2·8 | 14 | 木 | 13 | 戊戌 | 2·8 |
| 8 | 15 | 火 | 12 | 戊辰 | 3·8 | 15 | 金 | 14 | 己亥 | 3·8 |
| 9 | 16 | 水 | 13 | 己巳 | 3·7 | 16 | 土 | 15 | 庚子 | 3·7 |
| 10 | 17 | 木 | 14 | 庚午 | 3·7 | 17 | 日 | 16 | 辛丑 | 3·7 |
| 11 | 18 | 金 | 15 | 辛未 | 4·7 | 18 | 月 | 17 | 壬寅 | 4·7 |
| 12 | 19 | 土 | 16 | 壬申 | 4·6 | 19 | 火 | 18 | 癸卯 | 4·6 |
| 13 | 20 | 日 | 17 | 癸酉 | 4·6 | 20 | 水 | 19 | 甲辰 | 4·6 |
| 14 | 21 | 月 | 18 | 甲戌 | 5·6 | 21 | 木 | 20 | 乙巳 | 5·6 |
| 15 | 22 | 火 | 19 | 乙亥 | 처서 | 22 | 金 | 21 | 丙午 | 추분 |
| 16 | 23 | 水 | 20 | 丙子 | 5·5 | 23 | 土 | 22 | 丁未 | 5·5 |
| 17 | 24 | 木 | 21 | 丁丑 | 6·5 | 24 | 日 | 23 | 戊申 | 6·5 |
| 18 | 25 | 金 | 22 | 戊寅 | 6·4 | 25 | 月 | 24 | 己酉 | 6·4 |
| 19 | 26 | 土 | 23 | 己卯 | 6·4 | 26 | 火 | 25 | 庚戌 | 6·4 |
| 20 | 27 | 日 | 24 | 庚辰 | 7·4 | 27 | 水 | 26 | 辛亥 | 7·4 |
| 21 | 28 | 月 | 25 | 辛巳 | 7·3 | 28 | 木 | 27 | 壬子 | 7·3 |
| 22 | 29 | 火 | 26 | 壬午 | 7·3 | 29 | 金 | 28 | 癸丑 | 7·3 |
| 23 | 30 | 水 | 27 | 癸未 | 8·3 | 30 | 土 | 29 | 甲寅 | 8·3 |
| 24 | 31 | 木 | 28 | 甲申 | 8·2 | 10/1 | 日 | 9/1 | 乙卯 | 8·2 |
| 25 | 9/1 | 金 | 29 | 乙酉 | 8·2 | 2 | 月 | 2 | 丙辰 | 8·2 |
| 26 | 2 | 土 | 8/1 | 丙戌 | 9·2 | 3 | 火 | 3 | 丁巳 | 9·2 |
| 27 | 3 | 日 | 2 | 丁亥 | 9·1 | 4 | 水 | 4 | 戊午 | 9·1 |
| 28 | 4 | 月 | 3 | 戊子 | 9·1 | 5 | 木 | 5 | 己未 | 9·1 |
| 29 | 5 | 火 | 4 | 己丑 | 10·1 | 6 | 金 | 6 | 庚申 | 10·1 |
| 30 | 6 | 水 | 5 | 庚寅 | 10·1 | 7 | 土 | 7 | 辛酉 | 10·1 |
| 31 | | | | | | | | | | |

| 절기후날수 | 한로절(壬戌月) 寒露 10월8일 0시40분 霜降 10월23일 4시7분 | | | | | 입동절(癸亥月) 立冬 11월7일 4시23분 小雪 11월22일 2시10분 | | | | |
|---|---|---|---|---|---|---|---|---|---|---|
| | 양력 | 요일 | 음력 | 일진 | 大運 남·여 | 양력 | 요일 | 음력 | 일진 | 大運 남·여 |
| 0 | 10/8 | 日 | 8 | 壬戌 | 한로 | 11/7 | 火 | 8 | 壬辰 | 입동 |
| 1 | 9 | 月 | 9 | 癸亥 | 1·10 | 8 | 水 | 9 | 癸巳 | 1·9 |
| 2 | 10 | 火 | 10 | 甲子 | 1·9 | 9 | 木 | 10 | 甲午 | 1·9 |
| 3 | 11 | 水 | 11 | 乙丑 | 1·9 | 10 | 金 | 11 | 乙未 | 1·9 |
| 4 | 12 | 木 | 12 | 丙寅 | 1·9 | 11 | 土 | 12 | 丙申 | 1·8 |
| 5 | 13 | 金 | 13 | 丁卯 | 2·8 | 12 | 日 | 13 | 丁酉 | 2·8 |
| 6 | 14 | 土 | 14 | 戊辰 | 2·8 | 13 | 月 | 14 | 戊戌 | 2·8 |
| 7 | 15 | 日 | 15 | 己巳 | 2·8 | 14 | 火 | 15 | 己亥 | 2·7 |
| 8 | 16 | 月 | 16 | 庚午 | 3·7 | 15 | 水 | 16 | 庚子 | 3·7 |
| 9 | 17 | 火 | 17 | 辛未 | 3·7 | 16 | 木 | 17 | 辛丑 | 3·7 |
| 10 | 18 | 水 | 18 | 壬申 | 3·7 | 17 | 金 | 18 | 壬寅 | 3·6 |
| 11 | 19 | 木 | 19 | 癸酉 | 4·6 | 18 | 土 | 19 | 癸卯 | 4·6 |
| 12 | 20 | 金 | 20 | 甲戌 | 4·6 | 19 | 日 | 20 | 甲辰 | 4·6 |
| 13 | 21 | 土 | 21 | 乙亥 | 4·6 | 20 | 月 | 21 | 乙巳 | 4·5 |
| 14 | 22 | 日 | 22 | 丙子 | 5·5 | 21 | 火 | 22 | 丙午 | 5·5 |
| 15 | 23 | 月 | 23 | 丁丑 | 상강 | 22 | 水 | 23 | 丁未 | 소설 |
| 16 | 24 | 火 | 24 | 戊寅 | 5·5 | 23 | 木 | 24 | 戊申 | 5·4 |
| 17 | 25 | 水 | 25 | 己卯 | 6·4 | 24 | 金 | 25 | 己酉 | 6·4 |
| 18 | 26 | 木 | 26 | 庚辰 | 6·4 | 25 | 土 | 26 | 庚戌 | 6·4 |
| 19 | 27 | 金 | 27 | 辛巳 | 6·4 | 26 | 日 | 27 | 辛亥 | 6·3 |
| 20 | 28 | 土 | 28 | 壬午 | 7·3 | 27 | 月 | 28 | 壬子 | 7·3 |
| 21 | 29 | 日 | 29 | 癸未 | 7·3 | 28 | 火 | 29 | 癸丑 | 7·3 |
| 22 | 30 | 月 | 30 | 甲申 | 7·3 | 29 | 水 | 11/1 | 甲寅 | 7·2 |
| 23 | 31 | 火 | 10/1 | 乙酉 | 8·2 | 30 | 木 | 2 | 乙卯 | 8·2 |
| 24 | 11/1 | 水 | 2 | 丙戌 | 8·2 | 12/1 | 金 | 3 | 丙辰 | 8·2 |
| 25 | 2 | 木 | 3 | 丁亥 | 8·2 | 2 | 土 | 4 | 丁巳 | 8·1 |
| 26 | 3 | 金 | 4 | 戊子 | 9·1 | 3 | 日 | 5 | 戊午 | 9·1 |
| 27 | 4 | 土 | 5 | 己丑 | 9·1 | 4 | 月 | 6 | 己未 | 9·1 |
| 28 | 5 | 日 | 6 | 庚寅 | 9·1 | 5 | 火 | 7 | 庚申 | 9·1 |
| 29 | 6 | 月 | 7 | 辛卯 | 10·1 | | | | | |
| 30 | | | | | | | | | | |
| 31 | | | | | | | | | | |

| 절기후날수 | 대설절(甲子月) 大雪 12월6일 21시39분 冬至 12월21일 15시49분 | | | | | 소한절(乙丑月) 小寒 1월5일 9시5분 大寒 1월20일 2시33분 | | | | |
|---|---|---|---|---|---|---|---|---|---|---|
| | 양력 | 요일 | 음력 | 일진 | 大運 남·여 | 양력 | 요일 | 음력 | 일진 | 大運 남·여 |
| 0 | 12/6 | 水 | 8 | 辛酉 | 대설 | 1/5 | 金 | 8 | 辛卯 | 소한 |
| 1 | 7 | 木 | 9 | 壬戌 | 1·10 | 6 | 土 | 9 | 壬辰 | 1·9 |
| 2 | 8 | 金 | 10 | 癸亥 | 1·9 | 7 | 日 | 10 | 癸巳 | 1·9 |
| 3 | 9 | 土 | 11 | 甲子 | 1·9 | 8 | 月 | 11 | 甲午 | 1·9 |
| 4 | 10 | 日 | 12 | 乙丑 | 1·9 | 9 | 火 | 12 | 乙未 | 1·8 |
| 5 | 11 | 月 | 13 | 丙寅 | 2·8 | 10 | 水 | 13 | 丙申 | 2·8 |
| 6 | 12 | 火 | 14 | 丁卯 | 2·8 | 11 | 木 | 14 | 丁酉 | 2·8 |
| 7 | 13 | 水 | 15 | 戊辰 | 2·8 | 12 | 金 | 15 | 戊戌 | 2·7 |
| 8 | 14 | 木 | 16 | 己巳 | 3·7 | 13 | 土 | 16 | 己亥 | 3·7 |
| 9 | 15 | 金 | 17 | 庚午 | 3·7 | 14 | 日 | 17 | 庚子 | 3·7 |
| 10 | 16 | 土 | 18 | 辛未 | 3·7 | 15 | 月 | 18 | 辛丑 | 3·6 |
| 11 | 17 | 日 | 19 | 壬申 | 4·6 | 16 | 火 | 19 | 壬寅 | 4·6 |
| 12 | 18 | 月 | 20 | 癸酉 | 4·6 | 17 | 水 | 20 | 癸卯 | 4·6 |
| 13 | 19 | 火 | 21 | 甲戌 | 4·6 | 18 | 木 | 21 | 甲辰 | 4·5 |
| 14 | 20 | 水 | 22 | 乙亥 | 5·5 | 19 | 金 | 22 | 乙巳 | 5·5 |
| 15 | 21 | 木 | 23 | 丙子 | 동지 | 20 | 土 | 23 | 丙午 | 대한 |
| 16 | 22 | 金 | 24 | 丁丑 | 5·5 | 21 | 日 | 24 | 丁未 | 5·4 |
| 17 | 23 | 土 | 25 | 戊寅 | 6·4 | 22 | 月 | 25 | 戊申 | 6·4 |
| 18 | 24 | 日 | 26 | 己卯 | 6·4 | 23 | 火 | 26 | 己酉 | 6·4 |
| 19 | 25 | 月 | 27 | 庚辰 | 6·4 | 24 | 水 | 27 | 庚戌 | 6·3 |
| 20 | 26 | 火 | 28 | 辛巳 | 7·3 | 25 | 木 | 28 | 辛亥 | 7·3 |
| 21 | 27 | 水 | 29 | 壬午 | 7·3 | 26 | 金 | 29 | 壬子 | 7·3 |
| 22 | 28 | 木 | 30 | 癸未 | 7·3 | 27 | 土 | 1/1 | 癸丑 | 7·2 |
| 23 | 29 | 金 | 12/1 | 甲申 | 8·2 | 28 | 日 | 2 | 甲寅 | 8·2 |
| 24 | 30 | 土 | 2 | 乙酉 | 8·2 | 29 | 月 | 3 | 乙卯 | 8·2 |
| 25 | 31 | 日 | 3 | 丙戌 | 8·2 | 30 | 火 | 4 | 丙辰 | 8·1 |
| 26 | 1/1 | 月 | 4 | 丁亥 | 9·1 | 31 | 水 | 5 | 丁巳 | 9·1 |
| 27 | 2 | 火 | 5 | 戊子 | 9·1 | 2/1 | 木 | 6 | 戊午 | 9·1 |
| 28 | 3 | 水 | 6 | 己丑 | 9·1 | 2 | 金 | 7 | 己未 | 9·1 |
| 29 | 4 | 木 | 7 | 庚寅 | 10·1 | | | | | |
| 30 | | | | | | | | | | |
| 31 | | | | | | | | | | |

# 서기 2074년 [단기 4407년]

| 절기후날수 | 입춘절(丙寅月) | | | | | 경칩절(丁卯月) | | | | | 청명절(戊辰月) | | | | | 입하절(己巳月) | | | | | 망종절(庚午月) | | | | | 소서절(辛未月) | | | | |
|---|---|---|---|---|---|---|---|---|---|---|---|---|---|---|---|---|---|---|---|---|---|---|---|---|---|---|---|---|---|---|
| | 立春 2월3일 20시40분<br>雨水 2월18일 16시30분 | | | | | 驚蟄 3월5일 14시23분<br>春分 3월20일 15시7분 | | | | | 淸明 4월4일 18시44분<br>穀雨 4월20일 1시40분 | | | | | 立夏 5월5일 11시32분<br>小滿 5월21일 0시20분 | | | | | 芒種 6월5일 15시16분<br>夏至 6월21일 7시57분 | | | | | 小暑 7월7일 1시19분<br>大暑 7월22일 18시44분 | | | | |
| | 양력 | 요일 | 음력 | 일진 | 大運 남·여 | 양력 | 요일 | 음력 | 일진 | 大運 남·여 | 양력 | 요일 | 음력 | 일진 | 大運 남·여 | 양력 | 요일 | 음력 | 일진 | 大運 남·여 | 양력 | 요일 | 음력 | 일진 | 大運 남·여 | 양력 | 요일 | 음력 | 일진 | 大運 남·여 |
| 0 | 2/3 | 土 | 8 | 庚申 | 입춘 | 3/5 | 月 | 8 | 庚寅 | 경칩 | 4/4 | 水 | 9 | 庚申 | 청명 | 5/5 | 土 | 10 | 辛卯 | 입하 | 6/5 | 火 | 11 | 壬戌 | 망종 | 7/7 | 土 | 14 | 甲午 | 소서 |
| 1 | 4 | 日 | 9 | 辛酉 | 10·1 | 6 | 火 | 9 | 辛卯 | 10·1 | 5 | 木 | 10 | 辛酉 | 10·1 | 6 | 日 | 11 | 壬辰 | 10·1 | 6 | 水 | 12 | 癸亥 | 10·1 | 8 | 日 | 15 | 乙未 | 10·1 |
| 2 | 5 | 月 | 10 | 壬戌 | 9·1 | 7 | 水 | 10 | 壬辰 | 9·1 | 6 | 金 | 11 | 壬戌 | 10·1 | 7 | 月 | 12 | 癸巳 | 10·1 | 7 | 木 | 13 | 甲子 | 10·1 | 9 | 月 | 16 | 丙申 | 10·1 |
| 3 | 6 | 火 | 11 | 癸亥 | 9·1 | 8 | 木 | 11 | 癸巳 | 9·1 | 7 | 土 | 12 | 癸亥 | 9·1 | 8 | 火 | 13 | 甲午 | 9·1 | 8 | 金 | 14 | 乙丑 | 10·1 | 10 | 火 | 17 | 丁酉 | 9·1 |
| 4 | 7 | 水 | 12 | 甲子 | 9·1 | 9 | 金 | 12 | 甲午 | 9·1 | 8 | 日 | 13 | 甲子 | 9·1 | 9 | 水 | 14 | 乙未 | 9·1 | 9 | 土 | 15 | 丙寅 | 9·1 | 11 | 水 | 18 | 戊戌 | 9·1 |
| 5 | 8 | 木 | 13 | 乙丑 | 8·2 | 10 | 土 | 13 | 乙未 | 8·2 | 9 | 月 | 14 | 乙丑 | 9·2 | 10 | 木 | 15 | 丙申 | 9·2 | 10 | 日 | 16 | 丁卯 | 9·2 | 12 | 木 | 19 | 己亥 | 9·2 |
| 6 | 9 | 金 | 14 | 丙寅 | 8·2 | 11 | 日 | 14 | 丙申 | 8·2 | 10 | 火 | 15 | 丙寅 | 8·2 | 11 | 金 | 16 | 丁酉 | 8·2 | 11 | 月 | 17 | 戊辰 | 9·2 | 13 | 金 | 20 | 庚子 | 8·2 |
| 7 | 10 | 土 | 15 | 丁卯 | 8·2 | 12 | 月 | 15 | 丁酉 | 8·2 | 11 | 水 | 16 | 丁卯 | 8·2 | 12 | 土 | 17 | 戊戌 | 8·2 | 12 | 火 | 18 | 己巳 | 8·2 | 14 | 土 | 21 | 辛丑 | 8·2 |
| 8 | 11 | 日 | 16 | 戊辰 | 7·3 | 13 | 火 | 16 | 戊戌 | 7·3 | 12 | 木 | 17 | 戊辰 | 8·3 | 13 | 日 | 18 | 己亥 | 8·3 | 13 | 水 | 19 | 庚午 | 8·3 | 15 | 日 | 22 | 壬寅 | 8·3 |
| 9 | 12 | 月 | 17 | 己巳 | 7·3 | 14 | 水 | 17 | 己亥 | 7·3 | 13 | 金 | 18 | 己巳 | 7·3 | 14 | 月 | 19 | 庚子 | 7·3 | 14 | 木 | 20 | 辛未 | 8·3 | 16 | 月 | 23 | 癸卯 | 7·3 |
| 10 | 13 | 火 | 18 | 庚午 | 7·3 | 15 | 木 | 18 | 庚子 | 7·3 | 14 | 土 | 19 | 庚午 | 7·3 | 15 | 火 | 20 | 辛丑 | 7·3 | 15 | 金 | 21 | 壬申 | 7·3 | 17 | 火 | 24 | 甲辰 | 7·3 |
| 11 | 14 | 水 | 19 | 辛未 | 6·4 | 16 | 金 | 19 | 辛丑 | 6·4 | 15 | 日 | 20 | 辛未 | 7·4 | 16 | 水 | 21 | 壬寅 | 7·4 | 16 | 土 | 22 | 癸酉 | 7·4 | 18 | 水 | 25 | 乙巳 | 7·4 |
| 12 | 15 | 木 | 20 | 壬申 | 6·4 | 17 | 土 | 20 | 壬寅 | 6·4 | 16 | 月 | 21 | 壬申 | 6·4 | 17 | 木 | 22 | 癸卯 | 6·4 | 17 | 日 | 23 | 甲戌 | 7·4 | 19 | 木 | 26 | 丙午 | 6·4 |
| 13 | 16 | 金 | 21 | 癸酉 | 6·4 | 18 | 日 | 21 | 癸卯 | 6·4 | 17 | 火 | 22 | 癸酉 | 6·4 | 18 | 金 | 23 | 甲辰 | 6·4 | 18 | 月 | 24 | 乙亥 | 6·4 | 20 | 金 | 27 | 丁未 | 6·4 |
| 14 | 17 | 土 | 22 | 甲戌 | 5·5 | 19 | 月 | 22 | 甲辰 | 5·5 | 18 | 水 | 23 | 甲戌 | 6·5 | 19 | 土 | 24 | 乙巳 | 6·5 | 19 | 火 | 25 | 丙子 | 6·5 | 21 | 土 | 28 | 戊申 | 6·5 |
| 15 | 18 | 日 | 23 | 乙亥 | 우수 | 20 | 火 | 23 | 乙巳 | 춘분 | 19 | 木 | 24 | 乙亥 | 5·5 | 20 | 日 | 25 | 丙午 | 5·5 | 20 | 水 | 26 | 丁丑 | 6·5 | 22 | 日 | 29 | 己酉 | 대서 |
| 16 | 19 | 月 | 24 | 丙子 | 5·5 | 21 | 水 | 24 | 丙午 | 5·5 | 20 | 金 | 25 | 丙子 | 곡우 | 21 | 月 | 26 | 丁未 | 소만 | 21 | 木 | 27 | 戊寅 | 하지 | 23 | 月 | 30 | 庚戌 | 5·5 |
| 17 | 20 | 火 | 25 | 丁丑 | 4·6 | 22 | 木 | 25 | 丁未 | 4·6 | 21 | 土 | 26 | 丁丑 | 5·6 | 22 | 火 | 27 | 戊申 | 5·6 | 22 | 金 | 28 | 己卯 | 5·6 | 24 | 火 | 윤1 | 辛亥 | 5·6 |
| 18 | 21 | 水 | 26 | 戊寅 | 4·6 | 23 | 金 | 26 | 戊申 | 4·6 | 22 | 日 | 27 | 戊寅 | 4·6 | 23 | 水 | 28 | 己酉 | 4·6 | 23 | 土 | 29 | 庚辰 | 5·6 | 25 | 水 | 윤2 | 壬子 | 4·6 |
| 19 | 22 | 木 | 27 | 己卯 | 4·6 | 24 | 土 | 27 | 己酉 | 4·6 | 23 | 月 | 28 | 己卯 | 4·6 | 24 | 木 | 29 | 庚戌 | 4·6 | 24 | 日 | 6/1 | 辛巳 | 4·6 | 26 | 木 | 윤3 | 癸丑 | 4·6 |
| 20 | 23 | 金 | 28 | 庚辰 | 3·7 | 25 | 日 | 28 | 庚戌 | 3·7 | 24 | 火 | 29 | 庚辰 | 4·7 | 25 | 金 | 30 | 辛亥 | 4·7 | 25 | 月 | 2 | 壬午 | 4·7 | 27 | 金 | 윤4 | 甲寅 | 4·7 |
| 21 | 24 | 土 | 29 | 辛巳 | 3·7 | 26 | 月 | 29 | 辛亥 | 3·7 | 25 | 水 | 30 | 辛巳 | 3·7 | 26 | 土 | 5/1 | 壬子 | 3·7 | 26 | 火 | 3 | 癸未 | 4·7 | 28 | 土 | 윤5 | 乙卯 | 3·7 |
| 22 | 25 | 日 | 30 | 壬午 | 3·7 | 27 | 火 | 3/1 | 壬子 | 3·7 | 26 | 木 | 4/1 | 壬午 | 3·7 | 27 | 日 | 2 | 癸丑 | 3·7 | 27 | 水 | 4 | 甲申 | 3·7 | 29 | 日 | 윤6 | 丙辰 | 3·7 |
| 23 | 26 | 月 | 2/1 | 癸未 | 2·8 | 28 | 水 | 2 | 癸丑 | 2·8 | 27 | 金 | 2 | 癸未 | 3·8 | 28 | 月 | 3 | 甲寅 | 3·8 | 28 | 木 | 5 | 乙酉 | 3·8 | 30 | 月 | 윤7 | 丁巳 | 3·8 |
| 24 | 27 | 火 | 2 | 甲申 | 2·8 | 29 | 木 | 3 | 甲寅 | 2·8 | 28 | 土 | 3 | 甲申 | 2·8 | 29 | 火 | 4 | 乙卯 | 2·8 | 29 | 金 | 6 | 丙戌 | 3·8 | 31 | 火 | 윤8 | 戊午 | 2·8 |
| 25 | 28 | 水 | 3 | 乙酉 | 2·8 | 30 | 金 | 4 | 乙卯 | 2·8 | 29 | 日 | 4 | 乙酉 | 2·8 | 30 | 水 | 5 | 丙辰 | 2·8 | 30 | 土 | 7 | 丁亥 | 2·8 | 8/1 | 水 | 윤9 | 己未 | 2·8 |
| 26 | 3/1 | 木 | 4 | 丙戌 | 1·9 | 31 | 土 | 5 | 丙辰 | 1·9 | 30 | 月 | 5 | 丙戌 | 2·9 | 31 | 木 | 6 | 丁巳 | 2·9 | 7/1 | 日 | 8 | 戊子 | 2·9 | 2 | 木 | 윤10 | 庚申 | 2·9 |
| 27 | 2 | 金 | 5 | 丁亥 | 1·9 | 4/1 | 日 | 6 | 丁巳 | 1·9 | 5/1 | 火 | 6 | 丁亥 | 1·9 | 6/1 | 金 | 7 | 戊午 | 1·9 | 2 | 月 | 9 | 己丑 | 2·9 | 3 | 金 | 윤11 | 辛酉 | 1·9 |
| 28 | 3 | 土 | 6 | 戊子 | 1·9 | 2 | 月 | 7 | 戊午 | 1·9 | 2 | 水 | 7 | 戊子 | 1·9 | 2 | 土 | 8 | 己未 | 1·9 | 3 | 火 | 10 | 庚寅 | 1·9 | 4 | 土 | 윤12 | 壬戌 | 1·9 |
| 29 | 4 | 日 | 7 | 己丑 | 1·10 | 3 | 火 | 8 | 己未 | 1·10 | 3 | 木 | 8 | 己丑 | 1·10 | 3 | 日 | 9 | 庚申 | 1·10 | 4 | 水 | 11 | 辛卯 | 1·10 | 5 | 日 | 윤13 | 癸亥 | 1·10 |
| 30 | | | | | | | | | | | 4 | 金 | 9 | 庚寅 | 1·10 | 4 | 月 | 10 | 辛酉 | 1·10 | 5 | 木 | 12 | 壬辰 | 1·10 | 6 | 月 | 윤14 | 甲子 | 1·10 |
| 31 | | | | | | | | | | | | | | | | | | | | | 6 | 金 | 13 | 癸巳 | 1·10 | | | | | |

▶윤달－6월

# 甲午年

| 절기후날수 | 입추절(壬申月) 立秋 8월7일 11시12분 處暑 8월23일 1시59분 | | | | | | 백로절(癸酉月) 白露 9월7일 14시27분 秋分 9월23일 0시2분 | | | | | |
|---|---|---|---|---|---|---|---|---|---|---|---|---|
| | 양력 | 요일 | 음력 | 일진 | 大運 남 | 大運 여 | 양력 | 요일 | 음력 | 일진 | 大運 남 | 大運 여 |
| 0 | 8/7 | 火 | 윤15 | 乙丑 | 입추 | | 9/7 | 金 | 17 | 丙申 | 백로 | |
| 1 | 8 | 水 | 윤16 | 丙寅 | 10 | 1 | 8 | 土 | 18 | 丁酉 | 10 | 1 |
| 2 | 9 | 木 | 윤17 | 丁卯 | 10 | 1 | 9 | 日 | 19 | 戊戌 | 10 | 1 |
| 3 | 10 | 金 | 윤18 | 戊辰 | 9 | 1 | 10 | 月 | 20 | 己亥 | 9 | 1 |
| 4 | 11 | 土 | 윤19 | 己巳 | 9 | 1 | 11 | 火 | 21 | 庚子 | 9 | 1 |
| 5 | 12 | 日 | 윤20 | 庚午 | 9 | 2 | 12 | 水 | 22 | 辛丑 | 9 | 2 |
| 6 | 13 | 月 | 윤21 | 辛未 | 8 | 2 | 13 | 木 | 23 | 壬寅 | 8 | 2 |
| 7 | 14 | 火 | 윤22 | 壬申 | 8 | 2 | 14 | 金 | 24 | 癸卯 | 8 | 2 |
| 8 | 15 | 水 | 윤23 | 癸酉 | 8 | 3 | 15 | 土 | 25 | 甲辰 | 8 | 3 |
| 9 | 16 | 木 | 윤24 | 甲戌 | 7 | 3 | 16 | 日 | 26 | 乙巳 | 7 | 3 |
| 10 | 17 | 金 | 윤25 | 乙亥 | 7 | 3 | 17 | 月 | 27 | 丙午 | 7 | 3 |
| 11 | 18 | 土 | 윤26 | 丙子 | 7 | 4 | 18 | 火 | 28 | 丁未 | 7 | 4 |
| 12 | 19 | 日 | 윤27 | 丁丑 | 6 | 4 | 19 | 水 | 29 | 戊申 | 6 | 4 |
| 13 | 20 | 月 | 윤28 | 戊寅 | 6 | 4 | 20 | 木 | 30 | 己酉 | 6 | 4 |
| 14 | 21 | 火 | 윤29 | 己卯 | 6 | 5 | 21 | 金 | 8/1 | 庚戌 | 6 | 5 |
| 15 | 22 | 水 | 7/1 | 庚辰 | 5 | 5 | 22 | 土 | 2 | 辛亥 | 5 | 5 |
| 16 | 23 | 木 | 2 | 辛巳 | 처서 | | 23 | 日 | 3 | 壬子 | 추분 | |
| 17 | 24 | 金 | 3 | 壬午 | 5 | 6 | 24 | 月 | 4 | 癸丑 | 5 | 6 |
| 18 | 25 | 土 | 4 | 癸未 | 4 | 6 | 25 | 火 | 5 | 甲寅 | 4 | 6 |
| 19 | 26 | 日 | 5 | 甲申 | 4 | 6 | 26 | 水 | 6 | 乙卯 | 4 | 6 |
| 20 | 27 | 月 | 6 | 乙酉 | 4 | 7 | 27 | 木 | 7 | 丙辰 | 4 | 7 |
| 21 | 28 | 火 | 7 | 丙戌 | 3 | 7 | 28 | 金 | 8 | 丁巳 | 3 | 7 |
| 22 | 29 | 水 | 8 | 丁亥 | 3 | 7 | 29 | 土 | 9 | 戊午 | 3 | 7 |
| 23 | 30 | 木 | 9 | 戊子 | 3 | 8 | 30 | 日 | 10 | 己未 | 3 | 8 |
| 24 | 31 | 金 | 10 | 己丑 | 2 | 8 | 10/1 | 月 | 11 | 庚申 | 2 | 8 |
| 25 | 9/1 | 土 | 11 | 庚寅 | 2 | 8 | 2 | 火 | 12 | 辛酉 | 2 | 8 |
| 26 | 2 | 日 | 12 | 辛卯 | 2 | 9 | 3 | 水 | 13 | 壬戌 | 2 | 9 |
| 27 | 3 | 月 | 13 | 壬辰 | 1 | 9 | 4 | 木 | 14 | 癸亥 | 1 | 9 |
| 28 | 4 | 火 | 14 | 癸巳 | 1 | 9 | 5 | 金 | 15 | 甲子 | 1 | 9 |
| 29 | 5 | 水 | 15 | 甲午 | 1 | 10 | 6 | 土 | 16 | 乙丑 | 1 | 10 |
| 30 | 6 | 木 | 16 | 乙未 | 1 | 10 | 7 | 日 | 17 | 丙寅 | 1 | 10 |
| 31 | | | | | | | | | | | | |

| 절기후날수 | 한로절(甲戌月) 寒露 10월8일 6시36분 霜降 10월23일 9시54분 | | | | | | 입동절(乙亥月) 立冬 11월7일 10시18분 小雪 11월22일 7시56분 | | | | | |
|---|---|---|---|---|---|---|---|---|---|---|---|---|
| | 양력 | 요일 | 음력 | 일진 | 大運 남 | 大運 여 | 양력 | 요일 | 음력 | 일진 | 大運 남 | 大運 여 |
| 0 | 10/8 | 月 | 18 | 丁卯 | 한로 | | 11/7 | 水 | 19 | 丁酉 | 입동 | |
| 1 | 9 | 火 | 19 | 戊辰 | 10 | 1 | 8 | 木 | 20 | 戊戌 | 10 | 1 |
| 2 | 10 | 水 | 20 | 己巳 | 9 | 1 | 9 | 金 | 21 | 己亥 | 9 | 1 |
| 3 | 11 | 木 | 21 | 庚午 | 9 | 1 | 10 | 土 | 22 | 庚子 | 9 | 1 |
| 4 | 12 | 金 | 22 | 辛未 | 9 | 1 | 11 | 日 | 23 | 辛丑 | 9 | 1 |
| 5 | 13 | 土 | 23 | 壬申 | 8 | 2 | 12 | 月 | 24 | 壬寅 | 8 | 2 |
| 6 | 14 | 日 | 24 | 癸酉 | 8 | 2 | 13 | 火 | 25 | 癸卯 | 8 | 2 |
| 7 | 15 | 月 | 25 | 甲戌 | 8 | 2 | 14 | 水 | 26 | 甲辰 | 8 | 2 |
| 8 | 16 | 火 | 26 | 乙亥 | 7 | 3 | 15 | 木 | 27 | 乙巳 | 7 | 3 |
| 9 | 17 | 水 | 27 | 丙子 | 7 | 3 | 16 | 金 | 28 | 丙午 | 7 | 3 |
| 10 | 18 | 木 | 28 | 丁丑 | 7 | 3 | 17 | 土 | 29 | 丁未 | 7 | 3 |
| 11 | 19 | 金 | 29 | 戊寅 | 6 | 4 | 18 | 日 | 30 | 戊申 | 6 | 4 |
| 12 | 20 | 土 | 9/1 | 己卯 | 6 | 4 | 19 | 月 | 10/1 | 己酉 | 6 | 4 |
| 13 | 21 | 日 | 2 | 庚辰 | 6 | 4 | 20 | 火 | 2 | 庚戌 | 6 | 4 |
| 14 | 22 | 月 | 3 | 辛巳 | 5 | 5 | 21 | 水 | 3 | 辛亥 | 5 | 5 |
| 15 | 23 | 火 | 4 | 壬午 | 상강 | | 22 | 木 | 4 | 壬子 | 소설 | |
| 16 | 24 | 水 | 5 | 癸未 | 5 | 5 | 23 | 金 | 5 | 癸丑 | 5 | 5 |
| 17 | 25 | 木 | 6 | 甲申 | 4 | 6 | 24 | 土 | 6 | 甲寅 | 4 | 6 |
| 18 | 26 | 金 | 7 | 乙酉 | 4 | 6 | 25 | 日 | 7 | 乙卯 | 4 | 6 |
| 19 | 27 | 土 | 8 | 丙戌 | 4 | 6 | 26 | 月 | 8 | 丙辰 | 4 | 6 |
| 20 | 28 | 日 | 9 | 丁亥 | 3 | 7 | 27 | 火 | 9 | 丁巳 | 3 | 7 |
| 21 | 29 | 月 | 10 | 戊子 | 3 | 7 | 28 | 水 | 10 | 戊午 | 3 | 7 |
| 22 | 30 | 火 | 11 | 己丑 | 3 | 7 | 29 | 木 | 11 | 己未 | 3 | 7 |
| 23 | 31 | 水 | 12 | 庚寅 | 2 | 8 | 30 | 金 | 12 | 庚申 | 2 | 8 |
| 24 | 11/1 | 木 | 13 | 辛卯 | 2 | 8 | 12/1 | 土 | 13 | 辛酉 | 2 | 8 |
| 25 | 2 | 金 | 14 | 壬辰 | 2 | 8 | 2 | 日 | 14 | 壬戌 | 2 | 8 |
| 26 | 3 | 土 | 15 | 癸巳 | 1 | 9 | 3 | 月 | 15 | 癸亥 | 1 | 9 |
| 27 | 4 | 日 | 16 | 甲午 | 1 | 9 | 4 | 火 | 16 | 甲子 | 1 | 9 |
| 28 | 5 | 月 | 17 | 乙未 | 1 | 9 | 5 | 水 | 17 | 乙丑 | 1 | 9 |
| 29 | 6 | 火 | 18 | 丙申 | 1 | 10 | 6 | 木 | 18 | 丙寅 | 1 | 10 |
| 30 | | | | | | | | | | | | |
| 31 | | | | | | | | | | | | |

| 절기후날수 | 대설절(丙子月) 大雪 12월7일 3시33분 冬至 12월21일 21시34분 | | | | | | 소한절(丁丑月) 小寒 1월5일 14시56분 大寒 1월20일 8시15분 | | | | | |
|---|---|---|---|---|---|---|---|---|---|---|---|---|
| | 양력 | 요일 | 음력 | 일진 | 大運 남 | 大運 여 | 양력 | 요일 | 음력 | 일진 | 大運 남 | 大運 여 |
| 0 | 12/7 | 金 | 19 | 丁卯 | 대설 | | 1/5 | 土 | 19 | 丙申 | 소한 | |
| 1 | 8 | 土 | 20 | 戊辰 | 9 | 1 | 6 | 日 | 20 | 丁酉 | 10 | 1 |
| 2 | 9 | 日 | 21 | 己巳 | 9 | 1 | 7 | 月 | 21 | 戊戌 | 9 | 1 |
| 3 | 10 | 月 | 22 | 庚午 | 9 | 1 | 8 | 火 | 22 | 己亥 | 9 | 1 |
| 4 | 11 | 火 | 23 | 辛未 | 8 | 1 | 9 | 水 | 23 | 庚子 | 9 | 1 |
| 5 | 12 | 水 | 24 | 壬申 | 8 | 2 | 10 | 木 | 24 | 辛丑 | 8 | 2 |
| 6 | 13 | 木 | 25 | 癸酉 | 8 | 2 | 11 | 金 | 25 | 壬寅 | 8 | 2 |
| 7 | 14 | 金 | 26 | 甲戌 | 7 | 2 | 12 | 土 | 26 | 癸卯 | 8 | 2 |
| 8 | 15 | 土 | 27 | 乙亥 | 7 | 3 | 13 | 日 | 27 | 甲辰 | 7 | 3 |
| 9 | 16 | 日 | 28 | 丙子 | 7 | 3 | 14 | 月 | 28 | 乙巳 | 7 | 3 |
| 10 | 17 | 月 | 29 | 丁丑 | 6 | 3 | 15 | 火 | 29 | 丙午 | 7 | 3 |
| 11 | 18 | 火 | 11/1 | 戊寅 | 6 | 4 | 16 | 水 | 30 | 丁未 | 6 | 4 |
| 12 | 19 | 水 | 2 | 己卯 | 6 | 4 | 17 | 木 | 12/1 | 戊申 | 6 | 4 |
| 13 | 20 | 木 | 3 | 庚辰 | 5 | 4 | 18 | 金 | 2 | 己酉 | 6 | 4 |
| 14 | 21 | 金 | 4 | 辛巳 | 동지 | | 19 | 土 | 3 | 庚戌 | 5 | 5 |
| 15 | 22 | 土 | 5 | 壬午 | 5 | 5 | 20 | 日 | 4 | 辛亥 | 대한 | |
| 16 | 23 | 日 | 6 | 癸未 | 4 | 5 | 21 | 月 | 5 | 壬子 | 5 | 5 |
| 17 | 24 | 月 | 7 | 甲申 | 4 | 6 | 22 | 火 | 6 | 癸丑 | 4 | 6 |
| 18 | 25 | 火 | 8 | 乙酉 | 4 | 6 | 23 | 水 | 7 | 甲寅 | 4 | 6 |
| 19 | 26 | 水 | 9 | 丙戌 | 3 | 6 | 24 | 木 | 8 | 乙卯 | 4 | 6 |
| 20 | 27 | 木 | 10 | 丁亥 | 3 | 7 | 25 | 金 | 9 | 丙辰 | 3 | 7 |
| 21 | 28 | 金 | 11 | 戊子 | 3 | 7 | 26 | 土 | 10 | 丁巳 | 3 | 7 |
| 22 | 29 | 土 | 12 | 己丑 | 2 | 7 | 27 | 日 | 11 | 戊午 | 3 | 7 |
| 23 | 30 | 日 | 13 | 庚寅 | 2 | 8 | 28 | 月 | 12 | 己未 | 2 | 8 |
| 24 | 31 | 月 | 14 | 辛卯 | 2 | 8 | 29 | 火 | 13 | 庚申 | 2 | 8 |
| 25 | 1/1 | 火 | 15 | 壬辰 | 1 | 8 | 30 | 水 | 14 | 辛酉 | 2 | 8 |
| 26 | 2 | 水 | 16 | 癸巳 | 1 | 9 | 31 | 木 | 15 | 壬戌 | 1 | 9 |
| 27 | 3 | 木 | 17 | 甲午 | 1 | 9 | 2/1 | 金 | 16 | 癸亥 | 1 | 9 |
| 28 | 4 | 金 | 18 | 乙未 | 1 | 9 | 2 | 土 | 17 | 甲子 | 1 | 9 |
| 29 | | | | | | | 3 | 日 | 18 | 乙丑 | 1 | 10 |
| 30 | | | | | | | | | | | | |
| 31 | | | | | | | | | | | | |

# 서기 2075년 [단기 4408년]

| 절기후날수 | 입춘절(戊寅月) 立春 2월4일 2시29분 雨水 2월18일 22시10분 | | | | | 경칩절(己卯月) 驚蟄 3월5일 20시10분 春分 3월20일 20시45분 | | | | |
|---|---|---|---|---|---|---|---|---|---|---|
| | 양력 | 요일 | 음력 | 일진 | 大運 남·여 | 양력 | 요일 | 음력 | 일진 | 大運 남·여 |
| 0 | 2/4 | 月 | 19 | 丙寅 | 입춘 | 3/5 | 火 | 19 | 乙未 | 경칩 |
| 1 | 5 | 火 | 20 | 丁卯 | 1·9 | 6 | 水 | 20 | 丙申 | 1·10 |
| 2 | 6 | 水 | 21 | 戊辰 | 1·9 | 7 | 木 | 21 | 丁酉 | 1·10 |
| 3 | 7 | 木 | 22 | 己巳 | 1·9 | 8 | 金 | 22 | 戊戌 | 1·9 |
| 4 | 8 | 金 | 23 | 庚午 | 1·8 | 9 | 土 | 23 | 己亥 | 1·9 |
| 5 | 9 | 土 | 24 | 辛未 | 2·8 | 10 | 日 | 24 | 庚子 | 2·9 |
| 6 | 10 | 日 | 25 | 壬申 | 2·8 | 11 | 月 | 25 | 辛丑 | 2·8 |
| 7 | 11 | 月 | 26 | 癸酉 | 2·7 | 12 | 火 | 26 | 壬寅 | 2·8 |
| 8 | 12 | 火 | 27 | 甲戌 | 3·7 | 13 | 水 | 27 | 癸卯 | 3·8 |
| 9 | 13 | 水 | 28 | 乙亥 | 3·7 | 14 | 木 | 28 | 甲辰 | 3·7 |
| 10 | 14 | 木 | 29 | 丙子 | 3·6 | 15 | 金 | 29 | 乙巳 | 3·7 |
| 11 | 15 | 金 | 1/1 | 丁丑 | 4·6 | 16 | 土 | 30 | 丙午 | 4·7 |
| 12 | 16 | 土 | 2 | 戊寅 | 4·6 | 17 | 日 | 2/1 | 丁未 | 4·6 |
| 13 | 17 | 日 | 3 | 己卯 | 4·5 | 18 | 月 | 2 | 戊申 | 4·6 |
| 14 | 18 | 月 | 4 | 庚辰 | 우수 | 19 | 火 | 3 | 己酉 | 5·6 |
| 15 | 19 | 火 | 5 | 辛巳 | 5·5 | 20 | 水 | 4 | 庚戌 | 춘분 |
| 16 | 20 | 水 | 6 | 壬午 | 5·4 | 21 | 木 | 5 | 辛亥 | 5·5 |
| 17 | 21 | 木 | 7 | 癸未 | 6·4 | 22 | 金 | 6 | 壬子 | 6·5 |
| 18 | 22 | 金 | 8 | 甲申 | 6·4 | 23 | 土 | 7 | 癸丑 | 6·4 |
| 19 | 23 | 土 | 9 | 乙酉 | 6·3 | 24 | 日 | 8 | 甲寅 | 6·4 |
| 20 | 24 | 日 | 10 | 丙戌 | 7·3 | 25 | 月 | 9 | 乙卯 | 7·4 |
| 21 | 25 | 月 | 11 | 丁亥 | 7·3 | 26 | 火 | 10 | 丙辰 | 7·3 |
| 22 | 26 | 火 | 12 | 戊子 | 7·2 | 27 | 水 | 11 | 丁巳 | 7·3 |
| 23 | 27 | 水 | 13 | 己丑 | 8·2 | 28 | 木 | 12 | 戊午 | 8·3 |
| 24 | 28 | 木 | 14 | 庚寅 | 8·2 | 29 | 金 | 13 | 己未 | 8·2 |
| 25 | 3/1 | 金 | 15 | 辛卯 | 8·1 | 30 | 土 | 14 | 庚申 | 8·2 |
| 26 | 2 | 土 | 16 | 壬辰 | 9·1 | 31 | 日 | 15 | 辛酉 | 9·2 |
| 27 | 3 | 日 | 17 | 癸巳 | 9·1 | 4/1 | 月 | 16 | 壬戌 | 9·1 |
| 28 | 4 | 月 | 18 | 甲午 | 9·1 | 2 | 火 | 17 | 癸亥 | 9·1 |
| 29 | | | | | | 3 | 水 | 18 | 甲子 | 10·1 |
| 30 | | | | | | 4 | 木 | 19 | 乙丑 | 10·1 |
| 31 | | | | | | | | | | |

| 절기후날수 | 청명절(庚辰月) 淸明 4월5일 0시29분 穀雨 4월20일 7시17분 | | | | | 입하절(辛巳月) 立夏 5월5일 17시18분 小滿 5월21일 5시58분 | | | | |
|---|---|---|---|---|---|---|---|---|---|---|
| | 양력 | 요일 | 음력 | 일진 | 大運 남·여 | 양력 | 요일 | 음력 | 일진 | 大運 남·여 |
| 0 | 4/5 | 金 | 20 | 丙寅 | 청명 | 5/5 | 日 | 21 | 丙申 | 입하 |
| 1 | 6 | 土 | 21 | 丁卯 | 1·10 | 6 | 月 | 22 | 丁酉 | 1·10 |
| 2 | 7 | 日 | 22 | 戊辰 | 1·9 | 7 | 火 | 23 | 戊戌 | 1·10 |
| 3 | 8 | 月 | 23 | 己巳 | 1·9 | 8 | 水 | 24 | 己亥 | 1·9 |
| 4 | 9 | 火 | 24 | 庚午 | 1·9 | 9 | 木 | 25 | 庚子 | 1·9 |
| 5 | 10 | 水 | 25 | 辛未 | 2·8 | 10 | 金 | 26 | 辛丑 | 2·9 |
| 6 | 11 | 木 | 26 | 壬申 | 2·8 | 11 | 土 | 27 | 壬寅 | 2·8 |
| 7 | 12 | 金 | 27 | 癸酉 | 2·8 | 12 | 日 | 28 | 癸卯 | 2·8 |
| 8 | 13 | 土 | 28 | 甲戌 | 3·7 | 13 | 月 | 29 | 甲辰 | 3·8 |
| 9 | 14 | 日 | 29 | 乙亥 | 3·7 | 14 | 火 | 30 | 乙巳 | 3·7 |
| 10 | 15 | 月 | 3/1 | 丙子 | 3·7 | 15 | 水 | 4/1 | 丙午 | 3·7 |
| 11 | 16 | 火 | 2 | 丁丑 | 4·6 | 16 | 木 | 2 | 丁未 | 4·7 |
| 12 | 17 | 水 | 3 | 戊寅 | 4·6 | 17 | 金 | 3 | 戊申 | 4·6 |
| 13 | 18 | 木 | 4 | 己卯 | 4·6 | 18 | 土 | 4 | 己酉 | 4·6 |
| 14 | 19 | 金 | 5 | 庚辰 | 5·5 | 19 | 日 | 5 | 庚戌 | 5·6 |
| 15 | 20 | 土 | 6 | 辛巳 | 곡우 | 20 | 月 | 6 | 辛亥 | 5·5 |
| 16 | 21 | 日 | 7 | 壬午 | 5·5 | 21 | 火 | 7 | 壬子 | 소만 |
| 17 | 22 | 月 | 8 | 癸未 | 6·4 | 22 | 水 | 8 | 癸丑 | 6·5 |
| 18 | 23 | 火 | 9 | 甲申 | 6·4 | 23 | 木 | 9 | 甲寅 | 6·4 |
| 19 | 24 | 水 | 10 | 乙酉 | 6·4 | 24 | 金 | 10 | 乙卯 | 6·4 |
| 20 | 25 | 木 | 11 | 丙戌 | 7·3 | 25 | 土 | 11 | 丙辰 | 7·4 |
| 21 | 26 | 金 | 12 | 丁亥 | 7·3 | 26 | 日 | 12 | 丁巳 | 7·3 |
| 22 | 27 | 土 | 13 | 戊子 | 7·3 | 27 | 月 | 13 | 戊午 | 7·3 |
| 23 | 28 | 日 | 14 | 己丑 | 8·2 | 28 | 火 | 14 | 己未 | 8·3 |
| 24 | 29 | 月 | 15 | 庚寅 | 8·2 | 29 | 水 | 15 | 庚申 | 8·2 |
| 25 | 30 | 火 | 16 | 辛卯 | 8·2 | 30 | 木 | 16 | 辛酉 | 8·2 |
| 26 | 5/1 | 水 | 17 | 壬辰 | 9·1 | 31 | 金 | 17 | 壬戌 | 9·2 |
| 27 | 2 | 木 | 18 | 癸巳 | 9·1 | 6/1 | 土 | 18 | 癸亥 | 9·1 |
| 28 | 3 | 金 | 19 | 甲午 | 9·1 | 2 | 日 | 19 | 甲子 | 9·1 |
| 29 | 4 | 土 | 20 | 乙未 | 10·1 | 3 | 月 | 20 | 乙丑 | 10·1 |
| 30 | | | | | | 4 | 火 | 21 | 丙寅 | 10·1 |
| 31 | | | | | | | | | | |

| 절기후날수 | 망종절(壬午月) 芒種 6월5일 21시5분 夏至 6월21일 13시39분 | | | | | 소서절(癸未月) 小暑 7월7일 7시12분 大暑 7월23일 0시32분 | | | | |
|---|---|---|---|---|---|---|---|---|---|---|
| | 양력 | 요일 | 음력 | 일진 | 大運 남·여 | 양력 | 요일 | 음력 | 일진 | 大運 남·여 |
| 0 | 6/5 | 水 | 22 | 丁卯 | 망종 | 7/7 | 日 | 25 | 己亥 | 소서 |
| 1 | 6 | 木 | 23 | 戊辰 | 1·10 | 8 | 月 | 26 | 庚子 | 1·10 |
| 2 | 7 | 金 | 24 | 己巳 | 1·10 | 9 | 火 | 27 | 辛丑 | 1·10 |
| 3 | 8 | 土 | 25 | 庚午 | 1·10 | 10 | 水 | 28 | 壬寅 | 1·9 |
| 4 | 9 | 日 | 26 | 辛未 | 1·9 | 11 | 木 | 29 | 癸卯 | 1·9 |
| 5 | 10 | 月 | 27 | 壬申 | 2·9 | 12 | 金 | 30 | 甲辰 | 2·9 |
| 6 | 11 | 火 | 28 | 癸酉 | 2·9 | 13 | 土 | 6/1 | 乙巳 | 2·8 |
| 7 | 12 | 水 | 29 | 甲戌 | 2·8 | 14 | 日 | 2 | 丙午 | 2·8 |
| 8 | 13 | 木 | 5/1 | 乙亥 | 3·8 | 15 | 月 | 3 | 丁未 | 3·8 |
| 9 | 14 | 金 | 2 | 丙子 | 3·8 | 16 | 火 | 4 | 戊申 | 3·7 |
| 10 | 15 | 土 | 3 | 丁丑 | 3·7 | 17 | 水 | 5 | 己酉 | 3·7 |
| 11 | 16 | 日 | 4 | 戊寅 | 4·7 | 18 | 木 | 6 | 庚戌 | 4·7 |
| 12 | 17 | 月 | 5 | 己卯 | 4·7 | 19 | 金 | 7 | 辛亥 | 4·6 |
| 13 | 18 | 火 | 6 | 庚辰 | 4·6 | 20 | 土 | 8 | 壬子 | 4·6 |
| 14 | 19 | 水 | 7 | 辛巳 | 5·6 | 21 | 日 | 9 | 癸丑 | 5·6 |
| 15 | 20 | 木 | 8 | 壬午 | 5·6 | 22 | 月 | 10 | 甲寅 | 5·5 |
| 16 | 21 | 金 | 9 | 癸未 | 하지 | 23 | 火 | 11 | 乙卯 | 대서 |
| 17 | 22 | 土 | 10 | 甲申 | 6·5 | 24 | 水 | 12 | 丙辰 | 6·5 |
| 18 | 23 | 日 | 11 | 乙酉 | 6·5 | 25 | 木 | 13 | 丁巳 | 6·4 |
| 19 | 24 | 月 | 12 | 丙戌 | 6·4 | 26 | 金 | 14 | 戊午 | 6·4 |
| 20 | 25 | 火 | 13 | 丁亥 | 7·4 | 27 | 土 | 15 | 己未 | 7·4 |
| 21 | 26 | 水 | 14 | 戊子 | 7·4 | 28 | 日 | 16 | 庚申 | 7·3 |
| 22 | 27 | 木 | 15 | 己丑 | 7·3 | 29 | 月 | 17 | 辛酉 | 7·3 |
| 23 | 28 | 金 | 16 | 庚寅 | 8·3 | 30 | 火 | 18 | 壬戌 | 8·3 |
| 24 | 29 | 土 | 17 | 辛卯 | 8·3 | 31 | 水 | 19 | 癸亥 | 8·2 |
| 25 | 30 | 日 | 18 | 壬辰 | 8·2 | 8/1 | 木 | 20 | 甲子 | 8·2 |
| 26 | 7/1 | 月 | 19 | 癸巳 | 9·2 | 2 | 金 | 21 | 乙丑 | 9·2 |
| 27 | 2 | 火 | 20 | 甲午 | 9·2 | 3 | 土 | 22 | 丙寅 | 9·1 |
| 28 | 3 | 水 | 21 | 乙未 | 9·1 | 4 | 日 | 23 | 丁卯 | 9·1 |
| 29 | 4 | 木 | 22 | 丙申 | 10·1 | 5 | 月 | 24 | 戊辰 | 10·1 |
| 30 | 5 | 金 | 23 | 丁酉 | 10·1 | 6 | 火 | 25 | 己巳 | 10·1 |
| 31 | 6 | 土 | 24 | 戊戌 | 10·1 | | | | | |

# 乙未年

| 절기후날수 | 입추절(甲申月) 立秋 8월7일 17시7분 處暑 8월23일 7시52분 | | | | | | 백로절(乙酉月) 白露 9월7일 20시22분 秋分 9월23일 5시57분 | | | | | | 한로절(丙戌月) 寒露 10월8일 12시30분 霜降 10월23일 15시49분 | | | | | |
|---|---|---|---|---|---|---|---|---|---|---|---|---|---|---|---|---|---|---|
| | 양력 | 요일 | 음력 | 일진 | 大運 남 | 大運 여 | 양력 | 요일 | 음력 | 일진 | 大運 남 | 大運 여 | 양력 | 요일 | 음력 | 일진 | 大運 남 | 大運 여 |
| 0 | 8/7 | 水 | 26 | 庚午 | 입추 | | 9/7 | 土 | 27 | 辛丑 | 백로 | | 10/8 | 火 | 29 | 壬申 | 한로 | |
| 1 | 8 | 木 | 27 | 辛未 | 1 | 10 | 8 | 日 | 28 | 壬寅 | 1 | 10 | 9 | 水 | 30 | 癸酉 | 1 | 10 |
| 2 | 9 | 金 | 28 | 壬申 | 1 | 10 | 9 | 月 | 29 | 癸卯 | 1 | 10 | 10 | 木 | 9/1 | 甲戌 | 1 | 9 |
| 3 | 10 | 土 | 29 | 癸酉 | 1 | 9 | 10 | 火 | 8/1 | 甲辰 | 1 | 9 | 11 | 金 | 2 | 乙亥 | 1 | 9 |
| 4 | 11 | 日 | 30 | 甲戌 | 1 | 9 | 11 | 水 | 2 | 乙巳 | 1 | 9 | 12 | 土 | 3 | 丙子 | 1 | 9 |
| 5 | 12 | 月 | 7/1 | 乙亥 | 2 | 9 | 12 | 木 | 3 | 丙午 | 2 | 9 | 13 | 日 | 4 | 丁丑 | 2 | 8 |
| 6 | 13 | 火 | 2 | 丙子 | 2 | 8 | 13 | 金 | 4 | 丁未 | 2 | 8 | 14 | 月 | 5 | 戊寅 | 2 | 8 |
| 7 | 14 | 水 | 3 | 丁丑 | 2 | 8 | 14 | 土 | 5 | 戊申 | 2 | 8 | 15 | 火 | 6 | 己卯 | 2 | 8 |
| 8 | 15 | 木 | 4 | 戊寅 | 3 | 8 | 15 | 日 | 6 | 己酉 | 3 | 8 | 16 | 水 | 7 | 庚辰 | 3 | 7 |
| 9 | 16 | 金 | 5 | 己卯 | 3 | 7 | 16 | 月 | 7 | 庚戌 | 3 | 7 | 17 | 木 | 8 | 辛巳 | 3 | 7 |
| 10 | 17 | 土 | 6 | 庚辰 | 3 | 7 | 17 | 火 | 8 | 辛亥 | 3 | 7 | 18 | 金 | 9 | 壬午 | 3 | 7 |
| 11 | 18 | 日 | 7 | 辛巳 | 4 | 7 | 18 | 水 | 9 | 壬子 | 4 | 7 | 19 | 土 | 10 | 癸未 | 4 | 6 |
| 12 | 19 | 月 | 8 | 壬午 | 4 | 6 | 19 | 木 | 10 | 癸丑 | 4 | 6 | 20 | 日 | 11 | 甲申 | 4 | 6 |
| 13 | 20 | 火 | 9 | 癸未 | 4 | 6 | 20 | 金 | 11 | 甲寅 | 4 | 6 | 21 | 月 | 12 | 乙酉 | 4 | 6 |
| 14 | 21 | 水 | 10 | 甲申 | 5 | 6 | 21 | 土 | 12 | 乙卯 | 5 | 6 | 22 | 火 | 13 | 丙戌 | 5 | 5 |
| 15 | 22 | 木 | 11 | 乙酉 | 5 | 5 | 22 | 日 | 13 | 丙辰 | 5 | 5 | 23 | 水 | 14 | 丁亥 | 상강 | |
| 16 | 23 | 金 | 12 | 丙戌 | 처서 | | 23 | 月 | 14 | 丁巳 | 추분 | | 24 | 木 | 15 | 戊子 | 5 | 5 |
| 17 | 24 | 土 | 13 | 丁亥 | 6 | 5 | 24 | 火 | 15 | 戊午 | 6 | 5 | 25 | 金 | 16 | 己丑 | 6 | 4 |
| 18 | 25 | 日 | 14 | 戊子 | 6 | 4 | 25 | 水 | 16 | 己未 | 6 | 4 | 26 | 土 | 17 | 庚寅 | 6 | 4 |
| 19 | 26 | 月 | 15 | 己丑 | 6 | 4 | 26 | 木 | 17 | 庚申 | 6 | 4 | 27 | 日 | 18 | 辛卯 | 6 | 4 |
| 20 | 27 | 火 | 16 | 庚寅 | 7 | 4 | 27 | 金 | 18 | 辛酉 | 7 | 4 | 28 | 月 | 19 | 壬辰 | 7 | 3 |
| 21 | 28 | 水 | 17 | 辛卯 | 7 | 3 | 28 | 土 | 19 | 壬戌 | 7 | 3 | 29 | 火 | 20 | 癸巳 | 7 | 3 |
| 22 | 29 | 木 | 18 | 壬辰 | 7 | 3 | 29 | 日 | 20 | 癸亥 | 7 | 3 | 30 | 水 | 21 | 甲午 | 7 | 3 |
| 23 | 30 | 金 | 19 | 癸巳 | 8 | 3 | 30 | 月 | 21 | 甲子 | 8 | 3 | 31 | 木 | 22 | 乙未 | 8 | 2 |
| 24 | 31 | 土 | 20 | 甲午 | 8 | 2 | 10/1 | 火 | 22 | 乙丑 | 8 | 2 | 11/1 | 金 | 23 | 丙申 | 8 | 2 |
| 25 | 9/1 | 日 | 21 | 乙未 | 8 | 2 | 2 | 水 | 23 | 丙寅 | 8 | 2 | 2 | 土 | 24 | 丁酉 | 8 | 2 |
| 26 | 2 | 月 | 22 | 丙申 | 9 | 2 | 3 | 木 | 24 | 丁卯 | 9 | 2 | 3 | 日 | 25 | 戊戌 | 9 | 1 |
| 27 | 3 | 火 | 23 | 丁酉 | 9 | 1 | 4 | 金 | 25 | 戊辰 | 9 | 1 | 4 | 月 | 26 | 己亥 | 9 | 1 |
| 28 | 4 | 水 | 24 | 戊戌 | 9 | 1 | 5 | 土 | 26 | 己巳 | 9 | 1 | 5 | 火 | 27 | 庚子 | 9 | 1 |
| 29 | 5 | 木 | 25 | 己亥 | 10 | 1 | 6 | 日 | 27 | 庚午 | 10 | 1 | 6 | 水 | 28 | 辛丑 | 10 | 1 |
| 30 | 6 | 金 | 26 | 庚子 | 10 | 1 | 7 | 月 | 28 | 辛未 | 10 | 1 | | | | | | |
| 31 | | | | | | | | | | | | | | | | | | |

| 절기후날수 | 입동절(丁亥月) 立冬 11월7일 16시10분 小雪 11월22일 13시50분 | | | | | | 대설절(戊子月) 大雪 12월7일 9시23분 冬至 12월22일 3시26분 | | | | | | 소한절(己丑月) 小寒 1월5일 20시46분 大寒 1월20일 14시6분 | | | | | |
|---|---|---|---|---|---|---|---|---|---|---|---|---|---|---|---|---|---|---|
| | 양력 | 요일 | 음력 | 일진 | 大運 남 | 大運 여 | 양력 | 요일 | 음력 | 일진 | 大運 남 | 大運 여 | 양력 | 요일 | 음력 | 일진 | 大運 남 | 大運 여 |
| 0 | 11/7 | 木 | 29 | 壬寅 | 입동 | | 12/7 | 土 | 30 | 壬申 | 대설 | | 1/5 | 日 | 29 | 辛丑 | 소한 | |
| 1 | 8 | 金 | 10/1 | 癸卯 | 1 | 10 | 8 | 日 | 11/1 | 癸酉 | 1 | 9 | 6 | 月 | 12/1 | 壬寅 | 1 | 10 |
| 2 | 9 | 土 | 2 | 甲辰 | 1 | 9 | 9 | 月 | 2 | 甲戌 | 1 | 9 | 7 | 火 | 2 | 癸卯 | 1 | 9 |
| 3 | 10 | 日 | 3 | 乙巳 | 1 | 9 | 10 | 火 | 3 | 乙亥 | 1 | 9 | 8 | 水 | 3 | 甲辰 | 1 | 9 |
| 4 | 11 | 月 | 4 | 丙午 | 1 | 9 | 11 | 水 | 4 | 丙子 | 1 | 8 | 9 | 木 | 4 | 乙巳 | 1 | 9 |
| 5 | 12 | 火 | 5 | 丁未 | 2 | 8 | 12 | 木 | 5 | 丁丑 | 2 | 8 | 10 | 金 | 5 | 丙午 | 2 | 8 |
| 6 | 13 | 水 | 6 | 戊申 | 2 | 8 | 13 | 金 | 6 | 戊寅 | 2 | 8 | 11 | 土 | 6 | 丁未 | 2 | 8 |
| 7 | 14 | 木 | 7 | 己酉 | 2 | 8 | 14 | 土 | 7 | 己卯 | 2 | 7 | 12 | 日 | 7 | 戊申 | 2 | 8 |
| 8 | 15 | 金 | 8 | 庚戌 | 3 | 7 | 15 | 日 | 8 | 庚辰 | 3 | 7 | 13 | 月 | 8 | 己酉 | 3 | 7 |
| 9 | 16 | 土 | 9 | 辛亥 | 3 | 7 | 16 | 月 | 9 | 辛巳 | 3 | 7 | 14 | 火 | 9 | 庚戌 | 3 | 7 |
| 10 | 17 | 日 | 10 | 壬子 | 3 | 7 | 17 | 火 | 10 | 壬午 | 3 | 6 | 15 | 水 | 10 | 辛亥 | 3 | 7 |
| 11 | 18 | 月 | 11 | 癸丑 | 4 | 6 | 18 | 水 | 11 | 癸未 | 4 | 6 | 16 | 木 | 11 | 壬子 | 4 | 6 |
| 12 | 19 | 火 | 12 | 甲寅 | 4 | 6 | 19 | 木 | 12 | 甲申 | 4 | 6 | 17 | 金 | 12 | 癸丑 | 4 | 6 |
| 13 | 20 | 水 | 13 | 乙卯 | 4 | 6 | 20 | 金 | 13 | 乙酉 | 4 | 5 | 18 | 土 | 13 | 甲寅 | 4 | 6 |
| 14 | 21 | 木 | 14 | 丙辰 | 5 | 5 | 21 | 土 | 14 | 丙戌 | 5 | 5 | 19 | 日 | 14 | 乙卯 | 5 | 5 |
| 15 | 22 | 金 | 15 | 丁巳 | 소설 | | 22 | 日 | 15 | 丁亥 | 동지 | | 20 | 月 | 15 | 丙辰 | 대한 | |
| 16 | 23 | 土 | 16 | 戊午 | 5 | 5 | 23 | 月 | 16 | 戊子 | 5 | 4 | 21 | 火 | 16 | 丁巳 | 5 | 5 |
| 17 | 24 | 日 | 17 | 己未 | 6 | 4 | 24 | 火 | 17 | 己丑 | 6 | 4 | 22 | 水 | 17 | 戊午 | 6 | 4 |
| 18 | 25 | 月 | 18 | 庚申 | 6 | 4 | 25 | 水 | 18 | 庚寅 | 6 | 4 | 23 | 木 | 18 | 己未 | 6 | 4 |
| 19 | 26 | 火 | 19 | 辛酉 | 6 | 4 | 26 | 木 | 19 | 辛卯 | 6 | 3 | 24 | 金 | 19 | 庚申 | 6 | 4 |
| 20 | 27 | 水 | 20 | 壬戌 | 7 | 3 | 27 | 金 | 20 | 壬辰 | 7 | 3 | 25 | 土 | 20 | 辛酉 | 7 | 3 |
| 21 | 28 | 木 | 21 | 癸亥 | 7 | 3 | 28 | 土 | 21 | 癸巳 | 7 | 3 | 26 | 日 | 21 | 壬戌 | 7 | 3 |
| 22 | 29 | 金 | 22 | 甲子 | 7 | 3 | 29 | 日 | 22 | 甲午 | 7 | 2 | 27 | 月 | 22 | 癸亥 | 7 | 3 |
| 23 | 30 | 土 | 23 | 乙丑 | 8 | 2 | 30 | 月 | 23 | 乙未 | 8 | 2 | 28 | 火 | 23 | 甲子 | 8 | 2 |
| 24 | 12/1 | 日 | 24 | 丙寅 | 8 | 2 | 31 | 火 | 24 | 丙申 | 8 | 2 | 29 | 水 | 24 | 乙丑 | 8 | 2 |
| 25 | 2 | 月 | 25 | 丁卯 | 8 | 2 | 1/1 | 水 | 25 | 丁酉 | 8 | 1 | 30 | 木 | 25 | 丙寅 | 8 | 2 |
| 26 | 3 | 火 | 26 | 戊辰 | 9 | 1 | 2 | 木 | 26 | 戊戌 | 9 | 1 | 31 | 金 | 26 | 丁卯 | 9 | 1 |
| 27 | 4 | 水 | 27 | 己巳 | 9 | 1 | 3 | 金 | 27 | 己亥 | 9 | 1 | 2/1 | 土 | 27 | 戊辰 | 9 | 1 |
| 28 | 5 | 木 | 28 | 庚午 | 9 | 1 | 4 | 土 | 28 | 庚子 | 9 | 1 | 2 | 日 | 28 | 己巳 | 9 | 1 |
| 29 | 6 | 金 | 29 | 辛未 | 10 | 1 | | | | | | | 3 | 月 | 29 | 庚午 | 10 | 1 |
| 30 | | | | | | | | | | | | | | | | | | |
| 31 | | | | | | | | | | | | | | | | | | |

# 서기 2076년 [단기 4409년]

| 절기후날수 | 입춘절(庚寅月) 立春 2월4일 8시18분 雨水 2월19일 4시2분 | | | | | 경칩절(辛卯月) 驚蟄 3월5일 1시59분 春分 3월20일 2시37분 | | | | | 청명절(壬辰月) 淸明 4월4일 6시19분 穀雨 4월19일 13시10분 | | | | |
|---|---|---|---|---|---|---|---|---|---|---|---|---|---|---|---|
| | 양력 | 요일 | 음력 | 일진 | 大運 남·여 | 양력 | 요일 | 음력 | 일진 | 大運 남·여 | 양력 | 요일 | 음력 | 일진 | 大運 남·여 |
| 0 | 2/4 | 火 | 30 | 辛未 | 입춘 | 3/5 | 木 | 2/1 | 辛丑 | 경칩 | 4/4 | 土 | 3/1 | 辛未 | 청명 |
| 1 | 5 | 水 | 1/1 | 壬申 | 10·1 | 6 | 金 | 2 | 壬寅 | 10·1 | 5 | 日 | 2 | 壬申 | 10·1 |
| 2 | 6 | 木 | 2 | 癸酉 | 9·1 | 7 | 土 | 3 | 癸卯 | 9·1 | 6 | 月 | 3 | 癸酉 | 9·1 |
| 3 | 7 | 金 | 3 | 甲戌 | 9·1 | 8 | 日 | 4 | 甲辰 | 9·1 | 7 | 火 | 4 | 甲戌 | 9·1 |
| 4 | 8 | 土 | 4 | 乙亥 | 9·1 | 9 | 月 | 5 | 乙巳 | 9·1 | 8 | 水 | 5 | 乙亥 | 9·1 |
| 5 | 9 | 日 | 5 | 丙子 | 8·2 | 10 | 火 | 6 | 丙午 | 8·2 | 9 | 木 | 6 | 丙子 | 8·2 |
| 6 | 10 | 月 | 6 | 丁丑 | 8·2 | 11 | 水 | 7 | 丁未 | 8·2 | 10 | 金 | 7 | 丁丑 | 8·2 |
| 7 | 11 | 火 | 7 | 戊寅 | 8·2 | 12 | 木 | 8 | 戊申 | 8·2 | 11 | 土 | 8 | 戊寅 | 8·2 |
| 8 | 12 | 水 | 8 | 己卯 | 7·3 | 13 | 金 | 9 | 己酉 | 7·3 | 12 | 日 | 9 | 己卯 | 7·3 |
| 9 | 13 | 木 | 9 | 庚辰 | 7·3 | 14 | 土 | 10 | 庚戌 | 7·3 | 13 | 月 | 10 | 庚辰 | 7·3 |
| 10 | 14 | 金 | 10 | 辛巳 | 7·3 | 15 | 日 | 11 | 辛亥 | 7·3 | 14 | 火 | 11 | 辛巳 | 7·3 |
| 11 | 15 | 土 | 11 | 壬午 | 6·4 | 16 | 月 | 12 | 壬子 | 6·4 | 15 | 水 | 12 | 壬午 | 6·4 |
| 12 | 16 | 日 | 12 | 癸未 | 6·4 | 17 | 火 | 13 | 癸丑 | 6·4 | 16 | 木 | 13 | 癸未 | 6·4 |
| 13 | 17 | 月 | 13 | 甲申 | 6·4 | 18 | 水 | 14 | 甲寅 | 6·4 | 17 | 金 | 14 | 甲申 | 6·4 |
| 14 | 18 | 火 | 14 | 乙酉 | 5·5 | 19 | 木 | 15 | 乙卯 | 5·5 | 18 | 土 | 15 | 乙酉 | 5·5 |
| 15 | 19 | 水 | 15 | 丙戌 | 우수 | 20 | 金 | 16 | 丙辰 | 춘분 | 19 | 日 | 16 | 丙戌 | 곡우 |
| 16 | 20 | 木 | 16 | 丁亥 | 5·5 | 21 | 土 | 17 | 丁巳 | 5·5 | 20 | 月 | 17 | 丁亥 | 5·5 |
| 17 | 21 | 金 | 17 | 戊子 | 4·6 | 22 | 日 | 18 | 戊午 | 4·6 | 21 | 火 | 18 | 戊子 | 4·6 |
| 18 | 22 | 土 | 18 | 己丑 | 4·6 | 23 | 月 | 19 | 己未 | 4·6 | 22 | 水 | 19 | 己丑 | 4·6 |
| 19 | 23 | 日 | 19 | 庚寅 | 4·6 | 24 | 火 | 20 | 庚申 | 4·6 | 23 | 木 | 20 | 庚寅 | 4·6 |
| 20 | 24 | 月 | 20 | 辛卯 | 3·7 | 25 | 水 | 21 | 辛酉 | 3·7 | 24 | 金 | 21 | 辛卯 | 3·7 |
| 21 | 25 | 火 | 21 | 壬辰 | 3·7 | 26 | 木 | 22 | 壬戌 | 3·7 | 25 | 土 | 22 | 壬辰 | 3·7 |
| 22 | 26 | 水 | 22 | 癸巳 | 3·7 | 27 | 金 | 23 | 癸亥 | 3·7 | 26 | 日 | 23 | 癸巳 | 3·7 |
| 23 | 27 | 木 | 23 | 甲午 | 2·8 | 28 | 土 | 24 | 甲子 | 2·8 | 27 | 月 | 24 | 甲午 | 2·8 |
| 24 | 28 | 金 | 24 | 乙未 | 2·8 | 29 | 日 | 25 | 乙丑 | 2·8 | 28 | 火 | 25 | 乙未 | 2·8 |
| 25 | 29 | 土 | 25 | 丙申 | 2·8 | 30 | 月 | 26 | 丙寅 | 2·8 | 29 | 水 | 26 | 丙申 | 2·8 |
| 26 | 3/1 | 日 | 26 | 丁酉 | 1·9 | 31 | 火 | 27 | 丁卯 | 1·9 | 30 | 木 | 27 | 丁酉 | 1·9 |
| 27 | 2 | 月 | 27 | 戊戌 | 1·9 | 4/1 | 水 | 28 | 戊辰 | 1·9 | 5/1 | 金 | 28 | 戊戌 | 1·9 |
| 28 | 3 | 火 | 28 | 己亥 | 1·9 | 2 | 木 | 29 | 己巳 | 1·9 | 2 | 土 | 29 | 己亥 | 1·9 |
| 29 | 4 | 水 | 29 | 庚子 | 1·10 | 3 | 金 | 30 | 庚午 | 1·10 | 3 | 日 | 4/1 | 庚子 | 1·10 |
| 30 | | | | | | | | | | | | | | | |
| 31 | | | | | | | | | | | | | | | |

| 절기후날수 | 입하절(癸巳月) 立夏 5월4일 23시7분 小滿 5월20일 11시53분 | | | | | 망종절(甲午月) 芒種 6월5일 2시53분 夏至 6월20일 19시35분 | | | | | 소서절(乙未月) 小暑 7월6일 12시59분 大暑 7월22일 6시28분 | | | | |
|---|---|---|---|---|---|---|---|---|---|---|---|---|---|---|---|
| | 양력 | 요일 | 음력 | 일진 | 大運 남·여 | 양력 | 요일 | 음력 | 일진 | 大運 남·여 | 양력 | 요일 | 음력 | 일진 | 大運 남·여 |
| 0 | 5/4 | 月 | 2 | 辛丑 | 입하 | 6/5 | 金 | 4 | 癸酉 | 망종 | 7/6 | 月 | 6 | 甲辰 | 소서 |
| 1 | 5 | 火 | 3 | 壬寅 | 10·1 | 6 | 土 | 5 | 甲戌 | 10·1 | 7 | 火 | 7 | 乙巳 | 10·1 |
| 2 | 6 | 水 | 4 | 癸卯 | 10·1 | 7 | 日 | 6 | 乙亥 | 10·1 | 8 | 水 | 8 | 丙午 | 10·1 |
| 3 | 7 | 木 | 5 | 甲辰 | 10·1 | 8 | 月 | 7 | 丙子 | 9·1 | 9 | 木 | 9 | 丁未 | 9·1 |
| 4 | 8 | 金 | 6 | 乙巳 | 9·1 | 9 | 火 | 8 | 丁丑 | 9·1 | 10 | 金 | 10 | 戊申 | 9·1 |
| 5 | 9 | 土 | 7 | 丙午 | 9·2 | 10 | 水 | 9 | 戊寅 | 9·2 | 11 | 土 | 11 | 己酉 | 9·2 |
| 6 | 10 | 日 | 8 | 丁未 | 9·2 | 11 | 木 | 10 | 己卯 | 8·2 | 12 | 日 | 12 | 庚戌 | 8·2 |
| 7 | 11 | 月 | 9 | 戊申 | 8·2 | 12 | 金 | 11 | 庚辰 | 8·2 | 13 | 月 | 13 | 辛亥 | 8·2 |
| 8 | 12 | 火 | 10 | 己酉 | 8·3 | 13 | 土 | 12 | 辛巳 | 8·3 | 14 | 火 | 14 | 壬子 | 8·3 |
| 9 | 13 | 水 | 11 | 庚戌 | 8·3 | 14 | 日 | 13 | 壬午 | 7·3 | 15 | 水 | 15 | 癸丑 | 7·3 |
| 10 | 14 | 木 | 12 | 辛亥 | 7·3 | 15 | 月 | 14 | 癸未 | 7·3 | 16 | 木 | 16 | 甲寅 | 7·3 |
| 11 | 15 | 金 | 13 | 壬子 | 7·4 | 16 | 火 | 15 | 甲申 | 7·4 | 17 | 金 | 17 | 乙卯 | 7·4 |
| 12 | 16 | 土 | 14 | 癸丑 | 7·4 | 17 | 水 | 16 | 乙酉 | 6·4 | 18 | 土 | 18 | 丙辰 | 6·4 |
| 13 | 17 | 日 | 15 | 甲寅 | 6·4 | 18 | 木 | 17 | 丙戌 | 6·4 | 19 | 日 | 19 | 丁巳 | 6·4 |
| 14 | 18 | 月 | 16 | 乙卯 | 6·5 | 19 | 金 | 18 | 丁亥 | 6·5 | 20 | 月 | 20 | 戊午 | 6·5 |
| 15 | 19 | 火 | 17 | 丙辰 | 6·5 | 20 | 土 | 19 | 戊子 | 하지 | 21 | 火 | 21 | 己未 | 5·5 |
| 16 | 20 | 水 | 18 | 丁巳 | 소만 | 21 | 日 | 20 | 己丑 | 5·5 | 22 | 水 | 22 | 庚申 | 대서 |
| 17 | 21 | 木 | 19 | 戊午 | 5·6 | 22 | 月 | 21 | 庚寅 | 5·6 | 23 | 木 | 23 | 辛酉 | 5·6 |
| 18 | 22 | 金 | 20 | 己未 | 5·6 | 23 | 火 | 22 | 辛卯 | 4·6 | 24 | 金 | 24 | 壬戌 | 4·6 |
| 19 | 23 | 土 | 21 | 庚申 | 4·6 | 24 | 水 | 23 | 壬辰 | 4·6 | 25 | 土 | 25 | 癸亥 | 4·6 |
| 20 | 24 | 日 | 22 | 辛酉 | 4·7 | 25 | 木 | 24 | 癸巳 | 4·7 | 26 | 日 | 26 | 甲子 | 4·7 |
| 21 | 25 | 月 | 23 | 壬戌 | 4·7 | 26 | 金 | 25 | 甲午 | 3·7 | 27 | 月 | 27 | 乙丑 | 3·7 |
| 22 | 26 | 火 | 24 | 癸亥 | 3·7 | 27 | 土 | 26 | 乙未 | 3·7 | 28 | 火 | 28 | 丙寅 | 3·7 |
| 23 | 27 | 水 | 25 | 甲子 | 3·8 | 28 | 日 | 27 | 丙申 | 3·8 | 29 | 水 | 29 | 丁卯 | 3·8 |
| 24 | 28 | 木 | 26 | 乙丑 | 3·8 | 29 | 月 | 28 | 丁酉 | 2·8 | 30 | 木 | 30 | 戊辰 | 2·8 |
| 25 | 29 | 金 | 27 | 丙寅 | 2·8 | 30 | 火 | 29 | 戊戌 | 2·8 | 31 | 金 | 7/1 | 己巳 | 2·8 |
| 26 | 30 | 土 | 28 | 丁卯 | 2·9 | 7/1 | 水 | 6/1 | 己亥 | 2·9 | 8/1 | 土 | 2 | 庚午 | 2·9 |
| 27 | 31 | 日 | 29 | 戊辰 | 2·9 | 2 | 木 | 2 | 庚子 | 1·9 | 2 | 日 | 3 | 辛未 | 1·9 |
| 28 | 6/1 | 月 | 30 | 己巳 | 1·9 | 3 | 金 | 3 | 辛丑 | 1·9 | 3 | 月 | 4 | 壬申 | 1·9 |
| 29 | 2 | 火 | 5/1 | 庚午 | 1·10 | 4 | 土 | 4 | 壬寅 | 1·10 | 4 | 火 | 5 | 癸酉 | 1·10 |
| 30 | 3 | 水 | 2 | 辛未 | 1·10 | 5 | 日 | 5 | 癸卯 | 1·10 | 5 | 水 | 6 | 甲戌 | 1·10 |
| 31 | 4 | 木 | 3 | 壬申 | 1·10 | | | | | | | | | | |

# 丙申年

| 절기후날수 | 입추절(丙申月) | | | | | | 백로절(丁酉月) | | | | | |
|---|---|---|---|---|---|---|---|---|---|---|---|---|
| | 立秋 8월6일 22시53분<br>處暑 8월22일 13시46분 | | | | | | 白露 9월7일 2시7분<br>秋分 9월22일 11시49분 | | | | | |
| | 양력 | 요일 | 음력 | 일진 | 大運 남 | 여 | 양력 | 요일 | 음력 | 일진 | 大運 남 | 여 |
| 0 | 8/6 | 木 | 7 | 乙亥 | 입추 | | 9/7 | 月 | 10 | 丁未 | 백로 | |
| 1 | 7 | 金 | 8 | 丙子 | 10 | 1 | 8 | 火 | 11 | 戊申 | 10 | 1 |
| 2 | 8 | 土 | 9 | 丁丑 | 10 | 1 | 9 | 水 | 12 | 己酉 | 9 | 1 |
| 3 | 9 | 日 | 10 | 戊寅 | 10 | 1 | 10 | 木 | 13 | 庚戌 | 9 | 1 |
| 4 | 10 | 月 | 11 | 己卯 | 9 | 1 | 11 | 金 | 14 | 辛亥 | 9 | 1 |
| 5 | 11 | 火 | 12 | 庚辰 | 9 | 2 | 12 | 土 | 15 | 壬子 | 8 | 2 |
| 6 | 12 | 水 | 13 | 辛巳 | 9 | 2 | 13 | 日 | 16 | 癸丑 | 8 | 2 |
| 7 | 13 | 木 | 14 | 壬午 | 8 | 2 | 14 | 月 | 17 | 甲寅 | 8 | 2 |
| 8 | 14 | 金 | 15 | 癸未 | 8 | 3 | 15 | 火 | 18 | 乙卯 | 7 | 3 |
| 9 | 15 | 土 | 16 | 甲申 | 8 | 3 | 16 | 水 | 19 | 丙辰 | 7 | 3 |
| 10 | 16 | 日 | 17 | 乙酉 | 7 | 3 | 17 | 木 | 20 | 丁巳 | 7 | 3 |
| 11 | 17 | 月 | 18 | 丙戌 | 7 | 4 | 18 | 金 | 21 | 戊午 | 6 | 4 |
| 12 | 18 | 火 | 19 | 丁亥 | 7 | 4 | 19 | 土 | 22 | 己未 | 6 | 4 |
| 13 | 19 | 水 | 20 | 戊子 | 6 | 4 | 20 | 日 | 23 | 庚申 | 6 | 4 |
| 14 | 20 | 木 | 21 | 己丑 | 6 | 5 | 21 | 月 | 24 | 辛酉 | 5 | 5 |
| 15 | 21 | 金 | 22 | 庚寅 | 6 | 5 | 22 | 火 | 25 | 壬戌 | 추분 | |
| 16 | 22 | 土 | 23 | 辛卯 | 처서 | | 23 | 水 | 26 | 癸亥 | 5 | 5 |
| 17 | 23 | 日 | 24 | 壬辰 | 5 | 6 | 24 | 木 | 27 | 甲子 | 4 | 6 |
| 18 | 24 | 月 | 25 | 癸巳 | 5 | 6 | 25 | 金 | 28 | 乙丑 | 4 | 6 |
| 19 | 25 | 火 | 26 | 甲午 | 4 | 6 | 26 | 土 | 29 | 丙寅 | 4 | 6 |
| 20 | 26 | 水 | 27 | 乙未 | 4 | 7 | 27 | 日 | 30 | 丁卯 | 3 | 7 |
| 21 | 27 | 木 | 28 | 丙申 | 4 | 7 | 28 | 月 | 9/1 | 戊辰 | 3 | 7 |
| 22 | 28 | 金 | 29 | 丁酉 | 3 | 7 | 29 | 火 | 2 | 己巳 | 3 | 7 |
| 23 | 29 | 土 | 8/1 | 戊戌 | 3 | 8 | 30 | 水 | 3 | 庚午 | 2 | 8 |
| 24 | 30 | 日 | 2 | 己亥 | 3 | 8 | 10/1 | 木 | 4 | 辛未 | 2 | 8 |
| 25 | 31 | 月 | 3 | 庚子 | 2 | 8 | 2 | 金 | 5 | 壬申 | 2 | 8 |
| 26 | 9/1 | 火 | 4 | 辛丑 | 2 | 9 | 3 | 土 | 6 | 癸酉 | 1 | 9 |
| 27 | 2 | 水 | 5 | 壬寅 | 2 | 9 | 4 | 日 | 7 | 甲戌 | 1 | 9 |
| 28 | 3 | 木 | 6 | 癸卯 | 1 | 9 | 5 | 月 | 8 | 乙亥 | 1 | 9 |
| 29 | 4 | 金 | 7 | 甲辰 | 1 | 10 | 6 | 火 | 9 | 丙子 | 1 | 10 |
| 30 | 5 | 土 | 8 | 乙巳 | 1 | 10 | | | | | | |
| 31 | 6 | 日 | 9 | 丙午 | 1 | 10 | | | | | | |

| 절기후날수 | 한로절(戊戌月) | | | | | | 입동절(己亥月) | | | | | |
|---|---|---|---|---|---|---|---|---|---|---|---|---|
| | 寒露 10월7일 18시13분<br>霜降 10월22일 21시37분 | | | | | | 立冬 11월6일 21시52분<br>小雪 11월21일 19시36분 | | | | | |
| | 양력 | 요일 | 음력 | 일진 | 大運 남 | 여 | 양력 | 요일 | 음력 | 일진 | 大運 남 | 여 |
| 0 | 10/7 | 水 | 10 | 丁丑 | 한로 | | 11/6 | 金 | 10 | 丁未 | 입동 | |
| 1 | 8 | 木 | 11 | 戊寅 | 10 | 1 | 7 | 土 | 11 | 戊申 | 10 | 1 |
| 2 | 9 | 金 | 12 | 己卯 | 9 | 1 | 8 | 日 | 12 | 己酉 | 9 | 1 |
| 3 | 10 | 土 | 13 | 庚辰 | 9 | 1 | 9 | 月 | 13 | 庚戌 | 9 | 1 |
| 4 | 11 | 日 | 14 | 辛巳 | 9 | 1 | 10 | 火 | 14 | 辛亥 | 9 | 1 |
| 5 | 12 | 月 | 15 | 壬午 | 8 | 2 | 11 | 水 | 15 | 壬子 | 8 | 2 |
| 6 | 13 | 火 | 16 | 癸未 | 8 | 2 | 12 | 木 | 16 | 癸丑 | 8 | 2 |
| 7 | 14 | 水 | 17 | 甲申 | 8 | 2 | 13 | 金 | 17 | 甲寅 | 8 | 2 |
| 8 | 15 | 木 | 18 | 乙酉 | 7 | 3 | 14 | 土 | 18 | 乙卯 | 7 | 3 |
| 9 | 16 | 金 | 19 | 丙戌 | 7 | 3 | 15 | 日 | 19 | 丙辰 | 7 | 3 |
| 10 | 17 | 土 | 20 | 丁亥 | 7 | 3 | 16 | 月 | 20 | 丁巳 | 7 | 3 |
| 11 | 18 | 日 | 21 | 戊子 | 6 | 4 | 17 | 火 | 21 | 戊午 | 6 | 4 |
| 12 | 19 | 月 | 22 | 己丑 | 6 | 4 | 18 | 水 | 22 | 己未 | 6 | 4 |
| 13 | 20 | 火 | 23 | 庚寅 | 6 | 4 | 19 | 木 | 23 | 庚申 | 6 | 4 |
| 14 | 21 | 水 | 24 | 辛卯 | 5 | 5 | 20 | 金 | 24 | 辛酉 | 5 | 5 |
| 15 | 22 | 木 | 25 | 壬辰 | 상강 | | 21 | 土 | 25 | 壬戌 | 소설 | |
| 16 | 23 | 金 | 26 | 癸巳 | 5 | 5 | 22 | 日 | 26 | 癸亥 | 5 | 5 |
| 17 | 24 | 土 | 27 | 甲午 | 4 | 6 | 23 | 月 | 27 | 甲子 | 4 | 6 |
| 18 | 25 | 日 | 28 | 乙未 | 4 | 6 | 24 | 火 | 28 | 乙丑 | 4 | 6 |
| 19 | 26 | 月 | 29 | 丙申 | 4 | 6 | 25 | 水 | 29 | 丙寅 | 4 | 6 |
| 20 | 27 | 火 | 30 | 丁酉 | 3 | 7 | 26 | 木 | 11/1 | 丁卯 | 3 | 7 |
| 21 | 28 | 水 | 10/1 | 戊戌 | 3 | 7 | 27 | 金 | 2 | 戊辰 | 3 | 7 |
| 22 | 29 | 木 | 2 | 己亥 | 3 | 7 | 28 | 土 | 3 | 己巳 | 3 | 7 |
| 23 | 30 | 金 | 3 | 庚子 | 2 | 8 | 29 | 日 | 4 | 庚午 | 2 | 8 |
| 24 | 31 | 土 | 4 | 辛丑 | 2 | 8 | 30 | 月 | 5 | 辛未 | 2 | 8 |
| 25 | 11/1 | 日 | 5 | 壬寅 | 2 | 8 | 12/1 | 火 | 6 | 壬申 | 2 | 8 |
| 26 | 2 | 月 | 6 | 癸卯 | 1 | 9 | 2 | 水 | 7 | 癸酉 | 1 | 9 |
| 27 | 3 | 火 | 7 | 甲辰 | 1 | 9 | 3 | 木 | 8 | 甲戌 | 1 | 9 |
| 28 | 4 | 水 | 8 | 乙巳 | 1 | 9 | 4 | 金 | 9 | 乙亥 | 1 | 9 |
| 29 | 5 | 木 | 9 | 丙午 | 1 | 10 | 5 | 土 | 10 | 丙子 | 1 | 10 |
| 30 | | | | | | | | | | | | |
| 31 | | | | | | | | | | | | |

| 절기후날수 | 대설절(庚子月) | | | | | | 소한절(辛丑月) | | | | | |
|---|---|---|---|---|---|---|---|---|---|---|---|---|
| | 大雪 12월6일 15시4분<br>冬至 12월21일 9시12분 | | | | | | 小寒 1월5일 2시27분<br>大寒 1월19일 19시54분 | | | | | |
| | 양력 | 요일 | 음력 | 일진 | 大運 남 | 여 | 양력 | 요일 | 음력 | 일진 | 大運 남 | 여 |
| 0 | 12/6 | 日 | 11 | 丁丑 | 대설 | | 1/5 | 火 | 11 | 丁未 | 소한 | |
| 1 | 7 | 月 | 12 | 戊寅 | 10 | 1 | 6 | 水 | 12 | 戊申 | 9 | 1 |
| 2 | 8 | 火 | 13 | 己卯 | 9 | 1 | 7 | 木 | 13 | 己酉 | 9 | 1 |
| 3 | 9 | 水 | 14 | 庚辰 | 9 | 1 | 8 | 金 | 14 | 庚戌 | 9 | 1 |
| 4 | 10 | 木 | 15 | 辛巳 | 9 | 1 | 9 | 土 | 15 | 辛亥 | 8 | 1 |
| 5 | 11 | 金 | 16 | 壬午 | 8 | 2 | 10 | 日 | 16 | 壬子 | 8 | 2 |
| 6 | 12 | 土 | 17 | 癸未 | 8 | 2 | 11 | 月 | 17 | 癸丑 | 8 | 2 |
| 7 | 13 | 日 | 18 | 甲申 | 8 | 2 | 12 | 火 | 18 | 甲寅 | 7 | 2 |
| 8 | 14 | 月 | 19 | 乙酉 | 7 | 3 | 13 | 水 | 19 | 乙卯 | 7 | 3 |
| 9 | 15 | 火 | 20 | 丙戌 | 7 | 3 | 14 | 木 | 20 | 丙辰 | 7 | 3 |
| 10 | 16 | 水 | 21 | 丁亥 | 7 | 3 | 15 | 金 | 21 | 丁巳 | 6 | 3 |
| 11 | 17 | 木 | 22 | 戊子 | 6 | 4 | 16 | 土 | 22 | 戊午 | 6 | 4 |
| 12 | 18 | 金 | 23 | 己丑 | 6 | 4 | 17 | 日 | 23 | 己未 | 6 | 4 |
| 13 | 19 | 土 | 24 | 庚寅 | 6 | 4 | 18 | 月 | 24 | 庚申 | 5 | 4 |
| 14 | 20 | 日 | 25 | 辛卯 | 5 | 5 | 19 | 火 | 25 | 辛酉 | 대한 | |
| 15 | 21 | 月 | 26 | 壬辰 | 동지 | | 20 | 水 | 26 | 壬戌 | 5 | 5 |
| 16 | 22 | 火 | 27 | 癸巳 | 5 | 5 | 21 | 木 | 27 | 癸亥 | 4 | 5 |
| 17 | 23 | 水 | 28 | 甲午 | 4 | 6 | 22 | 金 | 28 | 甲子 | 4 | 6 |
| 18 | 24 | 木 | 29 | 乙未 | 4 | 6 | 23 | 土 | 29 | 乙丑 | 4 | 6 |
| 19 | 25 | 金 | 30 | 丙申 | 4 | 6 | 24 | 日 | 1/1 | 丙寅 | 3 | 6 |
| 20 | 26 | 土 | 12/1 | 丁酉 | 3 | 7 | 25 | 月 | 2 | 丁卯 | 3 | 7 |
| 21 | 27 | 日 | 2 | 戊戌 | 3 | 7 | 26 | 火 | 3 | 戊辰 | 3 | 7 |
| 22 | 28 | 月 | 3 | 己亥 | 3 | 7 | 27 | 水 | 4 | 己巳 | 2 | 7 |
| 23 | 29 | 火 | 4 | 庚子 | 2 | 8 | 28 | 木 | 5 | 庚午 | 2 | 8 |
| 24 | 30 | 水 | 5 | 辛丑 | 2 | 8 | 29 | 金 | 6 | 辛未 | 2 | 8 |
| 25 | 31 | 木 | 6 | 壬寅 | 2 | 8 | 30 | 土 | 7 | 壬申 | 1 | 8 |
| 26 | 1/1 | 金 | 7 | 癸卯 | 1 | 9 | 31 | 日 | 8 | 癸酉 | 1 | 9 |
| 27 | 2 | 土 | 8 | 甲辰 | 1 | 9 | 2/1 | 月 | 9 | 甲戌 | 1 | 9 |
| 28 | 3 | 日 | 9 | 乙巳 | 1 | 9 | 2 | 火 | 10 | 乙亥 | 1 | 9 |
| 29 | 4 | 月 | 10 | 丙午 | 1 | 10 | | | | | | |
| 30 | | | | | | | | | | | | |
| 31 | | | | | | | | | | | | |

# 서기 2077년 [단기 4410년]

| 절기후날수 | 입춘절(壬寅月) 立春 2월3일 14시2분 / 雨水 2월18일 9시52분 | | | | | | 경칩절(癸卯月) 驚蟄 3월5일 7시45분 / 春分 3월20일 8시30분 | | | | | |
|---|---|---|---|---|---|---|---|---|---|---|---|---|
| | 양력 | 요일 | 음력 | 일진 | 大運 남 | 大運 여 | 양력 | 요일 | 음력 | 일진 | 大運 남 | 大運 여 |
| 0 | 2/3 | 水 | 11 | 丙子 | 입춘 | | 3/5 | 金 | 11 | 丙午 | 경칩 | |
| 1 | 4 | 木 | 12 | 丁丑 | 1 | 10 | 6 | 土 | 12 | 丁未 | 1 | 10 |
| 2 | 5 | 金 | 13 | 戊寅 | 1 | 9 | 7 | 日 | 13 | 戊申 | 1 | 9 |
| 3 | 6 | 土 | 14 | 己卯 | 1 | 9 | 8 | 月 | 14 | 己酉 | 1 | 9 |
| 4 | 7 | 日 | 15 | 庚辰 | 1 | 9 | 9 | 火 | 15 | 庚戌 | 1 | 9 |
| 5 | 8 | 月 | 16 | 辛巳 | 2 | 8 | 10 | 水 | 16 | 辛亥 | 2 | 8 |
| 6 | 9 | 火 | 17 | 壬午 | 2 | 8 | 11 | 木 | 17 | 壬子 | 2 | 8 |
| 7 | 10 | 水 | 18 | 癸未 | 2 | 8 | 12 | 金 | 18 | 癸丑 | 2 | 8 |
| 8 | 11 | 木 | 19 | 甲申 | 3 | 7 | 13 | 土 | 19 | 甲寅 | 3 | 7 |
| 9 | 12 | 金 | 20 | 乙酉 | 3 | 7 | 14 | 日 | 20 | 乙卯 | 3 | 7 |
| 10 | 13 | 土 | 21 | 丙戌 | 3 | 7 | 15 | 月 | 21 | 丙辰 | 3 | 7 |
| 11 | 14 | 日 | 22 | 丁亥 | 4 | 6 | 16 | 火 | 22 | 丁巳 | 4 | 6 |
| 12 | 15 | 月 | 23 | 戊子 | 4 | 6 | 17 | 水 | 23 | 戊午 | 4 | 6 |
| 13 | 16 | 火 | 24 | 己丑 | 4 | 6 | 18 | 木 | 24 | 己未 | 4 | 6 |
| 14 | 17 | 水 | 25 | 庚寅 | 5 | 5 | 19 | 金 | 25 | 庚申 | 5 | 5 |
| 15 | 18 | 木 | 26 | 辛卯 | 우수 | | 20 | 土 | 26 | 辛酉 | 춘분 | |
| 16 | 19 | 金 | 27 | 壬辰 | 5 | 5 | 21 | 日 | 27 | 壬戌 | 5 | 5 |
| 17 | 20 | 土 | 28 | 癸巳 | 6 | 4 | 22 | 月 | 28 | 癸亥 | 6 | 4 |
| 18 | 21 | 日 | 29 | 甲午 | 6 | 4 | 23 | 火 | 29 | 甲子 | 6 | 4 |
| 19 | 22 | 月 | 30 | 乙未 | 6 | 4 | 24 | 水 | 3/1 | 乙丑 | 6 | 4 |
| 20 | 23 | 火 | 2/1 | 丙申 | 7 | 3 | 25 | 木 | 2 | 丙寅 | 7 | 3 |
| 21 | 24 | 水 | 2 | 丁酉 | 7 | 3 | 26 | 金 | 3 | 丁卯 | 7 | 3 |
| 22 | 25 | 木 | 3 | 戊戌 | 7 | 3 | 27 | 土 | 4 | 戊辰 | 7 | 3 |
| 23 | 26 | 金 | 4 | 己亥 | 8 | 2 | 28 | 日 | 5 | 己巳 | 8 | 2 |
| 24 | 27 | 土 | 5 | 庚子 | 8 | 2 | 29 | 月 | 6 | 庚午 | 8 | 2 |
| 25 | 28 | 日 | 6 | 辛丑 | 8 | 2 | 30 | 火 | 7 | 辛未 | 8 | 2 |
| 26 | 3/1 | 月 | 7 | 壬寅 | 9 | 1 | 31 | 水 | 8 | 壬申 | 9 | 1 |
| 27 | 2 | 火 | 8 | 癸卯 | 9 | 1 | 4/1 | 木 | 9 | 癸酉 | 9 | 1 |
| 28 | 3 | 水 | 9 | 甲辰 | 9 | 1 | 2 | 金 | 10 | 甲戌 | 9 | 1 |
| 29 | 4 | 木 | 10 | 乙巳 | 10 | 1 | 3 | 土 | 11 | 乙亥 | 10 | 1 |
| 30 | | | | | | | | | | | | |
| 31 | | | | | | | | | | | | |

| 절기후날수 | 청명절(甲辰月) 清明 4월4일 12시7분 / 穀雨 4월19일 19시3분 | | | | | | 입하절(乙巳月) 立夏 5월5일 4시57분 / 小滿 5월20일 17시43분 | | | | | |
|---|---|---|---|---|---|---|---|---|---|---|---|---|
| | 양력 | 요일 | 음력 | 일진 | 大運 남 | 大運 여 | 양력 | 요일 | 음력 | 일진 | 大運 남 | 大運 여 |
| 0 | 4/4 | 日 | 12 | 丙子 | 청명 | | 5/5 | 水 | 13 | 丁未 | 입하 | |
| 1 | 5 | 月 | 13 | 丁丑 | 1 | 10 | 6 | 木 | 14 | 戊申 | 1 | 10 |
| 2 | 6 | 火 | 14 | 戊寅 | 1 | 10 | 7 | 金 | 15 | 己酉 | 1 | 10 |
| 3 | 7 | 水 | 15 | 己卯 | 1 | 9 | 8 | 土 | 16 | 庚戌 | 1 | 9 |
| 4 | 8 | 木 | 16 | 庚辰 | 1 | 9 | 9 | 日 | 17 | 辛亥 | 1 | 9 |
| 5 | 9 | 金 | 17 | 辛巳 | 2 | 9 | 10 | 月 | 18 | 壬子 | 2 | 9 |
| 6 | 10 | 土 | 18 | 壬午 | 2 | 8 | 11 | 火 | 19 | 癸丑 | 2 | 8 |
| 7 | 11 | 日 | 19 | 癸未 | 2 | 8 | 12 | 水 | 20 | 甲寅 | 2 | 8 |
| 8 | 12 | 月 | 20 | 甲申 | 3 | 8 | 13 | 木 | 21 | 乙卯 | 3 | 8 |
| 9 | 13 | 火 | 21 | 乙酉 | 3 | 7 | 14 | 金 | 22 | 丙辰 | 3 | 7 |
| 10 | 14 | 水 | 22 | 丙戌 | 3 | 7 | 15 | 土 | 23 | 丁巳 | 3 | 7 |
| 11 | 15 | 木 | 23 | 丁亥 | 4 | 7 | 16 | 日 | 24 | 戊午 | 4 | 7 |
| 12 | 16 | 金 | 24 | 戊子 | 4 | 6 | 17 | 月 | 25 | 己未 | 4 | 6 |
| 13 | 17 | 土 | 25 | 己丑 | 4 | 6 | 18 | 火 | 26 | 庚申 | 4 | 6 |
| 14 | 18 | 日 | 26 | 庚寅 | 5 | 6 | 19 | 水 | 27 | 辛酉 | 5 | 6 |
| 15 | 19 | 月 | 27 | 辛卯 | 곡우 | | 20 | 木 | 28 | 壬戌 | 소만 | |
| 16 | 20 | 火 | 28 | 壬辰 | 5 | 5 | 21 | 金 | 29 | 癸亥 | 5 | 5 |
| 17 | 21 | 水 | 29 | 癸巳 | 6 | 5 | 22 | 土 | 윤1 | 甲子 | 6 | 5 |
| 18 | 22 | 木 | 30 | 甲午 | 6 | 4 | 23 | 日 | 윤2 | 乙丑 | 6 | 4 |
| 19 | 23 | 金 | 4/1 | 乙未 | 6 | 4 | 24 | 月 | 윤3 | 丙寅 | 6 | 4 |
| 20 | 24 | 土 | 2 | 丙申 | 7 | 4 | 25 | 火 | 윤4 | 丁卯 | 7 | 4 |
| 21 | 25 | 日 | 3 | 丁酉 | 7 | 3 | 26 | 水 | 윤5 | 戊辰 | 7 | 3 |
| 22 | 26 | 月 | 4 | 戊戌 | 7 | 3 | 27 | 木 | 윤6 | 己巳 | 7 | 3 |
| 23 | 27 | 火 | 5 | 己亥 | 8 | 3 | 28 | 金 | 윤7 | 庚午 | 8 | 3 |
| 24 | 28 | 水 | 6 | 庚子 | 8 | 2 | 29 | 土 | 윤8 | 辛未 | 8 | 2 |
| 25 | 29 | 木 | 7 | 辛丑 | 8 | 2 | 30 | 日 | 윤9 | 壬申 | 8 | 2 |
| 26 | 30 | 金 | 8 | 壬寅 | 9 | 2 | 31 | 月 | 윤10 | 癸酉 | 9 | 2 |
| 27 | 5/1 | 土 | 9 | 癸卯 | 9 | 1 | 6/1 | 火 | 윤11 | 甲戌 | 9 | 1 |
| 28 | 2 | 日 | 10 | 甲辰 | 9 | 1 | 2 | 水 | 윤12 | 乙亥 | 9 | 1 |
| 29 | 3 | 月 | 11 | 乙巳 | 10 | 1 | 3 | 木 | 윤13 | 丙子 | 10 | 1 |
| 30 | 4 | 火 | 12 | 丙午 | 10 | 1 | 4 | 金 | 윤14 | 丁丑 | 10 | 1 |
| 31 | | | | | | | | | | | | |

| 절기후날수 | 망종절(丙午月) 芒種 6월5일 8시43분 / 夏至 6월21일 1시22분 | | | | | | 소서절(丁未月) 小暑 7월6일 18시49분 / 大暑 7월22일 12시12분 | | | | | |
|---|---|---|---|---|---|---|---|---|---|---|---|---|
| | 양력 | 요일 | 음력 | 일진 | 大運 남 | 大運 여 | 양력 | 요일 | 음력 | 일진 | 大運 남 | 大運 여 |
| 0 | 6/5 | 土 | 윤15 | 戊寅 | 망종 | | 7/6 | 火 | 17 | 己酉 | 소서 | |
| 1 | 6 | 日 | 윤16 | 己卯 | 1 | 10 | 7 | 水 | 18 | 庚戌 | 1 | 10 |
| 2 | 7 | 月 | 윤17 | 庚辰 | 1 | 10 | 8 | 木 | 19 | 辛亥 | 1 | 10 |
| 3 | 8 | 火 | 윤18 | 辛巳 | 1 | 9 | 9 | 金 | 20 | 壬子 | 1 | 10 |
| 4 | 9 | 水 | 윤19 | 壬午 | 1 | 9 | 10 | 土 | 21 | 癸丑 | 1 | 9 |
| 5 | 10 | 木 | 윤20 | 癸未 | 2 | 9 | 11 | 日 | 22 | 甲寅 | 2 | 9 |
| 6 | 11 | 金 | 윤21 | 甲申 | 2 | 8 | 12 | 月 | 23 | 乙卯 | 2 | 9 |
| 7 | 12 | 土 | 윤22 | 乙酉 | 2 | 8 | 13 | 火 | 24 | 丙辰 | 2 | 8 |
| 8 | 13 | 日 | 윤23 | 丙戌 | 3 | 8 | 14 | 水 | 25 | 丁巳 | 3 | 8 |
| 9 | 14 | 月 | 윤24 | 丁亥 | 3 | 7 | 15 | 木 | 26 | 戊午 | 3 | 8 |
| 10 | 15 | 火 | 윤25 | 戊子 | 3 | 7 | 16 | 金 | 27 | 己未 | 3 | 7 |
| 11 | 16 | 水 | 윤26 | 己丑 | 4 | 7 | 17 | 土 | 28 | 庚申 | 4 | 7 |
| 12 | 17 | 木 | 윤27 | 庚寅 | 4 | 6 | 18 | 日 | 29 | 辛酉 | 4 | 7 |
| 13 | 18 | 金 | 윤28 | 辛卯 | 4 | 6 | 19 | 月 | 30 | 壬戌 | 4 | 6 |
| 14 | 19 | 土 | 윤29 | 壬辰 | 5 | 6 | 20 | 火 | 6/1 | 癸亥 | 5 | 6 |
| 15 | 20 | 日 | 5/1 | 癸巳 | 5 | 5 | 21 | 水 | 2 | 甲子 | 5 | 6 |
| 16 | 21 | 月 | 2 | 甲午 | 하지 | | 22 | 木 | 3 | 乙丑 | 대서 | |
| 17 | 22 | 火 | 3 | 乙未 | 6 | 5 | 23 | 金 | 4 | 丙寅 | 6 | 5 |
| 18 | 23 | 水 | 4 | 丙申 | 6 | 4 | 24 | 土 | 5 | 丁卯 | 6 | 5 |
| 19 | 24 | 木 | 5 | 丁酉 | 6 | 4 | 25 | 日 | 6 | 戊辰 | 6 | 4 |
| 20 | 25 | 金 | 6 | 戊戌 | 7 | 4 | 26 | 月 | 7 | 己巳 | 7 | 4 |
| 21 | 26 | 土 | 7 | 己亥 | 7 | 3 | 27 | 火 | 8 | 庚午 | 7 | 4 |
| 22 | 27 | 日 | 8 | 庚子 | 7 | 3 | 28 | 水 | 9 | 辛未 | 7 | 3 |
| 23 | 28 | 月 | 9 | 辛丑 | 8 | 3 | 29 | 木 | 10 | 壬申 | 8 | 3 |
| 24 | 29 | 火 | 10 | 壬寅 | 8 | 2 | 30 | 金 | 11 | 癸酉 | 8 | 3 |
| 25 | 30 | 水 | 11 | 癸卯 | 8 | 2 | 31 | 土 | 12 | 甲戌 | 8 | 2 |
| 26 | 7/1 | 木 | 12 | 甲辰 | 9 | 2 | 8/1 | 日 | 13 | 乙亥 | 9 | 2 |
| 27 | 2 | 金 | 13 | 乙巳 | 9 | 1 | 2 | 月 | 14 | 丙子 | 9 | 2 |
| 28 | 3 | 土 | 14 | 丙午 | 9 | 1 | 3 | 火 | 15 | 丁丑 | 9 | 1 |
| 29 | 4 | 日 | 15 | 丁未 | 10 | 1 | 4 | 水 | 16 | 戊寅 | 10 | 1 |
| 30 | 5 | 月 | 16 | 戊申 | 10 | 1 | 5 | 木 | 17 | 己卯 | 10 | 1 |
| 31 | | | | | | | 6 | 金 | 18 | 庚辰 | 10 | 1 |

▶ 윤달-4월

# 丁酉年

| 절기후날수 | 입추절(戊申月) 立秋 8월7일 4시45분 / 處暑 8월22일 19시30분 | | | | | 백로절(己酉月) 白露 9월7일 8시2분 / 秋分 9월22일 17시34분 | | | | |
|---|---|---|---|---|---|---|---|---|---|---|
| | 양력 | 요일 | 음력 | 일진 | 大運 남·여 | 양력 | 요일 | 음력 | 일진 | 大運 남·여 |
| 0 | 8/7 | 土 | 19 | 辛巳 | 입추 | 9/7 | 火 | 21 | 壬子 | 백로 |
| 1 | 8 | 日 | 20 | 壬午 | 1·10 | 8 | 水 | 22 | 癸丑 | 1·10 |
| 2 | 9 | 月 | 21 | 癸未 | 1·10 | 9 | 木 | 23 | 甲寅 | 1·10 |
| 3 | 10 | 火 | 22 | 甲申 | 1·9 | 10 | 金 | 24 | 乙卯 | 1·9 |
| 4 | 11 | 水 | 23 | 乙酉 | 1·9 | 11 | 土 | 25 | 丙辰 | 1·9 |
| 5 | 12 | 木 | 24 | 丙戌 | 2·9 | 12 | 日 | 26 | 丁巳 | 2·9 |
| 6 | 13 | 金 | 25 | 丁亥 | 2·8 | 13 | 月 | 27 | 戊午 | 2·8 |
| 7 | 14 | 土 | 26 | 戊子 | 2·8 | 14 | 火 | 28 | 己未 | 2·8 |
| 8 | 15 | 日 | 27 | 己丑 | 3·8 | 15 | 水 | 29 | 庚申 | 3·8 |
| 9 | 16 | 月 | 28 | 庚寅 | 3·7 | 16 | 木 | 30 | 辛酉 | 3·7 |
| 10 | 17 | 火 | 29 | 辛卯 | 3·7 | 17 | 金 | 8/1 | 壬戌 | 3·7 |
| 11 | 18 | 水 | 7/1 | 壬辰 | 4·7 | 18 | 土 | 2 | 癸亥 | 4·7 |
| 12 | 19 | 木 | 2 | 癸巳 | 4·6 | 19 | 日 | 3 | 甲子 | 4·6 |
| 13 | 20 | 金 | 3 | 甲午 | 4·6 | 20 | 月 | 4 | 乙丑 | 4·6 |
| 14 | 21 | 土 | 4 | 乙未 | 5·6 | 21 | 火 | 5 | 丙寅 | 5·6 |
| 15 | 22 | 日 | 5 | 丙申 | 처서 | 22 | 水 | 6 | 丁卯 | 추분 |
| 16 | 23 | 月 | 6 | 丁酉 | 5·5 | 23 | 木 | 7 | 戊辰 | 5·5 |
| 17 | 24 | 火 | 7 | 戊戌 | 6·5 | 24 | 金 | 8 | 己巳 | 6·5 |
| 18 | 25 | 水 | 8 | 己亥 | 6·4 | 25 | 土 | 9 | 庚午 | 6·4 |
| 19 | 26 | 木 | 9 | 庚子 | 6·4 | 26 | 日 | 10 | 辛未 | 6·4 |
| 20 | 27 | 金 | 10 | 辛丑 | 7·4 | 27 | 月 | 11 | 壬申 | 7·4 |
| 21 | 28 | 土 | 11 | 壬寅 | 7·3 | 28 | 火 | 12 | 癸酉 | 7·3 |
| 22 | 29 | 日 | 12 | 癸卯 | 7·3 | 29 | 水 | 13 | 甲戌 | 7·3 |
| 23 | 30 | 月 | 13 | 甲辰 | 8·3 | 30 | 木 | 14 | 乙亥 | 8·3 |
| 24 | 31 | 火 | 14 | 乙巳 | 8·2 | 10/1 | 金 | 15 | 丙子 | 8·2 |
| 25 | 9/1 | 水 | 15 | 丙午 | 8·2 | 2 | 土 | 16 | 丁丑 | 8·2 |
| 26 | 2 | 木 | 16 | 丁未 | 9·2 | 3 | 日 | 17 | 戊寅 | 9·2 |
| 27 | 3 | 金 | 17 | 戊申 | 9·1 | 4 | 月 | 18 | 己卯 | 9·1 |
| 28 | 4 | 土 | 18 | 己酉 | 9·1 | 5 | 火 | 19 | 庚辰 | 9·1 |
| 29 | 5 | 日 | 19 | 庚戌 | 10·1 | 6 | 水 | 20 | 辛巳 | 10·1 |
| 30 | 6 | 月 | 20 | 辛亥 | 10·1 | 7 | 木 | 21 | 壬午 | 10·1 |
| 31 | | | | | | | | | | |

| 절기후날수 | 한로절(庚戌月) 寒露 10월8일 0시9분 / 霜降 10월23일 3시25분 | | | | | 입동절(辛亥月) 立冬 11월7일 3시49분 / 小雪 11월22일 1시24분 | | | | |
|---|---|---|---|---|---|---|---|---|---|---|
| | 양력 | 요일 | 음력 | 일진 | 大運 남·여 | 양력 | 요일 | 음력 | 일진 | 大運 남·여 |
| 0 | 10/8 | 金 | 22 | 癸未 | 한로 | 11/7 | 日 | 22 | 癸丑 | 입동 |
| 1 | 9 | 土 | 23 | 甲申 | 1·10 | 8 | 月 | 23 | 甲寅 | 1·9 |
| 2 | 10 | 日 | 24 | 乙酉 | 1·9 | 9 | 火 | 24 | 乙卯 | 1·9 |
| 3 | 11 | 月 | 25 | 丙戌 | 1·9 | 10 | 水 | 25 | 丙辰 | 1·9 |
| 4 | 12 | 火 | 26 | 丁亥 | 1·9 | 11 | 木 | 26 | 丁巳 | 1·8 |
| 5 | 13 | 水 | 27 | 戊子 | 2·8 | 12 | 金 | 27 | 戊午 | 2·8 |
| 6 | 14 | 木 | 28 | 己丑 | 2·8 | 13 | 土 | 28 | 己未 | 2·8 |
| 7 | 15 | 金 | 29 | 庚寅 | 2·8 | 14 | 日 | 29 | 庚申 | 2·7 |
| 8 | 16 | 土 | 30 | 辛卯 | 3·7 | 15 | 月 | 30 | 辛酉 | 3·7 |
| 9 | 17 | 日 | 9/1 | 壬辰 | 3·7 | 16 | 火 | 10/1 | 壬戌 | 3·7 |
| 10 | 18 | 月 | 2 | 癸巳 | 3·7 | 17 | 水 | 2 | 癸亥 | 3·6 |
| 11 | 19 | 火 | 3 | 甲午 | 4·6 | 18 | 木 | 3 | 甲子 | 4·6 |
| 12 | 20 | 水 | 4 | 乙未 | 4·6 | 19 | 金 | 4 | 乙丑 | 4·6 |
| 13 | 21 | 木 | 5 | 丙申 | 4·6 | 20 | 土 | 5 | 丙寅 | 4·5 |
| 14 | 22 | 金 | 6 | 丁酉 | 5·5 | 21 | 日 | 6 | 丁卯 | 5·5 |
| 15 | 23 | 土 | 7 | 戊戌 | 상강 | 22 | 月 | 7 | 戊辰 | 소설 |
| 16 | 24 | 日 | 8 | 己亥 | 5·5 | 23 | 火 | 8 | 己巳 | 5·4 |
| 17 | 25 | 月 | 9 | 庚子 | 6·4 | 24 | 水 | 9 | 庚午 | 6·4 |
| 18 | 26 | 火 | 10 | 辛丑 | 6·4 | 25 | 木 | 10 | 辛未 | 6·4 |
| 19 | 27 | 水 | 11 | 壬寅 | 6·4 | 26 | 金 | 11 | 壬申 | 6·3 |
| 20 | 28 | 木 | 12 | 癸卯 | 7·3 | 27 | 土 | 12 | 癸酉 | 7·3 |
| 21 | 29 | 金 | 13 | 甲辰 | 7·3 | 28 | 日 | 13 | 甲戌 | 7·3 |
| 22 | 30 | 土 | 14 | 乙巳 | 7·3 | 29 | 月 | 14 | 乙亥 | 7·2 |
| 23 | 31 | 日 | 15 | 丙午 | 8·2 | 30 | 火 | 15 | 丙子 | 8·2 |
| 24 | 11/1 | 月 | 16 | 丁未 | 8·2 | 12/1 | 水 | 16 | 丁丑 | 8·2 |
| 25 | 2 | 火 | 17 | 戊申 | 8·2 | 2 | 木 | 17 | 戊寅 | 8·1 |
| 26 | 3 | 水 | 18 | 己酉 | 9·1 | 3 | 金 | 18 | 己卯 | 9·1 |
| 27 | 4 | 木 | 19 | 庚戌 | 9·1 | 4 | 土 | 19 | 庚辰 | 9·1 |
| 28 | 5 | 金 | 20 | 辛亥 | 9·1 | 5 | 日 | 20 | 辛巳 | 9·1 |
| 29 | 6 | 土 | 21 | 壬子 | 10·1 | | | | | |
| 30 | | | | | | | | | | |
| 31 | | | | | | | | | | |

| 절기후날수 | 대설절(壬子月) 大雪 12월6일 21시1분 / 冬至 12월21일 14시59분 | | | | | 소한절(癸丑月) 小寒 1월5일 8시23분 / 大寒 1월20일 1시40분 | | | | |
|---|---|---|---|---|---|---|---|---|---|---|
| | 양력 | 요일 | 음력 | 일진 | 大運 남·여 | 양력 | 요일 | 음력 | 일진 | 大運 남·여 |
| 0 | 12/6 | 月 | 21 | 壬午 | 대설 | 1/5 | 水 | 22 | 壬子 | 소한 |
| 1 | 7 | 火 | 22 | 癸未 | 1·10 | 6 | 木 | 23 | 癸丑 | 1·9 |
| 2 | 8 | 水 | 23 | 甲申 | 1·9 | 7 | 金 | 24 | 甲寅 | 1·9 |
| 3 | 9 | 木 | 24 | 乙酉 | 1·9 | 8 | 土 | 25 | 乙卯 | 1·9 |
| 4 | 10 | 金 | 25 | 丙戌 | 1·9 | 9 | 日 | 26 | 丙辰 | 1·8 |
| 5 | 11 | 土 | 26 | 丁亥 | 2·8 | 10 | 月 | 27 | 丁巳 | 2·8 |
| 6 | 12 | 日 | 27 | 戊子 | 2·8 | 11 | 火 | 28 | 戊午 | 2·8 |
| 7 | 13 | 月 | 28 | 己丑 | 2·8 | 12 | 水 | 29 | 己未 | 2·7 |
| 8 | 14 | 火 | 29 | 庚寅 | 3·7 | 13 | 木 | 30 | 庚申 | 3·7 |
| 9 | 15 | 水 | 11/1 | 辛卯 | 3·7 | 14 | 金 | 12/1 | 辛酉 | 3·7 |
| 10 | 16 | 木 | 2 | 壬辰 | 3·7 | 15 | 土 | 2 | 壬戌 | 3·6 |
| 11 | 17 | 金 | 3 | 癸巳 | 4·6 | 16 | 日 | 3 | 癸亥 | 4·6 |
| 12 | 18 | 土 | 4 | 甲午 | 4·6 | 17 | 月 | 4 | 甲子 | 4·6 |
| 13 | 19 | 日 | 5 | 乙未 | 4·6 | 18 | 火 | 5 | 乙丑 | 4·5 |
| 14 | 20 | 月 | 6 | 丙申 | 5·5 | 19 | 水 | 6 | 丙寅 | 5·5 |
| 15 | 21 | 火 | 7 | 丁酉 | 동지 | 20 | 木 | 7 | 丁卯 | 대한 |
| 16 | 22 | 水 | 8 | 戊戌 | 5·5 | 21 | 金 | 8 | 戊辰 | 5·4 |
| 17 | 23 | 木 | 9 | 己亥 | 6·4 | 22 | 土 | 9 | 己巳 | 6·4 |
| 18 | 24 | 金 | 10 | 庚子 | 6·4 | 23 | 日 | 10 | 庚午 | 6·4 |
| 19 | 25 | 土 | 11 | 辛丑 | 6·4 | 24 | 月 | 11 | 辛未 | 6·3 |
| 20 | 26 | 日 | 12 | 壬寅 | 7·3 | 25 | 火 | 12 | 壬申 | 7·3 |
| 21 | 27 | 月 | 13 | 癸卯 | 7·3 | 26 | 水 | 13 | 癸酉 | 7·3 |
| 22 | 28 | 火 | 14 | 甲辰 | 7·3 | 27 | 木 | 14 | 甲戌 | 7·2 |
| 23 | 29 | 水 | 15 | 乙巳 | 8·2 | 28 | 金 | 15 | 乙亥 | 8·2 |
| 24 | 30 | 木 | 16 | 丙午 | 8·2 | 29 | 土 | 16 | 丙子 | 8·2 |
| 25 | 31 | 金 | 17 | 丁未 | 8·2 | 30 | 日 | 17 | 丁丑 | 8·1 |
| 26 | 1/1 | 土 | 18 | 戊申 | 9·1 | 31 | 月 | 18 | 戊寅 | 9·1 |
| 27 | 2 | 日 | 19 | 己酉 | 9·1 | 2/1 | 火 | 19 | 己卯 | 9·1 |
| 28 | 3 | 月 | 20 | 庚戌 | 9·1 | 2 | 水 | 20 | 庚辰 | 9·1 |
| 29 | 4 | 火 | 21 | 辛亥 | 10·1 | | | | | |
| 30 | | | | | | | | | | |
| 31 | | | | | | | | | | |

# 서기 2078년 [단기 4411년]

**입춘절(甲寅月)** 立春 2월3일 19시56분 / 雨水 2월18일 15시35분

| 절기후날수 | 양력 | 요일 | 음력 | 일진 | 大運 남 | 大運 여 |
|---|---|---|---|---|---|---|
| 0 | 2/3 | 木 | 21 | 辛巳 | 입춘 | |
| 1 | 4 | 金 | 22 | 壬午 | 10 | 1 |
| 2 | 5 | 土 | 23 | 癸未 | 9 | 1 |
| 3 | 6 | 日 | 24 | 甲申 | 9 | 1 |
| 4 | 7 | 月 | 25 | 乙酉 | 9 | 1 |
| 5 | 8 | 火 | 26 | 丙戌 | 8 | 2 |
| 6 | 9 | 水 | 27 | 丁亥 | 8 | 2 |
| 7 | 10 | 木 | 28 | 戊子 | 8 | 2 |
| 8 | 11 | 金 | 29 | 己丑 | 7 | 3 |
| 9 | 12 | 土 | 1/1 | 庚寅 | 7 | 3 |
| 10 | 13 | 日 | 2 | 辛卯 | 7 | 3 |
| 11 | 14 | 月 | 3 | 壬辰 | 6 | 4 |
| 12 | 15 | 火 | 4 | 癸巳 | 6 | 4 |
| 13 | 16 | 水 | 5 | 甲午 | 6 | 4 |
| 14 | 17 | 木 | 6 | 乙未 | 5 | 5 |
| 15 | 18 | 金 | 7 | 丙申 | 우수 | |
| 16 | 19 | 土 | 8 | 丁酉 | 5 | 5 |
| 17 | 20 | 日 | 9 | 戊戌 | 4 | 6 |
| 18 | 21 | 月 | 10 | 己亥 | 4 | 6 |
| 19 | 22 | 火 | 11 | 庚子 | 4 | 6 |
| 20 | 23 | 水 | 12 | 辛丑 | 3 | 7 |
| 21 | 24 | 木 | 13 | 壬寅 | 3 | 7 |
| 22 | 25 | 金 | 14 | 癸卯 | 3 | 7 |
| 23 | 26 | 土 | 15 | 甲辰 | 2 | 8 |
| 24 | 27 | 日 | 16 | 乙巳 | 2 | 8 |
| 25 | 28 | 月 | 17 | 丙午 | 2 | 8 |
| 26 | 3/1 | 火 | 18 | 丁未 | 1 | 9 |
| 27 | 2 | 水 | 19 | 戊申 | 1 | 9 |
| 28 | 3 | 木 | 20 | 己酉 | 1 | 9 |
| 29 | 4 | 金 | 21 | 庚戌 | 1 | 10 |
| 30 | | | | | | |
| 31 | | | | | | |

**경칩절(乙卯月)** 驚蟄 3월5일 13시36분 / 春分 3월20일 14시9분

| 절기후날수 | 양력 | 요일 | 음력 | 일진 | 大運 남 | 大運 여 |
|---|---|---|---|---|---|---|
| 0 | 3/5 | 土 | 22 | 辛亥 | 경칩 | |
| 1 | 6 | 日 | 23 | 壬子 | 10 | 1 |
| 2 | 7 | 月 | 24 | 癸丑 | 9 | 1 |
| 3 | 8 | 火 | 25 | 甲寅 | 9 | 1 |
| 4 | 9 | 水 | 26 | 乙卯 | 9 | 1 |
| 5 | 10 | 木 | 27 | 丙辰 | 8 | 2 |
| 6 | 11 | 金 | 28 | 丁巳 | 8 | 2 |
| 7 | 12 | 土 | 29 | 戊午 | 8 | 2 |
| 8 | 13 | 日 | 30 | 己未 | 7 | 3 |
| 9 | 14 | 月 | 2/1 | 庚申 | 7 | 3 |
| 10 | 15 | 火 | 2 | 辛酉 | 7 | 3 |
| 11 | 16 | 水 | 3 | 壬戌 | 6 | 4 |
| 12 | 17 | 木 | 4 | 癸亥 | 6 | 4 |
| 13 | 18 | 金 | 5 | 甲子 | 6 | 4 |
| 14 | 19 | 土 | 6 | 乙丑 | 5 | 5 |
| 15 | 20 | 日 | 7 | 丙寅 | 춘분 | |
| 16 | 21 | 月 | 8 | 丁卯 | 5 | 5 |
| 17 | 22 | 火 | 9 | 戊辰 | 4 | 6 |
| 18 | 23 | 水 | 10 | 己巳 | 4 | 6 |
| 19 | 24 | 木 | 11 | 庚午 | 4 | 6 |
| 20 | 25 | 金 | 12 | 辛未 | 3 | 7 |
| 21 | 26 | 土 | 13 | 壬申 | 3 | 7 |
| 22 | 27 | 日 | 14 | 癸酉 | 3 | 7 |
| 23 | 28 | 月 | 15 | 甲戌 | 2 | 8 |
| 24 | 29 | 火 | 16 | 乙亥 | 2 | 8 |
| 25 | 30 | 水 | 17 | 丙子 | 2 | 8 |
| 26 | 31 | 木 | 18 | 丁丑 | 1 | 9 |
| 27 | 4/1 | 金 | 19 | 戊寅 | 1 | 9 |
| 28 | 2 | 土 | 20 | 己卯 | 1 | 9 |
| 29 | 3 | 日 | 21 | 庚辰 | 1 | 10 |
| 30 | | | | | | |
| 31 | | | | | | |

**청명절(丙辰月)** 清明 4월4일 17시55분 / 穀雨 4월20일 0시39분

| 절기후날수 | 양력 | 요일 | 음력 | 일진 | 大運 남 | 大運 여 |
|---|---|---|---|---|---|---|
| 0 | 4/4 | 月 | 22 | 辛巳 | 청명 | |
| 1 | 5 | 火 | 23 | 壬午 | 10 | 1 |
| 2 | 6 | 水 | 24 | 癸未 | 10 | 1 |
| 3 | 7 | 木 | 25 | 甲申 | 9 | 1 |
| 4 | 8 | 金 | 26 | 乙酉 | 9 | 1 |
| 5 | 9 | 土 | 27 | 丙戌 | 9 | 2 |
| 6 | 10 | 日 | 28 | 丁亥 | 8 | 2 |
| 7 | 11 | 月 | 29 | 戊子 | 8 | 2 |
| 8 | 12 | 火 | 3/1 | 己丑 | 8 | 3 |
| 9 | 13 | 水 | 2 | 庚寅 | 7 | 3 |
| 10 | 14 | 木 | 3 | 辛卯 | 7 | 3 |
| 11 | 15 | 金 | 4 | 壬辰 | 7 | 4 |
| 12 | 16 | 土 | 5 | 癸巳 | 6 | 4 |
| 13 | 17 | 日 | 6 | 甲午 | 6 | 4 |
| 14 | 18 | 月 | 7 | 乙未 | 6 | 5 |
| 15 | 19 | 火 | 8 | 丙申 | 5 | 5 |
| 16 | 20 | 水 | 9 | 丁酉 | 곡우 | |
| 17 | 21 | 木 | 10 | 戊戌 | 5 | 6 |
| 18 | 22 | 金 | 11 | 己亥 | 4 | 6 |
| 19 | 23 | 土 | 12 | 庚子 | 4 | 6 |
| 20 | 24 | 日 | 13 | 辛丑 | 4 | 7 |
| 21 | 25 | 月 | 14 | 壬寅 | 3 | 7 |
| 22 | 26 | 火 | 15 | 癸卯 | 3 | 7 |
| 23 | 27 | 水 | 16 | 甲辰 | 3 | 8 |
| 24 | 28 | 木 | 17 | 乙巳 | 2 | 8 |
| 25 | 29 | 金 | 18 | 丙午 | 2 | 8 |
| 26 | 30 | 土 | 19 | 丁未 | 2 | 9 |
| 27 | 5/1 | 日 | 20 | 戊申 | 1 | 9 |
| 28 | 2 | 月 | 21 | 己酉 | 1 | 9 |
| 29 | 3 | 火 | 22 | 庚戌 | 1 | 10 |
| 30 | 4 | 水 | 23 | 辛亥 | 1 | 10 |
| 31 | | | | | | |

**입하절(丁巳月)** 立夏 5월5일 10시40분 / 小滿 5월20일 23시18분

| 절기후날수 | 양력 | 요일 | 음력 | 일진 | 大運 남 | 大運 여 |
|---|---|---|---|---|---|---|
| 0 | 5/5 | 木 | 24 | 壬子 | 입하 | |
| 1 | 6 | 金 | 25 | 癸丑 | 10 | 1 |
| 2 | 7 | 土 | 26 | 甲寅 | 10 | 1 |
| 3 | 8 | 日 | 27 | 乙卯 | 9 | 1 |
| 4 | 9 | 月 | 28 | 丙辰 | 9 | 1 |
| 5 | 10 | 火 | 29 | 丁巳 | 9 | 2 |
| 6 | 11 | 水 | 30 | 戊午 | 8 | 2 |
| 7 | 12 | 木 | 4/1 | 己未 | 8 | 2 |
| 8 | 13 | 金 | 2 | 庚申 | 8 | 3 |
| 9 | 14 | 土 | 3 | 辛酉 | 7 | 3 |
| 10 | 15 | 日 | 4 | 壬戌 | 7 | 3 |
| 11 | 16 | 月 | 5 | 癸亥 | 7 | 4 |
| 12 | 17 | 火 | 6 | 甲子 | 6 | 4 |
| 13 | 18 | 水 | 7 | 乙丑 | 6 | 4 |
| 14 | 19 | 木 | 8 | 丙寅 | 6 | 5 |
| 15 | 20 | 金 | 9 | 丁卯 | 소만 | |
| 16 | 21 | 土 | 10 | 戊辰 | 5 | 5 |
| 17 | 22 | 日 | 11 | 己巳 | 5 | 6 |
| 18 | 23 | 月 | 12 | 庚午 | 4 | 6 |
| 19 | 24 | 火 | 13 | 辛未 | 4 | 6 |
| 20 | 25 | 水 | 14 | 壬申 | 4 | 7 |
| 21 | 26 | 木 | 15 | 癸酉 | 3 | 7 |
| 22 | 27 | 金 | 16 | 甲戌 | 3 | 7 |
| 23 | 28 | 土 | 17 | 乙亥 | 3 | 8 |
| 24 | 29 | 日 | 18 | 丙子 | 2 | 8 |
| 25 | 30 | 月 | 19 | 丁丑 | 2 | 8 |
| 26 | 31 | 火 | 20 | 戊寅 | 2 | 9 |
| 27 | 6/1 | 水 | 21 | 己卯 | 1 | 9 |
| 28 | 2 | 木 | 22 | 庚辰 | 1 | 9 |
| 29 | 3 | 金 | 23 | 辛巳 | 1 | 10 |
| 30 | 4 | 土 | 24 | 壬午 | 1 | 10 |
| 31 | | | | | | |

**망종절(戊午月)** 芒種 6월5일 14시23분 / 夏至 6월21일 6시56분

| 절기후날수 | 양력 | 요일 | 음력 | 일진 | 大運 남 | 大運 여 |
|---|---|---|---|---|---|---|
| 0 | 6/5 | 日 | 25 | 癸未 | 망종 | |
| 1 | 6 | 月 | 26 | 甲申 | 10 | 1 |
| 2 | 7 | 火 | 27 | 乙酉 | 10 | 1 |
| 3 | 8 | 水 | 28 | 丙戌 | 10 | 1 |
| 4 | 9 | 木 | 29 | 丁亥 | 9 | 1 |
| 5 | 10 | 金 | 5/1 | 戊子 | 9 | 2 |
| 6 | 11 | 土 | 2 | 己丑 | 9 | 2 |
| 7 | 12 | 日 | 3 | 庚寅 | 8 | 2 |
| 8 | 13 | 月 | 4 | 辛卯 | 8 | 3 |
| 9 | 14 | 火 | 5 | 壬辰 | 8 | 3 |
| 10 | 15 | 水 | 6 | 癸巳 | 7 | 3 |
| 11 | 16 | 木 | 7 | 甲午 | 7 | 4 |
| 12 | 17 | 金 | 8 | 乙未 | 7 | 4 |
| 13 | 18 | 土 | 9 | 丙申 | 6 | 4 |
| 14 | 19 | 日 | 10 | 丁酉 | 6 | 5 |
| 15 | 20 | 月 | 11 | 戊戌 | 6 | 5 |
| 16 | 21 | 火 | 12 | 己亥 | 하지 | |
| 17 | 22 | 水 | 13 | 庚子 | 5 | 6 |
| 18 | 23 | 木 | 14 | 辛丑 | 5 | 6 |
| 19 | 24 | 金 | 15 | 壬寅 | 4 | 6 |
| 20 | 25 | 土 | 16 | 癸卯 | 4 | 7 |
| 21 | 26 | 日 | 17 | 甲辰 | 4 | 7 |
| 22 | 27 | 月 | 18 | 乙巳 | 3 | 7 |
| 23 | 28 | 火 | 19 | 丙午 | 3 | 8 |
| 24 | 29 | 水 | 20 | 丁未 | 3 | 8 |
| 25 | 30 | 木 | 21 | 戊申 | 2 | 8 |
| 26 | 7/1 | 金 | 22 | 己酉 | 2 | 9 |
| 27 | 2 | 土 | 23 | 庚戌 | 2 | 9 |
| 28 | 3 | 日 | 24 | 辛亥 | 1 | 9 |
| 29 | 4 | 月 | 25 | 壬子 | 1 | 10 |
| 30 | 5 | 火 | 26 | 癸丑 | 1 | 10 |
| 31 | 6 | 水 | 27 | 甲寅 | 1 | 10 |

**소서절(己未月)** 小暑 7월7일 0시27분 / 大暑 7월22일 17시49분

| 절기후날수 | 양력 | 요일 | 음력 | 일진 | 大運 남 | 大運 여 |
|---|---|---|---|---|---|---|
| 0 | 7/7 | 木 | 28 | 乙卯 | 소서 | |
| 1 | 8 | 金 | 29 | 丙辰 | 10 | 1 |
| 2 | 9 | 土 | 6/1 | 丁巳 | 10 | 1 |
| 3 | 10 | 日 | 2 | 戊午 | 9 | 1 |
| 4 | 11 | 月 | 3 | 己未 | 9 | 1 |
| 5 | 12 | 火 | 4 | 庚申 | 9 | 2 |
| 6 | 13 | 水 | 5 | 辛酉 | 8 | 2 |
| 7 | 14 | 木 | 6 | 壬戌 | 8 | 2 |
| 8 | 15 | 金 | 7 | 癸亥 | 8 | 3 |
| 9 | 16 | 土 | 8 | 甲子 | 7 | 3 |
| 10 | 17 | 日 | 9 | 乙丑 | 7 | 3 |
| 11 | 18 | 月 | 10 | 丙寅 | 7 | 4 |
| 12 | 19 | 火 | 11 | 丁卯 | 6 | 4 |
| 13 | 20 | 水 | 12 | 戊辰 | 6 | 4 |
| 14 | 21 | 木 | 13 | 己巳 | 6 | 5 |
| 15 | 22 | 金 | 14 | 庚午 | 대서 | |
| 16 | 23 | 土 | 15 | 辛未 | 5 | 5 |
| 17 | 24 | 日 | 16 | 壬申 | 5 | 6 |
| 18 | 25 | 月 | 17 | 癸酉 | 4 | 6 |
| 19 | 26 | 火 | 18 | 甲戌 | 4 | 6 |
| 20 | 27 | 水 | 19 | 乙亥 | 4 | 7 |
| 21 | 28 | 木 | 20 | 丙子 | 3 | 7 |
| 22 | 29 | 金 | 21 | 丁丑 | 3 | 7 |
| 23 | 30 | 土 | 22 | 戊寅 | 3 | 8 |
| 24 | 31 | 日 | 23 | 己卯 | 2 | 8 |
| 25 | 8/1 | 月 | 24 | 庚辰 | 2 | 8 |
| 26 | 2 | 火 | 25 | 辛巳 | 2 | 9 |
| 27 | 3 | 水 | 26 | 壬午 | 1 | 9 |
| 28 | 4 | 木 | 27 | 癸未 | 1 | 9 |
| 29 | 5 | 金 | 28 | 甲申 | 1 | 10 |
| 30 | 6 | 土 | 29 | 乙酉 | 1 | 10 |
| 31 | | | | | | |

# 戊戌年

| 절기후날수 | 입추절(庚申月) | | | | | 백로절(辛酉月) | | | | | 한로절(壬戌月) | | | | | 입동절(癸亥月) | | | | | 대설절(甲子月) | | | | | 소한절(乙丑月) | | | | |
|---|---|---|---|---|---|---|---|---|---|---|---|---|---|---|---|---|---|---|---|---|---|---|---|---|---|---|---|---|---|---|
| | 立秋 8월7일 10시23분<br>處暑 8월23일 1시12분 | | | | | 白露 9월7일 13시42분<br>秋分 9월22일 23시23분 | | | | | 寒露 10월8일 5시55분<br>霜降 10월23일 9시19분 | | | | | 立冬 11월7일 9시38분<br>小雪 11월22일 7시21분 | | | | | 大雪 12월7일 2시51분<br>冬至 12월21일 20시56분 | | | | | 小寒 1월5일 14시12분<br>大寒 1월20일 7시34분 | | | | |
| | 양력 | 요일 | 음력 | 일진 | 大運 남·여 | 양력 | 요일 | 음력 | 일진 | 大運 남·여 | 양력 | 요일 | 음력 | 일진 | 大運 남·여 | 양력 | 요일 | 음력 | 일진 | 大運 남·여 | 양력 | 요일 | 음력 | 일진 | 大運 남·여 | 양력 | 요일 | 음력 | 일진 | 大運 남·여 |
| 0 | 8/7 | 日 | 30 | 丙戌 | 입추 | 9/7 | 水 | 2 | 丁巳 | 백로 | 10/8 | 土 | 3 | 戊子 | 한로 | 11/7 | 月 | 3 | 戊午 | 입동 | 12/7 | 水 | 4 | 戊子 | 대설 | 1/5 | 木 | 3 | 丁巳 | 소한 |
| 1 | 8 | 月 | 7/1 | 丁亥 | 10·1 | 8 | 木 | 3 | 戊午 | 10·1 | 9 | 日 | 4 | 己丑 | 10·1 | 8 | 火 | 4 | 己未 | 10·1 | 8 | 木 | 5 | 己丑 | 9·1 | 6 | 金 | 4 | 戊午 | 10·1 |
| 2 | 9 | 火 | 2 | 戊子 | 10·1 | 9 | 金 | 4 | 己未 | 10·1 | 10 | 月 | 5 | 庚寅 | 9·1 | 9 | 水 | 5 | 庚申 | 9·1 | 9 | 金 | 6 | 庚寅 | 9·1 | 7 | 土 | 5 | 己未 | 9·1 |
| 3 | 10 | 水 | 3 | 己丑 | 9·1 | 10 | 土 | 5 | 庚申 | 9·1 | 11 | 火 | 6 | 辛卯 | 9·1 | 10 | 木 | 6 | 辛酉 | 9·1 | 10 | 土 | 7 | 辛卯 | 9·1 | 8 | 日 | 6 | 庚申 | 9·1 |
| 4 | 11 | 木 | 4 | 庚寅 | 9·1 | 11 | 日 | 6 | 辛酉 | 9·1 | 12 | 水 | 7 | 壬辰 | 9·1 | 11 | 金 | 7 | 壬戌 | 9·1 | 11 | 日 | 8 | 壬辰 | 8·1 | 9 | 月 | 7 | 辛酉 | 9·1 |
| 5 | 12 | 金 | 5 | 辛卯 | 9·2 | 12 | 月 | 7 | 壬戌 | 9·2 | 13 | 木 | 8 | 癸巳 | 8·2 | 12 | 土 | 8 | 癸亥 | 8·2 | 12 | 月 | 9 | 癸巳 | 8·2 | 10 | 火 | 8 | 壬戌 | 8·2 |
| 6 | 13 | 土 | 6 | 壬辰 | 8·2 | 13 | 火 | 8 | 癸亥 | 8·2 | 14 | 金 | 9 | 甲午 | 8·2 | 13 | 日 | 9 | 甲子 | 8·2 | 13 | 火 | 10 | 甲午 | 8·2 | 11 | 水 | 9 | 癸亥 | 8·2 |
| 7 | 14 | 日 | 7 | 癸巳 | 8·2 | 14 | 水 | 9 | 甲子 | 8·2 | 15 | 土 | 10 | 乙未 | 8·2 | 14 | 月 | 10 | 乙丑 | 8·2 | 14 | 水 | 11 | 乙未 | 7·2 | 12 | 木 | 10 | 甲子 | 8·2 |
| 8 | 15 | 月 | 8 | 甲午 | 8·3 | 15 | 木 | 10 | 乙丑 | 8·3 | 16 | 日 | 11 | 丙申 | 7·3 | 15 | 火 | 11 | 丙寅 | 7·3 | 15 | 木 | 12 | 丙申 | 7·3 | 13 | 金 | 11 | 乙丑 | 7·3 |
| 9 | 16 | 火 | 9 | 乙未 | 7·3 | 16 | 金 | 11 | 丙寅 | 7·3 | 17 | 月 | 12 | 丁酉 | 7·3 | 16 | 水 | 12 | 丁卯 | 7·3 | 16 | 金 | 13 | 丁酉 | 7·3 | 14 | 土 | 12 | 丙寅 | 7·3 |
| 10 | 17 | 水 | 10 | 丙申 | 7·3 | 17 | 土 | 12 | 丁卯 | 7·3 | 18 | 火 | 13 | 戊戌 | 7·3 | 17 | 木 | 13 | 戊辰 | 7·3 | 17 | 土 | 14 | 戊戌 | 6·3 | 15 | 日 | 13 | 丁卯 | 7·3 |
| 11 | 18 | 木 | 11 | 丁酉 | 7·4 | 18 | 日 | 13 | 戊辰 | 7·4 | 19 | 水 | 14 | 己亥 | 6·4 | 18 | 金 | 14 | 己巳 | 6·4 | 18 | 日 | 15 | 己亥 | 6·4 | 16 | 月 | 14 | 戊辰 | 6·4 |
| 12 | 19 | 金 | 12 | 戊戌 | 6·4 | 19 | 月 | 14 | 己巳 | 6·4 | 20 | 木 | 15 | 庚子 | 6·4 | 19 | 土 | 15 | 庚午 | 6·4 | 19 | 月 | 16 | 庚子 | 6·4 | 17 | 火 | 15 | 己巳 | 6·4 |
| 13 | 20 | 土 | 13 | 己亥 | 6·4 | 20 | 火 | 15 | 庚午 | 6·4 | 21 | 金 | 16 | 辛丑 | 6·4 | 20 | 日 | 16 | 辛未 | 6·4 | 20 | 火 | 17 | 辛丑 | 5·4 | 18 | 水 | 16 | 庚午 | 6·4 |
| 14 | 21 | 日 | 14 | 庚子 | 6·5 | 21 | 水 | 16 | 辛未 | 6·5 | 22 | 土 | 17 | 壬寅 | 5·5 | 21 | 月 | 17 | 壬申 | 5·5 | 21 | 水 | 18 | 壬寅 | 동지 | 19 | 木 | 17 | 辛未 | 5·5 |
| 15 | 22 | 月 | 15 | 辛丑 | 5·5 | 22 | 木 | 17 | 壬申 | 추분 | 23 | 日 | 18 | 癸卯 | 상강 | 22 | 火 | 18 | 癸酉 | 소설 | 22 | 木 | 19 | 癸卯 | 5·5 | 20 | 金 | 18 | 壬申 | 대한 |
| 16 | 23 | 火 | 16 | 壬寅 | 처서 | 23 | 金 | 18 | 癸酉 | 5·5 | 24 | 月 | 19 | 甲辰 | 5·5 | 23 | 水 | 19 | 甲戌 | 5·5 | 23 | 金 | 20 | 甲辰 | 4·5 | 21 | 土 | 19 | 癸酉 | 5·5 |
| 17 | 24 | 水 | 17 | 癸卯 | 5·6 | 24 | 土 | 19 | 甲戌 | 5·6 | 25 | 火 | 20 | 乙巳 | 4·6 | 24 | 木 | 20 | 乙亥 | 4·6 | 24 | 土 | 21 | 乙巳 | 4·6 | 22 | 日 | 20 | 甲戌 | 4·6 |
| 18 | 25 | 木 | 18 | 甲辰 | 4·6 | 25 | 日 | 20 | 乙亥 | 4·6 | 26 | 水 | 21 | 丙午 | 4·6 | 25 | 金 | 21 | 丙子 | 4·6 | 25 | 日 | 22 | 丙午 | 4·6 | 23 | 月 | 21 | 乙亥 | 4·6 |
| 19 | 26 | 金 | 19 | 乙巳 | 4·6 | 26 | 月 | 21 | 丙子 | 4·6 | 27 | 木 | 22 | 丁未 | 4·6 | 26 | 土 | 22 | 丁丑 | 4·6 | 26 | 月 | 23 | 丁未 | 3·6 | 24 | 火 | 22 | 丙子 | 4·6 |
| 20 | 27 | 土 | 20 | 丙午 | 4·7 | 27 | 火 | 22 | 丁丑 | 4·7 | 28 | 金 | 23 | 戊申 | 3·7 | 27 | 日 | 23 | 戊寅 | 3·7 | 27 | 火 | 24 | 戊申 | 3·7 | 25 | 水 | 23 | 丁丑 | 3·7 |
| 21 | 28 | 日 | 21 | 丁未 | 3·7 | 28 | 水 | 23 | 戊寅 | 3·7 | 29 | 土 | 24 | 己酉 | 3·7 | 28 | 月 | 24 | 己卯 | 3·7 | 28 | 水 | 25 | 己酉 | 3·7 | 26 | 木 | 24 | 戊寅 | 3·7 |
| 22 | 29 | 月 | 22 | 戊申 | 3·7 | 29 | 木 | 24 | 己卯 | 3·7 | 30 | 日 | 25 | 庚戌 | 3·7 | 29 | 火 | 25 | 庚辰 | 3·7 | 29 | 木 | 26 | 庚戌 | 2·7 | 27 | 金 | 25 | 己卯 | 3·7 |
| 23 | 30 | 火 | 23 | 己酉 | 3·8 | 30 | 金 | 25 | 庚辰 | 3·8 | 31 | 月 | 26 | 辛亥 | 2·8 | 30 | 水 | 26 | 辛巳 | 2·8 | 30 | 金 | 27 | 辛亥 | 2·8 | 28 | 土 | 26 | 庚辰 | 2·8 |
| 24 | 31 | 水 | 24 | 庚戌 | 2·8 | 10/1 | 土 | 26 | 辛巳 | 2·8 | 11/1 | 火 | 27 | 壬子 | 2·8 | 12/1 | 木 | 27 | 壬午 | 2·8 | 31 | 土 | 28 | 壬子 | 2·8 | 29 | 日 | 27 | 辛巳 | 2·8 |
| 25 | 9/1 | 木 | 25 | 辛亥 | 2·8 | 2 | 日 | 27 | 壬午 | 2·8 | 2 | 水 | 28 | 癸丑 | 2·8 | 2 | 金 | 28 | 癸未 | 2·8 | 1/1 | 日 | 29 | 癸丑 | 1·8 | 30 | 月 | 28 | 壬午 | 2·8 |
| 26 | 2 | 金 | 26 | 壬子 | 2·9 | 3 | 月 | 28 | 癸未 | 2·9 | 3 | 木 | 29 | 甲寅 | 1·9 | 3 | 土 | 29 | 甲申 | 1·9 | 2 | 月 | 30 | 甲寅 | 1·9 | 31 | 火 | 29 | 癸未 | 1·9 |
| 27 | 3 | 土 | 27 | 癸丑 | 1·9 | 4 | 火 | 29 | 甲申 | 1·9 | 4 | 金 | 30 | 乙卯 | 1·9 | 4 | 日 | 11/1 | 乙酉 | 1·9 | 3 | 火 | 12/1 | 乙卯 | 1·9 | 2/1 | 水 | 30 | 甲申 | 1·9 |
| 28 | 4 | 日 | 28 | 甲寅 | 1·9 | 5 | 水 | 30 | 乙酉 | 1·9 | 5 | 土 | 10/1 | 丙辰 | 1·9 | 5 | 月 | 2 | 丙戌 | 1·9 | 4 | 水 | 2 | 丙辰 | 1·9 | 2 | 木 | 1/1 | 乙酉 | 1·9 |
| 29 | 5 | 月 | 29 | 乙卯 | 1·10 | 6 | 木 | 9/1 | 丙戌 | 1·10 | 6 | 日 | 2 | 丁巳 | 1·10 | 6 | 火 | 3 | 丁亥 | 1·10 | | | | | | 3 | 金 | 2 | 丙戌 | 1·10 |
| 30 | 6 | 火 | 8/1 | 丙辰 | 1·10 | 7 | 金 | 2 | 丁亥 | 1·10 | | | | | | | | | | | | | | | | | | | | |
| 31 | | | | | | | | | | | | | | | | | | | | | | | | | | | | | | |

# 서기 2079년 [단기 4412년]

| 절기후날수 | 입춘절(丙寅月) 立春 2월4일 1시42분 雨水 2월18일 21시27분 | | | | | | 경칩절(丁卯月) 驚蟄 3월5일 19시19분 春分 3월20일 19시59분 | | | | | | 청명절(戊辰月) 淸明 4월4일 23시36분 穀雨 4월20일 6시29분 | | | | | |
|---|---|---|---|---|---|---|---|---|---|---|---|---|---|---|---|---|---|---|
| | 양력 | 요일 | 음력 | 일진 | 大運 남 | 大運 여 | 양력 | 요일 | 음력 | 일진 | 大運 남 | 大運 여 | 양력 | 요일 | 음력 | 일진 | 大運 남 | 大運 여 |
| 0 | 2/4 | 土 | 3 | 丁亥 | 입춘 | | 3/5 | 日 | 3 | 丙辰 | 경칩 | | 4/4 | 火 | 3 | 丙戌 | 청명 | |
| 1 | 5 | 日 | 4 | 戊子 | 1 | 9 | 6 | 月 | 4 | 丁巳 | 1 | 10 | 5 | 水 | 4 | 丁亥 | 1 | 10 |
| 2 | 6 | 月 | 5 | 己丑 | 1 | 9 | 7 | 火 | 5 | 戊午 | 1 | 9 | 6 | 木 | 5 | 戊子 | 1 | 10 |
| 3 | 7 | 火 | 6 | 庚寅 | 1 | 9 | 8 | 水 | 6 | 己未 | 1 | 9 | 7 | 金 | 6 | 己丑 | 1 | 9 |
| 4 | 8 | 水 | 7 | 辛卯 | 1 | 8 | 9 | 木 | 7 | 庚申 | 1 | 9 | 8 | 土 | 7 | 庚寅 | 1 | 9 |
| 5 | 9 | 木 | 8 | 壬辰 | 2 | 8 | 10 | 金 | 8 | 辛酉 | 2 | 8 | 9 | 日 | 8 | 辛卯 | 2 | 9 |
| 6 | 10 | 金 | 9 | 癸巳 | 2 | 8 | 11 | 土 | 9 | 壬戌 | 2 | 8 | 10 | 月 | 9 | 壬辰 | 2 | 8 |
| 7 | 11 | 土 | 10 | 甲午 | 2 | 7 | 12 | 日 | 10 | 癸亥 | 2 | 8 | 11 | 火 | 10 | 癸巳 | 2 | 8 |
| 8 | 12 | 日 | 11 | 乙未 | 3 | 7 | 13 | 月 | 11 | 甲子 | 3 | 7 | 12 | 水 | 11 | 甲午 | 3 | 8 |
| 9 | 13 | 月 | 12 | 丙申 | 3 | 7 | 14 | 火 | 12 | 乙丑 | 3 | 7 | 13 | 木 | 12 | 乙未 | 3 | 7 |
| 10 | 14 | 火 | 13 | 丁酉 | 3 | 6 | 15 | 水 | 13 | 丙寅 | 3 | 7 | 14 | 金 | 13 | 丙申 | 3 | 7 |
| 11 | 15 | 水 | 14 | 戊戌 | 4 | 6 | 16 | 木 | 14 | 丁卯 | 4 | 6 | 15 | 土 | 14 | 丁酉 | 4 | 7 |
| 12 | 16 | 木 | 15 | 己亥 | 4 | 6 | 17 | 金 | 15 | 戊辰 | 4 | 6 | 16 | 日 | 15 | 戊戌 | 4 | 6 |
| 13 | 17 | 金 | 16 | 庚子 | 4 | 5 | 18 | 土 | 16 | 己巳 | 4 | 6 | 17 | 月 | 16 | 己亥 | 4 | 6 |
| 14 | 18 | 土 | 17 | 辛丑 | 우수 | | 19 | 日 | 17 | 庚午 | 5 | 5 | 18 | 火 | 17 | 庚子 | 5 | 6 |
| 15 | 19 | 日 | 18 | 壬寅 | 5 | 5 | 20 | 月 | 18 | 辛未 | 춘분 | | 19 | 水 | 18 | 辛丑 | 5 | 5 |
| 16 | 20 | 月 | 19 | 癸卯 | 5 | 4 | 21 | 火 | 19 | 壬申 | 5 | 5 | 20 | 木 | 19 | 壬寅 | 곡우 | |
| 17 | 21 | 火 | 20 | 甲辰 | 6 | 4 | 22 | 水 | 20 | 癸酉 | 6 | 4 | 21 | 金 | 20 | 癸卯 | 6 | 5 |
| 18 | 22 | 水 | 21 | 乙巳 | 6 | 4 | 23 | 木 | 21 | 甲戌 | 6 | 4 | 22 | 土 | 21 | 甲辰 | 6 | 4 |
| 19 | 23 | 木 | 22 | 丙午 | 6 | 3 | 24 | 金 | 22 | 乙亥 | 6 | 4 | 23 | 日 | 22 | 乙巳 | 6 | 4 |
| 20 | 24 | 金 | 23 | 丁未 | 7 | 3 | 25 | 土 | 23 | 丙子 | 7 | 3 | 24 | 月 | 23 | 丙午 | 7 | 4 |
| 21 | 25 | 土 | 24 | 戊申 | 7 | 3 | 26 | 日 | 24 | 丁丑 | 7 | 3 | 25 | 火 | 24 | 丁未 | 7 | 3 |
| 22 | 26 | 日 | 25 | 己酉 | 7 | 2 | 27 | 月 | 25 | 戊寅 | 7 | 3 | 26 | 水 | 25 | 戊申 | 7 | 3 |
| 23 | 27 | 月 | 26 | 庚戌 | 8 | 2 | 28 | 火 | 26 | 己卯 | 8 | 2 | 27 | 木 | 26 | 己酉 | 8 | 3 |
| 24 | 28 | 火 | 27 | 辛亥 | 8 | 2 | 29 | 水 | 27 | 庚辰 | 8 | 2 | 28 | 金 | 27 | 庚戌 | 8 | 2 |
| 25 | 3/1 | 水 | 28 | 壬子 | 8 | 1 | 30 | 木 | 28 | 辛巳 | 8 | 2 | 29 | 土 | 28 | 辛亥 | 8 | 2 |
| 26 | 2 | 木 | 29 | 癸丑 | 9 | 1 | 31 | 金 | 29 | 壬午 | 9 | 1 | 30 | 日 | 29 | 壬子 | 9 | 2 |
| 27 | 3 | 金 | 2/1 | 甲寅 | 9 | 1 | 4/1 | 土 | 30 | 癸未 | 9 | 1 | 5/1 | 月 | 4/1 | 癸丑 | 9 | 1 |
| 28 | 4 | 土 | 2 | 乙卯 | 9 | 1 | 2 | 日 | 3/1 | 甲申 | 9 | 1 | 2 | 火 | 2 | 甲寅 | 9 | 1 |
| 29 | | | | | | | 3 | 月 | 2 | 乙酉 | 10 | 1 | 3 | 水 | 3 | 乙卯 | 10 | 1 |
| 30 | | | | | | | | | | | | | 4 | 木 | 4 | 丙辰 | 10 | 1 |
| 31 | | | | | | | | | | | | | | | | | | |

| 절기후날수 | 입하절(己巳月) 立夏 5월5일 16시21분 小滿 5월21일 5시8분 | | | | | | 망종절(庚午月) 芒種 6월5일 20시4분 夏至 6월21일 12시48분 | | | | | | 소서절(辛未月) 小暑 7월7일 6시10분 大暑 7월22일 23시41분 | | | | | |
|---|---|---|---|---|---|---|---|---|---|---|---|---|---|---|---|---|---|---|
| | 양력 | 요일 | 음력 | 일진 | 大運 남 | 大運 여 | 양력 | 요일 | 음력 | 일진 | 大運 남 | 大運 여 | 양력 | 요일 | 음력 | 일진 | 大運 남 | 大運 여 |
| 0 | 5/5 | 金 | 5 | 丁巳 | 입하 | | 6/5 | 月 | 6 | 戊子 | 망종 | | 7/7 | 金 | 9 | 庚申 | 소서 | |
| 1 | 6 | 土 | 6 | 戊午 | 1 | 10 | 6 | 火 | 7 | 己丑 | 1 | 10 | 8 | 土 | 10 | 辛酉 | 1 | 10 |
| 2 | 7 | 日 | 7 | 己未 | 1 | 10 | 7 | 水 | 8 | 庚寅 | 1 | 10 | 9 | 日 | 11 | 壬戌 | 1 | 10 |
| 3 | 8 | 月 | 8 | 庚申 | 1 | 9 | 8 | 木 | 9 | 辛卯 | 1 | 10 | 10 | 月 | 12 | 癸亥 | 1 | 9 |
| 4 | 9 | 火 | 9 | 辛酉 | 1 | 9 | 9 | 金 | 10 | 壬辰 | 1 | 9 | 11 | 火 | 13 | 甲子 | 1 | 9 |
| 5 | 10 | 水 | 10 | 壬戌 | 2 | 9 | 10 | 土 | 11 | 癸巳 | 2 | 9 | 12 | 水 | 14 | 乙丑 | 2 | 9 |
| 6 | 11 | 木 | 11 | 癸亥 | 2 | 8 | 11 | 日 | 12 | 甲午 | 2 | 9 | 13 | 木 | 15 | 丙寅 | 2 | 8 |
| 7 | 12 | 金 | 12 | 甲子 | 2 | 8 | 12 | 月 | 13 | 乙未 | 2 | 8 | 14 | 金 | 16 | 丁卯 | 2 | 8 |
| 8 | 13 | 土 | 13 | 乙丑 | 3 | 8 | 13 | 火 | 14 | 丙申 | 3 | 8 | 15 | 土 | 17 | 戊辰 | 3 | 8 |
| 9 | 14 | 日 | 14 | 丙寅 | 3 | 7 | 14 | 水 | 15 | 丁酉 | 3 | 8 | 16 | 日 | 18 | 己巳 | 3 | 7 |
| 10 | 15 | 月 | 15 | 丁卯 | 3 | 7 | 15 | 木 | 16 | 戊戌 | 3 | 7 | 17 | 月 | 19 | 庚午 | 3 | 7 |
| 11 | 16 | 火 | 16 | 戊辰 | 4 | 7 | 16 | 金 | 17 | 己亥 | 4 | 7 | 18 | 火 | 20 | 辛未 | 4 | 7 |
| 12 | 17 | 水 | 17 | 己巳 | 4 | 6 | 17 | 土 | 18 | 庚子 | 4 | 7 | 19 | 水 | 21 | 壬申 | 4 | 6 |
| 13 | 18 | 木 | 18 | 庚午 | 4 | 6 | 18 | 日 | 19 | 辛丑 | 4 | 6 | 20 | 木 | 22 | 癸酉 | 4 | 6 |
| 14 | 19 | 金 | 19 | 辛未 | 5 | 6 | 19 | 月 | 20 | 壬寅 | 5 | 6 | 21 | 金 | 23 | 甲戌 | 5 | 6 |
| 15 | 20 | 土 | 20 | 壬申 | 5 | 5 | 20 | 火 | 21 | 癸卯 | 5 | 6 | 22 | 土 | 24 | 乙亥 | 대서 | |
| 16 | 21 | 日 | 21 | 癸酉 | 소만 | | 21 | 水 | 22 | 甲辰 | 하지 | | 23 | 日 | 25 | 丙子 | 5 | 5 |
| 17 | 22 | 月 | 22 | 甲戌 | 6 | 5 | 22 | 木 | 23 | 乙巳 | 6 | 5 | 24 | 月 | 26 | 丁丑 | 6 | 5 |
| 18 | 23 | 火 | 23 | 乙亥 | 6 | 4 | 23 | 金 | 24 | 丙午 | 6 | 5 | 25 | 火 | 27 | 戊寅 | 6 | 4 |
| 19 | 24 | 水 | 24 | 丙子 | 6 | 4 | 24 | 土 | 25 | 丁未 | 6 | 4 | 26 | 水 | 28 | 己卯 | 6 | 4 |
| 20 | 25 | 木 | 25 | 丁丑 | 7 | 4 | 25 | 日 | 26 | 戊申 | 7 | 4 | 27 | 木 | 29 | 庚辰 | 7 | 4 |
| 21 | 26 | 金 | 26 | 戊寅 | 7 | 3 | 26 | 月 | 27 | 己酉 | 7 | 4 | 28 | 金 | 7/1 | 辛巳 | 7 | 3 |
| 22 | 27 | 土 | 27 | 己卯 | 7 | 3 | 27 | 火 | 28 | 庚戌 | 7 | 3 | 29 | 土 | 2 | 壬午 | 7 | 3 |
| 23 | 28 | 日 | 28 | 庚辰 | 8 | 3 | 28 | 水 | 29 | 辛亥 | 8 | 3 | 30 | 日 | 3 | 癸未 | 8 | 3 |
| 24 | 29 | 月 | 29 | 辛巳 | 8 | 2 | 29 | 木 | 6/1 | 壬子 | 8 | 3 | 31 | 月 | 4 | 甲申 | 8 | 2 |
| 25 | 30 | 火 | 30 | 壬午 | 8 | 2 | 30 | 金 | 2 | 癸丑 | 8 | 2 | 8/1 | 火 | 5 | 乙酉 | 8 | 2 |
| 26 | 31 | 水 | 5/1 | 癸未 | 9 | 2 | 7/1 | 土 | 3 | 甲寅 | 9 | 2 | 2 | 水 | 6 | 丙戌 | 9 | 2 |
| 27 | 6/1 | 木 | 2 | 甲申 | 9 | 1 | 2 | 日 | 4 | 乙卯 | 9 | 2 | 3 | 木 | 7 | 丁亥 | 9 | 1 |
| 28 | 2 | 金 | 3 | 乙酉 | 9 | 1 | 3 | 月 | 5 | 丙辰 | 9 | 1 | 4 | 金 | 8 | 戊子 | 9 | 1 |
| 29 | 3 | 土 | 4 | 丙戌 | 10 | 1 | 4 | 火 | 6 | 丁巳 | 10 | 1 | 5 | 土 | 9 | 己丑 | 10 | 1 |
| 30 | 4 | 日 | 5 | 丁亥 | 10 | 1 | 5 | 水 | 7 | 戊午 | 10 | 1 | 6 | 日 | 10 | 庚寅 | 10 | 1 |
| 31 | | | | | | | 6 | 木 | 8 | 己未 | 10 | 1 | | | | | | |

# 己亥年

| 절기후날수 | 입추절(壬申月) 立秋 8월7일 16시8분 處暑 8월23일 7시3분 | | | | | 백로절(癸酉月) 白露 9월7일 19시29분 秋分 9월23일 5시12분 | | | | | 한로절(甲戌月) 寒露 10월8일 11시42분 霜降 10월23일 15시6분 | | | | | 입동절(乙亥月) 立冬 11월7일 15시26분 小雪 11월22일 13시8분 | | | | | 대설절(丙子月) 大雪 12월7일 8시39분 冬至 12월22일 2시43분 | | | | | 소한절(丁丑月) 小寒 1월5일 19시58분 大寒 1월20일 13시19분 | | | | |
|---|---|---|---|---|---|---|---|---|---|---|---|---|---|---|---|---|---|---|---|---|---|---|---|---|---|---|---|---|---|---|
| | 양력 | 요일 | 음력 | 일진 | 大運 남·여 | 양력 | 요일 | 음력 | 일진 | 大運 남·여 | 양력 | 요일 | 음력 | 일진 | 大運 남·여 | 양력 | 요일 | 음력 | 일진 | 大運 남·여 | 양력 | 요일 | 음력 | 일진 | 大運 남·여 | 양력 | 요일 | 음력 | 일진 | 大運 남·여 |
| 0 | 8/7 | 月 | 11 | 辛卯 | 입추 | 9/7 | 木 | 12 | 壬戌 | 백로 | 10/8 | 日 | 14 | 癸巳 | 한로 | 11/7 | 火 | 14 | 癸亥 | 입동 | 12/7 | 木 | 15 | 癸巳 | 대설 | 1/5 | 金 | 14 | 壬戌 | 소한 |
| 1 | 8 | 火 | 12 | 壬辰 | 1·10 | 8 | 金 | 13 | 癸亥 | 1·10 | 9 | 月 | 15 | 甲午 | 1·10 | 8 | 水 | 15 | 甲子 | 1·10 | 8 | 金 | 16 | 甲午 | 1·9 | 6 | 土 | 15 | 癸亥 | 1·10 |
| 2 | 9 | 水 | 13 | 癸巳 | 1·10 | 9 | 土 | 14 | 甲子 | 1·10 | 10 | 火 | 16 | 乙未 | 1·9 | 9 | 木 | 16 | 乙丑 | 1·9 | 9 | 土 | 17 | 乙未 | 1·9 | 7 | 日 | 16 | 甲子 | 1·9 |
| 3 | 10 | 木 | 14 | 甲午 | 1·9 | 10 | 日 | 15 | 乙丑 | 1·9 | 11 | 水 | 17 | 丙申 | 1·9 | 10 | 金 | 17 | 丙寅 | 1·9 | 10 | 日 | 18 | 丙申 | 1·9 | 8 | 月 | 17 | 乙丑 | 1·9 |
| 4 | 11 | 金 | 15 | 乙未 | 1·9 | 11 | 月 | 16 | 丙寅 | 1·9 | 12 | 木 | 18 | 丁酉 | 1·9 | 11 | 土 | 18 | 丁卯 | 1·9 | 11 | 月 | 19 | 丁酉 | 1·8 | 9 | 火 | 18 | 丙寅 | 1·9 |
| 5 | 12 | 土 | 16 | 丙申 | 2·9 | 12 | 火 | 17 | 丁卯 | 2·9 | 13 | 金 | 19 | 戊戌 | 2·8 | 12 | 日 | 19 | 戊辰 | 2·8 | 12 | 火 | 20 | 戊戌 | 2·8 | 10 | 水 | 19 | 丁卯 | 2·8 |
| 6 | 13 | 日 | 17 | 丁酉 | 2·8 | 13 | 水 | 18 | 戊辰 | 2·8 | 14 | 土 | 20 | 己亥 | 2·8 | 13 | 月 | 20 | 己巳 | 2·8 | 13 | 水 | 21 | 己亥 | 2·8 | 11 | 木 | 20 | 戊辰 | 2·8 |
| 7 | 14 | 月 | 18 | 戊戌 | 2·8 | 14 | 木 | 19 | 己巳 | 2·8 | 15 | 日 | 21 | 庚子 | 2·8 | 14 | 火 | 21 | 庚午 | 2·8 | 14 | 木 | 22 | 庚子 | 2·7 | 12 | 金 | 21 | 己巳 | 2·8 |
| 8 | 15 | 火 | 19 | 己亥 | 3·8 | 15 | 金 | 20 | 庚午 | 3·8 | 16 | 月 | 22 | 辛丑 | 3·7 | 15 | 水 | 22 | 辛未 | 3·7 | 15 | 金 | 23 | 辛丑 | 3·7 | 13 | 土 | 22 | 庚午 | 3·7 |
| 9 | 16 | 水 | 20 | 庚子 | 3·7 | 16 | 土 | 21 | 辛未 | 3·7 | 17 | 火 | 23 | 壬寅 | 3·7 | 16 | 木 | 23 | 壬申 | 3·7 | 16 | 土 | 24 | 壬寅 | 3·7 | 14 | 日 | 23 | 辛未 | 3·7 |
| 10 | 17 | 木 | 21 | 辛丑 | 3·7 | 17 | 日 | 22 | 壬申 | 3·7 | 18 | 水 | 24 | 癸卯 | 3·7 | 17 | 金 | 24 | 癸酉 | 3·7 | 17 | 日 | 25 | 癸卯 | 3·6 | 15 | 月 | 24 | 壬申 | 3·7 |
| 11 | 18 | 金 | 22 | 壬寅 | 4·7 | 18 | 月 | 23 | 癸酉 | 4·7 | 19 | 木 | 25 | 甲辰 | 4·6 | 18 | 土 | 25 | 甲戌 | 4·6 | 18 | 月 | 26 | 甲辰 | 4·6 | 16 | 火 | 25 | 癸酉 | 4·6 |
| 12 | 19 | 土 | 23 | 癸卯 | 4·6 | 19 | 火 | 24 | 甲戌 | 4·6 | 20 | 金 | 26 | 乙巳 | 4·6 | 19 | 日 | 26 | 乙亥 | 4·6 | 19 | 火 | 27 | 乙巳 | 4·6 | 17 | 水 | 26 | 甲戌 | 4·6 |
| 13 | 20 | 日 | 24 | 甲辰 | 4·6 | 20 | 水 | 25 | 乙亥 | 4·6 | 21 | 土 | 27 | 丙午 | 4·6 | 20 | 月 | 27 | 丙子 | 4·6 | 20 | 水 | 28 | 丙午 | 4·5 | 18 | 木 | 27 | 乙亥 | 4·6 |
| 14 | 21 | 月 | 25 | 乙巳 | 5·6 | 21 | 木 | 26 | 丙子 | 5·6 | 22 | 日 | 28 | 丁未 | 5·5 | 21 | 火 | 28 | 丁丑 | 5·5 | 21 | 木 | 29 | 丁未 | 5·5 | 19 | 金 | 28 | 丙子 | 5·5 |
| 15 | 22 | 火 | 26 | 丙午 | 5·5 | 22 | 金 | 27 | 丁丑 | 5·5 | 23 | 月 | 29 | 戊申 | 상강 | 22 | 水 | 29 | 戊寅 | 소설 | 22 | 金 | 30 | 戊申 | 동지 | 20 | 土 | 29 | 丁丑 | 대한 |
| 16 | 23 | 水 | 27 | 丁未 | 처서 | 23 | 土 | 28 | 戊寅 | 추분 | 24 | 火 | 30 | 己酉 | 5·5 | 23 | 木 | 11/1 | 己卯 | 5·5 | 23 | 土 | 12/1 | 己酉 | 5·4 | 21 | 日 | 30 | 戊寅 | 5·5 |
| 17 | 24 | 木 | 28 | 戊申 | 6·5 | 24 | 日 | 29 | 己卯 | 6·5 | 25 | 水 | 10/1 | 庚戌 | 6·4 | 24 | 金 | 2 | 庚辰 | 6·4 | 24 | 日 | 2 | 庚戌 | 6·4 | 22 | 月 | 1/1 | 己卯 | 6·4 |
| 18 | 25 | 金 | 29 | 己酉 | 6·4 | 25 | 月 | 9/1 | 庚辰 | 6·4 | 26 | 木 | 2 | 辛亥 | 6·4 | 25 | 土 | 3 | 辛巳 | 6·4 | 25 | 月 | 3 | 辛亥 | 6·4 | 23 | 火 | 2 | 庚辰 | 6·4 |
| 19 | 26 | 土 | 30 | 庚戌 | 6·4 | 26 | 火 | 2 | 辛巳 | 6·4 | 27 | 金 | 3 | 壬子 | 6·4 | 26 | 日 | 4 | 壬午 | 6·4 | 26 | 火 | 4 | 壬子 | 6·3 | 24 | 水 | 3 | 辛巳 | 6·4 |
| 20 | 27 | 日 | 8/1 | 辛亥 | 7·4 | 27 | 水 | 3 | 壬午 | 7·4 | 28 | 土 | 4 | 癸丑 | 7·3 | 27 | 月 | 5 | 癸未 | 7·3 | 27 | 水 | 5 | 癸丑 | 7·3 | 25 | 木 | 4 | 壬午 | 7·3 |
| 21 | 28 | 月 | 2 | 壬子 | 7·3 | 28 | 木 | 4 | 癸未 | 7·3 | 29 | 日 | 5 | 甲寅 | 7·3 | 28 | 火 | 6 | 甲申 | 7·3 | 28 | 木 | 6 | 甲寅 | 7·3 | 26 | 金 | 5 | 癸未 | 7·3 |
| 22 | 29 | 火 | 3 | 癸丑 | 7·3 | 29 | 金 | 5 | 甲申 | 7·3 | 30 | 月 | 6 | 乙卯 | 7·3 | 29 | 水 | 7 | 乙酉 | 7·3 | 29 | 金 | 7 | 乙卯 | 7·2 | 27 | 土 | 6 | 甲申 | 7·3 |
| 23 | 30 | 水 | 4 | 甲寅 | 8·3 | 30 | 土 | 6 | 乙酉 | 8·3 | 31 | 火 | 7 | 丙辰 | 8·2 | 30 | 木 | 8 | 丙戌 | 8·2 | 30 | 土 | 8 | 丙辰 | 8·2 | 28 | 日 | 7 | 乙酉 | 8·2 |
| 24 | 31 | 木 | 5 | 乙卯 | 8·2 | 10/1 | 日 | 7 | 丙戌 | 8·2 | 11/1 | 水 | 8 | 丁巳 | 8·2 | 12/1 | 金 | 9 | 丁亥 | 8·2 | 31 | 日 | 9 | 丁巳 | 8·2 | 29 | 月 | 8 | 丙戌 | 8·2 |
| 25 | 9/1 | 金 | 6 | 丙辰 | 8·2 | 2 | 月 | 8 | 丁亥 | 8·2 | 2 | 木 | 9 | 戊午 | 8·2 | 2 | 土 | 10 | 戊子 | 8·2 | 1/1 | 月 | 10 | 戊午 | 8·1 | 30 | 火 | 9 | 丁亥 | 8·2 |
| 26 | 2 | 土 | 7 | 丁巳 | 9·2 | 3 | 火 | 9 | 戊子 | 9·2 | 3 | 金 | 10 | 己未 | 9·1 | 3 | 日 | 11 | 己丑 | 9·1 | 2 | 火 | 11 | 己未 | 9·1 | 31 | 水 | 10 | 戊子 | 9·1 |
| 27 | 3 | 日 | 8 | 戊午 | 9·1 | 4 | 水 | 10 | 己丑 | 9·1 | 4 | 土 | 11 | 庚申 | 9·1 | 4 | 月 | 12 | 庚寅 | 9·1 | 3 | 水 | 12 | 庚申 | 9·1 | 2/1 | 木 | 11 | 己丑 | 9·1 |
| 28 | 4 | 月 | 9 | 己未 | 9·1 | 5 | 木 | 11 | 庚寅 | 9·1 | 5 | 日 | 12 | 辛酉 | 9·1 | 5 | 火 | 13 | 辛卯 | 9·1 | 4 | 木 | 13 | 辛酉 | 9·1 | 2 | 金 | 12 | 庚寅 | 9·1 |
| 29 | 5 | 火 | 10 | 庚申 | 10·1 | 6 | 金 | 12 | 辛卯 | 10·1 | 6 | 月 | 13 | 壬戌 | 10·1 | 6 | 水 | 14 | 壬辰 | 10·1 | | | | | | 3 | 土 | 13 | 辛卯 | 10·1 |
| 30 | 6 | 水 | 11 | 辛酉 | 10·1 | 7 | 土 | 13 | 壬辰 | 10·1 | | | | | | | | | | | | | | | | | | | | |
| 31 | | | | | | | | | | | | | | | | | | | | | | | | | | | | | | |

# 서기 2080년 [단기 4413년]

| 절기후날수 | 입춘절(戊寅月) 立春 2월4일 7시26분 雨水 2월19일 3시11분 | | | | | 경칩절(己卯月) 驚蟄 3월5일 1시4분 春分 3월20일 1시43분 | | | | | 청명절(庚辰月) 淸明 4월4일 5시21분 穀雨 4월19일 12시13분 | | | | |
|---|---|---|---|---|---|---|---|---|---|---|---|---|---|---|---|
| | 양력 | 요일 | 음력 | 일진 | 大運 남·여 | 양력 | 요일 | 음력 | 일진 | 大運 남·여 | 양력 | 요일 | 음력 | 일진 | 大運 남·여 |
| 0 | 2/4 | 日 | 14 | 壬辰 | 입춘 | 3/5 | 火 | 14 | 壬戌 | 경칩 | 4/4 | 木 | 15 | 壬辰 | 청명 |
| 1 | 5 | 月 | 15 | 癸巳 | 10·1 | 6 | 水 | 15 | 癸亥 | 10·1 | 5 | 金 | 16 | 癸巳 | 10·1 |
| 2 | 6 | 火 | 16 | 甲午 | 9·1 | 7 | 木 | 16 | 甲子 | 9·1 | 6 | 土 | 17 | 甲午 | 9·1 |
| 3 | 7 | 水 | 17 | 乙未 | 9·1 | 8 | 金 | 17 | 乙丑 | 9·1 | 7 | 日 | 18 | 乙未 | 9·1 |
| 4 | 8 | 木 | 18 | 丙申 | 9·1 | 9 | 土 | 18 | 丙寅 | 9·1 | 8 | 月 | 19 | 丙申 | 9·1 |
| 5 | 9 | 金 | 19 | 丁酉 | 8·2 | 10 | 日 | 19 | 丁卯 | 8·2 | 9 | 火 | 20 | 丁酉 | 8·2 |
| 6 | 10 | 土 | 20 | 戊戌 | 8·2 | 11 | 月 | 20 | 戊辰 | 8·2 | 10 | 水 | 21 | 戊戌 | 8·2 |
| 7 | 11 | 日 | 21 | 己亥 | 8·2 | 12 | 火 | 21 | 己巳 | 8·2 | 11 | 木 | 22 | 己亥 | 8·2 |
| 8 | 12 | 月 | 22 | 庚子 | 7·3 | 13 | 水 | 22 | 庚午 | 7·3 | 12 | 金 | 23 | 庚子 | 7·3 |
| 9 | 13 | 火 | 23 | 辛丑 | 7·3 | 14 | 木 | 23 | 辛未 | 7·3 | 13 | 土 | 24 | 辛丑 | 7·3 |
| 10 | 14 | 水 | 24 | 壬寅 | 7·3 | 15 | 金 | 24 | 壬申 | 7·3 | 14 | 日 | 25 | 壬寅 | 7·3 |
| 11 | 15 | 木 | 25 | 癸卯 | 6·4 | 16 | 土 | 25 | 癸酉 | 6·4 | 15 | 月 | 26 | 癸卯 | 6·4 |
| 12 | 16 | 金 | 26 | 甲辰 | 6·4 | 17 | 日 | 26 | 甲戌 | 6·4 | 16 | 火 | 27 | 甲辰 | 6·4 |
| 13 | 17 | 土 | 27 | 乙巳 | 6·4 | 18 | 月 | 27 | 乙亥 | 6·4 | 17 | 水 | 28 | 乙巳 | 6·4 |
| 14 | 18 | 日 | 28 | 丙午 | 5·5 | 19 | 火 | 28 | 丙子 | 5·5 | 18 | 木 | 29 | 丙午 | 5·5 |
| 15 | 19 | 月 | 29 | 丁未 | 우수 | 20 | 水 | 29 | 丁丑 | 춘분 | 19 | 金 | 30 | 丁未 | 곡우 |
| 16 | 20 | 火 | 30 | 戊申 | 5·5 | 21 | 木 | 3/1 | 戊寅 | 5·5 | 20 | 土 | 윤1 | 戊申 | 5·5 |
| 17 | 21 | 水 | 2/1 | 己酉 | 4·6 | 22 | 金 | 2 | 己卯 | 4·6 | 21 | 日 | 윤2 | 己酉 | 4·6 |
| 18 | 22 | 木 | 2 | 庚戌 | 4·6 | 23 | 土 | 3 | 庚辰 | 4·6 | 22 | 月 | 윤3 | 庚戌 | 4·6 |
| 19 | 23 | 金 | 3 | 辛亥 | 4·6 | 24 | 日 | 4 | 辛巳 | 4·6 | 23 | 火 | 윤4 | 辛亥 | 4·6 |
| 20 | 24 | 土 | 4 | 壬子 | 3·7 | 25 | 月 | 5 | 壬午 | 3·7 | 24 | 水 | 윤5 | 壬子 | 3·7 |
| 21 | 25 | 日 | 5 | 癸丑 | 3·7 | 26 | 火 | 6 | 癸未 | 3·7 | 25 | 木 | 윤6 | 癸丑 | 3·7 |
| 22 | 26 | 月 | 6 | 甲寅 | 3·7 | 27 | 水 | 7 | 甲申 | 3·7 | 26 | 金 | 윤7 | 甲寅 | 3·7 |
| 23 | 27 | 火 | 7 | 乙卯 | 2·8 | 28 | 木 | 8 | 乙酉 | 2·8 | 27 | 土 | 윤8 | 乙卯 | 2·8 |
| 24 | 28 | 水 | 8 | 丙辰 | 2·8 | 29 | 金 | 9 | 丙戌 | 2·8 | 28 | 日 | 윤9 | 丙辰 | 2·8 |
| 25 | 29 | 木 | 9 | 丁巳 | 2·8 | 30 | 土 | 10 | 丁亥 | 2·8 | 29 | 月 | 윤10 | 丁巳 | 2·8 |
| 26 | 3/1 | 金 | 10 | 戊午 | 1·9 | 31 | 日 | 11 | 戊子 | 1·9 | 30 | 火 | 윤11 | 戊午 | 1·9 |
| 27 | 2 | 土 | 11 | 己未 | 1·9 | 4/1 | 月 | 12 | 己丑 | 1·9 | 5/1 | 水 | 윤12 | 己未 | 1·9 |
| 28 | 3 | 日 | 12 | 庚申 | 1·9 | 2 | 火 | 13 | 庚寅 | 1·9 | 2 | 木 | 윤13 | 庚申 | 1·9 |
| 29 | 4 | 月 | 13 | 辛酉 | 1·10 | 3 | 水 | 14 | 辛卯 | 1·10 | 3 | 金 | 윤14 | 辛酉 | 1·10 |
| 30 | | | | | | | | | | | | | | | |
| 31 | | | | | | | | | | | | | | | |

| 절기후날수 | 입하절(辛巳月) 立夏 5월4일 22시9분 小滿 5월20일 10시53분 | | | | | 망종절(壬午月) 芒種 6월5일 1시56분 夏至 6월20일 18시33분 | | | | | 소서절(癸未月) 小暑 7월6일 12시4분 大暑 7월22일 5시25분 | | | | |
|---|---|---|---|---|---|---|---|---|---|---|---|---|---|---|---|
| | 양력 | 요일 | 음력 | 일진 | 大運 남·여 | 양력 | 요일 | 음력 | 일진 | 大運 남·여 | 양력 | 요일 | 음력 | 일진 | 大運 남·여 |
| 0 | 5/4 | 土 | 윤15 | 壬戌 | 입하 | 6/5 | 水 | 18 | 甲午 | 망종 | 7/6 | 土 | 19 | 乙丑 | 소서 |
| 1 | 5 | 日 | 윤16 | 癸亥 | 10·1 | 6 | 木 | 19 | 乙未 | 10·1 | 7 | 日 | 20 | 丙寅 | 10·1 |
| 2 | 6 | 月 | 윤17 | 甲子 | 10·1 | 7 | 金 | 20 | 丙申 | 10·1 | 8 | 月 | 21 | 丁卯 | 10·1 |
| 3 | 7 | 火 | 윤18 | 乙丑 | 10·1 | 8 | 土 | 21 | 丁酉 | 9·1 | 9 | 火 | 22 | 戊辰 | 9·1 |
| 4 | 8 | 水 | 윤19 | 丙寅 | 9·1 | 9 | 日 | 22 | 戊戌 | 9·1 | 10 | 水 | 23 | 己巳 | 9·1 |
| 5 | 9 | 木 | 윤20 | 丁卯 | 9·2 | 10 | 月 | 23 | 己亥 | 9·2 | 11 | 木 | 24 | 庚午 | 9·2 |
| 6 | 10 | 金 | 윤21 | 戊辰 | 9·2 | 11 | 火 | 24 | 庚子 | 8·2 | 12 | 金 | 25 | 辛未 | 8·2 |
| 7 | 11 | 土 | 윤22 | 己巳 | 8·2 | 12 | 水 | 25 | 辛丑 | 8·2 | 13 | 土 | 26 | 壬申 | 8·2 |
| 8 | 12 | 日 | 윤23 | 庚午 | 8·3 | 13 | 木 | 26 | 壬寅 | 8·3 | 14 | 日 | 27 | 癸酉 | 8·3 |
| 9 | 13 | 月 | 윤24 | 辛未 | 8·3 | 14 | 金 | 27 | 癸卯 | 7·3 | 15 | 月 | 28 | 甲戌 | 7·3 |
| 10 | 14 | 火 | 윤25 | 壬申 | 7·3 | 15 | 土 | 28 | 甲辰 | 7·3 | 16 | 火 | 29 | 乙亥 | 7·3 |
| 11 | 15 | 水 | 윤26 | 癸酉 | 7·4 | 16 | 日 | 29 | 乙巳 | 7·4 | 17 | 水 | 6/1 | 丙子 | 7·4 |
| 12 | 16 | 木 | 윤27 | 甲戌 | 7·4 | 17 | 月 | 30 | 丙午 | 6·4 | 18 | 木 | 2 | 丁丑 | 6·4 |
| 13 | 17 | 金 | 윤28 | 乙亥 | 6·4 | 18 | 火 | 5/1 | 丁未 | 6·4 | 19 | 金 | 3 | 戊寅 | 6·4 |
| 14 | 18 | 土 | 윤29 | 丙子 | 6·5 | 19 | 水 | 2 | 戊申 | 6·5 | 20 | 土 | 4 | 己卯 | 6·5 |
| 15 | 19 | 日 | 4/1 | 丁丑 | 6·5 | 20 | 木 | 3 | 己酉 | 하지 | 21 | 日 | 5 | 庚辰 | 5·5 |
| 16 | 20 | 月 | 2 | 戊寅 | 소만 | 21 | 金 | 4 | 庚戌 | 5·5 | 22 | 月 | 6 | 辛巳 | 대서 |
| 17 | 21 | 火 | 3 | 己卯 | 5·6 | 22 | 土 | 5 | 辛亥 | 5·6 | 23 | 火 | 7 | 壬午 | 5·6 |
| 18 | 22 | 水 | 4 | 庚辰 | 5·6 | 23 | 日 | 6 | 壬子 | 4·6 | 24 | 水 | 8 | 癸未 | 4·6 |
| 19 | 23 | 木 | 5 | 辛巳 | 4·6 | 24 | 月 | 7 | 癸丑 | 4·6 | 25 | 木 | 9 | 甲申 | 4·6 |
| 20 | 24 | 金 | 6 | 壬午 | 4·7 | 25 | 火 | 8 | 甲寅 | 4·7 | 26 | 金 | 10 | 乙酉 | 4·7 |
| 21 | 25 | 土 | 7 | 癸未 | 4·7 | 26 | 水 | 9 | 乙卯 | 3·7 | 27 | 土 | 11 | 丙戌 | 3·7 |
| 22 | 26 | 日 | 8 | 甲申 | 3·7 | 27 | 木 | 10 | 丙辰 | 3·7 | 28 | 日 | 12 | 丁亥 | 3·7 |
| 23 | 27 | 月 | 9 | 乙酉 | 3·8 | 28 | 金 | 11 | 丁巳 | 3·8 | 29 | 月 | 13 | 戊子 | 3·8 |
| 24 | 28 | 火 | 10 | 丙戌 | 3·8 | 29 | 土 | 12 | 戊午 | 2·8 | 30 | 火 | 14 | 己丑 | 2·8 |
| 25 | 29 | 水 | 11 | 丁亥 | 2·8 | 30 | 日 | 13 | 己未 | 2·8 | 31 | 水 | 15 | 庚寅 | 2·8 |
| 26 | 30 | 木 | 12 | 戊子 | 2·9 | 7/1 | 月 | 14 | 庚申 | 2·9 | 8/1 | 木 | 16 | 辛卯 | 2·9 |
| 27 | 31 | 金 | 13 | 己丑 | 2·9 | 2 | 火 | 15 | 辛酉 | 1·9 | 2 | 金 | 17 | 壬辰 | 1·9 |
| 28 | 6/1 | 土 | 14 | 庚寅 | 1·9 | 3 | 水 | 16 | 壬戌 | 1·9 | 3 | 土 | 18 | 癸巳 | 1·9 |
| 29 | 2 | 日 | 15 | 辛卯 | 1·10 | 4 | 木 | 17 | 癸亥 | 1·10 | 4 | 日 | 19 | 甲午 | 1·10 |
| 30 | 3 | 月 | 16 | 壬辰 | 1·10 | 5 | 金 | 18 | 甲子 | 1·10 | 5 | 月 | 20 | 乙未 | 1·10 |
| 31 | 4 | 火 | 17 | 癸巳 | 1·10 | | | | | | | | | | |

▶윤달-3월

# 庚子年

| 절기후날수 | 입추절(甲申月) 立秋 8월6일 22시2분 處暑 8월22일 12시46분 | | | | | 백로절(乙酉月) 白露 9월7일 1시21분 秋分 9월22일 10시55분 | | | | | 한로절(丙戌月) 寒露 10월7일 17시33분 霜降 10월22일 20시51분 | | | | |
|---|---|---|---|---|---|---|---|---|---|---|---|---|---|---|---|
| | 양력 | 요일 | 음력 | 일진 | 大運 남·여 | 양력 | 요일 | 음력 | 일진 | 大運 남·여 | 양력 | 요일 | 음력 | 일진 | 大運 남·여 |
| 0 | 8/6 | 火 | 21 | 丙申 | 입추 | 9/7 | 土 | 24 | 戊辰 | 백로 | 10/7 | 月 | 24 | 戊戌 | 한로 |
| 1 | 7 | 水 | 22 | 丁酉 | 10·1 | 8 | 日 | 25 | 己巳 | 10·1 | 8 | 火 | 25 | 己亥 | 10·1 |
| 2 | 8 | 木 | 23 | 戊戌 | 10·1 | 9 | 月 | 26 | 庚午 | 9·1 | 9 | 水 | 26 | 庚子 | 9·1 |
| 3 | 9 | 金 | 24 | 己亥 | 10·1 | 10 | 火 | 27 | 辛未 | 9·1 | 10 | 木 | 27 | 辛丑 | 9·1 |
| 4 | 10 | 土 | 25 | 庚子 | 9·1 | 11 | 水 | 28 | 壬申 | 9·1 | 11 | 金 | 28 | 壬寅 | 9·1 |
| 5 | 11 | 日 | 26 | 辛丑 | 9·2 | 12 | 木 | 29 | 癸酉 | 8·2 | 12 | 土 | 29 | 癸卯 | 8·2 |
| 6 | 12 | 月 | 27 | 壬寅 | 9·2 | 13 | 金 | 30 | 甲戌 | 8·2 | 13 | 日 | 9/1 | 甲辰 | 8·2 |
| 7 | 13 | 火 | 28 | 癸卯 | 8·2 | 14 | 土 | 8/1 | 乙亥 | 8·2 | 14 | 月 | 2 | 乙巳 | 8·2 |
| 8 | 14 | 水 | 29 | 甲辰 | 8·3 | 15 | 日 | 2 | 丙子 | 7·3 | 15 | 火 | 3 | 丙午 | 7·3 |
| 9 | 15 | 木 | 7/1 | 乙巳 | 8·3 | 16 | 月 | 3 | 丁丑 | 7·3 | 16 | 水 | 4 | 丁未 | 7·3 |
| 10 | 16 | 金 | 2 | 丙午 | 7·3 | 17 | 火 | 4 | 戊寅 | 7·3 | 17 | 木 | 5 | 戊申 | 7·3 |
| 11 | 17 | 土 | 3 | 丁未 | 7·4 | 18 | 水 | 5 | 己卯 | 6·4 | 18 | 金 | 6 | 己酉 | 6·4 |
| 12 | 18 | 日 | 4 | 戊申 | 7·4 | 19 | 木 | 6 | 庚辰 | 6·4 | 19 | 土 | 7 | 庚戌 | 6·4 |
| 13 | 19 | 月 | 5 | 己酉 | 6·4 | 20 | 金 | 7 | 辛巳 | 6·4 | 20 | 日 | 8 | 辛亥 | 6·4 |
| 14 | 20 | 火 | 6 | 庚戌 | 6·5 | 21 | 土 | 8 | 壬午 | 5·5 | 21 | 月 | 9 | 壬子 | 5·5 |
| 15 | 21 | 水 | 7 | 辛亥 | 6·5 | 22 | 日 | 9 | 癸未 | 추분 | 22 | 火 | 10 | 癸丑 | 상강 |
| 16 | 22 | 木 | 8 | 壬子 | 처서 | 23 | 月 | 10 | 甲申 | 5·5 | 23 | 水 | 11 | 甲寅 | 5·5 |
| 17 | 23 | 金 | 9 | 癸丑 | 5·6 | 24 | 火 | 11 | 乙酉 | 4·6 | 24 | 木 | 12 | 乙卯 | 4·6 |
| 18 | 24 | 土 | 10 | 甲寅 | 5·6 | 25 | 水 | 12 | 丙戌 | 4·6 | 25 | 金 | 13 | 丙辰 | 4·6 |
| 19 | 25 | 日 | 11 | 乙卯 | 4·6 | 26 | 木 | 13 | 丁亥 | 4·6 | 26 | 土 | 14 | 丁巳 | 4·6 |
| 20 | 26 | 月 | 12 | 丙辰 | 4·7 | 27 | 金 | 14 | 戊子 | 3·7 | 27 | 日 | 15 | 戊午 | 3·7 |
| 21 | 27 | 火 | 13 | 丁巳 | 4·7 | 28 | 土 | 15 | 己丑 | 3·7 | 28 | 月 | 16 | 己未 | 3·7 |
| 22 | 28 | 水 | 14 | 戊午 | 3·7 | 29 | 日 | 16 | 庚寅 | 3·7 | 29 | 火 | 17 | 庚申 | 3·7 |
| 23 | 29 | 木 | 15 | 己未 | 3·8 | 30 | 月 | 17 | 辛卯 | 2·8 | 30 | 水 | 18 | 辛酉 | 2·8 |
| 24 | 30 | 金 | 16 | 庚申 | 3·8 | 10/1 | 火 | 18 | 壬辰 | 2·8 | 31 | 木 | 19 | 壬戌 | 2·8 |
| 25 | 31 | 土 | 17 | 辛酉 | 2·8 | 2 | 水 | 19 | 癸巳 | 2·8 | 11/1 | 金 | 20 | 癸亥 | 2·8 |
| 26 | 9/1 | 日 | 18 | 壬戌 | 2·9 | 3 | 木 | 20 | 甲午 | 1·9 | 2 | 土 | 21 | 甲子 | 1·9 |
| 27 | 2 | 月 | 19 | 癸亥 | 2·9 | 4 | 金 | 21 | 乙未 | 1·9 | 3 | 日 | 22 | 乙丑 | 1·9 |
| 28 | 3 | 火 | 20 | 甲子 | 1·9 | 5 | 土 | 22 | 丙申 | 1·9 | 4 | 月 | 23 | 丙寅 | 1·9 |
| 29 | 4 | 水 | 21 | 乙丑 | 1·10 | 6 | 日 | 23 | 丁酉 | 1·10 | 5 | 火 | 24 | 丁卯 | 1·10 |
| 30 | 5 | 木 | 22 | 丙寅 | 1·10 | | | | | | | | | | |
| 31 | 6 | 金 | 23 | 丁卯 | 1·10 | | | | | | | | | | |

| 절기후날수 | 입동절(丁亥月) 立冬 11월6일 21시17분 小雪 11월21일 18시54분 | | | | | 대설절(戊子月) 大雪 12월6일 14시32분 冬至 12월21일 8시31분 | | | | | 소한절(己丑月) 小寒 1월5일 1시55분 大寒 1월19일 19시10분 | | | | |
|---|---|---|---|---|---|---|---|---|---|---|---|---|---|---|---|
| | 양력 | 요일 | 음력 | 일진 | 大運 남·여 | 양력 | 요일 | 음력 | 일진 | 大運 남·여 | 양력 | 요일 | 음력 | 일진 | 大運 남·여 |
| 0 | 11/6 | 水 | 25 | 戊辰 | 입동 | 12/6 | 金 | 25 | 戊戌 | 대설 | 1/5 | 日 | 26 | 戊辰 | 소한 |
| 1 | 7 | 木 | 26 | 己巳 | 10·1 | 7 | 土 | 26 | 己亥 | 10·1 | 6 | 月 | 27 | 己巳 | 9·1 |
| 2 | 8 | 金 | 27 | 庚午 | 9·1 | 8 | 日 | 27 | 庚子 | 9·1 | 7 | 火 | 28 | 庚午 | 9·1 |
| 3 | 9 | 土 | 28 | 辛未 | 9·1 | 9 | 月 | 28 | 辛丑 | 9·1 | 8 | 水 | 29 | 辛未 | 9·1 |
| 4 | 10 | 日 | 29 | 壬申 | 9·1 | 10 | 火 | 29 | 壬寅 | 9·1 | 9 | 木 | 30 | 壬申 | 8·1 |
| 5 | 11 | 月 | 30 | 癸酉 | 8·2 | 11 | 水 | 11/1 | 癸卯 | 8·2 | 10 | 金 | 12/1 | 癸酉 | 8·2 |
| 6 | 12 | 火 | 10/1 | 甲戌 | 8·2 | 12 | 木 | 2 | 甲辰 | 8·2 | 11 | 土 | 2 | 甲戌 | 8·2 |
| 7 | 13 | 水 | 2 | 乙亥 | 8·2 | 13 | 金 | 3 | 乙巳 | 8·2 | 12 | 日 | 3 | 乙亥 | 7·2 |
| 8 | 14 | 木 | 3 | 丙子 | 7·3 | 14 | 土 | 4 | 丙午 | 7·3 | 13 | 月 | 4 | 丙子 | 7·3 |
| 9 | 15 | 金 | 4 | 丁丑 | 7·3 | 15 | 日 | 5 | 丁未 | 7·3 | 14 | 火 | 5 | 丁丑 | 7·3 |
| 10 | 16 | 土 | 5 | 戊寅 | 7·3 | 16 | 月 | 6 | 戊申 | 7·3 | 15 | 水 | 6 | 戊寅 | 6·3 |
| 11 | 17 | 日 | 6 | 己卯 | 6·4 | 17 | 火 | 7 | 己酉 | 6·4 | 16 | 木 | 7 | 己卯 | 6·4 |
| 12 | 18 | 月 | 7 | 庚辰 | 6·4 | 18 | 水 | 8 | 庚戌 | 6·4 | 17 | 金 | 8 | 庚辰 | 6·4 |
| 13 | 19 | 火 | 8 | 辛巳 | 6·4 | 19 | 木 | 9 | 辛亥 | 6·4 | 18 | 土 | 9 | 辛巳 | 5·4 |
| 14 | 20 | 水 | 9 | 壬午 | 5·5 | 20 | 金 | 10 | 壬子 | 5·5 | 19 | 日 | 10 | 壬午 | 대한 |
| 15 | 21 | 木 | 10 | 癸未 | 소설 | 21 | 土 | 11 | 癸丑 | 동지 | 20 | 月 | 11 | 癸未 | 5·5 |
| 16 | 22 | 金 | 11 | 甲申 | 5·5 | 22 | 日 | 12 | 甲寅 | 5·5 | 21 | 火 | 12 | 甲申 | 4·5 |
| 17 | 23 | 土 | 12 | 乙酉 | 4·6 | 23 | 月 | 13 | 乙卯 | 4·6 | 22 | 水 | 13 | 乙酉 | 4·6 |
| 18 | 24 | 日 | 13 | 丙戌 | 4·6 | 24 | 火 | 14 | 丙辰 | 4·6 | 23 | 木 | 14 | 丙戌 | 4·6 |
| 19 | 25 | 月 | 14 | 丁亥 | 4·6 | 25 | 水 | 15 | 丁巳 | 4·6 | 24 | 金 | 15 | 丁亥 | 3·6 |
| 20 | 26 | 火 | 15 | 戊子 | 3·7 | 26 | 木 | 16 | 戊午 | 3·7 | 25 | 土 | 16 | 戊子 | 3·7 |
| 21 | 27 | 水 | 16 | 己丑 | 3·7 | 27 | 金 | 17 | 己未 | 3·7 | 26 | 日 | 17 | 己丑 | 3·7 |
| 22 | 28 | 木 | 17 | 庚寅 | 3·7 | 28 | 土 | 18 | 庚申 | 3·7 | 27 | 月 | 18 | 庚寅 | 2·7 |
| 23 | 29 | 金 | 18 | 辛卯 | 2·8 | 29 | 日 | 19 | 辛酉 | 2·8 | 28 | 火 | 19 | 辛卯 | 2·8 |
| 24 | 30 | 土 | 19 | 壬辰 | 2·8 | 30 | 月 | 20 | 壬戌 | 2·8 | 29 | 水 | 20 | 壬辰 | 2·8 |
| 25 | 12/1 | 日 | 20 | 癸巳 | 2·8 | 31 | 火 | 21 | 癸亥 | 2·8 | 30 | 木 | 21 | 癸巳 | 1·8 |
| 26 | 2 | 月 | 21 | 甲午 | 1·9 | 1/1 | 水 | 22 | 甲子 | 1·9 | 31 | 金 | 22 | 甲午 | 1·9 |
| 27 | 3 | 火 | 22 | 乙未 | 1·9 | 2 | 木 | 23 | 乙丑 | 1·9 | 2/1 | 土 | 23 | 乙未 | 1·9 |
| 28 | 4 | 水 | 23 | 丙申 | 1·9 | 3 | 金 | 24 | 丙寅 | 1·9 | 2 | 日 | 24 | 丙申 | 1·9 |
| 29 | 5 | 木 | 24 | 丁酉 | 1·10 | 4 | 土 | 25 | 丁卯 | 1·10 | | | | | |
| 30 | | | | | | | | | | | | | | | |
| 31 | | | | | | | | | | | | | | | |

# 서기 2081년 [단기 4414년]

| 절기후날수 | 입춘절(庚寅月) | | | | | 경칩절(辛卯月) | | | | | 청명절(壬辰月) | | | | | 입하절(癸巳月) | | | | | 망종절(甲午月) | | | | | 소서절(乙未月) | | | | |
|---|---|---|---|---|---|---|---|---|---|---|---|---|---|---|---|---|---|---|---|---|---|---|---|---|---|---|---|---|---|---|
| | 立春 2월3일 13시24분<br>雨水 2월18일 9시2분 | | | | | 驚蟄 3월5일 7시1분<br>春分 3월20일 7시33분 | | | | | 淸明 4월4일 11시16분<br>穀雨 4월19일 18시0분 | | | | | 立夏 5월5일 3시58분<br>小滿 5월20일 16시37분 | | | | | 芒種 6월5일 7시40분<br>夏至 6월21일 0시15분 | | | | | 小暑 7월6일 17시42분<br>大暑 7월22일 11시7분 | | | | |
| | 양력 | 요일 | 음력 | 일진 | 大運 남·여 | 양력 | 요일 | 음력 | 일진 | 大運 남·여 | 양력 | 요일 | 음력 | 일진 | 大運 남·여 | 양력 | 요일 | 음력 | 일진 | 大運 남·여 | 양력 | 요일 | 음력 | 일진 | 大運 남·여 | 양력 | 요일 | 음력 | 일진 | 大運 남·여 |
| 0 | 2/3 | 月 | 25 | 丁酉 | 입춘 | 3/5 | 水 | 25 | 丁卯 | 경칩 | 4/4 | 金 | 25 | 丁酉 | 청명 | 5/5 | 月 | 27 | 戊辰 | 입하 | 6/5 | 木 | 28 | 己亥 | 망종 | 7/6 | 日 | 30 | 庚午 | 소서 |
| 1 | 4 | 火 | 26 | 戊戌 | 1·10 | 6 | 木 | 26 | 戊辰 | 1·10 | 5 | 土 | 26 | 戊戌 | 1·10 | 6 | 火 | 28 | 己巳 | 1·10 | 6 | 金 | 29 | 庚子 | 1·10 | 7 | 月 | 6/1 | 辛未 | 1·10 |
| 2 | 5 | 水 | 27 | 己亥 | 1·9 | 7 | 金 | 27 | 己巳 | 1·9 | 6 | 日 | 27 | 己亥 | 1·10 | 7 | 水 | 29 | 庚午 | 1·10 | 7 | 土 | 5/1 | 辛丑 | 1·10 | 8 | 火 | 2 | 壬申 | 1·10 |
| 3 | 6 | 木 | 28 | 庚子 | 1·9 | 8 | 土 | 28 | 庚午 | 1·9 | 7 | 月 | 28 | 庚子 | 1·9 | 8 | 木 | 30 | 辛未 | 1·9 | 8 | 日 | 2 | 壬寅 | 1·9 | 9 | 水 | 3 | 癸酉 | 1·10 |
| 4 | 7 | 金 | 29 | 辛丑 | 1·9 | 9 | 日 | 29 | 辛未 | 1·9 | 8 | 火 | 29 | 辛丑 | 1·9 | 9 | 金 | 4/1 | 壬申 | 1·9 | 9 | 月 | 3 | 癸卯 | 1·9 | 10 | 木 | 4 | 甲戌 | 1·9 |
| 5 | 8 | 土 | 30 | 壬寅 | 2·8 | 10 | 月 | 30 | 壬申 | 2·8 | 9 | 水 | 3/1 | 壬寅 | 2·9 | 10 | 土 | 2 | 癸酉 | 2·9 | 10 | 火 | 4 | 甲辰 | 2·9 | 11 | 金 | 5 | 乙亥 | 2·9 |
| 6 | 9 | 日 | 1/1 | 癸卯 | 2·8 | 11 | 火 | 2/1 | 癸酉 | 2·8 | 10 | 木 | 2 | 癸卯 | 2·8 | 11 | 日 | 3 | 甲戌 | 2·8 | 11 | 水 | 5 | 乙巳 | 2·8 | 12 | 土 | 6 | 丙子 | 2·9 |
| 7 | 10 | 月 | 2 | 甲辰 | 2·8 | 12 | 水 | 2 | 甲戌 | 2·8 | 11 | 金 | 3 | 甲辰 | 2·8 | 12 | 月 | 4 | 乙亥 | 2·8 | 12 | 木 | 6 | 丙午 | 2·8 | 13 | 日 | 7 | 丁丑 | 2·8 |
| 8 | 11 | 火 | 3 | 乙巳 | 3·7 | 13 | 木 | 3 | 乙亥 | 3·7 | 12 | 土 | 4 | 乙巳 | 3·8 | 13 | 火 | 5 | 丙子 | 3·8 | 13 | 金 | 7 | 丁未 | 3·8 | 14 | 月 | 8 | 戊寅 | 3·8 |
| 9 | 12 | 水 | 4 | 丙午 | 3·7 | 14 | 金 | 4 | 丙子 | 3·7 | 13 | 日 | 5 | 丙午 | 3·7 | 14 | 水 | 6 | 丁丑 | 3·7 | 14 | 土 | 8 | 戊申 | 3·7 | 15 | 火 | 9 | 己卯 | 3·8 |
| 10 | 13 | 木 | 5 | 丁未 | 3·7 | 15 | 土 | 5 | 丁丑 | 3·7 | 14 | 月 | 6 | 丁未 | 3·7 | 15 | 木 | 7 | 戊寅 | 3·7 | 15 | 日 | 9 | 己酉 | 3·7 | 16 | 水 | 10 | 庚辰 | 3·7 |
| 11 | 14 | 金 | 6 | 戊申 | 4·6 | 16 | 日 | 6 | 戊寅 | 4·6 | 15 | 火 | 7 | 戊申 | 4·7 | 16 | 金 | 8 | 己卯 | 4·7 | 16 | 月 | 10 | 庚戌 | 4·7 | 17 | 木 | 11 | 辛巳 | 4·7 |
| 12 | 15 | 土 | 7 | 己酉 | 4·6 | 17 | 月 | 7 | 己卯 | 4·6 | 16 | 水 | 8 | 己酉 | 4·6 | 17 | 土 | 9 | 庚辰 | 4·6 | 17 | 火 | 11 | 辛亥 | 4·6 | 18 | 金 | 12 | 壬午 | 4·7 |
| 13 | 16 | 日 | 8 | 庚戌 | 4·6 | 18 | 火 | 8 | 庚辰 | 4·6 | 17 | 木 | 9 | 庚戌 | 4·6 | 18 | 日 | 10 | 辛巳 | 4·6 | 18 | 水 | 12 | 壬子 | 4·6 | 19 | 土 | 13 | 癸未 | 4·6 |
| 14 | 17 | 月 | 9 | 辛亥 | 5·5 | 19 | 水 | 9 | 辛巳 | 5·5 | 18 | 金 | 10 | 辛亥 | 5·6 | 19 | 月 | 11 | 壬午 | 5·6 | 19 | 木 | 13 | 癸丑 | 5·6 | 20 | 日 | 14 | 甲申 | 5·6 |
| 15 | 18 | 火 | 10 | 壬子 | 우수 | 20 | 木 | 10 | 壬午 | 춘분 | 19 | 土 | 11 | 壬子 | 곡우 | 20 | 火 | 12 | 癸未 | 소만 | 20 | 金 | 14 | 甲寅 | 5·5 | 21 | 月 | 15 | 乙酉 | 5·6 |
| 16 | 19 | 水 | 11 | 癸丑 | 5·5 | 21 | 金 | 11 | 癸未 | 5·5 | 20 | 日 | 12 | 癸丑 | 5·5 | 21 | 水 | 13 | 甲申 | 5·5 | 21 | 土 | 15 | 乙卯 | 하지 | 22 | 火 | 16 | 丙戌 | 대서 |
| 17 | 20 | 木 | 12 | 甲寅 | 6·4 | 22 | 土 | 12 | 甲申 | 6·4 | 21 | 月 | 13 | 甲寅 | 6·5 | 22 | 木 | 14 | 乙酉 | 6·5 | 22 | 日 | 16 | 丙辰 | 6·5 | 23 | 水 | 17 | 丁亥 | 6·5 |
| 18 | 21 | 金 | 13 | 乙卯 | 6·4 | 23 | 日 | 13 | 乙酉 | 6·4 | 22 | 火 | 14 | 乙卯 | 6·4 | 23 | 金 | 15 | 丙戌 | 6·4 | 23 | 月 | 17 | 丁巳 | 6·4 | 24 | 木 | 18 | 戊子 | 6·5 |
| 19 | 22 | 土 | 14 | 丙辰 | 6·4 | 24 | 月 | 14 | 丙戌 | 6·4 | 23 | 水 | 15 | 丙辰 | 6·4 | 24 | 土 | 16 | 丁亥 | 6·4 | 24 | 火 | 18 | 戊午 | 6·4 | 25 | 金 | 19 | 己丑 | 6·4 |
| 20 | 23 | 日 | 15 | 丁巳 | 7·3 | 25 | 火 | 15 | 丁亥 | 7·3 | 24 | 木 | 16 | 丁巳 | 7·4 | 25 | 日 | 17 | 戊子 | 7·4 | 25 | 水 | 19 | 己未 | 7·4 | 26 | 土 | 20 | 庚寅 | 7·4 |
| 21 | 24 | 月 | 16 | 戊午 | 7·3 | 26 | 水 | 16 | 戊子 | 7·3 | 25 | 金 | 17 | 戊午 | 7·3 | 26 | 月 | 18 | 己丑 | 7·3 | 26 | 木 | 20 | 庚申 | 7·3 | 27 | 日 | 21 | 辛卯 | 7·4 |
| 22 | 25 | 火 | 17 | 己未 | 7·3 | 27 | 木 | 17 | 己丑 | 7·3 | 26 | 土 | 18 | 己未 | 7·3 | 27 | 火 | 19 | 庚寅 | 7·3 | 27 | 金 | 21 | 辛酉 | 7·3 | 28 | 月 | 22 | 壬辰 | 7·3 |
| 23 | 26 | 水 | 18 | 庚申 | 8·2 | 28 | 金 | 18 | 庚寅 | 8·2 | 27 | 日 | 19 | 庚申 | 8·3 | 28 | 水 | 20 | 辛卯 | 8·3 | 28 | 土 | 22 | 壬戌 | 8·3 | 29 | 火 | 23 | 癸巳 | 8·3 |
| 24 | 27 | 木 | 19 | 辛酉 | 8·2 | 29 | 土 | 19 | 辛卯 | 8·2 | 28 | 月 | 20 | 辛酉 | 8·2 | 29 | 木 | 21 | 壬辰 | 8·2 | 29 | 日 | 23 | 癸亥 | 8·2 | 30 | 水 | 24 | 甲午 | 8·3 |
| 25 | 28 | 金 | 20 | 壬戌 | 8·2 | 30 | 日 | 20 | 壬辰 | 8·2 | 29 | 火 | 21 | 壬戌 | 8·2 | 30 | 金 | 22 | 癸巳 | 8·2 | 30 | 月 | 24 | 甲子 | 8·2 | 31 | 木 | 25 | 乙未 | 8·2 |
| 26 | 3/1 | 土 | 21 | 癸亥 | 9·1 | 31 | 月 | 21 | 癸巳 | 9·1 | 30 | 水 | 22 | 癸亥 | 9·2 | 31 | 土 | 23 | 甲午 | 9·2 | 7/1 | 火 | 25 | 乙丑 | 9·2 | 8/1 | 金 | 26 | 丙申 | 9·2 |
| 27 | 2 | 日 | 22 | 甲子 | 9·1 | 4/1 | 火 | 22 | 甲午 | 9·1 | 5/1 | 木 | 23 | 甲子 | 9·1 | 6/1 | 日 | 24 | 乙未 | 9·1 | 2 | 水 | 26 | 丙寅 | 9·1 | 2 | 土 | 27 | 丁酉 | 9·2 |
| 28 | 3 | 月 | 23 | 乙丑 | 9·1 | 2 | 水 | 23 | 乙未 | 9·1 | 2 | 金 | 24 | 乙丑 | 9·1 | 2 | 月 | 25 | 丙申 | 9·1 | 3 | 木 | 27 | 丁卯 | 9·1 | 3 | 日 | 28 | 戊戌 | 9·1 |
| 29 | 4 | 火 | 24 | 丙寅 | 10·1 | 3 | 木 | 24 | 丙申 | 10·1 | 3 | 土 | 25 | 丙寅 | 10·1 | 3 | 火 | 26 | 丁酉 | 10·1 | 4 | 金 | 28 | 戊辰 | 10·1 | 4 | 月 | 29 | 己亥 | 10·1 |
| 30 | | | | | | | | | | | 4 | 日 | 26 | 丁卯 | 10·1 | 4 | 水 | 27 | 戊戌 | 10·1 | 5 | 土 | 29 | 己巳 | 10·1 | 5 | 火 | 7/1 | 庚子 | 10·1 |
| 31 | | | | | | | | | | | | | | | | | | | | | | | | | | 6 | 水 | 2 | 辛丑 | 10·1 |

# 辛丑年

| 절기후날수 | 입추절(丙申月) 立秋 8월7일 3시36분 處暑 8월22일 18시28분 | | | | | 백로절(丁酉月) 白露 9월7일 6시53분 秋分 9월22일 16시36분 | | | | | 한로절(戊戌月) 寒露 10월7일 23시5분 霜降 10월23일 2시33분 | | | | | 입동절(己亥月) 立冬 11월7일 2시51분 小雪 11월22일 0시40분 | | | | | 대설절(庚子月) 大雪 12월6일 20시10분 冬至 12월21일 14시21분 | | | | | 소한절(辛丑月) 小寒 1월5일 7시37분 大寒 1월20일 1시4분 | | | | |
|---|---|---|---|---|---|---|---|---|---|---|---|---|---|---|---|---|---|---|---|---|---|---|---|---|---|---|---|---|---|---|
| | 양력 | 요일 | 음력 | 일진 | 大運 남·여 | 양력 | 요일 | 음력 | 일진 | 大運 남·여 | 양력 | 요일 | 음력 | 일진 | 大運 남·여 | 양력 | 요일 | 음력 | 일진 | 大運 남·여 | 양력 | 요일 | 음력 | 일진 | 大運 남·여 | 양력 | 요일 | 음력 | 일진 | 大運 남·여 |
| 0 | 8/7 | 木 | 3 | 壬寅 | 입추 | 9/7 | 日 | 5 | 癸酉 | 백로 | 10/7 | 火 | 5 | 癸卯 | 한로 | 11/7 | 金 | 7 | 甲戌 | 입동 | 12/6 | 土 | 7 | 癸卯 | 대설 | 1/5 | 月 | 7 | 癸酉 | 소한 |
| 1 | 8 | 金 | 4 | 癸卯 | 1·10 | 8 | 月 | 6 | 甲戌 | 1·10 | 8 | 水 | 6 | 甲辰 | 1·10 | 8 | 土 | 8 | 乙亥 | 1·9 | 7 | 日 | 8 | 甲辰 | 1·10 | 6 | 火 | 8 | 甲戌 | 1·9 |
| 2 | 9 | 土 | 5 | 甲辰 | 1·10 | 9 | 火 | 7 | 乙亥 | 1·9 | 9 | 木 | 7 | 乙巳 | 1·10 | 9 | 日 | 9 | 丙子 | 1·9 | 8 | 月 | 9 | 乙巳 | 1·9 | 7 | 水 | 9 | 乙亥 | 1·9 |
| 3 | 10 | 日 | 6 | 乙巳 | 1·9 | 10 | 水 | 8 | 丙子 | 1·9 | 10 | 金 | 8 | 丙午 | 1·9 | 10 | 月 | 10 | 丁丑 | 1·9 | 9 | 火 | 10 | 丙午 | 1·9 | 8 | 木 | 10 | 丙子 | 1·9 |
| 4 | 11 | 月 | 7 | 丙午 | 1·9 | 11 | 木 | 9 | 丁丑 | 1·9 | 11 | 土 | 9 | 丁未 | 1·9 | 11 | 火 | 11 | 戊寅 | 1·8 | 10 | 水 | 11 | 丁未 | 1·9 | 9 | 金 | 11 | 丁丑 | 1·8 |
| 5 | 12 | 火 | 8 | 丁未 | 2·9 | 12 | 金 | 10 | 戊寅 | 2·8 | 12 | 日 | 10 | 戊申 | 2·9 | 12 | 水 | 12 | 己卯 | 2·8 | 11 | 木 | 12 | 戊申 | 2·8 | 10 | 土 | 12 | 戊寅 | 2·8 |
| 6 | 13 | 水 | 9 | 戊申 | 2·8 | 13 | 土 | 11 | 己卯 | 2·8 | 13 | 月 | 11 | 己酉 | 2·8 | 13 | 木 | 13 | 庚辰 | 2·8 | 12 | 金 | 13 | 己酉 | 2·8 | 11 | 日 | 13 | 己卯 | 2·8 |
| 7 | 14 | 木 | 10 | 己酉 | 2·8 | 14 | 日 | 12 | 庚辰 | 2·8 | 14 | 火 | 12 | 庚戌 | 2·8 | 14 | 金 | 14 | 辛巳 | 2·7 | 13 | 土 | 14 | 庚戌 | 2·8 | 12 | 月 | 14 | 庚辰 | 2·7 |
| 8 | 15 | 金 | 11 | 庚戌 | 3·8 | 15 | 月 | 13 | 辛巳 | 3·7 | 15 | 水 | 13 | 辛亥 | 3·8 | 15 | 土 | 15 | 壬午 | 3·7 | 14 | 日 | 15 | 辛亥 | 3·7 | 13 | 火 | 15 | 辛巳 | 3·7 |
| 9 | 16 | 土 | 12 | 辛亥 | 3·7 | 16 | 火 | 14 | 壬午 | 3·7 | 16 | 木 | 14 | 壬子 | 3·7 | 16 | 日 | 16 | 癸未 | 3·7 | 15 | 月 | 16 | 壬子 | 3·7 | 14 | 水 | 16 | 壬午 | 3·7 |
| 10 | 17 | 日 | 13 | 壬子 | 3·7 | 17 | 水 | 15 | 癸未 | 3·7 | 17 | 金 | 15 | 癸丑 | 3·7 | 17 | 月 | 17 | 甲申 | 3·6 | 16 | 火 | 17 | 癸丑 | 3·7 | 15 | 木 | 17 | 癸未 | 3·6 |
| 11 | 18 | 月 | 14 | 癸丑 | 4·7 | 18 | 木 | 16 | 甲申 | 4·6 | 18 | 土 | 16 | 甲寅 | 4·7 | 18 | 火 | 18 | 乙酉 | 4·6 | 17 | 水 | 18 | 甲寅 | 4·6 | 16 | 金 | 18 | 甲申 | 4·6 |
| 12 | 19 | 火 | 15 | 甲寅 | 4·6 | 19 | 金 | 17 | 乙酉 | 4·6 | 19 | 日 | 17 | 乙卯 | 4·6 | 19 | 水 | 19 | 丙戌 | 4·6 | 18 | 木 | 19 | 乙卯 | 4·6 | 17 | 土 | 19 | 乙酉 | 4·6 |
| 13 | 20 | 水 | 16 | 乙卯 | 4·6 | 20 | 土 | 18 | 丙戌 | 4·6 | 20 | 月 | 18 | 丙辰 | 4·6 | 20 | 木 | 20 | 丁亥 | 4·5 | 19 | 金 | 20 | 丙辰 | 4·6 | 18 | 日 | 20 | 丙戌 | 4·5 |
| 14 | 21 | 木 | 17 | 丙辰 | 5·6 | 21 | 日 | 19 | 丁亥 | 5·5 | 21 | 火 | 19 | 丁巳 | 5·6 | 21 | 金 | 21 | 戊子 | 5·5 | 20 | 土 | 21 | 丁巳 | 5·5 | 19 | 月 | 21 | 丁亥 | 5·5 |
| 15 | 22 | 金 | 18 | 丁巳 | 처서 | 22 | 月 | 20 | 戊子 | 추분 | 22 | 水 | 20 | 戊午 | 5·5 | 22 | 土 | 22 | 己丑 | 소설 | 21 | 日 | 22 | 戊午 | 동지 | 20 | 火 | 22 | 戊子 | 대한 |
| 16 | 23 | 土 | 19 | 戊午 | 5·5 | 23 | 火 | 21 | 己丑 | 5·5 | 23 | 木 | 21 | 己未 | 상강 | 23 | 日 | 23 | 庚寅 | 5·4 | 22 | 月 | 23 | 己未 | 5·5 | 21 | 水 | 23 | 己丑 | 5·4 |
| 17 | 24 | 日 | 20 | 己未 | 6·5 | 24 | 水 | 22 | 庚寅 | 6·4 | 24 | 金 | 22 | 庚申 | 6·5 | 24 | 月 | 24 | 辛卯 | 6·4 | 23 | 火 | 24 | 庚申 | 6·4 | 22 | 木 | 24 | 庚寅 | 6·4 |
| 18 | 25 | 月 | 21 | 庚申 | 6·4 | 25 | 木 | 23 | 辛卯 | 6·4 | 25 | 土 | 23 | 辛酉 | 6·4 | 25 | 火 | 25 | 壬辰 | 6·4 | 24 | 水 | 25 | 辛酉 | 6·4 | 23 | 金 | 25 | 辛卯 | 6·4 |
| 19 | 26 | 火 | 22 | 辛酉 | 6·4 | 26 | 金 | 24 | 壬辰 | 6·4 | 26 | 日 | 24 | 壬戌 | 6·4 | 26 | 水 | 26 | 癸巳 | 6·3 | 25 | 木 | 26 | 壬戌 | 6·4 | 24 | 土 | 26 | 壬辰 | 6·3 |
| 20 | 27 | 水 | 23 | 壬戌 | 7·4 | 27 | 土 | 25 | 癸巳 | 7·3 | 27 | 月 | 25 | 癸亥 | 7·4 | 27 | 木 | 27 | 甲午 | 7·3 | 26 | 金 | 27 | 癸亥 | 7·3 | 25 | 日 | 27 | 癸巳 | 7·3 |
| 21 | 28 | 木 | 24 | 癸亥 | 7·3 | 28 | 日 | 26 | 甲午 | 7·3 | 28 | 火 | 26 | 甲子 | 7·3 | 28 | 金 | 28 | 乙未 | 7·3 | 27 | 土 | 28 | 甲子 | 7·3 | 26 | 月 | 28 | 甲午 | 7·3 |
| 22 | 29 | 金 | 25 | 甲子 | 7·3 | 29 | 月 | 27 | 乙未 | 7·3 | 29 | 水 | 27 | 乙丑 | 7·3 | 29 | 土 | 29 | 丙申 | 7·2 | 28 | 日 | 29 | 乙丑 | 7·3 | 27 | 火 | 29 | 乙未 | 7·2 |
| 23 | 30 | 土 | 26 | 乙丑 | 8·3 | 30 | 火 | 28 | 丙申 | 8·2 | 30 | 木 | 28 | 丙寅 | 8·3 | 30 | 日 | 11/1 | 丁酉 | 8·2 | 29 | 月 | 30 | 丙寅 | 8·2 | 28 | 水 | 30 | 丙申 | 8·2 |
| 24 | 31 | 日 | 27 | 丙寅 | 8·2 | 10/1 | 水 | 29 | 丁酉 | 8·2 | 31 | 金 | 29 | 丁卯 | 8·2 | 12/1 | 月 | 2 | 戊戌 | 8·2 | 30 | 火 | 12/1 | 丁卯 | 8·2 | 29 | 木 | 1/1 | 丁酉 | 8·2 |
| 25 | 9/1 | 月 | 28 | 丁卯 | 8·2 | 2 | 木 | 30 | 戊戌 | 8·2 | 11/1 | 土 | 10/1 | 戊辰 | 8·2 | 2 | 火 | 3 | 己亥 | 8·1 | 31 | 水 | 2 | 戊辰 | 8·2 | 30 | 金 | 2 | 戊戌 | 8·1 |
| 26 | 2 | 火 | 29 | 戊辰 | 9·2 | 3 | 金 | 9/1 | 己亥 | 9·1 | 2 | 日 | 2 | 己巳 | 9·2 | 3 | 水 | 4 | 庚子 | 9·1 | 1/1 | 木 | 3 | 己巳 | 9·1 | 31 | 土 | 3 | 己亥 | 9·1 |
| 27 | 3 | 水 | 8/1 | 己巳 | 9·1 | 4 | 土 | 2 | 庚子 | 9·1 | 3 | 月 | 3 | 庚午 | 9·1 | 4 | 木 | 5 | 辛丑 | 9·1 | 2 | 金 | 4 | 庚午 | 9·1 | 2/1 | 日 | 4 | 庚子 | 9·1 |
| 28 | 4 | 木 | 2 | 庚午 | 9·1 | 5 | 日 | 3 | 辛丑 | 9·1 | 4 | 火 | 4 | 辛未 | 9·1 | 5 | 金 | 6 | 壬寅 | 9·1 | 3 | 土 | 5 | 辛未 | 9·1 | 2 | 月 | 5 | 辛丑 | 9·1 |
| 29 | 5 | 金 | 3 | 辛未 | 10·1 | 6 | 月 | 4 | 壬寅 | 10·1 | 5 | 水 | 5 | 壬申 | 10·1 | | | | | | 4 | 日 | 6 | 壬申 | 10·1 | | | | | |
| 30 | 6 | 土 | 4 | 壬申 | 10·1 | | | | | | 6 | 木 | 6 | 癸酉 | 10·1 | | | | | | | | | | | | | | | |
| 31 | | | | | | | | | | | | | | | | | | | | | | | | | | | | | | |

# 서기 2082년 [단기 4415년]

| 절기후날수 | 입춘절(壬寅月)<br>立春 2월3일 19시11분<br>雨水 2월18일 14시59분 | | | | | 경칩절(癸卯月)<br>驚蟄 3월5일 12시49분<br>春分 3월20일 13시29분 | | | | | 청명절(甲辰月)<br>淸明 4월4일 17시2분<br>穀雨 4월19일 23시54분 | | | | |
|---|---|---|---|---|---|---|---|---|---|---|---|---|---|---|---|
| | 양력 | 요일 | 음력 | 일진 | 大運 남·여 | 양력 | 요일 | 음력 | 일진 | 大運 남·여 | 양력 | 요일 | 음력 | 일진 | 大運 남·여 |
| 0 | 2/3 | 火 | 6 | 壬寅 | 입춘 | 3/5 | 木 | 7 | 壬申 | 경칩 | 4/4 | 土 | 7 | 壬寅 | 청명 |
| 1 | 4 | 水 | 7 | 癸卯 | 10·1 | 6 | 金 | 8 | 癸酉 | 10·1 | 5 | 日 | 8 | 癸卯 | 10·1 |
| 2 | 5 | 木 | 8 | 甲辰 | 9·1 | 7 | 土 | 9 | 甲戌 | 9·1 | 6 | 月 | 9 | 甲辰 | 10·1 |
| 3 | 6 | 金 | 9 | 乙巳 | 9·1 | 8 | 日 | 10 | 乙亥 | 9·1 | 7 | 火 | 10 | 乙巳 | 9·1 |
| 4 | 7 | 土 | 10 | 丙午 | 9·1 | 9 | 月 | 11 | 丙子 | 9·1 | 8 | 水 | 11 | 丙午 | 9·1 |
| 5 | 8 | 日 | 11 | 丁未 | 8·2 | 10 | 火 | 12 | 丁丑 | 8·2 | 9 | 木 | 12 | 丁未 | 9·2 |
| 6 | 9 | 月 | 12 | 戊申 | 8·2 | 11 | 水 | 13 | 戊寅 | 8·2 | 10 | 金 | 13 | 戊申 | 8·2 |
| 7 | 10 | 火 | 13 | 己酉 | 8·2 | 12 | 木 | 14 | 己卯 | 8·2 | 11 | 土 | 14 | 己酉 | 8·2 |
| 8 | 11 | 水 | 14 | 庚戌 | 7·3 | 13 | 金 | 15 | 庚辰 | 7·3 | 12 | 日 | 15 | 庚戌 | 8·3 |
| 9 | 12 | 木 | 15 | 辛亥 | 7·3 | 14 | 土 | 16 | 辛巳 | 7·3 | 13 | 月 | 16 | 辛亥 | 7·3 |
| 10 | 13 | 金 | 16 | 壬子 | 7·3 | 15 | 日 | 17 | 壬午 | 7·3 | 14 | 火 | 17 | 壬子 | 7·3 |
| 11 | 14 | 土 | 17 | 癸丑 | 6·4 | 16 | 月 | 18 | 癸未 | 6·4 | 15 | 水 | 18 | 癸丑 | 7·4 |
| 12 | 15 | 日 | 18 | 甲寅 | 6·4 | 17 | 火 | 19 | 甲申 | 6·4 | 16 | 木 | 19 | 甲寅 | 6·4 |
| 13 | 16 | 月 | 19 | 乙卯 | 6·4 | 18 | 水 | 20 | 乙酉 | 6·4 | 17 | 金 | 20 | 乙卯 | 6·4 |
| 14 | 17 | 火 | 20 | 丙辰 | 5·5 | 19 | 木 | 21 | 丙戌 | 5·5 | 18 | 土 | 21 | 丙辰 | 6·5 |
| 15 | 18 | 水 | 21 | 丁巳 | 우수 | 20 | 金 | 22 | 丁亥 | 춘분 | 19 | 日 | 22 | 丁巳 | 곡우 |
| 16 | 19 | 木 | 22 | 戊午 | 5·5 | 21 | 土 | 23 | 戊子 | 5·5 | 20 | 月 | 23 | 戊午 | 5·5 |
| 17 | 20 | 金 | 23 | 己未 | 4·6 | 22 | 日 | 24 | 己丑 | 4·6 | 21 | 火 | 24 | 己未 | 5·6 |
| 18 | 21 | 土 | 24 | 庚申 | 4·6 | 23 | 月 | 25 | 庚寅 | 4·6 | 22 | 水 | 25 | 庚申 | 4·6 |
| 19 | 22 | 日 | 25 | 辛酉 | 4·6 | 24 | 火 | 26 | 辛卯 | 4·6 | 23 | 木 | 26 | 辛酉 | 4·6 |
| 20 | 23 | 月 | 26 | 壬戌 | 3·7 | 25 | 水 | 27 | 壬辰 | 3·7 | 24 | 金 | 27 | 壬戌 | 4·7 |
| 21 | 24 | 火 | 27 | 癸亥 | 3·7 | 26 | 木 | 28 | 癸巳 | 3·7 | 25 | 土 | 28 | 癸亥 | 3·7 |
| 22 | 25 | 水 | 28 | 甲子 | 3·7 | 27 | 金 | 29 | 甲午 | 3·7 | 26 | 日 | 29 | 甲子 | 3·7 |
| 23 | 26 | 木 | 29 | 乙丑 | 2·8 | 28 | 土 | 30 | 乙未 | 2·8 | 27 | 月 | 30 | 乙丑 | 3·8 |
| 24 | 27 | 金 | 2/1 | 丙寅 | 2·8 | 29 | 日 | 3/1 | 丙申 | 2·8 | 28 | 火 | 4/1 | 丙寅 | 2·8 |
| 25 | 28 | 土 | 2 | 丁卯 | 2·8 | 30 | 月 | 2 | 丁酉 | 2·8 | 29 | 水 | 2 | 丁卯 | 2·8 |
| 26 | 3/1 | 日 | 3 | 戊辰 | 1·9 | 31 | 火 | 3 | 戊戌 | 1·9 | 30 | 木 | 3 | 戊辰 | 2·9 |
| 27 | 2 | 月 | 4 | 己巳 | 1·9 | 4/1 | 水 | 4 | 己亥 | 1·9 | 5/1 | 金 | 4 | 己巳 | 1·9 |
| 28 | 3 | 火 | 5 | 庚午 | 1·9 | 2 | 木 | 5 | 庚子 | 1·9 | 2 | 土 | 5 | 庚午 | 1·9 |
| 29 | 4 | 水 | 6 | 辛未 | 1·10 | 3 | 金 | 6 | 辛丑 | 1·10 | 3 | 日 | 6 | 辛未 | 1·10 |
| 30 | | | | | | | | | | | 4 | 月 | 7 | 壬申 | 1·10 |
| 31 | | | | | | | | | | | | | | | |

| 절기후날수 | 입하절(乙巳月)<br>立夏 5월5일 9시41분<br>小滿 5월20일 22시27분 | | | | | 망종절(丙午月)<br>芒種 6월5일 13시21분<br>夏至 6월21일 6시2분 | | | | | 소서절(丁未月)<br>小暑 7월6일 23시24분<br>大暑 7월22일 16시52분 | | | | |
|---|---|---|---|---|---|---|---|---|---|---|---|---|---|---|---|
| | 양력 | 요일 | 음력 | 일진 | 大運 남·여 | 양력 | 요일 | 음력 | 일진 | 大運 남·여 | 양력 | 요일 | 음력 | 일진 | 大運 남·여 |
| 0 | 5/5 | 火 | 8 | 癸酉 | 입하 | 6/5 | 金 | 9 | 甲辰 | 망종 | 7/6 | 月 | 11 | 乙亥 | 소서 |
| 1 | 6 | 水 | 9 | 甲戌 | 10·1 | 6 | 土 | 10 | 乙巳 | 10·1 | 7 | 火 | 12 | 丙子 | 10·1 |
| 2 | 7 | 木 | 10 | 乙亥 | 10·1 | 7 | 日 | 11 | 丙午 | 10·1 | 8 | 水 | 13 | 丁丑 | 10·1 |
| 3 | 8 | 金 | 11 | 丙子 | 9·1 | 8 | 月 | 12 | 丁未 | 9·1 | 9 | 木 | 14 | 戊寅 | 10·1 |
| 4 | 9 | 土 | 12 | 丁丑 | 9·1 | 9 | 火 | 13 | 戊申 | 9·1 | 10 | 金 | 15 | 己卯 | 9·1 |
| 5 | 10 | 日 | 13 | 戊寅 | 9·2 | 10 | 水 | 14 | 己酉 | 9·2 | 11 | 土 | 16 | 庚辰 | 9·2 |
| 6 | 11 | 月 | 14 | 己卯 | 8·2 | 11 | 木 | 15 | 庚戌 | 8·2 | 12 | 日 | 17 | 辛巳 | 9·2 |
| 7 | 12 | 火 | 15 | 庚辰 | 8·2 | 12 | 金 | 16 | 辛亥 | 8·2 | 13 | 月 | 18 | 壬午 | 8·2 |
| 8 | 13 | 水 | 16 | 辛巳 | 8·3 | 13 | 土 | 17 | 壬子 | 8·3 | 14 | 火 | 19 | 癸未 | 8·3 |
| 9 | 14 | 木 | 17 | 壬午 | 7·3 | 14 | 日 | 18 | 癸丑 | 7·3 | 15 | 水 | 20 | 甲申 | 8·3 |
| 10 | 15 | 金 | 18 | 癸未 | 7·3 | 15 | 月 | 19 | 甲寅 | 7·3 | 16 | 木 | 21 | 乙酉 | 7·3 |
| 11 | 16 | 土 | 19 | 甲申 | 7·4 | 16 | 火 | 20 | 乙卯 | 7·4 | 17 | 金 | 22 | 丙戌 | 7·4 |
| 12 | 17 | 日 | 20 | 乙酉 | 6·4 | 17 | 水 | 21 | 丙辰 | 6·4 | 18 | 土 | 23 | 丁亥 | 7·4 |
| 13 | 18 | 月 | 21 | 丙戌 | 6·4 | 18 | 木 | 22 | 丁巳 | 6·4 | 19 | 日 | 24 | 戊子 | 6·4 |
| 14 | 19 | 火 | 22 | 丁亥 | 6·5 | 19 | 金 | 23 | 戊午 | 6·5 | 20 | 月 | 25 | 己丑 | 6·5 |
| 15 | 20 | 水 | 23 | 戊子 | 소만 | 20 | 土 | 24 | 己未 | 5·5 | 21 | 火 | 26 | 庚寅 | 6·5 |
| 16 | 21 | 木 | 24 | 己丑 | 5·5 | 21 | 日 | 25 | 庚申 | 하지 | 22 | 水 | 27 | 辛卯 | 대서 |
| 17 | 22 | 金 | 25 | 庚寅 | 5·6 | 22 | 月 | 26 | 辛酉 | 5·6 | 23 | 木 | 28 | 壬辰 | 5·6 |
| 18 | 23 | 土 | 26 | 辛卯 | 4·6 | 23 | 火 | 27 | 壬戌 | 4·6 | 24 | 金 | 29 | 癸巳 | 5·6 |
| 19 | 24 | 日 | 27 | 壬辰 | 4·6 | 24 | 水 | 28 | 癸亥 | 4·6 | 25 | 土 | 30 | 甲午 | 4·6 |
| 20 | 25 | 月 | 28 | 癸巳 | 4·7 | 25 | 木 | 29 | 甲子 | 4·7 | 26 | 日 | 7/1 | 乙未 | 4·7 |
| 21 | 26 | 火 | 29 | 甲午 | 3·7 | 26 | 金 | 6/1 | 乙丑 | 3·7 | 27 | 月 | 2 | 丙申 | 4·7 |
| 22 | 27 | 水 | 30 | 乙未 | 3·7 | 27 | 土 | 2 | 丙寅 | 3·7 | 28 | 火 | 3 | 丁酉 | 3·7 |
| 23 | 28 | 木 | 5/1 | 丙申 | 3·8 | 28 | 日 | 3 | 丁卯 | 3·8 | 29 | 水 | 4 | 戊戌 | 3·8 |
| 24 | 29 | 金 | 2 | 丁酉 | 2·8 | 29 | 月 | 4 | 戊辰 | 2·8 | 30 | 木 | 5 | 己亥 | 3·8 |
| 25 | 30 | 土 | 3 | 戊戌 | 2·8 | 30 | 火 | 5 | 己巳 | 2·8 | 31 | 金 | 6 | 庚子 | 2·8 |
| 26 | 31 | 日 | 4 | 己亥 | 2·9 | 7/1 | 水 | 6 | 庚午 | 2·9 | 8/1 | 土 | 7 | 辛丑 | 2·9 |
| 27 | 6/1 | 月 | 5 | 庚子 | 1·9 | 2 | 木 | 7 | 辛未 | 1·9 | 2 | 日 | 8 | 壬寅 | 2·9 |
| 28 | 2 | 火 | 6 | 辛丑 | 1·9 | 3 | 金 | 8 | 壬申 | 1·9 | 3 | 月 | 9 | 癸卯 | 1·9 |
| 29 | 3 | 水 | 7 | 壬寅 | 1·10 | 4 | 土 | 9 | 癸酉 | 1·10 | 4 | 火 | 10 | 甲辰 | 1·10 |
| 30 | 4 | 木 | 8 | 癸卯 | 1·10 | 5 | 日 | 10 | 甲戌 | 1·10 | 5 | 水 | 11 | 乙巳 | 1·10 |
| 31 | | | | | | | | | | | 6 | 木 | 12 | 丙午 | 1·10 |

# 壬寅年

| 절기후날수 | 입추절(戊申月) 立秋 8월7일 9시20분 處暑 8월23일 0시12분 | | | | | 백로절(己酉月) 白露 9월7일 12시41분 秋分 9월22일 22시22분 | | | | | 한로절(庚戌月) 寒露 10월8일 4시56분 霜降 10월23일 8시19분 | | | | |
|---|---|---|---|---|---|---|---|---|---|---|---|---|---|---|---|
| | 양력 | 요일 | 음력 | 일진 | 大運 남·여 | 양력 | 요일 | 음력 | 일진 | 大運 남·여 | 양력 | 요일 | 음력 | 일진 | 大運 남·여 |
| 0 | 8/7 | 金 | 13 | 丁未 | 입추 | 9/7 | 月 | 윤15 | 戊寅 | 백로 | 10/8 | 木 | 17 | 己酉 | 한로 |
| 1 | 8 | 土 | 14 | 戊申 | 10·1 | 8 | 火 | 윤16 | 己卯 | 10·1 | 9 | 金 | 18 | 庚戌 | 10·1 |
| 2 | 9 | 日 | 15 | 己酉 | 10·1 | 9 | 水 | 윤17 | 庚辰 | 10·1 | 10 | 土 | 19 | 辛亥 | 9·1 |
| 3 | 10 | 月 | 16 | 庚戌 | 9·1 | 10 | 木 | 윤18 | 辛巳 | 9·1 | 11 | 日 | 20 | 壬子 | 9·1 |
| 4 | 11 | 火 | 17 | 辛亥 | 9·1 | 11 | 金 | 윤19 | 壬午 | 9·1 | 12 | 月 | 21 | 癸丑 | 9·1 |
| 5 | 12 | 水 | 18 | 壬子 | 9·2 | 12 | 土 | 윤20 | 癸未 | 9·2 | 13 | 火 | 22 | 甲寅 | 8·2 |
| 6 | 13 | 木 | 19 | 癸丑 | 8·2 | 13 | 日 | 윤21 | 甲申 | 8·2 | 14 | 水 | 23 | 乙卯 | 8·2 |
| 7 | 14 | 金 | 20 | 甲寅 | 8·2 | 14 | 月 | 윤22 | 乙酉 | 8·2 | 15 | 木 | 24 | 丙辰 | 8·2 |
| 8 | 15 | 土 | 21 | 乙卯 | 8·3 | 15 | 火 | 윤23 | 丙戌 | 8·3 | 16 | 金 | 25 | 丁巳 | 7·3 |
| 9 | 16 | 日 | 22 | 丙辰 | 7·3 | 16 | 水 | 윤24 | 丁亥 | 7·3 | 17 | 土 | 26 | 戊午 | 7·3 |
| 10 | 17 | 月 | 23 | 丁巳 | 7·3 | 17 | 木 | 윤25 | 戊子 | 7·3 | 18 | 日 | 27 | 己未 | 7·3 |
| 11 | 18 | 火 | 24 | 戊午 | 7·4 | 18 | 金 | 윤26 | 己丑 | 7·4 | 19 | 月 | 28 | 庚申 | 6·4 |
| 12 | 19 | 水 | 25 | 己未 | 6·4 | 19 | 土 | 윤27 | 庚寅 | 6·4 | 20 | 火 | 29 | 辛酉 | 6·4 |
| 13 | 20 | 木 | 26 | 庚申 | 6·4 | 20 | 日 | 윤28 | 辛卯 | 6·4 | 21 | 水 | 30 | 壬戌 | 6·4 |
| 14 | 21 | 金 | 27 | 辛酉 | 6·5 | 21 | 月 | 윤29 | 壬辰 | 6·5 | 22 | 木 | 9/1 | 癸亥 | 5·5 |
| 15 | 22 | 土 | 28 | 壬戌 | 5·5 | 22 | 火 | 8/1 | 癸巳 | 추분 | 23 | 金 | 2 | 甲子 | 상강 |
| 16 | 23 | 日 | 29 | 癸亥 | 처서 | 23 | 水 | 2 | 甲午 | 5·5 | 24 | 土 | 3 | 乙丑 | 5·5 |
| 17 | 24 | 月 | 윤1 | 甲子 | 5·6 | 24 | 木 | 3 | 乙未 | 5·6 | 25 | 日 | 4 | 丙寅 | 4·6 |
| 18 | 25 | 火 | 윤2 | 乙丑 | 4·6 | 25 | 金 | 4 | 丙申 | 4·6 | 26 | 月 | 5 | 丁卯 | 4·6 |
| 19 | 26 | 水 | 윤3 | 丙寅 | 4·6 | 26 | 土 | 5 | 丁酉 | 4·6 | 27 | 火 | 6 | 戊辰 | 4·6 |
| 20 | 27 | 木 | 윤4 | 丁卯 | 4·7 | 27 | 日 | 6 | 戊戌 | 4·7 | 28 | 水 | 7 | 己巳 | 3·7 |
| 21 | 28 | 金 | 윤5 | 戊辰 | 3·7 | 28 | 月 | 7 | 己亥 | 3·7 | 29 | 木 | 8 | 庚午 | 3·7 |
| 22 | 29 | 土 | 윤6 | 己巳 | 3·7 | 29 | 火 | 8 | 庚子 | 3·7 | 30 | 金 | 9 | 辛未 | 3·7 |
| 23 | 30 | 日 | 윤7 | 庚午 | 3·8 | 30 | 水 | 9 | 辛丑 | 3·8 | 31 | 土 | 10 | 壬申 | 2·8 |
| 24 | 31 | 月 | 윤8 | 辛未 | 2·8 | 10/1 | 木 | 10 | 壬寅 | 2·8 | 11/1 | 日 | 11 | 癸酉 | 2·8 |
| 25 | 9/1 | 火 | 윤9 | 壬申 | 2·8 | 2 | 金 | 11 | 癸卯 | 2·8 | 2 | 月 | 12 | 甲戌 | 2·8 |
| 26 | 2 | 水 | 윤10 | 癸酉 | 2·9 | 3 | 土 | 12 | 甲辰 | 2·9 | 3 | 火 | 13 | 乙亥 | 1·9 |
| 27 | 3 | 木 | 윤11 | 甲戌 | 1·9 | 4 | 日 | 13 | 乙巳 | 1·9 | 4 | 水 | 14 | 丙子 | 1·9 |
| 28 | 4 | 金 | 윤12 | 乙亥 | 1·9 | 5 | 月 | 14 | 丙午 | 1·9 | 5 | 木 | 15 | 丁丑 | 1·9 |
| 29 | 5 | 土 | 윤13 | 丙子 | 1·10 | 6 | 火 | 15 | 丁未 | 1·10 | 6 | 金 | 16 | 戊寅 | 1·10 |
| 30 | 6 | 日 | 윤14 | 丁丑 | 1·10 | 7 | 水 | 16 | 戊申 | 1·10 | | | | | |
| 31 | | | | | | | | | | | | | | | |

| 절기후날수 | 입동절(辛亥月) 立冬 11월7일 8시43분 小雪 11월22일 6시24분 | | | | | 대설절(壬子月) 大雪 12월7일 2시0분 冬至 12월21일 20시3분 | | | | | 소한절(癸丑月) 小寒 1월5일 13시25분 大寒 1월20일 6시45분 | | | | |
|---|---|---|---|---|---|---|---|---|---|---|---|---|---|---|---|
| | 양력 | 요일 | 음력 | 일진 | 大運 남·여 | 양력 | 요일 | 음력 | 일진 | 大運 남·여 | 양력 | 요일 | 음력 | 일진 | 大運 남·여 |
| 0 | 11/7 | 土 | 17 | 己卯 | 입동 | 12/7 | 月 | 18 | 己酉 | 대설 | 1/5 | 火 | 17 | 戊寅 | 소한 |
| 1 | 8 | 日 | 18 | 庚辰 | 10·1 | 8 | 火 | 19 | 庚戌 | 9·1 | 6 | 水 | 18 | 己卯 | 10·1 |
| 2 | 9 | 月 | 19 | 辛巳 | 9·1 | 9 | 水 | 20 | 辛亥 | 9·1 | 7 | 木 | 19 | 庚辰 | 9·1 |
| 3 | 10 | 火 | 20 | 壬午 | 9·1 | 10 | 木 | 21 | 壬子 | 9·1 | 8 | 金 | 20 | 辛巳 | 9·1 |
| 4 | 11 | 水 | 21 | 癸未 | 9·1 | 11 | 金 | 22 | 癸丑 | 8·1 | 9 | 土 | 21 | 壬午 | 9·1 |
| 5 | 12 | 木 | 22 | 甲申 | 8·2 | 12 | 土 | 23 | 甲寅 | 8·2 | 10 | 日 | 22 | 癸未 | 8·2 |
| 6 | 13 | 金 | 23 | 乙酉 | 8·2 | 13 | 日 | 24 | 乙卯 | 8·2 | 11 | 月 | 23 | 甲申 | 8·2 |
| 7 | 14 | 土 | 24 | 丙戌 | 8·2 | 14 | 月 | 25 | 丙辰 | 7·2 | 12 | 火 | 24 | 乙酉 | 8·2 |
| 8 | 15 | 日 | 25 | 丁亥 | 7·3 | 15 | 火 | 26 | 丁巳 | 7·3 | 13 | 水 | 25 | 丙戌 | 7·3 |
| 9 | 16 | 月 | 26 | 戊子 | 7·3 | 16 | 水 | 27 | 戊午 | 7·3 | 14 | 木 | 26 | 丁亥 | 7·3 |
| 10 | 17 | 火 | 27 | 己丑 | 7·3 | 17 | 木 | 28 | 己未 | 6·3 | 15 | 金 | 27 | 戊子 | 7·3 |
| 11 | 18 | 水 | 28 | 庚寅 | 6·4 | 18 | 金 | 29 | 庚申 | 6·4 | 16 | 土 | 28 | 己丑 | 6·4 |
| 12 | 19 | 木 | 29 | 辛卯 | 6·4 | 19 | 土 | 30 | 辛酉 | 6·4 | 17 | 日 | 29 | 庚寅 | 6·4 |
| 13 | 20 | 金 | 10/1 | 壬辰 | 6·4 | 20 | 日 | 11/1 | 壬戌 | 5·4 | 18 | 月 | 12/1 | 辛卯 | 6·4 |
| 14 | 21 | 土 | 2 | 癸巳 | 5·5 | 21 | 月 | 2 | 癸亥 | 동지 | 19 | 火 | 2 | 壬辰 | 5·5 |
| 15 | 22 | 日 | 3 | 甲午 | 소설 | 22 | 火 | 3 | 甲子 | 5·5 | 20 | 水 | 3 | 癸巳 | 대한 |
| 16 | 23 | 月 | 4 | 乙未 | 5·5 | 23 | 水 | 4 | 乙丑 | 4·5 | 21 | 木 | 4 | 甲午 | 5·5 |
| 17 | 24 | 火 | 5 | 丙申 | 4·6 | 24 | 木 | 5 | 丙寅 | 4·6 | 22 | 金 | 5 | 乙未 | 4·6 |
| 18 | 25 | 水 | 6 | 丁酉 | 4·6 | 25 | 金 | 6 | 丁卯 | 4·6 | 23 | 土 | 6 | 丙申 | 4·6 |
| 19 | 26 | 木 | 7 | 戊戌 | 4·6 | 26 | 土 | 7 | 戊辰 | 3·6 | 24 | 日 | 7 | 丁酉 | 4·6 |
| 20 | 27 | 金 | 8 | 己亥 | 3·7 | 27 | 日 | 8 | 己巳 | 3·7 | 25 | 月 | 8 | 戊戌 | 3·7 |
| 21 | 28 | 土 | 9 | 庚子 | 3·7 | 28 | 月 | 9 | 庚午 | 3·7 | 26 | 火 | 9 | 己亥 | 3·7 |
| 22 | 29 | 日 | 10 | 辛丑 | 3·7 | 29 | 火 | 10 | 辛未 | 2·7 | 27 | 水 | 10 | 庚子 | 3·7 |
| 23 | 30 | 月 | 11 | 壬寅 | 2·8 | 30 | 水 | 11 | 壬申 | 2·8 | 28 | 木 | 11 | 辛丑 | 2·8 |
| 24 | 12/1 | 火 | 12 | 癸卯 | 2·8 | 31 | 木 | 12 | 癸酉 | 2·8 | 29 | 金 | 12 | 壬寅 | 2·8 |
| 25 | 2 | 水 | 13 | 甲辰 | 2·8 | 1/1 | 金 | 13 | 甲戌 | 1·8 | 30 | 土 | 13 | 癸卯 | 2·8 |
| 26 | 3 | 木 | 14 | 乙巳 | 1·9 | 2 | 土 | 14 | 乙亥 | 1·9 | 31 | 日 | 14 | 甲辰 | 1·9 |
| 27 | 4 | 金 | 15 | 丙午 | 1·9 | 3 | 日 | 15 | 丙子 | 1·9 | 2/1 | 月 | 15 | 乙巳 | 1·9 |
| 28 | 5 | 土 | 16 | 丁未 | 1·9 | 4 | 月 | 16 | 丁丑 | 1·9 | 2 | 火 | 16 | 丙午 | 1·9 |
| 29 | 6 | 日 | 17 | 戊申 | 1·10 | | | | | | 3 | 水 | 17 | 丁未 | 1·10 |
| 30 | | | | | | | | | | | | | | | |
| 31 | | | | | | | | | | | | | | | |

▶ 윤달-7월

# 서기 2083년 [단기 4416년]

| 절기후날수 | 입춘절(甲寅月) | | | | | 경칩절(乙卯月) | | | | | 청명절(丙辰月) | | | | |
|---|---|---|---|---|---|---|---|---|---|---|---|---|---|---|---|
| | 立春 2월4일 0시57분<br>雨水 2월18일 20시39분 | | | | | 驚蟄 3월5일 18시35분<br>春分 3월20일 19시9분 | | | | | 清明 4월4일 22시49분<br>穀雨 4월20일 5시34분 | | | | |
| | 양력 | 요일 | 음력 | 일진 | 大運 남·여 | 양력 | 요일 | 음력 | 일진 | 大運 남·여 | 양력 | 요일 | 음력 | 일진 | 大運 남·여 |
| 0 | 2/4 | 木 | 18 | 戊申 | 입춘 | 3/5 | 金 | 17 | 丁丑 | 경칩 | 4/4 | 日 | 18 | 丁未 | 청명 |
| 1 | 5 | 金 | 19 | 己酉 | 1·9 | 6 | 土 | 18 | 戊寅 | 1·10 | 5 | 月 | 19 | 戊申 | 1·10 |
| 2 | 6 | 土 | 20 | 庚戌 | 1·9 | 7 | 日 | 19 | 己卯 | 1·9 | 6 | 火 | 20 | 己酉 | 1·10 |
| 3 | 7 | 日 | 21 | 辛亥 | 1·9 | 8 | 月 | 20 | 庚辰 | 1·9 | 7 | 水 | 21 | 庚戌 | 1·9 |
| 4 | 8 | 月 | 22 | 壬子 | 1·8 | 9 | 火 | 21 | 辛巳 | 1·9 | 8 | 木 | 22 | 辛亥 | 1·9 |
| 5 | 9 | 火 | 23 | 癸丑 | 2·8 | 10 | 水 | 22 | 壬午 | 2·8 | 9 | 金 | 23 | 壬子 | 2·9 |
| 6 | 10 | 水 | 24 | 甲寅 | 2·8 | 11 | 木 | 23 | 癸未 | 2·8 | 10 | 土 | 24 | 癸丑 | 2·8 |
| 7 | 11 | 木 | 25 | 乙卯 | 2·7 | 12 | 金 | 24 | 甲申 | 2·8 | 11 | 日 | 25 | 甲寅 | 2·8 |
| 8 | 12 | 金 | 26 | 丙辰 | 3·7 | 13 | 土 | 25 | 乙酉 | 3·7 | 12 | 月 | 26 | 乙卯 | 3·8 |
| 9 | 13 | 土 | 27 | 丁巳 | 3·7 | 14 | 日 | 26 | 丙戌 | 3·7 | 13 | 火 | 27 | 丙辰 | 3·7 |
| 10 | 14 | 日 | 28 | 戊午 | 3·6 | 15 | 月 | 27 | 丁亥 | 3·7 | 14 | 水 | 28 | 丁巳 | 3·7 |
| 11 | 15 | 月 | 29 | 己未 | 4·6 | 16 | 火 | 28 | 戊子 | 4·6 | 15 | 木 | 29 | 戊午 | 4·7 |
| 12 | 16 | 火 | 30 | 庚申 | 4·6 | 17 | 水 | 29 | 己丑 | 4·6 | 16 | 金 | 30 | 己未 | 4·6 |
| 13 | 17 | 水 | 1/1 | 辛酉 | 4·5 | 18 | 木 | 2/1 | 庚寅 | 4·6 | 17 | 土 | 3/1 | 庚申 | 4·6 |
| 14 | 18 | 木 | 2 | 壬戌 | 우수 | 19 | 金 | 2 | 辛卯 | 5·5 | 18 | 日 | 2 | 辛酉 | 5·6 |
| 15 | 19 | 金 | 3 | 癸亥 | 5·5 | 20 | 土 | 3 | 壬辰 | 춘분 | 19 | 月 | 3 | 壬戌 | 5·5 |
| 16 | 20 | 土 | 4 | 甲子 | 5·4 | 21 | 日 | 4 | 癸巳 | 5·5 | 20 | 火 | 4 | 癸亥 | 곡우 |
| 17 | 21 | 日 | 5 | 乙丑 | 6·4 | 22 | 月 | 5 | 甲午 | 6·4 | 21 | 水 | 5 | 甲子 | 6·5 |
| 18 | 22 | 月 | 6 | 丙寅 | 6·4 | 23 | 火 | 6 | 乙未 | 6·4 | 22 | 木 | 6 | 乙丑 | 6·4 |
| 19 | 23 | 火 | 7 | 丁卯 | 6·3 | 24 | 水 | 7 | 丙申 | 6·4 | 23 | 金 | 7 | 丙寅 | 6·4 |
| 20 | 24 | 水 | 8 | 戊辰 | 7·3 | 25 | 木 | 8 | 丁酉 | 7·3 | 24 | 土 | 8 | 丁卯 | 7·4 |
| 21 | 25 | 木 | 9 | 己巳 | 7·3 | 26 | 金 | 9 | 戊戌 | 7·3 | 25 | 日 | 9 | 戊辰 | 7·3 |
| 22 | 26 | 金 | 10 | 庚午 | 7·2 | 27 | 土 | 10 | 己亥 | 7·3 | 26 | 月 | 10 | 己巳 | 7·3 |
| 23 | 27 | 土 | 11 | 辛未 | 8·2 | 28 | 日 | 11 | 庚子 | 8·2 | 27 | 火 | 11 | 庚午 | 8·3 |
| 24 | 28 | 日 | 12 | 壬申 | 8·2 | 29 | 月 | 12 | 辛丑 | 8·2 | 28 | 水 | 12 | 辛未 | 8·2 |
| 25 | 3/1 | 月 | 13 | 癸酉 | 8·1 | 30 | 火 | 13 | 壬寅 | 8·2 | 29 | 木 | 13 | 壬申 | 8·2 |
| 26 | 2 | 火 | 14 | 甲戌 | 9·1 | 31 | 水 | 14 | 癸卯 | 9·1 | 30 | 金 | 14 | 癸酉 | 9·2 |
| 27 | 3 | 水 | 15 | 乙亥 | 9·1 | 4/1 | 木 | 15 | 甲辰 | 9·1 | 5/1 | 土 | 15 | 甲戌 | 9·1 |
| 28 | 4 | 木 | 16 | 丙子 | 9·1 | 2 | 金 | 16 | 乙巳 | 9·1 | 2 | 日 | 16 | 乙亥 | 9·1 |
| 29 | | | | | | 3 | 土 | 17 | 丙午 | 10·1 | 3 | 月 | 17 | 丙子 | 10·1 |
| 30 | | | | | | | | | | | 4 | 火 | 18 | 丁丑 | 10·1 |
| 31 | | | | | | | | | | | | | | | |

| 절기후날수 | 입하절(丁巳月) | | | | | 망종절(戊午月) | | | | | 소서절(己未月) | | | | |
|---|---|---|---|---|---|---|---|---|---|---|---|---|---|---|---|
| | 立夏 5월5일 15시30분<br>小滿 5월21일 4시7분 | | | | | 芒種 6월5일 19시11분<br>夏至 6월21일 11시42분 | | | | | 小暑 7월7일 5시14분<br>大暑 7월22일 22시34분 | | | | |
| | 양력 | 요일 | 음력 | 일진 | 大運 남·여 | 양력 | 요일 | 음력 | 일진 | 大運 남·여 | 양력 | 요일 | 음력 | 일진 | 大運 남·여 |
| 0 | 5/5 | 水 | 19 | 戊寅 | 입하 | 6/5 | 土 | 20 | 己酉 | 망종 | 7/7 | 水 | 23 | 辛巳 | 소서 |
| 1 | 6 | 木 | 20 | 己卯 | 1·10 | 6 | 日 | 21 | 庚戌 | 1·10 | 8 | 木 | 24 | 壬午 | 1·10 |
| 2 | 7 | 金 | 21 | 庚辰 | 1·10 | 7 | 月 | 22 | 辛亥 | 1·10 | 9 | 金 | 25 | 癸未 | 1·10 |
| 3 | 8 | 土 | 22 | 辛巳 | 1·9 | 8 | 火 | 23 | 壬子 | 1·10 | 10 | 土 | 26 | 甲申 | 1·9 |
| 4 | 9 | 日 | 23 | 壬午 | 1·9 | 9 | 水 | 24 | 癸丑 | 1·9 | 11 | 日 | 27 | 乙酉 | 1·9 |
| 5 | 10 | 月 | 24 | 癸未 | 2·9 | 10 | 木 | 25 | 甲寅 | 2·9 | 12 | 月 | 28 | 丙戌 | 2·9 |
| 6 | 11 | 火 | 25 | 甲申 | 2·8 | 11 | 金 | 26 | 乙卯 | 2·9 | 13 | 火 | 29 | 丁亥 | 2·8 |
| 7 | 12 | 水 | 26 | 乙酉 | 2·8 | 12 | 土 | 27 | 丙辰 | 2·8 | 14 | 水 | 30 | 戊子 | 2·8 |
| 8 | 13 | 木 | 27 | 丙戌 | 3·8 | 13 | 日 | 28 | 丁巳 | 3·8 | 15 | 木 | 6/1 | 己丑 | 3·8 |
| 9 | 14 | 金 | 28 | 丁亥 | 3·7 | 14 | 月 | 29 | 戊午 | 3·8 | 16 | 金 | 2 | 庚寅 | 3·7 |
| 10 | 15 | 土 | 29 | 戊子 | 3·7 | 15 | 火 | 5/1 | 己未 | 3·7 | 17 | 土 | 3 | 辛卯 | 3·7 |
| 11 | 16 | 日 | 30 | 己丑 | 4·7 | 16 | 水 | 2 | 庚申 | 4·7 | 18 | 日 | 4 | 壬辰 | 4·7 |
| 12 | 17 | 月 | 4/1 | 庚寅 | 4·6 | 17 | 木 | 3 | 辛酉 | 4·7 | 19 | 月 | 5 | 癸巳 | 4·6 |
| 13 | 18 | 火 | 2 | 辛卯 | 4·6 | 18 | 金 | 4 | 壬戌 | 4·6 | 20 | 火 | 6 | 甲午 | 4·6 |
| 14 | 19 | 水 | 3 | 壬辰 | 5·6 | 19 | 土 | 5 | 癸亥 | 5·6 | 21 | 水 | 7 | 乙未 | 5·6 |
| 15 | 20 | 木 | 4 | 癸巳 | 5·5 | 20 | 日 | 6 | 甲子 | 5·6 | 22 | 木 | 8 | 丙申 | 대서 |
| 16 | 21 | 金 | 5 | 甲午 | 소만 | 21 | 月 | 7 | 乙丑 | 하지 | 23 | 金 | 9 | 丁酉 | 5·5 |
| 17 | 22 | 土 | 6 | 乙未 | 6·5 | 22 | 火 | 8 | 丙寅 | 6·5 | 24 | 土 | 10 | 戊戌 | 6·5 |
| 18 | 23 | 日 | 7 | 丙申 | 6·4 | 23 | 水 | 9 | 丁卯 | 6·5 | 25 | 日 | 11 | 己亥 | 6·4 |
| 19 | 24 | 月 | 8 | 丁酉 | 6·4 | 24 | 木 | 10 | 戊辰 | 6·4 | 26 | 月 | 12 | 庚子 | 6·4 |
| 20 | 25 | 火 | 9 | 戊戌 | 7·4 | 25 | 金 | 11 | 己巳 | 7·4 | 27 | 火 | 13 | 辛丑 | 7·4 |
| 21 | 26 | 水 | 10 | 己亥 | 7·3 | 26 | 土 | 12 | 庚午 | 7·4 | 28 | 水 | 14 | 壬寅 | 7·3 |
| 22 | 27 | 木 | 11 | 庚子 | 7·3 | 27 | 日 | 13 | 辛未 | 7·3 | 29 | 木 | 15 | 癸卯 | 7·3 |
| 23 | 28 | 金 | 12 | 辛丑 | 8·3 | 28 | 月 | 14 | 壬申 | 8·3 | 30 | 金 | 16 | 甲辰 | 8·3 |
| 24 | 29 | 土 | 13 | 壬寅 | 8·2 | 29 | 火 | 15 | 癸酉 | 8·3 | 31 | 土 | 17 | 乙巳 | 8·2 |
| 25 | 30 | 日 | 14 | 癸卯 | 8·2 | 30 | 水 | 16 | 甲戌 | 8·2 | 8/1 | 日 | 18 | 丙午 | 8·2 |
| 26 | 31 | 月 | 15 | 甲辰 | 9·2 | 7/1 | 木 | 17 | 乙亥 | 9·2 | 2 | 月 | 19 | 丁未 | 9·2 |
| 27 | 6/1 | 火 | 16 | 乙巳 | 9·1 | 2 | 金 | 18 | 丙子 | 9·2 | 3 | 火 | 20 | 戊申 | 9·1 |
| 28 | 2 | 水 | 17 | 丙午 | 9·1 | 3 | 土 | 19 | 丁丑 | 9·1 | 4 | 水 | 21 | 己酉 | 9·1 |
| 29 | 3 | 木 | 18 | 丁未 | 10·1 | 4 | 日 | 20 | 戊寅 | 10·1 | 5 | 木 | 22 | 庚戌 | 10·1 |
| 30 | 4 | 金 | 19 | 戊申 | 10·1 | 5 | 月 | 21 | 己卯 | 10·1 | 6 | 金 | 23 | 辛亥 | 10·1 |
| 31 | | | | | | 6 | 火 | 22 | 庚辰 | 10·1 | | | | | |

# 癸卯年

| 절기후날수 | 입추절(庚申月) 立秋 8월7일 15시11분 處暑 8월23일 5시58분 | | | | | 백로절(辛酉月) 白露 9월7일 18시33분 秋分 9월23일 4시10분 | | | | | 한로절(壬戌月) 寒露 10월8일 10시48분 霜降 10월23일 14시9분 | | | | | 입동절(癸亥月) 立冬 11월7일 14시34분 小雪 11월22일 12시14분 | | | | | 대설절(甲子月) 大雪 12월7일 7시50분 冬至 12월22일 1시52분 | | | | | 소한절(乙丑月) 小寒 1월5일 19시14분 大寒 1월20일 12시32분 | | | | |
|---|---|---|---|---|---|---|---|---|---|---|---|---|---|---|---|---|---|---|---|---|---|---|---|---|---|---|---|---|---|---|
| | 양력 | 요일 | 음력 | 일진 | 大運 남·여 | 양력 | 요일 | 음력 | 일진 | 大運 남·여 | 양력 | 요일 | 음력 | 일진 | 大運 남·여 | 양력 | 요일 | 음력 | 일진 | 大運 남·여 | 양력 | 요일 | 음력 | 일진 | 大運 남·여 | 양력 | 요일 | 음력 | 일진 | 大運 남·여 |
| 0 | 8/7 | 土 | 24 | 壬子 | 입추 | 9/7 | 火 | 26 | 癸未 | 백로 | 10/8 | 金 | 27 | 甲寅 | 한로 | 11/7 | 日 | 28 | 甲申 | 입동 | 12/7 | 火 | 28 | 甲寅 | 대설 | 1/5 | 水 | 28 | 癸未 | 소한 |
| 1 | 8 | 日 | 25 | 癸丑 | 1·10 | 8 | 水 | 27 | 甲申 | 1·10 | 9 | 土 | 28 | 乙卯 | 1·10 | 8 | 月 | 29 | 乙酉 | 1·10 | 8 | 水 | 29 | 乙卯 | 1·9 | 6 | 木 | 29 | 甲申 | 1·10 |
| 2 | 9 | 月 | 26 | 甲寅 | 1·10 | 9 | 木 | 28 | 乙酉 | 1·10 | 10 | 日 | 29 | 丙辰 | 1·9 | 9 | 火 | 30 | 丙戌 | 1·9 | 9 | 木 | 11/1 | 丙辰 | 1·9 | 7 | 金 | 30 | 乙酉 | 1·9 |
| 3 | 10 | 火 | 27 | 乙卯 | 1·9 | 10 | 金 | 29 | 丙戌 | 1·9 | 11 | 月 | 9/1 | 丁巳 | 1·9 | 10 | 水 | 10/1 | 丁亥 | 1·9 | 10 | 金 | 2 | 丁巳 | 1·9 | 8 | 土 | 12/1 | 丙戌 | 1·9 |
| 4 | 11 | 水 | 28 | 丙辰 | 1·9 | 11 | 土 | 30 | 丁亥 | 1·9 | 12 | 火 | 2 | 戊午 | 1·9 | 11 | 木 | 2 | 戊子 | 1·9 | 11 | 土 | 3 | 戊午 | 1·8 | 9 | 日 | 2 | 丁亥 | 1·9 |
| 5 | 12 | 木 | 29 | 丁巳 | 2·9 | 12 | 日 | 8/1 | 戊子 | 2·9 | 13 | 水 | 3 | 己未 | 2·8 | 12 | 金 | 3 | 己丑 | 2·8 | 12 | 日 | 4 | 己未 | 2·8 | 10 | 月 | 3 | 戊子 | 2·8 |
| 6 | 13 | 金 | 7/1 | 戊午 | 2·8 | 13 | 月 | 2 | 己丑 | 2·8 | 14 | 木 | 4 | 庚申 | 2·8 | 13 | 土 | 4 | 庚寅 | 2·8 | 13 | 月 | 5 | 庚申 | 2·8 | 11 | 火 | 4 | 己丑 | 2·8 |
| 7 | 14 | 土 | 2 | 己未 | 2·8 | 14 | 火 | 3 | 庚寅 | 2·8 | 15 | 金 | 5 | 辛酉 | 2·8 | 14 | 日 | 5 | 辛卯 | 2·8 | 14 | 火 | 6 | 辛酉 | 2·7 | 12 | 水 | 5 | 庚寅 | 2·8 |
| 8 | 15 | 日 | 3 | 庚申 | 3·8 | 15 | 水 | 4 | 辛卯 | 3·8 | 16 | 土 | 6 | 壬戌 | 3·7 | 15 | 月 | 6 | 壬辰 | 3·7 | 15 | 水 | 7 | 壬戌 | 3·7 | 13 | 木 | 6 | 辛卯 | 3·7 |
| 9 | 16 | 月 | 4 | 辛酉 | 3·7 | 16 | 木 | 5 | 壬辰 | 3·7 | 17 | 日 | 7 | 癸亥 | 3·7 | 16 | 火 | 7 | 癸巳 | 3·7 | 16 | 木 | 8 | 癸亥 | 3·7 | 14 | 金 | 7 | 壬辰 | 3·7 |
| 10 | 17 | 火 | 5 | 壬戌 | 3·7 | 17 | 金 | 6 | 癸巳 | 3·7 | 18 | 月 | 8 | 甲子 | 3·7 | 17 | 水 | 8 | 甲午 | 3·7 | 17 | 金 | 9 | 甲子 | 3·6 | 15 | 土 | 8 | 癸巳 | 3·7 |
| 11 | 18 | 水 | 6 | 癸亥 | 4·7 | 18 | 土 | 7 | 甲午 | 4·7 | 19 | 火 | 9 | 乙丑 | 4·6 | 18 | 木 | 9 | 乙未 | 4·6 | 18 | 土 | 10 | 乙丑 | 4·6 | 16 | 日 | 9 | 甲午 | 4·6 |
| 12 | 19 | 木 | 7 | 甲子 | 4·6 | 19 | 日 | 8 | 乙未 | 4·6 | 20 | 水 | 10 | 丙寅 | 4·6 | 19 | 金 | 10 | 丙申 | 4·6 | 19 | 日 | 11 | 丙寅 | 4·6 | 17 | 月 | 10 | 乙未 | 4·6 |
| 13 | 20 | 金 | 8 | 乙丑 | 4·6 | 20 | 月 | 9 | 丙申 | 4·6 | 21 | 木 | 11 | 丁卯 | 4·6 | 20 | 土 | 11 | 丁酉 | 4·6 | 20 | 月 | 12 | 丁卯 | 4·5 | 18 | 火 | 11 | 丙申 | 4·6 |
| 14 | 21 | 土 | 9 | 丙寅 | 5·6 | 21 | 火 | 10 | 丁酉 | 5·6 | 22 | 金 | 12 | 戊辰 | 5·5 | 21 | 日 | 12 | 戊戌 | 5·5 | 21 | 火 | 13 | 戊辰 | 5·5 | 19 | 水 | 12 | 丁酉 | 5·5 |
| 15 | 22 | 日 | 10 | 丁卯 | 5·5 | 22 | 水 | 11 | 戊戌 | 5·5 | 23 | 土 | 13 | 己巳 | 상강 | 22 | 月 | 13 | 己亥 | 소설 | 22 | 水 | 14 | 己巳 | 동지 | 20 | 木 | 13 | 戊戌 | 대한 |
| 16 | 23 | 月 | 11 | 戊辰 | 처서 | 23 | 木 | 12 | 己亥 | 추분 | 24 | 日 | 14 | 庚午 | 5·5 | 23 | 火 | 14 | 庚子 | 5·5 | 23 | 木 | 15 | 庚午 | 5·4 | 21 | 金 | 14 | 己亥 | 5·5 |
| 17 | 24 | 火 | 12 | 己巳 | 6·5 | 24 | 金 | 13 | 庚子 | 6·5 | 25 | 月 | 15 | 辛未 | 6·4 | 24 | 水 | 15 | 辛丑 | 6·4 | 24 | 金 | 16 | 辛未 | 6·4 | 22 | 土 | 15 | 庚子 | 6·4 |
| 18 | 25 | 水 | 13 | 庚午 | 6·4 | 25 | 土 | 14 | 辛丑 | 6·4 | 26 | 火 | 16 | 壬申 | 6·4 | 25 | 木 | 16 | 壬寅 | 6·4 | 25 | 土 | 17 | 壬申 | 6·4 | 23 | 日 | 16 | 辛丑 | 6·4 |
| 19 | 26 | 木 | 14 | 辛未 | 6·4 | 26 | 日 | 15 | 壬寅 | 6·4 | 27 | 水 | 17 | 癸酉 | 6·4 | 26 | 金 | 17 | 癸卯 | 6·4 | 26 | 日 | 18 | 癸酉 | 6·3 | 24 | 月 | 17 | 壬寅 | 6·4 |
| 20 | 27 | 金 | 15 | 壬申 | 7·4 | 27 | 月 | 16 | 癸卯 | 7·4 | 28 | 木 | 18 | 甲戌 | 7·3 | 27 | 土 | 18 | 甲辰 | 7·3 | 27 | 月 | 19 | 甲戌 | 7·3 | 25 | 火 | 18 | 癸卯 | 7·3 |
| 21 | 28 | 土 | 16 | 癸酉 | 7·3 | 28 | 火 | 17 | 甲辰 | 7·3 | 29 | 金 | 19 | 乙亥 | 7·3 | 28 | 日 | 19 | 乙巳 | 7·3 | 28 | 火 | 20 | 乙亥 | 7·3 | 26 | 水 | 19 | 甲辰 | 7·3 |
| 22 | 29 | 日 | 17 | 甲戌 | 7·3 | 29 | 水 | 18 | 乙巳 | 7·3 | 30 | 土 | 20 | 丙子 | 7·3 | 29 | 月 | 20 | 丙午 | 7·3 | 29 | 水 | 21 | 丙子 | 7·2 | 27 | 木 | 20 | 乙巳 | 7·3 |
| 23 | 30 | 月 | 18 | 乙亥 | 8·3 | 30 | 木 | 19 | 丙午 | 8·3 | 31 | 日 | 21 | 丁丑 | 8·2 | 30 | 火 | 21 | 丁未 | 8·2 | 30 | 木 | 22 | 丁丑 | 8·2 | 28 | 金 | 21 | 丙午 | 8·2 |
| 24 | 31 | 火 | 19 | 丙子 | 8·2 | 10/1 | 金 | 20 | 丁未 | 8·2 | 11/1 | 月 | 22 | 戊寅 | 8·2 | 12/1 | 水 | 22 | 戊申 | 8·2 | 31 | 金 | 23 | 戊寅 | 8·2 | 29 | 土 | 22 | 丁未 | 8·2 |
| 25 | 9/1 | 水 | 20 | 丁丑 | 8·2 | 2 | 土 | 21 | 戊申 | 8·2 | 2 | 火 | 23 | 己卯 | 8·2 | 2 | 木 | 23 | 己酉 | 8·2 | 1/1 | 土 | 24 | 己卯 | 8·1 | 30 | 日 | 23 | 戊申 | 8·2 |
| 26 | 2 | 木 | 21 | 戊寅 | 9·2 | 3 | 日 | 22 | 己酉 | 9·2 | 3 | 水 | 24 | 庚辰 | 9·1 | 3 | 金 | 24 | 庚戌 | 9·1 | 2 | 日 | 25 | 庚辰 | 9·1 | 31 | 月 | 24 | 己酉 | 9·1 |
| 27 | 3 | 金 | 22 | 己卯 | 9·1 | 4 | 月 | 23 | 庚戌 | 9·1 | 4 | 木 | 25 | 辛巳 | 9·1 | 4 | 土 | 25 | 辛亥 | 9·1 | 3 | 月 | 26 | 辛巳 | 9·1 | 2/1 | 火 | 25 | 庚戌 | 9·1 |
| 28 | 4 | 土 | 23 | 庚辰 | 9·1 | 5 | 火 | 24 | 辛亥 | 9·1 | 5 | 金 | 26 | 壬午 | 9·1 | 5 | 日 | 26 | 壬子 | 9·1 | 4 | 火 | 27 | 壬午 | 9·1 | 2 | 水 | 26 | 辛亥 | 9·1 |
| 29 | 5 | 日 | 24 | 辛巳 | 10·1 | 6 | 水 | 25 | 壬子 | 10·1 | 6 | 土 | 27 | 癸未 | 10·1 | 6 | 月 | 27 | 癸丑 | 10·1 | | | | | | 3 | 木 | 27 | 壬子 | 10·1 |
| 30 | 6 | 月 | 25 | 壬午 | 10·1 | 7 | 木 | 26 | 癸丑 | 10·1 | | | | | | | | | | | | | | | | | | | | |
| 31 | | | | | | | | | | | | | | | | | | | | | | | | | | | | | | |

# 서기 2084년 [단기 4417년]

## 입춘절(丙寅月)

立春 2월4일 6시45분
雨水 2월19일 2시26분

| 절기후날수 | 양력 | 요일 | 음력 | 일진 | 大運 남 | 大運 여 |
|---|---|---|---|---|---|---|
| 0 | 2/4 | 金 | 28 | 癸丑 | 입춘 | |
| 1 | 5 | 土 | 29 | 甲寅 | 10 | 1 |
| 2 | 6 | 日 | 1/1 | 乙卯 | 9 | 1 |
| 3 | 7 | 月 | 2 | 丙辰 | 9 | 1 |
| 4 | 8 | 火 | 3 | 丁巳 | 9 | 1 |
| 5 | 9 | 水 | 4 | 戊午 | 8 | 2 |
| 6 | 10 | 木 | 5 | 己未 | 8 | 2 |
| 7 | 11 | 金 | 6 | 庚申 | 8 | 2 |
| 8 | 12 | 土 | 7 | 辛酉 | 7 | 3 |
| 9 | 13 | 日 | 8 | 壬戌 | 7 | 3 |
| 10 | 14 | 月 | 9 | 癸亥 | 7 | 3 |
| 11 | 15 | 火 | 10 | 甲子 | 6 | 4 |
| 12 | 16 | 水 | 11 | 乙丑 | 6 | 4 |
| 13 | 17 | 木 | 12 | 丙寅 | 6 | 4 |
| 14 | 18 | 金 | 13 | 丁卯 | 5 | 5 |
| 15 | 19 | 土 | 14 | 戊辰 | 우수 | |
| 16 | 20 | 日 | 15 | 己巳 | 5 | 5 |
| 17 | 21 | 月 | 16 | 庚午 | 4 | 6 |
| 18 | 22 | 火 | 17 | 辛未 | 4 | 6 |
| 19 | 23 | 水 | 18 | 壬申 | 4 | 6 |
| 20 | 24 | 木 | 19 | 癸酉 | 3 | 7 |
| 21 | 25 | 金 | 20 | 甲戌 | 3 | 7 |
| 22 | 26 | 土 | 21 | 乙亥 | 3 | 7 |
| 23 | 27 | 日 | 22 | 丙子 | 2 | 8 |
| 24 | 28 | 月 | 23 | 丁丑 | 2 | 8 |
| 25 | 29 | 火 | 24 | 戊寅 | 2 | 8 |
| 26 | 3/1 | 水 | 25 | 己卯 | 1 | 9 |
| 27 | 2 | 木 | 26 | 庚辰 | 1 | 9 |
| 28 | 3 | 金 | 27 | 辛巳 | 1 | 9 |
| 29 | 4 | 土 | 28 | 壬午 | 1 | 10 |
| 30 | | | | | | |
| 31 | | | | | | |

## 경칩절(丁卯月)

驚蟄 3월5일 0시24분
春分 3월20일 0시58분

| 절기후날수 | 양력 | 요일 | 음력 | 일진 | 大運 남 | 大運 여 |
|---|---|---|---|---|---|---|
| 0 | 3/5 | 日 | 29 | 癸未 | 경칩 | |
| 1 | 6 | 月 | 30 | 甲申 | 10 | 1 |
| 2 | 7 | 火 | 2/1 | 乙酉 | 9 | 1 |
| 3 | 8 | 水 | 2 | 丙戌 | 9 | 1 |
| 4 | 9 | 木 | 3 | 丁亥 | 9 | 1 |
| 5 | 10 | 金 | 4 | 戊子 | 8 | 2 |
| 6 | 11 | 土 | 5 | 己丑 | 8 | 2 |
| 7 | 12 | 日 | 6 | 庚寅 | 8 | 2 |
| 8 | 13 | 月 | 7 | 辛卯 | 7 | 3 |
| 9 | 14 | 火 | 8 | 壬辰 | 7 | 3 |
| 10 | 15 | 水 | 9 | 癸巳 | 7 | 3 |
| 11 | 16 | 木 | 10 | 甲午 | 6 | 4 |
| 12 | 17 | 金 | 11 | 乙未 | 6 | 4 |
| 13 | 18 | 土 | 12 | 丙申 | 6 | 4 |
| 14 | 19 | 日 | 13 | 丁酉 | 5 | 5 |
| 15 | 20 | 月 | 14 | 戊戌 | 춘분 | |
| 16 | 21 | 火 | 15 | 己亥 | 5 | 5 |
| 17 | 22 | 水 | 16 | 庚子 | 4 | 6 |
| 18 | 23 | 木 | 17 | 辛丑 | 4 | 6 |
| 19 | 24 | 金 | 18 | 壬寅 | 4 | 6 |
| 20 | 25 | 土 | 19 | 癸卯 | 3 | 7 |
| 21 | 26 | 日 | 20 | 甲辰 | 3 | 7 |
| 22 | 27 | 月 | 21 | 乙巳 | 3 | 7 |
| 23 | 28 | 火 | 22 | 丙午 | 2 | 8 |
| 24 | 29 | 水 | 23 | 丁未 | 2 | 8 |
| 25 | 30 | 木 | 24 | 戊申 | 2 | 8 |
| 26 | 31 | 金 | 25 | 己酉 | 1 | 9 |
| 27 | 4/1 | 土 | 26 | 庚戌 | 1 | 9 |
| 28 | 2 | 日 | 27 | 辛亥 | 1 | 9 |
| 29 | 3 | 月 | 28 | 壬子 | 1 | 10 |
| 30 | | | | | | |
| 31 | | | | | | |

## 청명절(戊辰月)

清明 4월4일 4시39분
穀雨 4월19일 11시26분

| 절기후날수 | 양력 | 요일 | 음력 | 일진 | 大運 남 | 大運 여 |
|---|---|---|---|---|---|---|
| 0 | 4/4 | 火 | 29 | 癸丑 | 청명 | |
| 1 | 5 | 水 | 3/1 | 甲寅 | 10 | 1 |
| 2 | 6 | 木 | 2 | 乙卯 | 9 | 1 |
| 3 | 7 | 金 | 3 | 丙辰 | 9 | 1 |
| 4 | 8 | 土 | 4 | 丁巳 | 9 | 1 |
| 5 | 9 | 日 | 5 | 戊午 | 8 | 2 |
| 6 | 10 | 月 | 6 | 己未 | 8 | 2 |
| 7 | 11 | 火 | 7 | 庚申 | 8 | 2 |
| 8 | 12 | 水 | 8 | 辛酉 | 7 | 3 |
| 9 | 13 | 木 | 9 | 壬戌 | 7 | 3 |
| 10 | 14 | 金 | 10 | 癸亥 | 7 | 3 |
| 11 | 15 | 土 | 11 | 甲子 | 6 | 4 |
| 12 | 16 | 日 | 12 | 乙丑 | 6 | 4 |
| 13 | 17 | 月 | 13 | 丙寅 | 6 | 4 |
| 14 | 18 | 火 | 14 | 丁卯 | 5 | 5 |
| 15 | 19 | 水 | 15 | 戊辰 | 곡우 | |
| 16 | 20 | 木 | 16 | 己巳 | 5 | 5 |
| 17 | 21 | 金 | 17 | 庚午 | 4 | 6 |
| 18 | 22 | 土 | 18 | 辛未 | 4 | 6 |
| 19 | 23 | 日 | 19 | 壬申 | 4 | 6 |
| 20 | 24 | 月 | 20 | 癸酉 | 3 | 7 |
| 21 | 25 | 火 | 21 | 甲戌 | 3 | 7 |
| 22 | 26 | 水 | 22 | 乙亥 | 3 | 7 |
| 23 | 27 | 木 | 23 | 丙子 | 2 | 8 |
| 24 | 28 | 金 | 24 | 丁丑 | 2 | 8 |
| 25 | 29 | 土 | 25 | 戊寅 | 2 | 8 |
| 26 | 30 | 日 | 26 | 己卯 | 1 | 9 |
| 27 | 5/1 | 月 | 27 | 庚辰 | 1 | 9 |
| 28 | 2 | 火 | 28 | 辛巳 | 1 | 9 |
| 29 | 3 | 水 | 29 | 壬午 | 1 | 10 |
| 30 | | | | | | |
| 31 | | | | | | |

## 입하절(己巳月)

立夏 5월4일 21시21분
小滿 5월20일 10시3분

| 절기후날수 | 양력 | 요일 | 음력 | 일진 | 大運 남 | 大運 여 |
|---|---|---|---|---|---|---|
| 0 | 5/4 | 木 | 30 | 癸未 | 입하 | |
| 1 | 5 | 金 | 4/1 | 甲申 | 10 | 1 |
| 2 | 6 | 土 | 2 | 乙酉 | 10 | 1 |
| 3 | 7 | 日 | 3 | 丙戌 | 10 | 1 |
| 4 | 8 | 月 | 4 | 丁亥 | 9 | 1 |
| 5 | 9 | 火 | 5 | 戊子 | 9 | 2 |
| 6 | 10 | 水 | 6 | 己丑 | 9 | 2 |
| 7 | 11 | 木 | 7 | 庚寅 | 8 | 2 |
| 8 | 12 | 金 | 8 | 辛卯 | 8 | 3 |
| 9 | 13 | 土 | 9 | 壬辰 | 8 | 3 |
| 10 | 14 | 日 | 10 | 癸巳 | 7 | 3 |
| 11 | 15 | 月 | 11 | 甲午 | 7 | 4 |
| 12 | 16 | 火 | 12 | 乙未 | 7 | 4 |
| 13 | 17 | 水 | 13 | 丙申 | 6 | 4 |
| 14 | 18 | 木 | 14 | 丁酉 | 6 | 5 |
| 15 | 19 | 金 | 15 | 戊戌 | 6 | 5 |
| 16 | 20 | 土 | 16 | 己亥 | 소만 | |
| 17 | 21 | 日 | 17 | 庚子 | 5 | 6 |
| 18 | 22 | 月 | 18 | 辛丑 | 5 | 6 |
| 19 | 23 | 火 | 19 | 壬寅 | 4 | 6 |
| 20 | 24 | 水 | 20 | 癸卯 | 4 | 7 |
| 21 | 25 | 木 | 21 | 甲辰 | 4 | 7 |
| 22 | 26 | 金 | 22 | 乙巳 | 3 | 7 |
| 23 | 27 | 土 | 23 | 丙午 | 3 | 8 |
| 24 | 28 | 日 | 24 | 丁未 | 3 | 8 |
| 25 | 29 | 月 | 25 | 戊申 | 2 | 8 |
| 26 | 30 | 火 | 26 | 己酉 | 2 | 9 |
| 27 | 31 | 水 | 27 | 庚戌 | 2 | 9 |
| 28 | 6/1 | 木 | 28 | 辛亥 | 1 | 9 |
| 29 | 2 | 金 | 29 | 壬子 | 1 | 10 |
| 30 | 3 | 土 | 5/1 | 癸丑 | 1 | 10 |
| 31 | 4 | 日 | 2 | 甲寅 | 1 | 10 |

## 망종절(庚午月)

芒種 6월5일 1시1분
夏至 6월20일 17시39분

| 절기후날수 | 양력 | 요일 | 음력 | 일진 | 大運 남 | 大運 여 |
|---|---|---|---|---|---|---|
| 0 | 6/5 | 月 | 3 | 乙卯 | 망종 | |
| 1 | 6 | 火 | 4 | 丙辰 | 10 | 1 |
| 2 | 7 | 水 | 5 | 丁巳 | 10 | 1 |
| 3 | 8 | 木 | 6 | 戊午 | 9 | 1 |
| 4 | 9 | 金 | 7 | 己未 | 9 | 1 |
| 5 | 10 | 土 | 8 | 庚申 | 9 | 2 |
| 6 | 11 | 日 | 9 | 辛酉 | 8 | 2 |
| 7 | 12 | 月 | 10 | 壬戌 | 8 | 2 |
| 8 | 13 | 火 | 11 | 癸亥 | 8 | 3 |
| 9 | 14 | 水 | 12 | 甲子 | 7 | 3 |
| 10 | 15 | 木 | 13 | 乙丑 | 7 | 3 |
| 11 | 16 | 金 | 14 | 丙寅 | 7 | 4 |
| 12 | 17 | 土 | 15 | 丁卯 | 6 | 4 |
| 13 | 18 | 日 | 16 | 戊辰 | 6 | 4 |
| 14 | 19 | 月 | 17 | 己巳 | 6 | 5 |
| 15 | 20 | 火 | 18 | 庚午 | 하지 | |
| 16 | 21 | 水 | 19 | 辛未 | 5 | 5 |
| 17 | 22 | 木 | 20 | 壬申 | 5 | 6 |
| 18 | 23 | 金 | 21 | 癸酉 | 4 | 6 |
| 19 | 24 | 土 | 22 | 甲戌 | 4 | 6 |
| 20 | 25 | 日 | 23 | 乙亥 | 4 | 7 |
| 21 | 26 | 月 | 24 | 丙子 | 3 | 7 |
| 22 | 27 | 火 | 25 | 丁丑 | 3 | 7 |
| 23 | 28 | 水 | 26 | 戊寅 | 3 | 8 |
| 24 | 29 | 木 | 27 | 己卯 | 2 | 8 |
| 25 | 30 | 金 | 28 | 庚辰 | 2 | 8 |
| 26 | 7/1 | 土 | 29 | 辛巳 | 2 | 9 |
| 27 | 2 | 日 | 30 | 壬午 | 1 | 9 |
| 28 | 3 | 月 | 6/1 | 癸未 | 1 | 9 |
| 29 | 4 | 火 | 2 | 甲申 | 1 | 10 |
| 30 | 5 | 水 | 3 | 乙酉 | 1 | 10 |
| 31 | | | | | | |

## 소서절(辛未月)

小暑 7월6일 11시2분
大暑 7월22일 4시29분

| 절기후날수 | 양력 | 요일 | 음력 | 일진 | 大運 남 | 大運 여 |
|---|---|---|---|---|---|---|
| 0 | 7/6 | 木 | 4 | 丙戌 | 소서 | |
| 1 | 7 | 金 | 5 | 丁亥 | 10 | 1 |
| 2 | 8 | 土 | 6 | 戊子 | 10 | 1 |
| 3 | 9 | 日 | 7 | 己丑 | 9 | 1 |
| 4 | 10 | 月 | 8 | 庚寅 | 9 | 1 |
| 5 | 11 | 火 | 9 | 辛卯 | 9 | 2 |
| 6 | 12 | 水 | 10 | 壬辰 | 8 | 2 |
| 7 | 13 | 木 | 11 | 癸巳 | 8 | 2 |
| 8 | 14 | 金 | 12 | 甲午 | 8 | 3 |
| 9 | 15 | 土 | 13 | 乙未 | 7 | 3 |
| 10 | 16 | 日 | 14 | 丙申 | 7 | 3 |
| 11 | 17 | 月 | 15 | 丁酉 | 7 | 4 |
| 12 | 18 | 火 | 16 | 戊戌 | 6 | 4 |
| 13 | 19 | 水 | 17 | 己亥 | 6 | 4 |
| 14 | 20 | 木 | 18 | 庚子 | 6 | 5 |
| 15 | 21 | 金 | 19 | 辛丑 | 5 | 5 |
| 16 | 22 | 土 | 20 | 壬寅 | 대서 | |
| 17 | 23 | 日 | 21 | 癸卯 | 5 | 6 |
| 18 | 24 | 月 | 22 | 甲辰 | 4 | 6 |
| 19 | 25 | 火 | 23 | 乙巳 | 4 | 6 |
| 20 | 26 | 水 | 24 | 丙午 | 4 | 7 |
| 21 | 27 | 木 | 25 | 丁未 | 3 | 7 |
| 22 | 28 | 金 | 26 | 戊申 | 3 | 7 |
| 23 | 29 | 土 | 27 | 己酉 | 3 | 8 |
| 24 | 30 | 日 | 28 | 庚戌 | 2 | 8 |
| 25 | 31 | 月 | 29 | 辛亥 | 2 | 8 |
| 26 | 8/1 | 火 | 30 | 壬子 | 2 | 9 |
| 27 | 2 | 水 | 7/1 | 癸丑 | 1 | 9 |
| 28 | 3 | 木 | 2 | 甲寅 | 1 | 9 |
| 29 | 4 | 金 | 3 | 乙卯 | 1 | 10 |
| 30 | 5 | 土 | 4 | 丙辰 | 1 | 10 |
| 31 | | | | | | |

# 甲辰年

| 절기후날수 | 입추절(壬申月) | | | | | 백로절(癸酉月) | | | | | 한로절(甲戌月) | | | | | 입동절(乙亥月) | | | | | 대설절(丙子月) | | | | | 소한절(丁丑月) | | | | |
|---|---|---|---|---|---|---|---|---|---|---|---|---|---|---|---|---|---|---|---|---|---|---|---|---|---|---|---|---|---|---|
| | 立秋 8월6일 20시55분<br>處暑 8월22일 11시49분 | | | | | 白露 9월7일 0시13분<br>秋分 9월22일 9시58분 | | | | | 寒露 10월7일 16시26분<br>霜降 10월22일 19시54분 | | | | | 立冬 11월6일 20시12분<br>小雪 11월21일 18시0분 | | | | | 大雪 12월6일 13시30분<br>冬至 12월21일 7시40분 | | | | | 小寒 1월5일 0시55분<br>大寒 1월19일 18시22분 | | | | |
| | 양력 | 요일 | 음력 | 일진 | 大運 남·여 | 양력 | 요일 | 음력 | 일진 | 大運 남·여 | 양력 | 요일 | 음력 | 일진 | 大運 남·여 | 양력 | 요일 | 음력 | 일진 | 大運 남·여 | 양력 | 요일 | 음력 | 일진 | 大運 남·여 | 양력 | 요일 | 음력 | 일진 | 大運 남·여 |
| 0 | 8/6 | 日 | 5 | 丁巳 | 입추 | 9/7 | 木 | 8 | 己丑 | 백로 | 10/7 | 土 | 8 | 己未 | 한로 | 11/6 | 月 | 9 | 己丑 | 입동 | 12/6 | 水 | 9 | 己未 | 대설 | 1/5 | 金 | 10 | 己丑 | 소한 |
| 1 | 7 | 月 | 6 | 戊午 | 10·1 | 8 | 金 | 9 | 庚寅 | 10·1 | 8 | 日 | 9 | 庚申 | 10·1 | 7 | 火 | 10 | 庚寅 | 10·1 | 7 | 木 | 10 | 庚申 | 10·1 | 6 | 土 | 11 | 庚寅 | 9·1 |
| 2 | 8 | 火 | 7 | 己未 | 10·1 | 9 | 土 | 10 | 辛卯 | 9·1 | 9 | 月 | 10 | 辛酉 | 9·1 | 8 | 水 | 11 | 辛卯 | 9·1 | 8 | 金 | 11 | 辛酉 | 9·1 | 7 | 日 | 12 | 辛卯 | 9·1 |
| 3 | 9 | 水 | 8 | 庚申 | 10·1 | 10 | 日 | 11 | 壬辰 | 9·1 | 10 | 火 | 11 | 壬戌 | 9·1 | 9 | 木 | 12 | 壬辰 | 9·1 | 9 | 土 | 12 | 壬戌 | 9·1 | 8 | 月 | 13 | 壬辰 | 9·1 |
| 4 | 10 | 木 | 9 | 辛酉 | 9·1 | 11 | 月 | 12 | 癸巳 | 9·1 | 11 | 水 | 12 | 癸亥 | 9·1 | 10 | 金 | 13 | 癸巳 | 9·1 | 10 | 日 | 13 | 癸亥 | 9·1 | 9 | 火 | 14 | 癸巳 | 8·1 |
| 5 | 11 | 金 | 10 | 壬戌 | 9·2 | 12 | 火 | 13 | 甲午 | 8·2 | 12 | 木 | 13 | 甲子 | 8·2 | 11 | 土 | 14 | 甲午 | 8·2 | 11 | 月 | 14 | 甲子 | 8·2 | 10 | 水 | 15 | 甲午 | 8·2 |
| 6 | 12 | 土 | 11 | 癸亥 | 9·2 | 13 | 水 | 14 | 乙未 | 8·2 | 13 | 金 | 14 | 乙丑 | 8·2 | 12 | 日 | 15 | 乙未 | 8·2 | 12 | 火 | 15 | 乙丑 | 8·2 | 11 | 木 | 16 | 乙未 | 8·2 |
| 7 | 13 | 日 | 12 | 甲子 | 8·2 | 14 | 木 | 15 | 丙申 | 8·2 | 14 | 土 | 15 | 丙寅 | 8·2 | 13 | 月 | 16 | 丙申 | 8·2 | 13 | 水 | 16 | 丙寅 | 8·2 | 12 | 金 | 17 | 丙申 | 7·2 |
| 8 | 14 | 月 | 13 | 乙丑 | 8·3 | 15 | 金 | 16 | 丁酉 | 7·3 | 15 | 日 | 16 | 丁卯 | 7·3 | 14 | 火 | 17 | 丁酉 | 7·3 | 14 | 木 | 17 | 丁卯 | 7·3 | 13 | 土 | 18 | 丁酉 | 7·3 |
| 9 | 15 | 火 | 14 | 丙寅 | 8·3 | 16 | 土 | 17 | 戊戌 | 7·3 | 16 | 月 | 17 | 戊辰 | 7·3 | 15 | 水 | 18 | 戊戌 | 7·3 | 15 | 金 | 18 | 戊辰 | 7·3 | 14 | 日 | 19 | 戊戌 | 7·3 |
| 10 | 16 | 水 | 15 | 丁卯 | 7·3 | 17 | 日 | 18 | 己亥 | 7·3 | 17 | 火 | 18 | 己巳 | 7·3 | 16 | 木 | 19 | 己亥 | 7·3 | 16 | 土 | 19 | 己巳 | 7·3 | 15 | 月 | 20 | 己亥 | 6·3 |
| 11 | 17 | 木 | 16 | 戊辰 | 7·4 | 18 | 月 | 19 | 庚子 | 6·4 | 18 | 水 | 19 | 庚午 | 6·4 | 17 | 金 | 20 | 庚子 | 6·4 | 17 | 日 | 20 | 庚午 | 6·4 | 16 | 火 | 21 | 庚子 | 6·4 |
| 12 | 18 | 金 | 17 | 己巳 | 7·4 | 19 | 火 | 20 | 辛丑 | 6·4 | 19 | 木 | 20 | 辛未 | 6·4 | 18 | 土 | 21 | 辛丑 | 6·4 | 18 | 月 | 21 | 辛未 | 6·4 | 17 | 水 | 22 | 辛丑 | 6·4 |
| 13 | 19 | 土 | 18 | 庚午 | 6·4 | 20 | 水 | 21 | 壬寅 | 6·4 | 20 | 金 | 21 | 壬申 | 6·4 | 19 | 日 | 22 | 壬寅 | 6·4 | 19 | 火 | 22 | 壬申 | 6·4 | 18 | 木 | 23 | 壬寅 | 5·4 |
| 14 | 20 | 日 | 19 | 辛未 | 6·5 | 21 | 木 | 22 | 癸卯 | 5·5 | 21 | 土 | 22 | 癸酉 | 5·5 | 20 | 月 | 23 | 癸卯 | 5·5 | 20 | 水 | 23 | 癸酉 | 5·5 | 19 | 金 | 24 | 癸卯 | 대한 |
| 15 | 21 | 月 | 20 | 壬申 | 6·5 | 22 | 金 | 23 | 甲辰 | 추분 | 22 | 日 | 23 | 甲戌 | 상강 | 21 | 火 | 24 | 甲辰 | 소설 | 21 | 木 | 24 | 甲戌 | 동지 | 20 | 土 | 25 | 甲辰 | 5·5 |
| 16 | 22 | 火 | 21 | 癸酉 | 처서 | 23 | 土 | 24 | 乙巳 | 5·5 | 23 | 月 | 24 | 乙亥 | 5·5 | 22 | 水 | 25 | 乙巳 | 5·5 | 22 | 金 | 25 | 乙亥 | 5·5 | 21 | 日 | 26 | 乙巳 | 4·5 |
| 17 | 23 | 水 | 22 | 甲戌 | 5·6 | 24 | 日 | 25 | 丙午 | 4·6 | 24 | 火 | 25 | 丙子 | 4·6 | 23 | 木 | 26 | 丙午 | 4·6 | 23 | 土 | 26 | 丙子 | 4·6 | 22 | 月 | 27 | 丙午 | 4·6 |
| 18 | 24 | 木 | 23 | 乙亥 | 5·6 | 25 | 月 | 26 | 丁未 | 4·6 | 25 | 水 | 26 | 丁丑 | 4·6 | 24 | 金 | 27 | 丁未 | 4·6 | 24 | 日 | 27 | 丁丑 | 4·6 | 23 | 火 | 28 | 丁未 | 4·6 |
| 19 | 25 | 金 | 24 | 丙子 | 4·6 | 26 | 火 | 27 | 戊申 | 4·6 | 26 | 木 | 27 | 戊寅 | 4·6 | 25 | 土 | 28 | 戊申 | 4·6 | 25 | 月 | 28 | 戊寅 | 4·6 | 24 | 水 | 29 | 戊申 | 3·6 |
| 20 | 26 | 土 | 25 | 丁丑 | 4·7 | 27 | 水 | 28 | 己酉 | 3·7 | 27 | 金 | 28 | 己卯 | 3·7 | 26 | 日 | 29 | 己酉 | 3·7 | 26 | 火 | 29 | 己卯 | 3·7 | 25 | 木 | 30 | 己酉 | 3·7 |
| 21 | 27 | 日 | 26 | 戊寅 | 4·7 | 28 | 木 | 29 | 庚戌 | 3·7 | 28 | 土 | 29 | 庚辰 | 3·7 | 27 | 月 | 30 | 庚戌 | 3·7 | 27 | 水 | 12/1 | 庚辰 | 3·7 | 26 | 金 | 1/1 | 庚戌 | 3·7 |
| 22 | 28 | 月 | 27 | 己卯 | 3·7 | 29 | 金 | 30 | 辛亥 | 3·7 | 29 | 日 | 10/1 | 辛巳 | 3·7 | 28 | 火 | 11/1 | 辛亥 | 3·7 | 28 | 木 | 2 | 辛巳 | 3·7 | 27 | 土 | 2 | 辛亥 | 2·7 |
| 23 | 29 | 火 | 28 | 庚辰 | 3·8 | 30 | 土 | 9/1 | 壬子 | 2·8 | 30 | 月 | 2 | 壬午 | 2·8 | 29 | 水 | 2 | 壬子 | 2·8 | 29 | 金 | 3 | 壬午 | 2·8 | 28 | 日 | 3 | 壬子 | 2·8 |
| 24 | 30 | 水 | 29 | 辛巳 | 3·8 | 10/1 | 日 | 2 | 癸丑 | 2·8 | 31 | 火 | 3 | 癸未 | 2·8 | 30 | 木 | 3 | 癸丑 | 2·8 | 30 | 土 | 4 | 癸未 | 2·8 | 29 | 月 | 4 | 癸丑 | 2·8 |
| 25 | 31 | 木 | 8/1 | 壬午 | 2·8 | 2 | 月 | 3 | 甲寅 | 2·8 | 11/1 | 水 | 4 | 甲申 | 2·8 | 12/1 | 金 | 4 | 甲寅 | 2·8 | 31 | 日 | 5 | 甲申 | 2·8 | 30 | 火 | 5 | 甲寅 | 1·8 |
| 26 | 9/1 | 金 | 2 | 癸未 | 2·9 | 3 | 火 | 4 | 乙卯 | 1·9 | 2 | 木 | 5 | 乙酉 | 1·9 | 2 | 土 | 5 | 乙卯 | 1·9 | 1/1 | 月 | 6 | 乙酉 | 1·9 | 31 | 水 | 6 | 乙卯 | 1·9 |
| 27 | 2 | 土 | 3 | 甲申 | 2·9 | 4 | 水 | 5 | 丙辰 | 1·9 | 3 | 金 | 6 | 丙戌 | 1·9 | 3 | 日 | 6 | 丙辰 | 1·9 | 2 | 火 | 7 | 丙戌 | 1·9 | 2/1 | 木 | 7 | 丙辰 | 1·9 |
| 28 | 3 | 日 | 4 | 乙酉 | 1·9 | 5 | 木 | 6 | 丁巳 | 1·9 | 4 | 土 | 7 | 丁亥 | 1·9 | 4 | 月 | 7 | 丁巳 | 1·9 | 3 | 水 | 8 | 丁亥 | 1·9 | 2 | 金 | 8 | 丁巳 | 1·9 |
| 29 | 4 | 月 | 5 | 丙戌 | 1·10 | 6 | 金 | 7 | 戊午 | 1·10 | 5 | 日 | 8 | 戊子 | 1·10 | 5 | 火 | 8 | 戊午 | 1·10 | 4 | 木 | 9 | 戊子 | 1·10 | | | | | |
| 30 | 5 | 火 | 6 | 丁亥 | 1·10 | | | | | | | | | | | | | | | | | | | | | | | | | |
| 31 | 6 | 水 | 7 | 戊子 | 1·10 | | | | | | | | | | | | | | | | | | | | | | | | | |

# 서기 2085년 [단기 4418년]

| 절기후날수 | 입춘절(戊寅月) 立春 2월3일 12시28분 雨水 2월18일 8시18분 | | | | | 경칩절(己卯月) 驚蟄 3월5일 6시9분 春分 3월20일 6시52분 | | | | | 청명절(庚辰月) 清明 4월4일 10시27분 穀雨 4월19일 17시21분 | | | | |
|---|---|---|---|---|---|---|---|---|---|---|---|---|---|---|---|
| | 양력 | 요일 | 음력 | 일진 | 大運 남·여 | 양력 | 요일 | 음력 | 일진 | 大運 남·여 | 양력 | 요일 | 음력 | 일진 | 大運 남·여 |
| 0 | 2/3 | 土 | 9 | 戊午 | 입춘 | 3/5 | 月 | 10 | 戊子 | 경칩 | 4/4 | 水 | 10 | 戊午 | 청명 |
| 1 | 4 | 日 | 10 | 己未 | 1·10 | 6 | 火 | 11 | 己丑 | 1·10 | 5 | 木 | 11 | 己未 | 1·10 |
| 2 | 5 | 月 | 11 | 庚申 | 1·9 | 7 | 水 | 12 | 庚寅 | 1·9 | 6 | 金 | 12 | 庚申 | 1·10 |
| 3 | 6 | 火 | 12 | 辛酉 | 1·9 | 8 | 木 | 13 | 辛卯 | 1·9 | 7 | 土 | 13 | 辛酉 | 1·9 |
| 4 | 7 | 水 | 13 | 壬戌 | 1·9 | 9 | 金 | 14 | 壬辰 | 1·9 | 8 | 日 | 14 | 壬戌 | 1·9 |
| 5 | 8 | 木 | 14 | 癸亥 | 2·8 | 10 | 土 | 15 | 癸巳 | 2·8 | 9 | 月 | 15 | 癸亥 | 2·9 |
| 6 | 9 | 金 | 15 | 甲子 | 2·8 | 11 | 日 | 16 | 甲午 | 2·8 | 10 | 火 | 16 | 甲子 | 2·8 |
| 7 | 10 | 土 | 16 | 乙丑 | 2·8 | 12 | 月 | 17 | 乙未 | 2·8 | 11 | 水 | 17 | 乙丑 | 2·8 |
| 8 | 11 | 日 | 17 | 丙寅 | 3·7 | 13 | 火 | 18 | 丙申 | 3·7 | 12 | 木 | 18 | 丙寅 | 3·8 |
| 9 | 12 | 月 | 18 | 丁卯 | 3·7 | 14 | 水 | 19 | 丁酉 | 3·7 | 13 | 金 | 19 | 丁卯 | 3·7 |
| 10 | 13 | 火 | 19 | 戊辰 | 3·7 | 15 | 木 | 20 | 戊戌 | 3·7 | 14 | 土 | 20 | 戊辰 | 3·7 |
| 11 | 14 | 水 | 20 | 己巳 | 4·6 | 16 | 金 | 21 | 己亥 | 4·6 | 15 | 日 | 21 | 己巳 | 4·7 |
| 12 | 15 | 木 | 21 | 庚午 | 4·6 | 17 | 土 | 22 | 庚子 | 4·6 | 16 | 月 | 22 | 庚午 | 4·6 |
| 13 | 16 | 金 | 22 | 辛未 | 4·6 | 18 | 日 | 23 | 辛丑 | 4·6 | 17 | 火 | 23 | 辛未 | 4·6 |
| 14 | 17 | 土 | 23 | 壬申 | 5·5 | 19 | 月 | 24 | 壬寅 | 5·5 | 18 | 水 | 24 | 壬申 | 5·6 |
| 15 | 18 | 日 | 24 | 癸酉 | 우수 | 20 | 火 | 25 | 癸卯 | 춘분 | 19 | 木 | 25 | 癸酉 | 곡우 |
| 16 | 19 | 月 | 25 | 甲戌 | 5·5 | 21 | 水 | 26 | 甲辰 | 5·5 | 20 | 金 | 26 | 甲戌 | 5·5 |
| 17 | 20 | 火 | 26 | 乙亥 | 6·4 | 22 | 木 | 27 | 乙巳 | 6·4 | 21 | 土 | 27 | 乙亥 | 6·5 |
| 18 | 21 | 水 | 27 | 丙子 | 6·4 | 23 | 金 | 28 | 丙午 | 6·4 | 22 | 日 | 28 | 丙子 | 6·4 |
| 19 | 22 | 木 | 28 | 丁丑 | 6·4 | 24 | 土 | 29 | 丁未 | 6·4 | 23 | 月 | 29 | 丁丑 | 6·4 |
| 20 | 23 | 金 | 29 | 戊寅 | 7·3 | 25 | 日 | 30 | 戊申 | 7·3 | 24 | 火 | 4/1 | 戊寅 | 7·4 |
| 21 | 24 | 土 | 2/1 | 己卯 | 7·3 | 26 | 月 | 3/1 | 己酉 | 7·3 | 25 | 水 | 2 | 己卯 | 7·3 |
| 22 | 25 | 日 | 2 | 庚辰 | 7·3 | 27 | 火 | 2 | 庚戌 | 7·3 | 26 | 木 | 3 | 庚辰 | 7·3 |
| 23 | 26 | 月 | 3 | 辛巳 | 8·2 | 28 | 水 | 3 | 辛亥 | 8·2 | 27 | 金 | 4 | 辛巳 | 8·3 |
| 24 | 27 | 火 | 4 | 壬午 | 8·2 | 29 | 木 | 4 | 壬子 | 8·2 | 28 | 土 | 5 | 壬午 | 8·2 |
| 25 | 28 | 水 | 5 | 癸未 | 8·2 | 30 | 金 | 5 | 癸丑 | 8·2 | 29 | 日 | 6 | 癸未 | 8·2 |
| 26 | 3/1 | 木 | 6 | 甲申 | 9·1 | 31 | 土 | 6 | 甲寅 | 9·1 | 30 | 月 | 7 | 甲申 | 9·2 |
| 27 | 2 | 金 | 7 | 乙酉 | 9·1 | 4/1 | 日 | 7 | 乙卯 | 9·1 | 5/1 | 火 | 8 | 乙酉 | 9·1 |
| 28 | 3 | 土 | 8 | 丙戌 | 9·1 | 2 | 月 | 8 | 丙辰 | 9·1 | 2 | 水 | 9 | 丙戌 | 9·1 |
| 29 | 4 | 日 | 9 | 丁亥 | 10·1 | 3 | 火 | 9 | 丁巳 | 10·1 | 3 | 木 | 10 | 丁亥 | 10·1 |
| 30 | | | | | | | | | | | 4 | 金 | 11 | 戊子 | 10·1 |
| 31 | | | | | | | | | | | | | | | |

| 절기후날수 | 입하절(辛巳月) 立夏 5월5일 3시12분 小滿 5월20일 15시58분 | | | | | 망종절(壬午月) 芒種 6월5일 6시53분 夏至 6월20일 23시31분 | | | | | 소서절(癸未月) 小暑 7월6일 16시55분 大暑 7월22일 10시18분 | | | | |
|---|---|---|---|---|---|---|---|---|---|---|---|---|---|---|---|
| | 양력 | 요일 | 음력 | 일진 | 大運 남·여 | 양력 | 요일 | 음력 | 일진 | 大運 남·여 | 양력 | 요일 | 음력 | 일진 | 大運 남·여 |
| 0 | 5/5 | 土 | 12 | 己丑 | 입하 | 6/5 | 火 | 14 | 庚申 | 망종 | 7/6 | 金 | 윤15 | 辛卯 | 소서 |
| 1 | 6 | 日 | 13 | 庚寅 | 1·10 | 6 | 水 | 15 | 辛酉 | 1·10 | 7 | 土 | 윤16 | 壬辰 | 1·10 |
| 2 | 7 | 月 | 14 | 辛卯 | 1·10 | 7 | 木 | 16 | 壬戌 | 1·10 | 8 | 日 | 윤17 | 癸巳 | 1·10 |
| 3 | 8 | 火 | 15 | 壬辰 | 1·9 | 8 | 金 | 17 | 癸亥 | 1·9 | 9 | 月 | 윤18 | 甲午 | 1·10 |
| 4 | 9 | 水 | 16 | 癸巳 | 1·9 | 9 | 土 | 18 | 甲子 | 1·9 | 10 | 火 | 윤19 | 乙未 | 1·9 |
| 5 | 10 | 木 | 17 | 甲午 | 2·9 | 10 | 日 | 19 | 乙丑 | 2·9 | 11 | 水 | 윤20 | 丙申 | 2·9 |
| 6 | 11 | 金 | 18 | 乙未 | 2·8 | 11 | 月 | 20 | 丙寅 | 2·8 | 12 | 木 | 윤21 | 丁酉 | 2·9 |
| 7 | 12 | 土 | 19 | 丙申 | 2·8 | 12 | 火 | 21 | 丁卯 | 2·8 | 13 | 金 | 윤22 | 戊戌 | 2·8 |
| 8 | 13 | 日 | 20 | 丁酉 | 3·8 | 13 | 水 | 22 | 戊辰 | 3·8 | 14 | 土 | 윤23 | 己亥 | 3·8 |
| 9 | 14 | 月 | 21 | 戊戌 | 3·7 | 14 | 木 | 23 | 己巳 | 3·7 | 15 | 日 | 윤24 | 庚子 | 3·8 |
| 10 | 15 | 火 | 22 | 己亥 | 3·7 | 15 | 金 | 24 | 庚午 | 3·7 | 16 | 月 | 윤25 | 辛丑 | 3·7 |
| 11 | 16 | 水 | 23 | 庚子 | 4·7 | 16 | 土 | 25 | 辛未 | 4·7 | 17 | 火 | 윤26 | 壬寅 | 4·7 |
| 12 | 17 | 木 | 24 | 辛丑 | 4·6 | 17 | 日 | 26 | 壬申 | 4·6 | 18 | 水 | 윤27 | 癸卯 | 4·7 |
| 13 | 18 | 金 | 25 | 壬寅 | 4·6 | 18 | 月 | 27 | 癸酉 | 4·6 | 19 | 木 | 윤28 | 甲辰 | 4·6 |
| 14 | 19 | 土 | 26 | 癸卯 | 5·6 | 19 | 火 | 28 | 甲戌 | 5·6 | 20 | 金 | 윤29 | 乙巳 | 5·6 |
| 15 | 20 | 日 | 27 | 甲辰 | 소만 | 20 | 水 | 29 | 乙亥 | 하지 | 21 | 土 | 윤30 | 丙午 | 5·6 |
| 16 | 21 | 月 | 28 | 乙巳 | 5·5 | 21 | 木 | 30 | 丙子 | 5·5 | 22 | 日 | 6/1 | 丁未 | 대서 |
| 17 | 22 | 火 | 29 | 丙午 | 6·5 | 22 | 金 | 윤1 | 丁丑 | 6·5 | 23 | 月 | 2 | 戊申 | 6·5 |
| 18 | 23 | 水 | 5/1 | 丁未 | 6·4 | 23 | 土 | 윤2 | 戊寅 | 6·4 | 24 | 火 | 3 | 己酉 | 6·5 |
| 19 | 24 | 木 | 2 | 戊申 | 6·4 | 24 | 日 | 윤3 | 己卯 | 6·4 | 25 | 水 | 4 | 庚戌 | 6·4 |
| 20 | 25 | 金 | 3 | 己酉 | 7·4 | 25 | 月 | 윤4 | 庚辰 | 7·4 | 26 | 木 | 5 | 辛亥 | 7·4 |
| 21 | 26 | 土 | 4 | 庚戌 | 7·3 | 26 | 火 | 윤5 | 辛巳 | 7·3 | 27 | 金 | 6 | 壬子 | 7·4 |
| 22 | 27 | 日 | 5 | 辛亥 | 7·3 | 27 | 水 | 윤6 | 壬午 | 7·3 | 28 | 土 | 7 | 癸丑 | 7·3 |
| 23 | 28 | 月 | 6 | 壬子 | 8·3 | 28 | 木 | 윤7 | 癸未 | 8·3 | 29 | 日 | 8 | 甲寅 | 8·3 |
| 24 | 29 | 火 | 7 | 癸丑 | 8·2 | 29 | 金 | 윤8 | 甲申 | 8·2 | 30 | 月 | 9 | 乙卯 | 8·3 |
| 25 | 30 | 水 | 8 | 甲寅 | 8·2 | 30 | 土 | 윤9 | 乙酉 | 8·2 | 31 | 火 | 10 | 丙辰 | 8·2 |
| 26 | 31 | 木 | 9 | 乙卯 | 9·2 | 7/1 | 日 | 윤10 | 丙戌 | 9·2 | 8/1 | 水 | 11 | 丁巳 | 9·2 |
| 27 | 6/1 | 金 | 10 | 丙辰 | 9·1 | 2 | 月 | 윤11 | 丁亥 | 9·1 | 2 | 木 | 12 | 戊午 | 9·2 |
| 28 | 2 | 土 | 11 | 丁巳 | 9·1 | 3 | 火 | 윤12 | 戊子 | 9·1 | 3 | 金 | 13 | 己未 | 9·1 |
| 29 | 3 | 日 | 12 | 戊午 | 10·1 | 4 | 水 | 윤13 | 己丑 | 10·1 | 4 | 土 | 14 | 庚申 | 10·1 |
| 30 | 4 | 月 | 13 | 己未 | 10·1 | 5 | 木 | 윤14 | 庚寅 | 10·1 | 5 | 日 | 15 | 辛酉 | 10·1 |
| 31 | | | | | | | | | | | 6 | 月 | 16 | 壬戌 | 10·1 |

▶윤달-5월

# 乙巳年

| 절기후날수 | 입추절(甲申月) 立秋 8월7일 2시48분 處暑 8월22일 17시35분 | | | | | 백로절(乙酉月) 白露 9월7일 6시6분 秋分 9월22일 15시42분 | | | | | 한로절(丙戌月) 寒露 10월7일 22시19분 霜降 10월23일 1시39분 | | | | | 입동절(丁亥月) 立冬 11월7일 2시6분 小雪 11월21일 23시46분 | | | | | 대설절(戊子月) 大雪 12월6일 19시26분 冬至 12월21일 13시27분 | | | | | 소한절(己丑月) 小寒 1월5일 6시52분 大寒 1월20일 0시10분 | | | | |
|---|---|---|---|---|---|---|---|---|---|---|---|---|---|---|---|---|---|---|---|---|---|---|---|---|---|---|---|---|---|---|
| | 양력 | 요일 | 음력 | 일진 | 大運 남·여 | 양력 | 요일 | 음력 | 일진 | 大運 남·여 | 양력 | 요일 | 음력 | 일진 | 大運 남·여 | 양력 | 요일 | 음력 | 일진 | 大運 남·여 | 양력 | 요일 | 음력 | 일진 | 大運 남·여 | 양력 | 요일 | 음력 | 일진 | 大運 남·여 |
| 0 | 8/7 | 火 | 17 | 癸亥 | 입추 | 9/7 | 金 | 19 | 甲午 | 백로 | 10/7 | 日 | 19 | 甲子 | 한로 | 11/7 | 水 | 20 | 乙未 | 입동 | 12/6 | 木 | 20 | 甲子 | 대설 | 1/5 | 土 | 20 | 甲午 | 소한 |
| 1 | 8 | 水 | 18 | 甲子 | 1·10 | 8 | 土 | 20 | 乙未 | 1·10 | 8 | 月 | 20 | 乙丑 | 1·10 | 8 | 木 | 21 | 丙申 | 1·9 | 7 | 金 | 21 | 乙丑 | 1·10 | 6 | 日 | 21 | 乙未 | 1·9 |
| 2 | 9 | 木 | 19 | 乙丑 | 1·10 | 9 | 日 | 21 | 丙申 | 1·9 | 9 | 火 | 21 | 丙寅 | 1·10 | 9 | 金 | 22 | 丁酉 | 1·9 | 8 | 土 | 22 | 丙寅 | 1·9 | 7 | 月 | 22 | 丙申 | 1·9 |
| 3 | 10 | 金 | 20 | 丙寅 | 1·9 | 10 | 月 | 22 | 丁酉 | 1·9 | 10 | 水 | 22 | 丁卯 | 1·9 | 10 | 土 | 23 | 戊戌 | 1·9 | 9 | 日 | 23 | 丁卯 | 1·9 | 8 | 火 | 23 | 丁酉 | 1·9 |
| 4 | 11 | 土 | 21 | 丁卯 | 1·9 | 11 | 火 | 23 | 戊戌 | 1·9 | 11 | 木 | 23 | 戊辰 | 1·9 | 11 | 日 | 24 | 己亥 | 1·8 | 10 | 月 | 24 | 戊辰 | 1·9 | 9 | 水 | 24 | 戊戌 | 1·8 |
| 5 | 12 | 日 | 22 | 戊辰 | 2·9 | 12 | 水 | 24 | 己亥 | 2·8 | 12 | 金 | 24 | 己巳 | 2·9 | 12 | 月 | 25 | 庚子 | 2·8 | 11 | 火 | 25 | 己巳 | 2·8 | 10 | 木 | 25 | 己亥 | 2·8 |
| 6 | 13 | 月 | 23 | 己巳 | 2·8 | 13 | 木 | 25 | 庚子 | 2·8 | 13 | 土 | 25 | 庚午 | 2·8 | 13 | 火 | 26 | 辛丑 | 2·8 | 12 | 水 | 26 | 庚午 | 2·8 | 11 | 金 | 26 | 庚子 | 2·8 |
| 7 | 14 | 火 | 24 | 庚午 | 2·8 | 14 | 金 | 26 | 辛丑 | 2·8 | 14 | 日 | 26 | 辛未 | 2·8 | 14 | 水 | 27 | 壬寅 | 2·7 | 13 | 木 | 27 | 辛未 | 2·8 | 12 | 土 | 27 | 辛丑 | 2·7 |
| 8 | 15 | 水 | 25 | 辛未 | 3·8 | 15 | 土 | 27 | 壬寅 | 3·7 | 15 | 月 | 27 | 壬申 | 3·8 | 15 | 木 | 28 | 癸卯 | 3·7 | 14 | 金 | 28 | 壬申 | 3·7 | 13 | 日 | 28 | 壬寅 | 3·7 |
| 9 | 16 | 木 | 26 | 壬申 | 3·7 | 16 | 日 | 28 | 癸卯 | 3·7 | 16 | 火 | 28 | 癸酉 | 3·7 | 16 | 金 | 29 | 甲辰 | 3·7 | 15 | 土 | 29 | 癸酉 | 3·7 | 14 | 月 | 29 | 癸卯 | 3·7 |
| 10 | 17 | 金 | 27 | 癸酉 | 3·7 | 17 | 月 | 29 | 甲辰 | 3·7 | 17 | 水 | 29 | 甲戌 | 3·7 | 17 | 土 | 10/1 | 乙巳 | 3·6 | 16 | 日 | 30 | 甲戌 | 3·7 | 15 | 火 | 12/1 | 甲辰 | 3·6 |
| 11 | 18 | 土 | 28 | 甲戌 | 4·7 | 18 | 火 | 30 | 乙巳 | 4·6 | 18 | 木 | 30 | 乙亥 | 4·7 | 18 | 日 | 2 | 丙午 | 4·6 | 17 | 月 | 11/1 | 乙亥 | 4·6 | 16 | 水 | 2 | 乙巳 | 4·6 |
| 12 | 19 | 日 | 29 | 乙亥 | 4·6 | 19 | 水 | 8/1 | 丙午 | 4·6 | 19 | 金 | 9/1 | 丙子 | 4·6 | 19 | 月 | 3 | 丁未 | 4·6 | 18 | 火 | 2 | 丙子 | 4·6 | 17 | 木 | 3 | 丙午 | 4·6 |
| 13 | 20 | 月 | 7/1 | 丙子 | 4·6 | 20 | 木 | 2 | 丁未 | 4·6 | 20 | 土 | 2 | 丁丑 | 4·6 | 20 | 火 | 4 | 戊申 | 4·5 | 19 | 水 | 3 | 丁丑 | 4·6 | 18 | 金 | 4 | 丁未 | 4·5 |
| 14 | 21 | 火 | 2 | 丁丑 | 5·6 | 21 | 金 | 3 | 戊申 | 5·5 | 21 | 日 | 3 | 戊寅 | 5·6 | 21 | 水 | 5 | 己酉 | 소설 | 20 | 木 | 4 | 戊寅 | 5·5 | 19 | 土 | 5 | 戊申 | 5·5 |
| 15 | 22 | 水 | 3 | 戊寅 | 처서 | 22 | 土 | 4 | 己酉 | 추분 | 22 | 月 | 4 | 己卯 | 5·5 | 22 | 木 | 6 | 庚戌 | 5·5 | 21 | 金 | 5 | 己卯 | 동지 | 20 | 日 | 6 | 己酉 | 대한 |
| 16 | 23 | 木 | 4 | 己卯 | 5·5 | 23 | 日 | 5 | 庚戌 | 5·5 | 23 | 火 | 5 | 庚辰 | 상강 | 23 | 金 | 7 | 辛亥 | 5·4 | 22 | 土 | 6 | 庚辰 | 5·5 | 21 | 月 | 7 | 庚戌 | 5·4 |
| 17 | 24 | 金 | 5 | 庚辰 | 6·5 | 24 | 月 | 6 | 辛亥 | 6·4 | 24 | 水 | 6 | 辛巳 | 6·5 | 24 | 土 | 8 | 壬子 | 6·4 | 23 | 日 | 7 | 辛巳 | 6·4 | 22 | 火 | 8 | 辛亥 | 6·4 |
| 18 | 25 | 土 | 6 | 辛巳 | 6·4 | 25 | 火 | 7 | 壬子 | 6·4 | 25 | 木 | 7 | 壬午 | 6·4 | 25 | 日 | 9 | 癸丑 | 6·4 | 24 | 月 | 8 | 壬午 | 6·4 | 23 | 水 | 9 | 壬子 | 6·4 |
| 19 | 26 | 日 | 7 | 壬午 | 6·4 | 26 | 水 | 8 | 癸丑 | 6·4 | 26 | 金 | 8 | 癸未 | 6·4 | 26 | 月 | 10 | 甲寅 | 6·3 | 25 | 火 | 9 | 癸未 | 6·4 | 24 | 木 | 10 | 癸丑 | 6·3 |
| 20 | 27 | 月 | 8 | 癸未 | 7·4 | 27 | 木 | 9 | 甲寅 | 7·3 | 27 | 土 | 9 | 甲申 | 7·4 | 27 | 火 | 11 | 乙卯 | 7·3 | 26 | 水 | 10 | 甲申 | 7·3 | 25 | 金 | 11 | 甲寅 | 7·3 |
| 21 | 28 | 火 | 9 | 甲申 | 7·3 | 28 | 金 | 10 | 乙卯 | 7·3 | 28 | 日 | 10 | 乙酉 | 7·3 | 28 | 水 | 12 | 丙辰 | 7·3 | 27 | 木 | 11 | 乙酉 | 7·3 | 26 | 土 | 12 | 乙卯 | 7·3 |
| 22 | 29 | 水 | 10 | 乙酉 | 7·3 | 29 | 土 | 11 | 丙辰 | 7·3 | 29 | 月 | 11 | 丙戌 | 7·3 | 29 | 木 | 13 | 丁巳 | 7·2 | 28 | 金 | 12 | 丙戌 | 7·3 | 27 | 日 | 13 | 丙辰 | 7·2 |
| 23 | 30 | 木 | 11 | 丙戌 | 8·3 | 30 | 日 | 12 | 丁巳 | 8·2 | 30 | 火 | 12 | 丁亥 | 8·3 | 30 | 金 | 14 | 戊午 | 8·2 | 29 | 土 | 13 | 丁亥 | 8·2 | 28 | 月 | 14 | 丁巳 | 8·2 |
| 24 | 31 | 金 | 12 | 丁亥 | 8·2 | 10/1 | 月 | 13 | 戊午 | 8·2 | 31 | 水 | 13 | 戊子 | 8·2 | 12/1 | 土 | 15 | 己未 | 8·2 | 30 | 日 | 14 | 戊子 | 8·2 | 29 | 火 | 15 | 戊午 | 8·2 |
| 25 | 9/1 | 土 | 13 | 戊子 | 8·2 | 2 | 火 | 14 | 己未 | 8·2 | 11/1 | 木 | 14 | 己丑 | 8·2 | 2 | 日 | 16 | 庚申 | 8·1 | 31 | 月 | 15 | 己丑 | 8·2 | 30 | 水 | 16 | 己未 | 8·1 |
| 26 | 2 | 日 | 14 | 己丑 | 9·2 | 3 | 水 | 15 | 庚申 | 9·1 | 2 | 金 | 15 | 庚寅 | 9·2 | 3 | 月 | 17 | 辛酉 | 9·1 | 1/1 | 火 | 16 | 庚寅 | 9·1 | 31 | 木 | 17 | 庚申 | 9·1 |
| 27 | 3 | 月 | 15 | 庚寅 | 9·1 | 4 | 木 | 16 | 辛酉 | 9·1 | 3 | 土 | 16 | 辛卯 | 9·1 | 4 | 火 | 18 | 壬戌 | 9·1 | 2 | 水 | 17 | 辛卯 | 9·1 | 2/1 | 金 | 18 | 辛酉 | 9·1 |
| 28 | 4 | 火 | 16 | 辛卯 | 9·1 | 5 | 金 | 17 | 壬戌 | 9·1 | 4 | 日 | 17 | 壬辰 | 9·1 | 5 | 水 | 19 | 癸亥 | 9·1 | 3 | 木 | 18 | 壬辰 | 9·1 | 2 | 土 | 19 | 壬戌 | 9·1 |
| 29 | 5 | 水 | 17 | 壬辰 | 10·1 | 6 | 土 | 18 | 癸亥 | 10·1 | 5 | 月 | 18 | 癸巳 | 10·1 | | | | | | 4 | 金 | 19 | 癸巳 | 10·1 | | | | | |
| 30 | 6 | 木 | 18 | 癸巳 | 10·1 | | | | | | 6 | 火 | 19 | 甲午 | 10·1 | | | | | | | | | | | | | | | |
| 31 | | | | | | | | | | | | | | | | | | | | | | | | | | | | | | |

# 서기 2086년 [단기 4419년]

**입춘절(庚寅月)** 立春 2월3일 18시25분 / 雨水 2월18일 14시4분

| 절기후날수 | 양력 | 요일 | 음력 | 일진 | 大運 남·여 |
|---|---|---|---|---|---|
| 0 | 2/3 | 日 | 20 | 癸亥 | 입춘 |
| 1 | 4 | 月 | 21 | 甲子 | 10·1 |
| 2 | 5 | 火 | 22 | 乙丑 | 9·1 |
| 3 | 6 | 水 | 23 | 丙寅 | 9·1 |
| 4 | 7 | 木 | 24 | 丁卯 | 9·1 |
| 5 | 8 | 金 | 25 | 戊辰 | 8·2 |
| 6 | 9 | 土 | 26 | 己巳 | 8·2 |
| 7 | 10 | 日 | 27 | 庚午 | 8·2 |
| 8 | 11 | 月 | 28 | 辛未 | 7·3 |
| 9 | 12 | 火 | 29 | 壬申 | 7·3 |
| 10 | 13 | 水 | 30 | 癸酉 | 7·3 |
| 11 | 14 | 木 | 1/1 | 甲戌 | 6·4 |
| 12 | 15 | 金 | 2 | 乙亥 | 6·4 |
| 13 | 16 | 土 | 3 | 丙子 | 6·4 |
| 14 | 17 | 日 | 4 | 丁丑 | 5·5 |
| 15 | 18 | 月 | 5 | 戊寅 | 우수 |
| 16 | 19 | 火 | 6 | 己卯 | 5·5 |
| 17 | 20 | 水 | 7 | 庚辰 | 4·6 |
| 18 | 21 | 木 | 8 | 辛巳 | 4·6 |
| 19 | 22 | 金 | 9 | 壬午 | 4·6 |
| 20 | 23 | 土 | 10 | 癸未 | 3·7 |
| 21 | 24 | 日 | 11 | 甲申 | 3·7 |
| 22 | 25 | 月 | 12 | 乙酉 | 3·7 |
| 23 | 26 | 火 | 13 | 丙戌 | 2·8 |
| 24 | 27 | 水 | 14 | 丁亥 | 2·8 |
| 25 | 28 | 木 | 15 | 戊子 | 2·8 |
| 26 | 3/1 | 金 | 16 | 己丑 | 1·9 |
| 27 | 2 | 土 | 17 | 庚寅 | 1·9 |
| 28 | 3 | 日 | 18 | 辛卯 | 1·9 |
| 29 | 4 | 月 | 19 | 壬辰 | 1·10 |
| 30 | | | | | |
| 31 | | | | | |

**경칩절(辛卯月)** 驚蟄 3월5일 12시2분 / 春分 3월20일 12시34분

| 절기후날수 | 양력 | 요일 | 음력 | 일진 | 大運 남·여 |
|---|---|---|---|---|---|
| 0 | 3/5 | 火 | 20 | 癸巳 | 경칩 |
| 1 | 6 | 水 | 21 | 甲午 | 10·1 |
| 2 | 7 | 木 | 22 | 乙未 | 9·1 |
| 3 | 8 | 金 | 23 | 丙申 | 9·1 |
| 4 | 9 | 土 | 24 | 丁酉 | 9·1 |
| 5 | 10 | 日 | 25 | 戊戌 | 8·2 |
| 6 | 11 | 月 | 26 | 己亥 | 8·2 |
| 7 | 12 | 火 | 27 | 庚子 | 8·2 |
| 8 | 13 | 水 | 28 | 辛丑 | 7·3 |
| 9 | 14 | 木 | 29 | 壬寅 | 7·3 |
| 10 | 15 | 金 | 2/1 | 癸卯 | 7·3 |
| 11 | 16 | 土 | 2 | 甲辰 | 6·4 |
| 12 | 17 | 日 | 3 | 乙巳 | 6·4 |
| 13 | 18 | 月 | 4 | 丙午 | 6·4 |
| 14 | 19 | 火 | 5 | 丁未 | 5·5 |
| 15 | 20 | 水 | 6 | 戊申 | 춘분 |
| 16 | 21 | 木 | 7 | 己酉 | 5·5 |
| 17 | 22 | 金 | 8 | 庚戌 | 4·6 |
| 18 | 23 | 土 | 9 | 辛亥 | 4·6 |
| 19 | 24 | 日 | 10 | 壬子 | 4·6 |
| 20 | 25 | 月 | 11 | 癸丑 | 3·7 |
| 21 | 26 | 火 | 12 | 甲寅 | 3·7 |
| 22 | 27 | 水 | 13 | 乙卯 | 3·7 |
| 23 | 28 | 木 | 14 | 丙辰 | 2·8 |
| 24 | 29 | 金 | 15 | 丁巳 | 2·8 |
| 25 | 30 | 土 | 16 | 戊午 | 2·8 |
| 26 | 31 | 日 | 17 | 己未 | 1·9 |
| 27 | 4/1 | 月 | 18 | 庚申 | 1·9 |
| 28 | 2 | 火 | 19 | 辛酉 | 1·9 |
| 29 | 3 | 水 | 20 | 壬戌 | 1·10 |
| 30 | | | | | |
| 31 | | | | | |

**청명절(壬辰月)** 清明 4월4일 16시16분 / 穀雨 4월19일 22시59분

| 절기후날수 | 양력 | 요일 | 음력 | 일진 | 大運 남·여 |
|---|---|---|---|---|---|
| 0 | 4/4 | 木 | 21 | 癸亥 | 청명 |
| 1 | 5 | 金 | 22 | 甲子 | 10·1 |
| 2 | 6 | 土 | 23 | 乙丑 | 10·1 |
| 3 | 7 | 日 | 24 | 丙寅 | 9·1 |
| 4 | 8 | 月 | 25 | 丁卯 | 9·1 |
| 5 | 9 | 火 | 26 | 戊辰 | 9·2 |
| 6 | 10 | 水 | 27 | 己巳 | 8·2 |
| 7 | 11 | 木 | 28 | 庚午 | 8·2 |
| 8 | 12 | 金 | 29 | 辛未 | 8·3 |
| 9 | 13 | 土 | 30 | 壬申 | 7·3 |
| 10 | 14 | 日 | 3/1 | 癸酉 | 7·3 |
| 11 | 15 | 月 | 2 | 甲戌 | 7·4 |
| 12 | 16 | 火 | 3 | 乙亥 | 6·4 |
| 13 | 17 | 水 | 4 | 丙子 | 6·4 |
| 14 | 18 | 木 | 5 | 丁丑 | 6·5 |
| 15 | 19 | 金 | 6 | 戊寅 | 곡우 |
| 16 | 20 | 土 | 7 | 己卯 | 5·5 |
| 17 | 21 | 日 | 8 | 庚辰 | 5·6 |
| 18 | 22 | 月 | 9 | 辛巳 | 4·6 |
| 19 | 23 | 火 | 10 | 壬午 | 4·6 |
| 20 | 24 | 水 | 11 | 癸未 | 4·7 |
| 21 | 25 | 木 | 12 | 甲申 | 3·7 |
| 22 | 26 | 金 | 13 | 乙酉 | 3·7 |
| 23 | 27 | 土 | 14 | 丙戌 | 3·8 |
| 24 | 28 | 日 | 15 | 丁亥 | 2·8 |
| 25 | 29 | 月 | 16 | 戊子 | 2·8 |
| 26 | 30 | 火 | 17 | 己丑 | 2·9 |
| 27 | 5/1 | 水 | 18 | 庚寅 | 1·9 |
| 28 | 2 | 木 | 19 | 辛卯 | 1·9 |
| 29 | 3 | 金 | 20 | 壬辰 | 1·10 |
| 30 | 4 | 土 | 21 | 癸巳 | 1·10 |
| 31 | | | | | |

**입하절(癸巳月)** 立夏 5월5일 8시57분 / 小滿 5월20일 21시33분

| 절기후날수 | 양력 | 요일 | 음력 | 일진 | 大運 남·여 |
|---|---|---|---|---|---|
| 0 | 5/5 | 日 | 22 | 甲午 | 입하 |
| 1 | 6 | 月 | 23 | 乙未 | 10·1 |
| 2 | 7 | 火 | 24 | 丙申 | 10·1 |
| 3 | 8 | 水 | 25 | 丁酉 | 9·1 |
| 4 | 9 | 木 | 26 | 戊戌 | 9·1 |
| 5 | 10 | 金 | 27 | 己亥 | 9·2 |
| 6 | 11 | 土 | 28 | 庚子 | 8·2 |
| 7 | 12 | 日 | 29 | 辛丑 | 8·2 |
| 8 | 13 | 月 | 4/1 | 壬寅 | 8·3 |
| 9 | 14 | 火 | 2 | 癸卯 | 7·3 |
| 10 | 15 | 水 | 3 | 甲辰 | 7·3 |
| 11 | 16 | 木 | 4 | 乙巳 | 7·4 |
| 12 | 17 | 金 | 5 | 丙午 | 6·4 |
| 13 | 18 | 土 | 6 | 丁未 | 6·4 |
| 14 | 19 | 日 | 7 | 戊申 | 6·5 |
| 15 | 20 | 月 | 8 | 己酉 | 소만 |
| 16 | 21 | 火 | 9 | 庚戌 | 5·5 |
| 17 | 22 | 水 | 10 | 辛亥 | 5·6 |
| 18 | 23 | 木 | 11 | 壬子 | 4·6 |
| 19 | 24 | 金 | 12 | 癸丑 | 4·6 |
| 20 | 25 | 土 | 13 | 甲寅 | 4·7 |
| 21 | 26 | 日 | 14 | 乙卯 | 3·7 |
| 22 | 27 | 月 | 15 | 丙辰 | 3·7 |
| 23 | 28 | 火 | 16 | 丁巳 | 3·8 |
| 24 | 29 | 水 | 17 | 戊午 | 2·8 |
| 25 | 30 | 木 | 18 | 己未 | 2·8 |
| 26 | 31 | 金 | 19 | 庚申 | 2·9 |
| 27 | 6/1 | 土 | 20 | 辛酉 | 1·9 |
| 28 | 2 | 日 | 21 | 壬戌 | 1·9 |
| 29 | 3 | 月 | 22 | 癸亥 | 1·10 |
| 30 | 4 | 火 | 23 | 甲子 | 1·10 |
| 31 | | | | | |

**망종절(甲午月)** 芒種 6월5일 12시37분 / 夏至 6월21일 5시8분

| 절기후날수 | 양력 | 요일 | 음력 | 일진 | 大運 남·여 |
|---|---|---|---|---|---|
| 0 | 6/5 | 水 | 24 | 乙丑 | 망종 |
| 1 | 6 | 木 | 25 | 丙寅 | 10·1 |
| 2 | 7 | 金 | 26 | 丁卯 | 10·1 |
| 3 | 8 | 土 | 27 | 戊辰 | 9·1 |
| 4 | 9 | 日 | 28 | 己巳 | 9·1 |
| 5 | 10 | 月 | 29 | 庚午 | 9·2 |
| 6 | 11 | 火 | 5/1 | 辛未 | 8·2 |
| 7 | 12 | 水 | 2 | 壬申 | 8·2 |
| 8 | 13 | 木 | 3 | 癸酉 | 8·3 |
| 9 | 14 | 金 | 4 | 甲戌 | 7·3 |
| 10 | 15 | 土 | 5 | 乙亥 | 7·3 |
| 11 | 16 | 日 | 6 | 丙子 | 7·4 |
| 12 | 17 | 月 | 7 | 丁丑 | 6·4 |
| 13 | 18 | 火 | 8 | 戊寅 | 6·4 |
| 14 | 19 | 水 | 9 | 己卯 | 6·5 |
| 15 | 20 | 木 | 10 | 庚辰 | 5·5 |
| 16 | 21 | 金 | 11 | 辛巳 | 하지 |
| 17 | 22 | 土 | 12 | 壬午 | 5·6 |
| 18 | 23 | 日 | 13 | 癸未 | 4·6 |
| 19 | 24 | 月 | 14 | 甲申 | 4·6 |
| 20 | 25 | 火 | 15 | 乙酉 | 4·7 |
| 21 | 26 | 水 | 16 | 丙戌 | 3·7 |
| 22 | 27 | 木 | 17 | 丁亥 | 3·7 |
| 23 | 28 | 金 | 18 | 戊子 | 3·8 |
| 24 | 29 | 土 | 19 | 己丑 | 2·8 |
| 25 | 30 | 日 | 20 | 庚寅 | 2·8 |
| 26 | 7/1 | 月 | 21 | 辛卯 | 2·9 |
| 27 | 2 | 火 | 22 | 壬辰 | 1·9 |
| 28 | 3 | 水 | 23 | 癸巳 | 1·9 |
| 29 | 4 | 木 | 24 | 甲午 | 1·10 |
| 30 | 5 | 金 | 25 | 乙未 | 1·10 |
| 31 | | | | | |

**소서절(乙未月)** 小暑 7월6일 22시39분 / 大暑 7월22일 15시58분

| 절기후날수 | 양력 | 요일 | 음력 | 일진 | 大運 남·여 |
|---|---|---|---|---|---|
| 0 | 7/6 | 土 | 26 | 丙申 | 소서 |
| 1 | 7 | 日 | 27 | 丁酉 | 10·1 |
| 2 | 8 | 月 | 28 | 戊戌 | 10·1 |
| 3 | 9 | 火 | 29 | 己亥 | 10·1 |
| 4 | 10 | 水 | 30 | 庚子 | 9·1 |
| 5 | 11 | 木 | 6/1 | 辛丑 | 9·2 |
| 6 | 12 | 金 | 2 | 壬寅 | 9·2 |
| 7 | 13 | 土 | 3 | 癸卯 | 8·2 |
| 8 | 14 | 日 | 4 | 甲辰 | 8·3 |
| 9 | 15 | 月 | 5 | 乙巳 | 8·3 |
| 10 | 16 | 火 | 6 | 丙午 | 7·3 |
| 11 | 17 | 水 | 7 | 丁未 | 7·4 |
| 12 | 18 | 木 | 8 | 戊申 | 7·4 |
| 13 | 19 | 金 | 9 | 己酉 | 6·4 |
| 14 | 20 | 土 | 10 | 庚戌 | 6·5 |
| 15 | 21 | 日 | 11 | 辛亥 | 6·5 |
| 16 | 22 | 月 | 12 | 壬子 | 대서 |
| 17 | 23 | 火 | 13 | 癸丑 | 5·6 |
| 18 | 24 | 水 | 14 | 甲寅 | 5·6 |
| 19 | 25 | 木 | 15 | 乙卯 | 4·6 |
| 20 | 26 | 金 | 16 | 丙辰 | 4·7 |
| 21 | 27 | 土 | 17 | 丁巳 | 4·7 |
| 22 | 28 | 日 | 18 | 戊午 | 3·7 |
| 23 | 29 | 月 | 19 | 己未 | 3·8 |
| 24 | 30 | 火 | 20 | 庚申 | 3·8 |
| 25 | 31 | 水 | 21 | 辛酉 | 2·8 |
| 26 | 8/1 | 木 | 22 | 壬戌 | 2·9 |
| 27 | 2 | 金 | 23 | 癸亥 | 2·9 |
| 28 | 3 | 土 | 24 | 甲子 | 1·9 |
| 29 | 4 | 日 | 25 | 乙丑 | 1·10 |
| 30 | 5 | 月 | 26 | 丙寅 | 1·10 |
| 31 | 6 | 火 | 27 | 丁卯 | 1·10 |

# 丙午年

| 절기후날수 | 입추절(丙申月) 立秋 8월7일 8시32분 處暑 8월22일 23시19분 | | | | | 백로절(丁酉月) 白露 9월7일 11시51분 秋分 9월22일 21시31분 | | | | |
|---|---|---|---|---|---|---|---|---|---|---|
| | 양력 | 요일 | 음력 | 일진 | 大運 남·여 | 양력 | 요일 | 음력 | 일진 | 大運 남·여 |
| 0 | 8/7 | 水 | 28 | 戊辰 | 입추 | 9/7 | 土 | 30 | 己亥 | 백로 |
| 1 | 8 | 木 | 29 | 己巳 | 10·1 | 8 | 日 | 8/1 | 庚子 | 10·1 |
| 2 | 9 | 金 | 7/1 | 庚午 | 10·1 | 9 | 月 | 2 | 辛丑 | 10·1 |
| 3 | 10 | 土 | 2 | 辛未 | 9·1 | 10 | 火 | 3 | 壬寅 | 9·1 |
| 4 | 11 | 日 | 3 | 壬申 | 9·1 | 11 | 水 | 4 | 癸卯 | 9·1 |
| 5 | 12 | 月 | 4 | 癸酉 | 9·2 | 12 | 木 | 5 | 甲辰 | 9·2 |
| 6 | 13 | 火 | 5 | 甲戌 | 8·2 | 13 | 金 | 6 | 乙巳 | 8·2 |
| 7 | 14 | 水 | 6 | 乙亥 | 8·2 | 14 | 土 | 7 | 丙午 | 8·2 |
| 8 | 15 | 木 | 7 | 丙子 | 8·3 | 15 | 日 | 8 | 丁未 | 8·3 |
| 9 | 16 | 金 | 8 | 丁丑 | 7·3 | 16 | 月 | 9 | 戊申 | 7·3 |
| 10 | 17 | 土 | 9 | 戊寅 | 7·3 | 17 | 火 | 10 | 己酉 | 7·3 |
| 11 | 18 | 日 | 10 | 己卯 | 7·4 | 18 | 水 | 11 | 庚戌 | 7·4 |
| 12 | 19 | 月 | 11 | 庚辰 | 6·4 | 19 | 木 | 12 | 辛亥 | 6·4 |
| 13 | 20 | 火 | 12 | 辛巳 | 6·4 | 20 | 金 | 13 | 壬子 | 6·4 |
| 14 | 21 | 水 | 13 | 壬午 | 6·5 | 21 | 土 | 14 | 癸丑 | 6·5 |
| 15 | 22 | 木 | 14 | 癸未 | 처서 | 22 | 日 | 15 | 甲寅 | 추분 |
| 16 | 23 | 金 | 15 | 甲申 | 5·5 | 23 | 月 | 16 | 乙卯 | 5·5 |
| 17 | 24 | 土 | 16 | 乙酉 | 5·6 | 24 | 火 | 17 | 丙辰 | 5·6 |
| 18 | 25 | 日 | 17 | 丙戌 | 4·6 | 25 | 水 | 18 | 丁巳 | 4·6 |
| 19 | 26 | 月 | 18 | 丁亥 | 4·6 | 26 | 木 | 19 | 戊午 | 4·6 |
| 20 | 27 | 火 | 19 | 戊子 | 4·7 | 27 | 金 | 20 | 己未 | 4·7 |
| 21 | 28 | 水 | 20 | 己丑 | 3·7 | 28 | 土 | 21 | 庚申 | 3·7 |
| 22 | 29 | 木 | 21 | 庚寅 | 3·7 | 29 | 日 | 22 | 辛酉 | 3·7 |
| 23 | 30 | 金 | 22 | 辛卯 | 3·8 | 30 | 月 | 23 | 壬戌 | 3·8 |
| 24 | 31 | 土 | 23 | 壬辰 | 2·8 | 10/1 | 火 | 24 | 癸亥 | 2·8 |
| 25 | 9/1 | 日 | 24 | 癸巳 | 2·8 | 2 | 水 | 25 | 甲子 | 2·8 |
| 26 | 2 | 月 | 25 | 甲午 | 2·9 | 3 | 木 | 26 | 乙丑 | 2·9 |
| 27 | 3 | 火 | 26 | 乙未 | 1·9 | 4 | 金 | 27 | 丙寅 | 1·9 |
| 28 | 4 | 水 | 27 | 丙申 | 1·9 | 5 | 土 | 28 | 丁卯 | 1·9 |
| 29 | 5 | 木 | 28 | 丁酉 | 1·10 | 6 | 日 | 29 | 戊辰 | 1·10 |
| 30 | 6 | 金 | 29 | 戊戌 | 1·10 | 7 | 月 | 30 | 己巳 | 1·10 |
| 31 | | | | | | | | | | |

| 절기후날수 | 한로절(戊戌月) 寒露 10월8일 4시6분 霜降 10월23일 7시31분 | | | | | 입동절(己亥月) 立冬 11월7일 7시54분 小雪 11월22일 5시39분 | | | | |
|---|---|---|---|---|---|---|---|---|---|---|
| | 양력 | 요일 | 음력 | 일진 | 大運 남·여 | 양력 | 요일 | 음력 | 일진 | 大運 남·여 |
| 0 | 10/8 | 火 | 9/1 | 庚午 | 한로 | 11/7 | 木 | 2 | 庚子 | 입동 |
| 1 | 9 | 水 | 2 | 辛未 | 10·1 | 8 | 金 | 3 | 辛丑 | 10·1 |
| 2 | 10 | 木 | 3 | 壬申 | 9·1 | 9 | 土 | 4 | 壬寅 | 9·1 |
| 3 | 11 | 金 | 4 | 癸酉 | 9·1 | 10 | 日 | 5 | 癸卯 | 9·1 |
| 4 | 12 | 土 | 5 | 甲戌 | 9·1 | 11 | 月 | 6 | 甲辰 | 9·1 |
| 5 | 13 | 日 | 6 | 乙亥 | 8·2 | 12 | 火 | 7 | 乙巳 | 8·2 |
| 6 | 14 | 月 | 7 | 丙子 | 8·2 | 13 | 水 | 8 | 丙午 | 8·2 |
| 7 | 15 | 火 | 8 | 丁丑 | 8·2 | 14 | 木 | 9 | 丁未 | 8·2 |
| 8 | 16 | 水 | 9 | 戊寅 | 7·3 | 15 | 金 | 10 | 戊申 | 7·3 |
| 9 | 17 | 木 | 10 | 己卯 | 7·3 | 16 | 土 | 11 | 己酉 | 7·3 |
| 10 | 18 | 金 | 11 | 庚辰 | 7·3 | 17 | 日 | 12 | 庚戌 | 7·3 |
| 11 | 19 | 土 | 12 | 辛巳 | 6·4 | 18 | 月 | 13 | 辛亥 | 6·4 |
| 12 | 20 | 日 | 13 | 壬午 | 6·4 | 19 | 火 | 14 | 壬子 | 6·4 |
| 13 | 21 | 月 | 14 | 癸未 | 6·4 | 20 | 水 | 15 | 癸丑 | 6·4 |
| 14 | 22 | 火 | 15 | 甲申 | 5·5 | 21 | 木 | 16 | 甲寅 | 5·5 |
| 15 | 23 | 水 | 16 | 乙酉 | 상강 | 22 | 金 | 17 | 乙卯 | 소설 |
| 16 | 24 | 木 | 17 | 丙戌 | 5·5 | 23 | 土 | 18 | 丙辰 | 5·5 |
| 17 | 25 | 金 | 18 | 丁亥 | 4·6 | 24 | 日 | 19 | 丁巳 | 4·6 |
| 18 | 26 | 土 | 19 | 戊子 | 4·6 | 25 | 月 | 20 | 戊午 | 4·6 |
| 19 | 27 | 日 | 20 | 己丑 | 4·6 | 26 | 火 | 21 | 己未 | 4·6 |
| 20 | 28 | 月 | 21 | 庚寅 | 3·7 | 27 | 水 | 22 | 庚申 | 3·7 |
| 21 | 29 | 火 | 22 | 辛卯 | 3·7 | 28 | 木 | 23 | 辛酉 | 3·7 |
| 22 | 30 | 水 | 23 | 壬辰 | 3·7 | 29 | 金 | 24 | 壬戌 | 3·7 |
| 23 | 31 | 木 | 24 | 癸巳 | 2·8 | 30 | 土 | 25 | 癸亥 | 2·8 |
| 24 | 11/1 | 金 | 25 | 甲午 | 2·8 | 12/1 | 日 | 26 | 甲子 | 2·8 |
| 25 | 2 | 土 | 26 | 乙未 | 2·8 | 2 | 月 | 27 | 乙丑 | 2·8 |
| 26 | 3 | 日 | 27 | 丙申 | 1·9 | 3 | 火 | 28 | 丙寅 | 1·9 |
| 27 | 4 | 月 | 28 | 丁酉 | 1·9 | 4 | 水 | 29 | 丁卯 | 1·9 |
| 28 | 5 | 火 | 29 | 戊戌 | 1·9 | 5 | 木 | 30 | 戊辰 | 1·9 |
| 29 | 6 | 水 | 10/1 | 己亥 | 1·10 | 6 | 金 | 11/1 | 己巳 | 1·10 |
| 30 | | | | | | | | | | |
| 31 | | | | | | | | | | |

| 절기후날수 | 대설절(庚子月) 大雪 12월7일 1시14분 冬至 12월21일 19시21분 | | | | | 소한절(辛丑月) 小寒 1월5일 12시41분 大寒 1월20일 6시4분 | | | | |
|---|---|---|---|---|---|---|---|---|---|---|
| | 양력 | 요일 | 음력 | 일진 | 大運 남·여 | 양력 | 요일 | 음력 | 일진 | 大運 남·여 |
| 0 | 12/7 | 土 | 2 | 庚午 | 대설 | 1/5 | 日 | 12/1 | 己亥 | 소한 |
| 1 | 8 | 日 | 3 | 辛未 | 9·1 | 6 | 月 | 2 | 庚子 | 10·1 |
| 2 | 9 | 月 | 4 | 壬申 | 9·1 | 7 | 火 | 3 | 辛丑 | 9·1 |
| 3 | 10 | 火 | 5 | 癸酉 | 9·1 | 8 | 水 | 4 | 壬寅 | 9·1 |
| 4 | 11 | 水 | 6 | 甲戌 | 8·1 | 9 | 木 | 5 | 癸卯 | 9·1 |
| 5 | 12 | 木 | 7 | 乙亥 | 8·2 | 10 | 金 | 6 | 甲辰 | 8·2 |
| 6 | 13 | 金 | 8 | 丙子 | 8·2 | 11 | 土 | 7 | 乙巳 | 8·2 |
| 7 | 14 | 土 | 9 | 丁丑 | 7·2 | 12 | 日 | 8 | 丙午 | 8·2 |
| 8 | 15 | 日 | 10 | 戊寅 | 7·3 | 13 | 月 | 9 | 丁未 | 7·3 |
| 9 | 16 | 月 | 11 | 己卯 | 7·3 | 14 | 火 | 10 | 戊申 | 7·3 |
| 10 | 17 | 火 | 12 | 庚辰 | 6·3 | 15 | 水 | 11 | 己酉 | 7·3 |
| 11 | 18 | 水 | 13 | 辛巳 | 6·4 | 16 | 木 | 12 | 庚戌 | 6·4 |
| 12 | 19 | 木 | 14 | 壬午 | 6·4 | 17 | 金 | 13 | 辛亥 | 6·4 |
| 13 | 20 | 金 | 15 | 癸未 | 5·4 | 18 | 土 | 14 | 壬子 | 6·4 |
| 14 | 21 | 土 | 16 | 甲申 | 동지 | 19 | 日 | 15 | 癸丑 | 5·5 |
| 15 | 22 | 日 | 17 | 乙酉 | 5·5 | 20 | 月 | 16 | 甲寅 | 대한 |
| 16 | 23 | 月 | 18 | 丙戌 | 4·5 | 21 | 火 | 17 | 乙卯 | 5·5 |
| 17 | 24 | 火 | 19 | 丁亥 | 4·6 | 22 | 水 | 18 | 丙辰 | 4·6 |
| 18 | 25 | 水 | 20 | 戊子 | 4·6 | 23 | 木 | 19 | 丁巳 | 4·6 |
| 19 | 26 | 木 | 21 | 己丑 | 3·6 | 24 | 金 | 20 | 戊午 | 4·6 |
| 20 | 27 | 金 | 22 | 庚寅 | 3·7 | 25 | 土 | 21 | 己未 | 3·7 |
| 21 | 28 | 土 | 23 | 辛卯 | 3·7 | 26 | 日 | 22 | 庚申 | 3·7 |
| 22 | 29 | 日 | 24 | 壬辰 | 2·7 | 27 | 月 | 23 | 辛酉 | 3·7 |
| 23 | 30 | 月 | 25 | 癸巳 | 2·8 | 28 | 火 | 24 | 壬戌 | 2·8 |
| 24 | 31 | 火 | 26 | 甲午 | 2·8 | 29 | 水 | 25 | 癸亥 | 2·8 |
| 25 | 1/1 | 水 | 27 | 乙未 | 1·8 | 30 | 木 | 26 | 甲子 | 2·8 |
| 26 | 2 | 木 | 28 | 丙申 | 1·9 | 31 | 金 | 27 | 乙丑 | 1·9 |
| 27 | 3 | 金 | 29 | 丁酉 | 1·9 | 2/1 | 土 | 28 | 丙寅 | 1·9 |
| 28 | 4 | 土 | 30 | 戊戌 | 1·9 | 2 | 日 | 29 | 丁卯 | 1·9 |
| 29 | | | | | | 3 | 月 | 1/1 | 戊辰 | 1·10 |
| 30 | | | | | | | | | | |
| 31 | | | | | | | | | | |

# 서기 2087년 [단기 4420년]

| 절기후날수 | 입춘절(壬寅月) 立春 2월4일 0시14분 雨水 2월18일 19시57분 | | | | | 경칩절(癸卯月) 驚蟄 3월5일 17시51분 春分 3월20일 18시27분 | | | | | 청명절(甲辰月) 淸明 4월4일 22시3분 穀雨 4월20일 4시52분 | | | | |
|---|---|---|---|---|---|---|---|---|---|---|---|---|---|---|---|
| | 양력 | 요일 | 음력 | 일진 | 大運 남·여 | 양력 | 요일 | 음력 | 일진 | 大運 남·여 | 양력 | 요일 | 음력 | 일진 | 大運 남·여 |
| 0 | 2/4 | 火 | 2 | 己巳 | 입춘 | 3/5 | 水 | 2/1 | 戊戌 | 경칩 | 4/4 | 金 | 2 | 戊辰 | 청명 |
| 1 | 5 | 水 | 3 | 庚午 | 1·9 | 6 | 木 | 2 | 己亥 | 1·10 | 5 | 土 | 3 | 己巳 | 1·10 |
| 2 | 6 | 木 | 4 | 辛未 | 1·9 | 7 | 金 | 3 | 庚子 | 1·9 | 6 | 日 | 4 | 庚午 | 1·10 |
| 3 | 7 | 金 | 5 | 壬申 | 1·9 | 8 | 土 | 4 | 辛丑 | 1·9 | 7 | 月 | 5 | 辛未 | 1·9 |
| 4 | 8 | 土 | 6 | 癸酉 | 1·8 | 9 | 日 | 5 | 壬寅 | 1·9 | 8 | 火 | 6 | 壬申 | 1·9 |
| 5 | 9 | 日 | 7 | 甲戌 | 2·8 | 10 | 月 | 6 | 癸卯 | 2·8 | 9 | 水 | 7 | 癸酉 | 2·9 |
| 6 | 10 | 月 | 8 | 乙亥 | 2·8 | 11 | 火 | 7 | 甲辰 | 2·8 | 10 | 木 | 8 | 甲戌 | 2·8 |
| 7 | 11 | 火 | 9 | 丙子 | 2·7 | 12 | 水 | 8 | 乙巳 | 2·8 | 11 | 金 | 9 | 乙亥 | 2·8 |
| 8 | 12 | 水 | 10 | 丁丑 | 3·7 | 13 | 木 | 9 | 丙午 | 3·7 | 12 | 土 | 10 | 丙子 | 3·8 |
| 9 | 13 | 木 | 11 | 戊寅 | 3·7 | 14 | 金 | 10 | 丁未 | 3·7 | 13 | 日 | 11 | 丁丑 | 3·7 |
| 10 | 14 | 金 | 12 | 己卯 | 3·6 | 15 | 土 | 11 | 戊申 | 3·7 | 14 | 月 | 12 | 戊寅 | 3·7 |
| 11 | 15 | 土 | 13 | 庚辰 | 4·6 | 16 | 日 | 12 | 己酉 | 4·6 | 15 | 火 | 13 | 己卯 | 4·7 |
| 12 | 16 | 日 | 14 | 辛巳 | 4·6 | 17 | 月 | 13 | 庚戌 | 4·6 | 16 | 水 | 14 | 庚辰 | 4·6 |
| 13 | 17 | 月 | 15 | 壬午 | 4·5 | 18 | 火 | 14 | 辛亥 | 4·6 | 17 | 木 | 15 | 辛巳 | 4·6 |
| 14 | 18 | 火 | 16 | 癸未 | 우수 | 19 | 水 | 15 | 壬子 | 5·5 | 18 | 金 | 16 | 壬午 | 5·6 |
| 15 | 19 | 水 | 17 | 甲申 | 5·5 | 20 | 木 | 16 | 癸丑 | 춘분 | 19 | 土 | 17 | 癸未 | 5·5 |
| 16 | 20 | 木 | 18 | 乙酉 | 5·4 | 21 | 金 | 17 | 甲寅 | 5·5 | 20 | 日 | 18 | 甲申 | 곡우 |
| 17 | 21 | 金 | 19 | 丙戌 | 6·4 | 22 | 土 | 18 | 乙卯 | 6·4 | 21 | 月 | 19 | 乙酉 | 6·5 |
| 18 | 22 | 土 | 20 | 丁亥 | 6·4 | 23 | 日 | 19 | 丙辰 | 6·4 | 22 | 火 | 20 | 丙戌 | 6·4 |
| 19 | 23 | 日 | 21 | 戊子 | 6·3 | 24 | 月 | 20 | 丁巳 | 6·4 | 23 | 水 | 21 | 丁亥 | 6·4 |
| 20 | 24 | 月 | 22 | 己丑 | 7·3 | 25 | 火 | 21 | 戊午 | 7·3 | 24 | 木 | 22 | 戊子 | 7·4 |
| 21 | 25 | 火 | 23 | 庚寅 | 7·3 | 26 | 水 | 22 | 己未 | 7·3 | 25 | 金 | 23 | 己丑 | 7·3 |
| 22 | 26 | 水 | 24 | 辛卯 | 7·2 | 27 | 木 | 23 | 庚申 | 7·3 | 26 | 土 | 24 | 庚寅 | 7·3 |
| 23 | 27 | 木 | 25 | 壬辰 | 8·2 | 28 | 金 | 24 | 辛酉 | 8·2 | 27 | 日 | 25 | 辛卯 | 8·3 |
| 24 | 28 | 金 | 26 | 癸巳 | 8·2 | 29 | 土 | 25 | 壬戌 | 8·2 | 28 | 月 | 26 | 壬辰 | 8·2 |
| 25 | 3/1 | 土 | 27 | 甲午 | 8·1 | 30 | 日 | 26 | 癸亥 | 8·2 | 29 | 火 | 27 | 癸巳 | 8·2 |
| 26 | 2 | 日 | 28 | 乙未 | 9·1 | 31 | 月 | 27 | 甲子 | 9·1 | 30 | 水 | 28 | 甲午 | 9·2 |
| 27 | 3 | 月 | 29 | 丙申 | 9·1 | 4/1 | 火 | 28 | 乙丑 | 9·1 | 5/1 | 木 | 29 | 乙未 | 9·1 |
| 28 | 4 | 火 | 30 | 丁酉 | 9·1 | 2 | 水 | 29 | 丙寅 | 9·1 | 2 | 金 | 30 | 丙申 | 9·1 |
| 29 | | | | | | 3 | 木 | 3/1 | 丁卯 | 10·1 | 3 | 土 | 4/1 | 丁酉 | 10·1 |
| 30 | | | | | | | | | | | 4 | 日 | 2 | 戊戌 | 10·1 |
| 31 | | | | | | | | | | | | | | | |

| 절기후날수 | 입하절(乙巳月) 立夏 5월5일 14시43분 小滿 5월21일 3시28분 | | | | | 망종절(丙午月) 芒種 6월5일 18시23분 夏至 6월21일 11시5분 | | | | | 소서절(丁未月) 小暑 7월7일 4시27분 大暑 7월22일 21시57분 | | | | |
|---|---|---|---|---|---|---|---|---|---|---|---|---|---|---|---|
| | 양력 | 요일 | 음력 | 일진 | 大運 남·여 | 양력 | 요일 | 음력 | 일진 | 大運 남·여 | 양력 | 요일 | 음력 | 일진 | 大運 남·여 |
| 0 | 5/5 | 月 | 3 | 己亥 | 입하 | 6/5 | 木 | 5 | 庚午 | 망종 | 7/7 | 月 | 8 | 壬寅 | 소서 |
| 1 | 6 | 火 | 4 | 庚子 | 1·10 | 6 | 金 | 6 | 辛未 | 1·10 | 8 | 火 | 9 | 癸卯 | 1·10 |
| 2 | 7 | 水 | 5 | 辛丑 | 1·10 | 7 | 土 | 7 | 壬申 | 1·10 | 9 | 水 | 10 | 甲辰 | 1·10 |
| 3 | 8 | 木 | 6 | 壬寅 | 1·9 | 8 | 日 | 8 | 癸酉 | 1·10 | 10 | 木 | 11 | 乙巳 | 1·9 |
| 4 | 9 | 金 | 7 | 癸卯 | 1·9 | 9 | 月 | 9 | 甲戌 | 1·9 | 11 | 金 | 12 | 丙午 | 1·9 |
| 5 | 10 | 土 | 8 | 甲辰 | 2·9 | 10 | 火 | 10 | 乙亥 | 2·9 | 12 | 土 | 13 | 丁未 | 2·9 |
| 6 | 11 | 日 | 9 | 乙巳 | 2·8 | 11 | 水 | 11 | 丙子 | 2·9 | 13 | 日 | 14 | 戊申 | 2·8 |
| 7 | 12 | 月 | 10 | 丙午 | 2·8 | 12 | 木 | 12 | 丁丑 | 2·8 | 14 | 月 | 15 | 己酉 | 2·8 |
| 8 | 13 | 火 | 11 | 丁未 | 3·8 | 13 | 金 | 13 | 戊寅 | 3·8 | 15 | 火 | 16 | 庚戌 | 3·8 |
| 9 | 14 | 水 | 12 | 戊申 | 3·7 | 14 | 土 | 14 | 己卯 | 3·8 | 16 | 水 | 17 | 辛亥 | 3·7 |
| 10 | 15 | 木 | 13 | 己酉 | 3·7 | 15 | 日 | 15 | 庚辰 | 3·7 | 17 | 木 | 18 | 壬子 | 3·7 |
| 11 | 16 | 金 | 14 | 庚戌 | 4·7 | 16 | 月 | 16 | 辛巳 | 4·7 | 18 | 金 | 19 | 癸丑 | 4·7 |
| 12 | 17 | 土 | 15 | 辛亥 | 4·6 | 17 | 火 | 17 | 壬午 | 4·7 | 19 | 土 | 20 | 甲寅 | 4·6 |
| 13 | 18 | 日 | 16 | 壬子 | 4·6 | 18 | 水 | 18 | 癸未 | 4·6 | 20 | 日 | 21 | 乙卯 | 4·6 |
| 14 | 19 | 月 | 17 | 癸丑 | 5·6 | 19 | 木 | 19 | 甲申 | 5·6 | 21 | 月 | 22 | 丙辰 | 5·6 |
| 15 | 20 | 火 | 18 | 甲寅 | 5·5 | 20 | 金 | 20 | 乙酉 | 5·6 | 22 | 火 | 23 | 丁巳 | 대서 |
| 16 | 21 | 水 | 19 | 乙卯 | 소만 | 21 | 土 | 21 | 丙戌 | 하지 | 23 | 水 | 24 | 戊午 | 5·5 |
| 17 | 22 | 木 | 20 | 丙辰 | 6·5 | 22 | 日 | 22 | 丁亥 | 6·5 | 24 | 木 | 25 | 己未 | 6·5 |
| 18 | 23 | 金 | 21 | 丁巳 | 6·4 | 23 | 月 | 23 | 戊子 | 6·5 | 25 | 金 | 26 | 庚申 | 6·4 |
| 19 | 24 | 土 | 22 | 戊午 | 6·4 | 24 | 火 | 24 | 己丑 | 6·4 | 26 | 土 | 27 | 辛酉 | 6·4 |
| 20 | 25 | 日 | 23 | 己未 | 7·4 | 25 | 水 | 25 | 庚寅 | 7·4 | 27 | 日 | 28 | 壬戌 | 7·4 |
| 21 | 26 | 月 | 24 | 庚申 | 7·3 | 26 | 木 | 26 | 辛卯 | 7·4 | 28 | 月 | 29 | 癸亥 | 7·3 |
| 22 | 27 | 火 | 25 | 辛酉 | 7·3 | 27 | 金 | 27 | 壬辰 | 7·3 | 29 | 火 | 30 | 甲子 | 7·3 |
| 23 | 28 | 水 | 26 | 壬戌 | 8·3 | 28 | 土 | 28 | 癸巳 | 8·3 | 30 | 水 | 7/1 | 乙丑 | 8·3 |
| 24 | 29 | 木 | 27 | 癸亥 | 8·2 | 29 | 日 | 29 | 甲午 | 8·3 | 31 | 木 | 2 | 丙寅 | 8·2 |
| 25 | 30 | 金 | 28 | 甲子 | 8·2 | 30 | 月 | 6/1 | 乙未 | 8·2 | 8/1 | 金 | 3 | 丁卯 | 8·2 |
| 26 | 31 | 土 | 29 | 乙丑 | 9·2 | 7/1 | 火 | 2 | 丙申 | 9·2 | 2 | 土 | 4 | 戊辰 | 9·2 |
| 27 | 6/1 | 日 | 5/1 | 丙寅 | 9·1 | 2 | 水 | 3 | 丁酉 | 9·2 | 3 | 日 | 5 | 己巳 | 9·1 |
| 28 | 2 | 月 | 2 | 丁卯 | 9·1 | 3 | 木 | 4 | 戊戌 | 9·1 | 4 | 月 | 6 | 庚午 | 9·1 |
| 29 | 3 | 火 | 3 | 戊辰 | 10·1 | 4 | 金 | 5 | 己亥 | 10·1 | 5 | 火 | 7 | 辛未 | 10·1 |
| 30 | 4 | 水 | 4 | 己巳 | 10·1 | 5 | 土 | 6 | 庚子 | 10·1 | 6 | 水 | 8 | 壬申 | 10·1 |
| 31 | | | | | | 6 | 日 | 7 | 辛丑 | 10·1 | | | | | |

# 丁未年

| 절기후날수 | 입추절(戊申月)<br>立秋 8월7일 14시23분<br>處暑 8월23일 5시18분 | | | | | 백로절(己酉月)<br>白露 9월7일 17시43분<br>秋分 9월23일 3시27분 | | | | | 한로절(庚戌月)<br>寒露 10월8일 9시56분<br>霜降 10월23일 13시23분 | | | | |
|---|---|---|---|---|---|---|---|---|---|---|---|---|---|---|---|
| | 양력 | 요일 | 음력 | 일진 | 大運 남·여 | 양력 | 요일 | 음력 | 일진 | 大運 남·여 | 양력 | 요일 | 음력 | 일진 | 大運 남·여 |
| 0 | 8/7 | 木 | 9 | 癸酉 | 입추 | 9/7 | 日 | 11 | 甲辰 | 백로 | 10/8 | 水 | 12 | 乙亥 | 한로 |
| 1 | 8 | 金 | 10 | 甲戌 | 1·10 | 8 | 月 | 12 | 乙巳 | 1·10 | 9 | 木 | 13 | 丙子 | 1·10 |
| 2 | 9 | 土 | 11 | 乙亥 | 1·10 | 9 | 火 | 13 | 丙午 | 1·10 | 10 | 金 | 14 | 丁丑 | 1·9 |
| 3 | 10 | 日 | 12 | 丙子 | 1·9 | 10 | 水 | 14 | 丁未 | 1·9 | 11 | 土 | 15 | 戊寅 | 1·9 |
| 4 | 11 | 月 | 13 | 丁丑 | 1·9 | 11 | 木 | 15 | 戊申 | 1·9 | 12 | 日 | 16 | 己卯 | 1·9 |
| 5 | 12 | 火 | 14 | 戊寅 | 2·9 | 12 | 金 | 16 | 己酉 | 2·9 | 13 | 月 | 17 | 庚辰 | 2·8 |
| 6 | 13 | 水 | 15 | 己卯 | 2·8 | 13 | 土 | 17 | 庚戌 | 2·8 | 14 | 火 | 18 | 辛巳 | 2·8 |
| 7 | 14 | 木 | 16 | 庚辰 | 2·8 | 14 | 日 | 18 | 辛亥 | 2·8 | 15 | 水 | 19 | 壬午 | 2·8 |
| 8 | 15 | 金 | 17 | 辛巳 | 3·8 | 15 | 月 | 19 | 壬子 | 3·8 | 16 | 木 | 20 | 癸未 | 3·7 |
| 9 | 16 | 土 | 18 | 壬午 | 3·7 | 16 | 火 | 20 | 癸丑 | 3·7 | 17 | 金 | 21 | 甲申 | 3·7 |
| 10 | 17 | 日 | 19 | 癸未 | 3·7 | 17 | 水 | 21 | 甲寅 | 3·7 | 18 | 土 | 22 | 乙酉 | 3·7 |
| 11 | 18 | 月 | 20 | 甲申 | 4·7 | 18 | 木 | 22 | 乙卯 | 4·7 | 19 | 日 | 23 | 丙戌 | 4·6 |
| 12 | 19 | 火 | 21 | 乙酉 | 4·6 | 19 | 金 | 23 | 丙辰 | 4·6 | 20 | 月 | 24 | 丁亥 | 4·6 |
| 13 | 20 | 水 | 22 | 丙戌 | 4·6 | 20 | 土 | 24 | 丁巳 | 4·6 | 21 | 火 | 25 | 戊子 | 4·6 |
| 14 | 21 | 木 | 23 | 丁亥 | 5·6 | 21 | 日 | 25 | 戊午 | 5·6 | 22 | 水 | 26 | 己丑 | 5·5 |
| 15 | 22 | 金 | 24 | 戊子 | 5·5 | 22 | 月 | 26 | 己未 | 5·5 | 23 | 木 | 27 | 庚寅 | 상강 |
| 16 | 23 | 土 | 25 | 己丑 | 처서 | 23 | 火 | 27 | 庚申 | 추분 | 24 | 金 | 28 | 辛卯 | 5·5 |
| 17 | 24 | 日 | 26 | 庚寅 | 6·5 | 24 | 水 | 28 | 辛酉 | 6·5 | 25 | 土 | 29 | 壬辰 | 6·4 |
| 18 | 25 | 月 | 27 | 辛卯 | 6·4 | 25 | 木 | 29 | 壬戌 | 6·4 | 26 | 日 | 10/1 | 癸巳 | 6·4 |
| 19 | 26 | 火 | 28 | 壬辰 | 6·4 | 26 | 金 | 30 | 癸亥 | 6·4 | 27 | 月 | 2 | 甲午 | 6·4 |
| 20 | 27 | 水 | 29 | 癸巳 | 7·4 | 27 | 土 | 9/1 | 甲子 | 7·4 | 28 | 火 | 3 | 乙未 | 7·3 |
| 21 | 28 | 木 | 8/1 | 甲午 | 7·3 | 28 | 日 | 2 | 乙丑 | 7·3 | 29 | 水 | 4 | 丙申 | 7·3 |
| 22 | 29 | 金 | 2 | 乙未 | 7·3 | 29 | 月 | 3 | 丙寅 | 7·3 | 30 | 木 | 5 | 丁酉 | 7·3 |
| 23 | 30 | 土 | 3 | 丙申 | 8·3 | 30 | 火 | 4 | 丁卯 | 8·3 | 31 | 金 | 6 | 戊戌 | 8·2 |
| 24 | 31 | 日 | 4 | 丁酉 | 8·2 | 10/1 | 水 | 5 | 戊辰 | 8·2 | 11/1 | 土 | 7 | 己亥 | 8·2 |
| 25 | 9/1 | 月 | 5 | 戊戌 | 8·2 | 2 | 木 | 6 | 己巳 | 8·2 | 2 | 日 | 8 | 庚子 | 8·2 |
| 26 | 2 | 火 | 6 | 己亥 | 9·2 | 3 | 金 | 7 | 庚午 | 9·2 | 3 | 月 | 9 | 辛丑 | 9·1 |
| 27 | 3 | 水 | 7 | 庚子 | 9·1 | 4 | 土 | 8 | 辛未 | 9·1 | 4 | 火 | 10 | 壬寅 | 9·1 |
| 28 | 4 | 木 | 8 | 辛丑 | 9·1 | 5 | 日 | 9 | 壬申 | 9·1 | 5 | 水 | 11 | 癸卯 | 9·1 |
| 29 | 5 | 金 | 9 | 壬寅 | 10·1 | 6 | 月 | 10 | 癸酉 | 10·1 | 6 | 木 | 12 | 甲辰 | 10·1 |
| 30 | 6 | 土 | 10 | 癸卯 | 10·1 | 7 | 火 | 11 | 甲戌 | 10·1 | | | | | |
| 31 | | | | | | | | | | | | | | | |

| 절기후날수 | 입동절(辛亥月)<br>立冬 11월7일 13시42분<br>小雪 11월22일 11시28분 | | | | | 대설절(壬子月)<br>大雪 12월7일 6시59분<br>冬至 12월22일 1시7분 | | | | | 소한절(癸丑月)<br>小寒 1월5일 18시24분<br>大寒 1월20일 11시49분 | | | | |
|---|---|---|---|---|---|---|---|---|---|---|---|---|---|---|---|
| | 양력 | 요일 | 음력 | 일진 | 大運 남·여 | 양력 | 요일 | 음력 | 일진 | 大運 남·여 | 양력 | 요일 | 음력 | 일진 | 大運 남·여 |
| 0 | 11/7 | 金 | 13 | 乙巳 | 입동 | 12/7 | 日 | 13 | 乙亥 | 대설 | 1/5 | 月 | 12 | 甲辰 | 소한 |
| 1 | 8 | 土 | 14 | 丙午 | 1·10 | 8 | 月 | 14 | 丙子 | 1·9 | 6 | 火 | 13 | 乙巳 | 1·10 |
| 2 | 9 | 日 | 15 | 丁未 | 1·9 | 9 | 火 | 15 | 丁丑 | 1·9 | 7 | 水 | 14 | 丙午 | 1·9 |
| 3 | 10 | 月 | 16 | 戊申 | 1·9 | 10 | 水 | 16 | 戊寅 | 1·9 | 8 | 木 | 15 | 丁未 | 1·9 |
| 4 | 11 | 火 | 17 | 己酉 | 1·9 | 11 | 木 | 17 | 己卯 | 1·8 | 9 | 金 | 16 | 戊申 | 1·9 |
| 5 | 12 | 水 | 18 | 庚戌 | 2·8 | 12 | 金 | 18 | 庚辰 | 2·8 | 10 | 土 | 17 | 己酉 | 2·8 |
| 6 | 13 | 木 | 19 | 辛亥 | 2·8 | 13 | 土 | 19 | 辛巳 | 2·8 | 11 | 日 | 18 | 庚戌 | 2·8 |
| 7 | 14 | 金 | 20 | 壬子 | 2·8 | 14 | 日 | 20 | 壬午 | 2·7 | 12 | 月 | 19 | 辛亥 | 2·8 |
| 8 | 15 | 土 | 21 | 癸丑 | 3·7 | 15 | 月 | 21 | 癸未 | 3·7 | 13 | 火 | 20 | 壬子 | 3·7 |
| 9 | 16 | 日 | 22 | 甲寅 | 3·7 | 16 | 火 | 22 | 甲申 | 3·7 | 14 | 水 | 21 | 癸丑 | 3·7 |
| 10 | 17 | 月 | 23 | 乙卯 | 3·7 | 17 | 水 | 23 | 乙酉 | 3·6 | 15 | 木 | 22 | 甲寅 | 3·7 |
| 11 | 18 | 火 | 24 | 丙辰 | 4·6 | 18 | 木 | 24 | 丙戌 | 4·6 | 16 | 金 | 23 | 乙卯 | 4·6 |
| 12 | 19 | 水 | 25 | 丁巳 | 4·6 | 19 | 金 | 25 | 丁亥 | 4·6 | 17 | 土 | 24 | 丙辰 | 4·6 |
| 13 | 20 | 木 | 26 | 戊午 | 4·6 | 20 | 土 | 26 | 戊子 | 4·5 | 18 | 日 | 25 | 丁巳 | 4·6 |
| 14 | 21 | 金 | 27 | 己未 | 5·5 | 21 | 日 | 27 | 己丑 | 5·5 | 19 | 月 | 26 | 戊午 | 5·5 |
| 15 | 22 | 土 | 28 | 庚申 | 소설 | 22 | 月 | 28 | 庚寅 | 동지 | 20 | 火 | 27 | 己未 | 대한 |
| 16 | 23 | 日 | 29 | 辛酉 | 5·5 | 23 | 火 | 29 | 辛卯 | 5·4 | 21 | 水 | 28 | 庚申 | 5·5 |
| 17 | 24 | 月 | 30 | 壬戌 | 6·4 | 24 | 水 | 30 | 壬辰 | 6·4 | 22 | 木 | 29 | 辛酉 | 6·4 |
| 18 | 25 | 火 | 11/1 | 癸亥 | 6·4 | 25 | 木 | 12/1 | 癸巳 | 6·4 | 23 | 金 | 30 | 壬戌 | 6·4 |
| 19 | 26 | 水 | 2 | 甲子 | 6·4 | 26 | 金 | 2 | 甲午 | 6·3 | 24 | 土 | 1/1 | 癸亥 | 6·4 |
| 20 | 27 | 木 | 3 | 乙丑 | 7·3 | 27 | 土 | 3 | 乙未 | 7·3 | 25 | 日 | 2 | 甲子 | 7·3 |
| 21 | 28 | 金 | 4 | 丙寅 | 7·3 | 28 | 日 | 4 | 丙申 | 7·3 | 26 | 月 | 3 | 乙丑 | 7·3 |
| 22 | 29 | 土 | 5 | 丁卯 | 7·3 | 29 | 月 | 5 | 丁酉 | 7·2 | 27 | 火 | 4 | 丙寅 | 7·3 |
| 23 | 30 | 日 | 6 | 戊辰 | 8·2 | 30 | 火 | 6 | 戊戌 | 8·2 | 28 | 水 | 5 | 丁卯 | 8·2 |
| 24 | 12/1 | 月 | 7 | 己巳 | 8·2 | 31 | 水 | 7 | 己亥 | 8·2 | 29 | 木 | 6 | 戊辰 | 8·2 |
| 25 | 2 | 火 | 8 | 庚午 | 8·2 | 1/1 | 木 | 8 | 庚子 | 8·1 | 30 | 金 | 7 | 己巳 | 8·2 |
| 26 | 3 | 水 | 9 | 辛未 | 9·1 | 2 | 金 | 9 | 辛丑 | 9·1 | 31 | 土 | 8 | 庚午 | 9·1 |
| 27 | 4 | 木 | 10 | 壬申 | 9·1 | 3 | 土 | 10 | 壬寅 | 9·1 | 2/1 | 日 | 9 | 辛未 | 9·1 |
| 28 | 5 | 金 | 11 | 癸酉 | 9·1 | 4 | 日 | 11 | 癸卯 | 9·1 | 2 | 月 | 10 | 壬申 | 9·1 |
| 29 | 6 | 土 | 12 | 甲戌 | 10·1 | | | | | | 3 | 火 | 11 | 癸酉 | 10·1 |
| 30 | | | | | | | | | | | | | | | |
| 31 | | | | | | | | | | | | | | | |

# 서기 2088년 [단기 4421년]

| 절기후날수 | 입춘절(甲寅月) 立春 2월4일 5시57분 雨水 2월19일 1시44분 | | | | | 경칩절(乙卯月) 驚蟄 3월4일 23시36분 春分 3월20일 0시16분 | | | | | 청명절(丙辰月) 淸明 4월4일 3시51분 穀雨 4월19일 10시43분 | | | | |
|---|---|---|---|---|---|---|---|---|---|---|---|---|---|---|---|
| | 양력 | 요일 | 음력 | 일진 | 大運 남·여 | 양력 | 요일 | 음력 | 일진 | 大運 남·여 | 양력 | 요일 | 음력 | 일진 | 大運 남·여 |
| 0 | 2/4 | 水 | 12 | 甲戌 | 입춘 | 3/4 | 木 | 12 | 癸卯 | 경칩 | 4/4 | 日 | 13 | 甲戌 | 청명 |
| 1 | 5 | 木 | 13 | 乙亥 | 9·1 | 5 | 金 | 13 | 甲辰 | 10·1 | 5 | 月 | 14 | 乙亥 | 10·1 |
| 2 | 6 | 金 | 14 | 丙子 | 9·1 | 6 | 土 | 14 | 乙巳 | 10·1 | 6 | 火 | 15 | 丙子 | 9·1 |
| 3 | 7 | 土 | 15 | 丁丑 | 9·1 | 7 | 日 | 15 | 丙午 | 9·1 | 7 | 水 | 16 | 丁丑 | 9·1 |
| 4 | 8 | 日 | 16 | 戊寅 | 8·1 | 8 | 月 | 16 | 丁未 | 9·1 | 8 | 木 | 17 | 戊寅 | 9·1 |
| 5 | 9 | 月 | 17 | 己卯 | 8·2 | 9 | 火 | 17 | 戊申 | 9·2 | 9 | 金 | 18 | 己卯 | 8·2 |
| 6 | 10 | 火 | 18 | 庚辰 | 8·2 | 10 | 水 | 18 | 己酉 | 8·2 | 10 | 土 | 19 | 庚辰 | 8·2 |
| 7 | 11 | 水 | 19 | 辛巳 | 7·2 | 11 | 木 | 19 | 庚戌 | 8·2 | 11 | 日 | 20 | 辛巳 | 8·2 |
| 8 | 12 | 木 | 20 | 壬午 | 7·3 | 12 | 金 | 20 | 辛亥 | 8·3 | 12 | 月 | 21 | 壬午 | 7·3 |
| 9 | 13 | 金 | 21 | 癸未 | 7·3 | 13 | 土 | 21 | 壬子 | 7·3 | 13 | 火 | 22 | 癸未 | 7·3 |
| 10 | 14 | 土 | 22 | 甲申 | 6·3 | 14 | 日 | 22 | 癸丑 | 7·3 | 14 | 水 | 23 | 甲申 | 7·3 |
| 11 | 15 | 日 | 23 | 乙酉 | 6·4 | 15 | 月 | 23 | 甲寅 | 7·4 | 15 | 木 | 24 | 乙酉 | 6·4 |
| 12 | 16 | 月 | 24 | 丙戌 | 6·4 | 16 | 火 | 24 | 乙卯 | 6·4 | 16 | 金 | 25 | 丙戌 | 6·4 |
| 13 | 17 | 火 | 25 | 丁亥 | 5·4 | 17 | 水 | 25 | 丙辰 | 6·4 | 17 | 土 | 26 | 丁亥 | 6·4 |
| 14 | 18 | 水 | 26 | 戊子 | 5·5 | 18 | 木 | 26 | 丁巳 | 6·5 | 18 | 日 | 27 | 戊子 | 5·5 |
| 15 | 19 | 木 | 27 | 己丑 | 우수 | 19 | 金 | 27 | 戊午 | 5·5 | 19 | 月 | 28 | 己丑 | 곡우 |
| 16 | 20 | 金 | 28 | 庚寅 | 4·5 | 20 | 土 | 28 | 己未 | 춘분 | 20 | 火 | 29 | 庚寅 | 5·5 |
| 17 | 21 | 土 | 29 | 辛卯 | 4·6 | 21 | 日 | 29 | 庚申 | 5·6 | 21 | 水 | 4/1 | 辛卯 | 4·6 |
| 18 | 22 | 日 | 2/1 | 壬辰 | 4·6 | 22 | 月 | 30 | 辛酉 | 4·6 | 22 | 木 | 2 | 壬辰 | 4·6 |
| 19 | 23 | 月 | 2 | 癸巳 | 3·6 | 23 | 火 | 3/1 | 壬戌 | 4·6 | 23 | 金 | 3 | 癸巳 | 4·6 |
| 20 | 24 | 火 | 3 | 甲午 | 3·7 | 24 | 水 | 2 | 癸亥 | 4·7 | 24 | 土 | 4 | 甲午 | 3·7 |
| 21 | 25 | 水 | 4 | 乙未 | 3·7 | 25 | 木 | 3 | 甲子 | 3·7 | 25 | 日 | 5 | 乙未 | 3·7 |
| 22 | 26 | 木 | 5 | 丙申 | 2·7 | 26 | 金 | 4 | 乙丑 | 3·7 | 26 | 月 | 6 | 丙申 | 3·7 |
| 23 | 27 | 金 | 6 | 丁酉 | 2·8 | 27 | 土 | 5 | 丙寅 | 3·8 | 27 | 火 | 7 | 丁酉 | 2·8 |
| 24 | 28 | 土 | 7 | 戊戌 | 2·8 | 28 | 日 | 6 | 丁卯 | 2·8 | 28 | 水 | 8 | 戊戌 | 2·8 |
| 25 | 29 | 日 | 8 | 己亥 | 1·8 | 29 | 月 | 7 | 戊辰 | 2·8 | 29 | 木 | 9 | 己亥 | 2·8 |
| 26 | 3/1 | 月 | 9 | 庚子 | 1·9 | 30 | 火 | 8 | 己巳 | 2·9 | 30 | 金 | 10 | 庚子 | 1·9 |
| 27 | 2 | 火 | 10 | 辛丑 | 1·9 | 31 | 水 | 9 | 庚午 | 1·9 | 5/1 | 土 | 11 | 辛丑 | 1·9 |
| 28 | 3 | 水 | 11 | 壬寅 | 1·9 | 4/1 | 木 | 10 | 辛未 | 1·9 | 2 | 日 | 12 | 壬寅 | 1·9 |
| 29 | | | | | | 2 | 金 | 11 | 壬申 | 1·10 | 3 | 月 | 13 | 癸卯 | 1·10 |
| 30 | | | | | | 3 | 土 | 12 | 癸酉 | 1·10 | | | | | |
| 31 | | | | | | | | | | | | | | | |

| 절기후날수 | 입하절(丁巳月) 立夏 5월4일 20시35분 小滿 5월20일 9시19분 | | | | | 망종절(戊午月) 芒種 6월5일 0시19분 夏至 6월20일 16시55분 | | | | | 소서절(己未月) 小暑 7월6일 10시25분 大暑 7월22일 3시47분 | | | | |
|---|---|---|---|---|---|---|---|---|---|---|---|---|---|---|---|
| | 양력 | 요일 | 음력 | 일진 | 大運 남·여 | 양력 | 요일 | 음력 | 일진 | 大運 남·여 | 양력 | 요일 | 음력 | 일진 | 大運 남·여 |
| 0 | 5/4 | 火 | 14 | 甲辰 | 입하 | 6/5 | 土 | 윤16 | 丙子 | 망종 | 7/6 | 火 | 18 | 丁未 | 소서 |
| 1 | 5 | 水 | 15 | 乙巳 | 10·1 | 6 | 日 | 윤17 | 丁丑 | 10·1 | 7 | 水 | 19 | 戊申 | 10·1 |
| 2 | 6 | 木 | 16 | 丙午 | 10·1 | 7 | 月 | 윤18 | 戊寅 | 10·1 | 8 | 木 | 20 | 己酉 | 10·1 |
| 3 | 7 | 金 | 17 | 丁未 | 10·1 | 8 | 火 | 윤19 | 己卯 | 9·1 | 9 | 金 | 21 | 庚戌 | 9·1 |
| 4 | 8 | 土 | 18 | 戊申 | 9·1 | 9 | 水 | 윤20 | 庚辰 | 9·1 | 10 | 土 | 22 | 辛亥 | 9·1 |
| 5 | 9 | 日 | 19 | 己酉 | 9·2 | 10 | 木 | 윤21 | 辛巳 | 9·2 | 11 | 日 | 23 | 壬子 | 9·2 |
| 6 | 10 | 月 | 20 | 庚戌 | 9·2 | 11 | 金 | 윤22 | 壬午 | 8·2 | 12 | 月 | 24 | 癸丑 | 8·2 |
| 7 | 11 | 火 | 21 | 辛亥 | 8·2 | 12 | 土 | 윤23 | 癸未 | 8·2 | 13 | 火 | 25 | 甲寅 | 8·2 |
| 8 | 12 | 水 | 22 | 壬子 | 8·3 | 13 | 日 | 윤24 | 甲申 | 8·3 | 14 | 水 | 26 | 乙卯 | 8·3 |
| 9 | 13 | 木 | 23 | 癸丑 | 8·3 | 14 | 月 | 윤25 | 乙酉 | 7·3 | 15 | 木 | 27 | 丙辰 | 7·3 |
| 10 | 14 | 金 | 24 | 甲寅 | 7·3 | 15 | 火 | 윤26 | 丙戌 | 7·3 | 16 | 金 | 28 | 丁巳 | 7·3 |
| 11 | 15 | 土 | 25 | 乙卯 | 7·4 | 16 | 水 | 윤27 | 丁亥 | 7·4 | 17 | 土 | 29 | 戊午 | 7·4 |
| 12 | 16 | 日 | 26 | 丙辰 | 7·4 | 17 | 木 | 윤28 | 戊子 | 6·4 | 18 | 日 | 6/1 | 己未 | 6·4 |
| 13 | 17 | 月 | 27 | 丁巳 | 6·4 | 18 | 金 | 윤29 | 己丑 | 6·4 | 19 | 月 | 2 | 庚申 | 6·4 |
| 14 | 18 | 火 | 28 | 戊午 | 6·5 | 19 | 土 | 5/1 | 庚寅 | 6·5 | 20 | 火 | 3 | 辛酉 | 6·5 |
| 15 | 19 | 水 | 29 | 己未 | 6·5 | 20 | 日 | 2 | 辛卯 | 하지 | 21 | 水 | 4 | 壬戌 | 5·5 |
| 16 | 20 | 木 | 30 | 庚申 | 소만 | 21 | 月 | 3 | 壬辰 | 5·5 | 22 | 木 | 5 | 癸亥 | 대서 |
| 17 | 21 | 金 | 윤1 | 辛酉 | 5·6 | 22 | 火 | 4 | 癸巳 | 5·6 | 23 | 金 | 6 | 甲子 | 5·6 |
| 18 | 22 | 土 | 윤2 | 壬戌 | 5·6 | 23 | 水 | 5 | 甲午 | 4·6 | 24 | 土 | 7 | 乙丑 | 4·6 |
| 19 | 23 | 日 | 윤3 | 癸亥 | 4·6 | 24 | 木 | 6 | 乙未 | 4·6 | 25 | 日 | 8 | 丙寅 | 4·6 |
| 20 | 24 | 月 | 윤4 | 甲子 | 4·7 | 25 | 金 | 7 | 丙申 | 4·7 | 26 | 月 | 9 | 丁卯 | 4·7 |
| 21 | 25 | 火 | 윤5 | 乙丑 | 4·7 | 26 | 土 | 8 | 丁酉 | 3·7 | 27 | 火 | 10 | 戊辰 | 3·7 |
| 22 | 26 | 水 | 윤6 | 丙寅 | 3·7 | 27 | 日 | 9 | 戊戌 | 3·7 | 28 | 水 | 11 | 己巳 | 3·7 |
| 23 | 27 | 木 | 윤7 | 丁卯 | 3·8 | 28 | 月 | 10 | 己亥 | 3·8 | 29 | 木 | 12 | 庚午 | 3·8 |
| 24 | 28 | 金 | 윤8 | 戊辰 | 3·8 | 29 | 火 | 11 | 庚子 | 2·8 | 30 | 金 | 13 | 辛未 | 2·8 |
| 25 | 29 | 土 | 윤9 | 己巳 | 2·8 | 30 | 水 | 12 | 辛丑 | 2·8 | 31 | 土 | 14 | 壬申 | 2·8 |
| 26 | 30 | 日 | 윤10 | 庚午 | 2·9 | 7/1 | 木 | 13 | 壬寅 | 2·9 | 8/1 | 日 | 15 | 癸酉 | 2·9 |
| 27 | 31 | 月 | 윤11 | 辛未 | 2·9 | 2 | 金 | 14 | 癸卯 | 1·9 | 2 | 月 | 16 | 甲戌 | 1·9 |
| 28 | 6/1 | 火 | 윤12 | 壬申 | 1·9 | 3 | 土 | 15 | 甲辰 | 1·9 | 3 | 火 | 17 | 乙亥 | 1·9 |
| 29 | 2 | 水 | 윤13 | 癸酉 | 1·10 | 4 | 日 | 16 | 乙巳 | 1·10 | 4 | 水 | 18 | 丙子 | 1·10 |
| 30 | 3 | 木 | 윤14 | 甲戌 | 1·10 | 5 | 月 | 17 | 丙午 | 1·10 | 5 | 木 | 19 | 丁丑 | 1·10 |
| 31 | 4 | 金 | 윤15 | 乙亥 | 1·10 | | | | | | | | | | |

▶ 윤달-4월

# 戊申年

## 입추절(庚申月)
立秋 8월6일 20시22분
處暑 8월22일 11시8분

| 절기후날수 | 양력 | 요일 | 음력 | 일진 | 大運 남·여 |
|---|---|---|---|---|---|
| 0 | 8/6 | 金 | 20 | 戊寅 | 입추 |
| 1 | 7 | 土 | 21 | 己卯 | 10·1 |
| 2 | 8 | 日 | 22 | 庚辰 | 10·1 |
| 3 | 9 | 月 | 23 | 辛巳 | 9·1 |
| 4 | 10 | 火 | 24 | 壬午 | 9·1 |
| 5 | 11 | 水 | 25 | 癸未 | 9·2 |
| 6 | 12 | 木 | 26 | 甲申 | 8·2 |
| 7 | 13 | 金 | 27 | 乙酉 | 8·2 |
| 8 | 14 | 土 | 28 | 丙戌 | 8·3 |
| 9 | 15 | 日 | 29 | 丁亥 | 7·3 |
| 10 | 16 | 月 | 30 | 戊子 | 7·3 |
| 11 | 17 | 火 | 7/1 | 己丑 | 7·4 |
| 12 | 18 | 水 | 2 | 庚寅 | 6·4 |
| 13 | 19 | 木 | 3 | 辛卯 | 6·4 |
| 14 | 20 | 金 | 4 | 壬辰 | 6·5 |
| 15 | 21 | 土 | 5 | 癸巳 | 5·5 |
| 16 | 22 | 日 | 6 | 甲午 | 처서 |
| 17 | 23 | 月 | 7 | 乙未 | 5·6 |
| 18 | 24 | 火 | 8 | 丙申 | 4·6 |
| 19 | 25 | 水 | 9 | 丁酉 | 4·6 |
| 20 | 26 | 木 | 10 | 戊戌 | 4·7 |
| 21 | 27 | 金 | 11 | 己亥 | 3·7 |
| 22 | 28 | 土 | 12 | 庚子 | 3·7 |
| 23 | 29 | 日 | 13 | 辛丑 | 3·8 |
| 24 | 30 | 月 | 14 | 壬寅 | 2·8 |
| 25 | 31 | 火 | 15 | 癸卯 | 2·8 |
| 26 | 9/1 | 水 | 16 | 甲辰 | 2·9 |
| 27 | 2 | 木 | 17 | 乙巳 | 1·9 |
| 28 | 3 | 金 | 18 | 丙午 | 1·9 |
| 29 | 4 | 土 | 19 | 丁未 | 1·10 |
| 30 | 5 | 日 | 20 | 戊申 | 1·10 |
| 31 | | | | | |

## 백로절(辛酉月)
白露 9월6일 23시43분
秋分 9월22일 9시17분

| 절기후날수 | 양력 | 요일 | 음력 | 일진 | 大運 남·여 |
|---|---|---|---|---|---|
| 0 | 9/6 | 月 | 21 | 己酉 | 백로 |
| 1 | 7 | 火 | 22 | 庚戌 | 10·1 |
| 2 | 8 | 水 | 23 | 辛亥 | 10·1 |
| 3 | 9 | 木 | 24 | 壬子 | 9·1 |
| 4 | 10 | 金 | 25 | 癸丑 | 9·1 |
| 5 | 11 | 土 | 26 | 甲寅 | 9·2 |
| 6 | 12 | 日 | 27 | 乙卯 | 8·2 |
| 7 | 13 | 月 | 28 | 丙辰 | 8·2 |
| 8 | 14 | 火 | 29 | 丁巳 | 8·3 |
| 9 | 15 | 水 | 8/1 | 戊午 | 7·3 |
| 10 | 16 | 木 | 2 | 己未 | 7·3 |
| 11 | 17 | 金 | 3 | 庚申 | 7·4 |
| 12 | 18 | 土 | 4 | 辛酉 | 6·4 |
| 13 | 19 | 日 | 5 | 壬戌 | 6·4 |
| 14 | 20 | 月 | 6 | 癸亥 | 6·5 |
| 15 | 21 | 火 | 7 | 甲子 | 5·5 |
| 16 | 22 | 水 | 8 | 乙丑 | 추분 |
| 17 | 23 | 木 | 9 | 丙寅 | 5·6 |
| 18 | 24 | 金 | 10 | 丁卯 | 4·6 |
| 19 | 25 | 土 | 11 | 戊辰 | 4·6 |
| 20 | 26 | 日 | 12 | 己巳 | 4·7 |
| 21 | 27 | 月 | 13 | 庚午 | 3·7 |
| 22 | 28 | 火 | 14 | 辛未 | 3·7 |
| 23 | 29 | 水 | 15 | 壬申 | 3·8 |
| 24 | 30 | 木 | 16 | 癸酉 | 2·8 |
| 25 | 10/1 | 金 | 17 | 甲戌 | 2·8 |
| 26 | 2 | 土 | 18 | 乙亥 | 2·9 |
| 27 | 3 | 日 | 19 | 丙子 | 1·9 |
| 28 | 4 | 月 | 20 | 丁丑 | 1·9 |
| 29 | 5 | 火 | 21 | 戊寅 | 1·10 |
| 30 | 6 | 水 | 22 | 己卯 | 1·10 |
| 31 | | | | | |

## 한로절(壬戌月)
寒露 10월7일 15시55분
霜降 10월22일 19시12분

| 절기후날수 | 양력 | 요일 | 음력 | 일진 | 大運 남·여 |
|---|---|---|---|---|---|
| 0 | 10/7 | 木 | 23 | 庚辰 | 한로 |
| 1 | 8 | 金 | 24 | 辛巳 | 10·1 |
| 2 | 9 | 土 | 25 | 壬午 | 9·1 |
| 3 | 10 | 日 | 26 | 癸未 | 9·1 |
| 4 | 11 | 月 | 27 | 甲申 | 9·1 |
| 5 | 12 | 火 | 28 | 乙酉 | 8·2 |
| 6 | 13 | 水 | 29 | 丙戌 | 8·2 |
| 7 | 14 | 木 | 9/1 | 丁亥 | 8·2 |
| 8 | 15 | 金 | 2 | 戊子 | 7·3 |
| 9 | 16 | 土 | 3 | 己丑 | 7·3 |
| 10 | 17 | 日 | 4 | 庚寅 | 7·3 |
| 11 | 18 | 月 | 5 | 辛卯 | 6·4 |
| 12 | 19 | 火 | 6 | 壬辰 | 6·4 |
| 13 | 20 | 水 | 7 | 癸巳 | 6·4 |
| 14 | 21 | 木 | 8 | 甲午 | 5·5 |
| 15 | 22 | 金 | 9 | 乙未 | 상강 |
| 16 | 23 | 土 | 10 | 丙申 | 5·5 |
| 17 | 24 | 日 | 11 | 丁酉 | 4·6 |
| 18 | 25 | 月 | 12 | 戊戌 | 4·6 |
| 19 | 26 | 火 | 13 | 己亥 | 4·6 |
| 20 | 27 | 水 | 14 | 庚子 | 3·7 |
| 21 | 28 | 木 | 15 | 辛丑 | 3·7 |
| 22 | 29 | 金 | 16 | 壬寅 | 3·7 |
| 23 | 30 | 土 | 17 | 癸卯 | 2·8 |
| 24 | 31 | 日 | 18 | 甲辰 | 2·8 |
| 25 | 11/1 | 月 | 19 | 乙巳 | 2·8 |
| 26 | 2 | 火 | 20 | 丙午 | 1·9 |
| 27 | 3 | 水 | 21 | 丁未 | 1·9 |
| 28 | 4 | 木 | 22 | 戊申 | 1·9 |
| 29 | 5 | 金 | 23 | 己酉 | 1·10 |
| 30 | | | | | |
| 31 | | | | | |

## 입동절(癸亥月)
立冬 11월6일 19시39분
小雪 11월21일 17시16분

| 절기후날수 | 양력 | 요일 | 음력 | 일진 | 大運 남·여 |
|---|---|---|---|---|---|
| 0 | 11/6 | 土 | 24 | 庚戌 | 입동 |
| 1 | 7 | 日 | 25 | 辛亥 | 10·1 |
| 2 | 8 | 月 | 26 | 壬子 | 9·1 |
| 3 | 9 | 火 | 27 | 癸丑 | 9·1 |
| 4 | 10 | 水 | 28 | 甲寅 | 9·1 |
| 5 | 11 | 木 | 29 | 乙卯 | 8·2 |
| 6 | 12 | 金 | 30 | 丙辰 | 8·2 |
| 7 | 13 | 土 | 10/1 | 丁巳 | 8·2 |
| 8 | 14 | 日 | 2 | 戊午 | 7·3 |
| 9 | 15 | 月 | 3 | 己未 | 7·3 |
| 10 | 16 | 火 | 4 | 庚申 | 7·3 |
| 11 | 17 | 水 | 5 | 辛酉 | 6·4 |
| 12 | 18 | 木 | 6 | 壬戌 | 6·4 |
| 13 | 19 | 金 | 7 | 癸亥 | 6·4 |
| 14 | 20 | 土 | 8 | 甲子 | 5·5 |
| 15 | 21 | 日 | 9 | 乙丑 | 소설 |
| 16 | 22 | 月 | 10 | 丙寅 | 5·5 |
| 17 | 23 | 火 | 11 | 丁卯 | 4·6 |
| 18 | 24 | 水 | 12 | 戊辰 | 4·6 |
| 19 | 25 | 木 | 13 | 己巳 | 4·6 |
| 20 | 26 | 金 | 14 | 庚午 | 3·7 |
| 21 | 27 | 土 | 15 | 辛未 | 3·7 |
| 22 | 28 | 日 | 16 | 壬申 | 3·7 |
| 23 | 29 | 月 | 17 | 癸酉 | 2·8 |
| 24 | 30 | 火 | 18 | 甲戌 | 2·8 |
| 25 | 12/1 | 水 | 19 | 乙亥 | 2·8 |
| 26 | 2 | 木 | 20 | 丙子 | 1·9 |
| 27 | 3 | 金 | 21 | 丁丑 | 1·9 |
| 28 | 4 | 土 | 22 | 戊寅 | 1·9 |
| 29 | 5 | 日 | 23 | 己卯 | 1·10 |
| 30 | | | | | |
| 31 | | | | | |

## 대설절(甲子月)
大雪 12월6일 12시55분
冬至 12월21일 6시55분

| 절기후날수 | 양력 | 요일 | 음력 | 일진 | 大運 남·여 |
|---|---|---|---|---|---|
| 0 | 12/6 | 月 | 24 | 庚辰 | 대설 |
| 1 | 7 | 火 | 25 | 辛巳 | 10·1 |
| 2 | 8 | 水 | 26 | 壬午 | 9·1 |
| 3 | 9 | 木 | 27 | 癸未 | 9·1 |
| 4 | 10 | 金 | 28 | 甲申 | 9·1 |
| 5 | 11 | 土 | 29 | 乙酉 | 8·2 |
| 6 | 12 | 日 | 30 | 丙戌 | 8·2 |
| 7 | 13 | 月 | 11/1 | 丁亥 | 8·2 |
| 8 | 14 | 火 | 2 | 戊子 | 7·3 |
| 9 | 15 | 水 | 3 | 己丑 | 7·3 |
| 10 | 16 | 木 | 4 | 庚寅 | 7·3 |
| 11 | 17 | 金 | 5 | 辛卯 | 6·4 |
| 12 | 18 | 土 | 6 | 壬辰 | 6·4 |
| 13 | 19 | 日 | 7 | 癸巳 | 6·4 |
| 14 | 20 | 月 | 8 | 甲午 | 5·5 |
| 15 | 21 | 火 | 9 | 乙未 | 동지 |
| 16 | 22 | 水 | 10 | 丙申 | 5·5 |
| 17 | 23 | 木 | 11 | 丁酉 | 4·6 |
| 18 | 24 | 金 | 12 | 戊戌 | 4·6 |
| 19 | 25 | 土 | 13 | 己亥 | 4·6 |
| 20 | 26 | 日 | 14 | 庚子 | 3·7 |
| 21 | 27 | 月 | 15 | 辛丑 | 3·7 |
| 22 | 28 | 火 | 16 | 壬寅 | 3·7 |
| 23 | 29 | 水 | 17 | 癸卯 | 2·8 |
| 24 | 30 | 木 | 18 | 甲辰 | 2·8 |
| 25 | 31 | 金 | 19 | 乙巳 | 2·8 |
| 26 | 1/1 | 土 | 20 | 丙午 | 1·9 |
| 27 | 2 | 日 | 21 | 丁未 | 1·9 |
| 28 | 3 | 月 | 22 | 戊申 | 1·9 |
| 29 | 4 | 火 | 23 | 己酉 | 1·10 |
| 30 | | | | | |
| 31 | | | | | |

## 소한절(乙丑月)
小寒 1월5일 0시20분
大寒 1월19일 17시37분

| 절기후날수 | 양력 | 요일 | 음력 | 일진 | 大運 남·여 |
|---|---|---|---|---|---|
| 0 | 1/5 | 水 | 24 | 庚戌 | 소한 |
| 1 | 6 | 木 | 25 | 辛亥 | 9·1 |
| 2 | 7 | 金 | 26 | 壬子 | 9·1 |
| 3 | 8 | 土 | 27 | 癸丑 | 9·1 |
| 4 | 9 | 日 | 28 | 甲寅 | 8·1 |
| 5 | 10 | 月 | 29 | 乙卯 | 8·2 |
| 6 | 11 | 火 | 30 | 丙辰 | 8·2 |
| 7 | 12 | 水 | 12/1 | 丁巳 | 7·2 |
| 8 | 13 | 木 | 2 | 戊午 | 7·3 |
| 9 | 14 | 金 | 3 | 己未 | 7·3 |
| 10 | 15 | 土 | 4 | 庚申 | 6·3 |
| 11 | 16 | 日 | 5 | 辛酉 | 6·4 |
| 12 | 17 | 月 | 6 | 壬戌 | 6·4 |
| 13 | 18 | 火 | 7 | 癸亥 | 5·4 |
| 14 | 19 | 水 | 8 | 甲子 | 대한 |
| 15 | 20 | 木 | 9 | 乙丑 | 5·5 |
| 16 | 21 | 金 | 10 | 丙寅 | 4·5 |
| 17 | 22 | 土 | 11 | 丁卯 | 4·6 |
| 18 | 23 | 日 | 12 | 戊辰 | 4·6 |
| 19 | 24 | 月 | 13 | 己巳 | 3·6 |
| 20 | 25 | 火 | 14 | 庚午 | 3·7 |
| 21 | 26 | 水 | 15 | 辛未 | 3·7 |
| 22 | 27 | 木 | 16 | 壬申 | 2·7 |
| 23 | 28 | 金 | 17 | 癸酉 | 2·8 |
| 24 | 29 | 土 | 18 | 甲戌 | 2·8 |
| 25 | 30 | 日 | 19 | 乙亥 | 1·8 |
| 26 | 31 | 月 | 20 | 丙子 | 1·9 |
| 27 | 2/1 | 火 | 21 | 丁丑 | 1·9 |
| 28 | 2 | 水 | 22 | 戊寅 | 1·9 |
| 29 | | | | | |
| 30 | | | | | |
| 31 | | | | | |

# 서기 2089년 [단기 4422년]

| 절기후날수 | 입춘절(丙寅月)<br>立春 2월3일 11시53분<br>雨水 2월18일 7시32분 | | | | | 경칩절(丁卯月)<br>驚蟄 3월5일 5시33분<br>春分 3월20일 6시5분 | | | | | 청명절(戊辰月)<br>淸明 4월4일 9시49분<br>穀雨 4월19일 16시32분 | | | | |
|---|---|---|---|---|---|---|---|---|---|---|---|---|---|---|---|
| | 양력 | 요일 | 음력 | 일진 | 大運 남·여 | 양력 | 요일 | 음력 | 일진 | 大運 남·여 | 양력 | 요일 | 음력 | 일진 | 大運 남·여 |
| 0 | 2/3 | 木 | 23 | 己卯 | 입춘 | 3/5 | 土 | 23 | 己酉 | 경칩 | 4/4 | 月 | 24 | 己卯 | 청명 |
| 1 | 4 | 金 | 24 | 庚辰 | 1·10 | 6 | 日 | 24 | 庚戌 | 1·10 | 5 | 火 | 25 | 庚辰 | 1·10 |
| 2 | 5 | 土 | 25 | 辛巳 | 1·9 | 7 | 月 | 25 | 辛亥 | 1·9 | 6 | 水 | 26 | 辛巳 | 1·10 |
| 3 | 6 | 日 | 26 | 壬午 | 1·9 | 8 | 火 | 26 | 壬子 | 1·9 | 7 | 木 | 27 | 壬午 | 1·9 |
| 4 | 7 | 月 | 27 | 癸未 | 1·9 | 9 | 水 | 27 | 癸丑 | 1·9 | 8 | 金 | 28 | 癸未 | 1·9 |
| 5 | 8 | 火 | 28 | 甲申 | 2·8 | 10 | 木 | 28 | 甲寅 | 2·8 | 9 | 土 | 29 | 甲申 | 2·9 |
| 6 | 9 | 水 | 29 | 乙酉 | 2·8 | 11 | 金 | 29 | 乙卯 | 2·8 | 10 | 日 | 30 | 乙酉 | 2·8 |
| 7 | 10 | 木 | 30 | 丙戌 | 2·8 | 12 | 土 | 2/1 | 丙辰 | 2·8 | 11 | 月 | 3/1 | 丙戌 | 2·8 |
| 8 | 11 | 金 | 1/1 | 丁亥 | 3·7 | 13 | 日 | 2 | 丁巳 | 3·7 | 12 | 火 | 2 | 丁亥 | 3·8 |
| 9 | 12 | 土 | 2 | 戊子 | 3·7 | 14 | 月 | 3 | 戊午 | 3·7 | 13 | 水 | 3 | 戊子 | 3·7 |
| 10 | 13 | 日 | 3 | 己丑 | 3·7 | 15 | 火 | 4 | 己未 | 3·7 | 14 | 木 | 4 | 己丑 | 3·7 |
| 11 | 14 | 月 | 4 | 庚寅 | 4·6 | 16 | 水 | 5 | 庚申 | 4·6 | 15 | 金 | 5 | 庚寅 | 4·7 |
| 12 | 15 | 火 | 5 | 辛卯 | 4·6 | 17 | 木 | 6 | 辛酉 | 4·6 | 16 | 土 | 6 | 辛卯 | 4·6 |
| 13 | 16 | 水 | 6 | 壬辰 | 4·6 | 18 | 金 | 7 | 壬戌 | 4·6 | 17 | 日 | 7 | 壬辰 | 4·6 |
| 14 | 17 | 木 | 7 | 癸巳 | 5·5 | 19 | 土 | 8 | 癸亥 | 5·5 | 18 | 月 | 8 | 癸巳 | 5·6 |
| 15 | 18 | 金 | 8 | 甲午 | 우수 | 20 | 日 | 9 | 甲子 | 춘분 | 19 | 火 | 9 | 甲午 | 곡우 |
| 16 | 19 | 土 | 9 | 乙未 | 5·5 | 21 | 月 | 10 | 乙丑 | 5·5 | 20 | 水 | 10 | 乙未 | 5·5 |
| 17 | 20 | 日 | 10 | 丙申 | 6·4 | 22 | 火 | 11 | 丙寅 | 6·4 | 21 | 木 | 11 | 丙申 | 6·5 |
| 18 | 21 | 月 | 11 | 丁酉 | 6·4 | 23 | 水 | 12 | 丁卯 | 6·4 | 22 | 金 | 12 | 丁酉 | 6·4 |
| 19 | 22 | 火 | 12 | 戊戌 | 6·4 | 24 | 木 | 13 | 戊辰 | 6·4 | 23 | 土 | 13 | 戊戌 | 6·4 |
| 20 | 23 | 水 | 13 | 己亥 | 7·3 | 25 | 金 | 14 | 己巳 | 7·3 | 24 | 日 | 14 | 己亥 | 7·4 |
| 21 | 24 | 木 | 14 | 庚子 | 7·3 | 26 | 土 | 15 | 庚午 | 7·3 | 25 | 月 | 15 | 庚子 | 7·3 |
| 22 | 25 | 金 | 15 | 辛丑 | 7·3 | 27 | 日 | 16 | 辛未 | 7·3 | 26 | 火 | 16 | 辛丑 | 7·3 |
| 23 | 26 | 土 | 16 | 壬寅 | 8·2 | 28 | 月 | 17 | 壬申 | 8·2 | 27 | 水 | 17 | 壬寅 | 8·3 |
| 24 | 27 | 日 | 17 | 癸卯 | 8·2 | 29 | 火 | 18 | 癸酉 | 8·2 | 28 | 木 | 18 | 癸卯 | 8·2 |
| 25 | 28 | 月 | 18 | 甲辰 | 8·2 | 30 | 水 | 19 | 甲戌 | 8·2 | 29 | 金 | 19 | 甲辰 | 8·2 |
| 26 | 3/1 | 火 | 19 | 乙巳 | 9·1 | 31 | 木 | 20 | 乙亥 | 9·1 | 30 | 土 | 20 | 乙巳 | 9·2 |
| 27 | 2 | 水 | 20 | 丙午 | 9·1 | 4/1 | 金 | 21 | 丙子 | 9·1 | 5/1 | 日 | 21 | 丙午 | 9·1 |
| 28 | 3 | 木 | 21 | 丁未 | 9·1 | 2 | 土 | 22 | 丁丑 | 9·1 | 2 | 月 | 22 | 丁未 | 9·1 |
| 29 | 4 | 金 | 22 | 戊申 | 10·1 | 3 | 日 | 23 | 戊寅 | 10·1 | 3 | 火 | 23 | 戊申 | 10·1 |
| 30 | | | | | | | | | | | 4 | 水 | 24 | 己酉 | 10·1 |
| 31 | | | | | | | | | | | | | | | |

| 절기후날수 | 입하절(己巳月)<br>立夏 5월5일 2시30분<br>小滿 5월20일 15시7분 | | | | | 망종절(庚午月)<br>芒種 6월5일 6시9분<br>夏至 6월20일 22시42분 | | | | | 소서절(辛未月)<br>小暑 7월6일 16시10분<br>大暑 7월22일 9시32분 | | | | |
|---|---|---|---|---|---|---|---|---|---|---|---|---|---|---|---|
| | 양력 | 요일 | 음력 | 일진 | 大運 남·여 | 양력 | 요일 | 음력 | 일진 | 大運 남·여 | 양력 | 요일 | 음력 | 일진 | 大運 남·여 |
| 0 | 5/5 | 木 | 25 | 庚戌 | 입하 | 6/5 | 日 | 27 | 辛巳 | 망종 | 7/6 | 水 | 28 | 壬子 | 소서 |
| 1 | 6 | 金 | 26 | 辛亥 | 1·10 | 6 | 月 | 28 | 壬午 | 1·10 | 7 | 木 | 29 | 癸丑 | 1·10 |
| 2 | 7 | 土 | 27 | 壬子 | 1·10 | 7 | 火 | 29 | 癸未 | 1·10 | 8 | 金 | 6/1 | 甲寅 | 1·10 |
| 3 | 8 | 日 | 28 | 癸丑 | 1·9 | 8 | 水 | 30 | 甲申 | 1·9 | 9 | 土 | 2 | 乙卯 | 1·10 |
| 4 | 9 | 月 | 29 | 甲寅 | 1·9 | 9 | 木 | 5/1 | 乙酉 | 1·9 | 10 | 日 | 3 | 丙辰 | 1·9 |
| 5 | 10 | 火 | 4/1 | 乙卯 | 2·9 | 10 | 金 | 2 | 丙戌 | 2·9 | 11 | 月 | 4 | 丁巳 | 2·9 |
| 6 | 11 | 水 | 2 | 丙辰 | 2·8 | 11 | 土 | 3 | 丁亥 | 2·8 | 12 | 火 | 5 | 戊午 | 2·9 |
| 7 | 12 | 木 | 3 | 丁巳 | 2·8 | 12 | 日 | 4 | 戊子 | 2·8 | 13 | 水 | 6 | 己未 | 2·8 |
| 8 | 13 | 金 | 4 | 戊午 | 3·8 | 13 | 月 | 5 | 己丑 | 3·8 | 14 | 木 | 7 | 庚申 | 3·8 |
| 9 | 14 | 土 | 5 | 己未 | 3·7 | 14 | 火 | 6 | 庚寅 | 3·7 | 15 | 金 | 8 | 辛酉 | 3·8 |
| 10 | 15 | 日 | 6 | 庚申 | 3·7 | 15 | 水 | 7 | 辛卯 | 3·7 | 16 | 土 | 9 | 壬戌 | 3·7 |
| 11 | 16 | 月 | 7 | 辛酉 | 4·7 | 16 | 木 | 8 | 壬辰 | 4·7 | 17 | 日 | 10 | 癸亥 | 4·7 |
| 12 | 17 | 火 | 8 | 壬戌 | 4·6 | 17 | 金 | 9 | 癸巳 | 4·6 | 18 | 月 | 11 | 甲子 | 4·7 |
| 13 | 18 | 水 | 9 | 癸亥 | 4·6 | 18 | 土 | 10 | 甲午 | 4·6 | 19 | 火 | 12 | 乙丑 | 4·6 |
| 14 | 19 | 木 | 10 | 甲子 | 5·6 | 19 | 日 | 11 | 乙未 | 5·6 | 20 | 水 | 13 | 丙寅 | 5·6 |
| 15 | 20 | 金 | 11 | 乙丑 | 소만 | 20 | 月 | 12 | 丙申 | 하지 | 21 | 木 | 14 | 丁卯 | 5·6 |
| 16 | 21 | 土 | 12 | 丙寅 | 5·5 | 21 | 火 | 13 | 丁酉 | 5·5 | 22 | 金 | 15 | 戊辰 | 대서 |
| 17 | 22 | 日 | 13 | 丁卯 | 6·5 | 22 | 水 | 14 | 戊戌 | 6·5 | 23 | 土 | 16 | 己巳 | 6·5 |
| 18 | 23 | 月 | 14 | 戊辰 | 6·4 | 23 | 木 | 15 | 己亥 | 6·4 | 24 | 日 | 17 | 庚午 | 6·5 |
| 19 | 24 | 火 | 15 | 己巳 | 6·4 | 24 | 金 | 16 | 庚子 | 6·4 | 25 | 月 | 18 | 辛未 | 6·4 |
| 20 | 25 | 水 | 16 | 庚午 | 7·4 | 25 | 土 | 17 | 辛丑 | 7·4 | 26 | 火 | 19 | 壬申 | 7·4 |
| 21 | 26 | 木 | 17 | 辛未 | 7·3 | 26 | 日 | 18 | 壬寅 | 7·3 | 27 | 水 | 20 | 癸酉 | 7·4 |
| 22 | 27 | 金 | 18 | 壬申 | 7·3 | 27 | 月 | 19 | 癸卯 | 7·3 | 28 | 木 | 21 | 甲戌 | 7·3 |
| 23 | 28 | 土 | 19 | 癸酉 | 8·3 | 28 | 火 | 20 | 甲辰 | 8·3 | 29 | 金 | 22 | 乙亥 | 8·3 |
| 24 | 29 | 日 | 20 | 甲戌 | 8·2 | 29 | 水 | 21 | 乙巳 | 8·2 | 30 | 土 | 23 | 丙子 | 8·3 |
| 25 | 30 | 月 | 21 | 乙亥 | 8·2 | 30 | 木 | 22 | 丙午 | 8·2 | 31 | 日 | 24 | 丁丑 | 8·2 |
| 26 | 31 | 火 | 22 | 丙子 | 9·2 | 7/1 | 金 | 23 | 丁未 | 9·2 | 8/1 | 月 | 25 | 戊寅 | 9·2 |
| 27 | 6/1 | 水 | 23 | 丁丑 | 9·1 | 2 | 土 | 24 | 戊申 | 9·1 | 2 | 火 | 26 | 己卯 | 9·2 |
| 28 | 2 | 木 | 24 | 戊寅 | 9·1 | 3 | 日 | 25 | 己酉 | 9·1 | 3 | 水 | 27 | 庚辰 | 9·1 |
| 29 | 3 | 金 | 25 | 己卯 | 10·1 | 4 | 月 | 26 | 庚戌 | 10·1 | 4 | 木 | 28 | 辛巳 | 10·1 |
| 30 | 4 | 土 | 26 | 庚辰 | 10·1 | 5 | 火 | 27 | 辛亥 | 10·1 | 5 | 金 | 29 | 壬午 | 10·1 |
| 31 | | | | | | | | | | | 6 | 土 | 7/1 | 癸未 | 10·1 |

# 己酉年

| 절기후날수 | 입추절(壬申月) | | | | | 백로절(癸酉月) | | | | | 한로절(甲戌月) | | | | | 입동절(乙亥月) | | | | | 대설절(丙子月) | | | | | 소한절(丁丑月) | | | | |
|---|---|---|---|---|---|---|---|---|---|---|---|---|---|---|---|---|---|---|---|---|---|---|---|---|---|---|---|---|---|---|
| | 立秋 8월7일 2시3분<br>處暑 8월22일 16시54분 | | | | | 白露 9월7일 5시23분<br>秋分 9월22일 15시6분 | | | | | 寒露 10월7일 21시37분<br>霜降 10월23일 1시4분 | | | | | 立冬 11월7일 1시23분<br>小雪 11월21일 23시11분 | | | | | 大雪 12월6일 18시42분<br>冬至 12월21일 12시51분 | | | | | 小寒 1월5일 6시7분<br>大寒 1월19일 23시33분 | | | | |
| | 양력 | 요일 | 음력 | 일진 | 大運 남·여 | 양력 | 요일 | 음력 | 일진 | 大運 남·여 | 양력 | 요일 | 음력 | 일진 | 大運 남·여 | 양력 | 요일 | 음력 | 일진 | 大運 남·여 | 양력 | 요일 | 음력 | 일진 | 大運 남·여 | 양력 | 요일 | 음력 | 일진 | 大運 남·여 |
| 0 | 8/7 | 日 | 2 | 甲申 | 입추 | 9/7 | 水 | 3 | 乙卯 | 백로 | 10/7 | 金 | 4 | 乙酉 | 한로 | 11/7 | 月 | 6 | 丙辰 | 입동 | 12/6 | 火 | 5 | 乙酉 | 대설 | 1/5 | 木 | 5 | 乙卯 | 소한 |
| 1 | 8 | 月 | 3 | 乙酉 | 1·10 | 8 | 木 | 4 | 丙辰 | 1·10 | 8 | 土 | 5 | 丙戌 | 1·10 | 8 | 火 | 7 | 丁巳 | 1·9 | 7 | 水 | 6 | 丙戌 | 1·10 | 6 | 金 | 6 | 丙辰 | 1·9 |
| 2 | 9 | 火 | 4 | 丙戌 | 1·10 | 9 | 金 | 5 | 丁巳 | 1·9 | 9 | 日 | 6 | 丁亥 | 1·10 | 9 | 水 | 8 | 戊午 | 1·9 | 8 | 木 | 7 | 丁亥 | 1·9 | 7 | 土 | 7 | 丁巳 | 1·9 |
| 3 | 10 | 水 | 5 | 丁亥 | 1·9 | 10 | 土 | 6 | 戊午 | 1·9 | 10 | 月 | 7 | 戊子 | 1·9 | 10 | 木 | 9 | 己未 | 1·9 | 9 | 金 | 8 | 戊子 | 1·9 | 8 | 日 | 8 | 戊午 | 1·9 |
| 4 | 11 | 木 | 6 | 戊子 | 1·9 | 11 | 日 | 7 | 己未 | 1·9 | 11 | 火 | 8 | 己丑 | 1·9 | 11 | 金 | 10 | 庚申 | 1·8 | 10 | 土 | 9 | 己丑 | 1·9 | 9 | 月 | 9 | 己未 | 1·8 |
| 5 | 12 | 金 | 7 | 己丑 | 2·9 | 12 | 月 | 8 | 庚申 | 2·8 | 12 | 水 | 9 | 庚寅 | 2·9 | 12 | 土 | 11 | 辛酉 | 2·8 | 11 | 日 | 10 | 庚寅 | 2·8 | 10 | 火 | 10 | 庚申 | 2·8 |
| 6 | 13 | 土 | 8 | 庚寅 | 2·8 | 13 | 火 | 9 | 辛酉 | 2·8 | 13 | 木 | 10 | 辛卯 | 2·8 | 13 | 日 | 12 | 壬戌 | 2·8 | 12 | 月 | 11 | 辛卯 | 2·8 | 11 | 水 | 11 | 辛酉 | 2·8 |
| 7 | 14 | 日 | 9 | 辛卯 | 2·8 | 14 | 水 | 10 | 壬戌 | 2·8 | 14 | 金 | 11 | 壬辰 | 2·8 | 14 | 月 | 13 | 癸亥 | 2·7 | 13 | 火 | 12 | 壬辰 | 2·8 | 12 | 木 | 12 | 壬戌 | 2·7 |
| 8 | 15 | 月 | 10 | 壬辰 | 3·8 | 15 | 木 | 11 | 癸亥 | 3·7 | 15 | 土 | 12 | 癸巳 | 3·8 | 15 | 火 | 14 | 甲子 | 3·7 | 14 | 水 | 13 | 癸巳 | 3·7 | 13 | 金 | 13 | 癸亥 | 3·7 |
| 9 | 16 | 火 | 11 | 癸巳 | 3·7 | 16 | 金 | 12 | 甲子 | 3·7 | 16 | 日 | 13 | 甲午 | 3·7 | 16 | 水 | 15 | 乙丑 | 3·7 | 15 | 木 | 14 | 甲午 | 3·7 | 14 | 土 | 14 | 甲子 | 3·7 |
| 10 | 17 | 水 | 12 | 甲午 | 3·7 | 17 | 土 | 13 | 乙丑 | 3·7 | 17 | 月 | 14 | 乙未 | 3·7 | 17 | 木 | 16 | 丙寅 | 3·6 | 16 | 金 | 15 | 乙未 | 3·7 | 15 | 日 | 15 | 乙丑 | 3·6 |
| 11 | 18 | 木 | 13 | 乙未 | 4·7 | 18 | 日 | 14 | 丙寅 | 4·6 | 18 | 火 | 15 | 丙申 | 4·7 | 18 | 金 | 17 | 丁卯 | 4·6 | 17 | 土 | 16 | 丙申 | 4·6 | 16 | 月 | 16 | 丙寅 | 4·6 |
| 12 | 19 | 金 | 14 | 丙申 | 4·6 | 19 | 月 | 15 | 丁卯 | 4·6 | 19 | 水 | 16 | 丁酉 | 4·6 | 19 | 土 | 18 | 戊辰 | 4·6 | 18 | 日 | 17 | 丁酉 | 4·6 | 17 | 火 | 17 | 丁卯 | 4·6 |
| 13 | 20 | 土 | 15 | 丁酉 | 4·6 | 20 | 火 | 16 | 戊辰 | 4·6 | 20 | 木 | 17 | 戊戌 | 4·6 | 20 | 日 | 19 | 己巳 | 4·5 | 19 | 月 | 18 | 戊戌 | 4·6 | 18 | 水 | 18 | 戊辰 | 4·5 |
| 14 | 21 | 日 | 16 | 戊戌 | 5·6 | 21 | 水 | 17 | 己巳 | 5·5 | 21 | 金 | 18 | 己亥 | 5·6 | 21 | 月 | 20 | 庚午 | 소설 | 20 | 火 | 19 | 己亥 | 5·5 | 19 | 木 | 19 | 己巳 | 대한 |
| 15 | 22 | 月 | 17 | 己亥 | 처서 | 22 | 木 | 18 | 庚午 | 추분 | 22 | 土 | 19 | 庚子 | 5·5 | 22 | 火 | 21 | 辛未 | 5·5 | 21 | 水 | 20 | 庚子 | 동지 | 20 | 金 | 20 | 庚午 | 5·5 |
| 16 | 23 | 火 | 18 | 庚子 | 5·5 | 23 | 金 | 19 | 辛未 | 5·5 | 23 | 日 | 20 | 辛丑 | 상강 | 23 | 水 | 22 | 壬申 | 5·4 | 22 | 木 | 21 | 辛丑 | 5·5 | 21 | 土 | 21 | 辛未 | 5·4 |
| 17 | 24 | 水 | 19 | 辛丑 | 6·5 | 24 | 土 | 20 | 壬申 | 6·4 | 24 | 月 | 21 | 壬寅 | 6·5 | 24 | 木 | 23 | 癸酉 | 6·4 | 23 | 金 | 22 | 壬寅 | 6·4 | 22 | 日 | 22 | 壬申 | 6·4 |
| 18 | 25 | 木 | 20 | 壬寅 | 6·4 | 25 | 日 | 21 | 癸酉 | 6·4 | 25 | 火 | 22 | 癸卯 | 6·4 | 25 | 金 | 24 | 甲戌 | 6·4 | 24 | 土 | 23 | 癸卯 | 6·4 | 23 | 月 | 23 | 癸酉 | 6·4 |
| 19 | 26 | 金 | 21 | 癸卯 | 6·4 | 26 | 月 | 22 | 甲戌 | 6·4 | 26 | 水 | 23 | 甲辰 | 6·4 | 26 | 土 | 25 | 乙亥 | 6·3 | 25 | 日 | 24 | 甲辰 | 6·4 | 24 | 火 | 24 | 甲戌 | 6·3 |
| 20 | 27 | 土 | 22 | 甲辰 | 7·4 | 27 | 火 | 23 | 乙亥 | 7·3 | 27 | 木 | 24 | 乙巳 | 7·4 | 27 | 日 | 26 | 丙子 | 7·3 | 26 | 月 | 25 | 乙巳 | 7·3 | 25 | 水 | 25 | 乙亥 | 7·3 |
| 21 | 28 | 日 | 23 | 乙巳 | 7·3 | 28 | 水 | 24 | 丙子 | 7·3 | 28 | 金 | 25 | 丙午 | 7·3 | 28 | 月 | 27 | 丁丑 | 7·3 | 27 | 火 | 26 | 丙午 | 7·3 | 26 | 木 | 26 | 丙子 | 7·3 |
| 22 | 29 | 月 | 24 | 丙午 | 7·3 | 29 | 木 | 25 | 丁丑 | 7·3 | 29 | 土 | 26 | 丁未 | 7·3 | 29 | 火 | 28 | 戊寅 | 7·2 | 28 | 水 | 27 | 丁未 | 7·3 | 27 | 金 | 27 | 丁丑 | 7·2 |
| 23 | 30 | 火 | 25 | 丁未 | 8·3 | 30 | 金 | 26 | 戊寅 | 8·2 | 30 | 日 | 27 | 戊申 | 8·3 | 30 | 水 | 29 | 己卯 | 8·2 | 29 | 木 | 28 | 戊申 | 8·2 | 28 | 土 | 28 | 戊寅 | 8·2 |
| 24 | 31 | 水 | 26 | 戊申 | 8·2 | 10/1 | 土 | 27 | 己卯 | 8·2 | 31 | 月 | 28 | 己酉 | 8·2 | 12/1 | 木 | 30 | 庚辰 | 8·2 | 30 | 金 | 29 | 己酉 | 8·2 | 29 | 日 | 29 | 己卯 | 8·2 |
| 25 | 9/1 | 木 | 27 | 己酉 | 8·2 | 2 | 日 | 28 | 庚辰 | 8·2 | 11/1 | 火 | 29 | 庚戌 | 8·2 | 2 | 金 | 11/1 | 辛巳 | 8·1 | 31 | 土 | 30 | 庚戌 | 8·2 | 30 | 月 | 1/1 | 庚辰 | 8·1 |
| 26 | 2 | 金 | 28 | 庚戌 | 9·2 | 3 | 月 | 29 | 辛巳 | 9·1 | 2 | 水 | 10/1 | 辛亥 | 9·2 | 3 | 土 | 2 | 壬午 | 9·1 | 1/1 | 日 | 12/1 | 辛亥 | 9·1 | 31 | 火 | 2 | 辛巳 | 9·1 |
| 27 | 3 | 土 | 29 | 辛亥 | 9·1 | 4 | 火 | 9/1 | 壬午 | 9·1 | 3 | 木 | 2 | 壬子 | 9·1 | 4 | 日 | 3 | 癸未 | 9·1 | 2 | 月 | 2 | 壬子 | 9·1 | 2/1 | 水 | 3 | 壬午 | 9·1 |
| 28 | 4 | 日 | 30 | 壬子 | 9·1 | 5 | 水 | 2 | 癸未 | 9·1 | 4 | 金 | 3 | 癸丑 | 9·1 | 5 | 月 | 4 | 甲申 | 9·1 | 3 | 火 | 3 | 癸丑 | 9·1 | 2 | 木 | 4 | 癸未 | 9·1 |
| 29 | 5 | 月 | 8/1 | 癸丑 | 10·1 | 6 | 木 | 3 | 甲申 | 10·1 | 5 | 土 | 4 | 甲寅 | 10·1 | | | | | | 4 | 水 | 4 | 甲寅 | 10·1 | | | | | |
| 30 | 6 | 火 | 2 | 甲寅 | 10·1 | | | | | | 6 | 日 | 5 | 乙卯 | 10·1 | | | | | | | | | | | | | | | |
| 31 | | | | | | | | | | | | | | | | | | | | | | | | | | | | | | |

# 서기 2090년 [단기 4423년]

| 절기후날수 | 입춘절(戊寅月) 立春 2월3일 17시41분 雨水 2월18일 13시29분 | | | | | 경칩절(己卯月) 驚蟄 3월5일 11시20분 春分 3월20일 12시1분 | | | | | 청명절(庚辰月) 清明 4월4일 15시35분 穀雨 4월19일 22시27분 | | | | |
|---|---|---|---|---|---|---|---|---|---|---|---|---|---|---|---|
| | 양력 | 요일 | 음력 | 일진 | 大運 남·여 | 양력 | 요일 | 음력 | 일진 | 大運 남·여 | 양력 | 요일 | 음력 | 일진 | 大運 남·여 |
| 0 | 2/3 | 金 | 5 | 甲申 | 입춘 | 3/5 | 日 | 5 | 甲寅 | 경칩 | 4/4 | 火 | 5 | 甲申 | 청명 |
| 1 | 4 | 土 | 6 | 乙酉 | 10·1 | 6 | 月 | 6 | 乙卯 | 10·1 | 5 | 水 | 6 | 乙酉 | 10·1 |
| 2 | 5 | 日 | 7 | 丙戌 | 9·1 | 7 | 火 | 7 | 丙辰 | 9·1 | 6 | 木 | 7 | 丙戌 | 10·1 |
| 3 | 6 | 月 | 8 | 丁亥 | 9·1 | 8 | 水 | 8 | 丁巳 | 9·1 | 7 | 金 | 8 | 丁亥 | 9·1 |
| 4 | 7 | 火 | 9 | 戊子 | 9·1 | 9 | 木 | 9 | 戊午 | 9·1 | 8 | 土 | 9 | 戊子 | 9·1 |
| 5 | 8 | 水 | 10 | 己丑 | 8·2 | 10 | 金 | 10 | 己未 | 8·2 | 9 | 日 | 10 | 己丑 | 9·2 |
| 6 | 9 | 木 | 11 | 庚寅 | 8·2 | 11 | 土 | 11 | 庚申 | 8·2 | 10 | 月 | 11 | 庚寅 | 8·2 |
| 7 | 10 | 金 | 12 | 辛卯 | 8·2 | 12 | 日 | 12 | 辛酉 | 8·2 | 11 | 火 | 12 | 辛卯 | 8·2 |
| 8 | 11 | 土 | 13 | 壬辰 | 7·3 | 13 | 月 | 13 | 壬戌 | 7·3 | 12 | 水 | 13 | 壬辰 | 8·3 |
| 9 | 12 | 日 | 14 | 癸巳 | 7·3 | 14 | 火 | 14 | 癸亥 | 7·3 | 13 | 木 | 14 | 癸巳 | 7·3 |
| 10 | 13 | 月 | 15 | 甲午 | 7·3 | 15 | 水 | 15 | 甲子 | 7·3 | 14 | 金 | 15 | 甲午 | 7·3 |
| 11 | 14 | 火 | 16 | 乙未 | 6·4 | 16 | 木 | 16 | 乙丑 | 6·4 | 15 | 土 | 16 | 乙未 | 7·4 |
| 12 | 15 | 水 | 17 | 丙申 | 6·4 | 17 | 金 | 17 | 丙寅 | 6·4 | 16 | 日 | 17 | 丙申 | 6·4 |
| 13 | 16 | 木 | 18 | 丁酉 | 6·4 | 18 | 土 | 18 | 丁卯 | 6·4 | 17 | 月 | 18 | 丁酉 | 6·4 |
| 14 | 17 | 金 | 19 | 戊戌 | 5·5 | 19 | 日 | 19 | 戊辰 | 5·5 | 18 | 火 | 19 | 戊戌 | 6·5 |
| 15 | 18 | 土 | 20 | 己亥 | 우수 | 20 | 月 | 20 | 己巳 | 춘분 | 19 | 水 | 20 | 己亥 | 곡우 |
| 16 | 19 | 日 | 21 | 庚子 | 5·5 | 21 | 火 | 21 | 庚午 | 5·5 | 20 | 木 | 21 | 庚子 | 5·5 |
| 17 | 20 | 月 | 22 | 辛丑 | 4·6 | 22 | 水 | 22 | 辛未 | 4·6 | 21 | 金 | 22 | 辛丑 | 5·6 |
| 18 | 21 | 火 | 23 | 壬寅 | 4·6 | 23 | 木 | 23 | 壬申 | 4·6 | 22 | 土 | 23 | 壬寅 | 4·6 |
| 19 | 22 | 水 | 24 | 癸卯 | 4·6 | 24 | 金 | 24 | 癸酉 | 4·6 | 23 | 日 | 24 | 癸卯 | 4·6 |
| 20 | 23 | 木 | 25 | 甲辰 | 3·7 | 25 | 土 | 25 | 甲戌 | 3·7 | 24 | 月 | 25 | 甲辰 | 4·7 |
| 21 | 24 | 金 | 26 | 乙巳 | 3·7 | 26 | 日 | 26 | 乙亥 | 3·7 | 25 | 火 | 26 | 乙巳 | 3·7 |
| 22 | 25 | 土 | 27 | 丙午 | 3·7 | 27 | 月 | 27 | 丙子 | 3·7 | 26 | 水 | 27 | 丙午 | 3·7 |
| 23 | 26 | 日 | 28 | 丁未 | 2·8 | 28 | 火 | 28 | 丁丑 | 2·8 | 27 | 木 | 28 | 丁未 | 3·8 |
| 24 | 27 | 月 | 29 | 戊申 | 2·8 | 29 | 水 | 29 | 戊寅 | 2·8 | 28 | 金 | 29 | 戊申 | 2·8 |
| 25 | 28 | 火 | 30 | 己酉 | 2·8 | 30 | 木 | 30 | 己卯 | 2·8 | 29 | 土 | 30 | 己酉 | 2·8 |
| 26 | 3/1 | 水 | 2/1 | 庚戌 | 1·9 | 31 | 金 | 3/1 | 庚辰 | 1·9 | 30 | 日 | 4/1 | 庚戌 | 2·9 |
| 27 | 2 | 木 | 2 | 辛亥 | 1·9 | 4/1 | 土 | 2 | 辛巳 | 1·9 | 5/1 | 月 | 2 | 辛亥 | 1·9 |
| 28 | 3 | 金 | 3 | 壬子 | 1·9 | 2 | 日 | 3 | 壬午 | 1·9 | 2 | 火 | 3 | 壬子 | 1·9 |
| 29 | 4 | 土 | 4 | 癸丑 | 1·10 | 3 | 月 | 4 | 癸未 | 1·10 | 3 | 水 | 4 | 癸丑 | 1·10 |
| 30 | | | | | | | | | | | 4 | 木 | 5 | 甲寅 | 1·10 |
| 31 | | | | | | | | | | | | | | | |

| 절기후날수 | 입하절(辛巳月) 立夏 5월5일 8시15분 小滿 5월20일 21시1분 | | | | | 망종절(壬午月) 芒種 6월5일 11시54분 夏至 6월21일 4시35분 | | | | | 소서절(癸未月) 小暑 7월6일 21시55분 大暑 7월22일 15시24분 | | | | |
|---|---|---|---|---|---|---|---|---|---|---|---|---|---|---|---|
| | 양력 | 요일 | 음력 | 일진 | 大運 남·여 | 양력 | 요일 | 음력 | 일진 | 大運 남·여 | 양력 | 요일 | 음력 | 일진 | 大運 남·여 |
| 0 | 5/5 | 金 | 6 | 乙卯 | 입하 | 6/5 | 月 | 8 | 丙戌 | 망종 | 7/6 | 木 | 9 | 丁巳 | 소서 |
| 1 | 6 | 土 | 7 | 丙辰 | 10·1 | 6 | 火 | 9 | 丁亥 | 10·1 | 7 | 金 | 10 | 戊午 | 10·1 |
| 2 | 7 | 日 | 8 | 丁巳 | 10·1 | 7 | 水 | 10 | 戊子 | 10·1 | 8 | 土 | 11 | 己未 | 10·1 |
| 3 | 8 | 月 | 9 | 戊午 | 9·1 | 8 | 木 | 11 | 己丑 | 9·1 | 9 | 日 | 12 | 庚申 | 10·1 |
| 4 | 9 | 火 | 10 | 己未 | 9·1 | 9 | 金 | 12 | 庚寅 | 9·1 | 10 | 月 | 13 | 辛酉 | 9·1 |
| 5 | 10 | 水 | 11 | 庚申 | 9·2 | 10 | 土 | 13 | 辛卯 | 9·2 | 11 | 火 | 14 | 壬戌 | 9·2 |
| 6 | 11 | 木 | 12 | 辛酉 | 8·2 | 11 | 日 | 14 | 壬辰 | 8·2 | 12 | 水 | 15 | 癸亥 | 9·2 |
| 7 | 12 | 金 | 13 | 壬戌 | 8·2 | 12 | 月 | 15 | 癸巳 | 8·2 | 13 | 木 | 16 | 甲子 | 8·2 |
| 8 | 13 | 土 | 14 | 癸亥 | 8·3 | 13 | 火 | 16 | 甲午 | 8·3 | 14 | 金 | 17 | 乙丑 | 8·3 |
| 9 | 14 | 日 | 15 | 甲子 | 7·3 | 14 | 水 | 17 | 乙未 | 7·3 | 15 | 土 | 18 | 丙寅 | 8·3 |
| 10 | 15 | 月 | 16 | 乙丑 | 7·3 | 15 | 木 | 18 | 丙申 | 7·3 | 16 | 日 | 19 | 丁卯 | 7·3 |
| 11 | 16 | 火 | 17 | 丙寅 | 7·4 | 16 | 金 | 19 | 丁酉 | 7·4 | 17 | 月 | 20 | 戊辰 | 7·4 |
| 12 | 17 | 水 | 18 | 丁卯 | 6·4 | 17 | 土 | 20 | 戊戌 | 6·4 | 18 | 火 | 21 | 己巳 | 7·4 |
| 13 | 18 | 木 | 19 | 戊辰 | 6·4 | 18 | 日 | 21 | 己亥 | 6·4 | 19 | 水 | 22 | 庚午 | 6·4 |
| 14 | 19 | 金 | 20 | 己巳 | 6·5 | 19 | 月 | 22 | 庚子 | 6·5 | 20 | 木 | 23 | 辛未 | 6·5 |
| 15 | 20 | 土 | 21 | 庚午 | 소만 | 20 | 火 | 23 | 辛丑 | 5·5 | 21 | 金 | 24 | 壬申 | 6·5 |
| 16 | 21 | 日 | 22 | 辛未 | 5·5 | 21 | 水 | 24 | 壬寅 | 하지 | 22 | 土 | 25 | 癸酉 | 대서 |
| 17 | 22 | 月 | 23 | 壬申 | 5·6 | 22 | 木 | 25 | 癸卯 | 5·6 | 23 | 日 | 26 | 甲戌 | 5·6 |
| 18 | 23 | 火 | 24 | 癸酉 | 4·6 | 23 | 金 | 26 | 甲辰 | 4·6 | 24 | 月 | 27 | 乙亥 | 5·6 |
| 19 | 24 | 水 | 25 | 甲戌 | 4·6 | 24 | 土 | 27 | 乙巳 | 4·6 | 25 | 火 | 28 | 丙子 | 4·6 |
| 20 | 25 | 木 | 26 | 乙亥 | 4·7 | 25 | 日 | 28 | 丙午 | 4·7 | 26 | 水 | 29 | 丁丑 | 4·7 |
| 21 | 26 | 金 | 27 | 丙子 | 3·7 | 26 | 月 | 29 | 丁未 | 3·7 | 27 | 木 | 7/1 | 戊寅 | 4·7 |
| 22 | 27 | 土 | 28 | 丁丑 | 3·7 | 27 | 火 | 30 | 戊申 | 3·7 | 28 | 金 | 2 | 己卯 | 3·7 |
| 23 | 28 | 日 | 29 | 戊寅 | 3·8 | 28 | 水 | 6/1 | 己酉 | 3·8 | 29 | 土 | 3 | 庚辰 | 3·8 |
| 24 | 29 | 月 | 5/1 | 己卯 | 2·8 | 29 | 木 | 2 | 庚戌 | 2·8 | 30 | 日 | 4 | 辛巳 | 3·8 |
| 25 | 30 | 火 | 2 | 庚辰 | 2·8 | 30 | 金 | 3 | 辛亥 | 2·8 | 31 | 月 | 5 | 壬午 | 2·8 |
| 26 | 31 | 水 | 3 | 辛巳 | 2·9 | 7/1 | 土 | 4 | 壬子 | 2·9 | 8/1 | 火 | 6 | 癸未 | 2·9 |
| 27 | 6/1 | 木 | 4 | 壬午 | 1·9 | 2 | 日 | 5 | 癸丑 | 1·9 | 2 | 水 | 7 | 甲申 | 2·9 |
| 28 | 2 | 金 | 5 | 癸未 | 1·9 | 3 | 月 | 6 | 甲寅 | 1·9 | 3 | 木 | 8 | 乙酉 | 1·9 |
| 29 | 3 | 土 | 6 | 甲申 | 1·10 | 4 | 火 | 7 | 乙卯 | 1·10 | 4 | 金 | 9 | 丙戌 | 1·10 |
| 30 | 4 | 日 | 7 | 乙酉 | 1·10 | 5 | 水 | 8 | 丙辰 | 1·10 | 5 | 土 | 10 | 丁亥 | 1·10 |
| 31 | | | | | | | | | | | 6 | 日 | 11 | 戊子 | 1·10 |

# 庚戌年

| 절기후날수 | 입추절(甲申月) | | | | | 백로절(乙酉月) | | | | | 한로절(丙戌月) | | | | | 입동절(丁亥月) | | | | | 대설절(戊子月) | | | | | 소한절(己丑月) | | | | |
|---|---|---|---|---|---|---|---|---|---|---|---|---|---|---|---|---|---|---|---|---|---|---|---|---|---|---|---|---|---|---|
| | 立秋 8월7일 7시51분<br>處暑 8월22일 22시46분 | | | | | 白露 9월7일 11시14분<br>秋分 9월22일 20시58분 | | | | | 寒露 10월8일 3시32분<br>霜降 10월23일 6시58분 | | | | | 立冬 11월7일 7시21분<br>小雪 11월22일 5시5분 | | | | | 大雪 12월7일 0시38분<br>冬至 12월21일 18시42분 | | | | | 小寒 1월5일 12시1분<br>大寒 1월20일 5시21분 | | | | |
| | 양력 | 요일 | 음력 | 일진 | 大運 남·여 | 양력 | 요일 | 음력 | 일진 | 大運 남·여 | 양력 | 요일 | 음력 | 일진 | 大運 남·여 | 양력 | 요일 | 음력 | 일진 | 大運 남·여 | 양력 | 요일 | 음력 | 일진 | 大運 남·여 | 양력 | 요일 | 음력 | 일진 | 大運 남·여 |
| 0 | 8/7 | 月 | 12 | 己丑 | 입추 | 9/7 | 木 | 14 | 庚申 | 백로 | 10/8 | 日 | 윤15 | 辛卯 | 한로 | 11/7 | 火 | 16 | 辛酉 | 입동 | 12/7 | 木 | 17 | 辛卯 | 대설 | 1/5 | 金 | 16 | 庚申 | 소한 |
| 1 | 8 | 火 | 13 | 庚寅 | 10·1 | 8 | 金 | 15 | 辛酉 | 10·1 | 9 | 月 | 윤16 | 壬辰 | 10·1 | 8 | 水 | 17 | 壬戌 | 10·1 | 8 | 金 | 18 | 壬辰 | 9·1 | 6 | 土 | 17 | 辛酉 | 9·1 |
| 2 | 9 | 水 | 14 | 辛卯 | 10·1 | 9 | 土 | 16 | 壬戌 | 10·1 | 10 | 火 | 윤17 | 癸巳 | 9·1 | 9 | 木 | 18 | 癸亥 | 9·1 | 9 | 土 | 19 | 癸巳 | 9·1 | 7 | 日 | 18 | 壬戌 | 9·1 |
| 3 | 10 | 木 | 15 | 壬辰 | 9·1 | 10 | 日 | 17 | 癸亥 | 9·1 | 11 | 水 | 윤18 | 甲午 | 9·1 | 10 | 金 | 19 | 甲子 | 9·1 | 10 | 日 | 20 | 甲午 | 9·1 | 8 | 月 | 19 | 癸亥 | 9·1 |
| 4 | 11 | 金 | 16 | 癸巳 | 9·1 | 11 | 月 | 18 | 甲子 | 9·1 | 12 | 木 | 윤19 | 乙未 | 9·1 | 11 | 土 | 20 | 乙丑 | 9·1 | 11 | 月 | 21 | 乙未 | 8·1 | 9 | 火 | 20 | 甲子 | 8·1 |
| 5 | 12 | 土 | 17 | 甲午 | 9·2 | 12 | 火 | 19 | 乙丑 | 9·2 | 13 | 金 | 윤20 | 丙申 | 8·2 | 12 | 日 | 21 | 丙寅 | 8·2 | 12 | 火 | 22 | 丙申 | 8·2 | 10 | 水 | 21 | 乙丑 | 8·2 |
| 6 | 13 | 日 | 18 | 乙未 | 8·2 | 13 | 水 | 20 | 丙寅 | 8·2 | 14 | 土 | 윤21 | 丁酉 | 8·2 | 13 | 月 | 22 | 丁卯 | 8·2 | 13 | 水 | 23 | 丁酉 | 8·2 | 11 | 木 | 22 | 丙寅 | 8·2 |
| 7 | 14 | 月 | 19 | 丙申 | 8·2 | 14 | 木 | 21 | 丁卯 | 8·2 | 15 | 日 | 윤22 | 戊戌 | 8·2 | 14 | 火 | 23 | 戊辰 | 8·2 | 14 | 木 | 24 | 戊戌 | 7·2 | 12 | 金 | 23 | 丁卯 | 7·2 |
| 8 | 15 | 火 | 20 | 丁酉 | 8·3 | 15 | 金 | 22 | 戊辰 | 8·3 | 16 | 月 | 윤23 | 己亥 | 7·3 | 15 | 水 | 24 | 己巳 | 7·3 | 15 | 金 | 25 | 己亥 | 7·3 | 13 | 土 | 24 | 戊辰 | 7·3 |
| 9 | 16 | 水 | 21 | 戊戌 | 7·3 | 16 | 土 | 23 | 己巳 | 7·3 | 17 | 火 | 윤24 | 庚子 | 7·3 | 16 | 木 | 25 | 庚午 | 7·3 | 16 | 土 | 26 | 庚子 | 7·3 | 14 | 日 | 25 | 己巳 | 7·3 |
| 10 | 17 | 木 | 22 | 己亥 | 7·3 | 17 | 日 | 24 | 庚午 | 7·3 | 18 | 水 | 윤25 | 辛丑 | 7·3 | 17 | 金 | 26 | 辛未 | 7·3 | 17 | 日 | 27 | 辛丑 | 6·3 | 15 | 月 | 26 | 庚午 | 6·3 |
| 11 | 18 | 金 | 23 | 庚子 | 7·4 | 18 | 月 | 25 | 辛未 | 7·4 | 19 | 木 | 윤26 | 壬寅 | 6·4 | 18 | 土 | 27 | 壬申 | 6·4 | 18 | 月 | 28 | 壬寅 | 6·4 | 16 | 火 | 27 | 辛未 | 6·4 |
| 12 | 19 | 土 | 24 | 辛丑 | 6·4 | 19 | 火 | 26 | 壬申 | 6·4 | 20 | 金 | 윤27 | 癸卯 | 6·4 | 19 | 日 | 28 | 癸酉 | 6·4 | 19 | 火 | 29 | 癸卯 | 6·4 | 17 | 水 | 28 | 壬申 | 6·4 |
| 13 | 20 | 日 | 25 | 壬寅 | 6·4 | 20 | 水 | 27 | 癸酉 | 6·4 | 21 | 土 | 윤28 | 甲辰 | 6·4 | 20 | 月 | 29 | 甲戌 | 6·4 | 20 | 水 | 30 | 甲辰 | 5·4 | 18 | 木 | 29 | 癸酉 | 5·4 |
| 14 | 21 | 月 | 26 | 癸卯 | 6·5 | 21 | 木 | 28 | 甲戌 | 6·5 | 22 | 日 | 윤29 | 乙巳 | 5·5 | 21 | 火 | 10/1 | 乙亥 | 5·5 | 21 | 木 | 11/1 | 乙巳 | 동지 | 19 | 金 | 30 | 甲戌 | 5·5 |
| 15 | 22 | 火 | 27 | 甲辰 | 처서 | 22 | 金 | 29 | 乙亥 | 추분 | 23 | 月 | 9/1 | 丙午 | 상강 | 22 | 水 | 2 | 丙子 | 소설 | 22 | 金 | 2 | 丙午 | 5·5 | 20 | 土 | 12/1 | 乙亥 | 대한 |
| 16 | 23 | 水 | 28 | 乙巳 | 5·5 | 23 | 土 | 30 | 丙子 | 5·5 | 24 | 火 | 2 | 丁未 | 5·5 | 23 | 木 | 3 | 丁丑 | 5·5 | 23 | 土 | 3 | 丁未 | 4·5 | 21 | 日 | 2 | 丙子 | 4·5 |
| 17 | 24 | 木 | 29 | 丙午 | 5·6 | 24 | 日 | 윤1 | 丁丑 | 5·6 | 25 | 水 | 3 | 戊申 | 4·6 | 24 | 金 | 4 | 戊寅 | 4·6 | 24 | 日 | 4 | 戊申 | 4·6 | 22 | 月 | 3 | 丁丑 | 4·6 |
| 18 | 25 | 金 | 8/1 | 丁未 | 4·6 | 25 | 月 | 윤2 | 戊寅 | 4·6 | 26 | 木 | 4 | 己酉 | 4·6 | 25 | 土 | 5 | 己卯 | 4·6 | 25 | 月 | 5 | 己酉 | 4·6 | 23 | 火 | 4 | 戊寅 | 4·6 |
| 19 | 26 | 土 | 2 | 戊申 | 4·6 | 26 | 火 | 윤3 | 己卯 | 4·6 | 27 | 金 | 5 | 庚戌 | 4·6 | 26 | 日 | 6 | 庚辰 | 4·6 | 26 | 火 | 6 | 庚戌 | 3·6 | 24 | 水 | 5 | 己卯 | 3·6 |
| 20 | 27 | 日 | 3 | 己酉 | 4·7 | 27 | 水 | 윤4 | 庚辰 | 4·7 | 28 | 土 | 6 | 辛亥 | 3·7 | 27 | 月 | 7 | 辛巳 | 3·7 | 27 | 水 | 7 | 辛亥 | 3·7 | 25 | 木 | 6 | 庚辰 | 3·7 |
| 21 | 28 | 月 | 4 | 庚戌 | 3·7 | 28 | 木 | 윤5 | 辛巳 | 3·7 | 29 | 日 | 7 | 壬子 | 3·7 | 28 | 火 | 8 | 壬午 | 3·7 | 28 | 木 | 8 | 壬子 | 3·7 | 26 | 金 | 7 | 辛巳 | 3·7 |
| 22 | 29 | 火 | 5 | 辛亥 | 3·7 | 29 | 金 | 윤6 | 壬午 | 3·7 | 30 | 月 | 8 | 癸丑 | 3·7 | 29 | 水 | 9 | 癸未 | 3·7 | 29 | 金 | 9 | 癸丑 | 2·7 | 27 | 土 | 8 | 壬午 | 2·7 |
| 23 | 30 | 水 | 6 | 壬子 | 3·8 | 30 | 土 | 윤7 | 癸未 | 3·8 | 31 | 火 | 9 | 甲寅 | 2·8 | 30 | 木 | 10 | 甲申 | 2·8 | 30 | 土 | 10 | 甲寅 | 2·8 | 28 | 日 | 9 | 癸未 | 2·8 |
| 24 | 31 | 木 | 7 | 癸丑 | 2·8 | 10/1 | 日 | 윤8 | 甲申 | 2·8 | 11/1 | 水 | 10 | 乙卯 | 2·8 | 12/1 | 金 | 11 | 乙酉 | 2·8 | 31 | 日 | 11 | 乙卯 | 2·8 | 29 | 月 | 10 | 甲申 | 2·8 |
| 25 | 9/1 | 金 | 8 | 甲寅 | 2·8 | 2 | 月 | 윤9 | 乙酉 | 2·8 | 2 | 木 | 11 | 丙辰 | 2·8 | 2 | 土 | 12 | 丙戌 | 2·8 | 1/1 | 月 | 12 | 丙辰 | 1·8 | 30 | 火 | 11 | 乙酉 | 1·8 |
| 26 | 2 | 土 | 9 | 乙卯 | 2·9 | 3 | 火 | 윤10 | 丙戌 | 2·9 | 3 | 金 | 12 | 丁巳 | 1·9 | 3 | 日 | 13 | 丁亥 | 1·9 | 2 | 火 | 13 | 丁巳 | 1·9 | 31 | 水 | 12 | 丙戌 | 1·9 |
| 27 | 3 | 日 | 10 | 丙辰 | 1·9 | 4 | 水 | 윤11 | 丁亥 | 1·9 | 4 | 土 | 13 | 戊午 | 1·9 | 4 | 月 | 14 | 戊子 | 1·9 | 3 | 水 | 14 | 戊午 | 1·9 | 2/1 | 木 | 13 | 丁亥 | 1·9 |
| 28 | 4 | 月 | 11 | 丁巳 | 1·9 | 5 | 木 | 윤12 | 戊子 | 1·9 | 5 | 日 | 14 | 己未 | 1·9 | 5 | 火 | 15 | 己丑 | 1·9 | 4 | 木 | 15 | 己未 | 1·9 | 2 | 金 | 14 | 戊子 | 1·9 |
| 29 | 5 | 火 | 12 | 戊午 | 1·10 | 6 | 金 | 윤13 | 己丑 | 1·10 | 6 | 月 | 15 | 庚申 | 1·10 | 6 | 水 | 16 | 庚寅 | 1·10 | | | | | | | | | | |
| 30 | 6 | 水 | 13 | 己未 | 1·10 | 7 | 土 | 윤14 | 庚寅 | 1·10 | | | | | | | | | | | | | | | | | | | | |
| 31 | | | | | | | | | | | | | | | | | | | | | | | | | | | | | | |

▶ 윤달－8월

# 서기 2091년 [단기 4424년]

| 절기후날수 | 입춘절(庚寅月) | | | | | 경칩절(辛卯月) | | | | |
|---|---|---|---|---|---|---|---|---|---|---|
| | 立春 2월3일 23시29분<br>雨水 2월18일 19시12분 | | | | | 驚蟄 3월5일 17시5분<br>春分 3월20일 17시41분 | | | | |
| | 양력 | 요일 | 음력 | 일진 | 大運 남·여 | 양력 | 요일 | 음력 | 일진 | 大運 남·여 |
| 0 | 2/3 | 土 | 15 | 己丑 | 입춘 | 3/5 | 月 | 16 | 己未 | 경칩 |
| 1 | 4 | 日 | 16 | 庚寅 | 1·10 | 6 | 火 | 17 | 庚申 | 1·10 |
| 2 | 5 | 月 | 17 | 辛卯 | 1·9 | 7 | 水 | 18 | 辛酉 | 1·9 |
| 3 | 6 | 火 | 18 | 壬辰 | 1·9 | 8 | 木 | 19 | 壬戌 | 1·9 |
| 4 | 7 | 水 | 19 | 癸巳 | 1·9 | 9 | 金 | 20 | 癸亥 | 1·9 |
| 5 | 8 | 木 | 20 | 甲午 | 2·8 | 10 | 土 | 21 | 甲子 | 2·8 |
| 6 | 9 | 金 | 21 | 乙未 | 2·8 | 11 | 日 | 22 | 乙丑 | 2·8 |
| 7 | 10 | 土 | 22 | 丙申 | 2·8 | 12 | 月 | 23 | 丙寅 | 2·8 |
| 8 | 11 | 日 | 23 | 丁酉 | 3·7 | 13 | 火 | 24 | 丁卯 | 3·7 |
| 9 | 12 | 月 | 24 | 戊戌 | 3·7 | 14 | 水 | 25 | 戊辰 | 3·7 |
| 10 | 13 | 火 | 25 | 己亥 | 3·7 | 15 | 木 | 26 | 己巳 | 3·7 |
| 11 | 14 | 水 | 26 | 庚子 | 4·6 | 16 | 金 | 27 | 庚午 | 4·6 |
| 12 | 15 | 木 | 27 | 辛丑 | 4·6 | 17 | 土 | 28 | 辛未 | 4·6 |
| 13 | 16 | 金 | 28 | 壬寅 | 4·6 | 18 | 日 | 29 | 壬申 | 4·6 |
| 14 | 17 | 土 | 29 | 癸卯 | 5·5 | 19 | 月 | 30 | 癸酉 | 5·5 |
| 15 | 18 | 日 | 1/1 | 甲辰 | 우수 | 20 | 火 | 2/1 | 甲戌 | 춘분 |
| 16 | 19 | 月 | 2 | 乙巳 | 5·5 | 21 | 水 | 2 | 乙亥 | 5·5 |
| 17 | 20 | 火 | 3 | 丙午 | 6·4 | 22 | 木 | 3 | 丙子 | 6·4 |
| 18 | 21 | 水 | 4 | 丁未 | 6·4 | 23 | 金 | 4 | 丁丑 | 6·4 |
| 19 | 22 | 木 | 5 | 戊申 | 6·4 | 24 | 土 | 5 | 戊寅 | 6·4 |
| 20 | 23 | 金 | 6 | 己酉 | 7·3 | 25 | 日 | 6 | 己卯 | 7·3 |
| 21 | 24 | 土 | 7 | 庚戌 | 7·3 | 26 | 月 | 7 | 庚辰 | 7·3 |
| 22 | 25 | 日 | 8 | 辛亥 | 7·3 | 27 | 火 | 8 | 辛巳 | 7·3 |
| 23 | 26 | 月 | 9 | 壬子 | 8·2 | 28 | 水 | 9 | 壬午 | 8·2 |
| 24 | 27 | 火 | 10 | 癸丑 | 8·2 | 29 | 木 | 10 | 癸未 | 8·2 |
| 25 | 28 | 水 | 11 | 甲寅 | 8·2 | 30 | 金 | 11 | 甲申 | 8·2 |
| 26 | 3/1 | 木 | 12 | 乙卯 | 9·1 | 31 | 土 | 12 | 乙酉 | 9·1 |
| 27 | 2 | 金 | 13 | 丙辰 | 9·1 | 4/1 | 日 | 13 | 丙戌 | 9·1 |
| 28 | 3 | 土 | 14 | 丁巳 | 9·1 | 2 | 月 | 14 | 丁亥 | 9·1 |
| 29 | 4 | 日 | 15 | 戊午 | 10·1 | 3 | 火 | 15 | 戊子 | 10·1 |
| 30 | | | | | | | | | | |
| 31 | | | | | | | | | | |

| 절기후날수 | 청명절(壬辰月) | | | | | 입하절(癸巳月) | | | | |
|---|---|---|---|---|---|---|---|---|---|---|
| | 清明 4월4일 21시19분<br>穀雨 4월20일 4시6분 | | | | | 立夏 5월5일 14시2분<br>小滿 5월21일 2시41분 | | | | |
| | 양력 | 요일 | 음력 | 일진 | 大運 남·여 | 양력 | 요일 | 음력 | 일진 | 大運 남·여 |
| 0 | 4/4 | 水 | 16 | 己丑 | 청명 | 5/5 | 土 | 17 | 庚申 | 입하 |
| 1 | 5 | 木 | 17 | 庚寅 | 1·10 | 6 | 日 | 18 | 辛酉 | 1·10 |
| 2 | 6 | 金 | 18 | 辛卯 | 1·10 | 7 | 月 | 19 | 壬戌 | 1·10 |
| 3 | 7 | 土 | 19 | 壬辰 | 1·9 | 8 | 火 | 20 | 癸亥 | 1·9 |
| 4 | 8 | 日 | 20 | 癸巳 | 1·9 | 9 | 水 | 21 | 甲子 | 1·9 |
| 5 | 9 | 月 | 21 | 甲午 | 2·9 | 10 | 木 | 22 | 乙丑 | 2·9 |
| 6 | 10 | 火 | 22 | 乙未 | 2·8 | 11 | 金 | 23 | 丙寅 | 2·8 |
| 7 | 11 | 水 | 23 | 丙申 | 2·8 | 12 | 土 | 24 | 丁卯 | 2·8 |
| 8 | 12 | 木 | 24 | 丁酉 | 3·8 | 13 | 日 | 25 | 戊辰 | 3·8 |
| 9 | 13 | 金 | 25 | 戊戌 | 3·7 | 14 | 月 | 26 | 己巳 | 3·7 |
| 10 | 14 | 土 | 26 | 己亥 | 3·7 | 15 | 火 | 27 | 庚午 | 3·7 |
| 11 | 15 | 日 | 27 | 庚子 | 4·7 | 16 | 水 | 28 | 辛未 | 4·7 |
| 12 | 16 | 月 | 28 | 辛丑 | 4·6 | 17 | 木 | 29 | 壬申 | 4·6 |
| 13 | 17 | 火 | 29 | 壬寅 | 4·6 | 18 | 金 | 4/1 | 癸酉 | 4·6 |
| 14 | 18 | 水 | 30 | 癸卯 | 5·6 | 19 | 土 | 2 | 甲戌 | 5·6 |
| 15 | 19 | 木 | 3/1 | 甲辰 | 5·5 | 20 | 日 | 3 | 乙亥 | 5·5 |
| 16 | 20 | 金 | 2 | 乙巳 | 곡우 | 21 | 月 | 4 | 丙子 | 소만 |
| 17 | 21 | 土 | 3 | 丙午 | 6·5 | 22 | 火 | 5 | 丁丑 | 6·5 |
| 18 | 22 | 日 | 4 | 丁未 | 6·4 | 23 | 水 | 6 | 戊寅 | 6·4 |
| 19 | 23 | 月 | 5 | 戊申 | 6·4 | 24 | 木 | 7 | 己卯 | 6·4 |
| 20 | 24 | 火 | 6 | 己酉 | 7·4 | 25 | 金 | 8 | 庚辰 | 7·4 |
| 21 | 25 | 水 | 7 | 庚戌 | 7·3 | 26 | 土 | 9 | 辛巳 | 7·3 |
| 22 | 26 | 木 | 8 | 辛亥 | 7·3 | 27 | 日 | 10 | 壬午 | 7·3 |
| 23 | 27 | 金 | 9 | 壬子 | 8·3 | 28 | 月 | 11 | 癸未 | 8·3 |
| 24 | 28 | 土 | 10 | 癸丑 | 8·2 | 29 | 火 | 12 | 甲申 | 8·2 |
| 25 | 29 | 日 | 11 | 甲寅 | 8·2 | 30 | 水 | 13 | 乙酉 | 8·2 |
| 26 | 30 | 月 | 12 | 乙卯 | 9·2 | 31 | 木 | 14 | 丙戌 | 9·2 |
| 27 | 5/1 | 火 | 13 | 丙辰 | 9·1 | 6/1 | 金 | 15 | 丁亥 | 9·1 |
| 28 | 2 | 水 | 14 | 丁巳 | 9·1 | 2 | 土 | 16 | 戊子 | 9·1 |
| 29 | 3 | 木 | 15 | 戊午 | 10·1 | 3 | 日 | 17 | 己丑 | 10·1 |
| 30 | 4 | 金 | 16 | 己未 | 10·1 | 4 | 月 | 18 | 庚寅 | 10·1 |
| 31 | | | | | | | | | | |

| 절기후날수 | 망종절(甲午月) | | | | | 소서절(乙未月) | | | | |
|---|---|---|---|---|---|---|---|---|---|---|
| | 芒種 6월5일 17시44분<br>夏至 6월21일 10시18분 | | | | | 小暑 7월7일 3시49분<br>大暑 7월22일 21시10분 | | | | |
| | 양력 | 요일 | 음력 | 일진 | 大運 남·여 | 양력 | 요일 | 음력 | 일진 | 大運 남·여 |
| 0 | 6/5 | 火 | 19 | 辛卯 | 망종 | 7/7 | 土 | 21 | 癸亥 | 소서 |
| 1 | 6 | 水 | 20 | 壬辰 | 1·10 | 8 | 日 | 22 | 甲子 | 1·10 |
| 2 | 7 | 木 | 21 | 癸巳 | 1·10 | 9 | 月 | 23 | 乙丑 | 1·10 |
| 3 | 8 | 金 | 22 | 甲午 | 1·10 | 10 | 火 | 24 | 丙寅 | 1·9 |
| 4 | 9 | 土 | 23 | 乙未 | 1·9 | 11 | 水 | 25 | 丁卯 | 1·9 |
| 5 | 10 | 日 | 24 | 丙申 | 2·9 | 12 | 木 | 26 | 戊辰 | 2·9 |
| 6 | 11 | 月 | 25 | 丁酉 | 2·9 | 13 | 金 | 27 | 己巳 | 2·8 |
| 7 | 12 | 火 | 26 | 戊戌 | 2·8 | 14 | 土 | 28 | 庚午 | 2·8 |
| 8 | 13 | 水 | 27 | 己亥 | 3·8 | 15 | 日 | 29 | 辛未 | 3·8 |
| 9 | 14 | 木 | 28 | 庚子 | 3·8 | 16 | 月 | 6/1 | 壬申 | 3·7 |
| 10 | 15 | 金 | 29 | 辛丑 | 3·7 | 17 | 火 | 2 | 癸酉 | 3·7 |
| 11 | 16 | 土 | 30 | 壬寅 | 4·7 | 18 | 水 | 3 | 甲戌 | 4·7 |
| 12 | 17 | 日 | 5/1 | 癸卯 | 4·7 | 19 | 木 | 4 | 乙亥 | 4·6 |
| 13 | 18 | 月 | 2 | 甲辰 | 4·6 | 20 | 金 | 5 | 丙子 | 4·6 |
| 14 | 19 | 火 | 3 | 乙巳 | 5·6 | 21 | 土 | 6 | 丁丑 | 5·6 |
| 15 | 20 | 水 | 4 | 丙午 | 5·6 | 22 | 日 | 7 | 戊寅 | 대서 |
| 16 | 21 | 木 | 5 | 丁未 | 하지 | 23 | 月 | 8 | 己卯 | 5·5 |
| 17 | 22 | 金 | 6 | 戊申 | 6·5 | 24 | 火 | 9 | 庚辰 | 6·5 |
| 18 | 23 | 土 | 7 | 己酉 | 6·5 | 25 | 水 | 10 | 辛巳 | 6·4 |
| 19 | 24 | 日 | 8 | 庚戌 | 6·4 | 26 | 木 | 11 | 壬午 | 6·4 |
| 20 | 25 | 月 | 9 | 辛亥 | 7·4 | 27 | 金 | 12 | 癸未 | 7·4 |
| 21 | 26 | 火 | 10 | 壬子 | 7·4 | 28 | 土 | 13 | 甲申 | 7·3 |
| 22 | 27 | 水 | 11 | 癸丑 | 7·3 | 29 | 日 | 14 | 乙酉 | 7·3 |
| 23 | 28 | 木 | 12 | 甲寅 | 8·3 | 30 | 月 | 15 | 丙戌 | 8·3 |
| 24 | 29 | 金 | 13 | 乙卯 | 8·3 | 31 | 火 | 16 | 丁亥 | 8·2 |
| 25 | 30 | 土 | 14 | 丙辰 | 8·2 | 8/1 | 水 | 17 | 戊子 | 8·2 |
| 26 | 7/1 | 日 | 15 | 丁巳 | 9·2 | 2 | 木 | 18 | 己丑 | 9·2 |
| 27 | 2 | 月 | 16 | 戊午 | 9·2 | 3 | 金 | 19 | 庚寅 | 9·1 |
| 28 | 3 | 火 | 17 | 己未 | 9·1 | 4 | 土 | 20 | 辛卯 | 9·1 |
| 29 | 4 | 水 | 18 | 庚申 | 10·1 | 5 | 日 | 21 | 壬辰 | 10·1 |
| 30 | 5 | 木 | 19 | 辛酉 | 10·1 | 6 | 月 | 22 | 癸巳 | 10·1 |
| 31 | 6 | 金 | 20 | 壬戌 | 10·1 | | | | | |

# 辛亥年

| 절기후날수 | 입추절(丙申月) | | | | | 백로절(丁酉月) | | | | |
|---|---|---|---|---|---|---|---|---|---|---|
| | 立秋 8월7일 13시48분 處暑 8월23일 4시35분 | | | | | 白露 9월7일 17시12분 秋分 9월23일 2시50분 | | | | |
| | 양력 | 요일 | 음력 | 일진 | 大運 남·여 | 양력 | 요일 | 음력 | 일진 | 大運 남·여 |
| 0 | 8/7 | 火 | 23 | 甲午 | 입추 | 9/7 | 金 | 24 | 乙丑 | 백로 |
| 1 | 8 | 水 | 24 | 乙未 | 1·10 | 8 | 土 | 25 | 丙寅 | 1·10 |
| 2 | 9 | 木 | 25 | 丙申 | 1·10 | 9 | 日 | 26 | 丁卯 | 1·10 |
| 3 | 10 | 金 | 26 | 丁酉 | 1·9 | 10 | 月 | 27 | 戊辰 | 1·9 |
| 4 | 11 | 土 | 27 | 戊戌 | 1·9 | 11 | 火 | 28 | 己巳 | 1·9 |
| 5 | 12 | 日 | 28 | 己亥 | 2·9 | 12 | 水 | 29 | 庚午 | 2·9 |
| 6 | 13 | 月 | 29 | 庚子 | 2·8 | 13 | 木 | 8/1 | 辛未 | 2·8 |
| 7 | 14 | 火 | 30 | 辛丑 | 2·8 | 14 | 金 | 2 | 壬申 | 2·8 |
| 8 | 15 | 水 | 7/1 | 壬寅 | 3·8 | 15 | 土 | 3 | 癸酉 | 3·8 |
| 9 | 16 | 木 | 2 | 癸卯 | 3·7 | 16 | 日 | 4 | 甲戌 | 3·7 |
| 10 | 17 | 金 | 3 | 甲辰 | 3·7 | 17 | 月 | 5 | 乙亥 | 3·7 |
| 11 | 18 | 土 | 4 | 乙巳 | 4·7 | 18 | 火 | 6 | 丙子 | 4·7 |
| 12 | 19 | 日 | 5 | 丙午 | 4·6 | 19 | 水 | 7 | 丁丑 | 4·6 |
| 13 | 20 | 月 | 6 | 丁未 | 4·6 | 20 | 木 | 8 | 戊寅 | 4·6 |
| 14 | 21 | 火 | 7 | 戊申 | 5·6 | 21 | 金 | 9 | 己卯 | 5·6 |
| 15 | 22 | 水 | 8 | 己酉 | 5·5 | 22 | 土 | 10 | 庚辰 | 5·5 |
| 16 | 23 | 木 | 9 | 庚戌 | 처서 | 23 | 日 | 11 | 辛巳 | 추분 |
| 17 | 24 | 金 | 10 | 辛亥 | 6·5 | 24 | 月 | 12 | 壬午 | 6·5 |
| 18 | 25 | 土 | 11 | 壬子 | 6·4 | 25 | 火 | 13 | 癸未 | 6·4 |
| 19 | 26 | 日 | 12 | 癸丑 | 6·4 | 26 | 水 | 14 | 甲申 | 6·4 |
| 20 | 27 | 月 | 13 | 甲寅 | 7·4 | 27 | 木 | 15 | 乙酉 | 7·4 |
| 21 | 28 | 火 | 14 | 乙卯 | 7·3 | 28 | 金 | 16 | 丙戌 | 7·3 |
| 22 | 29 | 水 | 15 | 丙辰 | 7·3 | 29 | 土 | 17 | 丁亥 | 7·3 |
| 23 | 30 | 木 | 16 | 丁巳 | 8·3 | 30 | 日 | 18 | 戊子 | 8·3 |
| 24 | 31 | 金 | 17 | 戊午 | 8·2 | 10/1 | 月 | 19 | 己丑 | 8·2 |
| 25 | 9/1 | 土 | 18 | 己未 | 8·2 | 2 | 火 | 20 | 庚寅 | 8·2 |
| 26 | 2 | 日 | 19 | 庚申 | 9·2 | 3 | 水 | 21 | 辛卯 | 9·2 |
| 27 | 3 | 月 | 20 | 辛酉 | 9·1 | 4 | 木 | 22 | 壬辰 | 9·1 |
| 28 | 4 | 火 | 21 | 壬戌 | 9·1 | 5 | 金 | 23 | 癸巳 | 9·1 |
| 29 | 5 | 水 | 22 | 癸亥 | 10·1 | 6 | 土 | 24 | 甲午 | 10·1 |
| 30 | 6 | 木 | 23 | 甲子 | 10·1 | 7 | 日 | 25 | 乙未 | 10·1 |
| 31 | | | | | | | | | | |

| 절기후날수 | 한로절(戊戌月) | | | | | 입동절(己亥月) | | | | |
|---|---|---|---|---|---|---|---|---|---|---|
| | 寒露 10월8일 9시30분 霜降 10월23일 12시51분 | | | | | 立冬 11월7일 13시19분 小雪 11월22일 10시59분 | | | | |
| | 양력 | 요일 | 음력 | 일진 | 大運 남·여 | 양력 | 요일 | 음력 | 일진 | 大運 남·여 |
| 0 | 10/8 | 月 | 26 | 丙申 | 한로 | 11/7 | 水 | 26 | 丙寅 | 입동 |
| 1 | 9 | 火 | 27 | 丁酉 | 1·10 | 8 | 木 | 27 | 丁卯 | 1·10 |
| 2 | 10 | 水 | 28 | 戊戌 | 1·9 | 9 | 金 | 28 | 戊辰 | 1·9 |
| 3 | 11 | 木 | 29 | 己亥 | 1·9 | 10 | 土 | 29 | 己巳 | 1·9 |
| 4 | 12 | 金 | 30 | 庚子 | 1·9 | 11 | 日 | 10/1 | 庚午 | 1·9 |
| 5 | 13 | 土 | 9/1 | 辛丑 | 2·8 | 12 | 月 | 2 | 辛未 | 2·8 |
| 6 | 14 | 日 | 2 | 壬寅 | 2·8 | 13 | 火 | 3 | 壬申 | 2·8 |
| 7 | 15 | 月 | 3 | 癸卯 | 2·8 | 14 | 水 | 4 | 癸酉 | 2·8 |
| 8 | 16 | 火 | 4 | 甲辰 | 3·7 | 15 | 木 | 5 | 甲戌 | 3·7 |
| 9 | 17 | 水 | 5 | 乙巳 | 3·7 | 16 | 金 | 6 | 乙亥 | 3·7 |
| 10 | 18 | 木 | 6 | 丙午 | 3·7 | 17 | 土 | 7 | 丙子 | 3·7 |
| 11 | 19 | 金 | 7 | 丁未 | 4·6 | 18 | 日 | 8 | 丁丑 | 4·6 |
| 12 | 20 | 土 | 8 | 戊申 | 4·6 | 19 | 月 | 9 | 戊寅 | 4·6 |
| 13 | 21 | 日 | 9 | 己酉 | 4·6 | 20 | 火 | 10 | 己卯 | 4·6 |
| 14 | 22 | 月 | 10 | 庚戌 | 5·5 | 21 | 水 | 11 | 庚辰 | 5·5 |
| 15 | 23 | 火 | 11 | 辛亥 | 상강 | 22 | 木 | 12 | 辛巳 | 소설 |
| 16 | 24 | 水 | 12 | 壬子 | 5·5 | 23 | 金 | 13 | 壬午 | 5·5 |
| 17 | 25 | 木 | 13 | 癸丑 | 6·4 | 24 | 土 | 14 | 癸未 | 6·4 |
| 18 | 26 | 金 | 14 | 甲寅 | 6·4 | 25 | 日 | 15 | 甲申 | 6·4 |
| 19 | 27 | 土 | 15 | 乙卯 | 6·4 | 26 | 月 | 16 | 乙酉 | 6·4 |
| 20 | 28 | 日 | 16 | 丙辰 | 7·3 | 27 | 火 | 17 | 丙戌 | 7·3 |
| 21 | 29 | 月 | 17 | 丁巳 | 7·3 | 28 | 水 | 18 | 丁亥 | 7·3 |
| 22 | 30 | 火 | 18 | 戊午 | 7·3 | 29 | 木 | 19 | 戊子 | 7·3 |
| 23 | 31 | 水 | 19 | 己未 | 8·2 | 30 | 金 | 20 | 己丑 | 8·2 |
| 24 | 11/1 | 木 | 20 | 庚申 | 8·2 | 12/1 | 土 | 21 | 庚寅 | 8·2 |
| 25 | 2 | 金 | 21 | 辛酉 | 8·2 | 2 | 日 | 22 | 辛卯 | 8·2 |
| 26 | 3 | 土 | 22 | 壬戌 | 9·1 | 3 | 月 | 23 | 壬辰 | 9·1 |
| 27 | 4 | 日 | 23 | 癸亥 | 9·1 | 4 | 火 | 24 | 癸巳 | 9·1 |
| 28 | 5 | 月 | 24 | 甲子 | 9·1 | 5 | 水 | 25 | 甲午 | 9·1 |
| 29 | 6 | 火 | 25 | 乙丑 | 10·1 | 6 | 木 | 26 | 乙未 | 10·1 |
| 30 | | | | | | | | | | |
| 31 | | | | | | | | | | |

| 절기후날수 | 대설절(庚子月) | | | | | 소한절(辛丑月) | | | | |
|---|---|---|---|---|---|---|---|---|---|---|
| | 大雪 12월7일 6시37분 冬至 12월22일 0시37분 | | | | | 小寒 1월5일 17시59분 大寒 1월20일 11시15분 | | | | |
| | 양력 | 요일 | 음력 | 일진 | 大運 남·여 | 양력 | 요일 | 음력 | 일진 | 大運 남·여 |
| 0 | 12/7 | 金 | 27 | 丙申 | 대설 | 1/5 | 土 | 27 | 乙丑 | 소한 |
| 1 | 8 | 土 | 28 | 丁酉 | 1·9 | 6 | 日 | 28 | 丙寅 | 1·10 |
| 2 | 9 | 日 | 29 | 戊戌 | 1·9 | 7 | 月 | 29 | 丁卯 | 1·9 |
| 3 | 10 | 月 | 11/1 | 己亥 | 1·9 | 8 | 火 | 30 | 戊辰 | 1·9 |
| 4 | 11 | 火 | 2 | 庚子 | 1·8 | 9 | 水 | 12/1 | 己巳 | 1·9 |
| 5 | 12 | 水 | 3 | 辛丑 | 2·8 | 10 | 木 | 2 | 庚午 | 2·8 |
| 6 | 13 | 木 | 4 | 壬寅 | 2·8 | 11 | 金 | 3 | 辛未 | 2·8 |
| 7 | 14 | 金 | 5 | 癸卯 | 2·7 | 12 | 土 | 4 | 壬申 | 2·8 |
| 8 | 15 | 土 | 6 | 甲辰 | 3·7 | 13 | 日 | 5 | 癸酉 | 3·7 |
| 9 | 16 | 日 | 7 | 乙巳 | 3·7 | 14 | 月 | 6 | 甲戌 | 3·7 |
| 10 | 17 | 月 | 8 | 丙午 | 3·6 | 15 | 火 | 7 | 乙亥 | 3·7 |
| 11 | 18 | 火 | 9 | 丁未 | 4·6 | 16 | 水 | 8 | 丙子 | 4·6 |
| 12 | 19 | 水 | 10 | 戊申 | 4·6 | 17 | 木 | 9 | 丁丑 | 4·6 |
| 13 | 20 | 木 | 11 | 己酉 | 4·5 | 18 | 金 | 10 | 戊寅 | 4·6 |
| 14 | 21 | 金 | 12 | 庚戌 | 5·5 | 19 | 土 | 11 | 己卯 | 5·5 |
| 15 | 22 | 土 | 13 | 辛亥 | 동지 | 20 | 日 | 12 | 庚辰 | 대한 |
| 16 | 23 | 日 | 14 | 壬子 | 5·4 | 21 | 月 | 13 | 辛巳 | 5·5 |
| 17 | 24 | 月 | 15 | 癸丑 | 6·4 | 22 | 火 | 14 | 壬午 | 6·4 |
| 18 | 25 | 火 | 16 | 甲寅 | 6·4 | 23 | 水 | 15 | 癸未 | 6·4 |
| 19 | 26 | 水 | 17 | 乙卯 | 6·3 | 24 | 木 | 16 | 甲申 | 6·4 |
| 20 | 27 | 木 | 18 | 丙辰 | 7·3 | 25 | 金 | 17 | 乙酉 | 7·3 |
| 21 | 28 | 金 | 19 | 丁巳 | 7·3 | 26 | 土 | 18 | 丙戌 | 7·3 |
| 22 | 29 | 土 | 20 | 戊午 | 7·2 | 27 | 日 | 19 | 丁亥 | 7·3 |
| 23 | 30 | 日 | 21 | 己未 | 8·2 | 28 | 月 | 20 | 戊子 | 8·2 |
| 24 | 31 | 月 | 22 | 庚申 | 8·2 | 29 | 火 | 21 | 己丑 | 8·2 |
| 25 | 1/1 | 火 | 23 | 辛酉 | 8·1 | 30 | 水 | 22 | 庚寅 | 8·2 |
| 26 | 2 | 水 | 24 | 壬戌 | 9·1 | 31 | 木 | 23 | 辛卯 | 9·1 |
| 27 | 3 | 木 | 25 | 癸亥 | 9·1 | 2/1 | 金 | 24 | 壬辰 | 9·1 |
| 28 | 4 | 金 | 26 | 甲子 | 9·1 | 2 | 土 | 25 | 癸巳 | 9·1 |
| 29 | | | | | | 3 | 日 | 26 | 甲午 | 10·1 |
| 30 | | | | | | | | | | |
| 31 | | | | | | | | | | |

# 서기 2092년 [단기 4425년]

| 절기후날수 | 입춘절(壬寅月) 立春 2월4일 5시27분 雨水 2월19일 1시5분 | | | | | 경칩절(癸卯月) 驚蟄 3월4일 23시1분 春分 3월19일 23시32분 | | | | | 청명절(甲辰月) 淸明 4월4일 3시13분 穀雨 4월19일 9시58분 | | | | |
|---|---|---|---|---|---|---|---|---|---|---|---|---|---|---|---|
| | 양력 | 요일 | 음력 | 일진 | 大運 남·여 | 양력 | 요일 | 음력 | 일진 | 大運 남·여 | 양력 | 요일 | 음력 | 일진 | 大運 남·여 |
| 0 | 2/4 | 月 | 27 | 乙未 | 입춘 | 3/4 | 火 | 26 | 甲子 | 경칩 | 4/4 | 金 | 28 | 乙未 | 청명 |
| 1 | 5 | 火 | 28 | 丙申 | 9·1 | 5 | 水 | 27 | 乙丑 | 10·1 | 5 | 土 | 29 | 丙申 | 10·1 |
| 2 | 6 | 水 | 29 | 丁酉 | 9·1 | 6 | 木 | 28 | 丙寅 | 10·1 | 6 | 日 | 30 | 丁酉 | 9·1 |
| 3 | 7 | 木 | 30 | 戊戌 | 9·1 | 7 | 金 | 29 | 丁卯 | 9·1 | 7 | 月 | 3/1 | 戊戌 | 9·1 |
| 4 | 8 | 金 | 1/1 | 己亥 | 8·1 | 8 | 土 | 2/1 | 戊辰 | 9·1 | 8 | 火 | 2 | 己亥 | 9·1 |
| 5 | 9 | 土 | 2 | 庚子 | 8·2 | 9 | 日 | 2 | 己巳 | 9·2 | 9 | 水 | 3 | 庚子 | 8·2 |
| 6 | 10 | 日 | 3 | 辛丑 | 8·2 | 10 | 月 | 3 | 庚午 | 8·2 | 10 | 木 | 4 | 辛丑 | 8·2 |
| 7 | 11 | 月 | 4 | 壬寅 | 7·2 | 11 | 火 | 4 | 辛未 | 8·2 | 11 | 金 | 5 | 壬寅 | 8·2 |
| 8 | 12 | 火 | 5 | 癸卯 | 7·3 | 12 | 水 | 5 | 壬申 | 8·3 | 12 | 土 | 6 | 癸卯 | 7·3 |
| 9 | 13 | 水 | 6 | 甲辰 | 7·3 | 13 | 木 | 6 | 癸酉 | 7·3 | 13 | 日 | 7 | 甲辰 | 7·3 |
| 10 | 14 | 木 | 7 | 乙巳 | 6·3 | 14 | 金 | 7 | 甲戌 | 7·3 | 14 | 月 | 8 | 乙巳 | 7·3 |
| 11 | 15 | 金 | 8 | 丙午 | 6·4 | 15 | 土 | 8 | 乙亥 | 7·4 | 15 | 火 | 9 | 丙午 | 6·4 |
| 12 | 16 | 土 | 9 | 丁未 | 6·4 | 16 | 日 | 9 | 丙子 | 6·4 | 16 | 水 | 10 | 丁未 | 6·4 |
| 13 | 17 | 日 | 10 | 戊申 | 5·4 | 17 | 月 | 10 | 丁丑 | 6·4 | 17 | 木 | 11 | 戊申 | 6·4 |
| 14 | 18 | 月 | 11 | 己酉 | 5·5 | 18 | 火 | 11 | 戊寅 | 6·5 | 18 | 金 | 12 | 己酉 | 5·5 |
| 15 | 19 | 火 | 12 | 庚戌 | 우수 | 19 | 水 | 12 | 己卯 | 춘분 | 19 | 土 | 13 | 庚戌 | 곡우 |
| 16 | 20 | 水 | 13 | 辛亥 | 4·5 | 20 | 木 | 13 | 庚辰 | 5·5 | 20 | 日 | 14 | 辛亥 | 5·5 |
| 17 | 21 | 木 | 14 | 壬子 | 4·6 | 21 | 金 | 14 | 辛巳 | 5·6 | 21 | 月 | 15 | 壬子 | 4·6 |
| 18 | 22 | 金 | 15 | 癸丑 | 4·6 | 22 | 土 | 15 | 壬午 | 4·6 | 22 | 火 | 16 | 癸丑 | 4·6 |
| 19 | 23 | 土 | 16 | 甲寅 | 3·6 | 23 | 日 | 16 | 癸未 | 4·6 | 23 | 水 | 17 | 甲寅 | 4·6 |
| 20 | 24 | 日 | 17 | 乙卯 | 3·7 | 24 | 月 | 17 | 甲申 | 4·7 | 24 | 木 | 18 | 乙卯 | 3·7 |
| 21 | 25 | 月 | 18 | 丙辰 | 3·7 | 25 | 火 | 18 | 乙酉 | 3·7 | 25 | 金 | 19 | 丙辰 | 3·7 |
| 22 | 26 | 火 | 19 | 丁巳 | 2·7 | 26 | 水 | 19 | 丙戌 | 3·7 | 26 | 土 | 20 | 丁巳 | 3·7 |
| 23 | 27 | 水 | 20 | 戊午 | 2·8 | 27 | 木 | 20 | 丁亥 | 3·8 | 27 | 日 | 21 | 戊午 | 2·8 |
| 24 | 28 | 木 | 21 | 己未 | 2·8 | 28 | 金 | 21 | 戊子 | 2·8 | 28 | 月 | 22 | 己未 | 2·8 |
| 25 | 29 | 金 | 22 | 庚申 | 1·8 | 29 | 土 | 22 | 己丑 | 2·8 | 29 | 火 | 23 | 庚申 | 2·8 |
| 26 | 3/1 | 土 | 23 | 辛酉 | 1·9 | 30 | 日 | 23 | 庚寅 | 2·9 | 30 | 水 | 24 | 辛酉 | 1·9 |
| 27 | 2 | 日 | 24 | 壬戌 | 1·9 | 31 | 月 | 24 | 辛卯 | 1·9 | 5/1 | 木 | 25 | 壬戌 | 1·9 |
| 28 | 3 | 月 | 25 | 癸亥 | 1·9 | 4/1 | 火 | 25 | 壬辰 | 1·9 | 2 | 金 | 26 | 癸亥 | 1·9 |
| 29 | | | | | | 2 | 水 | 26 | 癸巳 | 1·10 | 3 | 土 | 27 | 甲子 | 1·10 |
| 30 | | | | | | 3 | 木 | 27 | 甲午 | 1·10 | | | | | |
| 31 | | | | | | | | | | | | | | | |

| 절기후날수 | 입하절(乙巳月) 立夏 5월4일 19시55분 小滿 5월20일 8시35분 | | | | | 망종절(丙午月) 芒種 6월4일 23시36분 夏至 6월20일 16시14분 | | | | | 소서절(丁未月) 小暑 7월6일 9시40분 大暑 7월22일 3시6분 | | | | |
|---|---|---|---|---|---|---|---|---|---|---|---|---|---|---|---|
| | 양력 | 요일 | 음력 | 일진 | 大運 남·여 | 양력 | 요일 | 음력 | 일진 | 大運 남·여 | 양력 | 요일 | 음력 | 일진 | 大運 남·여 |
| 0 | 5/4 | 日 | 28 | 乙丑 | 입하 | 6/4 | 水 | 30 | 丙申 | 망종 | 7/6 | 日 | 2 | 戊辰 | 소서 |
| 1 | 5 | 月 | 29 | 丙寅 | 10·1 | 5 | 木 | 5/1 | 丁酉 | 10·1 | 7 | 月 | 3 | 己巳 | 10·1 |
| 2 | 6 | 火 | 4/1 | 丁卯 | 10·1 | 6 | 金 | 2 | 戊戌 | 10·1 | 8 | 火 | 4 | 庚午 | 10·1 |
| 3 | 7 | 水 | 2 | 戊辰 | 9·1 | 7 | 土 | 3 | 己亥 | 10·1 | 9 | 水 | 5 | 辛未 | 9·1 |
| 4 | 8 | 木 | 3 | 己巳 | 9·1 | 8 | 日 | 4 | 庚子 | 9·1 | 10 | 木 | 6 | 壬申 | 9·1 |
| 5 | 9 | 金 | 4 | 庚午 | 9·2 | 9 | 月 | 5 | 辛丑 | 9·2 | 11 | 金 | 7 | 癸酉 | 9·2 |
| 6 | 10 | 土 | 5 | 辛未 | 8·2 | 10 | 火 | 6 | 壬寅 | 9·2 | 12 | 土 | 8 | 甲戌 | 8·2 |
| 7 | 11 | 日 | 6 | 壬申 | 8·2 | 11 | 水 | 7 | 癸卯 | 8·2 | 13 | 日 | 9 | 乙亥 | 8·2 |
| 8 | 12 | 月 | 7 | 癸酉 | 8·3 | 12 | 木 | 8 | 甲辰 | 8·3 | 14 | 月 | 10 | 丙子 | 8·3 |
| 9 | 13 | 火 | 8 | 甲戌 | 7·3 | 13 | 金 | 9 | 乙巳 | 8·3 | 15 | 火 | 11 | 丁丑 | 7·3 |
| 10 | 14 | 水 | 9 | 乙亥 | 7·3 | 14 | 土 | 10 | 丙午 | 7·3 | 16 | 水 | 12 | 戊寅 | 7·3 |
| 11 | 15 | 木 | 10 | 丙子 | 7·4 | 15 | 日 | 11 | 丁未 | 7·4 | 17 | 木 | 13 | 己卯 | 7·4 |
| 12 | 16 | 金 | 11 | 丁丑 | 6·4 | 16 | 月 | 12 | 戊申 | 7·4 | 18 | 金 | 14 | 庚辰 | 6·4 |
| 13 | 17 | 土 | 12 | 戊寅 | 6·4 | 17 | 火 | 13 | 己酉 | 6·4 | 19 | 土 | 15 | 辛巳 | 6·4 |
| 14 | 18 | 日 | 13 | 己卯 | 6·5 | 18 | 水 | 14 | 庚戌 | 6·5 | 20 | 日 | 16 | 壬午 | 6·5 |
| 15 | 19 | 月 | 14 | 庚辰 | 5·5 | 19 | 木 | 15 | 辛亥 | 6·5 | 21 | 月 | 17 | 癸未 | 5·5 |
| 16 | 20 | 火 | 15 | 辛巳 | 소만 | 20 | 金 | 16 | 壬子 | 하지 | 22 | 火 | 18 | 甲申 | 대서 |
| 17 | 21 | 水 | 16 | 壬午 | 5·6 | 21 | 土 | 17 | 癸丑 | 5·6 | 23 | 水 | 19 | 乙酉 | 5·6 |
| 18 | 22 | 木 | 17 | 癸未 | 4·6 | 22 | 日 | 18 | 甲寅 | 5·6 | 24 | 木 | 20 | 丙戌 | 4·6 |
| 19 | 23 | 金 | 18 | 甲申 | 4·6 | 23 | 月 | 19 | 乙卯 | 4·6 | 25 | 金 | 21 | 丁亥 | 4·6 |
| 20 | 24 | 土 | 19 | 乙酉 | 4·7 | 24 | 火 | 20 | 丙辰 | 4·7 | 26 | 土 | 22 | 戊子 | 4·7 |
| 21 | 25 | 日 | 20 | 丙戌 | 3·7 | 25 | 水 | 21 | 丁巳 | 4·7 | 27 | 日 | 23 | 己丑 | 3·7 |
| 22 | 26 | 月 | 21 | 丁亥 | 3·7 | 26 | 木 | 22 | 戊午 | 3·7 | 28 | 月 | 24 | 庚寅 | 3·7 |
| 23 | 27 | 火 | 22 | 戊子 | 3·8 | 27 | 金 | 23 | 己未 | 3·8 | 29 | 火 | 25 | 辛卯 | 3·8 |
| 24 | 28 | 水 | 23 | 己丑 | 2·8 | 28 | 土 | 24 | 庚申 | 3·8 | 30 | 水 | 26 | 壬辰 | 2·8 |
| 25 | 29 | 木 | 24 | 庚寅 | 2·8 | 29 | 日 | 25 | 辛酉 | 2·8 | 31 | 木 | 27 | 癸巳 | 2·8 |
| 26 | 30 | 金 | 25 | 辛卯 | 2·9 | 30 | 月 | 26 | 壬戌 | 2·9 | 8/1 | 金 | 28 | 甲午 | 2·9 |
| 27 | 31 | 土 | 26 | 壬辰 | 1·9 | 7/1 | 火 | 27 | 癸亥 | 2·9 | 2 | 土 | 29 | 乙未 | 1·9 |
| 28 | 6/1 | 日 | 27 | 癸巳 | 1·9 | 2 | 水 | 28 | 甲子 | 1·9 | 3 | 日 | 7/1 | 丙申 | 1·9 |
| 29 | 2 | 月 | 28 | 甲午 | 1·10 | 3 | 木 | 29 | 乙丑 | 1·10 | 4 | 月 | 2 | 丁酉 | 1·10 |
| 30 | 3 | 火 | 29 | 乙未 | 1·10 | 4 | 金 | 30 | 丙寅 | 1·10 | 5 | 火 | 3 | 戊戌 | 1·10 |
| 31 | | | | | | 5 | 土 | 6/1 | 丁卯 | 1·10 | | | | | |

# 壬子年

| 절기후날수 | 입추절(戊申月) 立秋 8월6일 19시35분 處暑 8월22일 10시29분 | | | | | 백로절(己酉月) 白露 9월6일 22시55분 秋分 9월22일 8시41분 | | | | | 한로절(庚戌月) 寒露 10월7일 15시10분 霜降 10월22일 18시40분 | | | | | 입동절(辛亥月) 立冬 11월6일 18시59분 小雪 11월21일 16시49분 | | | | | 대설절(壬子月) 大雪 12월6일 12시20분 冬至 12월21일 6시31분 | | | | | 소한절(癸丑月) 小寒 1월4일 23시46분 大寒 1월19일 17시12분 | | | | |
|---|---|---|---|---|---|---|---|---|---|---|---|---|---|---|---|---|---|---|---|---|---|---|---|---|---|---|---|---|---|---|
| | 양력 | 요일 | 음력 | 일진 | 大運 남·여 | 양력 | 요일 | 음력 | 일진 | 大運 남·여 | 양력 | 요일 | 음력 | 일진 | 大運 남·여 | 양력 | 요일 | 음력 | 일진 | 大運 남·여 | 양력 | 요일 | 음력 | 일진 | 大運 남·여 | 양력 | 요일 | 음력 | 일진 | 大運 남·여 |
| 0 | 8/6 | 水 | 4 | 己亥 | 입추 | 9/6 | 土 | 5 | 庚午 | 백로 | 10/7 | 火 | 7 | 辛丑 | 한로 | 11/6 | 木 | 7 | 辛未 | 입동 | 12/6 | 土 | 8 | 辛丑 | 대설 | 1/4 | 日 | 7 | 庚午 | 소한 |
| 1 | 7 | 木 | 5 | 庚子 | 10·1 | 7 | 日 | 6 | 辛未 | 10·1 | 8 | 水 | 8 | 壬寅 | 10·1 | 7 | 金 | 8 | 壬申 | 10·1 | 7 | 日 | 9 | 壬寅 | 9·1 | 5 | 月 | 8 | 辛未 | 10·1 |
| 2 | 8 | 金 | 6 | 辛丑 | 10·1 | 8 | 月 | 7 | 壬申 | 10·1 | 9 | 木 | 9 | 癸卯 | 9·1 | 8 | 土 | 9 | 癸酉 | 9·1 | 8 | 月 | 10 | 癸卯 | 9·1 | 6 | 火 | 9 | 壬申 | 9·1 |
| 3 | 9 | 土 | 7 | 壬寅 | 9·1 | 9 | 火 | 8 | 癸酉 | 9·1 | 10 | 金 | 10 | 甲辰 | 9·1 | 9 | 日 | 10 | 甲戌 | 9·1 | 9 | 火 | 11 | 甲辰 | 9·1 | 7 | 水 | 10 | 癸酉 | 9·1 |
| 4 | 10 | 日 | 8 | 癸卯 | 9·1 | 10 | 水 | 9 | 甲戌 | 9·1 | 11 | 土 | 11 | 乙巳 | 9·1 | 10 | 月 | 11 | 乙亥 | 9·1 | 10 | 水 | 12 | 乙巳 | 8·1 | 8 | 木 | 11 | 甲戌 | 9·1 |
| 5 | 11 | 月 | 9 | 甲辰 | 9·2 | 11 | 木 | 10 | 乙亥 | 9·2 | 12 | 日 | 12 | 丙午 | 8·2 | 11 | 火 | 12 | 丙子 | 8·2 | 11 | 木 | 13 | 丙午 | 8·2 | 9 | 金 | 12 | 乙亥 | 8·2 |
| 6 | 12 | 火 | 10 | 乙巳 | 8·2 | 12 | 金 | 11 | 丙子 | 8·2 | 13 | 月 | 13 | 丁未 | 8·2 | 12 | 水 | 13 | 丁丑 | 8·2 | 12 | 金 | 14 | 丁未 | 8·2 | 10 | 土 | 13 | 丙子 | 8·2 |
| 7 | 13 | 水 | 11 | 丙午 | 8·2 | 13 | 土 | 12 | 丁丑 | 8·2 | 14 | 火 | 14 | 戊申 | 8·2 | 13 | 木 | 14 | 戊寅 | 8·2 | 13 | 土 | 15 | 戊申 | 7·2 | 11 | 日 | 14 | 丁丑 | 8·2 |
| 8 | 14 | 木 | 12 | 丁未 | 8·3 | 14 | 日 | 13 | 戊寅 | 8·3 | 15 | 水 | 15 | 己酉 | 7·3 | 14 | 金 | 15 | 己卯 | 7·3 | 14 | 日 | 16 | 己酉 | 7·3 | 12 | 月 | 15 | 戊寅 | 7·3 |
| 9 | 15 | 金 | 13 | 戊申 | 7·3 | 15 | 月 | 14 | 己卯 | 7·3 | 16 | 木 | 16 | 庚戌 | 7·3 | 15 | 土 | 16 | 庚辰 | 7·3 | 15 | 月 | 17 | 庚戌 | 7·3 | 13 | 火 | 16 | 己卯 | 7·3 |
| 10 | 16 | 土 | 14 | 己酉 | 7·3 | 16 | 火 | 15 | 庚辰 | 7·3 | 17 | 金 | 17 | 辛亥 | 7·3 | 16 | 日 | 17 | 辛巳 | 7·3 | 16 | 火 | 18 | 辛亥 | 6·3 | 14 | 水 | 17 | 庚辰 | 7·3 |
| 11 | 17 | 日 | 15 | 庚戌 | 7·4 | 17 | 水 | 16 | 辛巳 | 7·4 | 18 | 土 | 18 | 壬子 | 6·4 | 17 | 月 | 18 | 壬午 | 6·4 | 17 | 水 | 19 | 壬子 | 6·4 | 15 | 木 | 18 | 辛巳 | 6·4 |
| 12 | 18 | 月 | 16 | 辛亥 | 6·4 | 18 | 木 | 17 | 壬午 | 6·4 | 19 | 日 | 19 | 癸丑 | 6·4 | 18 | 火 | 19 | 癸未 | 6·4 | 18 | 木 | 20 | 癸丑 | 6·4 | 16 | 金 | 19 | 壬午 | 6·4 |
| 13 | 19 | 火 | 17 | 壬子 | 6·4 | 19 | 金 | 18 | 癸未 | 6·4 | 20 | 月 | 20 | 甲寅 | 6·4 | 19 | 水 | 20 | 甲申 | 6·4 | 19 | 金 | 21 | 甲寅 | 5·4 | 17 | 土 | 20 | 癸未 | 6·4 |
| 14 | 20 | 水 | 18 | 癸丑 | 6·5 | 20 | 土 | 19 | 甲申 | 6·5 | 21 | 火 | 21 | 乙卯 | 5·5 | 20 | 木 | 21 | 乙酉 | 5·5 | 20 | 土 | 22 | 乙卯 | 5·5 | 18 | 日 | 21 | 甲申 | 5·5 |
| 15 | 21 | 木 | 19 | 甲寅 | 5·5 | 21 | 日 | 20 | 乙酉 | 5·5 | 22 | 水 | 22 | 丙辰 | 상강 | 21 | 金 | 22 | 丙戌 | 소설 | 21 | 日 | 23 | 丙辰 | 동지 | 19 | 月 | 22 | 乙酉 | 대한 |
| 16 | 22 | 金 | 20 | 乙卯 | 처서 | 22 | 月 | 21 | 丙戌 | 추분 | 23 | 木 | 23 | 丁巳 | 5·5 | 22 | 土 | 23 | 丁亥 | 5·5 | 22 | 月 | 24 | 丁巳 | 4·5 | 20 | 火 | 23 | 丙戌 | 5·5 |
| 17 | 23 | 土 | 21 | 丙辰 | 5·6 | 23 | 火 | 22 | 丁亥 | 5·6 | 24 | 金 | 24 | 戊午 | 4·6 | 23 | 日 | 24 | 戊子 | 4·6 | 23 | 火 | 25 | 戊午 | 4·6 | 21 | 水 | 24 | 丁亥 | 4·6 |
| 18 | 24 | 日 | 22 | 丁巳 | 4·6 | 24 | 水 | 23 | 戊子 | 4·6 | 25 | 土 | 25 | 己未 | 4·6 | 24 | 月 | 25 | 己丑 | 4·6 | 24 | 水 | 26 | 己未 | 4·6 | 22 | 木 | 25 | 戊子 | 4·6 |
| 19 | 25 | 月 | 23 | 戊午 | 4·6 | 25 | 木 | 24 | 己丑 | 4·6 | 26 | 日 | 26 | 庚申 | 4·6 | 25 | 火 | 26 | 庚寅 | 4·6 | 25 | 木 | 27 | 庚申 | 3·6 | 23 | 金 | 26 | 己丑 | 4·6 |
| 20 | 26 | 火 | 24 | 己未 | 4·7 | 26 | 金 | 25 | 庚寅 | 4·7 | 27 | 月 | 27 | 辛酉 | 3·7 | 26 | 水 | 27 | 辛卯 | 3·7 | 26 | 金 | 28 | 辛酉 | 3·7 | 24 | 土 | 27 | 庚寅 | 3·7 |
| 21 | 27 | 水 | 25 | 庚申 | 3·7 | 27 | 土 | 26 | 辛卯 | 3·7 | 28 | 火 | 28 | 壬戌 | 3·7 | 27 | 木 | 28 | 壬辰 | 3·7 | 27 | 土 | 29 | 壬戌 | 3·7 | 25 | 日 | 28 | 辛卯 | 3·7 |
| 22 | 28 | 木 | 26 | 辛酉 | 3·7 | 28 | 日 | 27 | 壬辰 | 3·7 | 29 | 水 | 29 | 癸亥 | 3·7 | 28 | 金 | 29 | 癸巳 | 3·7 | 28 | 日 | 30 | 癸亥 | 2·7 | 26 | 月 | 29 | 壬辰 | 3·7 |
| 23 | 29 | 金 | 27 | 壬戌 | 3·8 | 29 | 月 | 28 | 癸巳 | 3·8 | 30 | 木 | 30 | 甲子 | 2·8 | 29 | 土 | 11/1 | 甲午 | 2·8 | 29 | 月 | 12/1 | 甲子 | 2·8 | 27 | 火 | 1/1 | 癸巳 | 2·8 |
| 24 | 30 | 土 | 28 | 癸亥 | 2·8 | 30 | 火 | 29 | 甲午 | 2·8 | 31 | 金 | 10/1 | 乙丑 | 2·8 | 30 | 日 | 2 | 乙未 | 2·8 | 30 | 火 | 2 | 乙丑 | 2·8 | 28 | 水 | 2 | 甲午 | 2·8 |
| 25 | 31 | 日 | 29 | 甲子 | 2·8 | 10/1 | 水 | 9/1 | 乙未 | 2·8 | 11/1 | 土 | 2 | 丙寅 | 2·8 | 12/1 | 月 | 3 | 丙申 | 2·8 | 31 | 水 | 3 | 丙寅 | 1·8 | 29 | 木 | 3 | 乙未 | 2·8 |
| 26 | 9/1 | 月 | 30 | 乙丑 | 2·9 | 2 | 木 | 2 | 丙申 | 2·9 | 2 | 日 | 3 | 丁卯 | 1·9 | 2 | 火 | 4 | 丁酉 | 1·9 | 1/1 | 木 | 4 | 丁卯 | 1·9 | 30 | 金 | 4 | 丙申 | 1·9 |
| 27 | 2 | 火 | 8/1 | 丙寅 | 1·9 | 3 | 金 | 3 | 丁酉 | 1·9 | 3 | 月 | 4 | 戊辰 | 1·9 | 3 | 水 | 5 | 戊戌 | 1·9 | 2 | 金 | 5 | 戊辰 | 1·9 | 31 | 土 | 5 | 丁酉 | 1·9 |
| 28 | 3 | 水 | 2 | 丁卯 | 1·9 | 4 | 土 | 4 | 戊戌 | 1·9 | 4 | 火 | 5 | 己巳 | 1·9 | 4 | 木 | 6 | 己亥 | 1·9 | 3 | 土 | 6 | 己巳 | 1·9 | 2/1 | 日 | 6 | 戊戌 | 1·9 |
| 29 | 4 | 木 | 3 | 戊辰 | 1·10 | 5 | 日 | 5 | 己亥 | 1·10 | 5 | 水 | 6 | 庚午 | 1·10 | 5 | 金 | 7 | 庚子 | 1·10 | | | | | | 2 | 月 | 7 | 己亥 | 1·10 |
| 30 | 5 | 金 | 4 | 己巳 | 1·10 | 6 | 月 | 6 | 庚子 | 1·10 | | | | | | | | | | | | | | | | | | | | |
| 31 | | | | | | | | | | | | | | | | | | | | | | | | | | | | | | |

# 서기 2093년 [단기 4426년]

| 절기후날수 | 입춘절(甲寅月) 立春 2월3일 11시17분 雨水 2월18일 7시5분 | | | | | 경칩절(乙卯月) 驚蟄 3월5일 4시53분 春分 3월20일 5시33분 | | | | | 청명절(丙辰月) 淸明 4월4일 9시5분 穀雨 4월19일 15시57분 | | | | |
|---|---|---|---|---|---|---|---|---|---|---|---|---|---|---|---|
| | 양력 | 요일 | 음력 | 일진 | 大運 남·여 | 양력 | 요일 | 음력 | 일진 | 大運 남·여 | 양력 | 요일 | 음력 | 일진 | 大運 남·여 |
| 0 | 2/3 | 火 | 8 | 庚子 | 입춘 | 3/5 | 木 | 8 | 庚午 | 경칩 | 4/4 | 土 | 9 | 庚子 | 청명 |
| 1 | 4 | 水 | 9 | 辛丑 | 1·10 | 6 | 金 | 9 | 辛未 | 1·10 | 5 | 日 | 10 | 辛丑 | 1·10 |
| 2 | 5 | 木 | 10 | 壬寅 | 1·9 | 7 | 土 | 10 | 壬申 | 1·9 | 6 | 月 | 11 | 壬寅 | 1·10 |
| 3 | 6 | 金 | 11 | 癸卯 | 1·9 | 8 | 日 | 11 | 癸酉 | 1·9 | 7 | 火 | 12 | 癸卯 | 1·9 |
| 4 | 7 | 土 | 12 | 甲辰 | 1·9 | 9 | 月 | 12 | 甲戌 | 1·9 | 8 | 水 | 13 | 甲辰 | 1·9 |
| 5 | 8 | 日 | 13 | 乙巳 | 2·8 | 10 | 火 | 13 | 乙亥 | 2·8 | 9 | 木 | 14 | 乙巳 | 2·9 |
| 6 | 9 | 月 | 14 | 丙午 | 2·8 | 11 | 水 | 14 | 丙子 | 2·8 | 10 | 金 | 15 | 丙午 | 2·8 |
| 7 | 10 | 火 | 15 | 丁未 | 2·8 | 12 | 木 | 15 | 丁丑 | 2·8 | 11 | 土 | 16 | 丁未 | 2·8 |
| 8 | 11 | 水 | 16 | 戊申 | 3·7 | 13 | 金 | 16 | 戊寅 | 3·7 | 12 | 日 | 17 | 戊申 | 3·8 |
| 9 | 12 | 木 | 17 | 己酉 | 3·7 | 14 | 土 | 17 | 己卯 | 3·7 | 13 | 月 | 18 | 己酉 | 3·7 |
| 10 | 13 | 金 | 18 | 庚戌 | 3·7 | 15 | 日 | 18 | 庚辰 | 3·7 | 14 | 火 | 19 | 庚戌 | 3·7 |
| 11 | 14 | 土 | 19 | 辛亥 | 4·6 | 16 | 月 | 19 | 辛巳 | 4·6 | 15 | 水 | 20 | 辛亥 | 4·7 |
| 12 | 15 | 日 | 20 | 壬子 | 4·6 | 17 | 火 | 20 | 壬午 | 4·6 | 16 | 木 | 21 | 壬子 | 4·6 |
| 13 | 16 | 月 | 21 | 癸丑 | 4·6 | 18 | 水 | 21 | 癸未 | 4·6 | 17 | 金 | 22 | 癸丑 | 4·6 |
| 14 | 17 | 火 | 22 | 甲寅 | 5·5 | 19 | 木 | 22 | 甲申 | 5·5 | 18 | 土 | 23 | 甲寅 | 5·6 |
| 15 | 18 | 水 | 23 | 乙卯 | 우수 | 20 | 金 | 23 | 乙酉 | 춘분 | 19 | 日 | 24 | 乙卯 | 곡우 |
| 16 | 19 | 木 | 24 | 丙辰 | 5·5 | 21 | 土 | 24 | 丙戌 | 5·5 | 20 | 月 | 25 | 丙辰 | 5·5 |
| 17 | 20 | 金 | 25 | 丁巳 | 6·4 | 22 | 日 | 25 | 丁亥 | 6·4 | 21 | 火 | 26 | 丁巳 | 6·5 |
| 18 | 21 | 土 | 26 | 戊午 | 6·4 | 23 | 月 | 26 | 戊子 | 6·4 | 22 | 水 | 27 | 戊午 | 6·4 |
| 19 | 22 | 日 | 27 | 己未 | 6·4 | 24 | 火 | 27 | 己丑 | 6·4 | 23 | 木 | 28 | 己未 | 6·4 |
| 20 | 23 | 月 | 28 | 庚申 | 7·3 | 25 | 水 | 28 | 庚寅 | 7·3 | 24 | 金 | 29 | 庚申 | 7·4 |
| 21 | 24 | 火 | 29 | 辛酉 | 7·3 | 26 | 木 | 29 | 辛卯 | 7·3 | 25 | 土 | 30 | 辛酉 | 7·3 |
| 22 | 25 | 水 | 30 | 壬戌 | 7·3 | 27 | 金 | 3/1 | 壬辰 | 7·3 | 26 | 日 | 4/1 | 壬戌 | 7·3 |
| 23 | 26 | 木 | 2/1 | 癸亥 | 8·2 | 28 | 土 | 2 | 癸巳 | 8·2 | 27 | 月 | 2 | 癸亥 | 8·3 |
| 24 | 27 | 金 | 2 | 甲子 | 8·2 | 29 | 日 | 3 | 甲午 | 8·2 | 28 | 火 | 3 | 甲子 | 8·2 |
| 25 | 28 | 土 | 3 | 乙丑 | 8·2 | 30 | 月 | 4 | 乙未 | 8·2 | 29 | 水 | 4 | 乙丑 | 8·2 |
| 26 | 3/1 | 日 | 4 | 丙寅 | 9·1 | 31 | 火 | 5 | 丙申 | 9·1 | 30 | 木 | 5 | 丙寅 | 9·2 |
| 27 | 2 | 月 | 5 | 丁卯 | 9·1 | 4/1 | 水 | 6 | 丁酉 | 9·1 | 5/1 | 金 | 6 | 丁卯 | 9·1 |
| 28 | 3 | 火 | 6 | 戊辰 | 9·1 | 2 | 木 | 7 | 戊戌 | 9·1 | 2 | 土 | 7 | 戊辰 | 9·1 |
| 29 | 4 | 水 | 7 | 己巳 | 10·1 | 3 | 金 | 8 | 己亥 | 10·1 | 3 | 日 | 8 | 己巳 | 10·1 |
| 30 | | | | | | | | | | | 4 | 月 | 9 | 庚午 | 10·1 |
| 31 | | | | | | | | | | | | | | | |

| 절기후날수 | 입하절(丁巳月) 立夏 5월5일 1시45분 小滿 5월20일 14시31분 | | | | | 망종절(戊午月) 芒種 6월5일 5시25분 夏至 6월20일 22시6분 | | | | | 소서절(己未月) 小暑 7월6일 15시29분 大暑 7월22일 8시56분 | | | | |
|---|---|---|---|---|---|---|---|---|---|---|---|---|---|---|---|
| | 양력 | 요일 | 음력 | 일진 | 大運 남·여 | 양력 | 요일 | 음력 | 일진 | 大運 남·여 | 양력 | 요일 | 음력 | 일진 | 大運 남·여 |
| 0 | 5/5 | 火 | 10 | 辛未 | 입하 | 6/5 | 金 | 12 | 壬寅 | 망종 | 7/6 | 月 | 13 | 癸酉 | 소서 |
| 1 | 6 | 水 | 11 | 壬申 | 1·10 | 6 | 土 | 13 | 癸卯 | 1·10 | 7 | 火 | 14 | 甲戌 | 1·10 |
| 2 | 7 | 木 | 12 | 癸酉 | 1·10 | 7 | 日 | 14 | 甲辰 | 1·10 | 8 | 水 | 15 | 乙亥 | 1·10 |
| 3 | 8 | 金 | 13 | 甲戌 | 1·9 | 8 | 月 | 15 | 乙巳 | 1·9 | 9 | 木 | 16 | 丙子 | 1·10 |
| 4 | 9 | 土 | 14 | 乙亥 | 1·9 | 9 | 火 | 16 | 丙午 | 1·9 | 10 | 金 | 17 | 丁丑 | 1·9 |
| 5 | 10 | 日 | 15 | 丙子 | 2·9 | 10 | 水 | 17 | 丁未 | 2·9 | 11 | 土 | 18 | 戊寅 | 2·9 |
| 6 | 11 | 月 | 16 | 丁丑 | 2·8 | 11 | 木 | 18 | 戊申 | 2·8 | 12 | 日 | 19 | 己卯 | 2·9 |
| 7 | 12 | 火 | 17 | 戊寅 | 2·8 | 12 | 金 | 19 | 己酉 | 2·8 | 13 | 月 | 20 | 庚辰 | 2·8 |
| 8 | 13 | 水 | 18 | 己卯 | 3·8 | 13 | 土 | 20 | 庚戌 | 3·8 | 14 | 火 | 21 | 辛巳 | 3·8 |
| 9 | 14 | 木 | 19 | 庚辰 | 3·7 | 14 | 日 | 21 | 辛亥 | 3·7 | 15 | 水 | 22 | 壬午 | 3·8 |
| 10 | 15 | 金 | 20 | 辛巳 | 3·7 | 15 | 月 | 22 | 壬子 | 3·7 | 16 | 木 | 23 | 癸未 | 3·7 |
| 11 | 16 | 土 | 21 | 壬午 | 4·7 | 16 | 火 | 23 | 癸丑 | 4·7 | 17 | 金 | 24 | 甲申 | 4·7 |
| 12 | 17 | 日 | 22 | 癸未 | 4·6 | 17 | 水 | 24 | 甲寅 | 4·6 | 18 | 土 | 25 | 乙酉 | 4·7 |
| 13 | 18 | 月 | 23 | 甲申 | 4·6 | 18 | 木 | 25 | 乙卯 | 4·6 | 19 | 日 | 26 | 丙戌 | 4·6 |
| 14 | 19 | 火 | 24 | 乙酉 | 5·6 | 19 | 金 | 26 | 丙辰 | 5·6 | 20 | 月 | 27 | 丁亥 | 5·6 |
| 15 | 20 | 水 | 25 | 丙戌 | 소만 | 20 | 土 | 27 | 丁巳 | 하지 | 21 | 火 | 28 | 戊子 | 5·6 |
| 16 | 21 | 木 | 26 | 丁亥 | 5·5 | 21 | 日 | 28 | 戊午 | 5·5 | 22 | 水 | 29 | 己丑 | 대서 |
| 17 | 22 | 金 | 27 | 戊子 | 6·5 | 22 | 月 | 29 | 己未 | 6·5 | 23 | 木 | 윤1 | 庚寅 | 6·5 |
| 18 | 23 | 土 | 28 | 己丑 | 6·4 | 23 | 火 | 30 | 庚申 | 6·4 | 24 | 金 | 윤2 | 辛卯 | 6·5 |
| 19 | 24 | 日 | 29 | 庚寅 | 6·4 | 24 | 水 | 6/1 | 辛酉 | 6·4 | 25 | 土 | 윤3 | 壬辰 | 6·4 |
| 20 | 25 | 月 | 5/1 | 辛卯 | 7·4 | 25 | 木 | 2 | 壬戌 | 7·4 | 26 | 日 | 윤4 | 癸巳 | 7·4 |
| 21 | 26 | 火 | 2 | 壬辰 | 7·3 | 26 | 金 | 3 | 癸亥 | 7·3 | 27 | 月 | 윤5 | 甲午 | 7·4 |
| 22 | 27 | 水 | 3 | 癸巳 | 7·3 | 27 | 土 | 4 | 甲子 | 7·3 | 28 | 火 | 윤6 | 乙未 | 7·3 |
| 23 | 28 | 木 | 4 | 甲午 | 8·3 | 28 | 日 | 5 | 乙丑 | 8·3 | 29 | 水 | 윤7 | 丙申 | 8·3 |
| 24 | 29 | 金 | 5 | 乙未 | 8·2 | 29 | 月 | 6 | 丙寅 | 8·2 | 30 | 木 | 윤8 | 丁酉 | 8·3 |
| 25 | 30 | 土 | 6 | 丙申 | 8·2 | 30 | 火 | 7 | 丁卯 | 8·2 | 31 | 金 | 윤9 | 戊戌 | 8·2 |
| 26 | 31 | 日 | 7 | 丁酉 | 9·2 | 7/1 | 水 | 8 | 戊辰 | 9·2 | 8/1 | 土 | 윤10 | 己亥 | 9·2 |
| 27 | 6/1 | 月 | 8 | 戊戌 | 9·1 | 2 | 木 | 9 | 己巳 | 9·1 | 2 | 日 | 윤11 | 庚子 | 9·2 |
| 28 | 2 | 火 | 9 | 己亥 | 9·1 | 3 | 金 | 10 | 庚午 | 9·1 | 3 | 月 | 윤12 | 辛丑 | 9·1 |
| 29 | 3 | 水 | 10 | 庚子 | 10·1 | 4 | 土 | 11 | 辛未 | 10·1 | 4 | 火 | 윤13 | 壬寅 | 10·1 |
| 30 | 4 | 木 | 11 | 辛丑 | 10·1 | 5 | 日 | 12 | 壬申 | 10·1 | 5 | 水 | 윤14 | 癸卯 | 10·1 |
| 31 | | | | | | | | | | | 6 | 木 | 윤15 | 甲辰 | 10·1 |

▶윤달-6월

# 癸丑年

| 절기후날수 | 입추절(庚申月) | | | | | 백로절(辛酉月) | | | | | 한로절(壬戌月) | | | | | 입동절(癸亥月) | | | | | 대설절(甲子月) | | | | | 소한절(乙丑月) | | | | |
|---|---|---|---|---|---|---|---|---|---|---|---|---|---|---|---|---|---|---|---|---|---|---|---|---|---|---|---|---|---|---|
| | 立秋 8월7일 1시26분<br>處暑 8월22일 16시17분 | | | | | 白露 9월7일 4시48분<br>秋分 9월22일 14시28분 | | | | | 寒露 10월7일 21시5분<br>霜降 10월23일 0시27분 | | | | | 立冬 11월7일 0시54분<br>小雪 11월21일 22시36분 | | | | | 大雪 12월6일 18시16분<br>冬至 12월21일 12시19분 | | | | | 小寒 1월5일 5시44분<br>大寒 1월19일 23시3분 | | | | |
| | 양력 | 요일 | 음력 | 일진 | 大運 남·여 | 양력 | 요일 | 음력 | 일진 | 大運 남·여 | 양력 | 요일 | 음력 | 일진 | 大運 남·여 | 양력 | 요일 | 음력 | 일진 | 大運 남·여 | 양력 | 요일 | 음력 | 일진 | 大運 남·여 | 양력 | 요일 | 음력 | 일진 | 大運 남·여 |
| 0 | 8/7 | 金 | 윤16 | 乙巳 | 입추 | 9/7 | 月 | 17 | 丙子 | 백로 | 10/7 | 水 | 17 | 丙午 | 한로 | 11/7 | 土 | 19 | 丁丑 | 입동 | 12/6 | 日 | 18 | 丙午 | 대설 | 1/5 | 火 | 19 | 丙子 | 소한 |
| 1 | 8 | 土 | 윤17 | 丙午 | 1·10 | 8 | 火 | 18 | 丁丑 | 1·10 | 8 | 木 | 18 | 丁未 | 1·10 | 8 | 日 | 20 | 戊寅 | 1·9 | 7 | 月 | 19 | 丁未 | 1·10 | 6 | 水 | 20 | 丁丑 | 1·9 |
| 2 | 9 | 日 | 윤18 | 丁未 | 1·10 | 9 | 水 | 19 | 戊寅 | 1·9 | 9 | 金 | 19 | 戊申 | 1·10 | 9 | 月 | 21 | 己卯 | 1·9 | 8 | 火 | 20 | 戊申 | 1·9 | 7 | 木 | 21 | 戊寅 | 1·9 |
| 3 | 10 | 月 | 윤19 | 戊申 | 1·9 | 10 | 木 | 20 | 己卯 | 1·9 | 10 | 土 | 20 | 己酉 | 1·9 | 10 | 火 | 22 | 庚辰 | 1·9 | 9 | 水 | 21 | 己酉 | 1·9 | 8 | 金 | 22 | 己卯 | 1·9 |
| 4 | 11 | 火 | 윤20 | 己酉 | 1·9 | 11 | 金 | 21 | 庚辰 | 1·9 | 11 | 日 | 21 | 庚戌 | 1·9 | 11 | 水 | 23 | 辛巳 | 1·8 | 10 | 木 | 22 | 庚戌 | 1·9 | 9 | 土 | 23 | 庚辰 | 1·8 |
| 5 | 12 | 水 | 윤21 | 庚戌 | 2·9 | 12 | 土 | 22 | 辛巳 | 2·8 | 12 | 月 | 22 | 辛亥 | 2·9 | 12 | 木 | 24 | 壬午 | 2·8 | 11 | 金 | 23 | 辛亥 | 2·8 | 10 | 日 | 24 | 辛巳 | 2·8 |
| 6 | 13 | 木 | 윤22 | 辛亥 | 2·8 | 13 | 日 | 23 | 壬午 | 2·8 | 13 | 火 | 23 | 壬子 | 2·8 | 13 | 金 | 25 | 癸未 | 2·8 | 12 | 土 | 24 | 壬子 | 2·8 | 11 | 月 | 25 | 壬午 | 2·8 |
| 7 | 14 | 金 | 윤23 | 壬子 | 2·8 | 14 | 月 | 24 | 癸未 | 2·8 | 14 | 水 | 24 | 癸丑 | 2·8 | 14 | 土 | 26 | 甲申 | 2·7 | 13 | 日 | 25 | 癸丑 | 2·8 | 12 | 火 | 26 | 癸未 | 2·7 |
| 8 | 15 | 土 | 윤24 | 癸丑 | 3·8 | 15 | 火 | 25 | 甲申 | 3·7 | 15 | 木 | 25 | 甲寅 | 3·8 | 15 | 日 | 27 | 乙酉 | 3·7 | 14 | 月 | 26 | 甲寅 | 3·7 | 13 | 水 | 27 | 甲申 | 3·7 |
| 9 | 16 | 日 | 윤25 | 甲寅 | 3·7 | 16 | 水 | 26 | 乙酉 | 3·7 | 16 | 金 | 26 | 乙卯 | 3·7 | 16 | 月 | 28 | 丙戌 | 3·7 | 15 | 火 | 27 | 乙卯 | 3·7 | 14 | 木 | 28 | 乙酉 | 3·7 |
| 10 | 17 | 月 | 윤26 | 乙卯 | 3·7 | 17 | 木 | 27 | 丙戌 | 3·7 | 17 | 土 | 27 | 丙辰 | 3·7 | 17 | 火 | 29 | 丁亥 | 3·6 | 16 | 水 | 28 | 丙辰 | 3·7 | 15 | 金 | 29 | 丙戌 | 3·6 |
| 11 | 18 | 火 | 윤27 | 丙辰 | 4·7 | 18 | 金 | 28 | 丁亥 | 4·6 | 18 | 日 | 28 | 丁巳 | 4·7 | 18 | 水 | 30 | 戊子 | 4·6 | 17 | 木 | 29 | 丁巳 | 4·6 | 16 | 土 | 30 | 丁亥 | 4·6 |
| 12 | 19 | 水 | 윤28 | 丁巳 | 4·6 | 19 | 土 | 29 | 戊子 | 4·6 | 19 | 月 | 29 | 戊午 | 4·6 | 19 | 木 | 10/1 | 己丑 | 4·6 | 18 | 金 | 11/1 | 戊午 | 4·6 | 17 | 日 | 12/1 | 戊子 | 4·6 |
| 13 | 20 | 木 | 윤29 | 戊午 | 4·6 | 20 | 日 | 30 | 己丑 | 4·6 | 20 | 火 | 9/1 | 己未 | 4·6 | 20 | 金 | 2 | 庚寅 | 4·5 | 19 | 土 | 2 | 己未 | 4·6 | 18 | 月 | 2 | 己丑 | 4·5 |
| 14 | 21 | 金 | 윤30 | 己未 | 5·6 | 21 | 月 | 8/1 | 庚寅 | 5·5 | 21 | 水 | 2 | 庚申 | 5·6 | 21 | 土 | 3 | 辛卯 | 소설 | 20 | 日 | 3 | 庚申 | 5·5 | 19 | 火 | 3 | 庚寅 | 대한 |
| 15 | 22 | 土 | 7/1 | 庚申 | 처서 | 22 | 火 | 2 | 辛卯 | 추분 | 22 | 木 | 3 | 辛酉 | 5·5 | 22 | 日 | 4 | 壬辰 | 5·5 | 21 | 月 | 4 | 辛酉 | 동지 | 20 | 水 | 4 | 辛卯 | 5·5 |
| 16 | 23 | 日 | 2 | 辛酉 | 5·5 | 23 | 水 | 3 | 壬辰 | 5·5 | 23 | 金 | 4 | 壬戌 | 상강 | 23 | 月 | 5 | 癸巳 | 5·4 | 22 | 火 | 5 | 壬戌 | 5·5 | 21 | 木 | 5 | 壬辰 | 5·4 |
| 17 | 24 | 月 | 3 | 壬戌 | 6·5 | 24 | 木 | 4 | 癸巳 | 6·4 | 24 | 土 | 5 | 癸亥 | 6·5 | 24 | 火 | 6 | 甲午 | 6·4 | 23 | 水 | 6 | 癸亥 | 6·4 | 22 | 金 | 6 | 癸巳 | 6·4 |
| 18 | 25 | 火 | 4 | 癸亥 | 6·4 | 25 | 金 | 5 | 甲午 | 6·4 | 25 | 日 | 6 | 甲子 | 6·4 | 25 | 水 | 7 | 乙未 | 6·4 | 24 | 木 | 7 | 甲子 | 6·4 | 23 | 土 | 7 | 甲午 | 6·4 |
| 19 | 26 | 水 | 5 | 甲子 | 6·4 | 26 | 土 | 6 | 乙未 | 6·4 | 26 | 月 | 7 | 乙丑 | 6·4 | 26 | 木 | 8 | 丙申 | 6·3 | 25 | 金 | 8 | 乙丑 | 6·4 | 24 | 日 | 8 | 乙未 | 6·3 |
| 20 | 27 | 木 | 6 | 乙丑 | 7·4 | 27 | 日 | 7 | 丙申 | 7·3 | 27 | 火 | 8 | 丙寅 | 7·4 | 27 | 金 | 9 | 丁酉 | 7·3 | 26 | 土 | 9 | 丙寅 | 7·3 | 25 | 月 | 9 | 丙申 | 7·3 |
| 21 | 28 | 金 | 7 | 丙寅 | 7·3 | 28 | 月 | 8 | 丁酉 | 7·3 | 28 | 水 | 9 | 丁卯 | 7·3 | 28 | 土 | 10 | 戊戌 | 7·3 | 27 | 日 | 10 | 丁卯 | 7·3 | 26 | 火 | 10 | 丁酉 | 7·3 |
| 22 | 29 | 土 | 8 | 丁卯 | 7·3 | 29 | 火 | 9 | 戊戌 | 7·3 | 29 | 木 | 10 | 戊辰 | 7·3 | 29 | 日 | 11 | 己亥 | 7·2 | 28 | 月 | 11 | 戊辰 | 7·3 | 27 | 水 | 11 | 戊戌 | 7·2 |
| 23 | 30 | 日 | 9 | 戊辰 | 8·3 | 30 | 水 | 10 | 己亥 | 8·2 | 30 | 金 | 11 | 己巳 | 8·3 | 30 | 月 | 12 | 庚子 | 8·2 | 29 | 火 | 12 | 己巳 | 8·2 | 28 | 木 | 12 | 己亥 | 8·2 |
| 24 | 31 | 月 | 10 | 己巳 | 8·2 | 10/1 | 木 | 11 | 庚子 | 8·2 | 31 | 土 | 12 | 庚午 | 8·2 | 12/1 | 火 | 13 | 辛丑 | 8·2 | 30 | 水 | 13 | 庚午 | 8·2 | 29 | 金 | 13 | 庚子 | 8·2 |
| 25 | 9/1 | 火 | 11 | 庚午 | 8·2 | 2 | 金 | 12 | 辛丑 | 8·2 | 11/1 | 日 | 13 | 辛未 | 8·2 | 2 | 水 | 14 | 壬寅 | 8·1 | 31 | 木 | 14 | 辛未 | 8·2 | 30 | 土 | 14 | 辛丑 | 8·1 |
| 26 | 2 | 水 | 12 | 辛未 | 9·2 | 3 | 土 | 13 | 壬寅 | 9·1 | 2 | 月 | 14 | 壬申 | 9·2 | 3 | 木 | 15 | 癸卯 | 9·1 | 1/1 | 金 | 15 | 壬申 | 9·1 | 31 | 日 | 15 | 壬寅 | 9·1 |
| 27 | 3 | 木 | 13 | 壬申 | 9·1 | 4 | 日 | 14 | 癸卯 | 9·1 | 3 | 火 | 15 | 癸酉 | 9·1 | 4 | 金 | 16 | 甲辰 | 9·1 | 2 | 土 | 16 | 癸酉 | 9·1 | 2/1 | 月 | 16 | 癸卯 | 9·1 |
| 28 | 4 | 金 | 14 | 癸酉 | 9·1 | 5 | 月 | 15 | 甲辰 | 9·1 | 4 | 水 | 16 | 甲戌 | 9·1 | 5 | 土 | 17 | 乙巳 | 9·1 | 3 | 日 | 17 | 甲戌 | 9·1 | 2 | 火 | 17 | 甲辰 | 9·1 |
| 29 | 5 | 土 | 15 | 甲戌 | 10·1 | 6 | 火 | 16 | 乙巳 | 10·1 | 5 | 木 | 17 | 乙亥 | 10·1 | | | | | | 4 | 月 | 18 | 乙亥 | 10·1 | | | | | |
| 30 | 6 | 日 | 16 | 乙亥 | 10·1 | | | | | | 6 | 金 | 18 | 丙子 | 10·1 | | | | | | | | | | | | | | | |
| 31 | | | | | | | | | | | | | | | | | | | | | | | | | | | | | | |

# 서기 2094년 [단기 4427년]

| 절기후날수 | 입춘절(丙寅月) 立春 2월3일 17시16분 雨水 2월18일 12시55분 | | | | | 경칩절(丁卯月) 驚蟄 3월5일 10시50분 春分 3월20일 11시20분 | | | | | 청명절(戊辰月) 淸明 4월4일 14시59분 穀雨 4월19일 21시40분 | | | | |
|---|---|---|---|---|---|---|---|---|---|---|---|---|---|---|---|
| | 양력 | 요일 | 음력 | 일진 | 大運 남·여 | 양력 | 요일 | 음력 | 일진 | 大運 남·여 | 양력 | 요일 | 음력 | 일진 | 大運 남·여 |
| 0 | 2/3 | 水 | 18 | 乙巳 | 입춘 | 3/5 | 金 | 19 | 乙亥 | 경칩 | 4/4 | 日 | 19 | 乙巳 | 청명 |
| 1 | 4 | 木 | 19 | 丙午 | 10·1 | 6 | 土 | 20 | 丙子 | 10·1 | 5 | 月 | 20 | 丙午 | 10·1 |
| 2 | 5 | 金 | 20 | 丁未 | 9·1 | 7 | 日 | 21 | 丁丑 | 9·1 | 6 | 火 | 21 | 丁未 | 10·1 |
| 3 | 6 | 土 | 21 | 戊申 | 9·1 | 8 | 月 | 22 | 戊寅 | 9·1 | 7 | 水 | 22 | 戊申 | 9·1 |
| 4 | 7 | 日 | 22 | 己酉 | 9·1 | 9 | 火 | 23 | 己卯 | 9·1 | 8 | 木 | 23 | 己酉 | 9·1 |
| 5 | 8 | 月 | 23 | 庚戌 | 8·2 | 10 | 水 | 24 | 庚辰 | 8·2 | 9 | 金 | 24 | 庚戌 | 9·2 |
| 6 | 9 | 火 | 24 | 辛亥 | 8·2 | 11 | 木 | 25 | 辛巳 | 8·2 | 10 | 土 | 25 | 辛亥 | 8·2 |
| 7 | 10 | 水 | 25 | 壬子 | 8·2 | 12 | 金 | 26 | 壬午 | 8·2 | 11 | 日 | 26 | 壬子 | 8·2 |
| 8 | 11 | 木 | 26 | 癸丑 | 7·3 | 13 | 土 | 27 | 癸未 | 7·3 | 12 | 月 | 27 | 癸丑 | 8·3 |
| 9 | 12 | 金 | 27 | 甲寅 | 7·3 | 14 | 日 | 28 | 甲申 | 7·3 | 13 | 火 | 28 | 甲寅 | 7·3 |
| 10 | 13 | 土 | 28 | 乙卯 | 7·3 | 15 | 月 | 29 | 乙酉 | 7·3 | 14 | 水 | 29 | 乙卯 | 7·3 |
| 11 | 14 | 日 | 29 | 丙辰 | 6·4 | 16 | 火 | 30 | 丙戌 | 6·4 | 15 | 木 | 3/1 | 丙辰 | 7·4 |
| 12 | 15 | 月 | 1/1 | 丁巳 | 6·4 | 17 | 水 | 2/1 | 丁亥 | 6·4 | 16 | 金 | 2 | 丁巳 | 6·4 |
| 13 | 16 | 火 | 2 | 戊午 | 6·4 | 18 | 木 | 2 | 戊子 | 6·4 | 17 | 土 | 3 | 戊午 | 6·4 |
| 14 | 17 | 水 | 3 | 己未 | 5·5 | 19 | 金 | 3 | 己丑 | 5·5 | 18 | 日 | 4 | 己未 | 6·5 |
| 15 | 18 | 木 | 4 | 庚申 | 우수 | 20 | 土 | 4 | 庚寅 | 춘분 | 19 | 月 | 5 | 庚申 | 곡우 |
| 16 | 19 | 金 | 5 | 辛酉 | 5·5 | 21 | 日 | 5 | 辛卯 | 5·5 | 20 | 火 | 6 | 辛酉 | 5·5 |
| 17 | 20 | 土 | 6 | 壬戌 | 4·6 | 22 | 月 | 6 | 壬辰 | 4·6 | 21 | 水 | 7 | 壬戌 | 5·6 |
| 18 | 21 | 日 | 7 | 癸亥 | 4·6 | 23 | 火 | 7 | 癸巳 | 4·6 | 22 | 木 | 8 | 癸亥 | 4·6 |
| 19 | 22 | 月 | 8 | 甲子 | 4·6 | 24 | 水 | 8 | 甲午 | 4·6 | 23 | 金 | 9 | 甲子 | 4·6 |
| 20 | 23 | 火 | 9 | 乙丑 | 3·7 | 25 | 木 | 9 | 乙未 | 3·7 | 24 | 土 | 10 | 乙丑 | 4·7 |
| 21 | 24 | 水 | 10 | 丙寅 | 3·7 | 26 | 金 | 10 | 丙申 | 3·7 | 25 | 日 | 11 | 丙寅 | 3·7 |
| 22 | 25 | 木 | 11 | 丁卯 | 3·7 | 27 | 土 | 11 | 丁酉 | 3·7 | 26 | 月 | 12 | 丁卯 | 3·7 |
| 23 | 26 | 金 | 12 | 戊辰 | 2·8 | 28 | 日 | 12 | 戊戌 | 2·8 | 27 | 火 | 13 | 戊辰 | 3·8 |
| 24 | 27 | 土 | 13 | 己巳 | 2·8 | 29 | 月 | 13 | 己亥 | 2·8 | 28 | 水 | 14 | 己巳 | 2·8 |
| 25 | 28 | 日 | 14 | 庚午 | 2·8 | 30 | 火 | 14 | 庚子 | 2·8 | 29 | 木 | 15 | 庚午 | 2·8 |
| 26 | 3/1 | 月 | 15 | 辛未 | 1·9 | 31 | 水 | 15 | 辛丑 | 1·9 | 30 | 金 | 16 | 辛未 | 2·9 |
| 27 | 2 | 火 | 16 | 壬申 | 1·9 | 4/1 | 木 | 16 | 壬寅 | 1·9 | 5/1 | 土 | 17 | 壬申 | 1·9 |
| 28 | 3 | 水 | 17 | 癸酉 | 1·9 | 2 | 金 | 17 | 癸卯 | 1·9 | 2 | 日 | 18 | 癸酉 | 1·9 |
| 29 | 4 | 木 | 18 | 甲戌 | 1·10 | 3 | 土 | 18 | 甲辰 | 1·10 | 3 | 月 | 19 | 甲戌 | 1·10 |
| 30 | | | | | | | | | | | 4 | 火 | 20 | 乙亥 | 1·10 |
| 31 | | | | | | | | | | | | | | | |

| 절기후날수 | 입하절(己巳月) 立夏 5월5일 7시34분 小滿 5월20일 20시8분 | | | | | 망종절(庚午月) 芒種 6월5일 11시11분 夏至 6월21일 3시41분 | | | | | 소서절(辛未月) 小暑 7월6일 21시13분 大暑 7월22일 14시33분 | | | | |
|---|---|---|---|---|---|---|---|---|---|---|---|---|---|---|---|
| | 양력 | 요일 | 음력 | 일진 | 大運 남·여 | 양력 | 요일 | 음력 | 일진 | 大運 남·여 | 양력 | 요일 | 음력 | 일진 | 大運 남·여 |
| 0 | 5/5 | 水 | 21 | 丙子 | 입하 | 6/5 | 土 | 23 | 丁未 | 망종 | 7/6 | 火 | 24 | 戊寅 | 소서 |
| 1 | 6 | 木 | 22 | 丁丑 | 10·1 | 6 | 日 | 24 | 戊申 | 10·1 | 7 | 水 | 25 | 己卯 | 10·1 |
| 2 | 7 | 金 | 23 | 戊寅 | 10·1 | 7 | 月 | 25 | 己酉 | 10·1 | 8 | 木 | 26 | 庚辰 | 10·1 |
| 3 | 8 | 土 | 24 | 己卯 | 9·1 | 8 | 火 | 26 | 庚戌 | 9·1 | 9 | 金 | 27 | 辛巳 | 10·1 |
| 4 | 9 | 日 | 25 | 庚辰 | 9·1 | 9 | 水 | 27 | 辛亥 | 9·1 | 10 | 土 | 28 | 壬午 | 9·1 |
| 5 | 10 | 月 | 26 | 辛巳 | 9·2 | 10 | 木 | 28 | 壬子 | 9·2 | 11 | 日 | 29 | 癸未 | 9·2 |
| 6 | 11 | 火 | 27 | 壬午 | 8·2 | 11 | 金 | 29 | 癸丑 | 8·2 | 12 | 月 | 6/1 | 甲申 | 9·2 |
| 7 | 12 | 水 | 28 | 癸未 | 8·2 | 12 | 土 | 30 | 甲寅 | 8·2 | 13 | 火 | 2 | 乙酉 | 8·2 |
| 8 | 13 | 木 | 29 | 甲申 | 8·3 | 13 | 日 | 5/1 | 乙卯 | 8·3 | 14 | 水 | 3 | 丙戌 | 8·3 |
| 9 | 14 | 金 | 4/1 | 乙酉 | 7·3 | 14 | 月 | 2 | 丙辰 | 7·3 | 15 | 木 | 4 | 丁亥 | 8·3 |
| 10 | 15 | 土 | 2 | 丙戌 | 7·3 | 15 | 火 | 3 | 丁巳 | 7·3 | 16 | 金 | 5 | 戊子 | 7·3 |
| 11 | 16 | 日 | 3 | 丁亥 | 7·4 | 16 | 水 | 4 | 戊午 | 7·4 | 17 | 土 | 6 | 己丑 | 7·4 |
| 12 | 17 | 月 | 4 | 戊子 | 6·4 | 17 | 木 | 5 | 己未 | 6·4 | 18 | 日 | 7 | 庚寅 | 7·4 |
| 13 | 18 | 火 | 5 | 己丑 | 6·4 | 18 | 金 | 6 | 庚申 | 6·4 | 19 | 月 | 8 | 辛卯 | 6·4 |
| 14 | 19 | 水 | 6 | 庚寅 | 6·5 | 19 | 土 | 7 | 辛酉 | 6·5 | 20 | 火 | 9 | 壬辰 | 6·5 |
| 15 | 20 | 木 | 7 | 辛卯 | 소만 | 20 | 日 | 8 | 壬戌 | 5·5 | 21 | 水 | 10 | 癸巳 | 6·5 |
| 16 | 21 | 金 | 8 | 壬辰 | 5·5 | 21 | 月 | 9 | 癸亥 | 하지 | 22 | 木 | 11 | 甲午 | 대서 |
| 17 | 22 | 土 | 9 | 癸巳 | 5·6 | 22 | 火 | 10 | 甲子 | 5·6 | 23 | 金 | 12 | 乙未 | 5·6 |
| 18 | 23 | 日 | 10 | 甲午 | 4·6 | 23 | 水 | 11 | 乙丑 | 4·6 | 24 | 土 | 13 | 丙申 | 5·6 |
| 19 | 24 | 月 | 11 | 乙未 | 4·6 | 24 | 木 | 12 | 丙寅 | 4·6 | 25 | 日 | 14 | 丁酉 | 4·6 |
| 20 | 25 | 火 | 12 | 丙申 | 4·7 | 25 | 金 | 13 | 丁卯 | 4·7 | 26 | 月 | 15 | 戊戌 | 4·7 |
| 21 | 26 | 水 | 13 | 丁酉 | 3·7 | 26 | 土 | 14 | 戊辰 | 3·7 | 27 | 火 | 16 | 己亥 | 4·7 |
| 22 | 27 | 木 | 14 | 戊戌 | 3·7 | 27 | 日 | 15 | 己巳 | 3·7 | 28 | 水 | 17 | 庚子 | 3·7 |
| 23 | 28 | 金 | 15 | 己亥 | 3·8 | 28 | 月 | 16 | 庚午 | 3·8 | 29 | 木 | 18 | 辛丑 | 3·8 |
| 24 | 29 | 土 | 16 | 庚子 | 2·8 | 29 | 火 | 17 | 辛未 | 2·8 | 30 | 金 | 19 | 壬寅 | 3·8 |
| 25 | 30 | 日 | 17 | 辛丑 | 2·8 | 30 | 水 | 18 | 壬申 | 2·8 | 31 | 土 | 20 | 癸卯 | 2·8 |
| 26 | 31 | 月 | 18 | 壬寅 | 2·9 | 7/1 | 木 | 19 | 癸酉 | 2·9 | 8/1 | 日 | 21 | 甲辰 | 2·9 |
| 27 | 6/1 | 火 | 19 | 癸卯 | 1·9 | 2 | 金 | 20 | 甲戌 | 1·9 | 2 | 月 | 22 | 乙巳 | 2·9 |
| 28 | 2 | 水 | 20 | 甲辰 | 1·9 | 3 | 土 | 21 | 乙亥 | 1·9 | 3 | 火 | 23 | 丙午 | 1·9 |
| 29 | 3 | 木 | 21 | 乙巳 | 1·10 | 4 | 日 | 22 | 丙子 | 1·10 | 4 | 水 | 24 | 丁未 | 1·10 |
| 30 | 4 | 金 | 22 | 丙午 | 1·10 | 5 | 月 | 23 | 丁丑 | 1·10 | 5 | 木 | 25 | 戊申 | 1·10 |
| 31 | | | | | | | | | | | 6 | 金 | 26 | 己酉 | 1·10 |

# 甲寅年

| 절기후날수 | 입추절(壬申月) 立秋 8월7일 7시10분 處暑 8월22일 21시59분 | | | | | | 백로절(癸酉月) 白露 9월7일 10시35분 秋分 9월22일 20시15분 | | | | | | 한로절(甲戌月) 寒露 10월8일 2시54분 霜降 10월23일 6시19분 | | | | | |
|---|---|---|---|---|---|---|---|---|---|---|---|---|---|---|---|---|---|---|
| | 양력 | 요일 | 음력 | 일진 | 大運 남 | 大運 여 | 양력 | 요일 | 음력 | 일진 | 大運 남 | 大運 여 | 양력 | 요일 | 음력 | 일진 | 大運 남 | 大運 여 |
| 0 | 8/7 | 土 | 27 | 庚戌 | 입추 | | 9/7 | 火 | 28 | 辛巳 | 백로 | | 10/8 | 金 | 29 | 壬子 | 한로 | |
| 1 | 8 | 日 | 28 | 辛亥 | 10 | 1 | 8 | 水 | 29 | 壬午 | 10 | 1 | 9 | 土 | 9/1 | 癸丑 | 10 | 1 |
| 2 | 9 | 月 | 29 | 壬子 | 10 | 1 | 9 | 木 | 30 | 癸未 | 10 | 1 | 10 | 日 | 2 | 甲寅 | 9 | 1 |
| 3 | 10 | 火 | 30 | 癸丑 | 9 | 1 | 10 | 金 | 8/1 | 甲申 | 9 | 1 | 11 | 月 | 3 | 乙卯 | 9 | 1 |
| 4 | 11 | 水 | 7/1 | 甲寅 | 9 | 1 | 11 | 土 | 2 | 乙酉 | 9 | 1 | 12 | 火 | 4 | 丙辰 | 9 | 1 |
| 5 | 12 | 木 | 2 | 乙卯 | 9 | 2 | 12 | 日 | 3 | 丙戌 | 9 | 2 | 13 | 水 | 5 | 丁巳 | 8 | 2 |
| 6 | 13 | 金 | 3 | 丙辰 | 8 | 2 | 13 | 月 | 4 | 丁亥 | 8 | 2 | 14 | 木 | 6 | 戊午 | 8 | 2 |
| 7 | 14 | 土 | 4 | 丁巳 | 8 | 2 | 14 | 火 | 5 | 戊子 | 8 | 2 | 15 | 金 | 7 | 己未 | 8 | 2 |
| 8 | 15 | 日 | 5 | 戊午 | 8 | 3 | 15 | 水 | 6 | 己丑 | 8 | 3 | 16 | 土 | 8 | 庚申 | 7 | 3 |
| 9 | 16 | 月 | 6 | 己未 | 7 | 3 | 16 | 木 | 7 | 庚寅 | 7 | 3 | 17 | 日 | 9 | 辛酉 | 7 | 3 |
| 10 | 17 | 火 | 7 | 庚申 | 7 | 3 | 17 | 金 | 8 | 辛卯 | 7 | 3 | 18 | 月 | 10 | 壬戌 | 7 | 3 |
| 11 | 18 | 水 | 8 | 辛酉 | 7 | 4 | 18 | 土 | 9 | 壬辰 | 7 | 4 | 19 | 火 | 11 | 癸亥 | 6 | 4 |
| 12 | 19 | 木 | 9 | 壬戌 | 6 | 4 | 19 | 日 | 10 | 癸巳 | 6 | 4 | 20 | 水 | 12 | 甲子 | 6 | 4 |
| 13 | 20 | 金 | 10 | 癸亥 | 6 | 4 | 20 | 月 | 11 | 甲午 | 6 | 4 | 21 | 木 | 13 | 乙丑 | 6 | 4 |
| 14 | 21 | 土 | 11 | 甲子 | 6 | 5 | 21 | 火 | 12 | 乙未 | 6 | 5 | 22 | 金 | 14 | 丙寅 | 5 | 5 |
| 15 | 22 | 日 | 12 | 乙丑 | 처서 | | 22 | 水 | 13 | 丙申 | 추분 | | 23 | 土 | 15 | 丁卯 | 상강 | |
| 16 | 23 | 月 | 13 | 丙寅 | 5 | 5 | 23 | 木 | 14 | 丁酉 | 5 | 5 | 24 | 日 | 16 | 戊辰 | 5 | 5 |
| 17 | 24 | 火 | 14 | 丁卯 | 5 | 6 | 24 | 金 | 15 | 戊戌 | 5 | 6 | 25 | 月 | 17 | 己巳 | 4 | 6 |
| 18 | 25 | 水 | 15 | 戊辰 | 4 | 6 | 25 | 土 | 16 | 己亥 | 4 | 6 | 26 | 火 | 18 | 庚午 | 4 | 6 |
| 19 | 26 | 木 | 16 | 己巳 | 4 | 6 | 26 | 日 | 17 | 庚子 | 4 | 6 | 27 | 水 | 19 | 辛未 | 4 | 6 |
| 20 | 27 | 金 | 17 | 庚午 | 4 | 7 | 27 | 月 | 18 | 辛丑 | 4 | 7 | 28 | 木 | 20 | 壬申 | 3 | 7 |
| 21 | 28 | 土 | 18 | 辛未 | 3 | 7 | 28 | 火 | 19 | 壬寅 | 3 | 7 | 29 | 金 | 21 | 癸酉 | 3 | 7 |
| 22 | 29 | 日 | 19 | 壬申 | 3 | 7 | 29 | 水 | 20 | 癸卯 | 3 | 7 | 30 | 土 | 22 | 甲戌 | 3 | 7 |
| 23 | 30 | 月 | 20 | 癸酉 | 3 | 8 | 30 | 木 | 21 | 甲辰 | 3 | 8 | 31 | 日 | 23 | 乙亥 | 2 | 8 |
| 24 | 31 | 火 | 21 | 甲戌 | 2 | 8 | 10/1 | 金 | 22 | 乙巳 | 2 | 8 | 11/1 | 月 | 24 | 丙子 | 2 | 8 |
| 25 | 9/1 | 水 | 22 | 乙亥 | 2 | 8 | 2 | 土 | 23 | 丙午 | 2 | 8 | 2 | 火 | 25 | 丁丑 | 2 | 8 |
| 26 | 2 | 木 | 23 | 丙子 | 2 | 9 | 3 | 日 | 24 | 丁未 | 2 | 9 | 3 | 水 | 26 | 戊寅 | 1 | 9 |
| 27 | 3 | 金 | 24 | 丁丑 | 1 | 9 | 4 | 月 | 25 | 戊申 | 1 | 9 | 4 | 木 | 27 | 己卯 | 1 | 9 |
| 28 | 4 | 土 | 25 | 戊寅 | 1 | 9 | 5 | 火 | 26 | 己酉 | 1 | 9 | 5 | 金 | 28 | 庚辰 | 1 | 9 |
| 29 | 5 | 日 | 26 | 己卯 | 1 | 10 | 6 | 水 | 27 | 庚戌 | 1 | 10 | 6 | 土 | 29 | 辛巳 | 1 | 10 |
| 30 | 6 | 月 | 27 | 庚辰 | 1 | 10 | 7 | 木 | 28 | 辛亥 | 1 | 10 | | | | | | |
| 31 | | | | | | | | | | | | | | | | | | |

| 절기후날수 | 입동절(乙亥月) 立冬 11월7일 6시45분 小雪 11월22일 4시30분 | | | | | | 대설절(丙子月) 大雪 12월7일 0시7분 冬至 12월21일 18시12분 | | | | | | 소한절(丁丑月) 小寒 1월5일 11시34분 大寒 1월20일 4시54분 | | | | | |
|---|---|---|---|---|---|---|---|---|---|---|---|---|---|---|---|---|---|---|
| | 양력 | 요일 | 음력 | 일진 | 大運 남 | 大運 여 | 양력 | 요일 | 음력 | 일진 | 大運 남 | 大運 여 | 양력 | 요일 | 음력 | 일진 | 大運 남 | 大運 여 |
| 0 | 11/7 | 日 | 30 | 壬午 | 입동 | | 12/7 | 火 | 30 | 壬子 | 대설 | | 1/5 | 水 | 29 | 辛巳 | 소한 | |
| 1 | 8 | 月 | 10/1 | 癸未 | 10 | 1 | 8 | 水 | 11/1 | 癸丑 | 9 | 1 | 6 | 木 | 12/1 | 壬午 | 9 | 1 |
| 2 | 9 | 火 | 2 | 甲申 | 9 | 1 | 9 | 木 | 2 | 甲寅 | 9 | 1 | 7 | 金 | 2 | 癸未 | 9 | 1 |
| 3 | 10 | 水 | 3 | 乙酉 | 9 | 1 | 10 | 金 | 3 | 乙卯 | 9 | 1 | 8 | 土 | 3 | 甲申 | 9 | 1 |
| 4 | 11 | 木 | 4 | 丙戌 | 9 | 1 | 11 | 土 | 4 | 丙辰 | 8 | 1 | 9 | 日 | 4 | 乙酉 | 8 | 1 |
| 5 | 12 | 金 | 5 | 丁亥 | 8 | 2 | 12 | 日 | 5 | 丁巳 | 8 | 2 | 10 | 月 | 5 | 丙戌 | 8 | 2 |
| 6 | 13 | 土 | 6 | 戊子 | 8 | 2 | 13 | 月 | 6 | 戊午 | 8 | 2 | 11 | 火 | 6 | 丁亥 | 8 | 2 |
| 7 | 14 | 日 | 7 | 己丑 | 8 | 2 | 14 | 火 | 7 | 己未 | 7 | 2 | 12 | 水 | 7 | 戊子 | 7 | 2 |
| 8 | 15 | 月 | 8 | 庚寅 | 7 | 3 | 15 | 水 | 8 | 庚申 | 7 | 3 | 13 | 木 | 8 | 己丑 | 7 | 3 |
| 9 | 16 | 火 | 9 | 辛卯 | 7 | 3 | 16 | 木 | 9 | 辛酉 | 7 | 3 | 14 | 金 | 9 | 庚寅 | 7 | 3 |
| 10 | 17 | 水 | 10 | 壬辰 | 7 | 3 | 17 | 金 | 10 | 壬戌 | 6 | 3 | 15 | 土 | 10 | 辛卯 | 6 | 3 |
| 11 | 18 | 木 | 11 | 癸巳 | 6 | 4 | 18 | 土 | 11 | 癸亥 | 6 | 4 | 16 | 日 | 11 | 壬辰 | 6 | 4 |
| 12 | 19 | 金 | 12 | 甲午 | 6 | 4 | 19 | 日 | 12 | 甲子 | 6 | 4 | 17 | 月 | 12 | 癸巳 | 6 | 4 |
| 13 | 20 | 土 | 13 | 乙未 | 6 | 4 | 20 | 月 | 13 | 乙丑 | 5 | 4 | 18 | 火 | 13 | 甲午 | 5 | 4 |
| 14 | 21 | 日 | 14 | 丙申 | 5 | 5 | 21 | 火 | 14 | 丙寅 | 동지 | | 19 | 水 | 14 | 乙未 | 5 | 5 |
| 15 | 22 | 月 | 15 | 丁酉 | 소설 | | 22 | 水 | 15 | 丁卯 | 5 | 5 | 20 | 木 | 15 | 丙申 | 대한 | |
| 16 | 23 | 火 | 16 | 戊戌 | 5 | 5 | 23 | 木 | 16 | 戊辰 | 4 | 5 | 21 | 金 | 16 | 丁酉 | 4 | 5 |
| 17 | 24 | 水 | 17 | 己亥 | 4 | 6 | 24 | 金 | 17 | 己巳 | 4 | 6 | 22 | 土 | 17 | 戊戌 | 4 | 6 |
| 18 | 25 | 木 | 18 | 庚子 | 4 | 6 | 25 | 土 | 18 | 庚午 | 4 | 6 | 23 | 日 | 18 | 己亥 | 4 | 6 |
| 19 | 26 | 金 | 19 | 辛丑 | 4 | 6 | 26 | 日 | 19 | 辛未 | 3 | 6 | 24 | 月 | 19 | 庚子 | 3 | 6 |
| 20 | 27 | 土 | 20 | 壬寅 | 3 | 7 | 27 | 月 | 20 | 壬申 | 3 | 7 | 25 | 火 | 20 | 辛丑 | 3 | 7 |
| 21 | 28 | 日 | 21 | 癸卯 | 3 | 7 | 28 | 火 | 21 | 癸酉 | 3 | 7 | 26 | 水 | 21 | 壬寅 | 3 | 7 |
| 22 | 29 | 月 | 22 | 甲辰 | 3 | 7 | 29 | 水 | 22 | 甲戌 | 2 | 7 | 27 | 木 | 22 | 癸卯 | 2 | 7 |
| 23 | 30 | 火 | 23 | 乙巳 | 2 | 8 | 30 | 木 | 23 | 乙亥 | 2 | 8 | 28 | 金 | 23 | 甲辰 | 2 | 8 |
| 24 | 12/1 | 水 | 24 | 丙午 | 2 | 8 | 31 | 金 | 24 | 丙子 | 2 | 8 | 29 | 土 | 24 | 乙巳 | 2 | 8 |
| 25 | 2 | 木 | 25 | 丁未 | 2 | 8 | 1/1 | 土 | 25 | 丁丑 | 1 | 8 | 30 | 日 | 25 | 丙午 | 1 | 8 |
| 26 | 3 | 金 | 26 | 戊申 | 1 | 9 | 2 | 日 | 26 | 戊寅 | 1 | 9 | 31 | 月 | 26 | 丁未 | 1 | 9 |
| 27 | 4 | 土 | 27 | 己酉 | 1 | 9 | 3 | 月 | 27 | 己卯 | 1 | 9 | 2/1 | 火 | 27 | 戊申 | 1 | 9 |
| 28 | 5 | 日 | 28 | 庚戌 | 1 | 9 | 4 | 火 | 28 | 庚辰 | 1 | 9 | 2 | 水 | 28 | 己酉 | 1 | 9 |
| 29 | 6 | 月 | 29 | 辛亥 | 1 | 10 | | | | | | | | | | | | |
| 30 | | | | | | | | | | | | | | | | | | |
| 31 | | | | | | | | | | | | | | | | | | |

# 서기 2095년 [단기 4428년]

| 절기후날수 | 입춘절(戊寅月) | | | | | 경칩절(己卯月) | | | | | 청명절(庚辰月) | | | | |
|---|---|---|---|---|---|---|---|---|---|---|---|---|---|---|---|
| | 立春 2월3일 23시6분<br>雨水 2월18일 18시47분 | | | | | 驚蟄 3월5일 16시41분<br>春分 3월20일 17시14분 | | | | | 淸明 4월4일 20시50분<br>穀雨 4월20일 3시35분 | | | | |
| | 양력 | 요일 | 음력 | 일진 | 大運 남·여 | 양력 | 요일 | 음력 | 일진 | 大運 남·여 | 양력 | 요일 | 음력 | 일진 | 大運 남·여 |
| 0 | 2/3 | 木 | 29 | 庚戌 | 입춘 | 3/5 | 土 | 29 | 庚辰 | 경칩 | 4/4 | 月 | 30 | 庚戌 | 청명 |
| 1 | 4 | 金 | 30 | 辛亥 | 1·10 | 6 | 日 | 2/1 | 辛巳 | 1·10 | 5 | 火 | 3/1 | 辛亥 | 1·10 |
| 2 | 5 | 土 | 1/1 | 壬子 | 1·9 | 7 | 月 | 2 | 壬午 | 1·9 | 6 | 水 | 2 | 壬子 | 1·10 |
| 3 | 6 | 日 | 2 | 癸丑 | 1·9 | 8 | 火 | 3 | 癸未 | 1·9 | 7 | 木 | 3 | 癸丑 | 1·9 |
| 4 | 7 | 月 | 3 | 甲寅 | 1·9 | 9 | 水 | 4 | 甲申 | 1·9 | 8 | 金 | 4 | 甲寅 | 1·9 |
| 5 | 8 | 火 | 4 | 乙卯 | 2·8 | 10 | 木 | 5 | 乙酉 | 2·8 | 9 | 土 | 5 | 乙卯 | 2·9 |
| 6 | 9 | 水 | 5 | 丙辰 | 2·8 | 11 | 金 | 6 | 丙戌 | 2·8 | 10 | 日 | 6 | 丙辰 | 2·8 |
| 7 | 10 | 木 | 6 | 丁巳 | 2·8 | 12 | 土 | 7 | 丁亥 | 2·8 | 11 | 月 | 7 | 丁巳 | 2·8 |
| 8 | 11 | 金 | 7 | 戊午 | 3·7 | 13 | 日 | 8 | 戊子 | 3·7 | 12 | 火 | 8 | 戊午 | 3·8 |
| 9 | 12 | 土 | 8 | 己未 | 3·7 | 14 | 月 | 9 | 己丑 | 3·7 | 13 | 水 | 9 | 己未 | 3·7 |
| 10 | 13 | 日 | 9 | 庚申 | 3·7 | 15 | 火 | 10 | 庚寅 | 3·7 | 14 | 木 | 10 | 庚申 | 3·7 |
| 11 | 14 | 月 | 10 | 辛酉 | 4·6 | 16 | 水 | 11 | 辛卯 | 4·6 | 15 | 金 | 11 | 辛酉 | 4·7 |
| 12 | 15 | 火 | 11 | 壬戌 | 4·6 | 17 | 木 | 12 | 壬辰 | 4·6 | 16 | 土 | 12 | 壬戌 | 4·6 |
| 13 | 16 | 水 | 12 | 癸亥 | 4·6 | 18 | 金 | 13 | 癸巳 | 4·6 | 17 | 日 | 13 | 癸亥 | 4·6 |
| 14 | 17 | 木 | 13 | 甲子 | 5·5 | 19 | 土 | 14 | 甲午 | 5·5 | 18 | 月 | 14 | 甲子 | 5·6 |
| 15 | 18 | 金 | 14 | 乙丑 | 우수 | 20 | 日 | 15 | 乙未 | 춘분 | 19 | 火 | 15 | 乙丑 | 5·5 |
| 16 | 19 | 土 | 15 | 丙寅 | 5·5 | 21 | 月 | 16 | 丙申 | 5·5 | 20 | 水 | 16 | 丙寅 | 곡우 |
| 17 | 20 | 日 | 16 | 丁卯 | 6·4 | 22 | 火 | 17 | 丁酉 | 6·4 | 21 | 木 | 17 | 丁卯 | 6·5 |
| 18 | 21 | 月 | 17 | 戊辰 | 6·4 | 23 | 水 | 18 | 戊戌 | 6·4 | 22 | 金 | 18 | 戊辰 | 6·4 |
| 19 | 22 | 火 | 18 | 己巳 | 6·4 | 24 | 木 | 19 | 己亥 | 6·4 | 23 | 土 | 19 | 己巳 | 6·4 |
| 20 | 23 | 水 | 19 | 庚午 | 7·3 | 25 | 金 | 20 | 庚子 | 7·3 | 24 | 日 | 20 | 庚午 | 7·4 |
| 21 | 24 | 木 | 20 | 辛未 | 7·3 | 26 | 土 | 21 | 辛丑 | 7·3 | 25 | 月 | 21 | 辛未 | 7·3 |
| 22 | 25 | 金 | 21 | 壬申 | 7·3 | 27 | 日 | 22 | 壬寅 | 7·3 | 26 | 火 | 22 | 壬申 | 7·3 |
| 23 | 26 | 土 | 22 | 癸酉 | 8·2 | 28 | 月 | 23 | 癸卯 | 8·2 | 27 | 水 | 23 | 癸酉 | 8·3 |
| 24 | 27 | 日 | 23 | 甲戌 | 8·2 | 29 | 火 | 24 | 甲辰 | 8·2 | 28 | 木 | 24 | 甲戌 | 8·2 |
| 25 | 28 | 月 | 24 | 乙亥 | 8·2 | 30 | 水 | 25 | 乙巳 | 8·2 | 29 | 金 | 25 | 乙亥 | 8·2 |
| 26 | 3/1 | 火 | 25 | 丙子 | 9·1 | 31 | 木 | 26 | 丙午 | 9·1 | 30 | 土 | 26 | 丙子 | 9·2 |
| 27 | 2 | 水 | 26 | 丁丑 | 9·1 | 4/1 | 金 | 27 | 丁未 | 9·1 | 5/1 | 日 | 27 | 丁丑 | 9·1 |
| 28 | 3 | 木 | 27 | 戊寅 | 9·1 | 2 | 土 | 28 | 戊申 | 9·1 | 2 | 月 | 28 | 戊寅 | 9·1 |
| 29 | 4 | 金 | 28 | 己卯 | 10·1 | 3 | 日 | 29 | 己酉 | 10·1 | 3 | 火 | 29 | 己卯 | 10·1 |
| 30 | | | | | | | | | | | 4 | 水 | 4/1 | 庚辰 | 10·1 |
| 31 | | | | | | | | | | | | | | | |

| 절기후날수 | 입하절(辛巳月) | | | | | 망종절(壬午月) | | | | | 소서절(癸未月) | | | | |
|---|---|---|---|---|---|---|---|---|---|---|---|---|---|---|---|
| | 立夏 5월5일 13시25분<br>小滿 5월21일 2시5분 | | | | | 芒種 6월5일 16시59분<br>夏至 6월21일 9시38분 | | | | | 小暑 7월7일 3시0분<br>大暑 7월22일 20시30분 | | | | |
| | 양력 | 요일 | 음력 | 일진 | 大運 남·여 | 양력 | 요일 | 음력 | 일진 | 大運 남·여 | 양력 | 요일 | 음력 | 일진 | 大運 남·여 |
| 0 | 5/5 | 木 | 2 | 辛巳 | 입하 | 6/5 | 日 | 4 | 壬子 | 망종 | 7/7 | 木 | 6 | 甲申 | 소서 |
| 1 | 6 | 金 | 3 | 壬午 | 1·10 | 6 | 月 | 5 | 癸丑 | 1·10 | 8 | 金 | 7 | 乙酉 | 1·10 |
| 2 | 7 | 土 | 4 | 癸未 | 1·10 | 7 | 火 | 6 | 甲寅 | 1·10 | 9 | 土 | 8 | 丙戌 | 1·10 |
| 3 | 8 | 日 | 5 | 甲申 | 1·9 | 8 | 水 | 7 | 乙卯 | 1·10 | 10 | 日 | 9 | 丁亥 | 1·9 |
| 4 | 9 | 月 | 6 | 乙酉 | 1·9 | 9 | 木 | 8 | 丙辰 | 1·9 | 11 | 月 | 10 | 戊子 | 1·9 |
| 5 | 10 | 火 | 7 | 丙戌 | 2·9 | 10 | 金 | 9 | 丁巳 | 2·9 | 12 | 火 | 11 | 己丑 | 2·9 |
| 6 | 11 | 水 | 8 | 丁亥 | 2·8 | 11 | 土 | 10 | 戊午 | 2·9 | 13 | 水 | 12 | 庚寅 | 2·8 |
| 7 | 12 | 木 | 9 | 戊子 | 2·8 | 12 | 日 | 11 | 己未 | 2·8 | 14 | 木 | 13 | 辛卯 | 2·8 |
| 8 | 13 | 金 | 10 | 己丑 | 3·8 | 13 | 月 | 12 | 庚申 | 3·8 | 15 | 金 | 14 | 壬辰 | 3·8 |
| 9 | 14 | 土 | 11 | 庚寅 | 3·7 | 14 | 火 | 13 | 辛酉 | 3·8 | 16 | 土 | 15 | 癸巳 | 3·7 |
| 10 | 15 | 日 | 12 | 辛卯 | 3·7 | 15 | 水 | 14 | 壬戌 | 3·7 | 17 | 日 | 16 | 甲午 | 3·7 |
| 11 | 16 | 月 | 13 | 壬辰 | 4·7 | 16 | 木 | 15 | 癸亥 | 4·7 | 18 | 月 | 17 | 乙未 | 4·7 |
| 12 | 17 | 火 | 14 | 癸巳 | 4·6 | 17 | 金 | 16 | 甲子 | 4·7 | 19 | 火 | 18 | 丙申 | 4·6 |
| 13 | 18 | 水 | 15 | 甲午 | 4·6 | 18 | 土 | 17 | 乙丑 | 4·6 | 20 | 水 | 19 | 丁酉 | 4·6 |
| 14 | 19 | 木 | 16 | 乙未 | 5·6 | 19 | 日 | 18 | 丙寅 | 5·6 | 21 | 木 | 20 | 戊戌 | 5·6 |
| 15 | 20 | 金 | 17 | 丙申 | 5·5 | 20 | 月 | 19 | 丁卯 | 5·6 | 22 | 金 | 21 | 己亥 | 대서 |
| 16 | 21 | 土 | 18 | 丁酉 | 소만 | 21 | 火 | 20 | 戊辰 | 하지 | 23 | 土 | 22 | 庚子 | 5·5 |
| 17 | 22 | 日 | 19 | 戊戌 | 6·5 | 22 | 水 | 21 | 己巳 | 6·5 | 24 | 日 | 23 | 辛丑 | 6·5 |
| 18 | 23 | 月 | 20 | 己亥 | 6·4 | 23 | 木 | 22 | 庚午 | 6·5 | 25 | 月 | 24 | 壬寅 | 6·4 |
| 19 | 24 | 火 | 21 | 庚子 | 6·4 | 24 | 金 | 23 | 辛未 | 6·4 | 26 | 火 | 25 | 癸卯 | 6·4 |
| 20 | 25 | 水 | 22 | 辛丑 | 7·4 | 25 | 土 | 24 | 壬申 | 7·4 | 27 | 水 | 26 | 甲辰 | 7·4 |
| 21 | 26 | 木 | 23 | 壬寅 | 7·3 | 26 | 日 | 25 | 癸酉 | 7·4 | 28 | 木 | 27 | 乙巳 | 7·3 |
| 22 | 27 | 金 | 24 | 癸卯 | 7·3 | 27 | 月 | 26 | 甲戌 | 7·3 | 29 | 金 | 28 | 丙午 | 7·3 |
| 23 | 28 | 土 | 25 | 甲辰 | 8·3 | 28 | 火 | 27 | 乙亥 | 8·3 | 30 | 土 | 29 | 丁未 | 8·3 |
| 24 | 29 | 日 | 26 | 乙巳 | 8·2 | 29 | 水 | 28 | 丙子 | 8·3 | 31 | 日 | 7/1 | 戊申 | 8·2 |
| 25 | 30 | 月 | 27 | 丙午 | 8·2 | 30 | 木 | 29 | 丁丑 | 8·2 | 8/1 | 月 | 2 | 己酉 | 8·2 |
| 26 | 31 | 火 | 28 | 丁未 | 9·2 | 7/1 | 金 | 30 | 戊寅 | 9·2 | 2 | 火 | 3 | 庚戌 | 9·2 |
| 27 | 6/1 | 水 | 29 | 戊申 | 9·1 | 2 | 土 | 6/1 | 己卯 | 9·2 | 3 | 水 | 4 | 辛亥 | 9·1 |
| 28 | 2 | 木 | 5/1 | 己酉 | 9·1 | 3 | 日 | 2 | 庚辰 | 9·1 | 4 | 木 | 5 | 壬子 | 9·1 |
| 29 | 3 | 金 | 2 | 庚戌 | 10·1 | 4 | 月 | 3 | 辛巳 | 10·1 | 5 | 金 | 6 | 癸丑 | 10·1 |
| 30 | 4 | 土 | 3 | 辛亥 | 10·1 | 5 | 火 | 4 | 壬午 | 10·1 | 6 | 土 | 7 | 甲寅 | 10·1 |
| 31 | | | | | | 6 | 水 | 5 | 癸未 | 10·1 | | | | | |

# 乙卯年

| 절기후날수 | 입추절(甲申月) 立秋 8월7일 12시57분 處暑 8월23일 3시55분 | | | | | 백로절(乙酉月) 白露 9월7일 16시22분 秋分 9월23일 2시10분 | | | | | 한로절(丙戌月) 寒露 10월8일 8시41분 霜降 10월23일 12시11분 | | | | |
|---|---|---|---|---|---|---|---|---|---|---|---|---|---|---|---|
| | 양력 | 요일 | 음력 | 일진 | 大運 남·여 | 양력 | 요일 | 음력 | 일진 | 大運 남·여 | 양력 | 요일 | 음력 | 일진 | 大運 남·여 |
| 0 | 8/7 | 日 | 8 | 乙卯 | 입추 | 9/7 | 水 | 9 | 丙戌 | 백로 | 10/8 | 土 | 11 | 丁巳 | 한로 |
| 1 | 8 | 月 | 9 | 丙辰 | 1·10 | 8 | 木 | 10 | 丁亥 | 1·10 | 9 | 日 | 12 | 戊午 | 1·10 |
| 2 | 9 | 火 | 10 | 丁巳 | 1·10 | 9 | 金 | 11 | 戊子 | 1·10 | 10 | 月 | 13 | 己未 | 1·9 |
| 3 | 10 | 水 | 11 | 戊午 | 1·9 | 10 | 土 | 12 | 己丑 | 1·9 | 11 | 火 | 14 | 庚申 | 1·9 |
| 4 | 11 | 木 | 12 | 己未 | 1·9 | 11 | 日 | 13 | 庚寅 | 1·9 | 12 | 水 | 15 | 辛酉 | 1·9 |
| 5 | 12 | 金 | 13 | 庚申 | 2·9 | 12 | 月 | 14 | 辛卯 | 2·9 | 13 | 木 | 16 | 壬戌 | 2·8 |
| 6 | 13 | 土 | 14 | 辛酉 | 2·8 | 13 | 火 | 15 | 壬辰 | 2·8 | 14 | 金 | 17 | 癸亥 | 2·8 |
| 7 | 14 | 日 | 15 | 壬戌 | 2·8 | 14 | 水 | 16 | 癸巳 | 2·8 | 15 | 土 | 18 | 甲子 | 2·8 |
| 8 | 15 | 月 | 16 | 癸亥 | 3·8 | 15 | 木 | 17 | 甲午 | 3·8 | 16 | 日 | 19 | 乙丑 | 3·7 |
| 9 | 16 | 火 | 17 | 甲子 | 3·7 | 16 | 金 | 18 | 乙未 | 3·7 | 17 | 月 | 20 | 丙寅 | 3·7 |
| 10 | 17 | 水 | 18 | 乙丑 | 3·7 | 17 | 土 | 19 | 丙申 | 3·7 | 18 | 火 | 21 | 丁卯 | 3·7 |
| 11 | 18 | 木 | 19 | 丙寅 | 4·7 | 18 | 日 | 20 | 丁酉 | 4·7 | 19 | 水 | 22 | 戊辰 | 4·6 |
| 12 | 19 | 金 | 20 | 丁卯 | 4·6 | 19 | 月 | 21 | 戊戌 | 4·6 | 20 | 木 | 23 | 己巳 | 4·6 |
| 13 | 20 | 土 | 21 | 戊辰 | 4·6 | 20 | 火 | 22 | 己亥 | 4·6 | 21 | 金 | 24 | 庚午 | 4·6 |
| 14 | 21 | 日 | 22 | 己巳 | 5·6 | 21 | 水 | 23 | 庚子 | 5·6 | 22 | 土 | 25 | 辛未 | 5·5 |
| 15 | 22 | 月 | 23 | 庚午 | 5·5 | 22 | 木 | 24 | 辛丑 | 5·5 | 23 | 日 | 26 | 壬申 | 상강 |
| 16 | 23 | 火 | 24 | 辛未 | 처서 | 23 | 金 | 25 | 壬寅 | 추분 | 24 | 月 | 27 | 癸酉 | 5·5 |
| 17 | 24 | 水 | 25 | 壬申 | 6·5 | 24 | 土 | 26 | 癸卯 | 6·5 | 25 | 火 | 28 | 甲戌 | 6·4 |
| 18 | 25 | 木 | 26 | 癸酉 | 6·4 | 25 | 日 | 27 | 甲辰 | 6·4 | 26 | 水 | 29 | 乙亥 | 6·4 |
| 19 | 26 | 金 | 27 | 甲戌 | 6·4 | 26 | 月 | 28 | 乙巳 | 6·4 | 27 | 木 | 30 | 丙子 | 6·4 |
| 20 | 27 | 土 | 28 | 乙亥 | 7·4 | 27 | 火 | 29 | 丙午 | 7·4 | 28 | 金 | 10/1 | 丁丑 | 7·3 |
| 21 | 28 | 日 | 29 | 丙子 | 7·3 | 28 | 水 | 9/1 | 丁未 | 7·3 | 29 | 土 | 2 | 戊寅 | 7·3 |
| 22 | 29 | 月 | 30 | 丁丑 | 7·3 | 29 | 木 | 2 | 戊申 | 7·3 | 30 | 日 | 3 | 己卯 | 7·3 |
| 23 | 30 | 火 | 8/1 | 戊寅 | 8·3 | 30 | 金 | 3 | 己酉 | 8·3 | 31 | 月 | 4 | 庚辰 | 8·2 |
| 24 | 31 | 水 | 2 | 己卯 | 8·2 | 10/1 | 土 | 4 | 庚戌 | 8·2 | 11/1 | 火 | 5 | 辛巳 | 8·2 |
| 25 | 9/1 | 木 | 3 | 庚辰 | 8·2 | 2 | 日 | 5 | 辛亥 | 8·2 | 2 | 水 | 6 | 壬午 | 8·2 |
| 26 | 2 | 金 | 4 | 辛巳 | 9·2 | 3 | 月 | 6 | 壬子 | 9·2 | 3 | 木 | 7 | 癸未 | 9·1 |
| 27 | 3 | 土 | 5 | 壬午 | 9·1 | 4 | 火 | 7 | 癸丑 | 9·1 | 4 | 金 | 8 | 甲申 | 9·1 |
| 28 | 4 | 日 | 6 | 癸未 | 9·1 | 5 | 水 | 8 | 甲寅 | 9·1 | 5 | 土 | 9 | 乙酉 | 9·1 |
| 29 | 5 | 月 | 7 | 甲申 | 10·1 | 6 | 木 | 9 | 乙卯 | 10·1 | 6 | 日 | 10 | 丙戌 | 10·1 |
| 30 | 6 | 火 | 8 | 乙酉 | 10·1 | 7 | 金 | 10 | 丙辰 | 10·1 | | | | | |
| 31 | | | | | | | | | | | | | | | |

| 절기후날수 | 입동절(丁亥月) 立冬 11월7일 12시31분 小雪 11월22일 10시20분 | | | | | 대설절(戊子月) 大雪 12월7일 5시50분 冬至 12월21일 24시0분 | | | | | 소한절(己丑月) 小寒 1월5일 17시15분 大寒 1월20일 10시40분 | | | | |
|---|---|---|---|---|---|---|---|---|---|---|---|---|---|---|---|
| | 양력 | 요일 | 음력 | 일진 | 大運 남·여 | 양력 | 요일 | 음력 | 일진 | 大運 남·여 | 양력 | 요일 | 음력 | 일진 | 大運 남·여 |
| 0 | 11/7 | 月 | 11 | 丁亥 | 입동 | 12/7 | 水 | 11 | 丁巳 | 대설 | 1/5 | 木 | 10 | 丙戌 | 소한 |
| 1 | 8 | 火 | 12 | 戊子 | 1·10 | 8 | 木 | 12 | 戊午 | 1·9 | 6 | 金 | 11 | 丁亥 | 1·10 |
| 2 | 9 | 水 | 13 | 己丑 | 1·9 | 9 | 金 | 13 | 己未 | 1·9 | 7 | 土 | 12 | 戊子 | 1·9 |
| 3 | 10 | 木 | 14 | 庚寅 | 1·9 | 10 | 土 | 14 | 庚申 | 1·9 | 8 | 日 | 13 | 己丑 | 1·9 |
| 4 | 11 | 金 | 15 | 辛卯 | 1·9 | 11 | 日 | 15 | 辛酉 | 1·8 | 9 | 月 | 14 | 庚寅 | 1·9 |
| 5 | 12 | 土 | 16 | 壬辰 | 2·8 | 12 | 月 | 16 | 壬戌 | 2·8 | 10 | 火 | 15 | 辛卯 | 2·8 |
| 6 | 13 | 日 | 17 | 癸巳 | 2·8 | 13 | 火 | 17 | 癸亥 | 2·8 | 11 | 水 | 16 | 壬辰 | 2·8 |
| 7 | 14 | 月 | 18 | 甲午 | 2·8 | 14 | 水 | 18 | 甲子 | 2·7 | 12 | 木 | 17 | 癸巳 | 2·8 |
| 8 | 15 | 火 | 19 | 乙未 | 3·7 | 15 | 木 | 19 | 乙丑 | 3·7 | 13 | 金 | 18 | 甲午 | 3·7 |
| 9 | 16 | 水 | 20 | 丙申 | 3·7 | 16 | 金 | 20 | 丙寅 | 3·7 | 14 | 土 | 19 | 乙未 | 3·7 |
| 10 | 17 | 木 | 21 | 丁酉 | 3·7 | 17 | 土 | 21 | 丁卯 | 3·6 | 15 | 日 | 20 | 丙申 | 3·7 |
| 11 | 18 | 金 | 22 | 戊戌 | 4·6 | 18 | 日 | 22 | 戊辰 | 4·6 | 16 | 月 | 21 | 丁酉 | 4·6 |
| 12 | 19 | 土 | 23 | 己亥 | 4·6 | 19 | 月 | 23 | 己巳 | 4·6 | 17 | 火 | 22 | 戊戌 | 4·6 |
| 13 | 20 | 日 | 24 | 庚子 | 4·6 | 20 | 火 | 24 | 庚午 | 4·5 | 18 | 水 | 23 | 己亥 | 4·6 |
| 14 | 21 | 月 | 25 | 辛丑 | 5·5 | 21 | 水 | 25 | 辛未 | 동지 | 19 | 木 | 24 | 庚子 | 5·5 |
| 15 | 22 | 火 | 26 | 壬寅 | 소설 | 22 | 木 | 26 | 壬申 | 5·5 | 20 | 金 | 25 | 辛丑 | 대한 |
| 16 | 23 | 水 | 27 | 癸卯 | 5·5 | 23 | 金 | 27 | 癸酉 | 5·4 | 21 | 土 | 26 | 壬寅 | 5·5 |
| 17 | 24 | 木 | 28 | 甲辰 | 6·4 | 24 | 土 | 28 | 甲戌 | 6·4 | 22 | 日 | 27 | 癸卯 | 6·4 |
| 18 | 25 | 金 | 29 | 乙巳 | 6·4 | 25 | 日 | 29 | 乙亥 | 6·4 | 23 | 月 | 28 | 甲辰 | 6·4 |
| 19 | 26 | 土 | 30 | 丙午 | 6·4 | 26 | 月 | 30 | 丙子 | 6·3 | 24 | 火 | 29 | 乙巳 | 6·4 |
| 20 | 27 | 日 | 11/1 | 丁未 | 7·3 | 27 | 火 | 12/1 | 丁丑 | 7·3 | 25 | 水 | 1/1 | 丙午 | 7·3 |
| 21 | 28 | 月 | 2 | 戊申 | 7·3 | 28 | 水 | 2 | 戊寅 | 7·3 | 26 | 木 | 2 | 丁未 | 7·3 |
| 22 | 29 | 火 | 3 | 己酉 | 7·3 | 29 | 木 | 3 | 己卯 | 7·2 | 27 | 金 | 3 | 戊申 | 7·3 |
| 23 | 30 | 水 | 4 | 庚戌 | 8·2 | 30 | 金 | 4 | 庚辰 | 8·2 | 28 | 土 | 4 | 己酉 | 8·2 |
| 24 | 12/1 | 木 | 5 | 辛亥 | 8·2 | 31 | 土 | 5 | 辛巳 | 8·2 | 29 | 日 | 5 | 庚戌 | 8·2 |
| 25 | 2 | 金 | 6 | 壬子 | 8·2 | 1/1 | 日 | 6 | 壬午 | 8·1 | 30 | 月 | 6 | 辛亥 | 8·2 |
| 26 | 3 | 土 | 7 | 癸丑 | 9·1 | 2 | 月 | 7 | 癸未 | 9·1 | 31 | 火 | 7 | 壬子 | 9·1 |
| 27 | 4 | 日 | 8 | 甲寅 | 9·1 | 3 | 火 | 8 | 甲申 | 9·1 | 2/1 | 水 | 8 | 癸丑 | 9·1 |
| 28 | 5 | 月 | 9 | 乙卯 | 9·1 | 4 | 水 | 9 | 乙酉 | 9·1 | 2 | 木 | 9 | 甲寅 | 9·1 |
| 29 | 6 | 火 | 10 | 丙辰 | 10·1 | | | | | | 3 | 金 | 10 | 乙卯 | 10·1 |
| 30 | | | | | | | | | | | | | | | |
| 31 | | | | | | | | | | | | | | | |

# 서기 2096년 [단기 4429년]

| 절기후날수 | 입춘절(庚寅月) 立春 2월4일 4시46분 雨水 2월19일 0시33분 | | | | | 경칩절(辛卯月) 驚蟄 3월4일 22시22분 春分 3월19일 23시2분 | | | | | 청명절(壬辰月) 清明 4월4일 2시34분 穀雨 4월19일 9시25분 | | | | |
|---|---|---|---|---|---|---|---|---|---|---|---|---|---|---|---|
| | 양력 | 요일 | 음력 | 일진 | 大運 남·여 | 양력 | 요일 | 음력 | 일진 | 大運 남·여 | 양력 | 요일 | 음력 | 일진 | 大運 남·여 |
| 0 | 2/4 | 土 | 11 | 丙辰 | 입춘 | 3/4 | 日 | 10 | 乙酉 | 경칩 | 4/4 | 水 | 12 | 丙辰 | 청명 |
| 1 | 5 | 日 | 12 | 丁巳 | 9·1 | 5 | 月 | 11 | 丙戌 | 10·1 | 5 | 木 | 13 | 丁巳 | 10·1 |
| 2 | 6 | 月 | 13 | 戊午 | 9·1 | 6 | 火 | 12 | 丁亥 | 10·1 | 6 | 金 | 14 | 戊午 | 9·1 |
| 3 | 7 | 火 | 14 | 己未 | 9·1 | 7 | 水 | 13 | 戊子 | 9·1 | 7 | 土 | 15 | 己未 | 9·1 |
| 4 | 8 | 水 | 15 | 庚申 | 8·1 | 8 | 木 | 14 | 己丑 | 9·1 | 8 | 日 | 16 | 庚申 | 9·1 |
| 5 | 9 | 木 | 16 | 辛酉 | 8·2 | 9 | 金 | 15 | 庚寅 | 9·2 | 9 | 月 | 17 | 辛酉 | 8·2 |
| 6 | 10 | 金 | 17 | 壬戌 | 8·2 | 10 | 土 | 16 | 辛卯 | 8·2 | 10 | 火 | 18 | 壬戌 | 8·2 |
| 7 | 11 | 土 | 18 | 癸亥 | 7·2 | 11 | 日 | 17 | 壬辰 | 8·2 | 11 | 水 | 19 | 癸亥 | 8·2 |
| 8 | 12 | 日 | 19 | 甲子 | 7·3 | 12 | 月 | 18 | 癸巳 | 8·3 | 12 | 木 | 20 | 甲子 | 7·3 |
| 9 | 13 | 月 | 20 | 乙丑 | 7·3 | 13 | 火 | 19 | 甲午 | 7·3 | 13 | 金 | 21 | 乙丑 | 7·3 |
| 10 | 14 | 火 | 21 | 丙寅 | 6·3 | 14 | 水 | 20 | 乙未 | 7·3 | 14 | 土 | 22 | 丙寅 | 7·3 |
| 11 | 15 | 水 | 22 | 丁卯 | 6·4 | 15 | 木 | 21 | 丙申 | 7·4 | 15 | 日 | 23 | 丁卯 | 6·4 |
| 12 | 16 | 木 | 23 | 戊辰 | 6·4 | 16 | 金 | 22 | 丁酉 | 6·4 | 16 | 月 | 24 | 戊辰 | 6·4 |
| 13 | 17 | 金 | 24 | 己巳 | 5·4 | 17 | 土 | 23 | 戊戌 | 6·4 | 17 | 火 | 25 | 己巳 | 6·4 |
| 14 | 18 | 土 | 25 | 庚午 | 5·5 | 18 | 日 | 24 | 己亥 | 6·5 | 18 | 水 | 26 | 庚午 | 5·5 |
| 15 | 19 | 日 | 26 | 辛未 | 우수 | 19 | 月 | 25 | 庚子 | 춘분 | 19 | 木 | 27 | 辛未 | 곡우 |
| 16 | 20 | 月 | 27 | 壬申 | 4·5 | 20 | 火 | 26 | 辛丑 | 5·5 | 20 | 金 | 28 | 壬申 | 5·5 |
| 17 | 21 | 火 | 28 | 癸酉 | 4·6 | 21 | 水 | 27 | 壬寅 | 5·6 | 21 | 土 | 29 | 癸酉 | 4·6 |
| 18 | 22 | 水 | 29 | 甲戌 | 4·6 | 22 | 木 | 28 | 癸卯 | 4·6 | 22 | 日 | 30 | 甲戌 | 4·6 |
| 19 | 23 | 木 | 30 | 乙亥 | 3·6 | 23 | 金 | 29 | 甲辰 | 4·6 | 23 | 月 | 4/1 | 乙亥 | 4·6 |
| 20 | 24 | 金 | 2/1 | 丙子 | 3·7 | 24 | 土 | 3/1 | 乙巳 | 4·7 | 24 | 火 | 2 | 丙子 | 3·7 |
| 21 | 25 | 土 | 2 | 丁丑 | 3·7 | 25 | 日 | 2 | 丙午 | 3·7 | 25 | 水 | 3 | 丁丑 | 3·7 |
| 22 | 26 | 日 | 3 | 戊寅 | 2·7 | 26 | 月 | 3 | 丁未 | 3·7 | 26 | 木 | 4 | 戊寅 | 3·7 |
| 23 | 27 | 月 | 4 | 己卯 | 2·8 | 27 | 火 | 4 | 戊申 | 3·8 | 27 | 金 | 5 | 己卯 | 2·8 |
| 24 | 28 | 火 | 5 | 庚辰 | 2·8 | 28 | 水 | 5 | 己酉 | 2·8 | 28 | 土 | 6 | 庚辰 | 2·8 |
| 25 | 29 | 水 | 6 | 辛巳 | 1·8 | 29 | 木 | 6 | 庚戌 | 2·8 | 29 | 日 | 7 | 辛巳 | 2·8 |
| 26 | 3/1 | 木 | 7 | 壬午 | 1·9 | 30 | 金 | 7 | 辛亥 | 2·9 | 30 | 月 | 8 | 壬午 | 1·9 |
| 27 | 2 | 金 | 8 | 癸未 | 1·9 | 31 | 土 | 8 | 壬子 | 1·9 | 5/1 | 火 | 9 | 癸未 | 1·9 |
| 28 | 3 | 土 | 9 | 甲申 | 1·9 | 4/1 | 日 | 9 | 癸丑 | 1·9 | 2 | 水 | 10 | 甲申 | 1·9 |
| 29 | | | | | | 2 | 月 | 10 | 甲寅 | 1·10 | 3 | 木 | 11 | 乙酉 | 1·10 |
| 30 | | | | | | 3 | 火 | 11 | 乙卯 | 1·10 | | | | | |
| 31 | | | | | | | | | | | | | | | |

| 절기후날수 | 입하절(癸巳月) 立夏 5월4일 19시14분 小滿 5월20일 7시57분 | | | | | 망종절(甲午月) 芒種 6월4일 22시53분 夏至 6월20일 15시29분 | | | | | 소서절(乙未月) 小暑 7월6일 8시55분 大暑 7월22일 2시18분 | | | | |
|---|---|---|---|---|---|---|---|---|---|---|---|---|---|---|---|
| | 양력 | 요일 | 음력 | 일진 | 大運 남·여 | 양력 | 요일 | 음력 | 일진 | 大運 남·여 | 양력 | 요일 | 음력 | 일진 | 大運 남·여 |
| 0 | 5/4 | 金 | 12 | 丙戌 | 입하 | 6/4 | 月 | 윤14 | 丁巳 | 망종 | 7/6 | 金 | 17 | 己丑 | 소서 |
| 1 | 5 | 土 | 13 | 丁亥 | 10·1 | 5 | 火 | 윤15 | 戊午 | 10·1 | 7 | 土 | 18 | 庚寅 | 10·1 |
| 2 | 6 | 日 | 14 | 戊子 | 10·1 | 6 | 水 | 윤16 | 己未 | 10·1 | 8 | 日 | 19 | 辛卯 | 10·1 |
| 3 | 7 | 月 | 15 | 己丑 | 9·1 | 7 | 木 | 윤17 | 庚申 | 10·1 | 9 | 月 | 20 | 壬辰 | 9·1 |
| 4 | 8 | 火 | 16 | 庚寅 | 9·1 | 8 | 金 | 윤18 | 辛酉 | 9·1 | 10 | 火 | 21 | 癸巳 | 9·1 |
| 5 | 9 | 水 | 17 | 辛卯 | 9·2 | 9 | 土 | 윤19 | 壬戌 | 9·2 | 11 | 水 | 22 | 甲午 | 9·2 |
| 6 | 10 | 木 | 18 | 壬辰 | 8·2 | 10 | 日 | 윤20 | 癸亥 | 9·2 | 12 | 木 | 23 | 乙未 | 8·2 |
| 7 | 11 | 金 | 19 | 癸巳 | 8·2 | 11 | 月 | 윤21 | 甲子 | 8·2 | 13 | 金 | 24 | 丙申 | 8·2 |
| 8 | 12 | 土 | 20 | 甲午 | 8·3 | 12 | 火 | 윤22 | 乙丑 | 8·3 | 14 | 土 | 25 | 丁酉 | 8·3 |
| 9 | 13 | 日 | 21 | 乙未 | 7·3 | 13 | 水 | 윤23 | 丙寅 | 8·3 | 15 | 日 | 26 | 戊戌 | 7·3 |
| 10 | 14 | 月 | 22 | 丙申 | 7·3 | 14 | 木 | 윤24 | 丁卯 | 7·3 | 16 | 月 | 27 | 己亥 | 7·3 |
| 11 | 15 | 火 | 23 | 丁酉 | 7·4 | 15 | 金 | 윤25 | 戊辰 | 7·4 | 17 | 火 | 28 | 庚子 | 7·4 |
| 12 | 16 | 水 | 24 | 戊戌 | 6·4 | 16 | 土 | 윤26 | 己巳 | 7·4 | 18 | 水 | 29 | 辛丑 | 6·4 |
| 13 | 17 | 木 | 25 | 己亥 | 6·4 | 17 | 日 | 윤27 | 庚午 | 6·4 | 19 | 木 | 30 | 壬寅 | 6·4 |
| 14 | 18 | 金 | 26 | 庚子 | 6·5 | 18 | 月 | 윤28 | 辛未 | 6·5 | 20 | 金 | 6/1 | 癸卯 | 6·5 |
| 15 | 19 | 土 | 27 | 辛丑 | 5·5 | 19 | 火 | 윤29 | 壬申 | 6·5 | 21 | 土 | 2 | 甲辰 | 5·5 |
| 16 | 20 | 日 | 28 | 壬寅 | 소만 | 20 | 水 | 5/1 | 癸酉 | 하지 | 22 | 日 | 3 | 乙巳 | 대서 |
| 17 | 21 | 月 | 29 | 癸卯 | 5·6 | 21 | 木 | 2 | 甲戌 | 5·6 | 23 | 月 | 4 | 丙午 | 5·6 |
| 18 | 22 | 火 | 윤1 | 甲辰 | 4·6 | 22 | 金 | 3 | 乙亥 | 5·6 | 24 | 火 | 5 | 丁未 | 4·6 |
| 19 | 23 | 水 | 윤2 | 乙巳 | 4·6 | 23 | 土 | 4 | 丙子 | 4·6 | 25 | 水 | 6 | 戊申 | 4·6 |
| 20 | 24 | 木 | 윤3 | 丙午 | 4·7 | 24 | 日 | 5 | 丁丑 | 4·7 | 26 | 木 | 7 | 己酉 | 4·7 |
| 21 | 25 | 金 | 윤4 | 丁未 | 3·7 | 25 | 月 | 6 | 戊寅 | 4·7 | 27 | 金 | 8 | 庚戌 | 3·7 |
| 22 | 26 | 土 | 윤5 | 戊申 | 3·7 | 26 | 火 | 7 | 己卯 | 3·7 | 28 | 土 | 9 | 辛亥 | 3·7 |
| 23 | 27 | 日 | 윤6 | 己酉 | 3·8 | 27 | 水 | 8 | 庚辰 | 3·8 | 29 | 日 | 10 | 壬子 | 3·8 |
| 24 | 28 | 月 | 윤7 | 庚戌 | 2·8 | 28 | 木 | 9 | 辛巳 | 3·8 | 30 | 月 | 11 | 癸丑 | 2·8 |
| 25 | 29 | 火 | 윤8 | 辛亥 | 2·8 | 29 | 金 | 10 | 壬午 | 2·8 | 31 | 火 | 12 | 甲寅 | 2·8 |
| 26 | 30 | 水 | 윤9 | 壬子 | 2·9 | 30 | 土 | 11 | 癸未 | 2·9 | 8/1 | 水 | 13 | 乙卯 | 2·9 |
| 27 | 31 | 木 | 윤10 | 癸丑 | 1·9 | 7/1 | 日 | 12 | 甲申 | 2·9 | 2 | 木 | 14 | 丙辰 | 1·9 |
| 28 | 6/1 | 金 | 윤11 | 甲寅 | 1·9 | 2 | 月 | 13 | 乙酉 | 1·9 | 3 | 金 | 15 | 丁巳 | 1·9 |
| 29 | 2 | 土 | 윤12 | 乙卯 | 1·10 | 3 | 火 | 14 | 丙戌 | 1·10 | 4 | 土 | 16 | 戊午 | 1·10 |
| 30 | 3 | 日 | 윤13 | 丙辰 | 1·10 | 4 | 水 | 15 | 丁亥 | 1·10 | 5 | 日 | 17 | 己未 | 1·10 |
| 31 | | | | | | 5 | 木 | 16 | 戊子 | 1·10 | | | | | |

▶윤달-4월

# 丙辰年

| 절기후날수 | 입추절(丙申月) 立秋 8월6일 18시52분 處暑 8월22일 9시40분 | | | | | 백로절(丁酉月) 白露 9월6일 22시16분 秋分 9월22일 7시53분 | | | | | 한로절(戊戌月) 寒露 10월7일 14시34분 霜降 10월22일 17시55분 | | | | |
|---|---|---|---|---|---|---|---|---|---|---|---|---|---|---|---|
| | 양력 | 요일 | 음력 | 일진 | 大運 남·여 | 양력 | 요일 | 음력 | 일진 | 大運 남·여 | 양력 | 요일 | 음력 | 일진 | 大運 남·여 |
| 0 | 8/6 | 月 | 18 | 庚申 | 입추 | 9/6 | 木 | 20 | 辛卯 | 백로 | 10/7 | 日 | 21 | 壬戌 | 한로 |
| 1 | 7 | 火 | 19 | 辛酉 | 10·1 | 7 | 金 | 21 | 壬辰 | 10·1 | 8 | 月 | 22 | 癸亥 | 10·1 |
| 2 | 8 | 水 | 20 | 壬戌 | 10·1 | 8 | 土 | 22 | 癸巳 | 10·1 | 9 | 火 | 23 | 甲子 | 9·1 |
| 3 | 9 | 木 | 21 | 癸亥 | 9·1 | 9 | 日 | 23 | 甲午 | 9·1 | 10 | 水 | 24 | 乙丑 | 9·1 |
| 4 | 10 | 金 | 22 | 甲子 | 9·1 | 10 | 月 | 24 | 乙未 | 9·1 | 11 | 木 | 25 | 丙寅 | 9·1 |
| 5 | 11 | 土 | 23 | 乙丑 | 9·2 | 11 | 火 | 25 | 丙申 | 9·2 | 12 | 金 | 26 | 丁卯 | 8·2 |
| 6 | 12 | 日 | 24 | 丙寅 | 8·2 | 12 | 水 | 26 | 丁酉 | 8·2 | 13 | 土 | 27 | 戊辰 | 8·2 |
| 7 | 13 | 月 | 25 | 丁卯 | 8·2 | 13 | 木 | 27 | 戊戌 | 8·2 | 14 | 日 | 28 | 己巳 | 8·2 |
| 8 | 14 | 火 | 26 | 戊辰 | 8·3 | 14 | 金 | 28 | 己亥 | 8·3 | 15 | 月 | 29 | 庚午 | 7·3 |
| 9 | 15 | 水 | 27 | 己巳 | 7·3 | 15 | 土 | 29 | 庚子 | 7·3 | 16 | 火 | 9/1 | 辛未 | 7·3 |
| 10 | 16 | 木 | 28 | 庚午 | 7·3 | 16 | 日 | 30 | 辛丑 | 7·3 | 17 | 水 | 2 | 壬申 | 7·3 |
| 11 | 17 | 金 | 29 | 辛未 | 7·4 | 17 | 月 | 8/1 | 壬寅 | 7·4 | 18 | 木 | 3 | 癸酉 | 6·4 |
| 12 | 18 | 土 | 7/1 | 壬申 | 6·4 | 18 | 火 | 2 | 癸卯 | 6·4 | 19 | 金 | 4 | 甲戌 | 6·4 |
| 13 | 19 | 日 | 2 | 癸酉 | 6·4 | 19 | 水 | 3 | 甲辰 | 6·4 | 20 | 土 | 5 | 乙亥 | 6·4 |
| 14 | 20 | 月 | 3 | 甲戌 | 6·5 | 20 | 木 | 4 | 乙巳 | 6·5 | 21 | 日 | 6 | 丙子 | 5·5 |
| 15 | 21 | 火 | 4 | 乙亥 | 5·5 | 21 | 金 | 5 | 丙午 | 5·5 | 22 | 月 | 7 | 丁丑 | 상강 |
| 16 | 22 | 水 | 5 | 丙子 | 처서 | 22 | 土 | 6 | 丁未 | 추분 | 23 | 火 | 8 | 戊寅 | 5·5 |
| 17 | 23 | 木 | 6 | 丁丑 | 5·6 | 23 | 日 | 7 | 戊申 | 5·6 | 24 | 水 | 9 | 己卯 | 4·6 |
| 18 | 24 | 金 | 7 | 戊寅 | 4·6 | 24 | 月 | 8 | 己酉 | 4·6 | 25 | 木 | 10 | 庚辰 | 4·6 |
| 19 | 25 | 土 | 8 | 己卯 | 4·6 | 25 | 火 | 9 | 庚戌 | 4·6 | 26 | 金 | 11 | 辛巳 | 4·6 |
| 20 | 26 | 日 | 9 | 庚辰 | 4·7 | 26 | 水 | 10 | 辛亥 | 4·7 | 27 | 土 | 12 | 壬午 | 3·7 |
| 21 | 27 | 月 | 10 | 辛巳 | 3·7 | 27 | 木 | 11 | 壬子 | 3·7 | 28 | 日 | 13 | 癸未 | 3·7 |
| 22 | 28 | 火 | 11 | 壬午 | 3·7 | 28 | 金 | 12 | 癸丑 | 3·7 | 29 | 月 | 14 | 甲申 | 3·7 |
| 23 | 29 | 水 | 12 | 癸未 | 3·8 | 29 | 土 | 13 | 甲寅 | 3·8 | 30 | 火 | 15 | 乙酉 | 2·8 |
| 24 | 30 | 木 | 13 | 甲申 | 2·8 | 30 | 日 | 14 | 乙卯 | 2·8 | 31 | 水 | 16 | 丙戌 | 2·8 |
| 25 | 31 | 金 | 14 | 乙酉 | 2·8 | 10/1 | 月 | 15 | 丙辰 | 2·8 | 11/1 | 木 | 17 | 丁亥 | 2·8 |
| 26 | 9/1 | 土 | 15 | 丙戌 | 2·9 | 2 | 火 | 16 | 丁巳 | 2·9 | 2 | 金 | 18 | 戊子 | 1·9 |
| 27 | 2 | 日 | 16 | 丁亥 | 1·9 | 3 | 水 | 17 | 戊午 | 1·9 | 3 | 土 | 19 | 己丑 | 1·9 |
| 28 | 3 | 月 | 17 | 戊子 | 1·9 | 4 | 木 | 18 | 己未 | 1·9 | 4 | 日 | 20 | 庚寅 | 1·9 |
| 29 | 4 | 火 | 18 | 己丑 | 1·10 | 5 | 金 | 19 | 庚申 | 1·10 | 5 | 月 | 21 | 辛卯 | 1·10 |
| 30 | 5 | 水 | 19 | 庚寅 | 1·10 | 6 | 土 | 20 | 辛酉 | 1·10 | | | | | |
| 31 | | | | | | | | | | | | | | | |

| 절기후날수 | 입동절(己亥月) 立冬 11월6일 18시25분 小雪 11월21일 16시4분 | | | | | 대설절(庚子月) 大雪 12월6일 11시45분 冬至 12월21일 5시45분 | | | | | 소한절(辛丑月) 小寒 1월4일 23시10분 大寒 1월19일 16시26분 | | | | |
|---|---|---|---|---|---|---|---|---|---|---|---|---|---|---|---|
| | 양력 | 요일 | 음력 | 일진 | 大運 남·여 | 양력 | 요일 | 음력 | 일진 | 大運 남·여 | 양력 | 요일 | 음력 | 일진 | 大運 남·여 |
| 0 | 11/6 | 火 | 22 | 壬辰 | 입동 | 12/6 | 木 | 22 | 壬戌 | 대설 | 1/4 | 金 | 21 | 辛卯 | 소한 |
| 1 | 7 | 水 | 23 | 癸巳 | 10·1 | 7 | 金 | 23 | 癸亥 | 9·1 | 5 | 土 | 22 | 壬辰 | 10·1 |
| 2 | 8 | 木 | 24 | 甲午 | 9·1 | 8 | 土 | 24 | 甲子 | 9·1 | 6 | 日 | 23 | 癸巳 | 9·1 |
| 3 | 9 | 金 | 25 | 乙未 | 9·1 | 9 | 日 | 25 | 乙丑 | 9·1 | 7 | 月 | 24 | 甲午 | 9·1 |
| 4 | 10 | 土 | 26 | 丙申 | 9·1 | 10 | 月 | 26 | 丙寅 | 8·1 | 8 | 火 | 25 | 乙未 | 9·1 |
| 5 | 11 | 日 | 27 | 丁酉 | 8·2 | 11 | 火 | 27 | 丁卯 | 8·2 | 9 | 水 | 26 | 丙申 | 8·2 |
| 6 | 12 | 月 | 28 | 戊戌 | 8·2 | 12 | 水 | 28 | 戊辰 | 8·2 | 10 | 木 | 27 | 丁酉 | 8·2 |
| 7 | 13 | 火 | 29 | 己亥 | 8·2 | 13 | 木 | 29 | 己巳 | 7·2 | 11 | 金 | 28 | 戊戌 | 8·2 |
| 8 | 14 | 水 | 30 | 庚子 | 7·3 | 14 | 金 | 30 | 庚午 | 7·3 | 12 | 土 | 29 | 己亥 | 7·3 |
| 9 | 15 | 木 | 10/1 | 辛丑 | 7·3 | 15 | 土 | 11/1 | 辛未 | 7·3 | 13 | 日 | 12/1 | 庚子 | 7·3 |
| 10 | 16 | 金 | 2 | 壬寅 | 7·3 | 16 | 日 | 2 | 壬申 | 6·3 | 14 | 月 | 2 | 辛丑 | 7·3 |
| 11 | 17 | 土 | 3 | 癸卯 | 6·4 | 17 | 月 | 3 | 癸酉 | 6·4 | 15 | 火 | 3 | 壬寅 | 6·4 |
| 12 | 18 | 日 | 4 | 甲辰 | 6·4 | 18 | 火 | 4 | 甲戌 | 6·4 | 16 | 水 | 4 | 癸卯 | 6·4 |
| 13 | 19 | 月 | 5 | 乙巳 | 6·4 | 19 | 水 | 5 | 乙亥 | 5·4 | 17 | 木 | 5 | 甲辰 | 6·4 |
| 14 | 20 | 火 | 6 | 丙午 | 5·5 | 20 | 木 | 6 | 丙子 | 5·5 | 18 | 金 | 6 | 乙巳 | 5·5 |
| 15 | 21 | 水 | 7 | 丁未 | 소설 | 21 | 金 | 7 | 丁丑 | 동지 | 19 | 土 | 7 | 丙午 | 대한 |
| 16 | 22 | 木 | 8 | 戊申 | 5·5 | 22 | 土 | 8 | 戊寅 | 4·5 | 20 | 日 | 8 | 丁未 | 5·5 |
| 17 | 23 | 金 | 9 | 己酉 | 4·6 | 23 | 日 | 9 | 己卯 | 4·6 | 21 | 月 | 9 | 戊申 | 4·6 |
| 18 | 24 | 土 | 10 | 庚戌 | 4·6 | 24 | 月 | 10 | 庚辰 | 4·6 | 22 | 火 | 10 | 己酉 | 4·6 |
| 19 | 25 | 日 | 11 | 辛亥 | 4·6 | 25 | 火 | 11 | 辛巳 | 3·6 | 23 | 水 | 11 | 庚戌 | 4·6 |
| 20 | 26 | 月 | 12 | 壬子 | 3·7 | 26 | 水 | 12 | 壬午 | 3·7 | 24 | 木 | 12 | 辛亥 | 3·7 |
| 21 | 27 | 火 | 13 | 癸丑 | 3·7 | 27 | 木 | 13 | 癸未 | 3·7 | 25 | 金 | 13 | 壬子 | 3·7 |
| 22 | 28 | 水 | 14 | 甲寅 | 3·7 | 28 | 金 | 14 | 甲申 | 2·7 | 26 | 土 | 14 | 癸丑 | 3·7 |
| 23 | 29 | 木 | 15 | 乙卯 | 2·8 | 29 | 土 | 15 | 乙酉 | 2·8 | 27 | 日 | 15 | 甲寅 | 2·8 |
| 24 | 30 | 金 | 16 | 丙辰 | 2·8 | 30 | 日 | 16 | 丙戌 | 2·8 | 28 | 月 | 16 | 乙卯 | 2·8 |
| 25 | 12/1 | 土 | 17 | 丁巳 | 2·8 | 31 | 月 | 17 | 丁亥 | 1·8 | 29 | 火 | 17 | 丙辰 | 2·8 |
| 26 | 2 | 日 | 18 | 戊午 | 1·9 | 1/1 | 火 | 18 | 戊子 | 1·9 | 30 | 水 | 18 | 丁巳 | 1·9 |
| 27 | 3 | 月 | 19 | 己未 | 1·9 | 2 | 水 | 19 | 己丑 | 1·9 | 31 | 木 | 19 | 戊午 | 1·9 |
| 28 | 4 | 火 | 20 | 庚申 | 1·9 | 3 | 木 | 20 | 庚寅 | 1·9 | 2/1 | 金 | 20 | 己未 | 1·9 |
| 29 | 5 | 水 | 21 | 辛酉 | 1·10 | | | | | | 2 | 土 | 21 | 庚申 | 1·10 |
| 30 | | | | | | | | | | | | | | | |
| 31 | | | | | | | | | | | | | | | |

# 서기 2097년 [단기 4430년]

| 절기후날수 | 입춘절(壬寅月) 立春 2월3일 10시41분 雨水 2월18일 6시18분 | | | | | 경칩절(癸卯月) 驚蟄 3월5일 4시17분 春分 3월20일 4시47분 | | | | | 청명절(甲辰月) 淸明 4월4일 8시29분 穀雨 4월19일 15시10분 | | | | | 입하절(乙巳月) 立夏 5월5일 1시7분 小滿 5월20일 13시41분 | | | | | 망종절(丙午月) 芒種 6월5일 4시42분 夏至 6월20일 21시12분 | | | | | 소서절(丁未月) 小暑 7월6일 14시40분 大暑 7월22일 8시0분 | | | | |
|---|---|---|---|---|---|---|---|---|---|---|---|---|---|---|---|---|---|---|---|---|---|---|---|---|---|---|---|---|---|---|
| | 양력 | 요일 | 음력 | 일진 | 大運 남·여 | 양력 | 요일 | 음력 | 일진 | 大運 남·여 | 양력 | 요일 | 음력 | 일진 | 大運 남·여 | 양력 | 요일 | 음력 | 일진 | 大運 남·여 | 양력 | 요일 | 음력 | 일진 | 大運 남·여 | 양력 | 요일 | 음력 | 일진 | 大運 남·여 |
| 0 | 2/3 | 日 | 22 | 辛酉 | 입춘 | 3/5 | 火 | 22 | 辛卯 | 경칩 | 4/4 | 木 | 22 | 辛酉 | 청명 | 5/5 | 日 | 24 | 壬辰 | 입하 | 6/5 | 水 | 25 | 癸亥 | 망종 | 7/6 | 土 | 27 | 甲午 | 소서 |
| 1 | 4 | 月 | 23 | 壬戌 | 1·10 | 6 | 水 | 23 | 壬辰 | 1·10 | 5 | 金 | 23 | 壬戌 | 1·10 | 6 | 月 | 25 | 癸巳 | 1·10 | 6 | 木 | 26 | 甲子 | 1·10 | 7 | 日 | 28 | 乙未 | 1·10 |
| 2 | 5 | 火 | 24 | 癸亥 | 1·9 | 7 | 木 | 24 | 癸巳 | 1·9 | 6 | 土 | 24 | 癸亥 | 1·10 | 7 | 火 | 26 | 甲午 | 1·10 | 7 | 金 | 27 | 乙丑 | 1·10 | 8 | 月 | 29 | 丙申 | 1·10 |
| 3 | 6 | 水 | 25 | 甲子 | 1·9 | 8 | 金 | 25 | 甲午 | 1·9 | 7 | 日 | 25 | 甲子 | 1·9 | 8 | 水 | 27 | 乙未 | 1·9 | 8 | 土 | 28 | 丙寅 | 1·9 | 9 | 火 | 6/1 | 丁酉 | 1·10 |
| 4 | 7 | 木 | 26 | 乙丑 | 1·9 | 9 | 土 | 26 | 乙未 | 1·9 | 8 | 月 | 26 | 乙丑 | 1·9 | 9 | 木 | 28 | 丙申 | 1·9 | 9 | 日 | 29 | 丁卯 | 1·9 | 10 | 水 | 2 | 戊戌 | 1·9 |
| 5 | 8 | 金 | 27 | 丙寅 | 2·8 | 10 | 日 | 27 | 丙申 | 2·8 | 9 | 火 | 27 | 丙寅 | 2·9 | 10 | 金 | 29 | 丁酉 | 2·9 | 10 | 月 | 5/1 | 戊辰 | 2·9 | 11 | 木 | 3 | 己亥 | 2·9 |
| 6 | 9 | 土 | 28 | 丁卯 | 2·8 | 11 | 月 | 28 | 丁酉 | 2·8 | 10 | 水 | 28 | 丁卯 | 2·8 | 11 | 土 | 30 | 戊戌 | 2·8 | 11 | 火 | 2 | 己巳 | 2·8 | 12 | 金 | 4 | 庚子 | 2·9 |
| 7 | 10 | 日 | 29 | 戊辰 | 2·8 | 12 | 火 | 29 | 戊戌 | 2·8 | 11 | 木 | 29 | 戊辰 | 2·8 | 12 | 日 | 4/1 | 己亥 | 2·8 | 12 | 水 | 3 | 庚午 | 2·8 | 13 | 土 | 5 | 辛丑 | 2·8 |
| 8 | 11 | 月 | 30 | 己巳 | 3·7 | 13 | 水 | 30 | 己亥 | 3·7 | 12 | 金 | 3/1 | 己巳 | 3·8 | 13 | 月 | 2 | 庚子 | 3·8 | 13 | 木 | 4 | 辛未 | 3·8 | 14 | 日 | 6 | 壬寅 | 3·8 |
| 9 | 12 | 火 | 1/1 | 庚午 | 3·7 | 14 | 木 | 2/1 | 庚子 | 3·7 | 13 | 土 | 2 | 庚午 | 3·7 | 14 | 火 | 3 | 辛丑 | 3·7 | 14 | 金 | 5 | 壬申 | 3·7 | 15 | 月 | 7 | 癸卯 | 3·8 |
| 10 | 13 | 水 | 2 | 辛未 | 3·7 | 15 | 金 | 2 | 辛丑 | 3·7 | 14 | 日 | 3 | 辛未 | 3·7 | 15 | 水 | 4 | 壬寅 | 3·7 | 15 | 土 | 6 | 癸酉 | 3·7 | 16 | 火 | 8 | 甲辰 | 3·7 |
| 11 | 14 | 木 | 3 | 壬申 | 4·6 | 16 | 土 | 3 | 壬寅 | 4·6 | 15 | 月 | 4 | 壬申 | 4·7 | 16 | 木 | 5 | 癸卯 | 4·7 | 16 | 日 | 7 | 甲戌 | 4·7 | 17 | 水 | 9 | 乙巳 | 4·7 |
| 12 | 15 | 金 | 4 | 癸酉 | 4·6 | 17 | 日 | 4 | 癸卯 | 4·6 | 16 | 火 | 5 | 癸酉 | 4·6 | 17 | 金 | 6 | 甲辰 | 4·6 | 17 | 月 | 8 | 乙亥 | 4·6 | 18 | 木 | 10 | 丙午 | 4·7 |
| 13 | 16 | 土 | 5 | 甲戌 | 4·6 | 18 | 月 | 5 | 甲辰 | 4·6 | 17 | 水 | 6 | 甲戌 | 4·6 | 18 | 土 | 7 | 乙巳 | 4·6 | 18 | 火 | 9 | 丙子 | 4·6 | 19 | 金 | 11 | 丁未 | 4·6 |
| 14 | 17 | 日 | 6 | 乙亥 | 5·5 | 19 | 火 | 6 | 乙巳 | 5·5 | 18 | 木 | 7 | 乙亥 | 5·6 | 19 | 日 | 8 | 丙午 | 5·6 | 19 | 水 | 10 | 丁丑 | 5·6 | 20 | 土 | 12 | 戊申 | 5·6 |
| 15 | 18 | 月 | 7 | 丙子 | 우수 | 20 | 水 | 7 | 丙午 | 춘분 | 19 | 金 | 8 | 丙子 | 곡우 | 20 | 月 | 9 | 丁未 | 소만 | 20 | 木 | 11 | 戊寅 | 하지 | 21 | 日 | 13 | 己酉 | 5·6 |
| 16 | 19 | 火 | 8 | 丁丑 | 5·5 | 21 | 木 | 8 | 丁未 | 5·5 | 20 | 土 | 9 | 丁丑 | 5·5 | 21 | 火 | 10 | 戊申 | 5·5 | 21 | 金 | 12 | 己卯 | 5·5 | 22 | 月 | 14 | 庚戌 | 대서 |
| 17 | 20 | 水 | 9 | 戊寅 | 6·4 | 22 | 金 | 9 | 戊申 | 6·4 | 21 | 日 | 10 | 戊寅 | 6·5 | 22 | 水 | 11 | 己酉 | 6·5 | 22 | 土 | 13 | 庚辰 | 6·5 | 23 | 火 | 15 | 辛亥 | 6·5 |
| 18 | 21 | 木 | 10 | 己卯 | 6·4 | 23 | 土 | 10 | 己酉 | 6·4 | 22 | 月 | 11 | 己卯 | 6·4 | 23 | 木 | 12 | 庚戌 | 6·4 | 23 | 日 | 14 | 辛巳 | 6·4 | 24 | 水 | 16 | 壬子 | 6·5 |
| 19 | 22 | 金 | 11 | 庚辰 | 6·4 | 24 | 日 | 11 | 庚戌 | 6·4 | 23 | 火 | 12 | 庚辰 | 6·4 | 24 | 金 | 13 | 辛亥 | 6·4 | 24 | 月 | 15 | 壬午 | 6·4 | 25 | 木 | 17 | 癸丑 | 6·4 |
| 20 | 23 | 土 | 12 | 辛巳 | 7·3 | 25 | 月 | 12 | 辛亥 | 7·3 | 24 | 水 | 13 | 辛巳 | 7·4 | 25 | 土 | 14 | 壬子 | 7·4 | 25 | 火 | 16 | 癸未 | 7·4 | 26 | 金 | 18 | 甲寅 | 7·4 |
| 21 | 24 | 日 | 13 | 壬午 | 7·3 | 26 | 火 | 13 | 壬子 | 7·3 | 25 | 木 | 14 | 壬午 | 7·3 | 26 | 日 | 15 | 癸丑 | 7·3 | 26 | 水 | 17 | 甲申 | 7·3 | 27 | 土 | 19 | 乙卯 | 7·4 |
| 22 | 25 | 月 | 14 | 癸未 | 7·3 | 27 | 水 | 14 | 癸丑 | 7·3 | 26 | 金 | 15 | 癸未 | 7·3 | 27 | 月 | 16 | 甲寅 | 7·3 | 27 | 木 | 18 | 乙酉 | 7·3 | 28 | 日 | 20 | 丙辰 | 7·3 |
| 23 | 26 | 火 | 15 | 甲申 | 8·2 | 28 | 木 | 15 | 甲寅 | 8·2 | 27 | 土 | 16 | 甲申 | 8·3 | 28 | 火 | 17 | 乙卯 | 8·3 | 28 | 金 | 19 | 丙戌 | 8·3 | 29 | 月 | 21 | 丁巳 | 8·3 |
| 24 | 27 | 水 | 16 | 乙酉 | 8·2 | 29 | 金 | 16 | 乙卯 | 8·2 | 28 | 日 | 17 | 乙酉 | 8·2 | 29 | 水 | 18 | 丙辰 | 8·2 | 29 | 土 | 20 | 丁亥 | 8·2 | 30 | 火 | 22 | 戊午 | 8·3 |
| 25 | 28 | 木 | 17 | 丙戌 | 8·2 | 30 | 土 | 17 | 丙辰 | 8·2 | 29 | 月 | 18 | 丙戌 | 8·2 | 30 | 木 | 19 | 丁巳 | 8·2 | 30 | 日 | 21 | 戊子 | 8·2 | 31 | 水 | 23 | 己未 | 8·2 |
| 26 | 3/1 | 金 | 18 | 丁亥 | 9·1 | 31 | 日 | 18 | 丁巳 | 9·1 | 30 | 火 | 19 | 丁亥 | 9·2 | 31 | 金 | 20 | 戊午 | 9·2 | 7/1 | 月 | 22 | 己丑 | 9·2 | 8/1 | 木 | 24 | 庚申 | 9·2 |
| 27 | 2 | 土 | 19 | 戊子 | 9·1 | 4/1 | 月 | 19 | 戊午 | 9·1 | 5/1 | 水 | 20 | 戊子 | 9·1 | 6/1 | 土 | 21 | 己未 | 9·1 | 2 | 火 | 23 | 庚寅 | 9·1 | 2 | 金 | 25 | 辛酉 | 9·2 |
| 28 | 3 | 日 | 20 | 己丑 | 9·1 | 2 | 火 | 20 | 己未 | 9·1 | 2 | 木 | 21 | 己丑 | 9·1 | 2 | 日 | 22 | 庚申 | 9·1 | 3 | 水 | 24 | 辛卯 | 9·1 | 3 | 土 | 26 | 壬戌 | 9·1 |
| 29 | 4 | 月 | 21 | 庚寅 | 10·1 | 3 | 水 | 21 | 庚申 | 10·1 | 3 | 金 | 22 | 庚寅 | 10·1 | 3 | 月 | 23 | 辛酉 | 10·1 | 4 | 木 | 25 | 壬辰 | 10·1 | 4 | 日 | 27 | 癸亥 | 10·1 |
| 30 | | | | | | | | | | | 4 | 土 | 23 | 辛卯 | 10·1 | 4 | 火 | 24 | 壬戌 | 10·1 | 5 | 金 | 26 | 癸巳 | 10·1 | 5 | 月 | 28 | 甲子 | 10·1 |
| 31 | | | | | | | | | | | | | | | | | | | | | | | | | | 6 | 火 | 29 | 乙丑 | 10·1 |

# 丁巳年

| 절기후날수 | 입추절(戊申月) 立秋 8월7일 0시32분 處暑 8월22일 15시21분 | | | | | 백로절(己酉月) 白露 9월7일 3시52분 秋分 9월22일 13시35분 | | | | | 한로절(庚戌月) 寒露 10월7일 20시10분 霜降 10월22일 23시38분 | | | | | 입동절(辛亥月) 立冬 11월7일 0시3분 小雪 11월21일 21시51분 | | | | | 대설절(壬子月) 大雪 12월6일 17시26분 冬至 12월21일 11시36분 | | | | | 소한절(癸丑月) 小寒 1월5일 4시55분 大寒 1월19일 22시20분 | | | | |
|---|---|---|---|---|---|---|---|---|---|---|---|---|---|---|---|---|---|---|---|---|---|---|---|---|---|---|---|---|---|---|
| | 양력 | 요일 | 음력 | 일진 | 大運 남·여 | 양력 | 요일 | 음력 | 일진 | 大運 남·여 | 양력 | 요일 | 음력 | 일진 | 大運 남·여 | 양력 | 요일 | 음력 | 일진 | 大運 남·여 | 양력 | 요일 | 음력 | 일진 | 大運 남·여 | 양력 | 요일 | 음력 | 일진 | 大運 남·여 |
| 0 | 8/7 | 水 | 30 | 丙寅 | 입추 | 9/7 | 土 | 2 | 丁酉 | 백로 | 10/7 | 月 | 3 | 丁卯 | 한로 | 11/7 | 木 | 4 | 戊戌 | 입동 | 12/6 | 金 | 3 | 丁卯 | 대설 | 1/5 | 日 | 4 | 丁酉 | 소한 |
| 1 | 8 | 木 | 7/1 | 丁卯 | 1·10 | 8 | 日 | 3 | 戊戌 | 1·10 | 8 | 火 | 4 | 戊辰 | 1·10 | 8 | 金 | 5 | 己亥 | 1·9 | 7 | 土 | 4 | 戊辰 | 1·10 | 6 | 月 | 5 | 戊戌 | 1·9 |
| 2 | 9 | 金 | 2 | 戊辰 | 1·10 | 9 | 月 | 4 | 己亥 | 1·9 | 9 | 水 | 5 | 己巳 | 1·10 | 9 | 土 | 6 | 庚子 | 1·9 | 8 | 日 | 5 | 己巳 | 1·9 | 7 | 火 | 6 | 己亥 | 1·9 |
| 3 | 10 | 土 | 3 | 己巳 | 1·9 | 10 | 火 | 5 | 庚子 | 1·9 | 10 | 木 | 6 | 庚午 | 1·9 | 10 | 日 | 7 | 辛丑 | 1·9 | 9 | 月 | 6 | 庚午 | 1·9 | 8 | 水 | 7 | 庚子 | 1·9 |
| 4 | 11 | 日 | 4 | 庚午 | 1·9 | 11 | 水 | 6 | 辛丑 | 1·9 | 11 | 金 | 7 | 辛未 | 1·9 | 11 | 月 | 8 | 壬寅 | 1·8 | 10 | 火 | 7 | 辛未 | 1·9 | 9 | 木 | 8 | 辛丑 | 1·8 |
| 5 | 12 | 月 | 5 | 辛未 | 2·9 | 12 | 木 | 7 | 壬寅 | 2·8 | 12 | 土 | 8 | 壬申 | 2·9 | 12 | 火 | 9 | 癸卯 | 2·8 | 11 | 水 | 8 | 壬申 | 2·8 | 10 | 金 | 9 | 壬寅 | 2·8 |
| 6 | 13 | 火 | 6 | 壬申 | 2·8 | 13 | 金 | 8 | 癸卯 | 2·8 | 13 | 日 | 9 | 癸酉 | 2·8 | 13 | 水 | 10 | 甲辰 | 2·8 | 12 | 木 | 9 | 癸酉 | 2·8 | 11 | 土 | 10 | 癸卯 | 2·8 |
| 7 | 14 | 水 | 7 | 癸酉 | 2·8 | 14 | 土 | 9 | 甲辰 | 2·8 | 14 | 月 | 10 | 甲戌 | 2·8 | 14 | 木 | 11 | 乙巳 | 2·7 | 13 | 金 | 10 | 甲戌 | 2·8 | 12 | 日 | 11 | 甲辰 | 2·7 |
| 8 | 15 | 木 | 8 | 甲戌 | 3·8 | 15 | 日 | 10 | 乙巳 | 3·7 | 15 | 火 | 11 | 乙亥 | 3·8 | 15 | 金 | 12 | 丙午 | 3·7 | 14 | 土 | 11 | 乙亥 | 3·7 | 13 | 月 | 12 | 乙巳 | 3·7 |
| 9 | 16 | 金 | 9 | 乙亥 | 3·7 | 16 | 月 | 11 | 丙午 | 3·7 | 16 | 水 | 12 | 丙子 | 3·7 | 16 | 土 | 13 | 丁未 | 3·7 | 15 | 日 | 12 | 丙子 | 3·7 | 14 | 火 | 13 | 丙午 | 3·7 |
| 10 | 17 | 土 | 10 | 丙子 | 3·7 | 17 | 火 | 12 | 丁未 | 3·7 | 17 | 木 | 13 | 丁丑 | 3·7 | 17 | 日 | 14 | 戊申 | 3·6 | 16 | 月 | 13 | 丁丑 | 3·7 | 15 | 水 | 14 | 丁未 | 3·6 |
| 11 | 18 | 日 | 11 | 丁丑 | 4·7 | 18 | 水 | 13 | 戊申 | 4·6 | 18 | 金 | 14 | 戊寅 | 4·7 | 18 | 月 | 15 | 己酉 | 4·6 | 17 | 火 | 14 | 戊寅 | 4·6 | 16 | 木 | 15 | 戊申 | 4·6 |
| 12 | 19 | 月 | 12 | 戊寅 | 4·6 | 19 | 木 | 14 | 己酉 | 4·6 | 19 | 土 | 15 | 己卯 | 4·6 | 19 | 火 | 16 | 庚戌 | 4·6 | 18 | 水 | 15 | 己卯 | 4·6 | 17 | 金 | 16 | 己酉 | 4·6 |
| 13 | 20 | 火 | 13 | 己卯 | 4·6 | 20 | 金 | 15 | 庚戌 | 4·6 | 20 | 日 | 16 | 庚辰 | 4·6 | 20 | 水 | 17 | 辛亥 | 4·5 | 19 | 木 | 16 | 庚辰 | 4·6 | 18 | 土 | 17 | 庚戌 | 4·5 |
| 14 | 21 | 水 | 14 | 庚辰 | 5·6 | 21 | 土 | 16 | 辛亥 | 5·5 | 21 | 月 | 17 | 辛巳 | 5·6 | 21 | 木 | 18 | 壬子 | 소설 | 20 | 金 | 17 | 辛巳 | 5·5 | 19 | 日 | 18 | 辛亥 | 대한 |
| 15 | 22 | 木 | 15 | 辛巳 | 처서 | 22 | 日 | 17 | 壬子 | 추분 | 22 | 火 | 18 | 壬午 | 상강 | 22 | 金 | 19 | 癸丑 | 5·5 | 21 | 土 | 18 | 壬午 | 동지 | 20 | 月 | 19 | 壬子 | 5·5 |
| 16 | 23 | 金 | 16 | 壬午 | 5·5 | 23 | 月 | 18 | 癸丑 | 5·5 | 23 | 水 | 19 | 癸未 | 5·5 | 23 | 土 | 20 | 甲寅 | 5·4 | 22 | 日 | 19 | 癸未 | 5·5 | 21 | 火 | 20 | 癸丑 | 5·4 |
| 17 | 24 | 土 | 17 | 癸未 | 6·5 | 24 | 火 | 19 | 甲寅 | 6·4 | 24 | 木 | 20 | 甲申 | 6·5 | 24 | 日 | 21 | 乙卯 | 6·4 | 23 | 月 | 20 | 甲申 | 6·4 | 22 | 水 | 21 | 甲寅 | 6·4 |
| 18 | 25 | 日 | 18 | 甲申 | 6·4 | 25 | 水 | 20 | 乙卯 | 6·4 | 25 | 金 | 21 | 乙酉 | 6·4 | 25 | 月 | 22 | 丙辰 | 6·4 | 24 | 火 | 21 | 乙酉 | 6·4 | 23 | 木 | 22 | 乙卯 | 6·4 |
| 19 | 26 | 月 | 19 | 乙酉 | 6·4 | 26 | 木 | 21 | 丙辰 | 6·4 | 26 | 土 | 22 | 丙戌 | 6·4 | 26 | 火 | 23 | 丁巳 | 6·3 | 25 | 水 | 22 | 丙戌 | 6·4 | 24 | 金 | 23 | 丙辰 | 6·3 |
| 20 | 27 | 火 | 20 | 丙戌 | 7·4 | 27 | 金 | 22 | 丁巳 | 7·3 | 27 | 日 | 23 | 丁亥 | 7·4 | 27 | 水 | 24 | 戊午 | 7·3 | 26 | 木 | 23 | 丁亥 | 7·3 | 25 | 土 | 24 | 丁巳 | 7·3 |
| 21 | 28 | 水 | 21 | 丁亥 | 7·3 | 28 | 土 | 23 | 戊午 | 7·3 | 28 | 月 | 24 | 戊子 | 7·3 | 28 | 木 | 25 | 己未 | 7·3 | 27 | 金 | 24 | 戊子 | 7·3 | 26 | 日 | 25 | 戊午 | 7·3 |
| 22 | 29 | 木 | 22 | 戊子 | 7·3 | 29 | 日 | 24 | 己未 | 7·3 | 29 | 火 | 25 | 己丑 | 7·3 | 29 | 金 | 26 | 庚申 | 7·2 | 28 | 土 | 25 | 己丑 | 7·3 | 27 | 月 | 26 | 己未 | 7·2 |
| 23 | 30 | 金 | 23 | 己丑 | 8·3 | 30 | 月 | 25 | 庚申 | 8·2 | 30 | 水 | 26 | 庚寅 | 8·3 | 30 | 土 | 27 | 辛酉 | 8·2 | 29 | 日 | 26 | 庚寅 | 8·2 | 28 | 火 | 27 | 庚申 | 8·2 |
| 24 | 31 | 土 | 24 | 庚寅 | 8·2 | 10/1 | 火 | 26 | 辛酉 | 8·2 | 31 | 木 | 27 | 辛卯 | 8·2 | 12/1 | 日 | 28 | 壬戌 | 8·2 | 30 | 月 | 27 | 辛卯 | 8·2 | 29 | 水 | 28 | 辛酉 | 8·2 |
| 25 | 9/1 | 日 | 25 | 辛卯 | 8·2 | 2 | 水 | 27 | 壬戌 | 8·2 | 11/1 | 金 | 28 | 壬辰 | 8·2 | 2 | 月 | 29 | 癸亥 | 8·1 | 31 | 火 | 28 | 壬辰 | 8·2 | 30 | 木 | 29 | 壬戌 | 8·1 |
| 26 | 2 | 月 | 26 | 壬辰 | 9·2 | 3 | 木 | 28 | 癸亥 | 9·1 | 2 | 土 | 29 | 癸巳 | 9·2 | 3 | 火 | 30 | 甲子 | 9·1 | 1/1 | 水 | 29 | 癸巳 | 9·1 | 31 | 金 | 30 | 癸亥 | 9·1 |
| 27 | 3 | 火 | 27 | 癸巳 | 9·1 | 4 | 金 | 29 | 甲子 | 9·1 | 3 | 日 | 30 | 甲午 | 9·1 | 4 | 水 | 11/1 | 乙丑 | 9·1 | 2 | 木 | 12/1 | 甲午 | 9·1 | 2/1 | 土 | 1/1 | 甲子 | 9·1 |
| 28 | 4 | 水 | 28 | 甲午 | 9·1 | 5 | 土 | 9/1 | 乙丑 | 9·1 | 4 | 月 | 10/1 | 乙未 | 9·1 | 5 | 木 | 2 | 丙寅 | 9·1 | 3 | 金 | 2 | 乙未 | 9·1 | 2 | 日 | 2 | 乙丑 | 9·1 |
| 29 | 5 | 木 | 29 | 乙未 | 10·1 | 6 | 日 | 2 | 丙寅 | 10·1 | 5 | 火 | 2 | 丙申 | 10·1 | | | | | | 4 | 土 | 3 | 丙申 | 10·1 | | | | | |
| 30 | 6 | 金 | 8/1 | 丙申 | 10·1 | | | | | | 6 | 水 | 3 | 丁酉 | 10·1 | | | | | | | | | | | | | | | |
| 31 | | | | | | | | | | | | | | | | | | | | | | | | | | | | | | |

# 서기 2098년 [단기 4431년]

| 절기후날수 | 입춘절(甲寅月) 立春 2월3일 16시28분 雨水 2월18일 12시12분 | | | | | 경칩절(乙卯月) 驚蟄 3월5일 10시3분 春分 3월20일 10시39분 | | | | | 청명절(丙辰月) 淸明 4월4일 14시12분 穀雨 4월19일 21시0분 | | | | |
|---|---|---|---|---|---|---|---|---|---|---|---|---|---|---|---|
| | 양력 | 요일 | 음력 | 일진 | 大運 남여 | 양력 | 요일 | 음력 | 일진 | 大運 남여 | 양력 | 요일 | 음력 | 일진 | 大運 남여 |
| 0 | 2/3 | 月 | 3 | 丙寅 | 입춘 | 3/5 | 水 | 3 | 丙申 | 경칩 | 4/4 | 金 | 3 | 丙寅 | 청명 |
| 1 | 4 | 火 | 4 | 丁卯 | 10·1 | 6 | 木 | 4 | 丁酉 | 10·1 | 5 | 土 | 4 | 丁卯 | 10·1 |
| 2 | 5 | 水 | 5 | 戊辰 | 9·1 | 7 | 金 | 5 | 戊戌 | 9·1 | 6 | 日 | 5 | 戊辰 | 10·1 |
| 3 | 6 | 木 | 6 | 己巳 | 9·1 | 8 | 土 | 6 | 己亥 | 9·1 | 7 | 月 | 6 | 己巳 | 9·1 |
| 4 | 7 | 金 | 7 | 庚午 | 9·1 | 9 | 日 | 7 | 庚子 | 9·1 | 8 | 火 | 7 | 庚午 | 9·1 |
| 5 | 8 | 土 | 8 | 辛未 | 8·2 | 10 | 月 | 8 | 辛丑 | 8·2 | 9 | 水 | 8 | 辛未 | 9·2 |
| 6 | 9 | 日 | 9 | 壬申 | 8·2 | 11 | 火 | 9 | 壬寅 | 8·2 | 10 | 木 | 9 | 壬申 | 8·2 |
| 7 | 10 | 月 | 10 | 癸酉 | 8·2 | 12 | 水 | 10 | 癸卯 | 8·2 | 11 | 金 | 10 | 癸酉 | 8·2 |
| 8 | 11 | 火 | 11 | 甲戌 | 7·3 | 13 | 木 | 11 | 甲辰 | 7·3 | 12 | 土 | 11 | 甲戌 | 8·3 |
| 9 | 12 | 水 | 12 | 乙亥 | 7·3 | 14 | 金 | 12 | 乙巳 | 7·3 | 13 | 日 | 12 | 乙亥 | 7·3 |
| 10 | 13 | 木 | 13 | 丙子 | 7·3 | 15 | 土 | 13 | 丙午 | 7·3 | 14 | 月 | 13 | 丙子 | 7·3 |
| 11 | 14 | 金 | 14 | 丁丑 | 6·4 | 16 | 日 | 14 | 丁未 | 6·4 | 15 | 火 | 14 | 丁丑 | 7·4 |
| 12 | 15 | 土 | 15 | 戊寅 | 6·4 | 17 | 月 | 15 | 戊申 | 6·4 | 16 | 水 | 15 | 戊寅 | 6·4 |
| 13 | 16 | 日 | 16 | 己卯 | 6·4 | 18 | 火 | 16 | 己酉 | 6·4 | 17 | 木 | 16 | 己卯 | 6·4 |
| 14 | 17 | 月 | 17 | 庚辰 | 5·5 | 19 | 水 | 17 | 庚戌 | 5·5 | 18 | 金 | 17 | 庚辰 | 6·5 |
| 15 | 18 | 火 | 18 | 辛巳 | 우수 | 20 | 木 | 18 | 辛亥 | 춘분 | 19 | 土 | 18 | 辛巳 | 곡우 |
| 16 | 19 | 水 | 19 | 壬午 | 5·5 | 21 | 金 | 19 | 壬子 | 5·5 | 20 | 日 | 19 | 壬午 | 5·5 |
| 17 | 20 | 木 | 20 | 癸未 | 4·6 | 22 | 土 | 20 | 癸丑 | 4·6 | 21 | 月 | 20 | 癸未 | 5·6 |
| 18 | 21 | 金 | 21 | 甲申 | 4·6 | 23 | 日 | 21 | 甲寅 | 4·6 | 22 | 火 | 21 | 甲申 | 4·6 |
| 19 | 22 | 土 | 22 | 乙酉 | 4·6 | 24 | 月 | 22 | 乙卯 | 4·6 | 23 | 水 | 22 | 乙酉 | 4·6 |
| 20 | 23 | 日 | 23 | 丙戌 | 3·7 | 25 | 火 | 23 | 丙辰 | 3·7 | 24 | 木 | 23 | 丙戌 | 4·7 |
| 21 | 24 | 月 | 24 | 丁亥 | 3·7 | 26 | 水 | 24 | 丁巳 | 3·7 | 25 | 金 | 24 | 丁亥 | 3·7 |
| 22 | 25 | 火 | 25 | 戊子 | 3·7 | 27 | 木 | 25 | 戊午 | 3·7 | 26 | 土 | 25 | 戊子 | 3·7 |
| 23 | 26 | 水 | 26 | 己丑 | 2·8 | 28 | 金 | 26 | 己未 | 2·8 | 27 | 日 | 26 | 己丑 | 3·8 |
| 24 | 27 | 木 | 27 | 庚寅 | 2·8 | 29 | 土 | 27 | 庚申 | 2·8 | 28 | 月 | 27 | 庚寅 | 2·8 |
| 25 | 28 | 金 | 28 | 辛卯 | 2·8 | 30 | 日 | 28 | 辛酉 | 2·8 | 29 | 火 | 28 | 辛卯 | 2·8 |
| 26 | 3/1 | 土 | 29 | 壬辰 | 1·9 | 31 | 月 | 29 | 壬戌 | 1·9 | 30 | 水 | 29 | 壬辰 | 2·9 |
| 27 | 2 | 日 | 30 | 癸巳 | 1·9 | 4/1 | 火 | 30 | 癸亥 | 1·9 | 5/1 | 木 | 4/1 | 癸巳 | 1·9 |
| 28 | 3 | 月 | 2/1 | 甲午 | 1·9 | 2 | 水 | 3/1 | 甲子 | 1·9 | 2 | 金 | 2 | 甲午 | 1·9 |
| 29 | 4 | 火 | 2 | 乙未 | 1·10 | 3 | 木 | 2 | 乙丑 | 1·10 | 3 | 土 | 3 | 乙未 | 1·10 |
| 30 | | | | | | | | | | | 4 | 日 | 4 | 丙申 | 1·10 |
| 31 | | | | | | | | | | | | | | | |

| 절기후날수 | 입하절(丁巳月) 立夏 5월5일 6시48분 小滿 5월20일 19시30분 | | | | | 망종절(戊午月) 芒種 6월5일 10시22분 夏至 6월21일 3시2분 | | | | | 소서절(己未月) 小暑 7월6일 20시21분 大暑 7월22일 13시50분 | | | | |
|---|---|---|---|---|---|---|---|---|---|---|---|---|---|---|---|
| | 양력 | 요일 | 음력 | 일진 | 大運 남여 | 양력 | 요일 | 음력 | 일진 | 大運 남여 | 양력 | 요일 | 음력 | 일진 | 大運 남여 |
| 0 | 5/5 | 月 | 5 | 丁酉 | 입하 | 6/5 | 木 | 6 | 戊辰 | 망종 | 7/6 | 日 | 8 | 己亥 | 소서 |
| 1 | 6 | 火 | 6 | 戊戌 | 10·1 | 6 | 金 | 7 | 己巳 | 10·1 | 7 | 月 | 9 | 庚子 | 10·1 |
| 2 | 7 | 水 | 7 | 己亥 | 10·1 | 7 | 土 | 8 | 庚午 | 10·1 | 8 | 火 | 10 | 辛丑 | 10·1 |
| 3 | 8 | 木 | 8 | 庚子 | 9·1 | 8 | 日 | 9 | 辛未 | 9·1 | 9 | 水 | 11 | 壬寅 | 10·1 |
| 4 | 9 | 金 | 9 | 辛丑 | 9·1 | 9 | 月 | 10 | 壬申 | 9·1 | 10 | 木 | 12 | 癸卯 | 9·1 |
| 5 | 10 | 土 | 10 | 壬寅 | 9·2 | 10 | 火 | 11 | 癸酉 | 9·2 | 11 | 金 | 13 | 甲辰 | 9·2 |
| 6 | 11 | 日 | 11 | 癸卯 | 8·2 | 11 | 水 | 12 | 甲戌 | 8·2 | 12 | 土 | 14 | 乙巳 | 9·2 |
| 7 | 12 | 月 | 12 | 甲辰 | 8·2 | 12 | 木 | 13 | 乙亥 | 8·2 | 13 | 日 | 15 | 丙午 | 8·2 |
| 8 | 13 | 火 | 13 | 乙巳 | 8·3 | 13 | 金 | 14 | 丙子 | 8·3 | 14 | 月 | 16 | 丁未 | 8·3 |
| 9 | 14 | 水 | 14 | 丙午 | 7·3 | 14 | 土 | 15 | 丁丑 | 7·3 | 15 | 火 | 17 | 戊申 | 8·3 |
| 10 | 15 | 木 | 15 | 丁未 | 7·3 | 15 | 日 | 16 | 戊寅 | 7·3 | 16 | 水 | 18 | 己酉 | 7·3 |
| 11 | 16 | 金 | 16 | 戊申 | 7·4 | 16 | 月 | 17 | 己卯 | 7·4 | 17 | 木 | 19 | 庚戌 | 7·4 |
| 12 | 17 | 土 | 17 | 己酉 | 6·4 | 17 | 火 | 18 | 庚辰 | 6·4 | 18 | 金 | 20 | 辛亥 | 7·4 |
| 13 | 18 | 日 | 18 | 庚戌 | 6·4 | 18 | 水 | 19 | 辛巳 | 6·4 | 19 | 土 | 21 | 壬子 | 6·4 |
| 14 | 19 | 月 | 19 | 辛亥 | 6·5 | 19 | 木 | 20 | 壬午 | 6·5 | 20 | 日 | 22 | 癸丑 | 6·5 |
| 15 | 20 | 火 | 20 | 壬子 | 소만 | 20 | 金 | 21 | 癸未 | 5·5 | 21 | 月 | 23 | 甲寅 | 6·5 |
| 16 | 21 | 水 | 21 | 癸丑 | 5·5 | 21 | 土 | 22 | 甲申 | 하지 | 22 | 火 | 24 | 乙卯 | 대서 |
| 17 | 22 | 木 | 22 | 甲寅 | 5·6 | 22 | 日 | 23 | 乙酉 | 5·6 | 23 | 水 | 25 | 丙辰 | 5·6 |
| 18 | 23 | 金 | 23 | 乙卯 | 4·6 | 23 | 月 | 24 | 丙戌 | 4·6 | 24 | 木 | 26 | 丁巳 | 5·6 |
| 19 | 24 | 土 | 24 | 丙辰 | 4·6 | 24 | 火 | 25 | 丁亥 | 4·6 | 25 | 金 | 27 | 戊午 | 4·6 |
| 20 | 25 | 日 | 25 | 丁巳 | 4·7 | 25 | 水 | 26 | 戊子 | 4·7 | 26 | 土 | 28 | 己未 | 4·7 |
| 21 | 26 | 月 | 26 | 戊午 | 3·7 | 26 | 木 | 27 | 己丑 | 3·7 | 27 | 日 | 29 | 庚申 | 4·7 |
| 22 | 27 | 火 | 27 | 己未 | 3·7 | 27 | 金 | 28 | 庚寅 | 3·7 | 28 | 月 | 7/1 | 辛酉 | 3·7 |
| 23 | 28 | 水 | 28 | 庚申 | 3·8 | 28 | 土 | 29 | 辛卯 | 3·8 | 29 | 火 | 2 | 壬戌 | 3·8 |
| 24 | 29 | 木 | 29 | 辛酉 | 2·8 | 29 | 日 | 6/1 | 壬辰 | 2·8 | 30 | 水 | 3 | 癸亥 | 3·8 |
| 25 | 30 | 金 | 30 | 壬戌 | 2·8 | 30 | 月 | 2 | 癸巳 | 2·8 | 31 | 木 | 4 | 甲子 | 2·8 |
| 26 | 31 | 土 | 5/1 | 癸亥 | 2·9 | 7/1 | 火 | 3 | 甲午 | 2·9 | 8/1 | 金 | 5 | 乙丑 | 2·9 |
| 27 | 6/1 | 日 | 2 | 甲子 | 1·9 | 2 | 水 | 4 | 乙未 | 1·9 | 2 | 土 | 6 | 丙寅 | 2·9 |
| 28 | 2 | 月 | 3 | 乙丑 | 1·9 | 3 | 木 | 5 | 丙申 | 1·9 | 3 | 日 | 7 | 丁卯 | 1·9 |
| 29 | 3 | 火 | 4 | 丙寅 | 1·10 | 4 | 金 | 6 | 丁酉 | 1·10 | 4 | 月 | 8 | 戊辰 | 1·10 |
| 30 | 4 | 水 | 5 | 丁卯 | 1·10 | 5 | 土 | 7 | 戊戌 | 1·10 | 5 | 火 | 9 | 己巳 | 1·10 |
| 31 | | | | | | | | | | | 6 | 水 | 10 | 庚午 | 1·10 |

# 戊午年

| 절기후날수 | 입추절(庚申月) 立秋 8월7일 6시15분 處暑 8월22일 21시10분 | | | | | 백로절(辛酉月) 白露 9월7일 9시37분 秋分 9월22일 19시23분 | | | | | 한로절(壬戌月) 寒露 10월8일 1시57분 霜降 10월23일 5시26분 | | | | | 입동절(癸亥月) 立冬 11월7일 5시49분 小雪 11월22일 3시37분 | | | | | 대설절(甲子月) 大雪 12월6일 23시12분 冬至 12월21일 17시20분 | | | | | 소한절(乙丑月) 小寒 1월5일 10시38분 大寒 1월20일 4시1분 | | | | |
|---|---|---|---|---|---|---|---|---|---|---|---|---|---|---|---|---|---|---|---|---|---|---|---|---|---|---|---|---|---|---|
| | 양력 | 요일 | 음력 | 일진 | 大運 남·여 | 양력 | 요일 | 음력 | 일진 | 大運 남·여 | 양력 | 요일 | 음력 | 일진 | 大運 남·여 | 양력 | 요일 | 음력 | 일진 | 大運 남·여 | 양력 | 요일 | 음력 | 일진 | 大運 남·여 | 양력 | 요일 | 음력 | 일진 | 大運 남·여 |
| 0 | 8/7 | 木 | 11 | 辛未 | 입추 | 9/7 | 日 | 12 | 壬寅 | 백로 | 10/8 | 水 | 14 | 癸酉 | 한로 | 11/7 | 金 | 15 | 癸卯 | 입동 | 12/6 | 土 | 14 | 壬申 | 대설 | 1/5 | 月 | 14 | 壬寅 | 소한 |
| 1 | 8 | 金 | 12 | 壬申 | 10·1 | 8 | 月 | 13 | 癸卯 | 10·1 | 9 | 木 | 15 | 甲戌 | 10·1 | 8 | 土 | 16 | 甲辰 | 9·1 | 7 | 日 | 15 | 癸酉 | 10·1 | 6 | 火 | 15 | 癸卯 | 9·1 |
| 2 | 9 | 土 | 13 | 癸酉 | 10·1 | 9 | 火 | 14 | 甲辰 | 10·1 | 10 | 金 | 16 | 乙亥 | 9·1 | 9 | 日 | 17 | 乙巳 | 9·1 | 8 | 月 | 16 | 甲戌 | 9·1 | 7 | 水 | 16 | 甲辰 | 9·1 |
| 3 | 10 | 日 | 14 | 甲戌 | 9·1 | 10 | 水 | 15 | 乙巳 | 9·1 | 11 | 土 | 17 | 丙子 | 9·1 | 10 | 月 | 18 | 丙午 | 9·1 | 9 | 火 | 17 | 乙亥 | 9·1 | 8 | 木 | 17 | 乙巳 | 9·1 |
| 4 | 11 | 月 | 15 | 乙亥 | 9·1 | 11 | 木 | 16 | 丙午 | 9·1 | 12 | 日 | 18 | 丁丑 | 9·1 | 11 | 火 | 19 | 丁未 | 8·1 | 10 | 水 | 18 | 丙子 | 9·1 | 9 | 金 | 18 | 丙午 | 8·1 |
| 5 | 12 | 火 | 16 | 丙子 | 9·2 | 12 | 金 | 17 | 丁未 | 9·2 | 13 | 月 | 19 | 戊寅 | 8·2 | 12 | 水 | 20 | 戊申 | 8·2 | 11 | 木 | 19 | 丁丑 | 8·2 | 10 | 土 | 19 | 丁未 | 8·2 |
| 6 | 13 | 水 | 17 | 丁丑 | 8·2 | 13 | 土 | 18 | 戊申 | 8·2 | 14 | 火 | 20 | 己卯 | 8·2 | 13 | 木 | 21 | 己酉 | 8·2 | 12 | 金 | 20 | 戊寅 | 8·2 | 11 | 日 | 20 | 戊申 | 8·2 |
| 7 | 14 | 木 | 18 | 戊寅 | 8·2 | 14 | 日 | 19 | 己酉 | 8·2 | 15 | 水 | 21 | 庚辰 | 8·2 | 14 | 金 | 22 | 庚戌 | 7·2 | 13 | 土 | 21 | 己卯 | 8·2 | 12 | 月 | 21 | 己酉 | 7·2 |
| 8 | 15 | 金 | 19 | 己卯 | 8·3 | 15 | 月 | 20 | 庚戌 | 8·3 | 16 | 木 | 22 | 辛巳 | 7·3 | 15 | 土 | 23 | 辛亥 | 7·3 | 14 | 日 | 22 | 庚辰 | 7·3 | 13 | 火 | 22 | 庚戌 | 7·3 |
| 9 | 16 | 土 | 20 | 庚辰 | 7·3 | 16 | 火 | 21 | 辛亥 | 7·3 | 17 | 金 | 23 | 壬午 | 7·3 | 16 | 日 | 24 | 壬子 | 7·3 | 15 | 月 | 23 | 辛巳 | 7·3 | 14 | 水 | 23 | 辛亥 | 7·3 |
| 10 | 17 | 日 | 21 | 辛巳 | 7·3 | 17 | 水 | 22 | 壬子 | 7·3 | 18 | 土 | 24 | 癸未 | 7·3 | 17 | 月 | 25 | 癸丑 | 6·3 | 16 | 火 | 24 | 壬午 | 7·3 | 15 | 木 | 24 | 壬子 | 6·3 |
| 11 | 18 | 月 | 22 | 壬午 | 7·4 | 18 | 木 | 23 | 癸丑 | 7·4 | 19 | 日 | 25 | 甲申 | 6·4 | 18 | 火 | 26 | 甲寅 | 6·4 | 17 | 水 | 25 | 癸未 | 6·4 | 16 | 金 | 25 | 癸丑 | 6·4 |
| 12 | 19 | 火 | 23 | 癸未 | 6·4 | 19 | 金 | 24 | 甲寅 | 6·4 | 20 | 月 | 26 | 乙酉 | 6·4 | 19 | 水 | 27 | 乙卯 | 6·4 | 18 | 木 | 26 | 甲申 | 6·4 | 17 | 土 | 26 | 甲寅 | 6·4 |
| 13 | 20 | 水 | 24 | 甲申 | 6·4 | 20 | 土 | 25 | 乙卯 | 6·4 | 21 | 火 | 27 | 丙戌 | 6·4 | 20 | 木 | 28 | 丙辰 | 5·4 | 19 | 金 | 27 | 乙酉 | 6·4 | 18 | 日 | 27 | 乙卯 | 5·4 |
| 14 | 21 | 木 | 25 | 乙酉 | 6·5 | 21 | 日 | 26 | 丙辰 | 6·5 | 22 | 水 | 28 | 丁亥 | 5·5 | 21 | 金 | 29 | 丁巳 | 5·5 | 20 | 土 | 28 | 丙戌 | 5·5 | 19 | 月 | 28 | 丙辰 | 5·5 |
| 15 | 22 | 金 | 26 | 丙戌 | 처서 | 22 | 月 | 27 | 丁巳 | 추분 | 23 | 木 | 29 | 戊子 | 상강 | 22 | 土 | 30 | 戊午 | 소설 | 21 | 日 | 29 | 丁亥 | 동지 | 20 | 火 | 29 | 丁巳 | 대한 |
| 16 | 23 | 土 | 27 | 丁亥 | 5·5 | 23 | 火 | 28 | 戊午 | 5·5 | 24 | 金 | 10/1 | 己丑 | 5·5 | 23 | 日 | 11/1 | 己未 | 4·5 | 22 | 月 | 30 | 戊子 | 5·5 | 21 | 水 | 1/1 | 戊午 | 4·5 |
| 17 | 24 | 日 | 28 | 戊子 | 5·6 | 24 | 水 | 29 | 己未 | 5·6 | 25 | 土 | 2 | 庚寅 | 4·6 | 24 | 月 | 2 | 庚申 | 4·6 | 23 | 火 | 12/1 | 己丑 | 4·6 | 22 | 木 | 2 | 己未 | 4·6 |
| 18 | 25 | 月 | 29 | 己丑 | 4·6 | 25 | 木 | 9/1 | 庚申 | 4·6 | 26 | 日 | 3 | 辛卯 | 4·6 | 25 | 火 | 3 | 辛酉 | 4·6 | 24 | 水 | 2 | 庚寅 | 4·6 | 23 | 金 | 3 | 庚申 | 4·6 |
| 19 | 26 | 火 | 30 | 庚寅 | 4·6 | 26 | 金 | 2 | 辛酉 | 4·6 | 27 | 月 | 4 | 壬辰 | 4·6 | 26 | 水 | 4 | 壬戌 | 3·6 | 25 | 木 | 3 | 辛卯 | 4·6 | 24 | 土 | 4 | 辛酉 | 3·6 |
| 20 | 27 | 水 | 8/1 | 辛卯 | 4·7 | 27 | 土 | 3 | 壬戌 | 4·7 | 28 | 火 | 5 | 癸巳 | 3·7 | 27 | 木 | 5 | 癸亥 | 3·7 | 26 | 金 | 4 | 壬辰 | 3·7 | 25 | 日 | 5 | 壬戌 | 3·7 |
| 21 | 28 | 木 | 2 | 壬辰 | 3·7 | 28 | 日 | 4 | 癸亥 | 3·7 | 29 | 水 | 6 | 甲午 | 3·7 | 28 | 金 | 6 | 甲子 | 3·7 | 27 | 土 | 5 | 癸巳 | 3·7 | 26 | 月 | 6 | 癸亥 | 3·7 |
| 22 | 29 | 金 | 3 | 癸巳 | 3·7 | 29 | 月 | 5 | 甲子 | 3·7 | 30 | 木 | 7 | 乙未 | 3·7 | 29 | 土 | 7 | 乙丑 | 2·7 | 28 | 日 | 6 | 甲午 | 3·7 | 27 | 火 | 7 | 甲子 | 2·7 |
| 23 | 30 | 土 | 4 | 甲午 | 3·8 | 30 | 火 | 6 | 乙丑 | 3·8 | 31 | 金 | 8 | 丙申 | 2·8 | 30 | 日 | 8 | 丙寅 | 2·8 | 29 | 月 | 7 | 乙未 | 2·8 | 28 | 水 | 8 | 乙丑 | 2·8 |
| 24 | 31 | 日 | 5 | 乙未 | 2·8 | 10/1 | 水 | 7 | 丙寅 | 2·8 | 11/1 | 土 | 9 | 丁酉 | 2·8 | 12/1 | 月 | 9 | 丁卯 | 2·8 | 30 | 火 | 8 | 丙申 | 2·8 | 29 | 木 | 9 | 丙寅 | 2·8 |
| 25 | 9/1 | 月 | 6 | 丙申 | 2·8 | 2 | 木 | 8 | 丁卯 | 2·8 | 2 | 日 | 10 | 戊戌 | 2·8 | 2 | 火 | 10 | 戊辰 | 1·8 | 31 | 水 | 9 | 丁酉 | 2·8 | 30 | 金 | 10 | 丁卯 | 1·8 |
| 26 | 2 | 火 | 7 | 丁酉 | 2·9 | 3 | 金 | 9 | 戊辰 | 2·9 | 3 | 月 | 11 | 己亥 | 1·9 | 3 | 水 | 11 | 己巳 | 1·9 | 1/1 | 木 | 10 | 戊戌 | 1·9 | 31 | 土 | 11 | 戊辰 | 1·9 |
| 27 | 3 | 水 | 8 | 戊戌 | 1·9 | 4 | 土 | 10 | 己巳 | 1·9 | 4 | 火 | 12 | 庚子 | 1·9 | 4 | 木 | 12 | 庚午 | 1·9 | 2 | 金 | 11 | 己亥 | 1·9 | 2/1 | 日 | 12 | 己巳 | 1·9 |
| 28 | 4 | 木 | 9 | 己亥 | 1·9 | 5 | 日 | 11 | 庚午 | 1·9 | 5 | 水 | 13 | 辛丑 | 1·9 | 5 | 金 | 13 | 辛未 | 1·9 | 3 | 土 | 12 | 庚子 | 1·9 | 2 | 月 | 13 | 庚午 | 1·9 |
| 29 | 5 | 金 | 10 | 庚子 | 1·10 | 6 | 月 | 12 | 辛未 | 1·10 | 6 | 木 | 14 | 壬寅 | 1·10 | | | | | | 4 | 日 | 13 | 辛丑 | 1·10 | | | | | |
| 30 | 6 | 土 | 11 | 辛丑 | 1·10 | 7 | 火 | 13 | 壬申 | 1·10 | | | | | | | | | | | | | | | | | | | | |
| 31 | | | | | | | | | | | | | | | | | | | | | | | | | | | | | | |

# 서기 2099년 [단기 4432년]

| 절기후날수 | 입춘절(丙寅月) 立春 2월3일 22시8분 雨水 2월18일 17시51분 | | | | | 경칩절(丁卯月) 驚蟄 3월5일 15시41분 春分 3월20일 16시16분 | | | | | 청명절(戊辰月) 淸明 4월4일 19시50분 穀雨 4월20일 2시37분 | | | | | 입하절(己巳月) 立夏 5월5일 12시28분 小滿 5월21일 1시7분 | | | | | 망종절(庚午月) 芒種 6월5일 16시6분 夏至 6월21일 8시40분 | | | | | 소서절(辛未月) 小暑 7월7일 2시10분 大暑 7월22일 19시32분 | | | | |
|---|---|---|---|---|---|---|---|---|---|---|---|---|---|---|---|---|---|---|---|---|---|---|---|---|---|---|---|---|---|---|
| | 양력 | 요일 | 음력 | 일진 | 大運 남·여 | 양력 | 요일 | 음력 | 일진 | 大運 남·여 | 양력 | 요일 | 음력 | 일진 | 大運 남·여 | 양력 | 요일 | 음력 | 일진 | 大運 남·여 | 양력 | 요일 | 음력 | 일진 | 大運 남·여 | 양력 | 요일 | 음력 | 일진 | 大運 남·여 |
| 0 | 2/3 | 火 | 14 | 辛未 | 입춘 | 3/5 | 木 | 14 | 辛丑 | 경칩 | 4/4 | 土 | 14 | 辛未 | 청명 | 5/5 | 火 | 윤15 | 壬寅 | 입하 | 6/5 | 金 | 17 | 癸酉 | 망종 | 7/7 | 火 | 19 | 乙巳 | 소서 |
| 1 | 4 | 水 | 15 | 壬申 | 1·10 | 6 | 金 | 15 | 壬寅 | 1·10 | 5 | 日 | 15 | 壬申 | 1·10 | 6 | 水 | 윤16 | 癸卯 | 1·10 | 6 | 土 | 18 | 甲戌 | 1·10 | 8 | 水 | 20 | 丙午 | 1·10 |
| 2 | 5 | 木 | 16 | 癸酉 | 1·9 | 7 | 土 | 16 | 癸卯 | 1·9 | 6 | 月 | 16 | 癸酉 | 1·10 | 7 | 木 | 윤17 | 甲辰 | 1·10 | 7 | 日 | 19 | 乙亥 | 1·10 | 9 | 木 | 21 | 丁未 | 1·10 |
| 3 | 6 | 金 | 17 | 甲戌 | 1·9 | 8 | 日 | 17 | 甲辰 | 1·9 | 7 | 火 | 17 | 甲戌 | 1·9 | 8 | 金 | 윤18 | 乙巳 | 1·9 | 8 | 月 | 20 | 丙子 | 1·10 | 10 | 金 | 22 | 戊申 | 1·9 |
| 4 | 7 | 土 | 18 | 乙亥 | 1·9 | 9 | 月 | 18 | 乙巳 | 1·9 | 8 | 水 | 18 | 乙亥 | 1·9 | 9 | 土 | 윤19 | 丙午 | 1·9 | 9 | 火 | 21 | 丁丑 | 1·9 | 11 | 土 | 23 | 己酉 | 1·9 |
| 5 | 8 | 日 | 19 | 丙子 | 2·8 | 10 | 火 | 19 | 丙午 | 2·8 | 9 | 木 | 19 | 丙子 | 2·9 | 10 | 日 | 윤20 | 丁未 | 2·9 | 10 | 水 | 22 | 戊寅 | 2·9 | 12 | 日 | 24 | 庚戌 | 2·9 |
| 6 | 9 | 月 | 20 | 丁丑 | 2·8 | 11 | 水 | 20 | 丁未 | 2·8 | 10 | 金 | 20 | 丁丑 | 2·8 | 11 | 月 | 윤21 | 戊申 | 2·8 | 11 | 木 | 23 | 己卯 | 2·9 | 13 | 月 | 25 | 辛亥 | 2·8 |
| 7 | 10 | 火 | 21 | 戊寅 | 2·8 | 12 | 木 | 21 | 戊申 | 2·8 | 11 | 土 | 21 | 戊寅 | 2·8 | 12 | 火 | 윤22 | 己酉 | 2·8 | 12 | 金 | 24 | 庚辰 | 2·8 | 14 | 火 | 26 | 壬子 | 2·8 |
| 8 | 11 | 水 | 22 | 己卯 | 3·7 | 13 | 金 | 22 | 己酉 | 3·7 | 12 | 日 | 22 | 己卯 | 3·8 | 13 | 水 | 윤23 | 庚戌 | 3·8 | 13 | 土 | 25 | 辛巳 | 3·8 | 15 | 水 | 27 | 癸丑 | 3·8 |
| 9 | 12 | 木 | 23 | 庚辰 | 3·7 | 14 | 土 | 23 | 庚戌 | 3·7 | 13 | 月 | 23 | 庚辰 | 3·7 | 14 | 木 | 윤24 | 辛亥 | 3·7 | 14 | 日 | 26 | 壬午 | 3·8 | 16 | 木 | 28 | 甲寅 | 3·7 |
| 10 | 13 | 金 | 24 | 辛巳 | 3·7 | 15 | 日 | 24 | 辛亥 | 3·7 | 14 | 火 | 24 | 辛巳 | 3·7 | 15 | 金 | 윤25 | 壬子 | 3·7 | 15 | 月 | 27 | 癸未 | 3·7 | 17 | 金 | 29 | 乙卯 | 3·7 |
| 11 | 14 | 土 | 25 | 壬午 | 4·6 | 16 | 月 | 25 | 壬子 | 4·6 | 15 | 水 | 25 | 壬午 | 4·7 | 16 | 土 | 윤26 | 癸丑 | 4·7 | 16 | 火 | 28 | 甲申 | 4·7 | 18 | 土 | 6/1 | 丙辰 | 4·7 |
| 12 | 15 | 日 | 26 | 癸未 | 4·6 | 17 | 火 | 26 | 癸丑 | 4·6 | 16 | 木 | 26 | 癸未 | 4·6 | 17 | 日 | 윤27 | 甲寅 | 4·6 | 17 | 水 | 29 | 乙酉 | 4·7 | 19 | 日 | 2 | 丁巳 | 4·6 |
| 13 | 16 | 月 | 27 | 甲申 | 4·6 | 18 | 水 | 27 | 甲寅 | 4·6 | 17 | 金 | 27 | 甲申 | 4·6 | 18 | 月 | 윤28 | 乙卯 | 4·6 | 18 | 木 | 30 | 丙戌 | 4·6 | 20 | 月 | 3 | 戊午 | 4·6 |
| 14 | 17 | 火 | 28 | 乙酉 | 5·5 | 19 | 木 | 28 | 乙卯 | 5·5 | 18 | 土 | 28 | 乙酉 | 5·6 | 19 | 火 | 윤29 | 丙辰 | 5·6 | 19 | 金 | 5/1 | 丁亥 | 5·6 | 21 | 火 | 4 | 己未 | 5·6 |
| 15 | 18 | 水 | 29 | 丙戌 | 우수 | 20 | 金 | 29 | 丙辰 | 춘분 | 19 | 日 | 29 | 丙戌 | 5·5 | 20 | 水 | 4/1 | 丁巳 | 5·5 | 20 | 土 | 2 | 戊子 | 5·6 | 22 | 水 | 5 | 庚申 | 대서 |
| 16 | 19 | 木 | 30 | 丁亥 | 5·5 | 21 | 土 | 30 | 丁巳 | 5·5 | 20 | 月 | 30 | 丁亥 | 곡우 | 21 | 木 | 2 | 戊午 | 소만 | 21 | 日 | 3 | 己丑 | 하지 | 23 | 木 | 6 | 辛酉 | 5·5 |
| 17 | 20 | 金 | 2/1 | 戊子 | 6·4 | 22 | 日 | 3/1 | 戊午 | 6·4 | 21 | 火 | 윤1 | 戊子 | 6·5 | 22 | 金 | 3 | 己未 | 6·5 | 22 | 月 | 4 | 庚寅 | 6·5 | 24 | 金 | 7 | 壬戌 | 6·5 |
| 18 | 21 | 土 | 2 | 己丑 | 6·4 | 23 | 月 | 2 | 己未 | 6·4 | 22 | 水 | 윤2 | 己丑 | 6·4 | 23 | 土 | 4 | 庚申 | 6·4 | 23 | 火 | 5 | 辛卯 | 6·5 | 25 | 土 | 8 | 癸亥 | 6·4 |
| 19 | 22 | 日 | 3 | 庚寅 | 6·4 | 24 | 火 | 3 | 庚申 | 6·4 | 23 | 木 | 윤3 | 庚寅 | 6·4 | 24 | 日 | 5 | 辛酉 | 6·4 | 24 | 水 | 6 | 壬辰 | 6·4 | 26 | 日 | 9 | 甲子 | 6·4 |
| 20 | 23 | 月 | 4 | 辛卯 | 7·3 | 25 | 水 | 4 | 辛酉 | 7·3 | 24 | 金 | 윤4 | 辛卯 | 7·4 | 25 | 月 | 6 | 壬戌 | 7·4 | 25 | 木 | 7 | 癸巳 | 7·4 | 27 | 月 | 10 | 乙丑 | 7·4 |
| 21 | 24 | 火 | 5 | 壬辰 | 7·3 | 26 | 木 | 5 | 壬戌 | 7·3 | 25 | 土 | 윤5 | 壬辰 | 7·3 | 26 | 火 | 7 | 癸亥 | 7·3 | 26 | 金 | 8 | 甲午 | 7·4 | 28 | 火 | 11 | 丙寅 | 7·3 |
| 22 | 25 | 水 | 6 | 癸巳 | 7·3 | 27 | 金 | 6 | 癸亥 | 7·3 | 26 | 日 | 윤6 | 癸巳 | 7·3 | 27 | 水 | 8 | 甲子 | 7·3 | 27 | 土 | 9 | 乙未 | 7·3 | 29 | 水 | 12 | 丁卯 | 7·3 |
| 23 | 26 | 木 | 7 | 甲午 | 8·2 | 28 | 土 | 7 | 甲子 | 8·2 | 27 | 月 | 윤7 | 甲午 | 8·3 | 28 | 木 | 9 | 乙丑 | 8·3 | 28 | 日 | 10 | 丙申 | 8·3 | 30 | 木 | 13 | 戊辰 | 8·3 |
| 24 | 27 | 金 | 8 | 乙未 | 8·2 | 29 | 日 | 8 | 乙丑 | 8·2 | 28 | 火 | 윤8 | 乙未 | 8·2 | 29 | 金 | 10 | 丙寅 | 8·2 | 29 | 月 | 11 | 丁酉 | 8·3 | 31 | 金 | 14 | 己巳 | 8·2 |
| 25 | 28 | 土 | 9 | 丙申 | 8·2 | 30 | 月 | 9 | 丙寅 | 8·2 | 29 | 水 | 윤9 | 丙申 | 8·2 | 30 | 土 | 11 | 丁卯 | 8·2 | 30 | 火 | 12 | 戊戌 | 8·2 | 8/1 | 土 | 15 | 庚午 | 8·2 |
| 26 | 3/1 | 日 | 10 | 丁酉 | 9·1 | 31 | 火 | 10 | 丁卯 | 9·1 | 30 | 木 | 윤10 | 丁酉 | 9·2 | 31 | 日 | 12 | 戊辰 | 9·2 | 7/1 | 水 | 13 | 己亥 | 9·2 | 2 | 日 | 16 | 辛未 | 9·2 |
| 27 | 2 | 月 | 11 | 戊戌 | 9·1 | 4/1 | 水 | 11 | 戊辰 | 9·1 | 5/1 | 金 | 윤11 | 戊戌 | 9·1 | 6/1 | 月 | 13 | 己巳 | 9·1 | 2 | 木 | 14 | 庚子 | 9·2 | 3 | 月 | 17 | 壬申 | 9·1 |
| 28 | 3 | 火 | 12 | 己亥 | 9·1 | 2 | 木 | 12 | 己巳 | 9·1 | 2 | 土 | 윤12 | 己亥 | 9·1 | 2 | 火 | 14 | 庚午 | 9·1 | 3 | 金 | 15 | 辛丑 | 9·1 | 4 | 火 | 18 | 癸酉 | 9·1 |
| 29 | 4 | 水 | 13 | 庚子 | 10·1 | 3 | 金 | 13 | 庚午 | 10·1 | 3 | 日 | 윤13 | 庚子 | 10·1 | 3 | 水 | 15 | 辛未 | 10·1 | 4 | 土 | 16 | 壬寅 | 10·1 | 5 | 水 | 19 | 甲戌 | 10·1 |
| 30 | | | | | | | | | | | 4 | 月 | 윤14 | 辛丑 | 10·1 | 4 | 木 | 16 | 壬申 | 10·1 | 5 | 日 | 17 | 癸卯 | 10·1 | 6 | 木 | 20 | 乙亥 | 10·1 |
| 31 | | | | | | | | | | | | | | | | | | | | | 6 | 月 | 18 | 甲辰 | 10·1 | | | | | |

▶윤달-3월

# 己未年

## 입추절(壬申月)

立秋 8월7일 12시9분
處暑 8월23일 2시56분

| 절기후날수 | 양력 | 요일 | 음력 | 일진 | 大運 남 | 大運 여 |
|---|---|---|---|---|---|---|
| 0 | 8/7 | 金 | 21 | 丙子 | 입추 | |
| 1 | 8 | 土 | 22 | 丁丑 | 1 | 10 |
| 2 | 9 | 日 | 23 | 戊寅 | 1 | 10 |
| 3 | 10 | 月 | 24 | 己卯 | 1 | 9 |
| 4 | 11 | 火 | 25 | 庚辰 | 1 | 9 |
| 5 | 12 | 水 | 26 | 辛巳 | 2 | 9 |
| 6 | 13 | 木 | 27 | 壬午 | 2 | 8 |
| 7 | 14 | 金 | 28 | 癸未 | 2 | 8 |
| 8 | 15 | 土 | 29 | 甲申 | 3 | 8 |
| 9 | 16 | 日 | 7/1 | 乙酉 | 3 | 7 |
| 10 | 17 | 月 | 2 | 丙戌 | 3 | 7 |
| 11 | 18 | 火 | 3 | 丁亥 | 4 | 7 |
| 12 | 19 | 水 | 4 | 戊子 | 4 | 6 |
| 13 | 20 | 木 | 5 | 己丑 | 4 | 6 |
| 14 | 21 | 金 | 6 | 庚寅 | 5 | 6 |
| 15 | 22 | 土 | 7 | 辛卯 | 5 | 5 |
| 16 | 23 | 日 | 8 | 壬辰 | 처서 | |
| 17 | 24 | 月 | 9 | 癸巳 | 6 | 5 |
| 18 | 25 | 火 | 10 | 甲午 | 6 | 4 |
| 19 | 26 | 水 | 11 | 乙未 | 6 | 4 |
| 20 | 27 | 木 | 12 | 丙申 | 7 | 4 |
| 21 | 28 | 金 | 13 | 丁酉 | 7 | 3 |
| 22 | 29 | 土 | 14 | 戊戌 | 7 | 3 |
| 23 | 30 | 日 | 15 | 己亥 | 8 | 3 |
| 24 | 31 | 月 | 16 | 庚子 | 8 | 2 |
| 25 | 9/1 | 火 | 17 | 辛丑 | 8 | 2 |
| 26 | 2 | 水 | 18 | 壬寅 | 9 | 2 |
| 27 | 3 | 木 | 19 | 癸卯 | 9 | 1 |
| 28 | 4 | 金 | 20 | 甲辰 | 9 | 1 |
| 29 | 5 | 土 | 21 | 乙巳 | 10 | 1 |
| 30 | 6 | 日 | 22 | 丙午 | 10 | 1 |
| 31 | | | | | | |

## 백로절(癸酉月)

白露 9월7일 15시33분
秋分 9월23일 1시10분

| 절기후날수 | 양력 | 요일 | 음력 | 일진 | 大運 남 | 大運 여 |
|---|---|---|---|---|---|---|
| 0 | 9/7 | 月 | 23 | 丁未 | 백로 | |
| 1 | 8 | 火 | 24 | 戊申 | 1 | 10 |
| 2 | 9 | 水 | 25 | 己酉 | 1 | 10 |
| 3 | 10 | 木 | 26 | 庚戌 | 1 | 9 |
| 4 | 11 | 金 | 27 | 辛亥 | 1 | 9 |
| 5 | 12 | 土 | 28 | 壬子 | 2 | 9 |
| 6 | 13 | 日 | 29 | 癸丑 | 2 | 8 |
| 7 | 14 | 月 | 30 | 甲寅 | 2 | 8 |
| 8 | 15 | 火 | 8/1 | 乙卯 | 3 | 8 |
| 9 | 16 | 水 | 2 | 丙辰 | 3 | 7 |
| 10 | 17 | 木 | 3 | 丁巳 | 3 | 7 |
| 11 | 18 | 金 | 4 | 戊午 | 4 | 7 |
| 12 | 19 | 土 | 5 | 己未 | 4 | 6 |
| 13 | 20 | 日 | 6 | 庚申 | 4 | 6 |
| 14 | 21 | 月 | 7 | 辛酉 | 5 | 6 |
| 15 | 22 | 火 | 8 | 壬戌 | 5 | 5 |
| 16 | 23 | 水 | 9 | 癸亥 | 추분 | |
| 17 | 24 | 木 | 10 | 甲子 | 6 | 5 |
| 18 | 25 | 金 | 11 | 乙丑 | 6 | 4 |
| 19 | 26 | 土 | 12 | 丙寅 | 6 | 4 |
| 20 | 27 | 日 | 13 | 丁卯 | 7 | 4 |
| 21 | 28 | 月 | 14 | 戊辰 | 7 | 3 |
| 22 | 29 | 火 | 15 | 己巳 | 7 | 3 |
| 23 | 30 | 水 | 16 | 庚午 | 8 | 3 |
| 24 | 10/1 | 木 | 17 | 辛未 | 8 | 2 |
| 25 | 2 | 金 | 18 | 壬申 | 8 | 2 |
| 26 | 3 | 土 | 19 | 癸酉 | 9 | 2 |
| 27 | 4 | 日 | 20 | 甲戌 | 9 | 1 |
| 28 | 5 | 月 | 21 | 乙亥 | 9 | 1 |
| 29 | 6 | 火 | 22 | 丙子 | 10 | 1 |
| 30 | 7 | 水 | 23 | 丁丑 | 10 | 1 |
| 31 | | | | | | |

## 한로절(甲戌月)

寒露 10월8일 7시51분
霜降 10월23일 11시12분

| 절기후날수 | 양력 | 요일 | 음력 | 일진 | 大運 남 | 大運 여 |
|---|---|---|---|---|---|---|
| 0 | 10/8 | 木 | 24 | 戊寅 | 한로 | |
| 1 | 9 | 金 | 25 | 己卯 | 1 | 10 |
| 2 | 10 | 土 | 26 | 庚辰 | 1 | 9 |
| 3 | 11 | 日 | 27 | 辛巳 | 1 | 9 |
| 4 | 12 | 月 | 28 | 壬午 | 1 | 9 |
| 5 | 13 | 火 | 29 | 癸未 | 2 | 8 |
| 6 | 14 | 水 | 9/1 | 甲申 | 2 | 8 |
| 7 | 15 | 木 | 2 | 乙酉 | 2 | 8 |
| 8 | 16 | 金 | 3 | 丙戌 | 3 | 7 |
| 9 | 17 | 土 | 4 | 丁亥 | 3 | 7 |
| 10 | 18 | 日 | 5 | 戊子 | 3 | 7 |
| 11 | 19 | 月 | 6 | 己丑 | 4 | 6 |
| 12 | 20 | 火 | 7 | 庚寅 | 4 | 6 |
| 13 | 21 | 水 | 8 | 辛卯 | 4 | 6 |
| 14 | 22 | 木 | 9 | 壬辰 | 5 | 5 |
| 15 | 23 | 金 | 10 | 癸巳 | 상강 | |
| 16 | 24 | 土 | 11 | 甲午 | 5 | 5 |
| 17 | 25 | 日 | 12 | 乙未 | 6 | 4 |
| 18 | 26 | 月 | 13 | 丙申 | 6 | 4 |
| 19 | 27 | 火 | 14 | 丁酉 | 6 | 4 |
| 20 | 28 | 水 | 15 | 戊戌 | 7 | 3 |
| 21 | 29 | 木 | 16 | 己亥 | 7 | 3 |
| 22 | 30 | 金 | 17 | 庚子 | 7 | 3 |
| 23 | 31 | 土 | 18 | 辛丑 | 8 | 2 |
| 24 | 11/1 | 日 | 19 | 壬寅 | 8 | 2 |
| 25 | 2 | 月 | 20 | 癸卯 | 8 | 2 |
| 26 | 3 | 火 | 21 | 甲辰 | 9 | 1 |
| 27 | 4 | 水 | 22 | 乙巳 | 9 | 1 |
| 28 | 5 | 木 | 23 | 丙午 | 9 | 1 |
| 29 | 6 | 金 | 24 | 丁未 | 10 | 1 |
| 30 | | | | | | |
| 31 | | | | | | |

## 입동절(乙亥月)

立冬 11월7일 11시41분
小雪 11월22일 9시21분

| 절기후날수 | 양력 | 요일 | 음력 | 일진 | 大運 남 | 大運 여 |
|---|---|---|---|---|---|---|
| 0 | 11/7 | 土 | 25 | 戊申 | 입동 | |
| 1 | 8 | 日 | 26 | 己酉 | 1 | 10 |
| 2 | 9 | 月 | 27 | 庚戌 | 1 | 9 |
| 3 | 10 | 火 | 28 | 辛亥 | 1 | 9 |
| 4 | 11 | 水 | 29 | 壬子 | 1 | 9 |
| 5 | 12 | 木 | 10/1 | 癸丑 | 2 | 8 |
| 6 | 13 | 金 | 2 | 甲寅 | 2 | 8 |
| 7 | 14 | 土 | 3 | 乙卯 | 2 | 8 |
| 8 | 15 | 日 | 4 | 丙辰 | 3 | 7 |
| 9 | 16 | 月 | 5 | 丁巳 | 3 | 7 |
| 10 | 17 | 火 | 6 | 戊午 | 3 | 7 |
| 11 | 18 | 水 | 7 | 己未 | 4 | 6 |
| 12 | 19 | 木 | 8 | 庚申 | 4 | 6 |
| 13 | 20 | 金 | 9 | 辛酉 | 4 | 6 |
| 14 | 21 | 土 | 10 | 壬戌 | 5 | 5 |
| 15 | 22 | 日 | 11 | 癸亥 | 소설 | |
| 16 | 23 | 月 | 12 | 甲子 | 5 | 5 |
| 17 | 24 | 火 | 13 | 乙丑 | 6 | 4 |
| 18 | 25 | 水 | 14 | 丙寅 | 6 | 4 |
| 19 | 26 | 木 | 15 | 丁卯 | 6 | 4 |
| 20 | 27 | 金 | 16 | 戊辰 | 7 | 3 |
| 21 | 28 | 土 | 17 | 己巳 | 7 | 3 |
| 22 | 29 | 日 | 18 | 庚午 | 7 | 3 |
| 23 | 30 | 月 | 19 | 辛未 | 8 | 2 |
| 24 | 12/1 | 火 | 20 | 壬申 | 8 | 2 |
| 25 | 2 | 水 | 21 | 癸酉 | 8 | 2 |
| 26 | 3 | 木 | 22 | 甲戌 | 9 | 1 |
| 27 | 4 | 金 | 23 | 乙亥 | 9 | 1 |
| 28 | 5 | 土 | 24 | 丙子 | 9 | 1 |
| 29 | 6 | 日 | 25 | 丁丑 | 10 | 1 |
| 30 | | | | | | |
| 31 | | | | | | |

## 대설절(丙子月)

大雪 12월7일 5시2분
冬至 12월21일 23시3분

| 절기후날수 | 양력 | 요일 | 음력 | 일진 | 大運 남 | 大運 여 |
|---|---|---|---|---|---|---|
| 0 | 12/7 | 月 | 26 | 戊寅 | 대설 | |
| 1 | 8 | 火 | 27 | 己卯 | 1 | 9 |
| 2 | 9 | 水 | 28 | 庚辰 | 1 | 9 |
| 3 | 10 | 木 | 29 | 辛巳 | 1 | 9 |
| 4 | 11 | 金 | 30 | 壬午 | 1 | 8 |
| 5 | 12 | 土 | 11/1 | 癸未 | 2 | 8 |
| 6 | 13 | 日 | 2 | 甲申 | 2 | 8 |
| 7 | 14 | 月 | 3 | 乙酉 | 2 | 7 |
| 8 | 15 | 火 | 4 | 丙戌 | 3 | 7 |
| 9 | 16 | 水 | 5 | 丁亥 | 3 | 7 |
| 10 | 17 | 木 | 6 | 戊子 | 3 | 6 |
| 11 | 18 | 金 | 7 | 己丑 | 4 | 6 |
| 12 | 19 | 土 | 8 | 庚寅 | 4 | 6 |
| 13 | 20 | 日 | 9 | 辛卯 | 4 | 5 |
| 14 | 21 | 月 | 10 | 壬辰 | 동지 | |
| 15 | 22 | 火 | 11 | 癸巳 | 5 | 5 |
| 16 | 23 | 水 | 12 | 甲午 | 5 | 4 |
| 17 | 24 | 木 | 13 | 乙未 | 6 | 4 |
| 18 | 25 | 金 | 14 | 丙申 | 6 | 4 |
| 19 | 26 | 土 | 15 | 丁酉 | 6 | 3 |
| 20 | 27 | 日 | 16 | 戊戌 | 7 | 3 |
| 21 | 28 | 月 | 17 | 己亥 | 7 | 3 |
| 22 | 29 | 火 | 18 | 庚子 | 7 | 2 |
| 23 | 30 | 水 | 19 | 辛丑 | 8 | 2 |
| 24 | 31 | 木 | 20 | 壬寅 | 8 | 2 |
| 25 | 1/1 | 金 | 21 | 癸卯 | 8 | 1 |
| 26 | 2 | 土 | 22 | 甲辰 | 9 | 1 |
| 27 | 3 | 日 | 23 | 乙巳 | 9 | 1 |
| 28 | 4 | 月 | 24 | 丙午 | 9 | 1 |
| 29 | | | | | | |
| 30 | | | | | | |
| 31 | | | | | | |

## 소한절(丁丑月)

小寒 1월5일 16시28분
大寒 1월20일 9시45분

| 절기후날수 | 양력 | 요일 | 음력 | 일진 | 大運 남 | 大運 여 |
|---|---|---|---|---|---|---|
| 0 | 1/5 | 火 | 25 | 丁未 | 소한 | |
| 1 | 6 | 水 | 26 | 戊申 | 1 | 10 |
| 2 | 7 | 木 | 27 | 己酉 | 1 | 9 |
| 3 | 8 | 金 | 28 | 庚戌 | 1 | 9 |
| 4 | 9 | 土 | 29 | 辛亥 | 1 | 9 |
| 5 | 10 | 日 | 12/1 | 壬子 | 2 | 8 |
| 6 | 11 | 月 | 2 | 癸丑 | 2 | 8 |
| 7 | 12 | 火 | 3 | 甲寅 | 2 | 8 |
| 8 | 13 | 水 | 4 | 乙卯 | 3 | 7 |
| 9 | 14 | 木 | 5 | 丙辰 | 3 | 7 |
| 10 | 15 | 金 | 6 | 丁巳 | 3 | 7 |
| 11 | 16 | 土 | 7 | 戊午 | 4 | 6 |
| 12 | 17 | 日 | 8 | 己未 | 4 | 6 |
| 13 | 18 | 月 | 9 | 庚申 | 4 | 6 |
| 14 | 19 | 火 | 10 | 辛酉 | 5 | 5 |
| 15 | 20 | 水 | 11 | 壬戌 | 대한 | |
| 16 | 21 | 木 | 12 | 癸亥 | 5 | 5 |
| 17 | 22 | 金 | 13 | 甲子 | 6 | 4 |
| 18 | 23 | 土 | 14 | 乙丑 | 6 | 4 |
| 19 | 24 | 日 | 15 | 丙寅 | 6 | 4 |
| 20 | 25 | 月 | 16 | 丁卯 | 7 | 3 |
| 21 | 26 | 火 | 17 | 戊辰 | 7 | 3 |
| 22 | 27 | 水 | 18 | 己巳 | 7 | 3 |
| 23 | 28 | 木 | 19 | 庚午 | 8 | 2 |
| 24 | 29 | 金 | 20 | 辛未 | 8 | 2 |
| 25 | 30 | 土 | 21 | 壬申 | 8 | 2 |
| 26 | 31 | 日 | 22 | 癸酉 | 9 | 1 |
| 27 | 2/1 | 月 | 23 | 甲戌 | 9 | 1 |
| 28 | 2 | 火 | 24 | 乙亥 | 9 | 1 |
| 29 | 3 | 水 | 25 | 丙子 | 10 | 1 |
| 30 | | | | | | |
| 31 | | | | | | |

# 서기 2100년 [단기 4433년]

| 절기후날수 | 입춘절(戊寅月) 立春 2월4일 3시59분 雨水 2월18일 23시36분 | | | | | 경칩절(己卯月) 驚蟄 3월5일 21시33분 春分 3월20일 22시2분 | | | | | 청명절(庚辰月) 淸明 4월5일 1시42분 穀雨 4월20일 8시24분 | | | | | 입하절(辛巳月) 立夏 5월5일 18시20분 小滿 5월21일 6시56분 | | | | | 망종절(壬午月) 芒種 6월5일 21시57분 夏至 6월21일 14시31분 | | | | | 소서절(癸未月) 小暑 7월7일 7시58분 大暑 7월23일 1시23분 | | | | |
|---|---|---|---|---|---|---|---|---|---|---|---|---|---|---|---|---|---|---|---|---|---|---|---|---|---|---|---|---|---|---|
| | 양력 | 요일 | 음력 | 일진 | 大運 남·여 | 양력 | 요일 | 음력 | 일진 | 大運 남·여 | 양력 | 요일 | 음력 | 일진 | 大運 남·여 | 양력 | 요일 | 음력 | 일진 | 大運 남·여 | 양력 | 요일 | 음력 | 일진 | 大運 남·여 | 양력 | 요일 | 음력 | 일진 | 大運 남·여 |
| 0 | 2/4 | 木 | 26 | 丁丑 | 입춘 | 3/5 | 金 | 25 | 丙午 | 경칩 | 4/5 | 月 | 26 | 丁丑 | 청명 | 5/5 | 水 | 26 | 丁未 | 입하 | 6/5 | 土 | 28 | 戊寅 | 망종 | 7/7 | 水 | 6/1 | 庚戌 | 소서 |
| 1 | 5 | 金 | 27 | 戊寅 | 9·1 | 6 | 土 | 26 | 丁未 | 10·1 | 6 | 火 | 27 | 戊寅 | 10·1 | 6 | 木 | 27 | 戊申 | 10·1 | 6 | 日 | 29 | 己卯 | 10·1 | 8 | 木 | 2 | 辛亥 | 10·1 |
| 2 | 6 | 土 | 28 | 己卯 | 9·1 | 7 | 日 | 27 | 戊申 | 10·1 | 7 | 水 | 28 | 己卯 | 9·1 | 7 | 金 | 28 | 己酉 | 10·1 | 7 | 月 | 30 | 庚辰 | 10·1 | 9 | 金 | 3 | 壬子 | 10·1 |
| 3 | 7 | 日 | 29 | 庚辰 | 9·1 | 8 | 月 | 28 | 己酉 | 9·1 | 8 | 木 | 29 | 庚辰 | 9·1 | 8 | 土 | 29 | 庚戌 | 9·1 | 8 | 火 | 5/1 | 辛巳 | 10·1 | 10 | 土 | 4 | 癸丑 | 9·1 |
| 4 | 8 | 月 | 30 | 辛巳 | 8·1 | 9 | 火 | 29 | 庚戌 | 9·1 | 9 | 金 | 30 | 辛巳 | 9·1 | 9 | 日 | 4/1 | 辛亥 | 9·1 | 9 | 水 | 2 | 壬午 | 9·1 | 11 | 日 | 5 | 甲寅 | 9·1 |
| 5 | 9 | 火 | 1/1 | 壬午 | 8·2 | 10 | 水 | 30 | 辛亥 | 9·2 | 10 | 土 | 3/1 | 壬午 | 8·2 | 10 | 月 | 2 | 壬子 | 9·2 | 10 | 木 | 3 | 癸未 | 9·2 | 12 | 月 | 6 | 乙卯 | 9·2 |
| 6 | 10 | 水 | 2 | 癸未 | 8·2 | 11 | 木 | 2/1 | 壬子 | 8·2 | 11 | 日 | 2 | 癸未 | 8·2 | 11 | 火 | 3 | 癸丑 | 8·2 | 11 | 金 | 4 | 甲申 | 9·2 | 13 | 火 | 7 | 丙辰 | 8·2 |
| 7 | 11 | 木 | 3 | 甲申 | 7·2 | 12 | 金 | 2 | 癸丑 | 8·2 | 12 | 月 | 3 | 甲申 | 8·2 | 12 | 水 | 4 | 甲寅 | 8·2 | 12 | 土 | 5 | 乙酉 | 8·2 | 14 | 水 | 8 | 丁巳 | 8·2 |
| 8 | 12 | 金 | 4 | 乙酉 | 7·3 | 13 | 土 | 3 | 甲寅 | 8·3 | 13 | 火 | 4 | 乙酉 | 7·3 | 13 | 木 | 5 | 乙卯 | 8·3 | 13 | 日 | 6 | 丙戌 | 8·3 | 15 | 木 | 9 | 戊午 | 8·3 |
| 9 | 13 | 土 | 5 | 丙戌 | 7·3 | 14 | 日 | 4 | 乙卯 | 7·3 | 14 | 水 | 5 | 丙戌 | 7·3 | 14 | 金 | 6 | 丙辰 | 7·3 | 14 | 月 | 7 | 丁亥 | 8·3 | 16 | 金 | 10 | 己未 | 7·3 |
| 10 | 14 | 日 | 6 | 丁亥 | 6·3 | 15 | 月 | 5 | 丙辰 | 7·3 | 15 | 木 | 6 | 丁亥 | 7·3 | 15 | 土 | 7 | 丁巳 | 7·3 | 15 | 火 | 8 | 戊子 | 7·3 | 17 | 土 | 11 | 庚申 | 7·3 |
| 11 | 15 | 月 | 7 | 戊子 | 6·4 | 16 | 火 | 6 | 丁巳 | 7·4 | 16 | 金 | 7 | 戊子 | 6·4 | 16 | 日 | 8 | 戊午 | 7·4 | 16 | 水 | 9 | 己丑 | 7·4 | 18 | 日 | 12 | 辛酉 | 7·4 |
| 12 | 16 | 火 | 8 | 己丑 | 6·4 | 17 | 水 | 7 | 戊午 | 6·4 | 17 | 土 | 8 | 己丑 | 6·4 | 17 | 月 | 9 | 己未 | 6·4 | 17 | 木 | 10 | 庚寅 | 7·4 | 19 | 月 | 13 | 壬戌 | 6·4 |
| 13 | 17 | 水 | 9 | 庚寅 | 5·4 | 18 | 木 | 8 | 己未 | 6·4 | 18 | 日 | 9 | 庚寅 | 6·4 | 18 | 火 | 10 | 庚申 | 6·4 | 18 | 金 | 11 | 辛卯 | 6·4 | 20 | 火 | 14 | 癸亥 | 6·4 |
| 14 | 18 | 木 | 10 | 辛卯 | 우수 | 19 | 金 | 9 | 庚申 | 6·5 | 19 | 月 | 10 | 辛卯 | 5·5 | 19 | 水 | 11 | 辛酉 | 6·5 | 19 | 土 | 12 | 壬辰 | 6·5 | 21 | 水 | 15 | 甲子 | 6·5 |
| 15 | 19 | 金 | 11 | 壬辰 | 5·5 | 20 | 土 | 10 | 辛酉 | 춘분 | 20 | 火 | 11 | 壬辰 | 곡우 | 20 | 木 | 12 | 壬戌 | 5·5 | 20 | 日 | 13 | 癸巳 | 6·5 | 22 | 木 | 16 | 乙丑 | 5·5 |
| 16 | 20 | 土 | 12 | 癸巳 | 4·5 | 21 | 日 | 11 | 壬戌 | 5·5 | 21 | 水 | 12 | 癸巳 | 5·5 | 21 | 金 | 13 | 癸亥 | 소만 | 21 | 月 | 14 | 甲午 | 하지 | 23 | 金 | 17 | 丙寅 | 대서 |
| 17 | 21 | 日 | 13 | 甲午 | 4·6 | 22 | 月 | 12 | 癸亥 | 5·6 | 22 | 木 | 13 | 甲午 | 4·6 | 22 | 土 | 14 | 甲子 | 5·6 | 22 | 火 | 15 | 乙未 | 5·6 | 24 | 土 | 18 | 丁卯 | 5·6 |
| 18 | 22 | 月 | 14 | 乙未 | 4·6 | 23 | 火 | 13 | 甲子 | 4·6 | 23 | 金 | 14 | 乙未 | 4·6 | 23 | 日 | 15 | 乙丑 | 4·6 | 23 | 水 | 16 | 丙申 | 5·6 | 25 | 日 | 19 | 戊辰 | 4·6 |
| 19 | 23 | 火 | 15 | 丙申 | 3·6 | 24 | 水 | 14 | 乙丑 | 4·6 | 24 | 土 | 15 | 丙申 | 4·6 | 24 | 月 | 16 | 丙寅 | 4·6 | 24 | 木 | 17 | 丁酉 | 4·6 | 26 | 月 | 20 | 己巳 | 4·6 |
| 20 | 24 | 水 | 16 | 丁酉 | 3·7 | 25 | 木 | 15 | 丙寅 | 4·7 | 25 | 日 | 16 | 丁酉 | 3·7 | 25 | 火 | 17 | 丁卯 | 4·7 | 25 | 金 | 18 | 戊戌 | 4·7 | 27 | 火 | 21 | 庚午 | 4·7 |
| 21 | 25 | 木 | 17 | 戊戌 | 3·7 | 26 | 金 | 16 | 丁卯 | 3·7 | 26 | 月 | 17 | 戊戌 | 3·7 | 26 | 水 | 18 | 戊辰 | 3·7 | 26 | 土 | 19 | 己亥 | 4·7 | 28 | 水 | 22 | 辛未 | 3·7 |
| 22 | 26 | 金 | 18 | 己亥 | 2·7 | 27 | 土 | 17 | 戊辰 | 3·7 | 27 | 火 | 18 | 己亥 | 3·7 | 27 | 木 | 19 | 己巳 | 3·7 | 27 | 日 | 20 | 庚子 | 3·7 | 29 | 木 | 23 | 壬申 | 3·7 |
| 23 | 27 | 土 | 19 | 庚子 | 2·8 | 28 | 日 | 18 | 己巳 | 3·8 | 28 | 水 | 19 | 庚子 | 2·8 | 28 | 金 | 20 | 庚午 | 3·8 | 28 | 月 | 21 | 辛丑 | 3·8 | 30 | 金 | 24 | 癸酉 | 3·8 |
| 24 | 28 | 日 | 20 | 辛丑 | 2·8 | 29 | 月 | 19 | 庚午 | 2·8 | 29 | 木 | 20 | 辛丑 | 2·8 | 29 | 土 | 21 | 辛未 | 2·8 | 29 | 火 | 22 | 壬寅 | 3·8 | 31 | 土 | 25 | 甲戌 | 2·8 |
| 25 | 3/1 | 月 | 21 | 壬寅 | 1·8 | 30 | 火 | 20 | 辛未 | 2·8 | 30 | 金 | 21 | 壬寅 | 2·8 | 30 | 日 | 22 | 壬申 | 2·8 | 30 | 水 | 23 | 癸卯 | 2·8 | 8/1 | 日 | 26 | 乙亥 | 2·8 |
| 26 | 2 | 火 | 22 | 癸卯 | 1·9 | 31 | 水 | 21 | 壬申 | 2·9 | 5/1 | 土 | 22 | 癸卯 | 1·9 | 31 | 月 | 23 | 癸酉 | 2·9 | 7/1 | 木 | 24 | 甲辰 | 2·9 | 2 | 月 | 27 | 丙子 | 2·9 |
| 27 | 3 | 水 | 23 | 甲辰 | 1·9 | 4/1 | 木 | 22 | 癸酉 | 1·9 | 2 | 日 | 23 | 甲辰 | 1·9 | 6/1 | 火 | 24 | 甲戌 | 1·9 | 2 | 金 | 25 | 乙巳 | 2·9 | 3 | 火 | 28 | 丁丑 | 1·9 |
| 28 | 4 | 木 | 24 | 乙巳 | 1·9 | 2 | 金 | 23 | 甲戌 | 1·9 | 3 | 月 | 24 | 乙巳 | 1·9 | 2 | 水 | 25 | 乙亥 | 1·9 | 3 | 土 | 26 | 丙午 | 1·9 | 4 | 水 | 29 | 戊寅 | 1·9 |
| 29 | | | | | | 3 | 土 | 24 | 乙亥 | 1·10 | 4 | 火 | 25 | 丙午 | 1·10 | 3 | 木 | 26 | 丙子 | 1·10 | 4 | 日 | 27 | 丁未 | 1·10 | 5 | 木 | 30 | 己卯 | 1·10 |
| 30 | | | | | | 4 | 日 | 25 | 丙子 | 1·10 | | | | | | 4 | 金 | 27 | 丁丑 | 1·10 | 5 | 月 | 28 | 戊申 | 1·10 | 6 | 金 | 7/1 | 庚辰 | 1·10 |
| 31 | | | | | | | | | | | | | | | | | | | | | 6 | 火 | 29 | 己酉 | 1·10 | | | | | |

# 庚申年

| 절기후날수 | 입추절(甲申月) 立秋 8월7일 17시53분 處暑 8월23일 8시46분 | | | | | |
|---|---|---|---|---|---|---|
| | 양력 | 요일 | 음력 | 일진 | 大運 남 | 大運 여 |
| 0 | 8/7 | 土 | 2 | 辛巳 | 입추 | |
| 1 | 8 | 日 | 3 | 壬午 | 10 | 1 |
| 2 | 9 | 月 | 4 | 癸未 | 10 | 1 |
| 3 | 10 | 火 | 5 | 甲申 | 9 | 1 |
| 4 | 11 | 水 | 6 | 乙酉 | 9 | 1 |
| 5 | 12 | 木 | 7 | 丙戌 | 9 | 2 |
| 6 | 13 | 金 | 8 | 丁亥 | 8 | 2 |
| 7 | 14 | 土 | 9 | 戊子 | 8 | 2 |
| 8 | 15 | 日 | 10 | 己丑 | 8 | 3 |
| 9 | 16 | 月 | 11 | 庚寅 | 7 | 3 |
| 10 | 17 | 火 | 12 | 辛卯 | 7 | 3 |
| 11 | 18 | 水 | 13 | 壬辰 | 7 | 4 |
| 12 | 19 | 木 | 14 | 癸巳 | 6 | 4 |
| 13 | 20 | 金 | 15 | 甲午 | 6 | 4 |
| 14 | 21 | 土 | 16 | 乙未 | 6 | 5 |
| 15 | 22 | 日 | 17 | 丙申 | 5 | 5 |
| 16 | 23 | 月 | 18 | 丁酉 | 처서 | |
| 17 | 24 | 火 | 19 | 戊戌 | 5 | 6 |
| 18 | 25 | 水 | 20 | 己亥 | 4 | 6 |
| 19 | 26 | 木 | 21 | 庚子 | 4 | 6 |
| 20 | 27 | 金 | 22 | 辛丑 | 4 | 7 |
| 21 | 28 | 土 | 23 | 壬寅 | 3 | 7 |
| 22 | 29 | 日 | 24 | 癸卯 | 3 | 7 |
| 23 | 30 | 月 | 25 | 甲辰 | 3 | 8 |
| 24 | 31 | 火 | 26 | 乙巳 | 2 | 8 |
| 25 | 9/1 | 水 | 27 | 丙午 | 2 | 8 |
| 26 | 2 | 木 | 28 | 丁未 | 2 | 9 |
| 27 | 3 | 金 | 29 | 戊申 | 1 | 9 |
| 28 | 4 | 土 | 8/1 | 己酉 | 1 | 9 |
| 29 | 5 | 日 | 2 | 庚戌 | 1 | 10 |
| 30 | 6 | 月 | 3 | 辛亥 | 1 | 10 |
| 31 | | | | | | |

| 절기후날수 | 백로절(乙酉月) 白露 9월7일 21시14분 秋分 9월23일 6시59분 | | | | | |
|---|---|---|---|---|---|---|
| | 양력 | 요일 | 음력 | 일진 | 大運 남 | 大運 여 |
| 0 | 9/7 | 火 | 4 | 壬子 | 백로 | |
| 1 | 8 | 水 | 5 | 癸丑 | 10 | 1 |
| 2 | 9 | 木 | 6 | 甲寅 | 10 | 1 |
| 3 | 10 | 金 | 7 | 乙卯 | 9 | 1 |
| 4 | 11 | 土 | 8 | 丙辰 | 9 | 1 |
| 5 | 12 | 日 | 9 | 丁巳 | 9 | 2 |
| 6 | 13 | 月 | 10 | 戊午 | 8 | 2 |
| 7 | 14 | 火 | 11 | 己未 | 8 | 2 |
| 8 | 15 | 水 | 12 | 庚申 | 8 | 3 |
| 9 | 16 | 木 | 13 | 辛酉 | 7 | 3 |
| 10 | 17 | 金 | 14 | 壬戌 | 7 | 3 |
| 11 | 18 | 土 | 15 | 癸亥 | 7 | 4 |
| 12 | 19 | 日 | 16 | 甲子 | 6 | 4 |
| 13 | 20 | 月 | 17 | 乙丑 | 6 | 4 |
| 14 | 21 | 火 | 18 | 丙寅 | 6 | 5 |
| 15 | 22 | 水 | 19 | 丁卯 | 5 | 5 |
| 16 | 23 | 木 | 20 | 戊辰 | 추분 | |
| 17 | 24 | 金 | 21 | 己巳 | 5 | 6 |
| 18 | 25 | 土 | 22 | 庚午 | 4 | 6 |
| 19 | 26 | 日 | 23 | 辛未 | 4 | 6 |
| 20 | 27 | 月 | 24 | 壬申 | 4 | 7 |
| 21 | 28 | 火 | 25 | 癸酉 | 3 | 7 |
| 22 | 29 | 水 | 26 | 甲戌 | 3 | 7 |
| 23 | 30 | 木 | 27 | 乙亥 | 3 | 8 |
| 24 | 10/1 | 金 | 28 | 丙子 | 2 | 8 |
| 25 | 2 | 土 | 29 | 丁丑 | 2 | 8 |
| 26 | 3 | 日 | 30 | 戊寅 | 2 | 9 |
| 27 | 4 | 月 | 9/1 | 己卯 | 1 | 9 |
| 28 | 5 | 火 | 2 | 庚辰 | 1 | 9 |
| 29 | 6 | 水 | 3 | 辛巳 | 1 | 10 |
| 30 | 7 | 木 | 4 | 壬午 | 1 | 10 |
| 31 | | | | | | |

| 절기후날수 | 한로절(丙戌月) 寒露 10월8일 13시30분 霜降 10월23일 16시59분 | | | | | |
|---|---|---|---|---|---|---|
| | 양력 | 요일 | 음력 | 일진 | 大運 남 | 大運 여 |
| 0 | 10/8 | 金 | 5 | 癸未 | 한로 | |
| 1 | 9 | 土 | 6 | 甲申 | 10 | 1 |
| 2 | 10 | 日 | 7 | 乙酉 | 9 | 1 |
| 3 | 11 | 月 | 8 | 丙戌 | 9 | 1 |
| 4 | 12 | 火 | 9 | 丁亥 | 9 | 1 |
| 5 | 13 | 水 | 10 | 戊子 | 8 | 2 |
| 6 | 14 | 木 | 11 | 己丑 | 8 | 2 |
| 7 | 15 | 金 | 12 | 庚寅 | 8 | 2 |
| 8 | 16 | 土 | 13 | 辛卯 | 7 | 3 |
| 9 | 17 | 日 | 14 | 壬辰 | 7 | 3 |
| 10 | 18 | 月 | 15 | 癸巳 | 7 | 3 |
| 11 | 19 | 火 | 16 | 甲午 | 6 | 4 |
| 12 | 20 | 水 | 17 | 乙未 | 6 | 4 |
| 13 | 21 | 木 | 18 | 丙申 | 6 | 4 |
| 14 | 22 | 金 | 19 | 丁酉 | 5 | 5 |
| 15 | 23 | 土 | 20 | 戊戌 | 상강 | |
| 16 | 24 | 日 | 21 | 己亥 | 5 | 5 |
| 17 | 25 | 月 | 22 | 庚子 | 4 | 6 |
| 18 | 26 | 火 | 23 | 辛丑 | 4 | 6 |
| 19 | 27 | 水 | 24 | 壬寅 | 4 | 6 |
| 20 | 28 | 木 | 25 | 癸卯 | 3 | 7 |
| 21 | 29 | 金 | 26 | 甲辰 | 3 | 7 |
| 22 | 30 | 土 | 27 | 乙巳 | 3 | 7 |
| 23 | 31 | 日 | 28 | 丙午 | 2 | 8 |
| 24 | 11/1 | 月 | 29 | 丁未 | 2 | 8 |
| 25 | 2 | 火 | 10/1 | 戊申 | 2 | 8 |
| 26 | 3 | 水 | 2 | 己酉 | 1 | 9 |
| 27 | 4 | 木 | 3 | 庚戌 | 1 | 9 |
| 28 | 5 | 金 | 4 | 辛亥 | 1 | 9 |
| 29 | 6 | 土 | 5 | 壬子 | 1 | 10 |
| 30 | | | | | | |
| 31 | | | | | | |

| 절기후날수 | 입동절(丁亥月) 立冬 11월7일 17시19분 小雪 11월22일 15시8분 | | | | | |
|---|---|---|---|---|---|---|
| | 양력 | 요일 | 음력 | 일진 | 大運 남 | 大運 여 |
| 0 | 11/7 | 日 | 6 | 癸丑 | 입동 | |
| 1 | 8 | 月 | 7 | 甲寅 | 10 | 1 |
| 2 | 9 | 火 | 8 | 乙卯 | 9 | 1 |
| 3 | 10 | 水 | 9 | 丙辰 | 9 | 1 |
| 4 | 11 | 木 | 10 | 丁巳 | 9 | 1 |
| 5 | 12 | 金 | 11 | 戊午 | 8 | 2 |
| 6 | 13 | 土 | 12 | 己未 | 8 | 2 |
| 7 | 14 | 日 | 13 | 庚申 | 8 | 2 |
| 8 | 15 | 月 | 14 | 辛酉 | 7 | 3 |
| 9 | 16 | 火 | 15 | 壬戌 | 7 | 3 |
| 10 | 17 | 水 | 16 | 癸亥 | 7 | 3 |
| 11 | 18 | 木 | 17 | 甲子 | 6 | 4 |
| 12 | 19 | 金 | 18 | 乙丑 | 6 | 4 |
| 13 | 20 | 土 | 19 | 丙寅 | 6 | 4 |
| 14 | 21 | 日 | 20 | 丁卯 | 5 | 5 |
| 15 | 22 | 月 | 21 | 戊辰 | 소설 | |
| 16 | 23 | 火 | 22 | 己巳 | 5 | 5 |
| 17 | 24 | 水 | 23 | 庚午 | 4 | 6 |
| 18 | 25 | 木 | 24 | 辛未 | 4 | 6 |
| 19 | 26 | 金 | 25 | 壬申 | 4 | 6 |
| 20 | 27 | 土 | 26 | 癸酉 | 3 | 7 |
| 21 | 28 | 日 | 27 | 甲戌 | 3 | 7 |
| 22 | 29 | 月 | 28 | 乙亥 | 3 | 7 |
| 23 | 30 | 火 | 29 | 丙子 | 2 | 8 |
| 24 | 12/1 | 水 | 11/1 | 丁丑 | 2 | 8 |
| 25 | 2 | 木 | 2 | 戊寅 | 2 | 8 |
| 26 | 3 | 金 | 3 | 己卯 | 1 | 9 |
| 27 | 4 | 土 | 4 | 庚辰 | 1 | 9 |
| 28 | 5 | 日 | 5 | 辛巳 | 1 | 9 |
| 29 | 6 | 月 | 6 | 壬午 | 1 | 10 |
| 30 | | | | | | |
| 31 | | | | | | |

| 절기후날수 | 대설절(戊子月) 大雪 12월7일 10시39분 冬至 12월22일 4시50분 | | | | | |
|---|---|---|---|---|---|---|
| | 양력 | 요일 | 음력 | 일진 | 大運 남 | 大運 여 |
| 0 | 12/7 | 火 | 7 | 癸未 | 대설 | |
| 1 | 8 | 水 | 8 | 甲申 | 9 | 1 |
| 2 | 9 | 木 | 9 | 乙酉 | 9 | 1 |
| 3 | 10 | 金 | 10 | 丙戌 | 9 | 1 |
| 4 | 11 | 土 | 11 | 丁亥 | 8 | 1 |
| 5 | 12 | 日 | 12 | 戊子 | 8 | 2 |
| 6 | 13 | 月 | 13 | 己丑 | 8 | 2 |
| 7 | 14 | 火 | 14 | 庚寅 | 7 | 2 |
| 8 | 15 | 水 | 15 | 辛卯 | 7 | 3 |
| 9 | 16 | 木 | 16 | 壬辰 | 7 | 3 |
| 10 | 17 | 金 | 17 | 癸巳 | 6 | 3 |
| 11 | 18 | 土 | 18 | 甲午 | 6 | 4 |
| 12 | 19 | 日 | 19 | 乙未 | 6 | 4 |
| 13 | 20 | 月 | 20 | 丙申 | 5 | 4 |
| 14 | 21 | 火 | 21 | 丁酉 | 5 | 5 |
| 15 | 22 | 水 | 22 | 戊戌 | 동지 | |
| 16 | 23 | 木 | 23 | 己亥 | 4 | 5 |
| 17 | 24 | 金 | 24 | 庚子 | 4 | 6 |
| 18 | 25 | 土 | 25 | 辛丑 | 4 | 6 |
| 19 | 26 | 日 | 26 | 壬寅 | 3 | 6 |
| 20 | 27 | 月 | 27 | 癸卯 | 3 | 7 |
| 21 | 28 | 火 | 28 | 甲辰 | 3 | 7 |
| 22 | 29 | 水 | 29 | 乙巳 | 2 | 7 |
| 23 | 30 | 木 | 30 | 丙午 | 2 | 8 |
| 24 | 31 | 金 | 12/1 | 丁未 | 2 | 8 |
| 25 | 1/1 | 土 | 2 | 戊申 | 1 | 8 |
| 26 | 2 | 日 | 3 | 己酉 | 1 | 9 |
| 27 | 3 | 月 | 4 | 庚戌 | 1 | 9 |
| 28 | 4 | 火 | 5 | 辛亥 | 1 | 9 |
| 29 | | | | | | |
| 30 | | | | | | |
| 31 | | | | | | |

## 生月 早見表

| 陰曆(月) | 甲·己年<br>서기 4·9년 | 乙·庚年<br>서기 5·0년 | 丙·辛年<br>서기 6·1년 | 丁·壬年<br>서기 7·2년 | 戊·癸年<br>서기 8·3년 |
|---|---|---|---|---|---|
| 1月 | 丙寅 | 戊寅 | 庚寅 | 壬寅 | 甲寅 |
| 2月 | 丁卯 | 己卯 | 辛卯 | 癸卯 | 乙卯 |
| 3月 | 戊辰 | 庚辰 | 壬辰 | 甲辰 | 丙辰 |
| 4月 | 己巳 | 辛巳 | 癸巳 | 乙巳 | 丁巳 |
| 5月 | 庚午 | 壬午 | 甲午 | 丙午 | 戊午 |
| 6月 | 辛未 | 癸未 | 乙未 | 丁未 | 己未 |
| 7月 | 壬申 | 甲申 | 丙申 | 戊申 | 庚申 |
| 8月 | 癸酉 | 乙酉 | 丁酉 | 己酉 | 辛酉 |
| 9月 | 甲戌 | 丙戌 | 戊戌 | 庚戌 | 壬戌 |
| 10月 | 乙亥 | 丁亥 | 己亥 | 辛亥 | 癸亥 |
| 11月 | 丙子 | 戊子 | 庚子 | 壬子 | 甲子 |
| 12月 | 丁丑 | 己丑 | 辛丑 | 癸丑 | 乙丑 |

## 生時 早見表

| 日干<br>時間 | 甲·己 | 乙·庚 | 丙·辛 | 丁·壬 | 戊·癸 |
|---|---|---|---|---|---|
| 23:30~01:30 | 甲子 | 丙子 | 戊子 | 庚子 | 壬子 |
| 01:30~03:30 | 乙丑 | 丁丑 | 己丑 | 辛丑 | 癸丑 |
| 03:30~05:30 | 丙寅 | 戊寅 | 庚寅 | 壬寅 | 甲寅 |
| 05:30~07:30 | 丁卯 | 己卯 | 辛卯 | 癸卯 | 乙卯 |
| 07:30~09:30 | 戊辰 | 庚辰 | 壬辰 | 甲辰 | 丙辰 |
| 09:30~11:30 | 己巳 | 辛巳 | 癸巳 | 乙巳 | 丁巳 |
| 11:30~13:30 | 庚午 | 壬午 | 甲午 | 丙午 | 戊午 |
| 13:30~15:30 | 辛未 | 癸未 | 乙未 | 丁未 | 己未 |
| 15:30~17:30 | 壬申 | 甲申 | 丙申 | 戊申 | 庚申 |
| 17:30~19:30 | 癸酉 | 乙酉 | 丁酉 | 己酉 | 辛酉 |
| 19:30~21:30 | 甲戌 | 丙戌 | 戊戌 | 庚戌 | 壬戌 |
| 21:30~23:30 | 乙亥 | 丁亥 | 己亥 | 辛亥 | 癸亥 |

**明文 컴퓨터 節氣 萬歲曆**

초판 발행 — 2015년 12월 24일
2 쇄 발행 — 2020년 11월 16일

編 者 — 權 甲 鉉
발행인 — 金 東 求
발행처 — 명 문 당(창립 1923년 10월 1일)
서울특별시 종로구 윤보선길 61(안국동)
우체국 010579-01-000682
전 화 (02) 733-3039, 734-4798
FAX (02) 734-9209
Homepage www.myungmundang.net
E-mail mmdbook1@hanmail.net
등록 1977.11.19. 제1-148호


★ 정가 20,000원

ISBN 979-11-85704-46-3 13140